סידור אבן ישראל • נוסח ספרד

קורן ירושלים

מרכז שטיינזלץ

המכון הישראלי לפרסומים תלמודיים ירושלים

סידור אבן ישראל

לפני מי אתה עומד

מרכז שטיינזלץ
הוצאת קוֹרֵן ירושלים

סידור אבן ישראל
מהדורה ראשונה © ה׳תשפ״ד
הוצאת קורן ירושלים
ת״ד 4044 ירושלים 9104001
www.korenpub.co.il

מנכ״ל מרכז שטיינזלץ: הרב מני אבן־ישראל
עורך: הרב ידידיה אבינר
עריכת לשון והגהה: דוד ברוקנר, אהבה פורטגנג
נוסח והלכות: הרב אברהם גלבשטיין, הרב אלעד שלזינגר
עימוד ועיצוב: תמי מגר

דוא״ל לתיקונים: tikunim@steinsaltz-center.org

מהדורה אישית, כריכה קשה, מסת״ב: 978-965-7812-58-7
Printed in PRC

ססטא01

"הוֹלֵךְ תָּמִים" - זֶה אַבְרָהָם,
דִּכְתִיב "הִתְהַלֵּךְ לְפָנַי וֶהְיֵה תָמִים".

מכות כ"ד, א

לעילוי נשמת יקירנו

הרב אברהם־אבא בילט ז"ל

משחר ילדותו הכיר את בוראו ואחריו דבקה נפשו,
עסק בתורה לשמה ואור תפילתו זרח.
ענוותן, שפל ברך ולא החזיק טובה לעצמו.

גדל מנעוריו אצל הרב עדין זצ"ל,
עמל בהפצת תורתו וסייע רבות בהתקנת סידור זה.

המשפחה

באהבה ובגעגועים לזכרו של

הרב אברהם־אבא (אבאל'ה) בילט ז"ל

שהתפלל, למד, לימד והאהיב תורה
בבית המדרש של ישיבת מקור חיים קרוב לארבעים שנה.

ישיבת מקור חיים

תוכן

א בּ ב ג ד ה ו ז ח

ט י כּ כ ך ל מ ם

נ ן ס ע פּ פ ף צ

ץ ק ר שׁ שׂ תּ ת

אָ בָּ בָ גָ דָ הָ וָ זָ חָ טָ יָ כָּ כָ ךָ לָ מָ םָ נָ ןָ סָ עָ פָּ פָ ףָ צָ ץָ קָ ךָ רָ שָׁ שָׂ תָּ תָ

אַ בַּ בַ גַ דַ הַ וַ זַ חַ טַ יַ כַּ כַ לַ מַ נַ סַ עַ פַּ פַ צַ קַ רַ שַׁ שַׂ תַּ תַ

אֵ בֵּ בֵ גֵ דֵ הֵ וֵ זֵ חֵ טֵ יֵ כֵּ כֵ לֵ מֵ נֵ סֵ עֵ פֵּ פֵ צֵ קֵ רֵ שֵׁ שֵׂ תֵּ תֵ

אֶ בֶּ בֶ גֶ דֶ הֶ וֶ זֶ חֶ טֶ יֶ כֶּ כֶ לֶ מֶ נֶ סֶ עֶ פֶּ פֶ צֶ קֶ רֶ שֶׁ שֶׂ תֶּ תֶ

אִ בִּ בִ גִ דִ הִ וִ זִ חִ טִ יִ כִּ כִ לִ מִ נִ סִ עִ פִּ פִ צִ קִ רִ שִׁ שִׂ תִּ תִ

אִי בִּי בִי גִי דִי הִי וִי זִי חִי טִי יִי כִּי כִי לִי

מִי נִי סִי עִי פִּי פִי צִי קִי רִי שִׁי שִׂי תִּי תִי

אֹ בֹּ בֹ גֹ דֹ הֹ וֹ זֹ חֹ טֹ יֹ כֹּ כֹ לֹ מֹ נֹ סֹ עֹ פֹּ פֹ צֹ קֹ רֹ שֹׁ שֹׂ תֹּ תֹ

אוֹ בּוֹ בוֹ גוֹ דוֹ הוֹווֹ זוֹ חוֹ טוֹ יוֹ כּוֹ כוֹ לוֹ

מוֹ נוֹ סוֹ עוֹ פּוֹ פוֹ צוֹ קוֹ רוֹ שׁוֹ שׂוֹ תּוֹ תוֹ

אֻ בֻּ בֻ גֻ דֻ הֻ וֻ זֻ חֻ טֻ יֻ כֻּ כֻ לֻ מֻ נֻ סֻ עֻ פֻּ פֻ צֻ קֻ רֻ שֻׁ שֻׂ תֻּ תֻ

אוּ בּוּ בוּ גוּ דוּ הוּ ווּ זוּ חוּ טוּ יוּ כּוּ כוּ לוּ

מוּ נוּ סוּ עוּ פּוּ פוּ צוּ קוּ רוּ שׁוּ שׂוּ תּוּ תוּ

צורת הניקוד	ָ	ַ	ֵ	ֶ	ִ	וֹ	ֻ	וּ	ְ	ֲ	ֳ	ֱ

כתב רש"י

א ב ג ד ה ו ז ח ט י כ ך ל מ ם נ ן ס ע פ ף צ ץ ק ר ש ת
א ב ג ד ה ו ז ח ט י כ ך ל מ ם נ ן ס ע פ ף צ ץ ק ר ש ת

מבוא למהדורה

אנו שמחים להגיש לכם את סידור אבן ישראל, ובו ביאורים ודברי התבוננות מאת הרב עדין אבן־ישראל שטיינזלץ זצ״ל.

תכליתו של סידור זה היא לסייע למתפלל לכוון את דעתו ואת ליבו ולהגיע אל התפילה השלמה. סידור התפילה מורכב מחלקים רבים ומקטעים השונים אלה מאלה. המעבר בין החלקים מבטא את תנועת נפשו של האדם המתפלל ואת המסע של התפילה מלמטה למעלה – מן החוץ אל קודש הקודשים – ואת דרך הירידה מלמעלה למטה, היציאה בשלום מהקודש. הביאורים בסידור הם מעין מפת שבילים המלווה את המתפלל בדרכו ממזמור למזמור, מברכה לברכה ומהיכל להיכל. ההקדמות, הביאורים וההארות כתובים בתמציתיות ונוגעים בנקודות יסוד הנצרכות לאדם המבקש להתפלל מהסידור בחיות ובמודעות. בדומה להדרכות הטכניות הנדפסות בסידורים המדריכות את המתפלל מתי יש לשבת, לעמוד או להשתחוות; אף הביאורים הקצרים בסידור זה מזכירים למתפלל בעת התפילה על מה הוא מתפלל בכל קטע, ובמה ראוי להרהר או להתבונן.

נוסח – נוסח הסידור מבוסס על ׳סידור קורן׳ נוסח ספרד. ככלל לא שינינו מנוסח זה מלבד הוספות של קטעי תפילה המופיעים במרבית הסידורים החסידיים ומנהגים הנהוגים בקרב חסידים.

הקדמות – לכל חטיבה בסידור (שחרית, מנחה, ערבית, שבת, מועדים וכו׳) נכתבה הקדמה מיוחדת המשרטטת את קווי המתאר של אותה תפילה ומעניקה מבט כללי על עניינה ומקומה.

ביאורים – הביאור איננו ביאור רצוף לכל מילות התפילה, אלא הקדמות קצרות לכל קטע בתפילה בתוספת הסברים במקומות מסוימים. מטרתו היא להדגיש את הרעיון היסודי של כל קטע בתפילה בתוך ההקשר של מהלך התפילה ושל תנועת הנפש של המתפלל.

הארות – התבוננויות קצרות במילים או משפטים מסוימים בתפילה המעוררות את הלב והמוח לתפילה. ההתבוננויות כוללות סיפורים קצרים, אמרות חסידיות והעמקות במילות התפילה.

הנחיות – הנחיות הלכתיות מעשיות המנוסחות בקצרה במקומן המתאים בסידור. ההנחיות נכתבו על פי המקובל ברוב המנהגים עם תוספות של הרב עדין אבן־ישראל שטיינזלץ.

הרב עדין אבן־ישראל עסק כל ימיו בעבודת התפילה והגה תדיר בסידור התפילה. אף בתחום היצירה וההגות היה סידור התפילה קרוב לליבו של הרב. בכתביו של הרב וכן במסגרות רבות שבהן לימד והרצה שב ובצבץ נושא התפילה. למלאכת יצירת סידור זה ניגש הרב כמה שנים קודם פטירתו. לצער הלב השלמת מלאכת עריכת החומר התמשכה לאחר פטירת הרב על פי המתווה שהתווה בהתבסס על העושר העצום של ביאורים, הסברים, הדרכות והכוונות למתפלל שהניח אחריו בכתב ובעל פה.

אנו מקווים שסידור זה יפתח פתח לכל מי שמעוניין להיכנס בשערי התפילה ועבודת הלב.

הקדמה

הסידור

בין ספרי היסוד של היהדות לסידור מקום צנוע. אין הוא ספר של ראשוניות ושגב כמו התנ"ך, של מרחב ועמקות כמו התלמוד או של מסתורין ורוממות כמו ספר הזוהר. לעומת כל הספרים הגדולים והמרובים הסידור מונח בקרן זווית. בספרים האחרים לומדים, הוגים ומעיינים, חכמי כל דור מתעמקים ומפרשים אותם, ותלמידיהם עמלים ומתייגעים להבינם. ולעומתם הסידור הקטן מצוי ביד הכול, מתפללים בו – ולאחר מכן מניחים אותו עד התפילה הבאה. עם זה, אין ספר הקרוב לליבו של אדם מישראל יותר מהסידור, ואין ספר שהשפעתו מחלחלת ומגיעה עמוק כל כך. ייתכן שספרים אחרים הם מכובדים או נערצים יותר, אבל אין כמוהו אהוב על אדם מישראל, מקטן ועד גדול, איש ואישה, ואין כמוהו חודר ומשפיע עד לעמקי הנפש.

הקשר העמוק והקרוב של כל ישראל לסידור נובע ממהותה ואופייה של התפילה היהודית. הסידור הוא ספר החיים של היהדות המלווה את האדם מישראל בכל זמן ובכל מקום. לא זו בלבד שאדם יכול להתפלל בביתו בנסיבות מסוימות כדרך שהוא מתפלל בבית הכנסת, אלא שיש מחזור שלם של ברכות ותפילות שמעצם עניינו אינו שייך לבית התפילה – למן הברכות שאדם מברך בקומו בבוקר משנתו; תפילות וברכות שהוא אומר בלכתו בדרך במהלך היום; ועד לקריאת שמע שהוא קורא על מיטתו לפני השינה בלילה. זאת ועוד, סדר התפילות אינו נוגע רק לימות חול וימי חג, אלא למהלך החיים כולו – מן הלידה, דרך הגיעו לבגרות ובואו בברית הנישואין ועד למותו, האדם מלווה בתפילות ובברכות. כמעט לכל התרחשות הפוקדת אדם בימי חייו – של עצב ושל שמחה, של חיי יום־יום ושל מאורעות מיוחדים – יש ביטוי בסידור התפילה.

השפעתו של הסידור אינה באה רק מתוך השימוש בו והקשר אליו, אלא גם מצד תוכנו. אין ספר יהודי אחר המכיל, כמו הסידור, את היהדות כולה. הסידור שבידינו הוא זר פרחים ססגוני הכורך בתוכו את כל מרחביה של היהדות ומקיף את כל התחומים של היצירה היהודית בכל צורותיה: פרקים הלקוחים מן התורה ומן הנביאים והכתובים, מן המשנה ומן התלמוד, ממדרשי האגדה ומספרי הקבלה, מן השירה המסוגננת והמורכבת של ימי הביניים ומתפילות פרטיות ואישיות של

חכמי ישראל. יש בסידור חלקים שהם יסודות האמונה, עניינים שהם מתחומי ההלכה ופרטי מעשי המצוות, תיאורים של תמונת העולם כולו וסיפור המאורעות של תולדות ישראל. יש בו תפילות העוסקות בצרכיו ובבעיותיו של היחיד עד לפרטי החיים האינטימיים ביותר שלו, בקשות הנוגעות לאומה כולה על מצוקותיה ותקוותיה, ואף תפילות על מכלול כל העולמות. אותם פרקים וקטעים, שירים ודברי הגות הנכנסים אל הסידור מקבלים משמעות חדשה: התורה נהיית לתפילה, תכנים מופשטים מוטענים ברגש ונושאים העומדים בפני עצמם נעשים חלק מן השיחה שאדם משוחח בינו לבין בוראו. ובכל עת, אם מדי יום אם בימים מיוחדים בשנה, האדם מישראל נכנס אל האוצר הזה ודולה ממנו – את הדמעות והתקוות, את רוממות הנפש או המילים הפשוטות שבהן הוא רוצה להשתמש כאשר הוא מתפלל לפני קונו.

התפילה

התפילה במשמעותה הבסיסית ביותר היא דיבור ישיר של האדם אל הבורא. דיבור זה יכול להיות, ככל דיבור אחר, מסוגים רבים: בקשה ותחינה, הבעת תודה וביטוי של תלונה ואפילו שיחה. תפילות רבות הן דברי בקשה ותביעה – האדם פונה אל ה׳ ומבקש ממנו חיים, בריאות או הצלחה, הצלה מפורענות ויציאה מעוני, ואף מבקש שיראה ה׳ בעלבונו או שינקום באויביו ויענישם. לעיתים אדם מבקש דברים בשביל עצמו, ולפעמים בקשותיו הן בשביל אנשים אחרים, קרובים ורחוקים.

תפילות מסוג אחר הן הודאה, משמעותן היא בעצם אמירת "תודה לך", בין תודה על דברים כלליים – על מכלול הדברים שיש בעולם, על החיים עצמם או על משהו יפה וערב שהאדם רוצה להודות ולשבח על מציאותו; בין דברי תודה פרטיים ואישיים – על החלמה מחולי, הצלה מאסון או על מאורע מיוחד שאירע לו.

כנגד אלה יש גם תפילה שהיא הבעת שאלה, תמיהה ואפילו תלונה. יכולה להיות גם תפילה שאין בה צורה מוגדרת של פנייה מיוחדת אלא היא שיחה פשוטה, גילוי הלב לפני הבורא. פעמים שגילוי זה הוא הצהרת אהבה וכיסופים ופעמים שהוא ביטוי של תחושת הריחוק - אדם משיח את ליבו לפני ה׳ ואינו מבקש דבר אלא רק מביע את צערו על ירידתו החומרית או הרוחנית. זאת ועוד, קורה שאדם רוצה ׳לספר׳ לקדוש ברוך הוא על מעשיו הטובים, או להתוודות על חטאיו, הגלויים והנסתרים. כל הדברים האלו, ורבים אחרים, יכולים להיות בתפילתו הפרטית־האישית של

כל אדם, וכולם מצויים בסידור התפילה – בתפילות ערוכות ומסודרות, הן בשביל הפרט הן בשביל הכלל.

צד זה של התפילה – הדיבור אל ה׳ – הוא אינטימי מאוד במהותו ומבטא פנייה קרובה אל ה׳, בבחינת ״אבינו אב הרחמן״. דוגמת ילד העומד לפני אביו ומרגיש שהוא יכול לומר את כל שעל ליבו; לבקש, להתלונן, להודות או לשתף מהעובר עליו. בכל עת של התגלות לב כזו, בשעות מצוקה או בזמני שמחה, התפילה מתבססת על הרגשת הקִרבה – לא רק כאשר אדם עומד לבדו בחשכת לילה ושופך את ליבו, אלא גם כאשר הוא בתוך קהל גדול; גם כאשר הכול עונים ואומרים בקול רם את אותם דברים – הם עדיין מבטאים קִרבה אינטימית אל ה׳. פנייה בדיבור ישיר של ה׳אני׳ האנושי אל ה׳אתה׳ האלוקי אפשרית רק אם מניחים שה׳ שומע תפילת כל פה. הכרה זו היא המניחה לאדם להתפלל ולומר לפני ה׳ גם דברים אישיים ונסתרים – על צרכיו, משאלותיו ותשוקות ליבו.

כנגד צד זה של התפילה יש גם צד אחר – תפילה הנובעת מתחושה של יראת כבוד, עמידה לפני הרוממות האלוקית, תפילה שבבסיסה ההכרה של המרחק בין האדם ובין ה׳. כאשר אדם יוצא מתוך נקודת ראות זו הוא אינו מוצא מקום לשיחה האינטימית, ותפילתו מקבלת צביון אחר. כל מילה שהוא מוציא מפיו צריכה להיות שקולה ומנויה וכל תנועה שהוא עושה – מחושבת ומדודה. אומנם, תחושה כזו אינה מחייבת בהכרח הרגשה של אימה ועצב, כי אם להפך – היא מביאה עימה גם הרגשה של זכות ש״הביאני המלך חדריו״.

שתי התפיסות האלה, שהן לכאורה שני קצוות מנוגדים, שזורות זו בזו בתפיסת עולמה של היהדות, כפי שמנוסח ב׳שיר הייחוד׳: ״רחוק מכל רחוק וקרוב מכל קרוב״. המתח הפנימי של התייחסותנו לבורא מתבטא בעצם מהותה של התפילה ומלווה את סדר התפילה כולו. פעמים שתפילה אחת היא כולה ביטוי של עמידה לפני הרוממות, וקטע התפילה שלאחריה – דברי התחטאות של קִרבה גדולה. הכפילות הזאת מבוססת על עצם המסתורין של יחסנו עם האל, הבנתנו אותו, והשגתנו בו – ״אדון עולם״ שהוא גם ״אב הרחמן״. סידור התפילה מצרף את שני אלה למכלול אחד ועל ידי כך מאפשר לנו לנוע בדיבור ובכוונה מתפיסה אחת לחברתה.

עבודת התפילה

ככלל, עולמנו היהודי עומד על שלושה עמודים מרכזיים: לימוד תורה, קיום מצוות

ותפילה. לימוד התורה הוא התקשרות האדם אל הקדוש ברוך הוא דרך השכל: בידיעה, בעיון ובמחשבה; מעשה המצוות הוא התקשרות של האדם בעיקר דרך "כלי המעשה", שהמצוות מכוונות או מגבילות אותם; ואילו התפילה מבטאת את העמוד האינטימי של ההתקשרות בין האדם לבוראו, כפי שהיא מכונה כבר במקורות הקדומים ביותר: "עבודה שבלב" – קשר הלב והרגש של האדם אל הקדוש ברוך הוא.

בספר הזוהר התפילה מתוארת כסולם המוצב ארצה וראשו מגיע השמיימה (מעין הסולם בחלומו של יעקב). האדם אמור לעלות בשלבי התפילה במעלות הרוחניות, מן העולם הארצי והגשמי עד למפגש עם הקדוש ברוך הוא. במובן זה סידור התפילה משמש מעין מפה שמשורטטת בה הדרך להגיע מעולם החולין אל קודש הקודשים ואף לצאת משם אחרי כן בשלום. סולם זה אינו רק דבר הרשות, שאדם משתמש בו בשעה שמתעוררים בו רגשי קודש, אלא יש בו הזמנה וקריאה לאדם, מצווה ואף חיוב להשתמש בו בפועל בזמנים קבועים. אדם שלא התפלל, לא זו בלבד שהשמיט תפילה אחת או אחדות מתוך סדר יומו: במובן מסוים הוא השאיר יום או ימים בחייו ריקים, ימים שבהם הוא לא בנה קשר בינו ובין הקדוש ברוך הוא.

"עבודת התפילה", כפי שכינוה חכמי הדורות, היא האופן שבו אדם ניגש בכוונה לעורר את הקשר בינו לבין ה'. אמירת הדברים הכתובים בסידור – על כל עושר התכנים ויפי הצורה שבהם – היא התחלה פורמלית בלבד של עבודת התפילה. תפילה הנעשית כראוי היא דבר הכרוך, כלשונו של בעל התניא, "ביגיעת נפש ויגיעת בשר"; מאבק לשמור על הריכוז, להבין את המשמעות, ולא להתפזר במחשבות שונות ולנסות להמשיך הלאה, ליתר משמעות וליתר הזדהות.

כאשר התפילה, זו שבסידור או מחוץ לסידור, עולה ומתפרצת מעצמה, הרי זו בוודאי דרך ראויה. אולם כאשר משום מה אין התפילה עולה מעצמה יש ליצור את הדברים בכוונה תחילה, בהשתדלות ואפילו במאמץ. אם להשתמש במליצת הכתוב בישעיהו, "וּשְׁאַבְתֶּם מַיִם בְּשָׂשׂוֹן מִמַּעַיְנֵי הַיְשׁוּעָה" – פעמים יש מעיין בלב ששופע והולך מעצמו, שמימיו ותחושותיו זורמים בלי שום מאמץ; אולם פעמים הרבה צריכים להתאמץ לשאוב את המים, לחפור עמוק עד שמגיעים למקור שבלב, ומשם להוציא את הדברים החוצה.

ימי חול

שחרית

שחרית

תפילת שחרית נקבעה כנגד קורבן תמיד של שחר שהיה מוקרב בבית המקדש, ולכן מתפללים אותה בזמן שבו היו מקריבים קורבן זה. באופן אחר, הנוגע לאופייה הפנימי של תפילת שחרית, ייחסו חכמים את התפילה הזו לאברהם אבינו. הקשר בין אברהם לשחרית מוסבר על דרך הסוד: מידתו של אברהם היא 'חסד', מידה השייכת לאופייה של תפילת שחרית, שכן מתפללים אותה בשעה שהיום הולך ומאיר – זמן ששורה בו מידת החסד האלוקית. אף מבחינת סדר חייו של האדם צד התקווה והאופטימיות מורגש ביותר בשעה זו, כאשר מפציע יום חדש. מטעם זה תפילת שחרית היא הארוכה והמורכבת מכל תפילות היום, שכן מידת החסד היא מידת הגידול והשפע. טעם אחר לאריכות התפילה קשור בסדר יומו של האדם. במשך היום האדם טרוד בעבודתו ובמילוי שאר צרכיו, טרדה העשויה להביא לשכחה והתעלמות מהקשר עם הבורא. לכן יש חשיבות רבה לכך שהזמן שהאדם מקדיש בפתיחתו של יום חדש, קודם שהוא נפנה לעיסוקיו, יהיה מיוחד לעבודת ה' ולהתקשרות עם הקדוש ברוך הוא. האריכות וההעמקה בתפילה, על מגוון חלקיה ורבדיה, לא אמורה להיות רק חוויה העומדת בפני עצמה, אלא להקרין החוצה אל חייו של האדם שמחוץ לתחום של העמידה לפני ה'.

מבנה התפילה מסודר בדרך משוכללת שיש בה משמעות ומקצב שלם. אפשר לתאר את סדר התפילה כסולם בחלומו של יעקב: "מֻצָּב אַרְצָה וְרֹאשׁוֹ מַגִּיעַ הַשָּׁמָיְמָה". בספרי הקבלה מתוארות דרגות ה"סולם" כארבעה עולמות רוחניים זה למעלה מזה: עולם העשייה הוא העולם שלנו, הפיזי; למעלה ממנו הוא עולם היצירה, עולם המלאכים והרגש; גבוה יותר הוא עולם הבריאה, עולם השכל והמלאכים העליונים הנקראים שרפים; והאצילות הוא העולם העליון של הנוכחות האלוקית. התפילה מתחילה בעולם העשייה שבו אנו חיים, ובכל אחד מחלקי מהתפילה עולים עוד עד לנוכחות השלמה בתפילת העמידה. סדר התפילה הבא אחרי כן הוא כדרך ירידה מן הקודש, בכיוון הפוך לסדר העלייה. דימוי אחר (הזהה בתוכנו) רואה את התפילה כעלייה למקדש – היכל לפנים מהיכל עד לכניסה אל קודש הקודשים. כמו ביציאה מן המקדש אף ביציאה מן התפילה; עוברים את אותם שלבים בכיוון אחר.

בין חלק לחלק בתפילה נאמר הקדיש, הדומה למדרגות שהיו במקדש: כשם שהיו עולים או יורדים בהן מחלק אחד לחברו, כך הקדיש הוא דרך המוליכה את

האדם במהלך התפילה מרובד אחד למשנהו, מעולם אל עולם. עניינו של הקדיש בכלל הוא הצהרה מחודשת של קדושת ה', הנושאת בכנפיה משמעות מיוחדת בכל דרגה שאדם מצוי בה. בשעת העלייה הקדיש מסייע למתפלל להתעורר ולהתעלות לרמה גבוהה של קדושה, ובשעת החזרה לעולם הוא עוזר למתפלל להתחזק ולהמשיך לראות ולחוש את הקודש בכל מקום שהוא נמצא בו.

שחרית

השכמת הבוקר

מייד עם היקיצה מהשינה, עוד לפני שנוטל אדם את ידיו, אומר:

מוֹדֶה/ נשים אומרות: **מוֹדָה/ אֲנִי לְפָנֶיךָ מֶלֶךְ חַי וְקַיָּם**
שֶׁהֶחֱזַרְתָּ בִּי נִשְׁמָתִי בְּחֶמְלָה
רַבָּה אֱמוּנָתֶךָ.

עולם העשייה חלק הפתיחה של התפילה, מ"סדר השכמת הבוקר" עד "קדיש דרבנן", נועד להכנת האדם לתפילה. בלשון הקבלה מכונה חלק זה 'עולם העשייה', משום שכולו עוסק בעולמנו זה, עולם המעשה. ראשיתו בהודאה על הטוב שה' חונן אותנו בכל יום מחדש, ברוחניות ובגשמיות; המשכו בפרשת העקדה ו"לעולם יהא אדם", הבאים לעורר את האדם לקראת יום של חיים ובפרט לתפילה מתוך אהבת ה' ומסירות נפש; וסיומו בסדר העבודה שהיה במקדש, להדגיש שהתפילה צריכה להיות כתהליך הקרבת הקורבן - והאדם יקריב בה את רצונותיו וחשקו לשם קידוש השם.

מודה אני המילים הראשונות שנאמרות מייד עם היקיצה הן דברי תודה לה', על שהחזיר לנו את הנשמה שהפקדנו בידיו בלילה רעננה ומחודשת. בתוך כך, הפנייה לה' במילים "מלך חי וקיים" היא הצהרה תמציתית של אמונה וקבלת עול מלכות שמיים, ועבודת האדם בתפילה ובמשך היום היא לפתח אותה לכדי הרגשה ממשית.

ראוי ליטול ידיים תכף עם היקיצה ולא להלך כלל קודם לכן, ולכן רבים מקפידים להניח כלי מוכן לנטילה סמוך למיטה. אחרי שנוטל ידיו מברך:

בָּרוּךְ אַתָּה יהוה אֱלֹהֵינוּ מֶלֶךְ הָעוֹלָם
אֲשֶׁר קִדְּשָׁנוּ בְּמִצְוֹתָיו וְצִוָּנוּ עַל נְטִילַת יָדָיִם.

בָּרוּךְ אַתָּה יהוה אֱלֹהֵינוּ מֶלֶךְ הָעוֹלָם
אֲשֶׁר יָצַר אֶת הָאָדָם בְּחָכְמָה
וּבָרָא בוֹ נְקָבִים נְקָבִים, חֲלוּלִים חֲלוּלִים.
גָּלוּי וְיָדוּעַ לִפְנֵי כִסֵּא כְבוֹדֶךָ
שֶׁאִם יִפָּתֵחַ אֶחָד מֵהֶם אוֹ יִסָּתֵם אֶחָד מֵהֶם
אִי אֶפְשַׁר לְהִתְקַיֵּם וְלַעֲמֹד לְפָנֶיךָ אֲפִלּוּ שָׁעָה אֶחָת.
בָּרוּךְ אַתָּה יהוה, רוֹפֵא כָל בָּשָׂר וּמַפְלִיא לַעֲשׂוֹת.

נטילת ידיים חובת נטילת ידיים של שחרית בברכה היא קדומה ונזכרת כבר בתלמוד. אמרו חכמים כי "שינה אחד משישים למיתה", וכן שהשינה היא "מותא זעירא" (= מוות קטן). במקום שהחיים מסתלקים, באים במקומם כוחות של טומאה ושורים על האדם. כאשר ניעור האדם משנתו פורשת הטומאה מגופו, אולם היא נשארת להיאחז בידיים, והדרך להיטהר ממנה היא על ידי נטילתן. טעם נוסף שניתן בספרי ההלכה לנטילה זו הוא שבכל בוקר נעשה האדם כברייה חדשה, כלשון הפסוק "חֲדָשִׁים לַבְּקָרִים רַבָּה אֱמוּנָתֶךָ", ואת חידוש ברייתו האדם צריך לקדש בנטילה. בכך דומה נטילת הידיים לעבודת הכוהנים, שנצטוו לרחוץ את ידיהם ורגליהם בפתח כל יום עבודה במקדש. משום שעיקרה של נטילה זו הוא לטוהרה מרוח הטומאה, נוטלים כל יד שלוש פעמים לסירוגין (ימין, שמאל, ימין וכו'), שכן לפי המבואר על דרך הקבלה כך רוח זו מסתלקת.

אשר יצר הודאה על פעילותו התקנית של הגוף. בכל פעולה גופנית של האדם פועל מנגנון מורכב ומסובך מאוד, ולכן כאשר הגוף מתפקד כראוי כל פעולה

אֱלֹהַי
נְשָׁמָה שֶׁנָּתַתָּ בִּי טְהוֹרָה הִיא.
אַתָּה בְרָאתָהּ, אַתָּה יְצַרְתָּהּ, אַתָּה נְפַחְתָּהּ בִּי
וְאַתָּה מְשַׁמְּרָהּ בְּקִרְבִּי
וְאַתָּה עָתִיד לִטְּלָהּ מִמֶּנִּי
וּלְהַחֲזִירָהּ בִּי לֶעָתִיד לָבוֹא.
כָּל זְמַן שֶׁהַנְּשָׁמָה בְקִרְבִּי
מוֹדֶה/ נשים אומרות: מוֹדָה/ אֲנִי לְפָנֶיךָ
יהוה אֱלֹהַי וֵאלֹהֵי אֲבוֹתַי
רִבּוֹן כָּל הַמַּעֲשִׂים, אֲדוֹן כָּל הַנְּשָׁמוֹת.
בָּרוּךְ אַתָּה יהוה, הַמַּחֲזִיר נְשָׁמוֹת לִפְגָרִים מֵתִים.

היא מעין נס קטן. הברכה נאמרת בבוקר בפעם הראשונה, ובמשך היום בכל פעם שאדם נזקק לנקביו כדי לעוררנו אל החסד הרב שיש בשעה שהחיים זורמים בטבעיות, כדי שנשים לב גם לדבר שנעשה בתכיפות וכדבר שבשגרה.

אלוהי נשמה הודאה על החזרת הנשמה לגוף לאחר השינה (נוסח מורחב לנאמר ב"מודה אני" מייד ביקיצה, ולכן נאמר שם בתמציתיות וללא הזכרת שם שמיים). לשון ההודאה מרמזת על דרך הסוד לירידתה של הנשמה דרך ארבעת העולמות הרוחניים עד לעולמנו: **"טהורה"** שייך לעולם האצילות; **"בראתה"** לעולם הבריאה; **"יצרתה"** לעולם היצירה; **"ואתה נפחתה בי"** לעולם העשייה. נוסח זה מדגיש את מעלתה של הנשמה השוכנת בתוכנו, שאף שהיא כוח החיים היא עדיין מחוברת למהותה הראשונית - "חלק אלוה ממעל". חתימת הברכה, "המחזיר נשמות לפגרים מתים", חורזת הודאה על העבר ואמונה לעתיד: הודאה על היקיצה בבוקר - שבעבור האדם היא מעין תחיית המתים; קימת האדם משנתו, ממצב של פגר וגוף בלבד לאדם חי ומודע, היא אזכור מוקדם של העתיד להתרחש בתחיית המתים, אז יתקיים 'הקיצו ורננו שוכני עפר'.

לבישת ציצית

לפני שלובש טלית־קטן מברך 'עַל מִצְוַת צִיצִית'.

ורבים נוהגים שהרגיל ללבוש טלית־גדול אינו מברך בשעת לבישת טלית־קטן, אלא מכוון בשעת הברכה על הטלית־גדול להוציא ידי חובה גם את הטלית־קטן.

בָּרוּךְ אַתָּה יהוה אֱלֹהֵינוּ מֶלֶךְ הָעוֹלָם
אֲשֶׁר קִדְּשָׁנוּ בְּמִצְוֹתָיו
וְצִוָּנוּ עַל מִצְוַת צִיצִית.

אחרי שלובש אומר:

יְהִי רָצוֹן מִלְּפָנֶיךָ, יהוה אֱלֹהַי וֵאלֹהֵי אֲבוֹתַי
שֶׁתְּהֵא חֲשׁוּבָה מִצְוַת צִיצִית לְפָנֶיךָ
כְּאִלּוּ קִיַּמְתִּיהָ בְּכָל פְּרָטֶיהָ וְדִקְדּוּקֶיהָ וְכַוָּנוֹתֶיהָ
וְתַרְיַ"ג מִצְוֹת הַתְּלוּיוֹת בָּהּ
אָמֵן סֶלָה.

ברכות התורה לפני שהאדם מתחיל את יומו, פונה לעיסוקיו השונים ואף לפני שמתפלל - נכון וראוי שיפתח בלימוד תורה. שני הקטעים הבאים מייד לאחר ברכות התורה, "וידבר" ו"אלו דברים", הם קיום לימוד התורה הלכה למעשה. על ידי כך כל אדם, אף מי שלא עולה בידו ללמוד תורה מעבר לזה, זוכה ללמוד דבר מה בתחילת היום, ולקיים את מצוות תלמוד תורה באופן מינימלי. ברכות התורה מכינות את האדם הן ללימוד הזה הן ללימוד שיהיה בכל היום, מפני שבדומה לברכה שלפני האכילה, המתירה לאדם את האוכל, אסור לאדם לדבר בדברי תורה לפני שיברך עליהם.

לעסוק בדברי תורה הברכה הראשונה היא על מצוות לימוד תורה. התורה יוצרת קשר בין האדם לקדוש ברוך הוא, ולמעשה כשהאדם מדבר בתורה - הוא מדבר עם ה'. עם זאת, העיסוק בדברי התורה עלול להיות עיסוק כשאר העיסוקים, ואף גרוע מזה - לגרום להסחת הדעת מן ההתקשרות לה'. לשם כך באות ברכות התורה: לכוון את האדם ולהזכיר לו שהתורה שהוא לומד היא תורת ה'.

ברכות התורה

בָּרוּךְ אַתָּה יהוה אֱלֹהֵינוּ מֶלֶךְ הָעוֹלָם
אֲשֶׁר קִדְּשָׁנוּ בְּמִצְוֹתָיו
וְצִוָּנוּ לַעֲסֹק בְּדִבְרֵי תוֹרָה.
וְהַעֲרֶב נָא יהוה אֱלֹהֵינוּ אֶת דִּבְרֵי תוֹרָתְךָ
בְּפִינוּ וּבְפִיּוֹת עַמְּךָ בֵּית יִשְׂרָאֵל
וְנִהְיֶה אֲנַחְנוּ וְצֶאֱצָאֵינוּ וְצֶאֱצָאֵי צֶאֱצָאֵינוּ
וְצֶאֱצָאֵי עַמְּךָ בֵּית יִשְׂרָאֵל
כֻּלָּנוּ יוֹדְעֵי שְׁמֶךָ וְלוֹמְדֵי תוֹרָתְךָ לִשְׁמָהּ.
בָּרוּךְ אַתָּה יהוה, הַמְלַמֵּד תּוֹרָה לְעַמּוֹ יִשְׂרָאֵל.

בָּרוּךְ אַתָּה יהוה אֱלֹהֵינוּ מֶלֶךְ הָעוֹלָם
אֲשֶׁר בָּחַר בָּנוּ מִכָּל הָעַמִּים וְנָתַן לָנוּ אֶת תּוֹרָתוֹ.
בָּרוּךְ אַתָּה יהוה, נוֹתֵן הַתּוֹרָה.

והערב נא בקשה על האופן שבו תונחל לנו התורה. הקדוש ברוך הוא לא רק נתן לנו את התורה אלא הוא גם מטעימה בפינו, כלשון חתימת הברכה "המלמד תורה לעמו ישראל". כאן אנו מבקשים ממנו, כמורֶה התורה, שילמדנו כך שיהיה לימודה נעים וערב לנו, וכן שתתקיים התורה בידינו וכך יזכו גם צאצאינו אחרינו להיות מלומדי התורה.

אשר בחר בנו ברכת הודאה על אהבת ה' אותנו, שבזכותה בחר הוא בנו מכל העמים ונתן לנו את המתנה הגדולה והמיוחדת, התורה. לשון חתימת הברכה, "נותן התורה" בהווה, מדגישה שנתינת התורה איננה מאורע חד־פעמי שקרה בעבר בלבד, אלא הקדוש ברוך נותן את התורה בכל עת. כפי שאמרו חכמים שקול ה' מהר סיני מעולם לא פסק, ועדיין הוא נאמר בכל עת, אף שאיננו זוכים לשומעו.

במדבר ו וַיְדַבֵּר יהוה אֶל־מֹשֶׁה לֵּאמֹר:
דַּבֵּר אֶל־אַהֲרֹן וְאֶל־בָּנָיו לֵאמֹר
כֹּה תְבָרְכוּ אֶת־בְּנֵי יִשְׂרָאֵל
אָמוֹר לָהֶם:
יְבָרֶכְךָ יהוה וְיִשְׁמְרֶךָ:
יָאֵר יהוה פָּנָיו אֵלֶיךָ וִיחֻנֶּךָּ:
יִשָּׂא יהוה פָּנָיו אֵלֶיךָ וְיָשֵׂם לְךָ שָׁלוֹם:
וְשָׂמוּ אֶת־שְׁמִי עַל־בְּנֵי יִשְׂרָאֵל, וַאֲנִי אֲבָרְכֵם:

משנה, פאה א, א אֵלּוּ דְבָרִים שֶׁאֵין לָהֶם שִׁעוּר
הַפֵּאָה וְהַבִּכּוּרִים וְהָרְאָיוֹן
וּגְמִילוּת חֲסָדִים וְתַלְמוּד תּוֹרָה.

שבת קכז. אֵלּוּ דְבָרִים שֶׁאָדָם אוֹכֵל פֵּרוֹתֵיהֶם בָּעוֹלָם הַזֶּה
וְהַקֶּרֶן קַיֶּמֶת לוֹ לָעוֹלָם הַבָּא, וְאֵלּוּ הֵן
כִּבּוּד אָב וָאֵם
וּגְמִילוּת חֲסָדִים
וְהַשְׁכָּמַת בֵּית הַמִּדְרָשׁ שַׁחֲרִית וְעַרְבִית
וְהַכְנָסַת אוֹרְחִים
וּבִקּוּר חוֹלִים
וְהַכְנָסַת כַּלָּה
וּלְוָיַת הַמֵּת
וְעִיּוּן תְּפִלָּה
וַהֲבָאַת שָׁלוֹם בֵּין אָדָם לַחֲבֵרוֹ, וּבֵין אִישׁ לְאִשְׁתּוֹ
וְתַלְמוּד תּוֹרָה כְּנֶגֶד כֻּלָּם.

עטיפת טלית

נוהגים שתחילה בודקים את שלמותן של הציציות בטלית המקופלת (שמא נקרעו או נפגמו בלא משים ביום הקודם), ואם הסתבכו חוטי הציצית זה בזה, מפרידים ביניהם. ובשעת הבדיקה אומרים:

בָּרְכִי נַפְשִׁי אֶת־יהוה תהלים קד
יהוה אֱלֹהַי גָּדַלְתָּ מְּאֹד, הוֹד וְהָדָר לָבָשְׁתָּ:
עֹטֶה־אוֹר כַּשַּׂלְמָה, נוֹטֶה שָׁמַיִם כַּיְרִיעָה:

יש נוהגים לומר:

לְשֵׁם יִחוּד קֻדְשָׁא בְּרִיךְ הוּא וּשְׁכִינְתֵּיהּ בִּדְחִילוּ וּרְחִימוּ, לְיַחֵד שֵׁם י״ה בו״ה בְּיִחוּדָא שְׁלִים בְּשֵׁם כָּל יִשְׂרָאֵל.

הֲרֵינִי מִתְעַטֵּף בְּצִיצִית. כֵּן תִּתְעַטֵּף נִשְׁמָתִי וּרְמַ״ח אֵבָרַי וּשְׁסָ״ה גִידַי בְּאוֹר הַצִּיצִית הָעוֹלָה תַּרְיַ״ג. וּכְשֵׁם שֶׁאֲנִי מִתְכַּסֶּה בְּטַלִּית בָּעוֹלָם הַזֶּה, כָּךְ אֶזְכֶּה לַחֲלוּקָא דְרַבָּנָן וּלְטַלִּית נָאָה לָעוֹלָם הַבָּא בְּגַן עֵדֶן. וְעַל יְדֵי מִצְוַת צִיצִית תִּנָּצֵל נַפְשִׁי רוּחִי וְנִשְׁמָתִי וּתְפִלָּתִי
מִן הַחִיצוֹנִים. וְהַטַּלִּית תִּפְרֹשׂ כְּנָפֶיהָ עֲלֵיהֶם וְתַצִּילֵם, כְּנֶשֶׁר יָעִיר דברים לב
קִנּוֹ עַל־גּוֹזָלָיו יְרַחֵף: וּתְהֵא חֲשׁוּבָה מִצְוַת צִיצִית לִפְנֵי הַקָּדוֹשׁ

טלית מלבד עצם המצווה שיש בציצית, לפעולת לבישת הטלית וההתעטפות בה נודעת משמעות רבה ועמוקה. מהפסוק שאנו אומרים לפני ההתעטפות, "עֹטֶה אוֹר כַּשַּׂלְמָה", דרשו חכמים שבשעת הבריאה התעטף הקדוש ברוך הוא בטלית לבנה ומשם נוצר האור. מעשה ההתעטפות שלנו הוא כביכול מעין עשייתו של הקדוש ברוך הוא - כשם שהוא יתברך יצר כך את האור, כך ההתעטפות שלנו בטלית ממשיכה אור עליון לעולם המעשה. משמעות נוספת יש בהתעטפות בטלית - שהיא כהסתתרות בצל כנפיו של הקדוש ברוך הוא. פסוקי הדבקות הנאמרים בשעה זו: "מַה יָּקָר חַסְדְּךָ אֱלֹהִים" וכו׳, מתארים את תחושת העונג המתלווה להרגשת הקרבה, ואת חסד ה׳ וצדקתו המושפעים מתוך קרבה זו.

בָּרוּךְ הוּא, כְּאִלּוּ קִיַּמְתִּיהָ בְּכָל פְּרָטֶיהָ וְדִקְדּוּקֶיהָ וְכַוָּנוֹתֶיהָ וְתַרְיַ"ג מִצְוֹת הַתְּלוּיוֹת בָּהּ, אָמֵן סֶלָה.

מברכים:

בָּרוּךְ אַתָּה יהוה אֱלֹהֵינוּ מֶלֶךְ הָעוֹלָם
אֲשֶׁר קִדְּשָׁנוּ בְּמִצְוֹתָיו
וְצִוָּנוּ לְהִתְעַטֵּף בַּצִּיצִית.

מתעטפים בטלית 'כעטיפת הישמעאלים' (כפי שרגילים הערבים בני המדבר להתעטף בגלימה) כך שחלקו העליון של הגוף, כולל הראש והפנים יהיו עטופים בציצית. והמנהג על דרך הסוד, שתחילה שמים את הטלית מעל הראש ומברכים עליה, לאחר מכן מניחים אותה על הראש, ואחר כך לוקחים ביד את ארבע כנפותיה (ולחלק מהמנהגים את שתי כנפות צד ימין בלבד) ומניחים אותן על הכתף השמאלית. בזמן שעומדים עטופים בטלית אומרים:

תהלים לו **מַה־יָּקָר חַסְדְּךָ אֱלֹהִים, וּבְנֵי אָדָם בְּצֵל כְּנָפֶיךָ יֶחֱסָיוּן:**
יִרְוְיֻן מִדֶּשֶׁן בֵּיתֶךָ, וְנַחַל עֲדָנֶיךָ תַשְׁקֵם:
כִּי־עִמְּךָ מְקוֹר חַיִּים, בְּאוֹרְךָ נִרְאֶה־אוֹר:
מְשֹׁךְ חַסְדְּךָ לְיֹדְעֶיךָ, וְצִדְקָתְךָ לְיִשְׁרֵי־לֵב:

לשם ייחוד מבנה התפילין ודרך הנחתן על הגוף מבטאים את מהותן - סמל להיותנו קשורים אל הקדוש ברוך הוא. תפילין של ראש, שצורתן דומה לנזר מלוכה, מבליטות את היותם של ישראל 'בני מלכים', בניו של המלך העליון. כשם שבניו של מלך אנושי מתעטרים בסמלי המלכות, כך ישראל בהניחם תפילין מייצגים בעולם את פאר המלכות של מעלה. וכך דרשו חכמים את הפסוק: "וְרָאוּ כָּל עַמֵּי הָאָרֶץ כִּי שֵׁם ה' נִקְרָא עָלֶיךָ וְיָרְאוּ מִמֶּךָּ" - אלו תפילין שבראש. בתפילין של יד מובלט קשר האהבה והקרבה שבא על ידי קשירת התפילין. רצועות התפילין מסמלות את "עבותות האהבה" הקושרות יחד את "החתן והכלה", הקדוש ברוך הוא וכנסת ישראל. וכך דרשו חכמים את הכתוב בשיר השירים: "שִׂימֵנִי... כַחוֹתָם עַל זְרוֹעֶךָ" - אלו תפילין של יד. בתפילין יש צד של גדולה ופאר וכבד בבד הן מבטאות גם קבלת עול ומרות של מעלה. כפי האמור בנוסח "לשם ייחוד", הנחת התפילין על הראש וכנגד הלב נועדה

תפילין

יש נוהגים לומר:

לְשֵׁם יִחוּד קֻדְשָׁא בְּרִיךְ הוּא וּשְׁכִינְתֵּיהּ בִּדְחִילוּ וּרְחִימוּ, לְיַחֵד שֵׁם י״ה בְּו״ה בְּיִחוּדָא שְׁלִים בְּשֵׁם כָּל יִשְׂרָאֵל.

הִנְנִי מְכַוֵּן בַּהֲנָחַת תְּפִלִּין לְקַיֵּם מִצְוַת בּוֹרְאִי, שֶׁצִּוָּנוּ לְהָנִיחַ תְּפִלִּין,
כַּכָּתוּב בְּתוֹרָתוֹ: וּקְשַׁרְתָּם לְאוֹת עַל־יָדֶךָ, וְהָיוּ לְטֹטָפֹת בֵּין עֵינֶיךָ: דברים ו
וְהֵם אַרְבַּע פָּרָשִׁיּוֹת אֵלּוּ, שְׁמַע, וְהָיָה אִם שָׁמֹעַ, קַדֶּשׁ לִי, וְהָיָה כִּי יְבִאֲךָ, שֶׁיֵּשׁ בָּהֶם יִחוּדוֹ וְאַחְדוּתוֹ יִתְבָּרַךְ שְׁמוֹ בָּעוֹלָם, וְשֶׁנִּזְכֹּר נִסִּים וְנִפְלָאוֹת שֶׁעָשָׂה עִמָּנוּ בְּהוֹצִיאוֹ אוֹתָנוּ מִמִּצְרַיִם, וַאֲשֶׁר לוֹ הַכֹּחַ וְהַמֶּמְשָׁלָה בָּעֶלְיוֹנִים וּבַתַּחְתּוֹנִים לַעֲשׂוֹת בָּהֶם כִּרְצוֹנוֹ. וְצִוָּנוּ לְהָנִיחַ עַל הַיָּד לְזִכְרוֹן זְרוֹעַ הַנְּטוּיָה, וְשֶׁהִיא נֶגֶד הַלֵּב, לְשַׁעְבֵּד בָּזֶה תַּאֲווֹת וּמַחְשְׁבוֹת לִבֵּנוּ לַעֲבוֹדָתוֹ יִתְבָּרַךְ שְׁמוֹ. וְעַל הָרֹאשׁ נֶגֶד הַמֹּחַ, שֶׁהַנְּשָׁמָה שֶׁבְּמֹחִי עִם שְׁאָר חוּשַׁי וְכֹחוֹתַי כֻּלָּם יִהְיוּ מְשֻׁעְבָּדִים לַעֲבוֹדָתוֹ יִתְבָּרַךְ שְׁמוֹ. וּמִשֶּׁפַע מִצְוַת תְּפִלִּין יִתְמַשֵּׁךְ עָלַי לִהְיוֹת לִי חַיִּים אֲרוּכִים וְשֶׁפַע קֹדֶשׁ וּמַחֲשָׁבוֹת קְדוֹשׁוֹת בְּלִי

לשעבד את המוח והלב לה׳, שהרי הנזר אינו רק מפאר את נושאו אלא מחייב אותו לנהוג בדרך הראויה.

צירוף זה של דברים - הכתר והשעבוד גם יחד - הוא הכתוב בפרשיות שבתוך התפילין. יציאת מצרים (הכתובה בפרשיות ״קדש״ ו״והיה כי יבאך״) כוללת הן את שחרור ישראל בחוזק יד מבית עבדים, הן את הפיכתם לעבדי ה׳, ככתוב בתורה: ״כִּי לִי בְנֵי יִשְׂרָאֵל עֲבָדִים, עֲבָדַי הֵם אֲשֶׁר הוֹצֵאתִי אוֹתָם מֵאֶרֶץ מִצְרָיִם״. המעמד של ״עבד ה׳״ כולל בתוכו הן את ההתחייבות הגמורה, המוחלטת, הן את הגדולה והבחירה, כנאמר בישעיה: ״אַל תִּירָא עַבְדִּי יַעֲקֹב, וִישֻׁרוּן בָּחַרְתִּי בוֹ״, וכן ״הִנֵּה יַשְׂכִּיל עַבְדִּי, יָרוּם וְנִשָּׂא וְגָבַהּ מְאֹד״. כך נכללים יחד, בכליל תפארת התפילין, הכתר ועול המלכות - שהם היחס השלם שלנו כבנים וכעבדים אל אבינו מלכנו.

הִרְהוּר חֵטְא וְעָוֹן כְּלָל, וְשֶׁלֹּא יְפַתֵּנוּ וְלֹא יִתְגָּרֶה בָּנוּ יֵצֶר הָרָע, וְיַנְחֵנוּ לַעֲבֹד אֶת יהוה כַּאֲשֶׁר עִם לְבָבֵנוּ.

וִיהִי רָצוֹן מִלְּפָנֶיךָ, יהוה אֱלֹהֵינוּ וֵאלֹהֵי אֲבוֹתֵינוּ, שֶׁתְּהֵא חֲשׁוּבָה מִצְוַת הֲנָחַת תְּפִלִּין לִפְנֵי הַקָּדוֹשׁ בָּרוּךְ הוּא, כְּאִלּוּ קִיַּמְתִּיהָ בְּכָל פְּרָטֶיהָ וְדִקְדּוּקֶיהָ וְכַוָּנוֹתֶיהָ וְתַרְיַ״ג מִצְוֹת הַתְּלוּיוֹת בָּהּ, אָמֵן סֶלָה.

עומדים, מניחים את התפילין על הזרוע השמאלית
(איטר מניחן על זרועו הימנית) ולפני שמהדקים את הקשירה מברכים:

בָּרוּךְ אַתָּה יהוה אֱלֹהֵינוּ מֶלֶךְ הָעוֹלָם
אֲשֶׁר קִדְּשָׁנוּ בְּמִצְוֹתָיו
וְצִוָּנוּ לְהָנִיחַ תְּפִלִּין.

מהדקים את הקשירה ואחר כך כורכים את הרצועה פעמים אחדות סביב היד. ומנהג הכריכות על דרך הקבלה: שלוש פעמים על הזרוע, שבע פעמים על אמת היד (בין המרפק לכף היד), ושלוש פעמים על האצבע האמצעית (את הכריכות האחרונות, שעל כף היד והאצבע, משלימים רק לאחר הנחת תפילין של ראש).
מניחים את התפילין על הראש, וקודם שמהדקים אותן במקומן אומרים:

בָּרוּךְ אַתָּה יהוה אֱלֹהֵינוּ מֶלֶךְ הָעוֹלָם
אֲשֶׁר קִדְּשָׁנוּ בְּמִצְוֹתָיו
וְצִוָּנוּ עַל מִצְוַת תְּפִלִּין.

מייד לאחר שמהדקים כראוי את רצועות התפילין אומרים:

בָּרוּךְ שֵׁם כְּבוֹד מַלְכוּתוֹ לְעוֹלָם וָעֶד

מנהג האשכנזים לומר לאחר הנחת תפילין של ראש
תפילה קצרה שתיקנוה על דרך הסוד:

וּמֵחָכְמָתְךָ אֵל עֶלְיוֹן תַּאֲצִיל עָלַי, וּמִבִּינָתְךָ תְּבִינֵנִי, וּבְחַסְדְּךָ
תַּגְדִּיל עָלַי, וּבִגְבוּרָתְךָ תַּצְמִית אוֹיְבַי וְקָמַי. וְשֶׁמֶן הַטּוֹב תָּרִיק עַל
שִׁבְעָה קְנֵי הַמְּנוֹרָה, לְהַשְׁפִּיעַ טוּבְךָ לִבְרִיּוֹתֶיךָ. פּוֹתֵחַ אֶת־יָדֶךָ תהלים קמה
וּמַשְׂבִּיעַ לְכָל־חַי רָצוֹן:

כורכים ברצועה של יד שלוש כריכות סביב האצבע האמצעית: שתים על הפרק התחתון של האצבע ואחת על הפרק האמצעי. נוסף על כך נוהגים רבים לכרוך את הרצועה שוב עם האצבע הסמוכה, כך שתיצור מעין צורת האות דל״ת. ויש נוהגים שכורכים על כף היד גם צורת דל״ת וגם צורת שי״ן. בשעת הכריכה אומרים:

וְאֵרַשְׂתִּיךְ לִי לְעוֹלָם הושע ב
וְאֵרַשְׂתִּיךְ לִי בְּצֶדֶק וּבְמִשְׁפָּט וּבְחֶסֶד וּבְרַחֲמִים:
וְאֵרַשְׂתִּיךְ לִי בֶּאֱמוּנָה, וְיָדַעַתְּ אֶת־יהוה:

לאחר גמר הנחת התפילין יש נוהגים לומר שתי פרשיות אלה שבתפילין:

וַיְדַבֵּר יהוה אֶל־מֹשֶׁה לֵּאמֹר: קַדֶּשׁ־לִי כָל־בְּכוֹר, פֶּטֶר כָּל־רֶחֶם שמות יג
בִּבְנֵי יִשְׂרָאֵל, בָּאָדָם וּבַבְּהֵמָה, לִי הוּא: וַיֹּאמֶר מֹשֶׁה אֶל־הָעָם,
זָכוֹר אֶת־הַיּוֹם הַזֶּה, אֲשֶׁר יְצָאתֶם מִמִּצְרַיִם מִבֵּית עֲבָדִים, כִּי
בְּחֹזֶק יָד הוֹצִיא יהוה אֶתְכֶם מִזֶּה, וְלֹא יֵאָכֵל חָמֵץ: הַיּוֹם אַתֶּם
יֹצְאִים, בְּחֹדֶשׁ הָאָבִיב: וְהָיָה כִי־יְבִיאֲךָ יהוה אֶל־אֶרֶץ הַכְּנַעֲנִי
וְהַחִתִּי וְהָאֱמֹרִי וְהַחִוִּי וְהַיְבוּסִי, אֲשֶׁר נִשְׁבַּע לַאֲבֹתֶיךָ לָתֶת לָךְ,
אֶרֶץ זָבַת חָלָב וּדְבָשׁ, וְעָבַדְתָּ אֶת־הָעֲבֹדָה הַזֹּאת בַּחֹדֶשׁ
הַזֶּה: שִׁבְעַת יָמִים תֹּאכַל מַצֹּת, וּבַיּוֹם הַשְּׁבִיעִי חַג לַיהוה:
מַצּוֹת יֵאָכֵל אֵת שִׁבְעַת הַיָּמִים, וְלֹא־יֵרָאֶה לְךָ חָמֵץ וְלֹא־יֵרָאֶה
לְךָ שְׂאֹר, בְּכָל־גְּבֻלֶךָ: וְהִגַּדְתָּ לְבִנְךָ בַּיּוֹם הַהוּא לֵאמֹר, בַּעֲבוּר
זֶה עָשָׂה יהוה לִי בְּצֵאתִי מִמִּצְרָיִם: וְהָיָה לְךָ לְאוֹת עַל־יָדְךָ
וּלְזִכָּרוֹן בֵּין עֵינֶיךָ, לְמַעַן תִּהְיֶה תּוֹרַת יהוה בְּפִיךָ, כִּי בְּיָד חֲזָקָה

וארשתיך לי לעולם כריכת הרצועות על האצבע היא כעין קידושין - בדומה לענידת טבעת ביד הכלה - היא מסמלת את התקדשות והתקשרות גוף האדם לה׳. לכן הפסוקים הנאמרים בעת הכריכות מדברים על בחינת האירוסין, על ההתקשרות של ה׳ עם כנסת ישראל בכלל ועם כל אדם בפרט.

הוֹצִאֲךָ יהוה מִמִּצְרָיִם: וְשָׁמַרְתָּ אֶת־הַחֻקָּה הַזֹּאת לְמוֹעֲדָהּ, מִיָּמִים יָמִימָה:

וְהָיָה כִּי־יְבִאֲךָ יהוה אֶל־אֶרֶץ הַכְּנַעֲנִי כַּאֲשֶׁר נִשְׁבַּע לְךָ וְלַאֲבֹתֶיךָ, וּנְתָנָהּ לָךְ: וְהַעֲבַרְתָּ כָל־פֶּטֶר־רֶחֶם לַיהוה, וְכָל־פֶּטֶר שֶׁגֶר בְּהֵמָה אֲשֶׁר יִהְיֶה לְךָ הַזְּכָרִים, לַיהוה: וְכָל־פֶּטֶר חֲמֹר תִּפְדֶּה בְשֶׂה, וְאִם־לֹא תִפְדֶּה וַעֲרַפְתּוֹ, וְכֹל בְּכוֹר אָדָם בְּבָנֶיךָ תִּפְדֶּה: וְהָיָה כִּי־יִשְׁאָלְךָ בִנְךָ מָחָר, לֵאמֹר מַה־זֹּאת, וְאָמַרְתָּ אֵלָיו, בְּחֹזֶק יָד הוֹצִיאָנוּ יהוה מִמִּצְרַיִם מִבֵּית עֲבָדִים: וַיְהִי כִּי־הִקְשָׁה פַרְעֹה לְשַׁלְּחֵנוּ, וַיַּהֲרֹג יהוה כָּל־בְּכוֹר בְּאֶרֶץ מִצְרַיִם, מִבְּכֹר אָדָם וְעַד־בְּכוֹר בְּהֵמָה, עַל־כֵּן אֲנִי זֹבֵחַ לַיהוה כָּל־פֶּטֶר רֶחֶם הַזְּכָרִים, וְכָל־בְּכוֹר בָּנַי אֶפְדֶּה: וְהָיָה לְאוֹת עַל־יָדְכָה וּלְטוֹטָפֹת בֵּין עֵינֶיךָ, כִּי בְּחֹזֶק יָד הוֹצִיאָנוּ יהוה מִמִּצְרָיִם:

קבלת מצוות אהבת ישראל מצוות אהבת ישראל היא מצווה כללית, שבשונה ממצוות אחרות אין לה זמן קבוע, והיא יכולה להתבטא בצורות שונות ובמעשים גדולים וקטנים. לכן אנו פותחים את היום בהכרזה ייחודית זו: לנסות לקיים את המצווה בכל ההזדמנויות העתידות להיקרות לפנינו במרוצת היום. המקום המתאים ביותר בתפילה לאמירה זו הוא קודם שאדם ניגש לעבודת התפילה בציבור או ביחיד, משום שיש קשר מהותי בין אהבת ישראל לתפילה. המתפלל בציבור צריך לחוש קשר ואהבה לאנשים הנמצאים לנגד עיניו. הרגשה מעין זו, כאשר היא קיימת אצל כל אחד מהמתפללים, יוצרת מהות חדשה. לא עוד קבוצה של יחידים שכל אחד מתפלל לעצמו אלא עדה המתפללת יחד שפרטיה משפיעים זה על זה ומקבלים זה מזה. אף היחיד, המתפלל בכל מקום שהוא, מצטרף על ידי הכוונה לאהוב כל אדם מישראל אל העדה השלמה של ישראל, הציבור המתפלל באותה עת במקומותיו.

מה טובו לקט פסוקים המדברים בשבח בתי כנסיות של ישראל, ונועדו להכנת המתפלל אל הכניסה לבית הכנסת. הכניסה לבית ה׳ היא חסד מאת הבורא, ואנו מצידנו צריכים לבוא לתוכו ביראה ובתחושת רוממות המקום. לפסוקי השבח

הכנה לתפילה

לפני התפילה נוהגים לומר:

הֲרֵינִי מְקַבֵּל עָלַי מִצְוַת עֲשֵׂה שֶׁל וְאָהַבְתָּ לְרֵעֲךָ כָּמוֹךָ.

בכניסה לבית הכנסת אומרים:

מַה־טֹּבוּ במדבר כד

אֹהָלֶיךָ יַעֲקֹב, מִשְׁכְּנֹתֶיךָ יִשְׂרָאֵל:

וַאֲנִי בְּרֹב חַסְדְּךָ אָבוֹא בֵיתֶךָ תהלים ה

אֶשְׁתַּחֲוֶה אֶל־הֵיכַל־קָדְשְׁךָ

בְּיִרְאָתֶךָ:

יהוה אָהַבְתִּי מְעוֹן בֵּיתֶךָ תהלים כו

וּמְקוֹם מִשְׁכַּן כְּבוֹדֶךָ:

וַאֲנִי אֶשְׁתַּחֲוֶה

וְאֶכְרָעָה

אֶבְרְכָה לִפְנֵי יהוה עֹשִׂי.

וַאֲנִי תְפִלָּתִי־לְךָ יהוה תהלים סט

עֵת רָצוֹן

אֱלֹהִים בְּרָב־חַסְדֶּךָ

עֲנֵנִי בֶּאֱמֶת יִשְׁעֶךָ:

הנאמרים בשעת הכניסה למקום התפילה מצורפת בקשה תמציתית: שהקדוש ברוך הוא ישמע את תפילתנו, שדברינו יתקבלו למעלה ויעשו פירות למטה.

אֲדוֹן עוֹלָם

אֲשֶׁר מָלַךְ בְּטֶרֶם כָּל־יְצִיר נִבְרָא.

לְעֵת נַעֲשָׂה בְחֶפְצוֹ כֹּל אֲזַי מֶלֶךְ שְׁמוֹ נִקְרָא.

וְאַחֲרֵי כִּכְלוֹת הַכֹּל לְבַדּוֹ יִמְלֹךְ נוֹרָא.

וְהוּא הָיָה וְהוּא הֹוֶה וְהוּא יִהְיֶה בְּתִפְאָרָה.

וְהוּא אֶחָד וְאֵין שֵׁנִי לְהַמְשִׁיל לוֹ לְהַחְבִּירָה.

בְּלִי רֵאשִׁית בְּלִי תַכְלִית וְלוֹ הָעֹז וְהַמִּשְׂרָה.

וְהוּא אֵלִי וְחַי גּוֹאֲלִי וְצוּר חֶבְלִי בְּעֵת צָרָה.

וְהוּא נִסִּי וּמָנוֹס לִי מְנָת כּוֹסִי בְּיוֹם אֶקְרָא.

בְּיָדוֹ אַפְקִיד רוּחִי בְּעֵת אִישַׁן וְאָעִירָה.

וְעִם רוּחִי גְּוִיָּתִי יהוה לִי וְלֹא אִירָא.

אדון עולם פיוט העוסק בסיפור שבחי ה׳ בדברים שהם תמצית עיקרי האמונה, ולכן ראוי לאומרם בפתיחת היום. ה׳ הוא בורא הכול ויחיד בעולמו, ויחד עם גדולתו ורוממותו הריהו דואג לאדם ומציל אותו מצרותיו, ובפרט שומר על נפשו של האדם בזמן השינה ומשיבה לקרבו בבוקר. הפיוט שוזר את תיאור בריאת העולם בשבח יקיצת האדם מפני שבכל יקיצה של האדם מתחולל בזעיר אנפין מעשה של בריאה מחודשת.

יִגְדַּל

אֱלֹהִים חַי וְיִשְׁתַּבַּח, נִמְצָא וְאֵין עֵת אֶל מְצִיאוּתוֹ.

אֶחָד וְאֵין יָחִיד כְּיִחוּדוֹ, נֶעְלָם וְגַם אֵין סוֹף לְאַחְדּוּתוֹ.

אֵין לוֹ דְּמוּת הַגּוּף וְאֵינוֹ גוּף, לֹא נַעֲרֹךְ אֵלָיו קְדֻשָּׁתוֹ.

קַדְמוֹן לְכָל דָּבָר אֲשֶׁר נִבְרָא, רִאשׁוֹן וְאֵין רֵאשִׁית לְרֵאשִׁיתוֹ.

הִנּוֹ אֲדוֹן עוֹלָם, וְכָל נוֹצָר יוֹרֶה גְדֻלָּתוֹ וּמַלְכוּתוֹ.

שֶׁפַע נְבוּאָתוֹ נְתָנוֹ אֶל־אַנְשֵׁי סְגֻלָּתוֹ וְתִפְאַרְתּוֹ.

לֹא קָם בְּיִשְׂרָאֵל כְּמֹשֶׁה עוֹד נָבִיא וּמַבִּיט אֶת תְּמוּנָתוֹ.

תּוֹרַת אֱמֶת נָתַן לְעַמּוֹ אֵל עַל יַד נְבִיאוֹ נֶאֱמַן בֵּיתוֹ.

לֹא יַחֲלִיף הָאֵל וְלֹא יָמִיר דָּתוֹ לְעוֹלָמִים לְזוּלָתוֹ.

צוֹפֶה וְיוֹדֵעַ סְתָרֵינוּ, מַבִּיט לְסוֹף דָּבָר בְּקַדְמָתוֹ.

גּוֹמֵל לְאִישׁ חֶסֶד כְּמִפְעָלוֹ, נוֹתֵן לְרָשָׁע רָע כְּרִשְׁעָתוֹ.

יִשְׁלַח לְקֵץ יָמִין מְשִׁיחֵנוּ לִפְדּוֹת מְחַכֵּי קֵץ יְשׁוּעָתוֹ.

מֵתִים יְחַיֶּה אֵל בְּרֹב חַסְדּוֹ, בָּרוּךְ עֲדֵי עַד שֵׁם תְּהִלָּתוֹ.

ברכות השחר

בָּרוּךְ אַתָּה יהוה אֱלֹהֵינוּ מֶלֶךְ הָעוֹלָם
אֲשֶׁר נָתַן לַשֶּׂכְוִי בִינָה
לְהַבְחִין בֵּין יוֹם וּבֵין לָיְלָה.
בָּרוּךְ אַתָּה יהוה אֱלֹהֵינוּ מֶלֶךְ הָעוֹלָם
שֶׁלֹּא עָשַׂנִי גּוֹי. / יש הנוהגות לומר: שֶׁלֹּא עָשַׂנִי גּוֹיָה.
בָּרוּךְ אַתָּה יהוה אֱלֹהֵינוּ מֶלֶךְ הָעוֹלָם
שֶׁלֹּא עָשַׂנִי עָבֶד. / יש הנוהגות לומר: שֶׁלֹּא עָשַׂנִי שִׁפְחָה.
בָּרוּךְ אַתָּה יהוה אֱלֹהֵינוּ מֶלֶךְ הָעוֹלָם
גברים: שֶׁלֹּא עָשַׂנִי אִשָּׁה. / נשים: שֶׁעָשַׂנִי כִּרְצוֹנוֹ.

ברכות השחר ברכות שבח העוסקות בדברים מורגלים ויום־יומיים - היקיצה והקימה, ההליכה ויכולת התנועה, הראייה ולבישת הבגדים וכיוצא באלה. מטרתן של הברכות הללו היא לקטוע את ההרגל של החיים. בהתבוננות בדברים שנראים בעינינו פשוטים וסתמיים אנו שמים לב שהם מפליאים ומרתקים. למעשה, עניינן של כל הברכות הנאמרות במשך היום הוא להוציא את חוויית הסתמיות שבחיי האדם. הברכות, בעצם אמירתן, נועדו להעיר את האדם לחשוב ולשים לב לכך שיש משמעות וייחוד לכל יום ויום ולכל רגע ורגע.

אשר נתן לשכוי בינה בפשטות ברכה זו נאמרת על 'בינתו' של התרנגול ("שכוי"), שבאופן מופלא קורא בשעות קבועות, סמוך לעלות השחר, ובזמנים עברו הוא שעורר את האדם משנתו. הביטוי "שכוי" יכול להתפרש גם ככינוי ללב, ליכולת האדם להבין ולהבחין בין דברים שונים. על פי פירוש זה משתנה כוונת הברכה שאינה הודאה על התרנגול שהעיר את האדם משנתו אלא על חזרת התודעה המתרחשת בשעת היקיצה.

שלא עשני לברכות השייכות לסדר הקימה צורפו שלוש ברכות שבח והודאה הנוגעות למעמדו ומצבו של המברך: מברכים "שלא עשני גוי" על שהגוי לא נבחר להיות לעם ה' ואיננו מחויב בקיום המצוות; מברכים "שלא עשני עבד" על שמלבד היותו משועבד לאחרים, העבד איננו חייב בכל המצוות ואף לא

בָּרוּךְ אַתָּה יהוה אֱלֹהֵינוּ מֶלֶךְ הָעוֹלָם
פּוֹקֵחַ עִוְרִים.
בָּרוּךְ אַתָּה יהוה אֱלֹהֵינוּ מֶלֶךְ הָעוֹלָם
מַלְבִּישׁ עֲרֻמִּים.
בָּרוּךְ אַתָּה יהוה אֱלֹהֵינוּ מֶלֶךְ הָעוֹלָם
מַתִּיר אֲסוּרִים.
בָּרוּךְ אַתָּה יהוה אֱלֹהֵינוּ מֶלֶךְ הָעוֹלָם
זוֹקֵף כְּפוּפִים.
בָּרוּךְ אַתָּה יהוה אֱלֹהֵינוּ מֶלֶךְ הָעוֹלָם
רוֹקַע הָאָרֶץ עַל הַמָּיִם.
בָּרוּךְ אַתָּה יהוה אֱלֹהֵינוּ מֶלֶךְ הָעוֹלָם
הַמֵּכִין מִצְעֲדֵי גָבֶר.

ברכת "שֶׁעָשָׂה לִי כָּל צָרְכִּי" נתקנה על נעילת הנעליים, ולכן יש שאין מברכים
אותה בתשעה באב וביום הכיפורים, שאסורים בנעילת הסנדל.

בָּרוּךְ אַתָּה יהוה אֱלֹהֵינוּ מֶלֶךְ הָעוֹלָם
שֶׁעָשָׂה לִי כָּל צָרְכִּי.
בָּרוּךְ אַתָּה יהוה אֱלֹהֵינוּ מֶלֶךְ הָעוֹלָם
אוֹזֵר יִשְׂרָאֵל בִּגְבוּרָה.
בָּרוּךְ אַתָּה יהוה אֱלֹהֵינוּ מֶלֶךְ הָעוֹלָם
עוֹטֵר יִשְׂרָאֵל בְּתִפְאָרָה.
בָּרוּךְ אַתָּה יהוה אֱלֹהֵינוּ מֶלֶךְ הָעוֹלָם
הַנּוֹתֵן לַיָּעֵף כֹּחַ.

זכה בקדושת ישראל; וגברים מברכים "שלא עשני אישה" מכיוון שאישה איננה מחויבת בכל המצוות כגבר, ויש בחייה קשיים שאינם שייכים לגבר, והגדולים שבהם: צער הוסת, ההיריון והלידה.

בָּרוּךְ אַתָּה יהוה אֱלֹהֵינוּ מֶלֶךְ הָעוֹלָם, הַמַּעֲבִיר שֵׁנָה מֵעֵינַי וּתְנוּמָה מֵעַפְעַפָּי. וִיהִי רָצוֹן מִלְּפָנֶיךָ יהוה אֱלֹהֵינוּ וֵאלֹהֵי אֲבוֹתֵינוּ, שֶׁתַּרְגִּילֵנוּ בְּתוֹרָתֶךָ, וְדַבְּקֵנוּ בְּמִצְוֹתֶיךָ, וְאַל תְּבִיאֵנוּ לֹא לִידֵי חֵטְא, וְלֹא לִידֵי עֲבֵרָה וְעָוֹן, וְלֹא לִידֵי נִסָּיוֹן וְלֹא לִידֵי בִזָּיוֹן, וְאַל תַּשְׁלֶט בָּנוּ יֵצֶר הָרָע, וְהַרְחִיקֵנוּ מֵאָדָם רָע וּמֵחָבֵר רָע, וְדַבְּקֵנוּ בְּיֵצֶר הַטּוֹב וּבְמַעֲשִׂים טוֹבִים, וְכֹף אֶת יִצְרֵנוּ לְהִשְׁתַּעְבֶּד לָךְ, וּתְנֵנוּ הַיּוֹם וּבְכָל יוֹם לְחֵן וּלְחֶסֶד וּלְרַחֲמִים, בְּעֵינֶיךָ, וּבְעֵינֵי כָל רוֹאֵינוּ, וְתִגְמְלֵנוּ חֲסָדִים טוֹבִים. בָּרוּךְ אַתָּה יהוה, גּוֹמֵל חֲסָדִים טוֹבִים לְעַמּוֹ יִשְׂרָאֵל.

ברכות טז: יְהִי רָצוֹן מִלְּפָנֶיךָ יהוה אֱלֹהַי וֵאלֹהֵי אֲבוֹתַי, שֶׁתַּצִּילֵנִי הַיּוֹם וּבְכָל יוֹם מֵעַזֵּי פָנִים וּמֵעַזּוּת פָּנִים, מֵאָדָם רָע, מִיֵּצֶר רָע, וּמֵחָבֵר רָע, וּמִשָּׁכֵן רָע, וּמִפֶּגַע רָע, מֵעַיִן הָרָע, מִלָּשׁוֹן הָרָע, מִמַּלְשִׁינוּת, מֵעֵדוּת שֶׁקֶר, מִשִּׂנְאַת הַבְּרִיּוֹת, מֵעֲלִילָה, מִמִּיתָה מְשֻׁנָּה, מֵחֳלָיִים רָעִים, מִמִּקְרִים רָעִים, וּמִשָּׂטָן הַמַּשְׁחִית, מִדִּין קָשֶׁה, וּמִבַּעַל דִּין קָשֶׁה בֵּין שֶׁהוּא בֶן בְּרִית וּבֵין שֶׁאֵינוֹ בֶן בְּרִית, וּמִדִּינָהּ שֶׁל גֵּיהִנָּם.

נשים מברכות "שעשני כרצונו". בניגוד לברכות הקודמות, המנוסחות בלשון שלילה, יופייה של ברכה זו הוא באמירתה החיובית: הודאה לה׳ על שעשה אותה באופן המושלם והטוב ביותר שיכולה הייתה להיברא.

המעביר שינה מעיני... ויהי רצון הברכה האחרונה משלבת את שמחתו של האדם על ערותו ("המעביר שנה מעיני") בתפילה ובקשה שיעבור היום מתוך קשר עם הקדוש ברוך הוא ובלי לסטות מדרך האמת ("יהי רצון"). הבקשות הן בפרטות: שיעזור לנו להיות מתמידים ובקיאים בלימוד התורה ודבוקים במצוות על ידי כך שייתן לנו תנאים טובים כבריאות, זמן ומנוחת הנפש שיקלו עלינו לעסוק בכך; ושלא נגיע במשך היום למצבים העלולים לגרום לנו להיכשל בחטאים, ובכלל זאת שיסייע לנו להתרחק מחברה העלולה להשפיע עלינו לרעה; ולסיכום הבקשה - שנמצא חן בעיני ה׳ ובעיני בני האדם.

יהי רצון שתצילני לעומת הבקשה הקודמת, שהעיקר בה הוא הרצון להיות

פרשת העקדה

בשבת וביום טוב אין אומרים את התחינות שלפני פרשת העקדה ושאחריה.

אֱלֹהֵינוּ וֵאלֹהֵי אֲבוֹתֵינוּ, זָכְרֵנוּ בְּזִכָּרוֹן טוֹב לְפָנֶיךָ, וּפָקְדֵנוּ בִּפְקֻדַּת יְשׁוּעָה וְרַחֲמִים מִשְּׁמֵי שְׁמֵי קֶדֶם, וּזְכָר לָנוּ יהוה אֱלֹהֵינוּ, אַהֲבַת הַקַּדְמוֹנִים אַבְרָהָם יִצְחָק וְיִשְׂרָאֵל עֲבָדֶיךָ, אֶת הַבְּרִית וְאֶת הַחֶסֶד וְאֶת הַשְּׁבוּעָה שֶׁנִּשְׁבַּעְתָּ לְאַבְרָהָם אָבִינוּ בְּהַר הַמּוֹרִיָּה, וְאֶת הָעֲקֵדָה שֶׁעָקַד אֶת יִצְחָק בְּנוֹ עַל גַּבֵּי הַמִּזְבֵּחַ, כַּכָּתוּב בְּתוֹרָתֶךָ:

וַיְהִי אַחַר הַדְּבָרִים הָאֵלֶּה, וְהָאֱלֹהִים נִסָּה אֶת־אַבְרָהָם, וַיֹּאמֶר אֵלָיו אַבְרָהָם, וַיֹּאמֶר הִנֵּנִי: וַיֹּאמֶר קַח־נָא אֶת־בִּנְךָ אֶת־יְחִידְךָ בראשית כב

מושלם בעיני ה׳ מן הבחינה הרוחנית והנפשית, עיקרה של בקשה זו הוא ההינצלות מהיזקים אנושיים-ארציים יותר. בבקשה מפורטת רשימה של פגעים שקשה מאוד להימנע מהם. כל אדם, ולא משנה גדולתו וכבודו, עלול להיפגע מאנשים המעוניינים להעליב אותו, להתחצף אליו או להרע לו בכל אופן אחר. לכן חשובה התחינה לפני תחילת יום המעשה שלא יגיעו אלינו כל הדברים הרעים.

עקדה הניסיון של אברהם בעקדה הוא ניסיון רב פנים - בבחינות הרגש, האמונה והשכל. ראשית, התביעה למסור את הילד שלו - הדבר היקר לאדם מכל מה שיש לו בעולם, אף יותר מחייו. מלבד זאת, בניסיון הזה טמון גם משבר אמונה: הקדוש ברוך הוא הבטיח שיצחק יהיה בן ויורש לאברהם, ובעקדה הבטחה זו איננה מתקיימת. נוסף על כך משבר אמונה מופשט יותר: אברהם בוודאי היה מוחה על הקרבתו של אדם למרום, וכאן הוא עצמו מְצֻוֶּה לעשות את הדבר הזה. למרות הקושי העצום ומשברי הנפש, אברהם עמד בניסיון ובכך גדולתו - כיוון שה׳ הורה לו לעשות כן, הוא לא הרהר אחריו אלא ציית בלב שלם.

בעבור כל ישראל העקדה היא נקודת הראשית ונקודת השיא של האמונה ומסירות הנפש; היא אינה רק ניסיון שניתן לאברהם אבינו אלא גם מופת לכל ישראל, בניו של אברהם. ואכן במשך הדורות בכל פעם שהצריכה השעה למסירות נפש, נזכרו בפרשת העקדה וקיבלו חיזוק ממנה. קריאת פרשת העקדה לפני התפילה נועדה לעורר את הרצון להתדבק באותה מסירות עילאית בזמן התפילה.

אֲשֶׁר־אָהַבְתָּ, אֶת־יִצְחָק, וְלֶךְ־לְךָ אֶל־אֶרֶץ הַמֹּרִיָּה, וְהַעֲלֵהוּ שָׁם לְעֹלָה עַל אַחַד הֶהָרִים אֲשֶׁר אֹמַר אֵלֶיךָ: וַיַּשְׁכֵּם אַבְרָהָם בַּבֹּקֶר, וַיַּחֲבֹשׁ אֶת־חֲמֹרוֹ, וַיִּקַּח אֶת־שְׁנֵי נְעָרָיו אִתּוֹ וְאֵת יִצְחָק בְּנוֹ, וַיְבַקַּע עֲצֵי עֹלָה, וַיָּקָם וַיֵּלֶךְ אֶל־הַמָּקוֹם אֲשֶׁר־אָמַר־לוֹ הָאֱלֹהִים: בַּיּוֹם הַשְּׁלִישִׁי וַיִּשָּׂא אַבְרָהָם אֶת־עֵינָיו וַיַּרְא אֶת־הַמָּקוֹם מֵרָחֹק: וַיֹּאמֶר אַבְרָהָם אֶל־נְעָרָיו, שְׁבוּ־לָכֶם פֹּה עִם־הַחֲמוֹר, וַאֲנִי וְהַנַּעַר נֵלְכָה עַד־כֹּה, וְנִשְׁתַּחֲוֶה וְנָשׁוּבָה אֲלֵיכֶם: וַיִּקַּח אַבְרָהָם אֶת־עֲצֵי הָעֹלָה וַיָּשֶׂם עַל־יִצְחָק בְּנוֹ, וַיִּקַּח בְּיָדוֹ אֶת־הָאֵשׁ וְאֶת־הַמַּאֲכֶלֶת, וַיֵּלְכוּ שְׁנֵיהֶם יַחְדָּו: וַיֹּאמֶר יִצְחָק אֶל־אַבְרָהָם אָבִיו, וַיֹּאמֶר אָבִי, וַיֹּאמֶר הִנֶּנִּי בְנִי, וַיֹּאמֶר, הִנֵּה הָאֵשׁ וְהָעֵצִים, וְאַיֵּה הַשֶּׂה לְעֹלָה: וַיֹּאמֶר אַבְרָהָם, אֱלֹהִים יִרְאֶה־לּוֹ הַשֶּׂה לְעֹלָה, בְּנִי, וַיֵּלְכוּ שְׁנֵיהֶם יַחְדָּו: וַיָּבֹאוּ אֶל־הַמָּקוֹם אֲשֶׁר אָמַר־לוֹ הָאֱלֹהִים, וַיִּבֶן שָׁם אַבְרָהָם אֶת־הַמִּזְבֵּחַ וַיַּעֲרֹךְ אֶת־הָעֵצִים, וַיַּעֲקֹד אֶת־יִצְחָק בְּנוֹ, וַיָּשֶׂם אֹתוֹ עַל־הַמִּזְבֵּחַ מִמַּעַל לָעֵצִים: וַיִּשְׁלַח אַבְרָהָם אֶת־יָדוֹ, וַיִּקַּח אֶת־הַמַּאֲכֶלֶת, לִשְׁחֹט אֶת־בְּנוֹ: וַיִּקְרָא אֵלָיו מַלְאַךְ יהוה מִן־הַשָּׁמַיִם, וַיֹּאמֶר אַבְרָהָם אַבְרָהָם, וַיֹּאמֶר הִנֵּנִי: וַיֹּאמֶר אַל־תִּשְׁלַח יָדְךָ אֶל־הַנַּעַר, וְאַל־תַּעַשׂ לוֹ מְאוּמָה, כִּי עַתָּה יָדַעְתִּי כִּי־יְרֵא אֱלֹהִים אַתָּה, וְלֹא חָשַׂכְתָּ אֶת־בִּנְךָ אֶת־יְחִידְךָ מִמֶּנִּי: וַיִּשָּׂא אַבְרָהָם אֶת־עֵינָיו, וַיַּרְא וְהִנֵּה־אַיִל, אַחַר נֶאֱחַז בַּסְּבַךְ בְּקַרְנָיו, וַיֵּלֶךְ אַבְרָהָם וַיִּקַּח אֶת־הָאַיִל, וַיַּעֲלֵהוּ לְעֹלָה תַּחַת בְּנוֹ: וַיִּקְרָא אַבְרָהָם שֵׁם־הַמָּקוֹם הַהוּא יהוה יִרְאֶה, אֲשֶׁר יֵאָמֵר הַיּוֹם בְּהַר יהוה יֵרָאֶה: וַיִּקְרָא מַלְאַךְ יהוה אֶל־אַבְרָהָם שֵׁנִית מִן־הַשָּׁמָיִם: וַיֹּאמֶר, בִּי נִשְׁבַּעְתִּי נְאֻם־יהוה, כִּי יַעַן אֲשֶׁר עָשִׂיתָ אֶת־הַדָּבָר הַזֶּה, וְלֹא חָשַׂכְתָּ אֶת־בִּנְךָ אֶת־יְחִידֶךָ: כִּי־

בָרֵךְ אֲבָרֶכְךָ, וְהַרְבָּה אַרְבֶּה אֶת־זַרְעֲךָ כְּכוֹכְבֵי הַשָּׁמַיִם, וְכַחוֹל
אֲשֶׁר עַל־שְׂפַת הַיָּם, וְיִרַשׁ זַרְעֲךָ אֵת שַׁעַר אֹיְבָיו: וְהִתְבָּרְכוּ
בְזַרְעֲךָ כֹּל גּוֹיֵי הָאָרֶץ, עֵקֶב אֲשֶׁר שָׁמַעְתָּ בְּקֹלִי: וַיָּשָׁב אַבְרָהָם
אֶל־נְעָרָיו, וַיָּקֻמוּ וַיֵּלְכוּ יַחְדָּו אֶל־בְּאֵר שָׁבַע, וַיֵּשֶׁב אַבְרָהָם
בִּבְאֵר שָׁבַע:

רִבּוֹנוֹ שֶׁל עוֹלָם, כְּמוֹ שֶׁכָּבַשׁ אַבְרָהָם אָבִינוּ אֶת רַחֲמָיו לַעֲשׂוֹת רְצוֹנְךָ בְּלֵבָב
שָׁלֵם, כֵּן יִכְבְּשׁוּ רַחֲמֶיךָ אֶת כַּעַסְךָ מֵעָלֵינוּ וְיִגֹּלּוּ רַחֲמֶיךָ עַל מִדּוֹתֶיךָ. וְתִתְנַהֵג
עִמָּנוּ יהוה אֱלֹהֵינוּ בְּמִדַּת הַחֶסֶד וּבְמִדַּת הָרַחֲמִים, וּבְטוּבְךָ הַגָּדוֹל יָשׁוּב
חֲרוֹן אַפְּךָ מֵעַמְּךָ וּמֵעִירְךָ וּמֵאַרְצְךָ וּמִנַּחֲלָתֶךָ. וְקַיֶּם לָנוּ יהוה אֱלֹהֵינוּ אֶת
הַדָּבָר שֶׁהִבְטַחְתָּנוּ בְּתוֹרָתֶךָ עַל יְדֵי מֹשֶׁה עַבְדֶּךָ, כָּאָמוּר: וְזָכַרְתִּי אֶת־בְּרִיתִי ויקרא כו
יַעֲקוֹב וְאַף אֶת־בְּרִיתִי יִצְחָק, וְאַף אֶת־בְּרִיתִי אַבְרָהָם אֶזְכֹּר, וְהָאָרֶץ אֶזְכֹּר:
וְנֶאֱמַר: וְאַף גַּם־זֹאת בִּהְיוֹתָם בְּאֶרֶץ אֹיְבֵיהֶם, לֹא־מְאַסְתִּים וְלֹא־גְעַלְתִּים ויקרא כו
לְכַלֹּתָם, לְהָפֵר בְּרִיתִי אִתָּם, כִּי אֲנִי יהוה אֱלֹהֵיהֶם: וְנֶאֱמַר: וְזָכַרְתִּי לָהֶם
בְּרִית רִאשֹׁנִים, אֲשֶׁר הוֹצֵאתִי־אֹתָם מֵאֶרֶץ מִצְרַיִם לְעֵינֵי הַגּוֹיִם, לִהְיוֹת
לָהֶם לֵאלֹהִים, אֲנִי יהוה: וְנֶאֱמַר: וְשָׁב יהוה אֱלֹהֶיךָ אֶת־שְׁבוּתְךָ וְרִחֲמֶךָ, דברים ל
וְשָׁב וְקִבֶּצְךָ מִכָּל־הָעַמִּים, אֲשֶׁר הֱפִיצְךָ יהוה אֱלֹהֶיךָ שָׁמָּה: אִם־יִהְיֶה נִדַּחֲךָ
בִּקְצֵה הַשָּׁמָיִם, מִשָּׁם יְקַבֶּצְךָ יהוה אֱלֹהֶיךָ, וּמִשָּׁם יִקָּחֶךָ: וְנֶאֱמַר: וֶהֱבִיאֲךָ
יהוה אֱלֹהֶיךָ אֶל־הָאָרֶץ אֲשֶׁר־יָרְשׁוּ אֲבֹתֶיךָ וִירִשְׁתָּהּ, וְהֵיטִבְךָ וְהִרְבְּךָ
מֵאֲבֹתֶיךָ: וְנֶאֱמַר עַל יְדֵי נְבִיאֶךָ: יהוה חָנֵּנוּ, לְךָ קִוִּינוּ, הֱיֵה זְרֹעָם לַבְּקָרִים ישעיה לג
אַף־יְשׁוּעָתֵנוּ בְּעֵת צָרָה: וְנֶאֱמַר: וְעֵת־צָרָה הִיא לְיַעֲקֹב וּמִמֶּנָּה יִוָּשֵׁעַ: וְנֶאֱמַר: ירמיה ל
בְּכָל־צָרָתָם לוֹ צָר, וּמַלְאַךְ פָּנָיו הוֹשִׁיעָם, בְּאַהֲבָתוֹ וּבְחֶמְלָתוֹ הוּא גְאָלָם, ישעיה סג
וַיְנַטְּלֵם וַיְנַשְּׂאֵם כָּל־יְמֵי עוֹלָם: וְנֶאֱמַר: מִי־אֵל כָּמוֹךָ נֹשֵׂא עָוֹן וְעֹבֵר עַל־פֶּשַׁע מיכה ז
לִשְׁאֵרִית נַחֲלָתוֹ, לֹא־הֶחֱזִיק לָעַד אַפּוֹ, כִּי־חָפֵץ חֶסֶד הוּא: יָשׁוּב יְרַחֲמֵנוּ
יִכְבֹּשׁ עֲוֹנֹתֵינוּ, וְתַשְׁלִיךְ בִּמְצֻלוֹת יָם כָּל־חַטֹּאתָם: תִּתֵּן אֱמֶת לְיַעֲקֹב, חֶסֶד
לְאַבְרָהָם, אֲשֶׁר־נִשְׁבַּעְתָּ לַאֲבֹתֵינוּ מִימֵי קֶדֶם: וְנֶאֱמַר: וַהֲבִיאוֹתִים אֶל־הַר ישעיה נו
קָדְשִׁי, וְשִׂמַּחְתִּים בְּבֵית תְּפִלָּתִי, עוֹלֹתֵיהֶם וְזִבְחֵיהֶם לְרָצוֹן עַל־מִזְבְּחִי, כִּי
בֵיתִי בֵּית־תְּפִלָּה יִקָּרֵא לְכָל־הָעַמִּים:

קבלת עול מלכות שמים

לְעוֹלָם יְהֵא אָדָם יְרֵא שָׁמַיִם בְּסֵתֶר וּבַגָּלוּי
וּמוֹדֶה עַל הָאֱמֶת, וְדוֹבֵר אֱמֶת בִּלְבָבוֹ
וְיַשְׁכֵּם וְיֹאמַר

רִבּוֹן כָּל הָעוֹלָמִים וַאֲדוֹנֵי הָאֲדוֹנִים
לֹא עַל־צִדְקוֹתֵינוּ אֲנַחְנוּ מַפִּילִים תַּחֲנוּנֵינוּ לְפָנֶיךָ דניאל ט
כִּי עַל־רַחֲמֶיךָ הָרַבִּים:

לעולם יהא אדם קטע זה נועד להכנת הנפש לתפילה ובכלל לחיים של עבודת השם. ראשית כול, אדם צריך להיות ירא שמיים באמת - במעשה, בדיבור ובמחשבה. כדי לבנות יראה פנימית נדרש האדם לבחון בכנות את מקומו, להכיר בפחיתות ערכו ובטעויותיו. תביעה זו לעריכת חשבון נפש בדברים הנוגעים לאדם איננה פשוטה, ולכן נוספה כאן גם הדרישה להיות "דובר אמת בלבבו" - לעשות זאת באמת, שאדם לא ירמה את עצמו גם אם הדברים פוגעים בכבודו העצמי. כשאדם מודד את החיים בקנה מידה של אמת הוא מגיע למסקנה שהוא שפל לפני ה', ואז התפילה אינה באה מתוך עמדה של כוח או צדק אלא מתוך בקשה לרחמי ה'. כשעומדים מול הנצח גם ממעשים שנראים חשובים לעיתים לא נשאר כלום לאחר זמן. אף היתרון היחסי של האדם על הבהמה גדול לעומת האין־סוף. אף על פי כן, בעיני ה' אנו חשובים - לא בגלל גדולתנו, אלא בשל הברית שכרת עם אבותינו והנשמה שנתן בנו. משום כך חובה עלינו להודות לה' על עצם הזכות שזיכנו להיות יהודים, ושזיכנו להגיד "שמע ישראל" - מכיוון שכאשר אנחנו אומרים "שמע ישראל" אנו מצליחים להתקשר למה שמעל ומעבר לכל הקיום שלנו.

ירא שמים בסתר למשפט הפותח את הקטע מצויות שלוש נוסחאות: "ירא שמים בסתר"; "ירא שמים בסתר כבגלוי" ו"ירא שמים בסתר ובגלוי". כל אחת מהנוסחאות הללו מבטאת בחינה אחרת השייכת ביראת שמיים. **ירא שמים בסתר כבגלוי:** לרוב, דפוסי ההתנהגות של אדם מושפעים מהחברה: העובדה שיש אנשים מסביב, יש מי שמכיר אותו, ובכלל נורמות התנהגות שרווחות

מָה אָנוּ, מֶה חַיֵּינוּ, מֶה חַסְדֵּנוּ, מַה צִּדְקוֹתֵינוּ
מַה יְּשׁוּעָתֵנוּ, מַה כֹּחֵנוּ, מַה גְּבוּרָתֵנוּ
מַה נֹּאמַר לְפָנֶיךָ יהוה אֱלֹהֵינוּ וֵאלֹהֵי אֲבוֹתֵינוּ
הֲלֹא כָּל הַגִּבּוֹרִים כְּאַיִן לְפָנֶיךָ
וְאַנְשֵׁי הַשֵּׁם כְּלֹא הָיוּ
וַחֲכָמִים כִּבְלִי מַדָּע, וּנְבוֹנִים כִּבְלִי הַשְׂכֵּל
כִּי רֹב מַעֲשֵׂיהֶם תֹּהוּ, וִימֵי חַיֵּיהֶם הֶבֶל לְפָנֶיךָ
וּמוֹתַר הָאָדָם מִן־הַבְּהֵמָה אָיִן, כִּי הַכֹּל הָבֶל: קהלת ג
לְבַד הַנְּשָׁמָה הַטְּהוֹרָה
שֶׁהִיא עֲתִידָה לִתֵּן דִּין וְחֶשְׁבּוֹן לִפְנֵי כִּסֵּא כְבוֹדֶךָ.
וְכָל הַגּוֹיִם כְּאַיִן נֶגְדֶּךָ
שֶׁנֶּאֱמַר
הֵן גּוֹיִם כְּמַר מִדְּלִי, וּכְשַׁחַק מֹאזְנַיִם נֶחְשָׁבוּ ישעיה מ
הֵן אִיִּים כַּדַּק יִטּוֹל:

במקום מסוים - כולן עלולות לגרום לאדם לנהוג בחברה יפה יותר מכשהוא נתון לבדו. הדרישה כאן היא שאדם ינהג ביראת שמיים גם כאשר הוא במקום נסתר (ואף בתוך ראשו ומוחו, שהם המקומות הפרטיים ביותר אצל האדם) שהרי ה׳ נמצא בכל מקום, רואה ויודע הכול. **ירא שמים בסתר:** דרך זו כמעט הפוכה מקודמתה - דרישה שאדם ינהג בהצנע והסתר בכל הנוגע ליראת השמיים שלו, וינסה שלא להבליט אותה. לא מפני שהוא מתבייש בה, אלא להפך, כי הוא אינו מעוניין בגאווה או בנגיעה כלשהי שעלולות להיווצר בעקבות הידיעה שרואים את מעשיו. **ירא שמים בסתר ובגלוי:** יש מקומות ומצבים שבהם קשה לנהוג ביראת שמיים בגלוי. גם בסביבה שבאופן כללי תומכת בעבודת ה׳, ייתכנו לעיתים מעשים שכדי לעשותם בחוץ אדם נדרש להתגבר על הבושה ועל יחס החברה, כל שכן בסביבה הרחוקה מיהדות שלעיתים אדם נדרש לעוז ואומץ רב כדי להיות בה ירא שמיים בפומבי. במקומות כאלה לא די לו לאדם שהוא ירא שמיים בסתר, אלא הוא נדרש להיות גם בגלוי.

אֲבָל אֲנַחְנוּ עַמְּךָ בְּנֵי בְרִיתֶךָ
בְּנֵי אַבְרָהָם אֹהַבְךָ שֶׁנִּשְׁבַּעְתָּ לוֹ בְּהַר הַמּוֹרִיָּה
זֶרַע יִצְחָק יְחִידוֹ שֶׁנֶּעֱקַד עַל גַּבֵּי הַמִּזְבֵּחַ
עֲדַת יַעֲקֹב בִּנְךָ בְּכוֹרֶךָ
שֶׁמֵּאַהֲבָתְךָ שֶׁאָהַבְתָּ אוֹתוֹ וּמִשִּׂמְחָתְךָ שֶׁשָּׂמַחְתָּ בּוֹ
קָרָאתָ אֶת שְׁמוֹ יִשְׂרָאֵל וִישֻׁרוּן.

לְפִיכָךְ אֲנַחְנוּ חַיָּבִים
לְהוֹדוֹת לְךָ וּלְשַׁבֵּחֲךָ וּלְפָאֶרְךָ
וּלְבָרֵךְ וּלְקַדֵּשׁ וְלָתֵת שֶׁבַח וְהוֹדָיָה לִשְׁמֶךָ.
אַשְׁרֵינוּ, מַה טּוֹב חֶלְקֵנוּ
וּמַה נָּעִים גּוֹרָלֵנוּ
וּמַה יָּפָה יְרֻשָּׁתֵנוּ.

אַשְׁרֵינוּ, שֶׁאָנוּ מַשְׁכִּימִים וּמַעֲרִיבִים
בְּבָתֵּי כְנֵסִיּוֹת וּבְבָתֵּי מִדְרָשׁוֹת
וּמְיַחֲדִים שִׁמְךָ בְּכָל יוֹם תָּמִיד
וְאוֹמְרִים פַּעֲמַיִם בְּאַהֲבָה

שמע ישראל בשלב זה של התפילה אנו אומרים רק את הפרשה הראשונה של קריאת שמע משום חשיבות הדברים שמופיעים בה: הביטוי התמציתי ביותר של האמונה שבפסוק "שמע ישראל", וההתחייבות להחזיק באמונה ולשמור אותה שבפרשת "ואהבת".

אתה הוא ההתעמקות במחשבה על אחדות ה' בפסוק "ה' אלהינו ה' אחד" מביאה למסקנה כי הוא האחד והיחיד בעולם ואין עוד מלבדו, ובהיותו "קדוש" ונבדל מהכול. הכרה ואמונה זו בה' היא שעושה אותנו, בני ישראל, למקדשי

שְׁמַע יִשְׂרָאֵל, יהוה אֱלֹהֵינוּ, יהוה אֶחָד: דברים ו

בלחש: בָּרוּךְ שֵׁם כְּבוֹד מַלְכוּתוֹ לְעוֹלָם וָעֶד.

וְאָהַבְתָּ אֵת יהוה אֱלֹהֶיךָ, בְּכָל־לְבָבְךָ, וּבְכָל־נַפְשְׁךָ, וּבְכָל־ דברים ו
מְאֹדֶךָ: וְהָיוּ הַדְּבָרִים הָאֵלֶּה, אֲשֶׁר אָנֹכִי מְצַוְּךָ הַיּוֹם, עַל־לְבָבֶךָ:
וְשִׁנַּנְתָּם לְבָנֶיךָ, וְדִבַּרְתָּ בָּם, בְּשִׁבְתְּךָ בְּבֵיתֶךָ וּבְלֶכְתְּךָ בַדֶּרֶךְ,
וּבְשָׁכְבְּךָ וּבְקוּמֶךָ: וּקְשַׁרְתָּם לְאוֹת עַל־יָדֶךָ, וְהָיוּ לְטֹטָפֹת בֵּין
עֵינֶיךָ: וּכְתַבְתָּם עַל־מְזֻזוֹת בֵּיתֶךָ וּבִשְׁעָרֶיךָ:

אַתָּה הוּא עַד שֶׁלֹּא נִבְרָא הָעוֹלָם
אַתָּה הוּא מִשֶּׁנִּבְרָא הָעוֹלָם.
אַתָּה הוּא בָּעוֹלָם הַזֶּה
וְאַתָּה הוּא לָעוֹלָם הַבָּא.
קַדֵּשׁ אֶת שִׁמְךָ עַל מַקְדִּישֵׁי שְׁמֶךָ
וְקַדֵּשׁ אֶת שִׁמְךָ בְּעוֹלָמֶךָ
וּבִישׁוּעָתְךָ תָּרוּם וְתַגְבִּיהַּ קַרְנֵנוּ לְמַעְלָה
וְהוֹשִׁיעֵנוּ בְּקָרוֹב לְמַעַן שְׁמֶךָ.
בָּרוּךְ הַמְקַדֵּשׁ שְׁמוֹ בָּרַבִּים.

אַתָּה הוּא יהוה אֱלֹהֵינוּ בַּשָּׁמַיִם וּבָאָרֶץ
וּבִשְׁמֵי הַשָּׁמַיִם הָעֶלְיוֹנִים.
אֱמֶת, אַתָּה הוּא רִאשׁוֹן וְאַתָּה הוּא אַחֲרוֹן
וּמִבַּלְעָדֶיךָ אֵין אֱלֹהִים.

שמו בעולם. לכן באה הבקשה כאן שיגאל אותנו בקרוב ומייד, כדי שנוכל לעבוד את ה׳ בלי הפרעה, וכך יתגלה לעיני כול שה׳ הוא האלהים לבדו.

קַבֵּץ נְפוּצוֹת קוֶֹיךָ מֵאַרְבַּע כַּנְפוֹת הָאָרֶץ.
יַכִּירוּ וְיֵדְעוּ כָּל בָּאֵי עוֹלָם
מלכים ב׳ יט כִּי אַתָּה־הוּא הָאֱלֹהִים לְבַדֶּךָ, עֶלְיוֹן לְכֹל מַמְלְכוֹת הָאָרֶץ
אַתָּה עָשִׂיתָ אֶת־הַשָּׁמַיִם וְאֶת־הָאָרֶץ:
שמות כ אֶת־הַיָּם וְאֶת־כָּל־אֲשֶׁר־בָּם:
וּמִי בְּכָל מַעֲשֵׂי יָדֶיךָ בָּעֶלְיוֹנִים וּבַתַּחְתּוֹנִים
שֶׁיֹּאמַר לְךָ מַה תַּעֲשֶׂה וּמַה תִּפְעָל.

אָבִינוּ שֶׁבַּשָּׁמַיִם, חַי וְקַיָּם
עֲשֵׂה עִמָּנוּ צְדָקָה וָחֶסֶד
בַּעֲבוּר שִׁמְךָ הַגָּדוֹל הַגִּבּוֹר וְהַנּוֹרָא שֶׁנִּקְרָא עָלֵינוּ
וְקַיֶּם לָנוּ יהוה אֱלֹהֵינוּ אֶת הַדָּבָר
שֶׁהִבְטַחְתָּנוּ עַל יְדֵי צְפַנְיָה חוֹזָךְ
כָּאָמוּר
צפניה ג בָּעֵת הַהִיא אָבִיא אֶתְכֶם, וּבָעֵת קַבְּצִי אֶתְכֶם
כִּי־אֶתֵּן אֶתְכֶם לְשֵׁם וְלִתְהִלָּה בְּכֹל עַמֵּי הָאָרֶץ
בְּשׁוּבִי אֶת־שְׁבוּתֵיכֶם לְעֵינֵיכֶם
אָמַר יהוה:

קורבנות סדר הקורבנות אינו חלק מהתפילה עצמה אלא נועד להקדים דברי תורה לתפילה. לכן יש בו קטעים מכל מקצועות התורה - מקרא, משנה ותלמוד. עם זה, יש קשר בין תפילותינו לבין הקורבנות, שהרי עוד בזמן המקדש נתקנו תפילות כנגד הקרבתם ולצידה. לאחר החורבן אמירת פסוקי הקורבנות ולימוד הלכותיהם באים במקום הקרבתם, כמאמר חכמינו שכל העוסק בתורת הקורבנות מעלה עליו הכתוב כאילו הקריבם. סדר לימוד דיני הקורבנות להלן כולל בתמצית את כל עבודת המקדש לאורך היום.

סדר הקרבנות

פרשת הכיור

וַיְדַבֵּר יהוה אֶל־מֹשֶׁה לֵּאמֹר: וְעָשִׂיתָ כִּיּוֹר נְחֹשֶׁת וְכַנּוֹ נְחֹשֶׁת שמות ל
לְרָחְצָה, וְנָתַתָּ אֹתוֹ בֵּין־אֹהֶל מוֹעֵד וּבֵין הַמִּזְבֵּחַ, וְנָתַתָּ שָׁמָּה מָיִם:
וְרָחֲצוּ אַהֲרֹן וּבָנָיו מִמֶּנּוּ אֶת־יְדֵיהֶם וְאֶת־רַגְלֵיהֶם: בְּבֹאָם אֶל־אֹהֶל
מוֹעֵד יִרְחֲצוּ־מַיִם, וְלֹא יָמֻתוּ, אוֹ בְגִשְׁתָּם אֶל־הַמִּזְבֵּחַ לְשָׁרֵת,
לְהַקְטִיר אִשֶּׁה לַיהוה: וְרָחֲצוּ יְדֵיהֶם וְרַגְלֵיהֶם וְלֹא יָמֻתוּ, וְהָיְתָה
לָהֶם חָק־עוֹלָם, לוֹ וּלְזַרְעוֹ לְדֹרֹתָם:

פרשת תרומת הדשן

וַיְדַבֵּר יהוה אֶל־מֹשֶׁה לֵּאמֹר: צַו אֶת־אַהֲרֹן וְאֶת־בָּנָיו לֵאמֹר, זֹאת ויקרא ו
תּוֹרַת הָעֹלָה, הִוא הָעֹלָה עַל מוֹקְדָה עַל־הַמִּזְבֵּחַ כָּל־הַלַּיְלָה עַד־
הַבֹּקֶר, וְאֵשׁ הַמִּזְבֵּחַ תּוּקַד בּוֹ: וְלָבַשׁ הַכֹּהֵן מִדּוֹ בַד, וּמִכְנְסֵי־בַד
יִלְבַּשׁ עַל־בְּשָׂרוֹ, וְהֵרִים אֶת־הַדֶּשֶׁן אֲשֶׁר תֹּאכַל הָאֵשׁ אֶת־הָעֹלָה,
עַל־הַמִּזְבֵּחַ, וְשָׂמוֹ אֵצֶל הַמִּזְבֵּחַ: וּפָשַׁט אֶת־בְּגָדָיו, וְלָבַשׁ בְּגָדִים
אֲחֵרִים, וְהוֹצִיא אֶת־הַדֶּשֶׁן אֶל־מִחוּץ לַמַּחֲנֶה, אֶל־מָקוֹם טָהוֹר:
וְהָאֵשׁ עַל־הַמִּזְבֵּחַ תּוּקַד־בּוֹ, לֹא תִכְבֶּה, וּבִעֵר עָלֶיהָ הַכֹּהֵן עֵצִים
בַּבֹּקֶר בַּבֹּקֶר, וְעָרַךְ עָלֶיהָ הָעֹלָה, וְהִקְטִיר עָלֶיהָ חֶלְבֵי הַשְּׁלָמִים:
אֵשׁ, תָּמִיד תּוּקַד עַל־הַמִּזְבֵּחַ, לֹא תִכְבֶּה:

תרומת הדשן בפרשת תרומת הדשן נזכרים שני עניינים שיש בהם משום הדרכה לעבודת ה׳: ראשית, אש המזבח יוקדת כל הלילה ועליה נשרפים הקורבנות שלא הספיקו עוד להישרף; ושנית, השכם בבוקר, בכל יום, מוציאים מן המערכה אפר בכמות סמלית וגונזים אותו במקום טהור, ולאחר מכן מתחיל יום חדש שבו מתחיל גם סדר עבודה חדש. בדומה למזבח, על האדם להיות כל הזמן, ברציפות, בהתלהבות בעבודת ה׳ - ״אש תמיד תוקד״ - ואין זה רק ציווי אלא גם לאו: ״לא תכבה״. ושנית, עם זאת, מה שעשינו כבר עבר, וצריך לשים אותו במקומו, במנוחה, במקום קדוש - ומכאן להתחיל בעבודה חדשה.

בשבת וביום טוב אין אומרים ׳יְהִי רָצוֹן׳ זה:

יְהִי רָצוֹן מִלְּפָנֶיךָ יהוה אֱלֹהֵינוּ וֵאלֹהֵי אֲבוֹתֵינוּ, שֶׁתְּרַחֵם עָלֵינוּ, וְתִמְחֹל לָנוּ עַל כָּל חַטֹּאתֵינוּ וּתְכַפֵּר לָנוּ עַל כָּל עֲוֹנוֹתֵינוּ וְתִסְלַח לָנוּ עַל כָּל פְּשָׁעֵינוּ, וְשֶׁיִּבָּנֶה בֵּית הַמִּקְדָּשׁ בִּמְהֵרָה בְיָמֵינוּ, וְנַקְרִיב לְפָנֶיךָ קָרְבַּן הַתָּמִיד שֶׁיְּכַפֵּר בַּעֲדֵנוּ, כְּמוֹ שֶׁכָּתַבְתָּ עָלֵינוּ בְּתוֹרָתֶךָ עַל יְדֵי מֹשֶׁה עַבְדֶּךָ מִפִּי כְבוֹדֶךָ, כָּאָמוּר

פרשת קרבן התמיד

במדבר כח וַיְדַבֵּר יהוה אֶל־מֹשֶׁה לֵּאמֹר: צַו אֶת־בְּנֵי יִשְׂרָאֵל וְאָמַרְתָּ
אֲלֵהֶם, אֶת־קָרְבָּנִי לַחְמִי לְאִשַּׁי, רֵיחַ נִיחֹחִי, תִּשְׁמְרוּ
לְהַקְרִיב לִי בְּמוֹעֲדוֹ: וְאָמַרְתָּ לָהֶם, זֶה הָאִשֶּׁה אֲשֶׁר
תַּקְרִיבוּ לַיהוה, כְּבָשִׂים בְּנֵי־שָׁנָה תְמִימִם שְׁנַיִם לַיּוֹם,
עֹלָה תָמִיד: אֶת־הַכֶּבֶשׂ אֶחָד תַּעֲשֶׂה בַבֹּקֶר, וְאֵת הַכֶּבֶשׂ
הַשֵּׁנִי תַּעֲשֶׂה בֵּין הָעַרְבָּיִם: וַעֲשִׂירִית הָאֵיפָה סֹלֶת לְמִנְחָה,
בְּלוּלָה בְּשֶׁמֶן כָּתִית רְבִיעִת הַהִין: עֹלַת תָּמִיד, הָעֲשֻׂיָה
בְּהַר סִינַי, לְרֵיחַ נִיחֹחַ אִשֶּׁה לַיהוה: וְנִסְכּוֹ רְבִיעִת הַהִין
לַכֶּבֶשׂ הָאֶחָד, בַּקֹּדֶשׁ הַסֵּךְ נֶסֶךְ שֵׁכָר לַיהוה: וְאֵת הַכֶּבֶשׂ
הַשֵּׁנִי תַּעֲשֶׂה בֵּין הָעַרְבָּיִם, כְּמִנְחַת הַבֹּקֶר וּכְנִסְכּוֹ תַּעֲשֶׂה,
אִשֵּׁה רֵיחַ נִיחֹחַ לַיהוה:

ויקרא א וְשָׁחַט אֹתוֹ עַל יֶרֶךְ הַמִּזְבֵּחַ צָפֹנָה לִפְנֵי יהוה, וְזָרְקוּ בְּנֵי
אַהֲרֹן הַכֹּהֲנִים אֶת־דָּמוֹ עַל־הַמִּזְבֵּחַ, סָבִיב:

עולת תמיד העשויה בהר סיני עולת התמיד והקורבנות (המפורטים בספר ויקרא) הם ההמשך והסיום של מעמד הר סיני, הקיבוע של ההצהרה "נעשה ונשמע" והבאתה לידי מעשה, ולאחריה ישראל יכולים להתחיל במסעיהם אל ארץ ישראל. כך הוא גם סדר העבודה לדורות: עולת הבוקר - ולמעשה, סדר התפילה - היא הנקודה הראשית שבה האדם מקבע את עבודת ה׳, ואחריה הוא מוכן לצאת למלאכת יומו.

יְהִי רָצוֹן מִלְּפָנֶיךָ, יהוה אֱלֹהֵינוּ וֵאלֹהֵי אֲבוֹתֵינוּ, שֶׁתְּהֵא אֲמִירָה זוֹ חֲשׁוּבָה וּמְקֻבֶּלֶת וּמְרֻצָּה לְפָנֶיךָ, כְּאִלּוּ הִקְרַבְנוּ קָרְבַּן הַתָּמִיד בְּמוֹעֲדוֹ וּבִמְקוֹמוֹ וּכְהִלְכָתוֹ.

אַתָּה הוּא יהוה אֱלֹהֵינוּ שֶׁהִקְטִירוּ אֲבוֹתֵינוּ לְפָנֶיךָ אֶת קְטֹרֶת הַסַּמִּים בִּזְמַן שֶׁבֵּית הַמִּקְדָּשׁ הָיָה קַיָּם, כַּאֲשֶׁר צִוִּיתָ אוֹתָם עַל יְדֵי מֹשֶׁה נְבִיאֶךָ, כַּכָּתוּב בְּתוֹרָתֶךָ:

פרשת הקטורת

וַיֹּאמֶר יהוה אֶל־מֹשֶׁה, קַח־לְךָ סַמִּים נָטָף וּשְׁחֵלֶת וְחֶלְבְּנָה, סַמִּים שמות ל
וּלְבֹנָה זַכָּה, בַּד בְּבַד יִהְיֶה: וְעָשִׂיתָ אֹתָהּ קְטֹרֶת, רֹקַח מַעֲשֵׂה רוֹקֵחַ, מְמֻלָּח, טָהוֹר קֹדֶשׁ: וְשָׁחַקְתָּ מִמֶּנָּה הָדֵק, וְנָתַתָּה מִמֶּנָּה לִפְנֵי הָעֵדֻת בְּאֹהֶל מוֹעֵד אֲשֶׁר אִוָּעֵד לְךָ שָׁמָּה, קֹדֶשׁ קָדָשִׁים תִּהְיֶה לָכֶם:

וְנֶאֱמַר

וְהִקְטִיר עָלָיו אַהֲרֹן קְטֹרֶת סַמִּים, בַּבֹּקֶר בַּבֹּקֶר בְּהֵיטִיבוֹ אֶת־הַנֵּרֹת יַקְטִירֶנָּה: וּבְהַעֲלֹת אַהֲרֹן אֶת־הַנֵּרֹת בֵּין הָעַרְבַּיִם יַקְטִירֶנָּה, קְטֹרֶת תָּמִיד לִפְנֵי יהוה לְדֹרֹתֵיכֶם:

תָּנוּ רַבָּנָן: פִּטּוּם הַקְּטֹרֶת כֵּיצַד, שְׁלֹשׁ מֵאוֹת וְשִׁשִּׁים וּשְׁמוֹנָה מָנִים הָיוּ בָהּ. שְׁלֹשׁ כריתות ו.
מֵאוֹת וְשִׁשִּׁים וַחֲמִשָּׁה כְּמִנְיַן יְמוֹת הַחַמָּה, מָנֶה לְכָל יוֹם, פְּרַס בְּשַׁחֲרִית וּפְרַס בֵּין הָעַרְבַּיִם, וּשְׁלֹשָׁה מָנִים יְתֵרִים שֶׁמֵּהֶם מַכְנִיס כֹּהֵן גָּדוֹל מְלֹא חָפְנָיו בְּיוֹם הַכִּפּוּרִים, וּמַחֲזִירָן לְמַכְתֶּשֶׁת בְּעֶרֶב יוֹם הַכִּפּוּרִים וְשׁוֹחֲקָן יָפֶה יָפֶה, כְּדֵי שֶׁתְּהֵא

פרשת קרבן התמיד התפילות הקבועות ביום ניתקנו כנגד קורבן התמיד: תמיד של שחר מקביל לתפילת שחרית ותמיד של בין הערביים מקביל לתפילת מנחה. לכן נזכרים כאן קורבנות הבוקר והערב, כנגד שחרית ומנחה, שהן התפילות המחויבות לדעת חז"ל.

פרשת הקטורת בתוך עבודות המקדש ניצבת עבודה מיוחדת, עבודת הקטורת; עבודה הנעשית בפנים ובחשאי ומעלתה גבוהה מעבודת הקורבן. פירוט הדברים הרב כאן נדרש בשל המהות המיוחדת של הקטורת, אשר מהאמור בפרשת קורח עולה שמצד אחד היא עלולה להיות מסוכנת מאוד למי שמקטיר בלא שנצטווה, ומצד שני היא גם מגינה מפני הפורענות. ככלל, סממני הקטורת אינם דברים הנאכלים (בהם בולטת החלבנה, שבפירוש יש בה ריח לא נעים). הקטרת

דַּקָּה מִן הַדַּקָּה. וְאַחַד עָשָׂר סַמָּנִים הָיוּ בָהּ, וְאֵלּוּ הֵן: הַצְּרִי, וְהַצִּפֹּרֶן, וְהַחֶלְבְּנָה, וְהַלְּבוֹנָה מִשְׁקַל שִׁבְעִים שִׁבְעִים מָנֶה, מֹר, וּקְצִיעָה, שִׁבֹּלֶת נֵרְדְּ, וְכַרְכֹּם מִשְׁקַל שִׁשָּׁה עָשָׂר שִׁשָּׁה עָשָׂר מָנֶה, הַקֹּשְׁטְ שְׁנֵים עָשָׂר, קִלּוּפָה שְׁלֹשָׁה, וְקִנָּמוֹן תִּשְׁעָה, בֹּרִית כַּרְשִׁינָה תִּשְׁעָה קַבִּין, יֵין קַפְרִיסִין סְאִין תְּלָת וְקַבִּין תְּלָתָא, וְאִם אֵין לוֹ יֵין קַפְרִיסִין, מֵבִיא חֲמַר חִוַּרְיָן עַתִּיק. מֶלַח סְדוֹמִית רֹבַע, מַעֲלֶה עָשָׁן כָּל שֶׁהוּא. רַבִּי נָתָן הַבַּבְלִי אוֹמֵר: אַף כִּפַּת הַיַּרְדֵּן כָּל שֶׁהוּא, וְאִם נָתַן בָּהּ דְּבַשׁ פְּסָלָהּ, וְאִם חִסַּר אֶחָד מִכָּל סַמָּנֶיהָ, חַיָּב מִיתָה.

רַבָּן שִׁמְעוֹן בֶּן גַּמְלִיאֵל אוֹמֵר: הַצְּרִי אֵינוֹ אֶלָּא שְׂרָף הַנּוֹטֵף מֵעֲצֵי הַקְּטָף. בֹּרִית כַּרְשִׁינָה שֶׁשָּׁפִין בָּהּ אֶת הַצִּפֹּרֶן כְּדֵי שֶׁתְּהֵא נָאָה, יֵין קַפְרִיסִין שֶׁשּׁוֹרִין בּוֹ אֶת הַצִּפֹּרֶן כְּדֵי שֶׁתְּהֵא עַזָּה, וַהֲלֹא מֵי רַגְלַיִם יָפִין לָהּ, אֶלָּא שֶׁאֵין מַכְנִיסִין מֵי רַגְלַיִם בַּמִּקְדָּשׁ מִפְּנֵי הַכָּבוֹד.

תַּנְיָא, רַבִּי נָתָן אוֹמֵר: כְּשֶׁהוּא שׁוֹחֵק אוֹמֵר, הָדֵק הֵיטֵב הֵיטֵב הָדֵק, מִפְּנֵי שֶׁהַקּוֹל יָפֶה לַבְּשָׂמִים. פִּטְּמָהּ לַחֲצָאִין כְּשֵׁרָה, לִשְׁלִישׁ וְלִרְבִיעַ לֹא שָׁמַעְנוּ. אָמַר רַבִּי יְהוּדָה: זֶה הַכְּלָל, אִם כְּמִדָּתָהּ כְּשֵׁרָה לַחֲצָאִין, וְאִם חִסַּר אֶחָד מִכָּל סַמָּנֶיהָ חַיָּב מִיתָה.

ירושלמי יומא ד, הלכה ה תַּנְיָא, בַּר קַפָּרָא אוֹמֵר: אַחַת לְשִׁשִּׁים אוֹ לְשִׁבְעִים שָׁנָה הָיְתָה בָאָה שֶׁל שִׁירַיִם לַחֲצָאִין. וְעוֹד תָּנֵי בַּר קַפָּרָא: אִלּוּ הָיָה נוֹתֵן בָּהּ קוֹרְטוֹב שֶׁל דְּבַשׁ אֵין אָדָם
ויקרא ב יָכוֹל לַעֲמֹד מִפְּנֵי רֵיחָהּ, וְלָמָּה אֵין מְעָרְבִין בָּהּ דְּבַשׁ, מִפְּנֵי שֶׁהַתּוֹרָה אָמְרָה: כִּי כָל־שְׂאֹר וְכָל־דְּבַשׁ לֹא־תַקְטִירוּ מִמֶּנּוּ אִשֶּׁה לַיהוה:

חומרים שאינם בבחינת "עושי פרי" מרמזת שמקור הקטורת איננו מעולם שכולו טוב, ואולם כאשר הם מוקטרים על גבי המזבח הם נעשים למשיבי נפש, וזוהי דרך עלייתם ותיקונם. מורכבות זו היא שיוצרת את הסכנה שיש בקטורת מחד גיסא, ואת העוצמה שבה מאידך גיסא. במובן מסוים הקטורת היא גם סמל של התפילה כולה, אשר בדומה לקטורת עוסקת בדברים שמקורם בעולם שפל ומעלה אותם להיות ריח ניחוח למעלה מעלה.

פסוקי שמירה הפסוקים הללו מתהלים מדברים כולם על מחסה בה': ה' הוא משגב לנו, אשרי הבוטח בו, הוא יושיענו. לכן אמרו חכמים שפסוקים אלה

שלוש פעמים: יהוה צְבָאוֹת עִמָּנוּ, מִשְׂגָּב לָנוּ אֱלֹהֵי יַעֲקֹב סֶלָה: תהלים מו
שלוש פעמים: יהוה צְבָאוֹת, אַשְׁרֵי אָדָם בֹּטֵחַ בָּךְ: תהלים פד
שלוש פעמים: יהוה הוֹשִׁיעָה, הַמֶּלֶךְ יַעֲנֵנוּ בְיוֹם־קָרְאֵנוּ:

אַתָּה סֵתֶר לִי, מִצַּר תִּצְּרֵנִי, רָנֵּי פַלֵּט תְּסוֹבְבֵנִי סֶלָה: תהלים לב
וְעָרְבָה לַיהוה מִנְחַת יְהוּדָה וִירוּשָׁלָםִ, כִּימֵי עוֹלָם וּכְשָׁנִים קַדְמֹנִיּוֹת: מלאכי ג

סדר המערכה

אַבַּיֵּי הֲוָה מְסַדֵּר סֵדֶר הַמַּעֲרָכָה מִשְּׁמָא דִגְמָרָא, וְאַלִּבָּא דְאַבָּא יומא לג.
שָׁאוּל: מַעֲרָכָה גְדוֹלָה קוֹדֶמֶת לְמַעֲרָכָה שְׁנִיָּה שֶׁל קְטֹרֶת, וּמַעֲרָכָה
שְׁנִיָּה שֶׁל קְטֹרֶת קוֹדֶמֶת לְסִדּוּר שְׁנֵי גִזְרֵי עֵצִים, וְסִדּוּר שְׁנֵי גִזְרֵי עֵצִים
קוֹדֵם לְדִשּׁוּן מִזְבֵּחַ הַפְּנִימִי, וְדִשּׁוּן מִזְבֵּחַ הַפְּנִימִי קוֹדֵם לַהֲטָבַת
חָמֵשׁ נֵרוֹת, וַהֲטָבַת חָמֵשׁ נֵרוֹת קוֹדֶמֶת לְדַם הַתָּמִיד, וְדַם הַתָּמִיד
קוֹדֵם לַהֲטָבַת שְׁתֵּי נֵרוֹת, וַהֲטָבַת שְׁתֵּי נֵרוֹת קוֹדֶמֶת לִקְטֹרֶת, וּקְטֹרֶת
קוֹדֶמֶת לְאֵבָרִים, וְאֵבָרִים לְמִנְחָה, וּמִנְחָה לַחֲבִתִּין, וַחֲבִתִּין לִנְסָכִין,
וּנְסָכִין לְמוּסָפִין, וּמוּסָפִין לְבָזִיכִין, וּבָזִיכִין קוֹדְמִין לְתָמִיד שֶׁל בֵּין
הָעַרְבָּיִם. שֶׁנֶּאֱמַר: וְעָרַךְ עָלֶיהָ הָעֹלָה, וְהִקְטִיר עָלֶיהָ חֶלְבֵי הַשְּׁלָמִים: ויקרא ו
עָלֶיהָ הַשְׁלֵם כָּל הַקָּרְבָּנוֹת כֻּלָּם.

צריכים להיות שגורים תמיד בפי כל אדם. פסוקים אלה נאמרים כאן לבקשה: כשם שהקטורת הגנה בעבר, כך תגן עלינו גם כעת אמירת פרשת הקטורת.

סדר המערכה לסיכום סדר העבודה מובאים מתוך הגמרא דברי אביי - שהסתמך על מסורת הלימוד בבית המדרש ועל שיטתו של אבא שאול - המפרט ומסכם את כל סדר היום במקדש, מהעבודה הראשונה השכם בבוקר ועד סיומה בלילה.

כי כל שאור וכל דבש על פסוק זה אמרו חסידים ראשונים בדרך דרשה: בעבודת ה׳ צריכים להיזהר משני הצדדים הקיצוניים. ״כל שאור״, יותר מדי חמוץ, או ״וכל דבש״, יותר מדי מתוק, ״לא תקטירו ממנו אשה לה׳״ - שניהם פסולים.

אָנָּא, בְּכֹחַ גְּדֻלַּת יְמִינְךָ, תַּתִּיר צְרוּרָה. (אב״ג ית״ץ)
קַבֵּל רִנַּת עַמְּךָ, שַׂגְּבֵנוּ, טַהֲרֵנוּ, נוֹרָא. (קר״ע שט״ן)
נָא גִבּוֹר, דּוֹרְשֵׁי יִחוּדְךָ כְּבָבַת שָׁמְרֵם. (נג״ד יכ״ש)
בָּרְכֵם, טַהֲרֵם, רַחֲמֵי צִדְקָתְךָ תָּמִיד גָּמְלֵם. (בט״ר צת״ג)
חֲסִין קָדוֹשׁ, בְּרֹב טוּבְךָ נַהֵל עֲדָתֶךָ. (חק״ב טנ״ע)
יָחִיד גֵּאֶה, לְעַמְּךָ פְּנֵה, זוֹכְרֵי קְדֻשָּׁתֶךָ. (יג״ל פז״ק)
שַׁוְעָתֵנוּ קַבֵּל וּשְׁמַע צַעֲקָתֵנוּ, יוֹדֵעַ תַּעֲלוּמוֹת. (שק״ו צי״ת)
בלחש: בָּרוּךְ שֵׁם כְּבוֹד מַלְכוּתוֹ לְעוֹלָם וָעֶד.

בשבת וביום טוב אין אומרים תחינה זו:

רִבּוֹן הָעוֹלָמִים, אַתָּה צִוִּיתָנוּ לְהַקְרִיב קָרְבַּן הַתָּמִיד בְּמוֹעֲדוֹ וְלִהְיוֹת כֹּהֲנִים בַּעֲבוֹדָתָם וּלְוִיִּם בְּדוּכָנָם וְיִשְׂרָאֵל בְּמַעֲמָדָם. וְעַתָּה בַּעֲוֹנוֹתֵינוּ חָרַב בֵּית הַמִּקְדָּשׁ וּבָטַל הַתָּמִיד וְאֵין לָנוּ לֹא כֹהֵן בַּעֲבוֹדָתוֹ וְלֹא לֵוִי בְּדוּכָנוֹ וְלֹא יִשְׂרָאֵל
הושע יד בְּמַעֲמָדוֹ. וְאַתָּה אָמַרְתָּ: וּנְשַׁלְּמָה פָרִים שְׂפָתֵינוּ:

לָכֵן יְהִי רָצוֹן מִלְּפָנֶיךָ יהוה אֱלֹהֵינוּ וֵאלֹהֵי אֲבוֹתֵינוּ, שֶׁיְּהֵא שִׂיחַ שִׂפְתוֹתֵינוּ חָשׁוּב וּמְקֻבָּל וּמְרֻצֶּה לְפָנֶיךָ כְּאִלּוּ הִקְרַבְנוּ קָרְבַּן הַתָּמִיד בְּמוֹעֲדוֹ וְעָמַדְנוּ עַל מַעֲמָדוֹ.

ויקרא ז וְנֶאֱמַר: זֹאת הַתּוֹרָה לָעֹלָה לַמִּנְחָה וְלַחַטָּאת וְלָאָשָׁם וְלַמִּלּוּאִים וּלְזֶבַח הַשְּׁלָמִים:

אנא בכוח תפילה זו, המיוחסת לתנא ר׳ נחוניא בן הקנה, היא בקשה ותחינה לעזור לעם ישראל בכל עת צרה. חשיבותה של תפילה זו אינה בתוכנה בלבד, אלא בכך שראשי התיבות של המילים שבסופי המשפטים בתפילה זו (אב״ג ית״ץ וכו׳) הם אחד מהשמות הקדושים של ה׳ - ׳שם בן ארבעים ושתיים אותיות׳, ואמירת שם זה היא העיקר בתפילה זו. מכיוון שאיננו יודעים כיצד לקרוא ולבטא אותיות אלה, ואף איננו רשאים לעשות כן - נכתבו החרוזים לשם הזיכרון, ומאחר שיש כאן הזכרת שם ה׳ שלא בברכה, מוסיפים מייד את המילים ״ברוך שם כבוד מלכותו לעולם ועד״. על דרך הסוד מבואר שבכל פעם שיש בתפילה מעבר בין עולם רוחני אחד למשנהו יש מעין סולם לעלות בו (דוגמת הקדיש כמו שבואר בהקדמה לשחרית). השם של ״אנא בכוח״, מכל

בשבת ובראש חודש יש המוסיפים כאן את פסוקי מוסף היום. והנוהגים
על דרך הקבלה אין אומרים אותם, לפי שנאמרים בתפילת מוסף.

בשבת: וּבְיוֹם הַשַּׁבָּת שְׁנֵי־כְבָשִׂים בְּנֵי־שָׁנָה תְּמִימִם במדבר כח
וּשְׁנֵי עֶשְׂרֹנִים סֹלֶת מִנְחָה בְּלוּלָה בַשֶּׁמֶן, וְנִסְכּוֹ:
עֹלַת שַׁבַּת בְּשַׁבַּתּוֹ, עַל־עֹלַת הַתָּמִיד וְנִסְכָּהּ:

בראש חודש: וּבְרָאשֵׁי חׇדְשֵׁיכֶם תַּקְרִֽיבוּ עֹלָה לַיהוה במדבר כח
פָּרִים בְּנֵי־בָקָר שְׁנַֽיִם, וְאַֽיִל אֶחָד
כְּבָשִׂים בְּנֵי־שָׁנָה שִׁבְעָה, תְּמִימִם:
וּשְׁלֹשָׁה עֶשְׂרֹנִים סֹלֶת מִנְחָה
בְּלוּלָה בַשֶּׁמֶן לַפָּר הָאֶחָד
וּשְׁנֵי עֶשְׂרֹנִים סֹלֶת מִנְחָה בְּלוּלָה בַשֶּׁמֶן לָאַֽיִל הָאֶחָד:
וְעִשָּׂרֹן עִשָּׂרוֹן סֹלֶת מִנְחָה בְּלוּלָה בַשֶּׁמֶן לַכֶּֽבֶשׂ הָאֶחָד
עֹלָה רֵֽיחַ נִיחֹֽחַ, אִשֶּׁה לַיהוה:
וְנִסְכֵּיהֶם
חֲצִי הַהִין יִהְיֶה לַפָּר, וּשְׁלִישִׁת הַהִין לָאַֽיִל
וּרְבִיעִת הַהִין לַכֶּֽבֶשׂ, יָֽיִן
זֹאת עֹלַת חֹֽדֶשׁ בְּחׇדְשׁוֹ לְחׇדְשֵׁי הַשָּׁנָה:
וּשְׂעִיר עִזִּים אֶחָד לְחַטָּאת לַיהוה
עַל־עֹלַת הַתָּמִיד יֵעָשֶׂה, וְנִסְכּוֹ:

מקום, משמש כדי לסייע לעלייה לעולם רוחני גבוה יותר (אם כי, שלא כקדיש המתווך בין כל עולם לעולם, "אנא בכוח" הוא כסולם בין 'עולם העשייה' ל'עולם היצירה' דווקא), וכאן הוא מופיע בגלל המעבר מהחלק שלפני התפילה לפסוקי דזמרה (שכן משנת "איזהו מקומן" והברייתא "רבי ישמעאל" הן כעין נספח ואינן חלק מהתבנית העיקרית של התפילה).

דיני זבחים

זבחים פרק ה אֵיזֶהוּ מְקוֹמָן שֶׁל זְבָחִים. קָדְשֵׁי קָדָשִׁים שְׁחִיטָתָן בַּצָּפוֹן. פַּר וְשָׂעִיר שֶׁל יוֹם הַכִּפּוּרִים, שְׁחִיטָתָן בַּצָּפוֹן, וְקִבּוּל דָּמָן בִּכְלִי שָׁרֵת בַּצָּפוֹן, וְדָמָן טָעוּן הַזָּיָה עַל בֵּין הַבַּדִּים, וְעַל הַפָּרֹכֶת, וְעַל מִזְבַּח הַזָּהָב. מַתָּנָה אַחַת מֵהֶן מְעַכָּבֶת. שְׁיָרֵי הַדָּם הָיָה שׁוֹפֵךְ עַל יְסוֹד מַעֲרָבִי שֶׁל מִזְבֵּחַ הַחִיצוֹן, אִם לֹא נָתַן לֹא עִכֵּב.

פָּרִים הַנִּשְׂרָפִים וּשְׂעִירִים הַנִּשְׂרָפִים, שְׁחִיטָתָן בַּצָּפוֹן, וְקִבּוּל דָּמָן בִּכְלִי שָׁרֵת בַּצָּפוֹן, וְדָמָן טָעוּן הַזָּיָה עַל הַפָּרֹכֶת וְעַל מִזְבַּח הַזָּהָב. מַתָּנָה אַחַת מֵהֶן מְעַכָּבֶת. שְׁיָרֵי הַדָּם הָיָה שׁוֹפֵךְ עַל יְסוֹד מַעֲרָבִי שֶׁל מִזְבֵּחַ הַחִיצוֹן, אִם לֹא נָתַן לֹא עִכֵּב. אֵלּוּ וָאֵלּוּ נִשְׂרָפִין בְּבֵית הַדֶּשֶׁן.

חַטֹּאת הַצִּבּוּר וְהַיָּחִיד. אֵלּוּ הֵן חַטֹּאת הַצִּבּוּר: שְׂעִירֵי רָאשֵׁי חֳדָשִׁים וְשֶׁל מוֹעֲדוֹת. שְׁחִיטָתָן בַּצָּפוֹן, וְקִבּוּל דָּמָן בִּכְלִי שָׁרֵת בַּצָּפוֹן, וְדָמָן

איזהו מקומן פרק המשנה "איזהו מקומן של זבחים" נאמר כאן מכמה טעמים. חובת כל אדם היא ללמוד כל יום מקרא, משנה ותלמוד, ולאחר פרשיות התורה הרבות שנקראו מקודם נקבע כאן פרק ללימוד משנה. הפרק הזה נבחר לכך מפני שהוא מסכם את אופני ההקרבה של כל אחד מן הקורבנות, ולכן הוא חשוב לידיעת הלכות המקדש וסדריו ומהווה קשר נוסף בין עבודת המקדש לעבודה שבלב - התפילה. כמו כן, זהו אחד הפרקים המעטים במשנה שאין בהם מחלוקת (אף שאין כולו מוסכם על הכול, אולם המחלוקות מצויות במקומות אחרים ולא בתוכו), ולכן הוא מתאים להיות פרק לימוד קבוע לכול.

בפירוט הקודשים השונים הולכת המשנה מן הקדושים ביותר אל אלה שאין קדושתם חמורה כל כך. ההבחנה בדרגת הקדושה שיש בקורבנות קשורה בעיקר באופן זריקת הדם: מקורבנות שמזים את דמם בקודש הקודשים, בין בדי ארון הברית, שהם הקדושים מכולם, עד לאלה שיש בהם רק שפיכה כנגד היסוד.

טָעוּן אַרְבַּע מַתָּנוֹת עַל אַרְבַּע קְרָנוֹת. כֵּיצַד, עָלָה בַכֶּבֶשׁ, וּפָנָה לַסּוֹבֵב, וּבָא לוֹ לְקֶרֶן דְּרוֹמִית מִזְרָחִית, מִזְרָחִית צְפוֹנִית, צְפוֹנִית מַעֲרָבִית, מַעֲרָבִית דְּרוֹמִית. שְׁיָרֵי הַדָּם הָיָה שׁוֹפֵךְ עַל יְסוֹד דְּרוֹמִי. וְנֶאֱכָלִין לִפְנִים מִן הַקְּלָעִים, לְזִכְרֵי כְהֻנָּה, בְּכָל מַאֲכָל, לְיוֹם וָלַיְלָה עַד חֲצוֹת.

בשבת וביום טוב אין אומרים ׳יְהִי רָצוֹן׳ זה:

יְהִי רָצוֹן מִלְּפָנֶיךָ, יהוה אֱלֹהֵינוּ וֵאלֹהֵי אֲבוֹתֵינוּ
אִם נִתְחַיַּבְתִּי חַטָּאת
שֶׁתְּהֵא אֲמִירָה זוֹ מְרֻצָּה לְפָנֶיךָ כְּאִלּוּ הִקְרַבְתִּי חַטָּאת.

הָעוֹלָה קֹדֶשׁ קָדָשִׁים. שְׁחִיטָתָהּ בַּצָּפוֹן, וְקִבּוּל דָּמָהּ בִּכְלִי שָׁרֵת בַּצָּפוֹן, וְדָמָהּ טָעוּן שְׁתֵּי מַתָּנוֹת שֶׁהֵן אַרְבַּע, וּטְעוּנָה הֶפְשֵׁט וְנִתּוּחַ, וְכָלִיל לָאִשִּׁים.

בשבת וביום טוב אין אומרים ׳יְהִי רָצוֹן׳ זה:

יְהִי רָצוֹן כְּאִלּוּ הִקְרַבְתִּי עוֹלָה.

זִבְחֵי שַׁלְמֵי צִבּוּר וַאֲשָׁמוֹת. אֵלּוּ הֵן אֲשָׁמוֹת: אֲשַׁם גְּזֵלוֹת, אֲשַׁם מְעִילוֹת, אֲשַׁם שִׁפְחָה חֲרוּפָה, אֲשַׁם נָזִיר, אֲשַׁם מְצֹרָע, אָשָׁם תָּלוּי. שְׁחִיטָתָן בַּצָּפוֹן, וְקִבּוּל דָּמָן בִּכְלִי שָׁרֵת בַּצָּפוֹן, וְדָמָן טָעוּן שְׁתֵּי מַתָּנוֹת שֶׁהֵן אַרְבַּע. וְנֶאֱכָלִין לִפְנִים מִן הַקְּלָעִים, לְזִכְרֵי כְהֻנָּה, בְּכָל מַאֲכָל, לְיוֹם וָלַיְלָה עַד חֲצוֹת.

בשבת וביום טוב אין אומרים ׳יְהִי רָצוֹן׳ זה:

יְהִי רָצוֹן מִלְּפָנֶיךָ, יהוה אֱלֹהֵינוּ וֵאלֹהֵי אֲבוֹתֵינוּ
אִם נִתְחַיַּבְתִּי אָשָׁם
שֶׁתְּהֵא אֲמִירָה זוֹ מְרֻצָּה לְפָנֶיךָ כְּאִלּוּ הִקְרַבְתִּי אָשָׁם.

הַתּוֹדָה וְאֵיל נָזִיר קָדָשִׁים קַלִּים. שְׁחִיטָתָן בְּכָל מָקוֹם בָּעֲזָרָה, וְדָמָן טָעוּן שְׁתֵּי מַתָּנוֹת שֶׁהֵן אַרְבַּע, וְנֶאֱכָלִין בְּכָל הָעִיר, לְכָל אָדָם,

בְּכָל מַאֲכָל, לְיוֹם וָלַיְלָה עַד חֲצוֹת. הַמּוּרָם מֵהֶם כַּיּוֹצֵא בָהֶם, אֶלָּא שֶׁהַמּוּרָם נֶאֱכָל לַכֹּהֲנִים, לִנְשֵׁיהֶם, וְלִבְנֵיהֶם וּלְעַבְדֵיהֶם.

בשבת וביום טוב אין אומרים 'יְהִי רָצוֹן' זה:

יְהִי רָצוֹן כְּאִלּוּ הִקְרַבְתִּי תּוֹדָה.

שְׁלָמִים קָדָשִׁים קַלִּים. שְׁחִיטָתָן בְּכָל מָקוֹם בָּעֲזָרָה, וְדָמָן טָעוּן שְׁתֵּי מַתָּנוֹת שֶׁהֵן אַרְבַּע, וְנֶאֱכָלִין בְּכָל הָעִיר, לְכָל אָדָם, בְּכָל מַאֲכָל, לִשְׁנֵי יָמִים וְלַיְלָה אֶחָד. הַמּוּרָם מֵהֶם כַּיּוֹצֵא בָהֶם, אֶלָּא שֶׁהַמּוּרָם נֶאֱכָל לַכֹּהֲנִים, לִנְשֵׁיהֶם, וְלִבְנֵיהֶם וּלְעַבְדֵיהֶם.

בשבת וביום טוב אין אומרים 'יְהִי רָצוֹן' זה:

יְהִי רָצוֹן כְּאִלּוּ הִקְרַבְתִּי שְׁלָמִים.

הַבְּכוֹר וְהַמַּעֲשֵׂר וְהַפֶּסַח קָדָשִׁים קַלִּים. שְׁחִיטָתָן בְּכָל מָקוֹם בָּעֲזָרָה, וְדָמָן טָעוּן מַתָּנָה אֶחָת, וּבִלְבָד שֶׁיִּתֵּן כְּנֶגֶד הַיְסוֹד. שִׁנָּה בַּאֲכִילָתָן, הַבְּכוֹר נֶאֱכָל לַכֹּהֲנִים וְהַמַּעֲשֵׂר לְכָל אָדָם, וְנֶאֱכָלִין בְּכָל הָעִיר, בְּכָל מַאֲכָל, לִשְׁנֵי יָמִים וְלַיְלָה אֶחָד. הַפֶּסַח אֵינוֹ נֶאֱכָל אֶלָּא בַלַּיְלָה, וְאֵינוֹ נֶאֱכָל אֶלָּא עַד חֲצוֹת, וְאֵינוֹ נֶאֱכָל אֶלָּא לִמְנוּיָו, וְאֵינוֹ נֶאֱכָל אֶלָּא צָלִי.

רבי ישמעאל קטע ברייתא שמקורו בפתיחת מדרש ההלכה תורת כוהנים המשמש ללימוד תלמוד שלפני התפילה ואשר נבחר להיאמר כאן מפני חשיבותו הרבה לכל התורה שבעל פה - הוא כולל את היסודות אשר עליהם מבוססים כל מדרשי ההלכה, המובאים הרבה במשנה ובתלמודים.

שייבנה בית המקדש לאחר שלמדנו תורה בעניין עבודת המקדש, אנו מסיימים בתפילה הכוללת את שני הנושאים יחד: יהי רצון שייבנה בית המקדש במהרה בימינו ונקריב בו את הקורבנות הללו; ושבכל עת, גם עכשיו וגם לעתיד לבוא, יהא חלקנו בתורה ובלימודה.

ברייתא דרבי ישמעאל

רַבִּי יִשְׁמָעֵאל אוֹמֵר: בִּשְׁלֹשׁ עֶשְׂרֵה מִדּוֹת הַתּוֹרָה נִדְרֶשֶׁת

א מִקַּל וָחֹמֶר

ב וּמִגְּזֵרָה שָׁוָה

ג מִבִּנְיַן אָב מִכָּתוּב אֶחָד, וּמִבִּנְיַן אָב מִשְּׁנֵי כְתוּבִים

ד מִכְּלָל וּפְרָט

ה מִפְּרָט וּכְלָל

ו כְּלָל וּפְרָט וּכְלָל, אִי אַתָּה דָן אֶלָּא כְּעֵין הַפְּרָט

ז מִכְּלָל שֶׁהוּא צָרִיךְ לִפְרָט, וּמִפְּרָט שֶׁהוּא צָרִיךְ לִכְלָל

ח כָּל דָּבָר שֶׁהָיָה בִּכְלָל, וְיָצָא מִן הַכְּלָל לְלַמֵּד
לֹא לְלַמֵּד עַל עַצְמוֹ יָצָא
אֶלָּא לְלַמֵּד עַל הַכְּלָל כֻּלּוֹ יָצָא

ט כָּל דָּבָר שֶׁהָיָה בִּכְלָל, וְיָצָא לִטְעֹן טֹעַן אֶחָד שֶׁהוּא כְעִנְיָנוֹ
יָצָא לְהָקֵל וְלֹא לְהַחֲמִיר

י כָּל דָּבָר שֶׁהָיָה בִּכְלָל, וְיָצָא לִטְעֹן טֹעַן אַחֵר שֶׁלֹּא כְעִנְיָנוֹ
יָצָא לְהָקֵל וּלְהַחֲמִיר

יא כָּל דָּבָר שֶׁהָיָה בִּכְלָל, וְיָצָא לִדּוֹן בַּדָּבָר הֶחָדָשׁ
אִי אַתָּה יָכוֹל לְהַחֲזִירוֹ לִכְלָלוֹ
עַד שֶׁיַּחֲזִירֶנּוּ הַכָּתוּב לִכְלָלוֹ בְּפֵרוּשׁ

יב דָּבָר הַלָּמֵד מֵעִנְיָנוֹ, וְדָבָר הַלָּמֵד מִסּוֹפוֹ

יג וְכֵן שְׁנֵי כְתוּבִים הַמַּכְחִישִׁים זֶה אֶת זֶה
עַד שֶׁיָּבוֹא הַכָּתוּב הַשְּׁלִישִׁי וְיַכְרִיעַ בֵּינֵיהֶם.

יְהִי רָצוֹן מִלְּפָנֶיךָ, יהוה אֱלֹהֵינוּ וֵאלֹהֵי אֲבוֹתֵינוּ, שֶׁיִּבָּנֶה בֵּית הַמִּקְדָּשׁ בִּמְהֵרָה בְיָמֵינוּ, וְתֵן חֶלְקֵנוּ בְּתוֹרָתֶךָ, וְשָׁם נַעֲבָדְךָ בְּיִרְאָה כִּימֵי עוֹלָם וּכְשָׁנִים קַדְמוֹנִיּוֹת.

קדיש דרבנן

האבלים (בתוך אחד־עשר חודשי האבל או ביום השנה) אומרים קדיש דרבנן. ואם אין אבלים בבית הכנסת, שליח הציבור אומר קדיש זה. כשאומר קדיש זה (וכן ביתר הקדישים) כורע במילים 'יִתְגַּדַּל', 'יְהֵא שְׁמֵהּ רַבָּא', 'יִתְבָּרַךְ', 'בְּרִיךְ הוּא', וכן כשאומר 'אמן'. לפי מנהג אשכנז בזמן אמירת הקדיש עומדים כל הקהל, ולנוהגים לפי קבלת האר"י אין להקפיד על כך, אולם מי שכבר עומד בזמן אמירת הקדיש – לא ישב.

יתגדל ויתקדש שמו הגדול	**יִתְגַּדַּל וְיִתְקַדַּשׁ שְׁמֵהּ רַבָּא** (קהל: אָמֵן)
בעולם אשר ברא כרצונו	**בְּעָלְמָא דִּי בְרָא כִרְעוּתֵהּ**
וימליך מלכותו	**וְיַמְלִיךְ מַלְכוּתֵהּ**
ויצמיח ישועתו ויקרב משיחו	**וְיַצְמַח פֻּרְקָנֵהּ וִיקָרֵב מְשִׁיחֵהּ** (קהל: אָמֵן)
בחייכם ובימיכם	**בְּחַיֵּיכוֹן וּבְיוֹמֵיכוֹן**
ובחיי כל בית ישראל	**וּבְחַיֵּי דְכָל בֵּית יִשְׂרָאֵל**
במהרה ובזמן קרוב	**בַּעֲגָלָא וּבִזְמַן קָרִיב**
ואמרו אמן.	**וְאִמְרוּ אָמֵן.** (קהל: אָמֵן)

קהל ואבל:

יהא שמו הגדול מבורך	**יְהֵא שְׁמֵהּ רַבָּא מְבָרַךְ**
לעולם ולעולמי עולמים	**לְעָלַם וּלְעָלְמֵי עָלְמַיָּא.**

קדיש דרבנן עיקרו של הקדיש הוא נתינת כבוד לה' ובקשה שיתגלה ויתגדל כבודו בעולם. אמירתו היא מעין הצדעה לקדוש ברוך הוא, ומשום כך קבעו לומר את הקדישים בהזדמנויות שראוי להגיד בהן דברי גדולה לה'. כאן משמש הקדיש מַעֲבָר לחלק הבא של התפילה. בלשון הקבלה זוהי העלייה מ'עולם העשייה' – שהרי רוב הדברים שדובר בהם עד כה היו שייכים לעבודה הנעשית בעולמנו שלנו – אל החלק האחר שבתפילה, פסוקי דזמרה, שהוא עולם גבוה יותר, עולם המלאכים, 'עולם היצירה'.

"קדיש דרבנן" נאמר כאשר גומרים סדר לימוד. יש שהבינו מלשון

אבל:

יִתְבָּרַךְ וְיִשְׁתַּבַּח וְיִתְפָּאַר	יתברך וישתבח ויתפאר
וְיִתְרוֹמַם וְיִתְנַשֵּׂא	ויתרומם ויתנשא
וְיִתְהַדָּר וְיִתְעַלֶּה וְיִתְהַלָּל	ויתהדר ויתעלה ויתהלל
שְׁמֵהּ דְּקֻדְשָׁא בְּרִיךְ הוּא (קהל: אָמֵן)	שמו של הקדוש ברוך הוא
לְעֵלָּא מִן כָּל בִּרְכָתָא	למעלה מכל הברכות
/בעשרת ימי תשובה: לְעֵלָּא לְעֵלָּא מִכָּל בִּרְכָתָא/	
וְשִׁירָתָא, תֻּשְׁבְּחָתָא וְנֶחֱמָתָא	והשירות, התשבחות והנחמות
דַּאֲמִירָן בְּעָלְמָא	האמורות בעולם
וְאִמְרוּ אָמֵן. (קהל: אָמֵן)	ואמרו אמן.
עַל יִשְׂרָאֵל וְעַל רַבָּנָן	על ישראל ועל רבותינו
וְעַל תַּלְמִידֵיהוֹן	ועל תלמידיהם
וְעַל כָּל תַּלְמִידֵי תַלְמִידֵיהוֹן	ועל כל תלמידי תלמידיהם
וְעַל כָּל מָאן דְּעָסְקִין בְּאוֹרַיְתָא	ועל כל מי שעוסקים בתורה
דִּי בְּאַתְרָא (בארץ ישראל: קַדִּישָׁא) הָדֵין	שבמקום הקדוש הזה
וְדִי בְּכָל אֲתַר וַאֲתַר	ושבכל מקום ומקום
יְהֵא לְהוֹן וּלְכוֹן שְׁלָמָא רַבָּא	יהא להם ולכם שלום רב

התלמוד שקדיש זה נתקן מתחילה רק בסיומם של דברי אגדה (ולא הלכה), ולכן המנהג בכל ישראל לומר משנה או ברייתא של אגדה לפני אמירתו. זו גם הסיבה לאמירת הקטע "יהי רצון... שיבנה בית המקדש", שהוא דברי אגדה. לאחר אמירת נוסח הקדיש הבסיסי ("יתגדל ויתקדש... דאמירן בעלמא ואמרו אמן") מברכים בברכת השלום. את ברכת השלום על כל דרגותיה, מהשלום הגשמי־פיזי עד למשמעותו העליונה - הרמוניה והתאחדות של כל הדברים - מאחלים לכל חכמי ישראל ("רבנן"), לכל ישראל שעוסקים בתורה, וגם "לכון" (לכם), העוסקים בתורה במקום שנאמר בו הקדיש.

חִנָּא וְחִסְדָּא, וְרַחֲמֵי	חן וחסד, ורחמים
וְחַיֵּי אֲרִיכֵי, וּמְזוֹנֵי רְוִיחֵי	וחיים ארוכים, ומזונות רווחים
וּפֻרְקָנָא מִן קֳדָם אֲבוּהוֹן	וישועה מלפני אביהם
דִּי בִשְׁמַיָּא וְאַרְעָא	שבשמים ובארץ
וְאִמְרוּ אָמֵן. (קהל: אָמֵן)	ואמרו אמן.

יְהֵא שְׁלָמָא רַבָּא מִן שְׁמַיָּא	יהא שלום רב מן השמים
וְחַיִּים טוֹבִים עָלֵינוּ	וחיים טובים עלינו
וְעַל כָּל יִשְׂרָאֵל	ועל כל ישראל
וְאִמְרוּ אָמֵן. (קהל: אָמֵן)	ואמרו אמן.

כורע וחוזר שלוש פסיעות לאחוריו.
כורע לשמאל כשאומר 'עֹשֶׂה שָׁלוֹם', לימין כשאומר 'הוּא יַעֲשֶׂה' ולפנים כשאומר 'וְעַל כָּל יִשְׂרָאֵל'.

עֹשֶׂה שָׁלוֹם/ בעשרת ימי תשובה: הַשָּׁלוֹם/
בִּמְרוֹמָיו
הוּא בְּרַחֲמָיו יַעֲשֶׂה שָׁלוֹם
עָלֵינוּ וְעַל כָּל יִשְׂרָאֵל
וְאִמְרוּ אָמֵן. (קהל: אָמֵן)

עולם היצירה במבנה הכולל של סדר התפילה המכוון כנגד ארבעת העולמות, חלק התפילה מ"הודו" עד "ישתבח" מקביל ל'עולם היצירה', הוא עולם הרגש ועולם המלאכים. עניינו של חלק זה הוא לעורר את הלב להלל ולשבח את ה', ולכן המזמורים בפסוקי דזמרה (פסוקי השיר) כולם הם דברי שירה הפונים אל הרגש. פסוקי דזמרה עוסקים בעיקר בשבחו של הקדוש ברוך הוא על מעשיו בעולמו ולאורך ההיסטוריה. ואולם, יותר משיש בהם תיאור דברים הריהם שירת הלל והודאה על כלל הבריאה ועל חסדי ה' לישראל. תכלית אמירת הדברים הללו לסחוף את המתפלל שיצטרף גם הוא לשירת ההודאה הזו, כפי שאומרים בברכת הפתיחה: "נהלל ה' אלהינו בשבחות ובזמירות, נגדל ונשבח ונפארך וכו'".

תפילות השחר

בהושענא רבה אומרים פסוקי דזמרה של שבת (עמ' 339) עד לאחר 'בָּרוּךְ שֶׁאָמַר'.

דברי הימים א' טז

הוֹדוּ לַיהוה קִרְאוּ בִשְׁמוֹ, הוֹדִיעוּ בָעַמִּים עֲלִילֹתָיו: שִׁירוּ לוֹ, זַמְּרוּ־לוֹ, שִׂיחוּ בְּכָל־נִפְלְאוֹתָיו: הִתְהַלְלוּ בְּשֵׁם קָדְשׁוֹ, יִשְׂמַח לֵב מְבַקְשֵׁי יהוה: דִּרְשׁוּ יהוה וְעֻזּוֹ, בַּקְּשׁוּ פָנָיו תָּמִיד: זִכְרוּ נִפְלְאֹתָיו אֲשֶׁר עָשָׂה, מֹפְתָיו וּמִשְׁפְּטֵי־פִיהוּ: זֶרַע יִשְׂרָאֵל עַבְדּוֹ, בְּנֵי יַעֲקֹב בְּחִירָיו: הוּא יהוה אֱלֹהֵינוּ בְּכָל־הָאָרֶץ מִשְׁפָּטָיו: זִכְרוּ לְעוֹלָם בְּרִיתוֹ, דָּבָר צִוָּה לְאֶלֶף דּוֹר: אֲשֶׁר כָּרַת אֶת־אַבְרָהָם, וּשְׁבוּעָתוֹ לְיִצְחָק: וַיַּעֲמִידֶהָ לְיַעֲקֹב לְחֹק, לְיִשְׂרָאֵל בְּרִית עוֹלָם: לֵאמֹר, לְךָ אֶתֵּן אֶרֶץ־כְּנָעַן, חֶבֶל נַחֲלַתְכֶם: בִּהְיוֹתְכֶם מְתֵי מִסְפָּר, כִּמְעַט וְגָרִים בָּהּ: וַיִּתְהַלְּכוּ מִגּוֹי אֶל־גּוֹי, וּמִמַּמְלָכָה אֶל־עַם אַחֵר: לֹא־הִנִּיחַ לְאִישׁ לְעָשְׁקָם, וַיּוֹכַח עֲלֵיהֶם מְלָכִים: אַל־תִּגְּעוּ בִּמְשִׁיחָי, וּבִנְבִיאַי אַל־תָּרֵעוּ: שִׁירוּ לַיהוה כָּל־הָאָרֶץ, בַּשְּׂרוּ מִיּוֹם־אֶל־יוֹם יְשׁוּעָתוֹ: סַפְּרוּ בַגּוֹיִם אֶת־כְּבוֹדוֹ, בְּכָל־הָעַמִּים נִפְלְאֹתָיו: כִּי גָדוֹל יהוה וּמְהֻלָּל מְאֹד, וְנוֹרָא הוּא עַל־כָּל־אֱלֹהִים: כִּי כָּל־אֱלֹהֵי הָעַמִּים אֱלִילִים, וַיהוה שָׁמַיִם עָשָׂה:

הודו מזמור זה הוא פתיחה כללית לפסוקי דזמרה משום שיש בו קריאה, למתפלל ולעולם לזמר בכל האופנים ובכל המשמעויות: "הודו", "קראו", "שירו", "זמרו" ועוד. נוסף על כך, המזמור מתמצת את עיקרי הדברים שבאים בהמשך במזמורים המוגדרים: שבחי הגאולה בעבר, התפילה על העתיד, שבחי ירושלים והמקדש ועד לסיכום המשבח את הקב"ה על יציאת מצרים, שבח שהוא בסופו של דבר השבח הגדול ביותר שאנחנו יכולים לומר. מלבד דברי השבח ההיסטוריים־כלליים אנו אומרים כאן גם דברי שבח פרטיים: תשבחות לקדוש ברוך הוא וכן בקשות לסליחתו, לנאמנותו ולרחמיו.

הוֹד וְהָדָר לְפָנָיו, עֹז וְחֶדְוָה בִּמְקֹמוֹ: הָבוּ לַיהוה מִשְׁפְּחוֹת
עַמִּים, הָבוּ לַיהוה כָּבוֹד וָעֹז: הָבוּ לַיהוה כְּבוֹד שְׁמוֹ, שְׂאוּ מִנְחָה
וּבֹאוּ לְפָנָיו, הִשְׁתַּחֲווּ לַיהוה בְּהַדְרַת־קֹדֶשׁ: חִילוּ מִלְּפָנָיו כָּל־
הָאָרֶץ, אַף־תִּכּוֹן תֵּבֵל בַּל־תִּמּוֹט: יִשְׂמְחוּ הַשָּׁמַיִם וְתָגֵל הָאָרֶץ,
וְיֹאמְרוּ בַגּוֹיִם יהוה מָלָךְ: יִרְעַם הַיָּם וּמְלוֹאוֹ, יַעֲלֹץ הַשָּׂדֶה
וְכָל־אֲשֶׁר־בּוֹ: אָז יְרַנְּנוּ עֲצֵי הַיָּעַר, מִלִּפְנֵי יהוה, כִּי־בָא לִשְׁפּוֹט
אֶת־הָאָרֶץ: הוֹדוּ לַיהוה כִּי טוֹב, כִּי לְעוֹלָם חַסְדּוֹ: וְאִמְרוּ,
הוֹשִׁיעֵנוּ אֱלֹהֵי יִשְׁעֵנוּ, וְקַבְּצֵנוּ וְהַצִּילֵנוּ מִן־הַגּוֹיִם, לְהֹדוֹת
לְשֵׁם קָדְשֶׁךָ, לְהִשְׁתַּבֵּחַ בִּתְהִלָּתֶךָ: בָּרוּךְ יהוה אֱלֹהֵי יִשְׂרָאֵל
מִן־הָעוֹלָם וְעַד־הָעֹלָם, וַיֹּאמְרוּ כָל־הָעָם אָמֵן, וְהַלֵּל לַיהוה:

תהלים צט רוֹמְמוּ יהוה אֱלֹהֵינוּ וְהִשְׁתַּחֲווּ לַהֲדֹם רַגְלָיו, קָדוֹשׁ הוּא:
רוֹמְמוּ יהוה אֱלֹהֵינוּ וְהִשְׁתַּחֲווּ לְהַר קָדְשׁוֹ, כִּי־קָדוֹשׁ יהוה
אֱלֹהֵינוּ:

תהלים עח וְהוּא רַחוּם, יְכַפֵּר עָוֹן וְלֹא־יַשְׁחִית, וְהִרְבָּה לְהָשִׁיב אַפּוֹ,
תהלים מ וְלֹא־יָעִיר כָּל־חֲמָתוֹ: אַתָּה יהוה לֹא־תִכְלָא רַחֲמֶיךָ מִמֶּנִּי, חַסְדְּךָ
תהלים כה וַאֲמִתְּךָ תָּמִיד יִצְּרוּנִי: זְכֹר־רַחֲמֶיךָ יהוה וַחֲסָדֶיךָ, כִּי מֵעוֹלָם
תהלים סח הֵמָּה: תְּנוּ עֹז לֵאלֹהִים, עַל־יִשְׂרָאֵל גַּאֲוָתוֹ, וְעֻזּוֹ בַּשְּׁחָקִים:
נוֹרָא אֱלֹהִים מִמִּקְדָּשֶׁיךָ, אֵל יִשְׂרָאֵל הוּא נֹתֵן עֹז וְתַעֲצֻמוֹת
תהלים צד לָעָם, בָּרוּךְ אֱלֹהִים: אֵל־נְקָמוֹת יהוה, אֵל נְקָמוֹת הוֹפִיעַ:
תהלים ג הִנָּשֵׂא שֹׁפֵט הָאָרֶץ, הָשֵׁב גְּמוּל עַל־גֵּאִים: לַיהוה הַיְשׁוּעָה,
תהלים מו עַל־עַמְּךָ בִרְכָתֶךָ סֶּלָה: יהוה צְבָאוֹת עִמָּנוּ, מִשְׂגָּב לָנוּ אֱלֹהֵי
תהלים פד תהלים כ יַעֲקֹב סֶלָה: יהוה צְבָאוֹת, אַשְׁרֵי אָדָם בֹּטֵחַ בָּךְ: יהוה הוֹשִׁיעָה,
הַמֶּלֶךְ יַעֲנֵנוּ בְיוֹם־קָרְאֵנוּ:

הוֹשִֽׁיעָה אֶת־עַמֶּֽךָ, וּבָרֵךְ אֶת־נַחֲלָתֶֽךָ, וּרְעֵם וְנַשְּׂאֵם עַד־ תהלים כח
הָעוֹלָם: נַפְשֵֽׁנוּ חִכְּתָה לַיהוה, עֶזְרֵֽנוּ וּמָגִנֵּֽנוּ הוּא: כִּי־בוֹ יִשְׂמַח תהלים לג
לִבֵּֽנוּ, כִּי בְשֵׁם קָדְשׁוֹ בָטָֽחְנוּ: יְהִי־חַסְדְּךָ יהוה עָלֵֽינוּ, כַּאֲשֶׁר
יִחַֽלְנוּ לָךְ: הַרְאֵֽנוּ יהוה חַסְדֶּֽךָ, וְיֶשְׁעֲךָ תִּתֶּן־לָֽנוּ: קוּמָה עֶזְרָֽתָה תהלים פה תהלים מד
לָּֽנוּ, וּפְדֵֽנוּ לְמַֽעַן חַסְדֶּֽךָ: אָנֹכִי יהוה אֱלֹהֶֽיךָ הַמַּעַלְךָ מֵאֶֽרֶץ תהלים פא
מִצְרָֽיִם, הַרְחֶב־פִּֽיךָ וַאֲמַלְאֵֽהוּ: אַשְׁרֵי הָעָם שֶׁכָּֽכָה לּוֹ, אַשְׁרֵי תהלים קמד
הָעָם שֶׁיהוה אֱלֹהָיו: וַאֲנִי בְּחַסְדְּךָ בָטַֽחְתִּי, יָגֵל לִבִּי בִּישׁוּעָתֶֽךָ, תהלים יג
אָשִֽׁירָה לַיהוה, כִּי גָמַל עָלָי:

מִזְמוֹר שִׁיר־חֲנֻכַּת הַבַּֽיִת לְדָוִד: אֲרוֹמִמְךָ יהוה כִּי תהלים ל
דִלִּיתָֽנִי, וְלֹא־שִׂמַּֽחְתָּ אֹיְבַי לִי: יהוה אֱלֹהָי, שִׁוַּֽעְתִּי

מזמור שיר חנוכת הבית עניינו של המזמור הוא דברי תודה של המתפלל בצאתו ממצוקה גדולה - מחלה קשה או סכנה גדולה אחרת לחייו. המזמור נקבע לראשיתה של התפילה, לפני שמתחילים בפסוקי דזמרה, משום שהוא מלמדנו על מהותה וכוחה של התפילה: בכל מצב צריך להתפלל ולהתחנן לה׳, שהרי ביכולתו לענות תמיד לתפילותינו. כעין מה שאמרו חכמים: ״אפילו חרב חדה מונחת על צווארו של אדם אל ימנע עצמו מן הרחמים״.

הרחב פיך ואמלאהו ייחודו של פסוק זה בכך שה׳ הוא המבקש מהאדם, ובקשתו היא שהאדם ידע לשאול את כל צרכיו ומשאלותיו. ה׳ יודע את כל אשר נזקק לו האדם ומוכן לתת לו ולהשפיע עליו, אולם רצונו הוא שהאדם יבטא בשפתיו כל מה שהוא רוצה. יתרה מזו, ה׳ מעודד את האדם לא להסתפק במועט כאשר הוא בא לבקש, אלא לבקש בהרחבה - בדומה למה שאומרים לתינוק קטן: ״פתח פה גדול כדי שאפשר יהיה להאכיל אותך״ - ככל שהפה ייפתח יותר כך יהיה יותר מקום לשפע להיכנס.

אֵלֶיךָ וַתִּרְפָּאֵנִי: יהוה, הֶעֱלִיתָ מִן־שְׁאוֹל נַפְשִׁי, חִיִּיתַנִי מִיָּרְדִי־בוֹר: זַמְּרוּ לַיהוה חֲסִידָיו, וְהוֹדוּ לְזֵכֶר קָדְשׁוֹ: כִּי רֶגַע בְּאַפּוֹ, חַיִּים בִּרְצוֹנוֹ, בָּעֶרֶב יָלִין בֶּכִי וְלַבֹּקֶר רִנָּה: וַאֲנִי אָמַרְתִּי בְשַׁלְוִי, בַּל־אֶמּוֹט לְעוֹלָם: יהוה, בִּרְצוֹנְךָ הֶעֱמַדְתָּה לְהַרְרִי עֹז, הִסְתַּרְתָּ פָנֶיךָ הָיִיתִי נִבְהָל: אֵלֶיךָ יהוה אֶקְרָא, וְאֶל־אֲדֹנָי אֶתְחַנָּן: מַה־בֶּצַע בְּדָמִי, בְּרִדְתִּי אֶל שָׁחַת, הֲיוֹדְךָ עָפָר, הֲיַגִּיד אֲמִתֶּךָ: שְׁמַע־יהוה וְחָנֵּנִי, יהוה הֱיֵה־עֹזֵר לִי: הָפַכְתָּ מִסְפְּדִי לְמָחוֹל לִי, פִּתַּחְתָּ שַׂקִּי, וַתְּאַזְּרֵנִי שִׂמְחָה: לְמַעַן יְזַמֶּרְךָ כָבוֹד וְלֹא יִדֹּם, יהוה אֱלֹהַי, לְעוֹלָם אוֹדֶךָּ:

נוהגים לעמוד כשאומרים 'ה' מֶלֶךְ'.

יהוה מֶלֶךְ, יהוה מָלָךְ, יהוה יִמְלֹךְ לְעֹלָם וָעֶד.
יהוה מֶלֶךְ, יהוה מָלָךְ, יהוה יִמְלֹךְ לְעֹלָם וָעֶד.

ה' מלך זוהי הצהרה על גדולת ה' בכל הזמנים. מבנה המשפט אינו מתאר סדר זמנים טבעי, אלא את סדר החשיבות מנקודת מבטו של האדם המתפלל: ה' מֶלֶךְ כאן ועכשיו; ה' מָלָךְ בעבר; ולבסוף, בנוגע לעתיד הנעלם והמרוחק - ה' יִמְלֹךְ לעולם ועד.

מה בצע בדמי האדם כביכול מספק נימוק לקדוש ברוך הוא למה להשאירו בחיים: "מה בצע בדמי" - מה הרווח במיתתי? יכול להיות שמגיע לי למות, אבל אין בכך שום תועלת. כל עוד אני חי, אני יכול לעבוד אותך, לשבח ולהודות לך, אולם כשאמות - לא אוכל לעשות את כל זה. תוכן זה נאמר בתחילת התפילה כדי לעורר את הלב להודות ולהתפלל כל עוד האדם חי משום שזה הוא ייעודו בעולם.

וְהָיָה יהוה לְמֶלֶךְ עַל־כָּל־הָאָרֶץ זכריה יד
בַּיּוֹם הַהוּא יִהְיֶה יהוה אֶחָד וּשְׁמוֹ אֶחָד:

הוֹשִׁיעֵנוּ יהוה אֱלֹהֵינוּ תהלים קו
וְקַבְּצֵנוּ מִן־הַגּוֹיִם
לְהוֹדוֹת לְשֵׁם קָדְשֶׁךָ
לְהִשְׁתַּבֵּחַ בִּתְהִלָּתֶךָ:
בָּרוּךְ יהוה אֱלֹהֵי יִשְׂרָאֵל מִן־הָעוֹלָם וְעַד הָעוֹלָם
וְאָמַר כָּל־הָעָם אָמֵן, הַלְלוּיָהּ:
כֹּל הַנְּשָׁמָה תְּהַלֵּל יָהּ, הַלְלוּיָהּ: תהלים קנ

לַמְנַצֵּחַ בִּנְגִינֹת, מִזְמוֹר שִׁיר: אֱלֹהִים יְחָנֵּנוּ וִיבָרְכֵנוּ, תהלים סז
יָאֵר פָּנָיו אִתָּנוּ סֶלָה: לָדַעַת בָּאָרֶץ דַּרְכֶּךָ, בְּכָל־גּוֹיִם
יְשׁוּעָתֶךָ: יוֹדוּךָ עַמִּים אֱלֹהִים, יוֹדוּךָ עַמִּים כֻּלָּם: יִשְׂמְחוּ
וִירַנְּנוּ לְאֻמִּים, כִּי־תִשְׁפֹּט עַמִּים מִישֹׁר, וּלְאֻמִּים בָּאָרֶץ
תַּנְחֵם סֶלָה: יוֹדוּךָ עַמִּים אֱלֹהִים, יוֹדוּךָ עַמִּים כֻּלָּם: אֶרֶץ
נָתְנָה יְבוּלָהּ, יְבָרְכֵנוּ אֱלֹהִים אֱלֹהֵינוּ: יְבָרְכֵנוּ אֱלֹהִים,
וְיִירְאוּ אוֹתוֹ כָּל־אַפְסֵי־אָרֶץ:

למנצח בנגינות מזמור תהילה על חסד ה׳ בעולם. המזמור מתאר את השמחה וההודיה המופיעות כאשר בני אדם מכירים בחסדו של ה׳ ובהנהגתו את העולם. על פי קבלת האר״י הנהיגו לאומרו כאן בשל המבנה המשוכלל של המזמור: מספר המילים בפסוקים - ארבעים ותשע (מלבד פסוק הפתיחה, הראשון) - מכוונות על דרך הסוד כנגד שבע הספירות; מספר שקשור גם לשם הקדוש של ״אנא בכוח״, ובדומה לו משמש סולם מהעולם התחתון לעולמות העליונים.

פסוקי דזמרה

אין להפסיק בדיבור מ'בָּרוּךְ שֶׁאָמַר' עד לאחר תפילת עמידה.
נהוג לעמוד בשעה שאומרים 'בָּרוּךְ שֶׁאָמַר'. וכן נהוג שהמתפלל מחזיק בידו את שתי הציציות שלפניו, ועם סיום הברכה מנשקן ומניחן.

הֲרֵינִי מְזַמֵּן אֶת פִּי לְהוֹדוֹת וּלְהַלֵּל וּלְשַׁבֵּחַ אֶת בּוֹרְאִי
לְשֵׁם יִחוּד קֻדְשָׁא בְּרִיךְ הוּא וּשְׁכִינְתֵּיהּ
עַל יְדֵי הַהוּא טָמִיר וְנֶעְלָם בְּשֵׁם כָּל יִשְׂרָאֵל.

בָּרוּךְ שֶׁאָמַר

וְהָיָה הָעוֹלָם, בָּרוּךְ הוּא.
בָּרוּךְ אוֹמֵר וְעוֹשֶׂה
בָּרוּךְ גּוֹזֵר וּמְקַיֵּם
בָּרוּךְ עוֹשֶׂה בְרֵאשִׁית
בָּרוּךְ מְרַחֵם עַל הָאָרֶץ
בָּרוּךְ מְרַחֵם עַל הַבְּרִיּוֹת
בָּרוּךְ מְשַׁלֵּם שָׂכָר טוֹב לִירֵאָיו
בָּרוּךְ חַי לָעַד וְקַיָּם לָנֶצַח
בָּרוּךְ פּוֹדֶה וּמַצִּיל
בָּרוּךְ שְׁמוֹ

בָּרוּךְ אַתָּה יהוה אֱלֹהֵינוּ מֶלֶךְ הָעוֹלָם
הָאֵל הָאָב הָרַחֲמָן, הַמְהֻלָּל בְּפֶה עַמּוֹ
מְשֻׁבָּח וּמְפֹאָר בִּלְשׁוֹן חֲסִידָיו וַעֲבָדָיו
וּבְשִׁירֵי דָוִד עַבְדֶּךָ, נְהַלֶּלְךָ יהוה אֱלֹהֵינוּ.
בִּשְׁבָחוֹת וּבִזְמִירוֹת נְגַדֶּלְךָ וּנְשַׁבֵּחֲךָ וּנְפָאֶרְךָ
וְנַמְלִיכְךָ וְנַזְכִּיר שִׁמְךָ מַלְכֵּנוּ אֱלֹהֵינוּ, יָחִיד חֵי הָעוֹלָמִים
מֶלֶךְ, מְשֻׁבָּח וּמְפֹאָר עֲדֵי עַד שְׁמוֹ הַגָּדוֹל
בָּרוּךְ אַתָּה יהוה, מֶלֶךְ מְהֻלָּל בַּתִּשְׁבָּחוֹת.

לשם ייחוד עניינו של ה״לשם ייחוד״ הוא שאין די באמירת ברכה או בעשיית מצווה, אלא אף בהן יש לכוון את הכוונה הפנימית, שהיא הייחוד בין הקדוש ברוך הוא - הקדוש, הנבדל; ובין שכינתו - הכוח האלוקי השוכן איתנו בתוך כל המציאות לקיימה ולהחיותה. את הייחוד מסמל צירוף האותיות של שם הוי״ה: חיבור של שם י״ה, המקביל לקדוש, לו״ה המקביל לשכינה. מהותה של המצווה היא התגלות הקדוש שמעבר לעולמות, ועַם ישראל הם התגלות השכינה שבתוך העולמות, וכך בעצם מעשה המצווה שאנו עושים אנו מחברים את העולמות מעלה ומטה ומביאים לשלמות באלוקות, שיהיה שמו של ה׳ שלם. ממילא, אל לעושה המצווה לראות בעצמו רק אדם פרטי המקיים מצווה, אלא ״בשם כל ישראל״ חלק מהמכלול של עם ישראל וכנסת ישראל.

אמירת ה״לשם ייחוד״ כאן נועדה להכנת האדם לקראת ההודאה, ההילול והשבח בפסוקי דזמרה. אומנם, יש שהסבירו ש״לשם ייחוד״ זה, הבא בתחילת התפילה, הוא אמירה כללית כנגד כל מעשי המצוות שייעשו במשך היום - שגם אם אין האדם אומר ״לשם ייחוד״ לפני כל אחת ואחת מהן, הרי הוא מתכוון לכך באמירה זו הבאה בראשית הבוקר.

ברוך שאמר ברכת הפתיחה לפסוקי דזמרה. הברכה מורכבת משני חלקים: החלק הראשון הוא הקדמה שיש בה שבחו של ה׳ בתארים שונים. בחלק השני, העיקרי, מובא נוסח הברכה עצמה העוסקת בכוונתנו לשבח ולהודות לה׳ על ידי שירי דוד המלך, שהם מזמורי שבח המעוררים את הלב לעבודת ה׳.

אין אומרים ׳מִזְמוֹר לְתוֹדָה׳ בערב יום הכיפורים, בערב פסח ובחול המועד פסח.

תהלים ק מִזְמוֹר לְתוֹדָה, הָרִיעוּ לַיהוה כָּל־הָאָרֶץ: עִבְדוּ אֶת־יהוה
בְּשִׂמְחָה, בֹּאוּ לְפָנָיו בִּרְנָנָה: דְּעוּ כִּי־יהוה הוּא אֱלֹהִים, הוּא
עָשָׂנוּ וְלוֹ אֲנַחְנוּ, עַמּוֹ וְצֹאן מַרְעִיתוֹ: בֹּאוּ שְׁעָרָיו בְּתוֹדָה,
חֲצֵרֹתָיו בִּתְהִלָּה, הוֹדוּ לוֹ, בָּרְכוּ שְׁמוֹ: כִּי־טוֹב יהוה, לְעוֹלָם
חַסְדּוֹ, וְעַד־דֹּר וָדֹר אֱמוּנָתוֹ:

תהלים קד תהלים קיג יְהִי כְבוֹד יהוה לְעוֹלָם, יִשְׂמַח יהוה בְּמַעֲשָׂיו: יְהִי שֵׁם יהוה מְבֹרָךְ,
מֵעַתָּה וְעַד־עוֹלָם: מִמִּזְרַח־שֶׁמֶשׁ עַד־מְבוֹאוֹ, מְהֻלָּל שֵׁם יהוה:
תהלים קלה רָם עַל־כָּל־גּוֹיִם יהוה, עַל הַשָּׁמַיִם כְּבוֹדוֹ: יהוה שִׁמְךָ לְעוֹלָם, יהוה
תהלים קג זִכְרְךָ לְדֹר־וָדֹר: יהוה בַּשָּׁמַיִם הֵכִין כִּסְאוֹ, וּמַלְכוּתוֹ בַּכֹּל מָשָׁלָה:
דברי הימים א׳ טז יִשְׂמְחוּ הַשָּׁמַיִם וְתָגֵל הָאָרֶץ, וְיֹאמְרוּ בַגּוֹיִם יהוה מָלָךְ: יהוה
תהלים י מֶלֶךְ, יהוה מָלָךְ, יהוה יִמְלֹךְ לְעוֹלָם וָעֶד. יהוה מֶלֶךְ עוֹלָם וָעֶד,
תהלים לג אָבְדוּ גוֹיִם מֵאַרְצוֹ: יהוה הֵפִיר עֲצַת־גּוֹיִם, הֵנִיא מַחְשְׁבוֹת עַמִּים:
משלי יט תהלים לג רַבּוֹת מַחֲשָׁבוֹת בְּלֶב־אִישׁ, וַעֲצַת יהוה הִיא תָקוּם: עֲצַת יהוה
לְעוֹלָם תַּעֲמֹד, מַחְשְׁבוֹת לִבּוֹ לְדֹר וָדֹר: כִּי הוּא אָמַר וַיֶּהִי, הוּא־
תהלים קלב תהלים קלה צִוָּה וַיַּעֲמֹד: כִּי־בָחַר יהוה בְּצִיּוֹן, אִוָּהּ לְמוֹשָׁב לוֹ: כִּי־יַעֲקֹב
תהלים צד בָּחַר לוֹ יָהּ, יִשְׂרָאֵל לִסְגֻלָּתוֹ: כִּי לֹא־יִטֹּשׁ יהוה עַמּוֹ, וְנַחֲלָתוֹ
תהלים עח לֹא יַעֲזֹב: וְהוּא רַחוּם, יְכַפֵּר עָוֹן וְלֹא־יַשְׁחִית, וְהִרְבָּה לְהָשִׁיב
תהלים כ אַפּוֹ, וְלֹא־יָעִיר כָּל־חֲמָתוֹ: יהוה הוֹשִׁיעָה, הַמֶּלֶךְ יַעֲנֵנוּ בְיוֹם־
קָרְאֵנוּ:

מזמור לתודה מזמור של שמחת לב והודאה לה׳ ובמיוחד תודה על עצם קרבתנו לקדוש ברוך הוא. בדומה לקורבן התודה שאפשר היה להקריבו על כל דבר שיש בו תודה, כך במזמור זה אין פירוט על ההודאה אלא דברי תודה של המתפלל על כל מיני הטובה שגמל לו ה׳. משום הקשר לקורבן התודה, המנהג הוא שאין אומרים את המזמור בזמנים שבהם לא היו מקריבים קורבן זה – בין מפני שהוא

נוהגים למשמש בתפילין בשעת אמירת הפסוק ׳פּוֹתֵחַ אֶת יָדֶךָ׳.

אַשְׁרֵי יוֹשְׁבֵי בֵיתֶךָ, עוֹד יְהַלְלְוּךָ סֶּלָה: תהלים פד

אַשְׁרֵי הָעָם שֶׁכָּכָה לּוֹ, אַשְׁרֵי הָעָם שֶׁיהוה אֱלֹהָיו: תהלים קמד

תְּהִלָּה לְדָוִד תהלים קמה

אֲרוֹמִמְךָ אֱלוֹהַי הַמֶּלֶךְ, וַאֲבָרְכָה שִׁמְךָ לְעוֹלָם וָעֶד:
בְּכָל־יוֹם אֲבָרְכֶךָּ, וַאֲהַלְלָה שִׁמְךָ לְעוֹלָם וָעֶד:
גָּדוֹל יהוה וּמְהֻלָּל מְאֹד, וְלִגְדֻלָּתוֹ אֵין חֵקֶר:
דּוֹר לְדוֹר יְשַׁבַּח מַעֲשֶׂיךָ, וּגְבוּרֹתֶיךָ יַגִּידוּ:
הֲדַר כְּבוֹד הוֹדֶךָ, וְדִבְרֵי נִפְלְאֹתֶיךָ אָשִׂיחָה:
וֶעֱזוּז נוֹרְאֹתֶיךָ יֹאמֵרוּ, וּגְדוּלָּתְךָ אֲסַפְּרֶנָּה:
זֵכֶר רַב־טוּבְךָ יַבִּיעוּ, וְצִדְקָתְךָ יְרַנֵּנוּ:
חַנּוּן וְרַחוּם יהוה, אֶרֶךְ אַפַּיִם וּגְדָל־חָסֶד:

קורבן יחיד (שאינו קרב בשבתות וימים טובים), ובין מפני צד האכילה שבו או שבלחמי החמץ שיש להביא עימו.

יהי כבוד לקט פסוקים מתהלים הכוללים בתוכם את כל העניינים המרכזיים שיופיעו בפסוקי דזמרה: גדולת ה׳ בכל העולם, ממשלתו למעלה ולמטה, בחירת ישראל, אהבת ה׳ אותנו ועזרתו לנו. משום שכל אחד מהמזמורים בפסוקי דזמרה מוגדר לנושא מסוים, נוצר ׳מזמור׳ זה, שבתמציתיות רבה חורז נושאים ועניינים רבים.

אשרי עיקרו של מזמור זה הוא פרק קמה בתהלים. כפי הנראה עוד בזמן התלמוד הקדימו למזמור שני פסוקים ממזמורים אחרים, ששניהם מתחילים ב״אשרי״, וכן סיימו אותו בפסוק ממזמור אחר: ״וַאֲנַחְנוּ נְבָרֵךְ יָהּ״. תוספת הקישוט הזאת למזמור בתחילתו ובסופו באה להדגיש את חשיבותו. חכמים דיברו הרבה בשבחו של המזמור ואמרו ש״כל האומר ׳תהלה לדוד׳ בכל יום שלש פעמים - מובטח לו שהוא בן העולם הבא״, ולפיכך הוא נאמר שלוש פעמים בכל יום כחלק מחייב מתפילות היום. במובן מסוים ״אשרי״ הוא המרכז והקובע בכל פסוקי דזמרה: אם אומרים אותו לבדו, יוצאים מן הדין בגדר

טוֹב־יהוה לַכֹּל, וְרַחֲמָיו עַל־כָּל־מַעֲשָׂיו:
יוֹדוּךָ יהוה כָּל־מַעֲשֶׂיךָ, וַחֲסִידֶיךָ יְבָרְכוּכָה:
כְּבוֹד מַלְכוּתְךָ יֹאמֵרוּ, וּגְבוּרָתְךָ יְדַבֵּרוּ:
לְהוֹדִיעַ לִבְנֵי הָאָדָם גְּבוּרֹתָיו, וּכְבוֹד הֲדַר מַלְכוּתוֹ:
מַלְכוּתְךָ מַלְכוּת כָּל־עֹלָמִים, וּמֶמְשַׁלְתְּךָ בְּכָל־דּוֹר וָדֹר:
סוֹמֵךְ יהוה לְכָל־הַנֹּפְלִים, וְזוֹקֵף לְכָל־הַכְּפוּפִים:
עֵינֵי־כֹל אֵלֶיךָ יְשַׂבֵּרוּ, וְאַתָּה נוֹתֵן־לָהֶם אֶת־אָכְלָם בְּעִתּוֹ:
פּוֹתֵחַ אֶת־יָדֶךָ, וּמַשְׂבִּיעַ לְכָל־חַי רָצוֹן:
צַדִּיק יהוה בְּכָל־דְּרָכָיו, וְחָסִיד בְּכָל־מַעֲשָׂיו:
קָרוֹב יהוה לְכָל־קֹרְאָיו, לְכֹל אֲשֶׁר יִקְרָאֻהוּ בֶאֱמֶת:
רְצוֹן־יְרֵאָיו יַעֲשֶׂה, וְאֶת־שַׁוְעָתָם יִשְׁמַע, וְיוֹשִׁיעֵם:
שׁוֹמֵר יהוה אֶת־כָּל־אֹהֲבָיו, וְאֵת כָּל־הָרְשָׁעִים יַשְׁמִיד:
תְּהִלַּת יהוה יְדַבֶּר פִּי, וִיבָרֵךְ כָּל־בָּשָׂר שֵׁם קָדְשׁוֹ לְעוֹלָם וָעֶד:
וַאֲנַחְנוּ נְבָרֵךְ יָהּ מֵעַתָּה וְעַד־עוֹלָם, הַלְלוּיָהּ: תהלים קטו

אמירת פסוקי דזמרה. בתלמוד מבוארת מעלתו של המזמור בכך שהוא עוסק בהודאה על ביטויים שונים של ההתגלות האלוקית, ובהתגלות חסדו של ה׳ שדואג לפרנסת כל יצורי העולם. מעלה נוספת היא היותו מזמור אלפביתי (בתלמוד העירו על היעדרה של האות נו״ן, מפני שעלולה לרמוז גם לאיזה צד רע). המזמור מצרף מבנה שלם של השגחת ה׳ בעולם והתגלותו בדברים גדולים וקטנים, וקביעתו בסדר א״ב באה לומר שיש סדר ושלמות בעולם. לפיכך, הדגישו שיש צורך לכוון ביתר שאת באמירת ״אשרי״, שכן הוא מזמור השבח החשוב ביותר בספר תהלים.

מזמורי הללויה חמשת המזמורים שלהלן ממשיכים את מזמור ״תהלה לדוד״, עד לסיום ספר תהלים: קמו-קנ. כולם פותחים ומסיימים ב״הללויה״ – מילת קריאה המורכבת משתי מילים: ״הללו את ה׳!״. כמו כן, מילה זאת מתפרשת גם כמילה אחת, שפירושה הוא ״הלל גדול״.

תהלים קמו

הַלְלוּיָהּ, הַלְלִי נַפְשִׁי אֶת־יהוה: אֲהַלְלָה יהוה בְּחַיָּי, אֲזַמְּרָה לֵאלֹהַי בְּעוֹדִי: אַל־תִּבְטְחוּ בִנְדִיבִים, בְּבֶן־אָדָם שֶׁאֵין לוֹ תְשׁוּעָה: תֵּצֵא רוּחוֹ, יָשֻׁב לְאַדְמָתוֹ, בַּיּוֹם הַהוּא אָבְדוּ עֶשְׁתֹּנֹתָיו: אַשְׁרֵי שֶׁאֵל יַעֲקֹב בְּעֶזְרוֹ, שִׂבְרוֹ עַל־יהוה אֱלֹהָיו: עֹשֶׂה שָׁמַיִם וָאָרֶץ, אֶת־הַיָּם וְאֶת־כָּל־אֲשֶׁר־בָּם, הַשֹּׁמֵר אֱמֶת לְעוֹלָם: עֹשֶׂה מִשְׁפָּט לַעֲשׁוּקִים, נֹתֵן לֶחֶם לָרְעֵבִים, יהוה מַתִּיר אֲסוּרִים: יהוה פֹּקֵחַ עִוְרִים, יהוה זֹקֵף כְּפוּפִים, יהוה אֹהֵב צַדִּיקִים: יהוה שֹׁמֵר אֶת־גֵּרִים, יָתוֹם וְאַלְמָנָה יְעוֹדֵד, וְדֶרֶךְ רְשָׁעִים יְעַוֵּת: יִמְלֹךְ יהוה לְעוֹלָם, אֱלֹהַיִךְ צִיּוֹן לְדֹר וָדֹר, הַלְלוּיָהּ:

תהלים קמז

הַלְלוּיָהּ, כִּי־טוֹב זַמְּרָה אֱלֹהֵינוּ, כִּי־נָעִים נָאוָה תְהִלָּה: בּוֹנֵה יְרוּשָׁלַםִ יהוה, נִדְחֵי יִשְׂרָאֵל יְכַנֵּס: הָרֹפֵא לִשְׁבוּרֵי לֵב, וּמְחַבֵּשׁ לְעַצְּבוֹתָם: מוֹנֶה מִסְפָּר לַכּוֹכָבִים, לְכֻלָּם שֵׁמוֹת יִקְרָא: גָּדוֹל

הללי נפשי את ה׳ המזמור מדגיש שאי אפשר לסמוך על איש, לא רק בגלל הפכפכותם של בני האדם אלא משום שאף החזקים והתקיפים ביותר עשויים לאבד את כוחם. בני אדם הם יצורים די רופפים, וגם נדיב הלב שתמיד עומד בדיבורו עתיד למות, ובן רגע נעלמות כל מחשבותיו ותוכניותיו. רק על הקדוש ברוך הוא אפשר לסמוך, מפני שהוא והבטחתו קיימים לעולם, והוא העוזר והתומך היחיד לכל מי שזקוק לעזרה. שבחו של ה׳ איננו רק בכך שהוא "עושה שמים וארץ", אלא גדולתו מתבטאת גם למטה בעולם - שהרי ה׳ דואג לכל המסכנים: לעשוקים ולרעבים, לעיוורים ולכפופים, לגרים, ליתומים ולאלמנות.

הללויה כי טוב מזמור תודה על שפע ה׳ בעולם וחסדו. ה׳ הוא אדון כל היקום, כוחו מתגלה בתופעות הטבע השונות, והוא עוזר לזקוקים לעזרה. הוא המוריד גשם, הנותן אוכל לאדם ולבהמה, משפיע חסדו לבני האדם, לעולם כולו ולעיר ירושלים, ובפרט הוא מקרב את בני ישראל ועוזר להם. השירה במזמור עוברת כל העת מנושא לנושא: מן הפרטי אל הכללי, ומבעיותיהם של בני אדם לגודלו של העולם. זוהי שירה הנובעת מאדם המסתכל על עולמו ונותן שבח והודאה על כל דבר ודבר שהוא רואה, ואף על עצם היכולת לשיר לה׳.

אֲדוֹנֵינוּ וְרַב־כֹּחַ, לִתְבוּנָתוֹ אֵין מִסְפָּר: מְעוֹדֵד עֲנָוִים יהוה,
מַשְׁפִּיל רְשָׁעִים עֲדֵי־אָרֶץ: עֱנוּ לַיהוה בְּתוֹדָה, זַמְּרוּ לֵאלֹהֵינוּ
בְכִנּוֹר: הַמְכַסֶּה שָׁמַיִם בְּעָבִים, הַמֵּכִין לָאָרֶץ מָטָר, הַמַּצְמִיחַ הָרִים
חָצִיר: נוֹתֵן לִבְהֵמָה לַחְמָהּ, לִבְנֵי עֹרֵב אֲשֶׁר יִקְרָאוּ: לֹא בִגְבוּרַת
הַסּוּס יֶחְפָּץ, לֹא־בְשׁוֹקֵי הָאִישׁ יִרְצֶה: רוֹצֶה יהוה אֶת־יְרֵאָיו, אֶת־
הַמְיַחֲלִים לְחַסְדּוֹ: שַׁבְּחִי יְרוּשָׁלַםִ אֶת־יהוה, הַלְלִי אֱלֹהַיִךְ צִיּוֹן:
כִּי־חִזַּק בְּרִיחֵי שְׁעָרָיִךְ, בֵּרַךְ בָּנַיִךְ בְּקִרְבֵּךְ: הַשָּׂם־גְּבוּלֵךְ שָׁלוֹם,
חֵלֶב חִטִּים יַשְׂבִּיעֵךְ: הַשֹּׁלֵחַ אִמְרָתוֹ אָרֶץ, עַד־מְהֵרָה יָרוּץ דְּבָרוֹ:
הַנֹּתֵן שֶׁלֶג כַּצָּמֶר, כְּפוֹר כָּאֵפֶר יְפַזֵּר: מַשְׁלִיךְ קַרְחוֹ כְפִתִּים, לִפְנֵי
קָרָתוֹ מִי יַעֲמֹד: יִשְׁלַח דְּבָרוֹ וְיַמְסֵם, יַשֵּׁב רוּחוֹ יִזְּלוּ־מָיִם: מַגִּיד
דְּבָרָו לְיַעֲקֹב, חֻקָּיו וּמִשְׁפָּטָיו לְיִשְׂרָאֵל: לֹא עָשָׂה כֵן לְכָל־גּוֹי,
וּמִשְׁפָּטִים בַּל־יְדָעוּם, הַלְלוּיָהּ:

תהלים קמח הַלְלוּיָהּ, הַלְלוּ אֶת־יהוה מִן־הַשָּׁמַיִם, הַלְלוּהוּ בַּמְּרוֹמִים: הַלְלוּהוּ
כָל־מַלְאָכָיו, הַלְלוּהוּ כָּל־צְבָאָו: הַלְלוּהוּ שֶׁמֶשׁ וְיָרֵחַ, הַלְלוּהוּ
כָּל־כּוֹכְבֵי אוֹר: הַלְלוּהוּ שְׁמֵי הַשָּׁמָיִם, וְהַמַּיִם אֲשֶׁר מֵעַל הַשָּׁמָיִם:

גדול אדונינו ורב כח... מעודד ענוים, משפיל רשעים ה׳ הוא אין סופי. לגדולתו, כוחו ותבונתו אין גבול, הוא מניע את הכוכבים ממקום למקום ומנהל את הכול – ועם זה הוא מתעניין ומתערב בנעשה כאן למטה, רואה את המסכן ומעודד אותו, ולעומתו מכה ומשפיל את הרשעים. הענווה של הקדוש ברוך הוא, המתבטאת בהתעסקותו עם בני אדם, גדולה לאין ערוך מאדם אשר, לצורך המשל, מתערב במתרחש בחייהם של חרקים. ה׳ נותן לנו רשות לספר את תפארתו – כאן ובכל התפילה. עצם נתינת הרשות הזאת מבטאת ענווה גדולה מצידו, שהרי אין ביכולתנו להבין אפס קצהו, וכל כמה שנשבח אותו תהיה בכך משום המעטה בגדולתו. כך הסבירו בספרי חסידות את פתגם חכמים: "כל מקום שאתה מוצא גדולתו של הקדוש ברוך הוא אתה מוצא ענוותנותו"; הרשות שה׳ נותן לנו לשבח אותו ולספר בגדולתו היא עצמה ענווה, שהרי כל מה שנגיד יהיה מוגבל, קטן ולא מדויק.

יְהַלְלוּ אֶת־שֵׁם יהוה, כִּי הוּא צִוָּה וְנִבְרָאוּ: וַיַּעֲמִידֵם לָעַד לְעוֹלָם, חָק־נָתַן וְלֹא יַעֲבוֹר: הַלְלוּ אֶת־יהוה מִן־הָאָרֶץ, תַּנִּינִים וְכָל־תְּהֹמוֹת: אֵשׁ וּבָרָד שֶׁלֶג וְקִיטוֹר, רוּחַ סְעָרָה עֹשָׂה דְבָרוֹ: הֶהָרִים וְכָל־גְּבָעוֹת, עֵץ פְּרִי וְכָל־אֲרָזִים: הַחַיָּה וְכָל־בְּהֵמָה, רֶמֶשׂ וְצִפּוֹר כָּנָף: מַלְכֵי־אֶרֶץ וְכָל־לְאֻמִּים, שָׂרִים וְכָל־שֹׁפְטֵי אָרֶץ: בַּחוּרִים וְגַם־בְּתוּלוֹת, זְקֵנִים עִם־נְעָרִים: יְהַלְלוּ אֶת־שֵׁם יהוה, כִּי־נִשְׂגָּב שְׁמוֹ לְבַדּוֹ, הוֹדוֹ עַל־אֶרֶץ וְשָׁמָיִם: וַיָּרֶם קֶרֶן לְעַמּוֹ, תְּהִלָּה לְכָל־חֲסִידָיו, לִבְנֵי יִשְׂרָאֵל עַם קְרֹבוֹ, הַלְלוּיָהּ:

הַלְלוּיָהּ, שִׁירוּ לַיהוה שִׁיר חָדָשׁ, תְּהִלָּתוֹ בִּקְהַל חֲסִידִים: יִשְׂמַח תהלים קמט
יִשְׂרָאֵל בְּעֹשָׂיו, בְּנֵי־צִיּוֹן יָגִילוּ בְמַלְכָּם: יְהַלְלוּ שְׁמוֹ בְמָחוֹל, בְּתֹף וְכִנּוֹר יְזַמְּרוּ־לוֹ: כִּי־רוֹצֶה יהוה בְּעַמּוֹ, יְפָאֵר עֲנָוִים בִּישׁוּעָה: יַעְלְזוּ חֲסִידִים בְּכָבוֹד, יְרַנְּנוּ עַל־מִשְׁכְּבוֹתָם: רוֹמְמוֹת אֵל בִּגְרוֹנָם, וְחֶרֶב פִּיפִיּוֹת בְּיָדָם: לַעֲשׂוֹת נְקָמָה בַּגּוֹיִם, תּוֹכֵחוֹת בַּלְאֻמִּים: לֶאְסֹר מַלְכֵיהֶם בְּזִקִּים, וְנִכְבְּדֵיהֶם בְּכַבְלֵי בַרְזֶל: לַעֲשׂוֹת בָּהֶם מִשְׁפָּט כָּתוּב, הָדָר הוּא לְכָל־חֲסִידָיו, הַלְלוּיָהּ:

הללו את ה׳ קריאה לכל יצורי העולם להלל את ה׳. המזמור מתחיל בשבח ה׳ ובגדולתו בעולמות עליונים: הלל של יצורי מעלה, של השמיים וכל השוכנים בהם - גרמי השמיים ומלאכי מרום המהללים את שם ה׳ על עצם מציאותם, שהרי הם אינם זקוקים לשום דבר, והם מודים לו על נצחיותם. משבח העולמות העליונים אנו יורדים להילול של העולם התחתון: יושבי הארץ וכל אשר בה - היצורים הגדולים והקטנים, כוחות הטבע, הצמחים, בעלי החיים ובני האדם - מהללים את שם ה׳ על שהוא מעל ומעבר לכל מציאות, ויחד עם זאת מתגלה יופיו ופארו על ארץ ושמיים. המזמור מסתיים בכבודם של ישראל הנותנים שבח לה׳ על כל הדברים הללו. אף שכל העולם שר לקדוש ברוך הוא, מיוחדים ישראל, עם קרובו של ה׳, כי הם עסוקים תמיד בזמירות ותשבחות.

שירו לה׳ שיר חדש בצד התהילה והשבח שיש במזמור זהו "שיר חדש", משום שהחידוש בו על פני המזמורים האחרים של פסוקי דזמרה הוא שהוא מזמור של

תהלים קנ הַלְלוּיָהּ, הַלְלוּ־אֵל בְּקׇדְשׁוֹ, הַלְלְוּהוּ בִּרְקִיעַ עֻזּוֹ: הַלְלְוּהוּ
בִגְבוּרֹתָיו, הַלְלְוּהוּ כְּרֹב גֻּדְלוֹ: הַלְלְוּהוּ בְּתֵקַע שׁוֹפָר, הַלְלְוּהוּ
בְּנֵבֶל וְכִנּוֹר: הַלְלְוּהוּ בְתֹף וּמָחוֹל, הַלְלְוּהוּ בְּמִנִּים וְעֻגָב: הַלְלְוּהוּ
בְצִלְצְלֵי־שָׁמַע, הַלְלְוּהוּ בְּצִלְצְלֵי תְרוּעָה: כֹּל הַנְּשָׁמָה תְּהַלֵּל
יָהּ, הַלְלוּיָהּ: כֹּל הַנְּשָׁמָה תְּהַלֵּל יָהּ, הַלְלוּיָהּ:

תהלים פט בָּרוּךְ יהוה לְעוֹלָם, אָמֵן וְאָמֵן:
תהלים קלה בָּרוּךְ יהוה מִצִּיּוֹן, שֹׁכֵן יְרוּשָׁלָםִ, הַלְלוּיָהּ:
תהלים עב בָּרוּךְ יהוה אֱלֹהִים אֱלֹהֵי יִשְׂרָאֵל, עֹשֵׂה נִפְלָאוֹת לְבַדּוֹ:
וּבָרוּךְ שֵׁם כְּבוֹדוֹ לְעוֹלָם
וְיִמָּלֵא כְבוֹדוֹ אֶת־כׇּל־הָאָרֶץ, אָמֵן וְאָמֵן:

מלחמה. אוהבי ה׳ וחסידיו אינם צריכים להסתפק רק באמירת שירות ותשבחות, אלא עליהם לפעול פעולות נמרצות לשינוי העולם, ואף לאחוז בנשק כשצריך להילחם ברע.

הללו אל בקדשו מזמור זה מסיים את פרקי התהלים של פסוקי דזמרה (ובכלל את ספר תהלים) בסיכום: צריך לשיר לה׳ בכל הדרכים והאופנים – בגודלו ובגבורותיו, בקולות חזקים ורועמים ובקולות דקים ועדינים. כל אחד מכלי הנגינה ומהקולות שר לקדוש ברוך הוא בדרכו שלו ומצטרף לבסוף למוזיקה של מקהלה ששרה יחד שיר הלל. גם נשמתו של האדם מורכבת מצדדים רבים: נוקשים וחזקים, עדינים וחרישיים, ועליו להביא את "כל הנשמה" שלו, על כל צדדיה, להלל לה׳. אף "כל הנשמות" השונות והמגוונות בקולות הרבים והנבדלים זה מזה צריכים להלל יחד, בשירה שמצטרפת לתהילה אחת: הללויה.

ברוך ה׳ לעולם הקטעים שלהלן – "ויברך דוד" ו"אז ישיר" – שייכים לחלק המסיים את פסוקי דזמרה. הם מדברים בשבחי ה׳ המתגלים בהיסטוריה ובכוח ה׳, בעוצמתו ובגבורתו. ארבעת הפסוקים הפותחים ב"ברוך ה׳" אינם כתובים במקורם יחד, אולם הם קשורים זה לזה מצד תוכנם, ארבעתם משמשים פתיחה לנושא החדש.

נוהגים לעמוד מאמירת ׳וַיְבָרֶךְ דָּוִיד׳ עד ׳אַתָּה הוּא ה׳ הָאֱלֹהִים׳.
ויש נוהגים לעמוד עד לאחר ׳יִשְׁתַּבַּח׳.

נהוג לתת צדקה באמירת ׳וְאַתָּה מוֹשֵׁל בַּכֹּל׳.

וַיְבָרֶךְ דָּוִיד אֶת־יהוה לְעֵינֵי כָּל־הַקָּהָל, וַיֹּאמֶר דָּוִיד, בָּרוּךְ אַתָּה דברי הימים א׳ כט
יהוה, אֱלֹהֵי יִשְׂרָאֵל אָבִינוּ, מֵעוֹלָם וְעַד־עוֹלָם: לְךָ יהוה הַגְּדֻלָּה
וְהַגְּבוּרָה וְהַתִּפְאֶרֶת וְהַנֵּצַח וְהַהוֹד, כִּי־כֹל בַּשָּׁמַיִם וּבָאָרֶץ,
לְךָ יהוה הַמַּמְלָכָה וְהַמִּתְנַשֵּׂא לְכֹל לְרֹאשׁ: וְהָעֹשֶׁר וְהַכָּבוֹד
מִלְּפָנֶיךָ, וְאַתָּה מוֹשֵׁל בַּכֹּל, וּבְיָדְךָ כֹּחַ וּגְבוּרָה, וּבְיָדְךָ לְגַדֵּל
וּלְחַזֵּק לַכֹּל: וְעַתָּה אֱלֹהֵינוּ מוֹדִים אֲנַחְנוּ לָךְ, וּמְהַלְלִים לְשֵׁם
תִּפְאַרְתֶּךָ: וִיבָרְכוּ שֵׁם כְּבֹדֶךָ, וּמְרוֹמַם עַל־כָּל־בְּרָכָה נחמיה ט
וּתְהִלָּה: אַתָּה־הוּא יהוה לְבַדֶּךָ, אַתָּ עָשִׂיתָ אֶת־הַשָּׁמַיִם, שְׁמֵי
הַשָּׁמַיִם וְכָל־צְבָאָם, הָאָרֶץ וְכָל־אֲשֶׁר עָלֶיהָ, הַיַּמִּים וְכָל־אֲשֶׁר

ויברך דוד התהילה של דוד פותחת בשבח ורוממות הקדוש ברוך הוא. ״**לְךָ ה׳ הַגְּדֻלָּה וגו׳**״ – מידות אלה הן תבנית שבע הספירות העליונות, מידותיו של הקדוש ברוך הוא שבהן הוא מתגלה ומנהיג: חסד (״הגדֻלה״); גבורה; תפארת; נצח; הוד; יסוד (״כִּי כֹל בַּשָּׁמַיִם וּבָאָרֶץ״; מידת היסוד היא הקושרת ומאחדת בין העולם העליון לעולם התחתון) ומלכות (״לְךָ ה׳ הַמַּמְלָכָה״).

ויברכו שם כבודך המשך התהילה לקוח מדברי הלוויים במעמד כריתת האמנה בראשית תקופת שיבת ציון. ה׳ ברא את כל יצורי העולם: השמיים, שמי השמיים וכל צבאם – הגלקסיה שלנו, גלקסיות אחרות וכל שמעל להן; יצורים ובריאות בארץ ובים; מה שבעולם הגלוי וכל מה שיש לנו רק רמזים לקיומו. אף שהבריאה נראית כמציאות שפועלת ונמצאת תמיד, היא איננה יכולה להתקיים אפילו רגע בלא דיבורו של ה׳ שמחיה ומהווה אותה. גרמי השמיים ומערכת הכוכבים בדרך מסלולם הקבוע, ממזרח למערב, ׳משתחווים׳ לשכינה שנמצאת במערב. העולם כולו שר לה׳; כל ברואי העולם – אף אלה שאיננו יודעים על קיומם – בעצם היותם הם שרים ומשתחווים לה׳. מתיאור גדולתו של הקדוש ברוך הוא אנו יורדים לשבחי ה׳ בהיסטוריה שלנו: בחירת ישראל, המתחילה באברהם אבינו, והקדשת ה׳ את ישראל בהמשך על ים סוף.

בָּהֶם, וְאַתָּה מְחַיֶּה אֶת־כֻּלָּם, וּצְבָא הַשָּׁמַיִם לְךָ מִשְׁתַּחֲוִים: אַתָּה הוּא יהוה הָאֱלֹהִים אֲשֶׁר בָּחַרְתָּ בְּאַבְרָם, וְהוֹצֵאתוֹ מֵאוּר כַּשְׂדִּים, וְשַׂמְתָּ שְּׁמוֹ אַבְרָהָם: וּמָצָאתָ אֶת־לְבָבוֹ נֶאֱמָן לְפָנֶיךָ, וְכָרוֹת עִמּוֹ הַבְּרִית לָתֵת אֶת־אֶרֶץ הַכְּנַעֲנִי הַחִתִּי הָאֱמֹרִי וְהַפְּרִזִּי וְהַיְבוּסִי וְהַגִּרְגָּשִׁי, לָתֵת לְזַרְעוֹ, וַתָּקֶם אֶת־דְּבָרֶיךָ, כִּי צַדִּיק אָתָּה: וַתֵּרֶא אֶת־עֳנִי אֲבֹתֵינוּ בְּמִצְרָיִם, וְאֶת־זַעֲקָתָם שָׁמַעְתָּ עַל־יַם־סוּף: וַתִּתֵּן אֹתֹת וּמֹפְתִים בְּפַרְעֹה וּבְכָל־עֲבָדָיו וּבְכָל־עַם אַרְצוֹ, כִּי יָדַעְתָּ כִּי הֵזִידוּ עֲלֵיהֶם, וַתַּעַשׂ־לְךָ שֵׁם כְּהַיּוֹם הַזֶּה: וְהַיָּם בָּקַעְתָּ לִפְנֵיהֶם, וַיַּעַבְרוּ בְתוֹךְ־הַיָּם בַּיַּבָּשָׁה, וְאֶת־רֹדְפֵיהֶם הִשְׁלַכְתָּ בִמְצוֹלֹת כְּמוֹ־אֶבֶן, בְּמַיִם עַזִּים:

שמות יד וַיּוֹשַׁע יהוה בַּיּוֹם הַהוּא אֶת־יִשְׂרָאֵל מִיַּד מִצְרָיִם וַיַּרְא יִשְׂרָאֵל אֶת־מִצְרַיִם מֵת עַל־שְׂפַת הַיָּם: וַיַּרְא יִשְׂרָאֵל אֶת־הַיָּד הַגְּדֹלָה אֲשֶׁר עָשָׂה יהוה בְּמִצְרַיִם וַיִּירְאוּ הָעָם אֶת־יהוה וַיַּאֲמִינוּ בַּיהוה וּבְמֹשֶׁה עַבְדּוֹ:

ויושע ה׳ קריעת ים סוף היא הנס הדרמטי ביותר בהיסטוריה שלנו. במצרים לא חזו ישראל במו עיניהם במעשי המופתים שעשה משה בשם ה׳. רק בעומדם על ים סוף ראו ישראל את "מעשה ה׳ הנורא": הים היה ליבשה, המים עמדו כמו חומה, והמצרים טבעו במקום שרגעים ספורים קודם לכן היה יבש וישראל עברו בו בבטחה. יתרה מזו, הפלא של גילוי השכינה הגדול בכל הזמנים היה בראייה שהכול ראו אותה - "ראתה שפחה על הים מה שלא ראה יחזקאל בן בוזי".

אז ישיר שירת הים היא הודאה על התשועה של קריעת ים סוף. בשירה מודגש שכל הניסים שקרו על ים סוף אינם מספיקים כשלעצמם, אלא הם חלק מדרך שמסתיימת רק ב"מִקְּדָשׁ ה׳ כּוֹנְנוּ יָדֶיךָ", בבניין בית המקדש. השירה נמשכת עוד, לחזון העתידי של הגאולה השלמה. כפי שאמרו חז"ל, בכל הגאולות אמרו ישראל 'שירה' (לשון נקבה), שכן אחרי התשועה היה עוד שעבוד, כאישה

אָז יָשִׁיר־מֹשֶׁה וּבְנֵי יִשְׂרָאֵל אֶת־הַשִּׁירָה הַזֹּאת לַיהוה, וַיֹּאמְרוּ שמות טו
לֵאמֹר, אָשִׁירָה לַיהוה כִּי־גָאֹה גָּאָה, סוּס
וְרֹכְבוֹ רָמָה בַיָּם: עָזִּי וְזִמְרָת יָהּ וַיְהִי־לִי
לִישׁוּעָה, זֶה אֵלִי וְאַנְוֵהוּ, אֱלֹהֵי
אָבִי וַאֲרֹמְמֶנְהוּ: יהוה אִישׁ מִלְחָמָה, יהוה
שְׁמוֹ: מַרְכְּבֹת פַּרְעֹה וְחֵילוֹ יָרָה בַיָּם, וּמִבְחַר
שָׁלִשָׁיו טֻבְּעוּ בְיַם־סוּף: תְּהֹמֹת יְכַסְיֻמוּ, יָרְדוּ בִמְצוֹלֹת כְּמוֹ־
אָבֶן: יְמִינְךָ יהוה נֶאְדָּרִי בַּכֹּחַ, יְמִינְךָ
יהוה תִּרְעַץ אוֹיֵב: וּבְרֹב גְּאוֹנְךָ תַּהֲרֹס
קָמֶיךָ, תְּשַׁלַּח חֲרֹנְךָ יֹאכְלֵמוֹ כַּקַּשׁ: וּבְרוּחַ
אַפֶּיךָ נֶעֶרְמוּ מַיִם, נִצְּבוּ כְמוֹ־נֵד
נֹזְלִים, קָפְאוּ תְהֹמֹת בְּלֶב־יָם: אָמַר
אוֹיֵב אֶרְדֹּף, אַשִּׂיג, אֲחַלֵּק שָׁלָל, תִּמְלָאֵמוֹ
נַפְשִׁי, אָרִיק חַרְבִּי תּוֹרִישֵׁמוֹ יָדִי: נָשַׁפְתָּ
בְרוּחֲךָ כִּסָּמוֹ יָם, צָלְלוּ כַּעוֹפֶרֶת בְּמַיִם

היולדת ובשעת התשועה סובלת את צער הלידה; ולעתיד לבוא יהיה 'שיר חדש' (לשון זכר), השיר האחרון שלא יהיו שירים אחרים אחריו. אף כאן, כבכל השירות, אנחנו שרים באמונה ובציפייה לאותו השיר החדש: "ה' יִמְלֹךְ לְעֹלָם וָעֶד", "וְהָיְתָה לַה' הַמְּלוּכָה".

אמר אויב ארדוף אשיג אחלק בשם הבעל שם טוב העירו על רצף המילים הללו, שכל אחת מהן מתחילה באות אל"ף. האות אל"ף מורה על "אלופו של עולם" – מנהיגו של עולם, הקדוש ברוך הוא. הוא שנתן בליבם של המצרים את הרעיון לרדוף, להשיג ולחלוק שלל. אנו שרים אף את השלב שבני ישראל נרדפו וחשו שכלתה אליהם הרעה, שכן כבר אז החלה מפלתם של המצרים.

אַדִּירִים: מִי־כָמֹכָה בָּאֵלִם יְהוָה, מִי
כָּמֹכָה נֶאְדָּר בַּקֹּדֶשׁ, נוֹרָא תְהִלֹּת עֹשֵׂה
פֶלֶא: נָטִיתָ יְמִינְךָ תִּבְלָעֵמוֹ אָרֶץ: נָחִיתָ
בְחַסְדְּךָ עַם־זוּ גָּאָלְתָּ, נֵהַלְתָּ בְעָזְּךָ אֶל־נְוֵה
קָדְשֶׁךָ: שָׁמְעוּ עַמִּים יִרְגָּזוּן, חִיל
אָחַז יֹשְׁבֵי פְּלָשֶׁת: אָז נִבְהֲלוּ אַלּוּפֵי
אֱדוֹם, אֵילֵי מוֹאָב יֹאחֲזֵמוֹ רָעַד, נָמֹגוּ
כֹּל יֹשְׁבֵי כְנָעַן: תִּפֹּל עֲלֵיהֶם אֵימָתָה
וָפַחַד, בִּגְדֹל זְרוֹעֲךָ יִדְּמוּ כָּאָבֶן, עַד־
יַעֲבֹר עַמְּךָ יְהוָה, עַד־יַעֲבֹר עַם־זוּ
קָנִיתָ: תְּבִאֵמוֹ וְתִטָּעֵמוֹ בְּהַר נַחֲלָתְךָ, מָכוֹן
לְשִׁבְתְּךָ פָּעַלְתָּ יְהוָה, מִקְּדָשׁ אֲדֹנָי כּוֹנְנוּ
יָדֶיךָ: יְהוָה ׀ יִמְלֹךְ לְעֹלָם וָעֶד:

יְהוָה יִמְלֹךְ לְעֹלָם וָעֶד.
יְהוָה מַלְכוּתֵהּ קָאֵם לְעָלַם וּלְעָלְמֵי עָלְמַיָּא.

כִּי
בָא סוּס פַּרְעֹה בְּרִכְבּוֹ וּבְפָרָשָׁיו בַּיָּם, וַיָּשֶׁב יְהוָה עֲלֵהֶם אֶת־מֵי
הַיָּם, וּבְנֵי יִשְׂרָאֵל הָלְכוּ בַיַּבָּשָׁה בְּתוֹךְ הַיָּם:

ובני ישראל הלכו ביבשה בתוך הים כשאנחנו הולכים ביבשה נראה לנו הדבר פשוט ומובן מאליו. מרוב הרגל איננו מרגישים בפלא. ואולם כשהולכים "בַּיַּבָּשָׁה בְּתוֹךְ הַיָּם" זהו מבנה חדש של המציאות, שהפלאיות שבו ניכרת. הרגשת הפלא מעניקה הבנה עמוקה יותר על המציאות, שבעצם כל מעשה וכל הליכה שלנו הם פלא. על הפלא הזה שבהליכה נתקנו שתיים מברכות השחר: "רוקע הארץ על המים" ו"המכין מצעדי גבר".

כִּי לַיהוה הַמְּלוּכָה וּמֹשֵׁל בַּגּוֹיִם: תהלים כב
וְעָלוּ מוֹשִׁעִים בְּהַר צִיּוֹן לִשְׁפֹּט אֶת־הַר עֵשָׂו עובדיה א
וְהָיְתָה לַיהוה הַמְּלוּכָה:
וְהָיָה יהוה לְמֶלֶךְ עַל־כָּל־הָאָרֶץ זכריה יד
בַּיּוֹם הַהוּא יִהְיֶה יהוה אֶחָד וּשְׁמוֹ אֶחָד:

נוהגים לעמוד מכאן עד 'בָּרְכוּ'.

יִשְׁתַּבַּח

שִׁמְךָ לָעַד, מַלְכֵּנוּ
הָאֵל, הַמֶּלֶךְ, הַגָּדוֹל וְהַקָּדוֹשׁ בַּשָּׁמַיִם וּבָאָרֶץ.
כִּי לְךָ נָאֶה, יהוה אֱלֹהֵינוּ וֵאלֹהֵי אֲבוֹתֵינוּ
שִׁיר וּשְׁבָחָה, הַלֵּל וְזִמְרָה
עֹז וּמֶמְשָׁלָה, נֶצַח, גְּדֻלָּה וּגְבוּרָה
תְּהִלָּה וְתִפְאֶרֶת, קְדֻשָּׁה וּמַלְכוּת
בְּרָכוֹת וְהוֹדָאוֹת לְשִׁמְךָ הַגָּדוֹל וְהַקָּדוֹשׁ
וּמֵעוֹלָם וְעַד עוֹלָם אַתָּה אֵל.

ישתבח הברכה החותמת את פסוקי דזמרה. ברכה זו מקבילה לברכה הפותחת, "ברוך שאמר", ובדומה לה מורכבת משני חלקים: מתחילה בדברי שבח כלליים וממשיכה לברכה עצמה. זוהי ברכת השבח ל**"אל ההודאות"**, שמגיעות לו כל ההודאות, הן על הדברים שאנו רואים בהם את חסדו הן על נפלאותיו וניסיו שלא תמיד אנו רואים אותם. שהרי ה' הוא **"רבון כל המעשים"** – שום דבר בעולם, ואף מעשיהם של אלה שאינם מכירים באדנותו, אינו נעשה נגד רצונו. ולסיכום: הקדוש ברוך הוא **"בוחר בשירי זמרה"** – רוצה, אוהב ומחבב את השירים של פסוקי דזמרה ששרנו לפניו, ועל שהוא מקבל את עבודתנו ברצון אנחנו משבחים ומברכים אותו.

בָּרוּךְ אַתָּה יהוה
אֵל, מֶלֶךְ, גָּדוֹל וּמְהֻלָּל בַּתִּשְׁבָּחוֹת
אֵל הַהוֹדָאוֹת, אֲדוֹן הַנִּפְלָאוֹת
בּוֹרֵא כָּל הַנְּשָׁמוֹת, רִבּוֹן כָּל הַמַּעֲשִׂים
הַבּוֹחֵר בְּשִׁירֵי זִמְרָה
מֶלֶךְ, יָחִיד, אֵל, חֵי הָעוֹלָמִים.

בעשרת ימי תשובה (ויש שנוהגים כן גם בהושענא רבה) פותחים את ארון הקודש ואומרים:

תהלים קל שִׁיר הַמַּעֲלוֹת, מִמַּעֲמַקִּים קְרָאתִיךָ יהוה: אֲדֹנָי שִׁמְעָה בְקוֹלִי, תִּהְיֶינָה אָזְנֶיךָ קַשֻּׁבוֹת לְקוֹל תַּחֲנוּנָי: אִם־עֲוֹנוֹת תִּשְׁמָר־יָהּ, אֲדֹנָי מִי יַעֲמֹד: כִּי־עִמְּךָ הַסְּלִיחָה, לְמַעַן תִּוָּרֵא: קִוִּיתִי יהוה קִוְּתָה נַפְשִׁי, וְלִדְבָרוֹ הוֹחָלְתִּי: נַפְשִׁי לַאדֹנָי, מִשֹּׁמְרִים לַבֹּקֶר, שֹׁמְרִים לַבֹּקֶר: יַחֵל יִשְׂרָאֵל אֶל־יהוה, כִּי־עִם־יהוה הַחֶסֶד, וְהַרְבֵּה עִמּוֹ פְדוּת: וְהוּא יִפְדֶּה אֶת־יִשְׂרָאֵל, מִכֹּל עֲוֹנוֹתָיו:

שיר המעלות ממעמקים על פי קבלת האר"י הנהיגו לומר מזמור זה כאן בעשרת ימי תשובה. המזמור עוסק בבקשת סליחה וישועה, ממעמקי הלב. אם לא תהיה סליחה בעולם, לא יהיה בנו כוח לעמוד במשא העוונות המצטברים; **"כִּי עִמְּךָ הַסְּלִיחָה לְמַעַן תִּוָּרֵא"** - אם אין סליחה אף היראה נעלמת. לו אדם היה יודע שאין לו תקנה, היה הולך ועושה כל מה שליבו חפץ. הפחד קיים רק בזמן שישנה עוד תקווה שה' מרחם עלינו, חונן אותנו וסולח לנו. כשאנו חושבים על עוונותינו וחטאינו אנו יודעים גם שיש תשובה - **"וְהוּא יִפְדֶּה אֶת יִשְׂרָאֵל מִכֹּל עֲוֹנֹתָיו"** - וזה מה שנותן לנו את הכוח להמשיך ולהתקדם בימי התשובה. כשיש סיכוי - אפשר להמשיך לעבוד ולהתפלל.

הבוחר בשירי זמרה בשם הרבי מקוצק נאמר בדרך דרש ש"שירי" הוא מלשון שִׁירַיִים, היינו שהקדוש ברוך הוא בוחר במה שנשאר אחרי הזמרה. משמעות האמירה היא, שהחלק הנבחר והחשוב בתפילה איננו התפילה עצמה, אלא הרושם שהותירה אחריה במציאות. התפילה היא עבודה שבלב, ולכן השאלה המרכזית היא אם התחולל משהו בלב במהלך התפילה. אם אכן הייתה התרחשות אמיתית, בהכרח יהיו גם עקבות שיישארו לזמן מסוים.

חצי קדיש

ש״ץ: יִתְגַּדַּל וְיִתְקַדַּשׁ שְׁמֵהּ רַבָּא (קהל: אָמֵן)
בְּעָלְמָא דִּי בְרָא כִרְעוּתֵהּ
וְיַמְלִיךְ מַלְכוּתֵהּ וְיַצְמַח פֻּרְקָנֵהּ וִיקָרֵב מְשִׁיחֵהּ (קהל: אָמֵן)
בְּחַיֵּיכוֹן וּבְיוֹמֵיכוֹן וּבְחַיֵּי דְכָל בֵּית יִשְׂרָאֵל
בַּעֲגָלָא וּבִזְמַן קָרִיב, וְאִמְרוּ אָמֵן. (קהל: אָמֵן)

קהל וש״ץ: יְהֵא שְׁמֵהּ רַבָּא מְבָרַךְ לְעָלַם וּלְעָלְמֵי עָלְמַיָּא.

ש״ץ: יִתְבָּרַךְ וְיִשְׁתַּבַּח וְיִתְפָּאַר וְיִתְרוֹמַם וְיִתְנַשֵּׂא
וְיִתְהַדָּר וְיִתְעַלֶּה וְיִתְהַלָּל, שְׁמֵהּ דְּקֻדְשָׁא בְּרִיךְ הוּא (קהל: אָמֵן)
לְעֵלָּא מִן כָּל בִּרְכָתָא
/בעשרת ימי תשובה: לְעֵלָּא לְעֵלָּא מִכָּל בִּרְכָתָא/
וְשִׁירָתָא, תֻּשְׁבְּחָתָא וְנֶחֱמָתָא
דַּאֲמִירָן בְּעָלְמָא, וְאִמְרוּ אָמֵן. (קהל: אָמֵן)

קריאת שמע וברכותיה

נוהגים לכרוע מעט בשעת אמירת ׳בָּרְכוּ׳, וזוקפים כשאומרים את השם.

ש״ץ: **בָּרְכוּ**
אֶת יהוה הַמְבֹרָךְ.

קהל: בָּרוּךְ יהוה הַמְבֹרָךְ לְעוֹלָם וָעֶד.

ש״ץ: בָּרוּךְ יהוה הַמְבֹרָךְ לְעוֹלָם וָעֶד.

עולם הבריאה במבנה הכולל של סדר התפילה, המכוון כנגד ארבעת העולמות, החטיבה של קריאת שמע וברכותיה (עד תפילת העמידה) מכוונת כנגד ׳עולם הבריאה׳, עולם ההשגה וההכרה השכלית, עולם השרפים; והקדיש בפתיחה

ראוי לומר קריאת שמע וברכותיה בישיבה דווקא. נוהגים למשמש
בתפילין בשעת אמירת המילים ׳יוֹצֵר אוֹר וּבוֹרֵא חֹשֶׁךְ׳.

בָּרוּךְ אַתָּה יהוה אֱלֹהֵינוּ מֶלֶךְ הָעוֹלָם
יוֹצֵר אוֹר וּבוֹרֵא חֹשֶׁךְ
עֹשֶׂה שָׁלוֹם וּבוֹרֵא אֶת הַכֹּל.

הַמֵּאִיר לָאָרֶץ וְלַדָּרִים עָלֶיהָ בְּרַחֲמִים
וּבְטוּבוֹ מְחַדֵּשׁ בְּכָל יוֹם תָּמִיד מַעֲשֵׂה בְרֵאשִׁית.
תהלים קד מָה־רַבּוּ מַעֲשֶׂיךָ יהוה, כֻּלָּם בְּחָכְמָה עָשִׂיתָ
מָלְאָה הָאָרֶץ קִנְיָנֶךָ:
הַמֶּלֶךְ הַמְרוֹמָם לְבַדּוֹ מֵאָז
הַמְשֻׁבָּח וְהַמְפֹאָר וְהַמִּתְנַשֵּׂא מִימוֹת עוֹלָם.
אֱלֹהֵי עוֹלָם
בְּרַחֲמֶיךָ הָרַבִּים רַחֵם עָלֵינוּ
אֲדוֹן עֻזֵּנוּ, צוּר מִשְׂגַּבֵּנוּ
מָגֵן יִשְׁעֵנוּ, מִשְׂגָּב בַּעֲדֵנוּ.

לקטע משמש לעלייה מעולם היצירה. הברכות נפתחות בקריאת "ברכו" - קריאה חגיגית של שליח הציבור לקהל להשתתף יחד, בלב אחד, בתפילה, משום שכאן מתחילה תפילת הציבור העיקרית. חטיבה זו במהותה איננה תפילה; אף שגם בחלק זה יש דברי התעוררות ובקשות, הדרך שבה נאמרים הדברים היא לימודית והצהרתית בעיקרה. עיקרן של הברכות שלפני קריאת שמע נועד להכנת הלב והמוח לאמירתה. כל אחת מהברכות עוסקת בנושא מוגדר בצורה מקיפה: הברכה הראשונה - התבוננות בקיום העולמות, העולם שלנו והעולמות הנסתרים; והברכה השנייה - התבוננות בתורה ובמצוות. אחרי העיון בשני הנושאים המרכזיים הללו, מגיעים לקטע השיא של הברכות - קריאת שמע, שעיקרה ההצהרה והקריאה של תמצית היהדות: "ה׳ אחד", היא היסוד שאמונתנו עומדת עליו. הברכה השלישית היא קבלה פנימית של הדברים שאמרנו בקריאת שמע ושבח הגאולה.

אֵל בָּרוּךְ גְּדוֹל דֵּעָה
הֵכִין וּפָעַל זָהֳרֵי חַמָּה
טוֹב יָצַר כָּבוֹד לִשְׁמוֹ
מְאוֹרוֹת נָתַן סְבִיבוֹת עֻזּוֹ
פִּנּוֹת צְבָאָיו קְדוֹשִׁים, רוֹמְמֵי שַׁדַּי
תָּמִיד מְסַפְּרִים כְּבוֹד אֵל וּקְדֻשָּׁתוֹ.
תִּתְבָּרַךְ יהוה אֱלֹהֵינוּ בַּשָּׁמַיִם מִמַּעַל וְעַל הָאָרֶץ מִתָּחַת
עַל כָּל שֶׁבַח מַעֲשֵׂה יָדֶיךָ, וְעַל מְאוֹרֵי אוֹר שֶׁיָּצַרְתָּ
הֵמָּה יְפָאֲרוּךָ סֶּלָה.

יוצר אור ובורא חשך עיקרה של ברכה ארוכה זו הוא הודאה על המאורות ועל שינויי הזמנים בין יום ללילה, ונוסף לה שבח המלאכים, הם צבא השמיים הרוחני. הברכה פותחת בשבח: "יוצר אור ובורא חשך וכו'", אמירה שאיננה רק הודאה על האור אלא היא גם שבח על מכלול הבריאה, הבנוי מאור וחושך, אשר יחדיו מרכיבים את השלמות של העולם. הפעולה הנוגעת לחושך היא '**בריאה**', המתארת את הוויית הראשית חסרת הגבולות וההגדרות, ואילו בנוגע לאור הפעולה היא '**יצירה**', שהיא דרגה נמוכה יותר של נתינת צורה ועיצוב הבריאה. התפיסה של סדר העולם היא שהחושך קודם לאור - מתוכו האור המעניק לעולם סדר וצורה נובע. מן האור ומן החושך יחדיו נוצר דבר חדש - היום, כאמור בפרשת הבריאה "ויהי ערב ויהי בקר יום אחד".

המקור לנוסח ברכת הפתיחה הוא פסוק מספר ישעיה: "יוֹצֵר אוֹר וּבוֹרֵא חֹשֶׁךְ עֹשֶׂה שָׁלוֹם וּבוֹרֵא רָע". הסיום "עושה שלום ובורא רע" מבטא אף הוא את הרעיון שבדומה לחושך - הרע הוא חלק משלמות הבריאה, ואף קדום ממנה. אך בנוסח הברכה ריככו את ההדגשה שבכתוב ל"בורא את הכל", משום שסברו חכמים שאין ראוי להזכיר את הרע בזמן התפילה.

המאיר לארץ - שבח הבריאה והמאורות הפיוט הראשון (מ"המאיר לארץ" עד "יפארוך סלה") הוא שבח על הטוב והחיים שהמאורות מעניקים לעולם. אור השמש נותן חום וכוח לארץ וליצורים הדרים עליה, ונוסף לכך האור הוא סמל לכל הטוב, היפה והחיובי במציאות. משום שהמאורות וצבא השמיים הם הסמל הבולט ביותר של הבריאה בכללותה, פיוט זה כולל בעצם שבח על כל מעשי ה'.

תִּתְבָּרֵךְ לָנֶצַח
צוּרֵנוּ מַלְכֵּנוּ וְגוֹאֲלֵנוּ, בּוֹרֵא קְדוֹשִׁים
יִשְׁתַּבַּח שִׁמְךָ לָעַד
מַלְכֵּנוּ, יוֹצֵר מְשָׁרְתִים
וַאֲשֶׁר מְשָׁרְתָיו כֻּלָּם עוֹמְדִים בְּרוּם עוֹלָם
וּמַשְׁמִיעִים בְּיִרְאָה יַחַד בְּקוֹל
דִּבְרֵי אֱלֹהִים חַיִּים וּמֶלֶךְ עוֹלָם.

תתברך לנצח – שבח המלאכים לאחר תיאור שבח צבא השמיים הדומם, הברכה עוברת לשבח צבא השמיים הרוחני – המלאכים, אשר מפארים את ה׳ מתוך הבנה, ידיעה ובהירות. אנו מאריכים כאן בתיאור עבודתם של המלאכים כדי שנקבל מהם דוגמה איך לעבוד את ה׳ בשלמות. למרות דרגתם הגבוהה של המלאכים אמרו חכמים: ״אין מלאכי השרת אומרים שירה למעלה עד שיאמרו ישראל למטה״. אמירת הקדושה מפי המלאכים תלויה בתפילתם של ישראל, משום שאנחנו בניו של ה׳, ועבודתנו היא העיקר בעבורו.

המלאכים וישראל מסופר על חסיד אחד שתינה צרותיו לפני רבו: ״רבי, יש לי כאב ראש, איני יכול ללמוד, איני יכול להתפלל, מה יהיה הסוף?״. אמר לו הרבי: ״ומדוע אתה סבור שהקדוש ברוך הוא רוצה את תורתך ותפילותיך? – ואולי הוא רוצה ממך את כאב הראש שלך?!״. אילו היה הקדוש ברוך הוא רוצה תפילות הוא היה בורא עוד מיליארד מלאכים ומעמיד אותם להתפלל לפניו; אילו היה הקדוש ברוך הוא רוצה בלימוד תורה הוא היה בורא מלאכים בעלי שכל יותר מלכל אדם, והם היו לומדים בלי הפרעה, בלי דאגות ובלי כאב ראש. אבל אם הקדוש ברוך הוא רוצה את כאב הראש דווקא – אין הוא יכול להעמיד לכך מלאכים. בספרים ישנים הביאו משל לזה: בארמון המלך יש מכל היקר בעולם. פנימה בהיכלי המלך עומדים המשרתים החשובים והשרים הנכבדים, ופנימה מזה בחדרו הפנימי של המלך נמצא כלוב, ובו תוּכִּי שיודע לדבר. שאלו את המלך, מה ראה לכך? והלא כמה משרתים יש לו, ובהם סופרים, בלשנים ומשוררים שוודאי מדברים ושרים יפה יותר מאותו תוכי. אמר להם המלך, נכון שאין התוכי מדבר יפה כמוהם, אבל התוכי הוא דבר פלא, שהוא תוכי ובכל זאת מדבר! כך חיבתו של הקב״ה אלינו, לא מפני שאנו שרים יפה יותר מהמלאכים,

כֻּלָּם אֲהוּבִים   כֻּלָּם בְּרוּרִים
כֻּלָּם גִּבּוֹרִים   כֻּלָּם קְדוֹשִׁים
וְכֻלָּם עוֹשִׂים בְּאֵימָה וּבְיִרְאָה רְצוֹן קוֹנָם
וְכֻלָּם פּוֹתְחִים אֶת פִּיהֶם בִּקְדֻשָּׁה וּבְטָהֳרָה
בְּשִׁירָה וּבְזִמְרָה
וּמְבָרְכִין וּמְשַׁבְּחִין וּמְפָאֲרִין
וּמַעֲרִיצִין וּמַקְדִּישִׁין וּמַמְלִיכִין
אֶת שֵׁם הָאֵל הַמֶּלֶךְ הַגָּדוֹל הַגִּבּוֹר וְהַנּוֹרָא
קָדוֹשׁ הוּא.
וְכֻלָּם מְקַבְּלִים עֲלֵיהֶם עֹל מַלְכוּת שָׁמַיִם זֶה מִזֶּה
וְנוֹתְנִים בְּאַהֲבָה רְשׁוּת זֶה לָזֶה
לְהַקְדִּישׁ לְיוֹצְרָם בְּנַחַת רוּחַ
בְּשָׂפָה בְרוּרָה וּבִנְעִימָה.
קְדֻשָּׁה כֻּלָּם כְּאֶחָד
עוֹנִים בְּאֵימָה וְאוֹמְרִים בְּיִרְאָה

סדר הקדושה כאן יכול כל אחד לאומרו בפני עצמו,
אולם ראוי לאומרו בקול עם הציבור יחד.

קָדוֹשׁ ׀ קָדוֹשׁ, קָדוֹשׁ יְהוָה צְבָאוֹת   ישעיה ו
מְלֹא כָל־הָאָרֶץ כְּבוֹדוֹ:

וכולם מקבלים עליהם – שירות המלאכים בברכה הזו מופיעים כמה מינים של מלאכים, מכמה מדרגות, שיש להם שירות נבדלות. השרפים הם המלאכים

לא משום שאנו יכולים ללמוד תורה כמותם, אבל עלינו הקדוש ברוך הוא מסתכל ואומר: ראו ברייה שבראתי, את בעיותיה, את יצריה וצרותיה – ובכל זאת היא עומדת ומתפללת! ולכן ישראל עומדים לפניי ולפנים, והמלאכים בחוץ.

וְהָאוֹפַנִּים וְחַיּוֹת הַקֹּדֶשׁ
בְּרַעַשׁ גָּדוֹל מִתְנַשְּׂאִים לְעֻמַּת שְׂרָפִים
לְעֻמָּתָם מְשַׁבְּחִים וְאוֹמְרִים

בָּרוּךְ כְּבוֹד־יהוה מִמְּקוֹמוֹ: יחזקאל ג

לָאֵל בָּרוּךְ נְעִימוֹת יִתֵּנוּ
לַמֶּלֶךְ אֵל חַי וְקַיָּם
זְמִירוֹת יֹאמֵרוּ וְתִשְׁבָּחוֹת יַשְׁמִיעוּ
כִּי הוּא לְבַדּוֹ מָרוֹם וְקָדוֹשׁ
פּוֹעֵל גְּבוּרוֹת, עוֹשֶׂה חֲדָשׁוֹת
בַּעַל מִלְחָמוֹת, זוֹרֵעַ צְדָקוֹת
מַצְמִיחַ יְשׁוּעוֹת, בּוֹרֵא רְפוּאוֹת
נוֹרָא תְהִלּוֹת, אֲדוֹן הַנִּפְלָאוֹת
הַמְחַדֵּשׁ בְּטוּבוֹ בְּכָל יוֹם תָּמִיד מַעֲשֵׂה בְרֵאשִׁית
כָּאָמוּר
לְעֹשֵׂה אוֹרִים גְּדֹלִים תהלים קלו
כִּי לְעוֹלָם חַסְדּוֹ:
אוֹר חָדָשׁ עַל צִיּוֹן תָּאִיר
וְנִזְכֶּה כֻלָּנוּ בִּמְהֵרָה לְאוֹרוֹ.
בָּרוּךְ אַתָּה יהוה, יוֹצֵר הַמְּאוֹרוֹת.

האינטלקטואלים, בעלי ההבנה. הם רואים עולמות אין קץ ואת כל הברואים. בשירתם הם מדברים על ההשגה שלהם לגבי הקדוש ברוך הוא, שהוא "קדוש" - נבדל ואחר בתכלית, מיוחד. קדושה למעלה מקדושה בכל הדרגות, עד מקום שהם יכולים להשיג. יחד עם נבדלותו, "מלוא כל הארץ כבודו" - הוא שוכן

אַהֲבַת עוֹלָם אֲהַבְתָּנוּ, יהוה אֱלֹהֵינוּ. חֶמְלָה גְדוֹלָה וִיתֵרָה חָמַלְתָּ עָלֵינוּ.

בתוך העולמות וכל העולם מלא ממנו, אין מקום פנוי ממציאותו. כדברי שיר הייחוד "רחוק מכל רחוק וקרוב מכל קרוב": בהיותו אין־סוף הוא מעבר לכל מציאות, ובהיותו אין־סוף הוא בתוך כל מציאות. האופנים וחיות הקודש הם מלאכים שחסרה להם יכולת ההבנה וההשגה שיש לשרפים, והם שואלים: "איה מקום כבודו?". ואף שעונים להם: "מלוא כל הארץ כבודו" - הם אינם רואים, אינם מבינים ואינם מרגישים, ולכן הם אומרים בתפילה: "ברוך כבוד ה' ממקומו"; שיהיה ברוך בכל מקום שהוא. למרות השוני שבין המלאכים, אשר כל אחד מהם יודע לשיר רק שיר אחד, כשהם עומדים לפני הקדוש ברוך הוא כל אחד נותן באהבה לזולתו את השיר שלו. מצירוף קולות המלאכים נוצרת מקהלה, וכולם שרים יחד. גם בעניין זה המלאכים משמשים מודל בעבורנו, שראוי להיעשות אגודה אחת לעבודת ה'.

לאל ברוך נעימות יתנו הפיוט המשלים את ברכת המאורות הוא השירות ("נעימות") שהמלאכים משמיעים לקדוש ברוך הוא, והשבחים שבהם הם מבטאים את הפליאה שעולה מן ההתבוננות במעשי האלוקים. מצד אחד הקדוש ברוך הוא "מרום וקדוש" - נבדל ומנותק מכל המציאות, מעבר לכל יחס, תפיסה והגדרה. ומצד שני הוא השוכן ופועל בתוך המציאות, בכל ההתרחשויות החשובות - גבורות, צדקות, ישועות, רפואות ומלחמות. סיכום הברכה חוזר לעניינה המרכזי: שבח יצירת המאורות וההתפעלות מחידוש העולם מדי יום, הניכרים לנו בזריחת השמש ובשקיעתה. להדגשת חידוש היצירה בכל עת מובא הפסוק "לעושה אורים גדולים" המבטא פעולה בזמן הווה. רעיון חידוש היצירה עולה גם בברכת החתימה - "יוצר המאורות".

אהבת עולם ברכת שבח והודאה על אהבת ה' אותנו, שבזכותה בחר בנו מכל העמים ונתן לנו את תורתו. ברכה זו מצד תוכנה היא מעין הרחבה של ברכות התורה הראשונות, ולכן להלכה היא יכולה לבוא במקרים מסוימים במקומן. בברכה מפורט ומודגש גודל מתנת התורה, שהרי מצד מעשינו וערכנו איננו ראויים לקבל אותה, אולם ה' קירבנו ברחמיו הרבים והעניק לנו את התורה. יש בהתייחסות אל התורה ואל נתינתה כמתנה של אהבה משום הכנה לקריאת שמע בשני פנים - האחד הוא בכך שבקריאת שמע עצמה מקיימים את מצוות

אָבִינוּ מַלְכֵּנוּ
בַּעֲבוּר שִׁמְךָ הַגָּדוֹל
וּבַעֲבוּר אֲבוֹתֵינוּ שֶׁבָּטְחוּ בְךָ
וַתְּלַמְּדֵם חֻקֵּי חַיִּים
לַעֲשׂוֹת רְצוֹנְךָ בְּלֵבָב שָׁלֵם
כֵּן תְּחָנֵּנוּ וּתְלַמְּדֵנוּ.
אָבִינוּ, אָב הָרַחֲמָן, הַמְרַחֵם, רַחֵם נָא עָלֵינוּ
וְתֵן בְּלִבֵּנוּ בִּינָה לְהָבִין וּלְהַשְׂכִּיל
לִשְׁמֹעַ, לִלְמֹד וּלְלַמֵּד, לִשְׁמֹר וְלַעֲשׂוֹת
וּלְקַיֵּם אֶת כָּל דִּבְרֵי תַלְמוּד תּוֹרָתֶךָ בְּאַהֲבָה.
וְהָאֵר עֵינֵינוּ בְּתוֹרָתֶךָ
וְדַבֵּק לִבֵּנוּ בְּמִצְוֹתֶיךָ
וְיַחֵד לְבָבֵנוּ לְאַהֲבָה וּלְיִרְאָה אֶת שְׁמֶךָ
לְמַעַן לֹא נֵבוֹשׁ וְלֹא נִכָּלֵם
וְלֹא נִכָּשֵׁל לְעוֹלָם וָעֶד.
כִּי בְשֵׁם קָדְשְׁךָ הַגָּדוֹל הַגִּבּוֹר וְהַנּוֹרָא בָּטָחְנוּ
נָגִילָה וְנִשְׂמְחָה בִּישׁוּעָתֶךָ.
וְרַחֲמֶיךָ יהוה אֱלֹהֵינוּ, וַחֲסָדֶיךָ הָרַבִּים
אַל יַעַזְבוּנוּ נֶצַח סֶלָה וָעֶד.

לימוד התורה, והשני הוא התוכן העיקרי של קריאת שמע, המבטא הסכמה אמיתית לחיים של לימוד תורה ועבודת ה׳ באהבה.

והאר עינינו לאחר דברי השבח וההודאה אנו מבקשים סיוע פנימי לקבל את התורה בשלמות, שלבבנו יהיה מופנה כולו לאהבה וליראה את ה׳ ונעשה

נוהגים לאסוף כאן את ארבע ציציות הטלית ביד (על דרך הסוד – בידו השמאלית בין הזרת והקמיצה) ולאחוז בהן עד ׳וְנֶחֱמָדִים לָעַד׳ (להלן בברכת ׳אֱמֶת וְיַצִּיב׳).

מַהֵר וְהָבֵא עָלֵינוּ בְּרָכָה וְשָׁלוֹם
מְהֵרָה מֵאַרְבַּע כַּנְפוֹת כָּל הָאָרֶץ
וּשְׁבֹר עֻלֵּנוּ מֵעַל צַוָּארֵנוּ
וְתוֹלִיכֵנוּ מְהֵרָה קוֹמְמִיּוּת לְאַרְצֵנוּ.
כִּי אֵל פּוֹעֵל יְשׁוּעוֹת אָתָּה
וּבָנוּ בָחַרְתָּ מִכָּל עַם וְלָשׁוֹן
וְקֵרַבְתָּנוּ מַלְכֵּנוּ לְשִׁמְךָ הַגָּדוֹל סֶלָה בֶּאֱמֶת בְּאַהֲבָה
לְהוֹדוֹת לְךָ וּלְיַחֶדְךָ בְּאַהֲבָה
וּלְאַהֲבָה אֶת שְׁמֶךָ.
בָּרוּךְ אַתָּה יהוה, הַבּוֹחֵר בְּעַמּוֹ יִשְׂרָאֵל בְּאַהֲבָה.

את רצונו בלב שלם. אכן מצד מעשינו וערכנו אין אנו ראויים לכך, אבל אנו מבקשים מה׳ שיעשה ״בעבור שמו הגדול״, ובזכותם של אבותינו שבטחו בו והלכו אחריו באמת ובתמים. הבקשות הן בפרטות: ללמוד תורה, להשיגה ולהבינה בעומק ובהיקף, לקיים מצוות עשה ולהימנע ממצוות לא תעשה. עוד אנו מבקשים בפנימיות התורה והמצוות: הארת עיניים בתורה, לראות ולגלות את נסתרותיה, ובמצוות - שאין די בהן בהבנה לבד - אנו מבקשים שתהיה הרגשת הלב, תחושה של דבקות בקיומן.

מהר והבא עלינו ברכה ושלום רצוננו לזכות ללמוד ולקיים את דברי התורה כראוי, ואולם, כפי שאמרו חכמינו: ״גלוי וידוע לפניך שרצוננו לעשות רצונך, ומי מעכב? - שאור שבעיסה (יצר הרע) ושעבוד מלכויות״. אנו מבקשים להסיר את כל המעכבים: המעכבים הפנימיים - שיצר הרע לא יכשיל אותנו, ולא יביאנו לידי בושה וכלימה. וכן המכשולים והמציקים החיצוניים - שעבוד הגלות, טרדות הפרנסה וחוסר מנוחה שמפריעים לנו לעבודת ה׳, ללימוד התורה ולקיום המצוות.

הקורא קריאת שמע ביחידות אומר ׳אֵל מֶלֶךְ נֶאֱמָן׳, שהוא בראשי תיבות ׳אמן׳. ונהגו בהוספה זו כדי להשלים את מניין המילים שבקריאה לרמ״ח, כי היחיד אינו חוזר ואומר ׳ה׳ אֱלֹהֵיכֶם אֱמֶת׳ בסוף קריאת שמע. ויש שנהגו שלא לאומרו, משום שלדעות אחדות יש בכך הפסקה אסורה בין הברכות לקריאת שמע.

אֵל מֶלֶךְ נֶאֱמָן

נוהגים לומר את הפסוק הראשון בהגבהת הקול קצת כדי לעורר את הכוונה. וכן נוהגים לעצום את העיניים ולכסותן ביד ימין בעת אמירתו כדי שלא להסתכל באותה שעה בדברים העלולים לבטל את הכוונה.

דברים ו **שְׁמַע יִשְׂרָאֵל, יהוה אֱלֹהֵינוּ, יהוה | אֶחָד:**

בלחש: **בָּרוּךְ שֵׁם כְּבוֹד מַלְכוּתוֹ לְעוֹלָם וָעֶד.**

נוהגים למשש בתפילין של יד כשאומרים ׳וּקְשַׁרְתָּם לְאוֹת עַל יָדֶךָ׳, ובתפילין של ראש כשאומרים ׳וְהָיוּ לְטֹטָפֹת בֵּין עֵינֶיךָ׳ (וכן בפסוק המקביל בפרשת ׳וְהָיָה אִם שָׁמֹעַ׳).

קריאת שמע הפסוק "שמע ישראל ה׳ אלהינו ה׳ אחד" הוא משפט היסוד של אמונת ישראל ואחדות ה׳, והוא מתחלק לשלושה חלקים.

"שמע ישראל" קריאה לכל אחד ואחד מישראל לשמוע את הדברים. גם הקורא קריאת שמע בינו לבין עצמו - הריהו כפונה אל עצמו: שמע, אתה, שהנך אדם מישראל (ולמעשה בכך גם מצהיר הקורא על עצמו שהוא חלק מישראל). שמיעה זו מובנה הבנת הדברים והסכמה להם, ואינה מתייחסת רק לשמיעת האוזן מבחינה טכנית.

"ה׳ אלהינו" הצהרה שאנו מקבלים עלינו את מלכותו ושלטונו של ה׳ עלינו, שהיא התמצית של "קבלת עול מלכות שמיים". מלבד האמונה בכך שיש אלוהים, יש כאן הצהרה ברורה על היחס בינינו: הוא האלוהים שלנו, ואנו שלו.

"ה׳ אחד" צירוף הכולל את יחידותו ואחדותו של ה׳. ה׳ הוא יחיד: אין עוד אלים אחרים, ויתר על כן - אין שום מציאות אחרת מלבדו. וה׳ הוא אחד: הוא כולל בתוכו את כל חלקי המציאות הנראים כנפרדים זה מזה. וכן הסבירו ראשונים שיש לכוון במילה "אחד" לפי הרמז של הגימטרייה במילה זו: שהוא אחד ("א"), בשבעה רקיעים ובארץ (שהם ביחד שמונה, "ח"), ובארבע ("ד") רוחות השמיים. אחדות ה׳ היא נושא מורכב בעל משמעויות שונות, ולכן קבעו בהלכה שיש להאריך במילה "אחד", כדי להעמיק ולחשוב במה אנו מאמינים, כל אחד לפי יכולתו.

הפסוק הראשון של קריאת שמע הוא העדות שמעיד עם ישראל על האמונה בה'. בשל חשיבותו של הפסוק הוא נאמר לא רק בתפילה ובקריאת התורה, אלא בכל עת של התרגשות הלב. ושיאיה - בשעת מסירות הנפש לבוראה - מקדשי ה' לדורותיהם אמרו פסוק זה כאשר הוצאו להורג, וכן משתדלים לאומרו בשעת יציאת הנפש כאשר אדם עומד למות. בשם האר"י אמרו כי בשעה שאומרים פסוק זה יש להזדהות לגמרי עם המסר העולה ממנו, ומשום כך המתפלל צריך לחשוב בליבו שהוא מוכן למסור את נפשו ולקבל על עצמו כל סבל וייסורים עד מוות, ובלבד שלא לסטות מן ההצהרה של "ה' אלהינו ה' אחד".

ברוך שם כבוד מלכותו לעולם ועד המשפט "ברוך שם כבוד מלכותו לעולם ועד" היה נאמר במקדש, בכל פעם שהיו מזכירים את שם ה' המפורש או כמענה על ברכות, כעין תרועה של הקהל לכבוד שמו של המלך (בדומה לאמירת 'אמן'). שילוב המשפט בתוך קריאת שמע הוא הבעת הסכמה שלנו לדברים הגדולים שנאמרו ב"שמע ישראל". אף מבחינת התוכן יש בו השלמה פנימית של הנאמר בשמע ישראל. בשמע ישראל מופיעה אחדות ה' בדרגתה השלמה: "אין עוד מלבדו" - המציאות אינה נחשבת לכלום לפניו. כדי שהדברים ייגעו בעולמנו, אנו מוסיפים משפט זה שעניינו יחס ה' למציאות שמגיעה עד לעולם הזה, וכך הוא מתפרש: התגלות מלכות ה', השראתו וכוחו ממלאים את העולם - במקום ובזמן - לעולמי עולמים. משפט זה נאמר בלחש, ובתלמוד נאמר שלוחשים אותו משום שהוא לא נזכר בפירוש בתורה. אומנם הטעם הפנימי לעניין הוא מחמת הבושה: כאשר אנו חוזרים מתפיסת האחדות הנשגבת אל מלכות ה' בתוך העולם מגיעה ההכרה עד כמה אנו בחיי היום־יום רחוקים מלקבל את מלכותו עלינו. רק ביום הכיפורים, כשאנחנו נעשים "כמלאכי השרת", אנו יכולים להגיד את הדברים בקול רם ובגלוי.

שמע, ברוך, ואהבת בספרי החסידות נידונת השאלה: איך אפשר לומר "ואהבת" אחרי "שמע ישראל"? כוונת המילים "ה' אחד" היא שהמציאות כולה בטלה באלוקות, והאומר מנסה להגיע לדבקות והתבטלות כזו שאינה מאפשרת כל רגש עצמאי - שהוא נהיה אחד עם ה'. לעומת זאת, אהבה, עם היותה רגש חזק, נובעת מקיומו של 'אני' נבדל, מתחושת מרחק בין האדם לבין הקדוש ברוך הוא. התשובה לשאלה היא שהמעבר בין "שמע" ל"ואהבת" הוא במשפט:

דברים ו וְאָהַבְתָּ אֵת יְהֹוָה אֱלֹהֶיךָ, בְּכָל־לְבָבְךָ וּבְכָל־נַפְשְׁךָ וּבְכָל־מְאֹדֶךָ: וְהָיוּ הַדְּבָרִים הָאֵלֶּה, אֲשֶׁר אָנֹכִי מְצַוְּךָ הַיּוֹם, עַל־לְבָבֶךָ: וְשִׁנַּנְתָּם לְבָנֶיךָ וְדִבַּרְתָּ בָּם, בְּשִׁבְתְּךָ בְּבֵיתֶךָ וּבְלֶכְתְּךָ בַדֶּרֶךְ, וּבְשָׁכְבְּךָ וּבְקוּמֶךָ: וּקְשַׁרְתָּם לְאוֹת עַל־יָדֶךָ, וְהָיוּ לְטֹטָפֹת בֵּין עֵינֶיךָ: וּכְתַבְתָּם עַל־מְזֻזוֹת בֵּיתֶךָ וּבִשְׁעָרֶיךָ:

ואהבת אנו מצווים שהאמונה בה׳, שעליה הצהרנו ב״שמע ישראל״, לא תישאר רעיון מופשט בלבד, אלא יהיה לה ביטוי ממשי במציאות: דבקות בה׳ ברגש, בדיבור ובמעשה.

״ואהבת״ - בהרגשת הלב מדובר בהתמסרות מלאה, והפסוק עוסק בשלוש מדרגות של אהבה, זו למעלה מזו: **״בכל לבבך״** - נתינת כל הלב והרצון לה׳, כפי שפירשו זאת חז״ל: ״בשני יצריך״, שלא רק חלק מסוים של הנפש יהיה שותף באהבה אלא כל חלקי הלב בלי הסתייגות והיסוס; **״בכל נפשך״** - אהבה הכוללת את כל חייו של האדם והמגיעה עד לנכונות למסירות נפש; **״ובכל מאדך״** - אהבת ה׳ צריכה להגיע מעבר למידה הקבועה ולגבולות. האדם מצווה לתת אף את מה שבשבילו הוא ״מאוד״, דברים שקשים לו יותר מנתינת ליבו וחייו.

״ודיברת בם״ - הדיבור בדברי התורה בכלל, ובנושא האמונה ועבודת ה׳ בפרט, צריך להיות בכל עת ובכל מצב שאדם שרוי בו: בדרכים ובבית, בבוקר ובערב. חוץ מחובת הידיעה האישית, יש להעביר את ההכרה הזו לדור הבא בבהירות ובבירור.

״וקשרתם וגו׳״ - ההתקשרות לדברי התורה והקדושה צריכה לבוא לידי ביטוי מעשי - בתפילין שעל היד והראש, ובמזוזה שעל פתחי הבתים. פעולות

״ברוך שם כבוד מלכותו לעולם ועד״, שעניינו הוא ההכרה במוגבלות העולם שאנו חיים בו. היינו רוצים להיות בדרגה של ביטול והתכללות באין־סוף, אולם לעת עתה אנו עוד לא שם. הפסוק ״שמע ישראל״ הנאמר בעצימת עיניים דומה לחלום - כניסה לתוך מציאות שהיינו רוצים להיות בה; ״ברוך שם כבוד מלכותו לעולם ועד״ מבטא את פתיחת העיניים, איפה אנחנו נמצאים; ולבסוף מגיע שלב הגעגוע, המתבטא ב״ואהבת״.

וְהָיָה אִם־שָׁמֹעַ תִּשְׁמְעוּ אֶל־מִצְוֺתַי אֲשֶׁר אָנֹכִי מְצַוֶּה אֶתְכֶם דברים יא
הַיּוֹם, לְאַהֲבָה אֶת־יהוה אֱלֹהֵיכֶם וּלְעָבְדוֹ, בְּכָל־לְבַבְכֶם וּבְכָל־
נַפְשְׁכֶם: וְנָתַתִּי מְטַר־אַרְצְכֶם בְּעִתּוֹ, יוֹרֶה וּמַלְקוֹשׁ, וְאָסַפְתָּ
דְגָנֶךָ וְתִירֹשְׁךָ וְיִצְהָרֶךָ: וְנָתַתִּי עֵשֶׂב בְּשָׂדְךָ לִבְהֶמְתֶּךָ, וְאָכַלְתָּ
וְשָׂבָעְתָּ: הִשָּׁמְרוּ לָכֶם פֶּן־יִפְתֶּה לְבַבְכֶם, וְסַרְתֶּם וַעֲבַדְתֶּם
אֱלֹהִים אֲחֵרִים וְהִשְׁתַּחֲוִיתֶם לָהֶם: וְחָרָה אַף־יהוה בָּכֶם, וְעָצַר
אֶת־הַשָּׁמַיִם וְלֹא־יִהְיֶה מָטָר, וְהָאֲדָמָה לֹא תִתֵּן אֶת־יְבוּלָהּ,
וַאֲבַדְתֶּם מְהֵרָה מֵעַל הָאָרֶץ הַטֹּבָה אֲשֶׁר יהוה נֹתֵן לָכֶם:
וְשַׂמְתֶּם אֶת־דְּבָרַי אֵלֶּה עַל־לְבַבְכֶם וְעַל־נַפְשְׁכֶם, וּקְשַׁרְתֶּם
אֹתָם לְאוֹת עַל־יֶדְכֶם, וְהָיוּ לְטוֹטָפֹת בֵּין עֵינֵיכֶם: וְלִמַּדְתֶּם
אֹתָם אֶת־בְּנֵיכֶם לְדַבֵּר בָּם, בְּשִׁבְתְּךָ בְּבֵיתֶךָ וּבְלֶכְתְּךָ בַדֶּרֶךְ,

---

אלה מסמלות את ההתקשרות לקדושה בכל הממדים: במה שנוגע לחיים הפרטיים ובמה שיש בו פרסום לרבים.

והיה אם שמע פרשת "והיה אם שמע" משלימה את האמור בפרשת "שמע". אף שיש דמיון רב בין הפרשות, הן בתוכן הן בביטויים החוזרים בשתיהן, יש הבדל ניכר ביניהן - פרשת "שמע" כתובה בלשון יחיד, ואילו פרשת "והיה אם שמע" מדברת בלשון רבים. פרשת "שמע" פונה בעיקרה אל האיש הפרטי, יש בה פנייה ודרישה המתאימות אל היחיד "ואהבת... בכל מאדך" - היא מסירות נפש שמעל לכל הגבלה ונעשית רק לשם שמיים. לעומתה פרשת "והיה אם שמע" פונה בעיקרה אל העם בכללותו - שיש בו גדולים וקטנים, מבינים ושאינם מבינים - ולכן מודגש בה צד היראה ומדובר בה בפירוש על שכרן של המצוות ועל עונשם של עוברי עבירה. משום שפרשת "והיה אם שמע" אמורה לרבים היא מתייחסת במפורש לארץ הבחירה ומדברת בפירוט על חיי המעשה: חיי האדם ותנובת האדמה, הגשם בעיתו ובהמות השדה. לעומת זאת, פרשת "שמע" האמורה ליחיד מדברת במציאות כללית ומופשטת שאינה תלויה במקום או בזמן.

וּבְשָׁכְבְּךָ וּבְקוּמֶךָ: וּכְתַבְתָּם עַל־מְזוּזוֹת בֵּיתֶךָ וּבִשְׁעָרֶיךָ: לְמַעַן יִרְבּוּ יְמֵיכֶם וִימֵי בְנֵיכֶם עַל הָאֲדָמָה אֲשֶׁר נִשְׁבַּע יְהוָה לַאֲבֹתֵיכֶם לָתֵת לָהֶם, כִּימֵי הַשָּׁמַיִם עַל־הָאָרֶץ:

נוהגים לנשק את הציציות בכל פעם שמזכירים את המילה 'ציצית'
(ויש שמניחים אותן קודם הנישוק על גבי העיניים, ויש שנוהגים רק להתבונן בהן).

במדבר טו וַיֹּאמֶר יְהוָה אֶל־מֹשֶׁה לֵּאמֹר: דַּבֵּר אֶל־בְּנֵי יִשְׂרָאֵל וְאָמַרְתָּ אֲלֵהֶם, וְעָשׂוּ לָהֶם צִיצִת עַל־כַּנְפֵי בִגְדֵיהֶם לְדֹרֹתָם, וְנָתְנוּ עַל־צִיצִת הַכָּנָף פְּתִיל תְּכֵלֶת: וְהָיָה לָכֶם לְצִיצִת, וּרְאִיתֶם אֹתוֹ וּזְכַרְתֶּם אֶת־כָּל־מִצְוֹת יְהוָה וַעֲשִׂיתֶם אֹתָם, וְלֹא תָתוּרוּ אַחֲרֵי לְבַבְכֶם וְאַחֲרֵי עֵינֵיכֶם, אֲשֶׁר־אַתֶּם זֹנִים אַחֲרֵיהֶם: לְמַעַן תִּזְכְּרוּ וַעֲשִׂיתֶם אֶת־כָּל־מִצְוֹתָי, וִהְיִיתֶם קְדֹשִׁים לֵאלֹהֵיכֶם: אֲנִי יְהוָה אֱלֹהֵיכֶם, אֲשֶׁר הוֹצֵאתִי אֶתְכֶם מֵאֶרֶץ מִצְרַיִם, לִהְיוֹת לָכֶם לֵאלֹהִים, אֲנִי יְהוָה אֱלֹהֵיכֶם:

אֱמֶת

שליח הציבור חוזר ואומר:

יְהוָה אֱלֹהֵיכֶם אֱמֶת

פרשת ציצית במרכזה של פרשה זו עומדת מצוות ציצית, שנוסף על הציווי הבסיסי לקיומה כשלעצמה יש בה קישור לכל המצוות – מטרת הציצית היא לעורר את הזיכרון לקיים את כל מצוות ה' ולפרוש מן העבירות. חובת קיום המצוות כוללת דרישה לזכור אותן, באופן שיהיו נוכחות בתודעה; וכן במצוות לא תעשה הדרישה היא להימנע לא רק מעבירות שבמעשה, אלא אף מעבירות התלויות ברגש – תחושות לב שאינן קדושות ומחשבות תועות. הזהירות מכל דבר רע מביאה למעלה מזה, לדרגת הקדושה, והדרישה להיות קדוש אינה עניין רק ליחידים שחשקה נפשם בכך, אלא שייכת לכל אחד מישראל. בסוף הפרשה מודגש שעל מנת כן הוציא הקדוש ברוך הוא את ישראל מארץ מצרים – כדי שיהיו "גוי קדוש" המוקדש לעבודת ה'.

וְיַצִּיב, וְנָכוֹן וְקַיָּם, וְיָשָׁר וְנֶאֱמָן
וְאָהוּב וְחָבִיב, וְנֶחְמָד וְנָעִים
וְנוֹרָא וְאַדִּיר, וּמְתֻקָּן וּמְקֻבָּל
וְטוֹב וְיָפֶה
הַדָּבָר הַזֶּה עָלֵינוּ לְעוֹלָם וָעֶד.
אֱמֶת אֱלֹהֵי עוֹלָם מַלְכֵּנוּ
צוּר יַעֲקֹב מָגֵן יִשְׁעֵנוּ
לְדוֹר וָדוֹר הוּא קַיָּם וּשְׁמוֹ קַיָּם
וְכִסְאוֹ נָכוֹן, וּמַלְכוּתוֹ וֶאֱמוּנָתוֹ לָעַד קַיֶּמֶת.

במילים ׳וְנֶחֱמָדִים לָעַד׳ נוהגים לנשק את הציציות ולהניחן.

וּדְבָרָיו חָיִים וְקַיָּמִים, נֶאֱמָנִים וְנֶחֱמָדִים
לָעַד וּלְעוֹלְמֵי עוֹלָמִים
עַל אֲבוֹתֵינוּ וְעָלֵינוּ
עַל בָּנֵינוּ וְעַל דּוֹרוֹתֵינוּ
וְעַל כָּל דּוֹרוֹת זֶרַע יִשְׂרָאֵל עֲבָדֶיךָ.

אמת ויציב מנהג קדום המוזכר כבר במשנה הוא לצרף למילים ״אני ה׳ אלהיכם״ את המילה ״אמת״. בכך אנו מצהירים שה׳ הוא האמת האמיתית, בדומה ללשון הכתוב בירמיה: ״וַה׳ אֱלֹהִים אֱמֶת״.

תחילת הברכה היא הסכמה פנימית לדברים שנצטווינו עליהם בקריאת שמע: אמונה בה׳, לימוד תורה, קיום מצוות, אהבת ה׳ ויראתו. לאחר שאמרנו את הדברים בקריאת שמע כציווי מלמעלה, כאן אנחנו מצהירים שדברי התורה והמצווה מקובלים עלינו ורצויים לנו, ומודים על עצם הקשר שלנו עם הקדוש ברוך הוא. דברי התהילה והשבח בברכה זו נשנים בצורות שונות להדגיש ביתר שאת את האמונה בדברי התורה, את הנכונות שלנו לקבל אותם למעשה ולהזדהות איתם ברגש. חכמי ישראל הצביעו על כך שהמספרים בברכה מכוונים: חמש־עשרה מילות השבח ״ויציב... ויפה״ מכוונות כנגד חמש־עשרה

עַל הָרִאשׁוֹנִים וְעַל הָאַחֲרוֹנִים
דָּבָר טוֹב וְקַיָּם לְעוֹלָם וָעֶד

אֱמֶת וֶאֱמוּנָה, חֹק וְלֹא יַעֲבֹר

אֱמֶת שָׁאַתָּה הוּא יהוה
אֱלֹהֵינוּ וֵאלֹהֵי אֲבוֹתֵינוּ, מַלְכֵּנוּ מֶלֶךְ אֲבוֹתֵינוּ
גּוֹאֲלֵנוּ גּוֹאֵל אֲבוֹתֵינוּ, יוֹצְרֵנוּ צוּר יְשׁוּעָתֵנוּ
פּוֹדֵנוּ וּמַצִּילֵנוּ מֵעוֹלָם הוּא שְׁמֶךָ
וְאֵין לָנוּ עוֹד אֱלֹהִים זוּלָתֶךָ, סֶלָה.

עֶזְרַת אֲבוֹתֵינוּ אַתָּה הוּא מֵעוֹלָם
מָגֵן וּמוֹשִׁיעַ לָהֶם וְלִבְנֵיהֶם אַחֲרֵיהֶם בְּכָל דּוֹר וָדוֹר.
בְּרוּם עוֹלָם מוֹשָׁבֶךָ
וּמִשְׁפָּטֶיךָ וְצִדְקָתְךָ עַד אַפְסֵי אָרֶץ.

אֱמֶת אַשְׁרֵי אִישׁ שֶׁיִּשְׁמַע לְמִצְוֹתֶיךָ
וְתוֹרָתְךָ וּדְבָרְךָ יָשִׂים עַל לִבּוֹ.

המדרגות שהיו עולים בהן במקדש מעזרת הנשים אל העזרה העיקרית (היא 'החצר הפנימית'), וכנגד חמישה־עשר שירי המעלות שבספר תהלים; כך גם המילה "אמת" חוזרת שמונה פעמים בברכה, מספר המסמל שלמות של העולם הזה עם העולם הבא.

עזרת אבותינו מכאן עוברים לחלק העיקרי של הברכה: דברי שבח על גאולת ה' את ישראל בכל הזמנים, בעבר ובהווה. עיקרו של הקטע הוא מעין הרחבה לנאמר בפרשת ציצית: "אשר הוצאתי אתכם מארץ מצרים" - תיאור גאולת ישראל ממצרים ובייחוד קריעת ים סוף. משום היותם המופתים הגדולים שבכל הזמנים, המדגישים שהקדוש ברוך מבחין בין ישראל לשאר העולם.

ברכת הגאולה מכינה את המתפלל לתפילת שמונה־עשרה, משום שההכרה ביכולתו של האל לגאול אותנו ואף רצונו בכך, היא הנותנת לנו את

אֱמֶת אַתָּה הוּא אָדוֹן לְעַמֶּךָ
וּמֶלֶךְ גִּבּוֹר לָרִיב רִיבָם לְאָבוֹת וּבָנִים.

אֱמֶת אַתָּה הוּא רִאשׁוֹן וְאַתָּה הוּא אַחֲרוֹן
וּמִבַּלְעָדֶיךָ אֵין לָנוּ מֶלֶךְ גּוֹאֵל וּמוֹשִׁיעַ.

אֱמֶת מִמִּצְרַיִם גְּאַלְתָּנוּ, יהוה אֱלֹהֵינוּ
וּמִבֵּית עֲבָדִים פְּדִיתָנוּ
כָּל בְּכוֹרֵיהֶם הָרָגְתָּ
וּבְכוֹרְךָ יִשְׂרָאֵל גָּאָלְתָּ
וְיַם סוּף לָהֶם בָּקַעְתָּ
וְזֵדִים טִבַּעְתָּ
וִידִידִים הֶעֱבַרְתָּ
וַיְכַסּוּ־מַיִם צָרֵיהֶם תהלים קו
אֶחָד מֵהֶם לֹא נוֹתָר:

עַל זֹאת שִׁבְּחוּ אֲהוּבִים, וְרוֹמְמוּ לָאֵל
וְנָתְנוּ יְדִידִים זְמִירוֹת, שִׁירוֹת וְתִשְׁבָּחוֹת
בְּרָכוֹת וְהוֹדָאוֹת לַמֶּלֶךְ אֵל חַי וְקַיָּם
רָם וְנִשָּׂא, גָּדוֹל וְנוֹרָא
מַשְׁפִּיל גֵּאִים עֲדֵי אָרֶץ, וּמַגְבִּיהַּ שְׁפָלִים עֲדֵי מָרוֹם
מוֹצִיא אֲסִירִים, וּפוֹדֶה עֲנָוִים וְעוֹזֵר דַּלִּים
וְעוֹנֶה לְעַמּוֹ יִשְׂרָאֵל בְּעֵת שַׁוְּעָם אֵלָיו.

האמונה והכוח לבקש ממנו בתפילה. כל תפילה היא בעצם תפילה לגאולה – קטנה או גדולה, של העולם או של הנפש – ולכן אמרו חכמים בתלמוד שיש מעלה יתרה לסמוך גאולה לתפילה, ואין להפסיק בדברים בין המילים "גאל ישראל" לתפילת שמונה־עשרה.

נוהגים לעמוד כאן לקראת תפילת העמידה.

תְּהִלּוֹת לְאֵל עֶלְיוֹן גּוֹאֲלָם
בָּרוּךְ הוּא וּמְבֹרָךְ
מֹשֶׁה וּבְנֵי יִשְׂרָאֵל
לְךָ עָנוּ שִׁירָה בְּשִׂמְחָה רַבָּה
וְאָמְרוּ כֻלָּם

שמות טו מִי־כָמֹכָה בָּאֵלִם, יהוה
מִי כָּמֹכָה נֶאְדָּר בַּקֹּדֶשׁ
נוֹרָא תְהִלֹּת, עֹשֵׂה פֶלֶא:

שִׁירָה חֲדָשָׁה שִׁבְּחוּ גְאוּלִים
לְשִׁמְךָ הַגָּדוֹל עַל שְׂפַת הַיָּם
יַחַד כֻּלָּם הוֹדוּ וְהִמְלִיכוּ
וְאָמְרוּ

שמות טו יהוה יִמְלֹךְ לְעֹלָם וָעֶד:

צוּר יִשְׂרָאֵל, קוּמָה בְּעֶזְרַת יִשְׂרָאֵל
וּפְדֵה כִנְאֻמֶךָ יְהוּדָה וְיִשְׂרָאֵל
וְנֶאֱמַר

ישעיה מז גֹּאֲלֵנוּ יהוה צְבָאוֹת שְׁמוֹ, קְדוֹשׁ יִשְׂרָאֵל:
בָּרוּךְ אַתָּה יהוה, גָּאַל יִשְׂרָאֵל.

עולם האצילות תפילת שמונה־עשרה היא המרכז והעיקר של התפילה. על דרך הסוד חלק זה מכוון כנגד ׳עולם האצילות׳ - עולם הנוכחות האלוקית המוחלטת שאין בו תחושת מציאות מלבד מציאות ה׳. כל חלקי התפילה הקודמים משמשים הכנה והתקרבות, עלייה בהדרגה מעולם לעולם, עד

עמידה

פוסע שלוש פסיעות אחורנית ולאחר מכן (והוא עיקר הכוונה שבדבר) שלוש פסיעות לפנים כמי שנכנס לפני המלך.

עומד ומתפלל בלחש מכאן ועד 'וּכְשָׁנִים קַדְמֹנִיּוֹת' בעמ' 108.

כורע בתחילתה ובסופה של ברכת אבות. אופן הכריעה כך הוא: כשאומר 'בָּרוּךְ' כורע בברכיו, כשאומר 'אַתָּה' שוחה, וכשאומר 'השם' חוזר ומזדקף.

אֲדֹנָי, שְׂפָתַי תִּפְתָּח, וּפִי יַגִּיד תְּהִלָּתֶךָ: תהלים נא

הכניסה אל המלך. הכניסה המתרחשת בשלב זה היא גם סיבת המנהג לפסוע לפני תפילת שמונה־עשרה שלוש פסיעות קדימה, המבטאות את הכניסה להיכל המלך דרך חדרים השוכנים זה לפנים מזה, וכן שלוש פסיעות אחורנית בסיום התפילה, המבטאות את היציאה. נוסף על כך, תפילת שמונה־עשרה מתחילה ומסתיימת בכריעות המסמלות גם הן את הכניסה ואת היציאה ממחיצתו של המלך - אנו משתחווים בכניסתנו וביציאתנו מהפגישה עימו. מבנה התפילה גם הוא מורכב במתכונת זו: שלוש ברכות ראשונות של שבח והכנה; לב התפילה המורכב מבקשות; ושלוש ברכות הודאה המבטאות יציאה מן המקדש הפנימי. תפילה זו נקראת "תפילת העמידה" ונאמרת בעמידה דווקא משום שהיא מושתתת כולה על תחושת העמידה לפני ה' והדיבור הישיר איתו. לכן היא גם מנוסחת תמיד בלשון נוכח: "אתה". מטעם זה תפילה זו נאמרת בלחש, שכן כל אדם ואדם מהקהל עומד בה לעצמו לפני ה'. המתפלל הריהו כאדם הנכנס לריאיון אצל המלך, שאף אם הוא מוקף אנשים - הוא פונה אל המלך בדבריו שלו, ואף המלך פונה אליו ומשיב לו באופן אישי. כך בתפילה, אף שהכול אומרים בדיוק את אותן המילים, לכל אחד יש את השיחה הייחודית והפרטית שלו עם ה'.

אדני שפתי תפתח פסוק זה מתהלים פותח את תפילת העמידה בבקשת סיוע לעצם יכולתנו להתפלל - שה' יעזור לנו להביע ולבטא את רחשי ליבנו בתפילה. בלשון הפסוק נעוצה בקשה גדולה אף יותר, שתפילתנו לא תהיה כרוכה במאמץ של מחשבה וריכוז, אלא פינו ושפתינו יגידו מעצמם את תהילת ה'.

אבות

בָּרוּךְ אַתָּה יהוה, אֱלֹהֵינוּ וֵאלֹהֵי אֲבוֹתֵינוּ
אֱלֹהֵי אַבְרָהָם, אֱלֹהֵי יִצְחָק, וֵאלֹהֵי יַעֲקֹב
הָאֵל הַגָּדוֹל הַגִּבּוֹר וְהַנּוֹרָא, אֵל עֶלְיוֹן
גּוֹמֵל חֲסָדִים טוֹבִים, קוֹנֵה הַכֹּל
וְזוֹכֵר חַסְדֵי אָבוֹת
וּמֵבִיא גוֹאֵל לִבְנֵי בְנֵיהֶם לְמַעַן שְׁמוֹ בְּאַהֲבָה.

בעשרת ימי תשובה:
ואם שכח אינו חוזר.
זָכְרֵנוּ לְחַיִּים, מֶלֶךְ חָפֵץ בַּחַיִּים
וְכָתְבֵנוּ בְּסֵפֶר הַחַיִּים, לְמַעַנְךָ אֱלֹהִים חַיִּים.

מֶלֶךְ עוֹזֵר וּמוֹשִׁיעַ וּמָגֵן.
בָּרוּךְ אַתָּה יהוה, מָגֵן אַבְרָהָם.

ברכות השבח החלק הראשון של התפילה מורכב משלוש ברכות שבח, ועניינן ההודעה וההכרה "לפני מי אתה עומד".

ברכת אבות ברכת אבות היא מעין פתיחה לתפילת שמונה-עשרה. התחלת הכול היא בהכרה האישית שכל אחד בונה בתוכו כלפי ה'. מכוחה של הכרה זו אנו אומרים "אלהינו" משום שרק לאחר שישנו יחס כלפי ה' אפשר להתחיל להתפלל. לאחר מכן אנו מציגים את עצמנו, מי אנו: אנו בניהם של אברהם, יצחק ויעקב, שהגיעו לקרבה אמיתית עם ה'. בזכותם אנו מתדפקים על פתחו של הקדוש ברוך הוא ומבקשים שיענה לנו. ביטויי השבח מרמזים אף הם על מידותיהם של האבות: "הגדול" מסמל את החסד, מידתו של אברהם; "הגיבור" מסמל את הגבורה, מידתו של יצחק; "והנורא", מידה המורכבת מתחושת קִרבה וריחוק יחד, מסמלת את התפארת, שהיא סינתזה והרמוניה של הדברים, מידתו של יעקב. הברכה נחתמת בשמו של אברהם דווקא בגלל זכות הראשונים שיש לו, משום שממנו התחיל הקשר שלנו עם הקדוש ברוך הוא.

זכרנו לחיים בעשרת ימי תשובה נגזר דינם של בני האדם ולכן אנו מוסיפים בקשה שניכתב בספר החיים - לא בזכות מעשינו, אלא משום שה' חפץ בחיים. את החיים אנו מבקשים בכל המשמעויות: חיוניות, חיות וקִרבה לה'.

גבורות

אַתָּה גִּבּוֹר לְעוֹלָם, אֲדֹנָי
מְחַיֵּה מֵתִים אַתָּה, רַב לְהוֹשִׁיעַ

אומרים 'מַשִּׁיב הָרוּחַ וּמוֹרִיד הַגֶּשֶׁם' בכל ימות החורף (מתפילת מוסף של שמיני עצרת עד לשחרית של יום ראשון של פסח) ו'מוֹרִיד הַטָּל' בימות הקיץ (ממוסף של יום ראשון של פסח עד שחרית של שמיני עצרת).

מי שטעה ואמר 'מַשִּׁיב הָרוּחַ' בימות הקיץ – חוזר לראש הברכה, ואם גמר את הברכה – חוזר לתחילת התפילה. וכן הדין בימות החורף במי שלא הזכיר כלל 'מַשִּׁיב הָרוּחַ', אבל אם אמר בטעות במקום זה 'מוֹרִיד הַטָּל', אינו צריך לחזור.

בחורף: **מַשִּׁיב הָרוּחַ וּמוֹרִיד הַגֶּשֶׁם** / בקיץ: **מוֹרִיד הַטָּל**

מְכַלְכֵּל חַיִּים בְּחֶסֶד
מְחַיֵּה מֵתִים בְּרַחֲמִים רַבִּים
סוֹמֵךְ נוֹפְלִים, וְרוֹפֵא חוֹלִים, וּמַתִּיר אֲסוּרִים
וּמְקַיֵּם אֱמוּנָתוֹ לִישֵׁנֵי עָפָר.

ברכת גבורות ברכת גבורות היא ההמשך לפתיחת התפילה. אחרי שבברכה הראשונה הודענו 'אלה אנחנו', בברכה השנייה אנו מצהירים כלפי ה' 'זהו אתה'. יש כאן שבח על הגבורה האלוקית שהיא הכוח והעוצמה שה' מנהיג בהם את העולם. הגבורה מתגלית הן בדברים הנראים כשבירת הטבע הן בדברים הנחשבים אולי לפשוטים ויום־יומיים. תחיית המתים, הנזכרת בברכה כמה פעמים ואף חותמת אותה, היא הביטוי הבולט ביותר של הגבורה העליונה, הביטוי לפועלו של ה' נגד חוקיות העולם - שהרי בדרך הטבע סופו של כל דבר חי למות, ואילו ה' פועל נגד הטבע ומחיה מתים. מידת הגבורה מתגלית גם בדברים הרבים הנחשבים לחלק מסדרי הטבע: הורדת הגשמים, השפעת מזון לכל החיים ועזרה וישועה לזקוקים להן. נקודה זו מדגישה שקיום הדברים הרגילים תלוי אף הוא בהתערבותו המתמדת של הקדוש ברוך הוא, ואילולי כן עשויה המציאות להגיע לידי חידלון.

גשם וטל הזכרת הגשמים כאן קשורה בגבורה ובעוצמה שיש בירידתם, וגם בהקבלה חיה ויום־יומית לתחיית המתים: ירידת הגשם לארץ היא ההתחלה של הצמיחה - האדמה הצחיחה שהכול בה נראה כמת, שבה וקמה לתחייה. וכשם

מִי כָמוֹךָ, בַּעַל גְּבוּרוֹת
וּמִי דּוֹמֶה לָּךְ
מֶלֶךְ, מֵמִית וּמְחַיֶּה וּמַצְמִיחַ יְשׁוּעָה.

בעשרת ימי תשובה: **מִי כָמוֹךָ אַב הָרַחֲמָן**
ואם שכח אינו חוזר. **זוֹכֵר יְצוּרָיו לְחַיִּים בְּרַחֲמִים.**

וְנֶאֱמָן אַתָּה לְהַחֲיוֹת מֵתִים.
בָּרוּךְ אַתָּה יהוה, מְחַיֵּה הַמֵּתִים.

בתפילת לחש ממשיכים 'אַתָּה קָדוֹשׁ' בעמוד הבא.

קדושה

בחזרת הש"ץ הקהל עומד ואומר קדושה, ומשתדלים לעמוד כך ששתי הרגליים צמודות זו לזו כבתפילת העמידה. ונוהגים שבשעה שאומרים 'קָדוֹשׁ, קָדוֹשׁ, קָדוֹשׁ' וכן כשאומרים את הפסוקים 'בָּרוּךְ' ו'יִמְלֹךְ' מתרוממים קצת כלפי מעלה על גבי בהונות הרגליים.

קהל ואחריו שליח הציבור:

נְקַדִּישָׁךְ וְנַעֲרִיצָךְ כְּנֹעַם שִׂיחַ סוֹד שַׂרְפֵי קֹדֶשׁ, הַמְשַׁלְּשִׁים לְךָ קְדֻשָּׁה
ישעיה ו **כַּכָּתוּב עַל יַד נְבִיאֶךָ, וְקָרָא זֶה אֶל־זֶה וְאָמַר**

קהל ואחריו שליח הציבור:

קָדוֹשׁ, קָדוֹשׁ, קָדוֹשׁ, יהוה צְבָאוֹת, מְלֹא כָל־הָאָרֶץ כְּבוֹדוֹ:
לְעֻמָּתָם מְשַׁבְּחִים וְאוֹמְרִים

קהל ואחריו שליח הציבור:

יחזקאל ג **בָּרוּךְ כְּבוֹד־יהוה מִמְּקוֹמוֹ:**
וּבְדִבְרֵי קָדְשְׁךָ כָּתוּב לֵאמֹר

קהל ואחריו שליח הציבור:

תהלים קמו **יִמְלֹךְ יהוה לְעוֹלָם, אֱלֹהַיִךְ צִיּוֹן לְדֹר וָדֹר, הַלְלוּיָהּ:**

שליח הציבור ממשיך 'אַתָּה קָדוֹשׁ' בעמוד הבא.

שזריעת הזרע וצמיחתו היא מחזוריות שבדרך הטבע, כך גם התחייה העתידה לבוא אחרי המוות היא שלב מובטח במעגל החיים. הטל משמש אף הוא, בדרך אחרת ועדינה יותר, מקור תחייה לצמחים, ובדברי חכמים נזכר אף הוא כמשל השייך לתחיית המתים: "טל שעתיד הקב"ה להחיות בו מתים".

קדושת השם

אַתָּה קָדוֹשׁ וְשִׁמְךָ קָדוֹשׁ
וּקְדוֹשִׁים בְּכָל יוֹם יְהַלְלוּךָ סֶּלָה
כִּי אֵל מֶלֶךְ גָּדוֹל וְקָדוֹשׁ אָתָּה.
בָּרוּךְ אַתָּה יהוה
הָאֵל הַקָּדוֹשׁ. / בעשרת ימי תשובה: **הַמֶּלֶךְ הַקָּדוֹשׁ.**/

אם שכח, חוזר לראש התפילה.

מי כמוך בעשרת ימי תשובה מוסיפים שבח זה הקשור לתחיית המתים. ה׳ מעניק חיים לעולם לא רק בתחיית המתים העתידה לבוא, אלא גם כשגוזר ברחמים חיים לכל היצורים שימשיכו ויחיו - אף אם מצד הדין אין הדבר מגיע להם.

הקדושה ״קדושה״ היא הכרזה פומבית של קהל ישראל המודיעים לכול: ה׳ הוא מרומם ומתנשא מעל לכל מציאות, עד אין סוף. בהכרזה זו שותפים כל הברואים - העליונים והתחתונים. אנו עומדים בשווה לצבא המלאכים, באותה דרגה של ריחוק ופליאה, ואומרים: ״קדוש״. קטע זה מסתיים בתפילה ובתקווה שמלכותו של ה׳ תתגלה בעולם, והכול יכירו ויקבלו את שלטונו, ובמיוחד שתיראה מלכותו בציון - במקום אשר בחר ה׳. שהרי למרות שקדושת ה׳ נכונה בכל מקום ובכל זמן, כל עוד אין העולם מכיר בכך - הקדושה איננה שלמה.

ברכת קדושת השם ברכת קדושת השם חותמת את חלק הפתיחה של שמונה־עשרה. לאחר הזכרת חסדי ה׳ בזיכרון האבות וגבורת ה׳ בעולמו בהווה ובעתיד התפילה מתנשאת אל המהות, הקדושה. החסד והעוצמה הם גילויים חיצוניים, ולעומתם הקדושה קשורה אל ה׳ בעצמו, אל היותו קדוש - היינו נעלה ומרומם מעבר לכל הגדרה, תואר ויחס. אף שהכינוי ״קדוש״ מתייחס במהותו רק אל הקודש העליון, התואר ״קדושים״ נזכר כאן כלפי המלאכים וישראל, כאמור: ״וקדושים בכל יום יהללוך״. משום שאף שהם יצורים בעלי גבול, בכל שעה שהם מתקשרים לקדוש ברוך הוא הם בעצם נוגעים בקודש, ובכך זוכים הם להתקרא ״קדושים״.

המלך הקדוש בעשרת ימי תשובה חותמים ״המלך הקדוש״, משום שבימים אלה ה׳ מתגלה כמלך - שופט ודיין (ביום הדין, ראש השנה) ואף חונן ומוחל (ביום הכיפורים).

בכל ברכות הבקשה, קודם חתימת הברכה המתפלל רשאי להוסיף בקשות אישיות, כל אחד לפי עניינו וצרכיו. אף שהבקשות הפרטיות הללו אינן חלק מנוסח התפילה הקבוע, הן מבטאות את עיקרה של התפילה – עמידת האדם לפני ה׳ ושיחתו עימו.

דעת

אַתָּה חוֹנֵן לְאָדָם דַּעַת, וּמְלַמֵּד לֶאֱנוֹשׁ בִּינָה.
חָנֵּנוּ מֵאִתְּךָ חָכְמָה בִּינָה וָדָעַת.
בָּרוּךְ אַתָּה יהוה, חוֹנֵן הַדָּעַת.

תשובה

הֲשִׁיבֵנוּ אָבִינוּ לְתוֹרָתֶךָ, וְקָרְבֵנוּ מַלְכֵּנוּ לַעֲבוֹדָתֶךָ
וְהַחֲזִירֵנוּ בִּתְשׁוּבָה שְׁלֵמָה לְפָנֶיךָ.
בָּרוּךְ אַתָּה יהוה, הָרוֹצֶה בִּתְשׁוּבָה.

ברכות הבקשה לאחר ברכות הפתיחה והשבח מגיעות שלוש־עשרה ברכות בקשה, הפותחות בבקשות אישיות ופרטיות ונמשכות בתפילות ובקשות הנוגעות לכלל האומה, גאולת העם והעולם. שלוש הבקשות הראשונות - הדעת, התשובה והסליחה - מבטאות את הרצון להגיע לקשר נכון וראוי עם הקדוש ברוך הוא, ורק לאחריהן אנו מתחילים לבקש על דברים הנוגעים אלינו.

בכל ברכות הבקשה קודם חתימת הברכה המתפלל רשאי להוסיף בקשות אישיות, כל אחד לפי עניינו וצרכיו. אף שהבקשות הפרטיות הללו אינן חלק מנוסח התפילה הקבוע הן מבטאות את עיקרה של התפילה - שהאדם עומד לפני ה׳ ומשיח עימו.

ברכת הדעת ברכת הדעת פותחת בהודאה על מתנת הדעת ויכולת המחשבה המייחדות את האדם. אחרי דברי השבח, באה בקשה לתוספת בכוחות השכל - יכולת קליטה, הבנה ושיקול דעת נכון (חוכמה, בינה ודעת). בקשת הדעת באה בראש סדרת ברכות הבקשה משום שלפני הכול נדרשת הבנה לפני מי עומדים בתפילה ושׂכל כדי לדעת מה לבקש.

ברכת התשובה הבקשה לתשובה נובעת מקבלת הדעת - שהיא כעין מצב של התעוררות משינה, שאז חוזרת ההכרה המלאה - והמסקנה היא שהדבר הראשון שצריך לבקש עליו הוא התשובה. תשובה איננה תלויה בהכרח במציאותו של חטא קודם לה, אלא היא הרצון לחזור להיות קרובים אל ה׳. רצון זה לעבוד

סליחה

נוהגים להכות באגרוף קמוץ על הלב כשאומרים 'חָטָאנוּ' ו'פָשָׁעְנוּ' לומר שתאוות הלב הן גורמי הרֶשַׁע שהביאו לכלל החטא ומעתה ואילך בדעתו להתגבר עליהן.

סְלַח לָנוּ אָבִינוּ כִּי חָטָאנוּ
מְחַל לָנוּ מַלְכֵּנוּ כִּי פָשָׁעְנוּ
כִּי אֵל טוֹב וְסַלָּח אָתָּה.
בָּרוּךְ אַתָּה יהוה, חַנּוּן הַמַּרְבֶּה לִסְלֹחַ.

גאולה

רְאֵה נָא בְעָנְיֵנוּ, וְרִיבָה רִיבֵנוּ
וּגְאָלֵנוּ גְּאֻלָּה שְׁלֵמָה מְהֵרָה לְמַעַן שְׁמֶךָ
כִּי אֵל גּוֹאֵל חָזָק אָתָּה.
בָּרוּךְ אַתָּה יהוה, גּוֹאֵל יִשְׂרָאֵל.

את ה' תלוי אך ורק באדם, כפי שאמרו חכמים "הכל בידי שמים חוץ מיראת שמים", וכך יש להבין את הבקשה כאן: לא על עצם התשובה, אלא שה' יעזור וייתן לנו את התנאים החיצוניים כדי שנוכל לשוב אליו בלב שלם. בקשת התשובה היא על שלושה ענפים המקיפים את כל תחומי החיים: על התורה בלימודה ובקיומה, על עבודת הבורא בלב ובמעשה, ועל הנוכחות האלוקית.

ברכת הסליחה בקשת הסליחה היא המשכה של התשובה. בשעה שאדם מנסה להתקרב לה' הוא מבין את משמעות החטא המעכב אותו בדרכו וכן את צד המרידה בה' שיש בחטא, וממילא מגיעה ההרגשה שעליו לבקש סליחה. בקשת הסליחה היא על כל מה שפגמנו - דברים שהיינו צריכים לעשותם ולא עשינו, חטאים שבשגגה ופשעים שבמרידה. וה' בטובו סולח לנו עליהם בכל זמן, גם כאשר אנו חוזרים וחוטאים.

ברכת הגאולה לאחר הבקשות על ייסוד ותיקון הקשר הנכון עם ה' באות שלוש בקשות יסודיות הנוגעות לחיי היחיד - הגאולה, הרפואה והשנים. ברכת הגאולה פותחת את סדרת הבקשות הארציות. הרבה צער וסבל יש בעולם: ייסורי גוף ונפש; כאבים הנובעים מעצם טבעו של העולם ועוולות הנגרמות בידי בני אדם; צרות קטנות וגדולות - מהבעיות הגדולות שיש בעולם עד לצערם

בימי תענית ציבור מוסיף כאן שליח הציבור את ברכת 'עֲנֵנוּ' (המתאימה לברכה זו, שהרי בה אנו מבקשים בפרט על גאולה קרובה ופורקן מכל צרותינו).

עֲנֵנוּ יהוה עֲנֵנוּ בְּיוֹם צוֹם תַּעֲנִיתֵנוּ, כִּי בְצָרָה גְדוֹלָה אֲנָחְנוּ. אַל תֵּפֶן אֶל רִשְׁעֵנוּ, וְאַל תַּסְתֵּר פָּנֶיךָ מִמֶּנּוּ, וְאַל תִּתְעַלַּם מִתְּחִנָּתֵנוּ. הֱיֵה נָא קָרוֹב לְשַׁוְעָתֵנוּ, יְהִי נָא חַסְדְּךָ לְנַחֲמֵנוּ, טֶרֶם נִקְרָא אֵלֶיךָ עֲנֵנוּ, כַּדָּבָר
שֶׁנֶּאֱמַר: וְהָיָה טֶרֶם יִקְרָאוּ וַאֲנִי אֶעֱנֶה, עוֹד הֵם מְדַבְּרִים וַאֲנִי אֶשְׁמָע: ישעיה סה
כִּי אַתָּה יהוה הָעוֹנֶה בְּעֵת צָרָה, פּוֹדֶה וּמַצִּיל בְּכָל עֵת צָרָה וְצוּקָה. בָּרוּךְ אַתָּה יהוה, הָעוֹנֶה לְעַמּוֹ יִשְׂרָאֵל בְּעֵת צָרָה.

רפואה

רְפָאֵנוּ יהוה וְנֵרָפֵא
הוֹשִׁיעֵנוּ וְנִוָּשֵׁעָה, כִּי תְהִלָּתֵנוּ אָתָּה
וְהַעֲלֵה אֲרוּכָה וּמַרְפֵּא לְכָל תַּחֲלוּאֵינוּ וּלְכָל מַכְאוֹבֵינוּ
רְפוּאָה שְׁלֵמָה לְכָל מַכּוֹתֵינוּ

המתפלל על חולה מוסיף:

יְהִי רָצוֹן מִלְּפָנֶיךָ יהוה אֱלֹהַי וֵאלֹהֵי אֲבוֹתַי, שֶׁתִּשְׁלַח מְהֵרָה רְפוּאָה שְׁלֵמָה מִן הַשָּׁמַיִם, רְפוּאַת הַנֶּפֶשׁ וּרְפוּאַת הַגּוּף, לַחוֹלֶה/לַחוֹלָה פלוני/ת בֶּן/בַּת פלונית בְּתוֹךְ שְׁאָר חוֹלֵי יִשְׂרָאֵל.

של ילדים קטנים המתקוטטים זה עם זה. בברכה זו איננו מסתפקים בבקשה לפתרון נקודתי לכל אחת מהבעיות, אלא מבקשים פתרון כולל להן: שה' יגאל אותנו ויעשה עולם חדש ומתוקן שאין בו כאב וצער. מבחינה מסוימת, הבקשות שלהלן מפרטות את הברכה הזו.

ברכת הרפואה הבקשות המפורטות מתחילות בבעיות האנושיות הדחופות והנחוצות ביותר, בריאות ופרנסה. בקשת הרפואה היא על כל סוגי החולי: תחלואי הגוף – מחושים וכאבים – וייסורי הנפש, על חולים קרובים ועל זרים. חכמים הסבירו שבקשת הרפואה היא השלמה של הגאולה, שכן המחלה היא פגם בתוך המהות של העולם, והרפואה היא חזרה של הדברים למצב הנכון והמתוקן.

כִּי אֵל מֶלֶךְ רוֹפֵא נֶאֱמָן וְרַחֲמָן אָתָּה.
בָּרוּךְ אַתָּה יהוה, רוֹפֵא חוֹלֵי עַמּוֹ יִשְׂרָאֵל.

ברכת השנים

בחורף (בארץ ישראל – מז׳ במרחשון, ובחוץ לארץ – מחמישה או שישה בדצמבר עד יום ראשון של פסח) אומרים: ׳וְתֵן טַל וּמָטָר לִבְרָכָה׳, ובימות הקיץ אומרים: ׳וְתֵן בְּרָכָה׳.

אם טעה ואמר נוסח של קיץ בחורף: נזכר ב׳ברכת השנים׳ – אומר ׳וְתֵן טַל וּמָטָר לִבְרָכָה׳ וממשיך משם כסדר הברכה; לאחר ברכת השנים – מבקש ׳וְתֵן טַל וּמָטָר לִבְרָכָה׳ ב׳שְׁמַע קוֹלֵנוּ׳; לאחר ׳שְׁמַע קוֹלֵנוּ׳ – חוזר ל׳ברכת השנים׳; לאחר תפילת עמידה – חוזר לתחילת התפילה. טעה ואמר נוסח של חורף בקיץ, חוזר לראש ׳ברכת השנים׳. ואם סיים תפילת עמידה, חוזר לראש התפילה.

בָּרֵךְ עָלֵינוּ יהוה אֱלֹהֵינוּ אֶת הַשָּׁנָה הַזֹּאת
וְאֶת כָּל מִינֵי תְבוּאָתָהּ, לְטוֹבָה
בחורף: **וְתֵן טַל וּמָטָר לִבְרָכָה** / בקיץ: **וְתֵן בְּרָכָה**
עַל פְּנֵי הָאֲדָמָה, וְשַׂבְּעֵנוּ מִטּוּבָהּ
וּבָרֵךְ שְׁנָתֵנוּ כַּשָּׁנִים הַטּוֹבוֹת לִבְרָכָה
כִּי אֵל טוֹב וּמֵטִיב אַתָּה, וּמְבָרֵךְ הַשָּׁנִים.
בָּרוּךְ אַתָּה יהוה, מְבָרֵךְ הַשָּׁנִים.

ברכת השנים בקשה על הפרנסה. הכלכלה תלויה בברכת השנה – בחקלאות משום שיש בה מחזור גידולים שנתי, ואף בשאר התחומים משום שהקדוש ברוך הוא קוצב את פרנסתם של בני האדם בכל שנה מחדש. ברכת השנה כוללת בתוכה בקשה על כלל הדברים המתרחשים בשנה, הגשמיים והרוחניים: שיהיה בהם שגשוג וגידול, ריבוי והצלחה.

אל מלך רופא נאמן ורחמן תפקידה של הרפואה האנושית הוא לטפל במחלה, לעצור אותה שלא תזיק. אך גם הרופא הטוב ביותר לא מסוגל להעניק בריאות לאדם. מצד אחר, לא פעם, רופא אנושי נתון בסתירה בין היותו "נאמן" – הצריך להשתמש גם באמצעים מכאיבים לשם ריפוי, ובין היותו "רחמן" – החס על כאבו של החולה הכרוך בטיפול הרפואי. רק ה׳ לבדו מסוגל להיות "רופא נאמן ורחמן" גם יחד, לרפא בשלמות וברחמנות רפואה שלא רק עוצרת את המחלה אלא גם מבריאה את האדם.

קיבוץ גלויות

תְּקַע בְּשׁוֹפָר גָּדוֹל לְחֵרוּתֵנוּ
וְשָׂא נֵס לְקַבֵּץ גָּלֻיּוֹתֵינוּ
וְקַבְּצֵנוּ יַחַד מְהֵרָה מֵאַרְבַּע כַּנְפוֹת הָאָרֶץ לְאַרְצֵנוּ.
בָּרוּךְ אַתָּה יהוה, מְקַבֵּץ נִדְחֵי עַמּוֹ יִשְׂרָאֵל.

כיוון שברכת הפרנסה תלויה בגשם, מוסיפים כאן בקשה על הגשמים והטל שירדו בעונתם, לברכה, ולא יגרמו לנזקים. חלק זה של הברכה, שתוכנו וזמניו שייכים דווקא לתנאי האקלים של ארץ ישראל, מדגיש שבעצם חיי עם ישראל - בכל מקום שהוא מצוי בו - קשורים תמיד בארצו שלו.

ברכת קיבוץ גלויות לאחר הבקשות הפרטיות, ששייכות לחיי כל אדם, באות ארבע ברכות שעניינן תפילה על צורכי כלל האומה - קיבוץ גלויות, המשפט, המינים והצדיקים. בבקשת קיבוץ גלויות עם ישראל מבקשים שהאומה תשוב אל מקומה, לארץ ישראל. עוד קודם שתגיע שעת הגאולה השלמה אנו מבקשים על תיקון מצבו של עם ישראל בהווה: שהגלות תתבטל ושתסור מעלינו חרפת הפיזור והשעבוד. בספרי הסוד כתבו שיש ל'קיבוץ הנידחים' משמעות קוסמית, מעבר לגלויות ישראל; ניצוצות הקדושה נמצאים בגלות, ובפרט גלות הנגרמת על ידי חטאינו. בברכה זו אנו מתפללים גם על קיבוץ 'נידחים' אלה - שהקודש יצא מגלות החולין והטומאה.

ברכת המשפט בקשה להחזרת הנהגת ישראל לקדמותה: ששופטי ישראל יהיו מתוך עם ישראל ולא זרים, וכן שאותם השופטים ישפטו בצדק ויהיו מנהיגים הגונים וראויים כפי שמוגדר בתורה - "אַנְשֵׁי חַיִל, יִרְאֵי אֱלֹהִים, אַנְשֵׁי אֱמֶת, שֹׂנְאֵי בָצַע" ו"חֲכָמִים וּנְבֹנִים". בקשה זו משלימה את הבקשה הקודמת, שהרי לגלות יש שני פנים: האחד בפיזור לכל קצות הארץ, והאחר בהימצאות תחת שלטון ומשפט זר. לכן לא די בקיבוץ הגלויות אלא גם בהשבת העצמאות של המשפט והשופטים בארץ ישראל. הסיכום של הבקשה הוא שימלוך עלינו ה' לבדו, משום שנוכחות ה' נמצאת בתוך העדה הקדושה של השופטים והיועצים, כמו שכתוב: "אֱלֹהִים נִצָּב בַּעֲדַת אֵל". בשעה שנייסד חברה מתוקנת שיהיו בה יועצים ושופטים כבראשונה, ממילא ישרה הקדוש ברוך הוא עלינו. זאת ועוד, הבקשה היא כפשוטה, למשפט שלם תחת מלכותו של ה': עולם שלא יהיו בו צרות, בושה ודמעות ויהיו בו אהבה ורחמים, שבזכותם אנשים לא יגיעו לדין ודברים או למשפט.

השבת המשפט

הָשִׁיבָה שׁוֹפְטֵינוּ כְּבָרִאשׁוֹנָה, וְיוֹעֲצֵינוּ כְּבַתְּחִלָּה
וְהָסֵר מִמֶּנּוּ יָגוֹן וַאֲנָחָה
וּמְלֹךְ עָלֵינוּ מְהֵרָה אַתָּה יהוה לְבַדְּךָ
בְּחֶסֶד וּבְרַחֲמִים, בְּצֶדֶק וּבְמִשְׁפָּט.
בָּרוּךְ אַתָּה יהוה, מֶלֶךְ אוֹהֵב צְדָקָה וּמִשְׁפָּט.
/בעשרת ימי תשובה: הַמֶּלֶךְ הַמִּשְׁפָּט./
ואם שכח אינו חוזר.

ברכת המינים

וְלַמַּלְשִׁינִים אַל תְּהִי תִקְוָה, וְכָל הַמִּינִים כְּרֶגַע יֹאבֵדוּ
וְכָל אוֹיְבֵי עַמְּךָ מְהֵרָה יִכָּרֵתוּ
וְהַזֵּדִים מְהֵרָה תְעַקֵּר וּתְשַׁבֵּר וּתְמַגֵּר
וּתְכַלֵּם וְתַשְׁפִּילֵם וְתַכְנִיעֵם בִּמְהֵרָה בְיָמֵינוּ.
בָּרוּךְ אַתָּה יהוה, שׁוֹבֵר אוֹיְבִים וּמַכְנִיעַ זֵדִים.

המלך המשפט בעשרת ימי תשובה שבהם ה׳ שופט את כל באי עולם מזכירים בחתימת הברכה את משפטו של ה׳, כדי לזכור לשוב בתשובה על חטאים שבין אדם למקום ועל חטאים שבין אדם לחברו.

ברכת המינים ברכה זו נוספה לשמונה־עשרה בשלהי ימי בית שני, לאחר שהתרבו קבוצות שונות של כופרים אשר מלבד עצם פרישתם מהיהדות שיתפו פעולה עם השלטונות, אויבי ישראל. ברכת־קללה זו היא תפילה לכליונם, ונוסף על כך נועדה להרתיע את האנשים המתלבטים בין חיי היהדות לבין פנייה לקבוצות שסטו ממנה. בקשה זו היא המשך ישיר לבקשה הקודמת. במקום שנוהג משפט צדק על פי תורה, יש מצווה לספר על עוול שנעשה, אולם

המלחמה ברע בספרי הקבלה הסבירו שכל אחת מהברכות בשמונה־עשרה קשורה לספירה (=מידה) אחרת של הקב״ה, ו״ברכת המינים״ שייכת לספירה העליונה ביותר, ל׳כתר׳, שהיא דרגת השורש העליון של המציאות. מקור הרע איננו רק בחוטאים אנושיים אלא הוא עיוות השייך בשורשו למבנה העולם,

על הצדיקים

עַל הַצַּדִּיקִים וְעַל הַחֲסִידִים, וְעַל זִקְנֵי שְׁאֵרִית עַמְּךָ בֵּית יִשְׂרָאֵל
וְעַל פְּלֵיטַת בֵּית סוֹפְרֵיהֶם וְעַל גֵּרֵי הַצֶּדֶק, וְעָלֵינוּ
יֶהֱמוּ נָא רַחֲמֶיךָ, יהוה אֱלֹהֵינוּ
וְתֵן שָׂכָר טוֹב לְכָל הַבּוֹטְחִים בְּשִׁמְךָ בֶּאֱמֶת
וְשִׂים חֶלְקֵנוּ עִמָּהֶם
וּלְעוֹלָם לֹא נֵבוֹשׁ, כִּי בְךָ בָּטָחְנוּ
וְעַל חַסְדְּךָ הַגָּדוֹל בֶּאֱמֶת נִשְׁעָנְנוּ.
בָּרוּךְ אַתָּה יהוה, מִשְׁעָן וּמִבְטָח לַצַּדִּיקִים.

הלשנה לשלטון זר ועוין - מכל מניע שהוא, כלכלי או אידאולוגי - הוא מעשה רשע המפורר את החברה. מפני שלרוב ההלשנות לוחצות ועלולה להיות בהן סכנה מיידית, אנו מבקשים שייפסקו במהרה. בספרי הסוד מבואר שברכה זו מכוונת לא רק כנגד רשע אנושי, אלא על השמדת הרע העולמי הכללי, השטן וה'קליפות' בכל גילוייהם.

ברכת הצדיקים תפילה על כל האנשים הטובים בישראל, למן האישים הגדולים עד לנלווים על ה' לשרתו, אשר כל אחד מהם עושה טוב על פי דרכו. "הצדיקים" - הם הנוהגים בדרך הישר והנכון לפני ה'. "החסידים" - שמלבד מעלתם כצדיקים נוהגים בכל דבר לפנים משורת הדין מתוך דבקות ואהבה

כמו שאומר הפסוק: "יוֹצֵר אוֹר... וּבוֹרֵא רָע". כבר בנקודות הראשית של בריאת העולם נוצר ההעדר של נוכחות ה', העדר המאפשר את קיום הרע - ככל שמתפתח תהליך הבריאה כך מתרחקים העולמות מהרגשת הבורא, וממילא החשכה גוברת, והרע מתעצם. לצורך המשל, אם נניח דבר קטן כנגד מקור אור הוא ייצור צל קטן מאוד, אולם ככל שנתרחק ממקור האור כן ייעשו ממדיו של אותו צל גדולים יותר ויותר. תופעה של ליקוי חמה נוצרת באופן דומה: גוף קטן יחסית מסתיר את אור השמש ויוצר צל ענק. כך, בעולם הזה יש לרע הרבה קיום, אולם במקורו העליון אין לו באמת ממשות. הבקשה כאן היא שהרע ייעקר מן השורש, ובעצם שהקב"ה יסלק את מה שיוצר צל וחושך בעולם; ואז, ברגע אחד, ייעלם כל הרוע - הגלוי והנסתר - כלא היה.

בניין ירושלים

וְלִירוּשָׁלַיִם עִירְךָ בְּרַחֲמִים תָּשׁוּב, וְתִשְׁכֹּן בְּתוֹכָהּ כַּאֲשֶׁר דִּבַּרְתָּ
וּבְנֵה אוֹתָהּ בְּקָרוֹב בְּיָמֵינוּ בִּנְיַן עוֹלָם
וְכִסֵּא דָוִד עַבְדְּךָ מְהֵרָה לְתוֹכָהּ תָּכִין.
בָּרוּךְ אַתָּה יהוה, בּוֹנֵה יְרוּשָׁלָיִם.

יתרה. "הזקנים" - הם המנהיגים, שמעבר למעלתם האישית כצדיקים וחסידים, הם גם פועלים בעולם ומשפיעים על סביבתם. "הסופרים" - אנשי כנסת הגדולה היו דור של סופרים שכתבו את התורה שבעל פה, וכיום נשארו מעטים דוגמתם ('פליטה'), שהם חכמי ישראל הגדולים המעמידים ומקיימים את התורה. "גרי הצדק" - שהתורה מצווה על אהבתם ומקפידה ביותר על צערם, ולכן צריך לחזקם ולברכם באופן מיוחד. ברכה זו היא דרך להביע את תמיכת הציבור בהם, ולברך אותם שיצליחו בדרכם ובחייהם. אחר שמבקשים על הצדיקים וגדולי ישראל מוסיפים ומבקשים רחמים עלינו, המתפללים, שמעלתנו היא שאנו בוחרים להיות שייכים וקשורים לקדוש ברוך הוא, בוטחים בו ונשענים עליו.

ברכת בניין ירושלים לאחר ארבע הבקשות הכלליות באות עוד שתי בקשות על הגאולה השלמה שאנו מצפים לה - בניין המקדש וביאת המשיח. הבקשה הראשונה היא שה' ישיב את שכינתו לירושלים. מלבד היותה 'עיר הבירה' של ישראל, ירושלים משמשת סמל להשראת השכינה של ה' בעולם בכלל. הביטוי החיצוני לגלות השכינה הוא בחורבן הפיזי של העיר, ובאופן פנימי העיר החרבה מבטאת את שברו של העולם כולו, כביכול נשמת העולם יצאה ממנו. לכן גם כאשר ירושלים משופעת בבנייני פאר - כל עוד ה' איננו שוכן בתוכה, עדיין היא עומדת בחורבנה. בדומה לאדם מחוסר הכרה: גם אם המערכות הגופניות

גרי הצדק בתורה יש מצוות רבות בנוגע לגר. יש לנהוג בו ככל יהודי, ואף יש לו זכויות מיוחדות: צריך לאהוב אותו ולדאוג לו במיוחד, והאיסור לפגוע בו חמור ביותר. במדרש נתנו משל לכך: מלך שהיו לו עדרים רבים של כבשים, ויום אחד הצטרף צבי לכבשים שלו. ראה המלך את הצבי בין עדרי כבשיו ונתן הוראה לרועים: השגיחו על הצבי, טפלו בו ודאגו שלא יציקו לו. אמרו הרועים למלך: הרי יש לך אלפי כבשים, למה אתה דואג במיוחד לצבי אחד? ענה להם המלך: לכבשים אין ברירה אחרת, הם שייכים לי ולכן הם מוכרחים ללכת למרעה ולחזור

מלכות בית דוד

אֶת צֶמַח דָּוִד עַבְדְּךָ מְהֵרָה תַצְמִיחַ, וְקַרְנוֹ תָּרוּם בִּישׁוּעָתֶךָ
כִּי לִישׁוּעָתְךָ קִוִּינוּ כָּל הַיּוֹם.
בָּרוּךְ אַתָּה יהוה, מַצְמִיחַ קֶרֶן יְשׁוּעָה.

מתפקדות אצלו בשלמות, חיים חסרי הכרה אינם חיים אמיתיים. הבקשה בברכה היא לחזרת המציאות לסדר הנכון, הכולל את בניינה השלם של ירושלים, כינון מלכות בית דוד בתוכה ובניין בית המקדש - עד לגאולה הסופית של העולם.

ברכת צמח דוד בקשה על ביאת המשיח. איננו יכולים להסתפק במצבנו בהווה ואף לא בפתרון מקומי של הבעיות. אנו מצפים ומקווים בכל יום ויום, בזמנים רעים וטובים, שיבוא המשיח ותהיה גאולה שלמה. בקשה זו משלימה את הבקשות הקודמות: מחד גיסא, הגאולה היא השלמה של כל הבקשות שביקשנו בתפילה, ומאידך גיסא, תפקידו של מלך המשיח הוא להנהיג את תיקון העולם - קיבוץ הגלויות, משפט צדק, הקמת הנהגה רוחנית, השמדת הרע ובניין ירושלים.

בסוף היום לדיר. אולם הצבי היה חופשי, הוא יכול היה ללכת לכל מקום שרצה, ובכל זאת בחר להצטרף לעדרי, ולכן מגיע לו כבוד מיוחד. כך הוא העניין של גרי הצדק: ישנן דרגות הבסיס של חובת ההתנהגות לזולת, שהן חלק מהחובה האנושית והיהודית. ומעבר להן יש התייחסות מיוחדת לגר, שהוא אדם שהיה לו עולם נורמלי משלו, והוא מרצונו החופשי יצא מתוכו וקיבל עליו את החוק, הדין והכאב המיוחדים של להיות יהודי - ולכן יש לנהוג בו כפי שנוהגים בכל יהודי ואף מגיע לו יחס מיוחד של כבוד.

לישועתך קיווינו כל היום בתלמוד כתוב שאחת השאלות ששואלים אדם אחרי מותו היא: "ציפית לישועה?". הציפייה לישועה איננה קשורה דווקא לזמנים רעים או לאדם שיש לו צרות, אלא היא דרישה מכל אדם; גם מי שחייו טובים ושלווים צריך כל הזמן לצפות לישועה. במובן זה, הגאולה תלויה בפיתוח ההבנה שיש חיסרון מהותי במציאות, בתחושה מתמדת שגם כאשר בסך הכול הדברים מתנהלים כסדר, זה רק באופן יחסי, וכל עוד לא בא המשיח עדיין העולם חסר, ובלשון חז"ל: "אין השם שלם ואין הכסא שלם". ההרגשה הזו שהעולם איננו מושלם ויש עוד מה לעשות כדי להביא לתיקון עולם - היא שמצמיחה ומביאה את המשיח.

שומע תפילה

אָב הָרַחֲמָן, שְׁמַע קוֹלֵנוּ יהוה אֱלֹהֵינוּ
חוּס וְרַחֵם עָלֵינוּ, וְקַבֵּל בְּרַחֲמִים וּבְרָצוֹן אֶת תְּפִלָּתֵנוּ
כִּי אֵל שׁוֹמֵעַ תְּפִלּוֹת וְתַחֲנוּנִים אָתָּה
וּמִלְּפָנֶיךָ מַלְכֵּנוּ רֵיקָם אַל תְּשִׁיבֵנוּ
חָנֵּנוּ וַעֲנֵנוּ וּשְׁמַע תְּפִלָּתֵנוּ

יש נוהגים לומר כאן בקשה זו למחילת חטאים:

אָנָּא יהוה, חָטָאתִי עָוִיתִי וּפָשַׁעְתִּי לְפָנֶיךָ, מִיּוֹם הֱיוֹתִי עַל הָאֲדָמָה עַד הַיּוֹם הַזֶּה (ובפרט בחטא פלוני). אָנָּא יהוה, עֲשֵׂה לְמַעַן שִׁמְךָ הַגָּדוֹל, וּתְכַפֵּר לִי עַל עֲוֹנַי וַחֲטָאַי וּפְשָׁעַי, שֶׁחָטָאתִי וְשֶׁעָוִיתִי וְשֶׁפָּשַׁעְתִּי לְפָנֶיךָ, מִנְּעוּרַי עַד הַיּוֹם הַזֶּה, וּתְמַלֵּא כָּל הַשֵּׁמוֹת שֶׁפָּגַמְתִּי בְּשִׁמְךָ הַגָּדוֹל.

וממשיכים ׳כִּי אַתָּה שׁוֹמֵעַ׳.

יש נוהגים לומר כאן בקשה על הפרנסה. תפילה זו בנויה על פי דברי הזוהר והמקובלים שאמרו שאף מי שפרנסתו מצויה צריך להתפלל על הפרנסה ולהראות בכך שאינו סומך על כוחו ועוצם ידו, אלא על רחמי ה׳.

אַתָּה הוּא יהוה הָאֱלֹהִים הַזָּן וּמְפַרְנֵס וּמְכַלְכֵּל מִקַּרְנֵי רְאֵמִים עַד בֵּיצֵי כִנִּים. הַטְרִיפֵנִי לֶחֶם חֻקִּי, וְהַמְצֵא לִי וּלְכָל בְּנֵי בֵיתִי מְזוֹנוֹתַי קֹדֶם שֶׁאֶצְטָרֵךְ לָהֶם, בְּנַחַת וְלֹא בְּצַעַר, בְּהֶתֵּר וְלֹא בְאִסּוּר, בְּכָבוֹד וְלֹא בְּבִזָּיוֹן, לְחַיִּים וּלְשָׁלוֹם, מִשֶּׁפַע בְּרָכָה וְהַצְלָחָה וּמִשֶּׁפַע בְּרָכָה עֶלְיוֹנָה, כְּדֵי שֶׁאוּכַל לַעֲשׂוֹת רְצוֹנֶךָ, וְלַעֲסֹק בְּתוֹרָתֶךָ, וּלְקַיֵּם מִצְוֹתֶיךָ. וְאַל תַּצְרִיכֵנִי לִידֵי מַתְּנַת בָּשָׂר וָדָם, וִיקֻיַּם בִּי מִקְרָא שֶׁכָּתוּב: פּוֹתֵחַ אֶת יָדֶךָ וּמַשְׂבִּיעַ לְכָל חַי רָצוֹן.

וממשיכים ׳כִּי אַתָּה שׁוֹמֵעַ׳.

ברכת שומע תפילה בקשה שה׳ ישמע ויענה ברצון לכל תפילותינו - לבקשות שביקשנו קודם לכן בתפילה ולכל מה שאנו רוצים להוסיף ולבקש. משום כך קבעו חכמים: ״שואל אדם צרכיו בשומע תפילה״; כלומר, בברכה זו אפשר להוסיף ולפרט כל בקשה שאדם רוצה לבקש - בקשות פרטיות או כל נושא אחר שאיננו כלול בברכות. ובפרטי הברכה: שה׳ ישמע את אמרי פינו, ואף את הרצונות והמאוויים שאיננו יודעים איך לבטא אותם יקבל ברחמים וברצון; וגם אם יחליט שלא לענות לבקשותינו, אנו מבקשים שלכל הפחות ישמע אותנו ויתייחס אלינו.

בזמן עצירת גשמים יש נוהגים לומר:

וַעֲנֵנוּ בּוֹרֵא עוֹלָם בְּמִדַּת הָרַחֲמִים, בּוֹחֵר בְּעַמּוֹ יִשְׂרָאֵל לְהוֹדִיעַ גָּדְלוֹ וְהַדְרַת כְּבוֹדוֹ. שׁוֹמֵעַ תְּפִלָּה, תֵּן טַל וּמָטָר עַל פְּנֵי הָאֲדָמָה, וְתַשְׂבִּיעַ אֶת הָעוֹלָם כֻּלּוֹ מִטּוּבֶךָ, וּמַלֵּא יָדֵינוּ מִבִּרְכוֹתֶיךָ וּמֵעֹשֶׁר מַתְּנַת יָדֶךָ. שְׁמֹר וְהַצֵּל שָׁנָה זוֹ מִכָּל דָּבָר רָע, וּמִכָּל מִינֵי מַשְׁחִית וּמִכָּל מִינֵי פֻרְעָנִיּוֹת, וַעֲשֵׂה לָהּ תִּקְוָה וְאַחֲרִית שָׁלוֹם. חוּס וְרַחֵם עָלֵינוּ וְעַל כָּל תְּבוּאָתֵנוּ וּפֵרוֹתֵינוּ, וּבָרְכֵנוּ בְּגִשְׁמֵי בְרָכָה, וְנִזְכֶּה לְחַיִּים וְשֹׂבַע וְשָׁלוֹם כַּשָּׁנִים הַטּוֹבוֹת. וְהָסֵר מִמֶּנּוּ דֶּבֶר וְחֶרֶב וְרָעָב, וְחַיָּה רָעָה וּשְׁבִי וּבִזָּה, וְיֵצֶר הָרָע וָחֳלָיִים רָעִים וְקָשִׁים וּמְאֹרָעוֹת רָעִים וְקָשִׁים. וּגְזֹר עָלֵינוּ גְּזֵרוֹת טוֹבוֹת מִלְּפָנֶיךָ, וְיִגֹּלּוּ רַחֲמֶיךָ עַל מִדּוֹתֶיךָ, וְתִתְנַהֵג עִם בָּנֶיךָ בְּמִדַּת הָרַחֲמִים, וְקַבֵּל בְּרַחֲמִים וּבְרָצוֹן אֶת תְּפִלָּתֵנוּ. וממשיכים 'כִּי אַתָּה שׁוֹמֵעַ'.

כִּי אַתָּה שׁוֹמֵעַ תְּפִלַּת כָּל פֶּה.
בָּרוּךְ אַתָּה יהוה, שׁוֹמֵעַ תְּפִלָּה.

עבודה

רְצֵה יהוה אֱלֹהֵינוּ בְּעַמְּךָ יִשְׂרָאֵל, וְלִתְפִלָּתָם שְׁעֵה
וְהָשֵׁב אֶת הָעֲבוֹדָה לִדְבִיר בֵּיתֶךָ
וְאִשֵּׁי יִשְׂרָאֵל וּתְפִלָּתָם, מְהֵרָה בְּאַהֲבָה תְקַבֵּל בְּרָצוֹן
וּתְהִי לְרָצוֹן תָּמִיד עֲבוֹדַת יִשְׂרָאֵל עַמֶּךָ.

ברכות ההודאה שלוש הברכות האחרונות הן ברכות הסיום של תפילת העמידה. עניינן הודאה כללית לה', ובפרט על שה' שומע ומקבל את תפילתנו, והן מבטאות את פרֵדתנו מן המלך ויציאתנו מן המקדש הפנימי. בדומה לשלוש הברכות הראשונות הריהן קבועות בתפילות - בכל ימות השנה ובכל תפילה ותפילה.

ברכת העבודה ברכת הודאה על עצם התפילה: על הזכות לעמוד לפני ה', ושבחו של מקום על שהוא מקבל את תפילתנו. ברכה קדומה זו נאמרה עוד בזמן בית המקדש ותוקנה כהודאה לה' על סדר העבודה בו: על בחירתו את ישראל ועל הזכות לעובדו ולהקריב לפניו קורבנות. להודאה צורפה בקשה שעבודת הקודש תעלה לרצון לפני ה'. הנוסח שלפנינו תוקן לאחר חורבן בית המקדש, ועיקרו שה' יהיה מרוצה מעמו ישראל, שיקבל את תפילתנו (שאף היא עבודה, 'עבודה שבלב') ברצון, ושתשוב עבודת המקדש למקומה.

בראש חודש ובחול המועד אומרים ׳יַעֲלֶה וְיָבוֹא׳.
אם שכח לומר ׳יַעֲלֶה וְיָבוֹא׳ – חוזר לְ׳רְצֵה׳. ואם נזכר לאחר שסיים עמידה – חוזר לראש.

אֱלֹהֵינוּ וֵאלֹהֵי אֲבוֹתֵינוּ, יַעֲלֶה וְיָבוֹא וְיַגִּיעַ, וְיֵרָאֶה וְיֵרָצֶה וְיִשָּׁמַע, וְיִפָּקֵד וְיִזָּכֵר זִכְרוֹנֵנוּ וּפִקְדוֹנֵנוּ וְזִכְרוֹן אֲבוֹתֵינוּ, וְזִכְרוֹן מָשִׁיחַ בֶּן דָּוִד עַבְדֶּךָ, וְזִכְרוֹן יְרוּשָׁלַיִם עִיר קָדְשֶׁךָ, וְזִכְרוֹן כָּל עַמְּךָ בֵּית יִשְׂרָאֵל, לְפָנֶיךָ, לִפְלֵיטָה לְטוֹבָה, לְחֵן וּלְחֶסֶד וּלְרַחֲמִים, לְחַיִּים וּלְשָׁלוֹם בְּיוֹם

בראש חודש: **רֹאשׁ הַחֹדֶשׁ** / בפסח: **חַג הַמַּצּוֹת** / בסוכות: **חַג הַסֻּכּוֹת**

הַזֶּה. זָכְרֵנוּ יהוה אֱלֹהֵינוּ בּוֹ לְטוֹבָה, וּפָקְדֵנוּ בוֹ לִבְרָכָה, וְהוֹשִׁיעֵנוּ בוֹ לְחַיִּים טוֹבִים. וּבִדְבַר יְשׁוּעָה וְרַחֲמִים חוּס וְחָנֵּנוּ וְרַחֵם עָלֵינוּ וְהוֹשִׁיעֵנוּ, כִּי אֵלֶיךָ עֵינֵינוּ, כִּי אֵל מֶלֶךְ חַנּוּן וְרַחוּם אָתָּה.

וְתֶחֱזֶינָה עֵינֵינוּ בְּשׁוּבְךָ לְצִיּוֹן בְּרַחֲמִים.
בָּרוּךְ אַתָּה יהוה, הַמַּחֲזִיר שְׁכִינָתוֹ לְצִיּוֹן.

יעלה ויבוא תפילה הנאמרת בימי חג ושמחה. תוכנה של תפילה זו היא דברי תחנונים: שה׳ יזכור אותנו לטובה ולגאולה ביום מיוחד זה, יקבל את תפילתנו ברצון, נהיה מרוצים לפניו וימלא משאלות ליבנו לטובה - בחן, בחסד וברחמים. הברכה נקבעה בברכת העבודה בגלל שייכותה לסדר העבודה במקדש, מכיוון שבימים אלה היו מקריבים קורבן מוסף הוסיפו בהם תפילות על קבלת הקורבנות. כיום, שאין לנו קורבנות, אנו מבקשים שה׳ ירצה בנו ושישיב את העבודה למקומה.

זכרוננו בעיקרה של תפילה זו עומדת בקשת הזיכרון. בקשה זו מעלה שאלה מהותית: מפני מה אנחנו מבקשים זאת? וכי ה׳ לא זוכר אותנו?! שאלה זו מביאה אותנו לשאלה יסודית בעניינה של התפילה בכלל: מפני מה אנחנו צריכים לבקש ולהתחנן, הרי ה׳ מכיר אותנו לפניי ולפנים ויודע את כל מאוויינו ומחסורנו?! התשובה לכך בתמצית היא שעניינה של התפילה היא שאנחנו נבקש, שנגיד מה אנחנו רוצים. ה׳ יודע הכול, אולם הוא רוצה שנפנה אליו, שנכיר בו שהוא האדון שלנו וניצור איתו קשר. כך גם הוא עניינו של הזיכרון. ה׳ זוכר ויודע הכול, אולם אנחנו צריכים להעלות את זיכרוננו לפניו, לחפש ולהיזכר בעצמנו מהם הדברים שאנחנו רוצים לבקש. בהזדמנות מיוחדת זו שבאה מעת לעת אנו מעלים לזיכרון את הדברים החשובים לנו: מצד אחד את הדברים הגדולים – משיח ובניין ירושלים; ומצד שני את העבודה שאנו מסכנים, ומבקשים שנהיה לפלטה לטובה.

הודאה

משתחווים בברכת ההודאה בתחילה ובסוף. כשאומר ׳מוֹדִים׳ כורע ושוחה כאחת, וכשאומר ׳השם׳ זוקף. בסוף הברכה אופן הכריעה דומה לתחילת התפילה – כשאומר ׳בָּרוּךְ׳ כורע, כשאומר ׳אַתָּה׳ שוחה וכשאומר ׳השם׳ חוזר ומזדקף.

מוֹדִים אֲנַחְנוּ לָךְ
שָׁאַתָּה הוּא יהוה אֱלֹהֵינוּ
וֵאלֹהֵי אֲבוֹתֵינוּ לְעוֹלָם וָעֶד.
צוּר חַיֵּינוּ, מָגֵן יִשְׁעֵנוּ
אַתָּה הוּא לְדוֹר וָדוֹר.
נוֹדֶה לְּךָ וּנְסַפֵּר תְּהִלָּתֶךָ
עַל חַיֵּינוּ הַמְּסוּרִים בְּיָדֶךָ
וְעַל נִשְׁמוֹתֵינוּ הַפְּקוּדוֹת לָךְ
וְעַל נִסֶּיךָ שֶׁבְּכָל יוֹם עִמָּנוּ
וְעַל נִפְלְאוֹתֶיךָ וְטוֹבוֹתֶיךָ
שֶׁבְּכָל עֵת, עֶרֶב וָבֹקֶר וְצָהֳרָיִם.
הַטּוֹב, כִּי לֹא כָלוּ רַחֲמֶיךָ
וְהַמְרַחֵם, כִּי לֹא תַמּוּ חֲסָדֶיךָ
כִּי מֵעוֹלָם קִוִּינוּ לָךְ.

כששליח הציבור אומר ׳מוֹדִים׳ הקהל אומר בלחש:

מוֹדִים אֲנַחְנוּ לָךְ
שָׁאַתָּה הוּא יהוה אֱלֹהֵינוּ
וֵאלֹהֵי אֲבוֹתֵינוּ
אֱלֹהֵי כָל בָּשָׂר
יוֹצְרֵנוּ, יוֹצֵר בְּרֵאשִׁית.
בְּרָכוֹת וְהוֹדָאוֹת
לְשִׁמְךָ הַגָּדוֹל וְהַקָּדוֹשׁ
עַל שֶׁהֶחֱיִיתָנוּ וְקִיַּמְתָּנוּ.
כֵּן תְּחַיֵּנוּ וּתְקַיְּמֵנוּ
וְתֶאֱסֹף גָּלֻיּוֹתֵינוּ
לְחַצְרוֹת קָדְשֶׁךָ
לִשְׁמֹר חֻקֶּיךָ וְלַעֲשׂוֹת רְצוֹנֶךָ
וּלְעָבְדְּךָ בְּלֵבָב שָׁלֵם
עַל שֶׁאָנוּ מוֹדִים לָךְ.
בָּרוּךְ אֵל הַהוֹדָאוֹת.

ברכת ההודאה ברכת הודאה כללית על הדברים היסודיים ביותר השייכים בכל יום: על שה׳ נמצא כאן קרוב אלינו, ועל שכל אשר מתרחש קורה בזכותו. תודה על החיים, על הנשמה ועל כל הטוב שהוא עושה עימנו בחסדו כל הזמן - דברים גדולים וקטנים. מי שיסתכל על חייו שלו יראה את חסדי ה׳ הנשפעים בכל עת, אולם כדי לראות זאת על האדם להיות מוכן להודות על הטובה – להבין שלא מגיע לו כלום, ולכן כל הדברים שהוא מקבל הם חסדים.

מודים דרבנן הודאה (שלא כבקשה או תהילה), היא חסרת משמעות כשהיא נעשית על ידי שליח, אלא כל אחד ואחד צריך להשתתף ולהודות בעצמו. מטעם זה קבעו חכמים בחזרת הש״ץ שלא רק שליח הציבור יאמר ״מודים״,

בחנוכה אומרים כאן ׳עַל הַנִּסִּים׳. ואם שכח אינו חוזר.

וְעַל הַנִּסִּים וְעַל הַפֻּרְקָן וְעַל הַגְּבוּרוֹת וְעַל הַתְּשׁוּעוֹת וְעַל הַנִּפְלָאוֹת וְעַל הַנֶּחָמוֹת וְעַל הַמִּלְחָמוֹת שֶׁעָשִׂיתָ לַאֲבוֹתֵינוּ בַּיָּמִים הָהֵם בַּזְּמַן הַזֶּה.

בִּימֵי מַתִּתְיָהוּ בֶּן יוֹחָנָן כֹּהֵן גָּדוֹל חַשְׁמוֹנַאי וּבָנָיו, כְּשֶׁעָמְדָה מַלְכוּת יָוָן הָרְשָׁעָה עַל עַמְּךָ יִשְׂרָאֵל לְהַשְׁכִּיחָם תּוֹרָתֶךָ וּלְהַעֲבִירָם מֵחֻקֵּי רְצוֹנֶךָ, וְאַתָּה בְּרַחֲמֶיךָ הָרַבִּים עָמַדְתָּ לָהֶם בְּעֵת צָרָתָם, רַבְתָּ אֶת רִיבָם, דַּנְתָּ אֶת דִּינָם, נָקַמְתָּ אֶת נִקְמָתָם, מָסַרְתָּ גִבּוֹרִים בְּיַד חַלָּשִׁים, וְרַבִּים בְּיַד מְעַטִּים, וּטְמֵאִים בְּיַד טְהוֹרִים, וּרְשָׁעִים בְּיַד צַדִּיקִים, וְזֵדִים בְּיַד עוֹסְקֵי תוֹרָתֶךָ. וּלְךָ עָשִׂיתָ שֵׁם גָּדוֹל וְקָדוֹשׁ בְּעוֹלָמֶךָ, וּלְעַמְּךָ יִשְׂרָאֵל עָשִׂיתָ תְּשׁוּעָה גְדוֹלָה וּפֻרְקָן כְּהַיּוֹם הַזֶּה. וְאַחַר כָּךְ בָּאוּ בָנֶיךָ לִדְבִיר בֵּיתֶךָ, וּפִנּוּ אֶת הֵיכָלֶךָ, וְטִהֲרוּ אֶת מִקְדָּשֶׁךָ, וְהִדְלִיקוּ נֵרוֹת בְּחַצְרוֹת קָדְשֶׁךָ, וְקָבְעוּ שְׁמוֹנַת יְמֵי חֲנֻכָּה אֵלּוּ, לְהוֹדוֹת וּלְהַלֵּל לְשִׁמְךָ הַגָּדוֹל.

וממשיכים ׳וְעַל כֻּלָּם׳.

בפורים אומרים כאן ׳עַל הַנִּסִּים׳. ואם שכח אינו חוזר.

וְעַל הַנִּסִּים וְעַל הַפֻּרְקָן וְעַל הַגְּבוּרוֹת וְעַל הַתְּשׁוּעוֹת וְעַל הַנִּפְלָאוֹת וְעַל הַנֶּחָמוֹת וְעַל הַמִּלְחָמוֹת שֶׁעָשִׂיתָ לַאֲבוֹתֵינוּ בַּיָּמִים הָהֵם בַּזְּמַן הַזֶּה.

בִּימֵי מָרְדְּכַי וְאֶסְתֵּר בְּשׁוּשַׁן הַבִּירָה, כְּשֶׁעָמַד עֲלֵיהֶם הָמָן הָרָשָׁע, בִּקֵּשׁ
לְהַשְׁמִיד לַהֲרֹג וּלְאַבֵּד אֶת־כָּל־הַיְּהוּדִים מִנַּעַר וְעַד־זָקֵן טַף וְנָשִׁים בְּיוֹם אסתר ג
אֶחָד, בִּשְׁלוֹשָׁה עָשָׂר לְחֹדֶשׁ שְׁנֵים־עָשָׂר, הוּא־חֹדֶשׁ אֲדָר, וּשְׁלָלָם
לָבוֹז: וְאַתָּה בְּרַחֲמֶיךָ הָרַבִּים הֵפַרְתָּ אֶת עֲצָתוֹ, וְקִלְקַלְתָּ אֶת מַחֲשַׁבְתּוֹ,
וַהֲשֵׁבוֹתָ לּוֹ גְּמוּלוֹ בְּרֹאשׁוֹ, וְתָלוּ אוֹתוֹ וְאֶת בָּנָיו עַל הָעֵץ.

וממשיכים ׳וְעַל כֻּלָּם׳.

ולכן כל הקהל אומר כנגדו נוסח דומה. הנוסח נקרא "מודים דרבנן", משום שהורכב מכמה נוסחים שאמרו חכמים (׳רבנן׳) שונים, והוחלט לצרפם לנוסח אחד. ההודאה האחרונה היא תמצית כל ההודאות: "מודים אנחנו לך... על שאנו מודים לך" - הודאה על עצם הזכות להודות לה׳.

על הניסים ברכת שבח והודאה לה׳ על הניסים שאירעו לאבותינו בימי חנוכה ופורים. תשועת ישראל בחנוכה ופורים הייתה בדרך שלא הפרה את חוקי הטבע: כל השתלשלות המאורעות במגילת אסתר היא טבעית והגיונית, ואף את סיפור הניצחון של החשמונאים במלחמה, שהיה בו מן הפלאיות, אפשר להסביר בהסבר

וְעַל כֻּלָּם יִתְבָּרַךְ וְיִתְרוֹמַם וְיִתְנַשֵּׂא שִׁמְךָ מַלְכֵּנוּ תָּמִיד לְעוֹלָם וָעֶד.

בעשרת ימי תשובה: וּכְתֹב לְחַיִּים טוֹבִים כָּל בְּנֵי בְרִיתֶךָ.
ואם שכח אינו חוזר.

וְכֹל הַחַיִּים יוֹדְוּךָ סֶּלָה
וִיהַלְלוּ וִיבָרְכוּ אֶת שִׁמְךָ הַגָּדוֹל בֶּאֱמֶת לְעוֹלָם כִּי טוֹב
הָאֵל יְשׁוּעָתֵנוּ וְעֶזְרָתֵנוּ סֶלָה, הָאֵל הַטּוֹב.
בָּרוּךְ אַתָּה יהוה, הַטּוֹב שִׁמְךָ וּלְךָ נָאֶה לְהוֹדוֹת.

רציונלי. עם זה, אלה מאורעות ניסיים, מפני שהגדרתו של נס איננה תלויה בחריגה שלו מדרך הטבע, אלא בהיותו מאורע בעל משמעות המכוונת לבני אדם - מאורע של הצלה או לחלופין של פורענות. בחנוכה ובפורים אנו חוגגים ומודים על ׳ניסים טבעיים׳, ניסים שרק לאחר מעשה אפשר היה לראות את היד המכוונת של ההשגחה העליונה בכל שלבי הסיפור. ניסים דוגמת חנוכה ופורים - שה׳ מעביר בדרך הטבע, בהשתלשלות טבעית ומובנית - לא נגמרו בימים ההם אלא הם מתרחשים בכל רגע ממש, ועליהם אנו מודים ב״ניסיך שבכל יום עמנו״. אומנם לא קל לראות את הנס והפלא שבכל יום, אולם אם אדם יפקח את עיניו ויתבונן במאורעות חייו הוא יראה כיצד היום־יום שלו מלא בניסים, מהפלא של לידת תינוק עד לעובדה הלא־מובנת מאליה שהגוף מתפקד כראוי, ועוד ועוד. ניסי חנוכה ופורים אינם רק מאורע חד־פעמי, גדולתם היא בכך שהם מעניקים לנו דרך הסתכלות אחרת על המציאות, דרך שבה נסתכל על סדרי הטבע ונראה בהם התגלות של בורא העולם. מטעם זה אמרו חכמים: ״אפילו כל המועדות בטלים, חנוכה ופורים אינם בטלים לעולם״.

ברכת כהנים ברכת כוהנים היא ברכה שיש בה שלמות. בכל ברכה שבעולם עלול להיות גם צד של חיסרון (אם מפני שהמקבל אינו מעוניין בברכה ואם מפני שמצד האמת מוטב לו בלעדיה). לעומת זאת, הברכות שבכל אחד מהפסוקים בברכת כוהנים משלימות זו את זו לכלל ברכה שלמה. **״יְבָרֶכְךָ״** - שתהיה נתינה בשפע, וכהשלמה לה **״וְיִשְׁמְרֶךָ״** - שהדברים הטובים שבאים לאדם לא יילקחו ממנו; **״יָאֵר ה׳ פָּנָיו״** - היא דרגה גבוהה יותר, שה׳ יביט אלינו בחיוך, באהבה וברצון, ולמעלה מזה, **״וִיחֻנֶּךָּ״** - יתייחס אלינו בחן וחסד; **״יִשָּׂא ה׳ פָּנָיו״** - מפני אהבתו הגדולה של ה׳ אלינו הוא ייתן לנו יחס מועדף (מלשון משוא פנים), אף על פי שלא מגיע לנו, וימחל ויוותר לנו על חטאותינו. הברכה מסתיימת בברכה הגדולה ביותר, ב**״שָׁלוֹם״** - שיהיה שלום בין אדם לעצמו ובינו לחברו, עד לדרגה שהעולם כולו יגיע לשלמות.

קודם ברכת כוהנים, הקהל והכוהנים אומרים בלחש דברי הקדמה אלה:

יְהִי רָצוֹן מִלְּפָנֶיךָ יהוה אֱלֹהֵינוּ וֵאלֹהֵי אֲבוֹתֵינוּ, שֶׁתְּהֵא הַבְּרָכָה הַזֹּאת /לכוהנים: **שֶׁצִּוִּיתָנוּ**/ /לקהל: **שֶׁצִּוִּיתָ**/ **לְבָרֵךְ אֶת עַמְּךָ יִשְׂרָאֵל, בְּרָכָה שְׁלֵמָה, וְלֹא יִהְיֶה בָּהּ שׁוּם מִכְשׁוֹל וְעָוֹן, מֵעַתָּה וְעַד־עוֹלָם.**

שליח הציבור: **אֱלֹהֵינוּ וֵאלֹהֵי אֲבוֹתֵינוּ, בָּרְכֵנוּ בַבְּרָכָה הַמְשֻׁלֶּשֶׁת בַּתּוֹרָה הַכְּתוּבָה עַל יְדֵי מֹשֶׁה עַבְדֶּךָ, הָאֲמוּרָה מִפִּי אַהֲרֹן וּבָנָיו,**

שליח הציבור (או אחד מן הציבור) מכריז: **כֹּהֲנִים** הקהל עונה: **עַם קְדוֹשֶׁךָ, כָּאָמוּר:**
כאשר עולה לדוכן כוהן אחד בלבד אין אומרים נוסח זה, אלא מיד מתחיל הכוהן בברכה.

הכוהנים מברכים: **בָּרוּךְ אַתָּה יהוה אֱלֹהֵינוּ מֶלֶךְ הָעוֹלָם, אֲשֶׁר קִדְּשָׁנוּ בִּקְדֻשָּׁתוֹ שֶׁל אַהֲרֹן, וְצִוָּנוּ לְבָרֵךְ אֶת עַמּוֹ יִשְׂרָאֵל בְּאַהֲבָה.**

שליח הציבור מקריא מילה במילה והכוהנים חוזרים אחריו:

יְבָרֶכְךָ יהוה וְיִשְׁמְרֶךָ: קהל: **אָמֵן** במדבר ו
יָאֵר יהוה פָּנָיו אֵלֶיךָ וִיחֻנֶּךָּ: קהל: **אָמֵן**
יִשָּׂא יהוה פָּנָיו אֵלֶיךָ וְיָשֵׂם לְךָ שָׁלוֹם: קהל: **אָמֵן**

מי שחלם חלום ואינו יודע מה פשרו אומר בשעת ברכת כוהנים נוסח של 'הטבת חלום' (עמ' 709).

לאחר הברכה אומר הקהל בלחש:
אַדִּיר בַּמָּרוֹם שׁוֹכֵן בִּגְבוּרָה, אַתָּה שָׁלוֹם וְשִׁמְךָ שָׁלוֹם. יְהִי רָצוֹן שֶׁתָּשִׂים עָלֵינוּ וְעַל כָּל עַמְּךָ בֵּית יִשְׂרָאֵל חַיִּים וּבְרָכָה לְמִשְׁמֶרֶת שָׁלוֹם.

הכוהנים אומרים בלחש:
רִבּוֹנוֹ שֶׁל עוֹלָם, עָשִׂינוּ מַה שֶּׁגָּזַרְתָּ עָלֵינוּ, אַף אַתָּה עֲשֵׂה עִמָּנוּ כְּמוֹ שֶׁהִבְטַחְתָּנוּ. הַשְׁקִיפָה מִמְּעוֹן קָדְשְׁךָ מִן־הַשָּׁמַיִם, וּבָרֵךְ אֶת־עַמְּךָ אֶת־יִשְׂרָאֵל, וְאֵת הָאֲדָמָה אֲשֶׁר נָתַתָּה לָנוּ, כַּאֲשֶׁר נִשְׁבַּעְתָּ לַאֲבֹתֵינוּ, אֶרֶץ זָבַת חָלָב וּדְבָשׁ: דברים כו

במקום שאין כוהנים העולים לדוכן, שליח הציבור אומר: **אֱלֹהֵינוּ וֵאלֹהֵי אֲבוֹתֵינוּ, בָּרְכֵנוּ בַבְּרָכָה הַמְשֻׁלֶּשֶׁת בַּתּוֹרָה הַכְּתוּבָה עַל יְדֵי מֹשֶׁה עַבְדֶּךָ, הָאֲמוּרָה מִפִּי אַהֲרֹן וּבָנָיו, כֹּהֲנִים, עַם קְדוֹשֶׁךָ, כָּאָמוּר: יְבָרֶכְךָ יהוה וְיִשְׁמְרֶךָ: יָאֵר יהוה פָּנָיו אֵלֶיךָ וִיחֻנֶּךָּ: יִשָּׂא יהוה פָּנָיו אֵלֶיךָ וְיָשֵׂם לְךָ שָׁלוֹם:**

ברכת כוהנים המנהג בברכת כוהנים הוא שאין הכוהנים מברכים מעצמם, אלא שליח הציבור קורא להם את הברכה, מילה אחר מילה, והם חוזרים אחריו. אף שמנהג זה הותקן ביסודו כדי שלא ישכחו הכוהנים את המילים וישבשו את הברכה, הדבר מסמל את המתרחש בשעת הברכה. הכוהן איננו מקור הברכה – הוא אינו מברך בשל מעלתו או קדושתו האנושית, אלא בסך הכול משמש צינור שהברכה עוברת דרכו.

שלום

שִׂים שָׁלוֹם טוֹבָה וּבְרָכָה, חַיִּים חֵן וָחֶסֶד וְרַחֲמִים
עָלֵינוּ וְעַל כָּל יִשְׂרָאֵל עַמֶּךָ.
בָּרְכֵנוּ אָבִינוּ כֻּלָּנוּ כְּאֶחָד בְּאוֹר פָּנֶיךָ
כִּי בְאוֹר פָּנֶיךָ נָתַתָּ לָּנוּ יהוה אֱלֹהֵינוּ
תּוֹרַת חַיִּים וְאַהֲבַת חֶסֶד
וּצְדָקָה וּבְרָכָה וְרַחֲמִים וְחַיִּים וְשָׁלוֹם.
וְטוֹב יִהְיֶה בְּעֵינֶיךָ לְבָרְכֵנוּ
וּלְבָרֵךְ אֶת כָּל עַמְּךָ יִשְׂרָאֵל
בְּכָל עֵת וּבְכָל שָׁעָה בִּשְׁלוֹמֶךָ.

בעשרת ימי תשובה: ואם שכח אינו חוזר.

בְּסֵפֶר חַיִּים, בְּרָכָה וְשָׁלוֹם, וּפַרְנָסָה טוֹבָה
וּגְזֵרוֹת טוֹבוֹת, יְשׁוּעוֹת וְנֶחָמוֹת
נִזָּכֵר וְנִכָּתֵב לְפָנֶיךָ אֲנַחְנוּ וְכָל עַמְּךָ בֵּית יִשְׂרָאֵל
לְחַיִּים טוֹבִים וּלְשָׁלוֹם.

בָּרוּךְ אַתָּה יהוה, הַמְבָרֵךְ אֶת עַמּוֹ יִשְׂרָאֵל בַּשָּׁלוֹם.

תהלים יט יִהְיוּ לְרָצוֹן אִמְרֵי פִי וְהֶגְיוֹן לִבִּי לְפָנֶיךָ, יהוה צוּרִי וְגֹאֲלִי:

ברכת השלום ברכה זו, המסיימת את תפילת שמונה־עשרה, היא מעין פרֵדה באמירת 'שלום'. ברכה זו איננה רק סיום התפילה אלא בעצם השיא שלה. כל התפילה היא מאמץ של התקרבות לקדוש ברוך הוא, וכאן אנו מודים על ההרמוניה והשלום שיש בעמידה לנוכח ה'. משום כך, אין זו באמת פרדה אלא התקשרות אל ה' - בבקשה שתחושת הנוכחות שלו שהייתה בתפילה תימשך גם אחרי שזו תסתיים. תוכן הברכה הוא בקשה לשלום שלם, ובפרטות: "טובה וברכה וכו'", שהם צדדים שונים של השלום. למעלה מהשלום הארצי אנו מבקשים לזכות לאור פני ה', היינו התגלותו. אף שמו של ה' הוא שלום, מפני שהוא השלמות המלאה והאין־סופית.

אֱלֹהַי ברכות יז.

נְצֹר לְשׁוֹנִי מֵרָע וּשְׂפָתַי מִדַּבֵּר מִרְמָה
וְלִמְקַלְלַי נַפְשִׁי תִדֹּם, וְנַפְשִׁי כֶּעָפָר לַכֹּל תִּהְיֶה.
פְּתַח לִבִּי בְּתוֹרָתֶךָ, וְאַחֲרֵי מִצְוֹתֶיךָ תִּרְדֹּף נַפְשִׁי.
וְכָל הַקָּמִים וְהַחוֹשְׁבִים עָלַי רָעָה
מְהֵרָה הָפֵר עֲצָתָם וְקַלְקֵל מַחֲשַׁבְתָּם.

יש המוסיפים:

יִהְיוּ כְּמֹץ לִפְנֵי רוּחַ וּמַלְאַךְ יהוה דּוֹחֶה.

יש המוסיפים:

יְהִי רָצוֹן מִלְּפָנֶיךָ, יהוה אֱלֹהַי וֵאלֹהֵי אֲבוֹתַי
שֶׁלֹּא תַעֲלֶה קִנְאַת אָדָם עָלַי, וְלֹא קִנְאָתִי עַל אֲחֵרִים
וְשֶׁלֹּא אֶכְעֹס הַיּוֹם, וְשֶׁלֹּא אַכְעִיסֶךָ
וְתַצִּילֵנִי מִיֵּצֶר הָרָע, וְתֵן בְּלִבִּי הַכְנָעָה וַעֲנָוָה.
מַלְכֵּנוּ וֵאלֹהֵינוּ, יַחֵד שִׁמְךָ בְּעוֹלָמֶךָ
בְּנֵה עִירָךְ, יַסֵּד בֵּיתָךְ וְשַׁכְלֵל הֵיכָלָךְ
וְקַבֵּץ קִבּוּץ גָּלֻיּוֹת, וּפְדֵה צֹאנְךָ וְשַׂמַּח עֲדָתֶךָ.

סיום התפילה פסוק הסיום של שמונה־עשרה, "יהיו לרצון", מקביל לפסוק הפתיחה "ה׳ שפתי תפתח ופי יגיד תהלתך". בתחילת התפילה אנו מבקשים שנוכל להגיד את הדברים, ובסופה מבקשים שמה שאמרנו, ואף מה שלא הצלחנו לבטא ונשאר רק בגדר של הגיון הלב, יתקבלו ברצון. לאמירת הפסוק יש גם השלכה הלכתית: היא מסמנת את סיום התפילה, ומכאן אפשר להפסיק במצבים המותרים.

אלוהי נצור אחרי סיום התפילה, שהבקשות שבה הן עבור כלל ישראל ומנוסחות בלשון רבים, מוסיפים כאן בקשות בעבור האדם הפרטי, המנוסחות בלשון יחיד. עניינה של תפילה זו הוא היציאה מתוך עולם הקדושה שבו שהה המתפלל, בבקשה שה׳ ייתן לו כוח להמשיך את הקדושה לתוך חיי החול: שלא יקלקל את הדיבור הקדוש, לא יפגע באחרים ולא יצטרך להילחם על כבודו וחייו, אלא ה׳ יילחם לו ויכניע את אויביו ושונאיו. ובאופן כללי יותר: להיות

עֲשֵׂה לְמַעַן שְׁמֶךָ, עֲשֵׂה לְמַעַן יְמִינֶךָ
עֲשֵׂה לְמַעַן תּוֹרָתֶךָ, עֲשֵׂה לְמַעַן קְדֻשָּׁתֶךָ.
לְמַעַן יֵחָלְצוּן יְדִידֶיךָ, הוֹשִׁיעָה יְמִינְךָ וַעֲנֵנִי: תהלים ס

יש נוהגים לומר כאן פסוק הרומז לשמו של המתפלל,
הפותח ומסיים באותיות שבהן נפתח ומסתיים שמו.

יִהְיוּ לְרָצוֹן אִמְרֵי פִי וְהֶגְיוֹן לִבִּי לְפָנֶיךָ, יהוה צוּרִי וְגֹאֲלִי: תהלים יט

כורע וחוזר שלוש פסיעות לאחוריו כמי שנפטר מלפני המלך, ופסיעה ראשונה יפסע ברגל שמאל. כורע מעט לצד שמאלו ואומר: 'עֹשֶׂה שָׁלוֹם בִּמְרוֹמָיו', וכורע קצת לימינו ואומר: 'הוּא יַעֲשֶׂה שָׁלוֹם עָלֵינוּ', וכורע לפניו כריעה גדולה יותר ומסיים: 'וְעַל כָּל יִשְׂרָאֵל וְאִמְרוּ אָמֵן'.

עֹשֶׂה שָׁלוֹם / בעשרת ימי תשובה: **הַשָּׁלוֹם**/ **בִּמְרוֹמָיו**
הוּא יַעֲשֶׂה שָׁלוֹם, עָלֵינוּ וְעַל כָּל יִשְׂרָאֵל, וְאִמְרוּ אָמֵן.

יְהִי רָצוֹן מִלְּפָנֶיךָ יהוה אֱלֹהֵינוּ וֵאלֹהֵי אֲבוֹתֵינוּ
שֶׁיִּבָּנֶה בֵּית הַמִּקְדָּשׁ בִּמְהֵרָה בְיָמֵינוּ
וְתֵן חֶלְקֵנוּ בְּתוֹרָתֶךָ
וְשָׁם נַעֲבָדְךָ בְּיִרְאָה כִּימֵי עוֹלָם וּכְשָׁנִים קַדְמֹנִיּוֹת.
וְעָרְבָה לַיהוה מִנְחַת יְהוּדָה וִירוּשָׁלָםִ כִּימֵי עוֹלָם וּכְשָׁנִים קַדְמֹנִיּוֹת: מלאכי ג

שליח הציבור חוזר על התפילה בקול.

בראש חודש, בחנוכה, בחול המועד, ביום העצמאות וביום ירושלים
אומרים אחרי חזרת שליח הציבור הלל (עמ' 508).

בשאר ימים שאין אומרים בהם תחנון שליח הציבור אומר חצי קדיש (עמ' 121).

בהכנעה ובשפלות לפני ה', לעסוק בתורה בגדלות ובפתיחת הלב ולקיים את המצוות בתשוקה.

עושה שלום התפילה מסתיימת בבקשת השלום. הקדוש ברוך הוא עושה שלום בין החסד והגבורה ובין כל הכוחות הגדולים, למרות הניגודים שביניהם, ואנו מבקשים ממנו שכשם שהוא יכול לאחד את הניגודים בעולמות העליונים, המרוחקים, כך יעשה גם שלום בארץ, עלינו ועל כל ישראל.

סדר תחנון

בתענית ציבור יש אומרים כאן סליחות (לעשרה בטבת עמ׳ 651, לתענית אסתר עמ׳ 657, ולי״ז בתמוז עמ׳ 663), ואחריהן ׳אָבִינוּ מַלְכֵּנוּ׳ (עמ׳ 114). וברוב המקומות אומרים אותן לאחר ׳נפילת אפיים׳.

אילו הימים שאין אומרים בהם תחנון:

ראש חודש, מט׳ בתשרי עד סוף החודש, חנוכה, ט״ו בשבט, פורים ושושן פורים (גדול וקטן), כל חודש ניסן, יום העצמאות, י״ד באייר (פסח שני), י״ח באייר (ל״ג בעומר), יום ירושלים, מראש חודש סיון עד י״ב בו, ט״ו באב וערב ראש השנה. רמו רן, אין אומרים תחנון בבית הכנסת שעתידה להתקיים בו ברית מילה או שאחד מבעלי הברית (אבי הבן, הסנדק או המוהל) מתפללים בו, או שחתן בתוך שבעת ימי המשתה מתפלל בו, וכן אין אומרים תחנון בבית האבל.

נוסף לימים אלה, שהם מנהג כל ישראל, בקהילות שונות נוהגים שלא לומר תחנון בימי שמחה מיוחדים, כגון ימי ׳פורים׳ של הקהילה וכיוצא באלו. כך יש מבין החסידים שנהגו שלא לומר תחנון ביום הילולא (יום השנה לפטירה של צדיקים), וכן בשבעת הימים האחרונים של חודש אדר - ימי המילואים.

וידוי

אֱלֹהֵינוּ וֵאלֹהֵי אֲבוֹתֵינוּ
תָּבוֹא לְפָנֶיךָ תְּפִלָּתֵנוּ
וְאַל תִּתְעַלַּם מִתְּחִנָּתֵנוּ
שֶׁאֵין אָנוּ עַזֵּי פָנִים וּקְשֵׁי עֹרֶף לוֹמַר לְפָנֶיךָ
יהוה אֱלֹהֵינוּ וֵאלֹהֵי אֲבוֹתֵינוּ
צַדִּיקִים אֲנַחְנוּ וְלֹא חָטָאנוּ
אֲבָל אֲנַחְנוּ וַאֲבוֹתֵינוּ חָטָאנוּ

שארית האצילות חלק התפילה הבא מייד לאחר תפילת העמידה כולל קטעים שונים כסדר וידוי, אמירת שלוש־עשרה מידות הרחמים, נפילת אפיים ותחנון. הקטעים האלה כולם אישיים ביותר. בלשון הקבלה נקרא חלק זה ׳שארית האצילות׳, משום שהוא המשך ישיר לתפילת שמונה־עשרה (המכוון כנגד עולם האצילות). לאחר שאדם עמד בתפילה וזכה להיות בהיכל המלך הפנימי בקרבה יתרה - ניתנת כאן הזדמנות להוסיף עוד כמה דברים - פרטיים יותר, כעין לחישת סוד. הווידוי שבו אדם מפרט את חטאיו הוא עניין שבינו ובין קונו בלבד, וכיוצא בו התגלות י״ג מידות הרחמים היא דרגה השייכת לכל אדם לפי מעלתו ועניינו.

נוהגים שאומר הווידוי מכה מעט באגרוף קמוץ על חזהו, על מקום הלב,
כאשר הוא אומר כל אחת ממילות הווידוי.

אָשַׁמְנוּ, בָּגַדְנוּ, גָּזַלְנוּ, דִּבַּרְנוּ דֹפִי
הֶעֱוִינוּ, וְהִרְשַׁעְנוּ, זַדְנוּ, חָמַסְנוּ, טָפַלְנוּ שֶׁקֶר
יָעַצְנוּ רָע, כִּזַּבְנוּ, לַצְנוּ, מָרַדְנוּ, נִאַצְנוּ
סָרַרְנוּ, עָוִינוּ, פָּשַׁעְנוּ, צָרַרְנוּ, קִשִּׁינוּ עֹרֶף
רָשַׁעְנוּ, שִׁחַתְנוּ, תִּעַבְנוּ, תָּעִינוּ, תִּעְתָּעְנוּ.

סַרְנוּ מִמִּצְוֹתֶיךָ וּמִמִּשְׁפָּטֶיךָ הַטּוֹבִים
וְלֹא שָׁוָה לָנוּ.
וְאַתָּה צַדִּיק עַל כָּל־הַבָּא עָלֵינוּ נחמיה ט
כִּי־אֱמֶת עָשִׂיתָ
וַאֲנַחְנוּ הִרְשָׁעְנוּ:

כך גם נפילת אפיים, שהיא דרך שבה האדם אומר דברים אישיים מאוד, ותפילת התחנון שנאמרת בדרך של קרבה, כילד הבוכה על ברכי אימו.

וידוי סדר הווידוי נובע מהעמידה לפני ה׳ בשמונה־עשרה. לאחר העלייה והשהייה במחוזות של קודש בתפילת העמידה, האדם עומד שוב לפני הקדוש ברוך הוא ומסתכל על עצמו, כמה הוא פגום וחסר, "כחרס הנשבר". רגש הבושה המגיע מהסתכלות על הפגמים מביא עימו את הצורך הפנימי להתוודות ולשוב בתשובה. פירוט החטאים בווידוי איננו בשביל ה׳, שהרי לפניו הכול גלוי וידוע, אלא בעבור האדם. כדי לעקור את כל הרע שיש בו וכדי לתקן את דרכיו על האדם להכיר בדפוסים הבלתי־רצויים של התנהגותו: פשעים וחטאים שעשה בזדון או בשגגה. הווידוי כולל אף שגיאות, חטאים ועיוותים שהאדם קיבל מסביבתו או בתורשה מאבותיו - ואף שלעיתים הם קשים הרבה יותר לשינוי, מוטל על כל אחד לתקנם.

י״ג מידות הרחמים שלוש־עשרה מידות הרחמים נאמרות בתשובה לבקשת הסליחה. מידות אלו שבהן התגלה הקדוש ברוך הוא למשה בנקרת הצור הן גילוי רחמי ה׳ הרבים במחילתו ובסליחתו על הכול - מהחטאים הקלים

המתפלל ביחידות אינו אומר י״ג מידות.

י״ג מדות

אֵל אֶרֶךְ אַפַּיִם אַתָּה, וּבַעַל הָרַחֲמִים נִקְרֵאתָ, וְדֶרֶךְ תְּשׁוּבָה הוֹרֵיתָ. גְּדֻלַּת רַחֲמֶיךָ וַחֲסָדֶיךָ, תִּזְכֹּר הַיּוֹם וּבְכָל יוֹם לְזֶרַע יְדִידֶיךָ. תֵּפֶן אֵלֵינוּ בְּרַחֲמִים, כִּי אַתָּה הוּא בַּעַל הָרַחֲמִים. בְּתַחֲנוּן וּבִתְפִלָּה פָּנֶיךָ נְקַדֵּם, כְּהוֹדַעְתָּ לֶעָנָו מִקֶּדֶם. מֵחֲרוֹן אַפְּךָ שׁוּב, כְּמוֹ בְּתוֹרָתְךָ כָּתוּב. וּבְצֵל כְּנָפֶיךָ נֶחֱסֶה וְנִתְלוֹנָן, כְּיוֹם וַיֵּרֶד יהוה בֶּעָנָן. תַּעֲבֹר עַל פֶּשַׁע וְתִמְחֶה אָשָׁם, כְּיוֹם וַיִּתְיַצֵּב עִמּוֹ שָׁם. תַּאֲזִין שַׁוְעָתֵנוּ וְתַקְשִׁיב מֶנּוּ מַאֲמָר, כְּיוֹם וַיִּקְרָא בְשֵׁם יהוה, וְשָׁם נֶאֱמַר:

הקהל עונה:

וַיַּעֲבֹר יהוה עַל־פָּנָיו וַיִּקְרָא שמות לד

יהוה, יהוה, אֵל רַחוּם וְחַנּוּן, אֶרֶךְ אַפַּיִם וְרַב־חֶסֶד וֶאֱמֶת:
נֹצֵר חֶסֶד לָאֲלָפִים, נֹשֵׂא עָוֹן וָפֶשַׁע וְחַטָּאָה, וְנַקֵּה:
וְסָלַחְתָּ לַעֲוֹנֵנוּ וּלְחַטָּאתֵנוּ, וּנְחַלְתָּנוּ:

סְלַח לָנוּ אָבִינוּ כִּי חָטָאנוּ
מְחַל לָנוּ מַלְכֵּנוּ כִּי פָשָׁעְנוּ

כִּי־אַתָּה אֲדֹנָי טוֹב וְסַלָּח וְרַב־חֶסֶד לְכָל־קֹרְאֶיךָ: תהלים פו

ועד הפשעים החמורים ביותר. מידת הרחמים היא דרגת השורש העליון של המציאות, ובלשון הקבלה: ספירת הכתר שלמעלה אף מעולם האצילות. בדרגה זו, הקודמת להתהוות העולם - כל הפגמים של העולם אינם נחשבים, הכול מתכפר ואף העבר יכול להשתנות. ממקור עליון זה נובעת האפשרות לשוב בתשובה - לא רק לתקן את מעשי העבר, אלא אף למחוק אותם כאילו לא היו מעולם. י״ג מידות הרחמים משמשות לבקשת סליחה ומחילה והן אף קטע השיא של התפילה. בשעה שאנו אומרים מידות אלה אנו מנסים להגיע להתגלות שזכה לה משה: לראות את דרכי ה׳, את הסוד שלמעלה מהכול, עד להתגלות עצמות ה׳.

נפילת אפיים

נפילת אפיים במקורה היא השתחוויה בפישוט ידיים ורגלים, כפי שהיו עושים במקדש. אלא שכיום, אנו עושים רק מעין נפילת אפיים. המנהג, על פי המקובלים, שיושב ומניח פניו על ידו השמאלית (וכשיש עליה תפילין – מטה על ידו הימנית). מנהג חב״ד (וכן מנהג הספרדים), על פי האר״י, לומר כאן את מזמור כה, ׳אֵלֶיךָ ה׳ נַפְשִׁי אֶשָּׂא׳. ורוב האשכנזים נהגו, לאור דברי הזוהר שיש צד של סכנה באמירת המזמור הזה בתפילה בלא כוונה מספקת (משום שיש בו הצהרה של מסירות נפש לה׳), לומר בנפילת אפיים את מזמור ו, ׳ה׳ אַל בְּאַפְּךָ׳, שהוא מזמור של תחנונים.

שמואל ב׳ כד **וַיֹּאמֶר דָּוִד אֶל־גָּד, צַר־לִי מְאֹד**
נִפְּלָה־נָּא בְיַד־יהוה, כִּי־רַבִּים רַחֲמָו, וּבְיַד־אָדָם אַל־אֶפֹּלָה:

רַחוּם וְחַנּוּן, חָטָאתִי לְפָנֶיךָ.
יהוה מָלֵא רַחֲמִים, רַחֵם עָלַי וְקַבֵּל תַּחֲנוּנָי.

תהלים ו **יהוה, אַל־בְּאַפְּךָ תוֹכִיחֵנִי, וְאַל־בַּחֲמָתְךָ תְיַסְּרֵנִי: חָנֵּנִי יהוה, כִּי אֻמְלַל**
אָנִי, רְפָאֵנִי יהוה, כִּי נִבְהֲלוּ עֲצָמָי: וְנַפְשִׁי נִבְהֲלָה מְאֹד, וְאַתָּ יהוה, עַד־
מָתָי: שׁוּבָה יהוה, חַלְּצָה נַפְשִׁי, הוֹשִׁיעֵנִי לְמַעַן חַסְדֶּךָ: כִּי אֵין בַּמָּוֶת
זִכְרֶךָ, בִּשְׁאוֹל מִי יוֹדֶה־לָּךְ: יָגַעְתִּי בְּאַנְחָתִי, אַשְׂחֶה בְכָל־לַיְלָה מִטָּתִי
בְּדִמְעָתִי עַרְשִׂי אַמְסֶה: עָשְׁשָׁה מִכַּעַס עֵינִי, עָתְקָה בְּכָל־צוֹרְרָי: סוּרוּ
מִמֶּנִּי כָּל־פֹּעֲלֵי אָוֶן, כִּי שָׁמַע יהוה קוֹל בִּכְיִי: שָׁמַע יהוה תְּחִנָּתִי, יהוה
תְּפִלָּתִי יִקָּח: יֵבֹשׁוּ וְיִבָּהֲלוּ מְאֹד כָּל־אֹיְבָי, יָשֻׁבוּ יֵבֹשׁוּ רָגַע:

נפילת אפיים נפילת אפיים כדרך של תפילה היא קדומה מאוד, ונזכרת כבר בתורה בהקשר של אמירת דברי תודה מעומק הלב ושל דברי בקשה ותחינה פנימיים. דרך זו של תפילה נחשבת לגבוהה ביותר, למעלה אף משמונה־עשרה וי״ג מידות הרחמים הנאמרות בעמידה, ויש בהן ביטוי מסוים של ישות האדם. לעומת זאת, בנפילת האפיים האדם נופל בביטול גמור. נפילת האפיים כאן היא תוצאה של ההתגלות הגבוהה של י״ג מידות הרחמים, מולה האדם כורע ומשתחווה (בדומה למשה רבינו שנאמר בו אחרי ההתגלות: ״וַיִּקֹּד אַרְצָה וַיִּשְׁתָּחוּ״). המזמור הנאמר בשעת הנפילה הוא בעצם התרפקות על הגילוי.

ויאמר דוד... ה׳ אל באפך מזמור של בכייה ותחנונים על צרות וייסורים – חיצוניים או פנימיים. אף שיש בייסורים כפרה על החטאים אין אנו מעוניינים בהם, ומבקשים מה׳ שירחם עלינו ולא יענישנו. איננו מבקשים ישועה בזכות

יש אומרים בנפילת אפיים מזמור זה במקום המזמור 'ה' אַל־בְּאַפְּךָ':

רַחוּם וְחַנּוּן, חָטָאנוּ לְפָנֶיךָ רַחֵם עָלֵינוּ וְהוֹשִׁיעֵנוּ.

תהלים כה לְדָוִד, אֵלֶיךָ יהוה נַפְשִׁי אֶשָּׂא: אֱלֹהַי בְּךָ בָטַחְתִּי אַל־אֵבוֹשָׁה, אַל־יַעַלְצוּ
אוֹיְבַי לִי: גַּם כָּל־קֹוֶיךָ לֹא יֵבֹשׁוּ, יֵבֹשׁוּ הַבּוֹגְדִים רֵיקָם: דְּרָכֶיךָ יהוה
הוֹדִיעֵנִי, אֹרְחוֹתֶיךָ לַמְּדֵנִי: הַדְרִיכֵנִי בַאֲמִתֶּךָ וְלַמְּדֵנִי כִּי־אַתָּה אֱלֹהֵי
יִשְׁעִי, אוֹתְךָ קִוִּיתִי כָּל־הַיּוֹם: זְכֹר־רַחֲמֶיךָ יהוה וַחֲסָדֶיךָ, כִּי מֵעוֹלָם
הֵמָּה: חַטֹּאות נְעוּרַי וּפְשָׁעַי אַל־תִּזְכֹּר, כְּחַסְדְּךָ זְכָר־לִי־אַתָּה, לְמַעַן
טוּבְךָ יהוה: טוֹב־וְיָשָׁר יהוה, עַל־כֵּן יוֹרֶה חַטָּאִים בַּדָּרֶךְ: יַדְרֵךְ עֲנָוִים
בַּמִּשְׁפָּט, וִילַמֵּד עֲנָוִים דַּרְכּוֹ: כָּל־אָרְחוֹת יהוה חֶסֶד וֶאֱמֶת לְנֹצְרֵי בְרִיתוֹ
וְעֵדֹתָיו: לְמַעַן־שִׁמְךָ יהוה, וְסָלַחְתָּ לַעֲוֹנִי כִּי רַב־הוּא: מִי־זֶה הָאִישׁ
יְרֵא יהוה, יוֹרֶנּוּ בְּדֶרֶךְ יִבְחָר: נַפְשׁוֹ בְּטוֹב תָּלִין, וְזַרְעוֹ יִירַשׁ אָרֶץ: סוֹד
יהוה לִירֵאָיו, וּבְרִיתוֹ לְהוֹדִיעָם: עֵינַי תָּמִיד אֶל־יהוה כִּי הוּא־יוֹצִיא
מֵרֶשֶׁת רַגְלָי: פְּנֵה־אֵלַי וְחָנֵּנִי כִּי־יָחִיד וְעָנִי אָנִי: צָרוֹת לְבָבִי הִרְחִיבוּ,
מִמְּצוּקוֹתַי הוֹצִיאֵנִי: רְאֵה־עָנְיִי וַעֲמָלִי וְשָׂא לְכָל־חַטֹּאותָי: רְאֵה אוֹיְבַי
כִּי־רָבּוּ, וְשִׂנְאַת חָמָס שְׂנֵאוּנִי: שָׁמְרָה נַפְשִׁי וְהַצִּילֵנִי, אַל־אֵבוֹשׁ כִּי־
חָסִיתִי בָךְ: תֹּם־וָיֹשֶׁר יִצְּרוּנִי כִּי קִוִּיתִיךָ: פְּדֵה אֱלֹהִים אֶת־יִשְׂרָאֵל מִכֹּל
תהלים קל צָרוֹתָיו: וְהוּא יִפְדֶּה אֶת־יִשְׂרָאֵל, מִכֹּל עֲוֺנֹתָיו:

בתענית ציבור רבים אומרים כאן את הסליחות לעשרה בטבת (עמ' 651),
לתענית אסתר (עמ' 657) ולי"ז בתמוז (עמ' 663).
בתענית ציבור ובעשרת ימי תשובה אומרים 'אָבִינוּ מַלְכֵּנוּ' (בעמוד הבא).
בשני ובחמישי ממשיכים 'וְהוּא רַחוּם' (עמ' 117).
בשאר ימים ממשיכים 'שׁוֹמֵר יִשְׂרָאֵל' (עמ' 120).

מעשינו הטובים, אלא משום שלפעמים הסבל קשה מנשוא, וכן מפני שאין כל תועלת במוות – אנחנו יכולים לזכור את ה' ולהודות לו רק בעודנו חיים.

אליך ה' נפשי אשא מזמור שעניינו בקשת דבקות וקשר עם הקדוש ברוך הוא. ה' הוא המקור לכל הטוב, ולכן כשזוכים להידבק בו ממילא מתגלה הטוב בעולם ונעלמות הצרות. אף שמצויים במזמור ביטויי סליחה, עיקרו הוא הבקשה להגיע לדבקות בה', לעלייה שמעל ומעבר למציאות – מקום שבו הפגמים, החטאים והאויבים אינם קיימים. מטעם זה נאמר המזמור בנפילת אפיים, בהמשך לי"ג מידות הרחמים.

אבינו מלכנו

לתענית ציבור ולעשרת ימי תשובה.
משום חשיבותה של תפילה זו נהוג לפתוח את ארון הקודש ולאומרה בעמידה.

אָבִינוּ מַלְכֵּנוּ, חָטָאנוּ לְפָנֶיךָ.
אָבִינוּ מַלְכֵּנוּ, אֵין לָנוּ מֶלֶךְ אֶלָּא אָתָּה.
אָבִינוּ מַלְכֵּנוּ, עֲשֵׂה עִמָּנוּ לְמַעַן שְׁמֶךָ.
אָבִינוּ מַלְכֵּנוּ, בָּרֵךְ/ בעשרת ימי תשובה: חַדֵּשׁ/ עָלֵינוּ שָׁנָה טוֹבָה.
אָבִינוּ מַלְכֵּנוּ, בַּטֵּל מֵעָלֵינוּ כָּל גְּזֵרוֹת קָשׁוֹת.
אָבִינוּ מַלְכֵּנוּ, בַּטֵּל מַחְשְׁבוֹת שׂוֹנְאֵינוּ.
אָבִינוּ מַלְכֵּנוּ, הָפֵר עֲצַת אוֹיְבֵינוּ.
אָבִינוּ מַלְכֵּנוּ, כַּלֵּה כָּל צַר וּמַשְׂטִין מֵעָלֵינוּ.
אָבִינוּ מַלְכֵּנוּ, סְתֹם פִּיּוֹת מַשְׂטִינֵנוּ וּמְקַטְרְגֵנוּ.
אָבִינוּ מַלְכֵּנוּ, כַּלֵּה דֶּבֶר וְחֶרֶב וְרָעָב וּשְׁבִי וּמַשְׁחִית וְעָוֹן וּשְׁמַד מִבְּנֵי בְרִיתֶךָ.
אָבִינוּ מַלְכֵּנוּ, מְנַע מַגֵּפָה מִנַּחֲלָתֶךָ.
אָבִינוּ מַלְכֵּנוּ, סְלַח וּמְחַל לְכָל עֲוֹנוֹתֵינוּ.
אָבִינוּ מַלְכֵּנוּ, מְחֵה וְהַעֲבֵר פְּשָׁעֵינוּ וְחַטֹּאתֵינוּ מִנֶּגֶד עֵינֶיךָ.
אָבִינוּ מַלְכֵּנוּ, מְחֹק בְּרַחֲמֶיךָ הָרַבִּים כָּל שִׁטְרֵי חוֹבוֹתֵינוּ.

אבינו מלכנו תפילת "אבינו מלכנו" היא עתיקה ביותר ועיקרה נזכר בתלמוד כנוסח תפילה שהתפלל ר' עקיבא בתענית ציבור ונענה באמירתה. משום כוחה ומעלתה של תפילה זו הוסיפו עליה חכמי הדורות דברי בקשות ותחנונים וקבעו לאומרה בכל תענית ציבור ובעשרת ימי תשובה. תמציתה של התפילה היא הפנייה אל ה' בדרך תחנונים בשתי צורות התייחסות: הן כבנים אל אביהם - בכל האהבה והחמלה הכרוכות בכך, הן כעבדים אל מלכם - המקבלים את עול מלכותו בציות, גם בלי שום הבנה. אומנם, ידוע לנו שלא תמיד אנחנו בנים טובים דיים, ובוודאי לא עבדים צייתנים, ולכן אנו מסיימים את התפילה

מכאן עד ׳סְלִיחָה וּמְחִילָה׳ שליח הציבור אומר כל משפט בקול רם, והקהל אחריו:

אָבִינוּ מַלְכֵּנוּ, הַחֲזִירֵנוּ בִּתְשׁוּבָה שְׁלֵמָה לְפָנֶיךָ.
אָבִינוּ מַלְכֵּנוּ, שְׁלַח רְפוּאָה שְׁלֵמָה לְחוֹלֵי עַמֶּךָ.
אָבִינוּ מַלְכֵּנוּ, קְרַע רֹעַ גְּזַר דִּינֵנוּ.
אָבִינוּ מַלְכֵּנוּ, זָכְרֵנוּ בְּזִכָּרוֹן טוֹב לְפָנֶיךָ.

בעשרת ימי תשובה:
אָבִינוּ מַלְכֵּנוּ, כָּתְבֵנוּ בְּסֵפֶר חַיִּים טוֹבִים.
אָבִינוּ מַלְכֵּנוּ, כָּתְבֵנוּ בְּסֵפֶר גְּאֻלָּה וִישׁוּעָה.
אָבִינוּ מַלְכֵּנוּ, כָּתְבֵנוּ בְּסֵפֶר פַּרְנָסָה וְכַלְכָּלָה.
אָבִינוּ מַלְכֵּנוּ, כָּתְבֵנוּ בְּסֵפֶר זְכֻיּוֹת.
אָבִינוּ מַלְכֵּנוּ, כָּתְבֵנוּ בְּסֵפֶר סְלִיחָה וּמְחִילָה.

בתעניות ציבור:
אָבִינוּ מַלְכֵּנוּ, זָכְרֵנוּ לְחַיִּים טוֹבִים.
אָבִינוּ מַלְכֵּנוּ, זָכְרֵנוּ לִגְאֻלָּה וִישׁוּעָה.
אָבִינוּ מַלְכֵּנוּ, זָכְרֵנוּ לְפַרְנָסָה וְכַלְכָּלָה.
אָבִינוּ מַלְכֵּנוּ, זָכְרֵנוּ לִזְכֻיּוֹת.
אָבִינוּ מַלְכֵּנוּ, זָכְרֵנוּ לִסְלִיחָה וּמְחִילָה.

אָבִינוּ מַלְכֵּנוּ, הַצְמַח לָנוּ יְשׁוּעָה בְּקָרוֹב.
אָבִינוּ מַלְכֵּנוּ, הָרֵם קֶרֶן יִשְׂרָאֵל עַמֶּךָ.
אָבִינוּ מַלְכֵּנוּ, הָרֵם קֶרֶן מְשִׁיחֶךָ.
אָבִינוּ מַלְכֵּנוּ, מַלֵּא יָדֵינוּ מִבִּרְכוֹתֶיךָ.
אָבִינוּ מַלְכֵּנוּ, מַלֵּא אֲסָמֵינוּ שָׂבָע.
אָבִינוּ מַלְכֵּנוּ, שְׁמַע קוֹלֵנוּ, חוּס וְרַחֵם עָלֵינוּ.
אָבִינוּ מַלְכֵּנוּ, קַבֵּל בְּרַחֲמִים וּבְרָצוֹן אֶת תְּפִלָּתֵנוּ.

במשפט: ״אבינו מלכנו, חננו ועננו, כי אין בנו מעשים. עשה עימנו צדקה וחסד והושיענו״. איננו באים להתפלל מכוח זכויותינו, אלא מבקשים מה׳ שברחמיו האין־סופיים יעשה עמנו צדקה וחסד ויושיענו.

אָבִינוּ מַלְכֵּנוּ, פְּתַח שַׁעֲרֵי שָׁמַיִם לִתְפִלָּתֵנוּ.
אָבִינוּ מַלְכֵּנוּ, זְכֹר כִּי עָפָר אֲנָחְנוּ.
אָבִינוּ מַלְכֵּנוּ, נָא אַל תְּשִׁיבֵנוּ רֵיקָם מִלְּפָנֶיךָ.
אָבִינוּ מַלְכֵּנוּ, תְּהֵא הַשָּׁעָה הַזֹּאת שְׁעַת רַחֲמִים וְעֵת רָצוֹן מִלְּפָנֶיךָ.
אָבִינוּ מַלְכֵּנוּ, חֲמֹל עָלֵינוּ וְעַל עוֹלָלֵינוּ וְטַפֵּנוּ.
אָבִינוּ מַלְכֵּנוּ, עֲשֵׂה לְמַעַן הֲרוּגִים עַל שֵׁם קָדְשֶׁךָ.
אָבִינוּ מַלְכֵּנוּ, עֲשֵׂה לְמַעַן טְבוּחִים עַל יִחוּדֶךָ.
אָבִינוּ מַלְכֵּנוּ, עֲשֵׂה לְמַעַן בָּאֵי בָאֵשׁ וּבַמַּיִם עַל קִדּוּשׁ שְׁמֶךָ.
אָבִינוּ מַלְכֵּנוּ, נְקֹם לְעֵינֵינוּ נִקְמַת דַּם עֲבָדֶיךָ הַשָּׁפוּךְ.
אָבִינוּ מַלְכֵּנוּ, עֲשֵׂה לְמַעַנְךָ אִם לֹא לְמַעֲנֵנוּ.
אָבִינוּ מַלְכֵּנוּ, עֲשֵׂה לְמַעַנְךָ וְהוֹשִׁיעֵנוּ.
אָבִינוּ מַלְכֵּנוּ, עֲשֵׂה לְמַעַן רַחֲמֶיךָ הָרַבִּים.
אָבִינוּ מַלְכֵּנוּ, עֲשֵׂה לְמַעַן שִׁמְךָ הַגָּדוֹל הַגִּבּוֹר וְהַנּוֹרָא, שֶׁנִּקְרָא עָלֵינוּ.
אָבִינוּ מַלְכֵּנוּ, חָנֵּנוּ וַעֲנֵנוּ, כִּי אֵין בָּנוּ מַעֲשִׂים
עֲשֵׂה עִמָּנוּ צְדָקָה וָחֶסֶד וְהוֹשִׁיעֵנוּ.

סוגרים את ארון הקודש.

בשני ובחמישי ממשיכים ׳וְהוּא רַחוּם׳ בעמוד הבא.
בשאר הימים ממשיכים ׳שׁוֹמֵר יִשְׂרָאֵל׳ בעמ׳ 120.
(וביום שאין אומרים בו תחנון ממשיכים בחצי קדיש בעמ׳ 121).
במנחה ממשיכים ׳שׁוֹמֵר יִשְׂרָאֵל׳ בעמ׳ 179.
(וביום שאין אומרים בו תחנון ממשיכים בקדיש שלם בעמ׳ 133)

והוא רחום תחינה שתיפסק הגלות בכל היבטיה: הצרות שהן מנת חלקנו, הריחוק מה׳, תחושת הבדידות וירידת מעמדם של ישראל בין העמים. התארכות הגלות קשורה לחטאינו ולחטאי אבותינו, ולכן מצורפים כאן פסוקי וידוי ובקשת סליחה. מצד שני הצרות הן גם אלה שגורמות לנפילותינו ולחטאינו, ולכן אנו מבקשים ישועה מכל המלחיצים אותנו - כי רק גאולה שלמה תביא לשינוי אמיתי במעשינו. קטע התחינה מלא בפסוקי תקווה וביטחון בקדוש ברוך הוא. רק עליו אנו נשענים בכל מצב ובטוחים שיגאלנו בזכות שמו הגדול; בזכות אבותינו שבטחו בו ובזכות עקדת יצחק והברית שכרת עם אבותינו.

תחנונים לשני ולחמישי

ימי שני וחמישי הם ימי רצון ורחמים.
משום כך קבעו הוספות של תחינות ובקשות בתפילות ימים אלה.
עומדים ואומרים:

וְהוּא רַחוּם, יְכַפֵּר עָוֹן וְלֹא־יַשְׁחִית, וְהִרְבָּה לְהָשִׁיב אַפּוֹ וְלֹא־יָעִיר כָּל־ תהלים עח
חֲמָתוֹ: אַתָּה יהוה לֹא־תִכְלָא רַחֲמֶיךָ מִמֶּנּוּ, חַסְדְּךָ וַאֲמִתְּךָ תָּמִיד
יִצְּרוּנוּ. הוֹשִׁיעֵנוּ יהוה אֱלֹהֵינוּ וְקַבְּצֵנוּ מִן־הַגּוֹיִם, לְהוֹדוֹת לְשֵׁם קָדְשֶׁךָ, תהלים קו
לְהִשְׁתַּבֵּחַ בִּתְהִלָּתֶךָ: אִם־עֲוֹנוֹת תִּשְׁמָר־יָהּ, אֲדֹנָי מִי יַעֲמֹד: כִּי־עִמְּךָ תהלים קל
הַסְּלִיחָה לְמַעַן תִּוָּרֵא: לֹא כַחֲטָאֵינוּ תַּעֲשֶׂה לָנוּ, וְלֹא כַעֲוֹנוֹתֵינוּ תִּגְמֹל
עָלֵינוּ. אִם־עֲוֹנֵינוּ עָנוּ בָנוּ, יהוה עֲשֵׂה לְמַעַן שְׁמֶךָ: זְכֹר־רַחֲמֶיךָ יהוה ירמיה יד תהלים כה
וַחֲסָדֶיךָ, כִּי מֵעוֹלָם הֵמָּה: יַעַנְנוּ יהוה בְּיוֹם צָרָה, יְשַׂגְּבֵנוּ שֵׁם אֱלֹהֵי
יַעֲקֹב: יהוה הוֹשִׁיעָה, הַמֶּלֶךְ יַעֲנֵנוּ בְיוֹם־קָרְאֵנוּ: אָבִינוּ מַלְכֵּנוּ, חָנֵּנוּ תהלים כ
וַעֲנֵנוּ, כִּי אֵין בָּנוּ מַעֲשִׂים, עֲשֵׂה עִמָּנוּ צְדָקָה כְּרֹב רַחֲמֶיךָ, וְהוֹשִׁיעֵנוּ
לְמַעַן שְׁמֶךָ. אֲדוֹנֵינוּ אֱלֹהֵינוּ, שְׁמַע קוֹל תַּחֲנוּנֵינוּ, וּזְכָר לָנוּ אֶת בְּרִית
אֲבוֹתֵינוּ וְהוֹשִׁיעֵנוּ לְמַעַן שְׁמֶךָ.

וְעַתָּה אֲדֹנָי אֱלֹהֵינוּ, אֲשֶׁר הוֹצֵאתָ אֶת־עַמְּךָ מֵאֶרֶץ מִצְרַיִם בְּיָד חֲזָקָה דניאל ט
וַתַּעַשׂ־לְךָ שֵׁם כַּיּוֹם הַזֶּה, חָטָאנוּ רָשָׁעְנוּ: אֲדֹנָי, כְּכָל־צִדְקֹתֶךָ יָשָׁב־
נָא אַפְּךָ וַחֲמָתְךָ, מֵעִירְךָ יְרוּשָׁלַםִ הַר־קָדְשֶׁךָ, כִּי בַחֲטָאֵינוּ וּבַעֲוֹנוֹת
אֲבֹתֵינוּ, יְרוּשָׁלַםִ וְעַמְּךָ לְחֶרְפָּה לְכָל־סְבִיבֹתֵינוּ: וְעַתָּה שְׁמַע אֱלֹהֵינוּ
אֶל־תְּפִלַּת עַבְדְּךָ וְאֶל־תַּחֲנוּנָיו, וְהָאֵר פָּנֶיךָ עַל־מִקְדָּשְׁךָ הַשָּׁמֵם,
לְמַעַן אֲדֹנָי: הַטֵּה אֱלֹהַי אָזְנְךָ וּשְׁמָע, פְּקַח עֵינֶיךָ וּרְאֵה שֹׁמְמֹתֵינוּ
וְהָעִיר אֲשֶׁר־נִקְרָא שִׁמְךָ עָלֶיהָ, כִּי לֹא עַל־צִדְקֹתֵינוּ אֲנַחְנוּ מַפִּילִים
תַּחֲנוּנֵינוּ לְפָנֶיךָ, כִּי עַל־רַחֲמֶיךָ הָרַבִּים: אֲדֹנָי שְׁמָעָה, אֲדֹנָי סְלָחָה,
אֲדֹנָי הַקְשִׁיבָה וַעֲשֵׂה אַל־תְּאַחַר, לְמַעַנְךָ אֱלֹהַי, כִּי־שִׁמְךָ נִקְרָא עַל־
עִירְךָ וְעַל־עַמֶּךָ:

אָבִינוּ אָב הָרַחֲמָן, הַרְאֵנוּ אוֹת לְטוֹבָה וְקַבֵּץ נְפוּצוֹתֵינוּ מֵאַרְבַּע כַּנְפוֹת
הָאָרֶץ. יַכִּירוּ וְיֵדְעוּ כָּל הַגּוֹיִם כִּי אַתָּה יהוה אֱלֹהֵינוּ. וְעַתָּה יהוה אָבִינוּ ישעיה סד

אָתָּה, אֲנַחְנוּ הַחֹמֶר וְאַתָּה יֹצְרֵנוּ וּמַעֲשֵׂה יָדְךָ כֻּלָּנוּ: הוֹשִׁיעֵנוּ לְמַעַן
שְׁמֶךָ, אָבִינוּ מַלְכֵּנוּ צוּרֵנוּ וְגוֹאֲלֵנוּ. חוּסָה יהוה עַל־עַמֶּךָ, וְאַל־תִּתֵּן יואל ב
נַחֲלָתְךָ לְחֶרְפָּה לִמְשָׁל־בָּם גּוֹיִם, לָמָּה יֹאמְרוּ בָעַמִּים אַיֵּה אֱלֹהֵיהֶם:
יָדַעְנוּ יהוה כִּי חָטָאנוּ וְאֵין מִי יַעֲמֹד בַּעֲדֵנוּ, אֶלָּא שִׁמְךָ הַגָּדוֹל יַעֲמָד
לָנוּ בְּעֵת צָרָה. יָדַעְנוּ יהוה כִּי אֵין בָּנוּ מַעֲשִׂים, צְדָקָה עֲשֵׂה עִמָּנוּ
לְמַעַן שְׁמֶךָ. כְּרַחֵם אָב עַל בָּנִים כֵּן תְּרַחֵם יהוה עָלֵינוּ, וְהוֹשִׁיעֵנוּ לְמַעַן
שְׁמֶךָ. חֲמֹל עַל עַמֶּךָ, רַחֵם עַל נַחֲלָתֶךָ, חוּסָה נָּא כְּרֹב רַחֲמֶיךָ, חָנֵּנוּ
מַלְכֵּנוּ וַעֲנֵנוּ. כִּי לְךָ יהוה הַצְּדָקָה, עֹשֵׂה נִפְלָאוֹת בְּכָל עֵת.

הַבֶּט נָא, רַחֶם נָא, וְהוֹשִׁיעָה נָּא צֹאן מַרְעִיתֶךָ, וְאַל יִמְשָׁל בָּנוּ קֶצֶף,
כִּי לְךָ יהוה הַיְשׁוּעָה. בְּךָ תוֹחַלְתֵּנוּ אֱלוֹהַּ סְלִיחוֹת, אָנָּא סְלַח נָא,
כִּי אֵל טוֹב וְסַלָּח אָתָּה. אָנָּא מֶלֶךְ רַחוּם וְחַנּוּן, זְכֹר וְהַבֵּט לִבְרִית
בֵּין הַבְּתָרִים, וְתֵרָאֶה לְפָנֶיךָ עֲקֵדַת יָחִיד. וּלְמַעַן יִשְׂרָאֵל אָבִינוּ, אַל
תַּעַזְבֵנוּ אָבִינוּ, וְאַל תִּטְּשֵׁנוּ מַלְכֵּנוּ, וְאַל תִּשְׁכָּחֵנוּ יוֹצְרֵנוּ, וְאַל תַּעַשׂ
עִמָּנוּ כָּלָה כְּחַטֹּאתֵינוּ, כִּי אֵל מֶלֶךְ חַנּוּן וְרַחוּם אָתָּה.

אֵין כָּמְוֹךָ חַנּוּן וְרַחוּם יהוה אֱלֹהֵינוּ, אֵין כָּמְוֹךָ אֵל אֶרֶךְ אַפַּיִם וְרַב
חֶסֶד וֶאֱמֶת. הוֹשִׁיעֵנוּ וְרַחֲמֵנוּ בְּרַחֲמֶיךָ הָרַבִּים, מֵרַעַשׁ וּמֵרֹגֶז הַצִּילֵנוּ.
זְכֹר לַעֲבָדֶיךָ לְאַבְרָהָם לְיִצְחָק וּלְיַעֲקֹב, אַל תֵּפֶן אֶל קְשְׁיֵנוּ וְאֶל רִשְׁעֵנוּ
וְאֶל חַטָּאתֵנוּ. שׁוּב מֵחֲרוֹן אַפֶּךָ, וְהִנָּחֵם עַל־הָרָעָה לְעַמֶּךָ: וְהָסֵר מִמֶּנּוּ שמות לב
מַכַּת הַמָּוֶת כִּי רַחוּם אָתָּה, כִּי כֵן דַּרְכֶּךָ, עֹשֶׂה חֶסֶד חִנָּם בְּכָל דּוֹר וָדוֹר.
חוּסָה יהוה עַל עַמֶּךָ וְהַצִּילֵנוּ מִזַּעְמֶךָ, וְהָסֵר מִמֶּנּוּ מַכַּת הַמַּגֵּפָה וּגְזֵרָה
קָשָׁה, כִּי אַתָּה שׁוֹמֵר יִשְׂרָאֵל. לְךָ אֲדֹנָי הַצְּדָקָה וְלָנוּ בֹּשֶׁת הַפָּנִים: מַה דניאל ט
נִּתְאוֹנֵן, וּמַה נֹּאמַר, מַה נְּדַבֵּר וּמַה נִּצְטַדָּק. נַחְפְּשָׂה דְרָכֵינוּ וְנַחְקֹרָה
וְנָשׁוּבָה אֵלֶיךָ, כִּי יְמִינְךָ פְשׁוּטָה לְקַבֵּל שָׁבִים. אָנָּא יהוה הוֹשִׁיעָה תהלים קיח
נָּא, אָנָּא יהוה הַצְלִיחָה נָא: אָנָּא יהוה עֲנֵנוּ בְּיוֹם קָרְאֵנוּ. לְךָ יהוה
חִכִּינוּ, לְךָ יהוה קִוִּינוּ, לְךָ יהוה נְיַחֵל. אַל תֶּחֱשֶׁה וּתְעַנֵּנוּ, כִּי נָאֲמוּ
גוֹיִם, אָבְדָה תִקְוָתָם. כָּל בֶּרֶךְ לְךָ תִכְרַע וְכָל קוֹמָה, לְפָנֶיךָ תִשְׁתַּחֲוֶה.

הַפּוֹתֵחַ יָד בִּתְשׁוּבָה לְקַבֵּל פּוֹשְׁעִים וְחַטָּאִים, נִבְהֲלָה נַפְשֵׁנוּ מֵרֹב עִצְּבוֹנֵנוּ. אַל תִּשְׁכָּחֵנוּ נֶצַח, קוּמָה וְהוֹשִׁיעֵנוּ. אַל תִּשְׁפֹּךְ חֲרוֹנְךָ עָלֵינוּ כִּי אֲנַחְנוּ עַמְּךָ בְּנֵי בְרִיתֶךָ. אֵל, הַבִּיטָה, דַּל כְּבוֹדֵנוּ בַּגּוֹיִם וְשִׁקְּצוּנוּ כְּטֻמְאַת הַנִּדָּה. עַד מָתַי עֻזְּךָ בַּשְּׁבִי וְתִפְאַרְתְּךָ בְּיַד צָר. עוֹרְרָה גְבוּרָתְךָ וְהוֹשִׁיעֵנוּ לְמַעַן שְׁמֶךָ, וְאַל יִמְעֲטוּ לְפָנֶיךָ תְּלָאוֹתֵינוּ. מַהֵר יְקַדְּמוּנוּ רַחֲמֶיךָ בְּעֵת צָרוֹתֵינוּ. לֹא לְמַעֲנֵנוּ אֶלָּא לְמַעַנְךָ פְּעַל, וְאַל תַּשְׁחִית אֶת זֵכֶר שְׁאֵרִיתֵנוּ, כִּי לְךָ מְיַחֲלוֹת עֵינֵינוּ, כִּי אֵל מֶלֶךְ חַנּוּן וְרַחוּם אָתָּה. וּזְכֹר עֵדוּתֵנוּ בְּכָל יוֹם תָּמִיד, אוֹמְרִים פַּעֲמַיִם
בְּאַהֲבָה, שְׁמַע יִשְׂרָאֵל, יהוה אֱלֹהֵינוּ, יהוה אֶחָד: דברים ו

יהוה אֱלֹהֵי יִשְׂרָאֵל, שׁוּב מֵחֲרוֹן אַפֶּךָ וְהִנָּחֵם עַל־הָרָעָה לְעַמֶּךָ: שמות לב

הַבֵּט מִשָּׁמַיִם וּרְאֵה כִּי הָיִינוּ לַעַג וָקֶלֶס בַּגּוֹיִם
נֶחְשַׁבְנוּ כַּצֹּאן לַטֶּבַח יוּבָל, לַהֲרֹג וּלְאַבֵּד וּלְמַכָּה וּלְחֶרְפָּה.

וּבְכָל זֹאת שִׁמְךָ לֹא שָׁכָחְנוּ, נָא אַל תִּשְׁכָּחֵנוּ.

יהוה אֱלֹהֵי יִשְׂרָאֵל, שׁוּב מֵחֲרוֹן אַפֶּךָ וְהִנָּחֵם עַל־הָרָעָה לְעַמֶּךָ:

זָרִים אוֹמְרִים אֵין תּוֹחֶלֶת וְתִקְוָה
חֹן אֹם לְשִׁמְךָ מְקַוָּה, טָהוֹר יְשׁוּעָתֵנוּ קָרְבָה
יָגַעְנוּ וְלֹא הוּנַח לָנוּ, רַחֲמֶיךָ יִכְבְּשׁוּ אֶת כַּעַסְךָ מֵעָלֵינוּ.

אָנָּא שׁוּב מֵחֲרוֹנְךָ וְרַחֵם סְגֻלָּה אֲשֶׁר בָּחָרְתָּ.

יהוה אֱלֹהֵי יִשְׂרָאֵל, שׁוּב מֵחֲרוֹן אַפֶּךָ וְהִנָּחֵם עַל־הָרָעָה לְעַמֶּךָ:

חוּסָה יהוה עָלֵינוּ בְּרַחֲמֶיךָ, וְאַל תִּתְּנֵנוּ בִּידֵי אַכְזָרִים.
לָמָּה יֹאמְרוּ הַגּוֹיִם אַיֵּה נָא אֱלֹהֵיהֶם
לְמַעַנְךָ עֲשֵׂה עִמָּנוּ חֶסֶד וְאַל תְּאַחַר.

אָנָּא שׁוּב מֵחֲרוֹנְךָ וְרַחֵם סְגֻלָּה אֲשֶׁר בָּחָרְתָּ.

יהוה אֱלֹהֵי יִשְׂרָאֵל, שׁוּב מֵחֲרוֹן אַפֶּךָ וְהִנָּחֵם עַל־הָרָעָה לְעַמֶּךָ:

קוֹלֵנוּ תִשְׁמַע וְתָחֹן, וְאַל תִּטְּשֵׁנוּ בְּיַד אֹיְבֵינוּ לִמְחוֹת אֶת שְׁמֵנוּ.
זְכֹר אֲשֶׁר נִשְׁבַּעְתָּ לַאֲבוֹתֵינוּ כְּכוֹכְבֵי הַשָּׁמַיִם אַרְבֶּה אֶת זַרְעֲכֶם
וְעַתָּה נִשְׁאַרְנוּ מְעַט מֵהַרְבֵּה.
וּבְכָל זֹאת שִׁמְךָ לֹא שָׁכָחְנוּ, נָא אַל תִּשְׁכָּחֵנוּ.
יהוה אֱלֹהֵי יִשְׂרָאֵל, שׁוּב מֵחֲרוֹן אַפֶּךָ וְהִנָּחֵם עַל־הָרָעָה לְעַמֶּךָ:

תהלים עט עָזְרֵנוּ אֱלֹהֵי יִשְׁעֵנוּ עַל־דְּבַר כְּבוֹד־שְׁמֶךָ
וְהַצִּילֵנוּ וְכַפֵּר עַל־חַטֹּאתֵינוּ לְמַעַן שְׁמֶךָ:
יהוה אֱלֹהֵי יִשְׂרָאֵל, שׁוּב מֵחֲרוֹן אַפֶּךָ וְהִנָּחֵם עַל־הָרָעָה לְעַמֶּךָ:

שׁוֹמֵר יִשְׂרָאֵל, שְׁמֹר שְׁאֵרִית יִשְׂרָאֵל, וְאַל יֹאבַד יִשְׂרָאֵל
הָאוֹמְרִים שְׁמַע יִשְׂרָאֵל.
שׁוֹמֵר גּוֹי אֶחָד, שְׁמֹר שְׁאֵרִית עַם אֶחָד, וְאַל יֹאבַד גּוֹי אֶחָד
הַמְיַחֲדִים שִׁמְךָ, יהוה אֱלֹהֵינוּ יהוה אֶחָד.
שׁוֹמֵר גּוֹי קָדוֹשׁ, שְׁמֹר שְׁאֵרִית עַם קָדוֹשׁ, וְאַל יֹאבַד גּוֹי קָדוֹשׁ
הַמְשַׁלְּשִׁים בְּשָׁלֹשׁ קְדֻשּׁוֹת לְקָדוֹשׁ.
מִתְרַצֶּה בְּרַחֲמִים וּמִתְפַּיֵּס בְּתַחֲנוּנִים, הִתְרַצֶּה וְהִתְפַּיֵּס לְדוֹר עָנִי
כִּי אֵין עוֹזֵר.
אָבִינוּ מַלְכֵּנוּ, חָנֵּנוּ וַעֲנֵנוּ, כִּי אֵין בָּנוּ מַעֲשִׂים
עֲשֵׂה עִמָּנוּ צְדָקָה וָחֶסֶד וְהוֹשִׁיעֵנוּ.

שומר ישראל קטע זה החותם את התחנון בכל יום הוא בקשה שה׳ ישמור את עמו ישראל בזכות היותם הקבוצה המייחדת את שמו בעולם. ברבות הגלויות והצרות נשאר עם ישראל מתי מעט, והשארית הזאת זקוקה לשמירה והגנה מאת ה׳ כדי שתצליח לשרוד.

וַאֲנַחְנוּ לֹא נֵדַע מַה־נַּעֲשֶׂה, כִּי עָלֶיךָ עֵינֵינוּ: זְכֹר־רַחֲמֶיךָ יהוה וַחֲסָדֶיךָ, דברי הימים ב׳ כ / תהלים כה
כִּי מֵעוֹלָם הֵמָּה: יְהִי־חַסְדְּךָ יהוה עָלֵינוּ, כַּאֲשֶׁר יִחַלְנוּ לָךְ: אַל־תִּזְכָּר־ תהלים לג / תהלים עט
לָנוּ עֲוֹנֹת רִאשֹׁנִים, מַהֵר יְקַדְּמוּנוּ רַחֲמֶיךָ, כִּי דַלּוֹנוּ מְאֹד: עֶזְרֵנוּ בְּשֵׁם תהלים קכד
יהוה, עֹשֵׂה שָׁמַיִם וָאָרֶץ: חָנֵּנוּ יהוה חָנֵּנוּ, כִּי־רַב שָׂבַעְנוּ בוּז: בְּרֹגֶז תהלים קכג / חבקוק ג
רַחֵם תִּזְכּוֹר: בְּרֹגֶז עֲקֵדָה תִּזְכֹּר, בְּרֹגֶז תְּמִימוּת תִּזְכֹּר. יהוה הוֹשִׁיעָה, תהלים כ
הַמֶּלֶךְ יַעֲנֵנוּ בְיוֹם־קָרְאֵנוּ: כִּי־הוּא יָדַע יִצְרֵנוּ, זָכוּר כִּי־עָפָר אֲנָחְנוּ: תהלים קג
עָזְרֵנוּ אֱלֹהֵי יִשְׁעֵנוּ עַל־דְּבַר כְּבוֹד־שְׁמֶךָ, וְהַצִּילֵנוּ וְכַפֵּר עַל־חַטֹּאתֵינוּ תהלים עט
לְמַעַן שְׁמֶךָ:

חצי קדיש

ש״ץ: יִתְגַּדַּל וְיִתְקַדַּשׁ שְׁמֵהּ רַבָּא (קהל: אָמֵן)
בְּעָלְמָא דִּי בְרָא כִרְעוּתֵהּ
וְיַמְלִיךְ מַלְכוּתֵהּ וְיַצְמַח פֻּרְקָנֵהּ וִיקָרֵב מְשִׁיחֵהּ (קהל: אָמֵן)
בְּחַיֵּיכוֹן וּבְיוֹמֵיכוֹן וּבְחַיֵּי דְכָל בֵּית יִשְׂרָאֵל
בַּעֲגָלָא וּבִזְמַן קָרִיב
וְאִמְרוּ אָמֵן. (קהל: אָמֵן)

קהל וש״ץ: יְהֵא שְׁמֵהּ רַבָּא מְבָרַךְ לְעָלַם וּלְעָלְמֵי עָלְמַיָּא.

ש״ץ: יִתְבָּרַךְ וְיִשְׁתַּבַּח וְיִתְפָּאַר וְיִתְרוֹמַם וְיִתְנַשֵּׂא
וְיִתְהַדָּר וְיִתְעַלֶּה וְיִתְהַלָּל
שְׁמֵהּ דְּקֻדְשָׁא בְּרִיךְ הוּא (קהל: אָמֵן)
לְעֵלָּא מִן כָּל בִּרְכָתָא /בעשרת ימי תשובה: לְעֵלָּא לְעֵלָּא מִכָּל בִּרְכָתָא/
וְשִׁירָתָא תֻּשְׁבְּחָתָא וְנֶחֱמָתָא, דַּאֲמִירָן בְּעָלְמָא
וְאִמְרוּ אָמֵן. (קהל: אָמֵן)

ואנחנו לא נדע ״וַאֲנַחְנוּ לֹא נֵדַע מַה נַּעֲשֶׂה״ – פסוק זה הוא מעין חתימה לקטעי התחנונים. עד כאן התפללנו והתחננו בכל הצורות: בעמידה, בישיבה ובנפילה. עתה לא נשאר לנו אלא לצפות לרחמי שמיים – שיגאלנו ה׳ מצרותינו.

הוצאת ספר תורה

בימים שאין קוראים בהם בתורה אומרים כאן ׳אַשְׁרֵי׳ (עמ׳ 128).

לפני הוצאת ספר התורה בשני וחמישי עומדים ואומרים ׳אֵל אֶרֶךְ אַפַּיִם׳. לתחינה זו מצויות שתי נוסחאות קרובות. יש נוהגים לומר אחת מהן (כל קהילה ומנהגה), ויש שאומרים את שתיהן. בימים שאין אומרים בהם ׳לַמְנַצֵּחַ׳ (ראו עמ׳ 130) אין אומרים ׳אֵל אֶרֶךְ אַפַּיִם׳.

נוסח אשכנז

אֵל אֶֽרֶךְ אַפַּֽיִם וְרַב חֶֽסֶד וֶאֱמֶת
אַל בְּאַפְּךָ תוֹכִיחֵֽנוּ.
חֽוּסָה יהוה עַל עַמֶּֽךָ
וְהוֹשִׁיעֵֽנוּ מִכָּל רָע.
חָטָֽאנוּ לְךָ אָדוֹן
סְלַח נָא כְּרֹב רַחֲמֶֽיךָ אֵל.

נוסח פולין

אֵל אֶֽרֶךְ אַפַּֽיִם וּמָלֵא רַחֲמִים
אַל תַּסְתֵּר פָּנֶֽיךָ מִמֶּֽנּוּ.
חֽוּסָה יהוה עַל שְׁאֵרִית יִשְׂרָאֵל עַמֶּֽךָ
וְהַצִּילֵֽנוּ מִכָּל רָע.
חָטָֽאנוּ לְךָ אָדוֹן
סְלַח נָא כְּרֹב רַחֲמֶֽיךָ אֵל.

פותחים את ארון הקודש, ונהוג לעמוד כל זמן שהארון פתוח.

וַיְהִי בִּנְסֹֽעַ הָאָרֹן וַיֹּֽאמֶר מֹשֶׁה, קוּמָה יהוה וְיָפֻֽצוּ אֹיְבֶֽיךָ וְיָנֻֽסוּ במדבר י
מְשַׂנְאֶֽיךָ מִפָּנֶֽיךָ: כִּי מִצִּיּוֹן תֵּצֵא תוֹרָה וּדְבַר־יהוה מִירוּשָׁלָֽםִ: ישעיה ב
בָּרוּךְ שֶׁנָּתַן תּוֹרָה לְעַמּוֹ יִשְׂרָאֵל בִּקְדֻשָּׁתוֹ.

קריאת התורה לפי מסורת חז״ל כבר מימות משה רבינו תיקנו נביאים שתהא קריאה קבועה בתורה בכל שבת, ואף בימות החול לא יעברו שלושה ימים בלא לקרוא בתורה. מאוחר יותר קבע עזרא הסופר את עיקרי סדרי הקריאה הנהוגים עד ימינו. הקריאה שייכת למצוות לימוד תורה ואיננה קשורה בעצם לתפילה. מטרתה העיקרית היא שכל ישראל ילמדו את התורה וידעו לפחות את עיקרה – חמשת חומשי התורה. כאשר הותקנה והוסדרה תפילת הציבור הקבועה, שולבה קריאת התורה בסדר התפילות. מלבד הצד הלימודי השייך בתוכן הדברים ובהבנתם, יש צד נוסף בקריאת התורה הנוגע למעמד עצמו. קריאת התורה בעצמה היא התגלות של הקודש בעולם, והקורא בתורה איננו אלא צינור שדרכו ה׳ מדבר. לכן בדומה לסדר שהיה בבית המקדש, הכול נעשה ברוב טקס והדר: הוצאת ספר התורה מארון הקודש והחזרתו לארון מלווה בדברי תפילה ושירה, וכך גם כיבוד העולים לתורה וברכתם נעשית ברוב טקס. כל זאת כדי להדגיש את גודלו וחשיבותו של המעמד שבו דבר ה׳ מתגלה אל העם.

בְּרִיךְ שְׁמֵהּ דְּמָרֵא עָלְמָא, בְּרִיךְ כִּתְרָךְ וְאַתְרָךְ. יְהֵא רְעוּתָךְ עִם עַמָּךְ יִשְׂרָאֵל לְעָלַם, וּפֻרְקַן יְמִינָךְ אַחֲזֵי לְעַמָּךְ בְּבֵית מַקְדְּשָׁךְ, וּלְאַמְטוּיֵי לַנָא מִטּוּב נְהוֹרָךְ, וּלְקַבֵּל צְלוֹתַנָא בְּרַחֲמִין. יְהֵא רַעֲוָא קֳדָמָךְ דְּתוֹרִיךְ לַן חַיִּין בְּטִיבוּ, וְלֶהֱוֵי אֲנָא פְקִידָא בְּגוֹ צַדִּיקַיָּא, לְמִרְחַם עֲלַי וּלְמִנְטַר יָתִי וְיַת כָּל דִּי לִי וְדִי לְעַמָּךְ יִשְׂרָאֵל. אַנְתְּ הוּא זָן לְכֹלָּא וּמְפַרְנֵס לְכֹלָּא, אַנְתְּ הוּא שַׁלִּיט עַל כֹּלָּא, אַנְתְּ הוּא דְּשַׁלִּיט עַל מַלְכַיָּא, וּמַלְכוּתָא דִּילָךְ הִיא. אֲנָא עַבְדָּא דְקֻדְשָׁא בְּרִיךְ הוּא, דְּסָגִידְנָא קַמֵּהּ וּמִקַּמֵּי דִּיקַר אוֹרַיְתֵהּ בְּכָל עִדָּן וְעִדָּן. לָא עַל אֱנָשׁ רְחִיצְנָא וְלָא עַל בַּר אֱלָהִין סְמִיכְנָא, אֶלָּא בֶּאֱלָהָא דִשְׁמַיָּא, דְּהוּא אֱלָהָא קְשׁוֹט, וְאוֹרַיְתֵהּ קְשׁוֹט, וּנְבִיאוֹהִי קְשׁוֹט, וּמַסְגֵּא לְמֶעְבַּד טַבְוָן וּקְשׁוֹט. בֵּהּ אֲנָא רָחִיץ, וְלִשְׁמֵהּ קַדִּישָׁא יַקִּירָא אֲנָא אֵמַר תֻּשְׁבְּחָן. יְהֵא רַעֲוָא קֳדָמָךְ דְּתִפְתַּח לִבַּאי בְּאוֹרַיְתָא, וְתַשְׁלִים מִשְׁאֲלִין דְּלִבַּאי וְלִבָּא דְכָל עַמָּךְ יִשְׂרָאֵל לְטָב וּלְחַיִּין וְלִשְׁלָם. זוהר ויקהל

תרגום

ברוך שמו של אדון העולם, ברוך כתרך ומקומך. יהי רצונך עם עמך ישראל לעולם, וישועת ימינך הראה לעמך בבית מקדשך, ולהביא לנו מטוב אורך, ולקבל תפילותינו ברחמים. יהי רצון מלפניך שתאריך לנו חיים בטוב, ואהיה אני נמנה בתוך הצדיקים, לרחם עלי ולשמור אותי ואת כל אשר לי ואשר לעמך ישראל. אתה הוא זן לכול ומפרנס לכול, אתה הוא שליט על הכול, אתה הוא השליט על המלכים, והמלכות שלך היא. אני עבדו של הקדוש ברוך הוא, משתחוה לפניו ולפני כבוד תורתו בכל עת ועת. לא על אדם אני בטוח ולא על מלאך אני סמוך, אלא באלהי השמים, שהוא אלהים אמת, ותורתו אמת, ונביאיו אמת, ומרבה לעשות חסד ואמת. בו אני בטוח, ולשמו הקדוש הנכבד אני אומר תשבחות. יהי רצון מלפניך שתפתח לבי בתורה, ותמלא משאלות לבי ולב כל עמך ישראל לטובה ולחיים ולשלום.

בריך שמיה קטע תפילה מהזוהר שיש לאומרו בשעת הוצאת ספר התורה מארון הקודש. מעמד קריאת התורה הוא זמן של התגלות כבוד ה', ולכן נאמרים בקטע זה ביטויי דבקות בה' ובתורתו, ששיאם בהצהרת קבלת מלכות שמיים באופן אישי: "אני עבדו של הקדוש ברוך הוא". שעת הוצאת ספר התורה גופה היא שעת רחמים וזמן של התעוררות אהבת ה' עלינו, ולכן מצרפים כאן בקשות חשובות: שה' ישפיע חסדו על עמו ישראל, יקבל את תפילתנו, ייתן אריכות ימים בטוב, ובכלל ישלים את משאלות הלב של כל עם ישראל. כיוון שקטע זה

החזן פונה לקהל ואומר את הפסוק: ׳גַּדְּלוּ לַיהוה אִתִּי׳.
ויש מקומות שבהם החזן מפנה פניו במקצת כלפי ארון הקודש ואומר ׳גַּדְּלוּ לַיהוה אִתִּי׳,
ואחר כך מרים קצת את הספר שבידו ואומר ׳וּנְרוֹמְמָה שְׁמוֹ יַחְדָּו׳.

תהלים לד **גַּדְּלוּ לַיהוה אִתִּי וּנְרוֹמְמָה שְׁמוֹ יַחְדָּו:**

סוגרים את ארון הקודש.

משעה שמוציאים את ספר התורה מן הארון עד לשעה שמניחים אותו – הכול עומדים לכבודו, ואין רשאים לשבת עד שיהא הספר מונח במקומו. יש מקומות שנוהגים בהם שכל מי שיכול מתקרב אל הספר, ואם הוא קרוב מספיק הריהו מנשק את עטיפתו או את תיקו. כמו כן נהוג שמלווים את ספר התורה בעת הילוכו.

כאשר שליח הציבור הולך אל הבימה הקהל אומר:

דברי הימים א׳ כט **לְךָ יהוה הַגְּדֻלָּה וְהַגְּבוּרָה וְהַתִּפְאֶרֶת וְהַנֵּצַח וְהַהוֹד, כִּי־כֹל בַּשָּׁמַיִם וּבָאָרֶץ, לְךָ יהוה הַמַּמְלָכָה וְהַמִּתְנַשֵּׂא לְכֹל לְרֹאשׁ:**

תהלים צט **רוֹמְמוּ יהוה אֱלֹהֵינוּ וְהִשְׁתַּחֲווּ לַהֲדֹם רַגְלָיו, קָדוֹשׁ הוּא: רוֹמְמוּ יהוה אֱלֹהֵינוּ וְהִשְׁתַּחֲווּ לְהַר קָדְשׁוֹ, כִּי־קָדוֹשׁ יהוה אֱלֹהֵינוּ:**

משמש הכנה לקריאת התורה מסיימים בבקשת פתיחת הלב בתורה - ללומדה ולהבינה כראוי.

גדלו לה׳ החזן פונה לקהל בפסוק זה מתהלים להלל את ה׳ ולרומם את שמו יחד. המילים "נרוממה שמו" מרמזים לתורה, כפי שאמרו חז"ל שהתורה כולה היא שמו של הקדוש ברוך הוא ולכן גם יש שנהגו להגביה את ספר התורה בעת אמירתן. הקהל עונה לחזן בפסוקי שבח מלוקטים העוסקים בגדולת ה׳ בעולם. בפרט הפסוקים עוסקים בשבח שבמקדש, הוא "הדום רגליו" של ה׳ והר הבית שהוא "הר קדשו", שכן בתי הכנסת כיום הם כ"מקדש מעט". את ההולכה של ספר התורה לבימה מסיימים בתפילה קצרה לרחמי ה׳, שיגן ויציל אותנו מזמנים קשים ומיצר הרע, ובכלל שיתמלאו כל משאלותינו לטובה.

ברכות התורה העולה לקריאת התורה מברך לפני הקריאה ולאחריה. אף שהעולה מברך לבדו אין זו ברכה אישית, אלא ברכה השייכת לכלל הציבור, ולכן העולה פותח בקריאה: "ברכו" יחד איתי. אחרי הפתיחה החגיגית העולה מברך על עצם מתנת התורה, על הזכות והכבוד שיש בה, ולאחר קריאת דברי התורה הוא מודה ומשבח על תוכנה: על אמת התורה, ושעל ידה ה׳ נותן לנו חיים נצחיים.

אַב הָרַחֲמִים הוּא יְרַחֵם עַם עֲמוּסִים, וְיִזְכֹּר בְּרִית אֵיתָנִים, וְיַצִּיל נַפְשׁוֹתֵינוּ מִן הַשָּׁעוֹת הָרָעוֹת, וְיִגְעַר בְּיֵצֶר הָרָע מִן הַנְּשׂוּאִים, וְיָחֹן אוֹתָנוּ לִפְלֵיטַת עוֹלָמִים, וִימַלֵּא מִשְׁאֲלוֹתֵינוּ בְּמִדָּה טוֹבָה יְשׁוּעָה וְרַחֲמִים.

מניחים את ספר התורה על הבימה (ומנהג חלק מקהילות החסידים להגביה את הספר קודם הקריאה) והחזן או הגבאי מכריז: ׳וְתִגָּלֶה וְתֵרָאֶה׳. נהגו לדייק היטב בשם הנקרא לעלות ובשם אביו (שאם יש לו שמות אחדים קוראים לו בכולם) משום שיש בכך הודעה פומבית ויש לה השלכות הלכתיות. ומשתדלים לקרוא לו בשמו העברי, וכן בשמו העברי של אביו; וגר צדק (וכן מי שלא נודע שם אביו) נקרא ׳בן אברהם׳.

וְתִגָּלֶה וְתֵרָאֶה מַלְכוּתוֹ עָלֵינוּ בִּזְמַן קָרוֹב, וְיָחֹן פְּלֵיטָתֵנוּ וּפְלֵיטַת עַמּוֹ בֵּית יִשְׂרָאֵל לְחֵן וּלְחֶסֶד וּלְרַחֲמִים וּלְרָצוֹן וְנֹאמַר אָמֵן. הַכֹּל הָבוּ גֹדֶל לֵאלֹהֵינוּ וּתְנוּ כָבוֹד לַתּוֹרָה. *כֹּהֵן קְרַב, יַעֲמֹד (פלוני בֶּן פלוני) **הַכֹּהֵן.**

*ואם אין שם כוהן, הגבאי קורא ללוי או לישראל ואומר:

/אֵין כָּאן כֹּהֵן, יַעֲמֹד (פלוני בֶּן פלוני) **בִּמְקוֹם כֹּהֵן./**

בָּרוּךְ שֶׁנָּתַן תּוֹרָה לְעַמּוֹ יִשְׂרָאֵל בִּקְדֻשָּׁתוֹ.

הקהל עונים:

וְאַתֶּם הַדְּבֵקִים בַּיהוה אֱלֹהֵיכֶם חַיִּים כֻּלְּכֶם הַיּוֹם: דברים ד

קריאת התורה בעמ׳ 767.

רבים נוהגים שהקורא מנשק את הספר (לא במגע ישיר, שהוא אסור מלבד בשעת צורך, אלא על ידי שנוגע בו בציצית של טליתו, או במטפחת הספר או בחגורו וכיוצא באלה, ומנשקם). ויש מקפידים לנגוע דווקא בחלק שקורא בו או בתחילת ובסוף החלק הנקרא כדי להגדיר את מקום הקריאה. בשעת הברכה אין המברך מסתכל בספר התורה, אלא מפנה ראשו לצד כדי שלא ייראה כאילו הברכה כתובה בגוף הספר (ולמנהג רבים: גולל וסוגר את הספר, מברך, וחוזר ופותחו).

מנהג עתיק הוא שהעולה לתורה מחזיק בזמן הברכה בשני עמודי הספר (או בתיקו) ואחר כך ממשיך להחזיק בידו אחד מהם (או לאחוז בתיק) כל משך זמן הקריאה. העולה לתורה חוזר (בשקט, שלא לגרום בלבול) יחד עם בעל הקורא על הקריאה שהוא שומע, ונמצא שהוא עצמו קורא בתורה.

עולה: **בָּרְכוּ אֶת יהוה הַמְבֹרָךְ.**

קהל: **בָּרוּךְ יהוה הַמְבֹרָךְ לְעוֹלָם וָעֶד.**

עולה: **בָּרוּךְ יהוה הַמְבֹרָךְ לְעוֹלָם וָעֶד.**

בָּרוּךְ אַתָּה יהוה, אֱלֹהֵינוּ מֶלֶךְ הָעוֹלָם
אֲשֶׁר בָּחַר בָּנוּ מִכָּל הָעַמִּים וְנָתַן לָנוּ אֶת תּוֹרָתוֹ.
בָּרוּךְ אַתָּה יהוה, נוֹתֵן הַתּוֹרָה.

לאחר הקריאה המברך גולל וסוגר את הספר (ונהגו לחזור ולנשק את ספר התורה) ומברך ברכה אחרונה.

עולה: **בָּרוּךְ אַתָּה יהוה אֱלֹהֵינוּ מֶלֶךְ הָעוֹלָם**
אֲשֶׁר נָתַן לָנוּ תּוֹרַת אֱמֶת וְחַיֵּי עוֹלָם נָטַע בְּתוֹכֵנוּ.
בָּרוּךְ אַתָּה יהוה, נוֹתֵן הַתּוֹרָה.

העולה לתורה נשאר על הבימה במשך זמן הקריאה של העולה הבא אחריו, ורק כאשר העולה הבא מסיים את הברכה האחרונה הוא יורד וחוזר למקומו.
כאשר שב למקומו מן הראוי שלא ימהר לעשות כן, ושילך בדרך הארוכה יותר שמן הבימה למקומו.

אדם שניצל מסכנה מברך ברכת שבח זו על חסד ה׳ שהוציאו מהצרה שבה היה נתון. את ברכת ׳הַגּוֹמֵל׳ מברכים במניין, ומן המובחר שיהיו בהם גם שני תלמידי חכמים. הברכה הוסמכה לקריאת התורה מכיוון שבשעה זו מתכנסים רוב עם מישראל.

בָּרוּךְ אַתָּה יהוה אֱלֹהֵינוּ מֶלֶךְ הָעוֹלָם הַגּוֹמֵל לְחַיָּבִים טוֹבוֹת שֶׁגְּמָלַנִי כָּל טוֹב.

והקהל עונה: **אָמֵן. מִי שֶׁגְּמָלְךָ כָּל טוֹב הוּא יִגְמָלְךָ כָּל טוֹב, סֶלָה.**

כאן לפי הצורך אומרים ׳מִי שֶׁבֵּרַךְ׳ (עמ׳ 384) ומזכירים נשמות (עמ׳ 559).

כאשר נער עולה לתורה בפעם הראשונה במלאות לו שלוש־עשרה שנה אביו מברך ׳בָּרוּךְ שֶׁפְּטָרַנִי׳. את הברכה האב מברך בעומדו על הבימה עם בנו לפני עשרה אנשים לפחות, וראוי שיהיו בהם גם שני תלמידי חכמים.

בָּרוּךְ שֶׁפְּטָרַנִי מֵעָנְשׁוֹ שֶׁלָּזֶה.

חצי קדיש

כאשר מסיימים את סדר הקריאה בתורה אומרים (בדרך כלל הקורא בתורה אבל לעיתים העולה או אחד מן הקהל) חצי קדיש.

בעל קורא: **יִתְגַּדַּל וְיִתְקַדַּשׁ שְׁמֵהּ רַבָּא** (קהל: אָמֵן)
בְּעָלְמָא דִּי בְרָא כִרְעוּתֵהּ
וְיַמְלִיךְ מַלְכוּתֵהּ וְיַצְמַח פֻּרְקָנֵהּ וִיקָרֵב מְשִׁיחֵהּ (קהל: אָמֵן)
בְּחַיֵּיכוֹן וּבְיוֹמֵיכוֹן וּבְחַיֵּי דְכָל בֵּית יִשְׂרָאֵל
בַּעֲגָלָא וּבִזְמַן קָרִיב, וְאִמְרוּ אָמֵן. (קהל: אָמֵן)

בעל קורא וקהל: **יְהֵא שְׁמֵהּ רַבָּא מְבָרַךְ לְעָלַם וּלְעָלְמֵי עָלְמַיָּא.**

בעל קורא: יִתְבָּרַךְ וְיִשְׁתַּבַּח וְיִתְפָּאַר וְיִתְרוֹמַם וְיִתְנַשֵּׂא
וְיִתְהַדָּר וְיִתְעַלֶּה וְיִתְהַלָּל,
שְׁמֵהּ דְּקֻדְשָׁא בְּרִיךְ הוּא (קהל: אָמֵן)
לְעֵלָּא מִן כָּל בִּרְכָתָא
/בעשרת ימי תשובה: לְעֵלָּא לְעֵלָּא מִכָּל בִּרְכָתָא/
וְשִׁירָתָא, תֻּשְׁבְּחָתָא וְנֶחֱמָתָא
דַּאֲמִירָן בְּעָלְמָא, וְאִמְרוּ אָמֵן. (קהל: אָמֵן)

נוהגים להגביה את ספר התורה ולהראות לקהל את הכתוב בו.
בשעה שמגביהים את הספר אומרים פסוקים בשבח התורה. יש הנוהגים
להשתחוות קצת לעומת הספר המוגבה, ובהרבה מקומות נהגו לזקוף אצבע
לעומת הספר בשעת אמירת פסוקי השבח, ויש שנהגו לנשקו מרחוק.

וְזֹאת הַתּוֹרָה אֲשֶׁר־שָׂם מֹשֶׁה לִפְנֵי בְּנֵי יִשְׂרָאֵל: דברים ד
(עַל־פִּי יהוה בְּיַד־מֹשֶׁה:) במדבר ט

ויש מוסיפים:

תּוֹרָה צִוָּה־לָנוּ מֹשֶׁה, מוֹרָשָׁה קְהִלַּת יַעֲקֹב: דברים לג
עֵץ־חַיִּים הִיא לַמַּחֲזִיקִים בָּהּ וְתֹמְכֶיהָ מְאֻשָּׁר: משלי ג
דְּרָכֶיהָ דַרְכֵי־נֹעַם וְכָל־נְתִיבוֹתֶיהָ שָׁלוֹם:
אֹרֶךְ יָמִים בִּימִינָהּ, בִּשְׂמֹאולָהּ עֹשֶׁר וְכָבוֹד:
יהוה חָפֵץ לְמַעַן צִדְקוֹ יַגְדִּיל תּוֹרָה וְיַאְדִּיר: ישעיה מב

בימים שני וחמישי שאומרים בהם תחנון שליח הציבור אומר:

יְהִי רָצוֹן מִלִּפְנֵי אָבִינוּ שֶׁבַּשָּׁמַיִם, לְכוֹנֵן אֶת בֵּית חַיֵּינוּ
וּלְהָשִׁיב אֶת שְׁכִינָתוֹ בְּתוֹכֵנוּ
בִּמְהֵרָה בְיָמֵינוּ, וְנֹאמַר אָמֵן.
יְהִי רָצוֹן מִלִּפְנֵי אָבִינוּ שֶׁבַּשָּׁמַיִם, לְרַחֵם עָלֵינוּ וְעַל פְּלֵיטָתֵנוּ
וְלִמְנֹעַ מַשְׁחִית וּמַגֵּפָה מֵעָלֵינוּ
וּמֵעַל כָּל עַמּוֹ בֵּית יִשְׂרָאֵל, וְנֹאמַר אָמֵן.
יְהִי רָצוֹן מִלִּפְנֵי אָבִינוּ שֶׁבַּשָּׁמַיִם, לְקַיֶּם בָּנוּ חַכְמֵי יִשְׂרָאֵל
הֵם וּנְשֵׁיהֶם וּבְנֵיהֶם וּבְנוֹתֵיהֶם
וְתַלְמִידֵיהֶם וְתַלְמִידֵי תַלְמִידֵיהֶם
בְּכָל מְקוֹמוֹת מוֹשְׁבוֹתֵיהֶם, וְנֹאמַר אָמֵן.

יְהִי רָצוֹן מִלִּפְנֵי אָבִינוּ שֶׁבַּשָּׁמַיִם
שֶׁנִּשְׁמַע וְנִתְבַּשֵּׂר בְּשׂוֹרוֹת טוֹבוֹת, יְשׁוּעוֹת וְנֶחָמוֹת
וִיקַבֵּץ נִדָּחֵינוּ מֵאַרְבַּע כַּנְפוֹת הָאָרֶץ, וְנֹאמַר אָמֵן.

אַחֵינוּ כָּל בֵּית יִשְׂרָאֵל, הַנְּתוּנִים בְּצָרָה וּבְשִׁבְיָה, הָעוֹמְדִים בֵּין בַּיָּם וּבֵין בַּיַּבָּשָׁה, הַמָּקוֹם יְרַחֵם עֲלֵיהֶם וְיוֹצִיאֵם מִצָּרָה לִרְוָחָה, וּמֵאֲפֵלָה לְאוֹרָה, וּמִשִּׁעְבּוּד לִגְאֻלָּה, הַשְׁתָּא בַּעֲגָלָא וּבִזְמַן קָרִיב, וְנֹאמַר אָמֵן.

משום חשיבותו של מזמור זה אמרו חכמים בתלמוד שכל האומרו שלוש פעמים ביום זוכה לחיי העולם הבא, ולכן הוא נאמר פעמיים בשחרית ופעם נוספת במנחה.

תהלים פד אַשְׁרֵי יוֹשְׁבֵי בֵיתֶךָ, עוֹד יְהַלְלוּךָ סֶּלָה:
תהלים קמד אַשְׁרֵי הָעָם שֶׁכָּכָה לּוֹ, אַשְׁרֵי הָעָם שֶׁיהוה אֱלֹהָיו:
תהלים קמה תְּהִלָּה לְדָוִד
אֲרוֹמִמְךָ אֱלוֹהַי הַמֶּלֶךְ, וַאֲבָרְכָה שִׁמְךָ לְעוֹלָם וָעֶד:
בְּכָל־יוֹם אֲבָרְכֶךָּ, וַאֲהַלְלָה שִׁמְךָ לְעוֹלָם וָעֶד:
גָּדוֹל יהוה וּמְהֻלָּל מְאֹד, וְלִגְדֻלָּתוֹ אֵין חֵקֶר:
דּוֹר לְדוֹר יְשַׁבַּח מַעֲשֶׂיךָ, וּגְבוּרֹתֶיךָ יַגִּידוּ:

סיום התפילה לאחר השלמת התחנון (שכאמור הוא המשך לתפילת שמונה־עשרה) מגיע שלב היציאה מהקודש והירידה אל העולם התחתון - שנעשית כדרך העלייה, שלב אחרי שלב. בלשון הקבלה מתואר תהליך זה כירידה מ'עולם האצילות' - העולם העליון ביותר שבו מתרחשת הפגישה בין ה' לאדם, אל עבר 'עולם העשייה' - העולם הזה, התחתון. הקדיש הנאמר לאחר התחנון משמש מעבר בין 'עולם האצילות' ל'עולם הבריאה'. סדר התפילה מכאן ועד לסיום התפילה, המסמל את הירידה מהקודש, קצר בהרבה מהחלק המבטא את העלייה, שהתחיל מברכות השחר והגיע עד לתפילת העמידה. טעם הדבר הוא שהעלייה במעלה העולמות מצריכה עמל ויגיעה רבה, שכן קשה להיחלץ מההוויה האנושית הפשוטה ולהגיע לדבקות, ולעומת זאת דרך היציאה והירידה קלה יותר לרוב בני האדם. אף על פי כן, אין ירידה זו נעשית בפתאומיות, בנפילה מהירה מן הנשגב אל ענייני העולם, אלא בהדרגתיות, שלב אחרי שלב, כדי לחזור אל מציאות העולם שלנו.

הֲדַר כְּבוֹד הוֹדֶךָ, וְדִבְרֵי נִפְלְאֹתֶיךָ אָשִׂיחָה:
וֶעֱזוּז נוֹרְאֹתֶיךָ יֹאמֵרוּ, וּגְדוּלָּתְךָ אֲסַפְּרֶנָּה:
זֵכֶר רַב־טוּבְךָ יַבִּיעוּ, וְצִדְקָתְךָ יְרַנֵּנוּ:
חַנּוּן וְרַחוּם יהוה, אֶרֶךְ אַפַּיִם וּגְדָל־חָסֶד:
טוֹב־יהוה לַכֹּל, וְרַחֲמָיו עַל־כָּל־מַעֲשָׂיו:
יוֹדוּךָ יהוה כָּל־מַעֲשֶׂיךָ, וַחֲסִידֶיךָ יְבָרְכוּכָה:
כְּבוֹד מַלְכוּתְךָ יֹאמֵרוּ, וּגְבוּרָתְךָ יְדַבֵּרוּ:
לְהוֹדִיעַ לִבְנֵי הָאָדָם גְּבוּרֹתָיו, וּכְבוֹד הֲדַר מַלְכוּתוֹ:
מַלְכוּתְךָ מַלְכוּת כָּל־עֹלָמִים, וּמֶמְשַׁלְתְּךָ בְּכָל־דּוֹר וָדֹר:
סוֹמֵךְ יהוה לְכָל־הַנֹּפְלִים, וְזוֹקֵף לְכָל־הַכְּפוּפִים:
עֵינֵי־כֹל אֵלֶיךָ יְשַׂבֵּרוּ, וְאַתָּה נוֹתֵן־לָהֶם אֶת־אָכְלָם בְּעִתּוֹ:
פּוֹתֵחַ אֶת־יָדֶךָ, וּמַשְׂבִּיעַ לְכָל־חַי רָצוֹן:
צַדִּיק יהוה בְּכָל־דְּרָכָיו, וְחָסִיד בְּכָל־מַעֲשָׂיו:
קָרוֹב יהוה לְכָל־קֹרְאָיו, לְכֹל אֲשֶׁר יִקְרָאֻהוּ בֶאֱמֶת:
רְצוֹן־יְרֵאָיו יַעֲשֶׂה, וְאֶת־שַׁוְעָתָם יִשְׁמַע, וְיוֹשִׁיעֵם:
שׁוֹמֵר יהוה אֶת־כָּל־אֹהֲבָיו, וְאֵת כָּל־הָרְשָׁעִים יַשְׁמִיד:
תְּהִלַּת יהוה יְדַבֶּר פִּי, וִיבָרֵךְ כָּל־בָּשָׂר שֵׁם קָדְשׁוֹ לְעוֹלָם וָעֶד:
וַאֲנַחְנוּ נְבָרֵךְ יָהּ מֵעַתָּה וְעַד־עוֹלָם, הַלְלוּיָהּ: תהלים קטו

מלכותך מלכות כל עולמים וממשלתך בכל דור ודור הביטויים ׳מלוכה׳ ו׳ממשלה׳ נראים זהים זה לזה, אולם יש הבדל מהותי ביניהם. הממשלה היא השלטון בפועל, ואילו המלוכה קשורה ברצון העם. הממשלה של הקדוש ברוך הוא קיימת תמיד, "בכל דור ודור". הוא מושל בעולם ומנהיג את כל מה שקורה במציאות, בין שאנשים מכירים בו ומעוניינים בו ובין שלא. המלוכה, לעומת זאת, אינה קיימת בכל דור; אומנם היא תמיד שייכת לכל העולמות הבטלים לדברו של ה׳, אבל על בני אדם - מלכות ה׳ קיימת רק אם הם מקבלים אותה עליהם ברצון. תפקידנו בעולם הוא להמליך את ה׳, כלומר לקבל את מלכותו עלינו ברצון, ואז תהיה מלכות ה׳ שלמה, כאשר היא תתגלה גם בכל דור ודור.

אין אומרים ׳לַמְנַצֵּחַ׳ בימים האלה: ראש חודש, חול המועד, ערב יום הכיפורים, חנוכה, פורים ושושן פורים (גדול וקטן), ערב פסח, יום העצמאות, יום ירושלים, ותשעה באב (ולמנהג רבים אסרו חג), וכן אין אומרים אותו בבית האבל. ויש נוהגים שאין אומרים אותו בכל יום שאין אומרים בו ׳תַּחֲנוּן׳.

לַמְנַצֵּחַ מִזְמוֹר לְדָוִד: יַעַנְךָ יהוה בְּיוֹם צָרָה, יְשַׂגֶּבְךָ שֵׁם אֱלֹהֵי יַעֲקֹב: יִשְׁלַח־ תהלים כ
עֶזְרְךָ מִקֹּדֶשׁ, וּמִצִּיּוֹן יִסְעָדֶךָּ: יִזְכֹּר כָּל־מִנְחֹתֶיךָ, וְעוֹלָתְךָ יְדַשְּׁנֶה סֶלָה:
יִתֶּן־לְךָ כִלְבָבֶךָ וְכָל־עֲצָתְךָ יְמַלֵּא: נְרַנְּנָה בִּישׁוּעָתֶךָ, וּבְשֵׁם־אֱלֹהֵינוּ נִדְגֹּל,
יְמַלֵּא יהוה כָּל־מִשְׁאֲלוֹתֶיךָ: עַתָּה יָדַעְתִּי כִּי הוֹשִׁיעַ יהוה מְשִׁיחוֹ, יַעֲנֵהוּ
מִשְּׁמֵי קָדְשׁוֹ, בִּגְבֻרוֹת יֵשַׁע יְמִינוֹ: אֵלֶּה בָרֶכֶב וְאֵלֶּה בַסּוּסִים, וַאֲנַחְנוּ
בְּשֵׁם־יהוה אֱלֹהֵינוּ נַזְכִּיר: הֵמָּה כָּרְעוּ וְנָפָלוּ, וַאֲנַחְנוּ קַמְנוּ וַנִּתְעוֹדָד:
יהוה הוֹשִׁיעָה, הַמֶּלֶךְ יַעֲנֵנוּ בְיוֹם־קָרְאֵנוּ:

בתשעה באב מדלגים על הפסוק ׳וַאֲנִי זֹאת בְּרִיתִי׳. ויש שאינם אומרים אותו בבית האבל.

וּבָא לְצִיּוֹן גּוֹאֵל, וּלְשָׁבֵי פֶשַׁע בְּיַעֲקֹב, נְאֻם יהוה: ישעיה נט
וַאֲנִי זֹאת בְּרִיתִי אוֹתָם, אָמַר יהוה, רוּחִי אֲשֶׁר עָלֶיךָ וּדְבָרַי אֲשֶׁר־
שַׂמְתִּי בְּפִיךָ, לֹא־יָמוּשׁוּ מִפִּיךָ וּמִפִּי זַרְעֲךָ וּמִפִּי זֶרַע זַרְעֲךָ, אָמַר
יהוה, מֵעַתָּה וְעַד־עוֹלָם:

חזרה לעולם הבריאה חלק התפילה הכולל את המזמורים "אשרי", "למנצח" ואמירת "ובא לציון" מקביל לברכות קריאת שמע, ועל דרך הסוד ל׳עולם הבריאה׳. עיקרו הוא קטע "ובא לציון" שגלומים בו בתמצית הנושאים העיקריים של ברכות קריאת שמע: גדולת ה׳ בעולם, קדושת ה׳, ברכה על התורה, הודאה על בחירת ישראל ושבח הגאולה. מפני מעמדו המיוחד של "ובא לציון" הסמיכו לו, כהקדמה, את המזמורים "אשרי" ו"למנצח", החשובים בפני עצמם.

למנצח מזמור לדוד מזמור הודאה על ישועת ה׳. תחילתו בקשה שה׳ יעזור לישראל ויגאל אותם מכל מיני צרות שהם נתונים בהן, וסיומו בהודאה על גאולת ישראל. סגנון הדברים במזמור מדגיש את הביטחון בעזרתו של ה׳, שגם דברי הבקשה הנאמרים בשעת הצרה רוויים אמונה ובהירות שהישועה בוא תבוא. למרות שעיקרו של המזמור הוא הודאה בשעת ניצחון, נהגו שלא לאומרו בימי שמחה מפני שמוזכרות בו גם צרות.

ובא לציון קטע "ובא לציון" הוא סיום החלק העיקרי של התפילה. משום כך חוזרים כאן על הנושאים העיקריים שנאמרו בה, ובמיוחד בברכות קריאת

וְאַתָּה קָדוֹשׁ יוֹשֵׁב תְּהִלּוֹת יִשְׂרָאֵל: וְקָרָא זֶה אֶל־זֶה וְאָמַר קָדוֹשׁ, קָדוֹשׁ, קָדוֹשׁ, יהוה צְבָאוֹת, מְלֹא כָל־הָאָרֶץ כְּבוֹדוֹ: (תהלים כב, ישעיה ו)

וּמְקַבְּלִין דֵּין מִן דֵּין וְאָמְרִין, קַדִּישׁ בִּשְׁמֵי מְרוֹמָא עִלָּאָה בֵּית שְׁכִינְתֵהּ, קַדִּישׁ עַל אַרְעָא עוֹבַד גְּבוּרְתֵהּ, קַדִּישׁ לְעָלַם וּלְעָלְמֵי עָלְמַיָּא, יהוה צְבָאוֹת, מַלְיָא כָל אַרְעָא זִיו יְקָרֵהּ. (תרגום יונתן ישעיה ו)

וַתִּשָּׂאֵנִי רוּחַ, וָאֶשְׁמַע אַחֲרַי קוֹל רַעַשׁ גָּדוֹל, בָּרוּךְ כְּבוֹד־יהוה מִמְּקוֹמוֹ: (יחזקאל ג)

וּנְטָלַתְנִי רוּחָא, וּשְׁמָעִית בַּתְרַי קָל זִיעַ סַגִּיא, דִּמְשַׁבְּחִין וְאָמְרִין, בְּרִיךְ יְקָרָא דַיהוה מֵאֲתַר בֵּית שְׁכִינְתֵהּ. (תרגום יונתן יחזקאל ג)

יהוה יִמְלֹךְ לְעֹלָם וָעֶד: (שמות טו)

יהוה מַלְכוּתֵהּ קָאֵם לְעָלַם וּלְעָלְמֵי עָלְמַיָּא. (תרגום אונקלוס שמות טו)

יהוה אֱלֹהֵי אַבְרָהָם יִצְחָק וְיִשְׂרָאֵל אֲבֹתֵינוּ, שָׁמְרָה־זֹּאת לְעוֹלָם לְיֵצֶר מַחְשְׁבוֹת לְבַב עַמֶּךָ, וְהָכֵן לְבָבָם אֵלֶיךָ: וְהוּא רַחוּם יְכַפֵּר עָוֹן וְלֹא־יַשְׁחִית, וְהִרְבָּה לְהָשִׁיב אַפּוֹ, וְלֹא־יָעִיר כָּל־חֲמָתוֹ: כִּי־אַתָּה אֲדֹנָי (דברי הימים א׳ כט; תהלים עח; תהלים פו)

שמע, בבקשה שתתקבל התפילה לפני אבינו שבשמיים ושנהיה קשורים בה בלב ובתודעה בכל משך היום. לכן גם שונים שוב את אמירת הקדושה, שהיא מקטעי השיא של התפילה. קדושת "ובא לציון" נאמרת באופן שונה מקדושות "יוצר" ותפילת העמידה – והיא יותר בגדר של לימוד. לכן הוסיפו כאן את התרגום המפרש ומסביר את האמור בה. לאחר אמירת הקדושה מזכירים את זכות האבות. כפי שנכנסנו לתפילת העמידה בזיכרון האבות כך אנו יוצאים מהקודש בבקשה שבזכות אבותינו הקדושים נישאר קשורים לקדוש ברוך הוא גם בחוץ. המשכה של תפילה זו בהודאה לה' על שנתן לנו את תורתו ושהעניק לנו דרך לעבוד אותו, ויתר על כן, על שמעצם בריאתנו אנו קשורים אליו. הקשר לה' הוא שמכניס תוכן לחיינו, ולכן בשעה שאנו יוצאים לחיי היום־יום אנו מבקשים ביתר שאת עזרה לקיים את התורה ולשמור את המצוות – שאם לא כן, איזה טעם יהיה לחיינו?! התפילה מסיימת בבקשת גאולה, שלב אחרי שלב עד לגאולה השלמה: שנזכה לחיים מלאים בעולם הזה ונראה עין בעין בקבלת הטובה והברכה המובטחות לימות המשיח ולחיי העולם הבא.

תהלים קיט טוֹב וְסַלָּח, וְרַב־חֶסֶד לְכָל־קֹרְאֶיךָ: צִדְקָתְךָ צֶדֶק לְעוֹלָם וְתוֹרָתְךָ
מיכה ז אֱמֶת: תִּתֵּן אֱמֶת לְיַעֲקֹב, חֶסֶד לְאַבְרָהָם, אֲשֶׁר־נִשְׁבַּעְתָּ לַאֲבֹתֵינוּ
תהלים סח תהלים מו מִימֵי קֶדֶם: בָּרוּךְ אֲדֹנָי יוֹם יוֹם יַעֲמָס־לָנוּ, הָאֵל יְשׁוּעָתֵנוּ סֶלָה: יהוה
תהלים כ צְבָאוֹת עִמָּנוּ, מִשְׂגָּב לָנוּ אֱלֹהֵי יַעֲקֹב סֶלָה: יהוה צְבָאוֹת, אַשְׁרֵי אָדָם
תהלים פד בֹּטֵחַ בָּךְ: יהוה הוֹשִׁיעָה, הַמֶּלֶךְ יַעֲנֵנוּ בְיוֹם־קָרְאֵנוּ:

בָּרוּךְ הוּא אֱלֹהֵינוּ שֶׁבְּרָאָנוּ לִכְבוֹדוֹ, וְהִבְדִּילָנוּ מִן הַתּוֹעִים, וְנָתַן לָנוּ תּוֹרַת אֱמֶת, וְחַיֵּי עוֹלָם נָטַע בְּתוֹכֵנוּ. הוּא יִפְתַּח לִבֵּנוּ בְּתוֹרָתוֹ, וְיָשֵׂם בְּלִבֵּנוּ אַהֲבָתוֹ וְיִרְאָתוֹ וְלַעֲשׂוֹת רְצוֹנוֹ וּלְעָבְדוֹ בְּלֵבָב שָׁלֵם, לְמַעַן לֹא נִיגַע לָרִיק וְלֹא נֵלֵד לַבֶּהָלָה.

יְהִי רָצוֹן מִלְּפָנֶיךָ יהוה אֱלֹהֵינוּ וֵאלֹהֵי אֲבוֹתֵינוּ, שֶׁנִּשְׁמֹר חֻקֶּיךָ בָּעוֹלָם
הַזֶּה, וְנִזְכֶּה וְנִחְיֶה וְנִרְאֶה וְנִירַשׁ טוֹבָה וּבְרָכָה, לִשְׁנֵי יְמוֹת הַמָּשִׁיחַ
תהלים ל וּלְחַיֵּי הָעוֹלָם הַבָּא. לְמַעַן יְזַמֶּרְךָ כָבוֹד וְלֹא יִדֹּם, יהוה אֱלֹהַי, לְעוֹלָם
ירמיה יז ישעיה כו אוֹדֶךָּ: בָּרוּךְ הַגֶּבֶר אֲשֶׁר יִבְטַח בַּיהוה, וְהָיָה יהוה מִבְטַחוֹ: בִּטְחוּ
תהלים ט בַיהוה עֲדֵי־עַד, כִּי בְּיָהּ יהוה צוּר עוֹלָמִים: וְיִבְטְחוּ בְךָ יוֹדְעֵי שְׁמֶךָ, כִּי
ישעיה מב לֹא־עָזַבְתָּ דֹרְשֶׁיךָ, יהוה: יהוה חָפֵץ לְמַעַן צִדְקוֹ, יַגְדִּיל תּוֹרָה וְיַאְדִּיר:

ביום שאומרים בו מוסף ממשיכים בהכנסת ספר תורה בעמ׳ 134.
ובשאר הימים שליח הציבור ממשיך בקדיש שלם בעמוד הבא.

ה׳ חפץ למען צדקו יגדיל תורה ויאדיר במשנה דרשו חכמים את הפסוק כך: ה׳ הגדיל והרבה את התורה והמצוות שנתן לישראל "למען צדקו" – בגלל רצונו לעשות איתם צדקה וחסד. וביאר הרבי מסלונים את הדברים, שריבוי המצוות נועד בשביל ישראל, שכך יש להם הזדמנויות רבות להיות קשורים וקרובים לקדוש ברוך הוא, שהרי עניינה הבסיסי של כל מצווה הוא התקרבות לה׳. ריבוי המצוות הוא מתנה לישראל, תרי"ג אפשרויות להיאחז בקדושה, שכן בכל שעה שאדם מישראל מקיים תורה ומצוות הוא זוכה לגאולת נפשו ולדבקות בקדוש ברוך הוא.

סיום התפילה

בימים שאין אומרים בהם תחנון אין אומרים ׳תְּפִלָּה לְדָוִד׳, אלא מתחילים ׳בֵּית יַעֲקֹב׳.

תהלים פו תְּפִלָּה לְדָוִד, הַטֵּה־יהוה אָזְנְךָ עֲנֵנִי, כִּי־עָנִי וְאֶבְיוֹן אָנִי: שָׁמְרָה נַפְשִׁי כִּי־חָסִיד אָנִי, הוֹשַׁע עַבְדְּךָ אַתָּה אֱלֹהַי, הַבּוֹטֵחַ אֵלֶיךָ: חָנֵּנִי אֲדֹנָי, כִּי־אֵלֶיךָ אֶקְרָא כָּל־הַיּוֹם: שַׂמֵּחַ נֶפֶשׁ עַבְדֶּךָ, כִּי־אֵלֶיךָ אֲדֹנָי נַפְשִׁי אֶשָּׂא: כִּי־אַתָּה אֲדֹנָי טוֹב וְסַלָּח, וְרַב־חֶסֶד לְכָל־קֹרְאֶיךָ: הַאֲזִינָה יהוה תְּפִלָּתִי, וְהַקְשִׁיבָה בְּקוֹל תַּחֲנוּנוֹתָי: בְּיוֹם צָרָתִי אֶקְרָאֶךָּ כִּי תַעֲנֵנִי: אֵין־כָּמוֹךָ בָאֱלֹהִים אֲדֹנָי, וְאֵין כְּמַעֲשֶׂיךָ: כָּל־גּוֹיִם אֲשֶׁר עָשִׂיתָ יָבוֹאוּ וְיִשְׁתַּחֲווּ לְפָנֶיךָ אֲדֹנָי, וִיכַבְּדוּ לִשְׁמֶךָ: כִּי־גָדוֹל אַתָּה וְעֹשֵׂה נִפְלָאוֹת, אַתָּה אֱלֹהִים לְבַדֶּךָ: הוֹרֵנִי יהוה דַּרְכֶּךָ, אֲהַלֵּךְ בַּאֲמִתֶּךָ, יַחֵד לְבָבִי לְיִרְאָה שְׁמֶךָ: אוֹדְךָ אֲדֹנָי אֱלֹהַי בְּכָל־לְבָבִי, וַאֲכַבְּדָה שִׁמְךָ לְעוֹלָם: כִּי־חַסְדְּךָ גָּדוֹל עָלָי, וְהִצַּלְתָּ נַפְשִׁי מִשְּׁאוֹל תַּחְתִּיָּה: אֱלֹהִים, זֵדִים קָמוּ־עָלַי, וַעֲדַת עָרִיצִים בִּקְשׁוּ נַפְשִׁי, וְלֹא שָׂמוּךָ לְנֶגְדָּם: וְאַתָּה אֲדֹנָי אֵל־רַחוּם וְחַנּוּן, אֶרֶךְ אַפַּיִם וְרַב־חֶסֶד וֶאֱמֶת: פְּנֵה אֵלַי וְחָנֵּנִי, תְּנָה־עֻזְּךָ לְעַבְדֶּךָ, וְהוֹשִׁיעָה לְבֶן־אֲמָתֶךָ: עֲשֵׂה־עִמִּי אוֹת לְטוֹבָה, וְיִרְאוּ שֹׂנְאַי וְיֵבֹשׁוּ, כִּי־אַתָּה יהוה עֲזַרְתַּנִי וְנִחַמְתָּנִי:

בימים שאין אומרים בהם ׳לַמְנַצֵּחַ׳ אין אומרים גם ׳בֵּית יַעֲקֹב׳
ו׳שִׁיר הַמַּעֲלוֹת לְדָוִד׳, אלא רק שיר של יום.

ישעיה ב בֵּית יַעֲקֹב, לְכוּ וְנֵלְכָה בְּאוֹר יהוה: כִּי כָּל־הָעַמִּים יֵלְכוּ אִישׁ בְּשֵׁם אֱלֹהָיו,
מיכה ד וַאֲנַחְנוּ נֵלֵךְ בְּשֵׁם־יהוה אֱלֹהֵינוּ לְעוֹלָם וָעֶד: יְהִי יהוה אֱלֹהֵינוּ עִמָּנוּ, כַּאֲשֶׁר
מלכים א׳ ח הָיָה עִם־אֲבֹתֵינוּ, אַל־יַעַזְבֵנוּ וְאַל־יִטְּשֵׁנוּ: לְהַטּוֹת לְבָבֵנוּ אֵלָיו, לָלֶכֶת בְּכָל־

חזרה לעולם היצירה חלק התפילה מ״תפילה לדוד״ עד ״קדיש יתום״, מקביל לפסוקי דזמרה. בדומה לו הוא מורכב ממזמורים ופסוקים מהתורה, שעניינם התעוררות והתלהבות הלב והרגש. על דרך הסוד מכוון חלק זה ל׳עולם היצירה׳ הרוחני, ו״קדיש תתקבל״ האמור לפניו משמש מעבר אליו מעולם הבריאה.

תפילה לדוד מזמור של תחינה לעזרת ה׳, שיקשיב לתפילות כל אחד ואחד מעמו ישראל, יגן עליהם ויציל אותם מצרות. נוסף על התפילה לישועה, יש כאן בקשה ללכת בדרך ה׳ באופן הראוי והנכון ולעובדו באמת וביראה.

בית יעקב לקט פסוקים מספרי הנביאים, שעניינם דברי חיזוק לסיום התפילה. ובתמצית: שדברי התפילה יהיו קרובים אל ה׳, שה׳ יעזור לנו ויתמוך בנו בכל העניינים, ושהרצון והחשק שהתעוררו בתפילה לעבוד את ה׳ ילוו אותנו לכל

דְּרָכָיו וְלִשְׁמֹר מִצְוֹתָיו וְחֻקָּיו וּמִשְׁפָּטָיו, אֲשֶׁר צִוָּה אֶת־אֲבֹתֵינוּ: וְיִהְיוּ דְבָרַי אֵלֶּה, אֲשֶׁר הִתְחַנַּנְתִּי לִפְנֵי יהוה, קְרֹבִים אֶל־יהוה אֱלֹהֵינוּ יוֹמָם וָלָיְלָה, לַעֲשׂוֹת מִשְׁפַּט עַבְדּוֹ וּמִשְׁפַּט עַמּוֹ יִשְׂרָאֵל, דְּבַר־יוֹם בְּיוֹמוֹ: לְמַעַן דַּעַת כָּל־עַמֵּי הָאָרֶץ כִּי יהוה הוּא הָאֱלֹהִים, אֵין עוֹד:

תהלים קכד
שִׁיר הַמַּעֲלוֹת לְדָוִד, לוּלֵי יהוה שֶׁהָיָה לָנוּ, יֹאמַר־נָא יִשְׂרָאֵל: לוּלֵי יהוה שֶׁהָיָה לָנוּ, בְּקוּם עָלֵינוּ אָדָם: אֲזַי חַיִּים בְּלָעוּנוּ, בַּחֲרוֹת אַפָּם בָּנוּ: אֲזַי הַמַּיִם שְׁטָפוּנוּ, נַחְלָה עָבַר עַל־נַפְשֵׁנוּ: אֲזַי עָבַר עַל־נַפְשֵׁנוּ, הַמַּיִם הַזֵּידוֹנִים: בָּרוּךְ יהוה, שֶׁלֹּא נְתָנָנוּ טֶרֶף לְשִׁנֵּיהֶם: נַפְשֵׁנוּ כְּצִפּוֹר נִמְלְטָה מִפַּח יוֹקְשִׁים, הַפַּח נִשְׁבָּר וַאֲנַחְנוּ נִמְלָטְנוּ: עֶזְרֵנוּ בְּשֵׁם יהוה, עֹשֵׂה שָׁמַיִם וָאָרֶץ:

משך היום. בסיום לקט זה מוסיפים מזמור "שיר המעלות לדוד", שהוא מזמור הודאה לה' שמציל וגואל את עמו ישראל מצרות וסכנות.

שיר של יום לפי האמור במשנה, הלוויים היו שרים בכל יום מימות השבוע מזמורי תהלים אלו, אחר הקרבת קורבן התמיד, כחלק מסדר עבודת המקדש. מנהג קדום לומר את המזמורים הללו בתפילת שחרית בכל יום, אמירה שמעבר להיותה זכר לשירת הלוויים היא עצמה מעין עבודת המקדש, כדברי חכמים במסכת סופרים: "האומר שיר של יום כאילו בונה מזבח חדש ומקריב עליו קרבן". על פי מנהג האר"י מוסיפים בנוסח ההקדמה: "היום יום פלוני בשבת", כדי לקיים את מצוות זכירת השבת בכל יום.

אף שבאופן חיצוני כל הימים נראים דומים זה לזה, מבחינה פנימית לכל יום מימות השבוע יש אופי והארה המיוחדים לו. לכן סדרו לכל יום שיר מיוחד, המביע את העניין והכוונה המיוחדים לאותו היום. באופן כללי, השירים של הימים מסודרים לפי סדר תיקונו של עולם: תכלית בריאת העולם; קדושת העיר והמקדש; משפט; דין וחשבון עם רשעים; השגחת ה' על ישראל; הכנה לקראת שבת, ולסיכום שיר ל'יום שכולו שבת', לעת בוא הגאולה, המשלימה את תיקון העולם.

יום ראשון שיר על התגלות ה' בהיכל קדשו - כיצד הוא מתגלה ברוב פאר והדר, ועל הראויים להיות עימו בזמן ההתגלות. תוכנו של המזמור עוסק בעצם בתכלית בריאת העולם, ולכן נאמר ביום ראשון, שבו נבראו ההוויות הראשונות והתחיל הכול. התגשמות מטרת הבריאה היא במפגש שבין מעלה למטה, בין הקדוש ברוך הוא לאדם. במזמור מתואר, מצד אחד, האדם שזוכה להתעלות - אדם בעל מידות מתוקנות, ישר לב ונקי מרע; ומצד השני המענה וההתגלות של "מלך הכבוד", "ה' צבאות", שאותו אדם זוכה להם למטה.

שיר של יום

ליום א׳ הַיּוֹם יוֹם רִאשׁוֹן בְּשַׁבָּת, שֶׁבּוֹ הָיוּ הַלְוִיִּם אוֹמְרִים בְּבֵית הַמִּקְדָּשׁ:

לְדָוִד מִזְמוֹר, לַיהוה הָאָרֶץ וּמְלוֹאָהּ, תֵּבֵל וְיֽשְׁבֵי בָהּ: כִּי־הוּא עַל־יַמִּים תהלים כד
יְסָדָהּ, וְעַל־נְהָרוֹת יְכוֹנְנֶהָ: מִי־יַעֲלֶה בְהַר־יהוה, וּמִי־יָקוּם בִּמְקוֹם
קָדְשׁוֹ: נְקִי כַפַּיִם וּבַר־לֵבָב, אֲשֶׁר לֹא־נָשָׂא לַשָּׁוְא נַפְשִׁי, וְלֹא נִשְׁבַּע
לְמִרְמָה: יִשָּׂא בְרָכָה מֵאֵת יהוה, וּצְדָקָה מֵאֱלֹהֵי יִשְׁעוֹ: זֶה דּוֹר דֹּרְשָׁו,
מְבַקְשֵׁי פָנֶיךָ יַעֲקֹב סֶלָה: שְׂאוּ שְׁעָרִים רָאשֵׁיכֶם, וְהִנָּשְׂאוּ פִּתְחֵי
עוֹלָם, וְיָבוֹא מֶלֶךְ הַכָּבוֹד: מִי זֶה מֶלֶךְ הַכָּבוֹד, יהוה עִזּוּז וְגִבּוֹר, יהוה
גִּבּוֹר מִלְחָמָה: שְׂאוּ שְׁעָרִים רָאשֵׁיכֶם, וּשְׂאוּ פִּתְחֵי עוֹלָם, וְיָבֹא מֶלֶךְ
הַכָּבוֹד: מִי הוּא זֶה מֶלֶךְ הַכָּבוֹד, יהוה צְבָאוֹת הוּא מֶלֶךְ הַכָּבוֹד סֶלָה:

׳הוֹשִׁיעֵנוּ׳ וקדיש יתום (עמ׳ 140)

ליום ב׳ הַיּוֹם יוֹם שֵׁנִי בְּשַׁבָּת, שֶׁבּוֹ הָיוּ הַלְוִיִּם אוֹמְרִים בְּבֵית הַמִּקְדָּשׁ:

שִׁיר מִזְמוֹר לִבְנֵי־קֹרַח: גָּדוֹל יהוה וּמְהֻלָּל מְאֹד, בְּעִיר אֱלֹהֵינוּ, הַר־קָדְשׁוֹ: תהלים מח
יְפֵה נוֹף מְשׂוֹשׂ כָּל־הָאָרֶץ, הַר־צִיּוֹן יַרְכְּתֵי צָפוֹן, קִרְיַת מֶלֶךְ רָב: אֱלֹהִים
בְּאַרְמְנוֹתֶיהָ נוֹדַע לְמִשְׂגָּב: כִּי־הִנֵּה הַמְּלָכִים נוֹעֲדוּ, עָבְרוּ יַחְדָּו: הֵמָּה
רָאוּ כֵּן תָּמָהוּ, נִבְהֲלוּ נֶחְפָּזוּ: רְעָדָה אֲחָזָתַם שָׁם, חִיל כַּיּוֹלֵדָה: בְּרוּחַ
קָדִים תְּשַׁבֵּר אֳנִיּוֹת תַּרְשִׁישׁ: כַּאֲשֶׁר שָׁמַעְנוּ כֵּן רָאִינוּ, בְּעִיר־יהוה צְבָאוֹת,
בְּעִיר אֱלֹהֵינוּ, אֱלֹהִים יְכוֹנְנֶהָ עַד־עוֹלָם סֶלָה: דִּמִּינוּ אֱלֹהִים חַסְדֶּךָ,
בְּקֶרֶב הֵיכָלֶךָ: כְּשִׁמְךָ אֱלֹהִים כֵּן תְּהִלָּתְךָ עַל־קַצְוֵי־אֶרֶץ, צֶדֶק מָלְאָה
יְמִינֶךָ: יִשְׂמַח הַר־צִיּוֹן, תָּגֵלְנָה בְּנוֹת יְהוּדָה, לְמַעַן מִשְׁפָּטֶיךָ: סֹבּוּ
צִיּוֹן וְהַקִּיפוּהָ, סִפְרוּ מִגְדָּלֶיהָ: שִׁיתוּ לִבְּכֶם לְחֵילָה, פַּסְּגוּ אַרְמְנוֹתֶיהָ,
לְמַעַן תְּסַפְּרוּ לְדוֹר אַחֲרוֹן: כִּי זֶה אֱלֹהִים אֱלֹהֵינוּ עוֹלָם וָעֶד, הוּא
יְנַהֲגֵנוּ עַל־מוּת:

׳הוֹשִׁיעֵנוּ׳ וקדיש יתום (עמ׳ 140)

יום שני שיר בשבחה של ירושלים המתאר את העיר בבניינה ובתפארתה. הטעם שנאמר מזמור זה ביום שני הוא מפני שביום שני לבריאה נברא הרקיע המבדיל בין מים תחתונים לעליונים. חלוקה זו קבעה תחום מוגדר בין המציאות החומרית לרוחנית ויצרה סדר לעולם. ובדומה לסדר שה׳ יצר בשמיים, כך חילק בתוך העולם התחתון וקבע מקום מיוחד להשראת השכינה בירושלים ובמקדש.

ליום ג׳ הַיּוֹם יוֹם שְׁלִישִׁי בְּשַׁבָּת, שֶׁבּוֹ הָיוּ הַלְוִיִּם אוֹמְרִים בְּבֵית הַמִּקְדָּשׁ:

תהלים פב מִזְמוֹר לְאָסָף, אֱלֹהִים נִצָּב בַּעֲדַת־אֵל, בְּקֶרֶב אֱלֹהִים יִשְׁפֹּט: עַד־מָתַי
תִּשְׁפְּטוּ־עָוֶל, וּפְנֵי רְשָׁעִים תִּשְׂאוּ־סֶלָה: שִׁפְטוּ־דָל וְיָתוֹם, עָנִי וָרָשׁ
הַצְדִּיקוּ: פַּלְּטוּ־דַל וְאֶבְיוֹן, מִיַּד רְשָׁעִים הַצִּילוּ: לֹא יָדְעוּ וְלֹא יָבִינוּ,
בַּחֲשֵׁכָה יִתְהַלָּכוּ, יִמּוֹטוּ כָּל־מוֹסְדֵי אָרֶץ: אֲנִי־אָמַרְתִּי אֱלֹהִים אַתֶּם,
וּבְנֵי עֶלְיוֹן כֻּלְּכֶם: אָכֵן כְּאָדָם תְּמוּתוּן, וּכְאַחַד הַשָּׂרִים תִּפֹּלוּ: קוּמָה
אֱלֹהִים שָׁפְטָה הָאָרֶץ, כִּי־אַתָּה תִנְחַל בְּכָל־הַגּוֹיִם:

׳הוֹשִׁיעֵנוּ׳ וקדיש יתום (עמ׳ 140)

ליום ד׳ הַיּוֹם יוֹם רְבִיעִי בְּשַׁבָּת, שֶׁבּוֹ הָיוּ הַלְוִיִּם אוֹמְרִים בְּבֵית הַמִּקְדָּשׁ:

תהלים צד אֵל־נְקָמוֹת יהוה, אֵל נְקָמוֹת הוֹפִיעַ: הִנָּשֵׂא שֹׁפֵט הָאָרֶץ, הָשֵׁב גְּמוּל
עַל־גֵּאִים: עַד־מָתַי רְשָׁעִים, יהוה, עַד־מָתַי רְשָׁעִים יַעֲלֹזוּ: יַבִּיעוּ יְדַבְּרוּ
עָתָק, יִתְאַמְּרוּ כָּל־פֹּעֲלֵי אָוֶן: עַמְּךָ יהוה יְדַכְּאוּ, וְנַחֲלָתְךָ יְעַנּוּ: אַלְמָנָה
וְגֵר יַהֲרֹגוּ, וִיתוֹמִים יְרַצֵּחוּ: וַיֹּאמְרוּ לֹא יִרְאֶה־יָּהּ, וְלֹא־יָבִין אֱלֹהֵי יַעֲקֹב:
בִּינוּ בֹּעֲרִים בָּעָם, וּכְסִילִים מָתַי תַּשְׂכִּילוּ: הֲנֹטַע אֹזֶן הֲלֹא יִשְׁמָע, אִם־
יֹצֵר עַיִן הֲלֹא יַבִּיט: הֲיֹסֵר גּוֹיִם הֲלֹא יוֹכִיחַ, הַמְלַמֵּד אָדָם דָּעַת: יהוה
יֹדֵעַ מַחְשְׁבוֹת אָדָם, כִּי־הֵמָּה הָבֶל: אַשְׁרֵי הַגֶּבֶר אֲשֶׁר־תְּיַסְּרֶנּוּ יָּהּ,

---

יום שלישי מזמור תוכחה לדיינים, שיזכרו שהם אמורים לייצג את ה׳ במשפט וישפטו על פי הצדק והיושר. תפקידם של הדיינים חשוב ביותר מפני שהמשפט הוא הבסיס שעליו עומדת החברה. לכן, אם הם שופטים בצדק - העולם עומד על תיקונו, ולעומת זאת אם אינם עושים את המוטל עליהם הם צריכים להסתלק, וימשול ה׳ לבדו בעולם. על פי הסוד הסבירו שהסיבה לאמירת מזמור זה ביום שלישי היא שיום זה מסמל את הספירה השלישית - ה״תפארת״. התפארת היא סינתזה של דברים שונים, ובמיוחד היא שילוב של הספירה הראשונה והשנייה - ״חסד״ ו״גבורה״. כך משפט אמת מוכרח להיבנות מהרכבה של מידת החסד, השייכת ליום הראשון לבריאה, למידת הדין השייכת ליום השני.

יום רביעי תפילה שה׳ יתגלה כשופט הארץ, ינקום ברשעים ויענישם. חכמים הצביעו על כך שהמילה ״מארֹת״ שנאמרה ביום הרביעי לבריאה, חסרה ו״ו,

וּמִתּוֹרָתְךָ תְלַמְּדֶנּוּ: לְהַשְׁקִיט לוֹ מִימֵי רָע, עַד יִכָּרֶה לָרָשָׁע שָׁחַת:
כִּי לֹא־יִטֹּשׁ יהוה עַמּוֹ, וְנַחֲלָתוֹ לֹא יַעֲזֹב: כִּי־עַד־צֶדֶק יָשׁוּב מִשְׁפָּט,
וְאַחֲרָיו כָּל־יִשְׁרֵי־לֵב: מִי־יָקוּם לִי עִם־מְרֵעִים, מִי־יִתְיַצֵּב לִי עִם־פֹּעֲלֵי
אָוֶן: לוּלֵי יהוה עֶזְרָתָה לִּי, כִּמְעַט שָׁכְנָה דוּמָה נַפְשִׁי: אִם־אָמַרְתִּי מָטָה
רַגְלִי, חַסְדְּךָ יהוה יִסְעָדֵנִי: בְּרֹב שַׂרְעַפַּי בְּקִרְבִּי, תַּנְחוּמֶיךָ יְשַׁעַשְׁעוּ
נַפְשִׁי: הַיְחָבְרְךָ כִּסֵּא הַוּוֹת, יֹצֵר עָמָל עֲלֵי־חֹק: יָגוֹדּוּ עַל־נֶפֶשׁ צַדִּיק,
וְדָם נָקִי יַרְשִׁיעוּ: וַיְהִי יהוה לִי לְמִשְׂגָּב, וֵאלֹהַי לְצוּר מַחְסִי: וַיָּשֶׁב
עֲלֵיהֶם אֶת־אוֹנָם, וּבְרָעָתָם יַצְמִיתֵם, יַצְמִיתֵם יהוה אֱלֹהֵינוּ:
לְכוּ נְרַנְּנָה לַיהוה, נָרִיעָה לְצוּר יִשְׁעֵנוּ: נְקַדְּמָה פָנָיו בְּתוֹדָה, בִּזְמִרוֹת תהלים צה
נָרִיעַ לוֹ: כִּי אֵל גָּדוֹל יהוה, וּמֶלֶךְ גָּדוֹל עַל־כָּל־אֱלֹהִים:

׳הוֹשִׁיעֵנוּ׳ וקדיש יתום (עמ׳ 140)

ליום ה׳ הַיּוֹם יוֹם חֲמִישִׁי בְּשַׁבָּת, שֶׁבּוֹ הָיוּ הַלְוִיִּם אוֹמְרִים בְּבֵית הַמִּקְדָּשׁ:

לַמְנַצֵּחַ עַל־הַגִּתִּית לְאָסָף: הַרְנִינוּ לֵאלֹהִים עוּזֵּנוּ, הָרִיעוּ לֵאלֹהֵי תהלים פא
יַעֲקֹב: שְׂאוּ־זִמְרָה וּתְנוּ־תֹף, כִּנּוֹר נָעִים עִם־נָבֶל: תִּקְעוּ בַחֹדֶשׁ שׁוֹפָר,
בַּכֶּסֶה לְיוֹם חַגֵּנוּ: כִּי חֹק לְיִשְׂרָאֵל הוּא, מִשְׁפָּט לֵאלֹהֵי יַעֲקֹב: עֵדוּת
בִּיהוֹסֵף שָׂמוֹ, בְּצֵאתוֹ עַל־אֶרֶץ מִצְרָיִם, שְׂפַת לֹא־יָדַעְתִּי אֶשְׁמָע:
הֲסִירוֹתִי מִסֵּבֶל שִׁכְמוֹ, כַּפָּיו מִדּוּד תַּעֲבֹרְנָה: בַּצָּרָה קָרָאתָ וָאֲחַלְּצֶךָּ,
אֶעֶנְךָ בְּסֵתֶר רַעַם, אֶבְחָנְךָ עַל־מֵי מְרִיבָה סֶלָה: שְׁמַע עַמִּי וְאָעִידָה

דבר המראה על פוטנציאל הקללה (מְאֵרָה) שטמון ביום זה. משום שזהו יום שעלולים להתרחש בו פגעים, אנו מבקשים שיחולו על הרשעים. במובן מסוים, מזמור זה הוא המשכו של המזמור של יום שלישי: אם בתי המשפט בארץ לא עושים את הדין, הקדוש ברוך הוא יתערב ויעשה סדר בעולם. את השיר מסיימים בפסוקים הפותחים את המזמור הבא בתהלים "לכו נרננה", כדי לסיים בדברים חיוביים יותר.

יום חמישי שבח על חסדי ה׳ בעולם. ביום החמישי לבריאה נבראו יצורים רבים ומגוונים, והיופי והגיוון שבבריאה מעוררים את האדם להודות ולשבח

בָּךְ, יִשְׂרָאֵל אִם־תִּשְׁמַע־לִי: לֹא־יִהְיֶה בְךָ אֵל זָר, וְלֹא תִשְׁתַּחֲוֶה לְאֵל נֵכָר: אָנֹכִי יהוה אֱלֹהֶיךָ, הַמַּעַלְךָ מֵאֶרֶץ מִצְרָיִם, הַרְחֶב־פִּיךָ וַאֲמַלְאֵהוּ: וְלֹא־שָׁמַע עַמִּי לְקוֹלִי, וְיִשְׂרָאֵל לֹא־אָבָה לִי: וָאֲשַׁלְּחֵהוּ בִּשְׁרִירוּת לִבָּם, יֵלְכוּ בְּמוֹעֲצוֹתֵיהֶם: לוּ עַמִּי שֹׁמֵעַ לִי, יִשְׂרָאֵל בִּדְרָכַי יְהַלֵּכוּ: כִּמְעַט אוֹיְבֵיהֶם אַכְנִיעַ, וְעַל־צָרֵיהֶם אָשִׁיב יָדִי: מְשַׂנְאֵי יהוה יְכַחֲשׁוּ־לוֹ, וִיהִי עִתָּם לְעוֹלָם: וַיַּאֲכִילֵהוּ מֵחֵלֶב חִטָּה, וּמִצּוּר, דְּבַשׁ אַשְׂבִּיעֶךָ:

׳הוֹשִׁיעֵנוּ׳ וקדיש יתום (בעמוד הבא)

ליום ו׳ הַיּוֹם יוֹם שִׁשִּׁי בְּשַׁבָּת, שֶׁבּוֹ הָיוּ הַלְוִיִּם אוֹמְרִים בְּבֵית הַמִּקְדָּשׁ:

תהלים צג יהוה מָלָךְ, גֵּאוּת לָבֵשׁ, לָבֵשׁ יהוה עֹז הִתְאַזָּר, אַף־תִּכּוֹן תֵּבֵל בַּל־
תִּמּוֹט: נָכוֹן כִּסְאֲךָ מֵאָז, מֵעוֹלָם אָתָּה: נָשְׂאוּ נְהָרוֹת יהוה, נָשְׂאוּ נְהָרוֹת
קוֹלָם, יִשְׂאוּ נְהָרוֹת דָּכְיָם: מִקֹּלוֹת מַיִם רַבִּים, אַדִּירִים מִשְׁבְּרֵי־יָם,
אַדִּיר בַּמָּרוֹם יהוה: עֵדֹתֶיךָ נֶאֶמְנוּ מְאֹד, לְבֵיתְךָ נַאֲוָה־קֹדֶשׁ, יהוה
לְאֹרֶךְ יָמִים:

בכל יום מוסיפים:

תהלים קו הוֹשִׁיעֵנוּ יהוה אֱלֹהֵינוּ, וְקַבְּצֵנוּ מִן־הַגּוֹיִם, לְהוֹדוֹת לְשֵׁם קָדְשֶׁךָ,
לְהִשְׁתַּבֵּחַ בִּתְהִלָּתֶךָ: בָּרוּךְ יהוה אֱלֹהֵי יִשְׂרָאֵל מִן־הָעוֹלָם וְעַד
תהלים קלה הָעוֹלָם, וְאָמַר כָּל־הָעָם אָמֵן, הַלְלוּיָהּ: בָּרוּךְ יהוה מִצִּיּוֹן, שֹׁכֵן יְרוּשָׁלָםִ,
תהלים עב הַלְלוּיָהּ: בָּרוּךְ יהוה אֱלֹהִים אֱלֹהֵי יִשְׂרָאֵל, עֹשֵׂה נִפְלָאוֹת לְבַדּוֹ: וּבָרוּךְ
שֵׁם כְּבוֹדוֹ לְעוֹלָם, וְיִמָּלֵא כְבוֹדוֹ אֶת־כָּל־הָאָרֶץ, אָמֵן וְאָמֵן:

את הבורא על כל הדברים הטובים שהוא פועל בעולם. המזמור מפרט בעיקר את חסדי ה׳ לעמו, בהדגשה שאותם הניסים והתשועות שהיו לעם ישראל בהיסטוריה יכולים לקרות גם בהווה - אם ילכו בדרכי ה׳.

יום שישי מזמור המתאר את התגלות ה׳ בעולם. המזמור נאמר לכבוד היום השישי של הבריאה, שבו גמר ה׳ את מלאכתו והתגלתה מלכותו על העולם. כאשר מלכותו של ה׳ נראית בעולם המציאות כולה רועשת וגועשת בשיר לכבוד ה׳ - ויש בדבר גם מעין רמז להתרוצצות וההתגעשות ביום שישי לכבודה של השבת.

קדיש יתום

אבל: יִתְגַּדַּל וְיִתְקַדַּשׁ שְׁמֵהּ רַבָּא (קהל: אָמֵן)
בְּעָלְמָא דִּי בְרָא כִרְעוּתֵהּ
וְיַמְלִיךְ מַלְכוּתֵהּ וְיַצְמַח פֻּרְקָנֵהּ וִיקָרֵב מְשִׁיחֵהּ (קהל: אָמֵן)
בְּחַיֵּיכוֹן וּבְיוֹמֵיכוֹן וּבְחַיֵּי דְכָל בֵּית יִשְׂרָאֵל
בַּעֲגָלָא וּבִזְמַן קָרִיב, וְאִמְרוּ אָמֵן. (קהל: אָמֵן)

קהל ואבל: יְהֵא שְׁמֵהּ רַבָּא מְבָרַךְ לְעָלַם וּלְעָלְמֵי עָלְמַיָּא.

אבל: יִתְבָּרַךְ וְיִשְׁתַּבַּח וְיִתְפָּאַר וְיִתְרוֹמַם וְיִתְנַשֵּׂא
וְיִתְהַדָּר וְיִתְעַלֶּה וְיִתְהַלָּל
שְׁמֵהּ דְּקֻדְשָׁא בְּרִיךְ הוּא (קהל: אָמֵן)
לְעֵלָּא מִן כָּל בִּרְכָתָא
/ בעשרת ימי תשובה: לְעֵלָּא לְעֵלָּא מִכָּל בִּרְכָתָא/
וְשִׁירָתָא, תֻּשְׁבְּחָתָא וְנֶחֱמָתָא
דַּאֲמִירָן בְּעָלְמָא, וְאִמְרוּ אָמֵן. (קהל: אָמֵן)

יְהֵא שְׁלָמָא רַבָּא מִן שְׁמַיָּא
וְחַיִּים טוֹבִים, עָלֵינוּ וְעַל כָּל יִשְׂרָאֵל, וְאִמְרוּ אָמֵן. (קהל: אָמֵן)

כורע ופוסע שלוש פסיעות לאחור. קד לשמאל, לימין ולפנים באמירת:
עֹשֶׂה שָׁלוֹם / בעשרת ימי תשובה: הַשָּׁלוֹם/ בִּמְרוֹמָיו
הוּא יַעֲשֶׂה שָׁלוֹם, עָלֵינוּ וְעַל כָּל יִשְׂרָאֵל, וְאִמְרוּ אָמֵן. (קהל: אָמֵן)

הושיענו לקט פסוקים הנאמר אחרי שיר של יום באמירת שבח על השירה ובתוספת בקשות המתאימות לכל יום: התגלות ה׳ בעולם, השבת נדחי ישראל וכינון המקדש.

חזרה לעולם העשייה לסיום חלק זה אומרים קדיש יתום המשמש מעבר בין החלק שכנגד עולם היצירה לחלק הבא, שכנגד עולם העשייה.

בראש חודש מוסיפים 'בָּרְכִי נַפְשִׁי', ורק לאחריו אומרים קדיש יתום.

תהלים קד בָּרְכִי נַפְשִׁי אֶת־יהוה, יהוה אֱלֹהַי גָּדַלְתָּ מְּאֹד, הוֹד וְהָדָר לָבָשְׁתָּ: עֹטֶה־
אוֹר כַּשַּׂלְמָה, נוֹטֶה שָׁמַיִם כַּיְרִיעָה: הַמְקָרֶה בַמַּיִם עֲלִיּוֹתָיו, הַשָּׂם־עָבִים
רְכוּבוֹ, הַמְהַלֵּךְ עַל־כַּנְפֵי־רוּחַ: עֹשֶׂה מַלְאָכָיו רוּחוֹת, מְשָׁרְתָיו אֵשׁ לֹהֵט:
יָסַד־אֶרֶץ עַל־מְכוֹנֶיהָ, בַּל־תִּמּוֹט עוֹלָם וָעֶד: תְּהוֹם כַּלְּבוּשׁ כִּסִּיתוֹ, עַל־
הָרִים יַעַמְדוּ־מָיִם: מִן־גַּעֲרָתְךָ יְנוּסוּן, מִן־קוֹל רַעַמְךָ יֵחָפֵזוּן: יַעֲלוּ הָרִים,
יֵרְדוּ בְקָעוֹת, אֶל־מְקוֹם זֶה יָסַדְתָּ לָהֶם: גְּבוּל־שַׂמְתָּ בַּל־יַעֲבֹרוּן, בַּל־
יְשׁוּבוּן לְכַסּוֹת הָאָרֶץ: הַמְשַׁלֵּחַ מַעְיָנִים בַּנְּחָלִים, בֵּין הָרִים יְהַלֵּכוּן: יַשְׁקוּ
כָּל־חַיְתוֹ שָׂדָי, יִשְׁבְּרוּ פְרָאִים צְמָאָם: עֲלֵיהֶם עוֹף־הַשָּׁמַיִם יִשְׁכּוֹן, מִבֵּין
עֳפָאיִם יִתְּנוּ־קוֹל: מַשְׁקֶה הָרִים מֵעֲלִיּוֹתָיו, מִפְּרִי מַעֲשֶׂיךָ תִּשְׂבַּע הָאָרֶץ:
מַצְמִיחַ חָצִיר לַבְּהֵמָה, וְעֵשֶׂב לַעֲבֹדַת הָאָדָם, לְהוֹצִיא לֶחֶם מִן־הָאָרֶץ:
וְיַיִן יְשַׂמַּח לְבַב־אֱנוֹשׁ, לְהַצְהִיל פָּנִים מִשָּׁמֶן, וְלֶחֶם לְבַב־אֱנוֹשׁ יִסְעָד:
יִשְׂבְּעוּ עֲצֵי יהוה, אַרְזֵי לְבָנוֹן אֲשֶׁר נָטָע: אֲשֶׁר־שָׁם צִפֳּרִים יְקַנֵּנוּ, חֲסִידָה
בְּרוֹשִׁים בֵּיתָהּ: הָרִים הַגְּבֹהִים לַיְּעֵלִים, סְלָעִים מַחְסֶה לַשְׁפַנִּים: עָשָׂה
יָרֵחַ לְמוֹעֲדִים, שֶׁמֶשׁ יָדַע מְבוֹאוֹ: תָּשֶׁת־חֹשֶׁךְ וִיהִי לָיְלָה, בּוֹ־תִרְמֹשׂ כָּל־
חַיְתוֹ־יָעַר: הַכְּפִירִים שֹׁאֲגִים לַטָּרֶף, וּלְבַקֵּשׁ מֵאֵל אָכְלָם: תִּזְרַח הַשֶּׁמֶשׁ
יֵאָסֵפוּן, וְאֶל־מְעוֹנֹתָם יִרְבָּצוּן: יֵצֵא אָדָם לְפָעֳלוֹ, וְלַעֲבֹדָתוֹ עֲדֵי־עָרֶב:
מָה־רַבּוּ מַעֲשֶׂיךָ יהוה, כֻּלָּם בְּחָכְמָה עָשִׂיתָ, מָלְאָה הָאָרֶץ קִנְיָנֶךָ: זֶה

ברכי נפשי שיר הלל על יופי הטבע, הנאמר בלשון פיוטית של התרוממות הרוח והתפעלות הנפש. המזמור מתחיל בשבחו של ה' יוצר הכול וממשיך בשירה גדולה על העולם כולו, על הדברים הגדולים והקטנים: השמיים, הארץ והים, דרכי החיים של כל היצורים והמערכת ההרמונית המופלאה שכולם מתקיימים בה. מלבד התיאורים הגאוגרפיים של העולם, נזכרת במזמור בריאה נוספת – הזמן, הנקבע על פי תנועת גרמי השמיים, השמש והירח. מטעם זה נאמר המזמור בראש חודש, שהוא היום הראשון בחודש הלבנה וממנו מונים את ימי החודש ואת חגיו, ואף נרמז בפסוק: "עָשָׂה יָרֵחַ לְמוֹעֲדִים". נוסף לכך, במזמור מתוארת התחדשות העולם במחזור הגדול של החיים – היפעה והפאר של הטבע שסופם גוויעה ומוות, ולאחר המוות הצמיחה והתחייה מחדש – התחדשות שראש חודש הוא סמל בולט לה, שלאחר שנעלם ומתכסה הירח הוא נולד ומפציע מחדש.

הַיָּם גָּדוֹל וּרְחַב יָדָיִם, שָׁם־רֶמֶשׂ וְאֵין מִסְפָּר, חַיּוֹת קְטַנּוֹת עִם־גְּדֹלוֹת: שָׁם אֳנִיּוֹת יְהַלֵּכוּן, לִוְיָתָן זֶה־יָצַרְתָּ לְשַׂחֶק־בּוֹ: כֻּלָּם אֵלֶיךָ יְשַׂבֵּרוּן, לָתֵת אָכְלָם בְּעִתּוֹ: תִּתֵּן לָהֶם יִלְקֹטוּן, תִּפְתַּח יָדְךָ יִשְׂבְּעוּן טוֹב: תַּסְתִּיר פָּנֶיךָ יִבָּהֵלוּן, תֹּסֵף רוּחָם יִגְוָעוּן, וְאֶל־עֲפָרָם יְשׁוּבוּן: תְּשַׁלַּח רוּחֲךָ יִבָּרֵאוּן, וּתְחַדֵּשׁ פְּנֵי אֲדָמָה: יְהִי כְבוֹד יהוה לְעוֹלָם, יִשְׂמַח יהוה בְּמַעֲשָׂיו: הַמַּבִּיט לָאָרֶץ וַתִּרְעָד, יִגַּע בֶּהָרִים וְיֶעֱשָׁנוּ: אָשִׁירָה לַיהוה בְּחַיָּי, אֲזַמְּרָה לֵאלֹהַי בְּעוֹדִי: יֶעֱרַב עָלָיו שִׂיחִי, אָנֹכִי אֶשְׂמַח בַּיהוה: יִתַּמּוּ חַטָּאִים מִן־הָאָרֶץ, וּרְשָׁעִים עוֹד אֵינָם, בָּרְכִי נַפְשִׁי אֶת־יהוה, הַלְלוּיָהּ:

אומרים קדיש יתום בעמ׳ 141, וממשיכים בהוצאת ספר תורה בעמ׳ 122.

מראש חודש אלול עד שמיני עצרת אומרים כאן ״לְדָוִד ה׳ אוֹרִי וְיִשְׁעִי״ (ויש נוהגים לאומרו אחרי ׳עָלֵינוּ לְשַׁבֵּחַ׳):

תהלים כז
לְדָוִד, יהוה אוֹרִי וְיִשְׁעִי, מִמִּי אִירָא, יהוה מָעוֹז־חַיַּי, מִמִּי אֶפְחָד: בִּקְרֹב עָלַי מְרֵעִים לֶאֱכֹל אֶת־בְּשָׂרִי, צָרַי וְאֹיְבַי לִי, הֵמָּה כָשְׁלוּ וְנָפָלוּ: אִם־תַּחֲנֶה עָלַי מַחֲנֶה, לֹא־יִירָא לִבִּי, אִם־תָּקוּם עָלַי מִלְחָמָה, בְּזֹאת אֲנִי בוֹטֵחַ: אַחַת שָׁאַלְתִּי מֵאֵת־יהוה, אוֹתָהּ אֲבַקֵּשׁ, שִׁבְתִּי בְּבֵית־יהוה כָּל־יְמֵי חַיַּי, לַחֲזוֹת בְּנֹעַם־יהוה, וּלְבַקֵּר בְּהֵיכָלוֹ: כִּי יִצְפְּנֵנִי בְּסֻכֹּה בְּיוֹם רָעָה, יַסְתִּרֵנִי בְּסֵתֶר אָהֳלוֹ, בְּצוּר יְרוֹמְמֵנִי: וְעַתָּה יָרוּם רֹאשִׁי עַל אֹיְבַי סְבִיבוֹתַי, וְאֶזְבְּחָה בְאָהֳלוֹ זִבְחֵי תְרוּעָה, אָשִׁירָה וַאֲזַמְּרָה לַיהוה: שְׁמַע־יהוה קוֹלִי אֶקְרָא, וְחָנֵּנִי וַעֲנֵנִי: לְךָ אָמַר לִבִּי בַּקְּשׁוּ פָנָי, אֶת־פָּנֶיךָ יהוה אֲבַקֵּשׁ: אַל־תַּסְתֵּר פָּנֶיךָ מִמֶּנִּי, אַל תַּט־בְּאַף עַבְדֶּךָ, עֶזְרָתִי הָיִיתָ, אַל־תִּטְּשֵׁנִי וְאַל־תַּעַזְבֵנִי,

---

לדוד ה׳ אורי שיר של דבקות וביטחון בה׳. שיאו של הפרק בהבעת השתוקקות לשבת בקביעות בבית ה׳ ולחזות בנועמו. בקשות אלה מבטאות את גודל דבקותו של דוד, שבשעה שהוא מוקף באויבים מכל צד, במקום לבקש עזרה והגנה פורץ ממנו רצונו היחיד: להיות עם הקדוש ברוך הוא. ומתאימים הדברים להיאמר בימי אלול וחגי תשרי, שנועדו לבניית והכנת השנה החדשה, כדי להזכיר לנו שהתכלית והעיקר הם הדבקות והקשר עם הקדוש ברוך הוא. טעם נוסף לאמירת הדברים בימים אלה הוא שמצאו בו רמזים שונים לחודש אלול, הימים הנוראים וחג הסוכות.

אֱלֹהֵי יִשְׁעִי: כִּי־אָבִי וְאִמִּי עֲזָבְוּנִי, וַיהוה יַאַסְפֵנִי: הוֹרֵנִי יהוה דַּרְכֶּךָ, וּנְחֵנִי בְּאֹרַח מִישׁוֹר, לְמַעַן שׁוֹרְרָי: אַל־תִּתְּנֵנִי בְּנֶפֶשׁ צָרָי, כִּי קָמוּ־בִי עֵדֵי־שֶׁקֶר, וִיפֵחַ חָמָס: לוּלֵא הֶאֱמַנְתִּי לִרְאוֹת בְּטוּב־יהוה בְּאֶרֶץ חַיִּים: קַוֵּה אֶל־יהוה, חֲזַק וְיַאֲמֵץ לִבֶּךָ, וְקַוֵּה אֶל־יהוה:

קדיש יתום (בעמ׳ 141)

בבית האבל אומרים כאן מזמור זה. וביום שאין אומרים
בו תחנון אומרים ׳מִכְתָּם לְדָוִד׳ (עמ׳ 750).

תהלים מט לַמְנַצֵּחַ לִבְנֵי־קֹרַח מִזְמוֹר: שִׁמְעוּ־זֹאת כָּל־הָעַמִּים, הַאֲזִינוּ כָּל־יֹשְׁבֵי חָלֶד: גַּם־בְּנֵי אָדָם, גַּם־בְּנֵי־אִישׁ, יַחַד עָשִׁיר וְאֶבְיוֹן: פִּי יְדַבֵּר חָכְמוֹת, וְהָגוּת לִבִּי תְבוּנוֹת: אַטֶּה לְמָשָׁל אָזְנִי, אֶפְתַּח בְּכִנּוֹר חִידָתִי: לָמָּה אִירָא בִּימֵי רָע, עֲוֺן עֲקֵבַי יְסֻבֵּנִי: הַבֹּטְחִים עַל־חֵילָם, וּבְרֹב עָשְׁרָם יִתְהַלָּלוּ: אָח לֹא־פָדֹה יִפְדֶּה אִישׁ, לֹא־יִתֵּן לֵאלֹהִים כָּפְרוֹ: וְיֵקַר פִּדְיוֹן נַפְשָׁם, וְחָדַל לְעוֹלָם: וִיחִי־עוֹד לָנֶצַח, לֹא יִרְאֶה הַשָּׁחַת: כִּי יִרְאֶה חֲכָמִים יָמוּתוּ, יַחַד כְּסִיל וָבַעַר יֹאבֵדוּ, וְעָזְבוּ לַאֲחֵרִים חֵילָם: קִרְבָּם בָּתֵּימוֹ לְעוֹלָם, מִשְׁכְּנֹתָם לְדוֹר וָדֹר, קָרְאוּ בִשְׁמוֹתָם עֲלֵי אֲדָמוֹת: וְאָדָם בִּיקָר בַּל־יָלִין, נִמְשַׁל כַּבְּהֵמוֹת נִדְמוּ: זֶה דַרְכָּם, כֵּסֶל לָמוֹ, וְאַחֲרֵיהֶם בְּפִיהֶם יִרְצוּ סֶלָה: כַּצֹּאן לִשְׁאוֹל שַׁתּוּ, מָוֶת יִרְעֵם, וַיִּרְדּוּ בָם יְשָׁרִים לַבֹּקֶר, וְצוּרָם לְבַלּוֹת שְׁאוֹל מִזְּבֻל לוֹ: אַךְ־אֱלֹהִים יִפְדֶּה נַפְשִׁי מִיַּד שְׁאוֹל, כִּי יִקָּחֵנִי סֶלָה: אַל־תִּירָא כִּי־יַעֲשִׁר אִישׁ, כִּי־יִרְבֶּה כְּבוֹד בֵּיתוֹ: כִּי לֹא בְמוֹתוֹ יִקַּח הַכֹּל, לֹא־יֵרֵד אַחֲרָיו כְּבוֹדוֹ: כִּי־נַפְשׁוֹ בְּחַיָּיו יְבָרֵךְ, וְיוֹדֻךָ כִּי־תֵיטִיב לָךְ: תָּבוֹא עַד־דּוֹר אֲבוֹתָיו, עַד־נֵצַח לֹא יִרְאוּ־אוֹר: אָדָם בִּיקָר וְלֹא יָבִין, נִמְשַׁל כַּבְּהֵמוֹת נִדְמוּ:

קדיש יתום (בעמ׳ 141)

תהלים כז קַוֵּה אֶל־יהוה, חֲזַק וְיַאֲמֵץ לִבֶּךָ, וְקַוֵּה אֶל־יהוה:

שמואל א׳ ב אֵין־קָדוֹשׁ כַּיהוה, כִּי־אֵין בִּלְתֶּךָ, וְאֵין צוּר כֵּאלֹהֵינוּ:

תהלים יח כִּי מִי אֱלוֹהַּ מִבַּלְעֲדֵי יהוה, וּמִי צוּר זוּלָתִי אֱלֹהֵינוּ:

למנצח לבני קרח מזמור נהגו לומר מזמור זה בבית האבל, משום שעוסק במוות. במזמור מבואר כי כל הקורה לאדם בחייו - כישלון או הצלחה - נעלם וחדל עם המוות. המוות משווה את הכול: גדולים וקטנים, חכמים וטיפשים, ואין מידו מציל. הדבר היחידי שיש בו תקווה בעולם הזה, כמו גם משמעות וקיום לאחר המוות, הוא הדבקות בה׳, ולכן בה בלבד יש להתבונן ולעסוק.

אֵין כֵּאלֹהֵינוּ, אֵין כַּאדוֹנֵינוּ, אֵין כְּמַלְכֵּנוּ, אֵין כְּמוֹשִׁיעֵנוּ. מִי כֵאלֹהֵינוּ, מִי כַאדוֹנֵינוּ, מִי כְמַלְכֵּנוּ, מִי כְמוֹשִׁיעֵנוּ. נוֹדֶה לֵאלֹהֵינוּ, נוֹדֶה לַאדוֹנֵינוּ, נוֹדֶה לְמַלְכֵּנוּ, נוֹדֶה לְמוֹשִׁיעֵנוּ. בָּרוּךְ אֱלֹהֵינוּ, בָּרוּךְ אֲדוֹנֵינוּ, בָּרוּךְ מַלְכֵּנוּ, בָּרוּךְ מוֹשִׁיעֵנוּ. אַתָּה הוּא אֱלֹהֵינוּ, אַתָּה הוּא אֲדוֹנֵינוּ, אַתָּה הוּא מַלְכֵּנוּ, אַתָּה הוּא מוֹשִׁיעֵנוּ. אַתָּה
תהלים קב תוֹשִׁיעֵנוּ אַתָּה תָקוּם תְּרַחֵם צִיּוֹן, כִּי־עֵת לְחֶנְנָהּ, כִּי־בָא מוֹעֵד:

כריתות ו. פִּטּוּם הַקְּטֹרֶת: הַצֳּרִי, וְהַצִּפֹּרֶן, וְהַחֶלְבְּנָה, וְהַלְּבוֹנָה מִשְׁקַל שִׁבְעִים שִׁבְעִים מָנֶה, מֹר, וּקְצִיעָה, שִׁבֹּלֶת נֵרְדְּ, וְכַרְכֹּם מִשְׁקַל שִׁשָּׁה עָשָׂר שִׁשָּׁה עָשָׂר מָנֶה, הַקֹּשְׁטְ שְׁנֵים עָשָׂר, קִלּוּפָה שְׁלֹשָׁה, וְקִנָּמוֹן תִּשְׁעָה, בֹּרִית כַּרְשִׁינָה תִּשְׁעָה קַבִּין, יֵין קַפְרִיסִין סְאִין תְּלָת וְקַבִּין תְּלָתָא, וְאִם אֵין לוֹ יֵין קַפְרִיסִין, מֵבִיא חֲמַר חִוַּרְיָן עַתִּיק. מֶלַח סְדוֹמִית רֹבַע, מַעֲלֶה עָשָׁן כָּל שֶׁהוּא. רַבִּי נָתָן הַבַּבְלִי אוֹמֵר: אַף כִּפַּת הַיַּרְדֵּן כָּל שֶׁהוּא, וְאִם נָתַן בָּהּ דְּבַשׁ פְּסָלָהּ, וְאִם חִסַּר אֶחָד מִכָּל סַמָּנֶיהָ, חַיָּב מִיתָה.

רַבָּן שִׁמְעוֹן בֶּן גַּמְלִיאֵל אוֹמֵר: הַצֳּרִי אֵינוֹ אֶלָּא שְׂרָף הַנּוֹטֵף מֵעֲצֵי הַקְּטָף. בֹּרִית כַּרְשִׁינָה שֶׁשָּׁפִין בָּהּ אֶת הַצִּפֹּרֶן כְּדֵי שֶׁתְּהֵא נָאָה, יֵין קַפְרִיסִין שֶׁשּׁוֹרִין בּוֹ אֶת הַצִּפֹּרֶן כְּדֵי שֶׁתְּהֵא עַזָּה, וַהֲלֹא מֵי רַגְלַיִם יָפִין לָהּ, אֶלָּא שֶׁאֵין מַכְנִיסִין מֵי רַגְלַיִם בַּמִּקְדָּשׁ מִפְּנֵי הַכָּבוֹד.

פיטום הקטורת קטע זה של התפילה מקביל לחלק הקורבנות שנאמר בתחילת התפילה, ועל דרך הסוד לעולם העשייה. עיקרו של הקטע הוא סדר פיטום (הכנת) הקטורת במקדש, וכהקדמה אליו מצורפים הפסוקים "קוה אל ה׳ וגו׳" והפיוט "אין כאלהינו". הסיבה שבחרו לומר דווקא את סדר הקטורת מתוך שאר הקורבנות הוא משום ייחודה וחשיבותה של עבודה זו בכלל, ובפרט מפני שיש לה שייכות לסיום התפילה. כפי האמור בתורה, בקטורת יש עוצמה רבה ובכוחה להגן מפני פורענויות. אמירתה בשעה שאדם עומד לצאת מבית הכנסת יש בה צד של בקשה: שזכות אמירת סדר הקטורת תגן ותציל מכל הסכנות והמזיקים הקיימים בחוץ. נוסף לכך, נועד קטע "פיטום הקטורת" לסיים את התפילה, בדומה לתחילתה, בלימוד תורה.

תַּנְיָא, רַבִּי נָתָן אוֹמֵר: כְּשֶׁהוּא שׁוֹחֵק אוֹמֵר, הָדֵק הֵיטֵב הֵיטֵב הָדֵק, מִפְּנֵי שֶׁהַקּוֹל יָפֶה לַבְּשָׂמִים. פִּטְּמָהּ לַחֲצָאִין כְּשֵׁרָה, לִשְׁלִישׁ וְלִרְבִיעַ לֹא שָׁמַעְנוּ. אָמַר רַבִּי יְהוּדָה: זֶה הַכְּלָל, אִם כְּמִדָּתָהּ כְּשֵׁרָה לַחֲצָאִין, וְאִם חִסַּר אֶחָד מִכָּל סַמָּנֶיהָ חַיָּב מִיתָה.

ירושלמי יומא ד, הלכה ה תַּנְיָא, בַּר קַפָּרָא אוֹמֵר: אַחַת לְשִׁשִּׁים אוֹ לְשִׁבְעִים שָׁנָה הָיְתָה בָאָה שֶׁל
שִׁירַיִם לַחֲצָאִין. וְעוֹד תָּנֵי בַּר קַפָּרָא: אִלּוּ הָיָה נוֹתֵן בָּהּ קוֹרְטוֹב שֶׁל דְּבַשׁ אֵין
אָדָם יָכוֹל לַעֲמֹד מִפְּנֵי רֵיחָהּ, וְלָמָּה אֵין מְעָרְבִין בָּהּ דְּבַשׁ, מִפְּנֵי שֶׁהַתּוֹרָה
ויקרא ב אָמְרָה: כִּי כָל־שְׂאֹר וְכָל־דְּבַשׁ לֹא־תַקְטִירוּ מִמֶּנּוּ אִשֶּׁה לַיהוה:

תהלים מו שלוש פעמים: יהוה צְבָאוֹת עִמָּנוּ, מִשְׂגָּב לָנוּ אֱלֹהֵי יַעֲקֹב סֶלָה:
תהלים פד שלוש פעמים: יהוה צְבָאוֹת, אַשְׁרֵי אָדָם בֹּטֵחַ בָּךְ:
תהלים כ שלוש פעמים: יהוה הוֹשִׁיעָה, הַמֶּלֶךְ יַעֲנֵנוּ בְיוֹם־קָרְאֵנוּ:

תהלים לב אַתָּה סֵתֶר לִי, מִצַּר תִּצְּרֵנִי, רָנֵּי פַלֵּט תְּסוֹבְבֵנִי סֶלָה:
מלאכי ג וְעָרְבָה לַיהוה מִנְחַת יְהוּדָה וִירוּשָׁלָםִ, כִּימֵי עוֹלָם וּכְשָׁנִים קַדְמֹנִיּוֹת:

מגילה כח: תָּנָא דְבֵי אֵלִיָּהוּ: כָּל הַשּׁוֹנֶה הֲלָכוֹת בְּכָל יוֹם, מֻבְטָח לוֹ שֶׁהוּא בֶּן עוֹלָם
חבקוק ג הַבָּא, שֶׁנֶּאֱמַר הֲלִיכוֹת עוֹלָם לוֹ: אַל תִּקְרֵי הֲלִיכוֹת אֶלָּא הֲלָכוֹת.

ברכות סד. אָמַר רַבִּי אֶלְעָזָר, אָמַר רַבִּי חֲנִינָא: תַּלְמִידֵי חֲכָמִים מַרְבִּים שָׁלוֹם בָּעוֹלָם,
ישעיה נד שֶׁנֶּאֱמַר וְכָל־בָּנַיִךְ לִמּוּדֵי יהוה, וְרַב שְׁלוֹם בָּנָיִךְ: אַל תִּקְרֵי בָּנָיִךְ, אֶלָּא
תהלים קיט, תהלים קכב בּוֹנָיִךְ. שָׁלוֹם רָב לְאֹהֲבֵי תוֹרָתֶךָ, וְאֵין־לָמוֹ מִכְשׁוֹל: יְהִי־שָׁלוֹם בְּחֵילֵךְ,
שַׁלְוָה בְּאַרְמְנוֹתָיִךְ: לְמַעַן אַחַי וְרֵעָי אֲדַבְּרָה־נָּא שָׁלוֹם בָּךְ: לְמַעַן בֵּית־
תהלים כט יהוה אֱלֹהֵינוּ אֲבַקְשָׁה טוֹב לָךְ: יהוה עֹז לְעַמּוֹ יִתֵּן, יהוה יְבָרֵךְ אֶת־עַמּוֹ
בַשָּׁלוֹם:

תנא דבי אליהו, אמר רבי אלעזר לסיום אומרים "קדיש דרבנן", הנאמר אחרי לימוד התורה, ועיקרו הוא בקשת שלום לכל לומדי התורה - קטנים כגדולים. יש שהבינו מדברי התלמוד שקדיש זה נאמר רק בסיום דברי אגדה, ולכן הוסיפו כאן שני קטעים כאלה, שגם מתאימים מבחינת תוכנם לסיום לימוד, שכן הם עוסקים בשבח התורה ולומדיה.

קדיש דרבנן

האבלים אומרים קדיש, ואם לאיש אין 'חיוב' שליח הציבור אומרו.

אבל: יִתְגַּדַּל וְיִתְקַדַּשׁ שְׁמֵהּ רַבָּא (קהל: אָמֵן)
בְּעָלְמָא דִּי בְרָא כִרְעוּתֵהּ
וְיַמְלִיךְ מַלְכוּתֵהּ וְיַצְמַח פֻּרְקָנֵהּ וִיקָרֵב מְשִׁיחֵהּ (קהל: אָמֵן)
בְּחַיֵּיכוֹן וּבְיוֹמֵיכוֹן וּבְחַיֵּי דְכָל בֵּית יִשְׂרָאֵל
בַּעֲגָלָא וּבִזְמַן קָרִיב, וְאִמְרוּ אָמֵן. (קהל: אָמֵן)

קהל ואבל: יְהֵא שְׁמֵהּ רַבָּא מְבָרַךְ לְעָלַם וּלְעָלְמֵי עָלְמַיָּא.

אבל: יִתְבָּרַךְ וְיִשְׁתַּבַּח וְיִתְפָּאַר וְיִתְרוֹמַם וְיִתְנַשֵּׂא
וְיִתְהַדָּר וְיִתְעַלֶּה וְיִתְהַלָּל
שְׁמֵהּ דְּקֻדְשָׁא בְּרִיךְ הוּא (קהל: אָמֵן)
לְעֵלָּא מִן כָּל בִּרְכָתָא / בעשרת ימי תשובה: לְעֵלָּא לְעֵלָּא מִכָּל בִּרְכָתָא/
וְשִׁירָתָא, תֻּשְׁבְּחָתָא וְנֶחֱמָתָא
דַּאֲמִירָן בְּעָלְמָא, וְאִמְרוּ אָמֵן. (קהל: אָמֵן)

עַל יִשְׂרָאֵל וְעַל רַבָּנָן
וְעַל תַּלְמִידֵיהוֹן וְעַל כָּל תַּלְמִידֵי תַלְמִידֵיהוֹן
וְעַל כָּל מָאן דְּעָסְקִין בְּאוֹרַיְתָא
דִּי בְּאַתְרָא (בארץ ישראל: קַדִּישָׁא) הָדֵין, וְדִי בְּכָל אֲתַר וַאֲתַר
יְהֵא לְהוֹן וּלְכוֹן שְׁלָמָא רַבָּא
חִנָּא וְחִסְדָּא, וְרַחֲמֵי, וְחַיֵּי אֲרִיכֵי, וּמְזוֹנֵי רְוִיחֵי
וּפֻרְקָנָא מִן קֳדָם אֲבוּהוֹן דִּי בִשְׁמַיָּא וְאַרְעָא, וְאִמְרוּ אָמֵן. (קהל: אָמֵן)

יְהֵא שְׁלָמָא רַבָּא מִן שְׁמַיָּא
וְחַיִּים טוֹבִים עָלֵינוּ וְעַל כָּל יִשְׂרָאֵל, וְאִמְרוּ אָמֵן. (קהל: אָמֵן)

כורע ופוסע שלוש פסיעות לאחור. קד לשמאל, לימין ולפנים באמירת:

עֹשֶׂה שָׁלוֹם/ בעשרת ימי תשובה: הַשָּׁלוֹם/ בִּמְרוֹמָיו
הוּא בְרַחֲמָיו יַעֲשֶׂה שָׁלוֹם, עָלֵינוּ וְעַל כָּל יִשְׂרָאֵל
וְאִמְרוּ אָמֵן. (קהל: אָמֵן)

האומר קדיש מוסיף:

בָּרְכוּ אֶת יהוה הַמְבֹרָךְ.

הקהל עונה: בָּרוּךְ יהוה הַמְבֹרָךְ לְעוֹלָם וָעֶד.

והאומר קדיש חוזר: בָּרוּךְ יהוה הַמְבֹרָךְ לְעוֹלָם וָעֶד.

אומרים 'עָלֵינוּ' בעמידה ונוהגים לכרוע מעט כשאומרים 'וַאֲנַחְנוּ כּוֹרְעִים'.

עָלֵינוּ לְשַׁבֵּחַ לַאֲדוֹן הַכֹּל, לָתֵת גְּדֻלָּה לְיוֹצֵר בְּרֵאשִׁית
שֶׁלֹּא עָשָׂנוּ כְּגוֹיֵי הָאֲרָצוֹת, וְלֹא שָׂמָנוּ כְּמִשְׁפְּחוֹת הָאֲדָמָה
שֶׁלֹּא שָׂם חֶלְקֵנוּ כָּהֶם וְגוֹרָלֵנוּ כְּכָל הֲמוֹנָם.
שֶׁהֵם מִשְׁתַּחֲוִים לְהֶבֶל וָרִיק וּמִתְפַּלְלִים אֶל אֵל לֹא יוֹשִׁיעַ.
וַאֲנַחְנוּ כּוֹרְעִים וּמִשְׁתַּחֲוִים וּמוֹדִים
לִפְנֵי מֶלֶךְ מַלְכֵי הַמְּלָכִים, הַקָּדוֹשׁ בָּרוּךְ הוּא
שֶׁהוּא נוֹטֶה שָׁמַיִם וְיוֹסֵד אָרֶץ, וּמוֹשַׁב יְקָרוֹ בַּשָּׁמַיִם מִמַּעַל
וּשְׁכִינַת עֻזּוֹ בְּגָבְהֵי מְרוֹמִים.
הוּא אֱלֹהֵינוּ, אֵין עוֹד.
אֱמֶת מַלְכֵּנוּ, אֶפֶס זוּלָתוֹ
דברים ד כַּכָּתוּב בְּתוֹרָתוֹ, וְיָדַעְתָּ הַיּוֹם וַהֲשֵׁבֹתָ אֶל־לְבָבֶךָ
כִּי יהוה הוּא הָאֱלֹהִים בַּשָּׁמַיִם מִמַּעַל וְעַל־הָאָרֶץ מִתָּחַת
אֵין עוֹד:

עלינו לשבח סיום מפואר לתפילה המורכב משני חלקים: הודאה על העבר ובקשה לעתיד. החלק הראשון, "עלינו לשבח", הוא הודאה על הקשר המיוחד שיש לנו עם הקדוש ברוך הוא, קשר שיש בו אהבה הדדית. ה' מצידו בחר בנו, הבדילנו משאר העמים ונתן לנו את הזכות להתפלל אליו ולהיות במחיצתו, ואנו מצידנו ממליכים אותו עלינו, מפארים ומעריצים אותו. החלק השני, "ועל כן נקווה", הוא ביטוי של הציפייה והתקווה שלנו - לראות מהרה את ה' מתגלה בעולם, כאשר כל יצורי העולם יכירו במציאותו ויקבלו את עול מלכותו עליהם. בקשה זו היא בעצם תמצית כל התפילות והבקשות שאמרנו בתפילה, שכולן כלולות בתוך הבקשה הגדולה - שיתגדל ויתקדש שמו בעולם.

וְעַל כֵּן נְקַוֶּה לְּךָ יהוה אֱלֹהֵינוּ, לִרְאוֹת מְהֵרָה בְּתִפְאֶרֶת עֻזֶּךָ
לְהַעֲבִיר גִּלּוּלִים מִן הָאָרֶץ, וְהָאֱלִילִים כָּרוֹת יִכָּרֵתוּן
לְתַקֵּן עוֹלָם בְּמַלְכוּת שַׁדַּי.
וְכָל בְּנֵי בָשָׂר יִקְרְאוּ בִשְׁמֶךָ, לְהַפְנוֹת אֵלֶיךָ כָּל רִשְׁעֵי אָרֶץ.
יַכִּירוּ וְיֵדְעוּ כָּל יוֹשְׁבֵי תֵבֵל
כִּי לְךָ תִּכְרַע כָּל בֶּרֶךְ, תִּשָּׁבַע כָּל לָשׁוֹן.
לְפָנֶיךָ יהוה אֱלֹהֵינוּ יִכְרְעוּ וְיִפֹּלוּ, וְלִכְבוֹד שִׁמְךָ יְקָר יִתֵּנוּ
וִיקַבְּלוּ כֻלָּם אֶת עֹל מַלְכוּתֶךָ
וְתִמְלֹךְ עֲלֵיהֶם מְהֵרָה לְעוֹלָם וָעֶד.
כִּי הַמַּלְכוּת שֶׁלְּךָ הִיא, וּלְעוֹלְמֵי עַד תִּמְלֹךְ בְּכָבוֹד
כַּכָּתוּב בְּתוֹרָתֶךָ, יהוה יִמְלֹךְ לְעֹלָם וָעֶד: שמות טו
וְנֶאֱמַר, וְהָיָה יהוה לְמֶלֶךְ עַל־כָּל־הָאָרֶץ זכריה יד
בַּיּוֹם הַהוּא יִהְיֶה יהוה אֶחָד וּשְׁמוֹ אֶחָד:

יש מוסיפים:

אַל־תִּירָא מִפַּחַד פִּתְאֹם וּמִשֹּׁאַת רְשָׁעִים כִּי תָבֹא: משלי ג
עֻצוּ עֵצָה וְתֻפָר, דַּבְּרוּ דָבָר וְלֹא יָקוּם, כִּי עִמָּנוּ אֵל: ישעיה ח
וְעַד־זִקְנָה אֲנִי הוּא, וְעַד־שֵׂיבָה אֲנִי אֶסְבֹּל ישעיה מו
אֲנִי עָשִׂיתִי וַאֲנִי אֶשָּׂא וַאֲנִי אֶסְבֹּל וַאֲמַלֵּט:

יש מוסיפים:

אַךְ צַדִּיקִים יוֹדוּ לִשְׁמֶךָ יֵשְׁבוּ יְשָׁרִים אֶת פָּנֶיךָ: תהלים קמ

אל תירא מפחד פתאום לקט פסוקים הנאמרים כדברי פרדה מהעמידה לפני ה׳ בתפילה. בתלמוד דרשו מהפסוק הנאמר כאן, ״אַךְ צַדִּיקִים יוֹדוּ לִשְׁמֶךָ יֵשְׁבוּ יְשָׁרִים אֶת פָּנֶיךָ״, שלאחר ההודאה לה׳ בתפילה יש עוד לשבת לפניו בשהיית זמן. פסוקים אלה (שיש נוהגים לאומרם בישיבה) נועדו לבטא את ההרגשה שהתפילה איננה כמשא כבד עבורנו, שאנחנו רק מחכים שתסתיים כדי לברוח החוצה, אלא להפך – אחרי שהסתיימה אנו שוהים קצת ונפרדים בנחת. תוכנם של הדברים הוא דברי חיזוק, שהאדם לא יירא מפני המפגש עם העולם שבחוץ כי ה׳ עימו ושומר עליו מכל האויבים והפגעים.

קדיש יתום

אבל: יִתְגַּדַּל וְיִתְקַדַּשׁ שְׁמֵהּ רַבָּא (קהל: אָמֵן)
בְּעָלְמָא דִּי בְרָא כִרְעוּתֵהּ
וְיַמְלִיךְ מַלְכוּתֵהּ וְיַצְמַח פֻּרְקָנֵהּ וִיקָרֵב מְשִׁיחֵהּ (קהל: אָמֵן)
בְּחַיֵּיכוֹן וּבְיוֹמֵיכוֹן וּבְחַיֵּי דְכָל בֵּית יִשְׂרָאֵל
בַּעֲגָלָא וּבִזְמַן קָרִיב, וְאִמְרוּ אָמֵן. (קהל: אָמֵן)

קהל ואבל: יְהֵא שְׁמֵהּ רַבָּא מְבָרַךְ לְעָלַם וּלְעָלְמֵי עָלְמַיָּא.

אבל: יִתְבָּרַךְ וְיִשְׁתַּבַּח וְיִתְפָּאַר וְיִתְרוֹמַם וְיִתְנַשֵּׂא
וְיִתְהַדָּר וְיִתְעַלֶּה וְיִתְהַלָּל
שְׁמֵהּ דְּקֻדְשָׁא בְּרִיךְ הוּא (קהל: אָמֵן)
לְעֵלָּא מִן כָּל בִּרְכָתָא / בעשרת ימי תשובה: לְעֵלָּא לְעֵלָּא מִכָּל בִּרְכָתָא/
וְשִׁירָתָא, תֻּשְׁבְּחָתָא וְנֶחֱמָתָא
דַּאֲמִירָן בְּעָלְמָא, וְאִמְרוּ אָמֵן. (קהל: אָמֵן)

יְהֵא שְׁלָמָא רַבָּא מִן שְׁמַיָּא
וְחַיִּים טוֹבִים עָלֵינוּ וְעַל כָּל יִשְׂרָאֵל, וְאִמְרוּ אָמֵן. (קהל: אָמֵן)

כורע ופוסע שלוש פסיעות לאחור. קד לשמאל, לימין ולפנים באמירת:
עֹשֶׂה שָׁלוֹם / בעשרת ימי תשובה: הַשָּׁלוֹם/ בִּמְרוֹמָיו
הוּא יַעֲשֶׂה שָׁלוֹם
עָלֵינוּ וְעַל כָּל יִשְׂרָאֵל, וְאִמְרוּ אָמֵן. (קהל: אָמֵן)

בחודש אלול נוהגים לתקוע כאן בשופר. עניינה של תקיעה זו כתקיעת השופר הנזכרת במקרא שהייתה אות של אזעקה התרעה לפני פורענות. כך בא השופר באלול לעורר לתשובה לקראת ימי הדין. ונהגו שלא לתקוע בערב ראש השנה כדי להבחין בין תקיעה זו שהיא מנהג בלבד, לתקיעת השופר בראש השנה שהיא מצווה מן התורה. יש התוקעים סדרה של ארבע תקיעות (תשר״ת) ויש התוקעים סדרה של עשר תקיעות (תשר״ת, תש״ת, תר״ת).

אמירות לאחר התפילה

שש זכירות

יציאת מצרים

לְמַעַן תִּזְכֹּר אֶת־יוֹם צֵאתְךָ מֵאֶרֶץ מִצְרַיִם כֹּל יְמֵי חַיֶּיךָ׃ דברים טז

מעמד הר סיני

רַק הִשָּׁמֶר לְךָ וּשְׁמֹר נַפְשְׁךָ מְאֹד פֶּן־תִּשְׁכַּח אֶת־הַדְּבָרִים אֲשֶׁר־רָאוּ עֵינֶיךָ דברים ד
וּפֶן־יָסוּרוּ מִלְּבָבְךָ כֹּל יְמֵי חַיֶּיךָ וְהוֹדַעְתָּם לְבָנֶיךָ וְלִבְנֵי בָנֶיךָ׃ יוֹם אֲשֶׁר
עָמַדְתָּ לִפְנֵי יהוה אֱלֹהֶיךָ בְּחֹרֵב בֶּאֱמֹר יהוה אֵלַי הַקְהֶל־לִי אֶת־הָעָם
וְאַשְׁמִעֵם אֶת־דְּבָרָי אֲשֶׁר יִלְמְדוּן לְיִרְאָה אֹתִי כָּל־הַיָּמִים אֲשֶׁר הֵם חַיִּים
עַל־הָאֲדָמָה וְאֶת־בְּנֵיהֶם יְלַמֵּדוּן׃

מעשה עמלק ומחייתו

זָכוֹר אֵת אֲשֶׁר־עָשָׂה לְךָ עֲמָלֵק בַּדֶּרֶךְ בְּצֵאתְכֶם מִמִּצְרָיִם׃ אֲשֶׁר קָרְךָ דברים כה
בַּדֶּרֶךְ וַיְזַנֵּב בְּךָ כָּל־הַנֶּחֱשָׁלִים אַחֲרֶיךָ וְאַתָּה עָיֵף וְיָגֵעַ וְלֹא יָרֵא אֱלֹהִים׃
וְהָיָה בְּהָנִיחַ יהוה אֱלֹהֶיךָ ׀ לְךָ מִכָּל־אֹיְבֶיךָ מִסָּבִיב בָּאָרֶץ אֲשֶׁר־יהוה
אֱלֹהֶיךָ נֹתֵן לְךָ נַחֲלָה לְרִשְׁתָּהּ תִּמְחֶה אֶת־זֵכֶר עֲמָלֵק מִתַּחַת הַשָּׁמָיִם
לֹא תִּשְׁכָּח׃

מעשי אבותינו במדבר

זְכֹר אַל־תִּשְׁכַּח אֵת אֲשֶׁר־הִקְצַפְתָּ אֶת־יהוה אֱלֹהֶיךָ בַּמִּדְבָּר דברים ט

מעשה מרים

זָכוֹר אֵת אֲשֶׁר־עָשָׂה יהוה אֱלֹהֶיךָ לְמִרְיָם בַּדֶּרֶךְ בְּצֵאתְכֶם מִמִּצְרָיִם׃ דברים כד

שבת

זָכוֹר אֶת־יוֹם הַשַּׁבָּת לְקַדְּשׁוֹ׃ שמות כ

אמירות לאחר התפילה לאחר סיום תפילת שחרית יש שנוהגים להגיד פרשיות בתורה, או מזמורים שונים, שמפני חשיבותם ראו לנכון לאומרם בכל יום. בין אמירות אלה רווח המנהג לומר את ה"זכירות" – פסוקי תורה העוסקים בעניינים

שלושה עשר עיקרים

א אֲנִי מַאֲמִין בֶּאֱמוּנָה שְׁלֵמָה
שֶׁהַבּוֹרֵא יִתְבָּרַךְ שְׁמוֹ הוּא בּוֹרֵא וּמַנְהִיג לְכָל הַבְּרוּאִים
וְהוּא לְבַדּוֹ עָשָׂה וְעוֹשֶׂה וְיַעֲשֶׂה לְכָל הַמַּעֲשִׂים.

ב אֲנִי מַאֲמִין בֶּאֱמוּנָה שְׁלֵמָה
שֶׁהַבּוֹרֵא יִתְבָּרַךְ שְׁמוֹ הוּא יָחִיד
וְאֵין יְחִידוּת כָּמוֹהוּ בְּשׁוּם פָּנִים
וְהוּא לְבַדּוֹ אֱלֹהֵינוּ, הָיָה הֹוֶה וְיִהְיֶה.

ג אֲנִי מַאֲמִין בֶּאֱמוּנָה שְׁלֵמָה
שֶׁהַבּוֹרֵא יִתְבָּרַךְ שְׁמוֹ אֵינוֹ גוּף
וְלֹא יַשִּׂיגוּהוּ מַשִּׂיגֵי הַגּוּף
וְאֵין לוֹ שׁוּם דִּמְיוֹן כְּלָל.

ד אֲנִי מַאֲמִין בֶּאֱמוּנָה שְׁלֵמָה
שֶׁהַבּוֹרֵא יִתְבָּרַךְ שְׁמוֹ הוּא רִאשׁוֹן וְהוּא אַחֲרוֹן.

ה אֲנִי מַאֲמִין בֶּאֱמוּנָה שְׁלֵמָה
שֶׁהַבּוֹרֵא יִתְבָּרַךְ שְׁמוֹ לוֹ לְבַדּוֹ רָאוּי לְהִתְפַּלֵּל
וְאֵין רָאוּי לְהִתְפַּלֵּל לְזוּלָתוֹ.

ו אֲנִי מַאֲמִין בֶּאֱמוּנָה שְׁלֵמָה
שֶׁכָּל דִּבְרֵי נְבִיאִים אֱמֶת.

ז אֲנִי מַאֲמִין בֶּאֱמוּנָה שְׁלֵמָה
שֶׁנְּבוּאַת מֹשֶׁה רַבֵּנוּ עָלָיו הַשָּׁלוֹם הָיְתָה אֲמִתִּית
וְשֶׁהוּא הָיָה אָב לַנְּבִיאִים, לַקּוֹדְמִים לְפָנָיו וְלַבָּאִים אַחֲרָיו.

שנצטווינו בפירוש לזוכרם, ונאמרים בסדר היום הקבוע מפני שמצוות הזיכרון שייכת לכל יום. כמו כן יש שנוהגים לאחר התפילה בסדרי לימוד קבועים - כגון קריאת הפרשה שניים מקרא ואחד תרגום, תהלים יומיים, חוק לישראל ועוד - כדי להתחיל את היום בעיסוק בתורה.

ח אֲנִי מַאֲמִין בֶּאֱמוּנָה שְׁלֵמָה
שֶׁכָּל הַתּוֹרָה הַמְּצוּיָה עַתָּה בְּיָדֵינוּ
הִיא הַנְּתוּנָה לְמֹשֶׁה רַבֵּנוּ עָלָיו הַשָּׁלוֹם.

ט אֲנִי מַאֲמִין בֶּאֱמוּנָה שְׁלֵמָה
שֶׁזֹּאת הַתּוֹרָה לֹא תְהֵא מֻחְלֶפֶת
וְלֹא תְהֵא תּוֹרָה אַחֶרֶת מֵאֵת הַבּוֹרֵא יִתְבָּרַךְ שְׁמוֹ.

י אֲנִי מַאֲמִין בֶּאֱמוּנָה שְׁלֵמָה
שֶׁהַבּוֹרֵא יִתְבָּרַךְ שְׁמוֹ
יוֹדֵעַ כָּל מַעֲשֵׂה בְנֵי אָדָם וְכָל מַחְשְׁבוֹתָם.
שֶׁנֶּאֱמַר: הַיֹּצֵר יַחַד לִבָּם, הַמֵּבִין אֶל־כָּל־מַעֲשֵׂיהֶם: תהלים לג

יא אֲנִי מַאֲמִין בֶּאֱמוּנָה שְׁלֵמָה
שֶׁהַבּוֹרֵא יִתְבָּרַךְ שְׁמוֹ גּוֹמֵל טוֹב לְשׁוֹמְרֵי מִצְוֹתָיו
וּמַעֲנִישׁ לְעוֹבְרֵי מִצְוֹתָיו.

יב אֲנִי מַאֲמִין בֶּאֱמוּנָה שְׁלֵמָה
בְּבִיאַת הַמָּשִׁיחַ
וְאַף עַל פִּי שֶׁיִּתְמַהְמֵהַּ עִם כָּל זֶה אֲחַכֶּה לּוֹ
בְּכָל יוֹם שֶׁיָּבוֹא.

יג אֲנִי מַאֲמִין בֶּאֱמוּנָה שְׁלֵמָה
שֶׁתִּהְיֶה תְּחִיַּת הַמֵּתִים
בְּעֵת שֶׁיַּעֲלֶה רָצוֹן מֵאֵת הַבּוֹרֵא
יִתְבָּרַךְ שְׁמוֹ וְיִתְעַלֶּה זִכְרוֹ לָעַד וּלְנֵצַח נְצָחִים.

יש נוהגים לקרוא בכל יום את פרשת היראה (דברים י, יב-יא, ט),
פרשת התשובה (דברים ל, א-י), ופרשת המן (שמות טז, ד-לו).

מנחה

תפילת מנחה

תפילת מנחה נקבעה כנגד קורבן תמיד של בין הערביים שהיה מוקרב בבית המקדש ולכן מתפללים אותה בזמן שבו היו מקריבים קורבן זה. באופן אחר, הנוגע לאופייה הפנימי של תפילת מנחה, ייחסו חכמים בתלמוד את התפילה הזו ליצחק אבינו. הקשר בין יצחק לתפילת מנחה הוסבר על דרך הסוד: מידתו של יצחק היא ה'גבורה', מידה השייכת לאופייה של תפילת מנחה, שכן זמן תפילת המנחה הוא לעת ערב, כשהשמש שוקעת והיום כלֶה, זמן ששולטת בו מידת הדין האלוקית.

אף מבחינת סדר חייו של האדם מודגשת בתפילת מנחה מידת הגבורה. תפילה זו, הנאמרת בזמן שבדרך כלל אנשים עסוקים בעבודתם וטרודים בעיסוקיהם, דורשת מידה מסוימת של מאמץ והתגברות. לפיכך הזהירו חכמים בתלמוד: "לעולם יהא אדם זהיר בתפילת המנחה" – משום שתפילה זו תובעת הפסקה של הפעילות המיידית וכניסה לעולם אחר. הקושי והמאמץ להתפלל תפילה זו כדבעי נותנים לה ערך מיוחד, ומטעם זה גם הפליגו חכמים במעלתה, שהרי העיקר והפלא בכל התפילות הם שהאדם החי והפועל בעולם הגשמי והנמוך מצליח – במידה רבה או מועטה – להיחלץ ממנו ולפנות למעלה.

זמנה של תפילת המנחה הוא על פי רוב הזמן שבו האדם חושב על הכול – חוץ מעל הקדוש ברוך הוא; וכאשר הוא מצליח לפרוץ את המסגרות של חיי המעשה, לבקוע סדק כלשהו בתוך מהלכו של היום ולפנות כלפי מעלה – יש לכך חשיבות מיוחדת.

מנחה לחול

נוהגים לומר פרשת התמיד ופרשת הקטורת (עמ׳ 34).

אַשְׁרֵי יוֹשְׁבֵי בֵיתֶךָ, עוֹד יְהַלְלוּךָ סֶּלָה: תהלים פד
אַשְׁרֵי הָעָם שֶׁכָּכָה לּוֹ, אַשְׁרֵי הָעָם שֶׁיהוה אֱלֹהָיו: תהלים קמד
תְּהִלָּה לְדָוִד תהלים קמה

אֲרוֹמִמְךָ אֱלוֹהַי הַמֶּלֶךְ, וַאֲבָרְכָה שִׁמְךָ לְעוֹלָם וָעֶד:
בְּכָל־יוֹם אֲבָרְכֶךָּ, וַאֲהַלְלָה שִׁמְךָ לְעוֹלָם וָעֶד:
גָּדוֹל יהוה וּמְהֻלָּל מְאֹד, וְלִגְדֻלָּתוֹ אֵין חֵקֶר:
דּוֹר לְדוֹר יְשַׁבַּח מַעֲשֶׂיךָ, וּגְבוּרֹתֶיךָ יַגִּידוּ:
הֲדַר כְּבוֹד הוֹדֶךָ, וְדִבְרֵי נִפְלְאֹתֶיךָ אָשִׂיחָה:
וֶעֱזוּז נוֹרְאֹתֶיךָ יֹאמֵרוּ, וּגְדוּלָּתְךָ אֲסַפְּרֶנָּה:
זֵכֶר רַב־טוּבְךָ יַבִּיעוּ, וְצִדְקָתְךָ יְרַנֵּנוּ:
חַנּוּן וְרַחוּם יהוה, אֶרֶךְ אַפַּיִם וּגְדָל־חָסֶד:
טוֹב־יהוה לַכֹּל, וְרַחֲמָיו עַל־כָּל־מַעֲשָׂיו:
יוֹדוּךָ יהוה כָּל־מַעֲשֶׂיךָ, וַחֲסִידֶיךָ יְבָרְכוּכָה:
כְּבוֹד מַלְכוּתְךָ יֹאמֵרוּ, וּגְבוּרָתְךָ יְדַבֵּרוּ:
לְהוֹדִיעַ לִבְנֵי הָאָדָם גְּבוּרֹתָיו, וּכְבוֹד הֲדַר מַלְכוּתוֹ:
מַלְכוּתְךָ מַלְכוּת כָּל־עֹלָמִים, וּמֶמְשַׁלְתְּךָ בְּכָל־דּוֹר וָדֹר:
סוֹמֵךְ יהוה לְכָל־הַנֹּפְלִים, וְזוֹקֵף לְכָל־הַכְּפוּפִים:
עֵינֵי־כֹל אֵלֶיךָ יְשַׂבֵּרוּ, וְאַתָּה נוֹתֵן־לָהֶם אֶת־אָכְלָם בְּעִתּוֹ:
פּוֹתֵחַ אֶת־יָדֶךָ, וּמַשְׂבִּיעַ לְכָל־חַי רָצוֹן:
צַדִּיק יהוה בְּכָל־דְּרָכָיו, וְחָסִיד בְּכָל־מַעֲשָׂיו:
קָרוֹב יהוה לְכָל־קֹרְאָיו, לְכֹל אֲשֶׁר יִקְרָאֻהוּ בֶאֱמֶת:

רְצוֹן־יְרֵאָיו יַעֲשֶׂה, וְאֶת־שַׁוְעָתָם יִשְׁמַע, וְיוֹשִׁיעֵם:
שׁוֹמֵר יהוה אֶת־כָּל־אֹהֲבָיו, וְאֵת כָּל־הָרְשָׁעִים יַשְׁמִיד:
תְּהִלַּת יהוה יְדַבֶּר פִּי, וִיבָרֵךְ כָּל־בָּשָׂר שֵׁם קָדְשׁוֹ לְעוֹלָם וָעֶד:
תהלים קטו וַאֲנַחְנוּ נְבָרֵךְ יָהּ מֵעַתָּה וְעַד־עוֹלָם, הַלְלוּיָהּ:

חצי קדיש

ש״ץ: יִתְגַּדַּל וְיִתְקַדַּשׁ שְׁמֵהּ רַבָּא (קהל: אָמֵן)
בְּעָלְמָא דִּי בְרָא כִרְעוּתֵהּ
וְיַמְלִיךְ מַלְכוּתֵהּ וְיַצְמַח פֻּרְקָנֵהּ וִיקָרֵב מְשִׁיחֵהּ (קהל: אָמֵן)
בְּחַיֵּיכוֹן וּבְיוֹמֵיכוֹן וּבְחַיֵּי דְכָל בֵּית יִשְׂרָאֵל
בַּעֲגָלָא וּבִזְמַן קָרִיב
וְאִמְרוּ אָמֵן. (קהל: אָמֵן)

קהל וש״ץ: יְהֵא שְׁמֵהּ רַבָּא מְבָרַךְ לְעָלַם וּלְעָלְמֵי עָלְמַיָּא.

ש״ץ: יִתְבָּרַךְ וְיִשְׁתַּבַּח וְיִתְפָּאַר וְיִתְרוֹמַם וְיִתְנַשֵּׂא
וְיִתְהַדָּר וְיִתְעַלֶּה וְיִתְהַלָּל
שְׁמֵהּ דְּקֻדְשָׁא בְּרִיךְ הוּא (קהל: אָמֵן)
לְעֵלָּא מִן כָּל בִּרְכָתָא
/בעשרת ימי תשובה: לְעֵלָּא לְעֵלָּא מִכָּל בִּרְכָתָא/
וְשִׁירָתָא תֻּשְׁבְּחָתָא וְנֶחֱמָתָא
דַּאֲמִירָן בְּעָלְמָא
וְאִמְרוּ אָמֵן. (קהל: אָמֵן)

בתענית ציבור מוציאים ספר תורה (עמ׳ 122).
קוראים ׳וַיְחַל מֹשֶׁה׳ ומפטירים ׳דִּרְשׁוּ ה׳ בְּהִמָּצְאוֹ׳ (עמ׳ 806).
מחזירים את ספר התורה לארון הקודש (עמ׳ 134),
אומרים שוב חצי קדיש ומתפללים עמידה.

עמידה

פוסע שלוש פסיעות אחורנית, ולאחר מכן (והוא עיקר הכוונה שבדבר)
שלוש פסיעות לפנים כמי שנכנס לפני המלך.

עומד ומתפלל בלחש מכאן ועד ׳וּכְשָׁנִים קַדְמֹנִיּוֹת׳ (בעמ׳ 175).

כורע בתחילתה ובסופה של ברכת אבות. אופן הכריעה כך הוא: כשאומר ׳בָּרוּךְ׳
כורע בברכיו, כשאומר ׳אַתָּה׳ שוחה, וכשאומר ׳השם׳ חוזר ומזדקף.

כִּי שֵׁם יהוה אֶקְרָא, הָבוּ גֹדֶל לֵאלֹהֵינוּ: דברים לב
אֲדֹנָי, שְׂפָתַי תִּפְתָּח, וּפִי יַגִּיד תְּהִלָּתֶךָ: תהלים נא

אבות

בָּרוּךְ אַתָּה יהוה, אֱלֹהֵינוּ וֵאלֹהֵי אֲבוֹתֵינוּ
אֱלֹהֵי אַבְרָהָם, אֱלֹהֵי יִצְחָק, וֵאלֹהֵי יַעֲקֹב
הָאֵל הַגָּדוֹל הַגִּבּוֹר וְהַנּוֹרָא, אֵל עֶלְיוֹן
גּוֹמֵל חֲסָדִים טוֹבִים, קוֹנֵה הַכֹּל
וְזוֹכֵר חַסְדֵי אָבוֹת
וּמֵבִיא גוֹאֵל לִבְנֵי בְנֵיהֶם לְמַעַן שְׁמוֹ בְּאַהֲבָה.

בעשרת ימי תשובה:
ואם שכח אינו חוזר.
זָכְרֵנוּ לְחַיִּים, מֶלֶךְ חָפֵץ בַּחַיִּים
וְכָתְבֵנוּ בְּסֵפֶר הַחַיִּים, לְמַעַנְךָ אֱלֹהִים חַיִּים.

מֶלֶךְ עוֹזֵר וּמוֹשִׁיעַ וּמָגֵן.
בָּרוּךְ אַתָּה יהוה, מָגֵן אַבְרָהָם.

גבורות

אַתָּה גִּבּוֹר לְעוֹלָם, אֲדֹנָי
מְחַיֵּה מֵתִים אַתָּה, רַב לְהוֹשִׁיעַ

אומרים ׳מַשִּׁיב הָרוּחַ וּמוֹרִיד הַגֶּשֶׁם׳ בכל ימות החורף (מתפילת מוסף של שמיני עצרת עד לשחרית של יום ראשון של פסח) ו׳מוֹרִיד הַטָּל׳ בימות הקיץ (ממוסף של יום ראשון של פסח עד שחרית של שמיני עצרת).

מי שטעה ואמר ׳מַשִּׁיב הָרוּחַ׳ בימות הקיץ – חוזר לראש הברכה, ואם גמר את הברכה – חוזר לתחילת התפילה. וכן הדין בימות החורף במי שלא הזכיר כלל ׳מַשִּׁיב הָרוּחַ׳, אבל אם אמר בטעות במקום זה ׳מוֹרִיד הַטָּל׳, אינו צריך לחזור.

בחורף: מַשִּׁיב הָרוּחַ וּמוֹרִיד הַגֶּשֶׁם / בקיץ: מוֹרִיד הַטָּל

מְכַלְכֵּל חַיִּים בְּחֶסֶד, מְחַיֵּה מֵתִים בְּרַחֲמִים רַבִּים
סוֹמֵךְ נוֹפְלִים, וְרוֹפֵא חוֹלִים, וּמַתִּיר אֲסוּרִים
וּמְקַיֵּם אֱמוּנָתוֹ לִישֵׁנֵי עָפָר.
מִי כָמְוֹךָ, בַּעַל גְּבוּרוֹת
וּמִי דּוֹמֶה לָּךְ
מֶלֶךְ, מֵמִית וּמְחַיֶּה וּמַצְמִיחַ יְשׁוּעָה.

בעשרת ימי תשובה: מִי כָמְוֹךָ אָב הָרַחֲמָן
ואם שכח אינו חוזר. זוֹכֵר יְצוּרָיו לְחַיִּים בְּרַחֲמִים.

וְנֶאֱמָן אַתָּה לְהַחֲיוֹת מֵתִים.
בָּרוּךְ אַתָּה יהוה, מְחַיֵּה הַמֵּתִים.

בתפילת לחש ממשיכים ׳אַתָּה קָדוֹשׁ׳ בעמוד הבא.

קדושה

בחזרת הש״ץ הקהל עומד ואומר קדושה, ומשתדלים לעמוד כך ששתי הרגליים צמודות זו לזו כבתפילת העמידה. ונוהגים שבשעה שאומרים ׳קָדוֹשׁ, קָדוֹשׁ, קָדוֹשׁ׳ וכן כשאומרים את הפסוקים ׳בָּרוּךְ׳ ו׳יִמְלֹךְ׳ מתרוממים קצת כלפי מעלה על גבי בהונות הרגליים.

קהל ואחריו שליח הציבור:

נְקַדֵּשְׁךָ וְנַעֲרִיצְךָ כְּנְעַם שִׂיחַ סוֹד שַׂרְפֵי קֹדֶשׁ, הַמְשַׁלְּשִׁים לְךָ קְדֻשָּׁה
ישעיה ו כַּכָּתוּב עַל יַד נְבִיאֶךָ, וְקָרָא זֶה אֶל־זֶה וְאָמַר

קהל ואחריו שליח הציבור:

קָדוֹשׁ, קָדוֹשׁ, קָדוֹשׁ, יהוה צְבָאוֹת, מְלֹא כָל־הָאָרֶץ כְּבוֹדוֹ:
לְעֻמָּתָם מְשַׁבְּחִים וְאוֹמְרִים

קהל ואחריו שליח הציבור:

יחזקאל ג בָּרוּךְ כְּבוֹד־יהוה מִמְּקוֹמוֹ:
וּבְדִבְרֵי קָדְשְׁךָ כָּתוּב לֵאמֹר

קהל ואחריו שליח הציבור:

תהלים קמו יִמְלֹךְ יהוה לְעוֹלָם, אֱלֹהַיִךְ צִיּוֹן לְדֹר וָדֹר, הַלְלוּיָהּ:

שליח הציבור ממשיך ׳אַתָּה קָדוֹשׁ׳ בעמוד הבא.

קדושת השם

אַתָּה קָדוֹשׁ וְשִׁמְךָ קָדוֹשׁ
וּקְדוֹשִׁים בְּכָל יוֹם יְהַלְלוּךָ סֶּלָה
כִּי אֵל מֶלֶךְ גָּדוֹל וְקָדוֹשׁ אָתָּה.
בָּרוּךְ אַתָּה יהוה
הָאֵל הַקָּדוֹשׁ. / בעשרת ימי תשובה: הַמֶּלֶךְ הַקָּדוֹשׁ./

אם שכח, חוזר לראש התפילה.

בכל ברכות הבקשה, קודם חתימת הברכה המתפלל רשאי להוסיף בקשות אישיות, כל אחד לפי עניינו וצרכיו. אף שהבקשות הפרטיות הללו אינן חלק מנוסח התפילה הקבוע, הן מבטאות את עיקרה של התפילה – עמידת האדם לפני ה׳ ושיחתו עימו.

דעת

אַתָּה חוֹנֵן לְאָדָם דַּעַת
וּמְלַמֵּד לֶאֱנוֹשׁ בִּינָה.
חָנֵּנוּ מֵאִתְּךָ חָכְמָה בִּינָה וָדָעַת.
בָּרוּךְ אַתָּה יהוה, חוֹנֵן הַדָּעַת.

תשובה

הֲשִׁיבֵנוּ אָבִינוּ לְתוֹרָתֶךָ, וְקָרְבֵנוּ מַלְכֵּנוּ לַעֲבוֹדָתֶךָ
וְהַחֲזִירֵנוּ בִּתְשׁוּבָה שְׁלֵמָה לְפָנֶיךָ.
בָּרוּךְ אַתָּה יהוה
הָרוֹצֶה בִּתְשׁוּבָה.

סליחה

נוהגים להכות באגרוף קמוץ על הלב כשאומרים ׳חָטָאנוּ׳ ו׳פָשָׁעְנוּ׳, לומר שתאוות הלב הן גורמי הרֶשַׁע שהביאו לכלל החטא ומעתה ואילך בדעתו להתגבר עליהן.

סְלַח לָנוּ אָבִינוּ כִּי חָטָאנוּ
מְחַל לָנוּ מַלְכֵּנוּ כִּי פָשָׁעְנוּ
כִּי אֵל טוֹב וְסַלָּח אָתָּה.
בָּרוּךְ אַתָּה יהוה, חַנּוּן הַמַּרְבֶּה לִסְלֹחַ.

גאולה

רְאֵה נָא בְעָנְיֵנוּ
וְרִיבָה רִיבֵנוּ
וּגְאָלֵנוּ גְאֻלָּה שְׁלֵמָה מְהֵרָה לְמַעַן שְׁמֶךָ
כִּי אֵל גּוֹאֵל חָזָק אָתָּה.
בָּרוּךְ אַתָּה יהוה, גּוֹאֵל יִשְׂרָאֵל.

בתענית ציבור שליח הציבור מוסיף:

עֲנֵנוּ יהוה עֲנֵנוּ בְּיוֹם צוֹם תַּעֲנִיתֵנוּ, כִּי בְצָרָה גְדוֹלָה אֲנָחְנוּ. אַל תֵּפֶן
אֶל רִשְׁעֵנוּ, וְאַל תַּסְתֵּר פָּנֶיךָ מִמֶּנּוּ, וְאַל תִּתְעַלַּם מִתְּחִנָּתֵנוּ. הֱיֵה נָא
קָרוֹב לְשַׁוְעָתֵנוּ, יְהִי נָא חַסְדְּךָ לְנַחֲמֵנוּ, טֶרֶם נִקְרָא אֵלֶיךָ עֲנֵנוּ, כַּדָּבָר
שֶׁנֶּאֱמַר: וְהָיָה טֶרֶם יִקְרָאוּ וַאֲנִי אֶעֱנֶה, עוֹד הֵם מְדַבְּרִים וַאֲנִי אֶשְׁמָע: ישעיה סה
כִּי אַתָּה יהוה הָעוֹנֶה בְּעֵת צָרָה, פּוֹדֶה וּמַצִּיל בְּכָל עֵת צָרָה וְצוּקָה.
בָּרוּךְ אַתָּה יהוה, הָעוֹנֶה לְעַמּוֹ יִשְׂרָאֵל בְּעֵת צָרָה.

רפואה

רְפָאֵנוּ יהוה וְנֵרָפֵא
הוֹשִׁיעֵנוּ וְנִוָּשֵׁעָה, כִּי תְהִלָּתֵנוּ אָתָּה
וְהַעֲלֵה אֲרוּכָה וּמַרְפֵּא לְכָל תַּחֲלוּאֵינוּ וּלְכָל מַכְאוֹבֵינוּ
רְפוּאָה שְׁלֵמָה לְכָל מַכּוֹתֵינוּ

המתפלל על חולה מוסיף:

יְהִי רָצוֹן מִלְּפָנֶיךָ יהוה אֱלֹהַי וֵאלֹהֵי אֲבוֹתַי, שֶׁתִּשְׁלַח מְהֵרָה רְפוּאָה
שְׁלֵמָה מִן הַשָּׁמַיִם, רְפוּאַת הַנֶּפֶשׁ וּרְפוּאַת הַגּוּף, לַחוֹלֶה/לַחוֹלָה
פלוני/ת בֶּן/בַּת פלונית בְּתוֹךְ שְׁאָר חוֹלֵי יִשְׂרָאֵל.

כִּי אֵל מֶלֶךְ רוֹפֵא נֶאֱמָן וְרַחֲמָן אָתָּה.
בָּרוּךְ אַתָּה יהוה, רוֹפֵא חוֹלֵי עַמּוֹ יִשְׂרָאֵל.

ברכת השנים

בחורף (בארץ ישראל – מז׳ במרחשון, ובחוץ לארץ – מחמישה או שישה בדצמבר עד יום ראשון של פסח) אומרים: ׳וְתֵן טַל וּמָטָר לִבְרָכָה׳, ובימות הקיץ אומרים: ׳וְתֵן בְּרָכָה׳.

אם טעה ואמר נוסח של קיץ בחורף: נזכר ב׳ברכת השנים׳ - אומר ׳וְתֵן טַל וּמָטָר לִבְרָכָה׳ וממשיך משם כסדר הברכה; לאחר ברכת השנים - מבקש ׳וְתֵן טַל וּמָטָר לִבְרָכָה׳ ב׳שְׁמַע קוֹלֵנוּ׳; לאחר ׳שְׁמַע קוֹלֵנוּ׳ - חוזר ל׳ברכת השנים׳; לאחר תפילת עמידה - חוזר לתחילת התפילה. טעה ואמר נוסח של חורף בקיץ, חוזר לראש ׳ברכת השנים׳. ואם סיים תפילת עמידה, חוזר לראש התפילה.

בָּרֵךְ עָלֵינוּ יהוה אֱלֹהֵינוּ אֶת הַשָּׁנָה הַזֹּאת
וְאֶת כָּל מִינֵי תְבוּאָתָהּ, לְטוֹבָה
בחורף: וְתֵן טַל וּמָטָר לִבְרָכָה / בקיץ: וְתֵן בְּרָכָה
עַל פְּנֵי הָאֲדָמָה, וְשַׂבְּעֵנוּ מִטּוּבָהּ
וּבָרֵךְ שְׁנָתֵנוּ כַּשָּׁנִים הַטּוֹבוֹת לִבְרָכָה
כִּי אֵל טוֹב וּמֵטִיב אַתָּה וּמְבָרֵךְ הַשָּׁנִים.
בָּרוּךְ אַתָּה יהוה, מְבָרֵךְ הַשָּׁנִים.

קיבוץ גלויות

תְּקַע בְּשׁוֹפָר גָּדוֹל לְחֵרוּתֵנוּ, וְשָׂא נֵס לְקַבֵּץ גָּלֻיּוֹתֵינוּ
וְקַבְּצֵנוּ יַחַד מְהֵרָה מֵאַרְבַּע כַּנְפוֹת הָאָרֶץ לְאַרְצֵנוּ.
בָּרוּךְ אַתָּה יהוה, מְקַבֵּץ נִדְחֵי עַמּוֹ יִשְׂרָאֵל.

השבת המשפט

הָשִׁיבָה שׁוֹפְטֵינוּ כְּבָרִאשׁוֹנָה וְיוֹעֲצֵינוּ כְּבַתְּחִלָּה
וְהָסֵר מִמֶּנּוּ יָגוֹן וַאֲנָחָה
וּמְלֹךְ עָלֵינוּ מְהֵרָה אַתָּה יהוה לְבַדְּךָ
בְּחֶסֶד וּבְרַחֲמִים, בְּצֶדֶק וּבְמִשְׁפָּט.
בָּרוּךְ אַתָּה יהוה, מֶלֶךְ אוֹהֵב צְדָקָה וּמִשְׁפָּט.

/ בעשרת ימי תשובה: ואם שכח אינו חוזר. הַמֶּלֶךְ הַמִּשְׁפָּט. /

ברכת המינים

וְלַמַּלְשִׁינִים אַל תְּהִי תִקְוָה
וְכָל הַמִּינִים כְּרֶגַע יֹאבֵדוּ
וְכָל אוֹיְבֵי עַמְּךָ מְהֵרָה יִכָּרֵתוּ
וְהַזֵּדִים מְהֵרָה תְעַקֵּר וּתְשַׁבֵּר וּתְמַגֵּר
וּתְכַלֵּם וְתַשְׁפִּילֵם וְתַכְנִיעֵם
בִּמְהֵרָה בְיָמֵינוּ.
בָּרוּךְ אַתָּה יהוה, שׁוֹבֵר אוֹיְבִים וּמַכְנִיעַ זֵדִים.

על הצדיקים

עַל הַצַּדִּיקִים וְעַל הַחֲסִידִים
וְעַל זִקְנֵי שְׁאֵרִית עַמְּךָ בֵּית יִשְׂרָאֵל
וְעַל פְּלֵיטַת בֵּית סוֹפְרֵיהֶם
וְעַל גֵּרֵי הַצֶּדֶק, וְעָלֵינוּ
יֶהֱמוּ נָא רַחֲמֶיךָ, יהוה אֱלֹהֵינוּ
וְתֵן שָׂכָר טוֹב לְכָל הַבּוֹטְחִים בְּשִׁמְךָ בֶּאֱמֶת
וְשִׂים חֶלְקֵנוּ עִמָּהֶם
וּלְעוֹלָם לֹא נֵבוֹשׁ
כִּי בְךָ בָטָחְנוּ
וְעַל חַסְדְּךָ הַגָּדוֹל בֶּאֱמֶת נִשְׁעָנְנוּ.
בָּרוּךְ אַתָּה יהוה, מִשְׁעָן וּמִבְטָח לַצַּדִּיקִים.

נחם תשעה באב הוא יום אֵבֶל לאומי על חורבן ירושלים ושרפת בית המקדש. מלבד עצם האסון המשבש וקוטע את כל מערך החיים היהודי, חורבן ירושלים הוא סמל כולל לחורבן ולגלות הגשמית והרוחנית של העם היהודי; לגלות

בניין ירושלים

וְלִירוּשָׁלַיִם עִירְךָ בְּרַחֲמִים תָּשׁוּב
וְתִשְׁכֹּן בְּתוֹכָהּ כַּאֲשֶׁר דִּבַּרְתָּ
וּבְנֵה אוֹתָהּ בְּקָרוֹב בְּיָמֵינוּ בִּנְיַן עוֹלָם
וְכִסֵּא דָוִד עַבְדְּךָ מְהֵרָה לְתוֹכָהּ תָּכִין.
*בָּרוּךְ אַתָּה יהוה, בּוֹנֵה יְרוּשָׁלָיִם.

---

* בתשעה באב:

נַחֵם יהוה אֱלֹהֵינוּ אֶת אֲבֵלֵי צִיּוֹן וְאֶת אֲבֵלֵי יְרוּשָׁלָיִם, וְאֶת הָעִיר הָאֲבֵלָה וְהֶחֳרֵבָה וְהַבְּזוּיָה וְהַשּׁוֹמֵמָה. הָאֲבֵלָה מִבְּלִי בָנֶיהָ, וְהֶחֳרֵבָה מִמְּעוֹנוֹתֶיהָ, וְהַבְּזוּיָה מִכְּבוֹדָהּ, וְהַשּׁוֹמֵמָה מֵאֵין יוֹשֵׁב. וְהִיא יוֹשֶׁבֶת וְרֹאשָׁהּ חָפוּי, כְּאִשָּׁה עֲקָרָה שֶׁלֹּא יָלָדָה. וַיְבַלְּעוּהָ לִגְיוֹנוֹת, וַיִּירָשׁוּהָ עוֹבְדֵי פְסִילִים, וַיָּטִילוּ אֶת עַמְּךָ יִשְׂרָאֵל לֶחָרֶב, וַיַּהַרְגוּ בְזָדוֹן חֲסִידֵי עֶלְיוֹן. עַל כֵּן צִיּוֹן בְּמַר תִּבְכֶּה, וִירוּשָׁלַיִם תִּתֵּן קוֹלָהּ. לִבִּי לִבִּי עַל חַלְלֵיהֶם, מֵעַי מֵעַי עַל חַלְלֵיהֶם, כִּי אַתָּה יהוה בָּאֵשׁ הִצַּתָּהּ, וּבָאֵשׁ
אַתָּה עָתִיד לִבְנוֹתָהּ. כָּאָמוּר: וַאֲנִי אֶהְיֶה־לָּהּ, נְאֻם־יהוה, חוֹמַת זכריה ב
אֵשׁ סָבִיב, וּלְכָבוֹד אֶהְיֶה בְתוֹכָהּ: בָּרוּךְ אַתָּה יהוה, מְנַחֵם צִיּוֹן וּבוֹנֵה יְרוּשָׁלָיִם.

וממשיכים ׳אֶת צֶמַח׳ בעמוד הבא.

השכינה (ההסתר האלוקי בכלל והרגשת הריחוק מה׳ בפרט) ולגלות העולם כולו בייסוריו ובסבלו. העיר ההרוסה והעזובה מבניה היא שממונה של המציאות כולה, ומאז החורבן דוק של עצבות ושל חשכה מכסים את פני המציאות. לכן האבלות על ירושלים היא יותר מיום אֵבֶל חד־פעמי אחד בשנה; חיי היהדות כולם חדורים באבל תמיד, זכר לחורבן. בכל עת, גם בזמני שמחה, אנו מעלים את הכאב ואת והחיסרון הזה. התפילה לנחמת ציון ולבניינה של ירושלים, שלהם אנו מצפים ומייחלים בכל יום ויום ובפרט בתשעה באב, היא הציפייה לגאולה שלמה, גאולה שאין אחריה חורבן, של ישראל, ירושלים והעולם כולו.

מלכות בית דוד

אֶת צֶמַח דָּוִד עַבְדְּךָ מְהֵרָה תַצְמִיחַ, וְקַרְנוֹ תָּרוּם בִּישׁוּעָתֶךָ
כִּי לִישׁוּעָתְךָ קִוִּינוּ כָּל הַיּוֹם.
בָּרוּךְ אַתָּה יהוה
מַצְמִיחַ קֶרֶן יְשׁוּעָה.

שומע תפילה

אָב הָרַחֲמָן
שְׁמַע קוֹלֵנוּ יהוה אֱלֹהֵינוּ
חוּס וְרַחֵם עָלֵינוּ, וְקַבֵּל בְּרַחֲמִים וּבְרָצוֹן אֶת תְּפִלָּתֵנוּ
כִּי אֵל שׁוֹמֵעַ תְּפִלּוֹת וְתַחֲנוּנִים אָתָּה
וּמִלְּפָנֶיךָ מַלְכֵּנוּ רֵיקָם אַל תְּשִׁיבֵנוּ
חָנֵּנוּ וַעֲנֵנוּ וּשְׁמַע תְּפִלָּתֵנוּ

בתענית ציבור היחיד אומר בתפילתו 'עֲנֵנוּ'. ואם שכח אינו חוזר.

עֲנֵנוּ יהוה עֲנֵנוּ בְּיוֹם צוֹם תַּעֲנִיתֵנוּ, כִּי בְצָרָה גְדוֹלָה אֲנָחְנוּ. אַל תֵּפֶן
אֶל רִשְׁעֵנוּ, וְאַל תַּסְתֵּר פָּנֶיךָ מִמֶּנּוּ, וְאַל תִּתְעַלַּם מִתְּחִנָּתֵנוּ. הֱיֵה נָא
קָרוֹב לְשַׁוְעָתֵנוּ, יְהִי נָא חַסְדְּךָ לְנַחֲמֵנוּ, טֶרֶם נִקְרָא אֵלֶיךָ עֲנֵנוּ, כַּדָּבָר
שֶׁנֶּאֱמַר: וְהָיָה טֶרֶם יִקְרָאוּ וַאֲנִי אֶעֱנֶה, עוֹד הֵם מְדַבְּרִים וַאֲנִי אֶשְׁמָע: ישעיה סה
כִּי אַתָּה יהוה הָעוֹנֶה בְּעֵת צָרָה, פּוֹדֶה וּמַצִּיל בְּכָל עֵת צָרָה וְצוּקָה.

וממשיכים 'כִּי אַתָּה שׁוֹמֵעַ'.

עננו ברכה הנאמרת ביום תענית ציבור בבקשת הצלה וישועה. ביסודו של דבר, על כל פורענות הבאה על הציבור, יש לזעוק ולהתפלל לה', ובשעת הצורך אף לגזור תענית. נוסף על התעניות שקובעים על צרות המתרגשות לבוא לעולם, תעניות שעיקרן הן תפילה וזעקה על ההווה ועל העתיד, יש גם ימי תעניות קבועים של זיכרון. ימים אלה נקבעו לדורות כדי להיזכר באסונות ובמאורעות שאירעו לעם ישראל בעבר, ובייחוד חורבנות שני בתי

יש נוהגים לומר כאן בקשה זו למחילת חטאים:

אָנָּא יהוה, חָטָאתִי עָוִיתִי וּפָשַׁעְתִּי לְפָנֶיךָ, מִיּוֹם הֱיוֹתִי עַל הָאֲדָמָה עַד הַיּוֹם הַזֶּה (ובפרט בחטא פלוני). **אָנָּא יהוה, עֲשֵׂה לְמַעַן שִׁמְךָ הַגָּדוֹל, וּתְכַפֵּר לִי עַל עֲוֹנַי וַחֲטָאַי וּפְשָׁעַי, שֶׁחָטָאתִי וְשֶׁעָוִיתִי וְשֶׁפָּשַׁעְתִּי לְפָנֶיךָ, מִנְּעוּרַי עַד הַיּוֹם הַזֶּה, וּתְמַלֵּא כָּל הַשֵּׁמוֹת שֶׁפָּגַמְתִּי בְּשִׁמְךָ הַגָּדוֹל.**

וממשיכים ׳כִּי אַתָּה שׁוֹמֵעַ׳.

יש נוהגים לומר כאן בקשה על הפרנסה. תפילה זו בנויה על פי דברי הזוהר והמקובלים שאמרו שאף מי שפרנסתו מצויה צריך להתפלל על הפרנסה ולהראות בכך שאינו סומך על כוחו ועוצם ידו, אלא על רחמי ה׳.

אַתָּה הוּא יהוה הָאֱלֹהִים הַזָּן וּמְפַרְנֵס וּמְכַלְכֵּל מִקַּרְנֵי רְאֵמִים עַד בֵּיצֵי כִנִּים. הַטְרִיפֵנִי לֶחֶם חֻקִּי, וְהַמְצֵא לִי וּלְכָל בְּנֵי בֵיתִי מְזוֹנוֹתַי קֹדֶם שֶׁאֶצְטָרֵךְ לָהֶם, בְּנַחַת וְלֹא בְצַעַר, בְּהֶתֵּר וְלֹא בְאִסּוּר, בְּכָבוֹד וְלֹא בְבִזָּיוֹן, לְחַיִּים וּלְשָׁלוֹם, מִשֶּׁפַע בְּרָכָה וְהַצְלָחָה וּמִשֶּׁפַע בְּרָכָה עֶלְיוֹנָה, כְּדֵי שֶׁאוּכַל לַעֲשׂוֹת רְצוֹנֶךָ, וְלַעֲסֹק בְּתוֹרָתֶךָ, וּלְקַיֵּם מִצְוֹתֶיךָ. וְאַל תַּצְרִיכֵנִי לִידֵי מַתְּנַת בָּשָׂר וָדָם, וִיקֻיַּם בִּי מִקְרָא שֶׁכָּתוּב: פּוֹתֵחַ אֶת יָדֶךָ וּמַשְׂבִּיעַ לְכָל חַי רָצוֹן.

וממשיכים ׳כִּי אַתָּה שׁוֹמֵעַ׳.

בזמן עצירת גשמים יש נוהגים לומר:

וַעֲנֵנוּ בּוֹרֵא עוֹלָם בְּמִדַּת הָרַחֲמִים, בּוֹחֵר בְּעַמּוֹ יִשְׂרָאֵל לְהוֹדִיעַ גָּדְלוֹ וְהַדְרַת כְּבוֹדוֹ. שׁוֹמֵעַ תְּפִלָּה, תֵּן טַל וּמָטָר עַל פְּנֵי הָאֲדָמָה, וְתַשְׂבִּיעַ אֶת הָעוֹלָם כֻּלּוֹ מִטּוּבֶךָ, וּמַלֵּא יָדֵינוּ מִבִּרְכוֹתֶיךָ וּמֵעֹשֶׁר מַתְּנַת יָדֶךָ. שְׁמֹר וְהַצֵּל שָׁנָה זוֹ מִכָּל דָּבָר רָע, וּמִכָּל מִינֵי מַשְׁחִית וּמִכָּל מִינֵי פֻרְעָנִיּוֹת, וַעֲשֵׂה לָהּ תִּקְוָה וְאַחֲרִית שָׁלוֹם. חוּס וְרַחֵם עָלֵינוּ וְעַל כָּל תְּבוּאָתֵנוּ וּפֵרוֹתֵינוּ, וּבָרְכֵנוּ בְּגִשְׁמֵי בְרָכָה, וְנִזְכֶּה לְחַיִּים וָשֹׂבַע וְשָׁלוֹם כַּשָּׁנִים הַטּוֹבוֹת. וְהָסֵר מִמֶּנּוּ דֶּבֶר וְחֶרֶב וְרָעָב, וְחַיָּה רָעָה וּשְׁבִי וּבִזָּה, וְיֵצֶר הָרָע

המקדש. אומנם יש בימים אלה צד של אבלות על כאב העבר, אולם גם בתעניות אלה עיקר מטרת התענית היא ההווה והעתיד; זיכרון העבר שעדיין אינו מתוק בא לעורר אותנו ולהציב לפנינו את אחריותנו לתיקון המציאות עד לגאולה הכללית בעתיד.

וֶחֳלָיִים רָעִים וְקָשִׁים וּמְאֹרָעוֹת רָעִים וְקָשִׁים. וּגְזֹר עָלֵינוּ גְּזֵרוֹת טוֹבוֹת מִלְּפָנֶיךָ, וְיִגָּלוּ רַחֲמֶיךָ עַל מִדּוֹתֶיךָ, וְתִתְנַהֵג עִם בָּנֶיךָ בְּמִדַּת הָרַחֲמִים, וְקַבֵּל בְּרַחֲמִים וּבְרָצוֹן אֶת תְּפִלָּתֵנוּ. וממשיכים ׳כִּי אַתָּה שׁוֹמֵעַ׳.

כִּי אַתָּה שׁוֹמֵעַ תְּפִלַּת כָּל פֶּה.
בָּרוּךְ אַתָּה יהוה, שׁוֹמֵעַ תְּפִלָּה.

עבודה

רְצֵה יהוה אֱלֹהֵינוּ בְּעַמְּךָ יִשְׂרָאֵל, וְלִתְפִלָּתָם שְׁעֵה
וְהָשֵׁב אֶת הָעֲבוֹדָה לִדְבִיר בֵּיתֶךָ
וְאִשֵּׁי יִשְׂרָאֵל וּתְפִלָּתָם
מְהֵרָה בְּאַהֲבָה תְקַבֵּל בְּרָצוֹן
וּתְהִי לְרָצוֹן תָּמִיד עֲבוֹדַת יִשְׂרָאֵל עַמֶּךָ.

בראש חודש ובחול המועד אומרים ׳יַעֲלֶה וְיָבוֹא׳.
אם שכח לומר ׳יַעֲלֶה וְיָבוֹא׳ – חוזר ל׳רְצֵה׳, ואם נזכר לאחר שסיים עמידה – חוזר לראש.

אֱלֹהֵינוּ וֵאלֹהֵי אֲבוֹתֵינוּ, יַעֲלֶה וְיָבוֹא וְיַגִּיעַ, וְיֵרָאֶה וְיֵרָצֶה וְיִשָּׁמַע, וְיִפָּקֵד וְיִזָּכֵר זִכְרוֹנֵנוּ וּפִקְדוֹנֵנוּ וְזִכְרוֹן אֲבוֹתֵינוּ, וְזִכְרוֹן מָשִׁיחַ בֶּן דָּוִד עַבְדֶּךָ, וְזִכְרוֹן יְרוּשָׁלַיִם עִיר קָדְשֶׁךָ, וְזִכְרוֹן כָּל עַמְּךָ בֵּית יִשְׂרָאֵל, לְפָנֶיךָ, לִפְלֵיטָה לְטוֹבָה, לְחֵן וּלְחֶסֶד וּלְרַחֲמִים, לְחַיִּים וּלְשָׁלוֹם בְּיוֹם
בראש חודש: רֹאשׁ הַחֹדֶשׁ / בפסח: חַג הַמַּצּוֹת / בסוכות: חַג הַסֻּכּוֹת
הַזֶּה. זָכְרֵנוּ יהוה אֱלֹהֵינוּ בּוֹ לְטוֹבָה, וּפָקְדֵנוּ בוֹ לִבְרָכָה, וְהוֹשִׁיעֵנוּ בוֹ לְחַיִּים טוֹבִים. וּבִדְבַר יְשׁוּעָה וְרַחֲמִים חוּס וְחָנֵּנוּ וְרַחֵם עָלֵינוּ וְהוֹשִׁיעֵנוּ, כִּי אֵלֶיךָ עֵינֵינוּ, כִּי אֵל מֶלֶךְ חַנּוּן וְרַחוּם אָתָּה.

וְתֶחֱזֶינָה עֵינֵינוּ בְּשׁוּבְךָ לְצִיּוֹן בְּרַחֲמִים.
בָּרוּךְ אַתָּה יהוה, הַמַּחֲזִיר שְׁכִינָתוֹ לְצִיּוֹן.

הודאה

משתחווים בברכת ההודאה בתחילה ובסוף. כשאומר ׳מוֹדִים׳ כורע ושוחה כאחת, וכשאומר ׳השם׳ זוקף. בסוף הברכה אופן הכריעה דומה לתחילת התפילה – כשאומר ׳בָּרוּךְ׳ כורע, כשאומר ׳אַתָּה׳ שוחה וכשאומר ׳השם׳ חוזר ומזדקף.

מוֹדִים אֲנַחְנוּ לָךְ
שָׁאַתָּה הוּא יהוה אֱלֹהֵינוּ
וֵאלֹהֵי אֲבוֹתֵינוּ לְעוֹלָם וָעֶד.
צוּר חַיֵּינוּ, מָגֵן יִשְׁעֵנוּ
אַתָּה הוּא לְדוֹר וָדוֹר.
נוֹדֶה לְּךָ וּנְסַפֵּר תְּהִלָּתֶךָ
עַל חַיֵּינוּ הַמְּסוּרִים בְּיָדֶךָ
וְעַל נִשְׁמוֹתֵינוּ הַפְּקוּדוֹת לָךְ
וְעַל נִסֶּיךָ שֶׁבְּכָל יוֹם עִמָּנוּ
וְעַל נִפְלְאוֹתֶיךָ וְטוֹבוֹתֶיךָ
שֶׁבְּכָל עֵת, עֶרֶב וָבֹקֶר וְצָהֳרָיִם.
הַטּוֹב, כִּי לֹא כָלוּ רַחֲמֶיךָ
וְהַמְרַחֵם, כִּי לֹא תַמּוּ חֲסָדֶיךָ
כִּי מֵעוֹלָם קִוִּינוּ לָךְ.

כששליח הציבור אומר ׳מוֹדִים׳ הקהל אומר בלחש:

מוֹדִים אֲנַחְנוּ לָךְ
שָׁאַתָּה הוּא יהוה אֱלֹהֵינוּ
וֵאלֹהֵי אֲבוֹתֵינוּ
אֱלֹהֵי כָל בָּשָׂר
יוֹצְרֵנוּ, יוֹצֵר בְּרֵאשִׁית.
בְּרָכוֹת וְהוֹדָאוֹת
לְשִׁמְךָ הַגָּדוֹל וְהַקָּדוֹשׁ
עַל שֶׁהֶחֱיִיתָנוּ וְקִיַּמְתָּנוּ.
כֵּן תְּחַיֵּנוּ וּתְקַיְּמֵנוּ
וְתֶאֱסֹף גָּלֻיּוֹתֵינוּ
לְחַצְרוֹת קָדְשֶׁךָ
לִשְׁמֹר חֻקֶּיךָ וְלַעֲשׂוֹת רְצוֹנֶךָ
וּלְעָבְדְּךָ בְּלֵבָב שָׁלֵם
עַל שֶׁאֲנוּ מוֹדִים לָךְ.
בָּרוּךְ אֵל הַהוֹדָאוֹת.

בחנוכה אומרים כאן ׳עַל הַנִּסִּים׳. ואם שכח אינו חוזר.

וְעַל הַנִּסִּים וְעַל הַפֻּרְקָן וְעַל הַגְּבוּרוֹת וְעַל הַתְּשׁוּעוֹת וְעַל הַנִּפְלָאוֹת וְעַל הַנֶּחָמוֹת וְעַל הַמִּלְחָמוֹת שֶׁעָשִׂיתָ לַאֲבוֹתֵינוּ בַּיָּמִים הָהֵם בַּזְּמַן הַזֶּה.

בִּימֵי מַתִּתְיָהוּ בֶּן יוֹחָנָן כֹּהֵן גָּדוֹל חַשְׁמוֹנַאי וּבָנָיו, כְּשֶׁעָמְדָה מַלְכוּת יָוָן הָרְשָׁעָה עַל עַמְּךָ יִשְׂרָאֵל לְהַשְׁכִּיחָם תּוֹרָתֶךָ וּלְהַעֲבִירָם מֵחֻקֵּי רְצוֹנֶךָ, וְאַתָּה בְּרַחֲמֶיךָ הָרַבִּים עָמַדְתָּ לָהֶם בְּעֵת צָרָתָם, רַבְתָּ

אֶת רִיבָם, דַּנְתָּ אֶת דִּינָם, נָקַמְתָּ אֶת נִקְמָתָם, מָסַרְתָּ גִּבּוֹרִים בְּיַד חַלָּשִׁים, וְרַבִּים בְּיַד מְעַטִּים, וּטְמֵאִים בְּיַד טְהוֹרִים, וּרְשָׁעִים בְּיַד צַדִּיקִים, וְזֵדִים בְּיַד עוֹסְקֵי תוֹרָתֶךָ. וּלְךָ עָשִׂיתָ שֵׁם גָּדוֹל וְקָדוֹשׁ בְּעוֹלָמֶךָ, וּלְעַמְּךָ יִשְׂרָאֵל עָשִׂיתָ תְּשׁוּעָה גְדוֹלָה וּפֻרְקָן כְּהַיּוֹם הַזֶּה. וְאַחַר כָּךְ בָּאוּ בָנֶיךָ לִדְבִיר בֵּיתֶךָ, וּפִנּוּ אֶת הֵיכָלֶךָ, וְטִהֲרוּ אֶת מִקְדָּשֶׁךָ, וְהִדְלִיקוּ נֵרוֹת בְּחַצְרוֹת קָדְשֶׁךָ, וְקָבְעוּ שְׁמוֹנַת יְמֵי חֲנֻכָּה אֵלּוּ, לְהוֹדוֹת וּלְהַלֵּל לְשִׁמְךָ הַגָּדוֹל.

וממשיכים ׳וְעַל כֻּלָּם׳.

בפורים אומרים כאן ׳עַל הַנִּסִּים׳. ואם שכח אינו חוזר.

וְעַל הַנִּסִּים וְעַל הַפֻּרְקָן וְעַל הַגְּבוּרוֹת וְעַל הַתְּשׁוּעוֹת וְעַל הַנִּפְלָאוֹת וְעַל הַנֶּחָמוֹת וְעַל הַמִּלְחָמוֹת שֶׁעָשִׂיתָ לַאֲבוֹתֵינוּ בַּיָּמִים הָהֵם בַּזְּמַן הַזֶּה.

בִּימֵי מָרְדֳּכַי וְאֶסְתֵּר בְּשׁוּשַׁן הַבִּירָה, כְּשֶׁעָמַד עֲלֵיהֶם הָמָן הָרָשָׁע,
אסתר ג בִּקֵּשׁ לְהַשְׁמִיד לַהֲרֹג וּלְאַבֵּד אֶת־כָּל־הַיְּהוּדִים מִנַּעַר וְעַד־זָקֵן
טַף וְנָשִׁים בְּיוֹם אֶחָד, בִּשְׁלוֹשָׁה עָשָׂר לְחֹדֶשׁ שְׁנֵים־עָשָׂר, הוּא־
חֹדֶשׁ אֲדָר, וּשְׁלָלָם לָבוֹז: וְאַתָּה בְּרַחֲמֶיךָ הָרַבִּים הֵפַרְתָּ אֶת עֲצָתוֹ, וְקִלְקַלְתָּ אֶת מַחֲשַׁבְתּוֹ, וַהֲשֵׁבוֹתָ לּוֹ גְּמוּלוֹ בְּרֹאשׁוֹ, וְתָלוּ אוֹתוֹ וְאֶת בָּנָיו עַל הָעֵץ.

וממשיכים ׳וְעַל כֻּלָּם׳.

וְעַל כֻּלָּם יִתְבָּרַךְ וְיִתְרוֹמַם וְיִתְנַשֵּׂא שִׁמְךָ מַלְכֵּנוּ
תָּמִיד לְעוֹלָם וָעֶד.

בעשרת ימי תשובה, ואם שכח אינו חוזר: וּכְתֹב לְחַיִּים טוֹבִים כָּל בְּנֵי בְרִיתֶךָ.

וְכֹל הַחַיִּים יוֹדוּךָ סֶּלָה
וִיהַלְלוּ וִיבָרְכוּ אֶת שִׁמְךָ הַגָּדוֹל בֶּאֱמֶת לְעוֹלָם כִּי טוֹב
הָאֵל יְשׁוּעָתֵנוּ וְעֶזְרָתֵנוּ סֶלָה
הָאֵל הַטּוֹב.
בָּרוּךְ אַתָּה יהוה
הַטּוֹב שִׁמְךָ וּלְךָ נָאֶה לְהוֹדוֹת.

ברכת כוהנים בתענית ציבור

בתענית ציבור, כאשר מתפללים לאחר פלג המנחה וקודם השקיעה, אומרים ברכת כוהנים.
קודם ברכת כוהנים אומרים דברי הקדמה אלה:

הכוהנים אומרים: **יְהִי רָצוֹן מִלְּפָנֶיךָ יהוה אֱלֹהֵינוּ וֵאלֹהֵי אֲבוֹתֵינוּ, שֶׁתְּהֵא הַבְּרָכָה הַזֹּאת** /לכוהנים: **שֶׁצִּוִּיתָנוּ**/ /לקהל: **שֶׁצִּוִּיתָ**/ **לְבָרֵךְ אֶת עַמְּךָ יִשְׂרָאֵל, בְּרָכָה שְׁלֵמָה, וְלֹא יִהְיֶה בָּהּ שׁוּם מִכְשׁוֹל וְעָוֹן, מֵעַתָּה וְעַד־עוֹלָם.**

שליח הציבור: **אֱלֹהֵינוּ וֵאלֹהֵי אֲבוֹתֵינוּ, בָּרְכֵנוּ בַבְּרָכָה הַמְשֻׁלֶּשֶׁת בַּתּוֹרָה הַכְּתוּבָה עַל יְדֵי מֹשֶׁה עַבְדֶּךָ, הָאֲמוּרָה מִפִּי אַהֲרֹן וּבָנָיו,**

שליח הציבור (או אחד מן הציבור) מכריז: **כֹּהֲנִים** הקהל עונה: **עַם קְדוֹשֶׁךָ, כָּאָמוּר:**
כאשר עולה לדוכן כוהן אחד בלבד אין אומרים נוסח זה, אלא מיד מתחיל הכוהן בברכה.

הכוהנים מברכים: **בָּרוּךְ אַתָּה יהוה אֱלֹהֵינוּ מֶלֶךְ הָעוֹלָם, אֲשֶׁר קִדְּשָׁנוּ בִּקְדֻשָּׁתוֹ שֶׁל אַהֲרֹן, וְצִוָּנוּ לְבָרֵךְ אֶת עַמּוֹ יִשְׂרָאֵל בְּאַהֲבָה.**

שליח הציבור מקריא מילה במילה והכוהנים חוזרים אחריו:

יְבָרֶכְךָ יהוה וְיִשְׁמְרֶךָ: קהל: **אָמֵן** במדבר ו
יָאֵר יהוה פָּנָיו אֵלֶיךָ וִיחֻנֶּךָּ: קהל: **אָמֵן**
יִשָּׂא יהוה פָּנָיו אֵלֶיךָ וְיָשֵׂם לְךָ שָׁלוֹם: קהל: **אָמֵן**

מי שחלם חלום רע ואינו יודע מה פשרו אומר בשעת ברכת כוהנים נוסח של 'הטבת חלום' (עמ' 709).

לאחר הברכה אומר הקהל בלחש:
אַדִּיר בַּמָּרוֹם שׁוֹכֵן בִּגְבוּרָה, אַתָּה שָׁלוֹם וְשִׁמְךָ שָׁלוֹם. יְהִי רָצוֹן שֶׁתָּשִׂים עָלֵינוּ וְעַל כָּל עַמְּךָ בֵּית יִשְׂרָאֵל חַיִּים וּבְרָכָה לְמִשְׁמֶרֶת שָׁלוֹם.

הכוהנים אומרים בלחש:
רִבּוֹנוֹ שֶׁל עוֹלָם, עָשִׂינוּ מַה שֶּׁגָּזַרְתָּ עָלֵינוּ, אַף אַתָּה
עֲשֵׂה עִמָּנוּ כְּמוֹ שֶׁהִבְטַחְתָּנוּ. הַשְׁקִיפָה מִמְּעוֹן דברים כו
קָדְשְׁךָ מִן־הַשָּׁמַיִם, וּבָרֵךְ אֶת־עַמְּךָ אֶת־יִשְׂרָאֵל, וְאֵת הָאֲדָמָה אֲשֶׁר נָתַתָּה לָנוּ, כַּאֲשֶׁר נִשְׁבַּעְתָּ לַאֲבֹתֵינוּ, אֶרֶץ זָבַת חָלָב וּדְבָשׁ:

במקום שאין כוהנים העולים לדוכן, שליח הציבור אומר: **אֱלֹהֵינוּ וֵאלֹהֵי אֲבוֹתֵינוּ, בָּרְכֵנוּ בַבְּרָכָה הַמְשֻׁלֶּשֶׁת בַּתּוֹרָה הַכְּתוּבָה עַל יְדֵי מֹשֶׁה עַבְדֶּךָ, הָאֲמוּרָה מִפִּי אַהֲרֹן וּבָנָיו, כֹּהֲנִים, עַם קְדוֹשֶׁךָ, כָּאָמוּר: יְבָרֶכְךָ יהוה וְיִשְׁמְרֶךָ: יָאֵר יהוה פָּנָיו אֵלֶיךָ וִיחֻנֶּךָּ: יִשָּׂא יהוה פָּנָיו אֵלֶיךָ וְיָשֵׂם לְךָ שָׁלוֹם:**

שלום

שִׂים שָׁלוֹם טוֹבָה וּבְרָכָה
חַיִּים חֵן וָחֶסֶד וְרַחֲמִים, עָלֵינוּ וְעַל כָּל יִשְׂרָאֵל עַמֶּךָ.
בָּרְכֵנוּ אָבִינוּ כֻּלָּנוּ כְּאֶחָד בְּאוֹר פָּנֶיךָ

כִּי בְאוֹר פָּנֶיךָ נָתַתָּ לָּנוּ יהוה אֱלֹהֵינוּ
תּוֹרַת חַיִּים וְאַהֲבַת חֶסֶד
וּצְדָקָה וּבְרָכָה וְרַחֲמִים וְחַיִּים וְשָׁלוֹם.
וְטוֹב יִהְיֶה בְּעֵינֶיךָ לְבָרְכֵנוּ, וּלְבָרֵךְ אֶת כָּל עַמְּךָ יִשְׂרָאֵל
בְּכָל עֵת וּבְכָל שָׁעָה בִּשְׁלוֹמֶךָ.

בעשרת ימי תשובה: ואם שכח אינו חוזר.
בְּסֵפֶר חַיִּים, בְּרָכָה וְשָׁלוֹם, וּפַרְנָסָה טוֹבָה
וּגְזֵרוֹת טוֹבוֹת, יְשׁוּעוֹת וְנֶחָמוֹת
נִזָּכֵר וְנִכָּתֵב לְפָנֶיךָ אֲנַחְנוּ וְכָל עַמְּךָ בֵּית יִשְׂרָאֵל
לְחַיִּים טוֹבִים וּלְשָׁלוֹם.

בָּרוּךְ אַתָּה יהוה, הַמְבָרֵךְ אֶת עַמּוֹ יִשְׂרָאֵל בַּשָּׁלוֹם.

תהלים יט יִהְיוּ לְרָצוֹן אִמְרֵי פִי וְהֶגְיוֹן לִבִּי לְפָנֶיךָ, יהוה צוּרִי וְגֹאֲלִי:

ברכות יז. אֱלֹהַי
נְצֹר לְשׁוֹנִי מֵרָע וּשְׂפָתַי מִדַּבֵּר מִרְמָה
וְלִמְקַלְלַי נַפְשִׁי תִדֹּם, וְנַפְשִׁי כֶּעָפָר לַכֹּל תִּהְיֶה.
פְּתַח לִבִּי בְּתוֹרָתֶךָ, וְאַחֲרֵי מִצְוֹתֶיךָ תִּרְדֹּף נַפְשִׁי.
וְכָל הַקָּמִים וְהַחוֹשְׁבִים עָלַי רָעָה
מְהֵרָה הָפֵר עֲצָתָם וְקַלְקֵל מַחֲשַׁבְתָּם.

יש המוסיפים:
יִהְיוּ כְּמֹץ לִפְנֵי רוּחַ וּמַלְאַךְ יהוה דּוֹחֶה.

יש המוסיפים:
יְהִי רָצוֹן מִלְּפָנֶיךָ, יהוה אֱלֹהַי וֵאלֹהֵי אֲבוֹתַי
שֶׁלֹּא תַעֲלֶה קִנְאַת אָדָם עָלַי, וְלֹא קִנְאָתִי עַל אֲחֵרִים
וְשֶׁלֹּא אֶכְעֹס הַיּוֹם, וְשֶׁלֹּא אַכְעִיסֶךָ
וְתַצִּילֵנִי מִיֵּצֶר הָרָע, וְתֵן בְּלִבִּי הַכְנָעָה וַעֲנָוָה.
מַלְכֵּנוּ וֵאלֹהֵינוּ, יַחֵד שִׁמְךָ בְּעוֹלָמֶךָ
בְּנֵה עִירָךְ, יַסֵּד בֵּיתָךְ וְשַׁכְלֵל הֵיכָלָךְ
וְקַבֵּץ קִבּוּץ גָּלֻיּוֹת, וּפְדֵה צֹאנָךְ וְשַׂמַּח עֲדָתָךְ.

עֲשֵׂה לְמַעַן שְׁמֶךָ, עֲשֵׂה לְמַעַן יְמִינֶךָ
עֲשֵׂה לְמַעַן תּוֹרָתֶךָ, עֲשֵׂה לְמַעַן קְדֻשָּׁתֶךָ.
לְמַעַן יֵחָלְצוּן יְדִידֶיךָ, הוֹשִׁיעָה יְמִינְךָ וַעֲנֵנִי: תהלים ס

המקבל עליו תענית יחיד למחר או המסיים תענית יחיד אומר את התחינה שמתחת לקו.

יש נוהגים לומר כאן פסוק הרומז לשמו של המתפלל הפותח
ומסיים באותיות שבהן נפתח ומסתיים שמו.

יִהְיוּ לְרָצוֹן אִמְרֵי פִי וְהֶגְיוֹן לִבִּי לְפָנֶיךָ, יהוה צוּרִי וְגוֹאֲלִי: תהלים יט

כורע וחוזר שלוש פסיעות לאחוריו כמי שנפטר מלפני המלך, ופסיעה ראשונה יעשה ברגל שמאל. כורע מעט לצד שמאלו ואומר: ׳עֹשֶׂה שָׁלוֹם בִּמְרוֹמָיו׳; וכורע קצת לימינו ואומר: ׳הוּא יַעֲשֶׂה שָׁלוֹם עָלֵינוּ׳; וכורע לפניו כריעה גדולה יותר ומסיים: ׳וְעַל כָּל יִשְׂרָאֵל וְאִמְרוּ אָמֵן׳.

עֹשֶׂה שָׁלוֹם / בעשרת ימי תשובה: **הַשָּׁלוֹם**/ **בִּמְרוֹמָיו**
הוּא יַעֲשֶׂה שָׁלוֹם, עָלֵינוּ וְעַל כָּל יִשְׂרָאֵל, וְאִמְרוּ אָמֵן.

יְהִי רָצוֹן מִלְּפָנֶיךָ יהוה אֱלֹהֵינוּ וֵאלֹהֵי אֲבוֹתֵינוּ
שֶׁיִּבָּנֶה בֵּית הַמִּקְדָּשׁ בִּמְהֵרָה בְיָמֵינוּ
וְתֵן חֶלְקֵנוּ בְּתוֹרָתֶךָ
וְשָׁם נַעֲבָדְךָ בְּיִרְאָה כִּימֵי עוֹלָם וּכְשָׁנִים קַדְמֹנִיּוֹת.
וְעָרְבָה לַיהוה מִנְחַת יְהוּדָה וִירוּשָׁלָםִ כִּימֵי עוֹלָם וּכְשָׁנִים קַדְמֹנִיּוֹת: מלאכי ג

שליח הציבור חוזר על התפילה בקול.

בימים שאין אומרים בהם תחנון
שליח הציבור אומר קדיש שלם (עמ׳ 180).

(עמ׳ 180)

המקבל עליו תענית יחיד למחר אומר בתפילת מנחה לפני הפסוק ׳יִהְיוּ לְרָצוֹן׳:

רִבּוֹן כָּל הָעוֹלָמִים, הֲרֵי אֲנִי לְפָנֶיךָ בְּתַעֲנִית נְדָבָה לְמָחָר. יְהִי רָצוֹן מִלְּפָנֶיךָ יהוה אֱלֹהַי וֵאלֹהֵי אֲבוֹתַי, שֶׁתְּקַבְּלֵנִי בְּאַהֲבָה וּבְרָצוֹן, וְתָבֹא לְפָנֶיךָ תְּפִלָּתִי, וְתַעֲנֶה עֲתִירָתִי בְּרַחֲמֶיךָ הָרַבִּים, כִּי אַתָּה שׁוֹמֵעַ תְּפִלַּת כָּל פֶּה.

ביום התענית לפני הפסוק ׳יִהְיוּ לְרָצוֹן׳ אומר:

רִבּוֹן כָּל הָעוֹלָמִים, גָּלוּי וְיָדוּעַ לְפָנֶיךָ, בִּזְמַן שֶׁבֵּית הַמִּקְדָּשׁ קַיָּם, אָדָם חוֹטֵא וּמַקְרִיב קָרְבָּן, וְאֵין מַקְרִיבִין מִמֶּנּוּ אֶלָּא חֶלְבּוֹ וְדָמוֹ, וְאַתָּה בְּרַחֲמֶיךָ הָרַבִּים מְכַפֵּר. וְעַכְשָׁו יָשַׁבְתִּי בְתַעֲנִית, וְנִתְמַעֵט חֶלְבִּי וְדָמִי. יְהִי רָצוֹן מִלְּפָנֶיךָ, שֶׁיְּהֵא מִעוּט חֶלְבִּי וְדָמִי שֶׁנִּתְמַעֵט הַיּוֹם, כְּאִלּוּ הִקְרַבְתִּיו עַל גַּבֵּי הַמִּזְבֵּחַ, וְתִרְצֵנִי.

סדר תחנון

נוסף על הימים שאין אומרים בהם תחנון בשחרית (עמ׳ 109)
אין אומרים תחנון במנחה בימים אלו: ערב שבת, ערב ראש חודש,
כ״ד בכסלו, י״ד בשבט, ערב פורים (קטן וגדול), ערב יום העצמאות, ערב
ל״ג בעומר, ערב יום ירושלים, ערב תשעה באב וי״ד באב.

וידוי

אֱלֹהֵינוּ וֵאלֹהֵי אֲבוֹתֵינוּ
תָּבוֹא לְפָנֶיךָ תְּפִלָּתֵנוּ
וְאַל תִּתְעַלַּם מִתְּחִנָּתֵנוּ
שֶׁאֵין אָנוּ עַזֵּי פָנִים וּקְשֵׁי עֹרֶף לוֹמַר לְפָנֶיךָ
יהוה אֱלֹהֵינוּ וֵאלֹהֵי אֲבוֹתֵינוּ
צַדִּיקִים אֲנַחְנוּ וְלֹא חָטָאנוּ
אֲבָל אֲנַחְנוּ וַאֲבוֹתֵינוּ חָטָאנוּ

נוהגים שאומר הווידוי מכה מעט באגרוף קמוץ על חזהו,
על מקום הלב, כאשר הוא אומר כל אחת ממילות הווידוי.

אָשַׁמְנוּ, בָּגַדְנוּ, גָּזַלְנוּ, דִּבַּרְנוּ דֹפִי
הֶעֱוִינוּ, וְהִרְשַׁעְנוּ, זַדְנוּ, חָמַסְנוּ, טָפַלְנוּ שֶׁקֶר
יָעַצְנוּ רָע, כִּזַּבְנוּ, לַצְנוּ, מָרַדְנוּ, נִאַצְנוּ
סָרַרְנוּ, עָוִינוּ, פָּשַׁעְנוּ, צָרַרְנוּ, קִשִּׁינוּ עֹרֶף
רָשַׁעְנוּ, שִׁחַתְנוּ, תִּעַבְנוּ, תָּעִינוּ, תִּעְתָּעְנוּ.

סַרְנוּ מִמִּצְוֹתֶיךָ וּמִמִּשְׁפָּטֶיךָ הַטּוֹבִים
וְלֹא שָׁוָה לָנוּ.
נחמיה ט וְאַתָּה צַדִּיק עַל כָּל־הַבָּא עָלֵינוּ
כִּי־אֱמֶת עָשִׂיתָ
וַאֲנַחְנוּ הִרְשָׁעְנוּ:

המתפלל ביחידות אינו אומר י״ג מידות.

י״ג מידות

אֵל אֶרֶךְ אַפַּיִם אַתָּה, וּבַעַל הָרַחֲמִים נִקְרֵאתָ
וְדֶרֶךְ תְּשׁוּבָה הוֹרֵיתָ.
גְּדֻלַּת רַחֲמֶיךָ וַחֲסָדֶיךָ
תִּזְכֹּר הַיּוֹם וּבְכָל יוֹם לְזֶרַע יְדִידֶיךָ.
תֵּפֶן אֵלֵינוּ בְּרַחֲמִים
כִּי אַתָּה הוּא בַּעַל הָרַחֲמִים.
בְּתַחֲנוּן וּבִתְפִלָּה פָּנֶיךָ נְקַדֵּם
כְּהוֹדַעְתָּ לֶעָנָו מִקֶּדֶם.
מֵחֲרוֹן אַפְּךָ שׁוּב, כְּמוֹ בְּתוֹרָתְךָ כָּתוּב.
וּבְצֵל כְּנָפֶיךָ נֶחֱסֶה וְנִתְלוֹנָן, כְּיוֹם וַיֵּרֶד יהוה בֶּעָנָן.
תַּעֲבֹר עַל פֶּשַׁע וְתִמְחֶה אָשָׁם
כְּיוֹם וַיִּתְיַצֵּב עִמּוֹ שָׁם.
תַּאֲזִין שַׁוְעָתֵנוּ וְתַקְשִׁיב מֶנּוּ מַאֲמָר
כְּיוֹם וַיִּקְרָא בְשֵׁם יהוה
וְשָׁם נֶאֱמַר:

הקהל עונה:

וַיַּעֲבֹר יהוה עַל־פָּנָיו וַיִּקְרָא שמות לד

יהוה, יהוה, אֵל רַחוּם וְחַנּוּן, אֶרֶךְ אַפַּיִם וְרַב־חֶסֶד וֶאֱמֶת:
נֹצֵר חֶסֶד לָאֲלָפִים, נֹשֵׂא עָוֹן וָפֶשַׁע וְחַטָּאָה, וְנַקֵּה:
וְסָלַחְתָּ לַעֲוֹנֵנוּ וּלְחַטָּאתֵנוּ, וּנְחַלְתָּנוּ:

סְלַח לָנוּ אָבִינוּ כִּי חָטָאנוּ
מְחַל לָנוּ מַלְכֵּנוּ כִּי פָשָׁעְנוּ

כִּי־אַתָּה אֲדֹנָי טוֹב וְסַלָּח וְרַב־חֶסֶד לְכָל־קֹרְאֶיךָ: תהלים פו

נפילת אפיים

המנהג, על פי המקובלים, שיושב ומניח את פניו על ידו השמאלית.

שמואל ב׳ כד וַיֹּאמֶר דָּוִד אֶל־גָּד, צַר־לִי מְאֹד
נִפְּלָה־נָּא בְיַד־יהוה, כִּי־רַבִּים רַחֲמָו וּבְיַד־אָדָם אַל־אֶפֹּלָה:

רַחוּם וְחַנּוּן, חָטָאתִי לְפָנֶיךָ.
יהוה מָלֵא רַחֲמִים, רַחֵם עָלַי וְקַבֵּל תַּחֲנוּנָי.

תהלים ו יהוה, אַל־בְּאַפְּךָ תוֹכִיחֵנִי, וְאַל־בַּחֲמָתְךָ תְיַסְּרֵנִי: חָנֵּנִי יהוה, כִּי אֻמְלַל
אָנִי, רְפָאֵנִי יהוה, כִּי נִבְהֲלוּ עֲצָמָי: וְנַפְשִׁי נִבְהֲלָה מְאֹד, וְאַתָּ יהוה, עַד־
מָתָי: שׁוּבָה יהוה, חַלְּצָה נַפְשִׁי, הוֹשִׁיעֵנִי לְמַעַן חַסְדֶּךָ: כִּי אֵין בַּמָּוֶת
זִכְרֶךָ, בִּשְׁאוֹל מִי יוֹדֶה־לָּךְ: יָגַעְתִּי בְּאַנְחָתִי, אַשְׂחֶה בְכָל־לַיְלָה מִטָּתִי,
בְּדִמְעָתִי עַרְשִׂי אַמְסֶה: עָשְׁשָׁה מִכַּעַס עֵינִי, עָתְקָה בְּכָל־צוֹרְרָי: סוּרוּ
מִמֶּנִּי כָּל־פֹּעֲלֵי אָוֶן, כִּי־שָׁמַע יהוה קוֹל בִּכְיִי: שָׁמַע יהוה תְּחִנָּתִי, יהוה
תְּפִלָּתִי יִקָּח: יֵבֹשׁוּ וְיִבָּהֲלוּ מְאֹד כָּל־אֹיְבָי, יָשֻׁבוּ יֵבֹשׁוּ רָגַע:

יש אומרים בנפילת אפיים מזמור זה במקום המזמור ׳ה׳ אַל בְּאַפְּךָ׳.

רַחוּם וְחַנּוּן, חָטָאנוּ לְפָנֶיךָ רַחֵם עָלֵינוּ וְהוֹשִׁיעֵנוּ.

תהלים כה לְדָוִד, אֵלֶיךָ יהוה נַפְשִׁי אֶשָּׂא: אֱלֹהַי בְּךָ בָטַחְתִּי אַל־אֵבוֹשָׁה, אַל־
יַעַלְצוּ אוֹיְבַי לִי: גַּם כָּל־קֹוֶיךָ לֹא יֵבֹשׁוּ, יֵבֹשׁוּ הַבּוֹגְדִים רֵיקָם: דְּרָכֶיךָ
יהוה הוֹדִיעֵנִי, אֹרְחוֹתֶיךָ לַמְּדֵנִי: הַדְרִיכֵנִי בַאֲמִתֶּךָ וְלַמְּדֵנִי כִּי־אַתָּה
אֱלֹהֵי יִשְׁעִי, אוֹתְךָ קִוִּיתִי כָּל־הַיּוֹם: זְכֹר־רַחֲמֶיךָ יהוה וַחֲסָדֶיךָ, כִּי
מֵעוֹלָם הֵמָּה: חַטֹּאות נְעוּרַי וּפְשָׁעַי אַל־תִּזְכֹּר, כְּחַסְדְּךָ זְכָר־לִי־אַתָּה,
לְמַעַן טוּבְךָ יהוה: טוֹב־וְיָשָׁר יהוה, עַל־כֵּן יוֹרֶה חַטָּאִים בַּדָּרֶךְ: יַדְרֵךְ
עֲנָוִים בַּמִּשְׁפָּט, וִילַמֵּד עֲנָוִים דַּרְכּוֹ: כָּל־אָרְחוֹת יהוה חֶסֶד וֶאֱמֶת
לְנֹצְרֵי בְרִיתוֹ וְעֵדֹתָיו: לְמַעַן־שִׁמְךָ יהוה, וְסָלַחְתָּ לַעֲוֹנִי כִּי רַב־הוּא:
מִי־זֶה הָאִישׁ יְרֵא יהוה, יוֹרֶנּוּ בְּדֶרֶךְ יִבְחָר: נַפְשׁוֹ בְּטוֹב תָּלִין, וְזַרְעוֹ
יִירַשׁ אָרֶץ: סוֹד יהוה לִירֵאָיו, וּבְרִיתוֹ לְהוֹדִיעָם: עֵינַי תָּמִיד אֶל־יהוה
כִּי הוּא־יוֹצִיא מֵרֶשֶׁת רַגְלָי: פְּנֵה־אֵלַי וְחָנֵּנִי כִּי־יָחִיד וְעָנִי אָנִי: צָרוֹת

לְבָבִי הִרְחִיבוּ, מִמְּצוּקוֹתַי הוֹצִיאֵנִי: רְאֵה־עָנְיִי וַעֲמָלִי וְשָׂא לְכׇל־
חַטֹּאותָי: רְאֵה אוֹיְבַי כִּי־רָבּוּ, וְשִׂנְאַת חָמָס שְׂנֵאוּנִי: שָׁמְרָה נַפְשִׁי
וְהַצִּילֵנִי, אַל־אֵבוֹשׁ כִּי־חָסִיתִי בָךְ: תֹּם־וָיֹשֶׁר יִצְּרוּנִי כִּי קִוִּיתִיךָ: פְּדֵה
אֱלֹהִים אֶת־יִשְׂרָאֵל מִכֹּל צָרוֹתָיו:

וְהוּא יִפְדֶּה אֶת־יִשְׂרָאֵל, מִכֹּל עֲוֹנֹתָיו: תהלים קל

בעשרת ימי תשובה ובתענית ציבור אומרים כאן ׳אָבִינוּ מַלְכֵּנוּ׳ (עמ׳ 114).

שׁוֹמֵר יִשְׂרָאֵל, שְׁמֹר שְׁאֵרִית יִשְׂרָאֵל, וְאַל יֹאבַד יִשְׂרָאֵל
הָאוֹמְרִים שְׁמַע יִשְׂרָאֵל.

שׁוֹמֵר גּוֹי אֶחָד, שְׁמֹר שְׁאֵרִית עַם אֶחָד, וְאַל יֹאבַד גּוֹי אֶחָד
הַמְיַחֲדִים שִׁמְךָ, יהוה אֱלֹהֵינוּ יהוה אֶחָד.

שׁוֹמֵר גּוֹי קָדוֹשׁ, שְׁמֹר שְׁאֵרִית עַם קָדוֹשׁ, וְאַל יֹאבַד גּוֹי קָדוֹשׁ
הַמְשַׁלְּשִׁים בְּשָׁלֹשׁ קְדֻשּׁוֹת לְקָדוֹשׁ.

מִתְרַצֶּה בְּרַחֲמִים וּמִתְפַּיֵּס בְּתַחֲנוּנִים, הִתְרַצֵּה וְהִתְפַּיֵּס לְדוֹר עָנִי
כִּי אֵין עוֹזֵר.

אָבִינוּ מַלְכֵּנוּ, חָנֵּנוּ וַעֲנֵנוּ, כִּי אֵין בָּנוּ מַעֲשִׂים
עֲשֵׂה עִמָּנוּ צְדָקָה וָחֶסֶד וְהוֹשִׁיעֵנוּ.

וַאֲנַחְנוּ לֹא נֵדַע מַה־נַּעֲשֶׂה, כִּי עָלֶיךָ עֵינֵינוּ: זְכֹר־רַחֲמֶיךָ יהוה וַחֲסָדֶיךָ, דברי הימים ב׳ כ / תהלים כה
כִּי מֵעוֹלָם הֵמָּה: יְהִי־חַסְדְּךָ יהוה עָלֵינוּ, כַּאֲשֶׁר יִחַלְנוּ לָךְ: אַל־תִּזְכׇּר־ תהלים לג / תהלים עט
לָנוּ עֲוֹנֹת רִאשֹׁנִים מַהֵר יְקַדְּמוּנוּ רַחֲמֶיךָ, כִּי דַלּוֹנוּ מְאֹד: עֶזְרֵנוּ בְּשֵׁם תהלים קכד
יהוה, עֹשֵׂה שָׁמַיִם וָאָרֶץ: חָנֵּנוּ יהוה חָנֵּנוּ, כִּי־רַב שָׂבַעְנוּ בוּז: בְּרֹגֶז תהלים קכג / חבקוק ג
רַחֵם תִּזְכּוֹר: בְּרֹגֶז עֲקֵדָה תִּזְכֹּר, בְּרֹגֶז תְּמִימוּת תִּזְכֹּר. יהוה הוֹשִׁיעָה, תהלים כ
הַמֶּלֶךְ יַעֲנֵנוּ בְיוֹם־קׇרְאֵנוּ: כִּי־הוּא יָדַע יִצְרֵנוּ, זָכוּר כִּי־עָפָר אֲנָחְנוּ: תהלים קג
עׇזְרֵנוּ אֱלֹהֵי יִשְׁעֵנוּ עַל־דְּבַר כְּבוֹד־שְׁמֶךָ וְהַצִּילֵנוּ וְכַפֵּר עַל־חַטֹּאתֵינוּ תהלים עט
לְמַעַן שְׁמֶךָ:

קדיש שלם

ש"ץ: יִתְגַּדַּל וְיִתְקַדַּשׁ שְׁמֵהּ רַבָּא (קהל: אָמֵן)
בְּעָלְמָא דִּי בְרָא כִרְעוּתֵהּ
וְיַמְלִיךְ מַלְכוּתֵהּ וְיַצְמַח פֻּרְקָנֵהּ וִיקָרֵב מְשִׁיחֵהּ (קהל: אָמֵן)
בְּחַיֵּיכוֹן וּבְיוֹמֵיכוֹן וּבְחַיֵּי דְכָל בֵּית יִשְׂרָאֵל
בַּעֲגָלָא וּבִזְמַן קָרִיב, וְאִמְרוּ אָמֵן. (קהל: אָמֵן)

קהל וש"ץ: יְהֵא שְׁמֵהּ רַבָּא מְבָרַךְ לְעָלַם וּלְעָלְמֵי עָלְמַיָּא.

ש"ץ: יִתְבָּרַךְ וְיִשְׁתַּבַּח וְיִתְפָּאַר וְיִתְרוֹמַם וְיִתְנַשֵּׂא
וְיִתְהַדָּר וְיִתְעַלֶּה וְיִתְהַלָּל
שְׁמֵהּ דְּקֻדְשָׁא בְּרִיךְ הוּא (קהל: אָמֵן)
לְעֵלָּא מִן כָּל בִּרְכָתָא / בעשרת ימי תשובה: לְעֵלָּא לְעֵלָּא מִכָּל בִּרְכָתָא/
וְשִׁירָתָא, תֻּשְׁבְּחָתָא וְנֶחֱמָתָא
דַּאֲמִירָן בְּעָלְמָא, וְאִמְרוּ אָמֵן. (קהל: אָמֵן)

תִּתְקַבַּל צְלוֹתְהוֹן וּבָעוּתְהוֹן דְּכָל בֵּית יִשְׂרָאֵל
קֳדָם אֲבוּהוֹן דִּי בִשְׁמַיָּא, וְאִמְרוּ אָמֵן. (קהל: אָמֵן)

יְהֵא שְׁלָמָא רַבָּא מִן שְׁמַיָּא
וְחַיִּים טוֹבִים עָלֵינוּ וְעַל כָּל יִשְׂרָאֵל, וְאִמְרוּ אָמֵן. (קהל: אָמֵן)

כורע ופוסע שלוש פסיעות לאחור. קד לשמאל, לימין ולפנים באמירת:
עֹשֶׂה שָׁלוֹם / בעשרת ימי תשובה: הַשָּׁלוֹם/ בִּמְרוֹמָיו
הוּא יַעֲשֶׂה שָׁלוֹם, עָלֵינוּ וְעַל כָּל יִשְׂרָאֵל, וְאִמְרוּ אָמֵן. (קהל: אָמֵן)

אומרים 'עָלֵינוּ' בעמידה ונוהגים לכרוע מעט כשאומרים 'וַאֲנַחְנוּ כּוֹרְעִים'.

עָלֵינוּ לְשַׁבֵּחַ לַאֲדוֹן הַכֹּל, לָתֵת גְּדֻלָּה לְיוֹצֵר בְּרֵאשִׁית
שֶׁלֹּא עָשָׂנוּ כְּגוֹיֵי הָאֲרָצוֹת, וְלֹא שָׂמָנוּ כְּמִשְׁפְּחוֹת הָאֲדָמָה
שֶׁלֹּא שָׂם חֶלְקֵנוּ כָּהֶם וְגוֹרָלֵנוּ כְּכָל הֲמוֹנָם.
שֶׁהֵם מִשְׁתַּחֲוִים לְהֶבֶל וָרִיק וּמִתְפַּלְּלִים אֶל אֵל לֹא יוֹשִׁיעַ.
וַאֲנַחְנוּ כּוֹרְעִים וּמִשְׁתַּחֲוִים וּמוֹדִים
לִפְנֵי מֶלֶךְ מַלְכֵי הַמְּלָכִים, הַקָּדוֹשׁ בָּרוּךְ הוּא

שֶׁהוּא נוֹטֶה שָׁמַיִם וְיוֹסֵד אָרֶץ, וּמוֹשַׁב יְקָרוֹ בַּשָּׁמַיִם מִמַּעַל
וּשְׁכִינַת עֻזּוֹ בְּגָבְהֵי מְרוֹמִים.
הוּא אֱלֹהֵינוּ, אֵין עוֹד.
אֱמֶת מַלְכֵּנוּ, אֶפֶס זוּלָתוֹ
כַּכָּתוּב בְּתוֹרָתוֹ, וְיָדַעְתָּ הַיּוֹם וַהֲשֵׁבֹתָ אֶל־לְבָבֶךָ דברים ד
כִּי יהוה הוּא הָאֱלֹהִים בַּשָּׁמַיִם מִמַּעַל וְעַל־הָאָרֶץ מִתָּחַת, אֵין עוֹד:

וְעַל כֵּן נְקַוֶּה לְּךָ יהוה אֱלֹהֵינוּ, לִרְאוֹת מְהֵרָה בְּתִפְאֶרֶת עֻזֶּךָ
לְהַעֲבִיר גִּלּוּלִים מִן הָאָרֶץ, וְהָאֱלִילִים כָּרוֹת יִכָּרֵתוּן
לְתַקֵּן עוֹלָם בְּמַלְכוּת שַׁדַּי.
וְכָל בְּנֵי בָשָׂר יִקְרְאוּ בִשְׁמֶךָ, לְהַפְנוֹת אֵלֶיךָ כָּל רִשְׁעֵי אָרֶץ.
יַכִּירוּ וְיֵדְעוּ כָּל יוֹשְׁבֵי תֵבֵל כִּי לְךָ תִּכְרַע כָּל בֶּרֶךְ, תִּשָּׁבַע כָּל לָשׁוֹן.
לְפָנֶיךָ יהוה אֱלֹהֵינוּ יִכְרְעוּ וְיִפֹּלוּ, וְלִכְבוֹד שִׁמְךָ יְקָר יִתֵּנוּ
וִיקַבְּלוּ כֻלָּם אֶת עֹל מַלְכוּתֶךָ, וְתִמְלֹךְ עֲלֵיהֶם מְהֵרָה לְעוֹלָם וָעֶד.
כִּי הַמַּלְכוּת שֶׁלְּךָ הִיא וּלְעוֹלְמֵי עַד תִּמְלֹךְ בְּכָבוֹד
כַּכָּתוּב בְּתוֹרָתֶךָ, יהוה יִמְלֹךְ לְעֹלָם וָעֶד: שמות טו
וְנֶאֱמַר, וְהָיָה יהוה לְמֶלֶךְ עַל־כָּל־הָאָרֶץ זכריה יד
בַּיּוֹם הַהוּא יִהְיֶה יהוה אֶחָד וּשְׁמוֹ אֶחָד:

יש מוסיפים:

אַל־תִּירָא מִפַּחַד פִּתְאֹם וּמִשֹּׁאַת רְשָׁעִים כִּי תָבֹא: משלי ג
עֻצוּ עֵצָה וְתֻפָר, דַּבְּרוּ דָבָר וְלֹא יָקוּם, כִּי עִמָּנוּ אֵל: ישעיה ח
וְעַד־זִקְנָה אֲנִי הוּא, וְעַד־שֵׂיבָה אֲנִי אֶסְבֹּל אֲנִי עָשִׂיתִי וַאֲנִי אֶשָּׂא וַאֲנִי אֶסְבֹּל וַאֲמַלֵּט: ישעיה מו

יש מוסיפים:

אַךְ צַדִּיקִים יוֹדוּ לִשְׁמֶךָ יֵשְׁבוּ יְשָׁרִים אֶת פָּנֶיךָ: תהלים קמ

קדיש יתום

אבל: יִתְגַּדַּל וְיִתְקַדַּשׁ שְׁמֵהּ רַבָּא (קהל: אָמֵן)
בְּעָלְמָא דִּי בְרָא כִרְעוּתֵהּ
וְיַמְלִיךְ מַלְכוּתֵהּ וְיַצְמַח פֻּרְקָנֵהּ וִיקָרֵב מְשִׁיחֵהּ (קהל: אָמֵן)
בְּחַיֵּיכוֹן וּבְיוֹמֵיכוֹן וּבְחַיֵּי דְכָל בֵּית יִשְׂרָאֵל
בַּעֲגָלָא וּבִזְמַן קָרִיב, וְאִמְרוּ אָמֵן. (קהל: אָמֵן)

קהל ואבל: יְהֵא שְׁמֵהּ רַבָּא מְבָרַךְ לְעָלַם וּלְעָלְמֵי עָלְמַיָּא.

אבל: יִתְבָּרַךְ וְיִשְׁתַּבַּח וְיִתְפָּאַר וְיִתְרוֹמַם וְיִתְנַשֵּׂא
וְיִתְהַדָּר וְיִתְעַלֶּה וְיִתְהַלָּל
שְׁמֵהּ דְּקֻדְשָׁא בְּרִיךְ הוּא (קהל: אָמֵן)
לְעֵלָּא מִן כָּל בִּרְכָתָא /בעשרת ימי תשובה: לְעֵלָּא לְעֵלָּא מִכָּל בִּרְכָתָא/
וְשִׁירָתָא, תֻּשְׁבְּחָתָא וְנֶחֱמָתָא
דַּאֲמִירָן בְּעָלְמָא, וְאִמְרוּ אָמֵן. (קהל: אָמֵן)

יְהֵא שְׁלָמָא רַבָּא מִן שְׁמַיָּא
וְחַיִּים טוֹבִים עָלֵינוּ וְעַל כָּל יִשְׂרָאֵל, וְאִמְרוּ אָמֵן. (קהל: אָמֵן)

כורע ופוסע שלוש פסיעות לאחור. קד לשמאל, לימין ולפנים באמירת:
עֹשֶׂה שָׁלוֹם /בעשרת ימי תשובה: הַשָּׁלוֹם/ בִּמְרוֹמָיו
הוּא יַעֲשֶׂה שָׁלוֹם, עָלֵינוּ וְעַל כָּל יִשְׂרָאֵל, וְאִמְרוּ אָמֵן. (קהל: אָמֵן)

בבית האבל אומרים כאן ׳לַמְנַצֵּחַ לִבְנֵי־קֹרַח׳, וביום שאין אומרים בו תחנון – ׳מִכְתָּם לְדָוִד׳ (עמ׳ 750). בחודש אלול אומרים ׳לַמְנַצֵּחַ לִבְנֵי־קֹרַח׳ לאחר ׳לְדָוִד ה׳ אוֹרִי וְיִשְׁעִי׳.

מראש חודש אלול עד שמיני עצרת אומרים כאן
׳לְדָוִד ה׳ אוֹרִי וְיִשְׁעִי׳ (יש נוהגים לאומרו לפני ׳עָלֵינוּ לְשַׁבֵּחַ׳;
ויש נוהגים לאומרו לאחר תפילת ערבית).

תהלים כז לְדָוִד, יהוה אוֹרִי וְיִשְׁעִי, מִמִּי אִירָא, יהוה מָעוֹז־חַיַּי, מִמִּי אֶפְחָד: בִּקְרֹב עָלַי מְרֵעִים לֶאֱכֹל אֶת־בְּשָׂרִי, צָרַי וְאֹיְבַי לִי, הֵמָּה כָשְׁלוּ וְנָפָלוּ: אִם־תַּחֲנֶה עָלַי מַחֲנֶה, לֹא־יִירָא לִבִּי, אִם־תָּקוּם עָלַי מִלְחָמָה, בְּזֹאת אֲנִי בוֹטֵחַ: אַחַת שָׁאַלְתִּי מֵאֵת־יהוה, אוֹתָהּ אֲבַקֵּשׁ, שִׁבְתִּי בְּבֵית־יהוה כָּל־יְמֵי חַיַּי, לַחֲזוֹת בְּנֹעַם־יהוה, וּלְבַקֵּר בְּהֵיכָלוֹ: כִּי יִצְפְּנֵנִי בְּסֻכֹּה בְּיוֹם רָעָה, יַסְתִּרֵנִי בְּסֵתֶר אָהֳלוֹ, בְּצוּר יְרוֹמְמֵנִי: וְעַתָּה יָרוּם רֹאשִׁי עַל אֹיְבַי סְבִיבוֹתַי, וְאֶזְבְּחָה בְאָהֳלוֹ זִבְחֵי תְרוּעָה, אָשִׁירָה וַאֲזַמְּרָה לַיהוה: שְׁמַע־יהוה קוֹלִי אֶקְרָא, וְחָנֵּנִי וַעֲנֵנִי: לְךָ אָמַר לִבִּי בַּקְּשׁוּ פָנָי, אֶת־פָּנֶיךָ יהוה אֲבַקֵּשׁ: אַל־תַּסְתֵּר פָּנֶיךָ מִמֶּנִּי, אַל תַּט־בְּאַף עַבְדֶּךָ, עֶזְרָתִי הָיִיתָ, אַל־תִּטְּשֵׁנִי וְאַל־תַּעַזְבֵנִי, אֱלֹהֵי יִשְׁעִי: כִּי־אָבִי וְאִמִּי עֲזָבוּנִי, וַיהוה יַאַסְפֵנִי: הוֹרֵנִי יהוה דַּרְכֶּךָ, וּנְחֵנִי בְּאֹרַח מִישׁוֹר, לְמַעַן שׁוֹרְרָי: אַל־תִּתְּנֵנִי בְּנֶפֶשׁ צָרָי, כִּי קָמוּ־בִי עֵדֵי־שֶׁקֶר, וִיפֵחַ חָמָס: לוּלֵא הֶאֱמַנְתִּי לִרְאוֹת בְּטוּב־יהוה בְּאֶרֶץ חַיִּים: קַוֵּה אֶל־יהוה, חֲזַק וְיַאֲמֵץ לִבֶּךָ, וְקַוֵּה אֶל־יהוה:

קדיש יתום בעמ׳ הקודם

ערבית

תפילת ערבית

תפילת ערבית נקבעה כנגד הקטרת האיברים שנשארו מקורבנות היום על המזבח, ומשום כך זמנה הוא כל הלילה, כנגד זמן הקטרתם. באופן אחר, הנוגע לאופייה הפנימי של תפילת ערבית, ייחסו חכמים בתלמוד תפילה זו ליעקב אבינו. הקשר בין יעקב לערבית מוסבר על דרך הסוד: מידתו של יעקב היא ה'תפארת' – מידה המורכבת משילוב של מידות הדין והחסד, ויש לה שייכות ללילה שהוא זמן המורכב גם הוא, מתערובת כזו.

מצד אחד, החשכה והאפלה השוררות בלילה מסמלות את מידת הדין ואת ההסתר האלוקי. אף מבחינת מהלך החיים האנושי, בלילה מידת הדין והגבורה מורגשת: זמן שבו אנשים נוטים לעשות דין בינם לבין עצמם – חשבון נפש וסיכום של היום הקודם; נוסף לכך, הלילה הוא זמן של שינה וצמצום החיות. ומצד אחר, הלילה אינו רק סיומו של יום פעילות ועשייה אלא גם זמן מנוחה והתחלת יום חדש, ועל כן כל לילה הוא פתח של תקווה לקראת היום הבא.

תפילת ערבית אף היא בנויה מתערובת של דין וחסד: יחד עם מציאות החשכה והיעדר האור, מעורבת וממותקת בה אמונה ותקווה לעתיד. אופייה הרוחני־פנימי של תפילת ערבית מתבטא ומורגש במקומה של תפילה זו בתוך סדר היום האנושי. מחד גיסא, התפילה באה בסיומו של יום המעשה, בזמן שאנשים עשויים להיות עייפים ויגעים מדוחק היום ומטרדותיו – מצב המקשה על הכנת הלב והנפש לתפילה. מאידך גיסא, לתפילה זו אין זמן קבוע של סיום – מרחב הזמן שלה איננו דחוק ואפשר להאריך בו, לחשוב מחשבות חדשות ואפילו להתחיל בבניינו של היום הבא.

ערבית לחול

ברבות מקהילות ישראל נהגו לומר בזמן יציאת השבת, לפני תפילת ערבית,
מזמורי תהלים אחדים. אמירה זו הונהגה הן כדרך של כבוד לליווי השבת בצאתה,
הן כדי למנוע דיבורים של בטלה שאינם ראויים לשעה זו. מיוחד המזמור 'לְדָוִד בָּרוּךְ ה' צוּרִי'
(מזמור קמד) שמנהג נפוץ לזמר אותו בלחן מסורתי. המנגינה המצויה
(אומנם בשינויים קלים) בתפילות של עדות רבות בישראל מלמדת על מקור קדום שהיה קיים
עוד לפני שנפרדו העדות והגלויות, ויש המשערים כי מקור הלחן נעוץ עוד בשירת המקדש.

במוצאי שבת יש אומרים:

תהלים קמד
לְדָוִד בָּרוּךְ יהוה צוּרִי הַמְלַמֵּד יָדַי לַקְרָב אֶצְבְּעוֹתַי לַמִּלְחָמָה: חַסְדִּי וּמְצוּדָתִי מִשְׂגַּבִּי וּמְפַלְטִי לִי מָגִנִּי וּבוֹ חָסִיתִי הָרוֹדֵד עַמִּי תַחְתָּי: יהוה מָה־אָדָם וַתֵּדָעֵהוּ בֶּן־אֱנוֹשׁ וַתְּחַשְּׁבֵהוּ: אָדָם לַהֶבֶל דָּמָה יָמָיו כְּצֵל עוֹבֵר: יהוה הַט־שָׁמֶיךָ וְתֵרֵד גַּע בֶּהָרִים וְיֶעֱשָׁנוּ: בְּרוֹק בָּרָק וּתְפִיצֵם שְׁלַח חִצֶּיךָ וּתְהֻמֵּם: שְׁלַח יָדֶיךָ מִמָּרוֹם פְּצֵנִי וְהַצִּילֵנִי מִמַּיִם רַבִּים מִיַּד בְּנֵי נֵכָר: אֲשֶׁר פִּיהֶם דִּבֶּר־שָׁוְא וִימִינָם יְמִין שָׁקֶר: אֱלֹהִים שִׁיר חָדָשׁ אָשִׁירָה לָּךְ בְּנֵבֶל עָשׂוֹר אֲזַמְּרָה־לָּךְ: הַנּוֹתֵן תְּשׁוּעָה לַמְּלָכִים הַפּוֹצֶה אֶת־דָּוִד עַבְדּוֹ מֵחֶרֶב רָעָה: פְּצֵנִי וְהַצִּילֵנִי מִיַּד בְּנֵי־נֵכָר אֲשֶׁר פִּיהֶם דִּבֶּר־שָׁוְא וִימִינָם יְמִין שָׁקֶר: אֲשֶׁר בָּנֵינוּ כִּנְטִעִים מְגֻדָּלִים בִּנְעוּרֵיהֶם בְּנוֹתֵינוּ כְזָוִיֹּת מְחֻטָּבוֹת תַּבְנִית הֵיכָל: מְזָוֵינוּ מְלֵאִים מְפִיקִים מִזַּן אֶל זַן צֹאונֵנוּ מַאֲלִיפוֹת מְרֻבָּבוֹת בְּחוּצוֹתֵינוּ: אַלּוּפֵינוּ מְסֻבָּלִים אֵין פֶּרֶץ וְאֵין יוֹצֵאת וְאֵין צְוָחָה בִּרְחֹבֹתֵינוּ: אַשְׁרֵי הָעָם שֶׁכָּכָה לּוֹ אַשְׁרֵי הָעָם שֶׁיהוה אֱלֹהָיו:

תהלים סז
לַמְנַצֵּחַ בִּנְגִינֹת מִזְמוֹר שִׁיר: אֱלֹהִים יְחָנֵּנוּ וִיבָרְכֵנוּ יָאֵר פָּנָיו אִתָּנוּ סֶלָה: לָדַעַת בָּאָרֶץ דַּרְכֶּךָ בְּכָל־גּוֹיִם יְשׁוּעָתֶךָ: יוֹדוּךָ עַמִּים אֱלֹהִים יוֹדוּךָ עַמִּים כֻּלָּם: יִשְׂמְחוּ וִירַנְּנוּ לְאֻמִּים כִּי־תִשְׁפֹּט עַמִּים מִישֹׁר וּלְאֻמִּים בָּאָרֶץ תַּנְחֵם סֶלָה: יוֹדוּךָ עַמִּים אֱלֹהִים יוֹדוּךָ עַמִּים כֻּלָּם: אֶרֶץ נָתְנָה יְבוּלָהּ יְבָרְכֵנוּ אֱלֹהִים אֱלֹהֵינוּ: יְבָרְכֵנוּ אֱלֹהִים וְיִירְאוּ אוֹתוֹ כָּל־אַפְסֵי־אָרֶץ:

בימות השבוע מתחילים כאן. במוצאי שבת ויום טוב
מתחילים בפסוק 'וְהוּא רַחוּם' בעמוד הבא.

תהלים קלד
שִׁיר הַמַּעֲלוֹת, הִנֵּה בָּרְכוּ אֶת־יהוה כָּל־עַבְדֵי יהוה, הָעֹמְדִים בְּבֵית־יהוה בַּלֵּילוֹת: שְׂאוּ־יְדֵכֶם קֹדֶשׁ, וּבָרְכוּ אֶת־יהוה: יְבָרֶכְךָ יהוה מִצִּיּוֹן, עֹשֵׂה שָׁמַיִם וָאָרֶץ:

תהלים מו שלוש פעמים: יהוה צְבָאוֹת עִמָּנוּ, מִשְׂגָּב לָנוּ אֱלֹהֵי יַעֲקֹב סֶלָה:
תהלים פד שלוש פעמים: יהוה צְבָאוֹת, אַשְׁרֵי אָדָם בֹּטֵחַ בָּךְ:
תהלים כ שלוש פעמים: יהוה הוֹשִׁיעָה, הַמֶּלֶךְ יַעֲנֵנוּ בְיוֹם־קָרְאֵנוּ:

תהלים כח הוֹשִׁיעָה אֶת־עַמֶּךָ וּבָרֵךְ אֶת־נַחֲלָתֶךָ, וּרְעֵם וְנַשְּׂאֵם עַד־הָעוֹלָם: מִי יִתֵּן
תהלים יד מִצִּיּוֹן יְשׁוּעַת יִשְׂרָאֵל, בְּשׁוּב יהוה שְׁבוּת עַמּוֹ, יָגֵל יַעֲקֹב, יִשְׂמַח יִשְׂרָאֵל:
תהלים לב בְּשָׁלוֹם יַחְדָּו אֶשְׁכְּבָה וְאִישָׁן, כִּי־אַתָּה יהוה לְבָדָד, לָבֶטַח תּוֹשִׁיבֵנִי: יוֹמָם
תהלים לו יְצַוֶּה יהוה חַסְדּוֹ, וּבַלַּיְלָה שִׁירֹה עִמִּי, תְּפִלָּה לְאֵל חַיָּי: וּתְשׁוּעַת צַדִּיקִים
מֵיהוה, מָעוּזָּם בְּעֵת צָרָה: וַיַּעְזְרֵם יהוה וַיְפַלְּטֵם, יְפַלְּטֵם מֵרְשָׁעִים וְיוֹשִׁיעֵם
כִּי־חָסוּ בוֹ:

חצי קדיש

ש״ץ: יִתְגַּדַּל וְיִתְקַדַּשׁ שְׁמֵהּ רַבָּא (קהל: אָמֵן)
בְּעָלְמָא דִּי בְרָא כִרְעוּתֵהּ
וְיַמְלִיךְ מַלְכוּתֵהּ וְיַצְמַח פֻּרְקָנֵהּ וִיקָרֵב מְשִׁיחֵהּ (קהל: אָמֵן)
בְּחַיֵּיכוֹן וּבְיוֹמֵיכוֹן וּבְחַיֵּי דְכָל בֵּית יִשְׂרָאֵל
בַּעֲגָלָא וּבִזְמַן קָרִיב
וְאִמְרוּ אָמֵן. (קהל: אָמֵן)

קהל וש״ץ: יְהֵא שְׁמֵהּ רַבָּא מְבָרַךְ לְעָלַם וּלְעָלְמֵי עָלְמַיָּא.

ש״ץ: יִתְבָּרַךְ וְיִשְׁתַּבַּח וְיִתְפָּאַר וְיִתְרוֹמַם וְיִתְנַשֵּׂא
וְיִתְהַדָּר וְיִתְעַלֶּה וְיִתְהַלָּל, שְׁמֵהּ דְּקֻדְשָׁא בְּרִיךְ הוּא (קהל: אָמֵן)
לְעֵלָּא מִן כָּל בִּרְכָתָא / בעשרת ימי תשובה: לְעֵלָּא לְעֵלָּא מִכָּל בִּרְכָתָא/
וְשִׁירָתָא, תֻּשְׁבְּחָתָא וְנֶחֱמָתָא, דַּאֲמִירָן בְּעָלְמָא
וְאִמְרוּ אָמֵן. (קהל: אָמֵן)

במוצאי שבת נוהגים לומר פסוקים אלו בנעימה איטית, כביכול כדרך להשהות את הוצאת השבת ולהראות עד כמה קשה לנו הפרדה ממנה.

תהלים עח וְהוּא רַחוּם, יְכַפֵּר עָוֹן וְלֹא־יַשְׁחִית
וְהִרְבָּה לְהָשִׁיב אַפּוֹ, וְלֹא־יָעִיר כָּל־חֲמָתוֹ:
תהלים כ יהוה הוֹשִׁיעָה, הַמֶּלֶךְ יַעֲנֵנוּ בְיוֹם־קָרְאֵנוּ:

קריאת שמע וברכותיה

נוהגים לכרוע מעט בשעת אמירת 'בָּרְכוּ', וזוקפים כשאומרים את השם.

ש"ץ: **בָּרְכוּ**

אֶת יהוה הַמְבֹרָךְ.

קהל: **בָּרוּךְ יהוה הַמְבֹרָךְ לְעוֹלָם וָעֶד.**

ש"ץ: **בָּרוּךְ יהוה הַמְבֹרָךְ לְעוֹלָם וָעֶד.**

ראוי לומר קריאת שמע וברכותיה בישיבה דווקא.

בָּרוּךְ אַתָּה יהוה אֱלֹהֵינוּ מֶלֶךְ הָעוֹלָם
אֲשֶׁר בִּדְבָרוֹ מַעֲרִיב עֲרָבִים, בְּחָכְמָה פּוֹתֵחַ שְׁעָרִים
וּבִתְבוּנָה מְשַׁנֶּה עִתִּים וּמַחֲלִיף אֶת הַזְּמַנִּים
וּמְסַדֵּר אֶת הַכּוֹכָבִים בְּמִשְׁמְרוֹתֵיהֶם בָּרָקִיעַ כִּרְצוֹנוֹ.

ברכות קריאת שמע מלשון הפסוק האמור בקריאת שמע, "ובשכבך ובקומך", למדו חכמים שמצווה לקרוא קריאת שמע פעמיים ביום, בבוקר ובערב. מצוות קריאת שמע איננה אמירת המילים בלבד אלא הכוונה וההזדהות עם משמעותן. קריאה כזו אינה דבר קל כלל ועיקר, ומשום כך היא דורשת עבודת הכנה. צמד הברכות שלפני קריאת שמע נועד לשם כך - להכנת המוח והלב, ההכרה והרגש. הברכה הראשונה עוסקת בגדולת ה' ובהיותו מעל לכל מציאות ומושג. הברכה השנייה, לעומת זאת, עוסקת בקרבת ה' אלינו, בחירתו בנו וגודל אהבתו אלינו שמכוחה נתן לנו את מתנת התורה. הצהרת האמונה בפסוק "שמע ישראל" והמסקנה הבאה אחריה בפרשות שאחר כך ובפרט ב"ואהבת" נובעות מהפנמה של הנושאים בברכות הללו. על ידי השגת הגדולה והשגב מצד אחד, והקִרבה מצד שני, אפשר להגיע לאמונה שלמה בה' ולאהבת ה' לבדו. הכנת הנפש הזאת נעשית לא פעם בחיים ולא פעמיים, אלא בכל יום ויום. הסיבה לכך היא שטבע האדם הוא להתרגל לכל דבר, ובשעה שהאדם מתרגל הוא מפסיק להתפעל ולהתרגש כבפעם הראשונה. כדי להגיע להתפעלות אין די באמירת

בּוֹרֵא יוֹם וָלָיְלָה
גּוֹלֵל אוֹר מִפְּנֵי חֹשֶׁךְ וְחֹשֶׁךְ מִפְּנֵי אוֹר
וּמַעֲבִיר יוֹם וּמֵבִיא לָיְלָה
וּמַבְדִּיל בֵּין יוֹם וּבֵין לָיְלָה
יהוה צְבָאוֹת שְׁמוֹ.
אֵל חַי וְקַיָּם תָּמִיד, יִמְלֹךְ עָלֵינוּ לְעוֹלָם וָעֶד.
בָּרוּךְ אַתָּה יהוה, הַמַּעֲרִיב עֲרָבִים.

אַהֲבַת עוֹלָם בֵּית יִשְׂרָאֵל עַמְּךָ אָהָבְתָּ
תּוֹרָה וּמִצְוֹת, חֻקִּים וּמִשְׁפָּטִים, אוֹתָנוּ לִמַּדְתָּ
עַל כֵּן יהוה אֱלֹהֵינוּ
בְּשָׁכְבֵנוּ וּבְקוּמֵנוּ נָשִׂיחַ בְּחֻקֶּיךָ
וְנִשְׂמַח בְּדִבְרֵי תַלְמוּד תּוֹרָתֶךָ וּבְמִצְוֹתֶיךָ לְעוֹלָם וָעֶד
כִּי הֵם חַיֵּינוּ וְאֹרֶךְ יָמֵינוּ, וּבָהֶם נֶהְגֶּה יוֹמָם וָלָיְלָה.
וְאַהֲבָתְךָ אַל תָּסִיר מִמֶּנּוּ לְעוֹלָמִים.
בָּרוּךְ אַתָּה יהוה, אוֹהֵב עַמּוֹ יִשְׂרָאֵל.

הדברים, אלא צריך גם להתכונן - במאמץ מודע, חוזר ונשנה, פעמיים בכל יום - כדי לשבור את ההרגל. הדברים הללו, המעוררים את אהבת ה׳, מצויים תמיד ובשפע, אך כמו כל הדברים החשובים באמת הם מובנים מאליהם כל כך עד שלא שמים לב אליהם. לכן צריך לומר שוב בכל יום "יוצר המאורות" ו"אהבת עולם אהבתנו" בבוקר, ו"מעריב ערבים" ו"אהבת עולם" בערב - לחזור על הדברים, לשוב ולהתבונן בהם, כדי שפעם, בנקודה כלשהי, ייסדק מסך ההרגל ואפשר יהיה לחוש במשהו.

מעריב ערבים ברכה על שינוי הזמנים מיום ללילה ומלילה ליום. פעולת ה׳ מורגשת וניכרת לנו בעולם הזה בתנועת צבא השמים הכוללת את חילופי הזמנים, יום ולילה. כל שעלינו לעשות הוא להסתכל על השמים ולראות את התנועה, הסדר וההלך, ואז מתגלה ומובן בפשטות כיצד לכל הדברים יש בורא ויוצר - כלשון הפסוק: "שְׂאוּ מָרוֹם עֵינֵיכֶם וּרְאוּ מִי בָרָא אֵלֶּה".

הקורא קריאת שמע ביחידות אומר: 'אֵל מֶלֶךְ נֶאֱמָן' שהוא בראשי תיבות 'אמן'. נהגו בהוספה זו כדי להשלים את מניין המילים שבקריאה לרמ"ח, כי היחיד אינו חוזר ואומר 'ה' אֱלֹהֵיכֶם אֱמֶת' בסוף קריאת שמע. אומנם יש שנהגו שלא לומר משום שלדעות שונות יש בכך הפסקה אסורה בין הברכות לקריאת שמע.

אֵל מֶלֶךְ נֶאֱמָן

נוהגים לומר את הפסוק הראשון בהגבהת הקול קצת כדי לעורר את הכוונה. וכן נוהגים לעצום את העיניים ולכסותן ביד ימין בעת אמירתו, כדי שלא להסתכל באותה שעה בדברים העלולים לבטל את הכוונה.

שְׁמַע יִשְׂרָאֵל, יְהוָה אֱלֹהֵינוּ, יְהוָה ׀ אֶחָד׃ דברים ו

בלחש: **בָּרוּךְ שֵׁם כְּבוֹד מַלְכוּתוֹ לְעוֹלָם וָעֶד.**

דברים ו **וְאָהַבְתָּ אֵת יְהוָה אֱלֹהֶיךָ, בְּכָל־לְבָבְךָ וּבְכָל־נַפְשְׁךָ וּבְכָל־מְאֹדֶךָ׃ וְהָיוּ הַדְּבָרִים הָאֵלֶּה, אֲשֶׁר אָנֹכִי מְצַוְּךָ הַיּוֹם, עַל־לְבָבֶךָ׃ וְשִׁנַּנְתָּם לְבָנֶיךָ וְדִבַּרְתָּ בָּם, בְּשִׁבְתְּךָ בְּבֵיתֶךָ וּבְלֶכְתְּךָ בַדֶּרֶךְ, וּבְשָׁכְבְּךָ וּבְקוּמֶךָ׃ וּקְשַׁרְתָּם לְאוֹת עַל־יָדֶךָ, וְהָיוּ לְטֹטָפֹת בֵּין עֵינֶיךָ׃ וּכְתַבְתָּם עַל־מְזֻזוֹת בֵּיתֶךָ וּבִשְׁעָרֶיךָ׃**

קריאת שמע עיקרה של קריאת שמע היא 'קבלת עול מלכות שמיים'. עניינה הוא קבלה פנימית של האדם על עצמו את מרות הקדוש ברוך הוא ומחויבות לעבוד את ה' ולקיים מצוות בכל מצב ובכל זמן. ר' צדוק הכהן הסביר, על דרך החסידות, את הטעם של קבלת עול מלכות שמיים פעמיים ביום, בבוקר ובערב: לשון הפסוק "ובשכבך ובקומך" מלמדת שקריאת שמע של הלילה קודמת, ואחריה באה הקריאה של היום. בדומה לסדר בריאת העולם שנאמר בו "וַיְהִי עֶרֶב וַיְהִי בֹקֶר" - קודם היה חושך ואחריו בא האור - כך הוא סדר הדברים בעבודת ה'. קבלת עול מלכות שמיים הראשונית של האדם היא בבחינה של לילה, במצב של חוסר בהירות והסתרה של ה'. ההחלטה הפנימית של האדם לעבוד את ה' בכל מצב, גם כאשר הוא אינו רואה, אינו מבין ואינו מרגיש, היא הבסיס שעליו החיים הדתיים עומדים. מנקודת הבסיס הזאת אפשר להתקדם ולהתעלות לבחינה של קריאת שמע של הבוקר, הנאמרת באור היום - כאשר אדם זוכה להגיע להארה ולהשגה בהירה יותר, המביאה אף לפעילות ועשייה.

דברים יא וְהָיָה אִם־שָׁמֹעַ תִּשְׁמְעוּ אֶל־מִצְוֹתַי אֲשֶׁר אָנֹכִי מְצַוֶּה אֶתְכֶם הַיּוֹם, לְאַהֲבָה אֶת־יְהוָה אֱלֹהֵיכֶם וּלְעָבְדוֹ, בְּכָל־לְבַבְכֶם וּבְכָל־נַפְשְׁכֶם: וְנָתַתִּי מְטַר־אַרְצְכֶם בְּעִתּוֹ, יוֹרֶה וּמַלְקוֹשׁ, וְאָסַפְתָּ דְגָנֶךָ וְתִירֹשְׁךָ וְיִצְהָרֶךָ: וְנָתַתִּי עֵשֶׂב בְּשָׂדְךָ לִבְהֶמְתֶּךָ, וְאָכַלְתָּ וְשָׂבָעְתָּ: הִשָּׁמְרוּ לָכֶם פֶּן־יִפְתֶּה לְבַבְכֶם, וְסַרְתֶּם וַעֲבַדְתֶּם אֱלֹהִים אֲחֵרִים וְהִשְׁתַּחֲוִיתֶם לָהֶם: וְחָרָה אַף־יְהוָה בָּכֶם, וְעָצַר אֶת־הַשָּׁמַיִם וְלֹא־יִהְיֶה מָטָר, וְהָאֲדָמָה לֹא תִתֵּן אֶת־יְבוּלָהּ, וַאֲבַדְתֶּם מְהֵרָה מֵעַל הָאָרֶץ הַטֹּבָה אֲשֶׁר יְהוָה נֹתֵן לָכֶם: וְשַׂמְתֶּם אֶת־דְּבָרַי אֵלֶּה עַל־לְבַבְכֶם וְעַל־נַפְשְׁכֶם, וּקְשַׁרְתֶּם אֹתָם לְאוֹת עַל־יֶדְכֶם, וְהָיוּ לְטוֹטָפֹת בֵּין עֵינֵיכֶם: וְלִמַּדְתֶּם אֹתָם אֶת־בְּנֵיכֶם לְדַבֵּר בָּם, בְּשִׁבְתְּךָ בְּבֵיתֶךָ וּבְלֶכְתְּךָ בַדֶּרֶךְ, וּבְשָׁכְבְּךָ וּבְקוּמֶךָ: וּכְתַבְתָּם עַל־מְזוּזוֹת בֵּיתֶךָ וּבִשְׁעָרֶיךָ: לְמַעַן יִרְבּוּ יְמֵיכֶם וִימֵי בְנֵיכֶם עַל הָאֲדָמָה אֲשֶׁר נִשְׁבַּע יְהוָה לַאֲבֹתֵיכֶם לָתֵת לָהֶם, כִּימֵי הַשָּׁמַיִם עַל־הָאָרֶץ:

במדבר טו וַיֹּאמֶר יְהוָה אֶל־מֹשֶׁה לֵּאמֹר: דַּבֵּר אֶל־בְּנֵי יִשְׂרָאֵל וְאָמַרְתָּ אֲלֵהֶם, וְעָשׂוּ לָהֶם צִיצִת עַל־כַּנְפֵי בִגְדֵיהֶם לְדֹרֹתָם, וְנָתְנוּ עַל־צִיצִת הַכָּנָף פְּתִיל תְּכֵלֶת: וְהָיָה לָכֶם לְצִיצִת, וּרְאִיתֶם אֹתוֹ וּזְכַרְתֶּם אֶת־כָּל־מִצְוֹת יְהוָה וַעֲשִׂיתֶם אֹתָם, וְלֹא תָתֻרוּ אַחֲרֵי לְבַבְכֶם וְאַחֲרֵי עֵינֵיכֶם, אֲשֶׁר־אַתֶּם זֹנִים אַחֲרֵיהֶם: לְמַעַן תִּזְכְּרוּ וַעֲשִׂיתֶם אֶת־כָּל־מִצְוֹתָי, וִהְיִיתֶם קְדֹשִׁים לֵאלֹהֵיכֶם: אֲנִי יְהוָה אֱלֹהֵיכֶם, אֲשֶׁר הוֹצֵאתִי אֶתְכֶם מֵאֶרֶץ מִצְרַיִם, לִהְיוֹת לָכֶם לֵאלֹהִים, אֲנִי יְהוָה אֱלֹהֵיכֶם:

אֱמֶת

שליח הציבור חוזר ואומר:

יְהוָה אֱלֹהֵיכֶם אֱמֶת

וֶאֱמוּנָה כָּל זֹאת וְקַיָּם עָלֵינוּ
כִּי הוּא יהוה אֱלֹהֵינוּ וְאֵין זוּלָתוֹ
וַאֲנַחְנוּ יִשְׂרָאֵל עַמּוֹ.
הַפּוֹדֵנוּ מִיַּד מְלָכִים
מַלְכֵּנוּ הַגּוֹאֲלֵנוּ מִכַּף כָּל הֶעָרִיצִים.
הָאֵל הַנִּפְרָע לָנוּ מִצָּרֵינוּ
הַמְשַׁלֵּם גְּמוּל לְכָל אוֹיְבֵי נַפְשֵׁנוּ.
הָעוֹשֶׂה גְדוֹלוֹת עַד אֵין חֵקֶר
נִסִּים וְנִפְלָאוֹת עַד אֵין מִסְפָּר.
הַשָּׂם נַפְשֵׁנוּ בַּחַיִּים, וְלֹא־נָתַן לַמּוֹט רַגְלֵנוּ: תהלים סו
הַמַּדְרִיכֵנוּ עַל בָּמוֹת אוֹיְבֵינוּ
וַיָּרֶם קַרְנֵנוּ עַל כָּל שׂוֹנְאֵינוּ.
הָעוֹשֶׂה לָּנוּ נִסִּים וּנְקָמָה בְּפַרְעֹה
אוֹתוֹת וּמוֹפְתִים בְּאַדְמַת בְּנֵי חָם.
הַמַּכֶּה בְעֶבְרָתוֹ כָּל בְּכוֹרֵי מִצְרָיִם
וַיּוֹצֵא אֶת עַמּוֹ יִשְׂרָאֵל מִתּוֹכָם לְחֵרוּת עוֹלָם.
הַמַּעֲבִיר בָּנָיו בֵּין גִּזְרֵי יַם סוּף
אֶת רוֹדְפֵיהֶם וְאֶת שׂוֹנְאֵיהֶם בִּתְהוֹמוֹת טִבַּע
וְרָאוּ בָנָיו גְּבוּרָתוֹ, שִׁבְּחוּ וְהוֹדוּ לִשְׁמוֹ
וּמַלְכוּתוֹ בְּרָצוֹן קִבְּלוּ עֲלֵיהֶם.
מֹשֶׁה וּבְנֵי יִשְׂרָאֵל, לְךָ עָנוּ שִׁירָה בְּשִׂמְחָה רַבָּה
וְאָמְרוּ כֻלָּם

מִי־כָמֹכָה בָּאֵלִם יהוה שמות טו
מִי כָּמֹכָה נֶאְדָּר בַּקֹּדֶשׁ
נוֹרָא תְהִלֹּת עֹשֵׂה פֶלֶא:

מַלְכוּתְךָ רָאוּ בָנֶיךָ
בּוֹקֵעַ יָם לִפְנֵי מֹשֶׁה
זֶה אֵלִי עָנוּ
וְאָמְרוּ
יהוה יִמְלֹךְ לְעֹלָם וָעֶד: שמות טו

וְנֶאֱמַר
כִּי־פָדָה יהוה אֶת־יַעֲקֹב, וּגְאָלוֹ מִיַּד חָזָק מִמֶּנּוּ: ירמיה לא
בָּרוּךְ אַתָּה יהוה, גָּאַל יִשְׂרָאֵל.

הַשְׁכִּיבֵנוּ יהוה אֱלֹהֵינוּ לְשָׁלוֹם
וְהַעֲמִידֵנוּ מַלְכֵּנוּ לְחַיִּים טוֹבִים וּלְשָׁלוֹם
וּפְרֹשׂ עָלֵינוּ סֻכַּת שְׁלוֹמֶךָ
וְתַקְּנֵנוּ בְּעֵצָה טוֹבָה מִלְּפָנֶיךָ
וְהוֹשִׁיעֵנוּ מְהֵרָה לְמַעַן שְׁמֶךָ.
וְהָגֵן בַּעֲדֵנוּ
וְהָסֵר מֵעָלֵינוּ אוֹיֵב, דֶּבֶר וְחֶרֶב וְרָעָב וְיָגוֹן
וְהָסֵר שָׂטָן מִלְּפָנֵינוּ וּמֵאַחֲרֵינוּ
וּבְצֵל כְּנָפֶיךָ תַּסְתִּירֵנוּ.
כִּי אֵל שׁוֹמְרֵנוּ וּמַצִּילֵנוּ אָתָּה
כִּי אֵל מֶלֶךְ חַנּוּן וְרַחוּם אָתָּה.
וּשְׁמֹר צֵאתֵנוּ וּבוֹאֵנוּ לְחַיִּים וּלְשָׁלוֹם מֵעַתָּה וְעַד עוֹלָם.
בָּרוּךְ אַתָּה יהוה
שׁוֹמֵר עַמּוֹ יִשְׂרָאֵל לָעַד.

בחוץ לארץ נוהגים לומר כאן ׳בָּרוּךְ ה׳ לְעוֹלָם׳ (עמ׳ 221). ורבים אין אומרים ברכה זאת במוצאי שבת. ויש הנוהגים שלא לומר ברכה זו כלל, גם בחוץ לארץ.

חצי קדיש

ש״ץ: יִתְגַּדַּל וְיִתְקַדַּשׁ שְׁמֵהּ רַבָּא (קהל: אָמֵן)
בְּעָלְמָא דִּי בְרָא כִרְעוּתֵהּ
וְיַמְלִיךְ מַלְכוּתֵהּ וְיַצְמַח פֻּרְקָנֵהּ וִיקָרֵב מְשִׁיחֵהּ (קהל: אָמֵן)
בְּחַיֵּיכוֹן וּבְיוֹמֵיכוֹן וּבְחַיֵּי דְכָל בֵּית יִשְׂרָאֵל
בַּעֲגָלָא וּבִזְמַן קָרִיב, וְאִמְרוּ אָמֵן. (קהל: אָמֵן)

קהל וש״ץ: יְהֵא שְׁמֵהּ רַבָּא מְבָרַךְ לְעָלַם וּלְעָלְמֵי עָלְמַיָּא.

ש״ץ: יִתְבָּרַךְ וְיִשְׁתַּבַּח וְיִתְפָּאַר וְיִתְרוֹמַם וְיִתְנַשֵּׂא
וְיִתְהַדָּר וְיִתְעַלֶּה וְיִתְהַלָּל, שְׁמֵהּ דְּקֻדְשָׁא בְּרִיךְ הוּא (קהל: אָמֵן)
לְעֵלָּא מִן כָּל בִּרְכָתָא
/בעשרת ימי תשובה: לְעֵלָּא לְעֵלָּא מִכָּל בִּרְכָתָא/
וְשִׁירָתָא, תֻּשְׁבְּחָתָא וְנֶחֱמָתָא
דַּאֲמִירָן בְּעָלְמָא, וְאִמְרוּ אָמֵן. (קהל: אָמֵן)

עמידה

פוסע שלוש פסיעות אחורנית ולאחר מכן (והוא עיקר הכוונה שבדבר) שלוש פסיעות לפנים, כמי שנכנס לפני המלך.

עומד ומתפלל בלחש מכאן ועד ׳וּכְשָׁנִים קַדְמֹנִיּוֹת׳ (בעמ׳ 206).

כורע בתחילתה ובסופה של ברכת אבות. אופן הכריעה כך הוא: כשאומר ׳בָּרוּךְ׳ כורע בברכיו, כשאומר ׳אַתָּה׳ שוחה, וכשאומר ׳השם׳ חוזר ומזדקף.

אֲדֹנָי, שְׂפָתַי תִּפְתָּח, וּפִי יַגִּיד תְּהִלָּתֶךָ: תהלים נא

אבות

בָּרוּךְ אַתָּה יהוה, אֱלֹהֵינוּ וֵאלֹהֵי אֲבוֹתֵינוּ
אֱלֹהֵי אַבְרָהָם, אֱלֹהֵי יִצְחָק, וֵאלֹהֵי יַעֲקֹב
הָאֵל הַגָּדוֹל הַגִּבּוֹר וְהַנּוֹרָא, אֵל עֶלְיוֹן
גּוֹמֵל חֲסָדִים טוֹבִים, קוֹנֵה הַכֹּל
וְזוֹכֵר חַסְדֵי אָבוֹת
וּמֵבִיא גוֹאֵל לִבְנֵי בְנֵיהֶם לְמַעַן שְׁמוֹ בְּאַהֲבָה.

בעשרת ימי תשובה:
ואם שכח אינו חוזר.
זָכְרֵנוּ לְחַיִּים, מֶלֶךְ חָפֵץ בַּחַיִּים
וְכָתְבֵנוּ בְּסֵפֶר הַחַיִּים, לְמַעַנְךָ אֱלֹהִים חַיִּים.

מֶלֶךְ עוֹזֵר וּמוֹשִׁיעַ וּמָגֵן.
בָּרוּךְ אַתָּה יהוה
מָגֵן אַבְרָהָם.

גבורות

אַתָּה גִּבּוֹר לְעוֹלָם, אֲדֹנָי
מְחַיֵּה מֵתִים אַתָּה, רַב לְהוֹשִׁיעַ

אומרים ׳מַשִּׁיב הָרוּחַ וּמוֹרִיד הַגֶּשֶׁם׳ בכל ימות החורף (מתפילת מוסף של שמיני עצרת עד לשחרית של יום ראשון של פסח) ו׳מוֹרִיד הַטָּל׳ בימות הקיץ (ממוסף של יום ראשון של פסח עד שחרית של שמיני עצרת).

מי שטעה ואמר ׳מַשִּׁיב הָרוּחַ׳ בימות הקיץ – חוזר לראש הברכה, ואם גמר את הברכה – חוזר לתחילת התפילה. וכן הדין בימות החורף במי שלא הזכיר כלל ׳מַשִּׁיב הָרוּחַ׳, אבל אם אמר בטעות במקום זה ׳מוֹרִיד הַטָּל׳, אינו צריך לחזור.

בחורף: מַשִּׁיב הָרוּחַ וּמוֹרִיד הַגֶּשֶׁם / בקיץ: מוֹרִיד הַטָּל

מְכַלְכֵּל חַיִּים בְּחֶסֶד, מְחַיֵּה מֵתִים בְּרַחֲמִים רַבִּים
סוֹמֵךְ נוֹפְלִים, וְרוֹפֵא חוֹלִים, וּמַתִּיר אֲסוּרִים
וּמְקַיֵּם אֱמוּנָתוֹ לִישֵׁנֵי עָפָר.
מִי כָמְוֹךָ, בַּעַל גְּבוּרוֹת, וּמִי דּוֹמֶה לָּךְ
מֶלֶךְ, מֵמִית וּמְחַיֶּה וּמַצְמִיחַ יְשׁוּעָה.

בעשרת ימי תשובה:
ואם שכח אינו חוזר.
מִי כָמְוֹךָ אָב הָרַחֲמָן
זוֹכֵר יְצוּרָיו לְחַיִּים בְּרַחֲמִים.

וְנֶאֱמָן אַתָּה לְהַחֲיוֹת מֵתִים.
בָּרוּךְ אַתָּה יהוה
מְחַיֵּה הַמֵּתִים.

קדושת השם

אַתָּה קָדוֹשׁ וְשִׁמְךָ קָדוֹשׁ
וּקְדוֹשִׁים בְּכָל יוֹם יְהַלְלוּךָ סֶּלָה
כִּי אֵל מֶלֶךְ גָּדוֹל וְקָדוֹשׁ אָתָּה.
בָּרוּךְ אַתָּה יהוה
הָאֵל הַקָּדוֹשׁ. /בעשרת ימי תשובה: הַמֶּלֶךְ הַקָּדוֹשׁ./

אם שכח, חוזר לראש התפילה.

בכל ברכות הבקשה, קודם חתימת הברכה המתפלל רשאי להוסיף בקשות אישיות, כל אחד לפי עניינו וצרכיו. אף שהבקשות הפרטיות הללו אינן חלק מנוסח התפילה הקבוע, הן מבטאות את עיקרה של התפילה – עמידת האדם לפני ה' ושיחתו עימו.

דעת

אַתָּה חוֹנֵן לְאָדָם דַּעַת, וּמְלַמֵּד לֶאֱנוֹשׁ בִּינָה.

במוצאי שבת ובמוצאי יום טוב:

אַתָּה חוֹנַנְתָּנוּ לְמַדַּע תּוֹרָתֶךָ, וַתְּלַמְּדֵנוּ לַעֲשׂוֹת חֻקֵּי רְצוֹנֶךָ, וַתַּבְדֵּל יהוה אֱלֹהֵינוּ בֵּין קֹדֶשׁ לְחוֹל, בֵּין אוֹר לְחֹשֶׁךְ, בֵּין יִשְׂרָאֵל לָעַמִּים, בֵּין יוֹם הַשְּׁבִיעִי לְשֵׁשֶׁת יְמֵי הַמַּעֲשֶׂה. אָבִינוּ מַלְכֵּנוּ, הָחֵל עָלֵינוּ הַיָּמִים הַבָּאִים לִקְרָאתֵנוּ לְשָׁלוֹם, חֲשׂוּכִים מִכָּל חֵטְא וּמְנֻקִּים מִכָּל עָוֹן וּמְדֻבָּקִים בְּיִרְאָתֶךָ. וְ

חָנֵּנוּ מֵאִתְּךָ חָכְמָה בִּינָה וָדָעַת.
בָּרוּךְ אַתָּה יהוה
חוֹנֵן הַדָּעַת.

אתה חוננתנו במוצאי שבת ובמוצאי יום טוב מוסיפים בברכת "הדעת" נוסח של הבדלה. הטעם לאמירת ההבדלה בברכת "הדעת" הוא משום שבזכות מתנת הדעת יש לאדם יכולת להבחין בין קודש לחול ובין יום השבת לימי המעשה, כפי שאמרו חכמים "אם אין דעת - הבדלה מניין". לאמירת "אתה חוננתנו" יש גם השלכה הלכתית - היא מתירה לאדם עשיית מלאכת חול.

תשובה

הֲשִׁיבֵנוּ אָבִינוּ לְתוֹרָתֶךָ
וְקָרְבֵנוּ מַלְכֵּנוּ לַעֲבוֹדָתֶךָ
וְהַחֲזִירֵנוּ בִּתְשׁוּבָה שְׁלֵמָה לְפָנֶיךָ.
בָּרוּךְ אַתָּה יהוה
הָרוֹצֶה בִּתְשׁוּבָה.

סליחה

נוהגים להכות באגרוף קמוץ על הלב כשאומרים ׳חָטָאנוּ׳ ו׳פָשָׁעְנוּ׳, לומר שתאוות הלב הן גורמי הרֶשַׁע שהביאו לכלל החטא, ומעתה ואילך בדעתו להתגבר עליהן.

סְלַח לָנוּ אָבִינוּ כִּי חָטָאנוּ
מְחַל לָנוּ מַלְכֵּנוּ כִּי פָשָׁעְנוּ
כִּי אֵל טוֹב וְסַלָּח אָתָּה.
בָּרוּךְ אַתָּה יהוה
חַנּוּן הַמַּרְבֶּה לִסְלֹחַ.

גאולה

רְאֵה נָא בְעָנְיֵנוּ, וְרִיבָה רִיבֵנוּ
וּגְאָלֵנוּ גְּאֻלָּה שְׁלֵמָה מְהֵרָה לְמַעַן שְׁמֶךָ
כִּי אֵל גּוֹאֵל חָזָק אָתָּה.
בָּרוּךְ אַתָּה יהוה
גּוֹאֵל יִשְׂרָאֵל.

רפואה

רְפָאֵנוּ יהוה וְנֵרָפֵא, הוֹשִׁיעֵנוּ וְנִוָּשֵׁעָה, כִּי תְהִלָּתֵנוּ אָתָּה
וְהַעֲלֵה אֲרוּכָה וּמַרְפֵּא לְכָל תַּחֲלוּאֵינוּ וּלְכָל מַכְאוֹבֵינוּ
וּרְפוּאָה שְׁלֵמָה לְכָל מַכּוֹתֵינוּ

המתפלל על חולה מוסיף:
יְהִי רָצוֹן מִלְּפָנֶיךָ יהוה אֱלֹהַי וֵאלֹהֵי אֲבוֹתַי, שֶׁתִּשְׁלַח מְהֵרָה רְפוּאָה שְׁלֵמָה מִן הַשָּׁמַיִם, רְפוּאַת הַנֶּפֶשׁ וּרְפוּאַת הַגּוּף, לַחוֹלֶה/לַחוֹלָה פלוני/ת בֶּן/בַּת פלונית בְּתוֹךְ שְׁאָר חוֹלֵי יִשְׂרָאֵל.

כִּי אֵל מֶלֶךְ רוֹפֵא נֶאֱמָן וְרַחֲמָן אָתָּה.
בָּרוּךְ אַתָּה יהוה, רוֹפֵא חוֹלֵי עַמּוֹ יִשְׂרָאֵל.

ברכת השנים

בחורף (בארץ ישראל – מז׳ במרחשון, ובחוץ לארץ – מחמישה או שישה בדצמבר עד יום ראשון של פסח) אומרים: ׳וְתֵן טַל וּמָטָר לִבְרָכָה׳, ובימות הקיץ אומרים: ׳וְתֵן בְּרָכָה׳.

אם טעה ואמר נוסח של קיץ בחורף: נזכר ב׳ברכת השנים׳ – אומר ׳וְתֵן טַל וּמָטָר לִבְרָכָה׳ וממשיך משם כסדר הברכה; לאחר ברכת השנים – מבקש ׳וְתֵן טַל וּמָטָר לִבְרָכָה׳ ב׳שְׁמַע קוֹלֵנוּ׳; לאחר ׳שְׁמַע קוֹלֵנוּ׳ – חוזר ל׳ברכת השנים׳; לאחר תפילת עמידה – חוזר לתחילת התפילה. טעה ואמר נוסח של חורף בקיץ, חוזר לראש ׳ברכת השנים׳. ואם סיים תפילת עמידה, חוזר לראש התפילה.

בָּרֵךְ עָלֵינוּ יהוה אֱלֹהֵינוּ אֶת הַשָּׁנָה הַזֹּאת
וְאֶת כָּל מִינֵי תְבוּאָתָהּ, לְטוֹבָה
בחורף: וְתֵן טַל וּמָטָר לִבְרָכָה / בקיץ: וְתֵן בְּרָכָה
עַל פְּנֵי הָאֲדָמָה, וְשַׂבְּעֵנוּ מִטּוּבָהּ
וּבָרֵךְ שְׁנָתֵנוּ כַּשָּׁנִים הַטּוֹבוֹת לִבְרָכָה
כִּי אֵל טוֹב וּמֵטִיב אַתָּה, וּמְבָרֵךְ הַשָּׁנִים.
בָּרוּךְ אַתָּה יהוה, מְבָרֵךְ הַשָּׁנִים.

קיבוץ גלויות

תְּקַע בְּשׁוֹפָר גָּדוֹל לְחֵרוּתֵנוּ
וְשָׂא נֵס לְקַבֵּץ גָּלֻיּוֹתֵינוּ
וְקַבְּצֵנוּ יַחַד מְהֵרָה מֵאַרְבַּע כַּנְפוֹת הָאָרֶץ לְאַרְצֵנוּ.
בָּרוּךְ אַתָּה יהוה
מְקַבֵּץ נִדְחֵי עַמּוֹ יִשְׂרָאֵל.

השבת המשפט

הָשִׁיבָה שׁוֹפְטֵינוּ כְּבָרִאשׁוֹנָה, וְיוֹעֲצֵינוּ כְּבַתְּחִלָּה
וְהָסֵר מִמֶּנּוּ יָגוֹן וַאֲנָחָה
וּמְלֹךְ עָלֵינוּ מְהֵרָה אַתָּה יהוה לְבַדְּךָ
בְּחֶסֶד וּבְרַחֲמִים, בְּצֶדֶק וּבְמִשְׁפָּט.
בָּרוּךְ אַתָּה יהוה, מֶלֶךְ אוֹהֵב צְדָקָה וּמִשְׁפָּט.
/ בעשרת ימי תשובה: הַמֶּלֶךְ הַמִּשְׁפָּט./
ואם שכח אינו חוזר.

ברכת המינים

וְלַמַּלְשִׁינִים אַל תְּהִי תִקְוָה, וְכָל הַמִּינִים כְּרֶגַע יֹאבֵדוּ
וְכָל אוֹיְבֵי עַמְּךָ מְהֵרָה יִכָּרֵתוּ
וְהַזֵּדִים מְהֵרָה תְעַקֵּר וּתְשַׁבֵּר וּתְמַגֵּר
וּתְכַלֵּם וְתַשְׁפִּילֵם וְתַכְנִיעֵם בִּמְהֵרָה בְיָמֵינוּ.
בָּרוּךְ אַתָּה יהוה, שׁוֹבֵר אוֹיְבִים וּמַכְנִיעַ זֵדִים.

על הצדיקים

עַל הַצַּדִּיקִים וְעַל הַחֲסִידִים
וְעַל זִקְנֵי שְׁאֵרִית עַמְּךָ בֵּית יִשְׂרָאֵל
וְעַל פְּלֵיטַת בֵּית סוֹפְרֵיהֶם
וְעַל גֵּרֵי הַצֶּדֶק, וְעָלֵינוּ
יֶהֱמוּ נָא רַחֲמֶיךָ, יהוה אֱלֹהֵינוּ
וְתֵן שָׂכָר טוֹב לְכָל הַבּוֹטְחִים בְּשִׁמְךָ בֶּאֱמֶת
וְשִׂים חֶלְקֵנוּ עִמָּהֶם
וּלְעוֹלָם לֹא נֵבוֹשׁ, כִּי בְךָ בָטָחְנוּ
וְעַל חַסְדְּךָ הַגָּדוֹל בֶּאֱמֶת נִשְׁעָנְנוּ.
בָּרוּךְ אַתָּה יהוה, מִשְׁעָן וּמִבְטָח לַצַּדִּיקִים.

בניין ירושלים

וְלִירוּשָׁלַיִם עִירְךָ בְּרַחֲמִים תָּשׁוּב
וְתִשְׁכֹּן בְּתוֹכָהּ כַּאֲשֶׁר דִּבַּרְתָּ
וּבְנֵה אוֹתָהּ בְּקָרוֹב בְּיָמֵינוּ בִּנְיַן עוֹלָם
וְכִסֵּא דָוִד עַבְדְּךָ מְהֵרָה לְתוֹכָהּ תָּכִין.
בָּרוּךְ אַתָּה יהוה, בּוֹנֵה יְרוּשָׁלָיִם.

מלכות בית דוד

אֶת צֶמַח דָּוִד עַבְדְּךָ מְהֵרָה תַצְמִיחַ
וְקַרְנוֹ תָּרוּם בִּישׁוּעָתֶךָ
כִּי לִישׁוּעָתְךָ קִוִּינוּ כָּל הַיּוֹם.
בָּרוּךְ אַתָּה יהוה, מַצְמִיחַ קֶרֶן יְשׁוּעָה.

שומע תפילה

אָב הָרַחֲמָן
שְׁמַע קוֹלֵנוּ יהוה אֱלֹהֵינוּ
חוּס וְרַחֵם עָלֵינוּ, וְקַבֵּל בְּרַחֲמִים וּבְרָצוֹן אֶת תְּפִלָּתֵנוּ
כִּי אֵל שׁוֹמֵעַ תְּפִלּוֹת וְתַחֲנוּנִים אָתָּה
וּמִלְּפָנֶיךָ מַלְכֵּנוּ רֵיקָם אַל תְּשִׁיבֵנוּ
חָנֵּנוּ וַעֲנֵנוּ וּשְׁמַע תְּפִלָּתֵנוּ

יש נוהגים לומר כאן בקשה זו למחילת חטאים:

אָנָּא יהוה, חָטָאתִי עָוִיתִי וּפָשַׁעְתִּי לְפָנֶיךָ, מִיּוֹם הֱיוֹתִי עַל הָאֲדָמָה עַד הַיּוֹם הַזֶּה (ובפרט בחטא פלוני). אָנָּא יהוה, עֲשֵׂה לְמַעַן שִׁמְךָ הַגָּדוֹל, וּתְכַפֵּר לִי עַל עֲוֹנַי וַחֲטָאַי וּפְשָׁעַי, שֶׁחָטָאתִי וְשֶׁעָוִיתִי וְשֶׁפָּשַׁעְתִּי לְפָנֶיךָ, מִנְּעוּרַי עַד הַיּוֹם הַזֶּה, וּתְמַלֵּא כָּל הַשֵּׁמוֹת שֶׁפָּגַמְתִּי בְּשִׁמְךָ הַגָּדוֹל.

וממשיכים ׳כִּי אַתָּה שׁוֹמֵעַ׳.

יש נוהגים לומר כאן בקשה על הפרנסה. תפילה זו בנויה על פי דברי הזוהר והמקובלים שאמרו שאף מי שפרנסתו מצויה צריך להתפלל על הפרנסה ולהראות בכך שאינו סומך על כוחו ועוצם ידו, אלא על רחמי ה׳.

אַתָּה הוּא יהוה הָאֱלֹהִים הַזָּן וּמְפַרְנֵס וּמְכַלְכֵּל מִקַּרְנֵי רְאֵמִים עַד בֵּיצֵי כִנִּים. הַטְרִיפֵנִי לֶחֶם חֻקִּי, וְהַמְצֵא לִי וּלְכָל בְּנֵי בֵיתִי מְזוֹנוֹתַי קוֹדֶם שֶׁאֶצְטָרֵךְ לָהֶם, בְּנַחַת וְלֹא בְצַעַר, בְּהֶתֵּר וְלֹא בְאִסּוּר, בְּכָבוֹד וְלֹא בְבִזָּיוֹן, לְחַיִּים וּלְשָׁלוֹם, מִשֶּׁפַע בְּרָכָה וְהַצְלָחָה וּמִשֶּׁפַע בְּרֵכָה עֶלְיוֹנָה, כְּדֵי שֶׁאוּכַל לַעֲשׂוֹת רְצוֹנֶךָ, וְלַעֲסֹק בְּתוֹרָתֶךָ, וּלְקַיֵּם מִצְוֹתֶיךָ. וְאַל תַּצְרִיכֵנִי לִידֵי מַתְּנַת בָּשָׂר וָדָם, וִיקֻיַּם בִּי מִקְרָא שֶׁכָּתוּב: פּוֹתֵחַ אֶת יָדֶךָ וּמַשְׂבִּיעַ לְכָל חַי רָצוֹן. וממשיכים ׳כִּי אַתָּה שׁוֹמֵעַ׳.

בזמן עצירת גשמים יש נוהגים לומר:

וַעֲנֵנוּ בּוֹרֵא עוֹלָם בְּמִדַּת הָרַחֲמִים, בּוֹחֵר בְּעַמּוֹ יִשְׂרָאֵל לְהוֹדִיעַ גָּדְלוֹ וְהַדְרַת כְּבוֹדוֹ. שׁוֹמֵעַ תְּפִלָּה, תֵּן טַל וּמָטָר עַל פְּנֵי הָאֲדָמָה, וְתַשְׂבִּיעַ אֶת הָעוֹלָם כֻּלּוֹ מִטּוּבֶךָ, וּמַלֵּא יָדֵינוּ מִבִּרְכוֹתֶיךָ וּמֵעֹשֶׁר מַתְּנַת יָדֶךָ. שְׁמֹר וְהַצֵּל שָׁנָה זוֹ מִכָּל דָּבָר רָע, וּמִכָּל מִינֵי מַשְׁחִית וּמִכָּל מִינֵי פֻרְעָנִיּוֹת, וַעֲשֵׂה לָהּ תִּקְוָה וְאַחֲרִית שָׁלוֹם. חוּס וְרַחֵם עָלֵינוּ וְעַל כָּל תְּבוּאָתֵנוּ וּפֵרוֹתֵינוּ, וּבָרְכֵנוּ בְּגִשְׁמֵי בְרָכָה, וְנִזְכֶּה לְחַיִּים וְשֹׂבַע וְשָׁלוֹם כַּשָּׁנִים הַטּוֹבוֹת. וְהָסֵר מִמֶּנּוּ דֶּבֶר וְחֶרֶב וְרָעָב, וְחַיָּה רָעָה וּשְׁבִי וּבִזָּה, וְיֵצֶר הָרָע וָחֳלָיִים רָעִים וְקָשִׁים וּמְאֹרָעוֹת רָעִים וְקָשִׁים. וּגְזֹר עָלֵינוּ גְּזֵרוֹת טוֹבוֹת מִלְּפָנֶיךָ, וְיִגֹּלּוּ רַחֲמֶיךָ עַל מִדּוֹתֶיךָ, וְתִתְנַהֵג עִם בָּנֶיךָ בְּמִדַּת הָרַחֲמִים, וְקַבֵּל בְּרַחֲמִים וּבְרָצוֹן אֶת תְּפִלָּתֵנוּ. וממשיכים ׳כִּי אַתָּה שׁוֹמֵעַ׳.

כִּי אַתָּה שׁוֹמֵעַ תְּפִלַּת כָּל פֶּה.
בָּרוּךְ אַתָּה יהוה, שׁוֹמֵעַ תְּפִלָּה.

עבודה

רְצֵה יהוה אֱלֹהֵינוּ בְּעַמְּךָ יִשְׂרָאֵל, וְלִתְפִלָּתָם שְׁעֵה
וְהָשֵׁב אֶת הָעֲבוֹדָה לִדְבִיר בֵּיתֶךָ
וְאִשֵּׁי יִשְׂרָאֵל וּתְפִלָּתָם, מְהֵרָה בְּאַהֲבָה תְקַבֵּל בְּרָצוֹן
וּתְהִי לְרָצוֹן תָּמִיד עֲבוֹדַת יִשְׂרָאֵל עַמֶּךָ.

בראש חודש ובחול המועד אומרים ׳יַעֲלֶה וְיָבוֹא׳. אם שכח ׳יַעֲלֶה וְיָבוֹא׳ בערבית בראש חודש – אינו חוזר. ובחול המועד – חוזר ל׳רְצֵה׳, ואם נזכר לאחר שסיים עמידה – חוזר לראש.

אֱלֹהֵינוּ וֵאלֹהֵי אֲבוֹתֵינוּ, יַעֲלֶה וְיָבוֹא וְיַגִּיעַ, וְיֵרָאֶה וְיֵרָצֶה וְיִשָּׁמַע, וְיִפָּקֵד וְיִזָּכֵר זִכְרוֹנֵנוּ וּפִקְדוֹנֵנוּ וְזִכְרוֹן אֲבוֹתֵינוּ, וְזִכְרוֹן מָשִׁיחַ בֶּן דָּוִד עַבְדֶּךָ, וְזִכְרוֹן יְרוּשָׁלַיִם עִיר קָדְשֶׁךָ, וְזִכְרוֹן כָּל עַמְּךָ בֵּית יִשְׂרָאֵל, לְפָנֶיךָ, לִפְלֵיטָה לְטוֹבָה, לְחֵן וּלְחֶסֶד וּלְרַחֲמִים, לְחַיִּים וּלְשָׁלוֹם בְּיוֹם
בראש חודש: **רֹאשׁ הַחֹדֶשׁ** / בפסח: **חַג הַמַּצּוֹת** / בסוכות: **חַג הַסֻּכּוֹת**
הַזֶּה. זָכְרֵנוּ יהוה אֱלֹהֵינוּ בּוֹ לְטוֹבָה, וּפָקְדֵנוּ בוֹ לִבְרָכָה, וְהוֹשִׁיעֵנוּ בוֹ לְחַיִּים טוֹבִים. וּבִדְבַר יְשׁוּעָה וְרַחֲמִים חוּס וְחָנֵּנוּ וְרַחֵם עָלֵינוּ וְהוֹשִׁיעֵנוּ, כִּי אֵלֶיךָ עֵינֵינוּ, כִּי אֵל מֶלֶךְ חַנּוּן וְרַחוּם אָתָּה.

וְתֶחֱזֶינָה עֵינֵינוּ בְּשׁוּבְךָ לְצִיּוֹן בְּרַחֲמִים.
בָּרוּךְ אַתָּה יהוה הַמַּחֲזִיר שְׁכִינָתוֹ לְצִיּוֹן.

הודאה

משתחווים בברכת ההודאה בתחילה ובסוף. כשאומר ׳מוֹדִים׳ כורע ושוחה כאחת, וכשאומר ׳השם׳ זוקף. בסוף הברכה אופן הכריעה דומה לתחילת התפילה – כשאומר ׳בָּרוּךְ׳ כורע, כשאומר ׳אַתָּה׳ שוחה וכשאומר ׳השם׳ חוזר ומזדקף.

מוֹדִים אֲנַחְנוּ לָךְ
שָׁאַתָּה הוּא יהוה אֱלֹהֵינוּ וֵאלֹהֵי אֲבוֹתֵינוּ לְעוֹלָם וָעֶד.
צוּר חַיֵּינוּ, מָגֵן יִשְׁעֵנוּ אַתָּה הוּא לְדוֹר וָדוֹר.
נוֹדֶה לְּךָ וּנְסַפֵּר תְּהִלָּתֶךָ
עַל חַיֵּינוּ הַמְּסוּרִים בְּיָדֶךָ, וְעַל נִשְׁמוֹתֵינוּ הַפְּקוּדוֹת לָךְ
וְעַל נִסֶּיךָ שֶׁבְּכָל יוֹם עִמָּנוּ, וְעַל נִפְלְאוֹתֶיךָ וְטוֹבוֹתֶיךָ
שֶׁבְּכָל עֵת, עֶרֶב וָבֹקֶר וְצָהֳרָיִם.
הַטּוֹב, כִּי לֹא כָלוּ רַחֲמֶיךָ
וְהַמְרַחֵם, כִּי לֹא תַמּוּ חֲסָדֶיךָ
כִּי מֵעוֹלָם קִוִּינוּ לָךְ.

בחנוכה אומרים כאן ׳עַל הַנִּסִּים׳. ואם שכח אינו חוזר.

וְעַל הַנִּסִּים וְעַל הַפֻּרְקָן וְעַל הַגְּבוּרוֹת וְעַל הַתְּשׁוּעוֹת וְעַל הַנִּפְלָאוֹת וְעַל הַנֶּחָמוֹת וְעַל הַמִּלְחָמוֹת שֶׁעָשִׂיתָ לַאֲבוֹתֵינוּ בַּיָּמִים הָהֵם בַּזְּמַן הַזֶּה.

בִּימֵי מַתִּתְיָהוּ בֶּן יוֹחָנָן כֹּהֵן גָּדוֹל חַשְׁמוֹנַאי וּבָנָיו, כְּשֶׁעָמְדָה מַלְכוּת יָוָן הָרְשָׁעָה עַל עַמְּךָ יִשְׂרָאֵל לְהַשְׁכִּיחָם תּוֹרָתֶךָ וּלְהַעֲבִירָם מֵחֻקֵּי רְצוֹנֶךָ, וְאַתָּה בְּרַחֲמֶיךָ הָרַבִּים עָמַדְתָּ לָהֶם בְּעֵת צָרָתָם, רַבְתָּ אֶת רִיבָם, דַּנְתָּ אֶת דִּינָם, נָקַמְתָּ אֶת נִקְמָתָם, מָסַרְתָּ גִבּוֹרִים בְּיַד חַלָּשִׁים, וְרַבִּים בְּיַד מְעַטִּים, וּטְמֵאִים בְּיַד טְהוֹרִים, וּרְשָׁעִים בְּיַד צַדִּיקִים, וְזֵדִים בְּיַד עוֹסְקֵי תוֹרָתֶךָ. וּלְךָ עָשִׂיתָ שֵׁם גָּדוֹל וְקָדוֹשׁ בְּעוֹלָמֶךָ, וּלְעַמְּךָ יִשְׂרָאֵל עָשִׂיתָ תְּשׁוּעָה גְדוֹלָה וּפֻרְקָן כְּהַיּוֹם הַזֶּה. וְאַחַר כָּךְ בָּאוּ בָנֶיךָ לִדְבִיר בֵּיתֶךָ, וּפִנּוּ אֶת הֵיכָלֶךָ, וְטִהֲרוּ אֶת מִקְדָּשֶׁךָ, וְהִדְלִיקוּ נֵרוֹת בְּחַצְרוֹת קָדְשֶׁךָ, וְקָבְעוּ שְׁמוֹנַת יְמֵי חֲנֻכָּה אֵלּוּ, לְהוֹדוֹת וּלְהַלֵּל לְשִׁמְךָ הַגָּדוֹל.

וממשיכים ׳וְעַל כֻּלָּם׳.

בפורים אומרים כאן ׳עַל הַנִּסִּים׳. ואם שכח אינו חוזר.

וְעַל הַנִּסִּים וְעַל הַפֻּרְקָן וְעַל הַגְּבוּרוֹת וְעַל הַתְּשׁוּעוֹת וְעַל הַנִּפְלָאוֹת וְעַל הַנֶּחָמוֹת וְעַל הַמִּלְחָמוֹת שֶׁעָשִׂיתָ לַאֲבוֹתֵינוּ בַּיָּמִים הָהֵם בַּזְּמַן הַזֶּה.

בִּימֵי מָרְדְּכַי וְאֶסְתֵּר בְּשׁוּשַׁן הַבִּירָה, כְּשֶׁעָמַד עֲלֵיהֶם הָמָן הָרָשָׁע, בִּקֵּשׁ
לְהַשְׁמִיד לַהֲרֹג וּלְאַבֵּד אֶת־כָּל־הַיְּהוּדִים מִנַּעַר וְעַד־זָקֵן טַף וְנָשִׁים בְּיוֹם אסתר ג
אֶחָד, בִּשְׁלוֹשָׁה עָשָׂר לְחֹדֶשׁ שְׁנֵים־עָשָׂר, הוּא־חֹדֶשׁ אֲדָר, וּשְׁלָלָם
לָבוֹז: וְאַתָּה בְּרַחֲמֶיךָ הָרַבִּים הֵפַרְתָּ אֶת עֲצָתוֹ, וְקִלְקַלְתָּ אֶת מַחֲשַׁבְתּוֹ,
וַהֲשֵׁבוֹתָ לּוֹ גְּמוּלוֹ בְּרֹאשׁוֹ, וְתָלוּ אוֹתוֹ וְאֶת בָּנָיו עַל הָעֵץ.

וממשיכים ׳וְעַל כֻּלָּם׳.

וְעַל כֻּלָּם יִתְבָּרַךְ וְיִתְרוֹמַם וְיִתְנַשֵּׂא שִׁמְךָ מַלְכֵּנוּ תָּמִיד לְעוֹלָם וָעֶד.

בעשרת ימי תשובה: וּכְתֹב לְחַיִּים טוֹבִים כָּל בְּנֵי בְרִיתֶךָ.
ואם שכח אינו חוזר.

וְכֹל הַחַיִּים יוֹדוּךָ סֶּלָה
וִיהַלְלוּ וִיבָרְכוּ אֶת שִׁמְךָ הַגָּדוֹל בֶּאֱמֶת לְעוֹלָם כִּי טוֹב
הָאֵל יְשׁוּעָתֵנוּ וְעֶזְרָתֵנוּ סֶלָה, הָאֵל הַטּוֹב.
בָּרוּךְ אַתָּה יהוה, הַטּוֹב שִׁמְךָ וּלְךָ נָאֶה לְהוֹדוֹת.

שלום

שִׂים שָׁלוֹם טוֹבָה וּבְרָכָה
חַיִּים חֵן וָחֶסֶד וְרַחֲמִים
עָלֵינוּ וְעַל כָּל יִשְׂרָאֵל עַמֶּךָ.
בָּרְכֵנוּ אָבִינוּ כֻּלָּנוּ כְּאֶחָד בְּאוֹר פָּנֶיךָ
כִּי בְאוֹר פָּנֶיךָ נָתַתָּ לָּנוּ יהוה אֱלֹהֵינוּ
תּוֹרַת חַיִּים וְאַהֲבַת חֶסֶד
וּצְדָקָה וּבְרָכָה
וְרַחֲמִים וְחַיִּים וְשָׁלוֹם.
וְטוֹב יִהְיֶה בְּעֵינֶיךָ לְבָרְכֵנוּ
וּלְבָרֵךְ אֶת כָּל עַמְּךָ יִשְׂרָאֵל
בְּכָל עֵת וּבְכָל שָׁעָה
בִּשְׁלוֹמֶךָ.

יש נוהגים לומר נוסח זה:

שָׁלוֹם רָב
עַל יִשְׂרָאֵל עַמְּךָ
תָּשִׂים לְעוֹלָם
כִּי אַתָּה הוּא
מֶלֶךְ אָדוֹן
לְכָל הַשָּׁלוֹם.
וְטוֹב יִהְיֶה בְּעֵינֶיךָ
לְבָרְכֵנוּ
וּלְבָרֵךְ אֶת
כָּל עַמְּךָ יִשְׂרָאֵל
בְּכָל עֵת וּבְכָל שָׁעָה
בִּשְׁלוֹמֶךָ.

בעשרת ימי תשובה: ואם שכח אינו חוזר.
בְּסֵפֶר חַיִּים, בְּרָכָה וְשָׁלוֹם, וּפַרְנָסָה טוֹבָה
וּגְזֵרוֹת טוֹבוֹת, יְשׁוּעוֹת וְנֶחָמוֹת
נִזָּכֵר וְנִכָּתֵב לְפָנֶיךָ אֲנַחְנוּ וְכָל עַמְּךָ בֵּית יִשְׂרָאֵל
לְחַיִּים טוֹבִים וּלְשָׁלוֹם.

בָּרוּךְ אַתָּה יהוה, הַמְבָרֵךְ אֶת עַמּוֹ יִשְׂרָאֵל בַּשָּׁלוֹם.

יִהְיוּ לְרָצוֹן אִמְרֵי פִי וְהֶגְיוֹן לִבִּי לְפָנֶיךָ, יהוה צוּרִי וְגֹאֲלִי: תהלים יט

אֱלֹהַי, נְצֹר לְשׁוֹנִי מֵרָע וּשְׂפָתַי מִדַּבֵּר מִרְמָה ברכות יז.
וְלִמְקַלְלַי נַפְשִׁי תִדֹּם, וְנַפְשִׁי כֶּעָפָר לַכֹּל תִּהְיֶה.
פְּתַח לִבִּי בְּתוֹרָתֶךָ וְאַחֲרֵי מִצְוֹתֶיךָ תִּרְדֹּף נַפְשִׁי.
וְכָל הַקָּמִים וְהַחוֹשְׁבִים עָלַי רָעָה
מְהֵרָה הָפֵר עֲצָתָם וְקַלְקֵל מַחֲשַׁבְתָּם.

יש המוסיפים:

יִהְיוּ כְּמֹץ לִפְנֵי רוּחַ וּמַלְאַךְ יהוה דּוֹחֶה.

יש המוסיפים:

יְהִי רָצוֹן מִלְּפָנֶיךָ, יהוה אֱלֹהַי וֵאלֹהֵי אֲבוֹתַי
שֶׁלֹּא תַעֲלֶה קִנְאַת אָדָם עָלַי, וְלֹא קִנְאָתִי עַל אֲחֵרִים
וְשֶׁלֹּא אֶכְעֹס הַיּוֹם, וְשֶׁלֹּא אַכְעִיסֶךָ
וְתַצִּילֵנִי מִיֵּצֶר הָרָע, וְתֵן בְּלִבִּי הַכְנָעָה וַעֲנָוָה.
מַלְכֵּנוּ וֵאלֹהֵינוּ, יַחֵד שִׁמְךָ בְּעוֹלָמֶךָ
בְּנֵה עִירְךָ, יַסֵּד בֵּיתְךָ וְשַׁכְלֵל הֵיכָלֶךָ
וְקַבֵּץ קִבּוּץ גָּלֻיּוֹת, וּפְדֵה צֹאנֶךָ וְשַׂמַּח עֲדָתֶךָ.

עֲשֵׂה לְמַעַן שְׁמֶךָ, עֲשֵׂה לְמַעַן יְמִינֶךָ
עֲשֵׂה לְמַעַן תּוֹרָתֶךָ, עֲשֵׂה לְמַעַן קְדֻשָּׁתֶךָ.
לְמַעַן יֵחָלְצוּן יְדִידֶיךָ, הוֹשִׁיעָה יְמִינְךָ וַעֲנֵנִי: תהלים ס

יש נוהגים לומר כאן פסוק הרומז לשמו של המתפלל הפותח ומסיים באותיות שבהן נפתח ומסתיים שמו.

יִהְיוּ לְרָצוֹן אִמְרֵי פִי וְהֶגְיוֹן לִבִּי לְפָנֶיךָ, יהוה צוּרִי וְגֹאֲלִי: תהלים יט

כורע וחוזר שלוש פסיעות לאחוריו כמי שנפטר מלפני המלך, ופסיעה ראשונה יעשה ברגל שמאל. כורע מעט לצד שמאלו ואומר: ׳עֹשֶׂה שָׁלוֹם בִּמְרוֹמָיו׳; וכורע קצת לימינו ואומר: ׳הוּא יַעֲשֶׂה שָׁלוֹם עָלֵינוּ׳; וכורע לפניו כריעה גדולה יותר ומסיים: ׳וְעַל כָּל יִשְׂרָאֵל וְאִמְרוּ אָמֵן׳.

עֹשֶׂה שָׁלוֹם / בעשרת ימי תשובה: הַשָּׁלוֹם/ בִּמְרוֹמָיו
הוּא יַעֲשֶׂה שָׁלוֹם, עָלֵינוּ וְעַל כָּל יִשְׂרָאֵל, וְאִמְרוּ אָמֵן.

יְהִי רָצוֹן מִלְּפָנֶיךָ יהוה אֱלֹהֵינוּ וֵאלֹהֵי אֲבוֹתֵינוּ
שֶׁיִּבָּנֶה בֵּית הַמִּקְדָּשׁ בִּמְהֵרָה בְיָמֵינוּ
וְתֵן חֶלְקֵנוּ בְּתוֹרָתֶךָ
וְשָׁם נַעֲבָדְךָ בְּיִרְאָה כִּימֵי עוֹלָם וּכְשָׁנִים קַדְמֹנִיּוֹת.
וְעָרְבָה לַיהוה מִנְחַת יְהוּדָה וִירוּשָׁלָםִ כִּימֵי עוֹלָם וּכְשָׁנִים קַדְמֹנִיּוֹת: מלאכי ג

בלילות החול שליח הציבור אומר קדיש שלם (עמ׳ 210).

במוצאי שבת שליח הציבור אומר חצי קדיש (למטה) ואחר כך אומרים ׳וִיהִי נֹעַם׳ ו׳וְאַתָּה קָדוֹשׁ׳; ואם חל יום טוב באחד מימות השבוע, אין אומרים אותם אלא ממשיכים ואומרים קדיש שלם (בעמ׳ 210). יש נוהגים שבבית האבל אין אומרים את הפסוק ׳וִיהִי נֹעַם׳ אלא מתחילים ב׳יֹשֵׁב בְּסֵתֶר׳ (או ב׳אֹרֶךְ יָמִים׳). והמנהג הנפוץ הוא לומר כרגיל.

בתשעה באב (אף כשחל במוצאי שבת) ובפורים אומרים כאן קדיש שלם
ואחריו קוראים את המגילה המתאימה –
מגילת אסתר (בעמ׳ 884) או מגילת איכה (בעמ׳ 868).

אם חל תשעה באב ביום ראשון (בין בזמנו בין שנדחה משבת), אין עושים סדר הבדלה במוצאי שבת, אלא אומרים רק ברכת ׳בּוֹרֵא מְאוֹרֵי הָאֵשׁ׳. ונוהגים לברכה קודם קריאת מגילת איכה.

חצי קדיש

ש״ץ: יִתְגַּדַּל וְיִתְקַדַּשׁ שְׁמֵהּ רַבָּא (קהל: אָמֵן)
בְּעָלְמָא דִּי בְרָא כִרְעוּתֵהּ
וְיַמְלִיךְ מַלְכוּתֵהּ וְיַצְמַח פֻּרְקָנֵהּ וִיקָרֵב מְשִׁיחֵהּ (קהל: אָמֵן)
בְּחַיֵּיכוֹן וּבְיוֹמֵיכוֹן וּבְחַיֵּי דְכָל בֵּית יִשְׂרָאֵל
בַּעֲגָלָא וּבִזְמַן קָרִיב, וְאִמְרוּ אָמֵן. (קהל: אָמֵן)

קהל וש״ץ: יְהֵא שְׁמֵהּ רַבָּא מְבָרַךְ לְעָלַם וּלְעָלְמֵי עָלְמַיָּא.

ש״ץ: יִתְבָּרַךְ וְיִשְׁתַּבַּח וְיִתְפָּאַר וְיִתְרוֹמַם וְיִתְנַשֵּׂא
וְיִתְהַדָּר וְיִתְעַלֶּה וְיִתְהַלָּל
שְׁמֵהּ דְּקֻדְשָׁא בְּרִיךְ הוּא (קהל: אָמֵן)
לְעֵלָּא מִן כָּל בִּרְכָתָא
/בעשרת ימי תשובה: לְעֵלָּא לְעֵלָּא מִכָּל בִּרְכָתָא/
וְשִׁירָתָא, תֻּשְׁבְּחָתָא וְנֶחֱמָתָא
דַּאֲמִירָן בְּעָלְמָא, וְאִמְרוּ אָמֵן. (קהל: אָמֵן)

מקפידים לומר את הפסוק 'וִיהִי נֹעַם' בעמידה.

תהלים צ וִיהִי נֹעַם אֲדֹנָי אֱלֹהֵינוּ עָלֵינוּ וּמַעֲשֵׂה יָדֵינוּ כּוֹנְנָה עָלֵינוּ וּמַעֲשֵׂה יָדֵינוּ כּוֹנְנֵהוּ:

תהלים צא יֹשֵׁב בְּסֵתֶר עֶלְיוֹן, בְּצֵל שַׁדַּי יִתְלוֹנָן: אֹמַר לַיהוה מַחְסִי וּמְצוּדָתִי, אֱלֹהַי אֶבְטַח־בּוֹ: כִּי הוּא יַצִּילְךָ מִפַּח יָקוּשׁ, מִדֶּבֶר הַוּוֹת: בְּאֶבְרָתוֹ יָסֶךְ לָךְ, וְתַחַת־כְּנָפָיו תֶּחְסֶה, צִנָּה וְסֹחֵרָה אֲמִתּוֹ: לֹא־תִירָא מִפַּחַד לָיְלָה, מֵחֵץ יָעוּף יוֹמָם: מִדֶּבֶר בָּאֹפֶל יַהֲלֹךְ, מִקֶּטֶב יָשׁוּד צָהֳרָיִם: יִפֹּל מִצִּדְּךָ אֶלֶף, וּרְבָבָה מִימִינֶךָ, אֵלֶיךָ לֹא יִגָּשׁ: רַק בְּעֵינֶיךָ תַבִּיט, וְשִׁלֻּמַת רְשָׁעִים תִּרְאֶה: כִּי־אַתָּה יהוה מַחְסִי, עֶלְיוֹן שַׂמְתָּ מְעוֹנֶךָ: לֹא־תְאֻנֶּה אֵלֶיךָ רָעָה, וְנֶגַע לֹא־יִקְרַב בְּאָהֳלֶךָ: כִּי מַלְאָכָיו יְצַוֶּה־לָּךְ, לִשְׁמָרְךָ בְּכָל־דְּרָכֶיךָ: עַל־כַּפַּיִם יִשָּׂאוּנְךָ, פֶּן־תִּגֹּף בָּאֶבֶן רַגְלֶךָ: עַל־שַׁחַל וָפֶתֶן תִּדְרֹךְ, תִּרְמֹס כְּפִיר וְתַנִּין: כִּי בִי חָשַׁק וַאֲפַלְּטֵהוּ, אֲשַׂגְּבֵהוּ כִּי־יָדַע שְׁמִי: יִקְרָאֵנִי וְאֶעֱנֵהוּ, עִמּוֹ אָנֹכִי בְצָרָה, אֲחַלְּצֵהוּ וַאֲכַבְּדֵהוּ: אֹרֶךְ יָמִים אַשְׂבִּיעֵהוּ, וְאַרְאֵהוּ בִּישׁוּעָתִי:
אֹרֶךְ יָמִים אַשְׂבִּיעֵהוּ, וְאַרְאֵהוּ בִּישׁוּעָתִי:

תהלים כב וְאַתָּה קָדוֹשׁ יוֹשֵׁב תְּהִלּוֹת יִשְׂרָאֵל:

ישעיה ו וְקָרָא זֶה אֶל־זֶה וְאָמַר קָדוֹשׁ, קָדוֹשׁ, קָדוֹשׁ, יהוה צְבָאוֹת מְלֹא כָל־הָאָרֶץ כְּבוֹדוֹ:

תרגום יונתן ישעיה ו וּמְקַבְּלִין דֵּין מִן דֵּין וְאָמְרִין, קַדִּישׁ בִּשְׁמֵי מְרוֹמָא עִלָּאָה בֵּית שְׁכִינְתֵהּ קַדִּישׁ עַל אַרְעָא עוֹבַד גְּבוּרְתֵהּ, קַדִּישׁ לְעָלַם וּלְעָלְמֵי עָלְמַיָּא יהוה צְבָאוֹת, מַלְיָא כָל אַרְעָא זִיו יְקָרֵהּ.

ויהי נעם מנהג עתיק מאוד לומר במוצאי שבת לאחר תפילת שמונה־עשרה פרק צא בתהלים ("יושב בסתר") ומקדימים לו את הפסוק האחרון של הפרק הקודם, "וִיהִי נֹעַם ה' אֱלֹהֵינוּ עָלֵינוּ וגו'". הטעם לאמירת מזמור זה הוא שיש בו המשכת קדושה לימות החול, ותפילה להגנה מכל פגע בהם.

וַתִּשָּׂאֵנִי רוּחַ, וָאֶשְׁמַע אַחֲרַי קוֹל רַעַשׁ גָּדוֹל יחזקאל ג
בָּרוּךְ כְּבוֹד־יהוה מִמְּקוֹמוֹ:

וּנְטָלַתְנִי רוּחָא, וּשְׁמָעִית בַּתְרַי קָל זִיעַ סַגִּיא, דִּמְשַׁבְּחִין וְאָמְרִין תרגום יונתן
בְּרִיךְ יְקָרָא דַיהוה מֵאֲתַר בֵּית שְׁכִינְתֵהּ. יחזקאל ג

יהוה יִמְלֹךְ לְעֹלָם וָעֶד: שמות טו

יהוה מַלְכוּתֵהּ קָאֵם לְעָלַם וּלְעָלְמֵי עָלְמַיָּא. תרגום אונקלוס
שמות טו

יהוה אֱלֹהֵי אַבְרָהָם יִצְחָק וְיִשְׂרָאֵל אֲבֹתֵינוּ, שָׁמְרָה־זֹּאת לְעוֹלָם דברי הימים א׳ כט
לְיֵצֶר מַחְשְׁבוֹת לְבַב עַמֶּךָ, וְהָכֵן לְבָבָם אֵלֶיךָ: וְהוּא רַחוּם יְכַפֵּר תהלים עח
עָוֹן וְלֹא־יַשְׁחִית, וְהִרְבָּה לְהָשִׁיב אַפּוֹ, וְלֹא־יָעִיר כָּל־חֲמָתוֹ: כִּי־ תהלים פו
אַתָּה אֲדֹנָי טוֹב וְסַלָּח, וְרַב־חֶסֶד לְכָל־קֹרְאֶיךָ: צִדְקָתְךָ צֶדֶק לְעוֹלָם תהלים קיט
וְתוֹרָתְךָ אֱמֶת: תִּתֵּן אֱמֶת לְיַעֲקֹב, חֶסֶד לְאַבְרָהָם, אֲשֶׁר־נִשְׁבַּעְתָּ מיכה ז
לַאֲבֹתֵינוּ מִימֵי קֶדֶם: בָּרוּךְ אֲדֹנָי יוֹם יוֹם יַעֲמָס־לָנוּ, הָאֵל יְשׁוּעָתֵנוּ תהלים סח
סֶלָה: יהוה צְבָאוֹת עִמָּנוּ, מִשְׂגָּב לָנוּ אֱלֹהֵי יַעֲקֹב סֶלָה: יהוה צְבָאוֹת, תהלים מו תהלים פד
אַשְׁרֵי אָדָם בֹּטֵחַ בָּךְ: יהוה הוֹשִׁיעָה, הַמֶּלֶךְ יַעֲנֵנוּ בְיוֹם־קָרְאֵנוּ: תהלים כ

בָּרוּךְ הוּא אֱלֹהֵינוּ שֶׁבְּרָאָנוּ לִכְבוֹדוֹ, וְהִבְדִּילָנוּ מִן הַתּוֹעִים, וְנָתַן לָנוּ תּוֹרַת אֱמֶת, וְחַיֵּי עוֹלָם נָטַע בְּתוֹכֵנוּ. הוּא יִפְתַּח לִבֵּנוּ בְּתוֹרָתוֹ, וְיָשֵׂם בְּלִבֵּנוּ אַהֲבָתוֹ וְיִרְאָתוֹ וְלַעֲשׂוֹת רְצוֹנוֹ וּלְעָבְדוֹ בְּלֵבָב שָׁלֵם, לְמַעַן לֹא נִיגַע לָרִיק וְלֹא נֵלֵד לַבֶּהָלָה.

יְהִי רָצוֹן מִלְּפָנֶיךָ יהוה אֱלֹהֵינוּ וֵאלֹהֵי אֲבוֹתֵינוּ, שֶׁנִּשְׁמֹר חֻקֶּיךָ
בָּעוֹלָם הַזֶּה, וְנִזְכֶּה וְנִחְיֶה וְנִרְאֶה וְנִירַשׁ טוֹבָה וּבְרָכָה, לִשְׁנֵי יְמוֹת
הַמָּשִׁיחַ וּלְחַיֵּי הָעוֹלָם הַבָּא. לְמַעַן יְזַמֶּרְךָ כָבוֹד וְלֹא יִדֹּם, יהוה תהלים ל
אֱלֹהַי, לְעוֹלָם אוֹדֶךָּ: בָּרוּךְ הַגֶּבֶר אֲשֶׁר יִבְטַח בַּיהוה, וְהָיָה יהוה ירמיה יז
מִבְטַחוֹ: בִּטְחוּ בַיהוה עֲדֵי־עַד, כִּי בְּיָהּ יהוה צוּר עוֹלָמִים: וְיִבְטְחוּ ישעיה כו תהלים ט

ישעיה מב בְּךָ יוֹדְעֵי שְׁמֶךָ, כִּי לֹא־עָזַבְתָּ דֹרְשֶׁיךָ, יהוה: יהוה חָפֵץ לְמַעַן צִדְקוֹ,
יַגְדִּיל תּוֹרָה וְיַאְדִּיר:

קדיש שלם

ש״ץ: יִתְגַּדַּל וְיִתְקַדַּשׁ שְׁמֵהּ רַבָּא (קהל: אָמֵן)
בְּעָלְמָא דִּי בְרָא כִרְעוּתֵהּ
וְיַמְלִיךְ מַלְכוּתֵהּ וְיַצְמַח פֻּרְקָנֵהּ וִיקָרֵב מְשִׁיחֵהּ (קהל: אָמֵן)
בְּחַיֵּיכוֹן וּבְיוֹמֵיכוֹן וּבְחַיֵּי דְכָל בֵּית יִשְׂרָאֵל
בַּעֲגָלָא וּבִזְמַן קָרִיב
וְאִמְרוּ אָמֵן. (קהל: אָמֵן)

קהל וש״ץ: יְהֵא שְׁמֵהּ רַבָּא מְבָרַךְ לְעָלַם וּלְעָלְמֵי עָלְמַיָּא.

ש״ץ: יִתְבָּרַךְ וְיִשְׁתַּבַּח וְיִתְפָּאַר וְיִתְרוֹמַם וְיִתְנַשֵּׂא
וְיִתְהַדָּר וְיִתְעַלֶּה וְיִתְהַלָּל, שְׁמֵהּ דְּקֻדְשָׁא בְּרִיךְ הוּא (קהל: אָמֵן)
לְעֵלָּא מִן כָּל בִּרְכָתָא
/בעשרת ימי תשובה: לְעֵלָּא לְעֵלָּא מִכָּל בִּרְכָתָא/
וְשִׁירָתָא, תֻּשְׁבְּחָתָא וְנֶחֱמָתָא, דַּאֲמִירָן בְּעָלְמָא
וְאִמְרוּ אָמֵן. (קהל: אָמֵן)
תִּתְקַבַּל צְלוֹתְהוֹן וּבָעוּתְהוֹן דְּכָל בֵּית יִשְׂרָאֵל
קֳדָם אֲבוּהוֹן דִּי בִשְׁמַיָּא
וְאִמְרוּ אָמֵן. (קהל: אָמֵן)
יְהֵא שְׁלָמָא רַבָּא מִן שְׁמַיָּא
וְחַיִּים טוֹבִים עָלֵינוּ וְעַל כָּל יִשְׂרָאֵל, וְאִמְרוּ אָמֵן. (קהל: אָמֵן)

כורע ופוסע שלוש פסיעות לאחור. קד לשמאל, לימין ולפנים באמירת:
עֹשֶׂה שָׁלוֹם /בעשרת ימי תשובה: הַשָּׁלוֹם/ בִּמְרוֹמָיו
הוּא יַעֲשֶׂה שָׁלוֹם, עָלֵינוּ וְעַל כָּל יִשְׂרָאֵל
וְאִמְרוּ אָמֵן. (קהל: אָמֵן)

בימי חג ומועד יש נוהגים לומר פרקי תהילים המיוחדים
לזמנים אלו במקום ׳שִׁיר לַמַּעֲלוֹת׳ (עמ׳ 234).

שִׁיר לַמַּעֲלוֹת, אֶשָּׂא עֵינַי אֶל־הֶהָרִים, מֵאַיִן יָבֹא עֶזְרִי: עֶזְרִי מֵעִם תהלים קכא
יהוה, עֹשֵׂה שָׁמַיִם וָאָרֶץ: אַל־יִתֵּן לַמּוֹט רַגְלֶךָ, אַל־יָנוּם שֹׁמְרֶךָ:
הִנֵּה לֹא־יָנוּם וְלֹא יִישָׁן שׁוֹמֵר יִשְׂרָאֵל: יהוה שֹׁמְרֶךָ, יהוה צִלְּךָ
עַל־יַד יְמִינֶךָ: יוֹמָם הַשֶּׁמֶשׁ לֹא־יַכֶּכָּה, וְיָרֵחַ בַּלָּיְלָה: יהוה יִשְׁמָרְךָ
מִכָּל־רָע, יִשְׁמֹר אֶת־נַפְשֶׁךָ: יהוה יִשְׁמָר־צֵאתְךָ וּבוֹאֶךָ, מֵעַתָּה
וְעַד־עוֹלָם:

קדיש יתום

אבל: יִתְגַּדַּל וְיִתְקַדַּשׁ שְׁמֵהּ רַבָּא (קהל: אָמֵן)
בְּעָלְמָא דִּי בְרָא כִרְעוּתֵהּ
וְיַמְלִיךְ מַלְכוּתֵהּ וְיַצְמַח פֻּרְקָנֵהּ וִיקָרֵב מְשִׁיחֵהּ (קהל: אָמֵן)
בְּחַיֵּיכוֹן וּבְיוֹמֵיכוֹן וּבְחַיֵּי דְכָל בֵּית יִשְׂרָאֵל
בַּעֲגָלָא וּבִזְמַן קָרִיב
וְאִמְרוּ אָמֵן. (קהל: אָמֵן)

קהל ואבל: יְהֵא שְׁמֵהּ רַבָּא מְבָרַךְ לְעָלַם וּלְעָלְמֵי עָלְמַיָּא.

אבל: יִתְבָּרַךְ וְיִשְׁתַּבַּח וְיִתְפָּאַר וְיִתְרוֹמַם וְיִתְנַשֵּׂא
וְיִתְהַדָּר וְיִתְעַלֶּה וְיִתְהַלָּל
שְׁמֵהּ דְּקֻדְשָׁא בְּרִיךְ הוּא (קהל: אָמֵן)
לְעֵלָּא מִן כָּל בִּרְכָתָא
/בעשרת ימי תשובה: לְעֵלָּא לְעֵלָּא מִכָּל בִּרְכָתָא/
וְשִׁירָתָא, תֻּשְׁבְּחָתָא וְנֶחֱמָתָא
דַּאֲמִירָן בְּעָלְמָא, וְאִמְרוּ אָמֵן. (קהל: אָמֵן)
יְהֵא שְׁלָמָא רַבָּא מִן שְׁמַיָּא
וְחַיִּים טוֹבִים עָלֵינוּ וְעַל כָּל יִשְׂרָאֵל, וְאִמְרוּ אָמֵן. (קהל: אָמֵן)

כורע ופוסע שלוש פסיעות לאחור. קד לשמאל, לימין ולפנים באמירת:

עֹשֶׂה שָׁלוֹם /בעשרת ימי תשובה: **הַשָּׁלוֹם**/ **בִּמְרוֹמָיו**
הוּא יַעֲשֶׂה שָׁלוֹם
עָלֵינוּ וְעַל כָּל יִשְׂרָאֵל, וְאִמְרוּ אָמֵן. (קהל: אָמֵן)

האומר קדיש מוסיף:

בָּרְכוּ אֶת יהוה הַמְבֹרָךְ.
הקהל עונה: **בָּרוּךְ יהוה הַמְבֹרָךְ לְעוֹלָם וָעֶד.**
והאומר קדיש חוזר: **בָּרוּךְ יהוה הַמְבֹרָךְ לְעוֹלָם וָעֶד.**

ממוצאי יום טוב ראשון של פסח ועד ערב שבועות סופרים את העומר (עמ׳ 215).
אומרים ׳עָלֵינוּ׳ בעמידה ונוהגים לכרוע מעט כשאומרים ׳וַאֲנַחְנוּ כּוֹרְעִים׳.

עָלֵינוּ לְשַׁבֵּחַ לַאֲדוֹן הַכֹּל
לָתֵת גְּדֻלָּה לְיוֹצֵר בְּרֵאשִׁית
שֶׁלֹּא עָשָׂנוּ כְּגוֹיֵי הָאֲרָצוֹת, וְלֹא שָׂמָנוּ כְּמִשְׁפְּחוֹת הָאֲדָמָה
שֶׁלֹּא שָׂם חֶלְקֵנוּ כָּהֶם וְגוֹרָלֵנוּ כְּכָל הֲמוֹנָם.
שֶׁהֵם מִשְׁתַּחֲוִים לְהֶבֶל וָרִיק וּמִתְפַּלְלִים אֶל אֵל לֹא יוֹשִׁיעַ.
וַאֲנַחְנוּ כּוֹרְעִים וּמִשְׁתַּחֲוִים וּמוֹדִים
לִפְנֵי מֶלֶךְ מַלְכֵי הַמְּלָכִים, הַקָּדוֹשׁ בָּרוּךְ הוּא
שֶׁהוּא נוֹטֶה שָׁמַיִם וְיוֹסֵד אָרֶץ
וּמוֹשַׁב יְקָרוֹ בַּשָּׁמַיִם מִמַּעַל
וּשְׁכִינַת עֻזּוֹ בְּגָבְהֵי מְרוֹמִים.
הוּא אֱלֹהֵינוּ, אֵין עוֹד.
אֱמֶת מַלְכֵּנוּ, אֶפֶס זוּלָתוֹ
כַּכָּתוּב בְּתוֹרָתוֹ, וְיָדַעְתָּ הַיּוֹם וַהֲשֵׁבֹתָ אֶל־לְבָבֶךָ דברים ד
כִּי יהוה הוּא הָאֱלֹהִים בַּשָּׁמַיִם מִמַּעַל וְעַל־הָאָרֶץ מִתָּחַת
אֵין עוֹד:

וְעַל כֵּן נְקַוֶּה לְּךָ יהוה אֱלֹהֵינוּ
לִרְאוֹת מְהֵרָה בְּתִפְאֶרֶת עֻזֶּךָ
לְהַעֲבִיר גִּלּוּלִים מִן הָאָרֶץ, וְהָאֱלִילִים כָּרוֹת יִכָּרֵתוּן
לְתַקֵּן עוֹלָם בְּמַלְכוּת שַׁדַּי.
וְכָל בְּנֵי בָשָׂר יִקְרְאוּ בִשְׁמֶךָ
לְהַפְנוֹת אֵלֶיךָ כָּל רִשְׁעֵי אָרֶץ.
יַכִּירוּ וְיֵדְעוּ כָּל יוֹשְׁבֵי תֵבֵל
כִּי לְךָ תִּכְרַע כָּל בֶּרֶךְ, תִּשָּׁבַע כָּל לָשׁוֹן.

ואנחנו כורעים ומשתחוים תפילת 'עלינו' מתחילה באמירת שבח: "שלא עשנו כגויי הארצות ולא שמנו כמשפחות האדמה". חשיבותה של אמירה זו איננה רק ביצירת הבדל בין הגויים לבינינו, אלא גם הכרזה במה אנחנו מתגאים. מקור גאוותנו הוא: "ואנחנו כורעים ומשתחווים לפני מלך מלכי המלכים הקדוש ברוך הוא". מה שמבדיל אותנו מאחרים הוא שקיימת בתוכנו היכולת לקבל את אלוקים, שאנחנו מכירים בו, מאמינים בו ורוצים להיות עובדיו באמת. ייחודנו הוא ביכולת שלנו לעבוד את הנסתר - להיות קשורים למי שהוא בלתי נראה ושאיננו מוחשי; גאוותנו היא על היכולת להשתוקק למי שהאדם יודע שלעולם לא יוכל לראותו, לא יוכל להבינו ולא יוכל להתקרב אליו. לכן כל תפילה - ולא משנה האופן שבו התפללנו - מסתיימת ב"עלינו לשבח", בהודאה ושבח על הייחוד והכבוד שיש בעצם התפילה, בכך שאנחנו יכולים לעמוד ולהתפלל לפני מלך מלכי המלכים הקדוש ברוך הוא.

ועל כן נקוה החלק השני של התפילה, "ועל כן נקַוֶּה", נובע מהיותנו העם הנבחר. הנבחרות שלנו איננה היבדלות, היפרדות או חוסר דאגה לאחרים, אלא להפך, היא מעורבות מיוחדת, חובה ואחריות שבגללן אנחנו מקווים שנוכל ללכת קדימה ולעשות משהו למען האחרים. היכולת והתשוקה שלנו - "לתקן עולם במלכות שדי", לשנות את העולם שינוי פיזי, כלכלי או רוחני - נובעות מכך שאנחנו העם הנבחר. מכיוון שנוצרנו אחרת מיתר העמים אנו יכולים להפוך לכלי ליצירת עולם אחר, ולכן איננו רק מתפללים אלא גם תובעים, דורשים ודוחפים קדימה לקראת גאולת העולם.

לְפָנֶיךָ יהוה אֱלֹהֵינוּ יִכְרְעוּ וְיִפֹּלוּ
וְלִכְבוֹד שִׁמְךָ יְקָר יִתֵּנוּ
וִיקַבְּלוּ כֻלָּם אֶת עֹל מַלְכוּתֶךָ
וְתִמְלֹךְ עֲלֵיהֶם מְהֵרָה לְעוֹלָם וָעֶד.
כִּי הַמַּלְכוּת שֶׁלְּךָ הִיא וּלְעוֹלְמֵי עַד תִּמְלֹךְ בְּכָבוֹד
שמות טו כַּכָּתוּב בְּתוֹרָתֶךָ, יהוה יִמְלֹךְ לְעֹלָם וָעֶד:
זכריה יד וְנֶאֱמַר, וְהָיָה יהוה לְמֶלֶךְ עַל־כָּל־הָאָרֶץ
בַּיּוֹם הַהוּא יִהְיֶה יהוה אֶחָד וּשְׁמוֹ אֶחָד:

יש מוסיפים:

משלי ג אַל־תִּירָא מִפַּחַד פִּתְאֹם וּמִשֹּׁאַת רְשָׁעִים כִּי תָבֹא:
ישעיה ח עֻצוּ עֵצָה וְתֻפָר, דַּבְּרוּ דָבָר וְלֹא יָקוּם, כִּי עִמָּנוּ אֵל:
ישעיה מו וְעַד־זִקְנָה אֲנִי הוּא, וְעַד־שֵׂיבָה אֲנִי אֶסְבֹּל
אֲנִי עָשִׂיתִי וַאֲנִי אֶשָּׂא וַאֲנִי אֶסְבֹּל וַאֲמַלֵּט:

יש מוסיפים:

תהלים קמ אַךְ צַדִּיקִים יוֹדוּ לִשְׁמֶךָ יֵשְׁבוּ יְשָׁרִים אֶת פָּנֶיךָ:

קדיש יתום (עמ׳ 211)

קידוש לבנה בעמ׳ 224.

סדר ספירת העומר

ממוצאי יום טוב ראשון של פסח ועד ערב שבועות סופרים את העומר.

נהגו לכוון בכל יום מימי הספירה כנגד ספירה מסוימת וכנגד אותיות ומילים ב'אָנָּא בְּכֹחַ' ו'לַמְנַצֵּחַ'. למשל: ביום הראשון מכוונים כנגד המילה הראשונה שבמזמור 'לַמְנַצֵּחַ' (החל מהפסוק 'אֱלֹהִים יְחָנֵּנוּ') וכנגד האות הראשונה שבפסוק 'יִשְׂמְחוּ וִירַנְּנוּ' שבמזמור זה (פסוק ה) וכנגד המילה הראשונה שבמשפט הראשון ב'אָנָּא בְּכֹחַ' וכנגד ספירת 'חסד שבחסד'.

לְשֵׁם יִחוּד קֻדְשָׁא בְּרִיךְ הוּא וּשְׁכִינְתֵּיהּ בִּדְחִילוּ וּרְחִימוּ
לְיַחֵד שֵׁם י״ה בו״ה בְּיִחוּדָא שְׁלִים בְּשֵׁם כָּל יִשְׂרָאֵל.

הִנְנִי מוּכָן וּמְזֻמָּן לְקַיֵּם מִצְוַת עֲשֵׂה שֶׁל סְפִירַת הָעֹמֶר. כְּמוֹ שֶׁכָּתוּב בַּתּוֹרָה,
וּסְפַרְתֶּם לָכֶם מִמָּחֳרַת הַשַּׁבָּת, מִיּוֹם הֲבִיאֲכֶם אֶת־עֹמֶר הַתְּנוּפָה, שֶׁבַע ויקרא כג
שַׁבָּתוֹת תְּמִימֹת תִּהְיֶינָה: עַד מִמָּחֳרַת הַשַּׁבָּת הַשְּׁבִיעִת תִּסְפְּרוּ חֲמִשִּׁים יוֹם,
וְהִקְרַבְתֶּם מִנְחָה חֲדָשָׁה לַיהוה: וִיהִי נֹעַם אֲדֹנָי אֱלֹהֵינוּ עָלֵינוּ, וּמַעֲשֵׂה יָדֵינוּ תהלים צ
כּוֹנְנָה עָלֵינוּ, וּמַעֲשֵׂה יָדֵינוּ כּוֹנְנֵהוּ:

בָּרוּךְ אַתָּה יהוה אֱלֹהֵינוּ מֶלֶךְ הָעוֹלָם
אֲשֶׁר קִדְּשָׁנוּ בְּמִצְוֹתָיו וְצִוָּנוּ עַל סְפִירַת הָעֹמֶר.

ספירת העומר מצוות ספירת העומר כתובה בתורה: למנות את הימים והשבועות מן הזמן שבו מקריבים את מנחת העומר (ממוחרת יום ראשון של פסח) עד לחג השבועות. מדין התורה ספירה זו נעשית רק בזמן שבית המקדש קיים ומקריבים קורבנות, אלא שתיקנו חכמים שיעשו זכר למקדש וימנו את הימים שבין פסח לשבועות גם לאחר החורבן. מטעם זה מוסיפים אחרי הברכה בקשה שייבנה המקדש במהרה, כדי שנקיים את המצווה כתיקונה. בין חג הפסח לחג השבועות יש קשר פנימי, שכן נתינת התורה בשבועות היא שמעניקה משמעות ותוכן פנימי ליציאה לחירות בפסח. הימים שבתווך, ימי ספירת העומר, נועדו להיות ימי הכנה המחברים בין יציאת מצרים לקבלת התורה. קבלת התורה אינה מאורע חד־פעמי; הקדוש ברוך הוא אומנם נתן את התורה פעם אחת, אולם אנחנו נדרשים לקבל אותה בכל שנה ושנה מחדש, בחג השבועות. המוכנות שלנו לקבל תורה, לומר "נעשה ונשמע" בלב שלם ובנפש חפצה, דורשת הכנה, ולכן קבלת התורה מתעכבת שבעה שבועות. עניינם של ימי הספירה הוא צמיחה פנימית, ואלה ימים של מלחמה בתכונות הנפשיות המעכבות את האדם מלהגיע אל האור. על דרך הסוד, שבעת שבועות הספירה מתקשרים לשבע המידות־הספירות – "חסד", "גבורה", "תפארת", "נצח", "הוד", "יסוד" ו"מלכות" – וכל אחד מן הימים הוא

טז בניסן

1. הַיּוֹם יוֹם אֶחָד לָעֹמֶר: י

אלהים אנא חסד שבחסד

יז בניסן

2. הַיּוֹם שְׁנֵי יָמִים לָעֹמֶר: ש

יחננו בכח גבורה שבחסד

יח בניסן

3. הַיּוֹם שְׁלֹשָׁה יָמִים לָעֹמֶר: מ

ויברכנו גדולת תפארת שבחסד

יט בניסן

4. הַיּוֹם אַרְבָּעָה יָמִים לָעֹמֶר: ח

יאר ימינך נצח שבחסד

כ בניסן

5. הַיּוֹם חֲמִשָּׁה יָמִים לָעֹמֶר: ו

פניו תתיר הוד שבחסד

כא בניסן

6. הַיּוֹם שִׁשָּׁה יָמִים לָעֹמֶר: ו

אתנו צרורה יסוד שבחסד

כב בניסן

7. הַיּוֹם שִׁבְעָה יָמִים
שֶׁהֵם שָׁבוּעַ אֶחָד לָעֹמֶר: י

סלה אב״ג ית״ץ מלכות שבחסד

כג בניסן

8. הַיּוֹם שְׁמוֹנָה יָמִים
שֶׁהֵם שָׁבוּעַ אֶחָד וְיוֹם אֶחָד
לָעֹמֶר: ר

לדעת קבל חסד שבגבורה

כד בניסן

9. הַיּוֹם תִּשְׁעָה יָמִים
שֶׁהֵם שָׁבוּעַ אֶחָד וּשְׁנֵי יָמִים
לָעֹמֶר: נ

בארץ רנת גבורה שבגבורה

כה בניסן

10. הַיּוֹם עֲשָׂרָה יָמִים
שֶׁהֵם שָׁבוּעַ אֶחָד וּשְׁלֹשָׁה יָמִים
לָעֹמֶר: נ

דרכך עמך תפארת שבגבורה

כו בניסן

11. הַיּוֹם אַחַד עָשָׂר יוֹם
שֶׁהֵם שָׁבוּעַ אֶחָד
וְאַרְבָּעָה יָמִים לָעֹמֶר: ו

בכל שגבנו נצח שבגבורה

פרט באחת מן הספירות הללו. בכל יום מן הימים הללו על האדם לתקן בתוך נפשו מה שפגם וחטא באחת מכל התכונות המקבילות לספירה של אותו יום, מחטאים שחטא באהבה שלא במקומה (״חסד״) וחטאי כעס ואיבה (״גבורה״) ועד לחטאי השתררות והשתלטות (״מלכות״). הקטעים שאחרי ספירת העומר סודרו על פי קבלת האר״י, משום שהם מכוונים לתיקון פגמי הנפש ולעלייה הרוחנית הנדרשים כדי לזכות לקבלת התורה. כוונות אלה נאמרות במפורש בקטע התפילה ״ריבונו של עולם״, ובדרך רמז במזמור ״למנצח בנגינות״ ובקטע ״אנא בכוח״, שהם כסולם מהעולם התחתון לעולמות העליונים, וכן מספר המילים בהם (ב״למנצח״ - בלי משפט הפתיחה, וב״אנא בכוח״ - בצירוף ראשי התיבות, שהם העיקר) הוא ארבעים ותשע, כנגד ימי הספירה.

כו בניסן

12. הַיּוֹם שְׁנֵים עָשָׂר יוֹם
שֶׁהֵם שָׁבְוּעַ אֶחָד וַחֲמִשָּׁה
יָמִים לָעְמֶר: ל
גוים טהרנו הוד שבגבורה

כח בניסן

13. הַיּוֹם שְׁלֹשָׁה עָשָׂר יוֹם
שֶׁהֵם שָׁבְוּעַ אֶחָד וְשִׁשָּׁה יָמִים
לָעְמֶר: א
ישועתך נורא יסוד שבגבורה

כט בניסן

14. הַיּוֹם אַרְבָּעָה עָשָׂר יוֹם
שֶׁהֵם שְׁנֵי שָׁבוּעוֹת
לָעְמֶר: מ
יודוך קר״ע שט״ן מלכות שבגבורה

ל בניסן, א׳ דראש חודש

15. הַיּוֹם חֲמִשָּׁה עָשָׂר יוֹם
שֶׁהֵם שְׁנֵי שָׁבוּעוֹת וְיוֹם אֶחָד
לָעְמֶר: י
עמים נא חסד שבתפארת

א באייר, ב׳ דראש חודש

16. הַיּוֹם שִׁשָּׁה עָשָׂר יוֹם
שֶׁהֵם שְׁנֵי שָׁבוּעוֹת
וּשְׁנֵי יָמִים לָעְמֶר: ם
אלהים גבור גבורה שבתפארת

ב באייר

17. הַיּוֹם שִׁבְעָה עָשָׂר יוֹם
שֶׁהֵם שְׁנֵי שָׁבוּעוֹת
וּשְׁלֹשָׁה יָמִים לָעְמֶר: כ
יודוך דורשי תפארת שבתפארת

ג באייר

18. הַיּוֹם שְׁמוֹנָה עָשָׂר יוֹם
שֶׁהֵם שְׁנֵי שָׁבוּעוֹת
וְאַרְבָּעָה יָמִים לָעְמֶר: י
עמים יחודך נצח שבתפארת

ד באייר

19. הַיּוֹם תִּשְׁעָה עָשָׂר יוֹם
שֶׁהֵם שְׁנֵי שָׁבוּעוֹת
וַחֲמִשָּׁה יָמִים לָעְמֶר: ת
כולם כבבת הוד שבתפארת

ה באייר, יום העצמאות

20. הַיּוֹם עֶשְׂרִים יוֹם
שֶׁהֵם שְׁנֵי שָׁבוּעוֹת
וְשִׁשָּׁה יָמִים לָעְמֶר: ש
ישמחו שמרם יסוד שבתפארת

ו באייר

21. הַיּוֹם אֶחָד וְעֶשְׂרִים יוֹם
שֶׁהֵם שְׁלֹשָׁה שָׁבוּעוֹת
לָעְמֶר: פ
וירננו נג״ד יכ״ש מלכות שבתפארת

ז באייר

22. הַיּוֹם שְׁנַיִם וְעֶשְׂרִים יוֹם
שֶׁהֵם שְׁלֹשָׁה שָׁבוּעוֹת
וְיוֹם אֶחָד לָעְמֶר: ו
לאמים ברכם חסד שבנצח

ח באייר

23. הַיּוֹם שְׁלֹשָׁה וְעֶשְׂרִים יוֹם
שֶׁהֵם שְׁלֹשָׁה שָׁבוּעוֹת
וּשְׁנֵי יָמִים לָעְמֶר: ט
כי טהרם גבורה שבנצח

ט באייר

24. הַיּוֹם אַרְבָּעָה וְעֶשְׂרִים יוֹם
שֶׁהֵם שְׁלֹשָׁה שָׁבוּעוֹת
וּשְׁלֹשָׁה יָמִים לָעֹמֶר: ע

תשפוט רחמי תפארת שבנצח

י באייר

25. הַיּוֹם חֲמִשָּׁה וְעֶשְׂרִים יוֹם
שֶׁהֵם שְׁלֹשָׁה שָׁבוּעוֹת
וְאַרְבָּעָה יָמִים לָעֹמֶר: מ

עמים צדקתך נצח שבנצח

יא באייר

26. הַיּוֹם שִׁשָּׁה וְעֶשְׂרִים יוֹם
שֶׁהֵם שְׁלֹשָׁה שָׁבוּעוֹת
וַחֲמִשָּׁה יָמִים לָעֹמֶר: י

מישור תמיד הוד שבנצח

יב באייר

27. הַיּוֹם שִׁבְעָה וְעֶשְׂרִים יוֹם
שֶׁהֵם שְׁלֹשָׁה שָׁבוּעוֹת
וְשִׁשָּׁה יָמִים לָעֹמֶר: ם

ולאמים גמלם יסוד שבנצח

יג באייר

28. הַיּוֹם שְׁמוֹנָה וְעֶשְׂרִים יוֹם
שֶׁהֵם אַרְבָּעָה שָׁבוּעוֹת
לָעֹמֶר: מ

בארץ בט״ר צת״ג מלכות שבנצח

יד באייר, פסח שני

29. הַיּוֹם תִּשְׁעָה וְעֶשְׂרִים יוֹם
שֶׁהֵם אַרְבָּעָה שָׁבוּעוֹת
וְיוֹם אֶחָד לָעֹמֶר: י

תנחם חסין חסד שבהוד

טו באייר

30. הַיּוֹם שְׁלֹשִׁים יוֹם
שֶׁהֵם אַרְבָּעָה שָׁבוּעוֹת
וּשְׁנֵי יָמִים לָעֹמֶר: ש

סלה קדוש גבורה שבהוד

טז באייר

31. הַיּוֹם אֶחָד וּשְׁלֹשִׁים יוֹם
שֶׁהֵם אַרְבָּעָה שָׁבוּעוֹת
וּשְׁלֹשָׁה יָמִים לָעֹמֶר: ו

יודוך ברוב תפארת שבהוד

יז באייר

32. הַיּוֹם שְׁנַיִם וּשְׁלֹשִׁים יוֹם
שֶׁהֵם אַרְבָּעָה שָׁבוּעוֹת
וְאַרְבָּעָה יָמִים לָעֹמֶר: ר

עמים טובך נצח שבהוד

יח באייר, לג בעומר

33. הַיּוֹם שְׁלֹשָׁה וּשְׁלֹשִׁים יוֹם
שֶׁהֵם אַרְבָּעָה שָׁבוּעוֹת
וַחֲמִשָּׁה יָמִים לָעֹמֶר: ו

אלהים נהל הוד שבהוד

יט באייר

34. הַיּוֹם אַרְבָּעָה וּשְׁלֹשִׁים יוֹם
שֶׁהֵם אַרְבָּעָה שָׁבוּעוֹת
וְשִׁשָּׁה יָמִים לָעֹמֶר: ל

יודוך עדתך יסוד שבהוד

כ באייר

35. הַיּוֹם חֲמִשָּׁה וּשְׁלֹשִׁים יוֹם
שֶׁהֵם חֲמִשָּׁה שָׁבוּעוֹת
לָעֹמֶר: א

עמים חק״ב טנ״ע מלכות שבהוד

כא באייר

36. הַיּוֹם שִׁשָּׁה וּשְׁלֹשִׁים יוֹם
שֶׁהֵם חֲמִשָּׁה שָׁבוּעוֹת
וְיוֹם אֶחָד לָעֹמֶר: מ

כולם יחיד חסד שביסוד

כב באייר

37. הַיּוֹם שִׁבְעָה וּשְׁלֹשִׁים יוֹם
שֶׁהֵם חֲמִשָּׁה שָׁבוּעוֹת
וּשְׁנֵי יָמִים לָעֹמֶר: י

ארץ גאה גבורה שביסוד

כג באייר

38. הַיּוֹם שְׁמוֹנָה וּשְׁלֹשִׁים יוֹם
שֶׁהֵם חֲמִשָּׁה שָׁבוּעוֹת
וּשְׁלֹשָׁה יָמִים לָעֹמֶר: ס

נתנה לעמך תפארת שביסוד

כד באייר

39. הַיּוֹם תִּשְׁעָה וּשְׁלֹשִׁים יוֹם
שֶׁהֵם חֲמִשָּׁה שָׁבוּעוֹת
וְאַרְבָּעָה יָמִים לָעֹמֶר: ב

יבולה פנה נצח שביסוד

כה באייר

40. הַיּוֹם אַרְבָּעִים יוֹם
שֶׁהֵם חֲמִשָּׁה שָׁבוּעוֹת
וַחֲמִשָּׁה יָמִים לָעֹמֶר: א

יברכנו זוכרי הוד שביסוד

כו באייר

41. הַיּוֹם אֶחָד וְאַרְבָּעִים יוֹם
שֶׁהֵם חֲמִשָּׁה שָׁבוּעוֹת
וְשִׁשָּׁה יָמִים לָעֹמֶר: ר

אלהים קדשתך יסוד שביסוד

כז באייר

42. הַיּוֹם שְׁנַיִם וְאַרְבָּעִים יוֹם
שֶׁהֵם שִׁשָּׁה שָׁבוּעוֹת
לָעֹמֶר: ץ

אלהינו יג״ל פז״ק מלכות שביסוד

כח באייר, יום ירושלים

43. הַיּוֹם שְׁלֹשָׁה וְאַרְבָּעִים יוֹם
שֶׁהֵם שִׁשָּׁה שָׁבוּעוֹת
וְיוֹם אֶחָד לָעֹמֶר: ת

יברכנו שועתנו חסד שבמלכות

כט באייר

44. הַיּוֹם אַרְבָּעָה וְאַרְבָּעִים יוֹם
שֶׁהֵם שִׁשָּׁה שָׁבוּעוֹת
וּשְׁנֵי יָמִים לָעֹמֶר: נ

אלהים קבל גבורה שבמלכות

א בסיון, ראש חודש

45. הַיּוֹם חֲמִשָּׁה וְאַרְבָּעִים יוֹם
שֶׁהֵם שִׁשָּׁה שָׁבוּעוֹת
וּשְׁלֹשָׁה יָמִים לָעֹמֶר: ח

וייראו ושמע תפארת שבמלכות

ב בסיון

46. הַיּוֹם שִׁשָּׁה וְאַרְבָּעִים יוֹם
שֶׁהֵם שִׁשָּׁה שָׁבוּעוֹת
וְאַרְבָּעָה יָמִים לָעֹמֶר: ם

אותו צעקתנו נצח שבמלכות

ג בסיון

47. הַיּוֹם שִׁבְעָה וְאַרְבָּעִים יוֹם
שֶׁהֵם שִׁשָּׁה שָׁבוּעוֹת
וַחֲמִשָּׁה יָמִים לָעֹמֶר: ס

כל יודע הוד שבמלכות

ד בסיון

48. הַיּוֹם שְׁמוֹנָה וְאַרְבָּעִים יוֹם שֶׁהֵם שִׁשָּׁה שָׁבוּעוֹת וְשִׁשָּׁה יָמִים לָעֹמֶר: ל

אפסי תעלמות יסוד שבמלכות

ה בסיון, ערב שבועות

49. הַיּוֹם תִּשְׁעָה וְאַרְבָּעִים יוֹם שֶׁהֵם שִׁבְעָה שָׁבוּעוֹת לָעֹמֶר: ה

ארץ שק״ו צי״ת מלכות שבמלכות

הָרַחֲמָן הוּא יַחֲזִיר לָנוּ עֲבוֹדַת בֵּית הַמִּקְדָּשׁ לִמְקוֹמָהּ בִּמְהֵרָה בְיָמֵינוּ, אָמֵן סֶלָה.

תהלים סז לַמְנַצֵּחַ בִּנְגִינֹת, מִזְמוֹר שִׁיר: אֱלֹהִים יְחָנֵּנוּ וִיבָרְכֵנוּ, יָאֵר פָּנָיו אִתָּנוּ סֶלָה: לָדַעַת בָּאָרֶץ דַּרְכֶּךָ, בְּכָל־גּוֹיִם יְשׁוּעָתֶךָ: יוֹדוּךָ עַמִּים אֱלֹהִים, יוֹדוּךָ עַמִּים כֻּלָּם: יִשְׂמְחוּ וִירַנְּנוּ לְאֻמִּים, כִּי־תִשְׁפֹּט עַמִּים מִישֹׁר, וּלְאֻמִּים בָּאָרֶץ תַּנְחֵם סֶלָה: יוֹדוּךָ עַמִּים אֱלֹהִים, יוֹדוּךָ עַמִּים כֻּלָּם: אֶרֶץ נָתְנָה יְבוּלָהּ, יְבָרְכֵנוּ אֱלֹהִים אֱלֹהֵינוּ: יְבָרְכֵנוּ אֱלֹהִים, וְיִירְאוּ אוֹתוֹ כָּל־אַפְסֵי־אָרֶץ:

אָנָּא, בְּכֹחַ גְּדֻלַּת יְמִינְךָ, תַּתִּיר צְרוּרָה. (אב״ג ית״ץ)
קַבֵּל רִנַּת עַמְּךָ, שַׂגְּבֵנוּ, טַהֲרֵנוּ, נוֹרָא. (קר״ע שט״ן)
נָא גִבּוֹר, דּוֹרְשֵׁי יִחוּדְךָ כְּבָבַת שָׁמְרֵם. (נג״ד יכ״ש)
בָּרְכֵם, טַהֲרֵם, רַחֲמֵי צִדְקָתְךָ תָּמִיד גָּמְלֵם. (בט״ר צת״ג)
חֲסִין קָדוֹשׁ, בְּרֹב טוּבְךָ נַהֵל עֲדָתֶךָ. (חק״ב טנ״ע)
יָחִיד גֵּאֶה, לְעַמְּךָ פְּנֵה, זוֹכְרֵי קְדֻשָּׁתֶךָ. (יג״ל פז״ק)
שַׁוְעָתֵנוּ קַבֵּל וּשְׁמַע צַעֲקָתֵנוּ, יוֹדֵעַ תַּעֲלוּמוֹת. (שק״ו צי״ת)
בלחש: בָּרוּךְ שֵׁם כְּבוֹד מַלְכוּתוֹ לְעוֹלָם וָעֶד.

רִבּוֹנוֹ שֶׁל עוֹלָם, אַתָּה צִוִּיתָנוּ עַל יְדֵי מֹשֶׁה עַבְדְּךָ לִסְפֹּר סְפִירַת הָעֹמֶר,
ויקרא כג כְּדֵי לְטַהֲרֵנוּ מִקְּלִפּוֹתֵינוּ וּמִטֻּמְאוֹתֵינוּ. כְּמוֹ שֶׁכָּתַבְתָּ בְּתוֹרָתֶךָ: וּסְפַרְתֶּם לָכֶם מִמָּחֳרַת הַשַּׁבָּת, מִיּוֹם הֲבִיאֲכֶם אֶת־עֹמֶר הַתְּנוּפָה, שֶׁבַע שַׁבָּתוֹת תְּמִימֹת תִּהְיֶינָה: עַד מִמָּחֳרַת הַשַּׁבָּת הַשְּׁבִיעִת תִּסְפְּרוּ חֲמִשִּׁים יוֹם: כְּדֵי שֶׁיִּטָּהֲרוּ נַפְשׁוֹת עַמְּךָ יִשְׂרָאֵל מִזֻּהֲמָתָם. וּבְכֵן יְהִי רָצוֹן מִלְּפָנֶיךָ יהוה אֱלֹהֵינוּ וֵאלֹהֵי אֲבוֹתֵינוּ, שֶׁבִּזְכוּת סְפִירַת הָעֹמֶר שֶׁסָּפַרְתִּי הַיּוֹם, יְתֻקַּן מַה שֶּׁפָּגַמְתִּי בִּסְפִירָה (פלונית השייכת לאותו היום) וְאֶטָּהֵר וְאֶתְקַדֵּשׁ

בִּקְדֻשָּׁה שֶׁל מַעְלָה, וְעַל יְדֵי זֶה יֻשְׁפַּע שֶׁפַע רַב בְּכָל הָעוֹלָמוֹת, לְתַקֵּן אֶת נַפְשׁוֹתֵינוּ וְרוּחוֹתֵינוּ וְנִשְׁמוֹתֵינוּ מִכָּל סִיג וּפְגָם, וּלְטַהֲרֵנוּ וּלְקַדְּשֵׁנוּ בִּקְדֻשָּׁתְךָ הָעֶלְיוֹנָה, אָמֵן סֶלָה.

ממשיכים ׳עָלֵינוּ לְשַׁבֵּחַ׳ בעמ׳ 231.

ברכת ברוך ה׳ לעולם

ברכת ׳בָּרוּךְ ה׳ לְעוֹלָם׳ שנוהגים לומר בחוץ לארץ לאחר ברכת ׳הַשְׁכִּיבֵנוּ׳.

בָּרוּךְ יהוה לְעוֹלָם, אָמֵן וְאָמֵן: בָּרוּךְ יהוה מִצִּיּוֹן, שֹׁכֵן יְרוּשָׁלָ͏ִם, הַלְלוּיָהּ: תהלים פט תהלים קלה
בָּרוּךְ יהוה אֱלֹהִים אֱלֹהֵי יִשְׂרָאֵל, עֹשֵׂה נִפְלָאוֹת לְבַדּוֹ: וּבָרוּךְ שֵׁם כְּבוֹדוֹ תהלים עב
לְעוֹלָם, וְיִמָּלֵא כְבוֹדוֹ אֶת־כָּל־הָאָרֶץ, אָמֵן וְאָמֵן: יְהִי כְבוֹד יהוה לְעוֹלָם, תהלים קד
יִשְׂמַח יהוה בְּמַעֲשָׂיו: יְהִי שֵׁם יהוה מְבֹרָךְ מֵעַתָּה וְעַד־עוֹלָם: כִּי לֹא־יִטֹּשׁ תהלים קיג שמואל א׳ יב
יהוה אֶת־עַמּוֹ בַּעֲבוּר שְׁמוֹ הַגָּדוֹל, כִּי הוֹאִיל יהוה לַעֲשׂוֹת אֶתְכֶם לוֹ
לְעָם: וַיַּרְא כָּל־הָעָם וַיִּפְּלוּ עַל־פְּנֵיהֶם, וַיֹּאמְרוּ, יהוה הוּא הָאֱלֹהִים, יהוה מלכים א׳ יח
הוּא הָאֱלֹהִים: וְהָיָה יהוה לְמֶלֶךְ עַל־כָּל־הָאָרֶץ, בַּיּוֹם הַהוּא יִהְיֶה יהוה זכריה יד
אֶחָד וּשְׁמוֹ אֶחָד: יְהִי־חַסְדְּךָ יהוה עָלֵינוּ, כַּאֲשֶׁר יִחַלְנוּ לָךְ: הוֹשִׁיעֵנוּ יהוה תהלים לג תהלים קו
אֱלֹהֵינוּ, וְקַבְּצֵנוּ מִן־הַגּוֹיִם, לְהוֹדוֹת לְשֵׁם קָדְשֶׁךָ, לְהִשְׁתַּבֵּחַ בִּתְהִלָּתֶךָ:
כָּל־גּוֹיִם אֲשֶׁר עָשִׂיתָ, יָבוֹאוּ וְיִשְׁתַּחֲווּ לְפָנֶיךָ, אֲדֹנָי וִיכַבְּדוּ לִשְׁמֶךָ: כִּי־גָדוֹל תהלים פו
אַתָּה וְעֹשֵׂה נִפְלָאוֹת, אַתָּה אֱלֹהִים לְבַדֶּךָ: וַאֲנַחְנוּ עַמְּךָ וְצֹאן מַרְעִיתֶךָ, תהלים עט
נוֹדֶה לְּךָ לְעוֹלָם לְדֹר וָדֹר נְסַפֵּר תְּהִלָּתֶךָ:

בָּרוּךְ יהוה בַּיּוֹם, בָּרוּךְ יהוה בַּלָּיְלָה, בָּרוּךְ יהוה בְּשָׁכְבֵנוּ, בָּרוּךְ יהוה
בְּקוּמֵנוּ. כִּי בְיָדְךָ נַפְשׁוֹת הַחַיִּים וְהַמֵּתִים. אֲשֶׁר בְּיָדוֹ נֶפֶשׁ כָּל־חָי, וְרוּחַ איוב יב
כָּל־בְּשַׂר־אִישׁ: בְּיָדְךָ אַפְקִיד רוּחִי, פָּדִיתָה אוֹתִי יהוה אֵל אֱמֶת: אֱלֹהֵינוּ תהלים לא
שֶׁבַּשָּׁמַיִם, יַחֵד שִׁמְךָ וְקַיֵּם מַלְכוּתְךָ תָּמִיד, וּמְלֹךְ עָלֵינוּ לְעוֹלָם וָעֶד.

יִרְאוּ עֵינֵינוּ וְיִשְׂמַח לִבֵּנוּ, וְתָגֵל נַפְשֵׁנוּ בִּישׁוּעָתְךָ בֶּאֱמֶת, בֶּאֱמֹר לְצִיּוֹן מָלַךְ אֱלֹהָיִךְ. יהוה מֶלֶךְ, יהוה מָלָךְ, יהוה יִמְלֹךְ לְעֹלָם וָעֶד. כִּי הַמַּלְכוּת שֶׁלְּךָ הִיא, וּלְעוֹלְמֵי עַד תִּמְלֹךְ בְּכָבוֹד, כִּי אֵין לָנוּ מֶלֶךְ אֶלָּא אָתָּה. בָּרוּךְ אַתָּה יהוה, הַמֶּלֶךְ בִּכְבוֹדוֹ תָּמִיד, יִמְלֹךְ עָלֵינוּ לְעוֹלָם וָעֶד וְעַל כָּל מַעֲשָׂיו.

ממשיכים בחצי קדיש (עמ׳ 195).

ל״ג בעומר הוא יום ׳הילולא דרבי שמעון בר יוחאי׳. יום פטירתו של צדיק זה, שביקש שלא יתאבלו על מותו, וביום הסתלקותו גילה רזי תורה רבים. בארץ ישראל פשט המנהג לעשות לכבודו מדורה גדולה, ובהרבה מקומות נהגו לשיר ׳בַּר יוֹחַאי׳ בבית הכנסת בלילה זה וכן בליל שבת שלפניו (בין קבלת שבת לתפילת ערבית).

בַּר יוֹחַאי נִמְשַׁחְתָּ אַשְׁרֶיךָ, שֶׁמֶן שָׂשׂוֹן מֵחֲבֵרֶיךָ.

בַּר יוֹחַאי שֶׁמֶן מִשְׁחַת קֹדֶשׁ, נִמְשַׁחְתָּ מִמִּדַּת הַקֹּדֶשׁ,
נָשָׂאתָ צִיץ נֵזֶר הַקֹּדֶשׁ, חָבוּשׁ עַל רֹאשְׁךָ פְּאֵרֶךָ.

בַּר יוֹחַאי מוֹשַׁב טוֹב יָשַׁבְתָּ, יוֹם נַסְתָּ יוֹם אֲשֶׁר בָּרַחְתָּ,
בִּמְעָרַת צוּרִים שֶׁעָמַדְתָּ, שָׁם קָנִיתָ הוֹדְךָ וַהֲדָרֶךָ.

בַּר יוֹחַאי עֲצֵי שִׁטִּים עוֹמְדִים, לִמּוּדֵי יהוה הֵם לוֹמְדִים,
אוֹר מֻפְלָא אוֹר הַיְקוֹד הֵם יוֹקְדִים, הֲלֹא הֵמָּה יוֹרוּךָ מוֹרֶיךָ.

בַּר יוֹחַאי וְלִשְׂדֵה תַפּוּחִים, עָלִיתָ לִלְקֹט בּוֹ מֶרְקָחִים,
סוֹד תּוֹרָה כְּצִיצִים וּפְרָחִים, נַעֲשֶׂה אָדָם נֶאֱמַר בַּעֲבוּרֶךָ.

בַּר יוֹחַאי נֶאֱזַרְתָּ בִגְבוּרָה, וּבְמִלְחֶמֶת אֵשׁ דָּת הַשַּׁעְרָה,
וְחֶרֶב הוֹצֵאתָ מִתַּעְרָהּ, שָׁלַפְתָּ נֶגֶד צוֹרְרֶיךָ.

בַּר יוֹחַאי לִמְקוֹם אַבְנֵי שַׁיִשׁ, הִגַּעְתָּ לִפְנֵי אַרְיֵה לַיִשׁ,
גַּם גֻּלַּת כּוֹתֶרֶת עַל עַיִשׁ, תָּשׁוּרִי וּמִי יְשׁוּרֶךָ.

בַּר יוֹחַאי בְּקֹדֶשׁ הַקֳּדָשִׁים, קַו יָרוֹק מְחַדֵּשׁ חֳדָשִׁים,
שֶׁבַע שַׁבָּתוֹת סוֹד חֲמִשִּׁים, קָשַׁרְתָּ קִשְׁרֵי שִׁי״ן קְשָׁרֶיךָ.

בַּר יוֹחַאי יוּ״ד חָכְמָה קְדוּמָה, הִשְׁקַפְתָּ לִכְבוֹדוֹ פְּנִימָה,
שְׁלֹשִׁים וּשְׁתַּיִם נְתִיבוֹת רֵאשִׁית תְּרוּמָה, אַתְּ כְּרוּב מִמְשַׁח זִיו אוֹרֶךָ.

בַּר יוֹחַאי אוֹר מֻפְלָא רוּם מַעְלָה, יָרֵאתָ מִלְּהַבִּיט כִּי רַב לָהּ,
תַּעֲלוּמָה וְאַיִן קוֹרָא לָהּ, נַמְתָּ עַיִן לֹא תְשׁוּרֶךָ.

בַּר יוֹחַאי אַשְׁרֵי יוֹלַדְתֶּךָ, אַשְׁרֵי הָעָם הֵם לוֹמְדֶיךָ,
וְאַשְׁרֵי הָעוֹמְדִים עַל סוֹדֶךָ, לְבוּשֵׁי חֹשֶׁן תֻּמֶּיךָ וְאוּרֶיךָ.

בַּר יוֹחַאי נִמְשַׁחְתָּ אַשְׁרֶיךָ, שֶׁמֶן שָׂשׂוֹן מֵחֲבֵרֶיךָ.

וַאֲמַרְתֶּם כֹּה לֶחָי, רַבִּי שִׁמְעוֹן בַּר יוֹחַאי.

אִישׁ אֱלֹהִים קָדוֹשׁ הוּא, אַשְׁרֵי עַיִן רָאַתְהוּ, לֵב חָכָם יַשְׂכִּיל פִּיהוּ,
אֲדוֹנֵנוּ בַּר יוֹחַאי.

בָּרוּךְ הוּא מִפִּי עֶלְיוֹן, קָדוֹשׁ הוּא מֵהֵרָיוֹן, מְאוֹר גָּלִיל הָעֶלְיוֹן, אֲדוֹנֵנוּ בַּר יוֹחַאי.
גִּבּוֹר וְאִישׁ מִלְחָמָה, בְּדַת תּוֹרָה תְּמִימָה, מָלֵא מַדָּע וְחָכְמָה, אֲדוֹנֵנוּ בַּר יוֹחַאי.
דָּרַשׁ כָּל תַּעֲלוּמוֹת, בְּעֹז וְתַעֲצוּמוֹת, עָלָה מַעֲלוֹת רָמוֹת, אֲדוֹנֵנוּ בַּר יוֹחַאי.
הֶחְבָּא בְּתוֹךְ מְעָרָה, מִפְּנֵי הַגְּזֵרָה, שָׁם לָמַד סִתְרֵי תוֹרָה, אֲדוֹנֵנוּ בַּר יוֹחַאי.
וְשָׁם נִבְרָא מַעְיָן לוֹ, וְחָרוּב לְמַאֲכָלוֹ, מַה טּוֹב חֶלְקוֹ וְחֶבְלוֹ, אֲדוֹנֵנוּ בַּר יוֹחַאי.
זֵכֶר צַדִּיק לִבְרָכָה, דִּין רֵיכָא וּבַר רֵיכָא, זָכָה וְרַבִּים זִכָּה, אֲדוֹנֵנוּ בַּר יוֹחַאי.
חִדֵּשׁ כַּמָּה הֲלָכוֹת, הֵן בְּמִשְׁנָה עֲרוּכוֹת, זֶה הַמַּרְגִּיז מַמְלָכוֹת,
אֲדוֹנֵנוּ בַּר יוֹחַאי.

טִהֵר אֶת עִיר טְבֶרְיָה, עָשָׂה אוֹתָהּ נְקִיָּה, הוֹדוּ לוֹ מִן שְׁמַיָּא, אֲדוֹנֵנוּ בַּר יוֹחַאי.
יָדַע כָּל הַנִּסְתָּרוֹת, דְּבָרָיו עוֹשִׂים פֵּרוֹת, בִּטֵּל כַּמָּה גְּזֵרוֹת, אֲדוֹנֵנוּ בַּר יוֹחַאי.
כָּל יָמָיו אֲשֶׁר חָיָה, אוֹת הַקֶּשֶׁת לֹא נִהְיָה כִּי הוּא אוֹת עוֹלָם הָיָה,
אֲדוֹנֵנוּ בַּר יוֹחַאי.

לְכָל יִשְׂרָאֵל הֵאִיר, בְּסוֹד תּוֹרָה הַבָּהִיר, כְּאוֹר הַחַמָּה מַזְהִיר, אֲדוֹנֵנוּ בַּר יוֹחַאי.
מָקוֹם בָּחַר בִּשְׁמַיָּא, עִם הַנָּבִיא אֲחִיָּה, זֶה מִבְּנֵי עֲלִיָּה, אֲדוֹנֵנוּ בַּר יוֹחַאי.
נֶחְמָד מְאֹד לְמַעְלָה, זָכָה לִיקָר וּגְדֻלָּה, כֶּתֶר עֶלְיוֹן לוֹ נִגְלָה, אֲדוֹנֵנוּ בַּר יוֹחַאי.
סִינַי סִינַי לוֹ נִקְרָא, אֲרִי שֶׁבַּחֲבוּרָה, מִמֶּנּוּ תֵּצֵא תוֹרָה, אֲדוֹנֵנוּ בַּר יוֹחַאי.
עָשָׂה שִׁבְעִים תִּקּוּנִים, יְקָרִים מִפְּנִינִים, בָּם תִּקֵּן הָעֶלְיוֹנִים, אֲדוֹנֵנוּ בַּר יוֹחַאי.
פָּתַח פִּיהוּ בְּחָכְמָה, הוֹצִיא אוֹר תַּעֲלוּמָה, תִּקֵּן זָהֳרֵי חַמָּה, אֲדוֹנֵנוּ בַּר יוֹחַאי.
צַדִּיק יְסוֹד עוֹלָם, גִּלָּה מִדְרַשׁ הַנֶּעְלָם, יָכוֹל לִפְטוֹר הָעוֹלָם, אֲדוֹנֵנוּ בַּר יוֹחַאי.
קוֹלוֹ זִמֵּר עָרִיצִים, וְהִכְרִית אֶת הַקּוֹצִים, וְהִצִּיל הַלְּחוּצִים, אֲדוֹנֵנוּ בַּר יוֹחַאי.
רָאָה פָּנָיו מְאִירִים, בְּשִׁבְתּוֹ עִם חֲבֵרִים, עֵת גִּלָּה סוֹד נִסְתָּרִים, אֲדוֹנֵנוּ בַּר יוֹחַאי.
שָׁלוֹם רַב עַל מִשְׁכָּבוֹ, מַה טּוֹב חֶלְקוֹ וְטוּבוֹ, דּוֹבֵר אֱמֶת בִּלְבָבוֹ,
אֲדוֹנֵנוּ בַּר יוֹחַאי.

תּוֹרָתוֹ מָגֵן לָנוּ, הִיא מְאִירַת עֵינֵינוּ, הוּא יַמְלִיץ טוֹב עָלֵינוּ, אֲדוֹנֵנוּ בַּר יוֹחַאי.

וַאֲמַרְתֶּם כֹּה לֶחָי, רַבִּי שִׁמְעוֹן בַּר יוֹחַאי.

קידוש לבנה

מברכים על הלבנה כאשר אורה נראה יפה ונהנים ממנו, ולכן אם היא מכוסה בענן אין מברכים עליה. ויש להשתדל לצאת אל מחוץ לבית (כיוצא לקראת המלך) לברך עליה בעמידה תחת כיפת השמיים.

אפשר לומר קידוש לבנה רק לאחר שעברו שלושה ימים מזמן המולד. ומנהג המקובלים, וכן נהגו המתפללים בנוסח ספרד, שאין לאומרו לפני שעברו שבעה ימים מן המולד. ומברכים על הלבנה עד למחצית החודש. מנהג ישראל להשתדל לקדש את הלבנה במוצאי שבת, שאז הכול לבושים בבגדי שבת ומצויים במצב רוח טוב. יוצאים מן הכלל הם חודשי תשרי ואב שבהם נהוג לקדש את הלבנה במוצאי הצום (אחרי יום הכיפורים ואחרי תשעה באב), שלפני סוף הצומות הללו הכול שרויים בדאגה (מפני העוונות או מפני אבל החורבן), ואין ראוי לברך בשעה כזו. וכן נהגו שאין האבל מברך על הלבנה בתוך שבעת ימי האבלות (אם יהיה ניתן לברך לאחר מכן).

הַלְלוּיָהּ, הַלְלוּ אֶת־יהוה מִן־הַשָּׁמַיִם, הַלְלוּהוּ בַּמְּרוֹמִים: תהלים קמח
הַלְלוּהוּ כָל־מַלְאָכָיו, הַלְלוּהוּ כָּל־צְבָאָו: הַלְלוּהוּ שֶׁמֶשׁ וְיָרֵחַ, הַלְלוּהוּ כָּל־כּוֹכְבֵי אוֹר: הַלְלוּהוּ שְׁמֵי הַשָּׁמָיִם, וְהַמַּיִם אֲשֶׁר מֵעַל הַשָּׁמָיִם: יְהַלְלוּ אֶת־שֵׁם יהוה, כִּי הוּא צִוָּה וְנִבְרָאוּ: וַיַּעֲמִידֵם לָעַד לְעוֹלָם, חָק־נָתַן וְלֹא יַעֲבוֹר:

יש הנוהגים לומר:

הֲרֵינִי מוּכָן וּמְזֻמָּן לְקַיֵּם הַמִּצְוָה לְקַדֵּשׁ הַלְּבָנָה, לְשֵׁם יִחוּד קֻדְשָׁא בְּרִיךְ הוּא וּשְׁכִינְתֵּיהּ, עַל יְדֵי הַהוּא טָמִיר וְנֶעְלָם בְּשֵׁם כָּל יִשְׂרָאֵל.

וִיהִי נֹעַם אֲדֹנָי אֱלֹהֵינוּ עָלֵינוּ וּמַעֲשֵׂה יָדֵינוּ כּוֹנְנָה עָלֵינוּ וּמַעֲשֵׂה יָדֵינוּ תהלים צ
כּוֹנְנֵהוּ:

קידוש לבנה קידוש לבנה נאמר בתחילתו של כל חודש לכבוד חידוש הלבנה. עיקרו הוא הברכה הפותחת, "מחדש חודשים", ועליה הוסיפו על דרך הרמז והקבלה קטעים שונים השייכים לעניינה ולמהותה של הלבנה. ברכת הלבנה שייכת ביסודה ל'ברכות השבח' על דברים המתחדשים בעולם, בדומה לברכות "יוצר אור" ו"מעריב ערבים" העוסקות במחזור היום והלילה. משום כך נאמרת הברכה כמה ימים לאחר תחילת החודש, בשעה שכבר ניכרת התחדשות הירח. הלבנה מסמנת את ההתחדשות שבטבע ומשמשת סמל רב־פנים: לעם ישראל,

מסתכל בלבנה כדי שיוכל לברך עליה כראוי,
ואינו חוזר להביט בה בעת אמירת הברכה.

בָּרוּךְ אַתָּה יהוה אֱלֹהֵינוּ מֶלֶךְ הָעוֹלָם
אֲשֶׁר בְּמַאֲמָרוֹ בָּרָא שְׁחָקִים, וּבְרוּחַ פִּיו כָּל צְבָאָם
חֹק וּזְמַן נָתַן לָהֶם שֶׁלֹּא יְשַׁנּוּ אֶת תַּפְקִידָם.
שָׂשִׂים וּשְׂמֵחִים לַעֲשׂוֹת רְצוֹן קוֹנָם
פּוֹעֵל אֱמֶת שֶׁפְּעֻלָּתוֹ אֱמֶת.
וְלַלְּבָנָה אָמַר שֶׁתִּתְחַדֵּשׁ
עֲטֶרֶת תִּפְאֶרֶת לַעֲמוּסֵי בָטֶן
שֶׁהֵם עֲתִידִים לְהִתְחַדֵּשׁ כְּמוֹתָהּ
וּלְפָאֵר לְיוֹצְרָם עַל שֵׁם כְּבוֹד מַלְכוּתוֹ.
בָּרוּךְ אַתָּה יהוה, מְחַדֵּשׁ חֳדָשִׁים.

לשכינה ולספירת המלכות. הקשר בין ישראל ללבנה מתבטא בלוח השנה היהודי - למן ראש חודש ועד לחגים והמועדים שכולם (למעט חג השבועות) נקבעים על פי מולד הלבנה, שלא כשמש שיש לה תפקיד משני בסדר הזמנים היהודי. תוארו של הירח בתורה, "הַמָּאוֹר הַקָּטֹן", מרמז אף הוא לעם ישראל, הקטן בין העמים, כפי שנאמר על יעקב אבינו: "בְּנָהּ הַקָּטָן" (לעומת עשו, הבן הגדול, המקביל לשמש - "הַמָּאוֹר הַגָּדֹל"). רובד פנימי יותר בקשר בין ישראל ללבנה קשור במחזוריות הירח שאורו משתנה מיום למשנהו - מתמלא ונחסר, קָטֵן וגָדֵל. ההיסטוריה של ישראל בנויה גם היא על מחזוריות זו של עלייה וירידה, תקופות זוהר בגשמיות או ברוחניות ותקופות שפל משני המינים. קידוש לבנה נאמר אחר לידתו של ירח חדש, בזמן שאורו מוסיף וגדל מיום ליום. כך גם - דבר המסמל את תקומת ישראל - לאחר הנפילה והירידה בגלות תצמח ותעלה הגאולה. על דרך הסוד הירח מסמל את "ספירת המלכות": הכוח האלוקי השוכן בתוך העולמות, מחיה ומקיים אותם. אור הירח איננו עצמי, הוא מתקבל מהשמש ומוקרן דרכו לארץ, ובספרי הקבלה מובא שמהותה של ספירת המלכות אף היא כך: "דלית לה מגרמא כלום" (שאין לה משלה כלום). המלכות היא אומנם הכוח הפועל, המנהיג ומחיה את המציאות, ועם זאת

אומרים שלוש פעמים כל פסוק מן הפסוקים הבאים:

בָּרוּךְ יוֹצְרֵךְ, בָּרוּךְ עוֹשֵׂךְ, בָּרוּךְ קוֹנֵךְ, בָּרוּךְ בּוֹרְאֵךְ.

מרקדים כנגד הלבנה שלוש פעמים, ובכל פעם אומרים:

כְּשֵׁם שֶׁאֲנִי רוֹקֵד כְּנֶגְדֵּךְ
וְאֵינִי יָכוֹל לִנְגֹּעַ בָּךְ
כָּךְ לֹא יוּכְלוּ כָּל אוֹיְבַי לִנְגֹּעַ בִּי לְרָעָה.

תִּפֹּל עֲלֵיהֶם אֵימָתָה וָפַחַד, בִּגְדֹל זְרוֹעֲךָ יִדְּמוּ כָּאָבֶן: שמות טו
כָּאָבֶן יִדְּמוּ זְרוֹעֲךָ בִּגְדֹל, וָפַחַד אֵימָתָה עֲלֵיהֶם תִּפֹּל.

דָּוִד מֶלֶךְ יִשְׂרָאֵל חַי וְקַיָּם.

היא מתוארת כדלה וענייה, משום שאת כוחה ומאורה היא מקבלת מלמעלה. הקטעים השונים המעטרים את סדר קידוש הלבנה עוסקים, בגלוי וברמז, בכל אותן הפנים של הלבנה, שעל אף נבדלותן קשורות זו לזו, והן בעצם שכבות

ברוך יוצרך "יוצרך, עושך, קונך, בוראך" הם ראשי תיבות "יעקב". נוסח נוסף על דרך הסוד הוא: "עושך, יוצרך, בוראך, קונך", המכוון כנגד ארבעה עולמות כסדר עלייתם מלמטה למעלה: עשייה, יצירה, בריאה, אצילות. כך או כך, בשני הנוסחים רמוז שמו ועניינו של יעקב, המסמל את 'כנסת ישראל' בכלל ואת נשמתו של כל יהודי בפרט בירידתה לתוך המציאות (העקב). אומנם, גם בשעה שהנשמה יורדת לתוך הגוף ומציאות העולם, אחוזה היא כל העת במקורה העליון (האות י' שבראש "יעקב"). הקשר התמידי של הנשמה למעלה במשך כל חיי האדם הוא שמעניק לה את הכוח לעשות את תפקידה בעולם - לשוב ולהתאחד עם מקורה ולהעלות יחד עימה את המציאות כולה. שמו של יעקב מבטא על דרך הסוד את עניינו של קידוש לבנה, כפי שאמור בהמשך התפילה: "למלאת פגימת הלבנה". התמעטות אור הלבנה מסמלת את חוסר השלמות של המציאות כפי שהיא בהווה; ואילו מילוי פגימתה - שעליו אנחנו מתפללים - מסמל את העלייה, התיקון וההשלמה העתידים לבוא בגאולת העולם.

מברך את חברו שלוש פעמים:

שָׁלוֹם עֲלֵיכֶם.

וחברו משיב לו:

עֲלֵיכֶם שָׁלוֹם.

ואומר שלוש פעמים:

סִימָן טוֹב וּמַזָּל טוֹב יְהֵא לָנוּ וּלְכָל יִשְׂרָאֵל, אָמֵן.

שונות של התגלות ספירת המלכות, מבחינתה העליונה־הרוחנית עד לסמליות המתבטאת בירח הגשמי.

כשם שאני רוקד נוהגים בשעת אמירת דברים אלה להתרומם ולקפוץ מעט כלפי מעלה. רקידה זו מעיקרה היא כריקוד של שמחה, שאנו שמחים על שזכינו במצווה זו. אבל כיוון שאנו מתרוממים בריקוד זה ואיננו יכולים לנגוע בלבנה, הריקוד נהיה למעשה סמלי, שכך לא יוכלו אויבינו לנגוע בנו. אף כאן יש קשר זהות סמוי בין הירח ובין כנסת ישראל, שכשם שאי אפשר לנגוע בירח כך לא יוכלו אויבי כנסת ישראל לנגוע בה לרעה.

תפול עליהם אימתה ופחד על דרך הסוד, קידוש הלבנה מכוון לעליית השכינה. השכינה מפרנסת ומחיה את המציאות כולה: העליונים והתחתונים, הקדושה והטומאה, הטוב והרע. בלשון ספרי הקבלה השכינה מתוארת כמי ש״רַגְלֶיהָ יֹרְדוֹת מָוֶת״, משום שהשפעת השכינה מגיעה עד למחוזות הקליפות והרע. עלייתה של השכינה היא ההשלמה והתיקון של העולם, אולם בשעה שהיא מתברכת ומקבלת שפע עלולים גם החלקים הרעים והפחות־יפים שבמציאות להתחזק. לכן מוסיפים בקידוש לבנה פסוקים ואמירות של שמירה והרחקה מאויבים וממזיקים: ״לא יוכלו כל אויבי לנגוע בי לרעה״ וכן ״תפול עליהם אימתה ופחד״ (אמירה הנאמרת שנית באופן של סגולה, מסוף הפסוק לראשו). זאת כדי להדגיש שהברכה לא תגרור עימה עלייה של כוחות הרע (כדרך שאירע בגאולת ישראל ממצרים, שיחד עימם עלו ערב רב). המנהג המצוי בחלק מהסידורים, לנער את כנפות הציצית בסוף קידוש לבנה, נקשר אף הוא לאותו עניין, כעין לשון הכתוב באיוב: ״לֶאֱחֹז בְּכַנְפוֹת הָאָרֶץ וְיִנָּעֲרוּ רְשָׁעִים מִמֶּנָּה״; שבשעה שאנו מבקשים על עליית המלכות צריך להבריח ולנער את הקליפות, שלא יעלו יחד עימה.

שיר השירים ב
קוֹל דּוֹדִי הִנֵּה־זֶה בָּא
מְדַלֵּג עַל־הֶהָרִים, מְקַפֵּץ עַל־הַגְּבָעוֹת:
דּוֹמֶה דוֹדִי לִצְבִי אוֹ לְעֹפֶר הָאַיָּלִים
הִנֵּה־זֶה עוֹמֵד אַחַר כָּתְלֵנוּ
מַשְׁגִּיחַ מִן־הַחַלֹּנוֹת, מֵצִיץ מִן־הַחֲרַכִּים:

תהלים קכא
שִׁיר לַמַּעֲלוֹת, אֶשָּׂא עֵינַי אֶל־הֶהָרִים, מֵאַיִן יָבֹא עֶזְרִי: עֶזְרִי מֵעִם
יהוה, עֹשֵׂה שָׁמַיִם וָאָרֶץ: אַל־יִתֵּן לַמּוֹט רַגְלֶךָ, אַל־יָנוּם שֹׁמְרֶךָ:
הִנֵּה לֹא־יָנוּם וְלֹא יִישָׁן שׁוֹמֵר יִשְׂרָאֵל: יהוה שֹׁמְרֶךָ, יהוה צִלְּךָ
עַל־יַד יְמִינֶךָ: יוֹמָם הַשֶּׁמֶשׁ לֹא־יַכֶּכָּה, וְיָרֵחַ בַּלָּיְלָה: יהוה יִשְׁמָרְךָ
מִכָּל־רָע, יִשְׁמֹר אֶת־נַפְשֶׁךָ: יהוה יִשְׁמָר־צֵאתְךָ וּבוֹאֶךָ, מֵעַתָּה
וְעַד־עוֹלָם:

תהלים קנ
הַלְלוּיָהּ, הַלְלוּ־אֵל בְּקָדְשׁוֹ, הַלְלוּהוּ בִּרְקִיעַ עֻזּוֹ: הַלְלוּהוּ
בִגְבוּרֹתָיו, הַלְלוּהוּ כְּרֹב גֻּדְלוֹ: הַלְלוּהוּ בְּתֵקַע שׁוֹפָר, הַלְלוּהוּ
בְּנֵבֶל וְכִנּוֹר: הַלְלוּהוּ בְתֹף וּמָחוֹל, הַלְלוּהוּ בְּמִנִּים וְעוּגָב: הַלְלוּהוּ
בְצִלְצְלֵי־שָׁמַע, הַלְלוּהוּ בְּצִלְצְלֵי תְרוּעָה: כֹּל הַנְּשָׁמָה תְּהַלֵּל יָהּ,
הַלְלוּיָהּ:

סנהדרין מב.
תָּנָא דְבֵי רַבִּי יִשְׁמָעֵאל: אִלְמָלֵי לֹא זָכוּ יִשְׂרָאֵל אֶלָּא לְהַקְבִּיל
פְּנֵי אֲבִיהֶם שֶׁבַּשָּׁמַיִם פַּעַם אַחַת בַּחֹדֶשׁ, דַּיָּם. אָמַר אַבַּיֵּי:
שיר השירים ח
הִלְכָּךְ צָרִיךְ לְמֵימְרָא מְעֻמָּד. מִי זֹאת עֹלָה מִן־הַמִּדְבָּר, מִתְרַפֶּקֶת
עַל־דּוֹדָהּ:

תנא דבי רבי ישמעאל קטע זה מהתלמוד מדגיש שברכת הלבנה פעם בחודש אינה סתם ברכת הודאה, אלא היא בבחינת קבלת פני השכינה: הופעת הלבנה מחדש, לאחר שנסתלק ונתעלם אורה, מסמלת את הופעת השכינה. לכן צריך לומר קידוש לבנה בדרך כבוד ובעמידה, בדומה לאופן שבו היינו מקבלים פניו של אוהב שלא ראינו חודש.

וִיהִי רָצוֹן מִלְּפָנֶיךָ יהוה אֱלֹהַי וֵאלֹהֵי אֲבוֹתַי, לְמַלֹּאת פְּגִימַת הַלְּבָנָה וְלֹא יִהְיֶה בָּהּ שׁוּם מִעוּט. וִיהִי אוֹר הַלְּבָנָה כְּאוֹר הַחַמָּה וּכְאוֹר שִׁבְעַת יְמֵי בְרֵאשִׁית, כְּמוֹ שֶׁהָיְתָה קֹדֶם מִעוּטָהּ,
שֶׁנֶּאֱמַר: אֶת־שְׁנֵי הַמְּאֹרֹת הַגְּדֹלִים: וְיִתְקַיֵּם בָּנוּ מִקְרָא שֶׁכָּתוּב: בראשית א
וּבִקְשׁוּ אֶת־יהוה אֱלֹהֵיהֶם וְאֵת דָּוִד מַלְכָּם: אָמֵן.
הושע ג

לַמְנַצֵּחַ בִּנְגִינֹת, מִזְמוֹר שִׁיר: אֱלֹהִים יְחָנֵּנוּ וִיבָרְכֵנוּ, יָאֵר פָּנָיו אִתָּנוּ סֶלָה: לָדַעַת בָּאָרֶץ דַּרְכֶּךָ, בְּכָל־גּוֹיִם יְשׁוּעָתֶךָ: יוֹדוּךָ עַמִּים אֱלֹהִים, יוֹדוּךָ עַמִּים כֻּלָּם: יִשְׂמְחוּ וִירַנְּנוּ לְאֻמִּים, כִּי־תִשְׁפֹּט עַמִּים מִישֹׁר, וּלְאֻמִּים בָּאָרֶץ תַּנְחֵם סֶלָה: יוֹדוּךָ עַמִּים אֱלֹהִים, יוֹדוּךָ עַמִּים כֻּלָּם: אֶרֶץ נָתְנָה יְבוּלָהּ, יְבָרְכֵנוּ אֱלֹהִים אֱלֹהֵינוּ: יְבָרְכֵנוּ אֱלֹהִים, וְיִירְאוּ אוֹתוֹ כָּל־אַפְסֵי־אָרֶץ: תהלים סז

בקצת קהילות מוסיפים:

אָנָּא, בְּכֹחַ גְּדֻלַּת יְמִינְךָ, תַּתִּיר צְרוּרָה. (אב״ג ית״ץ)
קַבֵּל רִנַּת עַמְּךָ, שַׂגְּבֵנוּ, טַהֲרֵנוּ, נוֹרָא. (קר״ע שט״ן)
נָא גִבּוֹר, דּוֹרְשֵׁי יִחוּדְךָ כְּבָבַת שָׁמְרֵם. (נג״ד יכ״ש)
בָּרְכֵם, טַהֲרֵם, רַחֲמֵי צִדְקָתְךָ תָּמִיד גָּמְלֵם. (בט״ר צת״ג)
חֲסִין קָדוֹשׁ, בְּרֹב טוּבְךָ נַהֵל עֲדָתֶךָ. (חק״ב טנ״ע)
יָחִיד גֵּאֶה, לְעַמְּךָ פְּנֵה, זוֹכְרֵי קְדֻשָּׁתֶךָ. (יג״ל פז״ק)
שַׁוְעָתֵנוּ קַבֵּל וּשְׁמַע צַעֲקָתֵנוּ, יוֹדֵעַ תַּעֲלוּמוֹת. (שק״ו צי״ת)
בלחש: בָּרוּךְ שֵׁם כְּבוֹד מַלְכוּתוֹ לְעוֹלָם וָעֶד.

אומרים ׳עָלֵינוּ׳ בעמידה ונוהגים לכרוע מעט כשאומרים ׳וַאֲנַחְנוּ כּוֹרְעִים׳.

עָלֵינוּ לְשַׁבֵּחַ לַאֲדוֹן הַכֹּל, לָתֵת גְּדֻלָּה לְיוֹצֵר בְּרֵאשִׁית
שֶׁלֹּא עָשָׂנוּ כְּגוֹיֵי הָאֲרָצוֹת, וְלֹא שָׂמָנוּ כְּמִשְׁפְּחוֹת הָאֲדָמָה
שֶׁלֹּא שָׂם חֶלְקֵנוּ כָּהֶם וְגוֹרָלֵנוּ כְּכָל הֲמוֹנָם.
שֶׁהֵם מִשְׁתַּחֲוִים לְהֶבֶל וָרִיק וּמִתְפַּלְלִים אֶל אֵל לֹא יוֹשִׁיעַ.

עלינו לשבח סיום קידוש לבנה באמירת ״עלינו״ נובע מההרחקה והזהירות מפני פולחן הלבנה. אומנם אנו מברכים את הלבנה, ועוסקים בה, אולם היא רק סמל למלכות ה׳, אין בה חשיבות או כוח משל עצמה, ולכן מסיימים בקטע

וַאֲנַחְנוּ כּוֹרְעִים וּמִשְׁתַּחֲוִים וּמוֹדִים
לִפְנֵי מֶלֶךְ מַלְכֵי הַמְּלָכִים, הַקָּדוֹשׁ בָּרוּךְ הוּא
שֶׁהוּא נוֹטֶה שָׁמַיִם וְיוֹסֵד אָרֶץ, וּמוֹשַׁב יְקָרוֹ בַּשָּׁמַיִם מִמַּעַל
וּשְׁכִינַת עֻזּוֹ בְּגָבְהֵי מְרוֹמִים.
הוּא אֱלֹהֵינוּ, אֵין עוֹד.
אֱמֶת מַלְכֵּנוּ, אֶפֶס זוּלָתוֹ
דברים ד כַּכָּתוּב בְּתוֹרָתוֹ, וְיָדַעְתָּ הַיּוֹם וַהֲשֵׁבֹתָ אֶל־לְבָבֶךָ
כִּי יהוה הוּא הָאֱלֹהִים בַּשָּׁמַיִם מִמַּעַל וְעַל־הָאָרֶץ מִתָּחַת, אֵין עוֹד:

וְעַל כֵּן נְקַוֶּה לְךָ יהוה אֱלֹהֵינוּ
לִרְאוֹת מְהֵרָה בְּתִפְאֶרֶת עֻזֶּךָ
לְהַעֲבִיר גִּלּוּלִים מִן הָאָרֶץ
וְהָאֱלִילִים כָּרוֹת יִכָּרֵתוּן
לְתַקֵּן עוֹלָם בְּמַלְכוּת שַׁדַּי.
וְכָל בְּנֵי בָשָׂר יִקְרְאוּ בִשְׁמֶךָ
לְהַפְנוֹת אֵלֶיךָ כָּל רִשְׁעֵי אָרֶץ.
יַכִּירוּ וְיֵדְעוּ כָּל יוֹשְׁבֵי תֵבֵל כִּי לְךָ תִּכְרַע כָּל בֶּרֶךְ, תִּשָּׁבַע כָּל לָשׁוֹן.
לְפָנֶיךָ יהוה אֱלֹהֵינוּ יִכְרְעוּ וְיִפֹּלוּ, וְלִכְבוֹד שִׁמְךָ יְקָר יִתֵּנוּ
וִיקַבְּלוּ כֻלָּם אֶת עֹל מַלְכוּתֶךָ
וְתִמְלֹךְ עֲלֵיהֶם מְהֵרָה לְעוֹלָם וָעֶד.
כִּי הַמַּלְכוּת שֶׁלְּךָ הִיא וּלְעוֹלְמֵי עַד תִּמְלֹךְ בְּכָבוֹד
שמות טו כַּכָּתוּב בְּתוֹרָתֶךָ, יהוה יִמְלֹךְ לְעֹלָם וָעֶד:
זכריה יד וְנֶאֱמַר, וְהָיָה יהוה לְמֶלֶךְ עַל־כָּל־הָאָרֶץ
בַּיּוֹם הַהוּא יִהְיֶה יהוה אֶחָד וּשְׁמוֹ אֶחָד:

שעניינו הצהרה על קבלת מלכות שמיים. מאותו הטעם מסתכלים על הירח רק לפני הברכה, כדי לברך כראוי, אבל אין חוזרים להסתכל בו בשאר חלקי קידוש הלבנה, שלא ייראה כאילו אנו מתפללים לירח.

קדיש יתום

אם יש מניין, האבלים אומרים קדיש.

אבל: יִתְגַּדַּל וְיִתְקַדַּשׁ שְׁמֵהּ רַבָּא (קהל: אָמֵן)
בְּעָלְמָא דִּי בְרָא כִרְעוּתֵהּ
וְיַמְלִיךְ מַלְכוּתֵהּ וְיַצְמַח פֻּרְקָנֵהּ וִיקָרֵב מְשִׁיחֵהּ (קהל: אָמֵן)
בְּחַיֵּיכוֹן וּבְיוֹמֵיכוֹן וּבְחַיֵּי דְכָל בֵּית יִשְׂרָאֵל
בַּעֲגָלָא וּבִזְמַן קָרִיב, וְאִמְרוּ אָמֵן. (קהל: אָמֵן)

קהל ואבל: יְהֵא שְׁמֵהּ רַבָּא מְבָרַךְ לְעָלַם וּלְעָלְמֵי עָלְמַיָּא.

אבל: יִתְבָּרַךְ וְיִשְׁתַּבַּח וְיִתְפָּאַר וְיִתְרוֹמַם וְיִתְנַשֵּׂא
וְיִתְהַדָּר וְיִתְעַלֶּה וְיִתְהַלָּל
שְׁמֵהּ דְּקֻדְשָׁא בְּרִיךְ הוּא (קהל: אָמֵן)
לְעֵלָּא מִן כָּל בִּרְכָתָא /בעשרת ימי תשובה: לְעֵלָּא לְעֵלָּא מִכָּל בִּרְכָתָא/
וְשִׁירָתָא, תֻּשְׁבְּחָתָא וְנֶחֱמָתָא
דַּאֲמִירָן בְּעָלְמָא, וְאִמְרוּ אָמֵן. (קהל: אָמֵן)

יְהֵא שְׁלָמָא רַבָּא מִן שְׁמַיָּא
וְחַיִּים טוֹבִים עָלֵינוּ וְעַל כָּל יִשְׂרָאֵל, וְאִמְרוּ אָמֵן. (קהל: אָמֵן)

כורע ופוסע שלוש פסיעות לאחור. קד לשמאל, לימין ולפנים באמירת:

עֹשֶׂה שָׁלוֹם /בעשרת ימי תשובה: הַשָּׁלוֹם/ בִּמְרוֹמָיו
הוּא יַעֲשֶׂה שָׁלוֹם, עָלֵינוּ וְעַל כָּל יִשְׂרָאֵל, וְאִמְרוּ אָמֵן. (קהל: אָמֵן)

יש הנוהגים לנער את ציציותיהם. ונוהגים לשיר:

טוֹבִים מְאוֹרוֹת שֶׁבָּרָא אֱלֹהֵינוּ, יְצָרָם בְּדַעַת בְּבִינָה וּבְהַשְׂכֵּל
כֹּחַ וּגְבוּרָה נָתַן בָּהֶם, לִהְיוֹת מוֹשְׁלִים בְּקֶרֶב תֵּבֵל.

מְלֵאִים זִיו וּמְפִיקִים נֹגַהּ, נָאֶה זִיוָם בְּכָל הָעוֹלָם
שְׂמֵחִים בְּצֵאתָם וְשָׂשִׂים בְּבוֹאָם, עוֹשִׂים בְּאֵימָה רְצוֹן קוֹנָם.

פְּאֵר וְכָבוֹד נוֹתְנִים לִשְׁמוֹ, צָהֳלָה וְרִנָּה לְזֵכֶר מַלְכוּתוֹ
קָרָא לַשֶּׁמֶשׁ וַיִּזְרַח אוֹר, רָאָה וְהִתְקִין צוּרַת הַלְּבָנָה.

מזמורי תהלים לימי חג ומועד שיש נוהגים לומר במקום ׳שִׁיר לַמַּעֲלוֹת׳.

בסוכות אומרים:

תהלים קכב שִׁיר הַמַּעֲלוֹת לְדָוִד שָׂמַחְתִּי בְּאֹמְרִים לִי בֵּית יהוה נֵלֵךְ: עֹמְדוֹת הָיוּ
רַגְלֵינוּ בִּשְׁעָרַיִךְ יְרוּשָׁלָֽםִ: יְרוּשָׁלַםִ הַבְּנוּיָה כְּעִיר שֶׁחֻבְּרָה־לָּהּ יַחְדָּו: שֶׁשָּׁם
עָלוּ שְׁבָטִים שִׁבְטֵי־יָהּ עֵדוּת לְיִשְׂרָאֵל לְהֹדוֹת לְשֵׁם יהוה: כִּי שָׁמָּה יָשְׁבוּ
כִסְאוֹת לְמִשְׁפָּט כִּסְאוֹת לְבֵית דָּוִד: שַׁאֲלוּ שְׁלוֹם יְרוּשָׁלָםִ יִשְׁלָיוּ אֹהֲבָיִךְ:
יְהִי־שָׁלוֹם בְּחֵילֵךְ שַׁלְוָה בְּאַרְמְנוֹתָיִךְ: לְמַעַן אַחַי וְרֵעָי אֲדַבְּרָה־נָּא שָׁלוֹם
בָּךְ: לְמַעַן בֵּית־יהוה אֱלֹהֵינוּ אֲבַקְשָׁה טוֹב לָךְ:

בחנוכה אומרים:

תהלים ל מִזְמוֹר שִׁיר־חֲנֻכַּת הַבַּיִת לְדָוִד: אֲרוֹמִמְךָ יהוה כִּי דִלִּיתָנִי וְלֹא־שִׂמַּחְתָּ
אֹיְבַי לִי: יהוה אֱלֹהָי שִׁוַּעְתִּי אֵלֶיךָ וַתִּרְפָּאֵנִי: יהוה הֶעֱלִיתָ מִן־שְׁאוֹל נַפְשִׁי
חִיִּיתַנִי מִיָּרְדִי־בוֹר: זַמְּרוּ לַיהוה חֲסִידָיו וְהוֹדוּ לְזֵכֶר קָדְשׁוֹ: כִּי רֶגַע בְּאַפּוֹ
חַיִּים בִּרְצוֹנוֹ בָּעֶרֶב יָלִין בֶּכִי וְלַבֹּקֶר רִנָּה: וַאֲנִי אָמַרְתִּי בְשַׁלְוִי בַּל־אֶמּוֹט
לְעוֹלָם: יהוה בִּרְצוֹנְךָ הֶעֱמַדְתָּה לְהַרְרִי עֹז הִסְתַּרְתָּ פָנֶיךָ הָיִיתִי נִבְהָל:
אֵלֶיךָ יהוה אֶקְרָא וְאֶל־אֲדֹנָי אֶתְחַנָּן: מַה־בֶּצַע בְּדָמִי בְּרִדְתִּי אֶל שָׁחַת
הֲיוֹדְךָ עָפָר הֲיַגִּיד אֲמִתֶּךָ: שְׁמַע־יהוה וְחָנֵּנִי יהוה הֱיֵה־עֹזֵר לִי: הָפַכְתָּ
מִסְפְּדִי לְמָחוֹל לִי פִּתַּחְתָּ שַׂקִּי וַתְּאַזְּרֵנִי שִׂמְחָה: לְמַעַן יְזַמֶּרְךָ כָבוֹד וְלֹא
יִדֹּם יהוה אֱלֹהַי לְעוֹלָם אוֹדֶךָּ:

בפורים אומרים:

תהלים כב לַמְנַצֵּחַ עַל־אַיֶּלֶת הַשַּׁחַר מִזְמוֹר לְדָוִד: אֵלִי אֵלִי לָמָה עֲזַבְתָּנִי רָחוֹק
מִישׁוּעָתִי דִּבְרֵי שַׁאֲגָתִי: אֱלֹהַי אֶקְרָא יוֹמָם וְלֹא תַעֲנֶה וְלַיְלָה וְלֹא־
דוּמִיָּה לִי: וְאַתָּה קָדוֹשׁ יוֹשֵׁב תְּהִלּוֹת יִשְׂרָאֵל: בְּךָ בָּטְחוּ אֲבֹתֵינוּ בָּטְחוּ
וַתְּפַלְּטֵמוֹ: אֵלֶיךָ זָעֲקוּ וְנִמְלָטוּ בְּךָ בָטְחוּ וְלֹא־בוֹשׁוּ: וְאָנֹכִי תוֹלַעַת וְלֹא־
אִישׁ חֶרְפַּת אָדָם וּבְזוּי עָם: כָּל־רֹאַי יַלְעִגוּ לִי יַפְטִירוּ בְשָׂפָה יָנִיעוּ רֹאשׁ:
גֹּל אֶל־יהוה יְפַלְּטֵהוּ יַצִּילֵהוּ כִּי חָפֵץ בּוֹ: כִּי־אַתָּה גֹחִי מִבָּטֶן מַבְטִיחִי
עַל־שְׁדֵי אִמִּי: עָלֶיךָ הָשְׁלַכְתִּי מֵרָחֶם מִבֶּטֶן אִמִּי אֵלִי אָתָּה: אַל־תִּרְחַק
מִמֶּנִּי כִּי־צָרָה קְרוֹבָה כִּי־אֵין עוֹזֵר: סְבָבוּנִי פָּרִים רַבִּים אַבִּירֵי בָשָׁן כִּתְּרוּנִי:
פָּצוּ עָלַי פִּיהֶם אַרְיֵה טֹרֵף וְשֹׁאֵג: כַּמַּיִם נִשְׁפַּכְתִּי וְהִתְפָּרְדוּ כָּל־עַצְמוֹתָי

הָיָה לִבִּי כַּדּוֹנָג נָמֵס בְּתוֹךְ מֵעָי: יָבֵשׁ כַּחֶרֶשׂ כֹּחִי וּלְשׁוֹנִי מֻדְבָּק מַלְקוֹחָי
וְלַעֲפַר־מָוֶת תִּשְׁפְּתֵנִי: כִּי סְבָבוּנִי כְּלָבִים עֲדַת מְרֵעִים הִקִּיפוּנִי כָּאֲרִי יָדַי
וְרַגְלָי: אֲסַפֵּר כָּל־עַצְמוֹתָי הֵמָּה יַבִּיטוּ יִרְאוּ־בִי: יְחַלְּקוּ בְגָדַי לָהֶם וְעַל־
לְבוּשִׁי יַפִּילוּ גוֹרָל: וְאַתָּה יהוה אַל־תִּרְחָק אֱיָלוּתִי לְעֶזְרָתִי חוּשָׁה: הַצִּילָה
מֵחֶרֶב נַפְשִׁי מִיַּד־כֶּלֶב יְחִידָתִי: הוֹשִׁיעֵנִי מִפִּי אַרְיֵה וּמִקַּרְנֵי רֵמִים עֲנִיתָנִי:
אֲסַפְּרָה שִׁמְךָ לְאֶחָי בְּתוֹךְ קָהָל אֲהַלְלֶךָּ: יִרְאֵי יהוה הַלְלוּהוּ כָּל־זֶרַע
יַעֲקֹב כַּבְּדוּהוּ וְגוּרוּ מִמֶּנּוּ כָּל־זֶרַע יִשְׂרָאֵל: כִּי לֹא־בָזָה וְלֹא שִׁקַּץ עֱנוּת
עָנִי וְלֹא־הִסְתִּיר פָּנָיו מִמֶּנּוּ וּבְשַׁוְּעוֹ אֵלָיו שָׁמֵעַ: מֵאִתְּךָ תְּהִלָּתִי בְּקָהָל
רָב נְדָרַי אֲשַׁלֵּם נֶגֶד יְרֵאָיו: יֹאכְלוּ עֲנָוִים וְיִשְׂבָּעוּ יְהַלְלוּ יהוה דֹּרְשָׁיו יְחִי
לְבַבְכֶם לָעַד: יִזְכְּרוּ וְיָשֻׁבוּ אֶל־יהוה כָּל־אַפְסֵי־אָרֶץ וְיִשְׁתַּחֲווּ לְפָנֶיךָ
כָּל־מִשְׁפְּחוֹת גּוֹיִם: כִּי לַיהוה הַמְּלוּכָה וּמֹשֵׁל בַּגּוֹיִם: אָכְלוּ וַיִּשְׁתַּחֲווּ
כָּל־דִּשְׁנֵי־אֶרֶץ לְפָנָיו יִכְרְעוּ כָּל־יוֹרְדֵי עָפָר וְנַפְשׁוֹ לֹא חִיָּה: זֶרַע יַעַבְדֶנּוּ
יְסֻפַּר לַאדֹנָי לַדּוֹר: יָבֹאוּ וְיַגִּידוּ צִדְקָתוֹ לְעַם נוֹלָד כִּי עָשָׂה:

בפסח אומרים:

תהלים קיד בְּצֵאת יִשְׂרָאֵל מִמִּצְרָיִם בֵּית יַעֲקֹב מֵעַם לֹעֵז: הָיְתָה יְהוּדָה לְקָדְשׁוֹ
יִשְׂרָאֵל מַמְשְׁלוֹתָיו: הַיָּם רָאָה וַיָּנֹס הַיַּרְדֵּן יִסֹּב לְאָחוֹר: הֶהָרִים רָקְדוּ
כְאֵילִים גְּבָעוֹת כִּבְנֵי־צֹאן: מַה־לְּךָ הַיָּם כִּי תָנוּס הַיַּרְדֵּן תִּסֹּב לְאָחוֹר:
הֶהָרִים תִּרְקְדוּ כְאֵילִים גְּבָעוֹת כִּבְנֵי־צֹאן: מִלִּפְנֵי אָדוֹן חוּלִי אָרֶץ מִלִּפְנֵי
אֱלוֹהַּ יַעֲקֹב: הַהֹפְכִי הַצּוּר אֲגַם־מָיִם חַלָּמִישׁ לְמַעְיְנוֹ־מָיִם:

בשבועות אומרים (ויש האומרים מזמור יט, עמ׳ 951):

תהלים כט מִזְמוֹר לְדָוִד הָבוּ לַיהוה בְּנֵי אֵלִים הָבוּ לַיהוה כָּבוֹד וָעֹז: הָבוּ לַיהוה כְּבוֹד
שְׁמוֹ הִשְׁתַּחֲווּ לַיהוה בְּהַדְרַת־קֹדֶשׁ: קוֹל יהוה עַל־הַמָּיִם אֵל־הַכָּבוֹד
הִרְעִים יהוה עַל־מַיִם רַבִּים: קוֹל־יהוה בַּכֹּחַ קוֹל יהוה בֶּהָדָר: קוֹל יהוה
שֹׁבֵר אֲרָזִים וַיְשַׁבֵּר יהוה אֶת־אַרְזֵי הַלְּבָנוֹן: וַיַּרְקִידֵם כְּמוֹ־עֵגֶל לְבָנוֹן
וְשִׂרְיֹן כְּמוֹ בֶן־רְאֵמִים: קוֹל־יהוה חֹצֵב לַהֲבוֹת אֵשׁ: קוֹל יהוה יָחִיל
מִדְבָּר יָחִיל יהוה מִדְבַּר קָדֵשׁ: קוֹל יהוה יְחוֹלֵל אַיָּלוֹת וַיֶּחֱשֹׂף יְעָרוֹת
וּבְהֵיכָלוֹ כֻּלּוֹ אֹמֵר כָּבוֹד: יהוה לַמַּבּוּל יָשָׁב וַיֵּשֶׁב יהוה מֶלֶךְ לְעוֹלָם:
יהוה עֹז לְעַמּוֹ יִתֵּן יהוה יְבָרֵךְ אֶת־עַמּוֹ בַשָּׁלוֹם:

קְרִיאַת שְׁמַע עַל הַמִּיטָה

בשבת וביום טוב אין אומרים:

רִבּוֹנוֹ שֶׁל עוֹלָם הֲרֵינִי מוֹחֵל וְסוֹלֵחַ לְכָל מִי שֶׁהִכְעִיס וְהִקְנִיט אוֹתִי אוֹ שֶׁחָטָא כְּנֶגְדִּי, בֵּין בְּגוּפִי בֵּין בְּמָמוֹנִי בֵּין בִּכְבוֹדִי בֵּין בְּכָל אֲשֶׁר לִי, בֵּין בְּאֹנֶס בֵּין בְּרָצוֹן, בֵּין בְּשׁוֹגֵג בֵּין בְּמֵזִיד, בֵּין בְּדִבּוּר בֵּין בְּמַעֲשֶׂה, בֵּין בְּגִלְגּוּל זֶה בֵּין בְּגִלְגּוּל אַחֵר, לְכָל בַּר יִשְׂרָאֵל, וְלֹא יֵעָנֵשׁ שׁוּם אָדָם בְּסִבָּתִי. יְהִי רָצוֹן מִלְּפָנֶיךָ יהוה אֱלֹהַי וֵאלֹהֵי אֲבוֹתַי שֶׁלֹּא אֶחֱטָא עוֹד, וּמַה שֶּׁחָטָאתִי לְפָנֶיךָ מְחוֹק בְּרַחֲמֶיךָ הָרַבִּים, אֲבָל לֹא עַל יְדֵי יִסּוּרִים וָחֳלָאִים רָעִים. יִהְיוּ לְרָצוֹן אִמְרֵי פִי וְהֶגְיוֹן לִבִּי לְפָנֶיךָ יהוה צוּרִי וְגֹאֲלִי:

בָּרוּךְ אַתָּה יהוה אֱלֹהֵינוּ מֶלֶךְ הָעוֹלָם, הַמַּפִּיל חֶבְלֵי שֵׁנָה עַל עֵינַי וּתְנוּמָה עַל עַפְעַפָּי, וּמֵאִיר לְאִישׁוֹן בַּת עָיִן. וִיהִי רָצוֹן מִלְּפָנֶיךָ, יהוה אֱלֹהַי וֵאלֹהֵי אֲבוֹתַי, שֶׁתַּשְׁכִּיבֵנִי לְשָׁלוֹם וְתַעֲמִידֵנִי לְחַיִּים טוֹבִים וּלְשָׁלוֹם, וְתֵן חֶלְקִי בְּתוֹרָתֶךָ, וְתַרְגִּילֵנִי לִדְבַר מִצְוָה, וְאַל תַּרְגִּילֵנִי לִדְבַר עֲבֵרָה, וְאַל תְּבִיאֵנִי לִידֵי חֵטְא וְלֹא לִידֵי נִסָּיוֹן וְלֹא לִידֵי בִזָּיוֹן, וְיִשְׁלֹט בִּי יֵצֶר טוֹב וְאַל יִשְׁלֹט בִּי יֵצֶר הָרָע, וְתַצִּילֵנִי מִשָּׂטָן וּמִפֶּגַע רַע וּמֵחֳלָיִים רָעִים, וְאַל יְבַהֲלוּנִי רַעְיוֹנַי וַחֲלוֹמוֹת רָעִים וְהִרְהוּרִים רָעִים, וּתְהֵא מִטָּתִי שְׁלֵמָה לְפָנֶיךָ, וְהָאֵר עֵינַי פֶּן אִישַׁן הַמָּוֶת. בָּרוּךְ אַתָּה יהוה, הַמֵּאִיר לָעוֹלָם כֻּלּוֹ בִּכְבוֹדוֹ.

קריאת שמע שעל המיטה סדר התפילה הסמוך לזמן השינה מקורו בתלמוד, ושם נאמר שהותקן בעיקרו לשם שמירה והגנה. זמן הלילה בכלל הוא זמן החשֵכה, וכנגדו בצד הרוחני־פנימי – זמן התגברות של כוחות אפלים מכל הסוגים. הפעילות של כל יצורי היום – בני האדם, העופות והצמחים – פוחתת והולכת, והעדר האור משמעו ברוחניות כבגשמיות – הסתר, שקיעת החיים. עם השינוי הזה בעולם בכללו יש שינוי גדול אחר בחייו של האדם – השינה. השינה היא הסתלקותה של הנפש המודעת, והחיוניות כולה מתמעטת – לא רק בפעילות, אלא אף בקצב הלב ובנשימה. לכן אמרו חכמים כי "שינה אחד משישים למיתה", וכן שהשינה היא "מותא זעירא" (מוות קטן). במקום שהאור והחיים מסתלקים באים במקומם כוחות של טומאה (ולכן גם נוטלים ידיים מייד בהשכמת הבוקר, להיטהר מטומאה זו), משום כך נדרשת שמירה יתרה של הגוף והנפש מפני

אֵל מֶלֶךְ נֶאֱמָן

שְׁמַע יִשְׂרָאֵל, יהוה אֱלֹהֵינוּ, יהוה ׀ אֶחָד: דברים ו

בלחש: בָּרוּךְ שֵׁם כְּבוֹד מַלְכוּתוֹ לְעוֹלָם וָעֶד.

וְאָהַבְתָּ אֵת יהוה אֱלֹהֶיךָ, בְּכָל־לְבָבְךָ וּבְכָל־נַפְשְׁךָ וּבְכָל־מְאֹדֶךָ: וְהָיוּ דברים ו
הַדְּבָרִים הָאֵלֶּה, אֲשֶׁר אָנֹכִי מְצַוְּךָ הַיּוֹם, עַל־לְבָבֶךָ: וְשִׁנַּנְתָּם לְבָנֶיךָ
וְדִבַּרְתָּ בָּם, בְּשִׁבְתְּךָ בְּבֵיתֶךָ וּבְלֶכְתְּךָ בַדֶּרֶךְ, וּבְשָׁכְבְּךָ וּבְקוּמֶךָ:
וּקְשַׁרְתָּם לְאוֹת עַל־יָדֶךָ, וְהָיוּ לְטֹטָפֹת בֵּין עֵינֶיךָ: וּכְתַבְתָּם עַל־
מְזֻזוֹת בֵּיתֶךָ וּבִשְׁעָרֶיךָ:

וִיהִי נֹעַם אֲדֹנָי אֱלֹהֵינוּ עָלֵינוּ וּמַעֲשֵׂה יָדֵינוּ כּוֹנְנָה עָלֵינוּ וּמַעֲשֵׂה יָדֵינוּ תהלים צ
כּוֹנְנֵהוּ:

יֹשֵׁב בְּסֵתֶר עֶלְיוֹן, בְּצֵל שַׁדַּי יִתְלוֹנָן: אֹמַר לַיהוה מַחְסִי וּמְצוּדָתִי, תהלים צא
אֱלֹהַי אֶבְטַח־בּוֹ: כִּי הוּא יַצִּילְךָ מִפַּח יָקוּשׁ, מִדֶּבֶר הַוּוֹת: בְּאֶבְרָתוֹ
יָסֶךְ לָךְ, וְתַחַת־כְּנָפָיו תֶּחְסֶה, צִנָּה וְסֹחֵרָה אֲמִתּוֹ: לֹא־תִירָא מִפַּחַד
לָיְלָה, מֵחֵץ יָעוּף יוֹמָם: מִדֶּבֶר בָּאֹפֶל יַהֲלֹךְ, מִקֶּטֶב יָשׁוּד צָהֳרָיִם:
יִפֹּל מִצִּדְּךָ אֶלֶף, וּרְבָבָה מִימִינֶךָ, אֵלֶיךָ לֹא יִגָּשׁ: רַק בְּעֵינֶיךָ תַבִּיט,
וְשִׁלֻּמַת רְשָׁעִים תִּרְאֶה: כִּי־אַתָּה יהוה מַחְסִי, עֶלְיוֹן שַׂמְתָּ מְעוֹנֶךָ:

נזקים חומריים ורוחניים בזמן השינה בכלל, ובמיוחד בשנת הלילה. טעם נוסף לקריאת שמע זו הוא שיישן אדם מתוך דברי תורה. על ידי שקורא אדם קריאת שמע סמוך לשנתו, לא זו בלבד שאינו מפנה ליבו לדברים בטלים או מגונים, אלא הוא מעסיק עצמו בעניין של קדושה. ומתוך שנרדם בדרך זו – יהיו אף שנתו וחלומותיו מושפעים מן הדברים הטובים שעסק בהם. צד נוסף הוא ששעת השינה היא הפסקה זמנית של חייו המודעים של האדם. וכאשר אדם מכין עצמו לקראת השינה – גם ההמשך המודע של חייו, לאחר שיקום, ממשיך אותו חוט של מחשבה ושל חוויה; וכדרך שביטא רעיון זה בחריפות אחד הצדיקים: "מי שהולך לישון ככלב אינו יכול לקום כאריה". ההכנה הראויה לשינה, על ידי קריאת שמע שעל המיטה, אינה רק בגדר של סיום וסיכום, אלא אף פתח ליום חדש.

לֹא־תְאֻנֶּה אֵלֶיךָ רָעָה, וְנֶגַע לֹא־יִקְרַב בְּאָהֳלֶךָ: כִּי מַלְאָכָיו יְצַוֶּה־לָּךְ, לִשְׁמָרְךָ בְּכָל־דְּרָכֶיךָ: עַל־כַּפַּיִם יִשָּׂאוּנְךָ, פֶּן־תִּגֹּף בָּאֶבֶן רַגְלֶךָ: עַל־שַׁחַל וָפֶתֶן תִּדְרֹךְ, תִּרְמֹס כְּפִיר וְתַנִּין: כִּי בִי חָשַׁק וַאֲפַלְּטֵהוּ, אֲשַׂגְּבֵהוּ כִּי־יָדַע שְׁמִי: יִקְרָאֵנִי וְאֶעֱנֵהוּ, עִמּוֹ־אָנֹכִי בְצָרָה, אֲחַלְּצֵהוּ וַאֲכַבְּדֵהוּ: אֹרֶךְ יָמִים אַשְׂבִּיעֵהוּ, וְאַרְאֵהוּ בִּישׁוּעָתִי:
אֹרֶךְ יָמִים אַשְׂבִּיעֵהוּ, וְאַרְאֵהוּ בִּישׁוּעָתִי:

יהוה מָה־רַבּוּ צָרָי, רַבִּים קָמִים עָלָי: רַבִּים אֹמְרִים לְנַפְשִׁי, אֵין יְשׁוּעָתָה תהלים ג
לּוֹ בֵאלֹהִים, סֶלָה: וְאַתָּה יהוה מָגֵן בַּעֲדִי, כְּבוֹדִי וּמֵרִים רֹאשִׁי: קוֹלִי אֶל־יהוה אֶקְרָא, וַיַּעֲנֵנִי מֵהַר קָדְשׁוֹ, סֶלָה: אֲנִי שָׁכַבְתִּי וָאִישָׁנָה, הֱקִיצוֹתִי כִּי יהוה יִסְמְכֵנִי: לֹא־אִירָא מֵרִבְבוֹת עָם, אֲשֶׁר סָבִיב שָׁתוּ עָלָי: קוּמָה יהוה, הוֹשִׁיעֵנִי אֱלֹהַי, כִּי־הִכִּיתָ אֶת־כָּל־אֹיְבַי לֶחִי, שִׁנֵּי רְשָׁעִים שִׁבַּרְתָּ: לַיהוה הַיְשׁוּעָה, עַל־עַמְּךָ בִרְכָתֶךָ סֶּלָה:

הַשְׁכִּיבֵנוּ, יהוה אֱלֹהֵינוּ, לְשָׁלוֹם. וְהַעֲמִידֵנוּ, מַלְכֵּנוּ, לְחַיִּים טוֹבִים וּלְשָׁלוֹם. וּפְרֹשׂ עָלֵינוּ סֻכַּת שְׁלוֹמֶךָ, וְתַקְּנֵנוּ בְּעֵצָה טוֹבָה מִלְּפָנֶיךָ, וְהוֹשִׁיעֵנוּ מְהֵרָה לְמַעַן שְׁמֶךָ. וְהָגֵן בַּעֲדֵנוּ, וְהָסֵר מֵעָלֵינוּ אוֹיֵב, דֶּבֶר וְחֶרֶב וְרָעָב וְיָגוֹן. וְהָסֵר שָׂטָן מִלְּפָנֵינוּ וּמֵאַחֲרֵינוּ, וּבְצֵל כְּנָפֶיךָ תַּסְתִּירֵנוּ, כִּי אֵל שׁוֹמְרֵנוּ וּמַצִּילֵנוּ אָתָּה, כִּי אֵל מֶלֶךְ חַנּוּן וְרַחוּם אָתָּה. וּשְׁמֹר צֵאתֵנוּ וּבוֹאֵנוּ לְחַיִּים וּלְשָׁלוֹם מֵעַתָּה וְעַד עוֹלָם.

בָּרוּךְ יהוה בַּיּוֹם, בָּרוּךְ יהוה בַּלָּיְלָה, בָּרוּךְ יהוה בְּשָׁכְבֵנוּ, בָּרוּךְ יהוה
בְּקוּמֵנוּ. כִּי בְיָדְךָ נַפְשׁוֹת הַחַיִּים וְהַמֵּתִים. אֲשֶׁר בְּיָדוֹ נֶפֶשׁ כָּל־חָי, וְרוּחַ איוב יב
כָּל־בְּשַׂר־אִישׁ: בְּיָדְךָ אַפְקִיד רוּחִי, פָּדִיתָה אוֹתִי יהוה אֵל אֱמֶת: אֱלֹהֵינוּ תהלים לא
שֶׁבַּשָּׁמַיִם, יַחֵד שִׁמְךָ וְקַיֵּם מַלְכוּתְךָ תָּמִיד, וּמְלֹךְ עָלֵינוּ לְעוֹלָם וָעֶד.

יִרְאוּ עֵינֵינוּ וְיִשְׂמַח לִבֵּנוּ, וְתָגֵל נַפְשֵׁנוּ בִּישׁוּעָתְךָ בֶּאֱמֶת, בֶּאֱמֹר לְצִיּוֹן מָלַךְ אֱלֹהָיִךְ. יהוה מֶלֶךְ, יהוה מָלָךְ, יהוה יִמְלֹךְ לְעוֹלָם וָעֶד. כִּי הַמַּלְכוּת שֶׁלְּךָ הִיא, וּלְעוֹלְמֵי עַד תִּמְלֹךְ בְּכָבוֹד, כִּי אֵין לָנוּ מֶלֶךְ אֶלָּא אָתָּה.

הַמַּלְאָךְ הַגֹּאֵל אֹתִי מִכָּל־רָע יְבָרֵךְ אֶת־הַנְּעָרִים, וְיִקָּרֵא בָהֶם שְׁמִי וְשֵׁם בראשית מח
אֲבֹתַי אַבְרָהָם וְיִצְחָק, וְיִדְגּוּ לָרֹב בְּקֶרֶב הָאָרֶץ:

וַיֹּאמֶר אִם־שָׁמוֹעַ תִּשְׁמַע לְקוֹל יהוה אֱלֹהֶיךָ, וְהַיָּשָׁר בְּעֵינָיו תַּעֲשֶׂה, שמות טו
וְהַאֲזַנְתָּ לְמִצְוֹתָיו וְשָׁמַרְתָּ כָּל־חֻקָּיו, כָּל־הַמַּחֲלָה אֲשֶׁר־שַׂמְתִּי בְמִצְרַיִם
לֹא־אָשִׂים עָלֶיךָ, כִּי אֲנִי יהוה רֹפְאֶךָ: וַיֹּאמֶר יהוה אֶל־הַשָּׂטָן, יִגְעַר יהוה זכריה ג
בְּךָ הַשָּׂטָן, וְיִגְעַר יהוה בְּךָ הַבֹּחֵר בִּירוּשָׁלָםִ, הֲלוֹא זֶה אוּד מֻצָּל מֵאֵשׁ:
הִנֵּה מִטָּתוֹ שֶׁלִּשְׁלֹמֹה, שִׁשִּׁים גִּבֹּרִים סָבִיב לָהּ, מִגִּבֹּרֵי יִשְׂרָאֵל: כֻּלָּם שיר השירים ג
אֲחֻזֵי חֶרֶב, מְלֻמְּדֵי מִלְחָמָה, אִישׁ חַרְבּוֹ עַל־יְרֵכוֹ מִפַּחַד בַּלֵּילוֹת:

אומרים שלוש פעמים:

יְבָרֶכְךָ יהוה וְיִשְׁמְרֶךָ: במדבר ו
יָאֵר יהוה פָּנָיו אֵלֶיךָ וִיחֻנֶּךָּ:
יִשָּׂא יהוה פָּנָיו אֵלֶיךָ וְיָשֵׂם לְךָ שָׁלוֹם:

אומרים שלוש פעמים:

הִנֵּה לֹא־יָנוּם וְלֹא יִישָׁן שׁוֹמֵר יִשְׂרָאֵל: תהלים קכא

אומרים שלוש פעמים:

לִישׁוּעָתְךָ קִוִּיתִי יהוה: בראשית מט
קִוִּיתִי יהוה לִישׁוּעָתְךָ, יהוה לִישׁוּעָתְךָ קִוִּיתִי

אומרים שלוש פעמים:

בְּשֵׁם יהוה אֱלֹהֵי יִשְׂרָאֵל
מִימִינִי מִיכָאֵל, וּמִשְּׂמֹאלִי גַּבְרִיאֵל
וּמִלְּפָנַי אוּרִיאֵל, וּמֵאֲחוֹרַי רְפָאֵל
וְעַל רֹאשִׁי שְׁכִינַת אֵל.

שִׁיר הַמַּעֲלוֹת, אַשְׁרֵי כָּל־יְרֵא יהוה, הַהֹלֵךְ בִּדְרָכָיו: יְגִיעַ כַּפֶּיךָ כִּי תֹאכֵל, תהלים קכח
אַשְׁרֶיךָ וְטוֹב לָךְ: אֶשְׁתְּךָ כְּגֶפֶן פֹּרִיָּה בְּיַרְכְּתֵי בֵיתֶךָ, בָּנֶיךָ כִּשְׁתִלֵי זֵיתִים,
סָבִיב לְשֻׁלְחָנֶךָ: הִנֵּה כִי־כֵן יְבֹרַךְ גָּבֶר יְרֵא יהוה: יְבָרֶכְךָ יהוה מִצִּיּוֹן,
וּרְאֵה בְּטוּב יְרוּשָׁלָםִ, כֹּל יְמֵי חַיֶּיךָ: וּרְאֵה־בָנִים לְבָנֶיךָ, שָׁלוֹם עַל־יִשְׂרָאֵל:

אומרים שלוש פעמים:

רִגְזוּ וְאַל־תֶּחֱטָאוּ, אִמְרוּ בִלְבַבְכֶם עַל־מִשְׁכַּבְכֶם, וְדֹמּוּ סֶלָה: תהלים ד

יש נוהגים להוסיף כאן וידוי:

וידוי

אֱלֹהֵינוּ וֵאלֹהֵי אֲבוֹתֵינוּ
תָּבֹא לְפָנֶיךָ תְּפִלָּתֵנוּ, וְאַל תִּתְעַלַּם מִתְּחִנָּתֵנוּ
שֶׁאֵין אָנוּ עַזֵּי פָנִים וּקְשֵׁי עֹרֶף
לוֹמַר לְפָנֶיךָ יהוה אֱלֹהֵינוּ וֵאלֹהֵי אֲבוֹתֵינוּ
צַדִּיקִים אֲנַחְנוּ וְלֹא חָטָאנוּ
אֲבָל אֲנַחְנוּ וַאֲבוֹתֵינוּ חָטָאנוּ.

נוהגים שאומר הווידוי מכה מעט באגרוף קמוץ על חזהו, על מקום הלב, כאשר הוא אומר כל אחת ממילות הווידוי.

אָשַׁמְנוּ, בָּגַדְנוּ, גָּזַלְנוּ, דִּבַּרְנוּ דֹפִי
הֶעֱוִינוּ, וְהִרְשַׁעְנוּ, זַדְנוּ, חָמַסְנוּ, טָפַלְנוּ שֶׁקֶר
יָעַצְנוּ רָע, כִּזַּבְנוּ, לַצְנוּ, מָרַדְנוּ, נִאַצְנוּ, סָרַרְנוּ, עָוִינוּ
פָּשַׁעְנוּ, צָרַרְנוּ, קִשִּׁינוּ עֹרֶף
רָשַׁעְנוּ, שִׁחַתְנוּ, תִּעַבְנוּ, תָּעִינוּ, תִּעְתָּעְנוּ.

סַרְנוּ מִמִּצְוֹתֶיךָ וּמִמִּשְׁפָּטֶיךָ הַטּוֹבִים, וְלֹא שָׁוָה לָנוּ.
וְאַתָּה צַדִּיק עַל כָּל הַבָּא עָלֵינוּ נחמיה ט
כִּי אֱמֶת עָשִׂיתָ, וַאֲנַחְנוּ הִרְשָׁעְנוּ.

אַתָּה יוֹדֵעַ רָזֵי עוֹלָם וְתַעֲלוּמוֹת סִתְרֵי כָּל חָי.
אַתָּה חוֹפֵשׂ כָּל חַדְרֵי בָטֶן וּבוֹחֵן כְּלָיוֹת וָלֵב.
אֵין דָּבָר נֶעְלָם מִמֶּךָּ, וְאֵין נִסְתָּר מִנֶּגֶד עֵינֶיךָ.
וּבְכֵן יְהִי רָצוֹן מִלְּפָנֶיךָ יהוה אֱלֹהֵינוּ וֵאלֹהֵי אֲבוֹתֵינוּ
שֶׁתְּרַחֵם עָלֵינוּ וְתִמְחֹל לָנוּ עַל כָּל חַטֹּאתֵינוּ
וּתְכַפֵּר לָנוּ עַל כָּל עֲוֹנוֹתֵינוּ, וְתִמְחֹל וְתִסְלַח לָנוּ עַל כָּל פְּשָׁעֵינוּ.

וידוי לווידוי שלפני השינה יש מובן כפול. מצד אחד ההולך לישון הריהו כמי שהולך למות. אומנם מיתה קטנה, אולם יש בכך הפקעה מדעת של החיים המלאים והפקדתם ביד ה׳, והיקיצה בכל בוקר היא חסד מחודש של תחייה. לכן ראוי לאדם שיאמר דברי וידוי לפני שהולך למסור את נשמתו, כעין הווידוי

ויש האומרים 'עַל חֵטְא' (עמ' 618).

יְהִי רָצוֹן מִלְּפָנֶיךָ יהוה אֱלֹהֵינוּ וֵאלֹהֵי אֲבוֹתֵינוּ, שֶׁאִם חָטָאתִי עָוִיתִי פָּשַׁעְתִּי לְפָנֶיךָ, וּפָגַמְתִּי בָּאוֹת (י) שֶׁל שִׁמְךָ הַגָּדוֹל (יהוה) בְּבִטּוּל קְרִיאַת שְׁמַע, וּבָאוֹת (א) שֶׁל (אדני), וְנִתְחַיַּבְתִּי בְּבֵית דִּינְךָ הַצֶּדֶק סְקִילָה אוֹ כַּיּוֹצֵא בָּהּ, הֲרֵי אֲנִי מְקַבֵּל עָלַי סְקִילָה, וַהֲרֵינִי כְּאִלּוּ נִסְקַלְתִּי עַל יְדֵי אוֹת (א) שֶׁל שֵׁם (אדני) בְּבֵית דִּין הַגָּדוֹל שֶׁבִּירוּשָׁלַיִם עַל דְּבַר כְּבוֹד שְׁמֶךָ.

וְאִם חָטָאתִי עָוִיתִי פָּשַׁעְתִּי לְפָנֶיךָ וּפָגַמְתִּי בָּאוֹת (ה) רִאשׁוֹנָה שֶׁל שִׁמְךָ הַגָּדוֹל (יהוה) בְּבִטּוּל תְּפִלִּין, וּבָאוֹת (ד) שֶׁל (אדני), וְנִתְחַיַּבְתִּי בְּדִינְךָ הַצֶּדֶק שְׂרֵפָה אוֹ כַּיּוֹצֵא בָּהּ, הֲרֵינִי מְקַבֵּל עָלַי שְׂרֵפָה וַהֲרֵינִי כְּאִלּוּ נִשְׂרַפְתִּי עַל יְדֵי אוֹת (ד) שֶׁל (אדני) בְּבֵית דִּין הַגָּדוֹל שֶׁבִּירוּשָׁלַיִם עַל דְּבַר כְּבוֹד שְׁמֶךָ.

וְאִם חָטָאתִי עָוִיתִי פָּשַׁעְתִּי לְפָנֶיךָ וּפָגַמְתִּי בָּאוֹת (ו) שֶׁל שִׁמְךָ הַגָּדוֹל (יהוה) בְּבִטּוּל צִיצִית, וּבָאוֹת (נ) שֶׁל שִׁמְךָ (אדני), וְנִתְחַיַּבְתִּי לְפָנֶיךָ בְּדִינְךָ הַצֶּדֶק הֶרֶג אוֹ כַּיּוֹצֵא בּוֹ, הֲרֵינִי מְקַבֵּל עָלַי הֶרֶג וַהֲרֵינִי כְּאִלּוּ נֶהֱרַגְתִּי עַל יְדֵי אוֹת (נ) שֶׁל (אדני) בְּבֵית דִּין הַגָּדוֹל שֶׁבִּירוּשָׁלַיִם עַל דְּבַר כְּבוֹד שְׁמֶךָ.

של ההולך למות. צד נוסף של וידוי זה קשור בכך שקריאת שמע היא הפעולה האחרונה של היום, ומשום כך ראוי לערוך בה סיכום של מה שנעשה ביום. מחד גיסא, במשך היום אדם עובר דברים רבים, ויש שהוא נפגע מבני אדם, וצריך לשם מנוחת נפשו ונפשם לומר דברי תפילה שיש בהם סליחה ("רבונו של עולם הריני מוחל"). ומאידך גיסא, זהו זמן מתאים לעריכת חשבון נפש אישי – סיכום הדברים שהאדם חטא בהם. סיכום כזה עשוי לגלות לאדם שבתוך שטף החיים של היום הוא עבר, במעשה ובמחדל, עבירות. ודאי הדבר תלוי בכל אדם – יש מי שיכול למצוא דברים גלויים וברורים, ויש אחר שיכול לגלות רק דברים דקים. מכל מקום, כל אדם נדרש לבדוק את היחס שבין יכולותיו וציפיותיו לבין התגשמות הדברים בפועל. אמירת קריאת שמע, באופן זה, היא מעשה התנקות והיטהרות – בבהירות הידיעה ובבקשת הכפרה. לאחר מכן, כאשר החשבונות בין האדם לעצמו ובינו לזולתו נגמרו והושלמו, האדם יכול לישון בשלום.

וְאִם חָטָאתִי עָוִיתִי פָּשַׁעְתִּי לְפָנֶיךָ וּפָגַמְתִּי בְּאוֹת (ה) אַחֲרוֹנָה שֶׁבְּשִׁמְךָ הַגָּדוֹל (יהוה) בְּבִטּוּל תְּפִלָּה, וּבְאוֹת (י) שֶׁל (אדני), וְנִתְחַיַּבְתִּי בְּדִינְךָ הַצֶּדֶק חֶנֶק אוֹ כַּיּוֹצֵא בוֹ, הֲרֵינִי מְקַבֵּל עָלַי חֶנֶק וַהֲרֵינִי כְּאִלּוּ נֶחֱנַקְתִּי עַל יְדֵי אוֹת (י) שֶׁל (אדני) בְּבֵית דִּין הַגָּדוֹל שֶׁבִּירוּשָׁלַיִם עַל דְּבַר כְּבוֹד שְׁמֶךָ.

אֲדוֹן עוֹלָם אֲשֶׁר מָלַךְ בְּטֶרֶם כָּל־יְצִיר נִבְרָא.
לְעֵת נַעֲשָׂה בְחֶפְצוֹ כֹּל אֲזַי מֶלֶךְ שְׁמוֹ נִקְרָא.
וְאַחֲרֵי כִּכְלוֹת הַכֹּל לְבַדּוֹ יִמְלֹךְ נוֹרָא.
וְהוּא הָיָה וְהוּא הֹוֶה וְהוּא יִהְיֶה בְּתִפְאָרָה.
וְהוּא אֶחָד וְאֵין שֵׁנִי לְהַמְשִׁיל לוֹ לְהַחְבִּירָה.
בְּלִי רֵאשִׁית בְּלִי תַכְלִית וְלוֹ הָעֹז וְהַמִּשְׂרָה.
וְהוּא אֵלִי וְחַי גּוֹאֲלִי וְצוּר חֶבְלִי בְּעֵת צָרָה.
וְהוּא נִסִּי וּמָנוֹס לִי מְנָת כּוֹסִי בְּיוֹם אֶקְרָא.
בְּיָדוֹ אַפְקִיד רוּחִי בְּעֵת אִישַׁן וְאָעִירָה.
וְעִם רוּחִי גְּוִיָּתִי יהוה לִי וְלֹא אִירָא.

תיקון חצות

תיקון חצות

תיקון רחל

זמן ׳תיקון חצות׳ הוא החל מחצות הלילה האסטרונומי ועד עלות השחר.

נוהגים לומר ׳תיקון רחל׳ בישיבה על הקרקע, ויש שנוהגים להניח אפר על המצח במקום הנחת התפילין, ואומרים: ״לָשׂוּם לַאֲבֵלֵי צִיּוֹן לָתֵת לָהֶם פְּאֵר תַּחַת אֵפֶר״.

אין אומרים ׳תיקון רחל׳ בימים שאין אומרים בהם תחנון, בעשרת ימי תשובה, בימי ספירת העומר, בבית האבל ובבית החתן בימי המשתה שלו. וכן אין אומרים אותו בכל שנת השמיטה בארץ ישראל.

בליל תשעה באב אומרים ׳תיקון רחל׳, אך לא ׳תיקון לאה׳. בימי בין המצרים יש הנוהגים לומר ׳תיקון רחל׳ גם לאחר חצות היום, מלבד ביום תשעה באב.

לְשֵׁם יִחוּד קֻדְשָׁא בְּרִיךְ הוּא וּשְׁכִינְתֵּיהּ, בִּדְחִילוּ וּרְחִימוּ, לְיַחֵד שֵׁם יו״ד
ה״א בְּוא״ו ה״א בְּיִחוּדָא שְׁלִים עַל יְדֵי הַהוּא טָמִיר וְנֶעְלָם בְּשֵׁם כָּל יִשְׂרָאֵל.
הֲרֵינִי רוֹצֶה לְסַדֵּר סֵדֶר תִּקּוּן הַשַּׂק וְהָאֵפֶר וְלוֹמַר תִּקּוּן רָחֵל וְתִקּוּן לֵאָה וּלְתַקֵּן
אֶת שָׁרְשָׁם בִּמְקוֹמָם הָעֶלְיוֹן, וּלְאוֹנֵן וּלְקוֹנֵן עַל חֻרְבַּן בֵּית הַמִּקְדָּשׁ, עַל גָּלוּת
הַשְּׁכִינָה וְגָלוּת הַתּוֹרָה וְגָלוּת יִשְׂרָאֵל, וּלְאַקָמָא שְׁכִינְתָּא מֵעַפְרָא. וִיהִי תהלים צ
נֹעַם אֲדֹנָי אֱלֹהֵינוּ עָלֵינוּ, וּמַעֲשֵׂה יָדֵינוּ כּוֹנְנָה עָלֵינוּ וּמַעֲשֵׂה יָדֵינוּ כּוֹנְנֵהוּ:

תיקון חצות סדר של מזמורי תהלים, תחינות וקינות על חורבן המקדש והגלות ובקשה לגאולה שלמה, הנאמרים החל מחצות הלילה. כבר במקורות קדומים יש רמזים על חסידים וצדיקים שנהגו לקום בחצות הלילה ולעסוק בתורה ובתפילה, ונסמכו על הכתוב בתהלים: ״חֲצוֹת לַיְלָה אָקוּם לְהוֹדוֹת לָךְ עַל מִשְׁפְּטֵי צִדְקֶךָ״. אמנם, עיקר התוקף למנהג ׳תיקון חצות׳ ניתן בספר הזוהר המדבר על כך כחובת כל אדם, וכן הפליגו הרבה בשבח מנהג זה כל המקובלים, והם גם שקבעו לתיקון חצות את התבנית המוגדרת שלו. תיקון חצות היה בכל הדורות מנהגם של יחידים - תלמידי החכמים וחסידים שבעדה, שקיבלו על עצמם תיקון זה, ובדרך כלל המשיכו אחר כך בלימוד תורה עד זמן תפילת שחרית. עם זאת, בהרבה מהסידורים נמצא תיקון חצות, משום שאנשים שונים אומרים תיקון זה מפעם לפעם.

הרעיון הכללי המצוי בתיקון חצות מתבסס על האמור בתלמוד, שהקדוש ברוך הוא עצמו בוכה על החורבן ועל הגלות, ובזמן תיקון חצות עם ישראל משתתף עמו. הגלות נתפסת לא רק כאירוע היסטורי הנוגע לעם ישראל, אלא כשינוי קוסמי, כפגם בכללה של המציאות - פגם אשר אנו מצווים לעזור ולהביאו לידי תיקון (ומכאן גם השם ׳תיקון חצות׳). תיקון זה הוא תיקון השכינה,

עומד ואומר:

אָנָּא יְהוָה אֱלֹהֵינוּ וֵאלֹהֵי אֲבוֹתֵינוּ
תָּבֹא לְפָנֶיךָ תְּפִלָּתֵנוּ וְאַל תִּתְעַלַּם מַלְכֵּנוּ מִתְּחִנָּתֵנוּ
שֶׁאֵין אֲנַחְנוּ עַזֵּי פָנִים וּקְשֵׁי עֹרֶף לוֹמַר לְפָנֶיךָ
יְהוָה אֱלֹהֵינוּ וֵאלֹהֵי אֲבוֹתֵינוּ, צַדִּיקִים אֲנַחְנוּ וְלֹא חָטָאנוּ
אֲבָל חָטָאנוּ, עָוִינוּ, פָּשַׁעְנוּ אֲנַחְנוּ וַאֲבוֹתֵינוּ וְאַנְשֵׁי בֵיתֵנוּ.

אָשַׁמְנוּ, בָּגַדְנוּ, גָּזַלְנוּ, דִּבַּרְנוּ דֹּפִי וְלָשׁוֹן הָרָע, הֶעֱוִינוּ וְהִרְשַׁעְנוּ
זַדְנוּ, חָמַסְנוּ, טָפַלְנוּ שֶׁקֶר וּמִרְמָה, יָעַצְנוּ עֵצוֹת רָעוֹת, כִּזַּבְנוּ, כָּעַסְנוּ
לַצְנוּ, מָרַדְנוּ, מָרִינוּ דְבָרֶיךָ, נִאַצְנוּ, נִאַפְנוּ, סָרַרְנוּ, עָוִינוּ, פָּשַׁעְנוּ, פָּגַמְנוּ
צָרַרְנוּ, צִעַרְנוּ אָב וָאֵם, קִשִּׁינוּ עֹרֶף, רָשַׁעְנוּ, שִׁחַתְנוּ, תִּעַבְנוּ, תָּעִינוּ
וְתִעְתָּעְנוּ וְסַרְנוּ מִמִּצְוֹתֶיךָ וּמִמִּשְׁפָּטֶיךָ הַטּוֹבִים וְלֹא שָׁוָה לָנוּ.
וְאַתָּה צַדִּיק עַל כָּל־הַבָּא עָלֵינוּ, כִּי־אֱמֶת עָשִׂיתָ וַאֲנַחְנוּ הִרְשָׁעְנוּ: נחמיה ט

מַה נֹּאמַר לְפָנֶיךָ יוֹשֵׁב מָרוֹם, וּמַה נְּסַפֵּר לְפָנֶיךָ שׁוֹכֵן שְׁחָקִים, הֲלֹא כָּל הַנִּסְתָּרוֹת וְהַנִּגְלוֹת אַתָּה יוֹדֵעַ. אַתָּה יוֹדֵעַ רָזֵי עוֹלָם, וְתַעֲלוּמוֹת סִתְרֵי כָּל חָי. אַתָּה חוֹפֵשׂ כָּל חַדְרֵי בָטֶן, רֹאֶה כְלָיוֹת וָלֵב. אֵין דָּבָר נֶעְלָם מִמָּךְ, וְאֵין נִסְתָּר מִנֶּגֶד עֵינֶיךָ. יְהִי רָצוֹן מִלְּפָנֶיךָ, יְהוָה אֱלֹהֵינוּ וֵאלֹהֵי אֲבוֹתֵינוּ שֶׁתִּמְחוֹל לָנוּ אֶת כָּל חַטֹּאתֵינוּ, וּתְכַפֵּר לָנוּ אֶת כָּל עֲוֹנוֹתֵינוּ, וְתִמְחוֹל וְתִסְלַח לְכָל פְּשָׁעֵינוּ.

יושב על הארץ כאבל ואומר:

עַל־נַהֲרוֹת בָּבֶל, שָׁם יָשַׁבְנוּ גַּם־בָּכִינוּ, בְּזָכְרֵנוּ אֶת־צִיּוֹן: עַל־עֲרָבִים תהלים קלז
בְּתוֹכָהּ תָּלִינוּ כִּנֹּרוֹתֵינוּ: כִּי שָׁם שְׁאֵלוּנוּ שׁוֹבֵינוּ דִּבְרֵי־שִׁיר וְתוֹלָלֵינוּ
שִׂמְחָה, שִׁירוּ לָנוּ מִשִּׁיר צִיּוֹן: אֵיךְ נָשִׁיר אֶת־שִׁיר־יְהוָה עַל אַדְמַת
נֵכָר: אִם־אֶשְׁכָּחֵךְ יְרוּשָׁלָםִ, תִּשְׁכַּח יְמִינִי: תִּדְבַּק לְשׁוֹנִי לְחִכִּי אִם־לֹא

המופיעה בשני גילוייה; בעצב ("רָחֵל מְבַכָּה עַל בָּנֶיהָ") ובתקווה (לאה, "אֵם הַבָּנִים שְׂמֵחָה"). ובהתאם, יש בתיקון שני מרכיבים יסודיים: חלק אחד שעיקרו קינות ובכייה ('תיקון רחל'), שיש הנוהגים בשעה זו כביום תשעה באב - שמים אפר בראשם, ואומרים את הקינות כשהם יושבים על הקרקע. וחלק שני, שבו קמים ואומרים דברים שיש בהם בקשה ותקווה לגאולה ('תיקון לאה').

אֶזְכְּרֵכִי, אִם־לֹא אַעֲלֶה אֶת־יְרוּשָׁלַ͏ִם עַל רֹאשׁ שִׂמְחָתִי: זְכֹר יְהֹוָה לִבְנֵי
אֱדוֹם אֵת יוֹם יְרוּשָׁלָ͏ִם, הָאֹמְרִים עָרוּ עָרוּ עַד הַיְסוֹד בָּהּ: בַּת־בָּבֶל
הַשְּׁדוּדָה, אַשְׁרֵי שֶׁיְשַׁלֶּם־לָךְ אֶת־גְּמוּלֵךְ שֶׁגָּמַלְתְּ לָנוּ: אַשְׁרֵי שֶׁיֹּאחֵז,
וְנִפֵּץ אֶת־עֹלָלַיִךְ אֶל־הַסָּלַע:

תהלים עט מִזְמוֹר לְאָסָף אֱלֹהִים בָּאוּ גוֹיִם בְּנַחֲלָתֶךָ טִמְּאוּ אֶת־הֵיכַל קָדְשֶׁךָ שָׂמוּ
אֶת־יְרוּשָׁלַ͏ִם לְעִיִּים: נָתְנוּ אֶת־נִבְלַת עֲבָדֶיךָ מַאֲכָל לְעוֹף הַשָּׁמָיִם בְּשַׂר
חֲסִידֶיךָ לְחַיְתוֹ־אָרֶץ: שָׁפְכוּ דָמָם כַּמַּיִם סְבִיבוֹת יְרוּשָׁלָ͏ִם וְאֵין קוֹבֵר:
הָיִינוּ חֶרְפָּה לִשְׁכֵנֵינוּ לַעַג וָקֶלֶס לִסְבִיבוֹתֵינוּ: עַד־מָה יְהֹוָה תֶּאֱנַף לָנֶצַח
תִּבְעַר כְּמוֹ־אֵשׁ קִנְאָתֶךָ: שְׁפֹךְ חֲמָתְךָ אֶל־הַגּוֹיִם אֲשֶׁר לֹא־יְדָעוּךָ וְעַל
מַמְלָכוֹת אֲשֶׁר בְּשִׁמְךָ לֹא קָרָאוּ: כִּי אָכַל אֶת־יַעֲקֹב וְאֶת־נָוֵהוּ הֵשַׁמּוּ:
אַל־תִּזְכָּר־לָנוּ עֲוֹנֹת רִאשֹׁנִים מַהֵר יְקַדְּמוּנוּ רַחֲמֶיךָ כִּי דַלּוֹנוּ מְאֹד:
עָזְרֵנוּ אֱלֹהֵי יִשְׁעֵנוּ עַל־דְּבַר כְּבוֹד־שְׁמֶךָ וְהַצִּילֵנוּ וְכַפֵּר עַל־חַטֹּאתֵינוּ
לְמַעַן שְׁמֶךָ: לָמָּה יֹאמְרוּ הַגּוֹיִם אַיֵּה אֱלֹהֵיהֶם יִוָּדַע בַּגּוֹיִם לְעֵינֵינוּ נִקְמַת
דַּם־עֲבָדֶיךָ הַשָּׁפוּךְ: תָּבוֹא לְפָנֶיךָ אֶנְקַת אָסִיר כְּגֹדֶל זְרוֹעֲךָ הוֹתֵר בְּנֵי
תְמוּתָה: וְהָשֵׁב לִשְׁכֵנֵינוּ שִׁבְעָתַיִם אֶל־חֵיקָם חֶרְפָּתָם אֲשֶׁר חֵרְפוּךָ אֲדֹנָי:
וַאֲנַחְנוּ עַמְּךָ וְצֹאן מַרְעִיתֶךָ נוֹדֶה לְּךָ לְעוֹלָם לְדוֹר וָדֹר נְסַפֵּר תְּהִלָּתֶךָ:

איכה ה זְכֹר יְהֹוָה מֶה־הָיָה לָנוּ, הַבִּיטָה וּרְאֵה אֶת־חֶרְפָּתֵנוּ: נַחֲלָתֵנוּ נֶהֶפְכָה
לְזָרִים, בָּתֵּינוּ לְנָכְרִים: יְתוֹמִים הָיִינוּ וְאֵין אָב, אִמֹּתֵינוּ כְּאַלְמָנוֹת: מֵימֵינוּ
בְּכֶסֶף שָׁתִינוּ, עֵצֵינוּ בִּמְחִיר יָבֹאוּ: עַל צַוָּארֵנוּ נִרְדָּפְנוּ, יָגַעְנוּ וְלֹא הוּנַח־
לָנוּ: מִצְרַיִם נָתַנּוּ יָד, אַשּׁוּר לִשְׂבֹּעַ לָחֶם: אֲבֹתֵינוּ חָטְאוּ וְאֵינָם, וַאֲנַחְנוּ
עֲוֹנֹתֵיהֶם סָבָלְנוּ: עֲבָדִים מָשְׁלוּ בָנוּ, פֹּרֵק אֵין מִיָּדָם: בְּנַפְשֵׁנוּ נָבִיא לַחְמֵנוּ,
מִפְּנֵי חֶרֶב הַמִּדְבָּר: עוֹרֵנוּ כְּתַנּוּר נִכְמָרוּ, מִפְּנֵי זַלְעֲפוֹת רָעָב: נָשִׁים בְּצִיּוֹן
עִנּוּ, בְּתֻלֹת בְּעָרֵי יְהוּדָה: שָׂרִים בְּיָדָם נִתְלוּ, פְּנֵי זְקֵנִים לֹא נֶהְדָּרוּ: בַּחוּרִים
טְחוֹן נָשָׂאוּ, וּנְעָרִים בָּעֵץ כָּשָׁלוּ: זְקֵנִים מִשַּׁעַר שָׁבָתוּ, בַּחוּרִים מִנְּגִינָתָם:
שָׁבַת מְשׂוֹשׂ לִבֵּנוּ, נֶהְפַּךְ לְאֵבֶל מְחֹלֵנוּ: נָפְלָה עֲטֶרֶת רֹאשֵׁנוּ, אוֹי־נָא
לָנוּ כִּי חָטָאנוּ: עַל־זֶה הָיָה דָוֶה לִבֵּנוּ, עַל־אֵלֶּה חָשְׁכוּ עֵינֵינוּ: עַל הַר־צִיּוֹן

שֶׁשָּׁמֵם, שׁוּעָלִים הִלְּכוּ־בוֹ: אַתָּה יְהֹוָה לְעוֹלָם תֵּשֵׁב, כִּסְאֲךָ לְדוֹר וָדוֹר:
לָמָּה לָנֶצַח תִּשְׁכָּחֵנוּ, תַּעַזְבֵנוּ לְאֹרֶךְ יָמִים: הֲשִׁיבֵנוּ יְהֹוָה אֵלֶיךָ וְנָשׁוּבָה,
חַדֵּשׁ יָמֵינוּ כְּקֶדֶם: כִּי אִם־מָאֹס מְאַסְתָּנוּ, קָצַפְתָּ עָלֵינוּ עַד־מְאֹד: הֲשִׁיבֵנוּ
יְהֹוָה אֵלֶיךָ וְנָשׁוּבָה, חַדֵּשׁ יָמֵינוּ כְּקֶדֶם:

הַבֵּט מִשָּׁמַיִם וּרְאֵה מִזְּבֻל קָדְשְׁךָ וְתִפְאַרְתֶּךָ, אַיֵּה קִנְאָתְךָ וּגְבוּרֹתֶיךָ ישעיה סג
הֲמוֹן מֵעֶיךָ וְרַחֲמֶיךָ אֵלַי הִתְאַפָּקוּ: כִּי־אַתָּה אָבִינוּ, כִּי אַבְרָהָם לֹא יְדָעָנוּ
וְיִשְׂרָאֵל לֹא יַכִּירָנוּ, אַתָּה יְהֹוָה אָבִינוּ, גֹּאֲלֵנוּ מֵעוֹלָם שְׁמֶךָ: לָמָּה תַתְעֵנוּ
יְהֹוָה מִדְּרָכֶיךָ, תַּקְשִׁיחַ לִבֵּנוּ מִיִּרְאָתֶךָ, שׁוּב לְמַעַן עֲבָדֶיךָ שִׁבְטֵי נַחֲלָתֶךָ:
לַמִּצְעָר יָרְשׁוּ עַם־קָדְשֶׁךָ, צָרֵינוּ בּוֹסְסוּ מִקְדָּשֶׁךָ:

וְעַתָּה יְהֹוָה אָבִינוּ אָתָּה, אֲנַחְנוּ הַחֹמֶר וְאַתָּה יֹצְרֵנוּ, וּמַעֲשֵׂה יָדְךָ כֻּלָּנוּ: ישעיה סד
אַל־תִּקְצֹף יְהֹוָה עַד־מְאֹד וְאַל־לָעַד תִּזְכֹּר עָוֺן, הֵן הַבֶּט־נָא עַמְּךָ כֻלָּנוּ:
עָרֵי קָדְשְׁךָ הָיוּ מִדְבָּר, צִיּוֹן מִדְבָּר הָיָתָה, יְרוּשָׁלַםִ שְׁמָמָה: בֵּית קָדְשֵׁנוּ
וְתִפְאַרְתֵּנוּ אֲשֶׁר הִלְלוּךָ אֲבֹתֵינוּ, הָיָה לִשְׂרֵפַת אֵשׁ, וְכָל־מַחֲמַדֵּינוּ הָיָה
לְחָרְבָּה: הַעַל־אֵלֶּה תִתְאַפַּק יְהֹוָה, תֶּחֱשֶׁה וּתְעַנֵּנוּ עַד־מְאֹד:

הֲמָאֹס מָאַסְתָּ אֶת־יְהוּדָה אִם־בְּצִיּוֹן גָּעֲלָה נַפְשֶׁךָ, מַדּוּעַ הִכִּיתָנוּ וְאֵין ירמיה יד
לָנוּ מַרְפֵּא, קַוֵּה לְשָׁלוֹם וְאֵין טוֹב, וּלְעֵת מַרְפֵּא וְהִנֵּה בְעָתָה: יָדַעְנוּ
יְהֹוָה רִשְׁעֵנוּ עֲוֺן אֲבוֹתֵינוּ, כִּי חָטָאנוּ לָךְ: אַל־תִּנְאַץ לְמַעַן שִׁמְךָ, אַל־
תְּנַבֵּל כִּסֵּא כְבוֹדֶךָ, זְכֹר אַל־תָּפֵר בְּרִיתְךָ אִתָּנוּ: כֹּה אָמַר יְהֹוָה, קוֹל ירמיה לא
בְּרָמָה נִשְׁמָע נְהִי בְּכִי תַמְרוּרִים, רָחֵל מְבַכָּה עַל־בָּנֶיהָ, מֵאֲנָה לְהִנָּחֵם
עַל־בָּנֶיהָ כִּי אֵינֶנּוּ: יְהֹוָה מִמָּרוֹם יִשְׁאָג וּמִמְּעוֹן קָדְשׁוֹ יִתֵּן קוֹלוֹ, שָׁאֹג ירמיה כה
יִשְׁאַג עַל־נָוֵהוּ: וַיִּקְרָא אֲדֹנָי יֱהֹוִה צְבָאוֹת בַּיּוֹם הַהוּא לִבְכִי וּלְמִסְפֵּד ישעיה כב
וּלְקָרְחָה וְלַחֲגֹר שָׂק: עַל־אֵלֶּה אֲנִי בוֹכִיָּה, עֵינִי עֵינִי יֹרְדָה מַּיִם, כִּי־רָחַק איכה א
מִמֶּנִּי מְנַחֵם מֵשִׁיב נַפְשִׁי, הָיוּ בָנַי שׁוֹמֵמִים, כִּי גָבַר אוֹיֵב: עַל־שֶׁבֶר בַּת־ ירמיה ח
עַמִּי הָשְׁבָּרְתִּי, קָדַרְתִּי, שַׁמָּה הֶחֱזִקָתְנִי: מִי־יִתֵּן רֹאשִׁי מַיִם וְעֵינִי מְקוֹר
דִּמְעָה, וְאֶבְכֶּה יוֹמָם וָלַיְלָה אֵת חַלְלֵי בַת־עַמִּי: אַלְבִּישׁ שָׁמַיִם קַדְרוּת ישעיה נ
וְשַׂק אָשִׂים כְּסוּתָם: הֵן אֶרְאֶלָּם צָעֲקוּ חֻצָה, מַלְאֲכֵי שָׁלוֹם מַר יִבְכָּיוּן: ישעיה לג

הִקָּבְצוּ וְשִׁמְעוּ בְּנֵי יַעֲקֹב כֻּלְּכֶם
וְקִרְעוּ לְבַבְכֶם וְאַל־בִּגְדֵיכֶם
כִּי בְּפִשְׁעֵיכֶם שֻׁלְּחָה אִמְּכֶם
וּתְנוּ כָבוֹד לַיהוָה אֱלֹהֵיכֶם.

מִי־הָאִישׁ הֶחָפֵץ חַיִּים, אֹכֶל יִטְעַם־לוֹ
אֹהֵב יָמִים לִרְאוֹת טוֹב וּלְבַקֵּר בְּהֵיכָלוֹ
וְהָאֱלֹהִים יִרְאֶה־לוֹ לִשְׁכֹּן בְּאָהֳלוֹ מִבְּלִי־לוֹ
אֲשֶׁר לֹא עָמַל בּוֹ וְלֹא גִדְּלוֹ.

אָנָה הָלַךְ דּוֹדֵךְ תַּרְקִיעַ עִמּוֹ לִשְׁחָקִים
אָנֹכִי חָטָאתִי וְאָסוּר בָּאֲזִקִּים
וְעַל זֹאת סִפְדוּ וְהֵילִילוּ בֹּאוּ לִינוּ בַשַּׂקִּים
בָּרְחֹבוֹת וּבַשְּׁוָקִים.

כְּנֶסֶת יִשְׂרָאֵל אוֹמֶרֶת קַלֵּנִי מֵרֹאשִׁי
הַגְּדֻלָּה וְהַגְּבוּרָה וְהַתִּפְאֶרֶת עָבְרוּ רֹאשִׁי
וְהַנֵּצַח וְהַהוֹד, אֵין דּוֹרֵשׁ לְנַפְשִׁי
וַתִּזְנַח מִשָּׁלוֹם נַפְשִׁי:

עַל־זֹאת אֶסְפְּדָה וְאֵילִילָה
אֲסַלְּדָה בְחִילָה קוֹל כְּחוֹלָה
מֵעַי מֵעַי אוֹחִילָה, לְמַעַנְכֶם שֻׁלַּחְתִּי בָבֶלָה
וַאֲנִי בְתוֹךְ־הַגּוֹלָה:

עֲוֹנוֹתֵיכֶם הִטּוּ־אֵלֶּה וְחַטֹּאותֵיכֶם
הִגְלֵיתִי אֶתְכֶם לְיַסְּרָה אֶתְכֶם
וַיִּתְעַבֵּר יְהוָה בִּי לְמַעַנְכֶם
וַיְשַׁלְּחֵנִי אֱלֹהִים לִפְנֵיכֶם:

בְּבֵית יִשְׂרָאֵל רָאִיתִי שַׁעֲרוּרִיָּה
אֵין אִישׁ שָׂם עַל־לֵב שַׁלָּמָה אֶהְיֶה כְּעֹטְיָה
כְּקִיר נָטוּי גָּדֵר הַדְּחוּיָה
הֲמִדְבָּר הָיִיתִי לְיִשְׂרָאֵל אִם אֶרֶץ מַאְפֵּלְיָה:

יָדַעְנוּ יְהֹוָה רִשְׁעֵנוּ עֲוֹן אֲבוֹתֵינוּ
הִנְנוּ אָתָנוּ לָךְ כִּי אַתָּה יְהֹוָה אֱלֹהֵינוּ
שׁוּב לְמַעַן עֲבָדֶיךָ, וְסָלַחְתָּ לַעֲוֹנֵנוּ
תָּשׁוּב תְּרַחֲמֵנוּ תִּכְבּוֹשׁ עֲוֹנוֹתֵינוּ.

וַיֹּאמֶר יְהֹוָה אָהַבְתִּי אֶתְכֶם
כָּל־יִשְׁעִי וְכָל־חֵפֶץ אָשׁוּב לְרַחֶמְכֶם
שׁוּבוּ אֵלַי וְאָשׁוּבָה אֲלֵיכֶם
אָנֹכִי אָנֹכִי הוּא מְנַחֶמְכֶם:

אִמְרוּ לְבַת־צִיּוֹן כֹּה־אָמַר אֲדֹנָיִךְ
תַּחַת הֱיוֹתֵךְ עֲזוּבָה יִבְעָלוּךְ בָּנָיִךְ
וְכִמְשׂוֹשׂ חָתָן עַל־כַּלָּה יָשִׂישׂ עָלַיִךְ אֱלֹהָיִךְ
וְהָיִית עֲטֶרֶת תִּפְאֶרֶת בְּיַד־יְהֹוָה וּצְנִיף מְלוּכָה בְּכַף־אֱלֹהָיִךְ:

קוֹל בְּרָמָה נִשְׁמָע בְּיִלָּלָה, קוֹל נְהִי מִצִּיּוֹן הַמְּהֻלָּלָה. קול ברמה

חִשַּׁבְתִּי יָמִים הָיִיתִי גְּבֶרֶת, בְּיַד יהוה עֲטֶרֶת תִּפְאֶרֶת, וְעַתָּה אֲנִי שְׁחַרְחֹרֶת,
טָבַעְתִּי בְּבוֹר בְּיוֵן מְצוּלָה. קול ברמה

יְחִידָה רַעְיָה אֲזַי הָיִיתִי, וּכְבוֹד עֶלְיוֹן אֲנִי נִקְרֵאתִי, וְעַתָּה לְתַחְתִּיּוֹת יָרַדְתִּי,
וְדוֹדִי וְרֵעִי לָרוּם עָלָה. קול ברמה

יַחַד יוֹדְעַי בְּתוּלוֹתַי וְרֵעוֹתַי, בְּכוּ נָא עִמִּי כִּי רַבּוֹת אַנְחוֹתַי, אֵין נוֹטֶה
עוֹד אָהֳלִי וּמֵקִים יְרִיעוֹתַי, כִּי דוֹדִי מֶנִּי נָסַע וְנִגְלָה. קול ברמה

מִמָּרוֹם הִשְׁלַכְתִּי בְּרֹב מְגִנָּה, שָׁלַח אֵשׁ בְּעַצְמוֹתַי וַיִּרְדֶּנָּה, וָיָּצָאתִי בַּגּוֹלָה בָּדָד כְּאַלְמָנָה, הָגְלָה יְהוּדָה הָגְלַת שְׁלוֹמִים כֻּלָּהּ. קול ברמה

הָיִיתִי כְּכַלָּה בְּתוֹךְ אַפִּרְיוֹן, וַעֲנַן יוֹמָם עַל מְכוֹן הַר צִיּוֹן, הִשְׁלַכְתִּי לַחוּץ כְּעָנִי וְאֶבְיוֹן, בְּגָדַי לָקַח צָר וַאֲנִי אֻמְלָלָה. קול ברמה

כֹּהֲנַי וּזְקֵנַי טָבְחוּ אוֹיְבַי, מַחֲזִיקִים בִּבְרִיתִי זֶרַע אוֹהֲבַי, בְּנֵי הַיְקָרִים וּבַחוּרַי, הָלְכוּ בַּשְּׁבִי וְעוֹלָלַי בַּגּוֹלָה. קול ברמה

הֵן כָּל אֵלֶּה אֵין דּוֹרֵשׁ לְנַפְשִׁי, אִמָּלְאָה הָחֳרָבָה וְאֵל עַמִּים אָרִים רֹאשִׁי, וְאוֹיְבִי אָמַר לֹא תִקָּרְאִי עוֹד אִישִׁי, כִּי נָפַלְתִּי לִפְנֵי בְנֵי עַוְלָה. קול ברמה

נָא אָב הָרַחֲמָן תָּשׁוּב לְצִיּוֹן, עַיִן בְּעַיִן נִרְאֶה בְּבִנְיַן אַפִּרְיוֹן
וְהַבַּיִת הַזֶּה יִהְיֶה עֶלְיוֹן, וְאָז גְּאוּלִים יִפְצְחוּ צָהֳלָה.
וְהַבַּיִת הַזֶּה יִהְיֶה עֶלְיוֹן, וְאָז גְּאוּלִים יִפְצְחוּ צָהֳלָה.

עַד מָתַי יהוה בְּיוֹם זֶה לְעָמְתֶךָ, בְּמַר תְּיַלֵּל עֲדָתֶךָ, עַל בֵּית תְּפִלָּתֶךָ אֲשֶׁר
תהלים עט שָׂרְפוּ צָרֶיךָ, וְהָרְגוּ בְּנֵי בְרִיתֶךָ אֱלֹהִים בָּאוּ גוֹיִם בְּנַחֲלָתֶךָ:

עַד מָתַי יהוה תִּשְׁכַּח שְׁאוֹן קָמֶיךָ, וְשִׁמְמוֹת הֵיכָלֶךָ וּנְפוּצוֹת לְאֻמֶּךָ, הַלְּחוּצִים עָלֶיךָ הַהֲרוּגִים עַל שְׁמֶךָ, עַד מָתַי עָשַׁנְתָּ בִּתְפִלַּת עַמְּךָ אֲשֶׁר יֶהְגוּ לְפָנֶיךָ עַל חָרְבַּן בֵּיתֶךָ אֱלֹהִים בָּאוּ גוֹיִם בְּנַחֲלָתֶךָ:

עַד מָתַי יהוה אֶשְׁכְּבָה בֵּין שְׁפַתַּיִם, וּבֵין תַּנּוּר וְכִירַיִם יִכְהוּ לִי עֵינַיִם, לוֹהֲטִים לִי יִשְׁאֲפוּ עֶרֶב וָבֹקֶר וְצָהֳרָיִם, עַד מָתַי אֶשְׁתּוֹמֵם עַל חָרְבַּן פַּעֲמַיִם, עַד מָתַי לֹא תְרַחֵם אֶת יְרוּשָׁלַיִם, עַד מָתַי יֶהְגוּ בְּצַר שְׁאֵרִית צֹאן מַרְעִיתֶךָ אֱלֹהִים בָּאוּ גוֹיִם בְּנַחֲלָתֶךָ:

עַד מָתַי יהוה עוֹבְדֵי כוֹכָבִים יַעֲלֹזוּ, אֲשֶׁר אָכַל אֶת יַעֲקֹב וּבְכָל עֵת יָבֹזּוּ, אֲנִי אֶדְרֹשׁ אֶת שְׁלוֹמָם וְהֵם יִמְרְטוּ וְיָגֹזּוּ, בְּחֶרְפָּה הִכּוּ לְחָיַי וּבְשִׂפְתֵי שָׁוְא נָלֹזּוּ, עַד מָתַי יהוה רְשָׁעִים יַעֲלֹזוּ, עַד אָן יִצְעַק בַּשְּׁבִי (פלוני בֶּן פלונית) אֲמָתֶךָ אֱלֹהִים בָּאוּ גוֹיִם בְּנַחֲלָתֶךָ:

בְּהֵיכָלְךָ שָׁמִיר וָשַׁיִת, הִנֵּה, זֹאת תּוֹרַת הַבָּיִת: יחזקאל מג

בְּהֵיכָלְךָ שָׁמִיר וָשַׁיִת, הִנֵּה, זֹאת תּוֹרַת הַבָּיִת:

אֵיכָה נֶחֱרַב הָאוּלָם, וְנֶהֱרַס יְסוֹד הָעוֹלָם
וְחָלוּ כּוֹכָבִים וְהִלָּם, וְיָצָא הַכֹּהֵן מִן־הַבַּיִת: ויקרא יד

בהיכלך

דִּירַת קֹדֶשׁ אֲשֶׁר בָּנִיתָ, לְהַנְחִיל לְעַם זוּ קָנִיתָ,
אוֹי כִּי הָאוֹיְבִים צִוִּיתָ, יָבֹאוּ, וּפִנּוּ אֶת הַבָּיִת: שם

בהיכלך

נֶחְשְׁכוּ כָּל מְאוֹרֶיהָ, סֻגְּרוּ כָּל שְׁעָרֶיהָ
עַד כִּי אָמְרוּ כָּל רוֹאֶיהָ, כְּנֶגַע נִרְאָה לִי בַּבָּיִת: שם

בהיכלך

יהוה שׁוּב מֵחֲרוֹן אַפְּךָ וַחֲמָתֶךָ, וּזְכֹר דְּבַר נְבוּאָתֶךָ
לְבַשֵּׂר נָא לַעֲדָתֶךָ, גָּדוֹל יִהְיֶה כְּבוֹד הַבָּיִת: חגי ב

לְבַשֵּׂר נָא לַעֲדָתֶךָ, גָּדוֹל יִהְיֶה כְּבוֹד הַבָּיִת:

עַל הֵיכָלִי אֶבְכֶּה יוֹמָם וָלַיְלָה
וּלְתִפְאֶרֶת צִיּוֹן, עִיר הַהֲלָלָה.

בְּכִי נַפְשִׁי עַל חָרְבַּן פַּעֲמַיִם
אֶרֶץ צְבִי, צְבִי יְרוּשָׁלַיִם
וְעַל עַמָּהּ אֲשֶׁר הָלַךְ בַּגּוֹלָה
וּלְתִפְאֶרֶת צִיּוֹן, עִיר הַהֲלָלָה.

בֵּית תִּפְאַרְתִּי שָׂם אוֹיֵב לְשַׁמָּה
הוֹשִׁיבַנִי בִּידֵי נְבִיּוֹת וְשַׁמָּה
עַל זֹאת אֶבְכֶּה תָּמִיד בְּקוֹל יְלָלָה
וּלְתִפְאֶרֶת צִיּוֹן, עִיר הַהֲלָלָה.

סִפְדִי תוֹרָה כִּי חֻלְּלָה תִּפְאַרְתֵּךְ
נָפַל נִזְרֵךְ מִיּוֹם שֶׁחָרַב בֵּיתֵךְ
וּשְׂאִי קִינָה עַל אָהֳלִיבָה וְאָהֳלָה
וּלְתִפְאֶרֶת צִיּוֹן, עִיר הַהֻלָּלָה.

חִזְקוּ עַמִּי מַהֵר אֶבְנֶה דְבִירְכֶם
נָקָם אֶלְבַּשׁ וְאָשִׁיב אֶת שְׁבוּתְכֶם
תּוֹךְ הֵיכָלִי אֶשְׁכֹּן כְּבַתְּחִלָּה
כִּי מִצִּיּוֹן תֵּצֵא, תּוֹרָה וּתְהִלָּה.

עוּרָה נָּא יְמִינְךָ רָמָה וְלִזְעוּמָה קְרָא נֶחָמָה
וְיֵאָמֵר לְעַם דַּלָּה וַעֲגוּמָה: עֲנִיָּה סֹעֲרָה נֻחָמָה.
עוּרָה נָּא חֲשֹׂף זְרוֹעֲךָ וְיִגָּלֶה קֵץ יֶשְׁעֲךָ
וְיֵאָמֵר לְשֶׂה נֶאֱלָמָה: עֲנִיָּה סֹעֲרָה נֻחָמָה.
עוּרָה נָּא יְמִינְךָ הָאֵל וּפְדֵה בְּרַחֲמֶיךָ יִשְׂרָאֵל
וְיֵאָמֵר לְעַם דַּל הַשּׁוֹאֵל: וּבָא לְצִיּוֹן גּוֹאֵל.
עוּרָה נָּא יְמִינְךָ עֶלְיוֹן וּבְנֵה בְּרַחֲמֶיךָ אֶת צִיּוֹן
וְיֵאָמֵר לְעַם דַּל וְאֶבְיוֹן: כִּי נִחַם יְהוָֹה צִיּוֹן.

ישעיה נא כְּדִכְתִיב: כִּי־נִחַם יְהוָֹה צִיּוֹן, נִחַם כָּל־חָרְבֹתֶיהָ, וַיָּשֶׂם מִדְבָּרָהּ כְּעֵדֶן
וְעַרְבָתָהּ כְּגַן־יְהוָֹה, שָׂשׂוֹן וְשִׂמְחָה יִמָּצֵא בָהּ, תּוֹדָה וְקוֹל זִמְרָה:

קם ואומר פסוקים אלו:

ישעיה נב הִתְנַעֲרִי מֵעָפָר, קוּמִי שְּׁבִי יְרוּשָׁלָ͏ִם, הִתְפַּתְּחִי מוֹסְרֵי צַוָּארֵךְ שְׁבִיָּה בַּת־צִיּוֹן:
ישעיה סב עַל־חוֹמֹתַיִךְ יְרוּשָׁלַ͏ִם הִפְקַדְתִּי שֹׁמְרִים כָּל־הַיּוֹם וְכָל־הַלַּיְלָה תָּמִיד לֹא יֶחֱשׁוּ
הַמַּזְכִּירִים אֶת־יהוה אַל־דֳּמִי לָכֶם: וְאַל־תִּתְּנוּ דֳמִי לוֹ עַד־יְכוֹנֵן וְעַד־יָשִׂים
אֶת־יְרוּשָׁלַ͏ִם תְּהִלָּה בָּאָרֶץ: נִשְׁבַּע יהוה בִּימִינוֹ וּבִזְרוֹעַ עֻזּוֹ אִם־אֶתֵּן אֶת־
דְּגָנֵךְ עוֹד מַאֲכָל לְאֹיְבַיִךְ וְאִם־יִשְׁתּוּ בְנֵי־נֵכָר תִּירוֹשֵׁךְ אֲשֶׁר יָגַעַתְּ בּוֹ: כִּי
דניאל ט מְאַסְפָיו יֹאכְלֻהוּ וְהִלְלוּ אֶת־יהוה וּמְקַבְּצָיו יִשְׁתֻּהוּ בְּחַצְרוֹת קָדְשִׁי: הַטֵּה
אֱלֹהַי אָזְנְךָ וּשְׁמָע פְּקַח עֵינֶיךָ וּרְאֵה שֹׁמְמֹתֵינוּ וְהָעִיר אֲשֶׁר־נִקְרָא שִׁמְךָ

עָלֶיהָ, כִּי לֹא עַל־צִדְקֹתֵינוּ אֲנַחְנוּ מַפִּילִים תַּחֲנוּנֵינוּ לְפָנֶיךָ כִּי עַל־רַחֲמֶיךָ
הָרַבִּים: אֲדֹנָי שְׁמָעָה אֲדֹנָי סְלָחָה אֲדֹנָי הַקְשִׁיבָה וַעֲשֵׂה אַל־תְּאַחַר לְמַעַנְךָ
אֱלֹהַי כִּי־שִׁמְךָ נִקְרָא עַל־עִירְךָ וְעַל־עַמֶּךָ: אַתָּה תָקוּם תְּרַחֵם צִיּוֹן, כִּי־עֵת תהלים קב
לְחֶנְנָהּ כִּי־בָא מוֹעֵד: כִּי־רָצוּ עֲבָדֶיךָ אֶת־אֲבָנֶיהָ וְאֶת־עֲפָרָהּ יְחֹנֵנוּ: בּוֹנֵה תהלים קמז
יְרוּשָׁלַיִם יהוה, נִדְחֵי יִשְׂרָאֵל יְכַנֵּס:

תיקון לאה

אומרים 'תיקון לאה' בכל לילות השנה מלבד תשעה באב. ויש הנוהגים שלא לומר 'תיקון לאה' בשבת, יום טוב, ימים נוראים וחול המועד פסח.

בימים שאין אומרים בהם תחנון אין אומרים את מזמור 'לַמְנַצֵּחַ יַעַנְךָ', ויש הנוהגים שלא לומר גם את 'לַמְנַצֵּחַ מִזְמוֹר לְדָוִד בְּבוֹא אֵלָיו נָתָן הַנָּבִיא'.

לְדָוִד מִזְמוֹר, לַיהוָה הָאָרֶץ וּמְלוֹאָהּ, תֵּבֵל וְיֹשְׁבֵי בָהּ: כִּי־הוּא עַל־יַמִּים תהלים כד
יְסָדָהּ, וְעַל־נְהָרוֹת יְכוֹנְנֶהָ: מִי־יַעֲלֶה בְהַר־יְהוָה, וּמִי־יָקוּם בִּמְקוֹם קָדְשׁוֹ: נְקִי כַפַּיִם וּבַר־לֵבָב, אֲשֶׁר לֹא־נָשָׂא לַשָּׁוְא נַפְשִׁי, וְלֹא נִשְׁבַּע לְמִרְמָה: יִשָּׂא בְרָכָה מֵאֵת יְהוָה, וּצְדָקָה מֵאֱלֹהֵי יִשְׁעוֹ: זֶה דּוֹר דֹּרְשָׁו, מְבַקְשֵׁי פָנֶיךָ יַעֲקֹב סֶלָה: שְׂאוּ שְׁעָרִים רָאשֵׁיכֶם, וְהִנָּשְׂאוּ פִּתְחֵי עוֹלָם, וְיָבוֹא מֶלֶךְ הַכָּבוֹד: מִי זֶה מֶלֶךְ הַכָּבוֹד, יְהוָה עִזּוּז וְגִבּוֹר, יְהוָה גִּבּוֹר מִלְחָמָה: שְׂאוּ שְׁעָרִים רָאשֵׁיכֶם, וּשְׂאוּ פִּתְחֵי עוֹלָם, וְיָבֹא מֶלֶךְ הַכָּבוֹד: מִי הוּא זֶה מֶלֶךְ הַכָּבוֹד, יְהוָה צְבָאוֹת הוּא מֶלֶךְ הַכָּבוֹד סֶלָה:

לַמְנַצֵּחַ מַשְׂכִּיל לִבְנֵי־קֹרַח: כְּאַיָּל תַּעֲרֹג עַל־אֲפִיקֵי־מָיִם, כֵּן נַפְשִׁי תַעֲרֹג אֵלֶיךָ תהלים מב
אֱלֹהִים: צָמְאָה נַפְשִׁי לֵאלֹהִים לְאֵל חָי, מָתַי אָבוֹא וְאֵרָאֶה פְּנֵי אֱלֹהִים: הָיְתָה־לִּי דִמְעָתִי לֶחֶם יוֹמָם וָלָיְלָה, בֶּאֱמֹר אֵלַי כָּל־הַיּוֹם אַיֵּה אֱלֹהֶיךָ: אֵלֶּה אֶזְכְּרָה וְאֶשְׁפְּכָה עָלַי נַפְשִׁי, כִּי אֶעֱבֹר בַּסָּךְ אֶדַּדֵּם עַד־בֵּית אֱלֹהִים, בְּקוֹל־רִנָּה וְתוֹדָה הָמוֹן חוֹגֵג: מַה־תִּשְׁתּוֹחֲחִי נַפְשִׁי וַתֶּהֱמִי עָלָי, הוֹחִלִי לֵאלֹהִים כִּי־עוֹד אוֹדֶנּוּ, יְשׁוּעוֹת פָּנָיו: אֱלֹהַי עָלַי נַפְשִׁי תִשְׁתּוֹחָח, עַל־כֵּן אֶזְכָּרְךָ מֵאֶרֶץ יַרְדֵּן, וְחֶרְמוֹנִים מֵהַר מִצְעָר: תְּהוֹם־אֶל־תְּהוֹם קוֹרֵא לְקוֹל צִנּוֹרֶיךָ, כָּל־מִשְׁבָּרֶיךָ וְגַלֶּיךָ עָלַי עָבָרוּ: יוֹמָם יְצַוֶּה יְהוָה חַסְדּוֹ, וּבַלַּיְלָה שִׁירֹה עִמִּי, תְּפִלָּה לְאֵל חַיָּי: אוֹמְרָה לְאֵל סַלְעִי לָמָה שְׁכַחְתָּנִי, לָמָּה־קֹדֵר אֵלֵךְ בְּלַחַץ אוֹיֵב: בְּרֶצַח בְּעַצְמוֹתַי חֵרְפוּנִי צוֹרְרָי, בְּאָמְרָם אֵלַי כָּל־הַיּוֹם אַיֵּה אֱלֹהֶיךָ: מַה־תִּשְׁתּוֹחֲחִי נַפְשִׁי וּמַה־תֶּהֱמִי עָלָי, הוֹחִילִי לֵאלֹהִים כִּי־עוֹד אוֹדֶנּוּ, יְשׁוּעֹת פָּנַי וֵאלֹהָי:

תהלים כ לַמְנַצֵּחַ מִזְמוֹר לְדָוִד: יַעַנְךָ יְהוָֹה בְּיוֹם צָרָה, יְשַׂגֶּבְךָ שֵׁם אֱלֹהֵי יַעֲקֹב: יִשְׁלַח־עֶזְרְךָ מִקֹּדֶשׁ, וּמִצִּיּוֹן יִסְעָדֶךָּ: יִזְכֹּר כָּל־מִנְחֹתֶיךָ, וְעוֹלָתְךָ יְדַשְּׁנֶה סֶלָה: יִתֶּן־לְךָ כִלְבָבֶךָ וְכָל־עֲצָתְךָ יְמַלֵּא: נְרַנְּנָה בִּישׁוּעָתֶךָ, וּבְשֵׁם־אֱלֹהֵינוּ נִדְגֹּל, יְמַלֵּא יְהוָֹה כָּל־מִשְׁאֲלוֹתֶיךָ: עַתָּה יָדַעְתִּי כִּי הוֹשִׁיעַ יְהוָֹה מְשִׁיחוֹ, יַעֲנֵהוּ מִשְּׁמֵי קָדְשׁוֹ, בִּגְבֻרוֹת יֵשַׁע יְמִינוֹ: אֵלֶּה בָרֶכֶב וְאֵלֶּה בַסּוּסִים, וַאֲנַחְנוּ בְּשֵׁם־יְהוָֹה אֱלֹהֵינוּ נַזְכִּיר: הֵמָּה כָּרְעוּ וְנָפָלוּ, וַאֲנַחְנוּ קַּמְנוּ וַנִּתְעוֹדָד: יְהוָֹה הוֹשִׁיעָה, הַמֶּלֶךְ יַעֲנֵנוּ בְיוֹם־קָרְאֵנוּ:

תהלים סז לַמְנַצֵּחַ בִּנְגִינֹת, מִזְמוֹר שִׁיר: אֱלֹהִים יְחָנֵּנוּ וִיבָרְכֵנוּ, יָאֵר פָּנָיו אִתָּנוּ סֶלָה: לָדַעַת בָּאָרֶץ דַּרְכֶּךָ, בְּכָל־גּוֹיִם יְשׁוּעָתֶךָ: יוֹדוּךָ עַמִּים אֱלֹהִים, יוֹדוּךָ עַמִּים כֻּלָּם: יִשְׂמְחוּ וִירַנְּנוּ לְאֻמִּים, כִּי־תִשְׁפֹּט עַמִּים מִישֹׁר, וּלְאֻמִּים בָּאָרֶץ תַּנְחֵם סֶלָה: יוֹדוּךָ עַמִּים אֱלֹהִים, יוֹדוּךָ עַמִּים כֻּלָּם: אֶרֶץ נָתְנָה יְבוּלָהּ, יְבָרְכֵנוּ אֱלֹהִים אֱלֹהֵינוּ: יְבָרְכֵנוּ אֱלֹהִים, וְיִירְאוּ אוֹתוֹ כָּל־אַפְסֵי־אָרֶץ:

תהלים קיא הַלְלוּיָהּ, אוֹדֶה יְהוָֹה בְּכָל־לֵבָב, בְּסוֹד יְשָׁרִים וְעֵדָה: גְּדֹלִים מַעֲשֵׂי יְהוָֹה, דְּרוּשִׁים לְכָל־חֶפְצֵיהֶם: הוֹד־וְהָדָר פָּעֳלוֹ, וְצִדְקָתוֹ עֹמֶדֶת לָעַד: זֵכֶר עָשָׂה לְנִפְלְאֹתָיו, חַנּוּן וְרַחוּם יְהוָֹה: טֶרֶף נָתַן לִירֵאָיו, יִזְכֹּר לְעוֹלָם בְּרִיתוֹ: כֹּחַ מַעֲשָׂיו הִגִּיד לְעַמּוֹ, לָתֵת לָהֶם נַחֲלַת גּוֹיִם: מַעֲשֵׂי יָדָיו אֱמֶת וּמִשְׁפָּט, נֶאֱמָנִים כָּל־פִּקּוּדָיו: סְמוּכִים לָעַד לְעוֹלָם, עֲשׂוּיִם בֶּאֱמֶת וְיָשָׁר: פְּדוּת, שָׁלַח לְעַמּוֹ, צִוָּה לְעוֹלָם בְּרִיתוֹ, קָדוֹשׁ וְנוֹרָא שְׁמוֹ: רֵאשִׁית חָכְמָה, יִרְאַת יְהוָֹה, שֵׂכֶל טוֹב לְכָל־עֹשֵׂיהֶם, תְּהִלָּתוֹ עֹמֶדֶת לָעַד:

ישעיה כד נוֹעַ תָּנוּעַ אֶרֶץ כַּשִּׁכּוֹר וְהִתְנוֹדְדָה כַּמְּלוּנָה, וְכָבַד עָלֶיהָ פִּשְׁעָהּ, וְנָפְלָה וְלֹא־תֹסִיף קוּם: וְהָיָה בַּיּוֹם הַהוּא יִפְקֹד יְהוָֹה עַל־צְבָא הַמָּרוֹם בַּמָּרוֹם, וְעַל־מַלְכֵי הָאֲדָמָה עַל־הָאֲדָמָה:

תהלים נא לַמְנַצֵּחַ מִזְמוֹר לְדָוִד: בְּבוֹא־אֵלָיו נָתָן הַנָּבִיא כַּאֲשֶׁר־בָּא אֶל־בַּת־שָׁבַע: חָנֵּנִי אֱלֹהִים כְּחַסְדֶּךָ, כְּרֹב רַחֲמֶיךָ מְחֵה פְשָׁעָי: הֶרֶב כַּבְּסֵנִי מֵעֲוֹנִי, וּמֵחַטָּאתִי טַהֲרֵנִי: כִּי־פְשָׁעַי אֲנִי אֵדָע, וְחַטָּאתִי נֶגְדִּי תָמִיד: לְךָ לְבַדְּךָ חָטָאתִי וְהָרַע בְּעֵינֶיךָ עָשִׂיתִי, לְמַעַן תִּצְדַּק בְּדָבְרֶךָ תִּזְכֶּה בְשָׁפְטֶךָ: הֵן־בְּעָווֹן חוֹלָלְתִּי, וּבְחֵטְא יֶחֱמַתְנִי אִמִּי: הֵן־אֱמֶת חָפַצְתָּ בַטֻּחוֹת, וּבְסָתֻם

חָכְמָה תוֹדִיעֵנִי: תְּחַטְּאֵנִי בְאֵזוֹב וְאֶטְהָר, תְּכַבְּסֵנִי וּמִשֶּׁלֶג אַלְבִּין: תַּשְׁמִיעֵנִי שָׂשׂוֹן וְשִׂמְחָה, תָּגֵלְנָה עֲצָמוֹת דִּכִּיתָ: הַסְתֵּר פָּנֶיךָ מֵחֲטָאָי וְכָל־עֲוֹנֹתַי מְחֵה: לֵב טָהוֹר בְּרָא־לִי אֱלֹהִים, וְרוּחַ נָכוֹן חַדֵּשׁ בְּקִרְבִּי: אַל־תַּשְׁלִיכֵנִי מִלְּפָנֶיךָ וְרוּחַ קָדְשְׁךָ אַל־תִּקַּח מִמֶּנִּי: הָשִׁיבָה לִּי שְׂשׂוֹן יִשְׁעֶךָ, וְרוּחַ נְדִיבָה תִסְמְכֵנִי: אֲלַמְּדָה פֹשְׁעִים דְּרָכֶיךָ, וְחַטָּאִים אֵלֶיךָ יָשׁוּבוּ: הַצִּילֵנִי מִדָּמִים אֱלֹהִים אֱלֹהֵי תְּשׁוּעָתִי תְּרַנֵּן לְשׁוֹנִי צִדְקָתֶךָ: אֲדֹנָי שְׂפָתַי תִּפְתָּח, וּפִי יַגִּיד תְּהִלָּתֶךָ: כִּי לֹא־תַחְפֹּץ זֶבַח וְאֶתֵּנָה, עוֹלָה לֹא תִרְצֶה: זִבְחֵי אֱלֹהִים רוּחַ נִשְׁבָּרָה, לֵב־נִשְׁבָּר וְנִדְכֶּה, אֱלֹהִים לֹא תִבְזֶה: הֵיטִיבָה בִרְצוֹנְךָ אֶת־צִיּוֹן, תִּבְנֶה חוֹמוֹת יְרוּשָׁלָיִם: אָז תַּחְפֹּץ זִבְחֵי־צֶדֶק עוֹלָה וְכָלִיל, אָז יַעֲלוּ עַל־מִזְבַּחֲךָ פָרִים:

שִׁיר הַמַּעֲלוֹת, בְּשׁוּב יְהֹוָה אֶת־שִׁיבַת צִיּוֹן, הָיִינוּ כְּחֹלְמִים: אָז יִמָּלֵא שְׂחוֹק תהלים קכו
פִּינוּ וּלְשׁוֹנֵנוּ רִנָּה, אָז יֹאמְרוּ בַגּוֹיִם הִגְדִּיל יְהֹוָה לַעֲשׂוֹת עִם־אֵלֶּה: הִגְדִּיל
יְהֹוָה לַעֲשׂוֹת עִמָּנוּ, הָיִינוּ שְׂמֵחִים: שׁוּבָה יְהֹוָה אֶת־שְׁבִיתֵנוּ, כַּאֲפִיקִים
בַּנֶּגֶב: הַזֹּרְעִים בְּדִמְעָה בְּרִנָּה יִקְצֹרוּ: הָלוֹךְ יֵלֵךְ וּבָכֹה נֹשֵׂא מֶשֶׁךְ־הַזָּרַע,
בֹּא־יָבֹא בְרִנָּה נֹשֵׂא אֲלֻמֹּתָיו:

עַד אָנָה בְּכִיָּה בְּצִיּוֹן וּמִסְפֵּד בִּירוּשָׁלָיִם תָּקוּם תְּרַחֵם צִיּוֹן וְתִבְנֶה חוֹמוֹת
יְרוּשָׁלָיִם. אַתָּה תָקוּם תְּרַחֵם צִיּוֹן כִּי־עֵת לְחֶנְנָהּ כִּי־בָא מוֹעֵד: כִּי רָצוּ תהלים קב
עֲבָדֶיךָ אֶת אֲבָנֶיהָ וְאֶת עֲפָרָהּ יְחֹנֵנוּ: בּוֹנֵה יְרוּשָׁלַיִם יהוה נִדְחֵי יִשְׂרָאֵל תהלים קמז
יְכַנֵּס:

אֱלֹהֵינוּ וֵאלֹהֵי אֲבוֹתֵינוּ, מֶלֶךְ רַחֲמָן רַחֵם עָלֵינוּ, טוֹב וּמֵטִיב הִדָּרֶשׁ לָנוּ, שׁוּבָה עָלֵינוּ בַּהֲמוֹן רַחֲמֶיךָ בִּגְלַל אָבוֹת שֶׁעָשׂוּ רְצוֹנֶךָ. בְּנֵה בֵיתְךָ כְּבַתְּחִלָּה, כּוֹנֵן בֵּית מִקְדָּשְׁךָ עַל מְכוֹנוֹ, הַרְאֵנוּ בְּבִנְיָנוֹ, שַׂמְּחֵנוּ בְּתִקּוּנוֹ, וְהָשֵׁב שְׁכִינָתְךָ לְתוֹכוֹ. וְהָשֵׁב כֹּהֲנִים לַעֲבוֹדָתָם וּלְוִיִּם לְדוּכָנָם לְשִׁירָם וּלְזִמְרָם, וְהָשֵׁב יִשְׂרָאֵל לִנְוֵיהֶם, וְשָׁם נַעֲלֶה וְנֵרָאֶה וְנִשְׁתַּחֲוֶה לְפָנֶיךָ.

יְהִי רָצוֹן מִלְּפָנֶיךָ, יְהֹוָה אֱלֹהֵינוּ וֵאלֹהֵי אֲבוֹתֵינוּ, שֶׁתַּעֲלֵנוּ בְשִׂמְחָה לְאַרְצֵנוּ וְתִטָּעֵנוּ בִּגְבוּלֵנוּ, וְשָׁם נַעֲשֶׂה לְפָנֶיךָ אֶת קָרְבְּנוֹת חוֹבוֹתֵינוּ, תְּמִידִים כְּסִדְרָם וּמוּסָפִים כְּהִלְכָתָם.

ואומרים פרק ראשון של מסכת תמיד:

א בִּשְׁלשָׁה מְקוֹמוֹת הַכֹּהֲנִים שׁוֹמְרִים בְּבֵית הַמִּקְדָּשׁ. בְּבֵית אַבְטִינָס, בְּבֵית תמיד א
הַנִּיצוֹץ וּבְבֵית הַמּוֹקֵד. בֵּית אַבְטִינָס וּבֵית הַנִּיצוֹץ הָיוּ עֲלִיּוֹת, וְהָרוֹבִים
שׁוֹמְרִים שָׁם. בֵּית הַמּוֹקֵד, כִּפָּה, וּבַיִת גָּדוֹל הָיָה, מֻקָּף רוֹבָדִים שֶׁל אֶבֶן,
וְזִקְנֵי בֵית אָב יְשֵׁנִים שָׁם, וּמַפְתְּחוֹת הָעֲזָרָה בְּיָדָם. וּפִרְחֵי כְהֻנָּה אִישׁ כִּסְתּוֹ
בָּאָרֶץ. לֹא הָיוּ יְשֵׁנִים בְּבִגְדֵי קֹדֶשׁ, אֶלָּא פּוֹשְׁטִין וּמְקַפְּלִין וּמַנִּיחִים אוֹתָן
תַּחַת רָאשֵׁיהֶן, וּמִתְכַּסִּין בִּכְסוּת עַצְמָן. אֵרַע קֶרִי לְאַחַד מֵהֶן, יוֹצֵא וְהוֹלֵךְ
לוֹ בַּמְּסִבָּה הַהוֹלֶכֶת תַּחַת הַבִּירָה, וְהַנֵּרוֹת דּוֹלְקִין מִכָּאן וּמִכָּאן, עַד שֶׁהוּא
מַגִּיעַ לְבֵית הַטְּבִילָה. וּמְדוּרָה הָיְתָה שָׁם, וּבֵית כִּסֵּא שֶׁל כָּבוֹד. וְזֶה הָיָה
כְבוֹדוֹ, מְצָאוֹ נָעוּל, יוֹדֵעַ שֶׁיֵּשׁ שָׁם אָדָם. פָּתוּחַ, יוֹדֵעַ שֶׁאֵין שָׁם אָדָם. יָרַד
וְטָבַל, עָלָה וְנִסְתַּפֵּג וְנִתְחַמֵּם כְּנֶגֶד הַמְּדוּרָה. בָּא וְיָשַׁב לוֹ אֵצֶל אֶחָיו הַכֹּהֲנִים
עַד שֶׁהַשְּׁעָרִים נִפְתָּחִים, יוֹצֵא וְהוֹלֵךְ לוֹ:

ב מִי שֶׁהוּא רוֹצֶה לִתְרֹם אֶת הַמִּזְבֵּחַ, מַשְׁכִּים וְטוֹבֵל עַד שֶׁלֹּא יָבֹא הַמְמֻנֶּה. וְכִי
בְּאֵיזוֹ שָׁעָה הַמְמֻנֶּה בָא. לֹא כָל הָעִתִּים שָׁווֹת, פְּעָמִים שֶׁהוּא בָא מִקְּרִיאַת
הַגֶּבֶר, אוֹ סָמוּךְ לוֹ מִלְּפָנָיו אוֹ מִלְּאַחֲרָיו. הַמְמֻנֶּה בָא וְדוֹפֵק עֲלֵיהֶם, וְהֵם
פָּתְחוּ לוֹ. אָמַר לָהֶן, מִי שֶׁטָּבַל יָבֹא וְיָפִיס. הֵפִיסוּ, זָכָה מִי שֶׁזָּכָה:

ג נָטַל אֶת הַמַּפְתֵּחַ וּפָתַח אֶת הַפִּשְׁפָּשׁ, וְנִכְנַס מִבֵּית הַמּוֹקֵד לָעֲזָרָה, וְנִכְנְסוּ
אַחֲרָיו וּשְׁתֵּי אֲבוּקוֹת שֶׁל אוּר בְּיָדָם. וְנֶחְלְקוּ לִשְׁתֵּי כִתּוֹת, אֵלּוּ הוֹלְכִים
בָּאַכְסַדְרָא דֶּרֶךְ הַמִּזְרָח, וְאֵלּוּ הוֹלְכִים בָּאַכְסַדְרָא דֶּרֶךְ הַמַּעֲרָב. הָיוּ בוֹדְקִין
וְהוֹלְכִין עַד שֶׁמַּגִּיעִין לִמְקוֹם בֵּית עוֹשֵׂי חֲבִתִּים. הִגִּיעוּ אֵלּוּ וָאֵלּוּ, אָמְרוּ
שָׁלוֹם, הַכֹּל שָׁלוֹם. הֶעֱמִידוּ עוֹשֵׂי חֲבִתִּים לַעֲשׂוֹת חֲבִתִּים:

ד מִי שֶׁזָּכָה לִתְרֹם אֶת הַמִּזְבֵּחַ, הוּא יִתְרֹם אֶת הַמִּזְבֵּחַ, וְהֵם אוֹמְרִים לוֹ, הִזָּהֵר
שֶׁמָּא תִגַּע בַּכְּלִי, עַד שֶׁתְּקַדֵּשׁ יָדֶיךָ וְרַגְלֶיךָ מִן הַכִּיּוֹר, וַהֲרֵי הַמַּחְתָּה נְתוּנָה
בַּמִּקְצוֹעַ בֵּין הַכֶּבֶשׁ לַמִּזְבֵּחַ, בְּמַעֲרָבוֹ שֶׁל כֶּבֶשׁ. אֵין אָדָם נִכְנָס עִמּוֹ, וְלֹא
נֵר בְּיָדוֹ, אֶלָּא מְהַלֵּךְ לְאוֹר הַמַּעֲרָכָה. לֹא הָיוּ רוֹאִין אוֹתוֹ וְלֹא שׁוֹמְעִין אֶת
קוֹלוֹ, עַד שֶׁשּׁוֹמְעִין קוֹל הָעֵץ שֶׁעָשָׂה בֶן קָטִין מוּכְנִי לַכִּיּוֹר, וְהֵן אוֹמְרִים הִגִּיעַ
עֵת. קִדֵּשׁ יָדָיו וְרַגְלָיו מִן הַכִּיּוֹר, נָטַל מַחְתַּת הַכֶּסֶף וְעָלָה לְרֹאשׁ הַמִּזְבֵּחַ,
וּפִנָּה אֶת הַגֶּחָלִים הֵילָךְ וְהֵילָךְ, חָתָה מִן הַמְּאֻכָּלוֹת הַפְּנִימִיּוֹת, וְיָרַד. הִגִּיעַ
לָרִצְפָּה, הָפַךְ פָּנָיו לַצָּפוֹן, הָלַךְ לְמִזְרָחוֹ שֶׁל כֶּבֶשׁ כְּעֶשֶׂר אַמּוֹת. צָבַר אֶת
הַגֶּחָלִים עַל גַּבֵּי הָרִצְפָּה רָחוֹק מִן הַכֶּבֶשׁ שְׁלשָׁה טְפָחִים, מָקוֹם שֶׁנּוֹתְנִין
מֻרְאוֹת הָעוֹף וְדִשּׁוּן מִזְבֵּחַ הַפְּנִימִי וְהַמְּנוֹרָה:

שבת

שבת

השבת, שהיא יום של ברכה וקדושה, במהותה הראשונית אינה מתייחסת כלל לבני האדם ואינה קשורה במעשיהם. בתיאור סיום מעשה בראשית מופיעה השבת כהוויה מופשטת, אשר משמעותה מצויה מעל ומעֵבר לעולם הגשמי – וחגיגת השבת היא בעצם חגיגה פרטית שהקדוש ברוך הוא עורך לעצמו.

הקב"ה מעניק לישראל את מצוות השבת כביטוי של אהבתו אלינו. כביכול ה' מזמין אותנו להשתתף בחג שלו, חג השביתה מן הבריאה. מתנת השבת היא ביטוי מפליג של קירוב של מעלה: השבת אינה מתנה לכלל המין האנושי, אלא היא מיוחדת לעם ישראל בלבד. לא הכול מוזמנים להשתתף, לא הכול אמורים לחגוג, אלא רק הקרובים ביותר; רק אותם מוזמנים לפנַי ולפנים.

המצווה העיקרית של יום השבת היא האיסור לעשות מלאכה. בעשרת הדיברות כתוב (שמות כ): "שֵׁשֶׁת יָמִים תַּעֲבֹד... וְיוֹם הַשְּׁבִיעִי שַׁבָּת", ולאחר מכן כתוב: "כִּי שֵׁשֶׁת יָמִים עָשָׂה ה'... וַיָּנַח בַּיּוֹם הַשְּׁבִיעִי". בתשתית הכתובים האלו מונח המסר שאיננו נאמר במפורש בפסוק זה, אבל הוא נמצא כתשתית לדברים: גם העבודה בששת הימים וגם המנוחה ביום השבת הן מעשה של חיקוי האל. חיקוי, מכל סוג, הוא ביטוי חיצוני של קשר פנימי, והחיקוי הזה בא, בעומק העניין, לבטא הידבקות והתקשרות בבורא; שכן עשיית דברים כמו הקדוש ברוך הוא מבטאת לא רק הערצה אלא גם אהבה. לכן אף בעניין מלאכה ומנוחה האדם נוהג כמו הבורא: הקדוש ברוך הוא שבת מבריאת השמיים והארץ, וכך גם אנו שובתים ממלאכה בשבת. באופן פנימי: שביתת הבורא ממלאכת הבריאה ומהעיסוק בפרטי המציאות, היא הֲשָׁבַת הכוח היוצר אל מקורו, אל הווייתו. כך אנחנו ביום השבת, שובתים מכל המעשים, הפעולות והקשרים אל העולם ושבים למקור הראשוני של הנשמה בהיותה אחד עם ה'.

לכן הצביעו חכמים על קשר של מהות בין שבת לתשובה. התשובה היא החזרה של מי שהתרחק אל שורשו, אל היכן שהוא שייך מתחילה. השבת אף היא בפנימיותה - עליית כל הדברים חזרה אל שורשם כפי שהיו קודם שנבראו, אל מי שברא אותם. בשבת אנו יוצאים בפועל מן העולם הזה - הנפרד מהקדוש ברוך הוא - איננו עושים מלאכה, איננו מדברים בענייני העולם ומשתדלים גם שלא לחשוב עליו, ועולים להיות עם הקדוש ברוך הוא, כפי שהוא בעצמו היה לפני שברא

את העולם. אף תפילת השבת אינה עוסקת בענייני העולם הזה - רפואה, פרנסה וכדומה; במקום תשע עשרה ברכות הנאמרות בתפילת עמידה כל יום אומרים שבע ברכות בלבד שעוסקות בשבח והודאה לה׳ וביום השבת. בדומה לכך, גם לימוד התורה בשבת אינו כלימוד התורה ביום חול, אלא לימוד שנועד בעיקרו לדבקות בה׳. זאת משום שהמעשים, הדיבורים והמחשבות של שבת אינם עניין לעצמם, אלא הם מסגרת לכוונה הטהורה - הדבקות בה׳ אחד.

ערב שבת ויום טוב

עירוב תחומין

מניח מזון המספיק לשתי סעודות, במרחק פחות מאלפיים אמה מהמקום שיקבל בו שבת ומהמקום שרוצה להגיע אליו בשבת ומברך:

בָּרוּךְ אַתָּה יהוה אֱלֹהֵינוּ מֶלֶךְ הָעוֹלָם
אֲשֶׁר קִדְּשָׁנוּ בְּמִצְוֹתָיו וְצִוָּנוּ עַל מִצְוַת עֵרוּב.

ואומר:

בארמית: בְּדֵין עֵרוּבָא יְהֵא שְׁרֵא לִי לְמֵיזַל מֵאַתְרָא הָדֵין תְּרֵין אַלְפִּין אַמִּין לְכָל רוּחָא.

או בעברית: בְּעֵרוּב זֶה יְהֵא מֻתָּר לִי לָלֶכֶת מִמָּקוֹם זֶה אַלְפַּיִם אַמָּה לְכָל רוּחַ.

עירוב חצרות

כאשר מערבים עירובי חצרות, אדם הבקי בהלכות עירובין מערב לכולם ומברך:

בָּרוּךְ אַתָּה יהוה אֱלֹהֵינוּ מֶלֶךְ הָעוֹלָם
אֲשֶׁר קִדְּשָׁנוּ בְּמִצְוֹתָיו וְצִוָּנוּ עַל מִצְוַת עֵרוּב.

ואומר:

בארמית: בְּדֵין עֵרוּבָא יְהֵא שְׁרֵא לַנָא לְטַלְטוּלֵי וּלְאַפּוּקֵי וּלְעַיּוּלֵי מִן הַבָּתִּים לֶחָצֵר וּמִן הֶחָצֵר לַבָּתִּים וּמִבַּיִת לְבַיִת לְכָל הַבָּתִּים שֶׁבֶּחָצֵר.

או בעברית: בְּעֵרוּב זֶה יְהֵא מֻתָּר לָנוּ לְטַלְטֵל, לְהַכְנִיס וּלְהוֹצִיא מִן הַבָּתִּים לֶחָצֵר וּמִן הֶחָצֵר לַבָּתִּים וּמִבַּיִת לְבַיִת לְכָל הַבָּתִּים שֶׁבֶּחָצֵר.

בערב יום טוב הסמוך לשבת, מניחים עירובי תבשילין (עמ׳ 527).

הדלקת נרות

יש הנוהגות לתת כסף לצדקה לפני הדלקת הנרות.

כיוון שהמדליקה נרות מקבלת עליה שבת בשעת הברכה נהוג כי בתחילה האישה מדליקה את הנרות, אחר כך מכסה את עיניה בכפות ידיה ומברכת, ולבסוף מסירה את הידיים מעיניה ומביטה בנרות.

זמן זה שבו המברכת עומדת בעצימת עיניים הוא הזמן המקובל לדברי תפילה אישיים ולכוונת המצווה.

בערב שבת:

בָּרוּךְ אַתָּה יהוה אֱלֹהֵינוּ מֶלֶךְ הָעוֹלָם
אֲשֶׁר קִדְּשָׁנוּ בְּמִצְוֹתָיו
וְצִוָּנוּ לְהַדְלִיק נֵר שֶׁל שַׁבָּת.

הדלקת נרות לפני כניסת השבת מדליקים את נרות השבת. נהגו להדליק את הנרות על השולחן שעליו אוכלים את סעודות השבת או בסמוך לו. במישור הפשוט, הדלקת הנרות היא חלק מעונג השבת משום שכך בני הבית יכולים (בעיקר לפני המצאת החשמל, אך גם כיום) לדאוג שיהא די אור בליל השבת לאכילת סעודת ליל השבת מתוך מנוחה והרחבת הדעת. נוסף לכך, למעשה

מנהג ההדלקה על ידי נשים בספרי הקבלה מדובר רבות על קשר מהותי שיש בין השבת, ובפרט ליל השבת, לבין תפקידיה ומהותה של האישה. דמות האישה מסמלת את השכינה, הנוכחות האלוקית בעולם; במובנים רבים האישה, ובמיוחד עקרת הבית, הופכת לדמות המזוהה עם השבת. הן בשירי השבת, הן בתפילת ליל השבת, הן בקידוש ובאמירת המזמור "אשת חיל", מצויה הסמליות רבת הפנים של השכינה-השבת-האישה, וגוני המשמעות השונים מתגלים ומתכסים חליפות בכל פסוק ובכל מנהג. בדרך הבנה זו של הדברים, אף הדלקת הנרות בידי האישה מקבלת משמעות עמוקה ופנימית. השבת, ובעיקר ליל שבת, הוא זמן של התעלות השכינה. בשבת השכינה מתגברת ומתעצמת, אורה ניכר יותר, ובעזרתה הופך כל מה שנעשה בבית, כאכילה, שתייה ושינה, לעניין שכולו קדושה. הדלקת הנרות מבטאת בעצם, במעשה אחד, את מהותו של היום המיוחד, ואת ירידת אור השבת אל המציאות. שהרי לכאורה יום השבת הוא יום ככל הימים – המציאות שבה אנו חיים והחומר שבו אנו משתמשים נשארים באותה צורה. אולם לאלה אפשר להוסיף אור, והוא המעניק למציאות פנים אחרות ומטעין את כל הטמון בה במשמעות אחרת.

ביום טוב יש נשים הנוהגות להדליק נרות עוד בערב החג ויש הנוהגות
להדליקם דווקא סמוך לקידוש מאש שהובערה טרם החג.

בערב יום טוב:

בָּרוּךְ אַתָּה יהוה אֱלֹהֵינוּ מֶלֶךְ הָעוֹלָם
אֲשֶׁר קִדְּשָׁנוּ בְּמִצְוֹתָיו
וְצִוָּנוּ לְהַדְלִיק נֵר שֶׁל (שַׁבָּת וְשֶׁל) יוֹם טוֹב.

בערב יום הכיפורים:

בָּרוּךְ אַתָּה יהוה אֱלֹהֵינוּ מֶלֶךְ הָעוֹלָם
אֲשֶׁר קִדְּשָׁנוּ בְּמִצְוֹתָיו
וְצִוָּנוּ לְהַדְלִיק נֵר שֶׁל (שַׁבָּת וְשֶׁל) יוֹם הַכִּפּוּרִים.

ביום טוב (לרבות יום הכיפורים ומלבד שביעי של פסח) מברכים 'שֶׁהֶחֱיָנוּ':

בָּרוּךְ אַתָּה יהוה אֱלֹהֵינוּ מֶלֶךְ הָעוֹלָם
שֶׁהֶחֱיָנוּ וְקִיְּמָנוּ, וְהִגִּיעָנוּ לַזְּמַן הַזֶּה.

תפילה לאישה אחרי שהדליקה נרות:

יְהִי רָצוֹן מִלְּפָנֶיךָ יהוה אֱלֹהַי וֵאלֹהֵי אֲבוֹתַי, שֶׁתְּחוֹנֵן אוֹתִי (אישה נשואה מוסיפה: **וְאֶת אִישִׁי** / אם הוריה חיים: **וְאֶת אָבִי / וְאֶת אִמִּי** / אם יש לה ילדים: **וְאֶת בָּנַי וְאֶת בְּנוֹתַי) וְאֶת כָּל קְרוֹבַי, וְתִתֶּן לָנוּ וּלְכָל יִשְׂרָאֵל חַיִּים טוֹבִים וַאֲרֻכִּים, וְתִזְכְּרֵנוּ בְּזִכְרוֹן טוֹבָה וּבְרָכָה, וְתִפְקְדֵנוּ בִּפְקֻדַּת יְשׁוּעָה וְרַחֲמִים, וּתְבָרְכֵנוּ בְּרָכוֹת גְּדוֹלוֹת, וְתַשְׁלִים בָּתֵּינוּ וְתַשְׁכֵּן שְׁכִינָתְךָ בֵּינֵינוּ. וְזַכֵּנִי לְגַדֵּל בָּנִים וּבְנֵי בָנִים חֲכָמִים וּנְבוֹנִים, אוֹהֲבֵי יהוה יִרְאֵי אֱלֹהִים, אַנְשֵׁי אֱמֶת זֶרַע קֹדֶשׁ, בַּיהוה דְּבֵקִים וּמְאִירִים אֶת הָעוֹלָם בַּתּוֹרָה וּבְמַעֲשִׂים טוֹבִים וּבְכָל מְלֶאכֶת עֲבוֹדַת הַבּוֹרֵא. אָנָּא שְׁמַע אֶת תְּחִנָּתִי בָּעֵת הַזֹּאת בִּזְכוּת שָׂרָה וְרִבְקָה וְרָחֵל וְלֵאָה אִמּוֹתֵינוּ, וְהָאֵר נֵרֵנוּ שֶׁלֹּא יִכְבֶּה לְעוֹלָם וָעֶד, וְהָאֵר פָּנֶיךָ וְנִוָּשֵׁעָה. אָמֵן.**

ההדלקה יש משמעות חגיגית של הוספת אור לכבודו של היום. חובת הדלקת הנרות בשבת חלה על כל אדם מישראל, אולם המנהג העתיק הוא שאת הנרות מדליקות הנשים. מנהג זה השתרש עד כדי כך שהדלקת נרות שבת נעשתה מצווה סמלית של האישה היהודייה. ומנהג יפה שנוהגות בו כמה נשים הוא שכל אישה ונערה, ואפילו ילדה קטנה (המסוגלת לפחות לברך על הדלקת הנרות), מדליקה גם היא נר שבת.

שיר השירים

נהגו ברוב קהילות ישראל לומר 'שיר השירים' בערב שבת.
אם אין השעה מספקת לומר את שיר השירים כולו,
יש אומרים את ארבעת הפסוקים בעמ' 267.

שִׁיר הַשִּׁירִים אֲשֶׁר לִשְׁלֹמֹה: יִשָּׁקֵנִי מִנְּשִׁיקוֹת פִּיהוּ כִּי־טוֹבִים דֹּדֶיךָ מִיָּיִן: א
לְרֵיחַ שְׁמָנֶיךָ טוֹבִים שֶׁמֶן תּוּרַק שְׁמֶךָ עַל־כֵּן עֲלָמוֹת אֲהֵבוּךָ: מָשְׁכֵנִי אַחֲרֶיךָ
נָּרוּצָה הֱבִיאַנִי הַמֶּלֶךְ חֲדָרָיו נָגִילָה וְנִשְׂמְחָה בָּךְ נַזְכִּירָה דֹדֶיךָ מִיַּיִן מֵישָׁרִים
אֲהֵבוּךָ: שְׁחוֹרָה אֲנִי וְנָאוָה בְּנוֹת יְרוּשָׁלָםִ כְּאָהֳלֵי קֵדָר כִּירִיעוֹת
שְׁלֹמֹה: אַל־תִּרְאוּנִי שֶׁאֲנִי שְׁחַרְחֹרֶת שֶׁשְּׁזָפַתְנִי הַשָּׁמֶשׁ בְּנֵי אִמִּי נִחֲרוּ־בִי
שָׂמֻנִי נֹטֵרָה אֶת־הַכְּרָמִים כַּרְמִי שֶׁלִּי לֹא נָטָרְתִּי: הַגִּידָה לִּי שֶׁאָהֲבָה
נַפְשִׁי אֵיכָה תִרְעֶה אֵיכָה תַּרְבִּיץ בַּצָּהֳרָיִם שַׁלָּמָה אֶהְיֶה כְּעֹטְיָה עַל עֶדְרֵי
חֲבֵרֶיךָ: אִם־לֹא תֵדְעִי לָךְ הַיָּפָה בַּנָּשִׁים צְאִי־לָךְ בְּעִקְבֵי הַצֹּאן וּרְעִי אֶת־
גְּדִיֹּתַיִךְ עַל מִשְׁכְּנוֹת הָרֹעִים: לְסֻסָתִי בְּרִכְבֵי פַרְעֹה דִּמִּיתִיךְ

שיר השירים מגילת שיר השירים היא שיר הכולל כמה שירים, כמין טבעות הנקשרות זו בזו ויוצרות שרשרת אחת. שיר השירים הוא בעת ובעונה אחת שיר פרטי ושיר כללי, שיר גשמי ושיר רוחני. ברובד הפשוט, זהו שיר אהבה בין איש לאישה – האוהבים ומעריצים זה את זה, המאבדים ומוצאים זה את זה. שיר אחר הוא שיר של אהבה כללית: על הקשר בין עם ישראל לקדוש ברוך הוא – על האהבה והמסירות, הגאולה והגלות, התעייה והתשובה. שיר נוסף המצוי בו הוא שיר פרטי, רוחני: על הקשר והיחס בין הנשמה ובין ה' – הגעגועים והזניחה, החיפוש והבקשה. ויש עוד שיר כללי: על היחס בין הבורא לבין בריאתו, בין האין־סוף לשכינה; כיצד העולם נעלם ומתעלם וכיצד סופו לשוב ולהתחבר אל הבורא. השבת (כפי שהדברים מתבארים על דרך הסוד בזמר "לכה דודי", ובהרחבה במאמר הזוהר "כגוונא") היא זמן של התאחדות מחודשת בין הדוד לרעיה; בלשון אחרת, לשון ספרי הקבלה, זהו זמן "ייחוד קודשא בריך הוא ושכינתיה" (הקדוש ברוך הוא והשכינה). ימות החול הם זמן של ריחוק ופירוד בין ה'רעיה' בדרגותיה השונות – השכינה, ישראל והנשמה – ל'דוד', הוא הקדוש ברוך הוא, ובשבת הכול שב למקורו ולמקומו. שיר השירים נאמר בערב שבת בין השמשות, בשעה שבה ישראל נכנסים לקדושת השבת, וכעת הנפש –

רַעְיָתִי: נָאווּ לְחָיַיִךְ בַּתֹּרִים צַוָּארֵךְ בַּחֲרוּזִים: תּוֹרֵי זָהָב נַעֲשֶׂה־לָּךְ עִם
נְקֻדּוֹת הַכָּסֶף: עַד־שֶׁהַמֶּלֶךְ בִּמְסִבּוֹ נִרְדִּי נָתַן רֵיחוֹ: צְרוֹר הַמֹּר ׀ דּוֹדִי לִי
בֵּין שָׁדַי יָלִין: אֶשְׁכֹּל הַכֹּפֶר ׀ דּוֹדִי לִי בְּכַרְמֵי עֵין גֶּדִי: הִנָּךְ יָפָה
רַעְיָתִי הִנָּךְ יָפָה עֵינַיִךְ יוֹנִים: הִנְּךָ יָפֶה דוֹדִי אַף נָעִים אַף־עַרְשֵׂנוּ רַעֲנָנָה:
ב קֹרוֹת בָּתֵּינוּ אֲרָזִים רחיטנו בְּרוֹתִים: אֲנִי חֲבַצֶּלֶת הַשָּׁרוֹן שׁוֹשַׁנַּת הָעֲמָקִים: רָהִיטֵנוּ
כְּשׁוֹשַׁנָּה בֵּין הַחוֹחִים כֵּן רַעְיָתִי בֵּין הַבָּנוֹת: כְּתַפּוּחַ בַּעֲצֵי הַיַּעַר כֵּן דּוֹדִי
בֵּין הַבָּנִים בְּצִלּוֹ חִמַּדְתִּי וְיָשַׁבְתִּי וּפִרְיוֹ מָתוֹק לְחִכִּי: הֱבִיאַנִי אֶל־בֵּית
הַיָּיִן וְדִגְלוֹ עָלַי אַהֲבָה: סַמְּכוּנִי בָּאֲשִׁישׁוֹת רַפְּדוּנִי בַּתַּפּוּחִים כִּי־חוֹלַת
אַהֲבָה אָנִי: שְׂמֹאלוֹ תַּחַת לְרֹאשִׁי וִימִינוֹ תְּחַבְּקֵנִי: הִשְׁבַּעְתִּי אֶתְכֶם
בְּנוֹת יְרוּשָׁלִַם בִּצְבָאוֹת אוֹ בְּאַיְלוֹת הַשָּׂדֶה אִם־תָּעִירוּ ׀ וְאִם־תְּעוֹרְרוּ
אֶת־הָאַהֲבָה עַד שֶׁתֶּחְפָּץ: קוֹל דּוֹדִי הִנֵּה־זֶה בָּא מְדַלֵּג עַל־
הֶהָרִים מְקַפֵּץ עַל־הַגְּבָעוֹת: דּוֹמֶה דוֹדִי לִצְבִי אוֹ לְעֹפֶר הָאַיָּלִים הִנֵּה־זֶה
עוֹמֵד אַחַר כָּתְלֵנוּ מַשְׁגִּיחַ מִן־הַחַלֹּנוֹת מֵצִיץ מִן־הַחֲרַכִּים: עָנָה דוֹדִי וְאָמַר
לִי קוּמִי לָךְ רַעְיָתִי יָפָתִי וּלְכִי־לָךְ: כִּי־הִנֵּה הַסְּתָו עָבָר הַגֶּשֶׁם חָלַף הָלַךְ
לוֹ: הַנִּצָּנִים נִרְאוּ בָאָרֶץ עֵת הַזָּמִיר הִגִּיעַ וְקוֹל הַתּוֹר נִשְׁמַע בְּאַרְצֵנוּ:
הַתְּאֵנָה חָנְטָה פַגֶּיהָ וְהַגְּפָנִים ׀ סְמָדַר נָתְנוּ רֵיחַ קוּמִי לכי רַעְיָתִי יָפָתִי לָךְ
וּלְכִי־לָךְ: יוֹנָתִי בְּחַגְוֵי הַסֶּלַע בְּסֵתֶר הַמַּדְרֵגָה הַרְאִינִי אֶת־מַרְאַיִךְ
הַשְׁמִיעִנִי אֶת־קוֹלֵךְ כִּי־קוֹלֵךְ עָרֵב וּמַרְאֵיךְ נָאוֶה: אֶחֱזוּ־לָנוּ
שׁוּעָלִים שֻׁעָלִים קְטַנִּים מְחַבְּלִים כְּרָמִים וּכְרָמֵינוּ סְמָדַר: דּוֹדִי לִי וַאֲנִי לוֹ
הָרֹעֶה בַּשּׁוֹשַׁנִּים: עַד שֶׁיָּפוּחַ הַיּוֹם וְנָסוּ הַצְּלָלִים סֹב דְּמֵה־לְךָ דוֹדִי לִצְבִי
ג אוֹ לְעֹפֶר הָאַיָּלִים עַל־הָרֵי בָתֶר: עַל־מִשְׁכָּבִי בַּלֵּילוֹת בִּקַּשְׁתִּי
אֵת שֶׁאָהֲבָה נַפְשִׁי בִּקַּשְׁתִּיו וְלֹא מְצָאתִיו: אָקוּמָה נָּא וַאֲסוֹבְבָה בָעִיר
בַּשְּׁוָקִים וּבָרְחֹבוֹת אֲבַקְשָׁה אֵת שֶׁאָהֲבָה נַפְשִׁי בִּקַּשְׁתִּיו וְלֹא מְצָאתִיו:
מְצָאוּנִי הַשֹּׁמְרִים הַסֹּבְבִים בָּעִיר אֵת שֶׁאָהֲבָה נַפְשִׁי רְאִיתֶם: כִּמְעַט

של כל אחד מישראל בפרט, ו'כנסת ישראל' בכלל – יכולה לעסוק בעניינים של מעלה. השינוי המורגש בנפש, במעט או ברב, בכניסת השבת, מתרחש בכל רובדי המציאות; בלשון הקבלה, בכניסת השבת יש "עליית העולמות" – השכינה, 'כנסת ישראל' והנשמה הפרטית עולות ושבות למקורן, אל הקדוש ברוך הוא.

שֶׁעָבַרְתִּי מֵהֶם עַד שֶׁמָּצָאתִי אֵת שֶׁאָהֲבָה נַפְשִׁי אֲחַזְתִּיו וְלֹא אַרְפֶּנּוּ עַד־
שֶׁהֲבֵיאתִיו אֶל־בֵּית אִמִּי וְאֶל־חֶדֶר הוֹרָתִי: הִשְׁבַּעְתִּי אֶתְכֶם בְּנוֹת יְרוּשָׁלַםִ
בִּצְבָאוֹת אוֹ בְּאַיְלוֹת הַשָּׂדֶה אִם־תָּעִירוּ ׀ וְאִם־תְּעוֹרְרוּ אֶת־הָאַהֲבָה עַד
שֶׁתֶּחְפָּץ: מִי זֹאת עֹלָה מִן־הַמִּדְבָּר כְּתִימֲרוֹת עָשָׁן מְקֻטֶּרֶת מֹר
וּלְבוֹנָה מִכֹּל אַבְקַת רוֹכֵל: הִנֵּה מִטָּתוֹ שֶׁלִּשְׁלֹמֹה שִׁשִּׁים גִּבֹּרִים סָבִיב לָהּ
מִגִּבֹּרֵי יִשְׂרָאֵל: כֻּלָּם אֲחֻזֵי חֶרֶב מְלֻמְּדֵי מִלְחָמָה אִישׁ חַרְבּוֹ עַל־יְרֵכוֹ מִפַּחַד
בַּלֵּילוֹת: אַפִּרְיוֹן עָשָׂה לוֹ הַמֶּלֶךְ שְׁלֹמֹה מֵעֲצֵי הַלְּבָנוֹן: עַמּוּדָיו
עָשָׂה כֶסֶף רְפִידָתוֹ זָהָב מֶרְכָּבוֹ אַרְגָּמָן תּוֹכוֹ רָצוּף אַהֲבָה מִבְּנוֹת יְרוּשָׁלָםִ:
צְאֶינָה ׀ וּרְאֶינָה בְּנוֹת צִיּוֹן בַּמֶּלֶךְ שְׁלֹמֹה בַּעֲטָרָה שֶׁעִטְּרָה־לּוֹ אִמּוֹ בְּיוֹם
חֲתֻנָּתוֹ וּבְיוֹם שִׂמְחַת לִבּוֹ: הִנָּךְ יָפָה רַעְיָתִי הִנָּךְ יָפָה עֵינַיִךְ יוֹנִים ד
מִבַּעַד לְצַמָּתֵךְ שַׂעְרֵךְ כְּעֵדֶר הָעִזִּים שֶׁגָּלְשׁוּ מֵהַר גִּלְעָד: שִׁנַּיִךְ כְּעֵדֶר
הַקְּצוּבוֹת שֶׁעָלוּ מִן־הָרַחְצָה שֶׁכֻּלָּם מַתְאִימוֹת וְשַׁכֻּלָה אֵין בָּהֶם: כְּחוּט
הַשָּׁנִי שִׂפְתוֹתַיִךְ וּמִדְבָּרֵיךְ נָאוֶה כְּפֶלַח הָרִמּוֹן רַקָּתֵךְ מִבַּעַד לְצַמָּתֵךְ: כְּמִגְדַּל
דָּוִיד צַוָּארֵךְ בָּנוּי לְתַלְפִּיּוֹת אֶלֶף הַמָּגֵן תָּלוּי עָלָיו כֹּל שִׁלְטֵי הַגִּבֹּרִים: שְׁנֵי
שָׁדַיִךְ כִּשְׁנֵי עֳפָרִים תְּאוֹמֵי צְבִיָּה הָרוֹעִים בַּשּׁוֹשַׁנִּים: עַד שֶׁיָּפוּחַ הַיּוֹם וְנָסוּ
הַצְּלָלִים אֵלֶךְ לִי אֶל־הַר הַמּוֹר וְאֶל־גִּבְעַת הַלְּבוֹנָה: כֻּלָּךְ יָפָה רַעְיָתִי וּמוּם
אֵין בָּךְ: אִתִּי מִלְּבָנוֹן כַּלָּה אִתִּי מִלְּבָנוֹן תָּבוֹאִי תָּשׁוּרִי ׀ מֵרֹאשׁ
אֲמָנָה מֵרֹאשׁ שְׂנִיר וְחֶרְמוֹן מִמְּעֹנוֹת אֲרָיוֹת מֵהַרְרֵי נְמֵרִים: לִבַּבְתִּנִי אֲחֹתִי
כַּלָּה לִבַּבְתִּנִי בְּאחד מֵעֵינַיִךְ בְּאַחַד עֲנָק מִצַּוְּרֹנָיִךְ: מַה־יָּפוּ דֹדַיִךְ אֲחֹתִי בְּאַחַת
כַלָּה מַה־טֹּבוּ דֹדַיִךְ מִיַּיִן וְרֵיחַ שְׁמָנַיִךְ מִכָּל־בְּשָׂמִים: נֹפֶת תִּטֹּפְנָה שִׂפְתוֹתַיִךְ
כַּלָּה דְּבַשׁ וְחָלָב תַּחַת לְשׁוֹנֵךְ וְרֵיחַ שַׂלְמֹתַיִךְ כְּרֵיחַ לְבָנוֹן: גַּן ׀
נָעוּל אֲחֹתִי כַלָּה גַּל נָעוּל מַעְיָן חָתוּם: שְׁלָחַיִךְ פַּרְדֵּס רִמּוֹנִים עִם פְּרִי מְגָדִים
כְּפָרִים עִם־נְרָדִים: נֵרְדְּ ׀ וְכַרְכֹּם קָנֶה וְקִנָּמוֹן עִם כָּל־עֲצֵי לְבוֹנָה מֹר וַאֲהָלוֹת
עִם כָּל־רָאשֵׁי בְשָׂמִים: מַעְיַן גַּנִּים בְּאֵר מַיִם חַיִּים וְנֹזְלִים מִן־לְבָנוֹן: עוּרִי
צָפוֹן וּבוֹאִי תֵימָן הָפִיחִי גַנִּי יִזְּלוּ בְשָׂמָיו יָבֹא דוֹדִי לְגַנּוֹ וְיֹאכַל פְּרִי מְגָדָיו:
בָּאתִי לְגַנִּי אֲחֹתִי כַלָּה אָרִיתִי מוֹרִי עִם־בְּשָׂמִי אָכַלְתִּי יַעְרִי עִם־דִּבְשִׁי ה
שָׁתִיתִי יֵינִי עִם־חֲלָבִי אִכְלוּ רֵעִים שְׁתוּ וְשִׁכְרוּ דּוֹדִים: אֲנִי יְשֵׁנָה

וְלִבִּי עֵר קוֹל ׀ דּוֹדִי דוֹפֵק פִּתְחִי־לִי אֲחֹתִי רַעְיָתִי יוֹנָתִי תַמָּתִי שֶׁרֹּאשִׁי
נִמְלָא־טָל קְוֻצּוֹתַי רְסִיסֵי לָיְלָה: פָּשַׁטְתִּי אֶת־כֻּתָּנְתִּי אֵיכָכָה אֶלְבָּשֶׁנָּה
רָחַצְתִּי אֶת־רַגְלַי אֵיכָכָה אֲטַנְּפֵם: דּוֹדִי שָׁלַח יָדוֹ מִן־הַחוֹר וּמֵעַי הָמוּ עָלָיו:
קַמְתִּי אֲנִי לִפְתֹּחַ לְדוֹדִי וְיָדַי נָטְפוּ־מוֹר וְאֶצְבְּעֹתַי מוֹר עֹבֵר עַל כַּפּוֹת
הַמַּנְעוּל: פָּתַחְתִּי אֲנִי לְדוֹדִי וְדוֹדִי חָמַק עָבָר נַפְשִׁי יָצְאָה בְדַבְּרוֹ בִּקַּשְׁתִּיהוּ
וְלֹא מְצָאתִיהוּ קְרָאתִיו וְלֹא עָנָנִי: מְצָאֻנִי הַשֹּׁמְרִים הַסֹּבְבִים בָּעִיר הִכּוּנִי
פְצָעוּנִי נָשְׂאוּ אֶת־רְדִידִי מֵעָלַי שֹׁמְרֵי הַחֹמוֹת: הִשְׁבַּעְתִּי אֶתְכֶם בְּנוֹת
יְרוּשָׁלִָם אִם־תִּמְצְאוּ אֶת־דּוֹדִי מַה־תַּגִּידוּ לוֹ שֶׁחוֹלַת אַהֲבָה אָנִי: מַה־דּוֹדֵךְ
מִדּוֹד הַיָּפָה בַּנָּשִׁים מַה־דּוֹדֵךְ מִדּוֹד שֶׁכָּכָה הִשְׁבַּעְתָּנוּ: דּוֹדִי צַח וְאָדוֹם
דָּגוּל מֵרְבָבָה: רֹאשׁוֹ כֶּתֶם פָּז קְוֻצּוֹתָיו תַּלְתַּלִּים שְׁחֹרוֹת כָּעוֹרֵב: עֵינָיו כְּיוֹנִים
עַל־אֲפִיקֵי מָיִם רֹחֲצוֹת בֶּחָלָב יֹשְׁבוֹת עַל־מִלֵּאת: לְחָיָו כַּעֲרוּגַת הַבֹּשֶׂם
מִגְדְּלוֹת מֶרְקָחִים שִׂפְתוֹתָיו שׁוֹשַׁנִּים נֹטְפוֹת מוֹר עֹבֵר: יָדָיו גְּלִילֵי זָהָב
מְמֻלָּאִים בַּתַּרְשִׁישׁ מֵעָיו עֶשֶׁת שֵׁן מְעֻלֶּפֶת סַפִּירִים: שׁוֹקָיו עַמּוּדֵי שֵׁשׁ
מְיֻסָּדִים עַל־אַדְנֵי־פָז מַרְאֵהוּ כַּלְּבָנוֹן בָּחוּר כָּאֲרָזִים: חִכּוֹ מַמְתַקִּים וְכֻלּוֹ
ו מַחֲמַדִּים זֶה דוֹדִי וְזֶה רֵעִי בְּנוֹת יְרוּשָׁלִָם: אָנָה הָלַךְ דּוֹדֵךְ הַיָּפָה בַּנָּשִׁים
אָנָה פָּנָה דוֹדֵךְ וּנְבַקְשֶׁנּוּ עִמָּךְ: דּוֹדִי יָרַד לְגַנּוֹ לַעֲרֻגוֹת הַבֹּשֶׂם לִרְעוֹת
בַּגַּנִּים וְלִלְקֹט שׁוֹשַׁנִּים: אֲנִי לְדוֹדִי וְדוֹדִי לִי הָרֹעֶה בַּשּׁוֹשַׁנִּים:
יָפָה אַתְּ רַעְיָתִי כְּתִרְצָה נָאוָה כִּירוּשָׁלִָם אֲיֻמָּה כַּנִּדְגָּלוֹת: הָסֵבִּי עֵינַיִךְ
מִנֶּגְדִּי שֶׁהֵם הִרְהִיבֻנִי שַׂעְרֵךְ כְּעֵדֶר הָעִזִּים שֶׁגָּלְשׁוּ מִן־הַגִּלְעָד: שִׁנַּיִךְ
כְּעֵדֶר הָרְחֵלִים שֶׁעָלוּ מִן־הָרַחְצָה שֶׁכֻּלָּם מַתְאִימוֹת וְשַׁכֻּלָה אֵין בָּהֶם:
כְּפֶלַח הָרִמּוֹן רַקָּתֵךְ מִבַּעַד לְצַמָּתֵךְ: שִׁשִּׁים הֵמָּה מְלָכוֹת וּשְׁמֹנִים פִּילַגְשִׁים
וַעֲלָמוֹת אֵין מִסְפָּר: אַחַת הִיא יוֹנָתִי תַמָּתִי אַחַת הִיא לְאִמָּהּ בָּרָה הִיא
לְיוֹלַדְתָּהּ רָאוּהָ בָנוֹת וַיְאַשְּׁרוּהָ מְלָכוֹת וּפִילַגְשִׁים וַיְהַלְלוּהָ: מִי־
זֹאת הַנִּשְׁקָפָה כְּמוֹ־שָׁחַר יָפָה כַלְּבָנָה בָּרָה כַּחַמָּה אֲיֻמָּה כַּנִּדְגָּלוֹת: אֶל־גִּנַּת
אֱגוֹז יָרַדְתִּי לִרְאוֹת בְּאִבֵּי הַנָּחַל לִרְאוֹת הֲפָרְחָה הַגֶּפֶן הֵנֵצוּ הָרִמֹּנִים: לֹא
ז יָדַעְתִּי נַפְשִׁי שָׂמַתְנִי מַרְכְּבוֹת עַמִּי־נָדִיב: שׁוּבִי שׁוּבִי הַשּׁוּלַמִּית שׁוּבִי שׁוּבִי
וְנֶחֱזֶה־בָּךְ מַה־תֶּחֱזוּ בַּשּׁוּלַמִּית כִּמְחֹלַת הַמַּחֲנָיִם: מַה־יָּפוּ פְעָמַיִךְ בַּנְּעָלִים

בַּת־נָדִיב חַמּוּקֵי יְרֵכַיִךְ כְּמוֹ חֲלָאִים מַעֲשֵׂה יְדֵי אָמָּן: שָׁרְרֵךְ אַגַּן הַסַּהַר
אַל־יֶחְסַר הַמָּזֶג בִּטְנֵךְ עֲרֵמַת חִטִּים סוּגָה בַּשּׁוֹשַׁנִּים: שְׁנֵי שָׁדַיִךְ כִּשְׁנֵי
עֳפָרִים תָּאֳמֵי צְבִיָּה: צַוָּארֵךְ כְּמִגְדַּל הַשֵּׁן עֵינַיִךְ בְּרֵכוֹת בְּחֶשְׁבּוֹן עַל־שַׁעַר
בַּת־רַבִּים אַפֵּךְ כְּמִגְדַּל הַלְּבָנוֹן צוֹפֶה פְּנֵי דַמָּשֶׂק: רֹאשֵׁךְ עָלַיִךְ כַּכַּרְמֶל
וְדַלַּת רֹאשֵׁךְ כָּאַרְגָּמָן מֶלֶךְ אָסוּר בָּרְהָטִים: מַה־יָּפִית וּמַה־נָּעַמְתְּ אַהֲבָה
בַּתַּעֲנוּגִים: זֹאת קוֹמָתֵךְ דָּמְתָה לְתָמָר וְשָׁדַיִךְ לְאַשְׁכֹּלוֹת: אָמַרְתִּי אֶעֱלֶה
בְתָמָר אֹחֲזָה בְּסַנְסִנָּיו וְיִהְיוּ־נָא שָׁדַיִךְ כְּאֶשְׁכְּלוֹת הַגֶּפֶן וְרֵיחַ אַפֵּךְ כַּתַּפּוּחִים:
וְחִכֵּךְ כְּיֵין הַטּוֹב הוֹלֵךְ לְדוֹדִי לְמֵישָׁרִים דּוֹבֵב שִׂפְתֵי יְשֵׁנִים: אֲנִי לְדוֹדִי
וְעָלַי תְּשׁוּקָתוֹ: לְכָה דוֹדִי נֵצֵא הַשָּׂדֶה נָלִינָה בַּכְּפָרִים: נַשְׁכִּימָה לַכְּרָמִים
נִרְאֶה אִם־פָּרְחָה הַגֶּפֶן פִּתַּח הַסְּמָדַר הֵנֵצוּ הָרִמּוֹנִים שָׁם אֶתֵּן אֶת־דֹּדַי לָךְ:
הַדּוּדָאִים נָתְנוּ־רֵיחַ וְעַל־פְּתָחֵינוּ כָּל־מְגָדִים חֲדָשִׁים גַּם־יְשָׁנִים דּוֹדִי צָפַנְתִּי
לָךְ: מִי יִתֶּנְךָ כְּאָח לִי יוֹנֵק שְׁדֵי אִמִּי אֶמְצָאֲךָ בַחוּץ אֶשָּׁקְךָ גַּם לֹא־יָבוּזוּ לִי: ח
אֶנְהָגֲךָ אֲבִיאֲךָ אֶל־בֵּית אִמִּי תְּלַמְּדֵנִי אַשְׁקְךָ מִיַּיִן הָרֶקַח מֵעֲסִיס רִמֹּנִי:
שְׂמֹאלוֹ תַּחַת רֹאשִׁי וִימִינוֹ תְּחַבְּקֵנִי: הִשְׁבַּעְתִּי אֶתְכֶם בְּנוֹת יְרוּשָׁלָםִ מַה־
תָּעִירוּ | וּמַה־תְּעֹרְרוּ אֶת־הָאַהֲבָה עַד שֶׁתֶּחְפָּץ: מִי זֹאת עֹלָה
מִן־הַמִּדְבָּר מִתְרַפֶּקֶת עַל־דּוֹדָהּ תַּחַת הַתַּפּוּחַ עוֹרַרְתִּיךָ שָׁמָּה חִבְּלַתְךָ
אִמֶּךָ שָׁמָּה חִבְּלָה יְלָדַתְךָ: שִׂימֵנִי כַחוֹתָם עַל־לִבֶּךָ כַּחוֹתָם עַל־זְרוֹעֶךָ
כִּי־עַזָּה כַמָּוֶת אַהֲבָה קָשָׁה כִשְׁאוֹל קִנְאָה רְשָׁפֶיהָ רִשְׁפֵּי אֵשׁ שַׁלְהֶבֶתְיָה:
מַיִם רַבִּים לֹא יוּכְלוּ לְכַבּוֹת אֶת־הָאַהֲבָה וּנְהָרוֹת לֹא יִשְׁטְפוּהָ אִם־יִתֵּן
אִישׁ אֶת־כָּל־הוֹן בֵּיתוֹ בָּאַהֲבָה בּוֹז יָבוּזוּ לוֹ: אָחוֹת לָנוּ קְטַנָּה
וְשָׁדַיִם אֵין לָהּ מַה־נַּעֲשֶׂה לַאֲחֹתֵנוּ בַּיּוֹם שֶׁיְּדֻבַּר־בָּהּ: אִם־חוֹמָה הִיא
נִבְנֶה עָלֶיהָ טִירַת כָּסֶף וְאִם־דֶּלֶת הִיא נָצוּר עָלֶיהָ לוּחַ אָרֶז: אֲנִי חוֹמָה
וְשָׁדַי כַּמִּגְדָּלוֹת אָז הָיִיתִי בְעֵינָיו כְּמוֹצְאֵת שָׁלוֹם: כֶּרֶם הָיָה לִשְׁלֹמֹה
בְּבַעַל הָמוֹן נָתַן אֶת־הַכֶּרֶם לַנֹּטְרִים אִישׁ יָבִא בְּפִרְיוֹ אֶלֶף כָּסֶף: כַּרְמִי
שֶׁלִּי לְפָנָי הָאֶלֶף לְךָ שְׁלֹמֹה וּמָאתַיִם לְנֹטְרִים אֶת־פִּרְיוֹ: הַיּוֹשֶׁבֶת בַּגַּנִּים
חֲבֵרִים מַקְשִׁיבִים לְקוֹלֵךְ הַשְׁמִיעִנִי: בְּרַח | דּוֹדִי וּדְמֵה־לְךָ לִצְבִי אוֹ לְעֹפֶר
הָאַיָּלִים עַל הָרֵי בְשָׂמִים:

מי שאין לו פנאי לומר את כל ׳שיר השירים׳ יאמר ארבעה פסוקים אלה (שראשי תיבותיהם ׳יעקב׳):

יִשָּׁקֵנִי מִנְּשִׁיקוֹת פִּיהוּ כִּי־טוֹבִים דֹּדֶיךָ מִיָּיִן:
עוּרִי צָפוֹן וּבוֹאִי תֵימָן, הָפִיחִי גַנִּי, יִזְּלוּ בְשָׂמָיו
יָבֹא דוֹדִי לְגַנּוֹ וְיֹאכַל פְּרִי מְגָדָיו:
קוֹל דּוֹדִי הִנֵּה־זֶה בָּא, מְדַלֵּג עַל־הֶהָרִים, מְקַפֵּץ עַל־הַגְּבָעוֹת:
בָּאתִי לְגַנִּי אֲחֹתִי כַלָּה, אָרִיתִי מוֹרִי עִם־בְּשָׂמִי
אָכַלְתִּי יַעְרִי עִם־דִּבְשִׁי, שָׁתִיתִי יֵינִי עִם־חֲלָבִי
אִכְלוּ רֵעִים, שְׁתוּ וְשִׁכְרוּ דּוֹדִים:

סדר ערב שבת

מנהג חסידים לומר מזמור קז קודם תפילת מנחה של ערב שבת. אם
חל ערב שבת ביום טוב או בחול המועד אין אומרים מזמור זה.
ויש נוהגים לאומרו בערב שביעי של פסח גם כאשר אינו חל בערב שבת.

תהלים קז הֹדוּ לַיהוה כִּי־טוֹב, כִּי לְעוֹלָם חַסְדּוֹ: יֹאמְרוּ גְּאוּלֵי יהוה, אֲשֶׁר
גְּאָלָם מִיַּד־צָר: וּמֵאֲרָצוֹת קִבְּצָם, מִמִּזְרָח וּמִמַּעֲרָב, מִצָּפוֹן
וּמִיָּם: תָּעוּ בַמִּדְבָּר, בִּישִׁימוֹן דָּרֶךְ, עִיר מוֹשָׁב לֹא מָצָאוּ: רְעֵבִים
גַּם־צְמֵאִים, נַפְשָׁם בָּהֶם תִּתְעַטָּף: וַיִּצְעֲקוּ אֶל־יהוה בַּצַּר לָהֶם,
מִמְּצוּקוֹתֵיהֶם יַצִּילֵם: וַיַּדְרִיכֵם בְּדֶרֶךְ יְשָׁרָה, לָלֶכֶת אֶל־עִיר
מוֹשָׁב: יוֹדוּ לַיהוה חַסְדּוֹ, וְנִפְלְאוֹתָיו לִבְנֵי אָדָם: כִּי־הִשְׂבִּיעַ
נֶפֶשׁ שֹׁקֵקָה, וְנֶפֶשׁ רְעֵבָה מִלֵּא־טוֹב: יֹשְׁבֵי חֹשֶׁךְ וְצַלְמָוֶת,
אֲסִירֵי עֳנִי וּבַרְזֶל: כִּי־הִמְרוּ אִמְרֵי־אֵל, וַעֲצַת עֶלְיוֹן נָאָצוּ:
וַיַּכְנַע בֶּעָמָל לִבָּם, כָּשְׁלוּ וְאֵין עֹזֵר: וַיִּזְעֲקוּ אֶל־יהוה בַּצַּר לָהֶם,
מִמְּצֻקוֹתֵיהֶם יוֹשִׁיעֵם: יוֹצִיאֵם מֵחֹשֶׁךְ וְצַלְמָוֶת, וּמוֹסְרוֹתֵיהֶם
יְנַתֵּק: יוֹדוּ לַיהוה חַסְדּוֹ, וְנִפְלְאוֹתָיו לִבְנֵי אָדָם: כִּי־שִׁבַּר דַּלְתוֹת
נְחֹשֶׁת, וּבְרִיחֵי בַרְזֶל גִּדֵּעַ: אֱוִלִים מִדֶּרֶךְ פִּשְׁעָם, וּמֵעֲוֺנֹתֵיהֶם

הודו לה' כי טוב מזמור "הודו" מדבר על אנשים שהיו במגוון מצוקות וסכנות (במחלה, בבית הסוהר, בים ובמדבר) החייבים להודות לה' כאשר יצאו בשלום ונגאלו מהסכנה שהיו נתונים בה. הבעל שם טוב הנהיג לומר מזמור זה לפני מנחה בערב שבת כדי להודות על מאורעות השבוע החולף ולהכין את האדם לקראת השבת. היציאה מימות החול על בעיותיהם, סערותיהם ומצוקותיהם אל יום השבת, הריהי פדות הנפש ועלייתה לדרגה גבוהה. כמאמר חכמים בתלמוד: "שבת – אחד משׁשים לעולם הבא". כלומר השבת עצמה, במציאותה הנוכחית ובהתייחסות האנושית אליה, היא כיציאה מן העולם הזה, ממעשיו ומטרדותיו, וכעין טעימה של חיים בעולם אחר – "חיי העולם הבא". מכיוון שהמזמור בא לבטא את ימות החול הפשוטים, על בעיותיהם, אין אומרים אותו כאשר יום שישי הוא יום טוב או חול המועד.

יִתְעַנּוּ: כָּל־אֹכֶל תְּתַעֵב נַפְשָׁם, וַיַּגִּיעוּ עַד־שַׁעֲרֵי מָוֶת: וַיִּזְעֲקוּ אֶל־יהוה בַּצַּר לָהֶם, מִמְּצֻקוֹתֵיהֶם יוֹשִׁיעֵם: יִשְׁלַח דְּבָרוֹ וְיִרְפָּאֵם, וִימַלֵּט מִשְּׁחִיתוֹתָם: יוֹדוּ לַיהוה חַסְדּוֹ, וְנִפְלְאוֹתָיו לִבְנֵי אָדָם: וְיִזְבְּחוּ זִבְחֵי תוֹדָה וִיסַפְּרוּ מַעֲשָׂיו בְּרִנָּה: יוֹרְדֵי הַיָּם בָּאֳנִיּוֹת, עֹשֵׂי מְלָאכָה בְּמַיִם רַבִּים: הֵמָּה רָאוּ מַעֲשֵׂי יהוה, וְנִפְלְאוֹתָיו בִּמְצוּלָה: וַיֹּאמֶר, וַיַּעֲמֵד רוּחַ סְעָרָה, וַתְּרוֹמֵם גַּלָּיו: יַעֲלוּ שָׁמַיִם, יֵרְדוּ תְהוֹמוֹת, נַפְשָׁם בְּרָעָה תִתְמוֹגָג: יָחוֹגּוּ וְיָנוּעוּ כַּשִּׁכּוֹר, וְכָל־חָכְמָתָם תִּתְבַּלָּע: וַיִּצְעֲקוּ אֶל־יהוה בַּצַּר לָהֶם, וּמִמְּצוּקֹתֵיהֶם יוֹצִיאֵם: יָקֵם סְעָרָה לִדְמָמָה, וַיֶּחֱשׁוּ גַּלֵּיהֶם: וַיִּשְׂמְחוּ כִי־יִשְׁתֹּקוּ, וַיַּנְחֵם אֶל־מְחוֹז חֶפְצָם: יוֹדוּ לַיהוה חַסְדּוֹ, וְנִפְלְאוֹתָיו לִבְנֵי אָדָם: וִירֹמְמוּהוּ בִּקְהַל־עָם, וּבְמוֹשַׁב זְקֵנִים יְהַלְלוּהוּ: יָשֵׂם נְהָרוֹת לְמִדְבָּר, וּמֹצָאֵי מַיִם לְצִמָּאוֹן: אֶרֶץ פְּרִי לִמְלֵחָה, מֵרָעַת יוֹשְׁבֵי בָהּ: יָשֵׂם מִדְבָּר לַאֲגַם־מַיִם, וְאֶרֶץ צִיָּה לְמֹצָאֵי מָיִם: וַיּוֹשֶׁב שָׁם רְעֵבִים, וַיְכוֹנְנוּ עִיר מוֹשָׁב: וַיִּזְרְעוּ שָׂדוֹת, וַיִּטְּעוּ כְרָמִים, וַיַּעֲשׂוּ פְּרִי תְבוּאָה: וַיְבָרְכֵם וַיִּרְבּוּ מְאֹד, וּבְהֶמְתָּם לֹא יַמְעִיט: וַיִּמְעֲטוּ וַיָּשֹׁחוּ, מֵעֹצֶר רָעָה וְיָגוֹן: שֹׁפֵךְ בּוּז עַל־נְדִיבִים, וַיַּתְעֵם בְּתֹהוּ לֹא־דָרֶךְ: וַיְשַׂגֵּב אֶבְיוֹן מֵעוֹנִי, וַיָּשֶׂם כַּצֹּאן מִשְׁפָּחוֹת: יִרְאוּ יְשָׁרִים וְיִשְׂמָחוּ, וְכָל־עַוְלָה קָפְצָה פִּיהָ: מִי־חָכָם וְיִשְׁמָר־אֵלֶּה, וְיִתְבּוֹנְנוּ חַסְדֵי יהוה:

יש נוהגים לומר 'פָּתַח אֵלִיָּהוּ' אחר אמירת 'הֹדוּ'
(ואומרים אותו גם בערב שבת שאין אומרים בו 'הֹדוּ').

פָּתַח אֵלִיָּהוּ הַנָּבִיא זָכוּר לְטוֹב וְאָמַר: רִבּוֹן עָלְמִין, דְּאַנְתְּ הוּא חַד וְלָא בְחֻשְׁבַּן. אַנְתְּ הוּא עִלָּאָה עַל כָּל עִלָּאִין, סְתִימָא עַל כָּל

פתח אליהו קטע זה מהקדמת ספר "תיקוני הזוהר" עוסק בתמצית במושגי היסוד של תורת הקבלה: במהותו של הקדוש ברוך הוא – שהוא למעלה מהכול,

סְתִימִין. לֵית מַחֲשָׁבָה תְּפִיסָא בָךְ כְּלָל. אַנְתְּ הוּא דְּאַפֵּקְתְּ עֲשַׂר תִּקּוּנִין וְקָרֵינַן לוֹן עֲשַׂר סְפִירָן לְאַנְהָגָא בְהוֹן עָלְמִין סְתִימִין דְּלָא אִתְגַּלְיָן וְעָלְמִין דְּאִתְגַּלְיָן. וּבְהוֹן אִתְכַּסִּיאַת מִבְּנֵי נָשָׁא. וְאַנְתְּ הוּא דְּקָשִׁיר לוֹן וּמְיַחֵד לוֹן. וּבְגִין דְּאַנְתְּ מִלְּגָאו, כָּל מַאן דְּאַפְרֵישׁ חַד מִן חַבְרֵיהּ מֵאִלֵּין עֲשַׂר, אִתְחֲשִׁיב לֵיהּ כְּאִלּוּ אַפְרֵישׁ בָּךְ.

וְאִלֵּין עֲשַׂר סְפִירָן אִנּוּן אָזְלִין כְּסִדְרָן, חַד אֲרִיךְ וְחַד קָצֵר וְחַד
בֵּינוּנִי, וְאַנְתְּ הוּא דְּאַנְהִיג לוֹן, וְלֵית מַאן דְּאַנְהִיג לָךְ, לָא לְעֵלָּא
וְלָא לְתַתָּא וְלָא מִכָּל סִטְרָא. לְבוּשִׁין תַּקִּנַתְּ לוֹן דְּמִנַּיְהוּ פָּרְחִין
נִשְׁמָתִין לִבְנֵי נָשָׁא. וְכַמָּה גוּפִין תַּקִּנַתְּ לוֹן דְּאִתְקְרִיאוּ גוּפָא לְגַבֵּי
לְבוּשִׁין דִּמְכַסְּיָן עֲלֵיהוֹן. וְאִתְקְרִיאוּ בְּתִקּוּנָא דָא. חֶסֶד דְּרוֹעָא
יְמִינָא. גְּבוּרָה דְּרוֹעָא שְׂמָאלָא. תִּפְאֶרֶת גּוּפָא. נֶצַח וְהוֹד תְּרֵין
שׁוֹקִין. יְסוֹד סִיּוּמָא דְגוּפָא אוֹת בְּרִית קֹדֶשׁ. מַלְכוּת פֶּה תּוֹרָה
שֶׁבְּעַל פֶּה קָרֵינַן לַהּ. חָכְמָה מוֹחָא אִיהִי מַחֲשָׁבָה מִלְּגָאו. בִּינָה
לִבָּא וּבַהּ הַלֵּב מֵבִין. וְעַל אִלֵּין תְּרֵין כְּתִיב: הַנִּסְתָּרֹת לַיהוָה דברים כט
אֱלֹהֵינוּ: כֶּתֶר עֶלְיוֹן אִיהוּ כֶּתֶר מַלְכוּת. וְעָלֵיהּ אִתְּמַר: מַגִּיד ישעיה מו
מֵרֵאשִׁית אַחֲרִית: וְאִיהוּ קַרְקַפְתָּא דִתְפִלֵּי. מִלְּגָאו אִיהוּ יו״ד

אין לו גדר וגבול ואי אפשר להשיגו או לתפוס אותו; במהותן של עשר הספירות העליונות והיחסים ביניהן; ובעיקר ביחס שבין הספירות לבין הקדוש ברוך הוא – הספירות הן 'כלים' לאור אין־סוף, ובהן ודרכן הקדוש ברוך הוא מתגלה ופועל בעולמות. בשל חשיבותו של קטע זה נקבע בכמה נוסחים לאומרו בזמנים קבועים, כחלק מסידור התפילה. המנהג לאומרו כאן נקבע על פי האדמו״ר הזקן, כהכנה לימודית לקבלת השבת: כניסת השבת היא הזמן שמלאכת בריאת העולם הסתיימה בו, וקטע זה, המסביר את מבנהו הפנימי של העולם הוא מעין השלמה קבלית לתיאור מעשה בראשית.

ה״א וא״ו ה״א דְּאִיהוּ אֹרַח אֲצִילוּת. אִיהוּ שַׁקְיוּ דְּאִילָנָא בִּדְרוֹעוֹי וְעַנְפּוֹי, כְּמַיָּא דְּאַשְׁקֵי לְאִילָנָא וְאִתְרַבֵּי בְּהַהוּא שַׁקְיוּ.

רִבּוֹן עָלְמִין, אַנְתְּ הוּא עִלַּת הָעִלּוֹת וְסִבַּת הַסִּבּוֹת, דְּאַשְׁקֵי לְאִילָנָא בְּהַהוּא נְבִיעוּ, וְהַהוּא נְבִיעוּ, אִיהוּ כְּנִשְׁמְתָא לְגוּפָא, דְּאִיהִי חַיִּים לְגוּפָא, וּבָךְ לֵית דִּמְיוֹן וְלֵית דְּיוֹקְנָא מִכָּל מַה דִּלְגָאו וּלְבַר. וּבְרָאתָ שְׁמַיָּא וְאַרְעָא. וְאַפֵּקְתְּ מִנְּהוֹן שִׁמְשָׁא וְסִיהֲרָא וְכוֹכְבַיָּא וּמַזָּלֵי. וּבְאַרְעָא אִילָנִין וּדְשָׁאִין וְגִנְתָּא דְעֵדֶן וְעִשְׂבִּין וְחֵיוָן וְעוֹפִין וְנוּנִין וּבְעִירִין וּבְנֵי נָשָׁא. לְאִשְׁתְּמוֹדָעָא בְהוֹן עִלָּאִין, וְאֵיךְ יִתְנַהֲגוּן בְּהוֹן עִלָּאִין וְתַתָּאִין, וְאֵיךְ אִשְׁתְּמוֹדְעָן מֵעִלָּאֵי וְתַתָּאֵי. וְלֵית דְּיָדַע בָּךְ כְּלָל, וּבַר מִנָּךְ לֵית יְחוּדָא בְּעִלָּאֵי וְתַתָּאֵי. וְאַנְתְּ אִשְׁתְּמוֹדַע אָדוֹן עַל כֹּלָּא. וְכָל סְפִירָן כָּל חַד אִית לֵיהּ שֵׁם יְדִיעַ, וּבְהוֹן אִתְקְרִיאוּ מַלְאֲכַיָּא. וְאַנְתְּ לֵית לָךְ שֵׁם יְדִיעַ, דְּאַנְתְּ הוּא מְמַלֵּא כָל שְׁמָהָן, וְאַנְתְּ הוּא שְׁלִימוּ דְּכֻלְּהוּ. וְכַד אַנְתְּ תִּסְתַּלַּק מִנְּהוֹן, אִשְׁתְּאָרוּ כֻּלְּהוּ שְׁמָהָן, כְּגוּפָא בְּלָא נִשְׁמְתָא. אַנְתְּ חַכִּים וְלָאו בְּחָכְמָה יְדִיעָא, אַנְתְּ הוּא מֵבִין וְלָאו מִבִּינָה יְדִיעָא, לֵית לָךְ אֲתַר יְדִיעָא, אֶלָּא לְאִשְׁתְּמוֹדָעָא תָּקְפָּךְ וְחֵילָךְ לִבְנֵי נָשָׁא, וּלְאַחֲזָאָה לוֹן אֵיךְ אִתְנְהִיג עָלְמָא בְּדִינָא וּבְרַחֲמֵי דְּאִנּוּן צֶדֶק וּמִשְׁפָּט כְּפוּם עוֹבָדֵיהוֹן דִּבְנֵי נָשָׁא, דִּין אִיהוּ גְּבוּרָה, מִשְׁפָּט עַמּוּדָא דְאֶמְצָעִיתָא, צֶדֶק מַלְכוּתָא קַדִּישָׁא, מֹאזְנֵי צֶדֶק תְּרֵין סַמְכֵי קְשׁוֹט, הִין צֶדֶק אוֹת בְּרִית. כֹּלָּא לְאַחֲזָאָה אֵיךְ אִתְנְהִיג עָלְמָא. אֲבָל לָאו דְּאִית לָךְ צֶדֶק יְדִיעָא דְּאִיהוּ דִּין, וְלָאו מִשְׁפָּט יְדִיעָא דְּאִיהוּ רַחֲמֵי, וְלָאו מִכָּל אִלֵּין מִדּוֹת כְּלָל.

מרבית הנוהגים באמירת ׳פָּתַח אֵלִיָּהוּ׳ מדלגים מכאן ועד ׳בָּרוּךְ ה׳ לְעוֹלָם׳ (בעמוד הבא).

קוּם רִבִּי שִׁמְעוֹן וְיִתְחַדְּשׁוּן מִלִּין עַל יְדָךְ, דְּהָא רְשׁוּתָא אִית לָךְ לְגַלָּאָה רָזִין טְמִירִין עַל יְדָךְ, מַה דְּלָא אִתְיְהִיב רְשׁוּ לְגַלָּאָה לְשׁוּם בַּר נָשׁ עַד כְּעָן.

קָם רִבִּי שִׁמְעוֹן, פָּתַח וְאָמַר: לְךָ יְהוָה הַגְּדֻלָּה וְהַגְּבוּרָה
וְהַתִּפְאֶרֶת וְהַנֵּצַח וְהַהוֹד: עִלָּאִין שְׁמַעוּ, אִנּוּן דְּמִיכִין דְּחֶבְרוֹן דהי״א כט
וְרַעְיָא מְהֵימְנָא אִתְעָרוּ מִשְּׁנַתְכוֹן. הָקִיצוּ וְרַנְּנוּ שֹׁכְנֵי עָפָר: אִלֵּין ישעיה כו
אִנּוּן צַדִּיקַיָּא דְּאִנּוּן מִסִּטְרָא דְּהַהוּא דְּאִתְּמַר בַּהּ: אֲנִי יְשֵׁנָה שיר השירים ה
וְלִבִּי עֵר: וְלָאו אִנּוּן מֵתִים, וּבְגִין דָּא אִתְּמַר בְּהוֹן: הָקִיצוּ וְרַנְּנוּ שֹׁכְנֵי עָפָר: רַעְיָא מְהֵימְנָא אַנְתְּ וַאֲבָהָן הָקִיצוּ וְרַנְּנוּ לְאִתְעֲרוּתָא דִּשְׁכִינְתָּא דְּאִיהִי יְשֵׁנָה בְּגָלוּתָא, דְּעַד כְּעַן צַדִּיקַיָּא כֻּלְּהוּ דְּמִיכִין וְשִׁנְתָּא בְּחוֹרֵיהוֹן, מִיַּד יְהִיבַת שְׁכִינְתָּא תְּלַת קָלִין לְגַבֵּי רַעְיָא מְהֵימְנָא וְיֵימָא לֵיהּ: קוּם רַעְיָא מְהֵימְנָא, דְּהָא עֲלָךְ אִתְּמַר: קוֹל דּוֹדִי דוֹפֵק: לְגַבַּאי בְּאַרְבַּע אָתְוָן דִּילֵיהּ, וְיֵימָא בְּהוֹן: פִּתְחִי־לִי
אֲחֹתִי רַעְיָתִי יוֹנָתִי תַמָּתִי: דְּהָא תַּם־עֲוֹנֵךְ בַּת־צִיּוֹן לֹא יוֹסִיף איכה ד
לְהַגְלוֹתֵךְ: שֶׁרֹּאשִׁי נִמְלָא־טָל. מַאי נִמְלָא טָל, אֶלָּא אָמַר קֻדְשָׁא בְּרִיךְ הוּא: אַנְתְּ חֲשַׁבְתְּ דְּמִיּוֹמָא דְּאִתְחֲרַב בֵּי מַקְדְּשָׁא דְּעָאלְנָא בְּבֵיתָא דִּילִי וְעָאלְנָא בְּיִשּׁוּבָא, לָאו הָכִי, דְּלָא עָאלְנָא כָּל זִמְנָא דְּאַנְתְּ בְּגָלוּתָא, הֲרֵי לָךְ סִימָנָא שֶׁרֹּאשִׁי נִמְלָא־טָל, ה״א שְׁכִינְתָּא בְּגָלוּתָא, שְׁלִימוּ דִּילַהּ וְחַיִּים דִּילַהּ אִיהוּ טָל, וְדָא אִיהוּ יו״ד ה״א וא״ו, וְה״א אִיהִי שְׁכִינְתָּא דְּלָא מֵחֻשְׁבַּן טַ״ל, אֶלָּא יו״ד ה״א וא״ו דְּסַלִּיקוּ אָתְוָן לְחֻשְׁבַּן טַ״ל, דְּאִיהִי מַלְיָא לִשְׁכִינְתָּא, מִנַּבִּיעוּ דְּכָל מְקוֹרִין עִלָּאִין. מִיַּד קָם רַעְיָא מְהֵימְנָא וַאֲבָהָן קַדִּישִׁין עִמֵּיהּ. עַד כָּאן רָזָא דְיִחוּדָא.

בָּרוּךְ יְהוָה לְעוֹלָם אָמֵן וְאָמֵן: תהלים פט

קודם מנחה בערב שבת אומרים ׳יְדִיד נֶפֶשׁ׳.

יְדִיד נֶפֶשׁ, אָב הָרַחֲמָן, מְשֹׁךְ עַבְדָּךְ אֶל רְצוֹנָךְ
יָרוּץ עַבְדָּךְ כְּמוֹ אַיָּל, יִשְׁתַּחֲוֶה מוּל הֲדָרָךְ
כִּי יֶעֱרַב לוֹ יְדִידוּתָךְ, מִנֹּפֶת צוּף וְכָל טָעַם.

הָדוּר, נָאֶה, זִיו הָעוֹלָם, נַפְשִׁי חוֹלַת אַהֲבָתָךְ
אָנָּא, אֵל נָא, רְפָא נָא לָהּ, בְּהַרְאוֹת לָהּ נֹעַם זִיוָךְ
אָז תִּתְחַזֵּק וְתִתְרַפֵּא, וְהָיְתָה לָךְ שִׁפְחַת עוֹלָם.

וָתִיק, יֶהֱמוּ רַחֲמֶיךָ, וְחוּס נָא עַל בֵּן אוֹהֲבָךְ
כִּי זֶה כַּמָּה נִכְסֹף נִכְסַף לִרְאוֹת בְּתִפְאֶרֶת עֻזָּךְ
אָנָּא, אֵלִי, מַחְמַד לִבִּי, חוּשָׁה נָּא, וְאַל תִּתְעַלָּם.

הִגָּלֵה נָא וּפְרֹשׂ, חָבִיב, עָלַי אֶת סֻכַּת שְׁלוֹמָךְ
תָּאִיר אֶרֶץ מִכְּבוֹדָךְ, נָגִילָה וְנִשְׂמְחָה בָךְ.
מַהֵר, אָהוּב, כִּי בָא מוֹעֵד, וְחָנֵּנִי כִּימֵי עוֹלָם.

ומתפללים מנחה (עמ׳ 159).

ידיד נפש כניסת השבת היא זמן של שחרור ועליית העולמות והנפשות למקורם. בשעה זו מורגשת במיוחד האהבה והתשוקה של הנשמה לדבקות באלוהים חיים, ולכן נהגו בקהילות רבות לזמר בה את הפיוט ״ידיד נפש״ המבטא בבהירות את מאוויי הנפש הכמוסים בלב כל אדם מישראל: מחד גיסא, את התשוקה של האוהב, הרצון להגיע להתבטלות גמורה של הנפש בפני הבורא, ששיאו בביטוי ״והייתה לך שפחת עולם״. ומאידך גיסא, את ההרגשה של אינטימיות עם הקדוש ברוך הוא וקרבה יתרה אליו. הקדוש ברוך הוא קרוי כאן בלשונות רבות של חיבה: ״ידיד נפש״, ״אהוב״, ״מחמד לבי״ ועוד.

קבלת שבת

אם חל יום השבת ביום טוב, במוצאי יום טוב או בחול המועד
מקצרים ומתחילים ׳מִזְמוֹר לְדָוִד׳ (עמ׳ 278).

תהלים צה לְכוּ נְרַנְּנָה לַיהוה, נָרִיעָה לְצוּר יִשְׁעֵנוּ: נְקַדְּמָה פָנָיו בְּתוֹדָה, בִּזְמִרוֹת נָרִיעַ לוֹ: כִּי אֵל גָּדוֹל יהוה, וּמֶלֶךְ גָּדוֹל עַל־כָּל־אֱלֹהִים: אֲשֶׁר בְּיָדוֹ מֶחְקְרֵי־אָרֶץ, וְתוֹעֲפוֹת הָרִים לוֹ: אֲשֶׁר־לוֹ הַיָּם וְהוּא עָשָׂהוּ, וְיַבֶּשֶׁת יָדָיו יָצָרוּ: בֹּאוּ נִשְׁתַּחֲוֶה וְנִכְרָעָה, נִבְרְכָה לִפְנֵי־יהוה עֹשֵׂנוּ: כִּי הוּא אֱלֹהֵינוּ, וַאֲנַחְנוּ עַם מַרְעִיתוֹ וְצֹאן יָדוֹ, הַיּוֹם אִם־בְּקֹלוֹ תִשְׁמָעוּ: אַל־תַּקְשׁוּ לְבַבְכֶם כִּמְרִיבָה, כְּיוֹם מַסָּה בַּמִּדְבָּר: אֲשֶׁר נִסּוּנִי אֲבוֹתֵיכֶם, בְּחָנוּנִי גַּם רָאוּ פָעֳלִי: אַרְבָּעִים שָׁנָה אָקוּט בְּדוֹר, וָאֹמַר עַם תֹּעֵי לֵבָב הֵם, וְהֵם לֹא־יָדְעוּ דְרָכָי: אֲשֶׁר־נִשְׁבַּעְתִּי בְאַפִּי, אִם־יְבֹאוּן אֶל מְנוּחָתִי:

קבלת שבת מתפללים קבלת שבת עם כניסת השבת, בין תפילת מנחה של ערב שבת לתפילת ערבית של שבת. המעבר מימות החול לשבת הוא מעין יציאה מתחום חיים אחד לתחום שונה לגמרי. דומה הדבר למי שיוצא מן היבשה ושוהה בים: באותה שעה אין הוא רק מוקף בים מכל צדדיו, אלא כל מעשיו, תנועותיו והדרכים שבהן הוא רואה דברים ומגיב להם, כולם משתנים. כך השבת היא כניסה לעולם של קדושה ועונג, וכפי שאמרו חכמים, השבת היא ״מעין עולם הבא״ – ולכן צורת המחשבה, תוכן הדיבורים וגדרי המעשים שונים מהותית משל ימות החול. אף שהשבת נכנסת מאליה ואיננה תלויה בבני אדם, הבחינו חכמים במשך הדורות בצורך בהכנות כדי שהאדם ייכנס לשבת – כניסה שאיננה רק הידיעה שמשעה זו והלאה אסור לעשות מלאכות מסוימות, אלא קבלה פנימית של השבת: בתודעה, במחשבה, ברגש, במאוויי הנפש ובכיסופי הנשמה. חלק זה בתפילה נועד לשם כך, לעורר את הלב והרגש לעניינה של השבת, ולכן נאמרים המזמורים והשירים בניגון מיוחד, ברוממות רגש ובהתלהבות של שמחה.

מזמורי קבלת שבת קבלת השבת פותחת באמירת שישה מזמורי תהלים (צה–צט וְכט), המדברים על התגלות ה׳ בעולם, וקשורים בעניינה של השבת שהיא

שִׁירוּ לַיהוה שִׁיר חָדָשׁ, שִׁירוּ לַיהוה כָּל־הָאָרֶץ: שִׁירוּ לַיהוה, תהלים צו
בָּרְכוּ שְׁמוֹ, בַּשְּׂרוּ מִיּוֹם־לְיוֹם יְשׁוּעָתוֹ: סַפְּרוּ בַגּוֹיִם כְּבוֹדוֹ, בְּכָל־
הָעַמִּים נִפְלְאוֹתָיו: כִּי גָדוֹל יהוה וּמְהֻלָּל מְאֹד, נוֹרָא הוּא עַל־

"מעין עולם הבא" ועוברים בה ממצב של עשייה להוויה של מנוחה ועונג. ועל דרך הסוד נאמר ששת המזמורים מכוונים כנגד ששת ימי המעשה, כל מזמור כנגד יום מימות החול, כדי לתקנו ולהשלימו.

לכו נרננה לה׳ שיר תהילה הקורא לכול להתאחד ולהודות לה׳ על גדולתו בעולם ועל חסדיו לישראל עמו. המזמור מדגיש כי אפשר לחוש את חסדי ה׳ לישראל – לחיות תחת חסותו והגנתו – ממש עכשיו, ובלבד שנציית לו ונלך אחריו כצאן. בצד הדברים הטובים וההישענות על ה׳ כמחסה וכמבטח מופיע כאן גם איום חריף מאוד: כשם שלבוטחים בה׳ יש הכול, כך אלה שסרים ממנו נענשים בכל תוקף.

שירו לה׳ שיר חדש מזמור הקורא לכל באי עולם להודות לה׳ כאשר הוא מתגלה ומופיע, ולהודיע לכול את גדולתו.

שירו לה׳ שיר חדש השיר החדש האמור כאן (ובמקומות רבים בתהלים) הוא שיר של שבח ותהילה לה׳. החידוש שמדובר בו בשיר זה אינו דווקא חידוש של תוכן, אלא חידוש של צורה – הקשר בין האדם לקונו מקבל התעוררות מחודשת. פעמים שהסיבה להתעוררות היא חיצונית – מציאות חדשה שהמשורר רוצה לתאר ולפאר את ה׳ על ידה. ופעמים תהא זו התעוררות פנימית – העולם ממשיך ונוהג כמנהגו, ואילו האדם מרגיש צורך להתבטא, להביע ב"שיר חדש" את הקשר שלו עם הבורא. אומנם, יש מטבעות תפילה או שירה שדווקא קביעותם וחזרתם היא הנותנת להם יופי מיוחד. שיר אהוב אפשר לחזור ולשורר פעמים רבות בלי שיביא לידי ירידת מתח ושעמום. ועם זאת, יש יתרון בשירה חדשה, בניסיון לבטא את הדברים – גם דברים ישנים – בצורה חדשה. כך הסבירו חכמים את הטעם להעדפתו של שהקדוש ברוך הוא אותנו על פני המלאכים. המלאך, על אף היותו בעל השגות עליונות, אין באפשרותו לומר אפילו לא חידוש קטן. ואילו האדם קיבל את היכולת לחדש וליצור. וודאי שלא כל אדם מסוגל, הן מבחינת כוחות הנפש שלו הן מבחינת כושר היצירה

כָּל־אֱלֹהִים: כִּי כָּל־אֱלֹהֵי הָעַמִּים אֱלִילִים, וַיהוה שָׁמַיִם עָשָׂה:
הוֹד־וְהָדָר לְפָנָיו, עֹז וְתִפְאֶרֶת בְּמִקְדָּשׁוֹ: הָבוּ לַיהוה מִשְׁפְּחוֹת
עַמִּים, הָבוּ לַיהוה כָּבוֹד וָעֹז: הָבוּ לַיהוה כְּבוֹד שְׁמוֹ, שְׂאוּ־מִנְחָה
וּבֹאוּ לְחַצְרוֹתָיו: הִשְׁתַּחֲווּ לַיהוה בְּהַדְרַת־קֹדֶשׁ, חִילוּ מִפָּנָיו
כָּל־הָאָרֶץ: אִמְרוּ בַגּוֹיִם יהוה מָלָךְ, אַף־תִּכּוֹן תֵּבֵל בַּל־תִּמּוֹט,
יָדִין עַמִּים בְּמֵישָׁרִים: יִשְׂמְחוּ הַשָּׁמַיִם וְתָגֵל הָאָרֶץ, יִרְעַם הַיָּם
וּמְלֹאוֹ: יַעֲלֹז שָׂדַי וְכָל־אֲשֶׁר־בּוֹ, אָז יְרַנְּנוּ כָּל־עֲצֵי־יָעַר: לִפְנֵי
יהוה כִּי בָא, כִּי בָא לִשְׁפֹּט הָאָרֶץ, יִשְׁפֹּט־תֵּבֵל בְּצֶדֶק, וְעַמִּים
בֶּאֱמוּנָתוֹ:

תהלים צז יהוה מָלָךְ תָּגֵל הָאָרֶץ, יִשְׂמְחוּ אִיִּים רַבִּים: עָנָן וַעֲרָפֶל סְבִיבָיו, צֶדֶק
וּמִשְׁפָּט מְכוֹן כִּסְאוֹ: אֵשׁ לְפָנָיו תֵּלֵךְ, וּתְלַהֵט סָבִיב צָרָיו: הֵאִירוּ
בְרָקָיו תֵּבֵל, רָאֲתָה וַתָּחֵל הָאָרֶץ: הָרִים כַּדּוֹנַג נָמַסּוּ מִלִּפְנֵי יהוה,
מִלִּפְנֵי אֲדוֹן כָּל־הָאָרֶץ: הִגִּידוּ הַשָּׁמַיִם צִדְקוֹ, וְרָאוּ כָל־הָעַמִּים
כְּבוֹדוֹ: יֵבֹשׁוּ כָּל־עֹבְדֵי פֶסֶל הַמִּתְהַלְלִים בָּאֱלִילִים, הִשְׁתַּחֲווּ־לוֹ
כָּל־אֱלֹהִים: שָׁמְעָה וַתִּשְׂמַח צִיּוֹן, וַתָּגֵלְנָה בְּנוֹת יְהוּדָה, לְמַעַן
מִשְׁפָּטֶיךָ יהוה: כִּי־אַתָּה יהוה עֶלְיוֹן עַל־כָּל־הָאָרֶץ, מְאֹד נַעֲלֵיתָ
עַל־כָּל־אֱלֹהִים: אֹהֲבֵי יהוה שִׂנְאוּ רָע, שֹׁמֵר נַפְשׁוֹת חֲסִידָיו,

---

ה׳ מלך תגל הארץ שיר על התגלות ה׳ בעולם ועל התגובות האנושיות אליה: מצד אחד, התעוררות ושמחה לכל החוסים בו; ומצד אחר, אותה התגלות מביאה גם בושה ונפילה לכל העובדים לאלילים.

שלו, ליצור שירה חדשה בכל עת. אבל מפעם לפעם – כל אחד לפי דרכו ולפי המציאות שהוא חי בה – יכול ואף צריך להשמיע גם שירה חדשה לה׳.

מִיַּד רְשָׁעִים יַצִּילֵם: אוֹר זָרֻעַ לַצַּדִּיק, וּלְיִשְׁרֵי־לֵב שִׂמְחָה: שִׂמְחוּ
צַדִּיקִים בַּיהוה, וְהוֹדוּ לְזֵכֶר קָדְשׁוֹ:

תהלים צח מִזְמוֹר, שִׁירוּ לַיהוה שִׁיר חָדָשׁ כִּי־נִפְלָאוֹת עָשָׂה, הוֹשִׁיעָה־לּוֹ
יְמִינוֹ וּזְרוֹעַ קָדְשׁוֹ: הוֹדִיעַ יהוה יְשׁוּעָתוֹ, לְעֵינֵי הַגּוֹיִם גִּלָּה צִדְקָתוֹ:
זָכַר חַסְדּוֹ וֶאֱמוּנָתוֹ לְבֵית יִשְׂרָאֵל, רָאוּ כָל־אַפְסֵי־אָרֶץ אֵת יְשׁוּעַת
אֱלֹהֵינוּ: הָרִיעוּ לַיהוה כָּל־הָאָרֶץ, פִּצְחוּ וְרַנְּנוּ וְזַמֵּרוּ: זַמְּרוּ לַיהוה
בְּכִנּוֹר, בְּכִנּוֹר וְקוֹל זִמְרָה: בַּחֲצֹצְרוֹת וְקוֹל שׁוֹפָר, הָרִיעוּ לִפְנֵי
הַמֶּלֶךְ יהוה: יִרְעַם הַיָּם וּמְלֹאוֹ, תֵּבֵל וְיֹשְׁבֵי בָהּ: נְהָרוֹת יִמְחֲאוּ־
כָף, יַחַד הָרִים יְרַנֵּנוּ: לִפְנֵי יהוה כִּי בָא לִשְׁפֹּט הָאָרֶץ, יִשְׁפֹּט־תֵּבֵל
בְּצֶדֶק, וְעַמִּים בְּמֵישָׁרִים:

תהלים צט יהוה מָלָךְ יִרְגְּזוּ עַמִּים, יֹשֵׁב כְּרוּבִים תָּנוּט הָאָרֶץ: יהוה בְּצִיּוֹן
גָּדוֹל, וְרָם הוּא עַל־כָּל־הָעַמִּים: יוֹדוּ שִׁמְךָ גָּדוֹל וְנוֹרָא קָדוֹשׁ
הוּא: וְעֹז מֶלֶךְ מִשְׁפָּט אָהֵב, אַתָּה כּוֹנַנְתָּ מֵישָׁרִים, מִשְׁפָּט וּצְדָקָה
בְּיַעֲקֹב אַתָּה עָשִׂיתָ: רוֹמְמוּ יהוה אֱלֹהֵינוּ, וְהִשְׁתַּחֲווּ לַהֲדֹם רַגְלָיו,
קָדוֹשׁ הוּא: מֹשֶׁה וְאַהֲרֹן בְּכֹהֲנָיו, וּשְׁמוּאֵל בְּקֹרְאֵי שְׁמוֹ, קֹרְאִים
אֶל־יהוה וְהוּא יַעֲנֵם: בְּעַמּוּד עָנָן יְדַבֵּר אֲלֵיהֶם, שָׁמְרוּ עֵדֹתָיו
וְחֹק נָתַן־לָמוֹ: יהוה אֱלֹהֵינוּ אַתָּה עֲנִיתָם, אֵל נֹשֵׂא הָיִיתָ לָהֶם,
וְנֹקֵם עַל־עֲלִילוֹתָם: רוֹמְמוּ יהוה אֱלֹהֵינוּ, וְהִשְׁתַּחֲווּ לְהַר קָדְשׁוֹ,
כִּי־קָדוֹשׁ יהוה אֱלֹהֵינוּ:

מזמור שירו לה׳ קריאה לעם ישראל ולעולם כולו להודות ולהלל את התגלות מלכות ה׳ בעולמו בכל דרכי השירה והזמרה.

ה׳ מלך ירגזו עמים מזמור העוסק בתהילת ה׳ בשעה שהוא מתגלה בעולמו בכלל ובמקדשו בפרט. נוסף לכך יש בו קריאה להצטרף לנביאים הגדולים, בהודיה ובתהילה.

אם יום השבת חל ביום טוב, במוצאי יום טוב או בחול המועד מתחילים כאן.

נוהגים לומר ׳מִזְמוֹר לְדָוִד׳ בעמידה.

תהלים כט מִזְמוֹר לְדָוִד, הָבוּ לַיהוה בְּנֵי אֵלִים, הָבוּ לַיהוה כָּבוֹד וָעֹז: הָבוּ לַיהוה כְּבוֹד שְׁמוֹ, הִשְׁתַּחֲווּ לַיהוה בְּהַדְרַת־קֹדֶשׁ: קוֹל יהוה עַל־הַמָּיִם, אֵל־הַכָּבוֹד הִרְעִים, יהוה עַל־מַיִם רַבִּים: קוֹל־יהוה בַּכֹּחַ, קוֹל יהוה בֶּהָדָר: קוֹל יהוה שֹׁבֵר אֲרָזִים, וַיְשַׁבֵּר יהוה אֶת־אַרְזֵי הַלְּבָנוֹן: וַיַּרְקִידֵם כְּמוֹ־עֵגֶל, לְבָנוֹן וְשִׂרְיוֹן כְּמוֹ בֶן־רְאֵמִים: קוֹל־יהוה חֹצֵב לַהֲבוֹת אֵשׁ: קוֹל יהוה יָחִיל מִדְבָּר, יָחִיל יהוה מִדְבַּר קָדֵשׁ: קוֹל יהוה יְחוֹלֵל אַיָּלוֹת וַיֶּחֱשֹׂף יְעָרוֹת, וּבְהֵיכָלוֹ, כֻּלּוֹ אֹמֵר כָּבוֹד: יהוה לַמַּבּוּל יָשָׁב, וַיֵּשֶׁב יהוה מֶלֶךְ לְעוֹלָם: יהוה עֹז לְעַמּוֹ יִתֵּן, יהוה יְבָרֵךְ אֶת־עַמּוֹ בַשָּׁלוֹם:

אָנָּא, בְּכֹחַ גְּדֻלַּת יְמִינְךָ, תַּתִּיר צְרוּרָה. (אב״ג ית״ץ)

קַבֵּל רִנַּת עַמְּךָ, שַׂגְּבֵנוּ, טַהֲרֵנוּ, נוֹרָא. (קר״ע שט״ן)

נָא גִבּוֹר, דּוֹרְשֵׁי יִחוּדְךָ כְּבָבַת שָׁמְרֵם. (נג״ד יכ״ש)

בָּרְכֵם, טַהֲרֵם, רַחֲמֵי צִדְקָתְךָ תָּמִיד גָּמְלֵם. (בט״ר צת״ג)

חֲסִין קָדוֹשׁ, בְּרֹב טוּבְךָ נַהֵל עֲדָתֶךָ. (חק״ב טנ״ע)

יָחִיד גֵּאֶה, לְעַמְּךָ פְּנֵה, זוֹכְרֵי קְדֻשָּׁתֶךָ. (יג״ל פז״ק)

שַׁוְעָתֵנוּ קַבֵּל וּשְׁמַע צַעֲקָתֵנוּ, יוֹדֵעַ תַּעֲלוּמוֹת. (שק״ו צי״ת)

בלחש: בָּרוּךְ שֵׁם כְּבוֹד מַלְכוּתוֹ לְעוֹלָם וָעֶד.

מזמור לדוד הבו לה׳ המנון המתאר את ההתגלות האלוקית בעולם במגוון מופעיה: בגבורתו כמלך המושל על עולמו, בעוצמה וברכּוּת, בהרמוניה ובשלווה. אופני ההתגלות קרויים כאן ״קול ה׳״, שכן כבודו של הקדוש ברוך הוא מתגלה בכל הצדדים והאופנים הללו גם יחד. המזמור מסיים בברכת השלום לישראל, המכילה את שני הצדדים: מתנת העוז והעוצמה ומתנת השלווה והשקט.

אם יום השבת חל ביום טוב, במוצאי יום טוב או בחול המועד אומרים רק את שני הבתים הפותחים (׳שָׁמוֹר׳ ו׳לִקְרַאת׳) ושני הבתים המסיימים (׳יָמִין׳ ו׳בּוֹאִי׳).

לְכָה דוֹדִי לִקְרַאת כַּלָּה, פְּנֵי שַׁבָּת נְקַבְּלָה.

לְכָה דוֹדִי לִקְרַאת כַּלָּה, פְּנֵי שַׁבָּת נְקַבְּלָה.

שָׁמוֹר וְזָכוֹר בְּדִבּוּר אֶחָד

הִשְׁמִיעָנוּ אֵל הַמְיֻחָד

יהוה אֶחָד וּשְׁמוֹ אֶחָד

לְשֵׁם וּלְתִפְאֶרֶת וְלִתְהִלָּה.

לְכָה דוֹדִי לִקְרַאת כַּלָּה, פְּנֵי שַׁבָּת נְקַבְּלָה.

לכה דודי ״לכה דודי״ הוא מהשירים האהובים על כל תפוצות ישראל. אף שאין הכול מבינים את עומק המשמעויות והסמלים שבשיר, הכול חשים את עוצמת הרגש המפעמת בו. צד מהותי ביופיו של ״לכה דודי״ נעוץ בכפל המשמעות של ה׳כלה׳ וה׳דוד׳, החתן. בבתים מסוימים ברור כי הכלה היא שבת המלכה, והדוד הוא עם ישראל היוצא לקראתה, ואילו בחרוזים אחרים נראה כי הכלה היא עם ישראל או העיר ירושלים, והדוד הוא הקדוש ברוך הוא הנקרא לבוא ולגאול אותה. כפילות הדימויים נעוצה בלשון הקבלה ובמושגיה. ׳כנסת ישראל׳, השבת

לכה דודי לקראת כלה מספרים על האר״י הקדוש, שחי ופעל בצפת, שפעם בערב שבת לקח עשרה מתלמידיו ואמר להם: ״בואו נלך לירושלים״. לאיש מהם לא היה שום ספק שהוא מסוגל להגיע לירושלים, אלא שאחדים ביקשו ללכת הביתה כדי לשאול רשות מנשותיהם. אמר להם האר״י שכל העניין התקלקל, והסביר: לפעמים יש עת רצון, ובעת כזו צריך פשוט לקפוץ; ואם מתחילים לעשות חשבונות, שום דבר אינו יכול להתרחש. ואכן, מדי ערב שבת היו האר״י ותלמידיו יוצאים בפועל ממש לקראת כלה. הם היו הולכים אל השדות מתוך התחושה שזהו הפתח, שאם רק יסובבו את המפתח עוד סיבוב אחד – כבר יבוא משיח; ואז כבר לא תהיה זו עוד שבת ככל השבתות, אלא שבת העולם, חזרת העולם לראשוניותו ולשלמותו.

לִקְרַאת שַׁבָּת לְכוּ וְנֵלְכָה
כִּי הִיא מְקוֹר הַבְּרָכָה
מֵרֹאשׁ מִקֶּדֶם נְסוּכָה
סוֹף מַעֲשֶׂה בְּמַחֲשָׁבָה תְּחִלָּה.
לְכָה דוֹדִי לִקְרַאת כַּלָּה, פְּנֵי שַׁבָּת נְקַבְּלָה.

מִקְדַּשׁ מֶלֶךְ עִיר מְלוּכָה
קוּמִי צְאִי מִתּוֹךְ הַהֲפֵכָה
רַב לָךְ שֶׁבֶת בְּעֵמֶק הַבָּכָא
וְהוּא יַחֲמֹל עָלַיִךְ חֶמְלָה.
לְכָה דוֹדִי לִקְרַאת כַּלָּה, פְּנֵי שַׁבָּת נְקַבְּלָה.

הִתְנַעֲרִי, מֵעָפָר קוּמִי
לִבְשִׁי בִּגְדֵי תִפְאַרְתֵּךְ עַמִּי
עַל יַד בֶּן יִשַׁי בֵּית הַלַּחְמִי
קָרְבָה אֶל נַפְשִׁי, גְּאָלָהּ.
לְכָה דוֹדִי לִקְרַאת כַּלָּה, פְּנֵי שַׁבָּת נְקַבְּלָה.

וירושלים הן צדדים שונים של ספירת המלכות, הקרויה בדברי חכמים 'השכינה'. כל אחת מהן, במדרגתה, היא כלי לדיבור האלוקי. מזמור "לכה דודי" כמוהו כאבן־חן מלוטשת אשר בכל פעם שמסובבים אותה רואים השתקפות אחרת, אך הנושא המרכזי הוא תמיד אחד: עלייתה וגאולתה של המלכות. בתוך זה תפקידו של עם ישראל הוא כפול: מצד אחד הוא הכלה, הכלי להשראת השכינה המבקשת מדודה, הקדוש ברוך הוא, שיבוא אליה ויגאלה; ומצד שני הוא הדוד, נציגו של הקדוש ברוך הוא בתוך מציאות העולם, שפועל ומזיז את העולם לקראת הגאולה וביאת המשיח. בדברי חכמים והמקובלים השבת מתוארת כ"מעין עולם הבא"; יום השבת הוא האבטיפוס של העולם הבא, זמן הגאולה השלמה. כשם שהגאולה נתפסת כשלב אחר של מציאות העולם, שלב שבו כל העולם כולו מתעלה לדרגה גבוהה, כך השבת היא מעין זה – גאולה בזעיר אנפין, שחרור הגוף ובעיקר שחרור הנפש ועלייתה לדרגה עליונה. השבת והגאולה הן שני צדדים של דבר אחד – החזרת המציאות אל הטוהר הראשוני; יציאה מעבר לתחום של העמל

הִתְעוֹרְרִי הִתְעוֹרְרִי
כִּי בָא אוֹרֵךְ קוּמִי אוֹרִי
עוּרִי עוּרִי, שִׁיר דַּבֵּרִי
כְּבוֹד יהוה עָלַיִךְ נִגְלָה.
לְכָה דוֹדִי לִקְרַאת כַּלָּה, פְּנֵי שַׁבָּת נְקַבְּלָה.

לֹא תֵבֹשִׁי וְלֹא תִכָּלְמִי
מַה תִּשְׁתּוֹחֲחִי וּמַה תֶּהֱמִי
בָּךְ יֶחֱסוּ עֲנִיֵּי עַמִּי
וְנִבְנְתָה עִיר עַל תִּלָּהּ.
לְכָה דוֹדִי לִקְרַאת כַּלָּה, פְּנֵי שַׁבָּת נְקַבְּלָה.

וְהָיוּ לִמְשִׁסָּה שֹׁאסָיִךְ
וְרָחֲקוּ כָּל מְבַלְּעָיִךְ
יָשִׂישׂ עָלַיִךְ אֱלֹהָיִךְ
כִּמְשׂוֹשׂ חָתָן עַל כַּלָּה.
לְכָה דוֹדִי לִקְרַאת כַּלָּה, פְּנֵי שַׁבָּת נְקַבְּלָה.

יָמִין וּשְׂמֹאל תִּפְרֹצִי
וְאֶת יהוה תַּעֲרִיצִי
עַל יַד אִישׁ בֶּן פַּרְצִי
וְנִשְׂמְחָה וְנָגִילָה.
לְכָה דוֹדִי לִקְרַאת כַּלָּה, פְּנֵי שַׁבָּת נְקַבְּלָה.

והחטא למציאות שכולה עונג. קבלת השבת היא כשלעצמה הכנה וקריאה ל״יום שכולו שבת״ – ליום של הגאולה הגדולה. לפיכך תפיסת הגאולה הרב־צדדית – גאולת הפרט, גאולת העם והשבת השלמות אל מציאות העולם כולו – היא הנושא הפנימי של השיר. השיר אפוא אינו רק שיר בשבח יום השבת, אלא הוא שיר של דבקות עמוקה, של קשר האהבה בין האדם לאלוקים.

בשעת אמירת ׳בּוֹאִי בְשָׁלוֹם׳ נוהגים כל הנמצאים בבית הכנסת
להסתובב ולפנות אחורנית. יש הפונים לעבר הכניסה לבית הכנסת
ויש הפונים לכיוון מערב – לקבלת השבת־השכינה הבאה אלינו ממערב.

בּוֹאִי בְשָׁלוֹם עֲטֶרֶת בַּעְלָהּ
גַּם בְּרִנָּה / ביום טוב: בְּשִׂמְחָה/ וּבְצָהֳלָה
תּוֹךְ אֱמוּנֵי עַם סְגֻלָּה
בּוֹאִי כַלָּה, בּוֹאִי כַלָּה
בּוֹאִי כַלָּה, שַׁבָּת מַלְכְּתָא.
לְכָה דוֹדִי לִקְרַאת כַּלָּה, פְּנֵי שַׁבָּת נְקַבְּלָה.

אם יש אבלים בתוך שבעת ימי אבלם, נכנסים כאן לבית הכנסת.
נוהגים לומר ׳מִזְמוֹר שִׁיר לְיוֹם הַשַּׁבָּת׳ ו׳ה׳ מָלָךְ׳ בעמידה.

תהלים צב מִזְמוֹר שִׁיר לְיוֹם הַשַּׁבָּת: טוֹב לְהֹדוֹת לַיהוה, וּלְזַמֵּר לְשִׁמְךָ עֶלְיוֹן:
לְהַגִּיד בַּבֹּקֶר חַסְדֶּךָ, וֶאֱמוּנָתְךָ בַּלֵּילוֹת: עֲלֵי־עָשׂוֹר וַעֲלֵי־נָבֶל,
עֲלֵי הִגָּיוֹן בְּכִנּוֹר: כִּי שִׂמַּחְתַּנִי יהוה בְּפָעֳלֶךָ, בְּמַעֲשֵׂי יָדֶיךָ אֲרַנֵּן:
מַה־גָּדְלוּ מַעֲשֶׂיךָ יהוה, מְאֹד עָמְקוּ מַחְשְׁבֹתֶיךָ: אִישׁ־בַּעַר לֹא
יֵדָע, וּכְסִיל לֹא־יָבִין אֶת־זֹאת: בִּפְרֹחַ רְשָׁעִים כְּמוֹ עֵשֶׂב, וַיָּצִיצוּ
כָּל־פֹּעֲלֵי אָוֶן לְהִשָּׁמְדָם עֲדֵי־עַד: וְאַתָּה מָרוֹם לְעֹלָם יהוה: כִּי הִנֵּה

מזמור שיר ליום השבת שיר העוסק ביום השבת, ולכן הושר במקדש ביום זה. אומנם, אין מדובר כאן ביום השבת או בשביתת השבת כשלעצמה, אלא במה שנקרא בלשון חכמים "יום שכולו שבת", כלומר באחרית הימים, בחשבון הגדול האחרון של העולם בכללו. באותה שעה יועמדו כל הדברים במקומם הנכון: יתגלה שהרע העולמי והצלחתו הם אירועים זמניים בלבד – שאינם אלא דרך להביא להכשלתו ולנפילתו של הרע מתוכו־עצמו; ולעומת זאת קיומם של הצדיקים יציב ופוריותם מתמשכת. זהו "שיר ליום השבת" מפני שהוא נותן נקודת מבט ׳שבתית׳ על העולם. כשהעולם יגיע להשלמתו אפשר יהיה לראות את הפשר שיש לרע ולטוב, להצלחה ולכישלון.

ה׳ מלך שיר על התגלות ה׳ בעולם שבעקבותיה כל המציאות מתמלאת שירה, והכול רואים כיצד ה׳ מולך בעולמו ומתגלה בהיכלו.

אֹיְבֶיךָ יהוה, כִּי־הִנֵּה אֹיְבֶיךָ יֹאבֵדוּ יִתְפָּרְדוּ כָּל־פֹּעֲלֵי אָוֶן: וַתָּרֶם
כִּרְאֵים קַרְנִי, בַּלֹּתִי בְּשֶׁמֶן רַעֲנָן: וַתַּבֵּט עֵינִי בְּשׁוּרָי, בַּקָּמִים עָלַי
מְרֵעִים תִּשְׁמַעְנָה אָזְנָי: צַדִּיק כַּתָּמָר יִפְרָח, כְּאֶרֶז בַּלְּבָנוֹן יִשְׂגֶּה:
שְׁתוּלִים בְּבֵית יהוה, בְּחַצְרוֹת אֱלֹהֵינוּ יַפְרִיחוּ: עוֹד יְנוּבוּן בְּשֵׂיבָה,
דְּשֵׁנִים וְרַעֲנַנִּים יִהְיוּ: לְהַגִּיד כִּי־יָשָׁר יהוה, צוּרִי, וְלֹא־עַוְלָתָה בּוֹ:

תהלים צג יהוה מָלָךְ, גֵּאוּת לָבֵשׁ, לָבֵשׁ יהוה עֹז הִתְאַזָּר אַף־תִּכּוֹן תֵּבֵל בַּל־
תִּמּוֹט: נָכוֹן כִּסְאֲךָ מֵאָז, מֵעוֹלָם אָתָּה: נָשְׂאוּ נְהָרוֹת יהוה, נָשְׂאוּ
נְהָרוֹת קוֹלָם, יִשְׂאוּ נְהָרוֹת דָּכְיָם: מִקֹּלוֹת מַיִם רַבִּים, אַדִּירִים
מִשְׁבְּרֵי־יָם, אַדִּיר בַּמָּרוֹם יהוה: עֵדֹתֶיךָ נֶאֶמְנוּ מְאֹד, לְבֵיתְךָ
נַאֲוָה־קֹּדֶשׁ, יהוה לְאֹרֶךְ יָמִים:

קדיש יתום

אבל: יִתְגַּדַּל וְיִתְקַדַּשׁ שְׁמֵהּ רַבָּא (קהל: אָמֵן)
בְּעָלְמָא דִּי בְרָא כִרְעוּתֵהּ
וְיַמְלִיךְ מַלְכוּתֵהּ וְיַצְמַח פֻּרְקָנֵהּ וִיקָרֵב מְשִׁיחֵהּ (קהל: אָמֵן)
בְּחַיֵּיכוֹן וּבְיוֹמֵיכוֹן וּבְחַיֵּי דְכָל בֵּית יִשְׂרָאֵל
בַּעֲגָלָא וּבִזְמַן קָרִיב, וְאִמְרוּ אָמֵן. (קהל: אָמֵן)

קהל ואבל: יְהֵא שְׁמֵהּ רַבָּא מְבָרַךְ לְעָלַם וּלְעָלְמֵי עָלְמַיָּא.

אבל: יִתְבָּרַךְ וְיִשְׁתַּבַּח וְיִתְפָּאַר וְיִתְרוֹמַם וְיִתְנַשֵּׂא
וְיִתְהַדָּר וְיִתְעַלֶּה וְיִתְהַלָּל
שְׁמֵהּ דְּקֻדְשָׁא בְּרִיךְ הוּא (קהל: אָמֵן)
לְעֵלָּא מִן כָּל בִּרְכָתָא / בשבת שובה: לְעֵלָּא לְעֵלָּא מִכָּל בִּרְכָתָא/
וְשִׁירָתָא, תֻּשְׁבְּחָתָא וְנֶחֱמָתָא
דַּאֲמִירָן בְּעָלְמָא, וְאִמְרוּ אָמֵן. (קהל: אָמֵן)

יְהֵא שְׁלָמָא רַבָּא מִן שְׁמַיָּא
וְחַיִּים טוֹבִים עָלֵינוּ וְעַל כָּל יִשְׂרָאֵל, וְאִמְרוּ אָמֵן. (קהל: אָמֵן)

כורע ופוסע שלוש פסיעות לאחור. קד לשמאל, לימין ולפנים באמירת:

עֹשֶׂה שָׁלוֹם/ בשבת שובה: **הַשָּׁלוֹם**/ **בִּמְרוֹמָיו**
הוּא יַעֲשֶׂה שָׁלוֹם
עָלֵינוּ וְעַל כָּל יִשְׂרָאֵל, וְאִמְרוּ אָמֵן. (קהל: אָמֵן)

יש נוהגים שלא לומר 'כְּגַוְנָא' כשערב שבת חל ביום טוב או בחול המועד.

זוהר פרשת תרומה **כְּגַוְנָא דְּאִנּוּן מִתְיַחֲדִין לְעֵלָּא בְּאֶחָד, אוּף הָכִי אִיהִי אִתְיַחֲדַת לְתַתָּא בְּרָזָא דְאֶחָד, לְמֶהֱוֵי עִמְּהוֹן לְעֵלָּא חַד לָקֳבֵל חַד. קֻדְשָׁא בְּרִיךְ הוּא אֶחָד, לְעֵלָּא לָא יָתִיב עַל כֻּרְסְיָא דִיקָרֵיהּ עַד דְּאִיהִי אִתְעֲבִידַת בְּרָזָא דְאֶחָד כְּגַוְנָא דִילֵיהּ, לְמֶהֱוֵי אֶחָד בְּאֶחָד. וְהָא אוֹקִימְנָא רָזָא דַיהוה אֶחָד וּשְׁמוֹ אֶחָד.**

רָזָא דְשַׁבָּת אִיהִי שַׁבָּת דְּאִתְאַחֲדַת בְּרָזָא דְאֶחָד לְמִשְׁרֵי עֲלַהּ רָזָא דְאֶחָד. צְלוֹתָא דְמַעֲלֵי שַׁבְּתָא, דְּהָא אִתְאַחֲדַת כֻּרְסְיָא יַקִּירָא קַדִּישָׁא בְּרָזָא דְאֶחָד, וְאִתְתַּקָּנַת לְמִשְׁרֵי עֲלַהּ מַלְכָּא קַדִּישָׁא עִלָּאָה. כַּד עַיִל שַׁבְּתָא אִיהִי אִתְיַחֲדַת וְאִתְפְּרַשַׁת מִסִּטְרָא אָחֳרָא, וְכָל דִּינִין מִתְעַבְּרִין מִנַּהּ, וְאִיהִי אִשְׁתְּאָרַת בְּיִחוּדָא דִנְהִירוּ קַדִּישָׁא וְאִתְעַטְּרַת בְּכַמָּה עִטְרִין לְגַבֵּי מַלְכָּא קַדִּישָׁא. וְכָל שֻׁלְטָנֵי רֻגְזִין וּמָארֵי דְדִינָא כֻּלְּהוּ עַרְקִין וְאִתְעַבְּרוּ מִנַּהּ, וְלֵית שֻׁלְטָנָא אָחֳרָא בְּכֻלְּהוּ עָלְמִין. וְאַנְפָּהָא נְהִירִין בִּנְהִירוּ עִלָּאָה וְאִתְעַטְּרַת לְתַתָּא בְּעַמָּא קַדִּישָׁא, וְכֻלְּהוֹן מִתְעַטְּרִין בְּנִשְׁמָתִין חַדְתִּין כְּדֵין שֵׁירוּתָא דִצְלוֹתָא לְבָרְכָא לַהּ בְּחֶדְוָה בִּנְהִירוּ דְאַנְפִּין.

כגוונא קטע זה מספר הזוהר מתאר את המתרחש בליל שבת בכלל, ובפרט בשעת כניסת השבת, זמנה של תפילה זו. השבת מופיעה בכל מרחבי ההוויה – מהעולמות העליונים, הנסתרים, ועד להופעתה על ישראל, העם הקדוש, בשעה שמתפללים את תפילת ערב שבת. עניינו הפנימי של ליל שבת הוא התעלות השכינה לכבוד השבת. השכינה היא הכוח האלוקי השוכן בתוך המציאות, הבורא את העולם ואת כל ברואיו ומחיה אותם. בריאת העולם המתרחשת בימות החול היא תהליך של התפזרות: החלוקה למהויות נפרדות והקיום הנבדל של כל פרט ופרט גורמים להתרחקות הדברים ממקורם העליון. לכן בימות החול השכינה בגלות – אומנם היא הכוח האלוקי המקיים את העולם, אולם העולם (הנדרש כלשון 'הֶעְלֵם') מעלים את השכינה, מסתיר את הקשר בין הבריאה לבוראה. בשבת מתעלה השכינה וחוזרת אל מקורה הראשון; שביתת הבורא ממלאכת הבריאה ומהעיסוק בפרטי המציאות, בפנימיותה, היא הֲשָׁבַת

שליח הציבור מוסיף את המילה 'וְלוֹמַר' לפני 'בָּרְכוּ' כדי להמשיך עד סוף המשפט כפי שהוא בזוהר.

המתפלל ביחידות ממשיך:

וְלוֹמַר בָּרְכוּ אֶת יהוה הַמְבֹרָךְ. אֶת דַּיְקָא דָא שַׁבָּת דְּמַעֲלֵי שַׁבְּתָא בָּרוּךְ יהוה הַמְבֹרָךְ. דָּא אַפִּיקוּ דְּבִרְכָאן מִמְּקוֹרָא דְחַיֵּי וַאֲתַר דְּנָפִיק מִנֵּהּ כָּל שַׁקְיוּ לְאַשְׁקָאָה לְכֹלָּא וּבְגִין דְּאִיהוּ מְקוֹרָא בְּרָזָא דְאָת קַיָּמָא קָרֵינָן לֵיהּ הַמְבֹרָךְ אִיהוּ מַבּוּעָא דְבֵירָא וְכֵיוָן דְּמָטָאן הָתָם הָא כֻלְּהוּ לְעוֹלָם וָעֶד, וְדָא אִיהוּ בָּרוּךְ יהוה הַמְבֹרָךְ לְעוֹלָם וָעֶד.

הכוח היוצר אל מקורו, ואז הפרטים כולם, הנפרדים בימות החול, מתחילים לקבל את משמעותם כהוויה אחדותית. בספרי החסידות נתנו משל לכך: אדם העוסק במלאכה פשוטה, בשעת עבודתו המחשבה שלו טרודה בעניינים תחתונים ומעשיים ומצומצמת לדבר המסוים שהוא עוסק בו. ובשעה שהוא פוסק ממלאכתו, מחשבתו חוזרת למקורה והוא יכול לשוב ולחשוב מחשבות של מעלה, ואז גם הוא יכול לראות את המשמעות הרחבה של מלאכתו. בתהליך עליית השכינה ושחרורה מגלותה יש לישראל תפקיד מרכזי: שהרי אנו חלק מהשכינה – חיים ופועלים מכוחה – ועם זאת אנו היצורים הדינמיים היחידים שיכולים לפעול ולשנות בתוך המציאות. בימות השבוע, ישראל הם חלק מהפיזור הכללי של העולם: עסוקים ופועלים בענייני העולם הזה, ומשום כך רעשי המציאות שמסביב מחלישים את קולה הפנימי של הנשמה. ובערב שבת בין השמשות אנו נכנסים לדמימה של השבת וגורמים לרעשי החיים להשתתק. על דרך הדימוי, אנו עוברים מ"רשות הרבים" – מהעולם ששייך לכל אחד ושפועלים בו כוחות רבים, ל"רשות היחיד" – אל עולם המרוכז בנפש וביחס שבין האדם לבורא. שביתת השבת שלנו קשורה לעולם הזה שאנו חלק ממנו; בשביתתנו אנו מעלים לא רק את העולם שלנו אלא בכלל, משיבים את השכינה – הכוח האלוקי המחובר למציאות הגשמית של העולם – אל מקורה האחדותי. האחדות שנוצרת בעולם התחתון משפיעה למעלה, בגובהי מרומים, על אחדות העולם העליון, כלשון הפסוק: "בַּיּוֹם הַהוּא יִהְיֶה ה' אֶחָד וּשְׁמוֹ אֶחָד". ופירושו של הפסוק כאן: כאשר "שם ה'" (המקביל לשכינה; שהרי עניינו של שם הוא הופעה כלפי חוץ) יתגלה באחדות בעולם, "יהיה ה' אחד" – תושלם המחשבה הראשונית שקדמה לבריאה, הכול יחזור למקורו, להוויה אחדותית, וזאת היא גאולתה השלמה והכוללת של המציאות. אומנם, השבת כיום היא רק "מעין עולם הבא": בכוחנו לגרום שמעלת השבת תביא להתעלות העולמות, אולם כרגע היא פועלת רק בפנימיות העולמות והנפשות, בצידם הרוחני, אך עדיין לא פועלת במציאות כולה על צדדיה הגשמיים. עם זאת, מרומז כאן סוד הקץ, שאחרי כל ההכנה יגיע העולם כולו להשלמתו, "ליום שכולו שבת".

ערבית לשבת וליום טוב

קריאת שמע וברכותיה

נוהגים לכרוע מעט בשעת אמירת ׳בָּרְכוּ׳, ווקפים כשאומרים את השם.

ש״ץ: **בָּרְכוּ**

אֶת יהוה הַמְבֹרָךְ.

קהל: בָּרוּךְ יהוה הַמְבֹרָךְ לְעוֹלָם וָעֶד.

ש״ץ: בָּרוּךְ יהוה הַמְבֹרָךְ לְעוֹלָם וָעֶד.

ראוי לומר קריאת שמע בישיבה דווקא.

בָּרוּךְ אַתָּה יהוה אֱלֹהֵינוּ מֶלֶךְ הָעוֹלָם
אֲשֶׁר בִּדְבָרוֹ מַעֲרִיב עֲרָבִים, בְּחָכְמָה פּוֹתֵחַ שְׁעָרִים
וּבִתְבוּנָה מְשַׁנֶּה עִתִּים וּמַחֲלִיף אֶת הַזְּמַנִּים
וּמְסַדֵּר אֶת הַכּוֹכָבִים בְּמִשְׁמְרוֹתֵיהֶם בָּרָקִיעַ כִּרְצוֹנוֹ.
בּוֹרֵא יוֹם וָלָיְלָה, גּוֹלֵל אוֹר מִפְּנֵי חֹשֶׁךְ וְחֹשֶׁךְ מִפְּנֵי אוֹר
וּמַעֲבִיר יוֹם וּמֵבִיא לָיְלָה, וּמַבְדִּיל בֵּין יוֹם וּבֵין לָיְלָה
יהוה צְבָאוֹת שְׁמוֹ.
אֵל חַי וְקַיָּם תָּמִיד, יִמְלֹךְ עָלֵינוּ לְעוֹלָם וָעֶד.
בָּרוּךְ אַתָּה יהוה, הַמַּעֲרִיב עֲרָבִים.

ערבית של שבת תפילת ערבית של שבת נאמרת בנקודת המעבר בין החול לשבת; בשביל האדם זהו זמן המעבר ממצב של עשייה למצב של שביתה ומנוחה. שלא כמנוחת הלילה והשינה שביום חול, שעיקרן הוא הדממה והפסקה של הפעילות שקודם להן, למנוחת השבת מהות חיובית כשלעצמה, כפי האמור בתפילת מנחה של שבת: "מנוחת שלום ושלוה, השקט ובטח". בזמנים אחרים הלילה הוא הסיום, הגמר, החשכה – ואילו בליל השבת יש אור שמעניק לדמימה גם ממד של

אַהֲבַת עוֹלָם בֵּית יִשְׂרָאֵל עַמְּךָ אָהָבְתָּ
תּוֹרָה וּמִצְוֹת, חֻקִּים וּמִשְׁפָּטִים, אוֹתָנוּ לִמַּדְתָּ
עַל כֵּן יהוה אֱלֹהֵינוּ בְּשָׁכְבֵנוּ וּבְקוּמֵנוּ נָשִׂיחַ בְּחֻקֶּיךָ
וְנִשְׂמַח בְּדִבְרֵי תַלְמוּד תּוֹרָתֶךָ וּבְמִצְוֹתֶיךָ לְעוֹלָם וָעֶד
כִּי הֵם חַיֵּינוּ וְאֹרֶךְ יָמֵינוּ, וּבָהֶם נֶהְגֶּה יוֹמָם וָלָיְלָה.
וְאַהֲבָתְךָ אַל תָּסִיר מִמֶּנּוּ לְעוֹלָמִים.
בָּרוּךְ אַתָּה יהוה, אוֹהֵב עַמּוֹ יִשְׂרָאֵל.

הקורא קריאת שמע ביחידות אומר ׳אֵל מֶלֶךְ נֶאֱמָן׳, שהוא בראשי תיבות ׳אמן׳. ונהגו בהוספה זו כדי להשלים את מניין המילים שבקריאה לרמ״ח, כי היחיד אינו חוזר ואומר ׳ה׳ אֱלֹהֵיכֶם אֱמֶת׳ בסוף קריאת שמע. ויש שנהגו שלא לאומרו, משום שלדעות אחדות יש בכך הפסקה אסורה בין הברכות לקריאת שמע.

אֵל מֶלֶךְ נֶאֱמָן

נוהגים לומר את הפסוק הראשון בהגבהת הקול קצת כדי לעורר את הכוונה. וכן נוהגים לעצום את העיניים ולכסותן ביד ימין בעת אמירתו כדי שלא להסתכל באותה שעה בדברים העלולים לבטל את הכוונה.

שְׁמַע יִשְׂרָאֵל, יהוה אֱלֹהֵינוּ, יהוה ׀ אֶחָד: דברים ו

בלחש: בָּרוּךְ שֵׁם כְּבוֹד מַלְכוּתוֹ לְעוֹלָם וָעֶד.

וְאָהַבְתָּ אֵת יהוה אֱלֹהֶיךָ, בְּכָל־לְבָבְךָ וּבְכָל־נַפְשְׁךָ וּבְכָל־מְאֹדֶךָ: דברים ו
וְהָיוּ הַדְּבָרִים הָאֵלֶּה, אֲשֶׁר אָנֹכִי מְצַוְּךָ הַיּוֹם, עַל־לְבָבֶךָ: וְשִׁנַּנְתָּם
לְבָנֶיךָ וְדִבַּרְתָּ בָּם, בְּשִׁבְתְּךָ בְּבֵיתֶךָ וּבְלֶכְתְּךָ בַדֶּרֶךְ, וּבְשָׁכְבְּךָ
וּבְקוּמֶךָ: וּקְשַׁרְתָּם לְאוֹת עַל־יָדֶךָ וְהָיוּ לְטֹטָפֹת בֵּין עֵינֶיךָ:
וּכְתַבְתָּם עַל־מְזֻזוֹת בֵּיתֶךָ וּבִשְׁעָרֶיךָ:

ציפייה. עניינה הפנימי של תפילת ערבית של שבת, כמו של ליל השבת בכללו, היא כניסה לעולם של ׳מנוחת הַשֶּׁקֶט׳, של עונג השבת. חכמים בתלמוד אמרו שבכניסת השבת מקבל כל יהודי ״נשמה יתרה״, וכלשון הזוהר במאמר ״כגוונא״: ישראל מתעטרים בנשמות חדשות. הארת הנשמה של שבת מעלה את ישראל לדרגה גבוהה יותר של מְכֻוונוּת אל הקדוש ברוך הוא, והיא שמעניקה לשומרי השבת מנוחה שלמה, הרחבת הדעת ויכולת תענוג מכל מה שהשבת מזמנת.

דברים יא וְהָיָה אִם־שָׁמֹעַ תִּשְׁמְעוּ אֶל־מִצְוֹתַי אֲשֶׁר אָנֹכִי מְצַוֶּה אֶתְכֶם
הַיּוֹם, לְאַהֲבָה אֶת־יהוה אֱלֹהֵיכֶם וּלְעָבְדוֹ, בְּכָל־לְבַבְכֶם וּבְכָל־
נַפְשְׁכֶם: וְנָתַתִּי מְטַר־אַרְצְכֶם בְּעִתּוֹ, יוֹרֶה וּמַלְקוֹשׁ, וְאָסַפְתָּ דְגָנֶךָ
וְתִירֹשְׁךָ וְיִצְהָרֶךָ: וְנָתַתִּי עֵשֶׂב בְּשָׂדְךָ לִבְהֶמְתֶּךָ, וְאָכַלְתָּ וְשָׂבָעְתָּ:
הִשָּׁמְרוּ לָכֶם פֶּן־יִפְתֶּה לְבַבְכֶם, וְסַרְתֶּם וַעֲבַדְתֶּם אֱלֹהִים אֲחֵרִים
וְהִשְׁתַּחֲוִיתֶם לָהֶם: וְחָרָה אַף־יהוה בָּכֶם, וְעָצַר אֶת־הַשָּׁמַיִם וְלֹא־
יִהְיֶה מָטָר, וְהָאֲדָמָה לֹא תִתֵּן אֶת־יְבוּלָהּ, וַאֲבַדְתֶּם מְהֵרָה מֵעַל
הָאָרֶץ הַטֹּבָה אֲשֶׁר יהוה נֹתֵן לָכֶם: וְשַׂמְתֶּם אֶת־דְּבָרַי אֵלֶּה עַל־
לְבַבְכֶם וְעַל־נַפְשְׁכֶם, וּקְשַׁרְתֶּם אֹתָם לְאוֹת עַל־יֶדְכֶם, וְהָיוּ לְטוֹטָפֹת
בֵּין עֵינֵיכֶם: וְלִמַּדְתֶּם אֹתָם אֶת־בְּנֵיכֶם לְדַבֵּר בָּם, בְּשִׁבְתְּךָ בְּבֵיתֶךָ
וּבְלֶכְתְּךָ בַדֶּרֶךְ, וּבְשָׁכְבְּךָ וּבְקוּמֶךָ: וּכְתַבְתָּם עַל־מְזוּזוֹת בֵּיתֶךָ
וּבִשְׁעָרֶיךָ: לְמַעַן יִרְבּוּ יְמֵיכֶם וִימֵי בְנֵיכֶם עַל הָאֲדָמָה אֲשֶׁר נִשְׁבַּע
יהוה לַאֲבֹתֵיכֶם לָתֵת לָהֶם, כִּימֵי הַשָּׁמַיִם עַל־הָאָרֶץ:

במדבר טו וַיֹּאמֶר יהוה אֶל־מֹשֶׁה לֵּאמֹר: דַּבֵּר אֶל־בְּנֵי יִשְׂרָאֵל וְאָמַרְתָּ
אֲלֵהֶם, וְעָשׂוּ לָהֶם צִיצִת עַל־כַּנְפֵי בִגְדֵיהֶם לְדֹרֹתָם, וְנָתְנוּ עַל־
צִיצִת הַכָּנָף פְּתִיל תְּכֵלֶת: וְהָיָה לָכֶם לְצִיצִת, וּרְאִיתֶם אֹתוֹ
וּזְכַרְתֶּם אֶת־כָּל־מִצְוֹת יהוה וַעֲשִׂיתֶם אֹתָם, וְלֹא תָתוּרוּ אַחֲרֵי
לְבַבְכֶם וְאַחֲרֵי עֵינֵיכֶם, אֲשֶׁר־אַתֶּם זֹנִים אַחֲרֵיהֶם: לְמַעַן תִּזְכְּרוּ
וַעֲשִׂיתֶם אֶת־כָּל־מִצְוֹתָי, וִהְיִיתֶם קְדֹשִׁים לֵאלֹהֵיכֶם: אֲנִי יהוה
אֱלֹהֵיכֶם, אֲשֶׁר הוֹצֵאתִי אֶתְכֶם מֵאֶרֶץ מִצְרַיִם, לִהְיוֹת לָכֶם
לֵאלֹהִים, אֲנִי יהוה אֱלֹהֵיכֶם:

אֱמֶת

שליח הציבור חוזר ואומר:

יהוה אֱלֹהֵיכֶם אֱמֶת

וֶאֱמוּנָה כָּל זֹאת וְקַיָּם עָלֵינוּ
כִּי הוּא יהוה אֱלֹהֵינוּ וְאֵין זוּלָתוֹ
וַאֲנַחְנוּ יִשְׂרָאֵל עַמּוֹ.
הַפּוֹדֵנוּ מִיַּד מְלָכִים
מַלְכֵּנוּ הַגּוֹאֲלֵנוּ מִכַּף כָּל הֶעָרִיצִים.
הָאֵל הַנִּפְרָע לָנוּ מִצָּרֵינוּ
הַמְשַׁלֵּם גְּמוּל לְכָל אוֹיְבֵי נַפְשֵׁנוּ.
הָעוֹשֶׂה גְדוֹלוֹת עַד אֵין חֵקֶר
נִסִּים וְנִפְלָאוֹת עַד אֵין מִסְפָּר.
הַשָּׂם נַפְשֵׁנוּ בַּחַיִּים, וְלֹא־נָתַן לַמּוֹט רַגְלֵנוּ: תהלים סו
הַמַּדְרִיכֵנוּ עַל בָּמוֹת אוֹיְבֵינוּ
וַיָּרֶם קַרְנֵנוּ עַל כָּל שׂוֹנְאֵינוּ.
הָעוֹשֶׂה לָּנוּ נִסִּים וּנְקָמָה בְּפַרְעֹה
אוֹתוֹת וּמוֹפְתִים בְּאַדְמַת בְּנֵי חָם.
הַמַּכֶּה בְעֶבְרָתוֹ כָּל בְּכוֹרֵי מִצְרָיִם
וַיּוֹצֵא אֶת עַמּוֹ יִשְׂרָאֵל מִתּוֹכָם לְחֵרוּת עוֹלָם.
הַמַּעֲבִיר בָּנָיו בֵּין גִּזְרֵי יַם סוּף
אֶת רוֹדְפֵיהֶם וְאֶת שׂוֹנְאֵיהֶם בִּתְהוֹמוֹת טִבַּע
וְרָאוּ בָנָיו גְּבוּרָתוֹ, שִׁבְּחוּ וְהוֹדוּ לִשְׁמוֹ
וּמַלְכוּתוֹ בְּרָצוֹן קִבְּלוּ עֲלֵיהֶם.
מֹשֶׁה וּבְנֵי יִשְׂרָאֵל, לְךָ עָנוּ שִׁירָה בְּשִׂמְחָה רַבָּה
וְאָמְרוּ כֻלָּם
מִי־כָמֹכָה בָּאֵלִם יהוה שמות טו
מִי כָּמֹכָה נֶאְדָּר בַּקֹּדֶשׁ
נוֹרָא תְהִלֹּת עֹשֵׂה פֶלֶא:

מַלְכוּתְךָ רָאוּ בָנֶיךָ, בּוֹקֵעַ יָם לִפְנֵי מֹשֶׁה
זֶה אֵלִי עָנוּ, וְאָמְרוּ
שמות טו יהוה יִמְלֹךְ לְעֹלָם וָעֶד:
וְנֶאֱמַר
ירמיה לא כִּי־פָדָה יהוה אֶת־יַעֲקֹב
וּגְאָלוֹ מִיַּד חָזָק מִמֶּנּוּ:
בָּרוּךְ אַתָּה יהוה, גָּאַל יִשְׂרָאֵל.

הַשְׁכִּיבֵנוּ יהוה אֱלֹהֵינוּ לְשָׁלוֹם
וְהַעֲמִידֵנוּ מַלְכֵּנוּ לְחַיִּים טוֹבִים וּלְשָׁלוֹם
וּפְרֹשׂ עָלֵינוּ סֻכַּת שְׁלוֹמֶךָ
וְתַקְּנֵנוּ בְּעֵצָה טוֹבָה מִלְּפָנֶיךָ
וְהוֹשִׁיעֵנוּ מְהֵרָה לְמַעַן שְׁמֶךָ.
וְהָגֵן בַּעֲדֵנוּ
וְהָסֵר מֵעָלֵינוּ אוֹיֵב, דֶּבֶר וְחֶרֶב וְרָעָב וְיָגוֹן
וְהָסֵר שָׂטָן מִלְּפָנֵינוּ וּמֵאַחֲרֵינוּ
וּבְצֵל כְּנָפֶיךָ תַּסְתִּירֵנוּ
כִּי אֵל שׁוֹמְרֵנוּ וּמַצִּילֵנוּ אָתָּה
כִּי אֵל מֶלֶךְ חַנּוּן וְרַחוּם אָתָּה.
וּשְׁמֹר צֵאתֵנוּ וּבוֹאֵנוּ לְחַיִּים וּלְשָׁלוֹם
מֵעַתָּה וְעַד עוֹלָם.
וּפְרֹשׂ עָלֵינוּ סֻכַּת רַחֲמִים וְחַיִּים וְשָׁלוֹם.
בָּרוּךְ אַתָּה יהוה
הַפּוֹרֵשׂ סֻכַּת שָׁלוֹם עָלֵינוּ
וְעַל כָּל עַמּוֹ יִשְׂרָאֵל וְעַל יְרוּשָׁלָיִם.

אומרים בעמידה (ויש הנוהגים שלא להוסיף ׳וְשָׁמְרוּ׳ או ׳וַיְדַבֵּר מֹשֶׁה׳):

וְשָׁמְרוּ בְנֵי־יִשְׂרָאֵל אֶת־הַשַּׁבָּת שמות לא
לַעֲשׂוֹת אֶת־הַשַּׁבָּת לְדֹרֹתָם בְּרִית עוֹלָם:
בֵּינִי וּבֵין בְּנֵי יִשְׂרָאֵל, אוֹת הִוא לְעֹלָם
כִּי־שֵׁשֶׁת יָמִים עָשָׂה יהוה אֶת־הַשָּׁמַיִם וְאֶת־הָאָרֶץ
וּבַיּוֹם הַשְּׁבִיעִי שָׁבַת וַיִּנָּפַשׁ:

ביום טוב אומרים:

וַיְדַבֵּר מֹשֶׁה אֶת־מֹעֲדֵי יהוה אֶל־בְּנֵי יִשְׂרָאֵל: ויקרא כג

חצי קדיש

ש״ץ: יִתְגַּדַּל וְיִתְקַדַּשׁ שְׁמֵהּ רַבָּא (קהל: אָמֵן)
בְּעָלְמָא דִּי בְרָא כִרְעוּתֵהּ
וְיַמְלִיךְ מַלְכוּתֵהּ וְיַצְמַח פֻּרְקָנֵהּ וִיקָרֵב מְשִׁיחֵהּ (קהל: אָמֵן)
בְּחַיֵּיכוֹן וּבְיוֹמֵיכוֹן וּבְחַיֵּי דְכָל בֵּית יִשְׂרָאֵל
בַּעֲגָלָא וּבִזְמַן קָרִיב, וְאִמְרוּ אָמֵן. (קהל: אָמֵן)

קהל וש״ץ: יְהֵא שְׁמֵהּ רַבָּא מְבָרַךְ לְעָלַם וּלְעָלְמֵי עָלְמַיָּא.

ש״ץ: יִתְבָּרַךְ וְיִשְׁתַּבַּח וְיִתְפָּאַר וְיִתְרוֹמַם וְיִתְנַשֵּׂא
וְיִתְהַדָּר וְיִתְעַלֶּה וְיִתְהַלָּל
שְׁמֵהּ דְּקֻדְשָׁא בְּרִיךְ הוּא (קהל: אָמֵן)
לְעֵלָּא מִן כָּל בִּרְכָתָא
/בשבת שובה: לְעֵלָּא לְעֵלָּא מִכָּל בִּרְכָתָא/
וְשִׁירָתָא, תֻּשְׁבְּחָתָא וְנֶחֱמָתָא
דַּאֲמִירָן בְּעָלְמָא, וְאִמְרוּ אָמֵן. (קהל: אָמֵן)

ביום טוב מתפללים תפילת עמידה של יום טוב אף אם חל בשבת (עמ׳ 536).

עמידה

יש נוהגים להתפלל את תפילת העמידה בשבת דווקא מתוך הסידור ולא כבתפילתם בימות החול בעצימת העיניים, בשל השינויים שבתפילת השבת ומשום שיש בכך מעלה.

פוסע שלוש פסיעות אחורנית ולאחר מכן (והוא עיקר הכוונה שבדבר) שלוש פסיעות לפנים כמי שנכנס לפני המלך.

עומד ומתפלל בלחש מכאן ועד 'וּכְשָׁנִים קַדְמֹנִיּוֹת' (בעמ' 300).

כורע בתחילתה ובסופה של ברכת אבות. אופן הכריעה כך הוא: כשאומר 'בָּרוּךְ' כורע בברכיו, כשאומר 'אַתָּה' שוחה וכשאומר 'השם' חוזר ומזדקף.

אֲדֹנָי, שְׂפָתַי תִּפְתָּח, וּפִי יַגִּיד תְּהִלָּתֶךָ: תהלים נא

אבות

בָּרוּךְ אַתָּה יהוה, אֱלֹהֵינוּ וֵאלֹהֵי אֲבוֹתֵינוּ
אֱלֹהֵי אַבְרָהָם, אֱלֹהֵי יִצְחָק, וֵאלֹהֵי יַעֲקֹב
הָאֵל הַגָּדוֹל הַגִּבּוֹר וְהַנּוֹרָא, אֵל עֶלְיוֹן
גּוֹמֵל חֲסָדִים טוֹבִים, קוֹנֵה הַכֹּל
וְזוֹכֵר חַסְדֵי אָבוֹת
וּמֵבִיא גוֹאֵל לִבְנֵי בְנֵיהֶם
לְמַעַן שְׁמוֹ בְּאַהֲבָה.

בשבת שובה: זָכְרֵנוּ לְחַיִּים, מֶלֶךְ חָפֵץ בַּחַיִּים
ואם שכח אינו חוזר. וְכָתְבֵנוּ בְּסֵפֶר הַחַיִּים, לְמַעַנְךָ אֱלֹהִים חַיִּים.

מֶלֶךְ עוֹזֵר וּמוֹשִׁיעַ וּמָגֵן.
בָּרוּךְ אַתָּה יהוה, מָגֵן אַבְרָהָם.

תפילת עמידה תפילת עמידה של שבת מתחילה ומסתיימת בדומה לתפילות החול בשתי חטיבות השבח וההודאה שכל אחת מהן כוללת שלוש ברכות. ואולם, כל חטיבת הברכות האמצעית שבחול, הכוללת שלוש־עשרה ברכות, מושמטת לגמרי בשבת. הברכות האמצעיות הנאמרות בעמידה של יום חול, על כל השוני שביניהן, עניינן אחד: הן תפילות בקשה, פרטיות־אישיות או ,כלליות־לאומיות. במקומן באה בשבת ברכה אחת שעניינה (על גוני המשמעות המשתנים בין התפילות) הוא שבח והודאה על יום השבת עצמו. השינוי הזה

גבורות

אַתָּה גִּבּוֹר לְעוֹלָם, אֲדֹנָי
מְחַיֵּה מֵתִים אַתָּה, רַב לְהוֹשִׁיעַ

אומרים ׳מַשִּׁיב הָרוּחַ וּמוֹרִיד הַגֶּשֶׁם׳ בכל ימות החורף (מתפילת מוסף של שמיני עצרת עד לשחרית של יום ראשון של פסח) ו׳מוֹרִיד הַטָּל׳ בימות הקיץ (ממוסף של יום ראשון של פסח עד שחרית של שמיני עצרת).

מי שטעה ואמר ׳מַשִּׁיב הָרוּחַ׳ בימות הקיץ – חוזר לראש הברכה, ואם גמר את הברכה – חוזר לתחילת התפילה. וכן הדין בימות החורף במי שלא הזכיר כלל ׳מַשִּׁיב הָרוּחַ׳, אבל אם אמר בטעות במקום זה ׳מוֹרִיד הַטָּל׳, אינו צריך לחזור.

בחורף: **מַשִּׁיב הָרוּחַ וּמוֹרִיד הַגֶּשֶׁם** / בקיץ: **מוֹרִיד הַטָּל**

מְכַלְכֵּל חַיִּים בְּחֶסֶד, מְחַיֵּה מֵתִים בְּרַחֲמִים רַבִּים
סוֹמֵךְ נוֹפְלִים, וְרוֹפֵא חוֹלִים, וּמַתִּיר אֲסוּרִים
וּמְקַיֵּם אֱמוּנָתוֹ לִישֵׁנֵי עָפָר.
מִי כָמְוֹךָ, בַּעַל גְּבוּרוֹת, וּמִי דּוֹמֶה לָּךְ
מֶלֶךְ, מֵמִית וּמְחַיֶּה וּמַצְמִיחַ יְשׁוּעָה.

בשבת שובה: **מִי כָמְוֹךָ אַב הָרַחֲמָן**
ואם שכח אינו חוזר. **זוֹכֵר יְצוּרָיו לְחַיִּים בְּרַחֲמִים.**

וְנֶאֱמָן אַתָּה לְהַחֲיוֹת מֵתִים.
בָּרוּךְ אַתָּה יהוה, מְחַיֵּה הַמֵּתִים.

אינו רק השמטת דברים, אלא גם שינוי מגמה מהותי. ימי החול הם ימי המעשה, הימים שבהם האדם משתדל לפעול בתוך העולם ולשנות את המציאות, ולעומתם יום השבת הוא יום של שביתה. כלומר, לא רק שאיננו עושים מלאכה ביום השבת, אלא עלינו להתעלות מעל לזה ולנסות לנתק את עצמנו מעולם המעשה. וכך אמרו חכמים שצריך אדם לראות את עצמו עם כניסת השבת כאילו כל מלאכתו עשויה; לשם כך, עליו להתעלם מן המעשים והמלאכות שלא נעשו או שלא הושלמו. לפיכך כל תפילות השבת, שהן ביטוי של השבת וגם עיצוב רוחני של האיש המתפלל, אינן רק נמנעות מכל אזכור של צורכי האדם, אלא אף מדגישות שמנוחת השבת היא ערך שהוא "מתנה טובה" שנתן הקדוש ברוך הוא לישראל, ושיש לנו זכות, כבוד וייחוד בקבלתה.

קדושת השם

אַתָּה קָדוֹשׁ וְשִׁמְךָ קָדוֹשׁ, וּקְדוֹשִׁים בְּכָל יוֹם יְהַלְלוּךָ סֶּלָה.
כִּי אֵל מֶלֶךְ גָּדוֹל וְקָדוֹשׁ אָתָּה.
בָּרוּךְ אַתָּה יהוה, הָאֵל הַקָּדוֹשׁ./ בשבת שובה: **הַמֶּלֶךְ הַקָּדוֹשׁ.**/
אם שכח, חוזר לראש התפילה.

קדושת היום

אַתָּה קִדַּשְׁתָּ אֶת יוֹם הַשְּׁבִיעִי לִשְׁמֶךָ
תַּכְלִית מַעֲשֵׂה שָׁמַיִם וָאָרֶץ
וּבֵרַכְתּוֹ מִכָּל הַיָּמִים, וְקִדַּשְׁתּוֹ מִכָּל הַזְּמַנִּים
וְכֵן כָּתוּב בְּתוֹרָתֶךָ

בראשית ב **וַיְכֻלּוּ הַשָּׁמַיִם וְהָאָרֶץ וְכָל־צְבָאָם:**
וַיְכַל אֱלֹהִים בַּיּוֹם הַשְּׁבִיעִי מְלַאכְתּוֹ אֲשֶׁר עָשָׂה
וַיִּשְׁבֹּת בַּיּוֹם הַשְּׁבִיעִי מִכָּל־מְלַאכְתּוֹ אֲשֶׁר עָשָׂה:
וַיְבָרֶךְ אֱלֹהִים אֶת־יוֹם הַשְּׁבִיעִי, וַיְקַדֵּשׁ אֹתוֹ
כִּי בוֹ שָׁבַת מִכָּל־מְלַאכְתּוֹ, אֲשֶׁר־בָּרָא אֱלֹהִים לַעֲשׂוֹת:

ויכולו "וַיְכֻלּוּ" הוא קטע הסיום של תיאור בריאת העולם בפרשת בראשית. הכללתה של השבת במעשה בראשית מבטאת שהשביתה איננה רק בעלת משמעות פסיבית, שלילית, של אי יצירה, אלא גם בעלת מובן חיובי: גם היא יצירה, יצירה של הוויית השביתה והמנוחה. כפי שביטאו זאת חכמים: כאשר סיים הקדוש ברוך הוא לברוא את העולם, "מה היה העולם חסר? מנוחה! באת שבת, באת מנוחה". בריאת השבת ומעמדה – יום של ברכה וקדושה – במהותם הראשונית אינם מתייחסים כלל לבני האדם ואינם קשורים במעשיהם. השבת היא הוויה מופשטת אשר משמעותה מצויה מעל לעולם הגשמי – וחגיגת השבת היא, בעצם, חגיגה פרטית שהקדוש ברוך הוא עושה לעצמו.

ישמחו קטע התפילה "ישמחו במלכותך" הוא שבח על מתנת השבת לישראל, "עם מקדשי שביעי". דווקא משום שהשבת איננה שייכת במהותה לעולם וליצוריו, מודגש כמה גדולה היא מתנת השבת, כי היא ביטוי לאהבת ה' אלינו – כביכול ה' מזמין אותנו להשתתף בחג שלו, חג השביתה מן הבריאה.

יִשְׂמְחוּ בְמַלְכוּתְךָ שׁוֹמְרֵי שַׁבָּת וְקוֹרְאֵי עֹנֶג.
עַם מְקַדְּשֵׁי שְׁבִיעִי, כֻּלָּם יִשְׂבְּעוּ וְיִתְעַנְּגוּ מִטּוּבֶךָ
וּבַשְּׁבִיעִי רָצִיתָ בּוֹ וְקִדַּשְׁתּוֹ
חֶמְדַּת יָמִים אוֹתוֹ קָרָאתָ, זֵכֶר לְמַעֲשֵׂה בְרֵאשִׁית.

אֱלֹהֵינוּ וֵאלֹהֵי אֲבוֹתֵינוּ, רְצֵה נָא בִמְנוּחָתֵנוּ.
קַדְּשֵׁנוּ בְּמִצְוֹתֶיךָ וְתֵן חֶלְקֵנוּ בְּתוֹרָתֶךָ
שַׂבְּעֵנוּ מִטּוּבֶךָ וְשַׂמַּח נַפְשֵׁנוּ בִּישׁוּעָתֶךָ
וְטַהֵר לִבֵּנוּ לְעָבְדְּךָ בֶּאֱמֶת.
וְהַנְחִילֵנוּ יהוה אֱלֹהֵינוּ בְּאַהֲבָה וּבְרָצוֹן שַׁבַּת קָדְשֶׁךָ
וְיָנוּחוּ בָהּ כָּל יִשְׂרָאֵל מְקַדְּשֵׁי שְׁמֶךָ.
בָּרוּךְ אַתָּה יהוה, מְקַדֵּשׁ הַשַּׁבָּת.

עבודה

רְצֵה יהוה אֱלֹהֵינוּ בְּעַמְּךָ יִשְׂרָאֵל, וְלִתְפִלָּתָם שְׁעֵה
וְהָשֵׁב אֶת הָעֲבוֹדָה לִדְבִיר בֵּיתֶךָ
וְאִשֵּׁי יִשְׂרָאֵל וּתְפִלָּתָם, מְהֵרָה בְּאַהֲבָה תְקַבֵּל בְּרָצוֹן
וּתְהִי לְרָצוֹן תָּמִיד עֲבוֹדַת יִשְׂרָאֵל עַמֶּךָ.

והנחילנו ה׳ באהבה וברצון שבת קדשך בקשה לזכות לקבל את השבת עצמה. הזכות להרגיש את קדושת השבת איננה נתונה לגמרי בידינו; בתפילות ובטקסים של הימים הנוראים, למשל, מודגש צד השגב, ואילו בשבת יש צורך בעיניים אחרות, שכן יום השבת תדיר יותר וגם אין בו צדדים חיצוניים ומופגנים של מעלה. לכן אנו מבקשים מה׳ לקבל את השבת מתנה מלמעלה. מתנת השבת היא מתנה של אהבה ורצון, וכהשתקפות לכך היא צריכה ליצור אצל מקבלי המתנה את היכולת לקבל, לעשות ולחוש אותה באהבה וברצון. חלק מן המעשים והתבניות החיצוניות של השבת – בגדי השבת החגיגיים, הנרות והמאכלים המיוחדים – כל אלה באים לא רק כדי לכבד את השבת אלא גם

בראש חודש ובשבת חול המועד אומרים ׳יַעֲלֶה וְיָבוֹא׳.
אם שכח ׳יַעֲלֶה וְיָבוֹא׳ בערבית בראש חודש – אינו חוזר.
ובחול המועד – חוזר ל׳רְצֵה׳, ואם נזכר לאחר שסיים עמידה – חוזר לראש.

אֱלֹהֵינוּ וֵאלֹהֵי אֲבוֹתֵינוּ, יַעֲלֶה וְיָבוֹא וְיַגִּיעַ, וְיֵרָאֶה וְיֵרָצֶה וְיִשָּׁמַע, וְיִפָּקֵד וְיִזָּכֵר זִכְרוֹנֵנוּ וּפִקְדוֹנֵנוּ וְזִכְרוֹן אֲבוֹתֵינוּ, וְזִכְרוֹן מָשִׁיחַ בֶּן דָּוִד עַבְדֶּךָ, וְזִכְרוֹן יְרוּשָׁלַיִם עִיר קָדְשֶׁךָ, וְזִכְרוֹן כָּל עַמְּךָ בֵּית יִשְׂרָאֵל, לְפָנֶיךָ, לִפְלֵיטָה לְטוֹבָה, לְחֵן וּלְחֶסֶד וּלְרַחֲמִים, לְחַיִּים וּלְשָׁלוֹם בְּיוֹם
בראש חודש: **רֹאשׁ הַחֹדֶשׁ** / בפסח: **חַג הַמַּצּוֹת** / בסוכות: **חַג הַסֻּכּוֹת**
הַזֶּה. זָכְרֵנוּ יהוה אֱלֹהֵינוּ בּוֹ לְטוֹבָה, וּפָקְדֵנוּ בוֹ לִבְרָכָה, וְהוֹשִׁיעֵנוּ בוֹ לְחַיִּים טוֹבִים. וּבִדְבַר יְשׁוּעָה וְרַחֲמִים חוּס וְחָנֵּנוּ וְרַחֵם עָלֵינוּ וְהוֹשִׁיעֵנוּ, כִּי אֵלֶיךָ עֵינֵינוּ, כִּי אֵל מֶלֶךְ חַנּוּן וְרַחוּם אָתָּה.

וְתֶחֱזֶינָה עֵינֵינוּ בְּשׁוּבְךָ לְצִיּוֹן בְּרַחֲמִים.
בָּרוּךְ אַתָּה יהוה, הַמַּחֲזִיר שְׁכִינָתוֹ לְצִיּוֹן.

הודאה

משתחווים בברכת ההודאה בתחילה ובסוף. כשאומר ׳מוֹדִים׳ כורע ושוחה כאחת, וכשאומר ׳השם׳ זוקף. בסוף הברכה אופן הכריעה דומה לתחילת התפילה – כשאומר ׳בָּרוּךְ׳ כורע, כשאומר ׳אַתָּה׳ שוחה וכשאומר ׳השם׳ חוזר ומזדקף.

מוֹדִים אֲנַחְנוּ לָךְ
שָׁאַתָּה הוּא יהוה אֱלֹהֵינוּ וֵאלֹהֵי אֲבוֹתֵינוּ לְעוֹלָם וָעֶד.

כדי ליצור חוויית שבת. אולם את חוויית השבת קשה מאוד ליצור רק מבחוץ, ודומה כי כל אותן מסגרות רבות הבאות לסייע ביצירתה יכולות לפעול רק כאשר קיים כבר גרעין יסודי כלשהו בתוך הנפש פנימה. עצם הבקשה הנאמרת כאן, ונשנית פעמים רבות בתפילות ובזמירות השבת, נועדה גם עבורנו – לעורר בנו את הרצון והכיסופים לקדושת השבת; ההשתוקקות עצמה בונה כלים, היכלות, עבור חוויה חדשה. אדם המתמיד בעבודה הרוחנית של פיתוח הרצון והרגש זוכה גם להעלות את השבת בתוכו, ובעקבות עבודת הנפש הזאת יזכה לשבתות מאירות יותר.

צוּר חַיֵּינוּ, מָגֵן יִשְׁעֵנוּ אַתָּה הוּא לְדוֹר וָדוֹר.
נוֹדֶה לְּךָ וּנְסַפֵּר תְּהִלָּתֶךָ
עַל חַיֵּינוּ הַמְּסוּרִים בְּיָדֶךָ, וְעַל נִשְׁמוֹתֵינוּ הַפְּקוּדוֹת לָךְ
וְעַל נִסֶּיךָ שֶׁבְּכָל יוֹם עִמָּנוּ, וְעַל נִפְלְאוֹתֶיךָ וְטוֹבוֹתֶיךָ
שֶׁבְּכָל עֵת, עֶרֶב וָבֹקֶר וְצָהֳרָיִם.
הַטּוֹב, כִּי לֹא כָלוּ רַחֲמֶיךָ
וְהַמְרַחֵם, כִּי לֹא תַמּוּ חֲסָדֶיךָ
כִּי מֵעוֹלָם קִוִּינוּ לָךְ.

בשבת חנוכה אומרים כאן ׳עַל הַנִּסִּים׳. ואם שכח אינו חוזר.

וְעַל הַנִּסִּים וְעַל הַפֻּרְקָן וְעַל הַגְּבוּרוֹת וְעַל הַתְּשׁוּעוֹת וְעַל הַנִּפְלָאוֹת וְעַל הַנֶּחָמוֹת וְעַל הַמִּלְחָמוֹת שֶׁעָשִׂיתָ לַאֲבוֹתֵינוּ בַּיָּמִים הָהֵם בַּזְּמַן הַזֶּה.

בִּימֵי מַתִּתְיָהוּ בֶּן יוֹחָנָן כֹּהֵן גָּדוֹל חַשְׁמוֹנַאי וּבָנָיו, כְּשֶׁעָמְדָה מַלְכוּת יָוָן הָרְשָׁעָה עַל עַמְּךָ יִשְׂרָאֵל לְהַשְׁכִּיחָם תּוֹרָתֶךָ וּלְהַעֲבִירָם מֵחֻקֵּי רְצוֹנֶךָ, וְאַתָּה בְּרַחֲמֶיךָ הָרַבִּים עָמַדְתָּ לָהֶם בְּעֵת צָרָתָם, רַבְתָּ אֶת רִיבָם, דַּנְתָּ אֶת דִּינָם, נָקַמְתָּ אֶת נִקְמָתָם, מָסַרְתָּ גִבּוֹרִים בְּיַד חַלָּשִׁים, וְרַבִּים בְּיַד מְעַטִּים, וּטְמֵאִים בְּיַד טְהוֹרִים, וּרְשָׁעִים בְּיַד צַדִּיקִים, וְזֵדִים בְּיַד עוֹסְקֵי תוֹרָתֶךָ. וּלְךָ עָשִׂיתָ שֵׁם גָּדוֹל וְקָדוֹשׁ בְּעוֹלָמֶךָ, וּלְעַמְּךָ יִשְׂרָאֵל עָשִׂיתָ תְּשׁוּעָה גְדוֹלָה וּפֻרְקָן כְּהַיּוֹם הַזֶּה. וְאַחַר כָּךְ בָּאוּ בָנֶיךָ לִדְבִיר בֵּיתֶךָ, וּפִנּוּ אֶת הֵיכָלֶךָ, וְטִהֲרוּ אֶת מִקְדָּשֶׁךָ, וְהִדְלִיקוּ נֵרוֹת בְּחַצְרוֹת קָדְשֶׁךָ, וְקָבְעוּ שְׁמוֹנַת יְמֵי חֲנֻכָּה אֵלּוּ, לְהוֹדוֹת וּלְהַלֵּל לְשִׁמְךָ הַגָּדוֹל.

וממשיכים ׳וְעַל כֻּלָּם׳.

בפורים של מוקפין שחל בשבת אומרים כאן ׳עַל הַנִּסִּים׳. ואם שכח אינו חוזר.

וְעַל הַנִּסִּים וְעַל הַפֻּרְקָן וְעַל הַגְּבוּרוֹת וְעַל הַתְּשׁוּעוֹת וְעַל הַנִּפְלָאוֹת וְעַל הַנֶּחָמוֹת וְעַל הַמִּלְחָמוֹת שֶׁעָשִׂיתָ לַאֲבוֹתֵינוּ בַּיָּמִים הָהֵם בַּזְּמַן הַזֶּה.

בִּימֵי מָרְדְּכַי וְאֶסְתֵּר בְּשׁוּשַׁן הַבִּירָה, כְּשֶׁעָמַד עֲלֵיהֶם הָמָן הָרָשָׁע,
אסתר ג בִּקֵּשׁ לְהַשְׁמִיד לַהֲרֹג וּלְאַבֵּד אֶת־כָּל־הַיְּהוּדִים מִנַּעַר וְעַד־זָקֵן טַף

וְנָשִׁים בְּיוֹם אֶחָד, בִּשְׁלוֹשָׁה עָשָׂר לְחֹדֶשׁ שְׁנֵים־עָשָׂר, הוּא־חֹדֶשׁ אֲדָר, וּשְׁלָלָם לָבוֹז: וְאַתָּה בְּרַחֲמֶיךָ הָרַבִּים הֵפַרְתָּ אֶת עֲצָתוֹ, וְקִלְקַלְתָּ אֶת מַחֲשַׁבְתּוֹ, וַהֲשֵׁבוֹתָ לּוֹ גְּמוּלוֹ בְּרֹאשׁוֹ, וְתָלוּ אוֹתוֹ וְאֶת בָּנָיו עַל הָעֵץ.

וממשיכים ׳וְעַל כֻּלָּם׳.

וְעַל כֻּלָּם יִתְבָּרַךְ וְיִתְרוֹמֵם וְיִתְנַשֵּׂא שִׁמְךָ מַלְכֵּנוּ
תָּמִיד לְעוֹלָם וָעֶד.

בשבת שובה: וּכְתֹב לְחַיִּים טוֹבִים כָּל בְּנֵי בְרִיתֶךָ.
ואם שכח אינו חוזר.

וְכֹל הַחַיִּים יוֹדוּךָ סֶּלָה
וִיהַלְלוּ וִיבָרְכוּ אֶת שִׁמְךָ הַגָּדוֹל בֶּאֱמֶת לְעוֹלָם כִּי טוֹב
הָאֵל יְשׁוּעָתֵנוּ וְעֶזְרָתֵנוּ סֶלָה, הָאֵל הַטּוֹב.
בָּרוּךְ אַתָּה יהוה, הַטּוֹב שִׁמְךָ וּלְךָ נָאֶה לְהוֹדוֹת.

יש נוהגים לומר נוסח זה:

שִׂים שָׁלוֹם טוֹבָה וּבְרָכָה
חַיִּים חֵן וָחֶסֶד וְרַחֲמִים
עָלֵינוּ וְעַל כָּל יִשְׂרָאֵל עַמֶּךָ.
בָּרְכֵנוּ אָבִינוּ כֻּלָּנוּ כְּאֶחָד בְּאוֹר פָּנֶיךָ
כִּי בְאוֹר פָּנֶיךָ נָתַתָּ לָּנוּ יהוה אֱלֹהֵינוּ
תּוֹרַת חַיִּים וְאַהֲבַת חֶסֶד
וּצְדָקָה וּבְרָכָה
וְרַחֲמִים וְחַיִּים וְשָׁלוֹם.
וְטוֹב יִהְיֶה בְּעֵינֶיךָ לְבָרְכֵנוּ
וּלְבָרֵךְ אֶת כָּל עַמְּךָ יִשְׂרָאֵל
בְּכָל עֵת וּבְכָל שָׁעָה
בִּשְׁלוֹמֶךָ.

שָׁלוֹם רָב
עַל יִשְׂרָאֵל עַמְּךָ
תָּשִׂים לְעוֹלָם
כִּי אַתָּה הוּא
מֶלֶךְ אָדוֹן
לְכָל הַשָּׁלוֹם.
וְטוֹב יִהְיֶה בְּעֵינֶיךָ
לְבָרְכֵנוּ
וּלְבָרֵךְ אֶת
כָּל עַמְּךָ יִשְׂרָאֵל
בְּכָל עֵת וּבְכָל שָׁעָה
בִּשְׁלוֹמֶךָ.

בשבת שובה: ואם שכח אינו חוזר.
בְּסֵפֶר חַיִּים, בְּרָכָה וְשָׁלוֹם, וּפַרְנָסָה טוֹבָה
וּגְזֵרוֹת טוֹבוֹת, יְשׁוּעוֹת וְנֶחָמוֹת
נִזָּכֵר וְנִכָּתֵב לְפָנֶיךָ אֲנַחְנוּ וְכָל עַמְּךָ בֵּית יִשְׂרָאֵל
לְחַיִּים טוֹבִים וּלְשָׁלוֹם.

בָּרוּךְ אַתָּה יהוה, הַמְבָרֵךְ אֶת עַמּוֹ יִשְׂרָאֵל בַּשָּׁלוֹם.

יִהְיוּ לְרָצוֹן אִמְרֵי־פִי וְהֶגְיוֹן לִבִּי לְפָנֶיךָ, יהוה צוּרִי וְגֹאֲלִי: תהלים יט

אֱלֹהַי ברכות יז.
נְצֹר לְשׁוֹנִי מֵרָע וּשְׂפָתַי מִדַּבֵּר מִרְמָה
וְלִמְקַלְלַי נַפְשִׁי תִדֹּם, וְנַפְשִׁי כֶּעָפָר לַכֹּל תִּהְיֶה.
פְּתַח לִבִּי בְּתוֹרָתֶךָ וְאַחֲרֵי מִצְוֹתֶיךָ תִּרְדֹּף נַפְשִׁי.
וְכָל הַקָּמִים וְהַחוֹשְׁבִים עָלַי רָעָה
מְהֵרָה הָפֵר עֲצָתָם וְקַלְקֵל מַחֲשַׁבְתָּם.

יש המוסיפים:
יִהְיוּ כְּמֹץ לִפְנֵי רוּחַ וּמַלְאַךְ יהוה דֹּחֶה.

יש המוסיפים:
יְהִי רָצוֹן מִלְּפָנֶיךָ, יהוה אֱלֹהַי וֵאלֹהֵי אֲבוֹתַי
שֶׁלֹּא תַעֲלֶה קִנְאַת אָדָם עָלַי, וְלֹא קִנְאָתִי עַל אֲחֵרִים
וְשֶׁלֹּא אֶכְעֹס הַיּוֹם, וְשֶׁלֹּא אַכְעִיסֶךָ
וְתַצִּילֵנִי מִיֵּצֶר הָרָע, וְתֵן בְּלִבִּי הַכְנָעָה וַעֲנָוָה.
מַלְכֵּנוּ וֵאלֹהֵינוּ, יַחֵד שִׁמְךָ בְּעוֹלָמֶךָ
בְּנֵה עִירָךְ, יַסֵּד בֵּיתָךְ וְשַׁכְלֵל הֵיכָלָךְ
וְקַבֵּץ קִבּוּץ גָּלֻיּוֹת, וּפְדֵה צֹאנָךְ וְשַׂמַּח עֲדָתָךְ.

עֲשֵׂה לְמַעַן שְׁמֶךָ, עֲשֵׂה לְמַעַן יְמִינֶךָ
עֲשֵׂה לְמַעַן תּוֹרָתֶךָ, עֲשֵׂה לְמַעַן קְדֻשָּׁתֶךָ.
לְמַעַן יֵחָלְצוּן יְדִידֶיךָ, הוֹשִׁיעָה יְמִינְךָ וַעֲנֵנִי: תהלים ס
יש נוהגים לומר כאן פסוק הרומז לשמו של המתפלל,
הפותח ומסיים באותיות שבהן נפתח ומסתיים שמו.

יִהְיוּ לְרָצוֹן אִמְרֵי פִי וְהֶגְיוֹן לִבִּי לְפָנֶיךָ, יהוה צוּרִי וְגֹאֲלִי: תהלים יט

כורע וחוזר שלוש פסיעות לאחוריו כמי שנפטר מלפני המלך, ופסיעה ראשונה יפסע ברגל שמאל. כורע מעט לצד שמאלו ואומר: ׳עֹשֶׂה שָׁלוֹם בִּמְרוֹמָיו׳, וכורע קצת לימינו ואומר: ׳הוּא יַעֲשֶׂה שָׁלוֹם עָלֵינוּ׳, וכורע לפניו כריעה גדולה יותר ומסיים: ׳וְעַל כָּל יִשְׂרָאֵל וְאִמְרוּ אָמֵן׳.

עֹשֶׂה שָׁלוֹם / בשבת שובה: הַשָּׁלוֹם/ בִּמְרוֹמָיו
הוּא יַעֲשֶׂה שָׁלוֹם, עָלֵינוּ וְעַל כָּל יִשְׂרָאֵל, וְאִמְרוּ אָמֵן.

יְהִי רָצוֹן מִלְּפָנֶיךָ יהוה אֱלֹהֵינוּ וֵאלֹהֵי אֲבוֹתֵינוּ
שֶׁיִּבָּנֶה בֵּית הַמִּקְדָּשׁ בִּמְהֵרָה בְיָמֵינוּ, וְתֵן חֶלְקֵנוּ בְּתוֹרָתֶךָ
וְשָׁם נַעֲבָדְךָ בְּיִרְאָה כִּימֵי עוֹלָם וּכְשָׁנִים קַדְמֹנִיּוֹת.
מלאכי ג וְעָרְבָה לַיהוה מִנְחַת יְהוּדָה וִירוּשָׁלָםִ כִּימֵי עוֹלָם וּכְשָׁנִים קַדְמֹנִיּוֹת:

לאחר תפילת העמידה עומדים הכול ואומרים בקול כאחד: ׳וַיְכֻלּוּ׳. עמידה זו היא כעין עמידה לעדות שבה אדם מעיד שה׳ הוא שברא את השמים והארץ; משום כך נהגו שמי שלא הספיק לומר זאת במניין משתדל לצרף עימו אחר ולומר בצוותא.

בראשית ב וַיְכֻלּוּ הַשָּׁמַיִם וְהָאָרֶץ וְכָל־צְבָאָם:
וַיְכַל אֱלֹהִים בַּיּוֹם הַשְּׁבִיעִי מְלַאכְתּוֹ אֲשֶׁר עָשָׂה
וַיִּשְׁבֹּת בַּיּוֹם הַשְּׁבִיעִי מִכָּל־מְלַאכְתּוֹ אֲשֶׁר עָשָׂה:
וַיְבָרֶךְ אֱלֹהִים אֶת־יוֹם הַשְּׁבִיעִי, וַיְקַדֵּשׁ אֹתוֹ
כִּי בוֹ שָׁבַת מִכָּל־מְלַאכְתּוֹ, אֲשֶׁר־בָּרָא אֱלֹהִים, לַעֲשׂוֹת:

ברכה מעין שבע

שליח הציבור:

בָּרוּךְ אַתָּה יהוה, אֱלֹהֵינוּ וֵאלֹהֵי אֲבוֹתֵינוּ
אֱלֹהֵי אַבְרָהָם, אֱלֹהֵי יִצְחָק, וֵאלֹהֵי יַעֲקֹב
הָאֵל הַגָּדוֹל הַגִּבּוֹר וְהַנּוֹרָא, אֵל עֶלְיוֹן, קֹנֵה שָׁמַיִם וָאָרֶץ.

ברכת מעין שבע ברכה זו ששליח הציבור אומר היא קיצור של שבע ברכות התפילה. ברכה זו חורגת משאר תפילות מעריב, שאין בהן חזרת הש״ץ כלל, והיא תקנת חכמים להאריך בתפילת מעריב של שבת כדי שלא יצטרך יחיד שאיחר ללכת לבדו לביתו.

הקהל ואחריו שליח הציבור:

מָגֵן אָבוֹת בִּדְבָרוֹ, מְחַיֵּה מֵתִים בְּמַאֲמָרוֹ
הָאֵל/בשבת שובה: הַמֶּלֶךְ/ הַקָּדוֹשׁ שֶׁאֵין כָּמוֹהוּ
הַמֵּנִיחַ לְעַמּוֹ בְּיוֹם שַׁבַּת קָדְשׁוֹ
כִּי בָם רָצָה לְהָנִיחַ לָהֶם
לְפָנָיו נַעֲבֹד בְּיִרְאָה וָפַחַד
וְנוֹדֶה לִשְׁמוֹ בְּכָל יוֹם תָּמִיד, מֵעֵין הַבְּרָכוֹת
אֵל הַהוֹדָאוֹת, אֲדוֹן הַשָּׁלוֹם
מְקַדֵּשׁ הַשַּׁבָּת וּמְבָרֵךְ שְׁבִיעִי
וּמֵנִיחַ בִּקְדֻשָּׁה לְעַם מְדֻשְּׁנֵי עֹנֶג
זֵכֶר לְמַעֲשֵׂה בְרֵאשִׁית.

שליח הציבור ממשיך:

אֱלֹהֵינוּ וֵאלֹהֵי אֲבוֹתֵינוּ, רְצֵה נָא בִמְנוּחָתֵנוּ.
קַדְּשֵׁנוּ בְּמִצְוֹתֶיךָ, וְתֵן חֶלְקֵנוּ בְּתוֹרָתֶךָ
שַׂבְּעֵנוּ מִטּוּבֶךָ וְשַׂמַּח נַפְשֵׁנוּ בִּישׁוּעָתֶךָ
וְטַהֵר לִבֵּנוּ לְעָבְדְּךָ בֶּאֱמֶת.
וְהַנְחִילֵנוּ יהוה אֱלֹהֵינוּ בְּאַהֲבָה וּבְרָצוֹן שַׁבַּת קָדְשֶׁךָ
וְיָנוּחוּ בָהּ כָּל יִשְׂרָאֵל מְקַדְּשֵׁי שְׁמֶךָ.
בָּרוּךְ אַתָּה יהוה, מְקַדֵּשׁ הַשַּׁבָּת.

קדיש שלם

ש״ץ: יִתְגַּדַּל וְיִתְקַדַּשׁ שְׁמֵהּ רַבָּא (קהל: אָמֵן)
בְּעָלְמָא דִּי בְרָא כִרְעוּתֵהּ
וְיַמְלִיךְ מַלְכוּתֵהּ וְיַצְמַח פֻּרְקָנֵהּ וִיקָרֵב מְשִׁיחֵהּ (קהל: אָמֵן)
בְּחַיֵּיכוֹן וּבְיוֹמֵיכוֹן וּבְחַיֵּי דְכָל בֵּית יִשְׂרָאֵל
בַּעֲגָלָא וּבִזְמַן קָרִיב, וְאִמְרוּ אָמֵן. (קהל: אָמֵן)

קהל וש״ץ: יְהֵא שְׁמֵהּ רַבָּא מְבָרַךְ לְעָלַם וּלְעָלְמֵי עָלְמַיָּא.

ש״ץ: יִתְבָּרַךְ וְיִשְׁתַּבַּח וְיִתְפָּאַר וְיִתְרוֹמַם וְיִתְנַשֵּׂא
וְיִתְהַדָּר וְיִתְעַלֶּה וְיִתְהַלָּל
שְׁמֵהּ דְּקֻדְשָׁא בְּרִיךְ הוּא (קהל: אָמֵן)
לְעֵלָּא מִן כָּל בִּרְכָתָא
/בשבת שובה: לְעֵלָּא לְעֵלָּא מִכָּל בִּרְכָתָא/
וְשִׁירָתָא, תֻּשְׁבְּחָתָא וְנֶחֱמָתָא
דַּאֲמִירָן בְּעָלְמָא, וְאִמְרוּ אָמֵן. (קהל: אָמֵן)

תִּתְקַבַּל צְלוֹתְהוֹן וּבָעוּתְהוֹן דְּכָל בֵּית יִשְׂרָאֵל
קֳדָם אֲבוּהוֹן דִּי בִשְׁמַיָּא, וְאִמְרוּ אָמֵן. (קהל: אָמֵן)

יְהֵא שְׁלָמָא רַבָּא מִן שְׁמַיָּא
וְחַיִּים טוֹבִים עָלֵינוּ וְעַל כָּל יִשְׂרָאֵל, וְאִמְרוּ אָמֵן. (קהל: אָמֵן)

כורע ופוסע שלוש פסיעות לאחור. קד לשמאל, לימין ולפנים באמירת:

עֹשֶׂה שָׁלוֹם / בשבת שובה: הַשָּׁלוֹם/ בִּמְרוֹמָיו
הוּא יַעֲשֶׂה שָׁלוֹם
עָלֵינוּ וְעַל כָּל יִשְׂרָאֵל, וְאִמְרוּ אָמֵן. (קהל: אָמֵן)

תהלים כג מִזְמוֹר לְדָוִד, יהוה רֹעִי לֹא אֶחְסָר: בִּנְאוֹת דֶּשֶׁא יַרְבִּיצֵנִי, עַל־מֵי
מְנֻחוֹת יְנַהֲלֵנִי: נַפְשִׁי יְשׁוֹבֵב, יַנְחֵנִי בְמַעְגְּלֵי־צֶדֶק לְמַעַן שְׁמוֹ:
גַּם כִּי־אֵלֵךְ בְּגֵיא צַלְמָוֶת לֹא־אִירָא רָע, כִּי־אַתָּה עִמָּדִי, שִׁבְטְךָ
וּמִשְׁעַנְתֶּךָ הֵמָּה יְנַחֲמֻנִי: תַּעֲרֹךְ לְפָנַי שֻׁלְחָן נֶגֶד צֹרְרָי, דִּשַּׁנְתָּ
בַשֶּׁמֶן רֹאשִׁי, כּוֹסִי רְוָיָה: אַךְ טוֹב וָחֶסֶד יִרְדְּפוּנִי כָּל־יְמֵי חַיָּי, וְשַׁבְתִּי
בְּבֵית־יהוה לְאֹרֶךְ יָמִים:

מזמור לדוד ה׳ רועי מזמור זה אף שאינו עוסק ישירות בשבת או קשור אליה במפורש, הוא ציור הנפש הפנימי של תחושת השבת, מנוחתה והעונג שבה (ולכן

חצי קדיש

ש״ץ: יִתְגַּדַּל וְיִתְקַדַּשׁ שְׁמֵהּ רַבָּא (קהל: אָמֵן)
בְּעָלְמָא דִּי בְרָא כִרְעוּתֵהּ
וְיַמְלִיךְ מַלְכוּתֵהּ וְיַצְמַח פֻּרְקָנֵהּ וִיקָרֵב מְשִׁיחֵהּ (קהל: אָמֵן)
בְּחַיֵּיכוֹן וּבְיוֹמֵיכוֹן וּבְחַיֵּי דְכָל בֵּית יִשְׂרָאֵל
בַּעֲגָלָא וּבִזְמַן קָרִיב, וְאִמְרוּ אָמֵן. (קהל: אָמֵן)

קהל וש״ץ: יְהֵא שְׁמֵהּ רַבָּא מְבָרַךְ לְעָלַם וּלְעָלְמֵי עָלְמַיָּא.

ש״ץ: יִתְבָּרַךְ וְיִשְׁתַּבַּח וְיִתְפָּאַר וְיִתְרוֹמַם וְיִתְנַשֵּׂא
וְיִתְהַדָּר וְיִתְעַלֶּה וְיִתְהַלָּל
שְׁמֵהּ דְּקֻדְשָׁא בְּרִיךְ הוּא (קהל: אָמֵן)
לְעֵלָּא מִן כָּל בִּרְכָתָא /בשבת שובה: לְעֵלָּא לְעֵלָּא מִכָּל בִּרְכָתָא/
וְשִׁירָתָא, תֻּשְׁבְּחָתָא וְנֶחֱמָתָא
דַּאֲמִירָן בְּעָלְמָא, וְאִמְרוּ אָמֵן. (קהל: אָמֵן)

שליח הציבור אומר: בָּרְכוּ אֶת יהוה הַמְבֹרָךְ.
הקהל עונה: בָּרוּךְ יהוה הַמְבֹרָךְ לְעוֹלָם וָעֶד.
ושליח הציבור חוזר: בָּרוּךְ יהוה הַמְבֹרָךְ לְעוֹלָם וָעֶד.

הוא גם מלווה את כל הסעודות שבה). הדימוי המרכזי העובר כמעט בכל המזמור לקוח מעולמם של הרועים. זהו כביכול שירו של שה מן הצאן המשתפך בדברי תודה לרועה הנאמן. הנמשל (המפורש) של הפרק הנוגע לה׳ הוא ייחודי, משום שה׳ אינו מצטייר בו כבורא העולם או כמלכו, אלא כרועה את צאנו. ה׳ מוליך ומנחה את מסלול חייו של האדם למקומות המתאימים והנכונים בשבילו. אדם שמכיר בכך שה׳ נמצא איתו ומלווה אותו יכול לחוש ביטחון, כי לא משנה לאיזה מקום או לאיזה מצב יוליכו אותו החיים – ה׳ עימָדו. פסוק הסיום של הפרק, ״וְשַׁבְתִּי בְּבֵית ה׳ לְאֹרֶךְ יָמִים״, הוא השתפכות על האושר של היות במחיצתו של ה׳; אושר הנובע מעצם תחושת ההסתופפות בצילו ואשר היא עצמה הסיפוק הגדול ביותר, עד שאין עוד צורך בשום בקשה נוספת. תחושה זו, במהותה, היא התחושה שיש לאדם מישראל ביום השבת.

ממוצאי יום טוב ראשון של פסח ועד ערב שבועות סופרים את העומר (עמ׳ 215).
אומרים ׳עָלֵינוּ׳ בעמידה ונוהגים לכרוע מעט כשאומרים ׳וַאֲנַחְנוּ כּוֹרְעִים׳.

עָלֵינוּ לְשַׁבֵּחַ לַאֲדוֹן הַכֹּל, לָתֵת גְּדֻלָּה לְיוֹצֵר בְּרֵאשִׁית
שֶׁלֹּא עָשָׂנוּ כְּגוֹיֵי הָאֲרָצוֹת, וְלֹא שָׂמָנוּ כְּמִשְׁפְּחוֹת הָאֲדָמָה
שֶׁלֹּא שָׂם חֶלְקֵנוּ כָּהֶם וְגוֹרָלֵנוּ כְּכָל הֲמוֹנָם.
שֶׁהֵם מִשְׁתַּחֲוִים לְהֶבֶל וָרִיק וּמִתְפַּלְלִים אֶל אֵל לֹא יוֹשִׁיעַ.
וַאֲנַחְנוּ כּוֹרְעִים וּמִשְׁתַּחֲוִים וּמוֹדִים
לִפְנֵי מֶלֶךְ מַלְכֵי הַמְּלָכִים, הַקָּדוֹשׁ בָּרוּךְ הוּא
שֶׁהוּא נוֹטֶה שָׁמַיִם וְיוֹסֵד אָרֶץ, וּמוֹשַׁב יְקָרוֹ בַּשָּׁמַיִם מִמַּעַל
וּשְׁכִינַת עֻזּוֹ בְּגָבְהֵי מְרוֹמִים.
הוּא אֱלֹהֵינוּ, אֵין עוֹד.
אֱמֶת מַלְכֵּנוּ, אֶפֶס זוּלָתוֹ
כַּכָּתוּב בְּתוֹרָתוֹ, וְיָדַעְתָּ הַיּוֹם וַהֲשֵׁבֹתָ אֶל־לְבָבֶךָ דברים ד
כִּי יהוה הוּא הָאֱלֹהִים בַּשָּׁמַיִם מִמַּעַל וְעַל־הָאָרֶץ מִתָּחַת, אֵין עוֹד:

וְעַל כֵּן נְקַוֶּה לְּךָ יהוה אֱלֹהֵינוּ לִרְאוֹת מְהֵרָה בְּתִפְאֶרֶת עֻזֶּךָ
לְהַעֲבִיר גִּלּוּלִים מִן הָאָרֶץ, וְהָאֱלִילִים כָּרוֹת יִכָּרֵתוּן
לְתַקֵּן עוֹלָם בְּמַלְכוּת שַׁדַּי.
וְכָל בְּנֵי בָשָׂר יִקְרְאוּ בִשְׁמֶךָ, לְהַפְנוֹת אֵלֶיךָ כָּל רִשְׁעֵי אָרֶץ.
יַכִּירוּ וְיֵדְעוּ כָּל יוֹשְׁבֵי תֵבֵל
כִּי לְךָ תִּכְרַע כָּל בֶּרֶךְ, תִּשָּׁבַע כָּל לָשׁוֹן.
לְפָנֶיךָ יהוה אֱלֹהֵינוּ יִכְרְעוּ וְיִפֹּלוּ, וְלִכְבוֹד שִׁמְךָ יְקָר יִתֵּנוּ
וִיקַבְּלוּ כֻלָּם אֶת עֹל מַלְכוּתֶךָ
וְתִמְלֹךְ עֲלֵיהֶם מְהֵרָה לְעוֹלָם וָעֶד.
כִּי הַמַּלְכוּת שֶׁלְּךָ הִיא וּלְעוֹלְמֵי עַד תִּמְלֹךְ בְּכָבוֹד
כַּכָּתוּב בְּתוֹרָתֶךָ, יהוה יִמְלֹךְ לְעֹלָם וָעֶד: שמות טו
וְנֶאֱמַר, וְהָיָה יהוה לְמֶלֶךְ עַל־כָּל־הָאָרֶץ זכריה יד
בַּיּוֹם הַהוּא יִהְיֶה יהוה אֶחָד וּשְׁמוֹ אֶחָד:

יש מוסיפים:

אַל־תִּירָא מִפַּחַד פִּתְאֹם וּמִשֹּׁאַת רְשָׁעִים כִּי תָבֹא: משלי ג
עֻצוּ עֵצָה וְתֻפָר, דַּבְּרוּ דָבָר וְלֹא יָקוּם, כִּי עִמָּנוּ אֵל: ישעיה ח
וְעַד־זִקְנָה אֲנִי הוּא, וְעַד־שֵׂיבָה אֲנִי אֶסְבֹּל ישעיה מו
אֲנִי עָשִׂיתִי וַאֲנִי אֶשָּׂא וַאֲנִי אֶסְבֹּל וַאֲמַלֵּט:

יש מוסיפים:

אַךְ צַדִּיקִים יוֹדוּ לִשְׁמֶךָ יֵשְׁבוּ יְשָׁרִים אֶת פָּנֶיךָ: תהלים קמ

קדיש יתום

אבל: יִתְגַּדַּל וְיִתְקַדַּשׁ שְׁמֵהּ רַבָּא (קהל: אָמֵן)
בְּעָלְמָא דִּי בְרָא כִרְעוּתֵהּ
וְיַמְלִיךְ מַלְכוּתֵהּ וְיַצְמַח פֻּרְקָנֵהּ וִיקָרֵב מְשִׁיחֵהּ (קהל: אָמֵן)
בְּחַיֵּיכוֹן וּבְיוֹמֵיכוֹן וּבְחַיֵּי דְכָל בֵּית יִשְׂרָאֵל
בַּעֲגָלָא וּבִזְמַן קָרִיב, וְאִמְרוּ אָמֵן. (קהל: אָמֵן)

קהל ואבל: יְהֵא שְׁמֵהּ רַבָּא מְבָרַךְ לְעָלַם וּלְעָלְמֵי עָלְמַיָּא.

אבל: יִתְבָּרַךְ וְיִשְׁתַּבַּח וְיִתְפָּאַר וְיִתְרוֹמַם וְיִתְנַשֵּׂא
וְיִתְהַדָּר וְיִתְעַלֶּה וְיִתְהַלָּל
שְׁמֵהּ דְּקֻדְשָׁא בְּרִיךְ הוּא (קהל: אָמֵן)
לְעֵלָּא מִן כָּל בִּרְכָתָא
/ בשבת שובה: לְעֵלָּא לְעֵלָּא מִכָּל בִּרְכָתָא/
וְשִׁירָתָא, תֻּשְׁבְּחָתָא וְנֶחֱמָתָא
דַּאֲמִירָן בְּעָלְמָא, וְאִמְרוּ אָמֵן. (קהל: אָמֵן)

יְהֵא שְׁלָמָא רַבָּא מִן שְׁמַיָּא
וְחַיִּים טוֹבִים עָלֵינוּ וְעַל כָּל יִשְׂרָאֵל, וְאִמְרוּ אָמֵן. (קהל: אָמֵן)

כורע ופוסע שלוש פסיעות לאחור. קד לשמאל, לימין ולפנים באמירת:

עֹשֶׂה שָׁלוֹם / בשבת שובה: הַשָּׁלוֹם/ בִּמְרוֹמָיו
הוּא יַעֲשֶׂה שָׁלוֹם
עָלֵינוּ וְעַל כָּל יִשְׂרָאֵל, וְאִמְרוּ אָמֵן. (קהל: אָמֵן)

קידוש וזמירות לליל שבת

ברכת הבנים

רבים נוהגים לברך את ילדיהם בשובם מבית הכנסת בליל שבת או בליל יום טוב (ויש שמברכים אחר 'שָׁלוֹם עֲלֵיכֶם' או לאחר הקידוש). והמנהג הוא שמניחים שתי ידיים על ראש הילד ואומרים את הנוסח המקובל של הברכה, ויכולים להוסיף בברכה כרצונם.

לזכר:

בראשית מח
יְשִׂמְךָ אֱלֹהִים
כְּאֶפְרַיִם וְכִמְנַשֶּׁה:

לנקבה:

יְשִׂימֵךְ אֱלֹהִים
כְּשָׂרָה רִבְקָה רָחֵל וְלֵאָה.

במדבר ו
יְבָרֶכְךָ יהוה וְיִשְׁמְרֶךָ:
יָאֵר יהוה פָּנָיו אֵלֶיךָ וִיחֻנֶּךָּ:
יִשָּׂא יהוה פָּנָיו אֵלֶיךָ וְיָשֵׂם לְךָ שָׁלוֹם:

נוהגים לומר כל בית שלוש פעמים.

שָׁלוֹם עֲלֵיכֶם, מַלְאֲכֵי הַשָּׁרֵת, מַלְאֲכֵי עֶלְיוֹן
מִמֶּלֶךְ מַלְכֵי הַמְּלָכִים, הַקָּדוֹשׁ בָּרוּךְ הוּא.

בּוֹאֲכֶם לְשָׁלוֹם, מַלְאֲכֵי הַשָּׁלוֹם, מַלְאֲכֵי עֶלְיוֹן
מִמֶּלֶךְ מַלְכֵי הַמְּלָכִים, הַקָּדוֹשׁ בָּרוּךְ הוּא.

בָּרְכוּנִי לְשָׁלוֹם, מַלְאֲכֵי הַשָּׁלוֹם, מַלְאֲכֵי עֶלְיוֹן
מִמֶּלֶךְ מַלְכֵי הַמְּלָכִים, הַקָּדוֹשׁ בָּרוּךְ הוּא.

צֵאתְכֶם לְשָׁלוֹם, מַלְאֲכֵי הַשָּׁלוֹם, מַלְאֲכֵי עֶלְיוֹן
מִמֶּלֶךְ מַלְכֵי הַמְּלָכִים, הַקָּדוֹשׁ בָּרוּךְ הוּא.

תהלים צא
כִּי מַלְאָכָיו יְצַוֶּה־לָּךְ, לִשְׁמָרְךָ בְּכָל־דְּרָכֶיךָ:
תהלים קכא
יהוה יִשְׁמָר־צֵאתְךָ וּבוֹאֶךָ, מֵעַתָּה וְעַד־עוֹלָם:

סדר ליל שבת בליל השבת מודגש, יותר מבכל יום אחר, הצד שעושה את ביתו של אדם כמקדש: השולחן, שעליו חלות השבת מונחות, מזכיר את שולחן לחם הפנים שבמקדש ומכוון כנגדו, ונרות השבת הדולקים מזכירים את

תפילה לכבוד השבת, שבה אדם מספר שעשה את כל ההכנות הראויות,
ומעתה הוא מבקש מלפני ה׳ השפעת והמשכת קדושה וברכה.

רִבּוֹן כׇּל הָעוֹלָמִים, אֲדוֹן כׇּל הַנְּשָׁמוֹת, אֲדוֹן הַשָּׁלוֹם. מֶלֶךְ אַבִּיר, מֶלֶךְ בָּרוּךְ, מֶלֶךְ גָּדוֹל, מֶלֶךְ דּוֹבֵר שָׁלוֹם, מֶלֶךְ הָדוּר, מֶלֶךְ וָתִיק, מֶלֶךְ זַךְ, מֶלֶךְ חֵי הָעוֹלָמִים, מֶלֶךְ טוֹב וּמֵטִיב, מֶלֶךְ יָחִיד וּמְיֻחָד, מֶלֶךְ כַּבִּיר, מֶלֶךְ לוֹבֵשׁ רַחֲמִים, מֶלֶךְ מַלְכֵי הַמְּלָכִים, מֶלֶךְ נִשְׂגָּב, מֶלֶךְ סוֹמֵךְ נוֹפְלִים, מֶלֶךְ עֹשֶׂה מַעֲשֵׂה בְרֵאשִׁית, מֶלֶךְ פּוֹדֶה וּמַצִּיל, מֶלֶךְ צַח וְאָדֹם, מֶלֶךְ קָדוֹשׁ, מֶלֶךְ רָם וְנִשָּׂא, מֶלֶךְ שׁוֹמֵעַ תְּפִלָּה, מֶלֶךְ תָּמִים דַּרְכּוֹ. מוֹדֶה אֲנִי לְפָנֶיךָ, יהוה אֱלֹהַי וֵאלֹהֵי אֲבוֹתַי, עַל כׇּל הַחֶסֶד אֲשֶׁר עָשִׂיתָ עִמָּדִי וַאֲשֶׁר אַתָּה עָתִיד לַעֲשׂוֹת עִמִּי וְעִם כׇּל בְּנֵי בֵיתִי וְעִם כׇּל בְּרִיּוֹתֶיךָ, בְּנֵי בְרִיתִי. וּבְרוּכִים הֵם מַלְאָכֶיךָ הַקְּדוֹשִׁים וְהַטְּהוֹרִים שֶׁעוֹשִׂים רְצוֹנֶךָ. אֲדוֹן הַשָּׁלוֹם, מֶלֶךְ שֶׁהַשָּׁלוֹם שֶׁלּוֹ, בָּרְכֵנִי בַשָּׁלוֹם, וְתִפְקֹד אוֹתִי וְאֶת כׇּל בְּנֵי בֵיתִי וְכׇל עַמְּךָ בֵּית יִשְׂרָאֵל לְחַיִּים טוֹבִים וּלְשָׁלוֹם. מֶלֶךְ עֶלְיוֹן עַל כׇּל צְבָא מָרוֹם, יוֹצְרֵנוּ, יוֹצֵר בְּרֵאשִׁית, אֲחַלֶּה פָנֶיךָ הַמְּאִירִים, שֶׁתְּזַכֶּה אוֹתִי וְאֶת כׇּל בְּנֵי בֵיתִי לִמְצֹא חֵן וְשֵׂכֶל טוֹב בְּעֵינֶיךָ וּבְעֵינֵי כׇל בְּנֵי אָדָם וּבְעֵינֵי כׇל רוֹאֵינוּ לַעֲבוֹדָתֶךָ. וְזַכֵּנוּ לְקַבֵּל שַׁבָּתוֹת מִתּוֹךְ רֹב שִׂמְחָה וּמִתּוֹךְ עֹשֶׁר וְכָבוֹד וּמִתּוֹךְ מִעוּט עֲוֹנוֹת. וְהָסֵר מִמֶּנִּי וּמִכׇּל בְּנֵי בֵיתִי וּמִכׇּל עַמְּךָ בֵּית יִשְׂרָאֵל כׇּל מִינֵי חֳלִי וְכׇל מִינֵי מַדְוֶה וְכׇל מִינֵי דַלּוּת וַעֲנִיּוּת וְאֶבְיוֹנוּת. וְתֵן בָּנוּ יֵצֶר טוֹב לְעׇבְדְּךָ בֶּאֱמֶת וּבְיִרְאָה וּבְאַהֲבָה. וְנִהְיֶה מְכֻבָּדִים בְּעֵינֶיךָ וּבְעֵינֵי כׇל רוֹאֵינוּ, כִּי אַתָּה הוּא מֶלֶךְ הַכָּבוֹד, כִּי לְךָ נָאֶה, כִּי לְךָ יָאֶה. אָנָּא, מֶלֶךְ מַלְכֵי הַמְּלָכִים, צַוֵּה לְמַלְאָכֶיךָ, מַלְאֲכֵי הַשָּׁרֵת, מְשָׁרְתֵי עֶלְיוֹן, שֶׁיִּפְקְדוּנִי בְּרַחֲמִים וִיבָרְכוּנִי בְּבוֹאָם לְבֵיתִי בְּיוֹם קׇדְשֵׁנוּ, כִּי הִדְלַקְתִּי נֵרוֹתַי וְהִצַּעְתִּי מִטָּתִי וְהֶחֱלַפְתִּי שִׂמְלוֹתַי לִכְבוֹד יוֹם הַשַּׁבָּת וּבָאתִי לְבֵיתְךָ לְהַפִּיל תְּחִנָּתִי לְפָנֶיךָ, שֶׁתַּעֲבִיר אַנְחָתִי, וָאָעִיד אֲשֶׁר בָּרָאתָ בְשִׁשָּׁה יָמִים כׇּל הַיְצוּר, וָאֶשְׁנֶה, וַאֲשַׁלֵּשׁ עוֹד

מנורת המקדש. כאשר נכנסים לבית נהגו לומר בקול ובשמחה: ״שבת שלום״, כמקבלים את פני הכלה, השבת, בסבר פנים יפות. מלבד הטעם הנגלה שבדבר, שמברכים את בני הבית שלא היו בבית הכנסת – יש גם טעם על דרך הנסתר, והוא זימון הבית להשראת קדושת השבת בתוכו.

שלום עליכם בתלמוד, וביתר הרחבה בזוהר, נאמר ששני מלאכי השרת מלווים את האדם בצאתו מבית הכנסת לאחר תפילת ערבית של שבת עד ביתו ומברכים אותו כאשר הכול מוכן בשלום ובשלווה לסעודת השבת. על פי הדברים הללו נתחבר פיוט קצר זה המדבר על כניסת המלאכים וברכתם.

לְהָעִיד עַל כּוֹסִי בְּתוֹךְ שִׂמְחָתִי, כַּאֲשֶׁר צִוִּיתַנִי לְזָכְרוֹ וּלְהִתְעַנֵּג בְּיֶתֶר נִשְׁמָתִי, אֲשֶׁר נָתַתָּ בִּי. בּוֹ אֶשְׁבֹּת כַּאֲשֶׁר צִוִּיתַנִי לְשָׁרְתֶךָ, וְכֵן אַגִּיד גְּדֻלָּתְךָ בְּרִנָּה, וְשִׁוִּיתִי יהוה לִקְרָאתִי שֶׁתְּרַחֲמֵנִי עוֹד בְּגָלוּתִי לְגָאֳלֵנִי לְעוֹרֵר לִבִּי לְאַהֲבָתֶךָ. וְאָז אֶשְׁמֹר פִּקּוּדֶיךָ וְחֻקֶּיךָ בְּלִי עֶצֶב, וְאֶתְפַּלֵּל כַּדָּת כָּרָאוּי וְכַנָּכוֹן. מַלְאֲכֵי הַשָּׁלוֹם, בּוֹאֲכֶם לְשָׁלוֹם, בָּרְכוּנִי לְשָׁלוֹם, וְאִמְרוּ בָּרוּךְ לְשֻׁלְחָנִי הֶעָרוּךְ, וְצֵאתְכֶם לְשָׁלוֹם מֵעַתָּה וְעַד עוֹלָם, אָמֵן סֶלָה.

אשת חיל "אשת חיל" הוא שיר הלל לכבודה של האישה החותם את ספר משלי. מקובלי צפת הנהיגו לאומרו כאן בשל הקשר רב־הפנים בין ליל השבת לבין דמות האישה. אשת החיל היא אישיות בעלת עוצמה רבה, פעילה ונמרצת מאוד, העושה שלל פעולות: בבית ובחוץ, כלפי בעלה וכלפי אנשים אחרים. זהו מודל של האישה המושלמת, כלילת המעלות, אשר הצלחתה מתבטאת בכך שהיא מוציאה מן הכוח אל הפועל את התקוות והחלומות שלה ושל אחרים, בכל המישורים. דמות זו של "אשת חיל" לא הומצאה בדרך של חשיבה מופשטת, אלא נלקחה ועובדה על פי דמויותיהן של נשים שונות בתולדות ישראל. במידה מרובה בנויה אשת החיל על דמותה של רות, אשר נאמר עליה במפורש: "כִּי יוֹדֵעַ כָּל שַׁעַר עַמִּי כִּי אֵשֶׁת חַיִל אָתְּ", והיו בה אותו צירוף של תכונות: המסירות וההקרבה, יראת השמיים והצניעות, החריצות והיוזמה. אכן, "אשת החיל" לא נשארה רק דמות פיוטית, אלא בנתה במשך דורות את דמותה הממשית של האישה והאם היהודייה. רבבות נשים יהודיות בכל הדורות ובכל תפוצות ישראל הגשימו בחייהן את האידאל הזה במידה זו או אחרת, והן אשר בנו, קיימו והחזיקו את בית ישראל. שירה של אשת החיל הוא שיר שאין לו סוף, משום שהוא מתרחב והולך: מן האישה הממשית והקרובה אל נשים רבות המצויות בספרי דברי הימים, וכן כאלה שלא נזכרו ולא נכתבו בספרים.

השיר יוצא מן הדמות החומרית הממשית, מן האישה בשר־ודם, ולובש צורה אחרת: במעבר אל תחום המחשבה המופשטת, בעיסוק בחוכמה, בהגות בתורה, והוא הולך ומתנשא מן המציאות של העולם לעבר מהויות שמעל לו. חכמים רבים ראו באשת החיל אלגוריה לתבונה המעשית, העומדת לצד "בעלה" – החוכמה הדתית. כך היה תיאורה של אשת החיל לתיאור אידאלי שבו חוכמת החיים המעשית, התבונה העוסקת בענייני העולם ובצרכיו, עומדת לא בניגוד לחוכמה המופשטת, אלא מסייעת לה. השיר מתאר כיצד התבונה הזו פועלת בהצלחה בתוך המציאות החומרית וכיצד, למרות הצלחתה, אין היא שוקעת וטובעת בעולם החומר, אלא נותנת מקום לגילוין של תכונות אחרות, כגון חסד

אֵשֶׁת־חַיִל מִי יִמְצָא, וְרָחֹק מִפְּנִינִים מִכְרָהּ: משלי לא
בָּטַח בָּהּ לֵב בַּעְלָהּ, וְשָׁלָל לֹא יֶחְסָר:
גְּמָלַתְהוּ טוֹב וְלֹא־רָע, כֹּל יְמֵי חַיֶּיהָ:
דָּרְשָׁה צֶמֶר וּפִשְׁתִּים, וַתַּעַשׂ בְּחֵפֶץ כַּפֶּיהָ:
הָיְתָה כָּאֳנִיּוֹת סוֹחֵר, מִמֶּרְחָק תָּבִיא לַחְמָהּ:
וַתָּקָם בְּעוֹד לַיְלָה, וַתִּתֵּן טֶרֶף לְבֵיתָהּ, וְחֹק לְנַעֲרֹתֶיהָ:
זָמְמָה שָׂדֶה וַתִּקָּחֵהוּ, מִפְּרִי כַפֶּיהָ נָטַע כָּרֶם:
חָגְרָה בְעוֹז מָתְנֶיהָ, וַתְּאַמֵּץ זְרוֹעֹתֶיהָ:
טָעֲמָה כִּי־טוֹב סַחְרָהּ, לֹא־יִכְבֶּה בַלַּיִל נֵרָהּ:
יָדֶיהָ שִׁלְּחָה בַכִּישׁוֹר, וְכַפֶּיהָ תָּמְכוּ פָלֶךְ:
כַּפָּהּ פָּרְשָׂה לֶעָנִי, וְיָדֶיהָ שִׁלְּחָה לָאֶבְיוֹן:
לֹא־תִירָא לְבֵיתָהּ מִשָּׁלֶג, כִּי כָל־בֵּיתָהּ לָבֻשׁ שָׁנִים:
מַרְבַדִּים עָשְׂתָה־לָּהּ, שֵׁשׁ וְאַרְגָּמָן לְבוּשָׁהּ:
נוֹדָע בַּשְּׁעָרִים בַּעְלָהּ, בְּשִׁבְתּוֹ עִם־זִקְנֵי־אָרֶץ:
סָדִין עָשְׂתָה וַתִּמְכֹּר, וַחֲגוֹר נָתְנָה לַכְּנַעֲנִי:
עוֹז־וְהָדָר לְבוּשָׁהּ, וַתִּשְׂחַק לְיוֹם אַחֲרוֹן:
פִּיהָ פָּתְחָה בְחָכְמָה, וְתוֹרַת־חֶסֶד עַל־לְשׁוֹנָהּ:
צוֹפִיָּה הֲלִיכוֹת בֵּיתָהּ, וְלֶחֶם עַצְלוּת לֹא תֹאכֵל:
קָמוּ בָנֶיהָ וַיְאַשְּׁרוּהָ, בַּעְלָהּ וַיְהַלְלָהּ:
רַבּוֹת בָּנוֹת עָשׂוּ חָיִל, וְאַתְּ עָלִית עַל־כֻּלָּנָה:
שֶׁקֶר הַחֵן וְהֶבֶל הַיֹּפִי, אִשָּׁה יִרְאַת־יהוה הִיא תִתְהַלָּל:
תְּנוּ־לָהּ מִפְּרִי יָדֶיהָ, וִיהַלְלוּהָ בַשְּׁעָרִים מַעֲשֶׂיהָ:

ורחמים, התחשבות בזולת ואמונה. אחרים רואים באשת החיל אלגוריה של הנפש עצמה. וכך היא מובנת ככוח המפעיל והיוצר, היוזם והבונה, שממנו מופעלים

אַתְקִינוּ סְעוּדְתָא דִמְהֵימְנוּתָא שְׁלִימְתָא
חֶדְוָתָא דְמַלְכָּא קַדִּישָׁא. אַתְקִינוּ סְעוּדְתָא דְמַלְכָּא.
דָא הִיא סְעוּדְתָא דַחֲקַל תַּפּוּחִין קַדִּישִׁין
וּזְעֵיר אַנְפִּין וְעַתִּיקָא קַדִּישָׁא אָתְיָן לְסַעֲדָה בַּהֲדָהּ.

תרגום: **הכינו את סעודת האמונה השלמה,**
שמחת המלך הקדוש. הכינו את סעודת המלך.
זו היא הסעודה של 'שדה תפוחים קדושים',
ו'זעיר אנפין' ו'עתיקא קדישא' באים לסעוד עִמה.

כוחות הגוף כדי להביא את האדם בכללותו לידי שלמות. דרך אחרת רואה באשת החיל את החוכמה האמיתית, התורה, כיצד היא נוהגת ב"בעלה" – הקדוש ברוך הוא – וכיצד היא פועלת ומשנה את המציאות היום-יומית. ולמעלה מכולם, הרמה הגבוהה ביותר: אשת החיל היא תיאורה של השכינה. לעומת "בעלה", שהוא המהות המופשטת הטרנסצנדנטית של האלוקי, "אשת החיל" היא המציאות האימננטית של האלוקי בתוך העולם: הפרק מתאר כיצד השכינה, שהיא דמות האם הכלל-עולמית, מתגלה ופועלת בתוך העולם, ובפרט בחיים הממשיים בתבנית של 'כנסת ישראל'. אלא שבמזמור אשת החיל איננה דמות טרגית ואף אינה מופיעה במופעים של ניגוד ושל אימה, אלא בדמות האידאלית: אור שכולו חסד, אור שמאיר את העולם מתוכו. אומנם עולם זה לעת עתה אינו מושלם, אינו "עולם שכולו שבת"; אבל "אשת החיל" פועלת בעולם ומשנה אותו, מקרבת את המציאות אל נקודת התכלית שלה.

את מזמור ההלל הזה, בכל הרמות הללו, שרים בערב שבת: כאשר מנסים לגלות בתוך האישה הממשית והמוחשית את השכינה, כאשר התבונה המעשית אמורה לגלות ולא להסתיר את הנשמה, כאשר התורה היא התבנית שבה חוכמת האדם והשראת השכינה מתמזגות, כאשר השבת (שהיא עצמה "כלה" ו"מלכה") נעשית דוגמה להתאחדות של החומרי והרוחני, של עונג הגוף ושל התעלות הנפש, בזמן אחד ובנקודה אחת.

אתקינו סעודתא נוסח של הזמנה והכנה לסעודת השבת (הבנוי על דברי ספר הזוהר) הנאמר, בשינויים קלים, בכל אחת מסעודות השבת. סעודת השבת עצמה היא מצווה אשר בה אנו זוכים לאכול על שולחן המלך, ומכוח זה אנו גם זוכים שתהא הסעודה תוספת של אמונה ושל השראת שמחה עלינו.

אֲזַמֵּר בִּשְׁבָחִין / לְמֵעַל גּוֹ פִתְחִין / דְּבַחֲקַל תַּפּוּחִין / דְּאִנּוּן קַדִּישִׁין.
נְזַמֵּן לַהּ הַשְׁתָּא / בְּפָתוֹרָא חַדְתָּא / וּבִמְנָרְתָא טַבְתָּא / דְּנָהֲרָה עַל רֵישִׁין.
יְמִינָא וּשְׂמָאלָא / וּבֵינַיְהוּ כַלָּה / בְּקִשּׁוּטִין אָזְלָא / וּמָנִין וּלְבוּשִׁין.
יְחַבֵּק לַהּ בַּעְלָהּ / וּבִיסוֹדָא דִי לַהּ / דְּעָבֵד נְיָחָא לַהּ / יְהֵא כָתֵשׁ כְּתִישִׁין.
צְוָחִין אוּף עָקְתִין / בְּטִילִין וּשְׁבִיתִין / בְּרַם אַנְפִּין חַדְתִּין / וְרוּחִין עִם נַפְשִׁין.
חֲדוּ סַגֵּי יֵיתֵי / וְעַל חֲדָה תַרְתֵּי / נְהוֹרָא לַהּ יַמְטֵי / וּבִרְכָן דִּנְפִישִׁין.
קְרִיבוּ שׁוֹשְׁבִינִין / עֲבִידוּ תִקּוּנִין / לְאַפָּשָׁה זֵינִין / וְנוּנִין עִם רַחֲשִׁין.
לְמֶעְבַּד נִשְׁמָתִין / וְרוּחִין חַדְתִּין / בְּתַרְתֵּי וּתְלָתִין / וּבִתְלָתָא שִׁבְשִׁין.
וְעִטְרִין שַׁבְעִין לַהּ / וּמַלְכָּא דִלְעֵלָּא / דְּיִתְעַטַּר כֹּלָּא / בְּקַדִּישׁ קַדִּישִׁין.
רְשִׁימִין וּסְתִימִין / בְּגַוַּהּ כָּל עָלְמִין / בְּרַם עַתִּיק יוֹמִין / הֲלָא בָטֵשׁ בְּטִישִׁין.
יְהֵא רַעֲוָה קַמֵּהּ / דְּתִשְׁרֵי עַל עַמֵּהּ / דְּיִתְעַנַּג לִשְׁמֵהּ / בְּמִתְקִין וְדֻבְשִׁין.
אֲסַדֵּר לִדְרוֹמָא / מְנָרְתָא דִסְתִימָא / וְשֻׁלְחָן עִם נַהֲמָא / בִּצְפוֹנָא אַדְשִׁין.
בְּחַמְרָא גוֹ כָסָא / וּמַדָּנֵי אָסָא / לְאָרוּס וַאֲרוּסָה / לְאַתְקָפָא חַלָּשִׁין.
נְעַבֵּד לוֹן כִּתְרִין / בְּמִלִּין יַקִּירִין / בְּשַׁבְעִין עִטּוּרִין / דְּעַל גַּבֵּי חַמְשִׁין.
שְׁכִינְתָּא תִתְעַטַּר / בְּשִׁית נַהֲמֵי לִסְטַר / בְּוָוִין תִּתְקַטַּר / וְזֵינִין דִּכְנִישִׁין.
(שְׁבִיתִין וּשְׁבִיקִין / מְסָאֲבִין דְּדָחֲקִין / חֲבִילִין דִּמְעִיקִין / וְכָל זֵינֵי חַרְשִׁין.)

יש נוהגים לומר שורות אלו קודם נטילת ידיים או לאחר בציעת הפת:

לְמִבְצַע עַל רִיפְתָּא / כְּזֵיתָא וּכְבֵיעֲתָא / תְּרֵין יוֹדִין נָקְטָא / סְתִימִין וּפְרִישִׁין.
מְשַׁח זֵיתָא דָכְיָא / דְּטָחֲנִין רֵיחַיָּא / וְנָגְדִין נַחְלַיָּא / בְּגַוַּהּ בִּלְחִישִׁין.
הֲלָא נֵימָא רָזִין / וּמִלִּין דִּגְנִיזִין / דְּלֵיתֵיהוֹן מִתְחֲזִין / טְמִירִין וּכְבִישִׁין.
לְאַעְטָרָה כַלָּה / בְּרָזִין דִּלְעֵלָּא / בְּגוֹ הַאי הִלּוּלָה / דְּעִירִין קַדִּישִׁין.

אזמר בשבחין פיוט זה הוא אחד משלושה פיוטים שחיבר האר״י הקדוש לשלוש סעודות השבת (״אסדר לסעודתא״ לסעודת היום ו״בני היכלא״ לסעודה שלישית). פיוטים אלה, הכתובים ארמית, מתארים את סוד יום השבת והקשרים שבין האדם לבין העולמות העליונים ביום זה.

חקל תפוחין קדישין. ״חקל תפוחין קדישין״ (שדה תפוחים קדושים) הוא הכינוי בספר הזוהר לשכינה, ספירת המלכות. בליל שבת האלוקי מתגלה בדמות זו דווקא. הסעודה הראשונה של השבת מתקשרת אפוא לדרגת השכינה, ו״זעיר אנפין ועתיקא קדישא״ – שהן שאר דרגות הקדושה העליונות המתגלות בשבת – באות ומתגלות דרכה.

וִיהֵא רַעֲוָא מִן קֳדָם עַתִּיקָא קַדִּישָׁא דְּכָל קַדִּישִׁין, טְמִירָא דְּכָל טְמִירִין, סְתִימָא דְּכֹלָּא, דְּיִתְמְשֵׁךְ טַלָּא עִלָּאָה מִינֵהּ לְמַלְיָא רֵישֵׁיהּ דִּזְעֵיר אַנְפִּין וּלְהַטִּיל לַחֲקַל תַּפּוּחִין קַדִּישִׁין בִּנְהִירוּ דְּאַנְפִּין, בְּרַעֲוָא וּבְחֶדְוָתָא דְּכֹלָּא. וְיִתְמְשֵׁךְ מִן קֳדָם עַתִּיקָא קַדִּישָׁא דְּכָל קַדִּישִׁין, טְמִירָא דְּכָל טְמִירִין, סְתִימָא דְּכֹלָּא, רְעוּתָא וְרַחֲמֵי, חִנָּא וְחִסְדָּא, בִּנְהִירוּ עִלָּאָה בִּרְעוּתָא וְחֶדְוָתָא, עָלַי וְעַל כָּל בְּנֵי בֵיתִי וְעַל כָּל הַנִּלְוִים אֵלַי, וְעַל כָּל בְּנֵי יִשְׂרָאֵל עַמֵּיהּ. וְיִפְרְקִינָנָא מִכָּל עַקְתִין בִּישִׁין דְּיֵיתוּן לְעָלְמָא, וְיַזְמִין וְיִתְיְהֵב לָנָא מְזוֹנָא וּפַרְנָסָתָא טַבְתָּא בְּלִי צָרָה וְעָקְתָא מִמַּזָּלָא דְּכָל מְזוֹנָא בֵּיהּ תַּלְיָא. וִישֵׁזְבִינָנָא מֵעֵינָא בִּישָׁא וּמֵחַרְבָּא דְּמַלְאַךְ הַמָּוֶת וּמִדִּינָהּ שֶׁל גֵּיהִנֹּם. וְיֵיתֵי לָנָא וּלְכָל נַפְשָׁתָנָא חִנָּא וְחִסְדָּא וְחַיֵּי אֲרִיכֵי וּמְזוֹנֵי רְוִיחֵי וְרַחֲמֵי מִן קֳדָמֵיהּ. אָמֵן, כֵּן יְהִי רָצוֹן, אָמֵן וְאָמֵן.

תרגום: ויהי רצון מלפני עתיק הימים הקדוש מכל קדושים, נסתר מכל נסתרים, הנעלם מכול, שיימשך הטל העליון ממנו למלא ראשו של זעיר הפנים, ולהטליל לשדה התפוחים הקדושים בהארת פנים, ברצון ובשמחת כול. ויימשך מלפני עתיק הימים הקדוש מכל קדושים, נסתר מכל נסתרים, הנעלם מכול, רצון ורחמים, חן וחסד, בהארה עליונה ברצון ושמחה, עליי ועל כל בני ביתי ועל כל הנלווים אליי, ועל כל בני ישראל עמו. ויצילנו מכל צוקות רעות שתבואנה לעולם, ויכין ויינתן לנו מזון ופרנסה טובה בלא צרה וצוקה, מן המזל שכל המזון תלוי בו. ויצילנו מעין הרע ומן החרב של מלאך המוות ומדינה של גיהינום. ויביא לנו ולכל נפשותינו חן וחסד וחיים ארוכים ומזונות ברווח וברחמים מלפניו. אמן, כן יהי רצון, אמן ואמן.

קידוש של ליל שבת מבחינת ההלכה אמירת הקידוש היא קיומה של המצווה: "זָכוֹר אֶת יוֹם הַשַּׁבָּת לְקַדְּשׁוֹ". המשמעות הפשוטה של המצווה היא שיש להזכיר בתחילתה של השבת, בדיבור ובמעשה, ש'הנה הגיע יום השבת' ואנו מקבלים עלינו את קדושתו. נוסח הקידוש מדגיש את ההקדשה, את ההבדלה בין ימות החול לבין יום השבת; והוא מכין את נפש האדם למעבר מימות החול – על מֵרוצם, מהומתם ועבודתם – אל השבת, בבחינת הקדושה והמנוחה. הקידוש הוא החלק החשוב בהכנסת השבת בבית, ומשום כך מנהג עתיק יומין לקדש ברוב טקס. קדושת השבת נזכרת, אומנם, כבר בתפילת ליל השבת; אולם ביהדות קיים הכלל שיש להשתדל, ככל האפשר, לקשור מאורעות או תהליכים נפשיים מופשטים אל תוכן מסוים ואל עשייה מוחשית, שעל ידי כך התוכן הרוחני המופשט מקבל אחיזה במציאות המורגשת. לכן קושרים את הקידוש לשתיית יין,

קידוש לליל שבת

קידוש לליל יום טוב בעמ׳ 528 ולליל ראש השנה בעמ׳ 607.

את כוס היין של הקידוש יש לשטוף תחילה מבפנים ומבחוץ גם כשהיא נקייה, ויש בכך משום מתן כבוד למצווה. כוס הקידוש צריכה להכיל לפחות רביעית יין (86 או 150 סמ״ק, לדעות השונות), וצריך שתהא שלמה, שלא יהיה בה חלק שבור או סדוק בשפתה. ומנהג ישראל שמייחדים כוס מיוחדת ומקושטת לצורך הקידוש.

את כוס הקידוש מוזגים כך שתהא מלאה כולה, שהוא סימן ברכה וכבוד המצווה.

מנהג החסידים הוא לקדש בליל שבת בעמידה.

ואחר כך, בשעת השתייה, יושבים כדי לעשותה כשתייה של קבע.

ומנהג רבים לומר תחילה:

לְשֵׁם יִחוּד קוּדְשָׁא בְּרִיךְ הוּא וּשְׁכִינְתֵּיהּ, בִּדְחִילוּ וּרְחִימוּ, הֲרֵינִי מוּכָן וּמְזוּמָּן לְקַיֵּם מִצְוַת עֲשֵׂה לְקַדֵּשׁ עַל הַיַּיִן, כְּדִכְתִיב: זָכוֹר וְשָׁמוֹר, זָכְרֵהוּ עַל הַיַּיִן.

וִיהִי נֹעַם אֲדֹנָי אֱלֹהֵינוּ עָלֵינוּ, וּמַעֲשֵׂה יָדֵינוּ כּוֹנְנָה עָלֵינוּ, וּמַעֲשֵׂה יָדֵינוּ כּוֹנְנֵהוּ: תהלים צ

שיש בה גם צד של שמחה וחגיגיות, הנוגעת ומשפיעה על מצב רוחו של האדם. ועוד, שהיין שימש בעבודת המקדש לניסוך על המזבח, וכך אף בקידוש הוא מסמל את הצד הטקסי של עבודת הקודש. קשירת טקס של ברכה לשתיית היין מדגישה שהמצווה אינה נעשית רק מתוך תחושה של קבלת עול ושל ציות, אלא מתוך שמחה ורצון הלב.

החזקת הכוס בספרי הקבלה מוסבר שכוס היין מסמלת את המלכות והשכינה, שהיא הבחינה של השבת, והיין מסמל את ההשפעה הבאה אליה מלמעלה. אך מכיוון שהיין – ובפרט יין אדום – מבטא גם את צד הגבורה והדין, הרי לאחר שממלאים את רוב הכוס ביין מוזגים בו מעט מים, המבטאים את החסד והאהבה, כדי למזג בין החסד והגבורה וליצור הרמוניה שלהם. את הכוס המקדש מחזיק ביד ימין, וחמש האצבעות מקיפות את הכוס מלמטה. בדרך החזקה זו הכוס מסמלת שושנה, שהיא כינוי של המלכות־השכינה־השבת. הכוס עצמה היא כ״פרח שושן״, וחמש האצבעות המחזיקות בה הן כנגד חמשת העלים הירוקים (עלי הגביע) המחזיקים את פרח השושנה ותומכים בו. חמישה עלים אלה נקראים ״ישועות״, והכוס – ״כוס ישועות״, שכן חמישה עלים אלה מסמלים את ״חמש הגבורות״, הבונות את המלכות ומושיעות אותה מן הקליפות.

יש נוהגים לומר:

תהלים כג מִזְמוֹר לְדָוִד, יהוה רֹעִי לֹא אֶחְסָר: בִּנְאוֹת דֶּשֶׁא יַרְבִּיצֵנִי, עַל־מֵי מְנֻחוֹת יְנַהֲלֵנִי: נַפְשִׁי יְשׁוֹבֵב, יַנְחֵנִי בְמַעְגְּלֵי־צֶדֶק לְמַעַן שְׁמוֹ: גַּם כִּי־אֵלֵךְ בְּגֵיא צַלְמָוֶת לֹא־אִירָא רָע, כִּי־אַתָּה עִמָּדִי שִׁבְטְךָ וּמִשְׁעַנְתֶּךָ הֵמָּה יְנַחֲמֻנִי: תַּעֲרֹךְ לְפָנַי שֻׁלְחָן נֶגֶד צֹרְרָי דִּשַּׁנְתָּ בַשֶּׁמֶן רֹאשִׁי, כּוֹסִי רְוָיָה: אַךְ טוֹב וָחֶסֶד יִרְדְּפוּנִי כָּל־יְמֵי חַיָּי וְשַׁבְתִּי בְּבֵית־יהוה לְאֹרֶךְ יָמִים:

בראשית א בלחש: וַיְהִי־עֶרֶב וַיְהִי־בֹקֶר

יוֹם הַשִּׁשִּׁי:

בראשית ב וַיְכֻלּוּ הַשָּׁמַיִם וְהָאָרֶץ וְכָל־צְבָאָם:
וַיְכַל אֱלֹהִים בַּיּוֹם הַשְּׁבִיעִי מְלַאכְתּוֹ אֲשֶׁר עָשָׂה
וַיִּשְׁבֹּת בַּיּוֹם הַשְּׁבִיעִי מִכָּל־מְלַאכְתּוֹ אֲשֶׁר עָשָׂה:
וַיְבָרֶךְ אֱלֹהִים אֶת־יוֹם הַשְּׁבִיעִי, וַיְקַדֵּשׁ אֹתוֹ
כִּי בוֹ שָׁבַת מִכָּל־מְלַאכְתּוֹ, אֲשֶׁר־בָּרָא אֱלֹהִים, לַעֲשׂוֹת:

מזמור לדוד מזמור זה מתאים לסעודת השבת משום שה׳ מתואר בו כרועה המוליך את צאנו למקום מרעה שלֵו ובטוח. לאחר ימות החול – שאליהם מתייחס התיאור ״גַּם כִּי אֵלֵךְ בְּגֵיא צַלְמָוֶת לֹא אִירָא רָע כִּי אַתָּה עִמָּדִי״ – מגיע אדם מישראל לסעודה שיש בה עונג, שלווה ונחת: ״תַּעֲרֹךְ לְפָנַי שֻׁלְחָן נֶגֶד צֹרְרָי, דִּשַּׁנְתָּ בַשֶּׁמֶן רֹאשִׁי, כּוֹסִי רְוָיָה״. אין לו לאדם אלא להתפלל כי מצב זה של מנוחה אמיתית יימשך וילך – ״אַךְ טוֹב וָחֶסֶד יִרְדְּפוּנִי כָּל יְמֵי חַיָּי״.

ויכלו לקטע המתחיל ב״ויכֻלו״ מוסיפים את שתי המילים האחרונות של הפסוק הקודם – ״יוֹם הַשִּׁשִּׁי״ – משום שהן מצטרפות למילים ״ויכֻלו השמים״ ויוצרות ראשי תיבות לאותיות שם הוי״ה. בפרשת ״ויכלו״ מדובר על השבת מנקודת הראות של מעלה, של הקדוש ברוך הוא. מנקודת מבט זו השבת היא היום של תכלית היצירה והשלמתה, של השביתה ממלאכת הבריאה וחזרת כוח הבורא, כביכול, אל מקור הדברים, אל מהותו ועצמותו. קטע זה ראוי לו שיעמוד לעצמו, ולכן הוא מובדל מן החלק השני של הקידוש בברכה על היין.

קדושת השבת חלקו השני של הקידוש מבטא את הצד האחר של קדושת השבת: צידו של עם ישראל. מתנת השבת מדגישה את הבחירה של ה׳ בעם ישראל – את האהבה של ה׳ את העם ואת התפקיד שייחד האל לעם ישראל – והשתתפות

לפני הברכה על היין מקדימים את המילים הארמיות: 'סַבְרִי מָרָנָן', וזהי הודעה לשומעים שיכינו את עצמם בכובד ראש לשמוע את הברכה, שהיא עיקר הקידוש.
המקדש לאחרים מוסיף: **סַבְרִי מָרָנָן**

בָּרוּךְ אַתָּה יהוה אֱלֹהֵינוּ מֶלֶךְ הָעוֹלָם, בּוֹרֵא פְּרִי הַגָּפֶן.

בָּרוּךְ אַתָּה יהוה אֱלֹהֵינוּ מֶלֶךְ הָעוֹלָם
אֲשֶׁר קִדְּשָׁנוּ בְּמִצְוֹתָיו, וְרָצָה בָנוּ
וְשַׁבַּת קָדְשׁוֹ בְּאַהֲבָה וּבְרָצוֹן הִנְחִילָנוּ, זִכָּרוֹן לְמַעֲשֵׂה בְרֵאשִׁית
תְּחִלָּה לְמִקְרָאֵי קֹדֶשׁ, זֵכֶר לִיצִיאַת מִצְרָיִם
וְשַׁבַּת קָדְשְׁךָ בְּאַהֲבָה וּבְרָצוֹן הִנְחַלְתָּנוּ.
בָּרוּךְ אַתָּה יהוה, מְקַדֵּשׁ הַשַּׁבָּת.

בשבת חול המועד סוכות מברכים:
בָּרוּךְ אַתָּה יהוה אֱלֹהֵינוּ מֶלֶךְ הָעוֹלָם
אֲשֶׁר קִדְּשָׁנוּ בְּמִצְוֹתָיו וְצִוָּנוּ לֵישֵׁב בַּסֻּכָּה.

במעשה היצירה בעולם: הן על ידי העשייה בששת ימי המעשה, הן על ידי המנוחה והקדושה ביום השבת. משום כך מזכירים כאן גם צד נוסף של השבת, שהיא "זכר ליציאת מצרים". שכן הכניסה אל השבת, אל המנוחה מן העמל, קשורה ליציאת מצרים: עם ישראל, שהיה עם עבדים, זכה אז לגאולה ולשחרור; השחרור מן העבדות מעניק את האפשרות לנהוג כבני חורין, לנוח בזמנים מסוימים ולא להיות משועבדים לעבודה. בדרך פנימית יותר, יציאת מצרים מסמלת את בחירת ישראל מכל העמים, את שחרורם ממצרי העולם ומכבליו ואת עלייתם עד לדרגה של עבדי ה', כפי שניסח זאת בתמציתיות ובבהירות ר' יהודה הלוי: "עבד ה' הוא לבדו חפשי". לפיכך השבת, שהיא יום החירות שבתוך השבוע, היא גם זכר לגאולה: הן לגאולה הראשונה, גאולת מצרים, הן למשמעות הגאולה בכלל, וכן לגאולה השלמה העתידה, שהיא "יום השבת" של העולם.

לאחר הקידוש המקדש שותה מכוס היין, ובכך הוא משתף את עצמו בהתקשרות שבין הגשמי לרוחני, שהיא תמציתו של הקידוש. לאחר מכן שותים מכוס יין זו גם שאר המסובים, המשתתפים בכך באותה משמעות של כניסת השבת: 'עליית המלכות', כלשון ספרי הקבלה, ובלשון קבלית אחרת – 'פריחתה של השושנה', שהיא 'כוס הישועות' של האדם הפרטי, של העם היהודי ושל העולם כולו.

סעודות השבת בכל אחת מן השבתות וכן בכל מועדי ישראל מוקדש מקום נכבד לסעודת היום. הסעודה איננה אך ליווי הכרחי של צורכי החיים, אלא חלק מהותי ממצוות השבת והחג. בעיקרו של דבר, אף שהאכילה שבכל יום ויום קשורה בסיפוק צורכי הגוף יש בה עומק ויש להתייחס אליה בכובד ראש. אמרו חכמים בתלמוד: "בזמן שבית המקדש קיים – מזבח מכפר על אדם. עכשיו – שֻׁלחנו של אדם מכפר עליו". אמירה זו היא רבת מובנים; כוונתה הפשוטה היא שהכנסת אורחים והאכלתם של רעבים מכפרת, משום שהיא מצווה, המעלה את אכילת המארח לדרגה של השתתפות בסבלו ובצרכיו של הזולת. אולם יש בה גם צד פנימי יותר: עצם האכילה יכולה להיות מעשה של התעלות, כאשר האדם מודע בשעת האכילה למעשה שהוא עושה בסעודה – קשירת יסודות שונים מן העולם – הדומם, הצומח והחי ושילובם בחייו האנושיים. על דרך הקבלה הוסבר כי האכילה משמשת פעולה של "העלאת הניצוצות": כל כוחות הקדושה החבויים בתוך המציאות שבעולם מחפשים לעצמם ביטוי כדי להגיע למגע כלשהו עם האלוקי; כוחות אלה מצויים בתוך המזון, ועל ידי היכללותם בתוך האדם הם יכולים לבוא לידי ביטוי והתגלות. משום כך רבים השתדלו לאכול דווקא מזונות מן החי בימי השבתות והחגים (ובכללם גם אלה שלא אכלו במשך השבוע כל דבר שבא מן החי), משום שאכילתם של דברים מן החי אינה מעשה של אכזריות אלא של הבאתם לידי דרגה גבוהה יותר. תחושה זו, שהסעודה היא בעצם מעשה של הקרבת קורבן – הבאת דברים למעלה גבוהה יותר – יוצרת גם תחושת אחריות. האיש האוכל צריך להיות מסוגל להגביה את הדברים שהוא אוכל ולרוממם. רק כאשר האדם ממלא את ייעודו האנושי בשלמותו, יש לו רשות מלאה לכלול בתוכו את היצורים האחרים שבעולם ולהיות להם מנוף לשחרורם מכבלי הסתמיות לעולם בעל כיוון, בעל מובן אלוקי.

את הדרגות בסעודה הגדיר אחד הצדיקים באומרו כי סעודה רגילה דורשת מן האדם עבודה רוחנית גדולה, לפי שעליו לעשות מעשה של בירור הטוב מן הרע, של העלאת החול לדרגה של קדושה. גדולה ממנה סעודת החג, שהיא לעצמה סעודה חשובה, בפרט אם יש בה אורחים היא עצמה נעשית מעשה של תיקון. כמו שנאמר במפורש בתורה: "וְשָׂמַחְתָּ בְּחַגֶּךָ אַתָּה... וְהַלֵּוִי וְהַגֵּר וְהַיָּתוֹם וְהָאַלְמָנָה"; מצוות שמחת החג דורשת במהותה שאדם ידאג לשתף עימו בשמחתו אנשים אחרים. וגדולה ממנה סעודת השבת, לפי שבשבת אין עוד צורך לתקן ולברר, והעולם כולו מתעלה למנוחה והשלמה.

משום חשיבותה וקדושתה של סעודת השבת גם היא מלווה בשפעת מנהגים מיוחדים, בדברי תורה, זמרה ותפילה הקשורים בה. מנהגי הסעודה עצמה משתנים הרבה ממקום למקום. כבר בימי חכמינו זיכרונם לברכה נהגו

לאכול מאכלים מיוחדים בשבת, וכך גם בכל עדה וקהילה היו, וישנם, מיני מאכל מיוחדים לסעודות שבת דווקא, שהם חלק בלתי נפרד ממהותן של סעודות אלה. ברם, מן הדין יש רק הלכה מחייבת אחת בסעודות השבת, והיא שיש לבצוע על "לחם משנה" – שתי כיכרות שלמות לפחות – זכר ל"לחם משנה" של המן שאכלו ישראל במדבר, אשר ירד לכבוד שבת במנה כפולה.

יש הנוהגים, על פי הקבלה, לערוך על השולחן בכל סעודות השבת שתים־עשרה כיכרות לחם (שהן כעין 'לחם הפנים' שהיו מסדרים בשבת על שולחן הזהב שבמקדש); אבל בפועל לא נהגו רבים מנהג זה (ויש שהסבירו את הצורה המיוחדת של חלות השבת כניסיון ליצור בתוך כל חלה שש כיכרות קטנים, כך ששתי חלות יהיו מעין שנים־עשר הלחם). יש הנוהגים להביא בכל סעודה שתי אגודות של צמחי בושם והדסים ולברך עליהם את ברכת הריח, ומנהג עתיק הוא לאכול דגים בסעודות השבת. וכן נהגו להקפיד על אכילת (או שתיית) דבר חם ('חמין') ביום השבת, והקפדה זו – כדי להוציא מדעת השומרונים והקראים האוסרים דבר זה.

לימוד תורה בסעודה השבת היא גם יום של לימוד תורה. הקביעה שראוי להוסיף בלימוד התורה בשבת מצויה במקורות ראשונים, וכמה מן ההלכות העיקריות של יום השבת, כגון הקריאה בתורה, באות לתת ביטוי לכך שקדושת השבת אינה רק עניין של חוויה אלא גם של התקדשות בתורה. משום כך גם נפוץ המנהג לעסוק, באופן מסודר ורשמי למדי, בדברי תורה במשך סעודות השבת. על דרך האמת ראוי, ואף מומלץ, לומר דברי תורה בכל סעודה וסעודה, בימות החול כבימים מיוחדים. עם זה, בימי החול אין תמיד די זמן לעסוק בדברי תורה, הגם שבמהלך הסעודה או בסופה אומרים לפעמים מזמור תהלים אחד או שניים כדי לצאת ידי חובה, אין זה מספק את הנפש וגם לא את הצימאון לידע. מנהג קדום, הנהוג בעיקר (אבל לא רק) בקרב עדות המזרח, הוא לקרוא בכל אחת מסעודות השבת שמונה פרקי משניות מתוך מסכת שבת, וכך בכל שבת, בסיומה של הסעודה השלישית, משלימים את קריאת כל עשרים וארבעה פרקי המסכת. המספר עשרים וארבע הוא גם מספרם של קישוטי הכלה המסורתיים, וכך יוצא שמעטרים את השבת בעשרים וארבעה פרקים. ואולם, קריאת פרקי המשניות איננה באה על חשבון העיסוק בשאר דברי תורה ליד השולחן. בבית שיש בו ילדים משתפים את הילדים בדברי התורה לא רק כשומעים אלא גם כאומרים, ולא פעם נהיית סעודת השבת למעין מפגן של הילדים, הששים להראות להורים ולמבוגרים את ידיעותיהם ואת חוכמתם; וכאשר אכן עולה הדבר בידיהם, הרי זה בוודאי תוספת לעונג השבת של כולם.

זמירות לליל שבת

כָּל מְקַדֵּשׁ שְׁבִיעִי כָּרָאוּי לוֹ, כָּל שׁוֹמֵר שַׁבָּת כַּדָּת, מֵחַלְּלוֹ, שְׂכָרוֹ הַרְבֵּה מְאֹד
עַל פִּי פָעֳלוֹ, אִישׁ עַל־מַחֲנֵהוּ וְאִישׁ עַל־דִּגְלוֹ: במדבר א

אוֹהֲבֵי יהוה הַמְחַכִּים לְבִנְיַן אֲרִיאֵל, בְּיוֹם הַשַּׁבָּת שִׂישׂוּ וְשִׂמְחוּ כִּמְקַבְּלֵי מַתַּן
נַחֲלִיאֵל, גַּם שְׂאוּ יְדֵיכֶם קֹדֶשׁ וְאִמְרוּ לָאֵל, בָּרוּךְ יהוה אֲשֶׁר נָתַן מְנוּחָה לְעַמּוֹ מלכים א׳ ח
יִשְׂרָאֵל:

דּוֹרְשֵׁי יהוה זֶרַע אַבְרָהָם אוֹהֲבוֹ, הַמְאַחֲרִים לָצֵאת מִן הַשַּׁבָּת וּמְמַהֲרִים לָבוֹא,
וּשְׂמֵחִים לְשָׁמְרוֹ וּלְעָרֵב עֵרוּבוֹ, זֶה־הַיּוֹם עָשָׂה יהוה, נָגִילָה וְנִשְׂמְחָה בוֹ: תהלים קיח

זִכְרוּ תּוֹרַת מֹשֶׁה בְּמִצְוַת שַׁבָּת גְּרוּסָה, חֲרוּתָה לַיּוֹם הַשְּׁבִיעִי, כְּכַלָּה בֵּין רֵעוֹתֶיהָ
מְשֻׁבָּצָה, טְהוֹרִים יִירָשׁוּהָ, וִיקַדְּשׁוּהָ בְּמַאֲמַר כָּל אֲשֶׁר עָשָׂה, וַיְכַל אֱלֹהִים בַּיּוֹם בראשית ב
הַשְּׁבִיעִי מְלַאכְתּוֹ אֲשֶׁר עָשָׂה:

יוֹם קָדוֹשׁ הוּא, מִבּוֹאוֹ וְעַד צֵאתוֹ, כָּל זֶרַע יַעֲקֹב יְכַבְּדוּהוּ, כִּדְבַר הַמֶּלֶךְ וְדָתוֹ,
לָנוּחַ בּוֹ וְלִשְׂמֹחַ בְּתַעֲנוּג אָכוֹל וְשָׁתֹה, כָּל־עֲדַת יִשְׂרָאֵל יַעֲשׂוּ אֹתוֹ: שמות יב

מְשֹׁךְ חַסְדְּךָ לְיוֹדְעֶיךָ, אֵל קַנּוֹא וְנוֹקֵם, נוֹטְרֵי יוֹם הַשְּׁבִיעִי זָכוֹר וְשָׁמוֹר לְהָקֵם,
שַׂמְּחֵם בְּבִנְיָן שָׁלֵם, בְּאוֹר פָּנֶיךָ תַּבְהִיקֵם, יִרְוְיֻן מִדֶּשֶׁן בֵּיתֶךָ, וְנַחַל עֲדָנֶיךָ תַשְׁקֵם: תהלים לו

עֲזוֹר לַשּׁוֹבְתִים בַּשְּׁבִיעִי, בֶּחָרִישׁ וּבַקָּצִיר עוֹלָמִים, פּוֹסְעִים בּוֹ פְּסִיעָה קְטַנָּה,
סוֹעֲדִים בּוֹ, לְבָרֵךְ שָׁלֹשׁ פְּעָמִים, צִדְקָתָם תַּצְהִיר כְּאוֹר שִׁבְעַת הַיָּמִים, יהוה שמואל א׳ יד
אֱלֹהֵי יִשְׂרָאֵל, הָבָה תָמִים:

זמירות השבת כמעט בכל בית בישראל נהוג שאנשי הבית, איש כפי יכולתו, שרים זמירות שבת – השירה מבטאת את תפיסת ה'יחד' של הסעודה ומדגישה את ההיבט המיוחד של "זבח המשפחה", שהוא גורם יסודי בסעודות אלו. זמירות השבת מסייעות ליצור את החוויה הפנימית של סעודות השבת, חוויה שיש בה הדגשה של אווירת השבת בכללותה. רצינותו של יום השבת והחגיגיות שבו אין משמען יצירת כבדות, אווירה חמורת־סבר שבה בולט ועולה צד ה'איסור'. אפילו מי שאירע לו אסון והוא באבלות, בשבת בטלים רוב מנהגי האבל וצריך לשכחם. עונג השבת הוא חלק מהותי בה, וה'נשמה היתרה' שאיש ישראל מקבל בשבת מעניקה לו את היכולת להתענג על דברים מתוך שלווה – להימנע ממעשה בהרגשה כאילו הכול עשוי וגמור כבר, ולקבל את החיים בתחושה של מנוחה, שלמות ואושר.

מְנוּחָה וְשִׂמְחָה אוֹר לַיְּהוּדִים, יוֹם שַׁבָּתוֹן, יוֹם מַחֲמַדִּים
שׁוֹמְרָיו וְזוֹכְרָיו הֵמָּה מְעִידִים, כִּי לְשִׁשָּׁה כֹּל בְּרוּאִים וְעוֹמְדִים.

שְׁמֵי שָׁמַיִם, אֶרֶץ וְיַמִּים, כָּל צְבָא מָרוֹם גְּבוֹהִים וְרָמִים
תַּנִּין וְאָדָם וְחַיַּת רְאֵמִים, כִּי בְּיָהּ יהוה צוּר עוֹלָמִים: ישעיה כו

הוּא אֲשֶׁר דִּבֶּר לְעַם סְגֻלָּתוֹ, שָׁמוֹר לְקַדְּשׁוֹ מִבּוֹאוֹ עַד צֵאתוֹ
שַׁבַּת קֹדֶשׁ יוֹם חֶמְדָּתוֹ, כִּי בוֹ שָׁבַת אֵל מִכָּל מְלַאכְתּוֹ.

בְּמִצְוַת שַׁבָּת אֵל יַחֲלִיצָךְ, קוּם קְרָא אֵלָיו, יָחִישׁ לְאַמְּצָךְ
נִשְׁמַת כָּל חַי וְגַם נַעֲרִיצָךְ, אֱכֹל בְּשִׂמְחָה כִּי כְבָר רָצָךְ.

בְּמִשְׁנֶה לֶחֶם וְקִדּוּשׁ רַבָּה, בְּרֹב מַטְעַמִּים וְרוּחַ נְדִיבָה
יִזְכּוּ לְרַב טוּב הַמִּתְעַנְּגִים בָּהּ, בְּבִיאַת גּוֹאֵל לְחַיֵּי הָעוֹלָם הַבָּא.

מנוחה ושמחה מנוחת השבת במהותה קשורה ביכולתו של האדם להתנתק מעולם החול ככל האפשר. שכן גם כאשר אדם אינו עושה שום מלאכה ביום השבת, ואף אינו מדבר דיבורי חולין, אולם ליבו מלא דאגה בגלל דברים שלא הספיק לעשות או ששומה עליו לעשותם – הרי מנוחתו יכולה להיות לכל היותר מנוחת הגוף אך אינה מנוחת הנפש. בהתנתקות מעולם המעשה יש כמה דרגות: למן היכולת להפסיק לחשוב על ענייני חולין ואף להסיח את הדאגה והצער מן הלב, עד למדרגה של שכחה גמורה, לפי שעה, של כל הטרדות. מעבר לדרגות השונות של יכולת ההתנתקות, יש במנוחת השבת צד נוסף, הרואה ברגיעה משמעות חיובית כשלעצמה. היכולת לראות בדמימה, ברגיעה, בשביתה הוויה חיובית היא הרגשה עדינה בנפש. פשוט לנו הרבה יותר לתת את הדעת לקולות, למראות ולפעולות וגם ליהנות מהם; ועם זה, יש לנו גם היכולת להתמסר למה שאינו קיים ולהתענג עליו. בין כל הקולות הסואנים של העולם יש גם "קוֹל דְּמָמָה דַקָּה" כפשוטו, דהיינו: הקול של הדממה. במובן מסוים זוהי חזרה אל מקור ההוויה, המרגישה את עצם קיומה ומתענגת עליו בלא כל צורך בגירויים חיצוניים. בדומה למתואר בהתגלות ה' לאליהו הנביא, לאחר המופעים המרשימים של אש ורוח, דווקא שעת הדממה הדקה היא שעת ההתגלות. איננו חווים חוויה זו פעמים רבות בחיינו, אולם משהו מעין זה הוא הרגע הקצרצר שבין יקיצה לשינה, שיש בו התנתקות מודעת מטרדות וממחשבות. מטעם זה אמרו חכמים: "שינה בשבת תענוג" – השינה היא אחת מתענוגות השבת; אלא שרגש התענוג הזה קיים במודע רק זמן קצר ולאחריו באה השינה, שיכולה להיות מועילה ומרעננת אבל אין בה חוויה עצמית. כדי להגיע לחוויה ממושכת כגון זו במצב של ערוּת דרושה לאדם הכנה פנימית. מצב כזה

מַה־יְּדִידוּת מְנוּחָתֵךְ, אַתְּ שַׁבָּת הַמַּלְכָּה
בְּכֵן נָרוּץ לִקְרָאתֵךְ, בּוֹאִי כַלָּה נְסוּכָה
לְבוּשׁ בִּגְדֵי חֲמוּדוֹת, לְהַדְלִיק נֵר בִּבְרָכָה
וַתֵּכֶל כָּל הָעֲבוֹדוֹת, לֹא תַעֲשׂוּ מְלָאכָה. לְהִתְעַנֵּג בְּתַעֲנוּגִים בַּרְבּוּרִים וּשְׂלָו וְדָגִים.

מֵעֶרֶב מַזְמִינִים כָּל מִינֵי מַטְעַמִּים
מִבְּעוֹד יוֹם מוּכָנִים תַּרְנְגוֹלִים מְפֻטָּמִים
וְלַעֲרֹךְ כַּמָּה מִינִים, שְׁתוֹת יֵינוֹת מְבֻשָּׂמִים
וְתַפְנוּקֵי מַעֲדַנִּים בְּכָל שָׁלֹשׁ פְּעָמִים. לְהִתְעַנֵּג בְּתַעֲנוּגִים בַּרְבּוּרִים וּשְׂלָו וְדָגִים.

נַחֲלַת יַעֲקֹב יִירָשׁ, בְּלִי מְצָרִים נַחֲלָה
וִיכַבְּדוּהוּ עָשִׁיר וָרָשׁ, וְתִזְכּוּ לִגְאֻלָּה
יוֹם שַׁבָּת אִם תְּכַבֵּדוּ וִהְיִיתֶם לִי סְגֻלָּה
שֵׁשֶׁת יָמִים תַּעֲבֹדוּ וּבַשְּׁבִיעִי נָגִילָה. לְהִתְעַנֵּג בְּתַעֲנוּגִים בַּרְבּוּרִים וּשְׂלָו וְדָגִים.

חֲפָצֶיךָ אֲסוּרִים וְגַם לַחְשֹׁב חֶשְׁבּוֹנוֹת
הִרְהוּרִים מֻתָּרִים וּלְשַׁדֵּךְ הַבָּנוֹת
וְתִינוֹק לְלַמְּדוֹ סֵפֶר, לַמְנַצֵּחַ בִּנְגִינוֹת
וְלַהֲגוֹת בְּאִמְרֵי שֶׁפֶר בְּכָל פִּנּוֹת וּמַחֲנוֹת. לְהִתְעַנֵּג בְּתַעֲנוּגִים בַּרְבּוּרִים וּשְׂלָו וְדָגִים.

הִלּוּכָךְ יְהֵא בְנַחַת, עֹנֶג קְרָא לַשַּׁבָּת
וְהַשֵּׁנָה מְשֻׁבַּחַת כְּדָת נֶפֶשׁ מְשִׁיבַת
בְּכֵן נַפְשִׁי לְךָ עָרְגָה וְלָנוּחַ בְּחִבַּת
כַּשּׁוֹשַׁנִּים סוּגָה, בּוֹ יָנוּחוּ בֵּן וּבַת. לְהִתְעַנֵּג בְּתַעֲנוּגִים בַּרְבּוּרִים וּשְׂלָו וְדָגִים.

מֵעֵין עוֹלָם הַבָּא יוֹם שַׁבָּת מְנוּחָה
כָּל הַמִּתְעַנְּגִים בָּהּ יִזְכּוּ לְרֹב שִׂמְחָה
מֵחֶבְלֵי מָשִׁיחַ יֻצָּלוּ לִרְוָחָה
פְּדוּתֵנוּ תַצְמִיחַ, וְנָס יָגוֹן וַאֲנָחָה. לְהִתְעַנֵּג בְּתַעֲנוּגִים בַּרְבּוּרִים וּשְׂלָו וְדָגִים.

איננו מצב של טראנס, אלא הוא מעבר מודע לדמימה שהיא לא רק דמימת הקול אלא גם מעין השתקה של המחשבה היוצרת. עונג השבת הוא עונג שאיננו בא מחמת שום דברים חיצוניים, אלא העונג מן השבת עצמה; התענוג שיש במהותה של המנוחה, בתמציתה של השביתה.

יוֹם זֶה לְיִשְׂרָאֵל אוֹרָה וְשִׂמְחָה
שַׁבַּת מְנוּחָה.

צִוִּיתָ פִּקּוּדִים בְּמַעֲמַד סִינַי
שַׁבָּת וּמוֹעֲדִים לִשְׁמֹר בְּכָל שָׁנַי
לַעֲרֹךְ לְפָנַי מַשְׂאֵת וַאֲרוּחָה שַׁבַּת מְנוּחָה.

יוֹם זֶה לְיִשְׂרָאֵל אוֹרָה וְשִׂמְחָה, שַׁבַּת מְנוּחָה.

חֶמְדַּת הַלְּבָבוֹת לְאֻמָּה שְׁבוּרָה
לִנְפָשׁוֹת נִכְאָבוֹת נְשָׁמָה יְתֵרָה
לְנֶפֶשׁ מְצֵרָה יָסִיר אֲנָחָה שַׁבַּת מְנוּחָה.

יוֹם זֶה לְיִשְׂרָאֵל אוֹרָה וְשִׂמְחָה, שַׁבַּת מְנוּחָה.

קִדַּשְׁתָּ בֵּרַכְתָּ אוֹתוֹ מִכָּל יָמִים
בְּשֵׁשֶׁת כִּלִּיתָ מְלֶאכֶת עוֹלָמִים
בּוֹ מָצְאוּ עֲגוּמִים הַשְׁקֵט וּבִטְחָה שַׁבַּת מְנוּחָה.

יוֹם זֶה לְיִשְׂרָאֵל אוֹרָה וְשִׂמְחָה, שַׁבַּת מְנוּחָה.

לְאִסּוּר מְלָאכָה צִוִּיתָנוּ נוֹרָא
אֶזְכֶּה הוֹד מְלוּכָה אִם שַׁבָּת אֶשְׁמְרָה
אַקְרִיב שַׁי לַמּוֹרָא, מִנְחָה מֶרְקָחָה שַׁבַּת מְנוּחָה.

יוֹם זֶה לְיִשְׂרָאֵל אוֹרָה וְשִׂמְחָה, שַׁבַּת מְנוּחָה.

חַדֵּשׁ מִקְדָּשֵׁנוּ, זָכְרָה נֶחֱרֶבֶת
טוּבְךָ, מוֹשִׁיעֵנוּ, תְּנָה לַנֶּעֱצֶבֶת
בְּשַׁבָּת יוֹשֶׁבֶת בְּזֶמֶר וּשְׁבָחָה שַׁבַּת מְנוּחָה.

יוֹם זֶה לְיִשְׂרָאֵל אוֹרָה וְשִׂמְחָה, שַׁבַּת מְנוּחָה.

יָהּ רִבּוֹן עָלַם וְעָלְמַיָּא
אַנְתְּ הוּא מַלְכָּא מֶלֶךְ מַלְכַיָּא
עוֹבַד גְּבוּרְתָּךְ וְתִמְהַיָּא
שְׁפַר קֳדָמָךְ לְהַחֲוָיָא.
יָהּ רִבּוֹן עָלַם וְעָלְמַיָּא, אַנְתְּ הוּא מַלְכָּא מֶלֶךְ מַלְכַיָּא.

שְׁבָחִין אֲסַדֵּר צַפְרָא וְרַמְשָׁא
לָךְ אֱלָהָא קַדִּישָׁא דִּי בְרָא כָּל נַפְשָׁא
עִירִין קַדִּישִׁין וּבְנֵי אֱנָשָׁא
חֵיוַת בָּרָא וְעוֹפֵי שְׁמַיָּא.
יָהּ רִבּוֹן עָלַם וְעָלְמַיָּא, אַנְתְּ הוּא מַלְכָּא מֶלֶךְ מַלְכַיָּא.

רַבְרְבִין עוֹבְדָיךְ וְתַקִּיפִין
מָכֵךְ רָמַיָּא וְזָקֵף כְּפִיפִין
לוּ יְחֵי גְבַר שְׁנִין אַלְפִין
לָא יֵעוֹל גְּבוּרְתָּךְ בְּחֻשְׁבְּנַיָּא.
יָהּ רִבּוֹן עָלַם וְעָלְמַיָּא, אַנְתְּ הוּא מַלְכָּא מֶלֶךְ מַלְכַיָּא.

אֱלָהָא דִּי לֵהּ יְקָר וּרְבוּתָא
פְּרֹק יָת עָנָךְ מִפֻּם אַרְיָוָתָא
וְאַפֵּק יָת עַמָּךְ מִגּוֹ גָלוּתָא
עַמָּא דִּי בְחַרְתְּ מִכָּל אֻמַּיָּא.
יָהּ רִבּוֹן עָלַם וְעָלְמַיָּא, אַנְתְּ הוּא מַלְכָּא מֶלֶךְ מַלְכַיָּא.

לְמַקְדְּשָׁךְ תּוּב וּלְקֹדֶשׁ קֻדְשִׁין
אֲתַר דִּי בֵהּ יֶחֱדוֹן רוּחִין וְנַפְשִׁין
וִיזַמְּרוּן לָךְ שִׁירִין וְרַחֲשִׁין
בִּירוּשְׁלֵם קַרְתָּא דְשֻׁפְרַיָּא.
יָהּ רִבּוֹן עָלַם וְעָלְמַיָּא, אַנְתְּ הוּא מַלְכָּא מֶלֶךְ מַלְכַיָּא.

צָמְאָה נַפְשִׁי לֵאלֹהִים לְאֵל חָי: לִבִּי וּבְשָׂרִי יְרַנְּנוּ אֶל אֵל־חָי: תהלים מב תהלים פד
אֵל אֶחָד בְּרָאָנִי, וְאָמַר חַי אָנִי כִּי לֹא־יִרְאַנִי הָאָדָם וָחָי: שמות לג

צָמְאָה נַפְשִׁי לֵאלֹהִים לְאֵל חָי
לִבִּי וּבְשָׂרִי יְרַנְּנוּ אֶל אֵל־חָי.

בָּרָא כֹל בְּחָכְמָה, בְּעֵצָה וּבִמְזִמָּה מְאֹד נֶעְלָמָה מֵעֵינֵי כָל־חָי: איוב כח
רָם עַל כֹּל כְּבוֹדוֹ, כָּל פֶּה יְחַוֶּה הוֹדוֹ בָּרוּךְ אֲשֶׁר בְּיָדוֹ נֶפֶשׁ כָּל־חָי:

צָמְאָה נַפְשִׁי לֵאלֹהִים לְאֵל חָי
לִבִּי וּבְשָׂרִי יְרַנְּנוּ אֶל אֵל־חָי.

הִבְדִּיל נִינֵי תָם, חֻקִּים לְהוֹרוֹתָם אֲשֶׁר יַעֲשֶׂה אוֹתָם הָאָדָם וָחָי: ויקרא יח
מִי זֶה יִצְטַדָּק, נִמְשַׁל לְאָבָק דָּק אֱמֶת, כִּי לֹא־יִצְדַּק לְפָנֶיךָ כָל־חָי: תהלים קמג

צָמְאָה נַפְשִׁי לֵאלֹהִים לְאֵל חָי
לִבִּי וּבְשָׂרִי יְרַנְּנוּ אֶל אֵל־חָי.

בְּלֵב יֵצֶר חָשׁוּב כִּדְמוּת חֲמַת עַכְשׁוּב וְאֵיכָכָה יָשׁוּב הַבָּשָׂר הֶחָי: ויקרא יג
נְסוֹגִים אִם אָבוּ, וּמִדַּרְכָּם שָׁבוּ טֶרֶם יִשְׁכָּבוּ בֵּית מוֹעֵד לְכָל־חָי: איוב ל

צָמְאָה נַפְשִׁי לֵאלֹהִים לְאֵל חָי
לִבִּי וּבְשָׂרִי יְרַנְּנוּ אֶל אֵל־חָי.

עַל כֹּל אֲהוֹדֶךָ, כָּל פֶּה תְּיַחֲדֶךָ פּוֹתֵחַ אֶת־יָדֶךָ וּמַשְׂבִּיעַ לְכָל־חָי: תהלים קמה
זְכֹר אַהֲבַת קְדוּמִים, וְהַחֲיֵה נִרְדָּמִים וְקָרֵב הַיָּמִים אֲשֶׁר בֶּן־יִשַׁי חָי: שמואל א׳ כ

צָמְאָה נַפְשִׁי לֵאלֹהִים לְאֵל חָי
לִבִּי וּבְשָׂרִי יְרַנְּנוּ אֶל אֵל־חָי.

רְאֵה לִגְבֶרֶת אֱמֶת, שִׁפְחָה נוֹאֱמֶת לֹא כִי, בְּנֵךְ הַמֵּת וּבְנִי הֶחָי: מלכים א׳ ג
אֶקֹּד עַל אַפִּי, וְאֶפְרֹשׂ לְךָ כַּפִּי עֵת אֶפְתַּח פִּי בְּנִשְׁמַת כָּל חָי.

צָמְאָה נַפְשִׁי לֵאלֹהִים לְאֵל חָי
לִבִּי וּבְשָׂרִי יְרַנְּנוּ אֶל אֵל־חָי.

צוּר מִשֶּׁלּוֹ אָכַלְנוּ בָּרְכוּ אֱמוּנַי
שָׂבַעְנוּ וְהוֹתַרְנוּ כִּדְבַר יהוה.

הַזָּן אֶת עוֹלָמוֹ רוֹעֵנוּ אָבִינוּ
אָכַלְנוּ אֶת לַחְמוֹ וְיֵינוֹ שָׁתִינוּ
עַל כֵּן נוֹדֶה לִשְׁמוֹ וּנְהַלְלוֹ בְּפִינוּ
אָמַרְנוּ וְעָנִינוּ אֵין קָדוֹשׁ כַּיהוה.
צוּר מִשֶּׁלּוֹ אָכַלְנוּ, בָּרְכוּ אֱמוּנַי, שָׂבַעְנוּ וְהוֹתַרְנוּ כִּדְבַר יהוה.

בְּשִׁיר וְקוֹל תּוֹדָה נְבָרֵךְ אֱלֹהֵינוּ
עַל אֶרֶץ חֶמְדָּה שֶׁהִנְחִיל לַאֲבוֹתֵינוּ
מָזוֹן וְצֵידָה הִשְׂבִּיעַ לְנַפְשֵׁנוּ
חַסְדּוֹ גָּבַר עָלֵינוּ וֶאֱמֶת יהוה.
צוּר מִשֶּׁלּוֹ אָכַלְנוּ, בָּרְכוּ אֱמוּנַי, שָׂבַעְנוּ וְהוֹתַרְנוּ כִּדְבַר יהוה.

רַחֵם בְּחַסְדֶּךָ עַל עַמְּךָ צוּרֵנוּ
עַל צִיּוֹן מִשְׁכַּן כְּבוֹדֶךָ זְבוּל בֵּית תִּפְאַרְתֵּנוּ
בֶּן דָּוִד עַבְדֶּךָ יָבוֹא וְיִגְאָלֵנוּ
רוּחַ אַפֵּינוּ מְשִׁיחַ יהוה.
צוּר מִשֶּׁלּוֹ אָכַלְנוּ, בָּרְכוּ אֱמוּנַי, שָׂבַעְנוּ וְהוֹתַרְנוּ כִּדְבַר יהוה.

יִבָּנֶה הַמִּקְדָּשׁ עִיר צִיּוֹן תְּמַלֵּא
וְשָׁם נָשִׁיר שִׁיר חָדָשׁ וּבִרְנָנָה נַעֲלֶה
הָרַחֲמָן הַנִּקְדָּשׁ יִתְבָּרַךְ וְיִתְעַלֶּה
עַל כּוֹס יַיִן מָלֵא כְּבִרְכַּת יהוה.
צוּר מִשֶּׁלּוֹ אָכַלְנוּ, בָּרְכוּ אֱמוּנַי, שָׂבַעְנוּ וְהוֹתַרְנוּ כִּדְבַר יהוה.

יה אכסוף זמירה זו שכתב ר' אהרן ('הגדול') מקרלין היא תפילה וכיסופים להגיע לתפיסה ולהרגשה של קדושת השבת. אכילה, ופעמים גם שירה, שינה, מנוחה ואפילו שהייה בבית הכנסת, יכולות לגרום לאנשים רבים הרגשה טובה של עונג ביום השבת. ואולם, אם נפשו של אדם מעודנת יותר, הוא לא יסתפק בדברים הללו, ויחוש ביתר שאת שחסר לו משהו מן התוכן הפנימי של השבת. אומנם הסעודה עשויה להיות טובה והשינה ערֵבה, אולם אדם יודע בעצמו שהוא נהנה מאוכל ושינה בלבד, והריהו שואל – היכן היא עצם השבת? מסופר בתלמוד

יָהּ אֶכְסֹף נֹעַם שַׁבָּת הַמַּתְאֶמֶת וּמִתְאַחֶדֶת בִּסְגֻלָּתֶךָ.
מְשֹׁךְ נֹעַם יִרְאָתְךָ לְעַם מְבַקְשֵׁי רְצוֹנֶךָ.
קַדְּשֵׁם בִּקְדֻשַּׁת הַשַּׁבָּת הַמִּתְאַחֶדֶת בְּתוֹרָתֶךָ.
פְּתַח לָהֶם נֹעַם וְרָצוֹן לִפְתֹּחַ שַׁעֲרֵי רְצוֹנֶךָ.

הָיָה הֹוֶה שְׁמֹר שׁוֹמְרֵי וּמְצַפִּים שַׁבָּת קָדְשֶׁךָ.
כְּאַיָּל תַּעֲרֹג עַל אֲפִיקֵי מָיִם
כֵּן נַפְשָׁם תַּעֲרֹג לְקַבֵּל נֹעַם שַׁבָּת הַמִּתְאַחֶדֶת בְּשֵׁם קָדְשֶׁךָ.
הַצֵּל מְאַחֲרֵי לִפְרֹשׁ מִן הַשַּׁבָּת לְבִלְתִּי
תְהִיֶה סָגוּר מֵהֶם שִׁשָּׁה יָמִים הַמְּקַבְּלִים קְדֻשָּׁה מִשַּׁבַּת קָדְשֶׁךָ.
וְטַהֵר לִבָּם בֶּאֱמֶת וּבֶאֱמוּנָה לְעָבְדֶךָ.

וִיהִיוּ רַחֲמֶיךָ מִתְגּוֹלְלִים (עַל מִדּוֹתֶיךָ.
וִיהִיוּ רַחֲמֶיךָ מִתְגּוֹלְלִים) עַל עַם קָדְשֶׁךָ.
לְהַשְׁקוֹת צְמֵאֵי חַסְדְּךָ מִנָּהָר הַיּוֹצֵא מֵעֵדֶן.
לְעַטֵּר אֶת יִשְׂרָאֵל בְּתִפְאֶרֶת הַמְפָאֲרִים אוֹתְךָ (בְּיוֹם שַׁבָּת)
עַל יְדֵי שַׁבַּת קָדְשֶׁךָ.
כָּל שִׁשָּׁה יָמִים לְהַנְחִילָם נַחֲלַת יַעֲקֹב בְּחִירֶךָ.

הַשַּׁבָּת נֹעַם הַנְּשָׁמוֹת, וְהַשְּׁבִיעִי עֹנֶג הָרוּחוֹת וְעֵדֶן הַנְּפָשׁוֹת
לְהִתְעַדֵּן בְּאַהֲבָתְךָ וְיִרְאָתֶךָ.
שַׁבָּת קֹדֶשׁ נַפְשִׁי חוֹלַת אַהֲבָתֶךָ.
שַׁבָּת קֹדֶשׁ נַפְשׁוֹת יִשְׂרָאֵל בְּצֵל כְּנָפֶיךָ יֶחֱסָיוּן, יִרְוְיֻן מִדֶּשֶׁן בֵּיתֶךָ.

לפני נטילת מים אחרונים אומרים:

יְדֵי אַסְחֵי אֲנָא לְגַבֵּי חַד מָנָא / לְסִטְרָא חוֹרָנָא דְּלֵית בֵּהּ מְשָׁשָׁא
אֲזַמֵּן בִּתְלָתָא בְּכָסָא דְבִרְכְתָא / לְעִלַּת עִלָּתָא עַתִּיקָא קַדִּישָׁא

ברכת המזון בעמ׳ 681.

שאחד משרי הגויים שאל חכם יהודי מפני מה מאכלי השבת ערבים כל כך. השיב לו אותו חכם: ״תבלין אחד יש לנו, ושבת שמו, שאנו מטילין לתוך האוכל וריחו נודף״. אמר לו החכם גוי: ״תן לנו הימנו!״. אמר לו: ״כל המשמר את השבת מועיל לו, ושאינו משמר את השבת אינו מועיל לו״. זמר זה מבטא את החיפוש אחרי התבלין הזה, את הבקשה וההשתוקקות לחוש את פנימיות השבת. עצם העיסוק בדברים אלה פותח פתח למעלה, וכאשר אדם פותח את עצמו לקדושה המהותית של השבת הקדושה יכולה להיכנס אל תוכו.

שחרית לשבת וליום טוב

נוהגים שאין משכימים כל כך לתפילת שחרית של שבת כמו בימי החול (אך ראוי לקבוע זמן תפילת שחרית כך שקריאת שמע תיאמר בזמנה).

מתפללים תפילת השחר עד אחרי סדר הקורבנות (עמ׳ 46).

תפילות השחר

דברי הימים א׳ טז הוֹדוּ לַיהוה קִרְאוּ בִשְׁמוֹ, הוֹדִיעוּ בָעַמִּים עֲלִילֹתָיו: שִׁירוּ לוֹ, זַמְּרוּ־לוֹ, שִׂיחוּ בְּכָל־נִפְלְאוֹתָיו: הִתְהַלְלוּ בְּשֵׁם קָדְשׁוֹ, יִשְׂמַח לֵב מְבַקְשֵׁי יהוה: דִּרְשׁוּ יהוה וְעֻזּוֹ, בַּקְּשׁוּ פָנָיו תָּמִיד: זִכְרוּ נִפְלְאֹתָיו אֲשֶׁר עָשָׂה, מֹפְתָיו וּמִשְׁפְּטֵי־פִיהוּ: זֶרַע יִשְׂרָאֵל עַבְדּוֹ, בְּנֵי יַעֲקֹב בְּחִירָיו: הוּא יהוה אֱלֹהֵינוּ בְּכָל־הָאָרֶץ מִשְׁפָּטָיו: זִכְרוּ לְעוֹלָם בְּרִיתוֹ, דָּבָר צִוָּה לְאֶלֶף דּוֹר: אֲשֶׁר כָּרַת אֶת־אַבְרָהָם, וּשְׁבוּעָתוֹ לְיִצְחָק: וַיַּעֲמִידֶהָ לְיַעֲקֹב לְחֹק, לְיִשְׂרָאֵל בְּרִית עוֹלָם: לֵאמֹר, לְךָ אֶתֵּן אֶרֶץ־כְּנָעַן, חֶבֶל נַחֲלַתְכֶם: בִּהְיוֹתְכֶם מְתֵי מִסְפָּר, כִּמְעַט וְגָרִים בָּהּ: וַיִּתְהַלְּכוּ מִגּוֹי אֶל־גּוֹי, וּמִמַּמְלָכָה אֶל־עַם אַחֵר: לֹא־הִנִּיחַ לְאִישׁ לְעָשְׁקָם, וַיּוֹכַח עֲלֵיהֶם מְלָכִים: אַל־תִּגְּעוּ בִּמְשִׁיחָי, וּבִנְבִיאַי אַל־תָּרֵעוּ: שִׁירוּ לַיהוה כָּל־הָאָרֶץ, בַּשְּׂרוּ מִיּוֹם־אֶל־יוֹם יְשׁוּעָתוֹ: סַפְּרוּ בַגּוֹיִם אֶת־כְּבוֹדוֹ, בְּכָל־הָעַמִּים נִפְלְאֹתָיו: כִּי גָדוֹל

תפילת שחרית של שבת ליל השבת הוא זמן המעבר מימי המעשה אל השבת, ואילו יום השבת הוא השבת עצמה. ליל השבת הוא זמן של העלם, מתעלמים בו ימי המעשה והוא צופן בתוכו את יום השבת ההולך ובא. בלשון הקבלה, ליל השבת, שהוא זמן חשכה, הוא זמנה של "המלכות" שאין לה אור משל עצמה, אולם היא מקבלת את הארת השבת ומתמלאת ממנה. כיוון שהיא מקבלת רק מהארת השבת היא מתעלה בתשוקתה לו, ככלה לקראת חתנה (ואכן, בשל ההארה – שתמיד היא מורגשת יותר מן העצם – ובשל המעבר והחידוש שבדבר, פעמים רבות אנו חשים את קדושת השבת ביתר שאת דווקא בזמן זה של ליל השבת). לעומת זאת, יום השבת הוא מהות השבת; מעתה אין אנו רק רואים את השבת,

יהוה וּמְהֻלָּל מְאֹד, וְנוֹרָא הוּא עַל־כָּל־אֱלֹהִים: כִּי כָּל־אֱלֹהֵי הָעַמִּים אֱלִילִים, וַיהוה שָׁמַיִם עָשָׂה:

הוֹד וְהָדָר לְפָנָיו, עֹז וְחֶדְוָה בִּמְקֹמוֹ: הָבוּ לַיהוה מִשְׁפְּחוֹת עַמִּים, הָבוּ לַיהוה כָּבוֹד וָעֹז: הָבוּ לַיהוה כְּבוֹד שְׁמוֹ, שְׂאוּ מִנְחָה וּבֹאוּ לְפָנָיו, הִשְׁתַּחֲווּ לַיהוה בְּהַדְרַת־קֹדֶשׁ: חִילוּ מִלְּפָנָיו כָּל־הָאָרֶץ, אַף־תִּכּוֹן תֵּבֵל בַּל־תִּמּוֹט: יִשְׂמְחוּ הַשָּׁמַיִם וְתָגֵל הָאָרֶץ, וְיֹאמְרוּ בַגּוֹיִם יהוה מָלָךְ: יִרְעַם הַיָּם וּמְלוֹאוֹ, יַעֲלֹץ הַשָּׂדֶה וְכָל־אֲשֶׁר־בּוֹ: אָז יְרַנְּנוּ עֲצֵי הַיָּעַר, מִלִּפְנֵי יהוה, כִּי־בָא לִשְׁפּוֹט אֶת־הָאָרֶץ: הוֹדוּ לַיהוה כִּי טוֹב, כִּי לְעוֹלָם חַסְדּוֹ: וְאִמְרוּ, הוֹשִׁיעֵנוּ אֱלֹהֵי יִשְׁעֵנוּ, וְקַבְּצֵנוּ וְהַצִּילֵנוּ מִן־הַגּוֹיִם, לְהֹדוֹת לְשֵׁם קָדְשֶׁךָ, לְהִשְׁתַּבֵּחַ בִּתְהִלָּתֶךָ: בָּרוּךְ יהוה אֱלֹהֵי יִשְׂרָאֵל מִן־הָעוֹלָם וְעַד־הָעֹלָם, וַיֹּאמְרוּ כָל־הָעָם אָמֵן, וְהַלֵּל לַיהוה:

אלא אנו נמצאים בתוכה. לכן המושג של כבוד השבת – כלשון הנביא: "קְדוֹשׁ ה' מְכֻבָּד" – קשור יותר ליום, ואילו עונג השבת הוא עניינו של ליל השבת. אומנם, כבוד היום איננו שולל את עונג השבת (המתבטא בסעודות השבת ובמנוחה), אלא מדגיש פן נוסף שלה – קדושת היום. כבר בתיאורה הראשון של השבת, במעשה הבריאה – "וַיְבָרֶךְ אֱ־לֹהִים אֶת יוֹם הַשְּׁבִיעִי, וַיְקַדֵּשׁ אֹתוֹ" – מוצגים שני פניה של השבת. מצד אחד הברכה, שהיא בחינת הרווחה, המנוחה והרגיעה; ומצד אחר הקדושה, שהיא המהות הנבדלת, המופרשת בעצם. בין "מנוחה" ו"קדושה" קיים מתח מתמיד: מנוחה, בכל אופן שתהיה, היא הרפיה, הרפיית מתח גופנית ורוחנית, שכן בלי הרפיה כזו לא תיתכן מנוחה; ולעומת זאת הקדושה יוצרת מתח – אל מול הקודש אפשר לעמוד, אבל אי אפשר להירגע על מיטה. הקדושה היא בבחינת קו האופק: רחוק לאין שיעור, וכל התקרבות אליו איננה מקרבת אותו. משום שהגוון הייחודי ליום השבת הוא בבחינה של נתינת הכבוד ושל קדושת השבת סדר התפילה של בוקר השבת מדגיש את קדושת היום. אף על פי שתפילת העמידה של שבת היא קצרה הוסיפו לה תוספות מרובות שחלקן אינן מעניינה של השבת אלא מעניין תפיסת הקודש בכלל: פסוקי דזמרה ארוכים, תפילת "נשמת" ופיוטים רבים, וכיוצא בזה גם סדר קריאת התורה, שהיא גם טקסית וגם לימודית, ובאה להוסיף לכבוד היום.

תהלים צט רוֹמְמוּ יהוה אֱלֹהֵינוּ וְהִשְׁתַּחֲווּ לַהֲדֹם רַגְלָיו, קָדוֹשׁ הוּא: רוֹמְמוּ
יהוה אֱלֹהֵינוּ וְהִשְׁתַּחֲווּ לְהַר קָדְשׁוֹ, כִּי־קָדוֹשׁ יהוה אֱלֹהֵינוּ:
תהלים עח וְהוּא רַחוּם, יְכַפֵּר עָוֹן וְלֹא־יַשְׁחִית, וְהִרְבָּה לְהָשִׁיב אַפּוֹ, וְלֹא־
תהלים מ יָעִיר כָּל־חֲמָתוֹ: אַתָּה יהוה לֹא־תִכְלָא רַחֲמֶיךָ מִמֶּנִּי, חַסְדְּךָ וַאֲמִתְּךָ
תהלים כה תהלים סח תָּמִיד יִצְּרוּנִי: זְכֹר־רַחֲמֶיךָ יהוה וַחֲסָדֶיךָ, כִּי מֵעוֹלָם הֵמָּה: תְּנוּ
עֹז לֵאלֹהִים, עַל־יִשְׂרָאֵל גַּאֲוָתוֹ, וְעֻזּוֹ בַּשְּׁחָקִים: נוֹרָא אֱלֹהִים
מִמִּקְדָּשֶׁיךָ, אֵל יִשְׂרָאֵל הוּא נֹתֵן עֹז וְתַעֲצֻמוֹת לָעָם, בָּרוּךְ אֱלֹהִים:
תהלים צד אֵל־נְקָמוֹת יהוה, אֵל נְקָמוֹת הוֹפִיעַ: הִנָּשֵׂא שֹׁפֵט הָאָרֶץ, הָשֵׁב
תהלים ג תהלים מו גְּמוּל עַל־גֵּאִים: לַיהוה הַיְשׁוּעָה, עַל־עַמְּךָ בִרְכָתֶךָ סֶּלָה: יהוה
תהלים פד צְבָאוֹת עִמָּנוּ, מִשְׂגָּב לָנוּ אֱלֹהֵי יַעֲקֹב סֶלָה: יהוה צְבָאוֹת, אַשְׁרֵי
תהלים כ אָדָם בֹּטֵחַ בָּךְ: יהוה הוֹשִׁיעָה, הַמֶּלֶךְ יַעֲנֵנוּ בְיוֹם־קָרְאֵנוּ:
תהלים כח הוֹשִׁיעָה אֶת־עַמֶּךָ, וּבָרֵךְ אֶת־נַחֲלָתֶךָ, וּרְעֵם וְנַשְּׂאֵם עַד־
תהלים לג הָעוֹלָם: נַפְשֵׁנוּ חִכְּתָה לַיהוה, עֶזְרֵנוּ וּמָגִנֵּנוּ הוּא: כִּי־בוֹ יִשְׂמַח
לִבֵּנוּ, כִּי בְשֵׁם קָדְשׁוֹ בָטָחְנוּ: יְהִי־חַסְדְּךָ יהוה עָלֵינוּ, כַּאֲשֶׁר יִחַלְנוּ
תהלים פה תהלים מד לָךְ: הַרְאֵנוּ יהוה חַסְדֶּךָ, וְיֶשְׁעֲךָ תִּתֶּן־לָנוּ: קוּמָה עֶזְרָתָה לָּנוּ, וּפְדֵנוּ
תהלים פא לְמַעַן חַסְדֶּךָ: אָנֹכִי יהוה אֱלֹהֶיךָ הַמַּעַלְךָ מֵאֶרֶץ מִצְרָיִם, הַרְחֶב־פִּיךָ
תהלים קמד תהלים יג וַאֲמַלְאֵהוּ: אַשְׁרֵי הָעָם שֶׁכָּכָה לּוֹ, אַשְׁרֵי הָעָם שֶׁיהוה אֱלֹהָיו: וַאֲנִי
בְּחַסְדְּךָ בָטַחְתִּי, יָגֵל לִבִּי בִּישׁוּעָתֶךָ, אָשִׁירָה לַיהוה, כִּי גָמַל עָלָי:

תהלים ל מִזְמוֹר שִׁיר־חֲנֻכַּת הַבַּיִת לְדָוִד: אֲרוֹמִמְךָ יהוה כִּי דִלִּיתָנִי,
וְלֹא־שִׂמַּחְתָּ אֹיְבַי לִי: יהוה אֱלֹהָי, שִׁוַּעְתִּי אֵלֶיךָ וַתִּרְפָּאֵנִי:
יהוה, הֶעֱלִיתָ מִן־שְׁאוֹל נַפְשִׁי, חִיִּיתַנִי מִיָּרְדִי־בוֹר: זַמְּרוּ
לַיהוה חֲסִידָיו, וְהוֹדוּ לְזֵכֶר קָדְשׁוֹ: כִּי רֶגַע בְּאַפּוֹ, חַיִּים בִּרְצוֹנוֹ,
בָּעֶרֶב יָלִין בֶּכִי וְלַבֹּקֶר רִנָּה: וַאֲנִי אָמַרְתִּי בְשַׁלְוִי, בַּל־אֶמּוֹט
לְעוֹלָם: יהוה, בִּרְצוֹנְךָ הֶעֱמַדְתָּה לְהַרְרִי עֹז, הִסְתַּרְתָּ פָנֶיךָ
הָיִיתִי נִבְהָל: אֵלֶיךָ יהוה אֶקְרָא, וְאֶל־אֲדֹנָי אֶתְחַנָּן: מַה־בֶּצַע

בְּדָמִי, בְּרִדְתִּי אֶל שָׁחַת, הֲיוֹדְךָ עָפָר, הֲיַגִּיד אֲמִתֶּךָ: שְׁמַע־
יהוה וְחָנֵּנִי, יהוה הֱיֵה־עֹזֵר לִי: הָפַכְתָּ מִסְפְּדִי לְמָחוֹל לִי,
פִּתַּחְתָּ שַׂקִּי, וַתְּאַזְּרֵנִי שִׂמְחָה: לְמַעַן יְזַמֶּרְךָ כָבוֹד וְלֹא יִדֹּם,
יהוה אֱלֹהַי, לְעוֹלָם אוֹדֶךָּ:

נוהגים לעמוד כשאומרים 'ה' מֶלֶךְ'.

יהוה מֶלֶךְ, יהוה מָלָךְ, יהוה יִמְלֹךְ לְעֹלָם וָעֶד.
יהוה מֶלֶךְ, יהוה מָלָךְ, יהוה יִמְלֹךְ לְעֹלָם וָעֶד.

וְהָיָה יהוה לְמֶלֶךְ עַל־כָּל־הָאָרֶץ זכריה יד
בַּיּוֹם הַהוּא יִהְיֶה יהוה אֶחָד וּשְׁמוֹ אֶחָד:

הוֹשִׁיעֵנוּ יהוה אֱלֹהֵינוּ, וְקַבְּצֵנוּ מִן־הַגּוֹיִם, לְהוֹדוֹת לְשֵׁם קָדְשֶׁךָ, תהלים קו
לְהִשְׁתַּבֵּחַ בִּתְהִלָּתֶךָ: בָּרוּךְ יהוה אֱלֹהֵי יִשְׂרָאֵל מִן־הָעוֹלָם וְעַד הָעוֹלָם,
וְאָמַר כָּל־הָעָם אָמֵן, הַלְלוּיָהּ: כֹּל הַנְּשָׁמָה תְּהַלֵּל יָהּ, הַלְלוּיָהּ: תהלים קנ

לַמְנַצֵּחַ מִזְמוֹר לְדָוִד: הַשָּׁמַיִם מְסַפְּרִים כְּבוֹד־אֵל, וּמַעֲשֵׂה יָדָיו תהלים יט
מַגִּיד הָרָקִיעַ: יוֹם לְיוֹם יַבִּיעַ אֹמֶר, וְלַיְלָה לְּלַיְלָה יְחַוֶּה־דָּעַת:
אֵין־אֹמֶר וְאֵין דְּבָרִים, בְּלִי נִשְׁמָע קוֹלָם: בְּכָל־הָאָרֶץ יָצָא קַוָּם,
וּבִקְצֵה תֵבֵל מִלֵּיהֶם, לַשֶּׁמֶשׁ שָׂם־אֹהֶל בָּהֶם: וְהוּא כְּחָתָן
יֹצֵא מֵחֻפָּתוֹ, יָשִׂישׂ כְּגִבּוֹר לָרוּץ אֹרַח: מִקְצֵה הַשָּׁמַיִם מוֹצָאוֹ,
וּתְקוּפָתוֹ עַל־קְצוֹתָם, וְאֵין נִסְתָּר מֵחַמָּתוֹ: תּוֹרַת יהוה תְּמִימָה,

---

למנצח מזמור לדוד במזמור שלושה חלקים: כבוד ה' בעולם, שבח התורה, ותפילה אישית של האדם. ההתבוננות בעולם מביאה את האדם להרגיש את נוכחות הקדוש ברוך הוא; אומנם השמיים, הרקיע, היום והלילה אינם משמיעים קול, אולם הם מדברים בלי הרף – בעצם קיומם הם מספרים את התגלות ה' בעולם. חלקו השני של המזמור מקביל בין גילוי כבוד ה' בעולם לבין מה שנגלה בתוך התורה והמצוות. העולם כולו מלא קרעים ופגמים, עורמה ומזימה, הגורמים לאדם עייפות הנפש. ולעומת זאת ההתבוננות בתורה, שהיא דבר שלם שאין בו פגם, מרגיעה ומשיבה את נפשו. כך גם העיקומים והפיתולים שבליבו

מְשִׁיבַת נָפֶשׁ, עֵדוּת יהוה נֶאֱמָנָה, מַחְכִּימַת פֶּתִי: פִּקּוּדֵי יהוה יְשָׁרִים, מְשַׂמְּחֵי־לֵב, מִצְוַת יהוה בָּרָה, מְאִירַת עֵינָיִם: יִרְאַת יהוה טְהוֹרָה, עוֹמֶדֶת לָעַד, מִשְׁפְּטֵי־יהוה אֱמֶת, צָדְקוּ יַחְדָּו: הַנֶּחֱמָדִים מִזָּהָב וּמִפַּז רָב, וּמְתוּקִים מִדְּבַשׁ וְנֹפֶת צוּפִים: גַּם־עַבְדְּךָ נִזְהָר בָּהֶם, בְּשָׁמְרָם עֵקֶב רָב: שְׁגִיאוֹת מִי־יָבִין, מִנִּסְתָּרוֹת נַקֵּנִי: גַּם מִזֵּדִים חֲשֹׂךְ עַבְדֶּךָ, אַל־יִמְשְׁלוּ־בִי אָז אֵיתָם, וְנִקֵּיתִי מִפֶּשַׁע רָב: יִהְיוּ לְרָצוֹן אִמְרֵי־פִי וְהֶגְיוֹן לִבִּי לְפָנֶיךָ, יהוה, צוּרִי וְגֹאֲלִי:

תהלים לג רַנְּנוּ צַדִּיקִים בַּיהוה, לַיְשָׁרִים נָאוָה תְהִלָּה: הוֹדוּ לַיהוה בְּכִנּוֹר,
בְּנֵבֶל עָשׂוֹר זַמְּרוּ־לוֹ: שִׁירוּ־לוֹ שִׁיר חָדָשׁ, הֵיטִיבוּ נַגֵּן בִּתְרוּעָה:
כִּי־יָשָׁר דְּבַר־יהוה, וְכָל־מַעֲשֵׂהוּ בֶּאֱמוּנָה: אֹהֵב צְדָקָה וּמִשְׁפָּט,
חֶסֶד יהוה מָלְאָה הָאָרֶץ: בִּדְבַר יהוה שָׁמַיִם נַעֲשׂוּ, וּבְרוּחַ פִּיו

של אדם גורמים שאפילו בזמנים טובים, וכל שכן בזמנים אחרים, אין הוא מסוגל לשמוח, משום שיש לו ספקות, חששות, בעיות וחשבונות. ואילו אדם ישר לב, שאין בו פתלתלות כזאת, יכול לקבל את הטוב בשמחה – ואף לשמוח בישרות עצמה. כך המצוות, משום שהן ישרות ואין בהן פתלתלות ועיקומים, הן משמחות לב. חלקו השלישי של המזמור הוא מעין מסקנה פרטית ואנושית מן הדברים שנאמרו קודם לכן באופן כללי. משום שדברי התורה, הפקודים והמשפטים הם אמיתיים, ישרים ואף נחמדים ומתוקים, המתפלל מביע את נכונותו ורצונו להיזהר בהם ולשמור אותם. להבעת הרצון ללכת בדרך התורה והמצוות המתפלל מוסיף בקשה מה׳ להינצל מכל הדברים המכשילים אותו בדרכו, שאילו יתבטלו כל האילוצים הפנימיים והחיצוניים יוכל להתגלות בדמות אדם מתוקנת ושלמה.

רננו צדיקים שיר תהילה לה׳ על גדולתו וחסדיו בעולם בכלל ובתוך המציאות האנושית בפרט. במאמר ה׳ נבראו השמיים והארץ, הימים וכל תהומות, ובדברו הוא ממשיך לקיימם. עם זאת הוא גם פועל ומשגיח בארץ: בחר לו את עם ישראל ודואג לקשורים בו המייחלים לחסדו. לכן יש לבטוח רק בה׳, כי כל האמצעים החיצוניים אינם קובעים, אלא עזרו של הקדוש ברוך הוא לבדו.

כָּל־צְבָאָם: כֹּנֵס כַּנֵּד מֵי הַיָּם, נֹתֵן בְּאוֹצָרוֹת תְּהוֹמוֹת: יִירְאוּ מֵיהוה כָּל־הָאָרֶץ, מִמֶּנּוּ יָגוּרוּ כָּל־יֹשְׁבֵי תֵבֵל: כִּי הוּא אָמַר וַיֶּהִי, הוּא־צִוָּה וַיַּעֲמֹד: יהוה הֵפִיר עֲצַת־גּוֹיִם, הֵנִיא מַחְשְׁבוֹת עַמִּים: עֲצַת יהוה לְעוֹלָם תַּעֲמֹד, מַחְשְׁבוֹת לִבּוֹ לְדֹר וָדֹר: אַשְׁרֵי הַגּוֹי אֲשֶׁר־יהוה אֱלֹהָיו, הָעָם בָּחַר לְנַחֲלָה לוֹ: מִשָּׁמַיִם הִבִּיט יהוה, רָאָה אֶת־כָּל־בְּנֵי הָאָדָם: מִמְּכוֹן־שִׁבְתּוֹ הִשְׁגִּיחַ, אֶל כָּל־יֹשְׁבֵי הָאָרֶץ: הַיֹּצֵר יַחַד לִבָּם, הַמֵּבִין אֶל־כָּל־מַעֲשֵׂיהֶם: אֵין־הַמֶּלֶךְ נוֹשָׁע בְּרָב־חָיִל, גִּבּוֹר לֹא־יִנָּצֵל בְּרָב־כֹּחַ: שֶׁקֶר הַסּוּס לִתְשׁוּעָה, וּבְרֹב חֵילוֹ לֹא יְמַלֵּט: הִנֵּה עֵין יהוה אֶל־יְרֵאָיו, לַמְיַחֲלִים לְחַסְדּוֹ: לְהַצִּיל מִמָּוֶת נַפְשָׁם, וּלְחַיּוֹתָם בָּרָעָב: נַפְשֵׁנוּ חִכְּתָה לַיהוה, עֶזְרֵנוּ וּמָגִנֵּנוּ הוּא: כִּי־בוֹ יִשְׂמַח לִבֵּנוּ, כִּי בְשֵׁם קָדְשׁוֹ בָטָחְנוּ: יְהִי־חַסְדְּךָ יהוה עָלֵינוּ, כַּאֲשֶׁר יִחַלְנוּ לָךְ:

לְדָוִד, בְּשַׁנּוֹתוֹ אֶת־טַעְמוֹ לִפְנֵי אֲבִימֶלֶךְ, וַיְגָרְשֵׁהוּ וַיֵּלַךְ: אֲבָרְכָה אֶת־יהוה בְּכָל־עֵת, תָּמִיד תְּהִלָּתוֹ בְּפִי: בַּיהוה תִּתְהַלֵּל נַפְשִׁי, יִשְׁמְעוּ עֲנָוִים וְיִשְׂמָחוּ: גַּדְּלוּ לַיהוה אִתִּי, וּנְרוֹמְמָה שְׁמוֹ יַחְדָּו: דָּרַשְׁתִּי אֶת־יהוה וְעָנָנִי, וּמִכָּל־מְגוּרוֹתַי הִצִּילָנִי: הִבִּיטוּ אֵלָיו וְנָהָרוּ, וּפְנֵיהֶם אַל־יֶחְפָּרוּ: זֶה עָנִי קָרָא, וַיהוה שָׁמֵעַ, וּמִכָּל־צָרוֹתָיו תהלים לד

לדוד בשנותו את טעמו מזמור המלמד מהן הדרכים הטובות שאדם צריך ללכת בהן, וכן שההולכים בהן זוכים לעזרת ה׳ ולחסותו.

אברכה את ה׳ בכל עת הצהרה של המתפלל שיהלל ויברך את ה׳ בכל זמן: בעת של תשועה על הטובה וגם בעיתות מצוקה על הרעה. הפסוק – ״בה׳ תתהלל נפשי״ – הוא הסבר ליכולת להלל את ה׳ בכל עת; אם אדם חושב על הבעיות של עצמו, אפשר שיהיו לו כאבי לב או פקפוקים. אך מכיוון שהוא חושב על הקדוש ברוך הוא, ובכבודו ובגדולתו הוא מתהלל, תמיד יש לו דברי תהילה לה׳; שהרי גדולת ה׳ קיימת תמיד, גם כאשר האדם סובל.

הוֹשִׁיעוֹ: חֹנֶה מַלְאַךְ־יהוה סָבִיב לִירֵאָיו, וַיְחַלְּצֵם: טַעֲמוּ וּרְאוּ כִּי־טוֹב יהוה, אַשְׁרֵי הַגֶּבֶר יֶחֱסֶה־בּוֹ: יְראוּ אֶת־יהוה קְדֹשָׁיו, כִּי־אֵין מַחְסוֹר לִירֵאָיו: כְּפִירִים רָשׁוּ וְרָעֵבוּ, וְדֹרְשֵׁי יהוה לֹא־יַחְסְרוּ כָל־טוֹב: לְכוּ־בָנִים שִׁמְעוּ־לִי, יִרְאַת יהוה אֲלַמֶּדְכֶם: מִי־הָאִישׁ הֶחָפֵץ חַיִּים, אֹהֵב יָמִים לִרְאוֹת טוֹב: נְצֹר לְשׁוֹנְךָ מֵרָע, וּשְׂפָתֶיךָ מִדַּבֵּר מִרְמָה: סוּר מֵרָע וַעֲשֵׂה־טוֹב, בַּקֵּשׁ שָׁלוֹם וְרָדְפֵהוּ: עֵינֵי יהוה אֶל־צַדִּיקִים, וְאָזְנָיו אֶל־שַׁוְעָתָם: פְּנֵי יהוה בְּעֹשֵׂי רָע, לְהַכְרִית מֵאֶרֶץ זִכְרָם: צָעֲקוּ וַיהוה שָׁמֵעַ, וּמִכָּל־צָרוֹתָם הִצִּילָם: קָרוֹב יהוה לְנִשְׁבְּרֵי־לֵב, וְאֶת־דַּכְּאֵי־רוּחַ יוֹשִׁיעַ: רַבּוֹת רָעוֹת צַדִּיק, וּמִכֻּלָּם יַצִּילֶנּוּ יהוה: שֹׁמֵר כָּל־עַצְמוֹתָיו, אַחַת מֵהֵנָּה לֹא נִשְׁבָּרָה: תְּמוֹתֵת רָשָׁע רָעָה, וְשֹׂנְאֵי צַדִּיק יֶאְשָׁמוּ: פּוֹדֶה יהוה נֶפֶשׁ עֲבָדָיו, וְלֹא יֶאְשְׁמוּ כָּל־הַחֹסִים בּוֹ:

תהלים צ תְּפִלָּה לְמשֶׁה אִישׁ־הָאֱלֹהִים, אֲדֹנָי, מָעוֹן אַתָּה הָיִיתָ לָּנוּ בְּדֹר
וָדֹר: בְּטֶרֶם הָרִים יֻלָּדוּ, וַתְּחוֹלֵל אֶרֶץ וְתֵבֵל, וּמֵעוֹלָם עַד־עוֹלָם
אַתָּה אֵל: תָּשֵׁב אֱנוֹשׁ עַד־דַּכָּא, וַתֹּאמֶר שׁוּבוּ בְנֵי־אָדָם: כִּי
אֶלֶף שָׁנִים בְּעֵינֶיךָ, כְּיוֹם אֶתְמוֹל כִּי יַעֲבֹר, וְאַשְׁמוּרָה בַלָּיְלָה:
זְרַמְתָּם, שֵׁנָה יִהְיוּ, בַּבֹּקֶר כֶּחָצִיר יַחֲלֹף: בַּבֹּקֶר יָצִיץ וְחָלָף, לָעֶרֶב

תְּפִלָּה לְמשֶׁה תפילה על מצבו של האדם ועל ההוויה האנושית בכללותה – הן כשלעצמה הן לפני הקדוש ברוך הוא. המזמור כולל דברי שבח על נצחיות ה׳ ודברי תפילה ואף תרעומת על המציאות האנושית הארעית והרופפת. התלונה העיקרית היא על היותינו בני־חלוף: קיצור חיי האדם וסבלות החיים כמעט שאינם מאפשרים לנו לחיות חיים הגונים, ובוודאי מקשים עלינו לחזור בתשובה. אנו טרודים יותר מדי במרוץ חסר־התכלית אחרי ענייני העולם הזה, החולף ועובר על פנינו; ואין לנו זמן ואף לא כוח לחשוב על הדברים החשובים באמת. המזמור מסיים בתפילה לחיים של שמחה ושלווה, בלא ייסורי גוף ונפש, ושנעימות הנתינה הטובה של ה׳ תשרה עלינו ועל מעשי ידינו.

יְמוֹלֵל וְיָבֵשׁ: כִּי־כָלִינוּ בְאַפֶּךָ, וּבַחֲמָתְךָ נִבְהָלְנוּ: שַׁתָּ עֲוֺנֹתֵינוּ לְנֶגְדֶּךָ, עֲלֻמֵנוּ לִמְאוֹר פָּנֶיךָ: כִּי כָל־יָמֵינוּ פָּנוּ בְעֶבְרָתֶךָ, כִּלִּינוּ שָׁנֵינוּ כְמוֹ־הֶגֶה: יְמֵי־שְׁנוֹתֵינוּ בָהֶם שִׁבְעִים שָׁנָה, וְאִם בִּגְבוּרֹת שְׁמוֹנִים שָׁנָה, וְרָהְבָּם עָמָל וָאָוֶן, כִּי־גָז חִישׁ וַנָּעֻפָה: מִי־יוֹדֵעַ עֹז אַפֶּךָ, וּכְיִרְאָתְךָ עֶבְרָתֶךָ: לִמְנוֹת יָמֵינוּ כֵּן הוֹדַע, וְנָבִא לְבַב חָכְמָה: שׁוּבָה יהוה עַד־מָתָי, וְהִנָּחֵם עַל־עֲבָדֶיךָ: שַׂבְּעֵנוּ בַבֹּקֶר חַסְדֶּךָ, וּנְרַנְּנָה וְנִשְׂמְחָה בְּכָל־יָמֵינוּ: שַׂמְּחֵנוּ כִּימוֹת עִנִּיתָנוּ, שְׁנוֹת רָאִינוּ רָעָה: יֵרָאֶה אֶל־עֲבָדֶיךָ פָעֳלֶךָ, וַהֲדָרְךָ עַל־בְּנֵיהֶם: וִיהִי נֹעַם אֲדֹנָי אֱלֹהֵינוּ עָלֵינוּ, וּמַעֲשֵׂה יָדֵינוּ כּוֹנְנָה עָלֵינוּ, וּמַעֲשֵׂה יָדֵינוּ כּוֹנְנֵהוּ:

תהלים צא יֹשֵׁב בְּסֵתֶר עֶלְיוֹן, בְּצֵל שַׁדַּי יִתְלוֹנָן: אֹמַר לַיהוה מַחְסִי וּמְצוּדָתִי, אֱלֹהַי אֶבְטַח־בּוֹ: כִּי הוּא יַצִּילְךָ מִפַּח יָקוּשׁ, מִדֶּבֶר הַוּוֹת: בְּאֶבְרָתוֹ יָסֶךְ לָךְ, וְתַחַת־כְּנָפָיו תֶּחְסֶה, צִנָּה וְסֹחֵרָה אֲמִתּוֹ: לֹא־תִירָא מִפַּחַד לָיְלָה, מֵחֵץ יָעוּף יוֹמָם: מִדֶּבֶר בָּאֹפֶל יַהֲלֹךְ, מִקֶּטֶב יָשׁוּד צָהֳרָיִם: יִפֹּל מִצִּדְּךָ אֶלֶף, וּרְבָבָה מִימִינֶךָ, אֵלֶיךָ לֹא יִגָּשׁ: רַק בְּעֵינֶיךָ תַבִּיט, וְשִׁלֻּמַת רְשָׁעִים תִּרְאֶה: כִּי־אַתָּה יהוה מַחְסִי, עֶלְיוֹן שַׂמְתָּ מְעוֹנֶךָ: לֹא־תְאֻנֶּה אֵלֶיךָ רָעָה, וְנֶגַע לֹא־יִקְרַב בְּאָהֳלֶךָ: כִּי מַלְאָכָיו יְצַוֶּה־לָּךְ, לִשְׁמָרְךָ בְּכָל־דְּרָכֶיךָ: עַל־כַּפַּיִם יִשָּׂאוּנְךָ, פֶּן־תִּגֹּף בָּאֶבֶן רַגְלֶךָ: עַל־שַׁחַל וָפֶתֶן תִּדְרֹךְ, תִּרְמֹס כְּפִיר וְתַנִּין: כִּי בִי חָשַׁק וַאֲפַלְּטֵהוּ,

---

ישב בסתר שירה של עידוד ונחמה לאדם שחי תחת חסותו של הקדוש ברוך הוא. במזמור מתואר כיצד ה׳ מציל אותו מכל פגע: הן מדברים הגלויים לעיניו הן מסכנות האורבות לו בסתר. המזמור מסודר כשירה בכמה קולות, העובר הלוך ושוב בין כמה דוברים: מקהלה המדברת בשבחו של החוסה בה׳; דבריו של האיש עצמו; והבטחתו של הקדוש ברוך הוא לשומרו ולגוננו, ואף הבטחה חיובית שיזכהו לגדולה ולשנים ארוכות.

אֲשַׂגְּבֵהוּ כִּי־יָדַע שְׁמִי: יִקְרָאֵנִי וְאֶעֱנֵהוּ, עִמּוֹ אָנֹכִי בְצָרָה, אֲחַלְּצֵהוּ
וַאֲכַבְּדֵהוּ: אֹרֶךְ יָמִים אַשְׂבִּיעֵהוּ, וְאַרְאֵהוּ בִּישׁוּעָתִי:
אֹרֶךְ יָמִים אַשְׂבִּיעֵהוּ, וְאַרְאֵהוּ בִּישׁוּעָתִי:

מִזְמוֹר, שִׁירוּ לַיהוה שִׁיר חָדָשׁ כִּי־נִפְלָאוֹת עָשָׂה, הוֹשִׁיעָה־ תהלים צח
לּוֹ יְמִינוֹ וּזְרוֹעַ קָדְשׁוֹ: הוֹדִיעַ יהוה יְשׁוּעָתוֹ, לְעֵינֵי הַגּוֹיִם גִּלָּה
צִדְקָתוֹ: זָכַר חַסְדּוֹ וֶאֱמוּנָתוֹ לְבֵית יִשְׂרָאֵל, רָאוּ כָל־אַפְסֵי־אָרֶץ
אֵת יְשׁוּעַת אֱלֹהֵינוּ: הָרִיעוּ לַיהוה כָּל־הָאָרֶץ, פִּצְחוּ וְרַנְּנוּ וְזַמֵּרוּ:
זַמְּרוּ לַיהוה בְּכִנּוֹר, בְּכִנּוֹר וְקוֹל זִמְרָה: בַּחֲצֹצְרוֹת וְקוֹל שׁוֹפָר,
הָרִיעוּ לִפְנֵי הַמֶּלֶךְ יהוה: יִרְעַם הַיָּם וּמְלֹאוֹ, תֵּבֵל וְיֹשְׁבֵי בָהּ:
נְהָרוֹת יִמְחֲאוּ־כָף, יַחַד הָרִים יְרַנֵּנוּ: לִפְנֵי יהוה כִּי בָא לִשְׁפֹּט
הָאָרֶץ, יִשְׁפֹּט־תֵּבֵל בְּצֶדֶק, וְעַמִּים בְּמֵישָׁרִים:

שִׁיר לַמַּעֲלוֹת, אֶשָּׂא עֵינַי אֶל־הֶהָרִים, מֵאַיִן יָבֹא עֶזְרִי: עֶזְרִי מֵעִם תהלים קכא
יהוה, עֹשֵׂה שָׁמַיִם וָאָרֶץ: אַל־יִתֵּן לַמּוֹט רַגְלֶךָ, אַל־יָנוּם שֹׁמְרֶךָ:
הִנֵּה לֹא־יָנוּם וְלֹא יִישָׁן שׁוֹמֵר יִשְׂרָאֵל: יהוה שֹׁמְרֶךָ, יהוה צִלְּךָ

מזמור שירו לה׳ מזמור תהילה המתאר את השירה, הזמרה והשמחה בה׳ על התגלות מלכותו בעולם.

אשא עיני אל ההרים שיר עידוד ותמיכה לבוטח בה׳. ה׳ שומר את האדם מכל מיני רעה, הן גלויים הן נסתרים, ואף כאשר אדם נתון בצרה ומצוק ובעיני בשר אינו רואה מאין תבוא ישועתו – ימצא את ביטחונו בה׳, אשר בידו הכוח והממשלה בכל העולם כולו.

שמחתי באמרים לי שיר תהילה לירושלים בגדולתה, בעת שהייתה המקום שבו כל שבטי ישראל התאחדו ושכנו בו בית ה׳ ומרכז השלטון היהודי.

אליך נשאתי את עיני מזמור תחינה ובקשת עזרה מה׳ הנאמר מעמדה של הכנעה ותלות ברחמיו. איננו מבקשים שה׳ יענה לנו משום שיש בידינו מעשים טובים או זכויות, אלא משום שרק ממנו אנחנו יכולים לקבל עזרה.

עַל־יַד יְמִינֶךָ: יוֹמָם הַשֶּׁמֶשׁ לֹא־יַכֶּכָּה, וְיָרֵחַ בַּלָּיְלָה: יהוה יִשְׁמָרְךָ מִכָּל־רָע, יִשְׁמֹר אֶת־נַפְשֶׁךָ: יהוה יִשְׁמָר־צֵאתְךָ וּבוֹאֶךָ, מֵעַתָּה וְעַד־עוֹלָם:

שִׁיר הַמַּעֲלוֹת לְדָוִד, שָׂמַחְתִּי בְּאֹמְרִים לִי בֵּית יהוה נֵלֵךְ: עֹמְדוֹת תהלים קכב
הָיוּ רַגְלֵינוּ, בִּשְׁעָרַיִךְ יְרוּשָׁלָםִ: יְרוּשָׁלַםִ הַבְּנוּיָה, כְּעִיר שֶׁחֻבְּרָה־
לָּהּ יַחְדָּו: שֶׁשָּׁם עָלוּ שְׁבָטִים שִׁבְטֵי־יָהּ, עֵדוּת לְיִשְׂרָאֵל, לְהֹדוֹת
לְשֵׁם יהוה: כִּי שָׁמָּה יָשְׁבוּ כִסְאוֹת לְמִשְׁפָּט, כִּסְאוֹת לְבֵית דָּוִד:
שַׁאֲלוּ שְׁלוֹם יְרוּשָׁלָםִ, יִשְׁלָיוּ אֹהֲבָיִךְ: יְהִי־שָׁלוֹם בְּחֵילֵךְ, שַׁלְוָה
בְּאַרְמְנוֹתָיִךְ: לְמַעַן אַחַי וְרֵעָי, אֲדַבְּרָה־נָּא שָׁלוֹם בָּךְ: לְמַעַן בֵּית־
יהוה אֱלֹהֵינוּ, אֲבַקְשָׁה טוֹב לָךְ:

שִׁיר הַמַּעֲלוֹת, אֵלֶיךָ נָשָׂאתִי אֶת־עֵינַי, הַיֹּשְׁבִי בַּשָּׁמָיִם: הִנֵּה כְעֵינֵי תהלים קכג
עֲבָדִים אֶל־יַד אֲדוֹנֵיהֶם, כְּעֵינֵי שִׁפְחָה אֶל־יַד גְּבִרְתָּהּ, כֵּן עֵינֵינוּ
אֶל־יהוה אֱלֹהֵינוּ, עַד שֶׁיְּחָנֵּנוּ: חָנֵּנוּ יהוה חָנֵּנוּ, כִּי־רַב שָׂבַעְנוּ בוּז:
רַבַּת שָׂבְעָה־לָּהּ נַפְשֵׁנוּ, הַלַּעַג הַשַּׁאֲנַנִּים, הַבּוּז לִגְאֵי יוֹנִים:

שִׁיר הַמַּעֲלוֹת לְדָוִד, לוּלֵי יהוה שֶׁהָיָה לָנוּ, יֹאמַר־נָא יִשְׂרָאֵל: לוּלֵי תהלים קכד
יהוה שֶׁהָיָה לָנוּ, בְּקוּם עָלֵינוּ אָדָם: אֲזַי חַיִּים בְּלָעוּנוּ, בַּחֲרוֹת אַפָּם
בָּנוּ: אֲזַי הַמַּיִם שְׁטָפוּנוּ, נַחְלָה עָבַר עַל־נַפְשֵׁנוּ: אֲזַי עָבַר עַל־
נַפְשֵׁנוּ, הַמַּיִם הַזֵּידוֹנִים: בָּרוּךְ יהוה, שֶׁלֹּא נְתָנָנוּ טֶרֶף לְשִׁנֵּיהֶם:
נַפְשֵׁנוּ כְּצִפּוֹר נִמְלְטָה מִפַּח יוֹקְשִׁים, הַפַּח נִשְׁבָּר וַאֲנַחְנוּ נִמְלָטְנוּ:
עֶזְרֵנוּ בְּשֵׁם יהוה, עֹשֵׂה שָׁמַיִם וָאָרֶץ:

לולי ה׳ שהיה לנו מזמור תודה לה׳ אשר בעת צרה ומצוקה, כאשר נראה שאין עוד כל תקווה, מציל את עבדיו מן הסכנה. במובן מסוים מזמור זה הוא מענה לפרק הקודם, כיוון שבו מוזכרת לא רק התחינה, אלא גם הישועה; ואף שאין זאת ישועה שלמה, על כל פנים יש כאן היחלצות מצרה.

תהלים קלה הַלְלוּיָהּ, הַלְלוּ אֶת־שֵׁם יהוה, הַלְלוּ עַבְדֵי יהוה: שֶׁעֹמְדִים בְּבֵית יהוה, בְּחַצְרוֹת בֵּית אֱלֹהֵינוּ: הַלְלוּיָהּ כִּי־טוֹב יהוה, זַמְּרוּ לִשְׁמוֹ כִּי נָעִים: כִּי־יַעֲקֹב בָּחַר לוֹ יָהּ, יִשְׂרָאֵל לִסְגֻלָּתוֹ: כִּי אֲנִי יָדַעְתִּי כִּי־גָדוֹל יהוה, וַאֲדֹנֵינוּ מִכָּל־אֱלֹהִים: כֹּל אֲשֶׁר־חָפֵץ יהוה עָשָׂה, בַּשָּׁמַיִם וּבָאָרֶץ, בַּיַּמִּים וְכָל־תְּהֹמוֹת: מַעֲלֶה נְשִׂאִים מִקְצֵה הָאָרֶץ בְּרָקִים לַמָּטָר עָשָׂה, מוֹצֵא־רוּחַ מֵאוֹצְרוֹתָיו: שֶׁהִכָּה בְּכוֹרֵי מִצְרָיִם, מֵאָדָם עַד־בְּהֵמָה: שָׁלַח אוֹתֹת וּמֹפְתִים בְּתוֹכֵכִי מִצְרָיִם, בְּפַרְעֹה וּבְכָל־עֲבָדָיו: שֶׁהִכָּה גּוֹיִם רַבִּים, וְהָרַג מְלָכִים עֲצוּמִים: לְסִיחוֹן מֶלֶךְ הָאֱמֹרִי, וּלְעוֹג מֶלֶךְ הַבָּשָׁן, וּלְכֹל מַמְלְכוֹת כְּנָעַן: וְנָתַן אַרְצָם נַחֲלָה, נַחֲלָה לְיִשְׂרָאֵל עַמּוֹ: יהוה שִׁמְךָ לְעוֹלָם, יהוה זִכְרְךָ לְדֹר־וָדֹר: כִּי־יָדִין יהוה עַמּוֹ, וְעַל־עֲבָדָיו יִתְנֶחָם: עֲצַבֵּי הַגּוֹיִם כֶּסֶף וְזָהָב, מַעֲשֵׂה יְדֵי אָדָם: פֶּה־לָהֶם וְלֹא יְדַבֵּרוּ, עֵינַיִם לָהֶם וְלֹא יִרְאוּ: אָזְנַיִם לָהֶם וְלֹא יַאֲזִינוּ, אַף אֵין־יֶשׁ־רוּחַ בְּפִיהֶם: כְּמוֹהֶם יִהְיוּ עֹשֵׂיהֶם, כֹּל אֲשֶׁר־בֹּטֵחַ בָּהֶם: בֵּית יִשְׂרָאֵל בָּרְכוּ אֶת־יהוה, בֵּית אַהֲרֹן בָּרְכוּ אֶת־יהוה: בֵּית הַלֵּוִי בָּרְכוּ אֶת־יהוה, יִרְאֵי יהוה בָּרְכוּ אֶת־יהוה: בָּרוּךְ יהוה מִצִּיּוֹן, שֹׁכֵן יְרוּשָׁלָםִ, הַלְלוּיָהּ:

הללויה הללו... הודו לה׳ שירי תהילה לה׳ על גדולתו בעולמו והתגלותו בהיסטוריה של ישראל. המזמורים מקבילים בין תיאור בריאת העולם – השמיים, הארץ והימים – לבין ניסי יציאת מצרים (עד לסיומם, בכניסת ישראל לארץ), משום שיציאת מצרים היא סיפור היצירה של עם ישראל. שני המזמורים קרובים מאוד בתוכנם ואף במילותיהם, אולם המזמור השני ערוך כשיר מקהלה: בכל פסוק מפסוקיו מופיע דבר של שבח, ובסופו מענה של קהל בפזמון חוזר: ״כי לעולם חסדו״. חכמים הפליגו בשבחו של מזמור זה וכינוהו ״הלל הגדול״, משום שנוסף על שבח ה׳ יוצר העולם, וההודאה על ניסי יציאת מצרים, יש בו שבח על נתינת מזון לכל חי, שהיא חסד ה׳ הנראה בכל יום לכל היצורים בעולם.

הוֹדוּ לַיהוה כִּי־טוֹב כִּי לְעוֹלָם חַסְדּוֹ: תהלים קלו
הוֹדוּ לֵאלֹהֵי הָאֱלֹהִים כִּי לְעוֹלָם חַסְדּוֹ:
הוֹדוּ לַאֲדֹנֵי הָאֲדֹנִים כִּי לְעוֹלָם חַסְדּוֹ:
לְעֹשֵׂה נִפְלָאוֹת גְּדֹלוֹת לְבַדּוֹ כִּי לְעוֹלָם חַסְדּוֹ:
לְעֹשֵׂה הַשָּׁמַיִם בִּתְבוּנָה כִּי לְעוֹלָם חַסְדּוֹ:
לְרֹקַע הָאָרֶץ עַל־הַמָּיִם כִּי לְעוֹלָם חַסְדּוֹ:
לְעֹשֵׂה אוֹרִים גְּדֹלִים כִּי לְעוֹלָם חַסְדּוֹ:
אֶת־הַשֶּׁמֶשׁ לְמֶמְשֶׁלֶת בַּיּוֹם כִּי לְעוֹלָם חַסְדּוֹ:
אֶת־הַיָּרֵחַ וְכוֹכָבִים לְמֶמְשְׁלוֹת בַּלָּיְלָה כִּי לְעוֹלָם חַסְדּוֹ:
לְמַכֵּה מִצְרַיִם בִּבְכוֹרֵיהֶם כִּי לְעוֹלָם חַסְדּוֹ:
וַיּוֹצֵא יִשְׂרָאֵל מִתּוֹכָם כִּי לְעוֹלָם חַסְדּוֹ:
בְּיָד חֲזָקָה וּבִזְרוֹעַ נְטוּיָה כִּי לְעוֹלָם חַסְדּוֹ:
לְגֹזֵר יַם־סוּף לִגְזָרִים כִּי לְעוֹלָם חַסְדּוֹ:
וְהֶעֱבִיר יִשְׂרָאֵל בְּתוֹכוֹ כִּי לְעוֹלָם חַסְדּוֹ:
וְנִעֵר פַּרְעֹה וְחֵילוֹ בְיַם־סוּף כִּי לְעוֹלָם חַסְדּוֹ:
לְמוֹלִיךְ עַמּוֹ בַּמִּדְבָּר כִּי לְעוֹלָם חַסְדּוֹ:
לְמַכֵּה מְלָכִים גְּדֹלִים כִּי לְעוֹלָם חַסְדּוֹ:
וַיַּהֲרֹג מְלָכִים אַדִּירִים כִּי לְעוֹלָם חַסְדּוֹ:
לְסִיחוֹן מֶלֶךְ הָאֱמֹרִי כִּי לְעוֹלָם חַסְדּוֹ:
וּלְעוֹג מֶלֶךְ הַבָּשָׁן כִּי לְעוֹלָם חַסְדּוֹ:
וְנָתַן אַרְצָם לְנַחֲלָה כִּי לְעוֹלָם חַסְדּוֹ:
נַחֲלָה לְיִשְׂרָאֵל עַבְדּוֹ כִּי לְעוֹלָם חַסְדּוֹ:
נֹתֵן לֶחֶם לְכָל־בָּשָׂר כִּי לְעוֹלָם חַסְדּוֹ:
הוֹדוּ לְאֵל הַשָּׁמָיִם כִּי לְעוֹלָם חַסְדּוֹ:

הָאַדֶּרֶת וְהָאֱמוּנָה לְחַי עוֹלָמִים
הַבִּינָה וְהַבְּרָכָה לְחַי עוֹלָמִים
הַגַּאֲוָה וְהַגְּדֻלָּה לְחַי עוֹלָמִים
הַדֵּעָה וְהַדִּבּוּר לְחַי עוֹלָמִים
הַהוֹד וְהֶהָדָר לְחַי עוֹלָמִים
הַוַּעַד וְהַוָּתִיקוּת לְחַי עוֹלָמִים
הַזַּךְ וְהַזֹּהַר לְחַי עוֹלָמִים
הַחַיִל וְהַחֹסֶן לְחַי עוֹלָמִים
הַטֶּכֶס וְהַטֹּהַר לְחַי עוֹלָמִים
הַיִּחוּד וְהַיִּרְאָה לְחַי עוֹלָמִים
הַכֶּתֶר וְהַכָּבוֹד לְחַי עוֹלָמִים
הַלֶּקַח וְהַלִּבּוּב לְחַי עוֹלָמִים
הַמְּלוּכָה וְהַמֶּמְשָׁלָה לְחַי עוֹלָמִים
הַנּוֹי וְהַנֵּצַח לְחַי עוֹלָמִים
הַסִּגּוּי וְהַשֶּׂגֶב לְחַי עוֹלָמִים
הָעֹז וְהָעֲנָוָה לְחַי עוֹלָמִים
הַפְּדוּת וְהַפְּאֵר לְחַי עוֹלָמִים
הַצְּבִי וְהַצֶּדֶק לְחַי עוֹלָמִים
הַקְּרִיאָה וְהַקְּדֻשָּׁה לְחַי עוֹלָמִים
הָרֹן וְהָרוֹמֵמוּת לְחַי עוֹלָמִים
הַשִּׁיר וְהַשֶּׁבַח לְחַי עוֹלָמִים
הַתְּהִלָּה וְהַתִּפְאֶרֶת לְחַי עוֹלָמִים

האדרת והאמונה שיר "האדרת והאמונה" מכיל צמדים בסדר הא"ב, של תארים ופנים של גדולה שיש בקדוש ברוך הוא. לרוב הצמדים האלו מובנים כשני תארים שיש ביניהם קשר קרוב, המקבילים זה לזה או משלימים זה את זה. אולם כאשר מתבוננים בזוגות התארים מתברר שהם ניגודים: שני דברים שמצד מהותם אינם מתחברים יחד ואף סותרים זה את זה. כששמים לב לכך הצמדים נעשים חשובים ומפוארים יותר, משום שצירוף כזה של ניגודים יכול לדור בכפיפה אחת רק אצל "חי העולמים". נדגים זאת בביאור הצמד "הייחוד והיראה לחי עולמים", והשאר ייוותר בבחינת: "תן לחכם ויחכם עוד": 'ייחוד' פירושו התאחדות, התקרבות,

פסוקי דזמרה

אין להפסיק בדיבור מ'בָּרוּךְ שֶׁאָמַר' עד לאחר תפילת עמידה.
נוהגים לעמוד בשעה שאומרים 'בָּרוּךְ שֶׁאָמַר'. וכן נהוג שהמתפלל מחזיק
בידו את שתי הציציות שלפניו, ועם סיום הברכה מנשקן ומניחן.

הֲרֵינִי מְזַמֵּן אֶת פִּי לְהוֹדוֹת וּלְהַלֵּל וּלְשַׁבֵּחַ אֶת בּוֹרְאִי, לְשֵׁם יִחוּד קֻדְשָׁא בְּרִיךְ הוּא וּשְׁכִינְתֵּיהּ עַל יְדֵי הַהוּא טָמִיר וְנֶעְלָם בְּשֵׁם כָּל יִשְׂרָאֵל.

בָּרוּךְ שֶׁאָמַר

וְהָיָה הָעוֹלָם, בָּרוּךְ הוּא.

בָּרוּךְ אוֹמֵר וְעוֹשֶׂה
בָּרוּךְ גּוֹזֵר וּמְקַיֵּם
בָּרוּךְ עוֹשֶׂה בְרֵאשִׁית
בָּרוּךְ מְרַחֵם עַל הָאָרֶץ
בָּרוּךְ מְרַחֵם עַל הַבְּרִיּוֹת
בָּרוּךְ מְשַׁלֵּם שָׂכָר טוֹב לִירֵאָיו
בָּרוּךְ חַי לָעַד וְקַיָּם לָנֶצַח
בָּרוּךְ פּוֹדֶה וּמַצִּיל
בָּרוּךְ שְׁמוֹ

היות לדבר אחד. ואולם, בנוהג שבעולם שאותה קרבה יתרה גם מסלקת את היראה – שאין אימה אלא במרחק, בדבר שאין קשר ואחיזה בו. הצירוף של "הייחוד והיראה" קיים רק אצל חי עולמים, וכלשון 'שיר הייחוד': "קרוב מכל קרוב ורחוק מכל רחוק". הקדוש ברוך הוא מופרש ורחוק מהכול, ויחד עם זאת הוא שוכן בכול ומחיה את הכול. נשיאת הפכים זאת איננה רק תואר גדולה של הקדוש ברוך הוא, אלא אף הדרך שבה אנו נדרשים לעבוד אותו. מצד אחד "היחוד" – דרך של אהבה, קרבה, התכללות והתדבקות בה'; ומצד שני "היראה" – יראת כבוד, ריחוק, שגב ורוממות. וכפי שנוסח בניסוח מורכב אך גם הרמוני בתהלים: "עִבְדוּ אֶת ה' בְּיִרְאָה וְגִילוּ בִּרְעָדָה".

בָּרוּךְ אַתָּה יהוה אֱלֹהֵינוּ מֶלֶךְ הָעוֹלָם, הָאֵל הָאָב הָרַחֲמָן
הַמְהֻלָּל בְּפֶה עַמּוֹ, מְשֻׁבָּח וּמְפֹאָר בִּלְשׁוֹן חֲסִידָיו וַעֲבָדָיו
וּבְשִׁירֵי דָוִד עַבְדֶּךָ, נְהַלֶּלְךָ יהוה אֱלֹהֵינוּ.
בִּשְׁבָחוֹת וּבִזְמִירוֹת נְגַדֶּלְךָ וּנְשַׁבֵּחֲךָ וּנְפָאֶרְךָ
וְנַמְלִיכְךָ וְנַזְכִּיר שִׁמְךָ מַלְכֵּנוּ אֱלֹהֵינוּ, יָחִיד חֵי הָעוֹלָמִים
מֶלֶךְ, מְשֻׁבָּח וּמְפֹאָר עֲדֵי עַד שְׁמוֹ הַגָּדוֹל
בָּרוּךְ אַתָּה יהוה, מֶלֶךְ מְהֻלָּל בַּתִּשְׁבָּחוֹת.

בהושענא רבה ממשיכים ׳מִזְמוֹר לְתוֹדָה׳ (עמ׳ 54).

תהלים צב מִזְמוֹר שִׁיר לְיוֹם הַשַּׁבָּת: טוֹב לְהֹדוֹת לַיהוה, וּלְזַמֵּר לְשִׁמְךָ עֶלְיוֹן:
לְהַגִּיד בַּבֹּקֶר חַסְדֶּךָ, וֶאֱמוּנָתְךָ בַּלֵּילוֹת: עֲלֵי־עָשׂוֹר וַעֲלֵי־נָבֶל, עֲלֵי
הִגָּיוֹן בְּכִנּוֹר: כִּי שִׂמַּחְתַּנִי יהוה בְּפָעֳלֶךָ, בְּמַעֲשֵׂי יָדֶיךָ אֲרַנֵּן: מַה־
גָּדְלוּ מַעֲשֶׂיךָ יהוה, מְאֹד עָמְקוּ מַחְשְׁבֹתֶיךָ: אִישׁ־בַּעַר לֹא יֵדָע,
וּכְסִיל לֹא־יָבִין אֶת־זֹאת: בִּפְרֹחַ רְשָׁעִים כְּמוֹ עֵשֶׂב, וַיָּצִיצוּ כָּל־פֹּעֲלֵי
אָוֶן, לְהִשָּׁמְדָם עֲדֵי־עַד: וְאַתָּה מָרוֹם לְעֹלָם יהוה: כִּי הִנֵּה אֹיְבֶיךָ
יהוה, כִּי־הִנֵּה אֹיְבֶיךָ יֹאבֵדוּ, יִתְפָּרְדוּ כָּל־פֹּעֲלֵי אָוֶן: וַתָּרֶם כִּרְאֵים
קַרְנִי, בַּלֹּתִי בְּשֶׁמֶן רַעֲנָן: וַתַּבֵּט עֵינִי בְּשׁוּרָי, בַּקָּמִים עָלַי מְרֵעִים
תִּשְׁמַעְנָה אָזְנָי: צַדִּיק כַּתָּמָר יִפְרָח, כְּאֶרֶז בַּלְּבָנוֹן יִשְׂגֶּה: שְׁתוּלִים
בְּבֵית יהוה, בְּחַצְרוֹת אֱלֹהֵינוּ יַפְרִיחוּ: עוֹד יְנוּבוּן בְּשֵׂיבָה, דְּשֵׁנִים
וְרַעֲנַנִּים יִהְיוּ: לְהַגִּיד כִּי־יָשָׁר יהוה, צוּרִי, וְלֹא־עַוְלָתָה בּוֹ:

תהלים צג יהוה מָלָךְ, גֵּאוּת לָבֵשׁ, לָבֵשׁ יהוה עֹז הִתְאַזָּר, אַף־תִּכּוֹן תֵּבֵל בַּל־
תִּמּוֹט: נָכוֹן כִּסְאֲךָ מֵאָז, מֵעוֹלָם אָתָּה: נָשְׂאוּ נְהָרוֹת יהוה, נָשְׂאוּ
נְהָרוֹת קוֹלָם, יִשְׂאוּ נְהָרוֹת דָּכְיָם: מִקֹּלוֹת מַיִם רַבִּים, אַדִּירִים
מִשְׁבְּרֵי־יָם, אַדִּיר בַּמָּרוֹם יהוה: עֵדֹתֶיךָ נֶאֶמְנוּ מְאֹד לְבֵיתְךָ
נַאֲוָה־קֹדֶשׁ, יהוה לְאֹרֶךְ יָמִים:

יְהִי כְבוד יהוה לְעוֹלָם, יִשְׂמַח יהוה בְּמַעֲשָׂיו: יְהִי שֵׁם יהוה מְבֹרָךְ, תהלים קד תהלים קיג
מֵעַתָּה וְעַד־עוֹלָם: מִמִּזְרַח־שֶׁמֶשׁ עַד־מְבוֹאוֹ, מְהֻלָּל שֵׁם יהוה:
רָם עַל־כָּל־גּוֹיִם יהוה, עַל הַשָּׁמַיִם כְּבוֹדוֹ: יהוה שִׁמְךָ לְעוֹלָם, תהלים קלה
יהוה זִכְרְךָ לְדֹר־וָדֹר: יהוה בַּשָּׁמַיִם הֵכִין כִּסְאוֹ, וּמַלְכוּתוֹ בַּכֹּל תהלים קג
מָשָׁלָה: יִשְׂמְחוּ הַשָּׁמַיִם וְתָגֵל הָאָרֶץ, וְיֹאמְרוּ בַגּוֹיִם יהוה מָלָךְ: דברי הימים א׳ טז
יהוה מֶלֶךְ, יהוה מָלָךְ, יהוה יִמְלֹךְ לְעוֹלָם וָעֶד. יהוה מֶלֶךְ עוֹלָם תהלים י
וָעֶד, אָבְדוּ גוֹיִם מֵאַרְצוֹ: יהוה הֵפִיר עֲצַת־גּוֹיִם, הֵנִיא מַחְשְׁבוֹת תהלים לג
עַמִּים: רַבּוֹת מַחֲשָׁבוֹת בְּלֶב־אִישׁ, וַעֲצַת יהוה הִיא תָקוּם: עֲצַת משלי יט תהלים לג
יהוה לְעוֹלָם תַּעֲמֹד, מַחְשְׁבוֹת לִבּוֹ לְדֹר וָדֹר: כִּי הוּא אָמַר וַיֶּהִי,
הוּא־צִוָּה וַיַּעֲמֹד: כִּי־בָחַר יהוה בְּצִיּוֹן, אִוָּהּ לְמוֹשָׁב לוֹ: כִּי־יַעֲקֹב תהלים קלב תהלים קלה
בָּחַר לוֹ יָהּ, יִשְׂרָאֵל לִסְגֻלָּתוֹ: כִּי לֹא־יִטֹּשׁ יהוה עַמּוֹ, וְנַחֲלָתוֹ תהלים צד
לֹא יַעֲזֹב: וְהוּא רַחוּם, יְכַפֵּר עָוֹן וְלֹא־יַשְׁחִית, וְהִרְבָּה לְהָשִׁיב אַפּוֹ, תהלים עח
וְלֹא־יָעִיר כָּל־חֲמָתוֹ: יהוה הוֹשִׁיעָה, הַמֶּלֶךְ יַעֲנֵנוּ בְיוֹם־קָרְאֵנוּ: תהלים כ

אַשְׁרֵי יוֹשְׁבֵי בֵיתֶךָ, עוֹד יְהַלְלוּךָ סֶּלָה: תהלים פד
אַשְׁרֵי הָעָם שֶׁכָּכָה לּוֹ, אַשְׁרֵי הָעָם שֶׁיהוה אֱלֹהָיו: תהלים קמד
תְּהִלָּה לְדָוִד תהלים קמה
אֲרוֹמִמְךָ אֱלוֹהַי הַמֶּלֶךְ, וַאֲבָרְכָה שִׁמְךָ לְעוֹלָם וָעֶד:
בְּכָל־יוֹם אֲבָרְכֶךָּ, וַאֲהַלְלָה שִׁמְךָ לְעוֹלָם וָעֶד:
גָּדוֹל יהוה וּמְהֻלָּל מְאֹד, וְלִגְדֻלָּתוֹ אֵין חֵקֶר:
דּוֹר לְדוֹר יְשַׁבַּח מַעֲשֶׂיךָ, וּגְבוּרֹתֶיךָ יַגִּידוּ:
הֲדַר כְּבוֹד הוֹדֶךָ, וְדִבְרֵי נִפְלְאֹתֶיךָ אָשִׂיחָה:
וֶעֱזוּז נוֹרְאֹתֶיךָ יֹאמֵרוּ, וּגְדוּלָּתְךָ אֲסַפְּרֶנָּה:
זֵכֶר רַב־טוּבְךָ יַבִּיעוּ, וְצִדְקָתְךָ יְרַנֵּנוּ:
חַנּוּן וְרַחוּם יהוה, אֶרֶךְ אַפַּיִם וּגְדָל־חָסֶד:

טוֹב־יהוה לַכֹּל, וְרַחֲמָיו עַל־כָּל־מַעֲשָׂיו:
יוֹדוּךָ יהוה כָּל־מַעֲשֶׂיךָ, וַחֲסִידֶיךָ יְבָרְכוּכָה:
כְּבוֹד מַלְכוּתְךָ יֹאמֵרוּ, וּגְבוּרָתְךָ יְדַבֵּרוּ:
לְהוֹדִיעַ לִבְנֵי הָאָדָם גְּבוּרֹתָיו, וּכְבוֹד הֲדַר מַלְכוּתוֹ:
מַלְכוּתְךָ מַלְכוּת כָּל־עֹלָמִים, וּמֶמְשַׁלְתְּךָ בְּכָל־דּוֹר וָדֹר:
סוֹמֵךְ יהוה לְכָל־הַנֹּפְלִים, וְזוֹקֵף לְכָל־הַכְּפוּפִים:
עֵינֵי־כֹל אֵלֶיךָ יְשַׂבֵּרוּ, וְאַתָּה נוֹתֵן־לָהֶם אֶת־אָכְלָם בְּעִתּוֹ:
פּוֹתֵחַ אֶת־יָדֶךָ, וּמַשְׂבִּיעַ לְכָל־חַי רָצוֹן:
צַדִּיק יהוה בְּכָל־דְּרָכָיו, וְחָסִיד בְּכָל־מַעֲשָׂיו:
קָרוֹב יהוה לְכָל־קֹרְאָיו, לְכֹל אֲשֶׁר יִקְרָאֻהוּ בֶאֱמֶת:
רְצוֹן־יְרֵאָיו יַעֲשֶׂה, וְאֶת־שַׁוְעָתָם יִשְׁמַע, וְיוֹשִׁיעֵם:
שׁוֹמֵר יהוה אֶת־כָּל־אֹהֲבָיו, וְאֵת כָּל־הָרְשָׁעִים יַשְׁמִיד:
תְּהִלַּת יהוה יְדַבֶּר פִּי, וִיבָרֵךְ כָּל־בָּשָׂר שֵׁם קָדְשׁוֹ לְעוֹלָם וָעֶד:
תהלים קטו וַאֲנַחְנוּ נְבָרֵךְ יָהּ מֵעַתָּה וְעַד־עוֹלָם, הַלְלוּיָהּ:

תהלים קמו הַלְלוּיָהּ, הַלְלִי נַפְשִׁי אֶת־יהוה: אֲהַלְלָה יהוה בְּחַיָּי, אֲזַמְּרָה
לֵאלֹהַי בְּעוֹדִי: אַל־תִּבְטְחוּ בִנְדִיבִים, בְּבֶן־אָדָם שֶׁאֵין לוֹ תְשׁוּעָה:
תֵּצֵא רוּחוֹ, יָשֻׁב לְאַדְמָתוֹ, בַּיּוֹם הַהוּא אָבְדוּ עֶשְׁתֹּנֹתָיו: אַשְׁרֵי
שֶׁאֵל יַעֲקֹב בְּעֶזְרוֹ, שִׂבְרוֹ עַל־יהוה אֱלֹהָיו: עֹשֶׂה שָׁמַיִם וָאָרֶץ,
אֶת־הַיָּם וְאֶת־כָּל־אֲשֶׁר־בָּם, הַשֹּׁמֵר אֱמֶת לְעוֹלָם: עֹשֶׂה מִשְׁפָּט
לָעֲשׁוּקִים, נֹתֵן לֶחֶם לָרְעֵבִים, יהוה מַתִּיר אֲסוּרִים: יהוה פֹּקֵחַ
עִוְרִים, יהוה זֹקֵף כְּפוּפִים, יהוה אֹהֵב צַדִּיקִים: יהוה שֹׁמֵר אֶת־
גֵּרִים, יָתוֹם וְאַלְמָנָה יְעוֹדֵד, וְדֶרֶךְ רְשָׁעִים יְעַוֵּת: יִמְלֹךְ יהוה
לְעוֹלָם, אֱלֹהַיִךְ צִיּוֹן לְדֹר וָדֹר, הַלְלוּיָהּ:

תהלים קמז הַלְלוּיָהּ, כִּי־טוֹב זַמְּרָה אֱלֹהֵינוּ, כִּי־נָעִים נָאוָה תְהִלָּה: בּוֹנֵה
יְרוּשָׁלַםִ יהוה, נִדְחֵי יִשְׂרָאֵל יְכַנֵּס: הָרֹפֵא לִשְׁבוּרֵי לֵב, וּמְחַבֵּשׁ

לְעַצְּבוֹתָם: מוֹנֶה מִסְפָּר לַכּוֹכָבִים, לְכֻלָּם שֵׁמוֹת יִקְרָא: גָּדוֹל אֲדוֹנֵינוּ וְרַב־כֹּחַ, לִתְבוּנָתוֹ אֵין מִסְפָּר: מְעוֹדֵד עֲנָוִים יהוה, מַשְׁפִּיל רְשָׁעִים עֲדֵי־אָרֶץ: עֱנוּ לַיהוה בְּתוֹדָה, זַמְּרוּ לֵאלֹהֵינוּ בְכִנּוֹר: הַמְכַסֶּה שָׁמַיִם בְּעָבִים, הַמֵּכִין לָאָרֶץ מָטָר, הַמַּצְמִיחַ הָרִים חָצִיר: נוֹתֵן לִבְהֵמָה לַחְמָהּ, לִבְנֵי עֹרֵב אֲשֶׁר יִקְרָאוּ: לֹא בִגְבוּרַת הַסּוּס יֶחְפָּץ, לֹא־בְשׁוֹקֵי הָאִישׁ יִרְצֶה: רוֹצֶה יהוה אֶת־יְרֵאָיו, אֶת־הַמְיַחֲלִים לְחַסְדּוֹ: שַׁבְּחִי יְרוּשָׁלַםִ אֶת־יהוה, הַלְלִי אֱלֹהַיִךְ צִיּוֹן: כִּי־חִזַּק בְּרִיחֵי שְׁעָרָיִךְ, בֵּרַךְ בָּנַיִךְ בְּקִרְבֵּךְ: הַשָּׂם־גְּבוּלֵךְ שָׁלוֹם, חֵלֶב חִטִּים יַשְׂבִּיעֵךְ: הַשֹּׁלֵחַ אִמְרָתוֹ אָרֶץ, עַד־מְהֵרָה יָרוּץ דְּבָרוֹ: הַנֹּתֵן שֶׁלֶג כַּצָּמֶר, כְּפוֹר כָּאֵפֶר יְפַזֵּר: מַשְׁלִיךְ קַרְחוֹ כְפִתִּים, לִפְנֵי קָרָתוֹ מִי יַעֲמֹד: יִשְׁלַח דְּבָרוֹ וְיַמְסֵם, יַשֵּׁב רוּחוֹ יִזְּלוּ־מָיִם: מַגִּיד דְּבָרָו לְיַעֲקֹב, חֻקָּיו וּמִשְׁפָּטָיו לְיִשְׂרָאֵל: לֹא עָשָׂה כֵן לְכָל־גּוֹי, וּמִשְׁפָּטִים בַּל־יְדָעוּם, הַלְלוּיָהּ:

תהלים קמח הַלְלוּיָהּ ׀ הַלְלוּ אֶת־יהוה מִן־הַשָּׁמַיִם הַלְלוּהוּ בַּמְּרוֹמִים: הַלְלוּהוּ כָל־מַלְאָכָיו הַלְלוּהוּ כָּל־צְבָאָו: הַלְלוּהוּ שֶׁמֶשׁ וְיָרֵחַ הַלְלוּהוּ כָּל־כּוֹכְבֵי אוֹר: הַלְלוּהוּ שְׁמֵי הַשָּׁמָיִם וְהַמַּיִם אֲשֶׁר ׀ מֵעַל הַשָּׁמָיִם: יְהַלְלוּ אֶת־שֵׁם יהוה כִּי הוּא צִוָּה וְנִבְרָאוּ: וַיַּעֲמִידֵם לָעַד לְעוֹלָם חָק־נָתַן וְלֹא יַעֲבוֹר: הַלְלוּ אֶת־יהוה מִן־הָאָרֶץ תַּנִּינִים וְכָל־תְּהֹמוֹת: אֵשׁ וּבָרָד שֶׁלֶג וְקִיטוֹר רוּחַ סְעָרָה עֹשָׂה דְבָרוֹ: הֶהָרִים וְכָל־גְּבָעוֹת עֵץ פְּרִי וְכָל־אֲרָזִים: הַחַיָּה וְכָל־בְּהֵמָה רֶמֶשׂ וְצִפּוֹר כָּנָף: מַלְכֵי־אֶרֶץ וְכָל־לְאֻמִּים שָׂרִים וְכָל־שֹׁפְטֵי אָרֶץ: בַּחוּרִים וְגַם־בְּתוּלוֹת זְקֵנִים עִם־נְעָרִים: יְהַלְלוּ ׀ אֶת־שֵׁם יהוה כִּי־נִשְׂגָּב שְׁמוֹ לְבַדּוֹ הוֹדוֹ עַל־אֶרֶץ וְשָׁמָיִם: וַיָּרֶם קֶרֶן ׀ לְעַמּוֹ תְּהִלָּה לְכָל־חֲסִידָיו לִבְנֵי יִשְׂרָאֵל עַם קְרֹבוֹ הַלְלוּיָהּ:

תהלים קמט הַלְלוּיָהּ, שִׁירוּ לַיהוה שִׁיר חָדָשׁ, תְּהִלָּתוֹ בִּקְהַל חֲסִידִים: יִשְׂמַח
יִשְׂרָאֵל בְּעֹשָׂיו, בְּנֵי־צִיּוֹן יָגִילוּ בְמַלְכָּם: יְהַלְלוּ שְׁמוֹ בְמָחוֹל, בְּתֹף
וְכִנּוֹר יְזַמְּרוּ־לוֹ: כִּי־רוֹצֶה יהוה בְּעַמּוֹ, יְפָאֵר עֲנָוִים בִּישׁוּעָה: יַעְלְזוּ
חֲסִידִים בְּכָבוֹד, יְרַנְּנוּ עַל־מִשְׁכְּבוֹתָם: רוֹמְמוֹת אֵל בִּגְרוֹנָם, וְחֶרֶב
פִּיפִיּוֹת בְּיָדָם: לַעֲשׂוֹת נְקָמָה בַּגּוֹיִם, תּוֹכֵחוֹת בַּלְאֻמִּים: לֶאְסֹר
מַלְכֵיהֶם בְּזִקִּים, וְנִכְבְּדֵיהֶם בְּכַבְלֵי בַרְזֶל: לַעֲשׂוֹת בָּהֶם מִשְׁפָּט
כָּתוּב, הָדָר הוּא לְכָל־חֲסִידָיו, הַלְלוּיָהּ:

תהלים קנ הַלְלוּיָהּ, הַלְלוּ־אֵל בְּקָדְשׁוֹ, הַלְלוּהוּ בִּרְקִיעַ עֻזּוֹ:
הַלְלוּהוּ בִגְבוּרֹתָיו, הַלְלוּהוּ כְּרֹב גֻּדְלוֹ:
הַלְלוּהוּ בְּתֵקַע שׁוֹפָר, הַלְלוּהוּ בְּנֵבֶל וְכִנּוֹר:
הַלְלוּהוּ בְתֹף וּמָחוֹל, הַלְלוּהוּ בְּמִנִּים וְעֻגָב:
הַלְלוּהוּ בְצִלְצְלֵי־שָׁמַע, הַלְלוּהוּ בְּצִלְצְלֵי תְרוּעָה:
כֹּל הַנְּשָׁמָה תְּהַלֵּל יָהּ, הַלְלוּיָהּ:
כֹּל הַנְּשָׁמָה תְּהַלֵּל יָהּ, הַלְלוּיָהּ:

תהלים פט בָּרוּךְ יהוה לְעוֹלָם, אָמֵן וְאָמֵן:
תהלים קלה בָּרוּךְ יהוה מִצִּיּוֹן, שֹׁכֵן יְרוּשָׁלָםִ, הַלְלוּיָהּ:
תהלים עב בָּרוּךְ יהוה אֱלֹהִים אֱלֹהֵי יִשְׂרָאֵל, עֹשֵׂה נִפְלָאוֹת לְבַדּוֹ:
וּבָרוּךְ שֵׁם כְּבוֹדוֹ לְעוֹלָם
וְיִמָּלֵא כְבוֹדוֹ אֶת־כָּל־הָאָרֶץ, אָמֵן וְאָמֵן:

נוהגים לעמוד מאמירת ׳וַיְבָרֶךְ דָּוִיד׳ עד ׳אַתָּה הוּא ה׳ הָאֱלֹהִים׳.
ויש נוהגים לעמוד עד לאחר ׳יִשְׁתַּבַּח׳.

דברי הימים א׳ כט וַיְבָרֶךְ דָּוִיד אֶת־יהוה לְעֵינֵי כָּל־הַקָּהָל, וַיֹּאמֶר דָּוִיד, בָּרוּךְ אַתָּה יהוה,
אֱלֹהֵי יִשְׂרָאֵל אָבִינוּ, מֵעוֹלָם וְעַד־עוֹלָם: לְךָ יהוה הַגְּדֻלָּה וְהַגְּבוּרָה
וְהַתִּפְאֶרֶת וְהַנֵּצַח וְהַהוֹד, כִּי־כֹל בַּשָּׁמַיִם וּבָאָרֶץ, לְךָ יהוה הַמַּמְלָכָה
וְהַמִּתְנַשֵּׂא לְכֹל לְרֹאשׁ: וְהָעֹשֶׁר וְהַכָּבוֹד מִלְּפָנֶיךָ, וְאַתָּה מוֹשֵׁל בַּכֹּל,

וּבְיָדְךָ כֹּחַ וּגְבוּרָה, וּבְיָדְךָ לְגַדֵּל וּלְחַזֵּק לַכֹּל: וְעַתָּה אֱלֹהֵינוּ מוֹדִים
אֲנַחְנוּ לָךְ, וּמְהַלְלִים לְשֵׁם תִּפְאַרְתֶּךָ: וִיבָרְכוּ שֵׁם כְּבֹדֶךָ, נחמיה ט
וּמְרוֹמַם עַל־כָּל־בְּרָכָה וּתְהִלָּה: אַתָּה־הוּא יהוה לְבַדֶּךָ, אַתְּ עָשִׂיתָ
אֶת־הַשָּׁמַיִם, שְׁמֵי הַשָּׁמַיִם וְכָל־צְבָאָם, הָאָרֶץ וְכָל־אֲשֶׁר עָלֶיהָ, הַיַּמִּים
וְכָל־אֲשֶׁר בָּהֶם, וְאַתָּה מְחַיֶּה אֶת־כֻּלָּם, וּצְבָא הַשָּׁמַיִם לְךָ מִשְׁתַּחֲוִים:
אַתָּה הוּא יהוה הָאֱלֹהִים אֲשֶׁר בָּחַרְתָּ בְּאַבְרָם, וְהוֹצֵאתוֹ מֵאוּר
כַּשְׂדִּים, וְשַׂמְתָּ שְּׁמוֹ אַבְרָהָם: וּמָצָאתָ אֶת־לְבָבוֹ נֶאֱמָן לְפָנֶיךָ, וְכָרוֹת
עִמּוֹ הַבְּרִית לָתֵת אֶת־אֶרֶץ הַכְּנַעֲנִי הַחִתִּי הָאֱמֹרִי וְהַפְּרִזִּי וְהַיְבוּסִי
וְהַגִּרְגָּשִׁי, לָתֵת לְזַרְעוֹ, וַתָּקֶם אֶת־דְּבָרֶיךָ, כִּי צַדִּיק אָתָּה: וַתֵּרֶא אֶת־
עֳנִי אֲבֹתֵינוּ בְּמִצְרָיִם, וְאֶת־זַעֲקָתָם שָׁמַעְתָּ עַל־יַם־סוּף: וַתִּתֵּן אֹתֹת
וּמֹפְתִים בְּפַרְעֹה וּבְכָל־עֲבָדָיו וּבְכָל־עַם אַרְצוֹ, כִּי יָדַעְתָּ כִּי הֵזִידוּ עֲלֵיהֶם,
וַתַּעַשׂ־לְךָ שֵׁם כְּהַיּוֹם הַזֶּה: וְהַיָּם בָּקַעְתָּ לִפְנֵיהֶם, וַיַּעַבְרוּ בְתוֹךְ־הַיָּם
בַּיַּבָּשָׁה, וְאֶת־רֹדְפֵיהֶם הִשְׁלַכְתָּ בִמְצוֹלֹת כְּמוֹ־אֶבֶן, בְּמַיִם עַזִּים:

וַיּוֹשַׁע יהוה בַּיּוֹם הַהוּא אֶת־יִשְׂרָאֵל מִיַּד מִצְרָיִם וַיַּרְא יִשְׂרָאֵל שמות יד
אֶת־מִצְרַיִם מֵת עַל־שְׂפַת הַיָּם: וַיַּרְא יִשְׂרָאֵל אֶת־הַיָּד הַגְּדֹלָה
אֲשֶׁר עָשָׂה יהוה בְּמִצְרַיִם וַיִּירְאוּ הָעָם אֶת־יהוה וַיַּאֲמִינוּ בַּיהוה
וּבְמֹשֶׁה עַבְדּוֹ:

אָז יָשִׁיר־מֹשֶׁה וּבְנֵי יִשְׂרָאֵל אֶת־הַשִּׁירָה הַזֹּאת לַיהוה, וַיֹּאמְרוּ שמות טו
לֵאמֹר, אָשִׁירָה לַיהוה כִּי־גָאֹה גָּאָה, סוּס
וְרֹכְבוֹ רָמָה בַיָּם: עָזִּי וְזִמְרָת יָהּ וַיְהִי־לִי
לִישׁוּעָה, זֶה אֵלִי וְאַנְוֵהוּ, אֱלֹהֵי
אָבִי וַאֲרֹמְמֶנְהוּ: יהוה אִישׁ מִלְחָמָה, יהוה
שְׁמוֹ: מַרְכְּבֹת פַּרְעֹה וְחֵילוֹ יָרָה בַיָּם, וּמִבְחַר
שָׁלִשָׁיו טֻבְּעוּ בְיַם־סוּף: תְּהֹמֹת יְכַסְיֻמוּ, יָרְדוּ בִמְצוֹלֹת כְּמוֹ־
אָבֶן: יְמִינְךָ יהוה נֶאְדָּרִי בַּכֹּחַ, יְמִינְךָ
יהוה תִּרְעַץ אוֹיֵב: וּבְרֹב גְּאוֹנְךָ תַּהֲרֹס

קָמֶיךָ, תְּשַׁלַּח חֲרֹנְךָ יֹאכְלֵמוֹ כַּקַּשׁ: וּבְרוּחַ
אַפֶּיךָ נֶעֶרְמוּ מַיִם, נִצְּבוּ כְמוֹ־נֵד
נֹזְלִים, קָפְאוּ תְהֹמֹת בְּלֶב־יָם: אָמַר
אוֹיֵב אֶרְדֹּף, אַשִּׂיג, אֲחַלֵּק שָׁלָל, תִּמְלָאֵמוֹ
נַפְשִׁי, אָרִיק חַרְבִּי תּוֹרִישֵׁמוֹ יָדִי: נָשַׁפְתָּ
בְרוּחֲךָ כִּסָּמוֹ יָם, צָלְלוּ כַּעוֹפֶרֶת בְּמַיִם
אַדִּירִים: מִי־כָמֹכָה בָּאֵלִם יהוה, מִי
כָּמֹכָה נֶאְדָּר בַּקֹּדֶשׁ, נוֹרָא תְהִלֹּת עֹשֵׂה
פֶלֶא: נָטִיתָ יְמִינְךָ תִּבְלָעֵמוֹ אָרֶץ: נָחִיתָ
בְחַסְדְּךָ עַם־זוּ גָּאָלְתָּ, נֵהַלְתָּ בְעָזְּךָ אֶל־נְוֵה
קָדְשֶׁךָ: שָׁמְעוּ עַמִּים יִרְגָּזוּן, חִיל
אָחַז יֹשְׁבֵי פְּלָשֶׁת: אָז נִבְהֲלוּ אַלּוּפֵי
אֱדוֹם, אֵילֵי מוֹאָב יֹאחֲזֵמוֹ רָעַד, נָמֹגוּ
כֹּל יֹשְׁבֵי כְנָעַן: תִּפֹּל עֲלֵיהֶם אֵימָתָה
וָפַחַד, בִּגְדֹל זְרוֹעֲךָ יִדְּמוּ כָּאָבֶן, עַד־
יַעֲבֹר עַמְּךָ יהוה, עַד־יַעֲבֹר עַם־זוּ
קָנִיתָ: תְּבִאֵמוֹ וְתִטָּעֵמוֹ בְּהַר נַחֲלָתְךָ, מָכוֹן
לְשִׁבְתְּךָ פָּעַלְתָּ יהוה, מִקְּדָשׁ אֲדֹנָי כּוֹנְנוּ
יָדֶיךָ: יהוה ׀ יִמְלֹךְ לְעֹלָם וָעֶד:

יהוה יִמְלֹךְ לְעֹלָם וָעֶד.
יהוה מַלְכוּתֵהּ קָאֵם לְעָלַם וּלְעָלְמֵי עָלְמַיָּא.

כִּי
בָא סוּס פַּרְעֹה בְּרִכְבּוֹ וּבְפָרָשָׁיו בַּיָּם, וַיָּשֶׁב יהוה עֲלֵהֶם אֶת־מֵי
הַיָּם, וּבְנֵי יִשְׂרָאֵל הָלְכוּ בַיַּבָּשָׁה בְּתוֹךְ הַיָּם:

כִּי לַיהוה הַמְּלוּכָה וּמֹשֵׁל בַּגּוֹיִם: תהלים כב
וְעָלוּ מוֹשִׁעִים בְּהַר צִיּוֹן לִשְׁפֹּט אֶת־הַר עֵשָׂו עובדיה א
וְהָיְתָה לַיהוה הַמְּלוּכָה:
וְהָיָה יהוה לְמֶלֶךְ עַל־כָּל־הָאָרֶץ זכריה יד
בַּיּוֹם הַהוּא יִהְיֶה יהוה אֶחָד וּשְׁמוֹ אֶחָד:

נִשְׁמַת

כָּל חַי תְּבָרֵךְ אֶת שִׁמְךָ, יהוה אֱלֹהֵינוּ
וְרוּחַ כָּל בָּשָׂר תְּפָאֵר וּתְרוֹמֵם זִכְרְךָ מַלְכֵּנוּ תָּמִיד
מִן הָעוֹלָם וְעַד הָעוֹלָם אַתָּה אֵל.
וּמִבַּלְעָדֶיךָ אֵין לָנוּ מֶלֶךְ גּוֹאֵל וּמוֹשִׁיעַ

נשמת תפילת "נשמת" היא מן התפילות העתיקות שבסידור התפילה, ועיקרה דברי תודה של הנשמה לקדוש ברוך הוא על העבר ועל העתיד. כל ברואי העולם אומרים, בדממה או בקול, שירה לה' המעניק מטובו לכל העולם. אף שרוב היצורים אינם מודעים להנהגת ה' את עולמו, מכל מקום עולה מכולם שירת העולם לבוראו. מההודאה הכללית של "כל חי" התפילה עוברת לפרט את חסדיו של ה' עם בריותיו: על שמחיה אותם ומעניק להם את כוח הפעולה, ובמיוחד גומל חסדים עם בני ישראל – הוציאם ממצרים, מצילם מצרות ודואג להם. לכן מוטלת עלינו – על כל העולם ועל עם ישראל בייחוד – חובת ההודאה. אלא שבעצם אין אנו יכולים לצאת ידי חובה זו כראוי, שכן אין בנו, ביצורי אנוש, כוח לעשות זאת. כל כמה שיתאמץ אדם לשורר בלשונו ולשבח בשפתיו, לא יהיה די בכך. ואולם, אף כי אין בכוחנו לומר דברי תודה ותהילה כראוי, מכל מקום כאשר התודה פורצת מאיתנו, כשגופנו מעצמו פותח בדברי הודאה – אז אפשר להודות ולברך, לשבח ולפאר. כאשר הלשון אומרת לבד, כאשר הפה והשפתיים מרננים מתוך עצמם, כשאדם מוצא את עצמו משתחווה באוטומטיות – אותה שעה האדם והתפילה אינם שני דברים אלא דבר אחד; לא האדם אומר את התפילה, אלא התפילה מתפללת: היא נובעת ונארגת מתוך כל הדברים שפותחים את פיהם ואומרים כל אחד את השירה של מהותו הפנימית.

פּוֹדֶה וּמַצִּיל וּמְפַרְנֵס וְעוֹנֶה וּמְרַחֵם
בְּכָל עֵת צָרָה וְצוּקָה אֵין לָנוּ מֶלֶךְ עוֹזֵר וְסוֹמֵךְ אֶלָּא אָתָּה.
אֱלֹהֵי הָרִאשׁוֹנִים וְהָאַחֲרוֹנִים, אֱלוֹהַּ כָּל בְּרִיּוֹת
אֲדוֹן כָּל תּוֹלָדוֹת, הַמְהֻלָּל בְּרֹב הַתִּשְׁבָּחוֹת
הַמְנַהֵג עוֹלָמוֹ בְּחֶסֶד וּבְרִיּוֹתָיו בְּרַחֲמִים.
תהלים קכא וַיהוה עֵר, הִנֵּה לֹא־יָנוּם וְלֹא יִישָׁן:
הַמְעוֹרֵר יְשֵׁנִים וְהַמֵּקִיץ נִרְדָּמִים
וְהַמֵּשִׂיחַ אִלְּמִים וְהַמַּתִּיר אֲסוּרִים
וְהַסּוֹמֵךְ נוֹפְלִים וְהַזּוֹקֵף כְּפוּפִים וְהַמְפַעְנֵחַ נֶעְלָמִים
וּלְךָ לְבַדְּךָ אֲנַחְנוּ מוֹדִים
וְאִלּוּ פִינוּ מָלֵא שִׁירָה כַּיָּם
וּלְשׁוֹנֵנוּ רִנָּה כַּהֲמוֹן גַּלָּיו
וְשִׂפְתוֹתֵינוּ שֶׁבַח כְּמֶרְחֲבֵי רָקִיעַ
וְעֵינֵינוּ מְאִירוֹת כַּשֶּׁמֶשׁ וְכַיָּרֵחַ
וְיָדֵינוּ פְרוּשׂוֹת כְּנִשְׁרֵי שָׁמָיִם
וְרַגְלֵינוּ קַלּוֹת כָּאַיָּלוֹת
אֵין אֲנַחְנוּ מַסְפִּיקִים לְהוֹדוֹת לְךָ, יהוה אֱלֹהֵינוּ וֵאלֹהֵי אֲבוֹתֵינוּ
וּלְבָרֵךְ אֶת שְׁמֶךָ, מַלְכֵּנוּ
עַל אַחַת מֵאֶלֶף אֶלֶף אַלְפֵי אֲלָפִים וְרִבֵּי רְבָבוֹת פְּעָמִים
הַטּוֹבוֹת, נִסִּים וְנִפְלָאוֹת שֶׁעָשִׂיתָ עִם אֲבוֹתֵינוּ וְעִמָּנוּ
מִלְּפָנִים מִמִּצְרַיִם גְּאַלְתָּנוּ, יהוה אֱלֹהֵינוּ
וּמִבֵּית עֲבָדִים פְּדִיתָנוּ
בְּרָעָב זַנְתָּנוּ וּבְשָׂבָע כִּלְכַּלְתָּנוּ

מֵחֶרֶב הִצַּלְתָּנוּ וּמִדֶּבֶר מִלַּטְתָּנוּ
וּמֵחֳלָיִים רָעִים וְרַבִּים וְנֶאֱמָנִים דִּלִּיתָנוּ.
עַד הֵנָּה עֲזָרוּנוּ רַחֲמֶיךָ וְלֹא עֲזָבוּנוּ חֲסָדֶיךָ, יהוה אֱלֹהֵינוּ
וְאַל תִּטְּשֵׁנוּ, יהוה אֱלֹהֵינוּ, לָנֶצַח.
עַל כֵּן אֵבָרִים שֶׁפִּלַּגְתָּ בָּנוּ
וְרוּחַ וּנְשָׁמָה שֶׁנָּפַחְתָּ בְּאַפֵּנוּ
וְלָשׁוֹן אֲשֶׁר שַׂמְתָּ בְּפִינוּ
הֵן הֵם יוֹדוּ וִיבָרְכוּ וִישַׁבְּחוּ וִיפָאֲרוּ וִישׁוֹרְרוּ
וִירוֹמְמוּ וְיַעֲרִיצוּ וְיַקְדִּישׁוּ וְיַמְלִיכוּ אֶת שִׁמְךָ מַלְכֵּנוּ תָמִיד
כִּי כָל פֶּה לְךָ יוֹדֶה וְכָל לָשׁוֹן לְךָ תִשָּׁבַע
וְכָל עַיִן לְךָ תְצַפֶּה, וְכָל בֶּרֶךְ לְךָ תִכְרַע
וְכָל קוֹמָה לְפָנֶיךָ תִשְׁתַּחֲוֶה
וְכָל הַלְּבָבוֹת יִירָאוּךָ
וְכָל קֶרֶב וּכְלָיוֹת יְזַמְּרוּ לִשְׁמֶךָ, כַּדָּבָר שֶׁכָּתוּב
כָּל עַצְמֹתַי תֹּאמַרְנָה יהוה מִי כָמוֹךָ תהלים לה
מַצִּיל עָנִי מֵחָזָק מִמֶּנּוּ, וְעָנִי וְאֶבְיוֹן מִגֹּזְלוֹ:

הן הם יודו ויברכו על הכתוב בנביא: "וְהָיָה כְּנַגֵּן הַמְנַגֵּן וַתְּהִי עָלָיו יַד ה'"; נאמר בירושלמי ש"נגן המנגן" אינו האיש שמנגן בכלי, אלא כלי הנגינה, המנגן בעצמו ומעצמו. הדברים הללו אמורים באדם שנעשה בעצמו לכלי גמור – לנגינה, לנבואה, לתפילה. האדם המגיע לשלמות מעלת התפילה הוא "כנגן המנגן"; כפי שהכלי מנגן מאליו ומעצמו, כך האדם פותח את סידור התפילה והסידור מתפלל את עצמו.

הסידור מנגן, והאדם הולך עם המנגינה ומתנגן בה, כי זו המנגינה שמבטאת את עצמו ואת מהות כל מה שהוא רוצה לבטא. תפילה כזו היא תפילה בדרגתה העליונה. תפילה כזו איננה שכיחה אך יכולה לבצבץ מפעם לפעם בכל אדם: לפתע – בברכה, במזמור או במילה מסוימת – הוא מתחיל להתפלל מאליו.

שַׁוְעַת עֲנִיִּים אַתָּה תִשְׁמַע
צַעֲקַת הַדַּל תַּקְשִׁיב וְתוֹשִׁיעַ.
מִי יִדְמֶה לָּךְ וּמִי יִשְׁוֶה לָּךְ וּמִי יַעֲרָךְ לָךְ
הָאֵל הַגָּדוֹל, הַגִּבּוֹר וְהַנּוֹרָא, אֵל עֶלְיוֹן, קוֹנֵה שָׁמַיִם וָאָרֶץ.
נְהַלֶּלְךָ וּנְשַׁבֵּחֲךָ וּנְפָאֶרְךָ וּנְבָרֵךְ אֶת שֵׁם קָדְשֶׁךָ
כָּאָמוּר, תהלים קג
לְדָוִד, בָּרְכִי נַפְשִׁי אֶת־יהוה, וְכָל־קְרָבַי אֶת־שֵׁם קָדְשׁוֹ:

ביום טוב שליח הציבור מתחיל כאן:

הָאֵל בְּתַעֲצוּמוֹת עֻזֶּךָ
הַגָּדוֹל בִּכְבוֹד שְׁמֶךָ
הַגִּבּוֹר לָנֶצַח וְהַנּוֹרָא בְּנוֹרְאוֹתֶיךָ
הַמֶּלֶךְ הַיּוֹשֵׁב עַל כִּסֵּא
רָם וְנִשָּׂא

בשבת שליח הציבור מתחיל כאן:

שׁוֹכֵן עַד

מָרוֹם וְקָדוֹשׁ שְׁמוֹ
וְכָתוּב
תהלים לג רַנְּנוּ צַדִּיקִים בַּיהוה, לַיְשָׁרִים נָאוָה תְהִלָּה:
בְּפִי יְשָׁרִים תִּתְרוֹמָם
וּבְשִׂפְתֵי צַדִּיקִים תִּתְבָּרַךְ
וּבִלְשׁוֹן חֲסִידִים תִּתְקַדָּשׁ
וּבְקֶרֶב קְדוֹשִׁים תִּתְהַלָּל

וּבְמַקְהֲלוֹת רִבְבוֹת עַמְּךָ בֵּית יִשְׂרָאֵל
בְּרִנָּה יִתְפָּאַר שִׁמְךָ מַלְכֵּנוּ בְּכָל דּוֹר וָדוֹר
שֶׁכֵּן חוֹבַת כָּל הַיְצוּרִים
לְפָנֶיךָ יהוה אֱלֹהֵינוּ וֵאלֹהֵי אֲבוֹתֵינוּ
לְהוֹדוֹת, לְהַלֵּל, לְשַׁבֵּחַ, לְפָאֵר, לְרוֹמֵם
לְהַדֵּר וּלְנַצֵּחַ, לְבָרֵךְ לְעַלֵּה וּלְקַלֵּס
עַל כָּל דִּבְרֵי שִׁירוֹת וְתִשְׁבְּחוֹת
דָּוִד בֶּן יִשַׁי עַבְדְּךָ מְשִׁיחֶךָ.

נוהגים לעמוד מכאן עד 'בָּרְכוּ'.

וּבְכֵן יִשְׁתַּבַּח שִׁמְךָ לָעַד מַלְכֵּנוּ
הָאֵל, הַמֶּלֶךְ, הַגָּדוֹל וְהַקָּדוֹשׁ בַּשָּׁמַיִם וּבָאָרֶץ
כִּי לְךָ נָאֶה, יהוה אֱלֹהֵינוּ וֵאלֹהֵי אֲבוֹתֵינוּ
שִׁיר וּשְׁבָחָה, הַלֵּל וְזִמְרָה
עֹז וּמֶמְשָׁלָה, נֶצַח, גְּדֻלָּה וּגְבוּרָה
תְּהִלָּה וְתִפְאֶרֶת, קְדֻשָּׁה וּמַלְכוּת
בְּרָכוֹת וְהוֹדָאוֹת לְשִׁמְךָ הַגָּדוֹל וְהַקָּדוֹשׁ
וּמֵעוֹלָם וְעַד עוֹלָם אַתָּה אֵל.
בָּרוּךְ אַתָּה יהוה, אֵל מֶלֶךְ גָּדוֹל וּמְהֻלָּל בַּתִּשְׁבָּחוֹת
אֵל הַהוֹדָאוֹת
אֲדוֹן הַנִּפְלָאוֹת
בּוֹרֵא כָּל הַנְּשָׁמוֹת, רִבּוֹן כָּל הַמַּעֲשִׂים
הַבּוֹחֵר בְּשִׁירֵי זִמְרָה
מֶלֶךְ, יָחִיד, אֵל, חֵי הָעוֹלָמִים.

בשבת שובה פותחים את ארון הקודש ואומרים:

תהלים קל שִׁיר הַמַּעֲלוֹת, מִמַּעֲמַקִּים קְרָאתִיךָ יהוה: אֲדֹנָי שִׁמְעָה בְקוֹלִי, תִּהְיֶינָה אָזְנֶיךָ קַשֻּׁבוֹת לְקוֹל תַּחֲנוּנָי: אִם־עֲוֹנוֹת תִּשְׁמָר־יָהּ, אֲדֹנָי מִי יַעֲמֹד: כִּי־עִמְּךָ הַסְּלִיחָה, לְמַעַן תִּוָּרֵא: קִוִּיתִי יהוה קִוְּתָה נַפְשִׁי, וְלִדְבָרוֹ הוֹחָלְתִּי: נַפְשִׁי לַאדֹנָי, מִשֹּׁמְרִים לַבֹּקֶר, שֹׁמְרִים לַבֹּקֶר: יַחֵל יִשְׂרָאֵל אֶל־יהוה, כִּי־עִם־יהוה הַחֶסֶד, וְהַרְבֵּה עִמּוֹ פְדוּת: וְהוּא יִפְדֶּה אֶת־יִשְׂרָאֵל, מִכֹּל עֲוֹנוֹתָיו:

חצי קדיש

ש״ץ: יִתְגַּדַּל וְיִתְקַדַּשׁ שְׁמֵהּ רַבָּא (קהל: אָמֵן)
בְּעָלְמָא דִּי בְרָא כִרְעוּתֵהּ
וְיַמְלִיךְ מַלְכוּתֵהּ וְיַצְמַח פֻּרְקָנֵהּ וִיקָרֵב מְשִׁיחֵהּ (קהל: אָמֵן)
בְּחַיֵּיכוֹן וּבְיוֹמֵיכוֹן וּבְחַיֵּי דְכָל בֵּית יִשְׂרָאֵל
בַּעֲגָלָא וּבִזְמַן קָרִיב
וְאִמְרוּ אָמֵן. (קהל: אָמֵן)

קהל וש״ץ: יְהֵא שְׁמֵהּ רַבָּא מְבָרַךְ לְעָלַם וּלְעָלְמֵי עָלְמַיָּא.

ש״ץ: יִתְבָּרַךְ וְיִשְׁתַּבַּח וְיִתְפָּאַר וְיִתְרוֹמַם וְיִתְנַשֵּׂא
וְיִתְהַדָּר וְיִתְעַלֶּה וְיִתְהַלָּל
שְׁמֵהּ דְּקֻדְשָׁא בְּרִיךְ הוּא (קהל: אָמֵן)
לְעֵלָּא מִן כָּל בִּרְכָתָא
/בשבת שובה: לְעֵלָּא לְעֵלָּא מִכָּל בִּרְכָתָא/
וְשִׁירָתָא, תֻּשְׁבְּחָתָא וְנֶחֱמָתָא
דַּאֲמִירָן בְּעָלְמָא
וְאִמְרוּ אָמֵן. (קהל: אָמֵן)

קריאת שמע וברכותיה

נוהגים לכרוע מעט בשעת אמירת ׳בָּרְכוּ׳, וזוקפים כשאומרים את השם.

ש״ץ: **בָּרְכוּ**

אֶת יהוה הַמְבֹרָךְ.

קהל: בָּרוּךְ יהוה הַמְבֹרָךְ לְעוֹלָם וָעֶד.

ש״ץ: בָּרוּךְ יהוה הַמְבֹרָךְ לְעוֹלָם וָעֶד.

ראוי לומר קריאת שמע בישיבה דווקא.

בָּרוּךְ אַתָּה יהוה אֱלֹהֵינוּ מֶלֶךְ הָעוֹלָם
יוֹצֵר אוֹר וּבוֹרֵא חֹשֶׁךְ
עֹשֶׂה שָׁלוֹם וּבוֹרֵא אֶת הַכֹּל.

בשבת אומרים ׳הַכֹּל יוֹדוּךָ׳, וביום טוב שאינו שבת
אומרים ׳הַמֵּאִיר לָאָרֶץ׳ (בעמוד הבא) כבחול.

הַכֹּל יוֹדְוּךָ וְהַכֹּל יְשַׁבְּחְוּךָ
וְהַכֹּל יֹאמְרוּ אֵין קָדוֹשׁ כַּיהוה
הַכֹּל יְרוֹמְמְוּךָ סֶּלָה, יוֹצֵר הַכֹּל.
הָאֵל הַפּוֹתֵחַ בְּכָל יוֹם דַּלְתוֹת שַׁעֲרֵי מִזְרָח
וּבוֹקֵעַ חַלּוֹנֵי רָקִיעַ
מוֹצִיא חַמָּה מִמְּקוֹמָהּ וּלְבָנָה מִמְּכוֹן שִׁבְתָּהּ
וּמֵאִיר לָעוֹלָם כֻּלּוֹ וּלְיוֹשְׁבָיו, שֶׁבָּרָא בְּמִדַּת הָרַחֲמִים.
הַמֵּאִיר לָאָרֶץ וְלַדָּרִים עָלֶיהָ בְּרַחֲמִים
וּבְטוּבוֹ מְחַדֵּשׁ בְּכָל יוֹם תָּמִיד מַעֲשֵׂה בְרֵאשִׁית.

תהלים קד מָה־רַבּוּ מַעֲשֶׂיךָ יהוה
כֻּלָּם בְּחָכְמָה עָשִׂיתָ
מָלְאָה הָאָרֶץ קִנְיָנֶךָ:
הַמֶּלֶךְ הַמְרוֹמָם לְבַדּוֹ מֵאָז
הַמְשֻׁבָּח וְהַמְפֹאָר וְהַמִּתְנַשֵּׂא מִימוֹת עוֹלָם.
אֱלֹהֵי עוֹלָם, בְּרַחֲמֶיךָ הָרַבִּים רַחֵם עָלֵינוּ
אֲדוֹן עֻזֵּנוּ, צוּר מִשְׂגַּבֵּנוּ, מָגֵן יִשְׁעֵנוּ, מִשְׂגָּב בַּעֲדֵנוּ.

אֵין עֲרֹךְ לְךָ
וְאֵין זוּלָתֶךָ
אֶפֶס בִּלְתֶּךָ
וּמִי דּוֹמֶה לָךְ.

אֵין עֲרֹךְ לְךָ, יהוה אֱלֹהֵינוּ, בָּעוֹלָם הַזֶּה
וְאֵין זוּלָתְךָ, מַלְכֵּנוּ, לְחַיֵּי הָעוֹלָם הַבָּא
אֶפֶס בִּלְתְּךָ, גּוֹאֲלֵנוּ, לִימוֹת הַמָּשִׁיחַ
וְאֵין דּוֹמֶה לְּךָ, מוֹשִׁיעֵנוּ, לִתְחִיַּת הַמֵּתִים.

ביום טוב שאינו שבת אומרים:

הַמֵּאִיר לָאָרֶץ וְלַדָּרִים עָלֶיהָ בְּרַחֲמִים, וּבְטוּבוֹ מְחַדֵּשׁ בְּכָל יוֹם תָּמִיד
תהלים קד מַעֲשֵׂה בְרֵאשִׁית. מָה־רַבּוּ מַעֲשֶׂיךָ יהוה, כֻּלָּם בְּחָכְמָה עָשִׂיתָ, מָלְאָה
הָאָרֶץ קִנְיָנֶךָ: הַמֶּלֶךְ הַמְרוֹמָם לְבַדּוֹ מֵאָז, הַמְשֻׁבָּח וְהַמְפֹאָר וְהַמִּתְנַשֵּׂא
מִימוֹת עוֹלָם. אֱלֹהֵי עוֹלָם, בְּרַחֲמֶיךָ הָרַבִּים רַחֵם עָלֵינוּ, אֲדוֹן עֻזֵּנוּ, צוּר
מִשְׂגַּבֵּנוּ, מָגֵן יִשְׁעֵנוּ, מִשְׂגָּב בַּעֲדֵנוּ. אֵל בָּרוּךְ גְּדוֹל דֵּעָה, הֵכִין וּפָעַל זָהֳרֵי
חַמָּה, טוֹב יָצַר כָּבוֹד לִשְׁמוֹ, מְאוֹרוֹת נָתַן סְבִיבוֹת עֻזּוֹ, פִּנּוֹת צְבָאָיו
קְדוֹשִׁים, רוֹמְמֵי שַׁדַּי, תָּמִיד מְסַפְּרִים כְּבוֹד אֵל וּקְדֻשָּׁתוֹ. תִּתְבָּרַךְ יהוה
אֱלֹהֵינוּ בַּשָּׁמַיִם מִמַּעַל וְעַל הָאָרֶץ מִתָּחַת עַל כָּל שֶׁבַח מַעֲשֵׂה יָדֶיךָ וְעַל
מְאוֹרֵי אוֹר שֶׁיָּצַרְתָּ, הֵמָּה יְפָאֲרוּךָ סֶּלָה.

וממשיכים ׳תִּתְבָּרֵךְ לָנֶצַח׳ (עמ׳ 357).

אֵל אָדוֹן עַל כָּל הַמַּעֲשִׂים
בָּרוּךְ וּמְבֹרָךְ בְּפִי כָּל הַנְּשָׁמָה
גָּדְלוֹ וְטוּבוֹ מָלֵא עוֹלָם
דַּעַת וּתְבוּנָה סוֹבְבִים הוֹדוֹ.

הַמִּתְגָּאֶה עַל חַיּוֹת הַקֹּדֶשׁ
וְנֶהְדָּר בְּכָבוֹד עַל הַמֶּרְכָּבָה
זְכוּת וּמִישׁוֹר לִפְנֵי כִסְאוֹ
חֶסֶד וְרַחֲמִים מָלֵא כְבוֹדוֹ.

טוֹבִים מְאוֹרוֹת שֶׁבָּרָא אֱלֹהֵינוּ
יְצָרָם בְּדַעַת בְּבִינָה וּבְהַשְׂכֵּל
כֹּחַ וּגְבוּרָה נָתַן בָּהֶם
לִהְיוֹת מוֹשְׁלִים בְּקֶרֶב תֵּבֵל.

מְלֵאִים זִיו וּמְפִיקִים נֹגַהּ
נָאֶה זִיוָם בְּכָל הָעוֹלָם
שְׂמֵחִים בְּצֵאתָם וְשָׂשִׂים בְּבוֹאָם
עוֹשִׂים בְּאֵימָה רְצוֹן קוֹנָם.

פְּאֵר וְכָבוֹד נוֹתְנִים לִשְׁמוֹ
צָהֳלָה וְרִנָּה לְזֵכֶר מַלְכוּתוֹ
קָרָא לַשֶּׁמֶשׁ וַיִּזְרַח אוֹר
רָאָה וְהִתְקִין צוּרַת הַלְּבָנָה.

שֶׁבַח נוֹתְנִים לוֹ כָּל צְבָא מָרוֹם
תִּפְאֶרֶת וּגְדֻלָּה, שְׂרָפִים וְחַיּוֹת וְאוֹפַנֵּי הַקֹּדֶשׁ.

אל אדון פיוט קדום המקביל לפיוט הקצר "אל ברוך גדול דעה" הנאמר בימות החול. גם פיוט זה הוא שבח הבנוי על פי סדר הא"ב על בריאת צבא השמיים, המאורות והמלאכים, אלא שבשבת מאריכים יותר מפני שיש פנאי וכן מפני כבודו של יום השבת.

לָאֵל אֲשֶׁר שָׁבַת מִכָּל הַמַּעֲשִׂים
בַּיּוֹם הַשְּׁבִיעִי נִתְעַלָּה וְיָשַׁב עַל כִּסֵּא כְבוֹדוֹ.
תִּפְאֶרֶת עָטָה לְיוֹם הַמְּנוּחָה
עֹנֶג קָרָא לְיוֹם הַשַּׁבָּת.
זֶה שִׁיר שֶׁבַח שֶׁל יוֹם הַשְּׁבִיעִי
שֶׁבּוֹ שָׁבַת אֵל מִכָּל מְלַאכְתּוֹ
וְיוֹם הַשְּׁבִיעִי מְשַׁבֵּחַ וְאוֹמֵר
מִזְמוֹר שִׁיר לְיוֹם הַשַּׁבָּת, טוֹב לְהֹדוֹת לַיהוה: תהלים צב
לְפִיכָךְ יְפָאֲרוּ וִיבָרְכוּ לָאֵל כָּל יְצוּרָיו
שֶׁבַח יְקָר וּגְדֻלָּה וְכָבוֹד יִתְּנוּ לָאֵל מֶלֶךְ יוֹצֵר כֹּל
הַמַּנְחִיל מְנוּחָה לְעַמּוֹ יִשְׂרָאֵל בִּקְדֻשָּׁתוֹ בְּיוֹם שַׁבַּת קֹדֶשׁ.
שִׁמְךָ יהוה אֱלֹהֵינוּ יִתְקַדַּשׁ, וְזִכְרְךָ מַלְכֵּנוּ יִתְפָּאַר
בַּשָּׁמַיִם מִמַּעַל וְעַל הָאָרֶץ מִתָּחַת.
תִּתְבָּרַךְ מוֹשִׁיעֵנוּ עַל כָּל שֶׁבַח מַעֲשֵׂה יָדֶיךָ
וְעַל מְאוֹרֵי אוֹר שֶׁיָּצַרְתָּ
הֵמָּה יְפָאֲרוּךָ סֶּלָה.

לאל אשר שבת פיוט עתיק ליום השבת החורז את עיקרי שבחיה: השבת היא יום של קדושה, יום שבו לאחר שהקדוש ברוך הוא ירד כביכול לעולמנו ועסק שישה ימים במלאכת הבריאה – חזר ונתעלה במלוא יקרו וישב על כיסא כבודו. מלבד קדושתה של השבת, היא גם יום מנוחה שניתנה לו תפארת מיוחדת להיות "מכובד מכל ימים". כמו כן השבת היא יום עונג שיש בו מצווה מיוחדת להתענג בכל מיני תענוגי הגוף כדי ליהנות לא רק ברוח אלא אף בחומר. בהמשך לשבחי ה' הנאמרים בברכת "יוצר" מפי צבא המרום, את שבח יום השביעי כביכול יום השבת עצמו משבח, ואף מורה שכך ראוי לעשות: "מִזְמוֹר שִׁיר לְיוֹם הַשַּׁבָּת, טוֹב לְהֹדוֹת לַה'". לפיכך נוהגים אף אנו כפי שיום השבת מציע לנו – מפארים ומשבחים לא־ל ונותנים לו גדולה וכבוד על יום המנוחה והקדושה.

תִּתְבָּרֵךְ לָנֶצַח
צוּרֵנוּ מַלְכֵּנוּ וְגוֹאֲלֵנוּ, בּוֹרֵא קְדוֹשִׁים
יִשְׁתַּבַּח שִׁמְךָ לָעַד
מַלְכֵּנוּ, יוֹצֵר מְשָׁרְתִים
וַאֲשֶׁר מְשָׁרְתָיו כֻּלָּם עוֹמְדִים בְּרוּם עוֹלָם
וּמַשְׁמִיעִים בְּיִרְאָה יַחַד בְּקוֹל
דִּבְרֵי אֱלֹהִים חַיִּים וּמֶלֶךְ עוֹלָם.

כֻּלָּם אֲהוּבִים   כֻּלָּם בְּרוּרִים
כֻּלָּם גִּבּוֹרִים   כֻּלָּם קְדוֹשִׁים

וְכֻלָּם עוֹשִׂים בְּאֵימָה וּבְיִרְאָה רְצוֹן קוֹנָם
וְכֻלָּם פּוֹתְחִים אֶת פִּיהֶם בִּקְדֻשָּׁה וּבְטָהֳרָה
בְּשִׁירָה וּבְזִמְרָה

וּמְבָרְכִין   וּמְשַׁבְּחִין   וּמְפָאֲרִין
וּמַעֲרִיצִין   וּמַקְדִּישִׁין   וּמַמְלִיכִין

אֶת שֵׁם הָאֵל הַמֶּלֶךְ הַגָּדוֹל הַגִּבּוֹר וְהַנּוֹרָא, קָדוֹשׁ הוּא.
וְכֻלָּם מְקַבְּלִים עֲלֵיהֶם עֹל מַלְכוּת שָׁמַיִם זֶה מִזֶּה
וְנוֹתְנִים בְּאַהֲבָה רְשׁוּת זֶה לָזֶה
לְהַקְדִּישׁ לְיוֹצְרָם בְּנַחַת רוּחַ
בְּשָׂפָה בְרוּרָה וּבִנְעִימָה.
קְדֻשָּׁה כֻּלָּם כְּאֶחָד, עוֹנִים בְּאֵימָה וְאוֹמְרִים בְּיִרְאָה

סדר הקדושה כאן יכול כל אחד לאומרו בפני עצמו,
אולם ראוי לאומרו בקול עם הציבור יחד.

קָדוֹשׁ ׀ קָדוֹשׁ, קָדוֹשׁ יהוה צְבָאוֹת   ישעיה ו
מְלֹא כָל־הָאָרֶץ כְּבוֹדוֹ:

וְהָאוֹפַנִּים וְחַיּוֹת הַקֹּדֶשׁ
בְּרַעַשׁ גָּדוֹל מִתְנַשְּׂאִים לְעֻמַּת שְׂרָפִים
לְעֻמָּתָם מְשַׁבְּחִים וְאוֹמְרִים

בָּרוּךְ כְּבוֹד־יהוה מִמְּקוֹמוֹ: יחזקאל ג

לָאֵל בָּרוּךְ נְעִימוֹת יִתֵּנוּ. לַמֶּלֶךְ אֵל חַי וְקַיָּם
זְמִירוֹת יֹאמֵרוּ וְתִשְׁבָּחוֹת יַשְׁמִיעוּ
כִּי הוּא לְבַדּוֹ מָרוֹם וְקָדוֹשׁ
פּוֹעֵל גְּבוּרוֹת,
עוֹשֶׂה חֲדָשׁוֹת
בַּעַל מִלְחָמוֹת
זוֹרֵעַ צְדָקוֹת
מַצְמִיחַ יְשׁוּעוֹת
בּוֹרֵא רְפוּאוֹת
נוֹרָא תְהִלּוֹת
אֲדוֹן הַנִּפְלָאוֹת
הַמְחַדֵּשׁ בְּטוּבוֹ בְּכָל יוֹם תָּמִיד מַעֲשֵׂה בְרֵאשִׁית
כָּאָמוּר
לְעֹשֵׂה אוֹרִים גְּדֹלִים תהלים קלו
כִּי לְעוֹלָם חַסְדּוֹ:
אוֹר חָדָשׁ עַל צִיּוֹן תָּאִיר, וְנִזְכֶּה כֻלָּנוּ בִּמְהֵרָה לְאוֹרוֹ.
בָּרוּךְ אַתָּה יהוה, יוֹצֵר הַמְּאוֹרוֹת.

אַהֲבָה רַבָּה (אַהֲבַת עוֹלָם) אֲהַבְתָּנוּ, יהוה אֱלֹהֵינוּ
חֶמְלָה גְדוֹלָה וִיתֵרָה חָמַלְתָּ עָלֵינוּ.

אָבִינוּ מַלְכֵּנוּ, בַּעֲבוּר שִׁמְךָ הַגָּדוֹל
וּבַעֲבוּר אֲבוֹתֵינוּ שֶׁבָּטְחוּ בָךְ, וַתְּלַמְּדֵם חֻקֵּי חַיִּים
לַעֲשׂוֹת רְצוֹנְךָ בְּלֵבָב שָׁלֵם, כֵּן תְּחָנֵּנוּ וּתְלַמְּדֵנוּ.
אָבִינוּ, אָב הָרַחֲמָן, הַמְרַחֵם
רַחֵם נָא עָלֵינוּ, וְתֵן בְּלִבֵּנוּ בִּינָה לְהָבִין וּלְהַשְׂכִּיל
לִשְׁמֹעַ, לִלְמֹד וּלְלַמֵּד, לִשְׁמֹר וְלַעֲשׂוֹת
וּלְקַיֵּם אֶת כָּל דִּבְרֵי תַלְמוּד תּוֹרָתֶךָ בְּאַהֲבָה.
וְהָאֵר עֵינֵינוּ בְּתוֹרָתֶךָ, וְדַבֵּק לִבֵּנוּ בְּמִצְוֹתֶיךָ
וְיַחֵד לְבָבֵנוּ לְאַהֲבָה וּלְיִרְאָה אֶת שְׁמֶךָ
לְמַעַן לֹא נֵבוֹשׁ וְלֹא נִכָּלֵם וְלֹא נִכָּשֵׁל לְעוֹלָם וָעֶד.
כִּי בְשֵׁם קָדְשְׁךָ הַגָּדוֹל הַגִּבּוֹר וְהַנּוֹרָא בָּטָחְנוּ
נָגִילָה וְנִשְׂמְחָה בִּישׁוּעָתֶךָ.
וְרַחֲמֶיךָ יהוה אֱלֹהֵינוּ וַחֲסָדֶיךָ הָרַבִּים
אַל יַעַזְבוּנוּ נֶצַח סֶלָה וָעֶד.

נוהגים לאסוף כאן את ארבע ציציות הטלית בידו (על דרך הסוד - ביד שמאל בין הזרת והקמיצה) ולאחוז בהן עד 'וְנֶחֱמָדִים לָעַד' (להלן בברכת 'אֱמֶת וְיַצִּיב').

מַהֵר וְהָבֵא עָלֵינוּ בְּרָכָה וְשָׁלוֹם
מְהֵרָה מֵאַרְבַּע כַּנְפוֹת כָּל הָאָרֶץ
וּשְׁבֹר עֹל הַגּוֹיִם מֵעַל צַוָּארֵנוּ
וְתוֹלִיכֵנוּ מְהֵרָה קוֹמְמִיּוּת לְאַרְצֵנוּ.
כִּי אֵל פּוֹעֵל יְשׁוּעוֹת אָתָּה, וּבָנוּ בָחַרְתָּ מִכָּל עַם וְלָשׁוֹן
וְקֵרַבְתָּנוּ מַלְכֵּנוּ לְשִׁמְךָ הַגָּדוֹל סֶלָה בֶּאֱמֶת בְּאַהֲבָה
לְהוֹדוֹת לְךָ וּלְיַחֶדְךָ בְּאַהֲבָה, וּלְאַהֲבָה אֶת שְׁמֶךָ.
בָּרוּךְ אַתָּה יהוה, הַבּוֹחֵר בְּעַמּוֹ יִשְׂרָאֵל בְּאַהֲבָה.

הקורא קריאת שמע ביחידות אומר ׳אֵל מֶלֶךְ נֶאֱמָן׳, שהוא בראשי תיבות ׳אמן׳. ונהגו בהוספה זו כדי להשלים את מניין המילים שבקריאה לרמ״ח, כי היחיד אינו חוזר ואומר ׳ה׳ אֱלֹהֵיכֶם אֱמֶת׳ בסוף קריאת שמע. ויש שנהגו שלא לאומרו, משום שלדעות אחדות יש בכך הפסקה אסורה בין הברכות לקריאת שמע.

אֵל מֶלֶךְ נֶאֱמָן

נוהגים לומר את הפסוק הראשון בהגבהת הקול קצת כדי לעורר את הכוונה. וכן נוהגים לעצום את העיניים ולכסותן ביד ימין בעת אמירתו כדי שלא להסתכל באותה שעה בדברים העלולים לבטל את הכוונה.

דברים ו **שְׁמַ֖ע יִשְׂרָאֵ֑ל, יְהֹוָ֥ה אֱלֹהֵ֖ינוּ, יְהֹוָ֥ה ׀ אֶחָֽד׃**

בלחש: בָּרוּךְ שֵׁם כְּבוֹד מַלְכוּתוֹ לְעוֹלָם וָעֶד.

דברים ו וְאָ֣הַבְתָּ֔ אֵ֖ת יְהֹוָ֣ה אֱלֹהֶ֑יךָ, בְּכׇל־לְבָבְךָ֥ וּבְכׇל־נַפְשְׁךָ֖ וּבְכׇל־מְאֹדֶֽךָ׃ וְהָי֞וּ הַדְּבָרִ֣ים הָאֵ֗לֶּה, אֲשֶׁ֨ר אָנֹכִ֧י מְצַוְּךָ֛ הַיּ֖וֹם, עַל־לְבָבֶֽךָ׃ וְשִׁנַּנְתָּ֣ם לְבָנֶ֔יךָ וְדִבַּרְתָּ֖ בָּ֑ם, בְּשִׁבְתְּךָ֤ בְּבֵיתֶ֙ךָ֙ וּבְלֶכְתְּךָ֣ בַדֶּ֔רֶךְ, וּֽבְשׇׁכְבְּךָ֖ וּבְקוּמֶֽךָ׃ וּקְשַׁרְתָּ֥ם לְא֖וֹת עַל־יָדֶ֑ךָ וְהָי֥וּ לְטֹטָפֹ֖ת בֵּ֥ין עֵינֶֽיךָ׃ וּכְתַבְתָּ֛ם עַל־מְזֻז֥וֹת בֵּיתֶ֖ךָ וּבִשְׁעָרֶֽיךָ׃

דברים יא וְהָיָ֗ה אִם־שָׁמֹ֤עַ תִּשְׁמְעוּ֙ אֶל־מִצְוֺתַ֔י אֲשֶׁ֧ר אָנֹכִ֛י מְצַוֶּ֥ה אֶתְכֶ֖ם הַיּ֑וֹם, לְאַהֲבָ֞ה אֶת־יְהֹוָ֤ה אֱלֹהֵיכֶם֙ וּלְעׇבְד֔וֹ, בְּכׇל־לְבַבְכֶ֖ם וּבְכׇל־נַפְשְׁכֶֽם׃ וְנָתַתִּ֧י מְטַֽר־אַרְצְכֶ֛ם בְּעִתּ֖וֹ, יוֹרֶ֣ה וּמַלְק֑וֹשׁ, וְאָסַפְתָּ֣ דְגָנֶ֔ךָ וְתִֽירֹשְׁךָ֖ וְיִצְהָרֶֽךָ׃ וְנָתַתִּ֛י עֵ֥שֶׂב בְּשָׂדְךָ֖ לִבְהֶמְתֶּ֑ךָ, וְאָכַלְתָּ֖ וְשָׂבָֽעְתָּ׃ הִשָּֽׁמְר֣וּ לָכֶ֔ם פֶּ֥ן יִפְתֶּ֖ה לְבַבְכֶ֑ם, וְסַרְתֶּ֗ם וַעֲבַדְתֶּם֙ אֱלֹהִ֣ים אֲחֵרִ֔ים וְהִשְׁתַּחֲוִיתֶ֖ם לָהֶֽם׃ וְחָרָ֨ה אַף־יְהֹוָ֜ה בָּכֶ֗ם, וְעָצַ֤ר אֶת־הַשָּׁמַ֙יִם֙ וְלֹא־יִהְיֶ֣ה מָטָ֔ר, וְהָ֣אֲדָמָ֔ה לֹ֥א תִתֵּ֖ן אֶת־יְבוּלָ֑הּ, וַאֲבַדְתֶּ֣ם מְהֵרָ֗ה מֵעַל֙ הָאָ֣רֶץ הַטֹּבָ֔ה אֲשֶׁ֥ר יְהֹוָ֖ה נֹתֵ֥ן לָכֶֽם׃ וְשַׂמְתֶּם֙ אֶת־דְּבָרַ֣י אֵ֔לֶּה עַל־לְבַבְכֶ֖ם וְעַֽל־נַפְשְׁכֶ֑ם, וּקְשַׁרְתֶּ֨ם אֹתָ֤ם לְאוֹת֙ עַל־יֶדְכֶ֔ם, וְהָי֥וּ לְטוֹטָפֹ֖ת בֵּ֥ין עֵינֵיכֶֽם׃ וְלִמַּדְתֶּ֥ם

אֹתָם אֶת־בְּנֵיכֶם לְדַבֵּר בָּם, בְּשִׁבְתְּךָ בְּבֵיתֶךָ וּבְלֶכְתְּךָ בַדֶּרֶךְ, וּבְשָׁכְבְּךָ וּבְקוּמֶךָ: וּכְתַבְתָּם עַל־מְזוּזוֹת בֵּיתֶךָ וּבִשְׁעָרֶיךָ: לְמַעַן יִרְבּוּ יְמֵיכֶם וִימֵי בְנֵיכֶם עַל הָאֲדָמָה אֲשֶׁר נִשְׁבַּע יְהוָה לַאֲבֹתֵיכֶם לָתֵת לָהֶם, כִּימֵי הַשָּׁמַיִם עַל־הָאָרֶץ:

נוהגים לנשק את הציציות בכל פעם שמזכירים את המילה 'ציצית' (ויש שמניחים אותן קודם הנישוק על גבי העיניים, ויש שנוהגים רק להתבונן בהן).

וַיֹּאמֶר יְהוָה אֶל־מֹשֶׁה לֵּאמֹר: דַּבֵּר אֶל־בְּנֵי יִשְׂרָאֵל וְאָמַרְתָּ במדבר טו
אֲלֵהֶם, וְעָשׂוּ לָהֶם צִיצִת עַל־כַּנְפֵי בִגְדֵיהֶם לְדֹרֹתָם, וְנָתְנוּ עַל־צִיצִת הַכָּנָף פְּתִיל תְּכֵלֶת: וְהָיָה לָכֶם לְצִיצִת, וּרְאִיתֶם אֹתוֹ וּזְכַרְתֶּם אֶת־כָּל־מִצְוֹת יְהוָה וַעֲשִׂיתֶם אֹתָם, וְלֹא תָתוּרוּ אַחֲרֵי לְבַבְכֶם וְאַחֲרֵי עֵינֵיכֶם, אֲשֶׁר־אַתֶּם זֹנִים אַחֲרֵיהֶם: לְמַעַן תִּזְכְּרוּ וַעֲשִׂיתֶם אֶת־כָּל־מִצְוֹתָי, וִהְיִיתֶם קְדֹשִׁים לֵאלֹהֵיכֶם: אֲנִי יְהוָה אֱלֹהֵיכֶם, אֲשֶׁר הוֹצֵאתִי אֶתְכֶם מֵאֶרֶץ מִצְרַיִם, לִהְיוֹת לָכֶם לֵאלֹהִים, אֲנִי יְהוָה אֱלֹהֵיכֶם:

אֱמֶת

שליח הציבור חוזר ואומר:

יְהוָה אֱלֹהֵיכֶם אֱמֶת

וְיַצִּיב, וְנָכוֹן וְקַיָּם, וְיָשָׁר וְנֶאֱמָן
וְאָהוּב וְחָבִיב, וְנֶחְמָד וְנָעִים
וְנוֹרָא וְאַדִּיר, וּמְתֻקָּן וּמְקֻבָּל,
וְטוֹב וְיָפֶה
הַדָּבָר הַזֶּה עָלֵינוּ לְעוֹלָם וָעֶד.

אֱמֶת אֱלֹהֵי עוֹלָם מַלְכֵּנוּ
צוּר יַעֲקֹב מָגֵן יִשְׁעֵנוּ
לְדוֹר וָדוֹר הוּא קַיָּם וּשְׁמוֹ קַיָּם
וְכִסְאוֹ נָכוֹן, וּמַלְכוּתוֹ וֶאֱמוּנָתוֹ לָעַד קַיֶּמֶת.

במילים ׳וְנֶחֱמָדִים לָעַד׳ נוהגים לנשק את הציציות ולהניחן.

וּדְבָרָיו חָיִים וְקַיָּמִים, נֶאֱמָנִים וְנֶחֱמָדִים
לָעַד וּלְעוֹלְמֵי עוֹלָמִים
עַל אֲבוֹתֵינוּ וְעָלֵינוּ, עַל בָּנֵינוּ וְעַל דּוֹרוֹתֵינוּ
וְעַל כָּל דּוֹרוֹת זֶרַע יִשְׂרָאֵל עֲבָדֶיךָ.

עַל הָרִאשׁוֹנִים וְעַל הָאַחֲרוֹנִים
דָּבָר טוֹב וְקַיָּם לְעוֹלָם וָעֶד
אֱמֶת וֶאֱמוּנָה, חֹק וְלֹא יַעֲבֹר
אֱמֶת שָׁאַתָּה הוּא יהוה
אֱלֹהֵינוּ וֵאלֹהֵי אֲבוֹתֵינוּ, מַלְכֵּנוּ מֶלֶךְ אֲבוֹתֵינוּ
גֹּאֲלֵנוּ גֹּאֵל אֲבוֹתֵינוּ, יוֹצְרֵנוּ צוּר יְשׁוּעָתֵנוּ
פּוֹדֵנוּ וּמַצִּילֵנוּ מֵעוֹלָם הוּא שְׁמֶךָ
וְאֵין לָנוּ עוֹד אֱלֹהִים זוּלָתֶךָ, סֶלָה.

עֶזְרַת אֲבוֹתֵינוּ אַתָּה הוּא מֵעוֹלָם
מָגֵן וּמוֹשִׁיעַ לָהֶם וְלִבְנֵיהֶם אַחֲרֵיהֶם בְּכָל דּוֹר וָדוֹר.
בְּרוּם עוֹלָם מוֹשָׁבֶךָ
וּמִשְׁפָּטֶיךָ וְצִדְקָתְךָ עַד אַפְסֵי אָרֶץ.
אֱמֶת אַשְׁרֵי אִישׁ שֶׁיִּשְׁמַע לְמִצְוֹתֶיךָ
וְתוֹרָתְךָ וּדְבָרְךָ יָשִׂים עַל לִבּוֹ.

אֱמֶת אַתָּה הוּא אָדוֹן לְעַמֶּךָ
וּמֶלֶךְ גִּבּוֹר לָרִיב רִיבָם לְאָבוֹת וּבָנִים.

אֱמֶת אַתָּה הוּא רִאשׁוֹן וְאַתָּה הוּא אַחֲרוֹן
וּמִבַּלְעָדֶיךָ אֵין לָנוּ מֶלֶךְ גּוֹאֵל וּמוֹשִׁיעַ.

אֱמֶת מִמִּצְרַיִם גְּאַלְתָּנוּ, יהוה אֱלֹהֵינוּ
וּמִבֵּית עֲבָדִים פְּדִיתָנוּ
כָּל בְּכוֹרֵיהֶם הָרַגְתָּ, וּבְכוֹרְךָ יִשְׂרָאֵל גָּאָלְתָּ
וְיַם סוּף לָהֶם בָּקַעְתָּ, וְזֵדִים טִבַּעְתָּ, וִידִידִים הֶעֱבַרְתָּ
וַיְכַסּוּ־מַיִם צָרֵיהֶם, אֶחָד מֵהֶם לֹא נוֹתָר: תהלים קו

עַל זֹאת שִׁבְּחוּ אֲהוּבִים, וְרוֹמְמוּ לָאֵל
וְנָתְנוּ יְדִידִים זְמִירוֹת, שִׁירוֹת וְתִשְׁבָּחוֹת
בְּרָכוֹת וְהוֹדָאוֹת לַמֶּלֶךְ אֵל חַי וְקַיָּם
רָם וְנִשָּׂא, גָּדוֹל וְנוֹרָא, מַשְׁפִּיל גֵּאִים עֲדֵי אָרֶץ
וּמַגְבִּיהַּ שְׁפָלִים עֲדֵי מָרוֹם
מוֹצִיא אֲסִירִים, וּפוֹדֶה עֲנָוִים, וְעוֹזֵר דַּלִּים
וְעוֹנֶה לְעַמּוֹ יִשְׂרָאֵל בְּעֵת שַׁוְּעָם אֵלָיו.

נוהגים לעמוד כאן לקראת תפילת העמידה.

תְּהִלּוֹת לְאֵל עֶלְיוֹן גּוֹאֲלָם, בָּרוּךְ הוּא וּמְבֹרָךְ
מֹשֶׁה וּבְנֵי יִשְׂרָאֵל, לְךָ עָנוּ שִׁירָה בְּשִׂמְחָה רַבָּה
וְאָמְרוּ כֻלָּם
מִי־כָמֹכָה בָּאֵלִם, יהוה שמות טו
מִי כָּמֹכָה נֶאְדָּר בַּקֹּדֶשׁ
נוֹרָא תְהִלֹּת, עֹשֵׂה פֶלֶא:

שִׁירָה חֲדָשָׁה שִׁבְּחוּ גְאוּלִים
לְשִׁמְךָ הַגָּדוֹל עַל שְׂפַת הַיָּם
יַחַד כֻּלָּם הוֹדוּ וְהִמְלִיכוּ
וְאָמְרוּ
שמות טו יהוה יִמְלֹךְ לְעֹלָם וָעֶד:
צוּר יִשְׂרָאֵל, קוּמָה בְּעֶזְרַת יִשְׂרָאֵל
וּפְדֵה כִנְאֻמֶךָ יְהוּדָה וְיִשְׂרָאֵל
וְנֶאֱמַר
ישעיה מז גֹּאֲלֵנוּ יהוה צְבָאוֹת שְׁמוֹ, קְדוֹשׁ יִשְׂרָאֵל:
בָּרוּךְ אַתָּה יהוה, גָּאַל יִשְׂרָאֵל.

ביום טוב מתפללים תפילת עמידה של יום טוב, אף אם חל בשבת (עמ׳ 536).

עמידה

יש נוהגים להתפלל את תפילת העמידה בשבת דווקא מתוך הסידור, ולא כתפילתם בימות החול בעצימת העיניים, בשל השינויים שבתפילת השבת ומשום שיש בכך מעלה.

פוסע שלוש פסיעות אחורנית ולאחר מכן (והוא עיקר הכוונה שבדבר) שלוש פסיעות לפנים, כמי שנכנס לפני המלך.

עומד ומתפלל בלחש מכאן ועד ׳וּכְשָׁנִים קַדְמֹנִיּוֹת׳ (בעמ׳ 374). כורע בתחילתה ובסופה של ברכת אבות. אופן הכריעה כך הוא: כשאומר ׳בָּרוּךְ׳ כורע בברכיו, כשאומר ׳אַתָּה׳ שוחה וכשאומר ׳השם׳ חוזר ומזדקף.

תהלים נא אֲדֹנָי, שְׂפָתַי תִּפְתָּח, וּפִי יַגִּיד תְּהִלָּתֶךָ:

אבות

בָּרוּךְ אַתָּה יהוה, אֱלֹהֵינוּ וֵאלֹהֵי אֲבוֹתֵינוּ
אֱלֹהֵי אַבְרָהָם, אֱלֹהֵי יִצְחָק, וֵאלֹהֵי יַעֲקֹב
הָאֵל הַגָּדוֹל הַגִּבּוֹר וְהַנּוֹרָא, אֵל עֶלְיוֹן
גּוֹמֵל חֲסָדִים טוֹבִים, קוֹנֵה הַכֹּל, וְזוֹכֵר חַסְדֵי אָבוֹת
וּמֵבִיא גוֹאֵל לִבְנֵי בְנֵיהֶם לְמַעַן שְׁמוֹ בְּאַהֲבָה.

בשבת שובה: ואם שכח אינו חוזר: זָכְרֵנוּ לְחַיִּים, מֶלֶךְ חָפֵץ בַּחַיִּים
וְכָתְבֵנוּ בְּסֵפֶר הַחַיִּים, לְמַעַנְךָ אֱלֹהִים חַיִּים.

מֶלֶךְ עוֹזֵר וּמוֹשִׁיעַ וּמָגֵן.
בָּרוּךְ אַתָּה יהוה, מָגֵן אַבְרָהָם.

גבורות

אַתָּה גִּבּוֹר לְעוֹלָם, אֲדֹנָי
מְחַיֵּה מֵתִים אַתָּה, רַב לְהוֹשִׁיעַ

אומרים ׳מַשִּׁיב הָרוּחַ וּמוֹרִיד הַגֶּשֶׁם׳ בכל ימות החורף (מתפילת מוסף של שמיני עצרת עד לשחרית של יום ראשון של פסח) ו׳מוֹרִיד הַטָּל׳ בימות הקיץ (ממוסף של יום ראשון של פסח עד שחרית של שמיני עצרת).

מי שטעה ואמר ׳מַשִּׁיב הָרוּחַ׳ בימות הקיץ – חוזר לראש הברכה, ואם גמר את הברכה – חוזר לתחילת התפילה. וכן הדין בימות החורף במי שלא הזכיר כלל ׳מַשִּׁיב הָרוּחַ׳, אבל אם אמר בטעות במקום זה ׳מוֹרִיד הַטָּל׳, אינו צריך לחזור.

בחורף: מַשִּׁיב הָרוּחַ וּמוֹרִיד הַגֶּשֶׁם / בקיץ: מוֹרִיד הַטָּל

מְכַלְכֵּל חַיִּים בְּחֶסֶד, מְחַיֵּה מֵתִים בְּרַחֲמִים רַבִּים
סוֹמֵךְ נוֹפְלִים, וְרוֹפֵא חוֹלִים, וּמַתִּיר אֲסוּרִים
וּמְקַיֵּם אֱמוּנָתוֹ לִישֵׁנֵי עָפָר.
מִי כָמוֹךָ, בַּעַל גְּבוּרוֹת
וּמִי דּוֹמֶה לָּךְ
מֶלֶךְ, מֵמִית וּמְחַיֶּה וּמַצְמִיחַ יְשׁוּעָה.

בשבת שובה: ואם שכח אינו חוזר: מִי כָמוֹךָ אַב הָרַחֲמָן
זוֹכֵר יְצוּרָיו לְחַיִּים בְּרַחֲמִים.

וְנֶאֱמָן אַתָּה לְהַחֲיוֹת מֵתִים.
בָּרוּךְ אַתָּה יהוה, מְחַיֵּה הַמֵּתִים.

בתפילת לחש ממשיכים ׳אַתָּה קָדוֹשׁ׳ בעמוד הבא.

קדושה

בחזרת הש״ץ הקהל עומד ואומר קדושה, ומשתדלים לעמוד כך ששתי הרגליים צמודות זו לזו כבתפילת העמידה. ונוהגים שבשעה שאומרים ׳קָדוֹשׁ, קָדוֹשׁ, קָדוֹשׁ׳ וכן כשאומרים את הפסוקים ׳בָּרוּךְ׳ ו׳יִמְלֹךְ׳ מתרוממים קצת כלפי מעלה על גבי בהונות הרגליים.

קהל ואחריו שליח הציבור:

נַקְדִּישָׁךְ וְנַעֲרִיצָךְ כְּנֹעַם שִׂיחַ סוֹד שַׂרְפֵי קֹדֶשׁ, הַמְשַׁלְּשִׁים לְךָ קְדֻשָּׁה
כַּכָּתוּב עַל יַד נְבִיאֶךָ, וְקָרָא זֶה אֶל־זֶה וְאָמַר ישעיה ו

קהל ואחריו שליח הציבור:

קָדוֹשׁ, קָדוֹשׁ, קָדוֹשׁ, יהוה צְבָאוֹת, מְלֹא כָל־הָאָרֶץ כְּבוֹדוֹ:
אָז בְּקוֹל רַעַשׁ גָּדוֹל אַדִּיר וְחָזָק מַשְׁמִיעִים קוֹל
מִתְנַשְּׂאִים לְעֻמַּת שְׂרָפִים, לְעֻמָּתָם מְשַׁבְּחִים וְאוֹמְרִים

קהל ואחריו שליח הציבור:

בָּרוּךְ כְּבוֹד־יהוה מִמְּקוֹמוֹ: יחזקאל ג
מִמְּקוֹמְךָ מַלְכֵּנוּ תוֹפִיעַ וְתִמְלֹךְ עָלֵינוּ, כִּי מְחַכִּים אֲנַחְנוּ לָךְ
מָתַי תִּמְלֹךְ בְּצִיּוֹן, בְּקָרוֹב בְּיָמֵינוּ לְעוֹלָם וָעֶד תִּשְׁכֹּן.
תִּתְגַּדַּל וְתִתְקַדַּשׁ בְּתוֹךְ יְרוּשָׁלַיִם עִירְךָ לְדוֹר וָדוֹר וּלְנֵצַח נְצָחִים.
וְעֵינֵינוּ תִרְאֶינָה מַלְכוּתֶךָ, כַּדָּבָר הָאָמוּר בְּשִׁירֵי עֻזֶּךָ
עַל יְדֵי דָוִד מְשִׁיחַ צִדְקֶךָ.

קהל ואחריו שליח הציבור:

יִמְלֹךְ יהוה לְעוֹלָם, אֱלֹהַיִךְ צִיּוֹן לְדֹר וָדֹר, הַלְלוּיָהּ: תהלים קמו

שליח הציבור ממשיך ׳אַתָּה קָדוֹשׁ׳.

קדושת השם

אַתָּה קָדוֹשׁ וְשִׁמְךָ קָדוֹשׁ
וּקְדוֹשִׁים בְּכָל יוֹם יְהַלְלוּךָ סֶּלָה
כִּי אֵל מֶלֶךְ גָּדוֹל וְקָדוֹשׁ אָתָּה.
בָּרוּךְ אַתָּה יהוה, הָאֵל הַקָּדוֹשׁ. / בשבת שובה: הַמֶּלֶךְ הַקָּדוֹשׁ./

אם שכח, חוזר לראש התפילה.

ושמרו שביתת השבת במהותה היא חגיגה פרטית שהקדוש ברוך הוא עושה לעצמו. נתינת מצוות השבת לישראל, הנאמרת כאן, היא ביטוי של אהבת ה׳

קדושת היום

יִשְׂמַח מֹשֶׁה בְּמַתְּנַת חֶלְקוֹ
כִּי עֶבֶד נֶאֱמָן קָרָאתָ לּוֹ
כְּלִיל תִּפְאֶרֶת בְּרֹאשׁוֹ נָתַתָּ לּוֹ
בְּעָמְדוֹ לְפָנֶיךָ עַל הַר סִינַי
וּשְׁנֵי לוּחוֹת אֲבָנִים הוֹרִיד בְּיָדוֹ
וְכָתוּב בָּהֶם שְׁמִירַת שַׁבָּת
וְכֵן כָּתוּב בְּתוֹרָתֶךָ

וְשָׁמְרוּ בְנֵי־יִשְׂרָאֵל אֶת־הַשַּׁבָּת שמות לא
לַעֲשׂוֹת אֶת־הַשַּׁבָּת לְדֹרֹתָם בְּרִית עוֹלָם:
בֵּינִי וּבֵין בְּנֵי יִשְׂרָאֵל אוֹת הִוא לְעֹלָם
כִּי־שֵׁשֶׁת יָמִים עָשָׂה יהוה אֶת־הַשָּׁמַיִם וְאֶת־הָאָרֶץ
וּבַיּוֹם הַשְּׁבִיעִי שָׁבַת וַיִּנָּפַשׁ:

אלינו. כביכול ה׳ מזמין אותנו להשתתף בחג שלו, חג השביתה מן הבריאה. מתנת השבת היא ביטוי מפליג של קירוב של מעלה: השבת אינה מתנה לכלל המין האנושי, אלא היא מיוחדת לעם ישראל בלבד. לא הכול מוזמנים להשתתף, לא הכול אמורים להתייחס, אלא רק הקרובים ביותר; רק אותם מזמינים לפניי ולפנים.

אות היא השבת היא ״אות״, סימן של אהבה בין ה׳ ובין ישראל. היא כעין נתינת הטבעת – רבת חשיבות בשביל המקבל כמו גם בשביל הנותן. לכן השבת כשלעצמה איננה עניין רעשני, ועיקר ביטויה אינו במעשים יוצאי דופן אלא בדמימה, משום שהיא מעין מתנת אהבה בין האוהבים; גם אם לא הכול מרגישים בדבר או שמים לב לכך, שני הצדדים יודעים שזוהי מתנה מיוחדת שבאה לבטא קשר ייחודי. מכאן גם נובע העונש החמור שיש על חילול השבת, משום שיש בכך עלבון לנותן המתנה. כיוון שזוהי מתנה ייחודית מי שמשליך אותה ומפגין שהוא אינו חפץ בה עושה מעשה שיש בו ניתוק וניפוץ של הקשר לא עם השבת בלבד, אלא גם עם נותן השבת. כך אמרו חכמים: ״אמר לו הקדוש ברוך הוא

וְלֹא נְתַתּוֹ, יהוה אֱלֹהֵינוּ, לְגוֹיֵי הָאֲרָצוֹת
וְלֹא הִנְחַלְתּוֹ, מַלְכֵּנוּ, לְעוֹבְדֵי פְסִילִים
וְגַם בִּמְנוּחָתוֹ לֹא יִשְׁכְּנוּ עֲרֵלִים
כִּי לְיִשְׂרָאֵל עַמְּךָ נְתַתּוֹ בְּאַהֲבָה
לְזֶרַע יַעֲקֹב אֲשֶׁר בָּם בָּחָרְתָּ.

למשה: מתנה טובה יש לי בבית גנזי ושבת שמה, ואני מבקש ליתנה לישראל". המתנה הטובה הזאת איננה יום חופש, אלא הענקה של הכבוד והייחוד להיות שותפיו של הקדוש ברוך הוא. מטעם זה, בכל תפילות השבת מילת מפתח אחת המיוחדת ליום זה חוזרת: "באהבה".

לא הנחלתו... כי לישראל עמך נתתו באהבה משפט זה איננו רק הגדרה תיאולוגית־הלכתית על מתנת השבת המיוחדת לישראל, אלא יש לו גם משמעות אנושית ורגשית. הוא מבטא את הקושי שיש במנוחה למי שאיננו בנוי ומוכן לה. ככל שההימנעות ממלאכה כוללת יותר, כך היא מכבידה על אלה שנאלצים לשמור הגבלות והגדרות כאלה. הנטייה הכלל־עולמית לעשות את יום השביתה ליום של שעשוע, של בידור מכל סוג, היא כביכול המחאה של "גויי הארצות" נגד החופש. אדם חייב להעסיק את עצמו בדבר מסוים כדי שיוכל לעמוד במעמסה של השבתת עבודה. מתברר שלוקח זמן רב ללמוד איך לנוח, לא רק כשלילת העשייה אלא כערך הנושא משמעות חיובית. לא די להגיד לאדם מה אסור לו לעשות, אלא צריך לקנות כישרון שהוא, במידה מסוימת, בניגוד לטבע הנורמלי שלנו: כישרון הדמימה. כדי לקנות כישרון כזה, כדי להיכנס לאותה שכבה של אצולה שיודעת להתרווח בשקט על כיסא וליהנות מכל רגע, מחוויית הזמן, לשם כך דרוש זמן רב של חינוך. כדי להכניס שבת בנפש צריך אולי חמש־מאות או אלף שנים רצופות של שבת. בדומה למה שאמרו חכמים על דברי תורה, שהם "קשין לקנותן ככלי זהב וכלי פז, ונוחין לאבדן ככלי זכוכית", מתברר שגם אצל אדם מישראל דרוש עמל של דורות רבים כדי שתחושת השבת תהיה מודעת בקרבו – ואילו לאבד זאת אפשר בימי דור אחד. ישנו תיאור פיוטי של המעבר מחול לשבת בשיר ידוע. שיר זה, שהוא משל, מספר על בן מלך שהוטל עליו כישוף: במשך שישה ימים בשבוע הוא כלב, ורק ביום השביעי הוא חוזר לדמותו הראשונה כבן מלך. הסוד הזה, אותה נשיקת קסם שלוקחת את היהודי של ששת ימי המעשה – על כל צרותיו ובעיותיו, הדאגות וכאב הראש שלו – והופכת אותו בשבת למלך, היא העבודה הפנימית של האדם מישראל ביום השבת.

יִשְׂמְחוּ בְמַלְכוּתְךָ שׁוֹמְרֵי שַׁבָּת וְקוֹרְאֵי עֹנֶג.
עַם מְקַדְּשֵׁי שְׁבִיעִי
כֻּלָּם יִשְׂבְּעוּ וְיִתְעַנְּגוּ מִטּוּבֶךָ
וּבַשְּׁבִיעִי רָצִיתָ בּוֹ וְקִדַּשְׁתּוֹ
חֶמְדַּת יָמִים אוֹתוֹ קָרָאתָ
זֵכֶר לְמַעֲשֵׂה בְרֵאשִׁית.

אֱלֹהֵינוּ וֵאלֹהֵי אֲבוֹתֵינוּ, רְצֵה נָא בִמְנוּחָתֵנוּ
קַדְּשֵׁנוּ בְּמִצְוֹתֶיךָ וְתֵן חֶלְקֵנוּ בְּתוֹרָתֶךָ
שַׂבְּעֵנוּ מִטּוּבֶךָ וְשַׂמַּח נַפְשֵׁנוּ בִּישׁוּעָתֶךָ
וְטַהֵר לִבֵּנוּ לְעָבְדְּךָ בֶּאֱמֶת
וְהַנְחִילֵנוּ, יהוה אֱלֹהֵינוּ, בְּאַהֲבָה וּבְרָצוֹן שַׁבַּת קָדְשֶׁךָ
וְיָנוּחוּ בוֹ כָּל יִשְׂרָאֵל מְקַדְּשֵׁי שְׁמֶךָ.
בָּרוּךְ אַתָּה יהוה, מְקַדֵּשׁ הַשַּׁבָּת.

עבודה

רְצֵה יהוה אֱלֹהֵינוּ בְּעַמְּךָ יִשְׂרָאֵל, וְלִתְפִלָּתָם שְׁעֵה
וְהָשֵׁב אֶת הָעֲבוֹדָה לִדְבִיר בֵּיתֶךָ
וְאִשֵּׁי יִשְׂרָאֵל וּתְפִלָּתָם, מְהֵרָה בְּאַהֲבָה תְקַבֵּל בְּרָצוֹן
וּתְהִי לְרָצוֹן תָּמִיד עֲבוֹדַת יִשְׂרָאֵל עַמֶּךָ.

בראש חודש ובשבת חול המועד אומרים ׳יַעֲלֶה וְיָבוֹא׳.

אם שכח ׳יַעֲלֶה וְיָבוֹא׳ – חוזר לִ׳רְצֵה׳.
ואם נזכר לאחר שסיים עמידה – חוזר לראש.

אֱלֹהֵינוּ וֵאלֹהֵי אֲבוֹתֵינוּ, יַעֲלֶה וְיָבוֹא וְיַגִּיעַ, וְיֵרָאֶה וְיֵרָצֶה וְיִשָּׁמַע, וְיִפָּקֵד וְיִזָּכֵר זִכְרוֹנֵנוּ וּפִקְדוֹנֵנוּ וְזִכְרוֹן אֲבוֹתֵינוּ, וְזִכְרוֹן מָשִׁיחַ בֶּן דָּוִד עַבְדֶּךָ, וְזִכְרוֹן יְרוּשָׁלַיִם עִיר קָדְשֶׁךָ, וְזִכְרוֹן כָּל עַמְּךָ בֵּית יִשְׂרָאֵל,

לְפָנֶיךָ, לִפְלֵיטָה לְטוֹבָה, לְחֵן וּלְחֶסֶד וּלְרַחֲמִים, לְחַיִּים וּלְשָׁלוֹם בְּיוֹם
בראש חודש: רֹאשׁ הַחֹדֶשׁ / בפסח: חַג הַמַּצּוֹת / בסוכות: חַג הַסֻּכּוֹת
הַזֶּה. זָכְרֵנוּ יהוה אֱלֹהֵינוּ בּוֹ לְטוֹבָה, וּפָקְדֵנוּ בוֹ לִבְרָכָה, וְהוֹשִׁיעֵנוּ
בוֹ לְחַיִּים טוֹבִים. וּבִדְבַר יְשׁוּעָה וְרַחֲמִים חוּס וְחָנֵּנוּ וְרַחֵם עָלֵינוּ
וְהוֹשִׁיעֵנוּ, כִּי אֵלֶיךָ עֵינֵינוּ, כִּי אֵל מֶלֶךְ חַנּוּן וְרַחוּם אָתָּה.

וְתֶחֱזֶינָה עֵינֵינוּ בְּשׁוּבְךָ לְצִיּוֹן בְּרַחֲמִים.
בָּרוּךְ אַתָּה יהוה, הַמַּחֲזִיר שְׁכִינָתוֹ לְצִיּוֹן.

הודאה

משתחווים בברכת ההודאה בתחילה ובסוף.
כשאומר ׳מוֹדִים׳ כורע ושוחה כאחת, וכשאומר ׳השם׳ זוקף.
בסוף הברכה אופן הכריעה דומה לתחילת התפילה –כשאומר ׳בָּרוּךְ׳ כורע,
כשאומר ׳אַתָּה׳ שוחה וכשאומר ׳השם׳ חוזר ומזדקף.

מוֹדִים אֲנַחְנוּ לָךְ
שָׁאַתָּה הוּא יהוה אֱלֹהֵינוּ
וֵאלֹהֵי אֲבוֹתֵינוּ לְעוֹלָם וָעֶד.
צוּר חַיֵּינוּ, מָגֵן יִשְׁעֵנוּ
אַתָּה הוּא לְדוֹר וָדוֹר.
נוֹדֶה לְּךָ וּנְסַפֵּר תְּהִלָּתֶךָ
עַל חַיֵּינוּ הַמְּסוּרִים בְּיָדֶךָ
וְעַל נִשְׁמוֹתֵינוּ הַפְּקוּדוֹת לָךְ
וְעַל נִסֶּיךָ שֶׁבְּכָל יוֹם עִמָּנוּ
וְעַל נִפְלְאוֹתֶיךָ וְטוֹבוֹתֶיךָ
שֶׁבְּכָל עֵת, עֶרֶב וָבֹקֶר וְצָהֳרָיִם.
הַטּוֹב, כִּי לֹא כָלוּ רַחֲמֶיךָ
וְהַמְרַחֵם, כִּי לֹא תַמּוּ חֲסָדֶיךָ
כִּי מֵעוֹלָם קִוִּינוּ לָךְ.

כששליח הציבור אומר ׳מוֹדִים׳
הקהל אומר בלחש:

מוֹדִים אֲנַחְנוּ לָךְ
שָׁאַתָּה הוּא יהוה אֱלֹהֵינוּ
וֵאלֹהֵי אֲבוֹתֵינוּ
אֱלֹהֵי כָל בָּשָׂר
יוֹצְרֵנוּ, יוֹצֵר בְּרֵאשִׁית.
בְּרָכוֹת וְהוֹדָאוֹת
לְשִׁמְךָ הַגָּדוֹל וְהַקָּדוֹשׁ
עַל שֶׁהֶחֱיִיתָנוּ וְקִיַּמְתָּנוּ.
כֵּן תְּחַיֵּנוּ וּתְקַיְּמֵנוּ
וְתֶאֱסֹף גָּלֻיּוֹתֵינוּ
לְחַצְרוֹת קָדְשֶׁךָ
לִשְׁמֹר חֻקֶּיךָ וְלַעֲשׂוֹת רְצוֹנֶךָ
וּלְעָבְדְּךָ בְּלֵבָב שָׁלֵם
עַל שֶׁאֲנַחְנוּ מוֹדִים לָךְ
בָּרוּךְ אֵל הַהוֹדָאוֹת.

בשבת חנוכה אומרים כאן ׳עַל הַנִּסִּים׳. ואם שכח אינו חוזר.

וְעַל הַנִּסִּים וְעַל הַפֻּרְקָן וְעַל הַגְּבוּרוֹת וְעַל הַתְּשׁוּעוֹת וְעַל הַנִּפְלָאוֹת וְעַל הַנֶּחָמוֹת וְעַל הַמִּלְחָמוֹת שֶׁעָשִׂיתָ לַאֲבוֹתֵינוּ בַּיָּמִים הָהֵם בַּזְּמַן הַזֶּה.

בִּימֵי מַתִּתְיָהוּ בֶּן יוֹחָנָן כֹּהֵן גָּדוֹל חַשְׁמוֹנַאי וּבָנָיו, כְּשֶׁעָמְדָה מַלְכוּת יָוָן הָרְשָׁעָה עַל עַמְּךָ יִשְׂרָאֵל לְהַשְׁכִּיחָם תּוֹרָתֶךָ וּלְהַעֲבִירָם מֵחֻקֵּי רְצוֹנֶךָ, וְאַתָּה בְּרַחֲמֶיךָ הָרַבִּים עָמַדְתָּ לָהֶם בְּעֵת צָרָתָם, רַבְתָּ אֶת רִיבָם, דַּנְתָּ אֶת דִּינָם, נָקַמְתָּ אֶת נִקְמָתָם, מָסַרְתָּ גִבּוֹרִים בְּיַד חַלָּשִׁים, וְרַבִּים בְּיַד מְעַטִּים, וּטְמֵאִים בְּיַד טְהוֹרִים, וּרְשָׁעִים בְּיַד צַדִּיקִים, וְזֵדִים בְּיַד עוֹסְקֵי תוֹרָתֶךָ. וּלְךָ עָשִׂיתָ שֵׁם גָּדוֹל וְקָדוֹשׁ בְּעוֹלָמֶךָ, וּלְעַמְּךָ יִשְׂרָאֵל עָשִׂיתָ תְּשׁוּעָה גְדוֹלָה וּפֻרְקָן כְּהַיּוֹם הַזֶּה. וְאַחַר כָּךְ בָּאוּ בָנֶיךָ לִדְבִיר בֵּיתֶךָ, וּפִנּוּ אֶת הֵיכָלֶךָ, וְטִהֲרוּ אֶת מִקְדָּשֶׁךָ, וְהִדְלִיקוּ נֵרוֹת בְּחַצְרוֹת קָדְשֶׁךָ, וְקָבְעוּ שְׁמוֹנַת יְמֵי חֲנֻכָּה אֵלּוּ, לְהוֹדוֹת וּלְהַלֵּל לְשִׁמְךָ הַגָּדוֹל.

וממשיכים ׳וְעַל כֻּלָּם׳.

בפורים של מוקפין שחל בשבת אומרים כאן ׳עַל הַנִּסִּים׳. ואם שכח אינו חוזר.

וְעַל הַנִּסִּים וְעַל הַפֻּרְקָן וְעַל הַגְּבוּרוֹת וְעַל הַתְּשׁוּעוֹת וְעַל הַנִּפְלָאוֹת וְעַל הַנֶּחָמוֹת וְעַל הַמִּלְחָמוֹת שֶׁעָשִׂיתָ לַאֲבוֹתֵינוּ בַּיָּמִים הָהֵם בַּזְּמַן הַזֶּה.

בִּימֵי מָרְדְּכַי וְאֶסְתֵּר בְּשׁוּשַׁן הַבִּירָה, כְּשֶׁעָמַד עֲלֵיהֶם הָמָן הָרָשָׁע,
בִּקֵּשׁ לְהַשְׁמִיד לַהֲרֹג וּלְאַבֵּד אֶת־כָּל־הַיְּהוּדִים מִנַּעַר וְעַד־זָקֵן טַף אסתר ג
וְנָשִׁים בְּיוֹם אֶחָד, בִּשְׁלוֹשָׁה עָשָׂר לְחֹדֶשׁ שְׁנֵים־עָשָׂר, הוּא־חֹדֶשׁ אֲדָר, וּשְׁלָלָם לָבוֹז: וְאַתָּה בְּרַחֲמֶיךָ הָרַבִּים הֵפַרְתָּ אֶת עֲצָתוֹ, וְקִלְקַלְתָּ אֶת מַחֲשַׁבְתּוֹ, וַהֲשֵׁבוֹתָ לּוֹ גְּמוּלוֹ בְּרֹאשׁוֹ, וְתָלוּ אוֹתוֹ וְאֶת בָּנָיו עַל הָעֵץ.

וממשיכים ׳וְעַל כֻּלָּם׳.

וְעַל כֻּלָּם יִתְבָּרַךְ וְיִתְרוֹמַם וְיִתְנַשֵּׂא שִׁמְךָ מַלְכֵּנוּ תָּמִיד לְעוֹלָם וָעֶד.

בשבת שובה: וּכְתֹב לְחַיִּים טוֹבִים כָּל בְּנֵי בְרִיתֶךָ.
ואם שכח אינו חוזר.

וְכֹל הַחַיִּים יוֹדוּךָ סֶּלָה
וִיהַלְלוּ וִיבָרְכוּ אֶת שִׁמְךָ הַגָּדוֹל בֶּאֱמֶת לְעוֹלָם כִּי טוֹב
הָאֵל יְשׁוּעָתֵנוּ וְעֶזְרָתֵנוּ סֶלָה, הָאֵל הַטּוֹב.
בָּרוּךְ אַתָּה יהוה, הַטּוֹב שִׁמְךָ וּלְךָ נָאֶה לְהוֹדוֹת.

קודם ברכת כוהנים, הקהל והכוהנים אומרים בלחש דברי הקדמה אלה:

יְהִי רָצוֹן מִלְּפָנֶיךָ יהוה אֱלֹהֵינוּ וֵאלֹהֵי אֲבוֹתֵינוּ, שֶׁתְּהֵא הַבְּרָכָה הַזֹּאת /לכוהנים: **שֶׁצִּוִּיתָנוּ**/ /לקהל: **שֶׁצִּוִּיתָ**/ **לְבָרֵךְ אֶת עַמְּךָ יִשְׂרָאֵל, בְּרָכָה שְׁלֵמָה, וְלֹא יִהְיֶה בָּהּ שׁוּם מִכְשׁוֹל וְעָוֹן, מֵעַתָּה וְעַד־עוֹלָם.**

שליח הציבור: **אֱלֹהֵינוּ וֵאלֹהֵי אֲבוֹתֵינוּ, בָּרְכֵנוּ בַּבְּרָכָה הַמְשֻׁלֶּשֶׁת בַּתּוֹרָה הַכְּתוּבָה עַל יְדֵי מֹשֶׁה עַבְדֶּךָ, הָאֲמוּרָה מִפִּי אַהֲרֹן וּבָנָיו,**

שליח הציבור (או אחד מן הציבור) מכריז: **כֹּהֲנִים** הקהל עונה: **עַם קְדוֹשֶׁךָ, כָּאָמוּר:**
כאשר עולה לדוכן כוהן אחד בלבד אין אומרים נוסח זה, אלא מיד מתחיל הכוהן בברכה.

הכוהנים מברכים: **בָּרוּךְ אַתָּה יהוה אֱלֹהֵינוּ מֶלֶךְ הָעוֹלָם, אֲשֶׁר קִדְּשָׁנוּ בִּקְדֻשָּׁתוֹ שֶׁל אַהֲרֹן, וְצִוָּנוּ לְבָרֵךְ אֶת עַמּוֹ יִשְׂרָאֵל בְּאַהֲבָה.**

שליח הציבור מקריא מילה במילה והכוהנים חוזרים אחריו:

יְבָרֶכְךָ יהוה וְיִשְׁמְרֶךָ: קהל: **אָמֵן** במדבר ו
יָאֵר יהוה פָּנָיו אֵלֶיךָ וִיחֻנֶּךָּ: קהל: **אָמֵן**
יִשָּׂא יהוה פָּנָיו אֵלֶיךָ וְיָשֵׂם לְךָ שָׁלוֹם: קהל: **אָמֵן**

מי שחלם חלום רע ואינו יודע מה פשרו אומר בשעת ברכת כוהנים נוסח של 'הטבת חלום' (עמ' 709).

לאחר הברכה אומר הקהל בלחש:
אַדִּיר בַּמָּרוֹם שׁוֹכֵן בִּגְבוּרָה, אַתָּה שָׁלוֹם וְשִׁמְךָ שָׁלוֹם. יְהִי רָצוֹן שֶׁתָּשִׂים עָלֵינוּ וְעַל כָּל עַמְּךָ בֵּית יִשְׂרָאֵל חַיִּים וּבְרָכָה לְמִשְׁמֶרֶת שָׁלוֹם.

הכוהנים אומרים בלחש:
רִבּוֹנוֹ שֶׁל עוֹלָם, עָשִׂינוּ מַה שֶּׁגָּזַרְתָּ עָלֵינוּ, אַף אַתָּה עֲשֵׂה עִמָּנוּ כְּמוֹ שֶׁהִבְטַחְתָּנוּ. הַשְׁקִיפָה מִמְּעוֹן קָדְשְׁךָ מִן־הַשָּׁמַיִם, וּבָרֵךְ אֶת־עַמְּךָ אֶת־יִשְׂרָאֵל, וְאֵת הָאֲדָמָה אֲשֶׁר נָתַתָּה לָנוּ, כַּאֲשֶׁר נִשְׁבַּעְתָּ לַאֲבֹתֵינוּ, אֶרֶץ זָבַת חָלָב וּדְבָשׁ: דברים כו

במקום שאין כוהנים העולים לדוכן, שליח הציבור אומר: **אֱלֹהֵינוּ וֵאלֹהֵי אֲבוֹתֵינוּ, בָּרְכֵנוּ בַּבְּרָכָה הַמְשֻׁלֶּשֶׁת בַּתּוֹרָה הַכְּתוּבָה עַל יְדֵי מֹשֶׁה עַבְדֶּךָ, הָאֲמוּרָה מִפִּי אַהֲרֹן וּבָנָיו, כֹּהֲנִים, עַם קְדוֹשֶׁךָ, כָּאָמוּר: יְבָרֶכְךָ יהוה וְיִשְׁמְרֶךָ: יָאֵר יהוה פָּנָיו אֵלֶיךָ וִיחֻנֶּךָּ: יִשָּׂא יהוה פָּנָיו אֵלֶיךָ וְיָשֵׂם לְךָ שָׁלוֹם:**

שִׂים שָׁלוֹם טוֹבָה וּבְרָכָה
חַיִּים חֵן וָחֶסֶד וְרַחֲמִים
עָלֵינוּ וְעַל כָּל יִשְׂרָאֵל עַמֶּךָ.
בָּרְכֵנוּ אָבִינוּ כֻּלָּנוּ כְּאֶחָד בְּאוֹר פָּנֶיךָ
כִּי בְאוֹר פָּנֶיךָ נָתַתָּ לָּנוּ יהוה אֱלֹהֵינוּ
תּוֹרַת חַיִּים וְאַהֲבַת חֶסֶד
וּצְדָקָה וּבְרָכָה וְרַחֲמִים וְחַיִּים וְשָׁלוֹם.
וְטוֹב יִהְיֶה בְּעֵינֶיךָ לְבָרְכֵנוּ
וּלְבָרֵךְ אֶת כָּל עַמְּךָ יִשְׂרָאֵל
בְּכָל עֵת וּבְכָל שָׁעָה בִּשְׁלוֹמֶךָ.

בשבת שובה: בְּסֵפֶר חַיִּים, בְּרָכָה וְשָׁלוֹם, וּפַרְנָסָה טוֹבָה
ואם שכח אינו חוזר. וּגְזֵרוֹת טוֹבוֹת, יְשׁוּעוֹת וְנֶחָמוֹת
נִזָּכֵר וְנִכָּתֵב לְפָנֶיךָ אֲנַחְנוּ וְכָל עַמְּךָ בֵּית יִשְׂרָאֵל
לְחַיִּים טוֹבִים וּלְשָׁלוֹם.

בָּרוּךְ אַתָּה יהוה, הַמְבָרֵךְ אֶת עַמּוֹ יִשְׂרָאֵל בַּשָּׁלוֹם.

יִהְיוּ לְרָצוֹן אִמְרֵי פִי וְהֶגְיוֹן לִבִּי לְפָנֶיךָ, יהוה צוּרִי וְגֹאֲלִי: תהלים יט

אֱלֹהַי ברכות יז.
נְצֹר לְשׁוֹנִי מֵרָע וּשְׂפָתַי מִדַּבֵּר מִרְמָה
וְלִמְקַלְלַי נַפְשִׁי תִדֹּם
וְנַפְשִׁי כֶּעָפָר לַכֹּל תִּהְיֶה.
פְּתַח לִבִּי בְּתוֹרָתֶךָ,
וְאַחֲרֵי מִצְוֹתֶיךָ תִּרְדֹּף נַפְשִׁי.
וְכָל הַקָּמִים וְהַחוֹשְׁבִים עָלַי רָעָה
מְהֵרָה הָפֵר עֲצָתָם וְקַלְקֵל מַחֲשַׁבְתָּם.

יש המוסיפים:

יִהְיוּ כְּמֹץ לִפְנֵי רוּחַ וּמַלְאַךְ יהוה דּוֹחֶה.

יש המוסיפים:

יְהִי רָצוֹן מִלְּפָנֶיךָ, יהוה אֱלֹהַי וֵאלֹהֵי אֲבוֹתַי
שֶׁלֹּא תַעֲלֶה קִנְאַת אָדָם עָלַי, וְלֹא קִנְאָתִי עַל אֲחֵרִים
וְשֶׁלֹּא אֶכְעֹס הַיּוֹם, וְשֶׁלֹּא אַכְעִיסֶךָ
וְתַצִּילֵנִי מִיֵּצֶר הָרָע, וְתֵן בְּלִבִּי הַכְנָעָה וַעֲנָוָה.
מַלְכֵּנוּ וֵאלֹהֵינוּ, יַחֵד שִׁמְךָ בְּעוֹלָמֶךָ
בְּנֵה עִירָךְ, יַסֵּד בֵּיתְךָ וְשַׁכְלֵל הֵיכָלֶךָ
וְקַבֵּץ קִבּוּץ גָּלֻיּוֹת, וּפְדֵה צֹאנֶךָ וְשַׂמַּח עֲדָתֶךָ.

עֲשֵׂה לְמַעַן שְׁמֶךָ, עֲשֵׂה לְמַעַן יְמִינֶךָ
עֲשֵׂה לְמַעַן תּוֹרָתֶךָ, עֲשֵׂה לְמַעַן קְדֻשָּׁתֶךָ.
תהלים ס לְמַעַן יֵחָלְצוּן יְדִידֶיךָ, הוֹשִׁיעָה יְמִינְךָ וַעֲנֵנִי:

יש נוהגים לומר כאן פסוק הרומז לשמו של המתפלל
הפותח ומסיים באותיות שבהן נפתח ומסתיים שמו.

תהלים יט יִהְיוּ לְרָצוֹן אִמְרֵי פִי וְהֶגְיוֹן לִבִּי לְפָנֶיךָ, יהוה צוּרִי וְגֹאֲלִי:

כורע וחוזר שלוש פסיעות לאחוריו כמי שנפטר מלפני המלך,
ופסיעה ראשונה יפסע ברגל שמאל. כורע מעט לצד שמאלו ואומר:
׳עֹשֶׂה שָׁלוֹם בִּמְרוֹמָיו׳; וכורע קצת לימינו ואומר:
׳הוּא יַעֲשֶׂה שָׁלוֹם עָלֵינוּ׳; וכורע לפניו כריעה גדולה יותר ומסיים:
׳וְעַל כָּל יִשְׂרָאֵל וְאִמְרוּ אָמֵן׳.

עֹשֶׂה שָׁלוֹם/ בשבת שובה: הַשָּׁלוֹם/ בִּמְרוֹמָיו
הוּא יַעֲשֶׂה שָׁלוֹם, עָלֵינוּ וְעַל כָּל יִשְׂרָאֵל, וְאִמְרוּ אָמֵן.

יְהִי רָצוֹן מִלְּפָנֶיךָ יהוה אֱלֹהֵינוּ וֵאלֹהֵי אֲבוֹתֵינוּ
שֶׁיִּבָּנֶה בֵּית הַמִּקְדָּשׁ בִּמְהֵרָה בְיָמֵינוּ
וְתֵן חֶלְקֵנוּ בְּתוֹרָתֶךָ, וְשָׁם נַעֲבָדְךָ בְּיִרְאָה כִּימֵי עוֹלָם וּכְשָׁנִים קַדְמוֹנִיּוֹת.
מלאכי ג וְעָרְבָה לַיהוה מִנְחַת יְהוּדָה וִירוּשָׁלָםִ כִּימֵי עוֹלָם וּכְשָׁנִים קַדְמֹנִיּוֹת:

שליח הציבור חוזר על התפילה בקול רם.

בראש חודש, בחנוכה ובחול המועד
אומרים אחרי חזרת שליח הציבור הלל (עמ׳ 508).

קדיש שלם

ש״ץ: יִתְגַּדַּל וְיִתְקַדַּשׁ שְׁמֵהּ רַבָּא (קהל: אָמֵן)
בְּעָלְמָא דִּי בְרָא כִרְעוּתֵהּ
וְיַמְלִיךְ מַלְכוּתֵהּ וְיַצְמַח פֻּרְקָנֵהּ וִיקָרֵב מְשִׁיחֵהּ (קהל: אָמֵן)
בְּחַיֵּיכוֹן וּבְיוֹמֵיכוֹן וּבְחַיֵּי דְכָל בֵּית יִשְׂרָאֵל
בַּעֲגָלָא וּבִזְמַן קָרִיב
וְאִמְרוּ אָמֵן. (קהל: אָמֵן)

קהל וש״ץ: יְהֵא שְׁמֵהּ רַבָּא מְבָרַךְ לְעָלַם וּלְעָלְמֵי עָלְמַיָּא.
יִתְבָּרַךְ וְיִשְׁתַּבַּח וְיִתְפָּאַר וְיִתְרוֹמַם וְיִתְנַשֵּׂא
וְיִתְהַדָּר וְיִתְעַלֶּה וְיִתְהַלָּל
שְׁמֵהּ דְּקֻדְשָׁא בְּרִיךְ הוּא (קהל: אָמֵן)
לְעֵלָּא מִן כָּל בִּרְכָתָא / בשבת שובה: לְעֵלָּא לְעֵלָּא מִכָּל בִּרְכָתָא/
וְשִׁירָתָא, תֻּשְׁבְּחָתָא וְנֶחֱמָתָא
דַּאֲמִירָן בְּעָלְמָא
וְאִמְרוּ אָמֵן. (קהל: אָמֵן)

תִּתְקַבַּל צְלוֹתְהוֹן וּבָעוּתְהוֹן דְּכָל בֵּית יִשְׂרָאֵל
קֳדָם אֲבוּהוֹן דִּי בִשְׁמַיָּא
וְאִמְרוּ אָמֵן. (קהל: אָמֵן)

יְהֵא שְׁלָמָא רַבָּא מִן שְׁמַיָּא
וְחַיִּים טוֹבִים עָלֵינוּ וְעַל כָּל יִשְׂרָאֵל
וְאִמְרוּ אָמֵן. (קהל: אָמֵן)

כורע ופוסע שלוש פסיעות לאחור. קד לשמאל, לימין ולפנים באמירת:
עֹשֶׂה שָׁלוֹם / בשבת שובה: הַשָּׁלוֹם/ בִּמְרוֹמָיו
הוּא יַעֲשֶׂה שָׁלוֹם, עָלֵינוּ וְעַל כָּל יִשְׂרָאֵל
וְאִמְרוּ אָמֵן. (קהל: אָמֵן)

ביום טוב שאינו חל בשבת אומרים את השיר המתאים לאותו היום (עמ׳ 137).

הַיּוֹם יוֹם שַׁבַּת קֹדֶשׁ, שֶׁבּוֹ הָיוּ הַלְוִיִּם אוֹמְרִים בְּבֵית הַמִּקְדָּשׁ:

תהלים צב מִזְמוֹר שִׁיר לְיוֹם הַשַּׁבָּת: טוֹב לְהֹדוֹת לַיהוה, וּלְזַמֵּר לְשִׁמְךָ עֶלְיוֹן:
לְהַגִּיד בַּבֹּקֶר חַסְדֶּךָ, וֶאֱמוּנָתְךָ בַּלֵּילוֹת: עֲלֵי־עָשׂוֹר וַעֲלֵי־נָבֶל, עֲלֵי
הִגָּיוֹן בְּכִנּוֹר: כִּי שִׂמַּחְתַּנִי יהוה בְּפָעֳלֶךָ, בְּמַעֲשֵׂי יָדֶיךָ אֲרַנֵּן: מַה־גָּדְלוּ
מַעֲשֶׂיךָ יהוה, מְאֹד עָמְקוּ מַחְשְׁבֹתֶיךָ: אִישׁ־בַּעַר לֹא יֵדָע, וּכְסִיל
לֹא־יָבִין אֶת־זֹאת: בִּפְרֹחַ רְשָׁעִים כְּמוֹ־עֵשֶׂב, וַיָּצִיצוּ כָּל־פֹּעֲלֵי אָוֶן,
לְהִשָּׁמְדָם עֲדֵי־עַד: וְאַתָּה מָרוֹם לְעֹלָם יהוה: כִּי הִנֵּה אֹיְבֶיךָ יהוה,
כִּי־הִנֵּה אֹיְבֶיךָ יֹאבֵדוּ, יִתְפָּרְדוּ כָּל־פֹּעֲלֵי אָוֶן: וַתָּרֶם כִּרְאֵים קַרְנִי,
בַּלֹּתִי בְּשֶׁמֶן רַעֲנָן: וַתַּבֵּט עֵינִי בְּשׁוּרָי, בַּקָּמִים עָלַי מְרֵעִים תִּשְׁמַעְנָה
אָזְנָי: צַדִּיק כַּתָּמָר יִפְרָח, כְּאֶרֶז בַּלְּבָנוֹן יִשְׂגֶּה: שְׁתוּלִים בְּבֵית יהוה,
בְּחַצְרוֹת אֱלֹהֵינוּ יַפְרִיחוּ: עוֹד יְנוּבוּן בְּשֵׂיבָה, דְּשֵׁנִים וְרַעֲנַנִּים יִהְיוּ:
לְהַגִּיד כִּי־יָשָׁר יהוה, צוּרִי, וְלֹא־עַוְלָתָה בּוֹ: קדיש יתום (עמ׳ 378)

בראש חודש החל בשבת מוסיפים:

תהלים קד בָּרְכִי נַפְשִׁי אֶת־יהוה, יהוה אֱלֹהַי גָּדַלְתָּ מְּאֹד, הוֹד וְהָדָר לָבָשְׁתָּ:
עֹטֶה־אוֹר כַּשַּׂלְמָה, נוֹטֶה שָׁמַיִם כַּיְרִיעָה: הַמְקָרֶה בַמַּיִם עֲלִיּוֹתָיו,
הַשָּׂם־עָבִים רְכוּבוֹ, הַמְהַלֵּךְ עַל־כַּנְפֵי־רוּחַ: עֹשֶׂה מַלְאָכָיו רוּחוֹת,
מְשָׁרְתָיו אֵשׁ לֹהֵט: יָסַד־אֶרֶץ עַל־מְכוֹנֶיהָ, בַּל־תִּמּוֹט עוֹלָם וָעֶד:
תְּהוֹם כַּלְּבוּשׁ כִּסִּיתוֹ, עַל־הָרִים יַעַמְדוּ־מָיִם: מִן־גַּעֲרָתְךָ יְנוּסוּן,
מִן־קוֹל רַעַמְךָ יֵחָפֵזוּן: יַעֲלוּ הָרִים, יֵרְדוּ בְקָעוֹת, אֶל־מְקוֹם זֶה יָסַדְתָּ
לָהֶם: גְּבוּל־שַׂמְתָּ בַּל־יַעֲבֹרוּן, בַּל־יְשׁוּבוּן לְכַסּוֹת הָאָרֶץ: הַמְשַׁלֵּחַ
מַעְיָנִים בַּנְּחָלִים, בֵּין הָרִים יְהַלֵּכוּן: יַשְׁקוּ כָּל־חַיְתוֹ שָׂדָי, יִשְׁבְּרוּ
פְרָאִים צְמָאָם: עֲלֵיהֶם עוֹף־הַשָּׁמַיִם יִשְׁכּוֹן, מִבֵּין עֳפָאיִם יִתְּנוּ־קוֹל:
מַשְׁקֶה הָרִים מֵעֲלִיּוֹתָיו, מִפְּרִי מַעֲשֶׂיךָ תִּשְׂבַּע הָאָרֶץ: מַצְמִיחַ חָצִיר
לַבְּהֵמָה, וְעֵשֶׂב לַעֲבֹדַת הָאָדָם, לְהוֹצִיא לֶחֶם מִן־הָאָרֶץ: וְיַיִן יְשַׂמַּח
לְבַב־אֱנוֹשׁ, לְהַצְהִיל פָּנִים מִשָּׁמֶן, וְלֶחֶם לְבַב־אֱנוֹשׁ יִסְעָד: יִשְׂבְּעוּ

עֲצֵי יהוה, אַרְזֵי לְבָנוֹן אֲשֶׁר נָטָע: אֲשֶׁר־שָׁם צִפֳּרִים יְקַנֵּנוּ, חֲסִידָה בְּרוֹשִׁים בֵּיתָהּ: הָרִים הַגְּבֹהִים לַיְּעֵלִים, סְלָעִים מַחְסֶה לַשְׁפַנִּים: עָשָׂה יָרֵחַ לְמוֹעֲדִים, שֶׁמֶשׁ יָדַע מְבוֹאוֹ: תָּשֶׁת־חֹשֶׁךְ וִיהִי לָיְלָה, בּוֹ־תִרְמֹשׂ כָּל־חַיְתוֹ־יָעַר: הַכְּפִירִים שֹׁאֲגִים לַטָּרֶף, וּלְבַקֵּשׁ מֵאֵל אָכְלָם: תִּזְרַח הַשֶּׁמֶשׁ יֵאָסֵפוּן, וְאֶל־מְעוֹנֹתָם יִרְבָּצוּן: יֵצֵא אָדָם לְפָעֳלוֹ, וְלַעֲבֹדָתוֹ עֲדֵי־עָרֶב: מָה־רַבּוּ מַעֲשֶׂיךָ יהוה, כֻּלָּם בְּחָכְמָה עָשִׂיתָ, מָלְאָה הָאָרֶץ קִנְיָנֶךָ: זֶה הַיָּם גָּדוֹל וּרְחַב יָדָיִם, שָׁם־רֶמֶשׂ וְאֵין מִסְפָּר, חַיּוֹת קְטַנּוֹת עִם־גְּדֹלוֹת: שָׁם אֳנִיּוֹת יְהַלֵּכוּן, לִוְיָתָן זֶה־יָצַרְתָּ לְשַׂחֶק־בּוֹ: כֻּלָּם אֵלֶיךָ יְשַׂבֵּרוּן, לָתֵת אָכְלָם בְּעִתּוֹ: תִּתֵּן לָהֶם יִלְקֹטוּן, תִּפְתַּח יָדְךָ יִשְׂבְּעוּן טוֹב: תַּסְתִּיר פָּנֶיךָ יִבָּהֵלוּן, תֹּסֵף רוּחָם יִגְוָעוּן, וְאֶל־עֲפָרָם יְשׁוּבוּן: תְּשַׁלַּח רוּחֲךָ יִבָּרֵאוּן, וּתְחַדֵּשׁ פְּנֵי אֲדָמָה: יְהִי כְבוֹד יהוה לְעוֹלָם, יִשְׂמַח יהוה בְּמַעֲשָׂיו: הַמַּבִּיט לָאָרֶץ וַתִּרְעָד, יִגַּע בֶּהָרִים וְיֶעֱשָׁנוּ: אָשִׁירָה לַיהוה בְּחַיָּי, אֲזַמְּרָה לֵאלֹהַי בְּעוֹדִי: יֶעֱרַב עָלָיו שִׂיחִי, אָנֹכִי אֶשְׂמַח בַּיהוה: יִתַּמּוּ חַטָּאִים מִן־הָאָרֶץ, וּרְשָׁעִים עוֹד אֵינָם, בָּרְכִי נַפְשִׁי אֶת־יהוה, הַלְלוּיָהּ:

קדיש יתום בעמוד הבא.

מראש חודש אלול עד שמיני עצרת אומרים ׳לְדָוִד ה׳ אוֹרִי וְיִשְׁעִי׳ ולאחריו קדיש יתום.

לְדָוִד, יהוה אוֹרִי וְיִשְׁעִי, מִמִּי אִירָא, יהוה מָעוֹז־חַיַּי, מִמִּי אֶפְחָד: בִּקְרֹב תהלים כז
עָלַי מְרֵעִים לֶאֱכֹל אֶת־בְּשָׂרִי, צָרַי וְאֹיְבַי לִי, הֵמָּה כָשְׁלוּ וְנָפָלוּ: אִם־תַּחֲנֶה עָלַי מַחֲנֶה, לֹא־יִירָא לִבִּי, אִם־תָּקוּם עָלַי מִלְחָמָה, בְּזֹאת אֲנִי בוֹטֵחַ: אַחַת שָׁאַלְתִּי מֵאֵת־יהוה, אוֹתָהּ אֲבַקֵּשׁ, שִׁבְתִּי בְּבֵית־יהוה כָּל־יְמֵי חַיַּי, לַחֲזוֹת בְּנֹעַם־יהוה, וּלְבַקֵּר בְּהֵיכָלוֹ: כִּי יִצְפְּנֵנִי בְּסֻכֹּה בְּיוֹם רָעָה, יַסְתִּרֵנִי בְּסֵתֶר אָהֳלוֹ, בְּצוּר יְרוֹמְמֵנִי: וְעַתָּה יָרוּם רֹאשִׁי עַל אֹיְבַי סְבִיבוֹתַי, וְאֶזְבְּחָה בְאָהֳלוֹ זִבְחֵי תְרוּעָה, אָשִׁירָה וַאֲזַמְּרָה לַיהוה: שְׁמַע־יהוה קוֹלִי אֶקְרָא, וְחָנֵּנִי וַעֲנֵנִי: לְךָ אָמַר לִבִּי בַּקְּשׁוּ פָנָי, אֶת־פָּנֶיךָ יהוה אֲבַקֵּשׁ: אַל־תַּסְתֵּר פָּנֶיךָ מִמֶּנִּי, אַל תַּט־בְּאַף עַבְדֶּךָ, עֶזְרָתִי הָיִיתָ, אַל־תִּטְּשֵׁנִי וְאַל־תַּעַזְבֵנִי, אֱלֹהֵי יִשְׁעִי: כִּי־אָבִי וְאִמִּי

עֲזָבוּנִי, וַיהוה יַאַסְפֵנִי: הוֹרֵנִי יהוה דַּרְכֶּךָ, וּנְחֵנִי בְּאֹרַח מִישׁוֹר, לְמַעַן שׁוֹרְרָי: אַל־תִּתְּנֵנִי בְּנֶפֶשׁ צָרָי, כִּי קָמוּ־בִי עֵדֵי־שֶׁקֶר, וִיפֵחַ חָמָס: לוּלֵא הֶאֱמַנְתִּי לִרְאוֹת בְּטוּב־יהוה בְּאֶרֶץ חַיִּים: קַוֵּה אֶל־יהוה, חֲזַק וְיַאֲמֵץ לִבֶּךָ, וְקַוֵּה אֶל־יהוה:

קדיש יתום

אבל: יִתְגַּדַּל וְיִתְקַדַּשׁ שְׁמֵהּ רַבָּא (קהל: אָמֵן)
בְּעָלְמָא דִּי בְרָא כִרְעוּתֵהּ
וְיַמְלִיךְ מַלְכוּתֵהּ וְיַצְמַח פֻּרְקָנֵהּ וִיקָרֵב מְשִׁיחֵהּ (קהל: אָמֵן)
בְּחַיֵּיכוֹן וּבְיוֹמֵיכוֹן וּבְחַיֵּי דְכָל בֵּית יִשְׂרָאֵל
בַּעֲגָלָא וּבִזְמַן קָרִיב, וְאִמְרוּ אָמֵן. (קהל: אָמֵן)

קהל ואבל: יְהֵא שְׁמֵהּ רַבָּא מְבָרַךְ לְעָלַם וּלְעָלְמֵי עָלְמַיָּא.

אבל: יִתְבָּרַךְ וְיִשְׁתַּבַּח וְיִתְפָּאַר וְיִתְרוֹמַם וְיִתְנַשֵּׂא
וְיִתְהַדָּר וְיִתְעַלֶּה וְיִתְהַלָּל
שְׁמֵהּ דְּקֻדְשָׁא בְּרִיךְ הוּא (קהל: אָמֵן)
לְעֵלָּא מִן כָּל בִּרְכָתָא
/בשבת שובה: לְעֵלָּא לְעֵלָּא מִכָּל בִּרְכָתָא/
וְשִׁירָתָא, תֻּשְׁבְּחָתָא וְנֶחֱמָתָא
דַּאֲמִירָן בְּעָלְמָא, וְאִמְרוּ אָמֵן. (קהל: אָמֵן)

יְהֵא שְׁלָמָא רַבָּא מִן שְׁמַיָּא
וְחַיִּים טוֹבִים עָלֵינוּ וְעַל כָּל יִשְׂרָאֵל, וְאִמְרוּ אָמֵן. (קהל: אָמֵן)

כורע ופוסע שלוש פסיעות לאחור. קד לשמאל, לימין ולפנים באמירת:

עֹשֶׂה שָׁלוֹם /בשבת שובה: הַשָּׁלוֹם/ בִּמְרוֹמָיו
הוּא יַעֲשֶׂה שָׁלוֹם, עָלֵינוּ וְעַל כָּל יִשְׂרָאֵל, וְאִמְרוּ אָמֵן. (קהל: אָמֵן)

הוצאת ספר תורה

אַתָּה הָרְאֵתָ לָדַעַת דברים ד
כִּי יהוה הוּא הָאֱלֹהִים
אֵין עוֹד מִלְּבַדּוֹ:
אֵין־כָּמוֹךָ בָאֱלֹהִים תהלים פו
אֲדֹנָי, וְאֵין כְּמַעֲשֶׂיךָ:
מַלְכוּתְךָ מַלְכוּת כָּל־עֹלָמִים תהלים קמה
וּמֶמְשַׁלְתְּךָ בְּכָל־דּוֹר וָדֹר:

יהוה מֶלֶךְ, יהוה מָלָךְ, יהוה יִמְלֹךְ לְעֹלָם וָעֶד.
יהוה עֹז לְעַמּוֹ יִתֵּן תהלים כט
יהוה יְבָרֵךְ אֶת־עַמּוֹ בַשָּׁלוֹם:

אַב הָרַחֲמִים
הֵיטִיבָה בִרְצוֹנְךָ אֶת־צִיּוֹן תִּבְנֶה חוֹמוֹת יְרוּשָׁלָםִ: תהלים נא
כִּי בְךָ לְבַד בָּטָחְנוּ
מֶלֶךְ אֵל רָם וְנִשָּׂא, אֲדוֹן עוֹלָמִים.

פותחים את ארון הקודש, ונהוג לעמוד כל זמן שהארון פתוח.

וַיְהִי בִּנְסֹעַ הָאָרֹן וַיֹּאמֶר מֹשֶׁה במדבר י
קוּמָה יהוה וְיָפֻצוּ אֹיְבֶיךָ וְיָנֻסוּ מְשַׂנְאֶיךָ מִפָּנֶיךָ:
כִּי מִצִּיּוֹן תֵּצֵא תוֹרָה וּדְבַר־יהוה מִירוּשָׁלָםִ: ישעיה ב
בָּרוּךְ שֶׁנָּתַן תּוֹרָה לְעַמּוֹ יִשְׂרָאֵל בִּקְדֻשָּׁתוֹ.

בשבת ממשיכים ׳בְּרִיךְ שְׁמֵהּ׳ בעמ׳ 381.

ביום טוב שאינו חל בשבת או בהושענא רבה אומרים תפילה זו.

אומרים שלוש פעמים:

שמות לד **יהוה, יהוה, אֵל רַחוּם וְחַנּוּן, אֶרֶךְ אַפַּיִם וְרַב־חֶסֶד וֶאֱמֶת:**
נֹצֵר חֶסֶד לָאֲלָפִים, נֹשֵׂא עָוֹן וָפֶשַׁע וְחַטָּאָה, וְנַקֵּה:

בהושענא רבה אומרים את התחינה לימים נוראים:

רִבּוֹנוֹ שֶׁל עוֹלָם, מַלֵּא מִשְׁאֲלוֹתַי
לְטוֹבָה, וְהָפֵק רְצוֹנִי וְתֵן שְׁאֵלָתִי,
וּמְחֹל לִי עַל כָּל עֲוֹנוֹתַי וְעַל כָּל עֲוֹנוֹת
אַנְשֵׁי בֵיתִי, מְחִילָה בְּחֶסֶד מְחִילָה
בְּרַחֲמִים, וְטַהֲרֵנוּ מֵחֲטָאֵינוּ וּמֵעֲוֹנוֹתֵינוּ
וּמִפְּשָׁעֵינוּ, וְזָכְרֵנוּ בְּזִכָּרוֹן טוֹב לְפָנֶיךָ,
וּפָקְדֵנוּ בִּפְקֻדַּת יְשׁוּעָה וְרַחֲמִים.
ישעיה יא וְזָכְרֵנוּ לְחַיִּים טוֹבִים וּלְשָׁלוֹם, וּפַרְנָסָה
וְכַלְכָּלָה, וְלֶחֶם לֶאֱכֹל וּבֶגֶד לִלְבֹּשׁ,
וְעֹשֶׁר וְכָבוֹד, וְאֹרֶךְ יָמִים לַהֲגוֹת
בְּתוֹרָתֶךָ וּלְקַיֵּם מִצְוֹתֶיהָ, וְשֵׂכֶל וּבִינָה
לְהָבִין וּלְהַשְׂכִּיל עִמְקֵי סוֹדוֹתֶיהָ.
וְהָפֵק רְפוּאָה לְכָל מַכְאוֹבֵינוּ, וּבָרֵךְ כָּל
מַעֲשֵׂה יָדֵינוּ, וּגְזֹר עָלֵינוּ גְּזֵרוֹת טוֹבוֹת
יְשׁוּעוֹת וְנֶחָמוֹת, וּבַטֵּל מֵעָלֵינוּ כָּל
גְּזֵרוֹת קָשׁוֹת וְרָעוֹת וְתֵן בְּלֵב שָׂרֵינוּ
תהלים לב וְיוֹעֲצֵיהֶם עָלֵינוּ לְטוֹבָה. אָמֵן וְכֵן
יְהִי רָצוֹן.

ביום טוב שאינו חל בשבת אומרים:

רִבּוֹנוֹ שֶׁל עוֹלָם, מַלֵּא מִשְׁאֲלוֹת לִבִּי לְטוֹבָה, וְהָפֵק רְצוֹנִי וְתֵן שְׁאֵלָתִי, וְזַכֵּה לִי (פלוני/ת) בֶּן/בַּת פלונית) (וְאִשְׁתִּי/בַּעְלִי וּבָנַי וּבְנוֹתַי) וְכָל בְּנֵי בֵיתִי, לַעֲשׂוֹת רְצוֹנְךָ בְּלֵבָב שָׁלֵם, וּמַלְּטֵנוּ מִיֵּצֶר הָרָע, וְתֵן חֶלְקֵנוּ בְּתוֹרָתֶךָ, וְזַכֵּנוּ שֶׁתִּשְׁרֶה שְׁכִינָתְךָ עָלֵינוּ, וְהוֹפַע עָלֵינוּ רוּחַ חָכְמָה וּבִינָה. וְיִתְקַיֵּם בָּנוּ מִקְרָא שֶׁכָּתוּב: וְנָחָה עָלָיו רוּחַ יהוה, רוּחַ חָכְמָה וּבִינָה, רוּחַ עֵצָה וּגְבוּרָה, רוּחַ דַּעַת וְיִרְאַת יהוה: וּבְכֵן יְהִי רָצוֹן מִלְּפָנֶיךָ יהוה אֱלֹהֵינוּ וֵאלֹהֵי אֲבוֹתֵינוּ, שֶׁתְּזַכֵּנוּ לַעֲשׂוֹת מַעֲשִׂים טוֹבִים בְּעֵינֶיךָ וְלָלֶכֶת בְּדַרְכֵי יְשָׁרִים לְפָנֶיךָ, וְקַדְּשֵׁנוּ בְּקְדֻשָּׁתְךָ כְּדֵי שֶׁנִּזְכֶּה לְחַיִּים טוֹבִים וַאֲרוּכִים וּלְחַיֵּי הָעוֹלָם הַבָּא, וְתִשְׁמְרֵנוּ מִמַּעֲשִׂים רָעִים וּמִשָּׁעוֹת רָעוֹת הַמִּתְרַגְּשׁוֹת לָבוֹא לָעוֹלָם, וְהַבּוֹטֵחַ בַּיהוה חֶסֶד יְסוֹבְבֶנּוּ: אָמֵן.

תהלים יט **יִהְיוּ לְרָצוֹן אִמְרֵי־פִי וְהֶגְיוֹן לִבִּי לְפָנֶיךָ**
יהוה צוּרִי וְגֹאֲלִי:

אומרים שלוש פעמים:

תהלים סט **וַאֲנִי תְפִלָּתִי־לְךָ יהוה, עֵת רָצוֹן, אֱלֹהִים בְּרָב־חַסְדֶּךָ**
עֲנֵנִי בֶּאֱמֶת יִשְׁעֶךָ:

זוהר ויקהל

בְּרִיךְ שְׁמֵהּ דְּמָרֵא עָלְמָא, בְּרִיךְ כִּתְרָךְ וְאַתְרָךְ. יְהֵא רְעוּתָךְ עִם עַמָּךְ יִשְׂרָאֵל לְעָלַם, וּפֻרְקַן יְמִינָךְ אַחֲזִי לְעַמָּךְ בְּבֵית מַקְדְּשָׁךְ, וּלְאַמְטוֹיֵי לַנָא מִטּוּב נְהוֹרָךְ, וּלְקַבֵּל צְלוֹתַנָא בְּרַחֲמִין. יְהֵא רַעֲוָא קֳדָמָךְ דְּתוֹרִיךְ לַן חַיִּין בְּטִיבוּ, וְלֶהֱוֵי אֲנָא פְקִידָא בְּגוֹ צַדִּיקַיָּא, לְמִרְחַם עָלַי וּלְמִנְטַר יָתִי וְיַת כָּל דִּי לִי וְדִי לְעַמָּךְ יִשְׂרָאֵל. אַנְתְּ הוּא זָן לְכֹלָּא וּמְפַרְנֵס לְכֹלָּא, אַנְתְּ הוּא שַׁלִּיט עַל כֹּלָּא, אַנְתְּ הוּא דְּשַׁלִּיט עַל מַלְכַיָּא, וּמַלְכוּתָא דִּילָךְ הִיא. אֲנָא עַבְדָּא דְקֻדְשָׁא בְּרִיךְ הוּא, דְּסָגֵדְנָא קַמֵּהּ וּמִקַּמֵּי דִּיקַר אוֹרַיְתֵהּ בְּכָל עִדָּן וְעִדָּן. לָא עַל אֱנָשׁ רָחִיצְנָא וְלָא עַל בַּר אֱלָהִין סָמִיכְנָא, אֶלָּא בֶּאֱלָהָא דִשְׁמַיָּא, דְּהוּא אֱלָהָא קְשׁוֹט, וְאוֹרַיְתֵהּ קְשׁוֹט, וּנְבִיאוֹהִי קְשׁוֹט, וּמַסְגֵּא לְמֶעְבַּד טַבְוָן וּקְשׁוֹט. בֵּהּ אֲנָא רָחִיץ, וְלִשְׁמֵהּ קַדִּישָׁא יַקִּירָא אֲנָא אֵמַר תֻּשְׁבְּחָן. יְהֵא רַעֲוָא קֳדָמָךְ דְּתִפְתַּח לִבַּאי בְּאוֹרַיְתָא, וְתַשְׁלִים מִשְׁאֲלִין דְּלִבַּאי וְלִבָּא דְכָל עַמָּךְ יִשְׂרָאֵל לְטָב וּלְחַיִּין וְלִשְׁלָם. (תרגום בעמ׳ 123)

שליח ציבור ואחריו הקהל:

דברים ו

שְׁמַע יִשְׂרָאֵל, יהוה אֱלֹהֵינוּ, יהוה אֶחָד:

שליח ציבור ואחריו הקהל:

אֶחָד אֱלֹהֵינוּ, גָּדוֹל אֲדוֹנֵינוּ, קָדוֹשׁ (בהושענא רבה: **וְנוֹרָא**) **שְׁמוֹ.**

החזן פונה לקהל ואומר את הפסוק ׳גַּדְּלוּ לַה׳ אִתִּי׳ ויש מקומות שבהם החזן מפנה פניו במקצת כלפי ארון הקודש ואומר ׳גַּדְּלוּ לַה׳ אִתִּי׳ ואחר כך מרים קצת את הספר שבידו ואומר ׳וּנְרוֹמְמָה שְׁמוֹ יַחְדָּו׳.

תהלים לד

גַּדְּלוּ לַיהוה אִתִּי וּנְרוֹמְמָה שְׁמוֹ יַחְדָּו:

סוגרים את ארון הקודש. משעה שמוציאים את ספר התורה מן הארון עד לשעה שמניחים אותו – הכול עומדים לכבודו, ואין רשאים לשבת עד שיהא הספר מונח במקומו. יש מקומות שנוהגים בהם שכל מי שיכול מתקרב אל הספר, ואם הוא קרוב מספיק הריהו מנשק את עטיפתו או את תיקו. כמו כן נהוג שמלווים את ספר התורה בעת הילוכו.

כאשר שליח הציבור הולך אל הבימה הקהל אומר:

דברי הימים א׳ כט

לְךָ יהוה הַגְּדֻלָּה וְהַגְּבוּרָה וְהַתִּפְאֶרֶת וְהַנֵּצַח וְהַהוֹד, כִּי־כֹל בַּשָּׁמַיִם וּבָאָרֶץ, לְךָ יהוה הַמַּמְלָכָה וְהַמִּתְנַשֵּׂא לְכֹל לְרֹאשׁ:

תהלים צט

רוֹמְמוּ יהוה אֱלֹהֵינוּ וְהִשְׁתַּחֲווּ לַהֲדֹם רַגְלָיו, קָדוֹשׁ הוּא: רוֹמְמוּ יהוה אֱלֹהֵינוּ וְהִשְׁתַּחֲווּ לְהַר קָדְשׁוֹ, כִּי־קָדוֹשׁ יהוה אֱלֹהֵינוּ:

הקהל אומר בלחש:

עַל הַכֹּל יִתְגַּדַּל וְיִתְקַדַּשׁ וְיִשְׁתַּבַּח וְיִתְפָּאַר וְיִתְרוֹמַם וְיִתְנַשֵּׂא שְׁמוֹ שֶׁל מֶלֶךְ מַלְכֵי הַמְּלָכִים הַקָּדוֹשׁ בָּרוּךְ הוּא בָּעוֹלָמוֹת שֶׁבָּרָא, הָעוֹלָם הַזֶּה וְהָעוֹלָם הַבָּא, כִּרְצוֹנוֹ וְכִרְצוֹן יְרֵאָיו וְכִרְצוֹן כָּל בֵּית יִשְׂרָאֵל. צוּר הָעוֹלָמִים, אֲדוֹן כָּל הַבְּרִיּוֹת, אֱלוֹהַּ כָּל הַנְּפָשׁוֹת, הַיּוֹשֵׁב בְּמֶרְחֲבֵי מָרוֹם, הַשּׁוֹכֵן בִּשְׁמֵי שְׁמֵי קֶדֶם, קְדֻשָּׁתוֹ עַל הַחַיּוֹת, וּקְדֻשָּׁתוֹ עַל כִּסֵּא הַכָּבוֹד. וּבְכֵן יִתְקַדַּשׁ שִׁמְךָ בָּנוּ יהוה אֱלֹהֵינוּ לְעֵינֵי כָּל חָי, וְנֹאמַר לְפָנָיו
תהלים סח שִׁיר חָדָשׁ, כַּכָּתוּב: שִׁירוּ לֵאלֹהִים זַמְּרוּ שְׁמוֹ, סֹלּוּ לָרֹכֵב בָּעֲרָבוֹת, בְּיָהּ
ישעיה נב שְׁמוֹ, וְעִלְזוּ לְפָנָיו: וְנִרְאֵהוּ עַיִן בְּעַיִן בְּשׁוּבוֹ אֶל נָוֵהוּ, כַּכָּתוּב: כִּי עַיִן
ישעיה מ בְּעַיִן יִרְאוּ בְּשׁוּב יהוה צִיּוֹן: וְנֶאֱמַר: וְנִגְלָה כְּבוֹד יהוה, וְרָאוּ כָל־בָּשָׂר
יַחְדָּו כִּי פִּי יהוה דִּבֵּר:

אַב הָרַחֲמִים הוּא יְרַחֵם עַם עֲמוּסִים, וְיִזְכֹּר בְּרִית אֵיתָנִים, וְיַצִּיל נַפְשׁוֹתֵינוּ מִן הַשָּׁעוֹת הָרָעוֹת, וְיִגְעַר בְּיֵצֶר הָרָע מִן הַנְּשׂוּאִים, וְיָחֹן אוֹתָנוּ לִפְלֵיטַת עוֹלָמִים, וִימַלֵּא מִשְׁאֲלוֹתֵינוּ בְּמִדָּה טוֹבָה יְשׁוּעָה וְרַחֲמִים.

מניחים את ספר התורה על הבימה (ומנהג חלק מקהילות החסידים להגביה את הספר קודם הקריאה), והחזן או הגבאי מכריז: 'וְיַעֲזֹר וְיָגֵן'. נהגו לדייק היטב בשם הנקרא לעלות ובשם אביו (שאם יש לו שמות אחדים קוראים לו בכולם) משום שיש בכך הודעה פומבית ויש לה השלכות הלכתיות. ומשתדלים לקרוא לו בשמו העברי, וכן בשמו העברי של אביו; וגר צדק (וכן מי שלא נודע שם אביו) נקרא 'בן אברהם'.

וְיַעֲזֹר וְיָגֵן וְיוֹשִׁיעַ לְכָל הַחוֹסִים בּוֹ, וְנֹאמַר אָמֵן. הַכֹּל הָבוּ גֹדֶל לֵאלֹהֵינוּ וּתְנוּ כָבוֹד לַתּוֹרָה. *כֹּהֵן קְרָב, יַעֲמֹד (פלוני בֶּן פלוני) הַכֹּהֵן.

*אם אין כוהן, הגבאי קורא ללוי או לישראל ואומר:

/אֵין כָּאן כֹּהֵן, יַעֲמֹד (פלוני בֶּן פלוני) בִּמְקוֹם כֹּהֵן./

בָּרוּךְ שֶׁנָּתַן תּוֹרָה לְעַמּוֹ יִשְׂרָאֵל בִּקְדֻשָּׁתוֹ.

הקהל ואחריו הגבאי:

דברים ד וְאַתֶּם הַדְּבֵקִים בַּיהוה אֱלֹהֵיכֶם חַיִּים כֻּלְּכֶם הַיּוֹם:

קריאת התורה למועדים בעמ׳ 816.

רבים נוהגים שהקורא מנשק את הספר (לא במגע ישיר, שהוא אסור מלבד בשעת צורך, אלא נוגע בו בציצית של טליתו, או במטפחת הספר או בחגורו וכיוצא באלה ומנשקם). ויש מקפידים לנגוע דווקא בחלק שקורא בו או בתחילת ובסוף החלק הנקרא כדי להגדיר את מקום הקריאה. בשעת הברכה אין המברך מסתכל בספר התורה, אלא מפנה ראשו לצד, כדי שלא ייראה כאילו הברכה כתובה בגוף הספר (ולמנהג רבים: גולל וסוגר את הספר, מברך וחוזר ופותחו).

מנהג עתיק הוא שהעולה לתורה מחזיק בזמן הברכה בשני עמודי הספר (או בתיקו), ואחר כך ממשיך להחזיק בידו אחד מהם (או לאחוז בתיק) כל משך זמן הקריאה. העולה לתורה חוזר (בשקט, שלא לגרום בלבול) עם ׳בעל הקורא׳ על הקריאה שהוא שומע ונמצא שהוא עצמו קורא בתורה.

עולה: **בָּרְכוּ אֶת יהוה הַמְבֹרָךְ.**

קהל: **בָּרוּךְ יהוה הַמְבֹרָךְ לְעוֹלָם וָעֶד.**

עולה: **בָּרוּךְ יהוה הַמְבֹרָךְ לְעוֹלָם וָעֶד.**

בָּרוּךְ אַתָּה יהוה, אֱלֹהֵינוּ מֶלֶךְ הָעוֹלָם
אֲשֶׁר בָּחַר בָּנוּ מִכָּל הָעַמִּים
וְנָתַן לָנוּ אֶת תּוֹרָתוֹ.
בָּרוּךְ אַתָּה יהוה, נוֹתֵן הַתּוֹרָה.

לאחר הקריאה המברך גולל וסוגר את הספר
(ונהגו לחזור ולנשק את ספר התורה) ומברך ברכה אחרונה.

עולה: **בָּרוּךְ אַתָּה יהוה אֱלֹהֵינוּ מֶלֶךְ הָעוֹלָם**
אֲשֶׁר נָתַן לָנוּ תּוֹרַת אֱמֶת
וְחַיֵּי עוֹלָם נָטַע בְּתוֹכֵנוּ.
בָּרוּךְ אַתָּה יהוה, נוֹתֵן הַתּוֹרָה.

העולה לתורה נשאר על הבימה במשך זמן הקריאה של העולה הבא אחריו, ורק כאשר העולה הבא מסיים את הברכה האחרונה הוא יורד וחוזר למקומו. כאשר שב למקומו מן הראוי שלא ימהר לעשות כן ושילך בדרך הארוכה יותר שמן הבימה למקומו.

אדם שניצל מסכנה מברך ברכת שבח זו, על חסד ה' שהוציאו מהצרה שבה היה נתון.
את ברכת 'הַגּוֹמֵל' מברכים במניין, ומן המובחר שיהיו בהם גם שני תלמידי חכמים.
הברכה הוסמכה לקריאת התורה מכיוון שבשעה זו מתכנסים רוב עם מישראל.

בָּרוּךְ אַתָּה יהוה אֱלֹהֵינוּ מֶלֶךְ הָעוֹלָם הַגּוֹמֵל לְחַיָּבִים טוֹבוֹת שֶׁגְּמָלַנִי כָּל טוּב.

הקהל עונה: **אָמֵן. מִי שֶׁגְּמָלְךָ כָּל טוּב הוּא יִגְמָלְךָ כָּל טוּב, סֶלָה.**

כאשר נער עולה לתורה בפעם הראשונה במלאות לו שלוש־עשרה שנה,
אביו מברך 'בָּרוּךְ שֶׁפְּטָרַנִי'. את הברכה האב מברך בעומדו על הבימה עם בנו
לפני עשרה אנשים לפחות, וראוי שיהיו בהם גם שני תלמידי חכמים.

בָּרוּךְ שֶׁפְּטָרַנִי מֵעָנְשׁוֹ שֶׁלָּזֶה.

מי שברך לעולה לתורה

לאחר שהעולה מסיים את הברכה האחרונה שלאחר הקריאה, מזמינים את הבא אחריו
לעלות לתורה, ואז הגבאי הממונה על כך מברך את העולה בברכת 'מִי שֶׁבֵּרַךְ'.

מִי שֶׁבֵּרַךְ אֲבוֹתֵינוּ אַבְרָהָם יִצְחָק וְיַעֲקֹב, הוּא יְבָרֵךְ אֶת (פלוני בֶּן פלוני)**, בַּעֲבוּר שֶׁעָלָה לִכְבוֹד הַמָּקוֹם וְלִכְבוֹד הַתּוֹרָה וְלִכְבוֹד הַשַּׁבָּת** (ביום טוב: וְלִכְבוֹד הָרֶגֶל)**.** (**וּבַעֲבוּר שֶׁיִּתֵּן בְּלִי נֶדֶר** (סכום מסוים) **עֲבוּר** (בית הכנסת, צדקה או מטרה אחרת של קדושה)) **בִּשְׂכַר זֶה הַקָּדוֹשׁ בָּרוּךְ הוּא יִשְׁמְרֵהוּ וְיַצִּילֵהוּ מִכָּל צָרָה וְצוּקָה וּמִכָּל נֶגַע וּמַחֲלָה, וְיִשְׁלַח בְּרָכָה וְהַצְלָחָה בְּכָל מַעֲשֵׂה יָדָיו** (ביום טוב: וְיִזְכֶּה לַעֲלוֹת לָרֶגֶל) **עִם כָּל יִשְׂרָאֵל אֶחָיו, וְנֹאמַר אָמֵן.**

לעיתים העולה לתורה מבקש שיוסיפו ויברכו בנוסח זה אנשים
אחרים, שמצויים בבית הכנסת או שאינם מצויים בו.

מי שברך לחולה

מִי שֶׁבֵּרַךְ אֲבוֹתֵינוּ אַבְרָהָם יִצְחָק וְיַעֲקֹב, מֹשֶׁה וְאַהֲרֹן דָּוִד וּשְׁלֹמֹה הוּא יְבָרֵךְ וִירַפֵּא אֶת הַחוֹלֶה (פלוני בֶּן פלונית) **בַּעֲבוּר שֶׁ**(פלוני בֶּן פלוני) **נוֹדֵר צְדָקָה בַּעֲבוּרוֹ. בִּשְׂכַר זֶה הַקָּדוֹשׁ בָּרוּךְ הוּא יִמָּלֵא רַחֲמִים עָלָיו לְהַחֲלִימוֹ וּלְרַפְּאתוֹ וּלְהַחֲזִיקוֹ וּלְהַחֲיוֹתוֹ וְיִשְׁלַח לוֹ מְהֵרָה רְפוּאָה**

שְׁלֵמָה מִן הַשָּׁמַיִם לִרְמַ״ח אֵבָרָיו וּשְׁסָ״ה גִּידָיו בְּתוֹךְ שְׁאָר חוֹלֵי יִשְׂרָאֵל, רְפוּאַת הַנֶּפֶשׁ וּרְפוּאַת הַגּוּף. שַׁבָּת הִיא מִלִּזְעֹק /ביום טוב: יוֹם טוֹב הוּא מִלִּזְעֹק/ וּרְפוּאָה קְרוֹבָה לָבוֹא, הַשְׁתָּא בַּעֲגָלָא וּבִזְמַן קָרִיב, וְנֹאמַר אָמֵן.

מי שברך לחולָה

מִי שֶׁבֵּרַךְ אֲבוֹתֵינוּ אַבְרָהָם יִצְחָק וְיַעֲקֹב, מֹשֶׁה וְאַהֲרֹן דָּוִד וּשְׁלֹמֹה הוּא יְבָרֵךְ וִירַפֵּא אֶת הַחוֹלָה (פלונית בַּת פלונית) בַּעֲבוּר שֶׁ(פלוני בֶּן פלוני) נוֹדֵר צְדָקָה בַּעֲבוּרָהּ. בִּשְׂכַר זֶה הַקָּדוֹשׁ בָּרוּךְ הוּא יִמָּלֵא רַחֲמִים עָלֶיהָ לְהַחֲלִימָהּ וּלְרַפְּאֹתָהּ וּלְהַחֲזִיקָהּ וּלְהַחֲיוֹתָהּ וְיִשְׁלַח לָהּ מְהֵרָה רְפוּאָה שְׁלֵמָה מִן הַשָּׁמַיִם לְכָל אֵבָרֶיהָ וּלְכָל גִּידֶיהָ בְּתוֹךְ שְׁאָר חוֹלֵי יִשְׂרָאֵל, רְפוּאַת הַנֶּפֶשׁ וּרְפוּאַת הַגּוּף. שַׁבָּת הִיא מִלִּזְעֹק /ביום טוב: יוֹם טוֹב הוּא מִלִּזְעֹק/ וּרְפוּאָה קְרוֹבָה לָבוֹא, הַשְׁתָּא בַּעֲגָלָא וּבִזְמַן קָרִיב, וְנֹאמַר אָמֵן.

מי שברך ליולדת בן

מִי שֶׁבֵּרַךְ אֲבוֹתֵינוּ אַבְרָהָם יִצְחָק וְיַעֲקֹב, מֹשֶׁה וְאַהֲרֹן דָּוִד וּשְׁלֹמֹה, שָׂרָה רִבְקָה רָחֵל וְלֵאָה הוּא יְבָרֵךְ אֶת הָאִשָּׁה הַיּוֹלֶדֶת (פלונית בַּת פלוני) וְאֶת בְּנָהּ שֶׁנּוֹלַד לָהּ לְמַזָּל טוֹב בַּעֲבוּר שֶׁבַּעְלָהּ וְאָבִיו נוֹדֵר צְדָקָה בַּעֲדָם. בִּשְׂכַר זֶה יִזְכּוּ אָבִיו וְאִמּוֹ לְהַכְנִיסוֹ בִּבְרִיתוֹ שֶׁל אַבְרָהָם אָבִינוּ וּלְגַדְּלוֹ לְתוֹרָה וּלְחֻפָּה וּלְמַעֲשִׂים טוֹבִים, וְנֹאמַר אָמֵן.

מי שברך ליולדת בת

מִי שֶׁבֵּרַךְ אֲבוֹתֵינוּ אַבְרָהָם יִצְחָק וְיַעֲקֹב, מֹשֶׁה וְאַהֲרֹן דָּוִד וּשְׁלֹמֹה, שָׂרָה רִבְקָה רָחֵל וְלֵאָה הוּא יְבָרֵךְ אֶת הָאִשָּׁה הַיּוֹלֶדֶת (פלונית בַּת פלוני) וְאֶת בִּתָּהּ שֶׁנּוֹלְדָה לָהּ לְמַזָּל טוֹב וְיִקָּרֵא שְׁמָהּ בְּיִשְׂרָאֵל (פלונית בַּת פלוני), בַּעֲבוּר שֶׁבַּעְלָהּ וְאָבִיהָ נוֹדֵר צְדָקָה בַּעֲדָן. בִּשְׂכַר זֶה יִזְכּוּ אָבִיהָ וְאִמָּהּ לְגַדְּלָהּ לְתוֹרָה וּלְחֻפָּה וּלְמַעֲשִׂים טוֹבִים, וְנֹאמַר אָמֵן.

חצי קדיש

לפני שקוראים למפטיר אומרים (בדרך כלל הקורא בתורה, אבל לעיתים העולה או אחד מן הקהל) חצי קדיש.

קורא: **יִתְגַּדַּל וְיִתְקַדַּשׁ שְׁמֵהּ רַבָּא** (קהל: אָמֵן)
בְּעָלְמָא דִּי בְרָא כִרְעוּתֵהּ
וְיַמְלִיךְ מַלְכוּתֵהּ וְיַצְמַח פֻּרְקָנֵהּ וִיקָרֵב מְשִׁיחֵהּ (קהל: אָמֵן)
בְּחַיֵּיכוֹן וּבְיוֹמֵיכוֹן וּבְחַיֵּי דְכָל בֵּית יִשְׂרָאֵל
בַּעֲגָלָא וּבִזְמַן קָרִיב
וְאִמְרוּ אָמֵן. (קהל: אָמֵן)

קהל וקורא: **יְהֵא שְׁמֵהּ רַבָּא מְבָרַךְ לְעָלַם וּלְעָלְמֵי עָלְמַיָּא.**

קורא: **יִתְבָּרַךְ וְיִשְׁתַּבַּח וְיִתְפָּאַר וְיִתְרוֹמַם וְיִתְנַשֵּׂא**
וְיִתְהַדָּר וְיִתְעַלֶּה וְיִתְהַלָּל
שְׁמֵהּ דְּקֻדְשָׁא בְּרִיךְ הוּא (קהל: אָמֵן)
לְעֵלָּא מִן כָּל בִּרְכָתָא
/ בשבת שובה: **לְעֵלָּא לְעֵלָּא מִכָּל בִּרְכָתָא**/
וְשִׁירָתָא, תֻּשְׁבְּחָתָא וְנֶחֱמָתָא, דַּאֲמִירָן בְּעָלְמָא
וְאִמְרוּ אָמֵן. (קהל: אָמֵן)

הגבהה וגלילה

נוהגים להגביה את ספר התורה ולהראות לקהל את הכתוב בו.
בשעה שמגביהים את הספר אומרים פסוקים בשבח התורה.
יש הנוהגים להשתחוות קצת לעומת הספר המוגבה, ובהרבה מקומות נהגו לזקוף אצבע לעומת הספר בשעת אמירת פסוקי השבח, ויש שנהגו לנשקו מרחוק.

דברים ד **וְזֹאת הַתּוֹרָה אֲשֶׁר־שָׂם מֹשֶׁה לִפְנֵי בְּנֵי יִשְׂרָאֵל:**
במדבר ט **(עַל־פִּי יהוה בְּיַד מֹשֶׁה:)**
משלי ג ויש מוסיפים: **עֵץ־חַיִּים הִיא לַמַּחֲזִיקִים בָּהּ וְתֹמְכֶיהָ מְאֻשָּׁר:**
דְּרָכֶיהָ דַרְכֵי־נֹעַם וְכָל־נְתִיבוֹתֶיהָ שָׁלוֹם:
אֹרֶךְ יָמִים בִּימִינָהּ, בִּשְׂמֹאולָהּ עֹשֶׁר וְכָבוֹד:
ישעיה מב **יהוה חָפֵץ לְמַעַן צִדְקוֹ יַגְדִּיל תּוֹרָה וְיַאְדִּיר:**

ברכות ההפטרה

לפני קריאת ההפטרה בנביא המפטיר מברך:

בָּרוּךְ אַתָּה יהוה אֱלֹהֵינוּ מֶלֶךְ הָעוֹלָם אֲשֶׁר בָּחַר בִּנְבִיאִים טוֹבִים, וְרָצָה בְדִבְרֵיהֶם הַנֶּאֱמָרִים בֶּאֱמֶת. בָּרוּךְ אַתָּה יהוה, הַבּוֹחֵר בַּתּוֹרָה וּבְמֹשֶׁה עַבְדּוֹ וּבְיִשְׂרָאֵל עַמּוֹ וּבִנְבִיאֵי הָאֱמֶת וָצֶדֶק.

אחר קריאת ההפטרה המפטיר מברך:

בָּרוּךְ אַתָּה יהוה אֱלֹהֵינוּ מֶלֶךְ הָעוֹלָם, צוּר כָּל הָעוֹלָמִים, צַדִּיק בְּכָל הַדּוֹרוֹת, הָאֵל הַנֶּאֱמָן, הָאוֹמֵר וְעוֹשֶׂה, הַמְדַבֵּר וּמְקַיֵּם, שֶׁכָּל דְּבָרָיו אמת וָצֶדֶק. נֶאֱמָן אַתָּה הוּא יהוה אֱלֹהֵינוּ וְנֶאֱמָנִים דְּבָרֶיךָ, וְדָבָר אֶחָד מִדְּבָרֶיךָ אָחוֹר לֹא יָשׁוּב רֵיקָם, כִּי אֵל מֶלֶךְ נֶאֱמָן וְרַחֲמָן אָתָּה. בָּרוּךְ אַתָּה יהוה, הָאֵל הַנֶּאֱמָן בְּכָל דְּבָרָיו.

רַחֵם עַל צִיּוֹן כִּי הִיא בֵּית חַיֵּינוּ, וְלַעֲלוּבַת נֶפֶשׁ תּוֹשִׁיעַ בִּמְהֵרָה בְיָמֵינוּ. בָּרוּךְ אַתָּה יהוה, מְשַׂמֵּחַ צִיּוֹן בְּבָנֶיהָ.

שַׂמְּחֵנוּ יהוה אֱלֹהֵינוּ בְּאֵלִיָּהוּ הַנָּבִיא עַבְדֶּךָ, וּבְמַלְכוּת בֵּית דָּוִד מְשִׁיחֶךָ, בִּמְהֵרָה יָבוֹא וְיָגֵל לִבֵּנוּ. עַל כִּסְאוֹ לֹא יֵשֶׁב זָר, וְלֹא יִנְחֲלוּ עוֹד אֲחֵרִים אֶת כְּבוֹדוֹ, כִּי בְשֵׁם קָדְשְׁךָ נִשְׁבַּעְתָּ לּוֹ שֶׁלֹּא יִכְבֶּה נֵרוֹ לְעוֹלָם וָעֶד. בָּרוּךְ אַתָּה יהוה, מָגֵן דָּוִד.

בשבת, פרט ליום טוב ולשבת חול המועד סוכות, מסיימים:

עַל הַתּוֹרָה וְעַל הָעֲבוֹדָה וְעַל הַנְּבִיאִים וְעַל יוֹם הַשַּׁבָּת הַזֶּה, שֶׁנָּתַתָּ לָּנוּ יהוה אֱלֹהֵינוּ לִקְדֻשָּׁה וְלִמְנוּחָה, לְכָבוֹד וּלְתִפְאָרֶת. עַל הַכֹּל יהוה אֱלֹהֵינוּ אֲנַחְנוּ מוֹדִים לָךְ וּמְבָרְכִים אוֹתָךְ, יִתְבָּרַךְ שִׁמְךָ בְּפִי כָּל חַי תָּמִיד לְעוֹלָם וָעֶד. בָּרוּךְ אַתָּה יהוה, מְקַדֵּשׁ הַשַּׁבָּת.

ביום טוב ובשבת חול המועד סוכות מסיימים:

עַל הַתּוֹרָה וְעַל הָעֲבוֹדָה וְעַל הַנְּבִיאִים (בשבת: וְעַל יוֹם הַשַּׁבָּת הַזֶּה), וְעַל יוֹם

בפסח: חַג הַמַּצּוֹת הַזֶּה

בשבועות: חַג הַשָּׁבוּעוֹת הַזֶּה

בסוכות: חַג הַסֻּכּוֹת הַזֶּה

בשמיני עצרת: שְׁמִינִי עֲצֶרֶת הַחַג הַזֶּה

שֶׁנָּתַתָּ לָּנוּ, יהוה אֱלֹהֵינוּ (בשבת: לִקְדֻשָּׁה וְלִמְנוּחָה) לְשָׂשׂוֹן וּלְשִׂמְחָה, לְכָבוֹד וּלְתִפְאָרֶת. עַל הַכֹּל יהוה אֱלֹהֵינוּ אֲנַחְנוּ מוֹדִים לָךְ וּמְבָרְכִים אוֹתָךְ. יִתְבָּרַךְ שִׁמְךָ בְּפִי כָּל חַי תָּמִיד לְעוֹלָם וָעֶד. בָּרוּךְ אַתָּה יהוה, מְקַדֵּשׁ (בשבת: הַשַּׁבָּת וְ)יִשְׂרָאֵל וְהַזְּמַנִּים.

ביום טוב אין אומרים 'יְקוּם פֻּרְקָן' ומי שברך לקהל.

יְקוּם פֻּרְקָן מִן שְׁמַיָּא, חִנָּא וְחִסְדָּא וְרַחֲמֵי וְחַיֵּי אֲרִיכֵי וּמְזוֹנֵי רְוִיחֵי, וְסִיַּעְתָּא דִשְׁמַיָּא, וּבַרְיוּת גּוּפָא וּנְהוֹרָא מְעַלְּיָא, זַרְעָא חַיָּא וְקַיָּמָא, זַרְעָא דִּי לָא יִפְסֻק וְדִי לָא יִבְטֻל מִפִּתְגָּמֵי אוֹרַיְתָא, לְמָרָנָן וְרַבָּנָן חֲבוּרָתָא קַדִּישָׁתָא דִּי בְּאַרְעָא דְיִשְׂרָאֵל וְדִי בְּבָבֶל, לְרֵישֵׁי כַלָּה, וּלְרֵישֵׁי גַלְוָתָא, וּלְרֵישֵׁי מְתִיבָתָא, וּלְדַיָּנֵי דְבָבָא, לְכָל תַּלְמִידֵיהוֹן, וּלְכָל תַּלְמִידֵי תַלְמִידֵיהוֹן, וּלְכָל מָאן דְּעָסְקִין בְּאוֹרַיְתָא. מַלְכָּא דְעָלְמָא יְבָרֵךְ יָתְהוֹן, יַפֵּשׁ חַיֵּיהוֹן וְיַסְגֵּא יוֹמֵיהוֹן, וְיִתֵּן אַרְכָא לִשְׁנֵיהוֹן, וְיִתְפָּרְקוּן וְיִשְׁתֵּיזְבוּן מִן כָּל עָקָא וּמִן כָּל מַרְעִין בִּישִׁין. מָרַן דִּי בִשְׁמַיָּא יְהֵא בְסַעְדְּהוֹן כָּל זְמַן וְעִדָּן, וְנֹאמַר אָמֵן.

תרגום

יקום פורקן מן השמים, חן וחסד ורחמים וחיים ארוכים ומזונות רווחים וסיוע מן השמים, ובריאות הגוף ואור מעולה, זרע חי וקיים, זרע שלא יפסוק ושלא יבטל מדברי תורה, למורינו ורבותינו החבורות הקדושות אשר בארץ ישראל ואשר בבבל, לראשי כלה ולראשי גלויות ולראשי הישיבות ולדייני השער, לכל תלמידיהם, ולכל תלמידי תלמידיהם, ולכל מי שעוסקים בתורה. מלך העולם יברך אותם, ירבה חייהם ויגדיל ימיהם ויתן אריכות לשנותיהם. ויִוָּשעו ויינצלו מכל צרה ומכל חוליים רעים. אדוננו שבשמים יהיה בעזרתם בכל זמן ועת, ונאמר אמן.

יקום פורקן דברי ברכה לישועה, הצלחה וכל איחולי טוב. שתי הברכות הללו הותקנו בבבל בזמן הגאונים, ומשום כך, כדי שהציבור יבין ויהיה שותף בברכה,

המתפלל ביחידות אינו אומר ׳יְקוּם פֻּרְקָן׳ זה ומי שברך לקהל.

יְקוּם פֻּרְקָן מִן שְׁמַיָּא, חִנָּא וְחִסְדָּא וְרַחֲמֵי וְחַיֵּי אֲרִיכֵי וּמְזוֹנֵי רְוִיחֵי, וְסִיַּעְתָּא דִשְׁמַיָּא, וּבַרְיוּת גּוּפָא וּנְהוֹרָא מְעַלְיָא, זַרְעָא חַיָּא וְקַיָּמָא, זַרְעָא דִּי לָא יִפְסֻק וְדִי לָא יִבְטֻל מִפִּתְגָּמֵי אוֹרַיְתָא, לְכָל קְהָלָא קַדִּישָׁא הָדֵין, רַבְרְבַיָּא עִם זְעֵרַיָּא, טַפְלָא וּנְשַׁיָּא. מַלְכָּא דְעָלְמָא יְבָרֵךְ יָתְכוֹן, יַפֵּשׁ חַיֵּיכוֹן וְיַסְגֵּא יוֹמֵיכוֹן, וְיִתֵּן אַרְכָא לִשְׁנֵיכוֹן, וְתִתְפָּרְקוּן וְתִשְׁתֵּיזְבוּן מִן כָּל עָקָא וּמִן כָּל מַרְעִין בִּישִׁין. מָרַן דִּי בִשְׁמַיָּא יְהֵא בְסַעְדְּכוֹן כָּל זְמַן וְעִדָּן, וְנֹאמַר אָמֵן.

מִי שֶׁבֵּרַךְ אֲבוֹתֵינוּ אַבְרָהָם יִצְחָק וְיַעֲקֹב, הוּא יְבָרֵךְ אֶת כָּל הַקָּהָל הַקָּדוֹשׁ הַזֶּה עִם כָּל קְהִלּוֹת הַקֹּדֶשׁ, הֵם וּנְשֵׁיהֶם וּבְנֵיהֶם וּבְנוֹתֵיהֶם וְכֹל אֲשֶׁר לָהֶם, וּמִי שֶׁמְּיַחֲדִים בָּתֵּי כְנֵסִיּוֹת לִתְפִלָּה, וּמִי שֶׁבָּאִים בְּתוֹכָם לְהִתְפַּלֵּל, וּמִי שֶׁנּוֹתְנִים נֵר לַמָּאוֹר וְיַיִן לְקִדּוּשׁ וּלְהַבְדָּלָה וּפַת לָאוֹרְחִים וּצְדָקָה לָעֲנִיִּים, וְכָל מִי שֶׁעוֹסְקִים בְּצָרְכֵי צִבּוּר בֶּאֱמוּנָה. הַקָּדוֹשׁ בָּרוּךְ הוּא יְשַׁלֵּם שְׂכָרָם, וְיָסִיר מֵהֶם כָּל מַחֲלָה, וְיִרְפָּא לְכָל גּוּפָם, וְיִסְלַח לְכָל עֲוֹנָם, וְיִשְׁלַח בְּרָכָה וְהַצְלָחָה בְּכָל מַעֲשֵׂי יְדֵיהֶם עִם כָּל יִשְׂרָאֵל אֲחֵיהֶם, וְנֹאמַר אָמֵן.

יקום פורקן מן השמים, חן וחסד ורחמים וחיים ארוכים ומזונות רווחים וסיוע מן השמים, ובריאות הגוף ואור מעולה, זרע חי וקיים, זרע שלא יפסוק ושלא יבטל מדברי תורה, לכל הקהל הקדוש הזה, הגדולים עם הקטנים, הטף והנשים. מלך העולם יברך אתכם, ירבה חייכם ויגדיל ימיכם ויתן אריכות לשנותיכם. ותִוָּשעו ותינצלו מכל צרה ומכל חוליים רעים. אדוננו שבשמים יהיה בעזרתכם בכל זמן ועת, ונאמר אמן.

הן כתובות בלשון הארמית. בברכה הראשונה מברכים את מנהיגי ישראל ולומדי התורה שבכל מקום, ואילו בברכה השנייה מברכים (בנוסח דומה) את בני הקהילה שעימה מתפללים. לכן אדם המתפלל ביחידות אומר רק את הברכה הראשונה.

העוסקים בצרכי ציבור באמונה בתלמוד מסופר על רבן גמליאל שרצה להטיל על שניים מתלמידיו תפקידים ציבוריים. לאחר שהתחמקו ממנו כמה פעמים

תפילה לשלום מדינת ישראל

אָבִינוּ שֶׁבַּשָּׁמַיִם, צוּר יִשְׂרָאֵל וְגוֹאֲלוֹ, בָּרֵךְ אֶת מְדִינַת יִשְׂרָאֵל, רֵאשִׁית צְמִיחַת גְּאֻלָּתֵנוּ. הָגֵן עָלֶיהָ בְּאֶבְרַת חַסְדֶּךָ וּפְרֹשׂ עָלֶיהָ סֻכַּת שְׁלוֹמֶךָ, וּשְׁלַח אוֹרְךָ וַאֲמִתְּךָ לְרָאשֶׁיהָ, שָׂרֶיהָ וְיוֹעֲצֶיהָ, וְתַקְּנֵם בְּעֵצָה טוֹבָה מִלְּפָנֶיךָ.

חַזֵּק אֶת יְדֵי מְגִנֵּי אֶרֶץ קָדְשֵׁנוּ, וְהַנְחִילֵם אֱלֹהֵינוּ יְשׁוּעָה וַעֲטֶרֶת נִצָּחוֹן תְּעַטְּרֵם, וְנָתַתָּ שָׁלוֹם בָּאָרֶץ וְשִׂמְחַת עוֹלָם לְיוֹשְׁבֶיהָ.

וְאֶת אַחֵינוּ כָּל בֵּית יִשְׂרָאֵל, פְּקָד נָא בְּכָל אַרְצוֹת פְּזוּרֵיהֶם,
וְתוֹלִיכֵם מְהֵרָה קוֹמְמִיּוּת לְצִיּוֹן עִירֶךָ וְלִירוּשָׁלַיִם מִשְׁכַּן
דברים ל שְׁמֶךָ, כַּכָּתוּב בְּתוֹרַת מֹשֶׁה עַבְדֶּךָ: אִם־יִהְיֶה נִדַּחֲךָ בִּקְצֵה
הַשָּׁמָיִם, מִשָּׁם יְקַבֶּצְךָ יהוה אֱלֹהֶיךָ וּמִשָּׁם יִקָּחֶךָ: וֶהֱבִיאֲךָ
יהוה אֱלֹהֶיךָ אֶל־הָאָרֶץ אֲשֶׁר־יָרְשׁוּ אֲבֹתֶיךָ וִירִשְׁתָּהּ, וְהֵיטִבְךָ
וְהִרְבְּךָ מֵאֲבֹתֶיךָ: וּמָל יהוה אֱלֹהֶיךָ אֶת־לְבָבְךָ וְאֶת־לְבַב
זַרְעֶךָ, לְאַהֲבָה אֶת־יהוה אֱלֹהֶיךָ בְּכָל־לְבָבְךָ וּבְכָל־נַפְשְׁךָ,
לְמַעַן חַיֶּיךָ:

וְיַחֵד לְבָבֵנוּ לְאַהֲבָה וּלְיִרְאָה אֶת שְׁמֶךָ, וְלִשְׁמֹר אֶת כָּל דִּבְרֵי תוֹרָתֶךָ, וּשְׁלַח לָנוּ מְהֵרָה בֶּן דָּוִד מְשִׁיחַ צִדְקֶךָ, לִפְדּוֹת מְחַכֵּי קֵץ יְשׁוּעָתֶךָ.

וְהוֹפַע בַּהֲדַר גְּאוֹן עֻזֶּךָ עַל כָּל יוֹשְׁבֵי תֵבֵל אַרְצֶךָ וְיֹאמַר כֹּל אֲשֶׁר נְשָׁמָה בְאַפּוֹ, יהוה אֱלֹהֵי יִשְׂרָאֵל מֶלֶךְ וּמַלְכוּתוֹ בַּכֹּל מָשָׁלָה, אָמֵן סֶלָה.

הוא קרא להם ואמר: ״כמדומין אתם ששררה אני נותן לכם? עבדות אני נותן לכם״. תפקיד ציבורי הוא, למעשה, תפקיד של משרת ולא של אדון. ובאמת, היו זמנים שרב קהילה, כשהיה חותם את שמו, היה מוסיף את התואר: ״עבד

מי שברך לחיילי צה״ל

מִי שֶׁבֵּרַךְ אֲבוֹתֵינוּ אַבְרָהָם יִצְחָק וְיַעֲקֹב הוּא יְבָרֵךְ אֶת חַיָּלֵי
צְבָא הַהֲגָנָה לְיִשְׂרָאֵל וְאַנְשֵׁי כּחוֹת הַבִּטָּחוֹן, הָעוֹמְדִים עַל מִשְׁמַר
אַרְצֵנוּ וְעָרֵי אֱלֹהֵינוּ, מִגְּבוּל הַלְּבָנוֹן וְעַד מִדְבַּר מִצְרַיִם וּמִן הַיָּם
הַגָּדוֹל עַד לְבוֹא הָעֲרָבָה וּבְכָל מָקוֹם שֶׁהֵם, בַּיַּבָּשָׁה, בָּאֲוִיר וּבַיָּם.
יִתֵּן יהוה אֶת אוֹיְבֵינוּ הַקָּמִים עָלֵינוּ נִגָּפִים לִפְנֵיהֶם. הַקָּדוֹשׁ בָּרוּךְ
הוּא יִשְׁמֹר וְיַצִּיל אֶת חַיָּלֵינוּ מִכָּל צָרָה וְצוּקָה וּמִכָּל נֶגַע וּמַחֲלָה,
וְיִשְׁלַח בְּרָכָה וְהַצְלָחָה בְּכָל מַעֲשֵׂי יְדֵיהֶם. יַדְבֵּר שׂוֹנְאֵינוּ תַּחְתֵּיהֶם
וִיעַטְּרֵם בְּכֶתֶר יְשׁוּעָה וּבַעֲטֶרֶת נִצָּחוֹן. וִיקֻיַּם בָּהֶם הַכָּתוּב: כִּי דברים כ
יהוה אֱלֹהֵיכֶם הַהֹלֵךְ עִמָּכֶם לְהִלָּחֵם לָכֶם עִם־אֹיְבֵיכֶם לְהוֹשִׁיעַ
אֶתְכֶם: וְנֹאמַר אָמֵן.

מי שברך לשבויים

מִי שֶׁבֵּרַךְ אֲבוֹתֵינוּ אַבְרָהָם יִצְחָק וְיַעֲקֹב, יוֹסֵף מֹשֶׁה וְאַהֲרֹן,
דָּוִד וּשְׁלֹמֹה, הוּא יְבָרֵךְ וְיִשְׁמֹר וְיִנְצֹר אֶת נֶעְדְּרֵי צְבָא הַהֲגָנָה
לְיִשְׂרָאֵל וּשְׁבוּיָו, וְאֶת כָּל אַחֵינוּ הַנְּתוּנִים בְּצָרָה וּבְשִׁבְיָה,
בַּעֲבוּר שֶׁכָּל הַקָּהָל הַקָּדוֹשׁ הַזֶּה מִתְפַּלֵּל בַּעֲבוּרָם. הַקָּדוֹשׁ
בָּרוּךְ הוּא יִמָּלֵא רַחֲמִים עֲלֵיהֶם, וְיוֹצִיאֵם מֵחֹשֶׁךְ וְצַלְמָוֶת,
וּמוֹסְרוֹתֵיהֶם יְנַתֵּק, וּמִמְּצוּקוֹתֵיהֶם יוֹשִׁיעֵם, וִישִׁיבֵם מְהֵרָה
לְחֵיק מִשְׁפְּחוֹתֵיהֶם. יוֹדוּ לַיהוה חַסְדּוֹ וְנִפְלְאוֹתָיו לִבְנֵי אָדָם: תהלים קז
וִיקֻיַּם בָּהֶם מִקְרָא שֶׁכָּתוּב: וּפְדוּיֵי יהוה יְשֻׁבוּן, וּבָאוּ צִיּוֹן בְּרִנָּה, ישעיה לה
וְשִׂמְחַת עוֹלָם עַל־רֹאשָׁם, שָׂשׂוֹן וְשִׂמְחָה יַשִּׂיגוּ, וְנָסוּ יָגוֹן וַאֲנָחָה:
וְנֹאמַר אָמֵן.

לעבדי ה׳ בקהילה פלונית״. רק מי שמבין את התפקיד בצורה הזו הוא המתאים
לשמש בו: לעסוק בצורכי ציבור באמונה.

ברכת החודש

בשבת שלפני ראש חודש, מלבד חודש תשרי, אומרים תפילה זו
כדי להודיע לקהל על ראש החודש הקרב.

הקהל אומר תחילה, ושליח הציבור חוזר אחריו:

ברכות טז: יְהִי רָצוֹן מִלְּפָנֶיךָ, יהוה אֱלֹהֵינוּ וֵאלֹהֵי אֲבוֹתֵינוּ, שֶׁתְּחַדֵּשׁ עָלֵינוּ אֶת הַחֹדֶשׁ הַזֶּה לְטוֹבָה וְלִבְרָכָה. וְתִתֶּן לָנוּ חַיִּים אֲרוּכִים, חַיִּים שֶׁל שָׁלוֹם, חַיִּים שֶׁל טוֹבָה, חַיִּים שֶׁל בְּרָכָה, חַיִּים שֶׁל פַּרְנָסָה, חַיִּים שֶׁל חִלּוּץ עֲצָמוֹת, חַיִּים שֶׁיֵּשׁ בָּהֶם יִרְאַת שָׁמַיִם וְיִרְאַת חֵטְא, חַיִּים שֶׁאֵין בָּהֶם בּוּשָׁה וּכְלִמָּה, חַיִּים שֶׁל עֹשֶׁר וְכָבוֹד, חַיִּים שֶׁתְּהֵא בָנוּ אַהֲבַת תּוֹרָה וְיִרְאַת שָׁמַיִם, חַיִּים שֶׁיְּמַלֵּא יהוה מִשְׁאֲלוֹת לִבֵּנוּ לְטוֹבָה, אָמֵן סֶלָה.

נוהגים להכריז את זמן המולד.

שליח הציבור מחזיק את ספר התורה בידו, והקהל עומד ואומר עימו:

מִי שֶׁעָשָׂה נִסִּים לַאֲבוֹתֵינוּ וְגָאַל אוֹתָם מֵעַבְדוּת לְחֵרוּת
הוּא יִגְאַל אוֹתָנוּ בְּקָרוֹב וִיקַבֵּץ נִדָּחֵינוּ מֵאַרְבַּע כַּנְפוֹת הָאָרֶץ
חֲבֵרִים כָּל יִשְׂרָאֵל וְנֹאמַר אָמֵן.

שליח הציבור מכריז, והקהל אומר אחריו:

רֹאשׁ חֹדֶשׁ פלוני יִהְיֶה בְּיוֹם פלוני (*וּבְיוֹם פלוני)
הַבָּא עָלֵינוּ וְעַל כָּל יִשְׂרָאֵל לְטוֹבָה.

*אם היום הראשון של ראש החודש חל בשבת, אומרים: וּלְמָחֳרָתוֹ בְּיוֹם

יְחַדְּשֵׁהוּ הַקָּדוֹשׁ בָּרוּךְ הוּא
עָלֵינוּ וְעַל כָּל עַמּוֹ בֵּית יִשְׂרָאֵל
לְטוֹבָה וְלִבְרָכָה, לְשָׂשׂוֹן וּלְשִׂמְחָה, לִישׁוּעָה וּלְנֶחָמָה,
לְפַרְנָסָה טוֹבָה וּלְכַלְכָּלָה, לְחַיִּים טוֹבִים וּלְשָׁלוֹם,
לִשְׁמוּעוֹת טוֹבוֹת וְלִבְשׂוֹרוֹת טוֹבוֹת (בחורף: וְלִגְשָׁמִים בְּעִתָּם)
וְלִרְפוּאָה שְׁלֵמָה, וְלִגְאֻלָּה קְרוֹבָה, וְנֹאמַר אָמֵן

יש קהילות שבהן נוהגים להזכיר את נשמות המתים שחל יום פטירתם באחד מימי השבוע הקרוב, ותפילה זו היא לשם מנוחת נפשם של הנפטרים.

אֵל מָלֵא רַחֲמִים שׁוֹכֵן בַּמְּרוֹמִים הַמְצֵא מְנוּחָה נְכוֹנָה עַל כַּנְפֵי הַשְּׁכִינָה בְּמַעֲלוֹת קְדוֹשִׁים וּטְהוֹרִים כְּזֹהַר הָרָקִיעַ מַזְהִירִים אֶת נִשְׁמַת

לזכר:

(פלוני בֶּן פלוני) **שֶׁהָלַךְ לְעוֹלָמוֹ, בַּעֲבוּר שֶׁנָּדְבוּ צְדָקָה בְּעַד הַזְכָּרַת נִשְׁמָתוֹ, בְּגַן עֵדֶן תְּהֵא מְנוּחָתוֹ לָכֵן בַּעַל הָרַחֲמִים יַסְתִּירֵהוּ בְּסֵתֶר כְּנָפָיו לְעוֹלָמִים, וְיִצְרֹר בִּצְרוֹר הַחַיִּים אֶת נִשְׁמָתוֹ. יהוה הוּא נַחֲלָתוֹ, וְיָנוּחַ בְּשָׁלוֹם עַל מִשְׁכָּבוֹ, וְנֹאמַר אָמֵן.**

לנקבה:

(פלונית בַּת פלוני) **שֶׁהָלְכָה לְעוֹלָמָהּ, בַּעֲבוּר שֶׁנָּדְבוּ צְדָקָה בְּעַד הַזְכָּרַת נִשְׁמָתָהּ, בְּגַן עֵדֶן תְּהֵא מְנוּחָתָהּ לָכֵן בַּעַל הָרַחֲמִים יַסְתִּירֶהָ בְּסֵתֶר כְּנָפָיו לְעוֹלָמִים, וְיִצְרֹר בִּצְרוֹר הַחַיִּים אֶת נִשְׁמָתָהּ. יהוה הוּא נַחֲלָתָהּ, וְתָנוּחַ בְּשָׁלוֹם עַל מִשְׁכָּבָהּ, וְנֹאמַר אָמֵן.**

אין אומרים 'אַב הָרַחֲמִים' בימים שאין אומרים בהם תחנון בחול, ולא בשבת שקוראים בה אחת מ'ארבע פרשיות', או שמברכים בה את החודש. אולם כשמברכים את חודש אייר ואת חודש סיוון כן אומרים תפילה זו, מפני שעיקר תקנת אמירתה היה בעקבות גזרות שארעו באותו זמן (ויש הנוהגים שלא לומר תפילה זו בשבת שמברכים בה את חודש אייר). וכן אין אומרים אותה אם יש ברית מילה או חתן בימי המשתה שלו בבית הכנסת.

אַב הָרַחֲמִים שׁוֹכֵן מְרוֹמִים, בְּרַחֲמָיו הָעֲצוּמִים הוּא יִפְקֹד בְּרַחֲמִים הַחֲסִידִים וְהַיְשָׁרִים וְהַתְּמִימִים, קְהִלּוֹת הַקֹּדֶשׁ שֶׁמָּסְרוּ נַפְשָׁם עַל

ברכת החודש תפילה קדומה זו נאמרת בשבת האחרונה בכל חודש, ועיקרה ההכרזה מתי יחול ראש החודש הבא, כדי להודיע על זמנו. מטעם זה נאמרת התפילה בשבת, שאז כל העם נאספים לבית הכנסת.

יחדשהו החיות האלוקית השופעת בעולמות מתחדשת בכל אחד מהפרקים של הזמן: מדי יום, מדי חודש ומדי שנה. לכן, בכל אחד מפרקי הזמן הללו ישנו דין מסוים – בחינה של מעשי האדם והעולם שנעשו במעגל הזמן הקודם, וקביעה על העתיד. ראש חודש הוא יום דין הקובע את מהלך ימות החודש הקרובים, ולפיכך בשעה זו שמכריזים על החודש מוסיפים תפילה שחידוש החודש יהיה לטובה ולברכה, לגאולה וישועה.

אב הרחמים הזכרת נשמות הקהילות והיחידים שנהרגו על קידוש השם, בתפילה שיזכרם ה׳ לטובה ובבקשה שינקום את נקמתם. תפילה זו מצויה רק במנהג אשכנזים, משום שבמקורה היא הותקנה לזכר הנהרגים על קידוש השם בעת מסעי הצלב.

קְדֻשַּׁת הַשֵּׁם, הַנֶּאֱהָבִים וְהַנְּעִימִים בְּחַיֵּיהֶם, וּבְמוֹתָם לֹא נִפְרָֽדוּ,
מִנְּשָׁרִים קַלּוּ וּמֵאֲרָיוֹת גָּבֵֽרוּ לַעֲשׂוֹת רְצוֹן קוֹנָם וְחֵֽפֶץ צוּרָם. יִזְכְּרֵם
אֱלֹהֵינוּ לְטוֹבָה עִם שְׁאָר צַדִּיקֵי עוֹלָם, וְיִנְקֹם לְעֵינֵינוּ נִקְמַת דַּם עֲבָדָיו
הַשָּׁפוּךְ, כַּכָּתוּב בְּתוֹרַת מֹשֶׁה אִישׁ הָאֱלֹהִים: הַרְנִֽינוּ גוֹיִם עַמּוֹ, כִּי דברים לב
דַם־עֲבָדָיו יִקּוֹם, וְנָקָם יָשִׁיב לְצָרָיו, וְכִפֶּר אַדְמָתוֹ עַמּוֹ: וְעַל יְדֵי עֲבָדֶֽיךָ
הַנְּבִיאִים כָּתוּב לֵאמֹר: וְנִקֵּיתִי, דָּמָם לֹא־נִקֵּֽיתִי, וַיהוה שֹׁכֵן בְּצִיּוֹן: יואל ד
וּבְכִתְבֵי הַקֹּֽדֶשׁ נֶאֱמַר: לָֽמָּה יֹאמְרוּ הַגּוֹיִם אַיֵּה אֱלֹהֵיהֶם, יִוָּדַע בַּגּוֹיִם תהלים עט
לְעֵינֵֽינוּ נִקְמַת דַּם־עֲבָדֶֽיךָ הַשָּׁפוּךְ: וְאוֹמֵר: כִּי־דֹרֵשׁ דָּמִים אוֹתָם זָכָר, תהלים ט
לֹא־שָׁכַח צַעֲקַת עֲנָוִים: וְאוֹמֵר: יָדִין בַּגּוֹיִם מָלֵא גְוִיּוֹת, מָֽחַץ רֹאשׁ תהלים קי
עַל־אֶֽרֶץ רַבָּה: מִנַּֽחַל בַּדֶּֽרֶךְ יִשְׁתֶּה, עַל־כֵּן יָרִים רֹאשׁ:

אַשְׁרֵי יוֹשְׁבֵי בֵיתֶֽךָ, עוֹד יְהַלְלֽוּךָ סֶּֽלָה: תהלים פד
אַשְׁרֵי הָעָם שֶׁכָּֽכָה לּוֹ, אַשְׁרֵי הָעָם שֶׁיהוה אֱלֹהָיו: תהלים קמד
תְּהִלָּה לְדָוִד תהלים קמה

אֲרוֹמִמְךָ אֱלוֹהַי הַמֶּֽלֶךְ, וַאֲבָרְכָה שִׁמְךָ לְעוֹלָם וָעֶד:
בְּכָל־יוֹם אֲבָרְכֶֽךָּ, וַאֲהַלְלָה שִׁמְךָ לְעוֹלָם וָעֶד:
גָּדוֹל יהוה וּמְהֻלָּל מְאֹד, וְלִגְדֻלָּתוֹ אֵין חֵֽקֶר:
דּוֹר לְדוֹר יְשַׁבַּח מַעֲשֶֽׂיךָ, וּגְבוּרֹתֶֽיךָ יַגִּֽידוּ:
הֲדַר כְּבוֹד הוֹדֶֽךָ, וְדִבְרֵי נִפְלְאֹתֶֽיךָ אָשִֽׂיחָה:
וֶעֱזוּז נוֹרְאֹתֶֽיךָ יֹאמֵֽרוּ, וּגְדוּלָּתְךָ אֲסַפְּרֶֽנָּה:
זֵֽכֶר רַב־טוּבְךָ יַבִּֽיעוּ, וְצִדְקָתְךָ יְרַנֵּֽנוּ:
חַנּוּן וְרַחוּם יהוה, אֶֽרֶךְ אַפַּֽיִם וּגְדָל־חָֽסֶד:
טוֹב־יהוה לַכֹּל, וְרַחֲמָיו עַל־כָּל־מַעֲשָׂיו:
יוֹדֽוּךָ יהוה כָּל־מַעֲשֶֽׂיךָ, וַחֲסִידֶֽיךָ יְבָרְכֽוּכָה:
כְּבוֹד מַלְכוּתְךָ יֹאמֵֽרוּ, וּגְבוּרָתְךָ יְדַבֵּֽרוּ:

לְהוֹדִיעַ לִבְנֵי הָאָדָם גְּבוּרֹתָיו, וּכְבוֹד הֲדַר מַלְכוּתוֹ:
מַלְכוּתְךָ מַלְכוּת כָּל־עֹלָמִים, וּמֶמְשַׁלְתְּךָ בְּכָל־דּוֹר וָדֹר:
סוֹמֵךְ יהוה לְכָל־הַנֹּפְלִים, וְזוֹקֵף לְכָל־הַכְּפוּפִים:
עֵינֵי־כֹל אֵלֶיךָ יְשַׂבֵּרוּ, וְאַתָּה נוֹתֵן־לָהֶם אֶת־אָכְלָם בְּעִתּוֹ:
פּוֹתֵחַ אֶת־יָדֶךָ, וּמַשְׂבִּיעַ לְכָל־חַי רָצוֹן:
צַדִּיק יהוה בְּכָל־דְּרָכָיו, וְחָסִיד בְּכָל־מַעֲשָׂיו:
קָרוֹב יהוה לְכָל־קֹרְאָיו, לְכֹל אֲשֶׁר יִקְרָאֻהוּ בֶאֱמֶת:
רְצוֹן־יְרֵאָיו יַעֲשֶׂה, וְאֶת־שַׁוְעָתָם יִשְׁמַע, וְיוֹשִׁיעֵם:
שׁוֹמֵר יהוה אֶת־כָּל־אֹהֲבָיו, וְאֵת כָּל־הָרְשָׁעִים יַשְׁמִיד:
תְּהִלַּת יהוה יְדַבֶּר פִּי, וִיבָרֵךְ כָּל־בָּשָׂר שֵׁם קָדְשׁוֹ לְעוֹלָם וָעֶד:
וַאֲנַחְנוּ נְבָרֵךְ יָהּ מֵעַתָּה וְעַד־עוֹלָם, הַלְלוּיָהּ: תהלים קטו

הכנסת ספר תורה

בשעת הולכת הספר אל הארון הכול עומדים עד שהספר מונח במקומו.
וכבשעת הולכתו כן גם בהחזרתו, ניגשים ומנשקים את הספר. נהגו שהמגביה והגולל מלווים את החזן עד שמניח את הספר בארון, ושאר הציבור מלווים אותו מעט. כשמגיע החזן לארון הקודש ממתין לו כבר זה שזכה בהוצאת הספר, והוא המחזירו למקומו.

שליח הציבור נוטל את ספר התורה ואומר:

יְהַלְלוּ אֶת־שֵׁם יהוה, כִּי־נִשְׂגָּב שְׁמוֹ, לְבַדּוֹ תהלים קמח

הקהל עונה:

הוֹדוֹ עַל־אֶרֶץ וְשָׁמָיִם:
וַיָּרֶם קֶרֶן לְעַמּוֹ
תְּהִלָּה לְכָל־חֲסִידָיו
לִבְנֵי יִשְׂרָאֵל עַם קְרֹבוֹ, הַלְלוּיָהּ:

תהלים כט מִזְמוֹר לְדָוִד, הָבוּ לַיהוה בְּנֵי אֵלִים, הָבוּ לַיהוה כָּבוֹד וָעֹז: הָבוּ
לַיהוה כְּבוֹד שְׁמוֹ, הִשְׁתַּחֲווּ לַיהוה בְּהַדְרַת־קֹדֶשׁ: קוֹל יהוה עַל־
הַמָּיִם, אֵל־הַכָּבוֹד הִרְעִים, יהוה עַל־מַיִם רַבִּים: קוֹל־יהוה בַּכֹּחַ,
קוֹל יהוה בֶּהָדָר: קוֹל יהוה שֹׁבֵר אֲרָזִים, וַיְשַׁבֵּר יהוה אֶת־אַרְזֵי
הַלְּבָנוֹן: וַיַּרְקִידֵם כְּמוֹ־עֵגֶל, לְבָנוֹן וְשִׂרְיוֹן כְּמוֹ בֶן־רְאֵמִים: קוֹל־
יהוה חֹצֵב לַהֲבוֹת אֵשׁ: קוֹל יהוה יָחִיל מִדְבָּר, יָחִיל יהוה מִדְבַּר
קָדֵשׁ: קוֹל יהוה יְחוֹלֵל אַיָּלוֹת וַיֶּחֱשֹׂף יְעָרוֹת, וּבְהֵיכָלוֹ, כֻּלּוֹ אֹמֵר
כָּבוֹד: יהוה לַמַּבּוּל יָשָׁב, וַיֵּשֶׁב יהוה מֶלֶךְ לְעוֹלָם: יהוה עֹז לְעַמּוֹ
יִתֵּן, יהוה יְבָרֵךְ אֶת־עַמּוֹ בַשָּׁלוֹם:

ביום טוב שאינו חל בשבת אומרים:

תהלים כד לְדָוִד מִזְמוֹר, לַיהוה הָאָרֶץ וּמְלוֹאָהּ, תֵּבֵל וְיֹשְׁבֵי בָהּ: כִּי־הוּא עַל־
יַמִּים יְסָדָהּ, וְעַל־נְהָרוֹת יְכוֹנְנֶהָ: מִי־יַעֲלֶה בְהַר־יהוה, וּמִי־יָקוּם
בִּמְקוֹם קָדְשׁוֹ: נְקִי כַפַּיִם וּבַר־לֵבָב, אֲשֶׁר לֹא־נָשָׂא לַשָּׁוְא נַפְשִׁי
וְלֹא נִשְׁבַּע לְמִרְמָה: יִשָּׂא בְרָכָה מֵאֵת יהוה, וּצְדָקָה מֵאֱלֹהֵי יִשְׁעוֹ:
זֶה דּוֹר דֹּרְשָׁו, מְבַקְשֵׁי פָנֶיךָ, יַעֲקֹב, סֶלָה: שְׂאוּ שְׁעָרִים רָאשֵׁיכֶם,
וְהִנָּשְׂאוּ פִּתְחֵי עוֹלָם, וְיָבוֹא מֶלֶךְ הַכָּבוֹד: מִי זֶה מֶלֶךְ הַכָּבוֹד,
יהוה עִזּוּז וְגִבּוֹר, יהוה גִּבּוֹר מִלְחָמָה: שְׂאוּ שְׁעָרִים רָאשֵׁיכֶם,
וּשְׂאוּ פִּתְחֵי עוֹלָם, וְיָבֹא מֶלֶךְ הַכָּבוֹד: מִי הוּא זֶה מֶלֶךְ הַכָּבוֹד,
יהוה צְבָאוֹת הוּא מֶלֶךְ הַכָּבוֹד, סֶלָה:

מכניסים את ספר התורה לארון הקודש ואומרים:

במדבר י וּבְנֻחֹה יֹאמַר, שׁוּבָה יהוה רִבְבוֹת אַלְפֵי יִשְׂרָאֵל:
תהלים קלב קוּמָה יהוה לִמְנוּחָתֶךָ, אַתָּה וַאֲרוֹן עֻזֶּךָ:
כֹּהֲנֶיךָ יִלְבְּשׁוּ־צֶדֶק, וַחֲסִידֶיךָ יְרַנֵּנוּ:
בַּעֲבוּר דָּוִד עַבְדֶּךָ אַל־תָּשֵׁב פְּנֵי מְשִׁיחֶךָ:

כִּי לֶקַח טוֹב נָתַתִּי לָכֶם, תּוֹרָתִי אַל־תַּעֲזֹבוּ: משלי ד
עֵץ־חַיִּים הִיא לַמַּחֲזִיקִים בָּהּ, וְתֹמְכֶיהָ מְאֻשָּׁר: משלי ג
דְּרָכֶיהָ דַרְכֵי־נֹעַם וְכָל־נְתִיבוֹתֶיהָ שָׁלוֹם:
הֲשִׁיבֵנוּ יהוה אֵלֶיךָ וְנָשׁוּבָה, חַדֵּשׁ יָמֵינוּ כְּקֶדֶם: איכה ה

סוגרים את ארון הקודש.

חצי קדיש

ש״ץ: יִתְגַּדַּל וְיִתְקַדַּשׁ שְׁמֵהּ רַבָּא (קהל: אָמֵן)
בְּעָלְמָא דִּי בְרָא כִרְעוּתֵהּ
וְיַמְלִיךְ מַלְכוּתֵהּ
וְיַצְמַח פֻּרְקָנֵהּ וִיקָרֵב מְשִׁיחֵהּ (קהל: אָמֵן)
בְּחַיֵּיכוֹן וּבְיוֹמֵיכוֹן וּבְחַיֵּי דְכָל בֵּית יִשְׂרָאֵל
בַּעֲגָלָא וּבִזְמַן קָרִיב
וְאִמְרוּ אָמֵן. (קהל: אָמֵן)

קהל וש״ץ: יְהֵא שְׁמֵהּ רַבָּא מְבָרַךְ לְעָלַם וּלְעָלְמֵי עָלְמַיָּא.

ש״ץ: יִתְבָּרַךְ וְיִשְׁתַּבַּח וְיִתְפָּאַר וְיִתְרוֹמַם וְיִתְנַשֵּׂא
וְיִתְהַדָּר וְיִתְעַלֶּה וְיִתְהַלָּל
שְׁמֵהּ דְּקֻדְשָׁא בְּרִיךְ הוּא (קהל: אָמֵן)
לְעֵלָּא מִן כָּל בִּרְכָתָא
/בשבת שובה: לְעֵלָּא לְעֵלָּא מִכָּל בִּרְכָתָא/
וְשִׁירָתָא, תֻּשְׁבְּחָתָא וְנֶחֱמָתָא
דַּאֲמִירָן בְּעָלְמָא
וְאִמְרוּ אָמֵן. (קהל: אָמֵן)

מוסף לשבת

ביום טוב ובשבת חול המועד מתפללים תפילת מוסף לשלוש רגלים (עמ׳ 567).

עמידה

פוסע שלוש פסיעות אחורנית ולאחר מכן (והוא עיקר הכוונה שבדבר) שלוש פסיעות לפנים, כמי שנכנס לפני המלך.

עומד ומתפלל בלחש מכאן ועד ׳וּכְשָׁנִים קַדְמֹנִיּוֹת׳ (בעמ׳ 409).

כורע בתחילתה ובסופה של ברכת אבות. אופן הכריעה כך הוא: התפילה – כשאומר ׳בָּרוּךְ׳ כורע בברכיו, כשאומר ׳אַתָּה׳ שוחה וכשאומר ׳השם׳ חוזר ומזדקף.

כִּי שֵׁם יהוה אֶקְרָא, הָבוּ גֹדֶל לֵאלֹהֵינוּ: דברים לב

אֲדֹנָי, שְׂפָתַי תִּפְתָּח, וּפִי יַגִּיד תְּהִלָּתֶךָ: תהלים נא

אבות

בָּרוּךְ אַתָּה יהוה, אֱלֹהֵינוּ וֵאלֹהֵי אֲבוֹתֵינוּ
אֱלֹהֵי אַבְרָהָם, אֱלֹהֵי יִצְחָק, וֵאלֹהֵי יַעֲקֹב
הָאֵל הַגָּדוֹל הַגִּבּוֹר וְהַנּוֹרָא, אֵל עֶלְיוֹן
גּוֹמֵל חֲסָדִים טוֹבִים, קוֹנֵה הַכֹּל
וְזוֹכֵר חַסְדֵי אָבוֹת
וּמֵבִיא גוֹאֵל לִבְנֵי בְנֵיהֶם לְמַעַן שְׁמוֹ בְּאַהֲבָה.

מוסף תפילת מוסף של שבת נקבעה כנגד קורבן מוסף שהיה מוקרב בבית המקדש בשבת. תפילה זו מורכבת משבע ברכות: שלוש ראשונות ושלוש אחרונות הן כבכל יום, ואילו הברכה הרביעית היא המיוחדת לשבת. עיקרה של הברכה הרביעית הוא הזכרת פסוקי קורבנות היום. ככתוב בנביא הושע ״וּנְשַׁלְּמָה פָרִים שְׂפָתֵינוּ״ – הזכרת פסוקי הקורבנות חורגת מזיכרון העבר, שכן אמירתם נחשבת תמורה לקורבנות. עם זאת, איננו מסתפקים בכך אלא אנו רוצים להקריב את הקורבנות בפועל ממש. לכן מצורפת בברכה זו בקשה לחזרת ישראל לארצם וישיבתם בטח – אז נוכל לשוב ולהקריב את קורבנות היום כראוי.

בשבת שובה: ואם שכח אינו חוזר.
זָכְרֵנוּ לְחַיִּים, מֶלֶךְ חָפֵץ בַּחַיִּים
וְכָתְבֵנוּ בְּסֵפֶר הַחַיִּים, לְמַעַנְךָ אֱלֹהִים חַיִּים.

מֶלֶךְ עוֹזֵר וּמוֹשִׁיעַ וּמָגֵן.
בָּרוּךְ אַתָּה יהוה, מָגֵן אַבְרָהָם.

גבורות

אַתָּה גִּבּוֹר לְעוֹלָם, אֲדֹנָי
מְחַיֵּה מֵתִים אַתָּה, רַב לְהוֹשִׁיעַ

אומרים ׳מַשִּׁיב הָרוּחַ וּמוֹרִיד הַגֶּשֶׁם׳ בכל ימות החורף (מתפילת מוסף של שמיני עצרת עד לשחרית של יום ראשון של פסח) ו׳מוֹרִיד הַטָּל׳ בימות הקיץ (ממוסף של יום ראשון של פסח עד שחרית של שמיני עצרת).

מי שטעה ואמר ׳מַשִּׁיב הָרוּחַ׳ בימות הקיץ – חוזר לראש הברכה, ואם גמר את הברכה – חוזר לתחילת התפילה. וכן הדין בימות החורף במי שלא הזכיר כלל ׳מַשִּׁיב הָרוּחַ׳, אבל אם אמר בטעות במקום זה ׳מוֹרִיד הַטָּל׳, אינו צריך לחזור.

בחורף: מַשִּׁיב הָרוּחַ וּמוֹרִיד הַגֶּשֶׁם / בקיץ: מוֹרִיד הַטָּל

מְכַלְכֵּל חַיִּים בְּחֶסֶד, מְחַיֵּה מֵתִים בְּרַחֲמִים רַבִּים
סוֹמֵךְ נוֹפְלִים, וְרוֹפֵא חוֹלִים, וּמַתִּיר אֲסוּרִים
וּמְקַיֵּם אֱמוּנָתוֹ לִישֵׁנֵי עָפָר.
מִי כָמוֹךָ, בַּעַל גְּבוּרוֹת
וּמִי דּוֹמֶה לָּךְ
מֶלֶךְ, מֵמִית וּמְחַיֶּה וּמַצְמִיחַ יְשׁוּעָה.

בשבת שובה: ואם שכח אינו חוזר.
מִי כָמוֹךָ אַב הָרַחֲמָן
זוֹכֵר יְצוּרָיו לְחַיִּים בְּרַחֲמִים.

וְנֶאֱמָן אַתָּה לְהַחֲיוֹת מֵתִים.
בָּרוּךְ אַתָּה יהוה, מְחַיֵּה הַמֵּתִים.

בתפילת לחש ממשיכים ׳אַתָּה קָדוֹשׁ׳ בעמ׳ 401.

קדושה

בזמן אמירת הקדושה עומדים, ומשתדלים לעמוד כך ששתי הרגליים צמודות זו לזו כבתפילת העמידה. ונוהגים שבשעה שאומרים ׳קָדוֹשׁ, קָדוֹשׁ, קָדוֹשׁ׳ וכן כשאומרים את הפסוקים ׳בָּרוּךְ׳ ו׳יִמְלֹךְ׳ מתרוממים קצת כלפי מעלה על גבי בהונות הרגליים.

קהל ואחריו שליח הציבור:

כֶּתֶר יִתְּנוּ לְךָ, יהוה אֱלֹהֵינוּ, מַלְאָכִים הֲמוֹנֵי מַעְלָה
עִם עַמְּךָ יִשְׂרָאֵל קְבוּצֵי מַטָּה

קהל ואחריו שליח הציבור:

יַחַד כֻּלָּם קְדֻשָּׁה לְךָ יְשַׁלֵּשׁוּ כַּדָּבָר הָאָמוּר עַל יַד נְבִיאֶךָ
וְקָרָא זֶה אֶל־זֶה וְאָמַר ישעיה ו

קהל ואחריו שליח הציבור:

קָדוֹשׁ, קָדוֹשׁ, קָדוֹשׁ, יהוה צְבָאוֹת, מְלֹא כָל הָאָרֶץ כְּבוֹדוֹ:
כְּבוֹדוֹ מָלֵא עוֹלָם, מְשָׁרְתָיו שׁוֹאֲלִים זֶה לָזֶה
אַיֵּה מְקוֹם כְּבוֹדוֹ לְהַעֲרִיצוֹ, לְעֻמָּתָם מְשַׁבְּחִים וְאוֹמְרִים

קהל ואחריו שליח הציבור:

בָּרוּךְ כְּבוֹד־יהוה מִמְּקוֹמוֹ: יחזקאל ג
מִמְּקוֹמוֹ הוּא יִפֶן בְּרַחֲמָיו לְעַמּוֹ, וְיָחֹן עַם הַמְיַחֲדִים שְׁמוֹ
עֶרֶב וָבֹקֶר בְּכָל יוֹם תָּמִיד, פַּעֲמַיִם בְּאַהֲבָה שְׁמַע אוֹמְרִים

קהל ואחריו שליח הציבור:

שְׁמַע יִשְׂרָאֵל, יהוה אֱלֹהֵינוּ, יהוה אֶחָד: דברים ו
הוּא אֱלֹהֵינוּ, הוּא אָבִינוּ, הוּא מַלְכֵּנוּ, הוּא מוֹשִׁיעֵנוּ
וְהוּא יוֹשִׁיעֵנוּ וְיִגְאָלֵנוּ שֵׁנִית, וְיַשְׁמִיעֵנוּ בְּרַחֲמָיו לְעֵינֵי כָּל חַי לֵאמֹר
הֵן גָּאַלְתִּי אֶתְכֶם אַחֲרִית כְּבְרֵאשִׁית, לִהְיוֹת לָכֶם לֵאלֹהִים במדבר טו
אֲנִי יהוה אֱלֹהֵיכֶם:

שליח הציבור:

וּבְדִבְרֵי קָדְשְׁךָ כָּתוּב לֵאמֹר

קהל ואחריו שליח הציבור:

יִמְלֹךְ יהוה לְעוֹלָם, אֱלֹהַיִךְ צִיּוֹן לְדֹר וָדֹר, הַלְלוּיָהּ: תהלים קמו

שליח הציבור:

לְדוֹר וָדוֹר נַגִּיד גָּדְלֶךָ, וּלְנֵצַח נְצָחִים קְדֻשָּׁתְךָ נַקְדִּישׁ
וְשִׁבְחֲךָ אֱלֹהֵינוּ מִפִּינוּ לֹא יָמוּשׁ לְעוֹלָם וָעֶד, כִּי אֵל מֶלֶךְ גָּדוֹל וְקָדוֹשׁ אָתָּה.
בָּרוּךְ אַתָּה יהוה, הָאֵל הַקָּדוֹשׁ./ בשבת שובה: **הַמֶּלֶךְ הַקָּדוֹשׁ.**/

שליח הציבור ממשיך ׳תִּכַּנְתָּ שַׁבָּת׳ ובשבת ראש חודש ממשיך ׳אַתָּה יָצַרְתָּ׳, שניהם בעמוד הבא.

קדושת השם

אַתָּה קָדוֹשׁ וְשִׁמְךָ קָדוֹשׁ, וּקְדוֹשִׁים בְּכָל יוֹם יְהַלְלוּךָ סֶּלָה
כִּי אֵל מֶלֶךְ גָּדוֹל וְקָדוֹשׁ אָתָּה.
בָּרוּךְ אַתָּה יהוה, הָאֵל הַקָּדוֹשׁ. / בשבת שובה: הַמֶּלֶךְ הַקָּדוֹשׁ./
אם שכח, חוזר לראש התפילה.

קדושת היום

תִּכַּנְתָּ שַׁבָּת, רָצִיתָ קָרְבְּנוֹתֶיהָ
צִוִּיתָ פֵּרוּשֶׁיהָ עִם סִדּוּרֵי נְסָכֶיהָ
מְעַנְּגֶיהָ לְעוֹלָם כָּבוֹד יִנְחָלוּ, טוֹעֲמֶיהָ חַיִּים זָכוּ
וְגַם הָאוֹהֲבִים דְּבָרֶיהָ גְּדֻלָּה בָּחָרוּ.
אָז מִסִּינַי נִצְטַוּוּ צִוּוּי פְּעָלֶיהָ כָּרָאוּי.
וַתְּצַוֵּנוּ יהוה אֱלֹהֵינוּ, לְהַקְרִיב בָּהּ קָרְבַּן מוּסַף שַׁבָּת כָּרָאוּי.

בשבת ראש חודש:

אַתָּה יָצַרְתָּ עוֹלָמְךָ מִקֶּדֶם, כִּלִּיתָ מְלַאכְתְּךָ בַּיּוֹם הַשְּׁבִיעִי
אָהַבְתָּ אוֹתָנוּ וְרָצִיתָ בָּנוּ, וְרוֹמַמְתָּנוּ מִכָּל הַלְּשׁוֹנוֹת

קדושת כתר בזמן חזרת הש"ץ במוסף משנים את נוסח ה'קדושה' ואומרים קדושת 'כתר', הנחשבת במדרגה גבוהה יותר מקדושה רגילה. הכתר עניינו הוא רצונו הפשוט, העליון, של הקדוש ברוך הוא – הרצון שקודם לכל ההוויות. כפי המבואר בספרי הקבלה, ביום השבת דרגה זו של הכתר העליון מאירה, אולם כדי שתתגלה היא תלויה ב"כתר יתנו לך" – בגילוי הרצון הפנימי של ישראל במלכותו של ה'. אף המלאכים המכתירים את ה' למעלה תלויים בהכתרה של ישראל למטה, כמאמר חכמים בתלמוד: "אין מלאכי השרת אומרים שירה למעלה עד שיאמרו ישראל למטה". בחינה זו של הכתר נמצאת במידה מסוימת בכל תפילות ישראל, כפי שמתואר במדרש אגדה כי יש מלאך במרום שקושר כתרים לקונו מתפילותיהם של ישראל. לאחר שמורידים מהתפילה את כל הקליפות שלה – מילים אלה ואחרות, בקשות פרטיות קטנות או גדולות – יש נקודה אחת של רצון פנימי, הכתר של האדם, הרצון אל מה שמעל להבנה או להסבר. רגעי גילוי הרצון הללו שבתפילה נקשרים ומצטרפים למעלה, ונעשים כיהלומים לכתר העליון של הקדוש ברוך הוא.

יְהִי רָצוֹן מִלְּפָנֶיךָ, יהוה אֱלֹהֵינוּ וֵאלֹהֵי אֲבוֹתֵינוּ
שֶׁתַּעֲלֵנוּ בְשִׂמְחָה לְאַרְצֵנוּ
וְתִטָּעֵנוּ בִּגְבוּלֵנוּ
וְשָׁם נַעֲשֶׂה לְפָנֶיךָ אֶת קָרְבְּנוֹת חוֹבוֹתֵינוּ
תְּמִידִים כְּסִדְרָם וּמוּסָפִים כְּהִלְכָתָם.

וְאֶת מוּסַף יוֹם הַשַּׁבָּת הַזֶּה
נַעֲשֶׂה וְנַקְרִיב לְפָנֶיךָ בְּאַהֲבָה כְּמִצְוַת רְצוֹנֶךָ
כְּמוֹ שֶׁכָּתַבְתָּ עָלֵינוּ בְּתוֹרָתֶךָ
עַל יְדֵי מֹשֶׁה עַבְדֶּךָ מִפִּי כְבוֹדֶךָ
כָּאָמוּר

וּבְיוֹם הַשַּׁבָּת שְׁנֵי־כְבָשִׂים בְּנֵי־שָׁנָה תְּמִימִם במדבר כח
וּשְׁנֵי עֶשְׂרֹנִים סֹלֶת מִנְחָה בְּלוּלָה בַשֶּׁמֶן וְנִסְכּוֹ:
עֹלַת שַׁבַּת בְּשַׁבַּתּוֹ, עַל־עֹלַת הַתָּמִיד וְנִסְכָּהּ:

וְקִדַּשְׁתָּנוּ בְּמִצְוֹתֶיךָ, וְקֵרַבְתָּנוּ מַלְכֵּנוּ לַעֲבוֹדָתֶךָ
וְשִׁמְךָ הַגָּדוֹל וְהַקָּדוֹשׁ עָלֵינוּ קָרָאתָ.
וַתִּתֶּן לָנוּ יהוה אֱלֹהֵינוּ בְּאַהֲבָה, שַׁבָּתוֹת לִמְנוּחָה וְרָאשֵׁי חֳדָשִׁים לְכַפָּרָה.
וּלְפִי שֶׁחָטָאנוּ לְפָנֶיךָ אֲנַחְנוּ וַאֲבוֹתֵינוּ
חָרְבָה עִירֵנוּ, וְשָׁמֵם בֵּית מִקְדָּשֵׁנוּ, וְגָלָה יְקָרֵנוּ, וְנִטַּל כָּבוֹד מִבֵּית חַיֵּינוּ
וְאֵין אֲנַחְנוּ יְכוֹלִים לַעֲשׂוֹת חוֹבוֹתֵינוּ בְּבֵית בְּחִירָתֶךָ
בַּבַּיִת הַגָּדוֹל וְהַקָּדוֹשׁ שֶׁנִּקְרָא שִׁמְךָ עָלָיו, מִפְּנֵי הַיָּד שֶׁנִּשְׁתַּלְּחָה בְּמִקְדָּשֶׁךָ.
יְהִי רָצוֹן מִלְּפָנֶיךָ, יהוה אֱלֹהֵינוּ וֵאלֹהֵי אֲבוֹתֵינוּ
שֶׁתַּעֲלֵנוּ בְשִׂמְחָה לְאַרְצֵנוּ וְתִטָּעֵנוּ בִּגְבוּלֵנוּ
וְשָׁם נַעֲשֶׂה לְפָנֶיךָ אֶת קָרְבְּנוֹת חוֹבוֹתֵינוּ
תְּמִידִים כְּסִדְרָם וּמוּסָפִים כְּהִלְכָתָם.

וממשיכים מתחת לקו בעמוד הבא.

יִשְׂמְחוּ בְמַלְכוּתְךָ שׁוֹמְרֵי שַׁבָּת וְקוֹרְאֵי עֹנֶג
עַם מְקַדְּשֵׁי שְׁבִיעִי
כֻּלָּם יִשְׂבְּעוּ וְיִתְעַנְּגוּ מִטּוּבֶךָ
וּבַשְּׁבִיעִי רָצִיתָ בּוֹ וְקִדַּשְׁתּוֹ
חֶמְדַּת יָמִים אוֹתוֹ קָרָאתָ
זֵכֶר לְמַעֲשֵׂה בְרֵאשִׁית.

וְאֶת מוּסְפֵי יוֹם הַשַּׁבָּת הַזֶּה וְיוֹם רֹאשׁ הַחֹדֶשׁ הַזֶּה
נַעֲשֶׂה וְנַקְרִיב לְפָנֶיךָ בְּאַהֲבָה כְּמִצְוַת רְצוֹנֶךָ
כְּמוֹ שֶׁכָּתַבְתָּ עָלֵינוּ בְּתוֹרָתֶךָ עַל יְדֵי מֹשֶׁה עַבְדֶּךָ מִפִּי כְבוֹדֶךָ
כָּאָמוּר

וּבְיוֹם הַשַּׁבָּת שְׁנֵי־כְבָשִׂים בְּנֵי־שָׁנָה תְּמִימִם במדבר כח
וּשְׁנֵי עֶשְׂרֹנִים סֹלֶת מִנְחָה בְּלוּלָה בַשֶּׁמֶן וְנִסְכּוֹ:
עֹלַת שַׁבַּת בְּשַׁבַּתּוֹ, עַל־עֹלַת הַתָּמִיד וְנִסְכָּהּ:

זֶה קָרְבַּן שַׁבָּת וְקָרְבַּן הַיּוֹם כָּאָמוּר

וּבְרָאשֵׁי חָדְשֵׁיכֶם תַּקְרִיבוּ עֹלָה לַיהוה במדבר כח
פָּרִים בְּנֵי־בָקָר שְׁנַיִם, וְאַיִל אֶחָד, כְּבָשִׂים בְּנֵי־שָׁנָה שִׁבְעָה, תְּמִימִם:

וּמִנְחָתָם וְנִסְכֵּיהֶם כִּמְדֻבָּר
שְׁלֹשָׁה עֶשְׂרֹנִים לַפָּר, וּשְׁנֵי עֶשְׂרֹנִים לָאָיִל
וְעִשָּׂרוֹן לַכֶּבֶשׂ, וְיַיִן כְּנִסְכּוֹ, וְשָׂעִיר לְכַפֵּר, וּשְׁנֵי תְמִידִים כְּהִלְכָתָם.

יִשְׂמְחוּ בְמַלְכוּתְךָ שׁוֹמְרֵי שַׁבָּת וְקוֹרְאֵי עֹנֶג
עַם מְקַדְּשֵׁי שְׁבִיעִי
כֻּלָּם יִשְׂבְּעוּ וְיִתְעַנְּגוּ מִטּוּבֶךָ
וּבַשְּׁבִיעִי רָצִיתָ בּוֹ וְקִדַּשְׁתּוֹ
חֶמְדַּת יָמִים אוֹתוֹ קָרָאתָ, זֵכֶר לְמַעֲשֵׂה בְרֵאשִׁית.

וממשיכים מתחת לקו בעמוד הבא.

אֱלֹהֵינוּ וֵאלֹהֵי אֲבוֹתֵינוּ
רְצֵה נָא בִמְנוּחָתֵנוּ
קַדְּשֵׁנוּ בְּמִצְוֹתֶיךָ וְתֵן חֶלְקֵנוּ בְּתוֹרָתֶךָ
שַׂבְּעֵנוּ מִטּוּבֶךָ, וְשַׂמַּח נַפְשֵׁנוּ בִּישׁוּעָתֶךָ
וְטַהֵר לִבֵּנוּ לְעָבְדְּךָ בֶּאֱמֶת
וְהַנְחִילֵנוּ יהוה אֱלֹהֵינוּ בְּאַהֲבָה וּבְרָצוֹן שַׁבַּת קָדְשֶׁךָ
וְיָנוּחוּ בוֹ כָּל יִשְׂרָאֵל מְקַדְּשֵׁי שְׁמֶךָ.
בָּרוּךְ אַתָּה יהוה, מְקַדֵּשׁ הַשַּׁבָּת.

אֱלֹהֵינוּ וֵאלֹהֵי אֲבוֹתֵינוּ,
רְצֵה נָא בִמְנוּחָתֵנוּ
וְחַדֵּשׁ עָלֵינוּ בְּיוֹם הַשַּׁבָּת הַזֶּה אֶת הַחֹדֶשׁ הַזֶּה
לְטוֹבָה וְלִבְרָכָה, לְשָׂשׂוֹן וּלְשִׂמְחָה
לִישׁוּעָה וּלְנֶחָמָה, לְפַרְנָסָה וּלְכַלְכָּלָה
לְחַיִּים טוֹבִים וּלְשָׁלוֹם, לִמְחִילַת חֵטְא וְלִסְלִיחַת עָוֹן
(בשנה מעוברת מוסיפים. ויש הנוהגים רק עד אדר שני:) **וּלְכַפָּרַת פָּשַׁע,**
וִיהִי הַחֹדֶשׁ הַזֶּה סוֹף וָקֵץ לְכָל צָרוֹתֵינוּ
תְּחִלָּה וָרֹאשׁ לְפִדְיוֹן נַפְשֵׁנוּ
כִּי בְעַמְּךָ יִשְׂרָאֵל בָּחַרְתָּ מִכָּל הָאֻמּוֹת
וְשַׁבַּת קָדְשְׁךָ לָהֶם הוֹדַעְתָּ וְחֻקֵּי רָאשֵׁי חֳדָשִׁים לָהֶם קָבָעְתָּ.
בָּרוּךְ אַתָּה יהוה, מְקַדֵּשׁ הַשַּׁבָּת וְיִשְׂרָאֵל וְרָאשֵׁי חֳדָשִׁים.

וממשיכים ׳רְצֵה׳ בעמוד הבא.

מקדש השבת חתימת הברכה, "מקדש השבת", מדגישה את מעמדה הנשגב של השבת, שהרי קדושת יום זה אינה תלויה בעם ישראל (כקדושת המועדים), אלא ה׳ עצמו קידש אותו. ניסוח המילים בלשון הווה מבטא רעיון נוסף – שקדושת השבת אינה רק קדושת הברכה הראשונה של ימי בראשית, אלא בכל שבת ושבת מופיעה ומושפעת קדושה זו מחדש.

עבודה

רְצֵה יהוה אֱלֹהֵינוּ בְּעַמְּךָ יִשְׂרָאֵל, וְלִתְפִלָּתָם שְׁעֵה
וְהָשֵׁב אֶת הָעֲבוֹדָה לִדְבִיר בֵּיתֶךָ
וְאִשֵּׁי יִשְׂרָאֵל וּתְפִלָּתָם, מְהֵרָה בְּאַהֲבָה תְקַבֵּל בְּרָצוֹן
וּתְהִי לְרָצוֹן תָּמִיד עֲבוֹדַת יִשְׂרָאֵל עַמֶּךָ.
וְתֶחֱזֶינָה עֵינֵינוּ בְּשׁוּבְךָ לְצִיּוֹן בְּרַחֲמִים.
בָּרוּךְ אַתָּה יהוה, הַמַּחֲזִיר שְׁכִינָתוֹ לְצִיּוֹן.

הודאה

משתחווים בברכת ההודאה בתחילה ובסוף. כשאומר 'מוֹדִים' כורע ושוחה כאחת, וכשאומר 'השם' זוקף. בסוף הברכה אופן הכריעה דומה לתחילת התפילה – כשאומר 'בָּרוּךְ' כורע, כשאומר 'אַתָּה' שוחה וכשאומר 'השם' חוזר ומזדקף.

מוֹדִים אֲנַחְנוּ לָךְ
שָׁאַתָּה הוּא יהוה אֱלֹהֵינוּ
וֵאלֹהֵי אֲבוֹתֵינוּ לְעוֹלָם וָעֶד.
צוּר חַיֵּינוּ, מָגֵן יִשְׁעֵנוּ
אַתָּה הוּא לְדוֹר וָדוֹר.
נוֹדֶה לְּךָ וּנְסַפֵּר תְּהִלָּתֶךָ
עַל חַיֵּינוּ הַמְּסוּרִים בְּיָדֶךָ
וְעַל נִשְׁמוֹתֵינוּ הַפְּקוּדוֹת לָךְ
וְעַל נִסֶּיךָ שֶׁבְּכָל יוֹם עִמָּנוּ
וְעַל נִפְלְאוֹתֶיךָ וְטוֹבוֹתֶיךָ
שֶׁבְּכָל עֵת, עֶרֶב וָבֹקֶר וְצָהֳרָיִם.
הַטּוֹב, כִּי לֹא כָלוּ רַחֲמֶיךָ
וְהַמְרַחֵם, כִּי לֹא תַמּוּ חֲסָדֶיךָ
כִּי מֵעוֹלָם קִוִּינוּ לָךְ.

כששליח הציבור אומר 'מוֹדִים' הקהל אומר בלחש:

מוֹדִים אֲנַחְנוּ לָךְ
שָׁאַתָּה הוּא יהוה אֱלֹהֵינוּ
וֵאלֹהֵי אֲבוֹתֵינוּ
אֱלֹהֵי כָל בָּשָׂר
יוֹצְרֵנוּ, יוֹצֵר בְּרֵאשִׁית.
בְּרָכוֹת וְהוֹדָאוֹת
לְשִׁמְךָ הַגָּדוֹל וְהַקָּדוֹשׁ
עַל שֶׁהֶחֱיִיתָנוּ וְקִיַּמְתָּנוּ.
כֵּן תְּחַיֵּנוּ וּתְקַיְּמֵנוּ
וְתֶאֱסֹף גָּלֻיּוֹתֵינוּ
לְחַצְרוֹת קָדְשֶׁךָ
לִשְׁמֹר חֻקֶּיךָ וְלַעֲשׂוֹת רְצוֹנֶךָ
וּלְעָבְדְּךָ בְּלֵבָב שָׁלֵם
עַל שֶׁאֲנוּ מוֹדִים לָךְ.
בָּרוּךְ אֵל הַהוֹדָאוֹת.

בשבת חנוכה אומרים כאן ׳עַל הַנִּסִּים׳. ואם שכח אינו חוזר.

וְעַל הַנִּסִּים וְעַל הַפֻּרְקָן וְעַל הַגְּבוּרוֹת וְעַל הַתְּשׁוּעוֹת וְעַל הַנִּפְלָאוֹת וְעַל הַנֶּחָמוֹת וְעַל הַמִּלְחָמוֹת שֶׁעָשִׂיתָ לַאֲבוֹתֵינוּ בַּיָּמִים הָהֵם בַּזְּמַן הַזֶּה.

בִּימֵי מַתִּתְיָהוּ בֶּן יוֹחָנָן כֹּהֵן גָּדוֹל חַשְׁמוֹנַאי וּבָנָיו, כְּשֶׁעָמְדָה מַלְכוּת יָוָן הָרְשָׁעָה עַל עַמְּךָ יִשְׂרָאֵל לְהַשְׁכִּיחָם תּוֹרָתֶךָ וּלְהַעֲבִירָם מֵחֻקֵּי רְצוֹנֶךָ, וְאַתָּה בְּרַחֲמֶיךָ הָרַבִּים עָמַדְתָּ לָהֶם בְּעֵת צָרָתָם, רַבְתָּ אֶת רִיבָם, דַּנְתָּ אֶת דִּינָם, נָקַמְתָּ אֶת נִקְמָתָם, מָסַרְתָּ גִבּוֹרִים בְּיַד חַלָּשִׁים, וְרַבִּים בְּיַד מְעַטִּים, וּטְמֵאִים בְּיַד טְהוֹרִים, וּרְשָׁעִים בְּיַד צַדִּיקִים, וְזֵדִים בְּיַד עוֹסְקֵי תוֹרָתֶךָ. וּלְךָ עָשִׂיתָ שֵׁם גָּדוֹל וְקָדוֹשׁ בְּעוֹלָמֶךָ, וּלְעַמְּךָ יִשְׂרָאֵל עָשִׂיתָ תְּשׁוּעָה גְדוֹלָה וּפֻרְקָן כְּהַיּוֹם הַזֶּה. וְאַחַר כָּךְ בָּאוּ בָנֶיךָ לִדְבִיר בֵּיתֶךָ, וּפִנּוּ אֶת הֵיכָלֶךָ, וְטִהֲרוּ אֶת מִקְדָּשֶׁךָ, וְהִדְלִיקוּ נֵרוֹת בְּחַצְרוֹת קָדְשֶׁךָ, וְקָבְעוּ שְׁמוֹנַת יְמֵי חֲנֻכָּה אֵלּוּ, לְהוֹדוֹת וּלְהַלֵּל לְשִׁמְךָ הַגָּדוֹל.

וממשיכים ׳וְעַל כֻּלָּם׳.

בפורים של מוקפין שחל בשבת אומרים כאן ׳עַל הַנִּסִּים׳. ואם שכח אינו חוזר.

וְעַל הַנִּסִּים וְעַל הַפֻּרְקָן וְעַל הַגְּבוּרוֹת וְעַל הַתְּשׁוּעוֹת וְעַל הַנִּפְלָאוֹת וְעַל הַנֶּחָמוֹת וְעַל הַמִּלְחָמוֹת שֶׁעָשִׂיתָ לַאֲבוֹתֵינוּ בַּיָּמִים הָהֵם בַּזְּמַן הַזֶּה.

בִּימֵי מָרְדְּכַי וְאֶסְתֵּר בְּשׁוּשַׁן הַבִּירָה, כְּשֶׁעָמַד עֲלֵיהֶם הָמָן הָרָשָׁע,
בִּקֵּשׁ לְהַשְׁמִיד לַהֲרֹג וּלְאַבֵּד אֶת־כָּל־הַיְּהוּדִים מִנַּעַר וְעַד־זָקֵן טַף אסתר ג
וְנָשִׁים בְּיוֹם אֶחָד, בִּשְׁלוֹשָׁה עָשָׂר לְחֹדֶשׁ שְׁנֵים־עָשָׂר, הוּא־חֹדֶשׁ
אֲדָר, וּשְׁלָלָם לָבוֹז: וְאַתָּה בְּרַחֲמֶיךָ הָרַבִּים הֵפַרְתָּ אֶת עֲצָתוֹ, וְקִלְקַלְתָּ
אֶת מַחֲשַׁבְתּוֹ, וַהֲשֵׁבוֹתָ לּוֹ גְּמוּלוֹ בְּרֹאשׁוֹ, וְתָלוּ אוֹתוֹ וְאֶת בָּנָיו
עַל הָעֵץ.

וממשיכים ׳וְעַל כֻּלָּם׳.

וְעַל כֻּלָּם יִתְבָּרַךְ וְיִתְרוֹמַם וְיִתְנַשֵּׂא שִׁמְךָ מַלְכֵּנוּ תָּמִיד לְעוֹלָם וָעֶד.

בשבת שובה: וּכְתֹב לְחַיִּים טוֹבִים כָּל בְּנֵי בְרִיתֶךָ.
ואם שכח אינו חוזר.

וְכֹל הַחַיִּים יוֹדְוּךָ סֶּלָה
וִיהַלְלוּ וִיבָרְכוּ אֶת שִׁמְךָ הַגָּדוֹל בֶּאֱמֶת לְעוֹלָם כִּי טוֹב
הָאֵל יְשׁוּעָתֵֽנוּ וְעֶזְרָתֵֽנוּ סֶלָה, הָאֵל הַטּוֹב.
בָּרוּךְ אַתָּה יהוה, הַטּוֹב שִׁמְךָ וּלְךָ נָאֶה לְהוֹדוֹת.

קודם ברכת כוהנים, הקהל והכוהנים אומרים בלחש דברי הקדמה אלה:

יְהִי רָצוֹן מִלְּפָנֶֽיךָ יהוה אֱלֹהֵֽינוּ וֵאלֹהֵי אֲבוֹתֵֽינוּ, שֶׁתְּהֵא הַבְּרָכָה הַזֹּאת /לכוהנים: **שֶׁצִּוִּיתָֽנוּ**/ /לקהל: **שֶׁצִּוִּיתָ**/ **לְבָרֵךְ אֶת עַמְּךָ יִשְׂרָאֵל, בְּרָכָה שְׁלֵמָה, וְלֹא יִהְיֶה בָהּ שׁוּם מִכְשׁוֹל וְעָוֹן, מֵעַתָּה וְעַד־עוֹלָם.**

שליח הציבור: **אֱלֹהֵֽינוּ וֵאלֹהֵי אֲבוֹתֵֽינוּ, בָּרְכֵֽנוּ בַבְּרָכָה הַמְשֻׁלֶּֽשֶׁת בַּתּוֹרָה הַכְּתוּבָה עַל יְדֵי מֹשֶׁה עַבְדֶּֽךָ, הָאֲמוּרָה מִפִּי אַהֲרֹן וּבָנָיו,**

שליח הציבור (או אחד מן הציבור) מכריז: **כֹּהֲנִים** הקהל עונה: **עַם קְדוֹשֶֽׁךָ, כָּאָמוּר:**
כאשר עולה לדוכן כוהן אחד בלבד אין אומרים נוסח זה, אלא מיד מתחיל הכוהן בברכה.

הכוהנים מברכים: **בָּרוּךְ אַתָּה יהוה אֱלֹהֵֽינוּ מֶֽלֶךְ הָעוֹלָם, אֲשֶׁר קִדְּשָֽׁנוּ בִּקְדֻשָּׁתוֹ שֶׁל אַהֲרֹן, וְצִוָּֽנוּ לְבָרֵךְ אֶת עַמּוֹ יִשְׂרָאֵל בְּאַהֲבָה.**

שליח הציבור מקריא מילה במילה והכוהנים חוזרים אחריו:

יְבָרֶכְךָ יהוה וְיִשְׁמְרֶֽךָ: קהל: **אָמֵן** במדבר ו
יָאֵר יהוה פָּנָיו אֵלֶֽיךָ וִיחֻנֶּֽךָּ: קהל: **אָמֵן**
יִשָּׂא יהוה פָּנָיו אֵלֶֽיךָ וְיָשֵׂם לְךָ שָׁלוֹם: קהל: **אָמֵן**

מי שחלם חלום רע ואינו יודע מה פשרו אומר בשעת ברכת כוהנים נוסח של 'הטבת חלום' (עמ' 709).

לאחר הברכה אומר הקהל בלחש:

אַדִּיר בַּמָּרוֹם שׁוֹכֵן בִּגְבוּרָה, אַתָּה שָׁלוֹם וְשִׁמְךָ שָׁלוֹם. יְהִי רָצוֹן שֶׁתָּשִׂים עָלֵֽינוּ וְעַל כָּל עַמְּךָ בֵּית יִשְׂרָאֵל חַיִּים וּבְרָכָה לְמִשְׁמֶֽרֶת שָׁלוֹם.

הכוהנים אומרים בלחש:

רִבּוֹנוֹ שֶׁל עוֹלָם, עָשִֽׂינוּ מַה שֶּׁגָּזַֽרְתָּ עָלֵֽינוּ, אַף אַתָּה עֲשֵׂה עִמָּֽנוּ כְּמוֹ שֶׁהִבְטַחְתָּֽנוּ. הַשְׁקִֽיפָה מִמְּעוֹן קָדְשְׁךָ מִן־הַשָּׁמַֽיִם, וּבָרֵךְ אֶת־עַמְּךָ אֶת־יִשְׂרָאֵל, וְאֵת הָאֲדָמָה אֲשֶׁר נָתַֽתָּה לָֽנוּ, כַּאֲשֶׁר נִשְׁבַּֽעְתָּ לַאֲבֹתֵֽינוּ, אֶֽרֶץ זָבַת חָלָב וּדְבָשׁ: דברים כו

במקום שאין כוהנים העולים לדוכן, שליח הציבור אומר: **אֱלֹהֵֽינוּ וֵאלֹהֵי אֲבוֹתֵֽינוּ, בָּרְכֵֽנוּ בַבְּרָכָה הַמְשֻׁלֶּֽשֶׁת בַּתּוֹרָה הַכְּתוּבָה עַל יְדֵי מֹשֶׁה עַבְדֶּֽךָ, הָאֲמוּרָה מִפִּי אַהֲרֹן וּבָנָיו, כֹּהֲנִים, עַם קְדוֹשֶֽׁךָ, כָּאָמוּר: יְבָרֶכְךָ יהוה וְיִשְׁמְרֶֽךָ: יָאֵר יהוה פָּנָיו אֵלֶֽיךָ וִיחֻנֶּֽךָּ: יִשָּׂא יהוה פָּנָיו אֵלֶֽיךָ וְיָשֵׂם לְךָ שָׁלוֹם:**

שִׂים שָׁלוֹם טוֹבָה וּבְרָכָה, חַיִּים חֵן וָחֶסֶד וְרַחֲמִים
עָלֵינוּ וְעַל כָּל יִשְׂרָאֵל עַמֶּךָ.
בָּרְכֵנוּ אָבִינוּ כֻּלָּנוּ כְּאֶחָד בְּאוֹר פָּנֶיךָ
כִּי בְאוֹר פָּנֶיךָ נָתַתָּ לָּנוּ יהוה אֱלֹהֵינוּ
תּוֹרַת חַיִּים וְאַהֲבַת חֶסֶד
וּצְדָקָה וּבְרָכָה וְרַחֲמִים וְחַיִּים וְשָׁלוֹם.
וְטוֹב יִהְיֶה בְּעֵינֶיךָ לְבָרְכֵנוּ
וּלְבָרֵךְ אֶת כָּל עַמְּךָ יִשְׂרָאֵל
בְּכָל עֵת וּבְכָל שָׁעָה בִּשְׁלוֹמֶךָ.

בשבת שובה: ואם שכח אינו חוזר.
בְּסֵפֶר חַיִּים, בְּרָכָה וְשָׁלוֹם, וּפַרְנָסָה טוֹבָה
וּגְזֵרוֹת טוֹבוֹת, יְשׁוּעוֹת וְנֶחָמוֹת
נִזָּכֵר וְנִכָּתֵב לְפָנֶיךָ אֲנַחְנוּ וְכָל עַמְּךָ בֵּית יִשְׂרָאֵל
לְחַיִּים טוֹבִים וּלְשָׁלוֹם.

בָּרוּךְ אַתָּה יהוה, הַמְבָרֵךְ אֶת עַמּוֹ יִשְׂרָאֵל בַּשָּׁלוֹם.

תהלים יט
יִהְיוּ לְרָצוֹן אִמְרֵי פִי וְהֶגְיוֹן לִבִּי לְפָנֶיךָ, יהוה צוּרִי וְגֹאֲלִי:

ברכות יז.
אֱלֹהַי
נְצֹר לְשׁוֹנִי מֵרָע וּשְׂפָתַי מִדַּבֵּר מִרְמָה
וְלִמְקַלְלַי נַפְשִׁי תִדֹּם, וְנַפְשִׁי כֶּעָפָר לַכֹּל תִּהְיֶה.
פְּתַח לִבִּי בְּתוֹרָתֶךָ
וְאַחֲרֵי מִצְוֹתֶיךָ תִּרְדֹּף נַפְשִׁי.
וְכָל הַקָּמִים וְהַחוֹשְׁבִים עָלַי רָעָה
מְהֵרָה הָפֵר עֲצָתָם וְקַלְקֵל מַחֲשַׁבְתָּם.

יש המוסיפים:

יִהְיוּ כְּמֹץ לִפְנֵי רוּחַ וּמַלְאַךְ יהוה דּוֹחֶה.

יש המוסיפים:

יְהִי רָצוֹן מִלְּפָנֶיךָ, יהוה אֱלֹהַי וֵאלֹהֵי אֲבוֹתַי
שֶׁלֹּא תַעֲלֶה קִנְאַת אָדָם עָלַי, וְלֹא קִנְאָתִי עַל אֲחֵרִים
וְשֶׁלֹּא אֶכְעֹס הַיּוֹם, וְשֶׁלֹּא אַכְעִיסֶךָ
וְתַצִּילֵנִי מִיֵּצֶר הָרָע, וְתֵן בְּלִבִּי הַכְנָעָה וַעֲנָוָה.
מַלְכֵּנוּ וֵאלֹהֵינוּ, יַחֵד שִׁמְךָ בְּעוֹלָמֶךָ
בְּנֵה עִירְךָ, יַסֵּד בֵּיתְךָ וְשַׁכְלֵל הֵיכָלֶךָ
וְקַבֵּץ קִבּוּץ גָּלֻיּוֹת, וּפְדֵה צֹאנְךָ וְשַׂמַּח עֲדָתֶךָ.

עֲשֵׂה לְמַעַן שְׁמֶךָ, עֲשֵׂה לְמַעַן יְמִינֶךָ
עֲשֵׂה לְמַעַן תּוֹרָתֶךָ, עֲשֵׂה לְמַעַן קְדֻשָּׁתֶךָ.
לְמַעַן יֵחָלְצוּן יְדִידֶיךָ, הוֹשִׁיעָה יְמִינְךָ וַעֲנֵנִי: תהלים ס

יש נוהגים לומר כאן פסוק הרומז לשמו של המתפלל
הפותח ומסיים באותיות שבהן נפתח ומסתיים שמו.

יִהְיוּ לְרָצוֹן אִמְרֵי פִי וְהֶגְיוֹן לִבִּי לְפָנֶיךָ, יהוה צוּרִי וְגֹאֲלִי: תהלים יט

כורע וחוזר שלוש פסיעות לאחוריו כמי שנפטר מלפני המלך, ופסיעה ראשונה יעשה ברגל שמאל. כורע מעט לצד שמאלו ואומר: 'עֹשֶׂה שָׁלוֹם בִּמְרוֹמָיו', וכורע קצת לימינו ואומר: 'הוּא יַעֲשֶׂה שָׁלוֹם עָלֵינוּ', וכורע לפניו כריעה גדולה יותר ומסיים: 'וְעַל כָּל יִשְׂרָאֵל וְאִמְרוּ אָמֵן'.

עֹשֶׂה שָׁלוֹם/ בשבת שובה: הַשָּׁלוֹם/ בִּמְרוֹמָיו
הוּא יַעֲשֶׂה שָׁלוֹם, עָלֵינוּ וְעַל כָּל יִשְׂרָאֵל, וְאִמְרוּ אָמֵן.

יְהִי רָצוֹן מִלְּפָנֶיךָ יהוה אֱלֹהֵינוּ וֵאלֹהֵי אֲבוֹתֵינוּ
שֶׁיִּבָּנֶה בֵּית הַמִּקְדָּשׁ בִּמְהֵרָה בְיָמֵינוּ
וְתֵן חֶלְקֵנוּ בְּתוֹרָתֶךָ
וְשָׁם נַעֲבָדְךָ בְּיִרְאָה כִּימֵי עוֹלָם וּכְשָׁנִים קַדְמוֹנִיּוֹת.
וְעָרְבָה לַיהוה מִנְחַת יְהוּדָה וִירוּשָׁלָםִ כִּימֵי עוֹלָם וּכְשָׁנִים קַדְמֹנִיּוֹת: מלאכי ג

שליח הציבור חוזר על התפילה בקול רם.

קדיש שלם

ש״ץ: יִתְגַּדַּל וְיִתְקַדַּשׁ שְׁמֵהּ רַבָּא (קהל: אָמֵן)
בְּעָלְמָא דִּי בְרָא כִרְעוּתֵהּ
וְיַמְלִיךְ מַלְכוּתֵהּ וְיַצְמַח פֻּרְקָנֵהּ וִיקָרֵב מְשִׁיחֵהּ (קהל: אָמֵן)
בְּחַיֵּיכוֹן וּבְיוֹמֵיכוֹן וּבְחַיֵּי דְכָל בֵּית יִשְׂרָאֵל
בַּעֲגָלָא וּבִזְמַן קָרִיב, וְאִמְרוּ אָמֵן. (קהל: אָמֵן)

קהל וש״ץ: יְהֵא שְׁמֵהּ רַבָּא מְבָרַךְ לְעָלַם וּלְעָלְמֵי עָלְמַיָּא.

ש״ץ: יִתְבָּרַךְ וְיִשְׁתַּבַּח וְיִתְפָּאַר וְיִתְרוֹמַם וְיִתְנַשֵּׂא
וְיִתְהַדָּר וְיִתְעַלֶּה וְיִתְהַלָּל
שְׁמֵהּ דְּקֻדְשָׁא בְּרִיךְ הוּא (קהל: אָמֵן)
לְעֵלָּא מִן כָּל בִּרְכָתָא / בשבת שובה: לְעֵלָּא לְעֵלָּא מִכָּל בִּרְכָתָא/
וְשִׁירָתָא, תֻּשְׁבְּחָתָא וְנֶחֱמָתָא
דַּאֲמִירָן בְּעָלְמָא, וְאִמְרוּ אָמֵן. (קהל: אָמֵן)

תִּתְקַבַּל צְלוֹתְהוֹן וּבָעוּתְהוֹן דְּכָל בֵּית יִשְׂרָאֵל
קֳדָם אֲבוּהוֹן דִּי בִשְׁמַיָּא, וְאִמְרוּ אָמֵן. (קהל: אָמֵן)

יְהֵא שְׁלָמָא רַבָּא מִן שְׁמַיָּא
וְחַיִּים טוֹבִים עָלֵינוּ וְעַל כָּל יִשְׂרָאֵל, וְאִמְרוּ אָמֵן. (קהל: אָמֵן)

כורע ופוסע שלוש פסיעות לאחור. קד לשמאל, לימין ולפנים באמירת:

עֹשֶׂה שָׁלוֹם / בשבת שובה: הַשָּׁלוֹם/ בִּמְרוֹמָיו
הוּא יַעֲשֶׂה שָׁלוֹם
עָלֵינוּ וְעַל כָּל יִשְׂרָאֵל, וְאִמְרוּ אָמֵן. (קהל: אָמֵן)

קַוֵּה אֶל־יהוה, חֲזַק וְיַאֲמֵץ לִבֶּךָ, וְקַוֵּה אֶל־יהוה: תהלים כז
אֵין־קָדוֹשׁ כַּיהוה, כִּי־אֵין בִּלְתֶּךָ, וְאֵין צוּר כֵּאלֹהֵינוּ: שמואל א׳ ב
כִּי מִי אֱלוֹהַּ מִבַּלְעֲדֵי יהוה, וּמִי צוּר זוּלָתִי אֱלֹהֵינוּ: תהלים יח

אֵין כֵּאלֹהֵינוּ, אֵין כַּאדוֹנֵינוּ, אֵין כְּמַלְכֵּנוּ, אֵין כְּמוֹשִׁיעֵנוּ.
מִי כֵאלֹהֵינוּ, מִי כַאדוֹנֵינוּ, מִי כְמַלְכֵּנוּ, מִי כְמוֹשִׁיעֵנוּ.
נוֹדֶה לֵאלֹהֵינוּ, נוֹדֶה לַאדוֹנֵינוּ, נוֹדֶה לְמַלְכֵּנוּ, נוֹדֶה לְמוֹשִׁיעֵנוּ.
בָּרוּךְ אֱלֹהֵינוּ, בָּרוּךְ אֲדוֹנֵינוּ, בָּרוּךְ מַלְכֵּנוּ, בָּרוּךְ מוֹשִׁיעֵנוּ.
אַתָּה הוּא אֱלֹהֵינוּ, אַתָּה הוּא אֲדוֹנֵינוּ,
אַתָּה הוּא מַלְכֵּנוּ, אַתָּה הוּא מוֹשִׁיעֵנוּ.
אַתָּה הוּא שֶׁהִקְטִירוּ אֲבוֹתֵינוּ לְפָנֶיךָ אֶת קְטֹרֶת הַסַּמִּים.

פִּטּוּם הַקְּטֹרֶת. הַצֳּרִי, וְהַצִּפֹּרֶן, וְהַחֶלְבְּנָה, וְהַלְּבוֹנָה מִשְׁקַל שִׁבְעִים כריתות ו.
שִׁבְעִים מָנֶה, מֹר, וּקְצִיעָה, שִׁבֹּלֶת נֵרְדְּ, וְכַרְכֹּם מִשְׁקַל שִׁשָּׁה עָשָׂר שִׁשָּׁה
עָשָׂר מָנֶה, הַקֹּשְׁטְ שְׁנֵים עָשָׂר, קִלּוּפָה שְׁלֹשָׁה, וְקִנָּמוֹן תִּשְׁעָה, בֹּרִית
כַּרְשִׁינָה תִּשְׁעָה קַבִּין, יֵין קַפְרִיסִין סְאִין תְּלָת וְקַבִּין תְּלָתָא, וְאִם אֵין לוֹ
יֵין קַפְרִיסִין, מֵבִיא חֲמַר חִוַּרְיָן עַתִּיק. מֶלַח סְדוֹמִית רֹבַע, מַעֲלֶה עָשָׁן
כָּל שֶׁהוּא. רַבִּי נָתָן הַבַּבְלִי אוֹמֵר: אַף כִּפַּת הַיַּרְדֵּן כָּל שֶׁהוּא, וְאִם נָתַן
בָּהּ דְּבַשׁ פְּסָלָהּ, וְאִם חִסַּר אֶחָד מִכָּל סַמָּנֶיהָ, חַיָּב מִיתָה.

רַבָּן שִׁמְעוֹן בֶּן גַּמְלִיאֵל אוֹמֵר: הַצֳּרִי אֵינוֹ אֶלָּא שְׂרָף הַנּוֹטֵף מֵעֲצֵי הַקְּטָף.
בֹּרִית כַּרְשִׁינָה שֶׁשָּׁפִין בָּהּ אֶת הַצִּפֹּרֶן כְּדֵי שֶׁתְּהֵא נָאָה, יֵין קַפְרִיסִין
שֶׁשּׁוֹרִין בּוֹ אֶת הַצִּפֹּרֶן כְּדֵי שֶׁתְּהֵא עַזָּה, וַהֲלֹא מֵי רַגְלַיִם יָפִין לָהּ, אֶלָּא
שֶׁאֵין מַכְנִיסִין מֵי רַגְלַיִם בַּמִּקְדָּשׁ מִפְּנֵי הַכָּבוֹד.

משנה תמיד ז הַשִּׁיר שֶׁהַלְוִיִּם הָיוּ אוֹמְרִים בְּבֵית הַמִּקְדָּשׁ:
תהלים כד בַּיּוֹם הָרִאשׁוֹן הָיוּ אוֹמְרִים, לַיהוה הָאָרֶץ וּמְלוֹאָהּ, תֵּבֵל וְיֹשְׁבֵי בָהּ:
תהלים מח בַּשֵּׁנִי הָיוּ אוֹמְרִים, גָּדוֹל יהוה וּמְהֻלָּל מְאֹד, בְּעִיר אֱלֹהֵינוּ הַר־קָדְשׁוֹ:
תהלים פב בַּשְּׁלִישִׁי הָיוּ אוֹמְרִים, אֱלֹהִים נִצָּב בַּעֲדַת־אֵל, בְּקֶרֶב אֱלֹהִים יִשְׁפֹּט:
תהלים צד בָּרְבִיעִי הָיוּ אוֹמְרִים, אֵל־נְקָמוֹת יהוה, אֵל נְקָמוֹת הוֹפִיעַ:
תהלים פא בַּחֲמִישִׁי הָיוּ אוֹמְרִים, הַרְנִינוּ לֵאלֹהִים עוּזֵּנוּ, הָרִיעוּ לֵאלֹהֵי יַעֲקֹב:
תהלים צג בַּשִּׁשִּׁי הָיוּ אוֹמְרִים, יהוה מָלָךְ גֵּאוּת לָבֵשׁ, לָבֵשׁ יהוה עֹז הִתְאַזָּר
אַף־תִּכּוֹן תֵּבֵל בַּל־תִּמּוֹט:
תהלים צב בַּשַּׁבָּת הָיוּ אוֹמְרִים, מִזְמוֹר שִׁיר לְיוֹם הַשַּׁבָּת:
מִזְמוֹר שִׁיר לֶעָתִיד לָבוֹא, לְיוֹם שֶׁכֻּלּוֹ שַׁבָּת וּמְנוּחָה לְחַיֵּי הָעוֹלָמִים.

מגילה כח: תָּנָא דְבֵי אֵלִיָּהוּ: כָּל הַשּׁוֹנֶה הֲלָכוֹת בְּכָל יוֹם, מֻבְטָח לוֹ שֶׁהוּא בֶּן עוֹלָם
חבקוק ג הַבָּא, שֶׁנֶּאֱמַר, הֲלִיכוֹת עוֹלָם לוֹ: אַל תִּקְרֵי הֲלִיכוֹת אֶלָּא הֲלָכוֹת.

ברכות סד. אָמַר רַבִּי אֶלְעָזָר, אָמַר רַבִּי חֲנִינָא: תַּלְמִידֵי חֲכָמִים מַרְבִּים שָׁלוֹם בָּעוֹלָם,
ישעיה נד שֶׁנֶּאֱמַר, וְכָל־בָּנַיִךְ לִמּוּדֵי יהוה, וְרַב שְׁלוֹם בָּנָיִךְ: אַל תִּקְרֵי בָּנָיִךְ, אֶלָּא
תהלים קיט תהלים קכב בּוֹנָיִךְ. שָׁלוֹם רָב לְאֹהֲבֵי תוֹרָתֶךָ, וְאֵין־לָמוֹ מִכְשׁוֹל: יְהִי־שָׁלוֹם בְּחֵילֵךְ,
שַׁלְוָה בְּאַרְמְנוֹתָיִךְ: לְמַעַן אַחַי וְרֵעָי אֲדַבְּרָה־נָּא שָׁלוֹם בָּךְ: לְמַעַן בֵּית־
תהלים כט יהוה אֱלֹהֵינוּ אֲבַקְשָׁה טוֹב לָךְ: יהוה עֹז לְעַמּוֹ יִתֵּן, יהוה יְבָרֵךְ אֶת־עַמּוֹ
בַשָּׁלוֹם:

קדיש דרבנן

האבלים אומרים קדיש, ואם לאיש אין ׳חיוב׳ שליח הציבור אומרו:

אבל: יִתְגַּדַּל וְיִתְקַדַּשׁ שְׁמֵהּ רַבָּא (קהל: אָמֵן)
בְּעָלְמָא דִּי בְרָא כִרְעוּתֵהּ
וְיַמְלִיךְ מַלְכוּתֵהּ וְיַצְמַח פֻּרְקָנֵהּ וִיקָרֵב מְשִׁיחֵהּ (קהל: אָמֵן)
בְּחַיֵּיכוֹן וּבְיוֹמֵיכוֹן וּבְחַיֵּי דְכָל בֵּית יִשְׂרָאֵל
בַּעֲגָלָא וּבִזְמַן קָרִיב, וְאִמְרוּ אָמֵן. (קהל: אָמֵן)

קהל ואבל: יְהֵא שְׁמֵהּ רַבָּא מְבָרַךְ לְעָלַם וּלְעָלְמֵי עָלְמַיָּא.

אבל: יִתְבָּרַךְ וְיִשְׁתַּבַּח וְיִתְפָּאַר וְיִתְרוֹמַם וְיִתְנַשֵּׂא
וְיִתְהַדָּר וְיִתְעַלֶּה וְיִתְהַלָּל
שְׁמֵהּ דְּקֻדְשָׁא בְּרִיךְ הוּא (קהל: אָמֵן)
לְעֵלָּא מִן כָּל בִּרְכָתָא
/בשבת שובה: לְעֵלָּא לְעֵלָּא מִכָּל בִּרְכָתָא/
וְשִׁירָתָא, תֻּשְׁבְּחָתָא וְנֶחֱמָתָא
דַּאֲמִירָן בְּעָלְמָא
וְאִמְרוּ אָמֵן. (קהל: אָמֵן)

עַל יִשְׂרָאֵל וְעַל רַבָּנָן
וְעַל תַּלְמִידֵיהוֹן וְעַל כָּל תַּלְמִידֵי תַלְמִידֵיהוֹן
וְעַל כָּל מָאן דְּעָסְקִין בְּאוֹרַיְתָא
דִּי בְּאַתְרָא (בארץ ישראל: קַדִּישָׁא) הָדֵין וְדִי בְּכָל אֲתַר וַאֲתַר
יְהֵא לְהוֹן וּלְכוֹן שְׁלָמָא רַבָּא
חִנָּא וְחִסְדָּא, וְרַחֲמֵי, וְחַיֵּי אֲרִיכֵי, וּמְזוֹנֵי רְוִיחֵי
וּפֻרְקָנָא מִן קֳדָם אֲבוּהוֹן דִּי בִשְׁמַיָּא וְאַרְעָא
וְאִמְרוּ אָמֵן. (קהל: אָמֵן)

יְהֵא שְׁלָמָא רַבָּא מִן שְׁמַיָּא
וְחַיִּים טוֹבִים עָלֵינוּ וְעַל כָּל יִשְׂרָאֵל
וְאִמְרוּ אָמֵן. (קהל: אָמֵן)

כורע ופוסע שלוש פסיעות לאחור. קד לשמאל, לימין ולפנים באמירת:

עֹשֶׂה שָׁלוֹם/ בשבת שובה: הַשָּׁלוֹם/ בִּמְרוֹמָיו
הוּא בְּרַחֲמָיו יַעֲשֶׂה שָׁלוֹם, עָלֵינוּ וְעַל כָּל יִשְׂרָאֵל
וְאִמְרוּ אָמֵן. (קהל: אָמֵן)

אומרים 'עָלֵינוּ' בעמידה ונוהגים לכרוע מעט כשאומרים 'וַאֲנַחְנוּ כּוֹרְעִים'.

עָלֵינוּ לְשַׁבֵּחַ לַאֲדוֹן הַכֹּל, לָתֵת גְּדֻלָּה לְיוֹצֵר בְּרֵאשִׁית
שֶׁלֹּא עָשָׂנוּ כְּגוֹיֵי הָאֲרָצוֹת, וְלֹא שָׂמָנוּ כְּמִשְׁפְּחוֹת הָאֲדָמָה
שֶׁלֹּא שָׂם חֶלְקֵנוּ כָּהֶם וְגוֹרָלֵנוּ כְּכָל הֲמוֹנָם.
שֶׁהֵם מִשְׁתַּחֲוִים לְהֶבֶל וָרִיק וּמִתְפַּלְלִים אֶל אֵל לֹא יוֹשִׁיעַ.
וַאֲנַחְנוּ כּוֹרְעִים וּמִשְׁתַּחֲוִים וּמוֹדִים
לִפְנֵי מֶלֶךְ מַלְכֵי הַמְּלָכִים, הַקָּדוֹשׁ בָּרוּךְ הוּא
שֶׁהוּא נוֹטֶה שָׁמַיִם וְיוֹסֵד אָרֶץ, וּמוֹשַׁב יְקָרוֹ בַּשָּׁמַיִם מִמַּעַל
וּשְׁכִינַת עֻזּוֹ בְּגָבְהֵי מְרוֹמִים.
הוּא אֱלֹהֵינוּ, אֵין עוֹד.
אֱמֶת מַלְכֵּנוּ, אֶפֶס זוּלָתוֹ
דברים ד כַּכָּתוּב בְּתוֹרָתוֹ, וְיָדַעְתָּ הַיּוֹם וַהֲשֵׁבֹתָ אֶל־לְבָבֶךָ
כִּי יהוה הוּא הָאֱלֹהִים בַּשָּׁמַיִם מִמַּעַל וְעַל־הָאָרֶץ מִתָּחַת, אֵין עוֹד:

וְעַל כֵּן נְקַוֶּה לְּךָ יהוה אֱלֹהֵינוּ, לִרְאוֹת מְהֵרָה בְּתִפְאֶרֶת עֻזֶּךָ
לְהַעֲבִיר גִּלּוּלִים מִן הָאָרֶץ, וְהָאֱלִילִים כָּרוֹת יִכָּרֵתוּן
לְתַקֵּן עוֹלָם בְּמַלְכוּת שַׁדַּי.
וְכָל בְּנֵי בָשָׂר יִקְרְאוּ בִשְׁמֶךָ, לְהַפְנוֹת אֵלֶיךָ כָּל רִשְׁעֵי אָרֶץ.
יַכִּירוּ וְיֵדְעוּ כָּל יוֹשְׁבֵי תֵבֵל כִּי לְךָ תִּכְרַע כָּל בֶּרֶךְ, תִּשָּׁבַע כָּל לָשׁוֹן.
לְפָנֶיךָ יהוה אֱלֹהֵינוּ יִכְרְעוּ וְיִפֹּלוּ, וְלִכְבוֹד שִׁמְךָ יְקָר יִתֵּנוּ
וִיקַבְּלוּ כֻלָּם אֶת עֹל מַלְכוּתֶךָ
וְתִמְלֹךְ עֲלֵיהֶם מְהֵרָה לְעוֹלָם וָעֶד.
כִּי הַמַּלְכוּת שֶׁלְּךָ הִיא וּלְעוֹלְמֵי עַד תִּמְלֹךְ בְּכָבוֹד
שמות טו כַּכָּתוּב בְּתוֹרָתֶךָ, יהוה יִמְלֹךְ לְעֹלָם וָעֶד:
זכריה יד וְנֶאֱמַר, וְהָיָה יהוה לְמֶלֶךְ עַל־כָּל־הָאָרֶץ
בַּיּוֹם הַהוּא יִהְיֶה יהוה אֶחָד וּשְׁמוֹ אֶחָד:

יש מוסיפים:

אַל־תִּירָא מִפַּחַד פִּתְאֹם וּמִשֹּׁאַת רְשָׁעִים כִּי תָבֹא: משלי ג

עֻצוּ עֵצָה וְתֻפָר, דַּבְּרוּ דָבָר וְלֹא יָקוּם, כִּי עִמָּנוּ אֵל: ישעיה ח

וְעַד־זִקְנָה אֲנִי הוּא, וְעַד־שֵׂיבָה אֲנִי אֶסְבֹּל ישעיה מו

אֲנִי עָשִׂיתִי וַאֲנִי אֶשָּׂא וַאֲנִי אֶסְבֹּל וַאֲמַלֵּט:

יש מוסיפים:

אַךְ צַדִּיקִים יוֹדוּ לִשְׁמֶךָ יֵשְׁבוּ יְשָׁרִים אֶת פָּנֶיךָ: תהלים קמ

קדיש יתום

אבל: יִתְגַּדַּל וְיִתְקַדַּשׁ שְׁמֵהּ רַבָּא (קהל: אָמֵן)

בְּעָלְמָא דִּי בְרָא כִרְעוּתֵהּ

וְיַמְלִיךְ מַלְכוּתֵהּ וְיַצְמַח פֻּרְקָנֵהּ וִיקָרֵב מְשִׁיחֵהּ (קהל: אָמֵן)

בְּחַיֵּיכוֹן וּבְיוֹמֵיכוֹן וּבְחַיֵּי דְכָל בֵּית יִשְׂרָאֵל

בַּעֲגָלָא וּבִזְמַן קָרִיב, וְאִמְרוּ אָמֵן. (קהל: אָמֵן)

קהל ואבל: יְהֵא שְׁמֵהּ רַבָּא מְבָרַךְ לְעָלַם וּלְעָלְמֵי עָלְמַיָּא.

אבל: יִתְבָּרַךְ וְיִשְׁתַּבַּח וְיִתְפָּאַר וְיִתְרוֹמַם וְיִתְנַשֵּׂא

וְיִתְהַדָּר וְיִתְעַלֶּה וְיִתְהַלָּל

שְׁמֵהּ דְּקֻדְשָׁא בְּרִיךְ הוּא (קהל: אָמֵן)

לְעֵלָּא מִן כָּל בִּרְכָתָא / בשבת שובה: לְעֵלָּא לְעֵלָּא מִכָּל בִּרְכָתָא/

וְשִׁירָתָא, תֻּשְׁבְּחָתָא וְנֶחֱמָתָא

דַּאֲמִירָן בְּעָלְמָא, וְאִמְרוּ אָמֵן. (קהל: אָמֵן)

יְהֵא שְׁלָמָא רַבָּא מִן שְׁמַיָּא

וְחַיִּים טוֹבִים עָלֵינוּ וְעַל כָּל יִשְׂרָאֵל, וְאִמְרוּ אָמֵן. (קהל: אָמֵן)

כורע ופוסע שלוש פסיעות לאחור. קד לשמאל, לימין ולפנים באמירת:

עֹשֶׂה שָׁלוֹם / בשבת שובה: הַשָּׁלוֹם/ בִּמְרוֹמָיו

הוּא יַעֲשֶׂה שָׁלוֹם, עָלֵינוּ וְעַל כָּל יִשְׂרָאֵל, וְאִמְרוּ אָמֵן. (קהל: אָמֵן)

שיר הכבוד

פותחים את ארון הקודש ואומרים את השיר בעמידה:

ש״ץ: **אַנְעִים זְמִירוֹת וְשִׁירִים אֶאֱרֹג, כִּי אֵלֶיךָ נַפְשִׁי תַעֲרֹג.**

קהל: נַפְשִׁי חִמְּדָה בְּצֵל יָדֶךָ, לָדַעַת כָּל רָז סוֹדֶךָ.

ש״ץ: **מִדֵּי דַבְּרִי בִּכְבוֹדֶךָ, הוֹמֶה לִבִּי אֶל דּוֹדֶיךָ.**

קהל: עַל כֵּן אֲדַבֵּר בְּךָ נִכְבָּדוֹת, וְשִׁמְךָ אֲכַבֵּד בְּשִׁירֵי יְדִידוֹת.

ש״ץ: **אֲסַפְּרָה כְבוֹדְךָ וְלֹא רְאִיתִיךָ, אֲדַמְּךָ אֲכַנְּךָ וְלֹא יְדַעְתִּיךָ.**

קהל: בְּיַד נְבִיאֶיךָ בְּסוֹד עֲבָדֶיךָ, דִּמִּיתָ הֲדַר כְּבוֹד הוֹדֶךָ.

ש״ץ: **גְּדֻלָּתְךָ וּגְבוּרָתֶךָ, כִּנּוּ לְתֹקֶף פְּעֻלָּתֶךָ.**

קהל: דִּמּוּ אוֹתְךָ וְלֹא כְּפִי יֶשְׁךָ, וַיְשַׁוּוּךָ לְפִי מַעֲשֶׂיךָ.

ש״ץ: **הִמְשִׁילוּךָ בְּרֹב חֶזְיוֹנוֹת, הִנְּךָ אֶחָד בְּכָל דִּמְיוֹנוֹת.**

קהל: וַיֶּחֱזוּ בְךָ זִקְנָה וּבַחֲרוּת, וּשְׂעַר רֹאשְׁךָ בְּשֵׂיבָה וְשַׁחֲרוּת.

אנעים זמירות שיר בשבח הבורא, שיש בו מצד אחד רגש עמוק של דבקות, ומצד אחר תפיסת ה׳ בדרך של הפשטה רבה. בגלל חשיבות השיר נוהגים לפתוח את ארון הקודש בשעת אמירתו, ובמקומות רבים נהגו לכבד ילדים לזמרו. מלבד הטעם ההלכתי־פרקטי, שאף קטנים יכולים לאומרו, יש בכך ביטוי של חשיבות שיר זה – שדווקא ילדים, הנחשבים טהורים מפני שלא טעמו טעם חטא, הם האומרים אותו.

לבושים הקדוש ברוך הוא מתואר בשיר בכמה לבושים: זקן, בחור, חובש כובע, בעל תלתלים שחורות, לובש בגדים אדומים ועוד. הלבושים, כאן ובכל מקום, הם דימויים, מגוון הופעות שבהן הקדוש ברוך הוא מופיע ודרכים שבהן הוא מנהיג את העולם. על דרך המשל האנושי, יכול להיות אדם שיש לו לבושים שונים: כלפי בנו הוא אבא; כלפי אביו הוא בן; כלפי פלוני הוא חבר; במקום עבודתו הוא פקיד ובבית כנסת הוא גבאי. אם נשאל: מיהו האדם בעצמו? האדם אינו אב כפי שאינו פקיד מבחינת מהותו העצמית. אלה הם מופעים

ש״ץ: זִקְנָה בְּיוֹם דִּין וּבַחֲרוּת בְּיוֹם קְרָב, כְּאִישׁ מִלְחָמוֹת יָדָיו לוֹ רָב.

קהל: חָבַשׁ כּוֹבַע יְשׁוּעָה בְּרֹאשׁוֹ, הוֹשִׁיעָה לּוֹ יְמִינוֹ וּזְרוֹעַ קָדְשׁוֹ.

ש״ץ: טַלְלֵי אוֹרוֹת רֹאשׁוֹ נִמְלָא, קְוֻצּוֹתָיו רְסִיסֵי לָיְלָה.

קהל: יִתְפָּאֵר בִּי כִּי חָפֵץ בִּי, וְהוּא יִהְיֶה לִּי לַעֲטֶרֶת צְבִי.

ש״ץ: כֶּתֶם טָהוֹר פָּז דְּמוּת רֹאשׁוֹ, וְחַק עַל מֵצַח כְּבוֹד שֵׁם קָדְשׁוֹ.

קהל: לְחֵן וּלְכָבוֹד צְבִי תִפְאָרָה, אֻמָּתוֹ לוֹ עִטְּרָה עֲטָרָה.

ש״ץ: מַחְלְפוֹת רֹאשׁוֹ כְּבִימֵי בְחוּרוֹת, קְוֻצּוֹתָיו תַּלְתַּלִּים שְׁחוֹרוֹת.

קהל: נְוֵה הַצֶּדֶק צְבִי תִפְאַרְתּוֹ, יַעֲלֶה נָּא עַל רֹאשׁ שִׂמְחָתוֹ.

ש״ץ: סְגֻלָּתוֹ תְּהִי בְיָדוֹ עֲטֶרֶת, וּצְנִיף מְלוּכָה צְבִי תִפְאֶרֶת.

קהל: עֲמוּסִים נְשָׂאָם, עֲטֶרֶת עִנְּדָם, מֵאֲשֶׁר יָקְרוּ בְעֵינָיו כִּבְּדָם.

ש״ץ: פְּאֵרוֹ עָלַי וּפְאֵרִי עָלָיו, וְקָרוֹב אֵלַי בְּקָרְאִי אֵלָיו.

קהל: צַח וְאָדֹם לִלְבוּשׁוֹ אָדֹם, פּוּרָה בְדָרְכוֹ בְּבוֹאוֹ מֵאֱדוֹם.

ש״ץ: קֶשֶׁר תְּפִלִּין הֶרְאָה לֶעָנָו, תְּמוּנַת יהוה לְנֶגֶד עֵינָיו.

קהל: רוֹצֶה בְעַמּוֹ עֲנָוִים יְפָאֵר, יוֹשֵׁב תְּהִלּוֹת בָּם לְהִתְפָּאֵר.

של אישיותו, אשר בכל אחד מהם הוא מגלה את האני שלו בגילוי אחר. ככה גם כאשר המהות האלוקית מופיעה במציאות, היא מופיעה באופנים מסוימים, בלבושים שונים, המבוארים על דרך הסוד כספירות האלוקיות: חוכמה, בינה, דעת, חסד, גבורה, רחמים, נצח, הוד, יסוד ומלכות. כפי שמודגש כאן בהתחלת השיר: "אדמך אכנך ולא ידעתיך" – כל כמה שבני אדם יספרו, ידברו וישיגו בגדולת ה׳, לעולם אינם יכולים לדעת את מהותו, ולכן בשיר נוכל לתאר דימויים בלבד. עם זה הדימויים הללו רבי ערך בשבילנו – הם הגילויים של הקדוש ברוך הוא במציאות. איננו משיגים את המהות, ואף את המופעים (המידות האלוקיות) איננו יכולים להבין, אולם אנו יכולים להתייחס למופעים. סיום השיר, "רנתי תקרב אליך", היא הדגשה חשובה. בסופו של דבר, בתפילה

ש״ץ: רֹאשׁ דְּבָרְךָ אֱמֶת קוֹרֵא מֵרֹאשׁ דּוֹר וָדוֹר, עַם דּוֹרֶשְׁךָ דְּרֹשׁ.
קהל: שִׁית הֲמוֹן שִׁירַי נָא עָלֶיךָ, וְרִנָּתִי תִקְרַב אֵלֶיךָ.

ש״ץ: תְּהִלָּתִי תְּהִי לְרֹאשְׁךָ עֲטֶרֶת, וּתְפִלָּתִי תִּכּוֹן קְטֹרֶת.
קהל: תִּיקַר שִׁירַת רָשׁ בְּעֵינֶיךָ, כַּשִּׁיר יוּשַׁר עַל קָרְבָּנֶיךָ.

ש״ץ: בִּרְכָתִי תַעֲלֶה לְרֹאשׁ מַשְׁבִּיר, מְחוֹלֵל וּמוֹלִיד, צַדִּיק כַּבִּיר.
קהל: וּבְבִרְכָתִי תְנַעֲנַע לִי רֹאשׁ, וְאוֹתָהּ קַח לְךָ כִּבְשָׂמִים רֹאשׁ.

ש״ץ: יֶעֱרַב נָא שִׂיחִי עָלֶיךָ, כִּי נַפְשִׁי תַעֲרֹג אֵלֶיךָ.

סוגרים את ארון הקודש.

דברי הימים א׳ כט
לְךָ יהוה הַגְּדֻלָּה וְהַגְּבוּרָה וְהַתִּפְאֶרֶת וְהַנֵּצַח וְהַהוֹד
כִּי־כֹל בַּשָּׁמַיִם וּבָאָרֶץ
לְךָ יהוה הַמַּמְלָכָה וְהַמִּתְנַשֵּׂא לְכֹל לְרֹאשׁ:
מִי יְמַלֵּל גְּבוּרוֹת יהוה, יַשְׁמִיעַ כָּל־תְּהִלָּתוֹ:

יש הנוהגים לומר שש זכירות (עמ׳ 151).

קדיש יתום

אבל: יִתְגַּדַּל וְיִתְקַדַּשׁ שְׁמֵהּ רַבָּא (קהל: אָמֵן)
בְּעָלְמָא דִּי בְרָא כִרְעוּתֵהּ
וְיַמְלִיךְ מַלְכוּתֵהּ וְיַצְמַח פֻּרְקָנֵהּ וִיקָרֵב מְשִׁיחֵהּ (קהל: אָמֵן)

אנחנו פונים אל הקדוש ברוך הוא בעצמו. איננו מתפללים לספירה או למידה מסוימת, לא ל״לבושו אדום״, לא ל״קווצותיו תלתלים״ ולא ל״חבש כובע״, אלא אל המהות שמעל לכל ההתגלויות הללו. אנחנו באים להתפלל לפני המהות הלא מובנת והלא מושגת, אולם רק שורש נשמתנו יכול להתקשר עימו, ואילו אנו יכולים להבין ולהשיג בהשגה חלקית רק את האופנים הנוגעים למציאות של העולם. זאת תמצית התפילה האנושית – מן הצד האחד אנחנו פונים למהות האלוקית עצמה, ומן הצד האחר המהות יכולה להתגלות לנו רק במופעים מסוימים, ודרכם אנחנו יכולים לבנות יחס אל האלוקי.

בְּחַיֵּיכוֹן וּבְיוֹמֵיכוֹן וּבְחַיֵּי דְכָל בֵּית יִשְׂרָאֵל
בַּעֲגָלָא וּבִזְמַן קָרִיב
וְאִמְרוּ אָמֵן. (קהל: אָמֵן)

קהל ואבל: יְהֵא שְׁמֵהּ רַבָּא מְבָרַךְ לְעָלַם וּלְעָלְמֵי עָלְמַיָּא.

אבל: יִתְבָּרַךְ וְיִשְׁתַּבַּח וְיִתְפָּאַר וְיִתְרוֹמַם וְיִתְנַשֵּׂא
וְיִתְהַדָּר וְיִתְעַלֶּה וְיִתְהַלָּל
שְׁמֵהּ דְּקֻדְשָׁא בְּרִיךְ הוּא (קהל: אָמֵן)
לְעֵלָּא מִן כָּל בִּרְכָתָא
/ בשבת שובה: לְעֵלָּא לְעֵלָּא מִכָּל בִּרְכָתָא/
וְשִׁירָתָא, תֻּשְׁבְּחָתָא וְנֶחֱמָתָא
דַּאֲמִירָן בְּעָלְמָא
וְאִמְרוּ אָמֵן. (קהל: אָמֵן)

יְהֵא שְׁלָמָא רַבָּא מִן שְׁמַיָּא
וְחַיִּים טוֹבִים עָלֵינוּ וְעַל כָּל יִשְׂרָאֵל, וְאִמְרוּ אָמֵן. (קהל: אָמֵן)

כורע ופוסע שלוש פסיעות לאחור. קד לשמאל, לימין ולפנים באמירת:
עֹשֶׂה שָׁלוֹם / בשבת שובה: הַשָּׁלוֹם/ בִּמְרוֹמָיו
הוּא יַעֲשֶׂה שָׁלוֹם, עָלֵינוּ וְעַל כָּל יִשְׂרָאֵל
וְאִמְרוּ אָמֵן. (קהל: אָמֵן)

יש נוהגים לומר את פרשת לחם הפנים:

ויקרא כד
וְלָקַחְתָּ סֹלֶת וְאָפִיתָ אֹתָהּ שְׁתֵּים עֶשְׂרֵה חַלּוֹת שְׁנֵי עֶשְׂרֹנִים יִהְיֶה הַחַלָּה
הָאֶחָת: וְשַׂמְתָּ אוֹתָם שְׁתַּיִם מַעֲרָכוֹת שֵׁשׁ הַמַּעֲרָכֶת עַל הַשֻּׁלְחָן הַטָּהֹר
לִפְנֵי יהוה: וְנָתַתָּ עַל־הַמַּעֲרֶכֶת לְבֹנָה זַכָּה וְהָיְתָה לַלֶּחֶם לְאַזְכָּרָה אִשֶּׁה
לַיהוה: בְּיוֹם הַשַּׁבָּת בְּיוֹם הַשַּׁבָּת יַעַרְכֶנּוּ לִפְנֵי יהוה תָּמִיד מֵאֵת בְּנֵי־
יִשְׂרָאֵל בְּרִית עוֹלָם: וְהָיְתָה לְאַהֲרֹן וּלְבָנָיו וַאֲכָלֻהוּ בְּמָקוֹם קָדֹשׁ כִּי קֹדֶשׁ
קָדָשִׁים הוּא לוֹ מֵאִשֵּׁי יהוה חָק־עוֹלָם:

קידוש וזמירות ליום שבת

אַתְקִינוּ סְעוּדָתָא דִמְהֵימְנוּתָא שְׁלִימְתָא, חֶדְוָתָא דְמַלְכָּא קַדִּישָׁא. אַתְקִינוּ סְעוּדָתָא דְמַלְכָּא. דָּא הִיא סְעוּדָתָא דְעַתִּיקָא קַדִּישָׁא, וּזְעֵיר אַנְפִּין וַחֲקַל תַּפּוּחִין קַדִּישִׁין אָתַיִן לְסַעֲדָה בַּהֲדֵהּ.

תרגום: הכינו את סעודת האמונה השלמה, שמחת המלך הקדוש. הכינו את סעודת המלך. זו היא הסעודה של ׳עתיקא קדישא׳, ו׳זעיר אנפין׳ ו׳שדה תפוחים קדושים׳ באים לסעוד עמה.

אֲסַדֵּר לִסְעוּדָתָא בְּצַפְרָא דְשַׁבַּתָּא   וְאַזְמִין בַּהּ הַשְׁתָּא עַתִּיקָא קַדִּישָׁא.
נְהוֹרֵהּ יִשְׁרֵי בַהּ בְּקִדּוּשָׁא רַבָּה   וּמֵחַמְרָא טָבָא דְבֵהּ תֶּחְדֵּי נַפְשָׁא.
יְשַׁדַּר לָן שְׁפְרֵהּ וְנֶחֱזֵי בִיקָרֵהּ   וְיַחֲזֵי לָן סִתְרֵהּ דְּמִתְאֲמַר בִּלְחִישָׁה.
יְגַלֵּה לָן טַעֲמֵי דִּבִתְרֵיסַר נַהֲמֵי   דְּאִנּוּן אָת בִּשְׁמֵהּ כְּפִילָה וּקְלִישָׁא.
צְרוֹרָא דִלְעֵלָּא דְבֵהּ חַיֵּי כֹלָּא   וְיִתְרַבֵּי חֵילָא וְתִסַּק עַד רֵישָׁא.
חֲדוּ חַצְדֵי חַקְלָא בְּדִבּוּר וּבְקָלָא   וּמַלְּלוּ מִלָּה מְתִיקָא כְּדֻבְשָׁא.
קֳדָם רִבּוֹן עָלְמִין בְּמִלִּין סְתִימִין   תְּגַלּוֹן פִּתְגָּמִין וְתֵימְרוּן חִדּוּשָׁא.
לְעַטֵּר פָּתוֹרָא בְּרָזָא יַקִּירָא   עֲמִיקָא וּטְמִירָא וְלָאו מִלְּתָא אֲוְשָׁא.
וְאִלֵּין מִלַּיָּא יְהוֹן לִרְקִיעַיָּא   חֲדַתִּין וּשְׁמַיָּא בְּכֵן הַהוּא שִׁמְשָׁא.
רְבוּ יַתִּיר יִסְגֵּי לְעֵלָּא מִן דַּרְגֵּהּ   וְיִסַּב בַּת זוּגֵהּ דַּהֲוַת פְּרִישָׁא.

סעודת שבת בבוקר כפי שנאמר בקטע ״אתקינו סעודתא״, האכילה בסעודת השבת היא כהשתתפות ב״סעודתא דמלכא״ – בסעודתו של המלך, הקדוש ברוך הוא – בהתאחדות הנפש, הגוף והעולם בקדושה העליונה. חכמים אמרו ששולחנו של אדם הוא בבחינת מזבח, שכן במובן מסוים כל אכילה, גם של ימות החול, יכולה וצריכה להגיע לדרגה של קורבן, אכילה שבה היחס בין האדם, האוכל והכוונה שבה נאכל האוכל, הוא כעין ההתקשרות שבין העולם הגשמי לעולם הרוחני בעת הקרבת הקורבן על המזבח. בשאר ימות השבוע האכילה בכוונה כזו כרוכה במאבק פנימי בין הנאת האכילה לכוונת העילוי וההתקשרות, ואילו סעודת השבת היא בבחינת קורבן ומעשה של קדושה, ובה אף ההנאה מן האוכל הופכת למעשה של מצווה – מצוות עונג שבת. סעודת השבת על כל מרכיביה היא כעין ״זבח משפחה״, כלומר כעין אכילתו החגיגית של קורבן שהמשפחה מקריבה. בזבח משפחה זה שני צדדים מצטרפים זה לזה – הצד הפולחני של הטקס והזבח, וצד החמימות והקִרבה הנפשית של המשפחה.

חַי יהוה וּבָרוּךְ צוּרִי, בַּיהוה תִּתְהַלֵּל נַפְשִׁי, כִּי יהוה יָאִיר נֵרִי, בְּהִלּוֹ נֵרוֹ עֲלֵי רֹאשִׁי.
יהוה רוֹעִי לֹא אֶחְסָר, עַל מֵי מְנוּחוֹת יְנַהֲלֵנִי, נוֹתֵן לֶחֶם לְכָל בָּשָׂר, לֶחֶם חֻקִּי הַטְרִיפֵנִי.
יְהִי רָצוֹן מִלְּפָנֶיךָ, אַתָּה אֱלֹהֵי קְדוֹשִׁי, תַּעֲרֹךְ לְפָנַי שֻׁלְחָנְךָ, תְּדַשֵּׁן בַּשֶּׁמֶן רֹאשִׁי.
מִי יִתֵּן מְנוּחָתִי, לִפְנֵי אֲדוֹן הַשָּׁלוֹם, וְהָיְתָה שְׁלֵמָה מִטָּתִי, הַחַיִּים וְהַשָּׁלוֹם.
יִשְׁלַח מַלְאָכוֹ לְפָנַי, לְלַוּוֹתִי לְוָיָה, בְּכוֹס יְשׁוּעוֹת אֶשָּׂא פָנַי, מְנָת כּוֹסִי רְוָיָה.
צָמְאָה נַפְשִׁי אֶל יהוה, יְמַלֵּא שֹׂבַע אֲסָמַי, אֶל הֶהָרִים אֶשָּׂא עֵינַי, כְּהִלֵּל וְלֹא כְשַׁמַּאי.
חֶדְוַת יָמִים וּשְׁנוֹת עוֹלָמִים, עוּרָה כְבוֹדִי עוּרָה, וְעַל רֹאשִׁי יִהְיוּ תַמִּים,
נֵר מִצְוָה וְאוֹר תּוֹרָה.
קוּמָה יהוה לִמְנוּחָתִי, אַתָּה וַאֲרוֹן עֻזֶּךָ, קַח נָא אֵל אֶת בִּרְכָתִי, וְהַחֲזֵק מָגֵן חוֹזֶךָ.

מִזְמוֹר לְדָוִד, יהוה רֹעִי לֹא אֶחְסָר: בִּנְאוֹת דֶּשֶׁא יַרְבִּיצֵנִי, עַל־מֵי מְנֻחוֹת תהלים כג
יְנַהֲלֵנִי: נַפְשִׁי יְשׁוֹבֵב, יַנְחֵנִי בְמַעְגְּלֵי־צֶדֶק לְמַעַן שְׁמוֹ: גַּם כִּי־אֵלֵךְ בְּגֵיא
צַלְמָוֶת לֹא־אִירָא רָע, כִּי־אַתָּה עִמָּדִי, שִׁבְטְךָ וּמִשְׁעַנְתֶּךָ הֵמָּה יְנַחֲמֻנִי:
תַּעֲרֹךְ לְפָנַי שֻׁלְחָן נֶגֶד צֹרְרָי, דִּשַּׁנְתָּ בַשֶּׁמֶן רֹאשִׁי, כּוֹסִי רְוָיָה: אַךְ טוֹב
וָחֶסֶד יִרְדְּפוּנִי כָּל־יְמֵי חַיָּי, וְשַׁבְתִּי בְּבֵית־יהוה לְאֹרֶךְ יָמִים:

קידוש ליום השבת עניינו של הקידוש, בדומה לעניינו של הקדיש שבתוך התפילה, הוא המעבר מעולם לעולם, מדרגה לדרגה. הקידוש של יום השבת הוא הכנה לקבלת הקדושה המיוחדת של היום, הנבדלת מזו של הלילה. מבחינה הלכתית הקידוש ה'אמיתי' הוא הקידוש של ליל שבת, שבו אנו עוברים מעולם של חול לעולם של שבת, ואילו הקידוש של היום הוא רק זיכרון לקידוש, משום שאנו כבר בעיצומו של יום השבת. אולם מצד אחר, דווקא הקידוש של היום שייך למדרגה גבוהה הרבה יותר. הקידוש של ליל שבת הוא הקידוש של הכניסה, של עליית המלכות, ולעומתו הקידוש של שבת בבוקר שייך להארה של דרגת "עתיקא קדישא" (העתיק הקדוש), היא דרגת הכתר הפנימית העליונה, העונג העצמי שלמעלה מהכול. זהו זמן שבו אנו נמצאים עם הקדוש ברוך הוא בעצמו, למעלה מכל העולמות ונבדלים מהם, ואף העונג של יום השבת איננו עוד עונג הנובע מדבר כלשהו, אלא הוא העונג כשלעצמו. סעודת יום השבת היא לכן "סעודתא דעתיקא קדישא", משום שהיא מקבלת את מדרגת העונג העליון, הנעתק והנבדל מכל דבר – העונג שהוא מקור כל התענוגים.

אסדר לסעודתא פיוט זה הוא אחד משלושה פיוטים שחיבר האר"י הקדוש לשלוש סעודות השבת ("אזמר בשבחין" לסעודת הלילה ו"בני היכלא" לסעודה שלישית). פיוטים אלה, הכתובים ארמית, מתארים את סוד יום השבת ואת הקשרים שבין האדם לבין העולמות העליונים ביום זה.

קידושא רבה

רבים נוהגים בקידוש של היום לקדש לא רק על יין אלא גם על כל משקה חשוב המקובל באותה מדינה. ויש שנהגו שאם עושים קידוש זה על משקה חריף, כגון יין שרף שאין רגילים לשתות ממנו כמות גדולה, אין מקפידים על שיעור רביעית.

כדי שייחשב הדבר לקידוש צריך לעשותו 'במקום סעודה', ועל כן יש לאכול אחריו לפחות 'מזונות' בשיעור כזית.

רבים מתחילים כאן:

ישעיה נח **אִם־תָּשִׁיב מִשַּׁבָּת רַגְלֶךָ עֲשׂוֹת חֲפָצֶךָ בְּיוֹם קָדְשִׁי, וְקָרָאתָ לַשַּׁבָּת עֹנֶג לִקְדוֹשׁ יהוה מְכֻבָּד, וְכִבַּדְתּוֹ מֵעֲשׂוֹת דְּרָכֶיךָ מִמְּצוֹא חֶפְצְךָ וְדַבֵּר דָּבָר: אָז תִּתְעַנַּג עַל־יהוה, וְהִרְכַּבְתִּיךָ עַל־בָּמֳתֵי אָרֶץ, וְהַאֲכַלְתִּיךָ נַחֲלַת יַעֲקֹב אָבִיךָ, כִּי פִּי יהוה דִּבֵּר:**

אם תשיב פסוקים אלה מישעיה עוסקים בתפיסה רחבה ורוחנית של השבת שלפיה השבת היא יום שאיננו שייך לעולם החולין כלל. היום הזה, ביסודו, הוא יום של התנתקות מעולם המעשה. לכן ביום השבת לא רק שאין עושים מלאכה, אלא גם אין מתכננים אותה ואין מדברים עליה. צד נוסף שמופיע בפסוקים אלה הוא היבט חיובי של יום השבת: "וְקָרָאתָ לַשַּׁבָּת עֹנֶג"; יום שיש לחגוג אותו ולהתענג בו. יש בזה משום נתינת טעם לאיסור העיסוק ברצונות ובעניינים האישיים – כדי להעניק ליום השבת תוכן, לכבדו ולהתענג בו, יש להתרחק מטרדות השבוע. אם לא כן, אנשים יימנעו אומנם מעשיית מלאכות מסוימות ביום זה בשל מחויבות פורמלית, אך בפועל ינוצל היום הפנוי להשלמת עסקים, לתכנון ולדיבורי סרק. כדי לקיים את מצוות "עונג השבת" הלכה למעשה נוצרו במשך הדורות כמה וכמה דפוסים מוגדרים שמעניקים כבוד ליום המיוחד הזה: סעודות משפחתיות, מאכלים ערבים, בגדים חגיגיים, מצעים נקיים ותוספת אור לכבוד השבת.

זכור את יום השבת דיבר זה מעשרת הדיברות הוא תמצית מצוות השבת. מצוות השבת הן שלוש: האחת היא לזכור את יום השבת, לא רק כיום שבו לא נעשים מעשים מסוימים אלא כהוראה חיובית בפני עצמה, שעיקרה היא עצם ההודעה שיום זה קדוש; השנייה – איסור לעשות מלאכה ביום השבת; והשלישית – לדאוג שהשביתה ממלאכה לא תהיה עניינו של אדם אחד במשפחה, אלא תקיף את כל אשר בבית ואפילו בארץ כולה: כל בני המשפחה, כל הנספחים למשפחה וגם בעלי החיים. המשכו של הדיבר ("כִּי שֵׁשֶׁת יָמִים... וַיְקַדְּשֵׁהוּ") הוא הסבר מהותה של השבת. לא רק בתוכנו אלא אפילו באוצר המילים שלו פסוק זה חוזר על פסוקי השבת שבמעשה בראשית, ובד בבד

אם יום טוב חל בשבת ממשיכים בנוסח קידושא רבה לשלוש רגלים (עמ׳ 535).

שמות לא **וְשָׁמְרוּ בְנֵי־יִשְׂרָאֵל אֶת־הַשַּׁבָּת, לַעֲשׂוֹת אֶת־הַשַּׁבָּת לְדֹרֹתָם בְּרִית עוֹלָם: בֵּינִי וּבֵין בְּנֵי יִשְׂרָאֵל אוֹת הִוא לְעֹלָם, כִּי־שֵׁשֶׁת יָמִים עָשָׂה יהוה אֶת־הַשָּׁמַיִם וְאֶת־הָאָרֶץ, וּבַיּוֹם הַשְּׁבִיעִי שָׁבַת וַיִּנָּפַשׁ:**

שמות כ **זָכוֹר אֶת־יוֹם הַשַּׁבָּת לְקַדְּשׁוֹ: שֵׁשֶׁת יָמִים תַּעֲבֹד, וְעָשִׂיתָ כָּל־מְלַאכְתֶּךָ: וְיוֹם הַשְּׁבִיעִי שַׁבָּת לַיהוה אֱלֹהֶיךָ, לֹא־תַעֲשֶׂה כָל־מְלָאכָה אַתָּה וּבִנְךָ וּבִתֶּךָ, עַבְדְּךָ וַאֲמָתְךָ וּבְהֶמְתֶּךָ, וְגֵרְךָ אֲשֶׁר בִּשְׁעָרֶיךָ: כִּי שֵׁשֶׁת־יָמִים עָשָׂה יהוה אֶת־הַשָּׁמַיִם וְאֶת־הָאָרֶץ, אֶת־הַיָּם וְאֶת־כָּל־אֲשֶׁר־בָּם, וַיָּנַח בַּיּוֹם הַשְּׁבִיעִי, עַל־כֵּן בֵּרַךְ יהוה אֶת־יוֹם הַשַּׁבָּת וַיְקַדְּשֵׁהוּ:**

המקדש לאחרים מוסיף: סַבְרִי מָרָנָן

בָּרוּךְ אַתָּה יהוה אֱלֹהֵינוּ מֶלֶךְ הָעוֹלָם, בּוֹרֵא פְּרִי הַגָּפֶן.

בסוכות מוסיפים:

בָּרוּךְ אַתָּה יהוה אֱלֹהֵינוּ מֶלֶךְ הָעוֹלָם
אֲשֶׁר קִדְּשָׁנוּ בְּמִצְוֹתָיו וְצִוָּנוּ לֵישֵׁב בַּסֻּכָּה.

יש בו חידוש, שינוי מהותי ממה שנאמר שם: כאן השבת אינה רק הוויה של בראשית, של מעשה עבר, אלא מצווה ממשית ביותר, בעולם הזה לבני האדם. זוהי אפוא הגשמה של רעיון מופשט: שבת בראשית, שהיא כולה שמיימית, נהיית לשבתם של ישראל, המקבלת צורה והגדרות הנוגעים לחיי המעשה. הדיבר הזה הוא מעין השלמה של מעשה בראשית: עיקרו של מעשה בראשית הוא המעבר מהמחשבה והדיבור אל עולם העשייה שלנו; ואף כאן השבת, שעד כה הייתה שייכת לעולם המחשבה העליון, מאמר שהקדוש ברוך הוא אומר לעצמו, יורדת לעולם ואף מתגבשת בתוכו למעשה.

לא תעשה כל מלאכה המצווה העיקרית של יום השבת היא האיסור לעשות מלאכה. הכתוב אומר: ״שֵׁשֶׁת יָמִים תַּעֲבֹד... וְיוֹם הַשְּׁבִיעִי שַׁבָּת״, וכנגד זה

זמירות ליום שבת

בָּרוּךְ אֲדֹנָי יוֹם יוֹם, יַעֲמָס לָנוּ יֶשַׁע וּפִדְיוֹם, וּבִשְׁמוֹ נָגִיל כָּל הַיּוֹם,
וּבִישׁוּעָתוֹ נָרִים רֹאשׁ עֶלְיוֹן. כִּי הוּא מָעוֹז לַדָּל וּמַחְסֶה לָאֶבְיוֹן.

שִׁבְטֵי יָהּ לְיִשְׂרָאֵל עֵדוּת, בְּצָרָתָם לוֹ צָר בְּסִבְלוּת וּבְעַבְדוּת, בְּלִבְנַת
הַסַּפִּיר הֶרְאָם עֹז יְדִידוּת, וְנִגְלָה לְהַעֲלוֹתָם מֵעֹמֶק בּוֹר וָדוּת. כִּי־עִם־ תהלים קל
יהוה הַחֶסֶד, וְהַרְבֵּה עִמּוֹ פְדוּת:

מַה יָּקָר חַסְדּוֹ בְּצִלּוֹ לְגוֹנְנֵמוֹ, בְּגָלוּת בָּבֶלָה שֻׁלַּח לְמַעֲנֵמוֹ, לְהוֹרִיד
בָּרִיחִים נִמְנָה בֵּינֵימוֹ, וַיִּתְּנֵם לְרַחֲמִים לִפְנֵי שׁוֹבֵימוֹ. כִּי לֹא יִטֹּשׁ יהוה
אֶת עַמּוֹ, בַּעֲבוּר הַגָּדוֹל שְׁמוֹ.

עֵילָם שָׁת כִּסְאוֹ לְהַצִּיל יְדִידָיו, לְהַאֲבִיד מִשָּׁם מָעֻזֵּי מוֹרְדָיו, מֵעֲבֹר
בַּשֶּׁלַח פָּדָה אֶת עֲבָדָיו, קֶרֶן לְעַמּוֹ יָרִים, תְּהִלָּה לְכָל חֲסִידָיו. כִּי אִם־ איכה ג
הוֹגָה, וְרִחַם כְּרֹב חֲסָדָו:

הפסוק: "כִּי שֵׁשֶׁת יָמִים עָשָׂה ה׳... וַיָּנַח בַּיּוֹם הַשְּׁבִיעִי". מתוך הכתובים הללו עולה מסר שאיננו נאמר בהם מפורש, אבל הוא מונח בתשתית הדברים: גם העבודה בששת הימים וגם המנוחה ביום השבת הן מעשה של חיקוי האל. חיקוי, מכל סוג, הוא ביטוי חיצוני של קשר פנימי, והחיקוי הזה בא לבטא הידבקות בבורא; שכן עשיית דברים כמו הקדוש ברוך הוא עצמו מבטאת לא רק הערצה אלא גם אהבה. לכן אף בעניין מלאכה ומנוחה האדם נוהג כמו הבורא: ששת ימי עשייה, ויום השביעי שבת מנוחה. מצווה זו של אי עשיית מלאכה בשבת מופיעה כאן בלא פירוט יתר. במשך הדורות בנתה ההלכה היהודית בניין שלם של הגדרות מעשיות לביטוי הכולל "לֹא תַעֲשֶׂה כָל מְלָאכָה". אולם עיקרם של הדברים נובע בפשטות מן הכתובים: מעשה הבריאה של ה׳ בעולמו הוא יצירה של דברים חומריים, דברים גדולים וקטנים שכל כולם מעשה מתוך מחשבה, פעולה היוצרת דברים בעולם הזה. לפיכך אף הגדרת "מלאכה" בכתוב היא כהגדרתה במלאכת ה׳ בעולמו.

וּצְפִיר הָעִזִּים הִגְדִּיל עֲצוּמָיו, וְגַם חֲזוּת אַרְבַּע עָלוּ לִמְרוֹמָיו, וּבְלִבָּם
דִּמּוּ לְהַשְׁחִית אֶת רְחוּמָיו, עַל יְדֵי כֹהֲנָיו מִגַּר מִתְקוֹמְמָיו. חַסְדֵי יהוה
כִּי לֹא־תָמְנוּ, כִּי לֹא כָלוּ רַחֲמָיו: איכה ג

נִסְגַּרְתִּי לֶאֱדוֹם בְּיַד רֵעַי מְדָנַי, שֶׁבְּכָל יוֹם מְמַלְּאִים כְּרֵסָם מֵעֲדָנַי,
עֶזְרָתוֹ עִמִּי לִסְמֹךְ אֶת אֲדָנַי, וְלֹא נְטַשְׁתַּנִי כָּל יְמֵי עִדָּנַי. כִּי לֹא יִזְנַח
לְעוֹלָם אֲדֹנָי: איכה ג

בְּבוֹאוֹ מֵאֱדוֹם חֲמוּץ בְּגָדִים, זֶבַח לוֹ בְּבָצְרָה וְטֶבַח לוֹ בְּבוֹגְדִים, וְיֵז
נִצְחָם מַלְבּוּשָׁיו לְהַאְדִּים, בְּכֹחוֹ הַגָּדוֹל יִבְצֹר רוּחַ נְגִידִים. הָגָה בְּרוּחוֹ
הַקָּשָׁה בְּיוֹם קָדִים: ישעיה כז

רְאוֹתוֹ כִּי כֵן אֲדוֹמִי הָעוֹצֵר, יַחְשֹׁב לוֹ בָּצְרָה תִּקְלֹט כְּבֶצֶר, וּמַלְאָךְ
כְּאָדָם בְּתוֹכָהּ יִנָּצֵר, וּמֵזִיד כַּשּׁוֹגֵג בְּמִקְלָט יֵעָצֵר. אֶהֱבוּ אֶת־יהוה
כָּל־חֲסִידָיו, אֱמוּנִים נֹצֵר: תהלים לא

יְצַוֶּה צוּר חַסְדּוֹ קְהִלּוֹתָיו לְקַבֵּץ, מֵאַרְבַּע רוּחוֹת עָדָיו לְהִקָּבֵץ, וּבְהַר
מְרוֹם הָרִים אוֹתָנוּ לְהַרְבֵּץ, וְאִתָּנוּ יָשׁוּב נִדָּחִים קוֹבֵץ. יָשִׁיב לֹא נֶאֱמַר,
כִּי אִם וְשָׁב וְקִבֵּץ.

בָּרוּךְ הוּא אֱלֹהֵינוּ אֲשֶׁר טוֹב גְּמָלָנוּ, כְּרַחֲמָיו וּכְרֹב חֲסָדָיו הִגְדִּיל לָנוּ, אֵלֶּה
וְכָאֵלֶּה יוֹסֵף עִמָּנוּ, לְהַגְדִּיל שְׁמוֹ הַגָּדוֹל הַגִּבּוֹר וְהַנּוֹרָא, שֶׁנִּקְרָא עָלֵינוּ.

בָּרוּךְ הוּא אֱלֹהֵינוּ שֶׁבְּרָאָנוּ לִכְבוֹדוֹ, לְהַלְּלוֹ וּלְשַׁבְּחוֹ וּלְסַפֵּר הוֹדוֹ,
מִכָּל אֹם גָּבַר עָלֵינוּ חַסְדּוֹ, לָכֵן בְּכָל לֵב וּבְכָל נֶפֶשׁ וּבְכָל מְאוֹדוֹ,
נַמְלִיכוֹ וּנְיַחֲדוֹ.

שֶׁהַשָּׁלוֹם שֶׁלּוֹ יָשִׂים עָלֵינוּ בְּרָכָה וְשָׁלוֹם, מִשְּׂמֹאל וּמִיָּמִין עַל יִשְׂרָאֵל
שָׁלוֹם, הָרַחֲמָן הוּא יְבָרֵךְ אֶת עַמּוֹ בַשָּׁלוֹם, וְיִזְכּוּ לִרְאוֹת בָּנִים וּבְנֵי
בָנִים, עוֹסְקִים, בַּתּוֹרָה וּבְמִצְוֹת, עַל יִשְׂרָאֵל שָׁלוֹם. פֶּלֶא יוֹעֵץ אֵל ישעיה ט
גִּבּוֹר אֲבִי־עַד שַׂר־שָׁלוֹם:

בָּרוּךְ אֵל עֶלְיוֹן אֲשֶׁר נָתַן מְנוּחָה, לְנַפְשֵׁנוּ פִּדְיוֹן מִשֵּׁאת וַאֲנָחָה
וְהוּא יִדְרֹשׁ לְצִיּוֹן, עִיר הַנִּדָּחָה, עַד אָנָה תּוּגְיוֹן נֶפֶשׁ נֶאֱנָחָה.

הַשּׁוֹמֵר שַׁבָּת הַבֵּן עִם הַבַּת
לָאֵל יֵרָצוּ כְּמִנְחָה עַל מַחֲבַת.

רוֹכֵב בָּעֲרָבוֹת, מֶלֶךְ עוֹלָמִים, אֶת עַמּוֹ לִשְׁבֹּת אִזֵּן בַּנְּעִימִים
בְּמַאֲכָלוֹת עֲרֵבוֹת בְּמִינֵי מַטְעַמִּים, בְּמַלְבּוּשֵׁי כָבוֹד זֶבַח מִשְׁפָּחָה.

הַשּׁוֹמֵר שַׁבָּת הַבֵּן עִם הַבַּת
לָאֵל יֵרָצוּ כְּמִנְחָה עַל מַחֲבַת.

וְאַשְׁרֵי כָּל חוֹכֶה לְתַשְׁלוּמֵי כֵפֶל, מֵאֵת כָּל סוֹכֶה, שׁוֹכֵן בָּעֲרָפֶל
נַחֲלָה לוֹ יִזְכֶּה בָּהָר וּבַשָּׁפֶל, נַחֲלָה וּמְנוּחָה כַּשֶּׁמֶשׁ לוֹ זָרְחָה.

הַשּׁוֹמֵר שַׁבָּת הַבֵּן עִם הַבַּת
לָאֵל יֵרָצוּ כְּמִנְחָה עַל מַחֲבַת.

כָּל שׁוֹמֵר שַׁבָּת כַּדָּת מֵחַלְּלוֹ, הֵן הֶכְשַׁר חִבַּת קֹדֶשׁ גּוֹרָלוֹ
וְאִם יֵצֵא חוֹבַת הַיּוֹם, אַשְׁרֵי לוֹ, אֶל אֵל אָדוֹן מְחוֹלְלוֹ מִנְחָה הִיא שְׁלוּחָה.

הַשּׁוֹמֵר שַׁבָּת הַבֵּן עִם הַבַּת
לָאֵל יֵרָצוּ כְּמִנְחָה עַל מַחֲבַת.

חֶמְדַּת הַיָּמִים קְרָאוֹ אֵלִי צוּר, וְאַשְׁרֵי לִתְמִימִים אִם יִהְיֶה נָצוּר
כֶּתֶר הִלּוּמִים עַל רֹאשָׁם יָצוּר, צוּר הָעוֹלָמִים, רוּחוֹ בָּם נָחָה.

הַשּׁוֹמֵר שַׁבָּת הַבֵּן עִם הַבַּת
לָאֵל יֵרָצוּ כְּמִנְחָה עַל מַחֲבַת.

זָכוֹר אֶת יוֹם הַשַּׁבָּת לְקַדְּשׁוֹ, קַרְנוֹ כִּי גָבְהָה נֵזֶר עַל רֹאשׁוֹ
עַל כֵּן יִתֵּן הָאָדָם לְנַפְשׁוֹ, עֹנֶג וְגַם שִׂמְחָה בָּהֶם לְמָשְׁחָה.

הַשּׁוֹמֵר שַׁבָּת הַבֵּן עִם הַבַּת
לָאֵל יֵרָצוּ כְּמִנְחָה עַל מַחֲבַת.

קֹדֶשׁ הִיא לָכֶם שַׁבָּת הַמַּלְכָּה, אֶל תּוֹךְ בָּתֵּיכֶם לְהָנִיחַ בְּרָכָה
בְּכָל מוֹשְׁבוֹתֵיכֶם לֹא תַעֲשׂוּ מְלָאכָה, בְּנֵיכֶם וּבְנוֹתֵיכֶם עֶבֶד וְגַם שִׁפְחָה.

הַשּׁוֹמֵר שַׁבָּת הַבֵּן עִם הַבַּת
לָאֵל יֵרָצוּ כְּמִנְחָה עַל מַחֲבַת.

יוֹם זֶה מְכֻבָּד מִכָּל יָמִים, כִּי בוֹ שָׁבַת צוּר עוֹלָמִים.

שֵׁשֶׁת יָמִים תַּעֲשֶׂה מְלַאכְתֶּךָ
וְיוֹם הַשְּׁבִיעִי לֵאלֹהֶיךָ
שַׁבָּת לֹא תַעֲשֶׂה בוֹ מְלָאכָה
כִּי כֹל עָשָׂה שֵׁשֶׁת יָמִים.

יוֹם זֶה מְכֻבָּד מִכָּל יָמִים, כִּי בוֹ שָׁבַת צוּר עוֹלָמִים.

רִאשׁוֹן הוּא לְמִקְרָאֵי קֹדֶשׁ
יוֹם שַׁבָּתוֹן יוֹם שַׁבַּת קֹדֶשׁ
עַל כֵּן כָּל אִישׁ בְּיֵינוֹ יְקַדֵּשׁ
עַל שְׁתֵּי לֶחֶם יִבְצְעוּ תְמִימִים.

יוֹם זֶה מְכֻבָּד מִכָּל יָמִים, כִּי בוֹ שָׁבַת צוּר עוֹלָמִים.

אֱכֹל מַשְׁמַנִּים, שְׁתֵה מַמְתַּקִּים
כִּי אֵל יִתֵּן לְכֹל בּוֹ דְבֵקִים
בֶּגֶד לִלְבֹּשׁ, לֶחֶם חֻקִּים
בָּשָׂר וְדָגִים וְכָל מַטְעַמִּים.

יוֹם זֶה מְכֻבָּד מִכָּל יָמִים, כִּי בוֹ שָׁבַת צוּר עוֹלָמִים.

לֹא תֶחְסַר כֹּל בּוֹ, וְאָכַלְתָּ
וְשָׂבָעְתָּ וּבֵרַכְתָּ
אֶת יהוה אֱלֹהֶיךָ אֲשֶׁר אָהַבְתָּ
כִּי בֵרַכְךָ מִכָּל הָעַמִּים.

יוֹם זֶה מְכֻבָּד מִכָּל יָמִים, כִּי בוֹ שָׁבַת צוּר עוֹלָמִים.

הַשָּׁמַיִם מְסַפְּרִים כְּבוֹדוֹ
וְגַם הָאָרֶץ מָלְאָה חַסְדּוֹ
רְאוּ כִּי כָל אֵלֶּה עָשְׂתָה יָדוֹ
כִּי הוּא הַצּוּר פָּעֳלוֹ תָמִים.

יוֹם זֶה מְכֻבָּד מִכָּל יָמִים, כִּי בוֹ שָׁבַת צוּר עוֹלָמִים.

יוֹם שַׁבָּתוֹן אֵין לִשְׁכֹּחַ, זִכְרוֹ כְּרֵיחַ הַנִּיחֹחַ
יוֹנָה מָצְאָה בוֹ מָנוֹחַ וְשָׁם יָנוּחוּ יְגִיעֵי כֹחַ.

הַיּוֹם נִכְבָּד לִבְנֵי אֱמוּנִים
זְהִירִים לְשָׁמְרוֹ אָבוֹת וּבָנִים
חָקוּק בִּשְׁנֵי לוּחוֹת אֲבָנִים
מֵרֹב אוֹנִים וְאַמִּיץ כֹּחַ.

יוֹנָה מָצְאָה בוֹ מָנוֹחַ וְשָׁם יָנוּחוּ יְגִיעֵי כֹחַ.

וּבָאוּ כֻלָּם בִּבְרִית יַחַד
נַעֲשֶׂה וְנִשְׁמַע אָמְרוּ כְּאֶחָד
וּפָתְחוּ וְעָנוּ יהוה אֶחָד
בָּרוּךְ נֹתֵן לַיָּעֵף כֹּחַ.

יוֹנָה מָצְאָה בוֹ מָנוֹחַ וְשָׁם יָנוּחוּ יְגִיעֵי כֹחַ.

דִּבֶּר בְּקָדְשׁוֹ בְּהַר הַמֹּר
יוֹם הַשְּׁבִיעִי זָכוֹר וְשָׁמוֹר
וְכָל פִּקּוּדָיו יַחַד לִגְמֹר
חַזֵּק מָתְנַיִם וְאַמֵּץ כֹּחַ.

יוֹנָה מָצְאָה בוֹ מָנוֹחַ וְשָׁם יָנוּחוּ יְגִיעֵי כֹחַ.

הָעָם אֲשֶׁר נָע, כַּצֹּאן תָּעָה
יִזְכֹּר לְפָקְדוֹ בְּרִית וּשְׁבוּעָה
לְבַל יַעֲבָר בָּם מִקְרֵה רָעָה
כַּאֲשֶׁר נִשְׁבַּעְתָּ עַל מֵי נֹחַ.

יוֹנָה מָצְאָה בוֹ מָנוֹחַ וְשָׁם יָנוּחוּ יְגִיעֵי כֹחַ.

שַׁבָּת הַיּוֹם לַיהוה, מְאֹד צַהֲלוּ בְּרִנּוּנַי
וְגַם הַרְבּוּ מַעֲדָנַי, אוֹתוֹ לִשְׁמֹר כְּמִצְוַת יהוה. שַׁבָּת הַיּוֹם לַיהוה.

מֵעֲבֹר דֶּרֶךְ וּגְבוּלִים, מֵעֲשׂוֹת הַיּוֹם פְּעָלִים
לֶאֱכֹל וְלִשְׁתּוֹת בְּהִלּוּלִים, זֶה הַיּוֹם עָשָׂה יהוה. שַׁבָּת הַיּוֹם לַיהוה.

וְאִם תִּשְׁמְרֶנּוּ, יָהּ יִנְצָרְךָ כְּבָבַת, אַתָּה וּבִנְךָ וְגַם הַבַּת
וְקָרָאתָ עֹנֶג לַשַּׁבָּת, אָז תִּתְעַנַּג עַל יהוה. שַׁבָּת הַיּוֹם לַיהוה.

אֱכֹל מַשְׁמַנִּים וּמַעֲדַנִּים, וּמַטְעַמִּים הַרְבֵּה מִינִים
אֱגוֹזֵי פֶרֶךְ וְרִמּוֹנִים, וְאָכַלְתָּ וְשָׂבָעְתָּ וּבֵרַכְתָּ אֶת יהוה. שַׁבָּת הַיּוֹם לַיהוה.

לַעֲרֹךְ בְּשֻׁלְחָן לֶחֶם חֲמוּדוֹת, לַעֲשׂוֹת הַיּוֹם שָׁלֹשׁ סְעוּדוֹת
אֶת הַשֵּׁם הַנִּכְבָּד לְבָרֵךְ וּלְהוֹדוֹת, שִׁקְדוּ וְשִׁמְרוּ וַעֲשׂוּ בָנַי. שַׁבָּת הַיּוֹם לַיהוה.

שִׁמְרוּ שַׁבְּתוֹתַי

לְמַעַן תִּינְקוּ וּשְׂבַעְתֶּם, מִזִּיו בִּרְכוֹתַי
אֶל הַמְּנוּחָה כִּי בָאתֶם
וּלְווּ עָלַי בָּנַי, וְעִדְנוּ מַעֲדָנַי
שַׁבָּת הַיּוֹם לַיהוה.

וּלְווּ עָלַי בָּנַי, וְעִדְנוּ מַעֲדָנַי, שַׁבָּת הַיּוֹם לַיהוה.

לְעָמֵל קִרְאוּ דְרוֹר, וְנָתַתִּי אֶת בִּרְכָתִי, אִשָּׁה אֶל אֲחוֹתָהּ לִצְרֹר
לְגַלּוֹת עַל יוֹם שִׂמְחָתִי, בִּגְדֵי שֵׁשׁ עִם שָׁנִי, וְהִתְבּוֹנְנוּ מִזְּקֵנַי
שַׁבָּת הַיּוֹם לַיהוה.

וּלְווּ עָלַי בָּנַי, וְעִדְנוּ מַעֲדָנַי, שַׁבָּת הַיּוֹם לַיהוה.

מַהֲרוּ אֶת הַמָּנֶה, לַעֲשׂוֹת אֶת דְּבַר אֶסְתֵּר, וְחִשְׁבוּ עִם הַקּוֹנֶה
לְשַׁלֵּם אָכוֹל וְהוֹתֵר, בִּטְחוּ בִי אֱמוּנַי, וּשְׁתוּ יֵין מִשְׁמַנַּי
שַׁבָּת הַיּוֹם לַיהוה.

וּלְווּ עָלַי בָּנַי, וְעִדְנוּ מַעֲדָנַי, שַׁבָּת הַיּוֹם לַיהוה.

הִנֵּה יוֹם גְּאֻלָּה, יוֹם שַׁבָּת אִם תִּשְׁמֹרוּ, וִהְיִיתֶם לִי סְגֻלָּה
לִינוּ וְאַחַר תַּעֲבֹרוּ, וְאָז תִּחְיוּ לְפָנַי, וּתְמַלְאוּ צְפוּנַי
שַׁבָּת הַיּוֹם לַיהוה.

וּלְווּ עָלַי בָּנַי, וְעִדְנוּ מַעֲדָנַי, שַׁבָּת הַיּוֹם לַיהוה.

חַזֵּק קִרְיָתִי, אֵל אֱלֹהִים עֶלְיוֹן, וְהָשֵׁב אֶת נָוָתִי
בְּשִׂמְחָה וּבְהִגָּיוֹן, יְשׁוֹרְרוּ שָׁם רְנָנַי, לְוִיַּי וְכֹהֲנַי, אָז תִּתְעַנַּג עַל יהוה
שַׁבָּת הַיּוֹם לַיהוה.

וּלְווּ עָלַי בָּנַי, וְעִדְנוּ מַעֲדָנַי, שַׁבָּת הַיּוֹם לַיהוה.

אות היא לעולמי עד בינו וביני הקשר המיוחד עם השבת – הן מהבחינה הפנימית והן בפועל, במציאות – נעשה נחלתו הבלעדית של עם ישראל. גם מן הבחינה החיצונית שמירת השבת היא סימן מובהק של יהדות, סימן הניכר לעיני כול. כל חֶברה המתבוננת ביהודים ורואה אותם עמלים ומתייגעים במשך כל ימי השבוע בעבודה כמעט בלתי פוסקת ומניחים את העבודה ביום השבת, אינה יכולה שלא להבחין בכך ואף להשתאות על כך. המעבר מימות החול לשבת אצל היהודים הוא חד ובולט מאוד, עד שהוא נראה אפילו לעינו של המתבונן מבחוץ, וקל

כִּי אֶשְׁמְרָה שַׁבָּת, אֵל יִשְׁמְרֵנִי. אוֹת הִיא לְעוֹלְמֵי עַד בֵּינוֹ וּבֵינִי.
אוֹת הִיא לְעוֹלְמֵי עַד בֵּינוֹ וּבֵינִי.

אָסוּר מְצֹא חֵפֶץ, עֲשׂוֹת דְּרָכִים, גַּם מִלְּדַבֵּר בּוֹ דִּבְרֵי צְרָכִים
דִּבְרֵי סְחוֹרָה אַף דִּבְרֵי מְלָכִים, אֶהְגֶּה בְּתוֹרַת אֵל וּתְחַכְּמֵנִי.
אוֹת הִיא לְעוֹלְמֵי עַד בֵּינוֹ וּבֵינִי.

בּוֹ אֶמְצָא תָמִיד נֹפֶשׁ לְנַפְשִׁי, הִנֵּה לְדוֹר רִאשׁוֹן נָתַן קְדוֹשִׁי
מוֹפֵת, בְּתֵת לֶחֶם מִשְׁנֶה בַּשִּׁשִּׁי, כָּכָה בְּכָל שִׁשִּׁי יַכְפִּיל מְזוֹנִי.
אוֹת הִיא לְעוֹלְמֵי עַד בֵּינוֹ וּבֵינִי.

רָשַׁם בְּדַת הָאֵל חֹק אֶל סְגָנָיו, בּוֹ לַעֲרֹךְ לֶחֶם פָּנִים בְּפָנָיו
עַל כֵּן לְהִתְעַנּוֹת בּוֹ עַל פִּי נְבוֹנָיו, אָסוּר, לְבַד מִיּוֹם כִּפּוּר עֲוֹנִי.
אוֹת הִיא לְעוֹלְמֵי עַד בֵּינוֹ וּבֵינִי.

הוּא יוֹם מְכֻבָּד, הוּא יוֹם תַּעֲנוּגִים, לֶחֶם וְיַיִן טוֹב, בָּשָׂר וְדָגִים
הַמִּתְאַבְּלִים בּוֹ אָחוֹר נְסוֹגִים, כִּי יוֹם שְׂמָחוֹת הוּא וּתְשַׂמְּחֵנִי.
אוֹת הִיא לְעוֹלְמֵי עַד בֵּינוֹ וּבֵינִי.

מֵחֵל מְלָאכָה בּוֹ סוֹפוֹ לְהַכְרִית, עַל כֵּן אֲכַבֵּס בּוֹ לִבִּי כְּבוֹרִית
וְאֶתְפַּלְּלָה אֶל אֵל עַרְבִית וְשַׁחְרִית, מוּסָף וְגַם מִנְחָה הוּא יַעֲנֵנִי.
אוֹת הִיא לְעוֹלְמֵי עַד בֵּינוֹ וּבֵינִי.

וחומר למי שמכיר את הדברים מבפנים. במשך הדורות, מעֵבר זה היה ניכר לא רק אצל גדולי ישראל, אשר התייחסותם אל יום השבת הייתה רוחנית ועמוקה, אלא גם אצל אנשים פשוטים, אשר גם אם לא היו מודעים למהותה של השבת הם הכירו את עניינה מפנימיות נפשם. משום כך נעשתה השבת לא רק מצווה חשובה אלא מצוות מפתח, בבחינת אות לישראל, כמו שנאמר "אוֹת הִוא לְעֹלָם": הן במשמעות סימון ותיוג הן במשמעות דגל שעם ישראל מניף כדי להדגיש את מהותו המיוחדת, את בחירת ישראל עצמה.

דְּרוֹר יִקְרָא לְבֵן עִם בַּת, וְיִנְצָרְכֶם כְּמוֹ בָבַת
נְעִים שִׁמְכֶם וְלֹא יֻשְׁבַּת, שְׁבוּ נוּחוּ בְּיוֹם שַׁבָּת

דְּרֹשׁ נָוִי וְאוּלַמִּי, וְאוֹת יֶשַׁע עֲשֵׂה עִמִּי
נְטַע שׂוֹרֵק בְּתוֹךְ כַּרְמִי, שְׁעֵה שַׁוְעַת בְּנֵי עַמִּי.

דְּרֹךְ פּוּרָה בְּתוֹךְ בָּצְרָה, וְגַם בָּבֶל אֲשֶׁר גָּבְרָה
נְתֹץ צָרַי בְּאַף עֶבְרָה, שְׁמַע קוֹלִי בְּיוֹם אֶקְרָא.

אֱלֹהִים תֵּן בְּמִדְבַּר הָר, הֲדַס שִׁטָּה בְּרוֹשׁ תִּדְהָר
וְלַמַּזְהִיר וְלַנִּזְהָר, שְׁלוֹמִים תֵּן כְּמֵי נָהָר.

הֲדֹךְ קָמַי, אֵל קַנָּא, בְּמוֹג לֵבָב וּבִמְגִנָּה
וְנַרְחִיב פֶּה וּנְמַלְאֶנָּה, לְשׁוֹנֵנוּ לְךָ רִנָּה.

דְּעֵה חָכְמָה לְנַפְשֶׁךָ, וְהִיא כֶתֶר לְרֹאשֶׁךָ
נְצֹר מִצְוַת קְדוֹשֶׁךָ, שְׁמֹר שַׁבַּת קָדְשֶׁךָ.

לפני נטילת מים אחרונים אומרים:

יְדַי אַסְחֵי אֲנָא לְגַבֵּי חַד מָנָא / לְסִטְרָא חוֹרָנָא דְּלֵית בַּהּ מְשָׁשָׁא
אֲזַמֵּן בִּתְלָתָא בְּכָסָא דְבִרְכְתָא / לְעִלַּת עִלָּתָא עַתִּיקָא קַדִּישָׁא

ברכת המזון בעמ׳ 681.

מנחה לשבת וליום טוב

נוהגים לומר פרשת התמיד ופרשת הקטורת (עמ׳ 34).

אַשְׁרֵי יוֹשְׁבֵי בֵיתֶֽךָ, עוֹד יְהַלְלֽוּךָ סֶּֽלָה: תהלים פד
אַשְׁרֵי הָעָם שֶׁכָּֽכָה לּוֹ, אַשְׁרֵי הָעָם שֶׁיהוה אֱלֹהָיו: תהלים קמד
תְּהִלָּה לְדָוִד אֲרוֹמִמְךָ אֱלוֹהַי הַמֶּֽלֶךְ, וַאֲבָרְכָה שִׁמְךָ לְעוֹלָם וָעֶד: תהלים קמה
בְּכָל־יוֹם אֲבָרְכֶֽךָּ, וַאֲהַלְלָה שִׁמְךָ לְעוֹלָם וָעֶד:
גָּדוֹל יהוה וּמְהֻלָּל מְאֹד, וְלִגְדֻלָּתוֹ אֵין חֵֽקֶר:
דּוֹר לְדוֹר יְשַׁבַּח מַעֲשֶֽׂיךָ, וּגְבוּרֹתֶֽיךָ יַגִּֽידוּ:
הֲדַר כְּבוֹד הוֹדֶֽךָ, וְדִבְרֵי נִפְלְאֹתֶֽיךָ אָשִֽׂיחָה:
וֶעֱזוּז נוֹרְאֹתֶֽיךָ יֹאמֵֽרוּ, וּגְדוּלָּתְךָ אֲסַפְּרֶֽנָּה:
זֵֽכֶר רַב־טוּבְךָ יַבִּֽיעוּ, וְצִדְקָתְךָ יְרַנֵּֽנוּ:
חַנּוּן וְרַחוּם יהוה, אֶֽרֶךְ אַפַּֽיִם וּגְדָל־חָֽסֶד:
טוֹב־יהוה לַכֹּל, וְרַחֲמָיו עַל־כָּל־מַעֲשָׂיו:
יוֹדֽוּךָ יהוה כָּל־מַעֲשֶֽׂיךָ, וַחֲסִידֶֽיךָ יְבָרְכֽוּכָה:
כְּבוֹד מַלְכוּתְךָ יֹאמֵֽרוּ, וּגְבוּרָתְךָ יְדַבֵּֽרוּ:
לְהוֹדִֽיעַ לִבְנֵי הָאָדָם גְּבוּרֹתָיו, וּכְבוֹד הֲדַר מַלְכוּתוֹ:
מַלְכוּתְךָ מַלְכוּת כָּל־עֹלָמִים, וּמֶמְשַׁלְתְּךָ בְּכָל־דּוֹר וָדֹר:
סוֹמֵךְ יהוה לְכָל־הַנֹּפְלִים, וְזוֹקֵף לְכָל־הַכְּפוּפִים:
עֵינֵי־כֹל אֵלֶֽיךָ יְשַׂבֵּֽרוּ, וְאַתָּה נוֹתֵן־לָהֶם אֶת־אָכְלָם בְּעִתּוֹ:

מנחה של שבת זמן תפילת המנחה של שבת הוא לעת ערב, לקראת סיומו של היום. על דרך הסוד הוסבר כי בימות החול בזמן המנחה מידת הדין האלוקית שולטת, ואילו בשבת זמן זה הוא עת רצון, שעה של התגלות עליונה ביותר של "רעוא דכל רעוין" (רצון כל הרצונות). אף מבחינת החוויה האנושית, בסיומו של יום רגיל יש צד מסוים של עצב הנובע מן הבעיות והצרות שיש בכל יום ויום, ואילו בשבת (שמשתדלים להימנע בה מטרדות המעשה) בהשלמתו של היום כלולה תמצית הארת השבת בשני פניה: הקדושה והמנוחה. מחד גיסא זהו זמן של נחת ופיוס, שלווה ומנוחה גמורה, כפי שאנו אומרים בתפילה: "מנוחת שלום ושלוה, השקט ובטח, מנוחה שלמה שאתה רוצה בה". מאידך גיסא, יש בזמן זה התעצמות והפנמה של קדושת השבת.

פּוֹתֵחַ אֶת־יָדֶךָ, וּמַשְׂבִּיעַ לְכָל־חַי רָצוֹן:
צַדִּיק יהוה בְּכָל־דְּרָכָיו, וְחָסִיד בְּכָל־מַעֲשָׂיו:
קָרוֹב יהוה לְכָל־קֹרְאָיו, לְכֹל אֲשֶׁר יִקְרָאֻהוּ בֶאֱמֶת:
רְצוֹן־יְרֵאָיו יַעֲשֶׂה, וְאֶת־שַׁוְעָתָם יִשְׁמַע, וְיוֹשִׁיעֵם:
שׁוֹמֵר יהוה אֶת־כָּל־אֹהֲבָיו, וְאֵת כָּל־הָרְשָׁעִים יַשְׁמִיד:
תְּהִלַּת יהוה יְדַבֶּר פִּי, וִיבָרֵךְ כָּל־בָּשָׂר שֵׁם קָדְשׁוֹ לְעוֹלָם וָעֶד:
תהלים קטו וַאֲנַחְנוּ נְבָרֵךְ יָהּ מֵעַתָּה וְעַד־עוֹלָם, הַלְלוּיָהּ:

ישעיה נט וּבָא לְצִיּוֹן גּוֹאֵל, וּלְשָׁבֵי פֶשַׁע בְּיַעֲקֹב, נְאֻם יהוה:
וַאֲנִי זֹאת בְּרִיתִי אוֹתָם, אָמַר יהוה
רוּחִי אֲשֶׁר עָלֶיךָ וּדְבָרַי אֲשֶׁר־שַׂמְתִּי בְּפִיךָ
לֹא־יָמוּשׁוּ מִפִּיךָ וּמִפִּי זַרְעֲךָ וּמִפִּי זֶרַע זַרְעֲךָ
אָמַר יהוה, מֵעַתָּה וְעַד־עוֹלָם:

תהלים כב וְאַתָּה קָדוֹשׁ יוֹשֵׁב תְּהִלּוֹת יִשְׂרָאֵל: וְקָרָא זֶה אֶל־זֶה וְאָמַר
ישעיה ו קָדוֹשׁ, קָדוֹשׁ, קָדוֹשׁ, יהוה צְבָאוֹת, מְלֹא כָל־הָאָרֶץ כְּבוֹדוֹ:
תרגום יונתן ישעיה ו וּמְקַבְּלִין דֵּין מִן דֵּין וְאָמְרִין, קַדִּישׁ בִּשְׁמֵי מְרוֹמָא עִלָּאָה בֵּית שְׁכִינְתֵהּ
קַדִּישׁ עַל אַרְעָא עוֹבַד גְּבוּרְתֵהּ, קַדִּישׁ לְעָלַם וּלְעָלְמֵי עָלְמַיָּא
יהוה צְבָאוֹת, מַלְיָא כָל אַרְעָא זִיו יְקָרֵהּ.

יחזקאל ג וַתִּשָּׂאֵנִי רוּחַ, וָאֶשְׁמַע אַחֲרַי קוֹל רַעַשׁ גָּדוֹל
בָּרוּךְ כְּבוֹד־יהוה מִמְּקוֹמוֹ:
תרגום יונתן יחזקאל ג וּנְטָלַתְנִי רוּחָא, וּשְׁמָעִית בַּתְרַי קָל זִיעַ סַגִּיא, דִּמְשַׁבְּחִין וְאָמְרִין
בְּרִיךְ יְקָרָא דַיהוה מֵאֲתַר בֵּית שְׁכִינְתֵהּ.

שמות טו יהוה יִמְלֹךְ לְעֹלָם וָעֶד:
תרגום אונקלוס שמות טו יהוה מַלְכוּתֵהּ קָאֵם לְעָלַם וּלְעָלְמֵי עָלְמַיָּא.

דברי הימים א׳ כט יהוה אֱלֹהֵי אַבְרָהָם יִצְחָק וְיִשְׂרָאֵל אֲבֹתֵינוּ, שָׁמְרָה־זֹּאת לְעוֹלָם
תהלים עח לְיֵצֶר מַחְשְׁבוֹת לְבַב עַמֶּךָ, וְהָכֵן לְבָבָם אֵלֶיךָ: וְהוּא רַחוּם יְכַפֵּר עָוֺן

וְלֹא־יַשְׁחִית, וְהִרְבָּה לְהָשִׁיב אַפּוֹ, וְלֹא־יָעִיר כָּל־חֲמָתוֹ: כִּי־אַתָּה תהלים פו
אֲדֹנָי טוֹב וְסַלָּח, וְרַב־חֶסֶד לְכָל־קֹרְאֶיךָ: צִדְקָתְךָ צֶדֶק לְעוֹלָם תהלים קיט
וְתוֹרָתְךָ אֱמֶת: תִּתֵּן אֱמֶת לְיַעֲקֹב, חֶסֶד לְאַבְרָהָם, אֲשֶׁר־נִשְׁבַּעְתָּ מיכה ז
לַאֲבֹתֵינוּ מִימֵי קֶדֶם: בָּרוּךְ אֲדֹנָי יוֹם יוֹם יַעֲמָס־לָנוּ, הָאֵל יְשׁוּעָתֵנוּ תהלים סח
סֶלָה: יהוה צְבָאוֹת עִמָּנוּ, מִשְׂגָּב לָנוּ אֱלֹהֵי יַעֲקֹב סֶלָה: יהוה צְבָאוֹת, תהלים מו תהלים פד
אַשְׁרֵי אָדָם בֹּטֵחַ בָּךְ: יהוה הוֹשִׁיעָה, הַמֶּלֶךְ יַעֲנֵנוּ בְיוֹם־קָרְאֵנוּ: תהלים כ

בָּרוּךְ הוּא אֱלֹהֵינוּ שֶׁבְּרָאָנוּ לִכְבוֹדוֹ, וְהִבְדִּילָנוּ מִן הַתּוֹעִים, וְנָתַן לָנוּ תּוֹרַת אֱמֶת, וְחַיֵּי עוֹלָם נָטַע בְּתוֹכֵנוּ. הוּא יִפְתַּח לִבֵּנוּ בְּתוֹרָתוֹ, וְיָשֵׂם בְּלִבֵּנוּ אַהֲבָתוֹ וְיִרְאָתוֹ וְלַעֲשׂוֹת רְצוֹנוֹ וּלְעָבְדוֹ בְּלֵבָב שָׁלֵם, לְמַעַן לֹא נִיגַע לָרִיק וְלֹא נֵלֵד לַבֶּהָלָה.

יְהִי רָצוֹן מִלְּפָנֶיךָ יהוה אֱלֹהֵינוּ וֵאלֹהֵי אֲבוֹתֵינוּ, שֶׁנִּשְׁמֹר חֻקֶּיךָ בָּעוֹלָם
הַזֶּה, וְנִזְכֶּה וְנִחְיֶה וְנִרְאֶה וְנִירַשׁ טוֹבָה וּבְרָכָה, לִשְׁנֵי יְמוֹת הַמָּשִׁיחַ
וּלְחַיֵּי הָעוֹלָם הַבָּא. לְמַעַן יְזַמֶּרְךָ כָבוֹד וְלֹא יִדֹּם, יהוה אֱלֹהַי, לְעוֹלָם תהלים ל
אוֹדֶךָּ: בָּרוּךְ הַגֶּבֶר אֲשֶׁר יִבְטַח בַּיהוה, וְהָיָה יהוה מִבְטַחוֹ: בִּטְחוּ ישעיה כו ירמיה יז
בַיהוה עֲדֵי־עַד, כִּי בְּיָהּ יהוה צוּר עוֹלָמִים: וְיִבְטְחוּ בְךָ יוֹדְעֵי שְׁמֶךָ, כִּי תהלים ט
לֹא־עָזַבְתָּ דֹרְשֶׁיךָ, יהוה: יהוה חָפֵץ לְמַעַן צִדְקוֹ, יַגְדִּיל תּוֹרָה וְיַאְדִּיר: ישעיה מב

חצי קדיש

ש״ץ: יִתְגַּדַּל וְיִתְקַדַּשׁ שְׁמֵהּ רַבָּא (קהל: אָמֵן)
בְּעָלְמָא דִּי בְרָא כִרְעוּתֵהּ
וְיַמְלִיךְ מַלְכוּתֵהּ וְיַצְמַח פֻּרְקָנֵהּ וִיקָרֵב מְשִׁיחֵהּ (קהל: אָמֵן)
בְּחַיֵּיכוֹן וּבְיוֹמֵיכוֹן וּבְחַיֵּי דְכָל בֵּית יִשְׂרָאֵל
בַּעֲגָלָא וּבִזְמַן קָרִיב, וְאִמְרוּ אָמֵן. (קהל: אָמֵן)

קהל וש״ץ: יְהֵא שְׁמֵהּ רַבָּא מְבָרַךְ לְעָלַם וּלְעָלְמֵי עָלְמַיָּא.

ש״ץ: יִתְבָּרַךְ וְיִשְׁתַּבַּח וְיִתְפָּאַר וְיִתְרוֹמַם וְיִתְנַשֵּׂא
וְיִתְהַדָּר וְיִתְעַלֶּה וְיִתְהַלָּל, שְׁמֵהּ דְּקֻדְשָׁא בְּרִיךְ הוּא (קהל: אָמֵן)

לְעֵֽלָּא מִן כָּל בִּרְכָתָא / בשבת שובה: לְעֵֽלָּא לְעֵֽלָּא מִכָּל בִּרְכָתָא/
וְשִׁירָתָא, תֻּשְׁבְּחָתָא וְנֶחֱמָתָא
דַּאֲמִירָן בְּעָלְמָא, וְאִמְרוּ אָמֵן. (קהל: אָמֵן)

ביום טוב שאינו חל בשבת ממשיכים בתפילת עמידה (עמ׳ 536).

תהלים סט וַאֲנִי תְפִלָּתִי־לְךָ יהוה, עֵת רָצוֹן, אֱלֹהִים בְּרָב־חַסְדֶּךָ
עֲנֵנִי בֶּאֱמֶת יִשְׁעֶךָ:

פותחים את ארון הקודש, ונהוג לעמוד כל זמן שארון הקודש פתוח.

במדבר י וַיְהִי בִּנְסֹעַ הָאָרֹן וַיֹּאמֶר מֹשֶׁה, קוּמָה יהוה וְיָפֻצוּ אֹיְבֶיךָ וְיָנֻסוּ
ישעיה ב מְשַׂנְאֶיךָ מִפָּנֶיךָ: כִּי מִצִּיּוֹן תֵּצֵא תוֹרָה וּדְבַר־יהוה מִירוּשָׁלָםִ:
בָּרוּךְ שֶׁנָּתַן תּוֹרָה לְעַמּוֹ יִשְׂרָאֵל בִּקְדֻשָּׁתוֹ.

זוהר ויקהל בְּרִיךְ שְׁמֵהּ דְּמָרֵא עָלְמָא, בְּרִיךְ כִּתְרָךְ וְאַתְרָךְ. יְהֵא רְעוּתָךְ עִם עַמָּךְ יִשְׂרָאֵל לְעָלַם, וּפֻרְקַן יְמִינָךְ אַחֲזִי לְעַמָּךְ בְּבֵית מַקְדְּשָׁךְ, וּלְאַמְטוּיֵי לַנָא מִטּוּב נְהוֹרָךְ, וּלְקַבֵּל צְלוֹתַנָא בְּרַחֲמִין. יְהֵא רַעֲוָא קֳדָמָךְ דְּתוֹרִיךְ לַן חַיִּין בְּטִיבוּ, וְלֶהֱוֵי אֲנָא פְקִידָא בְּגוֹ צַדִּיקַיָּא, לְמִרְחַם עָלַי וּלְמִנְטַר יָתִי וְיַת כָּל דִּי לִי וְדִי לְעַמָּךְ יִשְׂרָאֵל. אַנְתְּ הוּא זָן לְכֹלָּא וּמְפַרְנֵס לְכֹלָּא, אַנְתְּ הוּא שַׁלִּיט עַל כֹּלָּא, אַנְתְּ הוּא דְּשַׁלִּיט עַל מַלְכַיָּא, וּמַלְכוּתָא דִּילָךְ הִיא. אֲנָא עַבְדָּא דְקֻדְשָׁא בְּרִיךְ הוּא, דְּסָגִדְנָא קַמֵּהּ וּמִקַּמֵּי דִּיקַר אוֹרַיְתֵהּ בְּכָל עִדָּן וְעִדָּן. לָא עַל אֱנָשׁ רָחִיצְנָא וְלָא עַל בַּר אֱלָהִין סָמִיכְנָא, אֶלָּא בֶּאֱלָהָא דִשְׁמַיָּא, דְּהוּא אֱלָהָא קְשׁוֹט, וְאוֹרַיְתֵהּ קְשׁוֹט, וּנְבִיאוֹהִי קְשׁוֹט, וּמַסְגֵּא לְמֶעְבַּד טַבְוָן וּקְשׁוֹט. בֵּהּ אֲנָא רָחִיץ, וְלִשְׁמֵהּ קַדִּישָׁא יַקִּירָא אֲנָא אֵמַר תֻּשְׁבְּחָן. יְהֵא רַעֲוָא קֳדָמָךְ דְּתִפְתַּח לִבַּאי בְּאוֹרַיְתָא, וְתַשְׁלִים מִשְׁאֲלִין דְּלִבַּאי וְלִבָּא דְכָל עַמָּךְ יִשְׂרָאֵל לְטָב וּלְחַיִּין וְלִשְׁלָם.

תרגום
ברוך שמו של אדון העולם, ברוך כתרך ומקומך. יהי רצונך עם עמך ישראל לעולם, וישועת ימינך הראה לעמך בבית מקדשך, ולהביא לנו מטוב אורך, ולקבל תפילותינו ברחמים. יהי רצון מלפניך שתאריך לנו חיים בטוב, ואהיה אני נמנה בתוך הצדיקים, לרחם עלי ולשמור אותי ואת כל אשר לי ואשר לעמך ישראל. אתה הוא זן לכול ומפרנס לכול, אתה הוא שליט על הכול, אתה הוא השליט על המלכים, והמלכות שלך היא. אני עבדו של הקדוש ברוך הוא, משתחוה לפניו ולפני כבוד תורתו בכל עת ועת. לא על אדם אני בטוח ולא על מלאך אני סמוך, אלא באלהי השמים, שהוא אלהים אמת, ותורתו אמת, ונביאיו אמת, ומרבה לעשות חסד ואמת. בו אני בטוח, ולשמו הקדוש הנכבד אני אומר תשבחות. יהי רצון מלפניך שתפתח לבי בתורה, ותמלא משאלות לבי ולב כל עמך ישראל לטובה ולחיים ולשלום.

החזן פונה לקהל ואומר את הפסוק ׳גַּדְּלוּ לַה׳ אִתִּי׳ ויש מקומות שבהם החזן מפנה פניו במקצת כלפי ארון הקודש ואומר ׳גַּדְּלוּ לַה׳ אִתִּי׳ ואחר כך מרים קצת את הספר שבידו ואומר ׳וּנְרוֹמְמָה שְׁמוֹ יַחְדָּו׳.

גַּדְּלוּ לַיהוה אִתִּי וּנְרוֹמְמָה שְׁמוֹ יַחְדָּו: תהלים לד

סוגרים את ארון הקודש.

משעה שמוציאים את ספר התורה מן הארון עד לשעה שמניחים אותו – הכול עומדים לכבודו, ואין רשאים לשבת עד שיהא הספר מונח במקומו.

יש מקומות שנוהגים בהם שכל מי שיכול מתקרב אל הספר, ואם הוא קרוב מספיק הריהו מנשק את עטיפתו או את תיקו. כמו כן נהוג שמלווים את ספר התורה בעת הילוכו.

כאשר שליח הציבור הולך אל הבימה הקהל אומר:

לְךָ יהוה הַגְּדֻלָּה וְהַגְּבוּרָה וְהַתִּפְאֶרֶת וְהַנֵּצַח וְהַהוֹד, כִּי־כֹל בַּשָּׁמַיִם דברי הימים א׳ כט
וּבָאָרֶץ: לְךָ יהוה הַמַּמְלָכָה וְהַמִּתְנַשֵּׂא לְכֹל לְרֹאשׁ: רוֹמְמוּ יהוה אֱלֹהֵינוּ תהלים צט
וְהִשְׁתַּחֲווּ לַהֲדֹם רַגְלָיו, קָדוֹשׁ הוּא: רוֹמְמוּ יהוה אֱלֹהֵינוּ וְהִשְׁתַּחֲווּ לְהַר קָדְשׁוֹ, כִּי־קָדוֹשׁ יהוה אֱלֹהֵינוּ:

אַב הָרַחֲמִים הוּא יְרַחֵם עַם עֲמוּסִים, וְיִזְכֹּר בְּרִית אֵיתָנִים, וְיַצִּיל נַפְשׁוֹתֵינוּ מִן הַשָּׁעוֹת הָרָעוֹת, וְיִגְעַר בְּיֵצֶר הָרָע מִן הַנְּשׂוּאִים, וְיָחֹן אוֹתָנוּ לִפְלֵיטַת עוֹלָמִים, וִימַלֵּא מִשְׁאֲלוֹתֵינוּ בְּמִדָּה טוֹבָה יְשׁוּעָה וְרַחֲמִים.

מניחים את ספר התורה על הבימה (ומנהג חלק מקהילות החסידים להגביה את הספר קודם הקריאה), והחזן או הגבאי מכריז: ׳וְתִגָּלֶה וְתֵרָאֶה׳.

נהגו לדייק היטב בשם הנקרא לעלות ובשם אביו (שאם יש לו שמות אחדים קוראים לו בכולם) משום שיש בכך הודעה פומבית ויש לה השלכות הלכתיות. ומשתדלים לקרוא לו בשמו העברי, וכן בשמו העברי של אביו; וגר צדק (וכן מי שלא נודע שם אביו) נקרא ׳בן אברהם׳.

וְתִגָּלֶה וְתֵרָאֶה מַלְכוּתוֹ עָלֵינוּ בִּזְמַן קָרוֹב, וְיָחֹן פְּלֵיטָתֵנוּ וּפְלֵיטַת עַמּוֹ בֵּית יִשְׂרָאֵל לְחֵן וּלְחֶסֶד וּלְרַחֲמִים וּלְרָצוֹן וְנֹאמַר אָמֵן. הַכֹּל הָבוּ גֹדֶל לֵאלֹהֵינוּ וּתְנוּ כָבוֹד לַתּוֹרָה. *כֹּהֵן קְרַב, יַעֲמֹד (פלוני בֶּן פלוני) **הַכֹּהֵן.**

*אם אין כוהן, הגבאי קורא ללוי או לישראל ואומר:

/אֵין כָּאן כֹּהֵן, יַעֲמֹד (פלוני בֶּן פלוני) **בִּמְקוֹם כֹּהֵן./**

בָּרוּךְ שֶׁנָּתַן תּוֹרָה לְעַמּוֹ יִשְׂרָאֵל בִּקְדֻשָּׁתוֹ.

הקהל ואחריו הגבאי:

וְאַתֶּם הַדְּבֵקִים בַּיהוה אֱלֹהֵיכֶם חַיִּים כֻּלְּכֶם הַיּוֹם: דברים ד

ואני תפילתי מנהג עתיק לומר כאן פסוק זה מתהלים שיש בו מצד אחד אזכור של "עת רצון", ומצד אחר הדגשת ייחודו של היהודי ("ואני") המפנה עצמו ביום שמחתו ומנוחתו לתפילה.

לקריאת התורה ראה עמ׳ 767.

עולה: בָּרְכוּ אֶת יהוה הַמְבֹרָךְ.

קהל: בָּרוּךְ יהוה הַמְבֹרָךְ לְעוֹלָם וָעֶד.

עולה: בָּרוּךְ יהוה הַמְבֹרָךְ לְעוֹלָם וָעֶד.
בָּרוּךְ אַתָּה יהוה, אֱלֹהֵינוּ מֶלֶךְ הָעוֹלָם אֲשֶׁר בָּחַר בָּנוּ מִכָּל הָעַמִּים וְנָתַן לָנוּ אֶת תּוֹרָתוֹ. בָּרוּךְ אַתָּה יהוה, נוֹתֵן הַתּוֹרָה.

העולה לתורה חוזר (בשקט, שלא לגרום בלבול) עם ׳בעל הקורא׳ על הקריאה שהוא שומע ונמצא שהוא עצמו קורא בתורה.

עולה: בָּרוּךְ אַתָּה יהוה אֱלֹהֵינוּ מֶלֶךְ הָעוֹלָם אֲשֶׁר נָתַן לָנוּ תּוֹרַת אֱמֶת וְחַיֵּי עוֹלָם נָטַע בְּתוֹכֵנוּ. בָּרוּךְ אַתָּה יהוה, נוֹתֵן הַתּוֹרָה.

העולה לתורה נשאר על הבימה במשך זמן הקריאה של העולה הבא אחריו, ורק כאשר העולה הבא מסיים את הברכה האחרונה הוא יורד וחוזר למקומו. כאשר שב למקומו מן הראוי שלא ימהר ושילך בדרך הארוכה יותר שמן הבימה למקומו.

כאשר מגביהים את ספר התורה, הקהל אומר:

דברים ד וְזֹאת הַתּוֹרָה אֲשֶׁר־שָׂם מֹשֶׁה לִפְנֵי בְּנֵי יִשְׂרָאֵל:

במדבר ט (עַל־פִּי יהוה בְּיַד מֹשֶׁה:)

משלי ג ויש מוסיפים: עֵץ־חַיִּים הִיא לַמַּחֲזִיקִים בָּהּ וְתֹמְכֶיהָ מְאֻשָּׁר:
דְּרָכֶיהָ דַרְכֵי־נֹעַם וְכָל־נְתִיבוֹתֶיהָ שָׁלוֹם:
אֹרֶךְ יָמִים בִּימִינָהּ, בִּשְׂמֹאולָהּ עֹשֶׁר וְכָבוֹד:

ישעיה מב יהוה חָפֵץ לְמַעַן צִדְקוֹ יַגְדִּיל תּוֹרָה וְיַאְדִּיר:

כאן מזכירים נשמות לפי הצורך (עמ׳ 559).

בזמן גלילת ספר התורה אומרים:

תהלים קיא הַלְלוּיָהּ, אוֹדֶה יהוה בְּכָל־לֵבָב, בְּסוֹד יְשָׁרִים וְעֵדָה: גְּדֹלִים מַעֲשֵׂי יהוה, דְּרוּשִׁים לְכָל־חֶפְצֵיהֶם: הוֹד־וְהָדָר פָּעֳלוֹ, וְצִדְקָתוֹ עֹמֶדֶת לָעַד: זֵכֶר עָשָׂה לְנִפְלְאֹתָיו, חַנּוּן וְרַחוּם יהוה: טֶרֶף נָתַן לִירֵאָיו, יִזְכֹּר לְעוֹלָם בְּרִיתוֹ: כֹּחַ מַעֲשָׂיו הִגִּיד לְעַמּוֹ, לָתֵת לָהֶם נַחֲלַת גּוֹיִם: מַעֲשֵׂי יָדָיו אֱמֶת וּמִשְׁפָּט, נֶאֱמָנִים כָּל־פִּקּוּדָיו: סְמוּכִים

לָעַד לְעוֹלָם, עֲשׂוּיִם בֶּאֱמֶת וְיָשָׁר: פְּדוּת שָׁלַח לְעַמּוֹ, צִוָּה־לְעוֹלָם בְּרִיתוֹ, קָדוֹשׁ וְנוֹרָא שְׁמוֹ: רֵאשִׁית חָכְמָה יִרְאַת יהוה, שֵׂכֶל טוֹב לְכָל־עֹשֵׂיהֶם, תְּהִלָּתוֹ עֹמֶדֶת לָעַד:

הַלְלוּיָהּ, אַשְׁרֵי־אִישׁ יָרֵא אֶת־יהוה, בְּמִצְוֹתָיו חָפֵץ מְאֹד: גִּבּוֹר תהלים קיב
בָּאָרֶץ יִהְיֶה זַרְעוֹ, דּוֹר יְשָׁרִים יְבֹרָךְ: הוֹן־וָעֹשֶׁר בְּבֵיתוֹ, וְצִדְקָתוֹ עֹמֶדֶת לָעַד: זָרַח בַּחֹשֶׁךְ אוֹר לַיְשָׁרִים, חַנּוּן וְרַחוּם וְצַדִּיק: טוֹב־אִישׁ חוֹנֵן וּמַלְוֶה, יְכַלְכֵּל דְּבָרָיו בְּמִשְׁפָּט: כִּי־לְעוֹלָם לֹא־יִמּוֹט, לְזֵכֶר עוֹלָם יִהְיֶה צַדִּיק: מִשְּׁמוּעָה רָעָה לֹא יִירָא, נָכוֹן לִבּוֹ בָּטֻחַ בַּיהוה: סָמוּךְ לִבּוֹ לֹא יִירָא, עַד אֲשֶׁר־יִרְאֶה בְצָרָיו: פִּזַּר, נָתַן לָאֶבְיוֹנִים, צִדְקָתוֹ עֹמֶדֶת לָעַד, קַרְנוֹ תָּרוּם בְּכָבוֹד: רָשָׁע יִרְאֶה וְכָעָס, שִׁנָּיו יַחֲרֹק וְנָמָס, תַּאֲוַת רְשָׁעִים תֹּאבֵד:

פותחים את ארון הקודש. שליח הציבור לוקח את ספר התורה בימינו ואומר:

יְהַלְלוּ אֶת־שֵׁם יהוה, כִּי־נִשְׂגָּב שְׁמוֹ, לְבַדּוֹ תהלים קמח

הקהל אומר:

הוֹדוֹ עַל־אֶרֶץ וְשָׁמָיִם:
וַיָּרֶם קֶרֶן לְעַמּוֹ תְּהִלָּה לְכָל־חֲסִידָיו
לִבְנֵי יִשְׂרָאֵל עַם קְרֹבוֹ, הַלְלוּיָהּ:

כאשר מלווים את ספר התורה לארון הקודש אומרים:

לְדָוִד מִזְמוֹר, לַיהוה הָאָרֶץ וּמְלוֹאָהּ, תֵּבֵל וְיֹשְׁבֵי בָהּ: כִּי־הוּא עַל־ תהלים כד
יַמִּים יְסָדָהּ, וְעַל־נְהָרוֹת יְכוֹנְנֶהָ: מִי־יַעֲלֶה בְהַר־יהוה, וּמִי־יָקוּם בִּמְקוֹם קָדְשׁוֹ: נְקִי כַפַּיִם וּבַר־לֵבָב, אֲשֶׁר לֹא־נָשָׂא לַשָּׁוְא נַפְשִׁי וְלֹא נִשְׁבַּע לְמִרְמָה: יִשָּׂא בְרָכָה מֵאֵת יהוה, וּצְדָקָה מֵאֱלֹהֵי יִשְׁעוֹ: זֶה דּוֹר דֹּרְשָׁו, מְבַקְשֵׁי פָנֶיךָ, יַעֲקֹב, סֶלָה: שְׂאוּ שְׁעָרִים רָאשֵׁיכֶם, וְהִנָּשְׂאוּ פִּתְחֵי עוֹלָם, וְיָבוֹא מֶלֶךְ הַכָּבוֹד: מִי זֶה מֶלֶךְ הַכָּבוֹד, יהוה עִזּוּז וְגִבּוֹר, יהוה גִּבּוֹר מִלְחָמָה: שְׂאוּ שְׁעָרִים רָאשֵׁיכֶם, וּשְׂאוּ פִּתְחֵי

עוֹלָם, וְיָבוֹא מֶלֶךְ הַכָּבוֹד: מִי הוּא זֶה מֶלֶךְ הַכָּבוֹד, יהוה צְבָאוֹת
הוּא מֶלֶךְ הַכָּבוֹד, סֶלָה:

מכניסים את ספר התורה לארון הקודש ואומרים:

במדבר י וּבְנֻחֹה יֹאמַר, שׁוּבָה יהוה רִבְבוֹת אַלְפֵי יִשְׂרָאֵל:
תהלים קלב קוּמָה יהוה לִמְנוּחָתֶךָ, אַתָּה וַאֲרוֹן עֻזֶּךָ:
כֹּהֲנֶיךָ יִלְבְּשׁוּ־צֶדֶק, וַחֲסִידֶיךָ יְרַנֵּנוּ:
בַּעֲבוּר דָּוִד עַבְדֶּךָ אַל־תָּשֵׁב פְּנֵי מְשִׁיחֶךָ:
משלי ד כִּי לֶקַח טוֹב נָתַתִּי לָכֶם, תּוֹרָתִי אַל־תַּעֲזֹבוּ:
משלי ג עֵץ־חַיִּים הִיא לַמַּחֲזִיקִים בָּהּ, וְתֹמְכֶיהָ מְאֻשָּׁר:
דְּרָכֶיהָ דַרְכֵי־נֹעַם וְכָל־נְתִיבוֹתֶיהָ שָׁלוֹם:
איכה ה הֲשִׁיבֵנוּ יהוה אֵלֶיךָ וְנָשׁוּבָה, חַדֵּשׁ יָמֵינוּ כְּקֶדֶם:

סוגרים את ארון הקודש.

חצי קדיש

ש״ץ: יִתְגַּדַּל וְיִתְקַדַּשׁ שְׁמֵהּ רַבָּא (קהל: אָמֵן)
בְּעָלְמָא דִּי בְרָא כִרְעוּתֵהּ
וְיַמְלִיךְ מַלְכוּתֵהּ וְיַצְמַח פֻּרְקָנֵהּ וִיקָרֵב מְשִׁיחֵהּ (קהל: אָמֵן)
בְּחַיֵּיכוֹן וּבְיוֹמֵיכוֹן וּבְחַיֵּי דְכָל בֵּית יִשְׂרָאֵל
בַּעֲגָלָא וּבִזְמַן קָרִיב, וְאִמְרוּ אָמֵן. (קהל: אָמֵן)

קהל וש״ץ: יְהֵא שְׁמֵהּ רַבָּא מְבָרַךְ לְעָלַם וּלְעָלְמֵי עָלְמַיָּא.

ש״ץ: יִתְבָּרַךְ וְיִשְׁתַּבַּח וְיִתְפָּאַר וְיִתְרוֹמַם וְיִתְנַשֵּׂא
וְיִתְהַדָּר וְיִתְעַלֶּה וְיִתְהַלָּל
שְׁמֵהּ דְּקֻדְשָׁא בְּרִיךְ הוּא (קהל: אָמֵן)
לְעֵלָּא מִן כָּל בִּרְכָתָא / בשבת שובה: לְעֵלָּא לְעֵלָּא מִכָּל בִּרְכָתָא/
וְשִׁירָתָא, תֻּשְׁבְּחָתָא וְנֶחֱמָתָא
דַּאֲמִירָן בְּעָלְמָא, וְאִמְרוּ אָמֵן. (קהל: אָמֵן)

ביום טוב מתפללים תפילת עמידה של יום טוב, אף אם חל בשבת (עמ׳ 536).

עמידה

יש נוהגים להתפלל את תפילת העמידה בשבת דווקא מתוך הסידור, ולא כתפילתם בימות החול בעצימת העיניים, בשל השינויים שבתפילת השבת ומשום שיש בכך מעלה. פוסע שלוש פסיעות אחורנית ולאחר מכן (והוא עיקר הכוונה שבדבר) שלוש פסיעות לפנים, כמי שנכנס לפני המלך.

עומד ומתפלל בלחש מכאן ועד ׳וּכְשָׁנִים קַדְמֹנִיּוֹת׳ (בעמ׳ 448). כורע בתחילתה ובסופה של ברכת אבות. אופן הכריעה כך הוא: כשאומר ׳בָּרוּךְ׳ כורע בברכיו, כשאומר ׳אַתָּה׳ שוחה וכשאומר ׳השם׳ חוזר ומזדקף.

כִּי שֵׁם יהוה אֶקְרָא, הָבוּ גֹדֶל לֵאלֹהֵינוּ: דברים לב

אֲדֹנָי, שְׂפָתַי תִּפְתָּח, וּפִי יַגִּיד תְּהִלָּתֶךָ: תהלים נא

אבות

בָּרוּךְ אַתָּה יהוה, אֱלֹהֵינוּ וֵאלֹהֵי אֲבוֹתֵינוּ
אֱלֹהֵי אַבְרָהָם, אֱלֹהֵי יִצְחָק, וֵאלֹהֵי יַעֲקֹב
הָאֵל הַגָּדוֹל הַגִּבּוֹר וְהַנּוֹרָא, אֵל עֶלְיוֹן
גּוֹמֵל חֲסָדִים טוֹבִים, קוֹנֵה הַכֹּל, וְזוֹכֵר חַסְדֵי אָבוֹת
וּמֵבִיא גוֹאֵל לִבְנֵי בְנֵיהֶם לְמַעַן שְׁמוֹ בְּאַהֲבָה.

בשבת שובה: זָכְרֵנוּ לְחַיִּים, מֶלֶךְ חָפֵץ בַּחַיִּים
ואם שכח אינו חוזר. וְכָתְבֵנוּ בְּסֵפֶר הַחַיִּים, לְמַעַנְךָ אֱלֹהִים חַיִּים.

מֶלֶךְ עוֹזֵר וּמוֹשִׁיעַ וּמָגֵן.
בָּרוּךְ אַתָּה יהוה, מָגֵן אַבְרָהָם.

גבורות

אַתָּה גִּבּוֹר לְעוֹלָם, אֲדֹנָי
מְחַיֵּה מֵתִים אַתָּה, רַב לְהוֹשִׁיעַ

אומרים ׳מַשִּׁיב הָרוּחַ וּמוֹרִיד הַגֶּשֶׁם׳ בכל ימות החורף (מתפילת מוסף של שמיני עצרת עד לשחרית של יום ראשון של פסח) ו׳מוֹרִיד הַטָּל׳ בימות הקיץ (ממוסף של יום ראשון של פסח עד שחרית של שמיני עצרת).

מי שטעה ואמר ׳מַשִּׁיב הָרוּחַ׳ בימות הקיץ – חוזר לראש הברכה, ואם גמר את הברכה – חוזר לתחילת התפילה. וכן הדין בימות החורף במי שלא הזכיר כלל ׳מַשִּׁיב הָרוּחַ׳, אבל אם אמר בטעות במקום זה ׳מוֹרִיד הַטָּל׳, אינו צריך לחזור.

בחורף: **מַשִּׁיב הָרוּחַ וּמוֹרִיד הַגֶּשֶׁם** / בקיץ: **מוֹרִיד הַטָּל**

מְכַלְכֵּל חַיִּים בְּחֶסֶד
מְחַיֵּה מֵתִים בְּרַחֲמִים רַבִּים
סוֹמֵךְ נוֹפְלִים, וְרוֹפֵא חוֹלִים, וּמַתִּיר אֲסוּרִים
וּמְקַיֵּם אֱמוּנָתוֹ לִישֵׁנֵי עָפָר.
מִי כָמְוֹךָ, בַּעַל גְּבוּרוֹת, וּמִי דּוֹמֶה לָּךְ
מֶלֶךְ, מֵמִית וּמְחַיֶּה וּמַצְמִיחַ יְשׁוּעָה.

בשבת שובה: מִי כָמְוֹךָ אָב הָרַחֲמָן
ואם שכח אינו חוזר. זוֹכֵר יְצוּרָיו לְחַיִּים בְּרַחֲמִים.

וְנֶאֱמָן אַתָּה לְהַחֲיוֹת מֵתִים.
בָּרוּךְ אַתָּה יהוה, מְחַיֵּה הַמֵּתִים.

בתפילת לחש ממשיכים 'אַתָּה קָדוֹשׁ' בעמוד הבא.

קדושה

בזמן אמירת הקדושה עומדים, ומשתדלים לעמוד כך ששתי הרגליים צמודות זו לזו כבתפילת העמידה. ונוהגים שבשעה שאומרים 'קָדוֹשׁ, קָדוֹשׁ, קָדוֹשׁ' וכן כשאומרים את הפסוקים 'בָּרוּךְ' ו'יִמְלֹךְ' מתרוממים קצת כלפי מעלה על גבי בהונות הרגליים.

קהל ואחריו שליח הציבור:

נַקְדִּישָׁךְ וְנַעֲרִיצָךְ כְּנֹעַם שִׂיחַ סוֹד שַׂרְפֵי קֹדֶשׁ, הַמְשַׁלְּשִׁים לְךָ קְדֻשָּׁה,
כַּכָּתוּב עַל יַד נְבִיאֶךָ, וְקָרָא זֶה אֶל־זֶה וְאָמַר ישעיה ו

קהל ואחריו שליח הציבור:

קָדוֹשׁ, קָדוֹשׁ, קָדוֹשׁ, יהוה צְבָאוֹת, מְלֹא כָל־הָאָרֶץ כְּבוֹדוֹ:
לְעֻמָּתָם מְשַׁבְּחִים וְאוֹמְרִים

קהל ואחריו שליח הציבור:

בָּרוּךְ כְּבוֹד־יהוה מִמְּקוֹמוֹ: יחזקאל ג
וּבְדִבְרֵי קָדְשְׁךָ כָּתוּב לֵאמֹר

קהל ואחריו שליח הציבור:

יִמְלֹךְ יהוה לְעוֹלָם, אֱלֹהַיִךְ צִיּוֹן לְדֹר וָדֹר, הַלְלוּיָהּ: תהלים קמו

שליח הציבור ממשיך 'אַתָּה קָדוֹשׁ' בעמוד הבא.

קדושת השם

אַתָּה קָדוֹשׁ וְשִׁמְךָ קָדוֹשׁ, וּקְדוֹשִׁים בְּכָל יוֹם יְהַלְלוּךָ סֶּלָה
כִּי אֵל מֶלֶךְ גָּדוֹל וְקָדוֹשׁ אָתָּה.
בָּרוּךְ אַתָּה יהוה, הָאֵל הַקָּדוֹשׁ. / בשבת שובה: הַמֶּלֶךְ הַקָּדוֹשׁ./
אם שכח, חוזר לראש התפילה.

קדושת היום

אַתָּה אֶחָד וְשִׁמְךָ אֶחָד, וּמִי כְּעַמְּךָ יִשְׂרָאֵל גּוֹי אֶחָד בָּאָרֶץ.
תִּפְאֶרֶת גְּדֻלָּה וַעֲטֶרֶת יְשׁוּעָה,
יוֹם מְנוּחָה וּקְדֻשָּׁה לְעַמְּךָ נָתָתָּ.
אַבְרָהָם יָגֵל, יִצְחָק יְרַנֵּן, יַעֲקֹב וּבָנָיו יָנוּחוּ בוֹ
מְנוּחַת אַהֲבָה וּנְדָבָה, מְנוּחַת אֱמֶת וֶאֱמוּנָה
מְנוּחַת שָׁלוֹם וְשַׁלְוָה וְהַשְׁקֵט וָבֶטַח
מְנוּחָה שְׁלֵמָה שֶׁאַתָּה רוֹצֶה בָּהּ.
יַכִּירוּ בָנֶיךָ וְיֵדְעוּ, כִּי מֵאִתְּךָ הִיא מְנוּחָתָם
וְעַל מְנוּחָתָם יַקְדִּישׁוּ אֶת שְׁמֶךָ.

אֱלֹהֵינוּ וֵאלֹהֵי אֲבוֹתֵינוּ, רְצֵה נָא בִמְנוּחָתֵנוּ
קַדְּשֵׁנוּ בְּמִצְוֹתֶיךָ וְתֵן חֶלְקֵנוּ בְּתוֹרָתֶךָ
שַׂבְּעֵנוּ מִטּוּבֶךָ וְשַׂמַּח נַפְשֵׁנוּ בִּישׁוּעָתֶךָ
וְטַהֵר לִבֵּנוּ לְעָבְדְּךָ בֶּאֱמֶת.
וְהַנְחִילֵנוּ יהוה אֱלֹהֵינוּ בְּאַהֲבָה וּבְרָצוֹן שַׁבְּתוֹת קָדְשֶׁךָ
וְיָנוּחוּ בָם כָּל יִשְׂרָאֵל מְקַדְּשֵׁי שְׁמֶךָ.
בָּרוּךְ אַתָּה יהוה, מְקַדֵּשׁ הַשַּׁבָּת.

וינוחו בם על פי קבלת האר״י יש חילוק בנוסח הברכה בין תפילות השבת: בתפילת ערבית אומרים ״וינוחו בה״, בשחרית – ״וינוחו בו״ ובמנחה – ״וינוחו בם״. טעמו של המנהג מוסבר על דרך הסוד: בכל זמן מזמני השבת יש גילוי של

עבודה

רְצֵה יהוה אֱלֹהֵינוּ בְּעַמְּךָ יִשְׂרָאֵל, וְלִתְפִלָּתָם שְׁעֵה
וְהָשֵׁב אֶת הָעֲבוֹדָה לִדְבִיר בֵּיתֶךָ
וְאִשֵּׁי יִשְׂרָאֵל וּתְפִלָּתָם, מְהֵרָה בְּאַהֲבָה תְקַבֵּל בְּרָצוֹן
וּתְהִי לְרָצוֹן תָּמִיד עֲבוֹדַת יִשְׂרָאֵל עַמֶּךָ.

בראש חודש ובשבת חול המועד אומרים ׳יַעֲלֶה וְיָבוֹא׳.
אם שכח ׳יַעֲלֶה וְיָבוֹא׳ – חוזר לׇ׳רְצֵה׳. ואם נזכר לאחר שסיים עמידה – חוזר לראש.

אֱלֹהֵינוּ וֵאלֹהֵי אֲבוֹתֵינוּ, יַעֲלֶה וְיָבוֹא וְיַגִּיעַ, וְיֵרָאֶה וְיֵרָצֶה וְיִשָּׁמַע, וְיִפָּקֵד וְיִזָּכֵר זִכְרוֹנֵנוּ וּפִקְדוֹנֵנוּ וְזִכְרוֹן אֲבוֹתֵינוּ, וְזִכְרוֹן מָשִׁיחַ בֶּן דָּוִד עַבְדֶּךָ, וְזִכְרוֹן יְרוּשָׁלַיִם עִיר קָדְשֶׁךָ, וְזִכְרוֹן כָּל עַמְּךָ בֵּית יִשְׂרָאֵל, לְפָנֶיךָ, לִפְלֵיטָה לְטוֹבָה, לְחֵן וּלְחֶסֶד וּלְרַחֲמִים, לְחַיִּים וּלְשָׁלוֹם בְּיוֹם
בראש חודש: רֹאשׁ הַחֹדֶשׁ / בפסח: חַג הַמַּצּוֹת / בסוכות: חַג הַסֻּכּוֹת
הַזֶּה. זָכְרֵנוּ יהוה אֱלֹהֵינוּ בּוֹ לְטוֹבָה, וּפָקְדֵנוּ בוֹ לִבְרָכָה, וְהוֹשִׁיעֵנוּ בוֹ לְחַיִּים טוֹבִים. וּבִדְבַר יְשׁוּעָה וְרַחֲמִים חוּס וְחָנֵּנוּ וְרַחֵם עָלֵינוּ וְהוֹשִׁיעֵנוּ, כִּי אֵלֶיךָ עֵינֵינוּ, כִּי אֵל מֶלֶךְ חַנּוּן וְרַחוּם אָתָּה.

וְתֶחֱזֶינָה עֵינֵינוּ בְּשׁוּבְךָ לְצִיּוֹן בְּרַחֲמִים.
בָּרוּךְ אַתָּה יהוה, הַמַּחֲזִיר שְׁכִינָתוֹ לְצִיּוֹן.

מהות אחרת, של ספירה אחרת. מצד אחד זהו יום כללי שהוא בחינת השכינה, המלכות, ומצד אחר ליל שבת, יום השבת ומנחה של שבת הם אינם אותו יום אלא שלוש מדרגות נבדלות. לכן יש בכל פעם שינוי בכינויי השבת: בליל שבת התגלות ה׳ היא בבחינת נקבה (״בה״), המסמלת את השכינה המקבלת את שפעה וכוחה מלמעלה. בבוקר השבת התגלות ה׳ היא בבחינת זכר (״בו״), המכוונת לגילוי ספירת הכתר, מקור ההשפעה העליונה. ובתפילת המנחה יש התגלות של שתי דרגות שונות (״בם״): ״עתיק יומין״ – מקור השפע העליון, המתגלה ב״זעיר אנפין״ – במידות של עולם האצילות, המאירות לכללות העולמות.

הודאה

משתחווים בברכת ההודאה בתחילה ובסוף. כשאומר 'מוֹדִים' כורע ושוחה כאחת, וכשאומר 'השם' זוקף. בסוף הברכה אופן הכריעה דומה לתחילת התפילה – כשאומר 'בָּרוּךְ' כורע, כשאומר 'אַתָּה' שוחה וכשאומר 'השם' חוזר ומזדקף.

מוֹדִים אֲנַחְנוּ לָךְ
שָׁאַתָּה הוּא יהוה אֱלֹהֵינוּ
וֵאלֹהֵי אֲבוֹתֵינוּ לְעוֹלָם וָעֶד.
צוּר חַיֵּינוּ, מָגֵן יִשְׁעֵנוּ
אַתָּה הוּא לְדוֹר וָדוֹר.
נוֹדֶה לְּךָ וּנְסַפֵּר תְּהִלָּתֶךָ
עַל חַיֵּינוּ הַמְּסוּרִים בְּיָדֶךָ
וְעַל נִשְׁמוֹתֵינוּ הַפְּקוּדוֹת לָךְ
וְעַל נִסֶּיךָ שֶׁבְּכָל יוֹם עִמָּנוּ
וְעַל נִפְלְאוֹתֶיךָ וְטוֹבוֹתֶיךָ
שֶׁבְּכָל עֵת, עֶרֶב וָבֹקֶר וְצָהֳרָיִם.
הַטּוֹב, כִּי לֹא כָלוּ רַחֲמֶיךָ
וְהַמְרַחֵם, כִּי לֹא תַמּוּ חֲסָדֶיךָ
כִּי מֵעוֹלָם קִוִּינוּ לָךְ.

כששליח הציבור אומר 'מוֹדִים' הקהל אומר בלחש:

מוֹדִים אֲנַחְנוּ לָךְ
שָׁאַתָּה הוּא יהוה אֱלֹהֵינוּ
וֵאלֹהֵי אֲבוֹתֵינוּ
אֱלֹהֵי כָל בָּשָׂר
יוֹצְרֵנוּ, יוֹצֵר בְּרֵאשִׁית.
בְּרָכוֹת וְהוֹדָאוֹת
לְשִׁמְךָ הַגָּדוֹל וְהַקָּדוֹשׁ
עַל שֶׁהֶחֱיִיתָנוּ וְקִיַּמְתָּנוּ.
כֵּן תְּחַיֵּנוּ וּתְקַיְּמֵנוּ
וְתֶאֱסֹף גָּלֻיּוֹתֵינוּ
לְחַצְרוֹת קָדְשֶׁךָ
לִשְׁמֹר חֻקֶּיךָ וְלַעֲשׂוֹת רְצוֹנֶךָ
וּלְעָבְדְּךָ בְּלֵבָב שָׁלֵם
עַל שֶׁאֲנוּ מוֹדִים לָךְ
בָּרוּךְ אֵל הַהוֹדָאוֹת.

בשבת חנוכה אומרים כאן 'עַל הַנִּסִּים'. ואם שכח אינו חוזר:

וְעַל הַנִּסִּים וְעַל הַפֻּרְקָן וְעַל הַגְּבוּרוֹת וְעַל הַתְּשׁוּעוֹת וְעַל הַנִּפְלָאוֹת וְעַל הַנֶּחָמוֹת וְעַל הַמִּלְחָמוֹת שֶׁעָשִׂיתָ לַאֲבוֹתֵינוּ בַּיָּמִים הָהֵם בַּזְּמַן הַזֶּה.

בִּימֵי מַתִּתְיָהוּ בֶּן יוֹחָנָן כֹּהֵן גָּדוֹל חַשְׁמוֹנַאי וּבָנָיו, כְּשֶׁעָמְדָה מַלְכוּת יָוָן הָרְשָׁעָה עַל עַמְּךָ יִשְׂרָאֵל לְהַשְׁכִּיחָם תּוֹרָתֶךָ וּלְהַעֲבִירָם מֵחֻקֵּי רְצוֹנֶךָ, וְאַתָּה בְּרַחֲמֶיךָ הָרַבִּים עָמַדְתָּ לָהֶם בְּעֵת צָרָתָם, רַבְתָּ אֶת רִיבָם, דַּנְתָּ אֶת דִּינָם, נָקַמְתָּ אֶת נִקְמָתָם, מָסַרְתָּ גִבּוֹרִים בְּיַד חַלָּשִׁים,

וְרַבִּים בְּיַד מְעַטִּים, וּטְמֵאִים בְּיַד טְהוֹרִים, וּרְשָׁעִים בְּיַד צַדִּיקִים, וְזֵדִים בְּיַד עוֹסְקֵי תוֹרָתֶךָ. וּלְךָ עָשִׂיתָ שֵׁם גָּדוֹל וְקָדוֹשׁ בְּעוֹלָמֶךָ, וּלְעַמְּךָ יִשְׂרָאֵל עָשִׂיתָ תְּשׁוּעָה גְדוֹלָה וּפֻרְקָן כְּהַיּוֹם הַזֶּה. וְאַחַר כָּךְ בָּאוּ בָנֶיךָ לִדְבִיר בֵּיתֶךָ, וּפִנּוּ אֶת הֵיכָלֶךָ, וְטִהֲרוּ אֶת מִקְדָּשֶׁךָ, וְהִדְלִיקוּ נֵרוֹת בְּחַצְרוֹת קָדְשֶׁךָ, וְקָבְעוּ שְׁמוֹנַת יְמֵי חֲנֻכָּה אֵלּוּ, לְהוֹדוֹת וּלְהַלֵּל לְשִׁמְךָ הַגָּדוֹל.

וממשיכים 'וְעַל כֻּלָּם'.

בפורים של מוקפין שחל בשבת אומרים כאן 'עַל הַנִּסִּים'. ואם שכח אינו חוזר:

וְעַל הַנִּסִּים וְעַל הַפֻּרְקָן וְעַל הַגְּבוּרוֹת וְעַל הַתְּשׁוּעוֹת וְעַל הַנִּפְלָאוֹת וְעַל הַנֶּחָמוֹת וְעַל הַמִּלְחָמוֹת שֶׁעָשִׂיתָ לַאֲבוֹתֵינוּ בַּיָּמִים הָהֵם בַּזְּמַן הַזֶּה.

בִּימֵי מָרְדְּכַי וְאֶסְתֵּר בְּשׁוּשַׁן הַבִּירָה, כְּשֶׁעָמַד עֲלֵיהֶם הָמָן הָרָשָׁע,
אסתר ג בִּקֵּשׁ לְהַשְׁמִיד לַהֲרֹג וּלְאַבֵּד אֶת־כָּל־הַיְּהוּדִים מִנַּעַר וְעַד־זָקֵן טַף
וְנָשִׁים בְּיוֹם אֶחָד, בִּשְׁלוֹשָׁה עָשָׂר לְחֹדֶשׁ שְׁנֵים־עָשָׂר, הוּא־חֹדֶשׁ אֲדָר,
וּשְׁלָלָם לָבוֹז: וְאַתָּה בְּרַחֲמֶיךָ הָרַבִּים הֵפַרְתָּ אֶת עֲצָתוֹ, וְקִלְקַלְתָּ אֶת
מַחֲשַׁבְתּוֹ, וַהֲשֵׁבוֹתָ לּוֹ גְּמוּלוֹ בְּרֹאשׁוֹ, וְתָלוּ אוֹתוֹ וְאֶת בָּנָיו עַל הָעֵץ.

וממשיכים 'וְעַל כֻּלָּם'.

וְעַל כֻּלָּם יִתְבָּרַךְ וְיִתְרוֹמַם וְיִתְנַשֵּׂא שִׁמְךָ מַלְכֵּנוּ
תָּמִיד לְעוֹלָם וָעֶד.

בשבת שובה: וּכְתֹב לְחַיִּים טוֹבִים כָּל בְּנֵי בְרִיתֶךָ.
ואם שכח אינו חוזר.

וְכֹל הַחַיִּים יוֹדְוּךָ סֶּלָה
וִיהַלְלוּ וִיבָרְכוּ אֶת שִׁמְךָ הַגָּדוֹל בֶּאֱמֶת לְעוֹלָם כִּי טוֹב
הָאֵל יְשׁוּעָתֵנוּ וְעֶזְרָתֵנוּ סֶלָה, הָאֵל הַטּוֹב.
בָּרוּךְ אַתָּה יהוה
הַטּוֹב שִׁמְךָ וּלְךָ נָאֶה לְהוֹדוֹת.

שלום

שִׂים שָׁלוֹם טוֹבָה וּבְרָכָה, חַיִּים חֵן וָחֶסֶד וְרַחֲמִים
עָלֵינוּ וְעַל כָּל יִשְׂרָאֵל עַמֶּךָ.
בָּרְכֵנוּ אָבִינוּ כֻּלָּנוּ כְּאֶחָד בְּאוֹר פָּנֶיךָ
כִּי בְאוֹר פָּנֶיךָ נָתַתָּ לָּנוּ יהוה אֱלֹהֵינוּ
תּוֹרַת חַיִּים וְאַהֲבַת חֶסֶד
וּצְדָקָה וּבְרָכָה וְרַחֲמִים וְחַיִּים וְשָׁלוֹם.
וְטוֹב יִהְיֶה בְּעֵינֶיךָ לְבָרְכֵנוּ, וּלְבָרֵךְ אֶת כָּל עַמְּךָ יִשְׂרָאֵל
בְּכָל עֵת וּבְכָל שָׁעָה בִּשְׁלוֹמֶךָ.

בשבת שובה: ואם שכח אינו חוזר.
בְּסֵפֶר חַיִּים, בְּרָכָה וְשָׁלוֹם, וּפַרְנָסָה טוֹבָה
וּגְזֵרוֹת טוֹבוֹת, יְשׁוּעוֹת וְנֶחָמוֹת
נִזָּכֵר וְנִכָּתֵב לְפָנֶיךָ אֲנַחְנוּ וְכָל עַמְּךָ בֵּית יִשְׂרָאֵל
לְחַיִּים טוֹבִים וּלְשָׁלוֹם.

בָּרוּךְ אַתָּה יהוה, הַמְבָרֵךְ אֶת עַמּוֹ יִשְׂרָאֵל בַּשָּׁלוֹם.

יִהְיוּ לְרָצוֹן אִמְרֵי פִי וְהֶגְיוֹן לִבִּי לְפָנֶיךָ, יהוה צוּרִי וְגֹאֲלִי: תהלים יט

אֱלֹהַי ברכות יז.
נְצֹר לְשׁוֹנִי מֵרָע וּשְׂפָתַי מִדַּבֵּר מִרְמָה
וְלִמְקַלְלַי נַפְשִׁי תִדֹּם, וְנַפְשִׁי כֶּעָפָר לַכֹּל תִּהְיֶה.
פְּתַח לִבִּי בְּתוֹרָתֶךָ
וְאַחֲרֵי מִצְוֹתֶיךָ תִּרְדֹּף נַפְשִׁי.
וְכָל הַקָּמִים וְהַחוֹשְׁבִים עָלַי רָעָה
מְהֵרָה הָפֵר עֲצָתָם וְקַלְקֵל מַחֲשַׁבְתָּם.

יש המוסיפים:

יִהְיוּ כְּמֹץ לִפְנֵי רוּחַ וּמַלְאַךְ יהוה דּוֹחֶה.

יש המוסיפים:

יְהִי רָצוֹן מִלְּפָנֶיךָ, יהוה אֱלֹהַי וֵאלֹהֵי אֲבוֹתַי
שֶׁלֹּא תַעֲלֶה קִנְאַת אָדָם עָלַי, וְלֹא קִנְאָתִי עַל אֲחֵרִים
וְשֶׁלֹּא אֶכְעֹס הַיּוֹם, וְשֶׁלֹּא אַכְעִיסֶךָ
וְתַצִּילֵנִי מִיֵּצֶר הָרָע, וְתֵן בְּלִבִּי הַכְנָעָה וַעֲנָוָה.
מַלְכֵּנוּ וֵאלֹהֵינוּ, יַחֵד שִׁמְךָ בְּעוֹלָמֶךָ
בְּנֵה עִירֶךָ, יַסֵּד בֵּיתֶךָ וְשַׁכְלֵל הֵיכָלֶךָ
וְקַבֵּץ קִבּוּץ גָּלֻיּוֹת, וּפְדֵה צֹאנֶךָ וְשַׂמַּח עֲדָתֶךָ.

עֲשֵׂה לְמַעַן שְׁמֶךָ, עֲשֵׂה לְמַעַן יְמִינֶךָ
עֲשֵׂה לְמַעַן תּוֹרָתֶךָ, עֲשֵׂה לְמַעַן קְדֻשָּׁתֶךָ.

תהלים ס **לְמַעַן יֵחָלְצוּן יְדִידֶיךָ, הוֹשִׁיעָה יְמִינְךָ וַעֲנֵנִי:**

יש נוהגים לומר כאן פסוק הרומז לשמו של המתפלל
הפותח ומסיים באותיות שבהן נפתח ומסתיים שמו.

תהלים יט **יִהְיוּ לְרָצוֹן אִמְרֵי פִי וְהֶגְיוֹן לִבִּי לְפָנֶיךָ, יהוה צוּרִי וְגֹאֲלִי:**

כורע וחוזר שלוש פסיעות לאחוריו כמי שנפטר מלפני המלך, ופסיעה ראשונה יפסע ברגל שמאל. כורע מעט לצד שמאלו ואומר: 'עֹשֶׂה שָׁלוֹם בִּמְרוֹמָיו'; וכורע קצת לימינו ואומר: 'הוּא יַעֲשֶׂה שָׁלוֹם עָלֵינוּ'; וכורע לפניו כריעה גדולה יותר ומסיים: 'וְעַל כָּל יִשְׂרָאֵל וְאִמְרוּ אָמֵן'.

עֹשֶׂה שָׁלוֹם/ בשבת שובה: **הַשָּׁלוֹם/ בִּמְרוֹמָיו**
הוּא יַעֲשֶׂה שָׁלוֹם, עָלֵינוּ וְעַל כָּל יִשְׂרָאֵל, וְאִמְרוּ אָמֵן.

יְהִי רָצוֹן מִלְּפָנֶיךָ יהוה אֱלֹהֵינוּ וֵאלֹהֵי אֲבוֹתֵינוּ
שֶׁיִּבָּנֶה בֵּית הַמִּקְדָּשׁ בִּמְהֵרָה בְיָמֵינוּ, וְתֵן חֶלְקֵנוּ בְּתוֹרָתֶךָ
וְשָׁם נַעֲבָדְךָ בְּיִרְאָה כִּימֵי עוֹלָם וּכְשָׁנִים קַדְמוֹנִיּוֹת.

מלאכי ג **וְעָרְבָה לַיהוה מִנְחַת יְהוּדָה וִירוּשָׁלָםִ כִּימֵי עוֹלָם וּכְשָׁנִים קַדְמֹנִיּוֹת:**

שליח הציבור חוזר על התפילה בקול רם.

צדקתך מנהג קדום לומר שלושה פסוקים אלה מתהלים שיש בהם הצדקת מידותיו של ה׳ והצדקת דינו. אמירתם במנחה של שבת היא כנגד שלושה אישים מרכזיים בתולדות ישראל: יוסף, משה רבינו ודוד המלך. על פי המסורת נפטרו שלושה אישים אלה בזמן זה, ולכן אומרים פסוקים של צידוק הדין. בתוכן עניינם של הפסוקים היו שהסבירו שהם מרמזים על עיקרי האמונה: על

אם חלה שבת ביום שיש בו שמחה, שאילו היה באמצע השבוע
לא היו אומרים תחנון, אין אומרים ׳צִדְקָתְךָ׳.

צִדְקָתְךָ כְּהַרְרֵי־אֵל, מִשְׁפָּטֶיךָ תְּהוֹם רַבָּה, אָדָם וּבְהֵמָה תוֹשִׁיעַ יהוה: תהלים לו
וְצִדְקָתְךָ אֱלֹהִים עַד־מָרוֹם, אֲשֶׁר־עָשִׂיתָ גְדֹלוֹת, אֱלֹהִים, מִי כָמוֹךָ: תהלים עא
צִדְקָתְךָ צֶדֶק לְעוֹלָם וְתוֹרָתְךָ אֱמֶת: תהלים קיט

קדיש שלם

ש״ץ: יִתְגַּדַּל וְיִתְקַדַּשׁ שְׁמֵהּ רַבָּא (קהל: אָמֵן)
בְּעָלְמָא דִּי בְרָא כִרְעוּתֵהּ
וְיַמְלִיךְ מַלְכוּתֵהּ וְיַצְמַח פֻּרְקָנֵהּ וִיקָרֵב מְשִׁיחֵהּ (קהל: אָמֵן)
בְּחַיֵּיכוֹן וּבְיוֹמֵיכוֹן וּבְחַיֵּי דְכָל בֵּית יִשְׂרָאֵל
בַּעֲגָלָא וּבִזְמַן קָרִיב, וְאִמְרוּ אָמֵן. (קהל: אָמֵן)

קהל וש״ץ: יְהֵא שְׁמֵהּ רַבָּא מְבָרַךְ לְעָלַם וּלְעָלְמֵי עָלְמַיָּא.

יִתְבָּרַךְ וְיִשְׁתַּבַּח וְיִתְפָּאַר וְיִתְרוֹמַם וְיִתְנַשֵּׂא
וְיִתְהַדָּר וְיִתְעַלֶּה וְיִתְהַלָּל, שְׁמֵהּ דְּקֻדְשָׁא בְּרִיךְ הוּא (קהל: אָמֵן)
לְעֵלָּא מִן כָּל בִּרְכָתָא, /בשבת שובה: לְעֵלָּא לְעֵלָּא מִכָּל בִּרְכָתָא/
וְשִׁירָתָא, תֻּשְׁבְּחָתָא וְנֶחֱמָתָא
דַּאֲמִירָן בְּעָלְמָא, וְאִמְרוּ אָמֵן. (קהל: אָמֵן)

תִּתְקַבַּל צְלוֹתְהוֹן וּבָעוּתְהוֹן דְּכָל בֵּית יִשְׂרָאֵל
קֳדָם אֲבוּהוֹן דִּי בִשְׁמַיָּא, וְאִמְרוּ אָמֵן. (קהל: אָמֵן)

יְהֵא שְׁלָמָא רַבָּא מִן שְׁמַיָּא
וְחַיִּים טוֹבִים עָלֵינוּ וְעַל כָּל יִשְׂרָאֵל, וְאִמְרוּ אָמֵן. (קהל: אָמֵן)

כורע ופוסע שלוש פסיעות לאחור. קד לשמאל, לימין ולפנים באמירת:

עֹשֶׂה שָׁלוֹם /בשבת שובה: הַשָּׁלוֹם/ בִּמְרוֹמָיו
הוּא יַעֲשֶׂה שָׁלוֹם, עָלֵינוּ וְעַל כָּל יִשְׂרָאֵל, וְאִמְרוּ אָמֵן. (קהל: אָמֵן)

מציאות ה׳, על תורה מן השמיים ועל שכר ועונש. משום שיש בפסוקים אלה צד של צער אין אומרים אותם ביום שיש בו שמחה, היינו שאם היה חל באמצע השבוע לא היו אומרים בו תחנון.

אומרים ׳עָלֵינוּ׳ בעמידה ונוהגים לכרוע מעט כשאומרים ׳וַאֲנַחְנוּ כּוֹרְעִים׳.

עָלֵינוּ לְשַׁבֵּחַ לַאֲדוֹן הַכֹּל, לָתֵת גְּדֻלָּה לְיוֹצֵר בְּרֵאשִׁית
שֶׁלֹּא עָשָׂנוּ כְּגוֹיֵי הָאֲרָצוֹת, וְלֹא שָׂמָנוּ כְּמִשְׁפְּחוֹת הָאֲדָמָה
שֶׁלֹּא שָׂם חֶלְקֵנוּ כָּהֶם וְגוֹרָלֵנוּ כְּכָל הֲמוֹנָם.
שֶׁהֵם מִשְׁתַּחֲוִים לְהֶבֶל וָרִיק וּמִתְפַּלְלִים אֶל אֵל לֹא יוֹשִׁיעַ.
וַאֲנַחְנוּ כּוֹרְעִים וּמִשְׁתַּחֲוִים וּמוֹדִים
לִפְנֵי מֶלֶךְ מַלְכֵי הַמְּלָכִים, הַקָּדוֹשׁ בָּרוּךְ הוּא
שֶׁהוּא נוֹטֶה שָׁמַיִם וְיוֹסֵד אָרֶץ, וּמוֹשַׁב יְקָרוֹ בַּשָּׁמַיִם מִמַּעַל
וּשְׁכִינַת עֻזּוֹ בְּגָבְהֵי מְרוֹמִים.
הוּא אֱלֹהֵינוּ, אֵין עוֹד.
אֱמֶת מַלְכֵּנוּ, אֶפֶס זוּלָתוֹ
דברים ד כַּכָּתוּב בְּתוֹרָתוֹ, וְיָדַעְתָּ הַיּוֹם וַהֲשֵׁבֹתָ אֶל־לְבָבֶךָ
כִּי יהוה הוּא הָאֱלֹהִים בַּשָּׁמַיִם מִמַּעַל וְעַל־הָאָרֶץ מִתָּחַת
אֵין עוֹד:

וְעַל כֵּן נְקַוֶּה לְּךָ יהוה אֱלֹהֵינוּ, לִרְאוֹת מְהֵרָה בְּתִפְאֶרֶת עֻזֶּךָ
לְהַעֲבִיר גִּלּוּלִים מִן הָאָרֶץ, וְהָאֱלִילִים כָּרוֹת יִכָּרֵתוּן
לְתַקֵּן עוֹלָם בְּמַלְכוּת שַׁדַּי.
וְכָל בְּנֵי בָשָׂר יִקְרְאוּ בִשְׁמֶךָ, לְהַפְנוֹת אֵלֶיךָ כָּל רִשְׁעֵי אָרֶץ.
יַכִּירוּ וְיֵדְעוּ כָּל יוֹשְׁבֵי תֵבֵל כִּי לְךָ תִּכְרַע כָּל בֶּרֶךְ, תִּשָּׁבַע כָּל לָשׁוֹן.
לְפָנֶיךָ יהוה אֱלֹהֵינוּ יִכְרְעוּ וְיִפֹּלוּ, וְלִכְבוֹד שִׁמְךָ יְקָר יִתֵּנוּ
וִיקַבְּלוּ כֻלָּם אֶת עֹל מַלְכוּתֶךָ, וְתִמְלֹךְ עֲלֵיהֶם מְהֵרָה לְעוֹלָם וָעֶד.
כִּי הַמַּלְכוּת שֶׁלְּךָ הִיא וּלְעוֹלְמֵי עַד תִּמְלֹךְ בְּכָבוֹד
שמות טו כַּכָּתוּב בְּתוֹרָתֶךָ, יהוה יִמְלֹךְ לְעֹלָם וָעֶד:
זכריה יד וְנֶאֱמַר, וְהָיָה יהוה לְמֶלֶךְ עַל־כָּל־הָאָרֶץ
בַּיּוֹם הַהוּא יִהְיֶה יהוה אֶחָד וּשְׁמוֹ אֶחָד:

יש מוסיפים:

אַל־תִּירָא מִפַּחַד פִּתְאֹם וּמִשֹּׁאַת רְשָׁעִים כִּי תָבֹא: משלי ג
עֻצוּ עֵצָה וְתֻפָר, דַּבְּרוּ דָבָר וְלֹא יָקוּם, כִּי עִמָּנוּ אֵל: ישעיה ח
וְעַד־זִקְנָה אֲנִי הוּא, וְעַד־שֵׂיבָה אֲנִי אֶסְבֹּל ישעיה מו
אֲנִי עָשִׂיתִי וַאֲנִי אֶשָּׂא וַאֲנִי אֶסְבֹּל וַאֲמַלֵּט:

יש מוסיפים:

אַךְ צַדִּיקִים יוֹדוּ לִשְׁמֶךָ יֵשְׁבוּ יְשָׁרִים אֶת פָּנֶיךָ: תהלים קמ

קדיש יתום

אבל: יִתְגַּדַּל וְיִתְקַדַּשׁ שְׁמֵהּ רַבָּא (קהל: אָמֵן)
בְּעָלְמָא דִּי בְרָא כִרְעוּתֵהּ
וְיַמְלִיךְ מַלְכוּתֵהּ וְיַצְמַח פֻּרְקָנֵהּ וִיקָרֵב מְשִׁיחֵהּ (קהל: אָמֵן)
בְּחַיֵּיכוֹן וּבְיוֹמֵיכוֹן וּבְחַיֵּי דְכָל בֵּית יִשְׂרָאֵל
בַּעֲגָלָא וּבִזְמַן קָרִיב, וְאִמְרוּ אָמֵן. (קהל: אָמֵן)

קהל ואבל: יְהֵא שְׁמֵהּ רַבָּא מְבָרַךְ לְעָלַם וּלְעָלְמֵי עָלְמַיָּא.

אבל: יִתְבָּרַךְ וְיִשְׁתַּבַּח וְיִתְפָּאַר וְיִתְרוֹמַם וְיִתְנַשֵּׂא
וְיִתְהַדָּר וְיִתְעַלֶּה וְיִתְהַלָּל
שְׁמֵהּ דְּקֻדְשָׁא בְּרִיךְ הוּא (קהל: אָמֵן)
לְעֵלָּא מִן כָּל בִּרְכָתָא
/בשבת שובה: לְעֵלָּא לְעֵלָּא מִכָּל בִּרְכָתָא/
וְשִׁירָתָא, תֻּשְׁבְּחָתָא וְנֶחֱמָתָא
דַּאֲמִירָן בְּעָלְמָא, וְאִמְרוּ אָמֵן. (קהל: אָמֵן)

יְהֵא שְׁלָמָא רַבָּא מִן שְׁמַיָּא
וְחַיִּים טוֹבִים עָלֵינוּ וְעַל כָּל יִשְׂרָאֵל, וְאִמְרוּ אָמֵן. (קהל: אָמֵן)

כורע ופוסע שלוש פסיעות לאחור. קד לשמאל, לימין ולפנים באמירת:

עֹשֶׂה שָׁלוֹם /בשבת שובה: הַשָּׁלוֹם/ בִּמְרוֹמָיו
הוּא יַעֲשֶׂה שָׁלוֹם, עָלֵינוּ וְעַל כָּל יִשְׂרָאֵל, וְאִמְרוּ אָמֵן. (קהל: אָמֵן)

מראש חודש אלול עד שמיני עצרת אומרים כאן ׳לְדָוִד ה׳ אוֹרִי וְיִשְׁעִי׳ (יש נוהגים לאומרו לפני ׳עָלֵינוּ לְשַׁבֵּחַ׳; ויש נוהגים לאומרו לאחר תפילת ערבית).

תהלים כז **לְדָוִד, יהוה אוֹרִי וְיִשְׁעִי, מִמִּי אִירָא, יהוה מָעוֹז־חַיַּי, מִמִּי אֶפְחָד: בִּקְרֹב עָלַי מְרֵעִים לֶאֱכֹל אֶת־בְּשָׂרִי, צָרַי וְאֹיְבַי לִי, הֵמָּה כָשְׁלוּ וְנָפָלוּ: אִם־תַּחֲנֶה עָלַי מַחֲנֶה, לֹא־יִירָא לִבִּי, אִם־תָּקוּם עָלַי מִלְחָמָה, בְּזֹאת אֲנִי בוֹטֵחַ: אַחַת שָׁאַלְתִּי מֵאֵת־יהוה, אוֹתָהּ אֲבַקֵּשׁ, שִׁבְתִּי בְּבֵית־יהוה כָּל־יְמֵי חַיַּי, לַחֲזוֹת בְּנֹעַם־יהוה, וּלְבַקֵּר בְּהֵיכָלוֹ: כִּי יִצְפְּנֵנִי בְּסֻכֹּה בְּיוֹם רָעָה, יַסְתִּרֵנִי בְּסֵתֶר אָהֳלוֹ, בְּצוּר יְרוֹמְמֵנִי: וְעַתָּה יָרוּם רֹאשִׁי עַל אֹיְבַי סְבִיבוֹתַי, וְאֶזְבְּחָה בְאָהֳלוֹ זִבְחֵי תְרוּעָה, אָשִׁירָה וַאֲזַמְּרָה לַיהוה: שְׁמַע־יהוה קוֹלִי אֶקְרָא, וְחָנֵּנִי וַעֲנֵנִי: לְךָ אָמַר לִבִּי בַּקְּשׁוּ פָנָי, אֶת־פָּנֶיךָ יהוה אֲבַקֵּשׁ: אַל־תַּסְתֵּר פָּנֶיךָ מִמֶּנִּי, אַל תַּט־בְּאַף עַבְדֶּךָ, עֶזְרָתִי הָיִיתָ, אַל־תִּטְּשֵׁנִי וְאַל־תַּעַזְבֵנִי, אֱלֹהֵי יִשְׁעִי: כִּי־אָבִי וְאִמִּי עֲזָבוּנִי, וַיהוה יַאַסְפֵנִי: הוֹרֵנִי יהוה דַּרְכֶּךָ, וּנְחֵנִי בְּאֹרַח מִישׁוֹר, לְמַעַן שׁוֹרְרָי: אַל־תִּתְּנֵנִי בְּנֶפֶשׁ צָרָי, כִּי קָמוּ־בִי עֵדֵי־שֶׁקֶר, וִיפֵחַ חָמָס: לוּלֵא הֶאֱמַנְתִּי לִרְאוֹת בְּטוּב־יהוה בְּאֶרֶץ חַיִּים: קַוֵּה אֶל־יהוה, חֲזַק וְיַאֲמֵץ לִבֶּךָ, וְקַוֵּה אֶל־יהוה:**

קדיש יתום בעמוד הקודם.

משבת בראשית ועד לפני שבת הגדול נוהגים לומר ׳בָּרְכִי נַפְשִׁי׳ ושירי המעלות לאחר תפילת מנחה (בעמוד הבא).

מפסח ועד ראש השנה נוהגים לומר פרקי אבות (עמ׳ 457).

בשבת הגדול נוהגים לומר הגדה של פסח, מ׳עֲבָדִים הָיִינוּ׳ עד ׳לְכַפֵּר עַל כָּל עֲוֹנֹתֵינוּ׳.

ברכי נפשי

נהוג לומר ׳בָּרְכִי נַפְשִׁי׳ ואת כל שירי המעלות לאחר תפילת מנחה או בסעודה שלישית בכל שבתות החורף (מאחרי חג הסוכות עד שבת הגדול).

בָּרְכִי נַפְשִׁי אֶת־יהוה, יהוה אֱלֹהַי גָּדַלְתָּ מְּאֹד, הוֹד וְהָדָר לָבָשְׁתָּ: עֹטֶה־ תהלים קד
אוֹר כַּשַּׂלְמָה, נוֹטֶה שָׁמַיִם כַּיְרִיעָה: הַמְקָרֶה בַמַּיִם עֲלִיּוֹתָיו, הַשָּׂם־עָבִים רְכוּבוֹ, הַמְהַלֵּךְ עַל־כַּנְפֵי־רוּחַ: עֹשֶׂה מַלְאָכָיו רוּחוֹת, מְשָׁרְתָיו אֵשׁ לֹהֵט: יָסַד־אֶרֶץ עַל־מְכוֹנֶיהָ, בַּל־תִּמּוֹט עוֹלָם וָעֶד: תְּהוֹם כַּלְּבוּשׁ כִּסִּיתוֹ, עַל־הָרִים יַעַמְדוּ־מָיִם: מִן־גַּעֲרָתְךָ יְנוּסוּן, מִן־קוֹל רַעַמְךָ יֵחָפֵזוּן: יַעֲלוּ הָרִים, יֵרְדוּ בְקָעוֹת, אֶל־מְקוֹם זֶה יָסַדְתָּ לָהֶם: גְּבוּל־שַׂמְתָּ בַּל־יַעֲבֹרוּן, בַּל־יְשׁוּבוּן לְכַסּוֹת הָאָרֶץ: הַמְשַׁלֵּחַ מַעְיָנִים בַּנְּחָלִים, בֵּין הָרִים יְהַלֵּכוּן: יַשְׁקוּ כָּל־חַיְתוֹ שָׂדָי, יִשְׁבְּרוּ פְרָאִים צְמָאָם: עֲלֵיהֶם עוֹף־הַשָּׁמַיִם יִשְׁכּוֹן, מִבֵּין עֳפָאיִם יִתְּנוּ־קוֹל: מַשְׁקֶה הָרִים מֵעֲלִיּוֹתָיו, מִפְּרִי מַעֲשֶׂיךָ תִּשְׂבַּע הָאָרֶץ: מַצְמִיחַ חָצִיר לַבְּהֵמָה, וְעֵשֶׂב לַעֲבֹדַת הָאָדָם, לְהוֹצִיא לֶחֶם מִן־הָאָרֶץ: וְיַיִן יְשַׂמַּח לְבַב־אֱנוֹשׁ, לְהַצְהִיל פָּנִים מִשָּׁמֶן, וְלֶחֶם לְבַב־אֱנוֹשׁ יִסְעָד: יִשְׂבְּעוּ עֲצֵי יהוה, אַרְזֵי לְבָנוֹן אֲשֶׁר נָטָע: אֲשֶׁר־שָׁם צִפֳּרִים יְקַנֵּנוּ, חֲסִידָה בְּרוֹשִׁים בֵּיתָהּ: הָרִים הַגְּבֹהִים לַיְּעֵלִים, סְלָעִים מַחְסֶה לַשְׁפַנִּים: עָשָׂה יָרֵחַ לְמוֹעֲדִים, שֶׁמֶשׁ יָדַע מְבוֹאוֹ: תָּשֶׁת־חֹשֶׁךְ וִיהִי לָיְלָה, בּוֹ־תִרְמֹשׂ כָּל־חַיְתוֹ־יָעַר: הַכְּפִירִים שֹׁאֲגִים לַטָּרֶף, וּלְבַקֵּשׁ מֵאֵל אָכְלָם: תִּזְרַח הַשֶּׁמֶשׁ יֵאָסֵפוּן, וְאֶל־מְעוֹנֹתָם יִרְבָּצוּן: יֵצֵא אָדָם לְפָעֳלוֹ, וְלַעֲבֹדָתוֹ עֲדֵי־עָרֶב: מָה־רַבּוּ מַעֲשֶׂיךָ יהוה, כֻּלָּם בְּחָכְמָה עָשִׂיתָ, מָלְאָה הָאָרֶץ קִנְיָנֶךָ: זֶה הַיָּם גָּדוֹל וּרְחַב יָדָיִם, שָׁם־רֶמֶשׂ וְאֵין מִסְפָּר, חַיּוֹת קְטַנּוֹת עִם־גְּדֹלוֹת: שָׁם אֳנִיּוֹת יְהַלֵּכוּן, לִוְיָתָן זֶה־יָצַרְתָּ לְשַׂחֶק־בּוֹ: כֻּלָּם אֵלֶיךָ יְשַׂבֵּרוּן, לָתֵת אָכְלָם בְּעִתּוֹ: תִּתֵּן לָהֶם יִלְקֹטוּן, תִּפְתַּח יָדְךָ יִשְׂבְּעוּן טוֹב: תַּסְתִּיר פָּנֶיךָ יִבָּהֵלוּן, תֹּסֵף רוּחָם יִגְוָעוּן, וְאֶל־עֲפָרָם יְשׁוּבוּן: תְּשַׁלַּח רוּחֲךָ יִבָּרֵאוּן, וּתְחַדֵּשׁ פְּנֵי אֲדָמָה: יְהִי כְבוֹד יהוה לְעוֹלָם, יִשְׂמַח יהוה בְּמַעֲשָׂיו: הַמַּבִּיט לָאָרֶץ וַתִּרְעָד, יִגַּע בֶּהָרִים וְיֶעֱשָׁנוּ: אָשִׁירָה לַיהוה בְּחַיָּי, אֲזַמְּרָה לֵאלֹהַי בְּעוֹדִי: יֶעֱרַב עָלָיו שִׂיחִי, אָנֹכִי אֶשְׂמַח בַּיהוה: יִתַּמּוּ חַטָּאִים מִן־הָאָרֶץ, וּרְשָׁעִים עוֹד אֵינָם, בָּרְכִי נַפְשִׁי אֶת־יהוה, הַלְלוּיָהּ:

תהלים קכ שִׁיר הַמַּעֲלוֹת, אֶל־יהוה בַּצָּרָתָה לִּי, קָרָאתִי וַיַּעֲנֵנִי: יהוה הַצִּילָה נַפְשִׁי
מִשְּׂפַת־שֶׁקֶר, מִלָּשׁוֹן רְמִיָּה: מַה־יִּתֵּן לְךָ וּמַה־יֹּסִיף לָךְ, לָשׁוֹן רְמִיָּה:
חִצֵּי גִבּוֹר שְׁנוּנִים, עִם גַּחֲלֵי רְתָמִים: אוֹיָה־לִי כִּי־גַרְתִּי מֶשֶׁךְ, שָׁכַנְתִּי
עִם־אָהֳלֵי קֵדָר: רַבַּת שָׁכְנָה־לָּהּ נַפְשִׁי, עִם שׂוֹנֵא שָׁלוֹם: אֲנִי־שָׁלוֹם
וְכִי אֲדַבֵּר, הֵמָּה לַמִּלְחָמָה:

תהלים קכא שִׁיר לַמַּעֲלוֹת, אֶשָּׂא עֵינַי אֶל־הֶהָרִים, מֵאַיִן יָבֹא עֶזְרִי: עֶזְרִי מֵעִם יהוה,
עֹשֵׂה שָׁמַיִם וָאָרֶץ: אַל־יִתֵּן לַמּוֹט רַגְלֶךָ, אַל־יָנוּם שֹׁמְרֶךָ: הִנֵּה לֹא־יָנוּם
וְלֹא יִישָׁן שׁוֹמֵר יִשְׂרָאֵל: יהוה שֹׁמְרֶךָ, יהוה צִלְּךָ עַל־יַד יְמִינֶךָ: יוֹמָם
הַשֶּׁמֶשׁ לֹא־יַכֶּכָּה, וְיָרֵחַ בַּלָּיְלָה: יהוה יִשְׁמָרְךָ מִכָּל־רָע, יִשְׁמֹר אֶת־נַפְשֶׁךָ:
יהוה יִשְׁמָר־צֵאתְךָ וּבוֹאֶךָ, מֵעַתָּה וְעַד־עוֹלָם:

תהלים קכב שִׁיר הַמַּעֲלוֹת לְדָוִד, שָׂמַחְתִּי בְּאֹמְרִים לִי בֵּית יהוה נֵלֵךְ: עֹמְדוֹת הָיוּ
רַגְלֵינוּ, בִּשְׁעָרַיִךְ יְרוּשָׁלָםִ: יְרוּשָׁלַםִ הַבְּנוּיָה, כְּעִיר שֶׁחֻבְּרָה־לָּהּ יַחְדָּו: שֶׁשָּׁם
עָלוּ שְׁבָטִים שִׁבְטֵי־יָהּ, עֵדוּת לְיִשְׂרָאֵל, לְהֹדוֹת לְשֵׁם יהוה: כִּי שָׁמָּה יָשְׁבוּ
כִסְאוֹת לְמִשְׁפָּט, כִּסְאוֹת לְבֵית דָּוִד: שַׁאֲלוּ שְׁלוֹם יְרוּשָׁלָםִ, יִשְׁלָיוּ אֹהֲבָיִךְ:
יְהִי־שָׁלוֹם בְּחֵילֵךְ, שַׁלְוָה בְּאַרְמְנוֹתָיִךְ: לְמַעַן אַחַי וְרֵעָי, אֲדַבְּרָה־נָּא שָׁלוֹם
בָּךְ: לְמַעַן בֵּית־יהוה אֱלֹהֵינוּ, אֲבַקְשָׁה טוֹב לָךְ:

תהלים קכג שִׁיר הַמַּעֲלוֹת, אֵלֶיךָ נָשָׂאתִי אֶת־עֵינַי, הַיֹּשְׁבִי בַּשָּׁמָיִם: הִנֵּה כְעֵינֵי עֲבָדִים
אֶל־יַד אֲדוֹנֵיהֶם, כְּעֵינֵי שִׁפְחָה אֶל־יַד גְּבִרְתָּהּ, כֵּן עֵינֵינוּ אֶל־יהוה אֱלֹהֵינוּ,
עַד שֶׁיְּחָנֵּנוּ: חָנֵּנוּ יהוה חָנֵּנוּ, כִּי־רַב שָׂבַעְנוּ בוּז: רַבַּת שָׂבְעָה־לָּהּ נַפְשֵׁנוּ,
הַלַּעַג הַשַּׁאֲנַנִּים, הַבּוּז לִגְאֵי יוֹנִים:

תהלים קכד שִׁיר הַמַּעֲלוֹת לְדָוִד, לוּלֵי יהוה שֶׁהָיָה לָנוּ, יֹאמַר־נָא יִשְׂרָאֵל: לוּלֵי
יהוה שֶׁהָיָה לָנוּ, בְּקוּם עָלֵינוּ אָדָם: אֲזַי חַיִּים בְּלָעוּנוּ, בַּחֲרוֹת אַפָּם
בָּנוּ: אֲזַי הַמַּיִם שְׁטָפוּנוּ, נַחְלָה עָבַר עַל־נַפְשֵׁנוּ: אֲזַי עָבַר עַל־נַפְשֵׁנוּ,
הַמַּיִם הַזֵּידוֹנִים: בָּרוּךְ יהוה, שֶׁלֹּא נְתָנָנוּ טֶרֶף לְשִׁנֵּיהֶם: נַפְשֵׁנוּ כְּצִפּוֹר
נִמְלְטָה מִפַּח יוֹקְשִׁים, הַפַּח נִשְׁבָּר וַאֲנַחְנוּ נִמְלָטְנוּ: עֶזְרֵנוּ בְּשֵׁם יהוה,
עֹשֵׂה שָׁמַיִם וָאָרֶץ:

שִׁיר הַמַּעֲלוֹת, הַבֹּטְחִים בַּיהוה, כְּהַר־צִיּוֹן לֹא־יִמּוֹט, לְעוֹלָם יֵשֵׁב: תהלים קכה
יְרוּשָׁלִַם, הָרִים סָבִיב לָהּ, וַיהוה סָבִיב לְעַמּוֹ, מֵעַתָּה וְעַד־עוֹלָם: כִּי לֹא
יָנוּחַ שֵׁבֶט הָרֶשַׁע עַל גּוֹרַל הַצַּדִּיקִים, לְמַעַן לֹא־יִשְׁלְחוּ הַצַּדִּיקִים בְּעַוְלָתָה
יְדֵיהֶם: הֵיטִיבָה יהוה לַטּוֹבִים, וְלִישָׁרִים בְּלִבּוֹתָם: וְהַמַּטִּים עַקַלְקַלּוֹתָם
יוֹלִיכֵם יהוה אֶת־פֹּעֲלֵי הָאָוֶן, שָׁלוֹם עַל־יִשְׂרָאֵל:

שִׁיר הַמַּעֲלוֹת, בְּשׁוּב יהוה אֶת־שִׁיבַת צִיּוֹן, הָיִינוּ כְּחֹלְמִים: אָז יִמָּלֵא שְׂחוֹק תהלים קכו
פִּינוּ וּלְשׁוֹנֵנוּ רִנָּה, אָז יֹאמְרוּ בַגּוֹיִם הִגְדִּיל יהוה לַעֲשׂוֹת עִם־אֵלֶּה: הִגְדִּיל
יהוה לַעֲשׂוֹת עִמָּנוּ, הָיִינוּ שְׂמֵחִים: שׁוּבָה יהוה אֶת־שְׁבִיתֵנוּ, כַּאֲפִיקִים
בַּנֶּגֶב: הַזֹּרְעִים בְּדִמְעָה בְּרִנָּה יִקְצֹרוּ: הָלוֹךְ יֵלֵךְ וּבָכֹה נֹשֵׂא מֶשֶׁךְ־הַזָּרַע,
בֹּא־יָבֹא בְרִנָּה נֹשֵׂא אֲלֻמֹּתָיו:

שִׁיר הַמַּעֲלוֹת לִשְׁלֹמֹה, אִם־יהוה לֹא־יִבְנֶה בַיִת, שָׁוְא עָמְלוּ בוֹנָיו בּוֹ, אִם־ תהלים קכז
יהוה לֹא־יִשְׁמָר־עִיר, שָׁוְא שָׁקַד שׁוֹמֵר: שָׁוְא לָכֶם מַשְׁכִּימֵי קוּם מְאַחֲרֵי־
שֶׁבֶת, אֹכְלֵי לֶחֶם הָעֲצָבִים, כֵּן יִתֵּן לִידִידוֹ שֵׁנָא: הִנֵּה נַחֲלַת יהוה בָּנִים,
שָׂכָר פְּרִי הַבָּטֶן: כְּחִצִּים בְּיַד־גִּבּוֹר כֵּן בְּנֵי הַנְּעוּרִים: אַשְׁרֵי הַגֶּבֶר אֲשֶׁר מִלֵּא
אֶת־אַשְׁפָּתוֹ מֵהֶם, לֹא־יֵבֹשׁוּ כִּי־יְדַבְּרוּ אֶת־אוֹיְבִים בַּשָּׁעַר:

שִׁיר הַמַּעֲלוֹת, אַשְׁרֵי כָּל־יְרֵא יהוה, הַהֹלֵךְ בִּדְרָכָיו: יְגִיעַ כַּפֶּיךָ כִּי תֹאכֵל, תהלים קכח
אַשְׁרֶיךָ וְטוֹב לָךְ: אֶשְׁתְּךָ כְּגֶפֶן פֹּרִיָּה בְּיַרְכְּתֵי בֵיתֶךָ, בָּנֶיךָ כִּשְׁתִלֵי זֵיתִים,
סָבִיב לְשֻׁלְחָנֶךָ: הִנֵּה כִי־כֵן יְבֹרַךְ גָּבֶר יְרֵא יהוה: יְבָרֶכְךָ יהוה מִצִּיּוֹן, וּרְאֵה
בְּטוּב יְרוּשָׁלָםִ, כֹּל יְמֵי חַיֶּיךָ: וּרְאֵה־בָנִים לְבָנֶיךָ, שָׁלוֹם עַל־יִשְׂרָאֵל:

שִׁיר הַמַּעֲלוֹת, רַבַּת צְרָרוּנִי מִנְּעוּרָי, יֹאמַר־נָא יִשְׂרָאֵל: רַבַּת צְרָרוּנִי תהלים קכט
מִנְּעוּרָי, גַּם לֹא־יָכְלוּ לִי: עַל־גַּבִּי חָרְשׁוּ חֹרְשִׁים, הֶאֱרִיכוּ לְמַעֲנִיתָם: יהוה
צַדִּיק, קִצֵּץ עֲבוֹת רְשָׁעִים: יֵבֹשׁוּ וְיִסֹּגוּ אָחוֹר כֹּל שֹׂנְאֵי צִיּוֹן: יִהְיוּ כַּחֲצִיר
גַּגּוֹת שֶׁקַּדְמַת שָׁלַף יָבֵשׁ: שֶׁלֹּא מִלֵּא כַפּוֹ קוֹצֵר, וְחִצְנוֹ מְעַמֵּר: וְלֹא אָמְרוּ
הָעֹבְרִים, בִּרְכַּת־יהוה אֲלֵיכֶם, בֵּרַכְנוּ אֶתְכֶם בְּשֵׁם יהוה:

שִׁיר הַמַּעֲלוֹת, מִמַּעֲמַקִּים קְרָאתִיךָ יהוה: אֲדֹנָי שִׁמְעָה בְקוֹלִי, תִּהְיֶינָה תהלים קל
אָזְנֶיךָ קַשֻּׁבוֹת לְקוֹל תַּחֲנוּנָי: אִם־עֲוֺנוֹת תִּשְׁמָר־יָהּ, אֲדֹנָי מִי יַעֲמֹד: כִּי־

עִמְּךָ הַסְּלִיחָה, לְמַעַן תִּוָּרֵא: קִוִּיתִי יהוה קִוְּתָה נַפְשִׁי, וְלִדְבָרוֹ הוֹחָלְתִּי: נַפְשִׁי לַאדֹנָי, מִשֹּׁמְרִים לַבֹּקֶר, שֹׁמְרִים לַבֹּקֶר: יַחֵל יִשְׂרָאֵל אֶל־יהוה, כִּי־עִם־יהוה הַחֶסֶד, וְהַרְבֵּה עִמּוֹ פְדוּת: וְהוּא יִפְדֶּה אֶת־יִשְׂרָאֵל, מִכֹּל עֲוֺנֹתָיו:

תהלים קלא
שִׁיר הַמַּעֲלוֹת לְדָוִד, יהוה לֹא־גָבַהּ לִבִּי, וְלֹא־רָמוּ עֵינַי, וְלֹא־הִלַּכְתִּי בִּגְדֹלוֹת וּבְנִפְלָאוֹת מִמֶּנִּי: אִם־לֹא שִׁוִּיתִי וְדוֹמַמְתִּי נַפְשִׁי, כְּגָמֻל עֲלֵי אִמּוֹ, כַּגָּמֻל עָלַי נַפְשִׁי: יַחֵל יִשְׂרָאֵל אֶל־יהוה, מֵעַתָּה וְעַד־עוֹלָם:

תהלים קלב
שִׁיר הַמַּעֲלוֹת, זְכוֹר־יהוה לְדָוִד אֵת כָּל־עֻנּוֹתוֹ: אֲשֶׁר נִשְׁבַּע לַיהוה, נָדַר לַאֲבִיר יַעֲקֹב: אִם־אָבֹא בְּאֹהֶל בֵּיתִי, אִם־אֶעֱלֶה עַל־עֶרֶשׂ יְצוּעָי: אִם־אֶתֵּן שְׁנָת לְעֵינָי, לְעַפְעַפַּי תְּנוּמָה: עַד־אֶמְצָא מָקוֹם לַיהוה, מִשְׁכָּנוֹת לַאֲבִיר יַעֲקֹב: הִנֵּה־שְׁמַעֲנוּהָ בְאֶפְרָתָה, מְצָאנוּהָ בִּשְׂדֵי־יָעַר: נָבוֹאָה לְמִשְׁכְּנוֹתָיו, נִשְׁתַּחֲוֶה לַהֲדֹם רַגְלָיו: קוּמָה יהוה לִמְנוּחָתֶךָ, אַתָּה וַאֲרוֹן עֻזֶּךָ: כֹּהֲנֶיךָ יִלְבְּשׁוּ־צֶדֶק, וַחֲסִידֶיךָ יְרַנֵּנוּ: בַּעֲבוּר דָּוִד עַבְדֶּךָ, אַל־תָּשֵׁב פְּנֵי מְשִׁיחֶךָ: נִשְׁבַּע־יהוה לְדָוִד, אֱמֶת לֹא־יָשׁוּב מִמֶּנָּה, מִפְּרִי בִטְנְךָ אָשִׁית לְכִסֵּא־לָךְ: אִם־יִשְׁמְרוּ בָנֶיךָ בְּרִיתִי, וְעֵדֹתִי זוֹ אֲלַמְּדֵם, גַּם־בְּנֵיהֶם עֲדֵי־עַד, יֵשְׁבוּ לְכִסֵּא־לָךְ: כִּי־בָחַר יהוה בְּצִיּוֹן, אִוָּהּ לְמוֹשָׁב לוֹ: זֹאת־מְנוּחָתִי עֲדֵי־עַד, פֹּה אֵשֵׁב כִּי אִוִּתִיהָ: צֵידָהּ בָּרֵךְ אֲבָרֵךְ, אֶבְיוֹנֶיהָ אַשְׂבִּיעַ לָחֶם: וְכֹהֲנֶיהָ אַלְבִּישׁ יֶשַׁע, וַחֲסִידֶיהָ רַנֵּן יְרַנֵּנוּ: שָׁם אַצְמִיחַ קֶרֶן לְדָוִד, עָרַכְתִּי נֵר לִמְשִׁיחִי: אוֹיְבָיו אַלְבִּישׁ בֹּשֶׁת, וְעָלָיו יָצִיץ נִזְרוֹ:

תהלים קלג
שִׁיר הַמַּעֲלוֹת לְדָוִד, הִנֵּה מַה־טּוֹב וּמַה־נָּעִים, שֶׁבֶת אַחִים גַּם־יָחַד: כַּשֶּׁמֶן הַטּוֹב עַל־הָרֹאשׁ, יֹרֵד עַל־הַזָּקָן, זְקַן־אַהֲרֹן שֶׁיֹּרֵד עַל־פִּי מִדּוֹתָיו: כְּטַל־חֶרְמוֹן שֶׁיֹּרֵד עַל־הַרְרֵי צִיּוֹן, כִּי שָׁם צִוָּה יהוה אֶת־הַבְּרָכָה, חַיִּים עַד־הָעוֹלָם:

תהלים קלד
שִׁיר הַמַּעֲלוֹת, הִנֵּה בָּרְכוּ אֶת־יהוה כָּל־עַבְדֵי יהוה, הָעֹמְדִים בְּבֵית־יהוה בַּלֵּילוֹת: שְׂאוּ־יְדֵכֶם קֹדֶשׁ, וּבָרְכוּ אֶת־יהוה: יְבָרֶכְךָ יהוה מִצִּיּוֹן, עֹשֵׂה שָׁמַיִם וָאָרֶץ:

יש אומרים קדיש יתום (עמ׳ 451).

פרקי אבות

לפני הלימוד אומרים את משנת ׳כָּל יִשְׂרָאֵל׳, ואחרי הלימוד את משנת ׳רַבִּי חֲנַנְיָא׳.

כָּל יִשְׂרָאֵל יֵשׁ לָהֶם חֵלֶק לָעוֹלָם הַבָּא. שֶׁנֶּאֱמַר: סנהדרין צ.
וְעַמֵּךְ כֻּלָּם צַדִּיקִים, לְעוֹלָם יִירְשׁוּ אָרֶץ ישעיה ס
נֵצֶר מַטָּעַי, מַעֲשֵׂה יָדַי לְהִתְפָּאֵר:

פרק ראשון

א מֹשֶׁה קִבֵּל תּוֹרָה מִסִּינַי וּמְסָרָהּ לִיהוֹשֻׁעַ, וִיהוֹשֻׁעַ לִזְקֵנִים, וּזְקֵנִים לִנְבִיאִים, וּנְבִיאִים מְסָרוּהָ לְאַנְשֵׁי כְנֶסֶת הַגְּדוֹלָה. הֵם אָמְרוּ שְׁלֹשָׁה דְבָרִים: הֱווּ מְתוּנִים בַּדִּין, וְהַעֲמִידוּ תַלְמִידִים הַרְבֵּה, וַעֲשׂוּ סְיָג לַתּוֹרָה.

ב שִׁמְעוֹן הַצַּדִּיק הָיָה מִשְּׁיָרֵי כְנֶסֶת הַגְּדוֹלָה. הוּא הָיָה אוֹמֵר: עַל שְׁלֹשָׁה דְבָרִים הָעוֹלָם עוֹמֵד, עַל הַתּוֹרָה, וְעַל הָעֲבוֹדָה, וְעַל גְּמִילוּת חֲסָדִים.

לימוד במנחת שבת יום השבת, נוסף על היותו יום מנוחה ושביתה, הוא במהות גם יום של לימוד תורה. משום כך, בזמן המשנה והתלמוד היו שעות אחרי הצוהריים של שבת מוקדשות ללימוד תורה. המנהג היה שהקהל התאסף בבית הכנסת ושמע מפי החכם דרשה. מנהג זה היה חשוב כל כך בעיני חכמים עד שתיקנו כמה תקנות כדי שלא יתבטל לימוד זה. במקומות רבים נמשך מנהג דרשה זו עד ימינו. מנהג אחר, הנפוץ בעיקר בקרב קהילות החסידים, הוא לעשות סעודה שלישית בצוותא ולעסוק בה בדברי תורה ואמונה. נוסף לדרשות ולדברי התורה המשתנים לפי הזמן והמקום נהגו בכל קהילות ישראל לומר פרקי אבות בשבתות הקיץ (ולכל הפחות בכמה מהן) ואילו בשבתות החורף נהוג לומר פרקי תהלים מסוימים ("ברכי נפשי" ומזמורי "שיר המעלות").

פרקי אבות מנהג עתיק ללמוד (או לפחות לקרוא) פרקי מסכת אבות בשבתות שבין פסח לשבועות, פרק אחד בכל שבת. במקומות רבים אף ממשיכים את לימוד פרקי מסכת אבות במשך כל הקיץ כולו, עד ראש השנה. מפרשי מסכת אבות הביאו הסברים רבים לבחירה דווקא בזמן שבין פסח לעצרת ללימוד המסכת. אחת ההנחות היא שבין חג הפסח, שעניינו בנייתה של העצמיות הלאומית היהודית, ובין חג השבועות שהוא זמן מתן תורה, יש לעשות כעין הקדמה לתורה, כפי שאמרו חכמים: ׳דרך ארץ קדמה לתורה׳; ובניסוח אחר: כדי לקבל את התורה האדם צריך להיות שלם במידותיו ככל האפשר. לימוד מסכת

ג אַנְטִיגְנוֹס אִישׁ סוֹכוֹ קִבֵּל מִשִּׁמְעוֹן הַצַּדִּיק. הוּא הָיָה אוֹמֵר: אַל תִּהְיוּ
כַּעֲבָדִים הַמְשַׁמְּשִׁים אֶת הָרַב עַל מְנָת לְקַבֵּל פְּרָס, אֶלָּא הֱווּ כַּעֲבָדִים
הַמְשַׁמְּשִׁים אֶת הָרַב שֶׁלֹּא עַל מְנָת לְקַבֵּל פְּרָס, וִיהִי מוֹרָא שָׁמַיִם עֲלֵיכֶם.
ד יוֹסֵי בֶּן יוֹעֶזֶר אִישׁ צְרֵדָה וְיוֹסֵי בֶּן יוֹחָנָן אִישׁ יְרוּשָׁלַיִם קִבְּלוּ מֵהֶם. יוֹסֵי
בֶּן יוֹעֶזֶר אִישׁ צְרֵדָה אוֹמֵר: יְהִי בֵיתְךָ בֵּית וַעַד לַחֲכָמִים, וֶהֱוֵי מִתְאַבֵּק
בַּעֲפַר רַגְלֵיהֶם, וֶהֱוֵי שׁוֹתֶה בַצָּמָא אֶת דִּבְרֵיהֶם.
ה יוֹסֵי בֶּן יוֹחָנָן אִישׁ יְרוּשָׁלַיִם אוֹמֵר: יְהִי בֵיתְךָ פָּתוּחַ לִרְוָחָה, וְיִהְיוּ עֲנִיִּים
בְּנֵי בֵיתֶךָ, וְאַל תַּרְבֶּה שִׂיחָה עִם הָאִשָּׁה. בְּאִשְׁתּוֹ אָמְרוּ, קַל וָחֹמֶר בְּאֵשֶׁת
חֲבֵרוֹ. מִכָּאן אָמְרוּ חֲכָמִים: כָּל הַמַּרְבֶּה שִׂיחָה עִם הָאִשָּׁה, גּוֹרֵם רָעָה
לְעַצְמוֹ, וּבוֹטֵל מִדִּבְרֵי תוֹרָה, וְסוֹפוֹ יוֹרֵשׁ גֵּיהִנֹּם.
ו יְהוֹשֻׁעַ בֶּן פְּרַחְיָה וְנִתַּאי הָאַרְבֵּלִי קִבְּלוּ מֵהֶם. יְהוֹשֻׁעַ בֶּן פְּרַחְיָה אוֹמֵר:
עֲשֵׂה לְךָ רַב, וּקְנֵה לְךָ חָבֵר, וֶהֱוֵי דָן אֶת כָּל הָאָדָם לְכַף זְכוּת.
ז נִתַּאי הָאַרְבֵּלִי אוֹמֵר: הַרְחֵק מִשָּׁכֵן רָע, וְאַל תִּתְחַבֵּר לָרָשָׁע, וְאַל תִּתְיָאֵשׁ
מִן הַפֻּרְעָנוּת.
ח יְהוּדָה בֶּן טַבַּאי וְשִׁמְעוֹן בֶּן שָׁטַח קִבְּלוּ מֵהֶם. יְהוּדָה בֶּן טַבַּאי אוֹמֵר:
אַל תַּעַשׂ עַצְמְךָ כְּעוֹרְכֵי הַדַּיָּנִין, וּכְשֶׁיִּהְיוּ בַּעֲלֵי הַדִּין עוֹמְדִים לְפָנֶיךָ יִהְיוּ
בְעֵינֶיךָ כִּרְשָׁעִים, וּכְשֶׁנִּפְטָרִים מִלְּפָנֶיךָ יִהְיוּ בְעֵינֶיךָ כְּזַכָּאִין, כְּשֶׁקִּבְּלוּ
עֲלֵיהֶם אֶת הַדִּין.
ט שִׁמְעוֹן בֶּן שָׁטַח אוֹמֵר: הֱוֵי מַרְבֶּה לַחֲקֹר אֶת הָעֵדִים, וֶהֱוֵי זָהִיר בִּדְבָרֶיךָ,
שֶׁמָּא מִתּוֹכָם יִלְמְדוּ לְשַׁקֵּר.
י שְׁמַעְיָה וְאַבְטַלְיוֹן קִבְּלוּ מֵהֶם. שְׁמַעְיָה אוֹמֵר: אֱהֹב אֶת הַמְּלָאכָה, וּשְׂנָא
אֶת הָרַבָּנוּת, וְאַל תִּתְוַדַּע לָרָשׁוּת.

אבות, העוסקת בעיקר בהדרכות מוסריות – כיצד אדם צריך לנהוג בדרכי חייו; מהן המידות הטובות שצריך לדבוק בהן; בתפקידיו של האדם בעולם ובדרכים המביאות לשלמות הנפש והמעשים – הוא מעין הכנה לקבלת התורה. אומנם, לבחירת הזמן ללימוד המסכת יש גם טעם מעשי: ששבתות אלה הן בימי הקיץ, שהם ימים ארוכים, וראוי לבני אדם למלאן בלימוד.

יא אַבְטַלְיוֹן אוֹמֵר: חֲכָמִים הִזָּהֲרוּ בְּדִבְרֵיכֶם, שֶׁמָּא תָחוֹבוּ חוֹבַת גָּלוּת,
וְתִגְלוּ לִמְקוֹם מַיִם הָרָעִים, וְיִשְׁתּוּ הַתַּלְמִידִים הַבָּאִים אַחֲרֵיכֶם וְיָמוּתוּ,
וְנִמְצָא שֵׁם שָׁמַיִם מִתְחַלֵּל.

יב הִלֵּל וְשַׁמַּאי קִבְּלוּ מֵהֶם. הִלֵּל אוֹמֵר: הֱוֵי מִתַּלְמִידָיו שֶׁל אַהֲרֹן, אוֹהֵב
שָׁלוֹם וְרוֹדֵף שָׁלוֹם, אוֹהֵב אֶת הַבְּרִיּוֹת וּמְקָרְבָן לַתּוֹרָה.

יג הוּא הָיָה אוֹמֵר: נְגַד שְׁמָא אֲבַד שְׁמֵהּ, וּדְלָא מוֹסִיף יָסֵף, וּדְלָא יָלֵיף
קְטָלָא חַיָּב, וּדְאִשְׁתַּמַּשׁ בְּתָגָא חֲלָף.

יד הוּא הָיָה אוֹמֵר: אִם אֵין אֲנִי לִי מִי לִי, וּכְשֶׁאֲנִי לְעַצְמִי מָה אֲנִי, וְאִם לֹא
עַכְשָׁו אֵימָתָי.

טו שַׁמַּאי אוֹמֵר: עֲשֵׂה תוֹרָתְךָ קֶבַע, אֱמֹר מְעַט וַעֲשֵׂה הַרְבֵּה, וֶהֱוֵי מְקַבֵּל
אֶת כָּל הָאָדָם בְּסֵבֶר פָּנִים יָפוֹת.

טז רַבָּן גַּמְלִיאֵל אוֹמֵר: עֲשֵׂה לְךָ רַב, וְהִסְתַּלֵּק מִן הַסָּפֵק, וְאַל תַּרְבֶּה לְעַשֵּׂר
אֻמָּדוֹת.

יז שִׁמְעוֹן בְּנוֹ אוֹמֵר: כָּל יָמַי גָּדַלְתִּי בֵּין הַחֲכָמִים, וְלֹא מָצָאתִי לַגּוּף טוֹב
מִשְּׁתִיקָה, וְלֹא הַמִּדְרָשׁ עִקָּר אֶלָּא הַמַּעֲשֶׂה, וְכָל הַמַּרְבֶּה דְבָרִים מֵבִיא חֵטְא.

יח רַבָּן שִׁמְעוֹן בֶּן גַּמְלִיאֵל אוֹמֵר: עַל שְׁלֹשָׁה דְבָרִים הָעוֹלָם קַיָּם, עַל הַדִּין,
וְעַל הָאֱמֶת, וְעַל הַשָּׁלוֹם. שֶׁנֶּאֱמַר: אֱמֶת וּמִשְׁפַּט שָׁלוֹם שִׁפְטוּ בְּשַׁעֲרֵיכֶם: זכריה ח

רַבִּי חֲנַנְיָא בֶּן עֲקַשְׁיָא אוֹמֵר: רָצָה הַקָּדוֹשׁ בָּרוּךְ הוּא לְזַכּוֹת אֶת יִשְׂרָאֵל, לְפִיכָךְ מכות כג:
הִרְבָּה לָהֶם תּוֹרָה וּמִצְוֹת. שֶׁנֶּאֱמַר: יהוה חָפֵץ לְמַעַן צִדְקוֹ, יַגְדִּיל תּוֹרָה וְיַאְדִּיר: ישעיה מב

* * *

כָּל יִשְׂרָאֵל יֵשׁ לָהֶם חֵלֶק לָעוֹלָם הַבָּא. שֶׁנֶּאֱמַר: סנהדרין צ.
וְעַמֵּךְ כֻּלָּם צַדִּיקִים, לְעוֹלָם יִירְשׁוּ אָרֶץ ישעיה ס
נֵצֶר מַטָּעַי, מַעֲשֵׂה יָדַי לְהִתְפָּאֵר:

פרק שני

א רַבִּי אוֹמֵר: אֵיזוֹ הִיא דֶרֶךְ יְשָׁרָה שֶׁיָּבֹר לוֹ הָאָדָם, כָּל שֶׁהִיא תִפְאֶרֶת
לְעֹשֶׂיהָ וְתִפְאֶרֶת לוֹ מִן הָאָדָם. וֶהֱוֵי זָהִיר בְּמִצְוָה קַלָּה כְּבַחֲמוּרָה, שֶׁאֵין
אַתָּה יוֹדֵעַ מַתַּן שְׂכָרָן שֶׁל מִצְוֹת. וֶהֱוֵי מְחַשֵּׁב הֶפְסֵד מִצְוָה כְּנֶגֶד שְׂכָרָהּ,
וּשְׂכַר עֲבֵרָה כְּנֶגֶד הֶפְסֵדָהּ. הִסְתַּכֵּל בִּשְׁלֹשָׁה דְבָרִים, וְאֵין אַתָּה בָא

לִידֵי עֲבֵרָה. דַּע מַה לְּמַעְלָה מִמְּךָ, עַיִן רוֹאָה, וְאֹזֶן שׁוֹמַעַת, וְכָל מַעֲשֶׂיךָ
בַּסֵּפֶר נִכְתָּבִים.

ב רַבָּן גַּמְלִיאֵל בְּנוֹ שֶׁל רַבִּי יְהוּדָה הַנָּשִׂיא אוֹמֵר: יָפֶה תַּלְמוּד תּוֹרָה עִם
דֶּרֶךְ אֶרֶץ, שֶׁיְּגִיעַת שְׁנֵיהֶם מְשַׁכַּחַת עָוֹן. וְכָל תּוֹרָה שֶׁאֵין עִמָּהּ מְלָאכָה,
סוֹפָהּ בְּטֵלָה וְגוֹרֶרֶת עָוֹן. וְכָל הָעוֹסְקִים עִם הַצִּבּוּר, יִהְיוּ עוֹסְקִים עִמָּהֶם
לְשֵׁם שָׁמַיִם, שֶׁזְּכוּת אֲבוֹתָם מְסַיַּעְתָּם, וְצִדְקָתָם עוֹמֶדֶת לָעַד. וְאַתֶּם,
מַעֲלֶה אֲנִי עֲלֵיכֶם שָׂכָר הַרְבֵּה כְּאִלּוּ עֲשִׂיתֶם.

ג הֱווּ זְהִירִין בָּרָשׁוּת, שֶׁאֵין מְקָרְבִין לוֹ לָאָדָם אֶלָּא לְצֹרֶךְ עַצְמָן. נִרְאִין
כְּאוֹהֲבִין בִּשְׁעַת הֲנָאָתָן, וְאֵין עוֹמְדִין לוֹ לָאָדָם בִּשְׁעַת דָּחְקוֹ.

ד הוּא הָיָה אוֹמֵר: עֲשֵׂה רְצוֹנוֹ כִּרְצוֹנְךָ, כְּדֵי שֶׁיַּעֲשֶׂה רְצוֹנְךָ כִּרְצוֹנוֹ. בַּטֵּל
רְצוֹנְךָ מִפְּנֵי רְצוֹנוֹ, כְּדֵי שֶׁיְּבַטֵּל רְצוֹן אֲחֵרִים מִפְּנֵי רְצוֹנֶךָ.

ה הִלֵּל אוֹמֵר: אַל תִּפְרֹשׁ מִן הַצִּבּוּר, וְאַל תַּאֲמִין בְּעַצְמְךָ עַד יוֹם מוֹתְךָ,
וְאַל תָּדִין אֶת חֲבֵרְךָ עַד שֶׁתַּגִּיעַ לִמְקוֹמוֹ. וְאַל תֹּאמַר דָּבָר שֶׁאִי אֶפְשָׁר
לִשְׁמֹעַ, שֶׁסּוֹפוֹ לְהִשָּׁמַע. וְאַל תֹּאמַר לִכְשֶׁאֶפָּנֶה אֶשְׁנֶה, שֶׁמָּא לֹא תִפָּנֶה.

ו הוּא הָיָה אוֹמֵר: אֵין בּוּר יְרֵא חֵטְא, וְלֹא עַם הָאָרֶץ חָסִיד, וְלֹא הַבַּיְשָׁן
לָמֵד, וְלֹא הַקַּפְּדָן מְלַמֵּד, וְלֹא כָל הַמַּרְבֶּה בִסְחוֹרָה מַחְכִּים. וּבְמָקוֹם
שֶׁאֵין אֲנָשִׁים, הִשְׁתַּדֵּל לִהְיוֹת אִישׁ.

ז אַף הוּא רָאָה גֻּלְגֹּלֶת אַחַת שֶׁצָּפָה עַל פְּנֵי הַמָּיִם. אָמַר לָהּ: עַל דַּאֲטֵפְתְּ
אַטְיפוּךְ, וְסוֹף מְטִיפַיִךְ יְטוּפוּן.

ח הוּא הָיָה אוֹמֵר: מַרְבֶּה בָשָׂר, מַרְבֶּה רִמָּה. מַרְבֶּה נְכָסִים, מַרְבֶּה דְאָגָה.
מַרְבֶּה נָשִׁים, מַרְבֶּה כְשָׁפִים. מַרְבֶּה שְׁפָחוֹת, מַרְבֶּה זִמָּה. מַרְבֶּה עֲבָדִים,
מַרְבֶּה גָזֵל. מַרְבֶּה תוֹרָה, מַרְבֶּה חַיִּים. מַרְבֶּה יְשִׁיבָה, מַרְבֶּה חָכְמָה. מַרְבֶּה
עֵצָה, מַרְבֶּה תְבוּנָה. מַרְבֶּה צְדָקָה, מַרְבֶּה שָׁלוֹם. קָנָה שֵׁם טוֹב, קָנָה
לְעַצְמוֹ. קָנָה לוֹ דִּבְרֵי תוֹרָה, קָנָה לוֹ חַיֵּי הָעוֹלָם הַבָּא.

ט רַבָּן יוֹחָנָן בֶּן זַכַּאי קִבֵּל מֵהִלֵּל וּמִשַּׁמַּאי. הוּא הָיָה אוֹמֵר: אִם לָמַדְתָּ
תּוֹרָה הַרְבֵּה, אַל תַּחֲזִיק טוֹבָה לְעַצְמְךָ, כִּי לְכָךְ נוֹצָרְתָּ.

י חֲמִשָּׁה תַלְמִידִים הָיוּ לְרַבָּן יוֹחָנָן בֶּן זַכַּאי. וְאֵלּוּ הֵן: רַבִּי אֱלִיעֶזֶר בֶּן

הוּרְקָנוֹס, רַבִּי יְהוֹשֻׁעַ בֶּן חֲנַנְיָה, רַבִּי יוֹסֵי הַכֹּהֵן, רַבִּי שִׁמְעוֹן בֶּן נְתַנְאֵל, רַבִּי אֶלְעָזָר בֶּן עֲרָךְ.

יא הוּא הָיָה מוֹנֶה שִׁבְחָם: אֱלִיעֶזֶר בֶּן הוּרְקָנוֹס, בּוֹר סוּד שֶׁאֵינוֹ מְאַבֵּד טִפָּה. יְהוֹשֻׁעַ בֶּן חֲנַנְיָה, אַשְׁרֵי יוֹלַדְתּוֹ. יוֹסֵי הַכֹּהֵן, חָסִיד. שִׁמְעוֹן בֶּן נְתַנְאֵל, יְרֵא חֵטְא. אֶלְעָזָר בֶּן עֲרָךְ, כְּמַעְיָן הַמִּתְגַּבֵּר.

יב הוּא הָיָה אוֹמֵר: אִם יִהְיוּ כָּל חַכְמֵי יִשְׂרָאֵל בְּכַף מֹאזְנַיִם, וֶאֱלִיעֶזֶר בֶּן הוּרְקָנוֹס בְּכַף שְׁנִיָּה, מַכְרִיעַ אֶת כֻּלָּם. אַבָּא שָׁאוּל אוֹמֵר מִשְּׁמוֹ: אִם יִהְיוּ כָּל חַכְמֵי יִשְׂרָאֵל בְּכַף מֹאזְנַיִם, וֶאֱלִיעֶזֶר בֶּן הוּרְקָנוֹס אַף עִמָּהֶם, וְאֶלְעָזָר בֶּן עֲרָךְ בְּכַף שְׁנִיָּה, מַכְרִיעַ אֶת כֻּלָּם.

יג אָמַר לָהֶם: צְאוּ וּרְאוּ אֵיזוֹ הִיא דֶּרֶךְ טוֹבָה, שֶׁיִּדְבַּק בָּהּ הָאָדָם. רַבִּי אֱלִיעֶזֶר אוֹמֵר: עַיִן טוֹבָה. רַבִּי יְהוֹשֻׁעַ אוֹמֵר: חָבֵר טוֹב. רַבִּי יוֹסֵי אוֹמֵר: שָׁכֵן טוֹב. רַבִּי שִׁמְעוֹן אוֹמֵר: הָרוֹאֶה אֶת הַנּוֹלָד. רַבִּי אֶלְעָזָר אוֹמֵר: לֵב טוֹב. אָמַר לָהֶם, רוֹאֶה אֲנִי אֶת דִּבְרֵי אֶלְעָזָר בֶּן עֲרָךְ מִדִּבְרֵיכֶם, שֶׁבִּכְלַל דְּבָרָיו דִּבְרֵיכֶם.

יד אָמַר לָהֶם: צְאוּ וּרְאוּ, אֵיזוֹ הִיא דֶּרֶךְ רָעָה, שֶׁיִּתְרַחֵק מִמֶּנָּה הָאָדָם. רַבִּי אֱלִיעֶזֶר אוֹמֵר: עַיִן רָעָה. רַבִּי יְהוֹשֻׁעַ אוֹמֵר: חָבֵר רָע. רַבִּי יוֹסֵי אוֹמֵר: שָׁכֵן רָע. רַבִּי שִׁמְעוֹן אוֹמֵר: הַלֹּוֶה וְאֵינוֹ מְשַׁלֵּם, אֶחָד הַלֹּוֶה מִן הָאָדָם
כְּלֹוֶה מִן הַמָּקוֹם, שֶׁנֶּאֱמַר: לֹוֶה רָשָׁע וְלֹא יְשַׁלֵּם, וְצַדִּיק חוֹנֵן וְנוֹתֵן: רַבִּי תהלים לז
אֶלְעָזָר אוֹמֵר: לֵב רָע. אָמַר לָהֶם: רוֹאֶה אֲנִי אֶת דִּבְרֵי אֶלְעָזָר בֶּן עֲרָךְ מִדִּבְרֵיכֶם, שֶׁבִּכְלַל דְּבָרָיו דִּבְרֵיכֶם.

טו הֵם אָמְרוּ שְׁלֹשָׁה דְבָרִים. רַבִּי אֱלִיעֶזֶר אוֹמֵר: יְהִי כְבוֹד חֲבֵרְךָ חָבִיב עָלֶיךָ כְּשֶׁלָּךְ, וְאַל תְּהִי נוֹחַ לִכְעֹס. וְשׁוּב יוֹם אֶחָד לִפְנֵי מִיתָתְךָ. וֶהֱוֵי מִתְחַמֵּם כְּנֶגֶד אוּרָן שֶׁל חֲכָמִים, וֶהֱוֵי זָהִיר בְּגַחַלְתָּן שֶׁלֹּא תִכָּוֶה, שֶׁנְּשִׁיכָתָן נְשִׁיכַת שׁוּעָל, וַעֲקִיצָתָן עֲקִיצַת עַקְרָב, וּלְחִישָׁתָן לְחִישַׁת שָׂרָף, וְכָל דִּבְרֵיהֶם כְּגַחֲלֵי אֵשׁ.

טז רַבִּי יְהוֹשֻׁעַ אוֹמֵר: עַיִן הָרָע וְיֵצֶר הָרָע וְשִׂנְאַת הַבְּרִיּוֹת, מוֹצִיאִין אֶת הָאָדָם מִן הָעוֹלָם.

יז רַבִּי יוֹסֵי אוֹמֵר: יְהִי מָמוֹן חֲבֵרְךָ חָבִיב עָלֶיךָ כְּשֶׁלָּךְ. וְהַתְקֵן עַצְמְךָ לִלְמֹד תּוֹרָה, שֶׁאֵינָהּ יְרֻשָּׁה לָךְ. וְכָל מַעֲשֶׂיךָ יִהְיוּ לְשֵׁם שָׁמָיִם.

יח רַבִּי שִׁמְעוֹן אוֹמֵר: הֱוֵי זָהִיר בִּקְרִיאַת שְׁמַע וּבִתְפִלָּה. וּכְשֶׁאַתָּה מִתְפַּלֵּל
אַל תַּעַשׂ תְּפִלָּתְךָ קֶבַע, אֶלָּא רַחֲמִים וְתַחֲנוּנִים לִפְנֵי הַמָּקוֹם, שֶׁנֶּאֱמַר:
כִּי־חַנּוּן וְרַחוּם הוּא, אֶרֶךְ אַפַּיִם וְרַב־חֶסֶד וְנִחָם עַל־הָרָעָה: וְאַל תְּהִי יואל ב
רָשָׁע בִּפְנֵי עַצְמֶךָ.

יט רַבִּי אֶלְעָזָר אוֹמֵר: הֱוֵי שָׁקוּד לִלְמֹד תּוֹרָה. וְדַע מַה שֶּׁתָּשִׁיב לְאֶפִּיקוֹרוֹס. וְדַע לִפְנֵי מִי אַתָּה עָמֵל, וּמִי הוּא בַּעַל מְלַאכְתְּךָ, שֶׁיְּשַׁלֶּם לְךָ שְׂכַר פְּעֻלָּתֶךָ.

כ רַבִּי טַרְפוֹן אוֹמֵר: הַיּוֹם קָצָר, וְהַמְּלָאכָה מְרֻבָּה, וְהַפּוֹעֲלִים עֲצֵלִים, וְהַשָּׂכָר הַרְבֵּה, וּבַעַל הַבַּיִת דּוֹחֵק.

כא הוּא הָיָה אוֹמֵר: לֹא עָלֶיךָ הַמְּלָאכָה לִגְמֹר, וְלֹא אַתָּה בֶן חוֹרִין לִבָּטֵל מִמֶּנָּה. אִם לָמַדְתָּ תּוֹרָה הַרְבֵּה, נוֹתְנִין לְךָ שָׂכָר הַרְבֵּה. וְנֶאֱמָן הוּא בַּעַל מְלַאכְתְּךָ, שֶׁיְּשַׁלֶּם לְךָ שְׂכַר פְּעֻלָּתֶךָ. וְדַע, שֶׁמַּתַּן שְׂכָרָן שֶׁל צַדִּיקִים לֶעָתִיד לָבוֹא.

רַבִּי חֲנַנְיָא בֶּן עֲקַשְׁיָא אוֹמֵר: רָצָה הַקָּדוֹשׁ בָּרוּךְ הוּא לְזַכּוֹת אֶת יִשְׂרָאֵל, מכות כג:
לְפִיכָךְ הִרְבָּה לָהֶם תּוֹרָה וּמִצְוֹת. שֶׁנֶּאֱמַר: יהוה חָפֵץ לְמַעַן צִדְקוֹ, יַגְדִּיל ישעיה מב
תּוֹרָה וְיַאְדִּיר:

* * *

כָּל יִשְׂרָאֵל יֵשׁ לָהֶם חֵלֶק לָעוֹלָם הַבָּא. שֶׁנֶּאֱמַר: סנהדרין צ.
וְעַמֵּךְ כֻּלָּם צַדִּיקִים, לְעוֹלָם יִירְשׁוּ אָרֶץ ישעיה ס
נֵצֶר מַטָּעַי, מַעֲשֵׂה יָדַי לְהִתְפָּאֵר:

פרק שלישי

א עֲקַבְיָא בֶּן מַהֲלַלְאֵל אוֹמֵר: הִסְתַּכֵּל בִּשְׁלֹשָׁה דְבָרִים, וְאֵין אַתָּה בָא לִידֵי עֲבֵרָה. דַּע מֵאַיִן בָּאתָ, וּלְאָן אַתָּה הוֹלֵךְ, וְלִפְנֵי מִי אַתָּה עָתִיד לִתֵּן דִּין וְחֶשְׁבּוֹן. מֵאַיִן בָּאתָ, מִטִּפָּה סְרוּחָה. וּלְאָן אַתָּה הוֹלֵךְ, לִמְקוֹם עָפָר,

רִמָּה וְתוֹלֵעָה. וְלִפְנֵי מִי אַתָּה עָתִיד לִתֵּן דִּין וְחֶשְׁבּוֹן, לִפְנֵי מֶלֶךְ מַלְכֵי
הַמְּלָכִים, הַקָּדוֹשׁ בָּרוּךְ הוּא.

ב רַבִּי חֲנִינָא סְגַן הַכֹּהֲנִים אוֹמֵר: הֱוֵי מִתְפַּלֵּל בִּשְׁלוֹמָהּ שֶׁל מַלְכוּת,
שֶׁאִלְמָלֵא מוֹרָאָהּ, אִישׁ אֶת רֵעֵהוּ חַיִּים בְּלָעוֹ.

ג רַבִּי חֲנִינָא בֶּן תְּרַדְיוֹן אוֹמֵר: שְׁנַיִם שֶׁיּוֹשְׁבִין, וְאֵין בֵּינֵיהֶם דִּבְרֵי תוֹרָה, הֲרֵי
זֶה מוֹשַׁב לֵצִים, שֶׁנֶּאֱמַר: וּבְמוֹשַׁב לֵצִים לֹא יָשָׁב: אֲבָל שְׁנַיִם שֶׁיּוֹשְׁבִין, תהלים א
וְיֵשׁ בֵּינֵיהֶם דִּבְרֵי תוֹרָה, שְׁכִינָה שְׁרוּיָה בֵינֵיהֶם, שֶׁנֶּאֱמַר: אָז נִדְבְּרוּ יִרְאֵי מלאכי ג
יהוה אִישׁ אֶל־רֵעֵהוּ, וַיַּקְשֵׁב יהוה וַיִּשְׁמָע, וַיִּכָּתֵב סֵפֶר זִכָּרוֹן לְפָנָיו
לְיִרְאֵי יהוה וּלְחֹשְׁבֵי שְׁמוֹ: אֵין לִי אֶלָּא שְׁנַיִם, מִנַּיִן אֲפִלּוּ אֶחָד שֶׁיּוֹשֵׁב
וְעוֹסֵק בַּתּוֹרָה שֶׁהַקָּדוֹשׁ בָּרוּךְ הוּא קוֹבֵעַ לוֹ שָׂכָר, שֶׁנֶּאֱמַר: יֵשֵׁב בָּדָד איכה ג
וְיִדֹּם כִּי נָטַל עָלָיו:

ד רַבִּי שִׁמְעוֹן אוֹמֵר: שְׁלֹשָׁה שֶׁאָכְלוּ עַל שֻׁלְחָן אֶחָד וְלֹא אָמְרוּ עָלָיו דִּבְרֵי
תוֹרָה, כְּאִלּוּ אָכְלוּ מִזִּבְחֵי מֵתִים, שֶׁנֶּאֱמַר: כִּי כָּל־שֻׁלְחָנוֹת מָלְאוּ קִיא ישעיה כח
צֹאָה בְּלִי מָקוֹם: אֲבָל שְׁלֹשָׁה שֶׁאָכְלוּ עַל שֻׁלְחָן אֶחָד, וְאָמְרוּ עָלָיו דִּבְרֵי
תוֹרָה, כְּאִלּוּ אָכְלוּ מִשֻּׁלְחָנוֹ שֶׁל מָקוֹם, שֶׁנֶּאֱמַר: וַיְדַבֵּר אֵלַי, זֶה הַשֻּׁלְחָן יחזקאל מא
אֲשֶׁר לִפְנֵי יהוה:

ה רַבִּי חֲנִינָא בֶּן חֲכִינַאי אוֹמֵר: הַנֵּעוֹר בַּלַּיְלָה, וְהַמְהַלֵּךְ בַּדֶּרֶךְ יְחִידִי,
וְהַמְפַנֶּה לִבּוֹ לְבַטָּלָה, הֲרֵי זֶה מִתְחַיֵּב בְּנַפְשׁוֹ.

ו רַבִּי נְחוּנְיָא בֶּן הַקָּנָה אוֹמֵר: כָּל הַמְקַבֵּל עָלָיו עֹל תּוֹרָה, מַעֲבִירִין מִמֶּנּוּ
עֹל מַלְכוּת וְעֹל דֶּרֶךְ אֶרֶץ. וְכָל הַפּוֹרֵק מִמֶּנּוּ עֹל תּוֹרָה, נוֹתְנִין עָלָיו עֹל
מַלְכוּת וְעֹל דֶּרֶךְ אֶרֶץ.

ז רַבִּי חֲלַפְתָּא בֶּן דּוֹסָא אִישׁ כְּפַר חֲנַנְיָה אוֹמֵר: עֲשָׂרָה שֶׁיּוֹשְׁבִין וְעוֹסְקִין
בַּתּוֹרָה שְׁכִינָה שְׁרוּיָה בֵינֵיהֶם, שֶׁנֶּאֱמַר: אֱלֹהִים נִצָּב בַּעֲדַת־אֵל: וּמִנַּיִן תהלים פב
אֲפִלּוּ חֲמִשָּׁה, שֶׁנֶּאֱמַר: וַאֲגֻדָּתוֹ עַל־אֶרֶץ יְסָדָהּ: וּמִנַּיִן אֲפִלּוּ שְׁלֹשָׁה, עמוס ט
שֶׁנֶּאֱמַר: בְּקֶרֶב אֱלֹהִים יִשְׁפֹּט: וּמִנַּיִן אֲפִלּוּ שְׁנַיִם, שֶׁנֶּאֱמַר: אָז נִדְבְּרוּ תהלים פב מלאכי ג
יִרְאֵי יהוה אִישׁ אֶל־רֵעֵהוּ, וַיַּקְשֵׁב יהוה וַיִּשְׁמָע: וּמִנַּיִן אֲפִלּוּ אֶחָד,
שֶׁנֶּאֱמַר: בְּכָל־הַמָּקוֹם אֲשֶׁר אַזְכִּיר אֶת־שְׁמִי, אָבוֹא אֵלֶיךָ וּבֵרַכְתִּיךָ: שמות כ

ח רַבִּי אֶלְעָזָר אִישׁ בַּרְתּוֹתָא אוֹמֵר: תֶּן לוֹ מִשֶּׁלּוֹ, שֶׁאַתָּה וְשֶׁלְּךָ שֶׁלּוֹ. וְכֵן
בְּדָוִד הוּא אוֹמֵר: כִּי־מִמְּךָ הַכֹּל, וּמִיָּדְךָ נָתַנּוּ לָךְ: דברי הימים א׳ כט

ט רַבִּי יַעֲקֹב אוֹמֵר: הַמְהַלֵּךְ בַּדֶּרֶךְ וְשׁוֹנֶה, וּמַפְסִיק מִמִּשְׁנָתוֹ וְאוֹמֵר, מַה
נָּאֶה אִילָן זֶה, מַה נָּאֶה נִיר זֶה, מַעֲלֶה עָלָיו הַכָּתוּב כְּאִלּוּ מִתְחַיֵּב בְּנַפְשׁוֹ.

י רַבִּי דוֹסְתָּאִי בְּרַבִּי יַנַּאי מִשּׁוּם רַבִּי מֵאִיר אוֹמֵר: כָּל הַשּׁוֹכֵחַ דָּבָר אֶחָד
מִמִּשְׁנָתוֹ, מַעֲלֶה עָלָיו הַכָּתוּב כְּאִלּוּ מִתְחַיֵּב בְּנַפְשׁוֹ, שֶׁנֶּאֱמַר: רַק הִשָּׁמֶר דברים ד
לְךָ וּשְׁמֹר נַפְשְׁךָ מְאֹד, פֶּן־תִּשְׁכַּח אֶת־הַדְּבָרִים אֲשֶׁר־רָאוּ עֵינֶיךָ: יָכוֹל
אֲפִלּוּ תָּקְפָה עָלָיו מִשְׁנָתוֹ, תַּלְמוּד לוֹמַר: וּפֶן יָסוּרוּ מִלְּבָבְךָ כֹּל יְמֵי חַיֶּיךָ: דברים ד
הָא אֵינוֹ מִתְחַיֵּב בְּנַפְשׁוֹ, עַד שֶׁיֵּשֵׁב וִיסִירֵם מִלִּבּוֹ.

יא רַבִּי חֲנִינָא בֶּן דּוֹסָא אוֹמֵר: כָּל שֶׁיִּרְאַת חֶטְאוֹ קוֹדֶמֶת לְחָכְמָתוֹ, חָכְמָתוֹ
מִתְקַיֶּמֶת. וְכָל שֶׁחָכְמָתוֹ קוֹדֶמֶת לְיִרְאַת חֶטְאוֹ, אֵין חָכְמָתוֹ מִתְקַיֶּמֶת.

יב הוּא הָיָה אוֹמֵר: כָּל שֶׁמַּעֲשָׂיו מְרֻבִּין מֵחָכְמָתוֹ, חָכְמָתוֹ מִתְקַיֶּמֶת. וְכָל
שֶׁחָכְמָתוֹ מְרֻבָּה מִמַּעֲשָׂיו, אֵין חָכְמָתוֹ מִתְקַיֶּמֶת.

יג הוּא הָיָה אוֹמֵר: כָּל שֶׁרְוּחַ הַבְּרִיּוֹת נוֹחָה הֵימֶנּוּ, רְוּחַ הַמָּקוֹם נוֹחָה הֵימֶנּוּ.
וְכָל שֶׁאֵין רְוּחַ הַבְּרִיּוֹת נוֹחָה הֵימֶנּוּ, אֵין רְוּחַ הַמָּקוֹם נוֹחָה הֵימֶנּוּ.

יד רַבִּי דוֹסָא בֶּן הַרְכִּינַס אוֹמֵר: שֵׁנָה שֶׁל שַׁחֲרִית, וְיַיִן שֶׁל צָהֳרַיִם, וְשִׂיחַת
הַיְלָדִים, וִישִׁיבַת בָּתֵּי כְנֵסִיּוֹת שֶׁל עַמֵּי הָאָרֶץ, מוֹצִיאִין אֶת הָאָדָם מִן
הָעוֹלָם.

טו רַבִּי אֶלְעָזָר הַמּוֹדָעִי אוֹמֵר: הַמְחַלֵּל אֶת הַקֳּדָשִׁים, וְהַמְבַזֶּה אֶת הַמּוֹעֲדוֹת,
וְהַמַּלְבִּין פְּנֵי חֲבֵרוֹ בָּרַבִּים, וְהַמֵּפֵר בְּרִיתוֹ שֶׁל אַבְרָהָם אָבִינוּ, וְהַמְגַלֶּה
פָנִים בַּתּוֹרָה שֶׁלֹּא כַהֲלָכָה, אַף עַל פִּי שֶׁיֵּשׁ בְּיָדוֹ תּוֹרָה וּמַעֲשִׂים טוֹבִים,
אֵין לוֹ חֵלֶק לָעוֹלָם הַבָּא.

טז רַבִּי יִשְׁמָעֵאל אוֹמֵר: הֱוֵי קַל לְרֹאשׁ וְנוֹחַ לְתִשְׁחֹרֶת, וֶהֱוֵי מְקַבֵּל אֶת כָּל
הָאָדָם בְּשִׂמְחָה.

יז רַבִּי עֲקִיבָא אוֹמֵר: שְׂחוֹק וְקַלּוּת רֹאשׁ מַרְגִּילִין אֶת הָאָדָם לְעֶרְוָה. מָסֹרֶת
סְיָג לַתּוֹרָה, מַעְשְׂרוֹת סְיָג לָעֹשֶׁר, נְדָרִים סְיָג לַפְּרִישׁוּת, סְיָג לַחָכְמָה
שְׁתִיקָה.

יח הוּא הָיָה אוֹמֵר, חָבִיב אָדָם שֶׁנִּבְרָא בְצֶלֶם, חִבָּה יְתֵרָה נוֹדַעַת לוֹ
שֶׁנִּבְרָא בְּצֶלֶם, שֶׁנֶּאֱמַר: כִּי בְּצֶלֶם אֱלֹהִים עָשָׂה אֶת־הָאָדָם: חֲבִיבִין בראשית ט
יִשְׂרָאֵל שֶׁנִּקְרְאוּ בָנִים לַמָּקוֹם, חִבָּה יְתֵרָה נוֹדַעַת לָהֶם שֶׁנִּקְרְאוּ בָנִים
לַמָּקוֹם, שֶׁנֶּאֱמַר: בָּנִים אַתֶּם לַיהוה אֱלֹהֵיכֶם: חֲבִיבִין יִשְׂרָאֵל שֶׁנִּתַּן לָהֶם דברים יד
כְּלִי חֶמְדָּה, חִבָּה יְתֵרָה נוֹדַעַת לָהֶם שֶׁנִּתַּן לָהֶם כְּלִי חֶמְדָּה שֶׁבּוֹ נִבְרָא
הָעוֹלָם, שֶׁנֶּאֱמַר: כִּי לֶקַח טוֹב נָתַתִּי לָכֶם, תּוֹרָתִי אַל־תַּעֲזֹבוּ: משלי ד

יט הַכֹּל צָפוּי, וְהָרְשׁוּת נְתוּנָה, וּבְטוּב הָעוֹלָם נִדּוֹן, וְהַכֹּל לְפִי רֹב הַמַּעֲשֶׂה.

כ הוּא הָיָה אוֹמֵר: הַכֹּל נָתוּן בְּעֵרָבוֹן, וּמְצוּדָה פְרוּסָה עַל כָּל הַחַיִּים. הֶחָנוּת
פְּתוּחָה, וְהַחֶנְוָנִי מַקִּיף, וְהַפִּנְקָס פָּתוּחַ, וְהַיָּד כּוֹתֶבֶת, וְכָל הָרוֹצֶה לִלְווֹת
יָבֹא וְיִלְוֶה. וְהַגַּבָּאִין מַחֲזִירִין תָּדִיר בְּכָל יוֹם, וְנִפְרָעִין מִן הָאָדָם מִדַּעְתּוֹ
וְשֶׁלֹּא מִדַּעְתּוֹ, וְיֵשׁ לָהֶם עַל מַה שֶּׁיִּסְמֹכוּ. וְהַדִּין, דִּין אֱמֶת. וְהַכֹּל מְתֻקָּן
לִסְעוּדָה.

כא רַבִּי אֶלְעָזָר בֶּן עֲזַרְיָה אוֹמֵר: אִם אֵין תּוֹרָה אֵין דֶּרֶךְ אֶרֶץ, אִם אֵין דֶּרֶךְ
אֶרֶץ אֵין תּוֹרָה. אִם אֵין חָכְמָה אֵין יִרְאָה, אִם אֵין יִרְאָה אֵין חָכְמָה.
אִם אֵין דַּעַת אֵין בִּינָה, אִם אֵין בִּינָה אֵין דַּעַת. אִם אֵין קֶמַח אֵין תּוֹרָה,
אִם אֵין תּוֹרָה אֵין קֶמַח.

כב הוּא הָיָה אוֹמֵר: כֹּל שֶׁחָכְמָתוֹ מְרֻבָּה מִמַּעֲשָׂיו, לְמָה הוּא דוֹמֶה, לְאִילָן
שֶׁעֲנָפָיו מְרֻבִּין וְשָׁרָשָׁיו מֻעָטִין, וְהָרוּחַ בָּאָה וְעוֹקַרְתּוֹ וְהוֹפַכְתּוֹ עַל פָּנָיו.
שֶׁנֶּאֱמַר, וְהָיָה כְּעַרְעָר בָּעֲרָבָה, וְלֹא יִרְאֶה כִּי־יָבוֹא טוֹב, וְשָׁכַן חֲרֵרִים ירמיה יז
בַּמִּדְבָּר, אֶרֶץ מְלֵחָה וְלֹא תֵשֵׁב: אֲבָל כֹּל שֶׁמַּעֲשָׂיו מְרֻבִּין מֵחָכְמָתוֹ,
לְמָה הוּא דוֹמֶה, לְאִילָן שֶׁעֲנָפָיו מֻעָטִין וְשָׁרָשָׁיו מְרֻבִּין, שֶׁאֲפִלּוּ כָּל
הָרוּחוֹת שֶׁבָּעוֹלָם בָּאוֹת וְנוֹשְׁבוֹת בּוֹ, אֵין מְזִיזִין אוֹתוֹ מִמְּקוֹמוֹ. שֶׁנֶּאֱמַר:
וְהָיָה כְּעֵץ שָׁתוּל עַל־מַיִם, וְעַל־יוּבַל יְשַׁלַּח שָׁרָשָׁיו, וְלֹא יִרְאֶ כִּי־יָבֹא ירמיה יז
חֹם, וְהָיָה עָלֵהוּ רַעֲנָן, וּבִשְׁנַת בַּצֹּרֶת לֹא יִדְאָג, וְלֹא יָמִישׁ מֵעֲשׂוֹת
פֶּרִי:

כג רַבִּי אֶלְעָזָר בֶּן חִסְמָא אוֹמֵר: קִנִּין וּפִתְחֵי נִדָּה הֵן הֵן גּוּפֵי הֲלָכוֹת, תְּקוּפוֹת
וְגִימַטְרִיָּאוֹת פַּרְפְּרָאוֹת לַחָכְמָה.

מכות כג: רַבִּי חֲנַנְיָא בֶּן עֲקַשְׁיָא אוֹמֵר: רָצָה הַקָּדוֹשׁ בָּרוּךְ הוּא לְזַכּוֹת אֶת יִשְׂרָאֵל,
ישעיה מב לְפִיכָךְ הִרְבָּה לָהֶם תּוֹרָה וּמִצְוֹת. שֶׁנֶּאֱמַר: יהוה חָפֵץ לְמַעַן צִדְקוֹ, יַגְדִּיל
תּוֹרָה וְיַאְדִּיר:

* * *

סנהדרין צ. כָּל יִשְׂרָאֵל יֵשׁ לָהֶם חֵלֶק לָעוֹלָם הַבָּא. שֶׁנֶּאֱמַר:
ישעיה ס וְעַמֵּךְ כֻּלָּם צַדִּיקִים, לְעוֹלָם יִירְשׁוּ אָרֶץ
נֵצֶר מַטָּעַי, מַעֲשֵׂה יָדַי לְהִתְפָּאֵר:

פרק רביעי

תהלים קיט א בֶּן זוֹמָא אוֹמֵר: אֵיזֶהוּ חָכָם, הַלּוֹמֵד מִכָּל אָדָם, שֶׁנֶּאֱמַר: מִכָּל־מְלַמְּדַי
הִשְׂכַּלְתִּי, כִּי עֵדְוֹתֶיךָ שִׂיחָה לִּי: אֵיזֶהוּ גִבּוֹר, הַכּוֹבֵשׁ אֶת יִצְרוֹ, שֶׁנֶּאֱמַר:
משלי טז טוֹב אֶרֶךְ אַפַּיִם מִגִּבּוֹר וּמֹשֵׁל בְּרוּחוֹ מִלֹּכֵד עִיר: אֵיזֶהוּ עָשִׁיר, הַשָּׂמֵחַ
תהלים קכח בְּחֶלְקוֹ, שֶׁנֶּאֱמַר: יְגִיעַ כַּפֶּיךָ כִּי תֹאכֵל אַשְׁרֶיךָ וְטוֹב לָךְ: אַשְׁרֶיךָ בָּעוֹלָם
הַזֶּה וְטוֹב לָךְ לָעוֹלָם הַבָּא. אֵיזֶהוּ מְכֻבָּד, הַמְכַבֵּד אֶת הַבְּרִיּוֹת, שֶׁנֶּאֱמַר:
שמואל א׳ ב כִּי־מְכַבְּדַי אֲכַבֵּד, וּבֹזַי יֵקָלּוּ:

ב בֶּן עַזַּאי אוֹמֵר: הֱוֵי רָץ לְמִצְוָה קַלָּה וּבוֹרֵחַ מִן הָעֲבֵרָה. שֶׁמִּצְוָה גוֹרֶרֶת
מִצְוָה, וַעֲבֵרָה גוֹרֶרֶת עֲבֵרָה. שֶׁשְּׂכַר מִצְוָה מִצְוָה, וּשְׂכַר עֲבֵרָה עֲבֵרָה.

ג הוּא הָיָה אוֹמֵר: אַל תְּהִי בָז לְכָל אָדָם, וְאַל תְּהִי מַפְלִיג לְכָל דָּבָר. שֶׁאֵין
לְךָ אָדָם שֶׁאֵין לוֹ שָׁעָה, וְאֵין לְךָ דָבָר שֶׁאֵין לוֹ מָקוֹם.

ד רַבִּי לְוִיטַס אִישׁ יַבְנֶה אוֹמֵר: מְאֹד מְאֹד הֱוֵי שְׁפַל רוּחַ, שֶׁתִּקְוַת אֱנוֹשׁ רִמָּה.

ה רַבִּי יוֹחָנָן בֶּן בְּרוֹקָא אוֹמֵר: כָּל הַמְחַלֵּל שֵׁם שָׁמַיִם בַּסֵּתֶר, נִפְרָעִין מִמֶּנּוּ
בַּגָּלוּי. אֶחָד שׁוֹגֵג וְאֶחָד מֵזִיד בְּחִלּוּל הַשֵּׁם.

ו רַבִּי יִשְׁמָעֵאל בְּנוֹ אוֹמֵר: הַלּוֹמֵד עַל מְנָת לְלַמֵּד, מַסְפִּיקִין בְּיָדוֹ לִלְמֹד
וּלְלַמֵּד. וְהַלּוֹמֵד עַל מְנָת לַעֲשׂוֹת, מַסְפִּיקִין בְּיָדוֹ לִלְמֹד וּלְלַמֵּד, לִשְׁמֹר
וְלַעֲשׂוֹת.

ז רַבִּי צָדוֹק אוֹמֵר: אַל תִּפְרֹשׁ מִן הַצִּבּוּר, וְאַל תַּעַשׂ עַצְמְךָ כְּעוֹרְכֵי הַדַּיָּנִין,
וְאַל תַּעֲשֶׂהָ עֲטָרָה לְהִתְגַּדֵּל בָּהּ, וְלֹא קַרְדֹּם לַחְפֹּר בָּהּ. וְכָךְ הָיָה הִלֵּל

אוֹמֵר: וּדְאִשְׁתַּמֵּשׁ בְּתָגָא חֲלָף. הָא לָמַדְתָּ, כָּל הַנֶּהֱנֶה מִדִּבְרֵי תוֹרָה, נוֹטֵל חַיָּיו מִן הָעוֹלָם.

ח רַבִּי יוֹסֵי אוֹמֵר: כָּל הַמְכַבֵּד אֶת הַתּוֹרָה, גּוּפוֹ מְכֻבָּד עַל הַבְּרִיּוֹת. וְכָל הַמְחַלֵּל אֶת הַתּוֹרָה, גּוּפוֹ מְחֻלָּל עַל הַבְּרִיּוֹת.

ט רַבִּי יִשְׁמָעֵאל בְּנוֹ אוֹמֵר: הַחוֹשֵׂךְ עַצְמוֹ מִן הַדִּין, פּוֹרֵק מִמֶּנּוּ אֵיבָה וְגָזֵל וּשְׁבוּעַת שָׁוְא. וְהַגַּס לִבּוֹ בְּהוֹרָאָה, שׁוֹטֶה, רָשָׁע וְגַס רוּחַ.

י הוּא הָיָה אוֹמֵר: אַל תְּהִי דָן יְחִידִי, שֶׁאֵין דָּן יְחִידִי אֶלָּא אֶחָד. וְאַל תֹּאמַר קַבְּלוּ דַעְתִּי, שֶׁהֵן רַשָּׁאִין וְלֹא אָתָּה.

יא רַבִּי יוֹנָתָן אוֹמֵר: כָּל הַמְקַיֵּם אֶת הַתּוֹרָה מֵעֹנִי, סוֹפוֹ לְקַיְּמָהּ מֵעֹשֶׁר. וְכָל הַמְבַטֵּל אֶת הַתּוֹרָה מֵעֹשֶׁר, סוֹפוֹ לְבַטְּלָהּ מֵעֹנִי.

יב רַבִּי מֵאִיר אוֹמֵר: הֱוֵי מְמַעֵט בְּעֵסֶק וַעֲסֹק בַּתּוֹרָה, וֶהֱוֵי שְׁפַל רוּחַ בִּפְנֵי כָל אָדָם. וְאִם בָּטַלְתָּ מִן הַתּוֹרָה, יֶשׁ לְךָ בְּטֵלִים הַרְבֵּה כְּנֶגְדֶּךָ. וְאִם עָמַלְתָּ בַּתּוֹרָה, יֶשׁ לוֹ שָׂכָר הַרְבֵּה לִתֶּן לָךְ.

יג רַבִּי אֱלִיעֶזֶר בֶּן יַעֲקֹב אוֹמֵר: הָעוֹשֶׂה מִצְוָה אַחַת, קוֹנֶה לוֹ פְּרַקְלִיט אֶחָד. וְהָעוֹבֵר עֲבֵרָה אַחַת, קוֹנֶה לוֹ קַטֵּגוֹר אֶחָד. תְּשׁוּבָה וּמַעֲשִׂים טוֹבִים, כִּתְרִיס בִּפְנֵי הַפֻּרְעָנוּת.

יד רַבִּי יוֹחָנָן הַסַּנְדְּלָר אוֹמֵר: כָּל כְּנֵסִיָּה שֶׁהִיא לְשֵׁם שָׁמַיִם, סוֹפָהּ לְהִתְקַיֵּם. וְשֶׁאֵינָהּ לְשֵׁם שָׁמַיִם, אֵין סוֹפָהּ לְהִתְקַיֵּם.

טו רַבִּי אֶלְעָזָר בֶּן שַׁמּוּעַ אוֹמֵר: יְהִי כְבוֹד תַּלְמִידְךָ חָבִיב עָלֶיךָ כְּשֶׁלָּךְ, וּכְבוֹד חֲבֵרְךָ כְּמוֹרָא רַבָּךְ, וּמוֹרָא רַבָּךְ כְּמוֹרָא שָׁמָיִם.

טז רַבִּי יְהוּדָה אוֹמֵר: הֱוֵי זָהִיר בְּתַלְמוּד, שֶׁשִּׁגְגַת תַּלְמוּד עוֹלָה זָדוֹן.

יז רַבִּי שִׁמְעוֹן אוֹמֵר: שְׁלֹשָׁה כְתָרִים הֵן, כֶּתֶר תּוֹרָה וְכֶתֶר כְּהֻנָּה וְכֶתֶר מַלְכוּת, וְכֶתֶר שֵׁם טוֹב עוֹלֶה עַל גַּבֵּיהֶן.

יח רַבִּי נְהוֹרָאִי אוֹמֵר: הֱוֵי גוֹלֶה לִמְקוֹם תּוֹרָה. וְאַל תֹּאמַר שֶׁהִיא תָבוֹא אַחֲרֶיךָ, שֶׁחֲבֵרֶיךָ יְקַיְּמוּהָ בְּיָדֶךָ. וְאֶל־בִּינָתְךָ אַל־תִּשָּׁעֵן: משלי ג

יט רַבִּי יַנַּאי אוֹמֵר: אֵין בְּיָדֵינוּ לֹא מִשַּׁלְוַת הָרְשָׁעִים וְאַף לֹא מִיִּסּוּרֵי הַצַּדִּיקִים.

כ רַבִּי מַתְיָא בֶּן חָרָשׁ אוֹמֵר: הֱוֵי מַקְדִּים בִּשְׁלוֹם כָּל אָדָם, וֶהֱוֵי זָנָב לָאֲרָיוֹת, וְאַל תְּהִי רֹאשׁ לַשּׁוּעָלִים.

כא רַבִּי יַעֲקֹב אוֹמֵר: הָעוֹלָם הַזֶּה דּוֹמֶה לִפְרוֹזְדוֹר בִּפְנֵי הָעוֹלָם הַבָּא. הַתְקֵן עַצְמְךָ בַפְּרוֹזְדוֹר, כְּדֵי שֶׁתִּכָּנֵס לַטְּרַקְלִין.

כב הוּא הָיָה אוֹמֵר: יָפָה שָׁעָה אַחַת בִּתְשׁוּבָה וּמַעֲשִׂים טוֹבִים בָּעוֹלָם הַזֶּה, מִכָּל חַיֵּי הָעוֹלָם הַבָּא. וְיָפָה שָׁעָה אַחַת שֶׁל קוֹרַת רוּחַ בָּעוֹלָם הַבָּא, מִכָּל חַיֵּי הָעוֹלָם הַזֶּה.

כג רַבִּי שִׁמְעוֹן בֶּן אֶלְעָזָר אוֹמֵר: אַל תְּרַצֶּה אֶת חֲבֵרְךָ בִּשְׁעַת כַּעְסוֹ, וְאַל תְּנַחֲמֶהוּ בְּשָׁעָה שֶׁמֵּתוֹ מֻטָּל לְפָנָיו, וְאַל תִּשְׁאַל לוֹ בִּשְׁעַת נִדְרוֹ, וְאַל תִּשְׁתַּדֵּל לִרְאוֹתוֹ בִּשְׁעַת קַלְקָלָתוֹ.

כד שְׁמוּאֵל הַקָּטָן אוֹמֵר: בִּנְפֹל אוֹיִבְךָ אַל־תִּשְׂמָח, וּבִכָּשְׁלוֹ אַל־יָגֵל לִבֶּךָ: פֶּן־יִרְאֶה יהוה וְרַע בְּעֵינָיו, וְהֵשִׁיב מֵעָלָיו אַפּוֹ: משלי כד

כה אֱלִישָׁע בֶּן אֲבוּיָה אוֹמֵר: הַלּוֹמֵד יֶלֶד, לְמָה הוּא דוֹמֶה, לִדְיוֹ כְתוּבָה עַל נְיָר חָדָשׁ. וְהַלּוֹמֵד זָקֵן, לְמָה הוּא דוֹמֶה, לִדְיוֹ כְתוּבָה עַל נְיָר מָחוּק.

כו רַבִּי יוֹסֵי בַּר יְהוּדָה אִישׁ כְּפַר הַבַּבְלִי אוֹמֵר: הַלּוֹמֵד מִן הַקְּטַנִּים, לְמָה הוּא דוֹמֶה, לְאוֹכֵל עֲנָבִים קֵהוֹת וְשׁוֹתֶה יַיִן מִגִּתּוֹ. וְהַלּוֹמֵד מִן הַזְּקֵנִים, לְמָה הוּא דוֹמֶה, לְאוֹכֵל עֲנָבִים בְּשׁוּלוֹת וְשׁוֹתֶה יַיִן יָשָׁן.

כז רַבִּי מֵאִיר אוֹמֵר: אַל תִּסְתַּכֵּל בַּקַּנְקַן, אֶלָּא בְּמַה שֶּׁיֵּשׁ בּוֹ. יֵשׁ קַנְקַן חָדָשׁ מָלֵא יָשָׁן, וְיָשָׁן שֶׁאֲפִלּוּ חָדָשׁ אֵין בּוֹ.

כח רַבִּי אֶלְעָזָר הַקַּפָּר אוֹמֵר: הַקִּנְאָה וְהַתַּאֲוָה וְהַכָּבוֹד, מוֹצִיאִין אֶת הָאָדָם מִן הָעוֹלָם.

כט הוּא הָיָה אוֹמֵר: הַיִּלּוֹדִים לָמוּת, וְהַמֵּתִים לְחִיוֹת, וְהַחַיִּים לִדּוֹן, לֵידַע וּלְהוֹדִיעַ וּלְהִוָּדַע, שֶׁהוּא אֵל, הוּא הַיּוֹצֵר, הוּא הַבּוֹרֵא, הוּא הַמֵּבִין, הוּא הַדַּיָּן, הוּא הָעֵד, הוּא בַּעַל דִּין, הוּא עָתִיד לָדוּן. בָּרוּךְ הוּא, שֶׁאֵין לְפָנָיו לֹא עַוְלָה וְלֹא שִׁכְחָה, וְלֹא מַשּׂוֹא פָנִים וְלֹא מִקַּח שֹׁחַד, שֶׁהַכֹּל שֶׁלּוֹ. וְדַע, שֶׁהַכֹּל לְפִי הַחֶשְׁבּוֹן. וְאַל יַבְטִיחֲךָ יִצְרְךָ שֶׁהַשְּׁאוֹל בֵּית מָנוֹס לָךְ, שֶׁעַל כָּרְחֲךָ אַתָּה נוֹצָר, וְעַל כָּרְחֲךָ אַתָּה נוֹלָד, וְעַל כָּרְחֲךָ אַתָּה חַי,

וְעַל כָּרְחֲךָ אַתָּה מֵת, וְעַל כָּרְחֲךָ אַתָּה עָתִיד לִתֵּן דִּין וְחֶשְׁבּוֹן לִפְנֵי מֶלֶךְ מַלְכֵי הַמְּלָכִים הַקָּדוֹשׁ בָּרוּךְ הוּא.

רַבִּי חֲנַנְיָא בֶּן עֲקַשְׁיָא אוֹמֵר: רָצָה הַקָּדוֹשׁ בָּרוּךְ הוּא לְזַכּוֹת אֶת יִשְׂרָאֵל, מכות כג:
לְפִיכָךְ הִרְבָּה לָהֶם תּוֹרָה וּמִצְוֹת. שֶׁנֶּאֱמַר: יהוה חָפֵץ לְמַעַן צִדְקוֹ, יַגְדִּיל ישעיה מב
תּוֹרָה וְיַאְדִּיר:

* * *

כָּל יִשְׂרָאֵל יֵשׁ לָהֶם חֵלֶק לָעוֹלָם הַבָּא. שֶׁנֶּאֱמַר: סנהדרין צ.
וְעַמֵּךְ כֻּלָּם צַדִּיקִים, לְעוֹלָם יִירְשׁוּ אָרֶץ ישעיה ס
נֵצֶר מַטָּעַי, מַעֲשֵׂה יָדַי לְהִתְפָּאֵר:

פרק חמישי

א בַּעֲשָׂרָה מַאֲמָרוֹת נִבְרָא הָעוֹלָם. וּמַה תַּלְמוּד לוֹמַר, וַהֲלֹא בְמַאֲמָר אֶחָד יָכוֹל לְהִבָּרְאוֹת, אֶלָּא לְהִפָּרַע מִן הָרְשָׁעִים, שֶׁמְּאַבְּדִין אֶת הָעוֹלָם שֶׁנִּבְרָא בַּעֲשָׂרָה מַאֲמָרוֹת, וְלִתֵּן שָׂכָר טוֹב לַצַּדִּיקִים, שֶׁמְּקַיְּמִין אֶת הָעוֹלָם שֶׁנִּבְרָא בַּעֲשָׂרָה מַאֲמָרוֹת.

ב עֲשָׂרָה דוֹרוֹת מֵאָדָם וְעַד נֹחַ, לְהוֹדִיעַ כַּמָּה אֶרֶךְ אַפַּיִם לְפָנָיו, שֶׁכָּל הַדּוֹרוֹת הָיוּ מַכְעִיסִין וּבָאִין, עַד שֶׁהֵבִיא עֲלֵיהֶם אֶת מֵי הַמַּבּוּל.

ג עֲשָׂרָה דוֹרוֹת מִנֹּחַ וְעַד אַבְרָהָם, לְהוֹדִיעַ כַּמָּה אֶרֶךְ אַפַּיִם לְפָנָיו, שֶׁכָּל הַדּוֹרוֹת הָיוּ מַכְעִיסִין וּבָאִין, עַד שֶׁבָּא אַבְרָהָם אָבִינוּ וְקִבֵּל שְׂכַר כֻּלָּם.

ד עֲשָׂרָה נִסְיוֹנוֹת נִתְנַסָּה אַבְרָהָם אָבִינוּ וְעָמַד בְּכֻלָּם, לְהוֹדִיעַ כַּמָּה חִבָּתוֹ שֶׁל אַבְרָהָם אָבִינוּ.

ה עֲשָׂרָה נִסִּים נַעֲשׂוּ לַאֲבוֹתֵינוּ בְּמִצְרַיִם, וַעֲשָׂרָה עַל הַיָּם. עֶשֶׂר מַכּוֹת הֵבִיא הַקָּדוֹשׁ בָּרוּךְ הוּא עַל הַמִּצְרִיִּים בְּמִצְרַיִם, וְעֶשֶׂר עַל הַיָּם.

ו עֲשָׂרָה נִסְיוֹנוֹת נִסּוּ אֲבוֹתֵינוּ אֶת הַקָּדוֹשׁ בָּרוּךְ הוּא בַּמִּדְבָּר, שֶׁנֶּאֱמַר:
וַיְנַסּוּ אֹתִי זֶה עֶשֶׂר פְּעָמִים, וְלֹא שָׁמְעוּ בְּקוֹלִי: במדבר יד

ז עֲשָׂרָה נִסִּים נַעֲשׂוּ לַאֲבוֹתֵינוּ בְּבֵית הַמִּקְדָּשׁ. לֹא הִפִּילָה אִשָּׁה מֵרֵיחַ בְּשַׂר הַקֹּדֶשׁ, וְלֹא הִסְרִיחַ בְּשַׂר הַקֹּדֶשׁ מֵעוֹלָם, וְלֹא נִרְאָה זְבוּב בְּבֵית הַמִּטְבְּחַיִם, וְלֹא אֵרַע קֶרִי לְכֹהֵן גָּדוֹל בְּיוֹם הַכִּפּוּרִים, וְלֹא כִבּוּ הַגְּשָׁמִים

אֵשׁ שֶׁל עֲצֵי הַמַּעֲרָכָה, וְלֹא נִצְּחָה הָרְוּחַ אֶת עַמּוּד הֶעָשָׁן, וְלֹא נִמְצָא פְסוּל בָּעְמֶר וּבִשְׁתֵּי הַלֶּחֶם וּבְלֶחֶם הַפָּנִים, עוֹמְדִים צְפוּפִים וּמִשְׁתַּחֲוִים רְוָחִים, וְלֹא הִזִּיק נָחָשׁ וְעַקְרָב בִּירוּשָׁלַיִם מֵעוֹלָם, וְלֹא אָמַר אָדָם לַחֲבֵרוֹ: צַר לִי הַמָּקוֹם שֶׁאָלִין בִּירוּשָׁלָיִם.

ח עֲשָׂרָה דְבָרִים נִבְרְאוּ בְּעֶרֶב שַׁבָּת בֵּין הַשְּׁמָשׁוֹת. וְאֵלּוּ הֵן, פִּי הָאָרֶץ, פִּי הַבְּאֵר, פִּי הָאָתוֹן, הַקֶּשֶׁת, וְהַמָּן, וְהַמַּטֶּה, וְהַשָּׁמִיר, הַכְּתָב, וְהַמִּכְתָּב, וְהַלּוּחוֹת. וְיֵשׁ אוֹמְרִים, אַף הַמַּזִּיקִין, וּקְבוּרָתוֹ שֶׁל מֹשֶׁה, וְאֵילוֹ שֶׁל אַבְרָהָם אָבִינוּ. וְיֵשׁ אוֹמְרִים, אַף צְבָת בִּצְבָת עֲשׂוּיָה.

ט שִׁבְעָה דְבָרִים בְּגֹלֶם, וְשִׁבְעָה בְּחָכָם. חָכָם אֵינוֹ מְדַבֵּר לִפְנֵי מִי שֶׁגָּדוֹל מִמֶּנּוּ בְּחָכְמָה, וְאֵינוֹ נִכְנָס לְתוֹךְ דִּבְרֵי חֲבֵרוֹ, וְאֵינוֹ נִבְהָל לְהָשִׁיב, שׁוֹאֵל כָּעִנְיָן וּמֵשִׁיב כַּהֲלָכָה, וְאוֹמֵר עַל רִאשׁוֹן רִאשׁוֹן וְעַל אַחֲרוֹן אַחֲרוֹן, וְעַל מַה שֶּׁלֹּא שָׁמַע אוֹמֵר לֹא שָׁמַעְתִּי, וּמוֹדֶה עַל הָאֱמֶת. וְחִלּוּפֵיהֶן בְּגֹלֶם.

י שִׁבְעָה מִינֵי פֻרְעָנִיּוֹת בָּאִין לָעוֹלָם עַל שִׁבְעָה גוּפֵי עֲבֵרָה. מִקְצָתָן מְעַשְּׂרִין וּמִקְצָתָן אֵינָן מְעַשְּׂרִין, רָעָב שֶׁל בַּצֹּרֶת בָּא, מִקְצָתָן רְעֵבִים וּמִקְצָתָן שְׂבֵעִים. גָּמְרוּ שֶׁלֹּא לְעַשֵּׂר, רָעָב שֶׁל מְהוּמָה וְשֶׁל בַּצֹּרֶת בָּא. וְשֶׁלֹּא לִטּוֹל אֶת הַחַלָּה, רָעָב שֶׁל כְּלָיָה בָּא.

יא דֶּבֶר בָּא לָעוֹלָם עַל מִיתוֹת הָאֲמוּרוֹת בַּתּוֹרָה שֶׁלֹּא נִמְסְרוּ לְבֵית דִּין, וְעַל פֵּרוֹת שְׁבִיעִית. חֶרֶב בָּאָה לָעוֹלָם עַל עִנּוּי הַדִּין, וְעַל עִוּוּת הַדִּין, וְעַל הַמּוֹרִים בַּתּוֹרָה שֶׁלֹּא כַהֲלָכָה.

יב חַיָּה רָעָה בָּאָה לָעוֹלָם עַל שְׁבוּעַת שָׁוְא וְעַל חִלּוּל הַשֵּׁם. גָּלוּת בָּאָה לָעוֹלָם עַל עֲבוֹדָה זָרָה, וְעַל גִּלּוּי עֲרָיוֹת, וְעַל שְׁפִיכוּת דָּמִים, וְעַל שְׁמִטַּת הָאָרֶץ.

יג בְּאַרְבָּעָה פְרָקִים הַדֶּבֶר מִתְרַבֶּה, בָּרְבִיעִית, וּבַשְּׁבִיעִית, וּבְמוֹצָאֵי שְׁבִיעִית, וּבְמוֹצָאֵי הֶחָג שֶׁבְּכָל שָׁנָה וְשָׁנָה. בָּרְבִיעִית, מִפְּנֵי מַעְשַׂר עָנִי שֶׁבַּשְּׁלִישִׁית. בַּשְּׁבִיעִית, מִפְּנֵי מַעְשַׂר עָנִי שֶׁבַּשִּׁשִּׁית. בְּמוֹצָאֵי שְׁבִיעִית, מִפְּנֵי פֵּרוֹת שְׁבִיעִית. בְּמוֹצָאֵי הֶחָג שֶׁבְּכָל שָׁנָה וְשָׁנָה, מִפְּנֵי גֵּזֶל מַתְּנוֹת עֲנִיִּים.

יד אַרְבַּע מִדּוֹת בָּאָדָם. הָאוֹמֵר שֶׁלִּי שֶׁלִּי וְשֶׁלְּךָ שֶׁלָּךְ, זוֹ מִדָּה בֵינוֹנִית, וְיֵשׁ

אוֹמְרִים, זוֹ מִדַּת סְדוֹם. שֶׁלִּי שֶׁלְּךָ וְשֶׁלְּךָ שֶׁלִּי, עַם הָאָרֶץ. שֶׁלִּי שֶׁלְּךָ
וְשֶׁלְּךָ שֶׁלָּךְ, חָסִיד. שֶׁלְּךָ שֶׁלִּי וְשֶׁלִּי שֶׁלִּי, רָשָׁע.

טו אַרְבַּע מִדּוֹת בַּדֵּעוֹת. נוֹחַ לִכְעֹס וְנוֹחַ לִרְצוֹת, יָצָא הֶפְסֵדוֹ בִּשְׂכָרוֹ. קָשֶׁה
לִכְעֹס וְקָשֶׁה לִרְצוֹת, יָצָא שְׂכָרוֹ בְּהֶפְסֵדוֹ. קָשֶׁה לִכְעֹס וְנוֹחַ לִרְצוֹת,
חָסִיד. נוֹחַ לִכְעֹס וְקָשֶׁה לִרְצוֹת, רָשָׁע.

טז אַרְבַּע מִדּוֹת בַּתַּלְמִידִים. מָהִיר לִשְׁמֹעַ וּמָהִיר לְאַבֵּד, יָצָא שְׂכָרוֹ בְּהֶפְסֵדוֹ.
קָשֶׁה לִשְׁמֹעַ וְקָשֶׁה לְאַבֵּד, יָצָא הֶפְסֵדוֹ בִּשְׂכָרוֹ. מָהִיר לִשְׁמֹעַ וְקָשֶׁה
לְאַבֵּד, זֶה חֵלֶק טוֹב. קָשֶׁה לִשְׁמֹעַ וּמָהִיר לְאַבֵּד, זֶה חֵלֶק רָע.

יז אַרְבַּע מִדּוֹת בְּנוֹתְנֵי צְדָקָה. הָרוֹצֶה שֶׁיִּתֵּן וְלֹא יִתְּנוּ אֲחֵרִים, עֵינוֹ רָעָה
בְּשֶׁל אֲחֵרִים. יִתְּנוּ אֲחֵרִים וְהוּא לֹא יִתֵּן, עֵינוֹ רָעָה בְּשֶׁלּוֹ. יִתֵּן וְיִתְּנוּ
אֲחֵרִים, חָסִיד. לֹא יִתֵּן וְלֹא יִתְּנוּ אֲחֵרִים, רָשָׁע.

יח אַרְבַּע מִדּוֹת בְּהוֹלְכֵי בֵית הַמִּדְרָשׁ. הוֹלֵךְ וְאֵינוֹ עוֹשֶׂה, שְׂכַר הֲלִיכָה
בְּיָדוֹ. עוֹשֶׂה וְאֵינוֹ הוֹלֵךְ, שְׂכַר מַעֲשֶׂה בְּיָדוֹ. הוֹלֵךְ וְעוֹשֶׂה, חָסִיד. לֹא
הוֹלֵךְ וְלֹא עוֹשֶׂה, רָשָׁע.

יט אַרְבַּע מִדּוֹת בְּיוֹשְׁבִים לִפְנֵי חֲכָמִים, סְפוֹג, וּמַשְׁפֵּךְ, מְשַׁמֶּרֶת, וְנָפָה.
סְפוֹג, שֶׁהוּא סוֹפֵג אֶת הַכֹּל. וּמַשְׁפֵּךְ, שֶׁמַּכְנִיס בְּזוֹ וּמוֹצִיא בְזוֹ. מְשַׁמֶּרֶת,
שֶׁמּוֹצִיאָה אֶת הַיַּיִן וְקוֹלֶטֶת אֶת הַשְּׁמָרִים. וְנָפָה, שֶׁמּוֹצִיאָה אֶת הַקֶּמַח
וְקוֹלֶטֶת אֶת הַסֹּלֶת.

כ כָּל אַהֲבָה שֶׁהִיא תְלוּיָה בְדָבָר, בָּטֵל דָּבָר, בְּטֵלָה אַהֲבָה. וְשֶׁאֵינָהּ תְּלוּיָה
בְדָבָר, אֵינָהּ בְּטֵלָה לְעוֹלָם. אֵיזוֹ הִיא אַהֲבָה שֶׁהִיא תְלוּיָה בְדָבָר, זוֹ
אַהֲבַת אַמְנוֹן וְתָמָר. וְשֶׁאֵינָהּ תְּלוּיָה בְדָבָר, זוֹ אַהֲבַת דָּוִד וִיהוֹנָתָן.

כא כָּל מַחֲלֹקֶת שֶׁהִיא לְשֵׁם שָׁמַיִם, סוֹפָהּ לְהִתְקַיֵּם. וְשֶׁאֵינָהּ לְשֵׁם שָׁמַיִם,
אֵין סוֹפָהּ לְהִתְקַיֵּם. אֵיזוֹ הִיא מַחֲלֹקֶת שֶׁהִיא לְשֵׁם שָׁמַיִם, זוֹ מַחֲלֹקֶת
הִלֵּל וְשַׁמַּאי. וְשֶׁאֵינָהּ לְשֵׁם שָׁמַיִם, זוֹ מַחֲלֹקֶת קֹרַח וְכָל עֲדָתוֹ.

כב כָּל הַמְזַכֶּה אֶת הָרַבִּים, אֵין חֵטְא בָּא עַל יָדוֹ. וְכָל הַמַּחֲטִיא אֶת הָרַבִּים,
אֵין מַסְפִּיקִין בְּיָדוֹ לַעֲשׂוֹת תְּשׁוּבָה. מֹשֶׁה זָכָה וְזִכָּה אֶת הָרַבִּים, זְכוּת
הָרַבִּים תָּלוּי בּוֹ, שֶׁנֶּאֱמַר: צִדְקַת יהוה עָשָׂה וּמִשְׁפָּטָיו עִם־יִשְׂרָאֵל: יָרָבְעָם דברים לג

בֶּן נְבָט, חָטָא וְהֶחֱטִיא אֶת הָרַבִּים, חֵטְא הָרַבִּים תָּלוּי בּוֹ, שֶׁנֶּאֱמַר: עַל־ מלכים א׳ טו
חַטֹּאות יָרָבְעָם אֲשֶׁר חָטָא וַאֲשֶׁר הֶחֱטִיא אֶת־יִשְׂרָאֵל:

כג כָּל מִי שֶׁיֵּשׁ בּוֹ שְׁלֹשָׁה דְבָרִים הַלָּלוּ, הוּא מִתַּלְמִידָיו שֶׁל אַבְרָהָם אָבִינוּ,
וּשְׁלֹשָׁה דְבָרִים אֲחֵרִים, הוּא מִתַּלְמִידָיו שֶׁל בִּלְעָם הָרָשָׁע. עַיִן טוֹבָה,
וְרוּחַ נְמוּכָה, וְנֶפֶשׁ שְׁפָלָה, תַּלְמִידָיו שֶׁל אַבְרָהָם אָבִינוּ. עַיִן רָעָה, וְרוּחַ
גְּבוֹהָה וְנֶפֶשׁ רְחָבָה, תַּלְמִידָיו שֶׁל בִּלְעָם הָרָשָׁע. מַה בֵּין תַּלְמִידָיו שֶׁל
אַבְרָהָם אָבִינוּ לְתַלְמִידָיו שֶׁל בִּלְעָם הָרָשָׁע. תַּלְמִידָיו שֶׁל אַבְרָהָם אָבִינוּ
אוֹכְלִין בָּעוֹלָם הַזֶּה וְנוֹחֲלִין הָעוֹלָם הַבָּא, שֶׁנֶּאֱמַר: לְהַנְחִיל אֹהֲבַי יֵשׁ משלי ח
וְאֹצְרֹתֵיהֶם אֲמַלֵּא: אֲבָל תַּלְמִידָיו שֶׁל בִּלְעָם הָרָשָׁע יוֹרְשִׁין גֵּיהִנָּם וְיוֹרְדִין
לִבְאֵר שַׁחַת, שֶׁנֶּאֱמַר: וְאַתָּה אֱלֹהִים תּוֹרִדֵם לִבְאֵר שַׁחַת, אַנְשֵׁי דָמִים תהלים נה
וּמִרְמָה לֹא־יֶחֱצוּ יְמֵיהֶם, וַאֲנִי אֶבְטַח־בָּךְ:

כד יְהוּדָה בֶּן תֵּימָא אוֹמֵר: הֱוֵי עַז כַּנָּמֵר וְקַל כַּנֶּשֶׁר, רָץ כַּצְּבִי וְגִבּוֹר כָּאֲרִי,
לַעֲשׂוֹת רְצוֹן אָבִיךָ שֶׁבַּשָּׁמָיִם. הוּא הָיָה אוֹמֵר: עַז פָּנִים לְגֵיהִנָּם, וּבֹשֶׁת
פָּנִים לְגַן עֵדֶן. יְהִי רָצוֹן מִלְּפָנֶיךָ, יהוה אֱלֹהֵינוּ וֵאלֹהֵי אֲבוֹתֵינוּ, שֶׁיִּבָּנֶה
בֵּית הַמִּקְדָּשׁ בִּמְהֵרָה בְיָמֵינוּ, וְתֵן חֶלְקֵנוּ בְּתוֹרָתֶךָ.

כה הוּא הָיָה אוֹמֵר: בֶּן חָמֵשׁ שָׁנִים לַמִּקְרָא, בֶּן עֶשֶׂר שָׁנִים לַמִּשְׁנָה, בֶּן שְׁלֹשׁ
עֶשְׂרֵה לַמִּצְוֹת, בֶּן חֲמֵשׁ עֶשְׂרֵה לַגְּמָרָא, בֶּן שְׁמוֹנֶה עֶשְׂרֵה לַחֻפָּה, בֶּן
עֶשְׂרִים לִרְדֹּף, בֶּן שְׁלֹשִׁים לַכֹּחַ, בֶּן אַרְבָּעִים לַבִּינָה, בֶּן חֲמִשִּׁים לָעֵצָה,
בֶּן שִׁשִּׁים לַזִּקְנָה, בֶּן שִׁבְעִים לַשֵּׂיבָה, בֶּן שְׁמוֹנִים לַגְּבוּרָה, בֶּן תִּשְׁעִים
לָשׁוּחַ, בֶּן מֵאָה כְּאִלּוּ מֵת וְעָבַר וּבָטֵל מִן הָעוֹלָם.

כו בֶּן בַּג בַּג אוֹמֵר: הֲפֹךְ בָּהּ וַהֲפֹךְ בָּהּ דְּכֹלָּא בַהּ, וּבַהּ תֶּחֱזֵי, וְסִיב וּבְלֵה
בַהּ, וּמִנַּהּ לָא תְזוּעַ, שֶׁאֵין לְךָ מִדָּה טוֹבָה הֵימֶנָּה. בֶּן הֵא הֵא אוֹמֵר:
לְפוּם צַעֲרָא אַגְרָא.

רַבִּי חֲנַנְיָא בֶּן עֲקַשְׁיָא אוֹמֵר: רָצָה הַקָּדוֹשׁ בָּרוּךְ הוּא לְזַכּוֹת אֶת יִשְׂרָאֵל, מכות כג:
לְפִיכָךְ הִרְבָּה לָהֶם תּוֹרָה וּמִצְוֹת. שֶׁנֶּאֱמַר: יהוה חָפֵץ לְמַעַן צִדְקוֹ, יַגְדִּיל ישעיה מב
תּוֹרָה וְיַאְדִּיר:

* * *

כָּל יִשְׂרָאֵל יֵשׁ לָהֶם חֵלֶק לָעוֹלָם הַבָּא. שֶׁנֶּאֱמַר: סנהדרין צ.
וְעַמֵּךְ כֻּלָּם צַדִּיקִים, לְעוֹלָם יִירְשׁוּ אָרֶץ ישעיה ס
נֵצֶר מַטָּעַי, מַעֲשֵׂה יָדַי לְהִתְפָּאֵר:

פרק שישי

שָׁנוּ חֲכָמִים בִּלְשׁוֹן הַמִּשְׁנָה, בָּרוּךְ שֶׁבָּחַר בָּהֶם וּבְמִשְׁנָתָם.

א רַבִּי מֵאִיר אוֹמֵר: כָּל הָעוֹסֵק בַּתּוֹרָה לִשְׁמָהּ, זוֹכֶה לִדְבָרִים הַרְבֵּה. וְלֹא עוֹד, אֶלָּא שֶׁכָּל הָעוֹלָם כֻּלּוֹ כְּדַאי הוּא לוֹ. נִקְרָא רֵעַ, אָהוּב, אוֹהֵב אֶת הַמָּקוֹם, אוֹהֵב אֶת הַבְּרִיּוֹת, מְשַׂמֵּחַ אֶת הַמָּקוֹם, מְשַׂמֵּחַ אֶת הַבְּרִיּוֹת, וּמַלְבַּשְׁתּוֹ עֲנָוָה וְיִרְאָה, וּמַכְשַׁרְתּוֹ לִהְיוֹת צַדִּיק, חָסִיד, יָשָׁר, וְנֶאֱמָן, וּמְרַחַקְתּוֹ מִן הַחֵטְא, וּמְקָרַבְתּוֹ לִידֵי זְכוּת, וְנֶהֱנִין מִמֶּנּוּ עֵצָה וְתוּשִׁיָּה, בִּינָה וּגְבוּרָה, שֶׁנֶּאֱמַר: לִי־עֵצָה וְתוּשִׁיָּה, אֲנִי בִינָה, לִי גְבוּרָה: וְנוֹתֶנֶת לוֹ (משלי ח) מַלְכוּת וּמֶמְשָׁלָה, וְחִקּוּר דִּין, וּמְגַלִּין לוֹ רָזֵי תוֹרָה, וְנַעֲשֶׂה כְּמַעְיָן הַמִּתְגַּבֵּר וּכְנָהָר שֶׁאֵינוֹ פוֹסֵק, וְהֹוֶה צָנוּעַ, וְאֶרֶךְ רוּחַ, וּמוֹחֵל עַל עֶלְבּוֹנוֹ, וּמְגַדַּלְתּוֹ וּמְרוֹמַמְתּוֹ עַל כָּל הַמַּעֲשִׂים.

ב אָמַר רַבִּי יְהוֹשֻׁעַ בֶּן לֵוִי: בְּכָל יוֹם וָיוֹם, בַּת קוֹל יוֹצֵאת מֵהַר חוֹרֵב וּמַכְרֶזֶת וְאוֹמֶרֶת, אוֹי לָהֶם לַבְּרִיּוֹת מֵעֶלְבּוֹנָהּ שֶׁל תּוֹרָה, שֶׁכָּל מִי שֶׁאֵינוֹ עוֹסֵק בַּתּוֹרָה נִקְרָא נָזוּף, שֶׁנֶּאֱמַר: נֶזֶם זָהָב בְּאַף חֲזִיר, אִשָּׁה (משלי יא) יָפָה וְסָרַת טָעַם: וְאוֹמֵר: וְהַלֻּחֹת מַעֲשֵׂה אֱלֹהִים הֵמָּה, וְהַמִּכְתָּב מִכְתַּב (שמות לב) אֱלֹהִים הוּא, חָרוּת עַל־הַלֻּחֹת: אַל תִּקְרָא חָרוּת אֶלָּא חֵרוּת, שֶׁאֵין לְךָ בֶּן חוֹרִין אֶלָּא מִי שֶׁעוֹסֵק בְּתַלְמוּד תּוֹרָה. וְכָל מִי שֶׁעוֹסֵק בְּתַלְמוּד תּוֹרָה, הֲרֵי זֶה מִתְעַלֶּה, שֶׁנֶּאֱמַר: וּמִמַּתָּנָה נַחֲלִיאֵל, וּמִנַּחֲלִיאֵל בָּמוֹת: (במדבר כא)

ג הַלּוֹמֵד מֵחֲבֵרוֹ פֶּרֶק אֶחָד, אוֹ הֲלָכָה אַחַת, אוֹ פָּסוּק אֶחָד, אוֹ דִבּוּר אֶחָד, אוֹ אֲפִלּוּ אוֹת אַחַת, צָרִיךְ לִנְהָג בּוֹ כָּבוֹד. שֶׁכֵּן מָצִינוּ בְּדָוִד מֶלֶךְ יִשְׂרָאֵל, שֶׁלֹּא לָמַד מֵאֲחִיתֹפֶל אֶלָּא שְׁנֵי דְבָרִים בִּלְבָד, קְרָאוֹ רַבּוֹ אַלּוּפוֹ וּמְיֻדָּעוֹ, שֶׁנֶּאֱמַר: וְאַתָּה אֱנוֹשׁ כְּעֶרְכִּי, אַלּוּפִי וּמְיֻדָּעִי: (תהלים נה) וַהֲלֹא דְבָרִים קַל וָחֹמֶר. וּמַה דָּוִד מֶלֶךְ יִשְׂרָאֵל, שֶׁלֹּא לָמַד מֵאֲחִיתֹפֶל אֶלָּא שְׁנֵי דְבָרִים בִּלְבָד, קְרָאוֹ רַבּוֹ אַלּוּפוֹ וּמְיֻדָּעוֹ, הַלּוֹמֵד מֵחֲבֵרוֹ פֶּרֶק אֶחָד, אוֹ הֲלָכָה אַחַת, אוֹ פָּסוּק אֶחָד, אוֹ דִּבּוּר אֶחָד, אוֹ אֲפִלּוּ אוֹת אַחַת, עַל אַחַת

כַּמָּה וְכַמָּה שֶׁצָּרִיךְ לִנְהֹג בּוֹ כָּבוֹד. וְאֵין כָּבוֹד אֶלָּא תוֹרָה, שֶׁנֶּאֱמַר: כָּבוֹד משלי ג
חֲכָמִים יִנְחָלוּ: וּתְמִימִים יִנְחֲלוּ־טוֹב: וְאֵין טוֹב אֶלָּא תוֹרָה, שֶׁנֶּאֱמַר: משלי כח
כִּי לֶקַח טוֹב נָתַתִּי לָכֶם, תּוֹרָתִי אַל־תַּעֲזֹבוּ: משלי ד

ד כָּךְ הִיא דַּרְכָּהּ שֶׁל תּוֹרָה. פַּת בַּמֶּלַח תֹּאכֵל, וּמַיִם בַּמְּשׂוּרָה תִּשְׁתֶּה, וְעַל
הָאָרֶץ תִּישַׁן, וְחַיֵּי צַעַר תִּחְיֶה, וּבַתּוֹרָה אַתָּה עָמֵל. אִם אַתָּה עוֹשֶׂה כֵּן,
אַשְׁרֶיךָ וְטוֹב לָךְ, אַשְׁרֶיךָ בָּעוֹלָם הַזֶּה, וְטוֹב לָךְ לָעוֹלָם הַבָּא.

ה אַל תְּבַקֵּשׁ גְּדֻלָּה לְעַצְמְךָ, וְאַל תַּחְמֹד כָּבוֹד. יוֹתֵר מִלִּמּוּדְךָ עֲשֵׂה. וְאַל
תִּתְאַוֶּה לְשֻׁלְחָנָם שֶׁל מְלָכִים, שֶׁשֻּׁלְחָנְךָ גָּדוֹל מִשֻּׁלְחָנָם, וְכִתְרְךָ גָּדוֹל
מִכִּתְרָם. וְנֶאֱמָן הוּא בַּעַל מְלַאכְתְּךָ, שֶׁיְּשַׁלֶּם לְךָ שְׂכַר פְּעֻלָּתֶךָ.

ו גְּדוֹלָה תוֹרָה יוֹתֵר מִן הַכְּהֻנָּה וּמִן הַמַּלְכוּת. שֶׁהַמַּלְכוּת נִקְנֵית בִּשְׁלֹשִׁים
מַעֲלוֹת, וְהַכְּהֻנָּה בְּעֶשְׂרִים וְאַרְבַּע, וְהַתּוֹרָה נִקְנֵית בְּאַרְבָּעִים וּשְׁמוֹנָה
דְבָרִים. וְאֵלּוּ הֵן, בְּתַלְמוּד, בִּשְׁמִיעַת הָאֹזֶן, בַּעֲרִיכַת שְׂפָתַיִם, בְּבִינַת
הַלֵּב, בְּאֵימָה, בְּיִרְאָה, בַּעֲנָוָה, בְּשִׂמְחָה, בְּטָהֳרָה, בְּשִׁמּוּשׁ חֲכָמִים,
בְּדִקְדּוּק חֲבֵרִים, בְּפִלְפּוּל הַתַּלְמִידִים, בְּיִשּׁוּב, בְּמִקְרָא, בְּמִשְׁנָה, בְּמִעוּט
סְחוֹרָה, בְּמִעוּט דֶּרֶךְ אֶרֶץ, בְּמִעוּט תַּעֲנוּג, בְּמִעוּט שֵׁנָה, בְּמִעוּט שִׂיחָה,
בְּמִעוּט שְׂחוֹק, בְּאֶרֶךְ אַפַּיִם, בְּלֵב טוֹב, בֶּאֱמוּנַת חֲכָמִים, בְּקַבָּלַת
הַיִּסּוּרִין, הַמַּכִּיר אֶת מְקוֹמוֹ, וְהַשָּׂמֵחַ בְּחֶלְקוֹ, וְהָעוֹשֶׂה סְיָג לִדְבָרָיו, וְאֵינוֹ
מַחֲזִיק טוֹבָה לְעַצְמוֹ, אָהוּב, אוֹהֵב אֶת הַמָּקוֹם, אוֹהֵב אֶת הַבְּרִיּוֹת,
אוֹהֵב אֶת הַצְּדָקוֹת, אוֹהֵב אֶת הַמֵּישָׁרִים, אוֹהֵב אֶת הַתּוֹכָחוֹת, וּמִתְרַחֵק
מִן הַכָּבוֹד, וְלֹא מֵגִיס לִבּוֹ בְּתַלְמוּדוֹ, וְאֵינוֹ שָׂמֵחַ בְּהוֹרָאָה, נוֹשֵׂא
בְּעֹל עִם חֲבֵרוֹ, וּמַכְרִיעוֹ לְכַף זְכוּת, וּמַעֲמִידוֹ עַל הָאֱמֶת, וּמַעֲמִידוֹ עַל
הַשָּׁלוֹם, וּמִתְיַשֵּׁב לִבּוֹ בְּתַלְמוּדוֹ, שׁוֹאֵל וּמֵשִׁיב, שׁוֹמֵעַ וּמוֹסִיף, הַלּוֹמֵד
עַל מְנָת לְלַמֵּד, וְהַלּוֹמֵד עַל מְנָת לַעֲשׂוֹת, הַמַּחְכִּים אֶת רַבּוֹ, וְהַמְכַוֵּן אֶת
שְׁמוּעָתוֹ, וְהָאוֹמֵר דָּבָר בְּשֵׁם אוֹמְרוֹ. הָא לָמַדְתָּ, כָּל הָאוֹמֵר דָּבָר בְּשֵׁם
אוֹמְרוֹ, מֵבִיא גְאֻלָּה לָעוֹלָם, שֶׁנֶּאֱמַר: וַתֹּאמֶר אֶסְתֵּר לַמֶּלֶךְ בְּשֵׁם מָרְדֳּכָי: אסתר ב

ז גְּדוֹלָה תוֹרָה, שֶׁהִיא נוֹתֶנֶת חַיִּים לְעוֹשֶׂיהָ בָּעוֹלָם הַזֶּה וּבָעוֹלָם הַבָּא,
שֶׁנֶּאֱמַר: כִּי־חַיִּים הֵם לְמֹצְאֵיהֶם, וּלְכָל־בְּשָׂרוֹ מַרְפֵּא: וְאוֹמֵר: רִפְאוּת משלי ד משלי ג
תְּהִי לְשָׁרֶּךָ, וְשִׁקּוּי לְעַצְמוֹתֶיךָ: וְאוֹמֵר: עֵץ־חַיִּים הִיא לַמַּחֲזִיקִים בָּהּ,
וְתֹמְכֶיהָ מְאֻשָּׁר: וְאוֹמֵר: כִּי לִוְיַת חֵן הֵם לְרֹאשֶׁךָ, וַעֲנָקִים לְגַרְגְּרֹתֶיךָ: משלי א

וְאוֹמֵר: תִּתֵּן לְרֹאשְׁךָ לִוְיַת־חֵן, עֲטֶרֶת תִּפְאֶרֶת תְּמַגְּנֶךָּ: וְאוֹמֵר: כִּי־בִי יִרְבּוּ משלי ט משלי ד
יָמֶיךָ, וְיוֹסִיפוּ לְךָ שְׁנוֹת חַיִּים: וְאוֹמֵר: אֹרֶךְ יָמִים בִּימִינָהּ, בִּשְׂמֹאולָהּ עֹשֶׁר משלי ג
וְכָבוֹד: וְאוֹמֵר: כִּי אֹרֶךְ יָמִים וּשְׁנוֹת חַיִּים וְשָׁלוֹם יוֹסִיפוּ לָךְ: משלי ג

ח רַבִּי שִׁמְעוֹן בֶּן מְנַסְיָא מִשּׁוּם רַבִּי שִׁמְעוֹן בֶּן יוֹחַאי אוֹמֵר: הַנּוֹי, וְהַכֹּחַ,
וְהָעֹשֶׁר, וְהַכָּבוֹד, וְהַחָכְמָה, וְהַזִּקְנָה, וְהַשֵּׂיבָה, וְהַבָּנִים, נָאֶה לַצַּדִּיקִים
וְנָאֶה לָעוֹלָם, שֶׁנֶּאֱמַר: עֲטֶרֶת תִּפְאֶרֶת שֵׂיבָה, בְּדֶרֶךְ צְדָקָה תִּמָּצֵא: משלי טז
וְאוֹמֵר: עֲטֶרֶת חֲכָמִים עָשְׁרָם: וְאוֹמֵר: עֲטֶרֶת זְקֵנִים בְּנֵי בָנִים, וְתִפְאֶרֶת משלי יד משלי יז
בָּנִים אֲבוֹתָם: וְאוֹמֵר: תִּפְאֶרֶת בַּחוּרִים כֹּחָם, וַהֲדַר זְקֵנִים שֵׂיבָה: וְאוֹמֵר: משלי כ
וְחָפְרָה הַלְּבָנָה וּבוֹשָׁה הַחַמָּה, כִּי־מָלַךְ יהוה צְבָאוֹת בְּהַר צִיּוֹן וּבִירוּשָׁלַיִם, ישעיה כד
וְנֶגֶד זְקֵנָיו כָּבוֹד: רַבִּי שִׁמְעוֹן בֶּן מְנַסְיָא אוֹמֵר: אֵלּוּ שֶׁבַע מִדּוֹת שֶׁמָּנוּ
חֲכָמִים לַצַּדִּיקִים, כֻּלָּם נִתְקַיְּמוּ בְּרַבִּי וּבְבָנָיו.

ט אָמַר רַבִּי יוֹסֵי בֶּן קִסְמָא: פַּעַם אַחַת הָיִיתִי מְהַלֵּךְ בַּדֶּרֶךְ, וּפָגַע בִּי אָדָם
אֶחָד, וְנָתַן לִי שָׁלוֹם וְהֶחֱזַרְתִּי לוֹ שָׁלוֹם. אָמַר לִי, רַבִּי, מֵאֵיזֶה מָקוֹם
אָתָּה. אָמַרְתִּי לוֹ, מֵעִיר גְּדוֹלָה שֶׁל חֲכָמִים וְשֶׁל סוֹפְרִים אָנִי. אָמַר לִי,
רַבִּי, רְצוֹנְךָ שֶׁתָּדוּר עִמָּנוּ בִּמְקוֹמֵנוּ, וַאֲנִי אֶתֵּן לְךָ אֶלֶף אֲלָפִים דִּינְרֵי זָהָב
וַאֲבָנִים טוֹבוֹת וּמַרְגָּלִיּוֹת. אָמַרְתִּי לוֹ, אִם אַתָּה נוֹתֵן לִי כָּל כֶּסֶף וְזָהָב
וַאֲבָנִים טוֹבוֹת וּמַרְגָּלִיּוֹת שֶׁבָּעוֹלָם, אֵינִי דָר אֶלָּא בִּמְקוֹם תּוֹרָה, וְכֵן כָּתוּב
בְּסֵפֶר תְּהִלִּים עַל יְדֵי דָוִד מֶלֶךְ יִשְׂרָאֵל: טוֹב־לִי תוֹרַת־פִּיךָ מֵאַלְפֵי זָהָב תהלים קיט
וָכָסֶף: וְלֹא עוֹד, אֶלָּא שֶׁבִּשְׁעַת פְּטִירָתוֹ שֶׁל אָדָם, אֵין מְלַוִּין לוֹ לְאָדָם
לֹא כֶּסֶף וְלֹא זָהָב וְלֹא אֲבָנִים טוֹבוֹת וּמַרְגָּלִיּוֹת, אֶלָּא תּוֹרָה וּמַעֲשִׂים
טוֹבִים בִּלְבָד, שֶׁנֶּאֱמַר: בְּהִתְהַלֶּכְךָ תַּנְחֶה אֹתָךְ, בְּשָׁכְבְּךָ תִּשְׁמֹר עָלֶיךָ, משלי ו
וַהֲקִיצוֹתָ הִיא תְשִׂיחֶךָ: בְּהִתְהַלֶּכְךָ תַּנְחֶה אֹתָךְ, בָּעוֹלָם הַזֶּה. בְּשָׁכְבְּךָ
תִּשְׁמֹר עָלֶיךָ, בַּקֶּבֶר. וַהֲקִיצוֹתָ הִיא תְשִׂיחֶךָ, לָעוֹלָם הַבָּא. וְאוֹמֵר: לִי חגי ב
הַכֶּסֶף וְלִי הַזָּהָב, נְאֻם יהוה צְבָאוֹת:

י חֲמִשָּׁה קִנְיָנִים קָנָה הַקָּדוֹשׁ בָּרוּךְ הוּא בְּעוֹלָמוֹ. וְאֵלּוּ הֵן, תּוֹרָה קִנְיָן
אֶחָד, שָׁמַיִם וָאָרֶץ קִנְיָן אֶחָד, אַבְרָהָם קִנְיָן אֶחָד, יִשְׂרָאֵל קִנְיָן אֶחָד,
בֵּית הַמִּקְדָּשׁ קִנְיָן אֶחָד. תּוֹרָה מִנַּיִן, דִּכְתִיב: יהוה קָנָנִי רֵאשִׁית דַּרְכּוֹ, משלי ח
קֶדֶם מִפְעָלָיו מֵאָז: שָׁמַיִם וָאָרֶץ מִנַּיִן, דִּכְתִיב: כֹּה אָמַר יהוה הַשָּׁמַיִם ישעיה סו
כִּסְאִי וְהָאָרֶץ הֲדֹם רַגְלָי, אֵי־זֶה בַיִת אֲשֶׁר תִּבְנוּ־לִי, וְאֵי־זֶה מָקוֹם

תהלים קד מְנוּחָתִי: וְאוֹמֵר: מָה־רַבּוּ מַעֲשֶׂיךָ יהוה, כֻּלָּם בְּחָכְמָה עָשִׂיתָ, מָלְאָה
בראשית יד הָאָרֶץ קִנְיָנֶךָ: אַבְרָהָם מִנַּיִן, דִּכְתִיב: וַיְבָרְכֵהוּ וַיֹּאמַר, בָּרוּךְ אַבְרָם
שמות טו לְאֵל עֶלְיוֹן, קֹנֵה שָׁמַיִם וָאָרֶץ: יִשְׂרָאֵל מִנַּיִן, דִּכְתִיב: עַד־יַעֲבֹר עַמְּךָ יהוה,
תהלים טז עַד־יַעֲבֹר עַם־זוּ קָנִיתָ: וְאוֹמֵר: לִקְדוֹשִׁים אֲשֶׁר־בָּאָרֶץ הֵמָּה, וְאַדִּירֵי כָּל־
שמות טו חֶפְצִי־בָם: בֵּית הַמִּקְדָּשׁ מִנַּיִן, דִּכְתִיב: מָכוֹן לְשִׁבְתְּךָ פָּעַלְתָּ יהוה, מִקְּדָשׁ
תהלים עח אֲדֹנָי כּוֹנְנוּ יָדֶיךָ: וְאוֹמֵר: וַיְבִיאֵם אֶל־גְּבוּל קָדְשׁוֹ, הַר־זֶה קָנְתָה יְמִינוֹ:

יא כָּל מַה שֶּׁבָּרָא הַקָּדוֹשׁ בָּרוּךְ הוּא בְּעוֹלָמוֹ, לֹא בְרָאוֹ אֶלָּא לִכְבוֹדוֹ,
ישעיה מג שֶׁנֶּאֱמַר: כֹּל הַנִּקְרָא בִשְׁמִי וְלִכְבוֹדִי בְּרָאתִיו, יְצַרְתִּיו אַף־עֲשִׂיתִיו: וְאוֹמֵר:
שמות טו יהוה יִמְלֹךְ לְעֹלָם וָעֶד:

מכות כג: רַבִּי חֲנַנְיָא בֶּן עֲקַשְׁיָא אוֹמֵר: רָצָה הַקָּדוֹשׁ בָּרוּךְ הוּא לְזַכּוֹת אֶת יִשְׂרָאֵל,
ישעיה מב לְפִיכָךְ הִרְבָּה לָהֶם תּוֹרָה וּמִצְוֹת. שֶׁנֶּאֱמַר: יהוה חָפֵץ לְמַעַן צִדְקוֹ, יַגְדִּיל
תּוֹרָה וְיַאְדִּיר:

סעודה שלישית של שבת

אַתְקִינוּ סְעוּדְתָא דִמְהֵימְנוּתָא שְׁלִימְתָא, חֶדְוְתָא דְמַלְכָּא קַדִּישָׁא.
אַתְקִינוּ סְעוּדְתָא דְמַלְכָּא.
דָא הִיא סְעוּדְתָא דִזְעֵיר אַנְפִּין
וְעַתִּיקָא קַדִּישָׁא וַחֲקַל תַּפּוּחִין קַדִּישִׁין אַתְיָן לְסַעֲדָה בַּהֲדֵהּ.

תרגום: הכינו את סעודת האמונה השלמה, שמחת המלך הקדוש.
הכינו את סעודת המלך.
זו היא הסעודה של ׳זעיר אנפין׳,
ו׳עתיקא קדישא׳ ו׳שדה תפוחים קדושים׳ באים לסעוד עִמה.

סעודה שלישית סעודה שלישית נאכלת ביום השבת לאחר שמתפללים תפילת מנחה. סעודה זו מבטאת את כבוד השבת – בשבת אנו אוכלים סעודה נוספת על הסעודות שסועדים ביום רגיל. הנוהגים על דרך הקבלה מקפידים הרבה בסעודה זו, משום שזמן הסעודה השלישית הוא זמן של ״רעווא דרעווין״ (רצון הרצונות) ושל גילוי עליון. לכן גם נהגו רבים ממורי החסידות לומר את דברי תורתם דווקא בזמן סעודה זו.

אתקינו סעודתא נוסח זה של הזמנה והכנה לסעודה שלישית (הבנוי על דברי ספר הזוהר) מדבר בדרגות הרוחניות של סעודה זו: ״דא היא סעודתא דזעיר אנפין״ (זו היא הסעודה של ״הפנים הקטנות״). זעיר אנפין הם הארת המידות העליונות של האצילות, המבטאים את פנימיות האצילות בקטנות, בפנייה אל העולמות. אומנם יום השבת כולו הוא הזמן ״דעתיקא קדישא״ (של ״העתיק הקדוש״), של הארת העונג העליון, אלא שבשחרית נמצא העונג העליון בעצמו ובמקורו ואינו מאיר ומתפשט ממנו. ואילו בסעודה השלישית – שעליה נאמר בזוהר הפסוק: ״וְהַאֲכַלְתִּיךָ נַחֲלַת יַעֲקֹב אָבִיךָ״, היא נחלה בלא מצרים כלל (כפי שנאמר ליעקב: ״וּפָרַצְתָּ יָמָּה וָקֵדְמָה וְצָפֹנָה וָנֶגְבָּה״) – הארת העונג העליון פורצת ומתפשטת אל תוך הגבולות והמידות של ״זעיר אנפין״, אל תוך החיות המצומצמת המאירה עד לעולמנו לחיותו ולקיימו. דרגה זו של השבת שחודרת גם לתוך הגבולות והמצרים מאירה ומשפיעה על האווירה של סעודה שלישית – צימאון רוחני וגעגועים לתכלית כל כיסופי השבת, ויתר על כן, שממנה השבת מאירה אף לימי המעשה.

בְּנֵי הֵיכְלָא, דְּכַסִּיפִין לְמֶחֱזֵי זִיו זְעֵיר אַנְפִּין
יְהוֹן הָכָא, בְּהַאי תַּכָּא, דְּבֵהּ מַלְכָּא בְּגִלּוּפִין.
צְבוּ לַחֲדָא, בְּהַאי וַעֲדָא, בְּגוֹ עִירִין וְכָל גַּדְפִּין.
חֲדוּ הַשְׁתָּא, בְּהַאי שַׁעְתָּא, דְּבֵהּ רַעֲוָא וְלֵית זַעְפִּין.
קְרִיבוּ לִי, חֲזוּ חֵילִי, דְּלֵית דִּינִין דְּתַקִּיפִין.
לְבַר נָטְלִין, וְלָא עָלִין, הָנֵי כַלְבִּין דַּחֲצִיפִין.
וְהָא אַזְמִין עֲתִיק יוֹמִין, לְמִצְחֵהּ עַד יְהוֹן חָלְפִין.
רְעוּ דִי לֵהּ, דְּגַלֵּי לֵהּ, לְבַטָּלָה בְּכָל קְלִיפִּין.
יְשַׁוֵּי לוֹן, בִּנְקִבְהוֹן, וְיִטַּמְרוּן בְּגוֹ כֵּפִין.
אֲרֵי הַשְׁתָּא, בְּמִנְחֲתָא, בְּחֶדְוָתָא דִּזְעֵיר אַנְפִּין.

בני היכלא פיוט זה הוא אחד משלושה פיוטים שחיבר האר"י הקדוש לשלוש סעודות השבת ("אזמר בשבחין" לסעודת הלילה ו"אתקינו סעודתא" לסעודת היום). פיוטים אלה, הכתובים ארמית, מתארים את סוד יום השבת והקשרים שבין האדם לבין העולמות העליונים ביום זה. פיוט זה מתאר על דרך הפנימיות את ההתרחשות הרוחנית בזמן סעודה שלישית. זמן המנחה מכוון כנגד יצחק אבינו שמידתו היא הגבורה, ולכן בימות החול בשעה זו מידת הדין שולטת. אולם בשבת זמן זה הוא "עת רצון" – מתגלה בו רצונו העליון של הקדוש ברוך הוא, ולכן אין שום מקום לדינים או להסתר פנים. שינוי זה באופי הזמן קשור בהיות השבת "מעין עולם הבא", מעין גילוי של ימות המשיח לעתיד לבוא, שאז יהיה היפוך מקומות בין החסד לגבורה. כך דרשו חכמים בתלמוד את הפסוק: "כִּי אַתָּה

זעיר אנפין מכלול המידות של האצילות נקרא "זעיר אנפין" ("הפנים הקטנות"), משום שהן הפנים שבהן פונה הקדוש ברוך הוא אלינו, אל העולמות, כביכול בגובה העיניים שלנו – בהסתכלות, בזוויות ובמושגים שבהם הדברים יכולים להתגלות ולהיראות מצידנו. על דרך משל, אדם פונה אל ילד קטן בפנים קטנות – בשכל קטן, במושגים של קטנים, בחיוך שמיועד לקטנים וכדומה – ואילו את הפנים הגדולות הוא שומר לעצמו או לאדם כערכו. כך פנייתו של הקדוש ברוך הוא לעולמות הנבראים היא ב"זעיר אנפין", לעומת "אריך אנפין" ("הפנים הגדולות", העצמיות) שהן ההסתכלות בהיקף הגדול, כפי שהדברים נראים מלמעלה, מצידו של הקדוש ברוך הוא.

תהלים כג מִזְמוֹר לְדָוִד, יהוה רֹעִי לֹא אֶחְסָר: בִּנְאוֹת דֶּשֶׁא יַרְבִּיצֵנִי, עַל־
מֵי מְנֻחוֹת יְנַהֲלֵנִי: נַפְשִׁי יְשׁוֹבֵב, יַנְחֵנִי בְמַעְגְּלֵי־צֶדֶק לְמַעַן
שְׁמוֹ: גַּם כִּי־אֵלֵךְ בְּגֵיא צַלְמָוֶת לֹא־אִירָא רָע, כִּי־אַתָּה עִמָּדִי
שִׁבְטְךָ וּמִשְׁעַנְתֶּךָ הֵמָּה יְנַחֲמֻנִי: תַּעֲרֹךְ לְפָנַי שֻׁלְחָן נֶגֶד צֹרְרָי
דִּשַּׁנְתָּ בַשֶּׁמֶן רֹאשִׁי, כּוֹסִי רְוָיָה: אַךְ טוֹב וָחֶסֶד יִרְדְּפוּנִי כָּל־יְמֵי
חַיָּי וְשַׁבְתִּי בְּבֵית־יהוה לְאֹרֶךְ יָמִים:

יש הנוהגים לשתות רביעית יין בסעודה זו,
ואומרים לפני השתיה נוסח זה שהוא כעין קידוש הנאמר בתוך הסעודה.

שמות טז וַיֹּאמֶר מֹשֶׁה, אִכְלֻהוּ הַיּוֹם, כִּי־שַׁבָּת הַיּוֹם לַיהוה, הַיּוֹם לֹא תִמְצָאֻהוּ
בַּשָּׂדֶה: רְאוּ כִּי־יהוה נָתַן לָכֶם הַשַּׁבָּת עַל־כֵּן הוּא נֹתֵן לָכֶם בַּיּוֹם הַשִּׁשִּׁי
לֶחֶם יוֹמָיִם, שְׁבוּ אִישׁ תַּחְתָּיו אַל־יֵצֵא אִישׁ מִמְּקֹמוֹ בַּיּוֹם הַשְּׁבִיעִי:
וַיִּשְׁבְּתוּ הָעָם בַּיּוֹם הַשְּׁבִעִי:

שמות כ עַל־כֵּן בֵּרַךְ יהוה אֶת־יוֹם הַשַּׁבָּת וַיְקַדְּשֵׁהוּ:

סַבְרִי מָרָנָן

בָּרוּךְ אַתָּה יהוה אֱלֹהֵינוּ מֶלֶךְ הָעוֹלָם, בּוֹרֵא פְּרִי הַגָּפֶן.

אָבִינוּ, כִּי אַבְרָהָם לֹא יְדָעָנוּ וְיִשְׂרָאֵל לֹא יַכִּירָנוּ"; "כי אתה אבינו" – זה יצחק, שלעתיד לבוא הוא שילמד זכות על ישראל, כי באחרית הימים תהפוך מדרגת ההסתר למדרגת ההתגלות. משום כך גם בסעודה שלישית של שבת יש היפוך החושך לאור; ביום רגיל שעת המנחה היא השעה הקשה של היום, בבחינת גבורה בלי מיתוק, אולם בשבת יש מיתוק גמור של כל הגבורות וההסתרים, ולכן שעה זו היא זמן של שמחה וחדווה בכל העולמות.

ושבתי בבית ה' לאורך ימים תכלית האושר היא לשבת בבית ה', אושר הבא מעצם תחושת ההסתופפות בצילו של הקדוש ברוך הוא. הזכות להיות במחיצתו של ה' היא עצמה הסיפוק הגדול ביותר, עד שאין עוד צורך בשום בקשה נוספת, כפי שאמר דוד במזמור אחר: "וַאֲנִי קִרֲבַת אֱלֹהִים לִי טוֹב". תחושה זו של שלמות מכל צד – השיבה של הנפש למקורה לצד הישיבה וההשתהות בקרבת ה' – היא התחושה שיש לאדם מישראל ביום השבת.

יְדִיד נֶפֶשׁ, אָב הָרַחֲמָן, מְשֹׁךְ עַבְדָּךְ אֶל רְצוֹנָךְ
יָרוּץ עַבְדָּךְ כְּמוֹ אַיָּל, יִשְׁתַּחֲוֶה מוּל הֲדָרָךְ
כִּי יֶעֱרַב לוֹ יְדִידוּתָךְ, מִנֹּפֶת צוּף וְכָל טָעַם.

הָדוּר, נָאֶה, זִיו הָעוֹלָם, נַפְשִׁי חוֹלַת אַהֲבָתָךְ
אָנָּא, אֵל נָא, רְפָא נָא לָהּ, בְּהַרְאוֹת לָהּ נֹעַם זִיוָךְ
אָז תִּתְחַזֵּק וְתִתְרַפֵּא, וְהָיְתָה לָךְ שִׁפְחַת עוֹלָם.

וָתִיק, יֶהֱמוּ רַחֲמֶיךָ, וְחוּס נָא עַל בֵּן אוֹהֲבָךְ
כִּי זֶה כַּמֶּה נִכְסֹף נִכְסַף לִרְאוֹת בְּתִפְאֶרֶת עֻזָּךְ
אָנָּא, אֵלִי, מַחְמַד לִבִּי, חוּשָׁה נָּא, וְאַל תִּתְעַלָּם.

הִגָּלֶה נָא וּפְרֹשׂ, חָבִיב, עָלַי אֶת סֻכַּת שְׁלוֹמָךְ
תָּאִיר אֶרֶץ מִכְּבוֹדָךְ, נָגִילָה וְנִשְׂמְחָה בָךְ.
מַהֵר, אָהוּב, כִּי בָא מוֹעֵד, וְחָנֵּנִי כִּימֵי עוֹלָם.

אֵל מִסְתַּתֵּר בְּשַׁפְרִיר חֶבְיוֹן, הַשֵּׂכֶל הַנֶּעְלָם מִכָּל רַעְיוֹן
עִלַּת הָעִלּוֹת מֻכְתָּר בְּכֶתֶר עֶלְיוֹן, כֶּתֶר יִתְּנוּ לְךָ יהוה.

בְּרֵאשִׁית תּוֹרָתְךָ הַקְּדוּמָה, רְשׁוּמָה חָכְמָתְךָ הַסְּתוּמָה
מֵאַיִן תִּמָּצֵא וְהִיא נֶעְלָמָה, רֵאשִׁית חָכְמָה יִרְאַת יהוה.

רְחוֹבוֹת הַנָּהָר נַחֲלֵי אֱמוּנָה, מַיִם עֲמֻקִּים יִדְלֵם אִישׁ תְּבוּנָה
תּוֹצְאוֹתֶיהָ חֲמִשִּׁים שַׁעֲרֵי בִינָה, אֱמוּנִים נוֹצֵר יהוה.

הָאֵל הַגָּדוֹל עֵינֵי כֹל נֶגְדֶּךָ, רַב חֶסֶד גָּדוֹל עַל הַשָּׁמַיִם חַסְדֶּךָ
אֱלֹהֵי אַבְרָהָם זְכֹר לְעַבְדֶּךָ, חַסְדֵי יהוה אַזְכִּיר תְּהִלּוֹת יהוה.

מָרוֹם נֶאְדָּר בְּכֹחַ וּגְבוּרָה, מוֹצִיא אוֹרָה מֵאֵין תְּמוּרָה
פַּחַד יִצְחָק מִשְׁפָּטֵנוּ הָאִירָה, אַתָּה גִּבּוֹר לְעוֹלָם יהוה.

מִי אֵל כָּמוֹךָ עוֹשֶׂה גְדוֹלוֹת, אֲבִיר יַעֲקֹב נוֹרָא תְהִלּוֹת
תִּפְאֶרֶת יִשְׂרָאֵל שׁוֹמֵעַ תְּפִלּוֹת, כִּי שׁוֹמֵעַ אֶל אֶבְיוֹנִים יהוה.

יָהּ, זְכוּת אָבוֹת יָגֵן עָלֵינוּ, נֵצַח יִשְׂרָאֵל, מִצָּרוֹתֵינוּ גְּאָלֵנוּ
וּמִבּוֹר גָּלוּת דְּלֵנוּ וְהַעֲלֵנוּ, לְנַצֵּחַ עַל מְלֶאכֶת בֵּית יהוה.

מִיָּמִין וּמִשְּׂמֹאל יְנִיקַת הַנְּבִיאִים, נֵצַח וָהוֹד מֵהֶם נִמְצָאִים
יָכִין וּבֹעַז בְּשֵׁם נִקְרָאִים, וְכָל בָּנַיִךְ לִמּוּדֵי יהוה.

יְסוֹד צַדִּיק בְּשִׁבְעָה נֶעְלָם, אוֹת בְּרִית הוּא לְעוֹלָם
מַעְיַן הַבְּרָכָה צַדִּיק יְסוֹד עוֹלָם, צַדִּיק אַתָּה יהוה.

נָא הָקֵם מַלְכוּת דָּוִד וּשְׁלֹמֹה, בָּעֲטָרָה שֶׁעִטְּרָה לוֹ אִמּוֹ
כְּנֶסֶת יִשְׂרָאֵל כַּלָּה קְרוּאָה בִּנְעִימָה, עֲטֶרֶת תִּפְאֶרֶת בְּיַד יהוה.

חָזָק מְיַחֵד כְּאֶחָד עֶשֶׂר סְפִירוֹת, וּמַפְרִיד אַלּוּף לֹא יִרְאֶה מְאוֹרוֹת
סַפִּיר גִּזְרָתָם יַחַד מְאִירוֹת, תִּקְרַב רִנָּתִי לְפָנֶיךָ יהוה.

לפני נטילת מים אחרונים אומרים:

יְדֵי אַסְחֵי אֲנָא לְגַבֵּי חַד מָנָא / לְסִטְרָא חוֹרָנָא דְּלֵית בֵּהּ מְשָׁשָׁא
אֲזַמֵּן בִּתְלָתָא בְּכָסָא דִבְרִכְתָא / לְעִלַּת עִלָּתָא עַתִּיקָא קַדִּישָׁא

ברכת המזון בעמ' 681.

סדר הבדלה

נוהגים למלא את כוס ההבדלה עד שתעלה על גדותיה ויישפך קמעא מן היין, כדי שיהא הדבר לסימן של ברכה לשבוע הבא לטובה. ובכל תפוצות ישראל נוספו להבדלה מנהגים רבים שיש בהם חיבוב המצווה ובהם לכבות את נר ההבדלה בשיירי היין וכן לקחת משיירי היין באצבע ולתת על עיניהם או בגדיהם.

במוצאי יום טוב (שאינו חל בשבת) מתחילים את ההבדלה בברכת הגפן (בעמוד הבא), ולאחריה מברכים את ברכת 'הַמַּבְדִּיל בֵּין קֹדֶשׁ לְחֹל' (ואין מברכים על הבשמים ועל הנר). זהו סדר ההבדלה גם כשחל תשעה באב במוצאי שבת ומבדילים במוצאי הצום (אלא שאז מברכים על הנר בתחילת הצום לאחר ערבית).

ישעיה יב **הִנֵּה אֵל יְשׁוּעָתִי אֶבְטַח, וְלֹא אֶפְחָד, כִּי־עָזִּי וְזִמְרָת יָהּ יהוה, וַיְהִי־לִי**
תהלים ג **לִישׁוּעָה: וּשְׁאַבְתֶּם־מַיִם בְּשָׂשׂוֹן, מִמַּעַיְנֵי הַיְשׁוּעָה: לַיהוה הַיְשׁוּעָה,**
תהלים מו **עַל־עַמְּךָ בִרְכָתֶךָ סֶּלָה: יהוה צְבָאוֹת עִמָּנוּ, מִשְׂגָּב לָנוּ אֱלֹהֵי יַעֲקֹב**
תהלים פד תהלים כ **סֶלָה: יהוה צְבָאוֹת, אַשְׁרֵי אָדָם בֹּטֵחַ בָּךְ: יהוה הוֹשִׁיעָה, הַמֶּלֶךְ יַעֲנֵנוּ**

יציאת השבת ההבדלה במוצאי שבת מקבילה לקידוש של הכנסתה. כשם שתיקנו חכמים קידוש כדי לקיים את מצוות "זָכוֹר אֶת יוֹם הַשַּׁבָּת", כך תיקנו את סדר ההבדלה לשם אותה מטרה: להדגיש את קדושת השבת וייחודה על ידי הבדלה, חציצה והפרש בין יום השבת לימות החול. בסדר ההבדלה, כבשאר הדברים שעושים ביציאת השבת, אנו חולקים כבוד לשבת בליוויה בצאתה כשם שאנו מקבילים את פניה (בקבלת שבת) בכניסתה. הקבלה זו מוצאת ביטוי בפרטי המנהגים ואף בסדר ההבדלה. מלבד הטעמים ההלכתיים השונים שיש לכך, אנו מקבלים את השבת באור (בנרות שבת) ומוציאים אותה בהדלקת אבוקה, ועל ידי זה מקיימים את דברי הכתוב בישעיה: "בָּאֻרִים כַּבְּדוּ ה'". אף המאמרות, התפילות, הזמירות של מוצאי שבת וסעודת מלווה מלכה קשורים בכך – להוציא את השבת ברוב טקס, כשם שנוהגים בכניסתה. צד אחר בטקסים המרובים שנעשים ביציאת השבת הוא בתפילה ובבקשה להתחיל את השבוע בדרך ראויה ונכונה. יום השבת הוא יום של התעלות הנפש, אשר יש לייחד את כולו לדברים מעולים ומקודשים; ולאחר שהשבת יוצאת האדם חוזר למקום שהיה בו קודם לכן, וחזרה זו כרוכה בדכדוך מסוים, נוסף על החשש מפני ימי המעשה וטרדותיהם והרצון שלא להיפרד לגמרי מן השבת ומקדושתה. כך תיארו זאת חכמים בתלמוד: "נשמה יתירה נותן הקדוש ברוך הוא באדם ערב שבת, ולמוצאי שבת נוטלין אותה הימנו, שנאמר: 'שבת וינפש' – כיון ששבת (וגמר שביתת השבת) – 'ווי, אבדה נפש (יתרה של שבת)'". סדרי מוצאי שבת, כשם שהם באים להבדיל את יום השבת מימות החול, כך הם באים להמשיך את הארת השבת אל תוכם – שלא יהיו ימי החולין אפורים לגמרי אלא יזרח בהם משהו מאור השבת.

בְּיוֹם־קָרְאֵנוּ: לַיְּהוּדִים הָיְתָה אוֹרָה וְשִׂמְחָה וְשָׂשֹׂן וִיקָר: כֵּן תִּהְיֶה לָּנוּ. אסתר ח
כּוֹס־יְשׁוּעוֹת אֶשָּׂא, וּבְשֵׁם יהוה אֶקְרָא: תהלים קטז

המבדיל לאחרים אומר: סַבְרִי מָרָנָן

בָּרוּךְ אַתָּה יהוה אֱלֹהֵינוּ מֶלֶךְ הָעוֹלָם, בּוֹרֵא פְּרִי הַגָּפֶן.

לוקח בידו את הבשמים ומברך:

בָּרוּךְ אַתָּה יהוה אֱלֹהֵינוּ מֶלֶךְ הָעוֹלָם, בּוֹרֵא מִינֵי בְשָׂמִים.

לאחר שהריח את הבשמים מברך:

בָּרוּךְ אַתָּה יהוה אֱלֹהֵינוּ מֶלֶךְ הָעוֹלָם, בּוֹרֵא מְאוֹרֵי הָאֵשׁ.

כדי לברך על האש יש ליהנות ממנה, ולכן נוהגים להסתכל על אצבעות היד כשהן כפופות ולהבחין בהן לאור הנר בין הציפורן לבשר.

בָּרוּךְ אַתָּה יהוה אֱלֹהֵינוּ מֶלֶךְ הָעוֹלָם, הַמַּבְדִּיל בֵּין קֹדֶשׁ לְחֹל, בֵּין אוֹר לְחֹשֶׁךְ, בֵּין יִשְׂרָאֵל לָעַמִּים, בֵּין יוֹם הַשְּׁבִיעִי לְשֵׁשֶׁת יְמֵי הַמַּעֲשֶׂה. בָּרוּךְ אַתָּה יהוה, הַמַּבְדִּיל בֵּין קֹדֶשׁ לְחֹל.

בימי חג הסוכות מברכים:

בָּרוּךְ אַתָּה יהוה אֱלֹהֵינוּ מֶלֶךְ הָעוֹלָם
אֲשֶׁר קִדְּשָׁנוּ בְּמִצְוֹתָיו וְצִוָּנוּ לֵישֵׁב בַּסֻּכָּה.

הבדלה סדר ההבדלה במוצאי שבת מורכב מחלקים אחדים. יש בו פתיחה חגיגית (המקבילה במובן מסוים ל"ויכולו" שבקידוש) המלוקטת מפסוקים בתנ"ך שיש בהם הזכרת ישועה, ברכה ואורה, ולאחריה סדרת ברכות הכוללת ברכה על היין, על הבשמים, על מאורי האש וברכת ההבדלה עצמה.

יין הברכה על כוס היין באה לתת חשיבות להבדלה (בדומה לשאר ברכות הנאמרות על כוס יין, כגון קידוש, ברכות הנישואין ומילה).

בשמים בצאת השבת ה'נשמה יתרה' מסתלקת. הסתלקות זו מלווה בתחושת עצבות וכן במידה מסוימת של חולשה ופחיתת החיות – וכדי להתעודד מריחים בשמים, כדרך שעושים לאדם אשר חש חולשה וצריך חיזוק.

נר עיקר טעמה של ברכת "בורא מאורי האש" הוא שביום השבת אסור להשתמש באש, ולאחר יציאת השבת, כשמותר שוב להשתמש בה – מברכים על ההנאה ממנה. ברכה זו בעצם עניינה היא ברכת שבח על יצירת האש, וכבר

הַמַּבְדִּיל בֵּין קֹדֶשׁ לְחוֹל, חַטֹּאתֵינוּ הוּא יִמְחֹל
זַרְעֵנוּ וְכַסְפֵּנוּ יַרְבֶּה כַּחוֹל וְכַכּוֹכָבִים בַּלָּיְלָה.

יוֹם פָּנָה כְּצֵל תֹּמֶר, אֶקְרָא לָאֵל עָלַי גּוֹמֵר
אָמַר שֹׁמֵר, אָתָא בֹקֶר וְגַם־לָיְלָה: ישעיה כא

צִדְקָתְךָ כְּהַר תָּבוֹר, עַל חֲטָאַי עָבוֹר תַּעֲבֹר
כְּיוֹם אֶתְמוֹל כִּי יַעֲבֹר, וְאַשְׁמוּרָה בַלָּיְלָה: תהלים צ

חָלְפָה עוֹנַת מִנְחָתִי, מִי יִתֵּן מְנוּחָתִי
יָגַעְתִּי בְאַנְחָתִי, אַשְׂחֶה בְכָל־לַיְלָה: תהלים ו

קוֹלִי בַּל יֻנְטַל, פְּתַח לִי שַׁעַר הַמְנֻטָּל
שֶׁרֹּאשִׁי נִמְלָא טָל, קְוֻצּוֹתַי רְסִיסֵי לָיְלָה: שיר השירים ה

הֵעָתֵר נוֹרָא וְאָיֹם, אֲשַׁוֵּעַ, תְּנָה פִדְיוֹם
בְּנֶשֶׁף־בְּעֶרֶב יוֹם, בְּאִישׁוֹן לָיְלָה: משלי ז

קְרָאתִיךָ יָהּ, הוֹשִׁיעֵנִי, אֹרַח חַיִּים תּוֹדִיעֵנִי
מִדַּלָּה תְבַצְּעֵנִי, מִיּוֹם עַד־לָיְלָה: ישעיה לח

טַהֵר טִנּוּף מַעֲשַׂי, פֶּן יֹאמְרוּ מַכְעִיסַי
אַיֵּה אֱלוֹהַּ עֹשָׂי, נֹתֵן זְמִרוֹת בַּלָּיְלָה: איוב לה

נַחְנוּ בְיָדְךָ כַּחֹמֶר, סְלַח נָא עַל קַל וָחֹמֶר
יוֹם לְיוֹם יַבִּיעַ אֹמֶר, וְלַיְלָה לְּלָיְלָה: תהלים יט

אמרו חכמים בתלמוד כי אש ראשונה שהיא אש של מעשה האדם הודלקה תחילה במוצאי השבת של הבריאה, כאשר החלה חשכת הלילה הראשונה. ברכה זו שעל האש והאור בזמן החשֵכה יש בה כדי לבטא את ההבדלה שבין קודש לחול, בין יום השבת לששת ימי המעשה, שהיא כמו ההבדלה בין חושך לאור – וכך גם אור ההבדלה מבטא את אור הדעת שניתן באדם, אותו אור שמכוחו יכול האדם להבחין בין דבר לדבר.

פסוקי ברכה

יש אומרים פסוקי ׳וְיִתֶּן לְךָ׳ לפני ׳עָלֵינוּ׳ של תפילת ערבית
למוצאי שבת, ויש שאומרים אותם לאחר ההבדלה.

וְיִתֶּן־לְךָ הָאֱלֹהִים מִטַּל הַשָּׁמַיִם וּמִשְׁמַנֵּי הָאָרֶץ, וְרֹב דָּגָן וְתִירֹשׁ: בראשית כז
יַעַבְדוּךָ עַמִּים וְיִשְׁתַּחֲוֻ לְךָ לְאֻמִּים, הֱוֵה גְבִיר לְאַחֶיךָ וְיִשְׁתַּחֲווּ
לְךָ בְּנֵי אִמֶּךָ, אֹרְרֶיךָ אָרוּר וּמְבָרְכֶיךָ בָּרוּךְ:

וְאֵל שַׁדַּי יְבָרֵךְ אֹתְךָ וְיַפְרְךָ וְיַרְבֶּךָ, וְהָיִיתָ לִקְהַל עַמִּים: וְיִתֶּן־ בראשית כח
לְךָ אֶת־בִּרְכַּת אַבְרָהָם, לְךָ וּלְזַרְעֲךָ אִתָּךְ, לְרִשְׁתְּךָ אֶת־אֶרֶץ
מְגֻרֶיךָ אֲשֶׁר־נָתַן אֱלֹהִים לְאַבְרָהָם: מֵאֵל אָבִיךָ וְיַעְזְרֶךָּ וְאֵת בראשית מט
שַׁדַּי וִיבָרְכֶךָּ, בִּרְכֹת שָׁמַיִם מֵעָל בִּרְכֹת תְּהוֹם רֹבֶצֶת תָּחַת, בִּרְכֹת
שָׁדַיִם וָרָחַם: בִּרְכֹת אָבִיךָ גָּבְרוּ עַל־בִּרְכֹת הוֹרַי עַד־תַּאֲוַת גִּבְעֹת
עוֹלָם, תִּהְיֶיןָ לְרֹאשׁ יוֹסֵף וּלְקָדְקֹד נְזִיר אֶחָיו: וַאֲהֵבְךָ וּבֵרַכְךָ דברים ז
וְהִרְבֶּךָ, וּבֵרַךְ פְּרִי־בִטְנְךָ וּפְרִי־אַדְמָתֶךָ, דְּגָנְךָ וְתִירֹשְׁךָ וְיִצְהָרֶךָ,
שְׁגַר־אֲלָפֶיךָ וְעַשְׁתְּרֹת צֹאנֶךָ, עַל הָאֲדָמָה אֲשֶׁר־נִשְׁבַּע לַאֲבֹתֶיךָ
לָתֶת לָךְ: בָּרוּךְ תִּהְיֶה מִכָּל־הָעַמִּים, לֹא־יִהְיֶה בְךָ עָקָר וַעֲקָרָה
וּבִבְהֶמְתֶּךָ: וְהֵסִיר יהוה מִמְּךָ כָּל־חֹלִי, וְכָל־מַדְוֵי מִצְרַיִם הָרָעִים
אֲשֶׁר יָדַעְתָּ, לֹא יְשִׂימָם בָּךְ, וּנְתָנָם בְּכָל־שֹׂנְאֶיךָ:

הַמַּלְאָךְ הַגֹּאֵל אֹתִי מִכָּל־רָע יְבָרֵךְ אֶת־הַנְּעָרִים, וְיִקָּרֵא בָהֶם שְׁמִי וְשֵׁם בראשית מח
אֲבֹתַי אַבְרָהָם וְיִצְחָק, וְיִדְגּוּ לָרֹב בְּקֶרֶב הָאָרֶץ: יהוה אֱלֹהֵיכֶם הִרְבָּה דברים א
אֶתְכֶם, וְהִנְּכֶם הַיּוֹם כְּכוֹכְבֵי הַשָּׁמַיִם לָרֹב: יהוה אֱלֹהֵי אֲבוֹתֵיכֶם יֹסֵף
עֲלֵיכֶם כָּכֶם אֶלֶף פְּעָמִים, וִיבָרֵךְ אֶתְכֶם כַּאֲשֶׁר דִּבֶּר לָכֶם:

ויתן לך לקט פסוקים שיש בהם ענייני ברכה, הצלחה ושלום, שנוהגים לומר במוצאי שבת בהכנה ובתפילה לשבוע הבא.

דברים כח בָּרוּךְ אַתָּה בָּעִיר, וּבָרוּךְ אַתָּה בַּשָּׂדֶה: בָּרוּךְ אַתָּה בְּבֹאֶךָ, וּבָרוּךְ
אַתָּה בְּצֵאתֶךָ: בָּרוּךְ טַנְאֲךָ וּמִשְׁאַרְתֶּךָ: בָּרוּךְ פְּרִי־בִטְנְךָ וּפְרִי
אַדְמָתְךָ וּפְרִי בְהֶמְתֶּךָ, שְׁגַר אֲלָפֶיךָ וְעַשְׁתְּרוֹת צֹאנֶךָ: יְצַו יהוה
אִתְּךָ אֶת־הַבְּרָכָה בַּאֲסָמֶיךָ וּבְכֹל מִשְׁלַח יָדֶךָ, וּבֵרַכְךָ בָּאָרֶץ
אֲשֶׁר־יהוה אֱלֹהֶיךָ נֹתֵן לָךְ: יִפְתַּח יהוה לְךָ אֶת־אוֹצָרוֹ הַטּוֹב
אֶת־הַשָּׁמַיִם, לָתֵת מְטַר־אַרְצְךָ בְּעִתּוֹ, וּלְבָרֵךְ אֵת כָּל־מַעֲשֵׂה
דברים טו יָדֶךָ, וְהִלְוִיתָ גּוֹיִם רַבִּים וְאַתָּה לֹא תִלְוֶה: כִּי־יהוה אֱלֹהֶיךָ בֵּרַכְךָ
כַּאֲשֶׁר דִּבֶּר־לָךְ, וְהַעֲבַטְתָּ גּוֹיִם רַבִּים וְאַתָּה לֹא תַעֲבֹט, וּמָשַׁלְתָּ
דברים לג בְּגוֹיִם רַבִּים וּבְךָ לֹא יִמְשֹׁלוּ: אַשְׁרֶיךָ יִשְׂרָאֵל, מִי כָמוֹךָ, עַם נוֹשַׁע
בַּיהוה, מָגֵן עֶזְרֶךָ וַאֲשֶׁר־חֶרֶב גַּאֲוָתֶךָ, וְיִכָּחֲשׁוּ אֹיְבֶיךָ לָךְ, וְאַתָּה
עַל־בָּמוֹתֵימוֹ תִדְרֹךְ:

ישעיה מד מָחִיתִי כָעָב פְּשָׁעֶיךָ וְכֶעָנָן חַטֹּאותֶיךָ, שׁוּבָה אֵלַי כִּי גְאַלְתִּיךָ: רָנּוּ שָׁמַיִם כִּי־
עָשָׂה יהוה, הָרִיעוּ תַּחְתִּיּוֹת אָרֶץ, פִּצְחוּ הָרִים רִנָּה, יַעַר וְכָל־עֵץ בּוֹ, כִּי־גָאַל
ישעיה מז יהוה יַעֲקֹב וּבְיִשְׂרָאֵל יִתְפָּאָר: גֹּאֲלֵנוּ, יהוה צְבָאוֹת שְׁמוֹ, קְדוֹשׁ יִשְׂרָאֵל:

ישעיה מה יִשְׂרָאֵל נוֹשַׁע בַּיהוה תְּשׁוּעַת עוֹלָמִים, לֹא־תֵבֹשׁוּ וְלֹא־תִכָּלְמוּ
יואל ב עַד־עוֹלְמֵי עַד: וַאֲכַלְתֶּם אָכוֹל וְשָׂבוֹעַ, וְהִלַּלְתֶּם אֶת־שֵׁם יהוה
אֱלֹהֵיכֶם אֲשֶׁר־עָשָׂה עִמָּכֶם לְהַפְלִיא, וְלֹא־יֵבֹשׁוּ עַמִּי לְעוֹלָם:
וִידַעְתֶּם כִּי בְקֶרֶב יִשְׂרָאֵל אָנִי, וַאֲנִי יהוה אֱלֹהֵיכֶם וְאֵין עוֹד, וְלֹא־
ישעיה נה יֵבֹשׁוּ עַמִּי לְעוֹלָם: כִּי־בְשִׂמְחָה תֵצֵאוּ וּבְשָׁלוֹם תּוּבָלוּן, הֶהָרִים
ישעיה יב וְהַגְּבָעוֹת יִפְצְחוּ לִפְנֵיכֶם רִנָּה, וְכָל־עֲצֵי הַשָּׂדֶה יִמְחֲאוּ־כָף: הִנֵּה
אֵל יְשׁוּעָתִי אֶבְטַח, וְלֹא אֶפְחָד, כִּי־עָזִּי וְזִמְרָת יָהּ יהוה, וַיְהִי־לִי
לִישׁוּעָה: וּשְׁאַבְתֶּם־מַיִם בְּשָׂשׂוֹן, מִמַּעַיְנֵי הַיְשׁוּעָה: וַאֲמַרְתֶּם
בַּיּוֹם הַהוּא, הוֹדוּ לַיהוה קִרְאוּ בִשְׁמוֹ, הוֹדִיעוּ בָעַמִּים עֲלִילֹתָיו,
הַזְכִּירוּ כִּי נִשְׂגָּב שְׁמוֹ: זַמְּרוּ יהוה כִּי גֵאוּת עָשָׂה, מוּדַעַת זֹאת בְּכָל־
הָאָרֶץ: צַהֲלִי וָרֹנִּי יוֹשֶׁבֶת צִיּוֹן, כִּי־גָדוֹל בְּקִרְבֵּךְ קְדוֹשׁ יִשְׂרָאֵל:

וְאָמַר בַּיּוֹם הַהוּא, הִנֵּה אֱלֹהֵינוּ זֶה קִוִּינוּ לוֹ וְיוֹשִׁיעֵנוּ, זֶה יהוה ישעיה כה
קִוִּינוּ לוֹ, נָגִילָה וְנִשְׂמְחָה בִּישׁוּעָתוֹ:

בֵּית יַעֲקֹב לְכוּ וְנֵלְכָה בְּאוֹר יהוה: וְהָיָה אֱמוּנַת עִתֶּיךָ, חֹסֶן יְשׁוּעֹת חָכְמַת ישעיה ב ישעיה לג
וָדָעַת, יִרְאַת יהוה הִיא אוֹצָרוֹ: וַיְהִי דָוִד לְכָל־דְּרָכָו מַשְׂכִּיל, וַיהוה עִמּוֹ: שמואל א׳ יח

פָּדָה בְשָׁלוֹם נַפְשִׁי מִקְּרָב־לִי, כִּי־בְרַבִּים הָיוּ עִמָּדִי: וַיֹּאמֶר הָעָם אֶל־שָׁאוּל, תהלים נה שמואל א׳ יד
הֲיוֹנָתָן יָמוּת אֲשֶׁר עָשָׂה הַיְשׁוּעָה הַגְּדוֹלָה הַזֹּאת בְּיִשְׂרָאֵל, חָלִילָה, חַי־
יהוה אִם־יִפֹּל מִשַּׂעֲרַת רֹאשׁוֹ אַרְצָה, כִּי־עִם־אֱלֹהִים עָשָׂה הַיּוֹם הַזֶּה,
וַיִּפְדּוּ הָעָם אֶת־יוֹנָתָן וְלֹא־מֵת: וּפְדוּיֵי יהוה יְשֻׁבוּן וּבָאוּ צִיּוֹן בְּרִנָּה, ישעיה לה
וְשִׂמְחַת עוֹלָם עַל־רֹאשָׁם, שָׂשׂוֹן וְשִׂמְחָה יַשִּׂיגוּ, וְנָסוּ יָגוֹן וַאֲנָחָה:

הָפַכְתָּ מִסְפְּדִי לְמָחוֹל לִי, פִּתַּחְתָּ שַׂקִּי, וַתְּאַזְּרֵנִי שִׂמְחָה: וְלֹא־אָבָה יהוה תהלים ל דברים כג
אֱלֹהֶיךָ לִשְׁמֹעַ אֶל־בִּלְעָם, וַיַּהֲפֹךְ יהוה אֱלֹהֶיךָ לְּךָ אֶת־הַקְּלָלָה לִבְרָכָה,
כִּי אֲהֵבְךָ יהוה אֱלֹהֶיךָ: אָז תִּשְׂמַח בְּתוּלָה בְּמָחוֹל, וּבַחֻרִים וּזְקֵנִים יַחְדָּו, ירמיה לא
וְהָפַכְתִּי אֶבְלָם לְשָׂשׂוֹן, וְנִחַמְתִּים, וְשִׂמַּחְתִּים מִיגוֹנָם:

בּוֹרֵא נִיב שְׂפָתָיִם, שָׁלוֹם שָׁלוֹם לָרָחוֹק וְלַקָּרוֹב אָמַר יהוה, ישעיה נז
וּרְפָאתִיו: וְרוּחַ לָבְשָׁה אֶת־עֲמָשַׂי רֹאשׁ הַשָּׁלִישִׁים, לְךָ דָוִיד דברי הימים א׳ יב
וְעִמְּךָ בֶן־יִשַׁי, שָׁלוֹם שָׁלוֹם לְךָ וְשָׁלוֹם לְעֹזְרֶךָ, כִּי עֲזָרְךָ אֱלֹהֶיךָ,
וַיְקַבְּלֵם דָּוִיד וַיִּתְּנֵם בְּרָאשֵׁי הַגְּדוּד: וַאֲמַרְתֶּם כֹּה לֶחָי, וְאַתָּה שמואל א׳ כה
שָׁלוֹם וּבֵיתְךָ שָׁלוֹם וְכֹל אֲשֶׁר־לְךָ שָׁלוֹם: יהוה עֹז לְעַמּוֹ יִתֵּן, יהוה תהלים כט
יְבָרֵךְ אֶת־עַמּוֹ בַשָּׁלוֹם:

אָמַר רַבִּי יוֹחָנָן: בְּכָל מָקוֹם שֶׁאַתָּה מוֹצֵא גְּדֻלָּתוֹ שֶׁל הַקָּדוֹשׁ בָּרוּךְ מגילה לא.
הוּא, שָׁם אַתָּה מוֹצֵא עַנְוְתָנוּתוֹ. דָּבָר זֶה כָּתוּב בַּתּוֹרָה, וְשָׁנוּי בַּנְּבִיאִים,
וּמְשֻׁלָּשׁ בַּכְּתוּבִים. כָּתוּב בַּתּוֹרָה: כִּי יהוה אֱלֹהֵיכֶם הוּא אֱלֹהֵי הָאֱלֹהִים דברים י
וַאֲדֹנֵי הָאֲדֹנִים, הָאֵל הַגָּדֹל הַגִּבֹּר וְהַנּוֹרָא, אֲשֶׁר לֹא־יִשָּׂא פָנִים וְלֹא יִקַּח
שֹׁחַד: וּכְתִיב בָּתְרֵהּ: עֹשֶׂה מִשְׁפַּט יָתוֹם וְאַלְמָנָה, וְאֹהֵב גֵּר לָתֶת לוֹ לֶחֶם
וְשִׂמְלָה: שָׁנוּי בַּנְּבִיאִים, דִּכְתִיב: כִּי כֹה אָמַר רָם וְנִשָּׂא שֹׁכֵן עַד וְקָדוֹשׁ ישעיה נז

שְׁמוֹ, מָרוֹם וְקָדוֹשׁ אֶשְׁכּוֹן, וְאֶת־דַּכָּא וּשְׁפַל־רוּחַ, לְהַחֲיוֹת רוּחַ שְׁפָלִים
תהלים סח וּלְהַחֲיוֹת לֵב נִדְכָּאִים: מְשֻׁלָּשׁ בַּכְּתוּבִים, דִּכְתִיב: שִׁירוּ לֵאלֹהִים, זַמְּרוּ
שְׁמוֹ, סֹלּוּ לָרֹכֵב בָּעֲרָבוֹת בְּיָהּ שְׁמוֹ, וְעִלְזוּ לְפָנָיו: וּכְתִיב בָּתְרֵהּ: אֲבִי
יְתוֹמִים וְדַיַּן אַלְמָנוֹת, אֱלֹהִים בִּמְעוֹן קָדְשׁוֹ:

מלכים א׳ ח יְהִי יהוה אֱלֹהֵינוּ עִמָּנוּ כַּאֲשֶׁר הָיָה עִם־אֲבֹתֵינוּ, אַל־יַעַזְבֵנוּ וְאַל־יִטְּשֵׁנוּ:
דברים ד ישעיה נא וְאַתֶּם הַדְּבֵקִים בַּיהוה אֱלֹהֵיכֶם, חַיִּים כֻּלְּכֶם הַיּוֹם: כִּי־נִחַם יהוה צִיּוֹן,
נִחַם כָּל־חָרְבֹתֶיהָ, וַיָּשֶׂם מִדְבָּרָהּ כְּעֵדֶן וְעַרְבָתָהּ כְּגַן־יהוה, שָׂשׂוֹן וְשִׂמְחָה
ישעיה מב יִמָּצֵא בָהּ, תּוֹדָה וְקוֹל זִמְרָה: יהוה חָפֵץ לְמַעַן צִדְקוֹ, יַגְדִּיל תּוֹרָה וְיַאְדִּיר:

תהלים קכח שִׁיר הַמַּעֲלוֹת, אַשְׁרֵי כָּל־יְרֵא יהוה, הַהֹלֵךְ בִּדְרָכָיו: יְגִיעַ כַּפֶּיךָ
כִּי תֹאכֵל, אַשְׁרֶיךָ וְטוֹב לָךְ: אֶשְׁתְּךָ כְּגֶפֶן פֹּרִיָּה בְּיַרְכְּתֵי בֵיתֶךָ,
בָּנֶיךָ כִּשְׁתִלֵי זֵיתִים, סָבִיב לְשֻׁלְחָנֶךָ: הִנֵּה כִי־כֵן יְבֹרַךְ גָּבֶר יְרֵא
יהוה: יְבָרֶכְךָ יהוה מִצִּיּוֹן, וּרְאֵה בְּטוּב יְרוּשָׁלָיִם, כֹּל יְמֵי חַיֶּיךָ:
וּרְאֵה־בָנִים לְבָנֶיךָ, שָׁלוֹם עַל־יִשְׂרָאֵל:

גאט פון אברהם תפילה להבדלה שנכתבה במקורה בעיקר לנשים ולכן היא כתובה ביידיש. ואולם ר׳ לוי יצחק מברדיטשוב הנהיג שהכול – גברים, נשים וילדים – יאמרו תפילה זו שלוש פעמים בכל מוצאי שבת.

מלווה מלכה המנהג לסעוד סעודה מיוחדת במוצאי שבת הוא קדום ונזכר כבר בתלמוד. סעודה זו נחשבת ״סעודה רביעית של שבת״ וקרויה במקומות רבים ״סעודת מלווה מלכה״ וגם ״סעודת דוד המלך״ (בהשלמה לסדר שלוש סעודות השבת, שכנגד שלושת האבות). סעודה זו, המקבילה לסעודת ליל שבת, אף היא באה לכבוד השבת, כדי ללוותה בצאתה ברוב טקס ובשמחה כפי שמקבלים אותה בכניסתה. בהלכה נקבע שצריך להתכונן לסעודה זו בעריכת השולחן ובפרישת מפה, כשם שמתכוננים לסעודת שבת, ובמרוצת הדורות נוספו לה מנהגים רבים הבאים להדגיש את חשיבותה: לעשות בה ״לחם משנה״, לייחד לה מאכל מיוחד שאינו משיירי השבת, וכן שלא לפשוט את בגדי השבת עד לאחריה.

עצם הלוז חכמים רבים האריכו במעלתה של סעודת ״מלווה מלכה״ ודיברו בתועלות הרוחניות ובסגולות הרבות המגיעות לאדם הנזהר בה. על סעודה זו נאמר

תפילה קדומה שיש נוהגים לאומרה במוצאי שבת לפני ההבדלה שלוש פעמים:

גָאט פוּן אַבְרָהָם אוּן פוּן יִצְחָק אוּן פוּן יַעֲקֹב, בֶּעהִיט דַיין לִיבּ פָּאלְק יִשְׂרָאֵל פוּן אַלֶעם בֵּייזֶען אוּן דַיינֶעם לוֹיבּ אַז דֶער לִיבֶּער שַׁבָּת קֹדֶשׁ גֵייט. אַז דִי וָואךְ, אוּן דֶער חֹדֶשׁ, אוּן דֶער יָאר, זָאל אוּנְז צוּא קוּמֶען צוּ אֱמוּנָה שְׁלֵמָה, צוּ אֱמוּנַת חֲכָמִים, צוּ אַהֲבַת חֲבֵרִים, צוּ דְבֵקַת הַבּוֹרֵא בָּרוּךְ הוּא, מַאֲמִין צוּ זַיין בִּשְׁלוֹשׁ עֶשְׂרֵה עִקָּרִים שֶׁלְּךָ, וּבִגְאֻלָּה קְרוֹבָה בִּמְהֵרָה בְיָמֵינוּ, וּבִתְחִיַּת הַמֵּתִים, וּבִנְבוּאַת מֹשֶׁה רַבֵּינוּ עָלָיו הַשָּׁלוֹם.

רִבּוֹנוֹ שֶׁל עוֹלָם, דוּ בִּיזְט דָאךְ הַנּוֹתֵן לַיָּעֵף כֹּחַ. גִיבּ דַיינֶע לִיבֶּע יוּדִישֶׁע קִינְדֶערְלִיךְ אוֹיךְ כֹּחַ דִיךְ צוּ לוֹיבֶּען, אוּן נָאר דִיךְ צוּ דִינֶען אוּן קֵיין אַנְדֶערִין חָלִילָה נִישְׁט. אוּן אַז דִי וָואךְ, אוּן דֶער חֹדֶשׁ, אוּן דֶער יָאר, זָאל אוּנְז קוּמֶען צוּ גֶעזוּנְד אוּן צוּ מַזָּל, אוּן צוּ בְּרָכָה וְהַצְלָחָה, אוּן צוּ חֶסֶד, אוּן צוּ בָּנֵי, חַיֵּי אֲרִיכֵי וּמְזוֹנֵי רְוִיחֵי, וְסִיַּעְתָּא דִשְׁמַיָּא לָנוּ וּלְכָל יִשְׂרָאֵל וְנֹאמַר אָמֵן.

תרגום: אלוהי אברהם, יצחק ויעקב, הגן על עמך ישראל מכל רע בתהלתך, בעת יציאת שבת קודש. יהא השבוע הבא עלינו לטובה שבוע של אמונה שלמה, אמונת חכמים, אהבה והידבקות בחברים טובים, דבקות בה׳ יתברך, אמונה בשלושה־עשר העיקרים, ובגאולה השלמה והקרובה במהרה בימינו, בתחיית המתים ובנבואת משה רבנו עליו השלום.

ריבונו של עולם, אתה הנותן ליעף כוח, תן לילדיך אהוביך בני ישראל כוח להלל ולעבוד אותך לבדך. יהא השבוע הבא עלינו שבוע של חסד ומזל טוב, ברכה והצלחה, בריאות טובה, עושר וכבוד, בנים, חיים ופרנסה לנו ולכל ישראל, אמן.

שהאוכל שאוכלים בה נשאר בעצם אחת בגוף הקרויה עצם הלוז. העצם הזאת, שמקומה בגוף אינו ידוע בוודאות והיא בתחום שבין מציאות לאגדה, מיוחדת בכך שהיא נשארת גם כאשר הגוף כולו נרקב; וכאשר תהיה תחיית המתים ייקח הקדוש ברוך הוא את העצם הזאת ויבנה ממנה מחדש את האדם השלם כולו. כאשר בונים יהודי מחדש צריך להחזיר לו לא רק את עיניו ואוזניו, אלא גם את מהותו היהודית. את זאת אפשר לעשות גם כאשר נשאר ממנה רק פירור אחד – אותה עצם הלוז שהיא העצם הניזונה מן האוכל של סעודת "מלווה מלכה".

זמירות למוצאי שבת

אַתְקִינוּ סְעוּדָתָא דִמְהֵימְנוּתָא שְׁלִימְתָא, חֶדְוָתָא דְמַלְכָּא קַדִּישָׁא.
אַתְקִינוּ סְעוּדָתָא דְמַלְכָּא. דָא הִיא סְעוּדְתָא דְדָוִד מַלְכָּא מְשִׁיחָא.
אַבְרָהָם יִצְחָק וְיַעֲקֹב אָתְיָן לְסַעֲדָא בַּהֲדֵיהּ. דָּוִד מֶלֶךְ יִשְׂרָאֵל חַי וְקַיָּם.
סִימָן טוֹב וּמַזָּל טוֹב יְהֵא לָנוּ וּלְכָל יִשְׂרָאֵל, אָמֵן.

תרגום: הכינו את סעודת האמונה השלמה, שמחת המלך הקדוש.
הכינו את סעודת המלך. זו היא הסעודה של דוד המלך המשיח.
אברהם יצחק ויעקב באים לסעוד עמו.
דוד מלך ישראל וכו׳.

רבים נוהגים שכמה מן הזמירות של מוצאי שבת אומרים בשעת סעודת מלווה מלכה.

בְּמוֹצָאֵי יוֹם מְנוּחָה, הַמְצֵא לְעַמְּךָ רְוָחָה
שְׁלַח תִּשְׁבִּי לְנֶאֱנָחָה, וְנָס יָגוֹן וַאֲנָחָה.

יָאֲתָה לְךָ, צוּרִי, לְקַבֵּץ עַם מְפֻזָּרִי
מִיַּד גּוֹי אַכְזָרִי, אֲשֶׁר כָּרָה לִי שׁוּחָה.

עֵת דּוֹדִים תְּעוֹרֵר אֵל, לְמַלֵּט עַם, אֲשֶׁר שׁוֹאֵל
רְאוֹת טוּבְךָ, בְּבֹא גוֹאֵל, לְשֶׂה פְזוּרָה נִדָּחָה.

זמירות למוצאי שבת ברוב הקהילות יש סדרי פיוטים וזמירות למוצאי שבת, שמקצתן קשורות לסעודת ׳מלווה מלכה׳ ואחרות מושרות בפני עצמן כחלק מטקס ההבדלה שבמוצאי השבת. זמירות מוצאי שבת נבדלות משאר זמירות השבת שכן הן עוסקות לא רק ביחסים שבין קודש וחול, אור וחושך, אלא גם בתפילות מרובות על הגאולה ובהזכרת אליהו הנביא. הזכרת אליהו הנביא במוצאי שבת היא מפני שאמרו חכמים בתלמוד הירושלמי שאין הוא בא ביום השבת, ולכן מייד כשהיא יוצאת אנו מודיעים שאנו מצפים לבואו של אליהו

קְרָא יֶשַׁע לְעַם נְדָבָה, אֵל דָּגוּל מֵרְבָבָה
יְהִי הַשָּׁבוּעַ הַבָּא, לִישׁוּעָה וְלִרְוָחָה.

בַּת צִיּוֹן הַשְּׁכוּלָה, אֲשֶׁר הִיא הַיּוֹם גְּעוּלָה
מְהֵרָה תִּהְיֶה בְּעוּלָה, בְּאֵם הַבָּנִים שְׂמֵחָה.

מַעְיָנוֹת אֲזַי יְזוּבוּן, וּפְדוּיֵי יהוה יְשׁוּבוּן
וּמֵי יֶשַׁע יִשְׁאָבוּן, וְהַצָּרָה נִשְׁכָּחָה

נְחֵה עַמְּךָ כְּאָב רַחֲמָן, יְצַפְצְפוּ, עַם לֹא אַלְמָן
דְּבַר יהוה אֲשֶׁר נֶאֱמָן, בַּהֲקִימְךָ הַבְטָחָה.

וִידִידִים, פְּלִיטֵי חֶרֶץ, נְגִינָתָם יִפְצְחוּ בְּמֶרֶץ
בְּלִי צְוָחָה וּבְלִי פֶּרֶץ, וְאֵין יוֹצֵאת, וְאֵין צְוָחָה.

יְהִי הַחֹדֶשׁ הַזֶּה, כִּנְבוּאַת אֲבִי חוֹזֶה
וְיִשָּׁמַע בְּבַיִת זֶה, קוֹל שָׂשׂוֹן וְקוֹל שִׂמְחָה.

חָזָק יְמַלֵּא מִשְׁאֲלוֹתֵינוּ, אַמִּיץ יַעֲשֶׂה בַּקָּשָׁתֵנוּ
וְהוּא יִשְׁלַח בְּמַעֲשֵׂה יָדֵינוּ, בְּרָכָה וְהַצְלָחָה.

בְּמוֹצָאֵי יוֹם גִּילָה, שִׁמְךָ נוֹרָא עֲלִילָה
שְׁלַח תִּשְׁבִּי לְעַם סְגֻלָּה, רֶוַח שָׂשׂוֹן וַהֲנָחָה.

קוֹל צָהֳלָה וְרִנָּה, שְׂפָתֵינוּ אָז תְּרַנֵּנָּה
אָנָּא יהוה הוֹשִׁיעָה נָּא, אָנָּא יהוה הַצְלִיחָה נָּא.

ולבואה של הגאולה. טעם נוסף לכך הובא בספרי ראשוני אשכנז: "שבכל מוצאי שבת נכנס אליהו לגן, ויושב תחת עץ החיים וכותב זכותן של ישראל".

חַדֵּשׁ שְׂשׂוֹנִי אֵל נָא וְהָבִיא אֶת אֵלִיָּהוּ הַנָּבִיא.
אַמֵּץ וְחַזֵּק רִפְיוֹן יָדַי, בָּרֵךְ מְלַאכְתִּי וְכָל מַעְבָּדַי
גּוֹאֲלִי זְכֹר עָנְיִי וּמְרוּדִי, דְּבָרְךָ הַטּוֹב הָקֵם לְעוֹדְדִי
הָרֵץ וּשְׁלַח וְשַׂמַּח לְבָבִי, אֶת אֵלִיָּהוּ הַנָּבִיא.
וָעֵד וְהָכֵן דֵּי סִפּוּקִי, זַמֵּן מְזוֹנִי וְלֶחֶם חֻקִּי
חֲלֵב חֵיל גּוֹיִים חִישׁ לְהָנִיקִי, טוּבְךָ תַּשְׂבִּיעַ עוֹלָלַי וְיוֹנְקַי
יָבוֹא מְשִׁיחִי לְעִיר מוֹשָׁבִי, אֶת אֵלִיָּהוּ הַנָּבִיא.
כּוֹנֵן לְעַם זוּ צוּרִי צוּר לַחֲבוֹשׁ, לֶחֶם לֶאֱכוֹל וּבֶגֶד לִלְבּשׁ
מְשַׂנְאַי יֶחֱזֶה יֵרָא וְיֵבוֹשׁ, נְוֵה הַר שֵׂעִיר בְּקָרוֹב תִּכְבּשׁ
שְׂשׂוֹנִי יִגְדַּל בִּרְאוֹת סְבִיבִי, אֶת אֵלִיָּהוּ הַנָּבִיא.
עַמּוֹן וּמוֹאָב מְהֵרָה תְּכַלֶּה, פְּדוּתְךָ לְעַמְּךָ בְּקָרוֹב תְּגַלֶּה
צִיּוֹן תְּמַלֵּא מֵעַם אֵלֶּה, קִרְיַת מֶלֶךְ רָב אָז נַעֲלֶה
שַׁכֵּן תְּשַׁכֵּן בְּתוֹךְ עַם צְבִי, אֶת אֵלִיָּהוּ הַנָּבִיא.

אָגִיל וְאֶשְׂמַח בִּלְבָבִי
בִּרְאוֹתִי כִּי מֵאוֹיְבִי תָּרִיב רִיבִי, וּלְצִיּוֹן גּוֹאֵל תָּבִיא
אִישׁ צֶמַח תַּצְמִיחַ, אֵלִיָּהוּ הַנָּבִיא וּמֶלֶךְ הַמָּשִׁיחַ.
לָכֵן בָּעַמִּים יַחַד, תִּפּוֹל אֵימָה וָפַחַד, לִבָּם יִפְחַד בְּעֵת יַעֲלֶה גּוֹי אֶחָד
וְאָרְחוֹתָיו יַצְלִיחַ, אֵלִיָּהוּ הַנָּבִיא וּמֶלֶךְ הַמָּשִׁיחַ.
עוֹד מִמִּזְרָח לְמַעֲרָב, יָעוּר לַעֲשׂוֹת הֶרֶג רָב
בַּאֲרָם וַעֲרָב לַעֲרֹךְ מִלְחָמָה וּקְרָב.
עַל אוֹיְבָיו יַצְרִיחַ, אֵלִיָּהוּ הַנָּבִיא וּמֶלֶךְ הַמָּשִׁיחַ.
זֵדִים מַלְכֵי אֲדָמָה, יְטוּר נָפִישׁ וָקֵדְמָה
מִשְׁמָע וְדוּמָה, נוֹסוּ נֶגְבָּה וָיָמָּה
אֲשֶׁר אֶתְכֶם יַבְרִיחַ, אֵלִיָּהוּ הַנָּבִיא וּמֶלֶךְ הַמָּשִׁיחַ.
רָנּוּ כָּל עֹבְרֵי אֹרַח, כִּי הִנֵּה רַעֲנָן אֶזְרָח
אוֹרוֹ זָרַח קָנֶה כַּפְתּוֹר וָפֶרַח
עַל הַר צִיּוֹן יַפְרִיחַ, אֵלִיָּהוּ הַנָּבִיא וּמֶלֶךְ הַמָּשִׁיחַ.

אֱלֹהִים יִסְעָדֵנוּ
בְּרָכָה בִּמְאֹדֵנוּ, וְזֶבֶד טוֹב יִזְבְּדֵנוּ
בְּכָל מִשְׁלַח יָדֵינוּ, אֱלֹהִים יִסְעָדֵנוּ.

בְּיוֹם רִאשׁוֹן לִמְלָאכָה, יְצַו אִתָּנוּ בְּרָכָה
וְיוֹם הַשֵּׁנִי כָּכָה, יַמְתִּיק אֶת סוֹדֵנוּ. אלהים יסעדנו

רַבָּה צְבָאַי יֶשְׁעִי, בַּשְּׁלִישִׁי וּבָרְבִיעִי
בַּחֲמִישִׁי אַךְ לֹא בְעִי, יִשְׁלַח אֶת פּוֹדֵנוּ. אלהים יסעדנו

הָכֵן טְבֹחַ טֶבַח, בְּיוֹם הַשִּׁשִּׁי זֶבַח
קֹדֶשׁ הִלּוּל וָשֶׁבַח, עַל כָּל מַחֲמַדֵּנוּ. אלהים יסעדנו

מַעֲדַנִּים לְנַפְשֵׁנוּ, נָתַן בְּיוֹם קָדְשֵׁנוּ
וְרַעֲנָנָה עַרְשֵׂנוּ, וְלַיְלָה אוֹר בַּעֲדֵנוּ. אלהים יסעדנו

אֵלִי חִישׁ גּוֹאֲלִי, עַבְדְּךָ יַשְׂכִּילִי, מְבַשֵּׂר טוֹב אֵלִי.
אֶת אֵלִיָּהוּ הַנָּבִיא.

נָאווּ עַל הֶהָרִים, שְׁלוּחֵי יוֹצֵר הָרִים
וְרַגְלֵי הַמְבַשְּׂרִים, בֶּאֱמוֹר שׁוּבִי שְׁבִי.
אלי חיש גואלי

חֲבִי כִּמְעַט רֶגַע, כָּל מַחֲלָה וְכָל נֶגַע
אוֹיְבַיִךְ אֶפְגַּע, יוֹם נָקָם בְּלִבִּי.
אלי חיש גואלי

מַלְכֵּךְ יָבֹא לָךְ, יָפָה אַתְּ כֻּלָּךְ
וְרַעְיָתִי לְמוֹלָךְ, גִּלְעָדִי הַתִּשְׁבִּי.
אלי חיש גואלי

נֹפֶת תִּטֹּפְנָה, שִׂפְתֵי בְנֵי יוֹנָה
כִּי בָא עֵת לְחֶנְנָהּ, צִיּוֹן נַחֲלַת צְבִי.
אלי חיש גואלי

אַדִּיר אָיוֹם וְנוֹרָא, בַּצַּר לִי לְךָ אֶקְרָא — יהוה לִי לֹא אִירָא.
גְּדוֹר פִּרְצַת הֵיכָלִי, דָּגוּל מַהֵר חַכְלִילִי — יהוה הֱיֵה עוֹזֵר לִי.
הֵן אַתָּה תִקְוָתִי, וְלִישׁוּעָתְךָ קִוִּיתִי — יהוה עֹז יְשׁוּעָתִי.
זַךְ וּנְקִי כַפַּיִם, חֹן פּוֹרְשֵׂי כְנָפַיִם — יהוה אֶרֶךְ אַפַּיִם.
טוּבְךָ תָּחִישׁ לְעַמֶּךָ, יְהִי עָלֵינוּ כִּנְאֻמֶךָ — יהוה עֲשֵׂה לְמַעַן שְׁמֶךָ.
כּוֹנֵן בֵּית מְכוֹנֶךָ, לְהַרְבֵּץ בּוֹ צֹאנֶךָ — יהוה בְּאוֹר פָּנֶיךָ.
מִפַּחַד לְהַצִּילִי, נַהֲלֵנִי לְצִיּוֹן קָדְשׁ גּוֹרָלִי — יהוה שְׁמַע בְּקוֹלִי.
סְעַד וּסְמֹךְ לְנִמְהָרִים, עֲזֹר נָא אֶת הַנִּשְׁאָרִים — יהוה יוֹצֵר הָרִים.
פְּדֵה עַמְּךָ מֵעַזִּים, צֹאנְךָ מִיַּד גּוֹזְזִים — יהוה עוֹשֵׂה חֲזִיזִים.
קָרֵב קֵץ נֶחָמָה, רַחֵם אוֹם לֹא רֻחָמָה — יהוה אִישׁ מִלְחָמָה.
שְׁכֹן כְּמֵאָז בְּאָהֳלֵנוּ, תָּמִיד אֵל מְחוֹלְלֵנוּ — יהוה מַלְכֵּנוּ הוּא יוֹשִׁיעֵנוּ.

אִישׁ חָסִיד הָיָה, בְּלִי מָזוֹן וּמִחְיָה.
בְּבֵיתוֹ עֵסֶק מַלְבּוּשׁ, וְאֵין בֶּגֶד לִלְבֹּשׁ.
גּוֹנֵן בַּחֲשׁוּבָה אִשָּׁה, וְגַם בְּבָנִים חֲמִשָּׁה.
דִּבְּרָה לוֹ הָאִשָּׁה, יוֹתֵר אֵין לְהִתְיָאֲשָׁה.
הֲמִבְּלִי לֶחֶם לֶאֱכֹל, בְּעֵרֹם וּבְחֹסֶר כֹּל.
וְתוֹרָה מָצָאתָ כִּי יָגַעְתָּ, מַה נֹּאכַל מֵעַתָּה.
זָהִיר כְּבָר נָשׁוּק, הֲלֹא תֵצֵא לַשּׁוּק.
חַנּוּן וְרַחוּם בִּמְרוֹמָיו, אוּלַי יִגְמְלֵנוּ בְּרַחֲמָיו.
טוֹב לְקַוּוֹ מַחֲסֶה, רְצוֹן יְרֵאָיו יַעֲשֶׂה.
יָעַצְתְּ בְּדַעַת וּבְחָכְמָה, עֲצָתֵךְ בְּלִי לְהַסְכִּימָה.
כְּצֵאתִי לְבֹשֶׁת וְלִכְלִמָּה, מִבְּלִי כְסוּת וְשַׂלְמָה.
לְאֵין בְּיָדִי לִפְרֻטָה, אֲפִלּוּ שָׁוֶה פְרוּטָה.

אֵלִיָּהוּ הַנָּבִיא, אֵלִיָּהוּ הַתִּשְׁבִּי, אֵלִיָּהוּ הַגִּלְעָדִי
בִּמְהֵרָה יָבוֹא אֵלֵינוּ עִם מָשִׁיחַ בֶּן דָּוִד.

אִישׁ אֲשֶׁר קִנֵּא לְשֵׁם הָאֵל, אִישׁ בֻּשַּׂר שָׁלוֹם עַל יַד יְקוּתִיאֵל
אִישׁ גַּשׁ וַיְכַפֵּר עַל בְּנֵי יִשְׂרָאֵל. אליהו הנביא
אִישׁ דּוֹרוֹת שְׁנֵים עָשָׂר רָאוּ עֵינָיו, אִישׁ הַנִּקְרָא בַּעַל שֵׂעָר בְּסִמָּנָיו
אִישׁ וְאֵזוֹר עוֹר אָזוּר בְּמָתְנָיו. אליהו הנביא
אִישׁ זָעַף עַל עוֹבְדֵי חַמָּנִים, אִישׁ חָשׁ וְנִשְׁבַּע מִהְיוֹת גִּשְׁמֵי מְעוֹנִים
אִישׁ טַל וּמָטָר עָצַר שָׁלֹשׁ שָׁנִים. אליהו הנביא
אִישׁ יָצָא לִמְצֹא לְנַפְשׁוֹ נַחַת, אִישׁ כִּלְכְּלוּהוּ הָעוֹרְבִים וְלֹא מֵת לַשַּׁחַת
אִישׁ לְמַעֲנוֹ נִתְבָּרְכוּ כַּד וְצַפַּחַת. אליהו הנביא
אִישׁ מוּסָרָיו הִקְשִׁיבוּ כְמֵהִים, אִישׁ נַעֲנָה בָּאֵשׁ מִשְּׁמֵי גְּבוֹהִים
אִישׁ סָחוּ אַחֲרָיו יהוה הוּא הָאֱלֹהִים. אליהו הנביא
אִישׁ עָתִיד לְהִשְׁתַּלֵּחַ מִשְּׁמֵי עֲרָבוֹת, אִישׁ פָּקִיד עַל כָּל בְּשׂוֹרוֹת טוֹבוֹת
אִישׁ צִיר נֶאֱמָן לְהָשִׁיב לֵב בָּנִים עַל אָבוֹת. אליהו הנביא
אִישׁ קָרָא קַנֹּא קִנֵּאתִי לַיהוה, בְּתִפְאָרָה אִישׁ רָכַב עַל סוּסֵי אֵשׁ
בִּסְעָרָה, אִישׁ שֶׁלֹּא טָעַם טַעַם מִיתָה וּקְבוּרָה. אליהו הנביא
אִישׁ תִּשְׁבִּי תַּצִּילֵנוּ מִפִּי אֲרָיוֹת, תְּבַשְּׂרֵנוּ בְּשׂוֹרוֹת טוֹבוֹת
תְּשַׂמְּחֵנוּ בָּנִים עַל אָבוֹת , בְּמוֹצָאֵי שַׁבָּתוֹת. אליהו הנביא
אִישׁ תִּשְׁבִּי עַל שְׁמוֹ נִקְרָא, תַּצְלִיחֵנוּ עַל יָדוֹ בַּתּוֹרָה
תַּשְׁמִיעֵנוּ מִפִּיו בְּשׂוֹרָה טוֹבָה בִּמְהֵרָה, תּוֹצִיאֵנוּ מֵאֲפֵלָה לְאוֹרָה.
אליהו הנביא
אַשְׁרֵי מִי שֶׁרָאָה פָנָיו בַּחֲלוֹם, אַשְׁרֵי מִי שֶׁנָּתַן לוֹ שָׁלוֹם, וְהֶחֱזִיר לוֹ שָׁלוֹם
יהוה יְבָרֵךְ אֶת עַמּוֹ בַשָּׁלוֹם. אליהו הנביא

כַּכָּתוּב:
הִנֵּה אָנֹכִי שֹׁלֵחַ לָכֶם אֵת אֵלִיָּה הַנָּבִיא מלאכי ג
לִפְנֵי בּוֹא יוֹם יהוה הַגָּדוֹל וְהַנּוֹרָא:
וְהֵשִׁיב לֵב־אָבוֹת עַל־בָּנִים, וְלֵב בָּנִים עַל־אֲבוֹתָם:

נהוג להגיד תפילה זו שנוסח קדום שלה נזכר כבר בתלמוד הירושלמי:

רִבּוֹן הָעוֹלָמִים, אַב הָרַחֲמִים וְהַסְּלִיחוֹת, בְּסִמָּן טוֹב וּבְמַזָּל טוֹב הָחֵל
עָלֵינוּ אֶת שֵׁשֶׁת יְמֵי הַמַּעֲשֶׂה / כשחל יום טוב באחד משׁשׁת ימי השׁבוע הבא: יְמֵי
הַמַּעֲשֶׂה / הַבָּאִים לִקְרָאתֵנוּ לְשָׁלוֹם, חֲשׂוּכִים מִכָּל חֵטְא וָפֶשַׁע וּמְנֻקִּים
מִכָּל עָוֹן וְאַשְׁמָה וָרֶשַׁע, וּמְדֻבָּקִים בְּתַלְמוּד תּוֹרָה וּבְמַעֲשִׂים טוֹבִים,
וְחָנֵּנוּ דֵּעָה בִּינָה וְהַשְׂכֵּל מֵאִתְּךָ, וְתַשְׁמִיעֵנוּ בָּהֶם שָׂשׂוֹן וְשִׂמְחָה, וְלֹא
תַעֲלֶה קִנְאָתֵנוּ עַל לֵב אָדָם, וְלֹא קִנְאַת אָדָם תַּעֲלֶה עַל לִבֵּנוּ. מַלְכֵּנוּ
אֱלֹהֵינוּ, הָאָב הָרַחֲמָן, שִׂים בְּרָכָה וּרְוָחָה וְהַצְלָחָה בְּכָל מַעֲשֵׂה יָדֵינוּ.
וְכָל הַיּוֹעֵץ עַל עַמְּךָ בֵּית יִשְׂרָאֵל עֵצָה טוֹבָה וּמַחֲשָׁבָה טוֹבָה, אַמְּצוֹ,
תהלים כ בָּרְכוֹ, גַּדְּלוֹ וְקַיְּמוֹ. קַיֵּם עֲצָתוֹ כַּדָּבָר שֶׁנֶּאֱמַר: יִתֶּן־לְךָ כִלְבָבֶךָ, וְכָל־עֲצָתְךָ
איוב כב יְמַלֵּא: וְנֶאֱמַר: וְתִגְזַר־אֹמֶר וְיָקָם לָךְ, וְעַל־דְּרָכֶיךָ נָגַהּ אוֹר: וְכָל הַיּוֹעֵץ
עָלֵינוּ וְעַל עַמְּךָ בֵּית יִשְׂרָאֵל עֵצָה שֶׁאֵינָהּ טוֹבָה, וּמַחֲשָׁבָה שֶׁאֵינָהּ טוֹבָה
תהלים לג תּוּפַר עֲצָתוֹ, כַּדָּבָר שֶׁנֶּאֱמַר: יהוה הֵפִיר עֲצַת־גּוֹיִם, הֵנִיא מַחְשְׁבוֹת עַמִּים:
ישעיה ח וְנֶאֱמַר: עֻצוּ עֵצָה וְתֻפָר, דַּבְּרוּ דָבָר וְלֹא יָקוּם, כִּי עִמָּנוּ אֵל: וּפְתַח לָנוּ
יהוה אֱלֹהֵינוּ, אַב הָרַחֲמִים אֲדוֹן הַסְּלִיחוֹת, בְּזֶה הַשָּׁבוּעַ וּבְכָל שָׁבוּעַ
שַׁעֲרֵי אוֹרָה, שַׁעֲרֵי אֹרֶךְ יָמִים וְשָׁנִים, שַׁעֲרֵי אֲרִיכַת אַפַּיִם, שַׁעֲרֵי בְרָכָה,
שַׁעֲרֵי בִינָה, שַׁעֲרֵי גִילָה, שַׁעֲרֵי גְדֻלָּה, שַׁעֲרֵי גְאֻלָּה, שַׁעֲרֵי גְבוּרָה, שַׁעֲרֵי
דִיצָה, שַׁעֲרֵי דֵעָה, שַׁעֲרֵי הוֹד, שַׁעֲרֵי הָדָר, שַׁעֲרֵי הַצְלָחָה, שַׁעֲרֵי הָרְוָחָה,
שַׁעֲרֵי וָעַד טוֹב, שַׁעֲרֵי וָתִיקוּת, שַׁעֲרֵי זְרִיזוּת, שַׁעֲרֵי זִמְרָה, שַׁעֲרֵי זְכִיּוֹת,
שַׁעֲרֵי זִיו, שַׁעֲרֵי זֹהַר תּוֹרָה, שַׁעֲרֵי זֹהַר חָכְמָה, שַׁעֲרֵי זֹהַר בִּינָה, שַׁעֲרֵי
זֹהַר דַּעַת, שַׁעֲרֵי חֶדְוָה, שַׁעֲרֵי חֶמְלָה, שַׁעֲרֵי חֵן וָחֶסֶד, שַׁעֲרֵי חַיִּים
טוֹבִים, שַׁעֲרֵי חָכְמָה, שַׁעֲרֵי טוֹבָה, שַׁעֲרֵי טֹהַר, שַׁעֲרֵי יְשׁוּעָה, שַׁעֲרֵי יֹשֶׁר,
שַׁעֲרֵי כַפָּרָה, שַׁעֲרֵי כַלְכָּלָה, שַׁעֲרֵי כָבוֹד, שַׁעֲרֵי לִמּוּד, שַׁעֲרֵי מָזוֹן, שַׁעֲרֵי
מְנוּחוֹת שַׁעֲרֵי מְחִילוֹת, שַׁעֲרֵי מַדָּע, שַׁעֲרֵי נֶחָמָה, שַׁעֲרֵי נְקִיּוּת, שַׁעֲרֵי
סְלִיחָה, שַׁעֲרֵי סִיַּעְתָּא דִשְׁמַיָּא, שַׁעֲרֵי עֶזְרָה, שַׁעֲרֵי פְדוּת, שַׁעֲרֵי פַרְנָסָה
טוֹבָה, שַׁעֲרֵי צְדָקָה, שַׁעֲרֵי צָהֳלָה, שַׁעֲרֵי קְדֻשָּׁה, שַׁעֲרֵי קוֹמְמִיּוּת, שַׁעֲרֵי
רַחֲמִים, שַׁעֲרֵי רָצוֹן, שַׁעֲרֵי רְפוּאָה שְׁלֵמָה, שַׁעֲרֵי שָׁלוֹם, שַׁעֲרֵי שִׂמְחָה,

שַׁעֲרֵי שְׁמוּעוֹת טוֹבוֹת, שַׁעֲרֵי שַׁלְוָה, שַׁעֲרֵי תוֹרָה, שַׁעֲרֵי תְפִלָּה, שַׁעֲרֵי
תְשׁוּבָה, שַׁעֲרֵי תְשׁוּעָה, כְּדִכְתִיב: וּתְשׁוּעַת צַדִּיקִים מֵיהוה, מָעוּזָּם תהלים לז
בְּעֵת צָרָה: וַיַּעְזְרֵם יהוה וַיְפַלְּטֵם, יְפַלְּטֵם מֵרְשָׁעִים וְיוֹשִׁיעֵם, כִּי־חָסוּ
בוֹ: וְנֶאֱמַר: חָשַׂף יהוה אֶת־זְרוֹעַ קָדְשׁוֹ לְעֵינֵי כָּל־הַגּוֹיִם, וְרָאוּ כָּל־אַפְסֵי־ ישעיה נב
אָרֶץ אֵת יְשׁוּעַת אֱלֹהֵינוּ: וְנֶאֱמַר: קוֹל צֹפַיִךְ נָשְׂאוּ קוֹל יַחְדָּו יְרַנֵּנוּ, כִּי שם
עַיִן בְּעַיִן יִרְאוּ בְּשׁוּב יהוה צִיּוֹן: וְקַיֵּם לָנוּ יהוה אֱלֹהֵינוּ מִקְרָא שֶׁכָּתוּב:
מַה־נָּאווּ עַל־הֶהָרִים רַגְלֵי מְבַשֵּׂר, מַשְׁמִיעַ שָׁלוֹם מְבַשֵּׂר טוֹב, מַשְׁמִיעַ שם
יְשׁוּעָה, אֹמֵר לְצִיּוֹן מָלַךְ אֱלֹהָיִךְ: רִאשׁוֹן לְצִיּוֹן הִנֵּה הִנָּם, וְלִירוּשָׁלַםִ ישעיה מא
מְבַשֵּׂר אֶתֵּן: אָמֵן סֶלָה.

חגים ומועדים

שער לימים טובים

יש הרבה צדדים משותפים לשבת ולחג, ובפרט בבחינת החוויה שבהם. עם זה, יש ביניהם כמה וכמה הבדלים: ראשית ישנו כמובן האופי המיוחד, וממילא גם ההלכות המיוחדות, של כל חג וחג; אינו דומה חג הפסח לחג הסוכות בבחינת המצוות שלו המגדירות את דמותו. הרב־גוניות של החגים והאופי המיוחד של כל חג יוצרים הבדל בין החגים לשבתות, ולא פחות – ההבדל נעוץ בכך שהחגים הם הזדמנויות של פעם בשנה, ואילו השבתות הן תכופות ותדירות. מבחינת ההלכה ההבדלים הללו ברורים. הבדל אחד הוא בחומרת האיסור – איסורי המלאכה בשבת חמורים הרבה יותר. הבדל הבולט הרבה יותר לעין הוא שבשבת אסורה כל מלאכה, ואילו ביום טוב מותרות מלאכות מסוימות, כך שבאופן כללי איסורי השבת כובלים ומחייבים יותר מאיסורי יום טוב.

נוסף על ההבדלים ההלכתיים יש גם הבדלים הקשורים לעצם החוויה של קדושת החג וקדושת השבת. דבר זה ניכר גם בנוסח התפילות: ביום טוב נאמר "בשמחה ובששון", ואילו בשבת, אף שכמובן אסור להתאבל ולהצטער בה, מכל מקום אין מצויה בה לשון שמחה אלא המטבע "באהבה וברצון", משום שהשבת במהותה היא חגיגה פרטית של ה', ונתינתה לנו היא ביטוי מפליג לאהבתו אותנו ולרצונו בנו. שוני זה בלשונות התפילה הוא בוודאי גם השוני בבחינת ההרגשה. המוטיב המרכזי בקדושת השבת הוא המנוחה, כמו שנאמר לגבי שביתת אלוקים: "וַיִּשְׁבֹּת", "וַיִּנָּפַשׁ", כך גם עבודת הנפש ביום השבת היא לבוא לידי רגיעה ומנוחה – להגיע למצב שבו אין רוצים לעשות מלאכה, שבו הדאגות, ההתחייבויות והכבילות של ימות החול סרות מן האדם.

תפיסת הקדושה של השבת היא היכולת להיכנס ולהיות במצב סביל: לא לעשות מאמצים, לא גופניים ולא רוחניים. אף המצווה לענג את השבת, בעיקרו של דבר, מהותה ועניינה הן כניסה למצבים שבהם העונג יכול לשפוע על האדם בלי שיידרש לעבודה. לעומת זאת, בקבלת הקדושה ובתחושת הקדושה של החג יש צד של כניסה פעילה – הקורא לפעילות הנפש, הדורש התבוננות של כניסה לאווירה של חג בכלל ולאווירת החג המסוים בפרט. נוסף על דיני החג המסוימים יש לקיים גם את מצוות "וְשָׂמַחְתָּ בְּחַגֶּךָ" שעיקר עניינה הוא להוסיף לחג מחוות של שמחה. במובן זה, שמחת השבת היא שמחה דוממת, ואילו שמחת יום טוב היא צוהלת.

סדר נטילת לולב

בכל ימי הסוכות (פרט לשבת) נוטלים את הלולב. נוהגים לברך עליו קודם ההלל, ויש הנוהגים לברך עליו בסוכה השכם בבוקר לפני התפילה.

תפילה נאה לומר קודם נטילת לולב:

יְהִי רָצוֹן מִלְּפָנֶיךָ יהוה אֱלֹהַי וֵאלֹהֵי אֲבוֹתַי, בִּפְרִי עֵץ הָדָר וְכַפֹּת
תְּמָרִים וַעֲנַף עֵץ עָבוֹת וְעַרְבֵי נָחַל, אוֹתִיּוֹת שִׁמְךָ הַמְיֻחָד תְּקָרֵב אֶחָד
אֶל אֶחָד וְהָיוּ לַאֲחָדִים בְּיָדִי, וְלֵידַע אֵיךְ שִׁמְךָ נִקְרָא עָלַי, וְיִירְאוּ מִגֶּשֶׁת
אֵלַי. וּבְנַעֲנוּעִי אוֹתָם תַּשְׁפִּיעַ שֶׁפַע בְּרָכוֹת מִדַּעַת עֶלְיוֹן לִנְוֵה אַפִּרְיוֹן
לִמְכוֹן בֵּית אֱלֹהֵינוּ, וּתְהֵא חֲשׁוּבָה לְפָנֶיךָ מִצְוַת אַרְבָּעָה מִינִים אֵלּוּ
כְּאִלּוּ קִיַּמְתִּיהָ בְּכָל פְּרָטוֹתֶיהָ וְשָׁרָשֶׁיהָ וְתַרְיַ"ג מִצְוֹת הַתְּלוּיוֹת בָּהּ, כִּי
כַוָּנָתִי לְיַחֲדָא שְׁמָא דְקֻדְשָׁא בְּרִיךְ הוּא וּשְׁכִינְתֵּהּ בִּדְחִילוּ וּרְחִימוּ,
לְיַחֵד שֵׁם י"ה בו"ה בְּיִחוּדָא שְׁלִים בְּשֵׁם כָּל יִשְׂרָאֵל, אָמֵן. בָּרוּךְ יהוה תהלים פט
לְעוֹלָם, אָמֵן וְאָמֵן:

נטילת לולב בתורה נצטווינו ליטול בחג הסוכות ארבעה מינים: "וּלְקַחְתֶּם לָכֶם... פְּרִי עֵץ הָדָר כַּפֹּת תְּמָרִים וַעֲנַף עֵץ עָבֹת וְעַרְבֵי נָחַל". זיהוי המינים הללו מקובל במסורת התורה שבעל פה: "כפת תמרים" הוא הלולב, ענף דקל שעליו עדיין צמודים לשדרתו; "ענף עץ עבת" הוא הדס (ומדרשת הפסוק הבינו חכמים כי יש להביא שלושה בדי הדסים); "ערבי נחל" הם ענפי ערבה, ו"פרי עץ הדר" הוא פרי האתרוג. את מיני הענפים השונים אוגדים באגודה אחת (כרגיל, על ידי עלי דקל) ובשעת נטילה וברכה מצמידים אליהם את פרי האתרוג. לאחר הברכה ובזמני התפילה מנענעים את ארבעת המינים באופן טקסי.

במשך הדורות נתפרשו ארבעת המינים הללו בצורות סמליות רבות. אחד הסמלים הקדומים הוא לקבוצות השונות שמהם בנוי העם היהודי: האתרוג, אשר הוא פרי שיש לו גם טעם וגם ריח מיוחד - מסמל את האנשים שגם עוסקים במצוות ובמעשים טובים וגם לומדים תורה; הלולב, ענף עץ הדקל,

מחזיק את אגודת הלולב ביד ימין – שדרת הלולב מופנית כלפי הנוטל,
ואת האתרוג ביד שמאל – הפיטם שלו פונה כלפי מטה ומברך:

בָּרוּךְ אַתָּה יהוה אֱלֹהֵינוּ מֶלֶךְ הָעוֹלָם
אֲשֶׁר קִדְּשָׁנוּ בְּמִצְוֹתָיו וְצִוָּנוּ עַל נְטִילַת לוּלָב.

בפעם הראשונה שנוטל לולב מברך:

בָּרוּךְ אַתָּה יהוה אֱלֹהֵינוּ מֶלֶךְ הָעוֹלָם
שֶׁהֶחֱיָנוּ וְקִיְּמָנוּ וְהִגִּיעָנוּ לַזְּמַן הַזֶּה.

הופך את האתרוג (שיהיה הפיטם שלו כלפי מעלה) ומצמיד אותו ללולב ולשאר המינים המוחזקים ביד ימין. ומנענע את ארבעת המינים לארבע רוחות השמיים, למעלה ולמטה. וברוב המקומות נוהגים (על פי הקבלה) בסדר זה: דרום, צפון, מזרח, מעלה, מטה, מערב. ויש נוהגים לפתוח בצד מזרח ולפנות לצד ימינו, באופן כזה: מזרח, דרום, מערב, צפון, מעלה ומטה. בכל נענוע מוליך את הלולב ממנו ואליו שלוש פעמים, ונהגו על פי סוד לנענעו כנגד החזה. אף בדרך הנענוע יש חילוקי מנהגים. במקומות שונים רק מניעים את המינים הלוך ושוב, ויש מקומות שבהם מנענעים בתוך כך את קצהו העליון של הלולב (ומשום כך בוחרים בלולב שעליו ארוכים וגמישים).

שיש לו פרי טעים אך אין לו ריח – מסמל את אלה העוסקים במצוות ובמעשים טובים אך אינם לומדים תורה; ההדס, אשר ריחו נעים אך אין לו פירות טעימים – מסמל את אלה העוסקים בתורה אך אינם מרבים במיוחד במצוות; והערבה, אשר אין לה לא טעם ולא ריח – מסמלת את האנשים הפשוטים, שאינם לומדים תורה ואינם עוסקים במצוות אך עדיין מחוברים לקבוצות האנשים האחרות ומשתלבים בהן. אף שארבעת המינים שונים מאוד זה מזה, מצווה לאגוד את כולם יחד – דבר הבא ללמדנו כי אחדות העם היא חלק מהותי של מצווה זו. אוגדים את ארבעת המינים בחומרים הלקוחים מהם־עצמם, וגם לכך נודעת משמעות סמלית: אחדות של אנשים הארוגים יחד מעצם מהותם.

ארבעת המינים מסמלים גם אזורים בארץ ישראל: האתרוג, שהוא פרי הדר, צומח במישור החוף; הלולב, הבא מן הדקל, הוא פרי טרופי הצומח בעמקים המדבריים של הארץ, בעיקר בדרום־מזרחה; ההדס גדל בהרים, והערבה צומחת ליד מקורות מים. הסמלים לחלקי הארץ השונים מזכירים לנו את תפילת הגשם הנאמרת בחג הסוכות (משום שבארץ ישראל מתחילה עונת הגשמים בסביבות אותו הזמן), תפילה שבה אנו מבקשים שנה טובה ומשופעת

בגשמים, אשר תביא לעמנו אושר, נחת ושביעות רצון. ארבעת המינים שונים זה מזה גם מן הבחינה הזאת: האתרוג זקוק להשקיה מתמדת; הדקל כמעט שאינו זקוק לגשם כלל; ההדס תלוי בגשמים היורדים באזור ההר; והערבה משגשגת על חופי נחלים ונהרות - אך תפילת הגשם מאחדת את כולם. בדומה לכך גם כל אחד מאיתנו, בני האדם, שונה מזולתו בצרכיו ובשאיפותיו, אך התפילה מאחדת ומקשרת אותנו - בבקשות ומשאלות לעם כולו.

הלל חלל הוא חטיבת מזמורי תהילה והודאה הנאמרים בימי המועדים על הניסים והטובות שעשה עימנו ה׳, כדרך שאמרו ישראל שירה על ים סוף. דברי

נענועים על דרך הסוד נאמר כי ארבעת המינים רומזים לשם הוי״ה: הדסים - יו״ד; ערבות - ה״א ראשונה; הלולב - ו״ו; והאתרוג - ה״א אחרונה. מעין זה מופיע בחלק מנוסחאות ה״לשם ייחוד״ שאומרים לפני נטילת הלולב: ״אותיות שמך המיוחד תקרב אחד אל אחד והיו לאחדים בידי״ - כאשר נוטלים את הלולב מחברים את המינים יחד כדי לאחד את אותיות שם ה׳ זו לזו. משום כך מנענעים את הלולב לשישה צדדים, כדי לבטא את אחדות ה׳ בכל צדדי המציאות: בשמיים, בארץ ובארבע הרוחות. ואולם, אין די בכוונת אחדות ה׳ בעולמות, אלא תכלית המכוון היא שאחדות ה׳ תתגלה אף בליבו של האדם. לכן אופן הנענוע על פי ספרי הקבלה הוא כך: מרחיקים את ארבעת המינים מהגוף - למעלה, למטה או לצדדים - ואחר כך מקרבים ומחזירים אותו אל הלב, כדי שיהיה ה׳ אחד מאיר על ליבו של האדם, שורה ומתגלה בו. מטעם זה גם נהוג, על פי האר״י ז״ל, ליטול ארבעת המינים בסוכה דווקא. מצוות נטילת לולב מבטאת את ההשפעה של ״האור הפנימי״ - ההארה שנקלטת בכוחות הנפש של האדם, בשכלו או ברגשותיו - שהרי את הלולב והאתרוג אנו נוטלים ביד ומנענעים, ובכך יוצרים התייחסות ישירה, פנימית, אליהם. לעומת זאת, הסוכה מבטאת את ההשפעה של ״האור המקיף״ - הארה שמעל לכוחות הנפש ולרגשותיה, המשפיעה על האדם בעקיפין כאופן ההשפעה של אווירה או סביבה על האדם - שהרי הסוכה, כשמה, מקיפה וסובבת אותנו; אנו בתוכה, ובעצם מציאותה היא משפיעה עלינו. נטילת ארבעת המינים בסוכה נועדה, כלשון המקובלים, ״להפוך את המקיף לפנימי״: שהאורות העליונים של המצווה והחג ייכנסו ויחדרו פנימה, לדעתו ולליבו של האדם.

סדר הלל

אלה הימים שאומרים בהם הלל שלם: יום ראשון של פסח (ובחוץ לארץ – שני ימים ראשונים), תפילת ליל פסח (ובחוץ לארץ – בשני הלילות), שבועות, כל שמונת (ובחוץ לארץ – תשעת) ימי הסוכות, בכל ימי חנוכה וכן ביום העצמאות וביום ירושלים לנוהגים לומר בהם הלל.

בראש חודש, בחול המועד פסח ובשביעי של פסח (ובחוץ לארץ – שני ימים אחרונים) אומרים חצי הלל.

בָּרוּךְ אַתָּה יהוה אֱלֹהֵינוּ מֶלֶךְ הָעוֹלָם
אֲשֶׁר קִדְּשָׁנוּ בְּמִצְוֹתָיו וְצִוָּנוּ לִקְרֹא אֶת הַהַלֵּל.

הרינה וההודאה אינם רק הודאה ושבח על מאורעות העבר, אלא הם גם דרך ביטוי של אהבת המתפלל לקדוש ברוך הוא. על דרך משל, כשם שבאהבה אנושית דברי שבח שהאוהב אומר לאהובו אינם קשורים בהכרח לנסיבות חיצוניות, של חנופה או קבלת טובה, ולמעלה מזה, הם אף אינם חייבים להיות תלויים במאורע או מעשה מסוים, כך גם ההלל. דברי השבח, מבטאים צורך פנימי של האוהב להגיד ולספר את אהבתו, ובפנימיותם הם מבטאים את השמחה על עצם קיומו של האהוב. בימי החגים והמועדים מודגשת אהבת ה׳ אלינו ומורגש הקשר המיוחד שלו עימנו, ו״כַּמַּיִם הַפָּנִים לַפָּנִים״ בימים הללו מתעוררת גם בנו האהבה לה׳ והצורך והרצון לבטא את האהבה הזאת. עניינו של ההלל, הוא שהוא מעניק לאדם - במילים ובמנגינה - לשונות שונות של אהבה לקדוש ברוך הוא וקשר עימו, מהשבח על עזרתו לנו ועד לתהילה על עצם היותו.

הללויה הללו עבדי ה׳ שיר תהילה הקורא ל״עבדי ה׳״ - הם ישראל עמו,

׳הלל שלם׳ ו׳חצי הלל׳ הימים שבהם אומרים את ההלל בשלמותו הם מועדים חשובים העומדים בפני עצמם. לכן בפסח אומרים הלל שלם רק ביום טוב הראשון, שהוא היום שבו יצאנו ממצרים, ואילו בשאר הימים, שטפלים ליום הראשון, אומרים הלל בדילוג (׳חצי הלל׳). על דרך הסוד הסביר האר״י ז״ל שביום טוב ראשון של פסח יש הארה גדולה מלמעלה, ולאחר מכן בחול המועד ההארה הזאת מסתלקת, והיא נבנית דרגה אחר דרגה בימי ספירת העומר, עד לשבועות. לעומת זאת, בסוכות אומרים הלל שלם בכל הימים, משום שכל יום בו מיוחד לעצמו, וכפי שמתבטא הדבר בחלוקת הקורבנות המוקרבים בימי

הַלְלוּיָהּ, הַלְלוּ עַבְדֵי יהוה, הַלְלוּ אֶת־שֵׁם יהוה: יְהִי שֵׁם יהוה מְבֹרָךְ, מֵעַתָּה וְעַד־עוֹלָם: מִמִּזְרַח־שֶׁמֶשׁ עַד־מְבוֹאוֹ, מְהֻלָּל שֵׁם יהוה: רָם עַל־כָּל־גּוֹיִם יהוה, עַל הַשָּׁמַיִם כְּבוֹדוֹ: מִי כַּיהוה אֱלֹהֵינוּ, הַמַּגְבִּיהִי לָשָׁבֶת: הַמַּשְׁפִּילִי לִרְאוֹת, בַּשָּׁמַיִם וּבָאָרֶץ: מְקִימִי מֵעָפָר דָּל, מֵאַשְׁפֹּת יָרִים אֶבְיוֹן: לְהוֹשִׁיבִי עִם־נְדִיבִים, עִם נְדִיבֵי עַמּוֹ: מוֹשִׁיבִי עֲקֶרֶת הַבַּיִת, אֵם־הַבָּנִים שְׂמֵחָה, הַלְלוּיָהּ: תהלים קיג

המשייכים ומקשרים את עצמם לקדוש ברוך הוא - להלל ולפאר את שמו. הילולם זה הוא על גדולתו של ה׳ הממלאת את העולם, ועל חסד השגחתו הפרטית לסובלים ולמסכנים.

חג זה. גם בחנוכה תיקנו חכמים לגמור את ההלל בכל שמונת הימים משום ייחודיותם ושונותם, דבר המתבטא בחלוקת מספר הנרות בין הימים, והסבירו מפרשי ההלכה שהסיבה לכך היא שהנס הלך וגדל בכל יום.

בראש חודש אומרים חצי הלל, משום שעצם אמירת ההלל בראש חודש איננה מעיקר הדין (שהרי אין זה יום שנעשה בו נס ואף איננו יום טוב גמור האסור בעשיית מלאכה) אלא מנהג קדום. אמירת ההלל נועדה, דווקא משום כך, להעניק חגיגיות לראש חודש. טעם נוסף, פנימי, לאמירת ההלל ביום זה, הוא מפני שישראל נמשלו ללבנה. חידושה של הלבנה מרמזת לעלייתם של ישראל - ולכן אנו מודים ושמחים כבר עכשיו על הישועה העתידה. עם זה, כיוון שמצבנו בהווה עדיין איננו שלם אנו אומרים הלל חסר.

רם על כל גויים... מי כה׳ אלהינו רבים מהמפרשים פירשו פסוקים אלה כמבטאים את תפיסת האמונה של ישראל בקדוש ברוך הוא. ה"גויים", המייצגים תפיסה של אמונה חסרה, אומנם מאמינים בקיומו של ה׳ ובהיותו בורא הכול, אך הם אומרים שרק "עַל הַשָּׁמַיִם כְּבוֹדוֹ": השראתו וכבודו של ה׳ הם בעליונים, בעניינים גדולים ושמימיים בלבד, ואילו בנעשה בעולם הזה, הנמוך, הוא אינו מתעניין ואינו משגיח, ואיננו מתגלה בו כלל. לעומתם, ישראל מאמינים כי ה׳ "מַּגְבִּיהִי לָשָׁבֶת" - הרבה מעל לאותה תפיסה מצמצמת של האומות: הוא כה גדול

תהלים קיד בְּצֵאת יִשְׂרָאֵל מִמִּצְרָיִם, בֵּית יַעֲקֹב מֵעַם לֹעֵז: הָיְתָה יְהוּדָה לְקָדְשׁוֹ, יִשְׂרָאֵל מַמְשְׁלוֹתָיו: הַיָּם רָאָה וַיָּנֹס, הַיַּרְדֵּן יִסֹּב לְאָחוֹר: הֶהָרִים רָקְדוּ כְאֵילִים, גְּבָעוֹת כִּבְנֵי־צֹאן: מַה־לְּךָ הַיָּם כִּי תָנוּס, הַיַּרְדֵּן תִּסֹּב לְאָחוֹר: הֶהָרִים תִּרְקְדוּ כְאֵילִים, גְּבָעוֹת כִּבְנֵי־צֹאן: מִלִּפְנֵי אָדוֹן חוּלִי אָרֶץ, מִלִּפְנֵי אֱלוֹהַ יַעֲקֹב: הַהֹפְכִי הַצּוּר אֲגַם־מָיִם, חַלָּמִישׁ לְמַעְיְנוֹ־מָיִם:

בראש חודש (מלבד ראש חודש טבת, שהוא חנוכה), בחול המועד פסח ובשביעי של פסח (ובחוץ לארץ גם באחרון שלו) ממשיכים 'ה' זְכָרָנוּ יְבָרֵךְ'.

תהלים קטו לֹא לָנוּ יהוה לֹא לָנוּ, כִּי־לְשִׁמְךָ תֵּן כָּבוֹד, עַל־חַסְדְּךָ עַל־אֲמִתֶּךָ: לָמָּה יֹאמְרוּ הַגּוֹיִם אַיֵּה־נָא אֱלֹהֵיהֶם: וֵאלֹהֵינוּ בַשָּׁמָיִם, כֹּל אֲשֶׁר־חָפֵץ עָשָׂה: עֲצַבֵּיהֶם כֶּסֶף וְזָהָב, מַעֲשֵׂה יְדֵי אָדָם: פֶּה־לָהֶם וְלֹא יְדַבֵּרוּ, עֵינַיִם לָהֶם וְלֹא יִרְאוּ: אָזְנַיִם לָהֶם וְלֹא יִשְׁמָעוּ, אַף לָהֶם וְלֹא יְרִיחוּן: יְדֵיהֶם וְלֹא יְמִישׁוּן, רַגְלֵיהֶם וְלֹא יְהַלֵּכוּ, לֹא־יֶהְגּוּ בִּגְרוֹנָם: כְּמוֹהֶם יִהְיוּ עֹשֵׂיהֶם, כֹּל אֲשֶׁר־בֹּטֵחַ בָּהֶם: יִשְׂרָאֵל בְּטַח בַּיהוה, עֶזְרָם וּמָגִנָּם הוּא: בֵּית אַהֲרֹן בִּטְחוּ בַיהוה, עֶזְרָם וּמָגִנָּם הוּא: יִרְאֵי יהוה בִּטְחוּ בַיהוה, עֶזְרָם וּמָגִנָּם הוּא:

בצאת ישראל ממצרים שיר תהילה ותודה על התגלות ה' בצאת ישראל ממצרים. הניסים הגדולים שאירעו באותה שעה מתוארים במזמור בצורה מיוחדת והרמונית: לא מן הצד של ישועת ישראל אלא כביטויי שמחה והתפעלות של הטבע הדומם מהתגלות כבוד ה'.

לא לנו מזמור תודה על שזכינו לבחור בקדוש ברוך הוא, שלא כעמים אחרים. כיוון שאנחנו נקשרים אליו ומזדהים עימו בשעה שאנחנו מושפלים זוהי גם

עד שאין סוף ליכולתו ואין משמעות להגבלת ידיעתו, ולכן הוא גם "מַשְׁפִּילִי לִרְאוֹת בַּשָּׁמַיִם וּבָאָרֶץ". דווקא משום שהוא אין־סופי ובלתי מוגבל הוא מתבונן ומשגיח מלמעלה למטה על הכול, ובכלל זה משמי השמיים ועד לפרטי המציאות הקטנים ביותר שבארץ.

יהוה זְכָרָנוּ יְבָרֵךְ, יְבָרֵךְ אֶת־בֵּית יִשְׂרָאֵל, יְבָרֵךְ אֶת־בֵּית אַהֲרֹן: יְבָרֵךְ יִרְאֵי יהוה, הַקְּטַנִּים עִם־הַגְּדֹלִים: יֹסֵף יהוה עֲלֵיכֶם, עֲלֵיכֶם וְעַל־בְּנֵיכֶם: בְּרוּכִים אַתֶּם לַיהוה, עֹשֵׂה שָׁמַיִם וָאָרֶץ: הַשָּׁמַיִם שָׁמַיִם לַיהוה, וְהָאָרֶץ נָתַן לִבְנֵי־אָדָם: לֹא הַמֵּתִים יְהַלְלוּ־יָהּ, וְלֹא כָּל־יֹרְדֵי דוּמָה: וַאֲנַחְנוּ נְבָרֵךְ יָהּ, מֵעַתָּה וְעַד־עוֹלָם, הַלְלוּיָהּ:

בראש חודש (מלבד ראש חודש טבת, שהוא חנוכה), בחול המועד פסח ובשביעי של פסח (ובחוץ לארץ גם באחרון שלו) ממשיכים 'מָה אָשִׁיב לַה''.

אָהַבְתִּי, כִּי־יִשְׁמַע יהוה, אֶת־קוֹלִי תַּחֲנוּנָי: כִּי־הִטָּה אָזְנוֹ לִי, תהלים קטז
וּבְיָמַי אֶקְרָא: אֲפָפוּנִי חֶבְלֵי־מָוֶת, וּמְצָרֵי שְׁאוֹל מְצָאוּנִי, צָרָה
וְיָגוֹן אֶמְצָא: וּבְשֵׁם־יהוה אֶקְרָא, אָנָּה יהוה מַלְּטָה נַפְשִׁי: חַנּוּן
יהוה וְצַדִּיק, וֵאלֹהֵינוּ מְרַחֵם: שֹׁמֵר פְּתָאיִם יהוה, דַּלּוֹתִי וְלִי
יְהוֹשִׁיעַ: שׁוּבִי נַפְשִׁי לִמְנוּחָיְכִי, כִּי־יהוה גָּמַל עָלָיְכִי: כִּי חִלַּצְתָּ
נַפְשִׁי מִמָּוֶת, אֶת־עֵינִי מִן־דִּמְעָה, אֶת־רַגְלִי מִדֶּחִי: אֶתְהַלֵּךְ לִפְנֵי
יהוה, בְּאַרְצוֹת הַחַיִּים: הֶאֱמַנְתִּי כִּי אֲדַבֵּר, אֲנִי עָנִיתִי מְאֹד: אֲנִי
אָמַרְתִּי בְחָפְזִי, כָּל־הָאָדָם כֹּזֵב:

השפלת כבודו, כביכול; וכאשר אנחנו זוכים לישועה, גם היא לכבודו של ה'. לכן אנחנו מבקשים שייתן לנו כבוד - לא למעננו, אלא למען שמו הגדול. חציו השני של הפרק, "ה' זכרנו", הוא בקשה לברכה והצלחה, תוספת ושגשוג לכל עם ישראל. בתוך כך אנחנו כביכול מתרצים לה' למה להשפיע לנו ברכה: "הָאָרֶץ נָתַן לִבְנֵי אָדָם" - מקומנו ותפקידנו הוא לפעול בארץ ולברך בה את שם ה', ובקשת הברכה היא כדי שנוכל להמשיך ולמלא את תפקידנו זה.

אהבתי כי ישמע שיר תודה ותהילה על הצלה ממוות וממצוקה. המתפלל מתאר בהרחבה כיצד היה מוקף בצרות - מחלה קשה ובדידות - ומודה לה' על שהצילו מן הפגעים הללו. תמצית דברי התודה מבוטאת במילים הפותחות: "אָהַבְתִּי כִּי יִשְׁמַע ה' אֶת קוֹלִי". המתפלל מספר עד כמה הוא מאושר לא רק על ישועתו, אלא גם על שה' שמע את תפילתו. חציו השני של הפרק, "מה

מָה־אָשִׁיב לַיהוה, כָּל־תַּגְמוּלוֹהִי עָלָי: כּוֹס־יְשׁוּעוֹת אֶשָּׂא, וּבְשֵׁם יהוה אֶקְרָא: נְדָרַי לַיהוה אֲשַׁלֵּם, נֶגְדָה־נָּא לְכָל־עַמּוֹ: יָקָר בְּעֵינֵי יהוה, הַמָּוְתָה לַחֲסִידָיו: אָנָּה יהוה כִּי־אֲנִי עַבְדֶּךָ, אֲנִי־עַבְדְּךָ בֶּן־אֲמָתֶךָ, פִּתַּחְתָּ לְמוֹסֵרָי: לְךָ־אֶזְבַּח זֶבַח תּוֹדָה, וּבְשֵׁם יהוה אֶקְרָא: נְדָרַי לַיהוה אֲשַׁלֵּם, נֶגְדָה־נָּא לְכָל־עַמּוֹ: בְּחַצְרוֹת בֵּית יהוה, בְּתוֹכֵכִי יְרוּשָׁלָםִ, הַלְלוּיָהּ:

תהלים קיז
הַלְלוּ אֶת־יהוה כָּל־גּוֹיִם, שַׁבְּחוּהוּ כָּל־הָאֻמִּים: כִּי גָבַר עָלֵינוּ חַסְדּוֹ, וֶאֱמֶת־יהוה לְעוֹלָם הַלְלוּיָהּ:

הקהל עונה לאחר שליח הציבור ׳הודו לה׳ כִּי טוֹב כִּי לְעוֹלָם חַסְדּוֹ׳ בכל אחד מארבעת הפסוקים הבאים.

בסוכות מנענעים בלולב כסדר שנענעו בשעת ברכת הלולב. מנענעים פעם אחת, ב׳הודו׳ הראשון.

תהלים קיח
הוֹדוּ לַיהוה כִּי־טוֹב כִּי לְעוֹלָם חַסְדּוֹ:
יֹאמַר־נָא יִשְׂרָאֵל כִּי לְעוֹלָם חַסְדּוֹ:
יֹאמְרוּ־נָא בֵית־אַהֲרֹן כִּי לְעוֹלָם חַסְדּוֹ:
יֹאמְרוּ־נָא יִרְאֵי יהוה כִּי לְעוֹלָם חַסְדּוֹ:

אשיב", הוא הבעת רצונו של המתפלל להחזיר לה׳ על כל מה שגמל עליו: לשלם את הנדרים שנדר בזמן המצוקה, ויתר על כן הבטחה להמשיך לעבוד את ה׳ ולהודיע שמו לכול.

אני עבדך בן אמתך... פתחת למוסרי ביטוי זה מורה על קשר הדוק ביותר: זהו תיאור מעמדו של מי שלא רק הוא לבדו עבד, אלא גם כל בני משפחתו. אולם שלא כעבדות לבשר ודם, אין השפלה בעבדות לה׳ אלא להפך: יש בה מעלה, רוממות וביטחון.

מִן־הַמֵּצַר קָרָֽאתִי יָּהּ, עָנָֽנִי בַמֶּרְחָב יָהּ: יהוה לִי לֹא אִירָא, מַה־יַּעֲשֶׂה לִי אָדָם: יהוה לִי בְּעֹזְרָי, וַאֲנִי אֶרְאֶה בְשֹׂנְאָי: טוֹב לַחֲסוֹת בַּיהוה, מִבְּטֹחַ בָּאָדָם: טוֹב לַחֲסוֹת בַּיהוה, מִבְּטֹחַ בִּנְדִיבִים: כָּל־גּוֹיִם סְבָבֽוּנִי, בְּשֵׁם יהוה כִּי אֲמִילַם: סַבּֽוּנִי גַם־סְבָבֽוּנִי, בְּשֵׁם יהוה כִּי אֲמִילַם: סַבּֽוּנִי כִדְבֹרִים, דֹּעֲכוּ כְּאֵשׁ קוֹצִים, בְּשֵׁם יהוה כִּי אֲמִילַם: דָּחֹה דְחִיתַֽנִי לִנְפֹּל, וַיהוה עֲזָרָֽנִי: עָזִּי וְזִמְרָת יָהּ, וַיְהִי־לִי לִישׁוּעָה: קוֹל רִנָּה וִישׁוּעָה בְּאָהֳלֵי צַדִּיקִים, יְמִין יהוה עֹֽשָׂה חָֽיִל: יְמִין יהוה רוֹמֵמָה, יְמִין יהוה עֹֽשָׂה חָֽיִל: לֹא־אָמוּת כִּי־אֶחְיֶה, וַאֲסַפֵּר מַעֲשֵׂי יָהּ: יַסֹּר יִסְּרַֽנִּי יָּהּ, וְלַמָּֽוֶת לֹא נְתָנָֽנִי: פִּתְחוּ־לִי שַׁעֲרֵי־צֶֽדֶק, אָבֹא־בָם אוֹדֶה יָהּ: זֶה־הַשַּֽׁעַר לַיהוה, צַדִּיקִים יָבֹֽאוּ בוֹ:

אוֹדְךָ כִּי עֲנִיתָֽנִי, וַתְּהִי־לִי לִישׁוּעָה:
אוֹדְךָ כִּי עֲנִיתָֽנִי, וַתְּהִי־לִי לִישׁוּעָה:

אֶֽבֶן מָאֲסוּ הַבּוֹנִים, הָיְתָה לְרֹאשׁ פִּנָּה:
אֶֽבֶן מָאֲסוּ הַבּוֹנִים, הָיְתָה לְרֹאשׁ פִּנָּה:

מֵאֵת יהוה הָֽיְתָה זֹּאת, הִיא נִפְלָאת בְּעֵינֵֽינוּ:
מֵאֵת יהוה הָֽיְתָה זֹּאת, הִיא נִפְלָאת בְּעֵינֵֽינוּ:

זֶה־הַיּוֹם עָשָׂה יהוה, נָגִֽילָה וְנִשְׂמְחָה בוֹ:
זֶה־הַיּוֹם עָשָׂה יהוה, נָגִֽילָה וְנִשְׂמְחָה בוֹ:

הללו את ה׳ שיר הלל קצר הקורא לכול להודות לה׳ ולהללו על חסדיו אשר עשה לעם ישראל. ויותר מכול זוהי קריאה לנו, שצריכים אנו להודות לו על חסדיו שעשה עימנו.

מן המצר מזמור תודה ותהילה על ישועת ה׳. המתפלל מספר על הזמנים הקשים שהיה נתון בהם: מצבים של מצר, דוחק וסכנה מפני אויבים המקיפים

בסוכות מנענעים בלולב באמירת 'אָנָּא ה' הוֹשִׁיעָה נָּא' בשתי הפעמים.

אָנָּא יהוה הוֹשִׁיעָה נָּא:

אָנָּא יהוה הוֹשִׁיעָה נָּא:

אָנָּא יהוה הַצְלִיחָה נָא:

אָנָּא יהוה הַצְלִיחָה נָא:

בסוכות מנענעים בלולב בפעם הראשונה שאומרים את הפסוק 'הוֹדוּ לַה' כִּי טוֹב' שלהלן.

בָּרוּךְ הַבָּא בְּשֵׁם יהוה, בֵּרַכְנוּכֶם מִבֵּית יהוה:

בָּרוּךְ הַבָּא בְּשֵׁם יהוה, בֵּרַכְנוּכֶם מִבֵּית יהוה:

אֵל יהוה וַיָּאֶר לָנוּ, אִסְרוּ־חַג בַּעֲבֹתִים עַד־קַרְנוֹת הַמִּזְבֵּחַ:

אֵל יהוה וַיָּאֶר לָנוּ, אִסְרוּ־חַג בַּעֲבֹתִים עַד־קַרְנוֹת הַמִּזְבֵּחַ:

אֵלִי אַתָּה וְאוֹדֶךָּ, אֱלֹהַי אֲרוֹמְמֶךָּ:

אֵלִי אַתָּה וְאוֹדֶךָּ, אֱלֹהַי אֲרוֹמְמֶךָּ:

הוֹדוּ לַיהוה כִּי־טוֹב, כִּי לְעוֹלָם חַסְדּוֹ:

הוֹדוּ לַיהוה כִּי־טוֹב, כִּי לְעוֹלָם חַסְדּוֹ:

יְהַלְלוּךָ יהוה אֱלֹהֵינוּ כָּל מַעֲשֶׂיךָ, וַחֲסִידֶיךָ צַדִּיקִים עוֹשֵׂי רְצוֹנֶךָ, וְכָל עַמְּךָ בֵּית יִשְׂרָאֵל בְּרִנָּה יוֹדוּ וִיבָרְכוּ וִישַׁבְּחוּ וִיפָאֲרוּ וִירוֹמְמוּ וְיַעֲרִיצוּ וְיַקְדִּישׁוּ וְיַמְלִיכוּ אֶת שִׁמְךָ מַלְכֵּנוּ, כִּי לְךָ טוֹב לְהוֹדוֹת וּלְשִׁמְךָ נָאֶה לְזַמֵּר, כִּי מֵעוֹלָם וְעַד עוֹלָם אַתָּה אֵל. בָּרוּךְ אַתָּה יהוה, מֶלֶךְ מְהֻלָּל בַּתִּשְׁבָּחוֹת.

אותו ומאיימים עליו מכל צד, וה' בחסדו הושיעו ועזר לו, השמיד את כל אויביו והוציאו למרחב. חובתו של האיש שנשאר בחיים אחרי תלאות וצרות לספר את מעשי ה' ולהודות לו, לתאר את תפילתו לה' ואת עניית ה' לה. לפיכך המתפלל מבטיח לבוא בשערי בית ה', להודות לו על חסדיו, להביא את קורבן החג עד מזבחו ולשתף גם אנשים אחרים בדברי תודה אלה.

לאחר ההלל בראש חודש יש אומרים שלוש פעמים את הפסוק שלהלן ואת הבקשה שאחריו (ויש הנוהגים שלא לומר בפה אלא מהרהרים בלבד את השם זְבַדְיָה שלהלן).

וְאַבְרָהָם זָקֵן בָּא בַּיָּמִים, וַיהוה בֵּרַךְ אֶת אַבְרָהָם בַּכֹּל: בראשית כד

זְבַדְיָה יִשְׁמְרֵנִי וִיחַיֵּנִי, כֵּן יְהִי רָצוֹן מִלְּפָנֶיךָ אֱלֹהִים חַיִּים וּמֶלֶךְ עוֹלָם אֲשֶׁר בְּיָדוֹ נֶפֶשׁ כָּל חָי, אָמֵן.

בראש חודש החל ביום חול אומרים קדיש שלם (בעמ׳ 133), שיר של יום, ברכי נפשי, קדיש יתום (בעמ׳ 137), הוצאת ספר תורה לחול (בעמ׳ 122), קריאת התורה וקדיש לאחריה, ׳אַשְׁרֵי׳ ו׳וּבָא לְצִיּוֹן׳, החזרת ספר תורה ואחריה חצי קדיש ותפילת מוסף לראש חודש.

אם חל בשבת, אומרים את הקדיש (בעמ׳ 375) וממשיכים בסדר התפילה לשבת.

בלילה הראשון של פסח (ובחוץ לארץ - גם בלילה השני) אומרים קדיש שלם (בעמ׳ 301) וממשיכים בסוף תפילת ערבית ליום טוב.

בימות הפסח אומרים קדיש ושיר של יום כבראש חודש, ולאחר מכן הוצאת ספר תורה (בחול המועד עמ׳ 122, בשבת וביום טוב עמ׳ 379). בשבת חול המועד פסח קודם הוצאת ספר התורה נוהגים לקרוא מגילת שיר השירים (בעמ׳ 858), ולאחריה קדיש יתום (ויש הנוהגים שלא לקרוא את המגילה בציבור בבית הכנסת). אם יום טוב ראשון של פסח חל בשבת קוראים ביום טוב ראשון; בחוץ לארץ – קוראים ביום האחרון של פסח. אם שביעי של פסח חל בשבת, קוראים בשביעי של פסח.

בסוכות אומרים כאן סדר הושענות (בעמ׳ 582) וממשיכים כבפסח; בשבת חול המועד סוכות קודם הוצאת ספר התורה נוהגים לקרוא מגילת קהלת (עמ׳ 874), ולאחריה קדיש יתום (ויש הנוהגים שלא לקרוא את המגילה בציבור בבית הכנסת). אם יום טוב ראשון חל בשבת, קוראים ביום טוב ראשון; בחוץ לארץ – קוראים בשמיני עצרת.

בשבועות אומרים קדיש ושיר של יום. קודם הוצאת ספר התורה נוהגים לקרוא מגילת רות (עמ׳ 863), ולאחריה קדיש יתום. בחוץ לארץ קוראים ביום טוב שני (ויש הנוהגים שלא לקרוא את המגילה בציבור בבית הכנסת).

בשמחת תורה אומרים קדיש ושיר של יום וממשיכים בהקפות (בעמ׳ 547).

בחנוכה (מלבד בראש חודש) אומרים חצי קדיש (בעמ׳ 121) וממשיכים כבסדר התפילה לחול.

וביום העצמאות ויום ירושלים, לנוהגים לומר בהם הלל,
אומרים חצי קדיש וממשיכים בעמ׳ (634).

מוסף לראש חודש

עמידה

פוסע שלוש פסיעות אחורנית, ולאחר מכן (והוא עיקר הכוונה שבדבר) שלוש פסיעות לפנים, כמי שנכנס לפני המלך.

עומד ומתפלל בלחש מכאן ועד ׳וּכְשָׁנִים קַדְמֹנִיּוֹת׳ (בעמ׳ 524).

כורע בתחילתה ובסופה של ברכת אבות. אופן הכריעה כך הוא: כשאומר ׳בָּרוּךְ׳ כורע בברכיו, כשאומר ׳אַתָּה׳ שוחה וכשאומר ׳השם׳ חוזר ומזדקף.

דברים לב כִּי שֵׁם יהוה אֶקְרָא, הָבוּ גֹדֶל לֵאלֹהֵינוּ:

תהלים נא אֲדֹנָי, שְׂפָתַי תִּפְתָּח, וּפִי יַגִּיד תְּהִלָּתֶךָ:

אבות

בָּרוּךְ אַתָּה יהוה, אֱלֹהֵינוּ וֵאלֹהֵי אֲבוֹתֵינוּ
אֱלֹהֵי אַבְרָהָם, אֱלֹהֵי יִצְחָק, וֵאלֹהֵי יַעֲקֹב
הָאֵל הַגָּדוֹל הַגִּבּוֹר וְהַנּוֹרָא, אֵל עֶלְיוֹן
גּוֹמֵל חֲסָדִים טוֹבִים, קוֹנֵה הַכֹּל
וְזוֹכֵר חַסְדֵי אָבוֹת
וּמֵבִיא גוֹאֵל לִבְנֵי בְנֵיהֶם לְמַעַן שְׁמוֹ בְּאַהֲבָה.
מֶלֶךְ עוֹזֵר וּמוֹשִׁיעַ וּמָגֵן.
בָּרוּךְ אַתָּה יהוה, מָגֵן אַבְרָהָם.

תפילת מוסף של ראש חודש תפילת מוסף של ראש חודש נקבעה כנגד קורבן המוסף שהיה מוקרב בבית המקדש ביום זה. התפילה מורכבת משלושה חלקים: שלוש הברכות הראשונות ושלוש האחרונות - כרגיל, והברכה הרביעית היא המיוחדת לראש חודש. ברכה זו עוסקת בעיקרה בקורבנות היום: מחד גיסא, בזיכרון העבר - באופן הקרבת הקורבנות כשהיה המקדש בבניינו, ובמשמעות הפנימית שהייתה למעשה הקרבתם; ומאידך גיסא, בתפילה לעתיד - שנזכה לגאולה, לשיבת ישראל לארצו, לבניין בית המקדש ולחזרת סדר העבודה. קטע הסיום של הברכה הוא בתפילה על ימי החודש הבאים שיהיו טובים ומבורכים, ושהתחדשות הירח תהיה גם סימן לחידוש, לגאולה ולישועה לנו.

גבורות

אַתָּה גִּבּוֹר לְעוֹלָם, אֲדֹנָי
מְחַיֵּה מֵתִים אַתָּה, רַב לְהוֹשִׁיעַ

אומרים ׳מַשִּׁיב הָרוּחַ וּמוֹרִיד הַגֶּשֶׁם׳ בכל ימות החורף (מתפילת מוסף של שמיני עצרת עד לשחרית של יום ראשון של פסח) ו׳מוֹרִיד הַטָּל׳ בימות הקיץ (ממוסף של יום ראשון של פסח עד שחרית של שמיני עצרת).

מי שטעה ואמר ׳מַשִּׁיב הָרוּחַ׳ בימות הקיץ – חוזר לראש הברכה, ואם גמר את הברכה – חוזר לתחילת התפילה. וכן הדין בימות החורף במי שלא הזכיר כלל ׳מַשִּׁיב הָרוּחַ׳, אבל אם אמר בטעות במקום זה ׳מוֹרִיד הַטָּל׳, אינו צריך לחזור.

בחורף: **מַשִּׁיב הָרוּחַ וּמוֹרִיד הַגֶּשֶׁם** / בקיץ: **מוֹרִיד הַטָּל**

מְכַלְכֵּל חַיִּים בְּחֶסֶד, מְחַיֵּה מֵתִים בְּרַחֲמִים רַבִּים
סוֹמֵךְ נוֹפְלִים, וְרוֹפֵא חוֹלִים, וּמַתִּיר אֲסוּרִים
וּמְקַיֵּם אֱמוּנָתוֹ לִישֵׁנֵי עָפָר.
מִי כָמוֹךָ, בַּעַל גְּבוּרוֹת, וּמִי דּוֹמֶה לָּךְ
מֶלֶךְ, מֵמִית וּמְחַיֶּה וּמַצְמִיחַ יְשׁוּעָה.
וְנֶאֱמָן אַתָּה לְהַחֲיוֹת מֵתִים.
בָּרוּךְ אַתָּה יהוה, מְחַיֵּה הַמֵּתִים.

בתפילת לחש ממשיכים ׳אַתָּה קָדוֹשׁ׳ בעמוד הבא.

קדושה

בזמן אמירת הקדושה עומדים, ומשתדלים לעמוד כך ששתי הרגליים צמודות זו לזו כבתפילת העמידה. ונוהגים שבשעה שאומרים ׳קָדוֹשׁ, קָדוֹשׁ, קָדוֹשׁ׳ וכן כשאומרים את הפסוקים ׳בָּרוּךְ׳ ו׳יִמְלֹךְ׳ מתרוממים קצת כלפי מעלה על גבי בהונות הרגליים.

קהל ואחריו שליח הציבור:

כֶּתֶר יִתְּנוּ לְךָ, יהוה אֱלֹהֵינוּ, מַלְאָכִים הֲמוֹנֵי מַעְלָה
עִם עַמְּךָ יִשְׂרָאֵל קְבוּצֵי מַטָּה
יַחַד כֻּלָּם קְדֻשָּׁה לְךָ יְשַׁלֵּשׁוּ כַּדָּבָר הָאָמוּר עַל יַד נְבִיאֶךָ
וְקָרָא זֶה אֶל־זֶה וְאָמַר ישעיה ו

קהל ואחריו שליח הציבור:

קָדוֹשׁ, קָדוֹשׁ, קָדוֹשׁ, יהוה צְבָאוֹת, מְלֹא כָל־הָאָרֶץ כְּבוֹדוֹ:
לְעֻמָּתָם מְשַׁבְּחִים וְאוֹמְרִים

קהל ואחריו שליח הציבור:

בָּרוּךְ כְּבוֹד־יהוה מִמְּקוֹמוֹ: יחזקאל ג

וּבְדִבְרֵי קָדְשְׁךָ כָּתוּב לֵאמֹר

קהל ואחריו שליח הציבור:

יִמְלֹךְ יהוה לְעוֹלָם אֱלֹהַיִךְ צִיּוֹן לְדֹר וָדֹר, הַלְלוּיָהּ: תהלים קמו

שליח הציבור ממשיך 'אַתָּה קָדוֹשׁ'.

קדושת השם

אַתָּה קָדוֹשׁ וְשִׁמְךָ קָדוֹשׁ
וּקְדוֹשִׁים בְּכָל יוֹם יְהַלְלוּךָ סֶּלָה
כִּי אֵל מֶלֶךְ גָּדוֹל וְקָדוֹשׁ אָתָּה.
בָּרוּךְ אַתָּה יהוה, הָאֵל הַקָּדוֹשׁ.

קדושת היום

רָאשֵׁי חֳדָשִׁים לְעַמְּךָ נָתַתָּ, זְמַן כַּפָּרָה לְכָל תּוֹלְדוֹתָם
בִּהְיוֹתָם מַקְרִיבִים לְפָנֶיךָ זִבְחֵי רָצוֹן
וּשְׂעִירֵי חַטָּאת לְכַפֵּר בַּעֲדָם.
זִכָּרוֹן לְכֻלָּם יִהְיוּ, וּתְשׁוּעַת נַפְשָׁם מִיַּד שׂוֹנֵא.

ושעיר לכפר בתורה נאמר ששעיר העזים המוקרב בראש חודש הוא "חטאת לה'". חכמים הסבירו שפירושו של צירוף יחידאי זה הוא, על דרך הפשט, שקורבן חטאת של ראש חודש מכפר על עבירות שלא נודעו כלל לבני האדם, עבירות שרק ה' לבדו יודע שנעשו. ובדרך הדרוש הוסיפו שקורבן החטאת של ראש חודש בא לכפרה מיוחדת - לכפר על ה'. כביכול ה' מבקש שהקורבן, המובא בעת התחדשות הלבנה, יכפר עליו על שמיעט את אורה. בספרי הסוד מבואר שפגימת הלבנה מסמלת את חוסר השלמות של המציאות, ועניינה של הכפרה קשור בכך שפגם הלבנה הוא בעצם חלק מהותי ממבנה העולם, שהקדוש ברוך הוא ברא עולם שיש בו פגמים וחסרונות. בדומה לשעיר ראש חודש שנועד לכפר על ישראל ועל הקדוש ברוך הוא, כך הוא גם תפקידם של ישראל (שנמשלו ללבנה) בעולם: התפילות, המצוות ועבודתם של ישראל נועדו - חוץ מתיקון הפגמים האנושיים - לתקן ולהשלים את המציאות כולה.

מִזְבֵּחַ חָדָשׁ בְּצִיּוֹן תָּכִין
וְעוֹלַת רֹאשׁ חֹדֶשׁ נַעֲלֶה עָלָיו
וּשְׂעִירֵי עִזִּים נַעֲשֶׂה בְרָצוֹן
וּבַעֲבוֹדַת בֵּית הַמִּקְדָּשׁ נִשְׂמַח כֻּלָּנוּ
וּבְשִׁירֵי דָוִד עַבְדְּךָ הַנִּשְׁמָעִים בְּעִירֶךָ
הָאֲמוּרִים לִפְנֵי מִזְבְּחֶךָ.
אַהֲבַת עוֹלָם תָּבִיא לָהֶם
וּבְרִית אָבוֹת לַבָּנִים תִּזְכֹּר.

יְהִי רָצוֹן מִלְּפָנֶיךָ, יהוה אֱלֹהֵינוּ וֵאלֹהֵי אֲבוֹתֵינוּ
שֶׁתַּעֲלֵנוּ בְשִׂמְחָה לְאַרְצֵנוּ וְתִטָּעֵנוּ בִּגְבוּלֵנוּ
וְשָׁם נַעֲשֶׂה לְפָנֶיךָ אֶת קָרְבְּנוֹת חוֹבוֹתֵינוּ
תְּמִידִים כְּסִדְרָם וּמוּסָפִים כְּהִלְכָתָם.

וְאֶת מוּסַף יוֹם רֹאשׁ הַחֹדֶשׁ הַזֶּה
נַעֲשֶׂה וְנַקְרִיב לְפָנֶיךָ בְּאַהֲבָה כְּמִצְוַת רְצוֹנֶךָ
כְּמוֹ שֶׁכָּתַבְתָּ עָלֵינוּ בְּתוֹרָתֶךָ
עַל יְדֵי מֹשֶׁה עַבְדֶּךָ מִפִּי כְבוֹדֶךָ
כָּאָמוּר

וּבְרָאשֵׁי חָדְשֵׁיכֶם תַּקְרִיבוּ עֹלָה לַיהוה — במדבר כח
פָּרִים בְּנֵי־בָקָר שְׁנַיִם וְאַיִל אֶחָד
כְּבָשִׂים בְּנֵי־שָׁנָה שִׁבְעָה, תְּמִימִם:

וּמִנְחָתָם וְנִסְכֵּיהֶם כִּמְדֻבָּר
שְׁלֹשָׁה עֶשְׂרֹנִים לַפָּר, וּשְׁנֵי עֶשְׂרֹנִים לָאָיִל, וְעִשָּׂרוֹן לַכֶּבֶשׂ
וְיַיִן כְּנִסְכּוֹ, וְשָׂעִיר לְכַפֵּר
וּשְׁנֵי תְמִידִים כְּהִלְכָתָם.

אֱלֹהֵינוּ וֵאלֹהֵי אֲבוֹתֵינוּ
חַדֵּשׁ עָלֵינוּ אֶת הַחֹדֶשׁ הַזֶּה
לְטוֹבָה וְלִבְרָכָה, לְשָׂשׂוֹן וּלְשִׂמְחָה
לִישׁוּעָה וּלְנֶחָמָה, לְפַרְנָסָה וּלְכַלְכָּלָה
לְחַיִּים טוֹבִים וּלְשָׁלוֹם
לִמְחִילַת חֵטְא וְלִסְלִיחַת עָוֹן
(בשנה מעוברת מוסיפים. ויש הנוהגים רק עד אדר שני: **וּלְכַפָּרַת פָּשַׁע**)
וִיהִי הַחֹדֶשׁ הַזֶּה
סוֹף וָקֵץ לְכָל צָרוֹתֵינוּ
תְּחִלָּה וָרֹאשׁ לְפִדְיוֹן נַפְשֵׁנוּ
כִּי בְעַמְּךָ יִשְׂרָאֵל בָּחַרְתָּ מִכָּל הָאֻמּוֹת
וְחֻקֵּי רָאשֵׁי חֳדָשִׁים לָהֶם קָבָעְתָּ.
בָּרוּךְ אַתָּה יהוה, מְקַדֵּשׁ יִשְׂרָאֵל וְרָאשֵׁי חֳדָשִׁים.

עבודה
רְצֵה יהוה אֱלֹהֵינוּ בְּעַמְּךָ יִשְׂרָאֵל
וְלִתְפִלָּתָם שְׁעֵה
וְהָשֵׁב אֶת הָעֲבוֹדָה לִדְבִיר בֵּיתֶךָ
וְאִשֵּׁי יִשְׂרָאֵל וּתְפִלָּתָם, מְהֵרָה בְּאַהֲבָה תְקַבֵּל בְּרָצוֹן
וּתְהִי לְרָצוֹן תָּמִיד עֲבוֹדַת יִשְׂרָאֵל עַמֶּךָ.
וְתֶחֱזֶינָה עֵינֵינוּ בְּשׁוּבְךָ לְצִיּוֹן בְּרַחֲמִים.
בָּרוּךְ אַתָּה יהוה, הַמַּחֲזִיר שְׁכִינָתוֹ לְצִיּוֹן.

מקדש ישראל וראשי חדשים חתימת הברכה, "מקדש ישראל וראשי חודשים", מדגישה את בחירתם ואת ייחודם של ישראל המתבטאים בקדושת יום זה. שכן קדושת ראש החודש תלויה בבית דין של ישראל שיקדשו אותו - ולכן קדושת ישראל קודמת, מכיוון שהיא הקובעת את קדושת ראשי החודשים.

הודאה

משתחווים בברכת ההודאה בתחילה ובסוף. כשאומר 'מוֹדִים' כורע ושוחה כאחת, וכשאומר 'השם' זוקף. בסוף הברכה אופן הכריעה דומה לתחילת התפילה – כשאומר 'בָּרוּךְ' כורע, כשאומר 'אַתָּה' שוחה וכשאומר 'השם' חוזר ומזדקף.

מוֹדִים אֲנַחְנוּ לָךְ
שָׁאַתָּה הוּא יהוה אֱלֹהֵינוּ
וֵאלֹהֵי אֲבוֹתֵינוּ לְעוֹלָם וָעֶד.
צוּר חַיֵּינוּ, מָגֵן יִשְׁעֵנוּ
אַתָּה הוּא לְדוֹר וָדוֹר.
נוֹדֶה לְּךָ וּנְסַפֵּר תְּהִלָּתֶךָ
עַל חַיֵּינוּ הַמְּסוּרִים בְּיָדֶךָ
וְעַל נִשְׁמוֹתֵינוּ הַפְּקוּדוֹת לָךְ
וְעַל נִסֶּיךָ שֶׁבְּכָל יוֹם עִמָּנוּ
וְעַל נִפְלְאוֹתֶיךָ וְטוֹבוֹתֶיךָ
שֶׁבְּכָל עֵת, עֶרֶב וָבֹקֶר וְצָהֳרָיִם.
הַטּוֹב, כִּי לֹא כָלוּ רַחֲמֶיךָ
וְהַמְרַחֵם, כִּי לֹא תַמּוּ חֲסָדֶיךָ
כִּי מֵעוֹלָם קִוִּינוּ לָךְ.

כששליח הציבור אומר 'מוֹדִים' הקהל אומר בלחש:

מוֹדִים אֲנַחְנוּ לָךְ
שָׁאַתָּה הוּא יהוה אֱלֹהֵינוּ
וֵאלֹהֵי אֲבוֹתֵינוּ
אֱלֹהֵי כָל בָּשָׂר
יוֹצְרֵנוּ, יוֹצֵר בְּרֵאשִׁית.
בְּרָכוֹת וְהוֹדָאוֹת
לְשִׁמְךָ הַגָּדוֹל וְהַקָּדוֹשׁ
עַל שֶׁהֶחֱיִיתָנוּ וְקִיַּמְתָּנוּ.
כֵּן תְּחַיֵּנוּ וּתְקַיְּמֵנוּ
וְתֶאֱסֹף גָּלֻיּוֹתֵינוּ
לְחַצְרוֹת קָדְשֶׁךָ
לִשְׁמֹר חֻקֶּיךָ וְלַעֲשׂוֹת רְצוֹנֶךָ
וּלְעָבְדְּךָ בְּלֵבָב שָׁלֵם
עַל שֶׁאֲנוּ מוֹדִים לָךְ.
בָּרוּךְ אֵל הַהוֹדָאוֹת.

בחנוכה אומרים כאן 'עַל הַנִּסִּים'. ואם שכח אינו חוזר.

וְעַל הַנִּסִּים וְעַל הַפֻּרְקָן וְעַל הַגְּבוּרוֹת וְעַל הַתְּשׁוּעוֹת וְעַל הַנִּפְלָאוֹת וְעַל הַנֶּחָמוֹת וְעַל הַמִּלְחָמוֹת שֶׁעָשִׂיתָ לַאֲבוֹתֵינוּ בַּיָּמִים הָהֵם בַּזְּמַן הַזֶּה.

בִּימֵי מַתִּתְיָהוּ בֶּן יוֹחָנָן כֹּהֵן גָּדוֹל חַשְׁמוֹנַאי וּבָנָיו, כְּשֶׁעָמְדָה מַלְכוּת יָוָן הָרְשָׁעָה עַל עַמְּךָ יִשְׂרָאֵל לְהַשְׁכִּיחָם תּוֹרָתֶךָ וּלְהַעֲבִירָם מֵחֻקֵּי רְצוֹנֶךָ, וְאַתָּה בְּרַחֲמֶיךָ הָרַבִּים עָמַדְתָּ לָהֶם בְּעֵת צָרָתָם, רַבְתָּ אֶת רִיבָם, דַּנְתָּ אֶת דִּינָם, נָקַמְתָּ אֶת נִקְמָתָם, מָסַרְתָּ גִבּוֹרִים בְּיַד חַלָּשִׁים, וְרַבִּים בְּיַד מְעַטִּים, וּטְמֵאִים בְּיַד טְהוֹרִים, וּרְשָׁעִים בְּיַד צַדִּיקִים, וְזֵדִים בְּיַד עוֹסְקֵי תוֹרָתֶךָ. וּלְךָ עָשִׂיתָ שֵׁם גָּדוֹל וְקָדוֹשׁ בְּעוֹלָמֶךָ, וּלְעַמְּךָ יִשְׂרָאֵל עָשִׂיתָ תְּשׁוּעָה גְדוֹלָה וּפֻרְקָן כְּהַיּוֹם הַזֶּה. וְאַחַר כָּךְ בָּאוּ בָנֶיךָ לִדְבִיר בֵּיתֶךָ, וּפִנּוּ אֶת הֵיכָלֶךָ, וְטִהֲרוּ אֶת מִקְדָּשֶׁךָ, וְהִדְלִיקוּ נֵרוֹת בְּחַצְרוֹת קָדְשֶׁךָ, וְקָבְעוּ שְׁמוֹנַת יְמֵי חֲנֻכָּה אֵלּוּ, לְהוֹדוֹת וּלְהַלֵּל לְשִׁמְךָ הַגָּדוֹל.

וממשיכים 'וְעַל כֻּלָּם'.

וְעַל כֻּלָּם יִתְבָּרַךְ וְיִתְרוֹמֵם וְיִתְנַשֵּׂא שִׁמְךָ מַלְכֵּנוּ
תָּמִיד לְעוֹלָם וָעֶד.
וְכֹל הַחַיִּים יוֹדוּךָ סֶּלָה
וִיהַלְלוּ וִיבָרְכוּ אֶת שִׁמְךָ הַגָּדוֹל בֶּאֱמֶת לְעוֹלָם כִּי טוֹב
הָאֵל יְשׁוּעָתֵנוּ וְעֶזְרָתֵנוּ סֶלָה, הָאֵל הַטּוֹב.
בָּרוּךְ אַתָּה יהוה, הַטּוֹב שִׁמְךָ וּלְךָ נָאֶה לְהוֹדוֹת.

קודם ברכת כוהנים, הקהל והכוהנים אומרים בלחש דברי הקדמה אלה:

יְהִי רָצוֹן מִלְּפָנֶיךָ יהוה אֱלֹהֵינוּ וֵאלֹהֵי אֲבוֹתֵינוּ, **שֶׁתְּהֵא הַבְּרָכָה הַזֹּאת** /לכוהנים: **שֶׁצִּוִּיתָנוּ**/ /לקהל: **שֶׁצִּוִּיתָ**/ לְבָרֵךְ אֶת עַמְּךָ יִשְׂרָאֵל, בְּרָכָה שְׁלֵמָה, וְלֹא יִהְיֶה בָּהּ שׁוּם מִכְשׁוֹל וְעָוֹן, מֵעַתָּה וְעַד־עוֹלָם.

שליח הציבור: אֱלֹהֵינוּ וֵאלֹהֵי אֲבוֹתֵינוּ, בָּרְכֵנוּ בַבְּרָכָה הַמְשֻׁלֶּשֶׁת בַּתּוֹרָה הַכְּתוּבָה עַל יְדֵי מֹשֶׁה עַבְדֶּךָ, הָאֲמוּרָה מִפִּי אַהֲרֹן וּבָנָיו,

שליח הציבור (או אחד מן הציבור) מכריז: **כֹּהֲנִים** הקהל עונה: **עַם קְדוֹשֶׁךָ, כָּאָמוּר:**

כאשר עולה לדוכן כוהן אחד בלבד אין אומרים נוסח זה, אלא מיד מתחיל הכוהן בברכה.

הכוהנים מברכים: **בָּרוּךְ אַתָּה יהוה אֱלֹהֵינוּ מֶלֶךְ הָעוֹלָם, אֲשֶׁר קִדְּשָׁנוּ בִּקְדֻשָּׁתוֹ שֶׁל אַהֲרֹן, וְצִוָּנוּ לְבָרֵךְ אֶת עַמּוֹ יִשְׂרָאֵל בְּאַהֲבָה.**

שליח הציבור מקריא מילה במילה והכוהנים חוזרים אחריו:

במדבר ו **יְבָרֶכְךָ יהוה וְיִשְׁמְרֶךָ:** קהל: אָמֵן
יָאֵר יהוה פָּנָיו אֵלֶיךָ וִיחֻנֶּךָּ: קהל: אָמֵן
יִשָּׂא יהוה פָּנָיו אֵלֶיךָ וְיָשֵׂם לְךָ שָׁלוֹם: קהל: אָמֵן

מי שחלם חלום רע ואינו יודע מה פשרו אומר בשעת ברכת כוהנים נוסח של 'הטבת חלום' (עמ' 709).

לאחר הברכה אומר הקהל בלחש:

אַדִּיר בַּמָּרוֹם שׁוֹכֵן בִּגְבוּרָה,
אַתָּה שָׁלוֹם וְשִׁמְךָ שָׁלוֹם. יְהִי
רָצוֹן שֶׁתָּשִׂים עָלֵינוּ וְעַל כָּל
עַמְּךָ בֵּית יִשְׂרָאֵל חַיִּים וּבְרָכָה
לְמִשְׁמֶרֶת שָׁלוֹם.

הכוהנים אומרים בלחש:

דברים כו
רִבּוֹנוֹ שֶׁל עוֹלָם, עָשִׂינוּ מַה שֶּׁגָּזַרְתָּ עָלֵינוּ, אַף אַתָּה עֲשֵׂה עִמָּנוּ כְּמוֹ שֶׁהִבְטַחְתָּנוּ. הַשְׁקִיפָה מִמְּעוֹן קָדְשְׁךָ מִן־הַשָּׁמַיִם, וּבָרֵךְ אֶת־עַמְּךָ אֶת־יִשְׂרָאֵל, וְאֵת הָאֲדָמָה אֲשֶׁר נָתַתָּה לָנוּ, כַּאֲשֶׁר נִשְׁבַּעְתָּ לַאֲבֹתֵינוּ, אֶרֶץ זָבַת חָלָב וּדְבָשׁ:

במקום שאין כוהנים העולים לדוכן, שליח הציבור אומר: **אֱלֹהֵינוּ וֵאלֹהֵי אֲבוֹתֵינוּ, בָּרְכֵנוּ בַּבְּרָכָה הַמְשֻׁלֶּשֶׁת בַּתּוֹרָה הַכְּתוּבָה עַל יְדֵי מֹשֶׁה עַבְדֶּךָ, הָאֲמוּרָה מִפִּי אַהֲרֹן וּבָנָיו, כֹּהֲנִים, עַם קְדוֹשֶׁךָ, כָּאָמוּר: יְבָרֶכְךָ יהוה וְיִשְׁמְרֶךָ: יָאֵר יהוה פָּנָיו אֵלֶיךָ וִיחֻנֶּךָּ: יִשָּׂא יהוה פָּנָיו אֵלֶיךָ וְיָשֵׂם לְךָ שָׁלוֹם:**

שלום

שִׂים שָׁלוֹם טוֹבָה וּבְרָכָה
חַיִּים חֵן וָחֶסֶד וְרַחֲמִים עָלֵינוּ
וְעַל כָּל יִשְׂרָאֵל עַמֶּךָ.
בָּרְכֵנוּ אָבִינוּ כֻּלָּנוּ כְּאֶחָד בְּאוֹר פָּנֶיךָ
כִּי בְאוֹר פָּנֶיךָ נָתַתָּ לָּנוּ יהוה אֱלֹהֵינוּ
תּוֹרַת חַיִּים וְאַהֲבַת חֶסֶד
וּצְדָקָה וּבְרָכָה וְרַחֲמִים וְחַיִּים וְשָׁלוֹם.
וְטוֹב יִהְיֶה בְּעֵינֶיךָ לְבָרְכֵנוּ
וּלְבָרֵךְ אֶת כָּל עַמְּךָ יִשְׂרָאֵל
בְּכָל עֵת וּבְכָל שָׁעָה בִּשְׁלוֹמֶךָ.
בָּרוּךְ אַתָּה יהוה
הַמְבָרֵךְ אֶת עַמּוֹ יִשְׂרָאֵל בַּשָּׁלוֹם.

יִהְיוּ לְרָצוֹן אִמְרֵי פִי וְהֶגְיוֹן לִבִּי לְפָנֶיךָ תהלים יט
יהוה צוּרִי וְגֹאֲלִי:

אֱלֹהַי ברכות יז.
נְצֹר לְשׁוֹנִי מֵרָע וּשְׂפָתַי מִדַּבֵּר מִרְמָה
וְלִמְקַלְלַי נַפְשִׁי תִדֹּם
וְנַפְשִׁי כֶּעָפָר לַכֹּל תִּהְיֶה.
פְּתַח לִבִּי בְּתוֹרָתֶךָ
וְאַחֲרֵי מִצְוֹתֶיךָ תִּרְדֹּף נַפְשִׁי.
וְכָל הַקָּמִים וְהַחוֹשְׁבִים עָלַי רָעָה
מְהֵרָה הָפֵר עֲצָתָם וְקַלְקֵל מַחֲשַׁבְתָּם.

יש המוסיפים:

יִהְיוּ כְּמֹץ לִפְנֵי רוּחַ וּמַלְאַךְ יהוה דּוֹחֶה.

יש המוסיפים:

יְהִי רָצוֹן מִלְּפָנֶיךָ
יהוה אֱלֹהַי וֵאלֹהֵי אֲבוֹתַי
שֶׁלֹּא תַעֲלֶה קִנְאַת אָדָם עָלַי, וְלֹא קִנְאָתִי עַל אֲחֵרִים
וְשֶׁלֹּא אֶכְעֹס הַיּוֹם, וְשֶׁלֹּא אַכְעִיסֶךָ
וְתַצִּילֵנִי מִיֵּצֶר הָרָע, וְתֵן בְּלִבִּי הַכְנָעָה וַעֲנָוָה.
מַלְכֵּנוּ וֵאלֹהֵינוּ, יַחֵד שִׁמְךָ בְּעוֹלָמֶךָ
בְּנֵה עִירָךְ, יַסֵּד בֵּיתְךָ וְשַׁכְלֵל הֵיכָלָךְ
וְקַבֵּץ קִבּוּץ גָּלֻיּוֹת, וּפְדֵה צֹאנְךָ וְשַׂמַּח עֲדָתֶךָ.

עֲשֵׂה לְמַעַן שְׁמֶךָ, עֲשֵׂה לְמַעַן יְמִינֶךָ
עֲשֵׂה לְמַעַן תּוֹרָתֶךָ, עֲשֵׂה לְמַעַן קְדֻשָּׁתֶךָ.
תהלים ס לְמַעַן יֵחָלְצוּן יְדִידֶיךָ, הוֹשִׁיעָה יְמִינְךָ וַעֲנֵנִי:

יש נוהגים לומר כאן פסוק הרומז לשמו של המתפלל
הפותח ומסיים באותיות שבהן נפתח ומסתיים שמו.

תהלים יט יִהְיוּ לְרָצוֹן אִמְרֵי פִי וְהֶגְיוֹן לִבִּי לְפָנֶיךָ, יהוה צוּרִי וְגֹאֲלִי:

כורע וחוזר שלוש פסיעות לאחוריו כמי שנפטר מלפני המלך, ופסיעה ראשונה יפסע ברגל שמאל. כורע מעט לצד שמאלו ואומר: 'עֹשֶׂה שָׁלוֹם בִּמְרוֹמָיו'; וכורע קצת לימינו ואומר: 'הוּא יַעֲשֶׂה שָׁלוֹם עָלֵינוּ'; וכורע לפניו כריעה גדולה יותר ומסיים: 'וְעַל כָּל יִשְׂרָאֵל וְאִמְרוּ אָמֵן'.

עֹשֶׂה שָׁלוֹם בִּמְרוֹמָיו
הוּא יַעֲשֶׂה שָׁלוֹם, עָלֵינוּ וְעַל כָּל יִשְׂרָאֵל, וְאִמְרוּ אָמֵן.

יְהִי רָצוֹן מִלְּפָנֶיךָ יהוה אֱלֹהֵינוּ וֵאלֹהֵי אֲבוֹתֵינוּ
שֶׁיִּבָּנֶה בֵּית הַמִּקְדָּשׁ בִּמְהֵרָה בְיָמֵינוּ, וְתֵן חֶלְקֵנוּ בְּתוֹרָתֶךָ
וְשָׁם נַעֲבָדְךָ בְּיִרְאָה כִּימֵי עוֹלָם וּכְשָׁנִים קַדְמוֹנִיּוֹת.
מלאכי ג וְעָרְבָה לַיהוה מִנְחַת יְהוּדָה וִירוּשָׁלָםִ כִּימֵי עוֹלָם וּכְשָׁנִים קַדְמֹנִיּוֹת:

שליח הציבור חוזר על התפילה בקול רם.

אחרי חזרת הש״ץ אומרים קדיש שלם (עמ׳ 133)
וממשיכים 'קַוֵּה אֶל ה״ עד סוף תפילת שחרית לחול.

ביעור חמץ

אור לארבעה עשר בניסן, מייד בבוא הלילה (ואפשר גם
אחר כך אם אין מספיקים), בודקים את החמץ.

רבים נוהגים לומר תחילה:

הִנְנִי מוּכָן וּמְזֻמָּן לְקַיֵּם מִצְוַת עֲשֵׂה וְלֹא תַעֲשֶׂה שֶׁל בְּדִיקַת חָמֵץ, לְשֵׁם יִחוּד קֻדְשָׁא בְּרִיךְ הוּא וּשְׁכִינְתֵּיהּ עַל יְדֵי הַהוּא טָמִיר וְנֶעְלָם בְּשֵׁם כָּל יִשְׂרָאֵל.

בָּרוּךְ אַתָּה יהוה אֱלֹהֵינוּ מֶלֶךְ הָעוֹלָם
אֲשֶׁר קִדְּשָׁנוּ בְּמִצְוֹתָיו וְצִוָּנוּ עַל בִּעוּר חָמֵץ.

לאחר הבדיקה אומרים נוסח של הפקר החמץ וביטולו. האיסור, כאמור בתורה, הוא על חמץ השייך לאדם מישראל, ולכן מפקירים ומפקיעים את הבעלות עליו לפני החג. נוסח הפקר וביטול זה הוא רק לחמץ הבלתי־ידוע, שלא ראינו ושאיננו יודעים היכן הוא כעת, שכן באותו לילה, ואף במשך זמן מסוים למחרת, עדיין מותר החמץ באכילה והוא מצוי ברוב הבתים.

כָּל חֲמִירָא וַחֲמִיעָא דְּאִכָּא בִרְשׁוּתִי
דְּלָא חֲמִתֵּהּ וּדְלָא חֲזִיתֵיהּ וּדְלָא בִעַרְתֵּהּ וּדְלָא יְדַעְנָא בֵיהּ
לִבְטִיל וְלֶהֱוֵי הֶפְקֵר כְּעַפְרָא דְאַרְעָא.

תרגום: כל שאור וחמץ שיש ברשותי,
שלא ראיתיו ושלא חזיתיו ושלא ביערתיו ושאיני יודע בו
שיתבטל ויהיה הפקר כעפר הארץ.

יש הנוהגים להוסיף:

יְהִי רָצוֹן מִלְּפָנֶיךָ יהוה אֱלֹהֵינוּ וֵאלֹהֵי אֲבוֹתֵינוּ שֶׁתְּזַכֵּנוּ לָתוּר וּלְחַפֵּשׂ בְּנִגְעֵי בָתֵּי הַנֶּפֶשׁ אֲשֶׁר נוֹאַלְנוּ בַּעֲצַת יִצְרֵנוּ הָרָע, וּתְזַכֵּנוּ לָשׁוּב בִּתְשׁוּבָה שְׁלֵמָה לְפָנֶיךָ. וְאַתָּה בְּטוּבְךָ הַגָּדוֹל תְּרַחֵם עָלֵינוּ, עָזְרֵנוּ אֱלֹהֵי יִשְׁעֵנוּ עַל דְּבַר כְּבוֹד שְׁמֶךָ, וְתַצִּילֵנוּ מֵאִסּוּר חָמֵץ אֲפִלּוּ בְּכָל שֶׁהוּא, בְּשָׁנָה זוּ וּבְכָל שָׁנָה וְשָׁנָה כָּל יְמֵי חַיֵּינוּ, אָמֵן כֵּן יְהִי רָצוֹן.

בדיקת חמץ נצטווינו בתורה: "שִׁבְעַת יָמִים שְׂאֹר לֹא יִמָּצֵא בְּבָתֵּיכֶם" וכן "מַצּוֹת יֵאָכֵל אֵת שִׁבְעַת הַיָּמִים, וְלֹא יֵרָאֶה לְךָ חָמֵץ וְלֹא יֵרָאֶה לְךָ שְׂאֹר בְּכָל גְּבֻלֶךָ"; כדי לקיים מצוות אלה של "לא ייראה ולא יימצא" יש לבער את החמץ מן הבית. לפני הביעור תיקנו חכמים לבדוק בכל הבית, במקומות רבים שעלול להימצא בהם החמץ. בהלכה נקבע כי את הבדיקה יש לערוך בנר, שכן על ידיו אפשר להציץ גם בחורים ובסדקים. בתלמוד דנו בנושא הבדיקה בנר על סמך הכתוב במשלי:

ביום י״ד בניסן (ערב פסח) בבוקר, קודם השעה שמודיעים עליה שהיא שעת ביעור חמץ באותה שנה, מבער אדם את חמצו בשרפה, הן את פירורי החמץ שמאמש הן כל חמץ אחר שנשאר בביתו ולא נמכר במכירת חמץ.

ויש מקדימים ואומרים:

הִנְנִי מוּכָן וּמְזֻמָּן לְקַיֵּם מִצְוַת עֲשֵׂה וְלֹא תַעֲשֶׂה שֶׁל שְׂרֵפַת חָמֵץ, לְשֵׁם יִחוּד קֻדְשָׁא בְּרִיךְ הוּא וּשְׁכִינְתֵּיהּ עַל יְדֵי הַהוּא טָמִיר וְנֶעְלָם בְּשֵׁם כָּל יִשְׂרָאֵל.

לאחר ביעור החמץ (וקודם שיעבור סוף זמן ביעורו), שבים ומבטלים כל חמץ שהוא, ידוע ושאינו ידוע, ואומרים:

כָּל חֲמִירָא וַחֲמִיעָא דְּאִכָּא בִרְשׁוּתִי
דַּחֲזִיתֵיהּ וּדְלָא חֲזִיתֵיהּ דַּחֲמִתֵּהּ וּדְלָא חֲמִתֵּהּ
דְּבִעַרְתֵּהּ וּדְלָא בִעַרְתֵּהּ
לִבְטִיל וְלֶהֱוֵי הֶפְקֵר כְּעַפְרָא דְאַרְעָא.

מי שאינו מבין כלל את הנוסח הארמי, יאמר בלשון שמבין.

תרגום: כל שאור וחמץ שיש ברשותי
שראיתיו ושלא ראיתיו, שחזיתי אותו ושלא חזיתי אותו
שביערתיו ושלא ביערתיו
שיתבטל ויהיה הפקר כעפר הארץ.

יש הנוהגים לומר בשעה שהחמץ נשרף:

יְהִי רָצוֹן מִלְּפָנֶיךָ ה׳ אֱלֹהֵינוּ וֵאלֹהֵי אֲבוֹתֵינוּ, כְּשֵׁם שֶׁאֲנִי מְבַעֵר חָמֵץ מִבֵּיתִי וּמֵרְשׁוּתִי כָּךְ תְּבַעֵר אֶת כָּל הַחִיצוֹנִים, וְאֶת רוּחַ הַטֻּמְאָה תְּבַעֵר מִן הָאָרֶץ, וְאֶת יִצְרֵנוּ הָרַע תְּבַעֵר מֵאִתָּנוּ, וְתִתֵּן לָנוּ לֵב בָּשָׂר, וְכָל הַסִּטְרָא אַחֲרָא וְכָל הָרִשְׁעָה כְּעָשָׁן תִּכְלֶה, וְתַעֲבִיר מֶמְשֶׁלֶת זָדוֹן מִן הָאָרֶץ, וְכָל הַמְעִיקִים לַשְּׁכִינָה תְּבַעֲרֵם בְּרוּחַ בָּעֵר וּבְרוּחַ מִשְׁפָּט כְּשֵׁם שֶׁבִּעַרְתָּ אֶת מִצְרַיִם וְאֶת אֱלֹהֵיהֶם בַּיָּמִים הָהֵם בַּזְּמַן הַזֶּה.

״נֵר ה׳ נִשְׁמַת אָדָם חֹפֵשׂ כָּל חַדְרֵי בָטֶן״; מכאן מגיע גם הקשר הסמלי בין חיפוש וביעור החמץ ובין טוהרת הנפש. כדי להימנע מחשש של ברכה לבטלה נהוג לפזר קודם לבדיקה פירורי חמץ אחדים, כדי שבכל מקרה אפשר יהיה לקיים את מצוות הבדיקה והביעור בפועל. על פי הקבלה נהוג להניח עשרה פירורים, והטעם לכך הוא שכנגד עשר הספירות שבקדושה יש גם ״עשר כתרין דמסאבותא״ (עשרה כתרים של טומאה), הנרמזים בעשרה פירורי החמץ שמוצאים בבדיקה ומבערים.

יהי רצון בקהילות רבות נהגו לומר בשעת בעירת החמץ תפילה זו המיוסדת בתוכנה על הקבלה. החמץ, שהוא סמל של הרע, מתבער מן העולם, ואנו מבקשים שביעור החמץ יסמל את ביעורם של כוחות הרע, של רוח הטומאה

עירוב תבשילין

אם חל יום טוב בערב שבת, אסור לבשל ביום טוב לצורך
שבת, אלא אם כן הניחו 'עירובי תבשילין'.

המערב לוקח בערב יום טוב פת ותבשיל שהוא מייעד לאכילה בשבת ומברך:

בָּרוּךְ אַתָּה יהוה אֱלֹהֵינוּ מֶלֶךְ הָעוֹלָם
אֲשֶׁר קִדְּשָׁנוּ בְּמִצְוֹתָיו וְצִוָּנוּ עַל מִצְוַת עֵרוּב.

בְּדֵין עֵרוּבָא יְהֵא שְׁרֵא לָנָא
לְמֵיפָא וּלְבַשָּׁלָא וּלְאַטְמָנָא וּלְאַדְלָקָא שְׁרָגָא
וּלְמֶעְבַּד כָּל צָרְכָּנָא מִיּוֹמָא טָבָא לְשַׁבְּתָא
לָנוּ וּלְכָל יִשְׂרָאֵל הַדָּרִים בָּעִיר הַזֹּאת.

תרגום: בעירוב זה יהא מותר לנו
לאפות ולבשל ולהטמין ולהדליק נר
ולעשות כל צורכנו מיום טוב לשבת
לנו ולכל ישראל הדרים בעיר הזאת.

(ומי שאינו מבין את הנוסח הארמי אומרו בכל שפה שהוא מבין).

את המאכלים המשמשים לצורך העירוב יש להניח לפחות עד תחילת יום השבת.
ומנהג יפה להשתמש בהם לאחת מסעודות השבת, כדי לעשות בהם מצווה נוספת.

עירוב תחומין בעמ' 259. הדלקת נרות בעמ' 260.

וכן של יצר הרע המכונה כבר בדברי חכמים "שאור שבעיסה". אף שהרשעה נראית עתה ממשית ותקיפה ביותר, אין בה ממשות כשלעצמה, וכאשר יגיע זמן כיליונה - תתבטל כעשן המתפזר והולך ואינו קיים עוד.

החמץ והרע הדימוי של החמץ כסמל הרע הוא מצוי ועתיק. יש שהסבירו אותו בזה שהחמץ עולה ותופח, והוא סמל של גאווה שהיא יסוד היסודות של כוחות הרע. כמו כן, החמץ - השאור - גורם לעיסה אחרת שתחמיץ אף היא - כמו הרע המשפיע ומקלקל את כל כוחות נפשו של אדם ושל בני חברתו.

קידוש לליל שלוש רגלים

כשיום טוב חל בשבת יש מתחילים כאן באמירת 'שָׁלוֹם עֲלֵיכֶם' והתפילות שאחריו (עמ' 306). ויש שאומרים רק חלקים מתפילות אלו או שאין אומרים אותן כלל. נוהגים לעמוד בשעת הקידוש.

יש אומרים: אַתְקִינוּ סְעוּדְתָא דְמַלְכָּא עִלָּאָה
דָּא הִיא סְעוּדְתָא דְקֻדְשָׁא בְּרִיךְ הוּא וּשְׁכִינְתֵּיהּ.

כשיום טוב חל בשבת מוסיפים:

בראשית א בלחש: וַיְהִי־עֶרֶב וַיְהִי־בֹקֶר
יוֹם הַשִּׁשִּׁי:

בראשית ב וַיְכֻלּוּ הַשָּׁמַיִם וְהָאָרֶץ וְכָל־צְבָאָם:
וַיְכַל אֱלֹהִים בַּיּוֹם הַשְּׁבִיעִי מְלַאכְתּוֹ אֲשֶׁר עָשָׂה
וַיִּשְׁבֹּת בַּיּוֹם הַשְּׁבִיעִי מִכָּל־מְלַאכְתּוֹ אֲשֶׁר עָשָׂה:
וַיְבָרֶךְ אֱלֹהִים אֶת־יוֹם הַשְּׁבִיעִי, וַיְקַדֵּשׁ אֹתוֹ
כִּי בוֹ שָׁבַת מִכָּל־מְלַאכְתּוֹ, אֲשֶׁר־בָּרָא אֱלֹהִים, לַעֲשׂוֹת:

המקדש לאחרים מוסיף: סַבְרִי מָרָנָן

בָּרוּךְ אַתָּה יהוה אֱלֹהֵינוּ מֶלֶךְ הָעוֹלָם, בּוֹרֵא פְּרִי הַגָּפֶן.

כשיום טוב חל בשבת, מוסיפים את המילים שבסוגריים.

בָּרוּךְ אַתָּה יהוה אֱלֹהֵינוּ מֶלֶךְ הָעוֹלָם
אֲשֶׁר בָּחַר בָּנוּ מִכָּל עָם
וְרוֹמְמָנוּ מִכָּל לָשׁוֹן, וְקִדְּשָׁנוּ בְּמִצְוֹתָיו
וַתִּתֶּן לָנוּ יהוה אֱלֹהֵינוּ בְּאַהֲבָה
(שַׁבָּתוֹת לִמְנוּחָה וּ) מוֹעֲדִים לְשִׂמְחָה
חַגִּים וּזְמַנִּים לְשָׂשׂוֹן, אֶת יוֹם (הַשַּׁבָּת הַזֶּה וְאֶת יוֹם)

קידוש לליל יום טוב הקידוש הוא החלק החשוב בהכנסת החג בבית. ככלל, מצרפים לברכה דבר ממשי כדי שהיא לא תהיה עניין מופשט כמו כניסת החג. לכן מקדימים לקידוש את ברכת היין, המעניקה לברכה, על ידי השימוש ביין "הַמְשַׂמֵּחַ אֱלֹהִים וַאֲנָשִׁים", משמעות חגיגית וטקסית.

בפסח: חַג הַמַּצּוֹת הַזֶּה, זְמַן חֵרוּתֵנוּ

בשבועות: חַג הַשָּׁבוּעוֹת הַזֶּה, זְמַן מַתַּן תּוֹרָתֵנוּ

בסוכות: חַג הַסֻּכּוֹת הַזֶּה, זְמַן שִׂמְחָתֵנוּ

בשמיני עצרת: שְׁמִינִי עֲצֶרֶת הַחַג הַזֶּה, זְמַן שִׂמְחָתֵנוּ

(בְּאַהֲבָה) מִקְרָא קֹדֶשׁ, זֵכֶר לִיצִיאַת מִצְרָיִם
כִּי בָנוּ בָחַרְתָּ וְאוֹתָנוּ קִדַּשְׁתָּ מִכָּל הָעַמִּים (וְשַׁבָּת)
וּמוֹעֲדֵי קָדְשֶׁךָ (בְּאַהֲבָה וּבְרָצוֹן) בְּשִׂמְחָה וּבְשָׂשׂוֹן הִנְחַלְתָּנוּ.
בָּרוּךְ אַתָּה יהוה, מְקַדֵּשׁ (הַשַּׁבָּת וְ) יִשְׂרָאֵל וְהַזְּמַנִּים.

כשיום טוב חל במוצאי שבת מוסיפים:

בָּרוּךְ אַתָּה יהוה אֱלֹהֵינוּ מֶלֶךְ הָעוֹלָם, בּוֹרֵא מְאוֹרֵי הָאֵשׁ.
בָּרוּךְ אַתָּה יהוה אֱלֹהֵינוּ מֶלֶךְ הָעוֹלָם
הַמַּבְדִּיל בֵּין קֹדֶשׁ לְחֹל, בֵּין אוֹר לְחֹשֶׁךְ, בֵּין יִשְׂרָאֵל לָעַמִּים
בֵּין יוֹם הַשְּׁבִיעִי לְשֵׁשֶׁת יְמֵי הַמַּעֲשֶׂה.
בֵּין קְדֻשַּׁת שַׁבָּת לִקְדֻשַּׁת יוֹם טוֹב הִבְדַּלְתָּ
וְאֶת יוֹם הַשְּׁבִיעִי מִשֵּׁשֶׁת יְמֵי הַמַּעֲשֶׂה קִדַּשְׁתָּ
הִבְדַּלְתָּ וְקִדַּשְׁתָּ אֶת עַמְּךָ יִשְׂרָאֵל בִּקְדֻשָּׁתֶךָ.
בָּרוּךְ אַתָּה יהוה, הַמַּבְדִּיל בֵּין קֹדֶשׁ לְקֹדֶשׁ.

בסוכות מוסיפים:

בָּרוּךְ אַתָּה יהוה אֱלֹהֵינוּ מֶלֶךְ הָעוֹלָם
אֲשֶׁר קִדְּשָׁנוּ בְּמִצְוֹתָיו וְצִוָּנוּ לֵישֵׁב בַּסֻּכָּה.

בשביעי של פסח (ובחוץ לארץ גם באחרון של פסח) אין אומרים ׳שֶׁהֶחֱיָנוּ׳.

בָּרוּךְ אַתָּה יהוה אֱלֹהֵינוּ מֶלֶךְ הָעוֹלָם
שֶׁהֶחֱיָנוּ וְקִיְּמָנוּ וְהִגִּיעָנוּ לַזְּמַן הַזֶּה.

אשר בחר בנו מכל עם ברכת הקידוש של החג מדגישה את בחירת ישראל משום שהחגים, שלא כשבת, אינם קבועים מראשית הבריאה, אלא ימי מועד

וזיכרון השייכים לעם ישראל בלבד. בחירה זו אינה עומדת בפני עצמה כמתן מעמד מיוחד, אלא היא צמודה להגדרת החובה ולמחויבות להיות בכל עת עם קדוש.

קידוש למוצאי שבת נוסח הקידוש מורכב מכיוון שאנו עושים בו שני דברים כאחד: מקדשים את יום החג הנכנס ונפרדים מן השבת היוצאת, ויש בכך מיזוג של קידוש והבדלה גם יחד. שלא כהבדלה רגילה המבדילה בין קדושת השבת לימות החול, מצויה כאן הבדלה בין שתי קדושות - שבת ויום טוב. על כן מדגישים בנוסח זה את ההבדל בין הקדושה החמורה והחשובה יותר של השבת לבין זו של החג ועם זאת, כיוון שיש כאן קידוש של החג, מוסיפים ומזכירים את קדושתו.

שהחיינו ברכת הודאה לה׳ שנתן לנו חיים עד היום הזה וזיכנו להגיע אליו. ברכת "שהחיינו" מברכים בכל עת שמזדמנת לאדם שמחה - בין מאורע משמח ובין דבר חדש ששמחים בו. כשם שמברכים ברכה זו על דבר בלתי צפוי, כן מברכים אותה על מאורע משמח הבא רק מזמן לזמן, ומשום כך מברכים ברכה זו בסיומו של הקידוש בכל שמחת חג.

כניסה לסוכה חג הסוכות אינו זיכרון למאורע מיוחד אחד, אלא הוא זיכרון של תקופה: "לְמַעַן יֵדְעוּ דֹרֹתֵיכֶם כִּי בַסֻּכּוֹת הוֹשַׁבְתִּי אֶת בְּנֵי יִשְׂרָאֵל בְּהוֹצִיאִי אוֹתָם מֵאֶרֶץ מִצְרָיִם". בזמן לכתנו במדבר עברנו קושי והתייסרות במסע ארוך, עם זה בזמן הזה היינו מצויים בקשר בלתי אמצעי ותחת חסותו הישירה של הקדוש ברוך הוא, עטופים בענני כבוד, והם שמרו והגנו עלינו. בונים את הסוכה לזכר עננים אלה שבהם ישבנו במדבר, מלבד זיכרון העננים, חשוב לזכור שזמן יציאת מצרים וההליכה במדבר הוא הזמן שהנביא קורא לו: "חֶסֶד נְעוּרַיִךְ, אַהֲבַת כְּלוּלֹתָיִךְ, לֶכְתֵּךְ אַחֲרַי בַּמִּדְבָּר בְּאֶרֶץ לֹא זְרוּעָה". זהו זמן הראשית שלנו, הזמן שבו התחיל קשר האהבה שלנו עם הקדוש ברוך הוא. קשר האהבה הזה הלך והתמסד אחר כך – באנו לארצנו, לעולם שלם של תורה ומצוות ומעשים טובים, ומפעם לפעם אנחנו נזכרים בחסד הנעורים, באהבת הכלולות ומדברים עליהם. מבחינה זאת חג הסוכות הוא מעין זיכרון רומנטי. אחרי שאנחנו כבר מיושבים ומסודרים ועולמנו קבוע ומאורגן, אנחנו יוצאים שוב לשבת באוהלים כפי שהיינו עושים בימי הראשית, כדי להזכיר שהאהבה הראשונה לא פגה ולא נעלמה. אנחנו מעוררים אותה מחדש בחזרה אל הדברים הראשוניים, אל כיפת השמיים, אל הכוכבים שנראים לנו בתוך

תפילה כשנכנסים לסוכה

הֲרֵינִי מוּכָן וּמְזֻמָּן לְקַיֵּם מִצְוַת סֻכָּה, כַּאֲשֶׁר צִוַּנִי הַבּוֹרֵא יִתְבָּרַךְ שְׁמוֹ:
בַּסֻּכֹּת תֵּשְׁבוּ שִׁבְעַת יָמִים, כָּל־הָאֶזְרָח בְּיִשְׂרָאֵל יֵשְׁבוּ בַּסֻּכֹּת: ויקרא כג
לְמַעַן יֵדְעוּ דֹרֹתֵיכֶם, כִּי בַסֻּכּוֹת הוֹשַׁבְתִּי אֶת־בְּנֵי יִשְׂרָאֵל
בְּהוֹצִיאִי אוֹתָם מֵאֶרֶץ מִצְרָיִם:

תִּיבוּ תִּיבוּ אֻשְׁפִּיזִין עִלָּאִין
תִּיבוּ תִּיבוּ אֻשְׁפִּיזִין קַדִּישִׁין
תִּיבוּ תִּיבוּ אֻשְׁפִּיזִין דִּמְהֵימְנוּתָא.
זַכָּאָה חֻלְקְהוֹן דְּיִשְׂרָאֵל
דִּכְתִיב: כִּי חֵלֶק יהוה עַמּוֹ, יַעֲקֹב חֶבֶל נַחֲלָתוֹ: דברים לב

יְהִי רָצוֹן מִלְּפָנֶיךָ יהוה אֱלֹהַי וֵאלֹהֵי אֲבוֹתַי, שֶׁתַּשְׁרֶה שְׁכִינָתְךָ בֵּינֵינוּ, וְתִפְרֹס עָלֵינוּ סֻכַּת שְׁלוֹמֶךָ, בִּזְכוּת מִצְוַת סֻכָּה שֶׁאֲנַחְנוּ מְקַיְּמִין לְיַחֲדָא שְׁמָא דְקֻדְשָׁא בְּרִיךְ הוּא וּשְׁכִינְתֵּהּ בִּדְחִילוּ וּרְחִימוּ, לְיַחֲדָא שֵׁם י״ה בו״ה בְּיִחוּדָא שְׁלִים בְּשֵׁם כָּל יִשְׂרָאֵל, וּלְהַקִּיף אוֹתָהּ מִזִּיו כְּבוֹדְךָ הַקָּדוֹשׁ וְהַטָּהוֹר, נָטוּי עַל רָאשֵׁיהֶם מִלְמַעְלָה כְּנֶשֶׁר יָעִיר קִנּוֹ, וּמִשָּׁם יַשְׁפַּע שֶׁפַע הַחַיִּים לְעַבְדְּךָ (פלוני בֶּן פלונית אֲמָתֶךָ). וּבִזְכוּת צֵאתִי מִבֵּיתִי הַחוּצָה וְדֶרֶךְ מִצְוֹתֶיךָ אָרוּצָה, יֵחָשֵׁב לִי זֹאת כְּאִלּוּ הִרְחַקְתִּי נְדוֹד, וְהֶרֶב כַּבְּסֵנִי מֵעֲוֹנִי וּמֵחַטָּאתִי טַהֲרֵנִי, וּמֵאֻשְׁפִּיזִין עִלָּאִין אֻשְׁפִּיזִין דִּמְהֵימְנוּתָא תִּהְיֶינָה אָזְנֶיךָ קַשֻּׁבוֹת רַב בְּרָכוֹת, וְלָרְעֵבִים גַּם צְמֵאִים תֶּן לַחְמָם וּמֵימָם הַנֶּאֱמָנִים, וְתִתֶּן לִי זְכוּת לָשֶׁבֶת וְלַחֲסוֹת בְּסֵתֶר צֵל כְּנָפֶיךָ בְּעֵת פְּטִירָתִי מִן הָעוֹלָם, וְלַחֲסוֹת מִזֶּרֶם וּמִמָּטָר, כִּי תַמְטִיר עַל רְשָׁעִים פַּחִים. וּתְהֵא חֲשׁוּבָה מִצְוַת סֻכָּה זוֹ שֶׁאֲנִי מְקַיֵּם, כְּאִלּוּ קִיַּמְתִּיהָ בְּכָל פְּרָטֶיהָ וְדִקְדּוּקֶיהָ וְתַנְאֶיהָ וְכָל מִצְוֹת הַתְּלוּיוֹת בָּהּ. וְתֵיטִיב לָנוּ הַחֲתִימָה, וּתְזַכֵּנוּ לֵישֵׁב יָמִים רַבִּים עַל הָאֲדָמָה אַדְמַת קֹדֶשׁ, בַּעֲבוֹדָתְךָ וּבְיִרְאָתֶךָ. בָּרוּךְ יהוה לְעוֹלָם אָמֵן וְאָמֵן: תהלים פט

הלילה. אנחנו יושבים בסוכה, אולי בצמצום ואולי בדוחק מסוים, אבל אנחנו מוקפים באהבת ה׳ – אנחנו אוהבים אותו, והוא אוהב אותנו. הושע הנביא

מנהג ישראל להזמין בכל אחד מימי חג הסוכות אחד משבעה אושפיזין,
"שבעת הרועים", מנהיגי ישראל לדורותם.

אֲזַמִּין לִסְעוּדָתִי אֻשְׁפִּיזִין עִלָּאִין
אַבְרָהָם יִצְחָק יַעֲקֹב מֹשֶׁה אַהֲרֹן יוֹסֵף וְדָוִד.

ביום הראשון אומרים:

בְּמָטוּ מִנָּךְ אַבְרָהָם אֻשְׁפִּיזִי עִלָּאִי דְּתֵיתֵב עִמִּי
וְעִמָּךְ כָּל אֻשְׁפִּיזֵי עִלָּאֵי: יִצְחָק יַעֲקֹב מֹשֶׁה אַהֲרֹן יוֹסֵף וְדָוִד.

ביום השני אומרים:

בְּמָטוּ מִנָּךְ יִצְחָק אֻשְׁפִּיזִי עִלָּאִי דְּתֵיתֵב עִמִּי
וְעִמָּךְ כָּל אֻשְׁפִּיזֵי עִלָּאֵי: אַבְרָהָם יַעֲקֹב מֹשֶׁה אַהֲרֹן יוֹסֵף וְדָוִד.

ביום השלישי אומרים:

בְּמָטוּ מִנָּךְ יַעֲקֹב אֻשְׁפִּיזִי עִלָּאִי דְּתֵיתֵב עִמִּי
וְעִמָּךְ כָּל אֻשְׁפִּיזֵי עִלָּאֵי: אַבְרָהָם יִצְחָק מֹשֶׁה אַהֲרֹן יוֹסֵף וְדָוִד.

ביום הרביעי אומרים:

בְּמָטוּ מִנָּךְ מֹשֶׁה אֻשְׁפִּיזִי עִלָּאִי דְּתֵיתֵב עִמִּי
וְעִמָּךְ כָּל אֻשְׁפִּיזֵי עִלָּאֵי: אַבְרָהָם יִצְחָק יַעֲקֹב אַהֲרֹן יוֹסֵף וְדָוִד.

ביום החמישי אומרים:

בְּמָטוּ מִנָּךְ אַהֲרֹן אֻשְׁפִּיזִי עִלָּאִי דְּתֵיתֵב עִמִּי
וְעִמָּךְ כָּל אֻשְׁפִּיזֵי עִלָּאֵי: אַבְרָהָם יִצְחָק יַעֲקֹב מֹשֶׁה יוֹסֵף וְדָוִד.

ביום השישי אומרים:

בְּמָטוּ מִנָּךְ יוֹסֵף אֻשְׁפִּיזִי עִלָּאִי דְּתֵיתֵב עִמִּי
וְעִמָּךְ כָּל אֻשְׁפִּיזֵי עִלָּאֵי: אַבְרָהָם יִצְחָק יַעֲקֹב מֹשֶׁה אַהֲרֹן וְדָוִד.

בהושענא רבה אומרים:

בְּמָטוּ מִנָּךְ דָּוִד אֻשְׁפִּיזִי עִלָּאִי דְּתֵיתֵב עִמִּי
וְעִמָּךְ כָּל אֻשְׁפִּיזֵי עִלָּאֵי: אַבְרָהָם יִצְחָק יַעֲקֹב מֹשֶׁה אַהֲרֹן וְיוֹסֵף.

כותב: "עֹד אוֹשִׁיבְךָ בָאֳהָלִים כִּימֵי מוֹעֵד"; הוא מבטיח שכשם שבימי מועד, הוא חג הסוכות, אנחנו יושבים באוהלים - כך לעתיד לבוא נשב בהם כולנו. הקדוש ברוך הוא שוב ייתן לנו את החסד הזה ואת הקִרבה הזאת, לשבת

תפילה כשיוצאים מהסוכה בערב שמיני עצרת:

יְהִי רָצוֹן מִלְּפָנֶיךָ יהוה אֱלֹהֵינוּ וֵאלֹהֵי אֲבוֹתֵינוּ
כְּשֵׁם שֶׁקִּיַּמְתִּי וְיָשַׁבְתִּי בְּסֻכָּה זוֹ
כֵּן אֶזְכֶּה לַשָּׁנָה הַבָּאָה לֵישֵׁב בְּסֻכַּת עוֹרוֹ שֶׁל לִוְיָתָן.

יחד איתו ולהיות קרובים אליו ביותר; אולי דחוקים קצת, אבל אוהבים מאוד מאוד.

אושפיזין מנהג ישראל להזמין בכל אחד מימי חג הסוכות אחד משבעה אושפיזין (אורחים), הם "שבעת הרועים", מנהיגי ישראל לדורותם. את האורחים של מעלה מזמינים לפי סדר הימים: אברהם, יצחק, יעקב, משה, אהרן, יוסף ודוד. סדר זה, הנהוג על פי הקבלה, אינו הסדר הכרונולוגי של האישים, אלא הוא על פי סדר הספירות (אברהם - חסד, יצחק - גבורה, יעקב - תפארת, משה - נצח, אהרן - הוד, יוסף - יסוד , דוד - מלכות). ויש המסדרים אותם בסדר ההיסטורי: אברהם, יצחק, יעקב, יוסף, משה, אהרן ודוד. בנוסח ההזמנה אנו מזמינים את האורח של אותו יום להשתתף בסעודה שלנו בסוכה, יחד עם שאר ששת הרועים.

שבעת הרועים המייחד את "שבעת הרועים" משאר מנהיגי ישראל לדורותם הוא שהם אינם שייכים רק להיסטוריה (אף שוודאי השפיעו על ההיסטוריה), אלא שבאופן פנימי הם ממשיכים להיות מנהיגי ישראל בכל הדורות, גם בזמן הזה. אנו מזמינים אותם להתגלות, מפני שלתפיסתנו הם נוכחים ומשפיעים ישירות על נפשו של כל אחד מאיתנו. הרועים הם האבות של כולנו, של כל נשמות ישראל. בין שהם האבות הביולוגיים, כמו שלושת האבות, ובין שהם האבות הרוחניים של הווייתנו, כמו משה ואהרן, יוסף ודוד - מכל מקום אנו נושאים חלק ממהותם בתוכנו. את שבעת הרועים אנו מזמינים להתארח אצלנו בחג הסוכות; כאשר אנו יושבים בצל הסוכה, "בסתר עליון", אנו מזמינים את עצמנו לקבל את האושפיזין, שהם כאמור חלק מעצמנו. לשם הזמנה זו, אנו צריכים לצאת אל מקום שהוא מחוץ ליישוב, מחוץ לסדר הרגיל של החיים; שם אנחנו בונים לנו בניין של עראי ומכסים אותו בצל, הוא צל ידו העליונה של הקדוש ברוך הוא המגינה והסוככת עלינו, כפי שכתוב "וּבְצֵל יָדִי כִּסִּיתִיךָ". שם פוגשים אנו את עצמנו, לא כפי שאנו בכל ימות השנה, אלא כפי שאנו בתוך אבותינו, בתוך ההוויות האידאליות

ויש המוסיפים תפילה זו:

רִבּוֹנָא דְעָלְמָא, יְהֵא רַעֲוָא מִן קֳדָמָךְ שֶׁאוֹתָם מַלְאָכִים הַקְּדוֹשִׁים הַשַּׁיָּכִים לְמִצְוַת סֻכָּה וּלְמִצְוַת אַרְבַּעַת הַמִּינִים, לוּלָב וְאֶתְרוֹג הֲדַס וַעֲרָבָה, הַנּוֹהֲגִים בְּחַג הַסֻּכּוֹת, הֵם יִתְלַוּוּ עִמָּנוּ בְּצֵאתֵנוּ מֵהַסֻּכָּה וְיִכָּנְסוּ עִמָּנוּ לְבָתֵּינוּ לְחַיִּים וּלְשָׁלוֹם. וְלִהְיוֹת תָּמִיד עָלֵינוּ לִשְׁמִירָה עֶלְיוֹנָה מִמְּעוֹן קָדְשֶׁךָ, לְהַצִּילֵנוּ מִכָּל חֵטְא וְעָוֹן וּמִכָּל פְּגָעִים רָעִים וּמִכָּל שָׁעוֹת רָעוֹת הַמִּתְרַגְּשׁוֹת לָבוֹא לָעוֹלָם. וְתַעֲרֶה עָלֵינוּ רוּחַ מִמָּרוֹם, וְחַדֵּשׁ כִּלְיוֹתֵינוּ לְעָבְדְךָ בֶּאֱמֶת בְּאַהֲבָה וּבְיִרְאָה, וְנַתְמִיד מְאֹד בְּתַלְמוּד תּוֹרָתְךָ לִלְמֹד וּלְלַמֵּד, וּזְכוּת אַרְבַּע מִינִים וּמִצְוַת סֻכָּה יַעֲמֹד שֶׁתַּאֲרִיךְ אַפְּךָ עַד שׁוּבֵנוּ אֵלֶיךָ בִּתְשׁוּבָה שְׁלֵמָה לְפָנֶיךָ, וּנְתַקֵּן כָּל אֲשֶׁר פָּגַמְנוּ, וְנִזְכֶּה לִשְׁנֵי שֻׁלְחָנוֹת בְּלִי צַעַר וְיָגוֹן, אֲנִי וּבְנֵי בֵיתִי וְיוֹצְאֵי חֲלָצַי, וְנִהְיֶה כֻּלָּנוּ שְׁקֵטִים וּשְׁלֵוִים דְּשֵׁנִים וְרַעֲנַנִּים וְעוֹבְדֵי
יהוה בֶּאֱמֶת לַאֲמִתּוֹ כִּרְצוֹנְךָ הַטּוֹב בִּכְלָל כָּל בְּנֵי יִשְׂרָאֵל, יִהְיוּ לְרָצוֹן תהלים יט
אִמְרֵי פִי וְהֶגְיוֹן לִבִּי לְפָנֶיךָ יהוה צוּרִי וְגֹאֲלִי:

שלנו. חג הסוכות נקרא גם "חג האסיף", משום שבו אנו אוספים יחד את כל החלקים של המציאות. זהו חג של פיוס, של שלום והשלמה, שבו מניחים את כל הדברים במקומם, והמציאות שבה ומתחברת יחד. בחג הזה כל האושפיזין באים ומתאספים יחד, ואנו צריכים להיות מוכנים לקבל אותם, לאסוף בתוכנו את כל החלקים האלו של הווייתנו. אנו פותחים את הדלת ומזמינים אותם, אחד אחד, לבוא ולתת את כל שיש להם לתת; אנו מזמינים אותם אל הסוכה, להיכנס איתנו אל המקור, אל המקום הכולל את כולנו.

קִידּוּשָׁא רַבָּה לְשָׁלוֹשׁ רְגָלִים

בשבת חול המועד אומרים את הקידוש לשבת (עמ׳ 422).

ביום טוב החל בשבת מתחילים (ויש המקדימים ׳אַתְקִינוּ סְעוּדְתָא׳ כבכל שבת, עמ׳ 420):

וְשָׁמְרוּ בְנֵי־יִשְׂרָאֵל אֶת־הַשַּׁבָּת, לַעֲשׂוֹת אֶת־הַשַּׁבָּת לְדֹרֹתָם בְּרִית שמות לא
עוֹלָם: בֵּינִי וּבֵין בְּנֵי יִשְׂרָאֵל אוֹת הִוא לְעֹלָם, כִּי־שֵׁשֶׁת יָמִים עָשָׂה יהוה
אֶת־הַשָּׁמַיִם וְאֶת־הָאָרֶץ וּבַיּוֹם הַשְּׁבִיעִי שָׁבַת וַיִּנָּפַשׁ:

זָכוֹר אֶת־יוֹם הַשַּׁבָּת לְקַדְּשׁוֹ: שֵׁשֶׁת יָמִים תַּעֲבֹד, וְעָשִׂיתָ כָּל־מְלַאכְתֶּךָ: שמות כ
וְיוֹם הַשְּׁבִיעִי שַׁבָּת לַיהוה אֱלֹהֶיךָ, לֹא־תַעֲשֶׂה כָל־מְלָאכָה אַתָּה וּבִנְךָ
וּבִתֶּךָ, עַבְדְּךָ וַאֲמָתְךָ וּבְהֶמְתֶּךָ, וְגֵרְךָ אֲשֶׁר בִּשְׁעָרֶיךָ: כִּי שֵׁשֶׁת־יָמִים
עָשָׂה יהוה אֶת־הַשָּׁמַיִם וְאֶת־הָאָרֶץ אֶת־הַיָּם וְאֶת־כָּל־אֲשֶׁר־בָּם, וַיָּנַח
בַּיּוֹם הַשְּׁבִיעִי

עַל־כֵּן בֵּרַךְ יהוה אֶת־יוֹם הַשַּׁבָּת וַיְקַדְּשֵׁהוּ:

ביום טוב החל בחול מתחילים כאן:

ויש המוסיפים: אַתְקִינוּ סְעוּדְתָא דְמַלְכָּא עִלָּאָה
דָּא הִיא סְעוּדְתָא דְקֻדְשָׁא בְּרִיךְ הוּא וּשְׁכִינְתֵּיהּ.

אֵלֶּה מוֹעֲדֵי יהוה מִקְרָאֵי קֹדֶשׁ ויקרא כג
אֲשֶׁר־תִּקְרְאוּ אֹתָם בְּמוֹעֲדָם:
וַיְדַבֵּר מֹשֶׁה אֶת־מֹעֲדֵי יהוה אֶל־בְּנֵי יִשְׂרָאֵל:

המקדש לאחרים מוסיף: סַבְרִי מָרָנָן

בָּרוּךְ אַתָּה יהוה אֱלֹהֵינוּ מֶלֶךְ הָעוֹלָם
בּוֹרֵא פְּרִי הַגָּפֶן.

בסוכות מוסיף:

בָּרוּךְ אַתָּה יהוה אֱלֹהֵינוּ מֶלֶךְ הָעוֹלָם
אֲשֶׁר קִדְּשָׁנוּ בְּמִצְוֹתָיו וְצִוָּנוּ לֵישֵׁב בַּסֻּכָּה.

שלוש רגלים

עמידה לשחרית, למנחה ולערבית של יום טוב

פוסע שלוש פסיעות אחורנית ולאחר מכן (והוא עיקר הכוונה שבדבר) שלוש פסיעות לפנים, כמי שנכנס לפני המלך.

עומד ומתפלל בלחש מכאן ועד ׳וּכְשָׁנִים קַדְמֹנִיּוֹת׳ (בעמ׳ 546).

כורע בתחילתה ובסופה של ברכת אבות. אופן הכריעה כך הוא: כשאומר ׳בָּרוּךְ׳ כורע בברכיו, כשאומר ׳אַתָּה׳ שוחה וכשאומר ׳השם׳ חוזר ומזדקף.

דברים לב במנחה מוסיפים: כִּי שֵׁם יהוה אֶקְרָא, הָבוּ גֹדֶל לֵאלֹהֵינוּ:

תהלים נא אֲדֹנָי, שְׂפָתַי תִּפְתָּח, וּפִי יַגִּיד תְּהִלָּתֶךָ:

אבות

בָּרוּךְ אַתָּה יהוה, אֱלֹהֵינוּ וֵאלֹהֵי אֲבוֹתֵינוּ
אֱלֹהֵי אַבְרָהָם, אֱלֹהֵי יִצְחָק, וֵאלֹהֵי יַעֲקֹב
הָאֵל הַגָּדוֹל הַגִּבּוֹר וְהַנּוֹרָא, אֵל עֶלְיוֹן
גּוֹמֵל חֲסָדִים טוֹבִים, קוֹנֵה הַכֹּל, וְזוֹכֵר חַסְדֵי אָבוֹת
וּמֵבִיא גוֹאֵל לִבְנֵי בְנֵיהֶם לְמַעַן שְׁמוֹ בְּאַהֲבָה.
מֶלֶךְ עוֹזֵר וּמוֹשִׁיעַ וּמָגֵן.
בָּרוּךְ אַתָּה יהוה, מָגֵן אַבְרָהָם.

תפילת שלוש רגלים שלושת החגים - פסח, שבועות וסוכות - קרויים ׳שלוש רגלים׳, על פי לשון הכתוב ״שָׁלֹשׁ רְגָלִים תָּחֹג לִי בַּשָּׁנָה״. כאשר היה בית המקדש בנוי הייתה מצווה על כל הגברים בישראל לעלות ולחוג את הרגלים בירושלים ולהקריב בהם קורבנות מיוחדים (״עולת ראיה״ ו״שלמי חגיגה״). שלוש הרגלים הם חגים של שמחה יתרה שיש בהם מצוות עשה מיוחדת של ״וְשָׂמַחְתָּ בְּחַגֶּךָ״, ומבחינה פנימית אלה הם חגים של התגלות ה׳ לעמו בבית המקדש. אלה מועדי פגישה בין ישראל לקדוש ברוך הוא, כפי שכתוב בתורה: ״שָׁלֹשׁ פְּעָמִים בַּשָּׁנָה יֵרָאֶה כָּל זְכוּרְךָ אֶל פְּנֵי הָאָדֹן ה׳״.

סדרם של הרגלים בתורה הוא תמיד: פסח, שבועות וסוכות. סדר זה תואם את לוח השנה המתחיל בחודש ניסן (שלעניין דינים שונים הקשורים ברגלים נשאר בתוקפו), ונוסף על כך יש לו גם משמעות פנימית. מצד אחד יש כאן משולש של מידות: חסד, גבורה ותפארת. חג הפסח - שעניינו הוא הגאולה

גבורות

אַתָּה גִּבּוֹר לְעוֹלָם, אֲדֹנָי
מְחַיֵּה מֵתִים אַתָּה, רַב לְהוֹשִׁיעַ

במנחה של שמיני עצרת ובערבית ובשחרית של יום טוב ראשון של פסח: מַשִּׁיב הָרוּחַ וּמוֹרִיד הַגֶּשֶׁם

בשאר תפילות הרגלים: מוֹרִיד הַטָּל

מְכַלְכֵּל חַיִּים בְּחֶסֶד, מְחַיֵּה מֵתִים בְּרַחֲמִים רַבִּים
סוֹמֵךְ נוֹפְלִים, וְרוֹפֵא חוֹלִים, וּמַתִּיר אֲסוּרִים
וּמְקַיֵּם אֱמוּנָתוֹ לִישֵׁנֵי עָפָר.
מִי כָמוֹךָ, בַּעַל גְּבוּרוֹת, וּמִי דּוֹמֶה לָּךְ
מֶלֶךְ, מֵמִית וּמְחַיֶּה וּמַצְמִיחַ יְשׁוּעָה.
וְנֶאֱמָן אַתָּה לְהַחֲיוֹת מֵתִים.
בָּרוּךְ אַתָּה יהוה, מְחַיֵּה הַמֵּתִים.

בתפילת לחש ממשיכים ׳אַתָּה קָדוֹשׁ׳ בעמוד הבא.

והיציאה מעבדות לחירות - שייך למידת החסד; חג השבועות - שניתנה בו התורה, הקובעת את החוק והדין - שייך למידת הגבורה; וחג הסוכות - שכולו התגלות של שמחה הנובעת מתחושת הרמוניה ושלמות עם המציאות - שייך למידת התפארת. גם במובנם ההיסטורי של החגים זהו סדר הרגלים: פסח הוא ראשית יצירת העם בצאתו ממצרים; שבועות הוא הענקת משמעות ומובן לגאולה על ידי מתן התורה, וסוכות הוא ההשלמה והמנוחה. מצד נוסף זהו גם סדר הזמנים מבחינת עונות השנה והצמיחה: חג הפסח הוא חג האביב - זמן הפריחה והבשלת תחילת התבואה; חג השבועות הוא הזמן שבו נגמר הקציר, הפירות מתחילים להבשיל, ומתחילה עונת הבציר; וחג הסוכות הוא חג האסיף - הזמן שבו כל היבול נאסף אל תוך הבתים, שנת הצמיחה מגיעה לסיומה ויש שהות ליהנות מפירות העבר לפני שמתחילה תקופת הזריעה של השנה הבאה. כל הצדדים הללו - הרוחני, ההיסטורי והחקלאי - מצויים בחגים, ונוספים להם פרטי משמעות רבים, שכולם משתקפים בגלוי וברמז בתפילות החגים ובמנהגיהם.

קדושה לשחרית

בזמן אמירת הקדושה עומדים, ומשתדלים לעמוד כך ששתי הרגליים צמודות זו לזו כבתפילת העמידה. ונוהגים שבשעה שאומרים 'קָדוֹשׁ, קָדוֹשׁ, קָדוֹשׁ' וכן כשאומרים את הפסוקים 'בָּרוּךְ' ו'יִמְלֹךְ' מתרוממים קצת כלפי מעלה על גבי בהונות הרגליים.

קהל ואחריו שליח הציבור:

נַקְדִּישְׁךָ וְנַעֲרִיצְךָ כְּנֹעַם שִׂיחַ סוֹד שַׂרְפֵי קֹדֶשׁ, הַמְשַׁלְּשִׁים לְךָ קְדֻשָּׁה
ישעיה ו **כַּכָּתוּב עַל יַד נְבִיאֶךָ: וְקָרָא זֶה אֶל־זֶה וְאָמַר**

קהל ואחריו שליח הציבור:

קָדוֹשׁ, קָדוֹשׁ, קָדוֹשׁ, יהוה צְבָאוֹת, מְלֹא כָל־הָאָרֶץ כְּבוֹדוֹ:
אָז בְּקוֹל רַעַשׁ גָּדוֹל אַדִּיר וְחָזָק, מַשְׁמִיעִים קוֹל
מִתְנַשְּׂאִים לְעֻמַּת שְׂרָפִים, לְעֻמָּתָם מְשַׁבְּחִים וְאוֹמְרִים

קהל ואחריו שליח הציבור:

יחזקאל ג **בָּרוּךְ כְּבוֹד־יהוה מִמְּקוֹמוֹ:**
מִמְּקוֹמְךָ מַלְכֵּנוּ תוֹפִיעַ וְתִמְלֹךְ עָלֵינוּ
כִּי מְחַכִּים אֲנַחְנוּ לָךְ
מָתַי תִּמְלֹךְ בְּצִיּוֹן, בְּקָרוֹב בְּיָמֵינוּ לְעוֹלָם וָעֶד תִּשְׁכֹּן.
תִּתְגַּדַּל וְתִתְקַדַּשׁ בְּתוֹךְ יְרוּשָׁלַיִם עִירְךָ לְדוֹר וָדוֹר וּלְנֵצַח נְצָחִים.
וְעֵינֵינוּ תִרְאֶינָה מַלְכוּתֶךָ כַּדָּבָר הָאָמוּר בְּשִׁירֵי עֻזֶּךָ
עַל יְדֵי דָוִד מְשִׁיחַ צִדְקֶךָ.

קהל ואחריו שליח הציבור:

תהלים קמו **יִמְלֹךְ יהוה לְעוֹלָם, אֱלֹהַיִךְ צִיּוֹן לְדֹר וָדֹר, הַלְלוּיָהּ:**

שליח הציבור ממשיך 'אַתָּה קָדוֹשׁ' בעמוד הבא.

אתה בחרתנו בימי החגים מודגשת בחירת ישראל. החגים, שלא כשבת, אינם מועדים קבועים מראשית הבריאה אלא הם ימי זיכרון למאורעות מיוחדים – חסדי ה' שאירעו לעם ישראל בצאתו ממצרים – הקשורים לבחירה של ה' בנו ולהנהגתו את מאורעות ההיסטוריה שלנו בדרכן המיוחדת. בבחירה זו מודגש גם הצד המהותי שלה – "אתה בחרתנו... וקדשתנו במצוותיך וקרבתנו מלכנו לעבודתך": כנגד הזכות והרוממות של הייחוד, מצויה גם החובה של המצוות, החוקים והמשפטים.

קדושה למנחה

בזמן אמירת הקדושה עומדים, ומשתדלים לעמוד כך ששתי הרגליים צמודות זו לזו כבתפילת העמידה. ונוהגים שבשעה שאומרים 'קָדוֹשׁ, קָדוֹשׁ, קָדוֹשׁ' וכן כשאומרים את הפסוקים 'בָּרוּךְ' ו'יִמְלֹךְ' מתרוממים קצת כלפי מעלה על גבי בהונות הרגליים.

קהל ואחריו שליח הציבור:

נַקְדִּישְׁךָ וְנַעֲרִיצְךָ כְּנֹעַם שִׂיחַ סוֹד שַׂרְפֵי קֹדֶשׁ, הַמְשַׁלְּשִׁים לְךָ קְדֻשָּׁה
כַּכָּתוּב עַל יַד נְבִיאֶךָ: וְקָרָא זֶה אֶל־זֶה וְאָמַר ישעיה ו

קהל ואחריו שליח הציבור:

קָדוֹשׁ, קָדוֹשׁ, קָדוֹשׁ, יהוה צְבָאוֹת, מְלֹא כָל־הָאָרֶץ כְּבוֹדוֹ:
לְעֻמָּתָם מְשַׁבְּחִים וְאוֹמְרִים

קהל ואחריו שליח הציבור:

בָּרוּךְ כְּבוֹד־יהוה מִמְּקוֹמוֹ: יחזקאל ג
וּבְדִבְרֵי קָדְשְׁךָ כָּתוּב לֵאמֹר

קהל ואחריו שליח הציבור:

יִמְלֹךְ יהוה לְעוֹלָם, אֱלֹהַיִךְ צִיּוֹן לְדֹר וָדֹר, הַלְלוּיָהּ: תהלים קמו

שליח הציבור ממשיך 'אַתָּה קָדוֹשׁ'.

קדושת השם

אַתָּה קָדוֹשׁ וְשִׁמְךָ קָדוֹשׁ
וּקְדוֹשִׁים בְּכָל יוֹם יְהַלְלוּךָ סֶּלָה
כִּי אֵל מֶלֶךְ גָּדוֹל וְקָדוֹשׁ אָתָּה.
בָּרוּךְ אַתָּה יהוה, הָאֵל הַקָּדוֹשׁ.

קדושת היום

אַתָּה בְחַרְתָּנוּ מִכָּל הָעַמִּים
אָהַבְתָּ אוֹתָנוּ וְרָצִיתָ בָּנוּ, וְרוֹמַמְתָּנוּ מִכָּל הַלְּשׁוֹנוֹת
וְקִדַּשְׁתָּנוּ בְּמִצְוֹתֶיךָ, וְקֵרַבְתָּנוּ מַלְכֵּנוּ לַעֲבוֹדָתֶךָ
וְשִׁמְךָ הַגָּדוֹל וְהַקָּדוֹשׁ עָלֵינוּ קָרָאתָ.

ביום טוב שחל במוצאי שבת אומרים נוסח הבדלה זה הבא להבדיל 'בין קדושת שבת לקדושת יום טוב':

וַתּוֹדִיעֵנוּ יהוה אֱלֹהֵינוּ אֶת מִשְׁפְּטֵי צִדְקֶךָ, וַתְּלַמְּדֵנוּ לַעֲשׂוֹת חֻקֵּי רְצוֹנֶךָ, וַתִּתֶּן לָנוּ יהוה אֱלֹהֵינוּ מִשְׁפָּטִים יְשָׁרִים וְתוֹרוֹת אֱמֶת, חֻקִּים וּמִצְוֹת טוֹבִים, וַתַּנְחִילֵנוּ זְמַנֵּי שָׂשׂוֹן וּמוֹעֲדֵי קֹדֶשׁ וְחַגֵּי נְדָבָה, וַתּוֹרִישֵׁנוּ קְדֻשַּׁת שַׁבָּת וּכְבוֹד מוֹעֵד וַחֲגִיגַת הָרֶגֶל. וַתַּבְדֵּל יהוה אֱלֹהֵינוּ בֵּין קֹדֶשׁ לְחֹל, בֵּין אוֹר לְחֹשֶׁךְ, בֵּין יִשְׂרָאֵל לָעַמִּים, בֵּין יוֹם הַשְּׁבִיעִי לְשֵׁשֶׁת יְמֵי הַמַּעֲשֶׂה. בֵּין קְדֻשַּׁת שַׁבָּת לִקְדֻשַּׁת יוֹם טוֹב הִבְדַּלְתָּ, וְאֶת יוֹם הַשְּׁבִיעִי מִשֵּׁשֶׁת יְמֵי הַמַּעֲשֶׂה קִדַּשְׁתָּ, הִבְדַּלְתָּ וְקִדַּשְׁתָּ אֶת עַמְּךָ יִשְׂרָאֵל בִּקְדֻשָּׁתֶךָ.

בשבת מוסיפים את המילים שבסוגריים:

וַתִּתֶּן לָנוּ יהוה אֱלֹהֵינוּ בְּאַהֲבָה
(שַׁבָּתוֹת לִמְנוּחָה וּ) מוֹעֲדִים לְשִׂמְחָה
חַגִּים וּזְמַנִּים לְשָׂשׂוֹן
אֶת יוֹם (הַשַּׁבָּת הַזֶּה וְאֶת יוֹם)

בפסח: חַג הַמַּצּוֹת הַזֶּה, זְמַן חֵרוּתֵנוּ

בשבועות: חַג הַשָּׁבוּעוֹת הַזֶּה, זְמַן מַתַּן תּוֹרָתֵנוּ

בסוכות: חַג הַסֻּכּוֹת הַזֶּה, זְמַן שִׂמְחָתֵנוּ

בשמיני עצרת: שְׁמִינִי עֲצֶרֶת הַחַג הַזֶּה, זְמַן שִׂמְחָתֵנוּ

(בְּאַהֲבָה) מִקְרָא קֹדֶשׁ, זֵכֶר לִיצִיאַת מִצְרָיִם.

ותודיענו קדושות השבת והחג, אף שיש ביניהן דמיון רב, הן גם שונות זו מזו בהוויה, בפרטי ההלכות ובמהות הפנימית. ההבדלים שבין קדושת שבת לקדושת החג מתבטאים בקיצור גדול בלשון: "הבדלת וקידשת". לאמור, יש פה שתי דרגות של קדושה וביניהן הבדלה; מעבר מדבר אחד שבקדושה לדבר אחר שבקדושה.

אֱלֹהֵינוּ וֵאלֹהֵי אֲבוֹתֵינוּ
יַעֲלֶה וְיָבוֹא וְיַגִּיעַ, וְיֵרָאֶה וְיֵרָצֶה וְיִשָּׁמַע
וְיִפָּקֵד וְיִזָּכֵר זִכְרוֹנֵנוּ וּפִקְדוֹנֵנוּ וְזִכְרוֹן אֲבוֹתֵינוּ
וְזִכְרוֹן מָשִׁיחַ בֶּן דָּוִד עַבְדֶּךָ, וְזִכְרוֹן יְרוּשָׁלַיִם עִיר קָדְשֶׁךָ
וְזִכְרוֹן כָּל עַמְּךָ בֵּית יִשְׂרָאֵל, לְפָנֶיךָ
לִפְלֵיטָה לְטוֹבָה, לְחֵן וּלְחֶסֶד וּלְרַחֲמִים, לְחַיִּים וּלְשָׁלוֹם בְּיוֹם

בפסח: חַג הַמַּצּוֹת הַזֶּה.

בשבועות: חַג הַשָּׁבוּעוֹת הַזֶּה.

בסוכות: חַג הַסֻּכּוֹת הַזֶּה.

בשמיני עצרת: שְׁמִינִי עֲצֶרֶת הַחַג הַזֶּה.

זָכְרֵנוּ יהוה אֱלֹהֵינוּ בּוֹ לְטוֹבָה, וּפָקְדֵנוּ בוֹ לִבְרָכָה
וְהוֹשִׁיעֵנוּ בוֹ לְחַיִּים טוֹבִים.
וּבִדְבַר יְשׁוּעָה וְרַחֲמִים, חוּס וְחָנֵּנוּ, וְרַחֵם עָלֵינוּ וְהוֹשִׁיעֵנוּ
כִּי אֵלֶיךָ עֵינֵינוּ, כִּי אֵל מֶלֶךְ חַנּוּן וְרַחוּם אָתָּה.

זמן חירותנו, זמן מתן תורתנו, זמן שמחתנו חג הפסח מכונה "זמן חירותנו", חג השבועות - "זמן מתן תורתנו", וחג הסוכות - "זמן שמחתנו". מהותם של החגים אינה רק בהיותם ימי זיכרון למאורעות העבר; עיקרם בכך שיש בהם הארה, השתקפות מחודשת, של אותם מאורעות יסודיים החוזרים ונשנים בכל שנה ושנה בזמנים המיוחדים. לפי מהותה של ההתגלות הראשונה אותו שפע חוזר ומתגלה מדי שנה בשנה בצורות חדשות: ב"זמן חירותנו" - חוזרת התגלות היסוד של יציאת ישראל ממצרים: הגאולה והחירות. מתוך הגאולה הראשונה צומחת ועולה הגאולה העתידה, כמאמר חכמים בתלמוד: "בניסן נגאלו ובניסן עתידין להיגאל"; ב"זמן מתן תורתנו" - מתחדשת קבלת התורה בכל דור ודור, בכל אדם ואדם, לפי ערכו ולפי מהותו; וב"זמן שמחתנו" - יש גילוי של שמחה שאפשר לשאוב ממנו לכל ימות השנה. כדי לזכות להארה המיוחדת הזו אין די רק בקיום מצוות החג, אלא עלינו לעורר את הלב והמוח, הרצון והכוונה בעניינו ובמהותו של היום. יתר על כן, כאשר אכן ישנה התעוררות מוטל עלינו לנצלה כדי שתשפיע על הימים הבאים, על הכלל וגם על הפרט.

בשבת מוסיפים את המילים שבסוגריים:

וְהַשִּׂיאֵנוּ יהוה אֱלֹהֵינוּ אֶת בִּרְכַּת מוֹעֲדֶיךָ
לְחַיִּים וּלְשָׁלוֹם, לְשִׂמְחָה וּלְשָׂשׂוֹן, כַּאֲשֶׁר רָצִיתָ וְאָמַרְתָּ לְבָרְכֵנוּ.
(אֱלֹהֵינוּ וֵאלֹהֵי אֲבוֹתֵינוּ, רְצֵה נָא בִמְנוּחָתֵנוּ)
קַדְּשֵׁנוּ בְּמִצְוֹתֶיךָ וְתֵן חֶלְקֵנוּ בְּתוֹרָתֶךָ
שַׂבְּעֵנוּ מִטּוּבֶךָ, וְשַׂמַּח נַפְשֵׁנוּ בִּישׁוּעָתֶךָ
וְטַהֵר לִבֵּנוּ לְעָבְדְּךָ בֶּאֱמֶת.
וְהַנְחִילֵנוּ יהוה אֱלֹהֵינוּ (בְּאַהֲבָה וּבְרָצוֹן)
בְּשִׂמְחָה וּבְשָׂשׂוֹן (שַׁבָּת וּ) **מוֹעֲדֵי קָדְשֶׁךָ**
וְיִשְׂמְחוּ בְךָ כָּל יִשְׂרָאֵל מְקַדְּשֵׁי שְׁמֶךָ.
בָּרוּךְ אַתָּה יהוה, מְקַדֵּשׁ (הַשַּׁבָּת וְ) **יִשְׂרָאֵל וְהַזְּמַנִּים.**

והשיאנו ה׳ אלקינו את ברכת מועדיך... לשמחה ולששון הצירוף "בשמחה ובששון" מוזכר פעמים רבות בתפילת החג. שמחה וששון הן שתי דרגות של שמחה, זו למעלה מזו: השמחה היא תחושת הלב, שיש בה הרגשה של סיפוק ושביעות רצון, שלוות הנפש והרמוניה עם המציאות; ואילו ששון הוא השמחה הפנימית, העמוקה יותר משמחה רגילה, כעין תחושה המבעבעת וגואה שאינה יכולה עוד להיכלא בפנים אלא מתפרצת ויוצאת החוצה. בימי המועדים, שנצטווינו בהם במיוחד "וְשָׂמַחְתָּ בְּחַגֶּךָ", אנו מבקשים לזכות לקבל את השמחה בפועל בכל האופנים, ומהם תתפשט השמחה ותשפיע הלאה לשאר ימות השנה. לשון הברכה, "והשיאנו", באה לומר שגם אם איננו מוכנים עדיין ואיננו מסוגלים לקבל את מתנת השמחה ואת ברכת הקדושה של החג, מכל מקום אנו מבקשים "השיאנו": עזור לנו שנוכל לקבל ולשאת אותן.

מקדש ישראל והזמנים חתימת הברכה, "מקדש ישראל והזמנים", מדגישה את הבחירה והייחוד של ישראל. קדושת ימי המועדים נובעת מקדושת ישראל ותלויה בה, שהרי הם ימי מועד וזיכרון לעם ישראל דווקא. מלבד זאת, ישראל הם הקובעים את החגים בזמנם (בית הדין קובע את תחילת החודש ואת סדר לוח השנה), ולכן תחילה מצוין קידוש עם ישראל ונובעת מכך גם קדושת הזמנים, הם ימי החגים.

עבודה

רְצֵה יהוה אֱלֹהֵינוּ בְּעַמְּךָ יִשְׂרָאֵל, וְלִתְפִלָּתָם שְׁעֵה
וְהָשֵׁב אֶת הָעֲבוֹדָה לִדְבִיר בֵּיתֶךָ
וְאִשֵּׁי יִשְׂרָאֵל וּתְפִלָּתָם, מְהֵרָה בְּאַהֲבָה תְקַבֵּל בְּרָצוֹן
וּתְהִי לְרָצוֹן תָּמִיד עֲבוֹדַת יִשְׂרָאֵל עַמֶּךָ.
וְתֶחֱזֶינָה עֵינֵינוּ בְּשׁוּבְךָ לְצִיּוֹן בְּרַחֲמִים.
בָּרוּךְ אַתָּה יהוה, הַמַּחֲזִיר שְׁכִינָתוֹ לְצִיּוֹן.

הודאה

משתחווים בברכת ההודאה בתחילה ובסוף. כשאומר 'מוֹדִים' כורע ושוחה כאחת, וכשאומר 'השם' זוקף. בסוף הברכה אופן הכריעה דומה לתחילת התפילה – כשאומר 'בָּרוּךְ' כורע, כשאומר 'אַתָּה' שוחה וכשאומר 'השם' חוזר ומזדקף.

מוֹדִים אֲנַחְנוּ לָךְ
שָׁאַתָּה הוּא יהוה אֱלֹהֵינוּ
וֵאלֹהֵי אֲבוֹתֵינוּ לְעוֹלָם וָעֶד.
צוּר חַיֵּינוּ, מָגֵן יִשְׁעֵנוּ
אַתָּה הוּא לְדוֹר וָדוֹר.
נוֹדֶה לְּךָ וּנְסַפֵּר תְּהִלָּתֶךָ
עַל חַיֵּינוּ הַמְּסוּרִים בְּיָדֶךָ
וְעַל נִשְׁמוֹתֵינוּ הַפְּקוּדוֹת לָךְ
וְעַל נִסֶּיךָ שֶׁבְּכָל יוֹם עִמָּנוּ
וְעַל נִפְלְאוֹתֶיךָ וְטוֹבוֹתֶיךָ
שֶׁבְּכָל עֵת, עֶרֶב וָבֹקֶר וְצָהֳרָיִם.
הַטּוֹב, כִּי לֹא כָלוּ רַחֲמֶיךָ
וְהַמְרַחֵם, כִּי לֹא תַמּוּ חֲסָדֶיךָ
כִּי מֵעוֹלָם קִוִּינוּ לָךְ.

כששליח הציבור אומר 'מוֹדִים' הקהל אומר בלחש:

מוֹדִים אֲנַחְנוּ לָךְ
שָׁאַתָּה הוּא יהוה אֱלֹהֵינוּ
וֵאלֹהֵי אֲבוֹתֵינוּ
אֱלֹהֵי כָל בָּשָׂר
יוֹצְרֵנוּ, יוֹצֵר בְּרֵאשִׁית.
בְּרָכוֹת וְהוֹדָאוֹת
לְשִׁמְךָ הַגָּדוֹל וְהַקָּדוֹשׁ
עַל שֶׁהֶחֱיִיתָנוּ וְקִיַּמְתָּנוּ.
כֵּן תְּחַיֵּנוּ וּתְקַיְּמֵנוּ
וְתֶאֱסֹף גָּלֻיּוֹתֵינוּ
לְחַצְרוֹת קָדְשֶׁךָ
לִשְׁמֹר חֻקֶּיךָ וְלַעֲשׂוֹת רְצוֹנֶךָ
וּלְעָבְדְּךָ בְּלֵבָב שָׁלֵם
עַל שֶׁאֲנוּ מוֹדִים לָךְ.
בָּרוּךְ אֵל הַהוֹדָאוֹת.

וְעַל כֻּלָּם יִתְבָּרַךְ וְיִתְרוֹמַם וְיִתְנַשֵּׂא שִׁמְךָ מַלְכֵּנוּ
תָּמִיד לְעוֹלָם וָעֶד.
וְכֹל הַחַיִּים יוֹדוּךָ סֶּלָה
וִיהַלְלוּ וִיבָרְכוּ אֶת שִׁמְךָ הַגָּדוֹל בֶּאֱמֶת לְעוֹלָם כִּי טוֹב
הָאֵל יְשׁוּעָתֵנוּ וְעֶזְרָתֵנוּ סֶלָה, הָאֵל הַטּוֹב.
בָּרוּךְ אַתָּה יהוה, הַטּוֹב שִׁמְךָ וּלְךָ נָאֶה לְהוֹדוֹת.

קודם ברכת כוהנים אומרים דברי הקדמה אלה:

הכוהנים אומרים: יְהִי רָצוֹן מִלְּפָנֶיךָ יהוה אֱלֹהֵינוּ וֵאלֹהֵי אֲבוֹתֵינוּ, שֶׁתְּהֵא הַבְּרָכָה הַזֹּאת (לכוהנים: שֶׁצִּוִּיתָנוּ) (לקהל: שֶׁצִּוִּיתָ) לְבָרֵךְ אֶת עַמְּךָ יִשְׂרָאֵל, בְּרָכָה שְׁלֵמָה, וְלֹא יִהְיֶה בָּהּ שׁוּם מִכְשׁוֹל וְעָוֹן, מֵעַתָּה וְעַד־עוֹלָם:

שליח הציבור אומר: אֱלֹהֵינוּ וֵאלֹהֵי אֲבוֹתֵינוּ, בָּרְכֵנוּ בַּבְּרָכָה הַמְשֻׁלֶּשֶׁת בַּתּוֹרָה הַכְּתוּבָה עַל יְדֵי מֹשֶׁה עַבְדֶּךָ, הָאֲמוּרָה מִפִּי אַהֲרֹן וּבָנָיו.

שליח הציבור (או אחד מן הציבור) מכריז: כֹּהֲנִים הקהל עונה: עַם קְדוֹשֶׁךָ, כָּאָמוּר:

כאשר עולה לדוכן כוהן אחד בלבד אין אומרים נוסח זה, אלא מיד מתחיל הכוהן בברכה.

הכוהנים מברכים: בָּרוּךְ אַתָּה יהוה אֱלֹהֵינוּ מֶלֶךְ הָעוֹלָם, אֲשֶׁר קִדְּשָׁנוּ בִּקְדֻשָּׁתוֹ שֶׁל אַהֲרֹן, וְצִוָּנוּ לְבָרֵךְ אֶת עַמּוֹ יִשְׂרָאֵל בְּאַהֲבָה.

שליח הציבור מקריא מילה במילה והכוהנים חוזרים אחריו:

במדבר ו יְבָרֶכְךָ יהוה וְיִשְׁמְרֶךָ: קהל: אָמֵן
יָאֵר יהוה פָּנָיו אֵלֶיךָ וִיחֻנֶּךָּ: קהל: אָמֵן
יִשָּׂא יהוה פָּנָיו אֵלֶיךָ וְיָשֵׂם לְךָ שָׁלוֹם: קהל: אָמֵן

מי שחלם חלום ואינו יודע מה פשרו אומר בשעת ברכת כוהנים נוסח של 'הטבת חלום' (עמ' 709).

במקום שאין כוהנים שליח הציבור אומר את הבקשה 'אֱלֹהֵינוּ וֵאלֹהֵי אֲבוֹתֵינוּ... עַם קְדוֹשֶׁךָ, כָּאָמוּר' ולאחר מכן אומר את שלושת פסוקי הברכה ברצף, והקהל עונה לאחר כל פסוק 'כֵּן יְהִי רָצוֹן' (ויש העונים 'אָמֵן').

אם עלו כוהנים לדוכן, לאחר הברכה אומר הקהל בלחש: אַדִּיר בַּמָּרוֹם שׁוֹכֵן בִּגְבוּרָה, אַתָּה שָׁלוֹם וְשִׁמְךָ שָׁלוֹם. יְהִי רָצוֹן שֶׁתָּשִׂים עָלֵינוּ וְעַל כָּל עַמְּךָ בֵּית יִשְׂרָאֵל חַיִּים וּבְרָכָה לְמִשְׁמֶרֶת שָׁלוֹם.

הכוהנים אומרים בלחש:
דברים כו רִבּוֹנוֹ שֶׁל עוֹלָם, עָשִׂינוּ מַה שֶּׁגָּזַרְתָּ עָלֵינוּ, אַף אַתָּה עֲשֵׂה עִמָּנוּ כְּמוֹ שֶׁהִבְטַחְתָּנוּ. הַשְׁקִיפָה מִמְּעוֹן קָדְשְׁךָ מִן־הַשָּׁמַיִם, וּבָרֵךְ אֶת־עַמְּךָ אֶת־יִשְׂרָאֵל, וְאֵת הָאֲדָמָה אֲשֶׁר נָתַתָּה לָנוּ, כַּאֲשֶׁר נִשְׁבַּעְתָּ לַאֲבֹתֵינוּ, אֶרֶץ זָבַת חָלָב וּדְבָשׁ:

שלום

שִׂים שָׁלוֹם טוֹבָה וּבְרָכָה
חַיִּים חֵן וָחֶסֶד וְרַחֲמִים
עָלֵינוּ וְעַל כָּל יִשְׂרָאֵל עַמֶּךָ.
בָּרְכֵנוּ אָבִינוּ כֻּלָּנוּ כְּאֶחָד בְּאוֹר פָּנֶיךָ
כִּי בְאוֹר פָּנֶיךָ נָתַתָּ לָּנוּ יהוה אֱלֹהֵינוּ
תּוֹרַת חַיִּים וְאַהֲבַת חֶסֶד
וּצְדָקָה וּבְרָכָה
וְרַחֲמִים וְחַיִּים וְשָׁלוֹם.
וְטוֹב יִהְיֶה בְּעֵינֶיךָ לְבָרְכֵנוּ
וּלְבָרֵךְ אֶת כָּל עַמְּךָ יִשְׂרָאֵל
בְּכָל עֵת וּבְכָל שָׁעָה
בִּשְׁלוֹמֶךָ.

יש אומרים בערבית נוסח זה:

שָׁלוֹם רָב
עַל יִשְׂרָאֵל עַמְּךָ
תָּשִׂים לְעוֹלָם
כִּי אַתָּה הוּא
מֶלֶךְ אָדוֹן
לְכָל הַשָּׁלוֹם.
וְטוֹב יִהְיֶה בְּעֵינֶיךָ
לְבָרְכֵנוּ
וּלְבָרֵךְ אֶת
כָּל עַמְּךָ יִשְׂרָאֵל
בְּכָל עֵת וּבְכָל שָׁעָה
בִּשְׁלוֹמֶךָ.

בָּרוּךְ אַתָּה יהוה, הַמְבָרֵךְ אֶת עַמּוֹ יִשְׂרָאֵל בַּשָּׁלוֹם.

יִהְיוּ לְרָצוֹן אִמְרֵי־פִי וְהֶגְיוֹן לִבִּי לְפָנֶיךָ, יהוה צוּרִי וְגֹאֲלִי: תהלים יט

אֱלֹהַי, נְצֹר לְשׁוֹנִי מֵרָע וּשְׂפָתַי מִדַּבֵּר מִרְמָה ברכות יז.
וְלִמְקַלְלַי נַפְשִׁי תִדֹּם, וְנַפְשִׁי כֶּעָפָר לַכֹּל תִּהְיֶה.
פְּתַח לִבִּי בְּתוֹרָתֶךָ וְאַחֲרֵי מִצְוֹתֶיךָ תִּרְדֹּף נַפְשִׁי.
וְכָל הַקָּמִים וְהַחוֹשְׁבִים עָלַי רָעָה
מְהֵרָה הָפֵר עֲצָתָם וְקַלְקֵל מַחֲשַׁבְתָּם.

יש המוסיפים:

יִהְיוּ כְּמֹץ לִפְנֵי רוּחַ וּמַלְאַךְ יהוה דּוֹחֶה.

יש המוסיפים:

יְהִי רָצוֹן מִלְּפָנֶיךָ, יהוה אֱלֹהַי וֵאלֹהֵי אֲבוֹתַי
שֶׁלֹּא תַעֲלֶה קִנְאַת אָדָם עָלַי, וְלֹא קִנְאָתִי עַל אֲחֵרִים
וְשֶׁלֹּא אֶכְעֹס הַיּוֹם, וְשֶׁלֹּא אַכְעִיסֶךָ
וְתַצִּילֵנִי מִיֵּצֶר הָרָע, וְתֵן בְּלִבִּי הַכְנָעָה וַעֲנָוָה.
מַלְכֵּנוּ וֵאלֹהֵינוּ, יַחֵד שִׁמְךָ בְּעוֹלָמֶךָ
בְּנֵה עִירְךָ, יַסֵּד בֵּיתְךָ וְשַׁכְלֵל הֵיכָלֶךָ
וְקַבֵּץ קִבּוּץ גָּלֻיּוֹת, וּפְדֵה צֹאנֶךָ וְשַׂמַּח עֲדָתֶךָ.

עֲשֵׂה לְמַעַן שְׁמֶךָ, עֲשֵׂה לְמַעַן יְמִינֶךָ
עֲשֵׂה לְמַעַן תּוֹרָתֶךָ, עֲשֵׂה לְמַעַן קְדֻשָּׁתֶךָ.
לְמַעַן יֵחָלְצוּן יְדִידֶיךָ, הוֹשִׁיעָה יְמִינְךָ וַעֲנֵנִי: תהלים ס

יש נוהגים לומר כאן פסוק הרומז לשמו של המתפלל
הפותח ומסיים באותיות שבהן שמו נפתח ומסתיים.

יִהְיוּ לְרָצוֹן אִמְרֵי פִי וְהֶגְיוֹן לִבִּי לְפָנֶיךָ, יהוה צוּרִי וְגוֹאֲלִי: תהלים יט

כורע וחוזר שלוש פסיעות לאחוריו כמי שנפטר מלפני המלך, ופסיעה ראשונה יפסע ברגל שמאל. כורע מעט לצד שמאלו ואומר: ׳עֹשֶׂה שָׁלוֹם בִּמְרוֹמָיו׳, וכורע קצת לימינו ואומר: ׳הוּא יַעֲשֶׂה שָׁלוֹם עָלֵינוּ׳, וכורע לפניו כריעה גדולה יותר ומסיים: ׳וְעַל כָּל יִשְׂרָאֵל וְאִמְרוּ אָמֵן׳.

עֹשֶׂה שָׁלוֹם בִּמְרוֹמָיו
הוּא יַעֲשֶׂה שָׁלוֹם, עָלֵינוּ וְעַל כָּל יִשְׂרָאֵל, וְאִמְרוּ אָמֵן.

יְהִי רָצוֹן מִלְּפָנֶיךָ יהוה אֱלֹהֵינוּ וֵאלֹהֵי אֲבוֹתֵינוּ
שֶׁיִּבָּנֶה בֵּית הַמִּקְדָּשׁ בִּמְהֵרָה בְיָמֵינוּ, וְתֵן חֶלְקֵנוּ בְּתוֹרָתֶךָ
וְשָׁם נַעֲבָדְךָ בְּיִרְאָה כִּימֵי עוֹלָם וּכְשָׁנִים קַדְמֹנִיּוֹת.
וְעָרְבָה לַיהוה מִנְחַת יְהוּדָה וִירוּשָׁלָםִ כִּימֵי עוֹלָם וּכְשָׁנִים קַדְמֹנִיּוֹת: מלאכי ג

בערבית אומרים קדיש שלם (עמ׳ 301) ו׳עָלֵינוּ׳ (ויש המוסיפים לפני ׳עָלֵינוּ׳ מזמור לימי הרגל, עמ׳ 232). בשביעי ובאחרון של פסח סופרים ספירת העומר לפני ׳עָלֵינוּ׳.

בליל שבת מתחילים ב׳וַיְכֻלּוּ׳ (עמ׳ 300) עד סיום התפילה.

בלילה הראשון של פסח (ובחוץ לארץ גם בלילה השני) קוראים הלל שלם (עמ׳ 508; ובשבת אומרים ׳וַיְכֻלּוּ׳ לפני ההלל, אך אין אומרים תפילה מעין שבע) ואחריו קדיש שלם, וממשיכים כבשאר הרגלים.

בלילה השני של פסח בחוץ לארץ יש הנוהגים לספור ספירת העומר (עמ׳ 215), ויש הסופרים רק לאחר עריכת סדר הפסח.

בליל שמחת תורה אחרי הקדיש עורכים הקפות (בעמוד הבא).

בשחרית קוראים כאן את ההלל (עמ׳ 508).

במנחה ממשיכים בקדיש שלם (עמ׳ 301) ו׳עָלֵינוּ׳.

סדר הקפות

בשמחת תורה אומרים בערבית ובשחרית סדר זה לפני ההקפות.

פותחים את ארון הקודש ואומרים:

אַתָּה הָרְאֵתָ לָדַעַת, כִּי יהוה הוּא הָאֱלֹהִים, אֵין עוֹד מִלְּבַדּוֹ: דברים ד

לְעֹשֵׂה נִפְלָאוֹת גְּדֹלוֹת לְבַדּוֹ, כִּי לְעוֹלָם חַסְדּוֹ: תהלים קלו

אֵין־כָּמוֹךָ בָאֱלֹהִים, אֲדֹנָי, וְאֵין כְּמַעֲשֶׂיךָ: תהלים פו

הקפות לשמחת תורה "שמיני עצרת", אף על פי שהוא סמוך וצמוד לחג הסוכות, הריהו חג נבדל לעצמו, ואין מצוותיו ותפילותיו קשורות לאלה של חג הסוכות. על חג זה אמרו חכמים שהוא כעין חגיגה פרטית של ה' וישראל הבאה אחרי חגיגות חג הסוכות, השייכות לכל העולם. דימו את חג שמיני עצרת לסעודה קטנה שהמלך עורך לאוהבו. במרוצת הדורות, לכבוד סיום מחזור קריאת התורה השנתית וההתחלה של מחזור חדש, הוצמדה לחג זה חגיגת שמחת תורה. למעשה, הן מצד המנהגים הן מבחינת הרגש הפנימי, ביום זה גובר הצד של שמחת תורה על צד החג של שמיני עצרת. חג שמחת תורה בעיקרו הוא ביטוי השמחה של ישראל על שזכו להשלים את קריאת התורה, ושמחה זו חורגת הרבה מעבר לכך, לחגיגה גדולה לכבוד התורה. בחג השבועות חוגגים את "מתן תורה" ואז עוסקים בעיקר בחשיבות המעמד של ההתגלות הגדולה, ולכן מודגש בו יותר צד ההרגשה של יראת הרוממות. ואילו בשמחת תורה בולט יותר צד הכרת התודה והשמחה היתרה על מתנת התורה, ועל הזכות שזכינו לקבלה ולעסוק בה. הטקסים בשמחת תורה פשוטים בעיקרם: נוהגים בשמחה גם בליל החג וגם ביומו, ומעשה השמחה הוא שמוציאים מארון הקודש

אתה הראת בספרי החסידות נאמר ששמחת תורה היא נקודת השיא של חגי תשרי. בכתבי האר"י ז"ל דרשו את הפסוק משיר השירים: "שְׂמֹאלוֹ תַּחַת לְרֹאשִׁי וִימִינוֹ תְּחַבְּקֵנִי" כמרמז על סדר העבודה של חודש תשרי. "שמאלו תחת לראשי" – הם הימים הנוראים, ראש השנה ויום הכיפורים, שבהם קו העבודה הוא בעיקר השמאל, הגבורה והדחייה של צד הלא־טוב שבאדם. "וימינו תחבקני" – הוא חג סוכות. ורמז לדבר בהלכות סוכה: שיעור דפנות הסוכה הוא שתי דפנות שלמות ושלישית אפילו טפח, וכצורת הדפנות כך צורת היד המחבקת – זרוע, אמה וכף היד. כלומר, הסוכה בעצמה היא כעין חיבוק של מעלה; גילוי של

יְהִי כְבוֹד יהוה לְעוֹלָם, יִשְׂמַח יהוה בְּמַעֲשָׂיו: תהלים קד
יְהִי שֵׁם יהוה מְבֹרָךְ, מֵעַתָּה וְעַד־עוֹלָם: תהלים קיג
יְהִי יהוה אֱלֹהֵינוּ עִמָּנוּ, כַּאֲשֶׁר הָיָה עִם־אֲבֹתֵינוּ מלכים א׳ ח
אַל־יַעַזְבֵנוּ וְאַל־יִטְּשֵׁנוּ:
וְאִמְרוּ, הוֹשִׁיעֵנוּ אֱלֹהֵי יִשְׁעֵנוּ, וְקַבְּצֵנוּ וְהַצִּילֵנוּ מִן־הַגּוֹיִם דברי הימים א׳ טז
לְהֹדוֹת לְשֵׁם קָדְשֶׁךָ, לְהִשְׁתַּבֵּחַ בִּתְהִלָּתֶךָ:
יהוה מֶלֶךְ, יהוה מָלָךְ, יהוה יִמְלֹךְ לְעֹלָם וָעֶד.
יהוה עֹז לְעַמּוֹ יִתֵּן, יהוה יְבָרֵךְ אֶת־עַמּוֹ בַשָּׁלוֹם: תהלים כט
וְיִהְיוּ נָא אֲמָרֵינוּ לְרָצוֹן, לִפְנֵי אֲדוֹן כֹּל.

את כל ספרי התורה שבתוכו, ובני בית הכנסת מחזיקים אותם ומקיפים בהם את הבמה שבבית הכנסת. כל זה נעשה בשירה ובריקוד הבאים לבטא את השמחה של ישראל והקדוש ברוך הוא בתורה. הריקודים לכבוד שמחת תורה הם בעצם התמצית שבחג הזה, שאין עניינו בלימוד התורה - אלא בשמחה כפשוטה.

הימין־החסד־האהבה של הקדוש ברוך הוא לישראל. שמיני עצרת הוא חג הסיכום ("עצרת") וההשלמה, התמצית של כל מה שהיה בחודש תשרי. העבודה הרוחנית של ראשית השנה - ימי אלול, ראש השנה, יום הכיפורים וחג הסוכות (האהבה והיראה, הריחוק והקירוב) - מוליכה לאמירת: "אַתָּה הָרְאֵתָ לָדַעַת" בשמחת תורה; לא רק בבחינת אמירה אלא ראייה בפועל ממש - "כִּי ה׳ הוּא הָאֱלֹהִים אֵין עוֹד מִלְבַדּוֹ". נקודת התמצית של שמיני עצרת היא גם נקודת המעבר מההתרחשויות הגדולות של חגי תשרי אל חיי השגרה הארוכים של ימות חול, עד למחזור הבא של החגים שיבוא רק בפסח. הריקודים בשמחת תורה, הבנויים ככל ריקוד במעגל, על ריחוק וקירוב, מבטאים את ריתמוס החיים היהודים, שראשיתם בימי החגים והמשכם בעבודת האדם בכל יום ויום: את ריקודו של האדם, כביכול, עם הקדוש ברוך הוא - הרצוא והשוב התמידיים, העלייה והירידה, ההכנה הפנימית בימי החגים והיישום בפועל בעבודת האדם בעולם.

ריקוד כאשר אנשים רוקדים הם מצטרפים ומתחברים זה לזה. איש איננו נשאר לגמרי לבדו; יש איזשהו ניגון, גלוי או סמוי, שמאחד ומקשר את כולם יחד. יתרה מזו, יש בריקוד דבר נוסף: בריקוד אדם בועט ברצפה כדי להגיע קצת

וַיְהִי בִּנְסֹעַ הָאָרֹן וַיֹּאמֶר מֹשֶׁה במדבר י
קוּמָה יהוה וְיָפֻצוּ אֹיְבֶיךָ, וְיָנֻסוּ מְשַׂנְאֶיךָ מִפָּנֶיךָ:
קוּמָה יהוה לִמְנוּחָתֶךָ, אַתָּה וַאֲרוֹן עֻזֶּךָ: תהלים קלב
כֹּהֲנֶיךָ יִלְבְּשׁוּ־צֶדֶק, וַחֲסִידֶיךָ יְרַנֵּנוּ:
בַּעֲבוּר דָּוִד עַבְדֶּךָ, אַל־תָּשֵׁב פְּנֵי מְשִׁיחֶךָ:
וְאָמַר בַּיּוֹם הַהוּא, הִנֵּה אֱלֹהֵינוּ זֶה קִוִּינוּ לוֹ, וְיוֹשִׁיעֵנוּ ישעיה כה
זֶה יהוה קִוִּינוּ לוֹ, נָגִילָה וְנִשְׂמְחָה בִּישׁוּעָתוֹ:
מַלְכוּתְךָ מַלְכוּת כָּל־עֹלָמִים, וּמֶמְשַׁלְתְּךָ בְּכָל־דּוֹר וָדֹר: תהלים קמה
כִּי מִצִּיּוֹן תֵּצֵא תוֹרָה, וּדְבַר־יהוה מִירוּשָׁלָםִ: ישעיה ב
אַב הָרַחֲמִים, הֵיטִיבָה בִרְצוֹנְךָ אֶת־צִיּוֹן, תִּבְנֶה חוֹמוֹת יְרוּשָׁלָםִ: תהלים נא
כִּי בְךָ לְבַד בָּטָחְנוּ, מֶלֶךְ אֵל רָם וְנִשָּׂא, אֲדוֹן עוֹלָמִים.

נוהגים להוציא את כל ספרי התורה מארון הקודש, לחלק אותם בין המתפללים (לפי כבודם ומעלתם של הנקראים לכבוד זה) ולהקיף את הבימה שבע פעמים. הקפה ראשונה:

אָנָּא יהוה הוֹשִׁיעָה נָּא, אָנָּא יהוה הַצְלִיחָה נָא: תהלים קיח
אָנָּא יהוה עֲנֵנוּ בְיוֹם קָרְאֵנוּ.
אֱלֹהֵי הָרוּחוֹת הוֹשִׁיעָה נָּא, בּוֹחֵן לְבָבוֹת הַצְלִיחָה נָא
גּוֹאֵל חָזָק עֲנֵנוּ בְיוֹם קָרְאֵנוּ.

תּוֹרַת יהוה תְּמִימָה, מְשִׁיבַת נָפֶשׁ תהלים יט
מִזְמוֹר לְדָוִד, הָבוּ לַיהוה בְּנֵי אֵלִים, הָבוּ לַיהוה כָּבוֹד וָעֹז: תהלים כט
הָבוּ לַיהוה כְּבוֹד שְׁמוֹ, הִשְׁתַּחֲווּ לַיהוה בְּהַדְרַת־קֹדֶשׁ:
קוֹל יהוה עַל־הַמָּיִם, אֵל־הַכָּבוֹד הִרְעִים, יהוה עַל־מַיִם רַבִּים:
לַמְנַצֵּחַ בִּנְגִינֹת, מִזְמוֹר שִׁיר: תהלים סז
אֱלֹהִים יְחָנֵּנוּ וִיבָרְכֵנוּ, יָאֵר פָּנָיו אִתָּנוּ סֶלָה:
אָנָּא, בְּכֹחַ גְּדֻלַּת יְמִינְךָ, תַּתִּיר צְרוּרָה.
כִּי־אָמַרְתִּי עוֹלָם חֶסֶד יִבָּנֶה: תהלים פט

יותר למעלה. אדם עומד על רצפה, על תחתיתו של עולם, אך איננו מסכים להיות שם – הוא רוצה להיות למעלה, הוא רוצה להתרומם: טפח, חצי טפח,

הקפה שנייה:

דּוֹבֵר צְדָקוֹת הוֹשִׁיעָה נָּא, הָדוּר בִּלְבוּשׁוֹ הַצְלִיחָה נָא
וָתִיק וְחָסִיד עֲנֵנוּ בְיוֹם קָרְאֵנוּ.

עֵדוּת יהוה נֶאֱמָנָה, מַחְכִּימַת פֶּתִי: תהלים יט
קוֹל־יהוה בַּכֹּחַ, לָדַעַת בָּאָרֶץ דַּרְכֶּךָ, בְּכָל־גּוֹיִם יְשׁוּעָתֶךָ: תהלים כט / תהלים סז
קַבֵּל רִנַּת עַמְּךָ, שַׂגְּבֵנוּ, טַהֲרֵנוּ, נוֹרָא.
לְךָ זְרוֹעַ עִם־גְּבוּרָה, תָּעֹז יָדְךָ תָּרוּם יְמִינֶךָ: תהלים פט

הקפה שלישית:

זַךְ וְיָשָׁר הוֹשִׁיעָה נָּא, חַנּוּן וְרַחוּם הַצְלִיחָה נָא
טוֹב וּמֵטִיב עֲנֵנוּ בְיוֹם קָרְאֵנוּ.

פִּקּוּדֵי יהוה יְשָׁרִים, מְשַׂמְּחֵי־לֵב, קוֹל יהוה בֶּהָדָר: תהלים יט / תהלים כט
יוֹדוּךָ עַמִּים אֱלֹהִים, יוֹדוּךָ עַמִּים כֻּלָּם: תהלים סז
נָא גִבּוֹר, דּוֹרְשֵׁי יִחוּדְךָ כְּבָבַת שָׁמְרֵם.
תִּתֵּן אֱמֶת לְיַעֲקֹב, חֶסֶד לְאַבְרָהָם: מיכה ז

הקפה רביעית:

יוֹדֵעַ מַחֲשָׁבוֹת הוֹשִׁיעָה נָּא, כַּבִּיר כֹּחַ הַצְלִיחָה נָא
לוֹבֵשׁ צְדָקוֹת עֲנֵנוּ בְיוֹם קָרְאֵנוּ.

מִצְוַת יהוה בָּרָה, מְאִירַת עֵינָיִם: תהלים יט
קוֹל יהוה שֹׁבֵר אֲרָזִים, וַיְשַׁבֵּר יהוה אֶת־אַרְזֵי הַלְּבָנוֹן: תהלים כט
וַיַּרְקִידֵם כְּמוֹ־עֵגֶל, לְבָנוֹן וְשִׂרְיוֹן כְּמוֹ בֶן־רְאֵמִים:
יִשְׂמְחוּ וִירַנְּנוּ לְאֻמִּים, כִּי־תִשְׁפֹּט עַמִּים מִישֹׁר תהלים סז
וּלְאֻמִּים בָּאָרֶץ תַּנְחֵם סֶלָה:
בָּרְכֵם, טַהֲרֵם, רַחֲמֵי, צִדְקָתְךָ תָּמִיד גָּמְלֵם.
נְעִמוֹת בִּימִינְךָ נֶצַח: תהלים טז

רבע טפח. כדי להתרומם למעלה הוא צריך לבעוט למטה ולהגיד: אני לא מסכים להיות למטה, להיות תחתון. אני רוצה לעלות, אני זוכר שיש לי לאן לעלות.

הקפה חמישית:

מֶלֶךְ עוֹלָמִים הוֹשִׁיעָה נָּא, נָאוֹר וְאַדִּיר הַצְלִיחָה נָא
סוֹמֵךְ וְסוֹעֵד עֲנֵנוּ בְּיוֹם קָרְאֵנוּ.

יִרְאַת יהוה טְהוֹרָה, עוֹמֶדֶת לָעַד תהלים יט
קוֹל־יהוה חֹצֵב לַהֲבוֹת אֵשׁ: תהלים כט
יוֹדוּךָ עַמִּים אֱלֹהִים, יוֹדוּךָ עַמִּים כֻּלָּם: תהלים סז
חֲסִין קָדוֹשׁ, בְּרֹב טוּבְךָ נַהֵל עֲדָתֶךָ.
יהוה אֲדֹנֵינוּ מָה־אַדִּיר שִׁמְךָ בְּכָל־הָאָרֶץ תהלים ח
אֲשֶׁר־תְּנָה הוֹדְךָ עַל־הַשָּׁמָיִם:

הקפה שישית:

עוֹזֵר דַּלִּים הוֹשִׁיעָה נָּא, פּוֹדֶה וּמַצִּיל הַצְלִיחָה נָא
צוּר עוֹלָמִים עֲנֵנוּ בְּיוֹם קָרְאֵנוּ.

מִשְׁפְּטֵי־יהוה אֱמֶת, צָדְקוּ יַחְדָּו: תהלים יט
קוֹל יהוה יָחִיל מִדְבָּר, יָחִיל יהוה מִדְבַּר קָדֵשׁ: תהלים כט
אֶרֶץ נָתְנָה יְבוּלָהּ, יְבָרְכֵנוּ אֱלֹהִים אֱלֹהֵינוּ: תהלים סז
יָחִיד גֵּאֶה, לְעַמְּךָ פְנֵה, זוֹכְרֵי קְדֻשָּׁתֶךָ.
צַדִּיק יהוה בְּכָל־דְּרָכָיו, וְחָסִיד בְּכָל־מַעֲשָׂיו: תהלים קמה

הקפה שביעית:

קָדוֹשׁ וְנוֹרָא הוֹשִׁיעָה נָּא, רַחוּם וְחַנּוּן הַצְלִיחָה נָא
שׁוֹכֵן שְׁחָקִים עֲנֵנוּ בְּיוֹם קָרְאֵנוּ.

תּוֹמֵךְ תְּמִימִים הוֹשִׁיעָה נָּא, תַּקִּיף לָעַד הַצְלִיחָה נָא
תָּמִים בְּמַעֲשָׂיו עֲנֵנוּ בְּיוֹם קָרְאֵנוּ.

הַנֶּחֱמָדִים מִזָּהָב וּמִפַּז רָב תהלים יט
וּמְתוּקִים מִדְּבַשׁ וְנֹפֶת צוּפִים:
קוֹל יהוה יְחוֹלֵל אַיָּלוֹת וַיֶּחֱשֹׂף יְעָרוֹת תהלים כט
וּבְהֵיכָלוֹ, כֻּלּוֹ אֹמֵר כָּבוֹד:
יהוה לַמַּבּוּל יָשָׁב, וַיֵּשֶׁב יהוה מֶלֶךְ לְעוֹלָם:

יהוה עֹז לְעַמּוֹ יִתֵּן
יהוה יְבָרֵךְ אֶת־עַמּוֹ בַשָּׁלוֹם:
יְבָרְכֵנוּ אֱלֹהִים, וְיִירְאוּ אוֹתוֹ כָּל־אַפְסֵי־אָרֶץ: תהלים סז
שַׁוְעָתֵנוּ קַבֵּל וּשְׁמַע צַעֲקָתֵנוּ, יוֹדֵעַ תַּעֲלוּמוֹת.
לְךָ יהוה הַגְּדֻלָּה וְהַגְּבוּרָה וְהַתִּפְאֶרֶת וְהַנֵּצַח וְהַהוֹד דברי הימים א׳ כט
כִּי־כֹל בַּשָּׁמַיִם וּבָאָרֶץ
לְךָ יהוה הַמַּמְלָכָה וְהַמִּתְנַשֵּׂא לְכֹל לְרֹאשׁ:
וְהָיָה יהוה לְמֶלֶךְ עַל־כָּל־הָאָרֶץ זכריה יד
בַּיּוֹם הַהוּא יִהְיֶה יהוה אֶחָד וּשְׁמוֹ אֶחָד:
וּבְתוֹרָתְךָ כָּתוּב לֵאמֹר
שְׁמַע יִשְׂרָאֵל, יהוה אֱלֹהֵינוּ יהוה אֶחָד: דברים ו
בָּרוּךְ שֵׁם כְּבוֹד מַלְכוּתוֹ לְעוֹלָם וָעֶד.

בערבית מחזירים את הספרים לארון מלבד ספר אחד שבו קוראים בתורה. מנהג נפוץ הוא לקרוא לכוהן את פרשת ברכת כוהנים (במדבר ו, כב-כז), ללוי את ברכת יצחק ליעקב (בראשית כז, כג-כט), ולישראל את ברכת יעקב לאפרים ומנשה (בראשית מח, יא-טז). רבים אחרים נוהגים לקרוא לשלושה או חמישה עולים בפרשת ׳וזאת הברכה׳, ויש עוד מנהגים לסדר הקריאה ומספר העולים.

מגביהים את ספר התורה, מחזירים אותו לארון הקודש ואומרים ׳עָלֵינוּ׳ וקדיש יתום (ויש שמוספים לפני ׳עָלֵינוּ׳ מזמור קכב, עמ׳ 232).

ויש שאינם נוהגים לקרוא בתורה בליל שמחת תורה אלא ממשיכים בתפילת ׳עָלֵינוּ׳.

בשחרית מחזירים את כל הספרים לארון מלבד שלושה שבהם קוראים בתורה, ואומרים כסדר הוצאת ספר תורה מ׳שְׁמַע יִשְׂרָאֵל׳ (עמ׳ 381) (ויש שמחזירים את כל הספרים, וחוזרים ומוציאים שלושה ספרים לאחר סדר הוצאת ספר תורה מתחילתו).

לאחר ההפטרה, בארץ ישראל מזכירים נשמות (עמ׳ 559),
ובשבת מקדימים לכך ׳יְקוּם פֻּרְקָן׳ (עמ׳ 388).

לפני ׳אַשְׁרֵי׳ שליח הציבור ועוד שניים מהקהל נוטלים בידיהם את
שלושת ספרי התורה. עומדים ואומרים פיוטים אלו:

שִׂישׂוּ וְגִילוּ בְּשִׂמְחַת תּוֹרָה / וּתְנוּ כָבוֹד לַתּוֹרָה
כִּי טוֹב סַחְרָהּ מִכָּל סְחוֹרָה / מִפָּז וּמִפְּנִינִים יְקָרָה.

נָגִיל וְנָשִׂישׂ בְּזֹאת הַתּוֹרָה / כִּי הִיא לָנוּ עֹז וְאוֹרָה.

אֲהַלֵּל אֱלֹהַי וְאֶשְׂמְחָה בוֹ / וְאָשִׂימָה תִקְוָתִי בּוֹ
אֲהוֹדֶנּוּ בְּסוֹד עַם קְרוֹבוֹ / אֱלֹהֵי צוּרִי, אֶחֱסֶה בּוֹ.

נָגִיל וְנָשִׂישׂ בְּזֹאת הַתּוֹרָה / כִּי הִיא לָנוּ עֹז וְאוֹרָה.

בְּכָל עֵת אֲרַנֵּן גְּבוּרוֹתֶיךָ / וַאֲסַפֵּר תְּהִלָּתֶךָ
בְּשָׂשׂוֹן הֲשִׁיבֵנוּ לְבֵיתֶךָ / עַל חַסְדְּךָ וְעַל אֲמִתֶּךָ.

נָגִיל וְנָשִׂישׂ בְּזֹאת הַתּוֹרָה / כִּי הִיא לָנוּ עֹז וְאוֹרָה.

גּוֹאֵל הָחִישׁ מְבַשֵּׂר טוֹב / כִּי אַתָּה מִגְדַּל עֹז וָטוֹב
גְּאוּלִים יְשַׁבְּחוּךָ בְּלֵב טוֹב / הוֹדוּ לַיהוה כִּי טוֹב. תהלים קלו

נָגִיל וְנָשִׂישׂ בְּזֹאת הַתּוֹרָה / כִּי הִיא לָנוּ עֹז וְאוֹרָה.

דָּגוּל גְּאַל נָא אֶת הֲמוֹנַי / כִּי אֵין קָדוֹשׁ כַּיהוה
דּוֹרְשֶׁיךָ יוֹדוּךָ יהוה / מִי יְמַלֵּל גְּבוּרוֹת יהוה. תהלים קו

נָגִיל וְנָשִׂישׂ בְּזֹאת הַתּוֹרָה / כִּי הִיא לָנוּ עֹז וְאוֹרָה.

הֲלֹא בְּאַהֲבָתוֹ בָּחַר בָּנוּ / כִּי בְכוֹרִי קְרָאָנוּ
הוֹד וְהָדָר הֶחְכִּימָנוּ / כִּי לְעוֹלָם חַסְדּוֹ עִמָּנוּ.

נָגִיל וְנָשִׂישׂ בְּזֹאת הַתּוֹרָה / כִּי הִיא לָנוּ עֹז וְאוֹרָה.

הִתְקַבְּצוּ מַלְאָכִים זֶה אֶל זֶה / זֶה לָקֳבֵל זֶה
וְאָמַר זֶה לָזֶה / מִי הוּא זֶה וְאֵיזֶה הוּא
מְאַחֵז פְּנֵי־כִסֵּה, פַּרְשֵׁז עָלָיו עֲנָנוֹ: איוב כו
מִי עָלָה לַמָּרוֹם / מִי עָלָה לַמָּרוֹם / מִי עָלָה לַמָּרוֹם
וּמִי הוֹרִיד עֹז מִבְטֶחָה

מֹשֶׁה עָלָה לַמָּרוֹם וְהוֹרִיד עֹז מִבְטֶחָה
נְתַנְאֵל עָלָה לַמָּרוֹם וְהוֹרִיד עֹז מִבְטֶחָה
חֶבֶר עָלָה לַמָּרוֹם וְהוֹרִיד עֹז מִבְטֶחָה
אֲבִי גְדוֹר עָלָה לַמָּרוֹם וְהוֹרִיד עֹז מִבְטֶחָה
אֲבִי סוֹכוֹ עָלָה לַמָּרוֹם וְהוֹרִיד עֹז מִבְטֶחָה
יֶרֶד עָלָה לַמָּרוֹם וְהוֹרִיד עֹז מִבְטֶחָה
יְקוּתִיאֵל עָלָה לַמָּרוֹם וְהוֹרִיד עֹז מִבְטֶחָה
אֲבִי זָנוֹחַ עָלָה לַמָּרוֹם וְהוֹרִיד עֹז מִבְטֶחָה
טוֹבִיָּה עָלָה לַמָּרוֹם וְהוֹרִיד עֹז מִבְטֶחָה
שְׁמַעְיָה עָלָה לַמָּרוֹם וְהוֹרִיד עֹז מִבְטֶחָה

* * *

אָגִיל וְאֶשְׂמַח בְּשִׂמְחַת תּוֹרָה / בּוֹא יָבוֹא צֶמַח בְּשִׂמְחַת תּוֹרָה.

* * *

תּוֹרָה הִיא עֵץ חַיִּים / לְכֻלָּם חַיִּים / כִּי עִמְּךָ מְקוֹר חַיִּים:

* * *

אַבְרָהָם שָׂמַח בְּשִׂמְחַת תּוֹרָה / יִצְחָק שָׂמַח בְּשִׂמְחַת תּוֹרָה
יַעֲקֹב שָׂמַח בְּשִׂמְחַת תּוֹרָה / מֹשֶׁה שָׂמַח בְּשִׂמְחַת תּוֹרָה
אַהֲרֹן שָׂמַח בְּשִׂמְחַת תּוֹרָה / דָּוִד שָׂמַח בְּשִׂמְחַת תּוֹרָה
שְׁלֹמֹה שָׂמַח בְּשִׂמְחַת תּוֹרָה / בּוֹא יָבוֹא צֶמַח בְּשִׂמְחַת תּוֹרָה.

* * *

אַשְׁרֵיכֶם יִשְׂרָאֵל / אֲשֶׁר בָּחַר בָּכֶם אֵל
וְהִנְחִילְכֶם הַתּוֹרָה / מִסִּינַי מַתָּנָה.

וממשיכים ׳אַשְׁרֵי׳ והכנסת ספר תורה (עמ׳ 394).

אקדמות לפני קריאת התורה בחג השבועות נהוג לומר פיוט זה, הכתוב ארמית. הפיוט מדבר בשבח הבורא ובתיאור עולמות עליונים ותחתונים, ומסיים בביאת המשיח ובסעודה המתוקנת לצדיקים לעתיד לבוא. הפיוט נאמר בקהילות האשכנזים, ואילו אצל הספרדים נוהגים במקום זה לקרוא מעין נוסח ״כתובה״ לחג השבועות. מנהג זה הוא על דרך האמור במשנה שיום מתן תורה הוא ״יום חתונתו״ של הקדוש ברוך הוא עם כנסת ישראל; ואם כן, התורה היא הכתובה שניתנה מיד ה׳חתן׳ ליד ה׳כלה׳.

אקדמות

בשבועות, אחרי שקראו לעולה הראשון וקודם שהתחיל את ברכת התורה, אומרים:

ש״ץ: אַקְדָּמוּת מִלִּין וְשָׁרָיוּת שׁוּתָא
אַוְלָא שָׁקֵלְנָא הַרְמָן וּרְשׁוּתָא.

קהל: בְּבָבֵי תְרֵי וּתְלָת דְּאֶפְתַּח בְּנַקְשׁוּתָא
בְּבָרֵי דְבָרֵי וְטָרֵי עֲדֵי לְקַשִּׁישׁוּתָא.

ש״ץ: גְּבוּרָן עָלְמִין לֵהּ, וְלָא סָפֵק פְּרִישׁוּתָא
גְּוִיל אִלּוּ רְקִיעֵי, קְנֵי כָּל חֻרְשָׁתָא.

קהל: דְּיוֹ אִלּוּ יַמֵּי וְכָל מֵי כְנִישׁוּתָא
דָּיְרֵי אַרְעָא סָפְרֵי וְרָשְׁמֵי רַשְׁוָתָא.

ש״ץ: הֲדַר מָרֵי שְׁמַיָּא וְשַׁלִּיט בְּיַבֶּשְׁתָּא
הֲקֵים עָלְמָא יְחִידָאי, וְכַבְּשֵׁהּ בְּכַבְּשׁוּתָא.

קהל: וּבְלָא לֵאוּ שַׁכְלְלֵהּ, וּבְלָא תְשָׁשׁוּתָא
וּבְאָתָא קַלִּילָא דְּלֵית בַּהּ מְשָׁשׁוּתָא.

ש״ץ: זַמֵּן כָּל עֲבִידְתֵּהּ בְּהַךְ יוֹמֵי שִׁתָּא
זְהוֹר יְקָרֵהּ עַלִּי, עֲלֵי כָּרְסְיֵהּ דְּאֶשָּׁתָא.

קהל: חֵיל אֶלֶף אַלְפִין וְרִבּוֹא לְשַׁמָּשׁוּתָא
חַדְתִּין נְבוֹט לִצְפָרִין, סַגִּיאָה טְרָשׁוּתָא.

ש״ץ: טְפֵי יְקִידִין שְׂרָפִין, כְּלוּל גַּפֵּי שִׁתָּא
טְעֵם עַד יִתְיְהֵב לְהוֹן, שְׁתִיקִין בְּאַדִּישְׁתָּא.

קהל: יְקַבְּלוּן דֵּין מִן דֵּין שָׁוֵי דְּלָא בְשַׁשְׁתָּא
יְקָר מְלֵי כָל אַרְעָא לְתַלּוּתֵי קְדֻשְׁתָּא.

ש״ץ: כְּקָל מִן קֳדָם שַׁדַּי, כְּקָל מֵי נְפִישׁוּתָא
כְּרוּבִין קֳבֵל גַּלְגְּלִין מְרוֹמְמִין בְּאַוְשָׁתָא.

קהל: לְמֶחֱזֵי בְּאַנְפָּא עֵין כְּוָת גִּירֵי קַשְׁתָּא
לְכָל אֲתַר דְּמִשְׁתַּלְּחִין, זְרִיזִין בְּאַשְׁוָתָא.

ש״ץ: מְבָרְכִין בְּרִיךְ יְקָרֵהּ בְּכָל לִשַּׁן לְחִישׁוּתָא
מֵאֲתַר בֵּית שְׁכִינְתֵּהּ, דְּלָא צְרִיךְ בְּחִישׁוּתָא.

קהל: נְהֵם כָּל חֵיל מְרוֹמָא, מְקַלְּסִין בַּחֲשַׁשְׁתָּא
נְהִירָא מַלְכוּתֵהּ לְדָר וְדָר לְאַפְרַשְׁתָּא.

ש״ץ: סְדִירָא בְהוֹן קְדֻשְׁתָּא, וְכַד חָלְפָא שַׁעְתָּא
סִיּוּמָא דִלְעָלַם, וְאוֹף לָא לְשִׁבוּעֲתָא.

קהל: עֲדַב יְקַר אַחְסַנְתֵּהּ חֲבִיבִין, דִּבְקַבְעְתָּא
עֲבִידִין לֵהּ חֲטִיבָא בִּדְנַח וּשְׁקַעְתָּא.

ש״ץ: פְּרִישָׁן לְמָנָתֵהּ לְמֶעְבַּד לֵהּ רְעוּתָא
פְּרִישָׁתֵי שְׁבָחֵהּ יְחַוּוֹן בְּשָׁעוּתָא.

קהל: צְבֵי וְחָמֵד וְרָגֵג דְּיִלְאוֹן בְּלָעוּתָא
צְלוֹתְהוֹן בְּכֵן מְקַבֵּל, וְהָנְיָא בָעוּתָא.

ש״ץ: קְטִירָא לְחַי עָלְמָא בְּתָגָא בִּשְׁבוּעֲתָא
קֳבֵל יְקַר טוֹטֶפְתָּא יְתִיבָא בִקְבִיעֲתָא.

קהל: רְשִׁימָא הִיא גוּפָא בְּחָכְמְתָא וּבְדַעְתָּא
רְבוּתְהוֹן דְּיִשְׂרָאֵל, קָרְאֵי בִשְׁמַעְתָּא.

ש״ץ: שְׁבַח רִבּוֹן עָלְמָא, אֲמִירָא דַכְוָתָא
שְׁפַר עֲלַי לְחַוּוֹיֵהּ בְּאַפֵּי מַלְכְוָתָא.

קהל: תְּאֵין וּמִתְכַּנְּשִׁין כְּחֵזוּ אַדְוָתָא
תְּמֵהִין וְשַׁיְלִין לֵהּ בְּעֵסֶק אָתְוָתָא.

ש״ץ: מְנָן וּמַאן הוּא רְחִימָךְ, שַׁפִּירָא בְּרֵוְתָא
אֲרוּם בְּגִינֵהּ סְפֵית מְדוֹר אַרְיָוָתָא.

קהל: יְקָרָא וְיָאֶה אַתְּ, אִין תְּעָרְבִי לְמָרְוָתָא
רְעוּתֵךְ נַעֲבֵד לִיךְ בְּכָל אַתְרְוָתָא.

ש״ץ: בְּחָכְמְתָא מְתִיבָתָא לְהוֹן, קְצָת לְהוֹדָעוּתָא
יְדַעְתּוּן חַכְּמִין לֵהּ בְּאִשְׁתְּמוֹדָעוּתָא.

קהל: רְבוּתְכוֹן מָה חֲשִׁיבָא קֳבֵל הַהִיא שְׁבַחְתָּא
רְבוּתָא דְּיַעֲבֵד לִי, כַּד מָטְיָא יְשׁוּעֲתָא.

ש״ץ: בְּמֵיתֵי לִי נְהוֹרָא, וְתַחֲפֵי לְכוֹן בַּהֲתָא
יְקָרֵהּ כַּד אִתְגְּלֵי בְּתָקְפָּא וּבְגֵיוְתָא.

קהל: יְשַׁלֵּם גְּמָלַיָּא לְשָׂנְאֵי וְנַגְוָתָא
צִדְקָתָא לְעַם חָבִיב וְסַגֵּי זַכְוָתָא.

ש״ץ: חֲדוּ שְׁלֵמָא בְּמֵיתֵי, וּמָנָא דַּכְוָתָא
קִרְיְתָא דִּירוּשְׁלֵם כַּד יְכַנֵּשׁ גָּלְוָתָא.

קהל: יְקָרֵהּ מַטִּיל עֲלַהּ בְּיוֹמֵי וְלֵילְוָתָא
גְּנוּנֵהּ לְמֶעְבַּד בַּהּ בְּתֻשְׁבְּחָן כְּלִילָתָא.

ש״ץ: דְּזֵהוֹר עֲנָנַיָּא לְמִשְׁפַּר כִּילָתָא
לְפוּמֵהּ דַּעֲבִידְתָּא עֲבִידָן מְטַלַּלְתָּא.

קהל: בְּתַכְתְּקֵי דְּהַב פִּזָּא, וְשִׁבְעָה מַעֲלָתָא
תְּחִימִין צַדִּיקֵי קֳדָם רַב פָּעֳלָתָא.

ש״ץ: וְרֵוֵיהוֹן דָּמֵי לְשָׁבְעָא חֶדְוָתָא
רְקִיעָא בְּזֵהוֹרֵהּ וְכוֹכְבֵי זִיוָתָא.

קהל: הֲדָרָא דְּלָא אֶפְשָׁר לְמִפְרַט שִׂפְוָתָא,
וְלָא אִשְׁתְּמַע וַחֲמֵי נְבִיאָן חֶזְוָתָא.

ש״ץ: בְּלָא שָׁלְטָא בֵהּ עֵין, בְּגוֹ עֵדֶן גִּנְתָא
מְטַיְּלֵי בֵהּ חִנְגָּא לְבַהֲדֵי דִשְׁכִינְתָּא.

קהל: עֲלֵהּ רָמְזֵי דֵין הוּא, בְּרַם בְּאֵימְתָנוּתָא
שַׁבְרָנָא לֵהּ בְּשִׁבְיַן, תְּקוֹף הֵמָנוּתָא.

ש״ץ: יַדְבֵּר לַן עָלְמִין, עָלְמִין מְדַמּוּתָא
מְנָת דִּילַן דְּמִלְּקַדְמִין פָּרֵשׁ בַּאֲרָמוּתָא.

קהל: טְלוּלָא דְלִוְיָתָן וְתוֹר טוּר רָמוּתָא
וְחַד בְּחַד כִּי סָבֵךְ וְעָבֵד קְרָבוּתָא.

ש״ץ: בְּקַרְנוֹהִי מְנַגַּח בְּהֵמוֹת בְּרַבְוּתָא
יְקַרְטַע נוּן לְקִבְלֵהּ בְּצִיצוֹי בִּגְבוּרְתָא.

קהל: מְקָרֵב לֵהּ בָּרְיֵהּ בְּחַרְבֵּהּ בְּרַבְרְבוּתָא
אֲרִסְטוֹן לְצַדִּיקֵי יְתַקֵּן, וְשֵׁרוּתָא.

ש״ץ: מְסַחֲרִין עֲלֵי תַּכֵּי דְּכַדְכֹּד וְגוּמַרְתָּא
נְגִידִין קָמֵיהוֹן אֲפַרְסְמוֹן נַהֲרָתָא.

קהל: וּמִתְפַּנְּקִין וְרָווּ בְּכַסֵּי רְוָיָתָא
חֲמַר מְרַת דְּמִבְּרֵאשִׁית נְטִיר בֵּי נַעֲוָתָא.

ש״ץ: זַכָּאִין, כַּד שְׁמַעְתּוּן שְׁבַח דָּא שִׁירָתָא
קְבִיעִין כֵּן תֶּהֱווּן בְּהַנְהוּ חֲבוּרָתָא.

קהל: וְתִזְכּוּן דִּי תֵיתְבוּן בְּעֵלָּא דָרָתָא
אֲרֵי תְצִיתוּן לְמִלּוֹי, דְּנָפְקִין בְּהַדְרָתָא.

ש״ץ: מְרוֹמַם הוּא אֱלָהִין בְּקַדְמָתָא וּבַתְרַיְתָא
צְבִי וְאִתְרְעִי בַן, וּמְסַר לַן אוֹרַיְתָא.

ממשיכים בקריאת התורה לשבועות (בעמ׳ 838).

סדר הזכרת נשמות

בשביעי (ובחוץ לארץ: באחרון) של פסח, בשבועות (ובחוץ לארץ: ביום טוב שני), ובשמיני עצרת, מזכירים נשמות אחרי קריאת התורה.

לזיכרון אב:

יִזְכֹּר אֱלֹהִים נִשְׁמַת אָבִי מוֹרִי (פלוני בֶּן פלוני) שֶׁהָלַךְ לְעוֹלָמוֹ, בַּעֲבוּר שֶׁבְּלִי נֶדֶר אֶתֵּן צְדָקָה בַּעֲדוֹ. בִּשְׂכַר זֶה תְּהֵא נַפְשׁוֹ צְרוּרָה בִּצְרוֹר הַחַיִּים עִם נִשְׁמוֹת אַבְרָהָם יִצְחָק וְיַעֲקֹב, שָׂרָה רִבְקָה רָחֵל וְלֵאָה, וְעִם שְׁאָר צַדִּיקִים וְצִדְקָנִיּוֹת שֶׁבְּגַן עֵדֶן, וְנֹאמַר אָמֵן.

לזיכרון אם:

יִזְכֹּר אֱלֹהִים נִשְׁמַת אִמִּי מוֹרָתִי (פלונית בַּת פלוני) שֶׁהָלְכָה לְעוֹלָמָהּ, בַּעֲבוּר שֶׁבְּלִי נֶדֶר אֶתֵּן צְדָקָה בַּעֲדָהּ. בִּשְׂכַר זֶה תְּהֵא נַפְשָׁהּ צְרוּרָה בִּצְרוֹר הַחַיִּים עִם נִשְׁמוֹת אַבְרָהָם יִצְחָק וְיַעֲקֹב, שָׂרָה רִבְקָה רָחֵל וְלֵאָה, וְעִם שְׁאָר צַדִּיקִים וְצִדְקָנִיּוֹת שֶׁבְּגַן עֵדֶן, וְנֹאמַר אָמֵן.

לזיכרון קרובים:

יִזְכֹּר אֱלֹהִים נִשְׁמַת אָבִי וְאִמִּי זְקֵנַי וּזְקֵנוֹתַי דּוֹדַי וְדוֹדוֹתַי אַחַי וְאַחְיוֹתַי. בֵּין מִצַּד אָבִי וּבֵין מִצַּד אִמִּי שֶׁהָלְכוּ לְעוֹלָמָם בַּעֲבוּר שֶׁאֶתֵּן בְּלִי נֶדֶר צְדָקָה בַּעֲדָם, בִּשְׂכַר זֶה תִּהְיֶינָה נַפְשׁוֹתָם צְרוּרוֹת בִּצְרוֹר הַחַיִּים עִם נִשְׁמוֹת אַבְרָהָם יִצְחָק וְיַעֲקֹב שָׂרָה רִבְקָה רָחֵל וְלֵאָה וְעִם שְׁאָר צַדִּיקִים וְצִדְקָנִיּוֹת שֶׁבְּגַן עֵדֶן. וְנֹאמַר אָמֵן.

לזיכרון קדושים:

יִזְכֹּר אֱלֹהִים נִשְׁמַת (לזכר: פלוני בֶּן פלוני / לנקבה: פלונית בַּת פלוני) וְנִשְׁמוֹת כָּל קְרוֹבַי וּקְרוֹבוֹתַי, הֵן מִצַּד אָבִי הֵן מִצַּד אִמִּי, שֶׁהוּמְתוּ וְשֶׁנֶּהֶרְגוּ וְשֶׁנִּשְׁחֲטוּ וְשֶׁנִּשְׂרְפוּ וְשֶׁנִּטְבְּעוּ וְשֶׁנֶּחְנְקוּ עַל קִדּוּשׁ הַשֵּׁם, בַּעֲבוּר שֶׁבְּלִי נֶדֶר אֶתֵּן צְדָקָה בְּעַד הַזְכָּרַת נִשְׁמוֹתֵיהֶם. בִּשְׂכַר זֶה תִּהְיֶינָה נַפְשׁוֹתֵיהֶם צְרוּרוֹת בִּצְרוֹר הַחַיִּים עִם נִשְׁמוֹת אַבְרָהָם יִצְחָק וְיַעֲקֹב, שָׂרָה רִבְקָה רָחֵל וְלֵאָה, וְעִם שְׁאָר צַדִּיקִים וְצִדְקָנִיּוֹת שֶׁבְּגַן עֵדֶן, וְנֹאמַר אָמֵן.

אֵל מָלֵא רַחֲמִים שׁוֹכֵן בַּמְּרוֹמִים הַמְצֵא מְנוּחָה נְכוֹנָה עַל כַּנְפֵי הַשְּׁכִינָה בְּמַעֲלוֹת קְדוֹשִׁים וּטְהוֹרִים כְּזֹהַר הָרָקִיעַ מַזְהִירִים אֶת נִשְׁמַת

לזכר

(פב״פ) שֶׁהָלַךְ לְעוֹלָמוֹ, בַּעֲבוּר שֶׁנָּדְבוּ צְדָקָה בְּעַד הַזְכָּרַת נִשְׁמָתוֹ, בְּגַן עֵדֶן תְּהֵא מְנוּחָתוֹ לָכֵן בַּעַל הָרַחֲמִים יַסְתִּירֵהוּ בְּסֵתֶר כְּנָפָיו לְעוֹלָמִים, וְיִצְרֹר בִּצְרוֹר הַחַיִּים אֶת נִשְׁמָתוֹ. יהוה הוּא נַחֲלָתוֹ, וְיָנוּחַ בְּשָׁלוֹם עַל מִשְׁכָּבוֹ, וְנֹאמַר אָמֵן.

לנקבה

(פב״פ) שֶׁהָלְכָה לְעוֹלָמָהּ, בַּעֲבוּר שֶׁנָּדְבוּ צְדָקָה בְּעַד הַזְכָּרַת נִשְׁמָתָהּ, בְּגַן עֵדֶן תְּהֵא מְנוּחָתָהּ לָכֵן בַּעַל הָרַחֲמִים יַסְתִּירֶהָ בְּסֵתֶר כְּנָפָיו לְעוֹלָמִים, וְיִצְרֹר בִּצְרוֹר הַחַיִּים אֶת נִשְׁמָתָהּ. יהוה הוּא נַחֲלָתָהּ, וְתָנוּחַ בְּשָׁלוֹם עַל מִשְׁכָּבָהּ, וְנֹאמַר אָמֵן.

מי שברך לגדול שבציבור:

מִי שֶׁבֵּרַךְ אֲבוֹתֵינוּ אַבְרָהָם יִצְחָק וְיַעֲקֹב, מֹשֶׁה וְאַהֲרֹן דָּוִד וּשְׁלֹמֹה, הוּא יְבָרֵךְ אֶת ר׳ (פלוני בֶּן פלוני) בַּעֲבוּר שֶׁנָּדַב צְדָקָה בְּעַד הַנְּשָׁמוֹת שֶׁהִזְכִּיר הַיּוֹם, וְלִכְבוֹד הַמָּקוֹם וְלִכְבוֹד הַתּוֹרָה וְלִכְבוֹד הָרֶגֶל, בִּשְׂכַר זֶה הַקָּדוֹשׁ בָּרוּךְ הוּא יִשְׁמְרֵהוּ וְיַצִּילֵהוּ מִכָּל צָרָה וְצוּקָה וּמִכָּל נֶגַע וּמַחֲלָה, וְיִשְׁלַח בְּרָכָה וְהַצְלָחָה בְּכָל מַעֲשֵׂה יָדָיו, וְיִזַכֵּהוּ לַעֲלוֹת לָרֶגֶל, עִם כָּל יִשְׂרָאֵל אֶחָיו, וְנֹאמַר אָמֵן.

והקהל אומר:

אַב הָרַחֲמִים שׁוֹכֵן מְרוֹמִים, בְּרַחֲמָיו הָעֲצוּמִים הוּא יִפְקֹד בְּרַחֲמִים הַחֲסִידִים וְהַיְשָׁרִים וְהַתְּמִימִים, קְהִלּוֹת הַקֹּדֶשׁ שֶׁמָּסְרוּ נַפְשָׁם עַל קְדֻשַּׁת הַשֵּׁם, הַנֶּאֱהָבִים וְהַנְּעִימִים בְּחַיֵּיהֶם, וּבְמוֹתָם לֹא נִפְרָדוּ, מִנְּשָׁרִים קַלּוּ וּמֵאֲרָיוֹת גָּבֵרוּ לַעֲשׂוֹת רְצוֹן קוֹנָם וְחֵפֶץ צוּרָם. יִזְכְּרֵם אֱלֹהֵינוּ לְטוֹבָה עִם שְׁאָר צַדִּיקֵי עוֹלָם, וְיִנְקֹם לְעֵינֵינוּ נִקְמַת דַּם עֲבָדָיו הַשָּׁפוּךְ, כַּכָּתוּב בְּתוֹרַת
מֹשֶׁה אִישׁ הָאֱלֹהִים, הַרְנִינוּ גוֹיִם עַמּוֹ, כִּי דַם־עֲבָדָיו יִקּוֹם, וְנָקָם יָשִׁיב דברים לב
לְצָרָיו, וְכִפֶּר אַדְמָתוֹ עַמּוֹ: וְעַל יְדֵי עֲבָדֶיךָ הַנְּבִיאִים כָּתוּב לֵאמֹר, וְנִקֵּיתִי, יואל ד
דָּמָם לֹא־נִקֵּיתִי, וַיהוה שֹׁכֵן בְּצִיּוֹן: וּבְכִתְבֵי הַקֹּדֶשׁ נֶאֱמַר, לָמָּה יֹאמְרוּ הַגּוֹיִם תהלים עט
אַיֵּה אֱלֹהֵיהֶם, יִוָּדַע בַּגּוֹיִם לְעֵינֵינוּ נִקְמַת דַּם־עֲבָדֶיךָ הַשָּׁפוּךְ: וְאוֹמֵר, כִּי־ תהלים ט
דֹרֵשׁ דָּמִים אוֹתָם זָכָר, לֹא־שָׁכַח צַעֲקַת עֲנָוִים: וְאוֹמֵר, יָדִין בַּגּוֹיִם מָלֵא תהלים קי
גְוִיּוֹת, מָחַץ רֹאשׁ עַל־אֶרֶץ רַבָּה: מִנַּחַל בַּדֶּרֶךְ יִשְׁתֶּה, עַל־כֵּן יָרִים רֹאשׁ:

נוהגים לומר פיוט זה קודם אמירת 'אַשְׁרֵי' ביום טוב, מלבד בימים שמזכירים בהם נשמות וכשחל יום טוב בשבת. בארץ ישראל יש חילוקי מנהגים ויש שאומרים פיוט זה גם בשבת או בחלק מן הימים שמזכירים בהם נשמות.

יָהּ אֵלִי וְגוֹאֲלִי, אֶתְיַצְּבָה לִקְרָאתֶךָ
הָיָה וְיִהְיֶה, הָיָה וְהֹוֶה, כָּל גּוֹי אַדְמָתֶךָ.

וְתוֹדָה וְלָעוֹלָה וְלַמִּנְחָה וְלַחַטָּאת וְלָאָשָׁם
וְלַשְּׁלָמִים וְלַמִּלּוּאִים כָּל קָרְבָּנֶךָ.
זְכֹר נִלְאָה אֲשֶׁר נָשְׂאָה וְהָשִׁיבָה לְאַדְמָתֶךָ
סֶלָה אֲהַלְלְךָ בְּאַשְׁרֵי יוֹשְׁבֵי בֵיתֶךָ.

דַּק עַל דַּק, עַד אֵין נִבְדָּק, וְלִתְבוּנָתוֹ אֵין חֵקֶר
הָאֵל נוֹרָא, בְּאַחַת סְקִירָה, בֵּין טוֹב לְרַע יְבַקֵּר.

וְתוֹדָה וְלָעוֹלָה וְלַמִּנְחָה וְלַחַטָּאת וְלָאָשָׁם
וְלַשְּׁלָמִים וְלַמִּלּוּאִים כָּל קָרְבָּנֶךָ.
זְכֹר נִלְאָה אֲשֶׁר נָשְׂאָה וְהָשִׁיבָה לְאַדְמָתֶךָ
סֶלָה אֲהַלְלְךָ בְּאַשְׁרֵי יוֹשְׁבֵי בֵיתֶךָ.

אֲדוֹן צְבָאוֹת, בְּרֹב פְּלָאוֹת, חִבֵּר כָּל אֳהָלוֹ
בִּנְתִיבוֹת לֵב לִבְלֵב, הַצּוּר תָּמִים פָּעֳלוֹ.

וְתוֹדָה וְלָעוֹלָה וְלַמִּנְחָה וְלַחַטָּאת וְלָאָשָׁם
וְלַשְּׁלָמִים וְלַמִּלּוּאִים כָּל קָרְבָּנֶךָ.
זְכֹר נִלְאָה אֲשֶׁר נָשְׂאָה וְהָשִׁיבָה לְאַדְמָתֶךָ
סֶלָה אֲהַלְלְךָ בְּאַשְׁרֵי יוֹשְׁבֵי בֵיתֶךָ.

ממשיכים 'אַשְׁרֵי' (עמ' 394) ומחזירים את ספרי התורה לארון הקודש.

תפילת טל

נוהגים לומר תפילת טל בחזרת הש״ץ של מוסף ביום טוב הראשון של פסח. לפי המנהג הרגיל, לפני תפילת הלחש שליח הציבור או הגבאי מכריזים ׳מוֹרִיד הַטָּל׳, ובתפילת לחש אומרים ׳מוֹרִיד הַטָּל׳. ויש האומרים תפילת טל לפני תפילת מוסף, ולאחריה חצי קדיש.

ונוהגים לומר תפילה זו בניגון מיוחד.

פותחים את ארון הקודש.

דברים לב כִּי שֵׁם יהוה אֶקְרָא, הָבוּ גֹדֶל לֵאלֹהֵינוּ:

תהלים נא אֲדֹנָי, שְׂפָתַי תִּפְתָּח, וּפִי יַגִּיד תְּהִלָּתֶךָ:

אבות

בָּרוּךְ אַתָּה יהוה, אֱלֹהֵינוּ וֵאלֹהֵי אֲבוֹתֵינוּ, אֱלֹהֵי אַבְרָהָם, אֱלֹהֵי יִצְחָק, וֵאלֹהֵי יַעֲקֹב, הָאֵל הַגָּדוֹל הַגִּבּוֹר וְהַנּוֹרָא, אֵל עֶלְיוֹן, גּוֹמֵל חֲסָדִים טוֹבִים, קוֹנֵה הַכֹּל, וְזוֹכֵר חַסְדֵי אָבוֹת, וּמֵבִיא גוֹאֵל לִבְנֵי בְנֵיהֶם לְמַעַן שְׁמוֹ בְּאַהֲבָה. מֶלֶךְ עוֹזֵר וּמוֹשִׁיעַ וּמָגֵן.

בְּדַעְתּוֹ אַבִּיעָה חִידוֹת\
בְּעַם זוּ בְּזוּ בְּטַל לְהַחֲדוֹת.\
טַל גַּיְא וּדְשָׁאֶיהָ לַחֲדוֹת\
דָּצִים בְּצִלּוֹ לְהֵחָדוֹת.\
אוֹת יַלְדוּת טַל, לְהָגֵן לְתוֹלָדוֹת

בָּרוּךְ אַתָּה יהוה, מָגֵן אַבְרָהָם.

אַתָּה גִּבּוֹר לְעוֹלָם אֲדֹנָי\
מְחַיֵּה מֵתִים אַתָּה, רַב לְהוֹשִׁיעַ

תְּהוֹמוֹת הֲדוֹם לִרְסִיסוֹ כְסוּפִים\
וְכָל נְאוֹת דֶּשֶׁא לוֹ נִכְסָפִים.\
טַל זִכְרוֹ גְּבוּרוֹת מוֹסִיפִים\
חָקוּק בְּגִישַׁת מוּסָפִים\
טַל, לְהַחֲיוֹת בּוֹ נְקוּקֵי סְעִיפִים.

אֱלֹהֵינוּ וֵאלֹהֵי אֲבוֹתֵינוּ

טַל תֵּן לִרְצוֹת אַרְצָךְ שִׁיתֵנוּ בְרָכָה בְּדִיצָךְ
רֹב דָּגָן וְתִירוֹשׁ בְּהַפְרִיצָךְ קוֹמֵם עִיר בָּהּ חֶפְצָךְ בְּטָל.

טַל צַוֵּה שָׁנָה טוֹבָה וּמְעֻטֶּרֶת פְּרִי הָאָרֶץ לְגָאוֹן וּלְתִפְאֶרֶת
עִיר כַּסֻּכָּה נוֹתֶרֶת שִׂימָהּ בְּיָדְךָ עֲטֶרֶת בְּטָל.

טַל נוֹפֵף עֲלֵי אֶרֶץ בְּרוּכָה מִמֶּגֶד שָׁמַיִם שַׂבְּעֵנוּ בְרָכָה
לְהָאִיר מִתּוֹךְ חֲשֵׁכָה כַּנָּה אַחֲרֶיךָ מְשׁוּכָה בְּטָל.

טַל יַעֲסִיס צוּף הָרִים טְעֵם בִּמְאוֹדֶיךָ מֻבְחָרִים
חֲנוּנֶיךָ חַלֵּץ מִמַּסְגֵּרִים זִמְרָה נַנְעִים וְקוֹל נָרִים בְּטָל.

טַל וָשֹׂבַע מַלֵּא אֲסָמֵינוּ הֲכָעֵת תְּחַדֵּשׁ יָמֵינוּ
דּוֹד, כְּעֶרְכְּךָ הַעֲמֵד שְׁמֵנוּ גַּן רָוֶה שִׂימֵנוּ בְּטָל.

טַל בּוֹ תְּבָרֵךְ מָזוֹן בְּמַשְׁמַנֵּינוּ אַל יְהִי רָזוֹן
אֲיֻמָּה אֲשֶׁר הִסַּעְתָּ כַּצֹּאן אָנָּא תָּפֵק לָהּ רָצוֹן בְּטָל.

שליח הציבור:

שָׁאַתָּה הוּא יהוה אֱלֹהֵינוּ
מַשִּׁיב הָרוּחַ וּמוֹרִיד הַטָּל

קהל ואחריו שליח הציבור:

לִבְרָכָה וְלֹא לִקְלָלָה קהל: אָמֵן
לְחַיִּים וְלֹא לַמָּוֶת קהל: אָמֵן
לְשֹׂבַע וְלֹא לְרָזוֹן קהל: אָמֵן

שליח הציבור ממשיך 'מְכַלְכֵּל חַיִּים בְּחֶסֶד' (עמ' 568).

תפילת גשם

נוהגים לומר תפילת גשם בחזרת הש״ץ של מוסף בשמיני עצרת. לפני תפילת הלחש שליח הציבור או הגבאי מכריזים ׳מַשִּׁיב הָרְוּחַ וּמוֹרִיד הַגֶּשֶׁם׳, ובתפילת לחש מזכירים גשם.
ויש האומרים תפילת גשם לפני תפילת מוסף, ולאחריה חצי קדיש.
ונוהגים לומר תפילה זו בניגון מיוחד.

פותחים את ארון הקודש.

כִּי שֵׁם יהוה אֶקְרָא, הָבוּ גֹדֶל לֵאלֹהֵינוּ: דברים לב

אֲדֹנָי, שְׂפָתַי תִּפְתָּח, וּפִי יַגִּיד תְּהִלָּתֶךָ: תהלים נא

אבות

בָּרוּךְ אַתָּה יהוה, אֱלֹהֵינוּ וֵאלֹהֵי אֲבוֹתֵינוּ, אֱלֹהֵי אַבְרָהָם, אֱלֹהֵי יִצְחָק, וֵאלֹהֵי יַעֲקֹב, הָאֵל הַגָּדוֹל הַגִּבּוֹר וְהַנּוֹרָא, אֵל עֶלְיוֹן, גּוֹמֵל חֲסָדִים טוֹבִים, קוֹנֵה הַכֹּל, וְזוֹכֵר חַסְדֵי אָבוֹת, וּמֵבִיא גוֹאֵל לִבְנֵי בְנֵיהֶם לְמַעַן שְׁמוֹ בְּאַהֲבָה. מֶלֶךְ עוֹזֵר וּמוֹשִׁיעַ וּמָגֵן.

אַף־בְּרִי אֻתַּת שֵׁם שַׂר מָטָר
לְהַעֲבִיב וּלְהַעֲנִין לְהָרִיק וּלְהַמְטַר
מַיִם אִבִּים בָּם גֵּיא לַעֲטַר
לְבַל יֻעֲצָרוּ בְּנִשְׁיוֹן שְׁטָר
אֱמוּנִים גְּנוֹן בָּם, שׁוֹאֲלֵי מָטָר.

בָּרוּךְ אַתָּה יהוה, מָגֵן אַבְרָהָם.

אַתָּה גִּבּוֹר לְעוֹלָם אֲדֹנָי, מְחַיֵּה מֵתִים אַתָּה, רַב לְהוֹשִׁיעַ

יַטְרִיחַ לְפַלֵּג מִפֶּלֶג גֶּשֶׁם
לְמוֹגֵג פְּנֵי נֶשִׁי בְּצַחוֹת לֶשֶׁם
מַיִם לְאַדְרָךְ כִּנִּיתָ בְּרֶשֶׁם
לְהַרְגִּיעַ בְּרַעְפָּם לְנִפּוּחֵי נֶשֶׁם
לְהַחֲיוֹת מַזְכִּירִים גְּבוּרוֹת הַגָּשֶׁם.

בקשות על המים כאמור בתורה, חג הסוכות נחוג ב״תְּקוּפַת הַשָּׁנָה״, כלומר סמוך לתקופת שוויון היום והלילה הסתווי, והוא מסמן את סוף השנה החקלאית שעברה ואת תחילת השנה הבאה. משום כך אמרו חכמים כי בחג הסוכות

אֱלֹהֵינוּ וֵאלֹהֵי אֲבוֹתֵינוּ

זְכוֹר אָב נִמְשַׁךְ אַחֲרֶיךָ כַּמַּֽיִם
בֵּרַכְתּוֹ כְּעֵץ שָׁתוּל עַל פַּלְגֵי מָֽיִם
גְּנַנְתּוֹ, הִצַּלְתּוֹ מֵאֵשׁ וּמִמַּֽיִם
דְּרַשְׁתּוֹ בְּזָרְעוֹ עַל כָּל מָֽיִם.
קהל: בַּעֲבוּרוֹ אַל תִּמְנַע מָֽיִם.

זְכוֹר הַנּוֹלָד בִּבְשׂוֹרַת יֻקַּח־נָא מְעַט־מַֽיִם בראשית יח
וְשַׂחְתָּ לְהוֹרוֹ לְשָׁחֲטוֹ לִשְׁפֹּךְ דָּמוֹ כַּמַּֽיִם
זֵהֵר גַּם הוּא לִשְׁפֹּךְ לֵב כַּמַּֽיִם
חָפַר וּמָצָא בְּאֵרוֹת מָֽיִם.
קהל: בְּצִדְקוֹ חֹן חַשְׁרַת מָֽיִם.

זְכוֹר טָעַן מַקְלוֹ וְעָבַר יַרְדֵּן מַֽיִם
יִחַד לֵב וְגָל אֶבֶן מִפִּי בְּאֵר מַֽיִם
כְּנֶאֱבַק לוֹ שַׂר בָּלוּל מֵאֵשׁ וּמִמַּֽיִם
לָכֵן הִבְטַחְתּוֹ הֱיוֹת עִמּוֹ בָּאֵשׁ וּבַמָּֽיִם.
קהל: בַּעֲבוּרוֹ אַל תִּמְנַע מָֽיִם.

זְכוֹר מָשׁוּי בְּתֵבַת גֹּמֶא מִן הַמַּֽיִם
נָמוּ דָּלֹה דָלָה וְהִשְׁקָה צֹאן מַֽיִם
סְגוּלֶיךָ עֵת צָמְאוּ לַמַּֽיִם
עַל הַסֶּלַע הָךְ, וַיֵּצְאוּ מָֽיִם.
קהל: בְּצִדְקוֹ חֹן חַשְׁרַת מָֽיִם.

נידונים על המים של השנה הבאה, וכמה ממצוותיו ומנהגיו קשורים בכך (ובכלל זה ניסוך המים במקדש, ומצד מסוים אף ארבעת המינים). לכן גם בסדר ההושענות, ובפרט בפיוטים הנוספים ב"הושענא רבה", יש מקום מרכזי לבקשה

זְכוֹר פְּקִיד שָׁתוֹת, טוֹבֵל חָמֵשׁ טְבִילוֹת בַּמַּיִם
צוֹעֶה וּמַרְחִיץ כַּפָּיו בְּקִדּוּשׁ מַיִם
קוֹרֵא וּמַזֶּה טָהֳרַת מַיִם
רֻחַק מֵעַם פַּחַז כַּמַּיִם.
קהל: בַּעֲבוּרוֹ אַל תִּמְנַע מָיִם.

זְכוֹר שְׁנֵים עָשָׂר שְׁבָטִים, שֶׁהֶעֱבַרְתָּ בְּגִזְרַת מַיִם
שֶׁהִמְתַּקְתָּ לָמוֹ מְרִירוּת מַיִם
תּוֹלְדוֹתָם נִשְׁפַּךְ דָּמָם עָלֶיךָ כַּמַּיִם
תֵּפֶן, כִּי נַפְשֵׁנוּ אָפְפוּ מָיִם.
קהל: בְּצִדְקָם חֹן חַשְׁרַת מָיִם.

שליח הציבור:

שָׁאַתָּה הוּא יהוה אֱלֹהֵינוּ מַשִּׁיב הָרוּחַ וּמוֹרִיד הַגָּשֶׁם

קהל ואחריו שליח הציבור:

לִבְרָכָה וְלֹא לִקְלָלָה קהל: אָמֵן
לְחַיִּים וְלֹא לַמָּוֶת קהל: אָמֵן
לְשֹׂבַע וְלֹא לְרָזוֹן קהל: אָמֵן

שליח הציבור ממשיך 'מְכַלְכֵּל חַיִּים בְּחֶסֶד' בעמ' 568.

על ירידת הגשמים - ומייד אחר כך, בשמיני עצרת, מתחילה תקופת החורף שמזכירים בה את הגשמים בתפילה.

מוסף שלוש רגלים תפילת מוסף של שלוש רגלים נקבעה כנגד קורבנות הציבור, ה"מוספים" שהיו מוקרבים בבית המקדש בכל אחד מימי החגים. בתפילה זו שבע ברכות: שלוש ראשונות ושלוש אחרונות כרגיל, והאמצעית היא המיוחדת לחגים. מרכזה של ברכה זאת הוא בהזכרת פסוקי קורבנות היום, ונוספים לה, מחד גיסא,

מוסף לשלוש רגלים

ליום טוב, לחול המועד ולשבת חול המועד

פוסע שלוש פסיעות אחורנית ולאחר מכן (והוא עיקר הכוונה שבדבר) שלוש פסיעות לפנים, כמי שנכנס לפני המלך.

עומד ומתפלל בלחש מכאן ועד 'וּכְשָׁנִים קַדְמֹנִיּוֹת' (בעמ' 581).

כורע בתחילתה ובסופה של ברכת אבות. אופן הכריעה כך הוא: כשאומר 'בָּרוּךְ' כורע בברכיו, כשאומר 'אַתָּה' שוחה וכשאומר 'השם' חוזר ומזדקף.

כִּי שֵׁם יהוה אֶקְרָא, הָבוּ גֹדֶל לֵאלֹהֵינוּ: דברים לב

אֲדֹנָי, שְׂפָתַי תִּפְתָּח, וּפִי יַגִּיד תְּהִלָּתֶךָ: תהלים נא

אבות

בָּרוּךְ אַתָּה יהוה, אֱלֹהֵינוּ וֵאלֹהֵי אֲבוֹתֵינוּ
אֱלֹהֵי אַבְרָהָם, אֱלֹהֵי יִצְחָק, וֵאלֹהֵי יַעֲקֹב
הָאֵל הַגָּדוֹל הַגִּבּוֹר וְהַנּוֹרָא, אֵל עֶלְיוֹן
גּוֹמֵל חֲסָדִים טוֹבִים, קוֹנֵה הַכֹּל, וְזוֹכֵר חַסְדֵי אָבוֹת
וּמֵבִיא גוֹאֵל לִבְנֵי בְנֵיהֶם לְמַעַן שְׁמוֹ בְּאַהֲבָה.
מֶלֶךְ עוֹזֵר וּמוֹשִׁיעַ וּמָגֵן.
בָּרוּךְ אַתָּה יהוה, מָגֵן אַבְרָהָם.

גבורות

מי שטעה ואמר 'מַשִּׁיב הָרוּחַ' בימות הקיץ – חוזר לראש הברכה, ואם גמר את הברכה – חוזר לתחילת התפילה. וכן הדין בימות החורף במי שלא הזכיר כלל 'מַשִּׁיב הָרוּחַ', אבל אם אמר בטעות במקום זה 'מוֹרִיד הַטָּל', אינו צריך לחזור.

אַתָּה גִּבּוֹר לְעוֹלָם, אֲדֹנָי, מְחַיֵּה מֵתִים אַתָּה, רַב לְהוֹשִׁיעַ

בשמיני עצרת: **מַשִּׁיב הָרוּחַ וּמוֹרִיד הַגֶּשֶׁם** / בשאר המועדים: **מוֹרִיד הַטָּל**

מעין התנצלות על העבר, על חטאינו שבגינם גלינו מארצנו ובגללם איננו יכולים כיום להקריב את קורבנות החג; ומאידך גיסא, תפילה על העתיד – בקשה גדולה על גאולת ישראל, בניין המקדש והשבת סדר העבודה, ובקשה שנוכל לחזור ולהקריב את קורבנות היום כראוי.

מְכַלְכֵּל חַיִּים בְּחֶסֶד, מְחַיֵּה מֵתִים בְּרַחֲמִים רַבִּים
סוֹמֵךְ נוֹפְלִים, וְרוֹפֵא חוֹלִים, וּמַתִּיר אֲסוּרִים
וּמְקַיֵּם אֱמוּנָתוֹ לִישֵׁנֵי עָפָר.
מִי כָמוֹךָ, בַּעַל גְּבוּרוֹת, וּמִי דּוֹמֶה לָּךְ
מֶלֶךְ, מֵמִית וּמְחַיֶּה וּמַצְמִיחַ יְשׁוּעָה.
וְנֶאֱמָן אַתָּה לְהַחֲיוֹת מֵתִים.
בָּרוּךְ אַתָּה יהוה, מְחַיֵּה הַמֵּתִים.

בתפילת לחש ממשיכים ׳אַתָּה קָדוֹשׁ׳ בעמ׳ 570.

קדושה לימים טובים, לשבת חול המועד ולהושענא רבה
(קדושה לחול המועד בעמוד הבא)

בזמן אמירת הקדושה עומדים, ומשתדלים לעמוד כך ששתי הרגליים צמודות זו לזו כבתפילת העמידה. ונוהגים שבשעה שאומרים ׳קָדוֹשׁ, קָדוֹשׁ, קָדוֹשׁ׳ וכן כשאומרים את הפסוקים ׳בָּרוּךְ׳ ו׳יִמְלֹךְ׳ מתרוממים קצת כלפי מעלה על גבי בהונות הרגליים.

קהל ואחריו שליח הציבור:

כֶּתֶר יִתְּנוּ לְךָ, יהוה אֱלֹהֵינוּ, מַלְאָכִים הֲמוֹנֵי מַעְלָה, עִם עַמְּךָ יִשְׂרָאֵל קְבוּצֵי
ישעיה ו מַטָּה, יַחַד כֻּלָּם קְדֻשָּׁה לְךָ יְשַׁלֵּשׁוּ כַּדָּבָר הָאָמוּר עַל יַד נְבִיאֶךָ, וְקָרָא זֶה
אֶל־זֶה וְאָמַר

קהל ואחריו שליח הציבור:

קָדוֹשׁ, קָדוֹשׁ, קָדוֹשׁ, יהוה צְבָאוֹת, מְלֹא כָל הָאָרֶץ כְּבוֹדוֹ:
כְּבוֹדוֹ מָלֵא עוֹלָם, מְשָׁרְתָיו שׁוֹאֲלִים זֶה לָזֶה, אַיֵּה מְקוֹם כְּבוֹדוֹ לְהַעֲרִיצוֹ,
לְעֻמָּתָם מְשַׁבְּחִים וְאוֹמְרִים

קהל ואחריו שליח הציבור:

יחזקאל ג **בָּרוּךְ כְּבוֹד־יהוה מִמְּקוֹמוֹ:**
מִמְּקוֹמוֹ הוּא יִפֶן בְּרַחֲמָיו לְעַמּוֹ, וְיָחֹן עַם הַמְיַחֲדִים שְׁמוֹ עֶרֶב וָבֹקֶר בְּכָל יוֹם
תָּמִיד, פַּעֲמַיִם בְּאַהֲבָה שְׁמַע אוֹמְרִים

קהל ואחריו שליח הציבור:

דברים ו **שְׁמַע יִשְׂרָאֵל, יהוה אֱלֹהֵינוּ, יהוה אֶחָד:**
הוּא אֱלֹהֵינוּ, הוּא אָבִינוּ, הוּא מַלְכֵּנוּ, הוּא מוֹשִׁיעֵנוּ, וְהוּא יוֹשִׁיעֵנוּ וְיִגְאָלֵנוּ
שֵׁנִית, וְיַשְׁמִיעֵנוּ בְּרַחֲמָיו לְעֵינֵי כָּל חַי לֵאמֹר, הֵן גָּאַלְתִּי אֶתְכֶם אַחֲרִית
במדבר טו כְּרֵאשִׁית, לִהְיוֹת לָכֶם לֵאלֹהִים, אֲנִי יהוה אֱלֹהֵיכֶם:

בשבת חול המועד אין אומרים ׳אַדִּיר אַדִּירֵנוּ׳.

קהל ואחריו שליח הציבור:

אַדִּיר אַדִּירֵנוּ, יהוה אֲדֹנֵינוּ, מָה־אַדִּיר שִׁמְךָ בְּכָל־הָאָרֶץ: וְהָיָה תהלים ח
יהוה לְמֶלֶךְ עַל־כָּל־הָאָרֶץ, בַּיּוֹם הַהוּא יִהְיֶה יהוה אֶחָד וּשְׁמוֹ זכריה יד
אֶחָד:

שליח הציבור:

וּבְדִבְרֵי קָדְשְׁךָ כָּתוּב לֵאמֹר

קהל ואחריו שליח הציבור:

יִמְלֹךְ יהוה לְעוֹלָם, אֱלֹהַיִךְ צִיּוֹן לְדֹר וָדֹר, הַלְלוּיָהּ: תהלים קמו

שליח הציבור:

לְדוֹר וָדוֹר נַגִּיד גָּדְלֶךָ, וּלְנֵצַח נְצָחִים קְדֻשָּׁתְךָ נַקְדִּישׁ, וְשִׁבְחֲךָ אֱלֹהֵינוּ מִפִּינוּ לֹא יָמוּשׁ לְעוֹלָם וָעֶד, כִּי אֵל מֶלֶךְ גָּדוֹל וְקָדוֹשׁ אָתָּה. בָּרוּךְ אַתָּה יהוה, הָאֵל הַקָּדוֹשׁ.

שליח הציבור ממשיך ׳אַתָּה בְחַרְתָּנוּ׳ בעמוד הבא.

קדושה לחול המועד

בזמן אמירת הקדושה עומדים, ומשתדלים לעמוד כך ששתי הרגליים צמודות זו לזו כבתפילת העמידה. ונוהגים שבשעה שאומרים ׳קָדוֹשׁ, קָדוֹשׁ, קָדוֹשׁ׳ וכן כשאומרים את הפסוקים ׳בָּרוּךְ׳ ו׳יִמְלֹךְ׳ מתרוממים קצת כלפי מעלה על גבי בהונות הרגליים.

קהל ואחריו שליח הציבור:

כֶּתֶר יִתְּנוּ לְךָ, יהוה אֱלֹהֵינוּ, מַלְאָכִים הֲמוֹנֵי מַעְלָה, עִם עַמְּךָ יִשְׂרָאֵל קְבוּצֵי
מַטָּה, יַחַד כֻּלָּם קְדֻשָּׁה לְךָ יְשַׁלֵּשׁוּ כַּדָּבָר הָאָמוּר עַל יַד נְבִיאֶךָ, וְקָרָא זֶה ישעיה ו
אֶל־זֶה וְאָמַר

קהל ואחריו שליח הציבור:

קָדוֹשׁ, קָדוֹשׁ, קָדוֹשׁ, יהוה צְבָאוֹת, מְלֹא כָל־הָאָרֶץ כְּבוֹדוֹ:
לְעֻמָּתָם מְשַׁבְּחִים וְאוֹמְרִים

קהל ואחריו שליח הציבור:

בָּרוּךְ כְּבוֹד־יהוה מִמְּקוֹמוֹ: יחזקאל ג
וּבְדִבְרֵי קָדְשְׁךָ כָּתוּב לֵאמֹר

קהל ואחריו שליח הציבור:

יִמְלֹךְ יהוה לְעוֹלָם, אֱלֹהַיִךְ צִיּוֹן לְדֹר וָדֹר, הַלְלוּיָהּ: תהלים קמו

שליח הציבור ממשיך ׳אַתָּה קָדוֹשׁ׳ בעמ׳ הבא.

קדושת השם

אַתָּה קָדוֹשׁ וְשִׁמְךָ קָדוֹשׁ, וּקְדוֹשִׁים בְּכָל יוֹם יְהַלְלוּךָ סֶּלָה.
כִּי אֵל מֶלֶךְ גָּדוֹל וְקָדוֹשׁ אָתָּה.
בָּרוּךְ אַתָּה יהוה, הָאֵל הַקָּדוֹשׁ.

קדושת היום

אַתָּה בְחַרְתָּנוּ מִכָּל הָעַמִּים
אָהַבְתָּ אוֹתָנוּ וְרָצִיתָ בָּנוּ, וְרוֹמַמְתָּנוּ מִכָּל הַלְּשׁוֹנוֹת
וְקִדַּשְׁתָּנוּ בְּמִצְוֹתֶיךָ
וְקֵרַבְתָּנוּ מַלְכֵּנוּ לַעֲבוֹדָתֶךָ
וְשִׁמְךָ הַגָּדוֹל וְהַקָּדוֹשׁ עָלֵינוּ קָרָאתָ.

בשבת מוסיפים את המילים שבסוגריים:

וַתִּתֶּן לָנוּ יהוה אֱלֹהֵינוּ בְּאַהֲבָה
(שַׁבָּתוֹת לִמְנוּחָה וּ) מוֹעֲדִים לְשִׂמְחָה, חַגִּים וּזְמַנִּים לְשָׂשׂוֹן
אֶת יוֹם (הַשַּׁבָּת הַזֶּה וְאֶת יוֹם)

בפסח: חַג הַמַּצּוֹת הַזֶּה, זְמַן חֵרוּתֵנוּ
בשבועות: חַג הַשָּׁבוּעוֹת הַזֶּה, זְמַן מַתַּן תּוֹרָתֵנוּ
בסוכות: חַג הַסֻּכּוֹת הַזֶּה, זְמַן שִׂמְחָתֵנוּ
בשמיני עצרת: שְׁמִינִי עֲצֶרֶת הַחַג הַזֶּה, זְמַן שִׂמְחָתֵנוּ

(בְּאַהֲבָה) מִקְרָא קֹדֶשׁ, זֵכֶר לִיצִיאַת מִצְרָיִם.

וּמִפְּנֵי חֲטָאֵינוּ גָּלִינוּ מֵאַרְצֵנוּ, וְנִתְרַחַקְנוּ מֵעַל אַדְמָתֵנוּ
וְאֵין אֲנוּ יְכוֹלִים לַעֲלוֹת וְלֵרָאוֹת וּלְהִשְׁתַּחֲווֹת לְפָנֶיךָ
וְלַעֲשׂוֹת חוֹבוֹתֵינוּ בְּבֵית בְּחִירָתֶךָ
בַּבַּיִת הַגָּדוֹל וְהַקָּדוֹשׁ שֶׁנִּקְרָא שִׁמְךָ עָלָיו
מִפְּנֵי הַיָּד שֶׁנִּשְׁתַּלְּחָה בְּמִקְדָּשֶׁךָ.

יְהִי רָצוֹן מִלְּפָנֶיךָ יהוה אֱלֹהֵינוּ וֵאלֹהֵי אֲבוֹתֵינוּ, מֶלֶךְ רַחֲמָן
שֶׁתָּשׁוּב וּתְרַחֵם עָלֵינוּ
וְעַל מִקְדָּשְׁךָ בְּרַחֲמֶיךָ הָרַבִּים
וְתִבְנֵהוּ מְהֵרָה וּתְגַדֵּל כְּבוֹדוֹ.
אָבִינוּ מַלְכֵּנוּ, גַּלֵּה כְּבוֹד מַלְכוּתְךָ עָלֵינוּ מְהֵרָה
וְהוֹפַע וְהִנָּשֵׂא עָלֵינוּ לְעֵינֵי כָּל חָי
וְקָרֵב פְּזוּרֵינוּ מִבֵּין הַגּוֹיִם
וּנְפוּצוֹתֵינוּ כַּנֵּס מִיַּרְכְּתֵי אָרֶץ.
וַהֲבִיאֵנוּ לְצִיּוֹן עִירְךָ בְּרִנָּה
וְלִירוּשָׁלַיִם בֵּית מִקְדָּשְׁךָ בְּשִׂמְחַת עוֹלָם
וְשָׁם נַעֲשֶׂה לְפָנֶיךָ אֶת קָרְבְּנוֹת חוֹבוֹתֵינוּ
תְּמִידִים כְּסִדְרָם וּמוּסָפִים כְּהִלְכָתָם
וְאֶת מוּסַף יוֹם / שבת: וְאֶת מוּסְפֵי יוֹם הַשַּׁבָּת הַזֶּה וְיוֹם/

בפסח: חַג הַמַּצּוֹת הַזֶּה

בשבועות: חַג הַשָּׁבוּעוֹת הַזֶּה

בסוכות: חַג הַסֻּכּוֹת הַזֶּה

בשמיני עצרת: שְׁמִינִי עֲצֶרֶת הַחַג הַזֶּה

נַעֲשֶׂה וְנַקְרִיב לְפָנֶיךָ בְּאַהֲבָה כְּמִצְוַת רְצוֹנֶךָ
כְּמוֹ שֶׁכָּתַבְתָּ עָלֵינוּ בְּתוֹרָתֶךָ
עַל יְדֵי מֹשֶׁה עַבְדֶּךָ מִפִּי כְבוֹדֶךָ, כָּאָמוּר

בשבת:

וּבְיוֹם הַשַּׁבָּת, שְׁנֵי־כְבָשִׂים בְּנֵי־שָׁנָה תְּמִימִם, וּשְׁנֵי עֶשְׂרֹנִים סֹלֶת מִנְחָה במדבר כח
בְּלוּלָה בַשֶּׁמֶן וְנִסְכּוֹ: עֹלַת שַׁבַּת בְּשַׁבַּתּוֹ, עַל־עֹלַת הַתָּמִיד וְנִסְכָּהּ:
זֶה קָרְבַּן שַׁבָּת וְקָרְבַּן הַיּוֹם כָּאָמוּר

ביום טוב ראשון של פסח (ובחוץ לארץ גם ביום שני של חג):

במדבר כח וּבַחֹדֶשׁ הָרִאשׁוֹן בְּאַרְבָּעָה עָשָׂר יוֹם לַחֹדֶשׁ, פֶּסַח לַיהוה: וּבַחֲמִשָּׁה עָשָׂר יוֹם לַחֹדֶשׁ הַזֶּה חָג, שִׁבְעַת יָמִים מַצּוֹת יֵאָכֵל: בַּיּוֹם הָרִאשׁוֹן מִקְרָא־קֹדֶשׁ, כָּל־מְלֶאכֶת עֲבֹדָה לֹא תַעֲשׂוּ: וְהִקְרַבְתֶּם אִשֶּׁה עֹלָה לַיהוה, פָּרִים בְּנֵי־בָקָר שְׁנַיִם וְאַיִל אֶחָד, וְשִׁבְעָה כְבָשִׂים בְּנֵי שָׁנָה תְּמִימִם יִהְיוּ לָכֶם: וּמִנְחָתָם וְנִסְכֵּיהֶם כִּמְדֻבָּר, שְׁלֹשָׁה עֶשְׂרֹנִים לַפָּר וּשְׁנֵי עֶשְׂרֹנִים לָאָיִל, וְעִשָּׂרוֹן לַכֶּבֶשׂ, וְיַיִן כְּנִסְכּוֹ, וְשָׂעִיר לְכַפֵּר, וּשְׁנֵי תְמִידִים כְּהִלְכָתָם.

בשבת ממשיכים ׳יִשְׂמְחוּ בְמַלְכוּתְךָ׳ (עמ׳ 575),
וביום חול ממשיכים ׳אֱלֹהֵינוּ וֵאלֹהֵי אֲבוֹתֵינוּ׳ (עמ׳ 576).

בשאר ימי הפסח:

במדבר כח וְהִקְרַבְתֶּם אִשֶּׁה עֹלָה לַיהוה, פָּרִים בְּנֵי־בָקָר שְׁנַיִם וְאַיִל אֶחָד, וְשִׁבְעָה כְבָשִׂים בְּנֵי שָׁנָה, תְּמִימִם יִהְיוּ לָכֶם: וּמִנְחָתָם וְנִסְכֵּיהֶם כִּמְדֻבָּר, שְׁלֹשָׁה עֶשְׂרֹנִים לַפָּר וּשְׁנֵי עֶשְׂרֹנִים לָאָיִל, וְעִשָּׂרוֹן לַכֶּבֶשׂ, וְיַיִן כְּנִסְכּוֹ, וְשָׂעִיר לְכַפֵּר, וּשְׁנֵי תְמִידִים כְּהִלְכָתָם.

בשבת ממשיכים ׳יִשְׂמְחוּ בְמַלְכוּתְךָ׳ (עמ׳ 575),
וביום חול ממשיכים ׳אֱלֹהֵינוּ וֵאלֹהֵי אֲבוֹתֵינוּ׳ (עמ׳ 576).

בשבועות:

במדבר כח וּבְיוֹם הַבִּכּוּרִים, בְּהַקְרִיבְכֶם מִנְחָה חֲדָשָׁה לַיהוה בְּשָׁבֻעֹתֵיכֶם, מִקְרָא־קֹדֶשׁ יִהְיֶה לָכֶם, כָּל־מְלֶאכֶת עֲבֹדָה לֹא תַעֲשׂוּ: וְהִקְרַבְתֶּם עוֹלָה לְרֵיחַ נִיחֹחַ לַיהוה, פָּרִים בְּנֵי־בָקָר שְׁנַיִם, אַיִל אֶחָד, שִׁבְעָה כְבָשִׂים בְּנֵי שָׁנָה: וּמִנְחָתָם וְנִסְכֵּיהֶם כִּמְדֻבָּר, שְׁלֹשָׁה עֶשְׂרֹנִים לַפָּר וּשְׁנֵי עֶשְׂרֹנִים לָאָיִל, וְעִשָּׂרוֹן לַכֶּבֶשׂ, וְיַיִן כְּנִסְכּוֹ, וְשָׂעִיר לְכַפֵּר, וּשְׁנֵי תְמִידִים כְּהִלְכָתָם.

ממשיכים ׳אֱלֹהֵינוּ וֵאלֹהֵי אֲבוֹתֵינוּ׳ (עמ׳ 576).

שבועות חג השבועות קרוי כאן בשני שמות: ״חג הבכורים״, על שום שביום זה מביאים את ביכורי קציר החיטים לבית המקדש ומקריבים מהם ״מנחה חדשה״; ו״שבועות״ משום שחג זה הוא השלמה לחג הפסח, ונחגג שבעה שבועות לאחריו. חג הפסח וחג השבועות משלימים זה את זה מבחינת תוכנם: שניהם חגי ראשית היבול: בחג האביב - השעורה החדשה, ובחג השבועות - החיטה החדשה. בשניהם יש, אפוא, מהות ותוכן יסודי אחד: אלה הם חגי הודאה על שהגענו

ביום טוב ראשון של סוכות (ובחוץ לארץ גם ביום שני של חג):

וּבַחֲמִשָּׁה עָשָׂר יוֹם לַחֹדֶשׁ הַשְּׁבִיעִי, מִקְרָא־קֹדֶשׁ יִהְיֶה לָכֶם, כָּל־מְלֶאכֶת (במדבר כט)
עֲבֹדָה לֹא תַעֲשׂוּ, וְחַגֹּתֶם חַג לַיהוה שִׁבְעַת יָמִים: וְהִקְרַבְתֶּם עֹלָה אִשֵּׁה
רֵיחַ נִיחֹחַ לַיהוה, פָּרִים בְּנֵי־בָקָר שְׁלֹשָׁה עָשָׂר, אֵילִם שְׁנָיִם, כְּבָשִׂים בְּנֵי־
שָׁנָה אַרְבָּעָה עָשָׂר, תְּמִימִם יִהְיוּ: וּמִנְחָתָם וְנִסְכֵּיהֶם כִּמְדֻבָּר, שְׁלֹשָׁה
עֶשְׂרֹנִים לַפָּר וּשְׁנֵי עֶשְׂרֹנִים לָאָיִל, וְעִשָּׂרוֹן לַכֶּבֶשׂ, וְיַיִן כְּנִסְכּוֹ, וְשָׂעִיר לְכַפֵּר,
וּשְׁנֵי תְמִידִים כְּהִלְכָתָם.

בשבת ממשיכים ׳יִשְׂמְחוּ בְמַלְכוּתְךָ׳ (עמ׳ 575),
וביום חול ממשיכים ׳אֱלֹהֵינוּ וֵאלֹהֵי אֲבוֹתֵינוּ׳ (עמ׳ 576).

לראות את תוצאותיהם של ההכנות והעמל שהשקענו בהם מראשית השנה ועד עתה. שני החגים הם המשך אחד המתחיל בפסח ומסתיים בשבועות ויש בהם קו עלייה מסוים. בחג האביב, שבו חוגגים את יבול השעורה הראשון, אין השמחה שלמה עדיין, שהרי לאמיתו של דבר השעורה איננה מאכל אדם, ולחם שבני אדם אוכלים אינו אלא לחם חיטים. מתוך כך מובן שגם כאשר יבול השעורה עלה יפה, יש עדיין תקופת המתנה של שבעה שבועות, שבהם יש עדיין מקום להרבה דאגה ותוחלת עד להבשלת היבול הראשי. רק אז יכולה להיות שמחה שלמה - ואותה חוגגים ב״עצרת״ של הפסח, היא חג השבועות. לצד משמעותם הטבעית־הארצית, יש לשני החגים הללו גם משמעות כללית והיסטורית. חג הפסח הוא בעיקר ״זמן חירותנו״, ״זכר ליציאת מצרים״, ואילו חג השבועות הוא ״זמן מתן תורתנו״. גם במשמעותם ההיסטורית והרוחנית של המועדים הללו יש לראותם כרצף אחד: שניהם חגי ראשית, חגים המבטאים את ראשית חייו של העם היהודי. פסח הוא זמן היציאה ממצרים, שהיא הגדרת העם כמעט רק במובנה השלילי - שלילתה של הגלות; ולעומת זאת בשבועות - קבלת התורה היא הגדרתו החיובית של העם היהודי, קביעת מהותו העצמית, מטרת חייו והכיוון שהוא פונה אליו.

קורבנות חג סוכות בימי חג הסוכות מוקרבים בסך הכול שבעים פרים. חכמים בתלמוד אמרו כי שבעים הפרים המובאים למקדש בחג הסוכות מסמלים את הבאת השלום על כל אומות העולם, שאף הן שבעים במספר (כפי שעולה מרשימת צאצאיו של נח בספר בראשית). הקשר בין חג הסוכות לאומות העולם מופיע גם בנבואת זכריה, שלעתיד לבוא יהיה חג הסוכות לחג שבו יעלו כל האומות לרגל, לתת כבוד לאלוקי ישראל. אופיו האוניברסלי של חג זה קשור במהותו הפנימית: חג של פיוס, שלום והשלמה, וכלשון ברכת ״השכיבנו״

ביום ראשון של חול המועד סוכות (ובחוץ לארץ אומרים ׳וּבַיּוֹם הַשֵּׁנִי׳ ׳וּבַיּוֹם הַשְּׁלִישִׁי׳):

במדבר כט וּבַיּוֹם הַשֵּׁנִי, פָּרִים בְּנֵי־בָקָר שְׁנֵים עָשָׂר, אֵילִם שְׁנָיִם, כְּבָשִׂים בְּנֵי־שָׁנָה אַרְבָּעָה עָשָׂר, תְּמִימִם: וּמִנְחָתָם וְנִסְכֵּיהֶם כִּמְדֻבָּר, שְׁלֹשָׁה עֶשְׂרֹנִים לַפָּר, וּשְׁנֵי עֶשְׂרֹנִים לָאָיִל, וְעִשָּׂרוֹן לַכֶּבֶשׂ, וְיַיִן כְּנִסְכּוֹ, וְשָׂעִיר לְכַפֵּר, וּשְׁנֵי תְמִידִים כְּהִלְכָתָם.

בשבת ממשיכים ׳יִשְׂמְחוּ בְמַלְכוּתְךָ׳ בעמוד הבא, וביום חול ממשיכים ׳אֱלֹהֵינוּ וֵאלֹהֵי אֲבוֹתֵינוּ׳ (עמ׳ 576).

ביום שני של חול המועד סוכות (ובחוץ לארץ אומרים ׳וּבַיּוֹם הַשְּׁלִישִׁי׳ ׳וּבַיּוֹם הָרְבִיעִי׳):

במדבר כט וּבַיּוֹם הַשְּׁלִישִׁי, פָּרִים עַשְׁתֵּי־עָשָׂר, אֵילִם שְׁנָיִם, כְּבָשִׂים בְּנֵי־שָׁנָה אַרְבָּעָה עָשָׂר, תְּמִימִם: וּמִנְחָתָם וְנִסְכֵּיהֶם כִּמְדֻבָּר, שְׁלֹשָׁה עֶשְׂרֹנִים לַפָּר, וּשְׁנֵי עֶשְׂרֹנִים לָאָיִל, וְעִשָּׂרוֹן לַכֶּבֶשׂ, וְיַיִן כְּנִסְכּוֹ, וְשָׂעִיר לְכַפֵּר, וּשְׁנֵי תְמִידִים כְּהִלְכָתָם.

בשבת ממשיכים ׳יִשְׂמְחוּ בְמַלְכוּתְךָ׳ בעמוד הבא, וביום חול ממשיכים ׳אֱלֹהֵינוּ וֵאלֹהֵי אֲבוֹתֵינוּ׳ (עמ׳ 576).

ביום שלישי של חול המועד סוכות (ובחוץ לארץ אומרים ׳וּבַיּוֹם הָרְבִיעִי׳ ׳וּבַיּוֹם הַחֲמִישִׁי׳):

במדבר כט וּבַיּוֹם הָרְבִיעִי, פָּרִים עֲשָׂרָה, אֵילִם שְׁנָיִם, כְּבָשִׂים בְּנֵי־שָׁנָה אַרְבָּעָה עָשָׂר, תְּמִימִם: וּמִנְחָתָם וְנִסְכֵּיהֶם כִּמְדֻבָּר, שְׁלֹשָׁה עֶשְׂרֹנִים לַפָּר, וּשְׁנֵי עֶשְׂרֹנִים לָאָיִל, וְעִשָּׂרוֹן לַכֶּבֶשׂ, וְיַיִן כְּנִסְכּוֹ, וְשָׂעִיר לְכַפֵּר, וּשְׁנֵי תְמִידִים כְּהִלְכָתָם.

בשבת ממשיכים ׳יִשְׂמְחוּ בְמַלְכוּתְךָ׳ בעמוד הבא. וביום חול ממשיכים ׳אֱלֹהֵינוּ וֵאלֹהֵי אֲבוֹתֵינוּ׳ (עמ׳ 576).

ביום רביעי של חול המועד סוכות (ובחוץ לארץ אומרים ׳וּבַיּוֹם הַחֲמִישִׁי׳ ׳וּבַיּוֹם הַשִּׁשִּׁי׳):

במדבר כט וּבַיּוֹם הַחֲמִישִׁי, פָּרִים תִּשְׁעָה, אֵילִם שְׁנָיִם, כְּבָשִׂים בְּנֵי־שָׁנָה אַרְבָּעָה עָשָׂר, תְּמִימִם: וּמִנְחָתָם וְנִסְכֵּיהֶם כִּמְדֻבָּר, שְׁלֹשָׁה עֶשְׂרֹנִים לַפָּר, וּשְׁנֵי עֶשְׂרֹנִים לָאָיִל, וְעִשָּׂרוֹן לַכֶּבֶשׂ, וְיַיִן כְּנִסְכּוֹ, וְשָׂעִיר לְכַפֵּר, וּשְׁנֵי תְמִידִים כְּהִלְכָתָם.

בשבת ממשיכים ׳יִשְׂמְחוּ בְמַלְכוּתְךָ׳ בעמוד הבא, וביום חול ממשיכים ׳אֱלֹהֵינוּ וֵאלֹהֵי אֲבוֹתֵינוּ׳ (עמ׳ 576).

הנאמרת בתפילת ערבית – ״סוכת שלומך״. זהו חג המבטא את האיחוד הכללי של המציאות: של ישראל ושל העמים העולים כולם לבית המקדש בחג הסוכות; של ׳המים התחתונים׳ העולים גם הם למעלה על המזבח בשמחת בית השואבה; ושל השמחה והששון של המציאות כולה המגיעה לידי שחרור.

קורבנות שמיני עצרת שמיני עצרת נקרא כך משום שהוא סיכום (״עצרת״) של שבעת הימים שהיו בסוכות, ובמובנים מסוימים אפשר לראות בו חג של פרדה

ביום חמישי של חול המועד סוכות (ובחוץ לארץ הוא הושענא רבה, ואומרים ׳וּבַיּוֹם הַשִּׁשִּׁי׳ ׳וּבַיּוֹם הַשְּׁבִיעִי׳):

וּבַיּוֹם הַשִּׁשִּׁי, פָּרִים שְׁמֹנָה, אֵילִם שְׁנָיִם, כְּבָשִׂים בְּנֵי־שָׁנָה אַרְבָּעָה עָשָׂר, במדבר כט
תְּמִימִם: וּמִנְחָתָם וְנִסְכֵּיהֶם כִּמְדֻבָּר, שְׁלֹשָׁה עֶשְׂרֹנִים לַפָּר, וּשְׁנֵי עֶשְׂרֹנִים לָאָיִל, וְעִשָּׂרוֹן לַכֶּבֶשׂ, וְיַיִן כְּנִסְכּוֹ, וְשָׂעִיר לְכַפֵּר, וּשְׁנֵי תְמִידִים כְּהִלְכָתָם.

בשבת ממשיכים ׳יִשְׂמְחוּ בְמַלְכוּתְךָ׳,
וביום חול ממשיכים ׳אֱלֹהֵינוּ וֵאלֹהֵי אֲבוֹתֵינוּ׳ בעמוד הבא.

בהושענא רבא (בארץ ישראל) אומרים:

וּבַיּוֹם הַשְּׁבִיעִי, פָּרִים שִׁבְעָה, אֵילִם שְׁנָיִם, כְּבָשִׂים בְּנֵי־שָׁנָה אַרְבָּעָה עָשָׂר, במדבר כט
תְּמִימִם: וּמִנְחָתָם וְנִסְכֵּיהֶם כִּמְדֻבָּר, שְׁלֹשָׁה עֶשְׂרֹנִים לַפָּר, וּשְׁנֵי עֶשְׂרֹנִים לָאָיִל, וְעִשָּׂרוֹן לַכֶּבֶשׂ, וְיַיִן כְּנִסְכּוֹ, וְשָׂעִיר לְכַפֵּר, וּשְׁנֵי תְמִידִים כְּהִלְכָתָם.

ממשיכים ׳אֱלֹהֵינוּ וֵאלֹהֵי אֲבוֹתֵינוּ׳ בעמוד הבא.

בשמיני עצרת ובשמחת תורה (הן בארץ הן בחוץ לארץ) אומרים:

בַּיּוֹם הַשְּׁמִינִי, עֲצֶרֶת תִּהְיֶה לָכֶם, כָּל־מְלֶאכֶת עֲבֹדָה לֹא תַעֲשׂוּ: וְהִקְרַבְתֶּם במדבר כט
עֹלָה אִשֵּׁה רֵיחַ נִיחֹחַ לַיהוה, פַּר אֶחָד, אַיִל אֶחָד, כְּבָשִׂים בְּנֵי־שָׁנָה שִׁבְעָה, תְּמִימִם: וּמִנְחָתָם וְנִסְכֵּיהֶם כִּמְדֻבָּר, שְׁלֹשָׁה עֶשְׂרֹנִים לַפָּר וּשְׁנֵי עֶשְׂרֹנִים לָאָיִל, וְעִשָּׂרוֹן לַכֶּבֶשׂ, וְיַיִן כְּנִסְכּוֹ, וְשָׂעִיר לְכַפֵּר, וּשְׁנֵי תְמִידִים כְּהִלְכָתָם.

בשבת ממשיכים ׳יִשְׂמְחוּ בְמַלְכוּתְךָ׳,
וביום חול ממשיכים ׳אֱלֹהֵינוּ וֵאלֹהֵי אֲבוֹתֵינוּ׳ בעמוד הבא.

בשבת אומרים:

יִשְׂמְחוּ בְמַלְכוּתְךָ שׁוֹמְרֵי שַׁבָּת וְקוֹרְאֵי עֹנֶג. עַם מְקַדְּשֵׁי שְׁבִיעִי כֻּלָּם יִשְׂבְּעוּ וְיִתְעַנְּגוּ מִטּוּבֶךָ, וּבַשְּׁבִיעִי רָצִיתָ בּוֹ וְקִדַּשְׁתּוֹ, חֶמְדַּת יָמִים אוֹתוֹ קָרָאתָ, זֵכֶר לְמַעֲשֵׂה בְרֵאשִׁית.

מכל מחזור החגים של חודש תשרי. כפי שאמרו חכמים, יום זה הוא כעין חגיגה פרטית בין ה׳ לישראל, הבאה אחרי חגיגות חג הסוכות השייכות לכל העולם. כך הסבירו בתלמוד מדוע בשמיני עצרת מקריבים רק פר אחד, ואילו בימי חג הסוכות מקריבים פרים רבים: ״שבעים פרים כנגד מי? כנגד שבעים אומות; פר יחידי למה? כנגד אומה יחידה. משל למלך בשר ודם שאמר לעבדיו: עשו לי סעודה גדולה, ליום אחרון אמר לאוהבו: עשה לי סעודה קטנה כדי שאהנה ממך״.

אֱלֹהֵינוּ וֵאלֹהֵי אֲבוֹתֵינוּ
מֶלֶךְ רַחֲמָן רַחֵם עָלֵינוּ, טוֹב וּמֵטִיב הִדָּרֶשׁ לָנוּ
שׁוּבָה אֵלֵינוּ בַּהֲמוֹן רַחֲמֶיךָ
בִּגְלַל אָבוֹת שֶׁעָשׂוּ רְצוֹנֶךָ.
בְּנֵה בֵיתְךָ כְּבַתְּחִלָּה, וְכוֹנֵן מִקְדָּשְׁךָ עַל מְכוֹנוֹ
וְהַרְאֵנוּ בְּבִנְיָנוֹ, וְשַׂמְּחֵנוּ בְּתִקּוּנוֹ
וְהָשֵׁב כֹּהֲנִים לַעֲבוֹדָתָם, וּלְוִיִּם לְשִׁירָם וּלְזִמְרָם
וְהָשֵׁב יִשְׂרָאֵל לִנְוֵיהֶם.

וְשָׁם נַעֲלֶה וְנֵרָאֶה וְנִשְׁתַּחֲוֶה לְפָנֶיךָ בְּשָׁלֹשׁ פַּעֲמֵי רְגָלֵינוּ
כַּכָּתוּב בְּתוֹרָתֶךָ
דברים טז שָׁלוֹשׁ פְּעָמִים בַּשָּׁנָה יֵרָאֶה כָל־זְכוּרְךָ אֶת־פְּנֵי יהוה אֱלֹהֶיךָ
בַּמָּקוֹם אֲשֶׁר יִבְחָר
בְּחַג הַמַּצּוֹת, וּבְחַג הַשָּׁבֻעוֹת, וּבְחַג הַסֻּכּוֹת
וְלֹא יֵרָאֶה אֶת־פְּנֵי יהוה רֵיקָם:
אִישׁ כְּמַתְּנַת יָדוֹ, כְּבִרְכַּת יהוה אֱלֹהֶיךָ אֲשֶׁר נָתַן־לָךְ:

בשבת מוסיפים את המילים שבסוגריים:
וְהַשִּׂיאֵנוּ יהוה אֱלֹהֵינוּ אֶת בִּרְכַּת מוֹעֲדֶיךָ
לְחַיִּים וּלְשָׁלוֹם, לְשִׂמְחָה וּלְשָׂשׂוֹן
כַּאֲשֶׁר רָצִיתָ וְאָמַרְתָּ לְבָרְכֵנוּ.
(אֱלֹהֵינוּ וֵאלֹהֵי אֲבוֹתֵינוּ, רְצֵה נָא בִמְנוּחָתֵנוּ)
קַדְּשֵׁנוּ בְּמִצְוֹתֶיךָ
וְתֵן חֶלְקֵנוּ בְּתוֹרָתֶךָ

שַׂבְּעֵנוּ מִטּוּבֶךָ
וְשַׂמַּח נַפְשֵׁנוּ בִּישׁוּעָתֶךָ
וְטַהֵר לִבֵּנוּ לְעָבְדְּךָ בֶּאֱמֶת
וְהַנְחִילֵנוּ יהוה אֱלֹהֵינוּ (בְּאַהֲבָה וּבְרָצוֹן)
בְּשִׂמְחָה וּבְשָׂשׂוֹן (שַׁבָּת וּ) מוֹעֲדֵי קָדְשֶׁךָ
וְיִשְׂמְחוּ בְךָ כָּל יִשְׂרָאֵל מְקַדְּשֵׁי שְׁמֶךָ.
בָּרוּךְ אַתָּה יהוה
מְקַדֵּשׁ (הַשַּׁבָּת וְ) יִשְׂרָאֵל וְהַזְּמַנִּים.

עבודה

רְצֵה יהוה אֱלֹהֵינוּ בְּעַמְּךָ יִשְׂרָאֵל, וְלִתְפִלָּתָם שְׁעֵה
וְהָשֵׁב אֶת הָעֲבוֹדָה לִדְבִיר בֵּיתֶךָ
וְאִשֵּׁי יִשְׂרָאֵל וּתְפִלָּתָם, מְהֵרָה בְּאַהֲבָה תְקַבֵּל בְּרָצוֹן
וּתְהִי לְרָצוֹן תָּמִיד עֲבוֹדַת יִשְׂרָאֵל עַמֶּךָ.

בחזרת הש״ץ, אם עולים כוהנים לדוכן אומרים ׳וְתֶעֱרַב׳.

קהל וש״ץ: וְתֶעֱרַב עָלֶיךָ עֲתִירָתֵנוּ כְּעוֹלָה וּכְקָרְבָּן. אָנָּא רַחוּם, בְּרַחֲמֶיךָ
הָרַבִּים הָשֵׁב שְׁכִינָתְךָ לְצִיּוֹן עִירְךָ, וְסֵדֶר הָעֲבוֹדָה לִירוּשָׁלָיִם.
וְתֶחֱזֶינָה עֵינֵינוּ בְּשׁוּבְךָ לְצִיּוֹן בְּרַחֲמִים. וְשָׁם נַעֲבָדְךָ בְּיִרְאָה
כִּימֵי עוֹלָם וּכְשָׁנִים קַדְמוֹנִיּוֹת.

הש״ץ מסיים: בָּרוּךְ אַתָּה יהוה שֶׁאוֹתְךָ לְבַדְּךָ בְּיִרְאָה נַעֲבוֹד.

וממשיכים ׳מוֹדִים׳ בעמוד הבא.

וְתֶחֱזֶינָה עֵינֵינוּ בְּשׁוּבְךָ לְצִיּוֹן בְּרַחֲמִים.
בָּרוּךְ אַתָּה יהוה
הַמַּחֲזִיר שְׁכִינָתוֹ לְצִיּוֹן.

הודאה

משתחווים בברכת ההודאה בתחילה ובסוף. כשאומר ׳מוֹדִים׳ כורע ושוחה כאחת, וכשאומר ׳השם׳ זוקף. בסוף הברכה אופן הכריעה דומה לתחילת התפילה – כשאומר ׳בָּרוּךְ׳ כורע, כשאומר ׳אַתָּה׳ שוחה וכשאומר ׳השם׳ חוזר ומזדקף.

מוֹדִים אֲנַחְנוּ לָךְ
שָׁאַתָּה הוּא יהוה אֱלֹהֵינוּ
וֵאלֹהֵי אֲבוֹתֵינוּ לְעוֹלָם וָעֶד.
צוּר חַיֵּינוּ, מָגֵן יִשְׁעֵנוּ
אַתָּה הוּא לְדוֹר וָדוֹר.
נוֹדֶה לְּךָ וּנְסַפֵּר תְּהִלָּתֶךָ
עַל חַיֵּינוּ הַמְּסוּרִים בְּיָדֶךָ
וְעַל נִשְׁמוֹתֵינוּ הַפְּקוּדוֹת לָךְ
וְעַל נִסֶּיךָ שֶׁבְּכָל יוֹם עִמָּנוּ
וְעַל נִפְלְאוֹתֶיךָ וְטוֹבוֹתֶיךָ
שֶׁבְּכָל עֵת, עֶרֶב וָבֹקֶר וְצָהֳרָיִם.
הַטּוֹב, כִּי לֹא כָלוּ רַחֲמֶיךָ
וְהַמְרַחֵם, כִּי לֹא תַמּוּ חֲסָדֶיךָ
כִּי מֵעוֹלָם קִוִּינוּ לָךְ.

כששליח הציבור אומר ׳מוֹדִים׳ הקהל אומר בלחש:

מוֹדִים אֲנַחְנוּ לָךְ
שָׁאַתָּה הוּא יהוה אֱלֹהֵינוּ
וֵאלֹהֵי אֲבוֹתֵינוּ
אֱלֹהֵי כָל בָּשָׂר
יוֹצְרֵנוּ, יוֹצֵר בְּרֵאשִׁית.
בְּרָכוֹת וְהוֹדָאוֹת
לְשִׁמְךָ הַגָּדוֹל וְהַקָּדוֹשׁ
עַל שֶׁהֶחֱיִיתָנוּ וְקִיַּמְתָּנוּ.
כֵּן תְּחַיֵּנוּ וּתְקַיְּמֵנוּ
וְתֶאֱסֹף גָּלֻיּוֹתֵינוּ
לְחַצְרוֹת קָדְשֶׁךָ
לִשְׁמֹר חֻקֶּיךָ וְלַעֲשׂוֹת רְצוֹנֶךָ
וּלְעָבְדְּךָ בְּלֵבָב שָׁלֵם
עַל שֶׁאֲנַחְנוּ מוֹדִים לָךְ.
בָּרוּךְ אֵל הַהוֹדָאוֹת.

וְעַל כֻּלָּם יִתְבָּרַךְ וְיִתְרוֹמַם וְיִתְנַשֵּׂא שִׁמְךָ מַלְכֵּנוּ
תָּמִיד לְעוֹלָם וָעֶד.
וְכֹל הַחַיִּים יוֹדוּךָ סֶּלָה
וִיהַלְלוּ וִיבָרְכוּ אֶת שִׁמְךָ הַגָּדוֹל בֶּאֱמֶת לְעוֹלָם כִּי טוֹב
הָאֵל יְשׁוּעָתֵנוּ וְעֶזְרָתֵנוּ סֶלָה, הָאֵל הַטּוֹב.
בָּרוּךְ אַתָּה יהוה, הַטּוֹב שִׁמְךָ וּלְךָ נָאֶה לְהוֹדוֹת.

מנהג האשכנזים בחוץ לארץ שהכוהנים מברכים את העם רק במוסף של שלוש הרגלים (ויש שנהגו שאם חל יום טוב בשבת, אין עולים לברך).
והטעם שאמרו הקדמונים לכך, כי ראוי לברך ברכה זו רק בשעת שמחה ונחת.
משום כך נהגו ללוות את ברכת הכוהנים בימים טובים
בניגונים מרובים, שחלקם עתיקים ביותר.
רבים נמנעים מלעשות ברכת כוהנים במוסף של שמחת תורה, משום שמקדשים ואוכלים לפני מוסף, וכוהן שתוי (ששתה רביעית יין או משקה משכר) אינו רשאי לעלות לדוכן.

קודם ברכת כוהנים, הקהל והכוהנים אומרים בלחש דברי הקדמה אלה:

יְהִי רָצוֹן מִלְּפָנֶיךָ יהוה אֱלֹהֵינוּ וֵאלֹהֵי אֲבוֹתֵינוּ, שֶׁתְּהֵא הַבְּרָכָה הַזֹּאת /לכוהנים: **שֶׁצִּוִּיתָנוּ**/ /לקהל: **שֶׁצִּוִּיתָ**/ **לְבָרֵךְ אֶת עַמְּךָ יִשְׂרָאֵל, בְּרָכָה שְׁלֵמָה, וְלֹא יִהְיֶה בָּהּ שׁוּם מִכְשׁוֹל וְעָוֹן, מֵעַתָּה וְעַד־עוֹלָם.**

שליח הציבור: **אֱלֹהֵינוּ וֵאלֹהֵי אֲבוֹתֵינוּ, בָּרְכֵנוּ בַּבְּרָכָה הַמְשֻׁלֶּשֶׁת בַּתּוֹרָה הַכְּתוּבָה עַל יְדֵי מֹשֶׁה עַבְדֶּךָ, הָאֲמוּרָה מִפִּי אַהֲרֹן וּבָנָיו,**

שליח הציבור (או אחד מן הציבור) מכריז: **כֹּהֲנִים** הקהל עונה: **עַם קְדוֹשֶׁךָ, כָּאָמוּר:**
כאשר עולה לדוכן כוהן אחד בלבד אין אומרים נוסח זה, אלא מיד מתחיל הכוהן בברכה.

הכוהנים מברכים: **בָּרוּךְ אַתָּה יהוה אֱלֹהֵינוּ מֶלֶךְ הָעוֹלָם, אֲשֶׁר קִדְּשָׁנוּ בִּקְדֻשָּׁתוֹ שֶׁל אַהֲרֹן, וְצִוָּנוּ לְבָרֵךְ אֶת עַמּוֹ יִשְׂרָאֵל בְּאַהֲבָה.**

שליח הציבור מקריא מילה במילה והכוהנים חוזרים אחריו:

יְבָרֶכְךָ יהוה וְיִשְׁמְרֶךָ: קהל: **אָמֵן** במדבר ו
יָאֵר יהוה פָּנָיו אֵלֶיךָ וִיחֻנֶּךָּ: קהל: **אָמֵן**
יִשָּׂא יהוה פָּנָיו אֵלֶיךָ וְיָשֵׂם לְךָ שָׁלוֹם: קהל: **אָמֵן**

מי שחלם חלום רע ואינו יודע מה פשרו אומר בשעת ברכת כוהנים נוסח של ׳הטבת חלום׳ (עמ׳ 709).

לאחר הברכה אומר הקהל בלחש:
אַדִּיר בַּמָּרוֹם שׁוֹכֵן בִּגְבוּרָה, אַתָּה שָׁלוֹם וְשִׁמְךָ שָׁלוֹם. יְהִי רָצוֹן שֶׁתָּשִׂים עָלֵינוּ וְעַל כָּל עַמְּךָ בֵּית יִשְׂרָאֵל חַיִּים וּבְרָכָה לְמִשְׁמֶרֶת שָׁלוֹם.

הכוהנים אומרים בלחש:
רִבּוֹנוֹ שֶׁל עוֹלָם, עָשִׂינוּ מַה שֶּׁגָּזַרְתָּ עָלֵינוּ, אַף אַתָּה עֲשֵׂה עִמָּנוּ כְּמוֹ שֶׁהִבְטַחְתָּנוּ. הַשְׁקִיפָה מִמְּעוֹן דברים כו
קָדְשְׁךָ מִן־הַשָּׁמַיִם, וּבָרֵךְ אֶת־עַמְּךָ אֶת־יִשְׂרָאֵל, וְאֵת הָאֲדָמָה אֲשֶׁר נָתַתָּה לָנוּ, כַּאֲשֶׁר נִשְׁבַּעְתָּ לַאֲבֹתֵינוּ, אֶרֶץ זָבַת חָלָב וּדְבָשׁ:

במקום שאין כוהנים העולים לדוכן, שליח הציבור אומר: **אֱלֹהֵינוּ וֵאלֹהֵי אֲבוֹתֵינוּ, בָּרְכֵנוּ בַּבְּרָכָה הַמְשֻׁלֶּשֶׁת בַּתּוֹרָה הַכְּתוּבָה עַל יְדֵי מֹשֶׁה עַבְדֶּךָ, הָאֲמוּרָה מִפִּי אַהֲרֹן וּבָנָיו, כֹּהֲנִים, עַם קְדוֹשֶׁךָ, כָּאָמוּר: יְבָרֶכְךָ יהוה וְיִשְׁמְרֶךָ: יָאֵר יהוה פָּנָיו אֵלֶיךָ וִיחֻנֶּךָּ: יִשָּׂא יהוה פָּנָיו אֵלֶיךָ וְיָשֵׂם לְךָ שָׁלוֹם:**

שלום

שִׂים שָׁלוֹם טוֹבָה וּבְרָכָה, חַיִּים חֵן וָחֶסֶד וְרַחֲמִים
עָלֵינוּ וְעַל כָּל יִשְׂרָאֵל עַמֶּךָ.
בָּרְכֵנוּ אָבִינוּ כֻּלָּנוּ כְּאֶחָד בְּאוֹר פָּנֶיךָ
כִּי בְאוֹר פָּנֶיךָ נָתַתָּ לָּנוּ יהוה אֱלֹהֵינוּ
תּוֹרַת חַיִּים וְאַהֲבַת חֶסֶד
וּצְדָקָה וּבְרָכָה וְרַחֲמִים וְחַיִּים וְשָׁלוֹם.
וְטוֹב יִהְיֶה בְּעֵינֶיךָ לְבָרְכֵנוּ
וּלְבָרֵךְ אֶת כָּל עַמְּךָ יִשְׂרָאֵל
בְּכָל עֵת וּבְכָל שָׁעָה בִּשְׁלוֹמֶךָ.
בָּרוּךְ אַתָּה יהוה
הַמְבָרֵךְ אֶת עַמּוֹ יִשְׂרָאֵל בַּשָּׁלוֹם.

תהלים יט יִהְיוּ לְרָצוֹן אִמְרֵי פִי וְהֶגְיוֹן לִבִּי לְפָנֶיךָ, יהוה צוּרִי וְגוֹאֲלִי:

ברכות יז. אֱלֹהַי
נְצֹר לְשׁוֹנִי מֵרָע וּשְׂפָתַי מִדַּבֵּר מִרְמָה
וְלִמְקַלְלַי נַפְשִׁי תִדֹּם, וְנַפְשִׁי כֶּעָפָר לַכֹּל תִּהְיֶה.
פְּתַח לִבִּי בְּתוֹרָתֶךָ
וְאַחֲרֵי מִצְוֹתֶיךָ תִּרְדֹּף נַפְשִׁי.
וְכָל הַקָּמִים וְהַחוֹשְׁבִים עָלַי רָעָה
מְהֵרָה הָפֵר עֲצָתָם וְקַלְקֵל מַחֲשַׁבְתָּם.

יש המוסיפים:

יִהְיוּ כְּמֹץ לִפְנֵי רוּחַ וּמַלְאַךְ יהוה דּוֹחֶה.

יש המוסיפים:

יְהִי רָצוֹן מִלְּפָנֶיךָ, יהוה אֱלֹהַי וֵאלֹהֵי אֲבוֹתַי
שֶׁלֹּא תַעֲלֶה קִנְאַת אָדָם עָלַי, וְלֹא קִנְאָתִי עַל אֲחֵרִים
וְשֶׁלֹּא אֶכְעֹס הַיּוֹם, וְשֶׁלֹּא אַכְעִיסֶךָ
וְתַצִּילֵנִי מִיֵּצֶר הָרָע, וְתֵן בְּלִבִּי הַכְנָעָה וַעֲנָוָה.
מַלְכֵּנוּ וֵאלֹהֵינוּ, יַחֵד שִׁמְךָ בְּעוֹלָמֶךָ
בְּנֵה עִירָךְ, יַסֵּד בֵּיתְךָ וְשַׁכְלֵל הֵיכָלָךְ
וְקַבֵּץ קִבּוּץ גָּלֻיּוֹת, וּפְדֵה צֹאנְךָ וְשַׂמַּח עֲדָתֶךָ.

עֲשֵׂה לְמַעַן שְׁמֶךָ, עֲשֵׂה לְמַעַן יְמִינֶךָ
עֲשֵׂה לְמַעַן תּוֹרָתֶךָ, עֲשֵׂה לְמַעַן קְדֻשָּׁתֶךָ.
לְמַעַן יֵחָלְצוּן יְדִידֶיךָ, הוֹשִׁיעָה יְמִינְךָ וַעֲנֵנִי: תהלים ס

יש נוהגים לומר כאן פסוק הרומז לשמו של המתפלל
הפותח ומסיים באותיות שבהן שמו נפתח ומסתיים.

יִהְיוּ לְרָצוֹן אִמְרֵי פִי וְהֶגְיוֹן לִבִּי לְפָנֶיךָ, יהוה צוּרִי וְגֹאֲלִי: תהלים יט

כורע וחוזר שלוש פסיעות לאחוריו כמי שנפטר מלפני המלך, ופסיעה ראשונה יפסע ברגל שמאל. כורע מעט לצד שמאלו ואומר: ׳עֹשֶׂה שָׁלוֹם בִּמְרוֹמָיו׳; וכורע קצת לימינו ואומר: ׳הוּא יַעֲשֶׂה שָׁלוֹם עָלֵינוּ׳; וכורע לפניו כריעה גדולה יותר ומסיים: ׳וְעַל כָּל יִשְׂרָאֵל וְאִמְרוּ אָמֵן׳.

עֹשֶׂה שָׁלוֹם בִּמְרוֹמָיו
הוּא יַעֲשֶׂה שָׁלוֹם, עָלֵינוּ וְעַל כָּל יִשְׂרָאֵל, וְאִמְרוּ אָמֵן.

יְהִי רָצוֹן מִלְּפָנֶיךָ יהוה אֱלֹהֵינוּ וֵאלֹהֵי אֲבוֹתֵינוּ
שֶׁיִּבָּנֶה בֵּית הַמִּקְדָּשׁ בִּמְהֵרָה בְיָמֵינוּ
וְתֵן חֶלְקֵנוּ בְּתוֹרָתֶךָ, וְשָׁם נַעֲבָדְךָ בְּיִרְאָה כִּימֵי עוֹלָם וּכְשָׁנִים קַדְמֹנִיּוֹת.
וְעָרְבָה לַיהוה מִנְחַת יְהוּדָה וִירוּשָׁלָםִ כִּימֵי עוֹלָם וּכְשָׁנִים קַדְמֹנִיּוֹת: מלאכי ג

שליח הציבור חוזר על התפילה בקול רם.

ביום טוב ובשבת חול המועד אומרים קדיש שלם (עמ׳ 410)
וממשיכים בסיום תפילת מוסף לשבת.

בחול המועד פסח וסוכות אומרים קדיש שלם (עמ׳ 133)
ומסיימים כבתפילת יום חול.

הושענות

בסוכות לאחר קריאת ההלל אוחזים בארבעת המינים ומקיפים את הבימה באמירת הושענות.

הושענות לשבת חול המועד בעמ׳ 587. הושענות להושענא רבה בעמ׳ 590.

כשחל א׳ דסוכות	אומרים הושענות בסדר זה: א׳ דסוכות	א׳ דחוה״מ	ב׳ דחוה״מ	ג׳ דחוה״מ	ד׳ דחוה״מ	ה׳ דחוה״מ
ביום ב׳	למען אמתך	אבן שתיה	אערוך שועי	אום אני חומה	אל למושעות	אום נצורה
ביום ג׳	למען אמתך	אבן שתיה	אערוך שועי	אל למושעות	אום נצורה	אדון המושיע
ביום ה׳	למען אמתך	אבן שתיה	אום נצורה	אערוך שועי	אל למושעות	אדון המושיע
בשבת	אום נצורה	למען אמתך	אערוך שועי	אבן שתיה	אל למושעות	אדון המושיע

פותחים את ארון הקודש ומוציאים ספר תורה אל הבימה.

שליח הציבור ואחריו הקהל:

הוֹשַׁע נָא לְמַעַנְךָ אֱלֹהֵינוּ הוֹשַׁע נָא.

שליח הציבור ואחריו הקהל:

הוֹשַׁע נָא לְמַעַנְךָ בּוֹרְאֵנוּ הוֹשַׁע נָא.

שליח הציבור ואחריו הקהל:

הוֹשַׁע נָא לְמַעַנְךָ גּוֹאֲלֵנוּ הוֹשַׁע נָא.

שליח הציבור ואחריו הקהל:

הוֹשַׁע נָא לְמַעַנְךָ דּוֹרְשֵׁנוּ הוֹשַׁע נָא.

הושענות בזמן שבית המקדש עמד על תילו היו הבאים למקדש מקיפים את המזבח בימי חג הסוכות באמירת: ״אָנָּא ה׳ הוֹשִׁיעָה נָּא״ (מכאן מקור השם ״הושענא״) ודברי תהילה ושבח נוספים. וביום השביעי של חג הסוכות היו מקיפים את המזבח, בעיקר בענפי ערבות, שבע פעמים, ובכל ההקפות היו אומרים: ״אנא ה׳ הושיעה נא״. על שם ריבוי אמירת ״הושיעה״ מכונה יום זה ״הושענא רבה״, כלומר ״הושענא הגדול״. בתלמוד הירושלמי אמרו כי מספר ההקפות בא כנגד כיבוש יריחו - שהקיפו אותה שישה ימים, בכל יום פעם אחת, ואילו ביום השביעי שבע פעמים - וכשם שעשה לנו הקדוש ברוך הוא נס

הוֹשַׁע נָא

לְמַעַן אֲמִתָּךְ. לְמַעַן בְּרִיתָךְ. לְמַעַן גָּדְלָךְ וְתִפְאַרְתָּךְ. לְמַעַן דָּתָךְ. לְמַעַן הוֹדָךְ. לְמַעַן וִעוּדָךְ. לְמַעַן זִכְרָךְ. לְמַעַן חַסְדָּךְ. לְמַעַן טוּבָךְ. לְמַעַן יִחוּדָךְ. לְמַעַן כְּבוֹדָךְ. לְמַעַן לִמּוּדָךְ. לְמַעַן מַלְכוּתָךְ. לְמַעַן נִצְחָךְ. לְמַעַן סוֹדָךְ. לְמַעַן עֻזָּךְ. לְמַעַן פְּאֵרָךְ. לְמַעַן צִדְקָתָךְ. לְמַעַן קְדֻשָּׁתָךְ. לְמַעַן רַחֲמֶיךָ הָרַבִּים. לְמַעַן שְׁכִינָתָךְ. לְמַעַן תְּהִלָּתָךְ. הוֹשַׁע נָא.

וממשיכים ׳אֲנִי וָהוֹ הוֹשִׁיעָה נָּא׳ בעמ׳ 585.

הוֹשַׁע נָא

אֶבֶן שְׁתִיָּה. בֵּית הַבְּחִירָה. גֹּרֶן אָרְנָן. דְּבִיר הַמֻּצְנָע. הַר הַמּוֹרִיָּה. וְהַר יֵרָאֶה. זְבוּל תִּפְאַרְתֶּךָ. חָנָה דָוִד. טוֹב הַלְּבָנוֹן. יְפֵה נוֹף מְשׂוֹשׂ כָּל הָאָרֶץ. כְּלִילַת יֹפִי. לִינַת הַצֶּדֶק. מָכוֹן לְשִׁבְתֶּךָ. נָוֶה שַׁאֲנָן. סֻכַּת שָׁלֵם. עֲלִיַּת שְׁבָטִים. פִּנַּת יִקְרַת. צִיּוֹן הַמְצֻיֶּנֶת. קֹדֶשׁ הַקֳּדָשִׁים. רָצוּף אַהֲבָה. שְׁכִינַת כְּבוֹדֶךָ. תֵּל תַּלְפִּיּוֹת. הוֹשַׁע נָא.

וממשיכים ׳אֲנִי וָהוֹ הוֹשִׁיעָה נָּא׳ בעמ׳ 585.

הוֹשַׁע נָא

אֶעֱרֹךְ שׁוּעִי. בְּבֵית שַׁוְעִי. גִּלִּיתִי בַצּוֹם פִּשְׁעִי. דְּרַשְׁתִּיךָ בּוֹ לְהוֹשִׁיעִי. הַקְשִׁיבָה לְקוֹל שַׁוְעִי. וְקוּמָה וְהוֹשִׁיעִי. זְכֹר וְרַחֵם מוֹשִׁיעִי. חַי כֵּן תְּשַׁעְשְׁעִי. טוֹב בְּאֶנֶק שְׁעִי. יוּחַשׁ מוֹשִׁיעִי. כַּלֵּה מַרְשִׁיעִי. לְבַל עוֹד יַרְשִׁיעִי. מַהֵר אֱלֹהֵי יִשְׁעִי. נֶצַח לְהוֹשִׁיעִי. שָׂא נָא עֲוֹן רִשְׁעִי. עֲבֹר עַל פִּשְׁעִי. פְּנֵה נָא לְהוֹשִׁיעִי. צוּר צַדִּיק מוֹשִׁיעִי. קַבֵּל נָא שַׁוְעִי. רוֹמֵם קֶרֶן יִשְׁעִי. שַׁדַּי מוֹשִׁיעִי. תּוֹפִיעַ וְתוֹשִׁיעִי. הוֹשַׁע נָא.

וממשיכים ׳אֲנִי וָהוֹ הוֹשִׁיעָה נָּא׳ בעמ׳ 585.

גלוי בכיבוש יריחו, כך בזכות הקפת המזבח יושיע ה׳ את עמו. המנהג בימינו, זכר למקדש, הוא שבכל יום מימי חג הסוכות לפני קריאת התורה מוציאים ספר תורה מן הארון ומניחים אותו (או עומדים עימו) על הבימה, והמתפללים המחזיקים בידם את הלולבים מקיפים את הבמה, שהיא זכר למזבח שבמקדש, ואומרים את פיוט ה״הושענא״ השייך לאותו יום. ב״הושענא רבה״ מקיפים את הבמה שבע פעמים, אומרים את ה״הושענות״ של כל הימים ומוסיפים עליהם

הוֹשַׁע נָא

אֹם אֲנִי חוֹמָה. בָּרָה כַּחַמָּה. גּוֹלָה וְסוּרָה. דָּמְתָה לְתָמָר. הַהֲרוּגָה עָלֶיךָ. וְנֶחְשֶׁבֶת כְּצֹאן טִבְחָה. זְרוּיָה בֵּין מַכְעִיסֶיהָ. חֲבוּקָה וּדְבוּקָה בָךְ. טוֹעֶנֶת עֻלָּךְ. יְחִידָה לְיַחֲדָךְ. כְּבוּשָׁה בַגּוֹלָה. לוֹמֶדֶת יִרְאָתָךְ. מְרוּטַת לֶחִי. נְתוּנָה לְמַכִּים. סוֹבֶלֶת סִבְלָךְ. עֲנִיָּה סוֹעֲרָה. פְּדוּיַת טוֹבִיָּה. צֹאן קָדָשִׁים. קְהִלּוֹת יַעֲקֹב. רְשׁוּמִים בִּשְׁמֶךָ. שׁוֹאֲגִים הוֹשַׁע נָא. תְּמוּכִים עָלֶיךָ. הוֹשַׁע נָא.

וממשיכים 'אֲנִי וָהוֹ הוֹשִׁיעָה נָּא' בעמוד הבא.

הוֹשַׁע נָא

אֵל לְמוֹשָׁעוֹת. בְּאַרְבַּע שְׁבוּעוֹת. גָּשִׁים בְּשַׁוְעוֹת. דּוֹפְקֵי עֶרֶךְ שׁוּעוֹת. הוֹגֵי שַׁעֲשׁוּעוֹת. וְחִידוֹת מִשְׁתַּעַשְׁעוֹת. זוֹעֲקִים לְהַשְׁעוֹת. חוֹכֵי יְשׁוּעוֹת. טְפוּלִים בְּךָ שְׁעוֹת. יוֹדְעֵי בִּין שָׁעוֹת. כּוֹרְעֶיךָ בְּשַׁוְעוֹת. לְהָבִין שְׁמוּעוֹת. מִפִּיךָ נִשְׁמָעוֹת. נוֹתֵן תְּשׁוּעוֹת. סְפוּרוֹת מַשְׁמָעוֹת. עֵדוֹת מַשְׁמִיעוֹת. פּוֹעֵל יְשׁוּעוֹת. צַדִּיק נוֹשָׁעוֹת. קִרְיַת תְּשׁוּעוֹת. רֶגֶשׁ תְּשׁוּאוֹת. שָׁלֹשׁ שָׁעוֹת. תָּחִישׁ לִתְשׁוּעוֹת. הוֹשַׁע נָא.

וממשיכים 'אֲנִי וָהוֹ הוֹשִׁיעָה נָּא' בעמוד הבא.

הוֹשַׁע נָא

אָדוֹן הַמּוֹשִׁיעַ. בִּלְתְּךָ אֵין לְהוֹשִׁיעַ. גִּבּוֹר וְרַב לְהוֹשִׁיעַ. דַּלּוֹתִי וְלִי יְהוֹשִׁיעַ. הָאֵל הַמּוֹשִׁיעַ. וּמַצִּיל וּמוֹשִׁיעַ. זוֹעֲקֶיךָ תּוֹשִׁיעַ. חוֹכֶיךָ הוֹשִׁיעַ. טְלָאֶיךָ תַּשְׂבִּיעַ. יְבוּל לְהַשְׁפִּיעַ. כָּל שִׂיחַ תַּדְשֵׁא וְתוֹשִׁיעַ. לְגֵיא בַּל תַּרְשִׁיעַ. מְגָדִים תַּמְתִּיק וְתוֹשִׁיעַ. נְשִׂיאִים לְהַסִּיעַ. שְׂעִירִים לְהָנִיעַ. עֲנָנִים מִלְּהַמְנִיעַ. פּוֹתֵחַ יָד וּמַשְׂבִּיעַ. צְמֵאֶיךָ תַּשְׂבִּיעַ. קוֹרְאֶיךָ תּוֹשִׁיעַ. רְחוּמֶיךָ תּוֹשִׁיעַ. שׁוֹחֲרֶיךָ הוֹשִׁיעַ. תְּמִימֶיךָ תּוֹשִׁיעַ. הוֹשַׁע נָא.

עוד פיוטי "הושענא" המיוחדים ליום זה. בסוף ההקפות של יום זה לוקחים את ענפי הערבה וחובטים בהם בקרקע, ועל פי הקבלה לוקחים חמישה ענפים אגודים יחד לצורך זה וחובטים בהם חמש פעמים. וכפי שאומרים בתפילה שאחר החבטות – חביטת ההושענות בקרקע, כמו גם ההקפות בהן, היא "מנהג נביאים" שהנהיגו טקס זה בזמנם.

אֲנִי וָהוֹ הוֹשִׁיעָה נָּא.

כְּהוֹשַׁעְתָּ אֵלִים בְּלוּד עִמָּךְ.
בְּצֵאתְךָ לְיֵשַׁע עַמָּךְ. כֵּן הוֹשַׁע נָא.

כְּהוֹשַׁעְתָּ גּוֹי וֵאלֹהִים.
דְּרוּשִׁים לְיֵשַׁע אֱלֹהִים. כֵּן הוֹשַׁע נָא.

כְּהוֹשַׁעְתָּ הֲמוֹן צְבָאוֹת.
וְעִמָּם מַלְאֲכֵי צְבָאוֹת. כֵּן הוֹשַׁע נָא.

כְּהוֹשַׁעְתָּ זַכִּים מִבֵּית עֲבָדִים.
חַנּוּן בְּיָדָם מַעֲבִידִים. כֵּן הוֹשַׁע נָא.

כְּהוֹשַׁעְתָּ טְבוּעִים בְּצוּל גְּזָרִים.
יְקָרְךָ עִמָּם מַעֲבִירִים. כֵּן הוֹשַׁע נָא.

אני והו הושיעה נא רבו הפירושים בדבר משמעות הצירוף "אני והו". הפירוש המקובל על רבים הוא ששני אלה הם חלק מן 'השם המפורש' של הקדוש ברוך הוא, הנקרא גם "שם ע"ב". אומנם, יש שקראו "אני והוא": "אני" - כנסת ישראל, "והוא" - הקדוש ברוך הוא. כלומר, זאת תחינה לישועת ישראל שבה אנחנו מבקשים: 'לנו ולך - הושיעה נא'. כפי האמור בתהלים: "עִמּוֹ אָנֹכִי בְצָרָה" - כאשר ישראל נתונים בצרה, אף הקדוש ברוך הוא, כביכול, זקוק לישועה. באופן מסוים, פירוש זה מדגיש את מהותו של חג הסוכות. כאמור בתורה: "כִּי בַסֻּכּוֹת הוֹשַׁבְתִּי אֶת בְּנֵי יִשְׂרָאֵל בְּהוֹצִיאִי אוֹתָם מֵאֶרֶץ מִצְרָיִם"; חג הסוכות הוא זיכרון לתקופה שבה היו ישראל במדבר, זמן של "חֶסֶד נְעוּרַיִךְ, אַהֲבַת כְּלוּלֹתָיִךְ", שבו כביכול כל העולם לא היה אלא רק "אני והוא", רק ישראל והקדוש ברוך הוא לבדם. כדי לחוש שוב באור שהיה במדבר, בקירוב ובאהבה, אנחנו יוצאים מביתנו ויושבים בסוכה, שכל כולה עשויה מהחיבוק של הקדוש ברוך הוא. מכאן גם נובעת השמחה של חג הסוכות, "זמן שמחתנו", שתמצית עניינה היא שאין לאדם בעולמו אלא "אני והוא", ואין הוא צריך לשום דבר יותר מכך.

כְּהוֹשַׁעְתָּ כַּנָּה מְשׁוֹרֶרֶת וַיִּוָּשַׁע.
לְגוֹחָה מְצֻיֶּנֶת וַיִּוָּשַׁע. כֵּן הוֹשַׁע נָא.

כְּהוֹשַׁעְתָּ מַאֲמַר וְהוֹצֵאתִי אֶתְכֶם.
נָקוּב וְהוּצֵאתִי אִתְּכֶם. כֵּן הוֹשַׁע נָא.

כְּהוֹשַׁעְתָּ סוֹבְבֵי מִזְבֵּחַ.
עוֹמְסֵי עֲרָבָה לְהַקִּיף מִזְבֵּחַ. כֵּן הוֹשַׁע נָא.

כְּהוֹשַׁעְתָּ פִּלְאֵי אָרוֹן כְּהֻפְשַׁע.
צִעֵר פְּלֶשֶׁת בַּחֲרוֹן אַף, וְנוֹשַׁע. כֵּן הוֹשַׁע נָא.

כְּהוֹשַׁעְתָּ קְהִלּוֹת בָּבֶלָה שִׁלַּחְתָּ.
רַחוּם לְמַעֲנָם שֻׁלַּחְתָּ. כֵּן הוֹשַׁע נָא.

כְּהוֹשַׁעְתָּ שְׁבוּת שִׁבְטֵי יַעֲקֹב.
תָּשׁוּב וְתָשִׁיב שְׁבוּת אָהֳלֵי יַעֲקֹב. וְהוֹשִׁיעָה נָּא.

כְּהוֹשַׁעְתָּ שׁוֹמְרֵי מִצְוֹת וְחוֹכֵי יְשׁוּעוֹת.
אֵל לְמוֹשָׁעוֹת. וְהוֹשִׁיעָה נָּא.

אֲנִי וָהוֹ הוֹשִׁיעָה נָּא.

מחזירים את ספר התורה לארון הקודש ואומרים:

תהלים כח הוֹשִׁיעָה אֶת־עַמֶּךָ, וּבָרֵךְ אֶת־נַחֲלָתֶךָ, וּרְעֵם וְנַשְּׂאֵם עַד־הָעוֹלָם: וְיִהְיוּ
מלכים א׳ ח דְבָרַי אֵלֶּה, אֲשֶׁר הִתְחַנַּנְתִּי לִפְנֵי יהוה, קְרֹבִים אֶל־יהוה אֱלֹהֵינוּ יוֹמָם
וָלָיְלָה, לַעֲשׂוֹת מִשְׁפַּט עַבְדּוֹ וּמִשְׁפַּט עַמּוֹ יִשְׂרָאֵל, דְּבַר־יוֹם בְּיוֹמוֹ:
לְמַעַן דַּעַת כָּל־עַמֵּי הָאָרֶץ כִּי יהוה הוּא הָאֱלֹהִים, אֵין עוֹד:

סוגרים את ארון הקודש.

שליח הציבור אומר קדיש שלם (עמ׳ 133), שיר של יום (עמ׳ 137) ו׳לְדָוִד ה׳ אוֹרִי וְיִשְׁעִי׳ (עמ׳ 143), קדיש יתום, וממשיכים בהוצאת ספר תורה (עמ׳ 379 ביום טוב, ועמ׳ 122 בחול המועד).

הושענות לשבת

בשבת אין מברכים על הלולב ולכן גם אין מקיפים את הבימה בעת אמירת ההושענות.

פותחים את ארון הקודש (אך אין מוציאים ספר תורה).

שליח הציבור ואחריו הקהל:

הוֹשַׁע נָא לְמַעַנְךָ אֱלֹהֵינוּ הוֹשַׁע נָא.

שליח הציבור ואחריו הקהל:

הוֹשַׁע נָא לְמַעַנְךָ בּוֹרְאֵנוּ הוֹשַׁע נָא.

שליח הציבור ואחריו הקהל:

הוֹשַׁע נָא לְמַעַנְךָ גּוֹאֲלֵנוּ הוֹשַׁע נָא.

שליח הציבור ואחריו הקהל:

הוֹשַׁע נָא לְמַעַנְךָ דּוֹרְשֵׁנוּ הוֹשַׁע נָא.

הוֹשַׁע נָא

אֹם נְצוּרָה כְּבָבַת. בּוֹנֶנֶת בְּדָת נֶפֶשׁ מְשִׁיבַת. גּוֹמֶרֶת הִלְכוֹת שַׁבָּת. דּוֹרֶשֶׁת מַשְׂאַת שַׁבָּת. הַקּוֹבַעַת אַלְפַּיִם תְּחוּם שַׁבָּת. וּמְשִׁיבַת רֶגֶל מִשַּׁבָּת. זָכוֹר וְשָׁמוֹר מְקַיֶּמֶת בַּשַּׁבָּת. חָשָׁה לְמַהֵר בִּיאַת שַׁבָּת. טוֹרַחַת כָּל מִשְׁשָׁה לַשַּׁבָּת. יוֹשֶׁבֶת וּמַמְתֶּנֶת עַד כְּלוֹת שַׁבָּת. כָּבוֹד וָעֹנֶג קוֹרְאָה לַשַּׁבָּת. לְבוּשׁ וּכְסוּת מְחַלֶּפֶת בַּשַּׁבָּת. מַאֲכָל וּמִשְׁתֶּה מְכִינָה לַשַּׁבָּת. נֹעַם מְגָדִים מַנְעֶמֶת לַשַּׁבָּת. סְעוּדוֹת שָׁלֹשׁ מְקַיֶּמֶת בַּשַּׁבָּת. עַל שְׁתֵּי כִכָּרוֹת בּוֹצַעַת בַּשַּׁבָּת. פּוֹרֶטֶת אַרְבַּע רְשֻׁיּוֹת שַׁבָּת. צִוּוּי הַדְלָקַת נֵר מַדְלֶקֶת בַּשַּׁבָּת. קִדּוּשׁ הַיּוֹם מְקַדֶּשֶׁת בַּשַּׁבָּת. רֶנֶן שֶׁבַע מְפַלֶּלֶת בַּשַּׁבָּת. שִׁבְעָה בְּדָת קוֹרְאָה בַּשַּׁבָּת. תַּנְחִילֶנָּה לְיוֹם שֶׁכֻּלּוֹ שַׁבָּת. הוֹשַׁע נָא.

אֲנִי וָהוּ הוֹשִׁיעָה נָּא.

כְּהוֹשַׁעְתָּ אָדָם יְצִיר כַּפֶּיךָ לְגוֹנְנָה.

בְּשַׁבַּת קֹדֶשׁ הִמְצֵאתוֹ כֹּפֶר וַחֲנִינָה. כֵּן הוֹשַׁע נָא.

כְּהוֹשַׁעְתָּ גּוֹי מְצֻיָּן מְקַוִּים חֹפֶשׁ.
דֵּעָה כִּוְּנוּ לָבוּר שְׁבִיעִי לְנֹפֶשׁ. כֵּן הוֹשַׁע נָא.

כְּהוֹשַׁעְתָּ הָעָם נִהַגְתָּ כַּצֹּאן לְהַנְחוֹת.
וְחֹק שַׂמְתָּ בְּמָרָה עַל מֵי מְנוּחוֹת. כֵּן הוֹשַׁע נָא.

כְּהוֹשַׁעְתָּ זְבוּדֶיךָ בְּמִדְבַּר סִין בַּמַּחֲנֶה.
חָכְמוּ וְלָקְטוּ בַּשִּׁשִּׁי לֶחֶם מִשְׁנֶה. כֵּן הוֹשַׁע נָא.

כְּהוֹשַׁעְתָּ טְפוּלֶיךָ הוֹרוּ הֲכָנָה בְּמַדָּעָם.
יִשַּׁר כֹּחָם, וְהוֹדָה לָמוֹ רוֹעָם. כֵּן הוֹשַׁע נָא.

כְּהוֹשַׁעְתָּ כְּלְכְּלוּ בְּעֹנֶג מָן הַמְּשֻׁמָּר.
לֹא הָפַךְ עֵינוֹ וְרֵיחוֹ לֹא נָמָר. כֵּן הוֹשַׁע נָא.

כְּהוֹשַׁעְתָּ מִשְׁפְּטֵי מַשְּׂאוֹת שַׁבָּת גָּמָרוּ.
נָחוּ וְשָׁבְתוּ, רְשֻׁיּוֹת וּתְחוּמִים שָׁמָרוּ. כֵּן הוֹשַׁע נָא.

כְּהוֹשַׁעְתָּ סִינַי הָשְׁמְעוּ בְּדִבּוּר רְבִיעִי.
עִנְיַן זָכוֹר וְשָׁמוֹר לְקַדֵּשׁ שְׁבִיעִי. כֵּן הוֹשַׁע נָא.

כְּהוֹשַׁעְתָּ פְּקָדוּ יְרִיחוֹ שֶׁבַע לְהַקִּיף.
צָרוּ עַד רִדְתָּהּ בַּשַּׁבָּת לְתַקִּיף. כֵּן הוֹשַׁע נָא.

כְּהוֹשַׁעְתָּ קֹהֶלֶת וְעַמּוֹ בְּבֵית עוֹלָמִים.
רִצּוּךָ בְּחָגְגָם שִׁבְעָה וְשִׁבְעָה יָמִים. כֵּן הוֹשַׁע נָא.

כְּהוֹשַׁעְתָּ שָׁבִים עוֹלֵי גוֹלָה לְפִדְיוֹם.
תּוֹרָתְךָ בְּקָרְאָם בֶּחָג יוֹם יוֹם. כֵּן הוֹשַׁע נָא.

כְּהוֹשַׁעְתָּ מְשַׂמְּחֶיךָ בְּבִנְיַן שֵׁנִי הַמְחֻדָּשׁ.
נוֹטְלִין לוּלָב כָּל שִׁבְעָה בַּמִּקְדָּשׁ. כֵּן הוֹשַׁע נָא.

כְּהוֹשַׁעְתָּ חִבּוּט עֲרָבָה שַׁבָּת מַדְחִים.
מְרֻבִּיּוֹת מוֹצָא לִיסוֹד מִזְבֵּחַ מַנִּיחִים. כֵּן הוֹשַׁע נָא.

כְּהוֹשַׁעְתָּ בְּרֵכוֹת וַאֲרֻכּוֹת וּגְבוֹהוֹת מְעֻלָּסִים.
בִּפְטִירָתָן יֹפִי לְךָ מִזְבֵּחַ מְקַלְּסִים. כֵּן הוֹשַׁע נָא.

כְּהוֹשַׁעְתָּ מוֹדִים וּמְיַחֲלִים וְלֹא מְשַׁנִּים.
כֻּלָּנוּ אָנוּ לְיָהּ וְעֵינֵינוּ לְיָהּ שׁוֹנִים. כֵּן הוֹשַׁע נָא.

כְּהוֹשַׁעְתָּ יֶקֶב מֵחֲצָבֶיךָ סוֹבְבִים בִּרְנָנָה.
רוֹנְנִים אֲנִי וָהוֹ הוֹשִׁיעָה נָּא. כֵּן הוֹשַׁע נָא.

כְּהוֹשַׁעְתָּ חֵיל זְרִיזִים מְשָׁרְתִים בִּמְנוּחָה.
קָרְבַּן שַׁבָּת כָּפוּל, עוֹלָה וּמִנְחָה. כֵּן הוֹשַׁע נָא.

כְּהוֹשַׁעְתָּ לְוִיֶּיךָ עַל דּוּכָנָם לְהַרְבָּת.
אוֹמְרִים מִזְמוֹר שִׁיר לְיוֹם הַשַּׁבָּת. כֵּן הוֹשַׁע נָא.

כְּהוֹשַׁעְתָּ נְחוּמֶיךָ בְּמִצְוֹתֶיךָ תָּמִיד יִשְׁתַּעַשְׁעוּן.
וּרְצֵם וְהַחֲלִיצֵם בְּשׁוּבָה וָנַחַת יִוָּשֵׁעוּן. כֵּן הוֹשַׁע נָא.

כְּהוֹשַׁעְתָּ שְׁבוּת שִׁבְטֵי יַעֲקֹב.
תָּשׁוּב וְתָשִׁיב שְׁבוּת אָהֳלֵי יַעֲקֹב. וְהוֹשִׁיעָה נָּא.

כְּהוֹשַׁעְתָּ שׁוֹמְרֵי מִצְוֹת וְחוֹכֵי יְשׁוּעוֹת.
אֵל לְמוֹשָׁעוֹת. וְהוֹשִׁיעָה נָּא.

אֲנִי וָהוֹ הוֹשִׁיעָה נָּא.

תהלים כח הוֹשִׁיעָה אֶת־עַמֶּךָ, וּבָרֵךְ אֶת־נַחֲלָתֶךָ, וּרְעֵם וְנַשְּׂאֵם עַד־הָעוֹלָם: וְיִהְיוּ
מלכים א׳ ח דְבָרַי אֵלֶּה, אֲשֶׁר הִתְחַנַּנְתִּי לִפְנֵי יהוה, קְרֹבִים אֶל־יהוה אֱלֹהֵינוּ יוֹמָם
וָלָיְלָה, לַעֲשׂוֹת מִשְׁפַּט עַבְדּוֹ וּמִשְׁפַּט עַמּוֹ יִשְׂרָאֵל, דְּבַר־יוֹם בְּיוֹמוֹ:
לְמַעַן דַּעַת כָּל־עַמֵּי הָאָרֶץ כִּי יהוה הוּא הָאֱלֹהִים, אֵין עוֹד:

סוגרים את ארון הקודש.

שליח הציבור אומר קדיש שלם (עמ׳ 375). אומרים שיר של יום ו׳לְדָוִד ה׳ אוֹרִי וְיִשְׁעִי׳ (עמ׳ 137), קדיש יתום וקוראים מגילת קהלת (עמ׳ 874; מלבד ביום טוב ראשון שחל בשבת בחוץ לארץ).

הושענות להושענא רבה

פותחים את ארון הקודש ומוציאים את כל ספרי התורה אל הבימה.

מקיפים את הבימה שבע פעמים, ואחרי כל הקפה מסיימים בפסוק הנוגע לאחת משבע הספירות.

שליח הציבור ואחריו הקהל:

הוֹשַׁע נָא לְמַעַנְךָ אֱלֹהֵינוּ הוֹשַׁע נָא.

שליח הציבור ואחריו הקהל:

הוֹשַׁע נָא לְמַעַנְךָ בּוֹרְאֵנוּ הוֹשַׁע נָא.

שליח הציבור ואחריו הקהל:

הוֹשַׁע נָא לְמַעַנְךָ גּוֹאֲלֵנוּ הוֹשַׁע נָא.

שליח הציבור ואחריו הקהל:

הוֹשַׁע נָא לְמַעַנְךָ דּוֹרְשֵׁנוּ הוֹשַׁע נָא.

הקפה ראשונה:

הוֹשַׁע נָא

לְמַעַן אֲמִתָּךְ. לְמַעַן בְּרִיתָךְ. לְמַעַן גָּדְלָךְ וְתִפְאַרְתָּךְ. לְמַעַן דָּתָךְ. לְמַעַן הוֹדָךְ. לְמַעַן וִעוּדָךְ. לְמַעַן זִכְרָךְ. לְמַעַן חַסְדָּךְ. לְמַעַן טוּבָךְ. לְמַעַן יִחוּדָךְ. לְמַעַן כְּבוֹדָךְ. לְמַעַן לִמּוּדָךְ. לְמַעַן מַלְכוּתָךְ. לְמַעַן נִצְחָךְ. לְמַעַן סוֹדָךְ. לְמַעַן עֻזָּךְ. לְמַעַן פְּאֵרָךְ. לְמַעַן צִדְקָתָךְ. לְמַעַן קְדֻשָּׁתָךְ. לְמַעַן רַחֲמֶיךָ הָרַבִּים. לְמַעַן שְׁכִינָתָךְ. לְמַעַן תְּהִלָּתָךְ. הוֹשַׁע נָא.

כִּי־אָמַרְתִּי עוֹלָם חֶסֶד יִבָּנֶה: תהלים פט

הושענא רבה בספרות הסוד נחשב יום "הושענא רבה" לסיום ימי הדין, והוא נקרא "יום החותם" - יום שבו דינו של אדם, הנכתב בראש השנה ונחתם ביום הכפורים, בא לידי מסירה. מכאן ברכה המקובלת בכמה עדות היא "פתקא טבא" - פתק, היינו גזר דין, טוב. מלבד ריבוי ההקפות וההושענות הנהוגות בכל קהילות ישראל, רבים הם המנהגים ביום זה שבהם מודגשים צדדיו השונים של היום: להיות נעורים בלילה שלפניו ולומר תיקון ליל הושענא רבה, ללבוש בשחרית בגדי לבן כביום הכיפורים ולהרבות בנרות בבית הכנסת. כמו כן יש ביום זה תוספות טקסיות בסדר התפילה, כגון אמירת "פסוקי דזמרה" בנוסח ארוך יותר, כפי שנהוג לומר בשבת ובימים טובים.

הקפה שנייה:
הוֹשַׁע נָא

אֶבֶן שְׁתִיָּה. בֵּית הַבְּחִירָה. גֹּרֶן אָרְנָן. דְּבִיר הַמֻּצְנָע. הַר הַמּוֹרִיָּה. וְהַר יֵרָאֶה. זְבוּל תִּפְאַרְתֶּךָ. חָנָה דָוִד. טוֹב הַלְּבָנוֹן. יְפֵה נוֹף מְשׂוֹשׂ כָּל הָאָרֶץ. כְּלִילַת יֹפִי. לִינַת הַצֶּדֶק. מָכוֹן לְשִׁבְתֶּךָ. נָוֶה שַׁאֲנָן. סֻכַּת שָׁלֵם. עֲלִיַּת שְׁבָטִים. פִּנַּת יִקְרַת. צִיּוֹן הַמְצֻיֶּנֶת. קֹדֶשׁ הַקֳּדָשִׁים. רָצוּף אַהֲבָה. שְׁכִינַת כְּבוֹדֶךָ. תֵּל תַּלְפִּיּוֹת. הוֹשַׁע נָא.

לְךָ זְרוֹעַ עִם־גְּבוּרָה, תָּעֹז יָדְךָ תָּרוּם יְמִינֶךָ׃ תהלים פט

הקפה שלישית:
הוֹשַׁע נָא

אֹם אֲנִי חוֹמָה. בָּרָה כַּחַמָּה. גּוֹלָה וְסוּרָה. דָּמְתָה לְתָמָר. הַהֲרוּגָה עָלֶיךָ. וְנֶחְשֶׁבֶת כְּצֹאן טִבְחָה. זְרוּיָה בֵּין מַכְעִיסֶיהָ. חֲבוּקָה וּדְבוּקָה בָךְ. טוֹעֶנֶת עֻלָּךְ. יְחִידָה לְיַחֲדָךְ. כְּבוּשָׁה בַּגּוֹלָה. לוֹמֶדֶת יִרְאָתָךְ. מְרוּטַת לֶחִי. נְתוּנָה לְמַכִּים. סוֹבֶלֶת סִבְלָךְ. עֲנִיָּה סוֹעֲרָה. פְּדוּיַת טוֹבִיָּה. צֹאן קָדָשִׁים. קְהִלּוֹת יַעֲקֹב. רְשׁוּמִים בִּשְׁמֶךָ. שׁוֹאֲגִים הוֹשַׁע נָא. תְּמוּכִים עָלֶיךָ. הוֹשַׁע נָא.

תִּתֵּן אֱמֶת לְיַעֲקֹב, חֶסֶד לְאַבְרָהָם׃ מיכה ז

הקפה רביעית:
הוֹשַׁע נָא

אָדוֹן הַמּוֹשִׁיעַ. בִּלְתְּךָ אֵין לְהוֹשִׁיעַ. גִּבּוֹר וְרַב לְהוֹשִׁיעַ. דַּלּוֹתִי וְלִי יְהוֹשִׁיעַ. הָאֵל הַמּוֹשִׁיעַ. וּמַצִּיל וּמוֹשִׁיעַ. זוֹעֲקֶיךָ תּוֹשִׁיעַ. חוֹכֶיךָ הוֹשִׁיעַ. טְלָאֶיךָ תַּשְׂבִּיעַ. יְבוּל לְהַשְׁפִּיעַ. כָּל שִׂיחַ תַּדְשֵׁא וְתוֹשִׁיעַ. לְגֵיא בַּל תַּרְשִׁיעַ. מְגָדִים תַּמְתִּיק וְתוֹשִׁיעַ. נְשִׂיאִים לְהַסִּיעַ. שְׂעִירִים לְהָנִיעַ. עֲנָנִים מִלְּהַמְנִיעַ. פּוֹתֵחַ יָד וּמַשְׂבִּיעַ. צְמֵאֶיךָ תַּשְׂבִּיעַ. קוֹרְאֶיךָ תּוֹשִׁיעַ. רְחוּמֶיךָ תּוֹשִׁיעַ. שׁוֹחֲרֶיךָ הוֹשִׁיעַ. תְּמִימֶיךָ תּוֹשִׁיעַ. הוֹשַׁע נָא.

נְעִמוֹת בִּימִינְךָ נֶצַח׃ תהלים טז

הקפה חמישית:
הוֹשַׁע נָא

אָדָם וּבְהֵמָה. בָּשָׂר וְרוּחַ וּנְשָׁמָה. גִּיד וְעֶצֶם וְקָרְמָה. דְּמוּת וְצֶלֶם וְרִקְמָה. הוֹד לַהֶבֶל דָּמָה. וְנִמְשַׁל כַּבְּהֵמוֹת נִדְמָה. זִיו וְתֹאַר וְקוֹמָה. חִדּוּשׁ פְּנֵי אֲדָמָה. טִיעַת עֲצֵי נְשַׁמָּה. יְקָבִים וְקָמָה. כְּרָמִים וְשִׁקְמָה. לְתֵבֵל הַמְסֻיָּמָה. מְטָרוֹת עֹז לְסַמְּמָה. נְשִׂיָּה לְקַיְּמָה. שִׂיחִים לְקוֹמְמָה. עֲדָנִים לְעָצְמָה. פְּרָחִים לְהַעֲצִימָה. צְמָחִים לְגָשְׁמָה. קָרִים לְזָרְמָה. רְבִיבִים לְשַׁלְּמָה. שְׁתִיָּה לְרוֹמְמָה. תְּלוּיָה עַל בְּלִימָה. הוֹשַׁע נָא.

יְהוָה אֲדֹנֵינוּ מָה־אַדִּיר שִׁמְךָ בְּכָל־הָאָרֶץ אֲשֶׁר־תְּנָה הוֹדְךָ עַל־הַשָּׁמָיִם׃ תהלים ח

הקפה שישית:

הוֹשַׁע נָא

אֲדָמָה מֵאֶרֶר. בְּהֵמָה מִמְּשַׁכֶּלֶת. גֹּרֶן מִגָּזָם. דָּגָן מִדַּלֶּקֶת. הוֹן מִמְּאֵרָה. וְאֹכֶל מִמְּהוּמָה. זַיִת מִנֶּשֶׁל. חִטָּה מֵחָגָב. טֶרֶף מִגּוֹבַי. יֶקֶב מִיֶּלֶק. כֶּרֶם מִתּוֹלַעַת. לֶקֶשׁ מֵאַרְבֶּה. מֶגֶד מִצְּלָצַל. נֶפֶשׁ מִבֶּהָלָה. שֹׂבַע מִסָּלְעָם. עֲדָרִים מִדַּלּוּת. פֵּרוֹת מִשִּׁדָּפוֹן. צֹאן מִצְּמִיתוּת. קָצִיר מִקְּלָלָה. רֹב מֵרָזוֹן. שִׁבֹּלֶת מִצִּנָּמוֹן. תְּבוּאָה מֵחָסִיל. הוֹשַׁע נָא.

תהלים קמה צַדִּיק יהוה בְּכָל־דְּרָכָיו, וְחָסִיד בְּכָל־מַעֲשָׂיו:

הקפה שביעית:

הוֹשַׁע נָא

לְמַעַן אֵיתָן הַנִּזְרָק בְּלַהַב אֵשׁ. לְמַעַן בֵּן הַנֶּעֱקַד עַל עֵצִים וָאֵשׁ.
לְמַעַן גִּבּוֹר הַנֶּאֱבַק עִם שַׂר אֵשׁ. לְמַעַן דְּגָלִים נָחִיתָ בְּאוֹר וַעֲנַן אֵשׁ.
לְמַעַן הָעֲלָה לַמָּרוֹם, וְנִתְעַלָּה כְּמַלְאֲכֵי אֵשׁ. לְמַעַן וְהוּא לָךְ כְּסֶגֶן בְּאֶרְאֶלֵּי אֵשׁ.
לְמַעַן זֶבֶד דִּבְּרוֹת הַנִּתּוּנוֹת מֵאֵשׁ. לְמַעַן חִפּוּי יְרִיעוֹת וַעֲנַן אֵשׁ.
לְמַעַן טֶכֶס הַר יָרַדְתָּ עָלָיו בָּאֵשׁ. לְמַעַן יְדִידוּת בַּיִת אֲשֶׁר אָהַבְתָּ מִשְּׁמֵי אֵשׁ.
לְמַעַן כָּמַהּ עַד שָׁקְעָה הָאֵשׁ. לְמַעַן לָקַח מַחְתַּת אֵשׁ וְהֵסִיר חֲרוֹן אֵשׁ.
לְמַעַן מְקַנֵּא קִנְאָה גְדוֹלָה בָּאֵשׁ. לְמַעַן נָף יָדוֹ וַיֵּרְדוּ אַבְנֵי אֵשׁ.
לְמַעַן שָׂם טְלֵה חָלָב כְּלִיל אֵשׁ. לְמַעַן עָמַד בַּגֹּרֶן וְנִתְרַצָּה בָאֵשׁ.
לְמַעַן פִּלֵּל בָּעֲזָרָה וְיָרְדָה הָאֵשׁ. לְמַעַן צִיר עָלָה וְנִתְעַלָּה בְּרֶכֶב וְסוּסֵי אֵשׁ.
לְמַעַן קְדוֹשִׁים מֻשְׁלָכִים בָּאֵשׁ. לְמַעַן רִבּוֹ רִבְבָן חָז וְנַהֲרֵי אֵשׁ.
לְמַעַן שִׁמְמוֹת עִירְךָ הַשְּׂרוּפָה בָאֵשׁ.
לְמַעַן תּוֹלְדוֹת אַלּוּפֵי יְהוּדָה, תָּשִׂים כְּכִיּוֹר אֵשׁ.

הוֹשַׁע נָא.

דברי הימים א׳ כט לְךָ יהוה הַגְּדֻלָּה וְהַגְּבוּרָה וְהַתִּפְאֶרֶת וְהַנֵּצַח וְהַהוֹד, כִּי־כֹל בַּשָּׁמַיִם וּבָאָרֶץ
לְךָ יהוה הַמַּמְלָכָה וְהַמִּתְנַשֵּׂא לְכֹל לְרֹאשׁ:
זכריה יד וְהָיָה יהוה לְמֶלֶךְ עַל־כָּל־הָאָרֶץ, בַּיּוֹם הַהוּא יִהְיֶה יהוה אֶחָד וּשְׁמוֹ אֶחָד:
דברים ו וּבְתוֹרָתְךָ כָּתוּב לֵאמֹר: שְׁמַע יִשְׂרָאֵל, יהוה אֱלֹהֵינוּ, יהוה אֶחָד:
בָּרוּךְ שֵׁם כְּבוֹד מַלְכוּתוֹ לְעוֹלָם וָעֶד.

לאחר שבעת ההקפות, ממשיכים:

אֲנִי וָהוֹ הוֹשִׁיעָה נָּא.

כְּהוֹשַׁעְתָּ אֵלִים בְּלוּד עִמָּךְ.
בְּצֵאתְךָ לְיֵשַׁע עַמָּךְ. כֵּן הוֹשַׁע נָא.

כְּהוֹשַׁעְתָּ גּוֹי וֵאלֹהִים.
דְּרוּשִׁים לְיֵשַׁע אֱלֹהִים. כֵּן הוֹשַׁע נָא.

כְּהוֹשַׁעְתָּ הֲמוֹן צְבָאוֹת.
וְעִמָּם מַלְאֲכֵי צְבָאוֹת. כֵּן הוֹשַׁע נָא.

כְּהוֹשַׁעְתָּ זַכִּים מִבֵּית עֲבָדִים.
חַנּוּן בְּיָדָם מַעֲבִידִים. כֵּן הוֹשַׁע נָא.

כְּהוֹשַׁעְתָּ טְבוּעִים בְּצוּל גְּזָרִים.
יְקָרְךָ עִמָּם מַעֲבִירִים. כֵּן הוֹשַׁע נָא.

כְּהוֹשַׁעְתָּ כַּנָּה מְשׁוֹרֶרֶת וַיּוֹשַׁע.
לְגוֹחָהּ מְצֻיֶּנֶת וַיִּוָּשַׁע. כֵּן הוֹשַׁע נָא.

כְּהוֹשַׁעְתָּ מַאֲמַר וְהוֹצֵאתִי אֶתְכֶם.
נָקוּב וְהוּצֵאתִי אִתְּכֶם. כֵּן הוֹשַׁע נָא.

כְּהוֹשַׁעְתָּ סוֹבְבֵי מִזְבֵּחַ.
עוֹמְסֵי עֲרָבָה לְהַקִּיף מִזְבֵּחַ. כֵּן הוֹשַׁע נָא.

כְּהוֹשַׁעְתָּ פִּלְאֵי אָרוֹן כְּהֻפְשַׁע.
צִעֵר פְּלֶשֶׁת בַּחֲרוֹן אַף, וְנוֹשַׁע. כֵּן הוֹשַׁע נָא.

כְּהוֹשַׁעְתָּ קְהִלּוֹת בָּבֶלָה שִׁלַּחְתָּ.
רַחוּם לְמַעֲנָם שֻׁלַּחְתָּ. כֵּן הוֹשַׁע נָא.

כְּהוֹשַׁעְתָּ שְׁבוּת שִׁבְטֵי יַעֲקֹב.
תָּשׁוּב וְתָשִׁיב שְׁבוּת אָהֳלֵי יַעֲקֹב. וְהוֹשִׁיעָה נָּא.

כְּהוֹשַׁעְתָּ שׁוֹמְרֵי מִצְוֹת וְחוֹכֵי יְשׁוּעוֹת.
אֵל לְמוֹשָׁעוֹת. וְהוֹשִׁיעָה נָּא.

אֲנִי וָהוּ הוֹשִׁיעָה נָּא.

תִּתְּנֵנוּ לְשֵׁם וְלִתְהִלָּה.
תְּשִׁיבֵנוּ אֶל הַחֶבֶל וְאֶל הַנַּחֲלָה.
תְּרוֹמְמֵנוּ לְמַעְלָה לְמָעְלָה.
תְּקַבְּצֵנוּ לְבֵית הַתְּפִלָּה.
תַּצִּיבֵנוּ כְּעֵץ עַל פַּלְגֵי מַיִם שְׁתוּלָה.
תִּפְדֵּנוּ מִכָּל נֶגַע וּמַחֲלָה.
תְּעַטְּרֵנוּ בְּאַהֲבָה כְּלוּלָה.
תְּשַׂמְּחֵנוּ בְּבֵית הַתְּפִלָּה.
תְּנַהֲלֵנוּ עַל מֵי מְנוּחוֹת סֶלָה.
תְּמַלְּאֵנוּ חָכְמָה וְשִׂכְלָה.
תַּלְבִּישֵׁנוּ עֹז וּגְדֻלָּה.
תַּכְתִּירֵנוּ בְּכֶתֶר כְּלוּלָה.
תְּיַשְּׁרֵנוּ בְּאֹרַח סְלוּלָה.
תִּטָּעֵנוּ בְּיֹשֶׁר מְסִלָּה.
תְּחָנֵּנוּ בְּרַחֲמִים וּבְחֶמְלָה.
תַּזְכִּירֵנוּ בְּמִי זֹאת עוֹלָה.
תּוֹשִׁיעֵנוּ לְקֵץ הַגְּאֻלָּה.
תְּהַדְּרֵנוּ בְּזִיו הַמְּלָה.
תַּדְבִּיקֵנוּ כְּאֵזוֹר חֲתוּלָה.
תְּגַדְּלֵנוּ בְּיָד הַגְּדוֹלָה.
תְּבִיאֵנוּ לְבֵיתְךָ בְּרִנָּה וְצָהֳלָה.
תְּאַדְּרֵנוּ בְּיֶשַׁע וְגִילָה.
תְּאַמְּצֵנוּ בְּרֶוַח וְהַצָּלָה.
תְּלַבְּבֵנוּ בְּבִנְיַן עִירְךָ כְּבַתְּחִלָּה.
תְּעוֹרְרֵנוּ לְצִיּוֹן בְּשִׁכְלוּלָהּ.
תְּזַכֵּנוּ בְּנִבְנְתָה הָעִיר עַל תִּלָּהּ.
תַּרְבִּיצֵנוּ בְּשָׂשׂוֹן וְגִילָה.
תְּחַזְּקֵנוּ אֱלֹהֵי יַעֲקֹב סֶלָה.

הוֹשַׁע נָא.

אָנָּא, הוֹשִׁיעָה נָּא.

אָנָּא אֱזוֹן חִין תְּאֵבֵי יִשְׁעָךְ.
בְּעָרְבֵי נַחַל לְשַׁעְשְׁעָךְ. וְהוֹשִׁיעָה נָּא.

אָנָּא גְּאַל כַּנַּת נִטְעָךְ.
דּוּמָה בְּטַאטְאָךְ. וְהוֹשִׁיעָה נָּא.

אָנָּא הַבֵּט לַבְּרִית טִבְעָךְ.
וּמַחֲשַׁכֵּי אֶרֶץ בְּהַטְבִּיעָךְ. וְהוֹשִׁיעָה נָּא.

אָנָּא זְכָר לָנוּ אָב יְדָעֲךָ.
חַסְדְּךָ לָמוֹ בְּהוֹדִיעֲךָ. וְהוֹשִׁיעָה נָּא.

אָנָּא טְהוֹרֵי לֵב בְּהַפְלִיאָךְ.
יְוַדַּע כִּי הוּא פִלְאָךְ. וְהוֹשִׁיעָה נָּא.

אָנָּא כַּבִּיר כֹּחַ תֶּן לָנוּ יִשְׁעָךְ.
לַאֲבוֹתֵינוּ כְּהִשָּׁבְעָךְ. וְהוֹשִׁיעָה נָּא.

אָנָּא מָלֵא מִשְׁאֲלוֹת עַם מְשַׁוְּעָךְ.
נֶעֱקַד בְּהַר מוֹר כְּמוֹ שׁוֹעָךְ. וְהוֹשִׁיעָה נָּא.

אָנָּא סַגֵּב אֶשְׁלֵי נִטְעָךְ.
עָרִיצִים בְּהַנִיעָךְ. וְהוֹשִׁיעָה נָּא.

אָנָּא פְּתַח לָנוּ אוֹצְרוֹת רִבְעָךְ.
צִיָּה מֵהֶם בְּהַרְבִּיעָךְ. וְהוֹשִׁיעָה נָּא.

אָנָּא קוֹרְאֶיךָ אֶרֶץ בְּרוֹעֲעָךְ.
רְעֵם בְּטוּב מִרְעָךְ. וְהוֹשִׁיעָה נָּא.

אָנָּא שְׁעָרֶיךָ תַּעַל מִמַּשּׂוּאָךְ.
תֵּל תַּלְפִּיּוֹת בְּהַשִּׂיאָךְ. וְהוֹשִׁיעָה נָּא.

אָנָּא, אֵל נָא, הוֹשַׁע נָא וְהוֹשִׁיעָה נָּא.

אֵל נָא תָּעִינוּ כְּשֶׂה אוֹבֵד
שְׁמֵנוּ מִסִּפְרְךָ אַל תְּאַבֵּד הוֹשַׁע נָא וְהוֹשִׁיעָה נָּא.

אֵל נָא רְעֵה אֶת צֹאן הַהֲרֵגָה
קְצוּפָה, וְעָלֶיךָ הֲרוּגָה הוֹשַׁע נָא וְהוֹשִׁיעָה נָּא.

אֵל נָא צֹאנְךָ וְצֹאן מַרְעִיתֶךָ
פְּעֻלָּתְךָ וְרַעְיָתֶךָ הוֹשַׁע נָא וְהוֹשִׁיעָה נָּא.

אֵל נָא עֲנִיֵּי הַצֹּאן
שִׂיחָם עֲנֵה בְּעֵת רָצוֹן הוֹשַׁע נָא וְהוֹשִׁיעָה נָּא.

אֵל נָא נוֹשְׂאֵי לְךָ עַיִן
מִתְקוֹמְמֶיךָ יִהְיוּ כְּאַיִן הוֹשַׁע נָא וְהוֹשִׁיעָה נָּא.

אֵל נָא לְמְנַסְּכֵי לְךָ מַיִם
כְּמִמַּעַיְנֵי הַיְשׁוּעָה
יִשְׁאֲבוּן מַיִם הוֹשַׁע נָא וְהוֹשִׁיעָה נָּא.

אֵל נָא יַעֲלוּ לְצִיּוֹן מוֹשִׁיעִים
טְפוּלִים בְּךָ וּבְשִׁמְךָ נוֹשָׁעִים הוֹשַׁע נָא וְהוֹשִׁיעָה נָּא.

אֵל נָא חֲמוּץ בְּגָדִים
זְעֹם לְנַעֵר כָּל בּוֹגְדִים הוֹשַׁע נָא וְהוֹשִׁיעָה נָּא.

אֵל נָא וְזָכוֹר תִּזְכֹּר
הַנְּכוּרִים בְּלֶתֶךְ וָכֹר הוֹשַׁע נָא וְהוֹשִׁיעָה נָּא.

אֵל נָא דּוֹרְשֶׁיךָ בְּעַנְפֵי עֲרָבוֹת
גַּעְיָם שְׁעֵה מֵעֲרָבוֹת הוֹשַׁע נָא וְהוֹשִׁיעָה נָּא.

אֵל נָא בָּרֵךְ בְּעִטּוּר שָׁנָה
אֲמָרַי רְצֵה בְּפִלּוּלִי
בְּיוֹם הוֹשַׁעְנָא הוֹשַׁע נָא וְהוֹשִׁיעָה נָּא.

אָנָּא, אֵל נָא, הוֹשַׁע נָא וְהוֹשִׁיעָה נָּא, אָבִינוּ אָתָּה.

לְמַעַן תָּמִים בְּדוֹרוֹתָיו, הַנִּמְלָט בְּרֹב צִדְקוֹתָיו
מֻצָּל מִשֶּׁטֶף בְּבוֹא מַבּוּל מַיִם.
לְאֹם אֲנִי חוֹמָה הוֹשַׁע נָא וְהוֹשִׁיעָה נָּא, אָבִינוּ אָתָּה.

לְמַעַן שָׁלֵם בְּכָל מַעֲשִׂים, הַמְנֻסֶּה בַּעֲשָׂרָה נִסִּים
כְּשָׂר מַלְאָכִים, נָם יֻקַּח נָא מְעַט מַיִם.
לְבָרָה כַּחַמָּה הוֹשַׁע נָא וְהוֹשִׁיעָה נָּא, אָבִינוּ אָתָּה.

לְמַעַן רַךְ וְיָחִיד נֶחֱנַט פְּרִי לְמֵאָה, זָעַק אַיֵּה הַשֶּׂה לְעֹלָה
בִּשְּׂרוּהוּ עֲבָדָיו מָצָאנוּ מַיִם.
לְגוֹלָה וְסוּרָה הוֹשַׁע נָא וְהוֹשִׁיעָה נָּא, אָבִינוּ אָתָּה.

לְמַעַן קִדֵּם שְׂאֵת בְּרָכָה, הַנִּשְׂטָם וּלְשִׁמְךָ חִכָּה
מְיַחֵם בְּמַקְלוֹת בְּשִׁקְתוֹת הַמָּיִם.
לְדָמְתָה לְתָמָר הוֹשַׁע נָא וְהוֹשִׁיעָה נָּא, אָבִינוּ אָתָּה.

לְמַעַן צָדַק הֱיוֹת לְךָ לְכֹהֵן, כְּחָתָן פְּאֵר יְכַהֵן
מְנֻסֶּה בְּמַסָּה בְּמֵי מְרִיבַת מַיִם.
לְהָהָר הַטּוֹב הוֹשַׁע נָא וְהוֹשִׁיעָה נָּא, אָבִינוּ אָתָּה.

לְמַעַן פְּאֵר הֱיוֹת גְּבִיר לְאֶחָיו, יְהוּדָה אֲשֶׁר גָּבַר בְּאֶחָיו
מִסְפַּר רֹבַע מִדָּלְיָו יִזַּל מַיִם.
לֹא לָנוּ כִּי אִם לְמַעַנְךָ הוֹשַׁע נָא וְהוֹשִׁיעָה נָּא, אָבִינוּ אָתָּה.

לְמַעַן עָנָו מִכֹּל וְנֶאֱמָן, אֲשֶׁר בְּצִדְקוֹ כִּלְכֵּל הַמָּן
מָשׁוּךְ לְגוֹאֵל וּמָשׁוּי מִמַּיִם.
לְזֹאת הַנִּשְׁקָפָה הוֹשַׁע נָא וְהוֹשִׁיעָה נָּא, אָבִינוּ אָתָּה.

לְמַעַן שַׂמְתּוֹ כְּמַלְאֲכֵי מְרוֹמִים, הַלּוֹבֵשׁ אוּרִים וְתֻמִּים
מְצֻוֶּה לָבוֹא בְמִקְדָּשׁ בְּקִדּוּשׁ יָדַיִם וְרַגְלַיִם וּרְחִיצַת מַיִם.
לְחוֹלַת אַהֲבָה הוֹשַׁע נָא וְהוֹשִׁיעָה נָּא, אָבִינוּ אָתָּה.

לְמַעַן נְבִיאָה מְחוֹלַת מַחֲנַיִם, לְכַמְהֵי לֵב הוּשְׂמָה עֵינַיִם
לְרַגְלָהּ רָצָה עֲלוֹת וָרֶדֶת בְּאֵר מַיִם.
לְטוֹבוּ אֹהָלָיו הוֹשַׁע נָא וְהוֹשִׁיעָה נָּא, אָבִינוּ אָתָּה.

לְמַעַן מְשָׁרֵת לֹא מָשׁ מֵאֹהֶל, וְרוּחַ הַקֹּדֶשׁ עָלָיו אֹהֵל
בְּעָבְרוֹ בַּיַּרְדֵּן נִכְרְתוּ הַמַּיִם.
לְיָפָה וּבָרָה הוֹשַׁע נָא וְהוֹשִׁיעָה נָּא, אָבִינוּ אָתָּה.

לְמַעַן לָמַד רְאוֹת לְטוֹבָה אוֹת, זָעַק אַיֵּה נִפְלָאוֹת
מִצָּה טַל מִגִּזָּה מְלֹא הַסֵּפֶל מָיִם.
לְכַלַּת לְבָנוֹן הוֹשַׁע נָא וְהוֹשִׁיעָה נָּא, אָבִינוּ אָתָּה.

לְמַעַן כְּלוּלֵי עֲשׂוֹת מִלְחַמְתֶּךָ, אֲשֶׁר בְּיָדָם תַּתָּה יְשׁוּעָתֶךָ
צְרוּפֵי מִגּוֹי בְּלָקְקָם בְּיָדָם מָיִם.
לְלֹא בָגְדוּ בָךְ הוֹשַׁע נָא וְהוֹשִׁיעָה נָּא, אָבִינוּ אָתָּה.

לְמַעַן יָחִיד צוֹרְרִים דָּשׁ, אֲשֶׁר מֵרֶחֶם לְנָזִיר הֻקְדָּשׁ
מִמַּכְתֵּשׁ לֶחִי הִבְקַעְתָּ לּוֹ מָיִם.
לְמַעַן שֵׁם קָדְשֶׁךָ הוֹשַׁע נָא וְהוֹשִׁיעָה נָּא, אָבִינוּ אָתָּה.

לְמַעַן טוֹב הוֹלֵךְ וְגָדֵל, אֲשֶׁר מֵעֹשֶׁק עֵדָה חִדֵּל
בְּשׁוּב עָם מֵחֵטְא צִוָּה שְׁאֹב מָיִם.
לְנָאוָה כִּירוּשָׁלָיִם הוֹשַׁע נָא וְהוֹשִׁיעָה נָּא, אָבִינוּ אָתָּה.

לְמַעַן חִכֶּךָ מְכַרְכֵּר בְּשִׁיר, הַמְלַמֵּד תּוֹרָה בְּכָל כְּלֵי שִׁיר
מְנַסֵּךְ לְפָנֶיךָ כְּתָאֵב שְׁתוֹת מָיִם.
לְשָׁמוּ בְךָ סִבְרָם הוֹשַׁע נָא וְהוֹשִׁיעָה נָּא, אָבִינוּ אָתָּה.

לְמַעַן זָךְ עָלָה בַּסְּעָרָה, הַמְקַנֵּא וּמֵשִׁיב עֶבְרָה
לְפִלּוּלוֹ יָרְדָה אֵשׁ וְלִחֲכָה עָפָר וּמַיִם.
לְעֵינֶיהָ בְּרֵכוֹת הוֹשַׁע נָא וְהוֹשִׁיעָה נָּא, אָבִינוּ אָתָּה.

לְמַעַן וְשֵׁרֵת בֶּאֱמֶת לְרַבּוֹ, פִּי שְׁנַיִם בְּרוּחוֹ נֶאֱצַל בּוֹ
בְּקַחְתּוֹ מְנַגֵּן נִתְמַלְּאוּ גֵּבִים מָיִם.
לְפָצוּ מִי כָמֹכָה הוֹשַׁע נָא וְהוֹשִׁיעָה נָּא, אָבִינוּ אָתָּה.

לְמַעַן הִרְהֵר עֲשׂוֹת רְצוֹנֶךָ, הַמַּכְרִיז תְּשׁוּבָה לְצֹאנֶךָ
אָז בְּבוֹא מְחָרֵף סָתַם עֵינוֹת מָיִם.
לְצִיּוֹן מִכְלַל יֹפִי הוֹשַׁע נָא וְהוֹשִׁיעָה נָּא, אָבִינוּ אָתָּה.

לְמַעַן דָּרְשׁוּךָ בְּתוֹךְ הַגּוֹלָה, וְסוֹדְךָ לָמוֹ נִגְלָה
בְּלִי לְהִתְגָּאֵל דָּרְשׁוּ זֵרְעוֹנִים וּמָיִם.
לְקוֹרְאֶיךָ בַּצַּר הוֹשַׁע נָא וְהוֹשִׁיעָה נָּא, אָבִינוּ אָתָּה.

לְמַעַן גָּמַר חָכְמָה וּבִינָה, סוֹפֵר מָהִיר מְפַלֵּשׂ אֲמָנָה
מְחַכְּמֵנוּ אֲמָרִים הַמְשׁוּלִים בְּרַהֲבֵי מָיִם.
לְרַבָּתִי עָם הוֹשַׁע נָא וְהוֹשִׁיעָה נָּא, אָבִינוּ אָתָּה.

לְמַעַן בָּאֵי לְךָ הַיּוֹם בְּכָל לֵב, שׁוֹפְכִים לְךָ שִׂיחַ בְּלֹא לֵב וָלֵב
שׁוֹאֲלִים מִמְּךָ עֹז מִטְרוֹת מָיִם.
לְשׁוֹרְרוּ בַיָּם הוֹשַׁע נָא וְהוֹשִׁיעָה נָּא, אָבִינוּ אָתָּה.

לְמַעַן אוֹמְרֵי יִגְדַּל שְׁמֶךָ, וְהֵם נַחֲלָתְךָ וְעַמֶּךָ
צְמֵאִים לְיֶשְׁעֲךָ כְּאֶרֶץ עֲיֵפָה לַמָּיִם.
לְתַרְתָּ לָמוֹ מְנוּחָה הוֹשַׁע נָא וְהוֹשִׁיעָה נָּא, אָבִינוּ אָתָּה.

שליח הציבור ואחריו הקהל:

הוֹשַׁע נָא, אֵל נָא
אָנָּא הוֹשִׁיעָה נָּא.

הוֹשַׁע נָא, סְלַח נָא
וְהַצְלִיחָה נָא

וְהוֹשִׁיעֵנוּ אֵל מָעֻזֵּנוּ.

מניחים את ארבעת המינים ונוטלים את הערבות.

תַּעֲנֶה אֱמוּנִים שׁוֹפְכִים לְךָ לֵב כַּמַּיִם וְהוֹשִׁיעָה נָּא.
לְמַעַן בָּא בָאֵשׁ וּבַמַּיִם וְהַצְלִיחָה נָא.
גָּזַר וְנָם יֻקַּח נָא מְעַט מַיִם וְהוֹשִׁיעֵנוּ אֵל מָעֻזֵּנוּ.

תַּעֲנֶה דְגָלִים גָּזוּ גִּזְרֵי מַיִם וְהוֹשִׁיעָה נָּא.
לְמַעַן הַנֶּעֱקַד בְּשַׁעַר הַשָּׁמַיִם וְהַצְלִיחָה נָא.
וְשָׁב וְחָפַר בְּאֵרוֹת מַיִם וְהוֹשִׁיעֵנוּ אֵל מָעֻזֵּנוּ.

תַּעֲנֶה זַכִּים חוֹנִים עֲלֵי מַיִם וְהוֹשִׁיעָה נָּא.
לְמַעַן חָלָק מְפַצֵּל מַקְלוֹת בְּשִׁקְתוֹת הַמַּיִם וְהַצְלִיחָה נָא.
טָעַן וְגָל אֶבֶן מִבְּאֵר מַיִם וְהוֹשִׁיעֵנוּ אֵל מָעֻזֵּנוּ.

תַּעֲנֶה יְדִידִים נוֹחֲלֵי דָת מְשׁוּלַת מַיִם וְהוֹשִׁיעָה נָּא.
לְמַעַן כָּרוּ בְּמִשְׁעֲנוֹתָם מַיִם וְהַצְלִיחָה נָא.
לְהָכִין לָמוֹ וּלְצֶאֱצָאֵימוֹ מַיִם וְהוֹשִׁיעֵנוּ אֵל מָעֻזֵּנוּ.

תַּעֲנֶה מִתְחַנְּנִים כְּבִישִׁימוֹן עֲלֵי מַיִם וְהוֹשִׁיעָה נָּא.
לְמַעַן נֶאֱמַן בַּיִת מַסְפִּיק לָעָם מַיִם וְהַצְלִיחָה נָא.
סֶלַע הָךְ וַיָּזוּבוּ מַיִם וְהוֹשִׁיעֵנוּ אֵל מָעֻזֵּנוּ.

תַּעֲנֶה עוֹנִים עֲלֵי בְּאֵר מַיִם וְהוֹשִׁיעָה נָּא.
לְמַעַן פָּקַד בְּמֵי מְרִיבַת מַיִם וְהַצְלִיחָה נָא.
צְמֵאִים לְהַשְׁקוֹת מַיִם וְהוֹשִׁיעֵנוּ אֵל מָעֻזֵּנוּ.

תַּעֲנֶה קְדוֹשִׁים מְנַסְּכִים לְךָ מַיִם וְהוֹשִׁיעָה נָּא.
לְמַעַן רֹאשׁ מְשׁוֹרְרִים כְּתָאֵב שְׁתוֹת מַיִם וְהַצְלִיחָה נָא.
שָׁב וְנִסַּךְ לְךָ מַיִם וְהוֹשִׁיעֵנוּ אֵל מָעֻזֵּנוּ.

תַּעֲנֶה שׁוֹאֲלִים בְּרִבּוּעַ אֶשְׁלֵי מַיִם וְהוֹשִׁיעָה נָּא.
לְמַעַן תֵּל תַּלְפִּיּוֹת מוֹצָא מַיִם וְהַצְלִיחָה נָא.
תִּפְתַּח אֶרֶץ וְתַרְעִיף שָׁמַיִם וְהוֹשִׁיעֵנוּ אֵל מָעֻזֵּנוּ.

רַחֶם נָא קְהַל עֲדַת יְשׁוּרוּן, סְלַח וּמְחַל עֲוֹנָם
וְהוֹשִׁיעֵנוּ אֱלֹהֵי יִשְׁעֵנוּ.

אָז כְּעֵינֵי עֲבָדִים אֶל יַד אֲדוֹנִים
בָּאנוּ לְפָנֶיךָ נִדּוֹנִים. וְהוֹשִׁיעֵנוּ אֱלֹהֵי יִשְׁעֵנוּ.

גֹּאֶה אֲדוֹנֵי הָאֲדוֹנִים, נִתְגָּרוּ בָנוּ מְדָנִים
דְּשׁוּנוּ וּבְעָלוּנוּ זוּלָתְךָ אֲדוֹנִים. וְהוֹשִׁיעֵנוּ אֱלֹהֵי יִשְׁעֵנוּ.

הֵן גַּשְׁנוּ הַיּוֹם בְּתַחֲנוּן, עָדֶיךָ רַחוּם וְחַנּוּן
וְסִפַּרְנוּ נִפְלְאוֹתֶיךָ בְּשִׁנּוּן. וְהוֹשִׁיעֵנוּ אֱלֹהֵי יִשְׁעֵנוּ.

זָבַת חָלָב וּדְבַשׁ, נָא אַל תִּיבַשׁ
חֲשְׁרַת מַיִם כְּאֵבֶה תֶּחְבֹּשׁ. וְהוֹשִׁיעֵנוּ אֱלֹהֵי יִשְׁעֵנוּ.

טָעֲנוּ בְּשְׁמֵנָה, בְּיַד שִׁבְעָה וּשְׁמוֹנָה
יָשָׁר צַדִּיק אֵל אֱמוּנָה. וְהוֹשִׁיעֵנוּ אֱלֹהֵי יִשְׁעֵנוּ.

כָּרַתָּ בְּרִית לָאָרֶץ, עוֹד כָּל יְמֵי הָאָרֶץ
לְבִלְתִּי פְּרָץ בָּהּ פָּרֶץ. וְהוֹשִׁיעֵנוּ אֱלֹהֵי יִשְׁעֵנוּ.

מִתְחַנְּנִים עֲלֵי מַיִם, כַּעֲרָבִים עַל יִבְלֵי מָיִם
נָא זְכָר לָמוֹ נִסּוּךְ הַמָּיִם. וְהוֹשִׁיעֵנוּ אֱלֹהֵי יִשְׁעֵנוּ.

שִׂיחִים בְּדֶרֶךְ מַטָּעָתָם, עוֹמְסִים בְּשַׁוְעָתָם
עֲנֵם בְּקוֹל פְּגִיעָתָם. וְהוֹשִׁיעֵנוּ אֱלֹהֵי יִשְׁעֵנוּ.

פּוֹעֵל יְשׁוּעוֹת, פְּנֵה לְפִלּוּלָם שְׁעוֹת
צַדְּקֵם אֵל לְמוֹשָׁעוֹת. וְהוֹשִׁיעֵנוּ אֱלֹהֵי יִשְׁעֵנוּ.

קוֹל רִגְשָׁם תִּשַׁע, תִּפְתַּח אֶרֶץ וְיִפְרוּ יֶשַׁע
רַב לְהוֹשִׁיעַ וְלֹא חָפֵץ רֶשַׁע. וְהוֹשִׁיעֵנוּ אֱלֹהֵי יִשְׁעֵנוּ.

שליח הציבור ואחריו הקהל:

שַׁעֲרֵי שָׁמַיִם פְּתַח, וְאוֹצָרְךָ הַטּוֹב לָנוּ תִפְתַּח.
תּוֹשִׁיעֵנוּ וְרִיב אַל תִּמְתַּח. וְהוֹשִׁיעֵנוּ אֱלֹהֵי יִשְׁעֵנוּ.

שליח הציבור ואחריו הקהל:

קוֹל מְבַשֵּׂר מְבַשֵּׂר וְאוֹמֵר.

אֹמֶן יֶשְׁעֲךָ בָּא, קוֹל דּוֹדִי הִנֵּה זֶה בָּא. מְבַשֵּׂר וְאוֹמֵר.
בָּא בְּרִבְבוֹת כִּתִּים, לַעֲמֹד עַל הַר הַזֵּיתִים. מְבַשֵּׂר וְאוֹמֵר.
גִּשְׁתּוֹ בַּשּׁוֹפָר לִתְקַע, תַּחְתָּיו הַר יִבָּקַע. מְבַשֵּׂר וְאוֹמֵר.
דָּפַק וְהֵצִיץ וְזָרַח, וּמָשׁ חֲצִי הָהָר מִמִּזְרָח. מְבַשֵּׂר וְאוֹמֵר.
הֵקִים מִלּוּל נָאֳמוֹ, וּבָא הוּא וְכָל קְדוֹשָׁיו עִמּוֹ. מְבַשֵּׂר וְאוֹמֵר.
וּלְכָל בָּאֵי הָעוֹלָם, בַּת קוֹל יִשָּׁמַע בָּעוֹלָם. מְבַשֵּׂר וְאוֹמֵר.
זֶרַע עֲמוּסֵי רַחְמוֹ, נוֹלְדוּ כְּיֶלֶד מִמְּעֵי אִמּוֹ. מְבַשֵּׂר וְאוֹמֵר.
ישעיה סו חָלָה וְיָלְדָה מִי זֹאת, מִי־שָׁמַע כָּזֹאת. מְבַשֵּׂר וְאוֹמֵר.
ישעיה סו טָהוֹר פָּעַל כָּל אֵלֶּה, מִי רָאָה כָּאֵלֶּה. מְבַשֵּׂר וְאוֹמֵר.
ישעיה סו יֶשַׁע וּזְמַן הוּחַד, הֲיוּחַל אֶרֶץ בְּיוֹם אֶחָד. מְבַשֵּׂר וְאוֹמֵר.
ישעיה סו כַּבִּיר רוֹם וָתַחַת, אִם־יִוָּלֵד גּוֹי פַּעַם אֶחָת. מְבַשֵּׂר וְאוֹמֵר.
זכריה יד לְעֵת יִגְאַל עַמּוֹ נָאוֹר, וְהָיָה לְעֶת־עֶרֶב יִהְיֶה־אוֹר. מְבַשֵּׂר וְאוֹמֵר.
ישעיה סו מוֹשִׁיעִים יַעֲלוּ לְהַר צִיּוֹן, כִּי־חָלָה גַּם־יָלְדָה צִיּוֹן. מְבַשֵּׂר וְאוֹמֵר.
ישעיה נד נִשְׁמַע בְּכָל גְּבוּלֵךְ, הַרְחִיבִי מְקוֹם אָהֳלֵךְ. מְבַשֵּׂר וְאוֹמֵר.
שִׂימִי עַד דַּמֶּשֶׂק מִשְׁכְּנוֹתַיִךְ, קַבְּלִי בָנַיִךְ וּבְנוֹתַיִךְ. מְבַשֵּׂר וְאוֹמֵר.
עִלְזִי חֲבַצֶּלֶת הַשָּׁרוֹן, כִּי קָמוּ יְשֵׁנֵי חֶבְרוֹן. מְבַשֵּׂר וְאוֹמֵר.
פְּנוּ אֵלַי וְהִוָּשְׁעוּ, הַיּוֹם אִם בְּקוֹלִי תִשְׁמָעוּ. מְבַשֵּׂר וְאוֹמֵר.
צָמַח אִישׁ צֶמַח שְׁמוֹ, הוּא דָוִד בְּעַצְמוֹ. מְבַשֵּׂר וְאוֹמֵר.
ישעיה כו קוּמוּ כְּפוּשֵׁי עָפָר, הָקִיצוּ וְרַנְּנוּ שֹׁכְנֵי עָפָר. מְבַשֵּׂר וְאוֹמֵר.
שמואל ב׳ כב רַבָּתִי עָם בְּהַמְלִיכוֹ, מִגְדּוֹל יְשׁוּעוֹת מַלְכּוֹ. מְבַשֵּׂר וְאוֹמֵר.
שמואל ב׳ כב שֵׁם רְשָׁעִים לְהַאֲבִיד, עֹשֶׂה־חֶסֶד לִמְשִׁיחוֹ לְדָוִד. מְבַשֵּׂר וְאוֹמֵר.
שמואל ב׳ כב תְּנָה יְשׁוּעוֹת לְעַם עוֹלָם, לְדָוִד וּלְזַרְעוֹ עַד־עוֹלָם. מְבַשֵּׂר וְאוֹמֵר.

שליח הציבור אומר שלוש פעמים ואחריו הקהל:

קוֹל מְבַשֵּׂר מְבַשֵּׂר וְאוֹמֵר.

הוֹשִׁיעָה אֶת־עַמֶּךָ, וּבָרֵךְ אֶת־נַחֲלָתֶךָ תהלים כח
וּרְעֵם וְנַשְּׂאֵם עַד־הָעוֹלָם:
וְיִהְיוּ דְבָרַי אֵלֶּה, אֲשֶׁר הִתְחַנַּנְתִּי לִפְנֵי יהוה מלכים א׳ ח
קְרֹבִים אֶל־יהוה אֱלֹהֵינוּ יוֹמָם וָלָיְלָה
לַעֲשׂוֹת מִשְׁפַּט עַבְדּוֹ וּמִשְׁפַּט עַמּוֹ יִשְׂרָאֵל, דְּבַר־יוֹם בְּיוֹמוֹ:
לְמַעַן דַּעַת כָּל־עַמֵּי הָאָרֶץ כִּי יהוה הוּא הָאֱלֹהִים, אֵין עוֹד:

שליח הציבור אומר קדיש שלם (עמ׳ 133), וחובטים את הערבות על הקרקע חמש פעמים. ויש החובטים באמצע הקדיש לפני ״תִּתְקַבַּל״ (או לפני הקדיש). רבים מוסיפים תפילה זו לאחר החביטה:

יְהִי רָצוֹן מִלְּפָנֶיךָ יהוה אֱלֹהֵינוּ וֵאלֹהֵי אֲבוֹתֵינוּ, הַבּוֹחֵר בִּנְבִיאִים טוֹבִים וּבְמִנְהֲגֵיהֶם הַטּוֹבִים, שֶׁתְּקַבֵּל בְּרַחֲמִים וּבְרָצוֹן אֶת תְּפִלָּתֵנוּ וְהַקָּפוֹתֵינוּ. וּזְכָר לָנוּ זְכוּת שִׁבְעַת תְּמִימֶיךָ, וְתָסִיר מְחִצַּת הַבַּרְזֶל הַמַּפְסֶקֶת בֵּינֵינוּ וּבֵינֶיךָ, וְתַאֲזִין שַׁוְעָתֵנוּ, וְתֵיטִיב לָנוּ הַחֲתִימָה, תּוֹלֶה אֶרֶץ עַל בְּלִימָה, וְחָתְמֵנוּ בְּסֵפֶר חַיִּים טוֹבִים.

וְהַיּוֹם הַזֶּה תִּתֵּן בִּשְׁכִינַת עֻזְּךָ חָמֵשׁ גְּבוּרוֹת מְמֻתָּקוֹת, עַל יְדֵי חֲבִיטַת עֲרָבָה מִנְהַג נְבִיאֶיךָ הַקְּדוֹשִׁים, וְתִתְעוֹרֵר הָאַהֲבָה בֵּינֵיהֶם. וּתְנַשְּׁקֵנוּ מִנְּשִׁיקוֹת פִּיךָ, מְמַתֶּקֶת כָּל הַגְּבוּרוֹת וְכָל הַדִּינִין. וְתָאִיר לִשְׁכִינַת עֻזְּךָ בְּשֵׁם יו״ד הֵ״א וָא״ו שֶׁהוּא טַל אוֹרוֹת טַלֶּךָ, וּמִשָּׁם תַּשְׁפִּיעַ שֶׁפַע לְעַבְדְּךָ הַמִּתְפַּלֵּל לְפָנֶיךָ, שֶׁתַּאֲרִיךְ יָמָיו וְתִמְחַל לוֹ חֲטָאָיו וַעֲוֹנוֹתָיו וּפְשָׁעָיו. וְתִפְשֹׁט יְמִינְךָ וְיָדְךָ לְקַבְּלוֹ בִּתְשׁוּבָה שְׁלֵמָה לְפָנֶיךָ. וְאוֹצָרְךָ הַטּוֹב תִּפְתַּח לְהַשְׂבִּיעַ מַיִם נֶפֶשׁ שׁוֹקֵקָה, כְּמוֹ שֶׁכָּתוּב: יִפְתַּח יהוה דברים כח
לְךָ אֶת־אוֹצָרוֹ הַטּוֹב אֶת־הַשָּׁמַיִם לָתֵת מְטַר־אַרְצְךָ בְּעִתּוֹ, וּלְבָרֵךְ אֵת כָּל־מַעֲשֵׂה יָדֶךָ. אָמֵן.

יש נוהגים להטמין את הערבות לאחר זמן מצוותן ומשתמשים בהן למצווה נוספת – אפיית מצות או שרפת החמץ בערב פסח.

אומרים שיר של יום ו״לְדָוִד ה׳ אוֹרִי וְיִשְׁעִי״ (עמ׳ 143), וממשיכים בהוצאת ספר התורה (עמ׳ 379).

התרת נדרים

נהוג לעשות התרת נדרים בערב ראש השנה לאחר התפילה בפני שלושה אנשים שהם ׳בית דין של הדיוטות׳. ויש הנוהגים שהמתירים ימנו לפחות עשרה.

המבקש התרה עומד ואומר:

שִׁמְעוּ נָא רַבּוֹתַי דַּיָּנִים מֻמְחִים, כָּל נֶדֶר אוֹ שְׁבוּעָה אוֹ אִסָּר אוֹ קוֹנָם אוֹ חֵרֶם שֶׁנָּדַרְתִּי אוֹ נִשְׁבַּעְתִּי בְּהָקִיץ אוֹ בַחֲלוֹם, אוֹ נִשְׁבַּעְתִּי בְּשֵׁמוֹת הַקְּדוֹשִׁים שֶׁאֵינָם נִמְחָקִים וּבְשֵׁם הוי״ה בָּרוּךְ הוּא, וְכָל מִינֵי נְזִירוּת שֶׁקִּבַּלְתִּי עָלַי (וַאֲפִלּוּ נְזִירוּת שִׁמְשׁוֹן), וְכָל שׁוּם אִסּוּר וַאֲפִלּוּ אִסּוּר הֲנָאָה שֶׁאָסַרְתִּי עָלַי אוֹ עַל אֲחֵרִים בְּכָל לָשׁוֹן שֶׁל אִסּוּר בֵּין בִּלְשׁוֹן אִסּוּר אוֹ חֵרֶם אוֹ קוֹנָם, וְכָל שׁוּם קַבָּלָה אֲפִלּוּ שֶׁל מִצְוָה שֶׁקִּבַּלְתִּי עָלַי בֵּין בִּלְשׁוֹן נֶדֶר בֵּין בִּלְשׁוֹן נְדָבָה בֵּין בִּלְשׁוֹן שְׁבוּעָה בֵּין בִּלְשׁוֹן נְזִירוּת בֵּין בְּכָל לָשׁוֹן, וְגַם הַנַּעֲשֶׂה בִּתְקִיעַת כָּף. בֵּין כָּל נֶדֶר וּבֵין כָּל נְדָבָה וּבֵין שׁוּם מִנְהָג שֶׁל מִצְוָה שֶׁנָּהַגְתִּי אֶת עַצְמִי, וְכָל מוֹצָא שְׂפָתַי שֶׁיָּצָא מִפִּי אוֹ שֶׁנָּדַרְתִּי וְגָמַרְתִּי בְלִבִּי לַעֲשׂוֹת שׁוּם מִצְוָה מֵהַמִּצְוֹת אוֹ אֵיזוֹ הַנְהָגָה טוֹבָה אוֹ אֵיזֶה דָבָר טוֹב שֶׁנָּהַגְתִּי שָׁלֹשׁ פְּעָמִים, וְלֹא הִתְנֵיתִי שֶׁיְּהֵא בְּלִי נֶדֶר. הֵן דָּבָר שֶׁעָשִׂיתִי, הֵן עַל עַצְמִי הֵן עַל אֲחֵרִים, הֵן אוֹתָן הַיְדוּעִים לִי הֵן אוֹתָן שֶׁכְּבָר שָׁכַחְתִּי. בְּכֻלְּהוֹן אִתְחֲרַטְנָא בְהוֹן מֵעִקָּרָא, וְשׁוֹאֵל וּמְבַקֵּשׁ אֲנִי מִמַּעֲלַתְכֶם הַתָּרָה עֲלֵיהֶם, כִּי יָרֵאתִי פֶּן אֶכָּשֵׁל וְנִלְכַּדְתִּי, חַס

התרת נדרים הנדרים לסוגיהם הם התחייבויות מסוימות שאדם מקבל או אוסר על עצמו. כאשר הנדרים (ובכלל זה שבועות ועוד) נעשים כראוי יש להם תוקף מחייב מדין התורה עצמו. חכמי ישראל לא ראו את רוב הנדרים בעין יפה והמליצו שהנודר ילך לפני בית דין או חכם שיתירו לו את הנדר. עיקרה של ההתרה הוא בהודעת הנודר שהוא מתחרט על שנדר ומבקש לבטל את הנדר. התרת נדרים היא דין הנוגע לאדם פרטי שנדר (והוא הצריך ללכת, להסביר את הדברים ולבקש התרה). אולם נהגו בכל ישראל שכדי לצאת מכל ספק, שמא נדר אדם ושכח, לעשות טקס כללי של התרת הנדרים לפני ימי הדין.

וְשָׁלוֹם, בְּעִנְיַן נְדָרִים וּשְׁבוּעוֹת וּנְזִירוּת וַחֲרָמוֹת וְאִסּוּרִין וְקוֹנָמוֹת וְהַסְכָּמוֹת. וְאֵין אֲנִי תוֹהֵא, חַס וְשָׁלוֹם, עַל קִיּוּם הַמַּעֲשִׂים הַטּוֹבִים הָהֵם שֶׁעָשִׂיתִי, רַק אֲנִי מִתְחָרֵט עַל קַבָּלַת הָעִנְיָנִים בִּלְשׁוֹן נֶדֶר אוֹ שְׁבוּעָה אוֹ נְזִירוּת אוֹ אִסּוּר אוֹ חֵרֶם אוֹ קוֹנָם אוֹ הַסְכָּמָה אוֹ קַבָּלָה בְלֵב, וּמִתְחָרֵט אֲנִי עַל זֶה שֶׁלֹּא אָמַרְתִּי הִנְנִי עוֹשֶׂה דָבָר זֶה בְּלִי נֶדֶר וּשְׁבוּעָה וּנְזִירוּת וְחֵרֶם וְאִסּוּר וְקוֹנָם וְקַבָּלָה בְלֵב.

לָכֵן אֲנִי שׁוֹאֵל הַתָּרָה בְּכֻלְּהוֹן.

אֲנִי מִתְחָרֵט עַל כָּל הַנִּזְכָּר, בֵּין אִם הָיוּ הַמַּעֲשִׂים מִדְּבָרִים הַנּוֹגְעִים בְּמָמוֹן, בֵּין מֵהַדְּבָרִים הַנּוֹגְעִים בְּגוּף, בֵּין מֵהַדְּבָרִים הַנּוֹגְעִים אֶל הַנְּשָׁמָה.

בְּכֻלְּהוֹן אֲנִי מִתְחָרֵט עַל לְשׁוֹן נֶדֶר וּשְׁבוּעָה וּנְזִירוּת וְאִסּוּר וְחֵרֶם וְקוֹנָם וְקַבָּלָה בְלֵב.

וְהִנֵּה מִצַּד הַדִּין הַמִּתְחָרֵט וְהַמְבַקֵּשׁ הַתָּרָה צָרִיךְ לִפְרֹט הַנֶּדֶר, אַךְ דְּעוּ נָא רַבּוֹתַי, כִּי אִי אֶפְשָׁר לְפָרְטָם, כִּי רַבִּים הֵם. וְאֵין אֲנִי מְבַקֵּשׁ הַתָּרָה עַל אוֹתָם הַנְּדָרִים שֶׁאֵין לְהַתִּיר אוֹתָם, עַל כֵּן יִהְיוּ נָא בְעֵינֵיכֶם כְּאִלּוּ הָיִיתִי פוֹרְטָם.

הדיינים אומרים שלוש פעמים:

הַכֹּל יִהְיוּ מֻתָּרִים לָךְ, הַכֹּל מְחוּלִים לָךְ, הַכֹּל שְׁרוּיִים לָךְ. אֵין כָּאן לֹא נֶדֶר וְלֹא שְׁבוּעָה וְלֹא נְזִירוּת וְלֹא חֵרֶם וְלֹא אִסּוּר וְלֹא קוֹנָם וְלֹא נִדּוּי וְלֹא שַׁמְתָּא וְלֹא אָרוּר. אֲבָל יֵשׁ כָּאן מְחִילָה וּסְלִיחָה וְכַפָּרָה. וּכְשֵׁם שֶׁמַּתִּירִים בְּבֵית דִּין שֶׁל מַטָּה, כָּךְ יִהְיוּ מֻתָּרִים מִבֵּית דִּין שֶׁל מַעְלָה.

המבקש התרה אומר:

הֲרֵי אֲנִי מוֹסֵר מוֹדָעָה לִפְנֵיכֶם, וַאֲנִי מְבַטֵּל מִכָּאן וּלְהַבָּא כָּל הַנְּדָרִים וְכָל שְׁבוּעוֹת וּנְזִירוֹת וְאִסּוּרִין וְקוֹנָמוֹת וַחֲרָמוֹת וְהַסְכָּמוֹת וְקַבָּלָה בְלֵב שֶׁאֲקַבֵּל עָלַי בְּעַצְמִי, הֵן בְּהָקִיץ הֵן בַּחֲלוֹם, חוּץ מִנִּדְרֵי תַעֲנִית בִּשְׁעַת מִנְחָה. וּבְאִם אֶשְׁכַּח לְתְנַאי מוֹדָעָה הַזֹּאת וְאֶדֹּר מֵהַיּוֹם עוֹד, מֵעַתָּה אֲנִי מִתְחָרֵט עֲלֵיהֶם וּמַתְנֶה עֲלֵיהֶם שֶׁיִּהְיוּ כֻּלָּן בְּטֵלִין וּמְבֻטָּלִין, לָא שְׁרִירִין וְלָא קַיָּמִין, וְלָא יְהוֹן חָלִין כְּלָל וּכְלָל. בְּכֻלְּהוֹן אִתְחֲרַטְנָא בְּהוֹן מֵעַתָּה וְעַד עוֹלָם.

סעודת ראש השנה ראש השנה הוא תחילתם של הימים הנוראים, "נורא" אין מובנו איום אלא הוא כינוי אחר ל"נשגב". השגב של ראש השנה בולט ביותר בשלוש הברכות הנוספות של מוסף: מלכויות, זיכרונות ושופרות, שכל אחת מהן דנה בחלק מסוים ממהותו של היום. הצד האחד הוא מלכות ה' בעולם, כי בעיקרם של דברים אנחנו רואים ביום הזה, יום השנה של בריאתנו, גם יום של מלכות ה' בעולם. לפני היות האדם יש ממשלה של הקדוש ברוך הוא, אבל אין מלוכה, שעניינה התודעה והקבלה של המלכות. הזיכרונות הם דיון בעבר, שהרי הזיכרון איננו העבר עצמו אלא מה שנשאר ממנו, מה שנשמר ממנו בזיכרון. והשופרות הם הביטוי הבולט של התגלות המלכות לא רק בקבלת מלכותו, אלא גם בהתגלות גודלו של הקדוש ברוך הוא בתוך העולם. הדין והמשפט הם בעצם הסיכומים בעלי המשמעות של הזיכרונות, שהרי זיכרונות אלה אינם רק סימונים של מאורעות סתמיים, אלא הם המשמעות שיש לזיכרונות הללו. למעשה, יום הדין הוא משפטו של העולם על העבר ועל העתיד. אף על פי שזיכרונות העולם, מבחינתנו, יכולים להיות גם זיכרונות של חטאים ופגמים, יום ראש השנה איננו יום של הזכרת עוונות או של חרטה על עוונות, אלא אנחנו מקדישים את היום להמלכת ה' בעולם ולכן אין לנו זמן לעסוק בחטאינו. יתר על כן, המלכת ה' צריכה לשמח את ליבנו, ולכן בספר נחמיה, המספר על חגיגת ראש השנה שנעשתה בזמן עזרא ונחמיה, מסיימים במילים מעודדות ומשמחות, כי גם כאשר האנשים שמעו את דברי התורה ואולי הבינו ביתר שאת את מה שפגמו במשך השנים נאמר להם: "לְכוּ אִכְלוּ מַשְׁמַנִּים וּשְׁתוּ מַמְתַקִּים וְשִׁלְחוּ מָנוֹת לְאֵין נָכוֹן לוֹ כִּי קָדוֹשׁ הַיּוֹם לַאֲדֹנֵינוּ, וְאַל תֵּעָצֵבוּ כִּי חֶדְוַת ה' הִיא מָעֻזְּכֶם". וכן נאמר שם שהלוויים אומרים לעם: "הַסּוּ כִּי הַיּוֹם קָדֹשׁ וְאַל תֵּעָצֵבוּ". והסיכום הוא: "וַיֵּלְכוּ כָל הָעָם לֶאֱכֹל וְלִשְׁתּוֹת וּלְשַׁלַּח מָנוֹת וְלַעֲשׂוֹת שִׂמְחָה גְדוֹלָה כִּי הֵבִינוּ בַּדְּבָרִים

קידוש לליל ראש השנה

מברכים ׳שֶׁהֶחֱיָנוּ׳ בקידוש בשני לילות החג, ובלילה השני נוהגים (כדי לצאת מכל ספק) להביא פרי חדש לשולחן ולכוון גם עליו בשעת ברכה זו, ואוכלים ממנו לאחר הקידוש. וכן נהגו להדליק נרות בלילה השני סמוך לקידוש, ומכוונות בברכת ׳שֶׁהֶחֱיָנוּ׳ על הפרי החדש (או על בגד חדש).

כשראש השנה חל בשבת יש מתחילים כאן באמירת ׳שָׁלוֹם עֲלֵיכֶם׳ והתפילות שאחריו (עמ׳ 306). ויש שאומרים רק חלקים מתפילות אלו או שאין אומרים אותן כלל.

נוהגים לעמוד בזמן הקידוש.

כשראש השנה חל בשבת, מוסיפים:

בלחש: וַיְהִי־עֶרֶב וַיְהִי־בֹקֶר בראשית א

יוֹם הַשִּׁשִּׁי:

וַיְכֻלּוּ הַשָּׁמַיִם וְהָאָרֶץ וְכָל־צְבָאָם: בראשית ב

וַיְכַל אֱלֹהִים בַּיּוֹם הַשְּׁבִיעִי מְלַאכְתּוֹ אֲשֶׁר עָשָׂה

וַיִּשְׁבֹּת בַּיּוֹם הַשְּׁבִיעִי מִכָּל־מְלַאכְתּוֹ אֲשֶׁר עָשָׂה:

וַיְבָרֶךְ אֱלֹהִים אֶת־יוֹם הַשְּׁבִיעִי, וַיְקַדֵּשׁ אֹתוֹ

כִּי בוֹ שָׁבַת מִכָּל־מְלַאכְתּוֹ, אֲשֶׁר־בָּרָא אֱלֹהִים, לַעֲשׂוֹת:

המקדש לאחרים מוסיף: סַבְרִי מָרָנָן

בָּרוּךְ אַתָּה יהוה אֱלֹהֵינוּ מֶלֶךְ הָעוֹלָם, בּוֹרֵא פְּרִי הַגָּפֶן.

כשראש השנה חל בשבת מוסיפים את המילים שבסוגריים.

בָּרוּךְ אַתָּה יהוה אֱלֹהֵינוּ מֶלֶךְ הָעוֹלָם

אֲשֶׁר בָּחַר בָּנוּ מִכָּל עָם

וְרוֹמְמָנוּ מִכָּל לָשׁוֹן, וְקִדְּשָׁנוּ בְּמִצְוֹתָיו

וַתִּתֶּן לָנוּ יהוה אֱלֹהֵינוּ בְּאַהֲבָה

אֶת יוֹם (הַשַּׁבָּת הַזֶּה וְאֶת יוֹם)

הַזִּכָּרוֹן הַזֶּה, יוֹם (זִכְרוֹן) תְּרוּעָה

(בְּאַהֲבָה) מִקְרָא קֹדֶשׁ, זֵכֶר לִיצִיאַת מִצְרָיִם

אֲשֶׁר הוֹדִיעוּ לָהֶם״. כל אלה באים ללמדנו שראש השנה אינו רק יום שמאחלים בו שנה טובה, אלא גם יום שאומרים בו חג שמח. כי אנו בטוחים ש״אם כבנים, אם כעבדים״ אנחנו קרובים לקדוש ברוך הוא, מריעים לכבודו, ובעיקרו של דבר – שמחים בשמחת המלך.

כִּי בָנוּ בָחַרְתָּ וְאוֹתָנוּ קִדַּשְׁתָּ מִכָּל הָעַמִּים
וּדְבָרְךָ אֱמֶת וְקַיָּם לָעַד.
בָּרוּךְ אַתָּה יהוה, מֶלֶךְ עַל כָּל הָאָרֶץ
מְקַדֵּשׁ (הַשַּׁבָּת וְ) יִשְׂרָאֵל וְיוֹם הַזִּכָּרוֹן.

כשראש השנה חל במוצאי שבת מבדילים על הנר:

בָּרוּךְ אַתָּה יהוה אֱלֹהֵינוּ מֶלֶךְ הָעוֹלָם, בּוֹרֵא מְאוֹרֵי הָאֵשׁ.

בָּרוּךְ אַתָּה יהוה אֱלֹהֵינוּ מֶלֶךְ הָעוֹלָם, הַמַּבְדִּיל בֵּין קֹדֶשׁ לְחֹל, בֵּין אוֹר לְחֹשֶׁךְ, בֵּין יִשְׂרָאֵל לָעַמִּים, בֵּין יוֹם הַשְּׁבִיעִי לְשֵׁשֶׁת יְמֵי הַמַּעֲשֶׂה. בֵּין קְדֻשַּׁת שַׁבָּת לִקְדֻשַּׁת יוֹם טוֹב הִבְדַּלְתָּ, וְאֶת יוֹם הַשְּׁבִיעִי מִשֵּׁשֶׁת יְמֵי הַמַּעֲשֶׂה קִדַּשְׁתָּ, הִבְדַּלְתָּ וְקִדַּשְׁתָּ אֶת עַמְּךָ יִשְׂרָאֵל בִּקְדֻשָּׁתֶךָ. בָּרוּךְ אַתָּה יהוה, הַמַּבְדִּיל בֵּין קֹדֶשׁ לְקֹדֶשׁ.

בָּרוּךְ אַתָּה יהוה אֱלֹהֵינוּ מֶלֶךְ הָעוֹלָם
שֶׁהֶחֱיָנוּ וְקִיְּמָנוּ וְהִגִּיעָנוּ לַזְּמַן הַזֶּה.

סימנים

אמרו חכמים שיש מקום לעשות סימן טוב, ושלכן ראוי לאכול בתחילת ראש השנה מיני מאכלים שיש בשמם ובמהותם עניין של סימן טוב, ואין בכך משום עיסוק בדברי ניחוש האסור מן התורה.

נוהגים לאכול תפוח בדבש. מברכים:

בָּרוּךְ אַתָּה יהוה אֱלֹהֵינוּ מֶלֶךְ הָעוֹלָם, בּוֹרֵא פְּרִי הָעֵץ.

ואומרים:

יְהִי רָצוֹן מִלְּפָנֶיךָ יהוה אֱלֹהֵינוּ וֵאלֹהֵי אֲבוֹתֵינוּ
שֶׁתְּחַדֵּשׁ עָלֵינוּ שָׁנָה טוֹבָה וּמְתוּקָה.

לפני אכילת התמרים אומרים:

יְהִי רָצוֹן מִלְּפָנֶיךָ יהוה אֱלֹהֵינוּ וֵאלֹהֵי אֲבוֹתֵינוּ
שֶׁיִּתַּמּוּ שׂוֹנְאֵינוּ.

לפני אכילת הרימון אומרים:

יְהִי רָצוֹן מִלְּפָנֶיךָ יהוה אֱלֹהֵינוּ וֵאלֹהֵי אֲבוֹתֵינוּ
שֶׁנַּרְבֶּה זְכֻיּוֹת כְּרִמּוֹן.

רבים נוהגים לברך ברכת הנהנין גם על סימני פירות האדמה
אם אינם באים כרגיל מחמת הסעודה.
לפני אכילת הרוביא (שהוא מין קטניות) מברכים:

בָּרוּךְ אַתָּה יהוה אֱלֹהֵינוּ מֶלֶךְ הָעוֹלָם בּוֹרֵא פְּרִי הָאֲדָמָה.

ואומרים:

יְהִי רָצוֹן מִלְּפָנֶיךָ יהוה אֱלֹהֵינוּ וֵאלֹהֵי אֲבוֹתֵינוּ
שֶׁיִּרְבּוּ זְכֻיּוֹתֵינוּ.

לפני אכילת הכרתי (כרישה) אומרים:

יְהִי רָצוֹן מִלְּפָנֶיךָ יהוה אֱלֹהֵינוּ וֵאלֹהֵי אֲבוֹתֵינוּ
שֶׁיִּכָּרְתוּ שׂוֹנְאֵינוּ.

לפני אכילת הקרא אומרים:

יְהִי רָצוֹן מִלְּפָנֶיךָ יהוה אֱלֹהֵינוּ וֵאלֹהֵי אֲבוֹתֵינוּ
שֶׁתִּקְרַע רֹעַ גְּזַר דִּינֵנוּ, וְיִקָּרְאוּ לְפָנֶיךָ זְכֻיּוֹתֵינוּ.

לפני אכילת הסילקא (מין תרד) אומרים:

יְהִי רָצוֹן מִלְּפָנֶיךָ יהוה אֱלֹהֵינוּ וֵאלֹהֵי אֲבוֹתֵינוּ
שֶׁיִּסְתַּלְּקוּ שׂוֹנְאֵינוּ.

נוהגים לאכול ראש של איל או של כבש, זֵכֶר לאילו של יצחק, או ראש של דג. ואומרים:

יְהִי רָצוֹן מִלְּפָנֶיךָ יהוה אֱלֹהֵינוּ וֵאלֹהֵי אֲבוֹתֵינוּ
שֶׁנִּהְיֶה לְרֹאשׁ וְלֹא לְזָנָב.

לפני אכילת הדגים אומרים:

יְהִי רָצוֹן מִלְּפָנֶיךָ יהוה אֱלֹהֵינוּ וֵאלֹהֵי אֲבוֹתֵינוּ
שֶׁנִּפְרֶה וְנִרְבֶּה כְּדָגִים.

נוהגים להרבות בסעודות היום באכילת דברים מתוקים ושמנים, כלשון הכתוב בעניין ראש השנה: 'אִכְלוּ מַשְׁמַנִּים וּשְׁתוּ מַמְתַקִּים... כִּי קָדוֹשׁ הַיּוֹם לַאֲדֹנֵינוּ'. ואין אוכלים בו דברים חמוצים וכן דברים שעלולים להכביד על התפילה שלמוחרת.

קידושא רבה לראש השנה

בשבת אומרים ׳וְשָׁמְרוּ׳ ו׳זָכוֹר׳ (עמ׳ 423), ויש מתחילים מ׳אַתְקִינוּ סְעוּדְתָא׳ (עמ׳ 420).

יש המתחילים:

ויקרא כג אֵלֶּה מוֹעֲדֵי יהוה מִקְרָאֵי קֹדֶשׁ אֲשֶׁר־תִּקְרְאוּ אֹתָם בְּמוֹעֲדָם:
וַיְדַבֵּר מֹשֶׁה אֶת־מֹעֲדֵי יהוה אֶל־בְּנֵי יִשְׂרָאֵל:

תהלים פא **תִּקְעוּ בַחֹדֶשׁ שׁוֹפָר, בַּכֶּסֶה לְיוֹם חַגֵּנוּ:**
כִּי חֹק לְיִשְׂרָאֵל הוּא, מִשְׁפָּט לֵאלֹהֵי יַעֲקֹב:

המקדש לאחרים מוסיף: סַבְרִי מָרָנָן

בָּרוּךְ אַתָּה יהוה אֱלֹהֵינוּ מֶלֶךְ הָעוֹלָם, בּוֹרֵא פְּרִי הַגָּפֶן.

סדר תשליך

ביום הראשון של ראש השנה לאחר תפילת מנחה (ואם חל בשבת – ביום השני) נוהגים לצאת למקור מים – מעיין, נהר או ים ולומר:

מיכה ז **מִי־אֵל כָּמוֹךָ**
נֹשֵׂא עָוֹן וְעֹבֵר עַל־פֶּשַׁע לִשְׁאֵרִית נַחֲלָתוֹ
לֹא־הֶחֱזִיק לָעַד אַפּוֹ
כִּי־חָפֵץ חֶסֶד הוּא:
יָשׁוּב יְרַחֲמֵנוּ, יִכְבֹּשׁ עֲוֹנֹתֵינוּ
וְתַשְׁלִיךְ בִּמְצֻלוֹת יָם כָּל־חַטֹּאתָם:
תִּתֵּן אֱמֶת לְיַעֲקֹב, חֶסֶד לְאַבְרָהָם
אֲשֶׁר־נִשְׁבַּעְתָּ לַאֲבֹתֵינוּ מִימֵי קֶדֶם:

תשליך מנהג התשליך המיוסד על פי הקבלה עיקרו ״השלכה״ סמלית של כל העבירות והחטאים, ומשום כך הולכים למקום שיש בו מים (ומהדרים ללכת למקום שיש בו דגים) לקיים: ״וְתַשְׁלִיךְ בִּמְצֻלוֹת יָם כָּל חַטֹּאתָם״, ואומרים דברי בקשה וסליחה. ונהגו לנער שולי הבגד כנגד המים באופן סמלי – שאף האדם משליך ממנו את חטאיו ואינו רוצה עוד בקיומם.

מִן־הַמֵּצַר קָרָאתִי יָּהּ, עָנָנִי בַמֶּרְחָב יָהּ: תהלים קיח
יהוה לִי לֹא אִירָא, מַה־יַּעֲשֶׂה לִי אָדָם:
יהוה לִי בְּעֹזְרָי, וַאֲנִי אֶרְאֶה בְשֹׂנְאָי:
טוֹב לַחֲסוֹת בַּיהוה, מִבְּטֹחַ בָּאָדָם:
טוֹב לַחֲסוֹת בַּיהוה, מִבְּטֹחַ בִּנְדִיבִים:

יש נוהגים להוסיף:

רַנְּנוּ צַדִּיקִים בַּיהוה, לַיְשָׁרִים נָאוָה תְהִלָּה: הוֹדוּ לַיהוה בְּכִנּוֹר, בְּנֵבֶל תהלים לג
עָשׂוֹר זַמְּרוּ־לוֹ: שִׁירוּ־לוֹ שִׁיר חָדָשׁ, הֵיטִיבוּ נַגֵּן בִּתְרוּעָה: כִּי־יָשָׁר דְּבַר־
יהוה, וְכָל־מַעֲשֵׂהוּ בֶּאֱמוּנָה: אֹהֵב צְדָקָה וּמִשְׁפָּט, חֶסֶד יהוה מָלְאָה
הָאָרֶץ: בִּדְבַר יהוה שָׁמַיִם נַעֲשׂוּ, וּבְרוּחַ פִּיו כָּל־צְבָאָם: כֹּנֵס כַּנֵּד מֵי הַיָּם,
נֹתֵן בְּאוֹצָרוֹת תְּהוֹמוֹת: יִירְאוּ מֵיהוה כָּל־הָאָרֶץ, מִמֶּנּוּ יָגוּרוּ כָּל־יֹשְׁבֵי
תֵבֵל: כִּי הוּא אָמַר וַיֶּהִי, הוּא־צִוָּה וַיַּעֲמֹד: יהוה הֵפִיר עֲצַת־גּוֹיִם, הֵנִיא
מַחְשְׁבוֹת עַמִּים: עֲצַת יהוה לְעוֹלָם תַּעֲמֹד, מַחְשְׁבוֹת לִבּוֹ לְדֹר וָדֹר: אַשְׁרֵי
הַגּוֹי אֲשֶׁר־יהוה אֱלֹהָיו, הָעָם בָּחַר לְנַחֲלָה לוֹ: מִשָּׁמַיִם הִבִּיט יהוה, רָאָה
אֶת־כָּל־בְּנֵי הָאָדָם: מִמְּכוֹן־שִׁבְתּוֹ הִשְׁגִּיחַ, אֶל כָּל־יֹשְׁבֵי הָאָרֶץ: הַיֹּצֵר
יַחַד לִבָּם, הַמֵּבִין אֶל־כָּל־מַעֲשֵׂיהֶם: אֵין־הַמֶּלֶךְ נוֹשָׁע בְּרָב־חָיִל, גִּבּוֹר
לֹא־יִנָּצֵל בְּרָב־כֹּחַ: שֶׁקֶר הַסּוּס לִתְשׁוּעָה, וּבְרֹב חֵילוֹ לֹא יְמַלֵּט: הִנֵּה עֵין
יהוה אֶל־יְרֵאָיו, לַמְיַחֲלִים לְחַסְדּוֹ: לְהַצִּיל מִמָּוֶת נַפְשָׁם, וּלְחַיּוֹתָם בָּרָעָב:
נַפְשֵׁנוּ חִכְּתָה לַיהוה, עֶזְרֵנוּ וּמָגִנֵּנוּ הוּא: כִּי־בוֹ יִשְׂמַח לִבֵּנוּ, כִּי בְשֵׁם קָדְשׁוֹ
בָטָחְנוּ: יְהִי־חַסְדְּךָ יהוה עָלֵינוּ, כַּאֲשֶׁר יִחַלְנוּ לָךְ:

יש הממשיכים במילים ׳לֹא־יָרֵעוּ׳ בעמ׳ 615.

לְדָוִד מִזְמוֹר, לַיהוה הָאָרֶץ וּמְלוֹאָהּ, תֵּבֵל וְיֹשְׁבֵי בָהּ: כִּי־הוּא עַל־יַמִּים תהלים כד
יְסָדָהּ, וְעַל־נְהָרוֹת יְכוֹנְנֶהָ: מִי־יַעֲלֶה בְהַר־יהוה, וּמִי־יָקוּם בִּמְקוֹם קָדְשׁוֹ:
נְקִי כַפַּיִם וּבַר־לֵבָב, אֲשֶׁר לֹא־נָשָׂא לַשָּׁוְא נַפְשִׁי, וְלֹא נִשְׁבַּע לְמִרְמָה: יִשָּׂא
בְרָכָה מֵאֵת יהוה, וּצְדָקָה מֵאֱלֹהֵי יִשְׁעוֹ: זֶה דּוֹר דֹּרְשָׁו, מְבַקְשֵׁי פָנֶיךָ יַעֲקֹב
סֶלָה: שְׂאוּ שְׁעָרִים רָאשֵׁיכֶם, וְהִנָּשְׂאוּ פִּתְחֵי עוֹלָם, וְיָבוֹא מֶלֶךְ הַכָּבוֹד:
מִי זֶה מֶלֶךְ הַכָּבוֹד, יהוה עִזּוּז וְגִבּוֹר, יהוה גִּבּוֹר מִלְחָמָה: שְׂאוּ שְׁעָרִים

רָאשֵׁיכֶם, וּשְׂאוּ פִּתְחֵי עוֹלָם, וְיָבֹא מֶלֶךְ הַכָּבוֹד: מִי הוּא זֶה מֶלֶךְ הַכָּבוֹד, יהוה צְבָאוֹת הוּא מֶלֶךְ הַכָּבוֹד סֶלָה:

רִבּוֹנוֹ שֶׁל עוֹלָם, בְּהַעֲלוֹתֵנוּ עַל לְבָבֵנוּ רֹב קִצּוּרֵנוּ בַּעֲבוֹדָתֶךָ וּבְעֵסֶק תּוֹרָתְךָ הַקְּדוֹשָׁה וְקִיּוּם מִצְוֹתֶיךָ, כָּל עַצְמוֹתֵינוּ יֹאחֲזֵמוֹ רָעַד, וְנָמֵס לְבֵנוּ וְהָיָה לְמָיִם. מַה נַּעֲנֶה וּמַה נֹּאמַר, כִּי הַצַּר הַצּוֹרֵר בְּחֶבְרַת הַחֹמֶר הֶעָכוּר הָיָה בְּעוֹכְרֵנוּ, גַּם אָסוּר נִלְוָה עִמָּם, אֲסוּרִים וּלְטוּשִׁים בְּגָלֻיּוֹת קָשִׁים, גָּלוּת הַנֶּפֶשׁ וְהַגּוּף. הַאֻמְנָם גָּלוּי וְיָדוּעַ לְפָנֶיךָ שֶׁרְצוֹנֵנוּ לַעֲשׂוֹת רְצוֹנֶךָ וְלִשְׁקֹד עַל דַּלְתוֹתֶיךָ, כִּי טוֹב יוֹם בַּחֲצֵרֶיךָ מֵאָלֶף בָּחַרְנוּ, וִירֵאִים וַחֲרֵדִים אֲנַחְנוּ מֵאֵימַת דִּינְךָ הַקָּדוֹשׁ. עַל כֵּן בָּאנוּ אֵלֶיךָ בִּכְפִיפַת רֹאשׁ וּנְמִיכַת קוֹמָה וַחֲלִישַׁת חַיִל לְהַזְכִּיר וּלְעוֹרֵר רַחֲמֶיךָ.

וִיהִי רָצוֹן מִלְּפָנֶיךָ יהוה אֱלֹהַי וֵאלֹהֵי אֲבוֹתַי, אֵל עֶלְיוֹן מְכֻתָּר בִּתְלֵיסַר מְכִילִין דְּרַחֲמֵי, שֶׁתְּהֵא שָׁעָה זוֹ עֵת רָצוֹן לְפָנֶיךָ, וְתִהְיֶה עוֹלָה לְפָנֶיךָ קְרִיאַת שְׁלֹשׁ עֶשְׂרֵה מִדּוֹת שֶׁל רַחֲמִים שֶׁבַּפְּסוּקִים מִי אֵל כָּמוֹךָ, הַמְכֻוָּנִים אֶל שְׁלֹשׁ עֶשְׂרֵה מִדּוֹת אֵל רַחוּם וְחַנּוּן וגו׳, אֲשֶׁר קָרִינוּ לְפָנֶיךָ, כְּאִלּוּ הִשַּׂגְנוּ כָּל הַסּוֹדוֹת וְצֵרוּפֵי שֵׁמוֹת הַיּוֹצְאִים מֵהֶם וְזִוּוּגֵי מִדּוֹתֵיהֶם, אֲשֶׁר אֶחָד בְּאֶחָד יִגַּשׁוּ לְהַמְתִּיק הַדִּינִים תַּקִּיפִים, וְתַשְׁלִיךְ בִּמְצוּלוֹת יָם כָּל חַטֹּאתֵינוּ. וְאַתָּה בְּטוּבְךָ תְּעוֹרֵר רַחֲמֶיךָ, וְנִהְיֶה נְקִיִּים מִכָּל טֻמְאָה וְחֶלְאָה וְזֻהֲמָא, וְיַעֲלוּ כָּל נִיצוֹצֵי הַקְּדֻשָּׁה אֲשֶׁר נִתְפַּזְּרוּ, וְיִתְבָּרְרוּ וְיִתְלַבְּנוּ בְּמִדַּת טוּבְךָ, אַתָּה אֵל יְשׁוּעָתֵנוּ נֹצֵר חֶסֶד לָאֲלָפִים, וּבְרֹב רַחֲמֶיךָ תִּתֶּן לָנוּ חַיִּים אֲרוּכִים, חַיִּים שֶׁל שָׁלוֹם, חַיִּים שֶׁל טוֹבָה, חַיִּים שֶׁל בְּרָכָה, חַיִּים שֶׁל פַּרְנָסָה טוֹבָה, חַיִּים שֶׁל חִלּוּץ עֲצָמוֹת, חַיִּים שֶׁיֵּשׁ בָּהֶם יִרְאַת שָׁמַיִם וְיִרְאַת חֵטְא, חַיִּים שֶׁאֵין בָּהֶם בּוּשָׁה וּכְלִמָּה, חַיִּים שֶׁל עֹשֶׁר וְכָבוֹד לַעֲבוֹדָתֶךָ, חַיִּים שֶׁתְּהֵא בָנוּ אַהֲבַת תּוֹרָה וְיִרְאַת שָׁמַיִם, חַיִּים שֶׁתְּמַלֵּא כָּל מִשְׁאֲלוֹת לִבֵּנוּ לְטוֹבָה, וְזָכְרֵנוּ לְחַיִּים מֶלֶךְ חָפֵץ בַּחַיִּים, וְכָתְבֵנוּ בְּסֵפֶר הַחַיִּים לְמַעַנְךָ אֱלֹהִים חַיִּים, וּקְרַע רֹעַ גְּזַר דִּינֵנוּ, וְיִקָּרְאוּ לְפָנֶיךָ זָכִיּוֹתֵינוּ.

אֵל מָלֵא רַחֲמִים, יֶהֱמוּ נָא רַחֲמֶיךָ לְקַבֵּל בְּרָצוֹן הַכְנָעָתֵנוּ וְהַרְהוּרֵי תְשׁוּבָה הַמִּתְנוֹצְצִים בָּנוּ, בְּשֶׁגַּם לִבֵּנוּ אָטוּם סָתוּם וְחָתוּם, לֹא אִתָּנוּ

יוֹדֵעַ זוֹ הִיא בִּיאָה זוֹ הִיא שִׁיבָה, מָה אָנוּ וּמָה בָּאנוּ לְתַקֵּן. רַב לְהוֹשִׁיעַ,
הָאֵר עֵינֵינוּ כַּאֲשֶׁר בְּגֹדֶל רַחֲמֶיךָ הִבְטַחְתָּנוּ: פִּתְחוּ לִי פֶּתַח כְּחֻדּוֹ שֶׁל
מַחַט, וַאֲנִי אֶפְתַּח לָכֶם פֶּתַח כְּפִתְחוֹ שֶׁל אוּלָם, וּרְאֵה כִּי אָזְלַת יָד,
וְאֶפֶס עָצוּר וְעָזוּב, וְאֵין חוֹנֵן וְאֵין מְרַחֵם זוּלָתֶךָ, כִּי חֲנוּנֶיךָ הֵם חֲנוּנִים
וּמְרַחֲמֶיךָ הֵם מְרֻחָמִים, כְּדִכְתִיב: וְחַנֹּתִי אֶת־אֲשֶׁר אָחֹן, וְרִחַמְתִּי אֶת־ שמות לג
אֲשֶׁר אֲרַחֵם: וּבְכֵן, לֵב טָהוֹר בְּרָא לָנוּ אֱלֹהִים, וְרוּחַ נָכוֹן חַדֵּשׁ בְּקִרְבֵּנוּ,
וְרִשְׁפֵּי הִתְעוֹרְרוּת לִבֵּנוּ בְּאַהֲבָתֶךָ וּבְתוֹרָתֶךָ יַתְמִידוּ וְיִתְרַבּוּ בְּלִי הֶפְסֵק.
עָזְרֵנוּ אֱלֹהֵי יִשְׁעֵנוּ עַל־דְּבַר כְּבוֹד־שְׁמֶךָ: תָּחֵל שָׁנָה וּבִרְכוֹתֶיהָ, וּתְזַכֵּנוּ תהלים עט
שֶׁיְּהֵא לִבֵּנוּ נָכוֹן וּמָסוּר בְּיָדֶיךָ, וְלֹא נִכְעַס וְלֹא נַכְעִיסֶךָ, וְתַסְפִּיק
בְּיָדֵינוּ לְהִתְרַחֵק מִכָּל הַמִּדּוֹת הָרָעוֹת וְהָאֲסוּרוֹת, וּבִפְרָט זַכֵּנוּ לְהִתְרַחֵק
מֵהַגַּאֲוָה וְהַכַּעַס וְהַהַקְפָּדָה וְכָל גֹּבַהּ לֵב, וְנִהְיֶה מְיֻשָּׁבִים בְּדַעְתֵּנוּ וְנַכִּיר
מִעוּט עֶרְכֵּנוּ, וְנַפְשֵׁנוּ כֶּעָפָר לַכֹּל תִּהְיֶה, וְלֹא נִתְפָּעֵס וְלֹא נַקְפִּיד, וְנִהְיֶה
אוֹהֲבֵי שָׁלוֹם וּמַרְבִּים שָׁלוֹם, וּבְצֵל כְּנָפֶיךָ נֶחֱסֶה. וּתְזַכֵּנוּ לְהִתְרַחֵק
מִלֵּיצָנוּת וְשֶׁקֶר וַחֲנֻפָּה וְלָשׁוֹן הָרָע וְדִבּוּר חֹל בְּשַׁבָּת וְכָל דִּבּוּר אָסוּר,
וִיהִי רֹב דִּבּוּרֵנוּ בַּתּוֹרָה וּבְסֵדֶר וְאֹפֶן עֲבוֹדָתֶךָ עֲבוֹדַת הַקֹּדֶשׁ. וּתְאַזְּרֵנוּ
חַיִל לִשְׁמֹר לְפִינוּ מֵחֲטֹא בִלְשׁוֹנֵנוּ.

אָב הָרַחֲמָן, תֵּן בָּנוּ כֹּחַ וּבְרִיאוּת, וְזַכֵּנוּ לְהִתְרַחֵק מִתַּאֲוַת תַּעֲנוּגֵי וְהַבְלֵי הָעוֹלָם הַזֶּה, וְנֹאכַל לָשֹׂבַע נַפְשֵׁנוּ, וְכֵן בְּכָל צְרָכֵינוּ יִהְיוּ כָל מַעֲשֵׂינוּ לְשֵׁם שָׁמַיִם. וּתְזַכֵּנוּ לִהְיוֹת שְׂמֵחִים בְּעֵסֶק תּוֹרָתֶךָ וּבְמִצְוֹתֶיךָ, וְלִהְיוֹת בִּטְחוֹנֵנוּ בְּךָ תָּדִיר, וְיִהְיֶה לָנוּ לֵב שָׂמֵחַ לַעֲבוֹדָתֶךָ.

אָנָּא מֶלֶךְ רַחוּם וְחַנּוּן, הַנְּשָׁמָה לָךְ וְהַגּוּף פָּעֳלָךְ, חוּסָה עַל עֲמָלָךְ. וּבְכֵן יֶהֱמוּ נָא רַחֲמֶיךָ עָלֵינוּ, וּתְזַכֵּנוּ לְהַשְׁלִים תִּקּוּן נר״ן בְּגִלְגּוּל זֶה וְלֹא נֹאבַד חַס וְשָׁלוֹם, וְתַשְׁפִּיעַ שֶׁפַע קֹדֶשׁ עַל נר״ן לְהַתְמִיד בַּעֲבוֹדָתֶךָ וְלַעֲשׂוֹת רְצוֹנֵנוּ כִּרְצוֹנְךָ כָּל יְמֵי חַיֵּינוּ, אֲנַחְנוּ וְזַרְעֵנוּ וְזֶרַע זַרְעֵנוּ, וּתְזַכֵּנוּ לַעֲסֹק בְּתוֹרָתְךָ הַקְּדוֹשָׁה לִשְׁמָהּ וּלְכַוֵּן לַאֲמִתָּהּ שֶׁל תּוֹרָה, וְתַצִּיל מִלִּבֵּנוּ טָעוּת בַּהֲלָכָה וּבְהוֹרָאָה, וְאַל תַּצֵּל מִפִּינוּ דְּבַר אֱמֶת לְעוֹלָם. וְנִהְיֶה אֲנַחְנוּ וְצֶאֱצָאֵינוּ וְצֶאֱצָאֵי צֶאֱצָאֵינוּ כֻּלָּנוּ יוֹדְעֵי שְׁמֶךָ, וְלוֹמְדֵי תוֹרָתֶךָ לִשְׁמָהּ

וּמְקַיְּמֵי מִצְוֹתֶיךָ. וְלֹא יִמָּצֵא בָנוּ וְלֹא בְזַרְעֵנוּ וְלֹא בְזֶרַע זַרְעֵנוּ שׁוּם פְּגַם וְשׁוּם פְּסוּל. וְלֹא יִתְחַלֵּל שִׁמְךָ עַל יָדֵינוּ חַס וְשָׁלוֹם.

וּרְאֵה כִּי עַמְּךָ הַגּוֹי הַגָּדוֹל הַזֶּה, זֶרַע אוֹהֲבֶיךָ אַבְרָהָם יִצְחָק וְיִשְׂרָאֵל, עֲבָדֶיךָ בְּנֵי בְחוּנֶיךָ, וּבְגָלוּתָם וְדַלּוּתָם וְשִׁפְלוּתָם וְלַחְצָם וְדָחְקָם זֶה כַּמָּה מֵאוֹת שָׁנִים קוֹרְאִים בְּשִׁמְךָ וּמַאֲמִינִים בְּךָ וּבְתוֹרָתֶךָ, וְכַמָּה אֲלָפִים וּרְבָבוֹת מָסְרוּ עַצְמָן לַהֲרִיגָה וְלִשְׂרֵפָה עַל קְדֻשַּׁת שְׁמֶךָ. נָא גִּבּוֹר דּוֹרְשֵׁי יִחוּדְךָ כְּבָבַת שָׁמְרֵם. וְתִתְמַלֵּא רַחֲמִים עַל כָּל אַחֵינוּ בֵּית יִשְׂרָאֵל הַנְּפוֹצִים בְּאַרְבַּע כַּנְפוֹת הָאָרֶץ, וּבִפְרָט עַל יוֹשְׁבֵי אֶרֶץ יִשְׂרָאֵל, וְעַל יוֹשְׁבֵי הָעִיר הַזֹּאת וְעַל כָּל הַקָּהָל הַקָּדוֹשׁ הַזֶּה, וּתְרַחֵם עָלֵינוּ וַעֲלֵיהֶם, וְתַצִּילֵנוּ מֵרָעָה וּמֵרָעָב וּמִשְּׁבִי וּבִזָּה וּמִכָּל חֵטְא, וְתִשְׁלַח רְפוּאָה שְׁלֵמָה לְכָל חוֹלֵי עַמְּךָ יִשְׂרָאֵל,
אֵל נָא רְפָא נָא לָהֶם וּתְקַיֵּם בְּכָל אֶחָד מֵהֶם מִקְרָא שֶׁכָּתוּב: יהוה יִסְעָדֶנּוּ תהלים מא
עַל־עֶרֶשׂ דְּוָי, כָּל־מִשְׁכָּבוֹ הָפַכְתָּ בְחָלְיוֹ: וְהַבְּרִיאִים מֵעַמְּךָ יִשְׂרָאֵל תַּתְמִיד בְּרִיאוּתָם, שֶׁלֹּא יֶחֱלוּ חַס וְשָׁלוֹם. וְתַצִּילֵנוּ וְתַצִּיל לְכָל יִשְׂרָאֵל מִכָּל נֶזֶק וּמִכָּל צַר וּמַשְׂטִין וּמְקַטְרֵג וּמֵרוּחַ רָעָה וּמִדִּקְדּוּקֵי עֲנִיּוּת, וּמִכָּל מִינֵי פֻּרְעָנִיּוֹת הַמִּתְרַגְּשׁוֹת בָּעוֹלָם. וְתִפְקֹד בְּזֶרַע שֶׁל קַיָּמָא זֶרַע קֹדֶשׁ לְכָל חֲשׂוּכֵי בָנִים, וְהַיּוֹשְׁבוֹת עַל הַמַּשְׁבֵּר תּוֹצִיא אוֹתָן מֵאֲפֵלָה לְאוֹרָה, וְיֵצֵא הַוָּלָד בְּשָׁעָה טוֹבָה וְלֹא יֶאֱרַע שׁוּם צַעַר וְשׁוּם נֶזֶק לֹא לַיּוֹלְדוֹת וְלֹא לְיַלְדֵיהֶן, וְאַל יִמְשֹׁל אַסְכָּרָה וְשֵׁדִין וְרוּחִין וְלִילִין לְכָל יַלְדֵי עַמְּךָ בֵּית יִשְׂרָאֵל, וּתְגַדְּלֵם לְתוֹרָתֶךָ וּלְמִצְוֹתֶיךָ בְּחַיֵּי אֲבִיהֶם וְאִמָּם.

וּבְנֵי יִשְׂרָאֵל עַמְּךָ יוֹרְדֵי הַיָּם, פְּצֵם וְהַצִּילֵם מִמַּיִם רַבִּים, מִיַּד בְּנֵי נֵכָר, הַצִּילֵם מִטִּיט וְאַל יִטְבָּעוּ, יִנָּצְלוּ מִשּׂנְאֵיהֶם וּמִמַּעֲמַקֵּי מָיִם. וּבְנֵי יִשְׂרָאֵל הַהוֹלְכִים בַּיַּבָּשָׁה, הַדְרִיכֵם בְּדֶרֶךְ יְשָׁרָה לָלֶכֶת אֶל עִיר מוֹשָׁב, וְתַצִּילֵם מִכַּף כָּל אוֹיֵב וְאוֹרֵב בַּדֶּרֶךְ. וְכָל הָאֲסוּרִים בְּכֶלֶא מֵעַמְּךָ יִשְׂרָאֵל, הַתֵּר מַאַסְרֵיהֶם וְתוֹצִיאֵם לִרְוָחָה, וְהָשֵׁב לְיִרְאָתְךָ כָּל הָאֲנוּסִים בְּיַד גֵּאִים, וְתָחֹן זְכוּת אָבוֹת לְהוֹצִיא לָאוֹר מִשְׁפָּטֵנוּ, כָּתְבֵנוּ בְּסֵפֶר חַיִּים לְמַעַנְךָ
אֱלֹהִים חַיִּים, וְהָאֵר פָּנֶיךָ עַל־מִקְדָּשְׁךָ הַשָּׁמֵם לְמַעַן אֲדֹנָי: דניאל ט

אֱלֹהֵינוּ וֵאלֹהֵי אֲבוֹתֵינוּ מֶלֶךְ רַחֲמָן רַחֵם עָלֵינוּ, טוֹב וּמֵטִיב הִדָּרֶשׁ לָנוּ, שׁוּבָה אֵלֵינוּ בַּהֲמוֹן רַחֲמֶיךָ, בִּגְלַל אָבוֹת שֶׁעָשׂוּ רְצוֹנֶךָ. בְּנֵה בֵיתְךָ כְּבַתְּחִלָּה, וְכוֹנֵן מִקְדָּשְׁךָ עַל מְכוֹנוֹ, וְהַרְאֵנוּ בְּבִנְיָנוֹ וְשַׂמְּחֵנוּ בְּתִקּוּנוֹ, וְהָשֵׁב כֹּהֲנִים לַעֲבוֹדָתָם, וּלְוִיִּם לְשִׁירָם וּלְזִמְרָם, וְהָשֵׁב יִשְׂרָאֵל לִנְוֵיהֶם.

וּמָלְאָה הָאָרֶץ דֵּעָה אֶת יהוה, לְיִרְאָה וּלְאַהֲבָה אֶת שִׁמְךָ הַגָּדוֹל וְהַנּוֹרָא, אָמֵן כֵּן יְהִי רָצוֹן.

כָּל־כְּלִי יוּצַר עָלַיִךְ לֹא יִצְלָח, וְכָל־לָשׁוֹן תָּקוּם־אִתָּךְ לַמִּשְׁפָּט תַּרְשִׁיעִי זֹאת ישעיה נד
נַחֲלַת עַבְדֵי יהוה וְצִדְקָתָם מֵאִתִּי נְאֻם־יהוה:

לֹא־יָרֵעוּ וְלֹא־יַשְׁחִיתוּ בְּכָל־הַר קָדְשִׁי תהלים יא
כִּי־מָלְאָה הָאָרֶץ דֵּעָה אֶת־יהוה, כַּמַּיִם לַיָּם מְכַסִּים:

יְהִי רָצוֹן מִלְּפָנֶיךָ, עַל יְדֵי הֶאָרַת תִּקּוּנִים, עַתִּיקָא קַדִּישָׁא דְעַתִּיקִין בְּזֹעֵר שֶׁבְּאָרִיךְ, יִכְבְּשׁוּ רַחֲמֶיךָ אֶת כַּעַסְךָ, וְיִגֹּלּוּ רַחֲמֶיךָ עַל מִדּוֹתֶיךָ, וְתִתְנַהֵג עִמָּנוּ בְּמִדַּת הָרַחֲמִים, וְתִתֶּן לָנוּ חַיִּים אֲרוּכִים וְטוֹבִים בְּעִסְקֵי תוֹרָתֶךָ, וּלְקַיֵּם מִצְוֹתֶיךָ וְלַעֲשׂוֹת רְצוֹנֶךָ, אָמֵן כֵּן יְהִי רָצוֹן.

שִׁיר הַמַּעֲלוֹת, מִמַּעֲמַקִּים קְרָאתִיךָ יהוה: אֲדֹנָי שִׁמְעָה בְקוֹלִי, תִּהְיֶינָה תהלים קל
אָזְנֶיךָ קַשֻּׁבוֹת לְקוֹל תַּחֲנוּנָי: אִם־עֲוֹנוֹת תִּשְׁמָר־יָהּ, אֲדֹנָי מִי יַעֲמֹד: כִּי־עִמְּךָ הַסְּלִיחָה, לְמַעַן תִּוָּרֵא: קִוִּיתִי יהוה קִוְּתָה נַפְשִׁי, וְלִדְבָרוֹ הוֹחָלְתִּי: נַפְשִׁי לַאדֹנָי, מִשֹּׁמְרִים לַבֹּקֶר, שֹׁמְרִים לַבֹּקֶר: יַחֵל יִשְׂרָאֵל אֶל־יהוה, כִּי־עִם־יהוה הַחֶסֶד, וְהַרְבֵּה עִמּוֹ פְדוּת: וְהוּא יִפְדֶּה אֶת־יִשְׂרָאֵל, מִכֹּל עֲוֹנוֹתָיו:

אומרים שבע פעמים:

לְעוֹלָם יהוה דְּבָרְךָ נִצָּב בַּשָּׁמָיִם: תהלים קיט

סדר כפרות

מנהג הכפרות הוא מנהג עתיק יומין, וכפי האמור בתשובות הגאונים - יסודו נרמז כבר בתלמוד. עיקר המנהג הוא שבבוקרו של ערב יום הכיפורים (ויש מקדימים ליום אחר מ׳עשרת ימי תשובה׳) לוקחים תרנגול לאיש או תרנגולת לאישה ומסובבים מעל ראשיהם ואומרים שיהא תרנגול זה כפרתם. אחר כך שוחטים את התרנגול, ומוטב לתת אותו (או את מחירו) לצדקה. לאישה הרה נהגו לעשות לכפרות תרנגול ותרנגולת נוספים על התרנגולת המיועדת עבורה. ויש עושים כפרות על דג או על כסף, ונותנים אותו לצדקה.

תהלים קז בְּנֵי אָדָם, יֹשְׁבֵי חֹשֶׁךְ וְצַלְמָוֶת, אֲסִירֵי עֳנִי וּבַרְזֶל:
יוֹצִיאֵם מֵחֹשֶׁךְ וְצַלְמָוֶת, וּמוֹסְרוֹתֵיהֶם יְנַתֵּק:
אֱוִלִים מִדֶּרֶךְ פִּשְׁעָם, וּמֵעֲוֹנֹתֵיהֶם יִתְעַנּוּ:
כָּל־אֹכֶל תְּתַעֵב נַפְשָׁם, וַיַּגִּיעוּ עַד־שַׁעֲרֵי מָוֶת:
וַיִּזְעֲקוּ אֶל־יהוה בַּצַּר לָהֶם, מִמְּצֻקוֹתֵיהֶם יוֹשִׁיעֵם:
יִשְׁלַח דְּבָרוֹ וְיִרְפָּאֵם, וִימַלֵּט מִשְּׁחִיתוֹתָם:
יוֹדוּ לַיהוה חַסְדּוֹ, וְנִפְלְאוֹתָיו לִבְנֵי אָדָם:
איוב לג אִם־יֵשׁ עָלָיו מַלְאָךְ מֵלִיץ אֶחָד מִנִּי־אָלֶף, לְהַגִּיד לְאָדָם יָשְׁרוֹ:
וַיְחֻנֶּנּוּ, וַיֹּאמֶר פְּדָעֵהוּ מֵרֶדֶת שַׁחַת, מָצָאתִי כֹפֶר:

מסובב את התרנגול סביב ראשו ואומר שלוש פעמים:

זֶה חֲלִיפָתִי, זֶה תְּמוּרָתִי, זֶה כַּפָּרָתִי.
זֶה הַתַּרְנְגוֹל יֵלֵךְ לְמִיתָה
וַאֲנִי אֵלֵךְ וְאֶכָּנֵס לְחַיִּים טוֹבִים אֲרֻכִּים וּלְשָׁלוֹם.

מסובבת את התרנגולת סביב ראשה ואומרת שלוש פעמים:

זֹאת חֲלִיפָתִי, זֹאת תְּמוּרָתִי, זֹאת כַּפָּרָתִי.
זֹאת הַתַּרְנְגֹלֶת תֵּלֵךְ לְמִיתָה
וַאֲנִי אֵלֵךְ וְאֶכָּנֵס לְחַיִּים טוֹבִים אֲרֻכִּים וּלְשָׁלוֹם.

העושה כפרות על כסף מסובבו סביב הראש ואומר שלוש פעמים:

אֵלּוּ חֲלִיפָתִי, אֵלּוּ תְּמוּרָתִי, אֵלּוּ כַּפָּרָתִי.
אֵלּוּ הַמָּעוֹת יֵלְכוּ לִצְדָקָה
וַאֲנִי אֵלֵךְ וְאֶכָּנֵס לְחַיִּים טוֹבִים אֲרֻכִּים וּלְשָׁלוֹם.

וידוי למנחה בערב יום הכיפורים

בתפילת עמידה במנחה של ערב יום הכיפורים, לפני 'אֱלֹהַי נצֹר', אומרים וידוי.

נהגו שחתן וכלה מתענים ביום חופתם (אם הוא יום שמותר להתענות בו. ויש מנהגים שבהם חתן וכלה מתענים אפילו בראשי חודשים וכיוצא בהם). ורבים נוהגים שאף ההורים מתענים ביום נישואי צאצאיהם.

החתן והכלה אומרים לאחר תפילת המנחה סדר 'עַל חֵטְא' כמו בערב יום הכפורים (אפילו בימים שאין אומרים בהם תחנון), וטעמו של דבר הוא שאמרו חכמים שהנושא אישה נמחלים לו עוונותיו, ולכן יום החתונה הוא בשבילם כעין יום כיפורים פרטי.

אֱלֹהֵינוּ וֵאלֹהֵי אֲבוֹתֵינוּ
תָּבוֹא לְפָנֶיךָ תְּפִלָּתֵנוּ, וְאַל תִּתְעַלַּם מִתְּחִנָּתֵנוּ.
שֶׁאֵין אֲנַחְנוּ עַזֵּי פָנִים וּקְשֵׁי עֹרֶף לוֹמַר לְפָנֶיךָ
יהוה אֱלֹהֵינוּ וֵאלֹהֵי אֲבוֹתֵינוּ
צַדִּיקִים אֲנַחְנוּ וְלֹא חָטָאנוּ. אֲבָל אֲנַחְנוּ וַאֲבוֹתֵינוּ חָטָאנוּ.

נוהגים שאומר הווידוי מכה מעט באגרוף קמוץ על חזהו על מקום הלב כאשר הוא אומר כל אחת ממילות הווידוי.

אָשַׁמְנוּ, בָּגַדְנוּ, גָּזַלְנוּ, דִּבַּרְנוּ דֹפִי
הֶעֱוִינוּ, וְהִרְשַׁעְנוּ, זַדְנוּ, חָמַסְנוּ, טָפַלְנוּ שֶׁקֶר
יָעַצְנוּ רָע, כִּזַּבְנוּ, לַצְנוּ, מָרַדְנוּ, נִאַצְנוּ, סָרַרְנוּ
עָוִינוּ, פָּשַׁעְנוּ, צָרַרְנוּ, קִשִּׁינוּ עֹרֶף
רָשַׁעְנוּ, שִׁחַתְנוּ, תִּעַבְנוּ, תָּעִינוּ, תִּעְתָּעְנוּ.

סַרְנוּ מִמִּצְוֹתֶיךָ וּמִמִּשְׁפָּטֶיךָ הַטּוֹבִים, וְלֹא שָׁוָה לָנוּ.
וְאַתָּה צַדִּיק עַל כָּל־הַבָּא עָלֵינוּ, כִּי־אֱמֶת עָשִׂיתָ, וַאֲנַחְנוּ הִרְשָׁעְנוּ: נחמיה ט
מַה נֹּאמַר לְפָנֶיךָ יוֹשֵׁב מָרוֹם, וּמַה נְּסַפֵּר לְפָנֶיךָ שׁוֹכֵן שְׁחָקִים
הֲלֹא כָּל הַנִּסְתָּרוֹת וְהַנִּגְלוֹת אַתָּה יוֹדֵעַ.

וידוי למנחה בערב יום כיפור וידוי זה שאומרים לפני יום הכיפורים נאמר מחשש שמא תתבלבל דעתו של אדם (כגון מחמת אכילה ושתייה מרובה) ולא יוכל להתוודות ביום הכיפורים עצמו. ויותר מן הווידוי שאדם מתוודה לפני בוראו, חשוב שיפייס כל אדם את חברו ויבקש מחילה וסליחה על מה שחטא נגדו ופגע בו, בזדון או בשגגה. וכבר הסבירו חכמים שאין יום הכיפורים מכפר אלא עבירות שבין אדם למקום, אבל בעבירות שבינו לבין חברו אינו מתכפר מן השמיים (שהרי כל עבירה שעובר נגד חברו היא גם עבירה כלפי ה'), אלא לאחר שמחל לו חברו.

אַתָּה יוֹדֵעַ רָזֵי עוֹלָם וְתַעֲלוּמוֹת סִתְרֵי כָּל חָי.
אַתָּה חוֹפֵשׂ כָּל חַדְרֵי בָטֶן וּבוֹחֵן כְּלָיוֹת וָלֵב.
אֵין דָּבָר נֶעְלָם מִמֶּךָּ וְאֵין נִסְתָּר מִנֶּגֶד עֵינֶיךָ.
וּבְכֵן, יְהִי רָצוֹן מִלְּפָנֶיךָ, יהוה אֱלֹהֵינוּ וֵאלֹהֵי אֲבוֹתֵינוּ
שֶׁתְּכַפֵּר לָנוּ עַל כָּל חַטֹּאתֵינוּ
וְתִסְלַח לָנוּ עַל כָּל עֲוֹנוֹתֵינוּ
וְתִמְחַל לָנוּ עַל כָּל פְּשָׁעֵינוּ.

על כל חטא שמונה מכה מעט באגרוף קמוץ על חזהו, על מקום הלב.

עַל חֵטְא שֶׁחָטָאנוּ לְפָנֶיךָ בְּאֹנֶס וּבְרָצוֹן
וְעַל חֵטְא שֶׁחָטָאנוּ לְפָנֶיךָ בְּאִמּוּץ הַלֵּב

עַל חֵטְא שֶׁחָטָאנוּ לְפָנֶיךָ בִּבְלִי דָעַת
וְעַל חֵטְא שֶׁחָטָאנוּ לְפָנֶיךָ בְּבִטּוּי שְׂפָתָיִם

עַל חֵטְא שֶׁחָטָאנוּ לְפָנֶיךָ בְּגִלּוּי עֲרָיוֹת
וְעַל חֵטְא שֶׁחָטָאנוּ לְפָנֶיךָ בְּגָלוּי וּבַסָּתֶר

עַל חֵטְא שֶׁחָטָאנוּ לְפָנֶיךָ בְּדַעַת וּבְמִרְמָה
וְעַל חֵטְא שֶׁחָטָאנוּ לְפָנֶיךָ בְּדִבּוּר פֶּה

עַל חֵטְא שֶׁחָטָאנוּ לְפָנֶיךָ בְּהוֹנָאַת רֵעַ
וְעַל חֵטְא שֶׁחָטָאנוּ לְפָנֶיךָ בְּהַרְהוֹר הַלֵּב

עַל חֵטְא שֶׁחָטָאנוּ לְפָנֶיךָ בִּוְעִידַת זְנוּת
וְעַל חֵטְא שֶׁחָטָאנוּ לְפָנֶיךָ בְּוִדּוּי פֶּה

עַל חֵטְא שֶׁחָטָאנוּ לְפָנֶיךָ בְּזִלְזוּל הוֹרִים וּמוֹרִים
וְעַל חֵטְא שֶׁחָטָאנוּ לְפָנֶיךָ בְּזָדוֹן וּבִשְׁגָגָה

עַל חֵטְא שֶׁחָטָאנוּ לְפָנֶיךָ בְּחֹזֶק יָד
וְעַל חֵטְא שֶׁחָטָאנוּ לְפָנֶיךָ בְּחִלּוּל הַשֵּׁם

עַל חֵטְא שֶׁחָטָאנוּ לְפָנֶיךָ בְּטֻמְאַת שְׂפָתָיִם
וְעַל חֵטְא שֶׁחָטָאנוּ לְפָנֶיךָ בְּטִפְשׁוּת פֶּה

עַל חֵטְא שֶׁחָטָאנוּ לְפָנֶיךָ בְּיֵצֶר הָרָע
וְעַל חֵטְא שֶׁחָטָאנוּ לְפָנֶיךָ בְּיוֹדְעִים וּבְלֹא יוֹדְעִים

וְעַל כֻּלָּם אֱלוֹהַּ סְלִיחוֹת סְלַח לָנוּ, מְחַל לָנוּ, כַּפֶּר לָנוּ.

עַל חֵטְא שֶׁחָטָאנוּ לְפָנֶיךָ בְּכַחַשׁ וּבְכָזָב
וְעַל חֵטְא שֶׁחָטָאנוּ לְפָנֶיךָ בְּכַפַּת שֹׁחַד

עַל חֵטְא שֶׁחָטָאנוּ לְפָנֶיךָ בְּלָצוֹן
וְעַל חֵטְא שֶׁחָטָאנוּ לְפָנֶיךָ בְּלָשׁוֹן הָרָע

עַל חֵטְא שֶׁחָטָאנוּ לְפָנֶיךָ בְּמַשָּׂא וּבְמַתָּן
וְעַל חֵטְא שֶׁחָטָאנוּ לְפָנֶיךָ בְּמַאֲכָל וּבְמִשְׁתֶּה

עַל חֵטְא שֶׁחָטָאנוּ לְפָנֶיךָ בְּנֶשֶׁךְ וּבְמַרְבִּית
וְעַל חֵטְא שֶׁחָטָאנוּ לְפָנֶיךָ בִּנְטִיַּת גָּרוֹן

עַל חֵטְא שֶׁחָטָאנוּ לְפָנֶיךָ בְּשִׂיחַ שִׂפְתוֹתֵינוּ
וְעַל חֵטְא שֶׁחָטָאנוּ לְפָנֶיךָ בְּשִׂקּוּר עָיִן

עַל חֵטְא שֶׁחָטָאנוּ לְפָנֶיךָ בְּעֵינַיִם רָמוֹת
וְעַל חֵטְא שֶׁחָטָאנוּ לְפָנֶיךָ בְּעַזּוּת מֶצַח

וְעַל כֻּלָּם אֱלוֹהַּ סְלִיחוֹת סְלַח לָנוּ, מְחַל לָנוּ, כַּפֶּר לָנוּ.

עַל חֵטְא שֶׁחָטָאנוּ לְפָנֶיךָ בִּפְרִיקַת עֹל
וְעַל חֵטְא שֶׁחָטָאנוּ לְפָנֶיךָ בִּפְלִילוּת

עַל חֵטְא שֶׁחָטָאנוּ לְפָנֶיךָ בִּצְדִיַּת רֵעַ
וְעַל חֵטְא שֶׁחָטָאנוּ לְפָנֶיךָ בְּצָרוּת עָיִן

עַל חֵטְא שֶׁחָטָאנוּ לְפָנֶיךָ בְּקַלּוּת רֹאשׁ
וְעַל חֵטְא שֶׁחָטָאנוּ לְפָנֶיךָ בְּקַשְׁיוּת עֹרֶף

עַל חֵטְא שֶׁחָטָאנוּ לְפָנֶיךָ בְּרִיצַת רַגְלַיִם לְהָרַע
וְעַל חֵטְא שֶׁחָטָאנוּ לְפָנֶיךָ בִּרְכִילוּת

עַל חֵטְא שֶׁחָטָאנוּ לְפָנֶיךָ בִּשְׁבוּעַת שָׁוְא
וְעַל חֵטְא שֶׁחָטָאנוּ לְפָנֶיךָ בְּשִׂנְאַת חִנָּם

עַל חֵטְא שֶׁחָטָאנוּ לְפָנֶיךָ בִּתְשׂוּמֶת יָד
וְעַל חֵטְא שֶׁחָטָאנוּ לְפָנֶיךָ בְּתִמְהוֹן לֵבָב

וְעַל כֻּלָּם אֱלוֹהַּ סְלִיחוֹת סְלַח לָנוּ, מְחַל לָנוּ, כַּפֶּר לָנוּ.

וְעַל חֲטָאִים שֶׁאָנוּ חַיָּבִים עֲלֵיהֶם עוֹלָה
וְעַל חֲטָאִים שֶׁאָנוּ חַיָּבִים עֲלֵיהֶם חַטָּאת
וְעַל חֲטָאִים שֶׁאָנוּ חַיָּבִים עֲלֵיהֶם קָרְבָּן עוֹלֶה וְיוֹרֵד
וְעַל חֲטָאִים שֶׁאָנוּ חַיָּבִים עֲלֵיהֶם אָשָׁם וַדַּאי וְתָלוּי
וְעַל חֲטָאִים שֶׁאָנוּ חַיָּבִים עֲלֵיהֶם מַכַּת מַרְדּוּת
וְעַל חֲטָאִים שֶׁאָנוּ חַיָּבִים עֲלֵיהֶם מַלְקוּת אַרְבָּעִים
וְעַל חֲטָאִים שֶׁאָנוּ חַיָּבִים עֲלֵיהֶם מִיתָה בִּידֵי שָׁמָיִם
וְעַל חֲטָאִים שֶׁאָנוּ חַיָּבִים עֲלֵיהֶם כָּרֵת וַעֲרִירִי
וְעַל חֲטָאִים שֶׁאָנוּ חַיָּבִים עֲלֵיהֶם אַרְבַּע מִיתוֹת בֵּית דִּין
סְקִילָה, שְׂרֵפָה, הֶרֶג, וְחֶנֶק.

עַל מִצְוַת עֲשֵׂה וְעַל מִצְוַת לֹא תַעֲשֶׂה.
בֵּין שֶׁיֵּשׁ בָּהּ קוּם עֲשֵׂה וּבֵין שֶׁאֵין בָּהּ קוּם עֲשֵׂה.
אֶת הַגְּלוּיִים לָנוּ וְאֶת שֶׁאֵינָם גְּלוּיִים לָנוּ
אֶת הַגְּלוּיִים לָנוּ, כְּבָר אֲמַרְנוּם לְפָנֶיךָ, וְהוֹדִינוּ לְךָ עֲלֵיהֶם
וְאֶת שֶׁאֵינָם גְּלוּיִים לָנוּ, לְפָנֶיךָ הֵם גְּלוּיִים וִידוּעִים
כַּדָּבָר שֶׁנֶּאֱמַר
הַנִּסְתָּרֹת לַיהוה אֱלֹהֵינוּ, וְהַנִּגְלֹת לָנוּ וּלְבָנֵינוּ עַד־עוֹלָם דברים כט
לַעֲשׂוֹת אֶת־כָּל־דִּבְרֵי הַתּוֹרָה הַזֹּאת:
כִּי אַתָּה סָלְחָן לְיִשְׂרָאֵל וּמָחֳלָן לְשִׁבְטֵי יְשֻׁרוּן בְּכָל דּוֹר וָדוֹר
וּמִבַּלְעָדֶיךָ אֵין לָנוּ מֶלֶךְ מוֹחֵל וְסוֹלֵחַ אֶלָּא אָתָּה.

אֱלֹהַי
עַד שֶׁלֹּא נוֹצַרְתִּי אֵינִי כְדַאי
וְעַכְשָׁיו שֶׁנּוֹצַרְתִּי, כְּאִלּוּ לֹא נוֹצַרְתִּי
עָפָר אֲנִי בְּחַיַּי, קַל וָחֹמֶר בְּמִיתָתִי.
הֲרֵי אֲנִי לְפָנֶיךָ כִּכְלִי מָלֵא בּוּשָׁה וּכְלִמָּה.
יְהִי רָצוֹן מִלְּפָנֶיךָ, יהוה אֱלֹהַי וֵאלֹהֵי אֲבוֹתַי
שֶׁלֹּא אֶחֱטָא עוֹד.
וּמַה שֶּׁחָטָאתִי לְפָנֶיךָ, מְחֹק בְּרַחֲמֶיךָ הָרַבִּים
אֲבָל לֹא עַל יְדֵי יִסּוּרִים וָחֳלָיִים רָעִים.

אֱלֹהַי ברכות יז.
נְצֹר לְשׁוֹנִי מֵרָע וּשְׂפָתַי מִדַּבֵּר מִרְמָה
וְלִמְקַלְלַי נַפְשִׁי תִדֹּם, וְנַפְשִׁי כֶּעָפָר לַכֹּל תִּהְיֶה.
פְּתַח לִבִּי בְּתוֹרָתֶךָ, וְאַחֲרֵי מִצְוֹתֶיךָ תִּרְדֹּף נַפְשִׁי.
וְכָל הַקָּמִים וְהַחוֹשְׁבִים עָלַי רָעָה
מְהֵרָה הָפֵר עֲצָתָם וְקַלְקֵל מַחֲשַׁבְתָּם.

יש המוסיפים:

יִהְיוּ כְּמֹץ לִפְנֵי רוּחַ וּמַלְאַךְ יהוה דּוֹחֶה.

יש המוסיפים:

יְהִי רָצוֹן מִלְּפָנֶיךָ, יהוה אֱלֹהַי וֵאלֹהֵי אֲבוֹתַי
שֶׁלֹּא תַעֲלֶה קִנְאַת אָדָם עָלַי, וְלֹא קִנְאָתִי עַל אֲחֵרִים
וְשֶׁלֹּא אֶכְעֹס הַיּוֹם, וְשֶׁלֹּא אַכְעִיסֶךָ
וְתַצִּילֵנִי מִיֵּצֶר הָרָע, וְתֵן בְּלִבִּי הַכְנָעָה וַעֲנָוָה.
מַלְכֵּנוּ וֵאלֹהֵינוּ, יַחֵד שִׁמְךָ בְּעוֹלָמֶךָ
בְּנֵה עִירְךָ
יַסֵּד בֵּיתְךָ וְשַׁכְלֵל הֵיכָלֶךָ
וְקַבֵּץ קִבּוּץ גָּלֻיּוֹת
וּפְדֵה צֹאנְךָ וְשַׂמַּח עֲדָתֶךָ.

עֲשֵׂה לְמַעַן שְׁמֶךָ, עֲשֵׂה לְמַעַן יְמִינֶךָ
עֲשֵׂה לְמַעַן תּוֹרָתֶךָ, עֲשֵׂה לְמַעַן קְדֻשָּׁתֶךָ.
תהלים ס לְמַעַן יֵחָלְצוּן יְדִידֶיךָ, הוֹשִׁיעָה יְמִינְךָ וַעֲנֵנִי:

יש נוהגים לומר כאן פסוק הרומז לשמו של המתפלל
הפותח ומסיים באותיות ששמו נפתח ומסתיים בהן.

תהלים יט יִהְיוּ לְרָצוֹן אִמְרֵי פִי וְהֶגְיוֹן לִבִּי לְפָנֶיךָ, יהוה צוּרִי וְגֹאֲלִי:

כורע וחוזר שלוש פסיעות לאחוריו כמי שנפטר מלפני המלך, ופסיעה ראשונה יפסע ברגל שמאל. כורע מעט לצד שמאלו ואומר: ׳עֹשֶׂה שָׁלוֹם בִּמְרוֹמָיו׳; וכורע קצת לימינו ואומר: ׳הוּא יַעֲשֶׂה שָׁלוֹם עָלֵינוּ׳; וכורע לפניו כריעה גדולה יותר ומסיים: ׳וְעַל כָּל יִשְׂרָאֵל וְאִמְרוּ אָמֵן׳.

עֹשֶׂה שָׁלוֹם / בעשרת ימי תשובה: הַשָּׁלוֹם/ בִּמְרוֹמָיו
הוּא יַעֲשֶׂה שָׁלוֹם, עָלֵינוּ וְעַל כָּל יִשְׂרָאֵל
וְאִמְרוּ אָמֵן.

יְהִי רָצוֹן מִלְּפָנֶיךָ יהוה אֱלֹהֵינוּ וֵאלֹהֵי אֲבוֹתֵינוּ
שֶׁיִּבָּנֶה בֵּית הַמִּקְדָּשׁ בִּמְהֵרָה בְיָמֵינוּ, וְתֵן חֶלְקֵנוּ בְּתוֹרָתֶךָ
וְשָׁם נַעֲבָדְךָ בְּיִרְאָה כִּימֵי עוֹלָם וּכְשָׁנִים קַדְמֹנִיּוֹת.
מלאכי ג וְעָרְבָה לַיהוה מִנְחַת יְהוּדָה וִירוּשָׁלָםִ כִּימֵי עוֹלָם וּכְשָׁנִים קַדְמֹנִיּוֹת:

סדר הדלקת נרות חנוכה

בשמונת ימי חנוכה מדליקים נרות בערב. בערב הראשון נר אחד, בערב השני שניים, ומוסיף והולך בכל יום – עד שבלילה האחרון מדליק שמונה.

נוהגים לומר לפני ההדלקה:

לְשֵׁם יִחוּד קֻדְשָׁא בְּרִיךְ הוּא וּשְׁכִינְתֵּיהּ, בִּדְחִילוּ וּרְחִימוּ וּרְחִימוּ וּדְחִילוּ, לְיַחֵד שֵׁם י״ה בו״ה בְּיִחוּדָא שְׁלִים בְּשֵׁם כָּל יִשְׂרָאֵל. הִנְנִי מְכַוֵּן בְּהַדְלָקַת נֵר חֲנֻכָּה לְקַיֵּם מִצְוַת בּוֹרְאִי, כַּאֲשֶׁר צִוּוּנִי חֲכָמֵינוּ זִכְרוֹנָם לִבְרָכָה, לְתַקֵּן אֶת שָׁרְשָׁהּ בְּמָקוֹם עֶלְיוֹן. וּבְכֵן יְהִי רָצוֹן מִלְּפָנֶיךָ יהוה אֱלֹהֵינוּ וֵאלֹהֵי אֲבוֹתֵינוּ, שֶׁתְּהֵא חֲשׁוּבָה וּמְקֻבֶּלֶת וּמְרֻצָּה לְפָנֶיךָ מִצְוַת הַדְלָקַת נֵר חֲנֻכָּה כְּאִלּוּ כִּוַּנְתִּי כָּל הַכַּוָּנוֹת שֶׁכִּוְּנוּ הַכֹּהֲנִים

חנוכה חג החנוכה נקבע בימי בית שני, לאחר שניצחו החשמונאים את היוונים, טיהרו את המקדש והחזירו לקדמותו את סדר העבודה. בעיקרו של דבר, חג החנוכה מבטא את המרד הדתי בניסיון לכפות על היהודים התבוללות בתרבות היוונית. שלא כחגים מהתורה שנקבעו לזיכרון לניסים ולנפלאות שעשה עימנו הקדוש ברוך הוא – הוציאנו ממצרים, בקע לנו את הים ונתן לנו את התורה – חנוכה נקבע בעיקרו לזיכרון למעשה שלנו: מסירות הנפש של ישראל על הקדוש ברוך הוא. משום כך הפליגו חכמים הרבה במעלתו של חג החנוכה ואמרו שאף אם כל המועדים בטלים, ימי החנוכה לא ייבטלו לעולם.
הביטוי העיקרי של חגיגת החנוכה הוא מצוות הדלקת הנרות בשמונת הימים. באופן פשוט, מנהג זה נקבע לזכר נס פך השמן, המובלט יותר מניסי הניצחון

מהדרין מן המהדרין על פי הדין די להדליק נר אחד בבית בכל אחד מימי החנוכה. עם זה, בכל ישראל נוהגים כ"מהדרין מן המהדרין": שמדליקים נר אחד ביום הראשון, ומוסיפים בכל יום נר אחד עד ליום השמיני. ההידורים מדגישים את מהותו של חג החנוכה: כל החיפוש של החשמונאים אחר פך השמן היה עניין של "מהדרין", שהרי מצד הדין כאשר קהל ישראל טמא כולו אפשר להדליק את המנורה בטומאה. לכן החיפוש של החשמונאים אחר פך השמן לא היה עניין הלכתי אלא סמלי – לבדוק אם נשאר אצלנו משהו טהור ונקי, נקודה של עצמיות, מהות יהודית שלא נפגעה ושלא התבוללה. השמחה והחגיגה על מציאת פך השמן היא אפוא על שמצאו נקודה יהודית שנשארה נקייה וטהורה. לכן גם מנהג ישראל כמהדרין: מוסיפים עוד נר ועוד נר – והאש הזאת גדלה ואיננה נכבית.

מְשָׁרְתֵי הַשֵּׁם בָּעֵת אֲשֶׁר הֶעֱרוּ לַמָּוֶת נַפְשָׁם בִּשְׁבִיל כְּבוֹד שִׁמְךָ הַגָּדוֹל הַגִּבּוֹר וְהַנּוֹרָא. וְאַתָּה בְּרַחֲמֶיךָ הָרַבִּים עוֹרַרְתָּ נִצְחֲךָ עֲלֵיהֶם לְנַצֵּחַ אֶת אוֹיְבֵיהֶם וּלְנַצֵּחַ עַל מְלֶאכֶת בֵּית יהוה, וְהִנְנִי עוֹשֶׂה עַל דַּעְתָּם וְעַל כַּוָּנָתָם וְעַל דַּעַת כָּל הַצַּדִּיקִים וְהַחֲסִידִים שֶׁהָיוּ בְּאוֹתוֹ הַדּוֹר שֶׁהִשְׁפַּעְתָּ לָהֶם נִסֶּיךָ וְזָכוּ לָאוֹר בְּאוֹר הַחַיִּים, וְעַל דַּעַת כָּל הַצַּדִּיקִים וְהַחֲסִידִים שֶׁבְּדוֹרוֹתֵינוּ, וּפִי כְּפִיהֶם וַעֲשִׂיָּתִי כַּעֲשִׂיָּתָם, וּבִזְכוּת הַמִּצְוָה הַזֹּאת תְּזַכֵּנוּ לְנַצֵּחַ אֶת אוֹיְבֵינוּ וּלְנַצֵּחַ עַל מְלֶאכֶת בֵּית יהוה, וְגַלֵּה כְּבוֹד מַלְכוּתְךָ עָלֵינוּ מְהֵרָה, וְלֹא יָמוּשׁ הַתּוֹרָה מִפִּינוּ וּמִפִּי זַרְעֵנוּ וּמִפִּי זֶרַע זַרְעֵנוּ מֵעַתָּה וְעַד עוֹלָם, וְנִזְכֶּה לְבָנִים תַּלְמִידֵי חֲכָמִים, אָמֵן כֵּן יְהִי רָצוֹן.

קַדְּשֵׁנוּ בְּמִצְוֹתֶיךָ וְתֵן חֶלְקֵנוּ בְּתוֹרָתֶךָ, שַׂבְּעֵנוּ מִטּוּבֶךָ וְשַׂמַּח נַפְשֵׁנוּ בִּישׁוּעָתֶךָ, וְטַהֵר לִבֵּנוּ לְעָבְדְּךָ בֶּאֱמֶת. מְלֹךְ עַל כָּל הָעוֹלָם כֻּלּוֹ בִּכְבוֹדֶךָ וְהִנָּשֵׂא עַל כָּל הָאָרֶץ בִּיקָרֶךָ, וְהוֹפַע בַּהֲדַר גְּאוֹן עֻזֶּךָ עַל כָּל יוֹשְׁבֵי תֵבֵל אַרְצֶךָ, וְיֵדַע כָּל פָּעוּל כִּי אַתָּה פְעַלְתּוֹ, וְיָבִין כָּל יְצוּר כִּי אַתָּה יְצַרְתּוֹ, וְיֹאמַר כֹּל אֲשֶׁר נְשָׁמָה בְאַפּוֹ יהוה אֱלֹהֵי יִשְׂרָאֵל מֶלֶךְ וּמַלְכוּתוֹ בַּכֹּל מָשָׁלָה, אָמֵן נֶצַח סֶלָה וָעֶד.

לפני ההדלקה מברכים:

בָּרוּךְ אַתָּה יהוה אֱלֹהֵינוּ מֶלֶךְ הָעוֹלָם
אֲשֶׁר קִדְּשָׁנוּ בְּמִצְוֹתָיו וְצִוָּנוּ לְהַדְלִיק נֵר חֲנֻכָּה.

בָּרוּךְ אַתָּה יהוה אֱלֹהֵינוּ מֶלֶךְ הָעוֹלָם
שֶׁעָשָׂה נִסִּים לַאֲבוֹתֵינוּ בַּיָּמִים הָהֵם בַּזְּמַן הַזֶּה.

בערב הראשון מוסיפים:

בָּרוּךְ אַתָּה יהוה אֱלֹהֵינוּ מֶלֶךְ הָעוֹלָם
שֶׁהֶחֱיָנוּ וְקִיְּמָנוּ וְהִגִּיעָנוּ לַזְּמַן הַזֶּה.

במלחמה וטיהור המקדש. ואולם, השימוש בנר, כסמל וכמצווה של חנוכה, מבטא את מהות החג. המלחמה בחנוכה הייתה על האש שלנו - היוונים רצו לכבות את נר ישראל, את אש היהדות, ולעומתם עמדו החשמונאים ונלחמו על המשך קיומה ובעירתה. ההצהרה של חנוכה, אז ובכל שנה ושנה, היא שהאש שלנו עדיין בוערת, ואנו מוכנים להמשיך ולהילחם עליה. הצהרה זו היא קודם כול לעצמנו, אך גם לעולם כולו - ולכן את הנרות אנו מדליקים בחוץ, כדי לפרסם את הנס ולהפיץ ברבים את האור והאש של חנוכה.

אחר ההדלקה אומרים:

הַנֵּרוֹת הַלָּלוּ אָנוּ מַדְלִיקִים
עַל הַנִּסִּים וְעַל הַנִּפְלָאוֹת וְעַל הַתְּשׁוּעוֹת וְעַל הַמִּלְחָמוֹת
שֶׁעָשִׂיתָ לַאֲבוֹתֵינוּ בַּיָּמִים הָהֵם בַּזְּמַן הַזֶּה
עַל יְדֵי כֹּהֲנֶיךָ הַקְּדוֹשִׁים.
וְכָל שְׁמוֹנַת יְמֵי חֲנֻכָּה, הַנֵּרוֹת הַלָּלוּ קֹדֶשׁ הֵם
וְאֵין לָנוּ רְשׁוּת לְהִשְׁתַּמֵּשׁ בָּהֶם, אֶלָּא לִרְאוֹתָם בִּלְבָד
כְּדֵי לְהוֹדוֹת וּלְהַלֵּל לְשִׁמְךָ הַגָּדוֹל
עַל נִסֶּיךָ וְעַל נִפְלְאוֹתֶיךָ וְעַל יְשׁוּעָתֶךָ.

מסכת סופרים פרק ג

מָעוֹז צוּר יְשׁוּעָתִי | לְךָ נָאֶה לְשַׁבֵּחַ
תִּכּוֹן בֵּית תְּפִלָּתִי | וְשָׁם תּוֹדָה נְזַבֵּחַ
לְעֵת תָּכִין מַטְבֵּחַ | מִצָּר הַמְנַבֵּחַ
אָז אֶגְמֹר בְּשִׁיר מִזְמוֹר | חֲנֻכַּת הַמִּזְבֵּחַ.

רָעוֹת שָׂבְעָה נַפְשִׁי | בְּיָגוֹן כֹּחִי כָּלָה
חַיַּי מֵרְרוּ בְקֹשִׁי | בְּשִׁעְבּוּד מַלְכוּת עֶגְלָה
וּבְיָדוֹ הַגְּדוֹלָה | הוֹצִיא אֶת הַסְּגֻלָּה
חֵיל פַּרְעֹה וְכָל זַרְעוֹ | יָרְדוּ כְּאֶבֶן מְצוּלָה.

דְּבִיר קָדְשׁוֹ הֱבִיאַנִי | וְגַם שָׁם לֹא שָׁקַטְתִּי
וּבָא נוֹגֵשׂ וְהִגְלַנִי | כִּי זָרִים עָבַדְתִּי
וְיֵין רַעַל מָסַכְתִּי | כִּמְעַט שֶׁעָבַרְתִּי
קֵץ בָּבֶל זְרֻבָּבֶל | לְקֵץ שִׁבְעִים נוֹשָׁעְתִּי.

כְּרֹת קוֹמַת בְּרוֹשׁ בִּקֵּשׁ | אֲגָגִי בֶּן הַמְּדָתָא
וְנִהְיָתָה לוֹ לְפַח וּלְמוֹקֵשׁ | וְגַאֲוָתוֹ נִשְׁבָּתָה
רֹאשׁ יְמִינִי נִשֵּׂאתָ | וְאוֹיֵב שְׁמוֹ מָחִיתָ
רֹב בָּנָיו וְקִנְיָנָיו | עַל הָעֵץ תָּלִיתָ.

יְוָנִים נִקְבְּצוּ עָלַי אֲזַי בִּימֵי חַשְׁמַנִּים
וּפָרְצוּ חוֹמוֹת מִגְדָּלַי וְטִמְּאוּ כָּל הַשְּׁמָנִים
וּמִנּוֹתַר קַנְקַנִּים נַעֲשָׂה נֵס לַשּׁוֹשַׁנִּים
בְּנֵי בִינָה יְמֵי שְׁמוֹנָה קָבְעוּ שִׁיר וּרְנָנִים.

חֲשׂוֹף זְרוֹעַ קָדְשֶׁךָ וְקָרֵב קֵץ הַיְשׁוּעָה
נְקֹם נִקְמַת עֲבָדֶיךָ מֵאֻמָּה הָרְשָׁעָה
כִּי אָרְכָה לָנוּ הַשָּׁעָה וְאֵין קֵץ לִימֵי הָרָעָה
דְּחֵה אַדְמוֹן בְּצֵל צַלְמוֹן הָקֵם לָנוּ רוֹעִים שִׁבְעָה.

תהלים צ וִיהִי נֹעַם אֲדֹנָי אֱלֹהֵינוּ עָלֵינוּ וּמַעֲשֵׂה יָדֵינוּ כּוֹנְנָה עָלֵינוּ וּמַעֲשֵׂה יָדֵינוּ כּוֹנְנֵהוּ:

תהלים צא יֹשֵׁב בְּסֵתֶר עֶלְיוֹן בְּצֵל שַׁדַּי יִתְלוֹנָן: אֹמַר לַיהוה מַחְסִי וּמְצוּדָתִי אֱלֹהַי אֶבְטַח־בּוֹ: כִּי הוּא יַצִּילְךָ מִפַּח יָקוּשׁ מִדֶּבֶר הַוּוֹת: בְּאֶבְרָתוֹ יָסֶךְ לָךְ וְתַחַת־כְּנָפָיו תֶּחְסֶה צִנָּה וְסֹחֵרָה אֲמִתּוֹ: לֹא־תִירָא מִפַּחַד לָיְלָה מֵחֵץ יָעוּף יוֹמָם: מִדֶּבֶר בָּאֹפֶל יַהֲלֹךְ מִקֶּטֶב יָשׁוּד צָהֳרָיִם: יִפֹּל מִצִּדְּךָ אֶלֶף וּרְבָבָה מִימִינֶךָ אֵלֶיךָ לֹא יִגָּשׁ: רַק בְּעֵינֶיךָ תַבִּיט וְשִׁלֻּמַת רְשָׁעִים תִּרְאֶה: כִּי־אַתָּה יהוה מַחְסִי עֶלְיוֹן שַׂמְתָּ מְעוֹנֶךָ: לֹא־תְאֻנֶּה אֵלֶיךָ רָעָה וְנֶגַע לֹא־יִקְרַב בְּאָהֳלֶךָ: כִּי מַלְאָכָיו יְצַוֶּה־לָּךְ לִשְׁמָרְךָ בְּכָל־דְּרָכֶיךָ: עַל־כַּפַּיִם יִשָּׂאוּנְךָ פֶּן־תִּגֹּף בָּאֶבֶן רַגְלֶךָ: עַל־שַׁחַל וָפֶתֶן תִּדְרֹךְ תִּרְמֹס כְּפִיר וְתַנִּין: כִּי בִי חָשַׁק וַאֲפַלְּטֵהוּ אֲשַׂגְּבֵהוּ כִּי־יָדַע שְׁמִי: יִקְרָאֵנִי וְאֶעֱנֵהוּ עִמּוֹ־אָנֹכִי בְצָרָה אֲחַלְּצֵהוּ וַאֲכַבְּדֵהוּ: אֹרֶךְ יָמִים אַשְׂבִּיעֵהוּ וְאַרְאֵהוּ בִּישׁוּעָתִי:

תהלים ל מִזְמוֹר שִׁיר־חֲנֻכַּת הַבַּיִת לְדָוִד: אֲרוֹמִמְךָ יהוה כִּי דִלִּיתָנִי, וְלֹא־שִׂמַּחְתָּ אֹיְבַי לִי: יהוה אֱלֹהָי, שִׁוַּעְתִּי אֵלֶיךָ וַתִּרְפָּאֵנִי: יהוה, הֶעֱלִיתָ מִן־שְׁאוֹל נַפְשִׁי, חִיִּיתַנִי מִיָּרְדִי־בוֹר: זַמְּרוּ לַיהוה חֲסִידָיו, וְהוֹדוּ לְזֵכֶר קָדְשׁוֹ: כִּי רֶגַע בְּאַפּוֹ, חַיִּים בִּרְצוֹנוֹ, בָּעֶרֶב יָלִין בֶּכִי וְלַבֹּקֶר רִנָּה: וַאֲנִי אָמַרְתִּי בְשַׁלְוִי, בַּל־אֶמּוֹט לְעוֹלָם: יהוה, בִּרְצוֹנְךָ הֶעֱמַדְתָּה לְהַרְרִי עֹז, הִסְתַּרְתָּ פָנֶיךָ הָיִיתִי נִבְהָל: אֵלֶיךָ יהוה אֶקְרָא, וְאֶל־אֲדֹנָי אֶתְחַנָּן: מַה־בֶּצַע בְּדָמִי, בְּרִדְתִּי אֶל שָׁחַת, הֲיוֹדְךָ עָפָר, הֲיַגִּיד אֲמִתֶּךָ: שְׁמַע־יהוה וְחָנֵּנִי, יהוה הֱיֵה־עֹזֵר לִי: הָפַכְתָּ מִסְפְּדִי לְמָחוֹל לִי, פִּתַּחְתָּ שַׂקִּי, וַתְּאַזְּרֵנִי שִׂמְחָה: לְמַעַן יְזַמֶּרְךָ כָבוֹד וְלֹא יִדֹּם, יהוה אֱלֹהַי, לְעוֹלָם אוֹדֶךָּ:

אָנָּא, בְּכֹחַ גְּדֻלַּת יְמִינְךָ, תַּתִּיר צְרוּרָה. (אב״ג ית״ץ)
קַבֵּל רִנַּת עַמְּךָ, שַׂגְּבֵנוּ, טַהֲרֵנוּ, נוֹרָא. (קר״ע שט״ן)
נָא גִבּוֹר, דּוֹרְשֵׁי יִחוּדְךָ כְּבָבַת שָׁמְרֵם (נג״ד יכ״ש)

בָּרְכֵם, טַהֲרֵם, רַחֲמֵי צִדְקָתְךָ תָּמִיד גָּמְלֵם. (בט״ר צת״ג)
חֲסִין קָדוֹשׁ, בְּרֹב טוּבְךָ נַהֵל עֲדָתֶךָ. (חק״ב טנ״ע)
יָחִיד גֵּאֶה, לְעַמְּךָ פְּנֵה, זוֹכְרֵי קְדֻשָּׁתֶךָ. (יג״ל פז״ק)
שַׁוְעָתֵנוּ קַבֵּל וּשְׁמַע צַעֲקָתֵנוּ, יוֹדֵעַ תַּעֲלוּמוֹת. (שק״ו צי״ת)
בלחש: בָּרוּךְ שֵׁם כְּבוֹד מַלְכוּתוֹ לְעוֹלָם וָעֶד.

לַמְנַצֵּחַ בִּנְגִינֹת, מִזְמוֹר שִׁיר: אֱלֹהִים יְחָנֵּנוּ וִיבָרְכֵנוּ, יָאֵר פָּנָיו אִתָּנוּ סֶלָה: לָדַעַת בָּאָרֶץ דַּרְכֶּךָ, בְּכָל־גּוֹיִם יְשׁוּעָתֶךָ: יוֹדוּךָ עַמִּים אֱלֹהִים, יוֹדוּךָ עַמִּים כֻּלָּם: יִשְׂמְחוּ וִירַנְּנוּ לְאֻמִּים, כִּי־תִשְׁפֹּט עַמִּים מִישֹׁר, וּלְאֻמִּים בָּאָרֶץ תַּנְחֵם סֶלָה: יוֹדוּךָ עַמִּים אֱלֹהִים, יוֹדוּךָ עַמִּים כֻּלָּם: אֶרֶץ נָתְנָה יְבוּלָהּ, יְבָרְכֵנוּ אֱלֹהִים אֱלֹהֵינוּ: יְבָרְכֵנוּ אֱלֹהִים, וְיִירְאוּ אוֹתוֹ כָּל־אַפְסֵי־אָרֶץ: תהלים סז

רַנְּנוּ צַדִּיקִים בַּיהוה, לַיְשָׁרִים נָאוָה תְהִלָּה: הוֹדוּ לַיהוה בְּכִנּוֹר, בְּנֵבֶל עָשׂוֹר זַמְּרוּ־לוֹ: שִׁירוּ־לוֹ שִׁיר חָדָשׁ, הֵיטִיבוּ נַגֵּן בִּתְרוּעָה: כִּי־יָשָׁר דְּבַר־יהוה, וְכָל־מַעֲשֵׂהוּ בֶּאֱמוּנָה: אֹהֵב צְדָקָה וּמִשְׁפָּט, חֶסֶד יהוה מָלְאָה הָאָרֶץ: בִּדְבַר יהוה שָׁמַיִם נַעֲשׂוּ, וּבְרוּחַ פִּיו כָּל־צְבָאָם: כֹּנֵס כַּנֵּד מֵי הַיָּם, נֹתֵן בְּאוֹצָרוֹת תְּהוֹמוֹת: יִירְאוּ מֵיהוה כָּל־הָאָרֶץ, מִמֶּנּוּ יָגוּרוּ כָּל־יֹשְׁבֵי תֵבֵל: כִּי הוּא אָמַר וַיֶּהִי, הוּא־צִוָּה וַיַּעֲמֹד: יהוה הֵפִיר עֲצַת־גּוֹיִם, הֵנִיא מַחְשְׁבוֹת עַמִּים: עֲצַת יהוה לְעוֹלָם תַּעֲמֹד, מַחְשְׁבוֹת לִבּוֹ לְדֹר וָדֹר: אַשְׁרֵי הַגּוֹי אֲשֶׁר־יהוה אֱלֹהָיו, הָעָם בָּחַר לְנַחֲלָה לוֹ: מִשָּׁמַיִם הִבִּיט יהוה, רָאָה אֶת־כָּל־בְּנֵי הָאָדָם: מִמְּכוֹן־שִׁבְתּוֹ הִשְׁגִּיחַ, אֶל כָּל־יֹשְׁבֵי הָאָרֶץ: הַיֹּצֵר יַחַד לִבָּם, הַמֵּבִין אֶל־כָּל־מַעֲשֵׂיהֶם: אֵין־הַמֶּלֶךְ נוֹשָׁע בְּרָב־חָיִל, גִּבּוֹר לֹא־יִנָּצֵל בְּרָב־כֹּחַ: שֶׁקֶר הַסּוּס לִתְשׁוּעָה, וּבְרֹב חֵילוֹ לֹא יְמַלֵּט: הִנֵּה עֵין יהוה אֶל־יְרֵאָיו, לַמְיַחֲלִים לְחַסְדּוֹ: לְהַצִּיל מִמָּוֶת נַפְשָׁם, וּלְחַיּוֹתָם בָּרָעָב: נַפְשֵׁנוּ חִכְּתָה לַיהוה, עֶזְרֵנוּ וּמָגִנֵּנוּ הוּא: כִּי־בוֹ יִשְׂמַח לִבֵּנוּ, כִּי בְשֵׁם קָדְשׁוֹ בָטָחְנוּ: יְהִי־חַסְדְּךָ יהוה עָלֵינוּ, כַּאֲשֶׁר יִחַלְנוּ לָךְ: תהלים לג

שִׁיר הַמַּעֲלוֹת לְדָוִד הִנֵּה מַה־טּוֹב וּמַה־נָּעִים שֶׁבֶת אַחִים גַּם־יָחַד: כַּשֶּׁמֶן הַטּוֹב עַל־הָרֹאשׁ יֹרֵד עַל־הַזָּקָן זְקַן־אַהֲרֹן שֶׁיֹּרֵד עַל־פִּי מִדּוֹתָיו: כְּטַל־חֶרְמוֹן שֶׁיֹּרֵד עַל־הַרְרֵי צִיּוֹן כִּי שָׁם | צִוָּה יהוה אֶת־הַבְּרָכָה חַיִּים עַד־הָעוֹלָם: תהלים קלג

ויש המוסיפים מזמורי תהלים נוספים, כדוגמת מזמורים קיא-קיב או חלקים ממזמור קיט.

אף שימי החנוכה (פרט לשבת) הם ימי חול שמותר בהם לכתחילה לעשות כל עבודה, מנהג הנשים שלא לעשות מלאכה בזמן שנרות החנוכה דולקים (ועל כל פנים בזמן עיקר מצוותם, שלושים או חמישים דקות לאחר ההדלקה).

ויש שנהגו להרבות בסעודות של שמחה בימי החנוכה, ויש עוד מנהגי שמחה (פיוטים מיוחדים ומאכלים מיוחדים לימים אלה), שאומנם אין להם תוקף של ממש, אבל נוהגים בהם, בכל מקום כמנהגו, בכל עדות ישראל.

סדר קריאת המגילה בפורים

קריאת המגילה היא מן המצוות העיקריות של ימי הפורים. ויש בדבר זה מצווה חשובה של 'פרסום הנס', ובשל כך דוחים כל דבר (ואפילו דבר מצווה ולימוד תורה) מפני קריאת המגילה. קוראים את המגילה בפורים פעמיים, בלילה וביום, בדומה לנס שאירע בפורים, שהיו צועקים בימי צרתם ביום ובלילה. ומותר לקרוא בלילה בכל שעה, החל מצאת הכוכבים והלאה, וכן ביום בכל שעות היום (מהנץ החמה והלאה). אבל המנהג הרווח הוא לקרוא בלילה סמוך לסיומה של תפילת ערבית וביום לאחר קריאת התורה.

הקורא מברך שלוש ברכות לפני הקריאה:

בָּרוּךְ אַתָּה יהוה אֱלֹהֵינוּ מֶלֶךְ הָעוֹלָם
אֲשֶׁר קִדְּשָׁנוּ בְּמִצְוֹתָיו וְצִוָּנוּ עַל מִקְרָא מְגִלָּה.

בָּרוּךְ אַתָּה יהוה אֱלֹהֵינוּ מֶלֶךְ הָעוֹלָם
שֶׁעָשָׂה נִסִּים לַאֲבוֹתֵינוּ בַּיָּמִים הָהֵם בַּזְּמַן הַזֶּה.

מברכים 'שֶׁהֶחֱיָנוּ' גם ביום, ומכוונים בה גם על שאר מצוות הפורים (משלוח מנות, מתנות לאביונים וסעודת פורים).

בָּרוּךְ אַתָּה יהוה אֱלֹהֵינוּ מֶלֶךְ הָעוֹלָם
שֶׁהֶחֱיָנוּ וְקִיְּמָנוּ וְהִגִּיעָנוּ לַזְּמַן הַזֶּה.

קוראים מגילת אסתר (עמ' 884).

אחר הקריאה גוללים את המגילה, ובציבור הקורא מברך:

בָּרוּךְ אַתָּה יהוה אֱלֹהֵינוּ מֶלֶךְ הָעוֹלָם
הָרָב אֶת רִיבֵנוּ, וְהַדָּן אֶת דִּינֵנוּ, וְהַנּוֹקֵם אֶת נִקְמָתֵנוּ
וְהַמְשַׁלֵּם גְּמוּל לְכָל אוֹיְבֵי נַפְשֵׁנוּ, וְהַנִּפְרָע לָנוּ מִצָּרֵינוּ.
בָּרוּךְ אַתָּה יהוה
הַנִּפְרָע לְעַמּוֹ יִשְׂרָאֵל מִכָּל צָרֵיהֶם, הָאֵל הַמּוֹשִׁיעַ.

בערבית אומרים לאחר הקריאה:

אֲשֶׁר הֵנִיא עֲצַת גּוֹיִם, וַיָּפֶר מַחְשְׁבוֹת עֲרוּמִים.
בְּקוּם עָלֵינוּ אָדָם רָשָׁע, נֵצֶר זָדוֹן מִזֶּרַע עֲמָלֵק.
גָּאָה בְעָשְׁרוֹ וְכָרָה לוֹ בּוֹר, וּגְדֻלָּתוֹ יָקְשָׁה לּוֹ לָכֶד.
דִּמָּה בְנַפְשׁוֹ לִלְכֹּד וְנִלְכַּד, בִּקֵּשׁ לְהַשְׁמִיד וְנִשְׁמַד מְהֵרָה.

הָמָן הוֹדִיעַ אֵיבַת אֲבוֹתָיו, וְעוֹרֵר שִׂנְאַת אַחִים לַבָּנִים.
וְלֹא זָכַר רַחֲמֵי שָׁאוּל, כִּי בְחֶמְלָתוֹ עַל אֲגָג נוֹלַד אוֹיֵב.
זָמַם רָשָׁע לְהַכְרִית צַדִּיק, וְנִלְכַּד טָמֵא בִּידֵי טָהוֹר.
חֶסֶד גָּבַר עַל שִׁגְגַת אָב, וְרָשָׁע הוֹסִיף חֵטְא עַל חֲטָאָיו.
טָמַן בְּלִבּוֹ מַחְשְׁבוֹת עֲרוּמָיו, וַיִּתְמַכֵּר לַעֲשׂוֹת רָעָה.
יָדוֹ שָׁלַח בִּקְדוֹשֵׁי אֵל, כַּסְפּוֹ נָתַן לְהַכְרִית זִכְרָם.
כִּרְאוֹת מָרְדְּכַי כִּי יָצָא קֶצֶף, וְדָתֵי הָמָן נִתְּנוּ בְשׁוּשָׁן.
לָבַשׁ שַׂק וְקָשַׁר מִסְפֵּד וְגָזַר צוֹם וַיֵּשֶׁב עַל הָאֵפֶר.
מִי זֶה יַעֲמֹד לְכַפֵּר שְׁגָגָה, וְלִמְחֹל חַטַּאת עֲוֹן אֲבוֹתֵינוּ.
נֵץ פָּרַח מִלּוּלָב, הֵן הֲדַסָּה עָמְדָה לְעוֹרֵר יְשֵׁנִים.
סָרִיסֶיהָ הִבְהִילוּ לְהָמָן, לְהַשְׁקוֹתוֹ יֵין חֲמַת תַּנִּינִים.
עָמַד בְּעָשְׁרוֹ וְנָפַל בְּרִשְׁעוֹ, עָשָׂה לוֹ עֵץ וְנִתְלָה עָלָיו.
פִּיהֶם פָּתְחוּ כָּל יוֹשְׁבֵי תֵבֵל, כִּי פוּר הָמָן נֶהְפַּךְ לְפוּרֵנוּ.
צַדִּיק נֶחֱלַץ מִיַּד רָשָׁע, אוֹיֵב נִתַּן תַּחַת נַפְשׁוֹ.
קִיְּמוּ עֲלֵיהֶם לַעֲשׂוֹת פּוּרִים וְלִשְׂמֹחַ בְּכָל שָׁנָה וְשָׁנָה.
רָאִיתָ אֶת תְּפִלַּת מָרְדְּכַי וְאֶסְתֵּר, הָמָן וּבָנָיו עַל הָעֵץ תָּלִיתָ.

בשחרית מתחילים כאן:

שׁוֹשַׁנַּת יַעֲקֹב צָהֲלָה וְשָׂמֵחָה בִּרְאוֹתָם יַחַד תְּכֵלֶת מָרְדְּכָי.
תְּשׁוּעָתָם הָיִיתָ לָנֶצַח, וְתִקְוָתָם בְּכָל דּוֹר וָדוֹר.
לְהוֹדִיעַ שֶׁכָּל קֹוֶיךָ לֹא יֵבֹשׁוּ, וְלֹא יִכָּלְמוּ לָנֶצַח כָּל הַחוֹסִים בָּךְ.
אָרוּר הָמָן אֲשֶׁר בִּקֵּשׁ לְאַבְּדִי, בָּרוּךְ מָרְדְּכַי הַיְּהוּדִי.
אֲרוּרָה זֶרֶשׁ אֵשֶׁת מַפְחִידִי, בְּרוּכָה אֶסְתֵּר בַּעֲדִי.
אֲרוּרִים כָּל הָרְשָׁעִים, בְּרוּכִים כָּל יִשְׂרָאֵל, וְגַם חַרְבוֹנָה זָכוּר לַטּוֹב.

בלילה אומרים ׳וְאַתָּה קָדוֹשׁ׳ (עמ׳ 208. ואם חל במוצאי שבת מתחילים ׳וִיהִי נֹעַם׳, שם), ואחריו קדיש שלם (עמ׳ (עמ׳ 210). אך בלי הקטע ׳תִּתְקַבַּל צְלוֹתְהוֹן׳).

ממשיכים ׳שִׁיר לַמַּעֲלוֹת׳ (עמ׳ 211, ויש אומרים במקומו מזמור מיוחד לפורים, שם), ו׳עָלֵינוּ׳.

בשחרית ממשיכים ׳אַשְׁרֵי׳ בעמ׳ 128.

ערבית ליום העצמאות

לפני תפילת ערבית נוהגים לומר מזמורים אלה במנגינה של יום טוב:

תהלים קז הֹדוּ לַיהוה כִּי־טוֹב, כִּי לְעוֹלָם חַסְדּוֹ: יֹאמְרוּ גְּאוּלֵי יהוה, אֲשֶׁר גְּאָלָם מִיַּד־צָר: וּמֵאֲרָצוֹת קִבְּצָם, מִמִּזְרָח וּמִמַּעֲרָב, מִצָּפוֹן וּמִיָּם: תָּעוּ בַמִּדְבָּר, בִּישִׁימוֹן דָּרֶךְ, עִיר מוֹשָׁב לֹא מָצָאוּ: רְעֵבִים גַּם־צְמֵאִים, נַפְשָׁם בָּהֶם תִּתְעַטָּף: וַיִּצְעֲקוּ אֶל־יהוה בַּצַּר לָהֶם, מִמְּצוּקוֹתֵיהֶם יַצִּילֵם: וַיַּדְרִיכֵם בְּדֶרֶךְ יְשָׁרָה, לָלֶכֶת אֶל־עִיר מוֹשָׁב: יוֹדוּ לַיהוה חַסְדּוֹ, וְנִפְלְאוֹתָיו לִבְנֵי אָדָם: כִּי־הִשְׂבִּיעַ נֶפֶשׁ שֹׁקֵקָה, וְנֶפֶשׁ רְעֵבָה מִלֵּא־טוֹב: יֹשְׁבֵי חֹשֶׁךְ וְצַלְמָוֶת, אֲסִירֵי עֳנִי וּבַרְזֶל: כִּי־הִמְרוּ אִמְרֵי־אֵל, וַעֲצַת עֶלְיוֹן נָאָצוּ: וַיַּכְנַע בֶּעָמָל לִבָּם, כָּשְׁלוּ וְאֵין עֹזֵר: וַיִּזְעֲקוּ אֶל־יהוה בַּצַּר לָהֶם, מִמְּצֻקוֹתֵיהֶם יוֹשִׁיעֵם: יוֹצִיאֵם מֵחֹשֶׁךְ וְצַלְמָוֶת, וּמוֹסְרוֹתֵיהֶם יְנַתֵּק: יוֹדוּ לַיהוה חַסְדּוֹ, וְנִפְלְאוֹתָיו לִבְנֵי אָדָם: כִּי־שִׁבַּר דַּלְתוֹת נְחֹשֶׁת, וּבְרִיחֵי בַרְזֶל גִּדֵּעַ: אֱוִלִים מִדֶּרֶךְ פִּשְׁעָם, וּמֵעֲוֹנֹתֵיהֶם יִתְעַנּוּ: כָּל־אֹכֶל תְּתַעֵב נַפְשָׁם, וַיַּגִּיעוּ עַד־שַׁעֲרֵי מָוֶת: וַיִּזְעֲקוּ אֶל־יהוה בַּצַּר לָהֶם, מִמְּצֻקוֹתֵיהֶם יוֹשִׁיעֵם: יִשְׁלַח דְּבָרוֹ וְיִרְפָּאֵם, וִימַלֵּט מִשְּׁחִיתוֹתָם: יוֹדוּ לַיהוה חַסְדּוֹ, וְנִפְלְאוֹתָיו לִבְנֵי אָדָם: וְיִזְבְּחוּ זִבְחֵי תוֹדָה וִיסַפְּרוּ מַעֲשָׂיו בְּרִנָּה: יוֹרְדֵי הַיָּם בָּאֳנִיּוֹת, עֹשֵׂי מְלָאכָה בְּמַיִם רַבִּים: הֵמָּה רָאוּ מַעֲשֵׂי יהוה, וְנִפְלְאוֹתָיו בִּמְצוּלָה: וַיֹּאמֶר, וַיַּעֲמֵד רוּחַ סְעָרָה, וַתְּרוֹמֵם גַּלָּיו: יַעֲלוּ שָׁמַיִם, יֵרְדוּ תְהוֹמוֹת, נַפְשָׁם בְּרָעָה תִתְמוֹגָג: יָחוֹגּוּ וְיָנוּעוּ כַּשִּׁכּוֹר, וְכָל־חָכְמָתָם תִּתְבַּלָּע: וַיִּצְעֲקוּ אֶל־יהוה בַּצַּר לָהֶם, וּמִמְּצוּקֹתֵיהֶם יוֹצִיאֵם: יָקֵם סְעָרָה לִדְמָמָה, וַיֶּחֱשׁוּ גַּלֵּיהֶם: וַיִּשְׂמְחוּ כִי־יִשְׁתֹּקוּ, וַיַּנְחֵם אֶל־מְחוֹז חֶפְצָם: יוֹדוּ לַיהוה חַסְדּוֹ, וְנִפְלְאוֹתָיו לִבְנֵי אָדָם: וִירֹמְמוּהוּ בִּקְהַל־עָם, וּבְמוֹשַׁב זְקֵנִים יְהַלְלוּהוּ:

יום העצמאות ויום ירושלים בשנת תש״ח קבעה הרבנות הראשית בישראל סדר תפילה מיוחד ליום העצמאות (ה׳ באייר, ולעיתים בימים הסמוכים לו, כאשר משנים את זמנו, שלא יחול בשבת או בסמוך לה) לכבוד הכרזת העצמאות של מדינת ישראל, ובשנת תשכ״ז התקינו בכ״ח באייר ״יום ירושלים״ לכבוד שחרור ירושלים כולה בידי ישראל. בימים אלה, שהם ספק ימי חג לאומיים

יָשֵׂם נְהָרוֹת לְמִדְבָּר, וּמֹצָאֵי מַיִם לְצִמָּאוֹן: אֶרֶץ פְּרִי לִמְלֵחָה, מֵרָעַת יוֹשְׁבֵי בָהּ: יָשֵׂם מִדְבָּר לַאֲגַם־מַיִם, וְאֶרֶץ צִיָּה לְמֹצָאֵי מָיִם: וַיּוֹשֶׁב שָׁם רְעֵבִים, וַיְכוֹנְנוּ עִיר מוֹשָׁב: וַיִּזְרְעוּ שָׂדוֹת, וַיִּטְּעוּ כְרָמִים, וַיַּעֲשׂוּ פְּרִי תְבוּאָה: וַיְבָרְכֵם וַיִּרְבּוּ מְאֹד, וּבְהֶמְתָּם לֹא יַמְעִיט: וַיִּמְעֲטוּ וַיָּשֹׁחוּ, מֵעֹצֶר רָעָה וְיָגוֹן: שֹׁפֵךְ בּוּז עַל־נְדִיבִים, וַיַּתְעֵם בְּתֹהוּ לֹא־דָרֶךְ: וַיְשַׂגֵּב אֶבְיוֹן מֵעוֹנִי, וַיָּשֶׂם כַּצֹּאן מִשְׁפָּחוֹת: יִרְאוּ יְשָׁרִים וְיִשְׂמָחוּ, וְכָל־עַוְלָה קָפְצָה פִּיהָ: מִי־חָכָם וְיִשְׁמָר־אֵלֶּה, וְיִתְבּוֹנְנוּ חַסְדֵי יהוה:

תהלים צז
יהוה מָלָךְ תָּגֵל הָאָרֶץ, יִשְׂמְחוּ אִיִּים רַבִּים: עָנָן וַעֲרָפֶל סְבִיבָיו, צֶדֶק וּמִשְׁפָּט מְכוֹן כִּסְאוֹ: אֵשׁ לְפָנָיו תֵּלֵךְ, וּתְלַהֵט סָבִיב צָרָיו: הֵאִירוּ בְרָקָיו תֵּבֵל, רָאֲתָה וַתָּחֵל הָאָרֶץ: הָרִים כַּדּוֹנַג נָמַסּוּ מִלִּפְנֵי יהוה, מִלִּפְנֵי אֲדוֹן כָּל־הָאָרֶץ: הִגִּידוּ הַשָּׁמַיִם צִדְקוֹ, וְרָאוּ כָל־הָעַמִּים כְּבוֹדוֹ: יֵבֹשׁוּ כָּל־עֹבְדֵי פֶסֶל הַמִּתְהַלְלִים בָּאֱלִילִים, הִשְׁתַּחֲווּ־לוֹ כָּל־אֱלֹהִים: שָׁמְעָה וַתִּשְׂמַח צִיּוֹן, וַתָּגֵלְנָה בְּנוֹת יְהוּדָה, לְמַעַן מִשְׁפָּטֶיךָ יהוה: כִּי־אַתָּה יהוה עֶלְיוֹן עַל־כָּל־הָאָרֶץ, מְאֹד נַעֲלֵיתָ עַל־כָּל־אֱלֹהִים: אֹהֲבֵי יהוה שִׂנְאוּ רָע, שֹׁמֵר נַפְשׁוֹת חֲסִידָיו, מִיַּד רְשָׁעִים יַצִּילֵם: אוֹר זָרֻעַ לַצַּדִּיק, וּלְיִשְׁרֵי־לֵב שִׂמְחָה: שִׂמְחוּ צַדִּיקִים בַּיהוה, וְהוֹדוּ לְזֵכֶר קָדְשׁוֹ:

תהלים צח
מִזְמוֹר, שִׁירוּ לַיהוה שִׁיר חָדָשׁ כִּי־נִפְלָאוֹת עָשָׂה, הוֹשִׁיעָה־לּוֹ יְמִינוֹ וּזְרוֹעַ קָדְשׁוֹ: הוֹדִיעַ יהוה יְשׁוּעָתוֹ, לְעֵינֵי הַגּוֹיִם גִּלָּה צִדְקָתוֹ: זָכַר חַסְדּוֹ וֶאֱמוּנָתוֹ לְבֵית יִשְׂרָאֵל, רָאוּ כָל־אַפְסֵי־אָרֶץ אֵת יְשׁוּעַת אֱלֹהֵינוּ: הָרִיעוּ לַיהוה כָּל־הָאָרֶץ, פִּצְחוּ וְרַנְּנוּ וְזַמֵּרוּ: זַמְּרוּ לַיהוה בְּכִנּוֹר, בְּכִנּוֹר וְקוֹל זִמְרָה: בַּחֲצֹצְרוֹת וְקוֹל שׁוֹפָר, הָרִיעוּ לִפְנֵי הַמֶּלֶךְ יהוה: יִרְעַם הַיָּם וּמְלֹאוֹ, תֵּבֵל וְיֹשְׁבֵי בָהּ: נְהָרוֹת יִמְחֲאוּ־כָף, יַחַד הָרִים יְרַנֵּנוּ: לִפְנֵי־יהוה כִּי בָא לִשְׁפֹּט הָאָרֶץ, יִשְׁפֹּט־תֵּבֵל בְּצֶדֶק, וְעַמִּים בְּמֵישָׁרִים:

(של מדינת ישראל ואזרחיה) ספק ימי שמחה דתיים, נוהגים רבים להגיד נוסח שנתחבר לימים אלה - שיש בו אמירת מזמורים ודברי הודיה. ורבים נוהגים בהם כבימי שמחה (שאין אומרים בהם "תחנון", ויש האומרים "הלל", בברכה או בלי ברכה, על פי מנהג הקהילות) בעיקר בארץ, וכן במקצת קהילות בגולה.

ונוהגים לשיר:

הִתְעוֹרְרִי הִתְעוֹרְרִי
כִּי בָא אוֹרֵךְ קוּמִי אוֹרִי
עוּרִי עוּרִי, שִׁיר דַּבֵּרִי
כְּבוֹד יהוה עָלַיִךְ נִגְלָה.

תהלים קיח זֶה־הַיּוֹם עָשָׂה יהוה, נָגִילָה וְנִשְׂמְחָה בוֹ:

לֹא תֵבֹשִׁי וְלֹא תִכָּלְמִי
מַה תִּשְׁתּוֹחֲחִי וּמַה תֶּהֱמִי
בָּךְ יֶחֱסוּ עֲנִיֵּי עַמִּי
וְנִבְנְתָה עִיר עַל תִּלָּהּ.

זֶה־הַיּוֹם עָשָׂה יהוה, נָגִילָה וְנִשְׂמְחָה בוֹ:

יָמִין וּשְׂמֹאל תִּפְרֹצִי
וְאֶת יהוה תַּעֲרִיצִי
עַל יַד אִישׁ בֶּן פַּרְצִי
וְנִשְׂמְחָה וְנָגִילָה.

זֶה־הַיּוֹם עָשָׂה יהוה, נָגִילָה וְנִשְׂמְחָה בוֹ:

אומרים ׳וְהוּא רַחוּם׳, ומתפללים תפילת ערבית (עמ׳ 187) במנגינה של יום טוב.
אחרי קדיש תתקבל יש נוהגים לפתוח את ארון הקודש, ושליח הציבור אומר ואחריו הקהל:

דברים ו **שְׁמַע יִשְׂרָאֵל, יהוה אֱלֹהֵינוּ, יהוה אֶחָד:**

שלוש פעמים:

יהוה הוּא הָאֱלֹהִים.

שליח הציבור ואחריו הקהל:

מִי שֶׁעָשָׂה נִסִּים לַאֲבוֹתֵינוּ וְלָנוּ, וּגְאָלָנוּ מֵעַבְדוּת לְחֵרוּת
הוּא יִגְאָלֵנוּ גְּאֻלָּה שְׁלֵמָה בְּקָרוֹב
וִיקַבֵּץ נִדָּחֵינוּ מֵאַרְבַּע כַּנְפוֹת הָאָרֶץ
חֲבֵרִים כָּל יִשְׂרָאֵל, וְנֹאמַר אָמֵן.

סוגרים את ארון הקודש.

שליח הציבור אומר:

במדבר י וְכִי־תָבֹאוּ מִלְחָמָה בְּאַרְצְכֶם עַל־הַצַּר הַצֹּרֵר אֶתְכֶם, וַהֲרֵעֹתֶם בַּחֲצֹצְרֹת, וְנִזְכַּרְתֶּם לִפְנֵי יהוה אֱלֹהֵיכֶם, וְנוֹשַׁעְתֶּם מֵאֹיְבֵיכֶם: וּבְיוֹם שִׂמְחַתְכֶם וּבְמוֹעֲדֵיכֶם וּבְרָאשֵׁי חָדְשֵׁכֶם, וּתְקַעְתֶּם בַּחֲצֹצְרֹת עַל עֹלֹתֵיכֶם וְעַל זִבְחֵי שַׁלְמֵיכֶם, וְהָיוּ לָכֶם לְזִכָּרוֹן לִפְנֵי אֱלֹהֵיכֶם, אֲנִי יהוה אֱלֹהֵיכֶם:

תוקעים תקיעה גדולה ואומרים:

לַשָּׁנָה הַבָּאָה בִּירוּשָׁלַיִם הַבְּנוּיָה.

יְהִי רָצוֹן מִלְּפָנֶיךָ יהוה אֱלֹהֵינוּ וֵאלֹהֵי אֲבוֹתֵינוּ
שֶׁכְּשֵׁם שֶׁזָּכִינוּ לְאַתְחַלְתָּא דִגְאֻלָּה
כֵּן נִזְכֶּה לִשְׁמֹעַ קוֹל שׁוֹפָרוֹ שֶׁל מָשִׁיחַ צִדְקֵנוּ בִּמְהֵרָה בְיָמֵינוּ.

ושרים:

תהלים קכו שִׁיר הַמַּעֲלוֹת, בְּשׁוּב יהוה אֶת־שִׁיבַת צִיּוֹן, הָיִינוּ כְּחֹלְמִים: אָז יִמָּלֵא שְׂחוֹק פִּינוּ וּלְשׁוֹנֵנוּ רִנָּה, אָז יֹאמְרוּ בַגּוֹיִם הִגְדִּיל יהוה לַעֲשׂוֹת עִם־אֵלֶּה: הִגְדִּיל יהוה לַעֲשׂוֹת עִמָּנוּ, הָיִינוּ שְׂמֵחִים: שׁוּבָה יהוה אֶת־שְׁבִיתֵנוּ, כַּאֲפִיקִים בַּנֶּגֶב: הַזֹּרְעִים בְּדִמְעָה בְּרִנָּה יִקְצֹרוּ: הָלוֹךְ יֵלֵךְ וּבָכֹה נֹשֵׂא מֶשֶׁךְ־הַזָּרַע, בֹּא־יָבֹא בְרִנָּה נֹשֵׂא אֲלֻמֹּתָיו:

אומרים ׳שִׁיר לַמַּעֲלוֹת׳ וקדיש יתום (עמ׳ 211), סופרים את העומר (עמ׳ 217)
וממשיכים עד סוף תפילת ערבית.

ושרים:

אֲנִי מַאֲמִין בֶּאֱמוּנָה שְׁלֵמָה בְּבִיאַת הַמָּשִׁיחַ
וְאַף עַל פִּי שֶׁיִּתְמַהְמֵהַּ
עִם כָּל זֶה אֲחַכֶּה לּוֹ בְּכָל יוֹם שֶׁיָּבוֹא.

יש הנוהגים לברך:

מוֹעֲדִים לְשִׂמְחָה לִגְאֻלָּה שְׁלֵמָה

שחרית ליום העצמאות

אומרים פסוקי דזמרה ליום טוב (עמ׳ 326), עד ׳הָאַדֶּרֶת וְהָאֱמוּנָה׳, וממשיכים בפסוקי דזמרה של ימות החול (עמ׳ 52). אומרים שירת הים פסוק פסוק (עמ׳ 63).

אחר חזרת הש״ץ קוראים הלל שלם בעמ׳ 508, ואחרי חצי קדיש בעמ׳ 121 (או אחרי קריאת התורה, אם חל בחמישי) קוראים בלא ברכה:

ישעיה י,לב–יב,ו

עוֹד הַיּוֹם בְּנֹב לַעֲמֹד יְנֹפֵף יָדוֹ הַר בַּת־צִיּוֹן גִּבְעַת יְרוּשָׁלָםִ: הִנֵּה הָאָדוֹן יהוה צְבָאוֹת מְסָעֵף פֻּארָה בְּמַעֲרָצָה וְרָמֵי הַקּוֹמָה גְּדֻעִים וְהַגְּבֹהִים יִשְׁפָּלוּ: וְנִקַּף סִבְכֵי הַיַּעַר בַּבַּרְזֶל וְהַלְּבָנוֹן בְּאַדִּיר יִפּוֹל: וְיָצָא חֹטֶר מִגֵּזַע יִשָׁי וְנֵצֶר מִשָּׁרָשָׁיו יִפְרֶה: וְנָחָה עָלָיו רוּחַ יהוה רוּחַ חָכְמָה וּבִינָה רוּחַ עֵצָה וּגְבוּרָה רוּחַ דַּעַת וְיִרְאַת יהוה: וַהֲרִיחוֹ בְּיִרְאַת יהוה וְלֹא־לְמַרְאֵה עֵינָיו יִשְׁפּוֹט וְלֹא־לְמִשְׁמַע אָזְנָיו יוֹכִיחַ: וְשָׁפַט בְּצֶדֶק דַּלִּים וְהוֹכִיחַ בְּמִישׁוֹר לְעַנְוֵי־אָרֶץ וְהִכָּה־אֶרֶץ בְּשֵׁבֶט פִּיו וּבְרוּחַ שְׂפָתָיו יָמִית רָשָׁע: וְהָיָה צֶדֶק אֵזוֹר מָתְנָיו וְהָאֱמוּנָה אֵזוֹר חֲלָצָיו: וְגָר זְאֵב עִם־כֶּבֶשׂ וְנָמֵר עִם־גְּדִי יִרְבָּץ וְעֵגֶל וּכְפִיר וּמְרִיא יַחְדָּו וְנַעַר קָטֹן נֹהֵג בָּם: וּפָרָה וָדֹב תִּרְעֶינָה יַחְדָּו יִרְבְּצוּ יַלְדֵיהֶן וְאַרְיֵה כַּבָּקָר יֹאכַל־תֶּבֶן: וְשִׁעֲשַׁע יוֹנֵק עַל־חֻר פָּתֶן וְעַל מְאוּרַת צִפְעוֹנִי גָּמוּל יָדוֹ הָדָה: לֹא־יָרֵעוּ וְלֹא־יַשְׁחִיתוּ בְּכָל־הַר קָדְשִׁי כִּי־מָלְאָה הָאָרֶץ דֵּעָה אֶת־יהוה כַּמַּיִם לַיָּם מְכַסִּים: וְהָיָה בַּיּוֹם הַהוּא שֹׁרֶשׁ יִשַׁי אֲשֶׁר עֹמֵד לְנֵס עַמִּים אֵלָיו גּוֹיִם יִדְרֹשׁוּ וְהָיְתָה מְנֻחָתוֹ כָּבוֹד: וְהָיָה | בַּיּוֹם הַהוּא יוֹסִיף אֲדֹנָי | שֵׁנִית יָדוֹ לִקְנוֹת אֶת־שְׁאָר עַמּוֹ אֲשֶׁר יִשָּׁאֵר מֵאַשּׁוּר וּמִמִּצְרַיִם וּמִפַּתְרוֹס וּמִכּוּשׁ וּמֵעֵילָם וּמִשִּׁנְעָר וּמֵחֲמָת וּמֵאִיֵּי הַיָּם: וְנָשָׂא נֵס לַגּוֹיִם וְאָסַף נִדְחֵי יִשְׂרָאֵל וּנְפֻצוֹת יְהוּדָה יְקַבֵּץ מֵאַרְבַּע כַּנְפוֹת הָאָרֶץ: וְסָרָה קִנְאַת אֶפְרַיִם וְצֹרְרֵי

יְהוּדָה יִכָּרֵתוּ אֶפְרַיִם לֹא־יְקַנֵּא אֶת־יְהוּדָה וִיהוּדָה לֹא־יָצֹר
אֶת־אֶפְרָיִם: וְעָפוּ בְכָתֵף פְּלִשְׁתִּים יָמָּה יַחְדָּו יָבֹזּוּ אֶת־בְּנֵי־
קֶדֶם אֱדוֹם וּמוֹאָב מִשְׁלוֹחַ יָדָם וּבְנֵי עַמּוֹן מִשְׁמַעְתָּם: וְהֶחֱרִים
יהוה אֵת לְשׁוֹן יַם־מִצְרַיִם וְהֵנִיף יָדוֹ עַל־הַנָּהָר בַּעְיָם רוּחוֹ
וְהִכָּהוּ לְשִׁבְעָה נְחָלִים וְהִדְרִיךְ בַּנְּעָלִים: וְהָיְתָה מְסִלָּה לִשְׁאָר
עַמּוֹ אֲשֶׁר יִשָּׁאֵר מֵאַשּׁוּר כַּאֲשֶׁר הָיְתָה לְיִשְׂרָאֵל בְּיוֹם עֲלֹתוֹ
מֵאֶרֶץ מִצְרָיִם: וְאָמַרְתָּ בַּיּוֹם הַהוּא אוֹדְךָ יהוה כִּי אָנַפְתָּ בִּי
יָשֹׁב אַפְּךָ וּתְנַחֲמֵנִי: הִנֵּה אֵל יְשׁוּעָתִי אֶבְטַח וְלֹא אֶפְחָד כִּי־
עָזִּי וְזִמְרָת יָהּ יהוה וַיְהִי־לִי לִישׁוּעָה: וּשְׁאַבְתֶּם־מַיִם בְּשָׂשׂוֹן
מִמַּעַיְנֵי הַיְשׁוּעָה: וַאֲמַרְתֶּם בַּיּוֹם הַהוּא הוֹדוּ לַיהוה קִרְאוּ
בִשְׁמוֹ הוֹדִיעוּ בָעַמִּים עֲלִילֹתָיו הַזְכִּירוּ כִּי נִשְׂגָּב שְׁמוֹ: זַמְּרוּ יהוה
כִּי גֵאוּת עָשָׂה מוּדַעַת זֹאת בְּכָל־הָאָרֶץ: צַהֲלִי וָרֹנִּי יוֹשֶׁבֶת צִיּוֹן
כִּי־גָדוֹל בְּקִרְבֵּךְ קְדוֹשׁ יִשְׂרָאֵל:

אומרים תפילה לשלום המדינה בעמ׳ 390
וממשיכים ׳אַשְׁרֵי׳ (עמ׳ 128) עד סוף התפילה.

יש נוהגים לשיר:

אֲנִי מַאֲמִין בֶּאֱמוּנָה שְׁלֵמָה בְּבִיאַת הַמָּשִׁיחַ
וְאַף עַל פִּי שֶׁיִּתְמַהְמֵהַּ
עִם כָּל זֶה אֲחַכֶּה לּוֹ בְּכָל יוֹם שֶׁיָּבוֹא.

יום ירושלים

בערב מתפללים במנגינה של יום טוב, ויש המוסיפים מזמורי הודיה.

בשחרית מתפללים פסוקי דזמרה של יום טוב ׳שחרית לשבת וליום טוב׳ (עמ׳ 326) עד ׳הָאַדֶּרֶת וְהָאֱמוּנָה׳, וממשיכים בפסוקי דזמרה של ימות החול (עמ׳ 52).
אחרי חזרת הש״ץ קוראים הלל שלם בעמ׳ 508, וממשיכים את התפילה כרגיל.

סליחות

יש הנוהגים לומר סליחות בימי שני, חמישי ושני שאחריו בתחילת חודשי חשוון ואייר.

סליחות לשני קמא

סְלַח לָנוּ, אָבִינוּ, כִּי בְרֹב אִוַּלְתֵּנוּ שָׁגִינוּ.
מְחַל לָנוּ, מַלְכֵּנוּ, כִּי רַבּוּ עֲוֹנֵינוּ.

כשאומרים סליחות לאחר נפילת אפיים אין אומרים שוב י״ג מידות ומתחילים ׳הוֹשִׁיעָה ה׳׳ בעמוד הבא.

אֵל אֶרֶךְ אַפַּיִם אַתָּה. וּבַעַל הָרַחֲמִים נִקְרֵאתָ. וְדֶרֶךְ תְּשׁוּבָה הוֹרֵיתָ. גְּדֻלַּת רַחֲמֶיךָ וַחֲסָדֶיךָ תִּזְכֹּר הַיּוֹם וּבְכָל יוֹם לְזֶרַע יְדִידֶיךָ. תֵּפֶן אֵלֵינוּ בְּרַחֲמִים, כִּי אַתָּה הוּא בַּעַל הָרַחֲמִים. בְּתַחֲנוּן וּבִתְפִלָּה פָּנֶיךָ נְקַדֵּם, כְּהוֹדַעְתָּ לֶעָנָו מִקֶּדֶם. מֵחֲרוֹן אַפְּךָ שׁוּב, כְּמוֹ בְּתוֹרָתְךָ כָּתוּב. וּבְצֵל כְּנָפֶיךָ נֶחֱסֶה וְנִתְלוֹנָן, כְּיוֹם וַיֵּרֶד יהוה בֶּעָנָן. תַּעֲבֹר עַל פֶּשַׁע וְתִמְחֶה אָשָׁם, כְּיוֹם וַיִּתְיַצֵּב עִמּוֹ שָׁם. תַּאֲזִין שַׁוְעָתֵנוּ וְתַקְשִׁיב מֶנּוּ מַאֲמָר, כְּיוֹם וַיִּקְרָא בְשֵׁם יהוה. וְשָׁם נֶאֱמַר

קהל ואחריו שליח הציבור:

שמות לד וַיַּעֲבֹר יהוה עַל־פָּנָיו וַיִּקְרָא

יהוה, יהוה, אֵל רַחוּם וְחַנּוּן, אֶרֶךְ אַפַּיִם, וְרַב־חֶסֶד וֶאֱמֶת: נֹצֵר חֶסֶד לָאֲלָפִים, נֹשֵׂא עָוֹן וָפֶשַׁע וְחַטָּאָה, וְנַקֵּה: וְסָלַחְתָּ לַעֲוֹנֵנוּ וּלְחַטָּאתֵנוּ וּנְחַלְתָּנוּ:

תהלים פו סְלַח לָנוּ, אָבִינוּ, כִּי חָטָאנוּ. מְחַל לָנוּ, מַלְכֵּנוּ, כִּי פָשָׁעְנוּ. כִּי־אַתָּה, יהוה, טוֹב וְסַלָּח וְרַב־חֶסֶד לְכָל־קֹרְאֶיךָ:

סליחות לשני וחמישי ושני (בה״ב) מנהג עתיק להתענות שלוש תעניות – בימים שני, חמישי ושני שלאחר חג הסוכות וחג הפסח. בתלמוד הוסבר הטעם לקביעת תעניות אלו: ימי הרגלים, שהם ימי שמחה וחופש, עלולים להביא בשגגה לידי פריצת הגדרות ולהפקרות. כדי לכפר על כך קבעו תעניות בזמן הסמוך לרגל. מאחר שחודשי תשרי וניסן הם חודשי שמחה ונוהגים שלא להתענות בהם, נקבעו ימי בה״ב לחודשים הבאים אחריהם – מרחשוון ואייר.

הוֹשִׁיעָה יהוה, כִּי־גָמַר חָסִיד, כִּי־פַסּוּ אֱמוּנִים מִבְּנֵי אָדָם: תהלים יב
לוּלֵי יהוה שֶׁהָיָה לָנוּ, בְּקוּם עָלֵינוּ אָדָם: תהלים קכד
אֲזַי חַיִּים בְּלָעוּנוּ, בַּחֲרוֹת אַפָּם בָּנוּ:

כְּרַחֵם אָב עַל בָּנִים, כֵּן תְּרַחֵם יהוה עָלֵינוּ.
לַיהוה הַיְשׁוּעָה, עַל־עַמְּךָ בִרְכָתֶךָ סֶּלָה: תהלים ג
יהוה צְבָאוֹת עִמָּנוּ, מִשְׂגָּב לָנוּ אֱלֹהֵי יַעֲקֹב סֶלָה: תהלים מו
יהוה צְבָאוֹת, אַשְׁרֵי אָדָם בֹּטֵחַ בָּךְ: תהלים פד
יהוה הוֹשִׁיעָה, הַמֶּלֶךְ יַעֲנֵנוּ בְיוֹם־קָרְאֵנוּ: תהלים כ

סְלַח־נָא לַעֲוֹן הָעָם הַזֶּה כְּגֹדֶל חַסְדֶּךָ במדבר יד
וְכַאֲשֶׁר נָשָׂאתָה לָעָם הַזֶּה מִמִּצְרַיִם וְעַד־הֵנָּה:
וְשָׁם נֶאֱמַר

קהל ואחריו שליח הציבור:

וַיֹּאמֶר יהוה, סָלַחְתִּי כִּדְבָרֶךָ:

הַטֵּה אֱלֹהַי אָזְנְךָ וּשְׁמָע, פְּקַח עֵינֶיךָ וּרְאֵה שֹׁמְמֹתֵינוּ וְהָעִיר אֲשֶׁר־נִקְרָא דניאל ט
שִׁמְךָ עָלֶיהָ, כִּי לֹא עַל־צִדְקֹתֵינוּ אֲנַחְנוּ מַפִּילִים תַּחֲנוּנֵינוּ לְפָנֶיךָ, כִּי עַל־
רַחֲמֶיךָ הָרַבִּים: אֲדֹנָי שְׁמָעָה, אֲדֹנָי סְלָחָה, אֲדֹנָי הַקְשִׁיבָה וַעֲשֵׂה אַל
תְּאַחַר, לְמַעַנְךָ אֱלֹהַי כִּי־שִׁמְךָ נִקְרָא עַל־עִירְךָ וְעַל־עַמֶּךָ:

אֱלֹהֵינוּ וֵאלֹהֵי אֲבוֹתֵינוּ

יִשְׂרָאֵל עַמְּךָ תְּחִנָּה עוֹרְכִים, שֶׁהֵם מְצֵרִים וּלְהִוָּשַׁע צְרִיכִים, צָרֵיהֶם עֲלֵיהֶם עַל מַאֲרִיכִים, כָּל זֹאת הַגְּעָתָם וְשִׁמְךָ מְבָרְכִים. חָלִי וּמַכְאוֹב לְהִכָּתֵב לֹא נִמְסַר, עֲלוּבִים מִנֹּעַר וּמֵהֶם לֹא הוּסַר, קָדוֹשׁ בְּיָדְךָ לְפַתֵּחַ מוּסָר, כְּאֻמָּנוּתְךָ הַנְּקִיָּה וְלֹא כְּאֻמָּנוּת בָּשָׂר. הַלּוֹבֵשׁ צְדָקָה וְלוֹ כִּמְעִיל עֲטוּיָה, וּמִמַּכָּה עַצְמָהּ מְתַקֵּן רְטִיָּה, קוֹמֵם עֲדָתְךָ מִנְּפִילָתָהּ הַמְּטוּיָה, בְּכֹחֲךָ הַגָּדוֹל וּבִזְרוֹעֲךָ הַנְּטוּיָה.

טעם נוסף שהובא לתעניות אלה הוא שבמרחשוון מתענים על ירידת הגשמים בזמנם, ובאייר על הבשלת הפירות כראוי. כמו כן, מרחשוון ואייר הם זמנים שבהם מזג האוויר מתחלף, ומשום כך מתענים ומתפללים על בריאות הגוף. אף כי בפועל תעניות אלה הן מנהג יחידים, הן נקבעו בעיקרן בשביל הציבור, ולכן תיקנו סדר סליחות לימים אלו כבשאר תעניות הציבור.

טְמֵאִים אוֹמְרִים נַחֲלָתְךָ לְחַבֵּל, כְּבוֹדְךָ לְהָמִיר וּבְהֶבְלָם לְהִתְהַבֵּל, נֵצֶר נִתְעָב לֶאֱלוֹהַּ לְקַבֵּל, וְיִרְאָתְךָ הַקְּדוֹשָׁה לִנְטֹשׁ וּלְנַבֵּל. בְּאַהֲבָתְךָ וּבְחֶמְלָתְךָ מְנַשֵּׂא וּמְנַטֵּל, עֲצָתָם תְּסַכֵּל וּמַחְשְׁבֹתָם תְּבַטֵּל, רַבָּה הַמְּהוּמָה בֵּינֵיהֶם הַטֵּל, וּמַלְאָךְ אַכְזָרִי דּוֹחֶה וּמְטַלְטֵל. בַּעֲבוּר כְּבוֹד שִׁמְךָ שֵׁם קָדְשְׁךָ הַמְּהֻלָּל, נוֹרָאוֹת הַפְלֵא לְבַל בַּגּוֹיִם יִתְחַלָּל, יוֹעֲצֵיהֶם וְאֵיתָנֵיהֶם תּוֹלִיךְ שׁוֹלָל, וּבָהֶם תְּעוֹלֵל כַּאֲשֶׁר בִּי הִתְעוֹלָל. מֵקִים מֵעָפָר דָּל וְאֶבְיוֹן מֵאַשְׁפָּה, כְּנֶסֶתְךָ בַּל תִּתֵּן לְכָלָה וּלְחֶרְפָּה, אִם בְּפִקּוּדֶיךָ מִתְעַצֶּלֶת וּמַרְפָּה, עַל כָּל פְּשָׁעֶיהָ אַהֲבָתְךָ תְּהֵא מְחַפָּה. יְתֵרָה חִבָּתָם לְפָנֶיךָ אֲדוֹנֵי הָאֲדוֹנִים, בֵּין כָּךְ וּבֵין כָּךְ קְרוּאִים לְךָ בָּנִים, רַחֲמֶיךָ יְקַדְּמוּנוּ אֱלֹהֵי עֶלְיוֹנִים וְתַחְתּוֹנִים, טֶרֶם יִשְׁטְפוּנוּ הַמַּיִם הַזֵּידוֹנִים. חֲפֵצִי קִרְבָתְךָ עַל כָּל הַבָּאוֹת, הָחִישָׁה לָמוֹ יְשׁוּעוֹת הַנִּבָּאוֹת, קָדוֹשׁ עֲשֵׂה עִמָּהֶם לְטוֹבָה אוֹת, חָזָק וְאַמִּיץ גּוֹאֲלָם, יהוה צְבָאוֹת.

אֵל מֶלֶךְ יוֹשֵׁב עַל כִּסֵּא רַחֲמִים, מִתְנַהֵג בַּחֲסִידוּת. מוֹחֵל עֲוֹנוֹת עַמּוֹ, מַעֲבִיר רִאשׁוֹן רִאשׁוֹן. מַרְבֶּה מְחִילָה לְחַטָּאִים, וּסְלִיחָה לְפוֹשְׁעִים. עֹשֶׂה צְדָקוֹת עִם כָּל בָּשָׂר וָרוּחַ, לֹא כְרָעָתָם תִּגְמֹל. אֵל, הוֹרֵיתָ לָּנוּ לוֹמַר שְׁלֹשׁ עֶשְׂרֵה, וּזְכָר לָנוּ הַיּוֹם בְּרִית שְׁלֹשׁ עֶשְׂרֵה, כְּהוֹדַעְתָּ לֶעָנָו מִקֶּדֶם,
שמות לד כְּמוֹ שֶׁכָּתוּב: וַיֵּרֶד יהוה בֶּעָנָן, וַיִּתְיַצֵּב עִמּוֹ שָׁם, וַיִּקְרָא בְשֵׁם יהוה:

קהל ואחריו שליח הציבור:

וַיַּעֲבֹר יהוה עַל־פָּנָיו וַיִּקְרָא

יהוה, יהוה, אֵל רַחוּם וְחַנּוּן, אֶרֶךְ אַפַּיִם, וְרַב־חֶסֶד וֶאֱמֶת: נֹצֵר חֶסֶד לָאֲלָפִים, נֹשֵׂא עָוֹן וָפֶשַׁע וְחַטָּאָה, וְנַקֵּה: וְסָלַחְתָּ לַעֲוֹנֵנוּ וּלְחַטָּאתֵנוּ וּנְחַלְתָּנוּ:

תהלים פו סְלַח לָנוּ, אָבִינוּ, כִּי חָטָאנוּ. מְחַל לָנוּ, מַלְכֵּנוּ, כִּי פָשָׁעְנוּ. כִּי־אַתָּה, יהוה, טוֹב וְסַלָּח וְרַב־חֶסֶד לְכָל־קֹרְאֶיךָ:

איכה ג נִשָּׂא לְבָבֵנוּ אֶל־כַּפָּיִם אֶל־אֵל בַּשָּׁמָיִם:

תהלים עט תָּבוֹא לְפָנֶיךָ אֶנְקַת אָסִיר, כְּגֹדֶל זְרוֹעֲךָ הוֹתֵר בְּנֵי תְמוּתָה:

דניאל ט לַאדֹנָי אֱלֹהֵינוּ הָרַחֲמִים וְהַסְּלִיחוֹת כִּי מָרַדְנוּ בּוֹ:

כְּרַחֵם אָב עַל בָּנִים, כֵּן תְּרַחֵם יהוה עָלֵינוּ.
לַיהוה הַיְשׁוּעָה, עַל־עַמְּךָ בִרְכָתֶךָ סֶּלָה: תהלים ג
יהוה צְבָאוֹת עִמָּנוּ, מִשְׂגָּב לָנוּ אֱלֹהֵי יַעֲקֹב סֶלָה: תהלים מו
יהוה צְבָאוֹת, אַשְׁרֵי אָדָם בֹּטֵחַ בָּךְ: תהלים פד
יהוה הוֹשִׁיעָה, הַמֶּלֶךְ יַעֲנֵנוּ בְיוֹם־קָרְאֵנוּ: תהלים כ

אֱלֹהִים בְּיִשְׂרָאֵל גָּדוֹל נוֹדַעְתָּ. אַתָּה יהוה אָבִינוּ אָתָּה. בְּכָל קָרְאֵנוּ אֵלֶיךָ קָרַבְנוּ. רָם וְנִשָּׂא אַתָּה בְּקִרְבֵּנוּ. גְּמַלְתָּנוּ הַטּוֹבוֹת גַּם בְּחוֹבֵנוּ. לֹא בְצִדְקוֹתֵינוּ וּבְיֹשֶׁר לְבָבֵנוּ. דּוֹדֵנוּ, גַּם כִּי זָנַחְנוּ. גְּאָלֵנוּ כִּי עֲבָדִים אֲנָחְנוּ. הִנְנוּ בַּעֲוֹנֵנוּ עַד דַּכָּא. וַתִּקְצַר נֶפֶשׁ לְךָ מִחַכֵּה. וְאַיֵּה חֲסָדֶיךָ הָרִאשׁוֹנִים עִמָּנוּ. מֵעוֹלָם וְעַד עוֹלָם נֶאֱמָנוּ. זַעַף נִשָּׂא וְתַשׁ כֹּחֵנוּ. יהוה, אַל בְּאַפְּךָ תוֹכִיחֵנוּ. חַלְחָלוֹת רַבּוֹת בָּלוּ בְשָׂרֵנוּ. נָא אַל בַּחֲמָתְךָ תְּיַסְּרֵנוּ. טֹרַח הַצָּרוֹת אֵין לְהִסָּפֵר. אַיֵּה שׁוֹקֵל וְאַיֵּה סוֹפֵר. יָדַעְנוּ רִשְׁעֵנוּ כִּי פָשָׁעְנוּ. כִּי אֱמֶת עָשִׂיתָ וַאֲנַחְנוּ הִרְשָׁעְנוּ. כַּעַס וְחָרוֹן מֶנּוּ יֶחְדָּל. כִּי קָטֹן יַעֲקֹב וְדָל. לַחַץ יוֹסֵר וְעֹל מֶנּוּ יְחֻבָּל. כִּי כָשַׁל כֹּחַ הַסַּבָּל. מְנָת מִדָּתֵנוּ לֹא תִגְבֶּה. כִּי נִשְׁאַרְנוּ מְעַט מֵהַרְבֵּה. נִחַם עַל הָרָעָה לַאֲמָתְךָ. מַטֵּה כְלַפֵּי חֶסֶד אֱמוּנָתְךָ. סְלַחָה אִם עֲוֹנֵינוּ עָנוּ בָנוּ. עֲזָרֵנוּ כִּי עָלֶיךָ נִשְׁעָנוּ. עֲרָפֵנוּ כֹּף לְךָ לְהִשְׁתַּעְבֵּד. לְאַהֲבָה וּלְיִרְאָה אוֹתְךָ, וּלְכַבֵּד. פּוֹקְדֶיךָ קָדְשׁוּ צוֹמוֹת לִקְבֹּעַ. דַּעְתָּם קְצָרָה צָרְכָּם לִתְבֹּעַ. צִקּוּן לַחֲשָׁם אֵלֶיךָ יָבוֹא. חַתֵּל לְאִישׁ אִישׁ נִגְעוֹ וּמַכְאוֹבוֹ. קוֹל יַעֲקֹב נוֹהֵם מִתְּהוֹמוֹתֶיךָ. תִּשְׁמַע הַשָּׁמַיִם מְכוֹן שִׁבְתֶּךָ. רוֹדֶה רוֹדֵף בְּאַף תְּכַלֶּה. שְׁנַת שִׁלּוּמִים לְרִיב צִיּוֹן תְּגַלֶּה. שֵׁרַת וְרָדַתְ מִנֹּעַר קְנוּתֵנוּ. וְאַל תַּשְׁלִיכֵנוּ לְעֵת זִקְנָתֵנוּ. תָּעִינוּ לִשְׂמֹאל וִימִינְךָ תְקָרְבֵנוּ. כִּכְלוֹת כֹּחֵנוּ אַל תַּעַזְבֵנוּ. תַּבִּיט וְתָצִיץ וְתַשְׁגִּיחַ לְרַחוּמֶיךָ. תִּתְאַזֵּר בַּחֲנִינוּתֶךָ, תִּתְלַבֵּשׁ בְּצִדְקוֹתֶיךָ. תִּתְכַּסֶּה בְּרַחֲמֶיךָ וְתִתְעַטֵּף בַּחֲסִידוּתֶךָ. וְתָבוֹא לְפָנֶיךָ מִדַּת טוּבְךָ וְעַנְוְתָנוּתֶךָ.

אֵל מֶלֶךְ יוֹשֵׁב עַל כִּסֵּא רַחֲמִים, מִתְנַהֵג בַּחֲסִידוּת. מוֹחֵל עֲוֹנוֹת עַמּוֹ, מַעֲבִיר רִאשׁוֹן רִאשׁוֹן. מַרְבֶּה מְחִילָה לְחַטָּאִים, וּסְלִיחָה לְפוֹשְׁעִים. עֹשֶׂה צְדָקוֹת עִם כָּל בָּשָׂר וָרוּחַ, לֹא כְרָעָתָם תִּגְמֹל. אֵל, הוֹרֵיתָ לָּנוּ לוֹמַר שְׁלֹשׁ עֶשְׂרֵה, זְכֹר לָנוּ הַיּוֹם בְּרִית שְׁלֹשׁ עֶשְׂרֵה, כְּהוֹדַעְתָּ לֶעָנָו מִקֶּדֶם, כְּמוֹ
שֶׁכָּתוּב, וַיֵּרֶד יהוה בֶּעָנָן, וַיִּתְיַצֵּב עִמּוֹ שָׁם, וַיִּקְרָא בְשֵׁם יהוה: שמות לד

קהל ואחריו שליח הציבור:

וַיַּעֲבֹר יהוה עַל־פָּנָיו וַיִּקְרָא

יהוה, יהוה, אֵל רַחוּם וְחַנּוּן, אֶרֶךְ אַפַּיִם, וְרַב־חֶסֶד וֶאֱמֶת: נֹצֵר חֶסֶד לָאֲלָפִים, נֹשֵׂא עָוֹן וָפֶשַׁע וְחַטָּאָה, וְנַקֵּה: וְסָלַחְתָּ לַעֲוֹנֵנוּ וּלְחַטָּאתֵנוּ וּנְחַלְתָּנוּ:

סְלַח לָנוּ, אָבִינוּ, כִּי חָטָאנוּ.
מְחַל לָנוּ, מַלְכֵּנוּ, כִּי פָשָׁעְנוּ.
תהלים פו כִּי־אַתָּה, יהוה, טוֹב וְסַלָּח וְרַב־חֶסֶד לְכָל־קֹרְאֶיךָ:

הקהל אומר פיוט זה בית בית,
ושליח הציבור חוזר אחריו בקול:

מַלְאֲכֵי רַחֲמִים, מְשָׁרְתֵי עֶלְיוֹן
חַלּוּ נָא פְּנֵי אֵל בְּמֵיטַב הֶגְיוֹן

אוּלַי יָחוֹס עַם עָנִי וְאֶבְיוֹן, אוּלַי יְרַחֵם.

אוּלַי יְרַחֵם שְׁאֵרִית יוֹסֵף
שְׁפָלִים וְנִבְזִים, פְּשׁוּחֵי שֶׁסֶף
שְׁבוּיֵי חִנָּם, מְכוּרֵי בְּלֹא כֶסֶף
שׁוֹאֲגִים בִּתְפִלָּה וּמְבַקְשִׁים רִשְׁיוֹן.

אוּלַי יָחוֹס עַם עָנִי וְאֶבְיוֹן, אוּלַי יְרַחֵם.

אוּלַי יְרַחֵם מְעֻנֵּי כֶבֶל
מְלֻמְּדֵי מַכּוֹת בְּעִנּוּי סֵבֶל
מָנוֹד רֹאשׁ נְתוּנִים לְיוֹשְׁבֵי תֵבֵל
מָשָׁל בָּעַמִּים קֶצֶף וּבִזָּיוֹן.

אוּלַי יָחוֹס עַם עָנִי וְאֶבְיוֹן, אוּלַי יְרַחֵם.

אוּלַי יְרַחֵם וְיִרְאֶה בָּעֳנִי עַמּוֹ
וְיַקְשִׁיב וְיִשְׁמַע הַצָּגִים לְעֻמּוֹ

וְעוֹדִים בְּלַחַשׁ מוּסָר לָמוֹ
וְעֵינֵיהֶם תּוֹלִים לִמְצוֹא רָצוֹן.

אוּלַי יָחוּס עַם עָנִי וְאֶבְיוֹן, אוּלַי יְרַחֵם.

אוּלַי יְרַחֵם אוֹמְרֵי סְלַח נָא
אוֹמְצֵי שְׁבָחוֹ בְּכָל עֵת וְעוֹנָה
אֲגוּדִים בְּצָרָה לִשְׁפֹּךְ תְּחִנָּה
אֶת פְּנֵי אֱלֹהֵיהֶם שׁוֹפְכִים לֵב דְּוָיוֹן.

אוּלַי יָחוּס עַם עָנִי וְאֶבְיוֹן, אוּלַי יְרַחֵם.

אוּלַי יְרַחֵם לְקוּחָה בְּכִפְלַיִם
לְעוּטָה אֲרָיוֹת כְּמוֹ בְּפִי שַׁחֲלַיִם
לוּקָה וּמִשְׁתַּלֶּמֶת בַּעֲוֹן שׁוּלַיִם
לֹא שָׁכְחָה בְּכָל זֹאת מִכְתַּב עֹז חֶבְיוֹן.

אוּלַי יָחוּס עַם עָנִי וְאֶבְיוֹן, אוּלַי יְרַחֵם.

אוּלַי יְרַחֵם כְּבוּשֵׁי פָנִים
הַשּׁוֹמְעִים חֶרְפָּתָם וְלֹא מְשִׁיבִים וְעוֹנִים
נִצְחָם מְקַוִּים וּלְיִשְׁעוֹ נִשְׁעָנִים
כִּי לֹא כָלוּ רַחֲמָיו בְּכִלָּיוֹן.

אוּלַי יָחוּס עַם עָנִי וְאֶבְיוֹן, אוּלַי יְרַחֵם.

אוּלַי יְרַחֵם יְחַלֵּץ עָנִי בְּעָנְיוֹ
חֲבוּשׁוֹ יַתִּיר מֵאֶרֶץ שִׁבְיוֹ
יַגְהֶה מְזוֹרוֹ וְיַחְבֹּשׁ חֳלָיוֹ
צַעֲקָתוֹ יִשְׁמַע וְיָחִישׁ עֵת פִּדְיוֹן.

אוּלַי יָחוּס עַם עָנִי וְאֶבְיוֹן, אוּלַי יְרַחֵם.

ממשיכים 'אֵל מֶלֶךְ' (עמ' 670).

סליחות לחמישי

סְלַח לָֽנוּ, אָבִֽינוּ, כִּי בְּרֹב אִוַּלְתֵּֽנוּ שָׁגִֽינוּ.
מְחַל לָֽנוּ, מַלְכֵּֽנוּ, כִּי רַבּוּ עֲוֹנֵֽינוּ.

כשאומרים סליחות לאחר נפילת אפיים אין אומרים שוב י״ג מידות ומתחילים ׳הַאֲזִינָה ה׳״.

אֵל אֶֽרֶךְ אַפַּֽיִם אַתָּה. וּבַֽעַל הָרַחֲמִים נִקְרֵֽאתָ. וְדֶֽרֶךְ תְּשׁוּבָה הוֹרֵֽיתָ. גְּדֻלַּת רַחֲמֶֽיךָ וַחֲסָדֶֽיךָ תִּזְכֹּר הַיּוֹם וּבְכָל יוֹם לְזֶֽרַע יְדִידֶֽיךָ. תֵּֽפֶן אֵלֵֽינוּ בְּרַחֲמִים, כִּי אַתָּה הוּא בַּֽעַל הָרַחֲמִים. בְּתַחֲנוּן וּבִתְפִלָּה פָּנֶֽיךָ נְקַדֵּם, כְּהוֹדַֽעְתָּ לֶעָנָו מִקֶּֽדֶם. מֵחֲרוֹן אַפְּךָ שׁוּב, כְּמוֹ בְּתוֹרָתְךָ כָּתוּב. וּבְצֵל כְּנָפֶֽיךָ נֶחֱסֶה וְנִתְלוֹנָן, כְּיוֹם וַיֵּֽרֶד יהוה בֶּעָנָן. תַּעֲבֹר עַל פֶּֽשַׁע וְתִמְחֶה אָשָׁם, כְּיוֹם וַיִּתְיַצֵּב עִמּוֹ שָׁם. תַּאֲזִין שַׁוְעָתֵֽנוּ וְתַקְשִׁיב מֶֽנּוּ מַאֲמָר, כְּיוֹם וַיִּקְרָא בְשֵׁם יהוה. וְשָׁם נֶאֱמַר

קהל ואחריו שליח הציבור:

שמות לד וַיַּעֲבֹר יהוה עַל־פָּנָיו וַיִּקְרָא

יהוה, יהוה, אֵל רַחוּם וְחַנּוּן, אֶֽרֶךְ אַפַּֽיִם, וְרַב־חֶֽסֶד וֶאֱמֶת: נֹצֵר חֶֽסֶד לָאֲלָפִים, נֹשֵׂא עָוֺן וָפֶֽשַׁע וְחַטָּאָה, וְנַקֵּה: וְסָלַחְתָּ לַעֲוֹנֵֽנוּ וּלְחַטָּאתֵֽנוּ וּנְחַלְתָּֽנוּ:

תהלים פו סְלַח לָֽנוּ, אָבִֽינוּ, כִּי חָטָֽאנוּ. מְחַל לָֽנוּ, מַלְכֵּֽנוּ, כִּי פָשָֽׁעְנוּ. כִּי־אַתָּה, יהוה, טוֹב וְסַלָּח וְרַב־חֶֽסֶד לְכָל־קֹרְאֶֽיךָ:

הַאֲזִינָה יהוה תְּפִלָּתֵֽנוּ, הַקְשִֽׁיבָה לְקוֹל תַּחֲנוּנוֹתֵֽינוּ. הַקְשִֽׁיבָה לְקוֹל שַׁוְעֵֽנוּ מַלְכֵּֽנוּ וֵאלֹהֵֽינוּ כִּי אֵלֶֽיךָ נִתְפַּלָּל. שְׁמַע יהוה וְחָנֵּֽנוּ, יהוה הֱיֵה עוֹזֵר לָֽנוּ.

כְּרַחֵם אָב עַל בָּנִים, כֵּן תְּרַחֵם יהוה עָלֵֽינוּ.
תהלים ג לַיהוה הַיְשׁוּעָה, עַל־עַמְּךָ בִרְכָתֶֽךָ סֶּֽלָה:
תהלים מו יהוה צְבָאוֹת עִמָּֽנוּ, מִשְׂגָּב לָֽנוּ אֱלֹהֵי יַעֲקֹב סֶֽלָה:
תהלים פד יהוה צְבָאוֹת, אַשְׁרֵי אָדָם בֹּטֵֽחַ בָּךְ:
תהלים כ יהוה הוֹשִֽׁיעָה, הַמֶּֽלֶךְ יַעֲנֵֽנוּ בְיוֹם־קָרְאֵֽנוּ:

סְלַח־נָא לַעֲוֹן הָעָם הַזֶּה כְּגֹדֶל חַסְדֶּךָ במדבר יד
וְכַאֲשֶׁר נָשָׂאתָה לָעָם הַזֶּה מִמִּצְרַיִם וְעַד־הֵנָּה:
וְשָׁם נֶאֱמַר

קהל ואחריו שליח הציבור:

וַיֹּאמֶר יהוה, סָלַחְתִּי כִּדְבָרֶךָ:

דניאל ט הַטֵּה אֱלֹהַי אָזְנְךָ וּשְׁמָע, פְּקַח עֵינֶיךָ וּרְאֵה שֹׁמְמֹתֵינוּ וְהָעִיר אֲשֶׁר־נִקְרָא שִׁמְךָ עָלֶיהָ, כִּי לֹא עַל־צִדְקֹתֵינוּ אֲנַחְנוּ מַפִּילִים תַּחֲנוּנֵינוּ לְפָנֶיךָ, כִּי עַל־רַחֲמֶיךָ הָרַבִּים: אֲדֹנָי שְׁמָעָה, אֲדֹנָי סְלָחָה, אֲדֹנָי הַקְשִׁיבָה וַעֲשֵׂה אַל תְּאַחַר, לְמַעַנְךָ אֱלֹהַי כִּי־שִׁמְךָ נִקְרָא עַל־עִירְךָ וְעַל־עַמֶּךָ:

אֱלֹהֵינוּ וֵאלֹהֵי אֲבוֹתֵינוּ

תַּעֲנִית צִבּוּר (תְּפִלָּה) קָבְעוּ תְּבֹעַ צְרָכִים, שׁוּב עָדֶיךָ חַפֵּשׂ וְלַחְקֹר דְּרָכִים, רַךְ לִרְצוֹת בִּשְׁלֹשׁ עֶשְׂרֵה עֲרָכִים, קָשֶׁה לִכְעֹס תֵּת לְאַפַּיִם אֲרֻכִּים. צְדָדֶיךָ מְקֻשָּׁטִים עֵדִים בְּלִי תַפְשִׁיט, פְּאֵר הָרַחֲמִים וְהַסְּלִיחוֹת הוֹד תַּכְשִׁיט, עֶרֶךְ שַׁוְעָתֵנוּ לְךָ לְבַד נוֹשִׁיט, סֵדֶר חַיִּים וּפַרְנָסָה לִיצוּרִים תּוֹשִׁיט. נִסְתְּמָה הַכִּירָה וְנִתְרוֹקַן טֹהַר הַשֻּׁלְחָן, מֵזִין וּמַזִּיחַ סְתַר מֵעֲבוֹדַת פָּלְחָן, לִשְׁפִיכַת הַנֶּפֶשׁ חָשַׁב כְּבִשִׁית זָלְחָן, כִּמְעַטֵּר וּמַשְׂבִּיעַ גּוֹאֵל וְרוֹפֵא וְסַלְחָן. יֵאוֹת לְךָ, יַעַן מִמְּנָתְךָ נִשְׁנֶסֶת, טוֹב רוּחֲךָ הֱיוֹת נִזּוֹנֶת וּמִתְפַּרְנֶסֶת, חֵלֶף שׁוֹאֶלֶת קוֹבֶלֶת וּמִתְנוֹסֶסֶת, זְכֹר דַּאֲגוֹתֶיהָ לְפָנֶיךָ מְשִׂיחָה וּמַכְנֶסֶת. וְאֵלֶיךָ הִיא נְשׂוּיָה וּבְךָ חֲסוּיָה, הֲווֹתֶיהָ הַעֲבֵר מִי כָמוֹךָ חֲסִין יָהּ, דֶּרֶךְ אֻמְנוּתְךָ בְּחֶלְקְךָ לִלְגְיוֹנְךָ אַפְסַנְיָא, גְּמֹל חֶסֶד לַעֲלוּבָה הַלָּזוּ אַכְסַנְיָא. בְּקִיאִים וּמְיֻשָּׁבִים לִרְצוֹתְךָ בִּדְבָרִים עֲרֵבִים, אָפְסוּ פַּסּוּ בְּכֹחָם קַטֵּגוֹר מְעַרְבְּבִים, מְאַהֲבֵי לַאֲבִיהֶם שֶׁבַּשָּׁמַיִם זְרִיזִים וּמְעֻרְבָּבִים, יְרֵאָיו נִדְבָּרִים דָּתוֹ שְׁחָרִים וַעֲרָבִים. הִקְדַּשְׁנוּ צוֹם (תְּפִלַּת) עוֹלָלִים וְזִקְנֵי אֲסֻפּוֹת, יִשַּׁרְנוּ רִנָּה וּתְפִלָּה וְשָׁקַדְנוּ סִפּוֹת, חֲשֹׂךְ לְמַטֵּה מָעוֹן וּשְׁלוּמֵנוּ תְּשַׁפֹּת, זְקֹף דַּל מֵעָפָר וְאֶבְיוֹן מֵאַשְׁפּוֹת. בְּתוֹר הַמַּעֲלָה וּבְמִדּוֹת הֲגוּנוֹת תְּרוּמוֹת, עֲרֹבָתֵנוּ שִׂים לְטוֹב יוֹשֵׁב מְרוֹמוֹת, וּבְמִקְוֵה טֹהַר תַּדִּיחַ קַלּוֹת וַחֲמוּרוֹת, מְצוֹא תְּפִלָּתֵנוּ חֶסֶד לְאַדִּירְךָ רוֹמְמוּת.

אֵל מֶלֶךְ יוֹשֵׁב עַל כִּסֵּא רַחֲמִים, מִתְנַהֵג בַּחֲסִידוּת. מוֹחֵל עֲוֹנוֹת עַמּוֹ, מַעֲבִיר רִאשׁוֹן רִאשׁוֹן. מַרְבֶּה מְחִילָה לְחַטָּאִים, וּסְלִיחָה לְפוֹשְׁעִים. עֹשֶׂה צְדָקוֹת עִם כָּל בָּשָׂר וָרוּחַ, לֹא כְרָעָתָם תִּגְמֹל. אֵל, הוֹרֵיתָ לָּנוּ לוֹמַר שְׁלֹשׁ עֶשְׂרֵה, זְכֹר לָנוּ הַיּוֹם בְּרִית שְׁלֹשׁ עֶשְׂרֵה, כְּהוֹדַעְתָּ לֶעָנָו מִקֶּדֶם, כְּמוֹ
שמות לד שֶׁכָּתוּב: וַיֵּרֶד יהוה בֶּעָנָן, וַיִּתְיַצֵּב עִמּוֹ שָׁם, וַיִּקְרָא בְשֵׁם יהוה:

קהל ואחריו שליח הציבור:

וַיַּעֲבֹר יהוה עַל־פָּנָיו וַיִּקְרָא

יהוה, יהוה, אֵל רַחוּם וְחַנּוּן, אֶרֶךְ אַפַּיִם, וְרַב־חֶסֶד וֶאֱמֶת: נֹצֵר חֶסֶד לָאֲלָפִים, נֹשֵׂא עָוֹן וָפֶשַׁע וְחַטָּאָה, וְנַקֵּה: וְסָלַחְתָּ לַעֲוֹנֵנוּ וּלְחַטָּאתֵנוּ וּנְחַלְתָּנוּ:

תהלים פו סְלַח לָנוּ, אָבִינוּ, כִּי חָטָאנוּ. מְחַל לָנוּ, מַלְכֵּנוּ, כִּי פָשָׁעְנוּ. כִּי־אַתָּה, יהוה, טוֹב וְסַלָּח וְרַב־חֶסֶד לְכָל־קֹרְאֶיךָ:

תהלים יב הוֹשִׁיעָה, יהוה, כִּי־גָמַר חָסִיד, כִּי־פַסּוּ אֱמוּנִים מִבְּנֵי אָדָם: כִּי אָדָם אֵין
קהלת ז
ירמיה לא צַדִּיק בָּאָרֶץ, אֲשֶׁר יַעֲשֶׂה־טּוֹב וְלֹא יֶחֱטָא: הוֹשַׁע, יהוה, אֶת־עַמְּךָ, אֵת
ישעיה מה שְׁאֵרִית יִשְׂרָאֵל: יִשְׂרָאֵל נוֹשַׁע בַּיהוה תְּשׁוּעַת עוֹלָמִים:

כְּרַחֵם אָב עַל בָּנִים, כֵּן תְּרַחֵם יהוה עָלֵינוּ.
תהלים ג לַיהוה הַיְשׁוּעָה, עַל־עַמְּךָ בִרְכָתֶךָ סֶּלָה:
תהלים מו יהוה צְבָאוֹת עִמָּנוּ, מִשְׂגָּב לָנוּ אֱלֹהֵי יַעֲקֹב סֶלָה:
תהלים פד יהוה צְבָאוֹת, אַשְׁרֵי אָדָם בֹּטֵחַ בָּךְ:
תהלים כ יהוה הוֹשִׁיעָה, הַמֶּלֶךְ יַעֲנֵנוּ בְיוֹם־קָרְאֵנוּ:

אֱלֹהֵינוּ וֵאלֹהֵי אֲבוֹתֵינוּ

אַנְשֵׁי אֱמָנָה אָבָדוּ, בָּאִים בְּכֹחַ מַעֲשֵׂיהֶם. גִּבּוֹרִים לַעֲמֹד בַּפֶּרֶץ, דּוֹחִים אֶת הַגְּזֵרוֹת. הָיוּ לָנוּ לְחוֹמָה, וּלְמַחְסֶה בְּיוֹם זָעַם. זוֹעֲכִים אַף בְּלַחֲשָׁם, חֵמָה עוֹצְרִים בְּשַׁוְעָם. טֶרֶם קְרָאוּךָ עֲנִיתָם, יוֹדְעִים לַעְתֹּר וּלְרַצֵּךְ. כְּאָב רִחַמְתָּ לְמַעֲנָם, לֹא הֱשִׁיבוֹתָ פְּנֵיהֶם רֵיקָם. מֵרֹב עֲוֹנֵינוּ אֲבַדְנוּם, נֶאֶסְפוּ

מֶנּוּ בַּחֲטָאֵינוּ. סָעוּ הֵמָּה לִמְנוּחוֹת, עָזְבוּ אוֹתָנוּ לַאֲנָחוֹת. פַּסּוּ גוֹדְרֵי פֶרֶץ,
צֻמְּתוּ מְשִׁיבֵי חֵמָה. קָמִים בַּפֶּרֶץ אַיִן, רְאוּיִם לְרַצּוֹתְךָ בְּעֶתֶר. שֹׁטַטְנוּ
בְּאַרְבַּע פִּנּוֹת, תְּרוּפָה לֹא מָצָאנוּ, שַׁבְנוּ אֵלֶיךָ בְּבֹשֶׁת פָּנִים, לְשַׁחֶרְךָ
אֵל, בְּעֵת צָרוֹתֵינוּ.

אֵל מֶלֶךְ יוֹשֵׁב עַל כִּסֵּא רַחֲמִים, מִתְנַהֵג בַּחֲסִידוּת. מוֹחֵל עֲוֹנוֹת עַמּוֹ,
מַעֲבִיר רִאשׁוֹן רִאשׁוֹן. מַרְבֶּה מְחִילָה לְחַטָּאִים, וּסְלִיחָה לְפוֹשְׁעִים. עֹשֶׂה
צְדָקוֹת עִם כָּל בָּשָׂר וָרוּחַ, לֹא כְרָעָתָם תִּגְמֹל. אֵל, הוֹרֵיתָ לָּנוּ לוֹמַר שְׁלֹשׁ
עֶשְׂרֵה, זְכֹר לָנוּ הַיּוֹם בְּרִית שְׁלֹשׁ עֶשְׂרֵה, כְּהוֹדַעְתָּ לֶעָנָו מִקֶּדֶם, כְּמוֹ
שֶׁכָּתוּב: וַיֵּרֶד יהוה בֶּעָנָן, וַיִּתְיַצֵּב עִמּוֹ שָׁם, וַיִּקְרָא בְשֵׁם יהוה: שמות לד

קהל ואחריו שליח הציבור:

וַיַּעֲבֹר יהוה עַל־פָּנָיו וַיִּקְרָא

**יהוה, יהוה, אֵל רַחוּם וְחַנּוּן, אֶרֶךְ אַפַּיִם, וְרַב־חֶסֶד וֶאֱמֶת:
נֹצֵר חֶסֶד לָאֲלָפִים, נֹשֵׂא עָוֹן וָפֶשַׁע וְחַטָּאָה, וְנַקֵּה: וְסָלַחְתָּ
לַעֲוֹנֵנוּ וּלְחַטָּאתֵנוּ וּנְחַלְתָּנוּ:**

סְלַח לָנוּ, אָבִינוּ, כִּי חָטָאנוּ.
מְחַל לָנוּ, מַלְכֵּנוּ, כִּי פָשָׁעְנוּ. תהלים פו
כִּי־אַתָּה, יהוה, טוֹב וְסַלָּח וְרַב־חֶסֶד לְכָל־קֹרְאֶיךָ:

הקהל אומר פיוט זה בית בית, ושליח הציבור חוזר אחריו בקול:

יִשְׂרָאֵל נוֹשַׁע בַּיהוה תְּשׁוּעַת עוֹלָמִים ישעיה מה
גַּם הַיּוֹם יִוָּשְׁעוּ מִפִּיךָ, שׁוֹכֵן מְרוֹמִים

כִּי אַתָּה רַב סְלִיחוֹת וּבַעַל הָרַחֲמִים.

שְׁעָרֶיךָ הֵם דּוֹפְקִים כַּעֲנִיִּים וְדַלִּים
צִקּוּן לַחֲשָׁם קְשֹׁב יָהּ שׁוֹכֵן מְעָלִים

כִּי אַתָּה רַב סְלִיחוֹת וּבַעַל הָרַחֲמִים.

פְּחוּדִים הֵם מִכָּל צָרוֹת, מִמְּחָרְפֵיהֶם וּמִלּוֹחֲצֵיהֶם
נָא אַל תַּעַזְבֵם יהוה אֱלֹהֵי אֲבוֹתֵיהֶם
כִּי אַתָּה רַב סְלִיחוֹת וּבַעַל הָרַחֲמִים.

טוּבוֹתֶיךָ יְקַדְּמוּ לָהֶם בְּיוֹם תּוֹכֵחָה
וּמִתּוֹךְ צָרָה הַמְצִיאֵם פְּדוּת וּרְוָחָה
כִּי אַתָּה רַב סְלִיחוֹת וּבַעַל הָרַחֲמִים.

יִוָּשְׁעוּ לְעֵין כֹּל, וְאַל יִמְשְׁלוּ בָם רְשָׁעִים
כַּלֵּה שֵׂעִיר וְחוֹתְנוֹ, וְיַעֲלוּ לְצִיּוֹן מוֹשִׁיעִים
כִּי אַתָּה רַב סְלִיחוֹת וּבַעַל הָרַחֲמִים.

הַקְשִׁיבָה אָדוֹן לְקוֹל שַׁוְעָתָם
וְלִמְכוֹן שִׁבְתְּךָ הַשָּׁמַיִם תַּעֲלֶה תְּפִלָּתָם
כִּי אַתָּה רַב סְלִיחוֹת וּבַעַל הָרַחֲמִים.

ממשיכים ׳אֵל מֶלֶךְ׳ (עמ׳ 670).

סליחות לשני תנינא

סְלַח לָנוּ, אָבִינוּ, כִּי בְּרֹב אִוַּלְתֵּנוּ שָׁגִינוּ.
מְחַל לָנוּ, מַלְכֵּנוּ, כִּי רַבּוּ עֲוֹנֵינוּ.

כשאומרים סליחות לאחר נפילת אפיים אין אומרים שוב
י״ג מידות ומתחילים ׳אַל תִּקְצֹף׳ בעמוד הבא.

אֵל אֶרֶךְ אַפַּיִם אַתָּה. וּבַעַל הָרַחֲמִים נִקְרֵאתָ. וְדֶרֶךְ תְּשׁוּבָה הוֹרֵיתָ. גְּדֻלַּת רַחֲמֶיךָ וַחֲסָדֶיךָ תִּזְכֹּר הַיּוֹם וּבְכָל יוֹם לְזֶרַע יְדִידֶיךָ. תֵּפֶן אֵלֵינוּ בְּרַחֲמִים, כִּי אַתָּה הוּא בַּעַל הָרַחֲמִים. בְּתַחֲנוּן וּבִתְפִלָּה פָּנֶיךָ נְקַדֵּם, כְּהוֹדַעְתָּ לֶעָנָו מִקֶּדֶם. מֵחֲרוֹן אַפְּךָ שׁוּב, כְּמוֹ בְּתוֹרָתְךָ כָּתוּב. וּבְצֵל כְּנָפֶיךָ נֶחֱסֶה וְנִתְלוֹנָן, כְּיוֹם וַיֵּרֶד יהוה בֶּעָנָן. תַּעֲבֹר עַל פֶּשַׁע וְתִמְחֶה אָשָׁם, כְּיוֹם וַיִּתְיַצֵּב עִמּוֹ שָׁם. תַּאֲזִין שַׁוְעָתֵנוּ וְתַקְשִׁיב מֶנּוּ מַאֲמָר, כְּיוֹם וַיִּקְרָא בְשֵׁם יהוה. וְשָׁם נֶאֱמַר

קהל ואחריו שליח הציבור:

וַיַּעֲבֹר יהוה עַל־פָּנָיו וַיִּקְרָא שמות לד

יהוה, יהוה, אֵל רַחוּם וְחַנּוּן, אֶרֶךְ אַפַּיִם, וְרַב־חֶסֶד וֶאֱמֶת:
נֹצֵר חֶסֶד לָאֲלָפִים, נֹשֵׂא עָוֹן וָפֶשַׁע וְחַטָּאָה, וְנַקֵּה: וְסָלַחְתָּ
לַעֲוֹנֵנוּ וּלְחַטָּאתֵנוּ וּנְחַלְתָּנוּ:

סְלַח לָנוּ, אָבִינוּ, כִּי חָטָאנוּ. מְחַל לָנוּ, מַלְכֵּנוּ, כִּי פָשָׁעְנוּ. כִּי־אַתָּה, יהוה, תהלים פו
טוֹב וְסַלָּח וְרַב־חֶסֶד לְכָל־קֹרְאֶיךָ:

אַל־תִּקְצֹף יהוה עַד־מְאֹד, וְאַל־לָעַד תִּזְכֹּר עָוֹן, הֵן הַבֶּט־נָא עַמְּךָ כֻלָּנוּ: ישעיה סד
הַעַל־אֵלֶּה תִתְאַפַּק יהוה, תֶּחֱשֶׁה וּתְעַנֵּנוּ עַד־מְאֹד: שׁוּבָה יהוה עַד־ תהלים צ
מָתָי, וְהִנָּחֵם עַל־עֲבָדֶיךָ:

כְּרַחֵם אָב עַל בָּנִים, כֵּן תְּרַחֵם יהוה עָלֵינוּ.
לַיהוה הַיְשׁוּעָה, עַל־עַמְּךָ בִרְכָתֶךָ סֶּלָה: תהלים ג
יהוה צְבָאוֹת עִמָּנוּ, מִשְׂגָּב לָנוּ אֱלֹהֵי יַעֲקֹב סֶלָה: תהלים מו
יהוה צְבָאוֹת, אַשְׁרֵי אָדָם בֹּטֵחַ בָּךְ: תהלים פד
יהוה הוֹשִׁיעָה, הַמֶּלֶךְ יַעֲנֵנוּ בְיוֹם־קָרְאֵנוּ: תהלים כ

סְלַח־נָא לַעֲוֹן הָעָם הַזֶּה כְּגֹדֶל חַסְדֶּךָ וְכַאֲשֶׁר נָשָׂאתָה לָעָם הַזֶּה מִמִּצְרַיִם במדבר יד
וְעַד־הֵנָּה: וְשָׁם נֶאֱמַר

קהל ואחריו שליח הציבור:

וַיֹּאמֶר יהוה, סָלַחְתִּי כִּדְבָרֶךָ:

הַטֵּה אֱלֹהַי אָזְנְךָ וּשְׁמָע, פְּקַח עֵינֶיךָ וּרְאֵה שֹׁמְמֹתֵינוּ וְהָעִיר אֲשֶׁר־נִקְרָא דניאל ט
שִׁמְךָ עָלֶיהָ, כִּי לֹא עַל־צִדְקֹתֵינוּ אֲנַחְנוּ מַפִּילִים תַּחֲנוּנֵינוּ לְפָנֶיךָ, כִּי עַל־
רַחֲמֶיךָ הָרַבִּים: אֲדֹנָי שְׁמָעָה, אֲדֹנָי סְלָחָה, אֲדֹנָי הַקְשִׁיבָה וַעֲשֵׂה אַל
תְּאַחַר, לְמַעַנְךָ אֱלֹהַי כִּי־שִׁמְךָ נִקְרָא עַל־עִירְךָ וְעַל־עַמֶּךָ:

אֱלֹהֵינוּ וֵאלֹהֵי אֲבוֹתֵינוּ

אֲפָפוּנוּ מַיִם עַד נֶפֶשׁ. בָּאנוּ בְּעִמְקֵי מְצוּלָה. גַּלֵּי יָם עָבְרוּ עָלֵינוּ. דָּכְיוֹת תְּהוֹם כִּסָּתְנוּ. הוֹדֵנוּ נֶהְפַּךְ לְמַשְׁחִית. וְעוֹד לֹא עָצַרְנוּ כֹחַ. זַלְעָפוּנוּ עַל חַטֹּאתֵינוּ. חֻלְחַלְנוּ עַל רֹב פְּשָׁעֵינוּ. טָכַסְנוּ עֵצָה מַה לַּעֲשׂוֹת. יוֹעֵץ בְּקִרְבֵּנוּ אַיִן. כּוֹנַנּוּ בְּלֵב מַחֲשָׁבוֹת. לְמֵרָחוֹק שְׂאֵת דֵּעָה. מָסֹרֶת בְּיָדֵינוּ מֵאֲבוֹתֵינוּ.

נְאָקָה תְּשׁוּבָה וּצְדָקָה. סוֹתְרוֹת רֹעַ גְּזֵרוֹת. עוֹד מֵעַנּוֹת עָם. פֵּצְנוּ בְּהַסְכָּמָה אַחַת. (צוֹם) שֵׁנִי וַחֲמִישִׁי וְשֵׁנִי. קָדוֹשׁ אוּלַי יַשְׁקִיף. רַחֲמָיו לְקַדֵּם לְרֹגֶז. שַׁדַּי עָשִׂינוּ אֶת שֶׁלָּנוּ. תַּקִּיף עֲשֵׂה אֶת שֶׁלָּךְ. אַל תֵּשֵׁב עִמָּנוּ בַּדִּין. מִדֶּבֶר וּמֵחֶרֶב וּמֵרָעָב מַלְּטֵנוּ. תִּיקַר נַפְשֵׁנוּ בְּעֵינֶיךָ. יָהּ, סְלַח לָנוּ, מְחַל לָנוּ, כַּפֵּר לָנוּ, כְּיוֹם רְדִתְךָ בֶּעָנָן.

אֵל מֶלֶךְ יוֹשֵׁב עַל כִּסֵּא רַחֲמִים, מִתְנַהֵג בַּחֲסִידוּת. מוֹחֵל עֲוֹנוֹת עַמּוֹ, מַעֲבִיר רִאשׁוֹן רִאשׁוֹן. מַרְבֶּה מְחִילָה לְחַטָּאִים, וּסְלִיחָה לְפוֹשְׁעִים. עֹשֶׂה צְדָקוֹת עִם כָּל בָּשָׂר וָרוּחַ, לֹא כְרָעָתָם תִּגְמֹל. אֵל, הוֹרֵיתָ לָּנוּ לוֹמַר שְׁלֹשׁ עֶשְׂרֵה, זְכֹר לָנוּ הַיּוֹם בְּרִית שְׁלֹשׁ עֶשְׂרֵה, כְּהוֹדַעְתָּ לֶעָנָו מִקֶּדֶם, כְּמוֹ
שמות לד שֶׁכָּתוּב: וַיֵּרֶד יהוה בֶּעָנָן, וַיִּתְיַצֵּב עִמּוֹ שָׁם, וַיִּקְרָא בְשֵׁם יהוה:

קהל ואחריו שליח הציבור:

וַיַּעֲבֹר יהוה עַל־פָּנָיו וַיִּקְרָא

יהוה, יהוה, אֵל רַחוּם וְחַנּוּן, אֶרֶךְ אַפַּיִם, וְרַב־חֶסֶד וֶאֱמֶת: נֹצֵר חֶסֶד לָאֲלָפִים, נֹשֵׂא עָוֹן וָפֶשַׁע וְחַטָּאָה, וְנַקֵּה: וְסָלַחְתָּ לַעֲוֹנֵנוּ וּלְחַטָּאתֵנוּ וּנְחַלְתָּנוּ:

תהלים פו סְלַח לָנוּ, אָבִינוּ, כִּי חָטָאנוּ. מְחַל לָנוּ, מַלְכֵּנוּ, כִּי פָשָׁעְנוּ. כִּי־אַתָּה, יהוה, טוֹב וְסַלָּח וְרַב־חֶסֶד לְכָל־קֹרְאֶיךָ:

הַאֲזִינָה, יהוה, תְּפִלָּתֵנוּ וְהַקְשִׁיבָה בְּקוֹל תַּחֲנוּנוֹתֵינוּ. שְׁמַע, יהוה, קוֹלֵנוּ נִקְרָא וְחָנֵּנוּ וַעֲנֵנוּ. שִׁמְעָה, יהוה, צֶדֶק הַקְשִׁיבָה רִנָּתֵנוּ, הַאֲזִינָה תְּפִלָּתֵנוּ. שְׁמַע, יהוה, וְחָנֵּנוּ. יהוה, הֱיֵה עוֹזֵר לָנוּ.

כְּרַחֵם אָב עַל בָּנִים, כֵּן תְּרַחֵם יהוה עָלֵינוּ.
תהלים ג לַיהוה הַיְשׁוּעָה, עַל־עַמְּךָ בִרְכָתֶךָ סֶּלָה:
תהלים מו יהוה צְבָאוֹת עִמָּנוּ, מִשְׂגָּב לָנוּ אֱלֹהֵי יַעֲקֹב סֶלָה:
תהלים פד יהוה צְבָאוֹת, אַשְׁרֵי אָדָם בֹּטֵחַ בָּךְ:
תהלים כ יהוה הוֹשִׁיעָה, הַמֶּלֶךְ יַעֲנֵנוּ בְיוֹם־קָרְאֵנוּ:

אֱלֹהֵינוּ וֵאלֹהֵי אֲבוֹתֵינוּ

אֱזֹן תַּחַן וְהַסְכֵּת עֲתִירָה, אַף הָפֵר וְשַׁכֵּךְ עֶבְרָה. בָּאֵי לְחַלּוֹתְךָ בְּנֶפֶשׁ מָרָה, בְּשִׁמְךָ הַגָּדוֹל יִמְצְאוּ עֶזְרָה. גַּעְיַת נֶאֱנָחִים וֶעֱנוּתָם חֲזֵה, גְּחִינַת קוֹמָתָם נָא לֹא תִבְזֶה. דְּרֹשׁ עֶלְבּוֹנָם מִצַּר בּוֹזֶה, דֹּרֵךְ פּוּרָה וְנִצְחָם יַזֶּה. הֲלֹא אַתָּה הָיִיתָ וְהִנְּךָ, הָיֹה תִהְיֶה בַּהֲדַר גְּאוֹנֶךָ. וְנִמַּת יִכּוֹן זֶרַע אֱמוּנֶיךָ, וְהִנָּם כָּלִים מִתִּגְרַת חֲרוֹנֶךָ. זֹעֲמוּ בְּעִוּוּיִם וּמִמַּאֲוַיִּם נִסְּחוּ, זֹרוּ בְּאַפְסַיִם וְלֹא נָחוּ. חֻבְּלָה רוּחָם וְלֶעָפָר שָׁחוּ, חָרְשׁוּ חוֹרְשִׁים וּמַעֲנִית הִמְתִּיחוּ. טָבְעוּ בְּבִץ וְאֵין פּוֹצֶה, טוֹרְפֵיהֶם שָׁלוּ מִקָּצֶה אֶל קָצֶה. יוֹם יוֹם לוֹחֲמָם מְנַצֶּה, יַד פּוֹרְשִׂים מִלַּחַץ לֵיצֵא. כָּלוּ חַיֵּיהֶם בְּיָגוֹן וַאֲנָחָה, כּוֹשֵׁל רַבָּה וְעָרְבָה שִׂמְחָה. לְיֶשַׁע חוֹכִים וְהִנֵּה צְוָחָה, לִבְטוֹם קָמִים וְכָרוּ שׁוּחָה. מַעֲרִימִים סוֹד מִמְּךָ לְהַדִּיחָם, מַכְבִּידִים עֹל לְהַכְשִׁיל כֹּחָם. נוֹאֲקִים אֵלֶיךָ בְּהִתְעַטֵּף רוּחָם, נַחַת מְצוֹא מִכֹּבֶד טָרְחָם. שִׂיחַ צְקִים בְּמַעֲמָד צָפוּף, סְלִיחָה מְבַקְשִׁים בְּקָדְקֹד כָּפוּף. עוֹשְׁקֵיהֶם יַקְנִיאוּם בְּנֵצֶר נַאֲפוּף, עוֹעִים יִמְסְכוּ וְיִהְיוּ לִסְפוּף. פְּדֵה דְבֵקֶיךָ מֵחֶרֶץ וְכִלּוּי, פַּלְּטֵם מִצּוֹרֵר וּתְנֵם לְעִלּוּי. צַוֵּה יְשׁוּעוֹת מְשַׁחֲרֶיךָ בְּחִלּוּי, צוּר עוֹלָמִים הוֹשִׁיעֵנוּ בְּגָלוּי. קַנּוֹא וְנוֹקֵם קַנֵּא לְשִׁמֶךָ, קַצֵּץ סִמְלוֹנִים מְצַוְּאֵר עַמֶּךָ. רְאֵה עֲמָלֵנוּ וְשׁוּב מִזַּעְמֶךָ, רִיבָה רִיבֵנוּ מֵעַם חֶרְמֶךָ. שִׁבְעָתַיִם הָשֵׁב לְחֵיק מַאֲנִינָי, שְׂכַר חִצֶּיךָ מִדַּם מְעַנָּי. תַּטֶּה אָזְנְךָ לְקוֹל תַּחֲנוּנַי, תִּרְצֵנִי בְּקָרְאִי יהוה יהוה.

אֵל מֶלֶךְ יוֹשֵׁב עַל כִּסֵּא רַחֲמִים, מִתְנַהֵג בַּחֲסִידוּת. מוֹחֵל עֲוֹנוֹת עַמּוֹ, מַעֲבִיר רִאשׁוֹן רִאשׁוֹן. מַרְבֶּה מְחִילָה לְחַטָּאִים, וּסְלִיחָה לְפוֹשְׁעִים. עֹשֶׂה צְדָקוֹת עִם כָּל בָּשָׂר וָרוּחַ, לֹא כְרָעָתָם תִּגְמֹל. אֵל, הוֹרֵיתָ לָּנוּ לוֹמַר שְׁלֹשׁ עֶשְׂרֵה, זְכֹר לָנוּ הַיּוֹם בְּרִית שְׁלֹשׁ עֶשְׂרֵה, כְּהוֹדַעְתָּ לֶעָנָו מִקֶּדֶם, כְּמוֹ שֶׁכָּתוּב: וַיֵּרֶד יהוה בֶּעָנָן, וַיִּתְיַצֵּב עִמּוֹ שָׁם, וַיִּקְרָא בְשֵׁם יהוה: שמות לד

קהל ואחריו שליח הציבור:

וַיַּעֲבֹר יהוה עַל־פָּנָיו וַיִּקְרָא

יהוה, יהוה, אֵל רַחוּם וְחַנּוּן, אֶרֶךְ אַפַּיִם, וְרַב־חֶסֶד וֶאֱמֶת: נֹצֵר חֶסֶד לָאֲלָפִים, נֹשֵׂא עָוֹן וָפֶשַׁע וְחַטָּאָה, וְנַקֵּה: וְסָלַחְתָּ לַעֲוֹנֵנוּ וּלְחַטָּאתֵנוּ וּנְחַלְתָּנוּ:

סְלַח לָנוּ, אָבִינוּ, כִּי חָטָאנוּ. מְחַל לָנוּ, מַלְכֵּנוּ, כִּי פָשָׁעְנוּ. כִּי־אַתָּה, יהוה, טוֹב וְסַלָּח וְרַב־חֶסֶד לְכָל־קֹרְאֶיךָ: תהלים פו

הקהל אומר פיוט זה בית בית,
ושליח הציבור חוזר אחריו בקול:

יהוה, יהוה, אֵל רַחוּם וְחַנּוּן שמות לד
אֶרֶךְ אַפַּיִם, וְרַב־חֶסֶד וֶאֱמֶת:
נֹצֵר חֶסֶד לָאֲלָפִים
נֹשֵׂא עָוֹן וָפֶשַׁע וְחַטָּאָה, וְנַקֵּה:
וְסָלַחְתָּ לַעֲוֹנֵנוּ וּלְחַטָּאתֵנוּ וּנְחַלְתָּנוּ:

אֶזְכְּרָה אֱלֹהִים וְאֶהֱמָיָה
בִּרְאוֹתִי כָּל עִיר עַל תִּלָּהּ בְּנוּיָה
וְעִיר הָאֱלֹהִים מֻשְׁפֶּלֶת עַד שְׁאוֹל תַּחְתִּיָּה
וּבְכָל זֹאת אָנוּ לְיָהּ וְעֵינֵינוּ לְיָהּ.

מִדַּת הָרַחֲמִים עָלֵינוּ הִתְגַּלְגְּלִי
וְלִפְנֵי קוֹנֵךְ תְּחִנָּתֵנוּ הַפִּילִי
וּבְעַד עַמֵּךְ רַחֲמִים שַׁאֲלִי
כִּי כָל לֵבָב דַּוָּי וְכָל רֹאשׁ לָחֳלִי.

תָּמַכְתִּי יְתֵדוֹתַי בִּשְׁלֹשׁ עֶשְׂרֵה תֵבוֹת
וּבְשַׁעֲרֵי דְמָעוֹת כִּי לֹא נִשְׁלָבוֹת
לָכֵן שָׁפַכְתִּי שִׂיחַ פְּנֵי בוֹחֵן לִבּוֹת
בָּטוּחַ אֲנִי בְּאֵלֶּה וּבִזְכוּת שְׁלֹשֶׁת אָבוֹת.

יְהִי רָצוֹן מִלְּפָנֶיךָ, שׁוֹמֵעַ קוֹל בְּכִיּוֹת
שֶׁתָּשִׂים דִּמְעוֹתֵינוּ בְּנֹאדְךָ לִהְיוֹת
וְתַצִּילֵנוּ מִכָּל גְּזֵרוֹת אַכְזָרִיּוֹת
כִּי לְךָ לְבַד עֵינֵינוּ תְלוּיוֹת.

ממשיכים ׳אֵל מֶלֶךְ׳ (עמ׳ 670).

סליחות לעשרה בטבת

סְלַח לָנוּ, אָבִינוּ, כִּי בְּרֹב אִוַּלְתֵּנוּ שָׁגִינוּ.
מְחַל לָנוּ, מַלְכֵּנוּ, כִּי רַבּוּ עֲוֹנֵינוּ.

כשאומרים סליחות לאחר נפילת אפיים אין אומרים שוב
י״ג מידות ומתחילים ׳כִּי עִם ה׳ הַחֶסֶד׳.

אֵל אֶרֶךְ אַפַּיִם אַתָּה, וּבַעַל הָרַחֲמִים נִקְרֵאתָ, וְדֶרֶךְ תְּשׁוּבָה הוֹרֵיתָ. גְּדֻלַּת רַחֲמֶיךָ וַחֲסָדֶיךָ, תִּזְכֹּר הַיּוֹם וּבְכָל יוֹם לְזֶרַע יְדִידֶיךָ. תֵּפֶן אֵלֵינוּ בְּרַחֲמִים, כִּי אַתָּה הוּא בַּעַל הָרַחֲמִים. בְּתַחֲנוּן וּבִתְפִלָּה פָּנֶיךָ נְקַדֵּם, כְּהוֹדַעְתָּ לֶעָנָו מִקֶּדֶם. מֵחֲרוֹן אַפְּךָ שׁוּב, כְּמוֹ בְּתוֹרָתְךָ כָּתוּב. וּבְצֵל כְּנָפֶיךָ נֶחֱסֶה וְנִתְלוֹנָן, כְּיוֹם וַיֵּרֶד יהוה בֶּעָנָן. תַּעֲבֹר עַל פֶּשַׁע וְתִמְחֶה אָשָׁם, כְּיוֹם וַיִּתְיַצֵּב עִמּוֹ שָׁם. תַּאֲזִין שַׁוְעָתֵנוּ וְתַקְשִׁיב מֶנּוּ מַאֲמָר, כְּיוֹם וַיִּקְרָא בְשֵׁם יהוה, וְשָׁם נֶאֱמַר

קהל ואחריו שליח הציבור:

וַיַּעֲבֹר יהוה עַל־פָּנָיו וַיִּקְרָא שמות לד

יהוה, יהוה, אֵל רַחוּם וְחַנּוּן, אֶרֶךְ אַפַּיִם, וְרַב־חֶסֶד וֶאֱמֶת: נֹצֵר חֶסֶד לָאֲלָפִים, נֹשֵׂא עָוֹן וָפֶשַׁע וְחַטָּאָה, וְנַקֵּה: וְסָלַחְתָּ לַעֲוֹנֵנוּ וּלְחַטָּאתֵנוּ, וּנְחַלְתָּנוּ:

סְלַח לָנוּ אָבִינוּ כִּי חָטָאנוּ, מְחַל לָנוּ מַלְכֵּנוּ כִּי פָשָׁעְנוּ. כִּי־אַתָּה אֲדֹנָי טוֹב תהלים פו
וְסַלָּח, וְרַב־חֶסֶד לְכָל־קֹרְאֶיךָ:

כִּי־עִם־יהוה הַחֶסֶד, וְהַרְבֵּה עִמּוֹ פְדוּת: פְּדֵה אֱלֹהִים אֶת־יִשְׂרָאֵל מִכֹּל תהלים קל תהלים כה
צָרוֹתָיו: וְהוּא יִפְדֶּה אֶת־יִשְׂרָאֵל מִכֹּל עֲוֹנֹתָיו: פּוֹדֶה יהוה נֶפֶשׁ עֲבָדָיו, תהלים קל תהלים לד
וְלֹא יֶאְשְׁמוּ כָּל־הַחֹסִים בּוֹ:

עשרה בטבת צום עשרה בטבת נקבע לזכר היום שבו החל המצור על ירושלים בימי נבוכדנצר מלך בבל. למעשה, עשרה בטבת מציין את תחילת התהליך שסופו, כעבור יותר משנתיים, חורבן העיר וחורבן בית המקדש הראשון. זוהי הנקודה הטרגית שביום הזה: מזמן שהתחיל התהליך נראה שכבר לא הייתה דרך לעצור את תוצאותיו. צום עשרה בטבת מזכיר לנו את האיום שיש בכניסה לתהליכי הרס – לאחר שהם מתחילים קשה מאוד לעצור אותם והם עשויים להימשך ולהתעצם עד לחורבן גמור.

כְּרַחֵם אָב עַל בָּנִים, כֵּן תְּרַחֵם יהוה עָלֵינוּ.
לַיהוה הַיְשׁוּעָה, עַל־עַמְּךָ בִרְכָתֶךָ סֶּלָה: תהלים ג
יהוה צְבָאוֹת עִמָּנוּ, מִשְׂגָּב לָנוּ אֱלֹהֵי יַעֲקֹב סֶלָה: תהלים מו
יהוה צְבָאוֹת, אַשְׁרֵי אָדָם בֹּטֵחַ בָּךְ: תהלים פד
יהוה הוֹשִׁיעָה, הַמֶּלֶךְ יַעֲנֵנוּ בְיוֹם־קָרְאֵנוּ: תהלים כ

סְלַח־נָא לַעֲוֹן הָעָם הַזֶּה כְּגֹדֶל חַסְדֶּךָ במדבר יד
וְכַאֲשֶׁר נָשָׂאתָה לָעָם הַזֶּה מִמִּצְרַיִם וְעַד־הֵנָּה:
וְשָׁם נֶאֱמַר
קהל ואחריו שליח הציבור:

וַיֹּאמֶר יהוה, סָלַחְתִּי כִּדְבָרֶךָ:

הַטֵּה אֱלֹהַי אָזְנְךָ וּשְׁמָע, פְּקַח עֵינֶיךָ וּרְאֵה שֹׁמְמֹתֵינוּ וְהָעִיר אֲשֶׁר־נִקְרָא דניאל ט
שִׁמְךָ עָלֶיהָ, כִּי לֹא עַל־צִדְקֹתֵינוּ אֲנַחְנוּ מַפִּילִים תַּחֲנוּנֵינוּ לְפָנֶיךָ, כִּי עַל־
רַחֲמֶיךָ הָרַבִּים: אֲדֹנָי שְׁמָעָה, אֲדֹנָי סְלָחָה, אֲדֹנָי הַקְשִׁיבָה וַעֲשֵׂה אַל־
תְּאַחַר, לְמַעַנְךָ אֱלֹהַי, כִּי־שִׁמְךָ נִקְרָא עַל־עִירְךָ וְעַל־עַמֶּךָ:

אֱלֹהֵינוּ וֵאלֹהֵי אֲבוֹתֵינוּ

אֶזְכְּרָה מָצוֹק אֲשֶׁר קְרָאַנִי. בְּשָׁלֹשׁ מַכּוֹת בַּחֹדֶשׁ הַזֶּה הִכַּנִי. גִּדְעַנִי הֱנִיאַנִי
הִכְאַנִי. אַךְ־עַתָּה הֶלְאָנִי: דִּעְכַנִי בִּשְׁמוֹנָה בוֹ שְׂמָאלִית וִימָנִית. הֲלֹא שְׁלָשְׁתָּן איוב טז
קָבַעְתִּי תַעֲנִית. וּמֶלֶךְ יָוָן אֲנָסַנִי לִכְתֹּב דָּת, יְוָנִית. עַל גַּבִּי חָרְשׁוּ חוֹרְשִׁים,
הֶאֱרִיכוּ מַעֲנִית. זֹעַמְתִּי בִּתְשְׁעָה בוֹ בִּכְלִמָּה וְחֵפֶר. חָשַׁךְ מֵעָלַי מְעִיל הוֹד
וְצֶפֶר. טָרֹף טֹרַף בּוֹ הַנּוֹתֵן אִמְרֵי שֶׁפֶר. הוּא עֶזְרָא הַסּוֹפֵר. יוֹם עֲשִׂירִי, צִוָּה
בֶּן בּוּזִי הַחוֹזֶה. כְּתָב לְךָ בְּסֵפֶר הַמַּחֲזֶה. לְזִכָּרוֹן לְעַם נָמֵס וְנִבְזֶה. אֶת־עֶצֶם יחזקאל כד
הַיּוֹם הַזֶּה: מְנַיֵּן סֵדֶר חֳדָשִׁים בַּעֲשָׂרָה בוֹ הָעִיר. נְהִי וִילֵל בְּמוֹ פִּי אַפְעִיר.
סֵדֶר פִּרְעָנִיּוֹת בְּתוֹךְ לְבָבִי יַבְעִיר. בְּבֹא אֵלַי הַפָּלִיט לֵאמֹר הֻכְּתָה הָעִיר. עַל
אֵלֶּה, עַל פָּנַי אָבָק זֵרִיתִי. פַּצְתִּי עַל אַרְבַּעְתָּן, לוּ חֵץ בְּלִבִּי יָרִיתִי. צָרוֹת עַל
אֵלֶּה, קֶבֶר לִי כָּרִיתִי. צַדִּיק הוּא יהוה, כִּי פִיהוּ מָרִיתִי: קָרָאתִי שִׁמְךָ, מִתְנַחֵם איכה א
עַל רָעָתִי. רְאֵה עָנְיִי וּשְׁמַע קוֹל פְּגִיעָתִי. שְׁמַע תְּחִנָּתִי, חִישׁ נָא יְשׁוּעָתִי.
אַל־תַּעְלֵם אָזְנְךָ לְרַוְחָתִי לְשַׁוְעָתִי: יֶרַח טֵבֵת, מְאֹד לָקִיתִי בוֹ. וְנִשְׁתַּנּוּ עָלַי איכה ג
סְדָרַי נְתִיבוֹ. סָרַרְתִּי, פָּשַׁעְתִּי, יְגַלֶּה לִי טוּבוֹ. הָאוֹמֵר לַיָּם עַד פֹּה תָבוֹא.

אֵל מֶלֶךְ יוֹשֵׁב עַל כִּסֵּא רַחֲמִים, מִתְנַהֵג בַּחֲסִידוּת. מוֹחֵל עֲוֹנוֹת עַמּוֹ, מַעֲבִיר רִאשׁוֹן רִאשׁוֹן. מַרְבֶּה מְחִילָה לְחַטָּאִים, וּסְלִיחָה לְפוֹשְׁעִים. עֹשֶׂה צְדָקוֹת עִם כָּל בָּשָׂר וָרוּחַ, לֹא כְרָעָתָם תִּגְמֹל. אֵל, הוֹרֵיתָ לָּנוּ לוֹמַר שְׁלֹשׁ עֶשְׂרֵה, זְכֹר לָנוּ הַיּוֹם בְּרִית שְׁלֹשׁ עֶשְׂרֵה, כְּהוֹדַעְתָּ לֶעָנָו מִקֶּדֶם, כְּמוֹ
שֶׁכָּתוּב: וַיֵּרֶד יהוה בֶּעָנָן, וַיִּתְיַצֵּב עִמּוֹ שָׁם, וַיִּקְרָא בְשֵׁם, יהוה: שמות לד

קהל ואחריו שליח הציבור:

וַיַּעֲבֹר יהוה עַל־פָּנָיו וַיִּקְרָא

יהוה, יהוה, אֵל רַחוּם וְחַנּוּן, אֶרֶךְ אַפַּיִם, וְרַב־חֶסֶד וֶאֱמֶת: נֹצֵר חֶסֶד לָאֲלָפִים, נֹשֵׂא עָוֹן וָפֶשַׁע וְחַטָּאָה, וְנַקֵּה: וְסָלַחְתָּ לַעֲוֹנֵנוּ וּלְחַטָּאתֵנוּ, וּנְחַלְתָּנוּ:

סְלַח לָנוּ אָבִינוּ כִּי חָטָאנוּ, מְחַל לָנוּ מַלְכֵּנוּ כִּי פָשָׁעְנוּ. כִּי־אַתָּה אֲדֹנָי טוֹב תהלים פו
וְסַלָּח, וְרַב־חֶסֶד לְכָל־קֹרְאֶיךָ:

אֱלֹהִים בָּאוּ גוֹיִם בְּנַחֲלָתֶךָ, טִמְּאוּ אֶת־הֵיכַל קָדְשֶׁךָ, שָׂמוּ אֶת־יְרוּשָׁלַםִ תהלים עט
לְעִיִּים: אֱלֹהִים, זֵדִים קָמוּ עָלֵינוּ, וַעֲדַת עָרִיצִים בִּקְשׁוּ נַפְשֵׁנוּ, וְלֹא שָׂמוּךָ לְנֶגְדָּם.

כְּרַחֵם אָב עַל בָּנִים, כֵּן תְּרַחֵם יהוה עָלֵינוּ.
לַיהוה הַיְשׁוּעָה, עַל־עַמְּךָ בִרְכָתֶךָ סֶּלָה: תהלים ג
יהוה צְבָאוֹת עִמָּנוּ, מִשְׂגָּב לָנוּ אֱלֹהֵי יַעֲקֹב סֶלָה: תהלים מו
יהוה צְבָאוֹת, אַשְׁרֵי אָדָם בֹּטֵחַ בָּךְ: תהלים פד
יהוה הוֹשִׁיעָה, הַמֶּלֶךְ יַעֲנֵנוּ בְיוֹם־קָרְאֵנוּ: תהלים כ

אֱלֹהֵינוּ וֵאלֹהֵי אֲבוֹתֵינוּ

אֶבֶן הָרֹאשָׁה, לְעִיִּים וְלַחֲרִישָׁה, וְנוֹחֲלֵי מוֹרָשָׁה, מָנוֹד רֹאשׁ בַּלְאֻמִּים. בְּקִרְבִּי לֵב נִכְאָב, נִדְוֶה וְנִדְאָב, נִשְׁאַרְנוּ כְּאֵין אָב, וְהָיִינוּ כִּיתוֹמִים. רַכָּה וַעֲנֻגָּה, בַּשּׁוֹשַׁנִּים סוּגָה, וְעַתָּה הִיא נוּגָה, מְסוּרָה בְּיַד קָמִים. הָיְתָה כְּאַלְמָנָה, קִרְיָה נֶאֱמָנָה, וְזֶרַע מִי מָנָה, נִמְכְּרוּ בְּלֹא דָמִים. מְעֻנָּגָה וְרַכָּה, צָלְחָה לִמְלוּכָה, וּמַעֲנִיתָהּ אָרְכָה, זֶה כַּמָּה שָׁנִים וְיָמִים. בֵּית יַעֲקֹב לְבִזָּה, לְלַעַג וּלְעִזָּה, וְהָעִיר

הָעַלִּיזָה, לְמַטְּעֵי כְרָמִים. רְוּיָה תַּרְעֵלָה, בְּיַד בְּנֵי עַוְלָה, הָרְצוּיָה כְּעוֹלָה, וְכִקְטֹרֶת הַסַּמִּים. מְאָסָהּ לִזְנֹחַ, תּוֹרַת אֲבִי זָנוֹחַ, וְלֹא מָצְאָה מָנוֹחַ, לֵילוֹת וְגַם יָמִים. נוֹרָא אֵל עֶלְיוֹן, מִמְּךָ יְהִי צִבְיוֹן, לְהָשִׁיב לְרִיב צִיּוֹן, שְׁנַת שִׁלּוּמִים. חַדֵּשׁ יָמֵינוּ כְּקֶדֶם, מְעוֹנָה אֱלֹהֵי קֶדֶם, וְלַבֵּן כְּצֶמֶר אָדֹם, וְכַשֶּׁלֶג כְּתָמִים. חַזְּקֵנוּ בְּיִרְאָתֶךָ, וּבְקִיּוּם תּוֹרָתֶךָ, וּפָקְדֵנוּ בִּישׁוּעָתֶךָ, אֵל מָלֵא רַחֲמִים.

אֵל מֶלֶךְ יוֹשֵׁב עַל כִּסֵּא רַחֲמִים, מִתְנַהֵג בַּחֲסִידוּת. מוֹחֵל עֲוֹנוֹת עַמּוֹ, מַעֲבִיר רִאשׁוֹן רִאשׁוֹן. מַרְבֶּה מְחִילָה לְחַטָּאִים, וּסְלִיחָה לְפוֹשְׁעִים. עֹשֶׂה צְדָקוֹת עִם כָּל בָּשָׂר וָרוּחַ, לֹא כְרָעָתָם תִּגְמֹל. אֵל, הוֹרֵיתָ לָּנוּ לוֹמַר שְׁלֹשׁ עֶשְׂרֵה, זְכֹר לָנוּ הַיּוֹם בְּרִית שְׁלֹשׁ עֶשְׂרֵה, כְּהוֹדַעְתָּ לֶעָנָו מִקֶּדֶם, כְּמוֹ
שֶׁכָּתוּב: וַיֵּרֶד יהוה בֶּעָנָן, וַיִּתְיַצֵּב עִמּוֹ שָׁם, וַיִּקְרָא בְשֵׁם, יהוה: שמות לד

קהל ואחריו שליח הציבור:

וַיַּעֲבֹר יהוה עַל־פָּנָיו וַיִּקְרָא

יהוה, יהוה, אֵל רַחוּם וְחַנּוּן, אֶרֶךְ אַפַּיִם, וְרַב־חֶסֶד וֶאֱמֶת: נֹצֵר חֶסֶד לָאֲלָפִים, נֹשֵׂא עָוֹן וָפֶשַׁע וְחַטָּאָה, וְנַקֵּה: וְסָלַחְתָּ לַעֲוֹנֵנוּ וּלְחַטָּאתֵנוּ, וּנְחַלְתָּנוּ:

סְלַח לָנוּ אָבִינוּ כִּי חָטָאנוּ, מְחַל לָנוּ מַלְכֵּנוּ כִּי פָשָׁעְנוּ. כִּי־אַתָּה אֲדֹנָי טוֹב תהלים פו
וְסַלָּח, וְרַב־חֶסֶד לְכָל־קֹרְאֶיךָ:

הקהל אומר פיוט זה בית בית, ושליח הציבור חוזר אחריו בקול:

אֲבוֹתַי כִּי בָטְחוּ בְּשֵׁם אֱלֹהֵי צוּרִי
גָּדְלוּ וְהִצְלִיחוּ וְגַם עָשׂוּ פֶרִי
וּמֵעֵת הֻדְּחוּ וְהָלְכוּ עִמּוֹ קֶרִי
הָיוּ הָלוֹךְ וְחָסוֹר עַד הַחֹדֶשׁ הָעֲשִׂירִי. בראשית ח

בָּעֲשִׂירִי לַחֹדֶשׁ סָמַךְ מֶלֶךְ בָּבֶל
וְצָר עַל עִיר הַקֹּדֶשׁ, וְנִקְרַב רַב הַחוֹבֵל
נָתַתִּי הֲדֵשׁ וְעָנִיתִי בַכֶּבֶל
וְהָיָה מִדֵּי חֹדֶשׁ לְאֵבֶל כִּנּוֹרִי.

רֵאשִׁית בְּכוּרָה לְרֵאשִׁית הַחֵרֶם
שֵׂם אֲחֵרִים הִזְכִּירָה, וְהֶעָוֹן גּוֹרֵם
פְּנֵי אֵל לֹא הִכִּירָה, וְשֻׁטְפָה בְזֶרֶם
צָרָה כְּמַבְכִּירָה כָּעֵת בַּמָּרוֹם תַּמְרִיא.

הָאֱלֹהִים הֵבִיא יוֹם רָעָה וּמָצוֹר
צִוָּה צָרַי סְבִיבַי עוֹלָלַי לִבְצֹר
יוֹם הֵרַךְ לְבָבִי וְאֵין כֹּחַ לַעְצֹר
וְדִבֶּר אֶל נָבִיא, מְשֹׁל אֶל בֵּית הַמֶּרִי.

מִיּוֹשְׁבֵי שַׁעַר הֶעֱבִיר אַדֶּרֶת
חֲמָתוֹ כָּאֵשׁ בָּעַר, וְהֵרִים עֲטֶרֶת
וּמִלְּבָנוֹן יַעַר הִשְׁלִיךְ תִּפְאֶרֶת
וְרוּחַ סוֹעָה וָסַעַר תְּסַמֵּר שַׂעֲרַת בְּשָׂרִי.

יְפֵיפִית נִמְשַׁלְתְּ, וְעַתָּה קְדוֹרַנִּית
בְּעָוֹן כִּי כָשַׁלְתְּ, וְלִבֵּךְ אֲחוֹרַנִּית
זִנְבוּךְ וְנֶחֱשַׁלְתְּ רִאשׁוֹנָה וְשֵׁנִית
וְהָחֵל לֹא חֻתַּלְתְּ מְעַט צֳרִי.

צַדִּיק הַצּוּר תָּם, נְשֹׂא עָוֹן נִלְאָה
מִכְּרוּב לְמִפְתָּן, לְפִנַּת גַּג דָּאָה
מֵעָוֹן הַנִּכְתָּם, וְצַעֲקָתָם בָּאָה
רַבָּה רָעָתָם כְּעֵץ עֹשֶׂה פֶּרִי.

חִזֵּק כָּל קָמַי, תּוֹכֵן הָעֲלִילוֹת
כִּי מָלְאוּ יָמַי בְּרֹעַ מִפְעָלוֹת
וּמִבֹּשֶׁת עֲלוּמַי שָׁכַחְתִּי גְמוּלוֹת
נוֹתֵן לַחְמִי וּמֵימַי, פִּשְׁתִּי וְצַמְרִי.

קָמַי פִּיהֶם פָּעֲרוּ וְנַחֲלָתִי בִּלֵּעוּ
מְאֹד עָלַי גָּבְרוּ וְדָמִי שָׁתוּ וְלָעוּ
נָכְרִים עָלַי צָרוּ וְאֶת אַחַי הֵרֵעוּ
הָאוֹמְרִים עָרוּ עָרוּ, בְּנֵי שֵׂעִיר הַחֹרִי.

אָמְרוּ לְכוּ נְכַלֵּם, וְנַשְׁבִּיתָה זִכְרָם
אֵל קַנּוֹא וְנוֹקֵם, גָּמְלֵם, יִשְׂאוּ אֶת שִׁבְרָם
כְּמַעֲשֵׂיהֶם שַׁלֵּם וְיֵבוֹשׁוּ מִשִּׁבְרָם
כְּאִישׁ חֲלוֹם חוֹלֵם שְׁלשָׁה סַלֵּי חֹרִי.

פִּצְעִי לֹא רֻכְּכָה וְחַבּוּרוֹתַי רֶצַח
וְעֵינִי הִכְהָתָה, צוֹפָה לְדוֹדִי צַח
הַעוֹד לֹא שָׁכְכָה חֲמָתוֹ לָנֶצַח
עַל מֶה עָשָׂה כָּכָה וּמֶה חֳרִי.

רַחוּם זֶה אֵלִי, אַל לָעַד תִּזְנַח
אָרְכוּ יְמֵי אֶבְלִי וְעוֹד לִבִּי נֶאֱנָח
שׁוּבָה אֶל לְאָהֳלִי, מְקוֹמְךָ אַל תַּנַּח
שַׁלֵּם יְמֵי אֶבְלִי כִּי תָבוֹא עַל שִׁבְרִי.

יהוה מְנָת חֶלְקִי, חוּשָׁה לִּי לְעֶזְרָה
וּפִתַּחְתָּ שַׂקִּי, שִׂמְחָה לִי לְאַזְרָה
וְתַגִּיהַּ אֶת חָשְׁכִּי בְּאוֹרְךָ לְהָאִירָה
אֶת נֶשֶׁף חִשְׁקִי, כִּי אַתָּה נֵרִי.

מִיגוֹן וַאֲנָחָה, פְּדֵה אֵל אֶת נַפְשִׁי
עֲשֵׂה לְעַמְּךָ הֲנָחָה, מַלְכִּי וּקְדוֹשִׁי
תַּהֲפוֹךְ לִרְוָחָה אֶת צוֹם הַחֲמִישִׁי
לְשָׂשׂוֹן וּלְשִׂמְחָה, צוֹם הָרְבִיעִי וְצוֹם הָעֲשִׂירִי.

ממשיכים ׳אֵל מֶלֶךְ׳ (עמ׳ 670).

סליחות לתענית אסתר

סְלַח לָנוּ, אָבִינוּ, כִּי בְּרֹב אִוַּלְתֵּנוּ שָׁגִינוּ.
מְחַל לָנוּ, מַלְכֵּנוּ, כִּי רַבּוּ עֲוֹנֵינוּ.

כשאומרים סליחות לאחר נפילת אפיים אין אומרים שוב י״ג מידות ומתחילים ׳קַוֵּה קִוִּינוּ ה׳׳.

אֵל אֶרֶךְ אַפַּיִם אַתָּה, וּבַעַל הָרַחֲמִים נִקְרֵאתָ, וְדֶרֶךְ תְּשׁוּבָה הוֹרֵיתָ. גְּדֻלַּת רַחֲמֶיךָ וַחֲסָדֶיךָ, תִּזְכֹּר הַיּוֹם וּבְכָל יוֹם לְזֶרַע יְדִידֶיךָ. תֵּפֶן אֵלֵינוּ בְּרַחֲמִים, כִּי אַתָּה הוּא בַּעַל הָרַחֲמִים. בְּתַחֲנוּן וּבִתְפִלָּה פָּנֶיךָ נְקַדֵּם, כְּהוֹדַעְתָּ לֶעָנָו מִקֶּדֶם. מֵחֲרוֹן אַפְּךָ שׁוּב, כְּמוֹ בְּתוֹרָתְךָ כָּתוּב. וּבְצֵל כְּנָפֶיךָ נֶחֱסֶה וְנִתְלוֹנָן, כְּיוֹם וַיֵּרֶד יהוה בֶּעָנָן. תַּעֲבֹר עַל פֶּשַׁע וְתִמְחֶה אָשָׁם, כְּיוֹם וַיִּתְיַצֵּב עִמּוֹ שָׁם. תַּאֲזִין שַׁוְעָתֵנוּ וְתַקְשִׁיב מֶנּוּ מַאֲמָר, כְּיוֹם וַיִּקְרָא בְשֵׁם יהוה, וְשָׁם נֶאֱמַר

קהל ואחריו שליח הציבור:

וַיַּעֲבֹר יהוה עַל־פָּנָיו וַיִּקְרָא שמות לד

יהוה, יהוה, אֵל רַחוּם וְחַנּוּן, אֶרֶךְ אַפַּיִם, וְרַב־חֶסֶד וֶאֱמֶת: נֹצֵר חֶסֶד לָאֲלָפִים, נֹשֵׂא עָוֹן וָפֶשַׁע וְחַטָּאָה, וְנַקֵּה: וְסָלַחְתָּ לַעֲוֹנֵנוּ וּלְחַטָּאתֵנוּ, וּנְחַלְתָּנוּ:

סְלַח לָנוּ אָבִינוּ כִּי חָטָאנוּ, מְחַל לָנוּ מַלְכֵּנוּ כִּי פָשָׁעְנוּ. כִּי־אַתָּה אֲדֹנָי טוֹב תהלים פו
וְסַלָּח, וְרַב־חֶסֶד לְכָל־קֹרְאֶיךָ:

קַוֵּה קִוִּינוּ יהוה, וַיֵּט אֵלֵינוּ וַיִּשְׁמַע שַׁוְעָתֵנוּ. אַף אֹרַח מִשְׁפָּטֶיךָ יהוה ישעיה כו
קִוִּינוּךָ, לְשִׁמְךָ וּלְזִכְרְךָ תַּאֲוַת־נָפֶשׁ:

תענית אסתר מנהג ישראל הוא שבכל עת של צרה ומצוקה קובעים יום (או ימים אחדים) לתענית, באמונה שבכוח התפילה והצדקה, העינוי וההיטהרות תבוא ישועה מן השמיים. כפי שמובא פעמים אחדות במקרא, כך נהגו גם אסתר ועם ישראל והתענו שלושה ימים כאשר נודעה גזרתו של המן. לזכר אותה התענית נקבע צום זה.

כְּרַחֵם אָב עַל בָּנִים, כֵּן תְּרַחֵם יהוה עָלֵינוּ.

תהלים ג לַיהוה הַיְשׁוּעָה, עַל־עַמְּךָ בִרְכָתֶךָ סֶּלָה:

תהלים מו יהוה צְבָאוֹת עִמָּנוּ, מִשְׂגָּב לָנוּ אֱלֹהֵי יַעֲקֹב סֶלָה:

תהלים פד יהוה צְבָאוֹת, אַשְׁרֵי אָדָם בֹּטֵחַ בָּךְ:

תהלים כ יהוה הוֹשִׁיעָה, הַמֶּלֶךְ יַעֲנֵנוּ בְיוֹם־קָרְאֵנוּ:

במדבר יד סְלַח־נָא לַעֲוֹן הָעָם הַזֶּה כְּגֹדֶל חַסְדֶּךָ
וְכַאֲשֶׁר נָשָׂאתָה לָעָם הַזֶּה מִמִּצְרַיִם וְעַד־הֵנָּה:
וְשָׁם נֶאֱמַר

קהל ואחריו שליח הציבור:

וַיֹּאמֶר יהוה, סָלַחְתִּי כִּדְבָרֶךָ:

דניאל ט הַטֵּה אֱלֹהַי אָזְנְךָ וּשְׁמָע, פְּקַח עֵינֶיךָ וּרְאֵה שֹׁמְמֹתֵינוּ וְהָעִיר אֲשֶׁר־נִקְרָא
שִׁמְךָ עָלֶיהָ, כִּי לֹא עַל־צִדְקֹתֵינוּ אֲנַחְנוּ מַפִּילִים תַּחֲנוּנֵינוּ לְפָנֶיךָ, כִּי עַל־
רַחֲמֶיךָ הָרַבִּים: אֲדֹנָי שְׁמָעָה, אֲדֹנָי סְלָחָה, אֲדֹנָי הַקְשִׁיבָה וַעֲשֵׂה אַל־
תְּאַחַר, לְמַעַנְךָ אֱלֹהַי, כִּי־שִׁמְךָ נִקְרָא עַל־עִירְךָ וְעַל־עַמֶּךָ:

אֱלֹהֵינוּ וֵאלֹהֵי אֲבוֹתֵינוּ

אָדָם בְּקוּם עָלֵינוּ, חִיל אֲחָזַתְנוּ לִרְעֹד. בְּהִסְתַּפְּחוֹ לְמַלְכוּת חָנֵף, כִּמְעַט
תהלים פג כָּשַׁלְנוּ לִמְעֹד. גָּמְרוּ לְמָכְרֵנוּ כְּתֵל וְחָרִיץ בְּלִי מִסְעוֹד. אָמְרוּ לְכוּ וְנַכְחִידֵם
מִגּוֹי, וְלֹא־יִזָּכֵר שֵׁם־יִשְׂרָאֵל עוֹד: דַּלּוּ עֵינַי לַמָּרוֹם, קְרָאתִיךָ אוֹיְבַי לָקֹב.
הַכְרֵת שֵׁם וּשְׁאָר, וּמְחֵה שֵׁם לִרְקֹב. וְצַר צוֹרְרֵי בְּנִכְלֵיהֶם אֲשֶׁר נִכְּלוּ
תהלים צד לַעֲקֹב. וַיֹּאמְרוּ, לֹא יִרְאֶה־יָּהּ, וְלֹא־יָבִין אֱלֹהֵי יַעֲקֹב: זְרוּיִים עָנָה וַיָּגָה, וְלֹא
מִלֵּב לְכַלּוֹתָם. חֻבּוּ לְפָנִים, וְרָדָם בַּהֲסָרַת טַבַּעַת לְהַחֲלוֹתָם. טוּב דְּבָרוֹ
ויקרא כו הֵקִים לְעֵינֵי הַגּוֹיִם לְהַעֲלוֹתָם. בְּאֶרֶץ אֹיְבֵיהֶם לֹא־מְאַסְתִּים וְלֹא־גְעַלְתִּים
לְכַלֹּתָם: יָדַע רֶמֶז הַקּוֹרוֹת לְעַם מְעֻפָּר וּמְהֻדָּס. כָּתַב הַסֵּתֶר אַסְתִּיר
ישעיה נה וּמָר דְּרוֹר מִפַּרְדֵּס. לַשְׁבֹּת הָמָן מִמָּחֳרָת, הֲמִן הָעֵץ קָנְדֵּס. תַּחַת הַנַּעֲצוּץ
יַעֲלֶה בְרוֹשׁ וְתַחַת הַסִּרְפַּד יַעֲלֶה הֲדַס: מַקְשִׁיב דְּבַר שֶׁקֶר כָּתַב שִׂטְנָה
וָעֶצֶב. נִתְעַטֵּף בְּבִגְדֵי שְׂרָד כְּטָעָה בְּמִנְיַן קֶצֶב. סְדָר לְהִשְׁתַּמֵּשׁ בְּשׁוֹנִים
איוב ב כְּלֵי הַמַּחְצֵב. וַיָּבוֹא גַם־הַשָּׂטָן בְּתֹכָם לְהִתְיַצֵּב: עִם הַנִּמְצָאִים בְּשׁוּשָׁן,

בְּאָכְלָם מִזֶּבַח עוֹכְרָם. פָּעַר פִּיו לְהַשְׂטִינָם, וּלְהַסְגִּירָם בְּיַד נוֹתֵן מִכְרָם. צוּר
הַסְכִּים לִכְתֹּב אִגֶּרֶת לְאַבֵּד שִׁבְרָם. אָמַרְתִּי אַפְאֵיהֶם, אַשְׁבִּיתָה מֵאֱנוֹשׁ דברים לב
זִכְרָם: קְדוֹשִׁים מַלְאֲכֵי שָׁלוֹם מַר יִבְכָּיוּן בִּצְעָקָה. רַחוּם הַבֵּט לַבְּרִית
וְאַל תָּפֵר לְהַרְחִיקָה. שָׁמְעָה מוֹרָשָׁה, וַתִּלְבַּשׁ בִּגְדֵי אַלְמְנוּת וּמוּעָקָה.
וַתָּשֶׂם יָדָהּ עַל־רֹאשָׁהּ, וַתֵּלֶךְ הָלוֹךְ וְזָעָקָה: תִּשְׁבִּי שָׁם אֵזוֹר שַׂק בְּמָתְנָיו שמואל ב׳ יג
תַּחְבֹּשֶׁת. מַהֵר וְהוֹדִיעַ יְשֵׁנֵי מַכְפֵּל, אָבוֹת שְׁלֹשֶׁת. נָחַץ לְרוֹעֶה, מַה לְּךָ
נִרְדָּם לְהִתְעַשֵּׁת. קוּם קְרָא אֶל־אֱלֹהֶיךָ, אוּלַי יִתְעַשֵּׁת: חוֹתָם טִיט אֲשֶׁר יונה א
נַעֲשָׂה, לְבַלְשָׁן סֵפֶר. מְנִינֶה לָמְדוּ לְאַחַר גְּזֵרָה כַּעַס לְהָפֵר. בֶּן קִישׁ הִקִּישׁ
דַּלְתוֹת בֵּית הַסֵּפֶר. וַיְכַס שַׂק, וַיֵּשֶׁב עַל־הָאֵפֶר: רִבֵּץ תִּינוֹקוֹת לְפָנָיו יָמִים יונה ג
שְׁלֹשָׁה, צְמֵאִים וּמְכֻפָּנִים. בְּקוֹל יַעֲקֹב לַחֲלֹשׁ יְדֵי עַז פָּנִים. יָדָיו אֱמוּנָה
לָאֵל, הַצִּילֵנִי נָא מֵעֶלְבּוֹנִים. פֶּן־יָבוֹא וְהִכַּנִי אֵם עַל־בָּנִים: מִזֶּה אֵלֶּה וּמִזֶּה בראשית לב
אֵלֶּה, בְּנֵי אֵיתָנֵי וְרַבָּנֵי. כֻּלָּם צָעֲקוּ, וַתַּעַל שַׁוְעָתָם אֶל יהוה. יָהּ, לְקוֹל
רִנּוּן כְּבוֹא, שָׁאַל לְפָנַי. וּמֶה קוֹל־הַצֹּאן הַזֶּה בְּאָזְנָי: רוֹעֶה הֱשִׁיבוֹ, הֵם שמואל א׳ טו
קְטַנֵּי קֹדֶשׁ זֶרַע. יָהּ, הַצֵּל לְקוּחִים לַמָּוֶת מֵאוֹיֵב הָרָע. חַנּוּן נִכְמְרוּ רַחֲמָיו
וַיְבַקֵּשׁ לִבְכּוֹת הַמְּאֹרָע. וַיְהִי כִּקְרֹא מֶלֶךְ־יִשְׂרָאֵל אֶת־הַסֵּפֶר, וַיִּקְרַע: מלכים ב׳ ה
יְהוּדִי הוֹקִיעַ, יְלָדָיו לְמַטָּה וַאֲבִיהֶם לְמַעְלָה. אִישׁ אִישׁ בְּשָׁלֹשׁ אַמּוֹת,
וְהָרְבִיעִית אֲוִיר מְגֻלָּה. מִשְׁנֶה נָקַם חָזָה, וְשָׂמַח וְשָׁת תְּהִלָּה. אֹתִי הֵשִׁיב בראשית מא
עַל־כַּנִּי וְאֹתוֹ תָלָה: וַתִּכְתֹּב אֶסְתֵּר תֹּקֶף, לִקְרֹא כְּבְהַלֵּל מְהוֹדִים. מִלְמַעְלָה
קִיְּמוּ מַה שֶּׁקִּבְּלוּ לְמַטָּה דוֹדִים. נֵס יְנוֹסֵס לְפַרְסֵם כְּאָז פִּלְאוֹ מַסְהִידִים.
בָּעֵת הַזֹּאת רֶוַח וְהַצָּלָה יַעֲמוֹד לַיְּהוּדִים: אסתר ד

אֵל מֶלֶךְ יוֹשֵׁב עַל כִּסֵּא רַחֲמִים, מִתְנַהֵג בַּחֲסִידוּת. מוֹחֵל עֲוֹנוֹת עַמּוֹ, מַעֲבִיר רִאשׁוֹן רִאשׁוֹן. מַרְבֶּה מְחִילָה לְחַטָּאִים, וּסְלִיחָה לְפוֹשְׁעִים. עֹשֶׂה צְדָקוֹת עִם כָּל בָּשָׂר וָרוּחַ, לֹא כְרָעָתָם תִּגְמֹל. אֵל, הוֹרֵיתָ לָּנוּ לוֹמַר שְׁלֹשׁ עֶשְׂרֵה, זְכֹר לָנוּ הַיּוֹם בְּרִית שְׁלֹשׁ עֶשְׂרֵה, כְּהוֹדַעְתָּ לֶעָנָו מִקֶּדֶם, כְּמוֹ
שֶׁכָּתוּב: וַיֵּרֶד יהוה בֶּעָנָן, וַיִּתְיַצֵּב עִמּוֹ שָׁם, וַיִּקְרָא בְשֵׁם, יהוה: שמות לד

קהל ואחריו שליח הציבור:

וַיַּעֲבֹר יהוה עַל־פָּנָיו וַיִּקְרָא

יהוה, יהוה, אֵל רַחוּם וְחַנּוּן, אֶרֶךְ אַפַּיִם, וְרַב־חֶסֶד וֶאֱמֶת: נֹצֵר חֶסֶד לָאֲלָפִים, נֹשֵׂא עָוֹן וָפֶשַׁע וְחַטָּאָה, וְנַקֵּה: וְסָלַחְתָּ לַעֲוֹנֵנוּ וּלְחַטָּאתֵנוּ, וּנְחַלְתָּנוּ:

תהלים פו סְלַח לָנוּ אָבִינוּ כִּי חָטָאנוּ, מְחַל לָנוּ מַלְכֵּנוּ כִּי פָשָׁעְנוּ. כִּי־אַתָּה אֲדֹנָי טוֹב
וְסַלָּח, וְרַב־חֶסֶד לְכָל־קֹרְאֶיךָ:

תהלים לו כִּי־עִמְּךָ מְקוֹר חַיִּים, בְּאוֹרְךָ נִרְאֶה־אוֹר: בְּקָרְאֵנוּ עֲנֵנוּ אֱלֹהֵי צִדְקֵנוּ,
במדבר יד בַּצָּר הִרְחַבְתָּ לָּנוּ, חָנֵּנוּ וּשְׁמַע תְּפִלָּתֵנוּ. וְעַתָּה יִגְדַּל־נָא כֹּחַ אֲדֹנָי, כַּאֲשֶׁר
דִּבַּרְתָּ לֵאמֹר:

כְּרַחֵם אָב עַל בָּנִים, כֵּן תְּרַחֵם יהוה עָלֵינוּ.
תהלים ג לַיהוה הַיְשׁוּעָה, עַל־עַמְּךָ בִרְכָתֶךָ סֶּלָה:
תהלים מו יהוה צְבָאוֹת עִמָּנוּ, מִשְׂגָּב לָנוּ אֱלֹהֵי יַעֲקֹב סֶלָה:
תהלים פד יהוה צְבָאוֹת, אַשְׁרֵי אָדָם בֹּטֵחַ בָּךְ:
תהלים כ יהוה הוֹשִׁיעָה, הַמֶּלֶךְ יַעֲנֵנוּ בְיוֹם־קָרְאֵנוּ:

אֱלֹהֵינוּ וֵאלֹהֵי אֲבוֹתֵינוּ

אַתָּה הָאֵל עוֹשֶׂה פְּלָאוֹת, בָּעַמִּים הוֹדַעְתָּ עֹז נוֹרָאוֹת, גָּאַלְתָּ בִּזְרוֹעַ עַמְּךָ מִתְּלָאוֹת, דִּכִּיתָ צָרֵיהֶם בְּמוֹתֵי תַחֲלוּאוֹת. הָאוֹיֵב בְּקוּמוֹ לְעוֹרֵר מְדָנִים, וְדִמָּה לְהַכְרִית פִּרְחֵי עֲדָנִים, זָמַם לִשְׁקֹל לְגִנְזֵי אֲדוֹנִים, חֲלִיפֵי מְאַת כִּכְּרֵי אֲדָנִים. טְלָאֶיךָ הִזְהַרְתָּ שִׁקְלֵיהֶם לְהַקְדִּים, יָדַעְתָּ הָעֲתִידוֹת וְדָרַשְׁתָּ נִשְׁקָדִים, כְּבוֹי לְהַמְצִיא לְלַהַב יוֹקְדִים, לְקוּחִים לַמָּוֶת לְתֶחִי נִפְקָדִים. מַסֵּכָה צָרָה בְּעָבְדָם לְפָנִים, נִמְסְרוּ לְהָתֵז קְנוּקְנוֹת וּגְפָנִים, סְבָבוּם מוֹקְשִׁים בְּכָל דְּפָנִים, עֵינֵיהֶם לְךָ תוֹלִים וּבְסִתְרְךָ נִצְפָּנִים. פּוּר נֶהְפַּךְ בְּאוֹיְבִים לִשְׁלֹט, צְלִיבָה הוּכַן אֲגָגִי לִקְלֹט, קָלַע וּבִלַּע פְּנֵי הַלּוֹט הַלּוֹט, רִיבֵי עָם בְּאַשְׁמַנִּים לַעֲלֹט. שָׁלוֹם וֶאֱמֶת נִכְתַּב מִכָּל צַד, תְּקֶף יֶשַׁע סֶלַע וּמְצָד, שׁוֹדֵד הֻשְׁדַּד וּבְרִשְׁתּוֹ נוֹצָד, מִלְּשָׁנִי נִסְחַף נִצְמַת וְנִרְצָד. עָשׂוּ שְׂמָחוֹת וְלַדּוֹרוֹת קְבָעוּם, וּמִקְרָאוֹת שִׁלְּשׁוּם וְלֹא רִבְּעוּם, נִסְכְּמוּ מִמַּעַל וּלְמַטָּה טְבָעוּם, בְּסֵפֶר נֶחְקַק עַל מָה קְבָעוּם. רָמָה יָדְךָ לִסְלֹחַ לַפּוֹשְׁעִים, יְהוּדִי

וַהֲדַסָּה הֵקֵמָה מוֹשִׁיעִים, צִדְקָתָם עוֹמֶדֶת לָעַד לְשַׁעֲשׁוּעִים, חֵקֶר כְּבוֹדָם לְהִזָּכֵר לְנוֹשָׁעִים. קַנֵּא לְשִׁמְךָ נוֹרָא וְנִקְדָּשׁ, חֲזֵה כַּרְמְךָ נֶהֱרָס וְנִדָּשׁ, זְרוּיֵינוּ קַבֵּץ וְשִׁיר לְךָ יְחֻדָּשׁ, קַיֵּם וְהַחֲיֵה בְּבִנְיַן בֵּית הַמִּקְדָּשׁ. וְכַעֲשׂוֹתְךָ נוֹרָאוֹת בְּאוֹתָן הַיָּמִים, אִתָּנוּ הַפְלֵא תְּשׁוּעַת עוֹלָמִים, מְצוֹא לְפָנֶיךָ כֹּפֶר וְתַנְחוּמִים, אֵל מֶלֶךְ יוֹשֵׁב עַל כִּסֵּא רַחֲמִים.

אֵל מֶלֶךְ יוֹשֵׁב עַל כִּסֵּא רַחֲמִים, מִתְנַהֵג בַּחֲסִידוּת. מוֹחֵל עֲוֹנוֹת עַמּוֹ, מַעֲבִיר רִאשׁוֹן רִאשׁוֹן. מַרְבֶּה מְחִילָה לְחַטָּאִים, וּסְלִיחָה לְפוֹשְׁעִים. עֹשֶׂה צְדָקוֹת עִם כָּל בָּשָׂר וָרוּחַ, לֹא כְרָעָתָם תִּגְמֹל. אֵל, הוֹרֵיתָ לָּנוּ לוֹמַר שְׁלֹשׁ עֶשְׂרֵה, זְכֹר לָנוּ הַיּוֹם בְּרִית שְׁלֹשׁ עֶשְׂרֵה, כְּהוֹדַעְתָּ לֶעָנָו מִקֶּדֶם, כְּמוֹ
שֶׁכָּתוּב: וַיֵּרֶד יהוה בֶּעָנָן, וַיִּתְיַצֵּב עִמּוֹ שָׁם, וַיִּקְרָא בְשֵׁם, יהוה: שמות לד

קהל ואחריו שליח הציבור:

וַיַּעֲבֹר יהוה עַל־פָּנָיו וַיִּקְרָא

יהוה, יהוה, אֵל רַחוּם וְחַנּוּן, אֶרֶךְ אַפַּיִם, וְרַב־חֶסֶד וֶאֱמֶת: נֹצֵר חֶסֶד לָאֲלָפִים, נֹשֵׂא עָוֹן וָפֶשַׁע וְחַטָּאָה, וְנַקֵּה: וְסָלַחְתָּ לַעֲוֹנֵנוּ וּלְחַטָּאתֵנוּ, וּנְחַלְתָּנוּ:

סְלַח לָנוּ אָבִינוּ כִּי חָטָאנוּ מְחַל לָנוּ מַלְכֵּנוּ כִּי פָשָׁעְנוּ. כִּי־אַתָּה אֲדֹנָי טוֹב תהלים פו
וְסַלָּח, וְרַב־חֶסֶד לְכָל־קֹרְאֶיךָ:

הקהל אומר פיוט זה בית בית, ושליח הציבור חוזר אחריו בקול:

בְּמָתֵי מִסְפָּר חִלִּינוּ פָנֶיךָ.
לְשַׁוְעַת נִכְאִים אַל תַּעְלֵם אָזְנֶךָ.
הַקְשֵׁב תְּחִנָּתָם מִשְּׁמֵי מְעוֹנֶךָ.
כְּבִימֵי מֹר וַהֲדַס הוֹשַׁעְתָּ בָנֶיךָ.

תְּהִלּוֹת יִשְׂרָאֵל אַתָּה יוֹשֵׁב.
שַׁוְעָתָם מַאֲזִין וְרִנָּתָם קוֹשֵׁב.
רְפָאוֹת לְמַחַץ מַקְדִּים וּמְחַשֵּׁב.
קָנוּיֶיךָ לְהֵיטִיב וְנֵוֵיהֶם לְיַשֵּׁב.

צַר וְאוֹיֵב הִלְטִישׁ עֵינָיו.
פִּיהוּ פָּעַר לִשְׁאֹף עָנָו.
עֲשֶׂת בְּשַׁלְוֹ לְהַשְׁמִיד קְהַל הֲמוֹנָיו.
סֶגֶל לְאַבֵּד חָרַת בְּנִשְׁתְּוָנָיו.

נוֹקֵם לְצָרִים וְנוֹטֵר לְאוֹיְבִים.
מְדַדְתָּ מִדָּתָם כְּזָדוּ לַאֲהוּבִים.
לוֹחֵם וּנִינָיו הָתְלוּ מְצֻלָּבִים.
כְּבַחֲרֹזֶת דָּגִים חֹרְזוּ תְחוּבִים.

יוֹם אֲשֶׁר שִׁבְּרוּ צוֹרְרִים.
טִבְחָה לָשִׁית בְּעַם נְצוּרִים.
חֻלְּפָה הַדָּת וְנָפְלוּ פְגָרִים.
זֻלְעֲפוּ זְעֵמוּ מוּבָסִים מְגֹרָים.

וּבְכֵן יִתְעַלֶּה שִׁמְךָ וְיִתְנַשָּׂא.
הוֹדְךָ שְׁמֵי שָׁמַיִם כִּסָּה.
דַּכִּים בְּרוֹמִמְךָ נְתוּנִים לִמְשִׁסָּה.
גֵּיא וַאֲפָסֶיהָ תְּהִלָּתְךָ מְכַסָּה.

בִּינָה הֲגִיגֵנוּ עַתָּה, וּרְאֵה בַּצָּר.
בְּאַפְּךָ קוּמָה עַל צוֹרֵר הַצָּר.
אָדוֹן, קְרָאנוּךָ מִן הַמֵּצָר.
אָנָּא הוֹצִיאֵנוּ לַמֶּרְחָב וְחַלְּצֵנוּ מִצָּר.

מְאֹד תַּרְבֶּה לָנוּ מְחִילָה.
שְׁמַע תְּפִלָּה, וְהַעֲבֵר תִּפְלָה.
לוֹחֲצֵינוּ הַמְעֵד וּמַלְּאֵם חַלְחָלָה.
מִמֶּנּוּ רַחֲמֶיךָ לָעַד לֹא תִכְלָא.

ממשיכים ׳אֵל מֶלֶךְ׳ (עמ׳ 670).

סליחות לשבעה עשר בתמוז

סְלַח לָנוּ, אָבִינוּ, כִּי בְּרֹב אִוַּלְתֵּנוּ שָׁגִינוּ.
מְחַל לָנוּ, מַלְכֵּנוּ, כִּי רַבּוּ עֲוֹנֵינוּ.

כשאומרים סליחות לאחר נפילת אפיים אין אומרים שוב י״ג מידות ומתחילים ׳וְאַל תִּתְּנוּ דֳּמִי לוֹ׳ (עמ׳ 665).

אֵל אֶרֶךְ אַפַּיִם אַתָּה, וּבַעַל הָרַחֲמִים נִקְרֵאתָ, וְדֶרֶךְ תְּשׁוּבָה הוֹרֵיתָ. גְּדֻלַּת רַחֲמֶיךָ וַחֲסָדֶיךָ, תִּזְכֹּר הַיּוֹם וּבְכָל יוֹם לְזֶרַע יְדִידֶיךָ. תֵּפֶן אֵלֵינוּ בְּרַחֲמִים, כִּי אַתָּה הוּא בַּעַל הָרַחֲמִים. בְּתַחֲנוּן וּבִתְפִלָּה פָּנֶיךָ נְקַדֵּם, כְּהוֹדַעְתָּ לֶעָנָו מִקֶּדֶם. מֵחֲרוֹן אַפְּךָ שׁוּב, כְּמוֹ בְּתוֹרָתְךָ כָּתוּב. וּבְצֵל כְּנָפֶיךָ נֶחֱסֶה וְנִתְלוֹנָן, כְּיוֹם וַיֵּרֶד יהוה בֶּעָנָן. תַּעֲבֹר עַל פֶּשַׁע וְתִמְחֶה אָשָׁם, כְּיוֹם וַיִּתְיַצֵּב עִמּוֹ שָׁם. תַּאֲזִין שַׁוְעָתֵנוּ וְתַקְשִׁיב מֶנּוּ מַאֲמָר, כְּיוֹם וַיִּקְרָא בְשֵׁם יהוה, וְשָׁם נֶאֱמַר

שבעה־עשר בתמוז שבעה־עשר בתמוז הוא אחד מן הימים במחזור צומות עתיק הנזכר כבר בספר זכריה, הכולל ימי צום וזיכרון הקשורים לחורבן בית המקדש (הבולט והמיוחד שבצומות אלה, בחומרתו ובזיכרונו, הוא תשעה באב). במקורו נקבע צום זה בתשעה בתמוז, לזיכרון יום פריצת חומות ירושלים בחורבן המקדש הראשון, מאורע שהיה הצעד האחרון לפני החורבן הסופי של העיר והמקדש. לאחר חורבן הבית השני נקבע היום מחדש בשבעה־עשר בתמוז, שהוא היום שבו נפרצו החומות בחורבן זה. מיום זה מתחילים ״שלושת השבועות״ הנהוגים עד אחרי תשעה באב – ימי עצב אשר אין נוהגים בהם כמה וכמה מנהגי שמחה, כגון נישואין וכיוצא בהם. מידת החומרה של האבלות הנוהגת בשלושת השבועות שונה מעדה לעדה ומשתנה גם לפי אישיותם הפרטית של בני האדם; עם כל זאת, בכל מקום השבועות הללו (הקרויים גם, על פי שימוש מליצי בפסוק ממגילת איכה, בשם ״בין המצרים״) מתאפיינים בדוק של עצבות.

בין המצרים ימי ״בין המצרים״ הם ימי אבל על חורבן המקדש. אף שבמשך כל השנה אנחנו מזכירים את החורבן ובכל תפילה ותפילה אנו מבקשים שייבנה המקדש, אנו מקדישים להיעדר שנגרם לנו בעטיו של החורבן זמנים מיוחדים – התעניות וימי בין המצרים. מן הבחינה הלאומית, חורבן המקדש הוא אובדן

קהל ואחריו שליח הציבור:

שמות לד וַיַּעֲבֹר יהוה עַל־פָּנָיו וַיִּקְרָא

יהוה, יהוה, אֵל רַחוּם וְחַנּוּן, אֶרֶךְ אַפַּיִם, וְרַב־חֶסֶד וֶאֱמֶת: נֹצֵר חֶסֶד לָאֲלָפִים, נֹשֵׂא עָוֹן וָפֶשַׁע וְחַטָּאָה, וְנַקֵּה: וְסָלַחְתָּ לַעֲוֹנֵנוּ וּלְחַטָּאתֵנוּ, וּנְחַלְתָּנוּ:

בספר זכריה נאמר שכאשר יגיעו ימי טובה ושמחה לישראל יהיו גם הימים האלה לימים טובים של שמחה, ואכן מהתלמוד עולה כי בתקופות מסוימות בימי בית שני לא נהגו בימים האלה מנהגי אבלות; אלא שמאז, לצער הלב, לא היו עוד ימי שלווה וטובה לכלל ישראל ואף לא לקהילות פרטיות, והימים האלו נתקבעו כימי צום. שימור זיכרונם של מאורעות יסוד בחיי עם ישראל מייחד את מהותנו ומשמש מעין מולדת נוספת למולדתנו הגאוגרפית. בתוך כך, השימור של ימים קשים אלה בזיכרוננו מכניס בנו תודעה של עצבות – אֲבל תודעה זו היא בעצמה כבר התחלה של פתרון לעתיד.

המרכז של העם היהודי. המקדש הוא המקום בארץ שבו שכן ה׳, שאליו הכול עלו לרגל ושכנגדו הכול פונים בתפילתם, הוא המקום שבו הורגשה השכינה. נוסף לכך, המקדש הוא המקום שממנו יצאה הוראה לכלל ישראל: משנחרב הבית, נשברה האחדות הלאומית לשורה של הזדהויות פרטיות, וכל פרט צריך למצוא בעצמו את נקודת הקשר שלו לעם היהודי ואת ההזדהות שלו עימו; כל קהילה וקהילה צריכה להיאבק לעצמה; העם הפסיק להיות עַם אחד שלו מרכז אחד, ונעשה לעם יוצא דופן לא רק בתוכנו אלא אף בצורת הווייתו. עַם בלי מרכז של חיים לאומיים, עַם שאינו יכול עוד לקום, להתעורר ולפעול.

נוסף לאובדן הלאומי, חורבן בית המקדש משמעו קריסה של כל הדת היהודית שתורתה תורת חיים מקיפה. עד אז היו ליהדות מסגרות שלמות, ומשעת החורבן ואילך פסקו בהדרגה מצוות רבות: ביטול הקורבנות; דיני טומאה וטהרה; דיני תרומות ומעשרות; וסדרי הדין והמשפט במלוא היקפם. התהליך הגיע לידי כך שיהודי שחי כיום בעצם איננו מקיים אפילו שליש מתרי״ג מצוות התורה. לאחר שנחרב הבית, לאנשים רבים הייתה ההרגשה שהעולם נחרב; היו

סְלַח לָנוּ אָבִינוּ כִּי חָטָאנוּ, מְחַל לָנוּ מַלְכֵּנוּ כִּי פָשָׁעְנוּ. כִּי־אַתָּה אֲדֹנָי טוֹב תהלים פו
וְסַלָּח, וְרַב־חֶסֶד לְכָל־קֹרְאֶיךָ:

וְאַל־תִּתְּנוּ דֳמִי לוֹ, עַד־יְכוֹנֵן וְעַד־יָשִׂים אֶת־יְרוּשָׁלַםִ תְּהִלָּה בָּאָרֶץ: כִּי־ ישעיה סב תהלים לו
עִמְּךָ מְקוֹר חַיִּים, בְּאוֹרְךָ נִרְאֶה־אוֹר: אֱלֹהֵינוּ, בֹּשְׁנוּ בְּמַעֲשֵׂינוּ וְנִכְלַמְנוּ
בַּעֲוֹנֵינוּ.

כְּרַחֵם אָב עַל בָּנִים, כֵּן תְּרַחֵם יהוה עָלֵינוּ.
לַיהוה הַיְשׁוּעָה, עַל־עַמְּךָ בִרְכָתֶךָ סֶּלָה: תהלים ג
יהוה צְבָאוֹת עִמָּנוּ, מִשְׂגָּב לָנוּ אֱלֹהֵי יַעֲקֹב סֶלָה: תהלים מו
יהוה צְבָאוֹת, אַשְׁרֵי אָדָם בֹּטֵחַ בָּךְ: תהלים פד
יהוה הוֹשִׁיעָה, הַמֶּלֶךְ יַעֲנֵנוּ בְיוֹם־קָרְאֵנוּ: תהלים כ

אף שכונו ׳אבלי ציון׳ אשר במשך דורות לא אכלו בשר ולא שתו יין. אנשים חשבו: ״איך אפשר לחיות בעולם כזה?!״. ואולם, עברו כאלפיים שנה מאז נחרב הבית, ונראה שהתרגלנו למצב שאין מקדש ושאפשר לחיות בלעדיו. את הפסוק ״בְּשׁוּב ה׳ אֶת שִׁיבַת צִיּוֹן הָיִינוּ כְּחֹלְמִים״ ביאר אדמו״ר הזקן, שאין פירושו כפי שהסבירו רבים שהגאולה תהיה בשבילנו כמין חלום, אלא להפך - בבוא הגאולה נדע שבזמן הגלות היינו בתוך חלום ארוך ומתמשך. החלום הוא צירופם של מאורעות ותופעות בעולם אשר כל אחד מהם יכול לעמוד לעצמו, אך צירופם יחד הוא בלתי אפשרי לחלוטין. עם זה, מאפיין את החלום הרגש הפנימי בשעה שהבלתי־אפשרי נעשה מציאות קיימת המובנת כביכול מאליה. העובדה שאיננו מרגישים חוסר, מראה שהקיום שלנו הוא חלומי. בסופו של ספר יחזקאל, הנביא מתאר לבני ישראל את צורת הבית בפירוט רב והוא מסביר שהוא מספר להם על כך כדי שבני ישראל ייכלמו על מצבם. הוא מראה להם איך נראית תמונה של עולם שלם, ובעצם אומר להם: ״אתם מסכנים, פגומים, כל זה חסר לכם ואולי אף מעולם לא הרגשתם חיים שלמים״. ימי בין המצרים נועדו לעריכת חשבון נפש על מצב האומה. כפי שאמרו בספרי חסידות על ״שבת חזון״, שהיא נקראת כך משום שאפשר לראות בה את הבניין העתידי - כך הוא בנוגע לימי בין המצרים. מלבד הרגשת החיסרון וההיעדר, זהו זמן להסתכל על צורת הבית; זמן שראוי להציץ בו אל מעל לקיום שלנו עכשיו, לחזות בציורו של עולם יהודי שלם.

במדבר יד סְלַח־נָא לַעֲוֹן הָעָם הַזֶּה כְּגֹדֶל חַסְדֶּךָ
וְכַאֲשֶׁר נָשָׂאתָה לָעָם הַזֶּה מִמִּצְרַיִם וְעַד־הֵנָּה:
וְשָׁם נֶאֱמַר
קהל ואחריו שליח הציבור:
וַיֹּאמֶר יהוה, סָלַחְתִּי כִּדְבָרֶךָ:

דניאל ט הַטֵּה אֱלֹהַי אָזְנְךָ וּשְׁמָע, פְּקַח עֵינֶיךָ וּרְאֵה שֹׁמְמֹתֵינוּ וְהָעִיר אֲשֶׁר־נִקְרָא שִׁמְךָ עָלֶיהָ, כִּי לֹא עַל־צִדְקֹתֵינוּ אֲנַחְנוּ מַפִּילִים תַּחֲנוּנֵינוּ לְפָנֶיךָ, כִּי עַל־רַחֲמֶיךָ הָרַבִּים: אֲדֹנָי שְׁמָעָה, אֲדֹנָי סְלָחָה, אֲדֹנָי הַקְשִׁיבָה וַעֲשֵׂה אַל־תְּאַחַר, לְמַעַנְךָ אֱלֹהַי, כִּי־שִׁמְךָ נִקְרָא עַל־עִירְךָ וְעַל־עַמֶּךָ:

אֱלֹהֵינוּ וֵאלֹהֵי אֲבוֹתֵינוּ

אָתָנוּ לְךָ יוֹצֵר רוּחוֹת, בְּרוֹב עֲוֹנֵינוּ כָּבְדוּ אֲנָחוֹת, גְּזֵרוֹת עָצְמוּ וְרַבּוּ צְרִיחוֹת, כִּי בְּשִׁבְעָה עָשָׂר בְּתַמּוּז נִשְׁתַּבְּרוּ הַלֻּחוֹת. גָּלִינוּ מִבֵּית הַבְּחִירָה, דִּינֵנוּ נֶחְתַּם וְנִגְזְרָה גְּזֵרָה, וְחָשַׁךְ בַּעֲדֵנוּ אוֹרָה, כִּי בְּשִׁבְעָה עָשָׂר בְּתַמּוּז נִשְׂרְפָה הַתּוֹרָה. הֵרְסוּ אוֹיְבֵינוּ הַהֵיכָל, וּבָרְחָה שְׁכִינָה מִזָּוִית הֵיכָל, וְנִמְסַרְנוּ בִּידֵי זֵדִים לְהִתְאַכָּל, כִּי בְּשִׁבְעָה עָשָׂר בְּתַמּוּז הָעֳמַד צֶלֶם בַּהֵיכָל. זֹרִינוּ מֵעִיר אֶל עִיר, וְנִלְכַּד מִמֶּנּוּ רַב וְצָעִיר, חָרְבָה מְשׂוֹשֵׂנוּ וְאֵשׁ בָּהּ הִבְעִיר, כִּי בְּשִׁבְעָה עָשָׂר בְּתַמּוּז הֻבְקְעָה הָעִיר. טָפַשׁ מִקְדָּשֵׁנוּ צַר הַמַּשְׁמִיד, וְנָטַל מֵחָתָן וְכַלָּה אֶצְעָדָה וְצָמִיד, יַעַן כִּעַסְנוּךָ נִתַּנּוּ לְהַשְׁמִיד, כִּי בְּשִׁבְעָה עָשָׂר בְּתַמּוּז בָּטַל הַתָּמִיד. כָּלָה מִנּוּ כָּל הוֹד וָשֶׁבַח, חַרְבּוֹ שָׁלַף אוֹיֵב עָלֵינוּ לָאֶבַח, לִהְיוֹת עוֹלָלִים וְיוֹנְקִים מוּכָנִים לַטֶּבַח, כִּי בְּשִׁבְעָה עָשָׂר בְּתַמּוּז בָּטְלוּ עוֹלָה וָזֶבַח. מָרַדְנוּ לְשׁוֹכֵן מְעוֹנוֹת, לָכֵן נִתְפַּזַּרְנוּ בְּכָל פִּנּוֹת, נֶהְפַּךְ מְחוֹלֵנוּ לְקִינוֹת, כִּי בְּשִׁבְעָה עָשָׂר בְּתַמּוּז בָּטְלוּ קָרְבָּנוֹת. סָרַרְנוּ לְפָנֶיךָ מֵרִיב לְשׁוֹנוֹת, לָכֵן לָמְדָה לְשׁוֹנֵנוּ לוֹמַר קִינוֹת, עָזַבְנוּ בְּלִי לְהִמָּנוֹת, כִּי בְּשִׁבְעָה עָשָׂר בְּתַמּוּז גָּרְמוּ לָנוּ עֲוֹנוֹת. פֹּזַּרְנוּ בְּלִי מְצוֹא רְוָחָה, לָכֵן רָבְתָה בָּנוּ אֲנָחָה, צוּר רְאֵה נַפְשֵׁנוּ כִּי שָׁחָה, וְשִׁבְעָה עָשָׂר בְּתַמּוּז הֲפֹךְ לָנוּ לְשָׂשׂוֹן וּלְשִׂמְחָה. קָשִׁינוּ עֹרֶף וְרָבְתָה בָּנוּ אָסוֹן, לָכֵן נִתַּנּוּ לִמְשִׁסָּה וְרִפְשׁוֹן, רְאֵה יהוה וְחַלְּצֵנוּ מֵאָסוֹן, וְשִׁבְעָה עָשָׂר בְּתַמּוּז הֲפֹךְ לָנוּ לְשִׂמְחָה וּלְשָׂשׂוֹן. שְׁעֵנוּ שׁוֹכֵן רוּמָה, וְקַבֵּץ נְפוּצוֹתֵינוּ מִקַּצְווֹת אֲדָמָה, תֹּאמַר לְצִיּוֹן קוּמָה, וְשִׁבְעָה עָשָׂר בְּתַמּוּז הֲפֹךְ לָנוּ לְיוֹם יְשׁוּעָה וְנֶחָמָה.

אֵל מֶלֶךְ יוֹשֵׁב עַל כִּסֵּא רַחֲמִים, מִתְנַהֵג בַּחֲסִידוּת. מוֹחֵל עֲוֹנוֹת עַמּוֹ,
מַעֲבִיר רִאשׁוֹן רִאשׁוֹן. מַרְבֶּה מְחִילָה לְחַטָּאִים, וּסְלִיחָה לְפוֹשְׁעִים. עֹשֶׂה
צְדָקוֹת עִם כָּל בָּשָׂר וָרוּחַ, לֹא כְרָעָתָם תִּגְמֹל. אֵל, הוֹרֵיתָ לָּנוּ לוֹמַר שְׁלֹשׁ
עֶשְׂרֵה, זְכֹר לָנוּ הַיּוֹם בְּרִית שְׁלֹשׁ עֶשְׂרֵה, כְּהוֹדַעְתָּ לֶעָנָו מִקֶּדֶם, כְּמוֹ
שֶׁכָּתוּב: וַיֵּרֶד יהוה בֶּעָנָן, וַיִּתְיַצֵּב עִמּוֹ שָׁם, וַיִּקְרָא בְשֵׁם, יהוה: שמות לד

קהל ואחריו שליח הציבור:

וַיַּעֲבֹר יהוה עַל־פָּנָיו וַיִּקְרָא

יהוה, יהוה, אֵל רַחוּם וְחַנּוּן, אֶרֶךְ אַפַּיִם, וְרַב־חֶסֶד וֶאֱמֶת: נֹצֵר חֶסֶד לָאֲלָפִים, נֹשֵׂא עָוֹן וָפֶשַׁע וְחַטָּאָה, וְנַקֵּה: וְסָלַחְתָּ לַעֲוֹנֵנוּ וּלְחַטָּאתֵנוּ, וּנְחַלְתָּנוּ:

סְלַח לָנוּ אָבִינוּ כִּי חָטָאנוּ, מְחַל לָנוּ מַלְכֵּנוּ כִּי פָשָׁעְנוּ. כִּי־אַתָּה אֲדֹנָי טוֹב תהלים פו
וְסַלָּח, וְרַב־חֶסֶד לְכָל־קֹרְאֶיךָ:

אֱלֹהִים אַל־דֳּמִי־לָךְ, אַל־תֶּחֱרַשׁ וְאַל־תִּשְׁקֹט אֵל: כִּי־הִנֵּה אוֹיְבֶיךָ יֶהֱמָיוּן, תהלים פג
וּמְשַׂנְאֶיךָ נָשְׂאוּ רֹאשׁ: אֵל־נְקָמוֹת יהוה, אֵל נְקָמוֹת הוֹפִיעַ: תהלים צד

כְּרַחֵם אָב עַל בָּנִים, כֵּן תְּרַחֵם יהוה עָלֵינוּ.
לַיהוה הַיְשׁוּעָה, עַל־עַמְּךָ בִרְכָתֶךָ סֶּלָה: תהלים ג
יהוה צְבָאוֹת עִמָּנוּ, מִשְׂגָּב לָנוּ אֱלֹהֵי יַעֲקֹב סֶלָה: תהלים מו
יהוה צְבָאוֹת, אַשְׁרֵי אָדָם בֹּטֵחַ בָּךְ: תהלים פד
יהוה הוֹשִׁיעָה, הַמֶּלֶךְ יַעֲנֵנוּ בְיוֹם־קָרְאֵנוּ: תהלים כ

אֱלֹהֵינוּ וֵאלֹהֵי אֲבוֹתֵינוּ

אֶמְרֵר בִּבְכִי מִפְּנֵי יַד שְׁלוּחָה בְּעִי. בְּנַאֲצִי בְּתוֹךְ בֵּיתוֹ בִּבְגָדַי וְקָבְעִי. גָּח וּבָרַח וְנָסַע עָשׂוֹר וְעָלָה לַשְּׁבִיעִי. דִּמַּנִי הֱצִיקַנִי הֱשִׁיקַנִי בַּחֹדֶשׁ הָרְבִיעִי. הֵבִיא מוֹעֵד בִּמְלָאתוֹ לִשְׁבֹּר בַּחוּרֵי גְמוּז. וְרִבָּה בוֹ פַּעֲמַיִם בְּמִסְמוּס וּמִזְמוּז. זְבוּלוֹ כַּאֲשֶׁר שַׁאֲנַנּוֹת מְבַכּוֹת אֶת הַתַּמּוּז. חִיְּבַנִי וְאִיְּבַנִי אֲזַי בְּיֶרַח תַּמּוּז. טָמְנוּ פַּחִים חֲמִשָּׁה בְּמִקְרָא תְּלָאוֹת מְשֻׁלָּחוֹת. יָכְלוּ לִי בְּשִׁבְעָה עָשָׂר בּוֹ

בַּאֲלִיחוּת. כִּי נוֹקַשְׁתִּי כְּכַלָּה עֲלוּבָה בְּחֻפַּת שַׁלְוָה וְהַצְלָחוֹת. לְרוֹעִי לֹא הִמְתַּנְתִּי שֵׁשׁ, וְנִשְׁתַּבְּרוּ הַלֻּחוֹת. מִיָּדוֹ עָדִיתִי חֲלִי כֶתֶם, אֶצְעָדָה וְצָמִיד. נִגְּרוֹת בְּיוֹם אַפּוֹ, כְּשִׁחַתִּי דְּרָכַי לְהַשְׁמִיד. סֵדֶר עֲבוֹדָתוֹ וְקֵיץ מִזְבְּחוֹ קָצַתִּי לְהַעֲמִיד. עַל כֵּן מִלִּשְׁכַּת הַטְּלָאִים בָּטֵל הַתָּמִיד. פּוֹר הִתְפּוֹרְרָה וְנִתְפַּזְּרָה סְעָרָה עֲנִיָּה. צִי נִמְשְׁלָה מִבְּלִי חוֹבֵל, וְנִטְרְפָה כָּאֳנִיָּה. קָחְתָה בְּחַטָּאתָהּ בְּרֹאשָׁהּ, וּבְכֵפֶל תַּאֲנִיָּה וַאֲנִיָּה. רִיבוּהָ צָרֶיהָ כְּהַיּוֹם, וְהָבְקְעָה הָעִיר בַּשְּׁנִיָּה. שִׁלְּחָה כִּצְבִי מֻדָּח מֵאֵין דּוֹרֵשׁ לְהַסְתִּירָה. שָׁנְנוּ לְשׁוֹנָם וּנְתָנוּהָ כְּשֶׁה, צְמֵרָה וַחֲלָבָהּ לְהַתִּירָה. תִּצְעַק עַל כְּלֵי חֶמְדָּה שֶׁבּוֹ נִכְתָּרָה. תַּחְמוֹד עֵינֶיהָ נְצַל כְּשָׂרַף אַפּוֹסְטְמוֹס הַתּוֹרָה. חֵרֵף עֲשׁוּקִים וּרְצוּצִים בַּעֲבוּר הַרְעִימָם סְכָל. יְרוּדִים בְּוֶהְיָה לֶאֱכֹל וּבְהַסְתֵּר פָּנִים מִלְּהִסְתַּכֵּל. יַד הַשְּׁלִים מִכְּנַף שִׁקּוּצִים נֶאֱכָל. עֵת צָרָה כְּהִתְכַּנֵּס וְהָעֳמַד צֶלֶם בְּהֵיכָל. דְּוּוּיִם סְגוּפִים בָּנִים הָיוּ מִקֶּדֶם רִאשׁוֹנִים. סְמוּכוֹת צָרוֹתֵיהֶם זוֹ לְזוֹ כַּמָּה שָׁנִים. לוֹקִים כַּאֲשֶׁר תַּעֲשֶׂינָה הַדְּבוֹרִים, וְהָעַקְרַבִּים שׁוֹנִים. הוֹגִים אָבַד שִׁבְרָם וּבָטֵל סִכּוּיָם בָּאִישׁוֹנִים. אֵל קַנָּא, בְּהִתְאַפֵּק בִּמְקַנְאֶיךָ דְּשֵׁנִים וְטוֹבִים. מְחַכִּים תִּקִּים עוֹמְדִים לְעוֹלָמִים, כִּנְטִיעִים מְחֻטָּבִים בַּאֲהָבִים. הָאֱמֶת וְהַשָּׁלוֹם בְּצוֹמוֹת חֲטוּבִים. נֵצַח הֱיוֹתָם לְשִׂמְחָה וּלְשָׂשׂוֹן וּלְמוֹעֲדִים טוֹבִים.

אֵל מֶלֶךְ יוֹשֵׁב עַל כִּסֵּא רַחֲמִים, מִתְנַהֵג בַּחֲסִידוּת. מוֹחֵל עֲוֹנוֹת עַמּוֹ, מַעֲבִיר רִאשׁוֹן רִאשׁוֹן. מַרְבֶּה מְחִילָה לְחַטָּאִים, וּסְלִיחָה לְפוֹשְׁעִים. עֹשֶׂה צְדָקוֹת עִם כָּל בָּשָׂר וָרוּחַ, לֹא כְרָעָתָם תִּגְמֹל. אֵל, הוֹרֵיתָ לָּנוּ לוֹמַר שְׁלֹשׁ עֶשְׂרֵה, זְכֹר לָנוּ הַיּוֹם בְּרִית שְׁלֹשׁ עֶשְׂרֵה, כְּהוֹדַעְתָּ לֶעָנָו מִקֶּדֶם, כְּמוֹ
שֶׁכָּתוּב: וַיֵּרֶד יהוה בֶּעָנָן, וַיִּתְיַצֵּב עִמּוֹ שָׁם, וַיִּקְרָא בְשֵׁם, יהוה: שמות לד

קהל ואחריו שליח הציבור:

וַיַּעֲבֹר יהוה עַל־פָּנָיו וַיִּקְרָא

יהוה, יהוה, אֵל רַחוּם וְחַנּוּן, אֶרֶךְ אַפַּיִם, וְרַב־חֶסֶד וֶאֱמֶת: נֹצֵר חֶסֶד לָאֲלָפִים, נֹשֵׂא עָוֹן וָפֶשַׁע וְחַטָּאָה, וְנַקֵּה: וְסָלַחְתָּ לַעֲוֹנֵנוּ וּלְחַטָּאתֵנוּ, וּנְחַלְתָּנוּ:

סְלַח לָנוּ אָבִינוּ כִּי חָטָאנוּ, מְחַל לָנוּ מַלְכֵּנוּ כִּי פָשָׁעְנוּ. כִּי־אַתָּה אֲדֹנָי טוֹב וְסַלָּח, וְרַב־חֶסֶד לְכָל־קֹרְאֶיךָ: תהלים פו

הקהל אומר פיוט זה בית בית, ושליח הציבור חוזר אחריו בקול:

שְׁעֵה נֶאֱסַר, אֲשֶׁר נִמְסַר, בְּיַד בָּבֶל וְגַם שֵׂעִיר.
לְךָ יֶהֱמֶה, זֶה כַּמֶּה, וְיִתְחַנֵּן כְּבֶן צָעִיר.

יוֹם גָּבַר הָאוֹיֵב וַתִּבָּקַע הָעִיר.

לְזֹאת אַכַּף, וְאֶסְפֹּק כַּף, בְּיוֹם חֲמִשָּׁה פִּזְרוֹנִי.
וְעַל רֶגֶל הָעֵגֶל, הַלֻּחוֹת יְצָאוּנִי.
וְגַם הִשְׁמִיד הַתָּמִיד, וּבַסּוּגַר הֱבִיאָנִי.
וְהוּשַׂם אֱלִיל בְּהֵיכַל כָּלִיל, וּמֵעֲצָתוֹ כְּדָאָנִי.
וְהַמִּנְחָה הוּנָחָה, וְדָתְךָ, צָר בָּאֵשׁ הִבְעִיר.

יוֹם גָּבַר הָאוֹיֵב וַתִּבָּקַע הָעִיר.

מְאֹד אֶתְחַל, וְאֶתְחַלְחַל, בְּיוֹם שַׁדַּי דְּחָפַנִי.
וְהַשְׁפִיפוֹן מִצָּפוֹן, כְּשִׁבֹּלֶת שְׁטָפַנִי.
מְאוֹר חָשַׁךְ, וְגַם שֵׁשַׁךְ, כְּמוֹ כַּדּוּר צְנָפַנִי.
וְהַצַּיָּד שָׁלַח יָד, וְהַצָּפִיר וְהַשָּׂעִיר.

יוֹם גָּבַר הָאוֹיֵב וַתִּבָּקַע הָעִיר.

הוֹד לִבִּי וּמִשְׂגַּבִּי, הֲלָעַד אַפְּךָ יֶעְשַׁן.
הֲלֹא תִרְאֶה עַם נִלְאֶה, אֲשֶׁר הָשְׁחַר כְּמוֹ כִבְשָׁן.
גְּדֹר פִּרְצִי בְּבֶן פַּרְצִי, וּמְחֻדָּק לְקֹט שׁוֹשָׁן.
בְּנֵה בֵּית זְבוּל, וְהָשֵׁב גְּבוּל הַכַּרְמֶל וְהַבָּשָׁן.
וְעַיִן פְּקַח, וְנָקָם קַח מֵאֵצֶר וּמִדִּישָׁן.
שְׁפֹט אִלֵּם, וְאָז יְשַׁלֵּם הַמַּבְעֶה וְהַמַּבְעִיר.

יוֹם גָּבַר הָאוֹיֵב וַתִּבָּקַע הָעִיר.

אֵל מֶלֶךְ יוֹשֵׁב עַל כִּסֵּא רַחֲמִים, מִתְנַהֵג בַּחֲסִידוּת. מוֹחֵל עֲוֹנוֹת עַמּוֹ, מַעֲבִיר רִאשׁוֹן רִאשׁוֹן. מַרְבֶּה מְחִילָה לְחַטָּאִים, וּסְלִיחָה לְפוֹשְׁעִים. עֹשֶׂה צְדָקוֹת עִם כָּל בָּשָׂר וָרוּחַ, לֹא כְרָעָתָם תִּגְמֹל. אֵל, הוֹרֵיתָ לָּנוּ לוֹמַר שְׁלֹשׁ עֶשְׂרֵה, זְכֹר לָנוּ הַיּוֹם בְּרִית שְׁלֹשׁ עֶשְׂרֵה, כְּהוֹדַעְתָּ לֶעָנָו מִקֶּדֶם, כְּמוֹ
שֶׁכָּתוּב: וַיֵּרֶד יהוה בֶּעָנָן, וַיִּתְיַצֵּב עִמּוֹ שָׁם, וַיִּקְרָא בְשֵׁם, יהוה: שמות לד

קהל ואחריו שליח הציבור:

וַיַּעֲבֹר יהוה עַל־פָּנָיו וַיִּקְרָא

יהוה, יהוה, אֵל רַחוּם וְחַנּוּן, אֶרֶךְ אַפַּיִם, וְרַב־חֶסֶד וֶאֱמֶת: נֹצֵר חֶסֶד לָאֲלָפִים, נֹשֵׂא עָוֹן וָפֶשַׁע וְחַטָּאָה, וְנַקֵּה: וְסָלַחְתָּ לַעֲוֹנֵנוּ וּלְחַטָּאתֵנוּ, וּנְחַלְתָּנוּ:

סְלַח לָנוּ אָבִינוּ כִּי חָטָאנוּ, מְחַל לָנוּ מַלְכֵּנוּ כִּי פָשָׁעְנוּ. כִּי־אַתָּה אֲדֹנָי טוֹב תהלים פו
וְסַלָּח, וְרַב־חֶסֶד לְכָל־קֹרְאֶיךָ:

זְכֹר־רַחֲמֶיךָ יהוה וַחֲסָדֶיךָ, כִּי מֵעוֹלָם הֵמָּה: תהלים כה
זָכְרֵנוּ יהוה בִּרְצוֹן עַמֶּךָ, פָּקְדֵנוּ בִּישׁוּעָתֶךָ.
זְכֹר עֲדָתְךָ קָנִיתָ קֶּדֶם, גָּאַלְתָּ שֵׁבֶט נַחֲלָתֶךָ תהלים עד
הַר־צִיּוֹן זֶה שָׁכַנְתָּ בּוֹ:
זְכֹר יהוה חִבַּת יְרוּשָׁלָיִם, אַהֲבַת צִיּוֹן אַל תִּשְׁכַּח לָנֶצַח.
אַתָּה תָקוּם תְּרַחֵם צִיּוֹן, כִּי־עֵת לְחֶנְנָהּ, כִּי־בָא מוֹעֵד: תהלים קב
זְכֹר יהוה לִבְנֵי אֱדוֹם אֵת יוֹם יְרוּשָׁלָיִם תהלים קלז
הָאֹמְרִים עָרוּ עָרוּ, עַד הַיְסוֹד בָּהּ:
זְכֹר לְאַבְרָהָם לְיִצְחָק וּלְיִשְׂרָאֵל עֲבָדֶיךָ, אֲשֶׁר נִשְׁבַּעְתָּ לָהֶם בָּךְ שמות לב
וַתְּדַבֵּר אֲלֵהֶם, אַרְבֶּה אֶת־זַרְעֲכֶם כְּכוֹכְבֵי הַשָּׁמָיִם
וְכָל־הָאָרֶץ הַזֹּאת אֲשֶׁר אָמַרְתִּי אֶתֵּן לְזַרְעֲכֶם, וְנָחֲלוּ לְעֹלָם:
זְכֹר לַעֲבָדֶיךָ לְאַבְרָהָם לְיִצְחָק וּלְיַעֲקֹב דברים ט
אַל־תֵּפֶן אֶל־קְשִׁי הָעָם הַזֶּה וְאֶל־רִשְׁעוֹ וְאֶל־חַטָּאתוֹ:
אַל־נָא תָשֵׁת עָלֵינוּ חַטָּאת אֲשֶׁר נוֹאַלְנוּ וַאֲשֶׁר חָטָאנוּ: במדבר יב
חָטָאנוּ צוּרֵנוּ, סְלַח לָנוּ יוֹצְרֵנוּ.

יש המוסיפים פיוט זה.
הקהל אומר אותו בית בית, ושליח הציבור חוזר אחריו בקול:

אֵל נָא, רְפָא נָא תַּחֲלוּאֵי גֶּפֶן פּוֹרִיָּה
בּוֹשָׁה וְחָפְרָה, וְאֻמְלַל פִּרְיָהּ
גְּאָלֶנָּה מִשַּׁחַת וּמִמַּכָּה טְרִיָּה.
עֲנֵנוּ כְּשֶׁעָנִיתָ לְאַבְרָהָם אָבִינוּ בְּהַר הַמּוֹרִיָּה.

חָטָאנוּ צוּרֵנוּ, סְלַח לָנוּ יוֹצְרֵנוּ.

דְּגָלֵי עָם, פְּדוּיֵי בִּזְרוֹעַ חָשׂוּף
הַצֵּל מִנֶּגֶף וְאַל יִהְיוּ לְשִׁסּוּף
וְתַעֲנֶה קְרִיאָתֵנוּ וּלְמַעֲשֵׂה יָדֶיךָ תִּכְסֹף
עֲנֵנוּ כְּשֶׁעָנִיתָ לַאֲבוֹתֵינוּ עַל יַם סוּף.

חָטָאנוּ צוּרֵנוּ, סְלַח לָנוּ יוֹצְרֵנוּ.

זְכוּת צוּר חֻצַּב הַיּוֹם לָנוּ תָּגֵל
חַשְּׂכֵנוּ מֵאֶנֶף וְנַחֵנוּ בְּיֹשֶׁר מַעְגָּל
טַהֵר טֻמְאָתֵנוּ וְלִמְאוֹר תּוֹרָתְךָ עֵינֵינוּ גַּל
עֲנֵנוּ כְּשֶׁעָנִיתָ לִיהוֹשֻׁעַ בַּגִּלְגָּל.

חָטָאנוּ צוּרֵנוּ, סְלַח לָנוּ יוֹצְרֵנוּ.

יָהּ, רְאֵה דֶּשֶׁן עָקוּד, וְהַצְמַח לָנוּ תְּרוּפָה
כַּלֵּה שֹׁד וָשֶׁבֶר, סַעַר וְסוּפָה
לַמְּדֵנוּ וְחַכְּמֵנוּ אִמְרָתְךָ הַצְּרוּפָה
עֲנֵנוּ כְּשֶׁעָנִיתָ לִשְׁמוּאֵל בַּמִּצְפָּה.

חָטָאנוּ צוּרֵנוּ, סְלַח לָנוּ יוֹצְרֵנוּ.

מְתֻמִּים מְרַחֵם, שָׁרָשָׁיו אַל תְּקַמֵּל
נַקֵּנוּ מִכֶּתֶם וְשֶׁמֶץ, וְלֹא נֶאֱמַל
סַעֲדֵנוּ וְנִוָּשֵׁעָה, וְדָרְכֵי חֲסָדֶיךָ נִגָּמֵל
עֲנֵנוּ כְּשֶׁעָנִיתָ לְאֵלִיָּהוּ בְּהַר הַכַּרְמֶל.

חָטָאנוּ צוּרֵנוּ, סְלַח לָנוּ יוֹצְרֵנוּ.

עוֹדְדֵנוּ בְּצֶדֶק מָשׁוּי מִמַּיִם, וְכַפֵּר זָדוֹן וּמִשְׁגָּה
פְּדֵנוּ מִמְּהוּמַת מָוֶת, וְאָחוֹר כָּל נְסוֹגָה
צַוֵּה יְשׁוּעָתֵנוּ, וּבַעֲוֹנוֹתֵינוּ אַל נִתְמוֹגְגָה
עֲנֵנוּ כְּשֶׁעָנִיתָ לְיוֹנָה בִּמְעֵי הַדָּגָה.

חָטָאנוּ צוּרֵנוּ, סְלַח לָנוּ יוֹצְרֵנוּ.

קְדֻשַּׁת אִישׁ חֲסִידֶךָ זְכֹר לִיפַת פַּעֲמַיִם
רַחֲמֶיךָ תְּעוֹרֵר כִּי לָקִינוּ בְּכִפְלַיִם
שׁוּבֵנוּ תֹּקֶף לְיִרְאָתֶךָ וְלֹא נֶחֱשַׁף שׁוּלַיִם
עֲנֵנוּ כְּשֶׁעָנִיתָ לְדָוִד וְלִשְׁלֹמֹה בְנוֹ בִּירוּשָׁלָיִם.

חָטָאנוּ צוּרֵנוּ, סְלַח לָנוּ יוֹצְרֵנוּ.

בתענית אסתר נוהגים להוסיף:

תַּעֲנֶה לְקוֹרְאֶיךָ, וְהַסְכֵּת מִמְּעוֹנִים
תִּשְׁמַע שַׁוְעַת צוֹעֲקֶיךָ, שׁוֹמֵעַ אֶל אֶבְיוֹנִים
תְּרַחֵם עַל בָּנֶיךָ כְּרַחֵם אָב עַל בָּנִים
עֲנֵנוּ כְּמוֹ שֶׁעָנִיתָ לְמָרְדֳּכַי וְאֶסְתֵּר
וְתָלוּ עַל עֵץ־חֲמִשִּׁים הָאָב עִם בָּנִים.

חָטָאנוּ צוּרֵנוּ, סְלַח לָנוּ יוֹצְרֵנוּ.

זְכֹר לָנוּ בְּרִית אָבוֹת כַּאֲשֶׁר אָמַרְתָּ: ויקרא כו
וְזָכַרְתִּי אֶת־בְּרִיתִי יַעֲקוֹב
וְאַף אֶת־בְּרִיתִי יִצְחָק
וְאַף אֶת־בְּרִיתִי אַבְרָהָם אֶזְכֹּר
וְהָאָרֶץ אֶזְכֹּר:

זְכֹר לָנוּ בְּרִית רִאשׁוֹנִים כַּאֲשֶׁר אָמַרְתָּ:
וְזָכַרְתִּי לָהֶם בְּרִית רִאשֹׁנִים אֲשֶׁר הוֹצֵאתִי־אֹתָם מֵאֶרֶץ מִצְרַיִם ויקרא כו
לְעֵינֵי הַגּוֹיִם
לִהְיוֹת לָהֶם לֵאלֹהִים, אֲנִי יהוה:

עֲשֵׂה עִמָּנוּ כְּמָה שֶׁהִבְטַחְתָּנוּ:
וְאַף גַּם־זֹאת בִּהְיוֹתָם בְּאֶרֶץ אֹיְבֵיהֶם ויקרא כו
לֹא־מְאַסְתִּים וְלֹא־גְעַלְתִּים לְכַלֹּתָם
לְהָפֵר בְּרִיתִי אִתָּם, כִּי אֲנִי יהוה אֱלֹהֵיהֶם:

הָשֵׁב שְׁבוּתֵנוּ וְרַחֲמֵנוּ כְּמָה שֶׁכָּתוּב:
וְשָׁב יהוה אֱלֹהֶיךָ אֶת־שְׁבוּתְךָ וְרִחֲמֶךָ דברים ל
וְשָׁב וְקִבֶּצְךָ מִכָּל־הָעַמִּים
אֲשֶׁר הֱפִיצְךָ יהוה אֱלֹהֶיךָ שָׁמָּה:

קַבֵּץ נִדָּחֵינוּ כְּמָה שֶׁכָּתוּב:
אִם־יִהְיֶה נִדַּחֲךָ בִּקְצֵה הַשָּׁמָיִם דברים ל
מִשָּׁם יְקַבֶּצְךָ יהוה אֱלֹהֶיךָ וּמִשָּׁם יִקָּחֶךָ:

מְחֵה פְשָׁעֵינוּ כָּעָב וְכֶעָנָן כְּמָה שֶׁכָּתוּב:
מָחִיתִי כָעָב פְּשָׁעֶיךָ וְכֶעָנָן חַטֹּאותֶיךָ, שׁוּבָה אֵלַי כִּי גְאַלְתִּיךָ: ישעיה מד
מְחֵה פְשָׁעֵינוּ לְמַעַנְךָ כַּאֲשֶׁר אָמַרְתָּ:
אָנֹכִי אָנֹכִי הוּא מֹחֶה פְשָׁעֶיךָ לְמַעֲנִי, וְחַטֹּאתֶיךָ לֹא אֶזְכֹּר: ישעיה מג

הַלְבֵּן חֲטָאֵינוּ כַּשֶּׁלֶג וְכַצֶּמֶר כְּמָה שֶׁכָּתוּב:
לְכוּ־נָא וְנִוָּכְחָה יֹאמַר יהוה ישעיה א
אִם־יִהְיוּ חֲטָאֵיכֶם כַּשָּׁנִים כַּשֶּׁלֶג יַלְבִּינוּ
אִם־יַאְדִּימוּ כַתּוֹלָע כַּצֶּמֶר יִהְיוּ:

זְרֹק עָלֵינוּ מַיִם טְהוֹרִים וְטַהֲרֵנוּ כְּמָה שֶׁכָּתוּב:
וְזָרַקְתִּי עֲלֵיכֶם מַיִם טְהוֹרִים וּטְהַרְתֶּם יחזקאל לו
מִכֹּל טֻמְאוֹתֵיכֶם וּמִכָּל־גִּלּוּלֵיכֶם אֲטַהֵר אֶתְכֶם:

רַחֵם עָלֵינוּ וְאַל תַּשְׁחִיתֵנוּ כְּמָה שֶׁכָּתוּב:
כִּי אֵל רַחוּם יהוה אֱלֹהֶיךָ דברים ד
לֹא יַרְפְּךָ וְלֹא יַשְׁחִיתֶךָ
וְלֹא יִשְׁכַּח אֶת־בְּרִית אֲבֹתֶיךָ אֲשֶׁר נִשְׁבַּע לָהֶם:

מוֹל אֶת לְבָבֵנוּ לְאַהֲבָה אֶת שְׁמֶךָ כְּמָה שֶׁכָּתוּב:
דברים ל וּמָל יהוה אֱלֹהֶיךָ אֶת־לְבָבְךָ וְאֶת־לְבַב זַרְעֶךָ
לְאַהֲבָה אֶת־יהוה אֱלֹהֶיךָ בְּכָל־לְבָבְךָ וּבְכָל־נַפְשְׁךָ, לְמַעַן חַיֶּיךָ:

הִמָּצֵא לָנוּ בְּבַקָּשָׁתֵנוּ כְּמָה שֶׁכָּתוּב:
דברים ד וּבִקַּשְׁתֶּם מִשָּׁם אֶת־יהוה אֱלֹהֶיךָ וּמָצָאתָ
כִּי תִדְרְשֶׁנּוּ בְּכָל־לְבָבְךָ וּבְכָל־נַפְשֶׁךָ:

תְּבִיאֵנוּ אֶל הַר קָדְשֶׁךָ וְשַׂמְּחֵנוּ בְּבֵית תְּפִלָּתֶךָ כְּמָה שֶׁכָּתוּב:
ישעיה נו וַהֲבִיאוֹתִים אֶל־הַר קָדְשִׁי וְשִׂמַּחְתִּים בְּבֵית תְּפִלָּתִי
עוֹלֹתֵיהֶם וְזִבְחֵיהֶם לְרָצוֹן עַל־מִזְבְּחִי
כִּי בֵיתִי בֵּית־תְּפִלָּה יִקָּרֵא לְכָל־הָעַמִּים:

פותחים את ארון הקודש.

שליח הציבור אומר, והקהל חוזר אחריו בקול:

שְׁמַע קוֹלֵנוּ, יהוה אֱלֹהֵינוּ, חוּס וְרַחֵם עָלֵינוּ
וְקַבֵּל בְּרַחֲמִים וּבְרָצוֹן אֶת תְּפִלָּתֵנוּ.
איכה ה הֲשִׁיבֵנוּ יהוה אֵלֶיךָ וְנָשׁוּבָה, חַדֵּשׁ יָמֵינוּ כְּקֶדֶם:
אֲמָרֵינוּ הַאֲזִינָה יהוה, בִּינָה הֲגִיגֵנוּ.
בלחש: יִהְיוּ לְרָצוֹן אִמְרֵי פִינוּ וְהֶגְיוֹן לִבֵּנוּ לְפָנֶיךָ, יהוה צוּרֵנוּ וְגוֹאֲלֵנוּ.
אַל תַּשְׁלִיכֵנוּ מִלְּפָנֶיךָ, וְרוּחַ קָדְשְׁךָ אַל תִּקַּח מִמֶּנּוּ.
אַל תַּשְׁלִיכֵנוּ לְעֵת זִקְנָה, כִּכְלוֹת כֹּחֵנוּ אַל תַּעַזְבֵנוּ.
אַל תַּעַזְבֵנוּ יהוה, אֱלֹהֵינוּ אַל תִּרְחַק מִמֶּנּוּ.
עֲשֵׂה עִמָּנוּ אוֹת לְטוֹבָה, וְיִרְאוּ שׂוֹנְאֵינוּ וְיֵבֹשׁוּ
כִּי אַתָּה יהוה עֲזַרְתָּנוּ וְנִחַמְתָּנוּ.
כִּי לְךָ יהוה הוֹחָלְנוּ, אַתָּה תַעֲנֶה אֲדֹנָי אֱלֹהֵינוּ.

סוגרים את ארון הקודש.

וידוי

כשאומרים סליחות לאחר וידוי ונפילת אפיים יש המדלגים
על הווידוי וממשיכים ׳הִרְשַׁעְנוּ וּפָשַׁעְנוּ׳.

אֱלֹהֵינוּ וֵאלֹהֵי אֲבוֹתֵינוּ
תָּבֹא לְפָנֶיךָ תְּפִלָּתֵנוּ, וְאַל תִּתְעַלַּם מִתְּחִנָּתֵנוּ.
שֶׁאֵין אֲנוּ עַזֵּי פָנִים וּקְשֵׁי עֹרֶף לוֹמַר לְפָנֶיךָ
יהוה אֱלֹהֵינוּ וֵאלֹהֵי אֲבוֹתֵינוּ, צַדִּיקִים אֲנַחְנוּ וְלֹא חָטָאנוּ.
אֲבָל אֲנַחְנוּ וַאֲבוֹתֵינוּ חָטָאנוּ.

נוהגים שאומר הווידוי מכה מעט באגרוף קמוץ על חזהו,
על מקום הלב, כאשר הוא אומר כל אחת ממילות הווידוי.

אָשַׁמְנוּ, בָּגַדְנוּ, גָּזַלְנוּ, דִּבַּרְנוּ דֹפִי.
הֶעֱוִינוּ, וְהִרְשַׁעְנוּ, זַדְנוּ, חָמַסְנוּ, טָפַלְנוּ שֶׁקֶר.
יָעַצְנוּ רָע, כִּזַּבְנוּ, לַצְנוּ, מָרַדְנוּ, נִאַצְנוּ
סָרַרְנוּ, עָוִינוּ, פָּשַׁעְנוּ, צָרַרְנוּ, קִשִּׁינוּ עֹרֶף.
רָשַׁעְנוּ, שִׁחַתְנוּ, תִּעַבְנוּ, תָּעִינוּ, תִּעְתָּעְנוּ.

סַרְנוּ מִמִּצְוֹתֶיךָ וּמִמִּשְׁפָּטֶיךָ הַטּוֹבִים, וְלֹא שָׁוָה לָנוּ. וְאַתָּה צַדִּיק עַל נחמיה ט
כָּל־הַבָּא עָלֵינוּ, כִּי־אֱמֶת עָשִׂיתָ וַאֲנַחְנוּ הִרְשָׁעְנוּ:

הִרְשַׁעְנוּ וּפָשַׁעְנוּ לָכֵן לֹא נוֹשָׁעְנוּ. וְתֵן בְּלִבֵּנוּ לַעֲזֹב דֶּרֶךְ רֶשַׁע, וְחִישׁ
לָנוּ יֶשַׁע, כַּכָּתוּב עַל יַד נְבִיאֶךָ: יַעֲזֹב רָשָׁע דַּרְכּוֹ וְאִישׁ אָוֶן מַחְשְׁבֹתָיו, ישעיה נה
וְיָשֹׁב אֶל־יהוה וִירַחֲמֵהוּ וְאֶל־אֱלֹהֵינוּ כִּי־יַרְבֶּה לִסְלוֹחַ:

מְשִׁיחַ צִדְקֶךָ אָמַר לְפָנֶיךָ: שְׁגִיאוֹת מִי־יָבִין, מִנִּסְתָּרוֹת נַקֵּנִי: נַקֵּנוּ יהוה תהלים יט
אֱלֹהֵינוּ מִכָּל פְּשָׁעֵינוּ וְטַהֲרֵנוּ מִכָּל טֻמְאוֹתֵינוּ וּזְרֹק עָלֵינוּ מַיִם טְהוֹרִים
וְטַהֲרֵנוּ, כַּכָּתוּב עַל יַד נְבִיאֶךָ: וְזָרַקְתִּי עֲלֵיכֶם מַיִם טְהוֹרִים וּטְהַרְתֶּם, יחזקאל לו
מִכֹּל טֻמְאוֹתֵיכֶם וּמִכָּל־גִּלּוּלֵיכֶם אֲטַהֵר אֶתְכֶם: עַמְּךָ וְנַחֲלָתְךָ רְעֵבֵי
טוּבְךָ, צְמֵאֵי חַסְדְּךָ, תְּאֵבֵי יִשְׁעֶךָ. יַכִּירוּ וְיֵדְעוּ, כִּי לַיהוה אֱלֹהֵינוּ
הָרַחֲמִים וְהַסְּלִיחוֹת.

אֵל רַחוּם שְׁמֶךָ. אֵל חַנּוּן שְׁמֶךָ. בָּנוּ נִקְרָא שְׁמֶךָ. יהוה עֲשֵׂה לְמַעַן שְׁמֶךָ. עֲשֵׂה לְמַעַן אֲמִתָּךְ. עֲשֵׂה לְמַעַן בְּרִיתָךְ. עֲשֵׂה לְמַעַן גָּדְלָךְ וְתִפְאַרְתָּךְ. עֲשֵׂה לְמַעַן דָּתָךְ. עֲשֵׂה לְמַעַן הוֹדָךְ. עֲשֵׂה לְמַעַן וְעוּדָךְ. עֲשֵׂה לְמַעַן זִכְרָךְ. עֲשֵׂה לְמַעַן חַסְדָּךְ. עֲשֵׂה לְמַעַן טוּבָךְ. עֲשֵׂה לְמַעַן יִחוּדָךְ. עֲשֵׂה לְמַעַן כְּבוֹדָךְ. עֲשֵׂה לְמַעַן לִמּוּדָךְ. עֲשֵׂה לְמַעַן מַלְכוּתָךְ. עֲשֵׂה לְמַעַן נִצְחָךְ. עֲשֵׂה לְמַעַן סוֹדָךְ. עֲשֵׂה לְמַעַן עֻזָּךְ. עֲשֵׂה לְמַעַן פְּאֵרָךְ. עֲשֵׂה לְמַעַן צִדְקָתָךְ. עֲשֵׂה לְמַעַן קְדֻשָּׁתָךְ. עֲשֵׂה לְמַעַן רַחֲמֶיךָ הָרַבִּים. עֲשֵׂה לְמַעַן שְׁכִינָתָךְ. עֲשֵׂה לְמַעַן תְּהִלָּתָךְ. עֲשֵׂה לְמַעַן אוֹהֲבֶיךָ שׁוֹכְנֵי עָפָר. עֲשֵׂה לְמַעַן אַבְרָהָם יִצְחָק וְיַעֲקֹב. עֲשֵׂה לְמַעַן מֹשֶׁה וְאַהֲרֹן. עֲשֵׂה לְמַעַן דָּוִד וּשְׁלֹמֹה. עֲשֵׂה לְמַעַן יְרוּשָׁלַיִם עִיר קָדְשֶׁךָ. עֲשֵׂה לְמַעַן צִיּוֹן מִשְׁכַּן כְּבוֹדֶךָ. עֲשֵׂה לְמַעַן שִׁמְמוֹת הֵיכָלֶךָ. עֲשֵׂה לְמַעַן הֲרִיסוּת מִזְבְּחֶךָ. עֲשֵׂה לְמַעַן הֲרוּגִים עַל שֵׁם קָדְשֶׁךָ. עֲשֵׂה לְמַעַן טְבוּחִים עַל יִחוּדֶךָ. עֲשֵׂה לְמַעַן בָּאֵי בָאֵשׁ וּבַמַּיִם עַל קִדּוּשׁ שְׁמֶךָ. עֲשֵׂה לְמַעַן יוֹנְקֵי שָׁדַיִם שֶׁלֹּא חָטְאוּ. עֲשֵׂה לְמַעַן גְּמוּלֵי חָלָב שֶׁלֹּא פָשְׁעוּ. עֲשֵׂה לְמַעַן תִּינוֹקוֹת שֶׁל בֵּית רַבָּן. עֲשֵׂה לְמַעַנְךָ אִם לֹא לְמַעֲנֵנוּ. עֲשֵׂה לְמַעַנְךָ וְהוֹשִׁיעֵנוּ.

עֲנֵנוּ יהוה עֲנֵנוּ. עֲנֵנוּ אֱלֹהֵינוּ עֲנֵנוּ. עֲנֵנוּ אָבִינוּ עֲנֵנוּ. עֲנֵנוּ בּוֹרְאֵנוּ עֲנֵנוּ. עֲנֵנוּ גּוֹאֲלֵנוּ עֲנֵנוּ. עֲנֵנוּ דּוֹרְשֵׁנוּ עֲנֵנוּ. עֲנֵנוּ הָאֵל הַנֶּאֱמָן עֲנֵנוּ. עֲנֵנוּ וָתִיק וְחָסִיד עֲנֵנוּ. עֲנֵנוּ זַךְ וְיָשָׁר עֲנֵנוּ. עֲנֵנוּ חַי וְקַיָּם עֲנֵנוּ. עֲנֵנוּ טוֹב וּמֵטִיב עֲנֵנוּ. עֲנֵנוּ יוֹדֵעַ יֵצֶר עֲנֵנוּ. עֲנֵנוּ כּוֹבֵשׁ כְּעָסִים עֲנֵנוּ. עֲנֵנוּ לוֹבֵשׁ צְדָקוֹת עֲנֵנוּ. עֲנֵנוּ מֶלֶךְ מַלְכֵי הַמְּלָכִים עֲנֵנוּ. עֲנֵנוּ נוֹרָא וְנִשְׂגָּב עֲנֵנוּ. עֲנֵנוּ סוֹלֵחַ וּמוֹחֵל עֲנֵנוּ. עֲנֵנוּ עוֹנֶה בְּעֵת צָרָה עֲנֵנוּ. עֲנֵנוּ פּוֹדֶה וּמַצִּיל עֲנֵנוּ. עֲנֵנוּ צַדִּיק וְיָשָׁר עֲנֵנוּ. עֲנֵנוּ קָרוֹב לְקוֹרְאָיו עֲנֵנוּ. עֲנֵנוּ רַחוּם וְחַנּוּן עֲנֵנוּ. עֲנֵנוּ שׁוֹמֵעַ אֶל אֶבְיוֹנִים עֲנֵנוּ. עֲנֵנוּ תּוֹמֵךְ תְּמִימִים עֲנֵנוּ. עֲנֵנוּ אֱלֹהֵי אֲבוֹתֵינוּ עֲנֵנוּ. עֲנֵנוּ אֱלֹהֵי אַבְרָהָם עֲנֵנוּ. עֲנֵנוּ פַּחַד יִצְחָק עֲנֵנוּ. עֲנֵנוּ אֲבִיר יַעֲקֹב עֲנֵנוּ. עֲנֵנוּ עֶזְרַת הַשְּׁבָטִים עֲנֵנוּ. עֲנֵנוּ מִשְׂגַּב אִמָּהוֹת עֲנֵנוּ. עֲנֵנוּ קָשֶׁה לִכְעֹס עֲנֵנוּ. עֲנֵנוּ רַךְ לִרְצוֹת עֲנֵנוּ. עֲנֵנוּ עוֹנֶה בְּעֵת רָצוֹן עֲנֵנוּ. עֲנֵנוּ אֲבִי יְתוֹמִים עֲנֵנוּ. עֲנֵנוּ דַּיַּן אַלְמָנוֹת עֲנֵנוּ.

מִי שֶׁעָנָה לְאַבְרָהָם אָבִינוּ בְּהַר הַמּוֹרִיָּה, הוּא יַעֲנֵנוּ.
מִי שֶׁעָנָה לְיִצְחָק בְּנוֹ כְּשֶׁנֶּעֱקַד עַל גַּבֵּי הַמִּזְבֵּחַ, הוּא יַעֲנֵנוּ.
מִי שֶׁעָנָה לְיַעֲקֹב בְּבֵית אֵל, הוּא יַעֲנֵנוּ.
מִי שֶׁעָנָה לְיוֹסֵף בְּבֵית הָאֲסוּרִים, הוּא יַעֲנֵנוּ.
מִי שֶׁעָנָה לַאֲבוֹתֵינוּ עַל יַם סוּף, הוּא יַעֲנֵנוּ.
מִי שֶׁעָנָה לְמֹשֶׁה בְּחוֹרֵב, הוּא יַעֲנֵנוּ.
מִי שֶׁעָנָה לְאַהֲרֹן בַּמַּחְתָּה, הוּא יַעֲנֵנוּ.
מִי שֶׁעָנָה לְפִינְחָס בְּקוּמוֹ מִתּוֹךְ הָעֵדָה, הוּא יַעֲנֵנוּ.
מִי שֶׁעָנָה לִיהוֹשֻׁעַ בַּגִּלְגָּל, הוּא יַעֲנֵנוּ.
מִי שֶׁעָנָה לִשְׁמוּאֵל בַּמִּצְפָּה, הוּא יַעֲנֵנוּ.
מִי שֶׁעָנָה לְדָוִד וּשְׁלֹמֹה בְנוֹ בִּירוּשָׁלָיִם, הוּא יַעֲנֵנוּ.
מִי שֶׁעָנָה לְאֵלִיָּהוּ בְּהַר הַכַּרְמֶל, הוּא יַעֲנֵנוּ.
מִי שֶׁעָנָה לֶאֱלִישָׁע בִּירִיחוֹ, הוּא יַעֲנֵנוּ.
מִי שֶׁעָנָה לְיוֹנָה בִּמְעֵי הַדָּגָה, הוּא יַעֲנֵנוּ.
מִי שֶׁעָנָה לְחִזְקִיָּהוּ מֶלֶךְ יְהוּדָה בְּחָלְיוֹ, הוּא יַעֲנֵנוּ.
מִי שֶׁעָנָה לַחֲנַנְיָה מִישָׁאֵל וַעֲזַרְיָה בְּתוֹךְ כִּבְשַׁן הָאֵשׁ, הוּא יַעֲנֵנוּ.
מִי שֶׁעָנָה לְדָנִיֵּאל בְּגוֹב הָאֲרָיוֹת, הוּא יַעֲנֵנוּ.
מִי שֶׁעָנָה לְמָרְדְּכַי וְאֶסְתֵּר בְּשׁוּשַׁן הַבִּירָה, הוּא יַעֲנֵנוּ.
מִי שֶׁעָנָה לְעֶזְרָא בַּגּוֹלָה, הוּא יַעֲנֵנוּ.
מִי שֶׁעָנָה לְכָל הַצַּדִּיקִים וְהַחֲסִידִים וְהַתְּמִימִים וְהַיְשָׁרִים, הוּא יַעֲנֵנוּ.

רַחֲמָנָא דְּעָנֵי לַעֲנִיֵּי עֲנֵינָן.
רַחֲמָנָא דְּעָנֵי לִתְבִירֵי לִבָּא עֲנֵינָן.
רַחֲמָנָא דְּעָנֵי לְמַכִּיכֵי רוּחָא עֲנֵינָן.
רַחֲמָנָא עֲנֵינָן.
רַחֲמָנָא חוּס, רַחֲמָנָא פְּרֹק, רַחֲמָנָא שֵׁיזִב.
רַחֲמָנָא רַחֵם עֲלָן, הַשְׁתָּא בַּעֲגָלָא וּבִזְמַן קָרִיב.

ביום שאומרים בו תחנון ממשיכים ׳אָבִינוּ מַלְכֵּנוּ׳ (עמ׳ 114); ואם אמרו סליחות קודם נפילת אפים, ממשיכים בנפילת אפים (עמ׳ 112) ולאחריה ׳אָבִינוּ מַלְכֵּנוּ׳ (עמ׳ 114) וביום שאין אומרים בו תחנון, אומרים ׳אָבִינוּ מַלְכֵּנוּ׳ ואחר כך ממשיכים בחצי קדיש (עמ׳ 121).

ברכות ותפילות

סדר סעודה וברכותיה

לנטילת ידיים זו משתמשים בכלי שלם ובמים שלא השתמשו בהם קודם לכן, ושיעור המים צריך להיות 'רביעית' לכל הפחות. אופן הנטילה הוא ששופכים תחילה על יד ימין שתי פעמים (ורבים נוהגים שלוש פעמים), ואחר כך שופכים כך על יד שמאל. ולאחר הנטילה מגביהים את הידיים ומשפשפים אותן זו בזו, ומברכים 'עַל נְטִילַת יָדָיִם'.

יש נוהגים לומר בעת שמגביהים ידיהם:

שְׂאוּ־יְדֵכֶם קֹדֶשׁ, וּבָרְכוּ אֶת־יהוה: תהלים קלד

בָּרוּךְ אַתָּה יהוה אֱלֹהֵינוּ מֶלֶךְ הָעוֹלָם
אֲשֶׁר קִדְּשָׁנוּ בְּמִצְוֹתָיו וְצִוָּנוּ עַל נְטִילַת יָדָיִם.

על אכילת מיני לחם מברכים:

בָּרוּךְ אַתָּה יהוה אֱלֹהֵינוּ מֶלֶךְ הָעוֹלָם
הַמּוֹצִיא לֶחֶם מִן הָאָרֶץ.

ברכת המזון

ביום שאומרים בו תחנון אומרים:

עַל־נַהֲרוֹת בָּבֶל, שָׁם יָשַׁבְנוּ גַּם־בָּכִינוּ, בְּזָכְרֵנוּ אֶת־צִיּוֹן: עַל־ תהלים קלז
עֲרָבִים בְּתוֹכָהּ תָּלִינוּ כִּנֹּרוֹתֵינוּ: כִּי שָׁם שְׁאֵלוּנוּ שׁוֹבֵינוּ דִּבְרֵי־

נטילת ידיים לפני האכילה נטילת ידיים לפני אכילת לחם היא תקנת חכמים קדומה, והם שתיקנו גם את ברכתה. נטילה זו אינה מטעמי ניקיון אלא כדי להיטהר מטומאת הידיים, לפי שהידיים נוגעות בכל דבר מבלי משים. יתרה מזו, נטילה זו קשורה לכבוד לאוכל, כי האכילה אינה באה רק למילוי צורכי הגוף אלא יש בה צד של עבודת קודש. בזה האכילה דומה לעבודת הכוהנים במקדש, שלפני כניסתם לעבוד נצטוו בתורה לרחוץ את ידיהם ורגליהם.

המוציא לחם מן הארץ ברכה זו מיוחדת ללחם, שהוא מרכיב המזון הבסיסי ומפני חשיבותו הרבה קבעו לו חכמים ברכה בפני עצמו.

ברכת המזון ברכת הודאה על המזון שאכלנו. ברכת המזון היא הברכה היחידה (מלבד ברכת כוהנים) שחיובה מן התורה עצמה, כלשון הכתוב: "וְאָכַלְתָּ וְשָׂבָעְתָּ וּבֵרַכְתָּ אֶת ה' אֱלֹהֶיךָ עַל הָאָרֶץ הַטֹּבָה אֲשֶׁר נָתַן לָךְ". מפסוק זה למדו חכמים שיש להודות בברכת המזון על המזון, על הארץ ועל הטוב המיוחד שבארץ -

שִׁיר וְתוֹלָלֵינוּ שִׂמְחָה, שִׁירוּ לָנוּ מִשִּׁיר צִיּוֹן: אֵיךְ נָשִׁיר אֶת־שִׁיר־
יהוה עַל אַדְמַת נֵכָר: אִם־אֶשְׁכָּחֵךְ יְרוּשָׁלָם, תִּשְׁכַּח יְמִינִי: תִּדְבַּק
לְשׁוֹנִי לְחִכִּי אִם־לֹא אֶזְכְּרֵכִי, אִם־לֹא אַעֲלֶה אֶת־יְרוּשָׁלַם עַל
רֹאשׁ שִׂמְחָתִי: זְכֹר יהוה לִבְנֵי אֱדוֹם אֵת יוֹם יְרוּשָׁלָם, הָאֹמְרִים
עָרוּ עָרוּ עַד הַיְסוֹד בָּהּ: בַּת־בָּבֶל הַשְּׁדוּדָה, אַשְׁרֵי שֶׁיְשַׁלֶּם־
לָךְ אֶת־גְּמוּלֵךְ שֶׁגָּמַלְתְּ לָנוּ: אַשְׁרֵי שֶׁיֹּאחֵז, וְנִפֵּץ אֶת־עֹלָלַיִךְ
אֶל־הַסָּלַע:

בימים שאין אומרים בהם תחנון אומרים:

תהלים קכו שִׁיר הַמַּעֲלוֹת, בְּשׁוּב יהוה אֶת־שִׁיבַת צִיּוֹן, הָיִינוּ כְּחֹלְמִים: אָז
יִמָּלֵא שְׂחוֹק פִּינוּ וּלְשׁוֹנֵנוּ רִנָּה, אָז יֹאמְרוּ בַגּוֹיִם הִגְדִּיל יהוה
לַעֲשׂוֹת עִם־אֵלֶּה: הִגְדִּיל יהוה לַעֲשׂוֹת עִמָּנוּ, הָיִינוּ שְׂמֵחִים:
שׁוּבָה יהוה אֶת־שְׁבִיתֵנוּ, כַּאֲפִיקִים בַּנֶּגֶב: הַזֹּרְעִים בְּדִמְעָה בְּרִנָּה

היא ירושלים. בזמן המשנה הוסיפו חכמים את ברכת "הטוב והמטיב", ובדורות מאוחרים יותר נוספו לברכה עוד תוספות ובקשות.

פרקי תהלים לפני ברכת המזון קודם ברכת המזון נהוג לומר מזמורי תהלים ופסוקים. הטעם העיקרי לאמירתם הוא כדי להגיד דברי תורה על השולחן. סעודה בלא דברי תורה היא, כדברי חכמים בפרקי אבות, כ"זבחי מתים", כלומר כקורבן לעבודה זרה שאדם מקריב לתאוותיו שלו. לעומת זאת, כאשר אומרים דברי תורה על השולחן הם משנים את את אופי הסעודה, השולחן נעשה אז כעין מזבח, והאכילה נהיית כאכילה מזבחי הקודש, "משולחנו של מקום". בימות החול אומרים מזמור "עַל נַהֲרוֹת בָּבֶל", המזכיר את אבלות ציון - שאף בשעת

בשוב ה' את שיבת ציון היינו כחולמים "היינו כחולמים" הוא תיאור של זמן הגלות, שהוא מעין שינה ארוכה של נשמת העם, כעין חלום זוועה. בדומה לחלום, שכאשר אדם חולם הוא תופס את החלום כמציאות ממשית אף שעלולים

יִקְצֹרוּ: הָלוֹךְ יֵלֵךְ וּבָכֹה נֹשֵׂא מֶשֶׁךְ־הַזָּרַע, בֹּא־יָבֹא בְרִנָּה נֹשֵׂא אֲלֻמֹּתָיו:

יש הנוהגים לומר:

אֲבָרְכָה אֶת־יהוה בְּכָל־עֵת, תָּמִיד תְּהִלָּתוֹ בְּפִי: סוֹף דָּבָר הַכֹּל נִשְׁמָע, תהלים לד קהלת יב
אֶת־הָאֱלֹהִים יְרָא וְאֶת־מִצְוֹתָיו שְׁמוֹר, כִּי־זֶה כָּל־הָאָדָם: תְּהִלַּת יהוה תהלים קמה
יְדַבֶּר פִּי, וִיבָרֵךְ כָּל־בָּשָׂר שֵׁם קָדְשׁוֹ לְעוֹלָם וָעֶד: וַאֲנַחְנוּ נְבָרֵךְ יָהּ מֵעַתָּה תהלים קטו
וְעַד־עוֹלָם הַלְלוּיָהּ:

הסעודה, כשאדם נהנה, יזכור את חורבות המקדש וירושלים. בימי שבת ומועד (ובשאר ימים שאין אומרים בהם תחנון), שאין אומרים בהם דברים הגורמים לצער - אומרים מזמור: "שִׁיר הַמַּעֲלוֹת בְּשׁוּב ה'", המדבר על התקווה לשיבת ציון.

"אברכה את ה'" לקט פסוקים המשמשים מעין הקדמה לברכת המזון, שהיא תהילה וברכה שיכולה להיאמר "בכל עת", בכל מיני זמנים, ואין לה זמן קבוע כמו לתפילה. חכמים בתלמוד דרשו את הפסוק הנאמר כאן - "וַיְדַבֵּר אֵלַי זֶה הַשֻּׁלְחָן אֲשֶׁר לִפְנֵי ה'" - שבזמן שאין בית מקדש קיים שולחנו של אדם הוא כעין מזבח. כלומר, הסעודה כולה יכולה להיות מעין הקרבת קורבן על המזבח. אנחנו מזכירים את הפסוק הזה כאן כדי לומר שגם אם לא אכלנו בכוונה הראויה, לכל הפחות שתהיה הברכה בקדושה. מתפיסה זו בנוגע לסעודה נלמדים מנהגי הסעודה בדומה לנהוג במזבח. יש שמקפידים שיהיה מלח על השולחן כל משך הארוחה והברכה, כשם שבמזבח צריך שיהיה תמיד מלח, מכיוון שהמלח הוא "ברית עולם". מנהג נוסף הוא להצניע בברכת המזון את הסכינים שהיו על השולחן, בדומה למזבח שנאמר בו שאסור להניף עליו ברזל.

להתרחש בו דברים משונים ולא הגיוניים בעליל - כך הגלות היא מצב קיום לא נורמלי, שיש בו עיוותים והאמת והשקר מעורבבים בו. רק כשתבוא הגאולה "נתעורר", נחזור למציאות חיים אמיתית ולא מעוותת, ואז נבין שכל חיינו בגלות לא היו אלא חלום אחד ארוך.

הנוהגים בנטילת ידיהם ל'מים אחרונים' לוקחים מעט מים ורוחצים את הידיים (ודי רק בחלק העליון של האצבעות) ואת הפה לאחר האכילה. מאחר שאמרו שלא לשפוך מים אלה על הקרקע, יש המייחדים כלים מיוחדים לצורך נטילה זו.

יש הנוהגים לומר פסוק זה לפני נטילת 'מים אחרונים'.

זֶה חֵלֶק אָדָם רָשָׁע מֵאֱלֹהִים וְנַחֲלַת אִמְרוֹ מֵאֵל:

ואחר 'מים אחרונים' אומרים:

וַיְדַבֵּר אֵלַי זֶה הַשֻּׁלְחָן אֲשֶׁר לִפְנֵי יהוה:

סדר הזימון

יש הנוהגים לומר:

דברים ח **הִנְנִי מוּכָן וּמְזֻמָּן לְקַיֵּם מִצְוַת עֲשֵׂה שֶׁל בִּרְכַּת הַמָּזוֹן, כְּמוֹ שֶׁכָּתוּב: וְאָכַלְתָּ וְשָׂבָעְתָּ**
וּבֵרַכְתָּ אֶת־יהוה אֱלֹהֶיךָ עַל־הָאָרֶץ הַטֹּבָה אֲשֶׁר נָתַן־לָךְ: לְשֵׁם יִחוּד קֻדְשָׁא בְּרִיךְ
הוּא וּשְׁכִינְתֵּיהּ עַל יְדֵי הַהוּא טָמִיר וְנֶעְלָם בְּשֵׁם כָּל יִשְׂרָאֵל.

מים אחרונים רחיצת הידיים במים לפני ברכת המזון. חכמים בתלמוד אמרו שרחיצת ידיים זו היא חובה מפני הסכנה, שבזמנם היה באוכל "מלח סדומית" שהיה נדבק בידיים ועלול להזיק לעיניים. עקב כך, פסקו רבים שבזמן הזה אין חובה להקפיד על נטילת מים אחרונים, משום שלא מצוי אצלנו מלח סדומית. עם זה, הנוהגים על פי הקבלה מקפידים על מים אחרונים כי יש למים אחרונים טעם פנימי על דרך הסוד: אכילתו של אדם היא מקום שה'קליפות' מבקשות לאחוז בו - שהרי גם אדם הסועד בתכלית הכשרות צריך להיאבק בתאוות האכילה, שתהיה אכילתו לשם שמיים. כל עוד לא הגיע העולם לגאולה שלמה, הקליפות והתאוות קיימות ומנסות להיאחז באדם, משום שהוא מעניק להן חיות. המים האחרונים נועדו להסיר את שיירי המאכל שנדבקו לידיים, ואותם אנחנו נותנים ל'סטרא אחרא' ('הצד האחר', כל מה שאינו שייך לקדושה). אנחנו "משליכים" אליו משהו משיירי הסעודה, כביכול (בדומה לשילוח השעיר לעזאזל) בכוונה שהסעודה תהיה כולה בקדושה. לפי הבנה זו, מלח סדומית רומז לסדום, והסכנה שבו היא האחיזה של הקליפה. לכן נהוג על דרך הסוד להוריד את המים האחרונים מהשולחן וכן לא להשאירם מגולים. הפסוק הנאמר לפני הנטילה - "זֶה חֵלֶק אָדָם רָשָׁע מֵאֱלֹהִים" - רומז למלח סדומית, שהוא "חלק" מהסעודה הקדושה שאנחנו נותנים ל"אדם רשע" - הוא ה'סטרא אחרא'.

שלושה אנשים או יותר שאכלו יחד אינם רשאים לברך כל אחד לעצמו, אלא עליהם לזמן לפני שמברכים. מעיקר הדין גם נשים שאכלו יחד צריכות לזמן, וכן נוהגים בכמה מקומות. אם עשרה אכלו יחד, מזכירים בזימון את השם.

אם אפשר, משתדלים לזמן על ׳כוס של ברכה׳ - כוס יין שאומרים עליה את כל ברכת המזון, ולאחר גמר ברכת המזון מברכים ׳בּוֹרֵא פְּרִי הַגָּפֶן׳ ושותים ממנה. לאחר מכן יש לברך ׳ברכה מעין שלוש׳.

זימון לסעודת ברית מילה בעמ׳ 726. זימון לסעודת שבע ברכות בעמ׳ 737.

המזמן אומר: **רַבּוֹתַי, נְבָרֵךְ.**

המסובין: **יְהִי שֵׁם יהוה מְבֹרָךְ מֵעַתָּה וְעַד־עוֹלָם:** תהלים קיג

המזמן חוזר: **יְהִי שֵׁם יהוה מְבֹרָךְ מֵעַתָּה וְעַד־עוֹלָם:**

בִּרְשׁוּת (אָבִי מוֹרִי / אִמִּי מוֹרָתִי / כֹּהֲנִים / מוֹרֵנוּ הָרַב / בַּעַל הַבַּיִת הַזֶּה / בַּעֲלַת הַבַּיִת הַזֶּה)

מָרָנָן וְרַבָּנָן וְרַבּוֹתַי

נְבָרֵךְ (במניין: **אֱלֹהֵינוּ**) **שֶׁאָכַלְנוּ מִשֶּׁלּוֹ.**

המסובין: **בָּרוּךְ** (במניין: **אֱלֹהֵינוּ**) **שֶׁאָכַלְנוּ מִשֶּׁלּוֹ וּבְטוּבוֹ חָיִינוּ.**

מי שלא אכל אומר:

בָּרוּךְ וּמְבֹרָךְ שְׁמוֹ תָּמִיד לְעוֹלָם וָעֶד.

המזמן חוזר: **בָּרוּךְ** (במניין: **אֱלֹהֵינוּ**) **שֶׁאָכַלְנוּ מִשֶּׁלּוֹ וּבְטוּבוֹ חָיִינוּ.**

בָּרוּךְ הוּא וּבָרוּךְ שְׁמוֹ.

הזימון זימון הוא הזמנה לנוכחים להצטרף למעמד הקדוש שבברכה. הזימון הופך את ברכת המזון של היחיד לברכה הנעשית בציבור, ומעניק חשיבות ופאר רב יותר לברכה. ההגדרה המינימלית של ציבור לזימון הוא שלושה, בדומה

הזימון באופן פשוט, נועד הזימון להזמנת הסועדים ולהכנתם לברכה. בזוהר נאמר טעם פנימי יותר, והוא שבשעת האכילה מצויים שני צדדים, צד השכינה וצד ה׳סטרא אחרא׳. שהרי האכילה יכולה להיות מכוונת למצווה ולהיות עניין של קדושה, או להיות מכוונת רק להנאת הגוף ואז היא שייכת ל׳צד האחר׳. משום כך יש לזמן - כדי להזמין את השכינה לברכה, וממילא כוחות הרע מסתלקים.

ברכת הזן

בָּרוּךְ אַתָּה יהוה אֱלֹהֵינוּ מֶלֶךְ הָעוֹלָם
הַזָּן אֶת הָעוֹלָם כֻּלּוֹ בְּטוּבוֹ, בְּחֵן בְּחֶסֶד וּבְרַחֲמִים
הוּא נוֹתֵן לֶחֶם לְכָל בָּשָׂר, כִּי לְעוֹלָם חַסְדּוֹ.
וּבְטוּבוֹ הַגָּדוֹל, תָּמִיד לֹא חָסַר לָנוּ
וְאַל יֶחְסַר לָנוּ מָזוֹן לְעוֹלָם וָעֶד, בַּעֲבוּר שְׁמוֹ הַגָּדוֹל.
כִּי הוּא אֵל זָן וּמְפַרְנֵס לַכֹּל וּמֵטִיב לַכֹּל
וּמֵכִין מָזוֹן לְכָל בְּרִיּוֹתָיו אֲשֶׁר בָּרָא.
כָּאָמוּר, פּוֹתֵחַ אֶת־יָדֶךָ וּמַשְׂבִּיעַ לְכָל־חַי רָצוֹן: תהלים קמה
בָּרוּךְ אַתָּה יהוה, הַזָּן אֶת הַכֹּל.

לבית דין, ובשעה שיש עשרה מוסיפים בזימון גם את שם ה׳, משום שעשרה יהודים נקראים "עדה קדושה", מניין שאפשר לומר בו דברי קדושה. הזימון בדומה לברכות ול"לשם ייחוד" הנאמרים לפני מצוות, מטרתו להכין את האדם למשמעות שיש במעשה המצווה. מצד אחר, הזימון הוא ברכה העומדת בפני עצמה, המתמצתת את האמור בברכת המזון: הודאה לה׳ על המזון שנתן לנו ועל כל החסד והטוב שמלווים את חיינו.

ברכת הזן ברכת הודאה על המזון - על שה׳ זן ומפרנס את העולם כולו ומשפיע מטובו לכל הברואים, ולנו בתוכם. ברכה זו מבטאת את רגש הכרת הטוב הבסיסי, שכל יצור חי אמור לבטא - יהודי או גוי, אדם או בהמה. כך סיפרו חכמים על אברהם אבינו שהיה מקרב את אורחיו לעבודת ה׳: כאשר היו מודים לו על הסעודה שאכלו בביתו, היה אברהם עונה להם שמן הדין הוא להודות למקור הראשון של כל הטובה. רגש הכרת הטוב הזה חורג מהתחום האנושי ושייך אף בבעלי חיים המכירים טובה למי שגומל להם טוב, וכמו שאומר הפסוק: "יָדַע שׁוֹר קֹנֵהוּ וַחֲמוֹר אֵבוּס בְּעָלָיו". לשון החתימה, "הזן את הכל", מדגישה שברכה זו מדברת על כלל העולם, והתפקיד שלנו, המברכים, הוא לשבח את הקדוש ברוך הוא כשליחי העולם כולו.

ברכת הארץ

נוֹדֶה לְךָ, יהוה אֱלֹהֵינוּ
עַל שֶׁהִנְחַלְתָּ לַאֲבוֹתֵינוּ אֶרֶץ חֶמְדָּה טוֹבָה וּרְחָבָה
וְעַל שֶׁהוֹצֵאתָנוּ יהוה אֱלֹהֵינוּ מֵאֶרֶץ מִצְרַיִם
וּפְדִיתָנוּ מִבֵּית עֲבָדִים
וְעַל בְּרִיתְךָ שֶׁחָתַמְתָּ בִּבְשָׂרֵנוּ
וְעַל תּוֹרָתְךָ שֶׁלִּמַּדְתָּנוּ
וְעַל חֻקֶּיךָ שֶׁהוֹדַעְתָּנוּ
וְעַל חַיִּים חֵן וָחֶסֶד שֶׁחוֹנַנְתָּנוּ
וְעַל אֲכִילַת מָזוֹן שָׁאַתָּה זָן וּמְפַרְנֵס אוֹתָנוּ תָּמִיד
בְּכָל יוֹם וּבְכָל עֵת וּבְכָל שָׁעָה.

מכיוון שברכה זו היא ברכת הודאה מוסיפים בה (כדרך שעושים בתפילה) הודאה על הניסים של חנוכה ופורים.

אם שכח לומר 'עַל הַנִּסִּים' במקומו, אומר הודאה זו בסדר 'הָרַחֲמָן', ומקדימים לכך "הָרַחֲמָן הוּא יַעֲשֶׂה לָנוּ נִסִּים כְּמוֹ שֶׁעָשָׂה לַאֲבוֹתֵינוּ בַּיָּמִים הָהֵם בַּזְּמַן הַזֶּה". אבל אם שכח לגמרי, אינו צריך לחזור ולאומרו.

בחנוכה אומרים כאן 'עַל הַנִּסִּים'. ואם שכח אינו חוזר:

וְעַל הַנִּסִּים וְעַל הַפֻּרְקָן וְעַל הַגְּבוּרוֹת וְעַל הַתְּשׁוּעוֹת וְעַל הַנִּפְלָאוֹת וְעַל הַנֶּחָמוֹת וְעַל הַמִּלְחָמוֹת שֶׁעָשִׂיתָ לַאֲבוֹתֵינוּ בַּיָּמִים הָהֵם בַּזְּמַן הַזֶּה.

בִּימֵי מַתִּתְיָהוּ בֶּן יוֹחָנָן כֹּהֵן גָּדוֹל חַשְׁמוֹנַאי וּבָנָיו, כְּשֶׁעָמְדָה מַלְכוּת יָוָן הָרְשָׁעָה עַל עַמְּךָ יִשְׂרָאֵל לְהַשְׁכִּיחָם תּוֹרָתֶךָ וּלְהַעֲבִירָם מֵחֻקֵּי רְצוֹנֶךָ, וְאַתָּה בְּרַחֲמֶיךָ הָרַבִּים עָמַדְתָּ לָהֶם בְּעֵת צָרָתָם, רַבְתָּ אֶת רִיבָם, דַּנְתָּ

ברכת הארץ ברכת הודאה על ארץ ישראל שהנחיל לנו ה'. שלא כברכת הזן, שהיא ברכת שבח אוניברסלית השייכת לכל יצורי העולם, ברכת הארץ עוסקת במעלות המיוחדות לישראל. עיקר הברכה הוא הודאה על הארץ, שכן נאמר בתורה שיש לברך לאחר המזון על ארץ ישראל: "וְאָכַלְתָּ וְשָׂבָעְתָּ וּבֵרַכְתָּ... עַל

אֶת דִּינָם, נָקַמְתָּ אֶת נִקְמָתָם, מָסַרְתָּ גִבּוֹרִים בְּיַד חַלָּשִׁים, וְרַבִּים בְּיַד מְעַטִּים, וּטְמֵאִים בְּיַד טְהוֹרִים, וּרְשָׁעִים בְּיַד צַדִּיקִים, וְזֵדִים בְּיַד עוֹסְקֵי תוֹרָתֶךָ. וּלְךָ עָשִׂיתָ שֵׁם גָּדוֹל וְקָדוֹשׁ בְּעוֹלָמֶךָ, וּלְעַמְּךָ יִשְׂרָאֵל עָשִׂיתָ תְּשׁוּעָה גְדוֹלָה וּפֻרְקָן כְּהַיּוֹם הַזֶּה. וְאַחַר כָּךְ בָּאוּ בָנֶיךָ לִדְבִיר בֵּיתֶךָ, וּפִנּוּ אֶת הֵיכָלֶךָ, וְטִהֲרוּ אֶת מִקְדָּשֶׁךָ, וְהִדְלִיקוּ נֵרוֹת בְּחַצְרוֹת קָדְשֶׁךָ, וְקָבְעוּ שְׁמוֹנַת יְמֵי חֲנֻכָּה אֵלּוּ, לְהוֹדוֹת וּלְהַלֵּל לְשִׁמְךָ הַגָּדוֹל.

וממשיכים ׳וְעַל הַכֹּל׳.

בפורים אומרים כאן ׳עַל הַנִּסִּים׳. ואם שכח אינו חוזר.

וְעַל הַנִּסִּים וְעַל הַפֻּרְקָן וְעַל הַגְּבוּרוֹת וְעַל הַתְּשׁוּעוֹת וְעַל הַנִּפְלָאוֹת וְעַל הַנֶּחָמוֹת וְעַל הַמִּלְחָמוֹת שֶׁעָשִׂיתָ לַאֲבוֹתֵינוּ בַּיָּמִים הָהֵם בִּזְּמַן הַזֶּה.

בִּימֵי מָרְדְּכַי וְאֶסְתֵּר בְּשׁוּשַׁן הַבִּירָה, כְּשֶׁעָמַד עֲלֵיהֶם הָמָן הָרָשָׁע, בִּקֵּשׁ
אסתר ג לְהַשְׁמִיד לַהֲרֹג וּלְאַבֵּד אֶת־כָּל־הַיְּהוּדִים מִנַּעַר וְעַד־זָקֵן טַף וְנָשִׁים
בְּיוֹם אֶחָד, בִּשְׁלוֹשָׁה עָשָׂר לְחֹדֶשׁ שְׁנֵים־עָשָׂר, הוּא־חֹדֶשׁ אֲדָר, וּשְׁלָלָם לָבוֹז: וְאַתָּה בְּרַחֲמֶיךָ הָרַבִּים הֵפַרְתָּ אֶת עֲצָתוֹ, וְקִלְקַלְתָּ אֶת מַחֲשַׁבְתּוֹ, וַהֲשֵׁבוֹתָ לּוֹ גְּמוּלוֹ בְּרֹאשׁוֹ, וְתָלוּ אוֹתוֹ וְאֶת בָּנָיו עַל הָעֵץ.

וממשיכים ׳וְעַל הַכֹּל׳.

הָאָרֶץ הַטֹּבָה אֲשֶׁר נָתַן לָךְ״. להודאה על הארץ מצרפים הודאה על מתנות טובות נוספות שנתן לנו ה׳, ובפרט ברית המילה והתורה - שני דברים שמלבד מעלתם הם חיוניים לשמירת הארץ. הזכות לנחול את הארץ תלויה בקיום ברית המילה, וכפי הכתוב במדרש שאמר ה׳ לאברהם אבינו: ״אם מקיימים בניך את המילה - הם נכנסים לארץ, ואם לאו - אין נכנסים לארץ״. והתורה - שאף היא ברית שבין ישראל לה׳ - היא תנאי הכרחי לקיומנו בארץ. הארץ ניתנה על מנת שנשמור את התורה, החוקים והמצוות, ואם לא נשמור אותם, לא תהיה לנו זכות ישיבה בה.

ברכת בונה ירושלים תפילה על ארץ ישראל בתפארתה ועל השבת מלכות בית דוד. חכמים הסתמכו בברכה זו על הפסוק ״וּבֵרַכְתָּ... עַל הָאָרֶץ הַטֹּבָה״, ש״הטובה״ רומז על ירושלים והמקדש: בניינם של המקדש וירושלים ומלכות ישראל השלמה הם שמעלים את ארץ ישראל, שעליה הודינו בברכה הקודמת, מדרגת ״ארץ״ סתם לדרגת ״הארץ הטובה״. חיבור ברכה זו מיוחס לדוד ושלמה, ועיקרה היה בהודאה על המקדש והשראת השכינה בירושלים. ולאחר חורבן

וְעַל הַכֹּל, יהוה אֱלֹהֵינוּ
אֲנַחְנוּ מוֹדִים לָךְ וּמְבָרְכִים אוֹתָךְ
יִתְבָּרַךְ שִׁמְךָ בְּפִי כָּל חַי תָּמִיד לְעוֹלָם וָעֶד
כַּכָּתוּב: וְאָכַלְתָּ וְשָׂבָעְתָּ, וּבֵרַכְתָּ אֶת־יהוה אֱלֹהֶיךָ דברים ח
עַל־הָאָרֶץ הַטֹּבָה אֲשֶׁר נָתַן־לָךְ:
בָּרוּךְ אַתָּה יהוה
עַל הָאָרֶץ וְעַל הַמָּזוֹן.

ברכת ירושלים

רַחֶם נָא, יהוה אֱלֹהֵינוּ
עַל יִשְׂרָאֵל עַמֶּךָ, וְעַל יְרוּשָׁלַיִם עִירֶךָ
וְעַל צִיּוֹן מִשְׁכַּן כְּבוֹדֶךָ
וְעַל מַלְכוּת בֵּית דָּוִד מְשִׁיחֶךָ
וְעַל הַבַּיִת הַגָּדוֹל וְהַקָּדוֹשׁ שֶׁנִּקְרָא שִׁמְךָ עָלָיו.
אֱלֹהֵינוּ, אָבִינוּ, רְעֵנוּ, זוּנֵנוּ, פַּרְנְסֵנוּ וְכַלְכְּלֵנוּ
וְהַרְוִיחֵנוּ, וְהַרְוַח לָנוּ יהוה אֱלֹהֵינוּ מְהֵרָה מִכָּל צָרוֹתֵינוּ.
וְנָא אַל תַּצְרִיכֵנוּ, יהוה אֱלֹהֵינוּ
לֹא לִידֵי מַתְּנַת בָּשָׂר וָדָם, וְלֹא לִידֵי הַלְוָאָתָם
כִּי אִם לְיָדְךָ הַמְּלֵאָה, הַפְּתוּחָה, הַקְּדוֹשָׁה וְהָרְחָבָה
שֶׁלֹּא נֵבוֹשׁ וְלֹא נִכָּלֵם לְעוֹלָם וָעֶד.

הבית השתנה נוסח הברכה לבקשה שישובו אותם הדברים לקדמותם. ברכה זו נאמרת על טיב האכילה, שכן האכילה במעלתה הראויה היא כאשר ישראל בתפארתם ובמקומם, כשהמקדש וירושלים בנויים ומלכות ישראל שלמה. לכן גם מוסיפים כאן בקשות על אופי אכילתנו בזמן הזה: שאכילתנו תהיה בשפע, מתוך רווחה ושלווה ומידו הישירה של ה׳ - בכבוד ובלי ביזיון, פחד ובושה.

בשבת:

רְצֵה וְהַחֲלִיצֵנוּ, יהוה אֱלֹהֵינוּ, בְּמִצְוֹתֶיךָ
וּבְמִצְוַת יוֹם הַשְּׁבִיעִי הַשַּׁבָּת הַגָּדוֹל וְהַקָּדוֹשׁ הַזֶּה
כִּי יוֹם זֶה גָּדוֹל וְקָדוֹשׁ הוּא לְפָנֶיךָ
לִשְׁבָּת בּוֹ, וְלָנוּחַ בּוֹ בְּאַהֲבָה כְּמִצְוַת רְצוֹנֶךָ
וּבִרְצוֹנְךָ הָנִיחַ לָנוּ, יהוה אֱלֹהֵינוּ
שֶׁלֹּא תְהֵא צָרָה וְיָגוֹן וַאֲנָחָה בְּיוֹם מְנוּחָתֵנוּ
וְהַרְאֵנוּ, יהוה אֱלֹהֵינוּ, בְּנֶחָמַת צִיּוֹן עִירֶךָ
וּבְבִנְיַן יְרוּשָׁלַיִם עִיר קָדְשֶׁךָ
כִּי אַתָּה הוּא בַּעַל הַיְשׁוּעוֹת וּבַעַל הַנֶּחָמוֹת.

רצה ויעלה ויבוא בשבת וימים טובים נצטווינו מהתורה ומדברי נביאים להתענג ולשמוח, וחכמים הסבירו שהדרך לכך היא בסעודה - במאכל ומשתה. לכן חובה להזכיר בברכת המזון את היום המיוחד, שהרי הוא משנה את מהות הסעודה מאכילה לצורך הגוף בלבד לסעודה של מצווה. תוספת ברכה זו נאמרת ב"בונה ירושלים" מפני שברכה זו עוסקת בשלמות המעלות הרוחניות שמעל למזון ולארץ, ולכן מתאים להזכיר בה גם את שאר המתנות הטובות המשלימות את הטובה הרוחנית - מתנות השבתות והמועדים - ולהוסיף דברי בקשה ורחמים לזכייה בהם.

רצה שבת היא יום גדול וקדוש השייך לה׳. המועדים הם חגים השייכים לנו וקשורים ברובם למאורעות שאירעו לישראל, ואילו שבת במהותה היא חגיגה פרטית של הקדוש ברוך הוא, חג השביתה מהבריאה. נתינתה לנו היא ביטוי מפליג לאהבת ה׳ אותנו, כביכול הוא מזמין אותנו להשתתף עימו בחג שלו, ומשום כך הבקשה לרצון ה׳ חוזרת כאן בכמה ביטויים. כיוון שזה יום שה׳ 'מרוצה' בו, היינו שרצונו הפנימי שורה בו - אנו מבקשים שיתגלה רצונו גם על השבת שלנו, שיהיו לנו בה שלווה ומנוחה, ומאידך שלא יהיו לנו בה צרה, יגון ואנחה.

יעלה ויבוא במועדים שמן התורה ובראשי חודשים מוסיפים תפילה זו בבקשה שיעלה זיכרון ישראל לפני ה׳ ויושיעם, וכן שיעלה לפניו זיכרון ירושלים והמקדש שחסרונם מורגש ביותר בזמנים אלה.

בחגים, בחול המועד ובראש חודש:

אֱלֹהֵינוּ וֵאלֹהֵי אֲבוֹתֵינוּ
יַעֲלֶה וְיָבוֹא וְיַגִּיעַ
וְיֵרָאֶה וְיֵרָצֶה וְיִשָּׁמַע
וְיִפָּקֵד וְיִזָּכֵר זִכְרוֹנֵנוּ וּפִקְדוֹנֵנוּ
וְזִכְרוֹן אֲבוֹתֵינוּ
וְזִכְרוֹן מָשִׁיחַ בֶּן דָּוִד עַבְדֶּךָ
וְזִכְרוֹן יְרוּשָׁלַיִם עִיר קָדְשֶׁךָ
וְזִכְרוֹן כָּל עַמְּךָ בֵּית יִשְׂרָאֵל
לְפָנֶיךָ, לִפְלֵיטָה לְטוֹבָה
לְחֵן וּלְחֶסֶד וּלְרַחֲמִים
לְחַיִּים וּלְשָׁלוֹם בְּיוֹם

בראש חודש: רֹאשׁ הַחֹדֶשׁ הַזֶּה.
בראש השנה: הַזִּכָּרוֹן הַזֶּה.
בפסח: חַג הַמַּצּוֹת הַזֶּה.
בשבועות: חַג הַשָּׁבוּעוֹת הַזֶּה.
בסוכות: חַג הַסֻּכּוֹת הַזֶּה.
בשמיני עצרת: שְׁמִינִי עֲצֶרֶת הַחַג הַזֶּה.

זָכְרֵנוּ יהוה אֱלֹהֵינוּ בּוֹ לְטוֹבָה
וּפָקְדֵנוּ בוֹ לִבְרָכָה
וְהוֹשִׁיעֵנוּ בוֹ לְחַיִּים טוֹבִים.
וּבִדְבַר יְשׁוּעָה וְרַחֲמִים
חוּס וְחָנֵּנוּ וְרַחֵם עָלֵינוּ, וְהוֹשִׁיעֵנוּ
כִּי אֵלֶיךָ עֵינֵינוּ
כִּי אֵל מֶלֶךְ חַנּוּן וְרַחוּם אָתָּה.

וממשיכים ׳וּבְנֵה יְרוּשָׁלַיִם׳.

ברכות לשוכח ׳רְצֵה׳ או ׳יַעֲלֶה וְיָבוֹא׳:

מי ששכח לומר ׳רְצֵה׳ בשבת, או ׳יַעֲלֶה וְיָבוֹא׳ בימים שצריך לאומרה, ונזכר לאחר שסיים את ברכת ׳וּבְנֵה יְרוּשָׁלַיִם׳, אבל טרם התחיל את ברכת ׳הטוב והמיטיב׳, הריהו אומר במקומן נוסח קצר.

ואם התחיל ברכה רביעית (שכבר אמר ׳הָאֵל אָבִינוּ׳) – בשתי הסעודות הראשונות של שבת ובסעודת הלילה והיום של יום טוב, חוזר ומברך ברכת המזון מתחילתה. בראש חודש ובחול המועד אין חוזרים, וממשיכים לברך כרגיל. בראש השנה יש החוזרים ומברכים ויש שאינם; ורבים פסקו לחזור ולברך בליל ראש השנה, אך לא בסעודת היום.

בשבת:

בָּרוּךְ אַתָּה יהוה אֱלֹהֵינוּ מֶלֶךְ הָעוֹלָם
אֲשֶׁר נָתַן שַׁבָּתוֹת לִמְנוּחָה לְעַמּוֹ יִשְׂרָאֵל בְּאַהֲבָה
לְאוֹת וְלִבְרִית. בָּרוּךְ אַתָּה יהוה מְקַדֵּשׁ הַשַּׁבָּת.

ביום טוב:

בָּרוּךְ אַתָּה יהוה אֱלֹהֵינוּ מֶלֶךְ הָעוֹלָם
אֲשֶׁר נָתַן יָמִים טוֹבִים לְעַמּוֹ יִשְׂרָאֵל לְשָׂשׂוֹן וּלְשִׂמְחָה
אֶת יוֹם חַג (פלוני) הַזֶּה.
בָּרוּךְ אַתָּה יהוה מְקַדֵּשׁ יִשְׂרָאֵל וְהַזְּמַנִּים:

ביום טוב שחל בשבת:

בָּרוּךְ אַתָּה יהוה אֱלֹהֵינוּ מֶלֶךְ הָעוֹלָם
אֲשֶׁר נָתַן שַׁבָּתוֹת לִמְנוּחָה לְעַמּוֹ יִשְׂרָאֵל בְּאַהֲבָה,
לְאוֹת וְלִבְרִית, וְיָמִים טוֹבִים לְשָׂשׂוֹן וּלְשִׂמְחָה
אֶת יוֹם חַג (פלוני) הַזֶּה.
בָּרוּךְ אַתָּה יהוה מְקַדֵּשׁ הַשַּׁבָּת וְיִשְׂרָאֵל וְהַזְּמַנִּים:

בראש השנה:

בָּרוּךְ אַתָּה יהוה אֱלֹהֵינוּ מֶלֶךְ הָעוֹלָם
אֲשֶׁר נָתַן יָמִים טוֹבִים לְעַמּוֹ יִשְׂרָאֵל, אֶת יוֹם הַזִּכָּרוֹן הַזֶּה.
בָּרוּךְ אַתָּה יהוה מְקַדֵּשׁ יִשְׂרָאֵל וְיוֹם הַזִּכָּרוֹן.

בראש השנה שחל בשבת:

בָּרוּךְ אַתָּה יהוה אֱלֹהֵינוּ מֶלֶךְ הָעוֹלָם
אֲשֶׁר נָתַן שַׁבָּתוֹת לִמְנוּחָה לְעַמּוֹ יִשְׂרָאֵל בְּאַהֲבָה
לְאוֹת וְלִבְרִית, וְיָמִים טוֹבִים לְיִשְׂרָאֵל אֶת יוֹם הַזִּכָּרוֹן הַזֶּה.
בָּרוּךְ אַתָּה יהוה מְקַדֵּשׁ הַשַּׁבָּת וְיִשְׂרָאֵל וְיוֹם הַזִּכָּרוֹן.

בראש חודש:

בָּרוּךְ אַתָּה יהוה אֱלֹהֵינוּ מֶלֶךְ הָעוֹלָם
אֲשֶׁר נָתַן רָאשֵׁי חֳדָשִׁים לְעַמּוֹ יִשְׂרָאֵל לְזִכָּרוֹן.
בָּרוּךְ אַתָּה יהוה מְקַדֵּשׁ יִשְׂרָאֵל וְרָאשֵׁי חֳדָשִׁים.

בראש חודש שחל בשבת:

בָּרוּךְ אַתָּה יהוה אֱלֹהֵינוּ מֶלֶךְ הָעוֹלָם
אֲשֶׁר נָתַן שַׁבָּתוֹת לִמְנוּחָה לְעַמּוֹ יִשְׂרָאֵל בְּאַהֲבָה
לְאוֹת וְלִבְרִית, וְרָאשֵׁי חֳדָשִׁים לְזִכָּרוֹן.
בָּרוּךְ אַתָּה יהוה מְקַדֵּשׁ הַשַּׁבָּת וְיִשְׂרָאֵל וְרָאשֵׁי חֳדָשִׁים.

וּבְנֵה יְרוּשָׁלַיִם עִיר הַקֹּדֶשׁ בִּמְהֵרָה בְיָמֵינוּ.
בָּרוּךְ אַתָּה יהוה, בּוֹנֵה בְרַחֲמָיו יְרוּשָׁלָיִם, אָמֵן.

ברכת הטוב והמטיב

בָּרוּךְ אַתָּה יהוה אֱלֹהֵינוּ מֶלֶךְ הָעוֹלָם
הָאֵל אָבִינוּ, מַלְכֵּנוּ, אַדִּירֵנוּ
בּוֹרְאֵנוּ, גּוֹאֲלֵנוּ, יוֹצְרֵנוּ, קְדוֹשֵׁנוּ, קְדוֹשׁ יַעֲקֹב
רוֹעֵנוּ, רוֹעֵה יִשְׂרָאֵל, הַמֶּלֶךְ הַטּוֹב וְהַמֵּטִיב לַכֹּל

הטוב והמטיב הודאה לה׳ על טובו וחסדו שבעבר, בהווה ובעתיד. ברכה זו אינה חלק ממבנה ברכת המזון המקורי, הנסמך על פסוקי התורה, אלא היא תוספת

שֶׁבְּכָל יוֹם וָיוֹם
הוּא הֵיטִיב, הוּא מֵטִיב, הוּא יֵיטִיב לָנוּ
הוּא גְמָלָנוּ, הוּא גוֹמְלֵנוּ, הוּא יִגְמְלֵנוּ לָעַד
לְחֵן וּלְחֶסֶד וּלְרַחֲמִים, וּלְרֶוַח, הַצָּלָה וְהַצְלָחָה
בְּרָכָה וִישׁוּעָה, נֶחָמָה, פַּרְנָסָה וְכַלְכָּלָה
וְרַחֲמִים וְחַיִּים וְשָׁלוֹם וְכָל טוֹב, וּמִכָּל טוּב לְעוֹלָם אַל יְחַסְּרֵנוּ.

בקשות נוספות

הָרַחֲמָן הוּא יִמְלֹךְ עָלֵינוּ לְעוֹלָם וָעֶד.
הָרַחֲמָן הוּא יִתְבָּרַךְ בַּשָּׁמַיִם וּבָאָרֶץ.
הָרַחֲמָן הוּא יִשְׁתַּבַּח לְדוֹר דּוֹרִים, וְיִתְפָּאַר בָּנוּ לָעַד וּלְנֵצַח נְצָחִים
וְיִתְהַדַּר בָּנוּ לָעַד וּלְעוֹלְמֵי עוֹלָמִים.
הָרַחֲמָן הוּא יְפַרְנְסֵנוּ בְּכָבוֹד.
הָרַחֲמָן הוּא יִשְׁבֹּר עֻלֵּנוּ מֵעַל צַוָּארֵנוּ
וְהוּא יוֹלִיכֵנוּ קוֹמְמִיּוּת לְאַרְצֵנוּ.
הָרַחֲמָן הוּא יִשְׁלַח לָנוּ בְּרָכָה מְרֻבָּה בַּבַּיִת הַזֶּה
וְעַל שֻׁלְחָן זֶה שֶׁאָכַלְנוּ עָלָיו.
הָרַחֲמָן הוּא יִשְׁלַח לָנוּ אֶת אֵלִיָּהוּ הַנָּבִיא זָכוּר לַטּוֹב
וִיבַשֶּׂר לָנוּ בְּשׂוֹרוֹת טוֹבוֹת יְשׁוּעוֹת וְנֶחָמוֹת.

ברכת האורח:

יְהִי רָצוֹן שֶׁלֹּא יֵבוֹשׁ בַּעַל הַבַּיִת בָּעוֹלָם הַזֶּה, וְלֹא יִכָּלֵם לָעוֹלָם הַבָּא,
וְיִצְלַח מְאֹד בְּכָל נְכָסָיו, וְיִהְיוּ נְכָסָיו וּנְכָסֵינוּ מֻצְלָחִים וּקְרוֹבִים לָעִיר,
וְאַל יִשְׁלֹט שָׂטָן לֹא בְּמַעֲשֵׂה יָדָיו וְלֹא בְּמַעֲשֵׂה יָדֵינוּ. וְאַל יִזְדַּקֵּר לֹא
לְפָנָיו וְלֹא לְפָנֵינוּ שׁוּם דְּבַר הִרְהוּר חֵטְא, עֲבֵרָה וְעָוֹן, מֵעַתָּה וְעַד עוֹלָם.

של חכמים מזמן המשנה. מטעם זה עונים "אמן" בסיום "בונה ירושלים", לסמן שכאן נגמרת ברכת המזון העיקרית, ומכאן ואילך אלה תוספות שמדברי חכמים.

הָרַחֲמָן הוּא יְבָרֵךְ

בעל הבית ובעלת הבית אומרים:

אוֹתִי (וְאֶת אִשְׁתִּי / וְאֶת בַּעֲלִי / וְאֶת אָבִי מוֹרִי /
וְאֶת אִמִּי מוֹרָתִי / וְאֶת זַרְעִי) וְאֶת כָּל אֲשֶׁר לִי.

אורח אומר:

אֶת בַּעַל הַבַּיִת הַזֶּה, אוֹתוֹ (וְאֶת אִשְׁתּוֹ בַּעֲלַת הַבַּיִת הַזֶּה /
וְאֶת זַרְעוֹ) וְאֶת כָּל אֲשֶׁר לוֹ.

ילדים האוכלים על שולחן הוריהם אומרים:

אֶת אָבִי מוֹרִי (בַּעַל הַבַּיִת הַזֶּה)
וְאֶת אִמִּי מוֹרָתִי (בַּעֲלַת הַבַּיִת הַזֶּה)
אוֹתָם וְאֶת בֵּיתָם וְאֶת זַרְעָם וְאֶת כָּל אֲשֶׁר לָהֶם

ואם יש אורחים נוספים מוסיפים:

וְאֶת כָּל הַמְּסֻבִּין כָּאן

אוֹתָנוּ וְאֶת כָּל אֲשֶׁר לָנוּ, כְּמוֹ שֶׁנִּתְבָּרְכוּ אֲבוֹתֵינוּ
אַבְרָהָם יִצְחָק וְיַעֲקֹב, בַּכֹּל, מִכֹּל, כֹּל
כֵּן יְבָרֵךְ אוֹתָנוּ כֻּלָּנוּ יַחַד בִּבְרָכָה שְׁלֵמָה
וְנֹאמַר אָמֵן.

כמו שנתברכו אבותינו אברהם יצחק ויעקב הביטוי "כל" נאמר בכל אחד מהאבות כביטוי של ברכה ושפע - באברהם נאמר: "וַה' בֵּרַךְ אֶת אַבְרָהָם בַּכֹּל"; ביצחק נאמר: "וַיָּבֵא לִי וָאֹכַל מִכֹּל"; וביעקב נאמר: "כִּי חַנַּנִי אֱלֹהִים וְכִי יֶשׁ לִי כֹל". חכמים הסבירו שברכת "כל" רומזת לברכה שלמה, הכוללת בתוכה את מילוי כל הצרכים והרצונות, שהרי היא כוללת הכול, כל מה שאדם יכול להשתוקק ולהתאוות אליו. משום כך אמרו חכמים שהאבות זכו להרגשת חיי העולם הבא כבר בעולם הזה, שהיא הרגשה של שלמות ושלווה שאין עימה עוד כל חיסרון ושאיפה נוספת.

בַּמָּרוֹם יְלַמְּדוּ עֲלֵיהֶם וְעָלֵינוּ זְכוּת שֶׁתְּהֵא לְמִשְׁמֶרֶת שָׁלוֹם
וְנִשָּׂא בְרָכָה מֵאֵת יהוה וּצְדָקָה מֵאֱלֹהֵי יִשְׁעֵנוּ
וְנִמְצָא חֵן וְשֵׂכֶל טוֹב בְּעֵינֵי אֱלֹהִים וְאָדָם.

בסעודת ברית מוסיפים: ׳הָרַחֲמָן הוּא יְבָרֵךְ אֲבִי הַיֶּלֶד׳ (עמ׳ 727).

בשבת: הָרַחֲמָן הוּא יַנְחִילֵנוּ
יוֹם שֶׁכֻּלּוֹ שַׁבָּת וּמְנוּחָה לְחַיֵּי הָעוֹלָמִים.

בראש חודש: הָרַחֲמָן הוּא יְחַדֵּשׁ עָלֵינוּ
אֶת הַחֹדֶשׁ הַזֶּה לְטוֹבָה וְלִבְרָכָה.

בראש השנה: הָרַחֲמָן הוּא יְחַדֵּשׁ עָלֵינוּ
אֶת הַשָּׁנָה הַזֹּאת לְטוֹבָה וְלִבְרָכָה.

ביום טוב: הָרַחֲמָן הוּא יַנְחִילֵנוּ יוֹם שֶׁכֻּלּוֹ טוֹב.

בסוכות: הָרַחֲמָן הוּא יָקִים לָנוּ אֶת סֻכַּת דָּוִד הַנּוֹפֶלֶת.

הָרַחֲמָן הוּא יְזַכֵּנוּ לִימוֹת הַמָּשִׁיחַ וּלְחַיֵּי הָעוֹלָם הַבָּא
שמואל ב׳ כב מַגְדִּל/ בשבת, במועדים ובראש חודש: מִגְדּוֹל/ יְשׁוּעוֹת מַלְכּוֹ
וְעֹשֶׂה־חֶסֶד לִמְשִׁיחוֹ, לְדָוִד וּלְזַרְעוֹ עַד־עוֹלָם:
עֹשֶׂה שָׁלוֹם בִּמְרוֹמָיו
הוּא יַעֲשֶׂה שָׁלוֹם, עָלֵינוּ וְעַל כָּל יִשְׂרָאֵל, וְאִמְרוּ אָמֵן.

הרחמן הוא ינחילנו יום שכולו שבת חכמים בתלמוד הסבירו שמשך זמן העולם הזה הוא כנגד ששת ימי המעשה של בריאת העולם, ואילו חיי העולם הבא הם ״יום שכולו שבת״, זמן של מנוחה ושלווה. השבת שלנו היא ״מעין״ עולם הבא, יום שאפשר לחוש בו טעם של גן עדן. לכן אנחנו מבקשים בשבת לזכות לעולם הבא עצמו - לא רק לטעימה, אלא לחוויה שלמה ומקיפה של גן עדן.

יְראוּ אֶת־יהוה קְדֹשָׁיו, כִּי־אֵין מַחְסוֹר לִירֵאָיו: תהלים לד
כְּפִירִים רָשׁוּ וְרָעֵבוּ, וְדֹרְשֵׁי יהוה לֹא־יַחְסְרוּ כָל־טוֹב:
הוֹדוּ לַיהוה כִּי־טוֹב, כִּי לְעוֹלָם חַסְדּוֹ: תהלים קלו
פּוֹתֵחַ אֶת־יָדֶךָ, וּמַשְׂבִּיעַ לְכָל־חַי רָצוֹן: תהלים קמה
בָּרוּךְ הַגֶּבֶר אֲשֶׁר יִבְטַח בַּיהוה, וְהָיָה יהוה מִבְטַחוֹ: ירמיה יז
נַעַר הָיִיתִי גַּם־זָקַנְתִּי, וְלֹא־רָאִיתִי צַדִּיק נֶעֱזָב וְזַרְעוֹ מְבַקֶּשׁ־לָחֶם: תהלים לז
יהוה עֹז לְעַמּוֹ יִתֵּן, יהוה יְבָרֵךְ אֶת־עַמּוֹ בַשָּׁלוֹם: תהלים כט

כאשר מזומנים על הכוס המזומן מברך ברכת ׳בּוֹרֵא פְּרִי הַגָּפֶן׳ על היין.

בסעודת נישואין או בשבעת ימי המשתה מברכים אחר ברכת המזון ׳שבע ברכות׳ (עמ׳ 734).

סיום הברכה הברכה מסתיימת בבקשות כלליות לזכות לימות המשיח, לחיי העולם הבא ולשלום. ״ימות המשיח״ הם זמן ביאת המשיח והתקופה שלאחר מכן, שמבחינות רבות הם המשך של מהלך החיים הרגיל - אך מתוך שלום ושפע רב. לעומת זאת, ״חיי העולם הבא״ הם שינוי מהותו של העולם הפיזי והפיכתו למערך אחר של מציאות. סדר הדברים הוא שקודם יבואו ימות המשיח, שהם השיא של חיי העולם הזה, לאחריהם יגיע העולם הבא, שהוא מעבר לעולם הזה. הפסוק הבא אחרי כן, ״מגדיל״, מדבר אף הוא בגדולה העתידה לנו לימות המשיח. אומנם, יש בעניין זה הבחנה בין ימות החול לשבת. ימות החול הם ימי עבודה שבהם אנו מפתחים ומגדילים את העולם לקראת לימות המשיח, ולכן אומרים את נוסח הפסוק בתהלים: ״מגדיל״, המבטא פעולה של דבר שאיננו שלם, שצריך להגדילו. לעומת זאת, בשבת וימים טובים, שהם ימי שביתה ומנוחה, יש בהם כבר עכשיו מההרגשה של ימות המשיח, ולכן אומרים את נוסח הפסוק בספר שמואל: ״מגדול״, המתאר גדולה שכבר קיימת.

לפני אכילה או שתייה, בכל כמות שהיא, יש לברך.

על תבשיל או מאפה (חוץ מלחם או מצה)
מחמשת מיני דגן או מאורז מברכים:

בָּרוּךְ אַתָּה יהוה אֱלֹהֵינוּ מֶלֶךְ הָעוֹלָם, בּוֹרֵא מִינֵי מְזוֹנוֹת.

על יין מברכים:

בָּרוּךְ אַתָּה יהוה אֱלֹהֵינוּ מֶלֶךְ הָעוֹלָם, בּוֹרֵא פְּרִי הַגָּפֶן.

על פירות הצומחים על עצים (המוגדרים בהלכה כצמחים רב־שנתיים
שיש להם גזע מובחן, ופירותיהם מתחדשים משנה לשנה) מברכים:

בָּרוּךְ אַתָּה יהוה אֱלֹהֵינוּ מֶלֶךְ הָעוֹלָם, בּוֹרֵא פְּרִי הָעֵץ.

על פירות הארץ: פירות, עלים, שורשים ופקעות, הצומחים על צמחים
חד־שנתיים או על שיחים שאינם מתקיימים זמן רב מברכים:

בָּרוּךְ אַתָּה יהוה אֱלֹהֵינוּ מֶלֶךְ הָעוֹלָם, בּוֹרֵא פְּרִי הָאֲדָמָה.

על משקה (חוץ מן היין) ועל מאכל שאינו מן הצומח (כגון בשר, דגים וביצים) או מוצרים מן הצומח שעברו עיבוד ושינוי גדול עד שאין מקורם ניכר מברכים את ברכת הנהנין הכללית:

בָּרוּךְ אַתָּה יהוה אֱלֹהֵינוּ מֶלֶךְ הָעוֹלָם, שֶׁהַכֹּל נִהְיָה בִּדְבָרוֹ.

ברכה מעין שלוש

לאחר אכילת מזונות מחמשת מיני דגן וכן מחמשת מיני פירות שהם משבחה של ארץ ישראל (ענבים, תאנים, רימונים, זיתים ותמרים) או לאחר שתיית יין מברכים:

בָּרוּךְ אַתָּה יהוה אֱלֹהֵינוּ מֶלֶךְ הָעוֹלָם, עַל

על מזונות:	על יין:	על פירות משבעת המינים:
הַמִּחְיָה וְעַל הַכַּלְכָּלָה	**הַגֶּפֶן וְעַל פְּרִי הַגֶּפֶן**	**הָעֵץ וְעַל פְּרִי הָעֵץ**

על יין ומזונות יחד:

הַמִּחְיָה וְעַל הַכַּלְכָּלָה וְעַל הַגֶּפֶן וְעַל פְּרִי הַגֶּפֶן

וְעַל תְּנוּבַת הַשָּׂדֶה וְעַל אֶרֶץ חֶמְדָּה טוֹבָה וּרְחָבָה, שֶׁרָצִיתָ וְהִנְחַלְתָּ לַאֲבוֹתֵינוּ לֶאֱכֹל מִפִּרְיָהּ וְלִשְׂבֹּעַ מִטּוּבָהּ. רַחֶם נָא יהוה אֱלֹהֵינוּ עַל יִשְׂרָאֵל עַמֶּךָ וְעַל יְרוּשָׁלַיִם עִירֶךָ וְעַל צִיּוֹן מִשְׁכַּן כְּבוֹדֶךָ וְעַל מִזְבְּחֶךָ וְעַל הֵיכָלֶךָ. וּבְנֵה יְרוּשָׁלַיִם עִיר הַקֹּדֶשׁ בִּמְהֵרָה בְיָמֵינוּ, וְהַעֲלֵנוּ לְתוֹכָהּ

וְשַׂמְּחֵנוּ בְּבִנְיָנָהּ וְנֹאכַל מִפִּרְיָהּ וְנִשְׂבַּע מִטּוּבָהּ, וּנְבָרֶכְךָ עָלֶיהָ בִּקְדֻשָּׁה וּבְטָהֳרָה.

בשבת: וּרְצֵה וְהַחֲלִיצֵנוּ בְּיוֹם הַשַּׁבָּת הַזֶּה

בראש חודש: וְזָכְרֵנוּ לְטוֹבָה בְּיוֹם רֹאשׁ הַחֹדֶשׁ הַזֶּה

בראש השנה: וְזָכְרֵנוּ לְטוֹבָה בְּיוֹם הַזִּכָּרוֹן הַזֶּה

בפסח: וְשַׂמְּחֵנוּ בְּיוֹם חַג הַמַּצּוֹת הַזֶּה

בשבועות: וְשַׂמְּחֵנוּ בְּיוֹם חַג הַשָּׁבוּעוֹת הַזֶּה

בסוכות: וְשַׂמְּחֵנוּ בְּיוֹם חַג הַסֻּכּוֹת הַזֶּה

בשמיני עצרת: וְשַׂמְּחֵנוּ בְּיוֹם שְׁמִינִי עֲצֶרֶת הַחַג הַזֶּה

כִּי אַתָּה יהוה טוֹב וּמֵטִיב לַכֹּל, וְנוֹדֶה לְּךָ עַל הָאָרֶץ

על מזונות:
וְעַל הַמִּחְיָה.
בָּרוּךְ אַתָּה יהוה עַל הָאָרֶץ וְעַל הַמִּחְיָה.

על יין:
וְעַל פְּרִי גַפְנָהּ.*
בָּרוּךְ אַתָּה יהוה עַל הָאָרֶץ וְעַל פְּרִי גַפְנָהּ.*

על פירות משבעת המינים:
וְעַל פֵּרוֹתֶיהָ.**
בָּרוּךְ אַתָּה יהוה עַל הָאָרֶץ וְעַל פֵּרוֹתֶיהָ.**

על יין ומזונות יחד:
וְעַל הַמִּחְיָה וְעַל פְּרִי גַפְנָהּ.*
בָּרוּךְ אַתָּה יהוה, עַל הָאָרֶץ וְעַל הַמִּחְיָה וְעַל פְּרִי גַפְנָהּ.*

*על יין מחוץ לארץ אומרים: הַגָּפֶן.

**על פירות מחוץ לארץ אומרים: הַפֵּרוֹת.

אם שכח להזכיר את היום המיוחד אינו חוזר.

בורא נפשות

לאחר אכילת רוב מיני המאכלים ושתיית רוב מיני המשקים
(להוציא לחם, מאכלים העשויים ממיני דגן, פירות משבעת המינים שנשתבחה בהם
ארץ ישראל ויין) מברכים:

בָּרוּךְ אַתָּה יהוה אֱלֹהֵינוּ מֶלֶךְ הָעוֹלָם, בּוֹרֵא נְפָשׁוֹת רַבּוֹת וְחֶסְרוֹנָן עַל כָּל מַה שֶּׁבָּרָאתָ לְהַחֲיוֹת בָּהֶם נֶפֶשׁ כָּל חָי. בָּרוּךְ חֵי הָעוֹלָמִים.

ברכות

ברכות המצוות

פירות וירקות שצמחו בארץ ישראל חייבים בתרומות ובמעשרות. סדר הפרשתם הנהוג בימינו הוא כך: לוקחים מעט יותר מאחוז אחד מן האוכל, ומניחים אותו כחלק התרומה (את החלק המופרש אין לזרוק בביזיון, אלא יש לעטוף אותו בדבר מה ורק אחר כך לבערו או להשליכו). אם מפרישים מירקות ופירות שבוודאי לא הופרשו מהם תרומות ומעשרות, לפני אמירת נוסח ההפרשה יש לברך את הברכה. ואם יש ספק אם הפירות מעושרים – אין מברכים, אלא אומרים רק את שאר הנוסח:

בָּרוּךְ אַתָּה יהוה אֱלֹהֵינוּ מֶלֶךְ הָעוֹלָם, אֲשֶׁר קִדְּשָׁנוּ בְּמִצְוֹתָיו וְצִוָּנוּ לְהַפְרִישׁ תְּרוּמוֹת וּמַעְשְׂרוֹת.

ברכות בצד התפילות, שהן ארוכות ומורכבות, מהלך חייו של אדם מישראל מלווה בברכות רבות שהן קצרות וממוקדות יותר. הברכות נחלקות לשלושה מינים: ברכות המצוות, שמברכים לפני עשיית מצווה; ברכות הנהנין, שמברכים על כל דבר שנהנים בו מן העולם - מאכל, משקה וריח; וברכות ההודאה, שמברכים על הטובה וגם על הרעה שנעשו עימנו, וכן על ראיית מראות יוצאי דופן.

עיקר עניינה של הברכה הוא המודעות לנוכחות ה׳ בעולם. גם אמונתו של אדם המאמין בלב שלם עשויה להתכסות ולהתעמעם בשגרת מהלך החיים. הדברים שאדם רואה ושומע, החוויות שהוא חש במהלך חייו ואפילו המצוות שהוא עושה, נמשכים והולכים כדרכם, ואילו המשמעות והקשר שלהם אל בורא העולם אינם תמיד מורגשים כראוי. הברכה באה לעצור את מהלך שגרת החיים,

ברכה קל להבין ברכה המביעה בקשה ומשאלה בשביל אחר הזקוק אליה. כאשר מברכים אדם מאחלים לו עלייה ממצבו הנוכחי לדרגה גבוהה יותר (באושר, בהצלחה, בבריאות או בנכסים). אולם, השאלה היא: כיצד אפשר לברך את ה׳? וכי חסר לו דבר? אחת התשובות שניתנו לכך היא שהברכה היא בקשה שיתגלה ה׳ בתוך המציאות לאחר שברא את עולמו והסתתר על ידו, ושנתן לבני האדם את כוח הבחירה החופשית שמכוחו הם יכולים להתעלם ממנו. הברכה היא בתמציתה מה שהתפלל משה רבינו: "וְעַתָּה יִגְדַּל נָא כֹּחַ ה׳ כַּאֲשֶׁר דִּבַּרְתָּ" - בקשה ותפילה שיתגלה ה׳ בעולם. נוסח הברכה הפרטית נותן, כביכול, כתובת למקום או לעניין שבהם אנחנו מבקשים שה׳ יתגלה - בתורה, במצווה, בלחם, בתפוח־אדמה וכיוצא בהם.

מַה שֶּׁהוּא יוֹתֵר מֵאֶחָד מִמֵּאָה מִן הַכֹּל שֶׁיֵּשׁ כָּאן, הֲרֵי הוּא תְּרוּמָה גְדוֹלָה בִּצְפוֹנוֹ, וְהָאֶחָד מִמֵּאָה שֶׁנִּשְׁאַר כָּאן עִם תִּשְׁעָה חֲלָקִים כָּמוֹהוּ בְּצַד הָעֶלְיוֹן שֶׁל הַפֵּרוֹת הַלָּלוּ, הֲרֵי הֵם מַעֲשֵׂר רִאשׁוֹן. אוֹתוֹ הָאֶחָד מִמֵּאָה שֶׁעֲשִׂיתִיו מַעֲשֵׂר רִאשׁוֹן הֲרֵי הוּא תְּרוּמַת מַעֲשֵׂר. עוֹד תִּשְׁעָה חֲלָקִים כָּאֵלֶּה בְּצַד הַתַּחְתּוֹן שֶׁל הַפֵּרוֹת הֲרֵי הֵם מַעֲשֵׂר שֵׁנִי, וְאִם הֵם חַיָּבִים בְּמַעֲשַׂר עָנִי, הֲרֵי הֵם מַעֲשַׂר עָנִי.

אם השנה היא שנת 'מעשר שני' (שנה ראשונה, שנייה, רביעית או חמישית שאחר השמיטה), יש לפדות את פירות מעשר זה בברכה. אופן הפדייה הנהוג בימינו הוא כך: מייחדים למטרה זו מטבע 'שווה פרוטה', ועליו מחללים את פירות המעשר. ואפשר לחלל על מטבע אחד הפרשות רבות (אם למשל ערכה של פרוטה היא עשר אגורות, הרי מטבע של חמישה שקלים יוכל לשמש לחמישים פעמים. ויש לדעת כי ערכה של 'פרוטה' משתנה בהתאם למחיר מתכת הכסף). כשהמטבע מנוצל עד תומו מחללים אותו על מטבע קטן ומשמידים אותו (כך שלא יוכלו להשתמש בו). אפשר גם לחלל את המטבע על כף סוכר, למשל, ולהמיס אותה בכיור. אם מפרישים מירקות ופירות שבוודאי לא הופרש מהם המעשר, יש לברך לפני פדיון המעשר. וכאשר יש ספק אם הפירות מעושרים, אומרים את הנוסח בלי ברכה (וכך עושים גם כאשר יש ספק אם הפירות הם משנת 'מעשר עני' או משנת 'מעשר שני').

בָּרוּךְ אַתָּה יהוה אֱלֹהֵינוּ מֶלֶךְ הָעוֹלָם, אֲשֶׁר קִדְּשָׁנוּ בְּמִצְוֹתָיו וְצִוָּנוּ עַל פִּדְיוֹן מַעֲשֵׂר שֵׁנִי.

מַעֲשֵׂר שֵׁנִי זֶה, הוּא וְחֻמְשׁוֹ, הֲרֵי הוּא מְחֻלָּל עַל פְּרוּטָה אַחַת מִן הַמַּטְבֵּעַ שֶׁיִּחַדְתִּי לְפִדְיוֹן מַעֲשֵׂר שֵׁנִי.

המושכת אל עולם של סתמיות ואל תהום של חוסר משמעות, ולהציב בכל נקודה בה – פעוטה כחשובה – הצהרה אחת: לכל מעשה ולכל מאורע יש קשר עם עולם גבוה יותר. הברכה, המזכירה שם שמיים, הריהי כמו סימן הנרשם על המעשה, המחשבה או הרגש; כמו תג המוצמד ומציין למי הוא שייך. גם אם בשעה שהאדם אומר את הברכה אין הוא חש את מלוא עומק מובנה, מכל מקום הוא בונה, ביודעין ושלא ביודעין, רשת של משמעות, האומרת: יש טעם לדברים, יש קשר בין מעלה ומטה, בין העולם הזה של חיי היום־יום ובין העולם העליון.

ברכת המצוות ברכות המצוות נועדו כדי שהמצוות ייעשו בכוונה ובמודעות. המקיים מצווה עלול לעשות כן מתוך הרגל, "מִצְוַת אֲנָשִׁים מְלֻמָּדָה", או אף בלי לדעת שהדבר שהוא עושה הוא מצווה. עניינה של הברכה הוא להודיע, לעצמו ולאחרים, שהוא עושה את המעשה מפני שה' ציווהו על כך, ועל ידי כך הוא מתכוון לעשות את רצונו ולהתקשר עימו.

המפריש חלה מברך:

בָּרוּךְ אַתָּה יהוה אֱלֹהֵינוּ מֶלֶךְ הָעוֹלָם, אֲשֶׁר קִדְּשָׁנוּ בְּמִצְוֹתָיו וְצִוָּנוּ לְהַפְרִישׁ חַלָּה מִן הָעִסָּה.

השוחט בהמה, חיה או עוף מברך:

בָּרוּךְ אַתָּה יהוה אֱלֹהֵינוּ מֶלֶךְ הָעוֹלָם אֲשֶׁר קִדְּשָׁנוּ בְּמִצְוֹתָיו וְצִוָּנוּ עַל הַשְּׁחִיטָה.

השוחט חיה או עוף (אבל לא בהמה) צריך לכסות את הדם. קודם שמכסה מברך:

בָּרוּךְ אַתָּה יהוה אֱלֹהֵינוּ מֶלֶךְ הָעוֹלָם אֲשֶׁר קִדְּשָׁנוּ בְּמִצְוֹתָיו וְצִוָּנוּ עַל כִּסּוּי הַדָּם בֶּעָפָר.

פירות האילן הצומחים בשנה הרביעית לנטיעתו הריהם 'רבעי' ויש בהם קדושה, ויש לפדותם ולחללם על מטבע השווה פרוטה (בדומה לפדיון מעשר שני, ראו עמ' 701). הפירות פטורים מתרומות ומעשרות. והפודה מברך (ופירות חוץ לארץ יפדה בלא ברכה):

בָּרוּךְ אַתָּה יהוה אֱלֹהֵינוּ מֶלֶךְ הָעוֹלָם, אֲשֶׁר קִדְּשָׁנוּ בְּמִצְוֹתָיו וְצִוָּנוּ עַל פִּדְיוֹן נֶטַע רְבָעִי.

הקובע מזוזה בפתחו מברך:

בָּרוּךְ אַתָּה יהוה אֱלֹהֵינוּ מֶלֶךְ הָעוֹלָם, אֲשֶׁר קִדְּשָׁנוּ בְּמִצְוֹתָיו וְצִוָּנוּ לִקְבֹּעַ מְזוּזָה.

הבונה מעקה לגגו וגדר לבורו מברך:

בָּרוּךְ אַתָּה יהוה אֱלֹהֵינוּ מֶלֶךְ הָעוֹלָם, אֲשֶׁר קִדְּשָׁנוּ בְּמִצְוֹתָיו וְצִוָּנוּ לַעֲשׂוֹת מַעֲקֶה.

אישה המיטהרת וגר הטובל בעת גיורו מברכים:

בָּרוּךְ אַתָּה יהוה אֱלֹהֵינוּ מֶלֶךְ הָעוֹלָם, אֲשֶׁר קִדְּשָׁנוּ בְּמִצְוֹתָיו וְצִוָּנוּ עַל הַטְּבִילָה.

הטובל כלים חדשים מזכוכית או מתכת שעשאם נוכרי מברך (אם אינו יודע אם הכלים טעונים טבילה יטבול ללא ברכה):

בָּרוּךְ אַתָּה יהוה אֱלֹהֵינוּ מֶלֶךְ הָעוֹלָם, אֲשֶׁר קִדְּשָׁנוּ בְּמִצְוֹתָיו וְצִוָּנוּ עַל טְבִילַת כֶּלִי (כֵּלִים).

ברכות הנהנין ברכות הנהנין הן ברכות שמברכים על כל דבר שנהנים בו ושיש בו ממשות כלשהי, הנכנס לגוף בדרך של אכילה, שתייה או ריח. מיוחדות הן

ברכות הנהנין, הראייה והשמיעה

על כל דבר שיש בו שמחת לב לאדם, ובכלל זה מי שזוכה בדבר חשוב, מי שאוכל פרי חדש, מי שקונה בגד החשוב בעיניו או קניין חשוב אחר, מברך 'שֶׁהֶחֱיָנוּ'. וכן מברך ברכה זו כששומע שמועה טובה המשמחת את ליבו או כשרואה את חברו החביב עליו שלא ראהו שלושים יום. אומנם, נהגו כרגיל לצמצם באמירת ברכה זו לדברים המוגדרים היטב בהלכה, ובמקרים אחרים מברך בלי שם ומלכות.

על כלים ועל בגדים חדשים, על שמועות טובות, ועל פרי חדש המתחדש משנה לשנה, מברכים:

בָּרוּךְ אַתָּה יהוה אֱלֹהֵינוּ מֶלֶךְ הָעוֹלָם, שֶׁהֶחֱיָנוּ וְקִיְּמָנוּ וְהִגִּיעָנוּ לַזְּמַן הַזֶּה.

על ריח טוב של אילנות ושיחים מברכים:

בָּרוּךְ אַתָּה יהוה אֱלֹהֵינוּ מֶלֶךְ הָעוֹלָם, בּוֹרֵא עֲצֵי בְשָׂמִים.

על ריח טוב של עשבים מברכים:

בָּרוּךְ אַתָּה יהוה אֱלֹהֵינוּ מֶלֶךְ הָעוֹלָם, בּוֹרֵא עִשְּׂבֵי בְשָׂמִים.

על ריח טוב של פירות מברכים:

בָּרוּךְ אַתָּה יהוה אֱלֹהֵינוּ מֶלֶךְ הָעוֹלָם, הַנּוֹתֵן רֵיחַ טוֹב בַּפֵּרוֹת.

על שמן אפרסמון מברכים:

בָּרוּךְ אַתָּה יהוה אֱלֹהֵינוּ מֶלֶךְ הָעוֹלָם, בּוֹרֵא שֶׁמֶן עָרֵב.

על שאר בשמים מברכים:

בָּרוּךְ אַתָּה יהוה אֱלֹהֵינוּ מֶלֶךְ הָעוֹלָם, בּוֹרֵא מִינֵי בְשָׂמִים.

הרואה ימים גדולים ביותר, הרים נישאים ומפורסמים או נהרות ענקיים, וכן הרואה את הברקים, מברך:

בָּרוּךְ אַתָּה יהוה אֱלֹהֵינוּ מֶלֶךְ הָעוֹלָם, עוֹשֶׂה מַעֲשֵׂה בְרֵאשִׁית.

השומע קול רעם מברך:

בָּרוּךְ אַתָּה יהוה אֱלֹהֵינוּ מֶלֶךְ הָעוֹלָם, שֶׁכֹּחוֹ וּגְבוּרָתוֹ מָלֵא עוֹלָם.

האכילה והשתייה שמברכים עליהן גם לפני וגם אחרי ההנאה, ואילו על הריח מברכים רק לפני, בדומה לרוב הברכות האחרות. מהותן של ברכות הנהנין היא ההצהרה שהעולם איננו הפקר ואף לא קניינו הגמור של האדם. מהתפיסה המובעת בפסוק "לַה' הָאָרֶץ וּמְלוֹאָהּ תֵּבֵל וְיֹשְׁבֵי בָהּ" למדו חכמים שעל האדם לבקש רשות מהקדוש ברוך הוא על כל מה שהוא נהנה בעולמו. רק לאחר שאדם מכיר בה' ומודה לו על מתנתו - יכול הוא לטעום וליהנות מדברי העולם.

הרואה כוכב שביט, רעידת אדמה או רוחות סופה עזות ביותר מברך אחת משתי הברכות:
׳עוֹשֶׂה מַעֲשֵׂה בְרֵאשִׁית׳ או ׳שֶׁכֹּחוֹ וּגְבוּרָתוֹ מָלֵא עוֹלָם׳.

הרואה קשת בענן מברך:

בָּרוּךְ אַתָּה יהוה אֱלֹהֵינוּ מֶלֶךְ הָעוֹלָם
זוֹכֵר הַבְּרִית וְנֶאֱמָן בִּבְרִיתוֹ וְקַיָּם בְּמַאֲמָרוֹ.

הרואה את הים הגדול מברך:

בָּרוּךְ אַתָּה יהוה אֱלֹהֵינוּ מֶלֶךְ הָעוֹלָם, שֶׁעָשָׂה אֶת הַיָּם הַגָּדוֹל.

הרואה במהלך חודש ניסן עצי פרי פורחים מברך:

בָּרוּךְ אַתָּה יהוה אֱלֹהֵינוּ מֶלֶךְ הָעוֹלָם, שֶׁלֹּא חִסַּר בְּעוֹלָמוֹ כְּלוּם
וּבָרָא בוֹ בְּרִיּוֹת טוֹבוֹת וְאִילָנוֹת טוֹבִים לֵהָנוֹת בָּהֶם בְּנֵי אָדָם.

הרואה אילנות, בעלי חיים או בני אדם יפים בגדר היוצא מן הרגיל מברך:

בָּרוּךְ אַתָּה יהוה אֱלֹהֵינוּ מֶלֶךְ הָעוֹלָם, שֶׁכָּכָה לּוֹ בְּעוֹלָמוֹ.

הרואה אדם (או ברייה אחרת) משונה ביותר מברך:

בָּרוּךְ אַתָּה יהוה אֱלֹהֵינוּ מֶלֶךְ הָעוֹלָם, מְשַׁנֶּה הַבְּרִיּוֹת.

על שמועות טובות מברך:

בָּרוּךְ אַתָּה יהוה אֱלֹהֵינוּ מֶלֶךְ הָעוֹלָם, הַטּוֹב וְהַמֵּטִיב.

מי שקורה לו אסון, או ששומע (או רואה) דברים המצערים את הנפש, כגון מי שרואה
או שומע על פטירתו של אדם קרוב, או מי שמאבד את רכושו וכיוצא באלה מברך:

בָּרוּךְ אַתָּה יהוה אֱלֹהֵינוּ מֶלֶךְ הָעוֹלָם, דַּיַּן הָאֱמֶת.

הרואה אחד מחכמי ישראל המופלגים בתורה מברך עליו:

בָּרוּךְ אַתָּה יהוה אֱלֹהֵינוּ מֶלֶךְ הָעוֹלָם, שֶׁחָלַק מֵחָכְמָתוֹ לִירֵאָיו.

הרואה חכם מחכמי האומות המופלג בחוכמתו מברך עליו:

בָּרוּךְ אַתָּה יהוה אֱלֹהֵינוּ מֶלֶךְ הָעוֹלָם, שֶׁנָּתַן מֵחָכְמָתוֹ לְבָשָׂר וָדָם.

הרואה מלך מישראל מברך עליו:

בָּרוּךְ אַתָּה יהוה אֱלֹהֵינוּ מֶלֶךְ הָעוֹלָם, שֶׁחָלַק מִכְּבוֹדוֹ לִירֵאָיו.

אמרו חכמים שצריך להשתדל לראות גם מלכי אומות העולם ולברך עליהם,
ואם יזכה יראה בגדולת מלכות ישראל לעתיד. ובשעת ראייתם מברך:

בָּרוּךְ אַתָּה יהוה אֱלֹהֵינוּ מֶלֶךְ הָעוֹלָם, שֶׁנָּתַן מִכְּבוֹדוֹ לְבָשָׂר וָדָם.

הרואה שישים ריבוא מישראל יחד בארץ ישראל מברך:

בָּרוּךְ אַתָּה יהוה אֱלֹהֵינוּ מֶלֶךְ הָעוֹלָם, חֲכַם הָרָזִים.

הרואה בתי כנסיות ביישובן בארץ ישראל מברך:

בָּרוּךְ אַתָּה יהוה אֱלֹהֵינוּ מֶלֶךְ הָעוֹלָם, מַצִּיב גְּבוּל אַלְמָנָה.

העובר במקום שנעשו בו ניסים לכל ישראל מברך:

בָּרוּךְ אַתָּה יהוה אֱלֹהֵינוּ מֶלֶךְ הָעוֹלָם
שֶׁעָשָׂה נִסִּים לַאֲבוֹתֵינוּ בַּמָּקוֹם הַזֶּה.

אם היה זה מקום שנעשה בו נס לצדיקי הדורות (כגון גוב האריות של דניאל) מברך:

בָּרוּךְ אַתָּה יהוה אֱלֹהֵינוּ מֶלֶךְ הָעוֹלָם
שֶׁעָשָׂה נִסִּים לַצַּדִּיקִים בַּמָּקוֹם הַזֶּה.

העובר במקום שנעשה לו או לאבותיו או לרבו נס מברך:

בָּרוּךְ אַתָּה יהוה אֱלֹהֵינוּ מֶלֶךְ הָעוֹלָם
שֶׁעָשָׂה לִי (לְאָבִי/לְאִמִּי/לַאֲבוֹתַי /לְרַבִּי) נֵס בַּמָּקוֹם הַזֶּה.

ואם אירעו לו כמה ניסים בכמה מקומות, כאשר מגיע לאחד מהם מברך כן ומוסיף ומזכיר שאר ניסים שאירעו לו במקומות האחרים. ואין מברכים על כל אירוע של ישועה שאירע לאדם, אלא אם כן היה זה באמת אירוע מיוחד במינו בגדר מופלא.

העובר בארץ ישראל ליד מקום שנעקרה ממנו עבודה זרה מברך:

בָּרוּךְ אַתָּה יהוה אֱלֹהֵינוּ מֶלֶךְ הָעוֹלָם, שֶׁעָקַר עֲבוֹדָה זָרָה מֵאַרְצֵנוּ.

הרואה כיוצא בזה בחוץ לארץ מברך:

בָּרוּךְ אַתָּה יהוה אֱלֹהֵינוּ מֶלֶךְ הָעוֹלָם, שֶׁעָקַר עֲבוֹדָה זָרָה מִן הַמָּקוֹם הַזֶּה.

הרואה מקום עבודה זרה בבניינו מברך:

בָּרוּךְ אַתָּה יהוה אֱלֹהֵינוּ מֶלֶךְ הָעוֹלָם, שֶׁנָּתַן אֶרֶךְ אַפַּיִם לְעוֹבְרֵי רְצוֹנוֹ.

ברכות ההודאה והשבח ברכות שאדם מברך בהזדמנות הראויה על מאורעות שאירעו לו, וכן על ראיית דברים. וכלל הדברים הוא, שעל כל החוויות שאדם חווה יש ברכה - בין שהן מענגות או מצערות, מעוררות תחושות הודאה או השתאות.

ברכת החמה

ברכת החמה נאמרת אחת לעשרים ושמונה שנים, כאשר רואים 'חמה בתקופתה' (שעומדת החמה באותו מצב מבחינת היום והשעה והמקום ביחס לכוכבים האחרים כפי שהייתה בזמן הבריאה). זמנה של ברכה זו הוא מהנץ החמה עד סוף שלוש השעות הראשונות של היום.
מברכים כאשר רואים את החמה ממש, שאינה מכוסה בעננים. מפני חיבתה של ברכה זו, שהיא נדירה ביותר, נוהגים לעשותה ברוב עם, וכן נוהגים להוסיף לה סדר מיוחד של מזמורים ומאמרים.

תהלים קמח הַלְלוּיָהּ הַלְלוּ אֶת־יהוה מִן־הַשָּׁמַיִם הַלְלוּהוּ בַּמְּרוֹמִים: הַלְלוּהוּ כָל־מַלְאָכָיו
הַלְלוּהוּ כָּל־צְבָאָו: הַלְלוּהוּ שֶׁמֶשׁ וְיָרֵחַ הַלְלוּהוּ כָּל־כּוֹכְבֵי אוֹר: הַלְלוּהוּ
שְׁמֵי הַשָּׁמָיִם וְהַמַּיִם אֲשֶׁר מֵעַל הַשָּׁמָיִם: יְהַלְלוּ אֶת־שֵׁם יהוה כִּי הוּא צִוָּה
וְנִבְרָאוּ: וַיַּעֲמִידֵם לָעַד לְעוֹלָם חָק־נָתַן וְלֹא יַעֲבוֹר:

בָּרוּךְ אַתָּה יהוה אֱלֹהֵינוּ מֶלֶךְ הָעוֹלָם, עוֹשֶׂה מַעֲשֵׂה בְרֵאשִׁית.

אֵל אָדוֹן עַל כָּל הַמַּעֲשִׂים, בָּרוּךְ וּמְבֹרָךְ בְּפִי כָּל הַנְּשָׁמָה, גָּדְלוֹ וְטוּבוֹ מָלֵא עוֹלָם, דַּעַת וּתְבוּנָה סוֹבְבִים הוֹדוֹ. הַמִּתְגָּאֶה עַל חַיּוֹת הַקֹּדֶשׁ, וְנֶהְדָּר בְּכָבוֹד עַל הַמֶּרְכָּבָה, זְכוּת וּמִישׁוֹר לִפְנֵי כִסְאוֹ, חֶסֶד וְרַחֲמִים מָלֵא כְבוֹדוֹ. טוֹבִים מְאוֹרוֹת שֶׁבָּרָא אֱלֹהֵינוּ, יְצָרָם בְּדַעַת בְּבִינָה וּבְהַשְׂכֵּל, כֹּחַ וּגְבוּרָה נָתַן בָּהֶם, לִהְיוֹת מוֹשְׁלִים בְּקֶרֶב תֵּבֵל. מְלֵאִים זִיו וּמְפִיקִים נֹגַהּ, נָאֶה זִיוָם בְּכָל הָעוֹלָם, שְׂמֵחִים בְּצֵאתָם וְשָׂשִׂים בְּבוֹאָם, עוֹשִׂים בְּאֵימָה רְצוֹן קוֹנָם. פְּאֵר וְכָבוֹד נוֹתְנִים לִשְׁמוֹ, צָהֳלָה וְרִנָּה לְזֵכֶר מַלְכוּתוֹ, קָרָא לַשֶּׁמֶשׁ וַיִּזְרַח אוֹר, רָאָה וְהִתְקִין צוּרַת הַלְּבָנָה. שֶׁבַח נוֹתְנִים לוֹ כָּל צְבָא מָרוֹם, תִּפְאֶרֶת וּגְדֻלָּה, שְׂרָפִים וְחַיּוֹת וְאוֹפַנֵּי הַקֹּדֶשׁ.

תהלים יט לַמְנַצֵּחַ מִזְמוֹר לְדָוִד: הַשָּׁמַיִם מְסַפְּרִים כְּבוֹד־אֵל, וּמַעֲשֵׂה יָדָיו מַגִּיד
הָרָקִיעַ: יוֹם לְיוֹם יַבִּיעַ אֹמֶר, וְלַיְלָה לְּלַיְלָה יְחַוֶּה־דָּעַת: אֵין־אֹמֶר וְאֵין
דְּבָרִים, בְּלִי נִשְׁמָע קוֹלָם: בְּכָל־הָאָרֶץ יָצָא קַוָּם, וּבִקְצֵה תֵבֵל מִלֵּיהֶם,
לַשֶּׁמֶשׁ שָׂם־אֹהֶל בָּהֶם: וְהוּא כְּחָתָן יֹצֵא מֵחֻפָּתוֹ, יָשִׂישׂ כְּגִבּוֹר לָרוּץ אֹרַח:
מִקְצֵה הַשָּׁמַיִם מוֹצָאוֹ, וּתְקוּפָתוֹ עַל־קְצוֹתָם, וְאֵין נִסְתָּר מֵחַמָּתוֹ: תּוֹרַת
יהוה תְּמִימָה, מְשִׁיבַת נָפֶשׁ, עֵדוּת יהוה נֶאֱמָנָה, מַחְכִּימַת פֶּתִי: פִּקּוּדֵי
יהוה יְשָׁרִים, מְשַׂמְּחֵי־לֵב, מִצְוַת יהוה בָּרָה, מְאִירַת עֵינָיִם: יִרְאַת יהוה
טְהוֹרָה, עוֹמֶדֶת לָעַד, מִשְׁפְּטֵי־יהוה אֱמֶת, צָדְקוּ יַחְדָּו: הַנֶּחֱמָדִים מִזָּהָב

וּמִפַּז רָב, וּמְתוּקִים מִדְּבַשׁ וְנֹפֶת צוּפִים: גַּם־עַבְדְּךָ נִזְהָר בָּהֶם, בְּשָׁמְרָם עֵקֶב רָב: שְׁגִיאוֹת מִי־יָבִין, מִנִּסְתָּרוֹת נַקֵּנִי: גַּם מִזֵּדִים חֲשֹׂךְ עַבְדֶּךָ, אַל־יִמְשְׁלוּ־בִי אָז אֵיתָם, וְנִקֵּיתִי מִפֶּשַׁע רָב: יִהְיוּ לְרָצוֹן אִמְרֵי־פִי וְהֶגְיוֹן לִבִּי לְפָנֶיךָ, יהוה, צוּרִי וְגֹאֲלִי:

אומרים ׳עָלֵינוּ׳ בעמידה ונוהגים לכרוע מעט כשאומרים ׳וַאֲנַחְנוּ כּוֹרְעִים׳.

עָלֵינוּ לְשַׁבֵּחַ לַאֲדוֹן הַכֹּל
לָתֵת גְּדֻלָּה לְיוֹצֵר בְּרֵאשִׁית
שֶׁלֹּא עָשָׂנוּ כְּגוֹיֵי הָאֲרָצוֹת, וְלֹא שָׂמָנוּ כְּמִשְׁפְּחוֹת הָאֲדָמָה
שֶׁלֹּא שָׂם חֶלְקֵנוּ כָּהֶם וְגוֹרָלֵנוּ כְּכָל הֲמוֹנָם.
שֶׁהֵם מִשְׁתַּחֲוִים לְהֶבֶל וָרִיק וּמִתְפַּלְּלִים אֶל אֵל לֹא יוֹשִׁיעַ.
וַאֲנַחְנוּ כּוֹרְעִים וּמִשְׁתַּחֲוִים וּמוֹדִים
לִפְנֵי מֶלֶךְ מַלְכֵי הַמְּלָכִים, הַקָּדוֹשׁ בָּרוּךְ הוּא
שֶׁהוּא נוֹטֶה שָׁמַיִם וְיוֹסֵד אָרֶץ, וּמוֹשַׁב יְקָרוֹ בַּשָּׁמַיִם מִמַּעַל
וּשְׁכִינַת עֻזּוֹ בְּגָבְהֵי מְרוֹמִים.
הוּא אֱלֹהֵינוּ, אֵין עוֹד.
אֱמֶת מַלְכֵּנוּ, אֶפֶס זוּלָתוֹ
כַּכָּתוּב בְּתוֹרָתוֹ, וְיָדַעְתָּ הַיּוֹם וַהֲשֵׁבֹתָ אֶל־לְבָבֶךָ דברים ד
כִּי יהוה הוּא הָאֱלֹהִים בַּשָּׁמַיִם מִמַּעַל וְעַל־הָאָרֶץ מִתָּחַת, אֵין עוֹד:

וְעַל כֵּן נְקַוֶּה לְּךָ יהוה אֱלֹהֵינוּ לִרְאוֹת מְהֵרָה בְּתִפְאֶרֶת עֻזֶּךָ
לְהַעֲבִיר גִּלּוּלִים מִן הָאָרֶץ, וְהָאֱלִילִים כָּרוֹת יִכָּרֵתוּן
לְתַקֵּן עוֹלָם בְּמַלְכוּת שַׁדַּי.
וְכָל בְּנֵי בָשָׂר יִקְרְאוּ בִשְׁמֶךָ, לְהַפְנוֹת אֵלֶיךָ כָּל רִשְׁעֵי אָרֶץ.
יַכִּירוּ וְיֵדְעוּ כָּל יוֹשְׁבֵי תֵבֵל, כִּי לְךָ תִּכְרַע כָּל בֶּרֶךְ, תִּשָּׁבַע כָּל לָשׁוֹן.
לְפָנֶיךָ יהוה אֱלֹהֵינוּ יִכְרְעוּ וְיִפֹּלוּ, וְלִכְבוֹד שִׁמְךָ יְקָר יִתֵּנוּ
וִיקַבְּלוּ כֻלָּם אֶת עֹל מַלְכוּתֶךָ, וְתִמְלֹךְ עֲלֵיהֶם מְהֵרָה לְעוֹלָם וָעֶד.
כִּי הַמַּלְכוּת שֶׁלְּךָ הִיא, וּלְעוֹלְמֵי עַד תִּמְלֹךְ בְּכָבוֹד

שמות טו כַּכָּתוּב בְּתוֹרָתֶךָ, יהוה יִמְלֹךְ לְעֹלָם וָעֶד:
זכריה יד וְנֶאֱמַר, וְהָיָה יהוה לְמֶלֶךְ עַל־כָּל־הָאָרֶץ
בַּיּוֹם הַהוּא יִהְיֶה יהוה אֶחָד וּשְׁמוֹ אֶחָד:

קדיש יתום

אבל: יִתְגַּדַּל וְיִתְקַדַּשׁ שְׁמֵהּ רַבָּא (קהל: אָמֵן)
בְּעָלְמָא דִּי בְרָא כִרְעוּתֵהּ
וְיַמְלִיךְ מַלְכוּתֵהּ וְיַצְמַח פֻּרְקָנֵהּ וִיקָרֵב מְשִׁיחֵהּ (קהל: אָמֵן)
בְּחַיֵּיכוֹן וּבְיוֹמֵיכוֹן וּבְחַיֵּי דְכָל בֵּית יִשְׂרָאֵל
בַּעֲגָלָא וּבִזְמַן קָרִיב
וְאִמְרוּ אָמֵן. (קהל: אָמֵן)

קהל ואבל: יְהֵא שְׁמֵהּ רַבָּא מְבָרַךְ לְעָלַם וּלְעָלְמֵי עָלְמַיָּא.

אבל: יִתְבָּרַךְ וְיִשְׁתַּבַּח וְיִתְפָּאַר וְיִתְרוֹמַם וְיִתְנַשֵּׂא
וְיִתְהַדָּר וְיִתְעַלֶּה וְיִתְהַלָּל
שְׁמֵהּ דְּקֻדְשָׁא בְּרִיךְ הוּא (קהל: אָמֵן)
לְעֵלָּא מִן כָּל בִּרְכָתָא
/בעשרת ימי תשובה: לְעֵלָּא לְעֵלָּא מִכָּל בִּרְכָתָא/
וְשִׁירָתָא, תֻּשְׁבְּחָתָא וְנֶחֱמָתָא
דַּאֲמִירָן בְּעָלְמָא
וְאִמְרוּ אָמֵן. (קהל: אָמֵן)

יְהֵא שְׁלָמָא רַבָּא מִן שְׁמַיָּא
וְחַיִּים טוֹבִים עָלֵינוּ וְעַל כָּל יִשְׂרָאֵל, וְאִמְרוּ אָמֵן. (קהל: אָמֵן)

כורע ופוסע שלוש פסיעות לאחור. קד לשמאל, לימין ולפנים באמירת:

עֹשֶׂה שָׁלוֹם /בעשרת ימי תשובה: הַשָּׁלוֹם/ בִּמְרוֹמָיו
הוּא יַעֲשֶׂה שָׁלוֹם, עָלֵינוּ וְעַל כָּל יִשְׂרָאֵל
וְאִמְרוּ אָמֵן. (קהל: אָמֵן)

ברכות נוספות

הרואה קברי ישראל (שלא ראם שלושים יום) מברך:

בָּרוּךְ אַתָּה יהוה אֱלֹהֵינוּ מֶלֶךְ הָעוֹלָם, אֲשֶׁר יָצַר אֶתְכֶם בַּדִּין, וְזָן וְכִלְכֵּל אֶתְכֶם בַּדִּין, וְהֵמִית אֶתְכֶם בַּדִּין, וְיוֹדֵעַ מִסְפַּר כֻּלְּכֶם בַּדִּין, וְהוּא עָתִיד לְהַחֲיוֹתְכֶם וּלְקַיֵּם אֶתְכֶם בַּדִּין. בָּרוּךְ אַתָּה יהוה, מְחַיֵּה הַמֵּתִים.

אַתָּה גִּבּוֹר לְעוֹלָם אֲדֹנָי, מְחַיֵּה מֵתִים אַתָּה, רַב לְהוֹשִׁיעַ, מְכַלְכֵּל חַיִּים בְּחֶסֶד, מְחַיֵּה מֵתִים בְּרַחֲמִים רַבִּים, סוֹמֵךְ נוֹפְלִים, וְרוֹפֵא חוֹלִים, וּמַתִּיר אֲסוּרִים, וּמְקַיֵּם אֱמוּנָתוֹ לִישֵׁנֵי עָפָר. מִי כָמוֹךָ בַּעַל גְּבוּרוֹת וּמִי דּוֹמֶה לָּךְ, מֶלֶךְ מֵמִית וּמְחַיֶּה וּמַצְמִיחַ יְשׁוּעָה, וְנֶאֱמָן אַתָּה לְהַחֲיוֹת מֵתִים.

הטבת חלום

טקס שעורכים למי שחלם חלום רע ונפשו עגומה עליו בגללו. מקור הדברים הוא בתלמוד, ועיקרו שכאשר אדם חולם חלום רע, והוא מצטער או חושש בגללו, ילך לפני שלושה אנשים (ולפי הזוהר ועוד - אנשים שהם ידידיו ואוהביו) וייטיב בפניהם את החלום. הוא אומר "חלמא טבא חזאי" (= חלום טוב ראיתי) והם עונים לו באותה לשון. לאחר מכן אומרים שלושה פסוקים שיש בהם עניין הפיכת הרע לטוב, שלושה פסוקים שנזכרת בהם פדיון מצרה ושלושה פסוקים שעניינם שלום.

המטיבים:

הֲלוֹא לֵאלֹהִים פִּתְרֹנִים סַפְּרוּ־נָא לִי: בראשית מ

החולם (שלוש פעמים):

חֶלְמָא טָבָא חֲזָאִי.

המטיבים (שלוש פעמים):

חֶלְמָא טָבָא חֲזֵיתָא. חֶלְמָא דִידָךְ טָבָא הוּא וְטָבָא לֶהֱוֵי, רַחֲמָנָא לְשַׁוְּיֵהּ לְטַב, שִׁבְעָ זִמְנִין לִגְזְרוּן עֲלֵהּ מִן שְׁמַיָּא דְּלֶהֱוֵי טָבָא וְיֶהֱוֵי טָבָא, טָבָא הוּא וְטָבָא לֶהֱוֵי.

החולם:

הָפַכְתָּ מִסְפְּדִי לְמָחוֹל לִי, פִּתַּחְתָּ שַׂקִּי וַתְּאַזְּרֵנִי שִׂמְחָה: תהלים ל

המטיבים:

אָז תִּשְׂמַח בְּתוּלָה בְּמָחוֹל וּבַחֻרִים וּזְקֵנִים יַחְדָּו, וְהָפַכְתִּי אֶבְלָם ירמיה לא
לְשָׂשׂוֹן וְנִחַמְתִּים וְשִׂמַּחְתִּים מִיגוֹנָם: וְלֹא־אָבָה יהוה אֱלֹהֶיךָ לִשְׁמֹעַ

אֶל־בִּלְעָם, וַיַּהֲפֹךְ יהוה אֱלֹהֶיךָ לְּךָ אֶת־הַקְּלָלָה לִבְרָכָה, כִּי אֲהֵבְךָ
יהוה אֱלֹהֶיךָ:

החולם:

תהלים נה פָּדָה בְשָׁלוֹם נַפְשִׁי מִקְּרָב־לִי, כִּי־בְרַבִּים הָיוּ עִמָּדִי:

המטיבים:

שמואל א יד וַיֹּאמֶר הָעָם אֶל־שָׁאוּל הֲיוֹנָתָן יָמוּת, אֲשֶׁר עָשָׂה הַיְשׁוּעָה הַגְּדוֹלָה
הַזֹּאת בְּיִשְׂרָאֵל, חָלִילָה, חַי־יהוה אִם־יִפֹּל מִשַּׂעֲרַת רֹאשׁוֹ אַרְצָה, כִּי־
ישעיה נא עִם־אֱלֹהִים עָשָׂה הַיּוֹם הַזֶּה, וַיִּפְדּוּ הָעָם אֶת־יוֹנָתָן וְלֹא־מֵת: וּפְדוּיֵי יהוה
יְשֻׁבוּן וּבָאוּ צִיּוֹן בְּרִנָּה, וְשִׂמְחַת עוֹלָם עַל־רֹאשָׁם, שָׂשׂוֹן וְשִׂמְחָה יַשִּׂיגוּ
וְנָסוּ יָגוֹן וַאֲנָחָה:

החולם:

ישעיה נז בּוֹרֵא נִיב שְׂפָתָיִם, שָׁלוֹם שָׁלוֹם לָרָחוֹק וְלַקָּרוֹב אָמַר יהוה וּרְפָאתִיו:

המטיבים:

דברי הימים א יב וְרוּחַ לָבְשָׁה אֶת־עֲמָשַׂי רֹאשׁ הַשָּׁלִישִׁים, לְךָ דָוִיד וְעִמְּךָ בֶן־יִשַׁי שָׁלוֹם
שָׁלוֹם לְךָ וְשָׁלוֹם לְעֹזְרֶךָ כִּי עֲזָרְךָ אֱלֹהֶיךָ, וַיְקַבְּלֵם דָּוִיד וַיִּתְּנֵם בְּרָאשֵׁי
שמואל א כה הַגְּדוּד: וַאֲמַרְתֶּם כֹּה לֶחָי, וְאַתָּה שָׁלוֹם וּבֵיתְךָ שָׁלוֹם וְכֹל אֲשֶׁר־לְךָ שָׁלוֹם:
תהלים כט יהוה עֹז לְעַמּוֹ יִתֵּן, יהוה יְבָרֵךְ אֶת־עַמּוֹ בַשָּׁלוֹם:

החולם (שלוש פעמים):

חבקוק ג יהוה שָׁמַעְתִּי שִׁמְעֲךָ יָרֵאתִי:

המטיבים (שלוש פעמים):

שם יהוה פָּעָלְךָ בְּקֶרֶב שָׁנִים חַיֵּיהוּ, בְּקֶרֶב שָׁנִים תּוֹדִיעַ בְּרֹגֶז רַחֵם תִּזְכּוֹר:

החולם (שלוש פעמים):

תהלים קכא שִׁיר לַמַּעֲלוֹת אֶשָּׂא עֵינַי אֶל־הֶהָרִים מֵאַיִן יָבֹא עֶזְרִי: עֶזְרִי מֵעִם יהוה
עֹשֵׂה שָׁמַיִם וָאָרֶץ:

המטיבים (שלוש פעמים):

שם אַל־יִתֵּן לַמּוֹט רַגְלֶךָ אַל־יָנוּם שֹׁמְרֶךָ: הִנֵּה לֹא־יָנוּם וְלֹא יִישָׁן שׁוֹמֵר
יִשְׂרָאֵל: יהוה שֹׁמְרֶךָ יהוה צִלְּךָ עַל־יַד יְמִינֶךָ: יוֹמָם הַשֶּׁמֶשׁ לֹא־יַכֶּכָּה

וְיָרֵחַ בַּלָּיְלָה: יהוה יִשְׁמָרְךָ מִכָּל־רָע יִשְׁמֹר אֶת־נַפְשֶׁךָ: יהוה יִשְׁמָר־צֵאתְךָ וּבוֹאֶךָ מֵעַתָּה וְעַד־עוֹלָם:

החולם (שלוש פעמים):

תּוֹדִיעֵנִי אֹרַח חַיִּים: תהלים טז

המטיבים (שלוש פעמים):

שֹׂבַע שְׂמָחוֹת אֶת פָּנֶיךָ נְעִמוֹת בִּימִינְךָ נֶצַח: שם

החולם (שלוש פעמים):

וַיְדַבֵּר יהוה אֶל־מֹשֶׁה לֵּאמֹר: דַּבֵּר אֶל־אַהֲרֹן וְאֶל־בָּנָיו לֵאמֹר כֹּה תְבָרְכוּ במדבר ו
אֶת־בְּנֵי יִשְׂרָאֵל אָמוֹר לָהֶם:

המטיבים (שלוש פעמים):

יְבָרֶכְךָ יהוה וְיִשְׁמְרֶךָ: יָאֵר יהוה פָּנָיו אֵלֶיךָ וִיחֻנֶּךָּ: יִשָּׂא יהוה פָּנָיו אֵלֶיךָ שם
וְיָשֵׂם לְךָ שָׁלוֹם: וְשָׂמוּ אֶת־שְׁמִי עַל־בְּנֵי יִשְׂרָאֵל וַאֲנִי אֲבָרְכֵם:

המטיבים מוסיפים:

לֵךְ בְּשִׂמְחָה אֱכֹל לַחְמֶךָ וּשְׁתֵה בְלֶב־טוֹב יֵינֶךָ כִּי כְבָר רָצָה הָאֱלֹהִים אֶת־מַעֲשֶׂיךָ:

החולם ייתן צדקה (ובשבת יקבל עליו לתת צדקה לאחר מכן).

המטיבים:

וּתְשׁוּבָה וּתְפִלָּה וּצְדָקָה מַעֲבִירִין אֶת רֹעַ הַגְּזֵרָה, וְשָׁלוֹם עָלֵינוּ וְעַל כָּל יִשְׂרָאֵל אָמֵן.

הטבת חלום לברכת כהנים

מי שחלם חלום ואינו יודע מה פשרו אומר נוסח זה בשעת ברכת כוהנים:

רִבּוֹנוֹ שֶׁל עוֹלָם, אֲנִי שֶׁלָּךְ וַחֲלוֹמוֹתַי שֶׁלָּךְ, חֲלוֹם חָלַמְתִּי וְאֵינִי יוֹדֵעַ מַה הוּא. יְהִי רָצוֹן מִלְּפָנֶיךָ יהוה אֱלֹהַי וֵאלֹהֵי אֲבוֹתַי, שֶׁיִּהְיוּ כָּל חֲלוֹמוֹתַי עָלַי וְעַל כָּל יִשְׂרָאֵל לְטוֹבָה, בֵּין שֶׁחָלַמְתִּי עַל עַצְמִי וּבֵין שֶׁחָלַמְתִּי עַל אֲחֵרִים וּבֵין שֶׁחָלְמוּ אֲחֵרִים עָלַי, אִם טוֹבִים הֵם חַזְּקֵם וְאַמְּצֵם, וְיִתְקַיְּמוּ בִי וּבָהֶם כַּחֲלוֹמוֹתָיו שֶׁל יוֹסֵף הַצַּדִּיק, וְאִם צְרִיכִים רְפוּאָה רְפָאֵם כְּחִזְקִיָּהוּ מֶלֶךְ יְהוּדָה מֵחָלְיוֹ, וּכְמִרְיָם הַנְּבִיאָה מִצָּרַעְתָּהּ, וּכְנַעֲמָן מִצָּרַעְתּוֹ, וּכְמֵי מָרָה

עַל יְדֵי מֹשֶׁה רַבֵּנוּ, וּכְמֵי יְרִחוֹ עַל יְדֵי אֱלִישָׁע. וּכְשֵׁם שֶׁהָפַכְתָּ אֶת קִלְלַת בִּלְעָם הָרָשָׁע מִקְּלָלָה לִבְרָכָה כֵּן תַּהֲפוֹךְ כָּל חֲלוֹמוֹתַי עָלַי וְעַל כָּל יִשְׂרָאֵל לְטוֹבָה, וְתִשְׁמְרֵנִי וּתְחָנֵּנִי וְתִרְצֵנִי, אָמֵן:

תפילה קצרה לשעת הדחק

בשעת הדחק רשאי אדם לקצר בתפילת 'שמונה עשרה'. וסדרה כך: שלוש ברכות ראשונות כרגיל, 'הֲבִינֵנוּ', שהוא נוסח קצר של ברכה הכולל את שלוש עשרה הברכות האמצעיות שב'שמונה עשרה' של חול, ושלוש ברכות אחרונות כסדרן. ובזה יוצא ידי חובת תפילה, ואינו צריך לחזור ולהתפלל. ואין להתפלל תפילה זו בימות הגשמים שבהם שואלים טל ומטר, ובמוצאי שבת שבו מבדילים בברכת הדעת, לפי שבקשות אלו אינן מופיעות בתפילה קצרה זו.

הֲבִינֵנוּ יהוה אֱלֹהֵינוּ לָדַעַת דְּרָכֶיךָ, וּמוֹל אֶת לְבָבֵנוּ לְיִרְאָתֶךָ, וְתִסְלַח לָנוּ לִהְיוֹת גְּאוּלִים, וְרַחֲקֵנוּ מִמַּכְאוֹב, וְדַשְּׁנֵנוּ בִּנְאוֹת אַרְצֶךָ, וּנְפוּצוֹתֵינוּ מֵאַרְבַּע תְּקַבֵּץ, וְהַתּוֹעִים עַל דַּעְתְּךָ יִשָּׁפֵטוּ, וְעַל הָרְשָׁעִים תָּנִיף יָדֶךָ, וְיִשְׂמְחוּ צַדִּיקִים בְּבִנְיַן עִירֶךָ וּבְתִקּוּן הֵיכָלֶךָ, וּבִצְמִיחַת קֶרֶן לְדָוִד עַבְדֶּךָ וּבַעֲרִיכַת נֵר לְבֶן יִשַׁי מְשִׁיחֶךָ, טֶרֶם נִקְרָא אַתָּה תַעֲנֶה. בָּרוּךְ אַתָּה יהוה, שׁוֹמֵעַ תְּפִלָּה.

וממשיכים בשלוש הברכות האחרונות מ'רְצֵה' (עמ' 100) ועד הסוף.

ההולך במקום סכנה ואינו יכול להתפלל, מתפלל תפילה זו:

צָרְכֵי עַמְּךָ יִשְׂרָאֵל מְרֻבִּים וְדַעְתָּם קְצָרָה. יְהִי רָצוֹן מִלְּפָנֶיךָ יהוה אֱלֹהֵינוּ וֵאלֹהֵי אֲבוֹתֵינוּ, שֶׁתִּתֵּן לְכָל אֶחָד וְאֶחָד כְּדֵי פַרְנָסָתוֹ, וּלְכָל גְּוִיָּה וּגְוִיָּה דֵּי מַחְסוֹרָהּ, וְהַטּוֹב בְּעֵינֶיךָ עֲשֵׂה. בָּרוּךְ אַתָּה יהוה, שׁוֹמֵעַ תְּפִלָּה.

ואם יצא ממקום הסכנה ויכול להתפלל, שב ומתפלל כרגיל.

תפילת הדרך תפילה שאדם מתפלל בצאתו לדרך בבקשה שה' ילווה אותו בדרכו: ישמור עליו מכל סכנות שהן, ימנע ממנו כל מיני טעויות ועיכובים בדרך, ולבסוף שיגיע למחוז חפצו בשמחה ובשלום. לרוב אדם יוצא לדרך בכוונה מסוימת, ולכן מצורפת הבקשה שיצליח בעניין שלשמו הלך, ובכללה מציאת חן בעיני הכול - דבר שההצלחה תלויה בו. ובעניינה של בקשה זו מודגש בפרט שימצא חן, חסד ורחמים בעיני הקדוש ברוך הוא, שהרי רק הוא יודע מה טוב ונכון לאדם. הברכה מנוסחת בלשון רבים, להדגיש שגם כאשר אדם מישראל יוצא לדרך לבדו - אין הוא מתפלל רק בשביל עצמו, אלא בשביל כל אחד מישראל הזקוק לשמירה והצלחה בדרך; ועוד, שהעובדה שהמתפלל הוא אחד מישראל - היא שמעניקה לו את הזכות לבקש בשביל עצמו.

תפילת הדרך

היוצא לדרך אומר תפילה זו. אין אומרים תפילת הדרך ממש ביציאה מן הבית, אלא כאשר 'מחזיק בדרך'. לפיכך מברכים אותה לאחר שהרחיק מן העיר כשיעור מיל.

ויש שנהגו לומר ברכה כלשהי (כגון לטעום דבר מה ולברך עליו)
לפני תפילת הדרך, כדי לסמוך אותה לברכה אחרת.

יְהִי רָצוֹן מִלְּפָנֶיךָ, יהוה אֱלֹהֵינוּ וֵאלֹהֵי אֲבוֹתֵינוּ
שֶׁתּוֹלִיכֵנוּ לְשָׁלוֹם, וְתַצְעִידֵנוּ לְשָׁלוֹם, וְתַדְרִיכֵנוּ לְשָׁלוֹם
וְתַגִּיעֵנוּ לִמְחוֹז חֶפְצֵנוּ לְחַיִּים וּלְשִׂמְחָה וּלְשָׁלוֹם
(וְתַחֲזִירֵנוּ לְבֵיתֵנוּ לְשָׁלוֹם)
וְתַצִּילֵנוּ מִכַּף כָּל אוֹיֵב וְאוֹרֵב בַּדֶּרֶךְ
וּמִכָּל מִינֵי פֻּרְעָנֻיּוֹת הַמִּתְרַגְּשׁוֹת לָבוֹא לָעוֹלָם
וְתִשְׁלַח בְּרָכָה בְּמַעֲשֵׂה יָדֵינוּ
וְתִתְּנֵנוּ לְחֵן וּלְחֶסֶד וּלְרַחֲמִים בְּעֵינֶיךָ וּבְעֵינֵי כָל רוֹאֵינוּ
וְתִשְׁמַע קוֹל תַּחֲנוּנֵינוּ, כִּי אֵל שׁוֹמֵעַ תְּפִלָּה וְתַחֲנוּן אָתָּה.
בָּרוּךְ אַתָּה יהוה, שׁוֹמֵעַ תְּפִלָּה.

יש נוהגים להוסיף פסוקים לברכה:

יהוה יִשְׁמָר־צֵאתְךָ וּבוֹאֶךָ, מֵעַתָּה וְעַד־עוֹלָם: תהלים קכא

שלוש פעמים:

וְיַעֲקֹב הָלַךְ לְדַרְכּוֹ, וַיִּפְגְּעוּ־בוֹ מַלְאֲכֵי אֱלֹהִים: בראשית לב
וַיֹּאמֶר יַעֲקֹב כַּאֲשֶׁר רָאָם, מַחֲנֵה אֱלֹהִים זֶה
וַיִּקְרָא שֵׁם־הַמָּקוֹם הַהוּא מַחֲנָיִם:

שלוש פעמים:

יְבָרֶכְךָ יהוה וְיִשְׁמְרֶךָ: במדבר ו
יָאֵר יהוה פָּנָיו אֵלֶיךָ וִיחֻנֶּךָּ:
יִשָּׂא יהוה פָּנָיו אֵלֶיךָ וְיָשֵׂם לְךָ שָׁלוֹם:

שִׁיר לַמַּעֲלוֹת, אֶשָּׂא עֵינַי אֶל־הֶהָרִים, מֵאַיִן יָבֹא עֶזְרִי: עֶזְרִי מֵעִם יהוה, עֹשֵׂה תהלים קכא
שָׁמַיִם וָאָרֶץ: אַל־יִתֵּן לַמּוֹט רַגְלֶךָ, אַל־יָנוּם שֹׁמְרֶךָ: הִנֵּה לֹא־יָנוּם וְלֹא יִישָׁן
שׁוֹמֵר יִשְׂרָאֵל: יהוה שֹׁמְרֶךָ, יהוה צִלְּךָ עַל־יַד יְמִינֶךָ: יוֹמָם הַשֶּׁמֶשׁ לֹא־יַכֶּכָּה,
וְיָרֵחַ בַּלָּיְלָה: יהוה יִשְׁמָרְךָ מִכָּל־רָע, יִשְׁמֹר אֶת־נַפְשֶׁךָ: יהוה יִשְׁמָר־צֵאתְךָ
וּבוֹאֶךָ, מֵעַתָּה וְעַד־עוֹלָם:

מעגל החיים

סדר ברית מילה

יש מקומות שנוהגים בהם שאבי הילד הנימול עטוף בטלית ועטור בתפילין בשעת הברית. מצווה על כל המשתתפים בטקס לעמוד בשעת ברית המילה, מפני כבוד המצווה ועושי המצווה, ומפני כבוד 'מלאך הברית'.

כאשר מכניסים את התינוק למול אומרים בקול רם:

בָּרוּךְ הַבָּא.

כשהברית בזמנה יש מוסיפים:

בָּרוּךְ הַנִּמּוֹל לִשְׁמוֹנָה.

יש נוהגים שהמוהל או האב אומרים פסוקים אלו:

וַיְדַבֵּר יהוה אֶל־מֹשֶׁה לֵּאמֹר: פִּינְחָס בֶּן־אֶלְעָזָר בֶּן־אַהֲרֹן הַכֹּהֵן במדבר כה
הֵשִׁיב אֶת־חֲמָתִי מֵעַל בְּנֵי־יִשְׂרָאֵל בְּקַנְאוֹ אֶת־קִנְאָתִי בְּתוֹכָם וְלֹא־
כִלִּיתִי אֶת־בְּנֵי־יִשְׂרָאֵל בְּקִנְאָתִי: לָכֵן אֱמֹר הִנְנִי נֹתֵן לוֹ אֶת־בְּרִיתִי
שָׁלוֹם:

ברית מילה ברית המילה היא מצווה גדולה וחשובה מהתורה. לא זו בלבד שפרטיה ועניניה מבוארים בכמה מקומות בתורה, אלא היא גם ממצוות העשה היחידות שיש עונש חמור ביותר - עונש כרת - על ביטולה. משמעותה וחשיבותה של ברית המילה קשורות בעצם מושג הברית. ברית, במהותה, שונה מכל סוג אחר של הסכם. כל סוגי ההסכמים, ההתקשרויות והחוזים, הם מערכת רציונלית של הסדרים המבוססת על התחייבות הדדית. קיומו של ההסכם תלוי בכך ששני הצדדים עומדים בתנאיו, וכאשר צד אחד איננו מקיים את חלקו - ההסכם בטל. לעומת זאת, ההבטחה של הברית במהותה אינה רציונלית, משום שהיא מקבלת על עצמה התחייבות שאין לה הפרה, ולכן גם כאשר צד אחד מפר ברית - הברית כשלעצמה איננה מופרת.

ברית המילה היא מעשה של כריתת ברית בין האדם מישראל ובין הקדוש ברוך הוא. כמובן, בפועל יכול אדם מישראל, מכוח הבחירה החופשית האנושית, שלא לשמור את הברית ולנסות בכל דרך להפר אותה. אולם הוא איננו יכול לבטל אותה. לא לחינם מוטל עונש כבד כל כך של כרת על מי שאינו

תהלים סה | האב או המוהל: **אַשְׁרֵי תִּבְחַר וּתְקָרֵב, יִשְׁכֹּן חֲצֵרֶיךָ**
הקהל: **נִשְׂבְּעָה בְּטוּב בֵּיתֶךָ, קְדֹשׁ הֵיכָלֶךָ:**

יש נוהגים (בייחוד בארץ ישראל) שהאב
אומר את הפסוקים בקול רם, והקהל אחריו:

דברים ו **שְׁמַע יִשְׂרָאֵל, יהוה אֱלֹהֵינוּ, יהוה אֶחָד:**

פעמיים: **יהוה מֶלֶךְ, יהוה מָלָךְ, יהוה יִמְלֹךְ לְעוֹלָם וָעֶד.**
תהלים קיח | פעמיים: **אָנָּא יהוה הוֹשִׁיעָה נָּא**
פעמיים: **אָנָּא יהוה הַצְלִיחָה נָא:**

מל. עם זה, הטקס לעצמו איננו עיקרה של הברית, אלא "אות ברית". זוהי חזרה, שנעשית ביחיד מישראל, על קיום הברית הראשונה.

הקדמת הברית לזמן הראשון שבו היא יכולה להיעשות - בתינוק קטן שבקטנים, שאין בו שום דעת - היא סימן לכך שהברית הזאת לעולם תהיה עניין לא רציונלי. חתימתה של הברית בדם אף היא מדגישה את המהות המיוחדת שלה - מעבר לתחום שאפשר לבטא אותו במילים, מעבר להבנה, מעבר לחשיבה, אל מה שהוא היסוד הראשוני, הקמאי, של הקיום. כפי האמור בתורה: "כִּי הַדָּם הוּא הַנָּפֶשׁ" - הדם הוא הסמל, הביטוי הקרוב ביותר, לנפש עצמה. פעמים רבות אף ההורים המלים את ילדיהם אינם מבינים לא את המשמעות ולא את העוצמה שיש בעניין הברית. עם זאת, גם אם אין הם משיגים את הדברים בחלק המודע והרציונלי של הווייתם, הם חשים אותם בצורה אחרת. על כן, למרות כל ההיסוסים והעכבות, עדיין הם שומרים את הברית. כפי שאכן מתרחש הדבר בימינו אנו, כך הוא בכל תולדות ישראל: למרות הקשיים שהיו במשך הדורות בקיומה, לא זו בלבד שהמצווה נמשכה והלכה מדור לדור, אלא, כמו שאמרו חכמים, עם ישראל קיבל אותה בשמחה. לפיכך נהוג לעשות בכל מקום את טקס ברית המילה בחגיגיות רבה, הנובעת מתוך הרצון שהמצווה תתקיים במעמד של שמחה.

אליהו מלאך הברית מסורת ישראל עתיקה היא שאליהו הנביא מופיע בכל הבריתות של ישראל, והתקינו חכמים שיהו עושים לו מושב כבוד - "כיסא של

מניחים את הילד על ׳כיסא של אליהו׳, והמוהל אומר:

זֶה הַכִּסֵּא שֶׁל אֵלִיָּהוּ הַנָּבִיא זָכוּר לַטּוֹב.

המוהל: **לִישׁוּעָתְךָ קִוִּיתִי יהוה:** בראשית מט

שִׂבַּרְתִּי לִישׁוּעָתְךָ יהוה, וּמִצְוֹתֶיךָ עָשִׂיתִי: תהלים קיט

אֵלִיָּהוּ מַלְאַךְ הַבְּרִית

הִנֵּה שֶׁלְּךָ לְפָנֶיךָ, עֲמֹד עַל יְמִינִי וְסָמְכֵנִי.

שִׂבַּרְתִּי לִישׁוּעָתְךָ יהוה: תהלים קיט

שָׂשׂ אָנֹכִי עַל־אִמְרָתֶךָ, כְּמוֹצֵא שָׁלָל רָב:

שָׁלוֹם רָב לְאֹהֲבֵי תוֹרָתֶךָ, וְאֵין־לָמוֹ מִכְשׁוֹל:

אַשְׁרֵי תִּבְחַר וּתְקָרֵב, יִשְׁכֹּן חֲצֵרֶיךָ תהלים סה

הקהל: **נִשְׂבְּעָה בְּטוּב בֵּיתֶךָ, קְדֹשׁ הֵיכָלֶךָ:**

אליהו". חכמינו זיכרונם לברכה הסבירו שאליהו הוא מלאך הברית מפני שאמר לקדוש ברוך הוא: "עָזְבוּ בְרִיתְךָ בְּנֵי יִשְׂרָאֵל"; משום כך נגזר עליו שלאחר שעלה השמימה, ונעשה כמלאך, שיהא נוכח בכל ברית מילה ויראה כי ישראל עדיין שומרים את הברית. מעבר לכך, יש קשר של מהות בין דמותו של אליהו הנביא לברית המילה: התכונה הבולטת של אליהו הנביא במקרא היא הקנאה: "קַנֹּא קִנֵּאתִי לַה׳". למילה ׳קנאה׳ יש שני מובנים שונים בתכלית: יש קנאה במישהו, ויש קנאה למישהו. הקנאה במישהו - פירושה הרצון להיות כמותו; הקנאה למישהו - פירושה שיש לי משהו כלפיו. אליהו מקנא לה׳, כלומר הוא בוער באש למענו. אדם שמקנא לה׳ אינו יכול להתפשר ואינו יכול להסכים שיהיו אנשים שיפסחו על שתי הסעיפים. שורשה ומהותה של קנאה זו נובעות מרגש של אהבה שהיא הרבה מעל לאהבה הרגילה - זוהי עוצמה של אהבה שאינה משאירה מקום לשום דבר אחר. כמו שכתוב בשיר השירים: "עַזָּה כַמָּוֶת אַהֲבָה, קָשָׁה כִשְׁאוֹל קִנְאָה"; כשהאהבה עזה כמוות - הקנאה קשה כשאול, כאש גדולה. אליהו הוא מלאך הברית מפני שהייחוד, הבלעדיות, היא כל מהותו, וכך גם ברית המילה, בציינה את הקשר היחיד והמיוחד בין הקדוש ברוך הוא לבינינו, עומדת על ההתייחדות הגמורה של הצדדים. זאת ברית בדם, אולם אין זה דם של שנאה, אלא, כמו כל ברית, ביטוי של ייחוד ושל אהבה.

מניחים את התינוק על ברכי הסנדק. יש נוהגים שהאב אומר:

הִנְנִי מוּכָן וּמְזֻמָּן לְקַיֵּם מִצְוַת עֲשֵׂה שֶׁצִּוַּנִי הַבּוֹרֵא יִתְבָּרַךְ לָמוּל אֶת בְּנִי. לְשֵׁם יִחוּד קֻדְשָׁא בְּרִיךְ הוּא וּשְׁכִינְתֵּיהּ בִּדְחִילוּ וּרְחִימוּ לְיַחֵד שֵׁם י״ה בּו״ה בְּיִחוּדָא שְׁלִים בְּשֵׁם כָּל יִשְׂרָאֵל. וִיהִי נֹעַם אֲדֹנָי אֱלֹהֵינוּ עָלֵינוּ, וּמַעֲשֵׂה יָדֵינוּ כּוֹנְנָה עָלֵינוּ, וּמַעֲשֵׂה יָדֵינוּ כּוֹנְנֵהוּ.

האב ממנה את המוהל להיות שליחו לעשות את המצווה
(שהיא מוטלת בעיקרה על האב עצמו).

יש נוהגים שהמוהל אומר:

בראשית יז אָמַר הַקָּדוֹשׁ בָּרוּךְ הוּא לְאַבְרָהָם אָבִינוּ: הִתְהַלֵּךְ לְפָנַי וֶהְיֵה תָמִים.
הִנְנִי מוּכָן וּמְזוּמָן לְקַיֵּם מִצְוַת עֲשֵׂה שֶׁצִּוַּנִי הַבּוֹרֵא יִתְבָּרַךְ לָמוּל.

והמוהל מברך:

בָּרוּךְ אַתָּה יהוה אֱלֹהֵינוּ מֶלֶךְ הָעוֹלָם
אֲשֶׁר קִדְּשָׁנוּ בְּמִצְוֹתָיו וְצִוָּנוּ עַל הַמִּילָה.

ומיד אבי הבן מברך:

בָּרוּךְ אַתָּה יהוה אֱלֹהֵינוּ מֶלֶךְ הָעוֹלָם
אֲשֶׁר קִדְּשָׁנוּ בְּמִצְוֹתָיו
וְצִוָּנוּ לְהַכְנִיסוֹ בִּבְרִיתוֹ שֶׁל אַבְרָהָם אָבִינוּ.

ובארץ ישראל, הרוב נוהגים שהאב מוסיף ומברך:

בָּרוּךְ אַתָּה יהוה אֱלֹהֵינוּ מֶלֶךְ הָעוֹלָם
שֶׁהֶחֱיָנוּ וְקִיְּמָנוּ וְהִגִּיעָנוּ לַזְּמַן הַזֶּה.

הקהל עונה:

כְּשֵׁם שֶׁנִּכְנַס לַבְּרִית
כֵּן יִכָּנֵס לְתוֹרָה וּלְחֻפָּה וּלְמַעֲשִׂים טוֹבִים.

המברך מחזיק בידו כוס יין ומברך:

בָּרוּךְ אַתָּה יהוה אֱלֹהֵינוּ מֶלֶךְ הָעוֹלָם, בּוֹרֵא פְּרִי הַגָּפֶן.

בָּרוּךְ אַתָּה יהוה אֱלֹהֵינוּ מֶלֶךְ הָעוֹלָם, אֲשֶׁר קִדַּשׁ יְדִיד מִבֶּטֶן, וְחֹק בִּשְׁאֵרוֹ שָׂם, וְצֶאֱצָאָיו חָתַם בְּאוֹת בְּרִית קֹדֶשׁ. עַל כֵּן בִּשְׂכַר זֹאת, אֵל חַי חֶלְקֵנוּ צוּרֵנוּ צַוֵּה לְהַצִּיל יְדִידוּת שְׁאֵרֵנוּ מִשַּׁחַת, לְמַעַן בְּרִיתוֹ אֲשֶׁר שָׂם בִּבְשָׂרֵנוּ. בָּרוּךְ אַתָּה יהוה, כּוֹרֵת הַבְּרִית.

אֱלֹהֵינוּ וֵאלֹהֵי אֲבוֹתֵינוּ, קַיֵּם אֶת הַיֶּלֶד הַזֶּה לְאָבִיו וּלְאִמּוֹ,
וְיִקָּרֵא שְׁמוֹ בְּיִשְׂרָאֵל (פלוני בֶּן פלוני). יִשְׂמַח הָאָב בְּיוֹצֵא חֲלָצָיו
וְתָגֵל אִמּוֹ בִּפְרִי בִטְנָהּ,* כַּכָּתוּב: יִשְׂמַח־אָבִיךָ וְאִמֶּךָ, וְתָגֵל משלי כג
יוֹלַדְתֶּךָ: וְנֶאֱמַר: וָאֶעֱבֹר עָלַיִךְ וָאֶרְאֵךְ מִתְבּוֹסֶסֶת בְּדָמָיִךְ, יחזקאל טז
(נהגו שהמוהל מטעים מעט יין באצבעו לתינוק כשאומר פסוק זה) וָאֹמַר לָךְ בְּדָמַיִךְ
חֲיִי, וָאֹמַר לָךְ בְּדָמַיִךְ חֲיִי: וְנֶאֱמַר: זָכַר לְעוֹלָם בְּרִיתוֹ, דָּבָר תהלים קה
צִוָּה לְאֶלֶף דּוֹר: אֲשֶׁר כָּרַת אֶת־אַבְרָהָם, וּשְׁבוּעָתוֹ לְיִשְׂחָק:
וַיַּעֲמִידֶהָ לְיַעֲקֹב לְחֹק, לְיִשְׂרָאֵל בְּרִית עוֹלָם: וְנֶאֱמַר: וַיָּמָל בראשית כא
אַבְרָהָם אֶת־יִצְחָק בְּנוֹ בֶּן־שְׁמֹנַת יָמִים, כַּאֲשֶׁר צִוָּה אֹתוֹ
אֱלֹהִים: הוֹדוּ לַיהוה כִּי־טוֹב, כִּי לְעוֹלָם חַסְדּוֹ: תהלים קיח

הקהל עונה:

הוֹדוּ לַיהוה כִּי־טוֹב, כִּי לְעוֹלָם חַסְדּוֹ:

*ואם האב עצמו הוא המברך אומר: יְהִי רָצוֹן שֶׁאֶשְׂמַח בְּיוֹצֵא חֲלָצַי. / ובילד יתום מאביו המברך אומר: יִשְׂמַח הָאָב בְּגַן עֵדֶן בְּיוֹצֵא חֲלָצָיו. / וליתום מאימו המברך אומר: יִשְׂמַח הָאָב בְּיוֹצֵא חֲלָצָיו וְתָגֵל אִמּוֹ בְּגַן עֵדֶן בִּפְרִי בִטְנָהּ.

המברך ממשיך:

(פלוני בֶּן פלוני) זֶה הַקָּטָן גָּדוֹל יִהְיֶה, כְּשֵׁם שֶׁנִּכְנַס לַבְּרִית
כֵּן יִכָּנֵס לְתוֹרָה וּלְחֻפָּה וּלְמַעֲשִׂים טוֹבִים. אָמֵן.

המברך שותה, ונהגו לתת מעט מהיין לתינוק.

יש נוהגים שהאב אומר:

רִבּוֹנוֹ שֶׁל עוֹלָם, יְהִי רָצוֹן מִלְּפָנֶיךָ שֶׁיְּהֵא חָשׁוּב וּמְרֻצֶּה וּמְקֻבָּל לְפָנֶיךָ כְּאִלּוּ הִקְרַבְתִּיהוּ לִפְנֵי כִּסֵּא כְבוֹדֶךָ, וְאַתָּה בְּרַחֲמֶיךָ הָרַבִּים שְׁלַח עַל יְדֵי מַלְאָכֶיךָ הַקְּדוֹשִׁים נְשָׁמָה קְדוֹשָׁה וּטְהוֹרָה לִבְנִי הַנִּמּוֹל עַתָּה לְשִׁמְךָ הַגָּדוֹל, וְשֶׁיִּהְיֶה לִבּוֹ פָּתוּחַ כְּפִתְחוֹ שֶׁל אוּלָם בְּתוֹרָתְךָ הַקְּדוֹשָׁה לִלְמֹד וּלְלַמֵּד לִשְׁמֹר וְלַעֲשׂוֹת, וְתֶן לוֹ אֲרִיכוּת יָמִים וְשָׁנִים, חַיִּים שֶׁל יִרְאַת חֵטְא חַיִּים שֶׁל עֹשֶׁר וְכָבוֹד חַיִּים שֶׁתְּמַלֵּא מִשְׁאֲלוֹת לִבּוֹ לְטוֹבָה. אָמֵן, וְכֵן יְהִי רָצוֹן.

ונוהגים לומר ׳מִי שֶׁבֵּרַךְ׳ לרפואת הילד:

מִי שֶׁבֵּרַךְ אֲבוֹתֵינוּ אַבְרָהָם יִצְחָק וְיַעֲקֹב, מֹשֶׁה וְאַהֲרֹן דָּוִד וּשְׁלֹמֹה, הוּא יְבָרֵךְ וִירַפֵּא אֶת הַיֶּלֶד הָרַךְ הַנִּמּוֹל (פלוני בַּת פלוני), בַּעֲבוּר שֶׁנִּכְנַס לַבְּרִית וְכָל הַקָּהָל מְבָרְכִים אוֹתוֹ, וּכְשֵׁם שֶׁנִּכְנַס לַבְּרִית כֵּן יִכָּנֵס לְתוֹרָה וּלְחֻפָּה וּלְמַעֲשִׂים טוֹבִים, וְנֹאמַר אָמֵן.

אומרים ׳עָלֵינוּ׳ בעמידה ונוהגים לכרוע מעט כשאומרים ׳וַאֲנַחְנוּ כּוֹרְעִים׳.

עָלֵינוּ לְשַׁבֵּחַ לַאֲדוֹן הַכֹּל, לָתֵת גְּדֻלָּה לְיוֹצֵר בְּרֵאשִׁית
שֶׁלֹּא עָשָׂנוּ כְּגוֹיֵי הָאֲרָצוֹת, וְלֹא שָׂמָנוּ כְּמִשְׁפְּחוֹת הָאֲדָמָה
שֶׁלֹּא שָׂם חֶלְקֵנוּ כָּהֶם וְגוֹרָלֵנוּ כְּכָל הֲמוֹנָם.
שֶׁהֵם מִשְׁתַּחֲוִים לְהֶבֶל וָרִיק וּמִתְפַּלְלִים אֶל אֵל לֹא יוֹשִׁיעַ.
וַאֲנַחְנוּ כּוֹרְעִים וּמִשְׁתַּחֲוִים וּמוֹדִים
לִפְנֵי מֶלֶךְ מַלְכֵי הַמְּלָכִים, הַקָּדוֹשׁ בָּרוּךְ הוּא
שֶׁהוּא נוֹטֶה שָׁמַיִם וְיוֹסֵד אָרֶץ, וּמוֹשַׁב יְקָרוֹ בַּשָּׁמַיִם מִמַּעַל

וּשְׁכִינַת עֻזּוֹ בְּגָבְהֵי מְרוֹמִים.
הוּא אֱלֹהֵינוּ, אֵין עוֹד.
אֱמֶת מַלְכֵּנוּ, אֶפֶס זוּלָתוֹ
כַּכָּתוּב בְּתוֹרָתוֹ, וְיָדַעְתָּ הַיּוֹם וַהֲשֵׁבֹתָ אֶל־לְבָבֶךָ דברים ד
כִּי יהוה הוּא הָאֱלֹהִים בַּשָּׁמַיִם מִמַּעַל וְעַל־הָאָרֶץ מִתָּחַת
אֵין עוֹד:

וְעַל כֵּן נְקַוֶּה לְּךָ יהוה אֱלֹהֵינוּ
לִרְאוֹת מְהֵרָה בְּתִפְאֶרֶת עֻזֶּךָ
לְהַעֲבִיר גִּלּוּלִים מִן הָאָרֶץ, וְהָאֱלִילִים כָּרוֹת יִכָּרֵתוּן
לְתַקֵּן עוֹלָם בְּמַלְכוּת שַׁדַּי.
וְכָל בְּנֵי בָשָׂר יִקְרְאוּ בִשְׁמֶךָ לְהַפְנוֹת אֵלֶיךָ כָּל רִשְׁעֵי אָרֶץ.
יַכִּירוּ וְיֵדְעוּ כָּל יוֹשְׁבֵי תֵבֵל
כִּי לְךָ תִּכְרַע כָּל בֶּרֶךְ, תִּשָּׁבַע כָּל לָשׁוֹן.
לְפָנֶיךָ יהוה אֱלֹהֵינוּ יִכְרְעוּ וְיִפֹּלוּ, וְלִכְבוֹד שִׁמְךָ יְקָר יִתֵּנוּ
וִיקַבְּלוּ כֻלָּם אֶת עֹל מַלְכוּתֶךָ
וְתִמְלֹךְ עֲלֵיהֶם מְהֵרָה לְעוֹלָם וָעֶד.
כִּי הַמַּלְכוּת שֶׁלְּךָ הִיא, וּלְעוֹלְמֵי עַד תִּמְלֹךְ בְּכָבוֹד
כַּכָּתוּב בְּתוֹרָתֶךָ, יהוה יִמְלֹךְ לְעֹלָם וָעֶד: שמות טו
וְנֶאֱמַר, וְהָיָה יהוה לְמֶלֶךְ עַל־כָּל־הָאָרֶץ זכריה יד
בַּיּוֹם הַהוּא יִהְיֶה יהוה אֶחָד וּשְׁמוֹ אֶחָד:

עלינו לשבח למנהג האשכנזים נהוג לסיים את סדר ברית המילה באמירת "עלינו לשבח" לא רק משום שתפילה זו נעשתה חתימה לתפילות הציבור ולסדרי ברכה רבים, אלא אף משום שיש בה טעם מיוחד לאחר המילה. שהרי המילה היא "אות ברית", סימן לקשר המיוחד של ישראל עם הקדוש ברוך הוא, המבדיל את ישראל משאר האומות. לכן ראוי שייאמר בברית: "שלא עשנו כגויי הארצות" - כאשר אמירה זו כוללת עתה אף את התינוק שנימול זה עתה.

קדיש יתום

אבל: יִתְגַּדַּל וְיִתְקַדַּשׁ שְׁמֵהּ רַבָּא (קהל: אָמֵן)
בְּעָלְמָא דִּי בְרָא כִרְעוּתֵהּ
וְיַמְלִיךְ מַלְכוּתֵהּ וְיַצְמַח פֻּרְקָנֵהּ וִיקָרֵב מְשִׁיחֵהּ (קהל: אָמֵן)
בְּחַיֵּיכוֹן וּבְיוֹמֵיכוֹן וּבְחַיֵּי דְכָל בֵּית יִשְׂרָאֵל
בַּעֲגָלָא וּבִזְמַן קָרִיב
וְאִמְרוּ אָמֵן. (קהל: אָמֵן)

קהל ואבל: יְהֵא שְׁמֵהּ רַבָּא מְבָרַךְ לְעָלַם וּלְעָלְמֵי עָלְמַיָּא.

אבל: יִתְבָּרַךְ וְיִשְׁתַּבַּח וְיִתְפָּאַר וְיִתְרוֹמַם וְיִתְנַשֵּׂא
וְיִתְהַדָּר וְיִתְעַלֶּה וְיִתְהַלָּל
שְׁמֵהּ דְּקֻדְשָׁא בְּרִיךְ הוּא (קהל: אָמֵן)
לְעֵלָּא מִן כָּל בִּרְכָתָא / בעשרת ימי תשובה: לְעֵלָּא לְעֵלָּא מִכָּל בִּרְכָתָא/
וְשִׁירָתָא, תֻּשְׁבְּחָתָא וְנֶחֱמָתָא
דַּאֲמִירָן בְּעָלְמָא
וְאִמְרוּ אָמֵן. (קהל: אָמֵן)

יְהֵא שְׁלָמָא רַבָּא מִן שְׁמַיָּא
וְחַיִּים טוֹבִים עָלֵינוּ וְעַל כָּל יִשְׂרָאֵל
וְאִמְרוּ אָמֵן. (קהל: אָמֵן)

כורע ופוסע שלוש פסיעות לאחור, קד לשמאל, לימין ולפנים באמירת:

עֹשֶׂה שָׁלוֹם / בעשרת ימי תשובה: הַשָּׁלוֹם/ בִּמְרוֹמָיו
הוּא יַעֲשֶׂה שָׁלוֹם
עָלֵינוּ וְעַל כָּל יִשְׂרָאֵל,
וְאִמְרוּ אָמֵן. (קהל: אָמֵן)

לאחר ברית המילה נוהגים לערוך סעודה,
ומשתדלים שיהיה בה לפחות מניין אנשים.

יש הנוהגים לומר פיוט זה בסעודת הברית:

יוֹם לְיַבָּשָׁה נֶהֶפְכוּ מְצוּלִים, שִׁירָה חֲדָשָׁה שִׁבְּחוּ גְאוּלִים:

הִטְבַּעְתָּ בְּתַרְמִית רַגְלֵי בַּת עֲנָמִית
וּפַעֲמֵי שׁוּלַמִּית יָפוּ בַּנְּעָלִים.
שירה חדשה

וְכָל רוֹאַי יְשׁוּרוּן בְּבֵית הוֹדִי יְשׁוֹרְרוּן
אֵין כָּאֵל יְשֻׁרוּן וְאוֹיְבֵינוּ פְּלִילִים.
שירה חדשה

דְּגָלַי כֵּן תָּרִים עַל הַנִּשְׁאָרִים
וּתְלַקֵּט נְפוּרִים כִּמְלַקֵּט שִׁבֳּלִים.
שירה חדשה

הַבָּאִים עִמְּךָ בִּבְרִית חוֹתָמְךָ
וּמִבֶּטֶן לִשְׁמְךָ הֵמָּה נִמּוֹלִים.
שירה חדשה

הֶרְאֵה אוֹתוֹתָם לְכָל רוֹאֵי אוֹתָם
וְעַל כַּנְפֵי כְסוּתָם יַעֲשׂוּ גְדִילִים.
שירה חדשה

לְמִי זֹאת נִרְשֶׁמֶת הַכֶּר נָא דְּבַר אֱמֶת
לְמִי הַחוֹתֶמֶת וּלְמִי הַפְּתִילִים.
שירה חדשה

וְשׁוּב שֵׁנִית לְקַדְּשָׁהּ וְאַל תּוֹסִיף לְגָרְשָׁהּ
וְהַעֲלֵה אוֹר שִׁמְשָׁהּ וְנָסוּ הַצְּלָלִים.
שירה חדשה

יְדִידִים רוֹמְמוּךָ בְּשִׁירָה קִדְּמוּךָ
מִי כָמוֹכָה יהוה בָּאֵלִים.
שירה חדשה

בִּגְלַל אָבוֹת תּוֹשִׁיעַ בָּנִים וְתָבִיא גְאֻלָּה לִבְנֵי בְנֵיהֶם.

ברכת המזון לברית מילה

המזמן אומר: רַבּוֹתַי, נְבָרֵךְ.

תהלים קיג המסובין: יְהִי שֵׁם יהוה מְבֹרָךְ מֵעַתָּה וְעַד־עוֹלָם:

המזמן חוזר: יְהִי שֵׁם יהוה מְבֹרָךְ מֵעַתָּה וְעַד־עוֹלָם:

המזמן ואחריו המסובין: נוֹדֶה לְשִׁמְךָ בְּתוֹךְ אֱמוּנַי, בְּרוּכִים אַתֶּם לַיהוה.

המזמן: בִּרְשׁוּת אֵל אָיֹם וְנוֹרָא
מִשְׂגָּב לְעִתּוֹת בַּצָּרָה
אֵל נֶאְזָר בִּגְבוּרָה
אַדִּיר בַּמָּרוֹם יהוה.

המסובין: נוֹדֶה לְשִׁמְךָ בְּתוֹךְ אֱמוּנַי, בְּרוּכִים אַתֶּם לַיהוה.

המזמן: בִּרְשׁוּת הַתּוֹרָה הַקְּדוֹשָׁה
טְהוֹרָה הִיא וְגַם פְּרוּשָׁה
צִוָּה לָנוּ מוֹרָשָׁה
מֹשֶׁה עֶבֶד יהוה.

המסובין: נוֹדֶה לְשִׁמְךָ בְּתוֹךְ אֱמוּנַי, בְּרוּכִים אַתֶּם לַיהוה.

המזמן: בִּרְשׁוּת הַכֹּהֲנִים וְהַלְוִיִּם
אֶקְרָא לֵאלֹהֵי הָעִבְרִיִּים
אֲהוֹדֶנּוּ בְּכָל אִיִּים
אֲבָרְכָה אֶת יהוה.

המסובין: נוֹדֶה לְשִׁמְךָ בְּתוֹךְ אֱמוּנַי, בְּרוּכִים אַתֶּם לַיהוה.

המזמן: בִּרְשׁוּת מָרָנָן וְרַבָּנָן וְרַבּוֹתַי
אֶפְתְּחָה בְּשִׁיר פִּי וּשְׂפָתַי
וְתֹאמַרְנָה עַצְמוֹתַי
בָּרוּךְ הַבָּא בְּשֵׁם יהוה.

המסובין: נוֹדֶה לְשִׁמְךָ בְּתוֹךְ אֱמוּנַי, בְּרוּכִים אַתֶּם לַיהוה.

המזמן אומר: בִּרְשׁוּת מָרָנָן וְרַבָּנָן וְרַבּוֹתַי
נְבָרֵךְ (במניין: אֱלֹהֵינוּ) שֶׁאָכַלְנוּ מִשֶּׁלּוֹ.

המסובין: בָּרוּךְ (במניין: אֱלֹהֵינוּ) שֶׁאָכַלְנוּ מִשֶּׁלּוֹ וּבְטוּבוֹ חָיִינוּ.

המזמן חוזר: בָּרוּךְ (במניין: אֱלֹהֵינוּ) שֶׁאָכַלְנוּ מִשֶּׁלּוֹ וּבְטוּבוֹ חָיִינוּ.
בָּרוּךְ הוּא וּבָרוּךְ שְׁמוֹ.

מברכים ברכת המזון (עמ׳ 686) עד ׳בְּעֵינֵי אֱלֹהִים וְאָדָם׳ (עמ׳ 696) וממשיכים:

הָרַחֲמָן הוּא יְבָרֵךְ אֲבִי הַיֶּלֶד וְאִמּוֹ
וְיִזְכּוּ לְגַדְּלוֹ וּלְחַנְּכוֹ וּלְחַכְּמוֹ
מִיּוֹם הַשְּׁמִינִי וָהָלְאָה יֵרָצֶה דָמוֹ
וִיהִי יהוה אֱלֹהָיו עִמּוֹ.

הָרַחֲמָן הוּא יְבָרֵךְ בַּעַל בְּרִית הַמִּילָה
אֲשֶׁר שָׂשׂ לַעֲשׂוֹת צֶדֶק בְּגִילָה
וִישַׁלֵּם פָּעֳלוֹ וּמַשְׂכֻּרְתּוֹ כְּפוּלָה
וְיִתְּנֵהוּ לְמַעְלָה לְמָעְלָה.

הָרַחֲמָן הוּא יְבָרֵךְ רַךְ הַנִּמּוֹל לִשְׁמוֹנָה
וְיִהְיוּ יָדָיו וְלִבּוֹ לָאֵל אֱמוּנָה
וְיִזְכֶּה לִרְאוֹת פְּנֵי הַשְּׁכִינָה
שָׁלֹשׁ פְּעָמִים בַּשָּׁנָה.

הָרַחֲמָן הוּא יְבָרֵךְ הַמָּל בְּשַׂר הָעָרְלָה
וּפָרַע וּמָצַץ דְּמֵי הַמִּילָה
אִישׁ הַיָּרֵא וְרַךְ הַלֵּבָב עֲבוֹדָתוֹ פְּסוּלָה
אִם שְׁלָשׁ אֵלֶּה לֹא יַעֲשֶׂה לָהּ.

הָרַחֲמָן הוּא יִשְׁלַח לָנוּ מְשִׁיחוֹ הוֹלֵךְ תָּמִים
בִּזְכוּת חֲתַן לַמּוּלוֹת דָּמִים
לְבַשֵּׂר בְּשׂוֹרוֹת טוֹבוֹת וְנִחוּמִים
לְעַם אֶחָד מְפֻזָּר וּמְפֹרָד בֵּין הָעַמִּים.

הָרַחֲמָן הוּא יִשְׁלַח לָנוּ כֹּהֵן צֶדֶק אֲשֶׁר לֻקַּח לְעֵילוֹם
עַד הוּכַן כִּסְאוֹ כַּשֶּׁמֶשׁ וְיַהֲלֹם
וַיָּלֶט פָּנָיו בְּאַדַּרְתּוֹ וַיִּגְלֹם
בְּרִיתִי הָיְתָה אִתּוֹ הַחַיִּים וְהַשָּׁלוֹם.

ממשיכים 'הָרַחֲמָן הוּא יְזַכֵּנוּ לִימוֹת הַמָּשִׁיחַ' (עמ' 696) עד סוף הברכה.

סדר פדיון הבן

כאשר נולד ילד (שאין אחד מהוריו כוהן או לוי) שהוא בכור לאימו, מצווה מן התורה לפדותו באמצעות נתינת דמי פדיונו לכוהן במטבעות כסף במשקל 'חֲמֵשֶׁת שְׁקָלִים בְּשֶׁקֶל הַקֹּדֶשׁ' בשקל שהיה בזמן התורה (ואפשר לפדות את הבן גם בחפצים השווים סכום זה). פדיון הבן היא מצווה המוטלת על האב, וזמנה הוא ביום השלושים ואחד ללידה. ויש להשתדל לפדותו בזמן הקרוב ביותר לזמן חיובו. ואם יום הפדיון חל בשבת, דוחים זאת ליום ראשון. אין לפדות 'יוצא דופן' (מי שנולד בניתוח קיסרי) ובנסיבות מסוימות גם אין לפדות מי שקדמו ללידתו נפלים, ובמקרים כאלה מוטב להתייעץ עם פוסק הלכה.

בזמן פדיון הבן נוהגים לערוך סעודה. ונוהגים שתחילה נוטלים ידיים ובוצעים על הפת, ואחר כך, כחלק מסעודת המצווה נעשה טקס פדיון הבן.

האב מביא את בנו לפני הכוהן, ויש נוהגים לעטר את הילד בבגדים ובתכשיטים נאים. ואומר האב לכוהן:

זֶה בְּנִי בְּכוֹרִי הוּא פֶּטֶר רֶחֶם לְאִמּוֹ
וְהַקָּדוֹשׁ בָּרוּךְ הוּא צִוָּה לִפְדּוֹתוֹ
שֶׁנֶּאֱמַר
וּפְדוּיָו מִבֶּן־חֹדֶשׁ תִּפְדֶּה במדבר יח
בְּעֶרְכְּךָ כֶּסֶף חֲמֵשֶׁת שְׁקָלִים בְּשֶׁקֶל הַקֹּדֶשׁ
עֶשְׂרִים גֵּרָה הוּא:
וְנֶאֱמַר
קַדֶּשׁ־לִי כָל־בְּכוֹר פֶּטֶר כָּל־רֶחֶם שמות יג
בִּבְנֵי יִשְׂרָאֵל בָּאָדָם וּבַבְּהֵמָה
לִי הוּא:

הכוהן שואל את האב:

*מַאי בָּעֵית טְפֵי
לִתֵּן לִי בִּנְךָ בְּכוֹרְךָ שֶׁהוּא פֶּטֶר רֶחֶם לְאִמּוֹ
אוֹ בָּעֵית לִפְדּוֹתוֹ בְּעַד חָמֵשׁ סְלָעִים
כִּדְמִחַיַּבְתְּ מִדְּאוֹרַיְתָא.

*ויש שאומרים בעברית:

אֵיזֶה תִּרְצֶה יוֹתֵר, בִּנְךָ בְּכוֹרְךָ זֶה,
אוֹ חֲמִשָּׁה סְלָעִים, שֶׁנִּתְחַיַּבְתָּ בְּפִדְיוֹנוֹ.

האב אומר:

*חָפֵץ אֲנִי לִפְדּוֹת אֶת בְּנִי
וְהֵילָךְ דְּמֵי פִדְיוֹנוֹ כִּדְמִחַיַּבְנָא מִדְּאוֹרַיְתָא.

*ויש שאומרים בעברית:

חָפֵץ אֲנִי לִפְדּוֹת אֶת בְּנִי, וַהֲרֵי לְךָ דְּמֵי פִּדְיוֹנוֹ כְּפִי
שֶׁנִּתְחַיַּבְתִּי מִן הַתּוֹרָה.

יש נוהגים שהאב אומר:

הֲרֵינִי מוּכָן וּמְזֻמָּן לְקַיֵּם מִצְוַת פִּדְיוֹן הַבֵּן
לְשֵׁם יִחוּד קֻדְשָׁא בְּרִיךְ הוּא וּשְׁכִינְתֵּיהּ בִּיחוּדָא
שְׁלִים בְּשֵׁם כָּל יִשְׂרָאֵל.

האב נוטל את כסף הפדיון ומברך:

בָּרוּךְ אַתָּה יהוה אֱלֹהֵינוּ מֶלֶךְ הָעוֹלָם
אֲשֶׁר קִדְּשָׁנוּ בְּמִצְוֹתָיו וְצִוָּנוּ עַל פִּדְיוֹן הַבֵּן.

בָּרוּךְ אַתָּה יהוה אֱלֹהֵינוּ מֶלֶךְ הָעוֹלָם
שֶׁהֶחֱיָנוּ וְקִיְּמָנוּ וְהִגִּיעָנוּ לַזְּמַן הַזֶּה.

יש שנהגו שהכוהן מסובב את הכסף מעל לראש התינוק ואומר:

זֶה תַּחַת זֶה, זֶה חִלּוּף זֶה, זֶה מָחוּל עַל זֶה
וְיִכָּנֵס הַבֵּן לְחַיִּים, לְתוֹרָה וּלְיִרְאַת שָׁמַיִם.
יְהִי רָצוֹן שֶׁכְּשֵׁם שֶׁנִּכְנַס לְפִדְיוֹן
כָּךְ יִכָּנֵס לְתוֹרָה וּלְחֻפָּה וּלְמַעֲשִׂים טוֹבִים.

האב מוסר את הכסף לכוהן ומקבל ממנו את הילד.

הכוהן מברך על הכוס:

בָּרוּךְ אַתָּה יהוה אֱלֹהֵינוּ מֶלֶךְ הָעוֹלָם
בּוֹרֵא פְּרִי הַגָּפֶן.

לאחר הפדיון הכוהן מניח את ידו על התינוק ומברך:

יְשִׂמְךָ אֱלֹהִים כְּאֶפְרַיִם וְכִמְנַשֶּׁה: בראשית מח

יְבָרֶכְךָ יהוה וְיִשְׁמְרֶךָ: במדבר ו

יָאֵר יהוה פָּנָיו אֵלֶיךָ וִיחֻנֶּךָּ:

יִשָּׂא יהוה פָּנָיו אֵלֶיךָ וְיָשֵׂם לְךָ שָׁלוֹם:

יהוה שֹׁמְרֶךָ, יהוה צִלְּךָ עַל־יַד יְמִינֶךָ: תהלים קכא

יהוה יִשְׁמָרְךָ מִכָּל־רָע, יִשְׁמֹר אֶת־נַפְשֶׁךָ:

כִּי אֹרֶךְ יָמִים וּשְׁנוֹת חַיִּים וְשָׁלוֹם יוֹסִיפוּ לָךְ: משלי ג

ומי שאביו לא פדאו חייב לפדות את עצמו (ויש נוסח מיוחד לכך).

סדר זבד הבת

במנהג הספרדים קוראים שם לבת הנולדת במסיבת ׳זבד הבת׳.

מחזיקים את התינוקת ואומרים:

שיר השירים ב **יוֹנָתִי בְּחַגְוֵי הַסֶּלַע, בְּסֵתֶר הַמַּדְרֵגָה**
הַרְאִינִי אֶת־מַרְאַיִךְ, הַשְׁמִיעִנִי אֶת־קוֹלֵךְ
כִּי־קוֹלֵךְ עָרֵב וּמַרְאֵיךְ נָאוֶה:

לבת בכורה לאמה מוסיפים:

שיר השירים ו **אַחַת הִיא יוֹנָתִי תַמָּתִי**
אַחַת הִיא לְאִמָּהּ, בָּרָה הִיא לְיוֹלַדְתָּהּ
רָאוּהָ בָנוֹת וַיְאַשְּׁרוּהָ, מְלָכוֹת וּפִילַגְשִׁים וַיְהַלְלוּהָ:

׳מִי שֶׁבֵּרַךְ׳ ליולדת:

מִי שֶׁבֵּרַךְ אִמּוֹתֵינוּ שָׂרָה וְרִבְקָה רָחֵל וְלֵאָה, מִרְיָם הַנְּבִיאָה וַאֲבִיגַיִל וְאֶסְתֵּר הַמַּלְכָּה בַּת אֲבִיחַיִל, הוּא יְבָרֵךְ אֶת הַיַּלְדָּה הַנְּעִימָה הַזֹּאת, וְיִקָּרֵא שְׁמָהּ (פלונית בַּת פלוני)**, בְּמַזָּל טוֹב וּבִשְׁעַת בְּרָכָה, וִיגַדְּלוּהָ בִּבְרִיאוּת, שָׁלוֹם וּמְנוּחָה, וִיזַכֶּה אֶת אָבִיהָ וְאֶת אִמָּהּ לִרְאוֹת בְּשִׂמְחָתָהּ וּבְחֻפָּתָהּ, בְּבָנִים וּבְבָנוֹת, עֹשֶׁר וְכָבוֹד. עוֹד יְנוּבוּן בְּשֵׂיבָה, דְּשֵׁנִים וְרַעֲנַנִּים יִהְיוּ וְכֵן יְהִי רָצוֹן וְנֹאמַר אָמֵן.**

יש המוסיפים:

וַיְבָרְכוּ אֶת רִבְקָה וַיֹּאמְרוּ לָהּ: אֲחֹתֵנוּ אַתְּ הֲיִי לְאַלְפֵי רְבָבָה.

ומוסיפים פסוקי הודיה ואיחול:

יְשִׂמֵךְ אֱלֹהִים כְּשָׂרָה רִבְקָה רָחֵל וְלֵאָה.

תהלים קכח **שִׁיר הַמַּעֲלוֹת אַשְׁרֵי כׇּל־יְרֵא יהוה הַהֹלֵךְ בִּדְרָכָיו: יְגִיעַ כַּפֶּיךָ כִּי תֹאכֵל אַשְׁרֶיךָ וְטוֹב לָךְ: אֶשְׁתְּךָ כְּגֶפֶן פֹּרִיָּה בְּיַרְכְּתֵי בֵיתֶךָ בָּנֶיךָ כִּשְׁתִלֵי זֵיתִים סָבִיב לְשֻׁלְחָנֶךָ: הִנֵּה כִי־כֵן יְבֹרַךְ גָּבֶר יְרֵא יהוה: יְבָרֶכְךָ יהוה מִצִּיּוֹן וּרְאֵה בְּטוּב יְרוּשָׁלָםִ כֹּל יְמֵי חַיֶּיךָ: וּרְאֵה־בָנִים לְבָנֶיךָ שָׁלוֹם עַל־יִשְׂרָאֵל:**

סדר קידושין ונישואין

מוליכים את החתן לחופה, ואומרים:

בָּרוּךְ הַבָּא. מִי אַדִּיר עַל הַכֹּל, מִי בָּרוּךְ עַל הַכֹּל, מִי גָּדוֹל עַל הַכֹּל, מִי דָּגוּל עַל הַכֹּל, הוּא יְבָרֵךְ אֶת הֶחָתָן וְאֶת הַכַּלָּה.

מוליכים את הכלה לחופה, ואומרים:

בְּרוּכָה הַבָּאָה. מִי בָּן שַׂח שׁוֹשַׁן חוֹחִים, אַהֲבַת כַּלָּה מְשׂוֹשׂ דּוֹדִים, הוּא יְבָרֵךְ אֶת הֶחָתָן וְאֶת הַכַּלָּה.

ברכות האירוסין

מסדר הקידושין נוטל בידו כוס מלאה יין ומברך:

בָּרוּךְ אַתָּה יהוה אֱלֹהֵינוּ מֶלֶךְ הָעוֹלָם, בּוֹרֵא פְּרִי הַגָּפֶן.

בָּרוּךְ אַתָּה יהוה אֱלֹהֵינוּ מֶלֶךְ הָעוֹלָם
אֲשֶׁר קִדְּשָׁנוּ בְּמִצְוֹתָיו וְצִוָּנוּ עַל הָעֲרָיוֹת
וְאָסַר לָנוּ אֶת הָאֲרוּסוֹת
וְהִתִּיר לָנוּ אֶת הַנְּשׂוּאוֹת לָנוּ עַל יְדֵי חֻפָּה וְקִדּוּשִׁין.
בָּרוּךְ אַתָּה יהוה, מְקַדֵּשׁ עַמּוֹ יִשְׂרָאֵל עַל יְדֵי חֻפָּה וְקִדּוּשִׁין.

החתן והכלה שותים מהיין.

החתן אומר:

הֲרֵי אַתְּ מְקֻדֶּשֶׁת לִי בְּטַבַּעַת זוֹ כְּדַת מֹשֶׁה וְיִשְׂרָאֵל.

החתן עונד את טבעת הקידושין על אצבע הכלה. ונהגו לעונדה על האצבע המורה ביד ימין.

הרב (או אחד המוזמנים) קורא את הכתובה. אחרי קריאת הכתובה החתן מוסר את הכתובה לכלה ואומר לה:

הֲרֵי זוֹ כְּתֻבָּתֵךְ.

ממלאים כוס יין ומברכים עליה שבע ברכות.

שבע ברכות הנישואין

בָּרוּךְ אַתָּה יהוה אֱלֹהֵינוּ מֶלֶךְ הָעוֹלָם
בּוֹרֵא פְּרִי הַגָּפֶן.

בָּרוּךְ אַתָּה יהוה אֱלֹהֵינוּ מֶלֶךְ הָעוֹלָם
שֶׁהַכֹּל בָּרָא לִכְבוֹדוֹ.

בָּרוּךְ אַתָּה יהוה אֱלֹהֵינוּ מֶלֶךְ הָעוֹלָם
יוֹצֵר הָאָדָם.

שבע ברכות שבע הברכות נאמרות הן בשעת הנישואין הן בסעודות שעושים במשך ימי המשתה לכבוד המאורע. ברכות אלה עוסקות ברעיונות היסודיים שיש בקשר הנישואין: מצד אחד ברכה ושבח על זיווג האיש והאישה, שהוא המשך של מעשה יצירת האדם ואשתו בגן עדן; ומצד אחר השוואה של זיווג זה לקשר שבין הקדוש ברוך הוא לעם ישראל. למעשה, ברכות הנישואין הן שש ברכות בלבד, אבל מוסיפים להן ברכה שביעית, את ברכת הגפן - המעניקה חגיגיות וטקסיות.

שהכל ברא לכבודו ברכת שבח לה׳. משמעות קיומם של כל הברואים היא בכך שהם מגלים את כבודו של הבורא. אף הנישואין והבית ההולך ונוצר מקבלים את משמעותם מתוך שיש בהם, וראוי שיהיה בהם, שבח וכבוד לקדוש ברוך הוא, בורא האיש והאישה.

יוצר האדם ברכה על יצירת האדם. ניסוח הברכה הוא בלשון הווה, משום שבכעת - מתוך אותה שותפות של נישואין - הולך ונוצר אדם חדש, שלם, כפי שנאמר: ״זָכָר וּנְקֵבָה בְּרָאָם, וַיְבָרֶךְ אֹתָם וַיִּקְרָא אֶת שְׁמָם אָדָם״.

אשר יצר את האדם בצלמו ברכה על הזיווג הראשון בעולם: זיווגם של האיש והאישה בידי הקדוש ברוך הוא בגן עדן. הזיווג איננו רק מעשה לעצמו, אלא ממנו נוצר ״בניין עדי עד״ - שעל ידי האיש והאישה מתהווים הדורות הבאים.

בָּרוּךְ אַתָּה יהוה אֱלֹהֵינוּ מֶלֶךְ הָעוֹלָם
אֲשֶׁר יָצַר אֶת הָאָדָם בְּצַלְמוֹ, בְּצֶלֶם דְּמוּת תַּבְנִיתוֹ
וְהִתְקִין לוֹ מִמֶּנּוּ בִּנְיַן עֲדֵי עַד.
בָּרוּךְ אַתָּה יהוה, יוֹצֵר הָאָדָם.

שׂוֹשׂ תָּשִׂישׂ וְתָגֵל הָעֲקָרָה בְּקִבּוּץ בָּנֶיהָ לְתוֹכָהּ בְּשִׂמְחָה.
בָּרוּךְ אַתָּה יהוה, מְשַׂמֵּחַ צִיּוֹן בְּבָנֶיהָ.

שַׂמֵּחַ תְּשַׂמַּח רֵעִים הָאֲהוּבִים כְּשַׂמֵּחֲךָ יְצִירְךָ בְּגַן עֵדֶן מִקֶּדֶם.
בָּרוּךְ אַתָּה יהוה, מְשַׂמֵּחַ חָתָן וְכַלָּה.

ובניין זה מתפרש גם במובן הרוחני, שעל ידי העבודה וההתעלות המשותפת של האיש והאישה נוצר בניין של שלמות, והוא קיים עדי עד.

שוש תשיש כפי שאמור בפסוק בתהלים: "אִם לֹא אַעֲלֶה אֶת יְרוּשָׁלַםִ עַל רֹאשׁ שִׂמְחָתִי" - קודם לשמחת הזוג הפרטי ולברכתם מקדימים ברכה ותפילה לנחמת ירושלים. ירושלים (המסמלת את כנסת ישראל), המשולה בדברי הנביא בזמן הגלות לאישה בלא ילדים - תזכה שיחזרו אליה הבנים בקיבוץ הגלויות. מלבד הטעם של קיום זכירת ירושלים בשעת השמחה, נזכרת ברכה זו בשעת הנישואין משום שיש קשר מהותי בין שמחתה של כנסת ישראל לשמחת הנישואין. כלשון הכתוב בישעיה: "וּמְשׂוֹשׂ חָתָן עַל כַּלָּה יָשִׂישׂ עָלַיִךְ אֱלֹהָיִךְ" - יחסי הקדוש ברוך הוא וכנסת ישראל מדומים ליחסי איש ואישה, חתן וכלה. שמחתם של החתן והכלה בשעת החתונה היא אזכור לשמחה העתידה של הקדוש ברוך הוא וכנסת ישראל. ואולם, לא רק סמליות יש כאן, אלא יתר על כן - השמחה הפרטית, המתרחשת בכל חתונה, היא עצמה גורמת לשמחה הכללית של כנסת ישראל והקדוש ברוך הוא.

שמח תשמח ברכה ל"רעים האהובים", הם בני הזוג הנישאים כעת, שה' ישמח אותם "כשמחך יצירך בגן עדן מקדם". על דרך המתואר במדרש כיצד עשה הקדוש ברוך הוא את שמחת הנישואין הראשונה - שהוא היה שושבין לשני הצדדים, ומלאכי השרת היו האורחים בחתונה זו. נוסף לכך, יש כאן בקשה

בָּרוּךְ אַתָּה יהוה אֱלֹהֵינוּ מֶלֶךְ הָעוֹלָם
אֲשֶׁר בָּרָא שָׂשׂוֹן וְשִׂמְחָה, חָתָן וְכַלָּה
גִּילָה, רִנָּה, דִּיצָה וְחֶדְוָה, אַהֲבָה וְאַחֲוָה וְשָׁלוֹם וְרֵעוּת.
מְהֵרָה יהוה אֱלֹהֵינוּ
יִשָּׁמַע בְּעָרֵי יְהוּדָה וּבְחוּצוֹת יְרוּשָׁלָיִם
קוֹל שָׂשׂוֹן וְקוֹל שִׂמְחָה, קוֹל חָתָן וְקוֹל כַּלָּה
קוֹל מִצְהֲלוֹת חֲתָנִים מֵחֻפָּתָם וּנְעָרִים מִמִּשְׁתֵּה נְגִינָתָם.
בָּרוּךְ אַתָּה יהוה, מְשַׂמֵּחַ הֶחָתָן עִם הַכַּלָּה.

החתן והכלה שותים מהיין.

בסיום שבע הברכות החתן שובר את הכוס – זֵכר לחורבן
בית המקדש וירושלים. לפני שבירת הכוס נהוג שהחתן אומר:

אִם־אֶשְׁכָּחֵךְ יְרוּשָׁלָםִ, תִּשְׁכַּח יְמִינִי: תהלים קלז
תִּדְבַּק לְשׁוֹנִי לְחִכִּי אִם־לֹא אֶזְכְּרֵכִי
אִם־לֹא אַעֲלֶה אֶת־יְרוּשָׁלַםִ, עַל רֹאשׁ שִׂמְחָתִי:

ואיחולים שכשם שלאדם הראשון לא הייתה אלא חוה, והיא הייתה כל עולמו ומקור שמחתו, כך ישמחו בני הזוג זה בזו כאילו אין איש מלבדם בעולם.

אשר ברא ששון ושמחה ברכת שבח והודאה לקדוש ברוך הוא על בריאת השמחה והאהבה בכלל, בכל שפע גוניהן, ועל שמחת החתן והכלה בפרט. לברכה זו מצורפת תפילה על הופעתה של השמחה השלמה עם בוא הגאולה.

דווי הסר שעה של שמחה גדולה היא זמן ראוי ומסוגל לבקש על השמחה השלמה של הגאולה: זמן שבו לא יהיו עוד צער וכעס ('דווי וחרון'), ושכפי המתואר בנבואת ישעיהו - יפתח בו האילם את פיו ואף ישיר. סיום הקטע הקצר הוא בקשה שה' ישמע אל ברכת "בני אהרן", היא ברכתו של הכוהן המזמן (כפי הנהוג לכבד תמיד את הכוהן בזימון לברכת המזון); ובאופן אחר היא ברכת הכוהנים שמברכים את ישראל.

זימון לסעודת שבע ברכות

המזמן נוטל את כוס היין בידו ואומר:

רַבּוֹתַי, נְבָרֵךְ.

המסובין: יְהִי שֵׁם יהוה מְבֹרָךְ מֵעַתָּה וְעַד־עוֹלָם: תהלים קיג

המזמן חוזר: יְהִי שֵׁם יהוה מְבֹרָךְ מֵעַתָּה וְעַד־עוֹלָם:

דְּוַי הָסֵר וְגַם חָרוֹן וְאָז אִלֵּם בְּשִׁיר יָרֹן.
נְחֵנוּ בְּמַעְגְּלֵי צֶדֶק שְׁעֵה בִּרְכַּת בְּנֵי אַהֲרֹן.

בִּרְשׁוּת
(אָבִי מוֹרִי / אִמִּי מוֹרָתִי / כֹּהֲנִים / מוֹרֵנוּ הָרַב /
בַּעַל הַבַּיִת הַזֶּה / בַּעֲלַת הַבַּיִת הַזֶּה)
מָרָנָן וְרַבָּנָן וְרַבּוֹתַי
נְבָרֵךְ אֱלֹהֵינוּ שֶׁהַשִּׂמְחָה בִּמְעוֹנוֹ, שֶׁאָכַלְנוּ מִשֶּׁלּוֹ.

המסובין: בָּרוּךְ אֱלֹהֵינוּ שֶׁהַשִּׂמְחָה בִּמְעוֹנוֹ
שֶׁאָכַלְנוּ מִשֶּׁלּוֹ וּבְטוּבוֹ חָיִינוּ.

המזמן: בָּרוּךְ אֱלֹהֵינוּ שֶׁהַשִּׂמְחָה בִּמְעוֹנוֹ
שֶׁאָכַלְנוּ מִשֶּׁלּוֹ וּבְטוּבוֹ חָיִינוּ.
בָּרוּךְ הוּא וּבָרוּךְ שְׁמוֹ.

מברכים ברכת המזון (עמ׳ 686),
אחריה מברכים שבע ברכות (עמ׳ 734) על כוס יין שנייה ומתחילים ׳שֶׁהַכֹּל בָּרָא לִכְבוֹדוֹ׳.
אחר כך מברכים ׳בּוֹרֵא פְּרִי הַגָּפֶן׳ על הכוס שזימנו עליה ונותנים לחתן ולכלה לשתות מהיין.

סדר חנוכת הבית

סדר חנוכת הבית כמנהג הספרדים, כפי שסידר החיד״א.

עומדים בפתח הבית ואומרים סדר זה:

בָּרוּךְ אַתָּה בְּבֹאֶךָ: תהלים ל

וַיְהִי יהוה אֶת יוֹסֵף וַיְהִי אִישׁ מַצְלִיחַ:

וַיְהִי דָוִד לְכָל דְּרָכָיו מַשְׂכִּיל וַיהוה עִמּוֹ:

וִיהִי נֹעַם אֲדֹנָי אֱלֹהֵינוּ עָלֵינוּ

וּמַעֲשֵׂה יָדֵינוּ כּוֹנְנָה עָלֵינוּ וּמַעֲשֵׂה יָדֵינוּ כּוֹנְנֵהוּ:

חנוכת הבית חנוכת בית היא חגיגה הנעשית בשעה שנכנסים לבית חדש, בהודאה על כל הטוב שגמל ה׳ כדי להגיע להשלמת מלאכת הבניין. למילה ׳חנוכה׳ ישנן כמה משמעויות: משמעות אחת היא התחלה של שימוש בדבר, ויותר מכך, שורש המילה קשור לחינוך (בדומה לחינוך של ילד). כלומר, חנוכת הבית היא הזמן שבו מתחילים לחנך את הבית: לעצב אותו וליצוק לתוכו תוכן פנימי, כדי שיקרן אורו של הבית היהודי מתוכו. חלק מרכזי בחינוכו של הבית הוא באמצעות סימנים וסמלים מסורתיים של בית יהודי, סימנים שאינם רק ביטוי אישי־פרטי של קשר נפשי, אלא סמלים וחפצים בעלי משמעות ומובן אובייקטיבי. המצווה הראשונית הנוגעת לבית, שהיא כמעט ׳סמלו הרשמי׳ של הבית היהודי, היא המזוזה. נוסף למזוזה, שהיא מצווה מן התורה, יש דברים אחרים שמוסיפים לבית ׳מראה יהודי׳, ואחד החשובים שבהם הוא ספרי הקודש. מציאותם של ספרי קודש בבית והעמדתם במקום שאפשר להגיע אליו בקלות אינו רק עניין שימושי ללומדים ולקוראים בספרים האלו, אלא, בעצם היותם גלויים ומצויים בבית הם משמשים ׳פיתוי׳ לילדים להסתכל בהם ולשאוב מהם דברים, ולכל הפחות משמשים אות זיכרון כי יש לעלעל בהם ולהציץ בהם מפעם לפעם. נוהג אחר שיש בו משום הקניית מראה יהודי לבית הוא מציאותה של קופת צדקה, שעצם נוכחותה הוא חלק מן החינוך שאדם מקנה לעצמו ולבני ביתו: תזכורת מתמדת לחובותיו של אדם מישראל כלפי החברה, ולכך שחיי הדת אינם מתמצים ב׳פולחן׳ בלבד אלא יש בהם התחייבות לאחרים. החזקת סימני היכר אלה ואחרים יש בה תועלת מכמה בחינות: ראשית, לאדם עצמו. בכל מהלך החיים (ובפרט בזרם המהיר והשוטף של חיינו בעולם המודרני, מהיר התנועה והשינויים), אנו חייבים לתת את הדעת ולסייע לעצמנו לחזק את הקשרים הפנימיים שלנו.

אָנָּא, בְּכֹחַ גְּדֻלַּת יְמִינְךָ, תַּתִּיר צְרוּרָה. (אב"ג ית"ץ)
קַבֵּל רִנַּת עַמְּךָ, שַׂגְּבֵנוּ, טַהֲרֵנוּ, נוֹרָא. (קר"ע שט"ן)
נָא גִבּוֹר, דּוֹרְשֵׁי יִחוּדְךָ כְּבָבַת שָׁמְרֵם. (נג"ד יכ"ש)
בָּרְכֵם, טַהֲרֵם, רַחֲמֵי צִדְקָתְךָ תָּמִיד גָּמְלֵם. (בט"ר צת"ג)
חֲסִין קָדוֹשׁ, בְּרֹב טוּבְךָ נַהֵל עֲדָתֶךָ. (חק"ב טנ"ע)
יָחִיד גֵּאֶה, לְעַמְּךָ פְּנֵה, זוֹכְרֵי קְדֻשָּׁתֶךָ. (יג"ל פז"ק)
שַׁוְעָתֵנוּ קַבֵּל וּשְׁמַע צַעֲקָתֵנוּ, יוֹדֵעַ תַּעֲלוּמוֹת. (שק"ו צי"ת)
בלחש: בָּרוּךְ שֵׁם כְּבוֹד מַלְכוּתוֹ לְעוֹלָם וָעֶד.

וְהִנֵּה אֲנַחְנוּ מְאַלְּמִים אֲלֻמִּים בְּתוֹךְ הַשָּׂדֶה
וְהִנֵּה קָמָה אֲלֻמָּתִי וְגַם נִצָּבָה
וְהִנֵּה תְסֻבֶּינָה אֲלֻמֹּתֵיכֶם וַתִּשְׁתַּחֲוֶיןָ לַאֲלֻמָּתִי:

במהלך חיי היום־יום מרבית בני האדם במקרה הטוב אינם עוסקים בערכים ובהגדרות רוחניות, ואווירת החולין עשויה אף לבלוע אל תוכה את האישיות כולה. משום כך חשוב שאדם החוזר אל ביתו יחוש, במודע ואף שלא במודע ובלא מחשבה, את השיבה אל מהותו הפנימית. סיבה אחרת נוגעת לחברה הסובבת. הסביבה האנושית שבה מוקף האדם מתייחסת אליו על פי סימני היכר מסוימים. כאשר אדם מן החוץ נכנס לבית יהודי הוא מגיב בהתאם - יש דברים ודיבורים שאינם יכולים להיאמר ולהיעשות בבית שכזה, ולעומתם יש נושאים הצפים ועולים בו, כאילו מאליהם. טעם שלישי, חשוב ביותר, הוא השפעת הדברים על המשפחה ובפרט על הילדים הגדלים בה. ילד הגדל בבית סופג לתוכו את אווירתו. הפרטים הקטנים המצויים בבית קובעים את התייחסות דייריו אל מכלול החיים בו ואל הזיכרונות שאדם נושא עימו. במערכת זיכרונות הילדות יש חלק גדול לסמלים ולצורות חיצוניות, וזיכרונות ילדות אלה נשארים תמיד חלק מן ההוויה האנושית של האדם, והם הקובעים במידה רבה את זהותו הפנימית. בית שצורותיו החיצוניות ניטרליות - אינו יכול להעביר את תחושת הבית היהודי ואת הקשר הנפשי העמוק לתכנים ולצורות יהודיים. ולעומתו מקום שיש בו סמלים יהודיים - יוצר תכנים וסמלים יהודיים גם בעומק נפשם של בני הבית.

יְהִי רָצוֹן מִלְּפָנֶיךָ יהוה אֱלֹהֵינוּ וֵאלֹהֵי אֲבוֹתֵינוּ
מֶלֶךְ רַחוּם וְחַנּוּן
שֶׁתִּתְמַלֵּא רַחֲמִים עָלֵינוּ,
וּבְרֹב רַחֲמֶיךָ
וּבִזְכוּת שֵׁמוֹת הַקְּדוֹשִׁים הַיּוֹצְאִים מִפְּסוּקִים אֵלּוּ
תַּצְלִיחֵנוּ לָנוּ וּלְכָל זַרְעֵנוּ בְּבַיִת זֶה בִּכְלָל וּבִפְרָט
וְנִהְיֶה כֻּלָּנוּ מֻצְלָחִים וּמְבֹרָכִים בַּכֹּל מִכֹּל כֹּל
וְתַצִּילֵנוּ מֵעַיִן הָרַע וּמִכָּל חֵטְא וּמִכָּל חֹלִי וּמִכָּל צָרָה
וְיִהְיוּ בָּתֵּינוּ בְּכָל מָקוֹם בָּתִּים מְלֵאִים כָּל טוּב
מֻצְלָחִים וּמְבֹרָכִים לָנוּ וּלְזַרְעֵנוּ
אָמֵן נֶצַח סֶלָה וָעֶד
אָמֵן כֵּן יְהִי רָצוֹן.

יְהִי חַסְדְּךָ יהוה עָלֵינוּ כַּאֲשֶׁר יִחַלְנוּ לָךְ:
הַרְאֵנוּ יהוה חַסְדֶּךָ וְיֶשְׁעֲךָ תִּתֶּן לָנוּ:
וַאֲנִי בְּחַסְדְּךָ בָטַחְתִּי, יָגֵל לִבִּי בִּישׁוּעָתֶךָ
אָשִׁירָה לַיהוה כִּי גָמַל עָלָי:
הִנֵּה אֵל יְשׁוּעָתִי אֶבְטַח וְלֹא אֶפְחָד
כִּי עָזִּי וְזִמְרָת יָהּ יהוה, וַיְהִי לִי לִישׁוּעָה:

אחרי אמירת הפסוקים יש נוהגים ללמוד משניות: מסכת **ברכות**, מסכת יום טוב (מסכת ביצה), מסכת **תמיד**.

וייתן צדקה, ויכוון שיהיה הבית מוצלח בכול.

וידוי שכיב מרע

כאשר אדם חש שהוא נוטה למות ראוי לו להתוודות על מעשיו.

הסובבים את החולה אומרים לו:

הַרְבֵּה הִתְוַדּוּ וְלֹא מֵתוּ, וְהַרְבֵּה שֶׁלֹּא הִתְוַדּוּ מֵתוּ, וּבִשְׂכַר שֶׁאַתָּה מִתְוַדֶּה אַתָּה חַי, וְכָל הַמִּתְוַדֶּה יֵשׁ לוֹ חֵלֶק לָעוֹלָם הַבָּא.

ומתוודה:

אֱלֹהֵינוּ וֵאלֹהֵי אֲבוֹתֵינוּ
תָּבוֹא לְפָנֶיךָ תְּפִלָּתֵנוּ
וְאַל תִּתְעַלַּם מִתְּחִנָּתֵנוּ
שֶׁאֵין אָנוּ עַזֵּי פָנִים וּקְשֵׁי עֹרֶף לוֹמַר לְפָנֶיךָ
יהוה אֱלֹהֵינוּ וֵאלֹהֵי אֲבוֹתֵינוּ
צַדִּיקִים אֲנַחְנוּ וְלֹא חָטָאנוּ
אֲבָל אֲנַחְנוּ וַאֲבוֹתֵינוּ חָטָאנוּ

אָשַׁמְנוּ, בָּגַדְנוּ, גָּזַלְנוּ, דִּבַּרְנוּ דֹפִי
הֶעֱוִינוּ, וְהִרְשַׁעְנוּ, זַדְנוּ, חָמַסְנוּ, טָפַלְנוּ שֶׁקֶר
יָעַצְנוּ רָע, כִּזַּבְנוּ, לַצְנוּ, מָרַדְנוּ, נִאַצְנוּ
סָרַרְנוּ, עָוִינוּ, פָּשַׁעְנוּ, צָרַרְנוּ, קִשִּׁינוּ עֹרֶף
רָשַׁעְנוּ, שִׁחַתְנוּ, תִּעַבְנוּ, תָּעִינוּ, תִּעְתָּעְנוּ.

אם החולה מסוגל, טוב לומר את כל נוסח הווידוי הארוך המופיע בתפילות יום הכיפורים (עמ׳ 617).

אם אין אפשרות לומר את הנוסח הזה, ראוי שיאמר:

מוֹדֶה אֲנִי לְפָנֶיךָ, יהוה אֱלֹהַי וֵאלֹהֵי אֲבוֹתַי, שֶׁרְפוּאָתִי וּמִיתָתִי בְּיָדֶךָ. יְהִי רָצוֹן מִלְּפָנֶיךָ, שֶׁתִּרְפָּאֵנִי רְפוּאָה שְׁלֵמָה, וְאִם אָמוּת, תְּהִי מִיתָתִי כַּפָּרָה עַל כָּל חֲטָאִים וַעֲוֹנוֹת וּפְשָׁעִים שֶׁחָטָאתִי וְשֶׁעָוִיתִי וְשֶׁפָּשַׁעְתִּי לְפָנֶיךָ. וְתֵן חֶלְקִי בְּגַן עֵדֶן וְזַכֵּנִי לָעוֹלָם הַבָּא הַצָּפוּן לַצַּדִּיקִים.

אם גם לזה אין יכולת וזמן, אומר:

מִיתָתִי תְּהֵא כַּפָּרָה עַל כָּל עֲוֹנוֹתַי.

גוסס שאינו מסוגל להוציא את המילים בפיו,
יאמרו איתו הסובבים את הנוסח והוא יהרהר בו בליבו.

אחר כך אומר:

בְּיָדְךָ אַפְקִיד רוּחִי, פָּדִיתָה אוֹתִי יהוה אֵל אֱמֶת: תהלים לא

שְׁמַע יִשְׂרָאֵל, יהוה אֱלֹהֵינוּ, יהוה אֶחָד: דברים ו

בָּרוּךְ שֵׁם כְּבוֹד מַלְכוּתוֹ לְעוֹלָם וָעֶד.

פעמיים:

יהוה מֶלֶךְ, יהוה מָלָךְ, יהוה יִמְלֹךְ לְעוֹלָם וָעֶד.

שלוש פעמים:

יהוה הוּא הָאֱלֹהִים: מלכים א׳ יח

הוּא אֱלֹהֵינוּ, אֵין עוֹד.

יש המשתדלים לומר עם הגוסס ׳שְׁמַע יִשְׂרָאֵל׳ סמוך ככל האפשר ליציאת הנשמה.

ברוך דיין האמת ״ברכות ההודאה״ אינן רק על דברים טובים ומשמחים, אלא גם דברי הודאה הנאמרים בשעות רעות או למראה דברים המעציבים את הלב, כלשון המשנה: ״חייב אדם לברך על הרעה כשם שהוא מברך על הטובה״. חכמים בתלמוד הוסיפו שלא זו בלבד שחייב אדם לברך על הרעה, אלא עליו להשתדל לקבלה בשמחה. דברים אלה אינם קלים כלל להבנה, ועל אחת כמה וכמה ליישום. אדם הסובל ייסורי גוף ונפש, קשה לו באותה שעה לראות בהם צד טוב. יתרה מזו, קיומו של הרע בעולם נוגע בשאלות היסוד של האמונה - אנחנו מאמינים שה׳ משגיח ואחראי על כל מה שמתרחש במציאות, בין טוב ובין רע, ואם כן כיצד אפשר להבין שה׳, שהוא טוב לכול, מביא רע לעולם? הבסיס לקבלת הדין בהשלמה ובשמחה הוא מאמר חז״ל במדרש ש״אין דבר רע יורד מלמעלה״; כלומר, מה שנראה לנו רע אינו רע במהות, אלא טובה שאינה נגלית ונראית לנו. לעיתים אכן קורה שלאחר זמן אדם מגלה שמה שהיה נראה לו רע - לא היה אלא טוב מוסתר. אולם, פעמים רבות, אנשים אינם יודעים לעולם מה הסיבה לייסוריהם. על דרך הסוד ביארו ששורשו של הרע הוא ׳עלמא דאתכסיא׳ (העולם המכוסה, הנסתר), שדרגתו נעלית יותר מהטוב המגיע מ׳עלמא דאתגליא׳ (העולם

לוויית המת

מנהג האשכנזים שבתחילת הלוויה האבלים קורעים קריעה בבגדיהם ומברכים:

בָּרוּךְ אַתָּה יהוה אֱלֹהֵינוּ מֶלֶךְ הָעוֹלָם דַּיַּן הָאֱמֶת.

עֲקַבְיָא בֶּן מַהֲלַלְאֵל אוֹמֵר: משנה אבות ג, א
הִסְתַּכֵּל בִּשְׁלֹשָׁה דְבָרִים, וְאֵין אַתָּה בָא לִידֵי עֲבֵרָה.
דַּע מֵאַיִן בָּאתָ, וּלְאָן אַתָּה הוֹלֵךְ
וְלִפְנֵי מִי אַתָּה עָתִיד לִתֵּן דִּין וְחֶשְׁבּוֹן.
מֵאַיִן בָּאתָ, מִטִּפָּה סְרוּחָה.
וּלְאָן אַתָּה הוֹלֵךְ, לִמְקוֹם עָפָר, רִמָּה וְתוֹלֵעָה.
וְלִפְנֵי מִי אַתָּה עָתִיד לִתֵּן דִּין וְחֶשְׁבּוֹן
לִפְנֵי מֶלֶךְ מַלְכֵי הַמְּלָכִים, הַקָּדוֹשׁ בָּרוּךְ הוּא.

בימים שאומרים בהם תחנון מוסיפים את הפסוקים המסיימים את ׳צידוק הדין׳, מ׳גְּדֹל הָעֵצָה׳ עד ׳כָּל חֲמָתוֹ׳ (עמ׳ 748). וכשאין אומרים תחנון מוסיפים את הפסוק ׳וְהוּא רַחוּם׳ בלבד.

הנגלה). כל מאורע שקורה לאדם, טוב או רע, הוא מגע יד ה׳, התגלות של הקדוש ברוך הוא לאדם. אלא שיש בין הדברים חילוק מדרגות: הנהגת ה׳ בעולם בדרך שהיא טובה גלויה לאדם – שורשה מהעולם הנגלה, שממנו מופיעים הדברים בשפה שמתאימה ליכולת הקליטה וההבנה של האדם. לעומת זאת, הנהגת ה׳ בדרך שמופיעה בעולם התחתון כרע וייסורים – שורשה מ׳עלמא דאתכסיא׳, עולם שהוא חושך והסתר לאדם, משום שהוא מעל ליכולת ההבנה וההשגה האנושית. בדומה לשאר הברכות, עניינה של ברכת "דיין האמת" הוא הצהרה שהייסורים אינם סתמיים, אלא הם למעלה מזה, התגלות של ה׳ ומפגש פנימי וקרוב עימו. בטבע האדם, פעמים רבות נלוות לייסורים תחושות של סתמיות, הסתר פנים של ה׳ ואפילו הרגשה של דחיה וניתוק ממנו. כשרואים ברע התגלות עליונה לא בהכרח מבטלים את הסבל והכאב, אולם גם אם אין אדם יכול לפתור את עצמו מהייסורים, הוא יכול לפתור את עצמו מהסתר הפנים. דרגה גבוהה של הפנמת הדברים הללו, שבדרך כלל היא דרגתם של צדיקים ובעלי מעלה, יכולה להביא את האדם לקבלת הייסורים מתוך רצון ושמחה, משום שהוא מכיר ורואה ברע התגלות גבוהה של הקדוש ברוך הוא אליו.

האבלים אומרים:

קדיש יתום

אבל: **יִתְגַּדַּל וְיִתְקַדַּשׁ שְׁמֵהּ רַבָּא** (קהל: אָמֵן)
בְּעָלְמָא דִּי בְרָא כִרְעוּתֵהּ
וְיַמְלִיךְ מַלְכוּתֵהּ וְיַצְמַח פֻּרְקָנֵהּ וִיקָרֵב מְשִׁיחֵהּ (קהל: אָמֵן)
בְּחַיֵּיכוֹן וּבְיוֹמֵיכוֹן וּבְחַיֵּי דְכָל בֵּית יִשְׂרָאֵל
בַּעֲגָלָא וּבִזְמַן קָרִיב, וְאִמְרוּ אָמֵן. (קהל: אָמֵן)

קהל ואבל: **יְהֵא שְׁמֵהּ רַבָּא מְבָרַךְ לְעָלַם וּלְעָלְמֵי עָלְמַיָּא.**

אבל: **יִתְבָּרַךְ וְיִשְׁתַּבַּח וְיִתְפָּאַר וְיִתְרוֹמַם וְיִתְנַשֵּׂא**
וְיִתְהַדָּר וְיִתְעַלֶּה וְיִתְהַלָּל
שְׁמֵהּ דְּקֻדְשָׁא בְּרִיךְ הוּא (קהל: אָמֵן)
לְעֵלָּא מִן כָּל בִּרְכָתָא / בעשרת ימי תשובה: **לְעֵלָּא לְעֵלָּא מִכָּל בִּרְכָתָא**/
וְשִׁירָתָא, תֻּשְׁבְּחָתָא וְנֶחֱמָתָא
דַּאֲמִירָן בְּעָלְמָא, וְאִמְרוּ אָמֵן. (קהל: אָמֵן)

יְהֵא שְׁלָמָא רַבָּא מִן שְׁמַיָּא
וְחַיִּים טוֹבִים עָלֵינוּ וְעַל כָּל יִשְׂרָאֵל, וְאִמְרוּ אָמֵן. (קהל: אָמֵן)

כורע ופוסע שלוש פסיעות לאחור. קד לשמאל, לימין ולפנים באמירת:

עֹשֶׂה שָׁלוֹם / בעשרת ימי תשובה: **הַשָּׁלוֹם**/ **בִּמְרוֹמָיו**
הוּא יַעֲשֶׂה שָׁלוֹם
עָלֵינוּ וְעַל כָּל יִשְׂרָאֵל, וְאִמְרוּ אָמֵן. (קהל: אָמֵן)

קדיש יתום אמירת הקדיש בפי האבלים היא חלק ממהלך הלוויה. מסע הלוויה נעצר מפעם לפעם לאמירת "קדיש יתום", ולאחר הקבורה האבלים אומרים עוד הפעם "קדיש גדול". לאורך תקופת האבלות ובימי השנה האבלים מוסיפים לומר קדיש במקומות המיועדים לכך, בתפילות ולאחר סיום לימוד תורה בציבור, ובמקומות רבים נהוג שהאבל מרבה לומר קדיש, ככל האפשר, בתקופה זו. אף שבנוסח תפילת הקדיש עצמה אין כל בקשה על הנפטרים ואף אין בה

אחרי אמירת הקדיש מתחילה ההליכה אל הקבר. במהלך מסע הלוויה
אומרים אנשי החברה קדישא פרקי תהלים ופסוקים, בסיומם עוצרים
את המסע לכמה רגעים והאבלים אומרים קדיש יתום.

יֹשֵׁב בְּסֵתֶר עֶלְיוֹן, בְּצֵל שַׁדַּי יִתְלוֹנָן: אֹמַר לַיהוה מַחְסִי וּמְצוּדָתִי, תהלים צא
אֱלֹהַי אֶבְטַח־בּוֹ: כִּי הוּא יַצִּילְךָ מִפַּח יָקוּשׁ, מִדֶּבֶר הַוּוֹת: בְּאֶבְרָתוֹ
יָסֶךְ לָךְ, וְתַחַת־כְּנָפָיו תֶּחְסֶה, צִנָּה וְסֹחֵרָה אֲמִתּוֹ: לֹא־תִירָא מִפַּחַד
לָיְלָה, מֵחֵץ יָעוּף יוֹמָם: מִדֶּבֶר בָּאֹפֶל יַהֲלֹךְ, מִקֶּטֶב יָשׁוּד צָהֳרָיִם:
יִפֹּל מִצִּדְּךָ אֶלֶף, וּרְבָבָה מִימִינֶךָ, אֵלֶיךָ לֹא יִגָּשׁ: רַק בְּעֵינֶיךָ תַבִּיט,

---

אזכור של מוות בכלל, קיים קשר פנימי המסביר מדוע חוברה תפילת הקדיש לזכרם של המתים. מצד אחד, אמירת הקדיש מפי האבלים היא ביטוי נעלה של צידוק הדין. לקרוביו ולידידיו של הנפטר המוות הוא אבדה שאינה חוזרת. יש הרגשה עמוקה של צער וכאב, ולעיתים קרובות גם הרגשה של תרעומת, שאלה שאין לה מענה - "מדוע ועל מה?". משום כך נקבעה אמירת הקדיש לאבלים. הקדיש הוא מענה לרגשות אלה, והוא הצהרה על קבלת מלכות שמיים; הכרזה כי למרות האובדן והכאב, למרות הצער ומרירות הלב, בכל זאת שבים ומקיימים את ההתקשרות ואת האמונה. יתרה מזו, יש צד נוסף בהבנת הדברים. כל אדם מישראל נושא ומקיים את מלכות ה׳ בעולם. משום כך, חסרונו של כל אחד מישראל יוצר, כביכול, חלל וחוסר במלכות ה׳ בעולם. כדי להשלים את החיסרון, את פגם המציאות, צריכים האחרים להתגבר ביתר שאת ולהכריז שוב בשם עצמם ובשם הנפטרים: "יתגדל ויתקדש". מכאן נובעת ההכרה כי אמירת הקדיש היא עילוי לנשמת המת. חשבון מעשיו ופעולתו של אדם לאחר מותו הם הדברים שהצליח לעשות בזמן היותו על האדמה. אולם חשבון זה אינו נגמר תמיד עם המוות. ההערכה השלמה של אדם קשורה לא רק במה שהוא עצמו עשה, אלא גם בדברים שנוצרו וצמחו מכוחו ועל ידו. משום כך, כאשר הממשיכים החיים (וביתר שאת הבנים והצאצאים, שעצם קיומם היה תלוי בהוריהם) עושים מעשים טובים - הרי הם משלימים את ההערכה על האדם, שאף שאינו פועל עוד בעצמו, דברים נמשיכים ונעשים מכוחו בעולם. לכן אמירת הקדיש היא עילוי לנשמת הנפטר, שהרי בגללו ולשמו ממשיכים ומוסיפים לתת כבוד לה׳ בעולם. על ידי כך נמצא שאדם שאינו עוד בחיים ממשיך כביכול לפעול בתוך המציאות, וחשבון פעולותיו גדל ומתעשר על ידי אלה שהוא גרם להם להוסיף ולהעלות את שם ה׳.

וְשִׁלֻּמַת רְשָׁעִים תִּרְאֶה: כִּי־אַתָּה יהוה מַחְסִי, עֶלְיוֹן שַׂמְתָּ מְעוֹנֶךָ:
לֹא־תְאֻנֶּה אֵלֶיךָ רָעָה, וְנֶגַע לֹא־יִקְרַב בְּאָהֳלֶךָ: כִּי מַלְאָכָיו יְצַוֶּה־
לָּךְ, לִשְׁמָרְךָ בְּכָל־דְּרָכֶיךָ: עַל־כַּפַּיִם יִשָּׂאוּנְךָ, פֶּן־תִּגֹּף בָּאֶבֶן רַגְלֶךָ:
עַל־שַׁחַל וָפֶתֶן תִּדְרֹךְ, תִּרְמֹס כְּפִיר וְתַנִּין: כִּי בִי חָשַׁק וַאֲפַלְּטֵהוּ,
אֲשַׂגְּבֵהוּ כִּי־יָדַע שְׁמִי: יִקְרָאֵנִי וְאֶעֱנֵהוּ, עִמּוֹ אָנֹכִי בְצָרָה, אֲחַלְּצֵהוּ
וַאֲכַבְּדֵהוּ: אֹרֶךְ יָמִים אַשְׂבִּיעֵהוּ, וְאַרְאֵהוּ בִּישׁוּעָתִי:
אֹרֶךְ יָמִים אַשְׂבִּיעֵהוּ, וְאַרְאֵהוּ בִּישׁוּעָתִי:

בלוויית אישה:

משלי לא אֵשֶׁת־חַיִל מִי יִמְצָא, וְרָחֹק מִפְּנִינִים מִכְרָהּ: בָּטַח בָּהּ לֵב בַּעְלָהּ,
וְשָׁלָל לֹא יֶחְסָר: גְּמָלַתְהוּ טוֹב וְלֹא־רָע, כֹּל יְמֵי חַיֶּיהָ: דָּרְשָׁה צֶמֶר
וּפִשְׁתִּים, וַתַּעַשׂ בְּחֵפֶץ כַּפֶּיהָ: הָיְתָה כָּאֳנִיּוֹת סוֹחֵר, מִמֶּרְחָק תָּבִיא
לַחְמָהּ: וַתָּקָם בְּעוֹד לַיְלָה, וַתִּתֵּן טֶרֶף לְבֵיתָהּ, וְחֹק לְנַעֲרֹתֶיהָ:
זָמְמָה שָׂדֶה וַתִּקָּחֵהוּ, מִפְּרִי כַפֶּיהָ נָטְעָה כָּרֶם: חָגְרָה בְעוֹז מָתְנֶיהָ,
וַתְּאַמֵּץ זְרוֹעֹתֶיהָ: טָעֲמָה כִּי־טוֹב סַחְרָהּ, לֹא־יִכְבֶּה בַלַּיְלָ נֵרָהּ:
יָדֶיהָ שִׁלְּחָה בַכִּישׁוֹר, וְכַפֶּיהָ תָּמְכוּ פָלֶךְ: כַּפָּהּ פָּרְשָׂה לֶעָנִי, וְיָדֶיהָ
שִׁלְּחָה לָאֶבְיוֹן: לֹא־תִירָא לְבֵיתָהּ מִשָּׁלֶג, כִּי כָל־בֵּיתָהּ לָבֻשׁ שָׁנִים:
מַרְבַדִּים עָשְׂתָה־לָּהּ, שֵׁשׁ וְאַרְגָּמָן לְבוּשָׁהּ: נוֹדָע בַּשְּׁעָרִים בַּעְלָהּ,
בְּשִׁבְתּוֹ עִם־זִקְנֵי־אָרֶץ: סָדִין עָשְׂתָה וַתִּמְכֹּר, וַחֲגוֹר נָתְנָה לַכְּנַעֲנִי:
עוֹז־וְהָדָר לְבוּשָׁהּ, וַתִּשְׂחַק לְיוֹם אַחֲרוֹן: פִּיהָ פָּתְחָה בְחָכְמָה,
וְתוֹרַת־חֶסֶד עַל־לְשׁוֹנָהּ: צוֹפִיָּה הֲלִיכוֹת בֵּיתָהּ, וְלֶחֶם עַצְלוּת לֹא
תֹאכֵל: קָמוּ בָנֶיהָ וַיְאַשְּׁרוּהָ, בַּעְלָהּ וַיְהַלְלָהּ: רַבּוֹת בָּנוֹת עָשׂוּ חָיִל,
וְאַתְּ עָלִית עַל־כֻּלָּנָה: שֶׁקֶר הַחֵן וְהֶבֶל הַיֹּפִי, אִשָּׁה יִרְאַת־יהוה
הִיא תִתְהַלָּל: תְּנוּ־לָהּ מִפְּרִי יָדֶיהָ, וִיהַלְלוּהָ בַשְּׁעָרִים מַעֲשֶׂיהָ:

האבלים אומרים קדיש יתום (עמ׳ 744).

לאחר הלוויה אומרים צידוק הדין (ויש האומרים אותו מייד כשהמת נפטר).

צידוק הדין

נהוג שאין אומרים צידוק הדין (וקדיש הגדול הנאמר לאחריו) בימים שאין אומרים בהם תחנון, וכן בלילה שהוא זמן שאין אומרים בו תחנון.

הַצּוּר תָּמִים פָּעֳלוֹ, כִּי כָל־דְּרָכָיו מִשְׁפָּט דברים לב
אֵל אֱמוּנָה וְאֵין עָוֶל, צַדִּיק וְיָשָׁר הוּא:

הַצּוּר תָּמִים בְּכָל פֹּעַל, מִי יֹאמַר לוֹ מַה תִּפְעַל
הַשַּׁלִּיט בְּמַטָּה וּבְמַעַל. מֵמִית וּמְחַיֶּה, מוֹרִיד שְׁאוֹל וַיָּעַל: שמואל א׳ ב

הַצּוּר תָּמִים בְּכָל מַעֲשֶׂה, מִי יֹאמַר לוֹ מַה תַּעֲשֶׂה
הָאוֹמֵר וְעוֹשֶׂה, חֶסֶד חִנָּם לָנוּ תַעֲשֶׂה
וּבִזְכוּת הַנֶּעֱקַד כְּשֶׂה, הַקְשִׁיבָה וַעֲשֵׂה.

צַדִּיק בְּכָל דְּרָכָיו הַצּוּר תָּמִים, אֶרֶךְ אַפַּיִם וּמָלֵא רַחֲמִים
חֲמָל נָא וְחוּס נָא עַל אָבוֹת וּבָנִים
כִּי לְךָ אָדוֹן הַסְּלִיחוֹת וְהָרַחֲמִים.

צַדִּיק אַתָּה יהוה לְהָמִית וּלְהַחֲיוֹת
אֲשֶׁר בְּיָדְךָ פִּקְדוֹן כָּל רוּחוֹת, חָלִילָה לְּךָ זִכְרוֹנֵנוּ לִמְחוֹת
וְיִהְיוּ נָא עֵינֶיךָ בְּרַחֲמִים עָלֵינוּ פְקוּחוֹת
כִּי לְךָ אָדוֹן הָרַחֲמִים וְהַסְּלִיחוֹת.

אָדָם אִם בֶּן שָׁנָה יִהְיֶה, אוֹ אֶלֶף שָׁנִים יִחְיֶה
מַה יִּתְרוֹן לוֹ, כְּלֹא הָיָה יִהְיֶה
בָּרוּךְ דַּיַּן הָאֱמֶת, מֵמִית וּמְחַיֶּה.

בָּרוּךְ הוּא כִּי אֱמֶת דִּינוֹ, וּמְשׁוֹטֵט הַכֹּל בְּעֵינוֹ
וּמְשַׁלֵּם לְאָדָם חֶשְׁבּוֹנוֹ וְדִינוֹ, וְהַכֹּל לִשְׁמוֹ הוֹדָיָה יִתֵּנוּ.

יָדַעְנוּ יהוה כִּי צֶדֶק מִשְׁפָּטֶךָ, תִּצְדַּק בְּדָבְרֶךָ וְתִזְכֶּה בְּשָׁפְטֶךָ
וְאֵין לְהַרְהֵר אַחַר מִדַּת שָׁפְטֶךָ. צַדִּיק אַתָּה יהוה, וְיָשָׁר מִשְׁפָּטֶיךָ: תהלים קיט

דַּיַּן אֱמֶת, שׁוֹפֵט צֶדֶק וֶאֱמֶת
בָּרוּךְ דַּיַּן הָאֱמֶת, שֶׁכָּל מִשְׁפָּטָיו צֶדֶק וֶאֱמֶת.

נֶפֶשׁ כָּל חַי בְּיָדֶךָ, צֶדֶק מָלְאָה יְמִינְךָ וְיָדֶךָ
רַחֵם עַל פְּלֵטַת צֹאן עֲבָדֶיךָ, וְתֹאמַר לַמַּלְאָךְ הֶרֶף יָדֶךָ.

ירמיה לב גְּדֹל הָעֵצָה וְרַב הָעֲלִילִיָּה
אֲשֶׁר־עֵינֶיךָ פְקֻחוֹת עַל־כָּל־דַּרְכֵי בְּנֵי אָדָם
לָתֵת לְאִישׁ כִּדְרָכָיו, וְכִפְרִי מַעֲלָלָיו:

תהלים צב לְהַגִּיד כִּי־יָשָׁר יהוה, צוּרִי וְלֹא־עַוְלָתָה בּוֹ:

איוב א יהוה נָתַן וַיהוה לָקָח, יְהִי שֵׁם יהוה מְבֹרָךְ:

תהלים עח וְהוּא רַחוּם, יְכַפֵּר עָוֹן וְלֹא־יַשְׁחִית
וְהִרְבָּה לְהָשִׁיב אַפּוֹ, וְלֹא־יָעִיר כָּל־חֲמָתוֹ:

קדיש הגדול

אבל: יִתְגַּדַּל וְיִתְקַדַּשׁ שְׁמֵהּ רַבָּא (קהל: אָמֵן)
בְּעָלְמָא דְּהוּא עָתִיד לְאִתְחַדָּתָא
וּלְאַחֲיָאָה מֵתַיָּא, וּלְאַסָּקָא יָתְהוֹן לְחַיֵּי עָלְמָא
וּלְמִבְנֵא קַרְתָּא דִירוּשְׁלֵם, וּלְשַׁכְלָלָא הֵיכְלֵהּ בְּגַוַּהּ
וּלְמֶעְקַר פָּלְחָנָא נֻכְרָאָה מֵאַרְעָא
וּלְאָתָבָא פָּלְחָנָא דִשְׁמַיָּא לְאַתְרֵהּ
וְיַמְלִיךְ קֻדְשָׁא בְּרִיךְ הוּא בְּמַלְכוּתֵהּ וִיקָרֵהּ
וְיַצְמַח פֻּרְקָנֵהּ וִיקָרֵב מְשִׁיחֵהּ (קהל: אָמֵן)
בְּחַיֵּיכוֹן וּבְיוֹמֵיכוֹן וּבְחַיֵּי דְכָל בֵּית יִשְׂרָאֵל
בַּעֲגָלָא וּבִזְמַן קָרִיב, וְאִמְרוּ אָמֵן. (קהל: אָמֵן)

קהל ואבל: יְהֵא שְׁמֵהּ רַבָּא מְבָרַךְ לְעָלַם וּלְעָלְמֵי עָלְמַיָּא.

אבל: יִתְבָּרַךְ וְיִשְׁתַּבַּח וְיִתְפָּאַר וְיִתְרוֹמַם וְיִתְנַשֵּׂא
וְיִתְהַדָּר וְיִתְעַלֶּה וְיִתְהַלָּל,
שְׁמֵהּ דְּקֻדְשָׁא בְּרִיךְ הוּא (קהל: אָמֵן)
לְעֵלָּא מִן כָּל בִּרְכָתָא
/בעשרת ימי תשובה: לְעֵלָּא לְעֵלָּא מִכָּל בִּרְכָתָא/
וְשִׁירָתָא, תֻּשְׁבְּחָתָא וְנֶחֱמָתָא
דַּאֲמִירָן בְּעָלְמָא, וְאִמְרוּ אָמֵן. (קהל: אָמֵן)

יְהֵא שְׁלָמָא רַבָּא מִן שְׁמַיָּא
וְחַיִּים טוֹבִים עָלֵינוּ וְעַל כָּל יִשְׂרָאֵל, וְאִמְרוּ אָמֵן. (קהל: אָמֵן)

כורע ופוסע שלוש פסיעות לאחור. קד לשמאל, לימין ולפנים באמירת:

עֹשֶׂה שָׁלוֹם/ בעשרת ימי תשובה: הַשָּׁלוֹם/ בִּמְרוֹמָיו
הוּא בְּרַחֲמָיו יַעֲשֶׂה שָׁלוֹם, עָלֵינוּ וְעַל כָּל יִשְׂרָאֵל
וְאִמְרוּ אָמֵן. (קהל: אָמֵן)

בזמן שאין אומרים בו צידוק הדין, אומרים מזמור טז בתהלים (עמ׳ 750)
ואחריו קדיש יתום (ויש מוספים מזמור זה תמיד). יש המוסיפים
כאן תפילת ׳אֵל מָלֵא רַחֲמִים׳ (עמ׳ 759).

קודם שעוזבים את חלקת הקבר נהוג שכל אחד מהנוכחים מניח אבן קטנה על
תלולית האדמה המכסה אותה, וכך נהוג לעשות גם בכל פעם שבה פוקדים קבר.

לאחר הלוויה המנחמים עומדים בשורה. האבלים עוברים על פניהם, והמנחמים אומרים:

הַמָּקוֹם יְנַחֵם אוֹתְךָ/אוֹתָךְ/אֶתְכֶם
בְּתוֹךְ שְׁאָר אֲבֵלֵי צִיּוֹן וִירוּשָׁלָיִם.

ויש מוסיפים:

וְלֹא תוֹסִיפוּ לְדַאֲבָה עוֹד.

כשיוצאים מבית העלמין נוהגים ליטול ידיים ולומר:

בִּלַּע הַמָּוֶת לָנֶצַח, וּמָחָה אֲדֹנָי יֱהוִה דִּמְעָה מֵעַל כָּל־פָּנִים ישעיה כה
וְחֶרְפַּת עַמּוֹ יָסִיר מֵעַל כָּל־הָאָרֶץ, כִּי יהוה דִּבֵּר:

תפילה בבית האבל

בבית האבל נוהגים לומר לאחר תפילת שחרית ומנחה
את מזמור מט, ובימים שאין אומרים בהם תחנון אומרים את מזמור טז.

תהלים מט לַמְנַצֵּחַ לִבְנֵי־קֹרַח מִזְמוֹר: שִׁמְעוּ־זֹאת כָּל־הָעַמִּים, הַאֲזִינוּ כָּל־יֹשְׁבֵי חָלֶד: גַּם־בְּנֵי אָדָם, גַּם־בְּנֵי־אִישׁ, יַחַד עָשִׁיר וְאֶבְיוֹן: פִּי יְדַבֵּר חָכְמוֹת, וְהָגוּת לִבִּי תְבוּנוֹת: אַטֶּה לְמָשָׁל אָזְנִי, אֶפְתַּח בְּכִנּוֹר חִידָתִי: לָמָּה אִירָא בִּימֵי רָע, עֲוֺן עֲקֵבַי יְסֻבֵּנִי: הַבֹּטְחִים עַל־חֵילָם, וּבְרֹב עָשְׁרָם יִתְהַלָּלוּ: אָח לֹא־פָדֹה יִפְדֶּה אִישׁ, לֹא־יִתֵּן לֵאלֹהִים כָּפְרוֹ: וְיֵקַר פִּדְיוֹן נַפְשָׁם, וְחָדַל לְעוֹלָם: וִיחִי־עוֹד לָנֶצַח, לֹא יִרְאֶה הַשָּׁחַת: כִּי יִרְאֶה חֲכָמִים יָמוּתוּ, יַחַד כְּסִיל וָבַעַר יֹאבֵדוּ, וְעָזְבוּ לַאֲחֵרִים חֵילָם: קִרְבָּם בָּתֵּימוֹ לְעוֹלָם, מִשְׁכְּנֹתָם לְדֹר וָדֹר, קָרְאוּ בִשְׁמוֹתָם עֲלֵי אֲדָמוֹת: וְאָדָם בִּיקָר בַּל־יָלִין, נִמְשַׁל כַּבְּהֵמוֹת נִדְמוּ: זֶה דַרְכָּם, כֵּסֶל לָמוֹ, וְאַחֲרֵיהֶם בְּפִיהֶם יִרְצוּ סֶלָה: כַּצֹּאן לִשְׁאוֹל שַׁתּוּ, מָוֶת יִרְעֵם, וַיִּרְדּוּ בָם יְשָׁרִים לַבֹּקֶר, וְצוּרָם לְבַלּוֹת שְׁאוֹל מִזְּבֻל לוֹ: אַךְ־אֱלֹהִים יִפְדֶּה נַפְשִׁי מִיַּד שְׁאוֹל, כִּי יִקָּחֵנִי סֶלָה: אַל־תִּירָא כִּי־יַעֲשִׁר אִישׁ, כִּי־יִרְבֶּה כְּבוֹד בֵּיתוֹ: כִּי לֹא בְמוֹתוֹ יִקַּח הַכֹּל, לֹא־יֵרֵד אַחֲרָיו כְּבוֹדוֹ: כִּי־נַפְשׁוֹ בְּחַיָּיו יְבָרֵךְ, וְיוֹדֻךָ כִּי־תֵיטִיב לָךְ: תָּבוֹא עַד־דּוֹר אֲבוֹתָיו, עַד־נֵצַח לֹא יִרְאוּ־אוֹר: אָדָם בִּיקָר וְלֹא יָבִין, נִמְשַׁל כַּבְּהֵמוֹת נִדְמוּ:

קדיש יתום (עמ׳ 758).

בימים שאין אומרים בהם תחנון:

תהלים טז מִכְתָּם לְדָוִד, שָׁמְרֵנִי אֵל כִּי־חָסִיתִי בָךְ: אָמַרְתְּ לַיהוה, אֲדֹנָי אָתָּה, טוֹבָתִי בַּל־עָלֶיךָ: לִקְדוֹשִׁים אֲשֶׁר־בָּאָרֶץ הֵמָּה, וְאַדִּירֵי כָּל־חֶפְצִי־בָם: יִרְבּוּ עַצְּבוֹתָם אַחֵר מָהָרוּ, בַּל־אַסִּיךְ נִסְכֵּיהֶם מִדָּם, וּבַל־אֶשָּׂא אֶת־שְׁמוֹתָם עַל־שְׂפָתָי: יהוה, מְנָת־חֶלְקִי וְכוֹסִי, אַתָּה תּוֹמִיךְ גּוֹרָלִי: חֲבָלִים נָפְלוּ־לִי בַּנְּעִמִים, אַף־נַחֲלָת שָׁפְרָה עָלָי: אֲבָרֵךְ אֶת־יהוה אֲשֶׁר יְעָצָנִי, אַף־לֵילוֹת יִסְּרוּנִי כִלְיוֹתָי: שִׁוִּיתִי יהוה לְנֶגְדִּי תָמִיד, כִּי מִימִינִי בַּל־אֶמּוֹט: לָכֵן שָׂמַח לִבִּי וַיָּגֶל כְּבוֹדִי, אַף־בְּשָׂרִי יִשְׁכֹּן לָבֶטַח: כִּי לֹא־תַעֲזֹב נַפְשִׁי לִשְׁאוֹל, לֹא־תִתֵּן חֲסִידְךָ לִרְאוֹת שָׁחַת: תּוֹדִיעֵנִי אֹרַח חַיִּים, שֹׂבַע שְׂמָחוֹת אֶת־פָּנֶיךָ, נְעִמוֹת בִּימִינְךָ נֶצַח:

קדיש יתום (עמ׳ 758).

אזכרה

אם לא ביקר בבית העלמין שלושים יום מברך:

בָּרוּךְ אַתָּה יהוה אֱלֹהֵינוּ מֶלֶךְ הָעוֹלָם, אֲשֶׁר יָצַר אֶתְכֶם בַּדִּין, וְזָן וְכִלְכֵּל אֶתְכֶם בַּדִּין, וְהֵמִית אֶתְכֶם בַּדִּין, וְיוֹדֵעַ מִסְפַּר כֻּלְּכֶם בַּדִּין, וְהוּא עָתִיד לְהַחֲיוֹתְכֶם וּלְקַיֵּם אֶתְכֶם בַּדִּין. בָּרוּךְ אַתָּה יהוה, מְחַיֵּה הַמֵּתִים.

אַתָּה גִּבּוֹר לְעוֹלָם אֲדֹנָי, מְחַיֵּה מֵתִים אַתָּה, רַב לְהוֹשִׁיעַ, מְכַלְכֵּל חַיִּים בְּחֶסֶד, מְחַיֵּה מֵתִים בְּרַחֲמִים רַבִּים, סוֹמֵךְ נוֹפְלִים, וְרוֹפֵא חוֹלִים, וּמַתִּיר אֲסוּרִים, וּמְקַיֵּם אֱמוּנָתוֹ לִישֵׁנֵי עָפָר. מִי כָמוֹךָ בַּעַל גְּבוּרוֹת וּמִי דּוֹמֶה לָּךְ, מֶלֶךְ מֵמִית וּמְחַיֶּה וּמַצְמִיחַ יְשׁוּעָה, וְנֶאֱמָן אַתָּה לְהַחֲיוֹת מֵתִים.

ב׳יום השנה׳ של הנפטר וכאשר עולים לבקר על קברו נהוג
לומר פרקי תהלים ותפילה לעילוי נשמת הנפטר.

רַנְּנוּ צַדִּיקִים בַּיהוה לַיְשָׁרִים נָאוָה תְהִלָּה: הוֹדוּ לַיהוה בְּכִנּוֹר תהלים לג
בְּנֵבֶל עָשׂוֹר זַמְּרוּ־לוֹ: שִׁירוּ־לוֹ שִׁיר חָדָשׁ הֵיטִיבוּ נַגֵּן בִּתְרוּעָה: כִּי־יָשָׁר דְּבַר־יהוה וְכָל־מַעֲשֵׂהוּ בֶּאֱמוּנָה: אֹהֵב צְדָקָה וּמִשְׁפָּט חֶסֶד יהוה מָלְאָה הָאָרֶץ: בִּדְבַר יהוה שָׁמַיִם נַעֲשׂוּ וּבְרוּחַ פִּיו כָּל־צְבָאָם: כֹּנֵס כַּנֵּד מֵי הַיָּם נֹתֵן בְּאֹצָרוֹת תְּהוֹמוֹת: יִירְאוּ מֵיהוה כָּל־הָאָרֶץ מִמֶּנּוּ יָגוּרוּ כָּל־יֹשְׁבֵי תֵבֵל: כִּי הוּא אָמַר וַיֶּהִי הוּא־צִוָּה וַיַּעֲמֹד: יהוה הֵפִיר עֲצַת־גּוֹיִם הֵנִיא מַחְשְׁבוֹת עַמִּים: עֲצַת יהוה לְעוֹלָם תַּעֲמֹד מַחְשְׁבוֹת לִבּוֹ לְדֹר וָדֹר: אַשְׁרֵי הַגּוֹי אֲשֶׁר־יהוה אֱלֹהָיו הָעָם בָּחַר לְנַחֲלָה לוֹ: מִשָּׁמַיִם הִבִּיט יהוה רָאָה אֶת־כָּל־בְּנֵי הָאָדָם: מִמְּכוֹן־שִׁבְתּוֹ הִשְׁגִּיחַ אֶל כָּל־יֹשְׁבֵי הָאָרֶץ: הַיֹּצֵר יַחַד לִבָּם הַמֵּבִין אֶל־כָּל־מַעֲשֵׂיהֶם: אֵין־הַמֶּלֶךְ

נוֹשָׁע בְּרָב־חָיִל גִּבּוֹר לֹא־יִנָּצֵל בְּרָב־כֹּחַ: שֶׁקֶר הַסּוּס לִתְשׁוּעָה
וּבְרֹב חֵילוֹ לֹא יְמַלֵּט: הִנֵּה עֵין יהוה אֶל־יְרֵאָיו לַמְיַחֲלִים לְחַסְדּוֹ:
לְהַצִּיל מִמָּוֶת נַפְשָׁם וּלְחַיּוֹתָם בָּרָעָב: נַפְשֵׁנוּ חִכְּתָה לַיהוה
עֶזְרֵנוּ וּמָגִנֵּנוּ הוּא: כִּי־בוֹ יִשְׂמַח לִבֵּנוּ כִּי בְשֵׁם קָדְשׁוֹ בָטָחְנוּ:
יְהִי־חַסְדְּךָ יהוה עָלֵינוּ כַּאֲשֶׁר יִחַלְנוּ לָךְ:

תהלים טז מִכְתָּם לְדָוִד שָׁמְרֵנִי אֵל כִּי־חָסִיתִי בָךְ: אָמַרְתְּ לַיהוה אֲדֹנָי אָתָּה
טוֹבָתִי בַּל־עָלֶיךָ: לִקְדוֹשִׁים אֲשֶׁר־בָּאָרֶץ הֵמָּה וְאַדִּירֵי כָּל־חֶפְצִי־
בָם: יִרְבּוּ עַצְּבוֹתָם אַחֵר מָהָרוּ בַּל־אַסִּיךְ נִסְכֵּיהֶם מִדָּם וּבַל־אֶשָּׂא
אֶת־שְׁמוֹתָם עַל־שְׂפָתָי: יהוה מְנָת־חֶלְקִי וְכוֹסִי אַתָּה תּוֹמִיךְ
גּוֹרָלִי: חֲבָלִים נָפְלוּ־לִי בַּנְּעִמִים אַף־נַחֲלָת שָׁפְרָה עָלָי: אֲבָרֵךְ
אֶת־יהוה אֲשֶׁר יְעָצָנִי אַף־לֵילוֹת יִסְּרוּנִי כִלְיוֹתָי: שִׁוִּיתִי יהוה לְנֶגְדִּי
תָמִיד כִּי מִימִינִי בַּל־אֶמּוֹט: לָכֵן שָׂמַח לִבִּי וַיָּגֶל כְּבוֹדִי אַף־בְּשָׂרִי
יִשְׁכֹּן לָבֶטַח: כִּי לֹא־תַעֲזֹב נַפְשִׁי לִשְׁאוֹל לֹא־תִתֵּן חֲסִידְךָ לִרְאוֹת
שָׁחַת: תּוֹדִיעֵנִי אֹרַח חַיִּים שֹׂבַע שְׂמָחוֹת אֶת־פָּנֶיךָ נְעִמוֹת בִּימִינְךָ
נֶצַח:

תהלים יז תְּפִלָּה לְדָוִד שִׁמְעָה יהוה צֶדֶק הַקְשִׁיבָה רִנָּתִי הַאֲזִינָה תְפִלָּתִי
בְּלֹא שִׂפְתֵי מִרְמָה: מִלְּפָנֶיךָ מִשְׁפָּטִי יֵצֵא עֵינֶיךָ תֶּחֱזֶינָה מֵישָׁרִים:
בָּחַנְתָּ לִבִּי פָּקַדְתָּ לַּיְלָה צְרַפְתַּנִי בַל־תִּמְצָא זַמֹּתִי בַּל־יַעֲבָר־
פִּי: לִפְעֻלּוֹת אָדָם בִּדְבַר שְׂפָתֶיךָ אֲנִי שָׁמַרְתִּי אָרְחוֹת פָּרִיץ:
תָּמֹךְ אֲשֻׁרַי בְּמַעְגְּלוֹתֶיךָ בַּל־נָמוֹטּוּ פְעָמָי: אֲנִי־קְרָאתִיךָ כִי־
תַעֲנֵנִי אֵל הַט־אָזְנְךָ לִי שְׁמַע אִמְרָתִי: הַפְלֵה חֲסָדֶיךָ מוֹשִׁיעַ
חוֹסִים מִמִּתְקוֹמְמִים בִּימִינֶךָ: שָׁמְרֵנִי כְּאִישׁוֹן בַּת־עָיִן בְּצֵל
כְּנָפֶיךָ תַּסְתִּירֵנִי: מִפְּנֵי רְשָׁעִים זוּ שַׁדּוּנִי אֹיְבַי בְּנֶפֶשׁ יַקִּיפוּ עָלָי:
חֶלְבָּמוֹ סָּגְרוּ פִּימוֹ דִּבְּרוּ בְגֵאוּת: אַשֻּׁרֵינוּ עַתָּה סְבָבוּנוּ עֵינֵיהֶם

יָשִׁיתוּ לִנְטוֹת בָּאָרֶץ: דִּמְיֹנוֹ כְּאַרְיֵה יִכְסוֹף לִטְרֹף וְכִכְפִיר יֹשֵׁב
בְּמִסְתָּרִים: קוּמָה יהוה קַדְּמָה פָנָיו הַכְרִיעֵהוּ פַּלְּטָה נַפְשִׁי מֵרָשָׁע
חַרְבֶּךָ: מִמְתִים יָדְךָ יהוה מִמְתִים מֵחֶלֶד חֶלְקָם בַּחַיִּים וּצְפוּנְךָ
תְּמַלֵּא בִטְנָם יִשְׂבְּעוּ בָנִים וְהִנִּיחוּ יִתְרָם לְעוֹלְלֵיהֶם: אֲנִי בְּצֶדֶק
אֶחֱזֶה פָנֶיךָ אֶשְׂבְּעָה בְהָקִיץ תְּמוּנָתֶךָ:

לִשְׁלֹמֹה אֱלֹהִים מִשְׁפָּטֶיךָ לְמֶלֶךְ תֵּן וְצִדְקָתְךָ לְבֶן־מֶלֶךְ: יָדִין עַמְּךָ תהלים עב
בְצֶדֶק וַעֲנִיֶּיךָ בְמִשְׁפָּט: יִשְׂאוּ הָרִים שָׁלוֹם לָעָם וּגְבָעוֹת בִּצְדָקָה:
יִשְׁפֹּט עֲנִיֵּי־עָם יוֹשִׁיעַ לִבְנֵי אֶבְיוֹן וִידַכֵּא עוֹשֵׁק: יִירָאוּךָ עִם־שָׁמֶשׁ
וְלִפְנֵי יָרֵחַ דּוֹר דּוֹרִים: יֵרֵד כְּמָטָר עַל־גֵּז כִּרְבִיבִים זַרְזִיף אָרֶץ: יִפְרַח־
בְּיָמָיו צַדִּיק וְרֹב שָׁלוֹם עַד־בְּלִי יָרֵחַ: וְיֵרְדְּ מִיָּם עַד־יָם וּמִנָּהָר עַד־
אַפְסֵי־אָרֶץ: לְפָנָיו יִכְרְעוּ צִיִּים וְאֹיְבָיו עָפָר יְלַחֵכוּ: מַלְכֵי תַרְשִׁישׁ
וְאִיִּים מִנְחָה יָשִׁיבוּ מַלְכֵי שְׁבָא וּסְבָא אֶשְׁכָּר יַקְרִיבוּ: וְיִשְׁתַּחֲווּ־לוֹ
כָל־מְלָכִים כָּל־גּוֹיִם יַעַבְדוּהוּ: כִּי־יַצִּיל אֶבְיוֹן מְשַׁוֵּעַ וְעָנִי וְאֵין־עֹזֵר
לוֹ: יָחֹס עַל־דַּל וְאֶבְיוֹן וְנַפְשׁוֹת אֶבְיוֹנִים יוֹשִׁיעַ: מִתּוֹךְ וּמֵחָמָס יִגְאַל
נַפְשָׁם וְיֵיקַר דָּמָם בְּעֵינָיו: וִיחִי וְיִתֶּן־לוֹ מִזְּהַב שְׁבָא וְיִתְפַּלֵּל בַּעֲדוֹ
תָמִיד כָּל־הַיּוֹם יְבָרֲכֶנְהוּ: יְהִי פִסַּת־בַּר בָּאָרֶץ בְּרֹאשׁ הָרִים יִרְעַשׁ
כַּלְּבָנוֹן פִּרְיוֹ וְיָצִיצוּ מֵעִיר כְּעֵשֶׂב הָאָרֶץ: יְהִי שְׁמוֹ לְעוֹלָם לִפְנֵי־שֶׁמֶשׁ
יִנּוֹן שְׁמוֹ וְיִתְבָּרְכוּ בוֹ כָּל־גּוֹיִם יְאַשְּׁרֻהוּ: בָּרוּךְ יהוה אֱלֹהִים אֱלֹהֵי
יִשְׂרָאֵל עֹשֵׂה נִפְלָאוֹת לְבַדּוֹ: וּבָרוּךְ שֵׁם כְּבוֹדוֹ לְעוֹלָם וְיִמָּלֵא כְבוֹדוֹ
אֶת־כֹּל־הָאָרֶץ אָמֵן וְאָמֵן: כָּלּוּ תְפִלּוֹת דָּוִד בֶּן־יִשָׁי:

יֹשֵׁב בְּסֵתֶר עֶלְיוֹן, בְּצֵל שַׁדַּי יִתְלוֹנָן: אֹמַר לַיהוה מַחְסִי וּמְצוּדָתִי, תהלים צא
אֱלֹהַי אֶבְטַח־בּוֹ: כִּי הוּא יַצִּילְךָ מִפַּח יָקוּשׁ, מִדֶּבֶר הַוּוֹת: בְּאֶבְרָתוֹ
יָסֶךְ לָךְ, וְתַחַת־כְּנָפָיו תֶּחְסֶה, צִנָּה וְסֹחֵרָה אֲמִתּוֹ: לֹא־תִירָא מִפַּחַד
לָיְלָה, מֵחֵץ יָעוּף יוֹמָם: מִדֶּבֶר בָּאֹפֶל יַהֲלֹךְ, מִקֶּטֶב יָשׁוּד צָהֳרָיִם:

יִפֹּל מִצִּדְּךָ אֶלֶף, וּרְבָבָה מִימִינֶךָ, אֵלֶיךָ לֹא יִגָּשׁ: רַק בְּעֵינֶיךָ תַבִּיט, וְשִׁלֻּמַת רְשָׁעִים תִּרְאֶה: כִּי־אַתָּה יהוה מַחְסִי, עֶלְיוֹן שַׂמְתָּ מְעוֹנֶךָ: לֹא־תְאֻנֶּה אֵלֶיךָ רָעָה, וְנֶגַע לֹא־יִקְרַב בְּאָהֳלֶךָ: כִּי מַלְאָכָיו יְצַוֶּה־לָּךְ, לִשְׁמָרְךָ בְּכָל־דְּרָכֶיךָ: עַל־כַּפַּיִם יִשָּׂאוּנְךָ, פֶּן־תִּגֹּף בָּאֶבֶן רַגְלֶךָ: עַל־שַׁחַל וָפֶתֶן תִּדְרֹךְ, תִּרְמֹס כְּפִיר וְתַנִּין: כִּי בִי חָשַׁק וַאֲפַלְּטֵהוּ, אֲשַׂגְּבֵהוּ כִּי־יָדַע שְׁמִי: יִקְרָאֵנִי וְאֶעֱנֵהוּ, עִמּוֹ אָנֹכִי בְצָרָה, אֲחַלְּצֵהוּ וַאֲכַבְּדֵהוּ: אֹרֶךְ יָמִים אַשְׂבִּיעֵהוּ, וְאַרְאֵהוּ בִּישׁוּעָתִי:

תהלים קד בָּרְכִי נַפְשִׁי אֶת־יהוה, יהוה אֱלֹהַי גָּדַלְתָּ מְּאֹד, הוֹד וְהָדָר לָבָשְׁתָּ: עֹטֶה־אוֹר כַּשַּׂלְמָה, נוֹטֶה שָׁמַיִם כַּיְרִיעָה: הַמְקָרֶה בַמַּיִם עֲלִיּוֹתָיו, הַשָּׂם־עָבִים רְכוּבוֹ, הַמְהַלֵּךְ עַל־כַּנְפֵי־רוּחַ: עֹשֶׂה מַלְאָכָיו רוּחוֹת, מְשָׁרְתָיו אֵשׁ לֹהֵט: יָסַד־אֶרֶץ עַל־מְכוֹנֶיהָ, בַּל־תִּמּוֹט עוֹלָם וָעֶד: תְּהוֹם כַּלְּבוּשׁ כִּסִּיתוֹ, עַל־הָרִים יַעַמְדוּ־מָיִם: מִן־גַּעֲרָתְךָ יְנוּסוּן, מִן־קוֹל רַעַמְךָ יֵחָפֵזוּן: יַעֲלוּ הָרִים, יֵרְדוּ בְקָעוֹת, אֶל־מְקוֹם זֶה יָסַדְתָּ לָהֶם: גְּבוּל־שַׂמְתָּ בַּל־יַעֲבֹרוּן, בַּל־יְשׁוּבוּן לְכַסּוֹת הָאָרֶץ: הַמְשַׁלֵּחַ מַעְיָנִים בַּנְּחָלִים, בֵּין הָרִים יְהַלֵּכוּן: יַשְׁקוּ כָּל־חַיְתוֹ שָׂדָי, יִשְׁבְּרוּ פְרָאִים צְמָאָם: עֲלֵיהֶם עוֹף־הַשָּׁמַיִם יִשְׁכּוֹן, מִבֵּין עֳפָאיִם יִתְּנוּ־קוֹל: מַשְׁקֶה הָרִים מֵעֲלִיּוֹתָיו, מִפְּרִי מַעֲשֶׂיךָ תִּשְׂבַּע הָאָרֶץ: מַצְמִיחַ חָצִיר לַבְּהֵמָה, וְעֵשֶׂב לַעֲבֹדַת הָאָדָם, לְהוֹצִיא לֶחֶם מִן־הָאָרֶץ: וְיַיִן יְשַׂמַּח לְבַב־אֱנוֹשׁ, לְהַצְהִיל פָּנִים מִשָּׁמֶן, וְלֶחֶם לְבַב־אֱנוֹשׁ יִסְעָד: יִשְׂבְּעוּ עֲצֵי יהוה, אַרְזֵי לְבָנוֹן אֲשֶׁר נָטָע: אֲשֶׁר־שָׁם צִפֳּרִים יְקַנֵּנוּ, חֲסִידָה בְּרוֹשִׁים בֵּיתָהּ: הָרִים הַגְּבֹהִים לַיְּעֵלִים, סְלָעִים מַחְסֶה לַשְׁפַנִּים: עָשָׂה יָרֵחַ לְמוֹעֲדִים, שֶׁמֶשׁ יָדַע מְבוֹאוֹ: תָּשֶׁת־חֹשֶׁךְ וִיהִי לָיְלָה, בּוֹ־תִרְמֹשׂ כָּל־חַיְתוֹ־יָעַר: הַכְּפִירִים שֹׁאֲגִים לַטָּרֶף, וּלְבַקֵּשׁ מֵאֵל אָכְלָם: תִּזְרַח הַשֶּׁמֶשׁ יֵאָסֵפוּן, וְאֶל־מְעוֹנֹתָם יִרְבָּצוּן: יֵצֵא אָדָם לְפָעֳלוֹ, וְלַעֲבֹדָתוֹ עֲדֵי־עָרֶב: מָה־רַבּוּ מַעֲשֶׂיךָ יהוה, כֻּלָּם בְּחָכְמָה

עָשִׂיתָ, מָלְאָה הָאָרֶץ קִנְיָנֶךָ: זֶה הַיָּם גָּדוֹל וּרְחַב יָדָיִם, שָׁם־רֶמֶשׂ וְאֵין מִסְפָּר, חַיּוֹת קְטַנּוֹת עִם־גְּדֹלוֹת: שָׁם אֳנִיּוֹת יְהַלֵּכוּן, לִוְיָתָן זֶה־יָצַרְתָּ לְשַׂחֶק־בּוֹ: כֻּלָּם אֵלֶיךָ יְשַׂבֵּרוּן, לָתֵת אָכְלָם בְּעִתּוֹ: תִּתֵּן לָהֶם יִלְקֹטוּן, תִּפְתַּח יָדְךָ יִשְׂבְּעוּן טוֹב: תַּסְתִּיר פָּנֶיךָ יִבָּהֵלוּן, תֹּסֵף רוּחָם יִגְוָעוּן, וְאֶל־עֲפָרָם יְשׁוּבוּן: תְּשַׁלַּח רוּחֲךָ יִבָּרֵאוּן, וּתְחַדֵּשׁ פְּנֵי אֲדָמָה: יְהִי כְבוֹד יהוה לְעוֹלָם, יִשְׂמַח יהוה בְּמַעֲשָׂיו: הַמַּבִּיט לָאָרֶץ וַתִּרְעָד, יִגַּע בֶּהָרִים וְיֶעֱשָׁנוּ: אָשִׁירָה לַיהוה בְּחַיָּי, אֲזַמְּרָה לֵאלֹהַי בְּעוֹדִי: יֶעֱרַב עָלָיו שִׂיחִי, אָנֹכִי אֶשְׂמַח בַּיהוה: יִתַּמּוּ חַטָּאִים מִן־הָאָרֶץ, וּרְשָׁעִים עוֹד אֵינָם, בָּרְכִי נַפְשִׁי אֶת־יהוה, הַלְלוּיָהּ:

תהלים קל
שִׁיר הַמַּעֲלוֹת, מִמַּעֲמַקִּים קְרָאתִיךָ יהוה: אֲדֹנָי שִׁמְעָה בְקוֹלִי, תִּהְיֶינָה אָזְנֶיךָ קַשֻּׁבוֹת לְקוֹל תַּחֲנוּנָי: אִם־עֲוֺנוֹת תִּשְׁמָר־יָהּ, אֲדֹנָי מִי יַעֲמֹד: כִּי־עִמְּךָ הַסְּלִיחָה, לְמַעַן תִּוָּרֵא: קִוִּיתִי יהוה קִוְּתָה נַפְשִׁי, וְלִדְבָרוֹ הוֹחָלְתִּי: נַפְשִׁי לַאדֹנָי, מִשֹּׁמְרִים לַבֹּקֶר, שֹׁמְרִים לַבֹּקֶר: יַחֵל יִשְׂרָאֵל אֶל־יהוה, כִּי־עִם־יהוה הַחֶסֶד, וְהַרְבֵּה עִמּוֹ פְדוּת: וְהוּא יִפְדֶּה אֶת־יִשְׂרָאֵל, מִכֹּל עֲוֺנֹתָיו:

אחר כך אומרים, לפי אותיות השם הפרטי של המנוח, את הקטעים מתוך מזמור קיט (עמ׳ 1002 ואילך) ואחר כך אותיות ׳נשמה׳ מפרק זה.

אותיות נשמה:

תהלים קיט
נֵר־לְרַגְלִי דְבָרֶךָ וְאוֹר לִנְתִיבָתִי: נִשְׁבַּעְתִּי וָאֲקַיֵּמָה לִשְׁמֹר מִשְׁפְּטֵי צִדְקֶךָ: נַעֲנֵיתִי עַד־מְאֹד יהוה חַיֵּנִי כִדְבָרֶךָ: נִדְבוֹת פִּי רְצֵה־נָא יהוה וּמִשְׁפָּטֶיךָ לַמְּדֵנִי: נַפְשִׁי בְכַפִּי תָמִיד וְתוֹרָתְךָ לֹא שָׁכָחְתִּי: נָתְנוּ רְשָׁעִים פַּח לִי וּמִפִּקּוּדֶיךָ לֹא תָעִיתִי: נָחַלְתִּי עֵדְוֺתֶיךָ לְעוֹלָם כִּי־שְׂשׂוֹן לִבִּי הֵמָּה: נָטִיתִי לִבִּי לַעֲשׂוֹת חֻקֶּיךָ לְעוֹלָם עֵקֶב:

שָׂרִים רְדָפוּנִי חִנָּם וּמִדְּבָרְיךָ פָּחַד לִבִּי: שָׂשׂ אָנֹכִי עַל־אִמְרָתֶךָ כְּמוֹצֵא שָׁלָל רָב: שֶׁקֶר שָׂנֵאתִי וָאֲתַעֵבָה תּוֹרָתְךָ אָהָבְתִּי: שֶׁבַע בַּיּוֹם

הַלְלְתִיךָ עַל מִשְׁפְּטֵי צִדְקֶךָ: שָׁלוֹם רָב לְאֹהֲבֵי תוֹרָתֶךָ וְאֵין־לָמוֹ מִכְשׁוֹל: שִׂבַּרְתִּי לִישׁוּעָתְךָ יהוה וּמִצְוֹתֶיךָ עָשִׂיתִי: שָׁמְרָה נַפְשִׁי עֵדֹתֶיךָ וָאֹהֲבֵם מְאֹד: שָׁמַרְתִּי פִקּוּדֶיךָ וְעֵדֹתֶיךָ כִּי כָל־דְּרָכַי נֶגְדֶּךָ:

מָה־אָהַבְתִּי תוֹרָתֶךָ כָּל־הַיּוֹם הִיא שִׂיחָתִי: מֵאֹיְבַי תְּחַכְּמֵנִי מִצְוֹתֶךָ כִּי לְעוֹלָם הִיא־לִי: מִכָּל־מְלַמְּדַי הִשְׂכַּלְתִּי כִּי עֵדְוֹתֶיךָ שִׂיחָה לִי: מִזְּקֵנִים אֶתְבּוֹנָן כִּי פִקּוּדֶיךָ נָצָרְתִּי: מִכָּל־אֹרַח רָע כָּלִאתִי רַגְלָי לְמַעַן אֶשְׁמֹר דְּבָרֶךָ: מִמִּשְׁפָּטֶיךָ לֹא־סָרְתִּי כִּי־אַתָּה הוֹרֵתָנִי: מַה־נִּמְלְצוּ לְחִכִּי אִמְרָתֶךָ מִדְּבַשׁ לְפִי: מִפִּקּוּדֶיךָ אֶתְבּוֹנָן עַל־כֵּן שָׂנֵאתִי ׀ כָּל־אֹרַח שָׁקֶר:

הוֹרֵנִי יהוה דֶּרֶךְ חֻקֶּיךָ וְאֶצְּרֶנָּה עֵקֶב: הֲבִינֵנִי וְאֶצְּרָה תוֹרָתֶךָ וְאֶשְׁמְרֶנָּה בְכָל־לֵב: הַדְרִיכֵנִי בִּנְתִיב מִצְוֹתֶיךָ כִּי־בוֹ חָפָצְתִּי: הַט־לִבִּי אֶל־עֵדְוֹתֶיךָ וְאַל אֶל־בָּצַע: הַעֲבֵר עֵינַי מֵרְאוֹת שָׁוְא בִּדְרָכֶךָ חַיֵּנִי: הָקֵם לְעַבְדְּךָ אִמְרָתֶךָ אֲשֶׁר לְיִרְאָתֶךָ: הַעֲבֵר חֶרְפָּתִי אֲשֶׁר יָגֹרְתִּי כִּי מִשְׁפָּטֶיךָ טוֹבִים: הִנֵּה תָּאַבְתִּי לְפִקֻּדֶיךָ בְּצִדְקָתְךָ חַיֵּנִי:

לאחר אמירת התהלים אומרים תפילה לעילוי נשמת הנפטר. ובימים שאין אומרים בהם תחנון נוהגים שלא לומר תפילה זו.

לנפטר:

אָנָּא יהוה מָלֵא רַחֲמִים, אֲשֶׁר בְּיָדְךָ נֶפֶשׁ כָּל חָי וְרוּחַ כָּל בְּשַׂר אִישׁ, יְהִיֶה נָא לְרָצוֹן לְפָנֶיךָ תּוֹרָתֵנוּ וּתְפִלָּתֵנוּ בַּעֲבוּר נִשְׁמַת (פלוני בֶּן פלוני), וּגְמֹל נָא עִמָּהּ בְּחַסְדְּךָ הַגָּדוֹל לִפְתֹּחַ לָהּ שַׁעֲרֵי רַחֲמִים וָחֶסֶד וְשַׁעֲרֵי גַּן עֵדֶן, וּתְקַבֵּל אוֹתָהּ בְּאַהֲבָה וּבְחִבָּה, וּשְׁלַח לָהּ מַלְאָכֶיךָ הַקְּדוֹשִׁים וְהַטְּהוֹרִים לְהוֹלִיכָהּ וּלְהוֹשִׁיבָהּ תַּחַת עֵץ הַחַיִּים, אֵצֶל נִשְׁמוֹת הַצַּדִּיקִים וְהַצִּדְקָנִיּוֹת, חֲסִידִים וַחֲסִידוֹת, לֵהָנוֹת מִזִּיו שְׁכִינָתְךָ, לְהַשְׂבִּיעָהּ מִטּוּבְךָ הַצָּפוּן לַצַּדִּיקִים. וְהַגּוּף יָנוּחַ בַּקֶּבֶר

בִּמְנוּחָה נְכוֹנָה, בְּחֶדְוָה וּבְשִׂמְחָה וְשָׁלוֹם, כִּדְכְתִיב: יָבוֹא שָׁלוֹם תהלים נז
יָנוּחוּ עַל־מִשְׁכְּבוֹתָם הֹלֵךְ נְכֹחוֹ: וּכְתִיב: יַעְלְזוּ חֲסִידִים בְּכָבוֹד יְרַנְּנוּ תהלים קמט
עַל־מִשְׁכְּבוֹתָם: וּכְתִיב: אִם־תִּשְׁכַּב לֹא־תִפְחָד וְשָׁכַבְתָּ וְעָרְבָה משלי ג
שְׁנָתֶךָ: וְתִשְׁמֹר אוֹתוֹ מֵחִבּוּט הַקֶּבֶר וּמֵרִמָּה וְתוֹלֵעָה, וְתִסְלַח
וְתִמְחֹל לוֹ עַל כָּל פְּשָׁעָיו, כִּי אָדָם אֵין צַדִּיק בָּאָרֶץ אֲשֶׁר יַעֲשֶׂה־ קהלת ז
טּוֹב וְלֹא יֶחֱטָא: וּזְכֹר לוֹ זְכֻיּוֹתָיו וְצִדְקוֹתָיו אֲשֶׁר עָשָׂה, וְתַשְׁפִּיעַ לוֹ
מִנִּשְׁמָתוֹ לְדַשֵּׁן עַצְמוֹתָיו בַּקֶּבֶר מֵרֹב טוּב הַצָּפוּן לַצַּדִּיקִים, דִּכְתִיב:
מָה רַב טוּבְךָ אֲשֶׁר־צָפַנְתָּ לִּירֵאֶיךָ: וּכְתִיב: שֹׁמֵר כָּל עַצְמוֹתָיו אַחַת תהלים לא / תהלים לד
מֵהֵנָּה לֹא נִשְׁבָּרָה: וְיִשְׁכֹּן בֶּטַח בָּדָד וְשַׁאֲנַן מִפַּחַד רָעָה, וְאַל יִרְאֶה משלי א
פְּנֵי גֵיהִנֹּם. וְנִשְׁמָתוֹ תְּהֵא צְרוּרָה בִּצְרוֹר הַחַיִּים וּלְהַחֲיוֹתוֹ בִּתְחִיַּת
הַמֵּתִים עִם כָּל מֵתֵי עַמְּךָ יִשְׂרָאֵל בְּרַחֲמִים, אָמֵן.

לנפטרת:

אָנָּא יהוה מָלֵא רַחֲמִים, אֲשֶׁר בְּיָדְךָ נֶפֶשׁ כָּל חָי וְרוּחַ כָּל בְּשַׂר
אִישׁ, יִהְיֶה נָא לְרָצוֹן לְפָנֶיךָ תּוֹרָתֵנוּ וּתְפִלָּתֵנוּ בַּעֲבוּר נִשְׁמַת
(פלונית בַּת פלוני), וּגְמֹל נָא עִמָּהּ בְּחַסְדְּךָ הַגָּדוֹל לִפְתֹּחַ לָהּ שַׁעֲרֵי רַחֲמִים
וָחֶסֶד וְשַׁעֲרֵי גַּן עֵדֶן, וּתְקַבֵּל אוֹתָהּ בְּאַהֲבָה וּבְחִבָּה, וּשְׁלַח לָהּ
מַלְאָכֶיךָ הַקְּדוֹשִׁים וְהַטְּהוֹרִים לְהוֹלִיכָהּ וּלְהוֹשִׁיבָהּ תַּחַת עֵץ
הַחַיִּים, אֵצֶל נִשְׁמוֹת הַצַּדִּיקִים וְהַצִּדְקָנִיּוֹת, חֲסִידִים וַחֲסִידוֹת,
לֵהָנוֹת מִזִּיו שְׁכִינָתְךָ, לְהַשְׂבִּיעָהּ מִטּוּבְךָ הַצָּפוּן לַצַּדִּיקִים. וְהַגּוּף
יָנוּחַ בַּקֶּבֶר בִּמְנוּחָה נְכוֹנָה, בְּחֶדְוָה וּבְשִׂמְחָה וְשָׁלוֹם, כִּדְכְתִיב:
יָבוֹא שָׁלוֹם יָנוּחוּ עַל־מִשְׁכְּבוֹתָם הֹלֵךְ נְכֹחוֹ: וּכְתִיב: יַעְלְזוּ חֲסִידִים תהלים נז / תהלים קמט
בְּכָבוֹד יְרַנְּנוּ עַל־מִשְׁכְּבוֹתָם: וּכְתִיב: אִם־תִּשְׁכַּב לֹא־תִפְחָד משלי ג
וְשָׁכַבְתָּ וְעָרְבָה שְׁנָתֶךָ: וְתִשְׁמֹר אוֹתָהּ מֵחִבּוּט הַקֶּבֶר וּמֵרִמָּה
וְתוֹלֵעָה, וְתִסְלַח וְתִמְחֹל לָהּ עַל כָּל פְּשָׁעֶיהָ, כִּי אָדָם אֵין צַדִּיק קהלת ז
בָּאָרֶץ אֲשֶׁר יַעֲשֶׂה־טּוֹב וְלֹא יֶחֱטָא: וּזְכֹר לָהּ זְכֻיּוֹתֶיהָ וְצִדְקוֹתֶיהָ

אֲשֶׁר עָשְׂתָה, וְתַשְׁפִּיעַ לָהּ מִנִּשְׁמָתָהּ לְדַשֵּׁן עַצְמוֹתֶיהָ בַּקֶּבֶר מֵרֹב
תהלים לא טוּב הַצָּפוּן לַצַּדִּיקִים, דִּכְתִיב: מָה רַב טוּבְךָ אֲשֶׁר־צָפַנְתָּ לִּירֵאֶיךָ:
תהלים לד וּכְתִיב: שֹׁמֵר כָּל עַצְמוֹתָיו אַחַת מֵהֵנָּה לֹא נִשְׁבָּרָה: וְיִשְׁכֹּן בֶּטַח
משלי א בָּדָד וְשַׁאֲנַן מִפַּחַד רָעָה, וְאַל תִּרְאֶה פְּנֵי גֵיהִנּוֹם. וְנִשְׁמָתָהּ תְּהֵא
צְרוּרָה בִּצְרוֹר הַחַיִּים וּלְהַחֲיוֹתָהּ בִּתְחִיַּת הַמֵּתִים עִם כָּל מֵתֵי
עַמְּךָ יִשְׂרָאֵל בְּרַחֲמִים, אָמֵן.

אם יש מניין אומרים קדיש:

קדיש יתום

אבל: יִתְגַּדַּל וְיִתְקַדַּשׁ שְׁמֵהּ רַבָּא (קהל: אָמֵן)
בְּעָלְמָא דִּי בְרָא כִרְעוּתֵהּ
וְיַמְלִיךְ מַלְכוּתֵהּ וְיַצְמַח פֻּרְקָנֵהּ וִיקָרֵב מְשִׁיחֵהּ (קהל: אָמֵן)
בְּחַיֵּיכוֹן וּבְיוֹמֵיכוֹן וּבְחַיֵּי דְכָל בֵּית יִשְׂרָאֵל
בַּעֲגָלָא וּבִזְמַן קָרִיב, וְאִמְרוּ אָמֵן. (קהל: אָמֵן)

קהל ואבל: יְהֵא שְׁמֵהּ רַבָּא מְבָרַךְ לְעָלַם וּלְעָלְמֵי עָלְמַיָּא.

אבל: יִתְבָּרַךְ וְיִשְׁתַּבַּח וְיִתְפָּאַר וְיִתְרוֹמַם וְיִתְנַשֵּׂא
וְיִתְהַדָּר וְיִתְעַלֶּה וְיִתְהַלָּל
שְׁמֵהּ דְּקֻדְשָׁא בְּרִיךְ הוּא (קהל: אָמֵן)
לְעֵלָּא מִן כָּל בִּרְכָתָא
/בעשרת ימי תשובה: לְעֵלָּא לְעֵלָּא מִכָּל בִּרְכָתָא/
וְשִׁירָתָא, תֻּשְׁבְּחָתָא וְנֶחֱמָתָא
דַּאֲמִירָן בְּעָלְמָא, וְאִמְרוּ אָמֵן. (קהל: אָמֵן)

יְהֵא שְׁלָמָא רַבָּא מִן שְׁמַיָּא
וְחַיִּים טוֹבִים עָלֵינוּ וְעַל כָּל יִשְׂרָאֵל, וְאִמְרוּ אָמֵן. (קהל: אָמֵן)

כורע ופוסע שלוש פסיעות לאחור. קד לשמאל, לימין ולפנים באמירת:

עֹשֶׂה שָׁלוֹם / בעשרת ימי תשובה: **הַשָּׁלוֹם**/ **בִּמְרוֹמָיו**
הוּא יַעֲשֶׂה שָׁלוֹם
עָלֵינוּ וְעַל כָּל יִשְׂרָאֵל, וְאִמְרוּ אָמֵן. (קהל: אָמֵן)

בימים שאין אומרים בהם תחנון יש הנוהגים שלא לומר תפילה זו:

לנפטר

אֵל מָלֵא רַחֲמִים, שׁוֹכֵן בַּמְּרוֹמִים, הַמְצֵא מְנוּחָה נְכוֹנָה עַל כַּנְפֵי הַשְּׁכִינָה, בְּמַעֲלוֹת קְדוֹשִׁים וּטְהוֹרִים, כְּזֹהַר הָרָקִיעַ מַזְהִירִים, אֶת נִשְׁמַת (פלוני בֶּן פלוני) **שֶׁהָלַךְ לְעוֹלָמוֹ, בַּעֲבוּר שֶׁבְּלִי נֶדֶר אֶתֵּן צְדָקָה בְּעַד הַזְכָּרַת נִשְׁמָתוֹ (ויש אומרים במקום: בַּעֲבוּר שֶׁאָנוּ מִתְפַּלְּלִים לְעִלּוּי נִשְׁמָתוֹ) בְּגַן עֵדֶן תְּהֵא מְנוּחָתוֹ. לָכֵן בַּעַל הָרַחֲמִים יַסְתִּירֵהוּ בְּסֵתֶר כְּנָפָיו לְעוֹלָמִים, וְיִצְרֹר בִּצְרוֹר הַחַיִּים אֶת נִשְׁמָתוֹ. יהוה הוּא נַחֲלָתוֹ, וְיָנוּחַ בְּשָׁלוֹם עַל מִשְׁכָּבוֹ, וְנֹאמַר אָמֵן.**

לנפטרת

אֵל מָלֵא רַחֲמִים, שׁוֹכֵן בַּמְּרוֹמִים, הַמְצֵא מְנוּחָה נְכוֹנָה עַל כַּנְפֵי הַשְּׁכִינָה, בְּמַעֲלוֹת קְדוֹשִׁים וּטְהוֹרִים, כְּזֹהַר הָרָקִיעַ מַזְהִירִים, אֶת נִשְׁמַת (פלונית בַּת פלוני) **שֶׁהָלְכָה לְעוֹלָמָהּ, בַּעֲבוּר שֶׁבְּלִי נֶדֶר אֶתֵּן צְדָקָה בְּעַד הַזְכָּרַת נִשְׁמָתָהּ (ויש אומרים במקום: בַּעֲבוּר שֶׁאָנוּ מִתְפַּלְּלִים לְעִלּוּי נִשְׁמָתָהּ) בְּגַן עֵדֶן תְּהֵא מְנוּחָתָהּ. לָכֵן בַּעַל הָרַחֲמִים יַסְתִּירֶהָ בְּסֵתֶר כְּנָפָיו לְעוֹלָמִים, וְיִצְרֹר בִּצְרוֹר הַחַיִּים אֶת נִשְׁמָתָהּ. יהוה הוּא נַחֲלָתָהּ, וְתָנוּחַ בְּשָׁלוֹם עַל מִשְׁכָּבָהּ, וְנֹאמַר אָמֵן.**

בעת עזיבת הקבר נהוג להניח על המצבה אבן קטנה. יש בכך כעין השתתפות בקבורה ועדות שאנשים פוקדים את הקבר.

ביציאה מבית הקברות נוטלים ידיים.

סדר הלימוד ל׳יום השנה׳ (יארצייט)

מנהג ותיק הוא ללמוד משניות לעילוי נשמת נפטרים. ויש שנוהגים ב׳יום השנה׳ ללמוד פרקי משנה המתחילים באותיות של שם הנפטר, ולהוסיף עליהם את פרק כ״ד במסכת כלים ואת פרק ז במסכת מקוואות.

ויש שנוהגים ללמוד שני פרקים אלו בכל יום במהלך שנת האבלות הראשונה.

מסכת כלים פרק עשרים וארבעה

למשניות בפרק זה תבנית קבועה, וכל משנה מסיימת במילים ׳טָהוֹר (או טְהוֹרָה) מִכְּלוּם׳. הפרק כולו מסתיים במילים ׳בֵּין מִבִּפְנִים בֵּין מִבַּחוּץ, טָהוֹר׳.

א שְׁלֹשָׁה תְרִיסִין הֵם. תְּרִיס הַכָּפוּף, טָמֵא מִדְרָס. וְשֶׁמְּשַׂחֲקִין בּוֹ בַּקֻּנְפּוֹן,
טָמֵא טְמֵא מֵת. וְדִיצַת הָעַרְבִיִּין טְהוֹרָה מִכְּלוּם.

ב שָׁלֹשׁ עֲגָלוֹת הֵם. הָעֲשׂוּיָה כְּקַתֶּדְרָא, טְמֵאָה מִדְרָס. כְּמִטָּה, טְמֵאָה טְמֵא
מֵת. וְשֶׁל אֲבָנִים, טְהוֹרָה מִכְּלוּם.

ג שָׁלֹשׁ עֲרֵבוֹת הֵן. עֲרֵבָה מִשְּׁנֵי לֹג וְעַד תִּשְׁעָה קַבִּין שֶׁנִּסְדְּקָה, טְמֵאָה מִדְרָס.
שְׁלֵמָה, טְמֵאָה טְמֵא מֵת. וְהַבָּאָה בְמִדָּה, טְהוֹרָה מִכְּלוּם.

ד שָׁלֹשׁ תֵּבוֹת הֵן. תֵּבָה שֶׁפִּתְחָהּ מִצִּדָּהּ, טְמֵאָה מִדְרָס. מִלְמַעְלָן, טְמֵאָה
טְמֵא מֵת. וְהַבָּאָה בְמִדָּה, טְהוֹרָה מִכְּלוּם.

ה שְׁלֹשָׁה תַּרְבּוּסִין הֵן. שֶׁל סַפָּרִין, טָמֵא מִדְרָס. שֶׁאוֹכְלִין עָלָיו, טָמֵא טְמֵא
מֵת. וְשֶׁל זֵיתִים, טָהוֹר מִכְּלוּם.

ו שָׁלֹשׁ בְּסִיסִיּוֹת הֵן. שֶׁלִּפְנֵי הַמִּטָּה וְשֶׁלִּפְנֵי סוֹפְרִים, טְמֵאָה מִדְרָס. וְשֶׁל
דֻּלְפְּקִי, טְמֵאָה טְמֵא מֵת. וְשֶׁל מִגְדָּל, טְהוֹרָה מִכְּלוּם.

ז שָׁלֹשׁ פִּנְקְסָיוֹת הֵן. הָאֲפִיפוֹרִין, טְמֵאָה מִדְרָס. וְשֶׁיֵּשׁ בָּהּ בֵּית קִבּוּל שַׁעֲוָה,
טְמֵאָה טְמֵא מֵת. וַחֲלָקָה, טְהוֹרָה מִכְּלוּם.

ח שָׁלֹשׁ מִטּוֹת הֵן. הָעֲשׂוּיָה לִשְׁכִיבָה, טְמֵאָה מִדְרָס. שֶׁל זַגָּגִין, טְמֵאָה טְמֵא
מֵת. וְשֶׁל סָרָגִין, טְהוֹרָה מִכְּלוּם.

ט שָׁלֹשׁ מַשְׁפֵּלוֹת הֵן. שֶׁל זֶבֶל, טְמֵאָה מִדְרָס. שֶׁל תֶּבֶן, טְמֵאָה טְמֵא מֵת.
וְהַפַּחְלֶץ שֶׁל גְּמַלִּים, טָהוֹר מִכְּלוּם.

י שְׁלֹשָׁה מַפָּצִים הֵן. הָעֲשׂוּיָה לִישִׁיבָה, טְמֵאָה מִדְרָס. שֶׁל צַבָּעִין, טָמֵא טְמֵא
מֵת. וְשֶׁל גִּתּוֹת טָהוֹר מִכְּלוּם.

יא שָׁלֹשׁ חֲמָתוֹת וְשָׁלֹשׁ תּוּרְמְלִין הֵן. הַמְקַבְּלִין כַּשִּׁעוּר, טְמֵאִין מִדְרָס. וְשֶׁאֵינָן
מְקַבְּלִין כַּשִּׁעוּר, טְמֵאִין טְמֵא מֵת. וְשֶׁל עוֹר הַדָּג, טָהוֹר מִכְּלוּם.

יב שְׁלשָׁה עוֹרוֹת הֵן. הֶעָשׂוּי לְשָׁטִיחַ, טָמֵא מִדְרָס. לְתַכְרִיךְ הַכֵּלִים, טָמֵא
טְמֵא מֵת. וְשֶׁל רְצוּעוֹת וְשֶׁל סַנְדָּלִים, טְהוֹרָה מִכְּלוּם.

יג שְׁלשָׁה סְדִינִין הֵן. הֶעָשׂוּי לִשְׁכִיבָה, טָמֵא מִדְרָס. לְוִילוֹן, טָמֵא טְמֵא מֵת,
וְשֶׁל צוּרוֹת, טָהוֹר מִכְּלוּם.

יד שָׁלשׁ מִטְפָּחוֹת הֵן. שֶׁל יָדַיִם, טְמֵאָה מִדְרָס. שֶׁל סְפָרִין, טְמֵאָה טְמֵא מֵת
וְשֶׁל תַּכְרִיךְ (וְשֶׁל) נִבְלֵי בְּנֵי לֵוִי, טְהוֹרָה מִכְּלוּם.

טו שְׁלשָׁה פְרַקְלִינִין הֵן. שֶׁל צַדֵּי חַיָּה וָעוֹף, טָמֵא מִדְרָס. שֶׁל חֲגָבִין, טָמֵא טְמֵא
מֵת. וְשֶׁל קַיָּצִין, טָהוֹר מִכְּלוּם.

טז שָׁלשׁ סְבָכוֹת הֵן. שֶׁל יַלְדָּה, טְמֵאָה טֻמְאַת מִדְרָס. שֶׁל זְקֵנָה, טְמֵאָה טְמֵא
מֵת. וְשֶׁל יוֹצֵאת לַחוּץ, טְהוֹרָה מִכְּלוּם.

יז שָׁלשׁ קֻפּוֹת הֵן. מְהוּהָה שֶׁטְּלָיָהּ עַל הַבְּרִיָּה, הוֹלְכִין אַחַר הַבְּרִיָּה. קְטַנָּה
עַל הַגְּדוֹלָה, הוֹלְכִין אַחַר הַגְּדוֹלָה. הָיוּ שָׁווֹת, הוֹלְכִין אַחַר הַפְּנִימִית. רַבִּי
שִׁמְעוֹן אוֹמֵר, כַּף מֹאזְנַיִם שֶׁטְּלָיָהּ עַל שׁוּלֵי הַמֵּיחַם מִבִּפְנִים, טָמֵא. מִבַּחוּץ,
טָהוֹר. טְלָיָהּ עַל צִדָּהּ, בֵּין מִבִּפְנִים בֵּין מִבַּחוּץ, טָהוֹר.

מסכת מקוואות פרק שביעי

ראשי התיבות של ארבע המשניות האחרונות בפרק זה הם 'נשמה'.

א יֵשׁ מַעֲלִין אֶת הַמִּקְוֶה וְלֹא פוֹסְלִין, פּוֹסְלִין וְלֹא מַעֲלִין, לֹא מַעֲלִין וְלֹא
פוֹסְלִין. אֵלּוּ מַעֲלִין וְלֹא פוֹסְלִין, הַשֶּׁלֶג, וְהַבָּרָד, וְהַכְּפוֹר, וְהַגְּלִיד, וְהַמֶּלַח,
וְהַטִּיט הַנָּרוֹק. אָמַר רַבִּי עֲקִיבָא, הָיָה רַבִּי יִשְׁמָעֵאל דָּן כְּנֶגְדִּי לוֹמַר, הַשֶּׁלֶג
אֵינוֹ מַעֲלֶה אֶת הַמִּקְוֶה. וְהֵעִידוּ אַנְשֵׁי מֵידְבָא מִשְּׁמוֹ שֶׁאָמַר לָהֶם, צְאוּ
וְהָבִיאוּ שֶׁלֶג וַעֲשׂוּ מִקְוֶה בַּתְּחִלָּה. רַבִּי יוֹחָנָן בֶּן נוּרִי אוֹמֵר, אֶבֶן הַבָּרָד,
כַּמַּיִם. כֵּיצַד מַעֲלִין וְלֹא פוֹסְלִין, מִקְוֶה שֶׁיֵּשׁ בּוֹ אַרְבָּעִים סְאָה חָסֵר אַחַת,
נָפַל מֵהֶם סְאָה לְתוֹכוֹ וְהֶעֱלָהוּ, נִמְצְאוּ מַעֲלִין וְלֹא פוֹסְלִין.

ב אֵלּוּ פוֹסְלִין וְלֹא מַעֲלִין, הַמַּיִם בֵּין טְמֵאִים בֵּין טְהוֹרִים, וּמֵי כְבָשִׁים וּמֵי
שְׁלָקוֹת, וְהַתֶּמֶד עַד שֶׁלֹּא הֶחְמִיץ. כֵּיצַד פּוֹסְלִין וְלֹא מַעֲלִין, מִקְוֶה שֶׁיֵּשׁ
בּוֹ אַרְבָּעִים סְאָה חָסֵר קֻרְטוֹב וְנָפַל מֵהֶן קֻרְטוֹב לְתוֹכוֹ, לֹא הֶעֱלָהוּ, פּוֹסְלוֹ
בִּשְׁלשָׁה לֻגִּין. אֲבָל שְׁאָר הַמַּשְׁקִין, וּמֵי פֵרוֹת, וְהַצִּיר, וְהַמֻּרְיָס, וְהַתֶּמֶד
מִשֶּׁהֶחְמִיץ, פְּעָמִים מַעֲלִין וּפְעָמִים שֶׁאֵינָן מַעֲלִין. כֵּיצַד, מִקְוֶה שֶׁיֵּשׁ בּוֹ

אַרְבָּעִים סְאָה חָסֵר אַחַת, נָפַל לְתוֹכוֹ סְאָה מֵהֶם, לֹא הֶעֱלָהוּ. הָיוּ בוֹ
אַרְבָּעִים סְאָה, נָתַן סְאָה וְנָטַל סְאָה, הֲרֵי זֶה כָּשֵׁר.

ג הֵדִיחַ בּוֹ סַלֵּי זֵיתִים וְסַלֵּי עֲנָבִים, וְשִׁנּוּ אֶת מַרְאָיו, כָּשֵׁר. רַבִּי יוֹסֵי אוֹמֵר, מֵי
הַצֶּבַע פּוֹסְלִין אוֹתוֹ בִּשְׁלֹשָׁה לֻגִּין, וְאֵינָן פּוֹסְלִין אוֹתוֹ בְּשִׁנּוּי מַרְאֶה. נָפַל
לְתוֹכוֹ יַיִן וּמֹחַל, וְשִׁנּוּ אֶת מַרְאָיו, פָּסוּל. כֵּיצַד יַעֲשֶׂה, יַמְתִּין לוֹ עַד שֶׁיֵּרְדוּ
גְשָׁמִים וְיַחְזְרוּ מַרְאֵיהֶן לְמַרְאֵה הַמַּיִם. הָיוּ בוֹ אַרְבָּעִים סְאָה, מְמַלֵּא בַּכָּתֵף
וְנוֹתֵן לְתוֹכוֹ עַד שֶׁיַּחְזְרוּ מַרְאֵיהֶן לְמַרְאֵה הַמָּיִם.

ד נָפַל לְתוֹכוֹ יַיִן אוֹ מֹחַל וְשִׁנּוּ מִקְצָת מַרְאָיו, אִם אֵין בּוֹ מַרְאֵה מַיִם אַרְבָּעִים
סְאָה, הֲרֵי זֶה לֹא יִטְבּוֹל בּוֹ.

ה שְׁלֹשָׁה לֻגִּין מַיִם, וְנָפַל לְתוֹכָן קֹרְטוֹב יַיִן, וַהֲרֵי מַרְאֵיהֶן כְּמַרְאֵה הַיַּיִן, וְנָפְלוּ
לַמִּקְוֶה, לֹא פְסָלוּהוּ. שְׁלֹשָׁה לֻגִּין מַיִם חָסֵר קֹרְטוֹב, וְנָפַל לְתוֹכָן קֹרְטוֹב
חָלָב, וַהֲרֵי מַרְאֵיהֶן כְּמַרְאֵה הַמַּיִם, וְנָפְלוּ לַמִּקְוֶה, לֹא פְסָלוּהוּ. רַבִּי יוֹחָנָן
בֶּן נוּרִי אוֹמֵר, הַכֹּל הוֹלֵךְ אַחַר הַמַּרְאֶה.

ו מִקְוֶה שֶׁיֵּשׁ בּוֹ אַרְבָּעִים סְאָה מְכֻוָּנוֹת, יָרְדוּ שְׁנַיִם וְטָבְלוּ זֶה אַחַר זֶה,
הָרִאשׁוֹן טָהוֹר וְהַשֵּׁנִי טָמֵא. רַבִּי יְהוּדָה אוֹמֵר, אִם הָיוּ רַגְלָיו שֶׁל רִאשׁוֹן
נוֹגְעוֹת בַּמַּיִם, אַף הַשֵּׁנִי טָהוֹר. הִטְבִּיל בּוֹ אֶת הַסָּגוֹס וְהֶעֱלָהוּ, מִקְצָתוֹ
נוֹגֵעַ בַּמַּיִם, טָהוֹר. הַכַּר וְהַכֶּסֶת שֶׁל עוֹר, כֵּיוָן שֶׁהִגְבִּיהַּ שִׂפְתוֹתֵיהֶם מִן
הַמַּיִם, הַמַּיִם שֶׁבְּתוֹכָן שְׁאוּבִין. כֵּיצַד יַעֲשֶׂה, מַטְבִּילָן וּמַעֲלֶה אוֹתָם דֶּרֶךְ
שׁוּלֵיהֶם.

ז הִטְבִּיל בּוֹ אֶת הַמִּטָּה, אַף עַל פִּי שֶׁרַגְלֶיהָ שׁוֹקְעוֹת בַּטִּיט הֶעָבֶה, טְהוֹרָה,
מִפְּנֵי שֶׁהַמַּיִם מְקַדְּמִין. מִקְוֶה שֶׁמֵּימָיו מְרֻדָּדִין, כּוֹבֵשׁ אֲפִלּוּ חֲבִלֵי עֵצִים,
אֲפִלּוּ חֲבִילֵי קָנִים, כְּדֵי שֶׁיִּתְפְּחוּ הַמַּיִם, וְיוֹרֵד וְטוֹבֵל. מַחַט שֶׁהִיא נְתוּנָה
עַל מַעֲלוֹת הַמְּעָרָה, הָיָה מוֹלִיךְ וּמֵבִיא בַּמַּיִם, כֵּיוָן שֶׁעָבַר עָלֶיהָ הַגַּל,
טְהוֹרָה.

מכות כג: רַבִּי חֲנַנְיָא בֶּן עֲקַשְׁיָא אוֹמֵר: רָצָה הַקָּדוֹשׁ בָּרוּךְ הוּא לְזַכּוֹת אֶת יִשְׂרָאֵל,
ישעיה מב לְפִיכָךְ הִרְבָּה לָהֶם תּוֹרָה וּמִצְוֹת. שֶׁנֶּאֱמַר: יהוה חָפֵץ לְמַעַן צִדְקוֹ, יַגְדִּיל תּוֹרָה
וְיַאְדִּיר:

ואם יש מניין, מוסיפים:

קדיש דרבנן

אבל: יִתְגַּדַּל וְיִתְקַדַּשׁ שְׁמֵהּ רַבָּא (קהל: אָמֵן)
בְּעָלְמָא דִּי בְרָא כִרְעוּתֵהּ
וְיַמְלִיךְ מַלְכוּתֵהּ וְיַצְמַח פֻּרְקָנֵהּ וִיקָרֵב מְשִׁיחֵהּ (קהל: אָמֵן)
בְּחַיֵּיכוֹן וּבְיוֹמֵיכוֹן וּבְחַיֵּי דְכָל בֵּית יִשְׂרָאֵל
בַּעֲגָלָא וּבִזְמַן קָרִיב, וְאִמְרוּ אָמֵן. (קהל: אָמֵן)

קהל ואבל: יְהֵא שְׁמֵהּ רַבָּא מְבָרַךְ לְעָלַם וּלְעָלְמֵי עָלְמַיָּא.

אבל: יִתְבָּרַךְ וְיִשְׁתַּבַּח וְיִתְפָּאַר וְיִתְרוֹמַם וְיִתְנַשֵּׂא
וְיִתְהַדָּר וְיִתְעַלֶּה וְיִתְהַלָּל
שְׁמֵהּ דְּקֻדְשָׁא בְּרִיךְ הוּא (קהל: אָמֵן)
לְעֵלָּא מִן כָּל בִּרְכָתָא
/בשבת שובה: לְעֵלָּא לְעֵלָּא מִכָּל בִּרְכָתָא/
וְשִׁירָתָא, תֻּשְׁבְּחָתָא וְנֶחֱמָתָא
דַּאֲמִירָן בְּעָלְמָא, וְאִמְרוּ אָמֵן. (קהל: אָמֵן)

עַל יִשְׂרָאֵל וְעַל רַבָּנָן
וְעַל תַּלְמִידֵיהוֹן וְעַל כָּל תַּלְמִידֵי תַלְמִידֵיהוֹן
וְעַל כָּל מָאן דְּעָסְקִין בְּאוֹרַיְתָא
דִּי בְּאַתְרָא (בארץ ישראל: קַדִּישָׁא) הָדֵין וְדִי בְּכָל אֲתַר וַאֲתַר
יְהֵא לְהוֹן וּלְכוֹן שְׁלָמָא רַבָּא
חִנָּא וְחִסְדָּא, וְרַחֲמֵי, וְחַיֵּי אֲרִיכֵי, וּמְזוֹנֵי רְוִיחֵי
וּפֻרְקָנָא מִן קֳדָם אֲבוּהוֹן דִּי בִשְׁמַיָּא וְאַרְעָא
וְאִמְרוּ אָמֵן. (קהל: אָמֵן)

יְהֵא שְׁלָמָא רַבָּא מִן שְׁמַיָּא
וְחַיִּים טוֹבִים עָלֵינוּ וְעַל כָּל יִשְׂרָאֵל
וְאִמְרוּ אָמֵן. (קהל: אָמֵן)

כורע ופוסע שלוש פסיעות לאחור. קד לשמאל, לימין ולפנים באמירת:

עֹשֶׂה שָׁלוֹם/ בשבת שובה: **הַשָּׁלוֹם/ בִּמְרוֹמָיו**
הוּא בְּרַחֲמָיו יַעֲשֶׂה שָׁלוֹם, עָלֵינוּ וְעַל כָּל יִשְׂרָאֵל
וְאִמְרוּ אָמֵן. (קהל: אָמֵן)

רשימת פרקי משניות לפי האות שבה הם מתחילים:

א: ברכות ה, ח; פאה א; שבת ט, טו; יבמות ג, ו; בבא קמא א; בבא מציעא ב; זבחים ה; חולין ג, ה; מקוואות ח, ט. **ב:** פאה ו; שביעית ד, ה; שבת ב, ד, ה, ו; יבמות יג; כתובות א; סנהדרין ח; אבות ד, ה; חולין ד; זבחים ד; ידים ד; נדה ד, ו. **ג:** פאה ה; בבא בתרא י; חולין ז; נגעים ו. **ד:** סנהדרין א, ג; זבחים יא; כריתות ה; נדה ז. **ה:** ברכות ב, ט; פאה ד; שבת ח, י, יא, יב; יבמות ד, ו, ח, י, טו, טז; בבא קמא ג, ו, ח, ט, י; חולין א, ב, ט, י; מקוואות ב, ד; ידיים ג. **ו:** דמאי ב; מועד קטן ג; נדרים ב, יא; סנהדרין ט; מכות ג; תמורה ד; מעילה ג. **ז:** טהרות ט; מכשירין ב; עוקצין ב. **ח:** תרומות א; חלה א; שבת כב; עירובין ו; יבמות א, יד; בבא בתרא ג; זבחים ז; מעילה ב; פרה ז. **ט:** יומא ד; זבחים יב; כלים יב. **י:** ביכורים א; שבת א; יומא ח; יבמות ט; בבא בתרא ח; שבועות ב; בכורות ח; תמורה ב, ז; מקוואות ז; נדה ה. **כ:** ברכות ו; פאה ז; שבת ג, ז, טו, יז; יבמות ב; גיטין ג; בבא קמא ב; סנהדרין ב, י; זבחים א, ב, ג, ח, י; נדה ב; מקוואות ו, י. **ל:** מעשר שני ג; סוכה ג, ד; בבא בתרא ב; עבודה זרה א; תמיד ד. **מ:** ברכות א, ג; פאה ג, ה; שבת יח, כד; עירובין א, ד; יבמות יב; כתובות ו, י; בבא קמא ז; בבא בתרא ט; אבות א; בכורות ז, ט; מקוואות ה; ידיים א. **נ:** שבת כא; יבמות יא; כתובות ד; סנהדרין ו; אהלות יב; ידיים ב. **ס:** תרומות ה; סוכה א; תענית ב, ג; כריתות ד; כלים כו. **ע:** כלאים ג; שביעית א, ב; עירובין ב; פסחים י; קידושין ד; סוטה ט; אבות ג; בכורות ד, ז; נגעים יג. **פ:** חלה ב; זבחים יד; מדות ד; פרה ד. **צ:** פרה ט, יא. **ק:** כלאים ד; נדרים ה; זבחים ו; מעילה א, ד; קנים ב. **ר:** שבת יג, יט, כ; ראש השנה ג; יבמות ה; נדרים ט; עבודה זרה ד; אבות ב; מנחות י; חולין יא; פרה א, ב; מקוואות ג. **ש:** ברכות ז; שביעית ו, י; שבת יד, כג; יומא א, ו; כתובות יג; נזיר ו, ח; בבא קמא ד, ה; בבא מציעא א; מנחות ט, יא; חולין יג; פרה ג, ח; כלים כד.
ת: ברכות ד; פסחים ה; כלים ה; אהלות ה; נדה י.

קריאת התורה

קריאת התורה לימי שני וחמישי ובמנחה של שבת

בראשית

בראשית א,א–כג
בְּרֵאשִׁ֖ית בָּרָ֣א אֱלֹהִ֑ים אֵ֥ת הַשָּׁמַ֖יִם וְאֵ֥ת הָאָֽרֶץ׃ וְהָאָ֗רֶץ הָיְתָ֥ה תֹ֙הוּ֙ וָבֹ֔הוּ
וְחֹ֖שֶׁךְ עַל־פְּנֵ֣י תְה֑וֹם וְר֣וּחַ אֱלֹהִ֔ים מְרַחֶ֖פֶת עַל־פְּנֵ֥י הַמָּֽיִם׃ וַיֹּ֥אמֶר אֱלֹהִ֖ים
יְהִ֣י א֑וֹר וַֽיְהִי־אֽוֹר׃ וַיַּ֧רְא אֱלֹהִ֛ים אֶת־הָא֖וֹר כִּי־ט֑וֹב וַיַּבְדֵּ֣ל אֱלֹהִ֔ים בֵּ֥ין הָא֖וֹר
וּבֵ֥ין הַחֹֽשֶׁךְ׃ וַיִּקְרָ֨א אֱלֹהִ֤ים ׀ לָאוֹר֙ י֔וֹם וְלַחֹ֖שֶׁךְ קָ֣רָא לָ֑יְלָה וַֽיְהִי־עֶ֥רֶב וַֽיְהִי־
בֹ֖קֶר י֥וֹם אֶחָֽד׃

לוי
וַיֹּ֣אמֶר אֱלֹהִ֔ים יְהִ֥י רָקִ֖יעַ בְּת֣וֹךְ הַמָּ֑יִם וִיהִ֣י מַבְדִּ֔יל בֵּ֥ין מַ֖יִם לָמָֽיִם׃ וַיַּ֣עַשׂ
אֱלֹהִים֮ אֶת־הָרָקִיעַ֒ וַיַּבְדֵּ֗ל בֵּ֤ין הַמַּ֙יִם֙ אֲשֶׁר֙ מִתַּ֣חַת לָרָקִ֔יעַ וּבֵ֣ין הַמַּ֔יִם אֲשֶׁ֖ר
מֵעַ֣ל לָרָקִ֑יעַ וַֽיְהִי־כֵֽן׃ וַיִּקְרָ֧א אֱלֹהִ֛ים לָֽרָקִ֖יעַ שָׁמָ֑יִם וַֽיְהִי־עֶ֥רֶב וַֽיְהִי־בֹ֖קֶר
י֥וֹם שֵׁנִֽי׃

ישראל
וַיֹּ֣אמֶר אֱלֹהִ֗ים יִקָּו֨וּ הַמַּ֜יִם מִתַּ֤חַת הַשָּׁמַ֙יִם֙ אֶל־מָק֣וֹם אֶחָ֔ד וְתֵרָאֶ֖ה הַיַּבָּשָׁ֑ה
וַֽיְהִי־כֵֽן׃ וַיִּקְרָ֨א אֱלֹהִ֤ים ׀ לַיַּבָּשָׁה֙ אֶ֔רֶץ וּלְמִקְוֵ֥ה הַמַּ֖יִם קָרָ֣א יַמִּ֑ים וַיַּ֥רְא
אֱלֹהִ֖ים כִּי־טֽוֹב׃ וַיֹּ֣אמֶר אֱלֹהִ֗ים תַּֽדְשֵׁ֤א הָאָ֙רֶץ֙ דֶּ֠שֶׁא עֵ֚שֶׂב מַזְרִ֣יעַ זֶ֔רַע עֵ֣ץ
פְּרִ֞י עֹ֤שֶׂה פְּרִי֙ לְמִינ֔וֹ אֲשֶׁ֥ר זַרְעוֹ־ב֖וֹ עַל־הָאָ֑רֶץ וַֽיְהִי־כֵֽן׃ וַתּוֹצֵ֨א הָאָ֜רֶץ דֶּ֠שֶׁא
עֵ֣שֶׂב מַזְרִ֤יעַ זֶ֙רַע֙ לְמִינֵ֔הוּ וְעֵ֥ץ עֹֽשֶׂה־פְּרִ֛י אֲשֶׁ֥ר זַרְעוֹ־ב֖וֹ לְמִינֵ֑הוּ וַיַּ֥רְא אֱלֹהִ֖ים
כִּי־טֽוֹב׃ וַֽיְהִי־עֶ֥רֶב וַֽיְהִי־בֹ֖קֶר י֥וֹם שְׁלִישִֽׁי׃
וַיֹּ֣אמֶר אֱלֹהִ֗ים יְהִ֤י מְאֹרֹת֙ בִּרְקִ֣יעַ הַשָּׁמַ֔יִם לְהַבְדִּ֕יל בֵּ֥ין הַיּ֖וֹם וּבֵ֣ין הַלָּ֑יְלָה
וְהָי֤וּ לְאֹתֹת֙ וּלְמ֣וֹעֲדִ֔ים וּלְיָמִ֖ים וְשָׁנִֽים׃ וְהָי֤וּ לִמְאוֹרֹת֙ בִּרְקִ֣יעַ הַשָּׁמַ֔יִם לְהָאִ֖יר
עַל־הָאָ֑רֶץ וַֽיְהִי־כֵֽן׃ וַיַּ֣עַשׂ אֱלֹהִ֔ים אֶת־שְׁנֵ֥י הַמְּאֹרֹ֖ת הַגְּדֹלִ֑ים אֶת־הַמָּא֤וֹר
הַגָּדֹל֙ לְמֶמְשֶׁ֣לֶת הַיּ֔וֹם וְאֶת־הַמָּא֤וֹר הַקָּטֹן֙ לְמֶמְשֶׁ֣לֶת הַלַּ֔יְלָה וְאֵ֖ת הַכּוֹכָבִֽים׃
וַיִּתֵּ֥ן אֹתָ֛ם אֱלֹהִ֖ים בִּרְקִ֣יעַ הַשָּׁמָ֑יִם לְהָאִ֖יר עַל־הָאָֽרֶץ׃ וְלִמְשֹׁל֙ בַּיּ֣וֹם וּבַלַּ֔יְלָה
וּֽלֲהַבְדִּ֔יל בֵּ֥ין הָא֖וֹר וּבֵ֣ין הַחֹ֑שֶׁךְ וַיַּ֥רְא אֱלֹהִ֖ים כִּי־טֽוֹב׃ וַֽיְהִי־עֶ֥רֶב וַֽיְהִי־בֹ֖קֶר
י֥וֹם רְבִיעִֽי׃

וַיֹּאמֶר אֱלֹהִים יִשְׁרְצוּ הַמַּיִם שֶׁרֶץ נֶפֶשׁ חַיָּה וְעוֹף יְעוֹפֵף עַל־הָאָרֶץ עַל־פְּנֵי
רְקִיעַ הַשָּׁמָיִם: וַיִּבְרָא אֱלֹהִים אֶת־הַתַּנִּינִם הַגְּדֹלִים וְאֵת כָּל־נֶפֶשׁ הַחַיָּה ׀
הָרֹמֶשֶׂת אֲשֶׁר שָׁרְצוּ הַמַּיִם לְמִינֵהֶם וְאֵת כָּל־עוֹף כָּנָף לְמִינֵהוּ וַיַּרְא אֱלֹהִים
כִּי־טוֹב: וַיְבָרֶךְ אֹתָם אֱלֹהִים לֵאמֹר פְּרוּ וּרְבוּ וּמִלְאוּ אֶת־הַמַּיִם בַּיַּמִּים וְהָעוֹף
יִרֶב בָּאָרֶץ: וַיְהִי־עֶרֶב וַיְהִי־בֹקֶר יוֹם חֲמִישִׁי:

נח

בראשית אֵלֶּה תּוֹלְדֹת נֹחַ נֹחַ אִישׁ צַדִּיק תָּמִים הָיָה בְּדֹרֹתָיו אֶת־הָאֱלֹהִים הִתְהַלֶּךְ־
ו,ט-כב נֹחַ: וַיּוֹלֶד נֹחַ שְׁלֹשָׁה בָנִים אֶת־שֵׁם אֶת־חָם וְאֶת־יָפֶת: וַתִּשָּׁחֵת הָאָרֶץ
לִפְנֵי הָאֱלֹהִים וַתִּמָּלֵא הָאָרֶץ חָמָס: וַיַּרְא אֱלֹהִים אֶת־הָאָרֶץ וְהִנֵּה נִשְׁחָתָה
כִּי־הִשְׁחִית כָּל־בָּשָׂר אֶת־דַּרְכּוֹ עַל־הָאָרֶץ: וַיֹּאמֶר אֱלֹהִים
לְנֹחַ קֵץ כָּל־בָּשָׂר בָּא לְפָנַי כִּי־מָלְאָה הָאָרֶץ חָמָס מִפְּנֵיהֶם וְהִנְנִי מַשְׁחִיתָם
אֶת־הָאָרֶץ: עֲשֵׂה לְךָ תֵּבַת עֲצֵי־גֹפֶר קִנִּים תַּעֲשֶׂה אֶת־הַתֵּבָה וְכָפַרְתָּ אֹתָהּ
מִבַּיִת וּמִחוּץ בַּכֹּפֶר: וְזֶה אֲשֶׁר תַּעֲשֶׂה אֹתָהּ שְׁלֹשׁ מֵאוֹת אַמָּה אֹרֶךְ הַתֵּבָה
חֲמִשִּׁים אַמָּה רָחְבָּהּ וּשְׁלֹשִׁים אַמָּה קוֹמָתָהּ: צֹהַר ׀ תַּעֲשֶׂה לַתֵּבָה וְאֶל־אַמָּה
תְּכַלֶּנָּה מִלְמַעְלָה וּפֶתַח הַתֵּבָה בְּצִדָּהּ תָּשִׂים תַּחְתִּיִּם שְׁנִיִּם וּשְׁלִשִׁים תַּעֲשֶׂהָ:
לוי *וַאֲנִי הִנְנִי מֵבִיא אֶת־הַמַּבּוּל מַיִם עַל־הָאָרֶץ לְשַׁחֵת כָּל־בָּשָׂר אֲשֶׁר־בּוֹ
רוּחַ חַיִּים מִתַּחַת הַשָּׁמָיִם כֹּל אֲשֶׁר־בָּאָרֶץ יִגְוָע: וַהֲקִמֹתִי אֶת־בְּרִיתִי אִתָּךְ
וּבָאתָ אֶל־הַתֵּבָה אַתָּה וּבָנֶיךָ וְאִשְׁתְּךָ וּנְשֵׁי־בָנֶיךָ אִתָּךְ: וּמִכָּל־הָחַי מִכָּל־
ישראל בָּשָׂר שְׁנַיִם מִכֹּל תָּבִיא אֶל־הַתֵּבָה לְהַחֲיֹת אִתָּךְ זָכָר וּנְקֵבָה יִהְיוּ: *מֵהָעוֹף
לְמִינֵהוּ וּמִן־הַבְּהֵמָה לְמִינָהּ מִכֹּל רֶמֶשׂ הָאֲדָמָה לְמִינֵהוּ שְׁנַיִם מִכֹּל יָבֹאוּ
אֵלֶיךָ לְהַחֲיוֹת: וְאַתָּה קַח־לְךָ מִכָּל־מַאֲכָל אֲשֶׁר יֵאָכֵל וְאָסַפְתָּ אֵלֶיךָ וְהָיָה
לְךָ וְלָהֶם לְאָכְלָה: וַיַּעַשׂ נֹחַ כְּכֹל אֲשֶׁר צִוָּה אֹתוֹ אֱלֹהִים כֵּן עָשָׂה:

לך לך

בראשית וַיֹּאמֶר יהוה אֶל־אַבְרָם לֶךְ־לְךָ מֵאַרְצְךָ וּמִמּוֹלַדְתְּךָ וּמִבֵּית אָבִיךָ אֶל־הָאָרֶץ
יב,א-יג אֲשֶׁר אַרְאֶךָּ: וְאֶעֶשְׂךָ לְגוֹי גָּדוֹל וַאֲבָרֶכְךָ וַאֲגַדְּלָה שְׁמֶךָ וֶהְיֵה בְּרָכָה: וַאֲבָרְכָה
לוי מְבָרְכֶיךָ וּמְקַלֶּלְךָ אָאֹר וְנִבְרְכוּ בְךָ כֹּל מִשְׁפְּחֹת הָאֲדָמָה: *וַיֵּלֶךְ אַבְרָם כַּאֲשֶׁר
דִּבֶּר אֵלָיו יהוה וַיֵּלֶךְ אִתּוֹ לוֹט וְאַבְרָם בֶּן־חָמֵשׁ שָׁנִים וְשִׁבְעִים שָׁנָה בְּצֵאתוֹ

מֵחָרָן: וַיִּקַּח אַבְרָם אֶת־שָׂרַי אִשְׁתּוֹ וְאֶת־לוֹט בֶּן־אָחִיו וְאֶת־כָּל־רְכוּשָׁם
אֲשֶׁר רָכָשׁוּ וְאֶת־הַנֶּפֶשׁ אֲשֶׁר־עָשׂוּ בְחָרָן וַיֵּצְאוּ לָלֶכֶת אַרְצָה כְּנַעַן וַיָּבֹאוּ
אַרְצָה כְּנָעַן: וַיַּעֲבֹר אַבְרָם בָּאָרֶץ עַד מְקוֹם שְׁכֶם עַד אֵלוֹן מוֹרֶה וְהַכְּנַעֲנִי
אָז בָּאָרֶץ: וַיֵּרָא יהוה אֶל־אַבְרָם וַיֹּאמֶר לְזַרְעֲךָ אֶתֵּן אֶת־הָאָרֶץ הַזֹּאת וַיִּבֶן
שָׁם מִזְבֵּחַ לַיהוה הַנִּרְאֶה אֵלָיו: וַיַּעְתֵּק מִשָּׁם הָהָרָה מִקֶּדֶם לְבֵית־אֵל וַיֵּט
אָהֳלֹה בֵּית־אֵל מִיָּם וְהָעַי מִקֶּדֶם וַיִּבֶן־שָׁם מִזְבֵּחַ לַיהוה וַיִּקְרָא בְּשֵׁם יהוה:
וַיִּסַּע אַבְרָם הָלוֹךְ וְנָסוֹעַ הַנֶּגְבָּה:
וַיְהִי רָעָב בָּאָרֶץ וַיֵּרֶד אַבְרָם מִצְרַיְמָה לָגוּר שָׁם כִּי־כָבֵד הָרָעָב בָּאָרֶץ: ישראל
וַיְהִי כַּאֲשֶׁר הִקְרִיב לָבוֹא מִצְרָיְמָה וַיֹּאמֶר אֶל־שָׂרַי אִשְׁתּוֹ הִנֵּה־נָא יָדַעְתִּי
כִּי אִשָּׁה יְפַת־מַרְאֶה אָתְּ: וְהָיָה כִּי־יִרְאוּ אֹתָךְ הַמִּצְרִים וְאָמְרוּ אִשְׁתּוֹ זֹאת
וְהָרְגוּ אֹתִי וְאֹתָךְ יְחַיּוּ: אִמְרִי־נָא אֲחֹתִי אָתְּ לְמַעַן יִיטַב־לִי בַעֲבוּרֵךְ וְחָיְתָה
נַפְשִׁי בִּגְלָלֵךְ:

וירא

וַיֵּרָא אֵלָיו יהוה בְּאֵלֹנֵי מַמְרֵא וְהוּא יֹשֵׁב פֶּתַח־הָאֹהֶל כְּחֹם הַיּוֹם: וַיִּשָּׂא בראשית יח,א–יד
עֵינָיו וַיַּרְא וְהִנֵּה שְׁלֹשָׁה אֲנָשִׁים נִצָּבִים עָלָיו וַיַּרְא וַיָּרָץ לִקְרָאתָם מִפֶּתַח
הָאֹהֶל וַיִּשְׁתַּחוּ אָרְצָה: וַיֹּאמַר אֲדֹנָי אִם־נָא מָצָאתִי חֵן בְּעֵינֶיךָ אַל־נָא
תַעֲבֹר מֵעַל עַבְדֶּךָ: יֻקַּח־נָא מְעַט־מַיִם וְרַחֲצוּ רַגְלֵיכֶם וְהִשָּׁעֲנוּ תַּחַת הָעֵץ:
וְאֶקְחָה פַת־לֶחֶם וְסַעֲדוּ לִבְּכֶם אַחַר תַּעֲבֹרוּ כִּי־עַל־כֵּן עֲבַרְתֶּם עַל־עַבְדְּכֶם
וַיֹּאמְרוּ כֵּן תַּעֲשֶׂה כַּאֲשֶׁר דִּבַּרְתָּ: *וַיְמַהֵר אַבְרָהָם הָאֹהֱלָה אֶל־שָׂרָה וַיֹּאמֶר לוי
מַהֲרִי שְׁלֹשׁ סְאִים קֶמַח סֹלֶת לוּשִׁי וַעֲשִׂי עֻגוֹת: וְאֶל־הַבָּקָר רָץ אַבְרָהָם
וַיִּקַּח בֶּן־בָּקָר רַךְ וָטוֹב וַיִּתֵּן אֶל־הַנַּעַר וַיְמַהֵר לַעֲשׂוֹת אֹתוֹ: וַיִּקַּח חֶמְאָה
וְחָלָב וּבֶן־הַבָּקָר אֲשֶׁר עָשָׂה וַיִּתֵּן לִפְנֵיהֶם וְהוּא־עֹמֵד עֲלֵיהֶם תַּחַת הָעֵץ
וַיֹּאכֵלוּ: *וַיֹּאמְרוּ אֵלָיו אַיֵּה שָׂרָה אִשְׁתֶּךָ וַיֹּאמֶר הִנֵּה בָאֹהֶל: וַיֹּאמֶר שׁוֹב ישראל
אָשׁוּב אֵלֶיךָ כָּעֵת חַיָּה וְהִנֵּה־בֵן לְשָׂרָה אִשְׁתֶּךָ וְשָׂרָה שֹׁמַעַת פֶּתַח הָאֹהֶל
וְהוּא אַחֲרָיו: וְאַבְרָהָם וְשָׂרָה זְקֵנִים בָּאִים בַּיָּמִים חָדַל לִהְיוֹת לְשָׂרָה אֹרַח
כַּנָּשִׁים: וַתִּצְחַק שָׂרָה בְּקִרְבָּהּ לֵאמֹר אַחֲרֵי בְלֹתִי הָיְתָה־לִּי עֶדְנָה וַאדֹנִי
זָקֵן: וַיֹּאמֶר יהוה אֶל־אַבְרָהָם לָמָּה זֶּה צָחֲקָה שָׂרָה לֵאמֹר הַאַף אֻמְנָם אֵלֵד
וַאֲנִי זָקַנְתִּי: הֲיִפָּלֵא מֵיהוה דָּבָר לַמּוֹעֵד אָשׁוּב אֵלֶיךָ כָּעֵת חַיָּה וּלְשָׂרָה בֵן:

חיי שרה

בראשית כג,א–טז וַיִּהְיוּ חַיֵּי שָׂרָה מֵאָה שָׁנָה וְעֶשְׂרִים שָׁנָה וְשֶׁבַע שָׁנִים שְׁנֵי חַיֵּי שָׂרָה: וַתָּמָת
שָׂרָה בְּקִרְיַת אַרְבַּע הִוא חֶבְרוֹן בְּאֶרֶץ כְּנָעַן וַיָּבֹא אַבְרָהָם לִסְפֹּד לְשָׂרָה
וְלִבְכֹּתָהּ: וַיָּקָם אַבְרָהָם מֵעַל פְּנֵי מֵתוֹ וַיְדַבֵּר אֶל־בְּנֵי־חֵת לֵאמֹר: גֵּר־וְתוֹשָׁב
אָנֹכִי עִמָּכֶם תְּנוּ לִי אֲחֻזַּת־קֶבֶר עִמָּכֶם וְאֶקְבְּרָה מֵתִי מִלְּפָנָי: וַיַּעֲנוּ בְנֵי־חֵת
אֶת־אַבְרָהָם לֵאמֹר לוֹ: שְׁמָעֵנוּ ׀ אֲדֹנִי נְשִׂיא אֱלֹהִים אַתָּה בְּתוֹכֵנוּ בְּמִבְחַר
קְבָרֵינוּ קְבֹר אֶת־מֵתֶךָ אִישׁ מִמֶּנּוּ אֶת־קִבְרוֹ לֹא־יִכְלֶה מִמְּךָ מִקְּבֹר מֵתֶךָ:
לוי וַיָּקָם אַבְרָהָם וַיִּשְׁתַּחוּ לְעַם־הָאָרֶץ לִבְנֵי־חֵת: *וַיְדַבֵּר אִתָּם לֵאמֹר אִם־יֵשׁ
אֶת־נַפְשְׁכֶם לִקְבֹּר אֶת־מֵתִי מִלְּפָנַי שְׁמָעוּנִי וּפִגְעוּ־לִי בְּעֶפְרוֹן בֶּן־צֹחַר:
וְיִתֶּן־לִי אֶת־מְעָרַת הַמַּכְפֵּלָה אֲשֶׁר־לוֹ אֲשֶׁר בִּקְצֵה שָׂדֵהוּ בְּכֶסֶף מָלֵא יִתְּנֶנָּה
לִּי בְּתוֹכְכֶם לַאֲחֻזַּת־קָבֶר: וְעֶפְרוֹן יֹשֵׁב בְּתוֹךְ בְּנֵי־חֵת וַיַּעַן עֶפְרוֹן הַחִתִּי
אֶת־אַבְרָהָם בְּאָזְנֵי בְנֵי־חֵת לְכֹל בָּאֵי שַׁעַר־עִירוֹ לֵאמֹר: לֹא־אֲדֹנִי שְׁמָעֵנִי
הַשָּׂדֶה נָתַתִּי לָךְ וְהַמְּעָרָה אֲשֶׁר־בּוֹ לְךָ נְתַתִּיהָ לְעֵינֵי בְנֵי־עַמִּי נְתַתִּיהָ לָּךְ
ישראל קְבֹר מֵתֶךָ: וַיִּשְׁתַּחוּ אַבְרָהָם לִפְנֵי עַם־הָאָרֶץ: *וַיְדַבֵּר אֶל־עֶפְרוֹן בְּאָזְנֵי עַם־
הָאָרֶץ לֵאמֹר אַךְ אִם־אַתָּה לוּ שְׁמָעֵנִי נָתַתִּי כֶּסֶף הַשָּׂדֶה קַח מִמֶּנִּי וְאֶקְבְּרָה
אֶת־מֵתִי שָׁמָּה: וַיַּעַן עֶפְרוֹן אֶת־אַבְרָהָם לֵאמֹר לוֹ: אֲדֹנִי שְׁמָעֵנִי אֶרֶץ אַרְבַּע
מֵאֹת שֶׁקֶל־כֶּסֶף בֵּינִי וּבֵינְךָ מַה־הִוא וְאֶת־מֵתְךָ קְבֹר: וַיִּשְׁמַע אַבְרָהָם אֶל־
עֶפְרוֹן וַיִּשְׁקֹל אַבְרָהָם לְעֶפְרֹן אֶת־הַכֶּסֶף אֲשֶׁר דִּבֶּר בְּאָזְנֵי בְנֵי־חֵת אַרְבַּע
מֵאוֹת שֶׁקֶל כֶּסֶף עֹבֵר לַסֹּחֵר:

תולדות

בראשית כה,יט–כו,ה וְאֵלֶּה תּוֹלְדֹת יִצְחָק בֶּן־אַבְרָהָם אַבְרָהָם הוֹלִיד אֶת־יִצְחָק: וַיְהִי יִצְחָק בֶּן־
אַרְבָּעִים שָׁנָה בְּקַחְתּוֹ אֶת־רִבְקָה בַּת־בְּתוּאֵל הָאֲרַמִּי מִפַּדַּן אֲרָם אֲחוֹת לָבָן
הָאֲרַמִּי לוֹ לְאִשָּׁה: וַיֶּעְתַּר יִצְחָק לַיהוָה לְנֹכַח אִשְׁתּוֹ כִּי עֲקָרָה הִוא וַיֵּעָתֶר
לוֹ יְהוָה וַתַּהַר רִבְקָה אִשְׁתּוֹ: וַיִּתְרֹצְצוּ הַבָּנִים בְּקִרְבָּהּ וַתֹּאמֶר אִם־כֵּן לָמָּה
גוים לוי זֶּה אָנֹכִי וַתֵּלֶךְ לִדְרֹשׁ אֶת־יְהוָה: *וַיֹּאמֶר יְהוָה לָהּ שְׁנֵי גיים בְּבִטְנֵךְ וּשְׁנֵי
לְאֻמִּים מִמֵּעַיִךְ יִפָּרֵדוּ וּלְאֹם מִלְאֹם יֶאֱמָץ וְרַב יַעֲבֹד צָעִיר: וַיִּמְלְאוּ יָמֶיהָ
לָלֶדֶת וְהִנֵּה תוֹמִם בְּבִטְנָהּ: וַיֵּצֵא הָרִאשׁוֹן אַדְמוֹנִי כֻּלּוֹ כְּאַדֶּרֶת שֵׂעָר וַיִּקְרְאוּ
שְׁמוֹ עֵשָׂו: וְאַחֲרֵי־כֵן יָצָא אָחִיו וְיָדוֹ אֹחֶזֶת בַּעֲקֵב עֵשָׂו וַיִּקְרָא שְׁמוֹ יַעֲקֹב

וְיִצְחָק בֶּן־שִׁשִּׁים שָׁנָה בְּלֶדֶת אֹתָם: *וַיִּגְדְּלוּ הַנְּעָרִים וַיְהִי עֵשָׂו אִישׁ יֹדֵעַ ישראל
צַיִד אִישׁ שָׂדֶה וְיַעֲקֹב אִישׁ תָּם יֹשֵׁב אֹהָלִים: וַיֶּאֱהַב יִצְחָק אֶת־עֵשָׂו כִּי־צַיִד
בְּפִיו וְרִבְקָה אֹהֶבֶת אֶת־יַעֲקֹב: וַיָּזֶד יַעֲקֹב נָזִיד וַיָּבֹא עֵשָׂו מִן־הַשָּׂדֶה וְהוּא
עָיֵף: וַיֹּאמֶר עֵשָׂו אֶל־יַעֲקֹב הַלְעִיטֵנִי נָא מִן־הָאָדֹם הָאָדֹם הַזֶּה כִּי עָיֵף אָנֹכִי
עַל־כֵּן קָרָא־שְׁמוֹ אֱדוֹם: וַיֹּאמֶר יַעֲקֹב מִכְרָה כַיּוֹם אֶת־בְּכֹרָתְךָ לִי: וַיֹּאמֶר
עֵשָׂו הִנֵּה אָנֹכִי הוֹלֵךְ לָמוּת וְלָמָּה־זֶּה לִי בְּכֹרָה: וַיֹּאמֶר יַעֲקֹב הִשָּׁבְעָה לִּי
כַּיּוֹם וַיִּשָּׁבַע לוֹ וַיִּמְכֹּר אֶת־בְּכֹרָתוֹ לְיַעֲקֹב: וְיַעֲקֹב נָתַן לְעֵשָׂו לֶחֶם וּנְזִיד
עֲדָשִׁים וַיֹּאכַל וַיֵּשְׁתְּ וַיָּקָם וַיֵּלַךְ וַיִּבֶז עֵשָׂו אֶת־הַבְּכֹרָה:
וַיְהִי רָעָב בָּאָרֶץ מִלְּבַד הָרָעָב הָרִאשׁוֹן אֲשֶׁר הָיָה בִּימֵי אַבְרָהָם וַיֵּלֶךְ יִצְחָק
אֶל־אֲבִימֶלֶךְ מֶלֶךְ־פְּלִשְׁתִּים גְּרָרָה: וַיֵּרָא אֵלָיו יהוה וַיֹּאמֶר אַל־תֵּרֵד מִצְרָיְמָה
שְׁכֹן בָּאָרֶץ אֲשֶׁר אֹמַר אֵלֶיךָ: גּוּר בָּאָרֶץ הַזֹּאת וְאֶהְיֶה עִמְּךָ וַאֲבָרְכֶךָּ כִּי־לְךָ
וּלְזַרְעֲךָ אֶתֵּן אֶת־כָּל־הָאֲרָצֹת הָאֵל וַהֲקִמֹתִי אֶת־הַשְּׁבֻעָה אֲשֶׁר נִשְׁבַּעְתִּי
לְאַבְרָהָם אָבִיךָ: וְהִרְבֵּיתִי אֶת־זַרְעֲךָ כְּכוֹכְבֵי הַשָּׁמַיִם וְנָתַתִּי לְזַרְעֲךָ אֵת כָּל־
הָאֲרָצֹת הָאֵל וְהִתְבָּרְכוּ בְזַרְעֲךָ כֹּל גּוֹיֵי הָאָרֶץ: עֵקֶב אֲשֶׁר־שָׁמַע אַבְרָהָם
בְּקֹלִי וַיִּשְׁמֹר מִשְׁמַרְתִּי מִצְוֹתַי חֻקּוֹתַי וְתוֹרֹתָי:

ויצא

וַיֵּצֵא יַעֲקֹב מִבְּאֵר שָׁבַע וַיֵּלֶךְ חָרָנָה: וַיִּפְגַּע בַּמָּקוֹם וַיָּלֶן שָׁם כִּי־בָא הַשֶּׁמֶשׁ בראשית
וַיִּקַּח מֵאַבְנֵי הַמָּקוֹם וַיָּשֶׂם מְרַאֲשֹׁתָיו וַיִּשְׁכַּב בַּמָּקוֹם הַהוּא: וַיַּחֲלֹם וְהִנֵּה כח,י–כב
סֻלָּם מֻצָּב אַרְצָה וְרֹאשׁוֹ מַגִּיעַ הַשָּׁמָיְמָה וְהִנֵּה מַלְאֲכֵי אֱלֹהִים עֹלִים וְיֹרְדִים
בּוֹ: *וְהִנֵּה יהוה נִצָּב עָלָיו וַיֹּאמַר אֲנִי יהוה אֱלֹהֵי אַבְרָהָם אָבִיךָ וֵאלֹהֵי יִצְחָק לוי
הָאָרֶץ אֲשֶׁר אַתָּה שֹׁכֵב עָלֶיהָ לְךָ אֶתְּנֶנָּה וּלְזַרְעֶךָ: וְהָיָה זַרְעֲךָ כַּעֲפַר הָאָרֶץ
וּפָרַצְתָּ יָמָּה וָקֵדְמָה וְצָפֹנָה וָנֶגְבָּה וְנִבְרְכוּ בְךָ כָּל־מִשְׁפְּחֹת הָאֲדָמָה וּבְזַרְעֶךָ:
וְהִנֵּה אָנֹכִי עִמָּךְ וּשְׁמַרְתִּיךָ בְּכֹל אֲשֶׁר־תֵּלֵךְ וַהֲשִׁבֹתִיךָ אֶל־הָאֲדָמָה הַזֹּאת כִּי
לֹא אֶעֱזָבְךָ עַד אֲשֶׁר אִם־עָשִׂיתִי אֵת אֲשֶׁר־דִּבַּרְתִּי לָךְ: וַיִּיקַץ יַעֲקֹב מִשְּׁנָתוֹ
וַיֹּאמֶר אָכֵן יֵשׁ יהוה בַּמָּקוֹם הַזֶּה וְאָנֹכִי לֹא יָדָעְתִּי: וַיִּירָא וַיֹּאמַר מַה־נּוֹרָא
הַמָּקוֹם הַזֶּה אֵין זֶה כִּי אִם־בֵּית אֱלֹהִים וְזֶה שַׁעַר הַשָּׁמָיִם: *וַיַּשְׁכֵּם יַעֲקֹב ישראל
בַּבֹּקֶר וַיִּקַּח אֶת־הָאֶבֶן אֲשֶׁר־שָׂם מְרַאֲשֹׁתָיו וַיָּשֶׂם אֹתָהּ מַצֵּבָה וַיִּצֹק שֶׁמֶן
עַל־רֹאשָׁהּ: וַיִּקְרָא אֶת־שֵׁם־הַמָּקוֹם הַהוּא בֵּית־אֵל וְאוּלָם לוּז שֵׁם־הָעִיר

לָרִאשֹׁנָה: וַיִּדַּר יַעֲקֹב נֶדֶר לֵאמֹר אִם־יִהְיֶה אֱלֹהִים עִמָּדִי וּשְׁמָרַנִי בַּדֶּרֶךְ הַזֶּה
אֲשֶׁר אָנֹכִי הוֹלֵךְ וְנָתַן־לִי לֶחֶם לֶאֱכֹל וּבֶגֶד לִלְבֹּשׁ: וְשַׁבְתִּי בְשָׁלוֹם אֶל־בֵּית
אָבִי וְהָיָה יהוה לִי לֵאלֹהִים: וְהָאֶבֶן הַזֹּאת אֲשֶׁר־שַׂמְתִּי מַצֵּבָה יִהְיֶה בֵּית
אֱלֹהִים וְכֹל אֲשֶׁר תִּתֶּן־לִי עַשֵּׂר אֲעַשְּׂרֶנּוּ לָךְ:

וישלח

בראשית לב,ג-יב וַיִּשְׁלַח יַעֲקֹב מַלְאָכִים לְפָנָיו אֶל־עֵשָׂו אָחִיו אַרְצָה שֵׂעִיר שְׂדֵה אֱדוֹם: וַיְצַו
אֹתָם לֵאמֹר כֹּה תֹאמְרוּן לַאדֹנִי לְעֵשָׂו כֹּה אָמַר עַבְדְּךָ יַעֲקֹב עִם־לָבָן גַּרְתִּי
וָאֵחַר עַד־עָתָּה: וַיְהִי־לִי שׁוֹר וַחֲמוֹר צֹאן וְעֶבֶד וְשִׁפְחָה וָאֶשְׁלְחָה לְהַגִּיד
לוי לַאדֹנִי לִמְצֹא־חֵן בְּעֵינֶיךָ: *וַיָּשֻׁבוּ הַמַּלְאָכִים אֶל־יַעֲקֹב לֵאמֹר בָּאנוּ אֶל־
אָחִיךָ אֶל־עֵשָׂו וְגַם הֹלֵךְ לִקְרָאתְךָ וְאַרְבַּע־מֵאוֹת אִישׁ עִמּוֹ: וַיִּירָא יַעֲקֹב
מְאֹד וַיֵּצֶר לוֹ וַיַּחַץ אֶת־הָעָם אֲשֶׁר־אִתּוֹ וְאֶת־הַצֹּאן וְאֶת־הַבָּקָר וְהַגְּמַלִּים
לִשְׁנֵי מַחֲנוֹת: וַיֹּאמֶר אִם־יָבוֹא עֵשָׂו אֶל־הַמַּחֲנֶה הָאַחַת וְהִכָּהוּ וְהָיָה הַמַּחֲנֶה
ישראל הַנִּשְׁאָר לִפְלֵיטָה: *וַיֹּאמֶר יַעֲקֹב אֱלֹהֵי אָבִי אַבְרָהָם וֵאלֹהֵי אָבִי יִצְחָק יהוה
הָאֹמֵר אֵלַי שׁוּב לְאַרְצְךָ וּלְמוֹלַדְתְּךָ וְאֵיטִיבָה עִמָּךְ: קָטֹנְתִּי מִכֹּל הַחֲסָדִים
וּמִכָּל־הָאֱמֶת אֲשֶׁר עָשִׂיתָ אֶת־עַבְדֶּךָ כִּי בְמַקְלִי עָבַרְתִּי אֶת־הַיַּרְדֵּן הַזֶּה
וְעַתָּה הָיִיתִי לִשְׁנֵי מַחֲנוֹת: הַצִּילֵנִי נָא מִיַּד אָחִי מִיַּד עֵשָׂו כִּי־יָרֵא אָנֹכִי
אֹתוֹ פֶּן־יָבוֹא וְהִכַּנִי אֵם עַל־בָּנִים: וְאַתָּה אָמַרְתָּ הֵיטֵב אֵיטִיב עִמָּךְ וְשַׂמְתִּי
אֶת־זַרְעֲךָ כְּחוֹל הַיָּם אֲשֶׁר לֹא־יִסָּפֵר מֵרֹב:

וישב

בראשית לז,א-יא וַיֵּשֶׁב יַעֲקֹב בְּאֶרֶץ מְגוּרֵי אָבִיו בְּאֶרֶץ כְּנָעַן: אֵלֶּה ׀ תֹּלְדוֹת יַעֲקֹב יוֹסֵף
בֶּן־שְׁבַע־עֶשְׂרֵה שָׁנָה הָיָה רֹעֶה אֶת־אֶחָיו בַּצֹּאן וְהוּא נַעַר אֶת־בְּנֵי בִלְהָה
וְאֶת־בְּנֵי זִלְפָּה נְשֵׁי אָבִיו וַיָּבֵא יוֹסֵף אֶת־דִּבָּתָם רָעָה אֶל־אֲבִיהֶם: וְיִשְׂרָאֵל
לוי אָהַב אֶת־יוֹסֵף מִכָּל־בָּנָיו כִּי־בֶן־זְקֻנִים הוּא לוֹ וְעָשָׂה לוֹ כְּתֹנֶת פַּסִּים: *וַיִּרְאוּ
אֶחָיו כִּי־אֹתוֹ אָהַב אֲבִיהֶם מִכָּל־אֶחָיו וַיִּשְׂנְאוּ אֹתוֹ וְלֹא יָכְלוּ דַּבְּרוֹ לְשָׁלֹם:
וַיַּחֲלֹם יוֹסֵף חֲלוֹם וַיַּגֵּד לְאֶחָיו וַיּוֹסִפוּ עוֹד שְׂנֹא אֹתוֹ: וַיֹּאמֶר אֲלֵיהֶם שִׁמְעוּ־
נָא הַחֲלוֹם הַזֶּה אֲשֶׁר חָלָמְתִּי: וְהִנֵּה אֲנַחְנוּ מְאַלְּמִים אֲלֻמִּים בְּתוֹךְ הַשָּׂדֶה
וְהִנֵּה קָמָה אֲלֻמָּתִי וְגַם־נִצָּבָה וְהִנֵּה תְסֻבֶּינָה אֲלֻמֹּתֵיכֶם וַתִּשְׁתַּחֲוֶיןָ לַאֲלֻמָּתִי:

*וַיֹּאמְרוּ לוֹ אֶחָיו הֲמָלֹךְ תִּמְלֹךְ עָלֵינוּ אִם־מָשׁוֹל תִּמְשֹׁל בָּנוּ וַיּוֹסִפוּ עוֹד ישראל
שְׂנֹא אֹתוֹ עַל־חֲלֹמֹתָיו וְעַל־דְּבָרָיו: וַיַּחֲלֹם עוֹד חֲלוֹם אַחֵר וַיְסַפֵּר אֹתוֹ
לְאֶחָיו וַיֹּאמֶר הִנֵּה חָלַמְתִּי חֲלוֹם עוֹד וְהִנֵּה הַשֶּׁמֶשׁ וְהַיָּרֵחַ וְאַחַד עָשָׂר
כּוֹכָבִים מִשְׁתַּחֲוִים לִי: וַיְסַפֵּר אֶל־אָבִיו וְאֶל־אֶחָיו וַיִּגְעַר־בּוֹ אָבִיו וַיֹּאמֶר לוֹ
מָה הַחֲלוֹם הַזֶּה אֲשֶׁר חָלָמְתָּ הֲבוֹא נָבוֹא אֲנִי וְאִמְּךָ וְאַחֶיךָ לְהִשְׁתַּחֲוֺת לְךָ
אָרְצָה: וַיְקַנְאוּ־בוֹ אֶחָיו וְאָבִיו שָׁמַר אֶת־הַדָּבָר:

מקץ

וַיְהִי מִקֵּץ שְׁנָתַיִם יָמִים וּפַרְעֹה חֹלֵם וְהִנֵּה עֹמֵד עַל־הַיְאֹר: וְהִנֵּה מִן־הַיְאֹר בראשית מא, א–יד
עֹלֹת שֶׁבַע פָּרוֹת יְפוֹת מַרְאֶה וּבְרִיאֹת בָּשָׂר וַתִּרְעֶינָה בָּאָחוּ: וְהִנֵּה שֶׁבַע
פָּרוֹת אֲחֵרוֹת עֹלוֹת אַחֲרֵיהֶן מִן־הַיְאֹר רָעוֹת מַרְאֶה וְדַקּוֹת בָּשָׂר וַתַּעֲמֹדְנָה
אֵצֶל הַפָּרוֹת עַל־שְׂפַת הַיְאֹר: וַתֹּאכַלְנָה הַפָּרוֹת רָעוֹת הַמַּרְאֶה וְדַקֹּת הַבָּשָׂר
אֵת שֶׁבַע הַפָּרוֹת יְפֹת הַמַּרְאֶה וְהַבְּרִיאֹת וַיִּיקַץ פַּרְעֹה: *וַיִּישָׁן וַיַּחֲלֹם שֵׁנִית לוי
וְהִנֵּה ׀ שֶׁבַע שִׁבֳּלִים עֹלוֹת בְּקָנֶה אֶחָד בְּרִיאוֹת וְטֹבוֹת: וְהִנֵּה שֶׁבַע שִׁבֳּלִים
דַּקּוֹת וּשְׁדוּפֹת קָדִים צֹמְחוֹת אַחֲרֵיהֶן: וַתִּבְלַעְנָה הַשִּׁבֳּלִים הַדַּקּוֹת אֵת
שֶׁבַע הַשִּׁבֳּלִים הַבְּרִיאוֹת וְהַמְּלֵאוֹת וַיִּיקַץ פַּרְעֹה וְהִנֵּה חֲלוֹם: *וַיְהִי בַבֹּקֶר ישראל
וַתִּפָּעֶם רוּחוֹ וַיִּשְׁלַח וַיִּקְרָא אֶת־כָּל־חַרְטֻמֵּי מִצְרַיִם וְאֶת־כָּל־חֲכָמֶיהָ וַיְסַפֵּר
פַּרְעֹה לָהֶם אֶת־חֲלֹמוֹ וְאֵין־פּוֹתֵר אוֹתָם לְפַרְעֹה: וַיְדַבֵּר שַׂר הַמַּשְׁקִים אֶת־
פַּרְעֹה לֵאמֹר אֶת־חֲטָאַי אֲנִי מַזְכִּיר הַיּוֹם: פַּרְעֹה קָצַף עַל־עֲבָדָיו וַיִּתֵּן אֹתִי
בְּמִשְׁמַר בֵּית שַׂר הַטַּבָּחִים אֹתִי וְאֵת שַׂר הָאֹפִים: וַנַּחַלְמָה חֲלוֹם בְּלַיְלָה
אֶחָד אֲנִי וָהוּא אִישׁ כְּפִתְרוֹן חֲלֹמוֹ חָלָמְנוּ: וְשָׁם אִתָּנוּ נַעַר עִבְרִי עֶבֶד לְשַׂר
הַטַּבָּחִים וַנְּסַפֶּר־לוֹ וַיִּפְתָּר־לָנוּ אֶת־חֲלֹמֹתֵינוּ אִישׁ כַּחֲלֹמוֹ פָּתָר: וַיְהִי כַּאֲשֶׁר
פָּתַר־לָנוּ כֵּן הָיָה אֹתִי הֵשִׁיב עַל־כַּנִּי וְאֹתוֹ תָלָה: וַיִּשְׁלַח פַּרְעֹה וַיִּקְרָא אֶת־
יוֹסֵף וַיְרִיצֻהוּ מִן־הַבּוֹר וַיְגַלַּח וַיְחַלֵּף שִׂמְלֹתָיו וַיָּבֹא אֶל־פַּרְעֹה:

ויגש

וַיִּגַּשׁ אֵלָיו יְהוּדָה וַיֹּאמֶר בִּי אֲדֹנִי יְדַבֶּר־נָא עַבְדְּךָ דָבָר בְּאָזְנֵי אֲדֹנִי וְאַל־יִחַר בראשית מד, יח–ל
אַפְּךָ בְּעַבְדֶּךָ כִּי כָמוֹךָ כְּפַרְעֹה: אֲדֹנִי שָׁאַל אֶת־עֲבָדָיו לֵאמֹר הֲיֵשׁ־לָכֶם אָב
אוֹ־אָח: וַנֹּאמֶר אֶל־אֲדֹנִי יֶשׁ־לָנוּ אָב זָקֵן וְיֶלֶד זְקֻנִים קָטָן וְאָחִיו מֵת וַיִּוָּתֵר הוּא

לוי לבדו לאמו ואביו אהבו: *ותאמר אל־עבדיך הורדהו אלי ואשימה עיני
עליו: ונאמר אל־אדני לא־יוכל הנער לעזב את־אביו ועזב את־אביו ומת:
ותאמר אל־עבדיך אם־לא ירד אחיכם הקטן אתכם לא תספון לראות פני:
ישראל ויהי כי עלינו אל־עבדך אבי ונגד־לו את דברי אדני: *ויאמר אבינו שבו
שברו־לנו מעט־אכל: ונאמר לא נוכל לרדת אם־יש אחינו הקטן אתנו
וירדנו כי־לא נוכל לראות פני האיש ואחינו הקטן איננו אתנו: ויאמר
עבדך אבי אלינו אתם ידעתם כי שנים ילדה־לי אשתי: ויצא האחד מאתי
ואמר אך טרף טרף ולא ראיתיו עד־הנה: ולקחתם גם־את־זה מעם פני
וקרהו אסון והורדתם את־שיבתי ברעה שאלה: ועתה כבאי אל־עבדך
אבי והנער איננו אתנו ונפשו קשורה בנפשו:

ויחי

בראשית מז,כח – מח,ט
ויחי יעקב בארץ מצרים שבע עשרה שנה ויהי ימי־יעקב שני חייו שבע
שנים וארבעים ומאת שנה: ויקרבו ימי־ישראל למות ויקרא | לבנו ליוסף
ויאמר לו אם־נא מצאתי חן בעיניך שים־נא ידך תחת ירכי ועשית עמדי
חסד ואמת אל־נא תקברני במצרים: ושכבתי עם־אבתי ונשאתני ממצרים
וקברתני בקברתם ויאמר אנכי אעשה כדברך: ויאמר השבעה לי וישבע
לו וישתחו ישראל על־ראש המטה:
לוי ויהי אחרי הדברים האלה ויאמר ליוסף הנה אביך חלה ויקח את־שני
בניו עמו את־מנשה ואת־אפרים: ויגד ליעקב ויאמר הנה בנך יוסף בא
אליך ויתחזק ישראל וישב על־המטה: ויאמר יעקב אל־יוסף אל שדי
ישראל נראה־אלי בלוז בארץ כנען ויברך אתי: *ויאמר אלי הנני מפרך והרביתך
ונתתיך לקהל עמים ונתתי את־הארץ הזאת לזרעך אחריך אחזת עולם:
ועתה שני־בניך הנולדים לך בארץ מצרים עד־באי אליך מצרימה לי־הם
אפרים ומנשה כראובן ושמעון יהיו־לי: ומולדתך אשר־הולדת אחריהם
לך יהיו על שם אחיהם יקראו בנחלתם: ואני | בבאי מפדן מתה עלי רחל
בארץ כנען בדרך בעוד כברת־ארץ לבא אפרתה ואקברה שם בדרך
אפרת הוא בית לחם: וירא ישראל את־בני יוסף ויאמר מי־אלה: ויאמר
יוסף אל־אביו בני הם אשר־נתן־לי אלהים בזה ויאמר קחם־נא אלי
ואברכם:

שמות

וְאֵלֶּה שְׁמוֹת בְּנֵי יִשְׂרָאֵל הַבָּאִים מִצְרָיְמָה אֵת יַעֲקֹב אִישׁ וּבֵיתוֹ בָּאוּ: שמות א:א–יז
רְאוּבֵן שִׁמְעוֹן לֵוִי וִיהוּדָה: יִשָּׂשכָר זְבוּלֻן וּבִנְיָמִן: דָּן וְנַפְתָּלִי גָּד וְאָשֵׁר:
וַיְהִי כָּל־נֶפֶשׁ יֹצְאֵי יֶרֶךְ־יַעֲקֹב שִׁבְעִים נָפֶשׁ וְיוֹסֵף הָיָה בְמִצְרָיִם: וַיָּמָת יוֹסֵף
וְכָל־אֶחָיו וְכֹל הַדּוֹר הַהוּא: וּבְנֵי יִשְׂרָאֵל פָּרוּ וַיִּשְׁרְצוּ וַיִּרְבּוּ וַיַּעַצְמוּ בִּמְאֹד
מְאֹד וַתִּמָּלֵא הָאָרֶץ אֹתָם:

וַיָּקָם מֶלֶךְ־חָדָשׁ עַל־מִצְרָיִם אֲשֶׁר לֹא־יָדַע אֶת־יוֹסֵף: וַיֹּאמֶר אֶל־עַמּוֹ הִנֵּה עַם לוי
בְּנֵי יִשְׂרָאֵל רַב וְעָצוּם מִמֶּנּוּ: הָבָה נִתְחַכְּמָה לוֹ פֶּן־יִרְבֶּה וְהָיָה כִּי־תִקְרֶאנָה
מִלְחָמָה וְנוֹסַף גַּם־הוּא עַל־שֹׂנְאֵינוּ וְנִלְחַם־בָּנוּ וְעָלָה מִן־הָאָרֶץ: וַיָּשִׂימוּ
עָלָיו שָׂרֵי מִסִּים לְמַעַן עַנֹּתוֹ בְּסִבְלֹתָם וַיִּבֶן עָרֵי מִסְכְּנוֹת לְפַרְעֹה אֶת־פִּתֹם
וְאֶת־רַעַמְסֵס: וְכַאֲשֶׁר יְעַנּוּ אֹתוֹ כֵּן יִרְבֶּה וְכֵן יִפְרֹץ וַיָּקֻצוּ מִפְּנֵי בְּנֵי יִשְׂרָאֵל:
*וַיַּעֲבִדוּ מִצְרַיִם אֶת־בְּנֵי יִשְׂרָאֵל בְּפָרֶךְ: וַיְמָרְרוּ אֶת־חַיֵּיהֶם בַּעֲבֹדָה קָשָׁה ישראל
בְּחֹמֶר וּבִלְבֵנִים וּבְכָל־עֲבֹדָה בַּשָּׂדֶה אֵת כָּל־עֲבֹדָתָם אֲשֶׁר־עָבְדוּ בָהֶם
בְּפָרֶךְ: וַיֹּאמֶר מֶלֶךְ מִצְרַיִם לַמְיַלְּדֹת הָעִבְרִיֹּת אֲשֶׁר שֵׁם הָאַחַת שִׁפְרָה וְשֵׁם
הַשֵּׁנִית פּוּעָה: וַיֹּאמֶר בְּיַלֶּדְכֶן אֶת־הָעִבְרִיּוֹת וּרְאִיתֶן עַל־הָאָבְנָיִם אִם־בֵּן
הוּא וַהֲמִתֶּן אֹתוֹ וְאִם־בַּת הִוא וָחָיָה: וַתִּירֶאןָ הַמְיַלְּדֹת אֶת־הָאֱלֹהִים וְלֹא
עָשׂוּ כַּאֲשֶׁר דִּבֶּר אֲלֵיהֶן מֶלֶךְ מִצְרָיִם וַתְּחַיֶּיןָ אֶת־הַיְלָדִים:

וארא

וַיְדַבֵּר אֱלֹהִים אֶל־מֹשֶׁה וַיֹּאמֶר אֵלָיו אֲנִי יהוה: וָאֵרָא אֶל־אַבְרָהָם אֶל־יִצְחָק שמות ו,ב–יג
וְאֶל־יַעֲקֹב בְּאֵל שַׁדָּי וּשְׁמִי יהוה לֹא נוֹדַעְתִּי לָהֶם: וְגַם הֲקִמֹתִי אֶת־בְּרִיתִי
אִתָּם לָתֵת לָהֶם אֶת־אֶרֶץ כְּנָעַן אֵת אֶרֶץ מְגֻרֵיהֶם אֲשֶׁר־גָּרוּ בָהּ: וְגַם ׀ אֲנִי
שָׁמַעְתִּי אֶת־נַאֲקַת בְּנֵי יִשְׂרָאֵל אֲשֶׁר מִצְרַיִם מַעֲבִדִים אֹתָם וָאֶזְכֹּר אֶת־
בְּרִיתִי: *לָכֵן אֱמֹר לִבְנֵי־יִשְׂרָאֵל אֲנִי יהוה וְהוֹצֵאתִי אֶתְכֶם מִתַּחַת סִבְלֹת לוי
מִצְרַיִם וְהִצַּלְתִּי אֶתְכֶם מֵעֲבֹדָתָם וְגָאַלְתִּי אֶתְכֶם בִּזְרוֹעַ נְטוּיָה וּבִשְׁפָטִים
גְּדֹלִים: וְלָקַחְתִּי אֶתְכֶם לִי לְעָם וְהָיִיתִי לָכֶם לֵאלֹהִים וִידַעְתֶּם כִּי אֲנִי יהוה
אֱלֹהֵיכֶם הַמּוֹצִיא אֶתְכֶם מִתַּחַת סִבְלוֹת מִצְרָיִם: וְהֵבֵאתִי אֶתְכֶם אֶל־הָאָרֶץ
אֲשֶׁר נָשָׂאתִי אֶת־יָדִי לָתֵת אֹתָהּ לְאַבְרָהָם לְיִצְחָק וּלְיַעֲקֹב וְנָתַתִּי אֹתָהּ לָכֶם
מוֹרָשָׁה אֲנִי יהוה: וַיְדַבֵּר מֹשֶׁה כֵּן אֶל־בְּנֵי יִשְׂרָאֵל וְלֹא שָׁמְעוּ אֶל־מֹשֶׁה
מִקֹּצֶר רוּחַ וּמֵעֲבֹדָה קָשָׁה:

ישראל וַיְדַבֵּר יְהוָה אֶל־מֹשֶׁה לֵּאמֹר׃ בֹּא דַבֵּר אֶל־פַּרְעֹה מֶלֶךְ מִצְרָיִם וִישַׁלַּח אֶת־
בְּנֵי־יִשְׂרָאֵל מֵאַרְצוֹ׃ וַיְדַבֵּר מֹשֶׁה לִפְנֵי יְהוָה לֵאמֹר הֵן בְּנֵי־יִשְׂרָאֵל לֹא־שָׁמְעוּ
אֵלַי וְאֵיךְ יִשְׁמָעֵנִי פַרְעֹה וַאֲנִי עֲרַל שְׂפָתָיִם׃
וַיְדַבֵּר יְהוָה אֶל־מֹשֶׁה וְאֶל־אַהֲרֹן וַיְצַוֵּם אֶל־בְּנֵי יִשְׂרָאֵל וְאֶל־פַּרְעֹה מֶלֶךְ
מִצְרָיִם לְהוֹצִיא אֶת־בְּנֵי־יִשְׂרָאֵל מֵאֶרֶץ מִצְרָיִם׃

בא

שמות י,א–יא וַיֹּאמֶר יְהוָה אֶל־מֹשֶׁה בֹּא אֶל־פַּרְעֹה כִּי־אֲנִי הִכְבַּדְתִּי אֶת־לִבּוֹ וְאֶת־לֵב
עֲבָדָיו לְמַעַן שִׁתִי אֹתֹתַי אֵלֶּה בְּקִרְבּוֹ׃ וּלְמַעַן תְּסַפֵּר בְּאָזְנֵי בִנְךָ וּבֶן־בִּנְךָ אֵת
אֲשֶׁר הִתְעַלַּלְתִּי בְּמִצְרַיִם וְאֶת־אֹתֹתַי אֲשֶׁר־שַׂמְתִּי בָם וִידַעְתֶּם כִּי־אֲנִי יְהוָה׃
וַיָּבֹא מֹשֶׁה וְאַהֲרֹן אֶל־פַּרְעֹה וַיֹּאמְרוּ אֵלָיו כֹּה־אָמַר יְהוָה אֱלֹהֵי הָעִבְרִים
לוי עַד־מָתַי מֵאַנְתָּ לֵעָנֹת מִפָּנָי שַׁלַּח עַמִּי וְיַעַבְדֻנִי׃ *כִּי אִם־מָאֵן אַתָּה לְשַׁלֵּחַ
אֶת־עַמִּי הִנְנִי מֵבִיא מָחָר אַרְבֶּה בִּגְבֻלֶךָ׃ וְכִסָּה אֶת־עֵין הָאָרֶץ וְלֹא יוּכַל
לִרְאֹת אֶת־הָאָרֶץ וְאָכַל ׀ אֶת־יֶתֶר הַפְּלֵטָה הַנִּשְׁאֶרֶת לָכֶם מִן־הַבָּרָד וְאָכַל
אֶת־כָּל־הָעֵץ הַצֹּמֵחַ לָכֶם מִן־הַשָּׂדֶה׃ וּמָלְאוּ בָתֶּיךָ וּבָתֵּי כָל־עֲבָדֶיךָ וּבָתֵּי
כָל־מִצְרַיִם אֲשֶׁר לֹא־רָאוּ אֲבֹתֶיךָ וַאֲבוֹת אֲבֹתֶיךָ מִיּוֹם הֱיוֹתָם עַל־הָאֲדָמָה
ישראל עַד הַיּוֹם הַזֶּה וַיִּפֶן וַיֵּצֵא מֵעִם פַּרְעֹה׃ *וַיֹּאמְרוּ עַבְדֵי פַרְעֹה אֵלָיו עַד־מָתַי
יִהְיֶה זֶה לָנוּ לְמוֹקֵשׁ שַׁלַּח אֶת־הָאֲנָשִׁים וְיַעַבְדוּ אֶת־יְהוָה אֱלֹהֵיהֶם הֲטֶרֶם
תֵּדַע כִּי אָבְדָה מִצְרָיִם׃ וַיּוּשַׁב אֶת־מֹשֶׁה וְאֶת־אַהֲרֹן אֶל־פַּרְעֹה וַיֹּאמֶר
אֲלֵהֶם לְכוּ עִבְדוּ אֶת־יְהוָה אֱלֹהֵיכֶם מִי וָמִי הַהֹלְכִים׃ וַיֹּאמֶר מֹשֶׁה בִּנְעָרֵינוּ
וּבִזְקֵנֵינוּ נֵלֵךְ בְּבָנֵינוּ וּבִבְנוֹתֵנוּ בְּצֹאנֵנוּ וּבִבְקָרֵנוּ נֵלֵךְ כִּי חַג־יְהוָה לָנוּ׃ וַיֹּאמֶר
אֲלֵהֶם יְהִי כֵן יְהוָה עִמָּכֶם כַּאֲשֶׁר אֲשַׁלַּח אֶתְכֶם וְאֶת־טַפְּכֶם רְאוּ כִּי רָעָה
נֶגֶד פְּנֵיכֶם׃ לֹא כֵן לְכוּ־נָא הַגְּבָרִים וְעִבְדוּ אֶת־יְהוָה כִּי אֹתָהּ אַתֶּם מְבַקְשִׁים
וַיְגָרֶשׁ אֹתָם מֵאֵת פְּנֵי פַרְעֹה׃

בשלח

שמות יג,יז–יד,ח וַיְהִי בְּשַׁלַּח פַּרְעֹה אֶת־הָעָם וְלֹא־נָחָם אֱלֹהִים דֶּרֶךְ אֶרֶץ פְּלִשְׁתִּים כִּי קָרוֹב
הוּא כִּי ׀ אָמַר אֱלֹהִים פֶּן־יִנָּחֵם הָעָם בִּרְאֹתָם מִלְחָמָה וְשָׁבוּ מִצְרָיְמָה׃ וַיַּסֵּב
אֱלֹהִים ׀ אֶת־הָעָם דֶּרֶךְ הַמִּדְבָּר יַם־סוּף וַחֲמֻשִׁים עָלוּ בְנֵי־יִשְׂרָאֵל מֵאֶרֶץ
מִצְרָיִם׃ וַיִּקַּח מֹשֶׁה אֶת־עַצְמוֹת יוֹסֵף עִמּוֹ כִּי הַשְׁבֵּעַ הִשְׁבִּיעַ אֶת־בְּנֵי יִשְׂרָאֵל

לֵאמֹר פָּקֹד יִפְקֹד אֱלֹהִים אֶתְכֶם וְהַעֲלִיתֶם אֶת־עַצְמֹתַי מִזֶּה אִתְּכֶם: וַיִּסְעוּ
מִסֻּכֹּת וַיַּחֲנוּ בְאֵתָם בִּקְצֵה הַמִּדְבָּר: וַיהוָה הֹלֵךְ לִפְנֵיהֶם יוֹמָם בְּעַמּוּד עָנָן
לַנְחֹתָם הַדֶּרֶךְ וְלַיְלָה בְּעַמּוּד אֵשׁ לְהָאִיר לָהֶם לָלֶכֶת יוֹמָם וָלָיְלָה: לֹא־יָמִישׁ
עַמּוּד הֶעָנָן יוֹמָם וְעַמּוּד הָאֵשׁ לָיְלָה לִפְנֵי הָעָם:
וַיְדַבֵּר יְהוָה אֶל־מֹשֶׁה לֵּאמֹר: דַּבֵּר אֶל־בְּנֵי יִשְׂרָאֵל וְיָשֻׁבוּ וְיַחֲנוּ לִפְנֵי פִּי לוי
הַחִירֹת בֵּין מִגְדֹּל וּבֵין הַיָּם לִפְנֵי בַּעַל צְפֹן נִכְחוֹ תַחֲנוּ עַל־הַיָּם: וְאָמַר פַּרְעֹה
לִבְנֵי יִשְׂרָאֵל נְבֻכִים הֵם בָּאָרֶץ סָגַר עֲלֵיהֶם הַמִּדְבָּר: וְחִזַּקְתִּי אֶת־לֵב־פַּרְעֹה
וְרָדַף אַחֲרֵיהֶם וְאִכָּבְדָה בְּפַרְעֹה וּבְכָל־חֵילוֹ וְיָדְעוּ מִצְרַיִם כִּי־אֲנִי יְהוָה וַיַּעֲשׂוּ־
כֵן: *וַיֻּגַּד לְמֶלֶךְ מִצְרַיִם כִּי בָרַח הָעָם וַיֵּהָפֵךְ לְבַב פַּרְעֹה וַעֲבָדָיו אֶל־הָעָם ישראל
וַיֹּאמְרוּ מַה־זֹּאת עָשִׂינוּ כִּי־שִׁלַּחְנוּ אֶת־יִשְׂרָאֵל מֵעָבְדֵנוּ: וַיֶּאְסֹר אֶת־רִכְבּוֹ
וְאֶת־עַמּוֹ לָקַח עִמּוֹ: וַיִּקַּח שֵׁשׁ־מֵאוֹת רֶכֶב בָּחוּר וְכֹל רֶכֶב מִצְרָיִם וְשָׁלִשִׁם
עַל־כֻּלּוֹ: וַיְחַזֵּק יְהוָה אֶת־לֵב פַּרְעֹה מֶלֶךְ מִצְרַיִם וַיִּרְדֹּף אַחֲרֵי בְּנֵי יִשְׂרָאֵל
וּבְנֵי יִשְׂרָאֵל יֹצְאִים בְּיָד רָמָה:

יתרו

וַיִּשְׁמַע יִתְרוֹ כֹהֵן מִדְיָן חֹתֵן מֹשֶׁה אֵת כָּל־אֲשֶׁר עָשָׂה אֱלֹהִים לְמֹשֶׁה שמות
וּלְיִשְׂרָאֵל עַמּוֹ כִּי־הוֹצִיא יְהוָה אֶת־יִשְׂרָאֵל מִמִּצְרָיִם: וַיִּקַּח יִתְרוֹ חֹתֵן יח, א–יב
מֹשֶׁה אֶת־צִפֹּרָה אֵשֶׁת מֹשֶׁה אַחַר שִׁלּוּחֶיהָ: וְאֵת שְׁנֵי בָנֶיהָ אֲשֶׁר שֵׁם הָאֶחָד
גֵּרְשֹׁם כִּי אָמַר גֵּר הָיִיתִי בְּאֶרֶץ נָכְרִיָּה: וְשֵׁם הָאֶחָד אֱלִיעֶזֶר כִּי־אֱלֹהֵי אָבִי
בְּעֶזְרִי וַיַּצִּלֵנִי מֵחֶרֶב פַּרְעֹה: *וַיָּבֹא יִתְרוֹ חֹתֵן מֹשֶׁה וּבָנָיו וְאִשְׁתּוֹ אֶל־מֹשֶׁה לוי
אֶל־הַמִּדְבָּר אֲשֶׁר־הוּא חֹנֶה שָׁם הַר הָאֱלֹהִים: וַיֹּאמֶר אֶל־מֹשֶׁה אֲנִי חֹתֶנְךָ
יִתְרוֹ בָּא אֵלֶיךָ וְאִשְׁתְּךָ וּשְׁנֵי בָנֶיהָ עִמָּהּ: וַיֵּצֵא מֹשֶׁה לִקְרַאת חֹתְנוֹ וַיִּשְׁתַּחוּ
וַיִּשַּׁק־לוֹ וַיִּשְׁאֲלוּ אִישׁ־לְרֵעֵהוּ לְשָׁלוֹם וַיָּבֹאוּ הָאֹהֱלָה: וַיְסַפֵּר מֹשֶׁה לְחֹתְנוֹ
אֵת כָּל־אֲשֶׁר עָשָׂה יְהוָה לְפַרְעֹה וּלְמִצְרַיִם עַל אוֹדֹת יִשְׂרָאֵל אֵת כָּל־הַתְּלָאָה
אֲשֶׁר מְצָאָתַם בַּדֶּרֶךְ וַיַּצִּלֵם יְהוָה: *וַיִּחַדְּ יִתְרוֹ עַל כָּל־הַטּוֹבָה אֲשֶׁר־עָשָׂה ישראל
יְהוָה לְיִשְׂרָאֵל אֲשֶׁר הִצִּילוֹ מִיַּד מִצְרָיִם: וַיֹּאמֶר יִתְרוֹ בָּרוּךְ יְהוָה אֲשֶׁר הִצִּיל
אֶתְכֶם מִיַּד מִצְרַיִם וּמִיַּד פַּרְעֹה אֲשֶׁר הִצִּיל אֶת־הָעָם מִתַּחַת יַד־מִצְרָיִם:
עַתָּה יָדַעְתִּי כִּי־גָדוֹל יְהוָה מִכָּל־הָאֱלֹהִים כִּי בַדָּבָר אֲשֶׁר זָדוּ עֲלֵיהֶם: וַיִּקַּח
יִתְרוֹ חֹתֵן מֹשֶׁה עֹלָה וּזְבָחִים לֵאלֹהִים וַיָּבֹא אַהֲרֹן וְכֹל ׀ זִקְנֵי יִשְׂרָאֵל לֶאֱכָל־
לֶחֶם עִם־חֹתֵן מֹשֶׁה לִפְנֵי הָאֱלֹהִים:

משפטים

וְאֵלֶּה הַמִּשְׁפָּטִים אֲשֶׁר תָּשִׂים לִפְנֵיהֶם׃ כִּי תִקְנֶה עֶבֶד עִבְרִי שֵׁשׁ שָׁנִים שמות כא,א-יט
יַעֲבֹד וּבַשְּׁבִעִת יֵצֵא לַחָפְשִׁי חִנָּם׃ אִם־בְּגַפּוֹ יָבֹא בְּגַפּוֹ יֵצֵא אִם־בַּעַל אִשָּׁה
הוּא וְיָצְאָה אִשְׁתּוֹ עִמּוֹ׃ אִם־אֲדֹנָיו יִתֶּן־לוֹ אִשָּׁה וְיָלְדָה־לוֹ בָנִים אוֹ בָנוֹת
הָאִשָּׁה וִילָדֶיהָ תִּהְיֶה לַאדֹנֶיהָ וְהוּא יֵצֵא בְגַפּוֹ׃ וְאִם־אָמֹר יֹאמַר הָעֶבֶד
אָהַבְתִּי אֶת־אֲדֹנִי אֶת־אִשְׁתִּי וְאֶת־בָּנָי לֹא אֵצֵא חָפְשִׁי׃ וְהִגִּישׁוֹ אֲדֹנָיו
אֶל־הָאֱלֹהִים וְהִגִּישׁוֹ אֶל־הַדֶּלֶת אוֹ אֶל־הַמְּזוּזָה וְרָצַע אֲדֹנָיו אֶת־אָזְנוֹ
בַּמַּרְצֵעַ וַעֲבָדוֹ לְעֹלָם׃ *וְכִי־יִמְכֹּר אִישׁ אֶת־בִּתּוֹ לְאָמָה לֹא לוי
תֵצֵא כְּצֵאת הָעֲבָדִים׃ אִם־רָעָה בְּעֵינֵי אֲדֹנֶיהָ אֲשֶׁר־לֹא יְעָדָהּ וְהֶפְדָּהּ לְעַם לו
נָכְרִי לֹא־יִמְשֹׁל לְמָכְרָהּ בְּבִגְדוֹ־בָהּ׃ וְאִם־לִבְנוֹ יִיעָדֶנָּה כְּמִשְׁפַּט הַבָּנוֹת
יַעֲשֶׂה־לָּהּ׃ אִם־אַחֶרֶת יִקַּח־לוֹ שְׁאֵרָהּ כְּסוּתָהּ וְעֹנָתָהּ לֹא יִגְרָע׃ וְאִם־שְׁלָשׁ־
אֵלֶּה לֹא יַעֲשֶׂה לָהּ וְיָצְאָה חִנָּם אֵין כָּסֶף׃ *מַכֵּה אִישׁ וָמֵת מוֹת ישראל
יוּמָת׃ וַאֲשֶׁר לֹא צָדָה וְהָאֱלֹהִים אִנָּה לְיָדוֹ וְשַׂמְתִּי לְךָ מָקוֹם אֲשֶׁר יָנוּס
שָׁמָּה׃ וְכִי־יָזִד אִישׁ עַל־רֵעֵהוּ לְהָרְגוֹ בְעָרְמָה מֵעִם מִזְבְּחִי
תִּקָּחֶנּוּ לָמוּת׃ וּמַכֵּה אָבִיו וְאִמּוֹ מוֹת יוּמָת׃ וְגֹנֵב
אִישׁ וּמְכָרוֹ וְנִמְצָא בְיָדוֹ מוֹת יוּמָת׃ וּמְקַלֵּל אָבִיו וְאִמּוֹ מוֹת
יוּמָת׃ וְכִי־יְרִיבֻן אֲנָשִׁים וְהִכָּה־אִישׁ אֶת־רֵעֵהוּ בְּאֶבֶן אוֹ בְאֶגְרֹף
וְלֹא יָמוּת וְנָפַל לְמִשְׁכָּב׃ אִם־יָקוּם וְהִתְהַלֵּךְ בַּחוּץ עַל־מִשְׁעַנְתּוֹ וְנִקָּה הַמַּכֶּה
רַק שִׁבְתּוֹ יִתֵּן וְרַפֹּא יְרַפֵּא׃

תרומה

וַיְדַבֵּר יְהוָה אֶל־מֹשֶׁה לֵּאמֹר׃ דַּבֵּר אֶל־בְּנֵי יִשְׂרָאֵל וְיִקְחוּ־לִי תְּרוּמָה מֵאֵת שמות כה,א-טז
כָּל־אִישׁ אֲשֶׁר יִדְּבֶנּוּ לִבּוֹ תִּקְחוּ אֶת־תְּרוּמָתִי׃ וְזֹאת הַתְּרוּמָה אֲשֶׁר תִּקְחוּ
מֵאִתָּם זָהָב וָכֶסֶף וּנְחֹשֶׁת׃ וּתְכֵלֶת וְאַרְגָּמָן וְתוֹלַעַת שָׁנִי וְשֵׁשׁ וְעִזִּים׃ וְעֹרֹת
אֵילִם מְאָדָּמִים וְעֹרֹת תְּחָשִׁים וַעֲצֵי שִׁטִּים׃ *שֶׁמֶן לַמָּאֹר בְּשָׂמִים לְשֶׁמֶן לוי
הַמִּשְׁחָה וְלִקְטֹרֶת הַסַּמִּים׃ אַבְנֵי־שֹׁהַם וְאַבְנֵי מִלֻּאִים לָאֵפֹד וְלַחֹשֶׁן׃ וְעָשׂוּ
לִי מִקְדָּשׁ וְשָׁכַנְתִּי בְּתוֹכָם׃ כְּכֹל אֲשֶׁר אֲנִי מַרְאֶה אוֹתְךָ אֵת תַּבְנִית הַמִּשְׁכָּן
וְאֵת תַּבְנִית כָּל־כֵּלָיו וְכֵן תַּעֲשׂוּ׃ *וְעָשׂוּ אֲרוֹן עֲצֵי שִׁטִּים אַמָּתַיִם ישראל
וָחֵצִי אָרְכּוֹ וְאַמָּה וָחֵצִי רָחְבּוֹ וְאַמָּה וָחֵצִי קֹמָתוֹ׃ וְצִפִּיתָ אֹתוֹ זָהָב טָהוֹר
מִבַּיִת וּמִחוּץ תְּצַפֶּנּוּ וְעָשִׂיתָ עָלָיו זֵר זָהָב סָבִיב׃ וְיָצַקְתָּ לּוֹ אַרְבַּע טַבְּעֹת

זָהָב וְנָתַתָּה עַל אַרְבַּע פַּעֲמֹתָיו וּשְׁתֵּי טַבָּעֹת עַל־צַלְעוֹ הָאֶחָת וּשְׁתֵּי טַבָּעֹת
עַל־צַלְעוֹ הַשֵּׁנִית: וְעָשִׂיתָ בַדֵּי עֲצֵי שִׁטִּים וְצִפִּיתָ אֹתָם זָהָב: וְהֵבֵאתָ אֶת־
הַבַּדִּים בַּטַּבָּעֹת עַל צַלְעֹת הָאָרֹן לָשֵׂאת אֶת־הָאָרֹן בָּהֶם: בְּטַבְּעֹת הָאָרֹן
יִהְיוּ הַבַּדִּים לֹא יָסֻרוּ מִמֶּנּוּ: וְנָתַתָּ אֶל־הָאָרֹן אֵת הָעֵדֻת אֲשֶׁר אֶתֵּן אֵלֶיךָ:

תצוה

וְאַתָּה תְּצַוֶּה ׀ אֶת־בְּנֵי יִשְׂרָאֵל וְיִקְחוּ אֵלֶיךָ שֶׁמֶן זַיִת זָךְ כָּתִית לַמָּאוֹר שמות כז,כ – כח,יב
לְהַעֲלֹת נֵר תָּמִיד: בְּאֹהֶל מוֹעֵד מִחוּץ לַפָּרֹכֶת אֲשֶׁר עַל־הָעֵדֻת יַעֲרֹךְ
אֹתוֹ אַהֲרֹן וּבָנָיו מֵעֶרֶב עַד־בֹּקֶר לִפְנֵי יְהוָה חֻקַּת עוֹלָם לְדֹרֹתָם מֵאֵת בְּנֵי
יִשְׂרָאֵל: וְאַתָּה הַקְרֵב אֵלֶיךָ אֶת־אַהֲרֹן אָחִיךָ וְאֶת־בָּנָיו אִתּוֹ מִתּוֹךְ
בְּנֵי יִשְׂרָאֵל לְכַהֲנוֹ־לִי אַהֲרֹן נָדָב וַאֲבִיהוּא אֶלְעָזָר וְאִיתָמָר בְּנֵי אַהֲרֹן: וְעָשִׂיתָ
בִגְדֵי־קֹדֶשׁ לְאַהֲרֹן אָחִיךָ לְכָבוֹד וּלְתִפְאָרֶת: וְאַתָּה תְּדַבֵּר אֶל־כָּל־חַכְמֵי־לֵב
אֲשֶׁר מִלֵּאתִיו רוּחַ חָכְמָה וְעָשׂוּ אֶת־בִּגְדֵי אַהֲרֹן לְקַדְּשׁוֹ לְכַהֲנוֹ־לִי: וְאֵלֶּה
הַבְּגָדִים אֲשֶׁר יַעֲשׂוּ חֹשֶׁן וְאֵפוֹד וּמְעִיל וּכְתֹנֶת תַּשְׁבֵּץ מִצְנֶפֶת וְאַבְנֵט וְעָשׂוּ
בִגְדֵי־קֹדֶשׁ לְאַהֲרֹן אָחִיךָ וּלְבָנָיו לְכַהֲנוֹ־לִי: וְהֵם יִקְחוּ אֶת־הַזָּהָב וְאֶת־הַתְּכֵלֶת
וְאֶת־הָאַרְגָּמָן וְאֶת־תּוֹלַעַת הַשָּׁנִי וְאֶת־הַשֵּׁשׁ:
וְעָשׂוּ אֶת־הָאֵפֹד זָהָב תְּכֵלֶת וְאַרְגָּמָן תּוֹלַעַת שָׁנִי וְשֵׁשׁ מָשְׁזָר מַעֲשֵׂה חֹשֵׁב: לוי
שְׁתֵּי כְתֵפֹת חֹבְרֹת יִהְיֶה־לּוֹ אֶל־שְׁנֵי קְצוֹתָיו וְחֻבָּר: וְחֵשֶׁב אֲפֻדָּתוֹ אֲשֶׁר עָלָיו
כְּמַעֲשֵׂהוּ מִמֶּנּוּ יִהְיֶה זָהָב תְּכֵלֶת וְאַרְגָּמָן וְתוֹלַעַת שָׁנִי וְשֵׁשׁ מָשְׁזָר: וְלָקַחְתָּ
אֶת־שְׁתֵּי אַבְנֵי־שֹׁהַם וּפִתַּחְתָּ עֲלֵיהֶם שְׁמוֹת בְּנֵי יִשְׂרָאֵל: *שִׁשָּׁה מִשְּׁמֹתָם עַל ישראל
הָאֶבֶן הָאֶחָת וְאֶת־שְׁמוֹת הַשִּׁשָּׁה הַנּוֹתָרִים עַל־הָאֶבֶן הַשֵּׁנִית כְּתוֹלְדֹתָם:
מַעֲשֵׂה חָרַשׁ אֶבֶן פִּתּוּחֵי חֹתָם תְּפַתַּח אֶת־שְׁתֵּי הָאֲבָנִים עַל־שְׁמֹת בְּנֵי
יִשְׂרָאֵל מֻסַבֹּת מִשְׁבְּצוֹת זָהָב תַּעֲשֶׂה אֹתָם: וְשַׂמְתָּ אֶת־שְׁתֵּי הָאֲבָנִים עַל
כִּתְפֹת הָאֵפֹד אַבְנֵי זִכָּרֹן לִבְנֵי יִשְׂרָאֵל וְנָשָׂא אַהֲרֹן אֶת־שְׁמוֹתָם לִפְנֵי יְהוָה
עַל־שְׁתֵּי כְתֵפָיו לְזִכָּרֹן:

כי תשא

וַיְדַבֵּר יְהוָה אֶל־מֹשֶׁה לֵּאמֹר: כִּי תִשָּׂא אֶת־רֹאשׁ בְּנֵי־יִשְׂרָאֵל לִפְקֻדֵיהֶם שמות ל,יא-כא
וְנָתְנוּ אִישׁ כֹּפֶר נַפְשׁוֹ לַיהוָה בִּפְקֹד אֹתָם וְלֹא־יִהְיֶה בָהֶם נֶגֶף בִּפְקֹד אֹתָם:
זֶה ׀ יִתְּנוּ כָּל־הָעֹבֵר עַל־הַפְּקֻדִים מַחֲצִית הַשֶּׁקֶל בְּשֶׁקֶל הַקֹּדֶשׁ עֶשְׂרִים

לוי גֵּרָה הַשֶּׁקֶל מַחֲצִית הַשֶּׁקֶל תְּרוּמָה לַיהוָה: *כֹּל הָעֹבֵר עַל־הַפְּקֻדִים מִבֶּן
עֶשְׂרִים שָׁנָה וָמָעְלָה יִתֵּן תְּרוּמַת יהוָה: הֶעָשִׁיר לֹא־יַרְבֶּה וְהַדַּל לֹא יַמְעִיט
מִמַּחֲצִית הַשָּׁקֶל לָתֵת אֶת־תְּרוּמַת יהוָה לְכַפֵּר עַל־נַפְשֹׁתֵיכֶם: וְלָקַחְתָּ אֶת־
כֶּסֶף הַכִּפֻּרִים מֵאֵת בְּנֵי יִשְׂרָאֵל וְנָתַתָּ אֹתוֹ עַל־עֲבֹדַת אֹהֶל מוֹעֵד וְהָיָה לִבְנֵי
יִשְׂרָאֵל לְזִכָּרוֹן לִפְנֵי יהוָה לְכַפֵּר עַל־נַפְשֹׁתֵיכֶם:
ישראל וַיְדַבֵּר יהוָה אֶל־מֹשֶׁה לֵּאמֹר: וְעָשִׂיתָ כִּיּוֹר נְחֹשֶׁת וְכַנּוֹ נְחֹשֶׁת לְרָחְצָה וְנָתַתָּ
אֹתוֹ בֵּין־אֹהֶל מוֹעֵד וּבֵין הַמִּזְבֵּחַ וְנָתַתָּ שָׁמָּה מָיִם: וְרָחֲצוּ אַהֲרֹן וּבָנָיו מִמֶּנּוּ
אֶת־יְדֵיהֶם וְאֶת־רַגְלֵיהֶם: בְּבֹאָם אֶל־אֹהֶל מוֹעֵד יִרְחֲצוּ־מַיִם וְלֹא יָמֻתוּ אוֹ
בְגִשְׁתָּם אֶל־הַמִּזְבֵּחַ לְשָׁרֵת לְהַקְטִיר אִשֶּׁה לַיהוָה: וְרָחֲצוּ יְדֵיהֶם וְרַגְלֵיהֶם
וְלֹא יָמֻתוּ וְהָיְתָה לָהֶם חָק־עוֹלָם לוֹ וּלְזַרְעוֹ לְדֹרֹתָם:

ויקהל

שמות לה,א-כ וַיַּקְהֵל מֹשֶׁה אֶת־כָּל־עֲדַת בְּנֵי יִשְׂרָאֵל וַיֹּאמֶר אֲלֵהֶם אֵלֶּה הַדְּבָרִים אֲשֶׁר־
צִוָּה יהוָה לַעֲשֹׂת אֹתָם: שֵׁשֶׁת יָמִים תֵּעָשֶׂה מְלָאכָה וּבַיּוֹם הַשְּׁבִיעִי יִהְיֶה
לָכֶם קֹדֶשׁ שַׁבַּת שַׁבָּתוֹן לַיהוָה כָּל־הָעֹשֶׂה בוֹ מְלָאכָה יוּמָת: לֹא־תְבַעֲרוּ
אֵשׁ בְּכֹל מֹשְׁבֹתֵיכֶם בְּיוֹם הַשַּׁבָּת:
לוי וַיֹּאמֶר מֹשֶׁה אֶל־כָּל־עֲדַת בְּנֵי־יִשְׂרָאֵל לֵאמֹר זֶה הַדָּבָר אֲשֶׁר־צִוָּה יהוָה
לֵאמֹר: קְחוּ מֵאִתְּכֶם תְּרוּמָה לַיהוָה כֹּל נְדִיב לִבּוֹ יְבִיאֶהָ אֵת תְּרוּמַת יהוָה
זָהָב וָכֶסֶף וּנְחֹשֶׁת: וּתְכֵלֶת וְאַרְגָּמָן וְתוֹלַעַת שָׁנִי וְשֵׁשׁ וְעִזִּים: וְעֹרֹת אֵילִם
מְאָדָּמִים וְעֹרֹת תְּחָשִׁים וַעֲצֵי שִׁטִּים: וְשֶׁמֶן לַמָּאוֹר וּבְשָׂמִים לְשֶׁמֶן הַמִּשְׁחָה
וְלִקְטֹרֶת הַסַּמִּים: וְאַבְנֵי־שֹׁהַם וְאַבְנֵי מִלֻּאִים לָאֵפוֹד וְלַחֹשֶׁן: וְכָל־חֲכַם־לֵב
ישראל בָּכֶם יָבֹאוּ וְיַעֲשׂוּ אֵת כָּל־אֲשֶׁר צִוָּה יהוָה: *אֶת־הַמִּשְׁכָּן אֶת־אָהֳלוֹ וְאֶת־
מִכְסֵהוּ אֶת־קְרָסָיו וְאֶת־קְרָשָׁיו אֶת־בְּרִיחָו אֶת־עַמֻּדָיו וְאֶת־אֲדָנָיו: אֶת־
הָאָרֹן וְאֶת־בַּדָּיו אֶת־הַכַּפֹּרֶת וְאֵת פָּרֹכֶת הַמָּסָךְ: אֶת־הַשֻּׁלְחָן וְאֶת־בַּדָּיו
וְאֶת־כָּל־כֵּלָיו וְאֵת לֶחֶם הַפָּנִים: וְאֶת־מְנֹרַת הַמָּאוֹר וְאֶת־כֵּלֶיהָ וְאֶת־נֵרֹתֶיהָ
וְאֵת שֶׁמֶן הַמָּאוֹר: וְאֶת־מִזְבַּח הַקְּטֹרֶת וְאֶת־בַּדָּיו וְאֵת שֶׁמֶן הַמִּשְׁחָה וְאֵת
קְטֹרֶת הַסַּמִּים וְאֶת־מָסַךְ הַפֶּתַח לְפֶתַח הַמִּשְׁכָּן: אֵת ׀ מִזְבַּח הָעֹלָה וְאֶת־
מִכְבַּר הַנְּחֹשֶׁת אֲשֶׁר־לוֹ אֶת־בַּדָּיו וְאֶת־כָּל־כֵּלָיו אֶת־הַכִּיֹּר וְאֶת־כַּנּוֹ: אֵת
קַלְעֵי הֶחָצֵר אֶת־עַמֻּדָיו וְאֶת־אֲדָנֶיהָ וְאֵת מָסַךְ שַׁעַר הֶחָצֵר: אֶת־יִתְדֹת

הַמִּשְׁכָּ֛ן וְאֶת־יִתְדֹ֥ת הֶחָצֵ֖ר וְאֶת־מֵיתְרֵיהֶֽם׃ אֶת־בִּגְדֵ֥י הַשְּׂרָ֖ד לְשָׁרֵ֣ת בַּקֹּ֑דֶשׁ
אֶת־בִּגְדֵ֤י הַקֹּ֙דֶשׁ֙ לְאַהֲרֹ֣ן הַכֹּהֵ֔ן וְאֶת־בִּגְדֵ֥י בָנָ֖יו לְכַהֵֽן׃ וַיֵּצְא֖וּ כָּל־עֲדַ֣ת בְּנֵֽי־
יִשְׂרָאֵ֑ל מִלִּפְנֵ֖י מֹשֶֽׁה׃

פקודי

אֵ֣לֶּה פְקוּדֵ֤י הַמִּשְׁכָּן֙ מִשְׁכַּ֣ן הָעֵדֻ֔ת אֲשֶׁ֥ר פֻּקַּ֖ד עַל־פִּ֣י מֹשֶׁ֑ה עֲבֹדַת֙ הַלְוִיִּ֔ם בְּיַד֙ שמות לח, כא – לט, א
אִֽיתָמָ֔ר בֶּֽן־אַהֲרֹ֖ן הַכֹּהֵֽן׃ וּבְצַלְאֵ֛ל בֶּן־אוּרִ֥י בֶן־ח֖וּר לְמַטֵּ֣ה יְהוּדָ֑ה עָשָׂ֕ה אֵ֛ת
כָּל־אֲשֶׁר־צִוָּ֥ה יְהוָ֖ה אֶת־מֹשֶֽׁה׃ וְאִתּ֗וֹ אָֽהֳלִיאָ֛ב בֶּן־אֲחִיסָמָ֖ךְ לְמַטֵּה־דָ֑ן חָרָ֣שׁ
וְחֹשֵׁ֔ב וְרֹקֵ֗ם בַּתְּכֵ֙לֶת֙ וּבָֽאַרְגָּמָ֔ן וּבְתוֹלַ֥עַת הַשָּׁנִ֖י וּבַשֵּֽׁשׁ׃ ✶כָּל־הַזָּהָ֗ב לוי
הֶֽעָשׂוּי֙ לַמְּלָאכָ֔ה בְּכֹ֖ל מְלֶ֣אכֶת הַקֹּ֑דֶשׁ וַיְהִ֣י ׀ זְהַ֣ב הַתְּנוּפָ֗ה תֵּ֤שַׁע וְעֶשְׂרִים֙
כִּכָּ֔ר וּשְׁבַ֨ע מֵא֤וֹת וּשְׁלֹשִׁים֙ שֶׁ֔קֶל בְּשֶׁ֖קֶל הַקֹּֽדֶשׁ׃ וְכֶ֛סֶף פְּקוּדֵ֥י הָעֵדָ֖ה מְאַ֣ת
כִּכָּ֑ר וְאֶ֡לֶף וּשְׁבַע֩ מֵא֨וֹת וַחֲמִשָּׁ֧ה וְשִׁבְעִ֛ים שֶׁ֖קֶל בְּשֶׁ֥קֶל הַקֹּֽדֶשׁ׃ בֶּ֚קַע לַגֻּלְגֹּ֔לֶת
מַחֲצִ֥ית הַשֶּׁ֖קֶל בְּשֶׁ֣קֶל הַקֹּ֑דֶשׁ לְכֹ֨ל הָעֹבֵ֜ר עַל־הַפְּקֻדִ֗ים מִבֶּ֨ן עֶשְׂרִ֤ים שָׁנָה֙
וָמַ֔עְלָה לְשֵׁשׁ־מֵא֨וֹת אֶ֜לֶף וּשְׁלֹ֣שֶׁת אֲלָפִ֗ים וַחֲמֵ֥שׁ מֵא֖וֹת וַחֲמִשִּֽׁים׃ וַֽיְהִ֗י
מְאַת֙ כִּכַּ֣ר הַכֶּ֔סֶף לָצֶ֗קֶת אֵ֚ת אַדְנֵ֣י הַקֹּ֔דֶשׁ וְאֵ֖ת אַדְנֵ֣י הַפָּרֹ֑כֶת מְאַ֧ת אֲדָנִ֛ים
לִמְאַ֥ת הַכִּכָּ֖ר כִּכָּ֥ר לָאָֽדֶן׃ ✶וְאֶת־הָאֶ֜לֶף וּשְׁבַ֤ע הַמֵּאוֹת֙ וַחֲמִשָּׁ֣ה וְשִׁבְעִ֔ים ישראל
עָשָׂ֥ה וָוִ֖ים לָֽעַמּוּדִ֑ים וְצִפָּ֥ה רָאשֵׁיהֶ֖ם וְחִשַּׁ֥ק אֹתָֽם׃ וּנְחֹ֥שֶׁת הַתְּנוּפָ֖ה שִׁבְעִ֣ים
כִּכָּ֑ר וְאַלְפַּ֥יִם וְאַרְבַּע־מֵא֖וֹת שָֽׁקֶל׃ וַיַּ֣עַשׂ בָּ֗הּ אֶת־אַדְנֵי֙ פֶּ֚תַח אֹ֣הֶל מוֹעֵ֔ד
וְאֵת֙ מִזְבַּ֣ח הַנְּחֹ֔שֶׁת וְאֶת־מִכְבַּ֥ר הַנְּחֹ֖שֶׁת אֲשֶׁר־ל֑וֹ וְאֵ֖ת כָּל־כְּלֵ֥י הַמִּזְבֵּֽחַ׃
וְאֶת־אַדְנֵ֤י הֶֽחָצֵר֙ סָבִ֔יב וְאֶת־אַדְנֵ֖י שַׁ֣עַר הֶחָצֵ֑ר וְאֵ֨ת כָּל־יִתְדֹ֧ת הַמִּשְׁכָּ֛ן
וְאֶת־כָּל־יִתְדֹ֥ת הֶחָצֵ֖ר סָבִֽיב׃ וּמִן־הַתְּכֵ֤לֶת וְהָֽאַרְגָּמָן֙ וְתוֹלַ֣עַת הַשָּׁנִ֔י עָשׂ֥וּ
בִגְדֵי־שְׂרָ֖ד לְשָׁרֵ֣ת בַּקֹּ֑דֶשׁ וַֽיַּעֲשׂ֞וּ אֶת־בִּגְדֵ֤י הַקֹּ֙דֶשׁ֙ אֲשֶׁ֣ר לְאַהֲרֹ֔ן כַּאֲשֶׁ֛ר צִוָּ֥ה
יְהוָ֖ה אֶת־מֹשֶֽׁה׃

ויקרא

וַיִּקְרָ֖א אֶל־מֹשֶׁ֑ה וַיְדַבֵּ֤ר יְהוָה֙ אֵלָ֔יו מֵאֹ֥הֶל מוֹעֵ֖ד לֵאמֹֽר׃ דַּבֵּ֞ר אֶל־בְּנֵ֤י יִשְׂרָאֵל֙ ויקרא א, א–יג
וְאָמַרְתָּ֣ אֲלֵהֶ֔ם אָדָ֗ם כִּֽי־יַקְרִ֥יב מִכֶּ֛ם קָרְבָּ֖ן לַֽיהוָ֑ה מִן־הַבְּהֵמָ֗ה מִן־הַבָּקָר֙
וּמִן־הַצֹּ֔אן תַּקְרִ֖יבוּ אֶת־קָרְבַּנְכֶֽם׃ אִם־עֹלָ֤ה קָרְבָּנוֹ֙ מִן־הַבָּקָ֔ר זָכָ֥ר תָּמִ֖ים
יַקְרִיבֶ֑נּוּ אֶל־פֶּ֜תַח אֹ֤הֶל מוֹעֵד֙ יַקְרִ֣יב אֹת֔וֹ לִרְצֹנ֖וֹ לִפְנֵ֥י יְהוָֽה׃ וְסָמַ֣ךְ יָד֔וֹ עַ֖ל

רֹאשׁ הָעֹלָה וְנִרְצָה לוֹ לְכַפֵּר עָלָיו: *וְשָׁחַט אֶת־בֶּן הַבָּקָר לִפְנֵי יהוה וְהִקְרִיבוּ לוי
בְּנֵי אַהֲרֹן הַכֹּהֲנִים אֶת־הַדָּם וְזָרְקוּ אֶת־הַדָּם עַל־הַמִּזְבֵּחַ סָבִיב אֲשֶׁר־פֶּתַח
אֹהֶל מוֹעֵד: וְהִפְשִׁיט אֶת־הָעֹלָה וְנִתַּח אֹתָהּ לִנְתָחֶיהָ: וְנָתְנוּ בְּנֵי אַהֲרֹן
הַכֹּהֵן אֵשׁ עַל־הַמִּזְבֵּחַ וְעָרְכוּ עֵצִים עַל־הָאֵשׁ: וְעָרְכוּ בְּנֵי אַהֲרֹן הַכֹּהֲנִים
אֵת הַנְּתָחִים אֶת־הָרֹאשׁ וְאֶת־הַפָּדֶר עַל־הָעֵצִים אֲשֶׁר עַל־הָאֵשׁ אֲשֶׁר עַל־
הַמִּזְבֵּחַ: וְקִרְבּוֹ וּכְרָעָיו יִרְחַץ בַּמָּיִם וְהִקְטִיר הַכֹּהֵן אֶת־הַכֹּל הַמִּזְבֵּחָה עֹלָה
אִשֵּׁה רֵיחַ־נִיחוֹחַ לַיהוה: *וְאִם־מִן־הַצֹּאן קָרְבָּנוֹ מִן־הַכְּשָׂבִים ישראל
אוֹ מִן־הָעִזִּים לְעֹלָה זָכָר תָּמִים יַקְרִיבֶנּוּ: וְשָׁחַט אֹתוֹ עַל יֶרֶךְ הַמִּזְבֵּחַ צָפֹנָה
לִפְנֵי יהוה וְזָרְקוּ בְּנֵי אַהֲרֹן הַכֹּהֲנִים אֶת־דָּמוֹ עַל־הַמִּזְבֵּחַ סָבִיב: וְנִתַּח אֹתוֹ
לִנְתָחָיו וְאֶת־רֹאשׁוֹ וְאֶת־פִּדְרוֹ וְעָרַךְ הַכֹּהֵן אֹתָם עַל־הָעֵצִים אֲשֶׁר עַל־הָאֵשׁ
אֲשֶׁר עַל־הַמִּזְבֵּחַ: וְהַקֶּרֶב וְהַכְּרָעַיִם יִרְחַץ בַּמָּיִם וְהִקְרִיב הַכֹּהֵן אֶת־הַכֹּל
וְהִקְטִיר הַמִּזְבֵּחָה עֹלָה הוּא אִשֵּׁה רֵיחַ נִיחֹחַ לַיהוה:

צו

וַיְדַבֵּר יהוה אֶל־מֹשֶׁה לֵּאמֹר: צַו אֶת־אַהֲרֹן וְאֶת־בָּנָיו לֵאמֹר זֹאת תּוֹרַת ויקרא ו,א–יא
הָעֹלָה הִוא הָעֹלָה עַל מוֹקְדָה עַל־הַמִּזְבֵּחַ כָּל־הַלַּיְלָה עַד־הַבֹּקֶר וְאֵשׁ הַמִּזְבֵּחַ
תּוּקַד בּוֹ: וְלָבַשׁ הַכֹּהֵן מִדּוֹ בַד וּמִכְנְסֵי־בַד יִלְבַּשׁ עַל־בְּשָׂרוֹ וְהֵרִים אֶת־הַדֶּשֶׁן
אֲשֶׁר תֹּאכַל הָאֵשׁ אֶת־הָעֹלָה עַל־הַמִּזְבֵּחַ וְשָׂמוֹ אֵצֶל הַמִּזְבֵּחַ: *וּפָשַׁט אֶת־ לוי
בְּגָדָיו וְלָבַשׁ בְּגָדִים אֲחֵרִים וְהוֹצִיא אֶת־הַדֶּשֶׁן אֶל־מִחוּץ לַמַּחֲנֶה אֶל־מָקוֹם
טָהוֹר: וְהָאֵשׁ עַל־הַמִּזְבֵּחַ תּוּקַד־בּוֹ לֹא תִכְבֶּה וּבִעֵר עָלֶיהָ הַכֹּהֵן עֵצִים בַּבֹּקֶר
בַּבֹּקֶר וְעָרַךְ עָלֶיהָ הָעֹלָה וְהִקְטִיר עָלֶיהָ חֶלְבֵי הַשְּׁלָמִים: אֵשׁ תָּמִיד תּוּקַד
עַל־הַמִּזְבֵּחַ לֹא תִכְבֶּה: *וְזֹאת תּוֹרַת הַמִּנְחָה הַקְרֵב אֹתָהּ ישראל
בְּנֵי־אַהֲרֹן לִפְנֵי יהוה אֶל־פְּנֵי הַמִּזְבֵּחַ: וְהֵרִים מִמֶּנּוּ בְּקֻמְצוֹ מִסֹּלֶת הַמִּנְחָה
וּמִשַּׁמְנָהּ וְאֵת כָּל־הַלְּבֹנָה אֲשֶׁר עַל־הַמִּנְחָה וְהִקְטִיר הַמִּזְבֵּחַ רֵיחַ נִיחֹחַ
אַזְכָּרָתָהּ לַיהוה: וְהַנּוֹתֶרֶת מִמֶּנָּה יֹאכְלוּ אַהֲרֹן וּבָנָיו מַצּוֹת תֵּאָכֵל בְּמָקוֹם
קָדֹשׁ בַּחֲצַר אֹהֶל־מוֹעֵד יֹאכְלוּהָ: לֹא תֵאָפֶה חָמֵץ חֶלְקָם נָתַתִּי אֹתָהּ מֵאִשָּׁי
קֹדֶשׁ קָדָשִׁים הִוא כַּחַטָּאת וְכָאָשָׁם: כָּל־זָכָר בִּבְנֵי אַהֲרֹן יֹאכְלֶנָּה חָק־עוֹלָם
לְדֹרֹתֵיכֶם מֵאִשֵּׁי יהוה כֹּל אֲשֶׁר־יִגַּע בָּהֶם יִקְדָּשׁ:

שמיני

ויקרא ט,א–טז
וַיְהִי בַּיּוֹם הַשְּׁמִינִי קָרָא מֹשֶׁה לְאַהֲרֹן וּלְבָנָיו וּלְזִקְנֵי יִשְׂרָאֵל: וַיֹּאמֶר אֶל־אַהֲרֹן
קַח־לְךָ עֵגֶל בֶּן־בָּקָר לְחַטָּאת וְאַיִל לְעֹלָה תְּמִימִם וְהַקְרֵב לִפְנֵי יְהוָה: וְאֶל־
בְּנֵי יִשְׂרָאֵל תְּדַבֵּר לֵאמֹר קְחוּ שְׂעִיר־עִזִּים לְחַטָּאת וְעֵגֶל וָכֶבֶשׂ בְּנֵי־שָׁנָה
תְּמִימִם לְעֹלָה: וְשׁוֹר וָאַיִל לִשְׁלָמִים לִזְבֹּחַ לִפְנֵי יְהוָה וּמִנְחָה בְּלוּלָה בַשָּׁמֶן
כִּי הַיּוֹם יְהוָה נִרְאָה אֲלֵיכֶם: וַיִּקְחוּ אֵת אֲשֶׁר צִוָּה מֹשֶׁה אֶל־פְּנֵי אֹהֶל מוֹעֵד
וַיִּקְרְבוּ כָּל־הָעֵדָה וַיַּעַמְדוּ לִפְנֵי יְהוָה: וַיֹּאמֶר מֹשֶׁה זֶה הַדָּבָר אֲשֶׁר־צִוָּה יְהוָה
לוי
תַּעֲשׂוּ וְיֵרָא אֲלֵיכֶם כְּבוֹד יְהוָה: *וַיֹּאמֶר מֹשֶׁה אֶל־אַהֲרֹן קְרַב אֶל־הַמִּזְבֵּחַ
וַעֲשֵׂה אֶת־חַטָּאתְךָ וְאֶת־עֹלָתֶךָ וְכַפֵּר בַּעַדְךָ וּבְעַד הָעָם וַעֲשֵׂה אֶת־קָרְבַּן
הָעָם וְכַפֵּר בַּעֲדָם כַּאֲשֶׁר צִוָּה יְהוָה: וַיִּקְרַב אַהֲרֹן אֶל־הַמִּזְבֵּחַ וַיִּשְׁחַט אֶת־
עֵגֶל הַחַטָּאת אֲשֶׁר־לוֹ: וַיַּקְרִבוּ בְּנֵי אַהֲרֹן אֶת־הַדָּם אֵלָיו וַיִּטְבֹּל אֶצְבָּעוֹ
בַּדָּם וַיִּתֵּן עַל־קַרְנוֹת הַמִּזְבֵּחַ וְאֶת־הַדָּם יָצַק אֶל־יְסוֹד הַמִּזְבֵּחַ: וְאֶת־הַחֵלֶב
וְאֶת־הַכְּלָיֹת וְאֶת־הַיֹּתֶרֶת מִן־הַכָּבֵד מִן־הַחַטָּאת הִקְטִיר הַמִּזְבֵּחָה כַּאֲשֶׁר
ישראל
צִוָּה יְהוָה אֶת־מֹשֶׁה: *וְאֶת־הַבָּשָׂר וְאֶת־הָעוֹר שָׂרַף בָּאֵשׁ מִחוּץ לַמַּחֲנֶה:
וַיִּשְׁחַט אֶת־הָעֹלָה וַיַּמְצִאוּ בְּנֵי אַהֲרֹן אֵלָיו אֶת־הַדָּם וַיִּזְרְקֵהוּ עַל־הַמִּזְבֵּחַ
סָבִיב: וְאֶת־הָעֹלָה הִמְצִיאוּ אֵלָיו לִנְתָחֶיהָ וְאֶת־הָרֹאשׁ וַיַּקְטֵר עַל־הַמִּזְבֵּחַ:
וַיִּרְחַץ אֶת־הַקֶּרֶב וְאֶת־הַכְּרָעָיִם וַיַּקְטֵר עַל־הָעֹלָה הַמִּזְבֵּחָה: וַיַּקְרֵב אֵת קָרְבַּן
הָעָם וַיִּקַּח אֶת־שְׂעִיר הַחַטָּאת אֲשֶׁר לָעָם וַיִּשְׁחָטֵהוּ וַיְחַטְּאֵהוּ כָּרִאשׁוֹן:
וַיַּקְרֵב אֶת־הָעֹלָה וַיַּעֲשֶׂהָ כַּמִּשְׁפָּט:

תזריע

ויקרא יב,א–יג,ה
וַיְדַבֵּר יְהוָה אֶל־מֹשֶׁה לֵּאמֹר: דַּבֵּר אֶל־בְּנֵי יִשְׂרָאֵל לֵאמֹר אִשָּׁה כִּי תַזְרִיעַ
וְיָלְדָה זָכָר וְטָמְאָה שִׁבְעַת יָמִים כִּימֵי נִדַּת דְּוֺתָהּ תִּטְמָא: וּבַיּוֹם הַשְּׁמִינִי
יִמּוֹל בְּשַׂר עָרְלָתוֹ: וּשְׁלֹשִׁים יוֹם וּשְׁלֹשֶׁת יָמִים תֵּשֵׁב בִּדְמֵי טָהֳרָה בְּכָל־
לוי
קֹדֶשׁ לֹא־תִגָּע וְאֶל־הַמִּקְדָּשׁ לֹא תָבֹא עַד־מְלֹאת יְמֵי טָהֳרָהּ: *וְאִם־נְקֵבָה
תֵלֵד וְטָמְאָה שְׁבֻעַיִם כְּנִדָּתָהּ וְשִׁשִּׁים יוֹם וְשֵׁשֶׁת יָמִים תֵּשֵׁב עַל־דְּמֵי טָהֳרָה:
וּבִמְלֹאת ׀ יְמֵי טָהֳרָהּ לְבֵן אוֹ לְבַת תָּבִיא כֶּבֶשׂ בֶּן־שְׁנָתוֹ לְעֹלָה וּבֶן־יוֹנָה
אוֹ־תֹר לְחַטָּאת אֶל־פֶּתַח אֹהֶל־מוֹעֵד אֶל־הַכֹּהֵן: וְהִקְרִיבוֹ לִפְנֵי יְהוָה וְכִפֶּר

עָלֶיהָ וְטָהֲרָה מִמְּקֹר דָּמֶיהָ זֹאת תּוֹרַת הַיֹּלֶדֶת לַזָּכָר אוֹ לַנְּקֵבָה: וְאִם־לֹא
תִמְצָא יָדָהּ דֵּי שֶׂה וְלָקְחָה שְׁתֵּי־תֹרִים אוֹ שְׁנֵי בְּנֵי יוֹנָה אֶחָד לְעֹלָה וְאֶחָד
לְחַטָּאת וְכִפֶּר עָלֶיהָ הַכֹּהֵן וְטָהֵרָה:
ישראל וַיְדַבֵּר יהוה אֶל־מֹשֶׁה וְאֶל־אַהֲרֹן לֵאמֹר: אָדָם כִּי־יִהְיֶה בְעוֹר־בְּשָׂרוֹ שְׂאֵת
אוֹ־סַפַּחַת אוֹ בַהֶרֶת וְהָיָה בְעוֹר־בְּשָׂרוֹ לְנֶגַע צָרָעַת וְהוּבָא אֶל־אַהֲרֹן הַכֹּהֵן
אוֹ אֶל־אַחַד מִבָּנָיו הַכֹּהֲנִים: וְרָאָה הַכֹּהֵן אֶת־הַנֶּגַע בְּעוֹר־הַבָּשָׂר וְשֵׂעָר בַּנֶּגַע
הָפַךְ ׀ לָבָן וּמַרְאֵה הַנֶּגַע עָמֹק מֵעוֹר בְּשָׂרוֹ נֶגַע צָרַעַת הוּא וְרָאָהוּ הַכֹּהֵן
וְטִמֵּא אֹתוֹ: וְאִם־בַּהֶרֶת לְבָנָה הִוא בְּעוֹר בְּשָׂרוֹ וְעָמֹק אֵין־מַרְאֶהָ מִן־הָעוֹר
וּשְׂעָרָה לֹא־הָפַךְ לָבָן וְהִסְגִּיר הַכֹּהֵן אֶת־הַנֶּגַע שִׁבְעַת יָמִים: וְרָאָהוּ הַכֹּהֵן
בַּיּוֹם הַשְּׁבִיעִי וְהִנֵּה הַנֶּגַע עָמַד בְּעֵינָיו לֹא־פָשָׂה הַנֶּגַע בָּעוֹר וְהִסְגִּירוֹ הַכֹּהֵן
שִׁבְעַת יָמִים שֵׁנִית:

מצורע

ויקרא יד,א–יב וַיְדַבֵּר יהוה אֶל־מֹשֶׁה לֵּאמֹר: זֹאת תִּהְיֶה תּוֹרַת הַמְּצֹרָע בְּיוֹם טָהֳרָתוֹ
וְהוּבָא אֶל־הַכֹּהֵן: וְיָצָא הַכֹּהֵן אֶל־מִחוּץ לַמַּחֲנֶה וְרָאָה הַכֹּהֵן וְהִנֵּה נִרְפָּא
נֶגַע־הַצָּרַעַת מִן־הַצָּרוּעַ: וְצִוָּה הַכֹּהֵן וְלָקַח לַמִּטַּהֵר שְׁתֵּי־צִפֳּרִים חַיּוֹת
טְהֹרוֹת וְעֵץ אֶרֶז וּשְׁנִי תוֹלַעַת וְאֵזֹב: וְצִוָּה הַכֹּהֵן וְשָׁחַט אֶת־הַצִּפּוֹר הָאֶחָת
לוי אֶל־כְּלִי־חֶרֶשׂ עַל־מַיִם חַיִּים: *אֶת־הַצִּפֹּר הַחַיָּה יִקַּח אֹתָהּ וְאֶת־עֵץ הָאֶרֶז
וְאֶת־שְׁנִי הַתּוֹלַעַת וְאֶת־הָאֵזֹב וְטָבַל אוֹתָם וְאֵת ׀ הַצִּפֹּר הַחַיָּה בְּדַם הַצִּפֹּר
הַשְּׁחֻטָה עַל הַמַּיִם הַחַיִּים: וְהִזָּה עַל הַמִּטַּהֵר מִן־הַצָּרַעַת שֶׁבַע פְּעָמִים
וְטִהֲרוֹ וְשִׁלַּח אֶת־הַצִּפֹּר הַחַיָּה עַל־פְּנֵי הַשָּׂדֶה: וְכִבֶּס הַמִּטַּהֵר אֶת־בְּגָדָיו
וְגִלַּח אֶת־כָּל־שְׂעָרוֹ וְרָחַץ בַּמַּיִם וְטָהֵר וְאַחַר יָבוֹא אֶל־הַמַּחֲנֶה וְיָשַׁב מִחוּץ
לְאָהֳלוֹ שִׁבְעַת יָמִים: וְהָיָה בַיּוֹם הַשְּׁבִיעִי יְגַלַּח אֶת־כָּל־שְׂעָרוֹ אֶת־רֹאשׁוֹ
וְאֶת־זְקָנוֹ וְאֵת גַּבֹּת עֵינָיו וְאֶת־כָּל־שְׂעָרוֹ יְגַלֵּחַ וְכִבֶּס אֶת־בְּגָדָיו וְרָחַץ אֶת־
ישראל בְּשָׂרוֹ בַּמַּיִם וְטָהֵר: *וּבַיּוֹם הַשְּׁמִינִי יִקַּח שְׁנֵי־כְבָשִׂים תְּמִימִם וְכַבְשָׂה אַחַת
בַּת־שְׁנָתָהּ תְּמִימָה וּשְׁלֹשָׁה עֶשְׂרֹנִים סֹלֶת מִנְחָה בְּלוּלָה בַשֶּׁמֶן וְלֹג אֶחָד
שָׁמֶן: וְהֶעֱמִיד הַכֹּהֵן הַמְטַהֵר אֵת הָאִישׁ הַמִּטַּהֵר וְאֹתָם לִפְנֵי יהוה פֶּתַח
אֹהֶל מוֹעֵד: וְלָקַח הַכֹּהֵן אֶת־הַכֶּבֶשׂ הָאֶחָד וְהִקְרִיב אֹתוֹ לְאָשָׁם וְאֶת־לֹג
הַשָּׁמֶן וְהֵנִיף אֹתָם תְּנוּפָה לִפְנֵי יהוה:

אחרי מות

וַיְדַבֵּר יהוה אֶל־מֹשֶׁה אַחֲרֵי מוֹת שְׁנֵי בְּנֵי אַהֲרֹן בְּקׇרְבָתָם לִפְנֵי־יהוה וַיָּמֻתוּ׃ ויקרא טז, א–יז
וַיֹּאמֶר יהוה אֶל־מֹשֶׁה דַּבֵּר אֶל־אַהֲרֹן אָחִיךָ וְאַל־יָבֹא בְכׇל־עֵת אֶל־הַקֹּדֶשׁ
מִבֵּית לַפָּרֹכֶת אֶל־פְּנֵי הַכַּפֹּרֶת אֲשֶׁר עַל־הָאָרֹן וְלֹא יָמוּת כִּי בֶּעָנָן אֵרָאֶה
עַל־הַכַּפֹּרֶת׃ בְּזֹאת יָבֹא אַהֲרֹן אֶל־הַקֹּדֶשׁ בְּפַר בֶּן־בָּקָר לְחַטָּאת וְאַיִל
לְעֹלָה׃ כְּתֹנֶת־בַּד קֹדֶשׁ יִלְבָּשׁ וּמִכְנְסֵי־בַד יִהְיוּ עַל־בְּשָׂרוֹ וּבְאַבְנֵט בַּד יַחְגֹּר
וּבְמִצְנֶפֶת בַּד יִצְנֹף בִּגְדֵי־קֹדֶשׁ הֵם וְרָחַץ בַּמַּיִם אֶת־בְּשָׂרוֹ וּלְבֵשָׁם׃ וּמֵאֵת
עֲדַת בְּנֵי יִשְׂרָאֵל יִקַּח שְׁנֵי־שְׂעִירֵי עִזִּים לְחַטָּאת וְאַיִל אֶחָד לְעֹלָה׃ וְהִקְרִיב
אַהֲרֹן אֶת־פַּר הַחַטָּאת אֲשֶׁר־לוֹ וְכִפֶּר בַּעֲדוֹ וּבְעַד בֵּיתוֹ׃ *וְלָקַח אֶת־שְׁנֵי לוי
הַשְּׂעִירִם וְהֶעֱמִיד אֹתָם לִפְנֵי יהוה פֶּתַח אֹהֶל מוֹעֵד׃ וְנָתַן אַהֲרֹן עַל־שְׁנֵי
הַשְּׂעִירִם גֹּרָלוֹת גּוֹרָל אֶחָד לַיהוה וְגוֹרָל אֶחָד לַעֲזָאזֵל׃ וְהִקְרִיב אַהֲרֹן אֶת־
הַשָּׂעִיר אֲשֶׁר עָלָה עָלָיו הַגּוֹרָל לַיהוה וְעָשָׂהוּ חַטָּאת׃ וְהַשָּׂעִיר אֲשֶׁר עָלָה
עָלָיו הַגּוֹרָל לַעֲזָאזֵל יׇעֳמַד־חַי לִפְנֵי יהוה לְכַפֵּר עָלָיו לְשַׁלַּח אֹתוֹ לַעֲזָאזֵל
הַמִּדְבָּרָה׃ וְהִקְרִיב אַהֲרֹן אֶת־פַּר הַחַטָּאת אֲשֶׁר־לוֹ וְכִפֶּר בַּעֲדוֹ וּבְעַד בֵּיתוֹ
וְשָׁחַט אֶת־פַּר הַחַטָּאת אֲשֶׁר־לוֹ׃ *וְלָקַח מְלֹא־הַמַּחְתָּה גַּחֲלֵי־אֵשׁ מֵעַל ישראל
הַמִּזְבֵּחַ מִלִּפְנֵי יהוה וּמְלֹא חׇפְנָיו קְטֹרֶת סַמִּים דַּקָּה וְהֵבִיא מִבֵּית לַפָּרֹכֶת׃
וְנָתַן אֶת־הַקְּטֹרֶת עַל־הָאֵשׁ לִפְנֵי יהוה וְכִסָּה ׀ עֲנַן הַקְּטֹרֶת אֶת־הַכַּפֹּרֶת
אֲשֶׁר עַל־הָעֵדוּת וְלֹא יָמוּת׃ וְלָקַח מִדַּם הַפָּר וְהִזָּה בְאֶצְבָּעוֹ עַל־פְּנֵי הַכַּפֹּרֶת
קֵדְמָה וְלִפְנֵי הַכַּפֹּרֶת יַזֶּה שֶׁבַע־פְּעָמִים מִן־הַדָּם בְּאֶצְבָּעוֹ׃ וְשָׁחַט אֶת־שְׂעִיר
הַחַטָּאת אֲשֶׁר לָעָם וְהֵבִיא אֶת־דָּמוֹ אֶל־מִבֵּית לַפָּרֹכֶת וְעָשָׂה אֶת־דָּמוֹ
כַּאֲשֶׁר עָשָׂה לְדַם הַפָּר וְהִזָּה אֹתוֹ עַל־הַכַּפֹּרֶת וְלִפְנֵי הַכַּפֹּרֶת׃ וְכִפֶּר עַל־
הַקֹּדֶשׁ מִטֻּמְאֹת בְּנֵי יִשְׂרָאֵל וּמִפִּשְׁעֵיהֶם לְכׇל־חַטֹּאתָם וְכֵן יַעֲשֶׂה לְאֹהֶל
מוֹעֵד הַשֹּׁכֵן אִתָּם בְּתוֹךְ טֻמְאֹתָם׃ וְכׇל־אָדָם לֹא־יִהְיֶה ׀ בְּאֹהֶל מוֹעֵד בְּבֹאוֹ
לְכַפֵּר בַּקֹּדֶשׁ עַד־צֵאתוֹ וְכִפֶּר בַּעֲדוֹ וּבְעַד בֵּיתוֹ וּבְעַד כׇּל־קְהַל יִשְׂרָאֵל׃

קדושים

וַיְדַבֵּר יהוה אֶל־מֹשֶׁה לֵּאמֹר׃ דַּבֵּר אֶל־כׇּל־עֲדַת בְּנֵי־יִשְׂרָאֵל וְאָמַרְתָּ אֲלֵהֶם ויקרא יט, א–יד
קְדֹשִׁים תִּהְיוּ כִּי קָדוֹשׁ אֲנִי יהוה אֱלֹהֵיכֶם׃ אִישׁ אִמּוֹ וְאָבִיו תִּירָאוּ וְאֶת־
שַׁבְּתֹתַי תִּשְׁמֹרוּ אֲנִי יהוה אֱלֹהֵיכֶם׃ אַל־תִּפְנוּ אֶל־הָאֱלִילִם וֵאלֹהֵי מַסֵּכָה

לוי לֹא תַעֲשׂוּ לָכֶם אֲנִי יְהוָה אֱלֹהֵיכֶם: *וְכִי תִזְבְּחוּ זֶבַח שְׁלָמִים לַיהוָה לִרְצֹנְכֶם
תִּזְבָּחֻהוּ: בְּיוֹם זִבְחֲכֶם יֵאָכֵל וּמִמָּחֳרָת וְהַנּוֹתָר עַד־יוֹם הַשְּׁלִישִׁי בָּאֵשׁ יִשָּׂרֵף:
וְאִם הֵאָכֹל יֵאָכֵל בַּיּוֹם הַשְּׁלִישִׁי פִּגּוּל הוּא לֹא יֵרָצֶה: וְאֹכְלָיו עֲוֺנוֹ יִשָּׂא כִּי־
אֶת־קֹדֶשׁ יְהוָה חִלֵּל וְנִכְרְתָה הַנֶּפֶשׁ הַהִוא מֵעַמֶּיהָ: וּבְקֻצְרְכֶם אֶת־קְצִיר
אַרְצְכֶם לֹא תְכַלֶּה פְּאַת שָׂדְךָ לִקְצֹר וְלֶקֶט קְצִירְךָ לֹא תְלַקֵּט: וְכַרְמְךָ לֹא
תְעוֹלֵל וּפֶרֶט כַּרְמְךָ לֹא תְלַקֵּט לֶעָנִי וְלַגֵּר תַּעֲזֹב אֹתָם אֲנִי יְהוָה אֱלֹהֵיכֶם:
ישראל *לֹא תִּגְנֹבוּ וְלֹא־תְכַחֲשׁוּ וְלֹא־תְשַׁקְּרוּ אִישׁ בַּעֲמִיתוֹ: וְלֹא־תִשָּׁבְעוּ בִשְׁמִי
לַשָּׁקֶר וְחִלַּלְתָּ אֶת־שֵׁם אֱלֹהֶיךָ אֲנִי יְהוָה: לֹא־תַעֲשֹׁק אֶת־רֵעֲךָ וְלֹא תִגְזֹל
לֹא־תָלִין פְּעֻלַּת שָׂכִיר אִתְּךָ עַד־בֹּקֶר: לֹא־תְקַלֵּל חֵרֵשׁ וְלִפְנֵי עִוֵּר לֹא תִתֵּן
מִכְשֹׁל וְיָרֵאתָ מֵּאֱלֹהֶיךָ אֲנִי יְהוָה:

אמור

ויקרא כא,א–טו וַיֹּאמֶר יְהוָה אֶל־מֹשֶׁה אֱמֹר אֶל־הַכֹּהֲנִים בְּנֵי אַהֲרֹן וְאָמַרְתָּ אֲלֵהֶם לְנֶפֶשׁ
לֹא־יִטַּמָּא בְּעַמָּיו: כִּי אִם־לִשְׁאֵרוֹ הַקָּרֹב אֵלָיו לְאִמּוֹ וּלְאָבִיו וְלִבְנוֹ וּלְבִתּוֹ
וּלְאָחִיו: וְלַאֲחֹתוֹ הַבְּתוּלָה הַקְּרוֹבָה אֵלָיו אֲשֶׁר לֹא־הָיְתָה לְאִישׁ לָהּ יִטַּמָּא:
יִקְרְחוּ לֹא יִטַּמָּא בַּעַל בְּעַמָּיו לְהֵחַלּוֹ: לֹא־יקרחה קָרְחָה בְּרֹאשָׁם וּפְאַת זְקָנָם
לֹא יְגַלֵּחוּ וּבִבְשָׂרָם לֹא יִשְׂרְטוּ שָׂרָטֶת: קְדֹשִׁים יִהְיוּ לֵאלֹהֵיהֶם וְלֹא יְחַלְּלוּ
שֵׁם אֱלֹהֵיהֶם כִּי אֶת־אִשֵּׁי יְהוָה לֶחֶם אֱלֹהֵיהֶם הֵם מַקְרִיבִם וְהָיוּ קֹדֶשׁ:
לוי *אִשָּׁה זֹנָה וַחֲלָלָה לֹא יִקָּחוּ וְאִשָּׁה גְּרוּשָׁה מֵאִישָׁהּ לֹא יִקָּחוּ כִּי־קָדֹשׁ הוּא
לֵאלֹהָיו: וְקִדַּשְׁתּוֹ כִּי־אֶת־לֶחֶם אֱלֹהֶיךָ הוּא מַקְרִיב קָדֹשׁ יִהְיֶה־לָּךְ כִּי קָדוֹשׁ
אֲנִי יְהוָה מְקַדִּשְׁכֶם: וּבַת אִישׁ כֹּהֵן כִּי תֵחֵל לִזְנוֹת אֶת־אָבִיהָ הִיא מְחַלֶּלֶת
בָּאֵשׁ תִּשָּׂרֵף: וְהַכֹּהֵן הַגָּדוֹל מֵאֶחָיו אֲשֶׁר־יוּצַק עַל־רֹאשׁוֹ ׀ שֶׁמֶן
הַמִּשְׁחָה וּמִלֵּא אֶת־יָדוֹ לִלְבֹּשׁ אֶת־הַבְּגָדִים אֶת־רֹאשׁוֹ לֹא יִפְרָע וּבְגָדָיו לֹא
יִפְרֹם: וְעַל כָּל־נַפְשֹׁת מֵת לֹא יָבֹא לְאָבִיו וּלְאִמּוֹ לֹא יִטַּמָּא: וּמִן־הַמִּקְדָּשׁ
לֹא יֵצֵא וְלֹא יְחַלֵּל אֵת מִקְדַּשׁ אֱלֹהָיו כִּי נֵזֶר שֶׁמֶן מִשְׁחַת אֱלֹהָיו עָלָיו אֲנִי
ישראל יְהוָה: *וְהוּא אִשָּׁה בִבְתוּלֶיהָ יִקָּח: אַלְמָנָה וּגְרוּשָׁה וַחֲלָלָה זֹנָה אֶת־אֵלֶּה
לֹא יִקָּח כִּי אִם־בְּתוּלָה מֵעַמָּיו יִקַּח אִשָּׁה: וְלֹא־יְחַלֵּל זַרְעוֹ בְּעַמָּיו כִּי אֲנִי
יְהוָה מְקַדְּשׁוֹ:

בהר

וַיְדַבֵּר יהוה אֶל־מֹשֶׁה בְּהַר סִינַי לֵאמֹר: דַּבֵּר אֶל־בְּנֵי יִשְׂרָאֵל וְאָמַרְתָּ ויקרא כה,א–יג
אֲלֵהֶם כִּי תָבֹאוּ אֶל־הָאָרֶץ אֲשֶׁר אֲנִי נֹתֵן לָכֶם וְשָׁבְתָה הָאָרֶץ שַׁבָּת לַיהוה:
שֵׁשׁ שָׁנִים תִּזְרַע שָׂדֶךָ וְשֵׁשׁ שָׁנִים תִּזְמֹר כַּרְמֶךָ וְאָסַפְתָּ אֶת־תְּבוּאָתָהּ:
*וּבַשָּׁנָה הַשְּׁבִיעִת שַׁבַּת שַׁבָּתוֹן יִהְיֶה לָאָרֶץ שַׁבָּת לַיהוה שָׂדְךָ לֹא תִזְרָע לוי
וְכַרְמְךָ לֹא תִזְמֹר: אֵת סְפִיחַ קְצִירְךָ לֹא תִקְצוֹר וְאֶת־עִנְּבֵי נְזִירֶךָ לֹא תִבְצֹר
שְׁנַת שַׁבָּתוֹן יִהְיֶה לָאָרֶץ: וְהָיְתָה שַׁבַּת הָאָרֶץ לָכֶם לְאָכְלָה לְךָ וּלְעַבְדְּךָ
וְלַאֲמָתֶךָ וְלִשְׂכִירְךָ וּלְתוֹשָׁבְךָ הַגָּרִים עִמָּךְ: וְלִבְהֶמְתְּךָ וְלַחַיָּה אֲשֶׁר בְּאַרְצֶךָ
תִּהְיֶה כָל־תְּבוּאָתָהּ לֶאֱכֹל: *וְסָפַרְתָּ לְךָ שֶׁבַע שַׁבְּתֹת שָׁנִים ישראל
שֶׁבַע שָׁנִים שֶׁבַע פְּעָמִים וְהָיוּ לְךָ יְמֵי שֶׁבַע שַׁבְּתֹת הַשָּׁנִים תֵּשַׁע וְאַרְבָּעִים
שָׁנָה: וְהַעֲבַרְתָּ שׁוֹפַר תְּרוּעָה בַּחֹדֶשׁ הַשְּׁבִעִי בֶּעָשׂוֹר לַחֹדֶשׁ בְּיוֹם הַכִּפֻּרִים
תַּעֲבִירוּ שׁוֹפָר בְּכָל־אַרְצְכֶם: וְקִדַּשְׁתֶּם אֵת שְׁנַת הַחֲמִשִּׁים שָׁנָה וּקְרָאתֶם
דְּרוֹר בָּאָרֶץ לְכָל־יֹשְׁבֶיהָ יוֹבֵל הִוא תִּהְיֶה לָכֶם וְשַׁבְתֶּם אִישׁ אֶל־אֲחֻזָּתוֹ
וְאִישׁ אֶל־מִשְׁפַּחְתּוֹ תָּשֻׁבוּ: יוֹבֵל הִוא שְׁנַת הַחֲמִשִּׁים שָׁנָה תִּהְיֶה לָכֶם לֹא
תִזְרָעוּ וְלֹא תִקְצְרוּ אֶת־סְפִיחֶיהָ וְלֹא תִבְצְרוּ אֶת־נְזִרֶיהָ: כִּי יוֹבֵל הִוא קֹדֶשׁ
תִּהְיֶה לָכֶם מִן־הַשָּׂדֶה תֹּאכְלוּ אֶת־תְּבוּאָתָהּ: בִּשְׁנַת הַיּוֹבֵל הַזֹּאת תָּשֻׁבוּ
אִישׁ אֶל־אֲחֻזָּתוֹ:

בחוקותי

אִם־בְּחֻקֹּתַי תֵּלֵכוּ וְאֶת־מִצְוֺתַי תִּשְׁמְרוּ וַעֲשִׂיתֶם אֹתָם: וְנָתַתִּי גִשְׁמֵיכֶם בְּעִתָּם ויקרא כו,ג–יג
וְנָתְנָה הָאָרֶץ יְבוּלָהּ וְעֵץ הַשָּׂדֶה יִתֵּן פִּרְיוֹ: וְהִשִּׂיג לָכֶם דַּיִשׁ אֶת־בָּצִיר וּבָצִיר
יַשִּׂיג אֶת־זָרַע וַאֲכַלְתֶּם לַחְמְכֶם לָשֹׂבַע וִישַׁבְתֶּם לָבֶטַח בְּאַרְצְכֶם: *וְנָתַתִּי לוי
שָׁלוֹם בָּאָרֶץ וּשְׁכַבְתֶּם וְאֵין מַחֲרִיד וְהִשְׁבַּתִּי חַיָּה רָעָה מִן־הָאָרֶץ וְחֶרֶב
לֹא־תַעֲבֹר בְּאַרְצְכֶם: וּרְדַפְתֶּם אֶת־אֹיְבֵיכֶם וְנָפְלוּ לִפְנֵיכֶם לֶחָרֶב: וְרָדְפוּ
מִכֶּם חֲמִשָּׁה מֵאָה וּמֵאָה מִכֶּם רְבָבָה יִרְדֹּפוּ וְנָפְלוּ אֹיְבֵיכֶם לִפְנֵיכֶם לֶחָרֶב:
וּפָנִיתִי אֲלֵיכֶם וְהִפְרֵיתִי אֶתְכֶם וְהִרְבֵּיתִי אֶתְכֶם וַהֲקִימֹתִי אֶת־בְּרִיתִי אִתְּכֶם:
*וַאֲכַלְתֶּם יָשָׁן נוֹשָׁן וְיָשָׁן מִפְּנֵי חָדָשׁ תּוֹצִיאוּ: וְנָתַתִּי מִשְׁכָּנִי בְּתוֹכְכֶם וְלֹא־ ישראל
תִגְעַל נַפְשִׁי אֶתְכֶם: וְהִתְהַלַּכְתִּי בְּתוֹכְכֶם וְהָיִיתִי לָכֶם לֵאלֹהִים וְאַתֶּם תִּהְיוּ־

לִי לְעָם: אֲנִי יְהוָה אֱלֹהֵיכֶם אֲשֶׁר הוֹצֵאתִי אֶתְכֶם מֵאֶרֶץ מִצְרַיִם מִהְיֹת לָהֶם עֲבָדִים וָאֶשְׁבֹּר מֹטֹת עֻלְּכֶם וָאוֹלֵךְ אֶתְכֶם קוֹמְמִיּוּת:

במדבר

במדבר א,א-יט וַיְדַבֵּר יְהוָה אֶל־מֹשֶׁה בְּמִדְבַּר סִינַי בְּאֹהֶל מוֹעֵד בְּאֶחָד לַחֹדֶשׁ הַשֵּׁנִי בַּשָּׁנָה
הַשֵּׁנִית לְצֵאתָם מֵאֶרֶץ מִצְרַיִם לֵאמֹר: שְׂאוּ אֶת־רֹאשׁ כָּל־עֲדַת בְּנֵי־יִשְׂרָאֵל
לְמִשְׁפְּחֹתָם לְבֵית אֲבֹתָם בְּמִסְפַּר שֵׁמוֹת כָּל־זָכָר לְגֻלְגְּלֹתָם: מִבֶּן עֶשְׂרִים
שָׁנָה וָמַעְלָה כָּל־יֹצֵא צָבָא בְּיִשְׂרָאֵל תִּפְקְדוּ אֹתָם לְצִבְאֹתָם אַתָּה וְאַהֲרֹן:
לוי וְאִתְּכֶם יִהְיוּ אִישׁ אִישׁ לַמַּטֶּה אִישׁ רֹאשׁ לְבֵית־אֲבֹתָיו הוּא: *וְאֵלֶּה שְׁמוֹת
הָאֲנָשִׁים אֲשֶׁר יַעַמְדוּ אִתְּכֶם לִרְאוּבֵן אֱלִיצוּר בֶּן־שְׁדֵיאוּר: לְשִׁמְעוֹן שְׁלֻמִיאֵל
בֶּן־צוּרִישַׁדָּי: לִיהוּדָה נַחְשׁוֹן בֶּן־עַמִּינָדָב: לְיִשָּׂשכָר נְתַנְאֵל בֶּן־צוּעָר:
לִזְבוּלֻן אֱלִיאָב בֶּן־חֵלֹן: לִבְנֵי יוֹסֵף לְאֶפְרַיִם אֱלִישָׁמָע בֶּן־עַמִּיהוּד לִמְנַשֶּׁה
גַּמְלִיאֵל בֶּן־פְּדָהצוּר: לְבִנְיָמִן אֲבִידָן בֶּן־גִּדְעֹנִי: לְדָן אֲחִיעֶזֶר בֶּן־עַמִּישַׁדָּי:
לְאָשֵׁר פַּגְעִיאֵל בֶּן־עָכְרָן: לְגָד אֶלְיָסָף בֶּן־דְּעוּאֵל: לְנַפְתָּלִי אֲחִירַע בֶּן־
קְרוּאֵי עֵינָן: אֵלֶּה קְרִיאֵי הָעֵדָה נְשִׂיאֵי מַטּוֹת אֲבוֹתָם רָאשֵׁי אַלְפֵי יִשְׂרָאֵל הֵם:
ישראל *וַיִּקַּח מֹשֶׁה וְאַהֲרֹן אֵת הָאֲנָשִׁים הָאֵלֶּה אֲשֶׁר נִקְּבוּ בְּשֵׁמוֹת: וְאֵת כָּל־הָעֵדָה
הִקְהִילוּ בְּאֶחָד לַחֹדֶשׁ הַשֵּׁנִי וַיִּתְיַלְדוּ עַל־מִשְׁפְּחֹתָם לְבֵית אֲבֹתָם בְּמִסְפַּר
שֵׁמוֹת מִבֶּן עֶשְׂרִים שָׁנָה וָמַעְלָה לְגֻלְגְּלֹתָם: כַּאֲשֶׁר צִוָּה יְהוָה אֶת־מֹשֶׁה
וַיִּפְקְדֵם בְּמִדְבַּר סִינָי:

נשא

במדבר ד,כא-לז וַיְדַבֵּר יְהוָה אֶל־מֹשֶׁה לֵּאמֹר: נָשֹׂא אֶת־רֹאשׁ בְּנֵי גֵרְשׁוֹן גַּם־הֵם לְבֵית אֲבֹתָם
לְמִשְׁפְּחֹתָם: מִבֶּן שְׁלֹשִׁים שָׁנָה וָמַעְלָה עַד בֶּן־חֲמִשִּׁים שָׁנָה תִּפְקֹד אוֹתָם
כָּל־הַבָּא לִצְבֹא צָבָא לַעֲבֹד עֲבֹדָה בְּאֹהֶל מוֹעֵד: זֹאת עֲבֹדַת מִשְׁפְּחֹת
לוי הַגֵּרְשֻׁנִּי לַעֲבֹד וּלְמַשָּׂא: *וְנָשְׂאוּ אֶת־יְרִיעֹת הַמִּשְׁכָּן וְאֶת־אֹהֶל מוֹעֵד מִכְסֵהוּ
וּמִכְסֵה הַתַּחַשׁ אֲשֶׁר־עָלָיו מִלְמָעְלָה וְאֶת־מָסַךְ פֶּתַח אֹהֶל מוֹעֵד: וְאֵת קַלְעֵי
הֶחָצֵר וְאֶת־מָסַךְ ׀ פֶּתַח ׀ שַׁעַר הֶחָצֵר אֲשֶׁר עַל־הַמִּשְׁכָּן וְעַל־הַמִּזְבֵּחַ סָבִיב
וְאֵת מֵיתְרֵיהֶם וְאֶת־כָּל־כְּלֵי עֲבֹדָתָם וְאֵת כָּל־אֲשֶׁר יֵעָשֶׂה לָהֶם וְעָבָדוּ:
עַל־פִּי אַהֲרֹן וּבָנָיו תִּהְיֶה כָּל־עֲבֹדַת בְּנֵי הַגֵּרְשֻׁנִּי לְכָל־מַשָּׂאָם וּלְכֹל עֲבֹדָתָם

וּפְקַדְתֶּם עֲלֵהֶם בְּמִשְׁמֶרֶת אֵת כָּל־מַשָּׂאָם: זֹאת עֲבֹדַת מִשְׁפְּחֹת בְּנֵי הַגֵּרְשֻׁנִּי
בְּאֹהֶל מוֹעֵד וּמִשְׁמַרְתָּם בְּיַד אִיתָמָר בֶּן־אַהֲרֹן הַכֹּהֵן: ★בְּנֵי מְרָרִי ישראל
לְמִשְׁפְּחֹתָם לְבֵית־אֲבֹתָם תִּפְקֹד אֹתָם: מִבֶּן שְׁלֹשִׁים שָׁנָה וָמַעְלָה וְעַד בֶּן־
חֲמִשִּׁים שָׁנָה תִּפְקְדֵם כָּל־הַבָּא לַצָּבָא לַעֲבֹד אֶת־עֲבֹדַת אֹהֶל מוֹעֵד: וְזֹאת
מִשְׁמֶרֶת מַשָּׂאָם לְכָל־עֲבֹדָתָם בְּאֹהֶל מוֹעֵד קַרְשֵׁי הַמִּשְׁכָּן וּבְרִיחָיו וְעַמּוּדָיו
וַאֲדָנָיו: וְעַמּוּדֵי הֶחָצֵר סָבִיב וְאַדְנֵיהֶם וִיתֵדֹתָם וּמֵיתְרֵיהֶם לְכָל־כְּלֵיהֶם וּלְכֹל
עֲבֹדָתָם וּבְשֵׁמֹת תִּפְקְדוּ אֶת־כְּלֵי מִשְׁמֶרֶת מַשָּׂאָם: זֹאת עֲבֹדַת מִשְׁפְּחֹת בְּנֵי
מְרָרִי לְכָל־עֲבֹדָתָם בְּאֹהֶל מוֹעֵד בְּיַד אִיתָמָר בֶּן־אַהֲרֹן הַכֹּהֵן:

יש המאריכים את הקריאה לשלישי כדי לסיים בסוף פרשייה (סידור יעב״ץ).

וַיִּפְקֹד מֹשֶׁה וְאַהֲרֹן וּנְשִׂיאֵי הָעֵדָה אֶת־בְּנֵי הַקְּהָתִי לְמִשְׁפְּחֹתָם וּלְבֵית אֲבֹתָם:
מִבֶּן שְׁלֹשִׁים שָׁנָה וָמַעְלָה וְעַד בֶּן־חֲמִשִּׁים שָׁנָה כָּל־הַבָּא לַצָּבָא לַעֲבֹדָה
בְּאֹהֶל מוֹעֵד: וַיִּהְיוּ פְקֻדֵיהֶם לְמִשְׁפְּחֹתָם אַלְפַּיִם שְׁבַע מֵאוֹת וַחֲמִשִּׁים: אֵלֶּה
פְקוּדֵי מִשְׁפְּחֹת הַקְּהָתִי כָּל־הָעֹבֵד בְּאֹהֶל מוֹעֵד אֲשֶׁר פָּקַד מֹשֶׁה וְאַהֲרֹן
עַל־פִּי יְהֹוָה בְּיַד־מֹשֶׁה:

בהעלותך

וַיְדַבֵּר יְהֹוָה אֶל־מֹשֶׁה לֵּאמֹר: דַּבֵּר אֶל־אַהֲרֹן וְאָמַרְתָּ אֵלָיו בְּהַעֲלֹתְךָ אֶת־ במדבר
הַנֵּרֹת אֶל־מוּל פְּנֵי הַמְּנוֹרָה יָאִירוּ שִׁבְעַת הַנֵּרוֹת: וַיַּעַשׂ כֵּן אַהֲרֹן אֶל־מוּל ח,א-יד
פְּנֵי הַמְּנוֹרָה הֶעֱלָה נֵרֹתֶיהָ כַּאֲשֶׁר צִוָּה יְהֹוָה אֶת־מֹשֶׁה: וְזֶה מַעֲשֵׂה הַמְּנֹרָה
מִקְשָׁה זָהָב עַד־יְרֵכָהּ עַד־פִּרְחָהּ מִקְשָׁה הִוא כַּמַּרְאֶה אֲשֶׁר הֶרְאָה יְהֹוָה
אֶת־מֹשֶׁה כֵּן עָשָׂה אֶת־הַמְּנֹרָה:
וַיְדַבֵּר יְהֹוָה אֶל־מֹשֶׁה לֵּאמֹר: קַח אֶת־הַלְוִיִּם מִתּוֹךְ בְּנֵי יִשְׂרָאֵל וְטִהַרְתָּ לוי
אֹתָם: וְכֹה־תַעֲשֶׂה לָהֶם לְטַהֲרָם הַזֵּה עֲלֵיהֶם מֵי חַטָּאת וְהֶעֱבִירוּ תַעַר
עַל־כָּל־בְּשָׂרָם וְכִבְּסוּ בִגְדֵיהֶם וְהִטֶּהָרוּ: וְלָקְחוּ פַּר בֶּן־בָּקָר וּמִנְחָתוֹ סֹלֶת
בְּלוּלָה בַשָּׁמֶן וּפַר־שֵׁנִי בֶן־בָּקָר תִּקַּח לְחַטָּאת: וְהִקְרַבְתָּ אֶת־הַלְוִיִּם לִפְנֵי
אֹהֶל מוֹעֵד וְהִקְהַלְתָּ אֶת־כָּל־עֲדַת בְּנֵי יִשְׂרָאֵל: ★וְהִקְרַבְתָּ אֶת־הַלְוִיִּם לִפְנֵי ישראל
יְהֹוָה וְסָמְכוּ בְנֵי־יִשְׂרָאֵל אֶת־יְדֵיהֶם עַל־הַלְוִיִּם: וְהֵנִיף אַהֲרֹן אֶת־הַלְוִיִּם
תְּנוּפָה לִפְנֵי יְהֹוָה מֵאֵת בְּנֵי יִשְׂרָאֵל וְהָיוּ לַעֲבֹד אֶת־עֲבֹדַת יְהֹוָה: וְהַלְוִיִּם
יִסְמְכוּ אֶת־יְדֵיהֶם עַל רֹאשׁ הַפָּרִים וַעֲשֵׂה אֶת־הָאֶחָד חַטָּאת וְאֶת־הָאֶחָד

עֹלָה לַיהוָה לְכַפֵּר עַל־הַלְוִיִּם: וְהַעֲמַדְתָּ אֶת־הַלְוִיִּם לִפְנֵי אַהֲרֹן וְלִפְנֵי בָנָיו
וְהֵנַפְתָּ אֹתָם תְּנוּפָה לַיהוָה: וְהִבְדַּלְתָּ אֶת־הַלְוִיִּם מִתּוֹךְ בְּנֵי יִשְׂרָאֵל וְהָיוּ לִי
הַלְוִיִּם:

שלח

במדבר יג,א–כ וַיְדַבֵּר יְהוָה אֶל־מֹשֶׁה לֵּאמֹר: שְׁלַח־לְךָ אֲנָשִׁים וְיָתֻרוּ אֶת־אֶרֶץ כְּנַעַן אֲשֶׁר־
אֲנִי נֹתֵן לִבְנֵי יִשְׂרָאֵל אִישׁ אֶחָד אִישׁ אֶחָד לְמַטֵּה אֲבֹתָיו תִּשְׁלָחוּ כֹּל נָשִׂיא
בָהֶם: וַיִּשְׁלַח אֹתָם מֹשֶׁה מִמִּדְבַּר פָּארָן עַל־פִּי יְהוָה כֻּלָּם אֲנָשִׁים רָאשֵׁי
לוי בְנֵי־יִשְׂרָאֵל הֵמָּה: *וְאֵלֶּה שְׁמוֹתָם לְמַטֵּה רְאוּבֵן שַׁמּוּעַ בֶּן־זַכּוּר: לְמַטֵּה
שִׁמְעוֹן שָׁפָט בֶּן־חוֹרִי: לְמַטֵּה יְהוּדָה כָּלֵב בֶּן־יְפֻנֶּה: לְמַטֵּה יִשָּׂשכָר יִגְאָל
בֶּן־יוֹסֵף: לְמַטֵּה אֶפְרָיִם הוֹשֵׁעַ בִּן־נוּן: לְמַטֵּה בִנְיָמִן פַּלְטִי בֶּן־רָפוּא: לְמַטֵּה
זְבוּלֻן גַּדִּיאֵל בֶּן־סוֹדִי: לְמַטֵּה יוֹסֵף לְמַטֵּה מְנַשֶּׁה גַּדִּי בֶּן־סוּסִי: לְמַטֵּה דָן
עַמִּיאֵל בֶּן־גְּמַלִּי: לְמַטֵּה אָשֵׁר סְתוּר בֶּן־מִיכָאֵל: לְמַטֵּה נַפְתָּלִי נַחְבִּי בֶּן־
וָפְסִי: לְמַטֵּה גָד גְּאוּאֵל בֶּן־מָכִי: אֵלֶּה שְׁמוֹת הָאֲנָשִׁים אֲשֶׁר־שָׁלַח מֹשֶׁה
ישראל לָתוּר אֶת־הָאָרֶץ וַיִּקְרָא מֹשֶׁה לְהוֹשֵׁעַ בִּן־נוּן יְהוֹשֻׁעַ: *וַיִּשְׁלַח אֹתָם מֹשֶׁה
לָתוּר אֶת־אֶרֶץ כְּנָעַן וַיֹּאמֶר אֲלֵהֶם עֲלוּ זֶה בַּנֶּגֶב וַעֲלִיתֶם אֶת־הָהָר: וּרְאִיתֶם
אֶת־הָאָרֶץ מַה־הִוא וְאֶת־הָעָם הַיֹּשֵׁב עָלֶיהָ הֶחָזָק הוּא הֲרָפֶה הַמְעַט הוּא
אִם־רָב: וּמָה הָאָרֶץ אֲשֶׁר־הוּא יֹשֵׁב בָּהּ הֲטוֹבָה הִוא אִם־רָעָה וּמָה הֶעָרִים
אֲשֶׁר־הוּא יוֹשֵׁב בָּהֵנָּה הַבְּמַחֲנִים אִם בְּמִבְצָרִים: וּמָה הָאָרֶץ הַשְּׁמֵנָה הִוא
אִם־רָזָה הֲיֵשׁ־בָּהּ עֵץ אִם־אַיִן וְהִתְחַזַּקְתֶּם וּלְקַחְתֶּם מִפְּרִי הָאָרֶץ וְהַיָּמִים
יְמֵי בִּכּוּרֵי עֲנָבִים:

קורח

במדבר טז,א–יג וַיִּקַּח קֹרַח בֶּן־יִצְהָר בֶּן־קְהָת בֶּן־לֵוִי וְדָתָן וַאֲבִירָם בְּנֵי אֱלִיאָב וְאוֹן בֶּן־
פֶּלֶת בְּנֵי רְאוּבֵן: וַיָּקֻמוּ לִפְנֵי מֹשֶׁה וַאֲנָשִׁים מִבְּנֵי־יִשְׂרָאֵל חֲמִשִּׁים וּמָאתָיִם
נְשִׂיאֵי עֵדָה קְרִאֵי מוֹעֵד אַנְשֵׁי־שֵׁם: וַיִּקָּהֲלוּ עַל־מֹשֶׁה וְעַל־אַהֲרֹן וַיֹּאמְרוּ
אֲלֵהֶם רַב־לָכֶם כִּי כָל־הָעֵדָה כֻּלָּם קְדֹשִׁים וּבְתוֹכָם יְהוָה וּמַדּוּעַ תִּתְנַשְּׂאוּ
לוי עַל־קְהַל יְהוָה: *וַיִּשְׁמַע מֹשֶׁה וַיִּפֹּל עַל־פָּנָיו: וַיְדַבֵּר אֶל־קֹרַח וְאֶל־כָּל־
עֲדָתוֹ לֵאמֹר בֹּקֶר וְיֹדַע יְהוָה אֶת־אֲשֶׁר־לוֹ וְאֶת־הַקָּדוֹשׁ וְהִקְרִיב אֵלָיו וְאֵת

אֲשֶׁר יִבְחַר־בּוֹ יַקְרִיב אֵלָיו: זֹאת עֲשׂוּ קְחוּ־לָכֶם מַחְתּוֹת קֹרַח וְכָל־עֲדָתוֹ:
וּתְנוּ־בָהֵן ׀ אֵשׁ וְשִׂימוּ עֲלֵיהֶן ׀ קְטֹרֶת לִפְנֵי יהוה מָחָר וְהָיָה הָאִישׁ אֲשֶׁר־
יִבְחַר יהוה הוּא הַקָּדוֹשׁ רַב־לָכֶם בְּנֵי לֵוִי: *וַיֹּאמֶר מֹשֶׁה אֶל־קֹרַח שִׁמְעוּ־ ישראל
נָא בְּנֵי לֵוִי: הַמְעַט מִכֶּם כִּי־הִבְדִּיל אֱלֹהֵי יִשְׂרָאֵל אֶתְכֶם מֵעֲדַת יִשְׂרָאֵל
לְהַקְרִיב אֶתְכֶם אֵלָיו לַעֲבֹד אֶת־עֲבֹדַת מִשְׁכַּן יהוה וְלַעֲמֹד לִפְנֵי הָעֵדָה
לְשָׁרְתָם: וַיַּקְרֵב אֹתְךָ וְאֶת־כָּל־אַחֶיךָ בְנֵי־לֵוִי אִתָּךְ וּבִקַּשְׁתֶּם גַּם־כְּהֻנָּה:
לָכֵן אַתָּה וְכָל־עֲדָתְךָ הַנֹּעָדִים עַל־יהוה וְאַהֲרֹן מַה־הוּא כִּי תלונו עָלָיו: תַּלִּינוּ
וַיִּשְׁלַח מֹשֶׁה לִקְרֹא לְדָתָן וְלַאֲבִירָם בְּנֵי אֱלִיאָב וַיֹּאמְרוּ לֹא נַעֲלֶה: הַמְעַט
כִּי הֶעֱלִיתָנוּ מֵאֶרֶץ זָבַת חָלָב וּדְבַשׁ לַהֲמִיתֵנוּ בַּמִּדְבָּר כִּי־תִשְׂתָּרֵר עָלֵינוּ
גַּם־הִשְׂתָּרֵר:

חוקת

וַיְדַבֵּר יהוה אֶל־מֹשֶׁה וְאֶל־אַהֲרֹן לֵאמֹר: זֹאת חֻקַּת הַתּוֹרָה אֲשֶׁר־צִוָּה יהוה במדבר יט, א–יז
לֵאמֹר דַּבֵּר ׀ אֶל־בְּנֵי יִשְׂרָאֵל וְיִקְחוּ אֵלֶיךָ פָרָה אֲדֻמָּה תְּמִימָה אֲשֶׁר אֵין־בָּהּ
מוּם אֲשֶׁר לֹא־עָלָה עָלֶיהָ עֹל: וּנְתַתֶּם אֹתָהּ אֶל־אֶלְעָזָר הַכֹּהֵן וְהוֹצִיא אֹתָהּ
אֶל־מִחוּץ לַמַּחֲנֶה וְשָׁחַט אֹתָהּ לְפָנָיו: וְלָקַח אֶלְעָזָר הַכֹּהֵן מִדָּמָהּ בְּאֶצְבָּעוֹ
וְהִזָּה אֶל־נֹכַח פְּנֵי אֹהֶל־מוֹעֵד מִדָּמָהּ שֶׁבַע פְּעָמִים: וְשָׂרַף אֶת־הַפָּרָה לְעֵינָיו
אֶת־עֹרָהּ וְאֶת־בְּשָׂרָהּ וְאֶת־דָּמָהּ עַל־פִּרְשָׁהּ יִשְׂרֹף: וְלָקַח הַכֹּהֵן עֵץ אֶרֶז
וְאֵזוֹב וּשְׁנִי תוֹלָעַת וְהִשְׁלִיךְ אֶל־תּוֹךְ שְׂרֵפַת הַפָּרָה: *וְכִבֶּס בְּגָדָיו הַכֹּהֵן לוי
וְרָחַץ בְּשָׂרוֹ בַּמַּיִם וְאַחַר יָבֹא אֶל־הַמַּחֲנֶה וְטָמֵא הַכֹּהֵן עַד־הָעָרֶב: וְהַשֹּׂרֵף
אֹתָהּ יְכַבֵּס בְּגָדָיו בַּמַּיִם וְרָחַץ בְּשָׂרוֹ בַּמָּיִם וְטָמֵא עַד־הָעָרֶב: וְאָסַף ׀ אִישׁ
טָהוֹר אֵת אֵפֶר הַפָּרָה וְהִנִּיחַ מִחוּץ לַמַּחֲנֶה בְּמָקוֹם טָהוֹר וְהָיְתָה לַעֲדַת
בְּנֵי־יִשְׂרָאֵל לְמִשְׁמֶרֶת לְמֵי נִדָּה חַטָּאת הִוא: *וְכִבֶּס הָאֹסֵף אֶת־אֵפֶר הַפָּרָה ישראל
אֶת־בְּגָדָיו וְטָמֵא עַד־הָעָרֶב וְהָיְתָה לִבְנֵי יִשְׂרָאֵל וְלַגֵּר הַגָּר בְּתוֹכָם לְחֻקַּת
עוֹלָם: הַנֹּגֵעַ בְּמֵת לְכָל־נֶפֶשׁ אָדָם וְטָמֵא שִׁבְעַת יָמִים: הוּא יִתְחַטָּא־בוֹ
בַּיּוֹם הַשְּׁלִישִׁי וּבַיּוֹם הַשְּׁבִיעִי יִטְהָר וְאִם־לֹא יִתְחַטָּא בַּיּוֹם הַשְּׁלִישִׁי וּבַיּוֹם
הַשְּׁבִיעִי לֹא יִטְהָר: כָּל־הַנֹּגֵעַ בְּמֵת בְּנֶפֶשׁ הָאָדָם אֲשֶׁר־יָמוּת וְלֹא יִתְחַטָּא
אֶת־מִשְׁכַּן יהוה טִמֵּא וְנִכְרְתָה הַנֶּפֶשׁ הַהִוא מִיִּשְׂרָאֵל כִּי מֵי נִדָּה לֹא־זֹרַק
עָלָיו טָמֵא יִהְיֶה עוֹד טֻמְאָתוֹ בוֹ: זֹאת הַתּוֹרָה אָדָם כִּי־יָמוּת בְּאֹהֶל כָּל־

הַבָּא אֶל־הָאֹהֶל וְכָל־אֲשֶׁר בָּאֹהֶל יִטְמָא שִׁבְעַת יָמִים: וְכֹל כְּלִי פָתוּחַ אֲשֶׁר אֵין־צָמִיד פָּתִיל עָלָיו טָמֵא הוּא: וְכֹל אֲשֶׁר־יִגַּע עַל־פְּנֵי הַשָּׂדֶה בַּחֲלַל־חֶרֶב אוֹ בְמֵת אוֹ־בְעֶצֶם אָדָם אוֹ בְקָבֶר יִטְמָא שִׁבְעַת יָמִים: וְלָקְחוּ לַטָּמֵא מֵעֲפַר שְׂרֵפַת הַחַטָּאת וְנָתַן עָלָיו מַיִם חַיִּים אֶל־כֶּלִי:

בלק

במדבר כב,ב־יב וַיַּרְא בָּלָק בֶּן־צִפּוֹר אֵת כָּל־אֲשֶׁר־עָשָׂה יִשְׂרָאֵל לָאֱמֹרִי: וַיָּגָר מוֹאָב מִפְּנֵי
הָעָם מְאֹד כִּי רַב־הוּא וַיָּקָץ מוֹאָב מִפְּנֵי בְּנֵי יִשְׂרָאֵל: וַיֹּאמֶר מוֹאָב אֶל־זִקְנֵי
מִדְיָן עַתָּה יְלַחֲכוּ הַקָּהָל אֶת־כָּל־סְבִיבֹתֵינוּ כִּלְחֹךְ הַשּׁוֹר אֵת יֶרֶק הַשָּׂדֶה
לוי וּבָלָק בֶּן־צִפּוֹר מֶלֶךְ לְמוֹאָב בָּעֵת הַהִוא: *וַיִּשְׁלַח מַלְאָכִים אֶל־בִּלְעָם
בֶּן־בְּעוֹר פְּתוֹרָה אֲשֶׁר עַל־הַנָּהָר אֶרֶץ בְּנֵי־עַמּוֹ לִקְרֹא־לוֹ לֵאמֹר הִנֵּה עַם
יָצָא מִמִּצְרַיִם הִנֵּה כִסָּה אֶת־עֵין הָאָרֶץ וְהוּא יֹשֵׁב מִמֻּלִי: וְעַתָּה לְכָה־נָּא
אָרָה־לִּי אֶת־הָעָם הַזֶּה כִּי־עָצוּם הוּא מִמֶּנִּי אוּלַי אוּכַל נַכֶּה־בּוֹ וַאֲגָרְשֶׁנּוּ
מִן־הָאָרֶץ כִּי יָדַעְתִּי אֵת אֲשֶׁר־תְּבָרֵךְ מְבֹרָךְ וַאֲשֶׁר תָּאֹר יוּאָר: וַיֵּלְכוּ זִקְנֵי
מוֹאָב וְזִקְנֵי מִדְיָן וּקְסָמִים בְּיָדָם וַיָּבֹאוּ אֶל־בִּלְעָם וַיְדַבְּרוּ אֵלָיו דִּבְרֵי בָלָק:
ישראל *וַיֹּאמֶר אֲלֵיהֶם לִינוּ פֹה הַלַּיְלָה וַהֲשִׁבֹתִי אֶתְכֶם דָּבָר כַּאֲשֶׁר יְדַבֵּר יְהוָה אֵלָי
וַיֵּשְׁבוּ שָׂרֵי־מוֹאָב עִם־בִּלְעָם: וַיָּבֹא אֱלֹהִים אֶל־בִּלְעָם וַיֹּאמֶר מִי הָאֲנָשִׁים
הָאֵלֶּה עִמָּךְ: וַיֹּאמֶר בִּלְעָם אֶל־הָאֱלֹהִים בָּלָק בֶּן־צִפֹּר מֶלֶךְ מוֹאָב שָׁלַח
אֵלָי: הִנֵּה הָעָם הַיֹּצֵא מִמִּצְרַיִם וַיְכַס אֶת־עֵין הָאָרֶץ עַתָּה לְכָה קָבָה־לִּי אֹתוֹ
אוּלַי אוּכַל לְהִלָּחֶם בּוֹ וְגֵרַשְׁתִּיו: וַיֹּאמֶר אֱלֹהִים אֶל־בִּלְעָם לֹא תֵלֵךְ עִמָּהֶם
לֹא תָאֹר אֶת־הָעָם כִּי בָרוּךְ הוּא:

פינחס

במדבר כה,י־כו,ד וַיְדַבֵּר יְהוָה אֶל־מֹשֶׁה לֵּאמֹר: פִּינְחָס בֶּן־אֶלְעָזָר בֶּן־אַהֲרֹן הַכֹּהֵן הֵשִׁיב
אֶת־חֲמָתִי מֵעַל בְּנֵי־יִשְׂרָאֵל בְּקַנְאוֹ אֶת־קִנְאָתִי בְּתוֹכָם וְלֹא־כִלִּיתִי אֶת־
לוי בְּנֵי־יִשְׂרָאֵל בְּקִנְאָתִי: לָכֵן אֱמֹר הִנְנִי נֹתֵן לוֹ אֶת־בְּרִיתִי שָׁלוֹם: *וְהָיְתָה לּוֹ
וּלְזַרְעוֹ אַחֲרָיו בְּרִית כְּהֻנַּת עוֹלָם תַּחַת אֲשֶׁר קִנֵּא לֵאלֹהָיו וַיְכַפֵּר עַל־בְּנֵי
יִשְׂרָאֵל: וְשֵׁם אִישׁ יִשְׂרָאֵל הַמֻּכֶּה אֲשֶׁר הֻכָּה אֶת־הַמִּדְיָנִית זִמְרִי בֶּן־סָלוּא

נְשִׂיא בֵית־אָב לַשִּׁמְעֹנִי: וְשֵׁם הָאִשָּׁה הַמֻּכָּה הַמִּדְיָנִית כָּזְבִּי בַת־צוּר רֹאשׁ
אֻמּוֹת בֵּית־אָב בְּמִדְיָן הוּא:
ישראל וַיְדַבֵּר יהוה אֶל־מֹשֶׁה לֵּאמֹר: צָרוֹר אֶת־הַמִּדְיָנִים וְהִכִּיתֶם אוֹתָם: כִּי־
צֹרְרִים הֵם לָכֶם בְּנִכְלֵיהֶם אֲשֶׁר־נִכְּלוּ לָכֶם עַל־דְּבַר פְּעוֹר וְעַל־דְּבַר כָּזְבִּי
בַת־נְשִׂיא מִדְיָן אֲחֹתָם הַמֻּכָּה בְיוֹם־הַמַּגֵּפָה עַל־דְּבַר פְּעוֹר: וַיְהִי אַחֲרֵי
הַמַּגֵּפָה
וַיֹּאמֶר יהוה אֶל־מֹשֶׁה וְאֶל אֶלְעָזָר בֶּן־אַהֲרֹן הַכֹּהֵן לֵאמֹר: שְׂאוּ אֶת־רֹאשׁ ׀
כָּל־עֲדַת בְּנֵי־יִשְׂרָאֵל מִבֶּן עֶשְׂרִים שָׁנָה וָמַעְלָה לְבֵית אֲבֹתָם כָּל־יֹצֵא צָבָא
בְּיִשְׂרָאֵל: וַיְדַבֵּר מֹשֶׁה וְאֶלְעָזָר הַכֹּהֵן אֹתָם בְּעַרְבֹת מוֹאָב עַל־יַרְדֵּן יְרֵחוֹ
לֵאמֹר: מִבֶּן עֶשְׂרִים שָׁנָה וָמָעְלָה כַּאֲשֶׁר צִוָּה יהוה אֶת־מֹשֶׁה וּבְנֵי יִשְׂרָאֵל
הַיֹּצְאִים מֵאֶרֶץ מִצְרָיִם:

מטות

במדבר ל,ב-יז וַיְדַבֵּר מֹשֶׁה אֶל־רָאשֵׁי הַמַּטּוֹת לִבְנֵי יִשְׂרָאֵל לֵאמֹר זֶה הַדָּבָר אֲשֶׁר צִוָּה
יהוה: אִישׁ כִּי־יִדֹּר נֶדֶר לַיהוה אוֹ־הִשָּׁבַע שְׁבֻעָה לֶאְסֹר אִסָּר עַל־נַפְשׁוֹ לֹא
יַחֵל דְּבָרוֹ כְּכָל־הַיֹּצֵא מִפִּיו יַעֲשֶׂה: וְאִשָּׁה כִּי־תִדֹּר נֶדֶר לַיהוה וְאָסְרָה אִסָּר
בְּבֵית אָבִיהָ בִּנְעֻרֶיהָ: וְשָׁמַע אָבִיהָ אֶת־נִדְרָהּ וֶאֱסָרָהּ אֲשֶׁר אָסְרָה עַל־
נַפְשָׁהּ וְהֶחֱרִישׁ לָהּ אָבִיהָ וְקָמוּ כָּל־נְדָרֶיהָ וְכָל־אִסָּר אֲשֶׁר־אָסְרָה עַל־נַפְשָׁהּ
יָקוּם: וְאִם־הֵנִיא אָבִיהָ אֹתָהּ בְּיוֹם שָׁמְעוֹ כָּל־נְדָרֶיהָ וֶאֱסָרֶיהָ אֲשֶׁר־אָסְרָה
עַל־נַפְשָׁהּ לֹא יָקוּם וַיהוה יִסְלַח־לָהּ כִּי־הֵנִיא אָבִיהָ אֹתָהּ: וְאִם־הָיוֹ תִהְיֶה
לְאִישׁ וּנְדָרֶיהָ עָלֶיהָ אוֹ מִבְטָא שְׂפָתֶיהָ אֲשֶׁר אָסְרָה עַל־נַפְשָׁהּ: וְשָׁמַע
אִישָׁהּ בְּיוֹם שָׁמְעוֹ וְהֶחֱרִישׁ לָהּ וְקָמוּ נְדָרֶיהָ וֶאֱסָרֶהָ אֲשֶׁר־אָסְרָה עַל־נַפְשָׁהּ
יָקֻמוּ: וְאִם בְּיוֹם שְׁמֹעַ אִישָׁהּ יָנִיא אוֹתָהּ וְהֵפֵר אֶת־נִדְרָהּ אֲשֶׁר עָלֶיהָ וְאֵת
לוי מִבְטָא שְׂפָתֶיהָ אֲשֶׁר אָסְרָה עַל־נַפְשָׁהּ וַיהוה יִסְלַח־לָהּ: *וְנֵדֶר אַלְמָנָה
וּגְרוּשָׁה כֹּל אֲשֶׁר־אָסְרָה עַל־נַפְשָׁהּ יָקוּם עָלֶיהָ: וְאִם־בֵּית אִישָׁהּ נָדָרָה
אוֹ־אָסְרָה אִסָּר עַל־נַפְשָׁהּ בִּשְׁבֻעָה: וְשָׁמַע אִישָׁהּ וְהֶחֱרִשׁ לָהּ לֹא הֵנִיא
אֹתָהּ וְקָמוּ כָּל־נְדָרֶיהָ וְכָל־אִסָּר אֲשֶׁר־אָסְרָה עַל־נַפְשָׁהּ יָקוּם: וְאִם־הָפֵר
יָפֵר אֹתָם ׀ אִישָׁהּ בְּיוֹם שָׁמְעוֹ כָּל־מוֹצָא שְׂפָתֶיהָ לִנְדָרֶיהָ וּלְאִסַּר נַפְשָׁהּ לֹא

ישראל יְקוּם אִישָׁהּ הֵפֵרָם וַיהוה יִסְלַח־לָהּ: *כָּל־נֵדֶר וְכָל־שְׁבֻעַת אִסָּר לְעַנֹּת נָפֶשׁ
אִישָׁהּ יְקִימֶנּוּ וְאִישָׁהּ יְפֵרֶנּוּ: וְאִם־הַחֲרֵשׁ יַחֲרִישׁ לָהּ אִישָׁהּ מִיּוֹם אֶל־יוֹם
וְהֵקִים אֶת־כָּל־נְדָרֶיהָ אוֹ אֶת־כָּל־אֱסָרֶיהָ אֲשֶׁר עָלֶיהָ הֵקִים אֹתָם כִּי־הֶחֱרִשׁ
לָהּ בְּיוֹם שָׁמְעוֹ: וְאִם־הָפֵר יָפֵר אֹתָם אַחֲרֵי שָׁמְעוֹ וְנָשָׂא אֶת־עֲוֺנָהּ: אֵלֶּה
הַחֻקִּים אֲשֶׁר צִוָּה יהוה אֶת־מֹשֶׁה בֵּין אִישׁ לְאִשְׁתּוֹ בֵּין־אָב לְבִתּוֹ בִּנְעֻרֶיהָ
בֵּית אָבִיהָ:

מסעי

במדבר לג,א–נג אֵלֶּה מַסְעֵי בְנֵי־יִשְׂרָאֵל אֲשֶׁר יָצְאוּ מֵאֶרֶץ מִצְרַיִם לְצִבְאֹתָם בְּיַד־מֹשֶׁה
וְאַהֲרֹן: וַיִּכְתֹּב מֹשֶׁה אֶת־מוֹצָאֵיהֶם לְמַסְעֵיהֶם עַל־פִּי יהוה וְאֵלֶּה מַסְעֵיהֶם
לְמוֹצָאֵיהֶם: וַיִּסְעוּ מֵרַעְמְסֵס בַּחֹדֶשׁ הָרִאשׁוֹן בַּחֲמִשָּׁה עָשָׂר יוֹם לַחֹדֶשׁ
הָרִאשׁוֹן מִמָּחֳרַת הַפֶּסַח יָצְאוּ בְנֵי־יִשְׂרָאֵל בְּיָד רָמָה לְעֵינֵי כָּל־מִצְרָיִם:
לוי *וּמִצְרַיִם מְקַבְּרִים אֵת אֲשֶׁר הִכָּה יהוה בָּהֶם כָּל־בְּכוֹר וּבֵאלֹהֵיהֶם עָשָׂה
יהוה שְׁפָטִים: וַיִּסְעוּ בְנֵי־יִשְׂרָאֵל מֵרַעְמְסֵס וַיַּחֲנוּ בְּסֻכֹּת: וַיִּסְעוּ מִסֻּכֹּת
ישראל (בקצת קהילות) וַיַּחֲנוּ בְאֵתָם אֲשֶׁר בִּקְצֵה הַמִּדְבָּר: *וַיִּסְעוּ מֵאֵתָם וַיָּשָׁב עַל־פִּי הַחִירֹת אֲשֶׁר
עַל־פְּנֵי בַּעַל צְפוֹן וַיַּחֲנוּ לִפְנֵי מִגְדֹּל: וַיִּסְעוּ מִפְּנֵי הַחִירֹת וַיַּעַבְרוּ בְתוֹךְ־הַיָּם
הַמִּדְבָּרָה וַיֵּלְכוּ דֶּרֶךְ שְׁלֹשֶׁת יָמִים בְּמִדְבַּר אֵתָם וַיַּחֲנוּ בְּמָרָה: וַיִּסְעוּ מִמָּרָה
וַיָּבֹאוּ אֵילִמָה וּבְאֵילִם שְׁתֵּים עֶשְׂרֵה עֵינֹת מַיִם וְשִׁבְעִים תְּמָרִים וַיַּחֲנוּ־שָׁם:
וַיִּסְעוּ מֵאֵילִם וַיַּחֲנוּ עַל־יַם־סוּף:

ברוב המקומות מאריכים את הקריאה ללוי, כדי שלא להפסיק באמצע רשימת המסעות.

וַיִּסְעוּ מִיַּם־סוּף וַיַּחֲנוּ בְּמִדְבַּר־סִין: וַיִּסְעוּ מִמִּדְבַּר־סִין וַיַּחֲנוּ בְּדָפְקָה: וַיִּסְעוּ
מִדָּפְקָה וַיַּחֲנוּ בְּאָלוּשׁ: וַיִּסְעוּ מֵאָלוּשׁ וַיַּחֲנוּ בִּרְפִידִם וְלֹא־הָיָה שָׁם מַיִם
לָעָם לִשְׁתּוֹת: וַיִּסְעוּ מֵרְפִידִם וַיַּחֲנוּ בְּמִדְבַּר סִינָי: וַיִּסְעוּ מִמִּדְבַּר סִינָי וַיַּחֲנוּ
בְּקִבְרֹת הַתַּאֲוָה: וַיִּסְעוּ מִקִּבְרֹת הַתַּאֲוָה וַיַּחֲנוּ בַּחֲצֵרֹת: וַיִּסְעוּ מֵחֲצֵרֹת
וַיַּחֲנוּ בְּרִתְמָה: וַיִּסְעוּ מֵרִתְמָה וַיַּחֲנוּ בְּרִמֹּן פָּרֶץ: וַיִּסְעוּ מֵרִמֹּן פָּרֶץ וַיַּחֲנוּ
בְּלִבְנָה: וַיִּסְעוּ מִלִּבְנָה וַיַּחֲנוּ בְּרִסָּה: וַיִּסְעוּ מֵרִסָּה וַיַּחֲנוּ בִּקְהֵלָתָה: וַיִּסְעוּ
מִקְּהֵלָתָה וַיַּחֲנוּ בְּהַר־שָׁפֶר: וַיִּסְעוּ מֵהַר־שָׁפֶר וַיַּחֲנוּ בַּחֲרָדָה: וַיִּסְעוּ מֵחֲרָדָה
וַיַּחֲנוּ בְּמַקְהֵלֹת: וַיִּסְעוּ מִמַּקְהֵלֹת וַיַּחֲנוּ בְּתָחַת: וַיִּסְעוּ מִתָּחַת וַיַּחֲנוּ בְּתָרַח:

וַיִּסְעוּ מִתָּרַח וַיַּחֲנוּ בְּמִתְקָה: וַיִּסְעוּ מִמִּתְקָה וַיַּחֲנוּ בְּחַשְׁמֹנָה: וַיִּסְעוּ מֵחַשְׁמֹנָה
וַיַּחֲנוּ בְּמֹסֵרוֹת: וַיִּסְעוּ מִמֹּסֵרוֹת וַיַּחֲנוּ בִּבְנֵי יַעֲקָן: וַיִּסְעוּ מִבְּנֵי יַעֲקָן וַיַּחֲנוּ בְּחֹר
הַגִּדְגָּד: וַיִּסְעוּ מֵחֹר הַגִּדְגָּד וַיַּחֲנוּ בְּיָטְבָתָה: וַיִּסְעוּ מִיָּטְבָתָה וַיַּחֲנוּ בְּעַבְרֹנָה:
וַיִּסְעוּ מֵעַבְרֹנָה וַיַּחֲנוּ בְּעֶצְיֹן גָּבֶר: וַיִּסְעוּ מֵעֶצְיֹן גָּבֶר וַיַּחֲנוּ בְמִדְבַּר־צִן הִוא
קָדֵשׁ: וַיִּסְעוּ מִקָּדֵשׁ וַיַּחֲנוּ בְּהֹר הָהָר בִּקְצֵה אֶרֶץ אֱדוֹם: וַיַּעַל אַהֲרֹן הַכֹּהֵן אֶל־
הֹר הָהָר עַל־פִּי יְהוָה וַיָּמָת שָׁם בִּשְׁנַת הָאַרְבָּעִים לְצֵאת בְּנֵי־יִשְׂרָאֵל מֵאֶרֶץ
מִצְרַיִם בַּחֹדֶשׁ הַחֲמִישִׁי בְּאֶחָד לַחֹדֶשׁ: וְאַהֲרֹן בֶּן־שָׁלֹשׁ וְעֶשְׂרִים וּמְאַת
שָׁנָה בְּמֹתוֹ בְּהֹר הָהָר: וַיִּשְׁמַע הַכְּנַעֲנִי מֶלֶךְ עֲרָד וְהוּא־יֹשֵׁב
בַּנֶּגֶב בְּאֶרֶץ כְּנָעַן בְּבֹא בְּנֵי יִשְׂרָאֵל: וַיִּסְעוּ מֵהֹר הָהָר וַיַּחֲנוּ בְּצַלְמֹנָה: וַיִּסְעוּ
מִצַּלְמֹנָה וַיַּחֲנוּ בְּפוּנֹן: וַיִּסְעוּ מִפּוּנֹן וַיַּחֲנוּ בְּאֹבֹת: וַיִּסְעוּ מֵאֹבֹת וַיַּחֲנוּ בְּעִיֵּי
הָעֲבָרִים בִּגְבוּל מוֹאָב: וַיִּסְעוּ מֵעִיִּים וַיַּחֲנוּ בְּדִיבֹן גָּד: וַיִּסְעוּ מִדִּיבֹן גָּד וַיַּחֲנוּ
בְּעַלְמֹן דִּבְלָתָיְמָה: וַיִּסְעוּ מֵעַלְמֹן דִּבְלָתָיְמָה וַיַּחֲנוּ בְּהָרֵי הָעֲבָרִים לִפְנֵי נְבוֹ:
וַיִּסְעוּ מֵהָרֵי הָעֲבָרִים וַיַּחֲנוּ בְּעַרְבֹת מוֹאָב עַל יַרְדֵּן יְרֵחוֹ: וַיַּחֲנוּ עַל־הַיַּרְדֵּן
מִבֵּית הַיְשִׁמֹת עַד אָבֵל הַשִּׁטִּים בְּעַרְבֹת מוֹאָב: *וַיְדַבֵּר ישראל
יְהוָה אֶל־מֹשֶׁה בְּעַרְבֹת מוֹאָב עַל־יַרְדֵּן יְרֵחוֹ לֵאמֹר: דַּבֵּר אֶל־בְּנֵי יִשְׂרָאֵל
וְאָמַרְתָּ אֲלֵהֶם כִּי אַתֶּם עֹבְרִים אֶת־הַיַּרְדֵּן אֶל־אֶרֶץ כְּנָעַן: וְהוֹרַשְׁתֶּם אֶת־
כָּל־יֹשְׁבֵי הָאָרֶץ מִפְּנֵיכֶם וְאִבַּדְתֶּם אֵת כָּל־מַשְׂכִּיֹּתָם וְאֵת כָּל־צַלְמֵי מַסֵּכֹתָם
תְּאַבֵּדוּ וְאֵת כָּל־בָּמוֹתָם תַּשְׁמִידוּ: וְהוֹרַשְׁתֶּם אֶת־הָאָרֶץ וִישַׁבְתֶּם־בָּהּ כִּי
לָכֶם נָתַתִּי אֶת־הָאָרֶץ לָרֶשֶׁת אֹתָהּ:

דברים

דברים א, א–יא
אֵלֶּה הַדְּבָרִים אֲשֶׁר דִּבֶּר מֹשֶׁה אֶל־כָּל־יִשְׂרָאֵל בְּעֵבֶר הַיַּרְדֵּן בַּמִּדְבָּר בָּעֲרָבָה
מוֹל סוּף בֵּין־פָּארָן וּבֵין־תֹּפֶל וְלָבָן וַחֲצֵרֹת וְדִי זָהָב: אַחַד עָשָׂר יוֹם מֵחֹרֵב
דֶּרֶךְ הַר־שֵׂעִיר עַד קָדֵשׁ בַּרְנֵעַ: וַיְהִי בְּאַרְבָּעִים שָׁנָה בְּעַשְׁתֵּי־עָשָׂר חֹדֶשׁ
בְּאֶחָד לַחֹדֶשׁ דִּבֶּר מֹשֶׁה אֶל־בְּנֵי יִשְׂרָאֵל כְּכֹל אֲשֶׁר צִוָּה יְהוָה אֹתוֹ אֲלֵהֶם:
*אַחֲרֵי הַכֹּתוֹ אֵת סִיחֹן מֶלֶךְ הָאֱמֹרִי אֲשֶׁר יוֹשֵׁב בְּחֶשְׁבּוֹן וְאֵת עוֹג מֶלֶךְ לוי
הַבָּשָׁן אֲשֶׁר־יוֹשֵׁב בְּעַשְׁתָּרֹת בְּאֶדְרֶעִי: בְּעֵבֶר הַיַּרְדֵּן בְּאֶרֶץ מוֹאָב הוֹאִיל
מֹשֶׁה בֵּאֵר אֶת־הַתּוֹרָה הַזֹּאת לֵאמֹר: יְהוָה אֱלֹהֵינוּ דִּבֶּר אֵלֵינוּ בְּחֹרֵב לֵאמֹר
רַב־לָכֶם שֶׁבֶת בָּהָר הַזֶּה: פְּנוּ ׀ וּסְעוּ לָכֶם וּבֹאוּ הַר הָאֱמֹרִי וְאֶל־כָּל־שְׁכֵנָיו

בָּעֲרָבָה בָהָר וּבַשְּׁפֵלָה וּבַנֶּגֶב וּבְחוֹף הַיָּם אֶרֶץ הַכְּנַעֲנִי וְהַלְּבָנוֹן עַד־הַנָּהָר
ישראל הַגָּדֹל נְהַר־פְּרָת: *רְאֵה נָתַתִּי לִפְנֵיכֶם אֶת־הָאָרֶץ בֹּאוּ וּרְשׁוּ אֶת־הָאָרֶץ
אֲשֶׁר נִשְׁבַּע יְהוָה לַאֲבֹתֵיכֶם לְאַבְרָהָם לְיִצְחָק וּלְיַעֲקֹב לָתֵת לָהֶם וּלְזַרְעָם
אַחֲרֵיהֶם: וָאֹמַר אֲלֵכֶם בָּעֵת הַהִוא לֵאמֹר לֹא־אוּכַל לְבַדִּי שְׂאֵת אֶתְכֶם:
יְהוָה אֱלֹהֵיכֶם הִרְבָּה אֶתְכֶם וְהִנְּכֶם הַיּוֹם כְּכוֹכְבֵי הַשָּׁמַיִם לָרֹב: יְהוָה אֱלֹהֵי
אֲבוֹתֵכֶם יֹסֵף עֲלֵיכֶם כָּכֶם אֶלֶף פְּעָמִים וִיבָרֵךְ אֶתְכֶם כַּאֲשֶׁר דִּבֶּר לָכֶם:

ואתחנן

דברים ג,כג-ד,ח וָאֶתְחַנַּן אֶל־יְהוָה בָּעֵת הַהִוא לֵאמֹר: אֲדֹנָי יֱהוִה אַתָּה הַחִלּוֹתָ לְהַרְאוֹת
אֶת־עַבְדְּךָ אֶת־גָּדְלְךָ וְאֶת־יָדְךָ הַחֲזָקָה אֲשֶׁר מִי־אֵל בַּשָּׁמַיִם וּבָאָרֶץ אֲשֶׁר־
יַעֲשֶׂה כְמַעֲשֶׂיךָ וְכִגְבוּרֹתֶךָ: אֶעְבְּרָה־נָּא וְאֶרְאֶה אֶת־הָאָרֶץ הַטּוֹבָה אֲשֶׁר
לוי בְּעֵבֶר הַיַּרְדֵּן הָהָר הַטּוֹב הַזֶּה וְהַלְּבָנֹן: *וַיִּתְעַבֵּר יְהוָה בִּי לְמַעַנְכֶם וְלֹא
שָׁמַע אֵלָי וַיֹּאמֶר יְהוָה אֵלַי רַב־לָךְ אַל־תּוֹסֶף דַּבֵּר אֵלַי עוֹד בַּדָּבָר הַזֶּה:
עֲלֵה ׀ רֹאשׁ הַפִּסְגָּה וְשָׂא עֵינֶיךָ יָמָּה וְצָפֹנָה וְתֵימָנָה וּמִזְרָחָה וּרְאֵה בְעֵינֶיךָ
כִּי־לֹא תַעֲבֹר אֶת־הַיַּרְדֵּן הַזֶּה: וְצַו אֶת־יְהוֹשֻׁעַ וְחַזְּקֵהוּ וְאַמְּצֵהוּ כִּי־הוּא
יַעֲבֹר לִפְנֵי הָעָם הַזֶּה וְהוּא יַנְחִיל אוֹתָם אֶת־הָאָרֶץ אֲשֶׁר תִּרְאֶה: וַנֵּשֶׁב
בַּגָּיְא מוּל בֵּית פְּעוֹר:
וְעַתָּה יִשְׂרָאֵל שְׁמַע אֶל־הַחֻקִּים וְאֶל־הַמִּשְׁפָּטִים אֲשֶׁר אָנֹכִי מְלַמֵּד אֶתְכֶם
לַעֲשׂוֹת לְמַעַן תִּחְיוּ וּבָאתֶם וִירִשְׁתֶּם אֶת־הָאָרֶץ אֲשֶׁר יְהוָה אֱלֹהֵי אֲבֹתֵיכֶם
נֹתֵן לָכֶם: לֹא תֹסִפוּ עַל־הַדָּבָר אֲשֶׁר אָנֹכִי מְצַוֶּה אֶתְכֶם וְלֹא תִגְרְעוּ מִמֶּנּוּ
לִשְׁמֹר אֶת־מִצְוֺת יְהוָה אֱלֹהֵיכֶם אֲשֶׁר אָנֹכִי מְצַוֶּה אֶתְכֶם: עֵינֵיכֶם הָרֹאוֹת
אֵת אֲשֶׁר־עָשָׂה יְהוָה בְּבַעַל פְּעוֹר כִּי כָל־הָאִישׁ אֲשֶׁר הָלַךְ אַחֲרֵי בַעַל־פְּעוֹר
הִשְׁמִידוֹ יְהוָה אֱלֹהֶיךָ מִקִּרְבֶּךָ: וְאַתֶּם הַדְּבֵקִים בַּיהוָה אֱלֹהֵיכֶם חַיִּים כֻּלְּכֶם
ישראל הַיּוֹם: *רְאֵה ׀ לִמַּדְתִּי אֶתְכֶם חֻקִּים וּמִשְׁפָּטִים כַּאֲשֶׁר צִוַּנִי יְהוָה אֱלֹהָי לַעֲשׂוֹת
כֵּן בְּקֶרֶב הָאָרֶץ אֲשֶׁר אַתֶּם בָּאִים שָׁמָּה לְרִשְׁתָּהּ: וּשְׁמַרְתֶּם וַעֲשִׂיתֶם כִּי
הִוא חָכְמַתְכֶם וּבִינַתְכֶם לְעֵינֵי הָעַמִּים אֲשֶׁר יִשְׁמְעוּן אֵת כָּל־הַחֻקִּים הָאֵלֶּה
וְאָמְרוּ רַק עַם־חָכָם וְנָבוֹן הַגּוֹי הַגָּדוֹל הַזֶּה: כִּי מִי־גוֹי גָּדוֹל אֲשֶׁר־לוֹ אֱלֹהִים
קְרֹבִים אֵלָיו כַּיהוָה אֱלֹהֵינוּ בְּכָל־קָרְאֵנוּ אֵלָיו: וּמִי גּוֹי גָּדוֹל אֲשֶׁר־לוֹ חֻקִּים
וּמִשְׁפָּטִים צַדִּיקִם כְּכֹל הַתּוֹרָה הַזֹּאת אֲשֶׁר אָנֹכִי נֹתֵן לִפְנֵיכֶם הַיּוֹם:

עקב

דברים ז,יב–ח,י וְהָיָה ׀ עֵקֶב תִּשְׁמְעוּן אֵת הַמִּשְׁפָּטִים הָאֵלֶּה וּשְׁמַרְתֶּם וַעֲשִׂיתֶם אֹתָם וְשָׁמַר
יהוה אֱלֹהֶיךָ לְךָ אֶת־הַבְּרִית וְאֶת־הַחֶסֶד אֲשֶׁר נִשְׁבַּע לַאֲבֹתֶיךָ׃ וַאֲהֵבְךָ
וּבֵרַכְךָ וְהִרְבֶּךָ וּבֵרַךְ פְּרִי־בִטְנְךָ וּפְרִי־אַדְמָתֶךָ דְּגָנְךָ וְתִירֹשְׁךָ וְיִצְהָרֶךָ שְׁגַר־
אֲלָפֶיךָ וְעַשְׁתְּרֹת צֹאנֶךָ עַל הָאֲדָמָה אֲשֶׁר־נִשְׁבַּע לַאֲבֹתֶיךָ לָתֶת לָךְ׃ בָּרוּךְ
תִּהְיֶה מִכָּל־הָעַמִּים לֹא־יִהְיֶה בְךָ עָקָר וַעֲקָרָה וּבִבְהֶמְתֶּךָ׃ וְהֵסִיר יהוה
מִמְּךָ כָּל־חֹלִי וְכָל־מַדְוֵי מִצְרַיִם הָרָעִים אֲשֶׁר יָדַעְתָּ לֹא יְשִׂימָם בָּךְ וּנְתָנָם
בְּכָל־שֹׂנְאֶיךָ׃ וְאָכַלְתָּ אֶת־כָּל־הָעַמִּים אֲשֶׁר יהוה אֱלֹהֶיךָ נֹתֵן לָךְ לֹא־תָחוֹס
עֵינְךָ עֲלֵיהֶם וְלֹא תַעֲבֹד אֶת־אֱלֹהֵיהֶם כִּי־מוֹקֵשׁ הוּא לָךְ׃ כִּי
תֹאמַר בִּלְבָבְךָ רַבִּים הַגּוֹיִם הָאֵלֶּה מִמֶּנִּי אֵיכָה אוּכַל לְהוֹרִישָׁם׃ לֹא תִירָא
מֵהֶם זָכֹר תִּזְכֹּר אֵת אֲשֶׁר־עָשָׂה יהוה אֱלֹהֶיךָ לְפַרְעֹה וּלְכָל־מִצְרָיִם׃ הַמַּסֹּת
הַגְּדֹלֹת אֲשֶׁר־רָאוּ עֵינֶיךָ וְהָאֹתֹת וְהַמֹּפְתִים וְהַיָּד הַחֲזָקָה וְהַזְּרֹעַ הַנְּטוּיָה
אֲשֶׁר הוֹצִאֲךָ יהוה אֱלֹהֶיךָ כֵּן־יַעֲשֶׂה יהוה אֱלֹהֶיךָ לְכָל־הָעַמִּים אֲשֶׁר־אַתָּה
יָרֵא מִפְּנֵיהֶם׃ וְגַם אֶת־הַצִּרְעָה יְשַׁלַּח יהוה אֱלֹהֶיךָ בָּם עַד־אֲבֹד הַנִּשְׁאָרִים
וְהַנִּסְתָּרִים מִפָּנֶיךָ׃ לֹא תַעֲרֹץ מִפְּנֵיהֶם כִּי־יהוה אֱלֹהֶיךָ בְּקִרְבֶּךָ אֵל גָּדוֹל
לוי וְנוֹרָא׃ *וְנָשַׁל יהוה אֱלֹהֶיךָ אֶת־הַגּוֹיִם הָאֵל מִפָּנֶיךָ מְעַט מְעָט לֹא תוּכַל
כַּלֹּתָם מַהֵר פֶּן־תִּרְבֶּה עָלֶיךָ חַיַּת הַשָּׂדֶה׃ וּנְתָנָם יהוה אֱלֹהֶיךָ לְפָנֶיךָ וְהָמָם
מְהוּמָה גְדֹלָה עַד הִשָּׁמְדָם׃ וְנָתַן מַלְכֵיהֶם בְּיָדֶךָ וְהַאֲבַדְתָּ אֶת־שְׁמָם מִתַּחַת
הַשָּׁמָיִם לֹא־יִתְיַצֵּב אִישׁ בְּפָנֶיךָ עַד הִשְׁמִדְךָ אֹתָם׃ פְּסִילֵי אֱלֹהֵיהֶם תִּשְׂרְפוּן
בָּאֵשׁ לֹא־תַחְמֹד כֶּסֶף וְזָהָב עֲלֵיהֶם וְלָקַחְתָּ לָךְ פֶּן תִּוָּקֵשׁ בּוֹ כִּי תוֹעֲבַת
יהוה אֱלֹהֶיךָ הוּא׃ וְלֹא־תָבִיא תוֹעֵבָה אֶל־בֵּיתֶךָ וְהָיִיתָ חֵרֶם כָּמֹהוּ שַׁקֵּץ ׀
תְּשַׁקְּצֶנּוּ וְתַעֵב ׀ תְּתַעֲבֶנּוּ כִּי־חֵרֶם הוּא׃
כָּל־הַמִּצְוָה אֲשֶׁר אָנֹכִי מְצַוְּךָ הַיּוֹם תִּשְׁמְרוּן לַעֲשׂוֹת לְמַעַן תִּחְיוּן וּרְבִיתֶם
וּבָאתֶם וִירִשְׁתֶּם אֶת־הָאָרֶץ אֲשֶׁר־נִשְׁבַּע יהוה לַאֲבֹתֵיכֶם׃ וְזָכַרְתָּ אֶת־כָּל־
הַדֶּרֶךְ אֲשֶׁר הוֹלִיכֲךָ יהוה אֱלֹהֶיךָ זֶה אַרְבָּעִים שָׁנָה בַּמִּדְבָּר לְמַעַן עַנֹּתְךָ
לְנַסֹּתְךָ לָדַעַת אֶת־אֲשֶׁר בִּלְבָבְךָ הֲתִשְׁמֹר מִצְוֹתָו אִם־לֹא׃ וַיְעַנְּךָ וַיַּרְעִבֶךָ
וַיַּאֲכִלְךָ אֶת־הַמָּן אֲשֶׁר לֹא־יָדַעְתָּ וְלֹא יָדְעוּן אֲבֹתֶיךָ לְמַעַן הוֹדִיעֲךָ כִּי
לֹא עַל־הַלֶּחֶם לְבַדּוֹ יִחְיֶה הָאָדָם כִּי עַל־כָּל־מוֹצָא פִי־יהוה יִחְיֶה הָאָדָם׃
ישראל *שִׂמְלָתְךָ לֹא בָלְתָה מֵעָלֶיךָ וְרַגְלְךָ לֹא בָצֵקָה זֶה אַרְבָּעִים שָׁנָה׃ וְיָדַעְתָּ עִם־

לְבָבֶךָ כִּי כַּאֲשֶׁר יְיַסֵּר אִישׁ אֶת־בְּנוֹ יְהוָה אֱלֹהֶיךָ מְיַסְּרֶךָּ׃ וְשָׁמַרְתָּ אֶת־מִצְוֹת
יְהוָה אֱלֹהֶיךָ לָלֶכֶת בִּדְרָכָיו וּלְיִרְאָה אֹתוֹ׃ כִּי יְהוָה אֱלֹהֶיךָ מְבִיאֲךָ אֶל־אֶרֶץ
טוֹבָה אֶרֶץ נַחֲלֵי מָיִם עֲיָנֹת וּתְהֹמֹת יֹצְאִים בַּבִּקְעָה וּבָהָר׃ אֶרֶץ חִטָּה
וּשְׂעֹרָה וְגֶפֶן וּתְאֵנָה וְרִמּוֹן אֶרֶץ־זֵית שֶׁמֶן וּדְבָשׁ׃ אֶרֶץ אֲשֶׁר לֹא בְמִסְכֵּנֻת
תֹּאכַל־בָּהּ לֶחֶם לֹא־תֶחְסַר כֹּל בָּהּ אֶרֶץ אֲשֶׁר אֲבָנֶיהָ בַרְזֶל וּמֵהֲרָרֶיהָ תַּחְצֹב
נְחֹשֶׁת׃ וְאָכַלְתָּ וְשָׂבָעְתָּ וּבֵרַכְתָּ אֶת־יְהוָה אֱלֹהֶיךָ עַל־הָאָרֶץ הַטֹּבָה אֲשֶׁר
נָתַן־לָךְ׃

ראה

דברים יא, כו – יב, י רְאֵה אָנֹכִי נֹתֵן לִפְנֵיכֶם הַיּוֹם בְּרָכָה וּקְלָלָה׃ אֶת־הַבְּרָכָה אֲשֶׁר תִּשְׁמְעוּ
אֶל־מִצְוֹת יְהוָה אֱלֹהֵיכֶם אֲשֶׁר אָנֹכִי מְצַוֶּה אֶתְכֶם הַיּוֹם׃ וְהַקְּלָלָה אִם־לֹא
תִשְׁמְעוּ אֶל־מִצְוֹת יְהוָה אֱלֹהֵיכֶם וְסַרְתֶּם מִן־הַדֶּרֶךְ אֲשֶׁר אָנֹכִי מְצַוֶּה אֶתְכֶם
הַיּוֹם לָלֶכֶת אַחֲרֵי אֱלֹהִים אֲחֵרִים אֲשֶׁר לֹא־יְדַעְתֶּם׃ וְהָיָה כִּי
יְבִיאֲךָ יְהוָה אֱלֹהֶיךָ אֶל־הָאָרֶץ אֲשֶׁר־אַתָּה בָא־שָׁמָּה לְרִשְׁתָּהּ וְנָתַתָּה אֶת־
הַבְּרָכָה עַל־הַר גְּרִזִים וְאֶת־הַקְּלָלָה עַל־הַר עֵיבָל׃ הֲלֹא־הֵמָּה בְּעֵבֶר הַיַּרְדֵּן
אַחֲרֵי דֶּרֶךְ מְבוֹא הַשֶּׁמֶשׁ בְּאֶרֶץ הַכְּנַעֲנִי הַיֹּשֵׁב בָּעֲרָבָה מוּל הַגִּלְגָּל אֵצֶל
אֵלוֹנֵי מֹרֶה׃ כִּי אַתֶּם עֹבְרִים אֶת־הַיַּרְדֵּן לָבֹא לָרֶשֶׁת אֶת־הָאָרֶץ אֲשֶׁר־יְהוָה
לוי אֱלֹהֵיכֶם נֹתֵן לָכֶם וִירִשְׁתֶּם אֹתָהּ וִישַׁבְתֶּם־בָּהּ׃ *וּשְׁמַרְתֶּם לַעֲשׂוֹת אֵת
כָּל־הַחֻקִּים וְאֶת־הַמִּשְׁפָּטִים אֲשֶׁר אָנֹכִי נֹתֵן לִפְנֵיכֶם הַיּוֹם׃ אֵלֶּה הַחֻקִּים
וְהַמִּשְׁפָּטִים אֲשֶׁר תִּשְׁמְרוּן לַעֲשׂוֹת בָּאָרֶץ אֲשֶׁר נָתַן יְהוָה אֱלֹהֵי אֲבֹתֶיךָ
לְךָ לְרִשְׁתָּהּ כָּל־הַיָּמִים אֲשֶׁר־אַתֶּם חַיִּים עַל־הָאֲדָמָה׃ אַבֵּד תְּאַבְּדוּן אֶת־
כָּל־הַמְּקֹמוֹת אֲשֶׁר עָבְדוּ־שָׁם הַגּוֹיִם אֲשֶׁר אַתֶּם יֹרְשִׁים אֹתָם אֶת־אֱלֹהֵיהֶם
עַל־הֶהָרִים הָרָמִים וְעַל־הַגְּבָעוֹת וְתַחַת כָּל־עֵץ רַעֲנָן׃ וְנִתַּצְתֶּם אֶת־מִזְבְּחֹתָם
וְשִׁבַּרְתֶּם אֶת־מַצֵּבֹתָם וַאֲשֵׁרֵיהֶם תִּשְׂרְפוּן בָּאֵשׁ וּפְסִילֵי אֱלֹהֵיהֶם תְּגַדֵּעוּן
וְאִבַּדְתֶּם אֶת־שְׁמָם מִן־הַמָּקוֹם הַהוּא׃ לֹא־תַעֲשׂוּן כֵּן לַיהוָה אֱלֹהֵיכֶם׃ כִּי
אִם־אֶל־הַמָּקוֹם אֲשֶׁר־יִבְחַר יְהוָה אֱלֹהֵיכֶם מִכָּל־שִׁבְטֵיכֶם לָשׂוּם אֶת־שְׁמוֹ
ישראל שָׁם לְשִׁכְנוֹ תִדְרְשׁוּ וּבָאתָ שָׁמָּה׃ *וַהֲבֵאתֶם שָׁמָּה עֹלֹתֵיכֶם וְזִבְחֵיכֶם וְאֵת
מַעְשְׂרֹתֵיכֶם וְאֵת תְּרוּמַת יֶדְכֶם וְנִדְרֵיכֶם וְנִדְבֹתֵיכֶם וּבְכֹרֹת בְּקַרְכֶם וְצֹאנְכֶם׃
וַאֲכַלְתֶּם־שָׁם לִפְנֵי יְהוָה אֱלֹהֵיכֶם וּשְׂמַחְתֶּם בְּכֹל מִשְׁלַח יֶדְכֶם אַתֶּם וּבָתֵּיכֶם
אֲשֶׁר בֵּרַכְךָ יְהוָה אֱלֹהֶיךָ׃ לֹא תַעֲשׂוּן כְּכֹל אֲשֶׁר אֲנַחְנוּ עֹשִׂים פֹּה הַיּוֹם

אִישׁ כָּל־הַיָּשָׁר בְּעֵינָיו׃ כִּי לֹא־בָאתֶם עַד־עָתָּה אֶל־הַמְּנוּחָה וְאֶל־הַנַּחֲלָה
אֲשֶׁר־יְהוָה אֱלֹהֶיךָ נֹתֵן לָךְ׃ וַעֲבַרְתֶּם אֶת־הַיַּרְדֵּן וִישַׁבְתֶּם בָּאָרֶץ אֲשֶׁר־יְהוָה
אֱלֹהֵיכֶם מַנְחִיל אֶתְכֶם וְהֵנִיחַ לָכֶם מִכָּל־אֹיְבֵיכֶם מִסָּבִיב וִישַׁבְתֶּם־בֶּטַח׃

שופטים

שֹׁפְטִים וְשֹׁטְרִים תִּתֶּן־לְךָ בְּכָל־שְׁעָרֶיךָ אֲשֶׁר יְהוָה אֱלֹהֶיךָ נֹתֵן לְךָ לִשְׁבָטֶיךָ דברים טז,יח – יז,יג
וְשָׁפְטוּ אֶת־הָעָם מִשְׁפַּט־צֶדֶק׃ לֹא־תַטֶּה מִשְׁפָּט לֹא תַכִּיר פָּנִים וְלֹא־תִקַּח
שֹׁחַד כִּי הַשֹּׁחַד יְעַוֵּר עֵינֵי חֲכָמִים וִיסַלֵּף דִּבְרֵי צַדִּיקִם׃ צֶדֶק צֶדֶק תִּרְדֹּף לְמַעַן
תִּחְיֶה וְיָרַשְׁתָּ אֶת־הָאָרֶץ אֲשֶׁר־יְהוָה אֱלֹהֶיךָ נֹתֵן לָךְ׃ *לֹא־ לוי
תִטַּע לְךָ אֲשֵׁרָה כָּל־עֵץ אֵצֶל מִזְבַּח יְהוָה אֱלֹהֶיךָ אֲשֶׁר תַּעֲשֶׂה־לָּךְ׃ וְלֹא־
תָקִים לְךָ מַצֵּבָה אֲשֶׁר שָׂנֵא יְהוָה אֱלֹהֶיךָ׃ לֹא־תִזְבַּח לַיהוָה
אֱלֹהֶיךָ שׁוֹר וָשֶׂה אֲשֶׁר יִהְיֶה בוֹ מוּם כֹּל דָּבָר רָע כִּי תוֹעֲבַת יְהוָה אֱלֹהֶיךָ
הוּא׃ כִּי־יִמָּצֵא בְקִרְבְּךָ בְּאַחַד שְׁעָרֶיךָ אֲשֶׁר־יְהוָה אֱלֹהֶיךָ נֹתֵן
לָךְ אִישׁ אוֹ־אִשָּׁה אֲשֶׁר יַעֲשֶׂה אֶת־הָרַע בְּעֵינֵי יְהוָה־אֱלֹהֶיךָ לַעֲבֹר בְּרִיתוֹ׃
וַיֵּלֶךְ וַיַּעֲבֹד אֱלֹהִים אֲחֵרִים וַיִּשְׁתַּחוּ לָהֶם וְלַשֶּׁמֶשׁ ׀ אוֹ לַיָּרֵחַ אוֹ לְכָל־צְבָא
הַשָּׁמַיִם אֲשֶׁר לֹא־צִוִּיתִי׃ וְהֻגַּד־לְךָ וְשָׁמָעְתָּ וְדָרַשְׁתָּ הֵיטֵב וְהִנֵּה אֱמֶת נָכוֹן
הַדָּבָר נֶעֶשְׂתָה הַתּוֹעֵבָה הַזֹּאת בְּיִשְׂרָאֵל׃ וְהוֹצֵאתָ אֶת־הָאִישׁ הַהוּא אוֹ
אֶת־הָאִשָּׁה הַהִוא אֲשֶׁר עָשׂוּ אֶת־הַדָּבָר הָרָע הַזֶּה אֶל־שְׁעָרֶיךָ אֶת־הָאִישׁ
אוֹ אֶת־הָאִשָּׁה וּסְקַלְתָּם בָּאֲבָנִים וָמֵתוּ׃ עַל־פִּי ׀ שְׁנַיִם עֵדִים אוֹ שְׁלֹשָׁה
עֵדִים יוּמַת הַמֵּת לֹא יוּמַת עַל־פִּי עֵד אֶחָד׃ יַד הָעֵדִים תִּהְיֶה־בּוֹ בָרִאשֹׁנָה
לַהֲמִיתוֹ וְיַד כָּל־הָעָם בָּאַחֲרֹנָה וּבִעַרְתָּ הָרָע מִקִּרְבֶּךָ׃
כִּי יִפָּלֵא מִמְּךָ דָבָר לַמִּשְׁפָּט בֵּין־דָּם ׀ לְדָם בֵּין־דִּין לְדִין וּבֵין נֶגַע לָנֶגַע דִּבְרֵי
רִיבֹת בִּשְׁעָרֶיךָ וְקַמְתָּ וְעָלִיתָ אֶל־הַמָּקוֹם אֲשֶׁר יִבְחַר יְהוָה אֱלֹהֶיךָ בּוֹ׃ וּבָאתָ
אֶל־הַכֹּהֲנִים הַלְוִיִּם וְאֶל־הַשֹּׁפֵט אֲשֶׁר יִהְיֶה בַּיָּמִים הָהֵם וְדָרַשְׁתָּ וְהִגִּידוּ לְךָ
אֵת דְּבַר הַמִּשְׁפָּט׃ וְעָשִׂיתָ עַל־פִּי הַדָּבָר אֲשֶׁר יַגִּידוּ לְךָ מִן־הַמָּקוֹם הַהוּא
אֲשֶׁר יִבְחַר יְהוָה וְשָׁמַרְתָּ לַעֲשׂוֹת כְּכֹל אֲשֶׁר יוֹרוּךָ׃ *עַל־פִּי הַתּוֹרָה אֲשֶׁר ישראל
יוֹרוּךָ וְעַל־הַמִּשְׁפָּט אֲשֶׁר־יֹאמְרוּ לְךָ תַּעֲשֶׂה לֹא תָסוּר מִן־הַדָּבָר אֲשֶׁר־יַגִּידוּ
לְךָ יָמִין וּשְׂמֹאל׃ וְהָאִישׁ אֲשֶׁר־יַעֲשֶׂה בְזָדוֹן לְבִלְתִּי שְׁמֹעַ אֶל־הַכֹּהֵן הָעֹמֵד
לְשָׁרֶת שָׁם אֶת־יְהוָה אֱלֹהֶיךָ אוֹ אֶל־הַשֹּׁפֵט וּמֵת הָאִישׁ הַהוּא וּבִעַרְתָּ הָרָע
מִיִּשְׂרָאֵל׃ וְכָל־הָעָם יִשְׁמְעוּ וְיִרָאוּ וְלֹא יְזִידוּן עוֹד׃

כי תצא

דברים כא, י-כא כִּי־תֵצֵא לַמִּלְחָמָה עַל־אֹיְבֶיךָ וּנְתָנוֹ יְהוָה אֱלֹהֶיךָ בְּיָדֶךָ וְשָׁבִיתָ שִׁבְיוֹ׃ וְרָאִיתָ
בַּשִּׁבְיָה אֵשֶׁת יְפַת־תֹּאַר וְחָשַׁקְתָּ בָהּ וְלָקַחְתָּ לְךָ לְאִשָּׁה׃ וַהֲבֵאתָהּ אֶל־
תּוֹךְ בֵּיתֶךָ וְגִלְּחָה אֶת־רֹאשָׁהּ וְעָשְׂתָה אֶת־צִפָּרְנֶיהָ׃ וְהֵסִירָה אֶת־שִׂמְלַת
שִׁבְיָהּ מֵעָלֶיהָ וְיָשְׁבָה בְּבֵיתֶךָ וּבָכְתָה אֶת־אָבִיהָ וְאֶת־אִמָּהּ יֶרַח יָמִים
וְאַחַר כֵּן תָּבוֹא אֵלֶיהָ וּבְעַלְתָּהּ וְהָיְתָה לְךָ לְאִשָּׁה׃ וְהָיָה אִם־לֹא חָפַצְתָּ בָּהּ
וְשִׁלַּחְתָּהּ לְנַפְשָׁהּ וּמָכֹר לֹא־תִמְכְּרֶנָּה בַּכָּסֶף לֹא־תִתְעַמֵּר בָּהּ תַּחַת אֲשֶׁר
לוי עִנִּיתָהּ׃ *כִּי־תִהְיֶיןָ לְאִישׁ שְׁתֵּי נָשִׁים הָאַחַת אֲהוּבָה וְהָאַחַת
שְׂנוּאָה וְיָלְדוּ־לוֹ בָנִים הָאֲהוּבָה וְהַשְּׂנוּאָה וְהָיָה הַבֵּן הַבְּכֹר לַשְּׂנִיאָה׃ וְהָיָה
בְּיוֹם הַנְחִילוֹ אֶת־בָּנָיו אֵת אֲשֶׁר־יִהְיֶה לוֹ לֹא יוּכַל לְבַכֵּר אֶת־בֶּן־הָאֲהוּבָה
עַל־פְּנֵי בֶן־הַשְּׂנוּאָה הַבְּכֹר׃ כִּי אֶת־הַבְּכֹר בֶּן־הַשְּׂנוּאָה יַכִּיר לָתֶת לוֹ פִּי שְׁנַיִם
ישראל בְּכֹל אֲשֶׁר־יִמָּצֵא לוֹ כִּי־הוּא רֵאשִׁית אֹנוֹ לוֹ מִשְׁפַּט הַבְּכֹרָה׃ *כִּי־
יִהְיֶה לְאִישׁ בֵּן סוֹרֵר וּמוֹרֶה אֵינֶנּוּ שֹׁמֵעַ בְּקוֹל אָבִיו וּבְקוֹל אִמּוֹ וְיִסְּרוּ אֹתוֹ
וְלֹא יִשְׁמַע אֲלֵיהֶם׃ וְתָפְשׂוּ בוֹ אָבִיו וְאִמּוֹ וְהוֹצִיאוּ אֹתוֹ אֶל־זִקְנֵי עִירוֹ וְאֶל־
שַׁעַר מְקֹמוֹ׃ וְאָמְרוּ אֶל־זִקְנֵי עִירוֹ בְּנֵנוּ זֶה סוֹרֵר וּמֹרֶה אֵינֶנּוּ שֹׁמֵעַ בְּקֹלֵנוּ
זוֹלֵל וְסֹבֵא׃ וּרְגָמֻהוּ כָּל־אַנְשֵׁי עִירוֹ בָאֲבָנִים וָמֵת וּבִעַרְתָּ הָרָע מִקִּרְבֶּךָ
וְכָל־יִשְׂרָאֵל יִשְׁמְעוּ וְיִרָאוּ׃

כי תבוא

דברים כו, א-טו וְהָיָה כִּי־תָבוֹא אֶל־הָאָרֶץ אֲשֶׁר יְהוָה אֱלֹהֶיךָ נֹתֵן לְךָ נַחֲלָה וִירִשְׁתָּהּ וְיָשַׁבְתָּ
בָּהּ׃ וְלָקַחְתָּ מֵרֵאשִׁית ׀ כָּל־פְּרִי הָאֲדָמָה אֲשֶׁר תָּבִיא מֵאַרְצְךָ אֲשֶׁר יְהוָה
אֱלֹהֶיךָ נֹתֵן לָךְ וְשַׂמְתָּ בַטֶּנֶא וְהָלַכְתָּ אֶל־הַמָּקוֹם אֲשֶׁר יִבְחַר יְהוָה אֱלֹהֶיךָ
לְשַׁכֵּן שְׁמוֹ שָׁם׃ וּבָאתָ אֶל־הַכֹּהֵן אֲשֶׁר יִהְיֶה בַּיָּמִים הָהֵם וְאָמַרְתָּ אֵלָיו
הִגַּדְתִּי הַיּוֹם לַיהוָה אֱלֹהֶיךָ כִּי־בָאתִי אֶל־הָאָרֶץ אֲשֶׁר נִשְׁבַּע יְהוָה לַאֲבֹתֵינוּ
לוי לָתֶת לָנוּ׃ *וְלָקַח הַכֹּהֵן הַטֶּנֶא מִיָּדֶךָ וְהִנִּיחוֹ לִפְנֵי מִזְבַּח יְהוָה אֱלֹהֶיךָ׃ וְעָנִיתָ
וְאָמַרְתָּ לִפְנֵי ׀ יְהוָה אֱלֹהֶיךָ אֲרַמִּי אֹבֵד אָבִי וַיֵּרֶד מִצְרַיְמָה וַיָּגָר שָׁם בִּמְתֵי
מְעָט וַיְהִי־שָׁם לְגוֹי גָּדוֹל עָצוּם וָרָב׃ וַיָּרֵעוּ אֹתָנוּ הַמִּצְרִים וַיְעַנּוּנוּ וַיִּתְּנוּ עָלֵינוּ
עֲבֹדָה קָשָׁה׃ וַנִּצְעַק אֶל־יְהוָה אֱלֹהֵי אֲבֹתֵינוּ וַיִּשְׁמַע יְהוָה אֶת־קֹלֵנוּ וַיַּרְא
אֶת־עָנְיֵנוּ וְאֶת־עֲמָלֵנוּ וְאֶת־לַחֲצֵנוּ׃ וַיּוֹצִאֵנוּ יְהוָה מִמִּצְרַיִם בְּיָד חֲזָקָה וּבִזְרֹעַ
נְטוּיָה וּבְמֹרָא גָּדֹל וּבְאֹתוֹת וּבְמֹפְתִים׃ וַיְבִאֵנוּ אֶל־הַמָּקוֹם הַזֶּה וַיִּתֶּן־לָנוּ

אֶת־הָאָרֶץ הַזֹּאת אֶרֶץ זָבַת חָלָב וּדְבָשׁ: וְעַתָּה הִנֵּה הֵבֵאתִי אֶת־רֵאשִׁית
פְּרִי הָאֲדָמָה אֲשֶׁר־נָתַתָּה לִּי יהוה וְהִנַּחְתּוֹ לִפְנֵי יהוה אֱלֹהֶיךָ וְהִשְׁתַּחֲוִיתָ
לִפְנֵי יהוה אֱלֹהֶיךָ: וְשָׂמַחְתָּ בְכָל־הַטּוֹב אֲשֶׁר נָתַן־לְךָ יהוה אֱלֹהֶיךָ וּלְבֵיתֶךָ
אַתָּה וְהַלֵּוִי וְהַגֵּר אֲשֶׁר בְּקִרְבֶּךָ: *כִּי תְכַלֶּה לַעְשֵׂר אֶת־כָּל־מַעְשַׂר ישראל
תְּבוּאָתְךָ בַּשָּׁנָה הַשְּׁלִישִׁת שְׁנַת הַמַּעֲשֵׂר וְנָתַתָּה לַלֵּוִי לַגֵּר לַיָּתוֹם וְלָאַלְמָנָה
וְאָכְלוּ בִשְׁעָרֶיךָ וְשָׂבֵעוּ: וְאָמַרְתָּ לִפְנֵי יהוה אֱלֹהֶיךָ בִּעַרְתִּי הַקֹּדֶשׁ מִן־הַבַּיִת
וְגַם נְתַתִּיו לַלֵּוִי וְלַגֵּר לַיָּתוֹם וְלָאַלְמָנָה כְּכָל־מִצְוָתְךָ אֲשֶׁר צִוִּיתָנִי לֹא־עָבַרְתִּי
מִמִּצְוֹתֶיךָ וְלֹא שָׁכָחְתִּי: לֹא־אָכַלְתִּי בְאֹנִי מִמֶּנּוּ וְלֹא־בִעַרְתִּי מִמֶּנּוּ בְּטָמֵא
וְלֹא־נָתַתִּי מִמֶּנּוּ לְמֵת שָׁמַעְתִּי בְּקוֹל יהוה אֱלֹהָי עָשִׂיתִי כְּכֹל אֲשֶׁר צִוִּיתָנִי:
הַשְׁקִיפָה מִמְּעוֹן קָדְשְׁךָ מִן־הַשָּׁמַיִם וּבָרֵךְ אֶת־עַמְּךָ אֶת־יִשְׂרָאֵל וְאֵת
הָאֲדָמָה אֲשֶׁר נָתַתָּה לָנוּ כַּאֲשֶׁר נִשְׁבַּעְתָּ לַאֲבֹתֵינוּ אֶרֶץ זָבַת חָלָב וּדְבָשׁ:

נצבים

אַתֶּם נִצָּבִים הַיּוֹם כֻּלְּכֶם לִפְנֵי יהוה אֱלֹהֵיכֶם רָאשֵׁיכֶם שִׁבְטֵיכֶם זִקְנֵיכֶם דברים כט,ט־כח
וְשֹׁטְרֵיכֶם כֹּל אִישׁ יִשְׂרָאֵל: טַפְּכֶם נְשֵׁיכֶם וְגֵרְךָ אֲשֶׁר בְּקֶרֶב מַחֲנֶיךָ מֵחֹטֵב
עֵצֶיךָ עַד שֹׁאֵב מֵימֶיךָ: לְעָבְרְךָ בִּבְרִית יהוה אֱלֹהֶיךָ וּבְאָלָתוֹ אֲשֶׁר יהוה
אֱלֹהֶיךָ כֹּרֵת עִמְּךָ הַיּוֹם: *לְמַעַן הָקִים־אֹתְךָ הַיּוֹם ׀ לוֹ לְעָם וְהוּא יִהְיֶה־לְּךָ לוי
לֵאלֹהִים כַּאֲשֶׁר דִּבֶּר־לָךְ וְכַאֲשֶׁר נִשְׁבַּע לַאֲבֹתֶיךָ לְאַבְרָהָם לְיִצְחָק וּלְיַעֲקֹב:
וְלֹא אִתְּכֶם לְבַדְּכֶם אָנֹכִי כֹּרֵת אֶת־הַבְּרִית הַזֹּאת וְאֶת־הָאָלָה הַזֹּאת: כִּי
אֶת־אֲשֶׁר יֶשְׁנוֹ פֹּה עִמָּנוּ עֹמֵד הַיּוֹם לִפְנֵי יהוה אֱלֹהֵינוּ וְאֵת אֲשֶׁר אֵינֶנּוּ פֹּה
עִמָּנוּ הַיּוֹם: *כִּי־אַתֶּם יְדַעְתֶּם אֵת אֲשֶׁר־יָשַׁבְנוּ בְּאֶרֶץ מִצְרָיִם וְאֵת אֲשֶׁר־ ישראל
עָבַרְנוּ בְּקֶרֶב הַגּוֹיִם אֲשֶׁר עֲבַרְתֶּם: וַתִּרְאוּ אֶת־שִׁקּוּצֵיהֶם וְאֵת גִּלֻּלֵיהֶם
עֵץ וָאֶבֶן כֶּסֶף וְזָהָב אֲשֶׁר עִמָּהֶם: פֶּן־יֵשׁ בָּכֶם אִישׁ אוֹ־אִשָּׁה אוֹ מִשְׁפָּחָה
אוֹ־שֵׁבֶט אֲשֶׁר לְבָבוֹ פֹנֶה הַיּוֹם מֵעִם יהוה אֱלֹהֵינוּ לָלֶכֶת לַעֲבֹד אֶת־אֱלֹהֵי
הַגּוֹיִם הָהֵם פֶּן־יֵשׁ בָּכֶם שֹׁרֶשׁ פֹּרֶה רֹאשׁ וְלַעֲנָה: וְהָיָה בְּשָׁמְעוֹ אֶת־דִּבְרֵי
הָאָלָה הַזֹּאת וְהִתְבָּרֵךְ בִּלְבָבוֹ לֵאמֹר שָׁלוֹם יִהְיֶה־לִּי כִּי בִּשְׁרִרוּת לִבִּי אֵלֵךְ
לְמַעַן סְפוֹת הָרָוָה אֶת־הַצְּמֵאָה: לֹא־יֹאבֶה יהוה סְלֹחַ לוֹ כִּי אָז יֶעְשַׁן אַף־
יהוה וְקִנְאָתוֹ בָּאִישׁ הַהוּא וְרָבְצָה בּוֹ כָּל־הָאָלָה הַכְּתוּבָה בַּסֵּפֶר הַזֶּה וּמָחָה
יהוה אֶת־שְׁמוֹ מִתַּחַת הַשָּׁמָיִם: וְהִבְדִּילוֹ יהוה לְרָעָה מִכֹּל שִׁבְטֵי יִשְׂרָאֵל
כְּכֹל אָלוֹת הַבְּרִית הַכְּתוּבָה בְּסֵפֶר הַתּוֹרָה הַזֶּה: וְאָמַר הַדּוֹר הָאַחֲרוֹן בְּנֵיכֶם

אֲשֶׁר יָקוּמוּ מֵאַחֲרֵיכֶם וְהַנָּכְרִי אֲשֶׁר יָבֹא מֵאֶרֶץ רְחוֹקָה וְרָאוּ אֶת־מַכּוֹת
הָאָרֶץ הַהִוא וְאֶת־תַּחֲלֻאֶיהָ אֲשֶׁר־חִלָּה יְהוָה בָּהּ: גָּפְרִית וָמֶלַח שְׂרֵפָה כָל־
אַרְצָהּ לֹא תִזָּרַע וְלֹא תַצְמִחַ וְלֹא־יַעֲלֶה בָהּ כָּל־עֵשֶׂב כְּמַהְפֵּכַת סְדֹם וַעֲמֹרָה
וּצְבוֹיִם אַדְמָה וצביים אֲשֶׁר הָפַךְ יְהוָה בְּאַפּוֹ וּבַחֲמָתוֹ: וְאָמְרוּ כָּל־הַגּוֹיִם עַל־מֶה
עָשָׂה יְהוָה כָּכָה לָאָרֶץ הַזֹּאת מֶה חֳרִי הָאַף הַגָּדוֹל הַזֶּה: וְאָמְרוּ עַל אֲשֶׁר
עָזְבוּ אֶת־בְּרִית יְהוָה אֱלֹהֵי אֲבֹתָם אֲשֶׁר כָּרַת עִמָּם בְּהוֹצִיאוֹ אֹתָם מֵאֶרֶץ
מִצְרָיִם: וַיֵּלְכוּ וַיַּעַבְדוּ אֱלֹהִים אֲחֵרִים וַיִּשְׁתַּחֲווּ לָהֶם אֱלֹהִים אֲשֶׁר לֹא־יְדָעוּם
וְלֹא חָלַק לָהֶם: וַיִּחַר־אַף יְהוָה בָּאָרֶץ הַהִוא לְהָבִיא עָלֶיהָ אֶת־כָּל־הַקְּלָלָה
הַכְּתוּבָה בַּסֵּפֶר הַזֶּה: וַיִּתְּשֵׁם יְהוָה מֵעַל אַדְמָתָם בְּאַף וּבְחֵמָה וּבְקֶצֶף גָּדוֹל
וַיַּשְׁלִכֵם אֶל־אֶרֶץ אַחֶרֶת כַּיּוֹם הַזֶּה: הַנִּסְתָּרֹת לַיהוָה אֱלֹהֵינוּ וְהַנִּגְלֹת לָנוּ
וּלְבָנֵינוּ עַד־עוֹלָם לַעֲשׂוֹת אֶת־כָּל־דִּבְרֵי הַתּוֹרָה הַזֹּאת:

וילך

דברים לא,א־יג וַיֵּלֶךְ מֹשֶׁה וַיְדַבֵּר אֶת־הַדְּבָרִים הָאֵלֶּה אֶל־כָּל־יִשְׂרָאֵל: וַיֹּאמֶר אֲלֵהֶם בֶּן־
מֵאָה וְעֶשְׂרִים שָׁנָה אָנֹכִי הַיּוֹם לֹא־אוּכַל עוֹד לָצֵאת וְלָבוֹא וַיהוָה אָמַר אֵלַי
לֹא תַעֲבֹר אֶת־הַיַּרְדֵּן הַזֶּה: יְהוָה אֱלֹהֶיךָ הוּא ׀ עֹבֵר לְפָנֶיךָ הוּא־יַשְׁמִיד
אֶת־הַגּוֹיִם הָאֵלֶּה מִלְּפָנֶיךָ וִירִשְׁתָּם יְהוֹשֻׁעַ הוּא עֹבֵר לְפָנֶיךָ כַּאֲשֶׁר דִּבֶּר
לוי יְהוָה: *וְעָשָׂה יְהוָה לָהֶם כַּאֲשֶׁר עָשָׂה לְסִיחוֹן וּלְעוֹג מַלְכֵי הָאֱמֹרִי וּלְאַרְצָם
אֲשֶׁר הִשְׁמִיד אֹתָם: וּנְתָנָם יְהוָה לִפְנֵיכֶם וַעֲשִׂיתֶם לָהֶם כְּכָל־הַמִּצְוָה אֲשֶׁר
צִוִּיתִי אֶתְכֶם: חִזְקוּ וְאִמְצוּ אַל־תִּירְאוּ וְאַל־תַּעַרְצוּ מִפְּנֵיהֶם כִּי ׀ יְהוָה אֱלֹהֶיךָ
ישראל הוּא הַהֹלֵךְ עִמָּךְ לֹא יַרְפְּךָ וְלֹא יַעַזְבֶךָּ: *וַיִּקְרָא מֹשֶׁה לִיהוֹשֻׁעַ
וַיֹּאמֶר אֵלָיו לְעֵינֵי כָל־יִשְׂרָאֵל חֲזַק וֶאֱמָץ כִּי אַתָּה תָּבוֹא אֶת־הָעָם הַזֶּה
אֶל־הָאָרֶץ אֲשֶׁר נִשְׁבַּע יְהוָה לַאֲבֹתָם לָתֵת לָהֶם וְאַתָּה תַּנְחִילֶנָּה אוֹתָם:
וַיהוָה הוּא ׀ הַהֹלֵךְ לְפָנֶיךָ הוּא יִהְיֶה עִמָּךְ לֹא יַרְפְּךָ וְלֹא יַעַזְבֶךָּ לֹא תִירָא וְלֹא
תֵחָת: וַיִּכְתֹּב מֹשֶׁה אֶת־הַתּוֹרָה הַזֹּאת וַיִּתְּנָהּ אֶל־הַכֹּהֲנִים בְּנֵי לֵוִי הַנֹּשְׂאִים
אֶת־אֲרוֹן בְּרִית יְהוָה וְאֶל־כָּל־זִקְנֵי יִשְׂרָאֵל: וַיְצַו מֹשֶׁה אוֹתָם לֵאמֹר מִקֵּץ ׀
שֶׁבַע שָׁנִים בְּמֹעֵד שְׁנַת הַשְּׁמִטָּה בְּחַג הַסֻּכּוֹת: בְּבוֹא כָל־יִשְׂרָאֵל לֵרָאוֹת
אֶת־פְּנֵי יְהוָה אֱלֹהֶיךָ בַּמָּקוֹם אֲשֶׁר יִבְחָר תִּקְרָא אֶת־הַתּוֹרָה הַזֹּאת נֶגֶד
כָּל־יִשְׂרָאֵל בְּאָזְנֵיהֶם: הַקְהֵל אֶת־הָעָם הָאֲנָשִׁים וְהַנָּשִׁים וְהַטַּף וְגֵרְךָ אֲשֶׁר
בִּשְׁעָרֶיךָ לְמַעַן יִשְׁמְעוּ וּלְמַעַן יִלְמְדוּ וְיָרְאוּ אֶת־יְהוָה אֱלֹהֵיכֶם וְשָׁמְרוּ

לַעֲשׂ֕וֹת אֶֽת־כׇּל־דִּבְרֵ֖י הַתּוֹרָ֥ה הַזֹּֽאת׃ וּבְנֵיהֶ֞ם אֲשֶׁ֣ר לֹא־יָֽדְע֗וּ יִשְׁמְעוּ֙ וְלָ֣מְד֔וּ לְיִרְאָ֖ה אֶת־יְהֹוָ֣ה אֱלֹהֵיכֶ֑ם כׇּל־הַיָּמִ֗ים אֲשֶׁ֨ר אַתֶּ֤ם חַיִּים֙ עַל־הָ֣אֲדָמָ֔ה אֲשֶׁ֨ר אַתֶּ֜ם עֹבְרִ֧ים אֶת־הַיַּרְדֵּ֛ן שָׁ֖מָּה לְרִשְׁתָּֽהּ׃

האזינו

הַאֲזִ֥ינוּ הַשָּׁמַ֖יִם וַאֲדַבֵּ֑רָה   וְתִשְׁמַ֥ע הָאָ֖רֶץ אִמְרֵי־פִֽי׃   דברים לב, א–יח
יַעֲרֹ֤ף כַּמָּטָר֙ לִקְחִ֔י   תִּזַּ֥ל כַּטַּ֖ל אִמְרָתִ֑י
כִּשְׂעִירִ֣ם עֲלֵי־דֶ֔שֶׁא   וְכִרְבִיבִ֖ים עֲלֵי־עֵֽשֶׂב׃
כִּ֛י שֵׁ֥ם יְהֹוָ֖ה אֶקְרָ֑א   הָב֥וּ גֹ֖דֶל לֵאלֹהֵֽינוּ׃
*הַצּוּר֙ תָּמִ֣ים פׇּעֳל֔וֹ   כִּ֥י כׇל־דְּרָכָ֖יו מִשְׁפָּ֑ט   לוי (ברוב הקהילות)
אֵ֤ל אֱמוּנָה֙ וְאֵ֣ין עָ֔וֶל   צַדִּ֥יק וְיָשָׁ֖ר הֽוּא׃
שִׁחֵ֥ת ל֛וֹ לֹּ֖א בָּנָ֣יו מוּמָ֑ם   דּ֥וֹר עִקֵּ֖שׁ וּפְתַלְתֹּֽל׃
הַ לְיהֹוָה֙ תִּגְמְלוּ־זֹ֔את   עַ֥ם נָבָ֖ל וְלֹ֣א חָכָ֑ם
הֲלוֹא־הוּא֙ אָבִ֣יךָ קָּנֶ֔ךָ   ה֥וּא עָשְׂךָ֖ וַיְכֹנְנֶֽךָ׃

יש המתחילים כאן את הקריאה ללוי:

*זְכֹר֙ יְמ֣וֹת עוֹלָ֔ם   בִּ֖ינוּ שְׁנ֣וֹת דֹּר־וָדֹ֑ר   ישראל
שְׁאַ֤ל אָבִ֙יךָ֙ וְיַגֵּ֔דְךָ   זְקֵנֶ֖יךָ וְיֹ֥אמְרוּ לָֽךְ׃
בְּהַנְחֵ֤ל עֶלְיוֹן֙ גּוֹיִ֔ם   בְּהַפְרִיד֖וֹ בְּנֵ֣י אָדָ֑ם
יַצֵּב֙ גְּבֻלֹ֣ת עַמִּ֔ים   לְמִסְפַּ֖ר בְּנֵ֥י יִשְׂרָאֵֽל׃
כִּ֛י חֵ֥לֶק יְהֹוָ֖ה עַמּ֑וֹ   יַעֲקֹ֖ב חֶ֥בֶל נַחֲלָתֽוֹ׃
יִמְצָאֵ֙הוּ֙ בְּאֶ֣רֶץ מִדְבָּ֔ר   וּבְתֹ֖הוּ יְלֵ֣ל יְשִׁמֹ֑ן
יְסֹבְבֶ֙נְהוּ֙ יְב֣וֹנְנֵ֔הוּ   יִצְּרֶ֖נְהוּ כְּאִישׁ֥וֹן עֵינֽוֹ׃
כְּנֶ֙שֶׁר֙ יָעִ֣יר קִנּ֔וֹ   עַל־גּוֹזָלָ֖יו יְרַחֵ֑ף
יִפְרֹ֤שׂ כְּנָפָיו֙ יִקָּחֵ֔הוּ   יִשָּׂאֵ֖הוּ עַל־אֶבְרָתֽוֹ׃
יְהֹוָ֖ה בָּדָ֣ד יַנְחֶ֑נּוּ   וְאֵ֥ין עִמּ֖וֹ אֵ֥ל נֵכָֽר׃

עד כאן ברוב הקהילות. יש המתחילים כאן את הקריאה לישראל כדי לקרוא כסדר הנזכר בראש השנה לא ע״א:

*יַרְכִּבֵ֙הוּ֙ עַל־בָּ֣מֳתֵי אָ֔רֶץ   וַיֹּאכַ֖ל תְּנוּבֹ֣ת שָׂדָ֑י   בָּמֳתֵי
וַיֵּנִקֵ֤הוּ דְבַשׁ֙ מִסֶּ֔לַע   וְשֶׁ֖מֶן מֵחַלְמִ֥ישׁ צֽוּר׃
חֶמְאַ֨ת בָּקָ֜ר וַחֲלֵ֣ב צֹ֗אן   עִם־חֵ֤לֶב כָּרִים֙
וְאֵילִ֤ים בְּנֵֽי־בָשָׁן֙ וְעַתּוּדִ֔ים   עִם־חֵ֖לֶב כִּלְי֣וֹת חִטָּ֑ה

וְדַם־עֵנָב תִּשְׁתֶּה־חָמֶר: וַיִּשְׁמַן יְשֻׁרוּן וַיִּבְעָט
שָׁמַנְתָּ עָבִיתָ כָּשִׂיתָ וַיִּטֹּשׁ אֱלוֹהַ עָשָׂהוּ
וַיְנַבֵּל צוּר יְשֻׁעָתוֹ: יַקְנִאֻהוּ בְּזָרִים
בְּתוֹעֵבֹת יַכְעִיסֻהוּ: יִזְבְּחוּ לַשֵּׁדִים לֹא אֱלֹהַ
אֱלֹהִים לֹא יְדָעוּם חֲדָשִׁים מִקָּרֹב בָּאוּ
לֹא שְׂעָרוּם אֲבֹתֵיכֶם: צוּר יְלָדְךָ תֶּשִׁי
וַתִּשְׁכַּח אֵל מְחֹלְלֶךָ:

וזאת הברכה

וְזֹאת הַבְּרָכָה אֲשֶׁר בֵּרַךְ מֹשֶׁה אִישׁ הָאֱלֹהִים אֶת־בְּנֵי יִשְׂרָאֵל לִפְנֵי מוֹתוֹ: דברים לג, א–יז
וַיֹּאמַר יהוה מִסִּינַי בָּא וְזָרַח מִשֵּׂעִיר לָמוֹ הוֹפִיעַ מֵהַר פָּארָן וְאָתָה מֵרִבְבֹת
אֵשׁ דָּת קֹדֶשׁ מִימִינוֹ אֵשְׁדָּת לָמוֹ: אַף חֹבֵב עַמִּים כָּל־קְדֹשָׁיו בְּיָדֶךָ וְהֵם תֻּכּוּ לְרַגְלֶךָ
יִשָּׂא מִדַּבְּרֹתֶיךָ: תּוֹרָה צִוָּה־לָנוּ מֹשֶׁה מוֹרָשָׁה קְהִלַּת יַעֲקֹב: וַיְהִי בִישֻׁרוּן
מֶלֶךְ בְּהִתְאַסֵּף רָאשֵׁי עָם יַחַד שִׁבְטֵי יִשְׂרָאֵל: יְחִי רְאוּבֵן וְאַל־יָמֹת וִיהִי מְתָיו
מִסְפָּר: וְזֹאת לִיהוּדָה וַיֹּאמַר שְׁמַע יהוה קוֹל יְהוּדָה וְאֶל־עַמּוֹ
תְּבִיאֶנּוּ יָדָיו רָב לוֹ וְעֵזֶר מִצָּרָיו תִּהְיֶה:
לוי וּלְלֵוִי אָמַר תֻּמֶּיךָ וְאוּרֶיךָ לְאִישׁ חֲסִידֶךָ אֲשֶׁר נִסִּיתוֹ בְּמַסָּה תְּרִיבֵהוּ עַל־מֵי
מְרִיבָה: הָאֹמֵר לְאָבִיו וּלְאִמּוֹ לֹא רְאִיתִיו וְאֶת־אֶחָיו לֹא הִכִּיר וְאֶת־בָּנָו לֹא
יָדָע כִּי שָׁמְרוּ אִמְרָתֶךָ וּבְרִיתְךָ יִנְצֹרוּ: יוֹרוּ מִשְׁפָּטֶיךָ לְיַעֲקֹב וְתוֹרָתְךָ לְיִשְׂרָאֵל
יָשִׂימוּ קְטוֹרָה בְּאַפֶּךָ וְכָלִיל עַל־מִזְבְּחֶךָ: בָּרֵךְ יהוה חֵילוֹ וּפֹעַל יָדָיו תִּרְצֶה
מְחַץ מָתְנַיִם קָמָיו וּמְשַׂנְאָיו מִן־יְקוּמוּן: לְבִנְיָמִן אָמַר יְדִיד יהוה
ישראל יִשְׁכֹּן לָבֶטַח עָלָיו חֹפֵף עָלָיו כָּל־הַיּוֹם וּבֵין כְּתֵפָיו שָׁכֵן: *וּלְיוֹסֵף
אָמַר מְבֹרֶכֶת יהוה אַרְצוֹ מִמֶּגֶד שָׁמַיִם מִטָּל וּמִתְּהוֹם רֹבֶצֶת תָּחַת: וּמִמֶּגֶד
תְּבוּאֹת שָׁמֶשׁ וּמִמֶּגֶד גֶּרֶשׁ יְרָחִים: וּמֵרֹאשׁ הַרְרֵי־קֶדֶם וּמִמֶּגֶד גִּבְעוֹת עוֹלָם:
וּמִמֶּגֶד אֶרֶץ וּמְלֹאָהּ וּרְצוֹן שֹׁכְנִי סְנֶה תָּבוֹאתָה לְרֹאשׁ יוֹסֵף וּלְקָדְקֹד נְזִיר
אֶחָיו: בְּכוֹר שׁוֹרוֹ הָדָר לוֹ וְקַרְנֵי רְאֵם קַרְנָיו בָּהֶם עַמִּים יְנַגַּח יַחְדָּו אַפְסֵי־
אָרֶץ וְהֵם רִבְבוֹת אֶפְרַיִם וְהֵם אַלְפֵי מְנַשֶּׁה:

קריאת התורה לראש חודש, לתעניות ציבור, לחנוכה ולפורים

קריאה לראש חודש

בראש חודש המנהג המקובל הוא לקרוא לכוהן שלושה פסוקים, עד 'עֹלַת תָּמִיד', ללוי לחזור על הפסוק שלפניו, 'וְאָמַרְתָּ לָהֶם', ולהמשיך לקרוא עד 'רְבִיעִת הַהִין', ולשלישי ולרביעי כמצוין בפנים.

בראש חודש טבת (ו וטו״ב) קוראים לכוהן עד 'רְבִיעִת הַהִין', ללוי את הקריאה לשלישי, לשלישי את הקריאה לרביעי, ולרביעי את הקריאה לחנוכה המתאימה לאותו יום, בעמ' 812.

במדבר כח, א–טו וַיְדַבֵּר יְהוָה אֶל־מֹשֶׁה לֵּאמֹר: צַו אֶת־בְּנֵי יִשְׂרָאֵל וְאָמַרְתָּ אֲלֵהֶם אֶת־
לוי קָרְבָּנִי לַחְמִי לְאִשַּׁי רֵיחַ נִיחֹחִי תִּשְׁמְרוּ לְהַקְרִיב לִי בְּמוֹעֲדוֹ: *וְאָמַרְתָּ
לָהֶם זֶה הָאִשֶּׁה אֲשֶׁר תַּקְרִיבוּ לַיהוָה כְּבָשִׂים בְּנֵי־שָׁנָה תְמִימִם שְׁנַיִם לַיּוֹם
עד כאן לכוהן עֹלָה תָמִיד:* אֶת־הַכֶּבֶשׂ אֶחָד תַּעֲשֶׂה בַבֹּקֶר וְאֵת הַכֶּבֶשׂ הַשֵּׁנִי תַּעֲשֶׂה
בֵּין הָעַרְבָּיִם: וַעֲשִׂירִית הָאֵיפָה סֹלֶת לְמִנְחָה בְּלוּלָה בְּשֶׁמֶן כָּתִית רְבִיעִת
שלישי הַהִין: *עֹלַת תָּמִיד הָעֲשֻׂיָה בְּהַר סִינַי לְרֵיחַ נִיחֹחַ אִשֶּׁה לַיהוָה: וְנִסְכּוֹ
רְבִיעִת הַהִין לַכֶּבֶשׂ הָאֶחָד בַּקֹּדֶשׁ הַסֵּךְ נֶסֶךְ שֵׁכָר לַיהוָה: וְאֵת הַכֶּבֶשׂ
הַשֵּׁנִי תַּעֲשֶׂה בֵּין הָעַרְבָּיִם כְּמִנְחַת הַבֹּקֶר וּכְנִסְכּוֹ תַּעֲשֶׂה אִשֵּׁה רֵיחַ נִיחֹחַ
לַיהוָה:

וּבְיוֹם הַשַּׁבָּת שְׁנֵי־כְבָשִׂים בְּנֵי־שָׁנָה תְּמִימִם וּשְׁנֵי עֶשְׂרֹנִים סֹלֶת מִנְחָה בְּלוּלָה
בַשֶּׁמֶן וְנִסְכּוֹ: עֹלַת שַׁבַּת בְּשַׁבַּתּוֹ עַל־עֹלַת הַתָּמִיד וְנִסְכָּהּ:

רביעי וּבְרָאשֵׁי חָדְשֵׁיכֶם תַּקְרִיבוּ עֹלָה לַיהוָה פָּרִים בְּנֵי־בָקָר שְׁנַיִם וְאַיִל אֶחָד
כְּבָשִׂים בְּנֵי־שָׁנָה שִׁבְעָה תְּמִימִם: וּשְׁלֹשָׁה עֶשְׂרֹנִים סֹלֶת מִנְחָה בְּלוּלָה
בַשֶּׁמֶן לַפָּר הָאֶחָד וּשְׁנֵי עֶשְׂרֹנִים סֹלֶת מִנְחָה בְּלוּלָה בַשֶּׁמֶן לָאַיִל הָאֶחָד:
וְעִשָּׂרֹן עִשָּׂרוֹן סֹלֶת מִנְחָה בְּלוּלָה בַשֶּׁמֶן לַכֶּבֶשׂ הָאֶחָד עֹלָה רֵיחַ נִיחֹחַ
אִשֶּׁה לַיהוָה: וְנִסְכֵּיהֶם חֲצִי הַהִין יִהְיֶה לַפָּר וּשְׁלִישִׁת הַהִין לָאַיִל וּרְבִיעִת
הַהִין לַכֶּבֶשׂ יָיִן זֹאת עֹלַת חֹדֶשׁ בְּחָדְשׁוֹ לְחָדְשֵׁי הַשָּׁנָה: וּשְׂעִיר עִזִּים אֶחָד
לְחַטָּאת לַיהוָה עַל־עֹלַת הַתָּמִיד יֵעָשֶׂה וְנִסְכּוֹ:

קריאה לתענית ציבור

קוראים פרשה זו, המדברת על מחילת עוון העגל, בתענית ציבור בשחרית ובמנחה,
וכן במנחה לתשעה באב. בתפילת המנחה השלישי קורא גם את ההפטרה.

נוהגים שהקהל קורא בקול רם את קטעי התחנונים שבקריאה: ׳שׁוּב מֵחֲרוֹן
אַפֶּךָ וְהִנָּחֵם עַל־הָרָעָה לְעַמֶּךָ׳; שלוש עשרה מידות הרחמים; ׳וְסָלַחְתָּ
לַעֲוֹנֵנוּ וּלְחַטָּאתֵנוּ וּנְחַלְתָּנוּ׳, ובעל הקריאה חוזר אחריהם.

שמות לב, יא–יד וַיְחַל מֹשֶׁה אֶת־פְּנֵי יהוה אֱלֹהָיו וַיֹּאמֶר לָמָה יהוה יֶחֱרֶה אַפְּךָ בְּעַמֶּךָ אֲשֶׁר
הוֹצֵאתָ מֵאֶרֶץ מִצְרַיִם בְּכֹחַ גָּדוֹל וּבְיָד חֲזָקָה: לָמָּה יֹאמְרוּ מִצְרַיִם לֵאמֹר
בְּרָעָה הוֹצִיאָם לַהֲרֹג אֹתָם בֶּהָרִים וּלְכַלֹּתָם מֵעַל פְּנֵי הָאֲדָמָה שׁוּב מֵחֲרוֹן
אַפֶּךָ וְהִנָּחֵם עַל־הָרָעָה לְעַמֶּךָ: זְכֹר לְאַבְרָהָם לְיִצְחָק וּלְיִשְׂרָאֵל עֲבָדֶיךָ
אֲשֶׁר נִשְׁבַּעְתָּ לָהֶם בָּךְ וַתְּדַבֵּר אֲלֵהֶם אַרְבֶּה אֶת־זַרְעֲכֶם כְּכוֹכְבֵי הַשָּׁמָיִם
וְכָל־הָאָרֶץ הַזֹּאת אֲשֶׁר אָמַרְתִּי אֶתֵּן לְזַרְעֲכֶם וְנָחֲלוּ לְעֹלָם: וַיִּנָּחֶם יהוה
עַל־הָרָעָה אֲשֶׁר דִּבֶּר לַעֲשׂוֹת לְעַמּוֹ:

שמות לד, א–י
לוי וַיֹּאמֶר יהוה אֶל־מֹשֶׁה פְּסָל־לְךָ שְׁנֵי־לֻחֹת אֲבָנִים כָּרִאשֹׁנִים וְכָתַבְתִּי עַל־
הַלֻּחֹת אֶת־הַדְּבָרִים אֲשֶׁר הָיוּ עַל־הַלֻּחֹת הָרִאשֹׁנִים אֲשֶׁר שִׁבַּרְתָּ: וֶהְיֵה נָכוֹן
לַבֹּקֶר וְעָלִיתָ בַבֹּקֶר אֶל־הַר סִינַי וְנִצַּבְתָּ לִי שָׁם עַל־רֹאשׁ הָהָר: וְאִישׁ לֹא־
יַעֲלֶה עִמָּךְ וְגַם־אִישׁ אַל־יֵרָא בְּכָל־הָהָר גַּם־הַצֹּאן וְהַבָּקָר אַל־יִרְעוּ אֶל־מוּל
ישראל הָהָר הַהוּא: *וַיִּפְסֹל שְׁנֵי־לֻחֹת אֲבָנִים כָּרִאשֹׁנִים וַיַּשְׁכֵּם מֹשֶׁה בַבֹּקֶר וַיַּעַל
אֶל־הַר סִינַי כַּאֲשֶׁר צִוָּה יהוה אֹתוֹ וַיִּקַּח בְּיָדוֹ שְׁנֵי לֻחֹת אֲבָנִים: וַיֵּרֶד יהוה
בֶּעָנָן וַיִּתְיַצֵּב עִמּוֹ שָׁם וַיִּקְרָא בְשֵׁם יהוה: וַיַּעֲבֹר יהוה ׀ עַל־פָּנָיו וַיִּקְרָא יהוה ׀
יהוה אֵל רַחוּם וְחַנּוּן אֶרֶךְ אַפַּיִם וְרַב־חֶסֶד וֶאֱמֶת: נֹצֵר חֶסֶד לָאֲלָפִים נֹשֵׂא
עָוֺן וָפֶשַׁע וְחַטָּאָה וְנַקֵּה לֹא יְנַקֶּה פֹּקֵד ׀ עֲוֺן אָבוֹת עַל־בָּנִים וְעַל־בְּנֵי בָנִים
עַל־שִׁלֵּשִׁים וְעַל־רִבֵּעִים: וַיְמַהֵר מֹשֶׁה וַיִּקֹּד אַרְצָה וַיִּשְׁתָּחוּ: וַיֹּאמֶר אִם־נָא
מָצָאתִי חֵן בְּעֵינֶיךָ אֲדֹנָי יֵלֶךְ־נָא אֲדֹנָי בְּקִרְבֵּנוּ כִּי עַם־קְשֵׁה־עֹרֶף הוּא וְסָלַחְתָּ
לַעֲוֺנֵנוּ וּלְחַטָּאתֵנוּ וּנְחַלְתָּנוּ: וַיֹּאמֶר הִנֵּה אָנֹכִי כֹּרֵת בְּרִית נֶגֶד כָּל־עַמְּךָ
אֶעֱשֶׂה נִפְלָאֹת אֲשֶׁר לֹא־נִבְרְאוּ בְכָל־הָאָרֶץ וּבְכָל־הַגּוֹיִם וְרָאָה כָל־הָעָם
אֲשֶׁר־אַתָּה בְקִרְבּוֹ אֶת־מַעֲשֵׂה יהוה כִּי־נוֹרָא הוּא אֲשֶׁר אֲנִי עֹשֶׂה עִמָּךְ:

הפטרה לתענית ציבור

לפני ההפטרה קוראים את הברכה בעמ׳ 387.

ישעיה נה, ו–נו, ח דִּרְשׁוּ יהוה בְּהִמָּצְאוֹ קְרָאֻהוּ בִּהְיוֹתוֹ קָרוֹב: יַעֲזֹב רָשָׁע דַּרְכּוֹ וְאִישׁ אָוֶן
מַחְשְׁבֹתָיו וְיָשֹׁב אֶל־יהוה וִירַחֲמֵהוּ וְאֶל־אֱלֹהֵינוּ כִּי־יַרְבֶּה לִסְלוֹחַ: כִּי לֹא

מַחְשְׁבוֹתַי מַחְשְׁבוֹתֵיכֶם וְלֹא דַרְכֵיכֶם דְּרָכָי נְאֻם יהוה: כִּי־גָבְהוּ שָׁמַיִם
מֵאָרֶץ כֵּן גָּבְהוּ דְרָכַי מִדַּרְכֵיכֶם וּמַחְשְׁבֹתַי מִמַּחְשְׁבֹתֵיכֶם: כִּי כַּאֲשֶׁר יֵרֵד
הַגֶּשֶׁם וְהַשֶּׁלֶג מִן־הַשָּׁמַיִם וְשָׁמָּה לֹא יָשׁוּב כִּי אִם־הִרְוָה אֶת־הָאָרֶץ וְהוֹלִידָהּ
וְהִצְמִיחָהּ וְנָתַן זֶרַע לַזֹּרֵעַ וְלֶחֶם לָאֹכֵל: כֵּן יִהְיֶה דְבָרִי אֲשֶׁר יֵצֵא מִפִּי לֹא־
יָשׁוּב אֵלַי רֵיקָם כִּי אִם־עָשָׂה אֶת־אֲשֶׁר חָפַצְתִּי וְהִצְלִיחַ אֲשֶׁר שְׁלַחְתִּיו:
כִּי־בְשִׂמְחָה תֵצֵאוּ וּבְשָׁלוֹם תּוּבָלוּן הֶהָרִים וְהַגְּבָעוֹת יִפְצְחוּ לִפְנֵיכֶם רִנָּה
וְכָל־עֲצֵי הַשָּׂדֶה יִמְחֲאוּ־כָף: תַּחַת הַנַּעֲצוּץ יַעֲלֶה בְרוֹשׁ תחת הַסִּרְפַּד יַעֲלֶה וְתַחַת
הֲדַס וְהָיָה לַיהוה לְשֵׁם לְאוֹת עוֹלָם לֹא יִכָּרֵת: כֹּה אָמַר יהוה
שִׁמְרוּ מִשְׁפָּט וַעֲשׂוּ צְדָקָה כִּי־קְרוֹבָה יְשׁוּעָתִי לָבוֹא וְצִדְקָתִי לְהִגָּלוֹת: אַשְׁרֵי
אֱנוֹשׁ יַעֲשֶׂה־זֹּאת וּבֶן־אָדָם יַחֲזִיק בָּהּ שֹׁמֵר שַׁבָּת מֵחַלְּלוֹ וְשֹׁמֵר יָדוֹ מֵעֲשׂוֹת
כָּל־רָע: וְאַל־יֹאמַר בֶּן־הַנֵּכָר הַנִּלְוָה אֶל־יהוה לֵאמֹר הַבְדֵּל יַבְדִּילַנִי יהוה
מֵעַל עַמּוֹ וְאַל־יֹאמַר הַסָּרִיס הֵן אֲנִי עֵץ יָבֵשׁ: כִּי־כֹה | אָמַר
יהוה לַסָּרִיסִים אֲשֶׁר יִשְׁמְרוּ אֶת־שַׁבְּתוֹתַי וּבָחֲרוּ בַּאֲשֶׁר חָפָצְתִּי וּמַחֲזִיקִים
בִּבְרִיתִי: וְנָתַתִּי לָהֶם בְּבֵיתִי וּבְחוֹמֹתַי יָד וָשֵׁם טוֹב מִבָּנִים וּמִבָּנוֹת שֵׁם עוֹלָם
אֶתֶּן־לוֹ אֲשֶׁר לֹא יִכָּרֵת: וּבְנֵי הַנֵּכָר הַנִּלְוִים עַל־יהוה לְשָׁרְתוֹ
וּלְאַהֲבָה אֶת־שֵׁם יהוה לִהְיוֹת לוֹ לַעֲבָדִים כָּל־שֹׁמֵר שַׁבָּת מֵחַלְּלוֹ וּמַחֲזִיקִים
בִּבְרִיתִי: וַהֲבִיאוֹתִים אֶל־הַר קָדְשִׁי וְשִׂמַּחְתִּים בְּבֵית תְּפִלָּתִי עוֹלֹתֵיהֶם
וְזִבְחֵיהֶם לְרָצוֹן עַל־מִזְבְּחִי כִּי בֵיתִי בֵּית־תְּפִלָּה יִקָּרֵא לְכָל־הָעַמִּים: נְאֻם
אֲדֹנָי יֱהוִה מְקַבֵּץ נִדְחֵי יִשְׂרָאֵל עוֹד אֲקַבֵּץ עָלָיו לְנִקְבָּצָיו:

אחרי ההפטרה קוראים את שלוש הברכות הראשונות בעמ׳ 387 עד ׳מָגֵן דָּוִד׳.

קריאה לתשעה באב

בשחרית קוראים פרשה זו, המדברת על החורבן והגלות שיבואו אם לא ישמרו ישראל את התורה. העולה השלישי לתורה הוא גם המפטיר. במנחה קוראים כבשאר תעניות הציבור.

כִּי־תוֹלִיד בָּנִים וּבְנֵי בָנִים וְנוֹשַׁנְתֶּם בָּאָרֶץ וְהִשְׁחַתֶּם וַעֲשִׂיתֶם פֶּסֶל תְּמוּנַת דברים ד,כה–מ
כֹּל וַעֲשִׂיתֶם הָרַע בְּעֵינֵי־יהוה אֱלֹהֶיךָ לְהַכְעִיסוֹ: הַעִידֹתִי בָכֶם הַיּוֹם אֶת־
הַשָּׁמַיִם וְאֶת־הָאָרֶץ כִּי־אָבֹד תֹּאבֵדוּן מַהֵר מֵעַל הָאָרֶץ אֲשֶׁר אַתֶּם עֹבְרִים
אֶת־הַיַּרְדֵּן שָׁמָּה לְרִשְׁתָּהּ לֹא־תַאֲרִיכֻן יָמִים עָלֶיהָ כִּי הִשָּׁמֵד תִּשָּׁמֵדוּן: וְהֵפִיץ
יהוה אֶתְכֶם בָּעַמִּים וְנִשְׁאַרְתֶּם מְתֵי מִסְפָּר בַּגּוֹיִם אֲשֶׁר יְנַהֵג יהוה אֶתְכֶם
שָׁמָּה: וַעֲבַדְתֶּם־שָׁם אֱלֹהִים מַעֲשֵׂה יְדֵי אָדָם עֵץ וָאֶבֶן אֲשֶׁר לֹא־יִרְאוּן וְלֹא

יִשְׁמְעוּן וְלֹא יֹאכְלוּן וְלֹא יְרִיחֻן: וּבִקַּשְׁתֶּם מִשָּׁם אֶת־יְהוָה אֱלֹהֶיךָ וּמָצָאתָ
לוי כִּי תִדְרְשֶׁנּוּ בְּכָל־לְבָבְךָ וּבְכָל־נַפְשֶׁךָ: *בַּצַּר לְךָ וּמְצָאוּךָ כֹּל הַדְּבָרִים הָאֵלֶּה
בְּאַחֲרִית הַיָּמִים וְשַׁבְתָּ עַד־יְהוָה אֱלֹהֶיךָ וְשָׁמַעְתָּ בְּקֹלוֹ: כִּי אֵל רַחוּם יְהוָה
אֱלֹהֶיךָ לֹא יַרְפְּךָ וְלֹא יַשְׁחִיתֶךָ וְלֹא יִשְׁכַּח אֶת־בְּרִית אֲבֹתֶיךָ אֲשֶׁר נִשְׁבַּע
לָהֶם: כִּי שְׁאַל־נָא לְיָמִים רִאשֹׁנִים אֲשֶׁר־הָיוּ לְפָנֶיךָ לְמִן־הַיּוֹם אֲשֶׁר בָּרָא
אֱלֹהִים ׀ אָדָם עַל־הָאָרֶץ וּלְמִקְצֵה הַשָּׁמַיִם וְעַד־קְצֵה הַשָּׁמָיִם הֲנִהְיָה כַּדָּבָר
הַגָּדוֹל הַזֶּה אוֹ הֲנִשְׁמַע כָּמֹהוּ: הֲשָׁמַע עָם קוֹל אֱלֹהִים מְדַבֵּר מִתּוֹךְ־הָאֵשׁ
כַּאֲשֶׁר־שָׁמַעְתָּ אַתָּה וַיֶּחִי: אוֹ ׀ הֲנִסָּה אֱלֹהִים לָבוֹא לָקַחַת לוֹ גוֹי מִקֶּרֶב גּוֹי
בְּמַסֹּת בְּאֹתֹת וּבְמוֹפְתִים וּבְמִלְחָמָה וּבְיָד חֲזָקָה וּבִזְרוֹעַ נְטוּיָה וּבְמוֹרָאִים
גְּדֹלִים כְּכֹל אֲשֶׁר־עָשָׂה לָכֶם יְהוָה אֱלֹהֵיכֶם בְּמִצְרַיִם לְעֵינֶיךָ: אַתָּה הָרְאֵתָ
ישראל לָדַעַת כִּי יְהוָה הוּא הָאֱלֹהִים אֵין עוֹד מִלְּבַדּוֹ: *מִן־הַשָּׁמַיִם הִשְׁמִיעֲךָ אֶת־
קֹלוֹ לְיַסְּרֶךָּ וְעַל־הָאָרֶץ הֶרְאֲךָ אֶת־אִשּׁוֹ הַגְּדוֹלָה וּדְבָרָיו שָׁמַעְתָּ מִתּוֹךְ
הָאֵשׁ: וְתַחַת כִּי אָהַב אֶת־אֲבֹתֶיךָ וַיִּבְחַר בְּזַרְעוֹ אַחֲרָיו וַיּוֹצִאֲךָ בְּפָנָיו בְּכֹחוֹ
הַגָּדֹל מִמִּצְרָיִם: לְהוֹרִישׁ גּוֹיִם גְּדֹלִים וַעֲצֻמִים מִמְּךָ מִפָּנֶיךָ לַהֲבִיאֲךָ לָתֶת־לְךָ
אֶת־אַרְצָם נַחֲלָה כַּיּוֹם הַזֶּה: וְיָדַעְתָּ הַיּוֹם וַהֲשֵׁבֹתָ אֶל־לְבָבֶךָ כִּי יְהוָה הוּא
הָאֱלֹהִים בַּשָּׁמַיִם מִמַּעַל וְעַל־הָאָרֶץ מִתָּחַת אֵין עוֹד: וְשָׁמַרְתָּ אֶת־חֻקָּיו וְאֶת־
מִצְוֺתָיו אֲשֶׁר אָנֹכִי מְצַוְּךָ הַיּוֹם אֲשֶׁר יִיטַב לְךָ וּלְבָנֶיךָ אַחֲרֶיךָ וּלְמַעַן תַּאֲרִיךְ
יָמִים עַל־הָאֲדָמָה אֲשֶׁר יְהוָה אֱלֹהֶיךָ נֹתֵן לְךָ כָּל־הַיָּמִים:

הפטרה לתשעה באב

לפני ההפטרה קוראים את הברכה בעמ׳ 387.

ירמיה ח,יג–ט,כג אָסֹף אֲסִיפֵם נְאֻם־יְהוָה אֵין עֲנָבִים בַּגֶּפֶן וְאֵין תְּאֵנִים בַּתְּאֵנָה וְהֶעָלֶה נָבֵל
וָאֶתֵּן לָהֶם יַעַבְרוּם: עַל־מָה אֲנַחְנוּ יֹשְׁבִים הֵאָסְפוּ וְנָבוֹא אֶל־עָרֵי הַמִּבְצָר
וְנִדְּמָה־שָּׁם כִּי יְהוָה אֱלֹהֵינוּ הֲדִמָּנוּ וַיַּשְׁקֵנוּ מֵי־רֹאשׁ כִּי חָטָאנוּ לַיהוָה: קַוֵּה
לְשָׁלוֹם וְאֵין טוֹב לְעֵת מַרְפֵּה וְהִנֵּה בְעָתָה: מִדָּן נִשְׁמַע נַחְרַת סוּסָיו מִקּוֹל
מִצְהֲלוֹת אַבִּירָיו רָעֲשָׁה כָּל־הָאָרֶץ וַיָּבוֹאוּ וַיֹּאכְלוּ אֶרֶץ וּמְלוֹאָהּ עִיר וְיֹשְׁבֵי
בָהּ: כִּי הִנְנִי מְשַׁלֵּחַ בָּכֶם נְחָשִׁים צִפְעֹנִים אֲשֶׁר אֵין־לָהֶם לָחַשׁ וְנִשְּׁכוּ אֶתְכֶם
נְאֻם־יְהוָה: מַבְלִיגִיתִי עֲלֵי יָגוֹן עָלַי לִבִּי דַוָּי: הִנֵּה־קוֹל שַׁוְעַת
בַּת־עַמִּי מֵאֶרֶץ מַרְחַקִּים הַיהוָה אֵין בְּצִיּוֹן אִם־מַלְכָּהּ אֵין בָּהּ מַדּוּעַ הִכְעִסוּנִי
בִּפְסִלֵיהֶם בְּהַבְלֵי נֵכָר: עָבַר קָצִיר כָּלָה קָיִץ וַאֲנַחְנוּ לוֹא נוֹשָׁעְנוּ: עַל־שֶׁבֶר

בַּת־עַמִּי הָשְׁבָּרְתִּי קָדַרְתִּי שַׁמָּה הֶחֱזִקָתְנִי׃ הַצֳרִי אֵין בְּגִלְעָד אִם־רֹפֵא אֵין
שָׁם כִּי מַדּוּעַ לֹא עָלְתָה אֲרֻכַת בַּת־עַמִּי׃ מִי־יִתֵּן רֹאשִׁי מַיִם וְעֵינִי
מְקוֹר דִּמְעָה וְאֶבְכֶּה יוֹמָם וָלַיְלָה אֵת חַלְלֵי בַת־עַמִּי׃ מִי־יִתְּנֵנִי בַמִּדְבָּר מְלוֹן
אֹרְחִים וְאֶעֶזְבָה אֶת־עַמִּי וְאֵלְכָה מֵאִתָּם כִּי כֻלָּם מְנָאֲפִים עֲצֶרֶת בֹּגְדִים׃
וַיַּדְרְכוּ אֶת־לְשׁוֹנָם קַשְׁתָּם שֶׁקֶר וְלֹא לֶאֱמוּנָה גָּבְרוּ בָאָרֶץ כִּי מֵרָעָה אֶל־
רָעָה ׀ יָצָאוּ וְאֹתִי לֹא־יָדָעוּ נְאֻם־יְהוָה׃ אִישׁ מֵרֵעֵהוּ הִשָּׁמֵרוּ וְעַל־כָּל־אָח
אַל־תִּבְטָחוּ כִּי כָל־אָח עָקוֹב יַעְקֹב וְכָל־רֵעַ רָכִיל יַהֲלֹךְ׃ וְאִישׁ בְּרֵעֵהוּ יְהָתֵלּוּ
וֶאֱמֶת לֹא יְדַבֵּרוּ לִמְּדוּ לְשׁוֹנָם דַּבֶּר־שֶׁקֶר הַעֲוֵה נִלְאוּ׃ שִׁבְתְּךָ בְּתוֹךְ מִרְמָה
בְּמִרְמָה מֵאֲנוּ דַעַת־אוֹתִי נְאֻם־יְהוָה׃ לָכֵן כֹּה אָמַר יְהוָה צְבָאוֹת
הִנְנִי צוֹרְפָם וּבְחַנְתִּים כִּי־אֵיךְ אֶעֱשֶׂה מִפְּנֵי בַּת־עַמִּי׃ חֵץ שׁוחֵט לְשׁוֹנָם מִרְמָה שָׁחוּט
דִבֵּר בְּפִיו שָׁלוֹם אֶת־רֵעֵהוּ יְדַבֵּר וּבְקִרְבּוֹ יָשִׂים אָרְבּוֹ׃ הַעַל־אֵלֶּה לֹא־אֶפְקָד־
בָּם נְאֻם־יְהוָה אִם בְּגוֹי אֲשֶׁר־כָּזֶה לֹא תִתְנַקֵּם נַפְשִׁי׃ עַל־הֶהָרִים
אֶשָּׂא בְכִי וָנֶהִי וְעַל־נְאוֹת מִדְבָּר קִינָה כִּי נִצְּתוּ מִבְּלִי־אִישׁ עֹבֵר וְלֹא שָׁמְעוּ
קוֹל מִקְנֶה מֵעוֹף הַשָּׁמַיִם וְעַד־בְּהֵמָה נָדְדוּ הָלָכוּ׃ וְנָתַתִּי אֶת־יְרוּשָׁלִַם
לְגַלִּים מְעוֹן תַּנִּים וְאֶת־עָרֵי יְהוּדָה אֶתֵּן שְׁמָמָה מִבְּלִי יוֹשֵׁב׃ מִי־
הָאִישׁ הֶחָכָם וְיָבֵן אֶת־זֹאת וַאֲשֶׁר דִּבֶּר פִּי־יְהוָה אֵלָיו וְיַגִּדָהּ עַל־מָה אָבְדָה
הָאָרֶץ נִצְּתָה כַמִּדְבָּר מִבְּלִי עֹבֵר׃ וַיֹּאמֶר יְהוָה עַל־עָזְבָם
אֶת־תּוֹרָתִי אֲשֶׁר נָתַתִּי לִפְנֵיהֶם וְלֹא־שָׁמְעוּ בְקוֹלִי וְלֹא־הָלְכוּ בָהּ׃ וַיֵּלְכוּ
אַחֲרֵי שְׁרִרוּת לִבָּם וְאַחֲרֵי הַבְּעָלִים אֲשֶׁר לִמְּדוּם אֲבוֹתָם׃ לָכֵן
כֹּה־אָמַר יְהוָה צְבָאוֹת אֱלֹהֵי יִשְׂרָאֵל הִנְנִי מַאֲכִילָם אֶת־הָעָם הַזֶּה לַעֲנָה
וְהִשְׁקִיתִים מֵי־רֹאשׁ׃ וַהֲפִצוֹתִים בַּגּוֹיִם אֲשֶׁר לֹא יָדְעוּ הֵמָּה וַאֲבוֹתָם וְשִׁלַּחְתִּי
אַחֲרֵיהֶם אֶת־הַחֶרֶב עַד כַּלּוֹתִי אוֹתָם׃ כֹּה אָמַר יְהוָה צְבָאוֹת
הִתְבּוֹנְנוּ וְקִרְאוּ לַמְקוֹנְנוֹת וּתְבוֹאֶינָה וְאֶל־הַחֲכָמוֹת שִׁלְחוּ וְתָבוֹאנָה׃
וּתְמַהֵרְנָה וְתִשֶּׂנָה עָלֵינוּ נֶהִי וְתֵרַדְנָה עֵינֵינוּ דִּמְעָה וְעַפְעַפֵּינוּ יִזְּלוּ־מָיִם׃
כִּי קוֹל נְהִי נִשְׁמַע מִצִּיּוֹן אֵיךְ שֻׁדָּדְנוּ בֹּשְׁנוּ מְאֹד כִּי־עָזַבְנוּ אָרֶץ כִּי הִשְׁלִיכוּ
מִשְׁכְּנוֹתֵינוּ׃ כִּי־שְׁמַעְנָה נָשִׁים דְּבַר־יְהוָה וְתִקַּח אָזְנְכֶם דְּבַר־
פִּיו וְלַמֵּדְנָה בְנוֹתֵיכֶם נֶהִי וְאִשָּׁה רְעוּתָהּ קִינָה׃ כִּי־עָלָה מָוֶת בְּחַלּוֹנֵינוּ בָּא
בְּאַרְמְנוֹתֵינוּ לְהַכְרִית עוֹלָל מִחוּץ בַּחוּרִים מֵרְחֹבוֹת׃ דַּבֵּר כֹּה נְאֻם־יְהוָה
וְנָפְלָה נִבְלַת הָאָדָם כְּדֹמֶן עַל־פְּנֵי הַשָּׂדֶה וּכְעָמִיר מֵאַחֲרֵי הַקֹּצֵר וְאֵין
מְאַסֵּף׃ כֹּה ׀ אָמַר יְהוָה אַל־יִתְהַלֵּל חָכָם בְּחָכְמָתוֹ וְאַל־יִתְהַלֵּל

הַגִּבּוֹר בִּגְבוּרָתוֹ אַל־יִתְהַלֵּל עָשִׁיר בְּעָשְׁרוֹ: כִּי אִם־בְּזֹאת יִתְהַלֵּל הַמִּתְהַלֵּל הַשְׂכֵּל וְיָדֹעַ אוֹתִי כִּי אֲנִי יְהוָה עֹשֶׂה חֶסֶד מִשְׁפָּט וּצְדָקָה בָּאָרֶץ כִּי־בְאֵלֶּה חָפַצְתִּי נְאֻם־יְהוָה:

אחרי ההפטרה קוראים את שלוש הברכות הראשונות בעמ׳ 387 עד ׳מָגֵן דָּוִד׳.

קריאה לימי החנוכה, ופרשת הנשיאים לחודש ניסן

בשנים־עשר הימים הראשונים של חודש ניסן נהוג לקרוא לאחר התפילה (ברוב המנהגים בלא ספר תורה) את פרשת קורבנות הנשיאים שהקריבו בזמן חנוכת המשכן. בכל יום קוראים את היום המתאים לו, ובי״ג ניסן קוראים מתחילת פרשת ׳בהעלתך׳ עד ׳כֵּן עָשָׂה אֶת הַמְּנֹרָה׳.

על דרך הקבלה, נהגו לומר תפילה זו לאחר הקריאה:

יְהִי רָצוֹן מִלְּפָנֶיךָ יהוה אֱלֹהַי וֵאלֹהֵי אֲבוֹתַי, שֶׁתָּאִיר הַיּוֹם בְּחַסְדְּךָ הַגָּדוֹל עַל נִשְׁמָתִין קַדִּישִׁין דְּמִתְחַדְּשִׁין כְּצִפֳּרִים וּמְצַפְצְפִין וּמְשַׁבְּחִין וּמְצַלְּאִין עַל עַמָּא קַדִּישָׁא יִשְׂרָאֵל. רִבּוֹנוֹ שֶׁל עוֹלָם, תַּכְנִיס וּתְעַיֵּל הַנָּךְ צִיפָּרֵי קַדִּישֵׁי לְאֲתַר קַדִּישָׁא דְּאִתְּמַר עָלֶיהָ עַיִן לֹא רָאֲתָה אֱלֹהִים זוּלָתֶךָ. יְהִי רָצוֹן מִלְּפָנֶיךָ יהוה אֱלֹהַי וֵאלֹהֵי אֲבוֹתַי, שֶׁבְּאִם אֲנִי עַבְדְּךָ מִשֵּׁבֶט (פלוני) שֶׁקָּרָאתִי בְּתוֹרָתְךָ פָּרָשָׁה שֶׁל הַנָּשִׂיא הַיּוֹם, אֲזַי יָאִירוּ נָא עָלַי כָּל נִיצוֹצִין קַדִּישִׁין וְכָל הָאוֹרוֹת הַקְּדוֹשׁוֹת הַכְּלוּלוֹת בִּקְדֻשַּׁת זֶה הַשֵּׁבֶט, לְהָבִין וּלְהַשְׂכִּיל בְּתוֹרָתְךָ וּבְיִרְאָתְךָ לַעֲשׂוֹת רְצוֹנְךָ כָּל יְמֵי חַיַּי אֲנִי וְזַרְעִי וְזֶרַע זַרְעִי מֵעַתָּה וְעַד עוֹלָם, אָמֵן:

קריאה ליום הראשון של חנוכה

במדבר ו, כב – ז, יז וַיְדַבֵּר יְהוָה אֶל־מֹשֶׁה לֵּאמֹר: דַּבֵּר אֶל־אַהֲרֹן וְאֶל־בָּנָיו לֵאמֹר
כֹּה תְבָרְכוּ אֶת־בְּנֵי יִשְׂרָאֵל אָמוֹר לָהֶם: יְבָרֶכְךָ יְהוָה
וְיִשְׁמְרֶךָ: יָאֵר יְהוָה ׀ פָּנָיו אֵלֶיךָ וִיחֻנֶּךָּ: יִשָּׂא יְהוָה ׀
פָּנָיו אֵלֶיךָ וְיָשֵׂם לְךָ שָׁלוֹם: וְשָׂמוּ אֶת־שְׁמִי עַל־בְּנֵי יִשְׂרָאֵל וַאֲנִי
יש המתחילים: אֲבָרְכֵם: *וַיְהִי בְּיוֹם כַּלּוֹת מֹשֶׁה לְהָקִים אֶת־הַמִּשְׁכָּן וַיִּמְשַׁח
אֹתוֹ וַיְקַדֵּשׁ אֹתוֹ וְאֶת־כָּל־כֵּלָיו וְאֶת־הַמִּזְבֵּחַ וְאֶת־כָּל־כֵּלָיו וַיִּמְשָׁחֵם
וַיְקַדֵּשׁ אֹתָם: וַיַּקְרִיבוּ נְשִׂיאֵי יִשְׂרָאֵל רָאשֵׁי בֵּית אֲבֹתָם הֵם נְשִׂיאֵי
הַמַּטֹּת הֵם הָעֹמְדִים עַל־הַפְּקֻדִים: וַיָּבִיאוּ אֶת־קָרְבָּנָם לִפְנֵי יְהוָה שֵׁשׁ־
עֶגְלֹת צָב וּשְׁנֵי־עָשָׂר בָּקָר עֲגָלָה עַל־שְׁנֵי הַנְּשִׂאִים וְשׁוֹר לְאֶחָד וַיַּקְרִיבוּ
אוֹתָם לִפְנֵי הַמִּשְׁכָּן: וַיֹּאמֶר יְהוָה אֶל־מֹשֶׁה לֵּאמֹר: קַח מֵאִתָּם וְהָיוּ
לַעֲבֹד אֶת־עֲבֹדַת אֹהֶל מוֹעֵד וְנָתַתָּה אוֹתָם אֶל־הַלְוִיִּם אִישׁ כְּפִי עֲבֹדָתוֹ:

וַיִּקַּח מֹשֶׁה אֶת־הָעֲגָלֹת וְאֶת־הַבָּקָר וַיִּתֵּן אוֹתָם אֶל־הַלְוִיִּם: אֵת ׀ שְׁתֵּי
הָעֲגָלוֹת וְאֵת אַרְבַּעַת הַבָּקָר נָתַן לִבְנֵי גֵרְשׁוֹן כְּפִי עֲבֹדָתָם: וְאֵת ׀ אַרְבַּע
הָעֲגָלֹת וְאֵת שְׁמֹנַת הַבָּקָר נָתַן לִבְנֵי מְרָרִי כְּפִי עֲבֹדָתָם בְּיַד אִיתָמָר בֶּן־
אַהֲרֹן הַכֹּהֵן: וְלִבְנֵי קְהָת לֹא נָתָן כִּי־עֲבֹדַת הַקֹּדֶשׁ עֲלֵהֶם בַּכָּתֵף יִשָּׂאוּ:
וַיַּקְרִיבוּ הַנְּשִׂאִים אֵת חֲנֻכַּת הַמִּזְבֵּחַ בְּיוֹם הִמָּשַׁח אֹתוֹ וַיַּקְרִיבוּ הַנְּשִׂיאִם
אֶת־קָרְבָּנָם לִפְנֵי הַמִּזְבֵּחַ: וַיֹּאמֶר יהוה אֶל־מֹשֶׁה נָשִׂיא אֶחָד לַיּוֹם נָשִׂיא
אֶחָד לַיּוֹם יַקְרִיבוּ אֶת־קָרְבָּנָם לַחֲנֻכַּת הַמִּזְבֵּחַ: *וַיְהִי הַמַּקְרִיב לוי
בַּיּוֹם הָרִאשׁוֹן אֶת־קָרְבָּנוֹ נַחְשׁוֹן בֶּן־עַמִּינָדָב לְמַטֵּה יְהוּדָה: וְקָרְבָּנוֹ
קַעֲרַת־כֶּסֶף אַחַת שְׁלֹשִׁים וּמֵאָה מִשְׁקָלָהּ מִזְרָק אֶחָד כֶּסֶף שִׁבְעִים שֶׁקֶל
בְּשֶׁקֶל הַקֹּדֶשׁ שְׁנֵיהֶם ׀ מְלֵאִים סֹלֶת בְּלוּלָה בַשֶּׁמֶן לְמִנְחָה: כַּף אַחַת
עֲשָׂרָה זָהָב מְלֵאָה קְטֹרֶת: *פַּר אֶחָד בֶּן־בָּקָר אַיִל אֶחָד כֶּבֶשׂ־אֶחָד בֶּן־ ישראל
שְׁנָתוֹ לְעֹלָה: שְׂעִיר־עִזִּים אֶחָד לְחַטָּאת: וּלְזֶבַח הַשְּׁלָמִים בָּקָר שְׁנַיִם
אֵילִם חֲמִשָּׁה עַתּוּדִים חֲמִשָּׁה כְּבָשִׂים בְּנֵי־שָׁנָה חֲמִשָּׁה זֶה קָרְבַּן נַחְשׁוֹן
בֶּן־עַמִּינָדָב:

קריאה ליום השני של חנוכה

ברוב הקהילות בארץ ישראל השלישי חוזר וקורא את כל הפרשה, מ'בַּיּוֹם הַשֵּׁנִי' ועד 'נְתַנְאֵל בֶּן צוּעָר'. ובחוץ לארץ, השלישי קורא 'בַּיּוֹם הַשְּׁלִישִׁי'.

במדבר ז, יח–כג בַּיּוֹם הַשֵּׁנִי הִקְרִיב נְתַנְאֵל בֶּן־צוּעָר נְשִׂיא יִשָּׂשכָר: הִקְרִב אֶת־קָרְבָּנוֹ קַעֲרַת־
כֶּסֶף אַחַת שְׁלֹשִׁים וּמֵאָה מִשְׁקָלָהּ מִזְרָק אֶחָד כֶּסֶף שִׁבְעִים שֶׁקֶל בְּשֶׁקֶל
הַקֹּדֶשׁ שְׁנֵיהֶם ׀ מְלֵאִים סֹלֶת בְּלוּלָה בַשֶּׁמֶן לְמִנְחָה: כַּף אַחַת עֲשָׂרָה זָהָב
לוי מְלֵאָה קְטֹרֶת: *פַּר אֶחָד בֶּן־בָּקָר אַיִל אֶחָד כֶּבֶשׂ־אֶחָד בֶּן־שְׁנָתוֹ לְעֹלָה:
שְׂעִיר־עִזִּים אֶחָד לְחַטָּאת: וּלְזֶבַח הַשְּׁלָמִים בָּקָר שְׁנַיִם אֵילִם חֲמִשָּׁה עַתֻּדִים
חֲמִשָּׁה כְּבָשִׂים בְּנֵי־שָׁנָה חֲמִשָּׁה זֶה קָרְבַּן נְתַנְאֵל בֶּן־צוּעָר:

קריאה ליום השלישי של חנוכה

ברוב הקהילות בארץ ישראל השלישי חוזר וקורא את כל הפרשה, מ'בַּיּוֹם הַשְּׁלִישִׁי' ועד 'אֱלִיאָב בֶּן חֵלֹן'. ובחוץ לארץ, השלישי קורא 'בַּיּוֹם הָרְבִיעִי'.

במדבר ז, כד–כט בַּיּוֹם הַשְּׁלִישִׁי נָשִׂיא לִבְנֵי זְבוּלֻן אֱלִיאָב בֶּן־חֵלֹן: קָרְבָּנוֹ קַעֲרַת־כֶּסֶף אַחַת
שְׁלֹשִׁים וּמֵאָה מִשְׁקָלָהּ מִזְרָק אֶחָד כֶּסֶף שִׁבְעִים שֶׁקֶל בְּשֶׁקֶל הַקֹּדֶשׁ שְׁנֵיהֶם ׀
מְלֵאִים סֹלֶת בְּלוּלָה בַשֶּׁמֶן לְמִנְחָה: כַּף אַחַת עֲשָׂרָה זָהָב מְלֵאָה קְטֹרֶת:

לוי ⋆פַּר אֶחָד בֶּן־בָּקָר אַיִל אֶחָד כֶּבֶשׂ־אֶחָד בֶּן־שְׁנָתוֹ לְעֹלָה: שְׂעִיר־עִזִּים אֶחָד
לְחַטָּאת: וּלְזֶבַח הַשְּׁלָמִים בָּקָר שְׁנַיִם אֵילִם חֲמִשָּׁה עַתֻּדִים חֲמִשָּׁה כְּבָשִׂים
בְּנֵי־שָׁנָה חֲמִשָּׁה זֶה קָרְבַּן אֱלִיאָב בֶּן־חֵלֹן:

קריאה ליום הרביעי של חנוכה

ברוב הקהילות בארץ ישראל השלישי חוזר וקורא את כל הפרשה, מ׳בַּיּוֹם הָרְבִיעִי׳ ועד ׳אֱלִיצוּר בֶּן שְׁדֵיאוּר׳. ובחוץ לארץ, השלישי קורא ׳בַּיּוֹם הַחֲמִישִׁי׳.

במדבר ז,ל–לה בַּיּוֹם הָרְבִיעִי נָשִׂיא לִבְנֵי רְאוּבֵן אֱלִיצוּר בֶּן־שְׁדֵיאוּר: קָרְבָּנוֹ קַעֲרַת־כֶּסֶף
אַחַת שְׁלֹשִׁים וּמֵאָה מִשְׁקָלָהּ מִזְרָק אֶחָד כֶּסֶף שִׁבְעִים שֶׁקֶל בְּשֶׁקֶל הַקֹּדֶשׁ
שְׁנֵיהֶם ׀ מְלֵאִים סֹלֶת בְּלוּלָה בַשֶּׁמֶן לְמִנְחָה: כַּף אַחַת עֲשָׂרָה זָהָב מְלֵאָה
לוי קְטֹרֶת: ⋆פַּר אֶחָד בֶּן־בָּקָר אַיִל אֶחָד כֶּבֶשׂ־אֶחָד בֶּן־שְׁנָתוֹ לְעֹלָה: שְׂעִיר־
עִזִּים אֶחָד לְחַטָּאת: וּלְזֶבַח הַשְּׁלָמִים בָּקָר שְׁנַיִם אֵילִם חֲמִשָּׁה עַתֻּדִים
חֲמִשָּׁה כְּבָשִׂים בְּנֵי־שָׁנָה חֲמִשָּׁה זֶה קָרְבַּן אֱלִיצוּר בֶּן־שְׁדֵיאוּר:

קריאה ליום החמישי של חנוכה

ברוב הקהילות בארץ ישראל השלישי חוזר וקורא את כל הפרשה, מ׳בַּיּוֹם הַחֲמִישִׁי׳ ועד ׳שְׁלֻמִיאֵל בֶּן צוּרִישַׁדָּי׳. ובחוץ לארץ, השלישי קורא ׳בַּיּוֹם הַשִּׁשִּׁי׳.

במדבר ז,לו–מא בַּיּוֹם הַחֲמִישִׁי נָשִׂיא לִבְנֵי שִׁמְעוֹן שְׁלֻמִיאֵל בֶּן־צוּרִישַׁדָּי: קָרְבָּנוֹ קַעֲרַת־כֶּסֶף
אַחַת שְׁלֹשִׁים וּמֵאָה מִשְׁקָלָהּ מִזְרָק אֶחָד כֶּסֶף שִׁבְעִים שֶׁקֶל בְּשֶׁקֶל הַקֹּדֶשׁ
שְׁנֵיהֶם ׀ מְלֵאִים סֹלֶת בְּלוּלָה בַשֶּׁמֶן לְמִנְחָה: כַּף אַחַת עֲשָׂרָה זָהָב מְלֵאָה
לוי קְטֹרֶת: ⋆פַּר אֶחָד בֶּן־בָּקָר אַיִל אֶחָד כֶּבֶשׂ־אֶחָד בֶּן־שְׁנָתוֹ לְעֹלָה: שְׂעִיר־
עִזִּים אֶחָד לְחַטָּאת: וּלְזֶבַח הַשְּׁלָמִים בָּקָר שְׁנַיִם אֵילִם חֲמִשָּׁה עַתֻּדִים חֲמִשָּׁה
כְּבָשִׂים בְּנֵי־שָׁנָה חֲמִשָּׁה זֶה קָרְבַּן שְׁלֻמִיאֵל בֶּן־צוּרִישַׁדָּי:

קריאה ליום השישי של חנוכה

היום השישי לחנוכה הוא ראש חודש טבת. מוציאים שני ספרי תורה מארון הקודש, קוראים לשלושה עולים את קריאת ראש חודש (עמ׳ 805), ולרביעי קוראים מהספר השני ׳בַּיּוֹם הַשִּׁשִּׁי׳.

במדבר ז,מב–מז בַּיּוֹם הַשִּׁשִּׁי נָשִׂיא לִבְנֵי גָד אֶלְיָסָף בֶּן־דְּעוּאֵל: קָרְבָּנוֹ קַעֲרַת־כֶּסֶף אַחַת
שְׁלֹשִׁים וּמֵאָה מִשְׁקָלָהּ מִזְרָק אֶחָד כֶּסֶף שִׁבְעִים שֶׁקֶל בְּשֶׁקֶל הַקֹּדֶשׁ שְׁנֵיהֶם ׀
מְלֵאִים סֹלֶת בְּלוּלָה בַשֶּׁמֶן לְמִנְחָה: כַּף אַחַת עֲשָׂרָה זָהָב מְלֵאָה קְטֹרֶת:

פַּר אֶחָד בֶּן־בָּקָר אַיִל אֶחָד כֶּבֶשׂ־אֶחָד בֶּן־שְׁנָתוֹ לְעֹלָה: שְׂעִיר־עִזִּים אֶחָד
לְחַטָּאת: וּלְזֶבַח הַשְּׁלָמִים בָּקָר שְׁנַיִם אֵילִם חֲמִשָּׁה עַתֻּדִים חֲמִשָּׁה כְּבָשִׂים
בְּנֵי־שָׁנָה חֲמִשָּׁה זֶה קָרְבַּן אֶלְיָסָף בֶּן־דְּעוּאֵל:

קריאה ליום השביעי של חנוכה

ברוב הקהילות בארץ ישראל השלישי חוזר וקורא את כל הפרשה, מ׳בַּיּוֹם הַשְּׁבִיעִי׳ ועד ׳אֱלִישָׁמָע בֶּן עַמִּיהוּד׳. ובחוץ לארץ, השלישי קורא ׳בַּיּוֹם הַשְּׁמִינִי׳. אם היום השביעי לחנוכה הוא ראש חודש טבת, מוציאים שני ספרי תורה מארון הקודש, קוראים לשלושה עולים את קריאת ראש חודש (עמ׳ 805), ולרביעי קוראים מהספר השני ׳בַּיּוֹם הַשְּׁבִיעִי׳.

במדבר ז, מח–נג בַּיּוֹם הַשְּׁבִיעִי נָשִׂיא לִבְנֵי אֶפְרָיִם אֱלִישָׁמָע בֶּן־עַמִּיהוּד: קָרְבָּנוֹ קַעֲרַת־כֶּסֶף
אַחַת שְׁלֹשִׁים וּמֵאָה מִשְׁקָלָהּ מִזְרָק אֶחָד כֶּסֶף שִׁבְעִים שֶׁקֶל בְּשֶׁקֶל הַקֹּדֶשׁ
שְׁנֵיהֶם ׀ מְלֵאִים סֹלֶת בְּלוּלָה בַשֶּׁמֶן לְמִנְחָה: כַּף אַחַת עֲשָׂרָה זָהָב מְלֵאָה
לוי קְטֹרֶת: *פַּר אֶחָד בֶּן־בָּקָר אַיִל אֶחָד כֶּבֶשׂ־אֶחָד בֶּן־שְׁנָתוֹ לְעֹלָה: שְׂעִיר־
עִזִּים אֶחָד לְחַטָּאת: וּלְזֶבַח הַשְּׁלָמִים בָּקָר שְׁנַיִם אֵילִם חֲמִשָּׁה עַתֻּדִים חֲמִשָּׁה
כְּבָשִׂים בְּנֵי־שָׁנָה חֲמִשָּׁה זֶה קָרְבַּן אֱלִישָׁמָע בֶּן־עַמִּיהוּד:

קריאה ליום השמיני של חנוכה

במדבר ז, נד – ח, ד בַּיּוֹם הַשְּׁמִינִי נָשִׂיא לִבְנֵי מְנַשֶּׁה גַּמְלִיאֵל בֶּן־פְּדָהצוּר: קָרְבָּנוֹ קַעֲרַת־כֶּסֶף
אַחַת שְׁלֹשִׁים וּמֵאָה מִשְׁקָלָהּ מִזְרָק אֶחָד כֶּסֶף שִׁבְעִים שֶׁקֶל בְּשֶׁקֶל הַקֹּדֶשׁ
שְׁנֵיהֶם ׀ מְלֵאִים סֹלֶת בְּלוּלָה בַשֶּׁמֶן לְמִנְחָה: כַּף אַחַת עֲשָׂרָה זָהָב מְלֵאָה
לוי קְטֹרֶת: *פַּר אֶחָד בֶּן־בָּקָר אַיִל אֶחָד כֶּבֶשׂ־אֶחָד בֶּן־שְׁנָתוֹ לְעֹלָה: שְׂעִיר־עִזִּים
אֶחָד לְחַטָּאת: וּלְזֶבַח הַשְּׁלָמִים בָּקָר שְׁנַיִם אֵילִם חֲמִשָּׁה עַתֻּדִים חֲמִשָּׁה
כְּבָשִׂים בְּנֵי־שָׁנָה חֲמִשָּׁה זֶה קָרְבַּן גַּמְלִיאֵל בֶּן־פְּדָהצוּר:
ישראל בַּיּוֹם הַתְּשִׁיעִי נָשִׂיא לִבְנֵי בִנְיָמִן אֲבִידָן בֶּן־גִּדְעֹנִי: קָרְבָּנוֹ קַעֲרַת־כֶּסֶף אַחַת
שְׁלֹשִׁים וּמֵאָה מִשְׁקָלָהּ מִזְרָק אֶחָד כֶּסֶף שִׁבְעִים שֶׁקֶל בְּשֶׁקֶל הַקֹּדֶשׁ שְׁנֵיהֶם ׀
מְלֵאִים סֹלֶת בְּלוּלָה בַשֶּׁמֶן לְמִנְחָה: כַּף אַחַת עֲשָׂרָה זָהָב מְלֵאָה קְטֹרֶת:
פַּר אֶחָד בֶּן־בָּקָר אַיִל אֶחָד כֶּבֶשׂ־אֶחָד בֶּן־שְׁנָתוֹ לְעֹלָה: שְׂעִיר־עִזִּים אֶחָד
לְחַטָּאת: וּלְזֶבַח הַשְּׁלָמִים בָּקָר שְׁנַיִם אֵילִם חֲמִשָּׁה עַתֻּדִים חֲמִשָּׁה כְּבָשִׂים
בְּנֵי־שָׁנָה חֲמִשָּׁה זֶה קָרְבַּן אֲבִידָן בֶּן־גִּדְעֹנִי:

בַּיּוֹם הָעֲשִׂירִי נָשִׂיא לִבְנֵי דָן אֲחִיעֶזֶר בֶּן־עַמִּישַׁדָּי: קָרְבָּנוֹ קַעֲרַת־כֶּסֶף אַחַת שְׁלֹשִׁים וּמֵאָה מִשְׁקָלָהּ מִזְרָק אֶחָד כֶּסֶף שִׁבְעִים שֶׁקֶל בְּשֶׁקֶל הַקֹּדֶשׁ שְׁנֵיהֶם ׀ מְלֵאִים סֹלֶת בְּלוּלָה בַשֶּׁמֶן לְמִנְחָה: כַּף אַחַת עֲשָׂרָה זָהָב מְלֵאָה קְטֹרֶת: פַּר אֶחָד בֶּן־בָּקָר אַיִל אֶחָד כֶּבֶשׂ־אֶחָד בֶּן־שְׁנָתוֹ לְעֹלָה: שְׂעִיר־עִזִּים אֶחָד לְחַטָּאת: וּלְזֶבַח הַשְּׁלָמִים בָּקָר שְׁנַיִם אֵילִם חֲמִשָּׁה עַתֻּדִים חֲמִשָּׁה כְּבָשִׂים בְּנֵי־שָׁנָה חֲמִשָּׁה זֶה קָרְבַּן אֲחִיעֶזֶר בֶּן־עַמִּישַׁדָּי:

בְּיוֹם עַשְׁתֵּי עָשָׂר יוֹם נָשִׂיא לִבְנֵי אָשֵׁר פַּגְעִיאֵל בֶּן־עָכְרָן: קָרְבָּנוֹ קַעֲרַת־כֶּסֶף אַחַת שְׁלֹשִׁים וּמֵאָה מִשְׁקָלָהּ מִזְרָק אֶחָד כֶּסֶף שִׁבְעִים שֶׁקֶל בְּשֶׁקֶל הַקֹּדֶשׁ שְׁנֵיהֶם ׀ מְלֵאִים סֹלֶת בְּלוּלָה בַשֶּׁמֶן לְמִנְחָה: כַּף אַחַת עֲשָׂרָה זָהָב מְלֵאָה קְטֹרֶת: פַּר אֶחָד בֶּן־בָּקָר אַיִל אֶחָד כֶּבֶשׂ־אֶחָד בֶּן־שְׁנָתוֹ לְעֹלָה: שְׂעִיר־עִזִּים אֶחָד לְחַטָּאת: וּלְזֶבַח הַשְּׁלָמִים בָּקָר שְׁנַיִם אֵילִם חֲמִשָּׁה עַתֻּדִים חֲמִשָּׁה כְּבָשִׂים בְּנֵי־שָׁנָה חֲמִשָּׁה זֶה קָרְבַּן פַּגְעִיאֵל בֶּן־עָכְרָן:

בְּיוֹם שְׁנֵים עָשָׂר יוֹם נָשִׂיא לִבְנֵי נַפְתָּלִי אֲחִירַע בֶּן־עֵינָן: קָרְבָּנוֹ קַעֲרַת־כֶּסֶף אַחַת שְׁלֹשִׁים וּמֵאָה מִשְׁקָלָהּ מִזְרָק אֶחָד כֶּסֶף שִׁבְעִים שֶׁקֶל בְּשֶׁקֶל הַקֹּדֶשׁ שְׁנֵיהֶם ׀ מְלֵאִים סֹלֶת בְּלוּלָה בַשֶּׁמֶן לְמִנְחָה: כַּף אַחַת עֲשָׂרָה זָהָב מְלֵאָה קְטֹרֶת: פַּר אֶחָד בֶּן־בָּקָר אַיִל אֶחָד כֶּבֶשׂ־אֶחָד בֶּן־שְׁנָתוֹ לְעֹלָה: שְׂעִיר־עִזִּים אֶחָד לְחַטָּאת: וּלְזֶבַח הַשְּׁלָמִים בָּקָר שְׁנַיִם אֵילִם חֲמִשָּׁה עַתֻּדִים חֲמִשָּׁה כְּבָשִׂים בְּנֵי־שָׁנָה חֲמִשָּׁה זֶה קָרְבַּן אֲחִירַע בֶּן־עֵינָן:

זֹאת ׀ חֲנֻכַּת הַמִּזְבֵּחַ בְּיוֹם הִמָּשַׁח אֹתוֹ מֵאֵת נְשִׂיאֵי יִשְׂרָאֵל קַעֲרֹת כֶּסֶף שְׁתֵּים עֶשְׂרֵה מִזְרְקֵי־כֶסֶף שְׁנֵים עָשָׂר כַּפּוֹת זָהָב שְׁתֵּים עֶשְׂרֵה: שְׁלֹשִׁים וּמֵאָה הַקְּעָרָה הָאַחַת כֶּסֶף וְשִׁבְעִים הַמִּזְרָק הָאֶחָד כֹּל כֶּסֶף הַכֵּלִים אַלְפַּיִם וְאַרְבַּע־מֵאוֹת בְּשֶׁקֶל הַקֹּדֶשׁ: כַּפּוֹת זָהָב שְׁתֵּים־עֶשְׂרֵה מְלֵאֹת קְטֹרֶת עֲשָׂרָה עֲשָׂרָה הַכַּף בְּשֶׁקֶל הַקֹּדֶשׁ כָּל־זְהַב הַכַּפּוֹת עֶשְׂרִים וּמֵאָה: כָּל־הַבָּקָר לָעֹלָה שְׁנֵים עָשָׂר פָּרִים אֵילִם שְׁנֵים־עָשָׂר כְּבָשִׂים בְּנֵי־שָׁנָה שְׁנֵים עָשָׂר וּמִנְחָתָם וּשְׂעִירֵי עִזִּים שְׁנֵים עָשָׂר לְחַטָּאת: וְכֹל בְּקַר ׀ זֶבַח הַשְּׁלָמִים עֶשְׂרִים וְאַרְבָּעָה פָּרִים אֵילִם שִׁשִּׁים עַתֻּדִים שִׁשִּׁים כְּבָשִׂים בְּנֵי־שָׁנָה שִׁשִּׁים זֹאת חֲנֻכַּת הַמִּזְבֵּחַ אַחֲרֵי הִמָּשַׁח אֹתוֹ: וּבְבֹא מֹשֶׁה אֶל־אֹהֶל מוֹעֵד לְדַבֵּר אִתּוֹ וַיִּשְׁמַע אֶת־הַקּוֹל מִדַּבֵּר אֵלָיו מֵעַל הַכַּפֹּרֶת אֲשֶׁר עַל־אֲרֹן הָעֵדֻת מִבֵּין שְׁנֵי הַכְּרֻבִים וַיְדַבֵּר אֵלָיו:

וַיְדַבֵּר יהוה אֶל־מֹשֶׁה לֵּאמֹר: דַּבֵּר אֶל־אַהֲרֹן וְאָמַרְתָּ אֵלָיו בְּהַעֲלֹתְךָ אֶת־הַנֵּרֹת אֶל־מוּל פְּנֵי הַמְּנוֹרָה יָאִירוּ שִׁבְעַת הַנֵּרוֹת: וַיַּעַשׂ כֵּן אַהֲרֹן אֶל־מוּל פְּנֵי הַמְּנוֹרָה הֶעֱלָה נֵרֹתֶיהָ כַּאֲשֶׁר צִוָּה יהוה אֶת־מֹשֶׁה: וְזֶה מַעֲשֵׂה הַמְּנֹרָה מִקְשָׁה זָהָב עַד־יְרֵכָהּ עַד־פִּרְחָהּ מִקְשָׁה הִוא כַּמַּרְאֶה אֲשֶׁר הֶרְאָה יהוה אֶת־מֹשֶׁה כֵּן עָשָׂה אֶת־הַמְּנֹרָה:

קריאה לפורים

וַיָּבֹא עֲמָלֵק וַיִּלָּחֶם עִם־יִשְׂרָאֵל בִּרְפִידִם: וַיֹּאמֶר מֹשֶׁה אֶל־יְהוֹשֻׁעַ בְּחַר־לָנוּ שמות יז,ח–טז
אֲנָשִׁים וְצֵא הִלָּחֵם בַּעֲמָלֵק מָחָר אָנֹכִי נִצָּב עַל־רֹאשׁ הַגִּבְעָה וּמַטֵּה הָאֱלֹהִים
בְּיָדִי: וַיַּעַשׂ יְהוֹשֻׁעַ כַּאֲשֶׁר אָמַר־לוֹ מֹשֶׁה לְהִלָּחֵם בַּעֲמָלֵק וּמֹשֶׁה אַהֲרֹן וְחוּר
עָלוּ רֹאשׁ הַגִּבְעָה: *וְהָיָה כַּאֲשֶׁר יָרִים מֹשֶׁה יָדוֹ וְגָבַר יִשְׂרָאֵל וְכַאֲשֶׁר יָנִיחַ לוי
יָדוֹ וְגָבַר עֲמָלֵק: וִידֵי מֹשֶׁה כְּבֵדִים וַיִּקְחוּ־אֶבֶן וַיָּשִׂימוּ תַחְתָּיו וַיֵּשֶׁב עָלֶיהָ
וְאַהֲרֹן וְחוּר תָּמְכוּ בְיָדָיו מִזֶּה אֶחָד וּמִזֶּה אֶחָד וַיְהִי יָדָיו אֱמוּנָה עַד־בֹּא
הַשָּׁמֶשׁ: וַיַּחֲלֹשׁ יְהוֹשֻׁעַ אֶת־עֲמָלֵק וְאֶת־עַמּוֹ לְפִי־חָרֶב:
וַיֹּאמֶר יהוה אֶל־מֹשֶׁה כְּתֹב זֹאת זִכָּרוֹן בַּסֵּפֶר וְשִׂים בְּאָזְנֵי יְהוֹשֻׁעַ כִּי־מָחֹה ישראל
אֶמְחֶה אֶת־זֵכֶר עֲמָלֵק מִתַּחַת הַשָּׁמָיִם: וַיִּבֶן מֹשֶׁה מִזְבֵּחַ וַיִּקְרָא שְׁמוֹ יהוה
נִסִּי: וַיֹּאמֶר כִּי־יָד עַל־כֵּס יָהּ מִלְחָמָה לַיהוה בַּעֲמָלֵק מִדֹּר דֹּר:

קריאת התורה לשלוש רגלים:
פסח, שבועות וסוכות

קריאה ליום הראשון של פסח

שמות יב, כא–נא וַיִּקְרָא מֹשֶׁה לְכָל־זִקְנֵי יִשְׂרָאֵל וַיֹּאמֶר אֲלֵהֶם מִשְׁכוּ וּקְחוּ לָכֶם צֹאן
לְמִשְׁפְּחֹתֵיכֶם וְשַׁחֲטוּ הַפָּסַח׃ וּלְקַחְתֶּם אֲגֻדַּת אֵזוֹב וּטְבַלְתֶּם בַּדָּם אֲשֶׁר־בַּסַּף
וְהִגַּעְתֶּם אֶל־הַמַּשְׁקוֹף וְאֶל־שְׁתֵּי הַמְּזוּזֹת מִן־הַדָּם אֲשֶׁר בַּסָּף וְאַתֶּם לֹא תֵצְאוּ
אִישׁ מִפֶּתַח־בֵּיתוֹ עַד־בֹּקֶר׃ וְעָבַר יהוה לִנְגֹּף אֶת־מִצְרַיִם וְרָאָה אֶת־הַדָּם
עַל־הַמַּשְׁקוֹף וְעַל שְׁתֵּי הַמְּזוּזֹת וּפָסַח יהוה עַל־הַפֶּתַח וְלֹא יִתֵּן הַמַּשְׁחִית
לָבֹא אֶל־בָּתֵּיכֶם לִנְגֹּף׃ וּשְׁמַרְתֶּם אֶת־הַדָּבָר הַזֶּה לְחָק־לְךָ וּלְבָנֶיךָ עַד־עוֹלָם׃
לוי *וְהָיָה כִּי־תָבֹאוּ אֶל־הָאָרֶץ אֲשֶׁר יִתֵּן יהוה לָכֶם כַּאֲשֶׁר דִּבֵּר וּשְׁמַרְתֶּם אֶת־
הָעֲבֹדָה הַזֹּאת׃ וְהָיָה כִּי־יֹאמְרוּ אֲלֵיכֶם בְּנֵיכֶם מָה הָעֲבֹדָה הַזֹּאת לָכֶם׃
וַאֲמַרְתֶּם זֶבַח־פֶּסַח הוּא לַיהוה אֲשֶׁר פָּסַח עַל־בָּתֵּי בְנֵי־יִשְׂרָאֵל בְּמִצְרַיִם
בְּנָגְפּוֹ אֶת־מִצְרַיִם וְאֶת־בָּתֵּינוּ הִצִּיל וַיִּקֹּד הָעָם וַיִּשְׁתַּחֲווּ׃ וַיֵּלְכוּ וַיַּעֲשׂוּ בְּנֵי
שלישי יִשְׂרָאֵל כַּאֲשֶׁר צִוָּה יהוה אֶת־מֹשֶׁה וְאַהֲרֹן כֵּן עָשׂוּ׃ *וַיְהִי ׀ בַּחֲצִי
הַלַּיְלָה וַיהוה הִכָּה כָל־בְּכוֹר בְּאֶרֶץ מִצְרַיִם מִבְּכֹר פַּרְעֹה הַיֹּשֵׁב עַל־כִּסְאוֹ
עַד בְּכוֹר הַשְּׁבִי אֲשֶׁר בְּבֵית הַבּוֹר וְכֹל בְּכוֹר בְּהֵמָה׃ וַיָּקָם פַּרְעֹה לַיְלָה הוּא
וְכָל־עֲבָדָיו וְכָל־מִצְרַיִם וַתְּהִי צְעָקָה גְדֹלָה בְּמִצְרָיִם כִּי־אֵין בַּיִת אֲשֶׁר אֵין־
שָׁם מֵת׃ וַיִּקְרָא לְמֹשֶׁה וּלְאַהֲרֹן לַיְלָה וַיֹּאמֶר קוּמוּ צְּאוּ מִתּוֹךְ עַמִּי גַּם־אַתֶּם
גַּם־בְּנֵי יִשְׂרָאֵל וּלְכוּ עִבְדוּ אֶת־יהוה כְּדַבֶּרְכֶם׃ גַּם־צֹאנְכֶם גַּם־בְּקַרְכֶם קְחוּ
(בשבת רביעי) כַּאֲשֶׁר דִּבַּרְתֶּם וָלֵכוּ וּבֵרַכְתֶּם גַּם־אֹתִי׃ *וַתֶּחֱזַק מִצְרַיִם עַל־הָעָם לְמַהֵר
לְשַׁלְּחָם מִן־הָאָרֶץ כִּי אָמְרוּ כֻּלָּנוּ מֵתִים׃ וַיִּשָּׂא הָעָם אֶת־בְּצֵקוֹ טֶרֶם יֶחְמָץ
מִשְׁאֲרֹתָם צְרֻרֹת בְּשִׂמְלֹתָם עַל־שִׁכְמָם׃ וּבְנֵי־יִשְׂרָאֵל עָשׂוּ כִּדְבַר מֹשֶׁה
וַיִּשְׁאֲלוּ מִמִּצְרַיִם כְּלֵי־כֶסֶף וּכְלֵי זָהָב וּשְׂמָלֹת׃ וַיהוה נָתַן אֶת־חֵן הָעָם בְּעֵינֵי
מִצְרַיִם וַיַּשְׁאִלוּם וַיְנַצְּלוּ אֶת־מִצְרָיִם׃
רביעי (בשבת חמישי) וַיִּסְעוּ בְנֵי־יִשְׂרָאֵל מֵרַעְמְסֵס סֻכֹּתָה כְּשֵׁשׁ־מֵאוֹת אֶלֶף רַגְלִי הַגְּבָרִים לְבַד
מִטָּף׃ וְגַם־עֵרֶב רַב עָלָה אִתָּם וְצֹאן וּבָקָר מִקְנֶה כָּבֵד מְאֹד׃ וַיֹּאפוּ אֶת־
הַבָּצֵק אֲשֶׁר הוֹצִיאוּ מִמִּצְרַיִם עֻגֹת מַצּוֹת כִּי לֹא חָמֵץ כִּי־גֹרְשׁוּ מִמִּצְרַיִם וְלֹא
יָכְלוּ לְהִתְמַהְמֵהַּ וְגַם־צֵדָה לֹא־עָשׂוּ לָהֶם׃ וּמוֹשַׁב בְּנֵי יִשְׂרָאֵל אֲשֶׁר יָשְׁבוּ
בְּמִצְרָיִם שְׁלֹשִׁים שָׁנָה וְאַרְבַּע מֵאוֹת שָׁנָה׃ וַיְהִי מִקֵּץ שְׁלֹשִׁים שָׁנָה וְאַרְבַּע

מֵאוֹת שָׁנָה וַיְהִי בְּעֶצֶם הַיּוֹם הַזֶּה יָצְאוּ כָּל־צִבְאוֹת יְהוָה מֵאֶרֶץ מִצְרָיִם:
לֵיל שִׁמֻּרִים הוּא לַיהוָה לְהוֹצִיאָם מֵאֶרֶץ מִצְרָיִם הוּא־הַלַּיְלָה הַזֶּה לַיהוָה
שִׁמֻּרִים לְכָל־בְּנֵי יִשְׂרָאֵל לְדֹרֹתָם:
חמישי (בשבת ששי) וַיֹּאמֶר יְהוָה אֶל־מֹשֶׁה וְאַהֲרֹן זֹאת חֻקַּת הַפָּסַח כָּל־בֶּן־נֵכָר לֹא־יֹאכַל בּוֹ: וְכָל־
עֶבֶד אִישׁ מִקְנַת־כָּסֶף וּמַלְתָּה אֹתוֹ אָז יֹאכַל בּוֹ: תּוֹשָׁב וְשָׂכִיר לֹא־יֹאכַל בּוֹ:
בְּבַיִת אֶחָד יֵאָכֵל לֹא־תוֹצִיא מִן־הַבַּיִת מִן־הַבָּשָׂר חוּצָה וְעֶצֶם לֹא תִשְׁבְּרוּ־
(בשבת שביעי) בוֹ: כָּל־עֲדַת יִשְׂרָאֵל יַעֲשׂוּ אֹתוֹ: *וְכִי־יָגוּר אִתְּךָ גֵּר וְעָשָׂה פֶסַח לַיהוָה הִמּוֹל
לוֹ כָל־זָכָר וְאָז יִקְרַב לַעֲשֹׂתוֹ וְהָיָה כְּאֶזְרַח הָאָרֶץ וְכָל־עָרֵל לֹא־יֹאכַל בּוֹ:
תּוֹרָה אַחַת יִהְיֶה לָאֶזְרָח וְלַגֵּר הַגָּר בְּתוֹכְכֶם: וַיַּעֲשׂוּ כָּל־בְּנֵי יִשְׂרָאֵל כַּאֲשֶׁר
צִוָּה יְהוָה אֶת־מֹשֶׁה וְאֶת־אַהֲרֹן כֵּן עָשׂוּ: וַיְהִי בְּעֶצֶם הַיּוֹם הַזֶּה
הוֹצִיא יְהוָה אֶת־בְּנֵי יִשְׂרָאֵל מֵאֶרֶץ מִצְרַיִם עַל־צִבְאֹתָם:

למפטיר קוראים מספר התורה השני:

במדבר כח, טז–כה וּבַחֹדֶשׁ הָרִאשׁוֹן בְּאַרְבָּעָה עָשָׂר יוֹם לַחֹדֶשׁ פֶּסַח לַיהוָה: וּבַחֲמִשָּׁה עָשָׂר
יוֹם לַחֹדֶשׁ הַזֶּה חָג שִׁבְעַת יָמִים מַצּוֹת יֵאָכֵל: בַּיּוֹם הָרִאשׁוֹן מִקְרָא־קֹדֶשׁ
כָּל־מְלֶאכֶת עֲבֹדָה לֹא תַעֲשׂוּ: וְהִקְרַבְתֶּם אִשֶּׁה עֹלָה לַיהוָה פָּרִים בְּנֵי־בָקָר
שְׁנַיִם וְאַיִל אֶחָד וְשִׁבְעָה כְבָשִׂים בְּנֵי שָׁנָה תְּמִימִם יִהְיוּ לָכֶם: וּמִנְחָתָם סֹלֶת
בְּלוּלָה בַשָּׁמֶן שְׁלֹשָׁה עֶשְׂרֹנִים לַפָּר וּשְׁנֵי עֶשְׂרֹנִים לָאַיִל תַּעֲשׂוּ: עִשָּׂרוֹן עִשָּׂרוֹן
תַּעֲשֶׂה לַכֶּבֶשׂ הָאֶחָד לְשִׁבְעַת הַכְּבָשִׂים: וּשְׂעִיר חַטָּאת אֶחָד לְכַפֵּר עֲלֵיכֶם:
מִלְּבַד עֹלַת הַבֹּקֶר אֲשֶׁר לְעֹלַת הַתָּמִיד תַּעֲשׂוּ אֶת־אֵלֶּה: כָּאֵלֶּה תַּעֲשׂוּ לַיּוֹם
שִׁבְעַת יָמִים לֶחֶם אִשֵּׁה רֵיחַ־נִיחֹחַ לַיהוָה עַל־עוֹלַת הַתָּמִיד יֵעָשֶׂה וְנִסְכּוֹ:
וּבַיּוֹם הַשְּׁבִיעִי מִקְרָא־קֹדֶשׁ יִהְיֶה לָכֶם כָּל־מְלֶאכֶת עֲבֹדָה לֹא תַעֲשׂוּ:

הפטרה ליום הראשון של פסח

יש קהילות המתחילות:

יהושע ג, ה–ז וַיֹּאמֶר יְהוֹשֻׁעַ אֶל־הָעָם הִתְקַדָּשׁוּ כִּי מָחָר יַעֲשֶׂה יְהוָה בְּקִרְבְּכֶם נִפְלָאוֹת:
וַיֹּאמֶר יְהוֹשֻׁעַ אֶל־הַכֹּהֲנִים לֵאמֹר שְׂאוּ אֶת־אֲרוֹן הַבְּרִית וְעִבְרוּ לִפְנֵי הָעָם
וַיִּשְׂאוּ אֶת־אֲרוֹן הַבְּרִית וַיֵּלְכוּ לִפְנֵי הָעָם: וַיֹּאמֶר יְהוָה אֶל־
יְהוֹשֻׁעַ הַיּוֹם הַזֶּה אָחֵל גַּדֶּלְךָ בְּעֵינֵי כָּל־יִשְׂרָאֵל אֲשֶׁר יֵדְעוּן כִּי כַּאֲשֶׁר הָיִיתִי
עִם־מֹשֶׁה אֶהְיֶה עִמָּךְ:

ברוב הקהילות מתחילים:

יהושע ה,ב–ו,א בעת ההיא אמר יהוה אל־יהושע עשה לך חרבות צרים ושוב מל את־
בני־ישראל שנית: ויעש־לו יהושע חרבות צרים וימל את־בני ישראל
אל־גבעת הערלות: וזה הדבר אשר־מל יהושע כל־העם היצא ממצרים
הזכרים כל | אנשי המלחמה מתו במדבר בדרך בצאתם ממצרים: כי־מלים
היו כל־העם היצאים וכל־העם הילדים במדבר בדרך בצאתם ממצרים
לא־מלו: כי | ארבעים שנה הלכו בני־ישראל במדבר עד־תם כל־הגוי
אנשי המלחמה היצאים ממצרים אשר לא־שמעו בקול יהוה אשר נשבע
יהוה להם לבלתי הראותם את־הארץ אשר נשבע יהוה לאבותם לתת
לנו ארץ זבת חלב ודבש: ואת־בניהם הקים תחתם אתם מל יהושע
כי־ערלים היו כי לא־מלו אותם בדרך: ויהי כאשר־תמו כל־הגוי להמול
וישבו תחתם במחנה עד חיותם: ויאמר יהוה אל־יהושע היום
גלותי את־חרפת מצרים מעליכם ויקרא שם המקום ההוא גלגל עד היום
הזה: ויחנו בני־ישראל בגלגל ויעשו את־הפסח בארבעה עשר יום לחדש
בערב בערבות יריחו: ויאכלו מעבור הארץ ממחרת הפסח מצות וקלוי
בעצם היום הזה: וישבת המן ממחרת באכלם מעבור הארץ ולא־היה עוד
לבני ישראל מן ויאכלו מתבואת ארץ כנען בשנה ההיא: ויהי
בהיות יהושע ביריחו וישא עיניו וירא והנה־איש עמד לנגדו וחרבו שלופה
בידו וילך יהושע אליו ויאמר לו הלנו אתה אם־לצרינו: ויאמר | לא כי
אני שר־צבא־יהוה עתה באתי ויפל יהושע אל־פניו ארצה וישתחו ויאמר
לו מה אדני מדבר אל־עבדו: ויאמר שר־צבא יהוה אל־יהושע של־נעלך
מעל רגלך כי המקום אשר אתה עמד עליו קדש הוא ויעש יהושע כן:
ויריחו סגרת ומסגרת מפני בני ישראל אין יוצא ואין בא:

יש מוסיפים:

יהושע ו,כז ויהי יהוה את־יהושע ויהי שמעו בכל־הארץ:

קריאה ליום השני של פסח, וכן ליום הראשון של סוכות

ויקרא כב,כו–כג,מד וידבר יהוה אל־משה לאמר: שור או־כשב או־עז כי יולד והיה שבעת ימים
תחת אמו ומיום השמיני והלאה ירצה לקרבן אשה ליהוה: ושור או־שה

אֹתוֹ וְאֶת־בְּנוֹ לֹא תִשְׁחֲטוּ בְּיוֹם אֶחָד: וְכִי־תִזְבְּחוּ זֶבַח־תּוֹדָה לַיהוָה לִרְצֹנְכֶם
תִּזְבָּחוּ: בַּיּוֹם הַהוּא יֵאָכֵל לֹא־תוֹתִירוּ מִמֶּנּוּ עַד־בֹּקֶר אֲנִי יהוָה: וּשְׁמַרְתֶּם
מִצְוֹתַי וַעֲשִׂיתֶם אֹתָם אֲנִי יהוָה: וְלֹא תְחַלְּלוּ אֶת־שֵׁם קָדְשִׁי וְנִקְדַּשְׁתִּי בְּתוֹךְ
בְּנֵי יִשְׂרָאֵל אֲנִי יהוָה מְקַדִּשְׁכֶם: הַמּוֹצִיא אֶתְכֶם מֵאֶרֶץ מִצְרַיִם לִהְיוֹת לָכֶם
לֵאלֹהִים אֲנִי יהוָה:

וַיְדַבֵּר יהוָה אֶל־מֹשֶׁה לֵּאמֹר: דַּבֵּר אֶל־בְּנֵי יִשְׂרָאֵל וְאָמַרְתָּ אֲלֵהֶם מוֹעֲדֵי (בשבת לוי)
יהוָה אֲשֶׁר־תִּקְרְאוּ אֹתָם מִקְרָאֵי קֹדֶשׁ אֵלֶּה הֵם מוֹעֲדָי: שֵׁשֶׁת יָמִים תֵּעָשֶׂה
מְלָאכָה וּבַיּוֹם הַשְּׁבִיעִי שַׁבַּת שַׁבָּתוֹן מִקְרָא־קֹדֶשׁ כָּל־מְלָאכָה לֹא תַעֲשׂוּ
שַׁבָּת הִוא לַיהוָה בְּכֹל מוֹשְׁבֹתֵיכֶם:

אֵלֶּה מוֹעֲדֵי יהוָה מִקְרָאֵי קֹדֶשׁ אֲשֶׁר־תִּקְרְאוּ אֹתָם בְּמוֹעֲדָם: בַּחֹדֶשׁ לוי (בשבת שלישי)
הָרִאשׁוֹן בְּאַרְבָּעָה עָשָׂר לַחֹדֶשׁ בֵּין הָעַרְבָּיִם פֶּסַח לַיהוָה: וּבַחֲמִשָּׁה עָשָׂר
יוֹם לַחֹדֶשׁ הַזֶּה חַג הַמַּצּוֹת לַיהוָה שִׁבְעַת יָמִים מַצּוֹת תֹּאכֵלוּ: בַּיּוֹם הָרִאשׁוֹן
מִקְרָא־קֹדֶשׁ יִהְיֶה לָכֶם כָּל־מְלֶאכֶת עֲבֹדָה לֹא תַעֲשׂוּ: וְהִקְרַבְתֶּם אִשֶּׁה
לַיהוָה שִׁבְעַת יָמִים בַּיּוֹם הַשְּׁבִיעִי מִקְרָא־קֹדֶשׁ כָּל־מְלֶאכֶת עֲבֹדָה לֹא
תַעֲשׂוּ:

וַיְדַבֵּר יהוָה אֶל־מֹשֶׁה לֵּאמֹר: דַּבֵּר אֶל־בְּנֵי יִשְׂרָאֵל וְאָמַרְתָּ אֲלֵהֶם כִּי־תָבֹאוּ (בשבת רביעי / לוי בחוה״מ פסח)
אֶל־הָאָרֶץ אֲשֶׁר אֲנִי נֹתֵן לָכֶם וּקְצַרְתֶּם אֶת־קְצִירָהּ וַהֲבֵאתֶם אֶת־עֹמֶר
רֵאשִׁית קְצִירְכֶם אֶל־הַכֹּהֵן: וְהֵנִיף אֶת־הָעֹמֶר לִפְנֵי יהוָה לִרְצֹנְכֶם מִמָּחֳרַת
הַשַּׁבָּת יְנִיפֶנּוּ הַכֹּהֵן: וַעֲשִׂיתֶם בְּיוֹם הֲנִיפְכֶם אֶת־הָעֹמֶר כֶּבֶשׂ תָּמִים בֶּן־
שְׁנָתוֹ לְעֹלָה לַיהוָה: וּמִנְחָתוֹ שְׁנֵי עֶשְׂרֹנִים סֹלֶת בְּלוּלָה בַשֶּׁמֶן אִשֶּׁה לַיהוָה
רֵיחַ נִיחֹחַ וְנִסְכֹּה יַיִן רְבִיעִת הַהִין: וְלֶחֶם וְקָלִי וְכַרְמֶל לֹא תֹאכְלוּ עַד־עֶצֶם
הַיּוֹם הַזֶּה עַד הֲבִיאֲכֶם אֶת־קָרְבַּן אֱלֹהֵיכֶם חֻקַּת עוֹלָם לְדֹרֹתֵיכֶם בְּכֹל
מֹשְׁבֹתֵיכֶם: *וּסְפַרְתֶּם לָכֶם מִמָּחֳרַת הַשַּׁבָּת מִיּוֹם הֲבִיאֲכֶם אֶת־ שלישי ביו״ט ובחוה״מ (בשבת חמישי)
עֹמֶר הַתְּנוּפָה שֶׁבַע שַׁבָּתוֹת תְּמִימֹת תִּהְיֶינָה: עַד מִמָּחֳרַת הַשַּׁבָּת הַשְּׁבִיעִת
תִּסְפְּרוּ חֲמִשִּׁים יוֹם וְהִקְרַבְתֶּם מִנְחָה חֲדָשָׁה לַיהוָה: מִמּוֹשְׁבֹתֵיכֶם תָּבִיאוּ ׀
לֶחֶם תְּנוּפָה שְׁתַּיִם שְׁנֵי עֶשְׂרֹנִים סֹלֶת תִּהְיֶינָה חָמֵץ תֵּאָפֶינָה בִּכּוּרִים לַיהוָה:
וְהִקְרַבְתֶּם עַל־הַלֶּחֶם שִׁבְעַת כְּבָשִׂים תְּמִימִם בְּנֵי שָׁנָה וּפַר בֶּן־בָּקָר אֶחָד
וְאֵילִם שְׁנָיִם יִהְיוּ עֹלָה לַיהוָה וּמִנְחָתָם וְנִסְכֵּיהֶם אִשֵּׁה רֵיחַ־נִיחֹחַ לַיהוָה:
וַעֲשִׂיתֶם שְׂעִיר־עִזִּים אֶחָד לְחַטָּאת וּשְׁנֵי כְבָשִׂים בְּנֵי שָׁנָה לְזֶבַח שְׁלָמִים:

וְהֵנִיף הַכֹּהֵן ׀ אֹתָם עַל לֶחֶם הַבִּכֻּרִים תְּנוּפָה לִפְנֵי יְהוָה עַל־שְׁנֵי כְּבָשִׂים קֹדֶשׁ יִהְיוּ לַיהוָה לַכֹּהֵן: וּקְרָאתֶם בְּעֶצֶם ׀ הַיּוֹם הַזֶּה מִקְרָא־קֹדֶשׁ יִהְיֶה לָכֶם כָּל־מְלֶאכֶת עֲבֹדָה לֹא תַעֲשׂוּ חֻקַּת עוֹלָם בְּכָל־מוֹשְׁבֹתֵיכֶם לְדֹרֹתֵיכֶם: וּבְקֻצְרְכֶם אֶת־קְצִיר אַרְצְכֶם לֹא־תְכַלֶּה פְּאַת שָׂדְךָ בְּקֻצְרֶךָ וְלֶקֶט קְצִירְךָ לֹא תְלַקֵּט לֶעָנִי וְלַגֵּר תַּעֲזֹב אֹתָם אֲנִי יְהוָה אֱלֹהֵיכֶם:

רביעי (בשבת שישי) וַיְדַבֵּר יְהוָה אֶל־מֹשֶׁה לֵּאמֹר: דַּבֵּר אֶל־בְּנֵי יִשְׂרָאֵל לֵאמֹר בַּחֹדֶשׁ הַשְּׁבִיעִי בְּאֶחָד לַחֹדֶשׁ יִהְיֶה לָכֶם שַׁבָּתוֹן זִכְרוֹן תְּרוּעָה מִקְרָא־קֹדֶשׁ: כָּל־מְלֶאכֶת עֲבֹדָה לֹא תַעֲשׂוּ וְהִקְרַבְתֶּם אִשֶּׁה לַיהוָה: וַיְדַבֵּר יְהוָה אֶל־מֹשֶׁה לֵּאמֹר: אַךְ בֶּעָשׂוֹר לַחֹדֶשׁ הַשְּׁבִיעִי הַזֶּה יוֹם הַכִּפֻּרִים הוּא מִקְרָא־קֹדֶשׁ יִהְיֶה לָכֶם וְעִנִּיתֶם אֶת־נַפְשֹׁתֵיכֶם וְהִקְרַבְתֶּם אִשֶּׁה לַיהוָה: וְכָל־מְלָאכָה לֹא תַעֲשׂוּ בְּעֶצֶם הַיּוֹם הַזֶּה כִּי יוֹם כִּפֻּרִים הוּא לְכַפֵּר עֲלֵיכֶם לִפְנֵי יְהוָה אֱלֹהֵיכֶם: כִּי כָל־הַנֶּפֶשׁ אֲשֶׁר לֹא־תְעֻנֶּה בְּעֶצֶם הַיּוֹם הַזֶּה וְנִכְרְתָה מֵעַמֶּיהָ: וְכָל־הַנֶּפֶשׁ אֲשֶׁר תַּעֲשֶׂה כָּל־מְלָאכָה בְּעֶצֶם הַיּוֹם הַזֶּה וְהַאֲבַדְתִּי אֶת־הַנֶּפֶשׁ הַהִוא מִקֶּרֶב עַמָּהּ: כָּל־מְלָאכָה לֹא תַעֲשׂוּ חֻקַּת עוֹלָם לְדֹרֹתֵיכֶם בְּכֹל מֹשְׁבֹתֵיכֶם: שַׁבַּת שַׁבָּתוֹן הוּא לָכֶם וְעִנִּיתֶם אֶת־נַפְשֹׁתֵיכֶם בְּתִשְׁעָה לַחֹדֶשׁ בָּעֶרֶב מֵעֶרֶב עַד־עֶרֶב תִּשְׁבְּתוּ שַׁבַּתְּכֶם:

חמישי (בשבת שביעי) וַיְדַבֵּר יְהוָה אֶל־מֹשֶׁה לֵּאמֹר: דַּבֵּר אֶל־בְּנֵי יִשְׂרָאֵל לֵאמֹר בַּחֲמִשָּׁה עָשָׂר יוֹם לַחֹדֶשׁ הַשְּׁבִיעִי הַזֶּה חַג הַסֻּכּוֹת שִׁבְעַת יָמִים לַיהוָה: בַּיּוֹם הָרִאשׁוֹן מִקְרָא־קֹדֶשׁ כָּל־מְלֶאכֶת עֲבֹדָה לֹא תַעֲשׂוּ: שִׁבְעַת יָמִים תַּקְרִיבוּ אִשֶּׁה לַיהוָה בַּיּוֹם הַשְּׁמִינִי מִקְרָא־קֹדֶשׁ יִהְיֶה לָכֶם וְהִקְרַבְתֶּם אִשֶּׁה לַיהוָה עֲצֶרֶת הִוא כָּל־מְלֶאכֶת עֲבֹדָה לֹא תַעֲשׂוּ: אֵלֶּה מוֹעֲדֵי יְהוָה אֲשֶׁר־תִּקְרְאוּ אֹתָם מִקְרָאֵי קֹדֶשׁ לְהַקְרִיב אִשֶּׁה לַיהוָה עֹלָה וּמִנְחָה זֶבַח וּנְסָכִים דְּבַר־יוֹם בְּיוֹמוֹ: מִלְּבַד שַׁבְּתֹת יְהוָה וּמִלְּבַד מַתְּנוֹתֵיכֶם וּמִלְּבַד כָּל־נִדְרֵיכֶם וּמִלְּבַד כָּל־נִדְבֹתֵיכֶם אֲשֶׁר תִּתְּנוּ לַיהוָה: אַךְ בַּחֲמִשָּׁה עָשָׂר יוֹם לַחֹדֶשׁ הַשְּׁבִיעִי בְּאָסְפְּכֶם אֶת־תְּבוּאַת הָאָרֶץ תָּחֹגּוּ אֶת־חַג־יְהוָה שִׁבְעַת יָמִים בַּיּוֹם הָרִאשׁוֹן שַׁבָּתוֹן וּבַיּוֹם הַשְּׁמִינִי שַׁבָּתוֹן: וּלְקַחְתֶּם לָכֶם בַּיּוֹם הָרִאשׁוֹן פְּרִי עֵץ הָדָר כַּפֹּת תְּמָרִים וַעֲנַף עֵץ־עָבֹת וְעַרְבֵי־נָחַל וּשְׂמַחְתֶּם לִפְנֵי יְהוָה אֱלֹהֵיכֶם שִׁבְעַת יָמִים: וְחַגֹּתֶם אֹתוֹ חַג לַיהוָה שִׁבְעַת יָמִים בַּשָּׁנָה חֻקַּת עוֹלָם לְדֹרֹתֵיכֶם בַּחֹדֶשׁ הַשְּׁבִיעִי תָּחֹגּוּ אֹתוֹ: בַּסֻּכֹּת תֵּשְׁבוּ שִׁבְעַת יָמִים כָּל־הָאֶזְרָח בְּיִשְׂרָאֵל יֵשְׁבוּ בַּסֻּכֹּת: לְמַעַן יֵדְעוּ דֹרֹתֵיכֶם

כִּי בַסֻּכּוֹת הוֹשַׁבְתִּי אֶת־בְּנֵי יִשְׂרָאֵל בְּהוֹצִיאִי אוֹתָם מֵאֶרֶץ מִצְרָיִם אֲנִי יְהוָה אֱלֹהֵיכֶם: וַיְדַבֵּר מֹשֶׁה אֶת־מֹעֲדֵי יְהוָה אֶל־בְּנֵי יִשְׂרָאֵל:

בסוכות אומרים חצי קדיש (עמ׳ 386) וקוראים למפטיר מספר התורה השני ׳וּבַחֲמִשָּׁה עָשָׂר יוֹם׳ (עמ׳ 843).

בחול המועד פסח קוראים לרביעי מספר התורה השני ׳וְהִקְרַבְתֶּם׳ (עמ׳ 823), ואומרים חצי קדיש אחריו. ובחוץ לארץ, הוא יום טוב שני של גלויות, אומרים חצי קדיש וקוראים למפטיר כמו ביום הראשון ׳וּבַחֹדֶשׁ הָרִאשׁוֹן׳ (עמ׳ 817).

הפטרה ליום טוב שני של פסח בחוץ לארץ

מלכים ב׳ כג:א–ט וַיִּשְׁלַח הַמֶּלֶךְ וַיַּאַסְפוּ אֵלָיו כָּל־זִקְנֵי יְהוּדָה וִירוּשָׁלִָם: וַיַּעַל הַמֶּלֶךְ בֵּית־יְהוָה
וְכָל־אִישׁ יְהוּדָה וְכָל־יֹשְׁבֵי יְרוּשָׁלִַם אִתּוֹ וְהַכֹּהֲנִים וְהַנְּבִיאִים וְכָל־הָעָם
לְמִקָּטֹן וְעַד־גָּדוֹל וַיִּקְרָא בְאָזְנֵיהֶם אֶת־כָּל־דִּבְרֵי סֵפֶר הַבְּרִית הַנִּמְצָא בְּבֵית
יְהוָה: וַיַּעֲמֹד הַמֶּלֶךְ עַל־הָעַמּוּד וַיִּכְרֹת אֶת־הַבְּרִית ׀ לִפְנֵי יְהוָה לָלֶכֶת אַחַר
יְהוָה וְלִשְׁמֹר מִצְוֺתָיו וְאֶת־עֵדְוֺתָיו וְאֶת־חֻקֹּתָיו בְּכָל־לֵב וּבְכָל־נֶפֶשׁ לְהָקִים
אֶת־דִּבְרֵי הַבְּרִית הַזֹּאת הַכְּתֻבִים עַל־הַסֵּפֶר הַזֶּה וַיַּעֲמֹד כָּל־הָעָם בַּבְּרִית:
*וַיְצַו הַמֶּלֶךְ אֶת־חִלְקִיָּהוּ הַכֹּהֵן הַגָּדוֹל וְאֶת־כֹּהֲנֵי הַמִּשְׁנֶה וְאֶת־שֹׁמְרֵי הַסַּף
לְהוֹצִיא מֵהֵיכַל יְהוָה אֵת כָּל־הַכֵּלִים הָעֲשׂוּיִם לַבַּעַל וְלָאֲשֵׁרָה וּלְכֹל צְבָא
הַשָּׁמָיִם וַיִּשְׂרְפֵם מִחוּץ לִירוּשָׁלִַם בְּשַׁדְמוֹת קִדְרוֹן וְנָשָׂא אֶת־עֲפָרָם בֵּית־
אֵל: וְהִשְׁבִּית אֶת־הַכְּמָרִים אֲשֶׁר נָתְנוּ מַלְכֵי יְהוּדָה וַיְקַטֵּר בַּבָּמוֹת בְּעָרֵי
יְהוּדָה וּמְסִבֵּי יְרוּשָׁלִָם וְאֶת־הַמְקַטְּרִים לַבַּעַל לַשֶּׁמֶשׁ וְלַיָּרֵחַ וְלַמַּזָּלוֹת וּלְכֹל
צְבָא הַשָּׁמָיִם: וַיֹּצֵא אֶת־הָאֲשֵׁרָה מִבֵּית יְהוָה מִחוּץ לִירוּשָׁלִַם אֶל־נַחַל
קִדְרוֹן וַיִּשְׂרֹף אֹתָהּ בְּנַחַל קִדְרוֹן וַיָּדֶק לְעָפָר וַיַּשְׁלֵךְ אֶת־עֲפָרָהּ עַל־קֶבֶר
בְּנֵי הָעָם: וַיִּתֹּץ אֶת־בָּתֵּי הַקְּדֵשִׁים אֲשֶׁר בְּבֵית יְהוָה אֲשֶׁר הַנָּשִׁים אֹרְגוֹת
שָׁם בָּתִּים לָאֲשֵׁרָה: וַיָּבֵא אֶת־כָּל־הַכֹּהֲנִים מֵעָרֵי יְהוּדָה וַיְטַמֵּא אֶת־הַבָּמוֹת
אֲשֶׁר קִטְּרוּ־שָׁמָּה הַכֹּהֲנִים מִגֶּבַע עַד־בְּאֵר שָׁבַע וְנָתַץ אֶת־בָּמוֹת הַשְּׁעָרִים
אֲשֶׁר־פֶּתַח שַׁעַר יְהוֹשֻׁעַ שַׂר־הָעִיר אֲשֶׁר־עַל־שְׂמֹאול אִישׁ בְּשַׁעַר הָעִיר:
אַךְ לֹא יַעֲלוּ כֹּהֲנֵי הַבָּמוֹת אֶל־מִזְבַּח יְהוָה בִּירוּשָׁלִָם כִּי אִם־אָכְלוּ מַצּוֹת
בְּתוֹךְ אֲחֵיהֶם:

מלכים ב׳ כג:כא–כה וַיְצַו הַמֶּלֶךְ אֶת־כָּל־הָעָם לֵאמֹר עֲשׂוּ פֶסַח לַיהוָה אֱלֹהֵיכֶם כַּכָּתוּב עַל סֵפֶר
הַבְּרִית הַזֶּה: כִּי לֹא נַעֲשָׂה כַּפֶּסַח הַזֶּה מִימֵי הַשֹּׁפְטִים אֲשֶׁר שָׁפְטוּ אֶת־

יִשְׂרָאֵל וְכֹל יְמֵי מַלְכֵי יִשְׂרָאֵל וּמַלְכֵי יְהוּדָה: כִּי אִם־בִּשְׁמֹנֶה עֶשְׂרֵה שָׁנָה
לַמֶּלֶךְ יֹאשִׁיָּהוּ נַעֲשָׂה הַפֶּסַח הַזֶּה לַיהוָה בִּירוּשָׁלִָם: וְגַם אֶת־הָאֹבוֹת וְאֶת־
הַיִּדְּעֹנִים וְאֶת־הַתְּרָפִים וְאֶת־הַגִּלֻּלִים וְאֵת כָּל־הַשִּׁקֻּצִים אֲשֶׁר נִרְאוּ בְּאֶרֶץ
יְהוּדָה וּבִירוּשָׁלִַם בִּעֵר יֹאשִׁיָּהוּ לְמַעַן הָקִים אֶת־דִּבְרֵי הַתּוֹרָה הַכְּתֻבִים
עַל־הַסֵּפֶר אֲשֶׁר מָצָא חִלְקִיָּהוּ הַכֹּהֵן בֵּית יְהוָה: וְכָמֹהוּ לֹא־הָיָה לְפָנָיו מֶלֶךְ
אֲשֶׁר־שָׁב אֶל־יְהוָה בְּכָל־לְבָבוֹ וּבְכָל־נַפְשׁוֹ וּבְכָל־מְאֹדוֹ כְּכֹל תּוֹרַת מֹשֶׁה
וְאַחֲרָיו לֹא־קָם כָּמֹהוּ:

קריאה ליום השלישי של פסח

אם היום השלישי של פסח חל בשבת, קוראים את הקריאה לשבת חול המועד (עמ׳ 827).

שמות יג, א–טז וַיְדַבֵּר יְהוָה אֶל־מֹשֶׁה לֵּאמֹר: קַדֶּשׁ־לִי כָל־בְּכוֹר פֶּטֶר כָּל־רֶחֶם בִּבְנֵי יִשְׂרָאֵל
בָּאָדָם וּבַבְּהֵמָה לִי הוּא: וַיֹּאמֶר מֹשֶׁה אֶל־הָעָם זָכוֹר אֶת־הַיּוֹם הַזֶּה אֲשֶׁר
יְצָאתֶם מִמִּצְרַיִם מִבֵּית עֲבָדִים כִּי בְּחֹזֶק יָד הוֹצִיא יְהוָה אֶתְכֶם מִזֶּה וְלֹא
לוי יֵאָכֵל חָמֵץ: הַיּוֹם אַתֶּם יֹצְאִים בְּחֹדֶשׁ הָאָבִיב: *וְהָיָה כִי־יְבִיאֲךָ יְהוָה אֶל־
אֶרֶץ הַכְּנַעֲנִי וְהַחִתִּי וְהָאֱמֹרִי וְהַחִוִּי וְהַיְבוּסִי אֲשֶׁר נִשְׁבַּע לַאֲבֹתֶיךָ לָתֶת לָךְ
אֶרֶץ זָבַת חָלָב וּדְבָשׁ וְעָבַדְתָּ אֶת־הָעֲבֹדָה הַזֹּאת בַּחֹדֶשׁ הַזֶּה: שִׁבְעַת יָמִים
תֹּאכַל מַצֹּת וּבַיּוֹם הַשְּׁבִיעִי חַג לַיהוָה: מַצּוֹת יֵאָכֵל אֵת שִׁבְעַת הַיָּמִים וְלֹא־
יֵרָאֶה לְךָ חָמֵץ וְלֹא־יֵרָאֶה לְךָ שְׂאֹר בְּכָל־גְּבֻלֶךָ: וְהִגַּדְתָּ לְבִנְךָ בַּיּוֹם הַהוּא
לֵאמֹר בַּעֲבוּר זֶה עָשָׂה יְהוָה לִי בְּצֵאתִי מִמִּצְרָיִם: וְהָיָה לְךָ לְאוֹת עַל־יָדְךָ
וּלְזִכָּרוֹן בֵּין עֵינֶיךָ לְמַעַן תִּהְיֶה תּוֹרַת יְהוָה בְּפִיךָ כִּי בְּיָד חֲזָקָה הוֹצִאֲךָ יְהוָה
מִמִּצְרָיִם: וְשָׁמַרְתָּ אֶת־הַחֻקָּה הַזֹּאת לְמוֹעֲדָהּ מִיָּמִים יָמִימָה:
שלישי וְהָיָה כִּי־יְבִאֲךָ יְהוָה אֶל־אֶרֶץ הַכְּנַעֲנִי כַּאֲשֶׁר נִשְׁבַּע לְךָ וְלַאֲבֹתֶיךָ וּנְתָנָהּ לָךְ:
וְהַעֲבַרְתָּ כָל־פֶּטֶר־רֶחֶם לַיהוָה וְכָל־פֶּטֶר ׀ שֶׁגֶר בְּהֵמָה אֲשֶׁר יִהְיֶה לְךָ הַזְּכָרִים
לַיהוָה: וְכָל־פֶּטֶר חֲמֹר תִּפְדֶּה בְשֶׂה וְאִם־לֹא תִפְדֶּה וַעֲרַפְתּוֹ וְכֹל בְּכוֹר אָדָם
בְּבָנֶיךָ תִּפְדֶּה: וְהָיָה כִּי־יִשְׁאָלְךָ בִנְךָ מָחָר לֵאמֹר מַה־זֹּאת וְאָמַרְתָּ אֵלָיו בְּחֹזֶק
יָד הוֹצִיאָנוּ יְהוָה מִמִּצְרַיִם מִבֵּית עֲבָדִים: וַיְהִי כִּי־הִקְשָׁה פַרְעֹה לְשַׁלְּחֵנוּ
וַיַּהֲרֹג יְהוָה כָּל־בְּכוֹר בְּאֶרֶץ מִצְרַיִם מִבְּכֹר אָדָם וְעַד־בְּכוֹר בְּהֵמָה עַל־כֵּן אֲנִי
זֹבֵחַ לַיהוָה כָּל־פֶּטֶר רֶחֶם הַזְּכָרִים וְכָל־בְּכוֹר בָּנַי אֶפְדֶּה: וְהָיָה לְאוֹת עַל־יָדְכָה
וּלְטוֹטָפֹת בֵּין עֵינֶיךָ כִּי בְּחֹזֶק יָד הוֹצִיאָנוּ יְהוָה מִמִּצְרָיִם:

לרביעי קוראים מספר התורה השני:

וְהִקְרַבְתֶּם אִשֶּׁה עֹלָה לַיהוָה פָּרִים בְּנֵי־בָקָר שְׁנַיִם וְאַיִל אֶחָד וְשִׁבְעָה כְבָשִׂים במדבר כח,יט-כה
בְּנֵי שָׁנָה תְּמִימִם יִהְיוּ לָכֶם: וּמִנְחָתָם סֹלֶת בְּלוּלָה בַשָּׁמֶן שְׁלֹשָׁה עֶשְׂרֹנִים
לַפָּר וּשְׁנֵי עֶשְׂרֹנִים לָאַיִל תַּעֲשׂוּ: עִשָּׂרוֹן עִשָּׂרוֹן תַּעֲשֶׂה לַכֶּבֶשׂ הָאֶחָד לְשִׁבְעַת
הַכְּבָשִׂים: וּשְׂעִיר חַטָּאת אֶחָד לְכַפֵּר עֲלֵיכֶם: מִלְּבַד עֹלַת הַבֹּקֶר אֲשֶׁר לְעֹלַת
הַתָּמִיד תַּעֲשׂוּ אֶת־אֵלֶּה: כָּאֵלֶּה תַּעֲשׂוּ לַיּוֹם שִׁבְעַת יָמִים לֶחֶם אִשֵּׁה רֵיחַ־
נִיחֹחַ לַיהוָה עַל־עוֹלַת הַתָּמִיד יֵעָשֶׂה וְנִסְכּוֹ: וּבַיּוֹם הַשְּׁבִיעִי מִקְרָא־קֹדֶשׁ
יִהְיֶה לָכֶם כָּל־מְלֶאכֶת עֲבֹדָה לֹא תַעֲשׂוּ:

קריאה ליום הרביעי של פסח

אם היום הרביעי של פסח חל ביום ראשון, קוראים ׳וַיְדַבֵּר ה׳׳ בעמוד הקודם.

אִם־כֶּסֶף ׀ תַּלְוֶה אֶת־עַמִּי אֶת־הֶעָנִי עִמָּךְ לֹא־תִהְיֶה לוֹ כְּנֹשֶׁה לֹא־תְשִׂימוּן שמות כב,כד-כג,יט
עָלָיו נֶשֶׁךְ: אִם־חָבֹל תַּחְבֹּל שַׂלְמַת רֵעֶךָ עַד־בֹּא הַשֶּׁמֶשׁ תְּשִׁיבֶנּוּ לוֹ: כִּי הִוא
כְסוּתֹה לְבַדָּהּ הִוא שִׂמְלָתוֹ לְעֹרוֹ בַּמֶּה יִשְׁכָּב וְהָיָה כִּי־יִצְעַק אֵלַי וְשָׁמַעְתִּי
כִּי־חַנּוּן אָנִי: *אֱלֹהִים לֹא תְקַלֵּל וְנָשִׂיא בְעַמְּךָ לֹא תָאֹר: מְלֵאָתְךָ לוי
וְדִמְעֲךָ לֹא תְאַחֵר בְּכוֹר בָּנֶיךָ תִּתֶּן־לִי: כֵּן־תַּעֲשֶׂה לְשֹׁרְךָ לְצֹאנֶךָ שִׁבְעַת יָמִים
יִהְיֶה עִם־אִמּוֹ בַּיּוֹם הַשְּׁמִינִי תִּתְּנוֹ־לִי: וְאַנְשֵׁי־קֹדֶשׁ תִּהְיוּן לִי וּבָשָׂר בַּשָּׂדֶה
טְרֵפָה לֹא תֹאכֵלוּ לַכֶּלֶב תַּשְׁלִכוּן אֹתוֹ: לֹא תִשָּׂא שֵׁמַע שָׁוְא
אַל־תָּשֶׁת יָדְךָ עִם־רָשָׁע לִהְיֹת עֵד חָמָס: לֹא־תִהְיֶה אַחֲרֵי־רַבִּים לְרָעֹת וְלֹא־
תַעֲנֶה עַל־רִב לִנְטֹת אַחֲרֵי רַבִּים לְהַטֹּת: וְדָל לֹא תֶהְדַּר בְּרִיבוֹ: כִּי
תִפְגַּע שׁוֹר אֹיִבְךָ אוֹ חֲמֹרוֹ תֹּעֶה הָשֵׁב תְּשִׁיבֶנּוּ לוֹ: כִּי־תִרְאֶה חֲמוֹר
שֹׂנַאֲךָ רֹבֵץ תַּחַת מַשָּׂאוֹ וְחָדַלְתָּ מֵעֲזֹב לוֹ עָזֹב תַּעֲזֹב עִמּוֹ: *לֹא שלישי
תַטֶּה מִשְׁפַּט אֶבְיֹנְךָ בְּרִיבוֹ: מִדְּבַר־שֶׁקֶר תִּרְחָק וְנָקִי וְצַדִּיק אַל־תַּהֲרֹג כִּי לֹא־
אַצְדִּיק רָשָׁע: וְשֹׁחַד לֹא תִקָּח כִּי הַשֹּׁחַד יְעַוֵּר פִּקְחִים וִיסַלֵּף דִּבְרֵי צַדִּיקִים:
וְגֵר לֹא תִלְחָץ וְאַתֶּם יְדַעְתֶּם אֶת־נֶפֶשׁ הַגֵּר כִּי־גֵרִים הֱיִיתֶם בְּאֶרֶץ מִצְרָיִם:
וְשֵׁשׁ שָׁנִים תִּזְרַע אֶת־אַרְצֶךָ וְאָסַפְתָּ אֶת־תְּבוּאָתָהּ: וְהַשְּׁבִיעִת תִּשְׁמְטֶנָּה
וּנְטַשְׁתָּהּ וְאָכְלוּ אֶבְיֹנֵי עַמֶּךָ וְיִתְרָם תֹּאכַל חַיַּת הַשָּׂדֶה כֵּן־תַּעֲשֶׂה לְכַרְמְךָ
לְזֵיתֶךָ: שֵׁשֶׁת יָמִים תַּעֲשֶׂה מַעֲשֶׂיךָ וּבַיּוֹם הַשְּׁבִיעִי תִּשְׁבֹּת לְמַעַן יָנוּחַ שׁוֹרְךָ
וַחֲמֹרֶךָ וְיִנָּפֵשׁ בֶּן־אֲמָתְךָ וְהַגֵּר: וּבְכֹל אֲשֶׁר־אָמַרְתִּי אֲלֵיכֶם תִּשָּׁמֵרוּ וְשֵׁם

אֱלֹהִים אֲחֵרִים לֹא תַזְכִּירוּ לֹא יִשָּׁמַע עַל־פִּיךָ: שָׁלֹשׁ רְגָלִים תָּחֹג לִי בַּשָּׁנָה:
אֶת־חַג הַמַּצּוֹת תִּשְׁמֹר שִׁבְעַת יָמִים תֹּאכַל מַצּוֹת כַּאֲשֶׁר צִוִּיתִךָ לְמוֹעֵד חֹדֶשׁ
הָאָבִיב כִּי־בוֹ יָצָאתָ מִמִּצְרָיִם וְלֹא־יֵרָאוּ פָנַי רֵיקָם: וְחַג הַקָּצִיר בִּכּוּרֵי מַעֲשֶׂיךָ
אֲשֶׁר תִּזְרַע בַּשָּׂדֶה וְחַג הָאָסִף בְּצֵאת הַשָּׁנָה בְּאָסְפְּךָ אֶת־מַעֲשֶׂיךָ מִן־הַשָּׂדֶה:
שָׁלֹשׁ פְּעָמִים בַּשָּׁנָה יֵרָאֶה כָּל־זְכוּרְךָ אֶל־פְּנֵי הָאָדֹן ׀ יהוה: לֹא־תִזְבַּח עַל־
חָמֵץ דַּם־זִבְחִי וְלֹא־יָלִין חֵלֶב־חַגִּי עַד־בֹּקֶר: רֵאשִׁית בִּכּוּרֵי אַדְמָתְךָ תָּבִיא
בֵּית יהוה אֱלֹהֶיךָ לֹא־תְבַשֵּׁל גְּדִי בַּחֲלֵב אִמּוֹ:

לרביעי קוראים מספר התורה השני:

במדבר כח, יט–כה וְהִקְרַבְתֶּם אִשֶּׁה עֹלָה לַיהוָה פָּרִים בְּנֵי־בָקָר שְׁנַיִם וְאַיִל אֶחָד וְשִׁבְעָה כְבָשִׂים
בְּנֵי שָׁנָה תְּמִימִם יִהְיוּ לָכֶם: וּמִנְחָתָם סֹלֶת בְּלוּלָה בַשָּׁמֶן שְׁלֹשָׁה עֶשְׂרֹנִים
לַפָּר וּשְׁנֵי עֶשְׂרֹנִים לָאַיִל תַּעֲשׂוּ: עִשָּׂרוֹן עִשָּׂרוֹן תַּעֲשֶׂה לַכֶּבֶשׂ הָאֶחָד לְשִׁבְעַת
הַכְּבָשִׂים: וּשְׂעִיר חַטָּאת אֶחָד לְכַפֵּר עֲלֵיכֶם: מִלְּבַד עֹלַת הַבֹּקֶר אֲשֶׁר לְעֹלַת
הַתָּמִיד תַּעֲשׂוּ אֶת־אֵלֶּה: כָּאֵלֶּה תַּעֲשׂוּ לַיּוֹם שִׁבְעַת יָמִים לֶחֶם אִשֵּׁה רֵיחַ־
נִיחֹחַ לַיהוָה עַל־עוֹלַת הַתָּמִיד יֵעָשֶׂה וְנִסְכּוֹ: וּבַיּוֹם הַשְּׁבִיעִי מִקְרָא־קֹדֶשׁ
יִהְיֶה לָכֶם כָּל־מְלֶאכֶת עֲבֹדָה לֹא תַעֲשׂוּ:

קריאה ליום החמישי של פסח

אם היום החמישי של פסח חל בשבת, קוראים את הקריאה לשבת חול המועד (עמ' 827).
ואם חל ביום שני, קוראים 'אִם־כֶּסֶף' בעמוד הקודם.

שמות לד, א–כו וַיֹּאמֶר יהוה אֶל־מֹשֶׁה פְּסָל־לְךָ שְׁנֵי־לֻחֹת אֲבָנִים כָּרִאשֹׁנִים וְכָתַבְתִּי עַל־
הַלֻּחֹת אֶת־הַדְּבָרִים אֲשֶׁר הָיוּ עַל־הַלֻּחֹת הָרִאשֹׁנִים אֲשֶׁר שִׁבַּרְתָּ: וֶהְיֵה
נָכוֹן לַבֹּקֶר וְעָלִיתָ בַבֹּקֶר אֶל־הַר סִינַי וְנִצַּבְתָּ לִי שָׁם עַל־רֹאשׁ הָהָר: וְאִישׁ
לֹא־יַעֲלֶה עִמָּךְ וְגַם־אִישׁ אַל־יֵרָא בְּכָל־הָהָר גַּם־הַצֹּאן וְהַבָּקָר אַל־יִרְעוּ אֶל־
לוי מוּל הָהָר הַהוּא: *וַיִּפְסֹל שְׁנֵי־לֻחֹת אֲבָנִים כָּרִאשֹׁנִים וַיַּשְׁכֵּם מֹשֶׁה בַבֹּקֶר
וַיַּעַל אֶל־הַר סִינַי כַּאֲשֶׁר צִוָּה יהוה אֹתוֹ וַיִּקַּח בְּיָדוֹ שְׁנֵי לֻחֹת אֲבָנִים: וַיֵּרֶד
יהוה בֶּעָנָן וַיִּתְיַצֵּב עִמּוֹ שָׁם וַיִּקְרָא בְשֵׁם יהוה: וַיַּעֲבֹר יהוה ׀ עַל־פָּנָיו וַיִּקְרָא
יהוה ׀ יהוה אֵל רַחוּם וְחַנּוּן אֶרֶךְ אַפַּיִם וְרַב־חֶסֶד וֶאֱמֶת: נֹצֵר חֶסֶד לָאֲלָפִים
נֹשֵׂא עָוֺן וָפֶשַׁע וְחַטָּאָה וְנַקֵּה לֹא יְנַקֶּה פֹּקֵד ׀ עֲוֺן אָבוֹת עַל־בָּנִים וְעַל־בְּנֵי
בָנִים עַל־שִׁלֵּשִׁים וְעַל־רִבֵּעִים: וַיְמַהֵר מֹשֶׁה וַיִּקֹּד אַרְצָה וַיִּשְׁתָּחוּ: וַיֹּאמֶר

אִם־נָא מָצָאתִי חֵן בְּעֵינֶיךָ אֲדֹנָי יֵלֶךְ־נָא אֲדֹנָי בְּקִרְבֵּנוּ כִּי עַם־קְשֵׁה־עֹרֶף הוּא וְסָלַחְתָּ לַעֲוֺנֵנוּ וּלְחַטָּאתֵנוּ וּנְחַלְתָּנוּ: וַיֹּאמֶר הִנֵּה אָנֹכִי כֹּרֵת בְּרִית נֶגֶד כָּל־עַמְּךָ אֶעֱשֶׂה נִפְלָאֹת אֲשֶׁר לֹא־נִבְרְאוּ בְכָל־הָאָרֶץ וּבְכָל־הַגּוֹיִם וְרָאָה כָל־הָעָם אֲשֶׁר־אַתָּה בְקִרְבּוֹ אֶת־מַעֲשֵׂה יהוה כִּי־נוֹרָא הוּא אֲשֶׁר אֲנִי עֹשֶׂה

עִמָּךְ: *שְׁמָר־לְךָ אֵת אֲשֶׁר אָנֹכִי מְצַוְּךָ הַיּוֹם הִנְנִי גֹרֵשׁ מִפָּנֶיךָ אֶת־הָאֱמֹרִי שלישי

וְהַכְּנַעֲנִי וְהַחִתִּי וְהַפְּרִזִּי וְהַחִוִּי וְהַיְבוּסִי: הִשָּׁמֶר לְךָ פֶּן־תִּכְרֹת בְּרִית לְיוֹשֵׁב הָאָרֶץ אֲשֶׁר אַתָּה בָּא עָלֶיהָ פֶּן־יִהְיֶה לְמוֹקֵשׁ בְּקִרְבֶּךָ: כִּי אֶת־מִזְבְּחֹתָם תִּתֹּצוּן וְאֶת־מַצֵּבֹתָם תְּשַׁבֵּרוּן וְאֶת־אֲשֵׁרָיו תִּכְרֹתוּן: כִּי לֹא תִשְׁתַּחֲוֶה לְאֵל אַחֵר כִּי יהוה קַנָּא שְׁמוֹ אֵל קַנָּא הוּא: פֶּן־תִּכְרֹת בְּרִית לְיוֹשֵׁב הָאָרֶץ וְזָנוּ ׀ אַחֲרֵי אֱלֹהֵיהֶם וְזָבְחוּ לֵאלֹהֵיהֶם וְקָרָא לְךָ וְאָכַלְתָּ מִזִּבְחוֹ: וְלָקַחְתָּ מִבְּנֹתָיו לְבָנֶיךָ וְזָנוּ בְנֹתָיו אַחֲרֵי אֱלֹהֵיהֶן וְהִזְנוּ אֶת־בָּנֶיךָ אַחֲרֵי אֱלֹהֵיהֶן: אֱלֹהֵי מַסֵּכָה לֹא תַעֲשֶׂה־לָּךְ: אֶת־חַג הַמַּצּוֹת תִּשְׁמֹר שִׁבְעַת יָמִים תֹּאכַל מַצּוֹת אֲשֶׁר צִוִּיתִךָ לְמוֹעֵד חֹדֶשׁ הָאָבִיב כִּי בְּחֹדֶשׁ הָאָבִיב יָצָאתָ מִמִּצְרָיִם: כָּל־פֶּטֶר רֶחֶם לִי וְכָל־מִקְנְךָ תִּזָּכָר פֶּטֶר שׁוֹר וָשֶׂה: וּפֶטֶר חֲמוֹר תִּפְדֶּה בְשֶׂה וְאִם־לֹא תִפְדֶּה וַעֲרַפְתּוֹ כֹּל בְּכוֹר בָּנֶיךָ תִּפְדֶּה וְלֹא־יֵרָאוּ פָנַי רֵיקָם: שֵׁשֶׁת יָמִים תַּעֲבֹד וּבַיּוֹם הַשְּׁבִיעִי תִּשְׁבֹּת בֶּחָרִישׁ וּבַקָּצִיר תִּשְׁבֹּת: וְחַג שָׁבֻעֹת תַּעֲשֶׂה לְךָ בִּכּוּרֵי קְצִיר חִטִּים וְחַג הָאָסִיף תְּקוּפַת הַשָּׁנָה: שָׁלֹשׁ פְּעָמִים בַּשָּׁנָה יֵרָאֶה כָּל־זְכוּרְךָ אֶת־פְּנֵי הָאָדֹן ׀ יהוה אֱלֹהֵי יִשְׂרָאֵל: כִּי־אוֹרִישׁ גּוֹיִם מִפָּנֶיךָ וְהִרְחַבְתִּי אֶת־גְּבֻלֶךָ וְלֹא־יַחְמֹד אִישׁ אֶת־אַרְצְךָ בַּעֲלֹתְךָ לֵרָאוֹת אֶת־פְּנֵי יהוה אֱלֹהֶיךָ שָׁלֹשׁ פְּעָמִים בַּשָּׁנָה: לֹא־תִשְׁחַט עַל־חָמֵץ דַּם־זִבְחִי וְלֹא־יָלִין לַבֹּקֶר זֶבַח חַג הַפָּסַח: רֵאשִׁית בִּכּוּרֵי אַדְמָתְךָ תָּבִיא בֵּית יהוה אֱלֹהֶיךָ לֹא־תְבַשֵּׁל גְּדִי בַּחֲלֵב אִמּוֹ:

לרביעי קוראים מספר התורה השני:

וְהִקְרַבְתֶּם אִשֶּׁה עֹלָה לַיהוה פָּרִים בְּנֵי־בָקָר שְׁנַיִם וְאַיִל אֶחָד וְשִׁבְעָה כְבָשִׂים במדבר כח,יט–כה

בְּנֵי שָׁנָה תְּמִימִם יִהְיוּ לָכֶם: וּמִנְחָתָם סֹלֶת בְּלוּלָה בַשָּׁמֶן שְׁלֹשָׁה עֶשְׂרֹנִים לַפָּר וּשְׁנֵי עֶשְׂרֹנִים לָאַיִל תַּעֲשׂוּ: עִשָּׂרוֹן עִשָּׂרוֹן תַּעֲשֶׂה לַכֶּבֶשׂ הָאֶחָד לְשִׁבְעַת הַכְּבָשִׂים: וּשְׂעִיר חַטָּאת אֶחָד לְכַפֵּר עֲלֵיכֶם: מִלְּבַד עֹלַת הַבֹּקֶר אֲשֶׁר לְעֹלַת הַתָּמִיד תַּעֲשׂוּ אֶת־אֵלֶּה: כָּאֵלֶּה תַּעֲשׂוּ לַיּוֹם שִׁבְעַת יָמִים לֶחֶם אִשֵּׁה רֵיחַ־

נִיחֹחַ לַיהֹוָה עַל־עוֹלַת הַתָּמִיד יֵעָשֶׂה וְנִסְכּוֹ: וּבַיּוֹם הַשְּׁבִיעִי מִקְרָא־קֹדֶשׁ יִהְיֶה לָכֶם כָּל־מְלֶאכֶת עֲבֹדָה לֹא תַעֲשׂוּ:

קריאה ליום השישי של פסח

במדבר ט,א-יד וַיְדַבֵּר יְהֹוָה אֶל־מֹשֶׁה בְמִדְבַּר־סִינַי בַּשָּׁנָה הַשֵּׁנִית לְצֵאתָם מֵאֶרֶץ מִצְרַיִם בַּחֹדֶשׁ הָרִאשׁוֹן לֵאמֹר: וְיַעֲשׂוּ בְנֵי־יִשְׂרָאֵל אֶת־הַפָּסַח בְּמוֹעֲדוֹ: בְּאַרְבָּעָה עָשָׂר־יוֹם בַּחֹדֶשׁ הַזֶּה בֵּין הָעַרְבַּיִם תַּעֲשׂוּ אֹתוֹ בְּמֹעֲדוֹ כְּכָל־חֻקֹּתָיו וּכְכָל־מִשְׁפָּטָיו תַּעֲשׂוּ אֹתוֹ: וַיְדַבֵּר מֹשֶׁה אֶל־בְּנֵי יִשְׂרָאֵל לַעֲשֹׂת הַפָּסַח: וַיַּעֲשׂוּ אֶת־הַפֶּסַח בָּרִאשׁוֹן בְּאַרְבָּעָה עָשָׂר יוֹם לַחֹדֶשׁ בֵּין הָעַרְבַּיִם בְּמִדְבַּר סִינָי

לוי כְּכֹל אֲשֶׁר צִוָּה יְהֹוָה אֶת־מֹשֶׁה כֵּן עָשׂוּ בְּנֵי יִשְׂרָאֵל: *וַיְהִי אֲנָשִׁים אֲשֶׁר הָיוּ טְמֵאִים לְנֶפֶשׁ אָדָם וְלֹא־יָכְלוּ לַעֲשֹׂת־הַפֶּסַח בַּיּוֹם הַהוּא וַיִּקְרְבוּ לִפְנֵי מֹשֶׁה וְלִפְנֵי אַהֲרֹן בַּיּוֹם הַהוּא: וַיֹּאמְרוּ הָאֲנָשִׁים הָהֵמָּה אֵלָיו אֲנַחְנוּ טְמֵאִים לְנֶפֶשׁ אָדָם לָמָּה נִגָּרַע לְבִלְתִּי הַקְרִיב אֶת־קָרְבַּן יְהֹוָה בְּמֹעֲדוֹ בְּתוֹךְ בְּנֵי יִשְׂרָאֵל: וַיֹּאמֶר אֲלֵהֶם מֹשֶׁה עִמְדוּ וְאֶשְׁמְעָה מַה־יְצַוֶּה יְהֹוָה לָכֶם:

שלישי וַיְדַבֵּר יְהֹוָה אֶל־מֹשֶׁה לֵּאמֹר: דַּבֵּר אֶל־בְּנֵי יִשְׂרָאֵל לֵאמֹר אִישׁ אִישׁ כִּי־יִהְיֶה טָמֵא ׀ לָנֶפֶשׁ אוֹ בְדֶרֶךְ רְחֹקָה לָכֶם אוֹ לְדֹרֹתֵיכֶם וְעָשָׂה פֶסַח לַיהֹוָה: בַּחֹדֶשׁ הַשֵּׁנִי בְּאַרְבָּעָה עָשָׂר יוֹם בֵּין הָעַרְבַּיִם יַעֲשׂוּ אֹתוֹ עַל־מַצּוֹת וּמְרֹרִים יֹאכְלֻהוּ: לֹא־יַשְׁאִירוּ מִמֶּנּוּ עַד־בֹּקֶר וְעֶצֶם לֹא יִשְׁבְּרוּ־בוֹ כְּכָל־חֻקַּת הַפֶּסַח יַעֲשׂוּ אֹתוֹ: וְהָאִישׁ אֲשֶׁר־הוּא טָהוֹר וּבְדֶרֶךְ לֹא־הָיָה וְחָדַל לַעֲשׂוֹת הַפֶּסַח וְנִכְרְתָה הַנֶּפֶשׁ הַהִוא מֵעַמֶּיהָ כִּי ׀ קָרְבַּן יְהֹוָה לֹא הִקְרִיב בְּמֹעֲדוֹ חֶטְאוֹ יִשָּׂא הָאִישׁ הַהוּא: וְכִי־יָגוּר אִתְּכֶם גֵּר וְעָשָׂה פֶסַח לַיהֹוָה כְּחֻקַּת הַפֶּסַח וּכְמִשְׁפָּטוֹ כֵּן יַעֲשֶׂה חֻקָּה אַחַת יִהְיֶה לָכֶם וְלַגֵּר וּלְאֶזְרַח הָאָרֶץ:

לרביעי קוראים מספר התורה השני:

במדבר כח,יט-כה וְהִקְרַבְתֶּם אִשֶּׁה עֹלָה לַיהֹוָה פָּרִים בְּנֵי־בָקָר שְׁנַיִם וְאַיִל אֶחָד וְשִׁבְעָה כְבָשִׂים בְּנֵי שָׁנָה תְּמִימִם יִהְיוּ לָכֶם: וּמִנְחָתָם סֹלֶת בְּלוּלָה בַשָּׁמֶן שְׁלֹשָׁה עֶשְׂרֹנִים לַפָּר וּשְׁנֵי עֶשְׂרֹנִים לָאַיִל תַּעֲשׂוּ: עִשָּׂרוֹן עִשָּׂרוֹן תַּעֲשֶׂה לַכֶּבֶשׂ הָאֶחָד לְשִׁבְעַת הַכְּבָשִׂים: וּשְׂעִיר חַטָּאת אֶחָד לְכַפֵּר עֲלֵיכֶם: מִלְּבַד עֹלַת הַבֹּקֶר אֲשֶׁר לְעֹלַת הַתָּמִיד תַּעֲשׂוּ אֶת־אֵלֶּה: כָּאֵלֶּה תַּעֲשׂוּ לַיּוֹם שִׁבְעַת יָמִים לֶחֶם אִשֵּׁה רֵיחַ־נִיחֹחַ לַיהֹוָה עַל־עוֹלַת הַתָּמִיד יֵעָשֶׂה וְנִסְכּוֹ: וּבַיּוֹם הַשְּׁבִיעִי מִקְרָא־קֹדֶשׁ יִהְיֶה לָכֶם כָּל־מְלֶאכֶת עֲבֹדָה לֹא תַעֲשׂוּ:

קריאה לשבת חול המועד פסח וסוכות

וַיֹּאמֶר מֹשֶׁה אֶל־יְהוָה רְאֵה אַתָּה אֹמֵר אֵלַי הַעַל אֶת־הָעָם הַזֶּה וְאַתָּה לֹא (שמות לג,יב-לד,כו)
הוֹדַעְתַּנִי אֵת אֲשֶׁר־תִּשְׁלַח עִמִּי וְאַתָּה אָמַרְתָּ יְדַעְתִּיךָ בְשֵׁם וְגַם־מָצָאתָ
חֵן בְּעֵינָי: וְעַתָּה אִם־נָא מָצָאתִי חֵן בְּעֵינֶיךָ הוֹדִעֵנִי נָא אֶת־דְּרָכֶךָ וְאֵדָעֲךָ
לְמַעַן אֶמְצָא־חֵן בְּעֵינֶיךָ וּרְאֵה כִּי עַמְּךָ הַגּוֹי הַזֶּה: וַיֹּאמַר פָּנַי יֵלֵכוּ וַהֲנִחֹתִי
לָךְ: וַיֹּאמֶר אֵלָיו אִם־אֵין פָּנֶיךָ הֹלְכִים אַל־תַּעֲלֵנוּ מִזֶּה: וּבַמֶּה ׀ יִוָּדַע אֵפוֹא
כִּי־מָצָאתִי חֵן בְּעֵינֶיךָ אֲנִי וְעַמֶּךָ הֲלוֹא בְּלֶכְתְּךָ עִמָּנוּ וְנִפְלֵינוּ אֲנִי וְעַמְּךָ
מִכָּל־הָעָם אֲשֶׁר עַל־פְּנֵי הָאֲדָמָה:

וַיֹּאמֶר יְהוָה אֶל־מֹשֶׁה גַּם אֶת־הַדָּבָר הַזֶּה אֲשֶׁר דִּבַּרְתָּ אֶעֱשֶׂה כִּי־מָצָאתָ (לוי)
חֵן בְּעֵינַי וָאֵדָעֲךָ בְּשֵׁם: וַיֹּאמַר הַרְאֵנִי נָא אֶת־כְּבֹדֶךָ: וַיֹּאמֶר אֲנִי אַעֲבִיר
כָּל־טוּבִי עַל־פָּנֶיךָ וְקָרָאתִי בְשֵׁם יְהוָה לְפָנֶיךָ וְחַנֹּתִי אֶת־אֲשֶׁר אָחֹן וְרִחַמְתִּי
אֶת־אֲשֶׁר אֲרַחֵם: *וַיֹּאמֶר לֹא תוּכַל לִרְאֹת אֶת־פָּנָי כִּי לֹא־יִרְאַנִי הָאָדָם וָחָי: (שלישי)
וַיֹּאמֶר יְהוָה הִנֵּה מָקוֹם אִתִּי וְנִצַּבְתָּ עַל־הַצּוּר: וְהָיָה בַּעֲבֹר כְּבֹדִי וְשַׂמְתִּיךָ
בְּנִקְרַת הַצּוּר וְשַׂכֹּתִי כַפִּי עָלֶיךָ עַד־עָבְרִי: וַהֲסִרֹתִי אֶת־כַּפִּי וְרָאִיתָ אֶת־
אֲחֹרָי וּפָנַי לֹא יֵרָאוּ:

וַיֹּאמֶר יְהוָה אֶל־מֹשֶׁה פְּסָל־לְךָ שְׁנֵי־לֻחֹת אֲבָנִים כָּרִאשֹׁנִים וְכָתַבְתִּי עַל־ (רביעי)
הַלֻּחֹת אֶת־הַדְּבָרִים אֲשֶׁר הָיוּ עַל־הַלֻּחֹת הָרִאשֹׁנִים אֲשֶׁר שִׁבַּרְתָּ: וֶהְיֵה
נָכוֹן לַבֹּקֶר וְעָלִיתָ בַבֹּקֶר אֶל־הַר סִינַי וְנִצַּבְתָּ לִי שָׁם עַל־רֹאשׁ הָהָר: וְאִישׁ
לֹא־יַעֲלֶה עִמָּךְ וְגַם־אִישׁ אַל־יֵרָא בְּכָל־הָהָר גַּם־הַצֹּאן וְהַבָּקָר אַל־יִרְעוּ אֶל־
מוּל הָהָר הַהוּא: *וַיִּפְסֹל שְׁנֵי־לֻחֹת אֲבָנִים כָּרִאשֹׁנִים וַיַּשְׁכֵּם מֹשֶׁה בַבֹּקֶר (חמישי)
וַיַּעַל אֶל־הַר סִינַי כַּאֲשֶׁר צִוָּה יְהוָה אֹתוֹ וַיִּקַּח בְּיָדוֹ שְׁנֵי לֻחֹת אֲבָנִים: וַיֵּרֶד
יְהוָה בֶּעָנָן וַיִּתְיַצֵּב עִמּוֹ שָׁם וַיִּקְרָא בְשֵׁם יְהוָה: וַיַּעֲבֹר יְהוָה ׀ עַל־פָּנָיו וַיִּקְרָא
יְהוָה ׀ יְהוָה אֵל רַחוּם וְחַנּוּן אֶרֶךְ אַפַּיִם וְרַב־חֶסֶד וֶאֱמֶת: נֹצֵר חֶסֶד לָאֲלָפִים
נֹשֵׂא עָוֹן וָפֶשַׁע וְחַטָּאָה וְנַקֵּה לֹא יְנַקֶּה פֹּקֵד ׀ עֲוֹן אָבוֹת עַל־בָּנִים וְעַל־בְּנֵי
בָנִים עַל־שִׁלֵּשִׁים וְעַל־רִבֵּעִים: וַיְמַהֵר מֹשֶׁה וַיִּקֹּד אַרְצָה וַיִּשְׁתָּחוּ: וַיֹּאמֶר
אִם־נָא מָצָאתִי חֵן בְּעֵינֶיךָ אֲדֹנָי יֵלֶךְ־נָא אֲדֹנָי בְּקִרְבֵּנוּ כִּי עַם־קְשֵׁה־עֹרֶף
הוּא וְסָלַחְתָּ לַעֲוֹנֵנוּ וּלְחַטָּאתֵנוּ וּנְחַלְתָּנוּ: וַיֹּאמֶר הִנֵּה אָנֹכִי כֹּרֵת בְּרִית נֶגֶד
כָּל־עַמְּךָ אֶעֱשֶׂה נִפְלָאֹת אֲשֶׁר לֹא־נִבְרְאוּ בְכָל־הָאָרֶץ וּבְכָל־הַגּוֹיִם וְרָאָה
כָל־הָעָם אֲשֶׁר־אַתָּה בְקִרְבּוֹ אֶת־מַעֲשֵׂה יְהוָה כִּי־נוֹרָא הוּא אֲשֶׁר אֲנִי עֹשֶׂה
עִמָּךְ: *שְׁמָר־לְךָ אֵת אֲשֶׁר אָנֹכִי מְצַוְּךָ הַיּוֹם הִנְנִי גֹרֵשׁ מִפָּנֶיךָ אֶת־הָאֱמֹרִי (שישי)

וְהַכְּנַעֲנִי וְהַחִתִּי וְהַפְּרִזִּי וְהַחִוִּי וְהַיְבוּסִי׃ הִשָּׁמֶר לְךָ פֶּן־תִּכְרֹת בְּרִית לְיוֹשֵׁב
הָאָרֶץ אֲשֶׁר אַתָּה בָּא עָלֶיהָ פֶּן־יִהְיֶה לְמוֹקֵשׁ בְּקִרְבֶּךָ׃ כִּי אֶת־מִזְבְּחֹתָם
תִּתֹּצוּן וְאֶת־מַצֵּבֹתָם תְּשַׁבֵּרוּן וְאֶת־אֲשֵׁרָיו תִּכְרֹתוּן׃ כִּי לֹא תִשְׁתַּחֲוֶה לְאֵל
אַחֵר כִּי יהוה קַנָּא שְׁמוֹ אֵל קַנָּא הוּא׃ פֶּן־תִּכְרֹת בְּרִית לְיוֹשֵׁב הָאָרֶץ וְזָנוּ ׀
אַחֲרֵי אֱלֹהֵיהֶם וְזָבְחוּ לֵאלֹהֵיהֶם וְקָרָא לְךָ וְאָכַלְתָּ מִזִּבְחוֹ׃ וְלָקַחְתָּ מִבְּנֹתָיו
לְבָנֶיךָ וְזָנוּ בְנֹתָיו אַחֲרֵי אֱלֹהֵיהֶן וְהִזְנוּ אֶת־בָּנֶיךָ אַחֲרֵי אֱלֹהֵיהֶן׃ אֱלֹהֵי מַסֵּכָה
שביעי לֹא תַעֲשֶׂה־לָּךְ׃ *אֶת־חַג הַמַּצּוֹת תִּשְׁמֹר שִׁבְעַת יָמִים תֹּאכַל מַצּוֹת אֲשֶׁר
צִוִּיתִךָ לְמוֹעֵד חֹדֶשׁ הָאָבִיב כִּי בְּחֹדֶשׁ הָאָבִיב יָצָאתָ מִמִּצְרָיִם׃ כָּל־פֶּטֶר
רֶחֶם לִי וְכָל־מִקְנְךָ תִּזָּכָר פֶּטֶר שׁוֹר וָשֶׂה׃ וּפֶטֶר חֲמוֹר תִּפְדֶּה בְשֶׂה וְאִם־
לֹא תִפְדֶּה וַעֲרַפְתּוֹ כֹּל בְּכוֹר בָּנֶיךָ תִּפְדֶּה וְלֹא־יֵרָאוּ פָנַי רֵיקָם׃ שֵׁשֶׁת יָמִים
תַּעֲבֹד וּבַיּוֹם הַשְּׁבִיעִי תִּשְׁבֹּת בֶּחָרִישׁ וּבַקָּצִיר תִּשְׁבֹּת׃ וְחַג שָׁבֻעֹת תַּעֲשֶׂה
לְךָ בִּכּוּרֵי קְצִיר חִטִּים וְחַג הָאָסִיף תְּקוּפַת הַשָּׁנָה׃ שָׁלֹשׁ פְּעָמִים בַּשָּׁנָה
יֵרָאֶה כָּל־זְכוּרְךָ אֶת־פְּנֵי הָאָדֹן ׀ יהוה אֱלֹהֵי יִשְׂרָאֵל׃ כִּי־אוֹרִישׁ גּוֹיִם מִפָּנֶיךָ
וְהִרְחַבְתִּי אֶת־גְּבֻלֶךָ וְלֹא־יַחְמֹד אִישׁ אֶת־אַרְצְךָ בַּעֲלֹתְךָ לֵרָאוֹת אֶת־פְּנֵי
יהוה אֱלֹהֶיךָ שָׁלֹשׁ פְּעָמִים בַּשָּׁנָה׃ לֹא־תִשְׁחַט עַל־חָמֵץ דַּם־זִבְחִי וְלֹא־יָלִין
לַבֹּקֶר זֶבַח חַג הַפָּסַח׃ רֵאשִׁית בִּכּוּרֵי אַדְמָתְךָ תָּבִיא בֵּית יהוה אֱלֹהֶיךָ לֹא־
תְבַשֵּׁל גְּדִי בַּחֲלֵב אִמּוֹ׃

בשבת חול המועד פסח קוראים למפטיר 'וְהִקְרַבְתֶּם' כבשאר ימי המועד (עמ' 825).
בשבת חול המועד סוכות קוראים את הקריאה ליום המתאים (עמ' 846).

הפטרה לשבת חול המועד פסח

יחזקאל לז, א-יד הָיְתָה עָלַי יַד־יהוה וַיּוֹצִאֵנִי בְרוּחַ יהוה וַיְנִיחֵנִי בְּתוֹךְ הַבִּקְעָה וְהִיא מְלֵאָה
עֲצָמוֹת׃ וְהֶעֱבִירַנִי עֲלֵיהֶם סָבִיב ׀ סָבִיב וְהִנֵּה רַבּוֹת מְאֹד עַל־פְּנֵי הַבִּקְעָה
וְהִנֵּה יְבֵשׁוֹת מְאֹד׃ וַיֹּאמֶר אֵלַי בֶּן־אָדָם הֲתִחְיֶינָה הָעֲצָמוֹת הָאֵלֶּה וָאֹמַר
אֲדֹנָי יֱהֹוִה אַתָּה יָדָעְתָּ׃ וַיֹּאמֶר אֵלַי הִנָּבֵא עַל־הָעֲצָמוֹת הָאֵלֶּה וְאָמַרְתָּ
אֲלֵיהֶם הָעֲצָמוֹת הַיְבֵשׁוֹת שִׁמְעוּ דְּבַר־יהוה׃ כֹּה אָמַר אֲדֹנָי יֱהֹוִה לָעֲצָמוֹת
הָאֵלֶּה הִנֵּה אֲנִי מֵבִיא בָכֶם רוּחַ וִחְיִיתֶם׃ וְנָתַתִּי עֲלֵיכֶם גִּידִים וְהַעֲלֵתִי
עֲלֵיכֶם בָּשָׂר וְקָרַמְתִּי עֲלֵיכֶם עוֹר וְנָתַתִּי בָכֶם רוּחַ וִחְיִיתֶם וִידַעְתֶּם כִּי־אֲנִי

יהוה: ונבאתי כאשר צויתי ויהי־קול כהנבאי והנה־רעש ותקרבו עצמות עצם אל־עצמו: וראיתי והנה־עליהם גדים ובשר עלה ויקרם עליהם עור מלמעלה ורוח אין בהם: ויאמר אלי הנבא אל־הרוח הנבא בן־אדם ואמרת אל־הרוח כה־אמר | אדני יהוה מארבע רוחות באי הרוח ופחי בהרוגים האלה ויחיו: והנבאתי כאשר צוני ותבוא בהם הרוח ויחיו ויעמדו על־רגליהם חיל גדול מאד מאד: ויאמר אלי בן־אדם העצמות האלה כל־בית ישראל המה הנה אמרים יבשו עצמותינו ואבדה תקותנו נגזרנו לנו: לכן הנבא ואמרת אליהם כה־אמר אדני יהוה הנה אני פתח את־קברותיכם והעליתי אתכם מקברותיכם עמי והבאתי אתכם אל־אדמת ישראל: וידעתם כי־אני יהוה בפתחי את־קברותיכם ובהעלותי אתכם מקברותיכם עמי: ונתתי רוחי בכם וחייתם והנחתי אתכם על־אדמתכם וידעתם כי אני יהוה דברתי ועשיתי נאם־יהוה:

קריאה לשביעי של פסח

ויהי בשלח פרעה את־העם ולא־נחם אלהים דרך ארץ פלשתים כי קרוב שמות יג, יז – טו, כו
הוא כי | אמר אלהים פן־ינחם העם בראתם מלחמה ושבו מצרימה: ויסב
אלהים | את־העם דרך המדבר ים־סוף וחמשים עלו בני־ישראל מארץ
מצרים: ויקח משה את־עצמות יוסף עמו כי השבע השביע את־בני ישראל
לאמר פקד יפקד אלהים אתכם והעליתם את־עצמתי מזה אתכם: *ויסעו (בשבת לוי)
מסכת ויחנו באתם בקצה המדבר: ויהוה הלך לפניהם יומם בעמוד ענן
לנחתם הדרך ולילה בעמוד אש להאיר להם ללכת יומם ולילה: לא־ימיש
עמוד הענן יומם ועמוד האש לילה לפני העם:

וידבר יהוה אל־משה לאמר: דבר אל־בני ישראל וישבו ויחנו לפני פי לוי
החירת בין מגדל ובין הים לפני בעל צפן נכחו תחנו על־הים: ואמר פרעה (בשבת שלישי)
לבני ישראל נבכים הם בארץ סגר עליהם המדבר: וחזקתי את־לב־פרעה
ורדף אחריהם ואכבדה בפרעה ובכל־חילו וידעו מצרים כי־אני יהוה ויעשו־
כן: *ויגד למלך מצרים כי ברח העם ויהפך לבב פרעה ועבדיו אל־העם (בשבת רביעי)
ויאמרו מה־זאת עשינו כי־שלחנו את־ישראל מעבדנו: ויאסר את־רכבו

וְאֶת־עַמּוֹ לָקַח עִמּוֹ׃ וַיִּקַּח שֵׁשׁ־מֵאוֹת רֶכֶב בָּחוּר וְכֹל רֶכֶב מִצְרָיִם וְשָׁלִשִׁם
עַל־כֻּלּוֹ׃ וַיְחַזֵּק יהוה אֶת־לֵב פַּרְעֹה מֶלֶךְ מִצְרַיִם וַיִּרְדֹּף אַחֲרֵי בְּנֵי יִשְׂרָאֵל
שלישי (בשבת חמישי) וּבְנֵי יִשְׂרָאֵל יֹצְאִים בְּיָד רָמָה׃ *וַיִּרְדְּפוּ מִצְרַיִם אַחֲרֵיהֶם וַיַּשִּׂיגוּ אוֹתָם חֹנִים
עַל־הַיָּם כָּל־סוּס רֶכֶב פַּרְעֹה וּפָרָשָׁיו וְחֵילוֹ עַל־פִּי הַחִירֹת לִפְנֵי בַּעַל צְפֹן׃
וּפַרְעֹה הִקְרִיב וַיִּשְׂאוּ בְנֵי־יִשְׂרָאֵל אֶת־עֵינֵיהֶם וְהִנֵּה מִצְרַיִם ׀ נֹסֵעַ אַחֲרֵיהֶם
וַיִּירְאוּ מְאֹד וַיִּצְעֲקוּ בְנֵי־יִשְׂרָאֵל אֶל־יהוה׃ וַיֹּאמְרוּ אֶל־מֹשֶׁה הֲמִבְּלִי אֵין־
קְבָרִים בְּמִצְרַיִם לְקַחְתָּנוּ לָמוּת בַּמִּדְבָּר מַה־זֹּאת עָשִׂיתָ לָּנוּ לְהוֹצִיאָנוּ
מִמִּצְרָיִם׃ הֲלֹא־זֶה הַדָּבָר אֲשֶׁר דִּבַּרְנוּ אֵלֶיךָ בְמִצְרַיִם לֵאמֹר חֲדַל מִמֶּנּוּ
וְנַעַבְדָה אֶת־מִצְרָיִם כִּי טוֹב לָנוּ עֲבֹד אֶת־מִצְרַיִם מִמֻּתֵנוּ בַּמִּדְבָּר׃ וַיֹּאמֶר
מֹשֶׁה אֶל־הָעָם אַל־תִּירָאוּ הִתְיַצְּבוּ וּרְאוּ אֶת־יְשׁוּעַת יהוה אֲשֶׁר־יַעֲשֶׂה לָכֶם
הַיּוֹם כִּי אֲשֶׁר רְאִיתֶם אֶת־מִצְרַיִם הַיּוֹם לֹא תֹסִפוּ לִרְאֹתָם עוֹד עַד־עוֹלָם׃
יהוה יִלָּחֵם לָכֶם וְאַתֶּם תַּחֲרִשׁוּן׃

רביעי (בשבת שישי) וַיֹּאמֶר יהוה אֶל־מֹשֶׁה מַה־תִּצְעַק אֵלָי דַּבֵּר אֶל־בְּנֵי־יִשְׂרָאֵל וְיִסָּעוּ׃ וְאַתָּה
הָרֵם אֶת־מַטְּךָ וּנְטֵה אֶת־יָדְךָ עַל־הַיָּם וּבְקָעֵהוּ וְיָבֹאוּ בְנֵי־יִשְׂרָאֵל בְּתוֹךְ הַיָּם
בַּיַּבָּשָׁה׃ וַאֲנִי הִנְנִי מְחַזֵּק אֶת־לֵב מִצְרַיִם וְיָבֹאוּ אַחֲרֵיהֶם וְאִכָּבְדָה בְּפַרְעֹה
וּבְכָל־חֵילוֹ בְּרִכְבּוֹ וּבְפָרָשָׁיו׃ וְיָדְעוּ מִצְרַיִם כִּי־אֲנִי יהוה בְּהִכָּבְדִי בְּפַרְעֹה
בְּרִכְבּוֹ וּבְפָרָשָׁיו׃ וַיִּסַּע מַלְאַךְ הָאֱלֹהִים הַהֹלֵךְ לִפְנֵי מַחֲנֵה יִשְׂרָאֵל וַיֵּלֶךְ
מֵאַחֲרֵיהֶם וַיִּסַּע עַמּוּד הֶעָנָן מִפְּנֵיהֶם וַיַּעֲמֹד מֵאַחֲרֵיהֶם׃ וַיָּבֹא בֵּין ׀ מַחֲנֵה
מִצְרַיִם וּבֵין מַחֲנֵה יִשְׂרָאֵל וַיְהִי הֶעָנָן וְהַחֹשֶׁךְ וַיָּאֶר אֶת־הַלָּיְלָה וְלֹא־קָרַב
זֶה אֶל־זֶה כָּל־הַלָּיְלָה׃ וַיֵּט מֹשֶׁה אֶת־יָדוֹ עַל־הַיָּם וַיּוֹלֶךְ יהוה ׀ אֶת־הַיָּם
בְּרוּחַ קָדִים עַזָּה כָּל־הַלַּיְלָה וַיָּשֶׂם אֶת־הַיָּם לֶחָרָבָה וַיִּבָּקְעוּ הַמָּיִם׃ וַיָּבֹאוּ
בְנֵי־יִשְׂרָאֵל בְּתוֹךְ הַיָּם בַּיַּבָּשָׁה וְהַמַּיִם לָהֶם חוֹמָה מִימִינָם וּמִשְּׂמֹאלָם׃
וַיִּרְדְּפוּ מִצְרַיִם וַיָּבֹאוּ אַחֲרֵיהֶם כֹּל סוּס פַּרְעֹה רִכְבּוֹ וּפָרָשָׁיו אֶל־תּוֹךְ הַיָּם׃
וַיְהִי בְּאַשְׁמֹרֶת הַבֹּקֶר וַיַּשְׁקֵף יהוה אֶל־מַחֲנֵה מִצְרַיִם בְּעַמּוּד אֵשׁ וְעָנָן וַיָּהָם
אֵת מַחֲנֵה מִצְרָיִם׃ וַיָּסַר אֵת אֹפַן מַרְכְּבֹתָיו וַיְנַהֲגֵהוּ בִּכְבֵדֻת וַיֹּאמֶר מִצְרַיִם
אָנוּסָה מִפְּנֵי יִשְׂרָאֵל כִּי יהוה נִלְחָם לָהֶם בְּמִצְרָיִם׃

חמישי (בשבת שביעי) וַיֹּאמֶר יהוה אֶל־מֹשֶׁה נְטֵה אֶת־יָדְךָ עַל־הַיָּם וְיָשֻׁבוּ הַמַּיִם עַל־מִצְרַיִם
עַל־רִכְבּוֹ וְעַל־פָּרָשָׁיו׃ וַיֵּט מֹשֶׁה אֶת־יָדוֹ עַל־הַיָּם וַיָּשָׁב הַיָּם לִפְנוֹת בֹּקֶר

לְאֵיתָנוֹ וּמִצְרַיִם נָסִים לִקְרָאתוֹ וַיְנַעֵר יהוה אֶת־מִצְרַיִם בְּתוֹךְ הַיָּם: וַיָּשֻׁבוּ הַמַּיִם וַיְכַסּוּ אֶת־הָרֶכֶב וְאֶת־הַפָּרָשִׁים לְכֹל חֵיל פַּרְעֹה הַבָּאִים אַחֲרֵיהֶם בַּיָּם לֹא־נִשְׁאַר בָּהֶם עַד־אֶחָד: וּבְנֵי יִשְׂרָאֵל הָלְכוּ בַיַּבָּשָׁה בְּתוֹךְ הַיָּם וְהַמַּיִם לָהֶם חֹמָה מִימִינָם וּמִשְּׂמֹאלָם: וַיּוֹשַׁע יהוה בַּיּוֹם הַהוּא אֶת־יִשְׂרָאֵל מִיַּד מִצְרָיִם וַיַּרְא יִשְׂרָאֵל אֶת־מִצְרַיִם מֵת עַל־שְׂפַת הַיָּם: וַיַּרְא יִשְׂרָאֵל אֶת־הַיָּד הַגְּדֹלָה אֲשֶׁר עָשָׂה יהוה בְּמִצְרַיִם וַיִּירְאוּ הָעָם אֶת־יהוה וַיַּאֲמִינוּ בַּיהוה וּבְמֹשֶׁה עַבְדּוֹ:

אָז יָשִׁיר־מֹשֶׁה וּבְנֵי יִשְׂרָאֵל אֶת־הַשִּׁירָה הַזֹּאת לַיהוה וַיֹּאמְרוּ
לֵאמֹר   אָשִׁירָה לַיהוה כִּי־גָאֹה גָּאָה   סוּס
וְרֹכְבוֹ רָמָה בַיָּם: עָזִּי וְזִמְרָת יָהּ וַיְהִי־לִי
לִישׁוּעָה   זֶה אֵלִי וְאַנְוֵהוּ   אֱלֹהֵי
אָבִי וַאֲרֹמְמֶנְהוּ:   יהוה אִישׁ מִלְחָמָה יהוה
שְׁמוֹ:   מַרְכְּבֹת פַּרְעֹה וְחֵילוֹ יָרָה בַיָּם   וּמִבְחַר
שָׁלִשָׁיו טֻבְּעוּ בְיַם־סוּף: תְּהֹמֹת יְכַסְיֻמוּ יָרְדוּ בִמְצוֹלֹת כְּמוֹ־
אָבֶן: יְמִינְךָ יהוה נֶאְדָּרִי בַּכֹּחַ   יְמִינְךָ
יהוה תִּרְעַץ אוֹיֵב: וּבְרֹב גְּאוֹנְךָ תַּהֲרֹס
קָמֶיךָ   תְּשַׁלַּח חֲרֹנְךָ יֹאכְלֵמוֹ כַּקַּשׁ:   וּבְרוּחַ
אַפֶּיךָ נֶעֶרְמוּ מַיִם   נִצְּבוּ כְמוֹ־נֵד
נֹזְלִים   קָפְאוּ תְהֹמֹת בְּלֶב־יָם: אָמַר
אוֹיֵב אֶרְדֹּף אַשִּׂיג   אֲחַלֵּק שָׁלָל תִּמְלָאֵמוֹ
נַפְשִׁי   אָרִיק חַרְבִּי תּוֹרִישֵׁמוֹ יָדִי: נָשַׁפְתָּ
בְרוּחֲךָ כִּסָּמוֹ יָם   צָלְלוּ כַּעוֹפֶרֶת בְּמַיִם
אַדִּירִים: מִי־כָמֹכָה בָּאֵלִם יהוה   מִי
כָּמֹכָה נֶאְדָּר בַּקֹּדֶשׁ   נוֹרָא תְהִלֹּת עֹשֵׂה
פֶלֶא: נָטִיתָ יְמִינְךָ תִּבְלָעֵמוֹ אָרֶץ: נָחִיתָ
בְחַסְדְּךָ עַם־זוּ גָּאָלְתָּ   נֵהַלְתָּ בְעָזְּךָ אֶל־נְוֵה
קָדְשֶׁךָ:   שָׁמְעוּ עַמִּים יִרְגָּזוּן   חִיל

אָחַז יֹשְׁבֵי פְּלָשֶׁת׃ אָז נִבְהֲלוּ אַלּוּפֵי
אֱדוֹם אֵילֵי מוֹאָב יֹאחֲזֵמוֹ רָעַד נָמֹגוּ
כֹּל יֹשְׁבֵי כְנָעַן׃ תִּפֹּל עֲלֵיהֶם אֵימָתָה
וָפַחַד בִּגְדֹל זְרוֹעֲךָ יִדְּמוּ כָּאָבֶן עַד־
יַעֲבֹר עַמְּךָ יהוה עַד־יַעֲבֹר עַם־זוּ
קָנִיתָ׃ תְּבִאֵמוֹ וְתִטָּעֵמוֹ בְּהַר נַחֲלָתְךָ מָכוֹן
לְשִׁבְתְּךָ פָּעַלְתָּ יהוה מִקְּדָשׁ אֲדֹנָי כּוֹנְנוּ
יָדֶיךָ׃ יהוה ׀ יִמְלֹךְ לְעֹלָם וָעֶד׃ כִּי
בָא סוּס פַּרְעֹה בְּרִכְבּוֹ וּבְפָרָשָׁיו בַּיָּם וַיָּשֶׁב יהוה עֲלֵהֶם אֶת־מֵי
הַיָּם וּבְנֵי יִשְׂרָאֵל הָלְכוּ בַיַּבָּשָׁה בְּתוֹךְ הַיָּם׃

וַתִּקַּח מִרְיָם הַנְּבִיאָה אֲחוֹת אַהֲרֹן אֶת־הַתֹּף בְּיָדָהּ וַתֵּצֶאןָ כָל־הַנָּשִׁים אַחֲרֶיהָ בְּתֻפִּים וּבִמְחֹלֹת׃ וַתַּעַן לָהֶם מִרְיָם שִׁירוּ לַיהוה כִּי־גָאֹה גָּאָה סוּס וְרֹכְבוֹ רָמָה בַיָּם׃ וַיַּסַּע מֹשֶׁה אֶת־יִשְׂרָאֵל מִיַּם־סוּף וַיֵּצְאוּ אֶל־מִדְבַּר־שׁוּר וַיֵּלְכוּ שְׁלֹשֶׁת־יָמִים בַּמִּדְבָּר וְלֹא־מָצְאוּ מָיִם׃ וַיָּבֹאוּ מָרָתָה וְלֹא יָכְלוּ לִשְׁתֹּת מַיִם מִמָּרָה כִּי מָרִים הֵם עַל־כֵּן קָרָא־שְׁמָהּ מָרָה׃ וַיִּלֹּנוּ הָעָם עַל־מֹשֶׁה לֵּאמֹר מַה־נִּשְׁתֶּה׃ וַיִּצְעַק אֶל־יהוה וַיּוֹרֵהוּ יהוה עֵץ וַיַּשְׁלֵךְ אֶל־הַמַּיִם וַיִּמְתְּקוּ הַמָּיִם שָׁם שָׂם לוֹ חֹק וּמִשְׁפָּט וְשָׁם נִסָּהוּ׃ וַיֹּאמֶר אִם־שָׁמוֹעַ תִּשְׁמַע לְקוֹל ׀ יהוה אֱלֹהֶיךָ וְהַיָּשָׁר בְּעֵינָיו תַּעֲשֶׂה וְהַאֲזַנְתָּ לְמִצְוֹתָיו וְשָׁמַרְתָּ כָּל־חֻקָּיו כָּל־הַמַּחֲלָה אֲשֶׁר־שַׂמְתִּי בְמִצְרַיִם לֹא־אָשִׂים עָלֶיךָ כִּי אֲנִי יהוה רֹפְאֶךָ׃

למפטיר קוראים מספר התורה השני:

במדבר כח,יט-כה וְהִקְרַבְתֶּם אִשֶּׁה עֹלָה לַיהוה פָּרִים בְּנֵי־בָקָר שְׁנַיִם וְאַיִל אֶחָד וְשִׁבְעָה כְבָשִׂים בְּנֵי שָׁנָה תְּמִימִם יִהְיוּ לָכֶם׃ וּמִנְחָתָם סֹלֶת בְּלוּלָה בַשָּׁמֶן שְׁלֹשָׁה עֶשְׂרֹנִים לַפָּר וּשְׁנֵי עֶשְׂרֹנִים לָאַיִל תַּעֲשׂוּ׃ עִשָּׂרוֹן עִשָּׂרוֹן תַּעֲשֶׂה לַכֶּבֶשׂ הָאֶחָד לְשִׁבְעַת הַכְּבָשִׂים׃ וּשְׂעִיר חַטָּאת אֶחָד לְכַפֵּר עֲלֵיכֶם׃ מִלְּבַד עֹלַת הַבֹּקֶר אֲשֶׁר לְעֹלַת הַתָּמִיד תַּעֲשׂוּ אֶת־אֵלֶּה׃ כָּאֵלֶּה תַּעֲשׂוּ לַיּוֹם שִׁבְעַת יָמִים לֶחֶם אִשֵּׁה רֵיחַ־נִיחֹחַ לַיהוה עַל־עוֹלַת הַתָּמִיד יֵעָשֶׂה וְנִסְכּוֹ׃ וּבַיּוֹם הַשְּׁבִיעִי מִקְרָא־קֹדֶשׁ יִהְיֶה לָכֶם כָּל־מְלֶאכֶת עֲבֹדָה לֹא תַעֲשׂוּ׃

הפטרה לשביעי של פסח

וַיְדַבֵּר דָּוִד לַיהוָה אֶת־דִּבְרֵי הַשִּׁירָה הַזֹּאת בְּיוֹם שמואל ב׳ כב, א–נא
הִצִּיל יְהוָה אֹתוֹ מִכַּף כָּל־אֹיְבָיו וּמִכַּף שָׁאוּל׃
וַיֹּאמַר   יְהוָה סַלְעִי וּמְצֻדָתִי וּמְפַלְטִי־לִי׃   אֱלֹהֵי
צוּרִי אֶחֱסֶה־בּוֹ   מָגִנִּי וְקֶרֶן יִשְׁעִי מִשְׂגַּבִּי
וּמְנוּסִי   מֹשִׁעִי מֵחָמָס תֹּשִׁעֵנִי׃   מְהֻלָּל
אֶקְרָא יְהוָה וּמֵאֹיְבַי אִוָּשֵׁעַ׃   כִּי אֲפָפֻנִי מִשְׁבְּרֵי־
מָוֶת   נַחֲלֵי בְלִיַּעַל יְבַעֲתֻנִי׃   חֶבְלֵי
שְׁאוֹל סַבֻּנִי   קִדְּמֻנִי מֹקְשֵׁי־
מָוֶת׃   בַּצַּר־לִי אֶקְרָא יְהוָה   וְאֶל־
אֱלֹהַי אֶקְרָא   וַיִּשְׁמַע מֵהֵיכָלוֹ
קוֹלִי   וְשַׁוְעָתִי בְּאָזְנָיו׃   ותגעש וַיִּתְגָּעַשׁ
וַתִּרְעַשׁ הָאָרֶץ   מוֹסְדוֹת הַשָּׁמַיִם
יִרְגָּזוּ   וַיִּתְגָּעֲשׁוּ כִּי־חָרָה לוֹ׃   עָלָה
עָשָׁן בְּאַפּוֹ   וְאֵשׁ מִפִּיו
תֹּאכֵל   גֶּחָלִים בָּעֲרוּ מִמֶּנּוּ׃   וַיֵּט
שָׁמַיִם וַיֵּרַד   וַעֲרָפֶל תַּחַת
רַגְלָיו׃   וַיִּרְכַּב עַל־כְּרוּב וַיָּעֹף   וַיֵּרָא
עַל־כַּנְפֵי־רוּחַ׃   וַיָּשֶׁת חֹשֶׁךְ סְבִיבֹתָיו
סֻכּוֹת   חַשְׁרַת־מַיִם עָבֵי שְׁחָקִים׃   מִנֹּגַהּ
נֶגְדּוֹ בָּעֲרוּ גַּחֲלֵי־אֵשׁ׃   יַרְעֵם מִן־שָׁמַיִם
יְהוָה   וְעֶלְיוֹן יִתֵּן קוֹלוֹ׃   וַיִּשְׁלַח
חִצִּים וַיְפִיצֵם בָּרָק ויהמם׃   וַיֵּרָאוּ אֲפִקֵי וַיָּהֹם
יָם   יִגָּלוּ מֹסְדוֹת תֵּבֵל   בְּגַעֲרַת
יְהוָה מִנִּשְׁמַת רוּחַ אַפּוֹ׃   יִשְׁלַח מִמָּרוֹם
יִקָּחֵנִי   יַמְשֵׁנִי מִמַּיִם רַבִּים׃   יַצִּילֵנִי
מֵאֹיְבִי עָז   מִשֹּׂנְאַי כִּי אָמְצוּ
מִמֶּנִּי׃   יְקַדְּמֻנִי בְּיוֹם אֵידִי   וַיְהִי

יְהוָה מִשְׁעָן לִי׃ וַיֹּצֵא לַמֶּרְחָב
אֹתִי יְחַלְּצֵנִי כִּי־חָפֵץ בִּי׃ יִגְמְלֵנִי
יְהוָה כְּצִדְקָתִי כְּבֹר יָדַי יָשִׁיב
לִי׃ כִּי שָׁמַרְתִּי דַּרְכֵי יְהוָה וְלֹא
רָשַׁעְתִּי מֵאֱלֹהָי׃ כִּי כָל־מִשְׁפָּטָו
לְנֶגְדִּי וְחֻקֹּתָיו לֹא־אָסוּר מִמֶּנָּה׃ וָאֶהְיֶה
תָמִים לוֹ וָאֶשְׁתַּמְּרָה מֵעֲוֺנִי׃ וַיָּשֶׁב יְהוָה לִי
כְּצִדְקָתִי כְּבֹרִי לְנֶגֶד עֵינָיו׃ עִם־
חָסִיד תִּתְחַסָּד עִם־גִּבּוֹר תָּמִים
תִּתַּמָּם׃ עִם־נָבָר תִּתָּבָר וְעִם־
עִקֵּשׁ תִּתַּפָּל׃ וְאֶת־עַם עָנִי
תּוֹשִׁיעַ וְעֵינֶיךָ עַל־רָמִים תַּשְׁפִּיל׃ כִּי־
אַתָּה נֵירִי יְהוָה וַיהוָה יַגִּיהַּ
חָשְׁכִּי׃ כִּי בְכָה אָרוּץ גְּדוּד בֵּאלֹהַי
אֲדַלֶּג־שׁוּר׃ הָאֵל תָּמִים
דַּרְכּוֹ אִמְרַת יְהוָה צְרוּפָה מָגֵן
הוּא לְכֹל הַחֹסִים בּוֹ׃ כִּי מִי־אֵל מִבַּלְעֲדֵי
יְהוָה וּמִי צוּר מִבַּלְעֲדֵי אֱלֹהֵינוּ׃ הָאֵל
מָעוּזִּי חָיִל וַיַּתֵּר תָּמִים
דרכו׃ מְשַׁוֶּה רגליו כָּאַיָּלוֹת וְעַל־ דַּרְכִּי רַגְלַי
בָּמוֹתַי יַעֲמִידֵנִי׃ מְלַמֵּד יָדַי
לַמִּלְחָמָה וְנִחַת קֶשֶׁת־נְחוּשָׁה זְרֹעֹתָי׃ וַתִּתֶּן־
לִי מָגֵן יִשְׁעֶךָ וַעֲנֹתְךָ תַּרְבֵּנִי׃ תַּרְחִיב צַעֲדִי
תַּחְתֵּנִי וְלֹא מָעֲדוּ קַרְסֻלָּי׃ אֶרְדְּפָה
אֹיְבַי וָאַשְׁמִידֵם וְלֹא אָשׁוּב עַד־
כַּלּוֹתָם׃ וָאֲכַלֵּם וָאֶמְחָצֵם וְלֹא יְקוּמוּן וַיִּפְּלוּ
תַּחַת רַגְלָי׃ וַתַּזְרֵנִי חַיִל
לַמִּלְחָמָה תַּכְרִיעַ קָמַי תַּחְתֵּנִי׃ וְאֹיְבַי
תַּתָּה לִּי עֹרֶף מְשַׂנְאַי וָאַצְמִיתֵם׃ יִשְׁעוּ וְאֵין
מֹשִׁיעַ אֶל־יְהוָה וְלֹא עָנָם׃ וְאֶשְׁחָקֵם

כַּעֲפַר־אָרֶץ כְּטִיט־חוּצוֹת אֲדִקֵּם
אֲרְקָעֵם: וַתְּפַלְּטֵנִי מֵרִיבֵי עַמִּי תִּשְׁמְרֵנִי
לְרֹאשׁ גּוֹיִם עַם לֹא־יָדַעְתִּי
יַעַבְדֻנִי: בְּנֵי נֵכָר יִתְכַּחֲשׁוּ־לִי לִשְׁמוֹעַ
אֹזֶן יִשָּׁמְעוּ לִי: בְּנֵי נֵכָר יִבֹּלוּ וְיַחְגְּרוּ
מִמִּסְגְּרוֹתָם: חַי־יְהוָה וּבָרוּךְ צוּרִי וְיָרֻם
אֱלֹהֵי צוּר יִשְׁעִי: הָאֵל הַנֹּתֵן נְקָמֹת
לִי וּמוֹרִיד עַמִּים תַּחְתֵּנִי: וּמוֹצִיאִי
מֵאֹיְבָי וּמִקָּמַי תְּרוֹמְמֵנִי מֵאִישׁ חֲמָסִים
תַּצִּילֵנִי: עַל־כֵּן אוֹדְךָ יְהוָה בַּגּוֹיִם וּלְשִׁמְךָ
אֲזַמֵּר: מגדיל יְשׁוּעוֹת מִגְדּוֹל
מַלְכּוֹ וְעֹשֶׂה־חֶסֶד לִמְשִׁיחוֹ
לְדָוִד וּלְזַרְעוֹ עַד־עוֹלָם:

קריאה ליום טוב אחרון של פסח ושבועות, ולשמיני עצרת בחוץ לארץ

בפסח ובשבועות, אם יום טוב חל בשבת מתחילים ׳עַשֵּׂר תְּעַשֵּׂר׳, ובשאר ימות השבוע מתחילים ׳כָּל הַבְּכוֹר׳. בשמיני עצרת מתחילים ׳עַשֵּׂר תְּעַשֵּׂר׳.

עַשֵּׂר תְּעַשֵּׂר אֵת כָּל־תְּבוּאַת זַרְעֶךָ הַיֹּצֵא הַשָּׂדֶה שָׁנָה שָׁנָה: וְאָכַלְתָּ לִפְנֵי ׀ דברים יד:כב–טז:יז
יְהוָה אֱלֹהֶיךָ בַּמָּקוֹם אֲשֶׁר־יִבְחַר לְשַׁכֵּן שְׁמוֹ שָׁם מַעְשַׂר דְּגָנְךָ תִּירֹשְׁךָ וְיִצְהָרֶךָ
וּבְכֹרֹת בְּקָרְךָ וְצֹאנֶךָ לְמַעַן תִּלְמַד לְיִרְאָה אֶת־יְהוָה אֱלֹהֶיךָ כָּל־הַיָּמִים: וְכִי־
יִרְבֶּה מִמְּךָ הַדֶּרֶךְ כִּי לֹא תוּכַל שְׂאֵתוֹ כִּי־יִרְחַק מִמְּךָ הַמָּקוֹם אֲשֶׁר יִבְחַר יְהוָה
אֱלֹהֶיךָ לָשׂוּם שְׁמוֹ שָׁם כִּי יְבָרֶכְךָ יְהוָה אֱלֹהֶיךָ: וְנָתַתָּה בַּכָּסֶף וְצַרְתָּ הַכֶּסֶף
בְּיָדְךָ וְהָלַכְתָּ אֶל־הַמָּקוֹם אֲשֶׁר יִבְחַר יְהוָה אֱלֹהֶיךָ בּוֹ: וְנָתַתָּה הַכֶּסֶף בְּכֹל
אֲשֶׁר־תְּאַוֶּה נַפְשְׁךָ בַּבָּקָר וּבַצֹּאן וּבַיַּיִן וּבַשֵּׁכָר וּבְכֹל אֲשֶׁר תִּשְׁאָלְךָ נַפְשֶׁךָ
וְאָכַלְתָּ שָּׁם לִפְנֵי יְהוָה אֱלֹהֶיךָ וְשָׂמַחְתָּ אַתָּה וּבֵיתֶךָ: וְהַלֵּוִי אֲשֶׁר־בִּשְׁעָרֶיךָ לֹא
תַעַזְבֶנּוּ כִּי אֵין לוֹ חֵלֶק וְנַחֲלָה עִמָּךְ: מִקְצֵה ׀ שָׁלֹשׁ שָׁנִים תּוֹצִיא
אֶת־כָּל־מַעְשַׂר תְּבוּאָתְךָ בַּשָּׁנָה הַהִוא וְהִנַּחְתָּ בִּשְׁעָרֶיךָ: וּבָא הַלֵּוִי כִּי אֵין־
לוֹ חֵלֶק וְנַחֲלָה עִמָּךְ וְהַגֵּר וְהַיָּתוֹם וְהָאַלְמָנָה אֲשֶׁר בִּשְׁעָרֶיךָ וְאָכְלוּ וְשָׂבֵעוּ
לְמַעַן יְבָרֶכְךָ יְהוָה אֱלֹהֶיךָ בְּכָל־מַעֲשֵׂה יָדְךָ אֲשֶׁר תַּעֲשֶׂה: *מִקֵּץ (בשבת לוי)

מִקֵּץ שֶׁבַע־שָׁנִים תַּעֲשֶׂה שְׁמִטָּה: וְזֶה דְּבַר הַשְּׁמִטָּה שָׁמוֹט כָּל־בַּעַל מַשֵּׁה יָדוֹ אֲשֶׁר יַשֶּׁה בְּרֵעֵהוּ לֹא־יִגֹּשׂ אֶת־רֵעֵהוּ וְאֶת־אָחִיו כִּי־קָרָא שְׁמִטָּה לַיהוָה: אֶת־הַנָּכְרִי תִּגֹּשׂ וַאֲשֶׁר יִהְיֶה לְךָ אֶת־אָחִיךָ תַּשְׁמֵט יָדֶךָ: אֶפֶס כִּי לֹא יִהְיֶה־בְּךָ אֶבְיוֹן כִּי־בָרֵךְ יְבָרֶכְךָ יהוה בָּאָרֶץ אֲשֶׁר יהוה אֱלֹהֶיךָ נֹתֵן־לְךָ נַחֲלָה לְרִשְׁתָּהּ: רַק אִם־שָׁמוֹעַ תִּשְׁמַע בְּקוֹל יהוה אֱלֹהֶיךָ לִשְׁמֹר לַעֲשׂוֹת אֶת־כָּל־הַמִּצְוָה הַזֹּאת אֲשֶׁר אָנֹכִי מְצַוְּךָ הַיּוֹם: כִּי־יהוה אֱלֹהֶיךָ בֵּרַכְךָ כַּאֲשֶׁר דִּבֶּר־לָךְ וְהַעֲבַטְתָּ גּוֹיִם רַבִּים וְאַתָּה לֹא תַעֲבֹט וּמָשַׁלְתָּ בְּגוֹיִם רַבִּים וּבְךָ לֹא יִמְשֹׁלוּ:

כִּי־יִהְיֶה בְךָ אֶבְיוֹן מֵאַחַד אַחֶיךָ בְּאַחַד שְׁעָרֶיךָ בְּאַרְצְךָ אֲשֶׁר־יהוה אֱלֹהֶיךָ נֹתֵן לָךְ לֹא תְאַמֵּץ אֶת־לְבָבְךָ וְלֹא תִקְפֹּץ אֶת־יָדְךָ מֵאָחִיךָ הָאֶבְיוֹן: כִּי־פָתֹחַ תִּפְתַּח אֶת־יָדְךָ לוֹ וְהַעֲבֵט תַּעֲבִיטֶנּוּ דֵּי מַחְסֹרוֹ אֲשֶׁר יֶחְסַר לוֹ: הִשָּׁמֶר לְךָ פֶּן־יִהְיֶה דָבָר עִם־לְבָבְךָ בְלִיַּעַל לֵאמֹר קָרְבָה שְׁנַת־הַשֶּׁבַע שְׁנַת הַשְּׁמִטָּה וְרָעָה עֵינְךָ בְּאָחִיךָ הָאֶבְיוֹן וְלֹא תִתֵּן לוֹ וְקָרָא עָלֶיךָ אֶל־יהוה וְהָיָה בְךָ חֵטְא: נָתוֹן תִּתֵּן לוֹ וְלֹא־יֵרַע לְבָבְךָ בְּתִתְּךָ לוֹ כִּי בִּגְלַל הַדָּבָר הַזֶּה יְבָרֶכְךָ יהוה אֱלֹהֶיךָ בְּכָל־מַעֲשֶׂךָ וּבְכֹל מִשְׁלַח יָדֶךָ: כִּי לֹא־יֶחְדַּל אֶבְיוֹן מִקֶּרֶב הָאָרֶץ עַל־כֵּן אָנֹכִי מְצַוְּךָ לֵאמֹר פָּתֹחַ תִּפְתַּח אֶת־יָדְךָ לְאָחִיךָ לַעֲנִיֶּךָ וּלְאֶבְיֹנְךָ בְּאַרְצֶךָ:

כִּי־יִמָּכֵר לְךָ אָחִיךָ הָעִבְרִי אוֹ הָעִבְרִיָּה וַעֲבָדְךָ שֵׁשׁ שָׁנִים וּבַשָּׁנָה הַשְּׁבִיעִת תְּשַׁלְּחֶנּוּ חָפְשִׁי מֵעִמָּךְ: וְכִי־תְשַׁלְּחֶנּוּ חָפְשִׁי מֵעִמָּךְ לֹא תְשַׁלְּחֶנּוּ רֵיקָם: הַעֲנֵיק תַּעֲנִיק לוֹ מִצֹּאנְךָ וּמִגָּרְנְךָ וּמִיִּקְבֶךָ אֲשֶׁר בֵּרַכְךָ יהוה אֱלֹהֶיךָ תִּתֶּן־לוֹ: וְזָכַרְתָּ כִּי עֶבֶד הָיִיתָ בְּאֶרֶץ מִצְרַיִם וַיִּפְדְּךָ יהוה אֱלֹהֶיךָ עַל־כֵּן אָנֹכִי מְצַוְּךָ אֶת־הַדָּבָר הַזֶּה הַיּוֹם: וְהָיָה כִּי־יֹאמַר אֵלֶיךָ לֹא אֵצֵא מֵעִמָּךְ כִּי אֲהֵבְךָ וְאֶת־בֵּיתֶךָ כִּי־טוֹב לוֹ עִמָּךְ: וְלָקַחְתָּ אֶת־הַמַּרְצֵעַ וְנָתַתָּה בְאָזְנוֹ וּבַדֶּלֶת וְהָיָה לְךָ עֶבֶד עוֹלָם וְאַף לַאֲמָתְךָ תַּעֲשֶׂה־כֵּן: לֹא־יִקְשֶׁה בְעֵינֶךָ בְּשַׁלֵּחֲךָ אֹתוֹ חָפְשִׁי מֵעִמָּךְ כִּי מִשְׁנֶה שְׂכַר שָׂכִיר עֲבָדְךָ שֵׁשׁ שָׁנִים וּבֵרַכְךָ יהוה אֱלֹהֶיךָ בְּכֹל אֲשֶׁר תַּעֲשֶׂה:

(בשבת שלישי) כָּל־הַבְּכוֹר אֲשֶׁר יִוָּלֵד בִּבְקָרְךָ וּבְצֹאנְךָ הַזָּכָר תַּקְדִּישׁ לַיהוָה אֱלֹהֶיךָ לֹא תַעֲבֹד בִּבְכֹר שׁוֹרֶךָ וְלֹא תָגֹז בְּכוֹר צֹאנֶךָ: לִפְנֵי יהוה אֱלֹהֶיךָ תֹאכְלֶנּוּ שָׁנָה בְשָׁנָה בַּמָּקוֹם אֲשֶׁר־יִבְחַר יהוה אַתָּה וּבֵיתֶךָ: וְכִי־יִהְיֶה בוֹ מוּם פִּסֵּחַ אוֹ עִוֵּר כֹּל מוּם רָע לֹא תִזְבָּחֶנּוּ לַיהוָה אֱלֹהֶיךָ: בִּשְׁעָרֶיךָ תֹּאכְלֶנּוּ הַטָּמֵא וְהַטָּהוֹר יַחְדָּו כַּצְּבִי וְכָאַיָּל: רַק אֶת־דָּמוֹ לֹא תֹאכֵל עַל־הָאָרֶץ תִּשְׁפְּכֶנּוּ כַּמָּיִם:

לוי (בשבת רביעי)

שָׁמוֹר אֶת־חֹדֶשׁ הָאָבִיב וְעָשִׂיתָ פֶּסַח לַיהוָה אֱלֹהֶיךָ כִּי בְּחֹדֶשׁ הָאָבִיב הוֹצִיאֲךָ יהוָה אֱלֹהֶיךָ מִמִּצְרַיִם לָיְלָה׃ וְזָבַחְתָּ פֶּסַח לַיהוָה אֱלֹהֶיךָ צֹאן וּבָקָר בַּמָּקוֹם אֲשֶׁר יִבְחַר יהוָה לְשַׁכֵּן שְׁמוֹ שָׁם׃ לֹא־תֹאכַל עָלָיו חָמֵץ שִׁבְעַת יָמִים תֹּאכַל־עָלָיו מַצּוֹת לֶחֶם עֹנִי כִּי בְחִפָּזוֹן יָצָאתָ מֵאֶרֶץ מִצְרַיִם לְמַעַן תִּזְכֹּר אֶת־יוֹם צֵאתְךָ מֵאֶרֶץ מִצְרַיִם כֹּל יְמֵי חַיֶּיךָ׃

שלישי (בשבת חמישי)

*וְלֹא־יֵרָאֶה לְךָ שְׂאֹר בְּכָל־גְּבֻלְךָ שִׁבְעַת יָמִים וְלֹא־יָלִין מִן־הַבָּשָׂר אֲשֶׁר תִּזְבַּח בָּעֶרֶב בַּיּוֹם הָרִאשׁוֹן לַבֹּקֶר׃ לֹא תוּכַל לִזְבֹּחַ אֶת־הַפָּסַח בְּאַחַד שְׁעָרֶיךָ אֲשֶׁר־יהוָה אֱלֹהֶיךָ נֹתֵן לָךְ׃ כִּי אִם־אֶל־הַמָּקוֹם אֲשֶׁר־יִבְחַר יהוָה אֱלֹהֶיךָ לְשַׁכֵּן שְׁמוֹ שָׁם תִּזְבַּח אֶת־הַפֶּסַח בָּעָרֶב כְּבוֹא הַשֶּׁמֶשׁ מוֹעֵד צֵאתְךָ מִמִּצְרָיִם׃ וּבִשַּׁלְתָּ וְאָכַלְתָּ בַּמָּקוֹם אֲשֶׁר יִבְחַר יהוָה אֱלֹהֶיךָ בּוֹ וּפָנִיתָ בַבֹּקֶר וְהָלַכְתָּ לְאֹהָלֶיךָ׃ שֵׁשֶׁת יָמִים תֹּאכַל מַצּוֹת וּבַיּוֹם הַשְּׁבִיעִי עֲצֶרֶת לַיהוָה אֱלֹהֶיךָ לֹא תַעֲשֶׂה מְלָאכָה׃

רביעי (בשבת ששי)

*שִׁבְעָה שָׁבֻעֹת תִּסְפָּר־לָךְ מֵהָחֵל חֶרְמֵשׁ בַּקָּמָה תָּחֵל לִסְפֹּר שִׁבְעָה שָׁבֻעוֹת׃ וְעָשִׂיתָ חַג שָׁבֻעוֹת לַיהוָה אֱלֹהֶיךָ מִסַּת נִדְבַת יָדְךָ אֲשֶׁר תִּתֵּן כַּאֲשֶׁר יְבָרֶכְךָ יהוָה אֱלֹהֶיךָ׃ וְשָׂמַחְתָּ לִפְנֵי ׀ יהוָה אֱלֹהֶיךָ אַתָּה וּבִנְךָ וּבִתֶּךָ וְעַבְדְּךָ וַאֲמָתֶךָ וְהַלֵּוִי אֲשֶׁר בִּשְׁעָרֶיךָ וְהַגֵּר וְהַיָּתוֹם וְהָאַלְמָנָה אֲשֶׁר בְּקִרְבֶּךָ בַּמָּקוֹם אֲשֶׁר יִבְחַר יהוָה אֱלֹהֶיךָ לְשַׁכֵּן שְׁמוֹ שָׁם׃ וְזָכַרְתָּ כִּי־עֶבֶד הָיִיתָ בְּמִצְרָיִם וְשָׁמַרְתָּ וְעָשִׂיתָ אֶת־הַחֻקִּים הָאֵלֶּה׃

חמישי (בשבת שביעי)

חַג הַסֻּכֹּת תַּעֲשֶׂה לְךָ שִׁבְעַת יָמִים בְּאָסְפְּךָ מִגָּרְנְךָ וּמִיִּקְבֶךָ׃ וְשָׂמַחְתָּ בְּחַגֶּךָ אַתָּה וּבִנְךָ וּבִתֶּךָ וְעַבְדְּךָ וַאֲמָתֶךָ וְהַלֵּוִי וְהַגֵּר וְהַיָּתוֹם וְהָאַלְמָנָה אֲשֶׁר בִּשְׁעָרֶיךָ׃ שִׁבְעַת יָמִים תָּחֹג לַיהוָה אֱלֹהֶיךָ בַּמָּקוֹם אֲשֶׁר־יִבְחַר יהוָה כִּי יְבָרֶכְךָ יהוָה אֱלֹהֶיךָ בְּכֹל תְּבוּאָתְךָ וּבְכֹל מַעֲשֵׂה יָדֶיךָ וְהָיִיתָ אַךְ שָׂמֵחַ׃ שָׁלוֹשׁ פְּעָמִים ׀ בַּשָּׁנָה יֵרָאֶה כָל־זְכוּרְךָ אֶת־פְּנֵי ׀ יהוָה אֱלֹהֶיךָ בַּמָּקוֹם אֲשֶׁר יִבְחָר בְּחַג הַמַּצּוֹת וּבְחַג הַשָּׁבֻעוֹת וּבְחַג הַסֻּכּוֹת וְלֹא יֵרָאֶה אֶת־פְּנֵי יהוָה רֵיקָם׃ אִישׁ כְּמַתְּנַת יָדוֹ כְּבִרְכַּת יהוָה אֱלֹהֶיךָ אֲשֶׁר נָתַן־לָךְ׃

למפטיר קוראים בספר התורה השני.

ביום טוב שני של פסח, קוראים למפטיר ׳וְהִקְרַבְתֶּם׳ (עמ׳ 823), ומפטירים ׳עוֹד הַיּוֹם בְּנֹב לַעֲמֹד׳ (עמ׳ 634).

ביום טוב שני של שבועות קוראים למפטיר ׳וּבְיוֹם הַבִּכּוּרִים׳ (עמ׳ 840), ומפטירים ׳וַה׳ בְּהֵיכַל קָדְשׁוֹ׳ (עמ׳ 842). בשמיני עצרת קוראים למפטיר ׳בַּיּוֹם הַשְּׁמִינִי׳ (עמ׳ 848) ומפטירים ׳וַיְהִי כְּכַלּוֹת שְׁלֹמֹה׳ (שם).

קריאה ליום טוב ראשון של שבועות

לפני קריאת התורה נוהגים לומר 'אַקְדָּמוּת' בעמ' 555.

שמות יט,א–כ,כג בַּחֹדֶשׁ הַשְּׁלִישִׁי לְצֵאת בְּנֵי־יִשְׂרָאֵל מֵאֶרֶץ מִצְרָיִם בַּיּוֹם הַזֶּה בָּאוּ מִדְבַּר סִינָי׃
וַיִּסְעוּ מֵרְפִידִים וַיָּבֹאוּ מִדְבַּר סִינַי וַיַּחֲנוּ בַּמִּדְבָּר וַיִּחַן־שָׁם יִשְׂרָאֵל נֶגֶד הָהָר׃
וּמֹשֶׁה עָלָה אֶל־הָאֱלֹהִים וַיִּקְרָא אֵלָיו יהוה מִן־הָהָר לֵאמֹר כֹּה תֹאמַר לְבֵית
יַעֲקֹב וְתַגֵּיד לִבְנֵי יִשְׂרָאֵל׃ אַתֶּם רְאִיתֶם אֲשֶׁר עָשִׂיתִי לְמִצְרָיִם וָאֶשָּׂא אֶתְכֶם
עַל־כַּנְפֵי נְשָׁרִים וָאָבִא אֶתְכֶם אֵלָי׃ וְעַתָּה אִם־שָׁמוֹעַ תִּשְׁמְעוּ בְּקֹלִי וּשְׁמַרְתֶּם
אֶת־בְּרִיתִי וִהְיִיתֶם לִי סְגֻלָּה מִכָּל־הָעַמִּים כִּי־לִי כָּל־הָאָרֶץ׃ וְאַתֶּם תִּהְיוּ־לִי
לוי מַמְלֶכֶת כֹּהֲנִים וְגוֹי קָדוֹשׁ אֵלֶּה הַדְּבָרִים אֲשֶׁר תְּדַבֵּר אֶל־בְּנֵי יִשְׂרָאֵל׃ *וַיָּבֹא
מֹשֶׁה וַיִּקְרָא לְזִקְנֵי הָעָם וַיָּשֶׂם לִפְנֵיהֶם אֵת כָּל־הַדְּבָרִים הָאֵלֶּה אֲשֶׁר צִוָּהוּ
יהוה׃ וַיַּעֲנוּ כָל־הָעָם יַחְדָּו וַיֹּאמְרוּ כֹּל אֲשֶׁר־דִּבֶּר יהוה נַעֲשֶׂה וַיָּשֶׁב מֹשֶׁה
אֶת־דִּבְרֵי הָעָם אֶל־יהוה׃ וַיֹּאמֶר יהוה אֶל־מֹשֶׁה הִנֵּה אָנֹכִי בָּא אֵלֶיךָ בְּעַב
הֶעָנָן בַּעֲבוּר יִשְׁמַע הָעָם בְּדַבְּרִי עִמָּךְ וְגַם־בְּךָ יַאֲמִינוּ לְעוֹלָם וַיַּגֵּד מֹשֶׁה אֶת־
דִּבְרֵי הָעָם אֶל־יהוה׃ וַיֹּאמֶר יהוה אֶל־מֹשֶׁה לֵךְ אֶל־הָעָם וְקִדַּשְׁתָּם הַיּוֹם
וּמָחָר וְכִבְּסוּ שִׂמְלֹתָם׃ וְהָיוּ נְכֹנִים לַיּוֹם הַשְּׁלִישִׁי כִּי ׀ בַּיּוֹם הַשְּׁלִשִׁי יֵרֵד יהוה
לְעֵינֵי כָל־הָעָם עַל־הַר סִינָי׃ וְהִגְבַּלְתָּ אֶת־הָעָם סָבִיב לֵאמֹר הִשָּׁמְרוּ לָכֶם
עֲלוֹת בָּהָר וּנְגֹעַ בְּקָצֵהוּ כָּל־הַנֹּגֵעַ בָּהָר מוֹת יוּמָת׃ לֹא־תִגַּע בּוֹ יָד כִּי־סָקוֹל
יִסָּקֵל אוֹ־יָרֹה יִיָּרֶה אִם־בְּהֵמָה אִם־אִישׁ לֹא יִחְיֶה בִּמְשֹׁךְ הַיֹּבֵל הֵמָּה יַעֲלוּ
שלישי בָהָר׃ *וַיֵּרֶד מֹשֶׁה מִן־הָהָר אֶל־הָעָם וַיְקַדֵּשׁ אֶת־הָעָם וַיְכַבְּסוּ שִׂמְלֹתָם׃
וַיֹּאמֶר אֶל־הָעָם הֱיוּ נְכֹנִים לִשְׁלֹשֶׁת יָמִים אַל־תִּגְּשׁוּ אֶל־אִשָּׁה׃ וַיְהִי בַיּוֹם
הַשְּׁלִישִׁי בִּהְיֹת הַבֹּקֶר וַיְהִי קֹלֹת וּבְרָקִים וְעָנָן כָּבֵד עַל־הָהָר וְקֹל שֹׁפָר חָזָק
מְאֹד וַיֶּחֱרַד כָּל־הָעָם אֲשֶׁר בַּמַּחֲנֶה׃ וַיּוֹצֵא מֹשֶׁה אֶת־הָעָם לִקְרַאת הָאֱלֹהִים
מִן־הַמַּחֲנֶה וַיִּתְיַצְּבוּ בְּתַחְתִּית הָהָר׃ וְהַר סִינַי עָשַׁן כֻּלּוֹ מִפְּנֵי אֲשֶׁר יָרַד עָלָיו
יהוה בָּאֵשׁ וַיַּעַל עֲשָׁנוֹ כְּעֶשֶׁן הַכִּבְשָׁן וַיֶּחֱרַד כָּל־הָהָר מְאֹד׃ וַיְהִי קוֹל הַשֹּׁפָר
רביעי הוֹלֵךְ וְחָזֵק מְאֹד מֹשֶׁה יְדַבֵּר וְהָאֱלֹהִים יַעֲנֶנּוּ בְקוֹל׃ *וַיֵּרֶד יהוה עַל־הַר
סִינַי אֶל־רֹאשׁ הָהָר וַיִּקְרָא יהוה לְמֹשֶׁה אֶל־רֹאשׁ הָהָר וַיַּעַל מֹשֶׁה׃ וַיֹּאמֶר
יהוה אֶל־מֹשֶׁה רֵד הָעֵד בָּעָם פֶּן־יֶהֶרְסוּ אֶל־יהוה לִרְאוֹת וְנָפַל מִמֶּנּוּ רָב׃
וְגַם הַכֹּהֲנִים הַנִּגָּשִׁים אֶל־יהוה יִתְקַדָּשׁוּ פֶּן־יִפְרֹץ בָּהֶם יהוה׃ וַיֹּאמֶר מֹשֶׁה

אֶל־יְהוָה לֹא־יוּכַל הָעָם לַעֲלֹת אֶל־הַר סִינָי כִּי־אַתָּה הַעֵדֹתָה בָּנוּ לֵאמֹר
הַגְבֵּל אֶת־הָהָר וְקִדַּשְׁתּוֹ: וַיֹּאמֶר אֵלָיו יְהוָה לֶךְ־רֵד וְעָלִיתָ אַתָּה וְאַהֲרֹן
עִמָּךְ וְהַכֹּהֲנִים וְהָעָם אַל־יֶהֶרְסוּ לַעֲלֹת אֶל־יְהוָה פֶּן־יִפְרָץ־בָּם: וַיֵּרֶד מֹשֶׁה
אֶל־הָעָם וַיֹּאמֶר אֲלֵהֶם: וַיְדַבֵּר אֱלֹהִים אֵת כָּל־הַדְּבָרִים הָאֵלֶּה
לֵאמֹר: אָנֹכִי יְהוָה אֱלֹהֶיךָ אֲשֶׁר הוֹצֵאתִיךָ מֵאֶרֶץ מִצְרַיִם מִבֵּית
עֲבָדִים: לֹא־יִהְיֶה לְךָ אֱלֹהִים אֲחֵרִים עַל־פָּנַי לֹא תַעֲשֶׂה־לְךָ פֶסֶל ׀ וְכָל־
תְּמוּנָה אֲשֶׁר בַּשָּׁמַיִם ׀ מִמַּעַל וַאֲשֶׁר בָּאָרֶץ מִתָּחַת וַאֲשֶׁר בַּמַּיִם ׀ מִתַּחַת
לָאָרֶץ לֹא־תִשְׁתַּחֲוֶה לָהֶם וְלֹא תָעָבְדֵם כִּי אָנֹכִי יְהוָה אֱלֹהֶיךָ אֵל קַנָּא פֹּקֵד
עֲוֺן אָבֹת עַל־בָּנִים עַל־שִׁלֵּשִׁים וְעַל־רִבֵּעִים לְשֹׂנְאָי וְעֹשֶׂה חֶסֶד לַאֲלָפִים
לְאֹהֲבַי וּלְשֹׁמְרֵי מִצְוֺתָי: לֹא תִשָּׂא אֶת־שֵׁם־יְהוָה אֱלֹהֶיךָ לַשָּׁוְא
כִּי לֹא יְנַקֶּה יְהוָה אֵת אֲשֶׁר־יִשָּׂא אֶת־שְׁמוֹ לַשָּׁוְא:
זָכוֹר אֶת־יוֹם הַשַּׁבָּת לְקַדְּשׁוֹ שֵׁשֶׁת יָמִים תַּעֲבֹד וְעָשִׂיתָ כָּל־מְלַאכְתֶּךָ
וְיוֹם הַשְּׁבִיעִי שַׁבָּת ׀ לַיהוָה אֱלֹהֶיךָ לֹא תַעֲשֶׂה כָל־מְלָאכָה אַתָּה וּבִנְךָ
וּבִתֶּךָ עַבְדְּךָ וַאֲמָתְךָ וּבְהֶמְתֶּךָ וְגֵרְךָ אֲשֶׁר בִּשְׁעָרֶיךָ כִּי שֵׁשֶׁת־יָמִים עָשָׂה
יְהוָה אֶת־הַשָּׁמַיִם וְאֶת־הָאָרֶץ אֶת־הַיָּם וְאֶת־כָּל־אֲשֶׁר־בָּם וַיָּנַח בַּיּוֹם
הַשְּׁבִיעִי עַל־כֵּן בֵּרַךְ יְהוָה אֶת־יוֹם הַשַּׁבָּת וַיְקַדְּשֵׁהוּ: כַּבֵּד
אֶת־אָבִיךָ וְאֶת־אִמֶּךָ לְמַעַן יַאֲרִכוּן יָמֶיךָ עַל הָאֲדָמָה אֲשֶׁר־יְהוָה אֱלֹהֶיךָ
נֹתֵן לָךְ: לֹא תִרְצָח: לֹא
תִנְאָף: לֹא תִגְנֹב: לֹא־
תַעֲנֶה בְרֵעֲךָ עֵד שָׁקֶר: לֹא
תַחְמֹד בֵּית רֵעֶךָ לֹא־
תַחְמֹד אֵשֶׁת רֵעֶךָ וְעַבְדּוֹ וַאֲמָתוֹ וְשׁוֹרוֹ וַחֲמֹרוֹ וְכֹל אֲשֶׁר
לְרֵעֶךָ:
חמישי וְכָל־הָעָם רֹאִים אֶת־הַקּוֹלֹת וְאֶת־הַלַּפִּידִם וְאֵת קוֹל הַשֹּׁפָר וְאֶת־הָהָר
עָשֵׁן וַיַּרְא הָעָם וַיָּנֻעוּ וַיַּעַמְדוּ מֵרָחֹק: וַיֹּאמְרוּ אֶל־מֹשֶׁה דַּבֵּר־אַתָּה עִמָּנוּ
וְנִשְׁמָעָה וְאַל־יְדַבֵּר עִמָּנוּ אֱלֹהִים פֶּן־נָמוּת: וַיֹּאמֶר מֹשֶׁה אֶל־הָעָם אַל־
תִּירָאוּ כִּי לְבַעֲבוּר נַסּוֹת אֶתְכֶם בָּא הָאֱלֹהִים וּבַעֲבוּר תִּהְיֶה יִרְאָתוֹ עַל־פְּנֵיכֶם
לְבִלְתִּי תֶחֱטָאוּ: וַיַּעֲמֹד הָעָם מֵרָחֹק וּמֹשֶׁה נִגַּשׁ אֶל־הָעֲרָפֶל אֲשֶׁר־שָׁם

הָאֱלֹהִים: וַיֹּאמֶר יְהוָה אֶל־מֹשֶׁה כֹּה תֹאמַר אֶל־בְּנֵי יִשְׂרָאֵל
אַתֶּם רְאִיתֶם כִּי מִן־הַשָּׁמַיִם דִּבַּרְתִּי עִמָּכֶם: לֹא תַעֲשׂוּן אִתִּי אֱלֹהֵי כֶסֶף
וֵאלֹהֵי זָהָב לֹא תַעֲשׂוּ לָכֶם: מִזְבַּח אֲדָמָה תַּעֲשֶׂה־לִּי וְזָבַחְתָּ עָלָיו אֶת־עֹלֹתֶיךָ
וְאֶת־שְׁלָמֶיךָ אֶת־צֹאנְךָ וְאֶת־בְּקָרֶךָ בְּכָל־הַמָּקוֹם אֲשֶׁר אַזְכִּיר אֶת־שְׁמִי
אָבוֹא אֵלֶיךָ וּבֵרַכְתִּיךָ: וְאִם־מִזְבַּח אֲבָנִים תַּעֲשֶׂה־לִּי לֹא־תִבְנֶה אֶתְהֶן גָּזִית
כִּי חַרְבְּךָ הֵנַפְתָּ עָלֶיהָ וַתְּחַלְלֶהָ: וְלֹא־תַעֲלֶה בְמַעֲלֹת עַל־מִזְבְּחִי אֲשֶׁר לֹא־
תִגָּלֶה עֶרְוָתְךָ עָלָיו:

למפטיר קוראים מספר התורה השני:

במדבר כח, כו-לא וּבְיוֹם הַבִּכּוּרִים בְּהַקְרִיבְכֶם מִנְחָה חֲדָשָׁה לַיהוָה בְּשָׁבֻעֹתֵיכֶם מִקְרָא־
קֹדֶשׁ יִהְיֶה לָכֶם כָּל־מְלֶאכֶת עֲבֹדָה לֹא תַעֲשׂוּ: וְהִקְרַבְתֶּם עוֹלָה לְרֵיחַ
נִיחֹחַ לַיהוָה פָּרִים בְּנֵי־בָקָר שְׁנַיִם אַיִל אֶחָד שִׁבְעָה כְבָשִׂים בְּנֵי שָׁנָה:
וּמִנְחָתָם סֹלֶת בְּלוּלָה בַשָּׁמֶן שְׁלֹשָׁה עֶשְׂרֹנִים לַפָּר הָאֶחָד שְׁנֵי עֶשְׂרֹנִים
לָאַיִל הָאֶחָד: עִשָּׂרוֹן עִשָּׂרוֹן לַכֶּבֶשׂ הָאֶחָד לְשִׁבְעַת הַכְּבָשִׂים: שְׂעִיר עִזִּים
אֶחָד לְכַפֵּר עֲלֵיכֶם: מִלְּבַד עֹלַת הַתָּמִיד וּמִנְחָתוֹ תַּעֲשׂוּ תְּמִימִם יִהְיוּ־לָכֶם
וְנִסְכֵּיהֶם:

הפטרה ליום טוב ראשון של שבועות

יחזקאל א, א-כח וַיְהִי ׀ בִּשְׁלֹשִׁים שָׁנָה בָּרְבִיעִי בַּחֲמִשָּׁה לַחֹדֶשׁ וַאֲנִי בְתוֹךְ־הַגּוֹלָה עַל־
נְהַר־כְּבָר נִפְתְּחוּ הַשָּׁמַיִם וָאֶרְאֶה מַרְאוֹת אֱלֹהִים: בַּחֲמִשָּׁה לַחֹדֶשׁ הִיא
הַשָּׁנָה הַחֲמִישִׁית לְגָלוּת הַמֶּלֶךְ יוֹיָכִין: הָיֹה הָיָה דְבַר־יְהוָה אֶל־יְחֶזְקֵאל
בֶּן־בּוּזִי הַכֹּהֵן בְּאֶרֶץ כַּשְׂדִּים עַל־נְהַר־כְּבָר וַתְּהִי עָלָיו שָׁם יַד־יְהוָה: וָאֵרֶא
וְהִנֵּה רוּחַ סְעָרָה בָּאָה מִן־הַצָּפוֹן עָנָן גָּדוֹל וְאֵשׁ מִתְלַקַּחַת וְנֹגַהּ לוֹ סָבִיב
וּמִתּוֹכָהּ כְּעֵין הַחַשְׁמַל מִתּוֹךְ הָאֵשׁ: וּמִתּוֹכָהּ דְּמוּת אַרְבַּע חַיּוֹת וְזֶה
מַרְאֵיהֶן דְּמוּת אָדָם לָהֵנָּה: וְאַרְבָּעָה פָנִים לְאֶחָת וְאַרְבַּע כְּנָפַיִם לְאַחַת
לָהֶם: וְרַגְלֵיהֶם רֶגֶל יְשָׁרָה וְכַף רַגְלֵיהֶם כְּכַף רֶגֶל עֵגֶל וְנֹצְצִים כְּעֵין נְחֹשֶׁת
וִידֵי קָלָל: וִידוֹ אָדָם מִתַּחַת כַּנְפֵיהֶם עַל אַרְבַּעַת רִבְעֵיהֶם וּפְנֵיהֶם וְכַנְפֵיהֶם
לְאַרְבַּעְתָּם: חֹבְרֹת אִשָּׁה אֶל־אֲחוֹתָהּ כַּנְפֵיהֶם לֹא־יִסַּבּוּ בְלֶכְתָּן אִישׁ אֶל־

עֵבֶר פָּנָיו יֵלֵכוּ: וּדְמוּת פְּנֵיהֶם פְּנֵי אָדָם וּפְנֵי אַרְיֵה אֶל־הַיָּמִין לְאַרְבַּעְתָּם וּפְנֵי־שׁוֹר מֵהַשְּׂמֹאול לְאַרְבַּעְתָּן וּפְנֵי־נֶשֶׁר לְאַרְבַּעְתָּן: וּפְנֵיהֶם וְכַנְפֵיהֶם פְּרֻדוֹת מִלְמָעְלָה לְאִישׁ שְׁתַּיִם חֹבְרוֹת אִישׁ וּשְׁתַּיִם מְכַסּוֹת אֵת גְּוִיֹתֵיהֶנָה: וְאִישׁ אֶל־עֵבֶר פָּנָיו יֵלֵכוּ אֶל אֲשֶׁר יִהְיֶה־שָׁמָּה הָרוּחַ לָלֶכֶת יֵלֵכוּ לֹא יִסַּבּוּ בְּלֶכְתָּן: וּדְמוּת הַחַיּוֹת מַרְאֵיהֶם כְּגַחֲלֵי־אֵשׁ בֹּעֲרוֹת כְּמַרְאֵה הַלַּפִּדִים הִיא מִתְהַלֶּכֶת בֵּין הַחַיּוֹת וְנֹגַהּ לָאֵשׁ וּמִן־הָאֵשׁ יוֹצֵא בָרָק: וְהַחַיּוֹת רָצוֹא וָשׁוֹב כְּמַרְאֵה הַבָּזָק: וָאֵרֶא הַחַיּוֹת וְהִנֵּה אוֹפַן אֶחָד בָּאָרֶץ אֵצֶל הַחַיּוֹת לְאַרְבַּעַת פָּנָיו: מַרְאֵה הָאוֹפַנִּים וּמַעֲשֵׂיהֶם כְּעֵין תַּרְשִׁישׁ וּדְמוּת אֶחָד לְאַרְבַּעְתָּן וּמַרְאֵיהֶם וּמַעֲשֵׂיהֶם כַּאֲשֶׁר יִהְיֶה הָאוֹפַן בְּתוֹךְ הָאוֹפָן: עַל־אַרְבַּעַת רִבְעֵיהֶן בְּלֶכְתָּם יֵלֵכוּ לֹא יִסַּבּוּ בְּלֶכְתָּן: וְגַבֵּיהֶן וְגֹבַהּ לָהֶם וְיִרְאָה לָהֶם וְגַבֹּתָם מְלֵאֹת עֵינַיִם סָבִיב לְאַרְבַּעְתָּן: וּבְלֶכֶת הַחַיּוֹת יֵלְכוּ הָאוֹפַנִּים אֶצְלָם וּבְהִנָּשֵׂא הַחַיּוֹת מֵעַל הָאָרֶץ יִנָּשְׂאוּ הָאוֹפַנִּים: עַל אֲשֶׁר יִהְיֶה־שָּׁם הָרוּחַ לָלֶכֶת יֵלֵכוּ שָׁמָּה הָרוּחַ לָלֶכֶת וְהָאוֹפַנִּים יִנָּשְׂאוּ לְעֻמָּתָם כִּי רוּחַ הַחַיָּה בָּאוֹפַנִּים: בְּלֶכְתָּם יֵלֵכוּ וּבְעָמְדָם יַעֲמֹדוּ וּבְהִנָּשְׂאָם מֵעַל הָאָרֶץ יִנָּשְׂאוּ הָאוֹפַנִּים לְעֻמָּתָם כִּי רוּחַ הַחַיָּה בָּאוֹפַנִּים: וּדְמוּת עַל־רָאשֵׁי הַחַיָּה רָקִיעַ כְּעֵין הַקֶּרַח הַנּוֹרָא נָטוּי עַל־רָאשֵׁיהֶם מִלְמָעְלָה: וְתַחַת הָרָקִיעַ כַּנְפֵיהֶם יְשָׁרוֹת אִשָּׁה אֶל־אֲחוֹתָהּ לְאִישׁ שְׁתַּיִם מְכַסּוֹת לָהֵנָּה וּלְאִישׁ שְׁתַּיִם מְכַסּוֹת לָהֵנָּה אֵת גְּוִיֹּתֵיהֶם: וָאֶשְׁמַע אֶת־קוֹל כַּנְפֵיהֶם כְּקוֹל מַיִם רַבִּים כְּקוֹל־שַׁדַּי בְּלֶכְתָּם קוֹל הֲמֻלָּה כְּקוֹל מַחֲנֶה בְּעָמְדָם תְּרַפֶּינָה כַנְפֵיהֶן: וַיְהִי־קוֹל מֵעַל לָרָקִיעַ אֲשֶׁר עַל־רֹאשָׁם בְּעָמְדָם תְּרַפֶּינָה כַנְפֵיהֶן: וּמִמַּעַל לָרָקִיעַ אֲשֶׁר עַל־רֹאשָׁם כְּמַרְאֵה אֶבֶן־סַפִּיר דְּמוּת כִּסֵּא וְעַל דְּמוּת הַכִּסֵּא דְּמוּת כְּמַרְאֵה אָדָם עָלָיו מִלְמָעְלָה: וָאֵרֶא ׀ כְּעֵין חַשְׁמַל כְּמַרְאֵה־אֵשׁ בֵּית־לָהּ סָבִיב מִמַּרְאֵה מָתְנָיו וּלְמָעְלָה וּמִמַּרְאֵה מָתְנָיו וּלְמַטָּה רָאִיתִי כְּמַרְאֵה־אֵשׁ וְנֹגַהּ לוֹ סָבִיב: כְּמַרְאֵה הַקֶּשֶׁת אֲשֶׁר יִהְיֶה בֶעָנָן בְּיוֹם הַגֶּשֶׁם כֵּן מַרְאֵה הַנֹּגַהּ סָבִיב הוּא מַרְאֵה דְּמוּת כְּבוֹד־יְהוָה וָאֶרְאֶה וָאֶפֹּל עַל־פָּנַי וָאֶשְׁמַע קוֹל מְדַבֵּר:

ומוסיפים:

וַתִּשָּׂאֵנִי רוּחַ וָאֶשְׁמַע אַחֲרַי קוֹל רַעַשׁ גָּדוֹל בָּרוּךְ כְּבוֹד־יְהוָה מִמְּקוֹמוֹ: יחזקאל ג,יב

הפטרה ליום טוב שני של שבועות

קְרִיאַת הַתּוֹרָה הִיא כְּבַיּוֹם הָאַחֲרוֹן שֶׁל פֶּסַח (עמ׳ 835). לַמַּפְטִיר קוֹרְאִים כְּמוֹ בַּיּוֹם הָרִאשׁוֹן ׳וּבְיוֹם הַבִּכּוּרִים׳ (עמ׳ 840).

חבקוק ב:כ–ג:יט וַיהוָה בְּהֵיכַל קָדְשׁוֹ הַס מִפָּנָיו כָּל־הָאָרֶץ: תְּפִלָּה לַחֲבַקּוּק הַנָּבִיא עַל שִׁגְיֹנוֹת:

יש אומרים:

יַצִּיב פִּתְגָם, לְאָת וּדְגַם, בְּרִבּוֹ וְרִבְבָן עִירִין.
עָנֵה אֲנָא, בְּמִנְיָנָא, דְּפָסְלִין אַרְבְּעָה טוּרִין.
קֳדָמוֹהִי, לְגוֹ מוֹהִי, נְגִיד וּנְפִיק נְהַר דִּי נוּרִין.
בְּטוּר תַּלְגָּא, נְהוֹר שְׁרָגָא, וְזִיקִין דִּי נוּר וּבְעוֹרִין.
בְּרָא וּסְכָא, מַה בַּחֲשׁוֹכָא, וְעִמֵּהּ שָׁרְיָין נְהוֹרִין.
רְחִיקִין צְפָא, בְּלָא שִׁטְפָא, וּגְלַיִן לֵהּ דְּמִטַּמְּרִין.
בְּעֵית מִנֵּהּ, יָת הַרְמָנֵהּ, וּבָתְרוֹהִי עֲדֵי גְבָרִין.
יָדְעֵי הִלְכְתָא, וּמַתְנִיתָא, וְתוֹסֶפְתָּא סִפְרָא וְסִפְרִין.
מֶלֶךְ חַיָּא, לְעָלְמַיָּא, יְמַגַּר עַם לְהוֹן מְשַׁחְרִין.
אֲמִיר עֲלֵיהוֹן, כְּחָלָא יְהוֹן, וְלָא יִתְמְנוּן הֵיךְ עַפְרִין.
יְחַוְּרוּן כְּעַן, לְהוֹן בִּקְעַן, יְטוּפוּן נַעֲוֵי חַמְרִין.
רְעוּתְהוֹן הַב, וְאַפֵּיהוֹן צְהַב, יְנַהֲרוּן כִּנְהוֹר צַפְרִין.
לִי הַב תְּקוֹף, וְעֵינָךְ זְקוֹף, חֲזִי עָרָךְ דְּבָךְ כָּפְרִין.
יְהוֹן כְּתִבְנָא, בְּגוֹ לִבְנָא, כְּאַבְנָא יִשְׁתַּקְּעוּן חָפְרִין.
יְהוֹנָתָן, גְּבַר עִנְוְתָן, בְּכֵן נִמְטִין אַפְרִין.
כְּקַאֲמְנָא, וְתַרְגְּמְנָא, בְּמִלּוֹי דִּבְחִיר סַפְרִין.

יהוה שָׁמַעְתִּי שִׁמְעֲךָ יָרֵאתִי יהוה פָּעָלְךָ בְּקֶרֶב שָׁנִים חַיֵּיהוּ בְּקֶרֶב שָׁנִים תּוֹדִיעַ בְּרֹגֶז רַחֵם תִּזְכּוֹר: אֱלוֹהַּ מִתֵּימָן יָבוֹא וְקָדוֹשׁ מֵהַר־פָּארָן סֶלָה כִּסָּה שָׁמַיִם הוֹדוֹ וּתְהִלָּתוֹ מָלְאָה הָאָרֶץ: וְנֹגַהּ כָּאוֹר תִּהְיֶה קַרְנַיִם מִיָּדוֹ לוֹ וְשָׁם חֶבְיוֹן עֻזֹּה: לְפָנָיו יֵלֶךְ דָּבֶר וְיֵצֵא רֶשֶׁף לְרַגְלָיו: עָמַד ׀ וַיְמֹדֶד אֶרֶץ רָאָה וַיַּתֵּר גּוֹיִם וַיִּתְפֹּצְצוּ הַרְרֵי־עַד שַׁחוּ גִּבְעוֹת עוֹלָם הֲלִיכוֹת עוֹלָם לוֹ: תַּחַת אָוֶן

רָאִיתִי אָהֳלֵי כוּשָׁן יִרְגְּזוּן יְרִיעוֹת אֶרֶץ מִדְיָן׃ הֲבִנְהָרִים חָרָה יְהוָה אִם בַּנְּהָרִים אַפֶּךָ אִם־בַּיָּם עֶבְרָתֶךָ כִּי תִרְכַּב עַל־סוּסֶיךָ מַרְכְּבֹתֶיךָ יְשׁוּעָה׃ עֶרְיָה תֵעוֹר קַשְׁתֶּךָ שְׁבֻעוֹת מַטּוֹת אֹמֶר סֶלָה נְהָרוֹת תְּבַקַּע־אָרֶץ׃ רָאוּךָ יָחִילוּ הָרִים זֶרֶם מַיִם עָבָר נָתַן תְּהוֹם קוֹלוֹ רוֹם יָדֵיהוּ נָשָׂא׃ שֶׁמֶשׁ יָרֵחַ עָמַד זְבֻלָה לְאוֹר חִצֶּיךָ יְהַלֵּכוּ לְנֹגַהּ בְּרַק חֲנִיתֶךָ׃ בְּזַעַם תִּצְעַד־אָרֶץ בְּאַף תָּדוּשׁ גּוֹיִם׃ יָצָאתָ לְיֵשַׁע עַמֶּךָ לְיֵשַׁע אֶת־מְשִׁיחֶךָ מָחַצְתָּ רֹּאשׁ מִבֵּית רָשָׁע עָרוֹת יְסוֹד עַד־צַוָּאר סֶלָה׃ נָקַבְתָּ בְמַטָּיו רֹאשׁ פְּרָזָו יִסְעֲרוּ לַהֲפִיצֵנִי עֲלִיצֻתָם כְּמוֹ־לֶאֱכֹל עָנִי בַּמִּסְתָּר׃ דָּרַכְתָּ בַיָּם סוּסֶיךָ חֹמֶר מַיִם רַבִּים׃ שָׁמַעְתִּי ׀ וַתִּרְגַּז בִּטְנִי לְקוֹל צָלְלוּ שְׂפָתַי יָבוֹא רָקָב בַּעֲצָמַי וְתַחְתַּי אֶרְגָּז אֲשֶׁר אָנוּחַ לְיוֹם צָרָה לַעֲלוֹת לְעַם יְגוּדֶנּוּ׃ כִּי־תְאֵנָה לֹא־תִפְרָח וְאֵין יְבוּל בַּגְּפָנִים כִּחֵשׁ מַעֲשֵׂה־זַיִת וּשְׁדֵמוֹת לֹא־עָשָׂה אֹכֶל גָּזַר מִמִּכְלָה צֹאן וְאֵין בָּקָר בָּרְפָתִים׃ וַאֲנִי בַּיהוָה אֶעְלוֹזָה אָגִילָה בֵּאלֹהֵי יִשְׁעִי׃ יְהוִה אֲדֹנָי חֵילִי וַיָּשֶׂם רַגְלַי כָּאַיָּלוֹת וְעַל־בָּמוֹתַי יַדְרִכֵנִי לַמְנַצֵּחַ בִּנְגִינוֹתָי׃

מפטיר ליום הראשון של סוכות, וליום טוב שני בחוץ לארץ

קריאת התורה ביום טוב ראשון של סוכות (ובחוץ לארץ גם ביום טוב שני) היא כביום השני של פסח (עמ׳ 818). למפטיר קוראים מספר התורה השני:

וּבַחֲמִשָּׁה עָשָׂר יוֹם לַחֹדֶשׁ הַשְּׁבִיעִי מִקְרָא־קֹדֶשׁ יִהְיֶה לָכֶם כָּל־מְלֶאכֶת במדבר כט, יב–טז
עֲבֹדָה לֹא תַעֲשׂוּ וְחַגֹּתֶם חַג לַיהוָה שִׁבְעַת יָמִים׃ וְהִקְרַבְתֶּם עֹלָה אִשֵּׁה רֵיחַ נִיחֹחַ לַיהוָה פָּרִים בְּנֵי־בָקָר שְׁלֹשָׁה עָשָׂר אֵילִם שְׁנָיִם כְּבָשִׂים בְּנֵי־שָׁנָה אַרְבָּעָה עָשָׂר תְּמִימִם יִהְיוּ׃ וּמִנְחָתָם סֹלֶת בְּלוּלָה בַשָּׁמֶן שְׁלֹשָׁה עֶשְׂרֹנִים לַפָּר הָאֶחָד לִשְׁלֹשָׁה עָשָׂר פָּרִים שְׁנֵי עֶשְׂרֹנִים לָאַיִל הָאֶחָד לִשְׁנֵי הָאֵילִם׃ וְעִשָּׂרוֹן עִשָּׂרוֹן לַכֶּבֶשׂ הָאֶחָד לְאַרְבָּעָה עָשָׂר כְּבָשִׂים׃ וּשְׂעִיר־עִזִּים אֶחָד חַטָּאת מִלְּבַד עֹלַת הַתָּמִיד מִנְחָתָהּ וְנִסְכָּהּ׃

הפטרה ליום הראשון של סוכות

הִנֵּה יוֹם־בָּא לַיהוָה וְחֻלַּק שְׁלָלֵךְ בְּקִרְבֵּךְ׃ וְאָסַפְתִּי אֶת־כָּל־הַגּוֹיִם ׀ אֶל־ זכריה יד, א–כא
יְרוּשָׁלַםִ לַמִּלְחָמָה וְנִלְכְּדָה הָעִיר וְנָשַׁסּוּ הַבָּתִּים וְהַנָּשִׁים תשגלנה וְיָצָא תִּשָּׁכַבְנָה

חֲצִי הָעִיר בַּגּוֹלָה וְיֶתֶר הָעָם לֹא יִכָּרֵת מִן־הָעִיר׃ וְיָצָא יְהוָה וְנִלְחַם בַּגּוֹיִם
הָהֵם כְּיוֹם הִלָּחֲמוֹ בְּיוֹם קְרָב׃ וְעָמְדוּ רַגְלָיו בַּיּוֹם־הַהוּא עַל־הַר הַזֵּיתִים
אֲשֶׁר עַל־פְּנֵי יְרוּשָׁלִַם מִקֶּדֶם וְנִבְקַע הַר הַזֵּיתִים מֵחֶצְיוֹ מִזְרָחָה וָיָמָּה גֵּיא
גְּדוֹלָה מְאֹד וּמָשׁ חֲצִי הָהָר צָפוֹנָה וְחֶצְיוֹ נֶגְבָּה׃ וְנַסְתֶּם גֵּיא־הָרַי כִּי־יַגִּיעַ גֵּי־
הָרִים אֶל־אָצַל וְנַסְתֶּם כַּאֲשֶׁר נַסְתֶּם מִפְּנֵי הָרַעַשׁ בִּימֵי עֻזִּיָּה מֶלֶךְ־יְהוּדָה
וּבָא יְהוָה אֱלֹהַי כָּל־קְדֹשִׁים עִמָּךְ׃ וְהָיָה בַּיּוֹם הַהוּא לֹא־יִהְיֶה אוֹר יְקָרוֹת
יקפאון׃ וְהָיָה יוֹם־אֶחָד הוּא יִוָּדַע לַיהוָה לֹא־יוֹם וְלֹא־לָיְלָה וְהָיָה לְעֵת־עֶרֶב וְקִפָּאוֹן
יִהְיֶה־אוֹר׃ וְהָיָה ׀ בַּיּוֹם הַהוּא יֵצְאוּ מַיִם־חַיִּים מִירוּשָׁלִַם חֶצְיָם אֶל־הַיָּם
הַקַּדְמוֹנִי וְחֶצְיָם אֶל־הַיָּם הָאַחֲרוֹן בַּקַּיִץ וּבָחֹרֶף יִהְיֶה׃ וְהָיָה יְהוָה לְמֶלֶךְ
עַל־כָּל־הָאָרֶץ בַּיּוֹם הַהוּא יִהְיֶה יְהוָה אֶחָד וּשְׁמוֹ אֶחָד׃ יִסּוֹב כָּל־הָאָרֶץ
כָּעֲרָבָה מִגֶּבַע לְרִמּוֹן נֶגֶב יְרוּשָׁלִָם וְרָאֲמָה וְיָשְׁבָה תַחְתֶּיהָ לְמִשַּׁעַר בִּנְיָמִן
עַד־מְקוֹם שַׁעַר הָרִאשׁוֹן עַד־שַׁעַר הַפִּנִּים וּמִגְדַּל חֲנַנְאֵל עַד יִקְבֵי הַמֶּלֶךְ׃
וְיָשְׁבוּ בָהּ וְחֵרֶם לֹא יִהְיֶה־עוֹד וְיָשְׁבָה יְרוּשָׁלִַם לָבֶטַח׃ וְזֹאת ׀
תִּהְיֶה הַמַּגֵּפָה אֲשֶׁר יִגֹּף יְהוָה אֶת־כָּל־הָעַמִּים אֲשֶׁר צָבְאוּ עַל־יְרוּשָׁלִָם הָמֵק ׀
בְּשָׂרוֹ וְהוּא עֹמֵד עַל־רַגְלָיו וְעֵינָיו תִּמַּקְנָה בְחֹרֵיהֶן וּלְשׁוֹנוֹ תִּמַּק בְּפִיהֶם׃ וְהָיָה
בַּיּוֹם הַהוּא תִּהְיֶה מְהוּמַת־יְהוָה רַבָּה בָּהֶם וְהֶחֱזִיקוּ אִישׁ יַד רֵעֵהוּ וְעָלְתָה
יָדוֹ עַל־יַד רֵעֵהוּ׃ וְגַם־יְהוּדָה תִּלָּחֵם בִּירוּשָׁלִָם וְאֻסַּף חֵיל כָּל־הַגּוֹיִם סָבִיב
זָהָב וָכֶסֶף וּבְגָדִים לָרֹב מְאֹד׃ וְכֵן תִּהְיֶה מַגֵּפַת הַסּוּס הַפֶּרֶד הַגָּמָל וְהַחֲמוֹר
וְכָל־הַבְּהֵמָה אֲשֶׁר יִהְיֶה בַּמַּחֲנוֹת הָהֵמָּה כַּמַּגֵּפָה הַזֹּאת׃ וְהָיָה כָּל־הַנּוֹתָר
מִכָּל־הַגּוֹיִם הַבָּאִים עַל־יְרוּשָׁלִָם וְעָלוּ מִדֵּי שָׁנָה בְשָׁנָה לְהִשְׁתַּחֲוֺת לְמֶלֶךְ
יְהוָה צְבָאוֹת וְלָחֹג אֶת־חַג הַסֻּכּוֹת׃ וְהָיָה אֲשֶׁר לֹא־יַעֲלֶה מֵאֵת מִשְׁפְּחוֹת
הָאָרֶץ אֶל־יְרוּשָׁלִַם לְהִשְׁתַּחֲוֺת לְמֶלֶךְ יְהוָה צְבָאוֹת וְלֹא עֲלֵיהֶם יִהְיֶה הַגָּשֶׁם׃
וְאִם־מִשְׁפַּחַת מִצְרַיִם לֹא־תַעֲלֶה וְלֹא בָאָה וְלֹא עֲלֵיהֶם תִּהְיֶה הַמַּגֵּפָה אֲשֶׁר
יִגֹּף יְהוָה אֶת־הַגּוֹיִם אֲשֶׁר לֹא יַעֲלוּ לָחֹג אֶת־חַג הַסֻּכּוֹת׃ זֹאת תִּהְיֶה חַטַּאת
מִצְרָיִם וְחַטַּאת כָּל־הַגּוֹיִם אֲשֶׁר לֹא יַעֲלוּ לָחֹג אֶת־חַג הַסֻּכּוֹת׃ בַּיּוֹם הַהוּא
יִהְיֶה עַל־מְצִלּוֹת הַסּוּס קֹדֶשׁ לַיהוָה וְהָיָה הַסִּירוֹת בְּבֵית יְהוָה כַּמִּזְרָקִים לִפְנֵי
הַמִּזְבֵּחַ׃ וְהָיָה כָּל־סִיר בִּירוּשָׁלִַם וּבִיהוּדָה קֹדֶשׁ לַיהוָה צְבָאוֹת וּבָאוּ כָּל־
הַזֹּבְחִים וְלָקְחוּ מֵהֶם וּבִשְּׁלוּ בָהֶם וְלֹא־יִהְיֶה כְנַעֲנִי עוֹד בְּבֵית־יְהוָה צְבָאוֹת
בַּיּוֹם הַהוּא׃

הפטרה ליום טוב שני של סוכות בחוץ לארץ

מלכים א' ח:ב–כא

וַיִּקָּהֲלוּ אֶל־הַמֶּלֶךְ שְׁלֹמֹה כָּל־אִישׁ יִשְׂרָאֵל בְּיֶרַח הָאֵתָנִים בֶּחָג הוּא הַחֹדֶשׁ הַשְּׁבִיעִי: וַיָּבֹאוּ כֹּל זִקְנֵי יִשְׂרָאֵל וַיִּשְׂאוּ הַכֹּהֲנִים אֶת־הָאָרוֹן: וַיַּעֲלוּ אֶת־אֲרוֹן יהוה וְאֶת־אֹהֶל מוֹעֵד וְאֶת־כָּל־כְּלֵי הַקֹּדֶשׁ אֲשֶׁר בָּאֹהֶל וַיַּעֲלוּ אֹתָם הַכֹּהֲנִים וְהַלְוִיִּם: וְהַמֶּלֶךְ שְׁלֹמֹה וְכָל־עֲדַת יִשְׂרָאֵל הַנּוֹעָדִים עָלָיו אִתּוֹ לִפְנֵי הָאָרוֹן מְזַבְּחִים צֹאן וּבָקָר אֲשֶׁר לֹא־יִסָּפְרוּ וְלֹא יִמָּנוּ מֵרֹב: וַיָּבִאוּ הַכֹּהֲנִים אֶת־אֲרוֹן בְּרִית־יהוה אֶל־מְקוֹמוֹ אֶל־דְּבִיר הַבַּיִת אֶל־קֹדֶשׁ הַקֳּדָשִׁים אֶל־תַּחַת כַּנְפֵי הַכְּרוּבִים: כִּי הַכְּרוּבִים פֹּרְשִׂים כְּנָפַיִם אֶל־מְקוֹם הָאָרוֹן וַיָּסֹכּוּ הַכְּרֻבִים עַל־הָאָרוֹן וְעַל־בַּדָּיו מִלְמָעְלָה: וַיַּאֲרִכוּ הַבַּדִּים וַיֵּרָאוּ רָאשֵׁי הַבַּדִּים מִן־הַקֹּדֶשׁ עַל־פְּנֵי הַדְּבִיר וְלֹא יֵרָאוּ הַחוּצָה וַיִּהְיוּ שָׁם עַד הַיּוֹם הַזֶּה: אֵין בָּאָרוֹן רַק שְׁנֵי לֻחוֹת הָאֲבָנִים אֲשֶׁר הִנִּחַ שָׁם מֹשֶׁה בְּחֹרֵב אֲשֶׁר כָּרַת יהוה עִם־בְּנֵי יִשְׂרָאֵל בְּצֵאתָם מֵאֶרֶץ מִצְרָיִם: וַיְהִי בְּצֵאת הַכֹּהֲנִים מִן־הַקֹּדֶשׁ וְהֶעָנָן מָלֵא אֶת־בֵּית יהוה: וְלֹא־יָכְלוּ הַכֹּהֲנִים לַעֲמֹד לְשָׁרֵת מִפְּנֵי הֶעָנָן כִּי־מָלֵא כְבוֹד־יהוה אֶת־בֵּית יהוה: אָז אָמַר שְׁלֹמֹה יהוה אָמַר לִשְׁכֹּן בָּעֲרָפֶל: בָּנֹה בָנִיתִי בֵּית זְבֻל לָךְ מָכוֹן לְשִׁבְתְּךָ עוֹלָמִים: וַיַּסֵּב הַמֶּלֶךְ אֶת־פָּנָיו וַיְבָרֶךְ אֵת כָּל־קְהַל יִשְׂרָאֵל וְכָל־קְהַל יִשְׂרָאֵל עֹמֵד: וַיֹּאמֶר בָּרוּךְ יהוה אֱלֹהֵי יִשְׂרָאֵל אֲשֶׁר דִּבֶּר בְּפִיו אֵת דָּוִד אָבִי וּבְיָדוֹ מִלֵּא לֵאמֹר: מִן־הַיּוֹם אֲשֶׁר הוֹצֵאתִי אֶת־עַמִּי אֶת־יִשְׂרָאֵל מִמִּצְרַיִם לֹא־בָחַרְתִּי בְעִיר מִכֹּל שִׁבְטֵי יִשְׂרָאֵל לִבְנוֹת בַּיִת לִהְיוֹת שְׁמִי שָׁם וָאֶבְחַר בְּדָוִד לִהְיוֹת עַל־עַמִּי יִשְׂרָאֵל: וַיְהִי עִם־לְבַב דָּוִד אָבִי לִבְנוֹת בַּיִת לְשֵׁם יהוה אֱלֹהֵי יִשְׂרָאֵל: וַיֹּאמֶר יהוה אֶל־דָּוִד אָבִי יַעַן אֲשֶׁר הָיָה עִם־לְבָבְךָ לִבְנוֹת בַּיִת לִשְׁמִי הֱטִיבֹתָ כִּי הָיָה עִם־לְבָבֶךָ: רַק אַתָּה לֹא תִבְנֶה הַבָּיִת כִּי אִם־בִּנְךָ הַיֹּצֵא מֵחֲלָצֶיךָ הוּא־יִבְנֶה הַבַּיִת לִשְׁמִי: וַיָּקֶם יהוה אֶת־דְּבָרוֹ אֲשֶׁר דִּבֵּר וָאָקֻם תַּחַת דָּוִד אָבִי וָאֵשֵׁב ׀ עַל־כִּסֵּא יִשְׂרָאֵל כַּאֲשֶׁר דִּבֶּר יהוה וָאֶבְנֶה הַבַּיִת לְשֵׁם יהוה אֱלֹהֵי יִשְׂרָאֵל: וָאָשִׂם שָׁם מָקוֹם לָאָרוֹן אֲשֶׁר־שָׁם בְּרִית יהוה אֲשֶׁר כָּרַת עִם־אֲבֹתֵינוּ בְּהוֹצִיאוֹ אֹתָם מֵאֶרֶץ מִצְרָיִם:

קריאה לחול המועד סוכות

בחול המועד סוכות מעלים לתורה ארבעה קרואים, וקוראים לכל אחד מהם את מוסף אותו היום. בשבת חול המועד מוציאים שני ספרי תורה. באחד קוראים לשבעה עולים כבחול המועד פסח (עמ׳ 827), ובאחר קוראים למפטיר את הקריאה ליום המתאים.

ביום ראשון של חול המועד קוראים ׳וּבַיּוֹם הַשֵּׁנִי׳. ובחוץ לארץ, ביום ראשון של חול המועד (שהוא שלישי לימי חג הסוכות), קורא הכהן ׳וּבַיּוֹם הַשֵּׁנִי׳, הלוי קורא ׳וּבַיּוֹם הַשְּׁלִישִׁי׳, השלישי קורא ׳וּבַיּוֹם הָרְבִיעִי׳, והרביעי קורא ׳וּבַיּוֹם הַשֵּׁנִי׳ ו׳וּבַיּוֹם הַשְּׁלִישִׁי׳.

במדבר כט, יז–יט **וּבַיּוֹם הַשֵּׁנִי פָּרִים בְּנֵי־בָקָר שְׁנֵים עָשָׂר אֵילִם שְׁנָיִם כְּבָשִׂים בְּנֵי־שָׁנָה אַרְבָּעָה**
עָשָׂר תְּמִימִם: וּמִנְחָתָם וְנִסְכֵּיהֶם לַפָּרִים לָאֵילִם וְלַכְּבָשִׂים בְּמִסְפָּרָם כַּמִּשְׁפָּט:
וּשְׂעִיר־עִזִּים אֶחָד חַטָּאת מִלְּבַד עֹלַת הַתָּמִיד וּמִנְחָתָהּ וְנִסְכֵּיהֶם:

ביום שני של חול המועד קוראים ׳וּבַיּוֹם הַשְּׁלִישִׁי׳. ובחוץ לארץ, ביום שני של חול המועד, קורא הכהן ׳וּבַיּוֹם הַשְּׁלִישִׁי׳, והלוי קורא ׳וּבַיּוֹם הָרְבִיעִי׳, השלישי קורא ׳וּבַיּוֹם הַחֲמִישִׁי׳, והרביעי קורא ׳וּבַיּוֹם הַשְּׁלִישִׁי׳ ו׳וּבַיּוֹם הָרְבִיעִי׳.

במדבר כט, כ–כב **וּבַיּוֹם הַשְּׁלִישִׁי פָּרִים עַשְׁתֵּי־עָשָׂר אֵילִם שְׁנָיִם כְּבָשִׂים בְּנֵי־שָׁנָה אַרְבָּעָה עָשָׂר**
תְּמִימִם: וּמִנְחָתָם וְנִסְכֵּיהֶם לַפָּרִים לָאֵילִם וְלַכְּבָשִׂים בְּמִסְפָּרָם כַּמִּשְׁפָּט:
וּשְׂעִיר חַטָּאת אֶחָד מִלְּבַד עֹלַת הַתָּמִיד וּמִנְחָתָהּ וְנִסְכָּהּ:

ביום שלישי של חול המועד קוראים ׳וּבַיּוֹם הָרְבִיעִי׳. ובחוץ לארץ, ביום שלישי של חול המועד, קורא הכהן ׳וּבַיּוֹם הָרְבִיעִי׳, והלוי קורא ׳וּבַיּוֹם הַחֲמִישִׁי׳, השלישי קורא ׳וּבַיּוֹם הַשִּׁשִּׁי׳, והרביעי קורא ׳וּבַיּוֹם הָרְבִיעִי׳ ו׳וּבַיּוֹם הַחֲמִישִׁי׳.

במדבר כט, כג–כה **וּבַיּוֹם הָרְבִיעִי פָּרִים עֲשָׂרָה אֵילִם שְׁנָיִם כְּבָשִׂים בְּנֵי־שָׁנָה אַרְבָּעָה עָשָׂר**
תְּמִימִם: מִנְחָתָם וְנִסְכֵּיהֶם לַפָּרִים לָאֵילִם וְלַכְּבָשִׂים בְּמִסְפָּרָם כַּמִּשְׁפָּט:
וּשְׂעִיר־עִזִּים אֶחָד חַטָּאת מִלְּבַד עֹלַת הַתָּמִיד מִנְחָתָהּ וְנִסְכָּהּ:

ביום רביעי של חול המועד קוראים ׳וּבַיּוֹם הַחֲמִישִׁי׳. ובחוץ לארץ, ביום רביעי של חול המועד, קורא הכהן ׳וּבַיּוֹם הַחֲמִישִׁי׳, והלוי קורא ׳וּבַיּוֹם הַשִּׁשִּׁי׳, השלישי קורא ׳וּבַיּוֹם הַשְּׁבִיעִי׳, והרביעי קורא ׳וּבַיּוֹם הַחֲמִישִׁי׳ ו׳וּבַיּוֹם הַשִּׁשִּׁי׳.

במדבר כט, כו–כח **וּבַיּוֹם הַחֲמִישִׁי פָּרִים תִּשְׁעָה אֵילִם שְׁנָיִם כְּבָשִׂים בְּנֵי־שָׁנָה אַרְבָּעָה עָשָׂר**
תְּמִימִם: וּמִנְחָתָם וְנִסְכֵּיהֶם לַפָּרִים לָאֵילִם וְלַכְּבָשִׂים בְּמִסְפָּרָם כַּמִּשְׁפָּט:
וּשְׂעִיר חַטָּאת אֶחָד מִלְּבַד עֹלַת הַתָּמִיד וּמִנְחָתָהּ וְנִסְכָּהּ:

ביום חמישי של חול המועד קוראים ׳וּבַיּוֹם הַשִּׁשִּׁי׳. ובחוץ לארץ, ביום חמישי של חול המועד, הוא יום הושענא רבה, קורא הכהן ׳וּבַיּוֹם הַחֲמִישִׁי׳, והלוי קורא ׳וּבַיּוֹם הַשִּׁשִּׁי׳, השלישי קורא ׳וּבַיּוֹם הַשְּׁבִיעִי׳, והרביעי קורא ׳וּבַיּוֹם הַשִּׁשִּׁי׳ ו׳וּבַיּוֹם הַשְּׁבִיעִי׳.

במדבר כט, כט–לא **וּבַיּוֹם הַשִּׁשִּׁי פָּרִים שְׁמֹנָה אֵילִם שְׁנָיִם כְּבָשִׂים בְּנֵי־שָׁנָה אַרְבָּעָה עָשָׂר**

תְּמִימִם: וּמִנְחָתָם וְנִסְכֵּיהֶם לַפָּרִים לָאֵילִם וְלַכְּבָשִׂים בְּמִסְפָּרָם כַּמִּשְׁפָּט:
וּשְׂעִיר חַטָּאת אֶחָד מִלְּבַד עֹלַת הַתָּמִיד מִנְחָתָהּ וּנְסָכֶיהָ:

ביום שישי של חול המועד בארץ ישראל, הוא יום הושענא רבה, קוראים:

במדבר כט, לב–לד וּבַיּוֹם הַשְּׁבִיעִי פָּרִים שִׁבְעָה אֵילִם שְׁנָיִם כְּבָשִׂים בְּנֵי־שָׁנָה אַרְבָּעָה עָשָׂר
תְּמִימִם: וּמִנְחָתָם וְנִסְכֵּהֶם לַפָּרִים לָאֵילִם וְלַכְּבָשִׂים בְּמִסְפָּרָם כְּמִשְׁפָּטָם:
וּשְׂעִיר חַטָּאת אֶחָד מִלְּבַד עֹלַת הַתָּמִיד מִנְחָתָהּ וְנִסְכָּהּ:

הפטרה לשבת חול המועד סוכות

יחזקאל לח, יח – לט, טז וְהָיָה ׀ בַּיּוֹם הַהוּא בְּיוֹם בּוֹא גוֹג עַל־אַדְמַת יִשְׂרָאֵל נְאֻם אֲדֹנָי יֱהוִה תַּעֲלֶה
חֲמָתִי בְּאַפִּי: וּבְקִנְאָתִי בְאֵשׁ־עֶבְרָתִי דִּבַּרְתִּי אִם־לֹא ׀ בַּיּוֹם הַהוּא יִהְיֶה רַעַשׁ
גָּדוֹל עַל אַדְמַת יִשְׂרָאֵל: וְרָעֲשׁוּ מִפָּנַי דְּגֵי הַיָּם וְעוֹף הַשָּׁמַיִם וְחַיַּת הַשָּׂדֶה
וְכָל־הָרֶמֶשׂ הָרֹמֵשׂ עַל־הָאֲדָמָה וְכֹל הָאָדָם אֲשֶׁר עַל־פְּנֵי הָאֲדָמָה וְנֶהֶרְסוּ
הֶהָרִים וְנָפְלוּ הַמַּדְרֵגוֹת וְכָל־חוֹמָה לָאָרֶץ תִּפּוֹל: וְקָרָאתִי עָלָיו לְכָל־הָרַי
חֶרֶב נְאֻם אֲדֹנָי יֱהוִה חֶרֶב אִישׁ בְּאָחִיו תִּהְיֶה: וְנִשְׁפַּטְתִּי אִתּוֹ בְּדֶבֶר וּבְדָם
וְגֶשֶׁם שׁוֹטֵף וְאַבְנֵי אֶלְגָּבִישׁ אֵשׁ וְגָפְרִית אַמְטִיר עָלָיו וְעַל־אֲגַפָּיו וְעַל־עַמִּים
רַבִּים אֲשֶׁר אִתּוֹ: וְהִתְגַּדִּלְתִּי וְהִתְקַדִּשְׁתִּי וְנוֹדַעְתִּי לְעֵינֵי גּוֹיִם רַבִּים וְיָדְעוּ
כִּי־אֲנִי יְהוָה: וְאַתָּה בֶן־אָדָם הִנָּבֵא עַל־גּוֹג וְאָמַרְתָּ כֹּה אָמַר
אֲדֹנָי יֱהוִה הִנְנִי אֵלֶיךָ גּוֹג נְשִׂיא רֹאשׁ מֶשֶׁךְ וְתֻבָל: וְשֹׁבַבְתִּיךָ וְשִׁשֵּׁאתִיךָ
וְהַעֲלִיתִיךָ מִיַּרְכְּתֵי צָפוֹן וַהֲבִאוֹתִךָ עַל־הָרֵי יִשְׂרָאֵל: וְהִכֵּיתִי קַשְׁתְּךָ מִיַּד
שְׂמֹאולֶךָ וְחִצֶּיךָ מִיַּד יְמִינְךָ אַפִּיל: עַל־הָרֵי יִשְׂרָאֵל תִּפּוֹל אַתָּה וְכָל־אֲגַפֶּיךָ
וְעַמִּים אֲשֶׁר אִתָּךְ לְעֵיט צִפּוֹר כָּל־כָּנָף וְחַיַּת הַשָּׂדֶה נְתַתִּיךָ לְאָכְלָה: עַל־פְּנֵי
הַשָּׂדֶה תִּפּוֹל כִּי אֲנִי דִבַּרְתִּי נְאֻם אֲדֹנָי יֱהוִה: וְשִׁלַּחְתִּי־אֵשׁ בְּמָגוֹג וּבְיֹשְׁבֵי
הָאִיִּים לָבֶטַח וְיָדְעוּ כִּי־אֲנִי יְהוָה: וְאֶת־שֵׁם קָדְשִׁי אוֹדִיעַ בְּתוֹךְ עַמִּי יִשְׂרָאֵל
וְלֹא־אַחֵל אֶת־שֵׁם־קָדְשִׁי עוֹד וְיָדְעוּ הַגּוֹיִם כִּי־אֲנִי יְהוָה קָדוֹשׁ בְּיִשְׂרָאֵל:
הִנֵּה בָאָה וְנִהְיָתָה נְאֻם אֲדֹנָי יֱהוִה הוּא הַיּוֹם אֲשֶׁר דִּבַּרְתִּי: וְיָצְאוּ יֹשְׁבֵי ׀
עָרֵי יִשְׂרָאֵל וּבִעֲרוּ וְהִשִּׂיקוּ בְּנֶשֶׁק וּמָגֵן וְצִנָּה בְּקֶשֶׁת וּבְחִצִּים וּבְמַקֵּל יָד
וּבְרֹמַח וּבִעֲרוּ בָהֶם אֵשׁ שֶׁבַע שָׁנִים: וְלֹא־יִשְׂאוּ עֵצִים מִן־הַשָּׂדֶה וְלֹא יַחְטְבוּ
מִן־הַיְּעָרִים כִּי בַנֶּשֶׁק יְבַעֲרוּ־אֵשׁ וְשָׁלְלוּ אֶת־שֹׁלְלֵיהֶם וּבָזְזוּ אֶת־בֹּזְזֵיהֶם
נְאֻם אֲדֹנָי יֱהוִה: וְהָיָה בַיּוֹם הַהוּא אֶתֵּן לְגוֹג ׀ מְקוֹם־שָׁם קֶבֶר

בְּיִשְׂרָאֵל גֵּי הָעֹבְרִים קִדְמַת הַיָּם וְחֹסֶמֶת הִיא אֶת־הָעֹבְרִים וְקָבְרוּ שָׁם אֶת־גּוֹג וְאֶת־כָּל־הֲמוֹנֹה וְקָרְאוּ גֵּיא הֲמוֹן גּוֹג׃ וּקְבָרוּם בֵּית יִשְׂרָאֵל לְמַעַן טַהֵר אֶת־הָאָרֶץ שִׁבְעָה חֳדָשִׁים׃ וְקָבְרוּ כָּל־עַם הָאָרֶץ וְהָיָה לָהֶם לְשֵׁם יוֹם הִכָּבְדִי נְאֻם אֲדֹנָי יֱהוִה׃ וְאַנְשֵׁי תָמִיד יַבְדִּילוּ עֹבְרִים בָּאָרֶץ מְקַבְּרִים אֶת־הָעֹבְרִים אֶת־הַנּוֹתָרִים עַל־פְּנֵי הָאָרֶץ לְטַהֲרָהּ מִקְצֵה שִׁבְעָה־חֳדָשִׁים יַחְקֹרוּ׃ וְעָבְרוּ הָעֹבְרִים בָּאָרֶץ וְרָאָה עֶצֶם אָדָם וּבָנָה אֶצְלוֹ צִיּוּן עַד קָבְרוּ אֹתוֹ הַמְקַבְּרִים אֶל־גֵּיא הֲמוֹן גּוֹג׃ וְגַם שֶׁם־עִיר הֲמוֹנָה וְטִהֲרוּ הָאָרֶץ׃

מפטיר לשמיני עצרת

קריאת התורה בשמיני עצרת היא כביום האחרון של פסח שחל בשבת (עמ׳ 835). למפטיר קוראים מספר התורה השני ׳בַּיּוֹם הַשְּׁמִינִי׳.

במדבר כט, לה–ל, א בַּיּוֹם הַשְּׁמִינִי עֲצֶרֶת תִּהְיֶה לָכֶם כָּל־מְלֶאכֶת עֲבֹדָה לֹא תַעֲשׂוּ׃ וְהִקְרַבְתֶּם עֹלָה אִשֵּׁה רֵיחַ נִיחֹחַ לַיהוה פַּר אֶחָד אַיִל אֶחָד כְּבָשִׂים בְּנֵי־שָׁנָה שִׁבְעָה תְּמִימִם׃ מִנְחָתָם וְנִסְכֵּיהֶם לַפָּר לָאַיִל וְלַכְּבָשִׂים בְּמִסְפָּרָם כַּמִּשְׁפָּט׃ וּשְׂעִיר חַטָּאת אֶחָד מִלְּבַד עֹלַת הַתָּמִיד וּמִנְחָתָהּ וְנִסְכָּהּ׃ אֵלֶּה תַּעֲשׂוּ לַיהוה בְּמוֹעֲדֵיכֶם לְבַד מִנִּדְרֵיכֶם וְנִדְבֹתֵיכֶם לְעֹלֹתֵיכֶם וּלְמִנְחֹתֵיכֶם וּלְנִסְכֵּיכֶם וּלְשַׁלְמֵיכֶם׃ וַיֹּאמֶר מֹשֶׁה אֶל־בְּנֵי יִשְׂרָאֵל כְּכֹל אֲשֶׁר־צִוָּה יהוה אֶת־מֹשֶׁה׃

הפטרה לשמיני עצרת בחוץ לארץ

מלכים א׳ ח:נד–ט:א וַיְהִי ׀ כְּכַלּוֹת שְׁלֹמֹה לְהִתְפַּלֵּל אֶל־יהוה אֵת כָּל־הַתְּפִלָּה וְהַתְּחִנָּה הַזֹּאת קָם מִלִּפְנֵי מִזְבַּח יהוה מִכְּרֹעַ עַל־בִּרְכָּיו וְכַפָּיו פְּרֻשׂוֹת הַשָּׁמָיִם׃ וַיַּעֲמֹד וַיְבָרֶךְ אֵת כָּל־קְהַל יִשְׂרָאֵל קוֹל גָּדוֹל לֵאמֹר׃ בָּרוּךְ יהוה אֲשֶׁר נָתַן מְנוּחָה לְעַמּוֹ יִשְׂרָאֵל כְּכֹל אֲשֶׁר דִּבֵּר לֹא־נָפַל דָּבָר אֶחָד מִכֹּל דְּבָרוֹ הַטּוֹב אֲשֶׁר דִּבֶּר בְּיַד מֹשֶׁה עַבְדּוֹ׃ יְהִי יהוה אֱלֹהֵינוּ עִמָּנוּ כַּאֲשֶׁר הָיָה עִם־אֲבֹתֵינוּ אַל־יַעַזְבֵנוּ וְאַל־יִטְּשֵׁנוּ׃ לְהַטּוֹת לְבָבֵנוּ אֵלָיו לָלֶכֶת בְּכָל־דְּרָכָיו וְלִשְׁמֹר מִצְוֺתָיו וְחֻקָּיו וּמִשְׁפָּטָיו אֲשֶׁר צִוָּה אֶת־אֲבֹתֵינוּ׃ וְיִהְיוּ דְבָרַי אֵלֶּה אֲשֶׁר הִתְחַנַּנְתִּי לִפְנֵי יהוה קְרֹבִים אֶל־יהוה אֱלֹהֵינוּ יוֹמָם וָלָיְלָה לַעֲשׂוֹת ׀ מִשְׁפַּט עַבְדּוֹ וּמִשְׁפַּט עַמּוֹ יִשְׂרָאֵל דְּבַר־יוֹם בְּיוֹמוֹ׃ לְמַעַן דַּעַת כָּל־עַמֵּי הָאָרֶץ כִּי יהוה הוּא הָאֱלֹהִים אֵין עוֹד׃ וְהָיָה לְבַבְכֶם שָׁלֵם עִם יהוה אֱלֹהֵינוּ לָלֶכֶת בְּחֻקָּיו וְלִשְׁמֹר מִצְוֺתָיו כַּיּוֹם הַזֶּה׃ וְהַמֶּלֶךְ וְכָל־יִשְׂרָאֵל עִמּוֹ זֹבְחִים זֶבַח לִפְנֵי יהוה׃ וַיִּזְבַּח שְׁלֹמֹה

אֶת זֶבַח הַשְּׁלָמִים אֲשֶׁר זָבַח לַיהוָה בָּקָר עֶשְׂרִים וּשְׁנַיִם אֶלֶף וְצֹאן מֵאָה וְעֶשְׂרִים אָלֶף וַיַּחְנְכוּ אֶת־בֵּית יְהוָה הַמֶּלֶךְ וְכָל־בְּנֵי יִשְׂרָאֵל: בַּיּוֹם הַהוּא קִדַּשׁ הַמֶּלֶךְ אֶת־תּוֹךְ הֶחָצֵר אֲשֶׁר לִפְנֵי בֵית־יְהוָה כִּי־עָשָׂה שָׁם אֶת־הָעֹלָה וְאֶת־הַמִּנְחָה וְאֵת חֶלְבֵי הַשְּׁלָמִים כִּי־מִזְבַּח הַנְּחֹשֶׁת אֲשֶׁר לִפְנֵי יְהוָה קָטֹן מֵהָכִיל אֶת־הָעֹלָה וְאֶת־הַמִּנְחָה וְאֵת חֶלְבֵי הַשְּׁלָמִים: וַיַּעַשׂ שְׁלֹמֹה בָעֵת־הַהִיא | אֶת־הֶחָג וְכָל־יִשְׂרָאֵל עִמּוֹ קָהָל גָּדוֹל מִלְּבוֹא חֲמָת | עַד־נַחַל מִצְרַיִם לִפְנֵי יְהוָה אֱלֹהֵינוּ שִׁבְעַת יָמִים וְשִׁבְעַת יָמִים אַרְבָּעָה עָשָׂר יוֹם: בַּיּוֹם הַשְּׁמִינִי שִׁלַּח אֶת־הָעָם וַיְבָרְכוּ אֶת־הַמֶּלֶךְ וַיֵּלְכוּ לְאָהֳלֵיהֶם שְׂמֵחִים וְטוֹבֵי לֵב עַל כָּל־הַטּוֹבָה אֲשֶׁר עָשָׂה יְהוָה לְדָוִד עַבְדּוֹ וּלְיִשְׂרָאֵל עַמּוֹ: וַיְהִי כְּכַלּוֹת שְׁלֹמֹה לִבְנוֹת אֶת־בֵּית־יְהוָה וְאֶת־בֵּית הַמֶּלֶךְ וְאֵת כָּל־חֵשֶׁק שְׁלֹמֹה אֲשֶׁר חָפֵץ לַעֲשׂוֹת:

קריאה לשמחת תורה

בספר הראשון קוראים פרשת ׳וזאת הברכה׳. מנהג נפוץ ברוב קהילות ישראל שלקריאת התורה בשמחת תורה מעלים לקרוא כל אחד ואחד מן הציבור, ואפילו ילדים שלא הגיעו למצוות. משום כך קוראים וחוזרים וקוראים את רוב הפרשה עד שיגמרו כל הנוכחים לעלות לתורה. כן נהגו שכל הילדים הקטנים שאינם יודעים עדיין לברך עולים לתורה יחד (׳לכל הנערים׳), ועימם עולה אחד המתפללים, המברך את ברכות התורה וכל הילדים מברכים עימו. עלייה זו נחשבה לכיבוד מיוחד ואף כסגולה לבנים עבור חשוכי ילדים. בדרך כלל עושים זאת סמוך ל׳חתן תורה׳, וקוראים את המסומן כעליית ׳חמישי׳, מן הפסוק ׳וְלְדָן אָמַר׳ עד ׳וּבְגַאֲוָתוֹ שְׁחָקִים׳.

נהגו במקומות רבים לפרוש טלית כעין חופה, שתחתיה נמצאים ׳כל הנערים׳, וכן ׳חתן התורה׳ ו׳חתן בראשית׳.

אם חל שמחת תורה בשבת, יש נוהגים לקרוא לראשון עד ׳יִשָּׂא מִדַּבְּרֹתֶיךָ׳, להמשיך כרגיל ולקרוא לשביעי את שלושת הפסוקים הראשונים מהקריאה ל׳חתן תורה׳ (עמ׳ 851), מ׳מְעֹנָה אֱלֹהֵי קֶדֶם׳ ׳עַל בָּמוֹתֵימוֹ תִדְרֹךְ׳.

וְזֹאת הַבְּרָכָה אֲשֶׁר בֵּרַךְ מֹשֶׁה אִישׁ הָאֱלֹהִים אֶת־בְּנֵי יִשְׂרָאֵל לִפְנֵי מוֹתוֹ: דברים לג, א–כו
וַיֹּאמַר יְהוָה מִסִּינַי בָּא וְזָרַח מִשֵּׂעִיר לָמוֹ הוֹפִיעַ מֵהַר פָּארָן וְאָתָה מֵרִבְבֹת
קֹדֶשׁ מִימִינוֹ אשדת לָמוֹ: אַף חֹבֵב עַמִּים כָּל־קְדֹשָׁיו בְּיָדֶךָ וְהֵם תֻּכּוּ לְרַגְלֶךָ אֵשׁ דָּת
יִשָּׂא מִדַּבְּרֹתֶיךָ: תּוֹרָה צִוָּה־לָנוּ מֹשֶׁה מוֹרָשָׁה קְהִלַּת יַעֲקֹב: וַיְהִי בִישֻׁרוּן מֶלֶךְ בְּהִתְאַסֵּף רָאשֵׁי עָם יַחַד שִׁבְטֵי יִשְׂרָאֵל: יְחִי רְאוּבֵן וְאַל־יָמֹת וִיהִי מְתָיו מִסְפָּר: וְזֹאת לִיהוּדָה וַיֹּאמַר שְׁמַע יְהוָה קוֹל יְהוּדָה וְאֶל־עַמּוֹ תְּבִיאֶנּוּ יָדָיו רָב לוֹ וְעֵזֶר מִצָּרָיו תִּהְיֶה:

לוי וּלְלֵוִי אָמַר תֻּמֶּיךָ וְאוּרֶיךָ לְאִישׁ חֲסִידֶךָ אֲשֶׁר נִסִּיתוֹ בְּמַסָּה תְּרִיבֵהוּ עַל־מֵי
מְרִיבָה: הָאֹמֵר לְאָבִיו וּלְאִמּוֹ לֹא רְאִיתִיו וְאֶת־אֶחָיו לֹא הִכִּיר וְאֶת־בָּנָו לֹא
יָדָע כִּי שָׁמְרוּ אִמְרָתֶךָ וּבְרִיתְךָ יִנְצֹרוּ: יוֹרוּ מִשְׁפָּטֶיךָ לְיַעֲקֹב וְתוֹרָתְךָ לְיִשְׂרָאֵל
יָשִׂימוּ קְטוֹרָה בְּאַפֶּךָ וְכָלִיל עַל־מִזְבְּחֶךָ: בָּרֵךְ יהוה חֵילוֹ וּפֹעַל יָדָיו תִּרְצֶה
מְחַץ מָתְנַיִם קָמָיו וּמְשַׂנְאָיו מִן־יְקוּמוּן: לְבִנְיָמִן אָמַר יְדִיד יהוה
שלישי יִשְׁכֹּן לָבֶטַח עָלָיו חֹפֵף עָלָיו כָּל־הַיּוֹם וּבֵין כְּתֵפָיו שָׁכֵן: *וּלְיוֹסֵף
אָמַר מְבֹרֶכֶת יהוה אַרְצוֹ מִמֶּגֶד שָׁמַיִם מִטָּל וּמִתְּהוֹם רֹבֶצֶת תָּחַת: וּמִמֶּגֶד
תְּבוּאֹת שָׁמֶשׁ וּמִמֶּגֶד גֶּרֶשׁ יְרָחִים: וּמֵרֹאשׁ הַרְרֵי־קֶדֶם וּמִמֶּגֶד גִּבְעוֹת עוֹלָם:
וּמִמֶּגֶד אֶרֶץ וּמְלֹאָהּ וּרְצוֹן שֹׁכְנִי סְנֶה תָּבוֹאתָה לְרֹאשׁ יוֹסֵף וּלְקָדְקֹד נְזִיר
אֶחָיו: בְּכוֹר שׁוֹרוֹ הָדָר לוֹ וְקַרְנֵי רְאֵם קַרְנָיו בָּהֶם עַמִּים יְנַגַּח יַחְדָּו אַפְסֵי־אָרֶץ
רביעי וְהֵם רִבְבוֹת אֶפְרַיִם וְהֵם אַלְפֵי מְנַשֶּׁה: *וְלִזְבוּלֻן אָמַר שְׂמַח זְבוּלֻן
בְּצֵאתֶךָ וְיִשָּׂשכָר בְּאֹהָלֶיךָ: עַמִּים הַר־יִקְרָאוּ שָׁם יִזְבְּחוּ זִבְחֵי־צֶדֶק כִּי שֶׁפַע
יַמִּים יִינָקוּ וּשְׂפֻנֵי טְמוּנֵי חוֹל: וּלְגָד אָמַר בָּרוּךְ מַרְחִיב גָּד כְּלָבִיא
שָׁכֵן וְטָרַף זְרוֹעַ אַף־קָדְקֹד: וַיַּרְא רֵאשִׁית לוֹ כִּי־שָׁם חֶלְקַת מְחֹקֵק סָפוּן
חמישי וַיֵּתֵא רָאשֵׁי עָם צִדְקַת יהוה עָשָׂה וּמִשְׁפָּטָיו עִם־יִשְׂרָאֵל: *וּלְדָן
אָמַר דָּן גּוּר אַרְיֵה יְזַנֵּק מִן־הַבָּשָׁן: וּלְנַפְתָּלִי אָמַר נַפְתָּלִי שְׂבַע רָצוֹן וּמָלֵא
בִּרְכַּת יהוה יָם וְדָרוֹם יְרָשָׁה: וּלְאָשֵׁר אָמַר בָּרוּךְ מִבָּנִים אָשֵׁר
יְהִי רְצוּי אֶחָיו וְטֹבֵל בַּשֶּׁמֶן רַגְלוֹ: בַּרְזֶל וּנְחֹשֶׁת מִנְעָלֶךָ וּכְיָמֶיךָ דָּבְאֶךָ: אֵין
כָּאֵל יְשֻׁרוּן רֹכֵב שָׁמַיִם בְּעֶזְרֶךָ וּבְגַאֲוָתוֹ שְׁחָקִים:

רשות לחתן תורה

׳חתן תורה׳ הוא הנקרא לעלות ולקרוא את הפרשה האחרונה בתורה בשמחת תורה. עלייה זו נחשבת ביותר, ויש שנהגו שרב הקהילה או אדם גדול בתורה הוא הנקרא לה, אף כי היו שנהגו לתת אותה לחשובי הקהל וכיוצא בהם.

את ׳חתן התורה׳ מזמינים בקריאת רשות מיוחדת שמקורה עוד מתקופת הגאונים, ובה משבחים את העולה לתורה ואת חשיבות סיום התורה.

מֵרְשׁוּת הָאֵל הַגָּדוֹל הַגִּבּוֹר וְהַנּוֹרָא, וּמֵרְשׁוּת מִפָּז וּמִפְּנִינִים יְקָרָה,
וּמֵרְשׁוּת סַנְהֶדְרִין הַקְּדוֹשָׁה וְהַבְּחוּרָה, וּמֵרְשׁוּת רָאשֵׁי יְשִׁיבוֹת וְאַלּוּפֵי
תוֹרָה, וּמֵרְשׁוּת זְקֵנִים וּנְעָרִים יוֹשְׁבֵי שׁוּרָה, אֶפְתְּחָה פִּי בְּשִׁיר וּבְזִמְרָה,
לְהוֹדוֹת לְהַלֵּל לְדָר בִּנְהוֹרָא, שֶׁהֶחֱיָנוּ וְקִיְּמָנוּ בְּיִרְאָתוֹ הַטְּהוֹרָה,

וְהִגִּיעָנוּ לִשְׂמֹחַ בְּשִׂמְחַת הַתּוֹרָה, הַמְשַׂמַּחַת לֵב וְעֵינַיִם מְאִירָה, הַנּוֹתֶנֶת חַיִּים וְעֹשֶׁר וְכָבוֹד וְתִפְאָרָה, הַמְאַשֶּׁרֶת הוֹלְכִים בְּדֶרֶךְ הַטּוֹבָה וְהַיְשָׁרָה, הַמַּאֲרֶכֶת יָמִים וּמוֹסֶפֶת גְּבוּרָה, לְאוֹהֲבֶיהָ וּלְשׁוֹמְרֶיהָ בְּצִוּוּי וְאַזְהָרָה, לְעוֹסְקֶיהָ וּלְנוֹצְרֶיהָ בְּאַהַב וּבְמוֹרָא. וּבְכֵן יְהִי רָצוֹן מִלִּפְנֵי הַגְּבוּרָה, לָתֵת חֵן וָחֶסֶד וְחַיִּים וָנֵזֶר וַעֲטָרָה, לְרַבִּי (פלוני ב״ר פלוני) הַנִּבְחָר לְהַשְׁלִים הַתּוֹרָה, לְאַמְּצוֹ לְבָרְכוֹ לְגַדְּלוֹ בְּתַלְמוּד תּוֹרָה, לְדָרְשׁוֹ לְהַדְּרוֹ לְוַעֲדוֹ בַּחֲבוּרָה, לְזַכּוֹתוֹ לְחַיּוֹתוֹ לְטַכְּסוֹ בְּטֶכֶס אוֹרָה, לְיַשְּׁרוֹ לְכַלְּלוֹ לְלַמְּדוֹ לֶקַח וּסְבָרָה, לְמַלְּטוֹ לְנַשְּׂאוֹ לְסַעֲדוֹ בְּסַעַד בְּרוּרָה, לְעַדְּנוֹ לְפַרְנְסוֹ לְצַדְּקוֹ בְּעַם נִבְרָא, לְקָרְבוֹ לְרַחֲמוֹ לְשָׁמְרוֹ מִכָּל צוּקָה וְצָרָה, לְתַקְּפוֹ לְתָמְכוֹ לְתוֹמְמוֹ בְּרוּחַ נִשְׁבָּרָה. עֲמֹד עֲמֹד רַבִּי (פלוני ב״ר פלוני) חֲתַן הַתּוֹרָה, וְתֵן כָּבוֹד לָאֵל גָּדוֹל וְנוֹרָא, וּבִשְׂכַר זֶה תִּזְכֶּה מֵאֵל נוֹרָא, לִרְאוֹת בָּנִים וּבְנֵי בָנִים עוֹסְקִים בַּתּוֹרָה, וּמְקַיְּמֵי מִצְוֹת בְּתוֹךְ עַם יָפָה וּבָרָה, וְתִזְכֶּה לִשְׂמֹחַ בְּשִׂמְחַת בֵּית הַבְּחִירָה, וּפָנֶיךָ לְהָאִיר בִּצְדָקָה כְּאַסְפַּקְלַרְיָא הַמְאִירָה, כִּנְבֻאַת יְשַׁעְיָהוּ מָלֵא רוּחַ עֵצָה וּגְבוּרָה, שִׂמְחוּ אֶת יְרוּשָׁלַיִם וְגִילוּ בָהּ מְהֵרָה, שִׂישׂוּ אִתָּהּ מָשׂוֹשׂ כָּל הַמִּתְאַבְּלִים בַּאֲבֵלָה וְצָרָה, עֲמֹד עֲמֹד עֲמֹד רַבִּי (פלוני ב״ר פלוני) חֲתַן הַתּוֹרָה, מֵרְשׁוּת כָּל הַקָּהָל הַקָּדוֹשׁ הַזֶּה וְהַשְׁלֵם הַתּוֹרָה. יַעֲמֹד רַבִּי (פלוני ב״ר פלוני) חֲתַן הַתּוֹרָה.

קריאה לחתן תורה

מְעֹנָה אֱלֹהֵי קֶדֶם וּמִתַּחַת זְרֹעֹת עוֹלָם וַיְגָרֶשׁ מִפָּנֶיךָ אוֹיֵב וַיֹּאמֶר הַשְׁמֵד: דברים לג,כו-לד,יב
וַיִּשְׁכֹּן יִשְׂרָאֵל בֶּטַח בָּדָד עֵין יַעֲקֹב אֶל־אֶרֶץ דָּגָן וְתִירוֹשׁ אַף־שָׁמָיו יַעַרְפוּ־
טָל: אַשְׁרֶיךָ יִשְׂרָאֵל מִי כָמוֹךָ עַם נוֹשַׁע בַּיהוָה מָגֵן עֶזְרֶךָ וַאֲשֶׁר־חֶרֶב גַּאֲוָתֶךָ
וְיִכָּחֲשׁוּ אֹיְבֶיךָ לָךְ וְאַתָּה עַל־בָּמוֹתֵימוֹ תִדְרֹךְ: וַיַּעַל מֹשֶׁה מֵעַרְבֹת
מוֹאָב אֶל־הַר נְבוֹ רֹאשׁ הַפִּסְגָּה אֲשֶׁר עַל־פְּנֵי יְרֵחוֹ וַיַּרְאֵהוּ יְהוָה אֶת־כָּל־
הָאָרֶץ אֶת־הַגִּלְעָד עַד־דָּן: וְאֵת כָּל־נַפְתָּלִי וְאֶת־אֶרֶץ אֶפְרַיִם וּמְנַשֶּׁה וְאֵת
כָּל־אֶרֶץ יְהוּדָה עַד הַיָּם הָאַחֲרוֹן: וְאֶת־הַנֶּגֶב וְאֶת־הַכִּכָּר בִּקְעַת יְרֵחוֹ עִיר
הַתְּמָרִים עַד־צֹעַר: וַיֹּאמֶר יְהוָה אֵלָיו זֹאת הָאָרֶץ אֲשֶׁר נִשְׁבַּעְתִּי לְאַבְרָהָם
לְיִצְחָק וּלְיַעֲקֹב לֵאמֹר לְזַרְעֲךָ אֶתְּנֶנָּה הֶרְאִיתִיךָ בְעֵינֶיךָ וְשָׁמָּה לֹא תַעֲבֹר:

וַיָּמָת שָׁם מֹשֶׁה עֶבֶד־יהוה בְּאֶרֶץ מוֹאָב עַל־פִּי יהוה: וַיִּקְבֹּר אֹתוֹ בַגַּי בְּאֶרֶץ מוֹאָב מוּל בֵּית פְּעוֹר וְלֹא־יָדַע אִישׁ אֶת־קְבֻרָתוֹ עַד הַיּוֹם הַזֶּה: וּמֹשֶׁה בֶּן־מֵאָה וְעֶשְׂרִים שָׁנָה בְּמֹתוֹ לֹא־כָהֲתָה עֵינוֹ וְלֹא־נָס לֵחֹה: וַיִּבְכּוּ בְנֵי יִשְׂרָאֵל אֶת־מֹשֶׁה בְּעַרְבֹת מוֹאָב שְׁלֹשִׁים יוֹם וַיִּתְּמוּ יְמֵי בְכִי אֵבֶל מֹשֶׁה: וִיהוֹשֻׁעַ בִּן־נוּן מָלֵא רוּחַ חָכְמָה כִּי־סָמַךְ מֹשֶׁה אֶת־יָדָיו עָלָיו וַיִּשְׁמְעוּ אֵלָיו בְּנֵי־יִשְׂרָאֵל וַיַּעֲשׂוּ כַּאֲשֶׁר צִוָּה יהוה אֶת־מֹשֶׁה: וְלֹא־קָם נָבִיא עוֹד בְּיִשְׂרָאֵל כְּמֹשֶׁה אֲשֶׁר יְדָעוֹ יהוה פָּנִים אֶל־פָּנִים: לְכָל־הָאֹתֹת וְהַמּוֹפְתִים אֲשֶׁר שְׁלָחוֹ יהוה לַעֲשׂוֹת בְּאֶרֶץ מִצְרָיִם לְפַרְעֹה וּלְכָל־עֲבָדָיו וּלְכָל־אַרְצוֹ: וּלְכֹל הַיָּד הַחֲזָקָה וּלְכֹל הַמּוֹרָא הַגָּדוֹל אֲשֶׁר עָשָׂה מֹשֶׁה לְעֵינֵי כָּל־יִשְׂרָאֵל:

רשות לחתן בראשית

׳חתן בראשית׳ הוא הנקרא לעלות לתורה ולפתוח את קריאת ספר בראשית. עלייה זו נחשבת כיבוד גדול, ויש מקומות שמכבדים בה את ראשי הקהילה, ופעמים מכבדים בה אנשים עשירים המנדבים סכומי כסף גדולים לצורכי הציבור. את ׳חתן בראשית׳ מזמינים בקריאת רשות מיוחדת שמקורה עוד מתקופת הגאונים, ובה משבחים את העולה לתורה ומעלים על נס את מעלת פתיחת התורה.

מֵרְשׁוּת מְרוֹמָם עַל כָּל בְּרָכָה וְשִׁירָה, נוֹרָא עַל כָּל תְּהִלָּה וְזִמְרָה, חֲכַם לֵבָב וְאַמִּיץ כֹּחַ וּגְבוּרָה, מוֹשֵׁל עוֹלָם אֲדוֹן כָּל יְצִירָה, וּמֵרְשׁוּת כְּבוּדָּה בַּת מֶלֶךְ פְּנִימָה וַעֲצוּרָה, רֵאשִׁית קִנְיָנָהּ אַלְפַּיִם אֲצוּרָה, בָּרָה תְּמִימָה מְשִׁיבַת נֶפֶשׁ וּמַחֲזִירָה, יְשֻׁרוּן נִתְּנָה מוֹרָשָׁה לְעָבְדָהּ וּלְשָׁמְרָהּ, מְלַמְּדֶיהָ גְּאוֹנֵי יַעֲקֹב לְפָתְחָהּ וּלְסָגְרָהּ, כְּלִיל הוֹד נְשִׂיא מַרְבֶּה הַמִּשְׂרָה, יוֹשְׁבֵי מְדִין מְשִׁיבֵי מִלְחָמָה שַׁעְרָה, רָאשֵׁי יְשִׁיבוֹת רָאשֵׁי גוֹלָה פְּזוּרָה, וּמֵרְשׁוּת חֲבוּרַת צֶדֶק עֵדָה זוֹ הַמְאֻשָּׁרָה, זְקֵנִים וּנְעָרִים יַחַד בְּכָל שׁוּרָה, קְבוּצִים פֹּה הַיּוֹם לְשִׂמְחַת תּוֹרָה, וְנֶעֱצָרִים לְסַיֵּם וּלְהָחֵל בְּגִיל וּבְמוֹרָא, אוֹתָהּ מְחַבְּבִים כְּיוֹם נְתִינָתָהּ בַּהֲדָרָהּ, מְסַלְסְלִים בָּהּ כַּחֲדָשָׁה וְלֹא כִּישָׁנָה שֶׁעָבְרָה, צְמֵאִים לָמֹץ וּלְהִתְעַנֵּג מִזִּיו יְקָרָהּ, בְּיַעַן מְשַׂמַּחַת לֵב וְעֶצֶב מְסִירָה, תַּנְחוּמֶיהָ יְשַׁעַשְׁעוּ נַפְשָׁם בָּהּ לְהִתְפָּאֲרָה, וְהוֹגִים בְּמִקְרָא וְהַגָּדָה בְּמִשְׁנָה וּגְמָרָא, רָצִים וּמְבִיאִים טַפָּם לְבֵית הָעֲתִירָה, הוֹלְכִים וְעוֹשִׂים לְהַזְהִירָה, לָכֵן גָּדוֹל שְׂכָרָם מֵאֵת הַגְּבוּרָה, עַל רֹאשָׁם שִׂמְחַת עוֹלָם קְשׁוּרָה, דָּאִים לִרְאוֹת

בְּבֵית הַבְּחִירָה, וּבְכֵן נִסְמַכְתִּי דַּעַת כֻּלָּם לְבָרְרָה, בָּחוּר הֲרִימוֹתִי מֵעַם
תּוֹךְ הַחֲבוּרָה, מְצָאתִיו לֵב נָבוֹן לְהַסְבִּירָה, צֶדֶק וָחֶסֶד רוֹדֵף בְּאֹרַח
יְשָׁרָה, וּנְשָׂאוֹ לִבּוֹ וְנָדְבָה רוּחוֹ לְהִתְעוֹרְרָה, תְּחִלָּה וְרִאשׁוֹן הֱיוֹת
לְהַתְחִיל הַתּוֹרָה. וְעַתָּה קוּם רַבִּי (פלוני ב״ר פלוני) עֲמֹד לְהִתְאַזְּרָה, בֹּא
וְהִתְיַצֵּב וַעֲמֹד לִימִינִי וּקְרָא, מַעֲשֵׂה בְרֵאשִׁית לִכְבוֹדוֹ צוּר בָּרָא, עַל
זֹאת מַתְכִּיפִין הַתְחָלָה לְהַשְׁלָמָה בִּתְדִירָה, שָׂטָן שֶׁלֹּא יְרַגֵּל בְּעַם זוּ
לְשַׁקְּרָה, יַעַן נַעֲשֵׂיתָ רִאשׁוֹן לְמִצְוָה גְּמוּרָה, מָה רַב טוּבְךָ וּמַשְׂכֻּרְתְּךָ
יְתֵרָה, טוֹב עַיִן תְּבֹרַךְ בְּנִדְבָתְךָ מִלְּעָצְרָה, וּמִבִּרְכַּת בּוֹרַאֲךָ תְּדוֹר יָדְךָ
מִלְּקַצְּרָה, בַּעֲבוּר שֶׁכָּל הַמְכַבֵּד תּוֹרָה בִּצְפִירָה, יְהֵא גּוּפוֹ מְכֻבָּד
לְהִתְאַשְּׁרָה. מַהֵר עֲמֹד עֲמֹד רַבִּי (פלוני ב״ר פלוני) חֲתַן בְּרֵאשִׁית
בָּרָא, מֵרְשׁוּת הַקָּהָל הַקָּדוֹשׁ הַזֶּה וּבָרֵךְ אֵל גָּדוֹל וְנוֹרָא, אָמֵן יַעֲנוּ
אַחֲרֶיךָ הַכֹּל מְהֵרָה. יַעֲמֹד רַבִּי (פלוני ב״ר פלוני) חֲתַן בְּרֵאשִׁית.

קריאה לחתן בראשית

בְּרֵאשִׁית בָּרָא אֱלֹהִים אֵת הַשָּׁמַיִם וְאֵת הָאָרֶץ: וְהָאָרֶץ הָיְתָה תֹהוּ וָבֹהוּ בראשית א,א–ב,ג
וְחֹשֶׁךְ עַל־פְּנֵי תְהוֹם וְרוּחַ אֱלֹהִים מְרַחֶפֶת עַל־פְּנֵי הַמָּיִם: וַיֹּאמֶר אֱלֹהִים
יְהִי־אוֹר וַיְהִי־אוֹר: וַיַּרְא אֱלֹהִים אֶת־הָאוֹר כִּי־טוֹב וַיַּבְדֵּל אֱלֹהִים בֵּין הָאוֹר
וּבֵין הַחֹשֶׁךְ: וַיִּקְרָא אֱלֹהִים ׀ לָאוֹר יוֹם וְלַחֹשֶׁךְ קָרָא לָיְלָה וַיְהִי־עֶרֶב וַיְהִי־
בֹקֶר יוֹם אֶחָד:

וַיֹּאמֶר אֱלֹהִים יְהִי רָקִיעַ בְּתוֹךְ הַמָּיִם וִיהִי מַבְדִּיל בֵּין מַיִם לָמָיִם: וַיַּעַשׂ
אֱלֹהִים אֶת־הָרָקִיעַ וַיַּבְדֵּל בֵּין הַמַּיִם אֲשֶׁר מִתַּחַת לָרָקִיעַ וּבֵין הַמַּיִם אֲשֶׁר
מֵעַל לָרָקִיעַ וַיְהִי־כֵן: וַיִּקְרָא אֱלֹהִים לָרָקִיעַ שָׁמָיִם וַיְהִי־עֶרֶב וַיְהִי־בֹקֶר
יוֹם שֵׁנִי:

וַיֹּאמֶר אֱלֹהִים יִקָּווּ הַמַּיִם מִתַּחַת הַשָּׁמַיִם אֶל־מָקוֹם אֶחָד וְתֵרָאֶה הַיַּבָּשָׁה
וַיְהִי־כֵן: וַיִּקְרָא אֱלֹהִים ׀ לַיַּבָּשָׁה אֶרֶץ וּלְמִקְוֵה הַמַּיִם קָרָא יַמִּים וַיַּרְא
אֱלֹהִים כִּי־טוֹב: וַיֹּאמֶר אֱלֹהִים תַּדְשֵׁא הָאָרֶץ דֶּשֶׁא עֵשֶׂב מַזְרִיעַ זֶרַע עֵץ
פְּרִי עֹשֶׂה פְּרִי לְמִינוֹ אֲשֶׁר זַרְעוֹ־בוֹ עַל־הָאָרֶץ וַיְהִי־כֵן: וַתּוֹצֵא הָאָרֶץ דֶּשֶׁא
עֵשֶׂב מַזְרִיעַ זֶרַע לְמִינֵהוּ וְעֵץ עֹשֶׂה־פְּרִי אֲשֶׁר זַרְעוֹ־בוֹ לְמִינֵהוּ וַיַּרְא אֱלֹהִים
כִּי־טוֹב: וַיְהִי־עֶרֶב וַיְהִי־בֹקֶר יוֹם שְׁלִישִׁי:

וַיֹּאמֶר אֱלֹהִים יְהִי מְאֹרֹת בִּרְקִיעַ הַשָּׁמַיִם לְהַבְדִּיל בֵּין הַיּוֹם וּבֵין הַלָּיְלָה וְהָיוּ לְאֹתֹת וּלְמוֹעֲדִים וּלְיָמִים וְשָׁנִים: וְהָיוּ לִמְאוֹרֹת בִּרְקִיעַ הַשָּׁמַיִם לְהָאִיר עַל־הָאָרֶץ וַיְהִי־כֵן: וַיַּעַשׂ אֱלֹהִים אֶת־שְׁנֵי הַמְּאֹרֹת הַגְּדֹלִים אֶת־הַמָּאוֹר הַגָּדֹל לְמֶמְשֶׁלֶת הַיּוֹם וְאֶת־הַמָּאוֹר הַקָּטֹן לְמֶמְשֶׁלֶת הַלַּיְלָה וְאֵת הַכּוֹכָבִים: וַיִּתֵּן אֹתָם אֱלֹהִים בִּרְקִיעַ הַשָּׁמָיִם לְהָאִיר עַל־הָאָרֶץ: וְלִמְשֹׁל בַּיּוֹם וּבַלַּיְלָה וּלֲהַבְדִּיל בֵּין הָאוֹר וּבֵין הַחֹשֶׁךְ וַיַּרְא אֱלֹהִים כִּי־טוֹב: וַיְהִי־עֶרֶב וַיְהִי־בֹקֶר יוֹם רְבִיעִי:

וַיֹּאמֶר אֱלֹהִים יִשְׁרְצוּ הַמַּיִם שֶׁרֶץ נֶפֶשׁ חַיָּה וְעוֹף יְעוֹפֵף עַל־הָאָרֶץ עַל־פְּנֵי רְקִיעַ הַשָּׁמָיִם: וַיִּבְרָא אֱלֹהִים אֶת־הַתַּנִּינִם הַגְּדֹלִים וְאֵת כָּל־נֶפֶשׁ הַחַיָּה ׀ הָרֹמֶשֶׂת אֲשֶׁר שָׁרְצוּ הַמַּיִם לְמִינֵהֶם וְאֵת כָּל־עוֹף כָּנָף לְמִינֵהוּ וַיַּרְא אֱלֹהִים כִּי־טוֹב: וַיְבָרֶךְ אֹתָם אֱלֹהִים לֵאמֹר פְּרוּ וּרְבוּ וּמִלְאוּ אֶת־הַמַּיִם בַּיַּמִּים וְהָעוֹף יִרֶב בָּאָרֶץ: וַיְהִי־עֶרֶב וַיְהִי־בֹקֶר יוֹם חֲמִישִׁי:

וַיֹּאמֶר אֱלֹהִים תּוֹצֵא הָאָרֶץ נֶפֶשׁ חַיָּה לְמִינָהּ בְּהֵמָה וָרֶמֶשׂ וְחַיְתוֹ־אֶרֶץ לְמִינָהּ וַיְהִי־כֵן: וַיַּעַשׂ אֱלֹהִים אֶת־חַיַּת הָאָרֶץ לְמִינָהּ וְאֶת־הַבְּהֵמָה לְמִינָהּ וְאֵת כָּל־רֶמֶשׂ הָאֲדָמָה לְמִינֵהוּ וַיַּרְא אֱלֹהִים כִּי־טוֹב: וַיֹּאמֶר אֱלֹהִים נַעֲשֶׂה אָדָם בְּצַלְמֵנוּ כִּדְמוּתֵנוּ וְיִרְדּוּ בִדְגַת הַיָּם וּבְעוֹף הַשָּׁמַיִם וּבַבְּהֵמָה וּבְכָל־הָאָרֶץ וּבְכָל־הָרֶמֶשׂ הָרֹמֵשׂ עַל־הָאָרֶץ: וַיִּבְרָא אֱלֹהִים ׀ אֶת־הָאָדָם בְּצַלְמוֹ בְּצֶלֶם אֱלֹהִים בָּרָא אֹתוֹ זָכָר וּנְקֵבָה בָּרָא אֹתָם: וַיְבָרֶךְ אֹתָם אֱלֹהִים וַיֹּאמֶר לָהֶם אֱלֹהִים פְּרוּ וּרְבוּ וּמִלְאוּ אֶת־הָאָרֶץ וְכִבְשֻׁהָ וּרְדוּ בִּדְגַת הַיָּם וּבְעוֹף הַשָּׁמַיִם וּבְכָל־חַיָּה הָרֹמֶשֶׂת עַל־הָאָרֶץ: וַיֹּאמֶר אֱלֹהִים הִנֵּה נָתַתִּי לָכֶם אֶת־כָּל־עֵשֶׂב ׀ זֹרֵעַ זֶרַע אֲשֶׁר עַל־פְּנֵי כָל־הָאָרֶץ וְאֶת־כָּל־הָעֵץ אֲשֶׁר־בּוֹ פְרִי־עֵץ זֹרֵעַ זָרַע לָכֶם יִהְיֶה לְאָכְלָה: וּלְכָל־חַיַּת הָאָרֶץ וּלְכָל־עוֹף הַשָּׁמַיִם וּלְכֹל ׀ רוֹמֵשׂ עַל־הָאָרֶץ אֲשֶׁר־בּוֹ נֶפֶשׁ חַיָּה אֶת־כָּל־יֶרֶק עֵשֶׂב לְאָכְלָה וַיְהִי־כֵן: וַיַּרְא אֱלֹהִים אֶת־כָּל־אֲשֶׁר עָשָׂה וְהִנֵּה־טוֹב מְאֹד וַיְהִי־עֶרֶב וַיְהִי־בֹקֶר יוֹם הַשִּׁשִּׁי:

וַיְכֻלּוּ הַשָּׁמַיִם וְהָאָרֶץ וְכָל־צְבָאָם: וַיְכַל אֱלֹהִים בַּיּוֹם הַשְּׁבִיעִי מְלַאכְתּוֹ אֲשֶׁר עָשָׂה וַיִּשְׁבֹּת בַּיּוֹם הַשְּׁבִיעִי מִכָּל־מְלַאכְתּוֹ אֲשֶׁר עָשָׂה: וַיְבָרֶךְ אֱלֹהִים אֶת־יוֹם הַשְּׁבִיעִי וַיְקַדֵּשׁ אֹתוֹ כִּי בוֹ שָׁבַת מִכָּל־מְלַאכְתּוֹ אֲשֶׁר־בָּרָא אֱלֹהִים לַעֲשׂוֹת:

למפטיר קוראים בספר התורה השלישי ׳בַּיּוֹם הַשְּׁמִינִי׳ (עמ׳ 848).

הפטרה לשמחת תורה

וַיְהִי אַחֲרֵי מוֹת מֹשֶׁה עֶבֶד יְהוָה וַיֹּאמֶר יְהוָה אֶל־יְהוֹשֻׁעַ בִּן־נוּן מְשָׁרֵת מֹשֶׁה יהושע א,א–יח
לֵאמֹר: מֹשֶׁה עַבְדִּי מֵת וְעַתָּה קוּם עֲבֹר אֶת־הַיַּרְדֵּן הַזֶּה אַתָּה וְכָל־הָעָם הַזֶּה אֶל־הָאָרֶץ אֲשֶׁר אָנֹכִי נֹתֵן לָהֶם לִבְנֵי יִשְׂרָאֵל: כָּל־מָקוֹם אֲשֶׁר תִּדְרֹךְ כַּף־רַגְלְכֶם בּוֹ לָכֶם נְתַתִּיו כַּאֲשֶׁר דִּבַּרְתִּי אֶל־מֹשֶׁה: מֵהַמִּדְבָּר וְהַלְּבָנוֹן הַזֶּה וְעַד־הַנָּהָר הַגָּדוֹל נְהַר־פְּרָת כֹּל אֶרֶץ הַחִתִּים וְעַד־הַיָּם הַגָּדוֹל מְבוֹא הַשָּׁמֶשׁ יִהְיֶה גְּבוּלְכֶם: לֹא־יִתְיַצֵּב אִישׁ לְפָנֶיךָ כֹּל יְמֵי חַיֶּיךָ כַּאֲשֶׁר הָיִיתִי עִם־מֹשֶׁה אֶהְיֶה עִמָּךְ לֹא אַרְפְּךָ וְלֹא אֶעֶזְבֶךָּ: חֲזַק וֶאֱמָץ כִּי אַתָּה תַּנְחִיל אֶת־הָעָם הַזֶּה אֶת־הָאָרֶץ אֲשֶׁר־נִשְׁבַּעְתִּי לַאֲבוֹתָם לָתֵת לָהֶם: רַק חֲזַק וֶאֱמַץ מְאֹד לִשְׁמֹר לַעֲשׂוֹת כְּכָל־הַתּוֹרָה אֲשֶׁר צִוְּךָ מֹשֶׁה עַבְדִּי אַל־תָּסוּר מִמֶּנּוּ יָמִין וּשְׂמֹאול לְמַעַן תַּשְׂכִּיל בְּכֹל אֲשֶׁר תֵּלֵךְ: לֹא־יָמוּשׁ סֵפֶר הַתּוֹרָה הַזֶּה מִפִּיךָ וְהָגִיתָ בּוֹ יוֹמָם וָלַיְלָה לְמַעַן תִּשְׁמֹר לַעֲשׂוֹת כְּכָל־הַכָּתוּב בּוֹ כִּי־אָז תַּצְלִיחַ אֶת־דְּרָכֶךָ וְאָז תַּשְׂכִּיל: הֲלוֹא צִוִּיתִיךָ חֲזַק וֶאֱמָץ אַל־תַּעֲרֹץ וְאַל־תֵּחָת כִּי עִמְּךָ יְהוָה אֱלֹהֶיךָ בְּכֹל אֲשֶׁר תֵּלֵךְ:

וַיְצַו יְהוֹשֻׁעַ אֶת־שֹׁטְרֵי הָעָם לֵאמֹר: עִבְרוּ ׀ בְּקֶרֶב הַמַּחֲנֶה וְצַוּוּ אֶת־הָעָם לֵאמֹר הָכִינוּ לָכֶם צֵידָה כִּי בְּעוֹד ׀ שְׁלֹשֶׁת יָמִים אַתֶּם עֹבְרִים אֶת־הַיַּרְדֵּן הַזֶּה לָבוֹא לָרֶשֶׁת אֶת־הָאָרֶץ אֲשֶׁר יְהוָה אֱלֹהֵיכֶם נֹתֵן לָכֶם לְרִשְׁתָּהּ:

וְלָרְאוּבֵנִי וְלַגָּדִי וְלַחֲצִי שֵׁבֶט הַמְנַשֶּׁה אָמַר יְהוֹשֻׁעַ לֵאמֹר: זָכוֹר אֶת־הַדָּבָר אֲשֶׁר צִוָּה אֶתְכֶם מֹשֶׁה עֶבֶד־יְהוָה לֵאמֹר יְהוָה אֱלֹהֵיכֶם מֵנִיחַ לָכֶם וְנָתַן לָכֶם אֶת־הָאָרֶץ הַזֹּאת: נְשֵׁיכֶם טַפְּכֶם וּמִקְנֵיכֶם יֵשְׁבוּ בָּאָרֶץ אֲשֶׁר נָתַן לָכֶם מֹשֶׁה בְּעֵבֶר הַיַּרְדֵּן וְאַתֶּם תַּעַבְרוּ חֲמֻשִׁים לִפְנֵי אֲחֵיכֶם כֹּל גִּבּוֹרֵי הַחַיִל וַעֲזַרְתֶּם אוֹתָם: עַד אֲשֶׁר־יָנִיחַ יְהוָה ׀ לַאֲחֵיכֶם כָּכֶם וְיָרְשׁוּ גַם־הֵמָּה אֶת־הָאָרֶץ אֲשֶׁר־יְהוָה אֱלֹהֵיכֶם נֹתֵן לָהֶם וְשַׁבְתֶּם לְאֶרֶץ יְרֻשַּׁתְכֶם וִירִשְׁתֶּם אוֹתָהּ אֲשֶׁר ׀ נָתַן לָכֶם מֹשֶׁה עֶבֶד יְהוָה בְּעֵבֶר הַיַּרְדֵּן מִזְרַח הַשָּׁמֶשׁ: וַיַּעֲנוּ אֶת־יְהוֹשֻׁעַ לֵאמֹר כֹּל אֲשֶׁר־צִוִּיתָנוּ נַעֲשֶׂה וְאֶל־כָּל־אֲשֶׁר תִּשְׁלָחֵנוּ נֵלֵךְ: כְּכֹל אֲשֶׁר־שָׁמַעְנוּ אֶל־מֹשֶׁה כֵּן נִשְׁמַע אֵלֶיךָ רַק יִהְיֶה יְהוָה אֱלֹהֶיךָ עִמָּךְ כַּאֲשֶׁר הָיָה עִם־מֹשֶׁה: כָּל־אִישׁ אֲשֶׁר־יַמְרֶה אֶת־פִּיךָ וְלֹא־יִשְׁמַע אֶת־דְּבָרֶיךָ לְכֹל אֲשֶׁר־תְּצַוֶּנּוּ יוּמָת רַק חֲזַק וֶאֱמָץ:

מגילות

שיר השירים

מגילת שיר השירים היא אוסף שירי אהבה בין איש לאישה שבמשך כל הדורות הובנה כאלגוריה לקשר שבין הקדוש ברוך הוא לכנסת ישראל, עם ישראל בכללו. משום כך הפליגו חכמים בשבחה של מגילה זו, וכבר אמר רבי עקיבא: "אין כל העולם כולו כדאי כיום שניתן בו שיר השירים לישראל, שכל הכתובים קודש, ושיר השירים קודש קדשים". קריאת שיר השירים נקשרה במיוחד לחג הפסח משום שכל עניינה הוא תיאור קשר ראשוני של אהבה, וכאמור בנביא: "זָכַרְתִּי לָךְ חֶסֶד נְעוּרַיִךְ אַהֲבַת כְּלוּלֹתָיִךְ, לֶכְתֵּךְ אַחֲרַי בַּמִּדְבָּר בְּאֶרֶץ לֹא זְרוּעָה" – יציאת מצרים אף היא זמן הראשית, התחלת קשר האהבה בין ישראל לקדוש ברוך הוא. נוסף לכך, תקופת ההתרחשות המתוארת בשיר היא מועד האביב שבו חל תמיד חג הפסח, שהוא גם האביב של ישראל כעם.

א שִׁיר הַשִּׁירִים אֲשֶׁר לִשְׁלֹמֹה: יִשָּׁקֵנִי מִנְּשִׁיקוֹת פִּיהוּ כִּי־טוֹבִים דֹּדֶיךָ מִיָּיִן:
לְרֵיחַ שְׁמָנֶיךָ טוֹבִים שֶׁמֶן תּוּרַק שְׁמֶךָ עַל־כֵּן עֲלָמוֹת אֲהֵבוּךָ: מָשְׁכֵנִי אַחֲרֶיךָ
נָּרוּצָה הֱבִיאַנִי הַמֶּלֶךְ חֲדָרָיו נָגִילָה וְנִשְׂמְחָה בָּךְ נַזְכִּירָה דֹדֶיךָ מִיַּיִן מֵישָׁרִים
אֲהֵבוּךָ: שְׁחוֹרָה אֲנִי וְנָאוָה בְּנוֹת יְרוּשָׁלָםִ כְּאָהֳלֵי קֵדָר כִּירִיעוֹת
שְׁלֹמֹה: אַל־תִּרְאוּנִי שֶׁאֲנִי שְׁחַרְחֹרֶת שֶׁשְּׁזָפַתְנִי הַשָּׁמֶשׁ בְּנֵי אִמִּי נִחֲרוּ־בִי
שָׂמֻנִי נֹטֵרָה אֶת־הַכְּרָמִים כַּרְמִי שֶׁלִּי לֹא נָטָרְתִּי: הַגִּידָה לִּי שֶׁאָהֲבָה נַפְשִׁי
אֵיכָה תִרְעֶה אֵיכָה תַּרְבִּיץ בַּצָּהֳרָיִם שַׁלָּמָה אֶהְיֶה כְּעֹטְיָה עַל עֶדְרֵי חֲבֵרֶיךָ:
אִם־לֹא תֵדְעִי לָךְ הַיָּפָה בַּנָּשִׁים צְאִי־לָךְ בְּעִקְבֵי הַצֹּאן וּרְעִי אֶת־גְּדִיֹּתַיִךְ עַל
מִשְׁכְּנוֹת הָרֹעִים: לְסֻסָתִי בְּרִכְבֵי פַרְעֹה דִּמִּיתִיךְ רַעְיָתִי: נָאווּ
לְחָיַיִךְ בַּתֹּרִים צַוָּארֵךְ בַּחֲרוּזִים: תּוֹרֵי זָהָב נַעֲשֶׂה־לָּךְ עִם נְקֻדּוֹת הַכָּסֶף:
עַד־שֶׁהַמֶּלֶךְ בִּמְסִבּוֹ נִרְדִּי נָתַן רֵיחוֹ: צְרוֹר הַמֹּר ׀ דּוֹדִי לִי בֵּין שָׁדַי יָלִין:
אֶשְׁכֹּל הַכֹּפֶר ׀ דּוֹדִי לִי בְּכַרְמֵי עֵין גֶּדִי: הִנָּךְ יָפָה רַעְיָתִי הִנָּךְ יָפָה
עֵינַיִךְ יוֹנִים: הִנְּךָ יָפֶה דוֹדִי אַף נָעִים אַף־עַרְשֵׂנוּ רַעֲנָנָה: קֹרוֹת בָּתֵּינוּ אֲרָזִים
רחיטנו בְּרוֹתִים: אֲנִי חֲבַצֶּלֶת הַשָּׁרוֹן שׁוֹשַׁנַּת הָעֲמָקִים: כְּשׁוֹשַׁנָּה בֵּין הַחוֹחִים רָהִיטֵנוּ ב
כֵּן רַעְיָתִי בֵּין הַבָּנוֹת: כְּתַפּוּחַ בַּעֲצֵי הַיַּעַר כֵּן דּוֹדִי בֵּין הַבָּנִים בְּצִלּוֹ חִמַּדְתִּי
וְיָשַׁבְתִּי וּפִרְיוֹ מָתוֹק לְחִכִּי: הֱבִיאַנִי אֶל־בֵּית הַיָּיִן וְדִגְלוֹ עָלַי אַהֲבָה: סַמְּכוּנִי

בָּאֲשִׁישׁוֹת רַפְּדוּנִי בַּתַּפּוּחִים כִּי־חוֹלַת אַהֲבָה אָנִי: שְׂמֹאלוֹ תַּחַת לְרֹאשִׁי
וִימִינוֹ תְּחַבְּקֵנִי: הִשְׁבַּעְתִּי אֶתְכֶם בְּנוֹת יְרוּשָׁלִַם בִּצְבָאוֹת אוֹ בְּאַיְלוֹת הַשָּׂדֶה
אִם־תָּעִירוּ ׀ וְאִם־תְּעוֹרְרוּ אֶת־הָאַהֲבָה עַד שֶׁתֶּחְפָּץ: קוֹל דּוֹדִי
הִנֵּה־זֶה בָּא מְדַלֵּג עַל־הֶהָרִים מְקַפֵּץ עַל־הַגְּבָעוֹת: דּוֹמֶה דוֹדִי לִצְבִי אוֹ
לְעֹפֶר הָאַיָּלִים הִנֵּה־זֶה עוֹמֵד אַחַר כָּתְלֵנוּ מַשְׁגִּיחַ מִן־הַחַלֹּנוֹת מֵצִיץ מִן־
הַחֲרַכִּים: עָנָה דוֹדִי וְאָמַר לִי קוּמִי לָךְ רַעְיָתִי יָפָתִי וּלְכִי־לָךְ: כִּי־הִנֵּה הַסְּתָו
עָבָר הַגֶּשֶׁם חָלַף הָלַךְ לוֹ: הַנִּצָּנִים נִרְאוּ בָאָרֶץ עֵת הַזָּמִיר הִגִּיעַ וְקוֹל הַתּוֹר
נִשְׁמַע בְּאַרְצֵנוּ: הַתְּאֵנָה חָנְטָה פַגֶּיהָ וְהַגְּפָנִים ׀ סְמָדַר נָתְנוּ רֵיחַ קוּמִי לְכִי לָךְ
רַעְיָתִי יָפָתִי וּלְכִי־לָךְ: יוֹנָתִי בְּחַגְוֵי הַסֶּלַע בְּסֵתֶר הַמַּדְרֵגָה הַרְאִינִי
אֶת־מַרְאַיִךְ הַשְׁמִיעִנִי אֶת־קוֹלֵךְ כִּי־קוֹלֵךְ עָרֵב וּמַרְאֵיךְ נָאוֶה: אֶחֱזוּ־
לָנוּ שׁוּעָלִים שֻׁעָלִים קְטַנִּים מְחַבְּלִים כְּרָמִים וּכְרָמֵינוּ סְמָדַר: דּוֹדִי לִי וַאֲנִי
לוֹ הָרֹעֶה בַּשּׁוֹשַׁנִּים: עַד שֶׁיָּפוּחַ הַיּוֹם וְנָסוּ הַצְּלָלִים סֹב דְּמֵה־לְךָ דוֹדִי לִצְבִי
ג אוֹ לְעֹפֶר הָאַיָּלִים עַל־הָרֵי בָתֶר: עַל־מִשְׁכָּבִי בַּלֵּילוֹת בִּקַּשְׁתִּי
אֵת שֶׁאָהֲבָה נַפְשִׁי בִּקַּשְׁתִּיו וְלֹא מְצָאתִיו: אָקוּמָה נָּא וַאֲסוֹבְבָה בָעִיר
בַּשְּׁוָקִים וּבָרְחֹבוֹת אֲבַקְשָׁה אֵת שֶׁאָהֲבָה נַפְשִׁי בִּקַּשְׁתִּיו וְלֹא מְצָאתִיו:
מְצָאוּנִי הַשֹּׁמְרִים הַסֹּבְבִים בָּעִיר אֵת שֶׁאָהֲבָה נַפְשִׁי רְאִיתֶם: כִּמְעַט
שֶׁעָבַרְתִּי מֵהֶם עַד שֶׁמָּצָאתִי אֵת שֶׁאָהֲבָה נַפְשִׁי אֲחַזְתִּיו וְלֹא אַרְפֶּנּוּ עַד־
שֶׁהֲבֵיאתִיו אֶל־בֵּית אִמִּי וְאֶל־חֶדֶר הוֹרָתִי: הִשְׁבַּעְתִּי אֶתְכֶם בְּנוֹת יְרוּשָׁלִַם
בִּצְבָאוֹת אוֹ בְּאַיְלוֹת הַשָּׂדֶה אִם־תָּעִירוּ ׀ וְאִם־תְּעוֹרְרוּ אֶת־הָאַהֲבָה עַד
שֶׁתֶּחְפָּץ: מִי זֹאת עֹלָה מִן־הַמִּדְבָּר כְּתִימֲרוֹת עָשָׁן מְקֻטֶּרֶת מֹר
וּלְבוֹנָה מִכֹּל אַבְקַת רוֹכֵל: הִנֵּה מִטָּתוֹ שֶׁלִּשְׁלֹמֹה שִׁשִּׁים גִּבֹּרִים סָבִיב לָהּ
מִגִּבֹּרֵי יִשְׂרָאֵל: כֻּלָּם אֲחֻזֵי חֶרֶב מְלֻמְּדֵי מִלְחָמָה אִישׁ חַרְבּוֹ עַל־יְרֵכוֹ מִפַּחַד
בַּלֵּילוֹת: אַפִּרְיוֹן עָשָׂה לוֹ הַמֶּלֶךְ שְׁלֹמֹה מֵעֲצֵי הַלְּבָנוֹן: עַמּוּדָיו
עָשָׂה כֶסֶף רְפִידָתוֹ זָהָב מֶרְכָּבוֹ אַרְגָּמָן תּוֹכוֹ רָצוּף אַהֲבָה מִבְּנוֹת יְרוּשָׁלִָם:
צְאֶינָה ׀ וּרְאֶינָה בְּנוֹת צִיּוֹן בַּמֶּלֶךְ שְׁלֹמֹה בָּעֲטָרָה שֶׁעִטְּרָה־לּוֹ אִמּוֹ בְּיוֹם
ד חֲתֻנָּתוֹ וּבְיוֹם שִׂמְחַת לִבּוֹ: הִנָּךְ יָפָה רַעְיָתִי הִנָּךְ יָפָה עֵינַיִךְ יוֹנִים
מִבַּעַד לְצַמָּתֵךְ שַׂעְרֵךְ כְּעֵדֶר הָעִזִּים שֶׁגָּלְשׁוּ מֵהַר גִּלְעָד: שִׁנַּיִךְ כְּעֵדֶר
הַקְּצוּבוֹת שֶׁעָלוּ מִן־הָרַחְצָה שֶׁכֻּלָּם מַתְאִימוֹת וְשַׁכֻּלָה אֵין בָּהֶם: כְּחוּט
הַשָּׁנִי שִׂפְתוֹתַיִךְ וּמִדְבָּרֵיךְ נָאוֶה כְּפֶלַח הָרִמּוֹן רַקָּתֵךְ מִבַּעַד לְצַמָּתֵךְ: כְּמִגְדַּל

דָּוִיד צַוָּארֵךְ בָּנוּי לְתַלְפִּיּוֹת אֶלֶף הַמָּגֵן תָּלוּי עָלָיו כֹּל שִׁלְטֵי הַגִּבֹּרִים: שְׁנֵי
שָׁדַיִךְ כִּשְׁנֵי עֳפָרִים תְּאוֹמֵי צְבִיָּה הָרוֹעִים בַּשּׁוֹשַׁנִּים: עַד שֶׁיָּפוּחַ הַיּוֹם וְנָסוּ
הַצְּלָלִים אֵלֶךְ לִי אֶל־הַר הַמּוֹר וְאֶל־גִּבְעַת הַלְּבוֹנָה: כֻּלָּךְ יָפָה רַעְיָתִי וּמוּם
אֵין בָּךְ: אִתִּי מִלְּבָנוֹן כַּלָּה אִתִּי מִלְּבָנוֹן תָּבוֹאִי תָּשׁוּרִי ׀ מֵרֹאשׁ
אֲמָנָה מֵרֹאשׁ שְׂנִיר וְחֶרְמוֹן מִמְּעֹנוֹת אֲרָיוֹת מֵהַרְרֵי נְמֵרִים: לִבַּבְתִּנִי אֲחֹתִי
בְּאַחַת כַלָּה לִבַּבְתִּנִי באחד מֵעֵינַיִךְ בְּאַחַד עֲנָק מִצַּוְּרֹנָיִךְ: מַה־יָּפוּ דֹדַיִךְ אֲחֹתִי כַלָּה
מַה־טֹּבוּ דֹדַיִךְ מִיַּיִן וְרֵיחַ שְׁמָנַיִךְ מִכָּל־בְּשָׂמִים: נֹפֶת תִּטֹּפְנָה שִׂפְתוֹתַיִךְ כַּלָּה
דְּבַשׁ וְחָלָב תַּחַת לְשׁוֹנֵךְ וְרֵיחַ שַׂלְמֹתַיִךְ כְּרֵיחַ לְבָנוֹן: גַּן ׀ נָעוּל
אֲחֹתִי כַלָּה גַּל נָעוּל מַעְיָן חָתוּם: שְׁלָחַיִךְ פַּרְדֵּס רִמּוֹנִים עִם פְּרִי מְגָדִים כְּפָרִים
עִם־נְרָדִים: נֵרְדְּ ׀ וְכַרְכֹּם קָנֶה וְקִנָּמוֹן עִם כָּל־עֲצֵי לְבוֹנָה מֹר וַאֲהָלוֹת עִם
כָּל־רָאשֵׁי בְשָׂמִים: מַעְיַן גַּנִּים בְּאֵר מַיִם חַיִּים וְנֹזְלִים מִן־לְבָנוֹן: עוּרִי צָפוֹן
ה וּבוֹאִי תֵימָן הָפִיחִי גַנִּי יִזְּלוּ בְשָׂמָיו יָבֹא דוֹדִי לְגַנּוֹ וְיֹאכַל פְּרִי מְגָדָיו: בָּאתִי
לְגַנִּי אֲחֹתִי כַלָּה אָרִיתִי מוֹרִי עִם־בְּשָׂמִי אָכַלְתִּי יַעְרִי עִם־דִּבְשִׁי שָׁתִיתִי יֵינִי
עִם־חֲלָבִי אִכְלוּ רֵעִים שְׁתוּ וְשִׁכְרוּ דּוֹדִים: אֲנִי יְשֵׁנָה וְלִבִּי עֵר
קוֹל ׀ דּוֹדִי דוֹפֵק פִּתְחִי־לִי אֲחֹתִי רַעְיָתִי יוֹנָתִי תַמָּתִי שֶׁרֹּאשִׁי נִמְלָא־טָל
קְוֻצּוֹתַי רְסִיסֵי לָיְלָה: פָּשַׁטְתִּי אֶת־כֻּתָּנְתִּי אֵיכָכָה אֶלְבָּשֶׁנָּה רָחַצְתִּי אֶת־רַגְלַי
אֵיכָכָה אֲטַנְּפֵם: דּוֹדִי שָׁלַח יָדוֹ מִן־הַחֹר וּמֵעַי הָמוּ עָלָיו: קַמְתִּי אֲנִי לִפְתֹּחַ
לְדוֹדִי וְיָדַי נָטְפוּ־מוֹר וְאֶצְבְּעֹתַי מוֹר עֹבֵר עַל כַּפּוֹת הַמַּנְעוּל: פָּתַחְתִּי אֲנִי
לְדוֹדִי וְדוֹדִי חָמַק עָבָר נַפְשִׁי יָצְאָה בְדַבְּרוֹ בִּקַּשְׁתִּיהוּ וְלֹא מְצָאתִיהוּ קְרָאתִיו
וְלֹא עָנָנִי: מְצָאֻנִי הַשֹּׁמְרִים הַסֹּבְבִים בָּעִיר הִכּוּנִי פְצָעוּנִי נָשְׂאוּ אֶת־רְדִידִי
מֵעָלַי שֹׁמְרֵי הַחֹמוֹת: הִשְׁבַּעְתִּי אֶתְכֶם בְּנוֹת יְרוּשָׁלָם אִם־תִּמְצְאוּ אֶת־דּוֹדִי
מַה־תַּגִּידוּ לוֹ שֶׁחוֹלַת אַהֲבָה אָנִי: מַה־דּוֹדֵךְ מִדּוֹד הַיָּפָה בַּנָּשִׁים מַה־דּוֹדֵךְ
מִדּוֹד שֶׁכָּכָה הִשְׁבַּעְתָּנוּ: דּוֹדִי צַח וְאָדוֹם דָּגוּל מֵרְבָבָה: רֹאשׁוֹ כֶּתֶם פָּז
קְוֻצּוֹתָיו תַּלְתַּלִּים שְׁחֹרוֹת כָּעוֹרֵב: עֵינָיו כְּיוֹנִים עַל־אֲפִיקֵי מָיִם רֹחֲצוֹת בֶּחָלָב
יֹשְׁבוֹת עַל־מִלֵּאת: לְחָיָו כַּעֲרוּגַת הַבֹּשֶׂם מִגְדְּלוֹת מֶרְקָחִים שִׂפְתוֹתָיו שׁוֹשַׁנִּים
נֹטְפוֹת מוֹר עֹבֵר: יָדָיו גְּלִילֵי זָהָב מְמֻלָּאִים בַּתַּרְשִׁישׁ מֵעָיו עֶשֶׁת שֵׁן מְעֻלֶּפֶת
סַפִּירִים: שׁוֹקָיו עַמּוּדֵי שֵׁשׁ מְיֻסָּדִים עַל־אַדְנֵי־פָז מַרְאֵהוּ כַּלְּבָנוֹן בָּחוּר
ו כָּאֲרָזִים: חִכּוֹ מַמְתַקִּים וְכֻלּוֹ מַחֲמַדִּים זֶה דוֹדִי וְזֶה רֵעִי בְּנוֹת יְרוּשָׁלָם: אָנָה
הָלַךְ דּוֹדֵךְ הַיָּפָה בַּנָּשִׁים אָנָה פָּנָה דוֹדֵךְ וּנְבַקְשֶׁנּוּ עִמָּךְ: דּוֹדִי יָרַד לְגַנּוֹ

לַעֲרוּגוֹת הַבֹּשֶׂם לִרְעוֹת בַּגַּנִּים וְלִלְקֹט שׁוֹשַׁנִּים: אֲנִי לְדוֹדִי וְדוֹדִי לִי הָרֹעֶה
בַּשּׁוֹשַׁנִּים:
יָפָה אַתְּ רַעְיָתִי כְּתִרְצָה נָאוָה כִּירוּשָׁלִָם אֲיֻמָּה כַּנִּדְגָּלוֹת: הָסֵבִּי עֵינַיִךְ מִנֶּגְדִּי
שֶׁהֵם הִרְהִיבֻנִי שַׂעְרֵךְ כְּעֵדֶר הָעִזִּים שֶׁגָּלְשׁוּ מִן־הַגִּלְעָד: שִׁנַּיִךְ כְּעֵדֶר הָרְחֵלִים
שֶׁעָלוּ מִן־הָרַחְצָה שֶׁכֻּלָּם מַתְאִימוֹת וְשַׁכֻּלָה אֵין בָּהֶם: כְּפֶלַח הָרִמּוֹן רַקָּתֵךְ
מִבַּעַד לְצַמָּתֵךְ: שִׁשִּׁים הֵמָּה מְלָכוֹת וּשְׁמֹנִים פִּילַגְשִׁים וַעֲלָמוֹת אֵין מִסְפָּר:
אַחַת הִיא יוֹנָתִי תַמָּתִי אַחַת הִיא לְאִמָּהּ בָּרָה הִיא לְיוֹלַדְתָּהּ רָאוּהָ בָנוֹת
וַיְאַשְּׁרוּהָ מְלָכוֹת וּפִילַגְשִׁים וַיְהַלְלוּהָ: מִי־זֹאת הַנִּשְׁקָפָה כְּמוֹ־שָׁחַר
יָפָה כַלְּבָנָה בָּרָה כַּחַמָּה אֲיֻמָּה כַּנִּדְגָּלוֹת: אֶל־גִּנַּת אֱגוֹז יָרַדְתִּי לִרְאוֹת בְּאִבֵּי
הַנָּחַל לִרְאוֹת הֲפָרְחָה הַגֶּפֶן הֵנֵצוּ הָרִמֹּנִים: לֹא יָדַעְתִּי נַפְשִׁי שָׂמַתְנִי מַרְכְּבוֹת
ז עַמִּי נָדִיב: שׁוּבִי שׁוּבִי הַשּׁוּלַמִּית שׁוּבִי שׁוּבִי וְנֶחֱזֶה־בָּךְ מַה־תֶּחֱזוּ בַּשּׁוּלַמִּית
כִּמְחֹלַת הַמַּחֲנָיִם: מַה־יָּפוּ פְעָמַיִךְ בַּנְּעָלִים בַּת־נָדִיב חַמּוּקֵי יְרֵכַיִךְ כְּמוֹ חֲלָאִים
מַעֲשֵׂה יְדֵי אָמָּן: שָׁרְרֵךְ אַגַּן הַסַּהַר אַל־יֶחְסַר הַמָּזֶג בִּטְנֵךְ עֲרֵמַת חִטִּים סוּגָה
בַּשּׁוֹשַׁנִּים: שְׁנֵי שָׁדַיִךְ כִּשְׁנֵי עֳפָרִים תָּאֳמֵי צְבִיָּה: צַוָּארֵךְ כְּמִגְדַּל הַשֵּׁן עֵינַיִךְ
בְּרֵכוֹת בְּחֶשְׁבּוֹן עַל־שַׁעַר בַּת־רַבִּים אַפֵּךְ כְּמִגְדַּל הַלְּבָנוֹן צוֹפֶה פְּנֵי דַמָּשֶׂק:
רֹאשֵׁךְ עָלַיִךְ כַּכַּרְמֶל וְדַלַּת רֹאשֵׁךְ כָּאַרְגָּמָן מֶלֶךְ אָסוּר בָּרְהָטִים: מַה־יָּפִית
וּמַה־נָּעַמְתְּ אַהֲבָה בַּתַּעֲנוּגִים: זֹאת קוֹמָתֵךְ דָּמְתָה לְתָמָר וְשָׁדַיִךְ לְאַשְׁכֹּלוֹת:
אָמַרְתִּי אֶעֱלֶה בְתָמָר אֹחֲזָה בְּסַנְסִנָּיו וְיִהְיוּ־נָא שָׁדַיִךְ כְּאֶשְׁכְּלוֹת הַגֶּפֶן וְרֵיחַ
אַפֵּךְ כַּתַּפּוּחִים: וְחִכֵּךְ כְּיֵין הַטּוֹב הוֹלֵךְ לְדוֹדִי לְמֵישָׁרִים דּוֹבֵב שִׂפְתֵי יְשֵׁנִים:
אֲנִי לְדוֹדִי וְעָלַי תְּשׁוּקָתוֹ: לְכָה דוֹדִי נֵצֵא הַשָּׂדֶה נָלִינָה בַּכְּפָרִים: נַשְׁכִּימָה
לַכְּרָמִים נִרְאֶה אִם־פָּרְחָה הַגֶּפֶן פִּתַּח הַסְּמָדַר הֵנֵצוּ הָרִמּוֹנִים שָׁם אֶתֵּן אֶת־
דֹּדַי לָךְ: הַדּוּדָאִים נָתְנוּ־רֵיחַ וְעַל־פְּתָחֵינוּ כָּל־מְגָדִים חֲדָשִׁים גַּם־יְשָׁנִים
ח דּוֹדִי צָפַנְתִּי לָךְ: מִי יִתֶּנְךָ כְּאָח לִי יוֹנֵק שְׁדֵי אִמִּי אֶמְצָאֲךָ בַחוּץ אֶשָּׁקְךָ גַּם
לֹא־יָבֻזוּ לִי: אֶנְהָגֲךָ אֲבִיאֲךָ אֶל־בֵּית אִמִּי תְּלַמְּדֵנִי אַשְׁקְךָ מִיַּיִן הָרֶקַח מֵעֲסִיס
רִמֹּנִי: שְׂמֹאלוֹ תַּחַת רֹאשִׁי וִימִינוֹ תְּחַבְּקֵנִי: הִשְׁבַּעְתִּי אֶתְכֶם בְּנוֹת יְרוּשָׁלִָם
מַה־תָּעִירוּ | וּמַה־תְּעֹרְרוּ אֶת־הָאַהֲבָה עַד שֶׁתֶּחְפָּץ: מִי זֹאת עֹלָה
מִן־הַמִּדְבָּר מִתְרַפֶּקֶת עַל־דּוֹדָהּ תַּחַת הַתַּפּוּחַ עוֹרַרְתִּיךָ שָׁמָּה חִבְּלַתְךָ אִמֶּךָ
שָׁמָּה חִבְּלָה יְלָדַתְךָ: שִׂימֵנִי כַחוֹתָם עַל־לִבֶּךָ כַּחוֹתָם עַל־זְרוֹעֶךָ כִּי־עַזָּה כַמָּוֶת
אַהֲבָה קָשָׁה כִשְׁאוֹל קִנְאָה רְשָׁפֶיהָ רִשְׁפֵּי אֵשׁ שַׁלְהֶבֶתְיָה: מַיִם רַבִּים לֹא יוּכְלוּ

לְכַבּוֹת אֶת־הָאַהֲבָה וּנְהָרוֹת לֹא יִשְׁטְפוּהָ אִם־יִתֵּן אִישׁ אֶת־כָּל־הוֹן בֵּיתוֹ
בְּאַהֲבָה בּוֹז יָבוּזוּ לוֹ׃ אָחוֹת לָנוּ קְטַנָּה וְשָׁדַיִם אֵין לָהּ מַה־נַּעֲשֶׂה
לַאֲחֹתֵנוּ בַּיּוֹם שֶׁיְּדֻבַּר־בָּהּ׃ אִם־חוֹמָה הִיא נִבְנֶה עָלֶיהָ טִירַת כָּסֶף וְאִם־
דֶּלֶת הִיא נָצוּר עָלֶיהָ לוּחַ אָרֶז׃ אֲנִי חוֹמָה וְשָׁדַי כַּמִּגְדָּלוֹת אָז הָיִיתִי בְעֵינָיו
כְּמוֹצְאֵת שָׁלוֹם׃ כֶּרֶם הָיָה לִשְׁלֹמֹה בְּבַעַל הָמוֹן נָתַן אֶת־הַכֶּרֶם לַנֹּטְרִים אִישׁ
יָבִא בְּפִרְיוֹ אֶלֶף כָּסֶף׃ כַּרְמִי שֶׁלִּי לְפָנָי הָאֶלֶף לְךָ שְׁלֹמֹה וּמָאתַיִם לְנֹטְרִים
אֶת־פִּרְיוֹ׃ הַיּוֹשֶׁבֶת בַּגַּנִּים חֲבֵרִים מַקְשִׁיבִים לְקוֹלֵךְ הַשְׁמִיעִנִי׃ בְּרַח ׀ דּוֹדִי
וּדְמֵה־לְךָ לִצְבִי אוֹ לְעֹפֶר הָאַיָּלִים עַל הָרֵי בְשָׂמִים׃

רות

קריאת מגילת רות בחג השבועות היא מנהג קדום המופיע כבר במסכת סופרים. לקשר בין מגילת רות לחג השבועות ניתנו הסברים אחדים. יש שהסבירו כי קוראים מגילה זו בחג השבועות משום שעיקר המגילה מתרחשת בזמן קציר החיטים, זמנו של חג השבועות. אחרים הסבירו שמגילת רות נכתבה לכבודו של דוד המלך, ולכן קוראים אותה בחג השבועות, שלפי מסורת חכמים הוא יום פטירתו של דוד. ויש שהסבירו כי באופן מהותי כל סיפורה של רות הוא מעשה של קבלת התורה מתוך רצון ואהבה – ולמרות הייסורים שיש בדרך זו, סופה ברכה והצלחה. לכן מתאים לקרותה בחג השבועות, הוא חג מתן תורה.

א וַיְהִי בִּימֵי שְׁפֹט הַשֹּׁפְטִים וַיְהִי רָעָב בָּאָרֶץ וַיֵּלֶךְ אִישׁ מִבֵּית לֶחֶם יְהוּדָה
לָגוּר בִּשְׂדֵי מוֹאָב הוּא וְאִשְׁתּוֹ וּשְׁנֵי בָנָיו: וְשֵׁם הָאִישׁ אֱלִימֶלֶךְ וְשֵׁם אִשְׁתּוֹ
נָעֳמִי וְשֵׁם שְׁנֵי־בָנָיו ׀ מַחְלוֹן וְכִלְיוֹן אֶפְרָתִים מִבֵּית לֶחֶם יְהוּדָה וַיָּבֹאוּ שְׂדֵי־
מוֹאָב וַיִּהְיוּ־שָׁם: וַיָּמָת אֱלִימֶלֶךְ אִישׁ נָעֳמִי וַתִּשָּׁאֵר הִיא וּשְׁנֵי בָנֶיהָ: וַיִּשְׂאוּ
לָהֶם נָשִׁים מֹאֲבִיּוֹת שֵׁם הָאַחַת עָרְפָּה וְשֵׁם הַשֵּׁנִית רוּת וַיֵּשְׁבוּ שָׁם כְּעֶשֶׂר
שָׁנִים: וַיָּמֻתוּ גַם־שְׁנֵיהֶם מַחְלוֹן וְכִלְיוֹן וַתִּשָּׁאֵר הָאִשָּׁה מִשְּׁנֵי יְלָדֶיהָ וּמֵאִישָׁהּ:
וַתָּקָם הִיא וְכַלֹּתֶיהָ וַתָּשָׁב מִשְּׂדֵי מוֹאָב כִּי שָׁמְעָה בִּשְׂדֵה מוֹאָב כִּי־פָקַד
יְהוָה אֶת־עַמּוֹ לָתֵת לָהֶם לָחֶם: וַתֵּצֵא מִן־הַמָּקוֹם אֲשֶׁר הָיְתָה־שָׁמָּה וּשְׁתֵּי
כַלֹּתֶיהָ עִמָּהּ וַתֵּלַכְנָה בַדֶּרֶךְ לָשׁוּב אֶל־אֶרֶץ יְהוּדָה: וַתֹּאמֶר נָעֳמִי לִשְׁתֵּי
כַלֹּתֶיהָ לֵכְנָה שֹּׁבְנָה אִשָּׁה לְבֵית אִמָּהּ יעשה יְהוָה עִמָּכֶם חֶסֶד כַּאֲשֶׁר עֲשִׂיתֶם יַעַשׂ
עִם־הַמֵּתִים וְעִמָּדִי: יִתֵּן יְהוָה לָכֶם וּמְצֶאןָ מְנוּחָה אִשָּׁה בֵּית אִישָׁהּ וַתִּשַּׁק
לָהֶן וַתִּשֶּׂאנָה קוֹלָן וַתִּבְכֶּינָה: וַתֹּאמַרְנָה־לָּהּ כִּי־אִתָּךְ נָשׁוּב לְעַמֵּךְ: וַתֹּאמֶר
נָעֳמִי שֹׁבְנָה בְנֹתַי לָמָּה תֵלַכְנָה עִמִּי הַעוֹד־לִי בָנִים בְּמֵעַי וְהָיוּ לָכֶם לַאֲנָשִׁים:
שֹׁבְנָה בְנֹתַי לֵכְןָ כִּי זָקַנְתִּי מִהְיוֹת לְאִישׁ כִּי אָמַרְתִּי יֶשׁ־לִי תִקְוָה גַּם הָיִיתִי
הַלַּיְלָה לְאִישׁ וְגַם יָלַדְתִּי בָנִים: הֲלָהֵן ׀ תְּשַׂבֵּרְנָה עַד אֲשֶׁר יִגְדָּלוּ הֲלָהֵן תֵּעָגֵנָה
לְבִלְתִּי הֱיוֹת לְאִישׁ אַל בְּנֹתַי כִּי־מַר־לִי מְאֹד מִכֶּם כִּי־יָצְאָה בִי יַד־יְהוָה:
וַתִּשֶּׂנָה קוֹלָן וַתִּבְכֶּינָה עוֹד וַתִּשַּׁק עָרְפָּה לַחֲמוֹתָהּ וְרוּת דָּבְקָה בָּהּ: וַתֹּאמֶר
הִנֵּה שָׁבָה יְבִמְתֵּךְ אֶל־עַמָּהּ וְאֶל־אֱלֹהֶיהָ שׁוּבִי אַחֲרֵי יְבִמְתֵּךְ: וַתֹּאמֶר רוּת

אַל־תִּפְגְּעִי־בִי לְעׇזְבֵךְ לָשׁוּב מֵאַחֲרָיִךְ כִּי אֶל־אֲשֶׁר תֵּלְכִי אֵלֵךְ וּבַאֲשֶׁר תָּלִינִי
אָלִין עַמֵּךְ עַמִּי וֵאלֹהַיִךְ אֱלֹהָי: בַּאֲשֶׁר תָּמוּתִי אָמוּת וְשָׁם אֶקָּבֵר כֹּה יַעֲשֶׂה
יְהוָה לִי וְכֹה יֹסִיף כִּי הַמָּוֶת יַפְרִיד בֵּינִי וּבֵינֵךְ: וַתֵּרֶא כִּי־מִתְאַמֶּצֶת הִיא
לָלֶכֶת אִתָּהּ וַתֶּחְדַּל לְדַבֵּר אֵלֶיהָ: וַתֵּלַכְנָה שְׁתֵּיהֶם עַד־בֹּאָנָה בֵּית לָחֶם
וַיְהִי כְּבֹאָנָה בֵּית לֶחֶם וַתֵּהֹם כׇּל־הָעִיר עֲלֵיהֶן וַתֹּאמַרְנָה הֲזֹאת נָעֳמִי:
וַתֹּאמֶר אֲלֵיהֶן אַל־תִּקְרֶאנָה לִי נָעֳמִי קְרֶאןָ לִי מָרָא כִּי־הֵמַר שַׁדַּי לִי מְאֹד:
אֲנִי מְלֵאָה הָלַכְתִּי וְרֵיקָם הֱשִׁיבַנִי יְהוָה לָמָּה תִקְרֶאנָה לִי נָעֳמִי וַיהוָה עָנָה
בִי וְשַׁדַּי הֵרַע לִי: וַתָּשׇׁב נָעֳמִי וְרוּת הַמּוֹאֲבִיָּה כַלָּתָהּ עִמָּהּ הַשָּׁבָה מִשְּׂדֵי
ב מוֹאָב וְהֵמָּה בָּאוּ בֵּית לֶחֶם בִּתְחִלַּת קְצִיר שְׂעֹרִים: וּלְנָעֳמִי מידע לְאִישָׁהּ מוֹדַע
אִישׁ גִּבּוֹר חַיִל מִמִּשְׁפַּחַת אֱלִימֶלֶךְ וּשְׁמוֹ בֹּעַז: וַתֹּאמֶר רוּת הַמּוֹאֲבִיָּה אֶל־
נָעֳמִי אֵלְכָה־נָּא הַשָּׂדֶה וַאֲלַקֳטָה בַשִּׁבֳּלִים אַחַר אֲשֶׁר אֶמְצָא־חֵן בְּעֵינָיו
וַתֹּאמֶר לָהּ לְכִי בִתִּי: וַתֵּלֶךְ וַתָּבוֹא וַתְּלַקֵּט בַּשָּׂדֶה אַחֲרֵי הַקֹּצְרִים וַיִּקֶר
מִקְרֶהָ חֶלְקַת הַשָּׂדֶה לְבֹעַז אֲשֶׁר מִמִּשְׁפַּחַת אֱלִימֶלֶךְ: וְהִנֵּה־בֹעַז בָּא מִבֵּית
לֶחֶם וַיֹּאמֶר לַקּוֹצְרִים יְהוָה עִמָּכֶם וַיֹּאמְרוּ לוֹ יְבָרֶכְךָ יְהוָה: וַיֹּאמֶר בֹּעַז לְנַעֲרוֹ
הַנִּצָּב עַל־הַקּוֹצְרִים לְמִי הַנַּעֲרָה הַזֹּאת: וַיַּעַן הַנַּעַר הַנִּצָּב עַל־הַקּוֹצְרִים
וַיֹּאמַר נַעֲרָה מוֹאֲבִיָּה הִיא הַשָּׁבָה עִם־נָעֳמִי מִשְּׂדֵה מוֹאָב: וַתֹּאמֶר אֲלַקֳטָה־
נָּא וְאָסַפְתִּי בָעֳמָרִים אַחֲרֵי הַקּוֹצְרִים וַתָּבוֹא וַתַּעֲמוֹד מֵאָז הַבֹּקֶר וְעַד־עַתָּה
זֶה שִׁבְתָּהּ הַבַּיִת מְעָט: וַיֹּאמֶר בֹּעַז אֶל־רוּת הֲלוֹא שָׁמַעַתְּ בִּתִּי אַל־תֵּלְכִי
לִלְקֹט בְּשָׂדֶה אַחֵר וְגַם לֹא תַעֲבוּרִי מִזֶּה וְכֹה תִדְבָּקִין עִם־נַעֲרֹתָי: עֵינַיִךְ
בַּשָּׂדֶה אֲשֶׁר־יִקְצֹרוּן וְהָלַכְתְּ אַחֲרֵיהֶן הֲלוֹא צִוִּיתִי אֶת־הַנְּעָרִים לְבִלְתִּי נׇגְעֵךְ
וְצָמִת וְהָלַכְתְּ אֶל־הַכֵּלִים וְשָׁתִית מֵאֲשֶׁר יִשְׁאֲבוּן הַנְּעָרִים: וַתִּפֹּל עַל־פָּנֶיהָ
וַתִּשְׁתַּחוּ אָרְצָה וַתֹּאמֶר אֵלָיו מַדּוּעַ מָצָאתִי חֵן בְּעֵינֶיךָ לְהַכִּירֵנִי וְאָנֹכִי נׇכְרִיָּה:
וַיַּעַן בֹּעַז וַיֹּאמֶר לָהּ הֻגֵּד הֻגַּד לִי כֹּל אֲשֶׁר־עָשִׂית אֶת־חֲמוֹתֵךְ אַחֲרֵי מוֹת
אִישֵׁךְ וַתַּעַזְבִי אָבִיךְ וְאִמֵּךְ וְאֶרֶץ מוֹלַדְתֵּךְ וַתֵּלְכִי אֶל־עַם אֲשֶׁר לֹא־יָדַעַתְּ
תְּמוֹל שִׁלְשׁוֹם: יְשַׁלֵּם יְהוָה פׇּעֳלֵךְ וּתְהִי מַשְׂכֻּרְתֵּךְ שְׁלֵמָה מֵעִם יְהוָה אֱלֹהֵי
יִשְׂרָאֵל אֲשֶׁר־בָּאת לַחֲסוֹת תַּחַת־כְּנָפָיו: וַתֹּאמֶר אֶמְצָא־חֵן בְּעֵינֶיךָ אֲדֹנִי
כִּי נִחַמְתָּנִי וְכִי דִבַּרְתָּ עַל־לֵב שִׁפְחָתֶךָ וְאָנֹכִי לֹא אֶהְיֶה כְּאַחַת שִׁפְחֹתֶיךָ:
וַיֹּאמֶר לָה בֹעַז לְעֵת הָאֹכֶל גֹּשִׁי הֲלֹם וְאָכַלְתְּ מִן־הַלֶּחֶם וְטָבַלְתְּ פִּתֵּךְ בַּחֹמֶץ
וַתֵּשֶׁב מִצַּד הַקֹּצְרִים וַיִּצְבׇּט־לָהּ קָלִי וַתֹּאכַל וַתִּשְׂבַּע וַתֹּתַר: וַתָּקׇם לְלַקֵּט

וַיְצַו בֹּעַז אֶת־נְעָרָיו לֵאמֹר גַּם בֵּין הָעֳמָרִים תְּלַקֵּט וְלֹא תַכְלִימוּהָ: וְגַם שֹׁל־
תָּשֹׁלּוּ לָהּ מִן־הַצְּבָתִים וַעֲזַבְתֶּם וְלִקְּטָה וְלֹא תִגְעֲרוּ־בָהּ: וַתְּלַקֵּט בַּשָּׂדֶה
עַד־הָעָרֶב וַתַּחְבֹּט אֵת אֲשֶׁר־לִקֵּטָה וַיְהִי כְּאֵיפָה שְׂעֹרִים: וַתִּשָּׂא וַתָּבוֹא
הָעִיר וַתֵּרֶא חֲמוֹתָהּ אֵת אֲשֶׁר־לִקֵּטָה וַתּוֹצֵא וַתִּתֶּן־לָהּ אֵת אֲשֶׁר־הוֹתִרָה
מִשָּׂבְעָהּ: וַתֹּאמֶר לָהּ חֲמוֹתָהּ אֵיפֹה לִקַּטְתְּ הַיּוֹם וְאָנָה עָשִׂית יְהִי מַכִּירֵךְ
בָּרוּךְ וַתַּגֵּד לַחֲמוֹתָהּ אֵת אֲשֶׁר־עָשְׂתָה עִמּוֹ וַתֹּאמֶר שֵׁם הָאִישׁ אֲשֶׁר עָשִׂיתִי
עִמּוֹ הַיּוֹם בֹּעַז: וַתֹּאמֶר נָעֳמִי לְכַלָּתָהּ בָּרוּךְ הוּא לַיהוה אֲשֶׁר לֹא־עָזַב חַסְדּוֹ
אֶת־הַחַיִּים וְאֶת־הַמֵּתִים וַתֹּאמֶר לָהּ נָעֳמִי קָרוֹב לָנוּ הָאִישׁ מִגֹּאֲלֵנוּ הוּא:
וַתֹּאמֶר רוּת הַמּוֹאֲבִיָּה גַּם | כִּי־אָמַר אֵלַי עִם־הַנְּעָרִים אֲשֶׁר־לִי תִּדְבָּקִין עַד
אִם־כִּלּוּ אֵת כָּל־הַקָּצִיר אֲשֶׁר־לִי: וַתֹּאמֶר נָעֳמִי אֶל־רוּת כַּלָּתָהּ טוֹב בִּתִּי
כִּי תֵצְאִי עִם־נַעֲרוֹתָיו וְלֹא יִפְגְּעוּ־בָךְ בְּשָׂדֶה אַחֵר: וַתִּדְבַּק בְּנַעֲרוֹת בֹּעַז
ג לְלַקֵּט עַד־כְּלוֹת קְצִיר־הַשְּׂעֹרִים וּקְצִיר הַחִטִּים וַתֵּשֶׁב אֶת־חֲמוֹתָהּ: וַתֹּאמֶר
לָהּ נָעֳמִי חֲמוֹתָהּ בִּתִּי הֲלֹא אֲבַקֶּשׁ־לָךְ מָנוֹחַ אֲשֶׁר יִיטַב־לָךְ: וְעַתָּה הֲלֹא
בֹעַז מֹדַעְתָּנוּ אֲשֶׁר הָיִית אֶת־נַעֲרוֹתָיו הִנֵּה־הוּא זֹרֶה אֶת־גֹּרֶן הַשְּׂעֹרִים
הַלָּיְלָה: וְרָחַצְתְּ וָסַכְתְּ וְשַׂמְתְּ שמלתך עָלַיִךְ וירדתי הַגֹּרֶן אַל־תִּוָּדְעִי לָאִישׁ שִׂמְלֹתַיִךְ וְיָרַדְתְּ
עַד כַּלֹּתוֹ לֶאֱכֹל וְלִשְׁתּוֹת: וִיהִי בְשָׁכְבוֹ וְיָדַעַתְּ אֶת־הַמָּקוֹם אֲשֶׁר יִשְׁכַּב־שָׁם
וּבָאת וְגִלִּית מַרְגְּלֹתָיו ושכבתי וְהוּא יַגִּיד לָךְ אֵת אֲשֶׁר תַּעֲשִׂין: וַתֹּאמֶר וְשָׁכָבְתְּ
אֵלֶיהָ כֹּל אֲשֶׁר־תֹּאמְרִי אֶעֱשֶׂה: וַתֵּרֶד הַגֹּרֶן וַתַּעַשׂ כְּכֹל אֲשֶׁר־צִוַּתָּה אֵלַי
חֲמוֹתָהּ: וַיֹּאכַל בֹּעַז וַיֵּשְׁתְּ וַיִּיטַב לִבּוֹ וַיָּבֹא לִשְׁכַּב בִּקְצֵה הָעֲרֵמָה וַתָּבֹא
בַלָּט וַתְּגַל מַרְגְּלֹתָיו וַתִּשְׁכָּב: וַיְהִי בַּחֲצִי הַלַּיְלָה וַיֶּחֱרַד הָאִישׁ וַיִּלָּפֵת וְהִנֵּה
אִשָּׁה שֹׁכֶבֶת מַרְגְּלֹתָיו: וַיֹּאמֶר מִי־אָתְּ וַתֹּאמֶר אָנֹכִי רוּת אֲמָתֶךָ וּפָרַשְׂתָּ
כְנָפֶךָ עַל־אֲמָתְךָ כִּי גֹאֵל אָתָּה: וַיֹּאמֶר בְּרוּכָה אַתְּ לַיהוה בִּתִּי הֵיטַבְתְּ חַסְדֵּךְ
הָאַחֲרוֹן מִן־הָרִאשׁוֹן לְבִלְתִּי־לֶכֶת אַחֲרֵי הַבַּחוּרִים אִם־דַּל וְאִם־עָשִׁיר:
וְעַתָּה בִּתִּי אַל־תִּירְאִי כֹּל אֲשֶׁר־תֹּאמְרִי אֶעֱשֶׂה־לָּךְ כִּי יוֹדֵעַ כָּל־שַׁעַר עַמִּי
כִּי אֵשֶׁת חַיִל אָתְּ: וְעַתָּה כִּי אָמְנָם כִּי אם גֹאֵל אָנֹכִי וְגַם יֵשׁ גֹּאֵל קָרוֹב מִמֶּנִּי:
לִינִי | הַלַּיְלָה וְהָיָה בַבֹּקֶר אִם־יִגְאָלֵךְ טוֹב יִגְאָל וְאִם־לֹא יַחְפֹּץ לְגָאֳלֵךְ
וּגְאַלְתִּיךְ אָנֹכִי חַי־יהוה שִׁכְבִי עַד־הַבֹּקֶר: וַתִּשְׁכַּב מַרְגְּלוֹתָו עַד־הַבֹּקֶר
וַתָּקָם בטרום יַכִּיר אִישׁ אֶת־רֵעֵהוּ וַיֹּאמֶר אַל־יִוָּדַע כִּי־בָאָה הָאִשָּׁה הַגֹּרֶן: בְּטֶרֶם
וַיֹּאמֶר הָבִי הַמִּטְפַּחַת אֲשֶׁר־עָלַיִךְ וְאֶחֳזִי־בָהּ וַתֹּאחֶז בָּהּ וַיָּמָד שֵׁשׁ־שְׂעֹרִים

וַתֵּשֶׁב עָלֶיהָ וַיָּבֹא הָעִיר׃ וַתָּבוֹא אֶל־חֲמוֹתָהּ וַתֹּאמֶר מִי־אַתְּ בִּתִּי וַתַּגֶּד־לָהּ
אֵת כָּל־אֲשֶׁר עָשָׂה־לָהּ הָאִישׁ׃ וַתֹּאמֶר שֵׁשׁ־הַשְּׂעֹרִים הָאֵלֶּה נָתַן לִי כִּי
אָמַר   אַל־תָּבוֹאִי רֵיקָם אֶל־חֲמוֹתֵךְ׃ וַתֹּאמֶר שְׁבִי בִתִּי עַד אֲשֶׁר תֵּדְעִין אֵלַי
ד אֵיךְ יִפֹּל דָּבָר כִּי לֹא יִשְׁקֹט הָאִישׁ כִּי אִם־כִּלָּה הַדָּבָר הַיּוֹם׃ וּבֹעַז עָלָה הַשַּׁעַר
וַיֵּשֶׁב שָׁם וְהִנֵּה הַגֹּאֵל עֹבֵר אֲשֶׁר דִּבֶּר־בֹּעַז וַיֹּאמֶר סוּרָה שְׁבָה־פֹּה פְּלֹנִי
אַלְמֹנִי וַיָּסַר וַיֵּשֵׁב׃ וַיִּקַּח עֲשָׂרָה אֲנָשִׁים מִזִּקְנֵי הָעִיר וַיֹּאמֶר שְׁבוּ־פֹה וַיֵּשֵׁבוּ׃
וַיֹּאמֶר לַגֹּאֵל חֶלְקַת הַשָּׂדֶה אֲשֶׁר לְאָחִינוּ לֶאֱלִימֶלֶךְ מָכְרָה נָעֳמִי הַשָּׁבָה
מִשְּׂדֵה מוֹאָב׃ וַאֲנִי אָמַרְתִּי אֶגְלֶה אָזְנְךָ לֵאמֹר קְנֵה נֶגֶד הַיֹּשְׁבִים וְנֶגֶד זִקְנֵי
עַמִּי אִם־תִּגְאַל גְּאָל וְאִם־לֹא יִגְאַל הַגִּידָה לִּי וְאֵדַע כִּי אֵין זוּלָתְךָ לִגְאוֹל
וְאָנֹכִי אַחֲרֶיךָ וַיֹּאמֶר אָנֹכִי אֶגְאָל׃ וַיֹּאמֶר בֹּעַז בְּיוֹם־קְנוֹתְךָ הַשָּׂדֶה מִיַּד נָעֳמִי
וּמֵאֵת רוּת הַמּוֹאֲבִיָּה אֵשֶׁת־הַמֵּת קָנִיתִי לְהָקִים שֵׁם־הַמֵּת עַל־נַחֲלָתוֹ׃ קָנִיתָ
וַיֹּאמֶר הַגֹּאֵל לֹא אוּכַל לִגְאוֹל־לִי פֶּן־אַשְׁחִית אֶת־נַחֲלָתִי גְּאַל־לְךָ אַתָּה לִגְאָל־
אֶת־גְּאֻלָּתִי כִּי לֹא־אוּכַל לִגְאֹל׃ וְזֹאת לְפָנִים בְּיִשְׂרָאֵל עַל־הַגְּאוּלָּה וְעַל־
הַתְּמוּרָה לְקַיֵּם כָּל־דָּבָר שָׁלַף אִישׁ נַעֲלוֹ וְנָתַן לְרֵעֵהוּ וְזֹאת הַתְּעוּדָה
בְּיִשְׂרָאֵל׃ וַיֹּאמֶר הַגֹּאֵל לְבֹעַז קְנֵה־לָךְ וַיִּשְׁלֹף נַעֲלוֹ׃ וַיֹּאמֶר בֹּעַז לַזְּקֵנִים
וְכָל־הָעָם עֵדִים אַתֶּם הַיּוֹם כִּי קָנִיתִי אֶת־כָּל־אֲשֶׁר לֶאֱלִימֶלֶךְ וְאֵת כָּל־אֲשֶׁר
לְכִלְיוֹן וּמַחְלוֹן מִיַּד נָעֳמִי׃ וְגַם אֶת־רוּת הַמֹּאֲבִיָּה אֵשֶׁת מַחְלוֹן קָנִיתִי לִי
לְאִשָּׁה לְהָקִים שֵׁם־הַמֵּת עַל־נַחֲלָתוֹ וְלֹא־יִכָּרֵת שֵׁם־הַמֵּת מֵעִם אֶחָיו וּמִשַּׁעַר
מְקוֹמוֹ עֵדִים אַתֶּם הַיּוֹם׃ וַיֹּאמְרוּ כָּל־הָעָם אֲשֶׁר־בַּשַּׁעַר וְהַזְּקֵנִים עֵדִים יִתֵּן
יְהוָה אֶת־הָאִשָּׁה הַבָּאָה אֶל־בֵּיתֶךָ כְּרָחֵל ׀ וּכְלֵאָה אֲשֶׁר בָּנוּ שְׁתֵּיהֶם אֶת־
בֵּית יִשְׂרָאֵל וַעֲשֵׂה־חַיִל בְּאֶפְרָתָה וּקְרָא־שֵׁם בְּבֵית לָחֶם׃ וִיהִי בֵיתְךָ כְּבֵית
פֶּרֶץ אֲשֶׁר־יָלְדָה תָמָר לִיהוּדָה מִן־הַזֶּרַע אֲשֶׁר יִתֵּן יְהוָה לְךָ מִן־הַנַּעֲרָה
הַזֹּאת׃ וַיִּקַּח בֹּעַז אֶת־רוּת וַתְּהִי־לוֹ לְאִשָּׁה וַיָּבֹא אֵלֶיהָ וַיִּתֵּן יְהוָה לָהּ הֵרָיוֹן
וַתֵּלֶד בֵּן׃ וַתֹּאמַרְנָה הַנָּשִׁים אֶל־נָעֳמִי בָּרוּךְ יְהוָה אֲשֶׁר לֹא הִשְׁבִּית לָךְ גֹּאֵל
הַיּוֹם וְיִקָּרֵא שְׁמוֹ בְּיִשְׂרָאֵל׃ וְהָיָה לָךְ לְמֵשִׁיב נֶפֶשׁ וּלְכַלְכֵּל אֶת־שֵׂיבָתֵךְ כִּי
כַלָּתֵךְ אֲשֶׁר־אֲהֵבַתֶךְ יְלָדַתּוּ אֲשֶׁר־הִיא טוֹבָה לָךְ מִשִּׁבְעָה בָּנִים׃ וַתִּקַּח
נָעֳמִי אֶת־הַיֶּלֶד וַתְּשִׁתֵהוּ בְחֵיקָהּ וַתְּהִי־לוֹ לְאֹמֶנֶת׃ וַתִּקְרֶאנָה לוֹ הַשְּׁכֵנוֹת
שֵׁם לֵאמֹר יֻלַּד־בֵּן לְנָעֳמִי וַתִּקְרֶאנָה שְׁמוֹ עוֹבֵד הוּא אֲבִי־יִשַׁי אֲבִי דָוִד׃
וְאֵלֶּה תּוֹלְדוֹת פָּרֶץ פֶּרֶץ הוֹלִיד אֶת־חֶצְרוֹן׃ וְחֶצְרוֹן הוֹלִיד אֶת־רָם וְרָם

הוֹלִ֥יד אֶת־עַמִּֽינָדָֽב׃ וְעַמִּֽינָדָב֙ הוֹלִ֣יד אֶת־נַחְשׁ֔וֹן וְנַחְשׁ֖וֹן הוֹלִ֥יד אֶת־שַׂלְמָֽה׃
וְשַׂלְמוֹן֙ הוֹלִ֣יד אֶת־בֹּ֔עַז וּבֹ֖עַז הוֹלִ֥יד אֶת־עוֹבֵֽד׃ וְעֹבֵד֙ הוֹלִ֣יד אֶת־יִשָׁ֔י וְיִשַׁ֖י
הוֹלִ֥יד אֶת־דָּוִֽד׃

איכה

שלושה מן הפרקים בספר זה מתחילים במילה ״איכה״; ובצדק המגילה נקראת במקורות ״מגילת איכה״ – לא רק משום שהיא המילה הפותחת של הספר, אלא משום שהיא גם מילת מפתח בו. בספר יש אֵבֶל, צער, בכי וזעקה – אבל מעל לכל אלה יש שורה של שאלות אשר יש בהן כאב רב, ועם זה אין בהן קריאת תיגר. השאלות האלה הן שאלות אמיתיות כי הן מגששות ומנסות להגיע לידי הבנה – ומכוחה גם לפתרון. אף על פי שאין בדרך כלל תשובות בגופו של הספר, יש בשאלות האלו חיפוש אמיתי, לדעת ולברר את סיבות הדברים, להבין את משמעותם, ואפילו למצוא פתרון ויציאה מן המצר. שאלת ״אֵיכָה?״ אינה מבקשת לדעת את המכניזם של האסון, כיצד אירע ובשל מה אירע. השאלה היא שאלה עכשווית־קיומית: איך ייתכן מצב כזה? העמדת הדברים הזאת יוצרת בעצמה את תחושת האובדן והכאב. אכן, החזרה על הקינות מדי שנה בשנה, והחזרה בהן על שאלת ״איכה?״ משמען שאין בנו השלמה והתפייסות עם הקיום הנוכחי. ׳איכה׳ מבטאת את תמצית ההרגשה – כיצד ייתכן שסדר עולם שלם נהרס? איך ייתכן מצב כזה? כל עוד לא יתעורר העם וימצא את עצמו שוב במעמד מציאותי והגיוני יעמוד המקונן אל מול המציאות ויתהה: ״איכה?״

ספר הקינות מבטא בהרחבה את הצער והכאב, אולם יש בו גם תקווה. התקווה אינה מופיעה רק בכתובים המפורשים המדברים בה, כגון ״תַּם עֲוֺנֵךְ בַּת צִיּוֹן לֹא יוֹסִיף לְהַגְלוֹתֵךְ״ ו״הֲשִׁיבֵנוּ ה׳ אֵלֶיךָ וְנָשׁוּבָה חַדֵּשׁ יָמֵינוּ כְּקֶדֶם״, התקווה היא גם בעצם מהותן של הקינות – בזעקת הכאב אל ה׳. בעצם הפניית הזעקה אל הקדוש ברוך הוא מצוי יסוד הנחמה. האסון איננו תוצאה של כוח עיוור וחסר משמעות, אלא עונש. ואף שקשה ובלתי נסבל עונש זה – הוא סימן להשגחה פרטית ומיוחדת על העם. כל עוד קיים הביטחון הגמור בה׳ ובכוחו – לעולם יש תקומה, יש תקווה.

בתשעה באב נוהגים להתפלל ולקרוא איכה בישיבה על הארץ. יש המקפידים, לפי הקבלה, שלא לשבת על הארץ ממש אלא בהפסק מסוים. נוהגים להשאיר בבית הכנסת רק אור מועט, כדי שאפשר יהא לקרוא ולא מעבר לכך.

א אֵיכָה ׀ יָשְׁבָה בָדָד הָעִיר רַבָּתִי עָם הָיְתָה כְּאַלְמָנָה רַבָּתִי בַגּוֹיִם שָׂרָתִי
בַּמְּדִינוֹת הָיְתָה לָמַס׃ בָּכוֹ תִבְכֶּה בַּלַּיְלָה וְדִמְעָתָהּ עַל לֶחֱיָהּ אֵין־לָהּ מְנַחֵם

מִכָּל־אֹהֲבֶיהָ כָּל־רֵעֶיהָ בָּגְדוּ בָהּ הָיוּ לָהּ לְאֹיְבִים׃ גָּלְתָה יְהוּדָה מֵעֹנִי וּמֵרֹב
עֲבֹדָה הִיא יָשְׁבָה בַגּוֹיִם לֹא מָצְאָה מָנוֹחַ כָּל־רֹדְפֶיהָ הִשִּׂיגוּהָ בֵּין הַמְּצָרִים׃
דַּרְכֵי צִיּוֹן אֲבֵלוֹת מִבְּלִי בָּאֵי מוֹעֵד כָּל־שְׁעָרֶיהָ שׁוֹמֵמִין כֹּהֲנֶיהָ נֶאֱנָחִים
בְּתוּלֹתֶיהָ נּוּגוֹת וְהִיא מַר־לָהּ׃ הָיוּ צָרֶיהָ לְרֹאשׁ אֹיְבֶיהָ שָׁלוּ כִּי־יְהוָה הוֹגָהּ
עַל־רֹב פְּשָׁעֶיהָ עוֹלָלֶיהָ הָלְכוּ שְׁבִי לִפְנֵי־צָר׃ וַיֵּצֵא מן בת־צִיּוֹן כָּל־הֲדָרָהּ הָיוּ מִבַּת־
שָׂרֶיהָ כְּאַיָּלִים לֹא־מָצְאוּ מִרְעֶה וַיֵּלְכוּ בְלֹא־כֹחַ לִפְנֵי רוֹדֵף׃ זָכְרָה יְרוּשָׁלִַם
יְמֵי עָנְיָהּ וּמְרוּדֶיהָ כֹּל מַחֲמֻדֶיהָ אֲשֶׁר הָיוּ מִימֵי קֶדֶם בִּנְפֹל עַמָּהּ בְּיַד־צָר וְאֵין
עוֹזֵר לָהּ רָאוּהָ צָרִים שָׂחֲקוּ עַל־מִשְׁבַּתֶּהָ׃ חֵטְא חָטְאָה יְרוּשָׁלִַם עַל־כֵּן לְנִידָה
הָיָתָה כָּל־מְכַבְּדֶיהָ הִזִּילוּהָ כִּי־רָאוּ עֶרְוָתָהּ גַּם־הִיא נֶאֶנְחָה וַתָּשָׁב אָחוֹר׃
טֻמְאָתָהּ בְּשׁוּלֶיהָ לֹא זָכְרָה אַחֲרִיתָהּ וַתֵּרֶד פְּלָאִים אֵין מְנַחֵם לָהּ רְאֵה יְהוָה
אֶת־עָנְיִי כִּי הִגְדִּיל אוֹיֵב׃ יָדוֹ פָּרַשׂ צָר עַל כָּל־מַחֲמַדֶּיהָ כִּי־רָאֲתָה גוֹיִם בָּאוּ
מִקְדָּשָׁהּ אֲשֶׁר צִוִּיתָה לֹא־יָבֹאוּ בַקָּהָל לָךְ׃ כָּל־עַמָּהּ נֶאֱנָחִים מְבַקְּשִׁים לֶחֶם
נָתְנוּ מחמודיהם בְּאֹכֶל לְהָשִׁיב נָפֶשׁ רְאֵה יְהוָה וְהַבִּיטָה כִּי הָיִיתִי זוֹלֵלָה׃ מַחֲמַדֵּיהֶם
לוֹא אֲלֵיכֶם כָּל־עֹבְרֵי דֶרֶךְ הַבִּיטוּ וּרְאוּ אִם־יֵשׁ מַכְאוֹב כְּמַכְאֹבִי אֲשֶׁר עוֹלַל
לִי אֲשֶׁר הוֹגָה יְהוָה בְּיוֹם חֲרוֹן אַפּוֹ׃ מִמָּרוֹם שָׁלַח־אֵשׁ בְּעַצְמֹתַי וַיִּרְדֶּנָּה פָּרַשׂ
רֶשֶׁת לְרַגְלַי הֱשִׁיבַנִי אָחוֹר נְתָנַנִי שֹׁמֵמָה כָּל־הַיּוֹם דָּוָה׃ נִשְׂקַד עֹל פְּשָׁעַי
בְּיָדוֹ יִשְׂתָּרְגוּ עָלוּ עַל־צַוָּארִי הִכְשִׁיל כֹּחִי נְתָנַנִי אֲדֹנָי בִּידֵי לֹא־אוּכַל קוּם׃
סִלָּה כָל־אַבִּירַי ׀ אֲדֹנָי בְּקִרְבִּי קָרָא עָלַי מוֹעֵד לִשְׁבֹּר בַּחוּרָי גַּת דָּרַךְ אֲדֹנָי
לִבְתוּלַת בַּת־יְהוּדָה׃ עַל־אֵלֶּה ׀ אֲנִי בוֹכִיָּה עֵינִי ׀ עֵינִי יֹרְדָה מַּיִם כִּי־רָחַק
מִמֶּנִּי מְנַחֵם מֵשִׁיב נַפְשִׁי הָיוּ בָנַי שׁוֹמֵמִים כִּי גָבַר אוֹיֵב׃ פֵּרְשָׂה צִיּוֹן בְּיָדֶיהָ
אֵין מְנַחֵם לָהּ צִוָּה יְהוָה לְיַעֲקֹב סְבִיבָיו צָרָיו הָיְתָה יְרוּשָׁלִַם לְנִדָּה בֵּינֵיהֶם׃
צַדִּיק הוּא יְהוָה כִּי פִיהוּ מָרִיתִי שִׁמְעוּ־נָא כָל־עמים וּרְאוּ מַכְאֹבִי בְּתוּלֹתַי הָעַמִּים
וּבַחוּרַי הָלְכוּ בַשֶּׁבִי׃ קָרָאתִי לַמְאַהֲבַי הֵמָּה רִמּוּנִי כֹּהֲנַי וּזְקֵנַי בָּעִיר גָּוָעוּ
כִּי־בִקְשׁוּ אֹכֶל לָמוֹ וְיָשִׁיבוּ אֶת־נַפְשָׁם׃ רְאֵה יְהוָה כִּי־צַר־לִי מֵעַי חֳמַרְמָרוּ
נֶהְפַּךְ לִבִּי בְּקִרְבִּי כִּי מָרוֹ מָרִיתִי מִחוּץ שִׁכְּלָה־חֶרֶב בַּבַּיִת כַּמָּוֶת׃ שָׁמְעוּ כִּי
נֶאֱנָחָה אָנִי אֵין מְנַחֵם לִי כָּל־אֹיְבַי שָׁמְעוּ רָעָתִי שָׂשׂוּ כִּי אַתָּה עָשִׂיתָ הֵבֵאתָ
יוֹם־קָרָאתָ וְיִהְיוּ כָמוֹנִי׃ תָּבֹא כָל־רָעָתָם לְפָנֶיךָ וְעוֹלֵל לָמוֹ כַּאֲשֶׁר עוֹלַלְתָּ לִי
עַל כָּל־פְּשָׁעָי כִּי־רַבּוֹת אַנְחֹתַי וְלִבִּי דַוָּי׃
ב אֵיכָה יָעִיב בְּאַפּוֹ ׀ אֲדֹנָי אֶת־בַּת־צִיּוֹן הִשְׁלִיךְ מִשָּׁמַיִם אֶרֶץ תִּפְאֶרֶת יִשְׂרָאֵל

וְלֹא־זָכַר הֲדֹם־רַגְלָיו בְּיוֹם אַפּוֹ: בִּלַּע אֲדֹנָי לא חָמַל אֵת כָּל־נְאוֹת יַעֲקֹב וְלֹא
הָרַס בְּעֶבְרָתוֹ מִבְצְרֵי בַת־יְהוּדָה הִגִּיעַ לָאָרֶץ חִלֵּל מַמְלָכָה וְשָׂרֶיהָ: גָּדַע
בָּחֳרִי־אַף כֹּל קֶרֶן יִשְׂרָאֵל הֵשִׁיב אָחוֹר יְמִינוֹ מִפְּנֵי אוֹיֵב וַיִּבְעַר בְּיַעֲקֹב כְּאֵשׁ
לֶהָבָה אָכְלָה סָבִיב: דָּרַךְ קַשְׁתּוֹ כְּאוֹיֵב נִצָּב יְמִינוֹ כְּצָר וַיַּהֲרֹג כֹּל מַחֲמַדֵּי־עָיִן
בְּאֹהֶל בַּת־צִיּוֹן שָׁפַךְ כָּאֵשׁ חֲמָתוֹ: הָיָה אֲדֹנָי | כְּאוֹיֵב בִּלַּע יִשְׂרָאֵל בִּלַּע כָּל־
אַרְמְנוֹתֶיהָ שִׁחֵת מִבְצָרָיו וַיֶּרֶב בְּבַת־יְהוּדָה תַּאֲנִיָּה וַאֲנִיָּה: וַיַּחְמֹס כַּגַּן שֻׂכּוֹ
שִׁחֵת מוֹעֲדוֹ שִׁכַּח יְהוָה | בְּצִיּוֹן מוֹעֵד וְשַׁבָּת וַיִּנְאַץ בְּזַעַם־אַפּוֹ מֶלֶךְ וְכֹהֵן:
זָנַח אֲדֹנָי | מִזְבְּחוֹ נִאֵר מִקְדָּשׁוֹ הִסְגִּיר בְּיַד־אוֹיֵב חוֹמֹת אַרְמְנוֹתֶיהָ קוֹל נָתְנוּ
בְּבֵית־יְהוָה כְּיוֹם מוֹעֵד: חָשַׁב יְהוָה | לְהַשְׁחִית חוֹמַת בַּת־צִיּוֹן נָטָה קָו לֹא־
הֵשִׁיב יָדוֹ מִבַּלֵּעַ וַיַּאֲבֶל־חֵל וְחוֹמָה יַחְדָּו אֻמְלָלוּ: טָבְעוּ בָאָרֶץ שְׁעָרֶיהָ אִבַּד
וְשִׁבַּר בְּרִיחֶיהָ מַלְכָּהּ וְשָׂרֶיהָ בַגּוֹיִם אֵין תּוֹרָה גַּם־נְבִיאֶיהָ לֹא־מָצְאוּ חָזוֹן
מֵיְהוָה: יֵשְׁבוּ לָאָרֶץ יִדְּמוּ זִקְנֵי בַת־צִיּוֹן הֶעֱלוּ עָפָר עַל־רֹאשָׁם חָגְרוּ שַׂקִּים
הוֹרִידוּ לָאָרֶץ רֹאשָׁן בְּתוּלֹת יְרוּשָׁלִָם: כָּלוּ בַדְּמָעוֹת עֵינַי חֳמַרְמְרוּ מֵעַי נִשְׁפַּךְ
לָאָרֶץ כְּבֵדִי עַל־שֶׁבֶר בַּת־עַמִּי בֵּעָטֵף עוֹלֵל וְיוֹנֵק בִּרְחֹבוֹת קִרְיָה: לְאִמֹּתָם
יֹאמְרוּ אַיֵּה דָּגָן וָיָיִן בְּהִתְעַטְּפָם כֶּחָלָל בִּרְחֹבוֹת עִיר בְּהִשְׁתַּפֵּךְ נַפְשָׁם אֶל־חֵיק
אִמֹּתָם: מָה־אעודך מָה אֲדַמֶּה־לָּךְ הַבַּת יְרוּשָׁלִַם מָה אַשְׁוֶה־לָּךְ וַאֲנַחֲמֵךְ אֲעִידֵךְ
בְּתוּלַת בַּת־צִיּוֹן כִּי־גָדוֹל כַּיָּם שִׁבְרֵךְ מִי יִרְפָּא־לָךְ: נְבִיאַיִךְ חָזוּ לָךְ שָׁוְא
וְתָפֵל וְלֹא־גִלּוּ עַל־עֲוֺנֵךְ לְהָשִׁיב שביתך וַיֶּחֱזוּ לָךְ מַשְׂאוֹת שָׁוְא וּמַדּוּחִים: שְׁבוּתֵךְ
סָפְקוּ עָלַיִךְ כַּפַּיִם כָּל־עֹבְרֵי דֶרֶךְ שָׁרְקוּ וַיָּנִעוּ רֹאשָׁם עַל־בַּת יְרוּשָׁלִָם הֲזֹאת
הָעִיר שֶׁיֹּאמְרוּ כְּלִילַת יֹפִי מָשׂוֹשׂ לְכָל־הָאָרֶץ: פָּצוּ עָלַיִךְ פִּיהֶם כָּל־אֹיְבַיִךְ
שָׁרְקוּ וַיַּחַרְקוּ־שֵׁן אָמְרוּ בִּלָּעְנוּ אַךְ זֶה הַיּוֹם שֶׁקִּוִּינֻהוּ מָצָאנוּ רָאִינוּ: עָשָׂה
יְהוָה אֲשֶׁר זָמָם בִּצַּע אֶמְרָתוֹ אֲשֶׁר צִוָּה מִימֵי־קֶדֶם הָרַס וְלֹא חָמָל וַיְשַׂמַּח
עָלַיִךְ אוֹיֵב הֵרִים קֶרֶן צָרָיִךְ: צָעַק לִבָּם אֶל־אֲדֹנָי חוֹמַת בַּת־צִיּוֹן הוֹרִידִי
כַנַּחַל דִּמְעָה יוֹמָם וָלַיְלָה אַל־תִּתְּנִי פוּגַת לָךְ אַל־תִּדֹּם בַּת־עֵינֵךְ: קוּמִי |
רֹנִּי בַלַּיְלָה לְרֹאשׁ אַשְׁמֻרוֹת שִׁפְכִי כַמַּיִם לִבֵּךְ נֹכַח פְּנֵי אֲדֹנָי שְׂאִי אֵלָיו כַּפַּיִךְ
עַל־נֶפֶשׁ עוֹלָלַיִךְ הָעֲטוּפִים בְּרָעָב בְּרֹאשׁ כָּל־חוּצוֹת: רְאֵה יְהוָה וְהַבִּיטָה
לְמִי עוֹלַלְתָּ כֹּה אִם־תֹּאכַלְנָה נָשִׁים פִּרְיָם עֹלְלֵי טִפֻּחִים אִם־יֵהָרֵג בְּמִקְדַּשׁ
אֲדֹנָי כֹּהֵן וְנָבִיא: שָׁכְבוּ לָאָרֶץ חוּצוֹת נַעַר וְזָקֵן בְּתוּלֹתַי וּבַחוּרַי נָפְלוּ בֶחָרֶב
הָרַגְתָּ בְּיוֹם אַפֶּךָ טָבַחְתָּ לֹא חָמָלְתָּ: תִּקְרָא כְיוֹם מוֹעֵד מְגוּרַי מִסָּבִיב וְלֹא

הָיָה בְּיוֹם אַף־יהוה פָּלִיט וְשָׂרִיד אֲשֶׁר־טִפַּחְתִּי וְרִבִּיתִי אֹיְבִי כִלָּם׃
ג אֲנִי הַגֶּבֶר רָאָה עֳנִי בְּשֵׁבֶט עֶבְרָתוֹ׃ אוֹתִי נָהַג וַיֹּלַךְ חֹשֶׁךְ וְלֹא־אוֹר׃ אַךְ
בִּי יָשֻׁב יַהֲפֹךְ יָדוֹ כָּל־הַיּוֹם׃ בִּלָּה בְשָׂרִי וְעוֹרִי שִׁבַּר עַצְמוֹתָי׃ בָּנָה עָלַי
וַיַּקַּף רֹאשׁ וּתְלָאָה׃ בְּמַחֲשַׁכִּים הוֹשִׁיבַנִי כְּמֵתֵי עוֹלָם׃ גָּדַר בַּעֲדִי וְלֹא אֵצֵא
הִכְבִּיד נְחָשְׁתִּי׃ גַּם כִּי אֶזְעַק וַאֲשַׁוֵּעַ שָׂתַם תְּפִלָּתִי׃ גָּדַר דְּרָכַי בְּגָזִית נְתִיבֹתַי
עִוָּה׃ דֹּב אֹרֵב הוּא לִי אריה בְּמִסְתָּרִים׃ דְּרָכַי סוֹרֵר וַיְפַשְּׁחֵנִי שָׂמַנִי שֹׁמֵם׃ אֲרִי
דָּרַךְ קַשְׁתּוֹ וַיַּצִּיבֵנִי כַּמַּטָּרָא לַחֵץ׃ הֵבִיא בְּכִלְיוֹתָי בְּנֵי אַשְׁפָּתוֹ׃ הָיִיתִי שְּׂחֹק
לְכָל־עַמִּי נְגִינָתָם כָּל־הַיּוֹם׃ הִשְׂבִּיעַנִי בַמְּרוֹרִים הִרְוַנִי לַעֲנָה׃ וַיַּגְרֵס בֶּחָצָץ
שִׁנָּי הִכְפִּישַׁנִי בָּאֵפֶר׃ וַתִּזְנַח מִשָּׁלוֹם נַפְשִׁי נָשִׁיתִי טוֹבָה׃ וָאֹמַר אָבַד נִצְחִי
וְתוֹחַלְתִּי מֵיהוה׃ זְכָר־עָנְיִי וּמְרוּדִי לַעֲנָה וָרֹאשׁ׃ זָכוֹר תִּזְכּוֹר ותשיח עָלַי וְתָשׁוֹחַ
נַפְשִׁי׃ זֹאת אָשִׁיב אֶל־לִבִּי עַל־כֵּן אוֹחִיל׃ חַסְדֵי יהוה כִּי לֹא־תָמְנוּ כִּי לֹא־
כָלוּ רַחֲמָיו׃ חֲדָשִׁים לַבְּקָרִים רַבָּה אֱמוּנָתֶךָ׃ חֶלְקִי יהוה אָמְרָה נַפְשִׁי עַל־כֵּן
אוֹחִיל לוֹ׃ טוֹב יהוה לְקֹוָו לְנֶפֶשׁ תִּדְרְשֶׁנּוּ׃ טוֹב וְיָחִיל וְדוּמָם לִתְשׁוּעַת יהוה׃
טוֹב לַגֶּבֶר כִּי־יִשָּׂא עֹל בִּנְעוּרָיו׃ יֵשֵׁב בָּדָד וְיִדֹּם כִּי נָטַל עָלָיו׃ יִתֵּן בֶּעָפָר פִּיהוּ
אוּלַי יֵשׁ תִּקְוָה׃ יִתֵּן לְמַכֵּהוּ לֶחִי יִשְׂבַּע בְּחֶרְפָּה׃ כִּי לֹא יִזְנַח לְעוֹלָם אֲדֹנָי׃ כִּי
אִם־הוֹגָה וְרִחַם כְּרֹב חֲסָדָו׃ כִּי לֹא עִנָּה מִלִּבּוֹ וַיַּגֶּה בְּנֵי־אִישׁ׃ לְדַכֵּא תַּחַת
רַגְלָיו כֹּל אֲסִירֵי אָרֶץ׃ לְהַטּוֹת מִשְׁפַּט־גָּבֶר נֶגֶד פְּנֵי עֶלְיוֹן׃ לְעַוֵּת אָדָם בְּרִיבוֹ
אֲדֹנָי לֹא רָאָה׃ מִי זֶה אָמַר וַתֶּהִי אֲדֹנָי לֹא צִוָּה׃ מִפִּי עֶלְיוֹן לֹא תֵצֵא הָרָעוֹת
וְהַטּוֹב׃ מַה־יִּתְאוֹנֵן אָדָם חָי גֶּבֶר עַל־חֲטָאָו׃ נַחְפְּשָׂה דְרָכֵינוּ וְנַחְקֹרָה וְנָשׁוּבָה
עַד־יהוה׃ נִשָּׂא לְבָבֵנוּ אֶל־כַּפָּיִם אֶל־אֵל בַּשָּׁמָיִם׃ נַחְנוּ פָשַׁעְנוּ וּמָרִינוּ אַתָּה
לֹא סָלָחְתָּ׃ סַכֹּתָה בָאַף וַתִּרְדְּפֵנוּ הָרַגְתָּ לֹא חָמָלְתָּ׃ סַכּוֹתָה בֶעָנָן לָךְ מֵעֲבוֹר
תְּפִלָּה׃ סְחִי וּמָאוֹס תְּשִׂימֵנוּ בְּקֶרֶב הָעַמִּים׃ פָּצוּ עָלֵינוּ פִּיהֶם כָּל־אֹיְבֵינוּ׃
פַּחַד וָפַחַת הָיָה לָנוּ הַשֵּׁאת וְהַשָּׁבֶר׃ פַּלְגֵי־מַיִם תֵּרַד עֵינִי עַל־שֶׁבֶר בַּת־עַמִּי׃
עֵינִי נִגְּרָה וְלֹא תִדְמֶה מֵאֵין הֲפֻגוֹת׃ עַד־יַשְׁקִיף וְיֵרֶא יהוה מִשָּׁמָיִם׃ עֵינִי
עוֹלְלָה לְנַפְשִׁי מִכֹּל בְּנוֹת עִירִי׃ צוֹד צָדוּנִי כַּצִּפּוֹר אֹיְבַי חִנָּם׃ צָמְתוּ בַבּוֹר
חַיָּי וַיַּדּוּ־אֶבֶן בִּי׃ צָפוּ־מַיִם עַל־רֹאשִׁי אָמַרְתִּי נִגְזָרְתִּי׃ קָרָאתִי שִׁמְךָ יהוה
מִבּוֹר תַּחְתִּיּוֹת׃ קוֹלִי שָׁמָעְתָּ אַל־תַּעְלֵם אָזְנְךָ לְרַוְחָתִי לְשַׁוְעָתִי׃ קָרַבְתָּ
בְּיוֹם אֶקְרָאֶךָּ אָמַרְתָּ אַל־תִּירָא׃ רַבְתָּ אֲדֹנָי רִיבֵי נַפְשִׁי גָּאַלְתָּ חַיָּי׃ רָאִיתָה
יהוה עַוָּתָתִי שָׁפְטָה מִשְׁפָּטִי׃ רָאִיתָה כָּל־נִקְמָתָם כָּל־מַחְשְׁבֹתָם לִי׃ שָׁמַעְתָּ

חֶרְפָּתָם יְהוָה כָּל־מַחְשְׁבֹתָם עָלָי׃ שִׂפְתֵי קָמַי וְהֶגְיוֹנָם עָלַי כָּל־הַיּוֹם׃ שִׁבְתָּם
וְקִימָתָם הַבִּיטָה אֲנִי מַנְגִּינָתָם׃ תָּשִׁיב לָהֶם גְּמוּל יְהוָה כְּמַעֲשֵׂה יְדֵיהֶם׃ תִּתֵּן
לָהֶם מְגִנַּת־לֵב תַּאֲלָתְךָ לָהֶם׃ תִּרְדֹּף בְּאַף וְתַשְׁמִידֵם מִתַּחַת שְׁמֵי יְהוָה׃
ד אֵיכָה יוּעַם זָהָב יִשְׁנֶא הַכֶּתֶם הַטּוֹב תִּשְׁתַּפֵּכְנָה אַבְנֵי־קֹדֶשׁ בְּרֹאשׁ כָּל־
חוּצוֹת׃ בְּנֵי צִיּוֹן הַיְקָרִים הַמְסֻלָּאִים בַּפָּז אֵיכָה נֶחְשְׁבוּ לְנִבְלֵי־חֶרֶשׂ מַעֲשֵׂה
יְדֵי יוֹצֵר׃ גַּם־תַּנִּין חָלְצוּ שַׁד הֵינִיקוּ גּוּרֵיהֶן בַּת־עַמִּי לְאַכְזָר כִּי עֵנִים בַּמִּדְבָּר׃ תַּנִּים כַּיְעֵנִים
דָּבַק לְשׁוֹן יוֹנֵק אֶל־חִכּוֹ בַּצָּמָא עוֹלָלִים שָׁאֲלוּ לֶחֶם פֹּרֵשׂ אֵין לָהֶם׃ הָאֹכְלִים
לְמַעֲדַנִּים נָשַׁמּוּ בַּחוּצוֹת הָאֱמֻנִים עֲלֵי תוֹלָע חִבְּקוּ אַשְׁפַּתּוֹת׃ וַיִּגְדַּל עֲוֺן
בַּת־עַמִּי מֵחַטַּאת סְדֹם הַהֲפוּכָה כְמוֹ־רָגַע וְלֹא־חָלוּ בָהּ יָדָיִם׃ זַכּוּ נְזִירֶיהָ
מִשֶּׁלֶג צַחוּ מֵחָלָב אָדְמוּ עֶצֶם מִפְּנִינִים סַפִּיר גִּזְרָתָם׃ חָשַׁךְ מִשְּׁחוֹר תָּאֳרָם
לֹא נִכְּרוּ בַּחוּצוֹת צָפַד עוֹרָם עַל־עַצְמָם יָבֵשׁ הָיָה כָעֵץ׃ טוֹבִים הָיוּ חַלְלֵי־
חֶרֶב מֵחַלְלֵי רָעָב שֶׁהֵם יָזוּבוּ מְדֻקָּרִים מִתְּנוּבֹת שָׂדָי׃ יְדֵי נָשִׁים רַחֲמָנִיּוֹת
בִּשְּׁלוּ יַלְדֵיהֶן הָיוּ לְבָרוֹת לָמוֹ בְּשֶׁבֶר בַּת־עַמִּי׃ כִּלָּה יְהוָה אֶת־חֲמָתוֹ שָׁפַךְ
חֲרוֹן אַפּוֹ וַיַּצֶּת־אֵשׁ בְּצִיּוֹן וַתֹּאכַל יְסוֹדֹתֶיהָ׃ לֹא הֶאֱמִינוּ מַלְכֵי־אֶרֶץ וכל כֹּל
יֹשְׁבֵי תֵבֵל כִּי יָבֹא צַר וְאוֹיֵב בְּשַׁעֲרֵי יְרוּשָׁלִָם׃ מֵחַטֹּאת נְבִיאֶיהָ עֲוֺנֹת
כֹּהֲנֶיהָ הַשֹּׁפְכִים בְּקִרְבָּהּ דַּם צַדִּיקִים׃ נָעוּ עִוְרִים בַּחוּצוֹת נְגֹאֲלוּ בַּדָּם בְּלֹא
יוּכְלוּ יִגְּעוּ בִּלְבֻשֵׁיהֶם׃ סוּרוּ טָמֵא קָרְאוּ לָמוֹ סוּרוּ סוּרוּ אַל־תִּגָּעוּ כִּי נָצוּ
גַּם־נָעוּ אָמְרוּ בַּגּוֹיִם לֹא יוֹסִפוּ לָגוּר׃ פְּנֵי יְהוָה חִלְּקָם לֹא יוֹסִיף לְהַבִּיטָם פְּנֵי
כֹהֲנִים לֹא נָשָׂאוּ זקנים לֹא חָנָנוּ׃ עודינה תִּכְלֶינָה עֵינֵינוּ אֶל־עֶזְרָתֵנוּ הָבֶל וּזְקֵנִים עוֹדֵינוּ
בְּצִפִּיָּתֵנוּ צִפִּינוּ אֶל־גּוֹי לֹא יוֹשִׁעַ׃ צָדוּ צְעָדֵינוּ מִלֶּכֶת בִּרְחֹבֹתֵינוּ קָרַב קִצֵּנוּ
מָלְאוּ יָמֵינוּ כִּי־בָא קִצֵּנוּ׃ קַלִּים הָיוּ רֹדְפֵינוּ מִנִּשְׁרֵי שָׁמָיִם עַל־הֶהָרִים דְּלָקֻנוּ
בַּמִּדְבָּר אָרְבוּ לָנוּ׃ רוּחַ אַפֵּינוּ מְשִׁיחַ יְהוָה נִלְכַּד בִּשְׁחִיתוֹתָם אֲשֶׁר אָמַרְנוּ
בְּצִלּוֹ נִחְיֶה בַגּוֹיִם׃ שִׂישִׂי וְשִׂמְחִי בַּת־אֱדוֹם יושבתי בְּאֶרֶץ עוּץ גַּם־עָלַיִךְ יוֹשֶׁבֶת
תַּעֲבָר־כּוֹס תִּשְׁכְּרִי וְתִתְעָרִי׃ תַּם־עֲוֺנֵךְ בַּת־צִיּוֹן לֹא יוֹסִיף לְהַגְלוֹתֵךְ פָּקַד
עֲוֺנֵךְ בַּת־אֱדוֹם גִּלָּה עַל־חַטֹּאתָיִךְ׃
ה זְכֹר יְהוָה מֶה־הָיָה לָנוּ הַבִּיט וּרְאֵה אֶת־חֶרְפָּתֵנוּ׃ נַחֲלָתֵנוּ נֶהֶפְכָה לְזָרִים
בָּתֵּינוּ לְנָכְרִים׃ יְתוֹמִים הָיִינוּ אין אָב אִמֹּתֵינוּ כְּאַלְמָנוֹת׃ מֵימֵינוּ בְּכֶסֶף שָׁתִינוּ וְאֵין
עֵצֵינוּ בִּמְחִיר יָבֹאוּ׃ עַל צַוָּארֵנוּ נִרְדָּפְנוּ יָגַעְנוּ לא הוּנַח־לָנוּ׃ מִצְרַיִם נָתַנּוּ וְלֹא
יָד אַשּׁוּר לִשְׂבֹּעַ לָחֶם׃ אֲבֹתֵינוּ חָטְאוּ אינם אנחנו עֲוֺנֹתֵיהֶם סָבָלְנוּ׃ עֲבָדִים וְאֵינָם וַאֲנַחְנוּ

מָ֚שְׁלוּ בָ֔נוּ פֹּרֵ֖ק אֵ֥ין מִיָּדָֽם׃ בְּנַפְשֵׁ֙נוּ֙ נָבִ֣יא לַחְמֵ֔נוּ מִפְּנֵ֖י חֶ֥רֶב הַמִּדְבָּֽר׃ עוֹרֵ֙נוּ֙
כְּתַנּ֣וּר נִכְמָ֔רוּ מִפְּנֵ֖י זַלְעֲפ֥וֹת רָעָֽב׃ נָשִׁים֙ בְּצִיּ֣וֹן עִנּ֔וּ בְּתֻלֹ֖ת בְּעָרֵ֥י יְהוּדָֽה׃
שָׂרִים֙ בְּיָדָ֣ם נִתְל֔וּ פְּנֵ֥י זְקֵנִ֖ים לֹ֥א נֶהְדָּֽרוּ׃ בַּחוּרִים֙ טְח֣וֹן נָשָׂ֔אוּ וּנְעָרִ֖ים בָּעֵ֥ץ
כָּשָֽׁלוּ׃ זְקֵנִים֙ מִשַּׁ֣עַר שָׁבָ֔תוּ בַּחוּרִ֖ים מִנְּגִינָתָֽם׃ שָׁבַת֙ מְשׂ֣וֹשׂ לִבֵּ֔נוּ נֶהְפַּ֥ךְ
לְאֵ֖בֶל מְחֹלֵֽנוּ׃ נָֽפְלָה֙ עֲטֶ֣רֶת רֹאשֵׁ֔נוּ אֽוֹי־נָ֥א לָ֖נוּ כִּ֥י חָטָֽאנוּ׃ עַל־זֶ֗ה הָיָ֤ה
דָוֶה֙ לִבֵּ֔נוּ עַל־אֵ֖לֶּה חָשְׁכ֥וּ עֵינֵֽינוּ׃ עַ֤ל הַר־צִיּוֹן֙ שֶׁשָּׁמֵ֔ם שׁוּעָלִ֖ים הִלְּכוּ־בֽוֹ׃
אַתָּ֤ה יְהוָה֙ לְעוֹלָ֣ם תֵּשֵׁ֔ב כִּסְאֲךָ֖ לְדֹ֥ר וָדֽוֹר׃ לָ֤מָּה לָנֶ֙צַח֙ תִּשְׁכָּחֵ֔נוּ תַּעַזְבֵ֖נוּ
לְאֹ֥רֶךְ יָמִֽים׃ הֲשִׁיבֵ֨נוּ יְהוָ֤ה ׀ אֵלֶ֙יךָ֙ וְֽנָשׁ֔וּב חַדֵּ֥שׁ יָמֵ֖ינוּ כְּקֶֽדֶם׃ כִּ֚י אִם־מָאֹ֣ס
מְאַסְתָּ֔נוּ קָצַ֥פְתָּ עָלֵ֖ינוּ עַד־מְאֹֽד׃

השיבנו יהוה אליך ונשובה
חדש ימינו כקדם

קהלת

קריאת מגילת קהלת בימי חג הסוכות היא מנהג קדמונים המופיע כבר במסכת סופרים. לקשר בין מגילת קהלת לחג הסוכות ניתנו הסברים אחדים. יש שהסבירו שקוראים אותה בסוכות משום שחג הסוכות – יתר על כל שאר החגים – הוא זמן שמחה, ושמחה יתרה זו עלולה להביא לידי פריקת עול. משום כך קוראים בציבור את ספר קהלת שעניינו הרהורים הבאים למעט את ההתעסקות בענייני העולם הזה, שהם כולם "תחת השמש", בלים ומתכלים, ולעסוק יותר בדברים נצחיים. ויש שהסבירו שספר קהלת נאמר מתחילתו בציבור, כאשר היו כל ישראל באים ב"הקהל" לשמוע את קריאת התורה מפי המלך (ומשום כך הוא קרוי "קהלת"), ולכן ראוי לקוראו בחג הסוכות.

א דִּבְרֵי֙ קֹהֶ֣לֶת בֶּן־דָּוִ֔ד מֶ֖לֶךְ בִּירֽוּשָׁלִָֽם׃ הֲבֵ֤ל הֲבָלִים֙ אָמַ֣ר קֹהֶ֔לֶת הֲבֵ֥ל הֲבָלִ֖ים
הַכֹּ֥ל הָֽבֶל׃ מַה־יִּתְר֖וֹן לָֽאָדָ֑ם בְּכָל־עֲמָל֔וֹ שֶֽׁיַּעֲמֹ֖ל תַּ֥חַת הַשָּֽׁמֶשׁ׃ דּ֤וֹר הֹלֵךְ֙
וְד֣וֹר בָּ֔א וְהָאָ֖רֶץ לְעוֹלָ֥ם עֹמָֽדֶת׃ וְזָרַ֥ח הַשֶּׁ֖מֶשׁ וּבָ֣א הַשָּׁ֑מֶשׁ וְאֶ֨ל־מְקוֹמ֔וֹ
שׁוֹאֵ֛ף זוֹרֵ֥חַ ה֖וּא שָֽׁם׃ הוֹלֵךְ֙ אֶל־דָּר֔וֹם וְסוֹבֵ֖ב אֶל־צָפ֑וֹן סוֹבֵ֤ב ׀ סֹבֵב֙ הוֹלֵ֣ךְ
הָר֔וּחַ וְעַל־סְבִיבֹתָ֖יו שָׁ֥ב הָרֽוּחַ׃ כָּל־הַנְּחָלִים֙ הֹלְכִ֣ים אֶל־הַיָּ֔ם וְהַיָּ֖ם אֵינֶ֣נּוּ
מָלֵ֑א אֶל־מְק֗וֹם שֶׁ֤הַנְּחָלִים֙ הֹֽלְכִ֔ים שָׁ֛ם הֵ֥ם שָׁבִ֖ים לָלָֽכֶת׃ כָּל־הַדְּבָרִ֣ים יְגֵעִ֔ים
לֹא־יוּכַ֥ל אִ֖ישׁ לְדַבֵּ֑ר לֹא־תִשְׂבַּ֥ע עַ֙יִן֙ לִרְא֔וֹת וְלֹא־תִמָּלֵ֥א אֹ֖זֶן מִשְּׁמֹֽעַ׃ מַה־
שֶּֽׁהָיָה֙ ה֣וּא שֶׁיִּהְיֶ֔ה וּמַה־שֶּׁנַּֽעֲשָׂ֔ה ה֖וּא שֶׁיֵּעָשֶׂ֑ה וְאֵ֥ין כָּל־חָדָ֖שׁ תַּ֥חַת הַשָּֽׁמֶשׁ׃
יֵ֥שׁ דָּבָ֛ר שֶׁיֹּאמַ֥ר רְאֵה־זֶ֖ה חָדָ֣שׁ ה֑וּא כְּבָר֙ הָיָ֣ה לְעֹֽלָמִ֔ים אֲשֶׁ֥ר הָיָ֖ה מִלְּפָנֵֽנוּ׃
אֵ֥ין זִכְר֖וֹן לָרִאשֹׁנִ֑ים וְגַ֨ם לָאַחֲרֹנִ֜ים שֶׁיִּהְי֗וּ לֹא־יִהְיֶ֤ה לָהֶם֙ זִכָּר֔וֹן עִ֥ם שֶׁיִּהְי֖וּ
לָאַחֲרֹנָֽה׃
אֲנִ֣י קֹהֶ֗לֶת הָיִ֥יתִי מֶ֛לֶךְ עַל־יִשְׂרָאֵ֖ל בִּירֽוּשָׁלִָֽם׃ וְנָתַ֣תִּי אֶת־לִבִּ֗י לִדְר֤וֹשׁ וְלָתוּר֙
בַּֽחָכְמָ֔ה עַ֛ל כָּל־אֲשֶׁ֥ר נַעֲשָׂ֖ה תַּ֣חַת הַשָּׁמָ֑יִם ה֣וּא ׀ עִנְיַ֣ן רָ֗ע נָתַ֧ן אֱלֹהִ֛ים לִבְנֵ֥י
הָאָדָ֖ם לַעֲנ֥וֹת בּֽוֹ׃ רָאִ֙יתִי֙ אֶת־כָּל־הַֽמַּעֲשִׂ֔ים שֶֽׁנַּעֲשׂ֖וּ תַּ֣חַת הַשָּׁ֑מֶשׁ וְהִנֵּ֥ה
הַכֹּ֛ל הֶ֖בֶל וּרְע֥וּת רֽוּחַ׃ מְעֻוָּ֖ת לֹא־יוּכַ֣ל לִתְקֹ֑ן וְחֶסְר֖וֹן לֹא־יוּכַ֥ל לְהִמָּנֽוֹת׃
דִּבַּ֨רְתִּי אֲנִ֤י עִם־לִבִּי֙ לֵאמֹ֔ר אֲנִ֗י הִנֵּ֨ה הִגְדַּ֤לְתִּי וְהוֹסַ֙פְתִּי֙ חָכְמָ֔ה עַ֥ל כָּל־

אֲשֶׁר־הָיָה לְפָנַי עַל־יְרוּשָׁלִָם וְלִבִּי רָאָה הַרְבֵּה חָכְמָה וָדָעַת׃ וָאֶתְּנָה לִבִּי
לָדַעַת חָכְמָה וְדַעַת הֹלֵלוֹת וְשִׂכְלוּת יָדַעְתִּי שֶׁגַּם־זֶה הוּא רַעְיוֹן רוּחַ׃ כִּי
ב בְּרֹב חָכְמָה רָב־כָּעַס וְיוֹסִיף דַּעַת יוֹסִיף מַכְאוֹב׃ אָמַרְתִּי אֲנִי בְּלִבִּי לְכָה־נָּא
אֲנַסְּכָה בְשִׂמְחָה וּרְאֵה בְטוֹב וְהִנֵּה גַם־הוּא הָבֶל׃ לִשְׂחוֹק אָמַרְתִּי מְהוֹלָל
וּלְשִׂמְחָה מַה־זֹּה עֹשָׂה׃ תַּרְתִּי בְלִבִּי לִמְשׁוֹךְ בַּיַּיִן אֶת־בְּשָׂרִי וְלִבִּי נֹהֵג בַּחָכְמָה
וְלֶאֱחֹז בְּסִכְלוּת עַד אֲשֶׁר־אֶרְאֶה אֵי־זֶה טוֹב לִבְנֵי הָאָדָם אֲשֶׁר יַעֲשׂוּ תַּחַת
הַשָּׁמַיִם מִסְפַּר יְמֵי חַיֵּיהֶם׃ הִגְדַּלְתִּי מַעֲשָׂי בָּנִיתִי לִי בָּתִּים נָטַעְתִּי לִי כְּרָמִים׃
עָשִׂיתִי לִי גַּנּוֹת וּפַרְדֵּסִים וְנָטַעְתִּי בָהֶם עֵץ כָּל־פֶּרִי׃ עָשִׂיתִי לִי בְּרֵכוֹת מָיִם
לְהַשְׁקוֹת מֵהֶם יַעַר צוֹמֵחַ עֵצִים׃ קָנִיתִי עֲבָדִים וּשְׁפָחוֹת וּבְנֵי־בַיִת הָיָה לִי
גַּם מִקְנֶה בָקָר וָצֹאן הַרְבֵּה הָיָה לִי מִכֹּל שֶׁהָיוּ לְפָנַי בִּירוּשָׁלִָם׃ כָּנַסְתִּי לִי
גַּם־כֶּסֶף וְזָהָב וּסְגֻלַּת מְלָכִים וְהַמְּדִינוֹת עָשִׂיתִי לִי שָׁרִים וְשָׁרוֹת וְתַעֲנוּגֹת
בְּנֵי הָאָדָם שִׁדָּה וְשִׁדּוֹת׃ וְגָדַלְתִּי וְהוֹסַפְתִּי מִכֹּל שֶׁהָיָה לְפָנַי בִּירוּשָׁלִָם אַף
חָכְמָתִי עָמְדָה לִּי׃ וְכֹל אֲשֶׁר שָׁאֲלוּ עֵינַי לֹא אָצַלְתִּי מֵהֶם לֹא־מָנַעְתִּי אֶת־
לִבִּי מִכָּל־שִׂמְחָה כִּי־לִבִּי שָׂמֵחַ מִכָּל־עֲמָלִי וְזֶה־הָיָה חֶלְקִי מִכָּל־עֲמָלִי׃
וּפָנִיתִי אֲנִי בְּכָל־מַעֲשַׂי שֶׁעָשׂוּ יָדַי וּבֶעָמָל שֶׁעָמַלְתִּי לַעֲשׂוֹת וְהִנֵּה הַכֹּל הֶבֶל
וּרְעוּת רוּחַ וְאֵין יִתְרוֹן תַּחַת הַשָּׁמֶשׁ׃ וּפָנִיתִי אֲנִי לִרְאוֹת חָכְמָה וְהוֹלֵלוֹת
וְסִכְלוּת כִּי ׀ מֶה הָאָדָם שֶׁיָּבוֹא אַחֲרֵי הַמֶּלֶךְ אֵת אֲשֶׁר־כְּבָר עָשׂוּהוּ׃ וְרָאִיתִי
אָנִי שֶׁיֵּשׁ יִתְרוֹן לַחָכְמָה מִן־הַסִּכְלוּת כִּיתְרוֹן הָאוֹר מִן־הַחֹשֶׁךְ׃ הֶחָכָם
עֵינָיו בְּרֹאשׁוֹ וְהַכְּסִיל בַּחֹשֶׁךְ הוֹלֵךְ וְיָדַעְתִּי גַם־אָנִי שֶׁמִּקְרֶה אֶחָד יִקְרֶה
אֶת־כֻּלָּם׃ וְאָמַרְתִּי אֲנִי בְּלִבִּי כְּמִקְרֵה הַכְּסִיל גַּם־אֲנִי יִקְרֵנִי וְלָמָּה חָכַמְתִּי
אֲנִי אָז יֹתֵר וְדִבַּרְתִּי בְלִבִּי שֶׁגַּם־זֶה הָבֶל׃ כִּי אֵין זִכְרוֹן לֶחָכָם עִם־הַכְּסִיל
לְעוֹלָם בְּשֶׁכְּבָר הַיָּמִים הַבָּאִים הַכֹּל נִשְׁכָּח וְאֵיךְ יָמוּת הֶחָכָם עִם־הַכְּסִיל׃
וְשָׂנֵאתִי אֶת־הַחַיִּים כִּי רַע עָלַי הַמַּעֲשֶׂה שֶׁנַּעֲשָׂה תַּחַת הַשָּׁמֶשׁ כִּי־הַכֹּל הֶבֶל
וּרְעוּת רוּחַ׃ וְשָׂנֵאתִי אֲנִי אֶת־כָּל־עֲמָלִי שֶׁאֲנִי עָמֵל תַּחַת הַשָּׁמֶשׁ שֶׁאַנִּיחֶנּוּ
לָאָדָם שֶׁיִּהְיֶה אַחֲרָי׃ וּמִי יוֹדֵעַ הֶחָכָם יִהְיֶה אוֹ סָכָל וְיִשְׁלַט בְּכָל־עֲמָלִי
שֶׁעָמַלְתִּי וְשֶׁחָכַמְתִּי תַּחַת הַשָּׁמֶשׁ גַּם־זֶה הָבֶל׃ וְסַבּוֹתִי אֲנִי לְיַאֵשׁ אֶת־לִבִּי
עַל כָּל־הֶעָמָל שֶׁעָמַלְתִּי תַּחַת הַשָּׁמֶשׁ׃ כִּי־יֵשׁ אָדָם שֶׁעֲמָלוֹ בְּחָכְמָה וּבְדַעַת
וּבְכִשְׁרוֹן וּלְאָדָם שֶׁלֹּא עָמַל־בּוֹ יִתְּנֶנּוּ חֶלְקוֹ גַּם־זֶה הֶבֶל וְרָעָה רַבָּה׃ כִּי מֶה־
הֹוֶה לָאָדָם בְּכָל־עֲמָלוֹ וּבְרַעְיוֹן לִבּוֹ שֶׁהוּא עָמֵל תַּחַת הַשָּׁמֶשׁ׃ כִּי כָל־יָמָיו

מַכְאֹבִים וָכַעַס עִנְיָנוֹ גַּם־בַּלַּיְלָה לֹא־שָׁכַב לִבּוֹ גַּם־זֶה הֶבֶל הוּא׃ אֵין־טוֹב
בָּאָדָם שֶׁיֹּאכַל וְשָׁתָה וְהֶרְאָה אֶת־נַפְשׁוֹ טוֹב בַּעֲמָלוֹ גַּם־זֹה רָאִיתִי אָנִי כִּי
מִיַּד הָאֱלֹהִים הִיא׃ כִּי מִי יֹאכַל וּמִי יָחוּשׁ חוּץ מִמֶּנִּי׃ כִּי לְאָדָם שֶׁטּוֹב לְפָנָיו
נָתַן חָכְמָה וְדַעַת וְשִׂמְחָה וְלַחוֹטֶא נָתַן עִנְיָן לֶאֱסֹף וְלִכְנוֹס לָתֵת לְטוֹב לִפְנֵי
הָאֱלֹהִים גַּם־זֶה הֶבֶל וּרְעוּת רוּחַ׃ לַכֹּל זְמָן וְעֵת לְכָל־חֵפֶץ תַּחַת הַשָּׁמָיִם׃ ג

עֵת לָלֶדֶת וְעֵת לָמוּת
עֵת לָטַעַת וְעֵת לַעֲקוֹר נָטוּעַ׃
עֵת לַהֲרוֹג וְעֵת לִרְפּוֹא
עֵת לִפְרוֹץ וְעֵת לִבְנוֹת׃
עֵת לִבְכּוֹת וְעֵת לִשְׂחוֹק
עֵת סְפוֹד וְעֵת רְקוֹד׃
עֵת לְהַשְׁלִיךְ אֲבָנִים וְעֵת כְּנוֹס אֲבָנִים
עֵת לַחֲבוֹק וְעֵת לִרְחֹק מֵחַבֵּק׃
עֵת לְבַקֵּשׁ וְעֵת לְאַבֵּד
עֵת לִשְׁמוֹר וְעֵת לְהַשְׁלִיךְ׃
עֵת לִקְרוֹעַ וְעֵת לִתְפּוֹר
עֵת לַחֲשׁוֹת וְעֵת לְדַבֵּר׃
עֵת לֶאֱהֹב וְעֵת לִשְׂנֹא
עֵת מִלְחָמָה וְעֵת שָׁלוֹם׃

מַה־יִּתְרוֹן הָעוֹשֶׂה בַּאֲשֶׁר הוּא עָמֵל׃ רָאִיתִי אֶת־הָעִנְיָן אֲשֶׁר נָתַן אֱלֹהִים
לִבְנֵי הָאָדָם לַעֲנוֹת בּוֹ׃ אֶת־הַכֹּל עָשָׂה יָפֶה בְעִתּוֹ גַּם אֶת־הָעֹלָם נָתַן בְּלִבָּם
מִבְּלִי אֲשֶׁר לֹא־יִמְצָא הָאָדָם אֶת־הַמַּעֲשֶׂה אֲשֶׁר־עָשָׂה הָאֱלֹהִים מֵרֹאשׁ
וְעַד־סוֹף׃ יָדַעְתִּי כִּי אֵין טוֹב בָּם כִּי אִם־לִשְׂמוֹחַ וְלַעֲשׂוֹת טוֹב בְּחַיָּיו׃ וְגַם
כָּל־הָאָדָם שֶׁיֹּאכַל וְשָׁתָה וְרָאָה טוֹב בְּכָל־עֲמָלוֹ מַתַּת אֱלֹהִים הִיא׃ יָדַעְתִּי
כִּי כָּל־אֲשֶׁר יַעֲשֶׂה הָאֱלֹהִים הוּא יִהְיֶה לְעוֹלָם עָלָיו אֵין לְהוֹסִיף וּמִמֶּנּוּ אֵין
לִגְרֹעַ וְהָאֱלֹהִים עָשָׂה שֶׁיִּרְאוּ מִלְּפָנָיו׃ מַה־שֶּׁהָיָה כְּבָר הוּא וַאֲשֶׁר לִהְיוֹת
כְּבָר הָיָה וְהָאֱלֹהִים יְבַקֵּשׁ אֶת־נִרְדָּף׃ וְעוֹד רָאִיתִי תַּחַת הַשָּׁמֶשׁ מְקוֹם
הַמִּשְׁפָּט שָׁמָּה הָרֶשַׁע וּמְקוֹם הַצֶּדֶק שָׁמָּה הָרָשַׁע׃ אָמַרְתִּי אֲנִי בְּלִבִּי אֶת־
הַצַּדִּיק וְאֶת־הָרָשָׁע יִשְׁפֹּט הָאֱלֹהִים כִּי־עֵת לְכָל־חֵפֶץ וְעַל כָּל־הַמַּעֲשֶׂה

שָׁם׃ אָמַרְתִּי אֲנִי בְּלִבִּי עַל־דִּבְרַת בְּנֵי הָאָדָם לְבָרָם הָאֱלֹהִים וְלִרְאוֹת שָׁהֶם־
בְּהֵמָה הֵמָּה לָהֶם׃ כִּי מִקְרֶה בְנֵי־הָאָדָם וּמִקְרֶה הַבְּהֵמָה וּמִקְרֶה אֶחָד לָהֶם
כְּמוֹת זֶה כֵּן מוֹת זֶה וְרוּחַ אֶחָד לַכֹּל וּמוֹתַר הָאָדָם מִן־הַבְּהֵמָה אָיִן כִּי הַכֹּל
הָבֶל׃ הַכֹּל הוֹלֵךְ אֶל־מָקוֹם אֶחָד הַכֹּל הָיָה מִן־הֶעָפָר וְהַכֹּל שָׁב אֶל־הֶעָפָר׃
מִי יוֹדֵעַ רוּחַ בְּנֵי הָאָדָם הָעֹלָה הִיא לְמָעְלָה וְרוּחַ הַבְּהֵמָה הַיֹּרֶדֶת הִיא
לְמַטָּה לָאָרֶץ׃ וְרָאִיתִי כִּי אֵין טוֹב מֵאֲשֶׁר יִשְׂמַח הָאָדָם בְּמַעֲשָׂיו כִּי־הוּא
ד חֶלְקוֹ כִּי מִי יְבִיאֶנּוּ לִרְאוֹת בְּמֶה שֶׁיִּהְיֶה אַחֲרָיו׃ וְשַׁבְתִּי אֲנִי וָאֶרְאֶה אֶת־
כָּל־הָעֲשׁוּקִים אֲשֶׁר נַעֲשִׂים תַּחַת הַשָּׁמֶשׁ וְהִנֵּה ׀ דִּמְעַת הָעֲשׁוּקִים וְאֵין לָהֶם
מְנַחֵם וּמִיַּד עֹשְׁקֵיהֶם כֹּחַ וְאֵין לָהֶם מְנַחֵם׃ וְשַׁבֵּחַ אֲנִי אֶת־הַמֵּתִים שֶׁכְּבָר
מֵתוּ מִן־הַחַיִּים אֲשֶׁר הֵמָּה חַיִּים עֲדֶנָה׃ וְטוֹב מִשְּׁנֵיהֶם אֵת אֲשֶׁר־עֲדֶן לֹא
הָיָה אֲשֶׁר לֹא־רָאָה אֶת־הַמַּעֲשֶׂה הָרָע אֲשֶׁר נַעֲשָׂה תַּחַת הַשָּׁמֶשׁ׃ וְרָאִיתִי
אֲנִי אֶת־כָּל־עָמָל וְאֵת כָּל־כִּשְׁרוֹן הַמַּעֲשֶׂה כִּי הִיא קִנְאַת־אִישׁ מֵרֵעֵהוּ גַּם־
זֶה הֶבֶל וּרְעוּת רוּחַ׃ הַכְּסִיל חֹבֵק אֶת־יָדָיו וְאֹכֵל אֶת־בְּשָׂרוֹ׃ טוֹב מְלֹא כַף
נָחַת מִמְּלֹא חָפְנַיִם עָמָל וּרְעוּת רוּחַ׃ וְשַׁבְתִּי אֲנִי וָאֶרְאֶה הֶבֶל תַּחַת הַשָּׁמֶשׁ׃
יֵשׁ אֶחָד וְאֵין שֵׁנִי גַּם בֵּן וָאָח אֵין־לוֹ וְאֵין קֵץ לְכָל־עֲמָלוֹ גַּם־עֵינָיו לֹא־תִשְׂבַּע עֵינוֹ
עֹשֶׁר וּלְמִי ׀ אֲנִי עָמֵל וּמְחַסֵּר אֶת־נַפְשִׁי מִטּוֹבָה גַּם־זֶה הֶבֶל וְעִנְיַן רָע הוּא׃
טוֹבִים הַשְּׁנַיִם מִן־הָאֶחָד אֲשֶׁר יֵשׁ־לָהֶם שָׂכָר טוֹב בַּעֲמָלָם׃ כִּי אִם־יִפֹּלוּ
הָאֶחָד יָקִים אֶת־חֲבֵרוֹ וְאִילוֹ הָאֶחָד שֶׁיִּפּוֹל וְאֵין שֵׁנִי לַהֲקִימוֹ׃ גַּם אִם־יִשְׁכְּבוּ
שְׁנַיִם וְחַם לָהֶם וּלְאֶחָד אֵיךְ יֵחָם׃ וְאִם־יִתְקְפוֹ הָאֶחָד הַשְּׁנַיִם יַעַמְדוּ נֶגְדּוֹ
וְהַחוּט הַמְשֻׁלָּשׁ לֹא בִמְהֵרָה יִנָּתֵק׃ טוֹב יֶלֶד מִסְכֵּן וְחָכָם מִמֶּלֶךְ זָקֵן וּכְסִיל
אֲשֶׁר לֹא־יָדַע לְהִזָּהֵר עוֹד׃ כִּי־מִבֵּית הָסוּרִים יָצָא לִמְלֹךְ כִּי גַּם בְּמַלְכוּתוֹ
נוֹלַד רָשׁ׃ רָאִיתִי אֶת־כָּל־הַחַיִּים הַמְהַלְּכִים תַּחַת הַשָּׁמֶשׁ עִם הַיֶּלֶד הַשֵּׁנִי
אֲשֶׁר יַעֲמֹד תַּחְתָּיו׃ אֵין־קֵץ לְכָל־הָעָם לְכֹל אֲשֶׁר־הָיָה לִפְנֵיהֶם גַּם הָאַחֲרוֹנִים
לֹא יִשְׂמְחוּ־בוֹ כִּי־גַם־זֶה הֶבֶל וְרַעְיוֹן רוּחַ׃ שְׁמֹר רגליך כַּאֲשֶׁר תֵּלֵךְ אֶל־בֵּית רַגְלְךָ
הָאֱלֹהִים וְקָרוֹב לִשְׁמֹעַ מִתֵּת הַכְּסִילִים זָבַח כִּי־אֵינָם יוֹדְעִים לַעֲשׂוֹת רָע׃
ה אַל־תְּבַהֵל עַל־פִּיךָ וְלִבְּךָ אַל־יְמַהֵר לְהוֹצִיא דָבָר לִפְנֵי הָאֱלֹהִים כִּי הָאֱלֹהִים
בַּשָּׁמַיִם וְאַתָּה עַל־הָאָרֶץ עַל־כֵּן יִהְיוּ דְבָרֶיךָ מְעַטִּים׃ כִּי בָּא הַחֲלוֹם בְּרֹב
עִנְיָן וְקוֹל כְּסִיל בְּרֹב דְּבָרִים׃ כַּאֲשֶׁר תִּדֹּר נֶדֶר לֵאלֹהִים אַל־תְּאַחֵר לְשַׁלְּמוֹ
כִּי אֵין חֵפֶץ בַּכְּסִילִים אֵת אֲשֶׁר־תִּדֹּר שַׁלֵּם׃ טוֹב אֲשֶׁר לֹא־תִדֹּר מִשֶּׁתִּדּוֹר

וְלֹא תְשַׁלֵּם: אַל־תִּתֵּן אֶת־פִּיךָ לַחֲטִיא אֶת־בְּשָׂרֶךָ וְאַל־תֹּאמַר לִפְנֵי הַמַּלְאָךְ
כִּי שְׁגָגָה הִיא לָמָּה יִקְצֹף הָאֱלֹהִים עַל־קוֹלֶךָ וְחִבֵּל אֶת־מַעֲשֵׂה יָדֶיךָ: כִּי
בְרֹב חֲלֹמוֹת וַהֲבָלִים וּדְבָרִים הַרְבֵּה כִּי אֶת־הָאֱלֹהִים יְרָא: אִם־עֹשֶׁק רָשׁ
וְגֵזֶל מִשְׁפָּט וָצֶדֶק תִּרְאֶה בַמְּדִינָה אַל־תִּתְמַהּ עַל־הַחֵפֶץ כִּי גָבֹהַּ מֵעַל גָּבֹהַּ
הִוא שֹׁמֵר וּגְבֹהִים עֲלֵיהֶם: וְיִתְרוֹן אֶרֶץ בַּכֹּל הִיא מֶלֶךְ לְשָׂדֶה נֶעֱבָד: אֹהֵב כֶּסֶף
לֹא־יִשְׂבַּע כֶּסֶף וּמִי־אֹהֵב בֶּהָמוֹן לֹא תְבוּאָה גַּם־זֶה הָבֶל: בִּרְבוֹת הַטּוֹבָה
רְאוּת רַבּוּ אוֹכְלֶיהָ וּמַה־כִּשְׁרוֹן לִבְעָלֶיהָ כִּי אִם־רְאִית עֵינָיו: מְתוּקָה שְׁנַת הָעֹבֵד
אִם־מְעַט וְאִם־הַרְבֵּה יֹאכֵל וְהַשָּׂבָע לֶעָשִׁיר אֵינֶנּוּ מַנִּיחַ לוֹ לִישׁוֹן: יֵשׁ רָעָה
חוֹלָה רָאִיתִי תַּחַת הַשָּׁמֶשׁ עֹשֶׁר שָׁמוּר לִבְעָלָיו לְרָעָתוֹ: וְאָבַד הָעֹשֶׁר הַהוּא
בְּעִנְיַן רָע וְהוֹלִיד בֵּן וְאֵין בְּיָדוֹ מְאוּמָה: כַּאֲשֶׁר יָצָא מִבֶּטֶן אִמּוֹ עָרוֹם יָשׁוּב
לָלֶכֶת כְּשֶׁבָּא וּמְאוּמָה לֹא־יִשָּׂא בַעֲמָלוֹ שֶׁיֹּלֵךְ בְּיָדוֹ: וְגַם־זֹה רָעָה חוֹלָה
כָּל־עֻמַּת שֶׁבָּא כֵּן יֵלֵךְ וּמַה־יִּתְרוֹן לוֹ שֶׁיַּעֲמֹל לָרוּחַ: גַּם כָּל־יָמָיו בַּחֹשֶׁךְ
יֹאכֵל וְכָעַס הַרְבֵּה וְחָלְיוֹ וָקָצֶף: הִנֵּה אֲשֶׁר־רָאִיתִי אָנִי טוֹב אֲשֶׁר־יָפֶה לֶאֱכוֹל
וְלִשְׁתּוֹת וְלִרְאוֹת טוֹבָה בְּכָל־עֲמָלוֹ ׀ שֶׁיַּעֲמֹל תַּחַת־הַשֶּׁמֶשׁ מִסְפַּר יְמֵי־חַיָּו
אֲשֶׁר־נָתַן־לוֹ הָאֱלֹהִים כִּי־הוּא חֶלְקוֹ: גַּם כָּל־הָאָדָם אֲשֶׁר נָתַן־לוֹ הָאֱלֹהִים
עֹשֶׁר וּנְכָסִים וְהִשְׁלִיטוֹ לֶאֱכֹל מִמֶּנּוּ וְלָשֵׂאת אֶת־חֶלְקוֹ וְלִשְׂמֹחַ בַּעֲמָלוֹ זֹה
מַתַּת אֱלֹהִים הִיא: כִּי לֹא הַרְבֵּה יִזְכֹּר אֶת־יְמֵי חַיָּיו כִּי הָאֱלֹהִים מַעֲנֶה
בְּשִׂמְחַת לִבּוֹ: יֵשׁ רָעָה אֲשֶׁר רָאִיתִי תַּחַת הַשָּׁמֶשׁ וְרַבָּה הִיא עַל־הָאָדָם: ו
אִישׁ אֲשֶׁר יִתֶּן־לוֹ הָאֱלֹהִים עֹשֶׁר וּנְכָסִים וְכָבוֹד וְאֵינֶנּוּ חָסֵר לְנַפְשׁוֹ ׀ מִכֹּל
אֲשֶׁר־יִתְאַוֶּה וְלֹא־יַשְׁלִיטֶנּוּ הָאֱלֹהִים לֶאֱכֹל מִמֶּנּוּ כִּי אִישׁ נָכְרִי יֹאכְלֶנּוּ זֶה
הֶבֶל וָחֳלִי רָע הוּא: אִם־יוֹלִיד אִישׁ מֵאָה וְשָׁנִים רַבּוֹת יִחְיֶה וְרַב ׀ שֶׁיִּהְיוּ
יְמֵי־שָׁנָיו וְנַפְשׁוֹ לֹא־תִשְׂבַּע מִן־הַטּוֹבָה וְגַם־קְבוּרָה לֹא־הָיְתָה לּוֹ אָמַרְתִּי
טוֹב מִמֶּנּוּ הַנָּפֶל: כִּי־בַהֶבֶל בָּא וּבַחֹשֶׁךְ יֵלֵךְ וּבַחֹשֶׁךְ שְׁמוֹ יְכֻסֶּה: גַּם־שֶׁמֶשׁ
לֹא־רָאָה וְלֹא יָדָע נַחַת לָזֶה מִזֶּה: וְאִלּוּ חָיָה אֶלֶף שָׁנִים פַּעֲמַיִם וְטוֹבָה לֹא
רָאָה הֲלֹא אֶל־מָקוֹם אֶחָד הַכֹּל הוֹלֵךְ: כָּל־עֲמַל הָאָדָם לְפִיהוּ וְגַם־הַנֶּפֶשׁ
לֹא תִמָּלֵא: כִּי מַה־יּוֹתֵר לֶחָכָם מִן־הַכְּסִיל מַה־לֶּעָנִי יוֹדֵעַ לַהֲלֹךְ נֶגֶד הַחַיִּים:
טוֹב מַרְאֵה עֵינַיִם מֵהֲלָךְ־נָפֶשׁ גַּם־זֶה הֶבֶל וּרְעוּת רוּחַ: מַה־שֶּׁהָיָה כְּבָר
שֶׁתַּקִּיף נִקְרָא שְׁמוֹ וְנוֹדָע אֲשֶׁר־הוּא אָדָם וְלֹא־יוּכַל לָדִין עִם שהתקיף מִמֶּנּוּ: כִּי
יֵשׁ־דְּבָרִים הַרְבֵּה מַרְבִּים הָבֶל מַה־יֹּתֵר לָאָדָם: כִּי מִי־יוֹדֵעַ מַה־טּוֹב לָאָדָם

בַּחַיִּים מִסְפַּר יְמֵי־חַיֵּי הֶבְלוֹ וְיַעֲשֵׂם כַּצֵּל אֲשֶׁר מִי־יַגִּיד לָאָדָם מַה־יִּהְיֶה
ז אַחֲרָיו תַּחַת הַשָּׁמֶשׁ: טוֹב שֵׁם מִשֶּׁמֶן טוֹב וְיוֹם הַמָּוֶת מִיּוֹם הִוָּלְדוֹ:
טוֹב לָלֶכֶת אֶל־בֵּית־אֵבֶל מִלֶּכֶת אֶל־בֵּית מִשְׁתֶּה בַּאֲשֶׁר הוּא סוֹף כָּל־הָאָדָם
וְהַחַי יִתֵּן אֶל־לִבּוֹ: טוֹב כַּעַס מִשְּׂחוֹק כִּי־בְרֹעַ פָּנִים יִיטַב לֵב: לֵב חֲכָמִים
בְּבֵית אֵבֶל וְלֵב כְּסִילִים בְּבֵית שִׂמְחָה: טוֹב לִשְׁמוֹעַ גַּעֲרַת חָכָם מֵאִישׁ שֹׁמֵעַ
שִׁיר כְּסִילִים: כִּי כְקוֹל הַסִּירִים תַּחַת הַסִּיר כֵּן שְׂחֹק הַכְּסִיל וְגַם־זֶה הָבֶל:
כִּי הָעֹשֶׁק יְהוֹלֵל חָכָם וִיאַבֵּד אֶת־לֵב מַתָּנָה: טוֹב אַחֲרִית דָּבָר מֵרֵאשִׁיתוֹ
טוֹב אֶרֶךְ־רוּחַ מִגְּבַהּ רוּחַ: אַל־תְּבַהֵל בְּרוּחֲךָ לִכְעוֹס כִּי כַעַס בְּחֵיק כְּסִילִים
יָנוּחַ: אַל־תֹּאמַר מֶה הָיָה שֶׁהַיָּמִים הָרִאשֹׁנִים הָיוּ טוֹבִים מֵאֵלֶּה כִּי לֹא
מֵחָכְמָה שָׁאַלְתָּ עַל־זֶה: טוֹבָה חָכְמָה עִם־נַחֲלָה וְיֹתֵר לְרֹאֵי הַשָּׁמֶשׁ: כִּי
בְּצֵל הַחָכְמָה בְּצֵל הַכָּסֶף וְיִתְרוֹן דַּעַת הַחָכְמָה תְּחַיֶּה בְעָלֶיהָ: רְאֵה אֶת־
מַעֲשֵׂה הָאֱלֹהִים כִּי מִי יוּכַל לְתַקֵּן אֵת אֲשֶׁר עִוְּתוֹ: בְּיוֹם טוֹבָה הֱיֵה בְטוֹב
וּבְיוֹם רָעָה רְאֵה גַּם אֶת־זֶה לְעֻמַּת־זֶה עָשָׂה הָאֱלֹהִים עַל־דִּבְרַת שֶׁלֹּא יִמְצָא
הָאָדָם אַחֲרָיו מְאוּמָה: אֶת־הַכֹּל רָאִיתִי בִּימֵי הֶבְלִי יֵשׁ צַדִּיק אֹבֵד בְּצִדְקוֹ
וְיֵשׁ רָשָׁע מַאֲרִיךְ בְּרָעָתוֹ: אַל־תְּהִי צַדִּיק הַרְבֵּה וְאַל־תִּתְחַכַּם יוֹתֵר לָמָּה
תִּשּׁוֹמֵם: אַל־תִּרְשַׁע הַרְבֵּה וְאַל־תְּהִי סָכָל לָמָּה תָמוּת בְּלֹא עִתֶּךָ: טוֹב
אֲשֶׁר תֶּאֱחֹז בָּזֶה וְגַם־מִזֶּה אַל־תַּנַּח אֶת־יָדֶךָ כִּי־יְרֵא אֱלֹהִים יֵצֵא אֶת־כֻּלָּם:
הַחָכְמָה תָּעֹז לֶחָכָם מֵעֲשָׂרָה שַׁלִּיטִים אֲשֶׁר הָיוּ בָּעִיר: כִּי אָדָם אֵין צַדִּיק
בָּאָרֶץ אֲשֶׁר יַעֲשֶׂה־טּוֹב וְלֹא יֶחֱטָא: גַּם לְכָל־הַדְּבָרִים אֲשֶׁר יְדַבֵּרוּ אַל־תִּתֵּן
לִבֶּךָ אֲשֶׁר לֹא־תִשְׁמַע אֶת־עַבְדְּךָ מְקַלְלֶךָ: כִּי גַּם־פְּעָמִים רַבּוֹת יָדַע לִבֶּךָ
אֲשֶׁר גַּם־אַתָּ קִלַּלְתָּ אֲחֵרִים: כָּל־זֹה נִסִּיתִי בַחָכְמָה אָמַרְתִּי אֶחְכָּמָה וְהִיא
רְחוֹקָה מִמֶּנִּי: רָחוֹק מַה־שֶּׁהָיָה וְעָמֹק | עָמֹק מִי יִמְצָאֶנּוּ: סַבּוֹתִי אֲנִי וְלִבִּי
לָדַעַת וְלָתוּר וּבַקֵּשׁ חָכְמָה וְחֶשְׁבּוֹן וְלָדַעַת רֶשַׁע כֶּסֶל וְהַסִּכְלוּת הוֹלֵלוֹת:
וּמוֹצֶא אֲנִי מַר מִמָּוֶת אֶת־הָאִשָּׁה אֲשֶׁר־הִיא מְצוֹדִים וַחֲרָמִים לִבָּהּ אֲסוּרִים
יָדֶיהָ טוֹב לִפְנֵי הָאֱלֹהִים יִמָּלֵט מִמֶּנָּה וְחוֹטֵא יִלָּכֶד בָּהּ: רְאֵה זֶה מָצָאתִי
אָמְרָה קֹהֶלֶת אַחַת לְאַחַת לִמְצֹא חֶשְׁבּוֹן: אֲשֶׁר עוֹד־בִּקְשָׁה נַפְשִׁי וְלֹא
מָצָאתִי אָדָם אֶחָד מֵאֶלֶף מָצָאתִי וְאִשָּׁה בְכָל־אֵלֶּה לֹא מָצָאתִי: לְבַד רְאֵה־
זֶה מָצָאתִי אֲשֶׁר עָשָׂה הָאֱלֹהִים אֶת־הָאָדָם יָשָׁר וְהֵמָּה בִקְשׁוּ חִשְּׁבֹנוֹת
ח רַבִּים: מִי כְּהֶחָכָם וּמִי יוֹדֵעַ פֵּשֶׁר דָּבָר חָכְמַת אָדָם תָּאִיר פָּנָיו וְעֹז פָּנָיו יְשֻׁנֶּא:

אֲנִי פִּי־מֶלֶךְ שְׁמוֹר וְעַל דִּבְרַת שְׁבוּעַת אֱלֹהִים: אַל־תִּבָּהֵל מִפָּנָיו תֵּלֵךְ אַל־
תַּעֲמֹד בְּדָבָר רָע כִּי כָּל־אֲשֶׁר יַחְפֹּץ יַעֲשֶׂה: בַּאֲשֶׁר דְּבַר־מֶלֶךְ שִׁלְטוֹן וּמִי
יֹאמַר־לוֹ מַה־תַּעֲשֶׂה: שׁוֹמֵר מִצְוָה לֹא יֵדַע דָּבָר רָע וְעֵת וּמִשְׁפָּט יֵדַע לֵב
חָכָם: כִּי לְכָל־חֵפֶץ יֵשׁ עֵת וּמִשְׁפָּט כִּי־רָעַת הָאָדָם רַבָּה עָלָיו: כִּי־אֵינֶנּוּ יֹדֵעַ
מַה־שֶּׁיִּהְיֶה כִּי כַּאֲשֶׁר יִהְיֶה מִי יַגִּיד לוֹ: אֵין אָדָם שַׁלִּיט בָּרוּחַ לִכְלוֹא אֶת־
הָרוּחַ וְאֵין שִׁלְטוֹן בְּיוֹם הַמָּוֶת וְאֵין מִשְׁלַחַת בַּמִּלְחָמָה וְלֹא־יְמַלֵּט רֶשַׁע
אֶת־בְּעָלָיו: אֶת־כָּל־זֶה רָאִיתִי וְנָתוֹן אֶת־לִבִּי לְכָל־מַעֲשֶׂה אֲשֶׁר נַעֲשָׂה תַּחַת
הַשָּׁמֶשׁ עֵת אֲשֶׁר שָׁלַט הָאָדָם בְּאָדָם לְרַע לוֹ: וּבְכֵן רָאִיתִי רְשָׁעִים קְבֻרִים
וָבָאוּ וּמִמְּקוֹם קָדוֹשׁ יְהַלֵּכוּ וְיִשְׁתַּכְּחוּ בָעִיר אֲשֶׁר כֵּן־עָשׂוּ גַּם־זֶה הָבֶל: אֲשֶׁר
אֵין־נַעֲשָׂה פִתְגָם מַעֲשֵׂה הָרָעָה מְהֵרָה עַל־כֵּן מָלֵא לֵב בְּנֵי־הָאָדָם בָּהֶם
לַעֲשׂוֹת רָע: אֲשֶׁר חֹטֶא עֹשֶׂה רָע מְאַת וּמַאֲרִיךְ לוֹ כִּי גַּם־יוֹדֵעַ אָנִי אֲשֶׁר
יִהְיֶה־טּוֹב לְיִרְאֵי הָאֱלֹהִים אֲשֶׁר יִירְאוּ מִלְּפָנָיו: וְטוֹב לֹא־יִהְיֶה לָרָשָׁע וְלֹא־
יַאֲרִיךְ יָמִים כַּצֵּל אֲשֶׁר אֵינֶנּוּ יָרֵא מִלִּפְנֵי אֱלֹהִים: יֶשׁ־הֶבֶל אֲשֶׁר נַעֲשָׂה
עַל־הָאָרֶץ אֲשֶׁר ׀ יֵשׁ צַדִּיקִים אֲשֶׁר מַגִּיעַ אֲלֵהֶם כְּמַעֲשֵׂה הָרְשָׁעִים וְיֵשׁ
רְשָׁעִים שֶׁמַּגִּיעַ אֲלֵהֶם כְּמַעֲשֵׂה הַצַּדִּיקִים אָמַרְתִּי שֶׁגַּם־זֶה הָבֶל: וְשִׁבַּחְתִּי
אֲנִי אֶת־הַשִּׂמְחָה אֲשֶׁר אֵין־טוֹב לָאָדָם תַּחַת הַשֶּׁמֶשׁ כִּי אִם־לֶאֱכוֹל וְלִשְׁתּוֹת
וְלִשְׂמוֹחַ וְהוּא יִלְוֶנּוּ בַעֲמָלוֹ יְמֵי חַיָּיו אֲשֶׁר־נָתַן־לוֹ הָאֱלֹהִים תַּחַת הַשָּׁמֶשׁ:
כַּאֲשֶׁר נָתַתִּי אֶת־לִבִּי לָדַעַת חָכְמָה וְלִרְאוֹת אֶת־הָעִנְיָן אֲשֶׁר נַעֲשָׂה עַל־
הָאָרֶץ כִּי גַם בַּיּוֹם וּבַלַּיְלָה שֵׁנָה בְּעֵינָיו אֵינֶנּוּ רֹאֶה: וְרָאִיתִי אֶת־כָּל־מַעֲשֵׂה
הָאֱלֹהִים כִּי לֹא יוּכַל הָאָדָם לִמְצוֹא אֶת־הַמַּעֲשֶׂה אֲשֶׁר נַעֲשָׂה תַחַת־הַשֶּׁמֶשׁ
בְּשֶׁל אֲשֶׁר יַעֲמֹל הָאָדָם לְבַקֵּשׁ וְלֹא יִמְצָא וְגַם אִם־יֹאמַר הֶחָכָם לָדַעַת לֹא
יוּכַל לִמְצֹא: כִּי אֶת־כָּל־זֶה נָתַתִּי אֶל־לִבִּי וְלָבוּר אֶת־כָּל־זֶה אֲשֶׁר הַצַּדִּיקִים ט
וְהַחֲכָמִים וַעֲבָדֵיהֶם בְּיַד הָאֱלֹהִים גַּם־אַהֲבָה גַם־שִׂנְאָה אֵין יוֹדֵעַ הָאָדָם
הַכֹּל לִפְנֵיהֶם: הַכֹּל כַּאֲשֶׁר לַכֹּל מִקְרֶה אֶחָד לַצַּדִּיק וְלָרָשָׁע לַטּוֹב וְלַטָּהוֹר
וְלַטָּמֵא וְלַזֹּבֵחַ וְלַאֲשֶׁר אֵינֶנּוּ זֹבֵחַ כַּטּוֹב כַּחֹטֶא הַנִּשְׁבָּע כַּאֲשֶׁר שְׁבוּעָה יָרֵא:
זֶה ׀ רָע בְּכֹל אֲשֶׁר־נַעֲשָׂה תַּחַת הַשֶּׁמֶשׁ כִּי־מִקְרֶה אֶחָד לַכֹּל וְגַם לֵב בְּנֵי־
הָאָדָם מָלֵא־רָע וְהוֹלֵלוֹת בִּלְבָבָם בְּחַיֵּיהֶם וְאַחֲרָיו אֶל־הַמֵּתִים: כִּי־מִי אֲשֶׁר
יְחֻבַּר יבחר אֶל כָּל־הַחַיִּים יֵשׁ בִּטָּחוֹן כִּי־לְכֶלֶב חַי הוּא טוֹב מִן־הָאַרְיֵה הַמֵּת: כִּי
הַחַיִּים יוֹדְעִים שֶׁיָּמֻתוּ וְהַמֵּתִים אֵינָם יוֹדְעִים מְאוּמָה וְאֵין־עוֹד לָהֶם שָׂכָר

כִּי נִשְׁכַּח זִכְרָם: גַּם אַהֲבָתָם גַּם־שִׂנְאָתָם גַּם־קִנְאָתָם כְּבָר אָבָדָה וְחֵלֶק
אֵין־לָהֶם עוֹד לְעוֹלָם בְּכֹל אֲשֶׁר־נַעֲשָׂה תַּחַת הַשָּׁמֶשׁ: לֵךְ אֱכֹל בְּשִׂמְחָה
לַחְמֶךָ וּשְׁתֵה בְלֶב־טוֹב יֵינֶךָ כִּי כְבָר רָצָה הָאֱלֹהִים אֶת־מַעֲשֶׂיךָ: בְּכָל־עֵת
יִהְיוּ בְגָדֶיךָ לְבָנִים וְשֶׁמֶן עַל־רֹאשְׁךָ אַל־יֶחְסָר: רְאֵה חַיִּים עִם־אִשָּׁה אֲשֶׁר־
אָהַבְתָּ כָּל־יְמֵי חַיֵּי הֶבְלֶךָ אֲשֶׁר נָתַן־לְךָ תַּחַת הַשֶּׁמֶשׁ כֹּל יְמֵי הֶבְלֶךָ כִּי הוּא
חֶלְקְךָ בַּחַיִּים וּבַעֲמָלְךָ אֲשֶׁר־אַתָּה עָמֵל תַּחַת הַשָּׁמֶשׁ: כֹּל אֲשֶׁר תִּמְצָא יָדְךָ
לַעֲשׂוֹת בְּכֹחֲךָ עֲשֵׂה כִּי אֵין מַעֲשֶׂה וְחֶשְׁבּוֹן וְדַעַת וְחָכְמָה בִּשְׁאוֹל אֲשֶׁר
אַתָּה הֹלֵךְ שָׁמָּה: שַׁבְתִּי וְרָאֹה תַחַת־הַשֶּׁמֶשׁ כִּי לֹא לַקַּלִּים הַמֵּרוֹץ וְלֹא
לַגִּבּוֹרִים הַמִּלְחָמָה וְגַם לֹא לַחֲכָמִים לֶחֶם וְגַם לֹא לַנְּבֹנִים עֹשֶׁר וְגַם לֹא
לַיֹּדְעִים חֵן כִּי־עֵת וָפֶגַע יִקְרֶה אֶת־כֻּלָּם: כִּי גַּם לֹא־יֵדַע הָאָדָם אֶת־עִתּוֹ
כַּדָּגִים שֶׁנֶּאֱחָזִים בִּמְצוֹדָה רָעָה וְכַצִּפֳּרִים הָאֲחֻזוֹת בַּפָּח כָּהֵם יוּקָשִׁים בְּנֵי
הָאָדָם לְעֵת רָעָה כְּשֶׁתִּפּוֹל עֲלֵיהֶם פִּתְאֹם: גַּם־זֹה רָאִיתִי חָכְמָה תַּחַת הַשָּׁמֶשׁ
וּגְדוֹלָה הִיא אֵלָי: עִיר קְטַנָּה וַאֲנָשִׁים בָּהּ מְעָט וּבָא־אֵלֶיהָ מֶלֶךְ גָּדוֹל וְסָבַב
אֹתָהּ וּבָנָה עָלֶיהָ מְצוֹדִים גְּדֹלִים: וּמָצָא בָהּ אִישׁ מִסְכֵּן חָכָם וּמִלַּט־הוּא
אֶת־הָעִיר בְּחָכְמָתוֹ וְאָדָם לֹא זָכַר אֶת־הָאִישׁ הַמִּסְכֵּן הַהוּא: וְאָמַרְתִּי אָנִי
טוֹבָה חָכְמָה מִגְּבוּרָה וְחָכְמַת הַמִּסְכֵּן בְּזוּיָה וּדְבָרָיו אֵינָם נִשְׁמָעִים: דִּבְרֵי
חֲכָמִים בְּנַחַת נִשְׁמָעִים מִזַּעֲקַת מוֹשֵׁל בַּכְּסִילִים: טוֹבָה חָכְמָה מִכְּלֵי קְרָב
י וְחוֹטֶא אֶחָד יְאַבֵּד טוֹבָה הַרְבֵּה: זְבוּבֵי מָוֶת יַבְאִישׁ יַבִּיעַ שֶׁמֶן רוֹקֵחַ יָקָר
מֵחָכְמָה מִכָּבוֹד סִכְלוּת מְעָט: לֵב חָכָם לִימִינוֹ וְלֵב כְּסִיל לִשְׂמֹאלוֹ: וְגַם־
בַּדֶּרֶךְ כשהסכל הֹלֵךְ לִבּוֹ חָסֵר וְאָמַר לַכֹּל סָכָל הוּא: אִם־רוּחַ הַמּוֹשֵׁל כְּשֶׁסָּכָל
תַּעֲלֶה עָלֶיךָ מְקוֹמְךָ אַל־תַּנַּח כִּי מַרְפֵּא יַנִּיחַ חֲטָאִים גְּדוֹלִים: יֵשׁ רָעָה רָאִיתִי
תַּחַת הַשָּׁמֶשׁ כִּשְׁגָגָה שֶׁיֹּצָא מִלִּפְנֵי הַשַּׁלִּיט: נִתַּן הַסֶּכֶל בַּמְּרוֹמִים רַבִּים
וַעֲשִׁירִים בַּשֵּׁפֶל יֵשֵׁבוּ: רָאִיתִי עֲבָדִים עַל־סוּסִים וְשָׂרִים הֹלְכִים כַּעֲבָדִים
עַל־הָאָרֶץ: חֹפֵר גּוּמָּץ בּוֹ יִפּוֹל וּפֹרֵץ גָּדֵר יִשְּׁכֶנּוּ נָחָשׁ: מַסִּיעַ אֲבָנִים יֵעָצֵב
בָּהֶם בּוֹקֵעַ עֵצִים יִסָּכֶן בָּם: אִם־קֵהָה הַבַּרְזֶל וְהוּא לֹא־פָנִים קִלְקַל וַחֲיָלִים
יְגַבֵּר וְיִתְרוֹן הַכְשֵׁיר חָכְמָה: אִם־יִשֹּׁךְ הַנָּחָשׁ בְּלוֹא־לָחַשׁ וְאֵין יִתְרוֹן לְבַעַל
הַלָּשׁוֹן: דִּבְרֵי פִי־חָכָם חֵן וְשִׂפְתוֹת כְּסִיל תְּבַלְּעֶנּוּ: תְּחִלַּת דִּבְרֵי־פִיהוּ סִכְלוּת
וְאַחֲרִית פִּיהוּ הוֹלֵלוּת רָעָה: וְהַסָּכָל יַרְבֶּה דְבָרִים לֹא־יֵדַע הָאָדָם מַה־שֶּׁיִּהְיֶה
וַאֲשֶׁר יִהְיֶה מֵאַחֲרָיו מִי יַגִּיד לוֹ: עֲמַל הַכְּסִילִים תְּיַגְּעֶנּוּ אֲשֶׁר לֹא־יָדַע לָלֶכֶת

אֶל־עִיר׃ אִי־לָךְ אֶרֶץ שֶׁמַּלְכֵּךְ נָעַר וְשָׂרַיִךְ בַּבֹּקֶר יֹאכֵלוּ׃ אַשְׁרֵיךְ אֶרֶץ
שֶׁמַּלְכֵּךְ בֶּן־חוֹרִים וְשָׂרַיִךְ בָּעֵת יֹאכֵלוּ בִּגְבוּרָה וְלֹא בַשְּׁתִי׃ בַּעֲצַלְתַּיִם יִמַּךְ
הַמְּקָרֶה וּבְשִׁפְלוּת יָדַיִם יִדְלֹף הַבָּיִת׃ לִשְׂחוֹק עֹשִׂים לֶחֶם וְיַיִן יְשַׂמַּח חַיִּים
וְהַכֶּסֶף יַעֲנֶה אֶת־הַכֹּל׃ גַּם בְּמַדָּעֲךָ מֶלֶךְ אַל־תְּקַלֵּל וּבְחַדְרֵי מִשְׁכָּבְךָ אַל־
יא תְּקַלֵּל עָשִׁיר כִּי עוֹף הַשָּׁמַיִם יוֹלִיךְ אֶת־הַקּוֹל וּבַעַל הכנפים יַגֵּיד דָּבָר׃ שַׁלַּח כְּנָפַיִם
לַחְמְךָ עַל־פְּנֵי הַמָּיִם כִּי־בְרֹב הַיָּמִים תִּמְצָאֶנּוּ׃ תֶּן־חֵלֶק לְשִׁבְעָה וְגַם לִשְׁמוֹנָה
כִּי לֹא תֵדַע מַה־יִּהְיֶה רָעָה עַל־הָאָרֶץ׃ אִם־יִמָּלְאוּ הֶעָבִים גֶּשֶׁם עַל־הָאָרֶץ
יָרִיקוּ וְאִם־יִפּוֹל עֵץ בַּדָּרוֹם וְאִם בַּצָּפוֹן מְקוֹם שֶׁיִּפּוֹל הָעֵץ שָׁם יְהוּא׃ שֹׁמֵר
רוּחַ לֹא יִזְרָע וְרֹאֶה בֶעָבִים לֹא יִקְצוֹר׃ כַּאֲשֶׁר אֵינְךָ יוֹדֵעַ מַה־דֶּרֶךְ הָרוּחַ
כַּעֲצָמִים בְּבֶטֶן הַמְּלֵאָה כָּכָה לֹא תֵדַע אֶת־מַעֲשֵׂה הָאֱלֹהִים אֲשֶׁר יַעֲשֶׂה
אֶת־הַכֹּל׃ בַּבֹּקֶר זְרַע אֶת־זַרְעֶךָ וְלָעֶרֶב אַל־תַּנַּח יָדֶךָ כִּי אֵינְךָ יוֹדֵעַ אֵי זֶה
יִכְשַׁר הֲזֶה אוֹ־זֶה וְאִם־שְׁנֵיהֶם כְּאֶחָד טוֹבִים׃ וּמָתוֹק הָאוֹר וְטוֹב לַעֵינַיִם
לִרְאוֹת אֶת־הַשָּׁמֶשׁ׃ כִּי אִם־שָׁנִים הַרְבֵּה יִחְיֶה הָאָדָם בְּכֻלָּם יִשְׂמָח וְיִזְכֹּר
אֶת־יְמֵי הַחֹשֶׁךְ כִּי־הַרְבֵּה יִהְיוּ כָּל־שֶׁבָּא הָבֶל׃ שְׂמַח בָּחוּר בְּיַלְדוּתֶךָ וִיטִיבְךָ
לִבְּךָ בִּימֵי בְחוּרוֹתֶךָ וְהַלֵּךְ בְּדַרְכֵי לִבְּךָ ובמראי עֵינֶיךָ וְדָע כִּי עַל־כָּל־אֵלֶּה וּבְמַרְאֵה
יְבִיאֲךָ הָאֱלֹהִים בַּמִּשְׁפָּט׃ וְהָסֵר כַּעַס מִלִּבֶּךָ וְהַעֲבֵר רָעָה מִבְּשָׂרֶךָ כִּי־הַיַּלְדוּת
יב וְהַשַּׁחֲרוּת הָבֶל׃ וּזְכֹר אֶת־בּוֹרְאֶיךָ בִּימֵי בְּחוּרֹתֶיךָ עַד אֲשֶׁר לֹא־יָבֹאוּ יְמֵי
הָרָעָה וְהִגִּיעוּ שָׁנִים אֲשֶׁר תֹּאמַר אֵין־לִי בָהֶם חֵפֶץ׃ עַד אֲשֶׁר לֹא־תֶחְשַׁךְ
הַשֶּׁמֶשׁ וְהָאוֹר וְהַיָּרֵחַ וְהַכּוֹכָבִים וְשָׁבוּ הֶעָבִים אַחַר הַגָּשֶׁם׃ בַּיּוֹם שֶׁיָּזֻעוּ
שֹׁמְרֵי הַבַּיִת וְהִתְעַוְּתוּ אַנְשֵׁי הֶחָיִל וּבָטְלוּ הַטֹּחֲנוֹת כִּי מִעֵטוּ וְחָשְׁכוּ הָרֹאוֹת
בָּאֲרֻבּוֹת׃ וְסֻגְּרוּ דְלָתַיִם בַּשּׁוּק בִּשְׁפַל קוֹל הַטַּחֲנָה וְיָקוּם לְקוֹל הַצִּפּוֹר וְיִשַּׁחוּ
כָּל־בְּנוֹת הַשִּׁיר׃ גַּם מִגָּבֹהַּ יִרָאוּ וְחַתְחַתִּים בַּדֶּרֶךְ וְיָנֵאץ הַשָּׁקֵד וְיִסְתַּבֵּל
הֶחָגָב וְתָפֵר הָאֲבִיּוֹנָה כִּי־הֹלֵךְ הָאָדָם אֶל־בֵּית עוֹלָמוֹ וְסָבְבוּ בַשּׁוּק הַסֹּפְדִים׃
עַד אֲשֶׁר לֹא־ירחק חֶבֶל הַכֶּסֶף וְתָרֻץ גֻּלַּת הַזָּהָב וְתִשָּׁבֶר כַּד עַל־הַמַּבּוּעַ יֵרָתֵק
וְנָרֹץ הַגַּלְגַּל אֶל־הַבּוֹר׃ וְיָשֹׁב הֶעָפָר עַל־הָאָרֶץ כְּשֶׁהָיָה וְהָרוּחַ תָּשׁוּב אֶל־
הָאֱלֹהִים אֲשֶׁר נְתָנָהּ׃ הֲבֵל הֲבָלִים אָמַר הַקּוֹהֶלֶת הַכֹּל הָבֶל׃ וְיֹתֵר שֶׁהָיָה
קֹהֶלֶת חָכָם עוֹד לִמַּד־דַּעַת אֶת־הָעָם וְאִזֵּן וְחִקֵּר תִּקֵּן מְשָׁלִים הַרְבֵּה׃ בִּקֵּשׁ
קֹהֶלֶת לִמְצֹא דִּבְרֵי־חֵפֶץ וְכָתוּב יֹשֶׁר דִּבְרֵי אֱמֶת׃ דִּבְרֵי חֲכָמִים כַּדָּרְבֹנוֹת
וּכְמַשְׂמְרוֹת נְטוּעִים בַּעֲלֵי אֲסֻפּוֹת נִתְּנוּ מֵרֹעֶה אֶחָד׃ וְיֹתֵר מֵהֵמָּה בְּנִי הִזָּהֵר

עֲשׂוֹת סְפָרִים הַרְבֵּה אֵין קֵץ וְלַהַג הַרְבֵּה יְגִעַת בָּשָׂר׃ סוֹף דָּבָר הַכֹּל נִשְׁמָע
אֶת־הָאֱלֹהִים יְרָא וְאֶת־מִצְוֺתָיו שְׁמוֹר כִּי־זֶה כָּל־הָאָדָם׃ כִּי אֶת־כָּל־מַעֲשֶׂה
הָאֱלֹהִים יָבִא בְמִשְׁפָּט עַל כָּל־נֶעְלָם אִם־טוֹב וְאִם־רָע׃

סוף דבר הכל נשמע
את האלהים ירא ואת מצותיו שמור
כי זה כל האדם

אסתר

אחד הסמלים הבולטים של חג הפורים הוא המסכות. המסכות הן חלק משמחת החג - שלא כבכל החגים האחרים שיש בהם רצינות רבה, יש בחג הפורים צד של משחק, שעשוע ואף ליצנות. יתר על כן, אפשר להגדיר את כל סיפורו של החג, וביתר שאת את המסופר במגילת אסתר, סיפור של מסכות. מגילת אסתר מתחילה במשתה היין, ומאותו מאורע והלאה אווירת המסכות נמשכת ופועלת בתוך מאורעות הימים. הדמות הבולטת ביותר כ'דמות מסכה' היא אסתר המלכה - המלך ושריו רואים רק את המסכה שעליה ואיש מהם אינו מכיר את דמותה האמיתית. מרדכי גם הוא עוטה מסכה. הוא אומנם יושב בגלוי בשער המלך, אולם בד בבד הקשר הנסתר שלו עם אסתר הוא חלק מן העלילה. כנגד זה ניצבת דמותו של המן, שגם הוא דמות בעלת שתי פנים. חכמים מספרים שהמן היה רק הבלן והספר של איזה כפר קטן, והוא התחפש ל'המן הגדול'. גם בדמותו של המלך אחשוורוש יש כפילות: בין הדמות האישית־הפרטית שלו, של שיכור והולל, לבין הדימוי החמור והמשפטי שלו.

אפשר לראות במסכה את עצם מהותה ותוכנה של מגילת אסתר: מצד אחד המאורעות שבמגילה קשורים זה בזה, אין בה שום מאורע על־טבעי, ויתרה מזו - שם שמיים איננו נזכר בה. מצד אחר, ידה הנעלמה של ההשגחה האלוקית מושכת בחוטי המגילה כולם - השתלשלות המאורעות מתוארת בה בדיוק, ובסיפור הדרמטי והמרתק הזה, שאין בו אירועים שוליים כלל, כל פרט מתחבר לפרט אחר עד שמתגלה המהלך הגדול המכוון מלמעלה. מבחינה זו אפשר להגיד שהקדוש ברוך הוא מסתיר את פניו בתוך המגילה, גם הוא מסתתר במעין מסכה. וכבר דרשו חכמים ששמה של אסתר רומז לפסוק המדבר בהסתר הפנים של מעלה: "וְאָנֹכִי הַסְתֵּר אַסְתִּיר פָּנַי" (דברים לא, יח). רעיון ההתכסות במסכה של מעלה הוא עצם המעשה של ימי הפורים. לעומת חגים אחרים, שבהם אנו חוגגים את התגלותו של הקדוש ברוך הוא, בפורים אנו חוגגים את מציאותו למרות ובגלל הסתתרותו.

מסופר על נכדו של אחד הצדיקים שבא אליו בוכה. שאל אותו הסבא מה קרה, וסיפר הנכד ששיחק במחבואים עם חבריו, התחבא, ואיש לא בא לחפש אותו! התחיל הסבא גם הוא לבכות: "הרי זה מה שהקדוש ברוך הוא אומר: אני מתחבא, ואיש לא בא לחפש אותי!". מי שמסתתר מבקש שיחפשו אותו. חג הפורים הוא חג

של הגלות כי הרעיון שלו הוא שבתוך ההסתר, בתוך החשכה ובין הצללים; בתוך הגזרות והקשיים וחוסר הוודאות – גם שם נמצא ה׳. הניגוד הזה הוא שיוצר בפורים את המומנט של התפרצות השמחה. ההליכה בתוך ההתגלות מדרגה לדרגה היא תהליך שקט והדרגתי: רואים, שומעים ובאים לידיעה. אך בפורים הולכים בתוך הגלות, בתוך ההסתר – ובהליכה זו יש יסוד של הפתעה. מרגישים שלא רואים ושלא שומעים, מחפשים – ופתאום מגלים. או אז מתפרצת שמחה שאינה מצויה כאשר החיים הם שקטים ומסודרים.

הקורא מברך שלוש ברכות לפני הקריאה:

בָּרוּךְ אַתָּה יהוה אֱלֹהֵינוּ מֶלֶךְ הָעוֹלָם
אֲשֶׁר קִדְּשָׁנוּ בְּמִצְוֹתָיו וְצִוָּנוּ עַל מִקְרָא מְגִלָּה.

בָּרוּךְ אַתָּה יהוה אֱלֹהֵינוּ מֶלֶךְ הָעוֹלָם
שֶׁעָשָׂה נִסִּים לַאֲבוֹתֵינוּ בַּיָּמִים הָהֵם בִּזְּמַן הַזֶּה.

מברכים ׳שהחיינו׳ גם ביום, ומכוונים בה גם על שאר מצוות הפורים
(משלוח מנות, מתנות לאביונים וסעודת פורים).

בָּרוּךְ אַתָּה יהוה אֱלֹהֵינוּ מֶלֶךְ הָעוֹלָם
שֶׁהֶחֱיָנוּ וְקִיְּמָנוּ וְהִגִּיעָנוּ לַזְּמַן הַזֶּה.

א וַיְהִי בִּימֵי אֲחַשְׁוֵרוֹשׁ הוּא אֲחַשְׁוֵרוֹשׁ הַמֹּלֵךְ מֵהֹדּוּ וְעַד־כּוּשׁ שֶׁבַע וְעֶשְׂרִים
וּמֵאָה מְדִינָה: בַּיָּמִים הָהֵם כְּשֶׁבֶת ׀ הַמֶּלֶךְ אֲחַשְׁוֵרוֹשׁ עַל כִּסֵּא מַלְכוּתוֹ
אֲשֶׁר בְּשׁוּשַׁן הַבִּירָה: בִּשְׁנַת שָׁלוֹשׁ לְמָלְכוֹ עָשָׂה מִשְׁתֶּה לְכָל־שָׂרָיו וַעֲבָדָיו
חֵיל ׀ פָּרַס וּמָדַי הַפַּרְתְּמִים וְשָׂרֵי הַמְּדִינוֹת לְפָנָיו: בְּהַרְאֹתוֹ אֶת־עֹשֶׁר כְּבוֹד
מַלְכוּתוֹ וְאֶת־יְקָר תִּפְאֶרֶת גְּדוּלָּתוֹ יָמִים רַבִּים שְׁמוֹנִים וּמְאַת יוֹם: וּבִמְלוֹאת
׀ הַיָּמִים הָאֵלֶּה עָשָׂה הַמֶּלֶךְ לְכָל־הָעָם הַנִּמְצְאִים בְּשׁוּשַׁן הַבִּירָה לְמִגָּדוֹל
וְעַד־קָטָן מִשְׁתֶּה שִׁבְעַת יָמִים בַּחֲצַר גִּנַּת בִּיתַן הַמֶּלֶךְ: חוּר ׀ כַּרְפַּס וּתְכֵלֶת
אָחוּז בְּחַבְלֵי־בוּץ וְאַרְגָּמָן עַל־גְּלִילֵי כֶסֶף וְעַמּוּדֵי שֵׁשׁ מִטּוֹת ׀ זָהָב וָכֶסֶף עַל
רִצְפַת בַּהַט־וָשֵׁשׁ וְדַר וְסֹחָרֶת: וְהַשְׁקוֹת בִּכְלֵי זָהָב וְכֵלִים מִכֵּלִים שׁוֹנִים וְיֵין
מַלְכוּת רָב כְּיַד הַמֶּלֶךְ: וְהַשְּׁתִיָּה כַדָּת אֵין אֹנֵס כִּי־כֵן ׀ יִסַּד הַמֶּלֶךְ עַל כָּל־רַב
בֵּיתוֹ לַעֲשׂוֹת כִּרְצוֹן אִישׁ־וָאִישׁ: גַּם וַשְׁתִּי הַמַּלְכָּה עָשְׂתָה מִשְׁתֵּה

נָשִׁים בֵּית הַמַּלְכוּת אֲשֶׁר לַמֶּלֶךְ אֲחַשְׁוֵרוֹשׁ: בַּיּוֹם הַשְּׁבִיעִי כְּטוֹב לֵב־הַמֶּלֶךְ
בַּיָּיִן אָמַר לִמְהוּמָן בִּזְּתָא חַרְבוֹנָא בִּגְתָא וַאֲבַגְתָא זֵתַר וְכַרְכַּס שִׁבְעַת
הַסָּרִיסִים הַמְשָׁרְתִים אֶת־פְּנֵי הַמֶּלֶךְ אֲחַשְׁוֵרוֹשׁ: לְהָבִיא אֶת־וַשְׁתִּי הַמַּלְכָּה
לִפְנֵי הַמֶּלֶךְ בְּכֶתֶר מַלְכוּת לְהַרְאוֹת הָעַמִּים וְהַשָּׂרִים אֶת־יָפְיָהּ כִּי־טוֹבַת
מַרְאֶה הִיא: וַתְּמָאֵן הַמַּלְכָּה וַשְׁתִּי לָבוֹא בִּדְבַר הַמֶּלֶךְ אֲשֶׁר בְּיַד הַסָּרִיסִים
וַיִּקְצֹף הַמֶּלֶךְ מְאֹד וַחֲמָתוֹ בָּעֲרָה בוֹ: וַיֹּאמֶר הַמֶּלֶךְ לַחֲכָמִים יֹדְעֵי
הָעִתִּים כִּי־כֵן דְּבַר הַמֶּלֶךְ לִפְנֵי כָּל־יֹדְעֵי דָּת וָדִין: וְהַקָּרֹב אֵלָיו כַּרְשְׁנָא שֵׁתָר
אַדְמָתָא תַרְשִׁישׁ מֶרֶס מַרְסְנָא מְמוּכָן שִׁבְעַת שָׂרֵי ׀ פָּרַס וּמָדַי רֹאֵי פְּנֵי
הַמֶּלֶךְ הַיֹּשְׁבִים רִאשֹׁנָה בַּמַּלְכוּת: כְּדָת מַה־לַּעֲשׂוֹת בַּמַּלְכָּה וַשְׁתִּי עַל ׀
אֲשֶׁר לֹא־עָשְׂתָה אֶת־מַאֲמַר הַמֶּלֶךְ אֲחַשְׁוֵרוֹשׁ בְּיַד הַסָּרִיסִים: וַיֹּאמֶר
מומכן לִפְנֵי הַמֶּלֶךְ וְהַשָּׂרִים לֹא עַל־הַמֶּלֶךְ לְבַדּוֹ עָוְתָה וַשְׁתִּי הַמַּלְכָּה כִּי מְמוּכָן
עַל־כָּל־הַשָּׂרִים וְעַל־כָּל־הָעַמִּים אֲשֶׁר בְּכָל־מְדִינוֹת הַמֶּלֶךְ אֲחַשְׁוֵרוֹשׁ: כִּי־
יֵצֵא דְבַר־הַמַּלְכָּה עַל־כָּל־הַנָּשִׁים לְהַבְזוֹת בַּעְלֵיהֶן בְּעֵינֵיהֶן בְּאָמְרָם הַמֶּלֶךְ
אֲחַשְׁוֵרוֹשׁ אָמַר לְהָבִיא אֶת־וַשְׁתִּי הַמַּלְכָּה לְפָנָיו וְלֹא־בָאָה: וְהַיּוֹם הַזֶּה
תֹּאמַרְנָה ׀ שָׂרוֹת פָּרַס־וּמָדַי אֲשֶׁר שָׁמְעוּ אֶת־דְּבַר הַמַּלְכָּה לְכֹל שָׂרֵי הַמֶּלֶךְ
וּכְדַי בִּזָּיוֹן וָקָצֶף: אִם־עַל־הַמֶּלֶךְ טוֹב יֵצֵא דְבַר־מַלְכוּת מִלְּפָנָיו וְיִכָּתֵב בְּדָתֵי
פָרַס־וּמָדַי וְלֹא יַעֲבוֹר אֲשֶׁר לֹא־תָבוֹא וַשְׁתִּי לִפְנֵי הַמֶּלֶךְ אֲחַשְׁוֵרוֹשׁ וּמַלְכוּתָהּ
יִתֵּן הַמֶּלֶךְ לִרְעוּתָהּ הַטּוֹבָה מִמֶּנָּה: וְנִשְׁמַע פִּתְגָם הַמֶּלֶךְ אֲשֶׁר־יַעֲשֶׂה בְּכָל־
מַלְכוּתוֹ כִּי רַבָּה הִיא וְכָל־הַנָּשִׁים יִתְּנוּ יְקָר לְבַעְלֵיהֶן לְמִגָּדוֹל וְעַד־קָטָן:
וַיִּיטַב הַדָּבָר בְּעֵינֵי הַמֶּלֶךְ וְהַשָּׂרִים וַיַּעַשׂ הַמֶּלֶךְ כִּדְבַר מְמוּכָן: וַיִּשְׁלַח סְפָרִים
אֶל־כָּל־מְדִינוֹת הַמֶּלֶךְ אֶל־מְדִינָה וּמְדִינָה כִּכְתָבָהּ וְאֶל־עַם וָעָם כִּלְשׁוֹנוֹ
לִהְיוֹת כָּל־אִישׁ שֹׂרֵר בְּבֵיתוֹ וּמְדַבֵּר כִּלְשׁוֹן עַמּוֹ: אַחַר הַדְּבָרִים ב
הָאֵלֶּה כְּשֹׁךְ חֲמַת הַמֶּלֶךְ אֲחַשְׁוֵרוֹשׁ זָכַר אֶת־וַשְׁתִּי וְאֵת אֲשֶׁר־עָשָׂתָה וְאֵת
אֲשֶׁר־נִגְזַר עָלֶיהָ: וַיֹּאמְרוּ נַעֲרֵי־הַמֶּלֶךְ מְשָׁרְתָיו יְבַקְשׁוּ לַמֶּלֶךְ נְעָרוֹת בְּתוּלוֹת
טוֹבוֹת מַרְאֶה: וְיַפְקֵד הַמֶּלֶךְ פְּקִידִים בְּכָל־מְדִינוֹת מַלְכוּתוֹ וְיִקְבְּצוּ אֶת־
כָּל־נַעֲרָה־בְתוּלָה טוֹבַת מַרְאֶה אֶל־שׁוּשַׁן הַבִּירָה אֶל־בֵּית הַנָּשִׁים אֶל־יַד
הֵגֶא סְרִיס הַמֶּלֶךְ שֹׁמֵר הַנָּשִׁים וְנָתוֹן תַּמְרוּקֵיהֶן: וְהַנַּעֲרָה אֲשֶׁר תִּיטַב בְּעֵינֵי
הַמֶּלֶךְ תִּמְלֹךְ תַּחַת וַשְׁתִּי וַיִּיטַב הַדָּבָר בְּעֵינֵי הַמֶּלֶךְ וַיַּעַשׂ כֵּן: אִישׁ
יְהוּדִי הָיָה בְּשׁוּשַׁן הַבִּירָה וּשְׁמוֹ מָרְדֳּכַי בֶּן יָאִיר בֶּן־שִׁמְעִי בֶּן־קִישׁ אִישׁ

יְמִינִי׃ אֲשֶׁר הָגְלָה מִירוּשָׁלַיִם עִם־הַגֹּלָה אֲשֶׁר הָגְלְתָה עִם יְכָנְיָה מֶלֶךְ־יְהוּדָה
אֲשֶׁר הֶגְלָה נְבוּכַדְנֶצַּר מֶלֶךְ בָּבֶל׃ וַיְהִי אֹמֵן אֶת־הֲדַסָּה הִיא אֶסְתֵּר בַּת־דֹּדוֹ
כִּי אֵין לָהּ אָב וָאֵם וְהַנַּעֲרָה יְפַת־תֹּאַר וְטוֹבַת מַרְאֶה וּבְמוֹת אָבִיהָ וְאִמָּהּ
לְקָחָהּ מָרְדֳּכַי לוֹ לְבַת׃ וַיְהִי בְּהִשָּׁמַע דְּבַר־הַמֶּלֶךְ וְדָתוֹ וּבְהִקָּבֵץ נְעָרוֹת
רַבּוֹת אֶל־שׁוּשַׁן הַבִּירָה אֶל־יַד הֵגָי וַתִּלָּקַח אֶסְתֵּר אֶל־בֵּית הַמֶּלֶךְ אֶל־יַד
הֵגַי שֹׁמֵר הַנָּשִׁים׃ וַתִּיטַב הַנַּעֲרָה בְעֵינָיו וַתִּשָּׂא חֶסֶד לְפָנָיו וַיְבַהֵל אֶת־
תַּמְרוּקֶיהָ וְאֶת־מָנוֹתֶהָ לָתֵת לָהּ וְאֵת שֶׁבַע הַנְּעָרוֹת הָרְאֻיוֹת לָתֶת־לָהּ
מִבֵּית הַמֶּלֶךְ וַיְשַׁנֶּהָ וְאֶת־נַעֲרוֹתֶיהָ לְטוֹב בֵּית הַנָּשִׁים׃ לֹא־הִגִּידָה אֶסְתֵּר
אֶת־עַמָּהּ וְאֶת־מוֹלַדְתָּהּ כִּי מָרְדֳּכַי צִוָּה עָלֶיהָ אֲשֶׁר לֹא־תַגִּיד׃ וּבְכָל־יוֹם
וָיוֹם מָרְדֳּכַי מִתְהַלֵּךְ לִפְנֵי חֲצַר בֵּית־הַנָּשִׁים לָדַעַת אֶת־שְׁלוֹם אֶסְתֵּר וּמַה־
יֵּעָשֶׂה בָּהּ׃ וּבְהַגִּיעַ תֹּר נַעֲרָה וְנַעֲרָה לָבוֹא ׀ אֶל־הַמֶּלֶךְ אֲחַשְׁוֵרוֹשׁ מִקֵּץ
הֱיוֹת לָהּ כְּדָת הַנָּשִׁים שְׁנֵים עָשָׂר חֹדֶשׁ כִּי כֵּן יִמְלְאוּ יְמֵי מְרוּקֵיהֶן שִׁשָּׁה
חֳדָשִׁים בְּשֶׁמֶן הַמֹּר וְשִׁשָּׁה חֳדָשִׁים בַּבְּשָׂמִים וּבְתַמְרוּקֵי הַנָּשִׁים׃ וּבָזֶה
הַנַּעֲרָה בָּאָה אֶל־הַמֶּלֶךְ אֵת כָּל־אֲשֶׁר תֹּאמַר יִנָּתֵן לָהּ לָבוֹא עִמָּהּ מִבֵּית
הַנָּשִׁים עַד־בֵּית הַמֶּלֶךְ׃ בָּעֶרֶב ׀ הִיא בָאָה וּבַבֹּקֶר הִיא שָׁבָה אֶל־בֵּית הַנָּשִׁים
שֵׁנִי אֶל־יַד שַׁעַשְׁגַז סְרִיס הַמֶּלֶךְ שֹׁמֵר הַפִּילַגְשִׁים לֹא־תָבוֹא עוֹד אֶל־הַמֶּלֶךְ
כִּי אִם־חָפֵץ בָּהּ הַמֶּלֶךְ וְנִקְרְאָה בְשֵׁם׃ וּבְהַגִּיעַ תֹּר־אֶסְתֵּר בַּת־אֲבִיחַיִל ׀ דֹּד
מָרְדֳּכַי אֲשֶׁר לָקַח־לוֹ לְבַת לָבוֹא אֶל־הַמֶּלֶךְ לֹא בִקְשָׁה דָּבָר כִּי אִם אֶת־אֲשֶׁר
יֹאמַר הֵגַי סְרִיס־הַמֶּלֶךְ שֹׁמֵר הַנָּשִׁים וַתְּהִי אֶסְתֵּר נֹשֵׂאת חֵן בְּעֵינֵי כָּל־רֹאֶיהָ׃
וַתִּלָּקַח אֶסְתֵּר אֶל־הַמֶּלֶךְ אֲחַשְׁוֵרוֹשׁ אֶל־בֵּית מַלְכוּתוֹ בַּחֹדֶשׁ הָעֲשִׂירִי
הוּא־חֹדֶשׁ טֵבֵת בִּשְׁנַת־שֶׁבַע לְמַלְכוּתוֹ׃ וַיֶּאֱהַב הַמֶּלֶךְ אֶת־אֶסְתֵּר מִכָּל־
הַנָּשִׁים וַתִּשָּׂא־חֵן וָחֶסֶד לְפָנָיו מִכָּל־הַבְּתוּלוֹת וַיָּשֶׂם כֶּתֶר־מַלְכוּת בְּרֹאשָׁהּ
וַיַּמְלִיכֶהָ תַּחַת וַשְׁתִּי׃ וַיַּעַשׂ הַמֶּלֶךְ מִשְׁתֶּה גָדוֹל לְכָל־שָׂרָיו וַעֲבָדָיו אֵת
מִשְׁתֵּה אֶסְתֵּר וַהֲנָחָה לַמְּדִינוֹת עָשָׂה וַיִּתֵּן מַשְׂאֵת כְּיַד הַמֶּלֶךְ׃ וּבְהִקָּבֵץ
בְּתוּלוֹת שֵׁנִית וּמָרְדֳּכַי יֹשֵׁב בְּשַׁעַר־הַמֶּלֶךְ׃ אֵין אֶסְתֵּר מַגֶּדֶת מוֹלַדְתָּהּ
וְאֶת־עַמָּהּ כַּאֲשֶׁר צִוָּה עָלֶיהָ מָרְדֳּכָי וְאֶת־מַאֲמַר מָרְדֳּכַי אֶסְתֵּר עֹשָׂה כַּאֲשֶׁר
הָיְתָה בְאָמְנָה אִתּוֹ׃   בַּיָּמִים הָהֵם וּמָרְדֳּכַי יֹשֵׁב בְּשַׁעַר־הַמֶּלֶךְ
קָצַף בִּגְתָן וָתֶרֶשׁ שְׁנֵי־סָרִיסֵי הַמֶּלֶךְ מִשֹּׁמְרֵי הַסַּף וַיְבַקְשׁוּ לִשְׁלֹחַ יָד בַּמֶּלֶךְ
אֲחַשְׁוֵרֹשׁ׃ וַיִּוָּדַע הַדָּבָר לְמָרְדֳּכַי וַיַּגֵּד לְאֶסְתֵּר הַמַּלְכָּה וַתֹּאמֶר אֶסְתֵּר לַמֶּלֶךְ

בְּשֵׁם מָרְדֳּכָי׃ וַיְבֻקַּשׁ הַדָּבָר וַיִּמָּצֵא וַיִּתָּלוּ שְׁנֵיהֶם עַל־עֵץ וַיִּכָּתֵב בְּסֵפֶר דִּבְרֵי
הַיָּמִים לִפְנֵי הַמֶּלֶךְ׃
ג אַחַר ׀ הַדְּבָרִים הָאֵלֶּה גִּדַּל הַמֶּלֶךְ אֲחַשְׁוֵרוֹשׁ
אֶת־הָמָן בֶּן־הַמְּדָתָא הָאֲגָגִי וַיְנַשְּׂאֵהוּ וַיָּשֶׂם אֶת־כִּסְאוֹ מֵעַל כָּל־הַשָּׂרִים
אֲשֶׁר אִתּוֹ׃ וְכָל־עַבְדֵי הַמֶּלֶךְ אֲשֶׁר־בְּשַׁעַר הַמֶּלֶךְ כֹּרְעִים וּמִשְׁתַּחֲוִים לְהָמָן
כִּי־כֵן צִוָּה־לוֹ הַמֶּלֶךְ וּמָרְדֳּכַי לֹא יִכְרַע וְלֹא יִשְׁתַּחֲוֶה׃ וַיֹּאמְרוּ עַבְדֵי הַמֶּלֶךְ
אֲשֶׁר־בְּשַׁעַר הַמֶּלֶךְ לְמָרְדֳּכָי מַדּוּעַ אַתָּה עוֹבֵר אֵת מִצְוַת הַמֶּלֶךְ׃ וַיְהִי
באמרם אֵלָיו יוֹם וָיוֹם וְלֹא שָׁמַע אֲלֵיהֶם וַיַּגִּידוּ לְהָמָן לִרְאוֹת הֲיַעַמְדוּ דִּבְרֵי כְּאָמְרָם
מָרְדֳּכַי כִּי־הִגִּיד לָהֶם אֲשֶׁר־הוּא יְהוּדִי׃ וַיַּרְא הָמָן כִּי־אֵין מָרְדֳּכַי כֹּרֵעַ
וּמִשְׁתַּחֲוֶה לוֹ וַיִּמָּלֵא הָמָן חֵמָה׃ וַיִּבֶז בְּעֵינָיו לִשְׁלֹחַ יָד בְּמָרְדֳּכַי לְבַדּוֹ כִּי־
הִגִּידוּ לוֹ אֶת־עַם מָרְדֳּכָי וַיְבַקֵּשׁ הָמָן לְהַשְׁמִיד אֶת־כָּל־הַיְּהוּדִים אֲשֶׁר
בְּכָל־מַלְכוּת אֲחַשְׁוֵרוֹשׁ עַם מָרְדֳּכָי׃ בַּחֹדֶשׁ הָרִאשׁוֹן הוּא־חֹדֶשׁ נִיסָן בִּשְׁנַת
שְׁתֵּים עֶשְׂרֵה לַמֶּלֶךְ אֲחַשְׁוֵרוֹשׁ הִפִּיל פּוּר הוּא הַגּוֹרָל לִפְנֵי הָמָן מִיּוֹם ׀ לְיוֹם
וּמֵחֹדֶשׁ לְחֹדֶשׁ שְׁנֵים־עָשָׂר הוּא־חֹדֶשׁ אֲדָר׃ וַיֹּאמֶר הָמָן לַמֶּלֶךְ
אֲחַשְׁוֵרוֹשׁ יֶשְׁנוֹ עַם־אֶחָד מְפֻזָּר וּמְפֹרָד בֵּין הָעַמִּים בְּכֹל מְדִינוֹת מַלְכוּתֶךָ
וְדָתֵיהֶם שֹׁנוֹת מִכָּל־עָם וְאֶת־דָּתֵי הַמֶּלֶךְ אֵינָם עֹשִׂים וְלַמֶּלֶךְ אֵין־שֹׁוֶה
לְהַנִּיחָם׃ אִם־עַל־הַמֶּלֶךְ טוֹב יִכָּתֵב לְאַבְּדָם וַעֲשֶׂרֶת אֲלָפִים כִּכַּר־כֶּסֶף
אֶשְׁקוֹל עַל־יְדֵי עֹשֵׂי הַמְּלָאכָה לְהָבִיא אֶל־גִּנְזֵי הַמֶּלֶךְ׃ וַיָּסַר הַמֶּלֶךְ אֶת־
טַבַּעְתּוֹ מֵעַל יָדוֹ וַיִּתְּנָהּ לְהָמָן בֶּן־הַמְּדָתָא הָאֲגָגִי צֹרֵר הַיְּהוּדִים׃ וַיֹּאמֶר
הַמֶּלֶךְ לְהָמָן הַכֶּסֶף נָתוּן לָךְ וְהָעָם לַעֲשׂוֹת בּוֹ כַּטּוֹב בְּעֵינֶיךָ׃ וַיִּקָּרְאוּ סֹפְרֵי
הַמֶּלֶךְ בַּחֹדֶשׁ הָרִאשׁוֹן בִּשְׁלוֹשָׁה עָשָׂר יוֹם בּוֹ וַיִּכָּתֵב כְּכָל־אֲשֶׁר־צִוָּה הָמָן
אֶל אֲחַשְׁדַּרְפְּנֵי־הַמֶּלֶךְ וְאֶל־הַפַּחוֹת אֲשֶׁר ׀ עַל־מְדִינָה וּמְדִינָה וְאֶל־שָׂרֵי
עַם וָעָם מְדִינָה וּמְדִינָה כִּכְתָבָהּ וְעַם וָעָם כִּלְשׁוֹנוֹ בְּשֵׁם הַמֶּלֶךְ אֲחַשְׁוֵרֹשׁ
נִכְתָּב וְנֶחְתָּם בְּטַבַּעַת הַמֶּלֶךְ׃ וְנִשְׁלוֹחַ סְפָרִים בְּיַד הָרָצִים אֶל־כָּל־מְדִינוֹת
הַמֶּלֶךְ לְהַשְׁמִיד לַהֲרֹג וּלְאַבֵּד אֶת־כָּל־הַיְּהוּדִים מִנַּעַר וְעַד־זָקֵן טַף וְנָשִׁים
בְּיוֹם אֶחָד בִּשְׁלוֹשָׁה עָשָׂר לְחֹדֶשׁ שְׁנֵים־עָשָׂר הוּא־חֹדֶשׁ אֲדָר וּשְׁלָלָם לָבוֹז׃
פַּתְשֶׁגֶן הַכְּתָב לְהִנָּתֵן דָּת בְּכָל־מְדִינָה וּמְדִינָה גָּלוּי לְכָל־הָעַמִּים לִהְיוֹת
עֲתִדִים לַיּוֹם הַזֶּה׃ הָרָצִים יָצְאוּ דְחוּפִים בִּדְבַר הַמֶּלֶךְ וְהַדָּת נִתְּנָה בְּשׁוּשַׁן
הַבִּירָה וְהַמֶּלֶךְ וְהָמָן יָשְׁבוּ לִשְׁתּוֹת וְהָעִיר שׁוּשָׁן נָבוֹכָה׃
ד וּמָרְדֳּכַי
יָדַע אֶת־כָּל־אֲשֶׁר נַעֲשָׂה וַיִּקְרַע מָרְדֳּכַי אֶת־בְּגָדָיו וַיִּלְבַּשׁ שַׂק וָאֵפֶר וַיֵּצֵא

בְּתוֹךְ הָעִיר וַיִּזְעַק זְעָקָה גְדֹלָה וּמָרָה: וַיָּבוֹא עַד לִפְנֵי שַׁעַר־הַמֶּלֶךְ כִּי אֵין
לָבוֹא אֶל־שַׁעַר הַמֶּלֶךְ בִּלְבוּשׁ שָׂק: וּבְכָל־מְדִינָה וּמְדִינָה מְקוֹם אֲשֶׁר דְּבַר־
הַמֶּלֶךְ וְדָתוֹ מַגִּיעַ אֵבֶל גָּדוֹל לַיְּהוּדִים וְצוֹם וּבְכִי וּמִסְפֵּד שַׂק וָאֵפֶר יֻצַּע
לָרַבִּים: ותבואינה נַעֲרוֹת אֶסְתֵּר וְסָרִיסֶיהָ וַיַּגִּידוּ לָהּ וַתִּתְחַלְחַל הַמַּלְכָּה וַתָּבוֹאנָה
מְאֹד וַתִּשְׁלַח בְּגָדִים לְהַלְבִּישׁ אֶת־מָרְדֳּכַי וּלְהָסִיר שַׂקּוֹ מֵעָלָיו וְלֹא קִבֵּל:
וַתִּקְרָא אֶסְתֵּר לַהֲתָךְ מִסָּרִיסֵי הַמֶּלֶךְ אֲשֶׁר הֶעֱמִיד לְפָנֶיהָ וַתְּצַוֵּהוּ עַל־מָרְדֳּכָי
לָדַעַת מַה־זֶּה וְעַל־מַה־זֶּה: וַיֵּצֵא הֲתָךְ אֶל־מָרְדֳּכָי אֶל־רְחוֹב הָעִיר אֲשֶׁר
לִפְנֵי שַׁעַר־הַמֶּלֶךְ: וַיַּגֶּד־לוֹ מָרְדֳּכַי אֵת כָּל־אֲשֶׁר קָרָהוּ וְאֵת ׀ פָּרָשַׁת הַכֶּסֶף
אֲשֶׁר אָמַר הָמָן לִשְׁקוֹל עַל־גִּנְזֵי הַמֶּלֶךְ ביהודיים לְאַבְּדָם: וְאֶת־פַּתְשֶׁגֶן בַּיְּהוּדִים
כְּתָב־הַדָּת אֲשֶׁר־נִתַּן בְּשׁוּשָׁן לְהַשְׁמִידָם נָתַן לוֹ לְהַרְאוֹת אֶת־אֶסְתֵּר וּלְהַגִּיד
לָהּ וּלְצַוּוֹת עָלֶיהָ לָבוֹא אֶל־הַמֶּלֶךְ לְהִתְחַנֶּן־לוֹ וּלְבַקֵּשׁ מִלְּפָנָיו עַל־עַמָּהּ:
וַיָּבוֹא הֲתָךְ וַיַּגֵּד לְאֶסְתֵּר אֵת דִּבְרֵי מָרְדֳּכָי: וַתֹּאמֶר אֶסְתֵּר לַהֲתָךְ וַתְּצַוֵּהוּ
אֶל־מָרְדֳּכָי: כָּל־עַבְדֵי הַמֶּלֶךְ וְעַם מְדִינוֹת הַמֶּלֶךְ יֹדְעִים אֲשֶׁר כָּל־אִישׁ וְאִשָּׁה
אֲשֶׁר־יָבוֹא אֶל־הַמֶּלֶךְ אֶל־הֶחָצֵר הַפְּנִימִית אֲשֶׁר לֹא־יִקָּרֵא אַחַת דָּתוֹ
לְהָמִית לְבַד מֵאֲשֶׁר יוֹשִׁיט־לוֹ הַמֶּלֶךְ אֶת־שַׁרְבִיט הַזָּהָב וְחָיָה וַאֲנִי לֹא
נִקְרֵאתִי לָבוֹא אֶל־הַמֶּלֶךְ זֶה שְׁלוֹשִׁים יוֹם: וַיַּגִּידוּ לְמָרְדֳּכָי אֵת דִּבְרֵי אֶסְתֵּר:
וַיֹּאמֶר מָרְדֳּכַי לְהָשִׁיב אֶל־אֶסְתֵּר אַל־תְּדַמִּי בְנַפְשֵׁךְ לְהִמָּלֵט בֵּית־הַמֶּלֶךְ
מִכָּל־הַיְּהוּדִים: כִּי אִם־הַחֲרֵשׁ תַּחֲרִישִׁי בָּעֵת הַזֹּאת רֶוַח וְהַצָּלָה יַעֲמוֹד
לַיְּהוּדִים מִמָּקוֹם אַחֵר וְאַתְּ וּבֵית־אָבִיךְ תֹּאבֵדוּ וּמִי יוֹדֵעַ אִם־לְעֵת כָּזֹאת
הִגַּעַתְּ לַמַּלְכוּת: וַתֹּאמֶר אֶסְתֵּר לְהָשִׁיב אֶל־מָרְדֳּכָי: לֵךְ כְּנוֹס אֶת־כָּל־
הַיְּהוּדִים הַנִּמְצְאִים בְּשׁוּשָׁן וְצוּמוּ עָלַי וְאַל־תֹּאכְלוּ וְאַל־תִּשְׁתּוּ שְׁלֹשֶׁת יָמִים
לַיְלָה וָיוֹם גַּם־אֲנִי וְנַעֲרֹתַי אָצוּם כֵּן וּבְכֵן אָבוֹא אֶל־הַמֶּלֶךְ אֲשֶׁר לֹא־כַדָּת
וְכַאֲשֶׁר אָבַדְתִּי אָבָדְתִּי: וַיַּעֲבֹר מָרְדֳּכָי וַיַּעַשׂ כְּכֹל אֲשֶׁר־צִוְּתָה עָלָיו אֶסְתֵּר:
ה וַיְהִי ׀ בַּיּוֹם הַשְּׁלִישִׁי וַתִּלְבַּשׁ אֶסְתֵּר מַלְכוּת וַתַּעֲמֹד בַּחֲצַר בֵּית־הַמֶּלֶךְ
הַפְּנִימִית נֹכַח בֵּית הַמֶּלֶךְ וְהַמֶּלֶךְ יוֹשֵׁב עַל־כִּסֵּא מַלְכוּתוֹ בְּבֵית הַמַּלְכוּת
נֹכַח פֶּתַח הַבָּיִת: וַיְהִי כִרְאוֹת הַמֶּלֶךְ אֶת־אֶסְתֵּר הַמַּלְכָּה עֹמֶדֶת בֶּחָצֵר
נָשְׂאָה חֵן בְּעֵינָיו וַיּוֹשֶׁט הַמֶּלֶךְ לְאֶסְתֵּר אֶת־שַׁרְבִיט הַזָּהָב אֲשֶׁר בְּיָדוֹ וַתִּקְרַב
אֶסְתֵּר וַתִּגַּע בְּרֹאשׁ הַשַּׁרְבִיט: וַיֹּאמֶר לָהּ הַמֶּלֶךְ מַה־לָּךְ אֶסְתֵּר הַמַּלְכָּה
וּמַה־בַּקָּשָׁתֵךְ עַד־חֲצִי הַמַּלְכוּת וְיִנָּתֵן לָךְ: וַתֹּאמֶר אֶסְתֵּר אִם־עַל־הַמֶּלֶךְ

טוֹב יָבוֹא הַמֶּלֶךְ וְהָמָן הַיּוֹם אֶל־הַמִּשְׁתֶּה אֲשֶׁר־עָשִׂיתִי לוֹ׃ וַיֹּאמֶר הַמֶּלֶךְ
מַהֲרוּ אֶת־הָמָן לַעֲשׂוֹת אֶת־דְּבַר אֶסְתֵּר וַיָּבֹא הַמֶּלֶךְ וְהָמָן אֶל־הַמִּשְׁתֶּה
אֲשֶׁר־עָשְׂתָה אֶסְתֵּר׃ וַיֹּאמֶר הַמֶּלֶךְ לְאֶסְתֵּר בְּמִשְׁתֵּה הַיַּיִן מַה־שְּׁאֵלָתֵךְ
וְיִנָּתֵן לָךְ וּמַה־בַּקָּשָׁתֵךְ עַד־חֲצִי הַמַּלְכוּת וְתֵעָשׂ׃ וַתַּעַן אֶסְתֵּר וַתֹּאמַר
שְׁאֵלָתִי וּבַקָּשָׁתִי׃ אִם־מָצָאתִי חֵן בְּעֵינֵי הַמֶּלֶךְ וְאִם־עַל־הַמֶּלֶךְ טוֹב לָתֵת
אֶת־שְׁאֵלָתִי וְלַעֲשׂוֹת אֶת־בַּקָּשָׁתִי יָבוֹא הַמֶּלֶךְ וְהָמָן אֶל־הַמִּשְׁתֶּה אֲשֶׁר
אֶעֱשֶׂה לָהֶם וּמָחָר אֶעֱשֶׂה כִּדְבַר הַמֶּלֶךְ׃ וַיֵּצֵא הָמָן בַּיּוֹם הַהוּא שָׂמֵחַ וְטוֹב
לֵב וְכִרְאוֹת הָמָן אֶת־מָרְדֳּכַי בְּשַׁעַר הַמֶּלֶךְ וְלֹא־קָם וְלֹא־זָע מִמֶּנּוּ וַיִּמָּלֵא
הָמָן עַל־מָרְדֳּכַי חֵמָה׃ וַיִּתְאַפַּק הָמָן וַיָּבוֹא אֶל־בֵּיתוֹ וַיִּשְׁלַח וַיָּבֵא אֶת־אֹהֲבָיו
וְאֶת־זֶרֶשׁ אִשְׁתּוֹ׃ וַיְסַפֵּר לָהֶם הָמָן אֶת־כְּבוֹד עָשְׁרוֹ וְרֹב בָּנָיו וְאֵת כָּל־אֲשֶׁר
גִּדְּלוֹ הַמֶּלֶךְ וְאֵת אֲשֶׁר נִשְּׂאוֹ עַל־הַשָּׂרִים וְעַבְדֵי הַמֶּלֶךְ׃ וַיֹּאמֶר הָמָן אַף
לֹא־הֵבִיאָה אֶסְתֵּר הַמַּלְכָּה עִם־הַמֶּלֶךְ אֶל־הַמִּשְׁתֶּה אֲשֶׁר־עָשָׂתָה כִּי אִם־
אוֹתִי וְגַם־לְמָחָר אֲנִי קָרוּא־לָהּ עִם־הַמֶּלֶךְ׃ וְכָל־זֶה אֵינֶנּוּ שֹׁוֶה לִי בְּכָל־עֵת
אֲשֶׁר אֲנִי רֹאֶה אֶת־מָרְדֳּכַי הַיְּהוּדִי יוֹשֵׁב בְּשַׁעַר הַמֶּלֶךְ׃ וַתֹּאמֶר לוֹ זֶרֶשׁ
אִשְׁתּוֹ וְכָל־אֹהֲבָיו יַעֲשׂוּ־עֵץ גָּבֹהַּ חֲמִשִּׁים אַמָּה וּבַבֹּקֶר ׀ אֱמֹר לַמֶּלֶךְ וְיִתְלוּ
אֶת־מָרְדֳּכַי עָלָיו וּבֹא עִם־הַמֶּלֶךְ אֶל־הַמִּשְׁתֶּה שָׂמֵחַ וַיִּיטַב הַדָּבָר לִפְנֵי הָמָן
וַיַּעַשׂ הָעֵץ׃
ו בַּלַּיְלָה הַהוּא נָדְדָה שְׁנַת הַמֶּלֶךְ וַיֹּאמֶר לְהָבִיא אֶת־
סֵפֶר הַזִּכְרֹנוֹת דִּבְרֵי הַיָּמִים וַיִּהְיוּ נִקְרָאִים לִפְנֵי הַמֶּלֶךְ׃ וַיִּמָּצֵא כָתוּב אֲשֶׁר
הִגִּיד מָרְדֳּכַי עַל־בִּגְתָנָא וָתֶרֶשׁ שְׁנֵי סָרִיסֵי הַמֶּלֶךְ מִשֹּׁמְרֵי הַסַּף אֲשֶׁר בִּקְשׁוּ
לִשְׁלֹחַ יָד בַּמֶּלֶךְ אֲחַשְׁוֵרוֹשׁ׃ וַיֹּאמֶר הַמֶּלֶךְ מַה־נַּעֲשָׂה יְקָר וּגְדוּלָּה לְמָרְדֳּכַי
עַל־זֶה וַיֹּאמְרוּ נַעֲרֵי הַמֶּלֶךְ מְשָׁרְתָיו לֹא־נַעֲשָׂה עִמּוֹ דָּבָר׃ וַיֹּאמֶר הַמֶּלֶךְ מִי
בֶחָצֵר וְהָמָן בָּא לַחֲצַר בֵּית־הַמֶּלֶךְ הַחִיצוֹנָה לֵאמֹר לַמֶּלֶךְ לִתְלוֹת אֶת־מָרְדֳּכַי
עַל־הָעֵץ אֲשֶׁר־הֵכִין לוֹ׃ וַיֹּאמְרוּ נַעֲרֵי הַמֶּלֶךְ אֵלָיו הִנֵּה הָמָן עֹמֵד בֶּחָצֵר
וַיֹּאמֶר הַמֶּלֶךְ יָבוֹא׃ וַיָּבוֹא הָמָן וַיֹּאמֶר לוֹ הַמֶּלֶךְ מַה־לַּעֲשׂוֹת בָּאִישׁ אֲשֶׁר
הַמֶּלֶךְ חָפֵץ בִּיקָרוֹ וַיֹּאמֶר הָמָן בְּלִבּוֹ לְמִי יַחְפֹּץ הַמֶּלֶךְ לַעֲשׂוֹת יְקָר יוֹתֵר
מִמֶּנִּי׃ וַיֹּאמֶר הָמָן אֶל־הַמֶּלֶךְ אִישׁ אֲשֶׁר הַמֶּלֶךְ חָפֵץ בִּיקָרוֹ׃ יָבִיאוּ לְבוּשׁ
מַלְכוּת אֲשֶׁר לָבַשׁ־בּוֹ הַמֶּלֶךְ וְסוּס אֲשֶׁר רָכַב עָלָיו הַמֶּלֶךְ וַאֲשֶׁר נִתַּן כֶּתֶר
מַלְכוּת בְּרֹאשׁוֹ׃ וְנָתוֹן הַלְּבוּשׁ וְהַסּוּס עַל־יַד־אִישׁ מִשָּׂרֵי הַמֶּלֶךְ הַפַּרְתְּמִים
וְהִלְבִּישׁוּ אֶת־הָאִישׁ אֲשֶׁר הַמֶּלֶךְ חָפֵץ בִּיקָרוֹ וְהִרְכִּיבֻהוּ עַל־הַסּוּס בִּרְחוֹב

הָעִ֔יר וְקָרְא֣וּ לְפָנָ֔יו כָּ֚כָה יֵעָשֶׂ֣ה לָאִ֔ישׁ אֲשֶׁ֥ר הַמֶּ֖לֶךְ חָפֵ֥ץ בִּיקָרֽוֹ׃ וַיֹּ֨אמֶר הַמֶּ֜לֶךְ
לְהָמָ֗ן מַ֠הֵר קַ֣ח אֶת־הַלְּב֤וּשׁ וְאֶת־הַסּוּס֙ כַּאֲשֶׁ֣ר דִּבַּ֔רְתָּ וַעֲשֵׂה־כֵן֙ לְמָרְדֳּכַ֣י
הַיְּהוּדִ֔י הַיּוֹשֵׁ֖ב בְּשַׁ֣עַר הַמֶּ֑לֶךְ אַל־תַּפֵּ֣ל דָּבָ֔ר מִכֹּ֖ל אֲשֶׁ֥ר דִּבַּֽרְתָּ׃ וַיִּקַּ֤ח הָמָן֙
אֶת־הַלְּב֣וּשׁ וְאֶת־הַסּ֔וּס וַיַּלְבֵּ֖שׁ אֶת־מָרְדֳּכָ֑י וַיַּרְכִּיבֵ֙הוּ֙ בִּרְח֣וֹב הָעִ֔יר וַיִּקְרָ֣א
לְפָנָ֔יו כָּ֚כָה יֵעָשֶׂ֣ה לָאִ֔ישׁ אֲשֶׁ֥ר הַמֶּ֖לֶךְ חָפֵ֥ץ בִּיקָרֽוֹ׃ וַיָּ֥שָׁב מָרְדֳּכַ֖י אֶל־שַׁ֣עַר
הַמֶּ֑לֶךְ וְהָמָן֙ נִדְחַ֣ף אֶל־בֵּית֔וֹ אָבֵ֖ל וַחֲפ֥וּי רֹֽאשׁ׃ וַיְסַפֵּ֨ר הָמָ֜ן לְזֶ֤רֶשׁ אִשְׁתּוֹ֙
וּלְכָל־אֹ֣הֲבָ֔יו אֵ֖ת כָּל־אֲשֶׁ֣ר קָרָ֑הוּ וַיֹּ֨אמְרוּ ל֜וֹ חֲכָמָ֗יו וְזֶ֤רֶשׁ אִשְׁתּוֹ֙ אִ֣ם מִזֶּ֣רַע
הַיְּהוּדִ֡ים מָרְדֳּכַ֞י אֲשֶׁ֨ר הַחִלּ֜וֹתָ לִנְפֹּ֤ל לְפָנָיו֙ לֹא־תוּכַ֣ל ל֔וֹ כִּֽי־נָפ֥וֹל תִּפּ֖וֹל לְפָנָֽיו׃
עוֹדָם֙ מְדַבְּרִ֣ים עִמּ֔וֹ וְסָרִיסֵ֥י הַמֶּ֖לֶךְ הִגִּ֑יעוּ וַיַּבְהִ֙לוּ֙ לְהָבִ֣יא אֶת־הָמָ֔ן אֶל־
ז הַמִּשְׁתֶּ֖ה אֲשֶׁר־עָשְׂתָ֥ה אֶסְתֵּֽר׃ וַיָּבֹ֤א הַמֶּ֙לֶךְ֙ וְהָמָ֔ן לִשְׁתּ֖וֹת עִם־אֶסְתֵּ֥ר
הַמַּלְכָּֽה׃ וַיֹּ֨אמֶר הַמֶּ֜לֶךְ לְאֶסְתֵּ֗ר גַּ֣ם בַּיּ֤וֹם הַשֵּׁנִי֙ בְּמִשְׁתֵּ֣ה הַיַּ֔יִן מַה־שְּׁאֵלָתֵ֛ךְ
אֶסְתֵּ֥ר הַמַּלְכָּ֖ה וְתִנָּ֣תֵֽן לָ֑ךְ וּמַה־בַּקָּשָׁתֵ֛ךְ עַד־חֲצִ֥י הַמַּלְכ֖וּת וְתֵעָֽשׂ׃ וַתַּ֨עַן
אֶסְתֵּ֤ר הַמַּלְכָּה֙ וַתֹּאמַ֔ר אִם־מָצָ֨אתִי חֵ֤ן בְּעֵינֶ֙יךָ֙ הַמֶּ֔לֶךְ וְאִם־עַל־הַמֶּ֖לֶךְ ט֑וֹב
תִּנָּֽתֶן־לִ֤י נַפְשִׁי֙ בִּשְׁאֵ֣לָתִ֔י וְעַמִּ֖י בְּבַקָּשָׁתִֽי׃ כִּ֤י נִמְכַּ֙רְנוּ֙ אֲנִ֣י וְעַמִּ֔י לְהַשְׁמִ֖יד
לַהֲר֣וֹג וּלְאַבֵּ֑ד וְ֠אִלּוּ לַעֲבָדִ֨ים וְלִשְׁפָח֤וֹת נִמְכַּ֙רְנוּ֙ הֶחֱרַ֔שְׁתִּי כִּ֣י אֵ֥ין הַצָּ֛ר שֹׁוֶ֖ה
בְּנֵ֥זֶק הַמֶּֽלֶךְ׃ וַיֹּ֙אמֶר֙ הַמֶּ֣לֶךְ אֲחַשְׁוֵר֔וֹשׁ וַיֹּ֖אמֶר לְאֶסְתֵּ֣ר הַמַּלְכָּ֑ה
מִ֣י ה֥וּא זֶה֙ וְאֵֽי־זֶ֣ה ה֔וּא אֲשֶׁר־מְלָא֥וֹ לִבּ֖וֹ לַעֲשׂ֥וֹת כֵּֽן׃ וַתֹּ֣אמֶר אֶסְתֵּ֔ר אִ֚ישׁ
צַ֣ר וְאוֹיֵ֔ב הָמָ֥ן הָרָ֖ע הַזֶּ֑ה וְהָמָ֣ן נִבְעָ֔ת מִלִּפְנֵ֥י הַמֶּ֖לֶךְ וְהַמַּלְכָּֽה׃ וְהַמֶּ֜לֶךְ קָ֤ם
בַּחֲמָתוֹ֙ מִמִּשְׁתֵּ֣ה הַיַּ֔יִן אֶל־גִּנַּ֖ת הַבִּיתָ֑ן וְהָמָ֣ן עָמַ֗ד לְבַקֵּ֤שׁ עַל־נַפְשׁוֹ֙ מֵאֶסְתֵּ֣ר
הַמַּלְכָּ֔ה כִּ֣י רָאָ֔ה כִּֽי־כָלְתָ֥ה אֵלָ֛יו הָרָעָ֖ה מֵאֵ֥ת הַמֶּֽלֶךְ׃ וְהַמֶּ֡לֶךְ שָׁב֩ מִגִּנַּ֨ת
הַבִּיתָ֜ן אֶל־בֵּ֣ית ׀ מִשְׁתֵּ֣ה הַיַּ֗יִן וְהָמָן֙ נֹפֵ֔ל עַל־הַמִּטָּה֙ אֲשֶׁ֣ר אֶסְתֵּ֣ר עָלֶ֔יהָ
וַיֹּ֣אמֶר הַמֶּ֔לֶךְ הֲ֠גַם לִכְבּ֧וֹשׁ אֶת־הַמַּלְכָּ֛ה עִמִּ֖י בַּבָּ֑יִת הַדָּבָ֗ר יָצָא֙ מִפִּ֣י הַמֶּ֔לֶךְ
וּפְנֵ֥י הָמָ֖ן חָפֽוּ׃ וַיֹּ֣אמֶר חַ֠רְבוֹנָה אֶחָ֨ד מִן־הַסָּרִיסִ֜ים לִפְנֵ֣י הַמֶּ֗לֶךְ גַּ֣ם הִנֵּה־הָעֵ֣ץ
אֲשֶׁר־עָשָׂ֣ה הָמָ֡ן לְמָרְדֳּכַ֞י אֲשֶׁ֧ר דִּבֶּר־ט֣וֹב עַל־הַמֶּ֗לֶךְ עֹמֵד֙ בְּבֵ֣ית הָמָ֔ן גָּבֹ֖הַּ
חֲמִשִּׁ֣ים אַמָּ֑ה וַיֹּ֥אמֶר הַמֶּ֖לֶךְ תְּלֻ֥הוּ עָלָֽיו׃ וַיִּתְלוּ֙ אֶת־הָמָ֔ן עַל־הָעֵ֖ץ אֲשֶׁר־הֵכִ֣ין
ח לְמָרְדֳּכָ֑י וַחֲמַ֥ת הַמֶּ֖לֶךְ שָׁכָֽכָה׃ בַּיּ֣וֹם הַה֗וּא נָתַ֞ן הַמֶּ֤לֶךְ אֲחַשְׁוֵרוֹשׁ֙
לְאֶסְתֵּ֣ר הַמַּלְכָּ֔ה אֶת־בֵּ֥ית הָמָ֖ן צֹרֵ֣ר היהודיים וּמָרְדֳּכַ֗י בָּ֚א לִפְנֵ֣י הַמֶּ֔לֶךְ כִּֽי־ הַיְּהוּדִ֑ים
הִגִּ֥ידָה אֶסְתֵּ֖ר מַ֥ה הוּא־לָֽהּ׃ וַיָּ֨סַר הַמֶּ֜לֶךְ אֶת־טַבַּעְתּ֗וֹ אֲשֶׁ֤ר הֶעֱבִיר֙ מֵהָמָ֔ן
וַיִּתְּנָ֖הּ לְמָרְדֳּכָ֑י וַתָּ֧שֶׂם אֶסְתֵּ֛ר אֶת־מָרְדֳּכַ֖י עַל־בֵּ֥ית הָמָֽן׃ וַתּ֣וֹסֶף

אֶסְתֵּר וַתְּדַבֵּר לִפְנֵי הַמֶּלֶךְ וַתִּפֹּל לִפְנֵי רַגְלָיו וַתֵּבְךְּ וַתִּתְחַנֶּן־לוֹ לְהַעֲבִיר
אֶת־רָעַת הָמָן הָאֲגָגִי וְאֵת מַחֲשַׁבְתּוֹ אֲשֶׁר חָשַׁב עַל־הַיְּהוּדִים׃ וַיּוֹשֶׁט הַמֶּלֶךְ
לְאֶסְתֵּר אֵת שַׁרְבִט הַזָּהָב וַתָּקָם אֶסְתֵּר וַתַּעֲמֹד לִפְנֵי הַמֶּלֶךְ׃ וַתֹּאמֶר אִם־
עַל־הַמֶּלֶךְ טוֹב וְאִם־מָצָאתִי חֵן לְפָנָיו וְכָשֵׁר הַדָּבָר לִפְנֵי הַמֶּלֶךְ וְטוֹבָה
אֲנִי בְּעֵינָיו יִכָּתֵב לְהָשִׁיב אֶת־הַסְּפָרִים מַחֲשֶׁבֶת הָמָן בֶּן־הַמְּדָתָא הָאֲגָגִי
אֲשֶׁר כָּתַב לְאַבֵּד אֶת־הַיְּהוּדִים אֲשֶׁר בְּכָל־מְדִינוֹת הַמֶּלֶךְ׃ כִּי אֵיכָכָה
אוּכַל וְרָאִיתִי בָּרָעָה אֲשֶׁר־יִמְצָא אֶת־עַמִּי וְאֵיכָכָה אוּכַל וְרָאִיתִי בְּאָבְדַן
מוֹלַדְתִּי׃ וַיֹּאמֶר הַמֶּלֶךְ אֲחַשְׁוֵרֹשׁ לְאֶסְתֵּר הַמַּלְכָּה וּלְמָרְדֳּכַי
הַיְּהוּדִי הִנֵּה בֵית־הָמָן נָתַתִּי לְאֶסְתֵּר וְאֹתוֹ תָּלוּ עַל־הָעֵץ עַל אֲשֶׁר־שָׁלַח
יָדוֹ ביהודיים׃ וְאַתֶּם כִּתְבוּ עַל־הַיְּהוּדִים כַּטּוֹב בְּעֵינֵיכֶם בְּשֵׁם הַמֶּלֶךְ וְחִתְמוּ בַּיְּהוּדִים
בְּטַבַּעַת הַמֶּלֶךְ כִּי־כְתָב אֲשֶׁר־נִכְתָּב בְּשֵׁם־הַמֶּלֶךְ וְנַחְתּוֹם בְּטַבַּעַת הַמֶּלֶךְ
אֵין לְהָשִׁיב׃ וַיִּקָּרְאוּ סֹפְרֵי־הַמֶּלֶךְ בָּעֵת־הַהִיא בַּחֹדֶשׁ הַשְּׁלִישִׁי הוּא־חֹדֶשׁ
סִיוָן בִּשְׁלוֹשָׁה וְעֶשְׂרִים בּוֹ וַיִּכָּתֵב כְּכָל־אֲשֶׁר־צִוָּה מָרְדֳּכַי אֶל־הַיְּהוּדִים וְאֶל
הָאֲחַשְׁדַּרְפְּנִים וְהַפַּחוֹת וְשָׂרֵי הַמְּדִינוֹת אֲשֶׁר ׀ מֵהֹדּוּ וְעַד־כּוּשׁ שֶׁבַע וְעֶשְׂרִים
וּמֵאָה מְדִינָה מְדִינָה וּמְדִינָה כִּכְתָבָהּ וְעַם וָעָם כִּלְשֹׁנוֹ וְאֶל־הַיְּהוּדִים כִּכְתָבָם
וְכִלְשׁוֹנָם׃ וַיִּכְתֹּב בְּשֵׁם הַמֶּלֶךְ אֲחַשְׁוֵרֹשׁ וַיַּחְתֹּם בְּטַבַּעַת הַמֶּלֶךְ וַיִּשְׁלַח
סְפָרִים בְּיַד הָרָצִים בַּסּוּסִים רֹכְבֵי הָרֶכֶשׁ הָאֲחַשְׁתְּרָנִים בְּנֵי הָרַמָּכִים׃ אֲשֶׁר
נָתַן הַמֶּלֶךְ לַיְּהוּדִים ׀ אֲשֶׁר ׀ בְּכָל־עִיר וָעִיר לְהִקָּהֵל וְלַעֲמֹד עַל־נַפְשָׁם
לְהַשְׁמִיד וְלַהֲרֹג וּלְאַבֵּד אֶת־כָּל־חֵיל עַם וּמְדִינָה הַצָּרִים אֹתָם טַף וְנָשִׁים
וּשְׁלָלָם לָבוֹז׃ בְּיוֹם אֶחָד בְּכָל־מְדִינוֹת הַמֶּלֶךְ אֲחַשְׁוֵרוֹשׁ בִּשְׁלוֹשָׁה עָשָׂר
לְחֹדֶשׁ שְׁנֵים־עָשָׂר הוּא־חֹדֶשׁ אֲדָר׃ פַּתְשֶׁגֶן הַכְּתָב לְהִנָּתֵן דָּת בְּכָל־מְדִינָה
וּמְדִינָה גָּלוּי לְכָל־הָעַמִּים וְלִהְיוֹת היהודיים עתודים לַיּוֹם הַזֶּה לְהִנָּקֵם הַיְּהוּדִים עֲתִידִים
מֵאֹיְבֵיהֶם׃ הָרָצִים רֹכְבֵי הָרֶכֶשׁ הָאֲחַשְׁתְּרָנִים יָצְאוּ מְבֹהָלִים וּדְחוּפִים בִּדְבַר
הַמֶּלֶךְ וְהַדָּת נִתְּנָה בְּשׁוּשַׁן הַבִּירָה׃ וּמָרְדֳּכַי יָצָא ׀ מִלִּפְנֵי הַמֶּלֶךְ
בִּלְבוּשׁ מַלְכוּת תְּכֵלֶת וָחוּר וַעֲטֶרֶת זָהָב גְּדוֹלָה וְתַכְרִיךְ בּוּץ וְאַרְגָּמָן וְהָעִיר
שׁוּשָׁן צָהֲלָה וְשָׂמֵחָה׃ לַיְּהוּדִים הָיְתָה אוֹרָה וְשִׂמְחָה וְשָׂשֹׂן וִיקָר׃
וּבְכָל־מְדִינָה וּמְדִינָה וּבְכָל־עִיר וָעִיר מְקוֹם אֲשֶׁר דְּבַר־הַמֶּלֶךְ וְדָתוֹ מַגִּיעַ
שִׂמְחָה וְשָׂשׂוֹן לַיְּהוּדִים מִשְׁתֶּה וְיוֹם טוֹב וְרַבִּים מֵעַמֵּי הָאָרֶץ מִתְיַהֲדִים
כִּי־נָפַל פַּחַד־הַיְּהוּדִים עֲלֵיהֶם׃ וּבִשְׁנֵים עָשָׂר חֹדֶשׁ הוּא־חֹדֶשׁ אֲדָר ט

בִּשְׁלוֹשָׁה עָשָׂר יוֹם בּוֹ אֲשֶׁר הִגִּיעַ דְּבַר־הַמֶּלֶךְ וְדָתוֹ לְהֵעָשׂוֹת בַּיּוֹם אֲשֶׁר
שִׂבְּרוּ אֹיְבֵי הַיְּהוּדִים לִשְׁלוֹט בָּהֶם וְנַהֲפוֹךְ הוּא אֲשֶׁר יִשְׁלְטוּ הַיְּהוּדִים
הֵמָּה בְּשֹׂנְאֵיהֶם: נִקְהֲלוּ הַיְּהוּדִים בְּעָרֵיהֶם בְּכָל־מְדִינוֹת הַמֶּלֶךְ אֲחַשְׁוֵרוֹשׁ
לִשְׁלֹחַ יָד בִּמְבַקְשֵׁי רָעָתָם וְאִישׁ לֹא־עָמַד לִפְנֵיהֶם כִּי־נָפַל פַּחְדָּם עַל־כָּל־
הָעַמִּים: וְכָל־שָׂרֵי הַמְּדִינוֹת וְהָאֲחַשְׁדַּרְפְּנִים וְהַפַּחוֹת וְעֹשֵׂי הַמְּלָאכָה
אֲשֶׁר לַמֶּלֶךְ מְנַשְּׂאִים אֶת־הַיְּהוּדִים כִּי־נָפַל פַּחַד־מָרְדֳּכַי עֲלֵיהֶם: כִּי־
גָדוֹל מָרְדֳּכַי בְּבֵית הַמֶּלֶךְ וְשָׁמְעוֹ הוֹלֵךְ בְּכָל־הַמְּדִינוֹת כִּי־הָאִישׁ מָרְדֳּכַי
הוֹלֵךְ וְגָדוֹל: וַיַּכּוּ הַיְּהוּדִים בְּכָל־אֹיְבֵיהֶם מַכַּת־חֶרֶב וְהֶרֶג וְאַבְדָן וַיַּעֲשׂוּ
בְשֹׂנְאֵיהֶם כִּרְצוֹנָם: וּבְשׁוּשַׁן הַבִּירָה הָרְגוּ הַיְּהוּדִים וְאַבֵּד חֲמֵשׁ מֵאוֹת
אִישׁ: וְאֵת ׀
פַּרְשַׁנְדָּתָא וְאֵת ׀
דַּלְפוֹן וְאֵת ׀
אַסְפָּתָא: וְאֵת ׀
פּוֹרָתָא וְאֵת ׀
אֲדַלְיָא וְאֵת ׀
אֲרִידָתָא: וְאֵת ׀
פַּרְמַשְׁתָּא וְאֵת ׀
אֲרִיסַי וְאֵת ׀
אֲרִדַי וְאֵת ׀
וַיְזָתָא: עֲשֶׂרֶת
בְּנֵי הָמָן בֶּן־הַמְּדָתָא צֹרֵר הַיְּהוּדִים הָרָגוּ וּבַבִּזָּה לֹא שָׁלְחוּ אֶת־יָדָם: בַּיּוֹם
הַהוּא בָּא מִסְפַּר הַהֲרוּגִים בְּשׁוּשַׁן הַבִּירָה לִפְנֵי הַמֶּלֶךְ: וַיֹּאמֶר הַמֶּלֶךְ לְאֶסְתֵּר
הַמַּלְכָּה בְּשׁוּשַׁן הַבִּירָה הָרְגוּ הַיְּהוּדִים וְאַבֵּד חֲמֵשׁ מֵאוֹת אִישׁ וְאֵת עֲשֶׂרֶת
בְּנֵי־הָמָן בִּשְׁאָר מְדִינוֹת הַמֶּלֶךְ מֶה עָשׂוּ וּמַה־שְּׁאֵלָתֵךְ וְיִנָּתֵן לָךְ וּמַה־בַּקָּשָׁתֵךְ
עוֹד וְתֵעָשׂ: וַתֹּאמֶר אֶסְתֵּר אִם־עַל־הַמֶּלֶךְ טוֹב יִנָּתֵן גַּם־מָחָר לַיְּהוּדִים אֲשֶׁר
בְּשׁוּשָׁן לַעֲשׂוֹת כְּדָת הַיּוֹם וְאֵת עֲשֶׂרֶת בְּנֵי־הָמָן יִתְלוּ עַל־הָעֵץ: וַיֹּאמֶר
הַמֶּלֶךְ לְהֵעָשׂוֹת כֵּן וַתִּנָּתֵן דָּת בְּשׁוּשָׁן וְאֵת עֲשֶׂרֶת בְּנֵי־הָמָן תָּלוּ: וַיִּקָּהֲלוּ
היהודיים אֲשֶׁר־בְּשׁוּשָׁן גַּם בְּיוֹם אַרְבָּעָה עָשָׂר לְחֹדֶשׁ אֲדָר וַיַּהַרְגוּ בְשׁוּשָׁן הַיְּהוּדִים
שְׁלֹשׁ מֵאוֹת אִישׁ וּבַבִּזָּה לֹא שָׁלְחוּ אֶת־יָדָם: וּשְׁאָר הַיְּהוּדִים אֲשֶׁר בִּמְדִינוֹת

הַמֶּלֶךְ נִקְהֲלוּ ׀ וְעָמֹד עַל־נַפְשָׁם וְנוֹחַ מֵאֹיְבֵיהֶם וְהָרוֹג בְּשֹׂנְאֵיהֶם חֲמִשָּׁה
וְשִׁבְעִים אָלֶף וּבַבִּזָּה לֹא שָׁלְחוּ אֶת־יָדָם׃ בְּיוֹם־שְׁלוֹשָׁה עָשָׂר לְחֹדֶשׁ אֲדָר וְנוֹחַ
וְהַיְּהוּדִים בְּאַרְבָּעָה עָשָׂר בּוֹ וְעָשֹׂה אֹתוֹ יוֹם מִשְׁתֶּה וְשִׂמְחָה׃ והיהודיים אֲשֶׁר־בְּשׁוּשָׁן
נִקְהֲלוּ בִּשְׁלוֹשָׁה עָשָׂר בּוֹ וּבְאַרְבָּעָה עָשָׂר בּוֹ וְנוֹחַ בַּחֲמִשָּׁה עָשָׂר בּוֹ וְעָשֹׂה
הַפְּרָזִים אֹתוֹ יוֹם מִשְׁתֶּה וְשִׂמְחָה׃ עַל־כֵּן הַיְּהוּדִים הפרוזים הַיֹּשְׁבִים בְּעָרֵי הַפְּרָזוֹת
עֹשִׂים אֵת יוֹם אַרְבָּעָה עָשָׂר לְחֹדֶשׁ אֲדָר שִׂמְחָה וּמִשְׁתֶּה וְיוֹם טוֹב וּמִשְׁלֹחַ
מָנוֹת אִישׁ לְרֵעֵהוּ׃ וַיִּכְתֹּב מָרְדֳּכַי אֶת־הַדְּבָרִים הָאֵלֶּה וַיִּשְׁלַח סְפָרִים אֶל־כָּל־
הַיְּהוּדִים אֲשֶׁר בְּכָל־מְדִינוֹת הַמֶּלֶךְ אֲחַשְׁוֵרוֹשׁ הַקְּרוֹבִים וְהָרְחוֹקִים׃ לְקַיֵּם
עֲלֵיהֶם לִהְיוֹת עֹשִׂים אֵת יוֹם אַרְבָּעָה עָשָׂר לְחֹדֶשׁ אֲדָר וְאֵת יוֹם־חֲמִשָּׁה
עָשָׂר בּוֹ בְּכָל־שָׁנָה וְשָׁנָה׃ כַּיָּמִים אֲשֶׁר־נָחוּ בָהֶם הַיְּהוּדִים מֵאֹיְבֵיהֶם וְהַחֹדֶשׁ
אֲשֶׁר נֶהְפַּךְ לָהֶם מִיָּגוֹן לְשִׂמְחָה וּמֵאֵבֶל לְיוֹם טוֹב לַעֲשׂוֹת אוֹתָם יְמֵי מִשְׁתֶּה
וְשִׂמְחָה וּמִשְׁלֹחַ מָנוֹת אִישׁ לְרֵעֵהוּ וּמַתָּנוֹת לָאֶבְיֹנִים׃ וְקִבֵּל הַיְּהוּדִים אֵת
אֲשֶׁר־הֵחֵלּוּ לַעֲשׂוֹת וְאֵת אֲשֶׁר־כָּתַב מָרְדֳּכַי אֲלֵיהֶם׃ כִּי הָמָן בֶּן־הַמְּדָתָא
הָאֲגָגִי צֹרֵר כָּל־הַיְּהוּדִים חָשַׁב עַל־הַיְּהוּדִים לְאַבְּדָם וְהִפִּל פּוּר הוּא הַגּוֹרָל
לְהֻמָּם וּלְאַבְּדָם׃ וּבְבֹאָהּ לִפְנֵי הַמֶּלֶךְ אָמַר עִם־הַסֵּפֶר יָשׁוּב מַחֲשַׁבְתּוֹ הָרָעָה
אֲשֶׁר־חָשַׁב עַל־הַיְּהוּדִים עַל־רֹאשׁוֹ וְתָלוּ אֹתוֹ וְאֶת־בָּנָיו עַל־הָעֵץ׃ עַל־כֵּן
קָרְאוּ לַיָּמִים הָאֵלֶּה פוּרִים עַל־שֵׁם הַפּוּר עַל־כֵּן עַל־כָּל־דִּבְרֵי הָאִגֶּרֶת הַזֹּאת
וּמָה־רָאוּ עַל־כָּכָה וּמָה הִגִּיעַ אֲלֵיהֶם׃ קִיְּמוּ וְקִבְּלֻ הַיְּהוּדִים ׀ עֲלֵיהֶם ׀ וְעַל־
זַרְעָם וְעַל כָּל־הַנִּלְוִים עֲלֵיהֶם וְלֹא יַעֲבוֹר לִהְיוֹת עֹשִׂים אֵת־שְׁנֵי הַיָּמִים הָאֵלֶּה
כִּכְתָבָם וְכִזְמַנָּם בְּכָל־שָׁנָה וְשָׁנָה׃ וְהַיָּמִים הָאֵלֶּה נִזְכָּרִים וְנַעֲשִׂים בְּכָל־דּוֹר
וָדוֹר מִשְׁפָּחָה וּמִשְׁפָּחָה מְדִינָה וּמְדִינָה וְעִיר וָעִיר וִימֵי הַפּוּרִים הָאֵלֶּה לֹא
יַעַבְרוּ מִתּוֹךְ הַיְּהוּדִים וְזִכְרָם לֹא־יָסוּף מִזַּרְעָם׃ וַתִּכְתֹּב אֶסְתֵּר
הַמַּלְכָּה בַת־אֲבִיחַיִל וּמָרְדֳּכַי הַיְּהוּדִי אֶת־כָּל־תֹּקֶף לְקַיֵּם אֵת אִגֶּרֶת הַפֻּרִים
הַזֹּאת הַשֵּׁנִית׃ וַיִּשְׁלַח סְפָרִים אֶל־כָּל־הַיְּהוּדִים אֶל־שֶׁבַע וְעֶשְׂרִים וּמֵאָה
מְדִינָה מַלְכוּת אֲחַשְׁוֵרוֹשׁ דִּבְרֵי שָׁלוֹם וֶאֱמֶת׃ לְקַיֵּם אֶת־יְמֵי הַפֻּרִים הָאֵלֶּה
בִּזְמַנֵּיהֶם כַּאֲשֶׁר קִיַּם עֲלֵיהֶם מָרְדֳּכַי הַיְּהוּדִי וְאֶסְתֵּר הַמַּלְכָּה וְכַאֲשֶׁר קִיְּמוּ
עַל־נַפְשָׁם וְעַל־זַרְעָם דִּבְרֵי הַצּוֹמוֹת וְזַעֲקָתָם׃ וּמַאֲמַר אֶסְתֵּר קִיַּם דִּבְרֵי
אֲחַשְׁוֵרוֹשׁ הַפֻּרִים הָאֵלֶּה וְנִכְתָּב בַּסֵּפֶר׃ וַיָּשֶׂם הַמֶּלֶךְ אחשרש ׀ מַס עַל־ י
הָאָרֶץ וְאִיֵּי הַיָּם׃ וְכָל־מַעֲשֵׂה תָקְפּוֹ וּגְבוּרָתוֹ וּפָרָשַׁת גְּדֻלַּת מָרְדֳּכַי אֲשֶׁר

גְּדָלוֹ הַמֶּלֶךְ הֲלוֹא־הֵם כְּתוּבִים עַל־סֵפֶר דִּבְרֵי הַיָּמִים לְמַלְכֵי מָדַי וּפָרָס:
כִּי ׀ מָרְדֳּכַי הַיְּהוּדִי מִשְׁנֶה לַמֶּלֶךְ אֲחַשְׁוֵרוֹשׁ וְגָדוֹל לַיְּהוּדִים וְרָצוּי לְרֹב אֶחָיו
דֹּרֵשׁ טוֹב לְעַמּוֹ וְדֹבֵר שָׁלוֹם לְכָל־זַרְעוֹ:

גוללים את המגילה, ובציבור הקורא מברך:

בָּרוּךְ אַתָּה יהוה אֱלֹהֵינוּ מֶלֶךְ הָעוֹלָם
הָרָב אֶת רִיבֵנוּ, וְהַדָּן אֶת דִּינֵנוּ, וְהַנּוֹקֵם אֶת נִקְמָתֵנוּ
וְהַמְשַׁלֵּם גְּמוּל לְכָל אוֹיְבֵי נַפְשֵׁנוּ, וְהַנִּפְרָע לָנוּ מִצָּרֵינוּ.
בָּרוּךְ אַתָּה יהוה
הַנִּפְרָע לְעַמּוֹ יִשְׂרָאֵל מִכָּל צָרֵיהֶם, הָאֵל הַמּוֹשִׁיעַ.

יוצרות לימי אדר וניסן

לפרשת שקלים

שחרית

מתפללים כרגיל עד לאחר 'בָּרְכוּ' (עמ' 353).

בָּרוּךְ אַתָּה יהוה אֱלֹהֵינוּ מֶלֶךְ הָעוֹלָם, יוֹצֵר אוֹר וּבוֹרֵא חֹשֶׁךְ, עֹשֶׂה שָׁלוֹם וּבוֹרֵא אֶת הַכֹּל.

אוֹר עוֹלָם בְּאוֹצַר חַיִּים אוֹרוֹת מֵאֹפֶל אָמַר וַיֶּהִי.

אֵל מִתְנַשֵּׂא לְכֹל לְרֹאשׁ, בָּחַר בְּאֹם דַּלַּת רֹאשׁ, כְּבִכּוּרָה בִּתְאֵנָה בְּרֹאשׁ. בִּיטָהּ וְאוֹתָהּ דָּרַשׁ, מִכָּל אֹם לִפְרֹשׂ, לְנַשְּׂאָהּ עַל כָּל רֹאשׁ. גּוֹעֲלָה תָּשִׁית לִמְנוֹד רֹאשׁ, וְהִיא תָּרִים רֹאשׁ, בְּכִסֵּא כָבוֹד מֵרֹאשׁ. כְּבוֹדִי וּמֵרִים רֹאשִׁי, עַתָּה יַעֲבֹר בְּרֹאשִׁי, וְיִדְרְשִׁי וִיבַקְשִׁי, קָדוֹשׁ.

דִּבֵּר בְּזֶה סֵפֶר, וְקִיֵּם בְּדִבְרֵי שֶׁפֶר, לְמְשׁוּלֵי עָפָר וָאֵפֶר. הֱיוֹתָם נוֹתְנִים כֹּפֶר, בְּלִי דֹּפִי וָחֵפֶר, בְּעַד עֲוֹנָם לְכַפֵּר. וְצִדְקָתָם תִּכְתֹּב בַּסֵּפֶר, בְּזִכְרוֹן הַסֵּפֶר, עִם נָם אָנֹכִי עָפָר וָאֵפֶר. זֶה אֵלִי נָם לַאֲבִי חוֹזֶה, וְהֶרְאָהוּ כְּמִין מַטְבֵּעַ אֵשׁ בְּמַחֲזֶה, וְנָם הַכֹּל יִתְּנוּ כָּזֶה. חֲסָדִים יוֹשַׁת בָּזֶה, וְאֶחָד מֵהֶם אַל יִתְבַּזֶּה, וְצוֹרְרָם יְרַזֶּה. טוֹבוֹת יוּטְבוּ עַל זֶה, וּשְׁכִינָה יִזְכּוּ לֶחֱזֶה, וְגוֹי לְגוֹיִם רַבִּים יַזֶּה. יָחִיד שׁוֹכֵן רוּמָה, הִתְנָה בְּתוֹרָה תְּמִימָה, לְיוֹנָה שֶׁהִיא תַמָּה. כָּל הָעוֹבֵר בַּיָּמָה, יִשְׁקְלוּ שֶׁקֶל בְּלִי מְהוּמָה, מַחֲצִית הַשֶּׁקֶל תְּרוּמָה. לְטוֹבָתָם בְּלִי לְעַלְמָה, וְתִהְיֶה לָהּ כְּחוֹמָה, תֹּלֶה אֶרֶץ עַל בְּלִימָה: מִבֶּן עֶשְׂרִים שָׁנָה, יִתְנַדְּבוּ בַּחֲנִינָה, פְּנֵי שׁוֹכֵן מְעוֹנָה. נְשִׂיאִים וְדַכִּים בְּמִשְׁעָנָה, כֻּלָּם יִשְׁווּ בִּנְתִינָה, בְּלִי עוֹד לְהִתְמַתְּנָה. סֶלָה יַסְכִּית תְּחִנָּה, בְּכָל עֵת וּבְכָל עוֹנָה, וְיִתְקַיְּמוּ בְּרִנָּה. עַל נַפְשׁוֹתֵיהֶם יְכַפְּרוּ, וְחַטֹּאתֵיהֶם יוּפָרוּ, וּבְחֵלֶק טוֹב יְסֻפָּרוּ. פְּאֵרָם הַכֹּל יְסַפֵּרוּ, וְשֶׁבַח יִתְּנוּ וִיגַמְּרוּ, וְהוֹדָיָה לַצּוּר יְשׁוֹרְרוּ. צָרֵיהֶם יִמְעֲטוּ וְיֶחְסְרוּ, וְעַל צוֹאֲרֵיהֶם יִגְבְּרוּ, וּבְשֹׂבַע שְׂמָחוֹת יְחֻבָּרוּ. קְהָלָם לְהִתְחַזֵּק בִּתְעוּדָה, בְּלִי עוֹד לְמָעֳדָה, בְּהַקְרִיבָם זֶה לַעֲבוֹדָה. רָם עִמָּם הוּעֲדָה, בְּאַהֲבָה וּבְחֶמְדָּה, בִּישִׁיבָה וּבַעֲמִידָה. שָׂמָם בַּחַיִּים הַתְּמִידָה, בְּכָל כְּלוּל חֶמְדָּה, לָזַר בְּלִי לְעָבְדָה. תָּמִיד תִּהְיֶה לְזִכָּרוֹן, לַחֲבַצֶּלֶת הַשָּׁרוֹן, בְּכִפּוּר וְתָרוֹן, לִפְנֵי מָרוֹם וְקָדוֹשׁ.

וממשיכים 'הַכֹּל יוֹדוּךָ' עד 'מְלֹא כָל־הָאָרֶץ כְּבוֹדוֹ' (עמ' 353).

כְּבוֹדוֹ יִתְרוֹמַם וְיִתְנַשֵּׂא, בְּגוֹי אֲשֶׁר לְפָנָיו מִתְמִידִים וְהוּא לָהֶם מַחֲסֶה, פִּשְׁעֵיהֶם אַהֲבָה מְכַסֶּה, וְהַכֹּל יְרוֹמְמוּהוּ כְּסוֹבְבִים כִּסֵּא. וְהָאוֹפַנִּים וְחַיּוֹת הַקֹּדֶשׁ בְּרַעַשׁ

גָּדוֹל מִתְנַשְּׂאִים לְעֻמַּת שְׂרָפִים לְעֻמָּתָם מְשַׁבְּחִים וְאוֹמְרִים: בָּרוּךְ כְּבוֹד־יהוה מִמְּקוֹמוֹ:

וממשיכים ׳לָאֵל בָּרוּךְ נְעִימוֹת יִתֵּנוּ׳ עד ׳וּלְהַלְלְךָ סֶּלָה׳ (עמ׳ 358).

אַתָּה אָהַבְתָּ עַמֶּךָ, בַּעֲבוּרָם רָדִיתָ מְּרוֹמֶיךָ, גָּזַרְתָּ לָהֶם יַמֶּךָ, דִּבַּקְתָּם בְּאַהַב לִשְׁמֶךָ, הֵם נַחֲלָתְךָ וְעַמֶּךָ, וּמַתְמִידִים לְרוֹמְמֶךָ, זְכֹר בְּרִית נְאָמֶךָ, חֲמֹל וְקָרֵב לָהֶם יוֹמֶךָ. טוּב נִמְתָּ לְאַדִּירִים, יִשְׁקְלוּ כֶּסֶף כִּפּוּרִים, כֹּפֶר עָוֹן מְכַפְּרִים, לָעַד יְהוּ מִשְׁמָרִים, מִנְיַן מָעוֹת עֶשְׂרִים, נְתִינַת עֲנִיִּים וַעֲשִׁירִים, סְמִיכַת כָּל הַנִּסְפָּרִים, עוֹלְצִים בְּכָל עֲבָרִים. פְּקֻדֵיהֶם וּשְׁמוֹתָם, צְבָאָם וְרִבְבוֹתָם, קוֹמֵם בְּמַחֲנוֹתָם, רָם הַשּׁוֹכֵן אִתָּם, שִׁבְטֵי שְׁאֵרִיתָם, תְּהִי תִקְוָה לְאַחֲרִיתָם, תֵּפֶן לְבִרְכָתָם, כִּקְרִיעַת יַם סוּף וּכְמַכַּת בְּכוֹרִים שׂוֹנְאֵיהֶם לְהַכּוֹתָם.

וממשיכים ׳עֶזְרַת אֲבוֹתֵינוּ׳ עד לאחר תפילת עמידה.

חזרת הש״ץ לשחרית

אֲדֹנָי, שְׂפָתַי תִּפְתָּח, וּפִי יַגִּיד תְּהִלָּתֶךָ:

בָּרוּךְ אַתָּה יהוה, אֱלֹהֵינוּ וֵאלֹהֵי אֲבוֹתֵינוּ אֱלֹהֵי אַבְרָהָם, אֱלֹהֵי יִצְחָק, וֵאלֹהֵי יַעֲקֹב הָאֵל הַגָּדוֹל הַגִּבּוֹר וְהַנּוֹרָא, אֵל עֶלְיוֹן גּוֹמֵל חֲסָדִים טוֹבִים, קוֹנֵה הַכֹּל וְזוֹכֵר חַסְדֵי אָבוֹת וּמֵבִיא גוֹאֵל לִבְנֵי בְנֵיהֶם לְמַעַן שְׁמוֹ בְּאַהֲבָה. מֶלֶךְ עוֹזֵר וּמוֹשִׁיעַ וּמָגֵן.

מִסּוֹד חֲכָמִים וּנְבוֹנִים וּמִלֶּמֶד דַּעַת מְבִינִים, אֶפְתְּחָה פִּי בְּשִׁיר וּרְנָנִים, לְהוֹדוֹת וּלְהַלֵּל פְּנֵי שׁוֹכֵן מְעוֹנִים.

אָז מֵאָז זַמּוֹתָ בְּכָל פֹּעַל, בְּמִסְפָּר בְּמִשְׁקָל כֹּל לְךָ לְהַעַל. גַּדְתָּ בְּכֵן לְמַשּׁוּי מְמֵי שֹׁעַל, דַּעַת מִפְקַד יְפִי פַעֲמֵי נָעַל. הַעַל הֵמִירוּ כְּבוֹד רֵעַ בְּבַעַל, וְזֶה לְלֹא זֶה פָּצְחוּ בְּמַעַל. זְנָחוּ בַּחֲרוֹן אַף וְנֶגֶף וָגַעַל, חַל בַּעֲדָם חֵבֶר וְהַצֳּרִי תָעַל. טֹרַח מַשָּׂאָם הֻגַּד לוֹ שְׂאֵת, יָשְׁרָם לְהָלִיץ תְּלוּי רֹאשׁ לָשֵׂאת. כָּפְרָם פָּץ תֵּת לְאָמִים מַשְׂאֵת, לְנַטְּלָם לְנַשְּׂאָם בְּכִי תִשָּׂא אֶת.

רֹאשִׁי עַל כָּל רֹאשׁ נִשֵּׂאתָ, גֵּוִי עַל גַּפֵּי מְרוֹמֵי קֶרֶת הִתְנַשֵּׂאתָ. אַהֲבָה עַל כָּל פֶּשַׁע כִּסִּיתָ. בְּגִין צֵל יְמִינְךָ לְגוֹנְנִי הִתְנַשֵּׂאתָ. בָּרוּךְ אַתָּה יהוה מָגֵן אַבְרָהָם.

אַתָּה גִּבּוֹר לְעוֹלָם, אֲדֹנָי מְחַיֵּה מֵתִים אַתָּה, רַב לְהוֹשִׁיעַ מַשִּׁיב הָרוּחַ וּמוֹרִיד הַגֶּשֶׁם. מְכַלְכֵּל חַיִּים בְּחֶסֶד, מְחַיֵּה מֵתִים בְּרַחֲמִים רַבִּים, סוֹמֵךְ נוֹפְלִים וְרוֹפֵא חוֹלִים וּמַתִּיר

אֲסוּרִים, וּמְקַיֵּם אֱמוּנָתוֹ לִישֵׁנֵי עָפָר. מִי כָמוֹךָ בַּעַל גְּבוּרוֹת וּמִי דּוֹמֶה לָּךְ, מֶלֶךְ מֵמִית וּמְחַיֶּה וּמַצְמִיחַ יְשׁוּעָה. וְנֶאֱמָן אַתָּה לְהַחֲיוֹת מֵתִים.

מַעְתִּיק פְּלוּסִים צָר וּבוֹרֵא רוּחַ, מְמַדֵּד וּמְשַׁקֵּל נֶזֶל עִם רוּחַ. נֶגֶף לְבַל יַזִּיק לְנִדְכְּאֵי רוּחַ, נוֹבְבְתָם תֵּת פִּדְיוֹן לְכָל רוּחַ. שָׂרִיג זָד שֵׂעִיר טֶרֶם עָמַד, סָקַרְתָּ כִּי לְמוֹקֵשׁ וְלִצְנִין יַעֲמֹד. עֲצַת זֶה לָזֶה שֶׁמַּע בְּמַעֲמַד, עָתוּד שְׁקָלִים מֵרֹאשׁ חֹדֶשׁ לִלְמֹד. פָּרָשָׁה זֹאת לַהֲגוֹת בְּקֵץ זֶה, פְּלַסֶּיהָ לְהַקְדִּים לְפַלֵּס צָר וּבוֹזֶה. צוּרַת מַטְבֵּעַ כְּחָזוֹ אֲבִי חוֹזֶה, צִוָּה צוּר לְצִיר כֵּן תֵּת מַתָּן זֶה.

שְׁמוֹ מְשַׁתֵּף בְּעַם לוֹ עֲמוּתִים, וְעָלָיו כָּל הַיּוֹם הֵם מוּמָתִים. יָעִיר וְיֶחֱשֹׂף זְרוֹעַ וְיַד מְמִיתִים, בְּזִיל נִטְפֵי לֶקֶשׁ לְהַחֲיוֹת מֵתִים. בָּרוּךְ אַתָּה יהוה מְחַיֵּה הַמֵּתִים.

קְצוּבָה הִיא זֹאת לְשׁוֹעִים וְקַלִּים, קְצִינִים וְרָשִׁים יַחַד בָּהּ שְׁקוּלִים, קָצִין לְבַל יָעֹז מוּל מַקְהֵלִים, קָרָא לוֹמַר הוֹנִי פְּדָעְנִי מֵעִקּוּלִים. רַב עַם אֲשֶׁר לֹא יִסָּפֵר, רַב עִם צָעִיר מֵעֲשִׂירִים לְהִסָּפֵר, רְאוּיִם לְעֹנֶשׁ וְזֵהֵר בְּסֵדֶר לְהִתָּפֵר, רֶשַׁע וְכָל פֶּשַׁע לְכַפֵּר וּלְהָפֵר. שְׁעוּרִים בָּזֶה שִׁעוּר בְּמִפְקַד לְהַגְבֵּר, שֶׁתִּילְמוּ לִנְשִׂיאַת רֹאשׁ אוֹתָם לְחַבֵּר, שִׁקְלֵי כֶסֶף כִּפּוּרִים כֹּפֶר לְהַדְבֵּר, שְׁמוּרִים לְזִכָּרוֹן תֵּת לְכָל הָעוֹבֵר. תָּמְדוּ מֵאָז כָּל עֲדַת קְדוֹשִׁים, תְּרֹם בִּשְׁלֹשָׁה פְּרָקִים תְּרוּמַת קֳדָשִׁים, תְּכוּנָה לְבֶדֶק הַבַּיִת וְכָל אִשִּׁים, תֵּת בְּיַד הַכֹּהֲנִים כֶּסֶף הַקֳּדָשִׁים. תֵּפֶן בְּאוֹן פִּיד טִיט רִפְשֵׁנוּ, תַּבִּיט בְּדָכְיֵנוּ וְעוֹד בַּל תַּכְפִּישֵׁנוּ, תִּקְרָא דְּרוֹר כְּמֵאָז בּוֹ לְהַחְפִּישֵׁנוּ, תֵּת הֲמוֹן לְאֻמִּים תַּחַת נַפְשֵׁנוּ. תִּזְכֹּר לְהַעֲלוֹת נְשׂוּאֵי רֶחֶם מְדֻכִּים, תְּמוּכִים נְזוּרִים בְּהוֹד טוּב עֲדָיִם, תֹּקֶף עֹז אַדִּירוּךְ עַל יָם, תִּזְכֹּר לְעַם מִסְפָּרָם כְּחוֹל הַיָּם.

שליח ציבור, ואחריו הקהל: יִמְלֹךְ יהוה לְעוֹלָם, אֱלֹהַיִךְ צִיּוֹן לְדֹר וָדֹר, הַלְלוּיָהּ: וְאַתָּה קָדוֹשׁ יוֹשֵׁב תְּהִלּוֹת יִשְׂרָאֵל אֵל נָא.

מִי יוּכַל לְשַׁעֵר כָּל הַפְּקוּדִים, אֲשֶׁר בְּחֶבֶל וּבְחֵלֶשׁ לֹא נִפְקָדִים. בְּרִית כְּרוּתָה לָמוֹ מֵאָז בִּפְקוּדִים, לְבַל יֶחְסַר הַמֶּזֶג מֵחֹמֶשׁ פְּקוּדִים. וְאִם כְּתָרֶן וְכַנֵּס יִשָּׂרְדוּ מְפֻקָּדִים, לֹא יִמְעֲטוּ מִשִּׁשִּׁים וּבוֹא מְנֻקָּדִים. וְאִם לְנֶגֶף וָאֶנֶף בְּאַף מִפְקָדִים, כֶּסֶף תֵּת כֹּפֶר הֵם מְפֻקָּדִים. וּבְכָל עֶרֶב נִשְׁמָתָם בְּיָדְךָ מַפְקִידִים, וּבְכָל רִגְעֵי בֹקֶר נִבְחָנִים וְנִפְקָדִים. וְלִי מַה יָּקְרוּ עָלַי הַפְּקוּדִים, אֵלֶּה הַפְּקוּדִים וְהַמִּתְפַּקְּדִים. שְׁמֹר פְּקוּדִים וְנִפְקָדִים וְשׁוֹקְדִים, הֱיוֹת מְשֻׁקָּדִים, וּלְךָ קוֹדִים.

שליח ציבור, ואחריו הקהל: חַי וְקַיָּם נוֹרָא וּמָרוֹם וְקָדוֹשׁ.

אוֹמֶן בְּשָׁמְעוֹ כִּי תִשָּׂא אֶת רֹאשׁ, חָל וַיֵּחַת אֵיךְ אוֹתָם דֹּרֵשׁ. לְעַם אֲשֶׁר לֹא יִמַּד וְלֹא יִסָּפֵר, אֵיכָכָה אֲסַפְּרֵם וְלֹא נִתְּנוּ לְהִסָּפֵר. עִקָּרָם כְּנֶאֱמַר לוֹ הַבֵּט וּסְפֹר, שָׁב וַיּוֹשַׁב אִם תּוּכַל לִסְפֹּר. זַרְעָם כְּחוֹל יַמִּים וְכוֹכְבִים סְפוּרִים, וַאֲנִי אֵיךְ אֲסַפְּרֵם וְלָעַד פְּרִים. רָם חִוָּה לוֹ אוֹת מִסְפָּרָם, אֵיךְ לִמְנוֹתָם וְלַעֲמֹד עַל סִפְרָם. בְּקוּר רָאשֵׁי שְׁמוֹתָם לְחֶשְׁבּוֹן תְּעָלֶה, וּמִדַּת מִנְיָנָם בְּיָדְךָ אָז תַּעֲלֶה. יָקָר שְׁלִישִׁי בְּתוֹכָם לֹא הָפְקַד, כִּי לִגְיוֹן מֶלֶךְ לְבַדּוֹ נִפְקַד. רָשׁוּם מִבֶּטֶן לְהִפָּקֵד בְּמִשְׁמֶרֶת הַקֹּדֶשׁ, וּצְבָאוֹ וּפְקוּדָיו נִמְנִים מִבֶּן חֹדֶשׁ. בְּשָׁמְעוֹ אֹמֶר וְנָתְנוּ אִישׁ כֹּפֶר, פָּץ בַּמֶּה יִתְרַצֶּה אֶשְׁכּוֹל הַכֹּפֶר. יְצִיר מַה יִתֵּן פִּדְיוֹן נַפְשׁוֹ, וַיִּמְצָא חֲנִינָה פְּנֵי שָׂם נַפְשׁוֹ. קָדוֹשׁ כְּחָפֵץ לְהַצְדִּיק עַם זֶה, כְּמִין מַטְבֵּעַ אֵשׁ הֶרְאָהוּ בְּמַחֲזֶה. לִמְּדוֹ זֶה יִתְּנוּ וְלֹא יִתְמַהְמְהוּ, וְלַכֹּל יִתְּנוּ אֵת אֲשֶׁר נָתְנוּ. יָהּ לֹא מְצָאנוּךָ שַׂגִּיא כֹּחַ, כַּאֲשֶׁר נִקֵּיתָ חֵטְא גִּבּוֹרֵי כֹּחַ. רַחוּם כְּרַחֲמְתָּ נְשׂוּאֶיךָ בְּכֶסֶף כִּפּוּרִים, כֵּן שְׁעֵה שְׂפָתֵינוּ בְּשִׁלּוּם פָּרִים.

אֵל נָא לְעוֹלָם תֻּעֲרָץ, וּלְעוֹלָם תֻּקְדָּשׁ, וּלְעוֹלְמֵי עוֹלָמִים תִּמְלֹךְ וְתִתְנַשֵּׂא, הָאֵל מֶלֶךְ נוֹרָא מָרוֹם וְקָדוֹשׁ. כִּי אַתָּה הוּא מֶלֶךְ מַלְכֵי הַמְּלָכִים, מַלְכוּתוֹ נֶצַח, נוֹרְאוֹתָיו שִׂיחוּ, סַפְּרוּ עֻזּוֹ, פָּאֲרוּהוּ צְבָאָיו, קַדְּשׁוּהוּ, רוֹמְמוּהוּ, רֹן שִׁיר וָשֶׁבַח, תֹּקֶף תְּהִלּוֹת תִּפְאַרְתּוֹ.

שליח ציבור, ואחריו הקהל: עַד אֶשָּׂא רֹאשׁ, כְּמוֹ מֵרֹאשׁ, לְהַקְדִּישׁ לְקָדוֹשׁ.

שליח ציבור, ואחריו הקהל: עַד בְּמֹאזְנֵי צֶדֶק, יַכְרִיעֵנִי לְצֶדֶק, נוֹרָא וְקָדוֹשׁ.

אֵלֶּה אֶזְכְּרָה אֵת אֲשֶׁר נַעֲשָׂה, בִּהְיוֹתִי בֶּטַח וְשָׁקֵט בְּנָכוֹן וְנִשָּׂא, גֹּעַלְתִּי בְּעֵבֶר וְשִׁקְלֵי אֵיךְ אֶשָּׂא. דֵּי שִׁקְלֵי עַד לֹא שָׁקַלְתִּי, הִנָּם לְמַס עוֹבֵד הַיּוֹם שָׁקַלְתִּי, וּבְחֵטְא עָוֶל שֶׁקֶל לְרֶשַׁע נִשְׁקַלְתִּי. זוּזַי לְלֹא תַתִּי לְשָׁכְנִי בְּגִילָה, חֻבַּתִּי לְתַשְׁלוּם דַּרְכְּמוֹן לְעוֹלֵי גוֹלָה, טָבְעוּ גַּם הֵם וְהֶעֱרַמְתִּי מְגִלָּה. יָשַׁר שָׁלֹשׁ קֻפּוֹת מִשָּׁלְשׁוֹת סְאִים, כְּנוּסוֹת לְמִקַּח שַׁי מְרִיאִים וְשַׂיִּים, לָקְחוּ וְאֵין עוֹד בִּצְעֵי נוֹשְׂאִים. מִדַּת שׁוֹפָרוֹת תִּקְלִין חַדְתִּין וְעַתִּיקִין, נְדָבוֹת אֲשֶׁר בָּם הָיוּ מַעְתִּיקִין, סָרוּ כַּמָּה מִנֵּי וְהַדְּבָרִים עַתִּיקִין. עֹצֶם הֲמוֹן חוֹגֵג שׁוֹטֵף כַּנָּהָר, פֻּזַּר וְנוֹתַרְתִּי כְּתֹרֶן בְּרֹאשׁ הָהָר, צֶדֶק מְלוֹנִי שְׁעָרָר כְּתֵל הַר. קֵן צִפּוֹר קָרָא לִמְרוֹם הָרִים, רֹאשׁ נְשׂוּאֶיךָ כְּמֵאָז בּוֹ לְהָרִים, שִׁבְעָה וּשְׁמוֹנָה עֲלֵיהֶם לְרֹאשׁ תָּרִים.

עַד אֶשָּׂא רֹאשׁ, כְּמוֹ מֵרֹאשׁ, לְהַקְדִּישׁ לְקָדוֹשׁ.

וּבְכֵן וּלְךָ תַעֲלֶה קְדֻשָּׁה כִּי אַתָּה קְדוֹשׁ יִשְׂרָאֵל וּמוֹשִׁיעַ.

אָז רָאִיתָ וְסִפַּרְתָּ, וַהֲכִינֹתָהּ וַחֲקַרְתָּהּ, וּמָדַדְתָּ וְכִלַּתָּ וְשָׁקַלְתָּ, וְאָמַדְתָּ וְצָבַרְתָּ, וּפָקַדְתָּ וְחִשַּׁבְתָּ וְסִכַּמְתָּ, וּמָנִיתָ וְסָפַרְתָּ, וְקִצַּבְתָּ וְחָרַצְתָּ וְגָזַרְתָּ, וְטִפַּחְתָּ וְשִׁעַרְתָּ וְהִבַּטְתָּ, וְהֵבַנְתָּ וְהִשְׂכַּלְתָּ, וְשַׂרְתָּ וְסָקַרְתָּ, וְכָתַבְתָּ וְחָרַטְתָּ, וְחָקַקְתָּ וְצִיַּנְתָּ, וְחָרַתָּ וְלִמַּדְתָּ, וְהוֹדַעְתָּ וְחִוִּיתָ וְהוֹרֵיתָ, וְגָזַרְתָּ וְצִוִּיתָ וְקָרָאתָ, וְעָנִיתָ וְדִבַּרְתָּ וְאָמַרְתָּ. כָּל מִנְיָן וּמִפְקָד וְחֶשְׁבּוֹן וּמִסְפָּרָיו, כָּל מִשְׁקָל וָפֶלֶס וְכִיס וּגְזוּרָיו, כָּל כֵּיל לַח וְיָבֵשׁ וּמְשׁוּרָיו, כָּל קַו וָקֶצֶב וּמֶדֶד וְשִׁעוּרָיו. הֵיךְ לְדַקְדֵּק חֶשְׁבּוֹן לְכָל דָּבָר. לְבַל יְגַלֵּם חֶשְׁבּוֹן וְיִשְׁטֹף וְיַעֲבֹר. מַתְחִיל בִּמְדִידָה מֵחֲמֵשׁ מֵאוֹת שָׁנָה, עַד שֶׁהוּא מְכַלֶּה בְּאֶצְבַּע הַקְּטַנָּה. דֶּרֶךְ יוֹם הוּא בְּעֶשֶׂר פַּרְסָה, וְאַרְבַּעַת מִיל הִיא כָּל פַּרְסָה. וּמִדַּת הַמִּיל שִׁבְעָה וּמֶחֱצָה רִיס, וּבִשְׁלֹשִׁים קָנִים הוּא קֶצֶב הָרִיס. וְשִׁעוּר הַקָּנֶה שֵׁשׁ אַמּוֹת וָזֶרֶת, וְכָל אַמָּה מוּדֶדֶת שְׁלִישׁ בְּזֶרֶת. וְהַזֶּרֶת מוּתַחַת עַד שְׁנֵים בְּסִיט, וְאַרְבַּע אֶצְבָּעוֹת הוּא הַטֶּפַח וְהַסִּיט. וּכְמוֹ נִתְּנָה מִדָּה לִמְדִידַת הָאָרֶץ, כֵּן נִתַּן כֵּיל לְתוֹלְדוֹת הָאָרֶץ. מַתְחִיל מִמֵּאָה וְשִׁשִּׁים וָשֵׁשׁ שָׁנָה, עַד שֶׁהוּא מְכַלֶּה בִּשְׁתּוֹת אֶצְבַּע קְטַנָּה. זֶה הַיָּם הַגָּדוֹל בִּשְׁלִישׁ יוּשַׁב, בְּמֵאָה וְשִׁשִּׁים וָשֵׁשׁ וָעוֹד מִתְחַשֵּׁב.

וְעָמְקוֹ בְּעֶשְׂרִים וְאַרְבָּעָה לְמַתַּח סוּף, וְסוּף בְּשִׁבְעִים וּשְׁנַיִם לְעֵגֶל גִּיחוֹן, וְגִיחוֹן מַכְפִּיל שִׁשִּׁים כְּמִדַּת פְּרָת, וְהַפְּרָת תָּקְפּוֹ כְּנֶגֶד שְׁנֵי הַנְּהָרוֹת, וּשְׁנֵי הַנְּהָרוֹת מַעֲדִיפִים בְּאֹרֶךְ הַיַּרְדֵּן, וְהַיַּרְדֵּן מַרְחִיב חֲמִשָּׁה כְּיַם הַזְּבוּל, וְיַם הַזְּבוּל מֵאָה וַחֲמִשִּׁים מִקְוָאוֹת, וּמִדַּת הַמִּקְוֶה כִּשְׁנֵי חֲמָרִים בְּיָבֵשׁ, וְשִׁעוּר כָּל חֹמֶר כִּשְׁנֵי לְתָכִים, וְכָל לֶתֶךְ יָכִיל חָמֵשׁ אֵיפוֹת, וְכָל אֵיפָה עוֹשָׂה עֲשָׂרָה עֳמָרִים, וְכָל עֹמֶר שִׁבְעַת רֹבַע וּכְלָה, וְהַכְּלָה אֶחָד מִמֵּאָה וָעוֹד בִּסְאָה, וּסְאַת יָבֵשׁ חֲסֵרָה שְׁלִישׁ בַּלַּח, וּסְאַת הַלַּח אֶחָד מִשְּׁלֹשָׁה בְּבַת, וְכָל בַּת מַחֲזֶקֶת שִׁשָּׁה בְּהִין, וְהַהִין כֻּלּוֹ שְׁנֵים עָשָׂר לֹג וָעוֹד, הַלֹּג מִתְחַלֵּק לְאַרְבַּעַת רְבָעִים, וְרֶבַע מוּכָן לִרְבוֹעַ כּוֹס יְשׁוּעוֹת, וְהַכּוֹס סוֹבֵב אֶצְבָּעַיִם עַל אֶצְבָּעַיִם, וְעַל גֹּבַהּ חָסֵר שְׁתוּת מֵאֶצְבָּעַיִם.

וּכְמוֹ נִתַּן כֵּיל לְתוֹלְדוֹת הָאָרֶץ, כֵּן נִתַּן קֵץ לִימֵי הָאָרֶץ. מַתְחִיל לִמְנוֹת מִשֵּׁשֶׁת אַלְפֵי עֶרֶץ, עַד שֶׁהוּא מְכַלֶּה בְּרִגְעֵי אֶרֶץ. כִּי כָל הָעוֹלָם כֻּלּוֹ שֵׁשֶׁת אֲלָפִים, עוֹשִׂים חֲמִשָּׁה וּשְׁתֵּי יָדַיִם מַחֲזוֹרוֹת, וּמִנְיַן הַמַּחֲזוֹר בְּעֶשְׂרִים וּשְׁנַיִם יוֹבְלוֹת, וּשְׁנַת הַיּוֹבֵל שֶׁבַע שַׁבְּתוֹת הַשָּׁנִים, וְשַׁבְּתוֹת הַשָּׁנִים בְּעֶשְׂרִים וּשְׁמוֹנֶה תְּקוּפוֹת, וִימוֹת הַתְּקוּפָה תִּשְׁעִים וְאֶחָד יוֹם וּשְׁלִישׁ, וְעוֹנוֹת הַיּוֹם חֲמֵשׁ מֵאוֹת וְשִׁבְעִים וָשֵׁשׁ, וְרִגְעֵי הָעוֹנָה כְּעוֹנוֹת כָּל הַיּוֹם, וְהַמְדַקְדֵּק מְחַלֵּק הָרֶגַע לְכַמָּה רְגָעִים.

וּכְמוֹ נִתַּן חֶשְׁבּוֹן עַל כֹּל, כֵּן נִתַּן מִשְׁקָל וָפֶלֶס לַכֹּל. מַתְחִיל מִכִּכָּר עַד פְּרוּטָה הַקְּטַנָּה. כִּכָּר הַגָּדוֹל כְּגֹדֶל שְׁנֵי מָנֶה, וְהַמָּנֶה עוֹלֶה עַד שִׁשִּׁים שֶׁקֶל, וְהַשֶּׁקֶל מִתְחַשֵּׁב בְּעֶשְׂרִים וַחֲמֵשׁ סֶלַע, וְהַסֶּלַע חֶצְיוֹ בֶּקַע וּרְבִיעַ זוּז, וְהַזּוּז מִתְחַלֵּק לְפֶלֶג וַחֲמִשּׁוֹ מָעָה. נִמְצָא הַזּוּז חָמֵשׁ מָעוֹת כֶּסֶף, וְהַמָּעָה שְׁתֵּי פוּנְדְּיוֹנוֹת, בְּאִסָּר דָּת, וְהָאִסָּר עוֹלֶה עַד שְׁמוֹנֶה פְּרוּטוֹת. נִמְצָא הַבֶּקַע כְּאַרְבַּע מֵאוֹת פְּרוּטוֹת, וְהֵם בִּכְתָב חֲרוּטוֹת, וּבְפֶה מְפֹרָטוֹת. וְעַד מָקוֹם שֶׁאֱנוֹשׁ יָכוֹל לִמְנוֹת, נִמְסַר לוֹ לִמְדּוֹד וְגַם לִמְנוֹת. לְפִי כֹּחוֹ וּלְפִי מִעוּט חֵילוֹ, הֻקְצַב לוֹ מִעוּט הוֹן שִׁקְלוֹ, וּלְפִי שִׂכְלוֹ כֵּן יְהִי הִלּוּלוֹ, גָּדוֹל אֲדוֹנֵינוּ וְרַב כֹּחַ חֵילוֹ, עַל כֵּן אוֹחִיל לוֹ. כִּי מִדָּתוֹ וְשִׁקְלוֹ לְפִי גָדְלוֹ, כָּל אוֹצְרוֹת שֶׁלֶג וְרוּחַ פִּלֵּס בְּמִשְׁקָלוֹ, וּמֵי בְּרֵאשִׁית מָדַד מְלֹא שָׁעֳלוֹ, וּשְׁמֵי רוּם תִּכֵּן זְרֶתוֹ מְלֹא, וְכָל הַרְרֵי קֶדֶם בְּאֶצְבָּעוֹ שְׁקָלוֹ, וְגִבְעוֹת עוֹלָם תָּמַךְ בְּהוֹד אֲגֻדָּלוֹ. גַּיְא וְכָל עֲפָרָהּ בִּצְרָדָה הֱכִילוֹ, לְחוֹלֵל תַּנִּין מְיֻמֶּנֶת הֵכִין לוֹ. נִמְצֵאת כָּל מִדַּת יְצִירַת עוֹלָמוֹ, כִּמְלֹא פֶסֶת יָד הִיא רְשׁוּמוֹ, וּכְקֹמֶץ בְּיַד גִּבּוֹר בִּזְרוֹעַ חוֹתְמוֹ, וְאֵין לִקְצֵב רֹב מֶחְקְרֵי תַעֲצוּמוֹ, אֲשֶׁר מָדַד וְקָצַב וְשִׁעֵר בִּמְרוֹמוֹ. עַל כָּל מִדַּת כִּסְאוֹ וַהֲדוֹמוֹ. מִדַּת בַּת מֶלֶךְ בְּכָל מַעֲלָה. בְּאֹרֶךְ בְּרֹחַב בְּעֹמֶק בְּגֹבַהּ מִתְעַלָּה, כִּי יֵשׁ קֵץ לְכָל תִּכְלָה, וְאִמְרָהּ רְחָבָה לְעַד לֹא כָלָה. מִדַּת עוֹלָם כִּמְלֹא פֶסֶת יָד, וּמִדָּתָהּ נְתוּנָה בְּיָמִין וּזְרוֹעַ וָיָד. מִדַּת עוֹלָם כִּמְזֶרֶת וְעַד אֲגֻדָּל, וּמִדָּתָהּ בְּקַו אֲשֶׁר מְאֹד גָּדַל. מִדַּת עוֹלָם נִמְדֶּדֶת בְּשָׁלִישׁ אַמָּה, וּמִדָּתָהּ עוֹלָה וְנוֹסֶבֶת כְּאַלְפַּיִם אַמָּה. כְּמַרְאֵה הַמִּדָּה אֲשֶׁר צִיר רָאָה, מְגִלָּה עֶשְׂרִים עַל עֶשֶׂר אַמָּה. עֲפָה אַרְבָּעִים עַל עֶשְׂרִים וּשְׁמוֹנֶה מֵאוֹת אַמָּה. וְכָל הָעוֹלָם כֻּלּוֹ בְּשָׁלִישׁ אַמָּה. נִמְצֵאת דָּת בְּמִדּוֹתֶיהָ רְחָבָה וַאֲרֻכָּה, אַלְפַּיִם וְאַרְבַּע מֵאוֹת בָּעוֹלָם מַאֲרִיכָה, וְהִיא נְתָנָה לָעוֹלָם מַרְפֵּא וַאֲרוּכָה, וּבִימִינָהּ קוֹצֶבֶת כָּל יְמֵי אֲרֻכָּה, וּבִשְׂמֹאלָהּ שׁוֹקֶלֶת עֹשֶׁר וְכָבוֹד וּבְרָכָה. וְהִיא הוֹדִיעָה אֶת כָּל חֶבְיוֹן סְתוּרוֹת, וְהוּא קָצְבָה כָּל מִדּוֹת סְפוּרוֹת, וְהִיא פָּתְחָה אֶת כָּל סְגוּרוֹת, וְהִיא שָׁקְלָה וְאָצְרָה אֶת כָּל אוֹצָרוֹת. וְהִיא חָקְרָה הֲמוֹן מִפְקַד תַּחְתּוֹנִים, וְהִיא נָתְנָה מִסְפַּר גְּדוּדֵי עֶלְיוֹנִים, וְהִיא שִׁעֲרָה קוֹמַת אַלְפֵי שִׁנְאַנִּים, אֲשֶׁר זֶה מִזֶּה בְּקוֹמָתָם מְשֻׁנִּים. יֵשׁ כְּמִדַּת הַיָּם הַגָּדוֹל קוֹמָתָם, וְיֵשׁ כַּחֲלָלוֹ שֶׁל עוֹלָם הֲקָמָתָם, וְיֵשׁ כִּמְלֹא כָּל הָעוֹלָם תְּקוּמָתָם, יֵשׁ לִשְׁתֵּי טִיסוֹת טָסִים עוֹלָם, וְיֵשׁ לְטִיסָה אַחַת עָפִים עוֹלָם, וְכָל אֶחָד וְאֶחָד בְּמַחֲנֵהוּ נֶעְלָם, וּבִמְחִיצָתוֹ צָג וְחָשׁ וְדוֹמֵם וְנֶאֱלָם, עַד יִתֵּן רְשׁוּת מֶלֶךְ הָעוֹלָם, וְחָשִׁים עַד יַמְלִיכוּהוּ עִם עוֹלָם, וְאָז יִפְצְחוּ לְפָאֵר אֱלֹהֵי עוֹלָם. וּמִשָּׁם מְפָאֲרִים עוֹד לֹא שׁוֹנִים. כִּי בִנְהַר דִּינוּר שָׁחִים וְנִתָּנִים, וְעוֹד מִמֶּנּוּ נֶחֱצָבִים וּמִתְחַדְּשִׁים כָּרִאשׁוֹנִים, שֶׁבַח וְהַלֵּל וָרֹן לָאֵל מְשַׁנְּנִים, וּכְפִי קֶשֶׁת עִם כְּנַף רְנָנִים, זֶמֶר וָשִׁיר וָעֹז וָרֶנֶן מְרַנְּנִים, וּשְׂרָפִים הַמַּעֲלִים עַל כָּל שִׁנְאַנִּים. שֵׁשׁ שֵׁשׁ כְּנָפַיִם בִּגְוִיִּם חֲנוּנִים, מִמַּעַל לְיוֹשֵׁב עֲרָבוֹת בְּכֵס נְתוּנִים, וּלְיוֹשֵׁב עַל כִּסֵּא בְּחִילָה

מְנַגְּנִים, מְצֹא חֵן בְּנִגּוּנָם הֵם מְחַנְּנִים, וְקִדֵּם לְכָל צְבָא מַעַל עוֹנִים, וְשִׁלּוּשׁ קְדֻשָּׁה לְרָם וְנִשָּׂא נוֹתְנִים, כּוֹרְעִים וּמִשְׁתַּחֲוִים הֲמוֹנִים הֲמוֹנִים, לְנַעֲרָץ בְּסוֹד הֲמוֹן גְּדוּדֵי עֶלְיוֹנִים, וְנִקְדָּשׁ בְּאַלְפֵי רִבְבוֹת תַּחְתּוֹנִים.

וממשיכים בקדושה 'נַקְדִּישָׁךְ וְנַעֲרִיצָךְ' (עמ' 366) ובחזרת הש"ץ.

חזרת הש"ץ למוסף

כִּי שֵׁם יהוה אֶקְרָא, הָבוּ גֹדֶל לֵאלֹהֵינוּ:

אֲדֹנָי, שְׂפָתַי תִּפְתָּח, וּפִי יַגִּיד תְּהִלָּתֶךָ:

בָּרוּךְ אַתָּה יהוה, אֱלֹהֵינוּ וֵאלֹהֵי אֲבוֹתֵינוּ אֱלֹהֵי אַבְרָהָם, אֱלֹהֵי יִצְחָק, וֵאלֹהֵי יַעֲקֹב הָאֵל הַגָּדוֹל הַגִּבּוֹר וְהַנּוֹרָא, אֵל עֶלְיוֹן גּוֹמֵל חֲסָדִים טוֹבִים, קוֹנֵה הַכֹּל וְזוֹכֵר חַסְדֵי אָבוֹת וּמֵבִיא גוֹאֵל לִבְנֵי בְנֵיהֶם לְמַעַן שְׁמוֹ בְּאַהֲבָה. מֶלֶךְ עוֹזֵר וּמוֹשִׁיעַ וּמָגֵן.

אֶשְׁכּוֹל אִוּוּי תַּאֲוַת כָּל נֶפֶשׁ, בְּצִלּוֹ חִמַּדְתִּי שֶׁבֶת מְצוֹא נֹפֶשׁ, בְּבַקְשָׁתִיו וְלֹא מְצָאתִיו וּפִצְתִּי בְּטֶפֶשׁ, חָמַק וְעָבַר מִלְּהַדְרִיר לִי חֹפֶשׁ, גָּזַלְתִּי שִׁקְלֵי מִתַּת כֹּפֶר נֶפֶשׁ, וְטָבַעְתִּי בְּמֵי צוּל בְּטִיט וָרֶפֶשׁ.

אוֹר פָּנֶיךָ עָלֵינוּ אָדוֹן נְשָׂא, וְשֶׁקֶל אִשָּׁא בְּבַיִת נָכוֹן וְנִשָּׂא, וּבְצֶדֶק הֶגֶה עֶרְכְּךָ כִּי תִשָּׂא, גּוֹנְנֵנוּ בְּמָגֵן אֵל רָם וְנִשָּׂא. בָּרוּךְ אַתָּה יהוה, מָגֵן אַבְרָהָם.

אַתָּה גִּבּוֹר לְעוֹלָם, אֲדֹנָי מְחַיֵּה מֵתִים אַתָּה, רַב לְהוֹשִׁיעַ מַשִּׁיב הָרוּחַ וּמוֹרִיד הַגֶּשֶׁם. מְכַלְכֵּל חַיִּים בְּחֶסֶד, מְחַיֵּה מֵתִים בְּרַחֲמִים רַבִּים, סוֹמֵךְ נוֹפְלִים וְרוֹפֵא חוֹלִים וּמַתִּיר אֲסוּרִים, וּמְקַיֵּם אֱמוּנָתוֹ לִישֵׁנֵי עָפָר. מִי כָמוֹךָ בַּעַל גְּבוּרוֹת וּמִי דּוֹמֶה לָּךְ, מֶלֶךְ מֵמִית וּמְחַיֶּה וּמַצְמִיחַ יְשׁוּעָה. וְנֶאֱמָן אַתָּה לְהַחֲיוֹת מֵתִים.

הַכֹּפֶר דְּעוּ דִּרְשׁוּ מֵעַל סֵפֶר, כְּמוֹ הוּא חָרוּת בְּאִמְרֵי שֶׁפֶר, הַתְשִׁירוּ בוֹ פְּנֵי נִדְמֶה לְעֹפֶר, וְיִזְכֹּר לָכֶם זְכוּת נָם אָנֹכִי עָפָר וָאֵפֶר, וְלֹא יִהְיֶה בָכֶם נֶגֶף וָחֵפֶר, בְּתִתְּכֶם מַתָּן זֶה לְשֵׁם כֹּפֶר.

אוֹר פָּנֶיךָ עָלֵינוּ אָדוֹן נְשָׂא, וְשֶׁקֶל אִשָּׁא בְּבַיִת נָכוֹן וְנִשָּׂא, וּבְצֶדֶק הֶגֶה עֶרְכְּךָ כִּי תִשָּׂא, הַחֲיֵינוּ בְּגֶשֶׁם אֵל רָם וְנִשָּׂא. בָּרוּךְ אַתָּה יהוה, מְחַיֵּה הַמֵּתִים.

כֶּתֶר יִתְּנוּ לְךָ, יהוה אֱלֹהֵינוּ, מַלְאָכִים הֲמוֹנֵי מַעְלָה עִם עַמְּךָ יִשְׂרָאֵל קְבוּצֵי מַטָּה. יַחַד כֻּלָּם קְדֻשָּׁה לְךָ יְשַׁלֵּשׁוּ כַּדָּבָר הָאָמוּר עַל יַד נְבִיאֶךָ וְקָרָא זֶה אֶל־זֶה וְאָמַר:

הקהל ואחריו שליח הציבור: קָדוֹשׁ, קָדוֹשׁ, קָדוֹשׁ, יהוה צְבָאוֹת, מְלֹא כָל הָאָרֶץ כְּבוֹדוֹ:

כְּבוֹדוֹ מָלֵא עוֹלָם, מְשָׁרְתָיו שׁוֹאֲלִים זֶה לָזֶה אַיֵּה מְקוֹם כְּבוֹדוֹ לְהַעֲרִיצוֹ, לְעֻמָּתָם מְשַׁבְּחִים וְאוֹמְרִים:

הקהל ואחריו שליח הציבור: בָּרוּךְ כְּבוֹד־יהוה מִמְּקוֹמוֹ: מִמְּקוֹמוֹ הוּא יִפֶן בְּרַחֲמָיו לְעַמּוֹ, וְיָחֹן עַם הַמְיַחֲדִים שְׁמוֹ עֶרֶב וָבֹקֶר בְּכָל יוֹם תָּמִיד, פַּעֲמַיִם בְּאַהֲבָה שְׁמַע אוֹמְרִים:
הקהל ואחריו שליח הציבור: שְׁמַע יִשְׂרָאֵל, יהוה אֱלֹהֵינוּ, יהוה אֶחָד: הוּא אֱלֹהֵינוּ, הוּא אָבִינוּ, הוּא מַלְכֵּנוּ, הוּא מוֹשִׁיעֵנוּ וְהוּא יוֹשִׁיעֵנוּ וְיִגְאָלֵנוּ שֵׁנִית, וְיַשְׁמִיעֵנוּ בְּרַחֲמָיו לְעֵינֵי כָּל חַי לֵאמֹר: הֵן גָּאַלְתִּי אֶתְכֶם אַחֲרִית כְּרֵאשִׁית, לִהְיוֹת לָכֶם לֵאלֹהִים. אֲנִי יהוה אֱלֹהֵיכֶם: שליח הציבור: וּבְדִבְרֵי קָדְשְׁךָ כָּתוּב לֵאמֹר: הקהל ואחריו שליח הציבור: יִמְלֹךְ יהוה לְעוֹלָם, אֱלֹהַיִךְ צִיּוֹן לְדֹר וָדֹר, הַלְלוּיָהּ:

שליח הציבור: לְדוֹר וָדוֹר נַגִּיד גָּדְלֶךָ, וּלְנֵצַח נְצָחִים קְדֻשָּׁתְךָ נַקְדִּישׁ וְשִׁבְחֲךָ אֱלֹהֵינוּ מִפִּינוּ לֹא יָמוּשׁ לְעוֹלָם וָעֶד, כִּי אֵל מֶלֶךְ גָּדוֹל וְקָדוֹשׁ אָתָּה.

דּוֹדִי זְכֹר לִי שִׁקְלֵי עֶפְרוֹן, אֲשֶׁר שָׁקַל אָב בְּמַכְפֵּל חֶבְרוֹן, חֵקֶר שִׁקְלֵי יְבוּסִי מַשְׁבִּיתִי חָרוֹן, זָכְרָה לִי עַד לְדוֹר אַחֲרוֹן, טַעַם חִין אֲשֶׁר אֶקְרָא בְגָרוֹן, שְׁעֵה מֶנִּי אֵל שׁוֹבִי לְבִצָּרוֹן.

אוֹר פָּנֶיךָ עָלֵינוּ אָדוֹן נָשָׂא, וְשֶׁקֶל אֶשָּׂא בְּבַיִת נָכוֹן וְנִשָּׂא, וּבְצֶדֶק הֶגֶה עֵרֶךְ כִּי תִשָּׂא, וְנַקְדִּישְׁךָ קָדוֹשׁ אֵל רָם וְנִשָּׂא. בָּרוּךְ אַתָּה יהוה, הָאֵל הַקָּדוֹשׁ.

שליח הציבור ממשיך 'תִּכַּנְתָּ שַׁבָּת' (עמ' 401) עד 'מְקַדְּשֵׁי שְׁמֶךָ', ובראש חודש 'אַתָּה יָצַרְתָּ' עד 'לָהֶם קָבָעְתָּ'.

לִי יִשָּׂא עַל אֶבְרַת נֶשֶׁר, כִּי יַגִּיד מֵלִיץ עָלַי שִׂיחַ יֹשֶׁר, כֹּפֶר מִשֶּׁלוֹ אֶתֵּן לוֹ תֶשֶׁר, כִּי מִלְּפָנָיו הוֹן וְכָבוֹד וָעֹשֶׁר, לְהַצְדִּיק אֱנוֹשׁ וּלְהַמְצִיא לוֹ כֹּשֶׁר, שַׁת לוֹ פִּדְיוֹן לִמְצֹא אֹשֶׁר.

אוֹר פָּנֶיךָ עָלֵינוּ אָדוֹן נָשָׂא, וְשֶׁקֶל אֶשָּׂא בְּבַיִת נָכוֹן וְנִשָּׂא, וּבְצֶדֶק הֶגֶה עֵרֶךְ כִּי תִשָּׂא, עַנְּגֵנוּ בְּנֶפֶשׁ אֵל רָם וְנִשָּׂא, בָּרוּךְ אַתָּה יהוה מְקַדֵּשׁ הַשַּׁבָּת /בשבת ראש חודש: מְקַדֵּשׁ הַשַּׁבָּת וְיִשְׂרָאֵל וְרָאשֵׁי חֳדָשִׁים.

רְצֵה יהוה אֱלֹהֵינוּ בְּעַמְּךָ יִשְׂרָאֵל, וְלִתְפִלָּתָם שְׁעֵה וְהָשֵׁב אֶת הָעֲבוֹדָה לִדְבִיר בֵּיתֶךָ וְאִשֵּׁי יִשְׂרָאֵל וּתְפִלָּתָם, מְהֵרָה בְּאַהֲבָה תְקַבֵּל בְּרָצוֹן וּתְהִי לְרָצוֹן תָּמִיד עֲבוֹדַת יִשְׂרָאֵל עַמֶּךָ. וְתֶחֱזֶינָה עֵינֵינוּ בְּשׁוּבְךָ לְצִיּוֹן בְּרַחֲמִים.

בְּכַרְמֵי מְלוֹן בֵּין שְׁנֵי שָׂדַי, אַרְבַּע מֵאוֹת וָעֶשֶׂר הֲלִינוֹתִי שַׁדַּי, נָח בְּשָׁכְנָם וְנָם יֵשׁ דַּי, וּבְכֵס וַהֲדוֹם לֹא נָם שַׁדַּי, סָע וְעָף בְּבֶצַע שִׁקְלֵי חֲשָׂדַי, וְנָשְׂאוּ אֶת רְדִידֵי מֵעֲלֵי שׁוֹדְדַי.

אוֹר פָּנֶיךָ עָלֵינוּ אָדוֹן נָשָׂא, וְשֶׁקֶל אֶשָּׂא בְּבַיִת נָכוֹן וְנִשָּׂא, וּבְצֶדֶק הֶגֶה עֶרֶךְ כִּי תִשָּׂא, רְצֵנוּ כְּשַׁי אֵל רָם וְנִשָּׂא. בָּרוּךְ אַתָּה יהוה, הַמַּחֲזִיר שְׁכִינָתוֹ לְצִיּוֹן.

מוֹדִים אֲנַחְנוּ לָךְ שָׁאַתָּה הוּא יהוה אֱלֹהֵינוּ וֵאלֹהֵי אֲבוֹתֵינוּ לְעוֹלָם וָעֶד. צוּר חַיֵּינוּ, מָגֵן יִשְׁעֵנוּ אַתָּה הוּא לְדוֹר וָדוֹר. נוֹדֶה לְּךָ וּנְסַפֵּר תְּהִלָּתֶךָ עַל חַיֵּינוּ הַמְּסוּרִים בְּיָדֶךָ וְעַל נִשְׁמוֹתֵינוּ הַפְּקוּדוֹת לָךְ וְעַל נִסֶּיךָ שֶׁבְּכָל יוֹם עִמָּנוּ וְעַל נִפְלְאוֹתֶיךָ וְטוֹבוֹתֶיךָ שֶׁבְּכָל עֵת, עֶרֶב וָבֹקֶר וְצָהֳרָיִם. הַטּוֹב, כִּי לֹא כָלוּ רַחֲמֶיךָ וְהַמְרַחֵם, כִּי לֹא תַמּוּ חֲסָדֶיךָ כִּי מֵעוֹלָם קִוִּינוּ לָךְ.

כששליח הציבור אומר 'מודים', אומרים הקהל:

מוֹדִים אֲנַחְנוּ לָךְ שָׁאַתָּה הוּא יהוה אֱלֹהֵינוּ וֵאלֹהֵי אֲבוֹתֵינוּ אֱלֹהֵי כָל בָּשָׂר יוֹצְרֵנוּ, יוֹצֵר בְּרֵאשִׁית. בְּרָכוֹת וְהוֹדָאוֹת לְשִׁמְךָ הַגָּדוֹל וְהַקָּדוֹשׁ עַל שֶׁהֶחֱיִיתָנוּ וְקִיַּמְתָּנוּ. כֵּן תְּחַיֵּנוּ וּתְקַיְּמֵנוּ וְתֶאֱסֹף גָּלֻיּוֹתֵינוּ לְחַצְרוֹת קָדְשֶׁךָ לִשְׁמֹר חֻקֶּיךָ וְלַעֲשׂוֹת רְצוֹנֶךָ וּלְעָבְדְּךָ בְּלֵבָב שָׁלֵם עַל שֶׁאָנוּ מוֹדִים לָךְ בָּרוּךְ אֵל הַהוֹדָאוֹת.

וְעַל כֻּלָּם יִתְבָּרַךְ וְיִתְרוֹמַם וְיִתְנַשֵּׂא שִׁמְךָ מַלְכֵּנוּ תָּמִיד לְעוֹלָם וָעֶד. וְכָל הַחַיִּים יוֹדוּךָ סֶּלָה וִיהַלְלוּ וִיבָרְכוּ אֶת שִׁמְךָ הַגָּדוֹל בֶּאֱמֶת לְעוֹלָם כִּי טוֹב הָאֵל יְשׁוּעָתֵנוּ וְעֶזְרָתֵנוּ סֶלָה, הָאֵל הַטּוֹב.

עֵין עֹצֶם הֲמוֹן מִסְפַּר שְׁנֵי עֲפָרִים, מִי מָנָה וּפָקַד בְּחֶלֶשׁ וּפוּרִים, פְּקָדָם פּוֹקֵד בַּחֲמוּשׁ סְפָרִים, וְגַם עוֹד חֹמֶשׁ בְּכָל הַסְּפָרִים, צַחוֹת נִיב שְׂפָתֵינוּ יְשַׁלֵּם פָּרִים, כִּי אֶפֶס כֶּסֶף שִׁקְלֵי כִפּוּרִים.

אוֹר פָּנֶיךָ עָלֵינוּ אָדוֹן נָשָׂא, וְשֶׁקֶל אֶשָּׂא בְּבַיִת נָכוֹן וְנִשָּׂא. וּבְצֶדֶק הֶגֶה עֶרֶךְ כִּי תִשָּׂא, וְהֵיטִיב לָנוּ בְּטוּבְךָ אֵל רָם וְנִשָּׂא. בָּרוּךְ אַתָּה יהוה, הַטּוֹב שִׁמְךָ וּלְךָ נָאֶה לְהוֹדוֹת.

אם עולים כוהנים לדוכן, אומרים ברכת כהנים (עמ' 407). אם לא, שליח הציבור אומר:

אֱלֹהֵינוּ וֵאלֹהֵי אֲבוֹתֵינוּ, בָּרְכֵנוּ בַּבְּרָכָה הַמְשֻׁלֶּשֶׁת בַּתּוֹרָה הַכְּתוּבָה עַל יְדֵי מֹשֶׁה עַבְדֶּךָ, הָאֲמוּרָה מִפִּי אַהֲרֹן וּבָנָיו. כֹּהֲנִים, עַם קְדוֹשֶׁךָ, כָּאָמוּר: יְבָרֶכְךָ יהוה וְיִשְׁמְרֶךָ: יָאֵר יהוה פָּנָיו אֵלֶיךָ וִיחֻנֶּךָּ: יִשָּׂא יהוה פָּנָיו אֵלֶיךָ וְיָשֵׂם לְךָ שָׁלוֹם:

שִׂים שָׁלוֹם טוֹבָה וּבְרָכָה, חַיִּים חֵן וָחֶסֶד וְרַחֲמִים עָלֵינוּ וְעַל כָּל יִשְׂרָאֵל עַמֶּךָ. בָּרְכֵנוּ אָבִינוּ כֻּלָּנוּ כְּאֶחָד בְּאוֹר פָּנֶיךָ כִּי בְאוֹר פָּנֶיךָ נָתַתָּ לָנוּ יהוה אֱלֹהֵינוּ תּוֹרַת חַיִּים וְאַהֲבַת חֶסֶד וּצְדָקָה וּבְרָכָה וְרַחֲמִים וְחַיִּים וְשָׁלוֹם. וְטוֹב יִהְיֶה בְּעֵינֶיךָ לְבָרְכֵנוּ, וּלְבָרֵךְ אֶת כָּל עַמְּךָ יִשְׂרָאֵל בְּכָל עֵת וּבְכָל שָׁעָה בִּשְׁלוֹמֶךָ.

גְּדִי קְשׁוּר יָדַיִם בְּרָכוֹת לִשָּׂא, בְּאַהַב עוֹר גְּדָיו שְׁכִינָה נִתְעַלְּסָה, רְעֵה גְּדִיּוֹתָיו עַל אֶבֶן מַעֲמָסָה, צֹאנוֹ עַל שֶׁכֶם וְחֹצֶן נֶעֱמָסָה, שְׁחוֹחַ בְּנֵי מְעַנֶּיהָ בְּאַף מַעֲשֶׂה, תִּלְבֹּשֶׁת הוֹד עֲדִי עֲדָיִים טְכוּסָה.

אוֹר פָּנֶיךָ עָלֵינוּ אָדוֹן נְשָׂא, וְשֶׁקֶל אֶשָּׂא בְּבַיִת נָכוֹן וְנִשָּׂא, וּבְצֶדֶק הֶגֶה עֶרֶךְ כִּי תִשָּׂא, בָּרְכֵנוּ בַשָּׁלוֹם אֵל רָם וְנִשָּׂא. בָּרוּךְ אַתָּה יהוה, הַמְבָרֵךְ אֶת עַמּוֹ יִשְׂרָאֵל בַּשָּׁלוֹם.

וממשיכים קדיש שלם (עמ׳ 410).

לשבת זכור

חזרת הש״ץ לשחרית

מתפללים כרגיל עד לאחר תפילת עמידה.

אֲדֹנָי, שְׂפָתַי תִּפְתָּח, וּפִי יַגִּיד תְּהִלָּתֶךָ:

אַתָּה גִּבּוֹר לְעוֹלָם, אֲדֹנָי מְחַיֵּה מֵתִים אַתָּה, רַב לְהוֹשִׁיעַ, מַשִּׁיב הָרוּחַ וּמוֹרִיד הַגֶּשֶׁם. מְכַלְכֵּל חַיִּים בְּחֶסֶד, מְחַיֵּה מֵתִים בְּרַחֲמִים רַבִּים, סוֹמֵךְ נוֹפְלִים וְרוֹפֵא חוֹלִים וּמַתִּיר אֲסוּרִים, וּמְקַיֵּם אֱמוּנָתוֹ לִישֵׁנֵי עָפָר. מִי כָמוֹךָ בַּעַל גְּבוּרוֹת וּמִי דּוֹמֶה לָּךְ, מֶלֶךְ מֵמִית וּמְחַיֶּה וּמַצְמִיחַ יְשׁוּעָה. וְנֶאֱמָן אַתָּה לְהַחֲיוֹת מֵתִים.

מִסּוֹד חֲכָמִים וּנְבוֹנִים, וּמִלֶּמֶד דַּעַת מְבִינִים, אֶפְתְּחָה פִּי בְּשִׁיר וּרְנָנִים, לְהוֹדוֹת וּלְהַלֵּל פְּנֵי שׁוֹכֵן מְעוֹנִים.

אֲזַכִּיר סֶלָה זִכְרוֹן מַעֲשִׂים, בַּיָּמִים הָאֵלֶּה נִזְכָּרִים וְנַעֲשִׂים. גָּחוֹן גַּח מִבֵּין עֲבָסִים, דֵּרָאוֹנוֹ לְהַזְכִּיר לְרֶקֶב כְּעָסִים. הַחוֹחַ הֵנֵץ מִגַּלְגַּל וְדַרְדַּר. וּמִדּוֹר לְדוֹר גִּלְגֵּל וְדַרְדַּר. זֵכֶר עֲוֹן אֲבוֹתָיו הַקְּדַר, חַטַּאת אִמּוֹ בְּלִי לְהֵעָדֵר. טָרַף אַף וַיְּשַׁחֵת רַחַם, יְחוּמָתוֹ מִקְּלַט בְּהֵרָיוֹן יָחַם. כְּהָפְקַד לְשָׁלִישׁוֹ חֵטְא נֹחַם, לְבַט לְהִלָּחֵם בְּלוֹחֲמֵי לָחֶם. מַהֲלַךְ אַרְבַּע מֵאוֹת פַּרְסָה, נָע וָנָד מִכְמֹרֶת לְפָרְסָה. סָע מִשֵּׂעִיר וְהִכְמִין פְּרוּסָה, עָיֵף וְיָגֵעַ מִבּוֹשָׁיו לְסָרְסָה. פּוֹעַל שְׁטִימַת בְּכוֹרָה לַעֲבֹר, צְמִיתוּת צֹאן קָדָשִׁים לִמְכֹּר. קְלוֹנוֹ הָחֲרַט בְּעֵט לִזְכֹּר, רֵאשִׁית גּוֹיִם לְגַלַּע בְּזָכוֹר. שַׁדַּי זָכַר לַיְלָה חוֹלֵק, שֹׁרֶשׁ וְעָנָף בְּחַלְקְלַק לְהַחֲלֵק. תָּמוּר כִּי חֲשָׁלָיו הִמְלֵק, תָּבַע לְהִזָּכֵר מַעַשׂ עֲמָלֵק.

לָאַחֲרוֹנָה יִסְעוּ שֶׁבֶם שָׁלֵט, כִּי הֶעָנָן מִטָּם פָּלֵט. לְעֵת יִמָּחֶה וְלֹא יִמָּלֵט, יְגוֹנֵן עַם גָּנוּן וּמְפֻלָּט. בָּרוּךְ אַתָּה יהוה, מָגֵן אַבְרָהָם.

אַתָּה גִּבּוֹר לְעוֹלָם, אֲדֹנָי מְחַיֵּה מֵתִים אַתָּה, רַב לְהוֹשִׁיעַ מַשִּׁיב הָרוּחַ וּמוֹרִיד הַגֶּשֶׁם. מְכַלְכֵּל חַיִּים בְּחֶסֶד, מְחַיֵּה מֵתִים בְּרַחֲמִים רַבִּים, סוֹמֵךְ נוֹפְלִים וְרוֹפֵא חוֹלִים וּמַתִּיר אֲסוּרִים, וּמְקַיֵּם אֱמוּנָתוֹ לִישֵׁנֵי עָפָר. מִי כָמוֹךָ בַּעַל גְּבוּרוֹת וּמִי דּוֹמֶה לָּךְ, מֶלֶךְ מֵמִית וּמְחַיֶּה וּמַצְמִיחַ יְשׁוּעָה. וְנֶאֱמָן אַתָּה לְהַחֲיוֹת מֵתִים.

תְּמִימִים בְּעוֹדָם בְּסִין רְפוּדִים, שִׁבּוּץ עֲדִי עֲדָיִים אֲפוּדִים. רָצוּ שְׁלַל מַתַּן לַפִּידִים, קָפְצוּ יָדַיִם רָפוֹת בִּרְפִידִים. צוֹרֵר אָסַף כָּל אֲסַפְסוּף, פּוֹשֵׁעַ סְבִיבוֹת מַחֲנֶם אָסוּף. עָלוֹת פְּעָמִימוֹ מִמְּצוּלוֹת סוּף, סָבַר לְקָמְלָם כְּקָנֶה וָסוּף. נָדַד וַיָּעַף שָׁלֹשׁ פְּעָמִים, מֵחֲזֵר בְּנֵינֵי חֲמִשָּׁה עֲמָמִים. לֵץ הִכָּה וּפְתִי הָעֲמָמִים, כִּלֵּל לְהִתְיַחֵס נְדִיבֵי עַמִּים. יָהַר

לֵץ וְהֶעֱמִיד מְסִלָּה, טִכּוּס בַּחוּרֵי בְּזִמָּה סֶלָה. חַמּוּקֵי יְרֵכַי בָּם לְפָסְלָה, זֶרַע לְהַרְבִּיעַ וּלְהַתְעִיב סְגֻלָּה. וַיִּשְׂטֹם שְׂטִימַת יְשִׁישׁוּ הַמַּחְבָּא, הֵחֵל לָבוֹא מֵרֹאשׁ בַּמַּחְבָּא. דָּגַר שֵׁנִית בְּחֶרֶב לְהוֹבָה, גָּשׁ בַּשְּׁלִישִׁי בַּעֲלִיל בְּחוֹבָה. בְּמָשְׁלוֹ שֶׁשְּׁכִי בְּאוֹם מוּשְׁלָם, בְּפֶרֶק עָמַד מְסֹר נְשׁוּלִים. אָמְרוּ לְכוּ וְנַכְחִיד נִכְשָׁלִים, אָז כְּמָאז זִנֵּב כָּל הַנֶּחֱשָׁלִים.

שׂוֹנְאֶיךָ הֵם יִלְבְּשׁוּ בֹשֶׁת, כְּמוֹ בְּצַלְעִי שָׂמְחוּ בְּיַבֶּשֶׁת. בְּעַטּוֹתְךָ עֲשֶׁרֶת עֶדְיֵי תִלְבֹּשֶׁת, לְהַגִּשִׁים תְּחִי לְצוֹלַעַת תַּחְבֹּשֶׁת. בָּרוּךְ אַתָּה יהוה מְחַיֵּה הַמֵּתִים.

אֲצִילֵי מֵרֵעֵי נֶגֶד שֵׂעִיר, תּוֹלְדוֹת אֵלֶּה בְּנֵי שֵׂעִיר, בְּקַשָּׁם אֵצוּ אִשֵּׁי לְהַבְעִיר, שְׁאוֹנָם חָרְשׁוּ כְּשָׂדֶה עִיר. גּוֹי גָּדוֹל שֶׁלֹּא הִזְכַּרְתָּ, רִשְׁיוֹנוֹתָיו לָמָּה אָז זָכַרְתָּ, דְּגָלִים בְּלֹא הוֹן מָכַרְתָּ, קְדוֹשִׁים בְּזוֹנָה וּבְיַיִן הִמְכַּרְתָּ. הִזָּכֵר לֶאֱדוֹמִים נָוֶה נֵאֲרוּ, צָרִים אֲשֶׁר חוֹמוֹת עַרְעֲרוּ, וְעַד הַיְסוֹד עָרוּ עָרוּ, פִּימוֹ דִּבְּרוּ בְגֵאוּת וּפָעֲרוּ. זֶה אֵין לְפָנֶיךָ שִׁכְחָה, עֶבְרָתָם שְׁמָרָה נֶצַח מִלְּשַׁכְּחָה, חָלַף לֹא יָדְעוּ עֲשׂוֹת נְכוֹחָה, סְפָרָם חָתַם לְיוֹם תּוֹכֵחָה. טַעַם חֹק בְּדָת מוּכַח, נִזְכַּר כִּי לֹא תִשָּׁכַח, יוֹם בּוֹא עִמָּם לְהִתְוַכַּח, מִכָּאן צִוִּיתָ לְעַמְּךָ לֹא תִּשְׁכָּח. יָקֵשׁ לֵץ לְחָרֵף צְבָאוֹת, הַחֲתוּמֵי בְרִית בְּצָבָא וָאוֹת, וְהִפְקַד מִדָּה בְּמִדָּה לְתוֹצָאוֹת, דַּעַת כִּי לְעֵת הַמְּצִיאוֹת, הוּא יִפָּקֵד בְּשֵׁם יהוה צְבָאוֹת.

שליח הציבור, ואחריו הקהל: יִמְלֹךְ יהוה לְעוֹלָם, אֱלֹהַיִךְ צִיּוֹן לְדֹר וָדֹר, הַלְלוּיָהּ:

וְאַתָּה קָדוֹשׁ יוֹשֵׁב תְּהִלּוֹת יִשְׂרָאֵל אֵל נָא.

אֵל נָא בְּלָשׁוֹן אֲשֶׁר הִזְכַּרְתָּ לְזוֹכְרֶיךָ זָכֹר, בּוֹ בְּלָשׁוֹן הַזְכִּירוּךָ נָא אַתָּה זְכֹר, וְאִם הֵמָּה כְּאָדָם עָבְרוּ בְרִית מִלִּזְכֹּר, וְאַתָּה אֵל וְלֹא אִישׁ לָמָּה לֹא תִזְכֹּר. בְּזֹאת יָדַעְתִּי כִּי יֵשׁ לְךָ לִזְכֹּר, אֲבָל תָּשׁוּחַ עָלַי נַפְשִׁי עַד זָכוֹר תִּזְכֹּר, וּמַה כֹּחִי כִּי אֲיַחֵל לְקֵץ זָכוֹר, וּמַה קִּצִּי כִּי אַאֲרִיךְ נַפְשִׁי עַד שֶׁתִּזְכֹּר. אִם לֹא לְמַעֲנִי תִזְכֹּר, לְמַעַנְךָ וּלְמַעַן יְרוּשָׁלַיִם זְכֹר, חֹק כִּי לֹא תִשָּׁכַח עֵדוּת זְכֹר, וְאוֹמֵר אִם אֶשְׁכָּחֵךְ עַתָּה לָהּ זְכֹר, וְתִפְקֹד וְתִזְכֹּר, כְּאָב צַר לַעֲכֹר, פִּיהוּ לִסְכֹּר, לָנוּעַ כַּשִּׁכּוֹר. וְעוֹד בַּל תִּמְכֹּר, נְקוּבֵי בֵן בְּכוֹר. נְכוֹרֵי בְלֶתֶךָ וְכוֹר, וּפְאֵרְךָ אֶזְכֹּר, וְאַרְצְךָ לִזְכֹּר, בְּפָרָשַׁת זָכוֹר.

שליח הציבור, והקהל אחריו: חַי וְקַיָּם נוֹרָא וּמָרוֹם וְקָדוֹשׁ.

אָץ קוֹצֵץ בֶּן קוֹצֵץ, קְצוּצֵי לְקַצֵּץ, בְּדִבּוּר מְפוֹצֵץ, רְצוּצֵי לְרַצֵּץ. לֵץ בְּבוֹא לְלוֹצֵץ, פִּלֵּץ וְנִתְלוֹצֵץ, כְּעֵץ מְחַצְצִים לְחַצֵּץ, כְּנֵץ עַל צִפּוֹר לְנַצֵּץ. עָב בְּקַע מֵרֹאשׁ, יְחִידִים מִנּוּ גֹּרֵשׁ, חָל וַיֵּלֶךְ וַיִּפְרֹשׂ, וַיֵּשֶׁב עַל גַּבֵּי חֶרֶשׂ. זֻמַּן וְהֻנְקַב לְרֹאשׁ, רֵאשִׁית גּוֹיִם לָרַע לִדְרֹשׁ, הֱיוֹת לְכָל בּוֹגְדִים רֹאשׁ, וְצִפְעוּ תְּלוֹת בְּמִבְחַר בְּרוֹשׁ. רָץ וְהִקְרָה בַּדֶּרֶךְ, עֲיֵפֵי טַרְחוּת דֶּרֶךְ, וּפָץ לֹא זוּ הַדֶּרֶךְ, תָּעוּ בַמִּדְבָּר בִּישִׁימוֹן דֶּרֶךְ. כְּנָחָשׁ עֲלֵי דֶרֶךְ,

שָׁלַח יָד בַּחֲמוּקֵי יָרֵךְ, וְעַל כָּל רֹאשׁ דֶּרֶךְ, זִנֵּב כָּל עוֹבְרֵי דֶרֶךְ. יָעַף וְעָף וְחָשׁ, וּמֵחוּר פֶּתֶן רָחַשׁ, וְנוֹדַע כִּי הוּחַשׁ, מִשֹּׁרֶשׁ נָחָשׁ. רָגַשׁ וְלָחַשׁ, וְעֵת לֶדְתּוֹ נִחֵשׁ, וּבִכְשָׁפָיו הִכְחַשׁ, וּבְחָלְשׁוֹ נֶחֱלַשׁ וְלֹא חָשׁ. בִּכְשָׁפָיו הִלְּלוֹ, וּבִקְסָמָיו חִלְּלוֹ, יוֹם הֶעֱמִיד וְזִלְּלוֹ, שֶׁמֶשׁ הַדְּמִים וְזִלְזְלוֹ. יָגַע וְלֹא הוּנַח לוֹ, וְלַחֲרָפוֹת נִחֲלוֹ, עַד בֹּא הַשֶּׁמֶשׁ הִזְחִילוֹ, לְהִמָּחוֹת הוּא וְכָל חֵילוֹ. קָט וְשֵׁן חָרַק, וְנֶאָצוֹת שָׁרַק, וּמוֹרֵה בְּאַפּוֹ הֵרַק, וְחַרְבּוֹ הִבְרַק. לַמִּילָה פֵּרַק, וּכְלַפֵּי מַעְלָה זָרַק, וּלְשֵׁם שֶׁמֶן תּוּרַק, בְּעַזּוּת יָרֹק יָרַק. יָהּ אֶשְׁכּוֹל הַכֹּפֶר, צָו אֶל מְשׁוּל עֹפֶר, זִכְרוֹן מִשְׁלֵי אֵפֶר, כְּתֹב זֹאת זִכָּרוֹן בַּסֵּפֶר. רָשַׁם בְּזֶה סֵפֶר, בַּתּוֹרָה וּבַנְּבִיאִים וּבַכְּתוּבִים לְהֵחָפֵר, לְהִמָּחוֹת מִסֵּפֶר, וְלֹא יִכָּתֵב עִם כָּל הַכָּתוּב לַחַיִּים בַּסֵּפֶר:

אֵל נָא לְעוֹלָם תֻּעֲרָץ, וּלְעוֹלָם תֻּקְדָּשׁ, וּלְעוֹלְמֵי עוֹלָמִים תִּמְלֹךְ וְתִתְנַשֵּׂא, הָאֵל מֶלֶךְ נוֹרָא מָרוֹם וְקָדוֹשׁ. כִּי אַתָּה הוּא מֶלֶךְ מַלְכֵי הַמְּלָכִים, מַלְכוּתוֹ נֶצַח, נוֹרְאוֹתָיו שִׂיחוּ, סַפְּרוּ עֻזּוֹ, פָּאֲרוּהוּ צְבָאָיו. קַדְּשׁוּהוּ, רוֹמְמוּהוּ, רֹן שִׁיר וָשֶׁבַח, תֹּקֶף תְּהִלּוֹת תִּפְאַרְתּוֹ.

וּבְכֵן זָכוֹר אֵת אֲשֶׁר עָשָׂה לְךָ עֲמָלֵק.

שליח הציבור ואחריו הקהל: וּמַח שְׁמוֹ וְזִכְרוֹ, וְנִמַּח זִכּוּרוֹ מִלְּהַזְכִּירוֹ, בְּזִכְרוֹן קָדוֹשׁ.

שליח הציבור ואחריו הקהל: יַעַן אֲשֶׁר לֹא זָכַר, וְנֶחְשַׁב כַּנֵּכָר, מִלְּהִזָּכֵר בְּזִכְרוֹן קָדוֹשׁ.

זָכוֹר אִישׁ אֲשֶׁר הִגְוִיעַ אָב לְלֹא עִתּוֹ, בְּרָצַח וְגָנַב וְנָאַף בְּעִתּוֹ, גֶּרַע חָמֵשׁ שָׁנִים מִמְּחִיָּתוֹ. זָכוֹר בּוֹזֶה עַל גְּמִילוּת חֶסֶד, גּוֹעֵל אָח עֵשׂ לְזִקְנוּ חֶסֶד, דּוֹמֶה לַמָּס מֵרֵעֵהוּ חֶסֶד. זָכוֹר גִּלָּה עֶרְוַת מְצוּאַת שָׂדֶה, דָּם שָׁפַךְ בְּבוֹאוֹ מִן הַשָּׂדֶה, הָפַךְ לֵב אָב שָׁח בַּשָּׂדֶה. זָכוֹר דָּחוּי בְּאֹזֶן הָעֲרֵלָה, הַבּוֹזֶה בְּכוֹרָה בְּכוֹס הַתַּרְעֵלָה, וּפָרַק מֶנּוּ עֹל וּמָשַׁךְ לוֹ עָרְלָה. זָכוֹר הֲפַכְפַּךְ דֶּרֶךְ אִישׁ וָזָר, וְהִכְהָה מְאוֹר אָב בְּעֶשֶׁן עֲבוֹדַת זָר, זָמַם בְּלֵב הֱיוֹת לְאָח לְאַכְזָר. זָכוֹר וְנִתְעוֹלֵל לְרֶבַע כְּאִשָּׁה, זָדוֹן לִבּוֹ הִשִּׁיאוֹ בְּאִשָּׁה, חַתּוּ גִּבּוֹרָיו לִהְיוֹת כְּלֵב אִשָּׁה. זָכוֹר זֶרַע מְרֵעִים נִתְעָב וְנֶאֱלָח, חָלַק לְהַשְׁחִית וְלוֹמַר הֶאָח, טָמְנוּ גֵּאִים פַּח לְחַבֵּל אָח. זָכוֹר חָנַט מֶנּוּ עֲמָלֵקִי, טַס כְּיֶלֶק לְאַבֵּד חֶלְקִי, יָרַע כַּבִּירִים לְעֵין כֹּל לְלוֹקְקִי. זָכוֹר טָפַשׁ מֵהַעֲרִימָה, יָרַד וְכִתַּת עַמִּי עַד חָרְמָה, כְּמוֹ כֵן חַיָּב לְהַחֲרִימָה. זָכוֹר יוֹשֵׁב הַנֶּגֶב בְּלִי עַל כְּעָרָד, כְּסוּת וְלָשׁוֹן שִׁנָּה הֱיוֹת מֶלֶךְ עֲרָד, לִשְׁבּוֹת שְׁבִי מָרַד וְחָרַד. זָכוֹר כְּסִיל שׁוֹנֶה בְּאִוַּלְתּוֹ, לְתַעֲרוּבַת מִדְיָן בַּעֲלוֹתוֹ, מִהֵר יְבֹשֶׁת וְגִלָּה נַבְלוּתוֹ. זָכוֹר לְקַעְקַע בְּצָתוֹ מִשֹּׁרֶשׁ, מִלַּעֲזֹב לוֹ עָנָף וְגַם שֹׁרֶשׁ, נֶעֱנַשׁ קִישִׁי כִּי הִשְׁאִיר לוֹ שֹׁרֶשׁ. זָכוֹר מַעֲשֵׂה אֲגַג מַעֲדַנּוֹת, נָשִׁים כְּשִׁכְּלָה חַרְבּוֹ לְעַנּוֹת, סָרַס שְׁאָרוֹ לְשִׁסּוּף יַעֲנוֹת. זָכוֹר נָגִיד לְחָמְלוֹ הִסְכִּים, סָר מִמְּלוּכָה מִבֵּין נְסִיכִים,

עולל הנותר עמד לשכים. זכור סבב צקלג ונגב, עמלק יושב בארץ הנגב, פגרו טוב ראי מנשף בעוגב. זכור עריץ בעמונים נחבא, פרץ כרמי עין גדי כהובא, צורבו איש באחיו בחרב להובה. זכור פלטים אשר באף הסעיר, צבאי בלכתם אל הר שעיר, קנא לנקם עירות שעיר. זכור צג בפרק להסגיר שרידי, קם בראש דרכים לסעד את רודי, רדף ומסר בידם פרודי ופודי. זכור קפץ לשער השמים, רעש ושאג מי לי בשמים, שלט ויגדל עד לשמים. זכור רד אל חנף להחניף ממלכת, שמשי אשר שמשו מאמשת והולכת, תמה הלשין לרפותה ממלאכת. זכור שקל אלפים עשרה, שתילים מאה החניט לשברה, שער מהם עשרה לשררה. זכור תבע להפר חמשים, תמימה קצב לכלות חמושים, תכלית שבעים נתלה על חמשים.

ובכן ולך תעלה קדשה כי אתה קדוש ישראל ומושיע.

אלהים אל דמי לך, בקול מים רבים נשמע קולך, משמיע ומצוה לעמך בקנין פעלך, זכור את אשר עשה לך, אשר קרך ויחשילך, והיה בהניח יהוה אלהיך לך, תמחה זכרו מכל גבולך. והם ישיבו ויאמרו לך, ומשלך עוד יתנו לך, אנא הקם את דבר מלולך, עד שאתה מצונו הזכר לך, אתה זכר את אשר עשו לך, זכר יהוה את יום זבולך, המתגאים ונואמים פה מה לך, השולחים זמורות באף לחללך. זכר כסא כבוד גדלך, אשר מגרו ונאצו למולך, ושלחו באש היכלך, וישימו כל גבולך, ושדדו ונתקו יריעות אהלך, אשר צויתה לא יבאו בקהל לך, אמרו לכו ונכחידם מגוי בגללך, ולא יזכר שם הלולך, עליך יעזב חילך, ויותר מאשר עשו לנו עשו לך. אותנו במדבר נלחמו, ואותך בישוב נתלחמו, אותנו חוץ למחנה המו, ואותך בקרב המחנה נהמו, אותנו פליטי ענן זממו, ואותך כפרת ענן גממו, אותנו לחשולי עב דמו, ואותך עלות על במתי עב דממו, אותנו חוץ ממחיצה קמו, ואותך לפני ולפנים קדמו, אותנו ברחוק מקום אשמו, ואותך בקרב מקומך שממו, אותנו חוץ מישיבתנו רמו, ואותך במכון שבתך דמו, אותנו אות ברית משאר הרימו, ואותך עשרת אבירי ברית החרימו, אותנו בהנחת ידי ענו הרימו, ואותך תלות יד למולך הרימו, אותנו נתיעצו וסוד הערימו, ואותך כרובי סודך לחרפות הגרימו. ואתה יהוה לעולם תשב, והוא נגדך במטה יושב, תפוש מדבר וכל הישוב, אני ואפסי עוד בלב מתחשב, אם לא עתה תקום ותקשב. בשלש עשרה קימות נקמות לחשב, בפחד ופחת ופח לפקד על היושב. ואם אין כגר תחשב, וכל המונה וסופר וחושב. קץ הפלאות להבין ולחשב, נשתה גבורתו ממחשב, ולא ימצא מענה להשב, ויחשה דומיה מהקשב, ובאמונה כסליו יישב, וזאת על לבו ישב, ויאמר עד ישקיף וירא ויקשב. ונחשבתי כעד זומם, כל היום

מְדַמֵּם, וְנַפְשִׁי נִבְהֲלָה מְאֹד וּמִשְׁתּוֹמֵם, וְאַתָּה יהוה עַד מָתַי רוֹאֶה וְדוֹמֵם, זְכֹר בֵּית מִקְדָּשְׁךָ הַשָּׁמֵם, כָּל עוֹבֵר עָלָיו מִשְׁתּוֹמֵם, מָתַי תִּתְנַשֵּׂא וְתִתְרוֹמֵם, וְזֵכֶר אֹמֶר פִּיךָ קוֹמֵם, בְּשָׁלֹשׁ עִתּוֹת עֲמָלֵק לְהָמֵם, בְּשָׁלֹשׁ מִיתוֹת זִכְרָם לְהַדְמֵם, בִּשְׁלֹשֶׁת יְמֵי אֲפֵלָה נְגָהָם לְהַעֲמֵם, בְּשִׁבְעָה יְמֵי עֶבְרָה לְהַרְשִׁימֵם, בַּעֲשֶׂרֶת מִינֵי שְׁמָד לְהַאֲשִׁימֵם. וּכְמוֹ מֵעֲשָׂרָה דְבָרִים עִכְּבוּ עִם מְעָנוֹת, וּמִשֶּׁבַע מִצְוֹת הַמְיֻשָּׁנוֹת, כֵּן בְּעֶשֶׂר וָשֶׁבַע יִשְׁכְּרוּ לְעָנוֹת, וּבַת קוֹל תֵּצֵא מִמְּעוֹנוֹת, וּתְפוֹצֵץ בְּכָל הַמַּחֲנוֹת, זִכְרוֹן דְּבָרִים לְהַגִּיד וְלַעֲנוֹת, אַל תִּזְכְּרוּ רִאשׁוֹנוֹת, בִּינוּ נָא יְשׁוּעוֹת אַחֲרוֹנוֹת, וְהַזְכִּירוּ זֵכֶר רְנָנוֹת, עֲמָלֵק אֲשֶׁר בָּא וְעִוֵּת מַחֲנוֹת, וְהֵקַר אֶתְכֶם בִּפְנֵי בָנוֹת, וְיָצָא לוֹ שֵׁם בְּכָל הַמְּדִינוֹת, רְאוּ עַתָּה זֹאת לְתָנוֹת, אֵיךְ נִמְחָה בְּחֶתֶף בְּכָל פִּנּוֹת, וּצְבָא הַמָּרוֹם אֲשֶׁר בִּמְעוֹנוֹת, אֲשֶׁר הַסֹּמֵךְ עֲלֵיהֶם בְּמַשְׁעֵנוֹת, יִפְקֹד עֲלֵיהֶם אֶת הָעֲוֹנוֹת, לְרֹב יָמִים לְהִמָּנוֹת, לַחְשֹׁב לָהֶם חֶשְׁבּוֹנוֹת, לְהַפִּילָם לְתָפְתֶּה דֵּרָאוֹנוֹת, וַהֲמוֹן לְאֻמִּים וְכָל הַלְּשׁוֹנוֹת, עַל עוֹזֵר וְעָזוּר יִשְׂאוּ קִינוֹת, וְכָשַׁל עוֹזֵר וְנָפַל עָזוּר מְקוֹנְנוֹת. וְיֵדַע כָּל פָּעוּל כִּי לֹא שָׁכַחְתָּ, וְיָבִין כָּל יְצִיר כִּי שָׁמָּם שִׁכַּחְתָּ, וְשֵׂעִיר וְשָׂרָיו אָז וִכַּחְתָּ, וַעֲמָלֵק וְטַפְסְרָיו הוֹכַחְתָּ, וְאִתָּם בְּמִשְׁפָּט נִתְוַכַּחְתָּ, וְיִזָּכְרוּ עִם אֲשֶׁר זָכַרְתָּ, כִּי לְטוֹבָה אוֹתָם זָכַרְתָּ, וּבְזִכְרוֹן טוֹב אִתָּם נִזְכַּרְתָּ.

וְהַמַּזְכִּירִים אֶת יהוה, יֹאמְרוּ תָמִיד יִגְדַּל יהוה, וְיֹאמְרוּ גְּאוּלֵי יהוה, כֵּן יֹאבְדוּ כָּל אוֹיְבֶיךָ יהוה, וְהָעוֹמְדִים בְּבֵית יהוה, וְהַבּוֹטְחִים בַּיהוה, וְהַשְּׁתוּלִים בְּבֵית יהוה, יֶחֱזוּ בְּנֹעַם יהוה, וְיַגִּידוּ כִּי אֵין קָדוֹשׁ כַּיהוה, כִּי אֵל רַחוּם יהוה, אַשְׁרֵי כָּל יְרֵא יהוה, טוֹב לְהוֹדוֹת לַיהוה, טוֹב לַחֲסוֹת בַּיהוה, רַנְּנוּ צַדִּיקִים בַּיהוה, קוֹל אוֹמְרִים הוֹדוּ אֶת יהוה, כִּי הֵם זֶרַע בֵּרַךְ יהוה, זֶה הַיּוֹם עָשָׂה יהוה, כִּי אֵל גָּדוֹל יהוה, בָּרוּךְ הַבָּא בְּשֵׁם יהוה, שׂוֹשׂ אָשִׂישׂ בַּיהוה. וְאִם כָּל הַמּוֹעֲדִים יִהְיוּ בְטֵלִים, יְמֵי הַפּוּרִים לֹא נִבְטָלִים, וְזִכְרָם לֹא יָסוּף מִנְּטָלִים, וְיִזָּכְרוּ לָעַד גְּאוּלִים, לְשָׂשׂוֹן וּלְשִׂמְחַת גִּילִים, מִפְּעָלוֹת אֱלֹהִים מְגַלִּים, וֶעֱזוּז נוֹרְאוֹתָיו מַגְדִּילִים, וְשָׁרִים כְּחוֹלְלִים, בַּעֲשֶׂרֶת מִינֵי עָשׂוֹר מְסַלְסְלִים, בְּכִנּוֹרוֹת וּבִנְבָלִים, בַּעֲשֶׂרֶת מִינֵי הַלֵּל מְהַלְלִים, בַּעֲשֶׂרֶת מִינֵי שִׂמְחָה צָהֳלִים, וְשַׂרְפֵי הַקֹּדֶשׁ הַמַּעְלִים, כְּתַלְמִיד לָרַב יִהְיוּ לָמוֹ שׁוֹאֲלִים, מַה פָּעַל אֵל אֵלִים. כִּי אֵלֶּה יִהְיוּ מִבִּפְנִים, וְאֵלֶּה מִלִּפְנֵיהֶם מִפָּנִים, וְאֵלֶּה חוּצָה לָמוֹ פּוֹנִים, וְאֵלֶּה לִפְנֵי וְלִפְנִים, בְּצֵל שַׁדַּי מִתְלוֹנְנִים, וּבַחֲמִשָּׁה קוֹלוֹת הַצְּפוּנִים, קוֹל רִנָּה וִישׁוּעָה מְצַפִּינִים, בְּאָהֳלֵי צַדִּיקִים צְפוּנִים, הַהוֹגִים בִּיקָרָה מִפְּנִינִים, וְקִדְּמוּ שָׁרִים אַחַר נוֹגְנִים, לָדַעַת אֵיךְ הֵם מְנַגְּנִים, בְּגַאֲוַת אֲפִיקֵי מְגִנִּים, בְּצַלְמָם הֱיוֹת גְּנוּנִים, וּבְאֶבְרָתָם מִתְגּוֹנְנִים, וְעַל חוֹמוֹתָם מִתְמַנִּים, לְשׁוֹעֲרִים וּלְשׁוֹמְרִים מְמֻנִּים, כָּל הַיּוֹם וְכָל הַלַּיְלָה מְזֻמָּנִים, לְהַזְכִּיר קְדֻשַּׁת נוֹצֵר אֱמוּנִים, לְהַעֲרִיץ זְכִירַת גּוֹי שׁוֹמֵר

אֱמוּנִים, וּבְשֵׁם יִשְׂרָאֵל מִתְכַּנִּים, וּבְשִׁלּוּשׁ קְדֻשָּׁה לְקָדוֹשׁ מִתְכַּוְּנִים, שְׁתַּיִם בְּרֹאשׁ בָּנִים מַשְׁכִּימִים, וְאַחַת בְּרֹאשׁ מַלְכָּם מַתְקִינִים, וּבִשְׁלָשְׁתָּם הֵם נְכוֹנִים, כִּסֵּא שָׁלֵם וְשֵׁם שָׁלֵם מְכִינִים, וּבְשִׁלּוּשׁ קְדֻשָּׁה עֲנוֹת כְּאָז מְבִינִים, קָרֹא זֶה אֶל זֶה מְכַוְּנִים, וּבְכִנּוּי שֵׁם קָדוֹשׁ קוֹרְאִים וּמְכַנִּים.

וממשיכים בקדושה ׳נַקְדִּישְׁךָ וְנַעֲרִיצְךָ׳ (עמ׳ 366) ובחזרת הש״ץ.

קרובה לפורים

מתפללים כרגיל עד לאחר תפילת עמידה.

אֲדֹנָי, שְׂפָתַי תִּפְתָּח, וּפִי יַגִּיד תְּהִלָּתֶךָ:

בָּרוּךְ אַתָּה יהוה, אֱלֹהֵינוּ וֵאלֹהֵי אֲבוֹתֵינוּ אֱלֹהֵי אַבְרָהָם, אֱלֹהֵי יִצְחָק, וֵאלֹהֵי יַעֲקֹב הָאֵל הַגָּדוֹל הַגִּבּוֹר וְהַנּוֹרָא, אֵל עֶלְיוֹן גּוֹמֵל חֲסָדִים טוֹבִים, קוֹנֵה הַכֹּל וְזוֹכֵר חַסְדֵי אָבוֹת וּמֵבִיא גּוֹאֵל לִבְנֵי בְנֵיהֶם לְמַעַן שְׁמוֹ בְּאַהֲבָה. מֶלֶךְ עוֹזֵר וּמוֹשִׁיעַ וּמָגֵן.

וַיֶּאֱהַב אֹמֶן יְתוֹמַת הֶגֶן, אֲמָנָה שִׁבְעִים וְחָמֵשׁ בַּעֲדָהּ לְהָגֵן, אָז מֵאָז כְּחָזוֹ יוֹדֵעַ נֹגֵן, אַרְיֵה בֶּן זְאֵב לְיֶשַׁע הוֹגֵן, אָץ לְהַזְכִּיר אוֹתוֹ מְנַגֵּן, וּמָרְדְּכַי אֹמֶץ בְּאֶלֶף הַמָּגֵן. בָּרוּךְ אַתָּה יהוה, מָגֵן אַבְרָהָם.

אַתָּה גִּבּוֹר לְעוֹלָם, אֲדֹנָי מְחַיֵּה מֵתִים אַתָּה, רַב לְהוֹשִׁיעַ מַשִּׁיב הָרוּחַ וּמוֹרִיד הַגֶּשֶׁם. מְכַלְכֵּל חַיִּים בְּחֶסֶד, מְחַיֵּה מֵתִים בְּרַחֲמִים רַבִּים, סוֹמֵךְ נוֹפְלִים וְרוֹפֵא חוֹלִים וּמַתִּיר אֲסוּרִים, וּמְקַיֵּם אֱמוּנָתוֹ לִישֵׁנֵי עָפָר. מִי כָמוֹךָ בַּעַל גְּבוּרוֹת וּמִי דּוֹמֶה לָּךְ, מֶלֶךְ מֵמִית וּמְחַיֶּה וּמַצְמִיחַ יְשׁוּעָה. וְנֶאֱמָן אַתָּה לְהַחֲיוֹת מֵתִים.

הַמֶּלֶךְ בְּכֵס יָהּ חֹק לְזֶרַע כֹּה יִהְיֶה, בְּקָמִים כָּל נֶשֶׁם לֹא תְחַיֶּה, בֶּן בְּכוֹרַת חַל דְּבַר אֶהְיֶה, בְּקוֹץ אֲשֶׁר נִכְמַר וַיְחַיֶּה, בְּכֵן צִפְעוֹ צָץ לְצַדִּים שֶׁיִּהְיֶה, יָצָא לְמָרְרוֹ מוֹר בִּגְשָׁמִים מְחַיֶּה. בָּרוּךְ אַתָּה יהוה מְחַיֵּה הַמֵּתִים.

נַקְדִּישְׁךָ וְנַעֲרִיצְךָ כְּנֹעַם שִׂיחַ סוֹד שַׂרְפֵי קֹדֶשׁ, הַמְשַׁלְּשִׁים לְךָ קְדֻשָּׁה כַּכָּתוּב עַל יַד נְבִיאֶךָ, וְקָרָא זֶה אֶל־זֶה וְאָמַר: הקהל ואחריו שליח הציבור: קָדוֹשׁ, קָדוֹשׁ, קָדוֹשׁ, יהוה צְבָאוֹת, מְלֹא כָל־הָאָרֶץ כְּבוֹדוֹ:

לְעֻמָּתָם מְשַׁבְּחִים וְאוֹמְרִים: הקהל הקהל ואחריו שליח הציבור: בָּרוּךְ כְּבוֹד יהוה מִמְּקוֹמוֹ:

וּבְדִבְרֵי קָדְשְׁךָ כָּתוּב לֵאמֹר: הקהל ואחריו שליח הציבור: יִמְלֹךְ יהוה לְעוֹלָם, אֱלֹהַיִךְ צִיּוֹן לְדֹר וָדֹר, הַלְלוּיָהּ:

אַתָּה קָדוֹשׁ וְשִׁמְךָ קָדוֹשׁ וּקְדוֹשִׁים בְּכָל יוֹם יְהַלְלוּךָ סֶּלָה כִּי אֵל מֶלֶךְ גָּדוֹל וְקָדוֹשׁ אָתָּה.

אֶת אֶסְתֵּר גָּל מְמַסְתִּיר לְגוֹאֵל, גּוֹי כְּנוֹאֵשׁ מִלְּהִגָּאֵל, גּוֹזֵר אִם אֵין לָאִישׁ גּוֹאֵל, גָּלַף מִשְׁפֶּה תַּבְנִית הַגּוֹאֵל, גָּשׁ כְּאָח לְצָרָה לְצַחְצֵחַ הַגּוֹאֵל, מִלִּפְנֵי עִיר וְקַדִּישׁ לְהַקְדִּישׁ אָאֵל. בָּרוּךְ אַתָּה יהוה, הָאֵל הַקָּדוֹשׁ.

אַתָּה חוֹנֵן לְאָדָם דַּעַת, וּמְלַמֵּד לֶאֱנוֹשׁ בִּינָה. חָנֵּנוּ מֵאִתְּךָ חָכְמָה בִּינָה וָדָעַת.

מִכָּל דּוֹרוֹ בָּן לְהִתְבּוֹנֵן, דַּעַת מֵאֵיזֶה חֵטְא צָג צָר שׁוֹנֵן, דִּבְרַת אָב כְּזָכַר אוֹנֵן, דַּלְתֵי צוּר כְּנֵסָה דָּפַק וְחִנֵּן, דְּגָלִים לְשַׁלֵּשׁ תַּעַן וּלְחַנֵּן, הַמֶּלֶךְ זַעֲקָם בָּן דֵּעָה חוֹנֵן. בָּרוּךְ אַתָּה יהוה, חוֹנֵן הַדָּעַת.

הֲשִׁיבֵנוּ אָבִינוּ לְתוֹרָתֶךָ, וְקָרְבֵנוּ מַלְכֵּנוּ לַעֲבוֹדָתֶךָ וְהַחֲזִירֵנוּ בִּתְשׁוּבָה שְׁלֵמָה לְפָנֶיךָ.

הַנָּשִׁים הַהֲגוּנוֹת לְכֵס יְשִׁיבָה, הָכְעֲרוּ וּסְעָרָה בָּם נָשְׁבָה, הֲדַסָּה זֹאת כְּגַע לָהּ תּוֹר וּמַחֲשָׁבָה, הֻלְלָה לְכָל רוֹאֶיהָ וְעֵזֶר לוֹ שִׁוָּה, הָדַר יְמִינִי לְשׁוֹבֵב שׁוֹבֵבָה, בִּלְבוּשׁ רַצּוֹת רוֹצֶה בִּתְשׁוּבָה. בָּרוּךְ אַתָּה יהוה, הָרוֹצֶה בִּתְשׁוּבָה.

סְלַח לָנוּ אָבִינוּ כִּי חָטָאנוּ מְחַל לָנוּ מַלְכֵּנוּ כִּי פָשָׁעְנוּ כִּי אֵל טוֹב וְסַלָּח אָתָּה.

וַתִּשָּׂא וַתָּבֹא בֶאֱלוֹהַּ, וְלֹא יָדְעָה כִּי זֹאת עָשְׂתָה יַד אֱלוֹהַּ, וַיִּבְעַר חָנֵף בְּכָל גְּבוּל לִשְׁלֹחַ, וּבְהַגִּיעַ תּוֹר בִּנְיַן לִצְלֹחַ, וּבַת אֲבִיחַיִל לָבְשָׁה צָלוֹחַ, מַלְכוּת בָּהּ וְרַבָּה מַרְבֶּה לִסְלֹחַ. בָּרוּךְ אַתָּה יהוה, חַנּוּן הַמַּרְבֶּה לִסְלֹחַ.

רְאֵה נָא בְעָנְיֵנוּ, וְרִיבָה רִיבֵנוּ וּגְאָלֵנוּ גְּאֻלָּה שְׁלֵמָה מְהֵרָה לְמַעַן שְׁמֶךָ כִּי אֵל גּוֹאֵל חָזָק אָתָּה.

חֵן זְבָדָהּ מֵהַרְרֵי אֵל, זְכוּתָהּ עִמְּעַם בְּיַד בֶּן אֲבִיאֵל, זֹאת בְּבוֹאָהּ הֲלוֹם נָשְׂאָה עַיִן לָאֵל, זָכְרָה נָּא לִי צִדְקַת הַרְרֵי אֵל, זֶה הֱכִינָהּ לְאוֹת לְתִקּוּן אֲרִיאֵל, תִּכְלֶת יָדָהּ עֲשׂוֹת לִגְאוּלֵי אֵל. בָּרוּךְ אַתָּה יהוה, גּוֹאֵל יִשְׂרָאֵל.

רְפָאֵנוּ יהוה וְנֵרָפֵא הוֹשִׁיעֵנוּ וְנִוָּשֵׁעָה, כִּי תְהִלָּתֵנוּ אָתָּה וְהַעֲלֵה אֲרוּכָה וּמַרְפֵּא לְכָל תַּחֲלוּאֵינוּ וּלְכָל מַכְאוֹבֵינוּ, וּרְפוּאָה שְׁלֵמָה לְכָל מַכּוֹתֵינוּ, כִּי אֵל מֶלֶךְ רוֹפֵא נֶאֱמָן וְרַחֲמָן אָתָּה.

וְחֶסֶד חִסְּדָהּ חָסִיד הַמְחוֹלְלִי, חוּר וְכַרְפַּס וָכֶתֶם וְחָלְיִי, רֹץ רֹאשׁ פֶּתֶן מְנַחֲלִי, חָרוֹן בּוֹ לְשַׁלֵּחַ עוֹד מִלְאַכְלִי, חִלַּת פְּנֵי אֱלֹהִים יהוה חֵילִי, וְחוּר רַב חִתְלִי רוֹפֵא חוֹלִי. בָּרוּךְ אַתָּה יהוה, רוֹפֵא חוֹלֵי עַמּוֹ יִשְׂרָאֵל.

בָּרֵךְ עָלֵינוּ יהוה אֱלֹהֵינוּ אֶת הַשָּׁנָה הַזֹּאת וְאֶת כָּל מִינֵי תְבוּאָתָהּ, לְטוֹבָה וְתֵן טַל וּמָטָר לִבְרָכָה עַל פְּנֵי הָאֲדָמָה, וְשַׂבְּעֵנוּ מִטּוּבָהּ וּבָרֵךְ שְׁנָתֵנוּ כַּשָּׁנִים הַטּוֹבוֹת לִבְרָכָה כִּי אֵל טוֹב וּמֵטִיב אַתָּה, וּמְבָרֵךְ הַשָּׁנִים.

לְפָנָיו טָבַע הוֹד אַבְרֵךְ, טָבוּעַ הָיָה וּמוּכָן לְהַאֲרֵךְ, טְמָנָה וְסִתְּרָה מִפְּרֹעַ יָרֵךְ, טָמֵא כְּהֶגְרֵל גַּפְנָהּ לְהַבְרֵךְ, טוֹב פֶּץ לָהּ קוּמִי כִּי בָא אוֹרֵךְ, וַעֲטֶרֶת בִּשְׁנַת טוֹבָתֶךָ בְּגֶשֶׁם אֲבָרֵךְ. בָּרוּךְ אַתָּה יהוה, מְבָרֵךְ הַשָּׁנִים.

תְּקַע בְּשׁוֹפָר גָּדוֹל לְחֵרוּתֵנוּ וְשָׂא נֵס לְקַבֵּץ גָּלֻיּוֹתֵינוּ וְקַבְּצֵנוּ יַחַד מְהֵרָה מֵאַרְבַּע כַּנְפוֹת הָאָרֶץ לְאַרְצֵנוּ.

מִכָּל יוֹדְעֵי דָת שִׂפְתֵי מַרְבֵּץ, יְקַר יְמִינֵי בְּדַת יְמִין רוֹבֵץ, יְפִי עֲדִי עֲדָיִים מַשְׁבֵּץ, יָצָא מְלֻבָּשׁ עַל יַד קוֹבֵץ, יָרַשׁ מַתַּן שְׁאֵלוֹת יַעְבֵּץ, זָהָב יָמֵן לֶאֱסֹף נִדָּחִים מְקַבֵּץ. בָּרוּךְ אַתָּה יהוה, מְקַבֵּץ נִדְחֵי עַמּוֹ יִשְׂרָאֵל.

הָשִׁיבָה שׁוֹפְטֵינוּ כְּבָרִאשׁוֹנָה, וְיוֹעֲצֵינוּ כְּבַתְּחִלָּה וְהָסֵר מִמֶּנּוּ יָגוֹן וַאֲנָחָה וּמְלֹךְ עָלֵינוּ מְהֵרָה אַתָּה יהוה לְבַדְּךָ בְּחֶסֶד וּבְרַחֲמִים, בְּצֶדֶק וּבְמִשְׁפָּט.

הַבְּתוּלוֹת בְּהִקָּבֵץ שֵׁנִית בְּמֹאהַב, כְּבוּדָּה בַת מֶלֶךְ הִשְׁלִיכָה יְהַב, כִּי צַדִּיק יהוה צְדָקוֹת אָהֵב, כְּמַס דּוֹב רִשְׁפֵּי לַהַב מַלְהִיב לְלַהַב, כָּרָה שׁוּחָה לָעַד לְחוֹמוֹ לְהַבְהֵב גְּדוֹלָה קָפַץ בְּדִין מִשְׁפָּט אָהֵב. בָּרוּךְ אַתָּה יהוה, מֶלֶךְ אוֹהֵב צְדָקָה וּמִשְׁפָּט.

וְלַמַּלְשִׁינִים אַל תְּהִי תִקְוָה, וְכָל הַמִּינִים כְּרֶגַע יֹאבֵדוּ וְכָל אוֹיְבֵי עַמְּךָ מְהֵרָה יִכָּרֵתוּ וְהַזֵּדִים מְהֵרָה תְעַקֵּר וּתְשַׁבֵּר וּתְמַגֵּר וּתְכַלֵּם וְתַשְׁפִּילֵם וְתַכְנִיעֵם בִּמְהֵרָה בְיָמֵינוּ.

וַיָּשֶׂם לַיְלָה וּתְנוּמָה הַמְנִיעַ, לֵיל אֲשֶׁר תְּנִין וְיָרֵב הֵנִיעַ, לַדּוֹרוֹת אוֹתוֹ הִצְנִיעַ, לִהְיוֹת לְפִלְאוֹ צָנוּעַ, לְכַד זֵד יָהִיר וּבְאַשְׁמוּרוֹ הִכְנִיעַ, וְתַכְרִיךְ יְחוּמָיו שַׁח זֵדִים מַכְנִיעַ. בָּרוּךְ אַתָּה יהוה, שׁוֹבֵר אוֹיְבִים וּמַכְנִיעַ זֵדִים.

עַל הַצַּדִּיקִים וְעַל הַחֲסִידִים, וְעַל זִקְנֵי שְׁאֵרִית עַמְּךָ בֵּית יִשְׂרָאֵל וְעַל פְּלֵיטַת בֵּית סוֹפְרֵיהֶם וְעַל גֵּרֵי הַצֶּדֶק, וְעָלֵינוּ יֶהֱמוּ נָא רַחֲמֶיךָ, יהוה אֱלֹהֵינוּ וְתֵן שָׂכָר טוֹב לְכָל הַבּוֹטְחִים בְּשִׁמְךָ בֶּאֱמֶת וְשִׂים חֶלְקֵנוּ עִמָּהֶם וּלְעוֹלָם לֹא נֵבוֹשׁ, כִּי בְךָ בָטָחְנוּ וְעַל חַסְדְּךָ הַגָּדוֹל בֶּאֱמֶת נִשְׁעָנְנוּ.

כֶּתֶר מְלוּכָה מֵאָז הָיָה מְבֻטָּח, מֵאֵלָיו הָיָה לְהִנָּתֵן לְבַת הַבְטַח, מַלְכוּת כְּשֵׁרוּהָ מֵרָאשֵׁ הוּטַּח, מְטוּבֶּבֶת זִיו הוֹד מְבֻטָּח, מֵרֹאשׁ עַד עָקֵב לִבָּהּ בָּטַח, בּוֹץ לְהַאֲמִירָה בְּמָעוֹז וּמִבְטָח. בָּרוּךְ אַתָּה יהוה, מִשְׁעָן וּמִבְטָח לַצַּדִּיקִים.

וְלִירוּשָׁלַיִם עִירְךָ בְּרַחֲמִים תָּשׁוּב וְתִשְׁכֹּן בְּתוֹכָהּ כַּאֲשֶׁר דִּבַּרְתָּ, וּבְנֵה אוֹתָהּ בְּקָרוֹב בְּיָמֵינוּ בִּנְיַן עוֹלָם, וְכִסֵּא דָוִד עַבְדְּךָ מְהֵרָה לְתוֹכָהּ תָּכִין.

מַלְכוּת נֶחְפָּזָה כְּחָזוּ רְבִיד, נָבָל נָתוּן עַל יְדִיד מִיַּד מַעֲבִיד, נִשְּׂאוּ מֵעַל כֹּל וְטָרְחוּ הַכְבִּיד, נִינָיו כְּתִרְזוּ לְהַאֲבִיד, נְשׂוּאֵי רַחַם זֶבֶד טוֹב הִזְבִּיד, וְאַרְגָּמָן יִמְנֶה לְכוֹנֵן עִיר דָּוִד. בָּרוּךְ אַתָּה יהוה בּוֹנֵה יְרוּשָׁלָיִם.

אֶת צֶמַח דָּוִד עַבְדְּךָ מְהֵרָה תַצְמִיחַ, וְקַרְנוֹ תָּרוּם בִּישׁוּעָתֶךָ כִּי לִישׁוּעָתְךָ קִוִּינוּ כָּל הַיּוֹם. בָּרוּךְ אַתָּה יהוה, מַצְמִיחַ קֶרֶן יְשׁוּעָה.

אָב הָרַחֲמָן, שְׁמַע קוֹלֵנוּ יהוה אֱלֹהֵינוּ חוּס וְרַחֵם עָלֵינוּ, וְקַבֵּל בְּרַחֲמִים וּבְרָצוֹן אֶת תְּפִלָּתֵנוּ כִּי אֵל שׁוֹמֵעַ תְּפִלּוֹת וְתַחֲנוּנִים אָתָּה וּמִלְּפָנֶיךָ מַלְכֵּנוּ רֵיקָם אַל תְּשִׁיבֵנוּ חָנֵּנוּ וַעֲנֵנוּ וּשְׁמַע תְּפִלָּתֵנוּ כִּי אַתָּה שׁוֹמֵעַ תְּפִלַּת כָּל פֶּה.

בְּרֹאשָׁהּ סִיֵּם זֵר אֲשֶׁר הִפְלָא, סְגַת שׁוֹשָׁן עֲלוֹת מִשְׁפֵּלָה, שִׂיחַת רְדוּמִים עֲלוֹת מִמַּכְפֵּלָה, שְׂעִיר וְאֵת שְׂרִידָיו לְשַׁחַת הִפִּילָה, סְגוּרֵי כֶלֶא הֵן מֵאֲפֵלָה, וְהָעִיר רֹן כְּפָלָה לְשׁוֹמֵעַ תְּפִלָּה. בָּרוּךְ אַתָּה יהוה, שׁוֹמֵעַ תְּפִלָּה.

רְצֵה יהוה אֱלֹהֵינוּ בְּעַמְּךָ יִשְׂרָאֵל, וְלִתְפִלָּתָם שְׁעֵה וְהָשֵׁב אֶת הָעֲבוֹדָה לִדְבִיר בֵּיתֶךָ וְאִשֵּׁי יִשְׂרָאֵל וּתְפִלָּתָם, מְהֵרָה בְּאַהֲבָה תְקַבֵּל בְּרָצוֹן וּתְהִי לְרָצוֹן תָּמִיד עֲבוֹדַת יִשְׂרָאֵל עַמֶּךָ.

וַיַּמְלִיכֶהָ עֹז לְאוֹם מוֹרָאָה, עֲצוּרָה הָיְתָה לָכֵן מֵעֵת נִבְרָאָה, עֲמִיתָהּ הִפְגִּיעַ בַּעֲדָהּ קְרִיאָה, עַד עֵת בֹּא דְבָרוֹ אֲשֶׁר רָאָה, עֲנוּתָם לַחוֹזִים שַׁדַּי הֶרְאָה, שׁוֹשָׁן חוֹחִים לְעָבְדוֹ בְּיִרְאָה. בָּרוּךְ אַתָּה יהוה, הַמַּחֲזִיר שְׁכִינָתוֹ לְצִיּוֹן.

מוֹדִים אֲנַחְנוּ לָךְ שָׁאַתָּה הוּא יהוה אֱלֹהֵינוּ וֵאלֹהֵי אֲבוֹתֵינוּ לְעוֹלָם וָעֶד. צוּר חַיֵּינוּ, מָגֵן יִשְׁעֵנוּ אַתָּה הוּא לְדוֹר וָדוֹר. נוֹדֶה לְּךָ וּנְסַפֵּר תְּהִלָּתֶךָ עַל חַיֵּינוּ הַמְּסוּרִים בְּיָדֶךָ, וְעַל נִשְׁמוֹתֵינוּ הַפְּקוּדוֹת לָךְ, וְעַל נִסֶּיךָ שֶׁבְּכָל יוֹם עִמָּנוּ, וְעַל נִפְלְאוֹתֶיךָ וְטוֹבוֹתֶיךָ שֶׁבְּכָל עֵת, עֶרֶב וָבֹקֶר וְצָהֳרָיִם. הַטּוֹב, כִּי לֹא כָלוּ רַחֲמֶיךָ וְהַמְרַחֵם, כִּי לֹא תַמּוּ חֲסָדֶיךָ כִּי מֵעוֹלָם קִוִּינוּ לָךְ.

כששליח הציבור אומר 'מודים', אומרים הקהל: מוֹדִים אֲנַחְנוּ לָךְ שָׁאַתָּה הוּא יהוה אֱלֹהֵינוּ וֵאלֹהֵי אֲבוֹתֵינוּ אֱלֹהֵי כָל בָּשָׂר יוֹצְרֵנוּ, יוֹצֵר בְּרֵאשִׁית. בְּרָכוֹת וְהוֹדָאוֹת לְשִׁמְךָ הַגָּדוֹל וְהַקָּדוֹשׁ עַל שֶׁהֶחֱיִיתָנוּ וְקִיַּמְתָּנוּ. כֵּן תְּחַיֵּנוּ וּתְקַיְּמֵנוּ וְתֶאֱסֹף גָּלֻיּוֹתֵינוּ לְחַצְרוֹת קָדְשֶׁךָ לִשְׁמֹר חֻקֶּיךָ וְלַעֲשׂוֹת רְצוֹנֶךָ וּלְעָבְדְךָ בְּלֵבָב שָׁלֵם עַל שֶׁאָנוּ מוֹדִים לָךְ. בָּרוּךְ אֵל הַהוֹדָאוֹת.

וְעַל הַנִּסִּים וְעַל הַפֻּרְקָן וְעַל הַגְּבוּרוֹת וְעַל הַתְּשׁוּעוֹת וְעַל הַנִּפְלָאוֹת וְעַל הַנֶּחָמוֹת וְעַל הַמִּלְחָמוֹת שֶׁעָשִׂיתָ לַאֲבוֹתֵינוּ בַּיָּמִים הָהֵם בַּזְּמַן הַזֶּה. בִּימֵי מָרְדְּכַי וְאֶסְתֵּר

בְּשׁוּשַׁן הַבִּירָה, כְּשֶׁעָמַד עֲלֵיהֶם הָמָן הָרָשָׁע בִּקֵּשׁ לְהַשְׁמִיד לַהֲרֹג וּלְאַבֵּד אֶת כָּל הַיְּהוּדִים מִנַּעַר וְעַד זָקֵן טַף וְנָשִׁים בְּיוֹם אֶחָד בִּשְׁלֹשָׁה עָשָׂר לְחֹדֶשׁ שְׁנֵים עָשָׂר הוּא חֹדֶשׁ אֲדָר וּשְׁלָלָם לָבוֹז: וְאַתָּה בְּרַחֲמֶיךָ הָרַבִּים הֵפַרְתָּ אֶת עֲצָתוֹ וְקִלְקַלְתָּ אֶת מַחֲשַׁבְתּוֹ וַהֲשֵׁבוֹתָ לּוֹ גְּמוּלוֹ בְּרֹאשׁוֹ וְתָלוּ אוֹתוֹ וְאֶת בָּנָיו עַל הָעֵץ.

וְעַל כֻּלָּם יִתְבָּרַךְ וְיִתְרוֹמַם וְיִתְנַשֵּׂא שִׁמְךָ מַלְכֵּנוּ תָּמִיד לְעוֹלָם וָעֶד. וְכֹל הַחַיִּים יוֹדוּךָ סֶּלָה, וִיהַלְלוּ וִיבָרְכוּ אֶת שִׁמְךָ הַגָּדוֹל בֶּאֱמֶת לְעוֹלָם כִּי טוֹב, הָאֵל יְשׁוּעָתֵנוּ וְעֶזְרָתֵנוּ סֶלָה, הָאֵל הַטּוֹב.

תַּחַת פִּלְפּוּל יַגִּיעַ לֶקַח טוֹב, פְּעֻלַּת צַדִּיק פְּעָלָם לַטּוֹב, פְּאֵר אֹמֶר אֲשֶׁר הוּא טוֹב, פּוּר הָפַךְ לְמִשְׁתֶּה וְיוֹם טוֹב, פְּדוּת כֵּן תָּחִישׁ לְהַהַר הַטּוֹב, צָהֳלָה וְזִמְרָה לְהוֹדוֹת לָאֵל טוֹב. בָּרוּךְ אַתָּה יהוה, הַטּוֹב שִׁמְךָ וּלְךָ נָאֶה לְהוֹדוֹת.

אם עולים כוהנים לדוכן, אומרים ברכת כוהנים (עמ׳ 105). אם לא, שליח הציבור אומר:

אֱלֹהֵינוּ וֵאלֹהֵי אֲבוֹתֵינוּ, בָּרְכֵנוּ בַּבְּרָכָה הַמְשֻׁלֶּשֶׁת בַּתּוֹרָה, הַכְּתוּבָה עַל יְדֵי מֹשֶׁה עַבְדֶּךָ, הָאֲמוּרָה מִפִּי אַהֲרֹן וּבָנָיו. כֹּהֲנִים, עַם קְדוֹשֶׁךָ, כָּאָמוּר: יְבָרֶכְךָ יהוה וְיִשְׁמְרֶךָ: יָאֵר יהוה פָּנָיו אֵלֶיךָ וִיחֻנֶּךָּ: יִשָּׂא יהוה פָּנָיו אֵלֶיךָ וְיָשֵׂם לְךָ שָׁלוֹם:

שִׂים שָׁלוֹם טוֹבָה וּבְרָכָה, חַיִּים חֵן וָחֶסֶד וְרַחֲמִים עָלֵינוּ וְעַל כָּל יִשְׂרָאֵל עַמֶּךָ. בָּרְכֵנוּ אָבִינוּ כֻּלָּנוּ כְּאֶחָד בְּאוֹר פָּנֶיךָ, כִּי בְאוֹר פָּנֶיךָ נָתַתָּ לָּנוּ יהוה אֱלֹהֵינוּ תּוֹרַת חַיִּים וְאַהֲבַת חֶסֶד וּצְדָקָה וּבְרָכָה וְרַחֲמִים וְחַיִּים וְשָׁלוֹם. וְטוֹב יִהְיֶה בְּעֵינֶיךָ לְבָרְכֵנוּ, וּלְבָרֵךְ אֶת כָּל עַמְּךָ יִשְׂרָאֵל בְּכָל עֵת וּבְכָל שָׁעָה בִּשְׁלוֹמֶךָ.

וּשְׁתֵּי צוֹאֲנָה לְמַעֲרָכוֹת, קְצִינוֹת כְּהֻכְתָּרָה מִמְּלָכוֹת, רַגְלֵי אַיֶּלֶת בָּמוֹת דּוֹרְכוֹת, שִׁבְעִים יְמֵי צַר עֲלוֹת לָהּ אֲרוּכוֹת, תָּקְפָה עִם דּוֹד לְעֵינֶיהָ בְּרֵכוֹת, וְשִׂמְחָה, קוֹל נִשְׁמַע מֵחֲרָכוֹת, וְדוֹבֵר שָׁלוֹם מִמְּעוֹן הַבְּרָכוֹת. בָּרוּךְ אַתָּה יהוה, הַמְבָרֵךְ אֶת עַמּוֹ יִשְׂרָאֵל בַּשָּׁלוֹם.

וממשיכים בחצי קדיש והוצאת ספר תורה (עמ׳ 121).

לפרשת פרה

חזרת הש"ץ לשחרית

מתפללים כרגיל עד לאחר תפילת עמידה.

אֲדֹנָי, שְׂפָתַי תִּפְתָּח, וּפִי יַגִּיד תְּהִלָּתֶךָ:

בָּרוּךְ אַתָּה יהוה, אֱלֹהֵינוּ וֵאלֹהֵי אֲבוֹתֵינוּ אֱלֹהֵי אַבְרָהָם, אֱלֹהֵי יִצְחָק, וֵאלֹהֵי יַעֲקֹב הָאֵל הַגָּדוֹל הַגִּבּוֹר וְהַנּוֹרָא, אֵל עֶלְיוֹן גּוֹמֵל חֲסָדִים טוֹבִים, קוֹנֵה הַכֹּל וְזוֹכֵר חַסְדֵי אָבוֹת וּמֵבִיא גוֹאֵל לִבְנֵי בְנֵיהֶם לְמַעַן שְׁמוֹ בְּאַהֲבָה. מֶלֶךְ עוֹזֵר וּמוֹשִׁיעַ וּמָגֵן.

מִסּוֹד חֲכָמִים וּנְבוֹנִים, וּמִלֶּמֶד דַּעַת מְבִינִים, אֶפְתְּחָה פִּי בְּשִׁיר וּרְנָנִים, לְהוֹדוֹת וּלְהַלֵּל פְּנֵי שׁוֹכֵן מְעוֹנִים.

אֲצוּלַת אֹמֶן בְּצֵרוּף זְקוּקָה, בִּנְדָבֶיהָ זֹאת בַּלָּט פְּקוּקָה. גְּלוּמָה עֲלוּמָה וּנְקוּקָה, דְּבוּרָה עַל אוֹפָן חֲקוּקָה. הַמְסֻקָּלָה וְהַמְעֻזָּקָה, וּדְשׁוּנָה דִּשּׁוּן לְמִשְׁמָר חֻקָּה. זֵר שִׁבְעָתַיִם מְזֻקָּקָה, חֹק טָהוֹר מְטַמֵּא מְחֻזָּקָה. טְבוּעָה בְּלֹא רְחוּקָה, וְהִיא רְחוּקָה. יְחוּסָה אֲטוּרָה וּדְחוּקָה, כִּתְמַת חֲמוּקָה. בָּהּ מְחוּקָה, לְטָהֳרַת חֲשׁוּקָה, נֶחֱקָקָה זֹאת חֻקָּה.

מְקוֹמָהּ יְגֻלֶּה, מַעֲמַקֶּיהָ יְדַלֶּה. לְעֵת יְגֻלֶּה, גְּנוּנָיו יַעֲלֶה. בָּרוּךְ אַתָּה יהוה, מָגֵן אַבְרָהָם.

אַתָּה גִּבּוֹר לְעוֹלָם, אֲדֹנָי מְחַיֵּה מֵתִים אַתָּה, רַב לְהוֹשִׁיעַ מַשִּׁיב הָרוּחַ וּמוֹרִיד הַגֶּשֶׁם. מְכַלְכֵּל חַיִּים בְּחֶסֶד, מְחַיֵּה מֵתִים בְּרַחֲמִים רַבִּים, סוֹמֵךְ נוֹפְלִים וְרוֹפֵא חוֹלִים וּמַתִּיר אֲסוּרִים, וּמְקַיֵּם אֱמוּנָתוֹ לִישֵׁנֵי עָפָר. מִי כָמוֹךָ בַּעַל גְּבוּרוֹת וּמִי דּוֹמֶה לָּךְ, מֶלֶךְ מֵמִית וּמְחַיֶּה וּמַצְמִיחַ יְשׁוּעָה. וְנֶאֱמָן אַתָּה לְהַחֲיוֹת מֵתִים.

מִמָּדָה חֻקָּהּ גָּזָר, מִגַּבְנוּן אִמְרָהּ נִגְזָר. נֶאֱמָן לְאָזְנָהּ נִתְאָזָר, נֵצַח עֲדֵי כֵן בִּנְזִרָהּ נָזָר. סִלֵּל צְפוּנֶיהָ חֵלֶץ אָזָר, סָקַר בְּאֵבֶיהָ וְנֶחְשַׁב לְמוּזָר. עָרַךְ בָּהּ חֹק לְעַם מְפֻזָּר, עֲבוּר מִלְּפַתֵּל עִקֵּשׁ כְּמִין וָזָר. פֵּאֵר בְּקוֹרֶיהָ בְּאֶגֶד מְשֻׁזָּר, פְּעֻלָּתָהּ בְּסֶגֶן בַּעֲדֵי מָשְׁזָר. צְפוּנָהּ לְטָהֳרַת עַם אֵל עָזָר, צִוָּה צוּר לְצִיר צוּר צְרוּרָה לְאֶלְעָזָר.

עוֹלָם וּמְלוֹאוֹ שֶׁלָּךְ, חָפַצְתָּ לְהַצְדִּיק קְהָלָךְ. עַל כֵּן אוֹחִיל לָךְ, לְהַגְשִׁים תְּחִי אֲטוּמֵי פְּעָלָךְ. בָּרוּךְ אַתָּה יהוה מְחַיֵּה הַמֵּתִים.

קִפְּאוֹן חֹק אֶלְפַּת הַיְקָר, לוּטָה בְּאוֹר יָקָר. חֲשׂף לְעַם מְיֻקָּר, לַעֲמֹד עַל עִקָּר. רְעֵבִים לְפַעֲנֵחַ דָּתֶיהָ, פִּעְנֵחַ מִדּוֹתֶיהָ. צְמֵאִים גְּמוֹת חִידוֹתֶיהָ, גִּלָּה לָהֶם עֵדוֹתֶיהָ. שֶׁמֶץ דְּגָלִים טִהֵר, מְצָרֵף וּמְטַהֵר. הֶרֶב לְכַבְּסָם תְּמַהֵר, מְעוּוָּים אוֹתָם לְטַהֵר. תִּקְרָא כֹּהֵן, בְּחַטְּאָךְ בְּאֵזוֹב מִתְכַּהֵן. טְהוֹרִים זְרֹק כִּמְכַהֵן, תְּמוּר דַּם מִקַּח אֶלְעָזָר הַכֹּהֵן.

שליח הציבור והקהל אחריו: יִמְלֹךְ יהוה לְעוֹלָם, אֱלֹהַיִךְ צִיּוֹן לְדֹר וָדֹר, הַלְלוּיָהּ:

וְאַתָּה קָדוֹשׁ יוֹשֵׁב תְּהִלּוֹת יִשְׂרָאֵל אֵל נָא.

אָמַרְתִּי אֶחְכָּמָה וְהִיא רְחוֹקָה, שָׁח אִיתִיאֵל עֲדֵי זֹאת חֻקָּה, בְּלֹא נִפְלֵאת הִיא וְלֹא רְחוֹקָה, זֹאת פְּלִיאָה הִיא וּמְרֻחָקָה. מִלְּפָנֶיהָ מִשְׁפָּט וְחֻקָּה, וּמֵאַחֲרֶיהָ תּוֹרָה וְחֻקָּה, בְּחָרוּת חֲקוּקָה, וּבְלוּחַ לֵב מְחֻקָּה. מְדוּק תְּלוּלָה וּמִשְּׁאוֹל עֲמֻקָּה, וּמְדָרֵי אַרְקָא, מְסִלָּתָהּ חֲמוּקָה. בְּכֵן אֵין לַעֲמֹד בְּסוֹדָהּ, וְאֵין לְהַגִּיעַ יְסוֹדָהּ. וְאֵין לַחֲקֹר חָקָהּ, וְאֵין לְהַחֲלִישׁ חֶלְקָהּ. וְאֵין לֵידַע עֶרְכָּהּ, וְאֵין לְהָבִין דַּרְכָּהּ, אֱלֹהִים הֵבִין דַּרְכָּהּ.

שליח הציבור והקהל אחריו: חַי וְקַיָּם נוֹרָא וּמָרוֹם וְקָדוֹשׁ:

אֲצוּרָה וּמְפֹרָשָׁה, עֲצוּרָה וְלֹא מְפֹרָשָׁה, זֹאת חֻקַּת הַפָּרָשָׁה, בְּכָל שָׁנָה מִתְפָּרָשָׁה. לְבַעֲלֵי אֲסוּפוֹת, חִידוֹתֶיהָ חֲשׂוּפוֹת, וְכָל צְרוּרוֹת כְּסוּפוֹת, דִּקְדּוּקֶיהָ סְפוּת. עֲרוּכָה וּשְׁמוּרָה, קְצוּבָה וּגְמוּרָה, דְּרוּשָׁה וַאֲמוּרָה, בְּקַלָּה וַחֲמוּרָה. זִינָהּ לֶעָנָיו, בִּפְנִינֵי מְעוֹנָיו, וְהֶגְיָהּ עִינָיו, בְּפוּץ מַעְיָנָיו. רָעַד כְּהִסְכִּית טַעַם תְּחִלַּת מִשְׁנָתָהּ, פָּרָה בַּת שְׁתַּיִם עֶגְלָה בַּת שְׁנָתָהּ, בְּצַר צִיר תַּחַן כְּקֶשֶׁב שְׁמוּעָתָהּ, נָא מִנִּי יִפְרֶה מוֹרֶה הֲלָכָה לְשַׁעְתָּהּ. יָדְעוּ בָהּ הֲלִיכוֹת, וְשִׁנּוּן הֲלָכוֹת, אֵלֶּה הַנֶּעֱרָכוֹת, וְאֵלֶּה הַמִּתְהַלְּכוֹת. רְאִיָּתָהּ אֵיךְ לַחֲזוֹת, דָּמָהּ אֵיךְ לְהַזּוֹת, בְּאוּרָהּ מִלַּהֲבִזוֹת, לַחֲווֹת לְמִי זֹאת. בְּדִבּוּר אֱמֹר אֶל הַכֹּהֲנִים שָׁנָה עֹז פָּנָיו, שָׁב וַיַּעֲרֹךְ זֹאת לְפָנָיו, וְהֵאִיר עֵינָיו. יַעַן כְּנֶאֱמַר לוֹ וְיִקְחוּ לַטָּמֵא, פְּלָצוּת בְּעֶתָּתוֹ וְשָׁח מִי יִתֵּן טָהוֹר מִטָּמֵא. קוֹשְׁט אִמְרֵי פָרָה כָּל טָהוֹר מְטַמְּאָה, וְאֵיךְ הִיא תַּעֲבִיר רוּחַ הַטֻּמְאָה. לוֹ הִגִּיד אֵל חֻקָּה חָקַקְתִּי וּמַה תַּגִּיעַ לֵידַע, עֲמֻקָּה מִשְּׁאוֹל מַה תֵּדָע. יָבֹא אֵפֶר פָּרָה, לְהַלְבִּין טִנּוּף בֶּן פָּרָה, הֱיוֹת כַּפָּרָה, לְסוֹרְרָה כְּפָרָה. רָמַז בְּוְיִקְחוּ אֵלֶיךָ הֱיוֹת פָּרָתוֹ מִתְמֶדֶת, שֶׁכָּל הַפָּרוֹת כָּלוֹת וְשֶׁלְּךָ לָעַד עוֹמֶדֶת.

אֵל נָא לְעוֹלָם תֻּעֲרָץ, וּלְעוֹלָם תֻּקְדָּשׁ, וּלְעוֹלְמֵי עוֹלָמִים תִּמְלֹךְ וְתִתְנַשֵּׂא, הָאֵל מֶלֶךְ נוֹרָא מָרוֹם וְקָדוֹשׁ. כִּי אַתָּה הוּא מֶלֶךְ מַלְכֵי הַמְּלָכִים, מַלְכוּתוֹ נֶצַח, נוֹרְאוֹתָיו שִׂיחוּ, סַפְּרוּ עֻזּוֹ, פָּאֲרוּהוּ צְבָאָיו, קַדְּשׁוּהוּ, רוֹמְמוּהוּ, רֹן שִׁיר וָשֶׁבַח, תֹּקֶף תְּהִלּוֹת תִּפְאַרְתּוֹ.

שליח הציבור והקהל אחריו: לְטַהֵר טְמֵאִים, לְטַמֵּא טְהוֹרִים, בְּאֹמֶר קָדוֹשׁ.

אִמְרָה סְנוּנָה וּצְרוּפָה, בְּדוּלָה בְּדָתָהּ מֵעֲרוּפָה, גְּדֵלָה כְּרַעֲנָן לִתְרוּפָה. דְּרוּשָׁה בְּזִקּוּק שִׁבְעָה מִשִּׁבְעָה, הַזָּיוֹת טְבִילוֹת וְכִבּוּסִים שִׁבְעָה, וּפָרוֹת וְכֹהֲנִים טְהוֹרִים וּטְמֵאִים שִׁבְעָה. זִקְנֵי גָּזִית תְּמִימִים מִמּוּם, חֲבוּאֶיהָ יְבַקְּרוּ לְבַל הֱיוֹת בָּהּ מוּם, טְהוֹרָה תִּהְיֶה לַאֲדֻמּוֹת כְּמִמּוּם. יַעֲשֶׂה מֵהוֹן כֹּהֵן כֶּבֶשׁ פָּרָה, כִּפָּה מוּל אֹטֶם

בְּהוֹד תִּפְאָרָה, לְהוֹצִיא בָהּ תְּמִימָה חֵטְא תַּמָּה מְפִירָה. מְסַעֲדָיו אִתּוֹ יָצְאוּ לְהַר הַמִּשְׁחָה, נָחַץ טְבֹל שֵׁנִית עֲבוּר כּוֹרֶה שׁוּחָה, סִדֵּר מַעֲרֶכֶת וְלֹא שָׁהָה. עָמַד מִקֶּדֶם וּפָנָיו לַמַּעֲרָב, פָּרָה שָׁחַט וְדָם לֹא עֵרַב, צָת בָּהּ חֲרָיוֹת וּמוֹקְדָהּ הֵרַב. קָם מוּל שַׁעַר אִיתוֹן וְדָם שֶׁבַע יִזֶּה, רַעֲנַן אֶרֶז וְאֵזוֹב וּשְׁנִי יֶחֱזֶה, שִׁמַּע לְכֹל עֵץ אֶרֶז זֶה וְאֵזוֹב זֶה. תִּרְגֵּלָהּ וְחִלְּקָהּ לִשְׁלֹשָׁה חֲלָקִים, כָּל מִשְׁמָרוֹת הָיוּ מֻנָּה מְחַלְּקִים, תְּכוּנָה לְמִשְׁמֶרֶת עַד נְקוּקִים יְקִים.

וּבְכֵן וּלְךָ תַעֲלֶה קְדֻשָּׁה, כִּי אַתָּה קְדוֹשׁ יִשְׂרָאֵל וּמוֹשִׁיעַ.

אֵין לְשׁוֹחֵחַ עֹצֶם נִפְלְאוֹתֶיךָ, אֵין לְהַגִּיד חֵקֶר דָּתוֹתֶיךָ, אֵין לְהָבִין תֹּקֶף מִפְעֲלוֹתֶיךָ, אֵין לְפַעְנֵחַ עֹמֶק פְּלָאוֹתֶיךָ, אֵין לַעֲמֹד עַל סֵפֶן מִדּוֹתֶיךָ, אֵין לַחְקֹר סוֹד חִידוֹתֶיךָ, אֵין לְהַשְׁמִיעַ כָּל תְּהִלּוֹתֶיךָ, אֵין לְגַלּוֹת סוֹד עֵדוֹתֶיךָ. הַמְפֹרָשׁוֹת סְתוּמוֹת, הַגְּלוּיוֹת עֲלוּמוֹת, הַמְבֹאָרוֹת חֲתוּמוֹת, הַמְשֻׁנָּנוֹת עֲצוּמוֹת, הַחֲקוּקוֹת רְשׁוּמוֹת. הַחֲסֵרוֹת מְיֻתָּרוֹת, הָאֲסוּרוֹת מֻתָּרוֹת, הַשְּׁחוֹרוֹת צְחוֹרוֹת, הַחֲשׂוּפוֹת אֲטוּרוֹת, הַפְּרוּטוֹת אֲצוּרוֹת, הַכְּלוּלוֹת עֲצוּרוֹת, הַקַּלּוֹת חֲמוּרוֹת, מוֹצִיא מַזָּלוֹת יְקָרוֹת, מַתִּיר מֵאֲסוּרוֹת מֻתָּרוֹת, נוֹתֵן מִטֻּמְאוֹת טְהוֹרוֹת. מִן הַחֵלֶב, שֻׁמַּן הַלֵּב, וּמִן הַדָּם טְחוֹל וְכָבֵד הַדָּם. וּמִבָּשָׂר בְּחָלָב, כְּחַל הֶחָלָב. מִכִּלְאֵי בְגָדִים, תְּכֵלֶת בְּסָדִין, מֵאֵשֶׁת אָח, יִבּוּם הָאָח. מֵאֵשֶׁת אִישׁ, יְפַת תֹּאַר לָאִישׁ. מִטֻּמְאַת נִדַּת אִשָּׁה, טָהֳרַת בְּתוּלֵי אִשָּׁה. מֵהֶתֵּר אִסּוּר וּמֵאִסּוּר הֶתֵּר, מִטָּמֵא טָהוֹר וּמִטָּהוֹר טָמֵא. בַּהֶרֶת מִמּוּעָט תְּטַמֵּא, פָּרְחָה בְּכֻלּוֹ עוֹד בַּל תְּטַמֵּא. הַמֵּת בַּבַּיִת אֵינוֹ טָמֵא, יָצָא מִמֶּנּוּ אוֹתוֹ מְטַמֵּא. שְׂעִיר יוֹם כִּפּוּר מְכַפֵּר עַל כָּל טָמֵא, וְכָל מְעַסְּקָיו בְּגָדִים מְטַמֵּא. פָּרָה אֲדֻמָּה עוֹשָׂה מְטַמְּאָה, וְהִיא עֲשׂוּיָה לְטַהֵר כָּל טֻמְאָה, וְאֶפְרָהּ נַעֲשָׂה אַב הַטֻּמְאָה, וְהִיא מְטַהֶרֶת אֲבִי אֲבוֹת הַטֻּמְאָה.

בְּכֵן אֵין לְהָבִין סוֹד תּוֹרָתֶךָ, וְלֹא זִקּוּק אִמְרָתֶךָ, וְלֹא צֵרוּף גְּזֵרוֹתֶיךָ. בְּכֵן אֵין לְהָמִיר, וְלֹא לְהַתְמִיר, אֵין לְהַרְהֵר, וְלֹא לְחַרְחֵר. אֵין לֵידַע וְלֹא לְיַדַּע, עֲמֻקָּה מִשְּׁאוֹל מַה תֵּדַע, נָעוּ מַעְגְּלוֹתֶיהָ לֹא תֵדָע. זוֹ בַּאֲמִירָה, וְזוֹ בִּגְזֵרָה, זוֹ בַּאֲסִיפָה, וְזוֹ בַּחֲסִיפָה. זוֹ בִּנְשִׁיקָה, וְזוֹ בִּתְשׁוּקָה, זוֹ בִּכְבִישָׁה, וְזוֹ בְּהַפְרָשָׁה, זוֹ בִדְרִישָׁה, וְזוֹ בַּחֲרִישָׁה. וְכָל אִמְרָה הֶחָקוּק בָּהּ חֻקָּה, אֵין לְהַרְהֵר וְלוֹמַר עַל מָה נֶחְקְקָה, שֶׁכָּךְ נִתְּנָה בִּנְשִׁיקָה. וְכֻלָּם נְכוֹחִים לַמֵּבִין, וְכָל הַמַּשְׂכִּיל יָבִין, חוּץ מִטַּעֲמֵי פָרָה שֶׁאֵין לְהָבִין, וְכָל חֲכַם לֵב יִדַּל מִבִּין, חֲפָצֶיהָ אֵין לְהָבִין. וּבִשְׁמוֹת תְּעוּדָה הִיא נְקוּבָה, לְכָל קָרְבָּן שַׁי לֹא שָׁוָה, שֶׁהֵם זְכָרִים וְהִיא נְקֵבָה, לְטַהֵר שִׁמְצַת עֵגֶל תּוֹעֵבָה.

הֵם הֵמִירוּ כָּבוֹד בְּבֶן פָּרָה, וְסָרוּ בוֹ כְּפָרָה, תָּבוֹא אִמּוֹ אֲשֶׁר הִיא פָרָה, וּתְהִיֶה לָעָם כַּפָּרָה. הֵם הֶאְדִּימוּ בוֹ פָּנִים, וְאָדְמוּ עֶצֶם מִפְּנִינִים, תָּבוֹא אִמּוֹ אֲשֶׁר הִיא אֲדֻמַּת

פָּנִים, וּבָהּ צַח וְאָדֹם יִשָּׂא פָּנִים. הֵם חֲרָטוּהוּ הֱיוֹת צָג כִּתָמִים, וּבָהּ חִיְּבוּ מִהְיוֹת תְּמִימִים, תָּבוֹא אִמּוֹ תְּמִימַת תְּמִימִים, וּבָהּ יְטַהֵר תַּמָּה הַצּוּר תָּמִים. הֵם שָׁחֲחוּ לְפֶסֶל כָּל מוּם, וְנֶעֶנְשׁוּ בוֹ הֱיוֹת בַּעֲלֵי מוּם, תָּבוֹא אִמּוֹ אֲשֶׁר אֵין בָּהּ מוּם, לְהַדִּיחַ דְּמֵי יָפָה וְאֵין בָּהּ מוּם. הֵם זָמְמוּ בְּעֵגֶל לְמַעַל, וַיִּזְבְּחוּ לוֹ וַיִּפְרְקוּ עֹל, תָּבוֹא אִמּוֹ אֲשֶׁר לֹא עָלָה עָלֶיהָ עֹל, וְתִנָּתֵן עַל שִׁכְמָם כְּעֹל. הֵם נִקְהֲלוּ עֲבוּרוֹ אֶל כֹּהֵן, וְאִנֵּף בְּהַשְׁמִיד אִישׁ מְכַהֵן, תָּבוֹא אִמּוֹ וְתִנָּתֵן לַכֹּהֵן, וִיכַפֵּר בָּהּ עֲוֹן כֹּהֵן.

וּכְמוֹ בָּאֵשׁ נִשְׂרַף, כֵּן בָּאֵשׁ תִּשָּׂרֵף. וּכְמוֹ טוֹחֵן וְהוּדַק עַד עָפָר, כֵּן תּוּדַק וְתֵעָשֶׂה עָפָר. וּכְמוֹ הָשְׁלַךְ עֲפָרוֹ אֶל הַמַּיִם, כֵּן תֻּשְׁלַךְ אֲפָרָהּ אֶל הַמָּיִם. וּכְמוֹ נָפְלוּ בוֹ שְׁלֹשֶׁת אַלְפֵי יָשָׁר, כֵּן יִפְּלוּ בָהּ שְׁלֹשֶׁת מִינֵי כָשֵׁר. וּכְמוֹ טִנֵּף עַם טָהוֹר, כֵּן תְּטַמֵּא בְּמַגָּע כָּל טָהוֹר. וּכְמוֹ טִהֵר עַם בּוֹ נִטְמָא, כֵּן תְּטַהֵר אִישׁ אֲשֶׁר נִטְמָא. וּכְמוֹ פְּזַר פִּשְׁעוֹ לְכָל דּוֹר שָׁמוּר לְחַטָּאת, כֵּן תְּהֵא לְמִשְׁמֶרֶת לְמֵי חַטָּאת. לְהַדִּיחַ דָּמִים, לְכַבֵּס כְּתָמִים, לְנַקּוֹת טִנּוּפִים, לְהַרְחִיץ צוֹאִים, לְהַלְבִּין חֲטָאִים, לְטַהֵר טְמֵאִים, לְקַדֵּשׁ קְדוֹשִׁים, לְהַצְדִּיק עֲמוּסִים. בְּעֵץ אֶרֶז, לַעֲנוּפִים כְּאֶרֶז. בְּאֵזוֹב, לְנִדְכָּאִים כְּאֵזוֹב. בְּשָׁנִי, לְשִׂפְתוֹתֶיהָ כַּשָּׁנִי. בְּתוֹלַעַת, לְאַל תִּירְאִי תּוֹלַעַת. לְבַל יִתְגָּאֶה מִתְגָּאֶה כְּאֶרֶז, שֶׁאִם לֹא יָמַךְ כְּאֵזוֹב וְיֵחָשֵׁב כְּתוֹלַעַת, לֹא יִטַּהֵר בְּאֵזוֹב וּבִשְׁנִי תוֹלַעַת. וְאִם לֹא יִשְׁפֹּךְ לֵב כַּמַּיִם, לֹא יִטַּהֵר בִּזְרִיקַת מַיִם. וּמַה יִּתְגָּאֶה חָצִיר יָבֵשׁ, נֹכַח אֵשׁ אֹכְלָה אֵשׁ. וּמַה יָּעֹז צִיץ גֵּאֶה, נֹכַח אֵל גָּאֹה גָּאָה. וְהוּא רוֹכֵב שְׁחָקִים בְּגַאֲוָה, גֵּאֶה עַל גֵּאִים, מִתְנַשֵּׂא עַל נְשָׂאִים, וּמִתְגָּאֶה כְּאֶרֶז עַל מִתְגָּאִים, וְעָנָיו כְּאֵזוֹב עַל נִדְכָּאִים, וְצָר בְּעוֹלָמוֹ חֲמִשָּׁה מִינֵי גֵאִים. שׁוֹר בַּבְּהֵמָה, אַרְיֵה בַּחַיָּה, נֶשֶׁר בַּמְּעוֹפְפִים, אֶרֶז בָּעֵצִים, וְאָדָם בְּכֻלָּם. וּמֶלֶךְ מִתְגָּאֶה עַל כֻּלָּם, לָבֵשׁ גֵּאוּת מִכֻּלָּם. חֲקָקָם בְּכֵס שְׁבִיבֵי אֵשׁ, אַרְבָּעָה בְּכֵס מַעְלָה וְאֶחָד בְּכֵס מַטָּה, כִּי כֵס מַעְלָה מְכֻוָּן כְּנֶגֶד כֵּס מַטָּה, וְכָל אֲשֶׁר יֵשׁ בְּמַעְלָה יֵשׁ בְּמַטָּה. כִּסֵּא מוּל כִּסֵּא, הֵיכָל מוּל הֵיכָל, מִקְדָּשׁ מוּל מִקְדָּשׁ, זְבוּל מוּל זְבוּל, מִזְבֵּחַ מוּל מִזְבֵּחַ, בָּנִים מוּל בָּנִים, עֲבָדִים מוּל עֲבָדִים, מַלְאָכִים מוּל מַלְאָכִים, מְשָׁרְתִים מוּל מְשָׁרְתִים, צְבָאוֹת מוּל צְבָאוֹת, כְּרוּבִים מוּל כְּרוּבִים, אֲלָפִים מוּל אֲלָפִים, רְבָבוֹת מוּל רְבָבוֹת, קְדוֹשִׁים מוּל קְדוֹשִׁים, מַחֲנוֹת מוּל מַחֲנוֹת, מַעֲרִיצִים מוּל מַעֲרִיצִים, מַקְדִּישִׁים מוּל מַקְדִּישִׁים, וּקְדֻשָּׁה לְקָדוֹשׁ מְשַׁלְּשִׁים.

וממשיכים בקדושה 'נַקְדִּישָׁךְ וְנַעֲרִיצָךְ' (עמ' 366) ובחזרת הש"ץ.

לפרשת החודש

שחרית

מתפללים כרגיל עד לאחר 'בָּרְכוּ' (עמ' 353).

בָּרוּךְ אַתָּה יהוה אֱלֹהֵינוּ מֶלֶךְ הָעוֹלָם, יוֹצֵר אוֹר וּבוֹרֵא חֹשֶׁךְ, עֹשֶׂה שָׁלוֹם וּבוֹרֵא אֶת הַכֹּל:

אוֹר עוֹלָם בְּאוֹצַר חַיִּים, אוֹרוֹת מֵאֹפֶל אָמַר וַיֶּהִי.

אוֹת זֶה הַחֹדֶשׁ, אֲצַתְּ מִכֹּל לְקַדֵּשׁ, וּבוֹ יֶשַׁע לְחַדֵּשׁ. בּוֹחֲרֶיךָ תּוֹבְעִים אוֹתְךָ לְקַדֵּשׁ, וְאַתָּה אוֹתָם מְקַדֵּשׁ, אֵל נַעֲרָץ בְּקֹדֶשׁ. גְּאֻלָּתָם עַתָּה תְּחַדֵּשׁ, וְשׁוֹנְאֶיךָ פִּתְאֹם לְהַדֵּשׁ, וְכָל פֶּה יְרוֹמֵם וִיקַדֵּשׁ. הַחֹדֶשׁ הַזֶּה לָכֶם, בְּכָל מוֹשְׁבֹתֵיכֶם, נַחֲלָה בְּכָל קְהַלְכֶם, קָדוֹשׁ. דְּרַשְׁתּוֹ מִכָּל חֳדָשִׁים, וְהִנְחַלְתּוֹ לִקְדוֹשִׁים, הֱיוֹת בּוֹ מְקֻדָּשִׁים. הִזְמַנְתּוֹ לְשָׁלִישִׁים, לְאֶפְרָתִים מְגֻלָּשִׁים, לִמְנוֹת בּוֹ עַד שְׁלֹשִׁים. וּבוֹ תַּפִּיל קֳדָשִׁים, וְתַחֲמוֹל עַל צֹאן קָדָשִׁים, בְּבֵית קֹדֶשׁ הַקֳּדָשִׁים. זִכְרוֹן שְׁבוּעַת בְּרוּכִים, הִנְחַלְתָּ לִמְבֹרָכִים, לְהוֹשִׁיעָם מִיַּד מַפְרִיכִים. חוֹנֵן דַּלִּים וְדַכִּים, חָמַלְתָּ עַל נְמוּכִים, אֲשֶׁר אַחֲרֶיךָ מְשׁוּכִים. טוּב טַעַם מַאֲרִיכִים, וּלְפָנֶיךָ לֵב שׁוֹפְכִים, בְּרֹאשׁ יֶרַח מַמְלִיכִים. יְקַבְּצוּ עַתָּה מַקְהֵלִים, בִּיפִי תֹאַר מַכְלוּלִים, וְשָׁם תִּשְׁמַע פִּלּוּלִים. כְּבוֹד שִׁמְךָ מַעֲלִים, בְּשִׁיר וּבְתַחַן מִתְפַּלְלִים, בְּחֶשְׁבּוֹן רֹאשׁ רְגָלִים. לְפָנֶיךָ יָהּוּ מְסֻגָּלִים, כָּל גְּזָעֵי דְּגָלִים, מְשׁוֹרְרִים וּמְהַלְלִים. מַה גָּדְלוּ מַעֲשִׂים, לַעֲשׂוֹת נִפְלָאוֹת וְנִסִּים, לְבָנִים אֲהוּבִים וַעֲמוּסִים. נִצְּלוּ מִיַּד פַּתְרוּסִים, אֲשֶׁר אוֹתָם מְעַשִּׂים, וְהֶעֱמַדְתּוֹ הֱיוֹת שָׂשִׂים. שׂוֹנְאֵיהֶם בַּיָּם דּוֹרְסִים, וְכַגַּת רָאשֵׁימוֹ רוֹפְסִים, כִּי בְּגוֹחָם הָיוּ חוֹסִים. עוֹלְצֵי בְשִׂמְחוֹת, יָשִׂישׁוּ בְּרֹב הַצְלָחוֹת, וְיִתְמַלְטוּ מִכָּל אֲנָחוֹת. פּוֹדֶה אֱלֹהֵי הָרוּחוֹת, הַמַּעֲלֶה בְּכָל שְׁבָחוֹת, יַטֶּה אֹזֶן לְשִׂיחוֹת. צוֹרְרֵיהֶם יַפִּיל בְּשׁוּחוֹת, וְנַפְשׁוֹתָם תִּהְיֶינָה שָׁחוֹת, בְּכָל רַע מוּכָחוֹת. קָדוֹשׁ יְקַבֵּץ עֲדָרִים, וְיִזְכֹּר בְּרִית אַבִּירִים, אֲשֶׁר לְפָנָיו הָיוּ בְרוּרִים. רָצָה בָנִים מֻבְחָרִים, בְּכָל צַד וַעֲבָרִים, לְפָנָיו הֱיוֹת מְשֻׁמָּרִים. שָׁקַד עֲלֵיהֶם בְּלֵיל שִׁמֻּרִים, וְקָטַל לְמַעֲנָם בְּכוֹרִים, וְהוֹצִיאָם בִּפְדוּת מְדֹרָרִים. תָּפֵן בְּאָנִי יְשֵׁנָה, וְתַצִּילֶנָּה מֵעֲדִינָה, בָּרִאשׁוֹן לְחָדְשֵׁי הַשָּׁנָה, קָדוֹשׁ.

וממשיכים 'הַכֹּל יוֹדוּךָ' עד 'מְלֹא כָל־הָאָרֶץ כְּבוֹדוֹ' (עמ' 353).

כְּבוֹדוֹ מְשַׁבְּחִים בְּכָל הָעוֹלָם, וְהוּא מֵעִין כָּל נֶעְלָם, וּבָאֵי בְּפִתְחֵי אוּלָם, וְהַכֹּל יְרוֹמְמוּהוּ כְּאוֹפַנִּים לְעוֹלָם. וְהָאוֹפַנִּים וְחַיּוֹת הַקֹּדֶשׁ בְּרַעַשׁ גָּדוֹל מִתְנַשְּׂאִים לְעֻמַּת שְׂרָפִים לְעֻמָּתָם מְשַׁבְּחִים וְאוֹמְרִים: בָּרוּךְ כְּבוֹד־יהוה מִמְּקוֹמוֹ:

וממשיכים 'לְאֵל בָּרוּךְ נְעִימוֹת יִתֵּנוּ' עד 'זוּלָתְךָ סֶלָה' (עמ' 358).

אֵל עֹשֶׂה נִפְלָאוֹת, בַּעֲבוּרָם עָשִׂיתָ נוֹרָאוֹת, גִּלִּיתָ בְּרִבְבֵי צְבָאוֹת, דְּגָלֵימוֹ לְהוֹצִיא מִתְּלָאוֹת, הֵם כַּנְּשָׁרִים נְשׂוּאוֹת, וּמִשְׁאֲרוֹתָם נוֹשְׂאוֹת, זֶבֶד טוֹב מְלֵאוֹת, חֶסֶד בְּעֵינֵיהֶם רוֹאוֹת. טוֹב בָּנִים כִּלְּלָם, יוֹדֵעַ פְּרִי מַעֲלָלָם, כָּל הַדֶּרֶךְ נִהֲלָם, לִפְנֵי כֹּל הִתְלִילָם, מִלֵּא כָּל מִשְׁאֲלָם, נוֹאֲמֵי רָעָתָם הִפִּילָם, שָׂבַע מִן הָאֳכִילָם, עַל כָּל אֹם עִלָּם. פָּצוּ פֶה בְּשִׁירָה, צִדְּקוּ לְאָיֹם וְנוֹרָא, קוֹל תּוֹדָה וְזִמְרָה, רִנְּנוּ לְשׁוֹרְרָה, שֵׁם הַנִּכְבָּד וְהַנּוֹרָא, שִׁבְּחוּ לְהָעִיר בְּמוֹרָא, תָּקְפוּ כֻלָּם לְהִתְאַזְּרָה, תְּנוּת קְרִיעַת יַם סוּף וּמַכַּת בְּכוֹרִים לְהַגְבִּירָה.

וממשיכים 'עֶזְרַת אֲבוֹתֵינוּ' עד לאחר תפילת עמידה.

חזרת הש"ץ לשחרית

אֲדֹנָי, שְׂפָתַי תִּפְתָּח, וּפִי יַגִּיד תְּהִלָּתֶךָ:

בָּרוּךְ אַתָּה יהוה, אֱלֹהֵינוּ וֵאלֹהֵי אֲבוֹתֵינוּ אֱלֹהֵי אַבְרָהָם, אֱלֹהֵי יִצְחָק, וֵאלֹהֵי יַעֲקֹב הָאֵל הַגָּדוֹל הַגִּבּוֹר וְהַנּוֹרָא, אֵל עֶלְיוֹן גּוֹמֵל חֲסָדִים טוֹבִים, קוֹנֵה הַכֹּל וְזוֹכֵר חַסְדֵי אָבוֹת וּמֵבִיא גוֹאֵל לִבְנֵי בְנֵיהֶם לְמַעַן שְׁמוֹ בְּאַהֲבָה. מֶלֶךְ עוֹזֵר וּמוֹשִׁיעַ וּמָגֵן.

מִסּוֹד חֲכָמִים וּנְבוֹנִים. וּמִלֶּמֶד דַּעַת מְבִינִים, אֶפְתְּחָה פִּי בְּשִׁיר וּרְנָנִים, לְהוֹדוֹת וּלְהַלֵּל פְּנֵי שׁוֹכֵן מְעוֹנִים.

אֲתִיַּת עֵת דּוֹדִים כְּגָעָה, בְּאַחַת וָעֶשֶׂר פּוּט נָגָעָה. גִּישַׁת צְקוּן מִכְּפֵל כְּפָגְעָה, דִּלֵּג פַּעַם וְזֹאת רָגְעָה. הִשְׁגִּיחַ עֹפֶר מֵחֲרַךְ אֲרֻבּוֹת, וְחִתֵּל אֶרֶךְ בְּתֶבֶס תַּעֲרוּבוֹת. זְמַן קָפַץ עֲשׂוֹת רַבּוֹת, חֳדָשִׁים וְגַם יְשָׁנִים לְהַרְבּוֹת. טַס וַיֵּדֶא וְעִדָּן שָׁנָה, יָקַץ כְּיָשֵׁן וָעֵר כְּמִשֵּׁנָה. כֶּסֶף וְדָפַק בְּפִתְחֵי יְשֵׁנָה. לְחַפְּשָׂהּ בָּרִאשׁוֹן לְחָדְשֵׁי הַשָּׁנָה.

לִי עוֹד תִּגְנוֹן, בְּפָסַח וְגָנוֹן, בְּגוֹנְנָךְ לְבָנוֹן, בְּמָגִנַּת יִנּוֹן. בָּרוּךְ אַתָּה יהוה, מָגֵן אַבְרָהָם.

אַתָּה גִּבּוֹר לְעוֹלָם, אֲדֹנָי מְחַיֵּה מֵתִים אַתָּה, רַב לְהוֹשִׁיעַ מַשִּׁיב הָרוּחַ וּמוֹרִיד הַגֶּשֶׁם. מְכַלְכֵּל חַיִּים בְּחֶסֶד, מְחַיֵּה מֵתִים בְּרַחֲמִים רַבִּים, סוֹמֵךְ נוֹפְלִים וְרוֹפֵא חוֹלִים וּמַתִּיר אֲסוּרִים, וּמְקַיֵּם אֱמוּנָתוֹ לִישֵׁנֵי עָפָר. מִי כָמוֹךָ בַּעַל גְּבוּרוֹת וּמִי דּוֹמֶה לָּךְ, מֶלֶךְ מֵמִית וּמְחַיֶּה וּמַצְמִיחַ יְשׁוּעָה. וְנֶאֱמָן אַתָּה לְהַחֲיוֹת מֵתִים.

מְרִימֵי עֹל עֶגְלָה לְהַלְאוֹת, מִכְּאֵב הַגְּתָ לְהַרְאוֹת אוֹת. נַאֲקָה הֶחִישָׁה קֵץ הַפְּלָאוֹת, נֶחְצוּ לְמָאתַיִם וְעֶשֶׂר אַרְבַּע מֵאוֹת. שֶׂה הַמְּסֻבָּךְ לְעֵקֶד צוּר, סִיֵּם זִכְרוֹ בְּפֶקֶד נָצוּר. עֲמוּסִים כְּאָתָיו לְעֵת בִּצּוּר, עֲדָיֵמוֹ לְשַׁי יֶהֱא עָצוּר. פֶּלֶא עֲשׂוֹת נֶגֶד אָבוֹת, פָּץ מִבֶּעָשׂוֹר לְאָסְרוֹ בָּעֲבוֹת. צְלִיחַת יַרְדֵּן בּוֹ לְהִתְאוֹת, צְפִיַּת שֶׂה לְבֵית אָבוֹת.

לְךָ עוֹד נַקְשִׁיבָה, מִמַּעַיְנֵי הַיְשׁוּעָה נִשְׁאֲבָה. שָׂשׂוֹן יַשְׁעֲךָ לָנוּ הָשִׁיבָה, וּבִתְחִיַּת גֶּשֶׁם נֶחְשְׁבָה. בָּרוּךְ אַתָּה יהוה מְחַיֵּה הַמֵּתִים.

קִיחַת עֲלִיַּת עֶקֶד, הִיא נִצְּבָה בְּפֶקֶד. תְּוִיכַת בְּתָרֵי שָׁקֵד, רִשְׁפֵּי לוֹד לְיֵקֵד. רַחַשׁ יְשֵׁנִים כְּעֶרֶב, דַּם תְּבוּסָה כְּעֵרֶב. קֵץ חָשׁ וְקָרַב, לְעוֹרֵר בְּתַנִּין קָרָב. שֵׁמַע מִכְסַת פְּסָחִים, אֲשֶׁר כָּסוּ פְסוּחִים. הִיא צִמְּתָה כִּסְלוּחִים, לְהַצִּיתָם כְּקוֹצִים כְּסוּחִים. תְּרָפִים כְּדֵי לַמְעַט, מְנוּיֵי מְתֵי מְעַט. תֹּקֶף הַדְרַת מֶלֶךְ מִלְּהַמְעַט, הָרְשַׁם לְהִמָּנוֹת בְּוֹאֵם יִמְעַט.

הַחֹדֶשׁ הַזֶּה לָכֶם לִשְׁמֹר, בְּסֻכָּם אֲסוּפֵי הַר מוֹר, וְאִתָּם אַל יִגְמֹר, שְׁלֹשֶׁת אוֹתוֹת בּוֹ לִשְׁמֹר. דּוֹרֵשׁ זֶה חֹדֶשׁ בְּחָדְשׁוֹ, לְאוֹת וּלְמוֹפֵת קָדְשׁוֹ, יְדִידֵי עַם קְדוֹשׁוֹ, הוֹשִׁיעָה לוֹ יְמִינוֹ וּזְרוֹעַ קָדְשׁוֹ. הֲדוֹם מִגֵּר נְזִיד עֶדֶשׁ, כְּהַיּוֹם הַזֶּה יְחֻדַּשׁ בַּגֹּדֶשׁ, וְנוֹבִיל שַׁי בַּקֹּדֶשׁ. בָּרִאשׁוֹן בְּאֶחָד לַחֹדֶשׁ.

שליח הציבור, והקהל אחריו: יִמְלֹךְ יהוה לְעוֹלָם, אֱלֹהַיִךְ צִיּוֹן לְדֹר וָדֹר, הַלְלוּיָהּ:

אַתָּה קָדוֹשׁ יוֹשֵׁב תְּהִלּוֹת יִשְׂרָאֵל אֵל נָא.

רַבּוֹת עָשִׂיתָ וְחִשַּׁבְתָּ וְסִפַּרְתָּ, מִפְעֲלוֹתֶיךָ פֹּעַל בְּסַהַר סַפִּירְתָּ. לְאוֹתוֹת וּלְמוֹעֲדִים חֶבְלוֹ שִׁפַּרְתָּ, לִתְקוּפוֹת וּמַחֲזוֹרוֹת קִצּוֹ צִפַּרְתָּ. לַאֲלָפִים וְאַרְבַּע מֵאוֹת וְאַרְבָּעִים וּשְׁמוֹנֶה זְמַנּוֹ בֵּאַרְתָּ, וּבְתֵשַׁע מֵאוֹת עִבּוּרִים עֲדָיו עִבַּרְתָּ. וְהַיּוֹם הוֹרֵיתָ לְעַם אֲשֶׁר בָּחַרְתָּ, לָכֵן עַל כָּל חֹדֶשׁ חָדְשׁוֹ הִגְבַּרְתָּ. סִפְּרוּ בִקַּרְתָּ, קִצְבוֹ חָקַרְתָּ. נִזְלוֹ הִקַּרְתָּ, פִּלְאוֹ סִקַּרְתָּ. מוֹעֲדוֹ יִקַּרְתָּ, וּבוֹ יָקַרְתָּ וְנִתְיַקַּרְתָּ.

שליח הציבור, והקהל אחריו: חַי וְקַיָּם נוֹרָא וּמָרוֹם וְקָדוֹשׁ.

אֲבִי כָּל חוֹזֶה, חָל בּוֹ בְּמַחֲזֶה, כְּנֶאֱמַר לוֹ חֲזֵה, תַּבְנִית הַחֹדֶשׁ הַזֶּה. לְהָבִין קֶצֶב מוֹלַדְתּוֹ, מִתְּחִלָּתוֹ, וְאֹרֶךְ מְלֵאָתוֹ, עַד תַּכְלִיתוֹ. עִמְּתוֹ לְהַרְאֵהוּ, וְלֹא הִכִּיר מַרְאֵהוּ, עַד בְּאֶצְבַּע הֶרְאֵהוּ, אָז בָּן וְרָאָהוּ. זֹהַר לְשָׁעוֹת שֵׁשׁ, תָּאֲרוֹ לְהִתְאַשֵּׁשׁ, פָּחוֹת מִשֵּׁשׁ, כָּל עַיִן יְעַשֵּׁשׁ. רוֹאָיו לְבַקֵּר, עֵדָיו לַחְקֹר, מֵאַמִּירָיו לְיַקֵּר, מַמְּרָיו לְעַקֵּר. בְּמֹדֶד לוֹ שֵׂעָר, עָבָיו אֵיךְ לְשַׁעֵר, עַד שְׁטִיפַת שֵׂעָר, יְקַבְּלוּ יוֹשְׁבֵי שָׁעַר. יָדְעוּ תְבוּנָה, לְחַוּוֹת לְאֹם נְכוֹנָה, לְהוֹרוֹת לְיוֹדְעֵי בִינָה. עֵרֶךְ לְבָנָה. רַגְלַיִם לְיַשֵּׁב, זְמַנִּים לְחַשֵּׁב, בַּעֲבוּר אֵיךְ לְיַשֵּׁב, וְסוֹד מַה לְהַקְשֵׁב. בְּפָנָיו צָגוּ אֵילֵי קֹדֶשׁ, לְהָעִיד עֵדוּת חֹדֶשׁ, וְאַל נִתְעַטֵּף בַּקֹּדֶשׁ, כִּמְקַדְּשֵׁי חֹדֶשׁ. יָהּ בְּדָקָם לְעֵינוֹ, וְעֵדוּתָם דִּקְדֵּק בְּמַחֲנוֹ, וְהַכֹּל צָוְחוּ בִּמְעוֹנוֹ, מְקֻדָּשׁ הַחֹדֶשׁ בִּזְמַנּוֹ. קֵץ מוֹלַדְתּוֹ חָל לְהַקְצוֹת, בְּיוֹם רְבִיעִי בַּחֲצוֹת, וְעַד שְׁלֹשִׁים מְרוּצוֹת, לֹא נִכַּר בַּחוּצוֹת. לָאָה צִיר וּפַחַד, וְתַר מֵעֵת לְעֵת סְפוֹר אֶחָד,

וְצוּר פָּץ לוֹ וַיִּחַד, מֵעֶרֶב וְעַד עֶרֶב מְנוֹת אֶחָד. יַלְדוּת חֶרֶס וְסַהַר בּוֹ בְּיוֹם חֶשְׁבּוֹן מִצּוֹ, וּבִתְחִלַּת בְּרִיָּתָם בְּחַלּוֹן אֶחָד נִמְצָאוּ, רֵעִים כְּנִתַּן לָמוֹ מָסֹרֶת אִמְצוֹ, לְחַשֵּׁב לְעַבֵּר וּלְקַדֵּשׁ סְפוּרוֹת כְּמָצְאוֹ.

אֵל נָא לְעוֹלָם תֻּעֲרָץ, וּלְעוֹלָם תֻּקְדָּשׁ, וּלְעוֹלְמֵי עוֹלָמִים תִּמְלֹךְ וְתִתְנַשֵּׂא, הָאֵל מֶלֶךְ נוֹרָא מָרוֹם וְקָדוֹשׁ. כִּי אַתָּה הוּא מֶלֶךְ מַלְכֵי הַמְּלָכִים, מַלְכוּתוֹ נֶצַח, נוֹרְאוֹתָיו שִׂיחוּ, סַפְּרוּ עֻזּוֹ, פָּאֲרוּהוּ צְבָאָיו, קַדְּשׁוּהוּ, רוֹמְמוּהוּ, רֹן שִׁיר וָשֶׁבַח, תֹּקֶף תְּהִלּוֹת תִּפְאַרְתּוֹ.

שליח הציבור, והקהל אחריו: רִאשׁוֹן הוּא לָכֶם, לִפְסֹחַ עֲלֵיכֶם, לְהִתְקַדֵּשׁ בְּתוֹכְכֶם, קָדוֹשׁ.

שליח הציבור, והקהל אחריו: לָכֶם הוּא רִאשׁוֹן, נְצוּרֵי כְּאִישׁוֹן, לְהַעֲרִיץ לְאֵל אַחֲרוֹן וְרִאשׁוֹן, קָדוֹשׁ.

אָדוֹן מִקֶּדֶם תִּכְּנוֹ רֹאשׁ, בִּינוֹ לֹא גַל בְּסֵפֶר תּוֹלְדוֹת רֹאשׁ, גִּלָּהוּ תְּחִלָּה לָכֶם לִדְרֹשׁ. דַּרְשׁ לְהַשְׁווֹת בּוֹ גִּיהַּ וְאִישׁוֹן, הִפְלָא מִכָּל עַם וְלָשׁוֹן, וְלֹא הֻמְסַר לְאָדָם הָרִאשׁוֹן. זְמַן עֶדְנָה בּוֹ בְּשָׂרָה, חָנוּט לְקִצּוֹ עָקוּד לְמוֹסֵרָה, טַפֶּיהָ בְּכֵן בּוֹ בְּשָׂרוֹ בְּשׁוּרָה. יָרֵחַ אֲשֶׁר לֹא פִּעְנַח לָרִאשׁוֹנִים, כָּמוּס לִצְפּוֹן חֲדָשִׁים וְגַם יְשָׁנִים, לְרֹאשׁ הוּשָׂם לְאַרְבָּעָה רָאשֵׁי שָׁנִים. מוֹעֲדִים מַזְמִין לְנִדְגָּלִים, נוֹעֲדִים בּוֹ עֵינֵימוֹ צִירֵי רוֹגְלִים, סִפּוּר הוּא לִמְלָכִים וְלִרְגָלִים. עִבּוּר מְעֻבָּרִים לְשָׁמְרוֹ בְּמוֹעֲדוֹ, פֶּרַח וְאָבִיב תְּקוּפָה בָּם לְוָעֲדוֹ, צִיּוּן שְׁלָשְׁתָּם יְצָרְפוּ לְסַעֲדוֹ. קֹדֶשׁ בְּרֹאשׁוֹ וּשְׁלִישׁוֹ חֶצְיוֹ וְרֻבּוֹ לִשְׁמֹר, לְקַדֵּשׁ לָקַחַת לְחָגֵג לִקְצֹר וְלִגְמֹר, רֻשַּׁם בְּכָל דּוֹר, שָׁמוּר הוּא לְרוֹכֵב עַל חֲמוֹר. שְׁמִירַת שְׁלִישׁוֹ בַּיַּרְדֵּן עֲמָדָה, שַׁלְהֶבֶת חֶצְיוֹ שְׁאוֹן פּוּל הִשְׁמִידָה, תְּשׁוּעַת קְצִירוֹ יְמִינֵי הֶעֱמִידָה. לָכֶם הוּא רִאשׁוֹן, נְצוּרֵי כְּאִישׁוֹן, לְהַעֲרִיץ לְאֵל אַחֲרוֹן וְרִאשׁוֹן, קָדוֹשׁ.

וּבְכֵן וּלְךָ תַעֲלֶה קְדֻשָּׁה, כִּי אַתָּה קְדוֹשׁ יִשְׂרָאֵל וּמוֹשִׁיעַ.

הוּא נִקְרָא רֹאשׁ וְרִאשׁוֹן, וְנוֹאֲמוֹ נִקְרָא רֹאשׁ וְרִאשׁוֹן, וּמוֹעֲדוֹ נִקְרָא רֹאשׁ וְרִאשׁוֹן, וְאִוּוּיוֹ נִקְרָא רֹאשׁ וְרִאשׁוֹן, וְנוֹחֲלָיו נִקְרְאוּ רֹאשׁ וְרִאשׁוֹן, וְאוֹיְבָם נִקְרָא רֹאשׁ וְרִאשׁוֹן, וְאוֹהֲבָם נִקְרָא רֹאשׁ וְרִאשׁוֹן, וְגוֹאֲלָם נִקְרָא רֹאשׁ וְרִאשׁוֹן, הִנֵּה הָעֵת יָבוֹא בְּרֹאשׁ וְרִאשׁוֹן, בְּקֵץ אֲשֶׁר הוּא רֹאשׁ וְרִאשׁוֹן, לַעֲבֹר בְּרֹאשׁ וְרִאשׁוֹן, לְכוֹנֵן נָכוֹן בְּרֹאשׁ וְרִאשׁוֹן, וְאִתּוֹ נוֹצָר בְּרוּחַ רֹאשׁ וְרִאשׁוֹן, לְקַעְקֵעַ שְׂרִידֵי עֲמָלֵק רֹאשׁ וְרִאשׁוֹן, לְעוֹרֵר צוּרִים הַחֲצוּבִים בְּרֹאשׁ וְרִאשׁוֹן, לִפְעֹל חֲדָשׁוֹת בְּרֹאשׁ וְרִאשׁוֹן, לִרְצוֹת חִדּוּשׁ תְּשׁוּרַת רֹאשׁ וְרִאשׁוֹן, לְהוֹבִיל בּוֹ שַׁי לְרֹאשׁ וְרִאשׁוֹן. וְעוֹד כָּל יִזָּכְרוּ רִאשׁוֹנִים, כִּי יְחֻדְּשׁוּ חֲדָשִׁים וְגַם יְשָׁנִים, פְּלָאִים מִפְּלָאִים מְשֻׁנִּים, וְיָקִיצוּ כָּל יְשֵׁנִים, מְהַלְּלִים וּמְשׁוֹרְרִים שִׁירִים מְשֻׁנָּנִים. וְלֹא יֹאמְרוּ עוֹד אֲשֶׁר

הֶעֱלָה בְּנָבִיא, כִּי אִם חַי יהוה אֲשֶׁר הֶעֱלָה וַאֲשֶׁר הֵבִיא, וְאָז אֵל יִשְׁאַג כְּלָבִיא, לַעֲרֹךְ קְרָבִי, חֲדָשׁוֹת לְהָבִיא, בְּיַד אִישׁ נָבִיא, מִשֵּׁבֶט לֵוִי, לְהָשִׁיב לְבָבִי, לְחַדֵּשׁ קְרָבִי. וְיַצְמִיחַ צֶמַח נָקוּב שִׁבְעָה, וְאִתּוֹ יָהּוּ רוֹעִים שִׁבְעָה, וִיחַדְּשׁוּ לְאֹם דְּבָרִים שִׁבְעָה, וְיִתְכַּסֶּה מֵהֶם שָׁבֻעִים שִׁבְעָה. וְיָשׁוּב וְיִגָּלֶה לְעַם קְדוֹשִׁים, אֲשֶׁר עִמּוֹ יָהּוּ מְקֻדָּשִׁים, וְלֹא לְעֶדְרֵי צֹאן קָדָשִׁים, עַד קֵץ שִׁשָּׁה חֳדָשִׁים, עַד בֹּא רִאשׁוֹן לְרָאשֵׁי חֳדָשִׁים, וְאָז יֵרָאֶה לַעֲדַת קְדוֹשִׁים, הַנִּשְׁאָרִים מֵעַל קֳדָשִׁים, וְיַרְאֶה לָמוֹ אוֹתוֹת חֲדָשִׁים, לְחַדֵּשׁ שָׁמַיִם הַחֲדָשִׁים, לִמְשֹׁחַ קֹדֶשׁ קָדָשִׁים, לִפְתֹּחַ דֶּלֶת לִקְדוֹשִׁים, בְּשַׁבָּתוֹת וּבֶחֳדָשִׁים. וְאָז יְצַוֶּה חִדּוּשׁ עֲבוֹדַת חֹדֶשׁ, מַה לְּהַעֲלוֹת בְּרֹאשׁ כָּל חֹדֶשׁ, וַעֲבוֹדַת רִאשׁוֹן כָּל חֹדֶשׁ, הִיא תַקְדִּים תְּחִלָּה לְכָל חֹדֶשׁ, כִּי כְּמוֹ הָיָה רֹאשׁ לְכָל חֹדֶשׁ, כֵּן יִהְיֶה רֹאשׁ לְכָל חֹדֶשׁ. וְתֵעָשֶׂה בּוֹ חֲדָשָׁה, לִבְרֹאת אֶרֶץ חֲדָשָׁה, לְהִנָּתֵן דֵּעָה חֲדָשָׁה, לִכְרוֹת בְּרִית חֲדָשָׁה, לְהִבָּרְאוֹת בְּרִיָּה חֲדָשָׁה, לְהִתְחַדֵּשׁ רוּחַ חֲדָשָׁה, לְהוֹבִיל בּוֹ שַׁי מִנְחָה חֲדָשָׁה. וְחַמָּה וּלְבָנָה תִּתְחַדֵּשׁ, וְאוֹרָם שִׁבְעָתַיִם יְחֻדָּשׁ, שְׁתַּיִם בְּשָׁנָה יִתְחַדֵּשׁ, וִיצַמְצֵם שְׁכִינָתוֹ בְּתוֹךְ שַׁעַר הֶחָדָשׁ, וְיִקָּרֵא לוֹ שֵׁם חָדָשׁ, כְּשֵׁם הָעִיר מִיּוֹם הַמְקֻדָּשׁ, וְיִנָּתֵן לָעָם לֵב חָדָשׁ, לָשׁוּר בְּפִיהֶם שִׁיר חָדָשׁ, שִׁיר מְפֹאָר וּמְחֻדָּשׁ, עַל כָּל שִׁיר מְהֻלָּל וּמְקֻדָּשׁ. כִּי שִׁירֵי אֶרְאֶלִּים, אֲשֶׁר שִׁיר וְתִשְׁבָּחוֹת מְהַלְלִים, לִפְנֵי שִׁיר זֶה לֹא חָלִים, וְנִצּוּחַ אֵלִים, אֲשֶׁר קוֹל הֲמוּלָּה צוֹהֲלִים, לִפְנֵי שִׁיר זֶה לֹא מְמַלְּלִים, וְרֶנֶן גַּלְגַּלִּים, אֲשֶׁר אִם הוּרְשׁוּ כָּל גּוֹלְלִים, לִפְנֵי שִׁיר זֶה לֹא כּוֹלְלִים. וְאֵימַת כְּרוּבִים, אֲשֶׁר הֵם צָגִים כְּמוֹ רוֹבִים, לִפְנֵי שִׁיר זֶה לֹא מַרְבִּים. וְהַדְרַת אוֹפַנִּים, אֲשֶׁר הֵם מְרֻבְּעֵי פָּנִים, לִפְנֵי שִׁיר זֶה לֹא סוֹפְנִים. וַהֲמוֹן גְּדוּדִים, אֲשֶׁר הֵם הוֹד אֵל מַגִּידִים, לִפְנֵי שִׁיר זֶה לֹא נֶאֱגָדִים. וְסוֹד עִירִין, אֲשֶׁר כְּעֵין קָלָל בּוֹעֲרִים, לִפְנֵי שִׁיר זֶה לֹא מְפָאֲרִים. וְרֶגֶשׁ קַדִּישִׁין, אֲשֶׁר לַבְּקָרִים מִתְחַדְּשִׁים, לִפְנֵי שִׁיר זֶה לֹא מַקְדִּישִׁים. וְנַהַם שִׁנְאַנִּים, אֲשֶׁר טַעְמָם לֹא מְשַׁנִּים, לִפְנֵי שִׁיר זֶה לֹא מְשַׁנְּנִים. וּפַחַד שְׂרָפִים, אֲשֶׁר בְּרֶגַע כָּל שׂוֹרְפִים, לִפְנֵי שִׁיר זֶה לֹא רוֹפְפִים. כִּי כָּל מַחֲנוֹת מְשָׁרְתִים קְדוֹשִׁים, מְשָׁרְתָיו יָהּוּ מַקְדִּישִׁים. וְגַם הֲמוֹן צְבָא מַלְאָכִים, מְנַעִימָיו יָהּוּ מַמְלִיכִים. וּמְרוּצוֹת חַיִל זִקִּים, כֹּחָם יָהּוּ מַחֲזִיקִים, וְזִיו מִשְׁלַחַת בְּרָקִים, פְּנֵיהֶם יָהּוּ מַבְרִיקִים. וְחוּצָה לָמוֹ הוֹיִם, מִתְעַלְּסִים בָּאֳהָבִים. וְעַד מְחִיצָתָם לֹא בָאִים, בְּאֵשׁ נִלְהָבִים. וּבְגַחַלְתָּם נִכְוִים, וּבִפְאֵרָם הֵם נֶאֱלָמִים. וְעֵת כִּי יַתְחִילוּ יָחִישׁוּ, וְעֵת כִּי יַתְכִּילוּ יָחִילוּ, וְעֵת כִּי יִגְמְרוּ יַעֲרִיצוּ, וְעֵת כִּי יָחֹשּׁוּ יַקְדִּישׁוּ, וְעֵת כִּי יִשְׁתְּקוּ יְשַׁלְּשׁוּ קְדֻשָּׁה מְשֻׁלֶּשֶׁת.

וממשיכים בקדושה 'נַקְדִּישָׁךְ וְנַעֲרִיצָךְ' (עמ' 366) ובחזרת הש"ץ.

חזרת הש״ץ למוסף

כִּי שֵׁם יהוה אֶקְרָא, הָבוּ גֹדֶל לֵאלֹהֵינוּ:

אֲדֹנָי, שְׂפָתַי תִּפְתָּח, וּפִי יַגִּיד תְּהִלָּתֶךָ:

בָּרוּךְ אַתָּה יהוה, אֱלֹהֵינוּ וֵאלֹהֵי אֲבוֹתֵינוּ אֱלֹהֵי אַבְרָהָם, אֱלֹהֵי יִצְחָק, וֵאלֹהֵי יַעֲקֹב הָאֵל הַגָּדוֹל הַגִּבּוֹר וְהַנּוֹרָא, אֵל עֶלְיוֹן גּוֹמֵל חֲסָדִים טוֹבִים, קוֹנֵה הַכֹּל וְזוֹכֵר חַסְדֵי אָבוֹת וּמֵבִיא גוֹאֵל לִבְנֵי בְנֵיהֶם לְמַעַן שְׁמוֹ בְּאַהֲבָה. מֶלֶךְ עוֹזֵר וּמוֹשִׁיעַ וּמָגֵן.

רִאשׁוֹן אִמַּצְתָּ לְפֶרַח שׁוֹשַׁנִּים, אָמוּץ לְעוֹרֵר מֵרֶדֶם יְשֵׁנִים, בְּזָכְרְךָ בְּרִית רִאשׁוֹנִים, בְּצִפּוּן חֲדָשִׁים וְגַם יְשָׁנִים, גָּלוּתוֹ בְּדַת שְׁנוּנִים, גָּזַר רֹאשׁ לְאַרְבָּעָה רָאשֵׁי שָׁנִים.

אַרְבָּעָה רָאשֵׁי שָׁנִים בְּמַחֲזֶה, בְּאֵרַתָּ זֶה מִזֶּה לַחוֹזֶה. כַּאֲשֶׁר שָׁמַעְנוּ כֵּן עוֹד נֶחֱזֶה, לְגוֹנְנֵמוֹ בְּמָגֵן בַּחֹדֶשׁ הַזֶּה. בָּרוּךְ אַתָּה יהוה, מָגֵן אַבְרָהָם.

אַתָּה גִּבּוֹר לְעוֹלָם, אֲדֹנָי מְחַיֵּה מֵתִים אַתָּה, רַב לְהוֹשִׁיעַ מַשִּׁיב הָרוּחַ וּמוֹרִיד הַגָּשֶׁם. מְכַלְכֵּל חַיִּים בְּחֶסֶד, מְחַיֵּה מֵתִים בְּרַחֲמִים רַבִּים, סוֹמֵךְ נוֹפְלִים וְרוֹפֵא חוֹלִים וּמַתִּיר אֲסוּרִים, וּמְקַיֵּם אֱמוּנָתוֹ לִישֵׁנֵי עָפָר. מִי כָמוֹךָ בַּעַל גְּבוּרוֹת וּמִי דּוֹמֶה לָּךְ, מֶלֶךְ מֵמִית וּמְחַיֶּה וּמַצְמִיחַ יְשׁוּעָה. וְנֶאֱמָן אַתָּה לְהַחֲיוֹת מֵתִים.

לְצִיּוֹן דְּרוֹר חַשְׁתָּ בּוֹ קְפוּת, דְּבַר אוֹר יְקָרוֹת לִקְפּוֹת, הַחֹדֶשׁ אֲשֶׁר יְשׁוּעוֹת בּוֹ מַקִּיפוֹת, הַחוֹסִים בּוֹ מַתְקִיפוֹת, וּמֶנּוּ מַתְחִילוֹת וְתוֹקְפוֹת, וְעַד רֹאשׁ לְאַרְבַּע תְּקוּפוֹת.

אַרְבַּע תְּקוּפוֹת בַּשָּׁנָה, תְּחַדֵּשׁ אוֹרָם כְּבָרִאשׁוֹנָה. כַּאֲשֶׁר שָׁמַעְנוּ כֵּן עוֹד חִישׁ נָא, הַחֲיֵינוּ בְּגֶשֶׁם בָּרִאשׁוֹן לְחָדְשֵׁי הַשָּׁנָה. בָּרוּךְ אַתָּה יהוה מְחַיֵּה הַמֵּתִים.

כֶּתֶר יִתְּנוּ לְךָ, יהוה אֱלֹהֵינוּ, מַלְאָכִים הֲמוֹנֵי מַעְלָה עִם עַמְּךָ יִשְׂרָאֵל קְבוּצֵי מַטָּה. יַחַד כֻּלָּם קְדֻשָּׁה לְךָ יְשַׁלֵּשׁוּ כַּדָּבָר הָאָמוּר עַל יַד נְבִיאֶךָ וְקָרָא זֶה אֶל־זֶה וְאָמַר:

הקהל ואחריו שליח הציבור: קָדוֹשׁ, קָדוֹשׁ, קָדוֹשׁ, יהוה צְבָאוֹת, מְלֹא כָל הָאָרֶץ כְּבוֹדוֹ: כְּבוֹדוֹ מָלֵא עוֹלָם, מְשָׁרְתָיו שׁוֹאֲלִים זֶה לָזֶה אַיֵּה מְקוֹם כְּבוֹדוֹ לְהַעֲרִיצוֹ, לְעֻמָּתָם מְשַׁבְּחִים וְאוֹמְרִים:

הקהל ואחריו שליח הציבור: בָּרוּךְ כְּבוֹד־יהוה מִמְּקוֹמוֹ: מִמְּקוֹמוֹ הוּא יִפֶן בְּרַחֲמָיו לְעַמּוֹ, וְיָחֹן עַם הַמְיַחֲדִים שְׁמוֹ עֶרֶב וָבֹקֶר בְּכָל יוֹם תָּמִיד, פַּעֲמַיִם בְּאַהֲבָה שְׁמַע אוֹמְרִים:

הקהל ואחריו שליח הציבור: שְׁמַע יִשְׂרָאֵל, יהוה אֱלֹהֵינוּ, יהוה אֶחָד: הוּא אֱלֹהֵינוּ, הוּא אָבִינוּ, הוּא מַלְכֵּנוּ, הוּא מוֹשִׁיעֵנוּ וְהוּא יוֹשִׁיעֵנוּ וְיִגְאָלֵנוּ שֵׁנִית, וְיַשְׁמִיעֵנוּ בְּרַחֲמָיו

לְעֵינֵי כָּל חַי לֵאמֹר: הֵן גָּאַלְתִּי אֶתְכֶם אַחֲרִית כְּרֵאשִׁית, לִהְיוֹת לָכֶם לֵאלֹהִים. אֲנִי יהוה אֱלֹהֵיכֶם: שליח הציבור: וּבְדִבְרֵי קָדְשְׁךָ כָּתוּב לֵאמֹר: הקהל ואחריו שליח הציבור: יִמְלֹךְ יהוה לְעוֹלָם, אֱלֹהַיִךְ צִיּוֹן לְדֹר וָדֹר, הַלְלוּיָהּ:

שליח הציבור: לְדוֹר וָדוֹר נַגִּיד גָּדְלֶךָ, וּלְנֵצַח נְצָחִים קְדֻשָּׁתְךָ נַקְדִּישׁ וְשִׁבְחֲךָ אֱלֹהֵינוּ מִפִּינוּ לֹא יָמוּשׁ לְעוֹלָם וָעֶד, כִּי אֵל מֶלֶךְ גָּדוֹל וְקָדוֹשׁ אָתָּה.

הִנֵּה זֶה בָּא לִפְרָקִים, זְמַן לִגְאֹל רְצוּצִים מֵאֲרָקִים, הַחֹדֶשׁ אֲשֶׁר רְבִיבִים בּוֹ מְרִיקִים, חַשְׁרַת מַיִם לְמַלֹּאת רֵקִים, טְעוּת לְרַוּוֹת וִירָקִים, טְלָאִים בּוֹ לְהָקִים, בְּאַרְבָּעָה פְּרָקִים.

אַרְבָּעָה פְּרָקִים כְּבְמַחֲזֶה, בְּאַרְתָּ זֶה מִזֶּה לַחוֹזֶה. כַּאֲשֶׁר שָׁמַעְנוּ כֵּן עוֹד נֶחֱזֶה, וְנַעֲרִיצְךָ קָדוֹשׁ בַּחֹדֶשׁ הַזֶּה. בָּרוּךְ אַתָּה יהוה, הָאֵל הַקָּדוֹשׁ.

שליח הציבור ממשיך 'תִּכַּנְתָּ שַׁבָּת' (עמ' 401) עד 'מְקַדְּשֵׁי שְׁמֶךָ', ובראש חודש 'אַתָּה יָצַרְתָּ' עד 'לָהֶם קָבָעְתָּ'.

הִנֵּם יָמִים הַמְבוֹרָכִים, יוֹרֶה וּמַלְקוֹשׁ בְּאִבָּם פּוֹרְכִים, כֹּחַ תֵּת בָּאֲבִיבִים רַכִּים, כַּרְמֶל לְהַקְלִיא אָבִיב פֵּרוּכִים, לְשַׁנֵּן מִפְעָלוֹת מֵצִיץ מֵחֲרַכִּים, לְפָנָיו קוֹרְאִים עִנְיַן אַרְבָּעָה עֲרָכִים.

אַרְבָּעָה עֲרָכִים אֲשַׁנְּנָה, סִפּוּר מִסּוֹת פִּרְחֵי שׁוֹשַׁנָּה. כַּאֲשֶׁר שָׁמַעְנוּ כֵּן עוֹד חִישׁ נָא, עַנְּגֵנוּ בְּנֶפֶשׁ בָּרִאשׁוֹן לְחָדְשֵׁי הַשָּׁנָה. בָּרוּךְ אַתָּה יהוה מְקַדֵּשׁ הַשַּׁבָּת /בשבת ראש חודש: מְקַדֵּשׁ הַשַּׁבָּת וְיִשְׂרָאֵל וְרָאשֵׁי חֳדָשִׁים.

רְצֵה יהוה אֱלֹהֵינוּ בְּעַמְּךָ יִשְׂרָאֵל, וְלִתְפִלָּתָם שְׁעֵה וְהָשֵׁב אֶת הָעֲבוֹדָה לִדְבִיר בֵּיתֶךָ וְאִשֵּׁי יִשְׂרָאֵל וּתְפִלָּתָם, מְהֵרָה בְּאַהֲבָה תְקַבֵּל בְּרָצוֹן וּתְהִי לְרָצוֹן תָּמִיד עֲבוֹדַת יִשְׂרָאֵל עַמֶּךָ. וְתֶחֱזֶינָה עֵינֵינוּ בְּשׁוּבְךָ לְצִיּוֹן בְּרַחֲמִים.

וְלִירוּשָׁלַיִם מוֹפֵת הוּחַק בּוֹ כֵּסוּת, מֵעֵין כָּל חַי לְהִתְכַּסּוּת, נְקָמוֹת אֲשֶׁר בְּלֵב מְכֻסּוֹת, נִתְכְּנוּ בְּמוֹעֵד זֶה הֱיוֹת טְכְסוּת, שֶׂה לְבֵית אָבוֹת מְנוֹת בְּמִכְסוֹת, סַבּוֹת עָלָיו עָסִיס אַרְבָּעָה כּוֹסוֹת.

אַרְבָּעָה כּוֹסוֹת כְּבְמַחֲזֶה, בְּאַרְתָּ זֶה מִזֶּה לַחוֹזֶה. כַּאֲשֶׁר שָׁמַעְנוּ כֵּן עוֹד נֶחֱזֶה, רְצֵנוּ כְּשֵׂי בַּחֹדֶשׁ הַזֶּה. בָּרוּךְ אַתָּה יהוה הַמַּחֲזִיר שְׁכִינָתוֹ לְצִיּוֹן.

מוֹדִים אֲנַחְנוּ לָךְ שָׁאַתָּה הוּא יהוה אֱלֹהֵינוּ וֵאלֹהֵי אֲבוֹתֵינוּ לְעוֹלָם וָעֶד. צוּר חַיֵּינוּ, מָגֵן יִשְׁעֵנוּ אַתָּה הוּא לְדוֹר וָדוֹר. נוֹדֶה לְּךָ וּנְסַפֵּר תְּהִלָּתֶךָ עַל חַיֵּינוּ הַמְּסוּרִים בְּיָדֶךָ וְעַל נִשְׁמוֹתֵינוּ הַפְּקוּדוֹת לָךְ וְעַל נִסֶּיךָ שֶׁבְּכָל יוֹם עִמָּנוּ וְעַל נִפְלְאוֹתֶיךָ וְטוֹבוֹתֶיךָ

שֶׁבְּכָל עֵת, עֶרֶב וָבֹקֶר וְצָהֳרָיִם. הַטּוֹב, כִּי לֹא כָלוּ רַחֲמֶיךָ וְהַמְרַחֵם, כִּי לֹא תַמּוּ חֲסָדֶיךָ כִּי מֵעוֹלָם קִוִּינוּ לָךְ.

כששליח הציבור אומר 'מודים', אומרים הקהל:

מוֹדִים אֲנַחְנוּ לָךְ שָׁאַתָּה הוּא יהוה אֱלֹהֵינוּ וֵאלֹהֵי אֲבוֹתֵינוּ אֱלֹהֵי כָל בָּשָׂר יוֹצְרֵנוּ, יוֹצֵר בְּרֵאשִׁית. בְּרָכוֹת וְהוֹדָאוֹת לְשִׁמְךָ הַגָּדוֹל וְהַקָּדוֹשׁ עַל שֶׁהֶחֱיִיתָנוּ וְקִיַּמְתָּנוּ. כֵּן תְּחַיֵּנוּ וּתְקַיְּמֵנוּ וְתֶאֱסֹף גָּלֻיּוֹתֵינוּ לְחַצְרוֹת קָדְשֶׁךָ לִשְׁמֹר חֻקֶּיךָ וְלַעֲשׂוֹת רְצוֹנֶךָ וּלְעָבְדְּךָ בְּלֵבָב שָׁלֵם עַל שֶׁאָנוּ מוֹדִים לָךְ, בָּרוּךְ אֵל הַהוֹדָאוֹת.

וְעַל כֻּלָּם יִתְבָּרַךְ וְיִתְרוֹמַם וְיִתְנַשֵּׂא שִׁמְךָ מַלְכֵּנוּ תָּמִיד לְעוֹלָם וָעֶד. וְכֹל הַחַיִּים יוֹדוּךָ סֶּלָה, וִיהַלְלוּ וִיבָרְכוּ אֶת שִׁמְךָ הַגָּדוֹל בֶּאֱמֶת לְעוֹלָם, כִּי טוֹב הָאֵל יְשׁוּעָתֵנוּ וְעֶזְרָתֵנוּ סֶלָה, הָאֵל הַטּוֹב.

מְבַשֵּׂר עַם זָכִיּוֹת, עֲצוּרִים לְהַעֲלוֹת מִצּוּל דָּכְיוֹת, פְּדוּיִים חִוָּה בְּמַשְׂכִּיּוֹת, פְּצוֹחַ שִׁירִים תְּמוּר בְּכִיּוֹת, צִבְאוֹת כָּל חֶמְדַּת שְׂכִיּוֹת, צֶאֱנָן יַצִּיעַ לְרוֹשֵׁשׁ אַרְבַּע מַלְכִיּוֹת.

אַרְבַּע מַלְכִיּוֹת נָדוּשׁ נָא, בְּמַדּוּתָךְ פְּעָלְתָּם כְּבָרִאשׁוֹנָה. כַּאֲשֶׁר שָׁמַעְנוּ כֵּן עוֹד חִישׁ נָא, וְתֵיטִיב לָנוּ בְּטוּבְךָ בְּרִאשׁוֹן לְחָדְשֵׁי הַשָּׁנָה. בָּרוּךְ אַתָּה יהוה, הַטּוֹב שִׁמְךָ וּלְךָ נָאֶה לְהוֹדוֹת.

אם עולים כוהנים לדוכן, אומרים ברכת כוהנים (עמ' 407). אם לא, שליח הציבור אומר:

אֱלֹהֵינוּ וֵאלֹהֵי אֲבוֹתֵינוּ, בָּרְכֵנוּ בַּבְּרָכָה הַמְשֻׁלֶּשֶׁת בַּתּוֹרָה הַכְּתוּבָה עַל יְדֵי מֹשֶׁה עַבְדֶּךָ, הָאֲמוּרָה מִפִּי אַהֲרֹן וּבָנָיו. כֹּהֲנִים, עַם קְדוֹשֶׁךָ, כָּאָמוּר: יְבָרֶכְךָ יהוה וְיִשְׁמְרֶךָ: יָאֵר יהוה פָּנָיו אֵלֶיךָ וִיחֻנֶּךָּ: יִשָּׂא יהוה פָּנָיו אֵלֶיךָ וְיָשֵׂם לְךָ שָׁלוֹם:

שִׂים שָׁלוֹם טוֹבָה וּבְרָכָה, חַיִּים חֵן וָחֶסֶד וְרַחֲמִים עָלֵינוּ וְעַל כָּל יִשְׂרָאֵל עַמֶּךָ. בָּרְכֵנוּ אָבִינוּ כֻּלָּנוּ כְּאֶחָד בְּאוֹר פָּנֶיךָ כִּי בְאוֹר פָּנֶיךָ נָתַתָּ לָנוּ יהוה אֱלֹהֵינוּ תּוֹרַת חַיִּים וְאַהֲבַת חֶסֶד וּצְדָקָה וּבְרָכָה וְרַחֲמִים וְחַיִּים וְשָׁלוֹם. וְטוֹב יִהְיֶה בְּעֵינֶיךָ לְבָרְכֵנוּ, וּלְבָרֵךְ אֶת כָּל עַמְּךָ יִשְׂרָאֵל בְּכָל עֵת וּבְכָל שָׁעָה בִּשְׁלוֹמֶךָ.

אֶתֵּן קוֹל כְּשׁוֹרוּ רָאשִׁים, קְרָא בְגָרוֹן בְּגֵיא הַחֲרָשִׁים, רָאשֵׁי תַנִּינִים אֲשֶׁר עַל גַּבֵּי חוֹרְשִׁים, רְאוּתָם בְּזֶה חֹדֶשׁ מְגוֹרָשִׁים, שִׁיר חָדָשׁ וְהֶגֶה מִדְּרָשִׁים, תְּרַנֵּנָּה שִׂפְתֵי בְּשׂוֹרֵי אַרְבָּעָה חָרָשִׁים.

אַרְבָּעָה חָרָשִׁים כְּבְמַחֲזֶה, בְּאַרְתָּ זֶה מִזֶּה לַחוֹזֶה. כַּאֲשֶׁר שָׁמַעְנוּ כֵּן עוֹד נֶחֱזֶה, בָּרְכֵנוּ בַּשָּׁלוֹם בַּחֹדֶשׁ הַזֶּה. בָּרוּךְ אַתָּה יהוה, הַמְבָרֵךְ אֶת עַמּוֹ יִשְׂרָאֵל בַּשָּׁלוֹם.

וממשיכים קדיש שלם (עמ' 410).

לשבת הגדול

חזרת הש״ץ לשחרית

מתפללים כרגיל עד לאחר תפילת עמידה.

אֲדֹנָי, שְׂפָתַי תִּפְתָּח, וּפִי יַגִּיד תְּהִלָּתֶךָ:

בָּרוּךְ אַתָּה יהוה, אֱלֹהֵינוּ וֵאלֹהֵי אֲבוֹתֵינוּ אֱלֹהֵי אַבְרָהָם, אֱלֹהֵי יִצְחָק, וֵאלֹהֵי יַעֲקֹב הָאֵל הַגָּדוֹל הַגִּבּוֹר וְהַנּוֹרָא, אֵל עֶלְיוֹן גּוֹמֵל חֲסָדִים טוֹבִים, קוֹנֵה הַכֹּל וְזוֹכֵר חַסְדֵי אָבוֹת וּמֵבִיא גוֹאֵל לִבְנֵי בְנֵיהֶם לְמַעַן שְׁמוֹ בְּאַהֲבָה. מֶלֶךְ עוֹזֵר וּמוֹשִׁיעַ וּמָגֵן.

מִסּוֹד חֲכָמִים וּנְבוֹנִים, וּמִלֶּמֶד דַּעַת מְבִינִים, אֶפְתְּחָה פִּי בְּשִׁיר וּרְנָנִים, לְהוֹדוֹת וּלְהַלֵּל פְּנֵי שׁוֹכֵן מְעוֹנִים.

אֱלֹהִים בְּצַעְדְּךָ הַכּוֹת פַּתְרוֹס, בְּתַקְּתָּ חֵילָם מִבְצָרֵיהֶם לַהֲרֹס. גָּאַלְתָּ עַמְּךָ בְּנֵבֶל קַתְרוֹס, דְּרַרְתָּם וְהִבְרַרְתָּם כְּסֹלֶת לָרוֹס. הִגַּרְתָּ לַגַּי הָמוֹן פִּיבֶסֶת, וְנִקְּתָה לָאָרֶץ בִּטְרִיָּה נֶחְבֶּסֶת. זְנוּחָה זָרְחָה בְּדַם מִתְבּוֹסֶסֶת, חֻלְּצָה וְנִגְהֲצָה בִּרְחִיצָה וְתִכְבֹּסֶת. טֶרֶם מֵרוֹר מִמְּעַנִּים יֻשְׁבַּת, יְשׁוּעָה צָמְחָה לִנְצוּרֵי כְּבָבַת. כְּתֶרֶת כְּלִיל לְנֶפֶשׁ מְשִׁיבַת, לְשֶׁעָבַר קִדַּמְתָּ מַתַּן שַׁבָּת.

סֶלָה אֲרוֹמִמְךָ מוֹשִׁיעַ וְשַׁלִּיט, מוֹצִיאִי לַחָפְשִׁי מִבֵּית מַעֲלִיט. סַכּוֹתָה לְרָאשֵׁי לְהַשְׁאִיר פָּלִיט, גָּנוֹן וְהִצִּיל פָּסוֹחַ וְהִמְלִיט. בָּרוּךְ אַתָּה יהוה, מָגֵן אַבְרָהָם.

אַתָּה גִּבּוֹר לְעוֹלָם, אֲדֹנָי מְחַיֵּה מֵתִים אַתָּה, רַב לְהוֹשִׁיעַ מַשִּׁיב הָרוּחַ וּמוֹרִיד הַגָּשֶׁם. מְכַלְכֵּל חַיִּים בְּחֶסֶד, מְחַיֵּה מֵתִים בְּרַחֲמִים רַבִּים, סוֹמֵךְ נוֹפְלִים וְרוֹפֵא חוֹלִים וּמַתִּיר אֲסוּרִים, וּמְקַיֵּם אֱמוּנָתוֹ לִישֵׁנֵי עָפָר. מִי כָמוֹךָ בַּעַל גְּבוּרוֹת וּמִי דּוֹמֶה לָּךְ, מֶלֶךְ מֵמִית וּמְחַיֶּה וּמַצְמִיחַ יְשׁוּעָה. וְנֶאֱמָן אַתָּה לְהַחֲיוֹת מֵתִים.

מִמַּסְגֵּר אָסִיר בְּצֵאת לַחֹפֶשׁ, נִתְנוֹסֵס נֵס בִּטְבִיעַת רֶפֶשׁ. סִגַּבְתָּם חֹק מַרְגּוֹעַ וָנֹפֶשׁ, עֵרֶךְ תְּחִלָּה לִמְשִׁיבַת נָפֶשׁ. פֵּרוּשׁוֹ וְטַעְמוֹ צִוִּיתָ בְּמָרָה, צִחְצוּחַ דָּתוֹ לְהָבִין וּלְגוֹמְרָה. קְבִיעַת קְדֻשָּׁתוֹ בִּזְכִירָה וּשְׁמִירָה, רֹן לְהָפִיק בְּתוֹדָה וְזִמְרָה. שְׁפָטִים גְּדוֹלִים עָשִׂיתָ בְּצֹעַן, שִׁפְרַרְתָּ אֹהֶל בַּל יִצְעָן. תְּעוּבִים פַּסּוּ בְּאַף לְהַכְנִיעָן, תָּקְפָה חֲרָדָה בַּעֲמָלֵק וּכְנַעַן.

לִבְּךָ וְעֵינֶיךָ לְהֵיכָלְךָ תְּשׁוֹבֵב, דֶּשֶׁן וָשֶׁמֶן לְעַמְּךָ יְנוֹבֵב. תְּכוֹנֵן אֻלָמְךָ מִזְבֵּחַ וְסוֹבֵב, לְהַגְשִׁים תְּחִי יְשֵׁנִים דּוֹבֵב. בָּרוּךְ אַתָּה יהוה, מְחַיֵּה הַמֵּתִים.

יִשְׁעִי וּכְבוֹדִי מִשְׂגַּבִּי וּמְנוּסִי, וְנִצָּב לָרִיב עַל אוֹנְסִי, סוֹכְכִי בְּאֶבְרָתוֹ יהוה נִסִּי, פּוֹרֵעַ וְגוֹבֶה דִּין קְנָסִי. בְּהִלּוֹ נֵרוֹ עֲלֵי רֹאשִׁי, רָכַב עַל עָב קַל מֵעִנּוּי לְגָרְשִׁי, שַׁחַת מִבְצַר מַחֲלִישִׁי וְחוֹרְשִׁי, מְלוֹן קִצּוֹ נָחֲנִי דּוֹרְשִׁי. וּמִמְּעוֹן קָדְשׁוֹ חָבַשׁ כְּאֵבִי, אָדוֹן מִמַּעַיְנֵי הַיְשׁוּעָה הִשְׁאִיבִי, לְמַדְּנִי לָנוּחַ בְּשַׁבָּת מֵהִדְאִיבִי, לְהַאֲכִילִי נַחֲלַת יַעֲקֹב אָבִי.

שליח הציבור, והקהל אחריו: יִמְלֹךְ יהוה לְעוֹלָם, אֱלֹהַיִךְ צִיּוֹן לְדֹר וָדֹר, הַלְלוּיָהּ:

וְאַתָּה קָדוֹשׁ יוֹשֵׁב תְּהִלּוֹת יִשְׂרָאֵל אֵל נָא.

כֶּרֶם חֶמֶד נֶטַע שַׁעֲשׁוּעִים, בְּלָשָׁה וּמְכַסְכֶּסֶת שְׁנֵי רְשָׁעִים. וְנִגְלֵיתָ לְחַלְּצָהּ מִבֵּין פּוֹשְׁעִים, בְּחֵיל אֲלָפִים וְרִבָּבוֹת תִּשְׁעִים. וּבְצֶדֶק נִפְקַד לְתֵשַׁע וְתִשְׁעִים, הוּעֲמְסָה מַשָּׂא פְּרָדִים תִּשְׁעִים. פִּנַּת לְפָנֶיהָ מְלָכִים וְשׁוֹעִים. שִׁלְּחָה קְצִירֶיהָ וְעָלוּ מוֹשִׁיעִים. וּלְחֶלְקָהּ נָטְלָה שִׁבְעָה מִשִּׁבְעִים, שֶׁעִשּׂוּר נְכָסִים לְבָנוֹת קְבוּעִים. וּבִישִׁימוֹן דֶּרֶךְ הָלְכוּ אַרְבָּעִים, מַעֲדַנֵּי מֶלֶךְ אוֹכְלִים וּשְׂבֵעִים, קְדֻשָּׁתוֹ מְתַנִּים וְרֶנֶן מַבִּיעִים.

שליח הציבור, והקהל אחריו: חַי וְקַיָּם נוֹרָא וּמָרוֹם וְקָדוֹשׁ.

יָרַדְתָּ לְהַצִּיל עַמֶּךָ, לְהוֹדִיעָם אֹרַח נֹעַמֶךָ, לְמַשְּׂאוֹת תָּרִים פְּעָמֶיךָ, לְהַכְנִיעַ רוֹדִים בְּזַעְמֶךָ. וּכְהָתֵם הֲמוֹן שׁוֹדְדִים, כֻּלּוֹ שָׂרִים וּגְדוּדִים, וְהִגִּיעָה עֵת דּוֹדִים, צָמְחָה יְשׁוּעָה לִידִידִים. סוֹד כִּיָּצָא בְּהַנְוָיָה, צֵאת עֲגוּמִים לִרְוָיָה, נָחֲצוּ צִירִים לְשִׁבְיָה, שְׁנֵי תְּאָמֵי צְבִיָּה. פְּרַס כֵּרָה שֶׁל מֶלֶךְ, אַרְעָהוּ לְשַׂר פֶּלֶךְ, כָּל הַבָּא לַמֶּלֶךְ, אֶשְׁכָּר לְפָנָיו דָּדָיו מַהֲלָךְ. בְּשַׁעַר בַּת כִּסְלוֹת, נִצָּבִים מַלְאֲכֵי שְׁלוּחַ, נִסְתַּכְּלוּ קוֹטְפֵי מַלּוּחַ, בְּאֵין קֹמֶץ וְקָלוּחַ. רָהַב לְבַב גִּנָּה, לִלְגְיוֹנָיו קָפַץ וּמָנָה, יִכָּנֵס הַבָּא בְּמָנָה, וְאֵלֶּה לְבַד בָּאַחֲרוֹנָה. שָׁאַל פֶּתֶן חֵרֵשׁ, מִי נִדְרָשׁ וְהַדּוֹרֵשׁ, הֱשִׁיבוּהוּ הָפַךְ מְשֹׁרֶשׁ, כָּלָה גָּרֵשׁ יְגָרֵשׁ. מָרַד זֵד בְּעִקּוּלוֹ, מַה לִּי וּלְקוֹלוֹ, וְלֹא הִרְצֵנִי בְּשִׁקְלוֹ, כְּנִשְׁעָן עַל מַקְלוֹ. וְאָז צָפָה בָּאֱלִילִים, הֲיֵשׁ יָדָיו גְּלִילִים, צִגּוּ עָלָיו בִּפְלִילִים, אֵין פְּנוֹת בַּחֲלָלִים. אֱוִיל מוּכָן לַעֲבָרוֹת, מַה לְּכֹהֵן בִּקְבָרוֹת, הֲלֹא בְּתֵבֵל הַדִּבְּרוֹת, נוֹדַע בַּעַל גְּבוּרוֹת. לוֹבֵשׁ צֶדֶק נֶאְזָר, לְהָשִׁיב גְּמוּל לְאַכְזָר, הָפַךְ דֶּרֶךְ אִישׁ וָזָר, עֲמָלוֹ בְּרֹאשׁוֹ חָזַר. חֲנָמַל בָּרָד וּרְשָׁפִים, וְזִלְעֵף בַּעֲלֵי כְשָׁפִים, קָרְסוּ כָּרְעוּ כְשׁוּפִים, עֲפַר אֶרֶץ שׁוֹאֲפִים.

אֵל נָא לְעוֹלָם תֻּעֲרָץ, וּלְעוֹלָם תֻּקְדָּשׁ, וּלְעוֹלְמֵי עוֹלָמִים תִּמְלֹךְ וְתִתְנַשָּׂא, הָאֵל מֶלֶךְ נוֹרָא מָרוֹם וְקָדוֹשׁ. כִּי אַתָּה הוּא מֶלֶךְ מַלְכֵי הַמְּלָכִים, מַלְכוּתוֹ נֶצַח, נוֹרְאוֹתָיו שִׂיחוּ, סַפְּרוּ עֻזּוֹ, פָּאֲרוּהוּ צְבָאָיו, קַדְּשׁוּהוּ, רוֹמְמוּהוּ, רֹן שִׁיר וָשֶׁבַח, תֹּקֶף תְּהִלּוֹת תִּפְאַרְתּוֹ.

שליח הציבור, והקהל אחריו: יוֹצְאֵי חִפָּזוֹן, סִפְּקָם מָזוֹן, לְשֹׂבַע וְלֹא לְרָזוֹן, קָדוֹשׁ.

אֲמָנָה גְּדוֹלָה הָיְתָה בָעָם, בְּלִי לְהִתְלוֹנֵן זֹאת הַפַּעַם, גּוֹעָה לוֹמַר מַה נִּטְעָם. יוצאי חפזון. דֶּרֶךְ שְׁלֹשָׁה נֵלֵךְ בַּמִּדְבָּר, הִגִּיד מֵאָז מַנְהִיג וְדַבָּר, וְלֹא כִחֵד מֵהֶם דָּבָר. יוצאי חפזון. זְרִיזִים חָשׁוּ לְהַקְדִּישׁ קְרוּאָיו, חָסוּ בְּמַטְרִיף כָּל בְּרוּאָיו, טוֹב אֵין מַחְסוֹר לִירֵאָיו. יוצאי חפזון. יָחִיד שְׁמָרָהּ לְמִדָּה שְׁרוּעָה, כְּלוּלוֹתַיִךְ אֶזְכֹּר חֶסֶד לְפָרְעָה, לְכְתֵּךְ אַחֲרַי בַּמִּדְבָּר בְּאֶרֶץ לֹא זְרוּעָה. יוצאי חפזון. מְקוֹם צִפְעוֹנִים נָחָשׁ שָׂרָף וְעַקְרָב, נָסְעוּ קְדוֹשִׁים לְשֶׁמֶשׁ וְשָׁרָב, שָׁב וְעוֹלֵל וּמִקְנֶה רָב. יוצאי חפזון. עֲדָרִים הִשְׂכִּילוּ מַדָּע לְהַחְכִּימָם, פֶּסַח מִשְׁאָרוֹת נָשְׂאוּ בְּהַשְׁכִּימָם, צְרוּרוֹת בְּשִׂמְלֹתָם עַל שִׁכְמָם. יוצאי חפזון. קִטּוּף הָעִסָּה בַּחֲרָרָה קְמוּצָה, רְצוּפָה בְּרָאשֵׁיהֶם שֶׁלֹּא חָמְצָה, שֶׁמֶשׁ שֶׁזְּפָתָהּ וַאֲכָלוּהָ מַצָּה. יוצאי חפזון. תּוּפִינֵי שִׁשִּׁים וְאַחַת בְּמִשְׁטָר, טַעֲמוֹ וְאָרְחוֹ בְּשִׁיּוּר הַמְּנֻטָּר, עַד לֶחֶם מִשָּׁמַיִם הַמְטָר. יוצאי חפזון.

וּבְכֵן וַיְהִי בַּחֲצִי הַלַּיְלָה. אָז רֹב נִסִּים הִפְלֵאתָ בַּלַּיְלָה, בְּרֹאשׁ אַשְׁמֹרֶת זֶה הַלַּיְלָה, גֵּר צֶדֶק נִצַּחְתּוֹ כְּנֶחֱלַק לוֹ לַיְלָה, וַיְהִי בַּחֲצִי הַלַּיְלָה. דַּנְתָּ מֶלֶךְ גְּרָר בַּחֲלוֹם הַלַּיְלָה, הִפְחַדְתָּ אֲרַמִּי בְּאֶמֶשׁ לַיְלָה, וַיָּשַׂר יִשְׂרָאֵל לְמַלְאָךְ וַיּוּכַל לוֹ לַיְלָה, וַיְהִי בַּחֲצִי הַלַּיְלָה. זֶרַע בְּכוֹרֵי פַתְרוֹס מָחַצְתָּ בַּחֲצִי הַלַּיְלָה, חֵילָם לֹא מָצְאוּ בְּקוּמָם בַּלַּיְלָה, טִיסַת נְגִיד חֲרֹשֶׁת סִלִּיתָ בְכוֹכְבֵי לַיְלָה, וַיְהִי בַּחֲצִי הַלַּיְלָה. יָעַץ מְחָרֵף לְנוֹפֵף אִוּוּי הוֹבַשְׁתָּ פְגָרָיו בַּלַּיְלָה, כָּרַע בֵּל וּמַצָּבוֹ בְּאִישׁוֹן לַיְלָה, לְאִישׁ חֲמוּדוֹת נִגְלָה רָז חֲזוֹת לַיְלָה, וַיְהִי בַּחֲצִי הַלַּיְלָה. מִשְׁתַּכֵּר בִּכְלֵי קֹדֶשׁ נֶהֱרַג בּוֹ בַּלַּיְלָה. נוֹשַׁע מִבּוֹר אֲרָיוֹת פּוֹתֵר בִּעֲתוּתֵי לַיְלָה, שִׂנְאָה נָטַר אֲגָגִי וְכָתַב סְפָרִים בַּלַּיְלָה, וַיְהִי בַּחֲצִי הַלַּיְלָה. עוֹרַרְתָּ נִצְחֲךָ עָלָיו בְּנֶדֶד שְׁנַת לַיְלָה, פּוּרָה תִדְרוֹךְ לְשׁוֹמֵר מַה מִּלַּיְלָה, צָרַח כַּשּׁוֹמֵר וְשָׂח אָתָא בֹקֶר וְגַם לַיְלָה, וַיְהִי בַּחֲצִי הַלַּיְלָה. קָרֵב יוֹם אֲשֶׁר הוּא לֹא יוֹם וְלֹא לַיְלָה, רָם הוֹדַע כִּי לְךָ הַיּוֹם אַף לְךָ הַלַּיְלָה, שׁוֹמְרִים הַפְקֵד לְעִירְךָ כָּל הַיּוֹם וְכָל הַלַּיְלָה, תָּאִיר כְּאוֹר יוֹם חֶשְׁכַת לַיְלָה, וַיְהִי בַּחֲצִי הַלַּיְלָה.

וּבְכֵן כָּל מַחְמֶצֶת לֹא תֹאכֵלוּ. אָבוֹא בְחִיל לְהִתְיַצְּבָה, בְּמַעֲמַד פְּנֵי תֵיבָה, גַּשְׁתִּי לְרוֹמֵם וּלְשַׂגְּבָה, מֵרְשׁוּת דָּגוּל מֵרְבָבָה. הִלּוּל קוֹנִי אַקְשִׁיבָה, וּבְחֵקֶר דָּתוֹ אֶתְיַשְּׁבָה. זֹאת לָדַעַת אַחְשְׁבָה, מִטַּעַם חַכְמֵי יְשִׁיבָה. טוֹעֵן עוֹלָם אַמְלִיכָה, יְהַבִי עָלָיו אַשְׁלִיכָה, כְּרַע לְפָנָיו אֶתְהַלְּכָה, לִפְתֹּחַ בִּדְבַר הֲלָכָה. מִלַּת פִּי גְּדוּשָׁה, נוֹצֵר חֶסֶד אַקְדִּישָׁה, סַלְסֵל בְּדֵעָה חֲדָשָׁה, מֵרְשׁוּת עֵדָה הַקְּדוֹשָׁה. פְּנֵי יְשָׁרִים דּוֹבֵר, צַחֲצוּחַ אֲמָרִים אֲגַבֵּר, קִדַּמְתִּי לָטוּל בְּסֵבֶר, רְשׁוּת מֵרַב וְחָבֵר. שַׁדַּי חֵילִי תְּאַמֵּץ, תַּעְדִּיף קָט וְקֹמֶץ, לְבָאֵר בְּלִי שֶׁמֶץ, הִלְכוֹת בִּעוּר חָמֵץ.

אֱלֹהֵי הָרוּחוֹת לְכָל בָּשָׂר, חֹק לְעַמּוֹ מָסַר, וְהִזְהִירָם בִּכְתָב מוּסָר, לִבְדֹּק חָמֵץ אוֹר לְאַרְבָּעָה עָשָׂר. בְּשָׁעָה שֶׁאֵין בְּנֵי אָדָם מְצוּיִים בַּשּׁוּקָא, אוֹר הַנֵּר יָפֶה לִבְדִיקָה,

אֵין בּוֹדְקִין לֹא לְאוֹר הַחַמָּה וְלֹא לְאוֹר הַלְּבָנָה וְלֹא לְאוֹר הָאֲבוּקָה, וְצָרִיךְ לְבָרֵךְ עַל בִּעוּר חָמֵץ כְּחֻקָּה. גְּמַר מְנַטְרֵהּ עַד דְּבַתְרָא, וּמִיַּד צָרִיךְ לְבַטֵּל הַשְּׂאֹר בַּאֲמִירָה, וְלֵימָא הָכִי כָּל חֲמִירָא דְּאִכָּא בְּהָדָא דִּירָה, דְּלָא חֲמִתֵיהּ וּדְלָא בִעַרְתֵּיהּ לִבָּטֵל וְלֶהֱוֵי כְּעַפְרָא. דְּאִי מִשְׁתַּכַּח לְאַחַר אוֹתָהּ שָׁעָה, אֵינוֹ חַיָּב בְּבַל יֵרָאֶה וּבְבַל יִמָּצֵא לְפוֹשְׁעָה, וְהָרוֹצֶה אַחַר בְּדִיקָתוֹ לֶאֱכֹל חָמֵץ וְלִשְׂבְעָה, מַה שֶּׁמְּשַׁיֵּר יַנִּיחֶנּוּ בְּצִנְעָה. הֵיכָא דְּבָדַק בְּחוֹרֵי בֵיתָא, וְהִנִּיחַ אַרְבַּע אוֹ חָמֵשׁ רִפְתָּא, וְאַשְׁכַּח דְּחָדָא מִנַּיְהוּ פַּחֲתָא, לִבְדֹּק מֵרֵישָׁא שֶׁמָּא חוּלְדָּא לְקָחַתָּהּ. וְכֵן תָּנוּ רַבָּנָן בְּפִרְקִין, דְּחוֹרֵי בֵיתָא וּנְקִיקִין, עִילָּאֵי וְתַתָּאֵי אֵינָן נִבְדָּקִין, וְאֶמְצָעִים זְקוּקִין. זְהֵרוּ גַּג הַיָּצִיעַ וְגַג מִגְדָּלִין, וְרֶפֶת בָּקָר וּמַתְבֵּן וְלוּלִין, וְאוֹצְרוֹת יַיִן וְשֶׁמֶן הַנְּעוּלִין, לִבְדֹּק חָמֵץ בְּלִי עוֹלִין. חוֹר שֶׁבֵּין אָדָם לַחֲבֵרוֹ, זֶה וָזֶה בּוֹדֵק עַד שֶׁמַּגִּיעַ וּמְבַטֵּל שְׂאוֹרוֹ, וְכֵן בֵּין יְהוּדִי וְעוֹבֵד כּוֹכָבִים חַיָּב לְבַעֲרוֹ, פְּלֵימוֹ מֵקֵל שֶׁמָּא יֹאמַר הָעוֹבֵד כּוֹכָבִים כְּשָׁפוֹ וַחֲבָרוֹ. טָעֲנוּ הַמְפָרֵשׁ וְהַיּוֹצֵא בְּשַׁיָּרָא, וְאֵין דַּעְתּוֹ קֹדֶם פֶּסַח לַחֲזָרָה, תּוֹךְ שְׁלֹשִׁים יוֹם בָּעֵי לְבָעֵר חֲמִירָא, לִפְנֵי שְׁלֹשִׁים יוֹם אֵין זָקוּק לְבַעֲרָה. יִשְׂרָאֵל דְּחָמֵץ אִתְפַּקַּד לֵיהּ, וְלֵיתֵיהּ לְמָרֵיהּ לְמִשְׁקְלֵיהּ, נַטְרֵיהּ עַד אַרְבַּע דַּחֲזֵי לַאֲכִילֵיהּ, שְׁלִים אַרְבַּע וְלָא אֲתָא לְנָכְרִי מְזַבִּין לֵיהּ. כְּשֶׁנָּפְלָה מַפֹּלֶת עַל חָמֵץ בְּעַרְבֵי פְסָחִים, וְכֶלֶב אֵין יָכוֹל לְחַפֵּשׂ אַחֲרָיו בְּטוּחִים, הֲרֵי הוּא כִּמְבוֹעָר לְרֵעִים פִּקְּחִים, וְכַמָּה חֲפִישַׁת הַכֶּלֶב שְׁלֹשָׁה טְפָחִים. לִמְדוּ בֵּי מִלְחֵי וּבֵי קִירֵי נְקוּבִים, וּבֵי תְמָרִים וְצִיבִים, לִבְדֹּק אוֹתָם חַיָּבִים, וְחָצֵר פְּטוּרָה מִפְּנֵי הָעוֹרְבִים. מוֹצֵא חָמֵץ בַּפֶּסַח בְּתוֹךְ בֵּיתוֹ, כּוֹפֶה עָלָיו כְּלִי בְּלִי רְאוּתוֹ, וְאִם שֶׁל הֶקְדֵּשׁ הוּא אֵין צָרִיךְ לְכַסּוֹתוֹ, לְפִי שֶׁבְּדֵלִין מֵאוֹתוֹ. נָפֵי וּפַתִּילֵי וְיוֹרָה, דְּאִשְׁתַּמֵּשׁ בְּהוּ חַמִּין חֲמִירָא, צָרִיךְ לְגַעֲלִינְהוּ וְיַנִּיחַ בְּגוֹ רַבָּא זְעֵירָא, וּלְרַבָּא לֶעֱבַד גַּדְנְפָא וּלְרַתְחֵיהּ בְּנוּרָא. סַכִּינֵי דְּאִשְׁתַּמֵּשׁ בְּהוּ חֲמִירָא לַאֲרוּחִין, אִם אֶפְשַׁר לַעֲשׂוֹתָן חֲדָשִׁים הֵם מְשֻׁבָּחִין, וְאִי לָא מַגְעִילָן בְּרוֹתְחִין, וּבִכְלִי רִאשׁוֹן הֵם מְצוּחְצָחִין, וְעֵץ פָּרוּר מַגְעִילָן בְּרוֹתְחִין. עִנְּדוּ אַגָּנֵי וְקִצִּיעֵי דְקוּנְיָא וּפַחֲרָא, אַף עַל גַּב דְּמַפְלִיט לְהוּ שַׁפִּיר לְאִשְׁתַּמּוּשֵׁי בְהוּ אֲסִירָא, וְאַף עַל גַּב דְּרִוִיחָן וְאִכָּא לְמֵימַר דְּשַׁלִּיט בְּהוּ אַוִירָא, אֲפִלּוּ הָכִי קַיְמָא אִסּוּרָא. פְּחַר קְדֵרוֹת אֵין צָרִיךְ לְפַלְחָא, אֲבָל מַשְׁהֵי לֵיהּ עַד בָּתַר פִּסְחָא, וּקְעָרוֹת מֻתָּרוֹת כִּי שָׁקִיל מִדּוּדָא עֲלַיְהוּ לְאַנָּחָא, וּבוּרְמֵי דְּגַלָּלָא שָׁרְיָן בַּהֲדָחָה. צָעֵי דְּמַשְׁהֵי בְּהוּ חֲמִירָא בִּשְׁאָר יוֹמֵי, כְּבֵית שְׂאוֹר שֶׁחִמּוּצוֹ קָשֶׁה דָּמֵי, וְאִי אַקְרָאֵי אוֹתִיבֵיהּ וְלֹא אִשְׁתְּהֵי עִמֵּיהּ, לְאִשְׁתַּמּוּשֵׁי בְהוּ שַׁפִּיר דָּמֵי. קְטוּף בְּיַיִן וְשֶׁמֶן עֲבִידִין, מִלְּמֵילַשׁ בְּהוּ לֵילֵי קַמָּאֵי קַפְּדִין, וְאַמְהָן דְּלָא טְבִילָן וַעֲבְדִין, דְּלָא לְמֵילַשׁ בְּהוּ הוּא הַדִּין. רְקִיקֵי מַצּוֹת עוֹשִׂין זֵכֶר לְעִגּוּן, וְלִשְׁמָן צָרִיךְ לְשָׁמְרָן מֵחִמּוּץ כְּהָגוּן, וְחֵרֵשׁ שׁוֹטֶה וְקָטָן אֵין לָשִׁין דִּלְמָא יְשַׁגּוּן, אַף עַל גַּב דְּאַפֵּיהּ יִשְׂרָאֵל בַּר דֵּעָה לָא יְנַהֲגוּן. שָׁנוּ שֶׁאֵין לָשִׁין בְּבַת אַחַת לְמַעְלָה מֵחֲמֵשֶׁת

רְבָעִים קֶמַח וְכֵן לְחַלָּה, וְהֵן בֵּיצִים כְּמִנְיַן חַלָּה, וְהָעֹמֶר מוּכָח לָהּ, וְהָאִשָּׁה לֹא תָלוּשׁ אֶלָּא בְּמַיִם שֶׁלָּנוּ הַלַּיְלָה. תְּמִימִים שָׁנוּ בְּמִשְׁנָה הַמְהֻלָּלָה, מֵי תַּשְׁמִישׁוֹ שֶׁל נַחְתּוֹם יִשָּׁפְכוּ מִפְּנֵי שֶׁמַּחְמִיצִין סֶלָה. וְאַמְרִינַן שָׁדֵי לְהוּ בְּמָקוֹם מוּדְרָן דְּלָא לֵיתֵי בְּהוּ לִידֵי תַקָּלָה, תַּמּוּ הִלְכוֹת בִּעוּר וְהַגְעָלָה. יַיִן כִּי יִתְאַדָּם, לְמִצְוָה הוּא מְקֻדָּם, לָצֵאת בּוֹ חוֹבַת יְדֵי אָדָם, אִם אֵין קוֹנְדִיטוֹן וּמְבַשֵּׁל נֶגְדָּם. וְאַרְבַּע כּוֹסוֹת הַלָּלוּ, צָרִיךְ שֶׁיְּהֵא בָּהֶן כְּדֵי רְבִיעִית בְּלִי יָקֵלּוּ, אֶחָד אֲנָשִׁים וְאֶחָד נָשִׁים אֵלּוּ כְּאֵלּוּ, וּמְחַלְּקִין לְתִינוֹקוֹת קְלָיוֹת וֶאֱגוֹזִין כְּדֵי שֶׁיִּשְׁאָלוּ. סָחוּ שֶׁהַנָּשִׁים צְרִיכוֹת לְאַמְּצָה, בְּכָל מִילֵי דְּפִסְחָא בְּלִי שִׁמְצָה, אַף עַל גַּב דְּמִצְוַת עֲשֵׂה שֶׁהַזְּמַן גְּרָמָא בָּם לֹא נִמְצָא, שֶׁכָּל שֶׁיֶּשְׁנוֹ בְּבַל תֹּאכַל חָמֵץ, יֶשְׁנוֹ בְּקוּם אֱכֹל מַצָּה. פֵּרְשׁוּ בְּשָׂפָה נְדִיבָה, מַצָּה וְיַיִן צָרִיךְ הַסִבָּה, מָרוֹר אֵין בּוֹ כֵּן חוֹבָה, וּמִבָּעֵי לֵיהּ לְכַסְכּוּסֵי טוּבָא. הֲסִבַּת יָמִין הֲסִבָּה אֵינָהּ, וְלֹא עוֹד אֶלָּא שֶׁמָּא יַקְדִּים קָנֶה לְוֵשֶׁט וְיָבוֹא לִידֵי סַכָּנָה, פְּרַקְדָּן לָא מִן חֻשְׁבְּנָא, וְאִשָּׁה אֵינָהּ צְרִיכָה וְאִם חֲשׁוּבָה הִיא נְדוֹנָה. קַמֵּי אָב מֵיסַב הַבֵּן בִּדְיצָה, תַּלְמִיד בִּפְנֵי רַבּוֹ אֵינוֹ רָאוּי לְפָרְצָה, אֲבָל בְּשׁוּלְיָא דְנַגָּרֵי צָרִיךְ לְהָסֵב בִּמְרוּצָה, וְהַשַּׁמָּשׁ שֶׁאָכַל כְּזַיִת מַצָּה כְּשֶׁהוּא מֵסֵב יָצָא. טָעֲנוּ לַחֲטֹף מַצָּה בְּלֵילֵי פְסָחִים, כְּדֵי שֶׁלֹּא יִישְׁנוּ הַפִּרְחִים, וְחַיָּבִין בָּרֶגֶל לִהְיוֹת שְׂמֵחִים, בַּמִּקְדָּשׁ בְּבָשָׂר וְהַשְׁתָּא בְּיַיִן רְקוּחִים. נָשִׁים חַיָּבוֹת לִשְׂמֹחַ וּלְהָרְנִין, בְּבָבֶל בְּבִגְדֵי צִבְעוֹנִין, בְּאֶרֶץ יִשְׂרָאֵל בְּבִגְדֵי פִשְׁתָּן הַמְלֻבָּנִין, וְהָאֲנָשִׁים בְּיַיִן מִתְעַדְּנִין. בְּעֶרֶב הַפֶּסַח סָמוּךְ לְמִנְחַת רִאשׁוֹן, לֹא יֹאכַל אָדָם עַד הָאִישׁוֹן, וּבְבֹאוֹ מִבֵּית רַחֲשׁוֹן, מוֹזְגִין לוֹ כּוֹס רִאשׁוֹן. רִאשׁוֹן מְבָרֵךְ עַל הַיַּיִן, וְאַחַר כַּךְ קִדּוּשׁ וּזְמַן וְאֵינוֹ אוֹמֵר נֵס עֲדַיִן, שֶׁצָּרִיךְ לְאָמְרוֹ בָּאֲגָדָה וְרָאוּי לְכָפְלוֹ אַיִן, וְשָׁתֵי וּמָשֵׁי יָדֵיהּ וְאֵינוֹ מְבָרֵךְ עַל נְטִילַת יָדַיִם. שָׁקִיל גַּרְגִּירָא אוֹ כַּרְפַּסָא אוֹ כְּסִבַּרְתָּא אוֹ חַסָּא, וְיִטְבֹּל בַּחֲרֹסֶת וִיבָרֵךְ בּוֹרֵא פְּרִי הָאֲדָמָה, וְכַד אָכִיל יְחֶצֶה אַחַת מִשָּׁלֹשׁ מַצּוֹת וְאֵין בְּרָכָה עִמָּהּ, מֶחֱצָה בִּקְעָרָה וּמֶחֱצָה בְּשֻׁלְחָן לְהַשִּׂימָהּ. מוֹשֵׁךְ מֵהַקְּעָרָה שְׁנֵי תַבְשִׁילֵי דְּאִנּוּן בִּשְׂרָא וְכַוְּרָא צְלִילֵי, אִי נַמֵּי גַּרְמָא וּבִשּׁוּלֵי, וּמַגְבִּיהַּ קְעָרָה וְלֵימָא הָא לַחְמָא עַנְיָא כֻּלֵּהּ. וּמוֹזְגִין לוֹ כּוֹס שֵׁנִי מֵאַרְבַּעַת הָאֵל, וְכָאן הַבֵּן מֵאָבִיו שׁוֹאֵל, מַה נִּשְׁתַּנָּה מִלֵּילוֹת זֶה לֵיל, וְגוֹמֵר הָאֲגָדָה עַד גָּאַל יִשְׂרָאֵל. אַחַר דְּשָׁתֵי מָשֵׁי יָדֵיהּ, וּמְבָרֵךְ עַל נְטִילַת יָדַיִם לְחוּדֵיהּ, וְשָׁרֵי הַמּוֹצִיא עַל הַשְּׁלֵמָה דְּעִלָּוֵי תַּרְתֵּי דִידֵיהּ, וְלֹא אָכִיל מִנֵּיהּ אַכְּתֵי מִדֵּי. לוֹקֵחַ פְּרוּסָה וּמְבָרֵךְ לֶאֱכֹל מַצָּה בְּמַלֵּל, וּבַהֲדֵי דְּהַהִיא דְּהַמּוֹצִיא אוֹכֵל וְכוֹלֵל, וּמְבָרֵךְ בַּחֲזֶרֶת לֶאֱכֹל מָרוֹר וְטוֹבֵל וּבוֹלֵל, וְהָדַר אָכִיל מַצָּה וּמָרוֹר בְּלֹא בְּרָכָה וְכוֹרְכָן בְּבַת אַחַת כְּהִלֵּל. חָלִיף לְכַמָּה בָתֵּי וְעָבִיד כִּי הַאי גַּוְנָא עַד הָכָא, וְאַחַר כַּךְ עוֹשִׂין סְעוּדָתָן כָּל צָרְכָּהּ, וְכַזַּיִת מַצָּה בָּאַחֲרוֹנָה צְרִיכִין לְבָרְכָה, וְנוֹטְלִין וְלֹא מְבָרְכִין שֶׁמַּיִם אַחֲרוֹנִים חוֹבָה וְאֵין טְעוּנִין בְּרָכָה. זוֹכֵר בַּשְּׁלִישִׁי בִּרְכַּת מְזוֹנוֹ, וְלִשְׁאָר הַבָּתִּים תְּחִלָּה וְטוֹעֵם

הַכּוֹס עַד מִשֶּׁלּוֹ אֵינוֹ, וּבָרְבִיעִי הַלֵּל מִצְרִי לְתָנוֹ, בַּל יִטְעַם כְּלוּם בְּאִישׁוּנוֹ. קִמְעָא לִשְׁתּוֹת מַיִם יִכְנֵס, אִם חוֹלֶה הוּא אוֹ אִסְטְנִס, וּבָעֵי לְמִשְׁתֵּי חַמְרָא מִשּׁוּם אוֹנֶס, לוֹמַר בַּחֲמִישִׁי הַלֵּל הַגָּדוֹל יִשְׁתַּנֵּס.

חֲסַל סִדּוּר פֶּסַח כְּהִלְכָתוֹ, כְּכָל מִשְׁפָּטוֹ וְחֻקָּתוֹ, כַּאֲשֶׁר זָכִינוּ לְסַדֵּר אוֹתוֹ, כֵּן נִזְכֶּה לַעֲשׂוֹתוֹ. זָךְ שׁוֹכֵן מְעוֹנָה, קוֹמֵם קְהַל עֲדַת מִי מָנָה, בְּקָרוֹב נַהֵל נִטְעֵי כַנָּה, פְּדוּיִם לְצִיּוֹן בְּרִנָּה.

וּבְכֵן וּלְךָ תַעֲלֶה קְדֻשָּׁה כִּי אַתָּה קְדוֹשׁ יִשְׂרָאֵל וּמוֹשִׁיעַ.

אֵין עֲרֹךְ אֵלֶיךָ לְהַגִּיד וּלְדַבֵּר, חֵקֶר פִּלְאֵי נִסֶּיךָ לְהָבִין וּלְסַפֵּר, מַה יָּקָר חַסְדְּךָ מַכִּין מִצְעֲדֵי גָבֶר, מְאֹד עָמְקוּ מַחְשְׁבוֹתֶיךָ נוֹתֵן תַּעֲצוּמוֹת וָעֹז לְהִתְגַּבֵּר, וּבְנֵי אָדָם בְּצִלְּךָ יֶחֱסָיוּן אֶרֶךְ הָאֵבֶר, הִרְבִּיתָ הַגּוֹי וְהִגְדַּלְתָּ הַשִּׂמְחָה לִבְנֵי עֵבֶר, בִּמְשֹׁל רָשָׁע עַל עַם דַּל לִישׁוּעָתְךָ סוֹבֵר, וְנִתְאַזַּרְתָּ בַּחֲנִינוּתֶיךָ מְפַזֵּר וּמְפָרֵד לְכַנֵּס וּלְחַבֵּר, וְעוֹרַרְתָּ אַהֲבַת יְשֵׁנֵי חֶבְרוֹן שׁוֹכְנֵי קֶבֶר, וְדַנְתָּ דִּינֵי קְנָסוֹת וַחֲבָלוֹת עַל חוֹבְרֵי חָבֶר, וְהִכְנַעְתָּם בְּדָם וּצְפַרְדְּעִים וְכִנִּים וְעָרוֹב וָדֶבֶר, וְשִׁבַּרְתָּ רָאשֵׁי תַנִּין עַל רִיב לֹא לוֹ מִתְעַבֵּר, כִּי לִפְנֵי כִשָּׁלוֹן גֹּבַהּ וְגָאוֹן לִפְנֵי שֶׁבֶר, וּמַה יָּעֹז צִיץ הַשָּׂדֶה וְיָמָיו כְּצֵל עוֹבֵר, לְגָבֹהַּ עַל גָּבֹהַּ מְפָרֵק הָרִים וּמְשַׁבֵּר, וְהוּא בַּעַל נְקָמוֹת אֱלֹהֵי הַמִּשְׁפָּט מֵישָׁרִים דּוֹבֵר, וּמַצְמִיחַ יֶשַׁע לְקוֹיו וְעַמִּים תַּחְתֵּיהֶם יַדְבֵּר. וְעָלֵינוּ הִפְלִיא חֲסָדָיו וְנָשָׂא נֵס, וְנָקַם נִקְמָתֵנוּ מִכָּל בַּעֲלֵי אוֹנֶס, וְהִכְנִיעָם בְּזַעַם וְצָרָה בַּחוֹרֵי אָוֶן וְחָנֵס, וּמִלּוּשׁ בָּצֵק עַד חֻמְצָתוֹ דָּנָם בְּאוֹנִים לְהִקָּנֵס, וְאֵזוֹר חֲלָצָיו חִזֵּק וְאִמֵּץ לְהִשְׁתַּנֵּס, בָּקַע יָם וַיַּעֲבִירֵם וּכְנֵד נוֹזְלִים כִּנֵּס, וּבְאֶרֶץ לֹא זְרוּעָה אוֹתָם כִּלְכֵּל וּפִרְנֵס, לָכֵן לָנוּ לְהוֹדוֹת עַל כָּל נֵס וָנֵס.

לָמָּה פֶּסַח בָּא מִן הַצֹּאן, שֶׁפָּסַח וְחָמַל עַל קְרוּאֵי צֹאן, וּכְרוֹעֶה מְקַבֵּץ טְלָאִים מִשָּׁכְּבָם וּגְאָלָם מִבַּעֲלֵי לָצוֹן. וְלָמָּה לְקִיחָתוֹ קֹדֶם לִשְׁחִיטָתוֹ יָמִים אַרְבָּעָה, וְנִתַּן לַמּוּלִים וְלָעֲרֵלִים נִפְסַל בְּהִיא הַשָּׁעָה, כְּדֵי שֶׁיִּהְיוּ בְּיָדָם מִצְוֹת מְצוּיוֹת לְהִשְׁתַּעֲשֵׁעַ, שֶׁכְּבָר בָּא עֵת דּוֹדִים וּזְמַן שְׁבוּעָה, וְהָיוּ מִתְבּוֹסְסִים בִּשְׁנֵי דָּמִים שֶׁתַּצְמִיחַ יְשׁוּעָה. וְלָמָּה נְתִינַת דָּמוֹ עַל הַמַּשְׁקוֹף וּשְׁתֵּי הַמְּזוּזוֹת, שֶׁהֵן שָׁלֹשׁ מִזְבְּחוֹת בְּמָקוֹם רוֹאִים אוֹתָם לַחֲזוֹת, זֵכֶר שָׁלֹשׁ מִזְבְּחוֹת שֶׁל אַב הֲמוֹן נִרְמָזוֹת, שֶׁבְּדָן וּבֵית אֵל וְאֵלוֹן מוֹרֶה נֶחֱרָזוֹת. וְלָמָּה אֲכִילַת חָמֵץ לְשֵׁשׁ שָׁעוֹת, זֵכֶר לְחִפָּזוֹן שְׁכִינָה לְהַעֲבִיר גְּזֵרוֹת רָעוֹת, מְדַלֵּג עַל הֶהָרִים מְקַפֵּץ עַל הַגְּבָעוֹת. וְלָמָּה אֲכִילַת מַצָּה לֶחֶם עֹנִי, שֶׁלֹּא הִסְפִּיק בָּצֵק לְהַחֲמִיץ עַד שֶׁגְּאָלָם מְעוֹנִי. וְלָמָּה בְּמָרוֹר שֶׁתְּחִלָּתוֹ רַךְ וְסוֹפוֹ קָשֶׁה, שֶׁנִּמְרְרוּ תְּחִלָּה בְּפֶה רַךְ וּלְבַסּוֹף בְּעַל קָשֶׁה. וְלָמָּה טִבּוּלוֹ בַּחֲרֹסֶת, זֵכֶר לְטִיט שֶׁאִשָּׁה וּבַעְלָהּ דּוֹרֶסֶת. וְלָמָּה תַּבְלִין בְּתוֹכוֹ מְגַבְּלִין כְּמוֹ נִלְבֵּן, זֵכֶר לְנָפוּץ עִם לְקוֹשֵׁשׁ קַשׁ לַתֶּבֶן.

ולמה שני מיני בשר בצד עוגה, אחד זכר לפסח ואחד זכר לחגיגה. ולמה מגביהין קערה קדם זמנה, כדי שיראה תינוק וישאל מה נשתנה. ולמה שאר ירקות באין תחלה, לפטר חזרת של מצוה ברכה ראויה לה, ושאין לומר שתי ברכות כאחת שתיה או אכילה, ואי אפשר לאכל ולשתות כאחת בשכבר כרסו מלא, וכן בשתי מצות פוטרין מחלה לחלה. על כי אין לשנות בשתי ברכות, מברך על זו ועל זו ואינו אוכל עד שיגמר שתי ברכות. ולמה ארבעה כוסות מצותן בזה הלילה, זכר לארבעה גאלות שנתבשרו בהם עם סגלה, יציאה והצלה לקיחה וגאלה, ולהודות בהם ולתן בם תהלה, לחובט ארבעה כוסות של יפיפיה עגלה, וכדי לשבר אמות עממות משקצות בגעילה, בארבעה כוסות הכתובים בם שהן כוס התרעלה, וכנגדם להשקותנו ארבעה כוסות של חמלה. ולמה מסבין במטה כבודה וכלולה, זכר לחרות ורבוץ ענני כבוד בחתולה, שכן דרך בני מלכים לנהג כבוד ולסלסלה, שעטרנו קדוש יעקב עטרת מלוכה ותהלה, ובררו להודיע עם מרעיתו להיות לו לעם נחלה, כי לאלהים מגני־ארץ מאד נעלה:

נעלה בקדשתו מרום וקדוש, כי אלהים קדושים הוא בכל מיני קדשה. דרכו בקדשה, והלוכו בקדשה, דבורו בקדשה, ישיבתו בקדשה, חשיפת זרועו בקדשה, נאה ואדיר בקדשה. הוא קדוש, ועמו קדוש, וכל משרתיו קדושים. אין כקדשתו ואין דומה לו. מקדש בקרוביו, ונורא על כל סביביו. ונערץ בסוד קדושים, נשגב ברבבות אראלים. אילי קדש, משוררים ומהללים בשיר קדש. עירין וקדישין, רועשים ומקדישים. בקדש הקדשים, עתים חשים ועתים ממללים, ולבקרים מתחדשים, מקיפים כס המרכבה וקדשת השם מפרשים, ושלוש קדשה לקדוש ונורא מקדישים.

וממשיכים בקדושה 'נקדישך ונעריצך' (עמ' 366) ובחזרת הש"ץ.

תהלים

תהלים

יש ספרים במקרא שלומדים אותם, ויש ספרים שקוראים בהם. בספר תהלים יש מקום גם ללימוד וגם לקריאה, אבל יש בו עוד דבר מיוחד: אומרים אותו.

אומרים תהלים בעיתות של מצוקה – מחלה, סכנה, צרות; ואומרים תהלים כמילוי של חובת אמירה, בראש השנה או בכל יום בשנה. כאשר אומרים תהלים – רק אומרים, כלומר קוראים את הדברים הכתובים לפעמים מתוך התרגשות עמוקה, ולפעמים כי צריך. לעיתים כשאומרים תהלים מודעים רק במעט לנאמר; אנשים אומרים תהלים אפילו בלא להבין את פירוש המילים, אולם גם לאמירה רזו יש ערך וחשיבות. בתלמוד מסופר שבחצות הלילה הייתה רוח נושבת במיתרי כינורו של דוד המלך, ואז היה הכינור מנגן מאליו. במשמעותו הפנימית ספר תהלים הוא כינורו הנצחי של דוד, ומשום כך גם אנשים המרעידים את מיתריו בדרך מכנית ביותר, באמירה בלבד – גם הם חשים כי הכינור מתנגן תחת ידיהם ומשמיע מנגינה הנשמעת במרום.

לפני אמירת תהלים נהוג לומר:

יְהִי רָצוֹן מִלְּפָנֶיךָ, יהוה אֱלֹהֵינוּ וֵאלֹהֵי אֲבוֹתֵינוּ, הַבּוֹחֵר בְּדָוִד עַבְדּוֹ וּבְזַרְעוֹ
אַחֲרָיו, וְהַבּוֹחֵר בְּשִׁירוֹת וְתִשְׁבָּחוֹת, שֶׁתֵּפֶן בְּרַחֲמִים אֶל קְרִיאַת מִזְמוֹרֵי
תְהִלִּים שֶׁאֶקְרָא כְּאִלּוּ אֲמָרָם דָּוִד הַמֶּלֶךְ עָלָיו הַשָּׁלוֹם בְּעַצְמוֹ, זְכוּתוֹ
תָּגֵן עָלֵינוּ, וְתַעֲמָד לָנוּ זְכוּת פְּסוּקֵי תְהִלִּים וּזְכוּת תֵּבוֹתֵיהֶם וְאוֹתִיּוֹתֵיהֶם
וּנְקֻדּוֹתֵיהֶם וְטַעֲמֵיהֶם וְהַשֵּׁמוֹת הַיּוֹצְאִים מֵהֶם מֵרָאשֵׁי תֵבוֹת וּמִסּוֹפֵי תֵבוֹת
לְכַפֵּר פְּשָׁעֵינוּ וַעֲוֹנוֹתֵינוּ וְחַטֹּאתֵינוּ, וּלְזַמֵּר עָרִיצִים וּלְהַכְרִית כָּל הַחוֹחִים
וְהַקּוֹצִים הַסּוֹבְבִים אֶת הַשּׁוֹשַׁנָּה הָעֶלְיוֹנָה וּלְחַבֵּר אֵשֶׁת נְעוּרִים עִם דּוֹדָהּ
בְּאַהֲבָה וְאַחֲוָה וְרֵעוּת, וּמִשָּׁם יִמָּשֵׁךְ לָנוּ שֶׁפַע לְנֶפֶשׁ רוּחַ וּנְשָׁמָה לְטַהֲרֵנוּ
מֵעֲוֹנוֹתֵינוּ וְלִסְלֹחַ חַטֹּאתֵינוּ וּלְכַפֵּר פְּשָׁעֵינוּ, כְּמוֹ שֶׁסָּלַחְתָּ לְדָוִד שֶׁאָמַר
מִזְמוֹרִים אֵלּוּ לְפָנֶיךָ, כְּמוֹ שֶׁנֶּאֱמַר, גַּם־יהוה הֶעֱבִיר חַטָּאתְךָ לֹא תָמוּת: וְאַל שמואל ב׳ יב
תִּקָּחֵנוּ מֵהָעוֹלָם הַזֶּה קֹדֶם זְמַנֵּנוּ עַד מְלֹאת שְׁנוֹתֵינוּ בָּהֶם שִׁבְעִים שָׁנָה, בְּאֹפֶן
שֶׁנּוּכַל לְתַקֵּן אֶת אֲשֶׁר שִׁחַתְנוּ, וּזְכוּת דָּוִד הַמֶּלֶךְ עָלָיו הַשָּׁלוֹם תָּגֵן עָלֵינוּ
וּבַעֲדֵנוּ, שֶׁתַּאֲרִיךְ אַפְּךָ עַד שׁוּבֵנוּ אֵלֶיךָ בִּתְשׁוּבָה שְׁלֵמָה לְפָנֶיךָ, וּמֵאוֹצַר
מַתְּנַת חִנָּם חָנֵּנוּ, כְּדִכְתִיב, וְחַנֹּתִי אֶת־אֲשֶׁר אָחֹן וְרִחַמְתִּי אֶת־אֲשֶׁר אֲרַחֵם: שמות לג
וּכְשֵׁם שֶׁאָנוּ אוֹמְרִים לְפָנֶיךָ שִׁירָה בָּעוֹלָם הַזֶּה, כָּךְ נִזְכֶּה לוֹמַר לְפָנֶיךָ יהוה
אֱלֹהֵינוּ שִׁיר וּשְׁבָחָה לָעוֹלָם הַבָּא. וְעַל יְדֵי אֲמִירַת תְּהִלִּים, תִּתְעוֹרֵר חֲבַצֶּלֶת
הַשָּׁרוֹן וְלָשִׁיר בְּקוֹל נָעִים בְּגִילַת וְרַנֵּן, כְּבוֹד הַלְּבָנוֹן נִתַּן לָהּ הוֹד וְהָדָר בְּבֵית
אֱלֹהֵינוּ בִּמְהֵרָה בְיָמֵינוּ, אָמֵן סֶלָה.

לְכוּ נְרַנְּנָה לַיהוה, נָרִיעָה לְצוּר יִשְׁעֵנוּ: תהלים צה
נְקַדְּמָה פָנָיו בְּתוֹדָה, בִּזְמִרוֹת נָרִיעַ לוֹ:
כִּי אֵל גָּדוֹל יהוה, וּמֶלֶךְ גָּדוֹל עַל־כָּל־אֱלֹהִים:

ספר ראשון

שיר התבוננות באושרו של ההולך בדרכי ה׳.
לאדם כזה יש תקווה וקיום, בניגוד לרשעים, שקיומם ארעי וסופם מוות והתפוררות.

אַשְׁרֵי־הָאִישׁ אֲשֶׁר ׀ לֹא הָלַךְ בַּעֲצַת רְשָׁעִים וּבְדֶרֶךְ חַטָּאִים לֹא עָמָד א
וּבְמוֹשַׁב לֵצִים לֹא יָשָׁב: כִּי אִם בְּתוֹרַת יהוה חֶפְצוֹ וּבְתוֹרָתוֹ יֶהְגֶּה יוֹמָם
וָלָיְלָה: וְהָיָה כְּעֵץ שָׁתוּל עַל־פַּלְגֵי מָיִם אֲשֶׁר פִּרְיוֹ ׀ יִתֵּן בְּעִתּוֹ וְעָלֵהוּ לֹא־
יִבּוֹל וְכֹל אֲשֶׁר־יַעֲשֶׂה יַצְלִיחַ: לֹא־כֵן הָרְשָׁעִים כִּי אִם־כַּמֹּץ אֲשֶׁר־תִּדְּפֶנּוּ
רוּחַ: עַל־כֵּן ׀ לֹא־יָקֻמוּ רְשָׁעִים בַּמִּשְׁפָּט וְחַטָּאִים בַּעֲדַת צַדִּיקִים: כִּי־יוֹדֵעַ
יהוה דֶּרֶךְ צַדִּיקִים וְדֶרֶךְ רְשָׁעִים תֹּאבֵד:

שיר ניצחון של המלך המושיע, למרות מרידה ומלחמה מכל צד נותן לו
ה׳ את כל משאלות ליבו, ובכלל זה ניצחון מוחלט על כל אויביו.

לָמָּה רָגְשׁוּ גוֹיִם וּלְאֻמִּים יֶהְגּוּ־רִיק: יִתְיַצְּבוּ ׀ מַלְכֵי־אֶרֶץ וְרוֹזְנִים נוֹסְדוּ־יָחַד ב
עַל־יהוה וְעַל־מְשִׁיחוֹ: נְנַתְּקָה אֶת־מוֹסְרוֹתֵימוֹ וְנַשְׁלִיכָה מִמֶּנּוּ עֲבֹתֵימוֹ:
יוֹשֵׁב בַּשָּׁמַיִם יִשְׂחָק אֲדֹנָי יִלְעַג־לָמוֹ: אָז יְדַבֵּר אֵלֵימוֹ בְאַפּוֹ וּבַחֲרוֹנוֹ יְבַהֲלֵמוֹ:
וַאֲנִי נָסַכְתִּי מַלְכִּי עַל־צִיּוֹן הַר־קָדְשִׁי: אֲסַפְּרָה אֶל חֹק יהוה אָמַר אֵלַי
בְּנִי־אַתָּה אֲנִי הַיּוֹם יְלִדְתִּיךָ: שְׁאַל מִמֶּנִּי וְאֶתְּנָה גוֹיִם נַחֲלָתֶךָ וַאֲחֻזָּתְךָ אַפְסֵי־
אָרֶץ: תְּרֹעֵם בְּשֵׁבֶט בַּרְזֶל כִּכְלִי יוֹצֵר תְּנַפְּצֵם: וְעַתָּה מְלָכִים הַשְׂכִּילוּ הִוָּסְרוּ
שֹׁפְטֵי אָרֶץ: עִבְדוּ אֶת־יהוה בְּיִרְאָה וְגִילוּ בִּרְעָדָה: נַשְּׁקוּ־בַר פֶּן־יֶאֱנַף ׀
וְתֹאבְדוּ דֶרֶךְ כִּי־יִבְעַר כִּמְעַט אַפּוֹ אַשְׁרֵי כָּל־חוֹסֵי בוֹ:

מזמור העוסק בנרדף, המוקף באויבים מכל צד,
אשר הכל סבורים שאין לו עוד תקווה,
אך הוא בוטח בה׳ שיושיענו מכל אויביו ויביאנו לניצחון ולשלום.

מִזְמוֹר לְדָוִד בְּבָרְחוֹ מִפְּנֵי ׀ אַבְשָׁלוֹם בְּנוֹ: יהוה מָה־רַבּוּ צָרָי רַבִּים קָמִים ג
עָלָי: רַבִּים אֹמְרִים לְנַפְשִׁי אֵין יְשׁוּעָתָה לּוֹ בֵאלֹהִים סֶלָה: וְאַתָּה יהוה מָגֵן
בַּעֲדִי כְּבוֹדִי וּמֵרִים רֹאשִׁי: קוֹלִי אֶל־יהוה אֶקְרָא וַיַּעֲנֵנִי מֵהַר קָדְשׁוֹ סֶלָה:
אֲנִי שָׁכַבְתִּי וָאִישָׁנָה הֱקִיצוֹתִי כִּי יהוה יִסְמְכֵנִי: לֹא־אִירָא מֵרִבְבוֹת עָם אֲשֶׁר
סָבִיב שָׁתוּ עָלָי: קוּמָה יהוה ׀ הוֹשִׁיעֵנִי אֱלֹהַי כִּי־הִכִּיתָ אֶת־כָּל־אֹיְבַי לֶחִי
שִׁנֵּי רְשָׁעִים שִׁבַּרְתָּ: לַיהוה הַיְשׁוּעָה עַל־עַמְּךָ בִרְכָתֶךָ סֶּלָה:

---

*א לחודש / ליום הראשון

מזמור תחינה של הנרדף לשווא, אשר אויביו משמיצים אותו ומנסים לאבדו,
והוא מתפלל לה׳, המושיע את הנרדפים ומסכל את מזימותיהם של אנשי רשע.

ד לַמְנַצֵּחַ בִּנְגִינוֹת מִזְמוֹר לְדָוִד: בְּקָרְאִי עֲנֵנִי | אֱלֹהֵי צִדְקִי בַּצָּר הִרְחַבְתָּ לִּי
חָנֵּנִי וּשְׁמַע תְּפִלָּתִי: בְּנֵי־אִישׁ עַד־מֶה כְבוֹדִי לִכְלִמָּה תֶּאֱהָבוּן רִיק תְּבַקְשׁוּ
כָזָב סֶלָה: וּדְעוּ כִּי־הִפְלָה יְהוָה חָסִיד לוֹ יְהוָה יִשְׁמַע בְּקָרְאִי אֵלָיו: רִגְזוּ
וְאַל־תֶּחֱטָאוּ אִמְרוּ בִלְבַבְכֶם עַל־מִשְׁכַּבְכֶם וְדֹמּוּ סֶלָה: זִבְחוּ זִבְחֵי־צֶדֶק
וּבִטְחוּ אֶל־יְהוָה: רַבִּים אֹמְרִים מִי־יַרְאֵנוּ טּוֹב נְסָה־עָלֵינוּ אוֹר פָּנֶיךָ יְהוָה:
נָתַתָּה שִׂמְחָה בְלִבִּי מֵעֵת דְּגָנָם וְתִירוֹשָׁם רָבּוּ: בְּשָׁלוֹם יַחְדָּו אֶשְׁכְּבָה וְאִישָׁן
כִּי־אַתָּה יְהוָה לְבָדָד לָבֶטַח תּוֹשִׁיבֵנִי:

מזמור תפילה כנגד הרשעים, אשר בו אומר המשורר כי אין הרשעים ראוים
לחסדי ה׳, ומתפלל שצדקתו תיראה ותבוא לו ולכל האנשים הראויים לכך.

ה לַמְנַצֵּחַ אֶל־הַנְּחִילוֹת מִזְמוֹר לְדָוִד: אֲמָרַי הַאֲזִינָה | יְהוָה בִּינָה הֲגִיגִי:
הַקְשִׁיבָה | לְקוֹל שַׁוְעִי מַלְכִּי וֵאלֹהָי כִּי־אֵלֶיךָ אֶתְפַּלָּל: יְהוָה בֹּקֶר תִּשְׁמַע
קוֹלִי בֹּקֶר אֶעֱרָךְ־לְךָ וַאֲצַפֶּה: כִּי | לֹא אֵל־חָפֵץ רֶשַׁע | אָתָּה לֹא יְגֻרְךָ רָע:
לֹא־יִתְיַצְּבוּ הוֹלְלִים לְנֶגֶד עֵינֶיךָ שָׂנֵאתָ כָּל־פֹּעֲלֵי אָוֶן: תְּאַבֵּד דֹּבְרֵי כָזָב
אִישׁ־דָּמִים וּמִרְמָה יְתָעֵב | יְהוָה: וַאֲנִי בְּרֹב חַסְדְּךָ אָבוֹא בֵיתֶךָ אֶשְׁתַּחֲוֶה
אֶל־הֵיכַל־קָדְשְׁךָ בְּיִרְאָתֶךָ: יְהוָה | נְחֵנִי בְצִדְקָתֶךָ לְמַעַן שׁוֹרְרָי הוֹשַׁר לְפָנַי הַיָּשָׁר
דַּרְכֶּךָ: כִּי אֵין בְּפִיהוּ נְכוֹנָה קִרְבָּם הַוּוֹת קֶבֶר־פָּתוּחַ גְּרוֹנָם לְשׁוֹנָם יַחֲלִיקוּן:
הַאֲשִׁימֵם | אֱלֹהִים יִפְּלוּ מִמֹּעֲצוֹתֵיהֶם בְּרֹב פִּשְׁעֵיהֶם הַדִּיחֵמוֹ כִּי מָרוּ בָךְ:
וְיִשְׂמְחוּ כָל־חוֹסֵי בָךְ לְעוֹלָם יְרַנֵּנוּ וְתָסֵךְ עָלֵימוֹ וְיַעְלְצוּ בְךָ אֹהֲבֵי שְׁמֶךָ:
כִּי־אַתָּה תְּבָרֵךְ צַדִּיק יְהוָה כַּצִּנָּה רָצוֹן תַּעְטְרֶנּוּ:

מזמור תחינה של אדם חולה ורדוף, הבוכה מחמת ייסוריו
ומבקש מה׳ שירחמהו וישמע אל תחנוניו.

ו לַמְנַצֵּחַ בִּנְגִינוֹת עַל־הַשְּׁמִינִית מִזְמוֹר לְדָוִד: יְהוָה אַל־בְּאַפְּךָ תוֹכִיחֵנִי וְאַל־
בַּחֲמָתְךָ תְיַסְּרֵנִי: חָנֵּנִי יְהוָה כִּי אֻמְלַל אָנִי רְפָאֵנִי יְהוָה כִּי נִבְהֲלוּ עֲצָמָי: וְנַפְשִׁי
נִבְהֲלָה מְאֹד וְאַתְּ יְהוָה עַד־מָתָי: שׁוּבָה יְהוָה חַלְּצָה נַפְשִׁי הוֹשִׁיעֵנִי לְמַעַן
חַסְדֶּךָ: כִּי אֵין בַּמָּוֶת זִכְרֶךָ בִּשְׁאוֹל מִי יוֹדֶה־לָּךְ: יָגַעְתִּי | בְּאַנְחָתִי אַשְׂחֶה בְכָל־
לַיְלָה מִטָּתִי בְּדִמְעָתִי עַרְשִׂי אַמְסֶה: עָשְׁשָׁה מִכַּעַס עֵינִי עָתְקָה בְּכָל־צוֹרְרָי:

סוּרוּ מִמֶּנִּי כׇּל־פֹּעֲלֵי אָוֶן כִּי־שָׁמַע יהוה קוֹל בִּכְיִי: שָׁמַע יהוה תְּחִנָּתִי יהוה
תְּפִלָּתִי יִקָּח: יֵבֹשׁוּ ׀ וְיִבָּהֲלוּ מְאֹד כׇּל־אֹיְבָי יָשֻׁבוּ יֵבֹשׁוּ רָגַע:

תפילתו של אדם המואשם בהאשמות שקר ונרדף לשווא, המתפלל
לה׳ שיראה את צדקתו וישיב את הרעה לאויביו.

ז שִׁגָּיוֹן לְדָוִד אֲשֶׁר־שָׁר לַיהוה עַל־דִּבְרֵי־כוּשׁ בֶּן־יְמִינִי: יהוה אֱלֹהַי בְּךָ חָסִיתִי
הוֹשִׁיעֵנִי מִכׇּל־רֹדְפַי וְהַצִּילֵנִי: פֶּן־יִטְרֹף כְּאַרְיֵה נַפְשִׁי פֹּרֵק וְאֵין מַצִּיל: יהוה
אֱלֹהַי אִם־עָשִׂיתִי זֹאת אִם־יֶשׁ־עָוֶל בְּכַפָּי: אִם־גָּמַלְתִּי שׁוֹלְמִי רָע וָאֲחַלְּצָה
צוֹרְרִי רֵיקָם: יִרַדֹּף אוֹיֵב ׀ נַפְשִׁי וְיַשֵּׂג וְיִרְמֹס לָאָרֶץ חַיָּי וּכְבוֹדִי ׀ לֶעָפָר יַשְׁכֵּן
סֶלָה: קוּמָה יהוה ׀ בְּאַפֶּךָ הִנָּשֵׂא בְּעַבְרוֹת צוֹרְרָי וְעוּרָה אֵלַי מִשְׁפָּט צִוִּיתָ:
וַעֲדַת לְאֻמִּים תְּסוֹבְבֶךָּ וְעָלֶיהָ לַמָּרוֹם שׁוּבָה: יהוה יָדִין עַמִּים שׇׁפְטֵנִי יהוה
כְּצִדְקִי וּכְתֻמִּי עָלָי: יִגְמׇר־נָא רַע ׀ רְשָׁעִים וּתְכוֹנֵן צַדִּיק וּבֹחֵן לִבּוֹת וּכְלָיוֹת
אֱלֹהִים צַדִּיק: מָגִנִּי עַל־אֱלֹהִים מוֹשִׁיעַ יִשְׁרֵי־לֵב: אֱלֹהִים שׁוֹפֵט צַדִּיק וְאֵל
זֹעֵם בְּכׇל־יוֹם: אִם־לֹא יָשׁוּב חַרְבּוֹ יִלְטוֹשׁ קַשְׁתּוֹ דָרַךְ וַיְכוֹנְנֶהָ: וְלוֹ הֵכִין
כְּלֵי־מָוֶת חִצָּיו לְדֹלְקִים יִפְעָל: הִנֵּה יְחַבֶּל־אָוֶן וְהָרָה עָמָל וְיָלַד שָׁקֶר: בּוֹר
כָּרָה וַיַּחְפְּרֵהוּ וַיִּפֹּל בְּשַׁחַת יִפְעָל: יָשׁוּב עֲמָלוֹ בְרֹאשׁוֹ וְעַל קׇדְקֳדוֹ חֲמָסוֹ
יֵרֵד: אוֹדֶה יהוה כְּצִדְקוֹ וַאֲזַמְּרָה שֵׁם־יהוה עֶלְיוֹן:

מזמור תודה לה׳ על בחירתו באנושות. למרות גדולתו ושלטונו על כל העולמות וכל
המציאות בחר ה׳ באדם, והוא מקדיש לו תשומת לב מיוחדת; ועל כך הבעת התודה.

ח לַמְנַצֵּחַ עַל־הַגִּתִּית מִזְמוֹר לְדָוִד: יהוה אֲדֹנֵינוּ מָה־אַדִּיר שִׁמְךָ בְּכׇל־הָאָרֶץ
אֲשֶׁר־תְּנָה הוֹדְךָ עַל־הַשָּׁמָיִם: מִפִּי עוֹלְלִים ׀ וְיֹנְקִים יִסַּדְתָּ עֹז לְמַעַן צוֹרְרֶיךָ
לְהַשְׁבִּית אוֹיֵב וּמִתְנַקֵּם: כִּי־אֶרְאֶה שָׁמֶיךָ מַעֲשֵׂה אֶצְבְּעֹתֶיךָ יָרֵחַ וְכוֹכָבִים
אֲשֶׁר כּוֹנָנְתָּה: מָה־אֱנוֹשׁ כִּי־תִזְכְּרֶנּוּ וּבֶן־אָדָם כִּי תִפְקְדֶנּוּ: וַתְּחַסְּרֵהוּ מְּעַט
מֵאֱלֹהִים וְכָבוֹד וְהָדָר תְּעַטְּרֵהוּ: תַּמְשִׁילֵהוּ בְּמַעֲשֵׂי יָדֶיךָ כֹּל שַׁתָּה תַחַת־
רַגְלָיו: צֹנֶה וַאֲלָפִים כֻּלָּם וְגַם בַּהֲמוֹת שָׂדָי: צִפּוֹר שָׁמַיִם וּדְגֵי הַיָּם עֹבֵר אׇרְחוֹת
יַמִּים: יהוה אֲדֹנֵינוּ מָה־אַדִּיר שִׁמְךָ בְּכׇל־הָאָרֶץ:

שיר תודה של אדם שניצל מאויביו וזכה לניצחון, והוא חוזר ומתפלל
כי ה׳ יושיענו גם בעתיד מאויבים אחרים, שעדיין נלחמים בו.

ט לַמְנַצֵּחַ עַל־מוּת לַבֵּן מִזְמוֹר לְדָוִד: אוֹדֶה יהוה בְּכׇל־לִבִּי אֲסַפְּרָה כׇּל־
נִפְלְאוֹתֶיךָ: אֶשְׂמְחָה וְאֶעֶלְצָה בָךְ אֲזַמְּרָה שִׁמְךָ עֶלְיוֹן: בְּשׁוּב־אוֹיְבַי אָחוֹר

יכשלו ויאבדו מפניך: כי־עשית משפטי ודיני ישבת לכסא שופט צדק: גערת
גוים אבדת רשע שמם מחית לעולם ועד: האויב ׀ תמו חרבות לנצח וערים
נתשת אבד זכרם המה: ויהוה לעולם ישב כונן למשפט כסאו: והוא ישפט־
תבל בצדק ידין לאמים במישרים: ויהי יהוה משגב לדך משגב לעתות
בצרה: ויבטחו בך יודעי שמך כי לא־עזבת דרשיך יהוה: זמרו ליהוה ישב
ציון הגידו בעמים עלילותיו: כי־דרש דמים אותם זכר לא־שכח צעקת
עניים: חננני יהוה ראה עניי משנאי מרוממי משערי־מות: למען אספרה ענוים
כל־תהלתיך בשערי בת־ציון אגילה בישועתך: טבעו גוים בשחת עשו
ברשת־זו טמנו נלכדה רגלם: נודע ׀ יהוה משפט עשה בפעל כפיו נוקש
רשע הגיון סלה: ישובו רשעים לשאולה כל־גוים שכחי אלהים: כי לא לנצח
ישכח אביון תקות ענוים תאבד לעד: קומה יהוה אל־יעז אנוש ישפטו גוים עניים
על־פניך: שיתה יהוה ׀ מורה להם ידעו גוים אנוש המה סלה:

תפילה בזמן התגברותו וניצחונו של הרשע. המתפלל מתאר את מעשי הרשע,
הבטוח שאין דין ואין דיין ולכן הוא מרגיש כאילו הוא יכול לעשות
כל מעשה עוול; והוא מפציר בה׳ שיופיע וישבור את הרשע.

*י למה יהוה תעמד ברחוק תעלים לעתות בצרה: בגאות רשע ידלק עני
יתפשו ׀ במזמות זו חשבו: כי־הלל רשע על־תאות נפשו ובצע ברך נאץ ׀
יהוה: רשע כגבה אפו בל־ידרש אין אלהים כל־מזמותיו: יחילו דרכו ׀
בכל־עת מרום משפטיך מנגדו כל־צורריו יפיח בהם: אמר בלבו בל־אמוט
לדר ודר אשר לא־ברע: אלה ׀ פיהו מלא ומרמות ותך תחת לשונו עמל
ואון: ישב ׀ במארב חצרים במסתרים יהרג נקי עיניו לחלכה יצפנו: יארב
במסתר ׀ כאריה בסכה יארב לחטוף עני יחטף עני במשכו ברשתו: ודכה ידכה
ישח ונפל בעצומיו חלכאים: אמר בלבו שכח אל הסתיר פניו בל־ראה חל כאים
לנצח: קומה יהוה אל נשא ידך אל־תשכח עניים: על־מה ׀ נאץ רשע ׀ ענוים
אלהים אמר בלבו לא תדרש: ראתה כי־אתה ׀ עמל וכעס ׀ תביט לתת
בידך עליך יעזב חלכה יתום אתה ׀ היית עוזר: שבר זרוע רשע ורע
תדרוש־רשעו בל־תמצא: יהוה מלך עולם ועד אבדו גוים מארצו: תאות
ענוים שמעת יהוה תכין לבם תקשיב אזנך: לשפט יתום ודך בל־יוסיף
עוד לערץ אנוש מן־הארץ:

*ב לחודש

שיר התבוננות על הרשע שבעולם, האומר כי הרשעים אורבים לצדיק ומתנכלים לו בגלוי ובסתר, ואינם יודעים כי ה' משגיח ושולט בעולם והוא יעניש כראוי להם.

יא לַמְנַצֵּחַ לְדָוִד בַּיהוה ׀ חָסִיתִי אֵיךְ תֹּאמְרוּ לְנַפְשִׁי נוּדוּ הַרְכֶם צִפּוֹר: כִּי הִנֵּה נוּדִי
הָרְשָׁעִים יִדְרְכוּן קֶשֶׁת כּוֹנְנוּ חִצָּם עַל־יֶתֶר לִירוֹת בְּמוֹ־אֹפֶל לְיִשְׁרֵי־לֵב:
כִּי הַשָּׁתוֹת יֵהָרֵסוּן צַדִּיק מַה־פָּעָל: יהוה ׀ בְּהֵיכַל קָדְשׁוֹ יהוה בַּשָּׁמַיִם
כִּסְאוֹ עֵינָיו יֶחֱזוּ עַפְעַפָּיו יִבְחֲנוּ בְּנֵי אָדָם: יהוה צַדִּיק יִבְחָן וְרָשָׁע וְאֹהֵב
חָמָס שָׂנְאָה נַפְשׁוֹ: יַמְטֵר עַל־רְשָׁעִים פַּחִים אֵשׁ וְגָפְרִית וְרוּחַ זִלְעָפוֹת
מְנָת כּוֹסָם: כִּי־צַדִּיק יהוה צְדָקוֹת אָהֵב יָשָׁר יֶחֱזוּ פָנֵימוֹ:

שיר תחינה כנגד הרשעים המתגברים בעולם, המדברים דברי צדקות מתוך צביעות, אך בפועל מרעים לבריות; ותפילה לה' שישמור את ההולכים בדרך הטוב ויצילם מכל רע.

יב לַמְנַצֵּחַ עַל־הַשְּׁמִינִית מִזְמוֹר לְדָוִד: הוֹשִׁיעָה יהוה כִּי־גָמַר חָסִיד כִּי־פַסּוּ
אֱמוּנִים מִבְּנֵי אָדָם: שָׁוְא ׀ יְדַבְּרוּ אִישׁ אֶת־רֵעֵהוּ שְׂפַת חֲלָקוֹת בְּלֵב וָלֵב
יְדַבֵּרוּ: יַכְרֵת יהוה כָּל־שִׂפְתֵי חֲלָקוֹת לָשׁוֹן מְדַבֶּרֶת גְּדֹלוֹת: אֲשֶׁר אָמְרוּ ׀
לִלְשֹׁנֵנוּ נַגְבִּיר שְׂפָתֵינוּ אִתָּנוּ מִי אָדוֹן לָנוּ: מִשֹּׁד עֲנִיִּים מֵאַנְקַת אֶבְיוֹנִים
עַתָּה אָקוּם יֹאמַר יהוה אָשִׁית בְּיֵשַׁע יָפִיחַ לוֹ: אִמְרוֹת יהוה אֲמָרוֹת טְהֹרוֹת
כֶּסֶף צָרוּף בַּעֲלִיל לָאָרֶץ מְזֻקָּק שִׁבְעָתָיִם: אַתָּה־יהוה תִּשְׁמְרֵם תִּצְּרֶנּוּ ׀
מִן־הַדּוֹר זוּ לְעוֹלָם: סָבִיב רְשָׁעִים יִתְהַלָּכוּן כְּרֻם זֻלּוּת לִבְנֵי אָדָם:

מזמור תחינה של אדם הנמצא במצוקה ונראה לו שה' מסתיר פניו ממנו ומוסרו בידי אויביו, והוא מבקש שה' יגלה לו את חסדו ויושיענו.

יג לַמְנַצֵּחַ מִזְמוֹר לְדָוִד: עַד־אָנָה יהוה תִּשְׁכָּחֵנִי נֶצַח עַד־אָנָה ׀ תַּסְתִּיר אֶת־
פָּנֶיךָ מִמֶּנִּי: עַד־אָנָה אָשִׁית עֵצוֹת בְּנַפְשִׁי יָגוֹן בִּלְבָבִי יוֹמָם עַד־אָנָה ׀ יָרוּם
אֹיְבִי עָלָי: הַבִּיטָה עֲנֵנִי יהוה אֱלֹהָי הָאִירָה עֵינַי פֶּן־אִישַׁן הַמָּוֶת: פֶּן־יֹאמַר
אֹיְבִי יְכָלְתִּיו צָרַי יָגִילוּ כִּי אֶמּוֹט: וַאֲנִי ׀ בְּחַסְדְּךָ בָטַחְתִּי יָגֵל לִבִּי בִּישׁוּעָתֶךָ
אָשִׁירָה לַיהוה כִּי גָמַל עָלָי:

מזמור התבוננות ברשעי העולם אשר אינם מאמינים בה' ואינם חוששים ממנו, ומשום כך הם עושים כל רע עד שהם יוצרים עולם מלא עוול ורשע. המשורר מתפלל לישועת ה' ולעזרתו בעת צרה זו.

יד לַמְנַצֵּחַ לְדָוִד אָמַר נָבָל בְּלִבּוֹ אֵין אֱלֹהִים הִשְׁחִיתוּ הִתְעִיבוּ עֲלִילָה אֵין
עֹשֵׂה־טוֹב: יהוה מִשָּׁמַיִם הִשְׁקִיף עַל־בְּנֵי־אָדָם לִרְאוֹת הֲיֵשׁ מַשְׂכִּיל דֹּרֵשׁ

אֶת־אֱלֹהִים: הַכֹּל סָר יַחְדָּו נֶאֱלָחוּ אֵין עֹשֵׂה־טוֹב אֵין גַּם־אֶחָד: הֲלֹא יָדְעוּ
כָּל־פֹּעֲלֵי אָוֶן אֹכְלֵי עַמִּי אָכְלוּ לֶחֶם יהוה לֹא קָרָאוּ: שָׁם | פָּחֲדוּ פָחַד כִּי־
אֱלֹהִים בְּדוֹר צַדִּיק: עֲצַת־עָנִי תָבִישׁוּ כִּי יהוה מַחְסֵהוּ: מִי יִתֵּן מִצִּיּוֹן יְשׁוּעַת
יִשְׂרָאֵל בְּשׁוּב יהוה שְׁבוּת עַמּוֹ יָגֵל יַעֲקֹב יִשְׂמַח יִשְׂרָאֵל:

שיר לימודי, המבאר מי הוא הראוי להיות קרוב לה׳. המזמור מונה
את המעלות האנושיות המוסריות, בעיקר ביחסים שבין אדם לחברו,
שבגללן זכאי אדם לקבל את הגנת ה׳ ולהיות סמוך אליו.

טו מִזְמוֹר לְדָוִד יהוה מִי־יָגוּר בְּאָהֳלֶךָ מִי־יִשְׁכֹּן בְּהַר קָדְשֶׁךָ: הוֹלֵךְ תָּמִים
וּפֹעֵל צֶדֶק וְדֹבֵר אֱמֶת בִּלְבָבוֹ: לֹא־רָגַל | עַל־לְשֹׁנוֹ לֹא־עָשָׂה לְרֵעֵהוּ רָעָה
וְחֶרְפָּה לֹא־נָשָׂא עַל־קְרֹבוֹ: נִבְזֶה | בְּעֵינָיו נִמְאָס וְאֶת־יִרְאֵי יהוה יְכַבֵּד נִשְׁבַּע
לְהָרַע וְלֹא יָמִר: כַּסְפּוֹ | לֹא־נָתַן בְּנֶשֶׁךְ וְשֹׁחַד עַל־נָקִי לֹא־לָקָח עֹשֵׂה אֵלֶּה
לֹא יִמּוֹט לְעוֹלָם:

מזמור תודה לה׳, שהדריך את המתפלל בדרך טובה ונתן
לו את האושר הנובע מן הקרבה אליו.

טז מִכְתָּם לְדָוִד שָׁמְרֵנִי אֵל כִּי־חָסִיתִי בָךְ: אָמַרְתְּ לַיהוה אֲדֹנָי אָתָּה טוֹבָתִי
בַּל־עָלֶיךָ: לִקְדוֹשִׁים אֲשֶׁר־בָּאָרֶץ הֵמָּה וְאַדִּירֵי כָּל־חֶפְצִי־בָם: יִרְבּוּ עַצְּבוֹתָם
אַחֵר מָהָרוּ בַּל־אַסִּיךְ נִסְכֵּיהֶם מִדָּם וּבַל־אֶשָּׂא אֶת־שְׁמוֹתָם עַל־שְׂפָתָי:
יהוה מְנָת־חֶלְקִי וְכוֹסִי אַתָּה תּוֹמִיךְ גּוֹרָלִי: חֲבָלִים נָפְלוּ־לִי בַּנְּעִמִים אַף־
נַחֲלָת שָׁפְרָה עָלָי: אֲבָרֵךְ אֶת־יהוה אֲשֶׁר יְעָצָנִי אַף־לֵילוֹת יִסְּרוּנִי כִלְיוֹתָי:
שִׁוִּיתִי יהוה לְנֶגְדִּי תָמִיד כִּי מִימִינִי בַּל־אֶמּוֹט: לָכֵן | שָׂמַח לִבִּי וַיָּגֶל כְּבוֹדִי
אַף־בְּשָׂרִי יִשְׁכֹּן לָבֶטַח: כִּי | לֹא־תַעֲזֹב נַפְשִׁי לִשְׁאוֹל לֹא־תִתֵּן חסידיך לִרְאוֹת שָׁחַת: תּוֹדִיעֵנִי אֹרַח חַיִּים שֹׂבַע שְׂמָחוֹת אֶת־פָּנֶיךָ נְעִמוֹת בִּימִינְךָ חֲסִידְךָ
נֶצַח:

מזמור תפילה לה׳ לשמור את ההולך בדרכיו, להצילו מאויביו,
לתת לו אושר בעולם הזה ולזכותו להתקרב לה׳.

יז תְּפִלָּה לְדָוִד שִׁמְעָה יהוה | צֶדֶק הַקְשִׁיבָה רִנָּתִי הַאֲזִינָה תְפִלָּתִי בְּלֹא שִׂפְתֵי
מִרְמָה: מִלְּפָנֶיךָ מִשְׁפָּטִי יֵצֵא עֵינֶיךָ תֶּחֱזֶינָה מֵישָׁרִים: בָּחַנְתָּ לִבִּי | פָּקַדְתָּ
לַּיְלָה צְרַפְתַּנִי בַל־תִּמְצָא זַמֹּתִי בַּל־יַעֲבָר־פִּי: לִפְעֻלּוֹת אָדָם בִּדְבַר שְׂפָתֶיךָ
אֲנִי שָׁמַרְתִּי אָרְחוֹת פָּרִיץ: תָּמֹךְ אֲשֻׁרַי בְּמַעְגְּלוֹתֶיךָ בַּל־נָמוֹטּוּ פְעָמָי:

אֲנִי־קְרָאתִיךָ כִי־תַעֲנֵנִי אֵל הַט־אָזְנְךָ לִי שְׁמַע אִמְרָתִי: הַפְלֵה חֲסָדֶיךָ מוֹשִׁיעַ
חוֹסִים מִמִּתְקוֹמְמִים בִּימִינֶךָ: שָׁמְרֵנִי כְּאִישׁוֹן בַּת־עָיִן בְּצֵל כְּנָפֶיךָ תַּסְתִּירֵנִי:
מִפְּנֵי רְשָׁעִים זוּ שַׁדּוּנִי אֹיְבַי בְּנֶפֶשׁ יַקִּיפוּ עָלָי: חֶלְבָּמוֹ סָּגְרוּ פִּימוֹ דִּבְּרוּ
בְגֵאוּת: אַשֻּׁרֵנוּ עַתָּה סבבוני עֵינֵיהֶם יָשִׁיתוּ לִנְטוֹת בָּאָרֶץ: דִּמְיֹנוֹ כְּאַרְיֵה סְבָבֻנוּ
יִכְסוֹף לִטְרֹף וְכִכְפִיר יֹשֵׁב בְּמִסְתָּרִים: קוּמָה יְהוָה קַדְּמָה פָנָיו הַכְרִיעֵהוּ
פַּלְּטָה נַפְשִׁי מֵרָשָׁע חַרְבֶּךָ: מִמְתִים יָדְךָ ׀ יְהוָה מִמְתִים מֵחֶלֶד חֶלְקָם בַּחַיִּים
וצפינך תְּמַלֵּא בִטְנָם יִשְׂבְּעוּ בָנִים וְהִנִּיחוּ יִתְרָם לְעוֹלְלֵיהֶם: אֲנִי בְּצֶדֶק אֶחֱזֶה וּצְפוּנְךָ
פָנֶיךָ אֶשְׂבְּעָה בְהָקִיץ תְּמוּנָתֶךָ:

המנון תודה של דוד המלך על עזרת ה׳, שמכוח גדולתו וגבורתו בכל העולם
הושיע את דוד מכל צרותיו, תמך בו במלחמותיו והביאו לניצחון ולשלטון.

יח לַמְנַצֵּחַ לְעֶבֶד יְהוָה לְדָוִד אֲשֶׁר דִּבֶּר ׀ לַיהוָה אֶת־דִּבְרֵי הַשִּׁירָה הַזֹּאת בְּיוֹם ׀
הִצִּיל־יְהוָה אוֹתוֹ מִכַּף כָּל־אֹיְבָיו וּמִיַּד שָׁאוּל: וַיֹּאמַר אֶרְחָמְךָ יְהוָה חִזְקִי:
יְהוָה ׀ סַלְעִי וּמְצוּדָתִי וּמְפַלְטִי אֵלִי צוּרִי אֶחֱסֶה־בּוֹ מָגִנִּי וְקֶרֶן־יִשְׁעִי מִשְׂגַּבִּי:
מְהֻלָּל אֶקְרָא יְהוָה וּמִן־אֹיְבַי אִוָּשֵׁעַ: אֲפָפוּנִי חֶבְלֵי־מָוֶת וְנַחֲלֵי בְלִיַּעַל
יְבַעֲתוּנִי: חֶבְלֵי שְׁאוֹל סְבָבוּנִי קִדְּמוּנִי מוֹקְשֵׁי מָוֶת: בַּצַּר־לִי ׀ אֶקְרָא יְהוָה
וְאֶל־אֱלֹהַי אֲשַׁוֵּעַ יִשְׁמַע מֵהֵיכָלוֹ קוֹלִי וְשַׁוְעָתִי לְפָנָיו ׀ תָּבוֹא בְאָזְנָיו: וַתִּגְעַשׁ
וַתִּרְעַשׁ ׀ הָאָרֶץ וּמוֹסְדֵי הָרִים יִרְגָּזוּ וַיִּתְגָּעֲשׁוּ כִּי־חָרָה לוֹ: עָלָה עָשָׁן ׀ בְּאַפּוֹ
וְאֵשׁ־מִפִּיו תֹּאכֵל גֶּחָלִים בָּעֲרוּ מִמֶּנּוּ: וַיֵּט שָׁמַיִם וַיֵּרַד וַעֲרָפֶל תַּחַת רַגְלָיו:
וַיִּרְכַּב עַל־כְּרוּב וַיָּעֹף וַיֵּדֶא עַל־כַּנְפֵי־רוּחַ: יָשֶׁת חֹשֶׁךְ ׀ סִתְרוֹ סְבִיבוֹתָיו סֻכָּתוֹ
חֶשְׁכַת־מַיִם עָבֵי שְׁחָקִים: מִנֹּגַהּ נֶגְדּוֹ עָבָיו עָבְרוּ בָּרָד וְגַחֲלֵי־אֵשׁ: וַיַּרְעֵם
בַּשָּׁמַיִם ׀ יְהוָה וְעֶלְיוֹן יִתֵּן קֹלוֹ בָּרָד וְגַחֲלֵי־אֵשׁ: וַיִּשְׁלַח חִצָּיו וַיְפִיצֵם וּבְרָקִים
רָב וַיְהֻמֵּם: וַיֵּרָאוּ ׀ אֲפִיקֵי מַיִם וַיִּגָּלוּ מוֹסְדוֹת תֵּבֵל מִגַּעֲרָתְךָ יְהוָה מִנִּשְׁמַת
רוּחַ אַפֶּךָ: יִשְׁלַח מִמָּרוֹם יִקָּחֵנִי יַמְשֵׁנִי מִמַּיִם רַבִּים: יַצִּילֵנִי מֵאֹיְבִי עָז וּמִשֹּׂנְאַי
כִּי־אָמְצוּ מִמֶּנִּי: יְקַדְּמוּנִי בְיוֹם־אֵידִי וַיְהִי־יְהוָה לְמִשְׁעָן לִי: וַיּוֹצִיאֵנִי לַמֶּרְחָב
יְחַלְּצֵנִי כִּי חָפֵץ בִּי: יִגְמְלֵנִי יְהוָה כְּצִדְקִי כְּבֹר יָדַי יָשִׁיב לִי: כִּי־שָׁמַרְתִּי דַּרְכֵי
יְהוָה וְלֹא־רָשַׁעְתִּי מֵאֱלֹהָי: כִּי כָל־מִשְׁפָּטָיו לְנֶגְדִּי וְחֻקֹּתָיו לֹא־אָסִיר מֶנִּי:
וָאֱהִי תָמִים עִמּוֹ וָאֶשְׁתַּמֵּר מֵעֲוֺנִי: וַיָּשֶׁב־יְהוָה לִי כְצִדְקִי כְּבֹר יָדַי לְנֶגֶד עֵינָיו:
עִם־חָסִיד תִּתְחַסָּד עִם־גְּבַר תָּמִים תִּתַּמָּם: עִם־נָבָר תִּתְבָּרָר וְעִם־עִקֵּשׁ
תִּתְפַּתָּל: כִּי־אַתָּה עַם־עָנִי תוֹשִׁיעַ וְעֵינַיִם רָמוֹת תַּשְׁפִּיל: כִּי־אַתָּה תָּאִיר נֵרִי

יהוה אֱלֹהַי יַגִּיהַּ חָשְׁכִּי׃ כִּי־בְךָ אָרֻץ גְּדוּד וּבֵאלֹהַי אֲדַלֶּג־שׁוּר׃ הָאֵל תָּמִים
דַּרְכּוֹ אִמְרַת־יהוה צְרוּפָה מָגֵן הוּא לְכֹל ׀ הַחֹסִים בּוֹ׃ כִּי מִי אֱלוֹהַּ מִבַּלְעֲדֵי
יהוה וּמִי צוּר זוּלָתִי אֱלֹהֵינוּ׃ הָאֵל הַמְאַזְּרֵנִי חָיִל וַיִּתֵּן תָּמִים דַּרְכִּי׃ מְשַׁוֶּה
רַגְלַי כָּאַיָּלוֹת וְעַל בָּמֹתַי יַעֲמִידֵנִי׃ מְלַמֵּד יָדַי לַמִּלְחָמָה וְנִחֲתָה קֶשֶׁת־נְחוּשָׁה
זְרוֹעֹתָי׃ וַתִּתֶּן־לִי מָגֵן יִשְׁעֶךָ וִימִינְךָ תִסְעָדֵנִי וְעַנְוַתְךָ תַרְבֵּנִי׃ תַּרְחִיב צַעֲדִי
תַחְתָּי וְלֹא מָעֲדוּ קַרְסֻלָּי׃ אֶרְדּוֹף אוֹיְבַי וְאַשִּׂיגֵם וְלֹא־אָשׁוּב עַד־כַּלּוֹתָם׃
אֶמְחָצֵם וְלֹא־יֻכְלוּ קוּם יִפְּלוּ תַּחַת רַגְלָי׃ וַתְּאַזְּרֵנִי חַיִל לַמִּלְחָמָה תַּכְרִיעַ
קָמַי תַּחְתָּי׃ וְאֹיְבַי נָתַתָּה לִּי עֹרֶף וּמְשַׂנְאַי אַצְמִיתֵם׃ יְשַׁוְּעוּ וְאֵין־מוֹשִׁיעַ
עַל־יהוה וְלֹא עָנָם׃ וְאֶשְׁחָקֵם כְּעָפָר עַל־פְּנֵי־רוּחַ כְּטִיט חוּצוֹת אֲרִיקֵם׃
תְּפַלְּטֵנִי מֵרִיבֵי עָם תְּשִׂימֵנִי לְרֹאשׁ גּוֹיִם עַם לֹא־יָדַעְתִּי יַעַבְדוּנִי׃ לְשֵׁמַע אֹזֶן
יִשָּׁמְעוּ לִי בְּנֵי־נֵכָר יְכַחֲשׁוּ־לִי׃ בְּנֵי־נֵכָר יִבֹּלוּ וְיַחְרְגוּ מִמִּסְגְּרוֹתֵיהֶם׃ חַי־יהוה
וּבָרוּךְ צוּרִי וְיָרוּם אֱלוֹהֵי יִשְׁעִי׃ הָאֵל הַנּוֹתֵן נְקָמוֹת לִי וַיַּדְבֵּר עַמִּים תַּחְתָּי׃
מְפַלְּטִי מֵאֹיְבָי אַף מִן־קָמַי תְּרוֹמְמֵנִי מֵאִישׁ חָמָס תַּצִּילֵנִי׃ עַל־כֵּן ׀ אוֹדְךָ
בַגּוֹיִם ׀ יהוה וּלְשִׁמְךָ אֲזַמֵּרָה׃ מַגְדִּל יְשׁוּעוֹת מַלְכּוֹ וְעֹשֶׂה חֶסֶד ׀ לִמְשִׁיחוֹ
לְדָוִד וּלְזַרְעוֹ עַד־עוֹלָם׃

מזמור הבנוי משלושה חלקים: העולם, התורה והאדם, וכולם מהללים את ה׳: העולם כולו, ובפרט גרמי השמים, שעצם מהלכם הוא ביטוי דומם של תהילת ה׳; התורה, בכל צדדי השבח שיש בה; ולבסוף - האדם, בחרטתו ובתשובתו על חטאיו.

ט לַמְנַצֵּחַ מִזְמוֹר לְדָוִד׃ הַשָּׁמַיִם מְסַפְּרִים כְּבוֹד־אֵל וּמַעֲשֵׂה יָדָיו מַגִּיד הָרָקִיעַ׃
יוֹם לְיוֹם יַבִּיעַ אֹמֶר וְלַיְלָה לְּלַיְלָה יְחַוֶּה־דָּעַת׃ אֵין־אֹמֶר וְאֵין דְּבָרִים בְּלִי
נִשְׁמָע קוֹלָם׃ בְּכָל־הָאָרֶץ ׀ יָצָא קַוָּם וּבִקְצֵה תֵבֵל מִלֵּיהֶם לַשֶּׁמֶשׁ שָׂם־
אֹהֶל בָּהֶם׃ וְהוּא כְּחָתָן יֹצֵא מֵחֻפָּתוֹ יָשִׂישׂ כְּגִבּוֹר לָרוּץ אֹרַח׃ מִקְצֵה
הַשָּׁמַיִם ׀ מוֹצָאוֹ וּתְקוּפָתוֹ עַל־קְצוֹתָם וְאֵין נִסְתָּר מֵחַמָּתוֹ׃ תּוֹרַת יהוה
תְּמִימָה מְשִׁיבַת נָפֶשׁ עֵדוּת יהוה נֶאֱמָנָה מַחְכִּימַת פֶּתִי׃ פִּקּוּדֵי יהוה יְשָׁרִים
מְשַׂמְּחֵי־לֵב מִצְוַת יהוה בָּרָה מְאִירַת עֵינָיִם׃ יִרְאַת יהוה ׀ טְהוֹרָה עוֹמֶדֶת
לָעַד מִשְׁפְּטֵי־יהוה אֱמֶת צָדְקוּ יַחְדָּו׃ הַנֶּחֱמָדִים מִזָּהָב וּמִפַּז רָב וּמְתוּקִים
מִדְּבַשׁ וְנֹפֶת צוּפִים׃ גַּם־עַבְדְּךָ נִזְהָר בָּהֶם בְּשָׁמְרָם עֵקֶב רָב׃ שְׁגִיאוֹת מִי־יָבִין
מִנִּסְתָּרוֹת נַקֵּנִי׃ גַּם מִזֵּדִים ׀ חֲשֹׂךְ עַבְדֶּךָ אַל־יִמְשְׁלוּ־בִי אָז אֵיתָם וְנִקֵּיתִי
מִפֶּשַׁע רָב׃ יִהְיוּ לְרָצוֹן ׀ אִמְרֵי־פִי וְהֶגְיוֹן לִבִּי לְפָנֶיךָ יהוה צוּרִי וְגֹאֲלִי׃

מזמור המתחיל בדברי תפילה לישועת ה' בשעת צרה ומלחמה ובקשה
שיושיע לחוסים בו; ומסתיים בדברי תודה על הניצחון במלחמה זו.

כ לַמְנַצֵּחַ מִזְמוֹר לְדָוִד׃ יַעַנְךָ יהוה בְּיוֹם צָרָה יְשַׂגֶּבְךָ שֵׁם ׀ אֱלֹהֵי יַעֲקֹב׃ יִשְׁלַח־
עֶזְרְךָ מִקֹּדֶשׁ וּמִצִּיּוֹן יִסְעָדֶךָּ׃ יִזְכֹּר כָּל־מִנְחֹתֶךָ וְעוֹלָתְךָ יְדַשְּׁנֶה סֶלָה׃ יִתֶּן־
לְךָ כִלְבָבֶךָ וְכָל־עֲצָתְךָ יְמַלֵּא׃ נְרַנְּנָה ׀ בִּישׁוּעָתֶךָ וּבְשֵׁם־אֱלֹהֵינוּ נִדְגֹּל יְמַלֵּא
יהוה כָּל־מִשְׁאֲלוֹתֶיךָ׃ עַתָּה יָדַעְתִּי כִּי הוֹשִׁיעַ ׀ יהוה מְשִׁיחוֹ יַעֲנֵהוּ מִשְּׁמֵי
קָדְשׁוֹ בִּגְבוּרוֹת יֵשַׁע יְמִינוֹ׃ אֵלֶּה בָרֶכֶב וְאֵלֶּה בַסּוּסִים וַאֲנַחְנוּ ׀ בְּשֵׁם־יהוה
אֱלֹהֵינוּ נַזְכִּיר׃ הֵמָּה כָּרְעוּ וְנָפָלוּ וַאֲנַחְנוּ קַּמְנוּ וַנִּתְעוֹדָד׃ יהוה הוֹשִׁיעָה
הַמֶּלֶךְ יַעֲנֵנוּ בְיוֹם־קָרְאֵנוּ׃

מזמור תהילה ותודה על ניצחונו של המלך. בשיר ניצחון זה מדברים
על המלך הצדיק הבוטח בה', אשר זוכה להתגבר על אויביו; אך עיקר
השיר הוא לכבודו של ה', שהוא המביא את הניצחון הזה.

כא לַמְנַצֵּחַ מִזְמוֹר לְדָוִד׃ יהוה בְּעָזְּךָ יִשְׂמַח־מֶלֶךְ וּבִישׁוּעָתְךָ מַה־יָּגִיל מְאֹד׃ יָגֶל
תַּאֲוַת לִבּוֹ נָתַתָּה לּוֹ וַאֲרֶשֶׁת שְׂפָתָיו בַּל־מָנַעְתָּ סֶּלָה׃ כִּי־תְקַדְּמֶנּוּ בִּרְכוֹת
טוֹב תָּשִׁית לְרֹאשׁוֹ עֲטֶרֶת פָּז׃ חַיִּים ׀ שָׁאַל מִמְּךָ נָתַתָּה לּוֹ אֹרֶךְ יָמִים עוֹלָם
וָעֶד׃ גָּדוֹל כְּבוֹדוֹ בִּישׁוּעָתֶךָ הוֹד וְהָדָר תְּשַׁוֶּה עָלָיו׃ כִּי־תְשִׁיתֵהוּ בְרָכוֹת לָעַד
תְּחַדֵּהוּ בְשִׂמְחָה אֶת־פָּנֶיךָ׃ כִּי־הַמֶּלֶךְ בֹּטֵחַ בַּיהוה וּבְחֶסֶד עֶלְיוֹן בַּל־יִמּוֹט׃
תִּמְצָא יָדְךָ לְכָל־אֹיְבֶיךָ יְמִינְךָ תִּמְצָא שֹׂנְאֶיךָ׃ תְּשִׁיתֵמוֹ ׀ כְּתַנּוּר אֵשׁ לְעֵת
פָּנֶיךָ יהוה בְּאַפּוֹ יְבַלְּעֵם וְתֹאכְלֵם אֵשׁ׃ פִּרְיָמוֹ מֵאֶרֶץ תְּאַבֵּד וְזַרְעָם מִבְּנֵי
אָדָם׃ כִּי־נָטוּ עָלֶיךָ רָעָה חָשְׁבוּ מְזִמָּה בַּל־יוּכָלוּ׃ כִּי תְּשִׁיתֵמוֹ שֶׁכֶם בְּמֵיתָרֶיךָ
תְּכוֹנֵן עַל־פְּנֵיהֶם׃ רוּמָה יהוה בְעֻזֶּךָ נָשִׁירָה וּנְזַמְּרָה גְּבוּרָתֶךָ׃

מזמור המתחיל בתחינה ובקריאה לעזרה של המתפלל, המבודד ומוקף באויבים
רבים, ומסתיים בשיר הלל על ישועתו, שהיא דוגמה ומופת לאחרים.

כב לַמְנַצֵּחַ עַל־אַיֶּלֶת הַשַּׁחַר מִזְמוֹר לְדָוִד׃ אֵלִי אֵלִי לָמָה עֲזַבְתָּנִי רָחוֹק
מִישׁוּעָתִי דִּבְרֵי שַׁאֲגָתִי׃ אֱלֹהַי אֶקְרָא יוֹמָם וְלֹא תַעֲנֶה וְלַיְלָה וְלֹא־דוּמִיָּה לִי׃
וְאַתָּה קָדוֹשׁ יוֹשֵׁב תְּהִלּוֹת יִשְׂרָאֵל׃ בְּךָ בָּטְחוּ אֲבֹתֵינוּ בָּטְחוּ וַתְּפַלְּטֵמוֹ׃
אֵלֶיךָ זָעֲקוּ וְנִמְלָטוּ בְּךָ בָטְחוּ וְלֹא־בוֹשׁוּ׃ וְאָנֹכִי תוֹלַעַת וְלֹא־אִישׁ חֶרְפַּת
אָדָם וּבְזוּי עָם׃ כָּל־רֹאַי יַלְעִגוּ לִי יַפְטִירוּ בְשָׂפָה יָנִיעוּ רֹאשׁ׃ גֹּל אֶל־יהוה
יְפַלְּטֵהוּ יַצִּילֵהוּ כִּי חָפֵץ בּוֹ׃ כִּי־אַתָּה גֹחִי מִבָּטֶן מַבְטִיחִי עַל־שְׁדֵי אִמִּי׃ עָלֶיךָ

הָשְׁלַכְתִּי מֵרָחֶם מִבֶּטֶן אִמִּי אֵלִי אָתָּה: אַל־תִּרְחַק מִמֶּנִּי כִּי־צָרָה קְרוֹבָה כִּי־
אֵין עוֹזֵר: סְבָבוּנִי פָּרִים רַבִּים אַבִּירֵי בָשָׁן כִּתְּרוּנִי: פָּצוּ עָלַי פִּיהֶם אַרְיֵה טֹרֵף
וְשֹׁאֵג: כַּמַּיִם נִשְׁפַּכְתִּי וְהִתְפָּרְדוּ כָּל־עַצְמוֹתָי הָיָה לִבִּי כַּדּוֹנָג נָמֵס בְּתוֹךְ מֵעָי:
יָבֵשׁ כַּחֶרֶשׂ | כֹּחִי וּלְשׁוֹנִי מֻדְבָּק מַלְקוֹחָי וְלַעֲפַר־מָוֶת תִּשְׁפְּתֵנִי: כִּי סְבָבוּנִי
כְּלָבִים עֲדַת מְרֵעִים הִקִּיפוּנִי כָּאֲרִי יָדַי וְרַגְלָי: אֲסַפֵּר כָּל־עַצְמוֹתָי הֵמָּה יַבִּיטוּ
יִרְאוּ־בִי: יְחַלְּקוּ בְגָדַי לָהֶם וְעַל־לְבוּשִׁי יַפִּילוּ גוֹרָל: וְאַתָּה יְהוָה אַל־תִּרְחָק
אֱיָלוּתִי לְעֶזְרָתִי חוּשָׁה: הַצִּילָה מֵחֶרֶב נַפְשִׁי מִיַּד־כֶּלֶב יְחִידָתִי: הוֹשִׁיעֵנִי
מִפִּי אַרְיֵה וּמִקַּרְנֵי רֵמִים עֲנִיתָנִי: אֲסַפְּרָה שִׁמְךָ לְאֶחָי בְּתוֹךְ קָהָל אֲהַלְלֶךָּ:
יִרְאֵי יְהוָה | הַלְלוּהוּ כָּל־זֶרַע יַעֲקֹב כַּבְּדוּהוּ וְגוּרוּ מִמֶּנּוּ כָּל־זֶרַע יִשְׂרָאֵל: כִּי
לֹא־בָזָה וְלֹא שִׁקַּץ עֱנוּת עָנִי וְלֹא־הִסְתִּיר פָּנָיו מִמֶּנּוּ וּבְשַׁוְּעוֹ אֵלָיו שָׁמֵעַ:
מֵאִתְּךָ תְּהִלָּתִי בְּקָהָל רָב נְדָרַי אֲשַׁלֵּם נֶגֶד יְרֵאָיו: יֹאכְלוּ עֲנָוִים | וְיִשְׂבָּעוּ
יְהַלְלוּ יְהוָה דֹּרְשָׁיו יְחִי לְבַבְכֶם לָעַד: יִזְכְּרוּ | וְיָשֻׁבוּ אֶל־יְהוָה כָּל־אַפְסֵי־
אָרֶץ וְיִשְׁתַּחֲווּ לְפָנֶיךָ כָּל־מִשְׁפְּחוֹת גּוֹיִם: כִּי לַיהוָה הַמְּלוּכָה וּמֹשֵׁל בַּגּוֹיִם:
אָכְלוּ וַיִּשְׁתַּחֲווּ | כָּל־דִּשְׁנֵי־אֶרֶץ לְפָנָיו יִכְרְעוּ כָּל־יוֹרְדֵי עָפָר וְנַפְשׁוֹ לֹא חִיָּה:
זֶרַע יַעַבְדֶנּוּ יְסֻפַּר לַאדֹנָי לַדּוֹר: יָבֹאוּ וְיַגִּידוּ צִדְקָתוֹ לְעַם נוֹלָד כִּי עָשָׂה:

שיר של דבקות, שבו מדמה המשורר את עצמו לטלה קטן הסומך ובוטח על הרועה הנאמן שיוליכנו בדרך בטוחה וישכננו במקום של אושר וטוב.

כג מִזְמוֹר לְדָוִד יְהוָה רֹעִי לֹא אֶחְסָר: בִּנְאוֹת דֶּשֶׁא יַרְבִּיצֵנִי עַל־מֵי מְנֻחוֹת
יְנַהֲלֵנִי: נַפְשִׁי יְשׁוֹבֵב יַנְחֵנִי בְמַעְגְּלֵי־צֶדֶק לְמַעַן שְׁמוֹ: גַּם כִּי־אֵלֵךְ בְּגֵיא
צַלְמָוֶת לֹא־אִירָא רָע כִּי־אַתָּה עִמָּדִי שִׁבְטְךָ וּמִשְׁעַנְתֶּךָ הֵמָּה יְנַחֲמֻנִי: תַּעֲרֹךְ
לְפָנַי | שֻׁלְחָן נֶגֶד צֹרְרָי דִּשַּׁנְתָּ בַשֶּׁמֶן רֹאשִׁי כּוֹסִי רְוָיָה: אַךְ | טוֹב וָחֶסֶד
יִרְדְּפוּנִי כָּל־יְמֵי חַיָּי וְשַׁבְתִּי בְּבֵית־יְהוָה לְאֹרֶךְ יָמִים:

המנון להתגלות ה׳ בהיכל קדשו. במזמור מדובר על גדולת ה׳ בעולם וכיצד הוא מתגלה בהיכלו ברוב פאר והדר; ועל הראויים להיות עמו בזמן ההתגלות - ישרי הלב ונקיי הכפיים.

כד לְדָוִד מִזְמוֹר לַיהוָה הָאָרֶץ וּמְלוֹאָהּ תֵּבֵל וְיֹשְׁבֵי בָהּ: כִּי־הוּא עַל־יַמִּים יְסָדָהּ
וְעַל־נְהָרוֹת יְכוֹנְנֶהָ: מִי־יַעֲלֶה בְהַר־יְהוָה וּמִי־יָקוּם בִּמְקוֹם קָדְשׁוֹ: נְקִי
כַפַּיִם וּבַר־לֵבָב אֲשֶׁר לֹא־נָשָׂא לַשָּׁוְא נַפְשׁוֹ וְלֹא נִשְׁבַּע לְמִרְמָה: יִשָּׂא בְרָכָה נַפְשִׁי
מֵאֵת יְהוָה וּצְדָקָה מֵאֱלֹהֵי יִשְׁעוֹ: זֶה דּוֹר דֹּרְשָׁו מְבַקְשֵׁי פָנֶיךָ יַעֲקֹב סֶלָה:

*ד לחודש

שְׂאוּ שְׁעָרִים ׀ רָאשֵׁיכֶם וּשְׂאוּ פִּתְחֵי עוֹלָם וְיָבֹא מֶלֶךְ הַכָּבוֹד: מִי זֶה
מֶלֶךְ הַכָּבוֹד יְהוָה עִזּוּז וְגִבּוֹר יְהוָה גִּבּוֹר מִלְחָמָה: שְׂאוּ שְׁעָרִים ׀ רָאשֵׁיכֶם
וּשְׂאוּ פִּתְחֵי עוֹלָם וְיָבֹא מֶלֶךְ הַכָּבוֹד: מִי הוּא זֶה מֶלֶךְ הַכָּבוֹד יְהוָה צְבָאוֹת
הוּא מֶלֶךְ הַכָּבוֹד סֶלָה:

מזמור לימודי שיש בו תפילה לה׳ ללמד דרך טובה ולעזור לחזור בתשובה שלמה, והבעת ביטחון בה׳ כי יעזור להולכים בדרכיו ויגן עליהם.

כד לְדָוִד אֵלֶיךָ יְהוָה נַפְשִׁי אֶשָּׂא: אֱלֹהַי בְּךָ בָטַחְתִּי אַל־אֵבוֹשָׁה אַל־יַעַלְצוּ
אוֹיְבַי לִי: גַּם כָּל־קֹוֶיךָ לֹא יֵבֹשׁוּ יֵבֹשׁוּ הַבּוֹגְדִים רֵיקָם: דְּרָכֶיךָ יְהוָה הוֹדִיעֵנִי
אֹרְחוֹתֶיךָ לַמְּדֵנִי: הַדְרִיכֵנִי בַאֲמִתֶּךָ ׀ וְלַמְּדֵנִי כִּי־אַתָּה אֱלֹהֵי יִשְׁעִי אוֹתְךָ
קִוִּיתִי כָּל־הַיּוֹם: זְכֹר־רַחֲמֶיךָ יְהוָה וַחֲסָדֶיךָ כִּי מֵעוֹלָם הֵמָּה: חַטֹּאות נְעוּרַי ׀
וּפְשָׁעַי אַל־תִּזְכֹּר כְּחַסְדְּךָ זְכָר־לִי־אַתָּה לְמַעַן טוּבְךָ יְהוָה: טוֹב־וְיָשָׁר יְהוָה
עַל־כֵּן יוֹרֶה חַטָּאִים בַּדָּרֶךְ: יַדְרֵךְ עֲנָוִים בַּמִּשְׁפָּט וִילַמֵּד עֲנָוִים דַּרְכּוֹ: כָּל־
אָרְחוֹת יְהוָה חֶסֶד וֶאֱמֶת לְנֹצְרֵי בְרִיתוֹ וְעֵדֹתָיו: לְמַעַן־שִׁמְךָ יְהוָה וְסָלַחְתָּ
לַעֲוֹנִי כִּי רַב־הוּא: מִי־זֶה הָאִישׁ יְרֵא יְהוָה יוֹרֶנּוּ בְּדֶרֶךְ יִבְחָר: נַפְשׁוֹ בְּטוֹב תָּלִין
וְזַרְעוֹ יִירַשׁ אָרֶץ: סוֹד יְהוָה לִירֵאָיו וּבְרִיתוֹ לְהוֹדִיעָם: עֵינַי תָּמִיד אֶל־יְהוָה
כִּי הוּא־יוֹצִיא מֵרֶשֶׁת רַגְלָי: פְּנֵה־אֵלַי וְחָנֵּנִי כִּי־יָחִיד וְעָנִי אָנִי: צָרוֹת לְבָבִי
הִרְחִיבוּ מִמְּצוּקוֹתַי הוֹצִיאֵנִי: רְאֵה עָנְיִי וַעֲמָלִי וְשָׂא לְכָל־חַטֹּאותָי: רְאֵה־אוֹיְבַי
כִּי־רָבּוּ וְשִׂנְאַת חָמָס שְׂנֵאוּנִי: שָׁמְרָה נַפְשִׁי וְהַצִּילֵנִי אַל־אֵבוֹשׁ כִּי־חָסִיתִי
בָךְ: תֹּם־וָיֹשֶׁר יִצְּרוּנִי כִּי קִוִּיתִיךָ: פְּדֵה אֱלֹהִים אֶת־יִשְׂרָאֵל מִכֹּל צָרוֹתָיו:

מזמור תפילה של אדם המשתדל ללכת בדרך טובה, הן בהתנהגותו הדתית־האישית והן בבחירת החברה שהוא חי בה, והוא מבקש שה׳ ישמרהו ויצילהו, כדי שלא ייפגע במפלת החוטאים.

כו לְדָוִד ׀ שָׁפְטֵנִי יְהוָה כִּי־אֲנִי בְּתֻמִּי הָלַכְתִּי וּבַיהוָה בָּטַחְתִּי לֹא אֶמְעָד: בְּחָנֵנִי
יְהוָה וְנַסֵּנִי צרופה כִלְיוֹתַי וְלִבִּי: כִּי־חַסְדְּךָ לְנֶגֶד עֵינָי וְהִתְהַלַּכְתִּי בַּאֲמִתֶּךָ: צְרָפָה
לֹא־יָשַׁבְתִּי עִם־מְתֵי־שָׁוְא וְעִם נַעֲלָמִים לֹא אָבוֹא: שָׂנֵאתִי קְהַל מְרֵעִים
וְעִם־רְשָׁעִים לֹא אֵשֵׁב: אֶרְחַץ בְּנִקָּיוֹן כַּפָּי וַאֲסֹבְבָה אֶת־מִזְבַּחֲךָ יְהוָה: לַשְׁמִעַ
בְּקוֹל תּוֹדָה וּלְסַפֵּר כָּל־נִפְלְאוֹתֶיךָ: יְהוָה אָהַבְתִּי מְעוֹן בֵּיתֶךָ וּמְקוֹם מִשְׁכַּן
כְּבוֹדֶךָ: אַל־תֶּאֱסֹף עִם־חַטָּאִים נַפְשִׁי וְעִם־אַנְשֵׁי דָמִים חַיָּי: אֲשֶׁר־בִּידֵיהֶם
זִמָּה וִימִינָם מָלְאָה שֹּׁחַד: וַאֲנִי בְּתֻמִּי אֵלֵךְ פְּדֵנִי וְחָנֵּנִי: רַגְלִי עָמְדָה בְמִישׁוֹר
בְּמַקְהֵלִים אֲבָרֵךְ יְהוָה:

מזמור המתחיל במצב של מצוקה ומצור שהמתפלל מצוי בו; ואולם בשל
דבקותו מלא המתפלל ביטחון בה׳, לפי שהתוכן הפנימי של חייו הוא להגיע
לידי דבקות בה׳, שבשבילו היא הדבר היחידי החשוב בעולם.

כז לְדָוִד ׀ יְהוָה ׀ אוֹרִי וְיִשְׁעִי מִמִּי אִירָא יְהוָה מָעוֹז־חַיַּי מִמִּי אֶפְחָד: בִּקְרֹב
עָלַי ׀ מְרֵעִים לֶאֱכֹל אֶת־בְּשָׂרִי צָרַי וְאֹיְבַי לִי הֵמָּה כָשְׁלוּ וְנָפָלוּ: אִם־תַּחֲנֶה
עָלַי ׀ מַחֲנֶה לֹא־יִירָא לִבִּי אִם־תָּקוּם עָלַי מִלְחָמָה בְּזֹאת אֲנִי בוֹטֵחַ: אַחַת ׀
שָׁאַלְתִּי מֵאֵת־יְהוָה אוֹתָהּ אֲבַקֵּשׁ שִׁבְתִּי בְּבֵית־יְהוָה כָּל־יְמֵי חַיַּי לַחֲזוֹת
בְּנֹעַם־יְהוָה וּלְבַקֵּר בְּהֵיכָלוֹ: כִּי יִצְפְּנֵנִי ׀ בְּסֻכֹּה בְּיוֹם רָעָה יַסְתִּרֵנִי בְּסֵתֶר
אָהֳלוֹ בְּצוּר יְרוֹמְמֵנִי: וְעַתָּה יָרוּם רֹאשִׁי עַל אֹיְבַי סְבִיבוֹתַי וְאֶזְבְּחָה בְאָהֳלוֹ
זִבְחֵי תְרוּעָה אָשִׁירָה וַאֲזַמְּרָה לַיהוָה: שְׁמַע־יְהוָה קוֹלִי אֶקְרָא וְחָנֵּנִי וַעֲנֵנִי:
לְךָ ׀ אָמַר לִבִּי בַּקְּשׁוּ פָנָי אֶת־פָּנֶיךָ יְהוָה אֲבַקֵּשׁ: אַל־תַּסְתֵּר פָּנֶיךָ ׀ מִמֶּנִּי
אַל תַּט־בְּאַף עַבְדֶּךָ עֶזְרָתִי הָיִיתָ אַל־תִּטְּשֵׁנִי וְאַל־תַּעַזְבֵנִי אֱלֹהֵי יִשְׁעִי:
כִּי־אָבִי וְאִמִּי עֲזָבוּנִי וַיהוָה יַאַסְפֵנִי: הוֹרֵנִי יְהוָה דַּרְכֶּךָ וּנְחֵנִי בְּאֹרַח מִישׁוֹר
לְמַעַן שׁוֹרְרָי: אַל־תִּתְּנֵנִי בְּנֶפֶשׁ צָרָי כִּי קָמוּ־בִי עֵדֵי־שֶׁקֶר וִיפֵחַ חָמָס: לוּלֵא
הֶאֱמַנְתִּי לִרְאוֹת בְּטוּב־יְהוָה בְּאֶרֶץ חַיִּים: קַוֵּה אֶל־יְהוָה חֲזַק וְיַאֲמֵץ לִבֶּךָ
וְקַוֵּה אֶל־יְהוָה:

מזמור של תפילה לעזרת ה׳, וגם דברי תודה על ישועתו.

כח לְדָוִד אֵלֶיךָ יְהוָה ׀ אֶקְרָא צוּרִי אַל־תֶּחֱרַשׁ מִמֶּנִּי פֶּן־תֶּחֱשֶׁה מִמֶּנִּי וְנִמְשַׁלְתִּי
עִם־יוֹרְדֵי בוֹר: שְׁמַע קוֹל תַּחֲנוּנַי בְּשַׁוְּעִי אֵלֶיךָ בְּנָשְׂאִי יָדַי אֶל־דְּבִיר קָדְשֶׁךָ:
אַל־תִּמְשְׁכֵנִי עִם־רְשָׁעִים וְעִם־פֹּעֲלֵי אָוֶן דֹּבְרֵי שָׁלוֹם עִם־רֵעֵיהֶם וְרָעָה
בִּלְבָבָם: תֶּן־לָהֶם כְּפָעֳלָם וּכְרֹעַ מַעַלְלֵיהֶם כְּמַעֲשֵׂה יְדֵיהֶם תֵּן לָהֶם הָשֵׁב
גְּמוּלָם לָהֶם: כִּי לֹא יָבִינוּ אֶל־פְּעֻלֹּת יְהוָה וְאֶל־מַעֲשֵׂה יָדָיו יֶהֶרְסֵם וְלֹא יִבְנֵם:
בָּרוּךְ יְהוָה כִּי־שָׁמַע קוֹל תַּחֲנוּנָי: יְהוָה ׀ עֻזִּי וּמָגִנִּי בּוֹ בָטַח לִבִּי וְנֶעֱזָרְתִּי וַיַּעֲלֹז
לִבִּי וּמִשִּׁירִי אֲהוֹדֶנּוּ: יְהוָה עֹז־לָמוֹ וּמָעוֹז יְשׁוּעוֹת מְשִׁיחוֹ הוּא: הוֹשִׁיעָה ׀
אֶת־עַמֶּךָ וּבָרֵךְ אֶת־נַחֲלָתֶךָ וּרְעֵם וְנַשְּׂאֵם עַד־הָעוֹלָם:

המנון על ההתגלות האלוקית (״קול ה׳״) בעולם, המתאר כיצד מגיבים כל הברואים -
כל אחד בדרכו־שלו - להתגלות זו, שבה מתגלה ה׳ בגבורתו
כמלך המושל על עולמו ונותן לו שלווה.

כט מִזְמוֹר לְדָוִד הָבוּ לַיהוָה בְּנֵי אֵלִים הָבוּ לַיהוָה כָּבוֹד וָעֹז: הָבוּ לַיהוָה כְּבוֹד
שְׁמוֹ הִשְׁתַּחֲווּ לַיהוָה בְּהַדְרַת־קֹדֶשׁ: קוֹל יְהוָה עַל־הַמָּיִם אֵל־הַכָּבוֹד הִרְעִים

*ה לחודש

יהוה עַל־מַיִם רַבִּים׃ קוֹל־יהוה בַּכֹּחַ קוֹל יהוה בֶּהָדָר׃ קוֹל יהוה שֹׁבֵר אֲרָזִים
וַיְשַׁבֵּר יהוה אֶת־אַרְזֵי הַלְּבָנוֹן׃ וַיַּרְקִידֵם כְּמוֹ־עֵגֶל לְבָנוֹן וְשִׂרְיֹן כְּמוֹ בֶן־
רְאֵמִים׃ קוֹל־יהוה חֹצֵב לַהֲבוֹת אֵשׁ׃ קוֹל יהוה יָחִיל מִדְבָּר יָחִיל יהוה מִדְבַּר
קָדֵשׁ׃ קוֹל יהוה ׀ יְחוֹלֵל אַיָּלוֹת וַיֶּחֱשֹׂף יְעָרוֹת וּבְהֵיכָלוֹ כֻּלּוֹ אֹמֵר כָּבוֹד׃
יהוה לַמַּבּוּל יָשָׁב וַיֵּשֶׁב יהוה מֶלֶךְ לְעוֹלָם׃ יהוה עֹז לְעַמּוֹ יִתֵּן יהוה ׀ יְבָרֵךְ
אֶת־עַמּוֹ בַשָּׁלוֹם׃

שיר תודה של אדם שלפתע, בזמן שלוותו, באה עליו צרה גדולה, מחלה, המחשיכה את כל חייו; אך הוא מתפלל לישועה וזוכה אז להיגאל ולהירפא ולחזור לבריאותו ולמצבו האיתן.

ל מִזְמוֹר שִׁיר־חֲנֻכַּת הַבַּיִת לְדָוִד׃ אֲרוֹמִמְךָ יהוה כִּי דִלִּיתָנִי וְלֹא־שִׂמַּחְתָּ אֹיְבַי
לִי׃ יהוה אֱלֹהָי שִׁוַּעְתִּי אֵלֶיךָ וַתִּרְפָּאֵנִי׃ יהוה הֶעֱלִיתָ מִן־שְׁאוֹל נַפְשִׁי חִיִּיתַנִי
מיורדי־בוֹר׃ זַמְּרוּ לַיהוה חֲסִידָיו וְהוֹדוּ לְזֵכֶר קָדְשׁוֹ׃ כִּי רֶגַע ׀ בְּאַפּוֹ חַיִּים מִיָּרְדִי־
בִּרְצוֹנוֹ בָּעֶרֶב יָלִין בֶּכִי וְלַבֹּקֶר רִנָּה׃ וַאֲנִי אָמַרְתִּי בְשַׁלְוִי בַּל־אֶמּוֹט לְעוֹלָם׃
יהוה בִּרְצוֹנְךָ הֶעֱמַדְתָּה לְהַרְרִי עֹז הִסְתַּרְתָּ פָנֶיךָ הָיִיתִי נִבְהָל׃ אֵלֶיךָ יהוה
אֶקְרָא וְאֶל־אֲדֹנָי אֶתְחַנָּן׃ מַה־בֶּצַע בְּדָמִי בְּרִדְתִּי אֶל שָׁחַת הֲיוֹדְךָ עָפָר
הֲיַגִּיד אֲמִתֶּךָ׃ שְׁמַע־יהוה וְחָנֵּנִי יהוה הֱיֵה־עֹזֵר לִי׃ הָפַכְתָּ מִסְפְּדִי לְמָחוֹל
לִי פִּתַּחְתָּ שַׂקִּי וַתְּאַזְּרֵנִי שִׂמְחָה׃ לְמַעַן ׀ יְזַמֶּרְךָ כָבוֹד וְלֹא יִדֹּם יהוה אֱלֹהַי
לְעוֹלָם אוֹדֶךָּ׃

שיר על ביטחון. יש בשיר זה דברי שבח לה׳, שהוא מבטח לחוסים בו, בצד דברי תלונה ותחינה כנגד האויבים הקמים מכל צד. והמתפלל חוזר ומתחנן לזכות לחסותו של ה׳ ולישועתו.

לא לַמְנַצֵּחַ מִזְמוֹר לְדָוִד׃ בְּךָ־יהוה חָסִיתִי אַל־אֵבוֹשָׁה לְעוֹלָם בְּצִדְקָתְךָ
פַלְּטֵנִי׃ הַטֵּה אֵלַי ׀ אָזְנְךָ מְהֵרָה הַצִּילֵנִי הֱיֵה לִי ׀ לְצוּר־מָעוֹז לְבֵית מְצוּדוֹת
לְהוֹשִׁיעֵנִי׃ כִּי־סַלְעִי וּמְצוּדָתִי אָתָּה וּלְמַעַן שִׁמְךָ תַּנְחֵנִי וּתְנַהֲלֵנִי׃ תּוֹצִיאֵנִי
מֵרֶשֶׁת זוּ טָמְנוּ לִי כִּי־אַתָּה מָעוּזִּי׃ בְּיָדְךָ אַפְקִיד רוּחִי פָּדִיתָה אוֹתִי יהוה אֵל
אֱמֶת׃ שָׂנֵאתִי הַשֹּׁמְרִים הַבְלֵי־שָׁוְא וַאֲנִי אֶל־יהוה בָּטָחְתִּי׃ אָגִילָה וְאֶשְׂמְחָה
בְּחַסְדֶּךָ אֲשֶׁר רָאִיתָ אֶת־עָנְיִי יָדַעְתָּ בְּצָרוֹת נַפְשִׁי׃ וְלֹא הִסְגַּרְתַּנִי בְּיַד־אוֹיֵב
הֶעֱמַדְתָּ בַמֶּרְחָב רַגְלָי׃ חָנֵּנִי יהוה כִּי צַר לִי עָשְׁשָׁה בְכַעַס עֵינִי נַפְשִׁי וּבִטְנִי׃
כִּי כָלוּ בְיָגוֹן חַיַּי וּשְׁנוֹתַי בַּאֲנָחָה כָּשַׁל בַּעֲוֺנִי כֹחִי וַעֲצָמַי עָשֵׁשׁוּ׃ מִכׇּל־צֹרְרַי
הָיִיתִי חֶרְפָּה וְלִשְׁכֵנַי ׀ מְאֹד וּפַחַד לִמְיֻדָּעָי רֹאַי בַּחוּץ נָדְדוּ מִמֶּנִּי׃ נִשְׁכַּחְתִּי

*ליום השני

כְּמֵת מִלֵּב הָיִיתִי כִּכְלִי אֹבֵד׃ כִּי שָׁמַעְתִּי ׀ דִּבַּת רַבִּים מָגוֹר מִסָּבִיב בְּהִוָּסְדָם
יַחַד עָלַי לָקַחַת נַפְשִׁי זָמָמוּ׃ וַאֲנִי ׀ עָלֶיךָ בָטַחְתִּי יהוה אָמַרְתִּי אֱלֹהַי אָתָּה׃
בְּיָדְךָ עִתֹּתָי הַצִּילֵנִי מִיַּד־אוֹיְבַי וּמֵרֹדְפָי׃ הָאִירָה פָנֶיךָ עַל־עַבְדֶּךָ הוֹשִׁיעֵנִי
בְחַסְדֶּךָ׃ יהוה אַל־אֵבוֹשָׁה כִּי קְרָאתִיךָ יֵבֹשׁוּ רְשָׁעִים יִדְּמוּ לִשְׁאוֹל׃ תֵּאָלַמְנָה
שִׂפְתֵי שָׁקֶר הַדֹּבְרוֹת עַל־צַדִּיק עָתָק בְּגַאֲוָה וָבוּז׃ מָה רַב טוּבְךָ אֲשֶׁר־צָפַנְתָּ
לִּירֵאֶיךָ פָּעַלְתָּ לַחוֹסִים בָּךְ נֶגֶד בְּנֵי אָדָם׃ תַּסְתִּירֵם ׀ בְּסֵתֶר פָּנֶיךָ מֵרֻכְסֵי אִישׁ
תִּצְפְּנֵם בְּסֻכָּה מֵרִיב לְשֹׁנוֹת׃ בָּרוּךְ יהוה כִּי הִפְלִיא חַסְדּוֹ לִי בְּעִיר מָצוֹר׃
וַאֲנִי ׀ אָמַרְתִּי בְחָפְזִי נִגְרַזְתִּי מִנֶּגֶד עֵינֶיךָ אָכֵן שָׁמַעְתָּ קוֹל תַּחֲנוּנַי בְּשַׁוְּעִי
אֵלֶיךָ׃ אֶהֱבוּ אֶת־יהוה כָּל־חֲסִידָיו אֱמוּנִים נֹצֵר יהוה וּמְשַׁלֵּם עַל־יֶתֶר עֹשֵׂה
גַאֲוָה׃ חִזְקוּ וְיַאֲמֵץ לְבַבְכֶם כָּל־הַמְיַחֲלִים לַיהוה׃

במזמור זה יש וידוי על חטאים ופגעים, ועם זאת הצהרה על ההתקשרות היסודית
בה׳, ומשום כך הוא גם מבטא ביטחון בכך שה׳ יושיע מכל הצרות.

לב לְדָוִד מַשְׂכִּיל אַשְׁרֵי נְשׂוּי־פֶּשַׁע כְּסוּי חֲטָאָה׃ אַשְׁרֵי־אָדָם לֹא יַחְשֹׁב יהוה לוֹ
עָוֹן וְאֵין בְּרוּחוֹ רְמִיָּה׃ כִּי־הֶחֱרַשְׁתִּי בָּלוּ עֲצָמָי בְּשַׁאֲגָתִי כָּל־הַיּוֹם׃ כִּי ׀ יוֹמָם
וָלַיְלָה תִּכְבַּד עָלַי יָדֶךָ נֶהְפַּךְ לְשַׁדִּי בְּחַרְבֹנֵי קַיִץ סֶלָה׃ חַטָּאתִי אוֹדִיעֲךָ וַעֲוֺנִי
לֹא־כִסִּיתִי אָמַרְתִּי אוֹדֶה עֲלֵי פְשָׁעַי לַיהוה וְאַתָּה נָשָׂאתָ עֲוֺן חַטָּאתִי סֶלָה׃
עַל־זֹאת יִתְפַּלֵּל כָּל־חָסִיד ׀ אֵלֶיךָ לְעֵת מְצֹא רַק לְשֵׁטֶף מַיִם רַבִּים אֵלָיו
לֹא יַגִּיעוּ׃ אַתָּה ׀ סֵתֶר לִי מִצַּר תִּצְּרֵנִי רָנֵּי פַלֵּט תְּסוֹבְבֵנִי סֶלָה׃ אַשְׂכִּילְךָ ׀
וְאוֹרְךָ בְּדֶרֶךְ־זוּ תֵלֵךְ אִיעֲצָה עָלֶיךָ עֵינִי׃ אַל־תִּהְיוּ ׀ כְּסוּס כְּפֶרֶד אֵין הָבִין
בְּמֶתֶג־וָרֶסֶן עֶדְיוֹ לִבְלוֹם בַּל קְרֹב אֵלֶיךָ׃ רַבִּים מַכְאוֹבִים לָרָשָׁע וְהַבּוֹטֵחַ
בַּיהוה חֶסֶד יְסוֹבְבֶנּוּ׃ שִׂמְחוּ בַיהוה וְגִילוּ צַדִּיקִים וְהַרְנִינוּ כָּל־יִשְׁרֵי־לֵב׃

מזמור תהילה לה׳ שהוא לבדו היכול להושיע, כי כל האמצעים החיצוניים
אינם קובעים - מלבד עזרו של הקב״ה, שרק בו יש לבטוח.

לג רַנְּנוּ צַדִּיקִים בַּיהוה לַיְשָׁרִים נָאוָה תְהִלָּה׃ הוֹדוּ לַיהוה בְּכִנּוֹר בְּנֵבֶל עָשׂוֹר
זַמְּרוּ־לוֹ׃ שִׁירוּ־לוֹ שִׁיר חָדָשׁ הֵיטִיבוּ נַגֵּן בִּתְרוּעָה׃ כִּי־יָשָׁר דְּבַר־יהוה וְכָל־
מַעֲשֵׂהוּ בֶּאֱמוּנָה׃ אֹהֵב צְדָקָה וּמִשְׁפָּט חֶסֶד יהוה מָלְאָה הָאָרֶץ׃ בִּדְבַר יהוה
שָׁמַיִם נַעֲשׂוּ וּבְרוּחַ פִּיו כָּל־צְבָאָם׃ כֹּנֵס כַּנֵּד מֵי הַיָּם נֹתֵן בְּאֹצָרוֹת תְּהוֹמוֹת׃
יִירְאוּ מֵיהוה כָּל־הָאָרֶץ מִמֶּנּוּ יָגוּרוּ כָּל־יֹשְׁבֵי תֵבֵל׃ כִּי הוּא אָמַר וַיֶּהִי הוּא־
צִוָּה וַיַּעֲמֹד׃ יהוה הֵפִיר עֲצַת־גּוֹיִם הֵנִיא מַחְשְׁבוֹת עַמִּים׃ עֲצַת יהוה לְעוֹלָם

תַּעֲמֹד מַחְשְׁבוֹת לִבּוֹ לְדֹר וָדֹר׃ אַשְׁרֵי הַגּוֹי אֲשֶׁר־יהוה אֱלֹהָיו הָעָם ׀ בָּחַר
לְנַחֲלָה לוֹ׃ מִשָּׁמַיִם הִבִּיט יהוה רָאָה אֶת־כָּל־בְּנֵי הָאָדָם׃ מִמְּכוֹן־שִׁבְתּוֹ
הִשְׁגִּיחַ אֶל כָּל־יֹשְׁבֵי הָאָרֶץ׃ הַיֹּצֵר יַחַד לִבָּם הַמֵּבִין אֶל־כָּל־מַעֲשֵׂיהֶם׃ אֵין־
הַמֶּלֶךְ נוֹשָׁע בְּרָב־חָיִל גִּבּוֹר לֹא־יִנָּצֵל בְּרָב־כֹּחַ׃ שֶׁקֶר הַסּוּס לִתְשׁוּעָה וּבְרֹב
חֵילוֹ לֹא יְמַלֵּט׃ הִנֵּה עֵין יהוה אֶל־יְרֵאָיו לַמְיַחֲלִים לְחַסְדּוֹ׃ לְהַצִּיל מִמָּוֶת
נַפְשָׁם וּלְחַיּוֹתָם בָּרָעָב׃ נַפְשֵׁנוּ חִכְּתָה לַיהוה עֶזְרֵנוּ וּמָגִנֵּנוּ הוּא׃ כִּי־בוֹ יִשְׂמַח
לִבֵּנוּ כִּי בְשֵׁם קָדְשׁוֹ בָטָחְנוּ׃ יְהִי־חַסְדְּךָ יהוה עָלֵינוּ כַּאֲשֶׁר יִחַלְנוּ לָךְ׃

מזמור המלמד מה הן הדרכים הטובות שצריך אדם ללכת בהן,
וכי ההולכים בדרכים אלה זוכים לעזרת ה׳ ולחסותו.

לד לְדָוִד בְּשַׁנּוֹתוֹ אֶת־טַעְמוֹ לִפְנֵי אֲבִימֶלֶךְ וַיְגָרְשֵׁהוּ וַיֵּלַךְ׃ אֲבָרְכָה אֶת־יהוה
בְּכָל־עֵת תָּמִיד תְּהִלָּתוֹ בְּפִי׃ בַּיהוה תִּתְהַלֵּל נַפְשִׁי יִשְׁמְעוּ עֲנָוִים וְיִשְׂמָחוּ׃
גַּדְּלוּ לַיהוה אִתִּי וּנְרוֹמְמָה שְׁמוֹ יַחְדָּו׃ דָּרַשְׁתִּי אֶת־יהוה וְעָנָנִי וּמִכָּל־מְגוּרוֹתַי
הִצִּילָנִי׃ הִבִּיטוּ אֵלָיו וְנָהָרוּ וּפְנֵיהֶם אַל־יֶחְפָּרוּ׃ זֶה עָנִי קָרָא וַיהוה שָׁמֵעַ
וּמִכָּל־צָרוֹתָיו הוֹשִׁיעוֹ׃ חֹנֶה מַלְאַךְ־יהוה סָבִיב לִירֵאָיו וַיְחַלְּצֵם׃ טַעֲמוּ וּרְאוּ
כִּי־טוֹב יהוה אַשְׁרֵי הַגֶּבֶר יֶחֱסֶה־בּוֹ׃ יְראוּ אֶת־יהוה קְדֹשָׁיו כִּי־אֵין מַחְסוֹר
לִירֵאָיו׃ כְּפִירִים רָשׁוּ וְרָעֵבוּ וְדֹרְשֵׁי יהוה לֹא־יַחְסְרוּ כָל־טוֹב׃ לְכוּ־בָנִים
שִׁמְעוּ־לִי יִרְאַת יהוה אֲלַמֶּדְכֶם׃ מִי־הָאִישׁ הֶחָפֵץ חַיִּים אֹהֵב יָמִים לִרְאוֹת
טוֹב׃ נְצֹר לְשׁוֹנְךָ מֵרָע וּשְׂפָתֶיךָ מִדַּבֵּר מִרְמָה׃ סוּר מֵרָע וַעֲשֵׂה־טוֹב בַּקֵּשׁ
שָׁלוֹם וְרָדְפֵהוּ׃ עֵינֵי יהוה אֶל־צַדִּיקִים וְאָזְנָיו אֶל־שַׁוְעָתָם׃ פְּנֵי יהוה בְּעֹשֵׂי
רָע לְהַכְרִית מֵאֶרֶץ זִכְרָם׃ צָעֲקוּ וַיהוה שָׁמֵעַ וּמִכָּל־צָרוֹתָם הִצִּילָם׃ קָרוֹב
יהוה לְנִשְׁבְּרֵי־לֵב וְאֶת־דַּכְּאֵי־רוּחַ יוֹשִׁיעַ׃ רַבּוֹת רָעוֹת צַדִּיק וּמִכֻּלָּם יַצִּילֶנּוּ
יהוה׃ שֹׁמֵר כָּל־עַצְמוֹתָיו אַחַת מֵהֵנָּה לֹא נִשְׁבָּרָה׃ תְּמוֹתֵת רָשָׁע רָעָה וְשֹׂנְאֵי
צַדִּיק יֶאְשָׁמוּ׃ פּוֹדֶה יהוה נֶפֶשׁ עֲבָדָיו וְלֹא יֶאְשְׁמוּ כָּל־הַחֹסִים בּוֹ׃

מזמור תפילה שבו מבקש המשורר הגנה ועזרה כנגד אויביו
הרבים, ופונה לקב״ה בבקשה שיסייע לו באופן פעיל.

לה* לְדָוִד ׀ רִיבָה יהוה אֶת־יְרִיבַי לְחַם אֶת־לֹחֲמָי׃ הַחֲזֵק מָגֵן וְצִנָּה וְקוּמָה בְּעֶזְרָתִי׃
וְהָרֵק חֲנִית וּסְגֹר לִקְרַאת רֹדְפָי אֱמֹר לְנַפְשִׁי יְשֻׁעָתֵךְ אָנִי׃ יֵבֹשׁוּ וְיִכָּלְמוּ
מְבַקְשֵׁי נַפְשִׁי יִסֹּגוּ אָחוֹר וְיַחְפְּרוּ חֹשְׁבֵי רָעָתִי׃ יִהְיוּ כְּמֹץ לִפְנֵי־רוּחַ וּמַלְאַךְ

*ו לחודש

יְהוָה דּוֹחֶה׃ יְהִי־דַרְכָּם חֹשֶׁךְ וַחֲלַקְלַקֹּת וּמַלְאַךְ יְהוָה רֹדְפָם׃ כִּי־חִנָּם טָמְנוּ־
לִי שַׁחַת רִשְׁתָּם חִנָּם חָפְרוּ לְנַפְשִׁי׃ תְּבוֹאֵהוּ שׁוֹאָה לֹא־יֵדָע וְרִשְׁתּוֹ אֲשֶׁר־
טָמַן תִּלְכְּדוֹ בְּשׁוֹאָה יִפָּל־בָּהּ׃ וְנַפְשִׁי תָּגִיל בַּיהוָה תָּשִׂישׂ בִּישׁוּעָתוֹ׃ כָּל
עַצְמוֹתַי ׀ תֹּאמַרְנָה יהוה מִי כָמוֹךָ מַצִּיל עָנִי מֵחָזָק מִמֶּנּוּ וְעָנִי וְאֶבְיוֹן מִגֹּזְלוֹ׃
יְקוּמוּן עֵדֵי חָמָס אֲשֶׁר לֹא־יָדַעְתִּי יִשְׁאָלוּנִי׃ יְשַׁלְּמוּנִי רָעָה תַּחַת טוֹבָה שְׁכוֹל
לְנַפְשִׁי׃ וַאֲנִי ׀ בַּחֲלוֹתָם לְבוּשִׁי שָׂק עִנֵּיתִי בַצּוֹם נַפְשִׁי וּתְפִלָּתִי עַל־חֵיקִי
תָשׁוּב׃ כְּרֵעַ־כְּאָח לִי הִתְהַלָּכְתִּי כַּאֲבֶל־אֵם קֹדֵר שַׁחוֹתִי׃ וּבְצַלְעִי שָׂמְחוּ
וְנֶאֱסָפוּ נֶאֶסְפוּ עָלַי נֵכִים וְלֹא יָדַעְתִּי קָרְעוּ וְלֹא־דָמּוּ׃ בְּחַנְפֵי לַעֲגֵי מָעוֹג
חָרֹק עָלַי שִׁנֵּימוֹ׃ אֲדֹנָי כַּמָּה תִּרְאֶה הָשִׁיבָה נַפְשִׁי מִשֹּׁאֵיהֶם מִכְּפִירִים יְחִידָתִי׃
אוֹדְךָ בְּקָהָל רָב בְּעַם עָצוּם אֲהַלְלֶךָּ׃ אַל־יִשְׂמְחוּ־לִי אֹיְבַי שֶׁקֶר שֹׂנְאַי חִנָּם
יִקְרְצוּ־עָיִן׃ כִּי לֹא שָׁלוֹם יְדַבֵּרוּ וְעַל רִגְעֵי־אֶרֶץ דִּבְרֵי מִרְמוֹת יַחֲשֹׁבוּן׃ וַיַּרְחִיבוּ
עָלַי פִּיהֶם אָמְרוּ הֶאָח ׀ הֶאָח רָאֲתָה עֵינֵנוּ׃ רָאִיתָה יהוה אַל־תֶּחֱרַשׁ אֲדֹנָי
אַל־תִּרְחַק מִמֶּנִּי׃ הָעִירָה וְהָקִיצָה לְמִשְׁפָּטִי אֱלֹהַי וַאדֹנָי לְרִיבִי׃ שָׁפְטֵנִי
כְצִדְקְךָ יהוה אֱלֹהָי וְאַל־יִשְׂמְחוּ־לִי׃ אַל־יֹאמְרוּ בְלִבָּם הֶאָח נַפְשֵׁנוּ אַל־
יֹאמְרוּ בִּלַּעֲנוּהוּ׃ יֵבֹשׁוּ וְיַחְפְּרוּ ׀ יַחְדָּו שְׂמֵחֵי רָעָתִי יִלְבְּשׁוּ־בֹשֶׁת וּכְלִמָּה
הַמַּגְדִּילִים עָלָי׃ יָרֹנּוּ וְיִשְׂמְחוּ חֲפֵצֵי צִדְקִי וְיֹאמְרוּ תָמִיד יִגְדַּל יְהוָה הֶחָפֵץ
שְׁלוֹם עַבְדּוֹ׃ וּלְשׁוֹנִי תֶּהְגֶּה צִדְקֶךָ כָּל־הַיּוֹם תְּהִלָּתֶךָ׃

המזמור משווה בין הרשע, אשר בשל חוסר האמונה שלו הולך ומידרדר בדרך הרע, לבין הצדיק, שאושרו הגדול הוא הדבקות בה'; כן יש בו תפילה למפלת הרשע ולישועת הצדיק.

לו לַמְנַצֵּחַ ׀ לְעֶבֶד־יְהוָה לְדָוִד׃ נְאֻם־פֶּשַׁע לָרָשָׁע בְּקֶרֶב לִבִּי אֵין־פַּחַד אֱלֹהִים
לְנֶגֶד עֵינָיו׃ כִּי־הֶחֱלִיק אֵלָיו בְּעֵינָיו לִמְצֹא עֲוֺנוֹ לִשְׂנֹא׃ דִּבְרֵי־פִיו אָוֶן וּמִרְמָה
חָדַל לְהַשְׂכִּיל לְהֵיטִיב׃ אָוֶן ׀ יַחְשֹׁב עַל־מִשְׁכָּבוֹ יִתְיַצֵּב עַל־דֶּרֶךְ לֹא־טוֹב רָע
לֹא יִמְאָס׃ יְהוָה בְּהַשָּׁמַיִם חַסְדֶּךָ אֱמוּנָתְךָ עַד־שְׁחָקִים׃ צִדְקָתְךָ ׀ כְּהַרְרֵי־אֵל
מִשְׁפָּטֶךָ תְּהוֹם רַבָּה אָדָם וּבְהֵמָה תוֹשִׁיעַ ׀ יְהוָה׃ מַה־יָּקָר חַסְדְּךָ אֱלֹהִים
וּבְנֵי אָדָם בְּצֵל כְּנָפֶיךָ יֶחֱסָיוּן׃ יִרְוְיֻן מִדֶּשֶׁן בֵּיתֶךָ וְנַחַל עֲדָנֶיךָ תַשְׁקֵם׃ כִּי־עִמְּךָ
מְקוֹר חַיִּים בְּאוֹרְךָ נִרְאֶה־אוֹר׃ מְשֹׁךְ חַסְדְּךָ לְיֹדְעֶיךָ וְצִדְקָתְךָ לְיִשְׁרֵי־לֵב׃
אַל־תְּבוֹאֵנִי רֶגֶל גַּאֲוָה וְיַד־רְשָׁעִים אַל־תְּנִדֵנִי׃ שָׁם נָפְלוּ פֹּעֲלֵי אָוֶן דֹּחוּ
וְלֹא־יָכְלוּ קוּם׃

מזמור לימודי, על דרך הרשעים שאין לה קיום וסופה נפילה ואובדן, ומאידך,
על דרך הטוב, שעל אף שיש בתחילתה ייסורים,
סופה ביטחון וישועה לדורות.

לז לְדָוִד ׀ אַל־תִּתְחַר בַּמְּרֵעִים אַל־תְּקַנֵּא בְּעֹשֵׂי עַוְלָה: כִּי כֶחָצִיר מְהֵרָה יִמָּלוּ וּכְיֶרֶק דֶּשֶׁא יִבּוֹלוּן: בְּטַח בַּיהוה וַעֲשֵׂה־טוֹב שְׁכָן־אֶרֶץ וּרְעֵה אֱמוּנָה: וְהִתְעַנַּג עַל־יהוה וְיִתֶּן־לְךָ מִשְׁאֲלֹת לִבֶּךָ: גּוֹל עַל־יהוה דַּרְכֶּךָ וּבְטַח עָלָיו וְהוּא יַעֲשֶׂה: וְהוֹצִיא כָאוֹר צִדְקֶךָ וּמִשְׁפָּטֶךָ כַּצָּהֳרָיִם: דּוֹם ׀ לַיהוה וְהִתְחוֹלֵל לוֹ אַל־תִּתְחַר בְּמַצְלִיחַ דַּרְכּוֹ בְּאִישׁ עֹשֶׂה מְזִמּוֹת: הֶרֶף מֵאַף וַעֲזֹב חֵמָה אַל־תִּתְחַר אַךְ־לְהָרֵעַ: כִּי־מְרֵעִים יִכָּרֵתוּן וְקֹוֵי יהוה הֵמָּה יִירְשׁוּ־אָרֶץ: וְעוֹד מְעַט וְאֵין רָשָׁע וְהִתְבּוֹנַנְתָּ עַל־מְקוֹמוֹ וְאֵינֶנּוּ: וַעֲנָוִים יִירְשׁוּ־אָרֶץ וְהִתְעַנְּגוּ עַל־רֹב שָׁלוֹם: זֹמֵם רָשָׁע לַצַּדִּיק וְחֹרֵק עָלָיו שִׁנָּיו: אֲדֹנָי יִשְׂחַק־לוֹ כִּי־רָאָה כִּי־יָבֹא יוֹמוֹ: חֶרֶב ׀ פָּתְחוּ רְשָׁעִים וְדָרְכוּ קַשְׁתָּם לְהַפִּיל עָנִי וְאֶבְיוֹן לִטְבוֹחַ יִשְׁרֵי־דָרֶךְ: חַרְבָּם תָּבוֹא בְלִבָּם וְקַשְּׁתוֹתָם תִּשָּׁבַרְנָה: טוֹב־מְעַט לַצַּדִּיק מֵהֲמוֹן רְשָׁעִים רַבִּים: כִּי זְרוֹעוֹת רְשָׁעִים תִּשָּׁבַרְנָה וְסוֹמֵךְ צַדִּיקִים יהוה: יוֹדֵעַ יהוה יְמֵי תְמִימִם וְנַחֲלָתָם לְעוֹלָם תִּהְיֶה: לֹא־יֵבֹשׁוּ בְּעֵת רָעָה וּבִימֵי רְעָבוֹן יִשְׂבָּעוּ: כִּי רְשָׁעִים ׀ יֹאבֵדוּ וְאֹיְבֵי יהוה כִּיקַר כָּרִים כָּלוּ בֶעָשָׁן כָּלוּ: לֹוֶה רָשָׁע וְלֹא יְשַׁלֵּם וְצַדִּיק חוֹנֵן וְנוֹתֵן: כִּי מְבֹרָכָיו יִירְשׁוּ אָרֶץ וּמְקֻלָּלָיו יִכָּרֵתוּ: מֵיהוה מִצְעֲדֵי־גֶבֶר כּוֹנָנוּ וְדַרְכּוֹ יֶחְפָּץ: כִּי־יִפֹּל לֹא־יוּטָל כִּי־יהוה סוֹמֵךְ יָדוֹ: נַעַר ׀ הָיִיתִי גַּם־זָקַנְתִּי וְלֹא־רָאִיתִי צַדִּיק נֶעֱזָב וְזַרְעוֹ מְבַקֶּשׁ־לָחֶם: כָּל־הַיּוֹם חוֹנֵן וּמַלְוֶה וְזַרְעוֹ לִבְרָכָה: סוּר מֵרָע וַעֲשֵׂה־טוֹב וּשְׁכֹן לְעוֹלָם: כִּי יהוה ׀ אֹהֵב מִשְׁפָּט וְלֹא־יַעֲזֹב אֶת־חֲסִידָיו לְעוֹלָם נִשְׁמָרוּ וְזֶרַע רְשָׁעִים נִכְרָת: צַדִּיקִים יִירְשׁוּ־אָרֶץ וְיִשְׁכְּנוּ לָעַד עָלֶיהָ: פִּי־צַדִּיק יֶהְגֶּה חָכְמָה וּלְשׁוֹנוֹ תְּדַבֵּר מִשְׁפָּט: תּוֹרַת אֱלֹהָיו בְּלִבּוֹ לֹא תִמְעַד אֲשֻׁרָיו: צוֹפֶה רָשָׁע לַצַּדִּיק וּמְבַקֵּשׁ לַהֲמִיתוֹ: יהוה לֹא־יַעַזְבֶנּוּ בְיָדוֹ וְלֹא יַרְשִׁיעֶנּוּ בְּהִשָּׁפְטוֹ: קַוֵּה אֶל־יהוה ׀ וּשְׁמֹר דַּרְכּוֹ וִירוֹמִמְךָ לָרֶשֶׁת אָרֶץ בְּהִכָּרֵת רְשָׁעִים תִּרְאֶה: רָאִיתִי רָשָׁע עָרִיץ וּמִתְעָרֶה כְּאֶזְרָח רַעֲנָן: וַיַּעֲבֹר וְהִנֵּה אֵינֶנּוּ וָאֲבַקְשֵׁהוּ וְלֹא נִמְצָא: שְׁמָר־תָּם וּרְאֵה יָשָׁר כִּי־אַחֲרִית לְאִישׁ שָׁלוֹם: וּפֹשְׁעִים נִשְׁמְדוּ יַחְדָּו אַחֲרִית רְשָׁעִים נִכְרָתָה: וּתְשׁוּעַת צַדִּיקִים מֵיהוה מָעוּזָּם בְּעֵת צָרָה: וַיַּעְזְרֵם יהוה וַיְפַלְּטֵם יְפַלְּטֵם מֵרְשָׁעִים וְיוֹשִׁיעֵם כִּי־חָסוּ בוֹ:

תחינתו של אדם הסובל מייסורי גוף וייסורים אחרים, המגלה שחבריו
זנחוהו והם מניחים אותו בידי שונאים ובוגדים. המתחנן מודע לעוונות
ולחטאים שעשה ומודה עליהם, וכל דבריו הם תחינה לה׳ - שעליו נשען כל
ימי חייו, ורק ה׳ לבדו נשאר לו בעלמו - שיושיע אותו מכל צרותיו.

לח מִזְמ֖וֹר לְדָוִ֣ד לְהַזְכִּֽיר׃ יְֽהוָ֗ה אַל־בְּקֶצְפְּךָ֥ תוֹכִיחֵ֑נִי וּֽבַחֲמָתְךָ֥ תְיַסְּרֵֽנִי׃ כִּֽי־חִ֭צֶּיךָ
נִ֣חֲתוּ בִ֑י וַתִּנְחַ֖ת עָלַ֣י יָדֶֽךָ׃ אֵין־מְתֹ֣ם בִּ֭בְשָׂרִי מִפְּנֵ֣י זַעְמֶ֑ךָ אֵין־שָׁל֥וֹם בַּ֝עֲצָמַ֗י
מִפְּנֵ֥י חַטָּאתִֽי׃ כִּ֣י עֲ֭וֺנֹתַי עָבְר֣וּ רֹאשִׁ֑י כְּמַשָּׂ֥א כָ֝בֵ֗ד יִכְבְּד֥וּ מִמֶּֽנִּי׃ הִבְאִ֣ישׁוּ
נָ֭מַקּוּ חַבּוּרֹתָ֑י מִ֝פְּנֵ֗י אִוַּלְתִּֽי׃ נַעֲוֵ֣יתִי שַׁחֹ֣תִי עַד־מְאֹ֑ד כׇּל־הַ֝יּ֗וֹם קֹדֵ֥ר הִלָּֽכְתִּי׃
כִּֽי־כְ֭סָלַי מָלְא֣וּ נִקְלֶ֑ה וְאֵ֥ין מְ֝תֹ֗ם בִּבְשָׂרִֽי׃ נְפוּג֣וֹתִי וְנִדְכֵּ֣יתִי עַד־מְאֹ֑ד שָׁ֝אַ֗גְתִּי
מִֽנַּהֲמַ֥ת לִבִּֽי׃ אֲֽדֹנָ֗י נֶגְדְּךָ֥ כׇל־תַּאֲוָתִ֑י וְ֝אַנְחָתִ֗י מִמְּךָ֥ לֹא־נִסְתָּֽרָה׃ לִבִּ֣י סְ֭חַרְחַר
עֲזָבַ֣נִי כֹחִ֑י וְֽאוֹר־עֵינַ֥י גַּם־הֵ֝֗ם אֵ֣ין אִתִּֽי׃ אֹהֲבַ֨י ׀ וְרֵעַ֗י מִנֶּ֣גֶד נִגְעִ֣י יַעֲמֹ֑דוּ וּ֝קְרוֹבַ֗י
מֵרָחֹ֥ק עָמָֽדוּ׃ וַיְנַקְשׁ֤וּ ׀ מְבַקְשֵׁ֬י נַפְשִׁ֗י וְדֹרְשֵׁ֣י רָ֭עָתִי דִּבְּר֣וּ הַוּ֑וֹת וּ֝מִרְמ֗וֹת כׇּל־
הַיּ֥וֹם יֶהְגּֽוּ׃ וַאֲנִ֣י כְ֭חֵרֵשׁ לֹ֣א אֶשְׁמָ֑ע וּ֝כְאִלֵּ֗ם לֹ֣א יִפְתַּח־פִּֽיו׃ וָאֱהִ֗י כְּ֭אִישׁ אֲשֶׁ֣ר
לֹא־שֹׁמֵ֑עַ וְאֵ֥ין בְּ֝פִ֗יו תּוֹכָחֽוֹת׃ כִּֽי־לְךָ֣ יְהוָ֣ה הוֹחָ֑לְתִּי אַתָּ֥ה תַ֝עֲנֶ֗ה אֲדֹנָ֥י אֱלֹהָֽי׃
כִּֽי־אָ֭מַרְתִּי פֶּן־יִשְׂמְחוּ־לִ֑י בְּמ֥וֹט רַ֝גְלִ֗י עָלַ֥י הִגְדִּֽילוּ׃ כִּֽי־אֲ֭נִי לְצֶ֣לַע נָכ֑וֹן וּמַכְאוֹבִ֖י
נֶגְדִּ֣י תָמִֽיד׃ כִּֽי־עֲוֺנִ֥י אַגִּ֑יד אֶ֝דְאַ֗ג מֵֽחַטָּאתִֽי׃ וְֽ֭אֹיְבַי חַיִּ֣ים עָצֵ֑מוּ וְרַבּ֖וּ שֹׂנְאַ֣י
שָֽׁקֶר׃ וּמְשַׁלְּמֵ֣י רָ֭עָה תַּ֣חַת טוֹבָ֑ה יִ֝שְׂטְנ֗וּנִי תַּ֣חַת רדופי־טֽוֹב׃ אַל־תַּעַזְבֵ֣נִי רׇֽדְפִי־
יְהוָ֑ה אֱ֝לֹהַ֗י אַל־תִּרְחַ֥ק מִמֶּֽנִּי׃ ח֥וּשָׁה לְעֶזְרָתִ֑י אֲ֝דֹנָ֗י תְּשׁוּעָתִֽי׃

מזמור תפילה על ייסורי מחלה ושונאים מסביב, כאבים ומפלות,
אשר יש בו הרהורים על הגורל האנושי בכלל.

לט לַמְנַצֵּ֣חַ לידיתון מִזְמ֣וֹר לְדָוִֽד׃ אָמַ֗רְתִּי אֶֽשְׁמְרָ֣ה דְרָכַי֮ מֵחֲט֪וֹא בִלְשׁ֫וֹנִ֥י לִֽידוּת֗וּן
אֶשְׁמְרָ֥ה לְפִ֥י מַחְס֑וֹם בְּעֹ֖ד רָשָׁ֣ע לְנֶגְדִּֽי׃ נֶאֱלַ֣מְתִּי ד֭וּמִיָּה הֶחֱשֵׁ֣יתִי מִטּ֑וֹב
וּכְאֵבִ֥י נֶעְכָּֽר׃ חַם־לִבִּ֨י ׀ בְּקִרְבִּ֗י בַּהֲגִיגִ֥י תִבְעַר־אֵ֑שׁ דִּ֝בַּ֗רְתִּי בִּלְשֽׁוֹנִי׃ הוֹדִ֘יעֵ֤נִי
יְהוָ֨ה ׀ קִצִּ֗י וּמִדַּ֣ת יָמַ֣י מַה־הִ֑יא אֵ֝דְעָ֗ה מֶה־חָדֵ֥ל אָֽנִי׃ הִנֵּ֤ה טְפָח֨וֹת ׀ נָתַ֬תָּה
יָמַ֗י וְחֶלְדִּ֣י כְאַ֣יִן נֶגְדֶּ֑ךָ אַ֥ךְ כׇּל־הֶ֥בֶל כׇּל־אָ֝דָ֗ם נִצָּ֥ב סֶֽלָה׃ אַךְ־בְּצֶ֤לֶם ׀ יִֽתְהַלֶּךְ־
אִ֗ישׁ אַךְ־הֶ֥בֶל יֶהֱמָי֑וּן יִ֝צְבֹּ֗ר וְֽלֹא־יֵדַ֥ע מִי־אֹסְפָֽם׃ וְעַתָּ֣ה מַה־קִּוִּ֣יתִי אֲדֹנָ֑י
תּ֝וֹחַלְתִּ֗י לְךָ֣ הִֽיא׃ מִכׇּל־פְּשָׁעַ֥י הַצִּילֵ֑נִי חֶרְפַּ֥ת נָ֝בָ֗ל אַל־תְּשִׂימֵֽנִי׃ נֶ֭אֱלַמְתִּי לֹ֣א
אֶפְתַּח־פִּ֑י כִּ֖י אַתָּ֣ה עָשִֽׂיתָ׃ הָסֵ֣ר מֵעָלַ֣י נִגְעֶ֑ךָ מִתִּגְרַ֥ת יָ֝דְךָ֗ אֲנִ֣י כָלִֽיתִי׃
בְּתוֹכָ֘ח֤וֹת עַל־עָוֺ֨ן ׀ יִסַּ֬רְתָּ אִ֗ישׁ וַתֶּ֣מֶס כָּעָ֣שׁ חֲמוּד֑וֹ אַ֤ךְ הֶ֖בֶל כׇּל־אָדָ֣ם סֶֽלָה׃

*ז לחודש

שִׁמְעָה תְפִלָּתִי ׀ יהוה וְשַׁוְעָתִי ׀ הַאֲזִינָה אֶל־דִּמְעָתִי אַל־תֶּחֱרַשׁ כִּי גֵר אָנֹכִי עִמָּךְ תּוֹשָׁב כְּכָל־אֲבוֹתָי׃ הָשַׁע מִמֶּנִּי וְאַבְלִיגָה בְּטֶרֶם אֵלֵךְ וְאֵינֶנִּי׃

שיר תודה לה׳ שהציל את המתפלל מצרות רבות, ובעיקר מאויבים הנלחמים בו. המתפלל מודה לה׳ על כך שלמרות חטאיו, שבגללם נענש, זכה לישועה; והוא מפרסם את חסדי ה׳ ברבים.

מ לַמְנַצֵּחַ לְדָוִד מִזְמוֹר׃ קַוֺּה קִוִּיתִי יהוה וַיֵּט אֵלַי וַיִּשְׁמַע שַׁוְעָתִי׃ וַיַּעֲלֵנִי ׀ מִבּוֹר שָׁאוֹן מִטִּיט הַיָּוֵן וַיָּקֶם עַל־סֶלַע רַגְלַי כּוֹנֵן אֲשֻׁרָי׃ וַיִּתֵּן בְּפִי ׀ שִׁיר חָדָשׁ תְּהִלָּה לֵאלֹהֵינוּ יִרְאוּ רַבִּים וְיִירָאוּ וְיִבְטְחוּ בַּיהוה׃ אַשְׁרֵי־הַגֶּבֶר אֲשֶׁר־שָׂם יהוה מִבְטַחוֹ וְלֹא־פָנָה אֶל־רְהָבִים וְשָׂטֵי כָזָב׃ רַבּוֹת עָשִׂיתָ ׀ אַתָּה ׀ יהוה אֱלֹהַי נִפְלְאֹתֶיךָ וּמַחְשְׁבֹתֶיךָ אֵלֵינוּ אֵין ׀ עֲרֹךְ אֵלֶיךָ אַגִּידָה וַאֲדַבֵּרָה עָצְמוּ מִסַּפֵּר׃ זֶבַח וּמִנְחָה ׀ לֹא־חָפַצְתָּ אָזְנַיִם כָּרִיתָ לִּי עוֹלָה וַחֲטָאָה לֹא שָׁאָלְתָּ׃ אָז אָמַרְתִּי הִנֵּה־בָאתִי בִּמְגִלַּת־סֵפֶר כָּתוּב עָלָי׃ לַעֲשׂוֹת־רְצוֹנְךָ אֱלֹהַי חָפָצְתִּי וְתוֹרָתְךָ בְּתוֹךְ מֵעָי׃ בִּשַּׂרְתִּי צֶדֶק ׀ בְּקָהָל רָב הִנֵּה שְׂפָתַי לֹא אֶכְלָא יהוה אַתָּה יָדָעְתָּ׃ צִדְקָתְךָ לֹא־כִסִּיתִי ׀ בְּתוֹךְ לִבִּי אֱמוּנָתְךָ וּתְשׁוּעָתְךָ אָמָרְתִּי לֹא־כִחַדְתִּי חַסְדְּךָ וַאֲמִתְּךָ לְקָהָל רָב׃ אַתָּה יהוה לֹא־תִכְלָא רַחֲמֶיךָ מִמֶּנִּי חַסְדְּךָ וַאֲמִתְּךָ תָּמִיד יִצְּרוּנִי׃ כִּי אָפְפוּ־עָלַי ׀ רָעוֹת עַד־אֵין מִסְפָּר הִשִּׂיגוּנִי עֲוֺנֹתַי וְלֹא־יָכֹלְתִּי לִרְאוֹת עָצְמוּ מִשַּׂעֲרוֹת רֹאשִׁי וְלִבִּי עֲזָבָנִי׃ רְצֵה יהוה לְהַצִּילֵנִי יהוה לְעֶזְרָתִי חוּשָׁה׃ יֵבֹשׁוּ וְיַחְפְּרוּ ׀ יַחַד מְבַקְשֵׁי נַפְשִׁי לִסְפּוֹתָהּ יִסֹּגוּ אָחוֹר וְיִכָּלְמוּ חֲפֵצֵי רָעָתִי׃ יָשֹׁמּוּ עַל־עֵקֶב בָּשְׁתָּם הָאֹמְרִים לִי הֶאָח ׀ הֶאָח׃ יָשִׂישׂוּ וְיִשְׂמְחוּ ׀ בְּךָ כָּל־מְבַקְשֶׁיךָ יֹאמְרוּ תָמִיד יִגְדַּל יהוה אֹהֲבֵי תְּשׁוּעָתֶךָ׃ וַאֲנִי ׀ עָנִי וְאֶבְיוֹן אֲדֹנָי יַחֲשָׁב לִי עֶזְרָתִי וּמְפַלְטִי אַתָּה אֱלֹהַי אַל־תְּאַחַר׃

מזמור תודה של אדם מכובד שחלה. מצד אחד מתאר המזמור את הנטישה של כל האוהבים המדומים, שלא היו קרובים אליו אלא בשעת גדולתו, ואת כאב לבו של החולה, שמלבד מחלתו הוא מרגיש מבודד. ומצד שני, את הישועה שיש ברפואתו, בהצלתו ובהתרוממותו מחדש.

מא לַמְנַצֵּחַ מִזְמוֹר לְדָוִד׃ אַשְׁרֵי מַשְׂכִּיל אֶל־דָּל בְּיוֹם רָעָה יְמַלְּטֵהוּ יהוה׃ יהוה ׀
יִשְׁמְרֵהוּ וִיחַיֵּהוּ יאשר בָּאָרֶץ וְאַל־תִּתְּנֵהוּ בְּנֶפֶשׁ אֹיְבָיו׃ יהוה יִסְעָדֶנּוּ עַל־ וְאֻשַּׁר
עֶרֶשׂ דְּוָי כָּל־מִשְׁכָּבוֹ הָפַכְתָּ בְחָלְיוֹ׃ אֲנִי־אָמַרְתִּי יהוה חָנֵּנִי רְפָאָה נַפְשִׁי
כִּי־חָטָאתִי לָךְ׃ אוֹיְבַי יֹאמְרוּ רַע לִי מָתַי יָמוּת וְאָבַד שְׁמוֹ׃ וְאִם־בָּא לִרְאוֹת ׀

שָׁוְא יְדַבֵּר לִבּוֹ יִקְבׇּץ־אָוֶן לוֹ יֵצֵא לַחוּץ יְדַבֵּר׃ יַחַד עָלַי יִתְלַחֲשׁוּ כׇּל־שֹׂנְאָי
עָלַי ׀ יַחְשְׁבוּ רָעָה לִי׃ דְּבַר־בְּלִיַּעַל יָצוּק בּוֹ וַאֲשֶׁר שָׁכַב לֹא־יוֹסִיף לָקוּם׃
גַּם־אִישׁ שְׁלוֹמִי ׀ אֲשֶׁר־בָּטַחְתִּי בוֹ אוֹכֵל לַחְמִי הִגְדִּיל עָלַי עָקֵב׃ וְאַתָּה
יהוה חׇנֵּנִי וַהֲקִימֵנִי וַאֲשַׁלְּמָה לָהֶם׃ בְּזֹאת יָדַעְתִּי כִּי־חָפַצְתָּ בִּי כִּי לֹא־יָרִיעַ
אֹיְבִי עָלָי׃ וַאֲנִי בְּתֻמִּי תָּמַכְתָּ בִּי וַתַּצִּיבֵנִי לְפָנֶיךָ לְעוֹלָם׃ בָּרוּךְ יהוה ׀ אֱלֹהֵי
יִשְׂרָאֵל מֵהָעוֹלָם וְעַד־הָעוֹלָם אָמֵן ׀ וְאָמֵן׃

ספר שני

שיר געגועים ותחינה של אדם הנמצא בגלות מבודדת, רדוף ושנוא,
ויודע כי רק ה׳ לבדו יכול להושיעו מכל הצרות המקיפות אותו.

מב לַמְנַצֵּחַ מַשְׂכִּיל לִבְנֵי־קֹרַח׃ כְּאַיָּל תַּעֲרֹג עַל־אֲפִיקֵי־מָיִם כֵּן נַפְשִׁי תַעֲרֹג אֵלֶיךָ
אֱלֹהִים׃ צָמְאָה נַפְשִׁי ׀ לֵאלֹהִים לְאֵל חָי מָתַי אָבוֹא וְאֵרָאֶה פְּנֵי אֱלֹהִים׃
הָיְתָה־לִּי דִמְעָתִי לֶחֶם יוֹמָם וָלָיְלָה בֶּאֱמֹר אֵלַי כׇּל־הַיּוֹם אַיֵּה אֱלֹהֶיךָ׃ אֵלֶּה
אֶזְכְּרָה ׀ וְאֶשְׁפְּכָה עָלַי ׀ נַפְשִׁי כִּי אֶעֱבֹר ׀ בַּסָּךְ אֶדַּדֵּם עַד־בֵּית אֱלֹהִים בְּקוֹל־
רִנָּה וְתוֹדָה הָמוֹן חוֹגֵג׃ מַה־תִּשְׁתּוֹחֲחִי ׀ נַפְשִׁי וַתֶּהֱמִי עָלָי הוֹחִלִי לֵאלֹהִים
כִּי־עוֹד אוֹדֶנּוּ יְשׁוּעוֹת פָּנָיו׃ אֱלֹהַי עָלַי נַפְשִׁי תִשְׁתּוֹחָח עַל־כֵּן אֶזְכׇּרְךָ מֵאֶרֶץ
יַרְדֵּן וְחֶרְמוֹנִים מֵהַר מִצְעָר׃ תְּהוֹם־אֶל־תְּהוֹם קוֹרֵא לְקוֹל צִנּוֹרֶיךָ כׇּל־מִשְׁבָּרֶיךָ
וְגַלֶּיךָ עָלַי עָבָרוּ׃ יוֹמָם ׀ יְצַוֶּה יהוה ׀ חַסְדּוֹ וּבַלַּיְלָה שִׁירֹה עִמִּי תְּפִלָּה לְאֵל
חַיָּי׃ אוֹמְרָה ׀ לְאֵל סַלְעִי לָמָה שְׁכַחְתָּנִי לָמָּה־קֹדֵר אֵלֵךְ בְּלַחַץ אוֹיֵב׃ בְּרֶצַח ׀
בְּעַצְמוֹתַי חֵרְפוּנִי צוֹרְרָי בְּאׇמְרָם אֵלַי כׇּל־הַיּוֹם אַיֵּה אֱלֹהֶיךָ׃ מַה־תִּשְׁתּוֹחֲחִי ׀
נַפְשִׁי וּמַה־תֶּהֱמִי עָלָי הוֹחִילִי לֵאלֹהִים כִּי־עוֹד אוֹדֶנּוּ יְשׁוּעֹת פָּנַי וֵאלֹהָי׃

מזמור הממשיך את המזמור הקודם, אשר יש בו תחינה לה׳ להוציא את המתפלל
מגלותו ומצרותיו, כדי שיוכל שוב לבוא ולהודות לה׳ בבית מקדשו.

מג שׇׁפְטֵנִי אֱלֹהִים ׀ וְרִיבָה רִיבִי מִגּוֹי לֹא־חָסִיד מֵאִישׁ־מִרְמָה וְעַוְלָה תְפַלְּטֵנִי׃
כִּי־אַתָּה ׀ אֱלֹהֵי מָעוּזִּי לָמָה זְנַחְתָּנִי לָמָּה־קֹדֵר אֶתְהַלֵּךְ בְּלַחַץ אוֹיֵב׃
שְׁלַח־אוֹרְךָ וַאֲמִתְּךָ הֵמָּה יַנְחוּנִי יְבִיאוּנִי אֶל־הַר־קׇדְשְׁךָ וְאֶל־מִשְׁכְּנוֹתֶיךָ׃
וְאָבוֹאָה ׀ אֶל־מִזְבַּח אֱלֹהִים אֶל־אֵל שִׂמְחַת גִּילִי וְאוֹדְךָ בְכִנּוֹר אֱלֹהִים
אֱלֹהָי׃ מַה־תִּשְׁתּוֹחֲחִי ׀ נַפְשִׁי וּמַה־תֶּהֱמִי עָלָי הוֹחִילִי לֵאלֹהִים כִּי־עוֹד
אוֹדֶנּוּ יְשׁוּעֹת פָּנַי וֵאלֹהָי׃

מזמור תפילה-תחינה-תלונה על מצבו של עם ישראל הנתון בצרות רבות בשל היותו עם ה', ובו מזכיר המשורר את ימי הזוהר של העבר לעומת זמן ההווה הקשה.

מד לַמְנַצֵּחַ לִבְנֵי־קֹרַח מַשְׂכִּיל: אֱלֹהִים ׀ בְּאָזְנֵינוּ שָׁמַעְנוּ אֲבוֹתֵינוּ סִפְּרוּ־לָנוּ
פֹּעַל־פָּעַלְתָּ בִימֵיהֶם בִּימֵי קֶדֶם: אַתָּה ׀ יָדְךָ גּוֹיִם הוֹרַשְׁתָּ וַתִּטָּעֵם תָּרַע
לְאֻמִּים וַתְּשַׁלְּחֵם: כִּי לֹא בְחַרְבָּם יָרְשׁוּ אָרֶץ וּזְרוֹעָם לֹא־הוֹשִׁיעָה לָּמוֹ כִּי־
יְמִינְךָ וּזְרוֹעֲךָ וְאוֹר פָּנֶיךָ כִּי רְצִיתָם: אַתָּה־הוּא מַלְכִּי אֱלֹהִים צַוֵּה יְשׁוּעוֹת
יַעֲקֹב: בְּךָ צָרֵינוּ נְנַגֵּחַ בְּשִׁמְךָ נָבוּס קָמֵינוּ: כִּי לֹא בְקַשְׁתִּי אֶבְטָח וְחַרְבִּי לֹא
תוֹשִׁיעֵנִי: כִּי הוֹשַׁעְתָּנוּ מִצָּרֵינוּ וּמְשַׂנְאֵינוּ הֱבִישׁוֹתָ: בֵּאלֹהִים הִלַּלְנוּ כָל־
הַיּוֹם וְשִׁמְךָ ׀ לְעוֹלָם נוֹדֶה סֶלָה: אַף־זָנַחְתָּ וַתַּכְלִימֵנוּ וְלֹא־תֵצֵא בְּצִבְאוֹתֵינוּ:
תְּשִׁיבֵנוּ אָחוֹר מִנִּי־צָר וּמְשַׂנְאֵינוּ שָׁסוּ לָמוֹ: תִּתְּנֵנוּ כְּצֹאן מַאֲכָל וּבַגּוֹיִם
זֵרִיתָנוּ: תִּמְכֹּר־עַמְּךָ בְלֹא־הוֹן וְלֹא־רִבִּיתָ בִּמְחִירֵיהֶם: תְּשִׂימֵנוּ חֶרְפָּה
לִשְׁכֵנֵינוּ לַעַג וָקֶלֶס לִסְבִיבוֹתֵינוּ: תְּשִׂימֵנוּ מָשָׁל בַּגּוֹיִם מְנוֹד־רֹאשׁ בַּלְאֻמִּים:
כָּל־הַיּוֹם כְּלִמָּתִי נֶגְדִּי וּבֹשֶׁת פָּנַי כִּסָּתְנִי: מִקּוֹל מְחָרֵף וּמְגַדֵּף מִפְּנֵי אוֹיֵב
וּמִתְנַקֵּם: כָּל־זֹאת בָּאַתְנוּ וְלֹא שְׁכַחֲנוּךָ וְלֹא־שִׁקַּרְנוּ בִּבְרִיתֶךָ: לֹא־נָסוֹג
אָחוֹר לִבֵּנוּ וַתֵּט אֲשֻׁרֵינוּ מִנִּי אָרְחֶךָ: כִּי דִכִּיתָנוּ בִּמְקוֹם תַּנִּים וַתְּכַס עָלֵינוּ
בְצַלְמָוֶת: אִם־שָׁכַחְנוּ שֵׁם אֱלֹהֵינוּ וַנִּפְרֹשׂ כַּפֵּינוּ לְאֵל זָר: הֲלֹא אֱלֹהִים
יַחֲקָר־זֹאת כִּי־הוּא יֹדֵעַ תַּעֲלֻמוֹת לֵב: כִּי־עָלֶיךָ הֹרַגְנוּ כָל־הַיּוֹם נֶחְשַׁבְנוּ
כְּצֹאן טִבְחָה: עוּרָה ׀ לָמָּה תִישַׁן ׀ אֲדֹנָי הָקִיצָה אַל־תִּזְנַח לָנֶצַח: לָמָּה־פָנֶיךָ
תַסְתִּיר תִּשְׁכַּח עָנְיֵנוּ וְלַחֲצֵנוּ: כִּי שָׁחָה לֶעָפָר נַפְשֵׁנוּ דָּבְקָה לָאָרֶץ בִּטְנֵנוּ:
קוּמָה עֶזְרָתָה לָּנוּ וּפְדֵנוּ לְמַעַן חַסְדֶּךָ:

שיר לחתונתו של מלך גיבור, ובדרך ההפלגה והשבח –
שיר לכבודו של כל חתן, שביום חתונתו כמוהו כמלך.

מה לַמְנַצֵּחַ עַל־שֹׁשַׁנִּים לִבְנֵי־קֹרַח מַשְׂכִּיל שִׁיר יְדִידֹת: רָחַשׁ לִבִּי ׀ דָּבָר טוֹב
אֹמֵר אָנִי מַעֲשַׂי לְמֶלֶךְ לְשׁוֹנִי עֵט ׀ סוֹפֵר מָהִיר: יָפְיָפִיתָ מִבְּנֵי אָדָם הוּצַק חֵן
בְּשְׂפְתוֹתֶיךָ עַל־כֵּן בֵּרַכְךָ אֱלֹהִים לְעוֹלָם: חֲגוֹר־חַרְבְּךָ עַל־יָרֵךְ גִּבּוֹר הוֹדְךָ
וַהֲדָרֶךָ: וַהֲדָרְךָ ׀ צְלַח רְכַב עַל־דְּבַר־אֱמֶת וְעַנְוָה־צֶדֶק וְתוֹרְךָ נוֹרָאוֹת יְמִינֶךָ:
חִצֶּיךָ שְׁנוּנִים עַמִּים תַּחְתֶּיךָ יִפְּלוּ בְּלֵב אוֹיְבֵי הַמֶּלֶךְ: כִּסְאֲךָ אֱלֹהִים עוֹלָם
וָעֶד שֵׁבֶט מִישֹׁר שֵׁבֶט מַלְכוּתֶךָ: אָהַבְתָּ צֶּדֶק וַתִּשְׂנָא רֶשַׁע עַל־כֵּן ׀ מְשָׁחֲךָ

*ח לחודש

אֱלֹהִים אֱלֹהֶיךָ שֶׁמֶן שָׂשׂוֹן מֵחֲבֵרֶךָ: מֹר־וַאֲהָלוֹת קְצִיעוֹת כׇּל־בִּגְדֹתֶיךָ מִן־
הֵיכְלֵי שֵׁן מִנִּי שִׂמְּחוּךָ: בְּנוֹת מְלָכִים בְּיִקְּרוֹתֶיךָ נִצְּבָה שֵׁגַל לִימִינְךָ בְּכֶתֶם
אוֹפִיר: שִׁמְעִי־בַת וּרְאִי וְהַטִּי אׇזְנֵךְ וְשִׁכְחִי עַמֵּךְ וּבֵית אָבִיךְ: וְיִתְאָו הַמֶּלֶךְ
יׇפְיֵךְ כִּי־הוּא אֲדֹנַיִךְ וְהִשְׁתַּחֲוִי־לוֹ: וּבַת־צֹר ׀ בְּמִנְחָה פָּנַיִךְ יְחַלּוּ עֲשִׁירֵי עָם:
כׇּל־כְּבוּדָּה בַת־מֶלֶךְ פְּנִימָה מִמִּשְׁבְּצוֹת זָהָב לְבוּשָׁהּ: לִרְקָמוֹת תּוּבַל לַמֶּלֶךְ
בְּתוּלוֹת אַחֲרֶיהָ רֵעוֹתֶיהָ מוּבָאוֹת לָךְ: תּוּבַלְנָה בִּשְׂמָחֹת וָגִיל תְּבֹאֶינָה
בְּהֵיכַל מֶלֶךְ: תַּחַת אֲבֹתֶיךָ יִהְיוּ בָנֶיךָ תְּשִׁיתֵמוֹ לְשָׂרִים בְּכׇל־הָאָרֶץ: אַזְכִּירָה
שִׁמְךָ בְּכׇל־דֹּר וָדֹר עַל־כֵּן עַמִּים יְהוֹדֻךָ לְעֹלָם וָעֶד:

שיר הלל ותודה על הישועה, המושר אחרי ניצחון שקדם לו מצב קשה ביותר, אך אחרי התערבותו של ה׳ שוב שוררים שקט ושלווה.

מו לַמְנַצֵּחַ לִבְנֵי־קֹרַח עַל־עֲלָמוֹת שִׁיר: אֱלֹהִים לָנוּ מַחֲסֶה וָעֹז עֶזְרָה בְצָרוֹת
נִמְצָא מְאֹד: עַל־כֵּן לֹא־נִירָא בְּהָמִיר אָרֶץ וּבְמוֹט הָרִים בְּלֵב יַמִּים: יֶהֱמוּ
יֶחְמְרוּ מֵימָיו יִרְעֲשׁוּ־הָרִים בְּגַאֲוָתוֹ סֶלָה: נָהָר פְּלָגָיו יְשַׂמְּחוּ עִיר־אֱלֹהִים
קְדֹשׁ מִשְׁכְּנֵי עֶלְיוֹן: אֱלֹהִים בְּקִרְבָּהּ בַּל־תִּמּוֹט יַעְזְרֶהָ אֱלֹהִים לִפְנוֹת בֹּקֶר:
הָמוּ גוֹיִם מָטוּ מַמְלָכוֹת נָתַן בְּקוֹלוֹ תָּמוּג אָרֶץ: יהוה צְבָאוֹת עִמָּנוּ מִשְׂגָּב
לָנוּ אֱלֹהֵי יַעֲקֹב סֶלָה: לְכוּ־חֲזוּ מִפְעֲלוֹת יהוה אֲשֶׁר־שָׂם שַׁמּוֹת בָּאָרֶץ:
מַשְׁבִּית מִלְחָמוֹת עַד־קְצֵה הָאָרֶץ קֶשֶׁת יְשַׁבֵּר וְקִצֵּץ חֲנִית עֲגָלוֹת יִשְׂרֹף
בָּאֵשׁ: הַרְפּוּ וּדְעוּ כִּי־אָנֹכִי אֱלֹהִים אָרוּם בַּגּוֹיִם אָרוּם בָּאָרֶץ: יהוה צְבָאוֹת
עִמָּנוּ מִשְׂגָּב לָנוּ אֱלֹהֵי יַעֲקֹב סֶלָה:

המנון קצר לכבוד התגלות ה׳. זהו שיר תרועה לכבוד הכתרת ה׳ למלך כל הארץ, שאז הכל נאספים, כלי השיר והשופרות משמיעים קולם, וכל העם מצטרף לשירת התהילה.

מז לַמְנַצֵּחַ לִבְנֵי־קֹרַח מִזְמוֹר: כׇּל־הָעַמִּים תִּקְעוּ־כָף הָרִיעוּ לֵאלֹהִים בְּקוֹל רִנָּה:
כִּי־יהוה עֶלְיוֹן נוֹרָא מֶלֶךְ גָּדוֹל עַל־כׇּל־הָאָרֶץ: יַדְבֵּר עַמִּים תַּחְתֵּינוּ וּלְאֻמִּים
תַּחַת רַגְלֵינוּ: יִבְחַר־לָנוּ אֶת־נַחֲלָתֵנוּ אֶת גְּאוֹן יַעֲקֹב אֲשֶׁר־אָהֵב סֶלָה: עָלָה
אֱלֹהִים בִּתְרוּעָה יהוה בְּקוֹל שׁוֹפָר: זַמְּרוּ אֱלֹהִים זַמֵּרוּ זַמְּרוּ לְמַלְכֵּנוּ זַמֵּרוּ:
כִּי מֶלֶךְ כׇּל־הָאָרֶץ אֱלֹהִים זַמְּרוּ מַשְׂכִּיל: מָלַךְ אֱלֹהִים עַל־גּוֹיִם אֱלֹהִים
יָשַׁב ׀ עַל־כִּסֵּא קׇדְשׁוֹ: נְדִיבֵי עַמִּים ׀ נֶאֱסָפוּ עַם אֱלֹהֵי אַבְרָהָם כִּי לֵאלֹהִים
מָגִנֵּי־אֶרֶץ מְאֹד נַעֲלָה:

שיר של שבח לכבודה של ירושלים, המתאר את העיר בבניינה ובתפארתה.

מח שִׁיר מִזְמוֹר לִבְנֵי־קֹרַח: גָּדוֹל יְהוָה וּמְהֻלָּל מְאֹד בְּעִיר אֱלֹהֵינוּ הַר־קָדְשׁוֹ:
יְפֵה נוֹף מְשׂוֹשׂ כָּל־הָאָרֶץ הַר־צִיּוֹן יַרְכְּתֵי צָפוֹן קִרְיַת מֶלֶךְ רָב: אֱלֹהִים
בְּאַרְמְנוֹתֶיהָ נוֹדַע לְמִשְׂגָּב: כִּי־הִנֵּה הַמְּלָכִים נוֹעֲדוּ עָבְרוּ יַחְדָּו: הֵמָּה רָאוּ
כֵּן תָּמָהוּ נִבְהֲלוּ נֶחְפָּזוּ: רְעָדָה אֲחָזָתַם שָׁם חִיל כַּיּוֹלֵדָה: בְּרוּחַ קָדִים תְּשַׁבֵּר
אֳנִיּוֹת תַּרְשִׁישׁ: כַּאֲשֶׁר שָׁמַעְנוּ | כֵּן רָאִינוּ בְּעִיר־יְהוָה צְבָאוֹת בְּעִיר אֱלֹהֵינוּ
אֱלֹהִים יְכוֹנְנֶהָ עַד־עוֹלָם סֶלָה: דִּמִּינוּ אֱלֹהִים חַסְדֶּךָ בְּקֶרֶב הֵיכָלֶךָ: כְּשִׁמְךָ |
אֱלֹהִים כֵּן תְּהִלָּתְךָ עַל־קַצְוֵי־אֶרֶץ צֶדֶק מָלְאָה יְמִינֶךָ: יִשְׂמַח | הַר־צִיּוֹן תָּגֵלְנָה
בְּנוֹת יְהוּדָה לְמַעַן מִשְׁפָּטֶיךָ: סֹבּוּ צִיּוֹן וְהַקִּיפוּהָ סִפְרוּ מִגְדָּלֶיהָ: שִׁיתוּ לִבְּכֶם |
לְחֵילָה פַּסְּגוּ אַרְמְנוֹתֶיהָ לְמַעַן תְּסַפְּרוּ לְדוֹר אַחֲרוֹן: כִּי זֶה | אֱלֹהִים אֱלֹהֵינוּ
עוֹלָם וָעֶד הוּא יְנַהֲגֵנוּ עַל־מוּת:

מזמור העוסק במוות בכללותו. במזמור מבואר כי כל הקורה לאדם בחייו - כישלון או הצלחה - נעלם וחדל עם המוות. המוות משווה את הכל: גדולים וקטנים, חכמים וטיפשים. הדבר היחידי שיש בו תקווה בעולם הזה, כמו גם משמעות וקיום לאחר המוות, הוא הדבקות בה'; ובה, ורק בה, יש להתבונן ולעסוק.

מט לַמְנַצֵּחַ לִבְנֵי־קֹרַח מִזְמוֹר: שִׁמְעוּ־זֹאת כָּל־הָעַמִּים הַאֲזִינוּ כָּל־יֹשְׁבֵי חָלֶד:
גַּם־בְּנֵי אָדָם גַּם־בְּנֵי־אִישׁ יַחַד עָשִׁיר וְאֶבְיוֹן: פִּי יְדַבֵּר חָכְמוֹת וְהָגוּת לִבִּי
תְבוּנוֹת: אַטֶּה לְמָשָׁל אָזְנִי אֶפְתַּח בְּכִנּוֹר חִידָתִי: לָמָּה אִירָא בִּימֵי רָע עֲוֹן
עֲקֵבַי יְסוּבֵּנִי: הַבֹּטְחִים עַל־חֵילָם וּבְרֹב עָשְׁרָם יִתְהַלָּלוּ: אָח לֹא־פָדֹה יִפְדֶּה
אִישׁ לֹא־יִתֵּן לֵאלֹהִים כָּפְרוֹ: וְיֵקַר פִּדְיוֹן נַפְשָׁם וְחָדַל לְעוֹלָם: וִיחִי־עוֹד לָנֶצַח
לֹא יִרְאֶה הַשָּׁחַת: כִּי יִרְאֶה | חֲכָמִים יָמוּתוּ יַחַד כְּסִיל וָבַעַר יֹאבֵדוּ וְעָזְבוּ
לַאֲחֵרִים חֵילָם: קִרְבָּם בָּתֵּימוֹ | לְעוֹלָם מִשְׁכְּנֹתָם לְדֹר וָדֹר קָרְאוּ בִשְׁמוֹתָם
עֲלֵי אֲדָמוֹת: וְאָדָם בִּיקָר בַּל־יָלִין נִמְשַׁל כַּבְּהֵמוֹת נִדְמוּ: זֶה דַרְכָּם כֵּסֶל
לָמוֹ וְאַחֲרֵיהֶם | בְּפִיהֶם יִרְצוּ סֶלָה: כַּצֹּאן | לִשְׁאוֹל שַׁתּוּ מָוֶת יִרְעֵם וַיִּרְדּוּ
בָם יְשָׁרִים | לַבֹּקֶר וצירם לְבַלּוֹת שְׁאוֹל מִזְּבֻל לוֹ: אַךְ־אֱלֹהִים יִפְדֶּה נַפְשִׁי וְצוּרָם
מִיַּד שְׁאוֹל כִּי יִקָּחֵנִי סֶלָה: אַל־תִּירָא כִּי־יַעֲשִׁר אִישׁ כִּי־יִרְבֶּה כְּבוֹד בֵּיתוֹ:
כִּי לֹא בְמוֹתוֹ יִקַּח הַכֹּל לֹא־יֵרֵד אַחֲרָיו כְּבוֹדוֹ: כִּי־נַפְשׁוֹ בְּחַיָּיו יְבָרֵךְ וְיוֹדֻךָ
כִּי־תֵיטִיב לָךְ: תָּבוֹא עַד־דּוֹר אֲבוֹתָיו עַד־נֵצַח לֹא יִרְאוּ־אוֹר: אָדָם בִּיקָר
וְלֹא יָבִין נִמְשַׁל כַּבְּהֵמוֹת נִדְמוּ:

*ט לחודש

מזמור הקשור להקרבת קורבנות, ואף מדבר ומעורר על מצווה זו.

נ מִזְמוֹר לְאָסָף אֵל ׀ אֱלֹהִים יהוה דִּבֶּר וַיִּקְרָא־אָרֶץ מִמִּזְרַח־שֶׁמֶשׁ עַד־מְבֹאוֹ׃
מִצִּיּוֹן מִכְלַל־יֹפִי אֱלֹהִים הוֹפִיעַ׃ יָבֹא אֱלֹהֵינוּ וְאַל־יֶחֱרַשׁ אֵשׁ־לְפָנָיו תֹּאכֵל
וּסְבִיבָיו נִשְׂעֲרָה מְאֹד׃ יִקְרָא אֶל־הַשָּׁמַיִם מֵעָל וְאֶל־הָאָרֶץ לָדִין עַמּוֹ׃ אִסְפוּ־
לִי חֲסִידָי כֹּרְתֵי בְרִיתִי עֲלֵי־זָבַח׃ וַיַּגִּידוּ שָׁמַיִם צִדְקוֹ כִּי־אֱלֹהִים ׀ שֹׁפֵט הוּא
סֶלָה׃ שִׁמְעָה עַמִּי ׀ וַאֲדַבֵּרָה יִשְׂרָאֵל וְאָעִידָה בָּךְ אֱלֹהִים אֱלֹהֶיךָ אָנֹכִי׃ לֹא
עַל־זְבָחֶיךָ אוֹכִיחֶךָ וְעוֹלֹתֶיךָ לְנֶגְדִּי תָמִיד׃ לֹא־אֶקַּח מִבֵּיתְךָ פָר מִמִּכְלְאֹתֶיךָ
עַתּוּדִים׃ כִּי־לִי כָל־חַיְתוֹ־יָעַר בְּהֵמוֹת בְּהַרְרֵי־אָלֶף׃ יָדַעְתִּי כָּל־עוֹף הָרִים
וְזִיז שָׂדַי עִמָּדִי׃ אִם־אֶרְעַב לֹא־אֹמַר לָךְ כִּי־לִי תֵבֵל וּמְלֹאָהּ׃ הַאוֹכַל בְּשַׂר
אַבִּירִים וְדַם עַתּוּדִים אֶשְׁתֶּה׃ זְבַח לֵאלֹהִים תּוֹדָה וְשַׁלֵּם לְעֶלְיוֹן נְדָרֶיךָ׃
וּקְרָאֵנִי בְּיוֹם צָרָה אֲחַלֶּצְךָ וּתְכַבְּדֵנִי׃ וְלָרָשָׁע ׀ אָמַר אֱלֹהִים מַה־לְּךָ לְסַפֵּר
חֻקָּי וַתִּשָּׂא בְרִיתִי עֲלֵי־פִיךָ׃ וְאַתָּה שָׂנֵאתָ מוּסָר וַתַּשְׁלֵךְ דְּבָרַי אַחֲרֶיךָ׃
אִם־רָאִיתָ גַנָּב וַתִּרֶץ עִמּוֹ וְעִם מְנָאֲפִים חֶלְקֶךָ׃ פִּיךָ שָׁלַחְתָּ בְרָעָה וּלְשׁוֹנְךָ
תַּצְמִיד מִרְמָה׃ תֵּשֵׁב בְּאָחִיךָ תְדַבֵּר בְּבֶן־אִמְּךָ תִּתֶּן־דֹּפִי׃ אֵלֶּה עָשִׂיתָ ׀
וְהֶחֱרַשְׁתִּי דִּמִּיתָ הֱיוֹת־אֶהְיֶה כָמוֹךָ אוֹכִיחֲךָ וְאֶעֶרְכָה לְעֵינֶיךָ׃ בִּינוּ־נָא זֹאת
שֹׁכְחֵי אֱלוֹהַּ פֶּן־אֶטְרֹף וְאֵין מַצִּיל׃ זֹבֵחַ תּוֹדָה יְכַבְּדָנְנִי וְשָׂם דֶּרֶךְ אַרְאֶנּוּ
בְּיֵשַׁע אֱלֹהִים׃

מזמור של וידוי ובקשת מחילה. החוטא מודה על חטאו ויודע את עוונו, והוא מתפלל לסליחת ה׳ ולכפרת העוון. הוא גם מתפלל לזכות לרוח טהרה, מבקש את החזרת חסדי ה׳ עליו כפי שהיו לפני שחטא, ומבטיח כי בתשובתו יתקן לא רק את עצמו, אלא יסייע לאחרים לשוב.

נא לַמְנַצֵּחַ מִזְמוֹר לְדָוִד׃ בְּבוֹא־אֵלָיו נָתָן הַנָּבִיא כַּאֲשֶׁר־בָּא אֶל־בַּת־שָׁבַע׃
חָנֵּנִי אֱלֹהִים כְּחַסְדֶּךָ כְּרֹב רַחֲמֶיךָ מְחֵה פְשָׁעָי׃ הרבה כַּבְּסֵנִי מֵעֲוֺנִי וּמֵחַטָּאתִי הֶרֶב
טַהֲרֵנִי׃ כִּי־פְשָׁעַי אֲנִי אֵדָע וְחַטָּאתִי נֶגְדִּי תָמִיד׃ לְךָ לְבַדְּךָ ׀ חָטָאתִי וְהָרַע
בְּעֵינֶיךָ עָשִׂיתִי לְמַעַן תִּצְדַּק בְּדָבְרֶךָ תִּזְכֶּה בְשָׁפְטֶךָ׃ הֵן־בְּעָווֹן חוֹלָלְתִּי
וּבְחֵטְא יֶחֱמַתְנִי אִמִּי׃ הֵן־אֱמֶת חָפַצְתָּ בַטֻּחוֹת וּבְסָתֻם חָכְמָה תוֹדִיעֵנִי׃
תְּחַטְּאֵנִי בְאֵזוֹב וְאֶטְהָר תְּכַבְּסֵנִי וּמִשֶּׁלֶג אַלְבִּין׃ תַּשְׁמִיעֵנִי שָׂשׂוֹן וְשִׂמְחָה
תָּגֵלְנָה עֲצָמוֹת דִּכִּיתָ׃ הַסְתֵּר פָּנֶיךָ מֵחֲטָאָי וְכָל־עֲוֺנֹתַי מְחֵה׃ לֵב טָהוֹר
בְּרָא־לִי אֱלֹהִים וְרוּחַ נָכוֹן חַדֵּשׁ בְּקִרְבִּי׃ אַל־תַּשְׁלִיכֵנִי מִלְּפָנֶיךָ וְרוּחַ קָדְשְׁךָ
אַל־תִּקַּח מִמֶּנִּי׃ הָשִׁיבָה לִּי שְׂשׂוֹן יִשְׁעֶךָ וְרוּחַ נְדִיבָה תִסְמְכֵנִי׃ אֲלַמְּדָה

*ליום השלישי

פֹשְׁעִים דְּרָכֶיךָ וְחַטָּאִים אֵלֶיךָ יָשׁוּבוּ׃ הַצִּילֵנִי מִדָּמִים | אֱלֹהִים אֱלֹהֵי תְּשׁוּעָתִי
תְּרַנֵּן לְשׁוֹנִי צִדְקָתֶךָ׃ אֲדֹנָי שְׂפָתַי תִּפְתָּח וּפִי יַגִּיד תְּהִלָּתֶךָ׃ כִּי | לֹא־תַחְפֹּץ
זֶבַח וְאֶתֵּנָה עוֹלָה לֹא תִרְצֶה׃ זִבְחֵי אֱלֹהִים רוּחַ נִשְׁבָּרָה לֵב־נִשְׁבָּר וְנִדְכֶּה
אֱלֹהִים לֹא תִבְזֶה׃ הֵיטִיבָה בִרְצוֹנְךָ אֶת־צִיּוֹן תִּבְנֶה חוֹמוֹת יְרוּשָׁלָ͏ִם׃ אָז
תַּחְפֹּץ זִבְחֵי־צֶדֶק עוֹלָה וְכָלִיל אָז יַעֲלוּ עַל־מִזְבַּחֲךָ פָרִים׃

מזמור תפילה נגד השקרן והמלשין, אשר יש זמנים שבהם נראה כאילו הם
משיגים את מטרותיהם ומגשימים את שאיפותיהם; אך בסופו של דבר השקר
ונושאו מתמוטטים והאיש ההגון זוכה, בחסות ה', לשלווה ולביטחון.

נב לַמְנַצֵּחַ מַשְׂכִּיל לְדָוִד׃ בְּבוֹא | דּוֹאֵג הָאֲדֹמִי וַיַּגֵּד לְשָׁאוּל וַיֹּאמֶר לוֹ בָּא דָוִד
אֶל־בֵּית אֲחִימֶלֶךְ׃ מַה־תִּתְהַלֵּל בְּרָעָה הַגִּבּוֹר חֶסֶד אֵל כָּל־הַיּוֹם׃ הַוּוֹת
תַּחְשֹׁב לְשׁוֹנֶךָ כְּתַעַר מְלֻטָּשׁ עֹשֵׂה רְמִיָּה׃ אָהַבְתָּ רָּע מִטּוֹב שֶׁקֶר | מִדַּבֵּר
צֶדֶק סֶלָה׃ אָהַבְתָּ כָל־דִּבְרֵי־בָלַע לְשׁוֹן מִרְמָה׃ גַּם־אֵל יִתָּצְךָ לָנֶצַח יַחְתְּךָ
וְיִסָּחֲךָ מֵאֹהֶל וְשֵׁרֶשְׁךָ מֵאֶרֶץ חַיִּים סֶלָה׃ וְיִרְאוּ צַדִּיקִים וְיִירָאוּ וְעָלָיו יִשְׂחָקוּ׃
הִנֵּה הַגֶּבֶר לֹא יָשִׂים אֱלֹהִים מָעוּזּוֹ וַיִּבְטַח בְּרֹב עָשְׁרוֹ יָעֹז בְּהַוָּתוֹ׃ וַאֲנִי |
כְּזַיִת רַעֲנָן בְּבֵית אֱלֹהִים בָּטַחְתִּי בְחֶסֶד־אֱלֹהִים עוֹלָם וָעֶד׃ אוֹדְךָ לְעוֹלָם
כִּי עָשִׂיתָ וַאֲקַוֶּה שִׁמְךָ כִי־טוֹב נֶגֶד חֲסִידֶיךָ׃

מזמור התבוננות על מעשי הרשעים בעולם, הרואה את שורש הרשעות בחוסר
האמונה בהשגחת ה' ובהנחה שהעולם נעזב בידי החזקים והרעים – הנחה שאינה
אלא תרמית עצמית, שהרי ה' משגיח על העולם ומעניש את עושי הרע.

נג לַמְנַצֵּחַ עַל־מָחֲלַת מַשְׂכִּיל לְדָוִד׃ אָמַר נָבָל בְּלִבּוֹ אֵין אֱלֹהִים הִשְׁחִיתוּ
וְהִתְעִיבוּ עָוֶל אֵין עֹשֵׂה־טוֹב׃ אֱלֹהִים מִשָּׁמַיִם הִשְׁקִיף עַל־בְּנֵי־אָדָם לִרְאוֹת
הֲיֵשׁ מַשְׂכִּיל דֹּרֵשׁ אֶת־אֱלֹהִים׃ כֻּלּוֹ סָג יַחְדָּו נֶאֱלָחוּ אֵין עֹשֵׂה־טוֹב אֵין
גַּם־אֶחָד׃ הֲלֹא יָדְעוּ פֹּעֲלֵי אָוֶן אֹכְלֵי עַמִּי אָכְלוּ לֶחֶם אֱלֹהִים לֹא קָרָאוּ׃
שָׁם | פָּחֲדוּ־פַחַד לֹא־הָיָה פָחַד כִּי־אֱלֹהִים פִּזַּר עַצְמוֹת חֹנָךְ הֱבִשֹׁתָה כִּי־
אֱלֹהִים מְאָסָם׃ מִי יִתֵּן מִצִּיּוֹן יְשֻׁעוֹת יִשְׂרָאֵל בְּשׁוּב אֱלֹהִים שְׁבוּת עַמּוֹ יָגֵל
יַעֲקֹב יִשְׂמַח יִשְׂרָאֵל׃

מזמור תפילה כנגד הרשעים, ודברי ביטחון בה' שיציל את
המתפלל מידי אויביו ויענישם כראוי להם.

נד לַמְנַצֵּחַ בִּנְגִינֹת מַשְׂכִּיל לְדָוִד׃ בְּבוֹא הַזִּיפִים וַיֹּאמְרוּ לְשָׁאוּל הֲלֹא דָוִד
מִסְתַּתֵּר עִמָּנוּ׃ אֱלֹהִים בְּשִׁמְךָ הוֹשִׁיעֵנִי וּבִגְבוּרָתְךָ תְדִינֵנִי׃ אֱלֹהִים שְׁמַע

תְּפִלָּתִי הַאֲזִינָה לְאִמְרֵי־פִי: כִּי זָרִים ׀ קָמוּ עָלַי וְעָרִיצִים בִּקְשׁוּ נַפְשִׁי לֹא שָׂמוּ
אֱלֹהִים לְנֶגְדָּם סֶלָה: הִנֵּה אֱלֹהִים עֹזֵר לִי אֲדֹנָי בְּסֹמְכֵי נַפְשִׁי: ישוב הָרַע יָשִׁיב
לְשֹׁרְרָי בַּאֲמִתְּךָ הַצְמִיתֵם: בִּנְדָבָה אֶזְבְּחָה־לָּךְ אוֹדֶה שִּׁמְךָ יְהוָה כִּי־טוֹב:
כִּי מִכָּל־צָרָה הִצִּילָנִי וּבְאֹיְבַי רָאֲתָה עֵינִי:

תפילה של אדם המוקף אויבים, אשר מקצתם הם ידידים שבגדו בו, וכל תקוותו היא לזכות לעזרתו של ה׳, שהוא לבדו יכול להעניש את החנפנים והבוגדים.

נה לַמְנַצֵּחַ בִּנְגִינֹת מַשְׂכִּיל לְדָוִד: הַאֲזִינָה אֱלֹהִים תְּפִלָּתִי וְאַל־תִּתְעַלַּם
מִתְּחִנָּתִי: הַקְשִׁיבָה לִּי וַעֲנֵנִי אָרִיד בְּשִׂיחִי וְאָהִימָה: מִקּוֹל אוֹיֵב מִפְּנֵי עָקַת
רָשָׁע כִּי־יָמִיטוּ עָלַי אָוֶן וּבְאַף יִשְׂטְמוּנִי: לִבִּי יָחִיל בְּקִרְבִּי וְאֵימוֹת מָוֶת נָפְלוּ
עָלָי: יִרְאָה וָרַעַד יָבֹא בִי וַתְּכַסֵּנִי פַּלָּצוּת: וָאֹמַר מִי־יִתֶּן־לִּי אֵבֶר כַּיּוֹנָה אָעוּפָה
וְאֶשְׁכֹּנָה: הִנֵּה אַרְחִיק נְדֹד אָלִין בַּמִּדְבָּר סֶלָה: אָחִישָׁה מִפְלָט לִי מֵרוּחַ
סֹעָה מִסָּעַר: בַּלַּע אֲדֹנָי פַּלַּג לְשׁוֹנָם כִּי־רָאִיתִי חָמָס וְרִיב בָּעִיר: יוֹמָם וָלַיְלָה
יְסוֹבְבֻהָ עַל־חוֹמֹתֶיהָ וְאָוֶן וְעָמָל בְּקִרְבָּהּ: הַוּוֹת בְּקִרְבָּהּ וְלֹא־יָמִישׁ מֵרְחֹבָהּ
תֹּךְ וּמִרְמָה: כִּי לֹא־אוֹיֵב יְחָרְפֵנִי וְאֶשָּׂא לֹא־מְשַׂנְאִי עָלַי הִגְדִּיל וְאֶסָּתֵר
מִמֶּנּוּ: וְאַתָּה אֱנוֹשׁ כְּעֶרְכִּי אַלּוּפִי וּמְיֻדָּעִי: אֲשֶׁר יַחְדָּו נַמְתִּיק סוֹד בְּבֵית
אֱלֹהִים נְהַלֵּךְ בְּרָגֶשׁ: ישימות ׀ עָלֵימוֹ יֵרְדוּ שְׁאוֹל חַיִּים כִּי־רָעוֹת בִּמְגוּרָם יַשִּׁיא מָוֶת
בְּקִרְבָּם: אֲנִי אֶל־אֱלֹהִים אֶקְרָא וַיהוָה יוֹשִׁיעֵנִי: עֶרֶב וָבֹקֶר וְצָהֳרַיִם אָשִׂיחָה
וְאֶהֱמֶה וַיִּשְׁמַע קוֹלִי: פָּדָה בְשָׁלוֹם נַפְשִׁי מִקְּרָב־לִי כִּי־בְרַבִּים הָיוּ עִמָּדִי:
יִשְׁמַע ׀ אֵל ׀ וְיַעֲנֵם וְיֹשֵׁב קֶדֶם סֶלָה אֲשֶׁר אֵין חֲלִיפוֹת לָמוֹ וְלֹא יָרְאוּ אֱלֹהִים:
שָׁלַח יָדָיו בִּשְׁלֹמָיו חִלֵּל בְּרִיתוֹ: חָלְקוּ ׀ מַחְמָאֹת פִּיו וּקְרָב־לִבּוֹ רַכּוּ דְבָרָיו
מִשֶּׁמֶן וְהֵמָּה פְתִחוֹת: הַשְׁלֵךְ עַל־יְהוָה ׀ יְהָבְךָ וְהוּא יְכַלְכְּלֶךָ לֹא־יִתֵּן
לְעוֹלָם מוֹט לַצַּדִּיק: וְאַתָּה אֱלֹהִים ׀ תּוֹרִדֵם לִבְאֵר שַׁחַת אַנְשֵׁי דָמִים
וּמִרְמָה לֹא־יֶחֱצוּ יְמֵיהֶם וַאֲנִי אֶבְטַח־בָּךְ:

מזמור זה הוא תפילה להצלה מאויבים, אך בעיקר יש במזמור זה הבעה של ביטחון בה׳, כי הבוטח בה׳ אינו מתיירא מכל צרה וסכנה.

נו לַמְנַצֵּחַ ׀ עַל־יוֹנַת אֵלֶם רְחֹקִים לְדָוִד מִכְתָּם בֶּאֱחֹז אֹתוֹ פְלִשְׁתִּים בְּגַת:
חָנֵּנִי אֱלֹהִים כִּי־שְׁאָפַנִי אֱנוֹשׁ כָּל־הַיּוֹם לֹחֵם יִלְחָצֵנִי: שָׁאֲפוּ שׁוֹרְרַי כָּל־הַיּוֹם
כִּי־רַבִּים לֹחֲמִים לִי מָרוֹם: יוֹם אִירָא אֲנִי אֵלֶיךָ אֶבְטָח: בֵּאלֹהִים אֲהַלֵּל דְּבָרוֹ
בֵּאלֹהִים בָּטַחְתִּי לֹא אִירָא מַה־יַּעֲשֶׂה בָשָׂר לִי: כָּל־הַיּוֹם דְּבָרַי יְעַצֵּבוּ עָלַי

* י׳ לחודש

כָּל־מַחְשְׁבֹתָם לָרָע׃ יָגוּרוּ ׀ יצפינו הֵמָּה עֲקֵבַי יִשְׁמֹרוּ כַּאֲשֶׁר קִוּוּ נַפְשִׁי׃ עַל־ יִצְפֹּנוּ
אָוֶן פַּלֶּט־לָמוֹ בְּאַף עַמִּים ׀ הוֹרֵד אֱלֹהִים׃ נֹדִי סָפַרְתָּה אָתָּה שִׂימָה דִמְעָתִי
בְנֹאדֶךָ הֲלֹא בְּסִפְרָתֶךָ׃ אָז ׀ יָשׁוּבוּ אוֹיְבַי אָחוֹר בְּיוֹם אֶקְרָא זֶה־יָדַעְתִּי כִּי־
אֱלֹהִים לִי׃ בֵּאלֹהִים אֲהַלֵּל דָּבָר בַּיהוָה אֲהַלֵּל דָּבָר׃ בֵּאלֹהִים בָּטַחְתִּי לֹא
אִירָא מַה־יַּעֲשֶׂה אָדָם לִי׃ עָלַי אֱלֹהִים נְדָרֶיךָ אֲשַׁלֵּם תּוֹדֹת לָךְ׃ כִּי הִצַּלְתָּ
נַפְשִׁי מִמָּוֶת הֲלֹא רַגְלַי מִדֶּחִי לְהִתְהַלֵּךְ לִפְנֵי אֱלֹהִים בְּאוֹר הַחַיִּים׃

מזמור שבו פונה המשורר לה׳ מתוך מצוקה קשה, אך אף על פי שהוא מוקף באויבים מכל צד הרי הוא מלא ביטחון בישועת ה׳, וכבר מעתה הוא מודה לה׳ על עזרתו.

נז לַמְנַצֵּחַ אַל־תַּשְׁחֵת לְדָוִד מִכְתָּם בְּבָרְחוֹ מִפְּנֵי־שָׁאוּל בַּמְּעָרָה׃ חָנֵּנִי אֱלֹהִים ׀
חָנֵּנִי כִּי בְךָ חָסָיָה נַפְשִׁי וּבְצֵל־כְּנָפֶיךָ אֶחְסֶה עַד יַעֲבֹר הַוּוֹת׃ אֶקְרָא לֵאלֹהִים
עֶלְיוֹן לָאֵל גֹּמֵר עָלָי׃ יִשְׁלַח מִשָּׁמַיִם ׀ וְיוֹשִׁיעֵנִי חֵרֵף שֹׁאֲפִי סֶלָה יִשְׁלַח אֱלֹהִים
חַסְדּוֹ וַאֲמִתּוֹ׃ נַפְשִׁי ׀ בְּתוֹךְ לְבָאִם אֶשְׁכְּבָה לֹהֲטִים בְּנֵי־אָדָם שִׁנֵּיהֶם חֲנִית
וְחִצִּים וּלְשׁוֹנָם חֶרֶב חַדָּה׃ רוּמָה עַל־הַשָּׁמַיִם אֱלֹהִים עַל כָּל־הָאָרֶץ כְּבוֹדֶךָ׃
רֶשֶׁת ׀ הֵכִינוּ לִפְעָמַי כָּפַף נַפְשִׁי כָּרוּ לְפָנַי שִׁיחָה נָפְלוּ בְתוֹכָהּ סֶלָה׃ נָכוֹן לִבִּי
אֱלֹהִים נָכוֹן לִבִּי אָשִׁירָה וַאֲזַמֵּרָה׃ עוּרָה כְבוֹדִי עוּרָה הַנֵּבֶל וְכִנּוֹר אָעִירָה
שָּׁחַר׃ אוֹדְךָ בָעַמִּים ׀ אֲדֹנָי אֲזַמֶּרְךָ בַּלְאֻמִּים׃ כִּי־גָדֹל עַד־שָׁמַיִם חַסְדֶּךָ
וְעַד־שְׁחָקִים אֲמִתֶּךָ׃ רוּמָה עַל־שָׁמַיִם אֱלֹהִים עַל כָּל־הָאָרֶץ כְּבוֹדֶךָ׃

תפילה נגד הרשעים המלאים מחשבות רשע, ובקשה מה׳ שיילחם בהם ויאבדם לחלוטין מן העולם, עד שלא יישאר מהם כל זכר.

נח לַמְנַצֵּחַ אַל־תַּשְׁחֵת לְדָוִד מִכְתָּם׃ הַאֻמְנָם אֵלֶם צֶדֶק תְּדַבֵּרוּן מֵישָׁרִים
תִּשְׁפְּטוּ בְּנֵי אָדָם׃ אַף־בְּלֵב עוֹלֹת תִּפְעָלוּן בָּאָרֶץ חֲמַס יְדֵיכֶם תְּפַלֵּסוּן׃ זֹרוּ
רְשָׁעִים מֵרָחֶם תָּעוּ מִבֶּטֶן דֹּבְרֵי כָזָב׃ חֲמַת־לָמוֹ כִּדְמוּת חֲמַת־נָחָשׁ כְּמוֹ־פֶתֶן
חֵרֵשׁ יַאְטֵם אָזְנוֹ׃ אֲשֶׁר לֹא־יִשְׁמַע לְקוֹל מְלַחֲשִׁים חוֹבֵר חֲבָרִים מְחֻכָּם׃
אֱלֹהִים הֲרָס־שִׁנֵּימוֹ בְּפִימוֹ מַלְתְּעוֹת כְּפִירִים נְתֹץ ׀ יְהוָה׃ יִמָּאֲסוּ כְמוֹ־מַיִם
יִתְהַלְּכוּ־לָמוֹ יִדְרֹךְ חִצָּו כְּמוֹ יִתְמֹלָלוּ׃ כְּמוֹ שַׁבְּלוּל תֶּמֶס יַהֲלֹךְ נֵפֶל אֵשֶׁת
בַּל־חָזוּ שָׁמֶשׁ׃ בְּטֶרֶם יָבִינוּ סִּירֹתֵיכֶם אָטָד כְּמוֹ־חַי כְּמוֹ־חָרוֹן יִשְׂעָרֶנּוּ׃ יִשְׂמַח
צַדִּיק כִּי־חָזָה נָקָם פְּעָמָיו יִרְחַץ בְּדַם הָרָשָׁע׃ וְיֹאמַר אָדָם אַךְ־פְּרִי לַצַּדִּיק
אַךְ יֵשׁ־אֱלֹהִים שֹׁפְטִים בָּאָרֶץ׃

מזמור תפילה לישועה מאויבים המתנכלים למשורר על לא עוול בכפו, וביטחון במפלתם ובכך שאחריה יכירו גם הם בחטאיהם, והוא יוכל להודות לה' בלב שלם.

נט לַמְנַצֵּחַ אַל־תַּשְׁחֵת לְדָוִד מִכְתָּם בִּשְׁלֹחַ שָׁאוּל וַיִּשְׁמְרוּ אֶת־הַבַּיִת לַהֲמִיתוֹ:
הַצִּילֵנִי מֵאֹיְבַי | אֱלֹהָי מִמִּתְקוֹמְמַי תְּשַׂגְּבֵנִי: הַצִּילֵנִי מִפֹּעֲלֵי אָוֶן וּמֵאַנְשֵׁי דָמִים
הוֹשִׁיעֵנִי: כִּי הִנֵּה אָרְבוּ לְנַפְשִׁי יָגוּרוּ עָלַי עַזִּים לֹא־פִשְׁעִי וְלֹא־חַטָּאתִי יְהוָה:
בְּלִי־עָוֺן יְרֻצוּן וְיִכּוֹנָנוּ עוּרָה לִקְרָאתִי וּרְאֵה: וְאַתָּה יְהוָה־אֱלֹהִים | צְבָאוֹת
אֱלֹהֵי יִשְׂרָאֵל הָקִיצָה לִפְקֹד כָּל־הַגּוֹיִם אַל־תָּחֹן כָּל־בֹּגְדֵי אָוֶן סֶלָה: יָשׁוּבוּ
לָעֶרֶב יֶהֱמוּ כַכָּלֶב וִיסוֹבְבוּ עִיר: הִנֵּה | יַבִּיעוּן בְּפִיהֶם חֲרָבוֹת בְּשִׂפְתוֹתֵיהֶם
כִּי־מִי שֹׁמֵעַ: וְאַתָּה יְהוָה תִּשְׂחַק־לָמוֹ תִּלְעַג לְכָל־גּוֹיִם: עֻזּוֹ אֵלֶיךָ אֶשְׁמֹרָה
כִּי־אֱלֹהִים מִשְׂגַּבִּי: אֱלֹהֵי חסדו יְקַדְּמֵנִי אֱלֹהִים יַרְאֵנִי בְשֹׁרְרָי: אַל־תַּהַרְגֵם | חַסְדִּי
פֶּן־יִשְׁכְּחוּ עַמִּי הֲנִיעֵמוֹ בְחֵילְךָ וְהוֹרִידֵמוֹ מָגִנֵּנוּ אֲדֹנָי: חַטַּאת־פִּימוֹ דְּבַר־
שְׂפָתֵימוֹ וְיִלָּכְדוּ בִגְאוֹנָם וּמֵאָלָה וּמִכַּחַשׁ יְסַפֵּרוּ: כַּלֵּה בְחֵמָה כַּלֵּה וְאֵינֵמוֹ
וְיֵדְעוּ כִּי־אֱלֹהִים מֹשֵׁל בְּיַעֲקֹב לְאַפְסֵי הָאָרֶץ סֶלָה: וְיָשֻׁבוּ לָעֶרֶב יֶהֱמוּ כַכָּלֶב
וִיסוֹבְבוּ עִיר: הֵמָּה ינועון לֶאֱכֹל אִם־לֹא יִשְׂבְּעוּ וַיָּלִינוּ: וַאֲנִי | אָשִׁיר עֻזֶּךָ יְנִיעוּן
וַאֲרַנֵּן לַבֹּקֶר חַסְדֶּךָ כִּי־הָיִיתָ מִשְׂגָּב לִי וּמָנוֹס בְּיוֹם צַר־לִי: עֻזִּי אֵלֶיךָ אֲזַמֵּרָה
כִּי־אֱלֹהִים מִשְׂגַּבִּי אֱלֹהֵי חַסְדִּי:

שיר תהילה והודאה על ניצחון, הפותח בתיאור זמנים קשים של כישלון ומפלה, וממשיך בהבעת תודה על ניצחון מזהיר עליהם ולהכרה בכך שהכל בא מידו של ה' לבדו.

ס* לַמְנַצֵּחַ עַל־שׁוּשַׁן עֵדוּת מִכְתָּם לְדָוִד לְלַמֵּד: בְּהַצּוֹתוֹ | אֶת אֲרַם נַהֲרַיִם
וְאֶת־אֲרַם צוֹבָה וַיָּשָׁב יוֹאָב וַיַּךְ אֶת־אֱדוֹם בְּגֵיא־מֶלַח שְׁנֵים עָשָׂר אָלֶף:
אֱלֹהִים זְנַחְתָּנוּ פְרַצְתָּנוּ אָנַפְתָּ תְּשׁוֹבֵב לָנוּ: הִרְעַשְׁתָּה אֶרֶץ פְּצַמְתָּהּ רְפָה
שְׁבָרֶיהָ כִי־מָטָה: הִרְאִיתָ עַמְּךָ קָשָׁה הִשְׁקִיתָנוּ יַיִן תַּרְעֵלָה: נָתַתָּה לִּירֵאֶיךָ
נֵּס לְהִתְנוֹסֵס מִפְּנֵי קֹשֶׁט סֶלָה: לְמַעַן יֵחָלְצוּן יְדִידֶיךָ הוֹשִׁיעָה יְמִינְךָ ועננו: וַעֲנֵנִי
אֱלֹהִים | דִּבֶּר בְּקָדְשׁוֹ אֶעְלֹזָה אֲחַלְּקָה שְׁכֶם וְעֵמֶק סֻכּוֹת אֲמַדֵּד: לִי גִלְעָד |
וְלִי מְנַשֶּׁה וְאֶפְרַיִם מָעוֹז רֹאשִׁי יְהוּדָה מְחֹקְקִי: מוֹאָב | סִיר רַחְצִי עַל־אֱדוֹם
אַשְׁלִיךְ נַעֲלִי עָלַי פְּלֶשֶׁת הִתְרוֹעָעִי: מִי יֹבִלֵנִי עִיר מָצוֹר מִי נָחַנִי עַד־אֱדוֹם:
הֲלֹא־אַתָּה אֱלֹהִים זְנַחְתָּנוּ וְלֹא־תֵצֵא אֱלֹהִים בְּצִבְאוֹתֵינוּ: הָבָה־לָּנוּ עֶזְרָת
מִצָּר וְשָׁוְא תְּשׁוּעַת אָדָם: בֵּאלֹהִים נַעֲשֶׂה־חָיִל וְהוּא יָבוּס צָרֵינוּ:

*יא לחודש

שיר תודה לה' אשר בו מודה המשורר לה' על העזרה והמחסה שהעניק לו בעת צרתו, ועל כך שכעת הוא חוסה בביטחון ובאושר תחת כנפי ה'.

סא לַמְנַצֵּחַ ׀ עַל־נְגִינַת לְדָוִד: שִׁמְעָה אֱלֹהִים רִנָּתִי הַקְשִׁיבָה תְּפִלָּתִי: מִקְצֵה
הָאָרֶץ ׀ אֵלֶיךָ אֶקְרָא בַּעֲטֹף לִבִּי בְּצוּר־יָרוּם מִמֶּנִּי תַנְחֵנִי: כִּי־הָיִיתָ מַחְסֶה
לִי מִגְדַּל־עֹז מִפְּנֵי אוֹיֵב: אָגוּרָה בְאָהָלְךָ עוֹלָמִים אֶחֱסֶה בְסֵתֶר כְּנָפֶיךָ סֶּלָה:
כִּי־אַתָּה אֱלֹהִים שָׁמַעְתָּ לִנְדָרָי נָתַתָּ יְרֻשַּׁת יִרְאֵי שְׁמֶךָ: יָמִים עַל־יְמֵי־מֶלֶךְ
תּוֹסִיף שְׁנוֹתָיו כְּמוֹ־דֹר וָדֹר: יֵשֵׁב עוֹלָם לִפְנֵי אֱלֹהִים חֶסֶד וֶאֱמֶת מַן יִנְצְרֻהוּ:
כֵּן אֲזַמְּרָה שִׁמְךָ לָעַד לְשַׁלְּמִי נְדָרַי יוֹם ׀ יוֹם:

מזמור התבוננות שבו משווה המשורר בין חייהם של הרשעים, המדברים רע ועושים עוול, שהצלחתם זמנית בלבד, לבין חייהם של הדבקים בה', אשר קשורים עם הנצח.

סב לַמְנַצֵּחַ עַל־יְדוּתוּן מִזְמוֹר לְדָוִד: אַךְ אֶל־אֱלֹהִים דּוּמִיָּה נַפְשִׁי מִמֶּנּוּ יְשׁוּעָתִי:
אַךְ־הוּא צוּרִי וִישׁוּעָתִי מִשְׂגַּבִּי לֹא־אֶמּוֹט רַבָּה: עַד־אָנָה ׀ תְּהוֹתְתוּ עַל־אִישׁ
תְּרָצְּחוּ כֻלְּכֶם כְּקִיר נָטוּי גָּדֵר הַדְּחוּיָה: אַךְ מִשְּׂאֵתוֹ ׀ יָעֲצוּ לְהַדִּיחַ יִרְצוּ כָזָב
בְּפִיו יְבָרֵכוּ וּבְקִרְבָּם יְקַלְלוּ־סֶלָה: אַךְ לֵאלֹהִים דּוֹמִּי נַפְשִׁי כִּי־מִמֶּנּוּ תִּקְוָתִי:
אַךְ־הוּא צוּרִי וִישׁוּעָתִי מִשְׂגַּבִּי לֹא אֶמּוֹט: עַל־אֱלֹהִים יִשְׁעִי וּכְבוֹדִי צוּר־
עֻזִּי מַחְסִי בֵּאלֹהִים: בִּטְחוּ בוֹ בְכָל־עֵת ׀ עָם שִׁפְכוּ־לְפָנָיו לְבַבְכֶם אֱלֹהִים
מַחֲסֶה־לָּנוּ סֶלָה: אַךְ ׀ הֶבֶל בְּנֵי־אָדָם כָּזָב בְּנֵי אִישׁ בְּמֹאזְנַיִם לַעֲלוֹת הֵמָּה
מֵהֶבֶל יָחַד: אַל־תִּבְטְחוּ בְעֹשֶׁק וּבְגָזֵל אַל־תֶּהְבָּלוּ חַיִל ׀ כִּי־יָנוּב אַל־תָּשִׁיתוּ
לֵב: אַחַת ׀ דִּבֶּר אֱלֹהִים שְׁתַּיִם־זוּ שָׁמָעְתִּי כִּי עֹז לֵאלֹהִים: וּלְךָ־אֲדֹנָי חָסֶד
כִּי־אַתָּה תְשַׁלֵּם לְאִישׁ כְּמַעֲשֵׂהוּ:

מזמור של דבקות שנכתב במדבר, שהוא מקום של מחסור, צמא וסכנות, המגלה כי קיים צימאון עמוק יותר מן הצמא למים: התשוקה לקרבת אלוקים.

סג מִזְמוֹר לְדָוִד בִּהְיוֹתוֹ בְּמִדְבַּר יְהוּדָה: אֱלֹהִים ׀ אֵלִי אַתָּה אֲשַׁחֲרֶךָּ צָמְאָה
לְךָ ׀ נַפְשִׁי כָּמַהּ לְךָ בְשָׂרִי בְּאֶרֶץ־צִיָּה וְעָיֵף בְּלִי־מָיִם: כֵּן בַּקֹּדֶשׁ חֲזִיתִךָ
לִרְאוֹת עֻזְּךָ וּכְבוֹדֶךָ: כִּי־טוֹב חַסְדְּךָ מֵחַיִּים שְׂפָתַי יְשַׁבְּחוּנְךָ: כֵּן אֲבָרֶכְךָ בְחַיָּי
בְּשִׁמְךָ אֶשָּׂא כַפָּי: כְּמוֹ חֵלֶב וָדֶשֶׁן תִּשְׂבַּע נַפְשִׁי וְשִׂפְתֵי רְנָנוֹת יְהַלֶּל־פִּי:
אִם־זְכַרְתִּיךָ עַל־יְצוּעָי בְּאַשְׁמֻרוֹת אֶהְגֶּה־בָּךְ: כִּי־הָיִיתָ עֶזְרָתָה לִּי וּבְצֵל
כְּנָפֶיךָ אֲרַנֵּן: דָּבְקָה נַפְשִׁי אַחֲרֶיךָ בִּי תָּמְכָה יְמִינֶךָ: וְהֵמָּה לְשׁוֹאָה יְבַקְשׁוּ

נַפְשִׁי יָבֹאוּ בְּתַחְתִּיּוֹת הָאָרֶץ׃ יַגִּירֻהוּ עַל־יְדֵי־חָרֶב מְנָת שֻׁעָלִים יִהְיוּ׃ וְהַמֶּלֶךְ
יִשְׂמַח בֵּאלֹהִים יִתְהַלֵּל כָּל־הַנִּשְׁבָּע בּוֹ כִּי יִסָּכֵר פִּי דוֹבְרֵי־שָׁקֶר׃

תחינה של אדם המוקף באויבים גלויים ונסתרים, המשתמשים בכל אמצעי שבידם כדי להזיק לו. המשורר מתחנן לה׳ שישמרנו, ושיכשיל את אויביו.

סד לַמְנַצֵּחַ מִזְמוֹר לְדָוִד׃ שְׁמַע־אֱלֹהִים קוֹלִי בְשִׂיחִי מִפַּחַד אוֹיֵב תִּצֹּר חַיָּי׃
תַּסְתִּירֵנִי מִסּוֹד מְרֵעִים מֵרִגְשַׁת פֹּעֲלֵי אָוֶן׃ אֲשֶׁר שָׁנְנוּ כַחֶרֶב לְשׁוֹנָם דָּרְכוּ
חִצָּם דָּבָר מָר׃ לִירוֹת בַּמִּסְתָּרִים תָּם פִּתְאֹם יֹרֻהוּ וְלֹא יִירָאוּ׃ יְחַזְּקוּ־לָמוֹ ׀
דָּבָר רָע יְסַפְּרוּ לִטְמוֹן מוֹקְשִׁים אָמְרוּ מִי יִרְאֶה־לָּמוֹ׃ יַחְפְּשׂוּ־עוֹלֹת תַּמְנוּ חֵפֶשׂ
מְחֻפָּשׂ וְקֶרֶב אִישׁ וְלֵב עָמֹק׃ וַיֹּרֵם אֱלֹהִים חֵץ פִּתְאוֹם הָיוּ מַכּוֹתָם׃ וַיַּכְשִׁילֻהוּ
עָלֵימוֹ לְשׁוֹנָם יִתְנֹדְדוּ כָּל־רֹאֵה בָם׃ וַיִּירְאוּ כָּל־אָדָם וַיַּגִּידוּ פֹּעַל אֱלֹהִים
וּמַעֲשֵׂהוּ הִשְׂכִּילוּ׃ יִשְׂמַח צַדִּיק בַּיהוה וְחָסָה בוֹ וְיִתְהַלְלוּ כָּל־יִשְׁרֵי־לֵב׃

מזמור תהילה לה׳ הסולח לחוטאים ומקרב אליו את השבים, והמתאר כיצד הוא ממלא, ברוב חסדו, את העולם בטוב, בשלווה ובשפע.

סה לַמְנַצֵּחַ מִזְמוֹר לְדָוִד שִׁיר׃ לְךָ דֻמִיָּה תְהִלָּה אֱלֹהִים בְּצִיּוֹן וּלְךָ יְשֻׁלַּם־נֶדֶר׃
שֹׁמֵעַ תְּפִלָּה עָדֶיךָ כָּל־בָּשָׂר יָבֹאוּ׃ דִּבְרֵי עֲוֺנֹת גָּבְרוּ מֶנִּי פְּשָׁעֵינוּ אַתָּה
תְכַפְּרֵם׃ אַשְׁרֵי ׀ תִּבְחַר וּתְקָרֵב יִשְׁכֹּן חֲצֵרֶיךָ נִשְׂבְּעָה בְּטוּב בֵּיתֶךָ קְדֹשׁ
הֵיכָלֶךָ׃ נוֹרָאוֹת ׀ בְּצֶדֶק תַּעֲנֵנוּ אֱלֹהֵי יִשְׁעֵנוּ מִבְטָח כָּל־קַצְוֵי־אֶרֶץ וְיָם
רְחֹקִים׃ מֵכִין הָרִים בְּכֹחוֹ נֶאְזָר בִּגְבוּרָה׃ מַשְׁבִּיחַ ׀ שְׁאוֹן יַמִּים שְׁאוֹן גַּלֵּיהֶם
וַהֲמוֹן לְאֻמִּים׃ וַיִּירְאוּ ׀ יֹשְׁבֵי קְצָוֺת מֵאוֹתֹתֶיךָ מוֹצָאֵי־בֹקֶר וָעֶרֶב תַּרְנִין׃
פָּקַדְתָּ הָאָרֶץ ׀ וַתְּשֹׁקְקֶהָ רַבַּת תַּעְשְׁרֶנָּה פֶּלֶג אֱלֹהִים מָלֵא מָיִם תָּכִין דְּגָנָם
כִּי־כֵן תְּכִינֶהָ׃ תְּלָמֶיהָ רַוֵּה נַחֵת גְּדוּדֶהָ בִּרְבִיבִים תְּמֹגְגֶנָּה צִמְחָהּ תְּבָרֵךְ׃
עִטַּרְתָּ שְׁנַת טוֹבָתֶךָ וּמַעְגָּלֶיךָ יִרְעֲפוּן דָּשֶׁן׃ יִרְעֲפוּ נְאוֹת מִדְבָּר וְגִיל גְּבָעוֹת
תַּחְגֹּרְנָה׃ לָבְשׁוּ כָרִים ׀ הַצֹּאן וַעֲמָקִים יַעַטְפוּ־בָר יִתְרוֹעֲעוּ אַף־יָשִׁירוּ׃

מזמור תהילה לה׳ על התגלותו בכלל ובפרט - מן ההתגלות בסיני וביציאת מצרים עד להתגלות בתולדות ישראל במשך הדורות, על שלל הניסיונות וההצלחות שהיו בהם; בסיומו מובאת תפילתו של אדם פרטי הרואה את השגחת ה׳ בחייו־שלו.

סו לַמְנַצֵּחַ שִׁיר מִזְמוֹר הָרִיעוּ לֵאלֹהִים כָּל־הָאָרֶץ׃ זַמְּרוּ כְבוֹד־שְׁמוֹ שִׂימוּ כָבוֹד
תְּהִלָּתוֹ׃ אִמְרוּ לֵאלֹהִים מַה־נּוֹרָא מַעֲשֶׂיךָ בְּרֹב עֻזְּךָ יְכַחֲשׁוּ לְךָ אֹיְבֶיךָ׃

*יב לחודש

כָּל־הָאָרֶץ ׀ יִשְׁתַּחֲווּ לְךָ וִיזַמְּרוּ־לָךְ יְזַמְּרוּ שִׁמְךָ סֶלָה: לְכוּ וּרְאוּ מִפְעֲלוֹת
אֱלֹהִים נוֹרָא עֲלִילָה עַל־בְּנֵי אָדָם: הָפַךְ יָם ׀ לְיַבָּשָׁה בַּנָּהָר יַעַבְרוּ בְרָגֶל שָׁם
נִשְׂמְחָה־בּוֹ: מֹשֵׁל בִּגְבוּרָתוֹ ׀ עוֹלָם עֵינָיו בַּגּוֹיִם תִּצְפֶּינָה הַסּוֹרְרִים ׀ אַל־יָרִימוּ יָרוּמוּ
לָמוֹ סֶלָה: בָּרְכוּ עַמִּים ׀ אֱלֹהֵינוּ וְהַשְׁמִיעוּ קוֹל תְּהִלָּתוֹ: הַשָּׂם נַפְשֵׁנוּ בַּחַיִּים
וְלֹא־נָתַן לַמּוֹט רַגְלֵנוּ: כִּי־בְחַנְתָּנוּ אֱלֹהִים צְרַפְתָּנוּ כִּצְרָף־כָּסֶף: הֲבֵאתָנוּ
בַמְּצוּדָה שַׂמְתָּ מוּעָקָה בְמָתְנֵינוּ: הִרְכַּבְתָּ אֱנוֹשׁ לְרֹאשֵׁנוּ בָּאנוּ־בָאֵשׁ וּבַמַּיִם
וַתּוֹצִיאֵנוּ לָרְוָיָה: אָבוֹא בֵיתְךָ בְעוֹלוֹת אֲשַׁלֵּם לְךָ נְדָרָי: אֲשֶׁר־פָּצוּ שְׂפָתָי
וְדִבֶּר־פִּי בַּצַּר־לִי: עֹלוֹת מֵחִים אַעֲלֶה־לָּךְ עִם־קְטֹרֶת אֵילִים אֶעֱשֶׂה בָקָר
עִם־עַתּוּדִים סֶלָה: לְכוּ־שִׁמְעוּ וַאֲסַפְּרָה כָּל־יִרְאֵי אֱלֹהִים אֲשֶׁר עָשָׂה לְנַפְשִׁי:
אֵלָיו פִּי־קָרָאתִי וְרוֹמַם תַּחַת לְשׁוֹנִי: אָוֶן אִם־רָאִיתִי בְלִבִּי לֹא יִשְׁמַע ׀ אֲדֹנָי:
אָכֵן שָׁמַע אֱלֹהִים הִקְשִׁיב בְּקוֹל תְּפִלָּתִי: בָּרוּךְ אֱלֹהִים אֲשֶׁר לֹא־הֵסִיר
תְּפִלָּתִי וְחַסְדּוֹ מֵאִתִּי:

מזמור תהילה לה׳ על הנהגת העולם, על חסד ה׳ המתגלה בעולם
ועל התודות שצריכים בני האדם לתת לו על חסדיו.

סז לַמְנַצֵּחַ בִּנְגִינֹת מִזְמוֹר שִׁיר: אֱלֹהִים יְחָנֵּנוּ וִיבָרְכֵנוּ יָאֵר פָּנָיו אִתָּנוּ סֶלָה:
לָדַעַת בָּאָרֶץ דַּרְכֶּךָ בְּכָל־גּוֹיִם יְשׁוּעָתֶךָ: יוֹדוּךָ עַמִּים ׀ אֱלֹהִים יוֹדוּךָ עַמִּים
כֻּלָּם: יִשְׂמְחוּ וִירַנְּנוּ לְאֻמִּים כִּי־תִשְׁפֹּט עַמִּים מִישֹׁר וּלְאֻמִּים ׀ בָּאָרֶץ תַּנְחֵם
סֶלָה: יוֹדוּךָ עַמִּים ׀ אֱלֹהִים יוֹדוּךָ עַמִּים כֻּלָּם: אֶרֶץ נָתְנָה יְבוּלָהּ יְבָרְכֵנוּ
אֱלֹהִים אֱלֹהֵינוּ: יְבָרְכֵנוּ אֱלֹהִים וְיִירְאוּ אוֹתוֹ כָּל־אַפְסֵי־אָרֶץ:

המנון על התגלות ה׳. זהו שיר תהילה המתייחס להתגלות בהר סיני,
ובעיקר הוא מתאר את מה שנמצא מסביב, וכיצד הכל - הטבע, הדומם ובני האדם -
חשים את ההתגלות וכל אחד מהם נותן כבוד לה׳ לפי דרכו.

סח לַמְנַצֵּחַ לְדָוִד מִזְמוֹר שִׁיר: יָקוּם אֱלֹהִים יָפוּצוּ אוֹיְבָיו וְיָנוּסוּ מְשַׂנְאָיו מִפָּנָיו:
כְּהִנְדֹּף עָשָׁן תִּנְדֹּף כְּהִמֵּס דּוֹנַג מִפְּנֵי־אֵשׁ יֹאבְדוּ רְשָׁעִים מִפְּנֵי אֱלֹהִים:
וְצַדִּיקִים יִשְׂמְחוּ יַעַלְצוּ לִפְנֵי אֱלֹהִים וְיָשִׂישׂוּ בְשִׂמְחָה: שִׁירוּ ׀ לֵאלֹהִים
זַמְּרוּ שְׁמוֹ סֹלּוּ לָרֹכֵב בָּעֲרָבוֹת בְּיָהּ שְׁמוֹ וְעִלְזוּ לְפָנָיו: אֲבִי יְתוֹמִים וְדַיַּן
אַלְמָנוֹת אֱלֹהִים בִּמְעוֹן קָדְשׁוֹ: אֱלֹהִים ׀ מוֹשִׁיב יְחִידִים ׀ בַּיְתָה מוֹצִיא
אֲסִירִים בַּכּוֹשָׁרוֹת אַךְ סוֹרְרִים שָׁכְנוּ צְחִיחָה: אֱלֹהִים בְּצֵאתְךָ לִפְנֵי עַמֶּךָ
בְּצַעְדְּךָ בִישִׁימוֹן סֶלָה: אֶרֶץ רָעָשָׁה ׀ אַף־שָׁמַיִם נָטְפוּ מִפְּנֵי אֱלֹהִים זֶה

סִינַי מִפְּנֵי אֱלֹהִים אֱלֹהֵי יִשְׂרָאֵל: גֶּשֶׁם נְדָבוֹת תָּנִיף אֱלֹהִים נַחֲלָתְךָ וְנִלְאָה
אַתָּה כוֹנַנְתָּהּ: חַיָּתְךָ יָשְׁבוּ־בָהּ תָּכִין בְּטוֹבָתְךָ לֶעָנִי אֱלֹהִים: אֲדֹנָי יִתֶּן־אֹמֶר
הַמְבַשְּׂרוֹת צָבָא רָב: מַלְכֵי צְבָאוֹת יִדֹּדוּן יִדֹּדוּן וּנְוַת־בַּיִת תְּחַלֵּק שָׁלָל:
אִם־תִּשְׁכְּבוּן בֵּין שְׁפַתָּיִם כַּנְפֵי יוֹנָה נֶחְפָּה בַכֶּסֶף וְאֶבְרוֹתֶיהָ בִּירַקְרַק חָרוּץ:
בְּפָרֵשׂ שַׁדַּי מְלָכִים בָּהּ תַּשְׁלֵג בְּצַלְמוֹן: הַר־אֱלֹהִים הַר־בָּשָׁן הַר גַּבְנֻנִּים
הַר־בָּשָׁן: לָמָּה ׀ תְּרַצְּדוּן הָרִים גַּבְנֻנִּים הָהָר חָמַד אֱלֹהִים לְשִׁבְתּוֹ אַף־יְהֹוָה
יִשְׁכֹּן לָנֶצַח: רֶכֶב אֱלֹהִים רִבֹּתַיִם אַלְפֵי שִׁנְאָן אֲדֹנָי בָם סִינַי בַּקֹּדֶשׁ: עָלִיתָ
לַמָּרוֹם ׀ שָׁבִיתָ שֶּׁבִי לָקַחְתָּ מַתָּנוֹת בָּאָדָם וְאַף סוֹרְרִים לִשְׁכֹּן ׀ יָהּ אֱלֹהִים:
בָּרוּךְ אֲדֹנָי יוֹם ׀ יוֹם יַעֲמָס־לָנוּ הָאֵל יְשׁוּעָתֵנוּ סֶלָה: הָאֵל ׀ לָנוּ אֵל לְמוֹשָׁעוֹת
וְלֵיהֹוִה אֲדֹנָי לַמָּוֶת תּוֹצָאוֹת: אַךְ־אֱלֹהִים יִמְחַץ רֹאשׁ אֹיְבָיו קָדְקֹד שֵׂעָר
מִתְהַלֵּךְ בַּאֲשָׁמָיו: אָמַר אֲדֹנָי מִבָּשָׁן אָשִׁיב אָשִׁיב מִמְּצֻלוֹת יָם: לְמַעַן ׀ תִּמְחַץ
רַגְלְךָ בְּדָם לְשׁוֹן כְּלָבֶיךָ מֵאֹיְבִים מִנֵּהוּ: רָאוּ הֲלִיכוֹתֶיךָ אֱלֹהִים הֲלִיכוֹת אֵלִי
מַלְכִּי בַקֹּדֶשׁ: קִדְּמוּ שָׁרִים אַחַר נֹגְנִים בְּתוֹךְ עֲלָמוֹת תּוֹפֵפוֹת: בְּמַקְהֵלוֹת
בָּרְכוּ אֱלֹהִים אֲדֹנָי מִמְּקוֹר יִשְׂרָאֵל: שָׁם בִּנְיָמִן ׀ צָעִיר רֹדֵם שָׂרֵי יְהוּדָה
רִגְמָתָם שָׂרֵי זְבֻלוּן שָׂרֵי נַפְתָּלִי: צִוָּה אֱלֹהֶיךָ עֻזֶּךָ עוּזָּה אֱלֹהִים זוּ פָּעַלְתָּ לָּנוּ:
מֵהֵיכָלֶךָ עַל־יְרוּשָׁלִָם לְךָ יוֹבִילוּ מְלָכִים שָׁי: גְּעַר חַיַּת קָנֶה עֲדַת אַבִּירִים ׀
בְּעֶגְלֵי עַמִּים מִתְרַפֵּס בְּרַצֵּי־כָסֶף בִּזַּר עַמִּים קְרָבוֹת יֶחְפָּצוּ: יֶאֱתָיוּ חַשְׁמַנִּים
מִנִּי מִצְרָיִם כּוּשׁ תָּרִיץ יָדָיו לֵאלֹהִים: מַמְלְכוֹת הָאָרֶץ שִׁירוּ לֵאלֹהִים זַמְּרוּ
אֲדֹנָי סֶלָה: לָרֹכֵב בִּשְׁמֵי שְׁמֵי־קֶדֶם הֵן יִתֵּן בְּקוֹלוֹ קוֹל עֹז: תְּנוּ עֹז לֵאלֹהִים
עַל־יִשְׂרָאֵל גַּאֲוָתוֹ וְעֻזּוֹ בַּשְּׁחָקִים: נוֹרָא אֱלֹהִים ׀ מִמִּקְדָּשֶׁיךָ אֵל יִשְׂרָאֵל
הוּא נֹתֵן ׀ עֹז וְתַעֲצֻמוֹת לָעָם בָּרוּךְ אֱלֹהִים:

מזמור של תחינה, תפילה וזעקה של אדם הנתון בצבת מצוקות אישיות והתקפות של אויבים מכל הסוגים, המסתיים בדברי תקווה שאולי הם הטוב המיוחל, ואולי הם תוספת שנכתבה לאחר שנושע.

ט לַמְנַצֵּחַ עַל־שׁוֹשַׁנִּים לְדָוִד: הוֹשִׁיעֵנִי אֱלֹהִים כִּי בָאוּ מַיִם עַד־נָפֶשׁ: טָבַעְתִּי ׀
בִּיוֵן מְצוּלָה וְאֵין מָעֳמָד בָּאתִי בְמַעֲמַקֵּי־מַיִם וְשִׁבֹּלֶת שְׁטָפָתְנִי: יָגַעְתִּי בְקָרְאִי
נִחַר גְּרוֹנִי כָּלוּ עֵינַי מְיַחֵל לֵאלֹהָי: רַבּוּ ׀ מִשַּׂעֲרוֹת רֹאשִׁי שֹׂנְאַי חִנָּם עָצְמוּ
מַצְמִיתַי אֹיְבַי שֶׁקֶר אֲשֶׁר לֹא־גָזַלְתִּי אָז אָשִׁיב: אֱלֹהִים אַתָּה יָדַעְתָּ לְאִוַּלְתִּי
וְאַשְׁמוֹתַי מִמְּךָ לֹא־נִכְחָדוּ: אַל־יֵבֹשׁוּ בִי ׀ קֹוֶיךָ אֲדֹנָי יְהֹוִה צְבָאוֹת אַל־יִכָּלְמוּ

*יג לחודש

בִּי מְבַקְשֶׁיךָ אֱלֹהֵי יִשְׂרָאֵל: כִּי־עָלֶיךָ נָשָׂאתִי חֶרְפָּה כִּסְּתָה כְלִמָּה פָנָי: מוּזָר
הָיִיתִי לְאֶחָי וְנָכְרִי לִבְנֵי אִמִּי: כִּי־קִנְאַת בֵּיתְךָ אֲכָלָתְנִי וְחֶרְפּוֹת חוֹרְפֶיךָ נָפְלוּ
עָלָי: וָאֶבְכֶּה בַצּוֹם נַפְשִׁי וַתְּהִי לַחֲרָפוֹת לִי: וָאֶתְּנָה לְבוּשִׁי שָׂק וָאֱהִי לָהֶם
לְמָשָׁל: יָשִׂיחוּ בִי יֹשְׁבֵי שָׁעַר וּנְגִינוֹת שׁוֹתֵי שֵׁכָר: וַאֲנִי תְפִלָּתִי־לְךָ ׀ יְהוָה
עֵת רָצוֹן אֱלֹהִים בְּרָב־חַסְדֶּךָ עֲנֵנִי בֶּאֱמֶת יִשְׁעֶךָ: הַצִּילֵנִי מִטִּיט וְאַל־אֶטְבָּעָה
אִנָּצְלָה מִשֹּׂנְאַי וּמִמַּעֲמַקֵּי־מָיִם: אַל־תִּשְׁטְפֵנִי ׀ שִׁבֹּלֶת מַיִם וְאַל־תִּבְלָעֵנִי
מְצוּלָה וְאַל־תֶּאְטַר־עָלַי בְּאֵר פִּיהָ: עֲנֵנִי יְהוָה כִּי־טוֹב חַסְדֶּךָ כְּרֹב רַחֲמֶיךָ
פְּנֵה אֵלָי: וְאַל־תַּסְתֵּר פָּנֶיךָ מֵעַבְדֶּךָ כִּי־צַר־לִי מַהֵר עֲנֵנִי: קָרְבָה אֶל־נַפְשִׁי
גְאָלָהּ לְמַעַן אֹיְבַי פְּדֵנִי: אַתָּה יָדַעְתָּ חֶרְפָּתִי וּבָשְׁתִּי וּכְלִמָּתִי נֶגְדְּךָ כָּל־צוֹרְרָי:
חֶרְפָּה ׀ שָׁבְרָה לִבִּי וָאָנוּשָׁה וָאֲקַוֶּה לָנוּד וָאַיִן וְלַמְנַחֲמִים וְלֹא מָצָאתִי:
וַיִּתְּנוּ בְּבָרוּתִי רֹאשׁ וְלִצְמָאִי יַשְׁקוּנִי חֹמֶץ: יְהִי־שֻׁלְחָנָם לִפְנֵיהֶם לְפָח
וְלִשְׁלוֹמִים לְמוֹקֵשׁ: תֶּחְשַׁכְנָה עֵינֵיהֶם מֵרְאוֹת וּמָתְנֵיהֶם תָּמִיד הַמְעַד:
שְׁפָךְ־עֲלֵיהֶם זַעְמֶךָ וַחֲרוֹן אַפְּךָ יַשִּׂיגֵם: תְּהִי־טִירָתָם נְשַׁמָּה בְּאָהֳלֵיהֶם אַל־
יְהִי יֹשֵׁב: כִּי־אַתָּה אֲשֶׁר־הִכִּיתָ רָדָפוּ וְאֶל־מַכְאוֹב חֲלָלֶיךָ יְסַפֵּרוּ: תְּנָה־עָוֺן
עַל־עֲוֺנָם וְאַל־יָבֹאוּ בְּצִדְקָתֶךָ: יִמָּחוּ מִסֵּפֶר חַיִּים וְעִם צַדִּיקִים אַל־יִכָּתֵבוּ:
וַאֲנִי עָנִי וְכוֹאֵב יְשׁוּעָתְךָ אֱלֹהִים תְּשַׂגְּבֵנִי: אֲהַלְלָה שֵׁם־אֱלֹהִים בְּשִׁיר
וַאֲגַדְּלֶנּוּ בְתוֹדָה: וְתִיטַב לַיהוָה מִשּׁוֹר פָּר מַקְרִן מַפְרִיס: רָאוּ עֲנָוִים יִשְׂמָחוּ
דֹּרְשֵׁי אֱלֹהִים וִיחִי לְבַבְכֶם: כִּי־שֹׁמֵעַ אֶל־אֶבְיוֹנִים יְהוָה וְאֶת־אֲסִירָיו לֹא
בָזָה: יְהַלְלוּהוּ שָׁמַיִם וָאָרֶץ יַמִּים וְכָל־רֹמֵשׂ בָּם: כִּי אֱלֹהִים ׀ יוֹשִׁיעַ צִיּוֹן
וְיִבְנֶה עָרֵי יְהוּדָה וְיָשְׁבוּ שָׁם וִירֵשׁוּהָ: וְזֶרַע עֲבָדָיו יִנְחָלוּהָ וְאֹהֲבֵי שְׁמוֹ
יִשְׁכְּנוּ־בָהּ:

תחינה של אדם המוקף אויבים הרוצים להרע לו ושמחים במפלתו,
המבין כי הוא יכול לסמוך רק על חסדי ה׳ וישועתו.

ע לַמְנַצֵּחַ לְדָוִד לְהַזְכִּיר: אֱלֹהִים לְהַצִּילֵנִי יְהוָה לְעֶזְרָתִי חוּשָׁה: יֵבֹשׁוּ וְיַחְפְּרוּ
מְבַקְשֵׁי נַפְשִׁי יִסֹּגוּ אָחוֹר וְיִכָּלְמוּ חֲפֵצֵי רָעָתִי: יָשׁוּבוּ עַל־עֵקֶב בָּשְׁתָּם
הָאֹמְרִים הֶאָח ׀ הֶאָח: יָשִׂישׂוּ וְיִשְׂמְחוּ ׀ בְּךָ כָּל־מְבַקְשֶׁיךָ וְיֹאמְרוּ תָמִיד
יִגְדַּל אֱלֹהִים אֹהֲבֵי יְשׁוּעָתֶךָ: וַאֲנִי ׀ עָנִי וְאֶבְיוֹן אֱלֹהִים חוּשָׁה לִּי עֶזְרִי וּמְפַלְטִי
אַתָּה יְהוָה אַל־תְּאַחַר:

מזמור של בקשה ותודה, הפותח בבקשה מה׳ להצלה מן האויבים
ומסתיים בדברי תודה ושבח על הישועה שאכן הגיעה.

א בְּךָ־יְהוָה חָסִיתִי אַל־אֵבוֹשָׁה לְעוֹלָם: בְּצִדְקָתְךָ תַּצִּילֵנִי וּתְפַלְּטֵנִי הַטֵּה־אֵלַי
אׇזְנְךָ וְהוֹשִׁיעֵנִי: הֱיֵה לִי ׀ לְצוּר מָעוֹן לָבוֹא תָּמִיד צִוִּיתָ לְהוֹשִׁיעֵנִי כִּי־סַלְעִי
וּמְצוּדָתִי אָתָּה: אֱלֹהַי פַּלְּטֵנִי מִיַּד רָשָׁע מִכַּף מְעַוֵּל וְחוֹמֵץ: כִּי־אַתָּה תִקְוָתִי
אֲדֹנָי יֱהֹוִה מִבְטַחִי מִנְּעוּרָי: עָלֶיךָ ׀ נִסְמַכְתִּי מִבֶּטֶן מִמְּעֵי אִמִּי אַתָּה גוֹזִי בְּךָ
תְהִלָּתִי תָמִיד: כְּמוֹפֵת הָיִיתִי לְרַבִּים וְאַתָּה מַחֲסִי־עֹז: יִמָּלֵא פִי תְּהִלָּתֶךָ
כׇּל־הַיּוֹם תִּפְאַרְתֶּךָ: אַל־תַּשְׁלִיכֵנִי לְעֵת זִקְנָה כִּכְלוֹת כֹּחִי אַל־תַּעַזְבֵנִי:
כִּי־אָמְרוּ אוֹיְבַי לִי וְשֹׁמְרֵי נַפְשִׁי נוֹעֲצוּ יַחְדָּו: לֵאמֹר אֱלֹהִים עֲזָבוֹ רִדְפוּ
וְתִפְשׂוּהוּ כִּי־אֵין מַצִּיל: אֱלֹהִים אַל־תִּרְחַק מִמֶּנִּי אֱלֹהַי לְעֶזְרָתִי חִישָׁה: חוּשָׁה
יֵבֹשׁוּ יִכְלוּ שֹׂטְנֵי נַפְשִׁי יַעֲטוּ חֶרְפָּה וּכְלִמָּה מְבַקְשֵׁי רָעָתִי: וַאֲנִי תָּמִיד אֲיַחֵל
וְהוֹסַפְתִּי עַל־כׇּל־תְּהִלָּתֶךָ: פִּי ׀ יְסַפֵּר צִדְקָתֶךָ כׇּל־הַיּוֹם תְּשׁוּעָתֶךָ כִּי לֹא
יָדַעְתִּי סְפֹרוֹת: אָבוֹא בִּגְבֻרוֹת אֲדֹנָי יֱהֹוִה אַזְכִּיר צִדְקָתְךָ לְבַדֶּךָ: אֱלֹהִים
לִמַּדְתַּנִי מִנְּעוּרָי וְעַד־הֵנָּה אַגִּיד נִפְלְאוֹתֶיךָ: וְגַם עַד־זִקְנָה ׀ וְשֵׂיבָה אֱלֹהִים
אַל־תַּעַזְבֵנִי עַד־אַגִּיד זְרוֹעֲךָ לְדוֹר לְכׇל־יָבוֹא גְּבוּרָתֶךָ: וְצִדְקָתְךָ אֱלֹהִים
עַד־מָרוֹם אֲשֶׁר־עָשִׂיתָ גְדֹלוֹת אֱלֹהִים מִי כָמוֹךָ: אֲשֶׁר הראיתנו ׀ צָרוֹת הִרְאִיתַנִי
רַבּוֹת וְרָעוֹת תָּשׁוּב תחיינו וּמִתְּהֹמוֹת הָאָרֶץ תָּשׁוּב תעלנו: תֶּרֶב ׀ גְּדֻלָּתִי תְּחַיֵּנִי
וְתִסֹּב תְּנַחֲמֵנִי: גַּם־אֲנִי ׀ אוֹדְךָ בִכְלִי־נֶבֶל אֲמִתְּךָ אֱלֹהָי אֲזַמְּרָה לְךָ בְכִנּוֹר תַּעֲלֵנִי
קְדוֹשׁ יִשְׂרָאֵל: תְּרַנֵּנָּה שְׂפָתַי כִּי אֲזַמְּרָה־לָּךְ וְנַפְשִׁי אֲשֶׁר פָּדִיתָ: גַּם־לְשׁוֹנִי
כׇּל־הַיּוֹם תֶּהְגֶּה צִדְקָתֶךָ כִּי־בֹשׁוּ כִי־חָפְרוּ מְבַקְשֵׁי רָעָתִי:

מזמור של חיזוק, תקווה ואיחולים למלך המושיע. זהו תיאור אידאלי של ממלכת
ישראל ומלכה בתפארתם ובהצלחתם, כאשר הממלכה מלאה ברכה.

ב לִשְׁלֹמֹה ׀ אֱלֹהִים מִשְׁפָּטֶיךָ לְמֶלֶךְ תֵּן וְצִדְקָתְךָ לְבֶן־מֶלֶךְ: יָדִין עַמְּךָ בְצֶדֶק
וַעֲנִיֶּיךָ בְמִשְׁפָּט: יִשְׂאוּ הָרִים שָׁלוֹם לָעָם וּגְבָעוֹת בִּצְדָקָה: יִשְׁפֹּט ׀ עֲנִיֵּי־עָם
יוֹשִׁיעַ לִבְנֵי אֶבְיוֹן וִידַכֵּא עוֹשֵׁק: יִירָאוּךָ עִם־שָׁמֶשׁ וְלִפְנֵי יָרֵחַ דּוֹר דּוֹרִים:
יֵרֵד כְּמָטָר עַל־גֵּז כִּרְבִיבִים זַרְזִיף אָרֶץ: יִפְרַח־בְּיָמָיו צַדִּיק וְרֹב שָׁלוֹם עַד־בְּלִי
יָרֵחַ: וְיֵרְדְּ מִיָּם עַד־יָם וּמִנָּהָר עַד־אַפְסֵי־אָרֶץ: לְפָנָיו יִכְרְעוּ צִיִּים וְאֹיְבָיו עָפָר
יְלַחֵכוּ: מַלְכֵי תַרְשִׁישׁ וְאִיִּים מִנְחָה יָשִׁיבוּ מַלְכֵי שְׁבָא וּסְבָא אֶשְׁכָּר יַקְרִיבוּ:

*יד לחודש

וְיִשְׁתַּחֲווּ־לוֹ כׇל־מְלָכִים כׇּל־גּוֹיִם יַעַבְדוּהוּ׃ כִּי־יַצִּיל אֶבְיוֹן מְשַׁוֵּעַ וְעָנִי וְאֵין־
עֹזֵר לוֹ׃ יָחֹס עַל־דַּל וְאֶבְיוֹן וְנַפְשׁוֹת אֶבְיוֹנִים יוֹשִׁיעַ׃ מִתּוֹךְ וּמֵחָמָס יִגְאַל
נַפְשָׁם וְיֵיקַר דָּמָם בְּעֵינָיו׃ וִיחִי וְיִתֶּן־לוֹ מִזְּהַב שְׁבָא וְיִתְפַּלֵּל בַּעֲדוֹ תָמִיד
כׇּל־הַיּוֹם יְבָרְכֶנְהוּ׃ יְהִי פִסַּת־בַּר ׀ בָּאָרֶץ בְּרֹאשׁ הָרִים יִרְעַשׁ כַּלְּבָנוֹן פִּרְיוֹ
יִנּוֹן וְיָצִיצוּ מֵעִיר כְּעֵשֶׂב הָאָרֶץ׃ יְהִי שְׁמוֹ ׀ לְעוֹלָם לִפְנֵי־שֶׁמֶשׁ ינין שְׁמוֹ וְיִתְבָּרְכוּ
בוֹ כׇּל־גּוֹיִם יְאַשְּׁרוּהוּ׃ בָּרוּךְ ׀ יְהֹוָה אֱלֹהִים אֱלֹהֵי יִשְׂרָאֵל עֹשֵׂה נִפְלָאוֹת
לְבַדּוֹ׃ וּבָרוּךְ ׀ שֵׁם כְּבוֹדוֹ לְעוֹלָם וְיִמָּלֵא כְבוֹדוֹ אֶת־כׇּל־הָאָרֶץ אָמֵן ׀ וְאָמֵן׃
כָּלּוּ תְפִלּוֹת דָּוִד בֶּן־יִשָׁי׃

ספר שלישי

שיר התבוננות. המתפלל רואה את הרע הגובר בעולם ואת הצלחתם של הרשעים. הוא תוהה וכואב על כך; אבל כאשר הוא מתבונן בדברים הוא מגלה כי הצלחת הרשע היא זמנית וארעית, וכי הדבקות בה׳ היא עצמה שכר ואושר גדול יותר לאין ערוך.

ע*

נָטָיוּ מִזְמוֹר לְאָסָף אַךְ טוֹב לְיִשְׂרָאֵל אֱלֹהִים לְבָרֵי לֵבָב׃ וַאֲנִי כִּמְעַט נטוי רַגְלָי
שֻׁפְּכוּ כְּאַיִן שפכה אֲשֻׁרָי׃ כִּי־קִנֵּאתִי בַּהוֹלְלִים שְׁלוֹם רְשָׁעִים אֶרְאֶה׃ כִּי אֵין
חַרְצֻבּוֹת לְמוֹתָם וּבָרִיא אוּלָם׃ בַּעֲמַל אֱנוֹשׁ אֵינֵמוֹ וְעִם־אָדָם לֹא יְנֻגָּעוּ׃
לָכֵן עֲנָקַתְמוֹ גַאֲוָה יַעֲטׇף־שִׁית חָמָס לָמוֹ׃ יָצָא מֵחֵלֶב עֵינֵמוֹ עָבְרוּ מַשְׂכִּיּוֹת
לֵבָב׃ יָמִיקוּ ׀ וִידַבְּרוּ בְרָע עֹשֶׁק מִמָּרוֹם יְדַבֵּרוּ׃ שַׁתּוּ בַשָּׁמַיִם פִּיהֶם וּלְשׁוֹנָם
יָשׁוּב תִּהֲלַךְ בָּאָרֶץ׃ לָכֵן ׀ ישיב עַמּוֹ הֲלֹם וּמֵי מָלֵא יִמָּצוּ לָמוֹ׃ וְאָמְרוּ אֵיכָה יָדַע־
אֵל וְיֵשׁ דֵּעָה בְעֶלְיוֹן׃ הִנֵּה־אֵלֶּה רְשָׁעִים וְשַׁלְוֵי עוֹלָם הִשְׂגּוּ־חָיִל׃ אַךְ־רִיק
זִכִּיתִי לְבָבִי וָאֶרְחַץ בְּנִקָּיוֹן כַּפָּי׃ וָאֱהִי נָגוּעַ כׇּל־הַיּוֹם וְתוֹכַחְתִּי לַבְּקָרִים׃
אִם־אָמַרְתִּי אֲסַפְּרָה כְמוֹ הִנֵּה דוֹר בָּנֶיךָ בָגָדְתִּי׃ וָאֲחַשְּׁבָה לָדַעַת זֹאת עָמָל
הוּא היא בְעֵינָי׃ עַד־אָבוֹא אֶל־מִקְדְּשֵׁי־אֵל אָבִינָה לְאַחֲרִיתָם׃ אַךְ בַּחֲלָקוֹת
תָּשִׁית לָמוֹ הִפַּלְתָּם לְמַשּׁוּאוֹת׃ אֵיךְ הָיוּ לְשַׁמָּה כְרָגַע סָפוּ תַמּוּ מִן־בַּלָּהוֹת׃
כַּחֲלוֹם מֵהָקִיץ אֲדֹנָי בָּעִיר ׀ צַלְמָם תִּבְזֶה׃ כִּי יִתְחַמֵּץ לְבָבִי וְכִלְיוֹתַי אֶשְׁתּוֹנָן׃
וַאֲנִי־בַעַר וְלֹא אֵדָע בְּהֵמוֹת הָיִיתִי עִמָּךְ׃ וַאֲנִי תָמִיד עִמָּךְ אָחַזְתָּ בְּיַד־יְמִינִי׃
בַּעֲצָתְךָ תַנְחֵנִי וְאַחַר כָּבוֹד תִּקָּחֵנִי׃ מִי־לִי בַשָּׁמָיִם וְעִמְּךָ לֹא־חָפַצְתִּי בָאָרֶץ׃
כָּלָה שְׁאֵרִי וּלְבָבִי צוּר־לְבָבִי וְחֶלְקִי אֱלֹהִים לְעוֹלָם׃ כִּי־הִנֵּה רְחֵקֶיךָ יֹאבֵדוּ
הִצְמַתָּה כׇּל־זוֹנֶה מִמֶּךָּ׃ וַאֲנִי ׀ קִרֲבַת אֱלֹהִים לִי טוֹב שַׁתִּי ׀ בַּאדֹנָי יֱהֹוִה
מַחְסִי לְסַפֵּר כׇּל־מַלְאֲכוֹתֶיךָ׃

*ליום הרביעי

זמור תחינה של עם ישראל בזמן קשה, כאשר האויבים מתגברים עליו, ותפילה ששוב יראה ה׳ נפלאות וישועות כבימי קדם, למען שמו שנקרא על עם ישראל ולמען בריתו אתם.

עד מַשְׂכִּיל לְאָסָף לָמָה אֱלֹהִים זָנַחְתָּ לָנֶצַח יֶעְשַׁן אַפְּךָ בְּצֹאן מַרְעִיתֶךָ: זְכֹר
עֲדָתְךָ ׀ קָנִיתָ קֶּדֶם גָּאַלְתָּ שֵׁבֶט נַחֲלָתֶךָ הַר־צִיּוֹן זֶה ׀ שָׁכַנְתָּ בּוֹ: הָרִימָה
פְעָמֶיךָ לְמַשֻּׁאוֹת נֶצַח כָּל־הֵרַע אוֹיֵב בַּקֹּדֶשׁ: שָׁאֲגוּ צֹרְרֶיךָ בְּקֶרֶב מוֹעֲדֶךָ
שָׂמוּ אוֹתֹתָם אֹתוֹת: יִוָּדַע כְּמֵבִיא לְמָעְלָה בִּסֲבָךְ־עֵץ קַרְדֻּמּוֹת: וְעַתָּ
פִּתּוּחֶיהָ יָּחַד בְּכַשִּׁיל וְכֵילַפֹּת יַהֲלֹמוּן: שִׁלְחוּ בָאֵשׁ מִקְדָּשֶׁךָ לָאָרֶץ חִלְּלוּ
מִשְׁכַּן־שְׁמֶךָ: אָמְרוּ בְלִבָּם נִינָם יָחַד שָׂרְפוּ כָל־מוֹעֲדֵי־אֵל בָּאָרֶץ: אוֹתֹתֵינוּ
לֹא־רָאִינוּ אֵין־עוֹד נָבִיא וְלֹא־אִתָּנוּ יֹדֵעַ עַד־מָה: עַד־מָתַי אֱלֹהִים יְחָרֶף
צָר יְנָאֵץ אוֹיֵב שִׁמְךָ לָנֶצַח: לָמָּה תָשִׁיב יָדְךָ וִימִינֶךָ מִקֶּרֶב חוקך כַלֵּה: חֵיקְךָ
וֵאלֹהִים מַלְכִּי מִקֶּדֶם פֹּעֵל יְשׁוּעוֹת בְּקֶרֶב הָאָרֶץ: אַתָּה פוֹרַרְתָּ בְעָזְּךָ יָם
שִׁבַּרְתָּ רָאשֵׁי תַנִּינִים עַל־הַמָּיִם: אַתָּה רִצַּצְתָּ רָאשֵׁי לִוְיָתָן תִּתְּנֶנּוּ מַאֲכָל
לְעָם לְצִיִּים: אַתָּה בָקַעְתָּ מַעְיָן וָנָחַל אַתָּה הוֹבַשְׁתָּ נַהֲרוֹת אֵיתָן: לְךָ יוֹם
אַף־לְךָ לָיְלָה אַתָּה הֲכִינוֹתָ מָאוֹר וָשָׁמֶשׁ: אַתָּה הִצַּבְתָּ כָּל־גְּבוּלוֹת אָרֶץ
קַיִץ וָחֹרֶף אַתָּה יְצַרְתָּם: זְכָר־זֹאת אוֹיֵב חֵרֵף ׀ יְהוָה וְעַם־נָבָל נִאֲצוּ שְׁמֶךָ:
אַל־תִּתֵּן לְחַיַּת נֶפֶשׁ תּוֹרֶךָ חַיַּת עֲנִיֶּיךָ אַל־תִּשְׁכַּח לָנֶצַח: הַבֵּט לַבְּרִית כִּי־
מָלְאוּ מַחֲשַׁכֵּי־אֶרֶץ נְאוֹת חָמָס: אַל־יָשֹׁב דַּךְ נִכְלָם עָנִי וְאֶבְיוֹן יְהַלְלוּ שְׁמֶךָ:
קוּמָה אֱלֹהִים רִיבָה רִיבֶךָ זְכֹר חֶרְפָּתְךָ מִנִּי־נָבָל כָּל־הַיּוֹם: אַל־תִּשְׁכַּח קוֹל
צֹרְרֶיךָ שְׁאוֹן קָמֶיךָ עֹלֶה תָמִיד:

שיר תודה על מפלת הרשעים. על אף שלפי שעה נראה היה כי הרשעים גוברים, הרי שופט הארץ משלם בסופו של דבר לרשע כרשעתו, וגורם למפלתו.

עה לַמְנַצֵּחַ אַל־תַּשְׁחֵת מִזְמוֹר לְאָסָף שִׁיר: הוֹדִינוּ לְּךָ ׀ אֱלֹהִים הוֹדִינוּ וְקָרוֹב
שְׁמֶךָ סִפְּרוּ נִפְלְאוֹתֶיךָ: כִּי אֶקַּח מוֹעֵד אֲנִי מֵישָׁרִים אֶשְׁפֹּט: נְמֹגִים אֶרֶץ
וְכָל־יֹשְׁבֶיהָ אָנֹכִי תִכַּנְתִּי עַמּוּדֶיהָ סֶּלָה: אָמַרְתִּי לַהוֹלְלִים אַל־תָּהֹלּוּ וְלָרְשָׁעִים
אַל־תָּרִימוּ קָרֶן: אַל־תָּרִימוּ לַמָּרוֹם קַרְנְכֶם תְּדַבְּרוּ בְצַוָּאר עָתָק: כִּי לֹא
מִמּוֹצָא וּמִמַּעֲרָב וְלֹא מִמִּדְבַּר הָרִים: כִּי־אֱלֹהִים שֹׁפֵט זֶה יַשְׁפִּיל וְזֶה יָרִים:
כִּי כוֹס בְּיַד־יְהוָה וְיַיִן חָמַר ׀ מָלֵא מֶסֶךְ וַיַּגֵּר מִזֶּה אַךְ־שְׁמָרֶיהָ יִמְצוּ יִשְׁתּוּ
כֹּל רִשְׁעֵי־אָרֶץ: וַאֲנִי אַגִּיד לְעֹלָם אֲזַמְּרָה לֵאלֹהֵי יַעֲקֹב: וְכָל־קַרְנֵי רְשָׁעִים
אֲגַדֵּעַ תְּרוֹמַמְנָה קַרְנוֹת צַדִּיק:

שיר תודה על ניצחון האויבים העושים מלחמה ומצור,
ואילו ה׳ שובר את כוחם ומעניק לעמו את האפשרות
להודות לו על שהראה את כוחו לעיניהם.

עו לַמְנַצֵּחַ בִּנְגִינֹת מִזְמוֹר לְאָסָף שִׁיר: נוֹדָע בִּיהוּדָה אֱלֹהִים בְּיִשְׂרָאֵל גָּדוֹל
שְׁמוֹ: וַיְהִי בְשָׁלֵם סֻכּוֹ וּמְעוֹנָתוֹ בְצִיּוֹן: שָׁמָּה שִׁבַּר רִשְׁפֵי־קָשֶׁת מָגֵן וְחֶרֶב
וּמִלְחָמָה סֶלָה: נָאוֹר אַתָּה אַדִּיר מֵהַרְרֵי־טָרֶף: אֶשְׁתּוֹלְלוּ ׀ אַבִּירֵי לֵב נָמוּ
שְׁנָתָם וְלֹא־מָצְאוּ כָל־אַנְשֵׁי־חַיִל יְדֵיהֶם: מִגַּעֲרָתְךָ אֱלֹהֵי יַעֲקֹב נִרְדָּם וְרֶכֶב
וָסוּס: אַתָּה ׀ נוֹרָא אַתָּה וּמִי־יַעֲמֹד לְפָנֶיךָ מֵאָז אַפֶּךָ: מִשָּׁמַיִם הִשְׁמַעְתָּ דִּין
אֶרֶץ יָרְאָה וְשָׁקָטָה: בְּקוּם־לַמִּשְׁפָּט אֱלֹהִים לְהוֹשִׁיעַ כָּל־עַנְוֵי־אֶרֶץ סֶלָה:
כִּי־חֲמַת אָדָם תּוֹדֶךָּ שְׁאֵרִית חֵמֹת תַּחְגֹּר: נִדְרוּ וְשַׁלְּמוּ לַיהוָה אֱלֹהֵיכֶם כָּל־
סְבִיבָיו יוֹבִילוּ שַׁי לַמּוֹרָא: יִבְצֹר רוּחַ נְגִידִים נוֹרָא לְמַלְכֵי־אָרֶץ:

מזמור התבוננות. הזיכרון הפיוטי של נסי יציאת ישראל ממצרים
ושל הדרך המפוארת שעשה העם משמש מקור
להתחזקות בתוך קשיי ההווה.

עז לַמְנַצֵּחַ עַל־יְדִיתוּן לְאָסָף מִזְמוֹר: קוֹלִי אֶל־אֱלֹהִים וְאֶצְעָקָה קוֹלִי אֶל־ יְדוּתוּן
אֱלֹהִים וְהַאֲזִין אֵלָי: בְּיוֹם צָרָתִי אֲדֹנָי דָּרָשְׁתִּי יָדִי ׀ לַיְלָה נִגְּרָה וְלֹא תָפוּג
מֵאֲנָה הִנָּחֵם נַפְשִׁי: אֶזְכְּרָה אֱלֹהִים וְאֶהֱמָיָה אָשִׂיחָה ׀ וְתִתְעַטֵּף רוּחִי
סֶלָה: אָחַזְתָּ שְׁמֻרוֹת עֵינָי נִפְעַמְתִּי וְלֹא אֲדַבֵּר: חִשַּׁבְתִּי יָמִים מִקֶּדֶם שְׁנוֹת
עוֹלָמִים: אֶזְכְּרָה נְגִינָתִי בַּלָּיְלָה עִם־לְבָבִי אָשִׂיחָה וַיְחַפֵּשׂ רוּחִי: הַלְעוֹלָמִים
יִזְנַח ׀ אֲדֹנָי וְלֹא־יֹסִיף לִרְצוֹת עוֹד: הֶאָפֵס לָנֶצַח חַסְדּוֹ גָּמַר אֹמֶר לְדֹר
וָדֹר: הֲשָׁכַח חַנּוֹת אֵל אִם־קָפַץ בְּאַף רַחֲמָיו סֶלָה: וָאֹמַר חַלּוֹתִי הִיא שְׁנוֹת
יְמִין עֶלְיוֹן: אזכיר מַעַלְלֵי־יָהּ כִּי־אֶזְכְּרָה מִקֶּדֶם פִּלְאֶךָ: וְהָגִיתִי בְכָל־ אֶזְכּוֹר
פָּעֳלֶךָ וּבַעֲלִילוֹתֶיךָ אָשִׂיחָה: אֱלֹהִים בַּקֹּדֶשׁ דַּרְכֶּךָ מִי־אֵל גָּדוֹל כֵּאלֹהִים:
אַתָּה הָאֵל עֹשֵׂה פֶלֶא הוֹדַעְתָּ בָעַמִּים עֻזֶּךָ: גָּאַלְתָּ בִּזְרוֹעַ עַמֶּךָ בְּנֵי־יַעֲקֹב
וְיוֹסֵף סֶלָה: רָאוּךָ מַּיִם ׀ אֱלֹהִים רָאוּךָ מַּיִם יָחִילוּ אַף יִרְגְּזוּ תְהֹמוֹת: זֹרְמוּ
מַיִם ׀ עָבוֹת קוֹל נָתְנוּ שְׁחָקִים אַף־חֲצָצֶיךָ יִתְהַלָּכוּ: קוֹל רַעַמְךָ ׀ בַּגַּלְגַּל
הֵאִירוּ בְרָקִים תֵּבֵל רָגְזָה וַתִּרְעַשׁ הָאָרֶץ: בַּיָּם דַּרְכֶּךָ ושביליך בְּמַיִם רַבִּים וּשְׁבִילְךָ
וְעִקְּבוֹתֶיךָ לֹא נֹדָעוּ: נָחִיתָ כַצֹּאן עַמֶּךָ בְּיַד־מֹשֶׁה וְאַהֲרֹן:

*טו לחודש

המנון המספר את תולדות ישראל מיציאת מצרים ועשר המכות שבתחילת הגאולה, דרך מסעות ישראל במדבר וכיבוש הארץ ועד לכינון מלכות דוד. כמו כן המנון זה מתאר כיצד, למרות חטאי העם, הציל הקב״ה את ישראל מכל רעה, מחל להם על עוונותיהם והביאם לגדולה ולשלווה.

ח מַשְׂכִּיל לְאָסָף הַאֲזִינָה עַמִּי תּוֹרָתִי הַטּוּ אָזְנְכֶם לְאִמְרֵי־פִי: אֶפְתְּחָה בְמָשָׁל
פִּי אַבִּיעָה חִידוֹת מִנִּי־קֶדֶם: אֲשֶׁר שָׁמַעְנוּ וַנֵּדָעֵם וַאֲבוֹתֵינוּ סִפְּרוּ־לָנוּ: לֹא
נְכַחֵד ׀ מִבְּנֵיהֶם לְדוֹר אַחֲרוֹן מְסַפְּרִים תְּהִלּוֹת יהוה וֶעֱזוּזוֹ וְנִפְלְאוֹתָיו אֲשֶׁר
עָשָׂה: וַיָּקֶם עֵדוּת ׀ בְּיַעֲקֹב וְתוֹרָה שָׂם בְּיִשְׂרָאֵל אֲשֶׁר צִוָּה אֶת־אֲבוֹתֵינוּ
לְהוֹדִיעָם לִבְנֵיהֶם: לְמַעַן יֵדְעוּ ׀ דּוֹר אַחֲרוֹן בָּנִים יִוָּלֵדוּ יָקֻמוּ וִיסַפְּרוּ לִבְנֵיהֶם:
וְיָשִׂימוּ בֵאלֹהִים כִּסְלָם וְלֹא יִשְׁכְּחוּ מַעַלְלֵי־אֵל וּמִצְוֺתָיו יִנְצֹרוּ: וְלֹא יִהְיוּ ׀
כַּאֲבוֹתָם דּוֹר סוֹרֵר וּמֹרֶה דּוֹר לֹא־הֵכִין לִבּוֹ וְלֹא־נֶאֶמְנָה אֶת־אֵל רוּחוֹ:
בְּנֵי־אֶפְרַיִם נוֹשְׁקֵי רוֹמֵי־קָשֶׁת הָפְכוּ בְּיוֹם קְרָב: לֹא שָׁמְרוּ בְּרִית אֱלֹהִים
וּבְתוֹרָתוֹ מֵאֲנוּ לָלֶכֶת: וַיִּשְׁכְּחוּ עֲלִילוֹתָיו וְנִפְלְאוֹתָיו אֲשֶׁר הֶרְאָם: נֶגֶד
אֲבוֹתָם עָשָׂה פֶלֶא בְּאֶרֶץ מִצְרַיִם שְׂדֵה־צֹעַן: בָּקַע יָם וַיַּעֲבִירֵם וַיַּצֶּב־מַיִם
כְּמוֹ־נֵד: וַיַּנְחֵם בֶּעָנָן יוֹמָם וְכָל־הַלַּיְלָה בְּאוֹר אֵשׁ: יְבַקַּע צֻרִים בַּמִּדְבָּר
וַיַּשְׁקְ כִּתְהֹמוֹת רַבָּה: וַיּוֹצִא נוֹזְלִים מִסָּלַע וַיּוֹרֶד כַּנְּהָרוֹת מָיִם: וַיּוֹסִיפוּ עוֹד
לַחֲטֹא־לוֹ לַמְרוֹת עֶלְיוֹן בַּצִּיָּה: וַיְנַסּוּ־אֵל בִּלְבָבָם לִשְׁאָל־אֹכֶל לְנַפְשָׁם:
וַיְדַבְּרוּ בֵּאלֹהִים אָמְרוּ הֲיוּכַל אֵל לַעֲרֹךְ שֻׁלְחָן בַּמִּדְבָּר: הֵן הִכָּה־צוּר ׀ וַיָּזוּבוּ
מַיִם וּנְחָלִים יִשְׁטֹפוּ הֲגַם־לֶחֶם יוּכַל תֵּת אִם־יָכִין שְׁאֵר לְעַמּוֹ: לָכֵן ׀ שָׁמַע
יהוה וַיִּתְעַבָּר וְאֵשׁ נִשְּׂקָה בְיַעֲקֹב וְגַם־אַף עָלָה בְיִשְׂרָאֵל: כִּי לֹא הֶאֱמִינוּ
בֵּאלֹהִים וְלֹא בָטְחוּ בִּישׁוּעָתוֹ: וַיְצַו שְׁחָקִים מִמָּעַל וְדַלְתֵי שָׁמַיִם פָּתָח:
וַיַּמְטֵר עֲלֵיהֶם מָן לֶאֱכֹל וּדְגַן־שָׁמַיִם נָתַן לָמוֹ: לֶחֶם אַבִּירִים אָכַל אִישׁ צֵידָה
שָׁלַח לָהֶם לָשֹׂבַע: יַסַּע קָדִים בַּשָּׁמָיִם וַיְנַהֵג בְּעֻזּוֹ תֵימָן: וַיַּמְטֵר עֲלֵיהֶם
כֶּעָפָר שְׁאֵר וּכְחוֹל יַמִּים עוֹף כָּנָף: וַיַּפֵּל בְּקֶרֶב מַחֲנֵהוּ סָבִיב לְמִשְׁכְּנֹתָיו:
וַיֹּאכְלוּ וַיִּשְׂבְּעוּ מְאֹד וְתַאֲוָתָם יָבִא לָהֶם: לֹא־זָרוּ מִתַּאֲוָתָם עוֹד אָכְלָם
בְּפִיהֶם: וְאַף אֱלֹהִים ׀ עָלָה בָהֶם וַיַּהֲרֹג בְּמִשְׁמַנֵּיהֶם וּבַחוּרֵי יִשְׂרָאֵל הִכְרִיעַ:
בְּכָל־זֹאת חָטְאוּ־עוֹד וְלֹא הֶאֱמִינוּ בְּנִפְלְאוֹתָיו: וַיְכַל־בַּהֶבֶל יְמֵיהֶם וּשְׁנוֹתָם
בַּבֶּהָלָה: אִם־הֲרָגָם וּדְרָשׁוּהוּ וְשָׁבוּ וְשִׁחֲרוּ־אֵל: וַיִּזְכְּרוּ כִּי־אֱלֹהִים צוּרָם
וְאֵל עֶלְיוֹן גֹּאֲלָם: וַיְפַתּוּהוּ בְּפִיהֶם וּבִלְשׁוֹנָם יְכַזְּבוּ־לוֹ: וְלִבָּם לֹא־נָכוֹן עִמּוֹ

וְלֹא נֶאֶמְנוּ בִּבְרִיתוֹ: וְהוּא רַחוּם ׀ יְכַפֵּר עָוֺן וְלֹא־יַשְׁחִית וְהִרְבָּה לְהָשִׁיב
אַפּוֹ וְלֹא־יָעִיר כׇּל־חֲמָתוֹ: וַיִּזְכֹּר כִּי־בָשָׂר הֵמָּה רוּחַ הוֹלֵךְ וְלֹא יָשׁוּב: כַּמָּה
יַמְרוּהוּ בַמִּדְבָּר יַעֲצִיבוּהוּ בִּישִׁימוֹן: וַיָּשׁוּבוּ וַיְנַסּוּ אֵל וּקְדוֹשׁ יִשְׂרָאֵל הִתְווּ:
לֹא־זָכְרוּ אֶת־יָדוֹ יוֹם אֲשֶׁר־פָּדָם מִנִּי־צָר: אֲשֶׁר־שָׂם בְּמִצְרַיִם אֹתוֹתָיו וּמוֹפְתָיו
בִּשְׂדֵה־צֹעַן: וַיַּהֲפֹךְ לְדָם יְאֹרֵיהֶם וְנֹזְלֵיהֶם בַּל־יִשְׁתָּיוּן: יְשַׁלַּח בָּהֶם עָרֹב
וַיֹּאכְלֵם וּצְפַרְדֵּעַ וַתַּשְׁחִיתֵם: וַיִּתֵּן לֶחָסִיל יְבוּלָם וִיגִיעָם לָאַרְבֶּה: יַהֲרֹג
בַּבָּרָד גַּפְנָם וְשִׁקְמוֹתָם בַּחֲנָמַל: וַיַּסְגֵּר לַבָּרָד בְּעִירָם וּמִקְנֵיהֶם לָרְשָׁפִים:
יְשַׁלַּח־בָּם ׀ חֲרוֹן אַפּוֹ עֶבְרָה וָזַעַם וְצָרָה מִשְׁלַחַת מַלְאֲכֵי רָעִים: יְפַלֵּס נָתִיב
לְאַפּוֹ לֹא־חָשַׂךְ מִמָּוֶת נַפְשָׁם וְחַיָּתָם לַדֶּבֶר הִסְגִּיר: וַיַּךְ כׇּל־בְּכוֹר בְּמִצְרָיִם
רֵאשִׁית אוֹנִים בְּאׇהֳלֵי־חָם: וַיַּסַּע כַּצֹּאן עַמּוֹ וַיְנַהֲגֵם כַּעֵדֶר בַּמִּדְבָּר: וַיַּנְחֵם
לָבֶטַח וְלֹא פָחָדוּ וְאֶת־אוֹיְבֵיהֶם כִּסָּה הַיָּם: וַיְבִיאֵם אֶל־גְּבוּל קׇדְשׁוֹ הַר־זֶה
קָנְתָה יְמִינוֹ: וַיְגָרֶשׁ מִפְּנֵיהֶם ׀ גּוֹיִם וַיַּפִּילֵם בְּחֶבֶל נַחֲלָה וַיַּשְׁכֵּן בְּאׇהֳלֵיהֶם
שִׁבְטֵי יִשְׂרָאֵל: וַיְנַסּוּ וַיַּמְרוּ אֶת־אֱלֹהִים עֶלְיוֹן וְעֵדוֹתָיו לֹא שָׁמָרוּ: וַיִּסֹּגוּ
וַיִּבְגְּדוּ כַּאֲבוֹתָם נֶהְפְּכוּ כְּקֶשֶׁת רְמִיָּה: וַיַּכְעִיסוּהוּ בְּבָמוֹתָם וּבִפְסִילֵיהֶם
יַקְנִיאוּהוּ: שָׁמַע אֱלֹהִים וַיִּתְעַבָּר וַיִּמְאַס מְאֹד בְּיִשְׂרָאֵל: וַיִּטֹּשׁ מִשְׁכַּן שִׁלוֹ
אֹהֶל שִׁכֵּן בָּאָדָם: וַיִּתֵּן לַשְּׁבִי עֻזּוֹ וְתִפְאַרְתּוֹ בְיַד־צָר: וַיַּסְגֵּר לַחֶרֶב עַמּוֹ
וּבְנַחֲלָתוֹ הִתְעַבָּר: בַּחוּרָיו אָכְלָה־אֵשׁ וּבְתוּלֹתָיו לֹא הוּלָּלוּ: כֹּהֲנָיו בַּחֶרֶב
נָפָלוּ וְאַלְמְנֹתָיו לֹא תִבְכֶּינָה: וַיִּקַץ כְּיָשֵׁן ׀ אֲדֹנָי כְּגִבּוֹר מִתְרוֹנֵן מִיָּיִן: וַיַּךְ־
צָרָיו אָחוֹר חֶרְפַּת עוֹלָם נָתַן לָמוֹ: וַיִּמְאַס בְּאֹהֶל יוֹסֵף וּבְשֵׁבֶט אֶפְרַיִם לֹא
בָחָר: וַיִּבְחַר אֶת־שֵׁבֶט יְהוּדָה אֶת־הַר צִיּוֹן אֲשֶׁר אָהֵב: וַיִּבֶן כְּמוֹ־רָמִים
מִקְדָּשׁוֹ כְּאֶרֶץ יְסָדָהּ לְעוֹלָם: וַיִּבְחַר בְּדָוִד עַבְדּוֹ וַיִּקָּחֵהוּ מִמִּכְלְאֹת צֹאן:
מֵאַחַר עָלוֹת הֱבִיאוֹ לִרְעוֹת בְּיַעֲקֹב עַמּוֹ וּבְיִשְׂרָאֵל נַחֲלָתוֹ: וַיִּרְעֵם כְּתֹם
לְבָבוֹ וּבִתְבוּנוֹת כַּפָּיו יַנְחֵם:

מזמור של תחינה המתאר את ייסורי עם ישראל ומפלותיהם, ובסופו יש תפילה לישועה.

עט מִזְמוֹר לְאָסָף אֱלֹהִים בָּאוּ גוֹיִם ׀ בְּנַחֲלָתֶךָ טִמְּאוּ אֶת־הֵיכַל קׇדְשֶׁךָ שָׂמוּ
אֶת־יְרוּשָׁלַםִ לְעִיִּים: נָתְנוּ אֶת־נִבְלַת עֲבָדֶיךָ מַאֲכָל לְעוֹף הַשָּׁמָיִם בְּשַׂר
חֲסִידֶיךָ לְחַיְתוֹ־אָרֶץ: שָׁפְכוּ דָמָם ׀ כַּמַּיִם סְבִיבוֹת יְרוּשָׁלָםִ וְאֵין קוֹבֵר: הָיִינוּ
חֶרְפָּה לִשְׁכֵנֵינוּ לַעַג וָקֶלֶס לִסְבִיבוֹתֵינוּ: עַד־מָה יהוה תֶּאֱנַף לָנֶצַח תִּבְעַר

*טז לחודש

כְּמוֹ־אֵשׁ קִנְאָתֶךָ׃ שְׁפֹךְ חֲמָתְךָ ׀ אֶל־הַגּוֹיִם אֲשֶׁר לֹא־יְדָעוּךָ וְעַל מַמְלָכוֹת
אֲשֶׁר בְּשִׁמְךָ לֹא קָרָאוּ׃ כִּי אָכַל אֶת־יַעֲקֹב וְאֶת־נָוֵהוּ הֵשַׁמּוּ׃ אַל־תִּזְכָּר־לָנוּ
עֲוֺנֹת רִאשֹׁנִים מַהֵר יְקַדְּמוּנוּ רַחֲמֶיךָ כִּי דַלּוֹנוּ מְאֹד׃ עָזְרֵנוּ ׀ אֱלֹהֵי יִשְׁעֵנוּ
עַל־דְּבַר כְּבוֹד־שְׁמֶךָ וְהַצִּילֵנוּ וְכַפֵּר עַל־חַטֹּאתֵינוּ לְמַעַן שְׁמֶךָ׃ לָמָּה ׀ יֹאמְרוּ
הַגּוֹיִם אַיֵּה אֱלֹהֵיהֶם יִוָּדַע בגיים לְעֵינֵינוּ נִקְמַת דַּם־עֲבָדֶיךָ הַשָּׁפוּךְ׃ תָּבוֹא בַּגּוֹיִם
לְפָנֶיךָ אֶנְקַת אָסִיר כְּגֹדֶל זְרוֹעֲךָ הוֹתֵר בְּנֵי תְמוּתָה׃ וְהָשֵׁב לִשְׁכֵנֵינוּ שִׁבְעָתַיִם
אֶל־חֵיקָם חֶרְפָּתָם אֲשֶׁר חֵרְפוּךָ אֲדֹנָי׃ וַאֲנַחְנוּ עַמְּךָ ׀ וְצֹאן מַרְעִיתֶךָ נוֹדֶה
לְּךָ לְעוֹלָם לְדֹר וָדֹר נְסַפֵּר תְּהִלָּתֶךָ׃

מזמור המתחיל בזיכרון הפאר והעוצמה שהיו לישראל כאשר יצאו ממצרים ומסע הניצחון בהביאם ה׳ לארץ ישראל, עובר לתיאור הימים הקשים בהווה, ומסתיים בתפילה שישיב ה׳ לנו את חסדו ויראנו את נִסיו כבעבר.

פ לַמְנַצֵּחַ אֶל־שֹׁשַׁנִּים עֵדוּת לְאָסָף מִזְמוֹר׃ רֹעֵה יִשְׂרָאֵל ׀ הַאֲזִינָה נֹהֵג כַּצֹּאן
יוֹסֵף יֹשֵׁב הַכְּרוּבִים הוֹפִיעָה׃ לִפְנֵי אֶפְרַיִם ׀ וּבִנְיָמִן וּמְנַשֶּׁה עוֹרְרָה אֶת־
גְּבוּרָתֶךָ וּלְכָה לִישֻׁעָתָה לָּנוּ׃ אֱלֹהִים הֲשִׁיבֵנוּ וְהָאֵר פָּנֶיךָ וְנִוָּשֵׁעָה׃ יְהוָה
אֱלֹהִים צְבָאוֹת עַד־מָתַי עָשַׁנְתָּ בִּתְפִלַּת עַמֶּךָ׃ הֶאֱכַלְתָּם לֶחֶם דִּמְעָה
וַתַּשְׁקֵמוֹ בִּדְמָעוֹת שָׁלִישׁ׃ תְּשִׂימֵנוּ מָדוֹן לִשְׁכֵנֵינוּ וְאֹיְבֵינוּ יִלְעֲגוּ־לָמוֹ׃ אֱלֹהִים
צְבָאוֹת הֲשִׁיבֵנוּ וְהָאֵר פָּנֶיךָ וְנִוָּשֵׁעָה׃ גֶּפֶן מִמִּצְרַיִם תַּסִּיעַ תְּגָרֵשׁ גּוֹיִם וַתִּטָּעֶהָ׃
פִּנִּיתָ לְפָנֶיהָ וַתַּשְׁרֵשׁ שָׁרָשֶׁיהָ וַתְּמַלֵּא־אָרֶץ׃ כָּסּוּ הָרִים צִלָּהּ וַעֲנָפֶיהָ אַרְזֵי־
אֵל׃ תְּשַׁלַּח קְצִירֶהָ עַד־יָם וְאֶל־נָהָר יוֹנְקוֹתֶיהָ׃ לָמָּה פָּרַצְתָּ גְדֵרֶיהָ וְאָרוּהָ
כׇּל־עֹבְרֵי דָרֶךְ׃ יְכַרְסְמֶנָּה חֲזִיר מִיָּעַר וְזִיז שָׂדַי יִרְעֶנָּה׃ אֱלֹהִים צְבָאוֹת שׁוּב
נָא הַבֵּט מִשָּׁמַיִם וּרְאֵה וּפְקֹד גֶּפֶן זֹאת׃ וְכַנָּה אֲשֶׁר־נָטְעָה יְמִינֶךָ וְעַל־בֵּן
אִמַּצְתָּה לָּךְ׃ שְׂרֻפָה בָאֵשׁ כְּסוּחָה מִגַּעֲרַת פָּנֶיךָ יֹאבֵדוּ׃ תְּהִי־יָדְךָ עַל־אִישׁ
יְמִינֶךָ עַל־בֶּן־אָדָם אִמַּצְתָּ לָּךְ׃ וְלֹא־נָסוֹג מִמֶּךָּ תְּחַיֵּנוּ וּבְשִׁמְךָ נִקְרָא׃ יְהוָה
אֱלֹהִים צְבָאוֹת הֲשִׁיבֵנוּ הָאֵר פָּנֶיךָ וְנִוָּשֵׁעָה׃

מזמור המזכיר את ראש השנה ומתייחס אליו, תוך שהוא מדבר על נסים ותשועות שהיו לעם ישראל ולאנשים מישראל בעבר, ועל כך שכל הדברים הללו יכולים לקרות גם בהווה - אם עם ישראל יקבל על עצמו עול מלכות שמים.

א לַמְנַצֵּחַ ׀ עַל־הַגִּתִּית לְאָסָף׃ הַרְנִינוּ לֵאלֹהִים עוּזֵּנוּ הָרִיעוּ לֵאלֹהֵי יַעֲקֹב׃
שְׂאוּ־זִמְרָה וּתְנוּ־תֹף כִּנּוֹר נָעִים עִם־נָבֶל׃ תִּקְעוּ בַחֹדֶשׁ שׁוֹפָר בַּכֵּסֶה לְיוֹם

חַגֵּנוּ׃ כִּי חֹק לְיִשְׂרָאֵל הוּא מִשְׁפָּט לֵאלֹהֵי יַעֲקֹב׃ עֵדוּת ׀ בִּיהוֹסֵף שָׂמוֹ
בְּצֵאתוֹ עַל־אֶרֶץ מִצְרָיִם שְׂפַת לֹא־יָדַעְתִּי אֶשְׁמָע׃ הֲסִירוֹתִי מִסֵּבֶל שִׁכְמוֹ
כַּפָּיו מִדּוּד תַּעֲבֹרְנָה׃ בַּצָּרָה קָרָאתָ וָאֲחַלְּצֶךָּ אֶעֶנְךָ בְּסֵתֶר רַעַם אֶבְחָנְךָ
עַל־מֵי מְרִיבָה סֶלָה׃ שְׁמַע עַמִּי וְאָעִידָה בָּךְ יִשְׂרָאֵל אִם־תִּשְׁמַע־לִי׃ לֹא־
יִהְיֶה בְךָ אֵל זָר וְלֹא תִשְׁתַּחֲוֶה לְאֵל נֵכָר׃ אָנֹכִי ׀ יהוה אֱלֹהֶיךָ הַמַּעַלְךָ
מֵאֶרֶץ מִצְרָיִם הַרְחֶב־פִּיךָ וַאֲמַלְאֵהוּ׃ וְלֹא־שָׁמַע עַמִּי לְקוֹלִי וְיִשְׂרָאֵל
לֹא־אָבָה לִי׃ וָאֲשַׁלְּחֵהוּ בִּשְׁרִירוּת לִבָּם יֵלְכוּ בְּמוֹעֲצוֹתֵיהֶם׃ לוּ עַמִּי שֹׁמֵעַ
לִי יִשְׂרָאֵל בִּדְרָכַי יְהַלֵּכוּ׃ כִּמְעַט אוֹיְבֵיהֶם אַכְנִיעַ וְעַל־צָרֵיהֶם אָשִׁיב יָדִי׃
מְשַׂנְאֵי יהוה יְכַחֲשׁוּ־לוֹ וִיהִי עִתָּם לְעוֹלָם׃ וַיַּאֲכִילֵהוּ מֵחֵלֶב חִטָּה וּמִצּוּר
דְּבַשׁ אַשְׂבִּיעֶךָּ׃

שיר תוכחה לשופטים. בשיר זה המשורר מזכיר לשופטים את חשיבות תפקידם ואת חובתם לשפוט בצדק, כי כאשר השופטים מועלים בתפקידם אפשר רק לקרוא לה׳ להתגלות ולשפוט בעצמו את העולם כראוי.

מִזְמוֹר לְאָסָף אֱלֹהִים נִצָּב בַּעֲדַת־אֵל בְּקֶרֶב אֱלֹהִים יִשְׁפֹּט׃ עַד־מָתַי תִּשְׁפְּטוּ־ פ
עָוֶל וּפְנֵי רְשָׁעִים תִּשְׂאוּ־סֶלָה׃ שִׁפְטוּ־דַל וְיָתוֹם עָנִי וָרָשׁ הַצְדִּיקוּ׃ פַּלְּטוּ־דַל
וְאֶבְיוֹן מִיַּד רְשָׁעִים הַצִּילוּ׃ לֹא יָדְעוּ ׀ וְלֹא יָבִינוּ בַּחֲשֵׁכָה יִתְהַלָּכוּ יִמּוֹטוּ
כָּל־מוֹסְדֵי אָרֶץ׃ אֲנִי־אָמַרְתִּי אֱלֹהִים אַתֶּם וּבְנֵי עֶלְיוֹן כֻּלְּכֶם׃ אָכֵן כְּאָדָם
תְּמוּתוּן וּכְאַחַד הַשָּׂרִים תִּפֹּלוּ׃ קוּמָה אֱלֹהִים שָׁפְטָה הָאָרֶץ כִּי־אַתָּה תִנְחַל
בְּכָל־הַגּוֹיִם׃

שיר תפילה בשעת איום במלחמה על עם ישראל בארצו. במזמור זה לא מדובר במלחמה כנגד אויב בודד, אלא במצב שבו עם ישראל מותקף מכל החזיתות ומטרת המלחמה היא השמדה כללית. התפילה היא לכך שה׳ יגונן על ישראל ויצילם למען שמו הנקרא עליהם.

שִׁיר מִזְמוֹר לְאָסָף׃ אֱלֹהִים אַל־דֳּמִי־לָךְ אַל־תֶּחֱרַשׁ וְאַל־תִּשְׁקֹט אֵל׃ פ
כִּי־הִנֵּה אוֹיְבֶיךָ יֶהֱמָיוּן וּמְשַׂנְאֶיךָ נָשְׂאוּ רֹאשׁ׃ עַל־עַמְּךָ יַעֲרִימוּ סוֹד וְיִתְיָעֲצוּ
עַל־צְפוּנֶיךָ׃ אָמְרוּ לְכוּ וְנַכְחִידֵם מִגּוֹי וְלֹא־יִזָּכֵר שֵׁם־יִשְׂרָאֵל עוֹד׃ כִּי נוֹעֲצוּ
לֵב יַחְדָּו עָלֶיךָ בְּרִית יִכְרֹתוּ׃ אָהֳלֵי אֱדוֹם וְיִשְׁמְעֵאלִים מוֹאָב וְהַגְרִים׃ גְּבָל
וְעַמּוֹן וַעֲמָלֵק פְּלֶשֶׁת עִם־יֹשְׁבֵי צוֹר׃ גַּם־אַשּׁוּר נִלְוָה עִמָּם הָיוּ זְרוֹעַ לִבְנֵי־
לוֹט סֶלָה׃ עֲשֵׂה־לָהֶם כְּמִדְיָן כְּסִיסְרָא כְיָבִין בְּנַחַל קִישׁוֹן׃ נִשְׁמְדוּ בְעֵין־
דֹּאר הָיוּ דֹּמֶן לָאֲדָמָה׃ שִׁיתֵמוֹ נְדִיבֵמוֹ כְּעֹרֵב וְכִזְאֵב וּכְזֶבַח וּכְצַלְמֻנָּע

*יז לחודש

כָּל־נְסִיכֵמוֹ: אֲשֶׁר אָמְרוּ נִירְשָׁה לָּנוּ אֵת נְאוֹת אֱלֹהִים: אֱלֹהַי שִׁיתֵמוֹ
כַגַּלְגַּל כְּקַשׁ לִפְנֵי־רוּחַ: כְּאֵשׁ תִּבְעַר־יָעַר וּכְלֶהָבָה תְּלַהֵט הָרִים: כֵּן תִּרְדְּפֵם
בְּסַעֲרֶךָ וּבְסוּפָתְךָ תְבַהֲלֵם: מַלֵּא פְנֵיהֶם קָלוֹן וִיבַקְשׁוּ שִׁמְךָ יְהוָה: יֵבֹשׁוּ
וְיִבָּהֲלוּ עֲדֵי־עַד וְיַחְפְּרוּ וְיֹאבֵדוּ: וְיֵדְעוּ כִּי־אַתָּה שִׁמְךָ יְהוָה לְבַדֶּךָ עֶלְיוֹן
עַל־כָּל־הָאָרֶץ:

מזמור תפילה המבטא את התשוקה להיות קרוב לקב״ה, להימצא סמוך למקדש ולהתפלל בו.

פד לַמְנַצֵּחַ עַל־הַגִּתִּית לִבְנֵי־קֹרַח מִזְמוֹר: מַה־יְּדִידוֹת מִשְׁכְּנוֹתֶיךָ יְהוָה צְבָאוֹת:
נִכְסְפָה וְגַם־כָּלְתָה | נַפְשִׁי לְחַצְרוֹת יְהוָה לִבִּי וּבְשָׂרִי יְרַנְּנוּ אֶל אֵל־חָי: גַּם־
צִפּוֹר | מָצְאָה בַיִת וּדְרוֹר | קֵן | לָהּ אֲשֶׁר־שָׁתָה אֶפְרֹחֶיהָ אֶת־מִזְבְּחוֹתֶיךָ
יְהוָה צְבָאוֹת מַלְכִּי וֵאלֹהָי: אַשְׁרֵי יוֹשְׁבֵי בֵיתֶךָ עוֹד יְהַלְלוּךָ סֶּלָה: אַשְׁרֵי
אָדָם עוֹז־לוֹ בָךְ מְסִלּוֹת בִּלְבָבָם: עֹבְרֵי | בְּעֵמֶק הַבָּכָא מַעְיָן יְשִׁיתוּהוּ
גַּם־בְּרָכוֹת יַעְטֶה מוֹרֶה: יֵלְכוּ מֵחַיִל אֶל־חָיִל יֵרָאֶה אֶל־אֱלֹהִים בְּצִיּוֹן:
יְהוָה אֱלֹהִים צְבָאוֹת שִׁמְעָה תְפִלָּתִי הַאֲזִינָה אֱלֹהֵי יַעֲקֹב סֶלָה: מָגִנֵּנוּ
רְאֵה אֱלֹהִים וְהַבֵּט פְּנֵי מְשִׁיחֶךָ: כִּי טוֹב־יוֹם בַּחֲצֵרֶיךָ מֵאָלֶף בָּחַרְתִּי
הִסְתּוֹפֵף בְּבֵית אֱלֹהַי מִדּוּר בְּאָהֳלֵי־רֶשַׁע: כִּי שֶׁמֶשׁ | וּמָגֵן יְהוָה אֱלֹהִים
חֵן וְכָבוֹד יִתֵּן יְהוָה לֹא יִמְנַע־טוֹב לַהֹלְכִים בְּתָמִים: יְהוָה צְבָאוֹת אַשְׁרֵי
אָדָם בֹּטֵחַ בָּךְ:

שיר הודאה על שלווה ומנוחה שהגיעו לאחר תקופה קשה, שעה שברכת השלום
מצטרפת עם כל הדברים הטובים, המתאחדים ומתחברים זה עם זה.

פה לַמְנַצֵּחַ לִבְנֵי־קֹרַח מִזְמוֹר: רָצִיתָ יְהוָה אַרְצֶךָ שַׁבְתָּ שבות יַעֲקֹב: נָשָׂאתָ שְׁבִית
עֲוֹן עַמֶּךָ כִּסִּיתָ כָל־חַטָּאתָם סֶלָה: אָסַפְתָּ כָל־עֶבְרָתֶךָ הֱשִׁיבוֹתָ מֵחֲרוֹן
אַפֶּךָ: שׁוּבֵנוּ אֱלֹהֵי יִשְׁעֵנוּ וְהָפֵר כַּעַסְךָ עִמָּנוּ: הַלְעוֹלָם תֶּאֱנַף־בָּנוּ תִּמְשֹׁךְ
אַפְּךָ לְדֹר וָדֹר: הֲלֹא־אַתָּה תָּשׁוּב תְּחַיֵּנוּ וְעַמְּךָ יִשְׂמְחוּ־בָךְ: הַרְאֵנוּ יְהוָה
חַסְדֶּךָ וְיֶשְׁעֲךָ תִּתֶּן־לָנוּ: אֶשְׁמְעָה מַה־יְדַבֵּר הָאֵל | יְהוָה כִּי | יְדַבֵּר שָׁלוֹם
אֶל־עַמּוֹ וְאֶל־חֲסִידָיו וְאַל־יָשׁוּבוּ לְכִסְלָה: אַךְ קָרוֹב לִירֵאָיו יִשְׁעוֹ לִשְׁכֹּן
כָּבוֹד בְּאַרְצֵנוּ: חֶסֶד־וֶאֱמֶת נִפְגָּשׁוּ צֶדֶק וְשָׁלוֹם נָשָׁקוּ: אֱמֶת מֵאֶרֶץ תִּצְמָח
וְצֶדֶק מִשָּׁמַיִם נִשְׁקָף: גַּם־יְהוָה יִתֵּן הַטּוֹב וְאַרְצֵנוּ תִּתֵּן יְבוּלָהּ: צֶדֶק לְפָנָיו
יְהַלֵּךְ וְיָשֵׂם לְדֶרֶךְ פְּעָמָיו:

קריאתו של המשורר, שיש עליו איומים רבים, לעזרת ה',
ותפילה לא רק לישועה אלא גם לכך שיוכל להמשיך ללכת בדרך הטוב.

פו תְּפִלָּה לְדָוִד הַטֵּה־יְהוָה אָזְנְךָ עֲנֵנִי כִּי־עָנִי וְאֶבְיוֹן אָנִי: שָׁמְרָה נַפְשִׁי כִּי־
חָסִיד אָנִי הוֹשַׁע עַבְדְּךָ אַתָּה אֱלֹהַי הַבּוֹטֵחַ אֵלֶיךָ: חָנֵּנִי אֲדֹנָי כִּי־אֵלֶיךָ
אֶקְרָא כָּל־הַיּוֹם: שַׂמֵּחַ נֶפֶשׁ עַבְדֶּךָ כִּי־אֵלֶיךָ אֲדֹנָי נַפְשִׁי אֶשָּׂא: כִּי־אַתָּה
אֲדֹנָי טוֹב וְסַלָּח וְרַב־חֶסֶד לְכָל־קֹרְאֶיךָ: הַאֲזִינָה יְהוָה תְּפִלָּתִי וְהַקְשִׁיבָה
בְּקוֹל תַּחֲנוּנוֹתָי: בְּיוֹם צָרָתִי אֶקְרָאֶךָּ כִּי תַעֲנֵנִי: אֵין־כָּמוֹךָ בָאֱלֹהִים ׀ אֲדֹנָי
וְאֵין כְּמַעֲשֶׂיךָ: כָּל־גּוֹיִם ׀ אֲשֶׁר עָשִׂיתָ יָבוֹאוּ ׀ וְיִשְׁתַּחֲווּ לְפָנֶיךָ אֲדֹנָי וִיכַבְּדוּ
לִשְׁמֶךָ: כִּי־גָדוֹל אַתָּה וְעֹשֵׂה נִפְלָאוֹת אַתָּה אֱלֹהִים לְבַדֶּךָ: הוֹרֵנִי יְהוָה ׀
דַּרְכֶּךָ אֲהַלֵּךְ בַּאֲמִתֶּךָ יַחֵד לְבָבִי לְיִרְאָה שְׁמֶךָ: אוֹדְךָ ׀ אֲדֹנָי אֱלֹהַי בְּכָל־לְבָבִי
וַאֲכַבְּדָה שִׁמְךָ לְעוֹלָם: כִּי־חַסְדְּךָ גָּדוֹל עָלָי וְהִצַּלְתָּ נַפְשִׁי מִשְּׁאוֹל תַּחְתִּיָּה:
אֱלֹהִים ׀ זֵדִים קָמוּ־עָלַי וַעֲדַת עָרִיצִים בִּקְשׁוּ נַפְשִׁי וְלֹא שָׂמוּךָ לְנֶגְדָּם:
וְאַתָּה אֲדֹנָי אֵל־רַחוּם וְחַנּוּן אֶרֶךְ אַפַּיִם וְרַב־חֶסֶד וֶאֱמֶת: פְּנֵה אֵלַי וְחָנֵּנִי
תְּנָה־עֻזְּךָ לְעַבְדֶּךָ וְהוֹשִׁיעָה לְבֶן־אֲמָתֶךָ: עֲשֵׂה־עִמִּי אוֹת לְטוֹבָה וְיִרְאוּ
שֹׂנְאַי וְיֵבֹשׁוּ כִּי־אַתָּה יְהוָה עֲזַרְתַּנִי וְנִחַמְתָּנִי:

מזמור של תהילה, בעיקר תהילתה של ירושלים.

פז לִבְנֵי־קֹרַח מִזְמוֹר שִׁיר יְסוּדָתוֹ בְּהַרְרֵי־קֹדֶשׁ: אֹהֵב יְהוָה שַׁעֲרֵי צִיּוֹן מִכֹּל
מִשְׁכְּנוֹת יַעֲקֹב: נִכְבָּדוֹת מְדֻבָּר בָּךְ עִיר הָאֱלֹהִים סֶלָה: אַזְכִּיר ׀ רַהַב וּבָבֶל
לְיֹדְעָי הִנֵּה פְלֶשֶׁת וְצוֹר עִם־כּוּשׁ זֶה יֻלַּד־שָׁם: וּלְצִיּוֹן ׀ יֵאָמַר אִישׁ וְאִישׁ
יֻלַּד־בָּהּ וְהוּא יְכוֹנְנֶהָ עֶלְיוֹן: יְהוָה יִסְפֹּר בִּכְתוֹב עַמִּים זֶה יֻלַּד־שָׁם סֶלָה:
וְשָׁרִים כְּחֹלְלִים כָּל־מַעְיָנַי בָּךְ:

מזמור תחינה של אדם הסובל ממחלה קשה, המביאה לכך שגם הקרובים
אליו יתרחקו ממנו, ובקשה לה' שיושיענו מסבלו וירפאנו.

פח שִׁיר מִזְמוֹר לִבְנֵי קֹרַח לַמְנַצֵּחַ עַל־מָחֲלַת לְעַנּוֹת מַשְׂכִּיל לְהֵימָן הָאֶזְרָחִי:
יְהוָה אֱלֹהֵי יְשׁוּעָתִי יוֹם־צָעַקְתִּי בַלַּיְלָה נֶגְדֶּךָ: תָּבוֹא לְפָנֶיךָ תְּפִלָּתִי הַטֵּה
אָזְנְךָ לְרִנָּתִי: כִּי־שָׂבְעָה בְרָעוֹת נַפְשִׁי וְחַיַּי לִשְׁאוֹל הִגִּיעוּ: נֶחְשַׁבְתִּי עִם־יוֹרְדֵי
בוֹר הָיִיתִי כְּגֶבֶר אֵין־אֱיָל: בַּמֵּתִים חָפְשִׁי כְּמוֹ חֲלָלִים ׀ שֹׁכְבֵי קֶבֶר אֲשֶׁר לֹא
זְכַרְתָּם עוֹד וְהֵמָּה מִיָּדְךָ נִגְזָרוּ: שַׁתַּנִי בְּבוֹר תַּחְתִּיּוֹת בְּמַחֲשַׁכִּים בִּמְצֹלוֹת:

*יח לחודש

עָלַי סָמְכָה חֲמָתֶךָ וְכָל־מִשְׁבָּרֶיךָ עִנִּיתָ סֶּלָה: הִרְחַקְתָּ מְיֻדָּעַי מִמֶּנִּי שַׁתַּנִי
תוֹעֵבוֹת לָמוֹ כָּלֻא וְלֹא אֵצֵא: עֵינִי דָאֲבָה מִנִּי עֹנִי קְרָאתִיךָ יהוה בְּכָל־יוֹם
שִׁטַּחְתִּי אֵלֶיךָ כַפָּי: הַלַמֵּתִים תַּעֲשֶׂה־פֶּלֶא אִם־רְפָאִים יָקוּמוּ ׀ יוֹדוּךָ סֶּלָה:
הַיְסֻפַּר בַּקֶּבֶר חַסְדֶּךָ אֱמוּנָתְךָ בָּאֲבַדּוֹן: הֲיִוָּדַע בַּחֹשֶׁךְ פִּלְאֶךָ וְצִדְקָתְךָ בְּאֶרֶץ
נְשִׁיָּה: וַאֲנִי ׀ אֵלֶיךָ יהוה שִׁוַּעְתִּי וּבַבֹּקֶר תְּפִלָּתִי תְקַדְּמֶךָּ: לָמָה יהוה תִּזְנַח
נַפְשִׁי תַּסְתִּיר פָּנֶיךָ מִמֶּנִּי: עָנִי אֲנִי וְגֹוֵעַ מִנֹּעַר נָשָׂאתִי אֵמֶיךָ אָפוּנָה: עָלַי עָבְרוּ
חֲרוֹנֶיךָ בִּעוּתֶיךָ צִמְּתוּתֻנִי: סַבּוּנִי כַמַּיִם כָּל־הַיּוֹם הִקִּיפוּ עָלַי יָחַד: הִרְחַקְתָּ
מִמֶּנִּי אֹהֵב וָרֵעַ מְיֻדָּעַי מַחְשָׁךְ:

המזמור מתחיל בשירת הודיה על מעלות מלכות בית דוד, על גדולת ה׳ בעולם,
על המלכת דוד המלך וההבטחה לשמור את מלכותו לדורות. הוא מסתיים בדברי
תלונה על השפלתה וירידתה של מלכות בית דוד ובתחינה להשיבה על מכונה.

ט מַשְׂכִּיל לְאֵיתָן הָאֶזְרָחִי: חַסְדֵי יהוה עוֹלָם אָשִׁירָה לְדֹר וָדֹר ׀ אוֹדִיעַ אֱמוּנָתְךָ
בְּפִי: כִּי־אָמַרְתִּי עוֹלָם חֶסֶד יִבָּנֶה שָׁמַיִם ׀ תָּכִן אֱמוּנָתְךָ בָהֶם: כָּרַתִּי בְרִית
לִבְחִירִי נִשְׁבַּעְתִּי לְדָוִד עַבְדִּי: עַד־עוֹלָם אָכִין זַרְעֶךָ וּבָנִיתִי לְדֹר־וָדוֹר כִּסְאֲךָ
סֶלָה: וְיוֹדוּ שָׁמַיִם פִּלְאֲךָ יהוה אַף־אֱמוּנָתְךָ בִּקְהַל קְדֹשִׁים: כִּי מִי בַשַּׁחַק
יַעֲרֹךְ לַיהוה יִדְמֶה לַיהוה בִּבְנֵי אֵלִים: אֵל נַעֲרָץ בְּסוֹד־קְדֹשִׁים רַבָּה וְנוֹרָא
עַל־כָּל־סְבִיבָיו: יהוה ׀ אֱלֹהֵי צְבָאוֹת מִי־כָמוֹךָ חֲסִין ׀ יָהּ וֶאֱמוּנָתְךָ סְבִיבוֹתֶיךָ:
אַתָּה מוֹשֵׁל בְּגֵאוּת הַיָּם בְּשׂוֹא גַלָּיו אַתָּה תְשַׁבְּחֵם: אַתָּה דִכִּאתָ כֶחָלָל
רָהַב בִּזְרוֹעַ עֻזְּךָ פִּזַּרְתָּ אוֹיְבֶיךָ: לְךָ שָׁמַיִם אַף־לְךָ אָרֶץ תֵּבֵל וּמְלֹאָהּ אַתָּה
יְסַדְתָּם: צָפוֹן וְיָמִין אַתָּה בְרָאתָם תָּבוֹר וְחֶרְמוֹן בְּשִׁמְךָ יְרַנֵּנוּ: לְךָ זְרוֹעַ
עִם־גְּבוּרָה תָּעֹז יָדְךָ תָּרוּם יְמִינֶךָ: צֶדֶק וּמִשְׁפָּט מְכוֹן כִּסְאֶךָ חֶסֶד וֶאֱמֶת
יְקַדְּמוּ פָנֶיךָ: אַשְׁרֵי הָעָם יוֹדְעֵי תְרוּעָה יהוה בְּאוֹר־פָּנֶיךָ יְהַלֵּכוּן: בְּשִׁמְךָ
יְגִילוּן כָּל־הַיּוֹם וּבְצִדְקָתְךָ יָרוּמוּ: כִּי־תִפְאֶרֶת עֻזָּמוֹ אָתָּה וּבִרְצוֹנְךָ תרים תָּרוּם
קַרְנֵנוּ: כִּי לַיהוה מָגִנֵּנוּ וְלִקְדוֹשׁ יִשְׂרָאֵל מַלְכֵּנוּ: אָז דִּבַּרְתָּ בְחָזוֹן לַחֲסִידֶיךָ
וַתֹּאמֶר שִׁוִּיתִי עֵזֶר עַל־גִּבּוֹר הֲרִימוֹתִי בָחוּר מֵעָם: מָצָאתִי דָּוִד עַבְדִּי בְּשֶׁמֶן
קָדְשִׁי מְשַׁחְתִּיו: אֲשֶׁר יָדִי תִּכּוֹן עִמּוֹ אַף־זְרוֹעִי תְאַמְּצֶנּוּ: לֹא־יַשִּׁא אוֹיֵב בּוֹ
וּבֶן־עַוְלָה לֹא יְעַנֶּנּוּ: וְכַתּוֹתִי מִפָּנָיו צָרָיו וּמְשַׂנְאָיו אֶגּוֹף: וֶאֱמוּנָתִי וְחַסְדִּי
עִמּוֹ וּבִשְׁמִי תָּרוּם קַרְנוֹ: וְשַׂמְתִּי בַיָּם יָדוֹ וּבַנְּהָרוֹת יְמִינוֹ: הוּא יִקְרָאֵנִי אָבִי
אָתָּה אֵלִי וְצוּר יְשׁוּעָתִי: אַף־אָנִי בְּכוֹר אֶתְּנֵהוּ עֶלְיוֹן לְמַלְכֵי־אָרֶץ: לְעוֹלָם

אֶשְׁמָר־ אשמור־ל֣וֹ חַסְדִּ֑י וּ֝בְרִיתִ֗י נֶאֱמֶ֥נֶת לֽוֹ׃ וְשַׂמְתִּ֣י לָעַ֣ד זַרְע֑וֹ וְ֝כִסְא֗וֹ כִּימֵ֥י שָׁמָֽיִם׃
אִם־יַעַזְב֣וּ בָ֭נָיו תּוֹרָתִ֑י וּ֝בְמִשְׁפָּטַ֗י לֹ֣א יֵלֵכֽוּן׃ אִם־חֻקֹּתַ֥י יְחַלֵּ֑לוּ וּ֝מִצְוֺתַ֗י לֹ֣א
יִשְׁמֹֽרוּ׃ וּפָקַדְתִּ֣י בְשֵׁ֣בֶט פִּשְׁעָ֑ם וּבִנְגָעִ֥ים עֲוֺנָֽם׃ וְ֭חַסְדִּי לֹא־אָפִ֣יר מֵעִמּ֑וֹ
וְלֹֽא־אֲ֝שַׁקֵּ֗ר בֶּאֱמוּנָתִֽי׃ לֹא־אֲחַלֵּ֥ל בְּרִיתִ֑י וּמוֹצָ֥א שְׂ֝פָתַ֗י לֹ֣א אֲשַׁנֶּֽה׃ אַ֭חַת
נִשְׁבַּ֣עְתִּי בְקָדְשִׁ֑י אִם־לְדָוִ֥ד אֲכַזֵּֽב׃ זַ֭רְעוֹ לְעוֹלָ֣ם יִהְיֶ֑ה וְכִסְא֖וֹ כַשֶּׁ֣מֶשׁ נֶגְדִּֽי׃
כְּ֭יָרֵחַ יִכּ֣וֹן עוֹלָ֑ם וְעֵ֥ד בַּ֝שַּׁ֗חַק נֶאֱמָ֥ן סֶֽלָה׃ וְאַתָּ֣ה זָ֭נַחְתָּ וַתִּמְאָ֑ס הִ֝תְעַבַּ֗רְתָּ
עִם־מְשִׁיחֶֽךָ׃ נֵ֭אַרְתָּה בְּרִ֣ית עַבְדֶּ֑ךָ חִלַּ֖לְתָּ לָאָ֣רֶץ נִזְרֽוֹ׃ פָּרַ֥צְתָּ כָל־גְּדֵרֹתָ֑יו
שַׂ֖מְתָּ מִבְצָרָ֣יו מְחִתָּֽה׃ שַׁ֭סֻּהוּ כָּל־עֹ֣בְרֵי דָ֑רֶךְ הָיָ֥ה חֶ֝רְפָּ֗ה לִשְׁכֵנָֽיו׃ הֲ֭רִימוֹתָ
יְמִ֣ין צָרָ֑יו הִ֝שְׂמַ֗חְתָּ כָּל־אוֹיְבָֽיו׃ אַף־תָּ֭שִׁיב צ֣וּר חַרְבּ֑וֹ וְלֹ֥א הֲ֝קֵימֹת֗וֹ בַּמִּלְחָמָֽה׃
הִשְׁבַּ֥תָּ מִטְּהָר֑וֹ וְ֝כִסְא֗וֹ לָאָ֥רֶץ מִגַּֽרְתָּה׃ הִ֭קְצַרְתָּ יְמֵ֣י עֲלוּמָ֑יו הֶ֥עֱטִ֨יתָ עָלָ֖יו
בּוּשָׁ֣ה סֶֽלָה׃ עַד־מָ֣ה יְ֭הוָה תִּסָּתֵ֣ר לָנֶ֑צַח תִּבְעַ֖ר כְּמוֹ־אֵ֣שׁ חֲמָתֶֽךָ׃ זְכָר־אֲנִ֥י
מֶה־חָ֑לֶד עַל־מַה־שָּׁ֝֗וְא בָּרָ֥אתָ כָל־בְּנֵי־אָדָֽם׃ מִ֤י גֶ֣בֶר יִ֭חְיֶה וְלֹ֣א יִרְאֶה־מָּ֑וֶת
יְמַלֵּ֖ט נַפְשׁ֥וֹ מִֽיַּד־שְׁא֣וֹל סֶֽלָה׃ אַיֵּ֤ה ׀ חֲסָדֶ֖יךָ הָרִאשֹׁנִ֥ים ׀ אֲדֹנָ֑י נִשְׁבַּ֥עְתָּ
לְ֝דָוִ֗ד בֶּאֱמוּנָתֶֽךָ׃ זְכֹ֣ר אֲ֭דֹנָי חֶרְפַּ֣ת עֲבָדֶ֑יךָ שְׂאֵתִ֥י בְ֝חֵיקִ֗י כָּל־רַבִּ֥ים עַמִּֽים׃
אֲשֶׁ֤ר חֵרְפ֖וּ אוֹיְבֶ֥יךָ ׀ יְהוָ֑ה אֲשֶׁ֥ר חֵ֝רְפ֗וּ עִקְּב֥וֹת מְשִׁיחֶֽךָ׃ בָּר֖וּךְ יְהוָ֥ה לְעוֹלָ֗ם
אָ֘מֵ֥ן ׀ וְאָמֵֽן׃

ספר רביעי

מזמור תפילה על מצבו של האדם ועל ההוויה האנושית בכללותה, בין כשהיא עומדת בפני עצמה ובין כשהיא ניצבת אל מול הקב״ה; יש בו גם דברי שבח, גם דברי תרעומת וגם דברי בקשה ותחינה.

צ תְּפִלָּה֮ לְמֹשֶׁ֪ה אִֽישׁ־הָאֱלֹ֫הִ֥ים אֲֽדֹנָ֗י מָע֣וֹן אַ֭תָּה הָיִ֥יתָ לָּ֗נוּ בְּדֹ֣ר וָדֹֽר׃ בְּטֶ֤רֶם ׀
הָ֘רִ֤ים יֻלָּ֗דוּ וַתְּח֣וֹלֵל אֶ֣רֶץ וְתֵבֵ֑ל וּֽמֵעוֹלָ֥ם עַד־ע֝וֹלָ֗ם אַתָּ֥ה אֵֽל׃ תָּשֵׁ֣ב אֱ֭נוֹשׁ
עַד־דַּכָּ֑א וַ֝תֹּ֗אמֶר שׁ֣וּבוּ בְנֵי־אָדָֽם׃ כִּ֤י אֶ֪לֶף שָׁנִ֡ים בְּֽעֵינֶ֗יךָ כְּי֣וֹם אֶ֭תְמוֹל כִּ֣י
יַעֲבֹ֑ר וְאַשְׁמוּרָ֥ה בַלָּֽיְלָה׃ זְ֭רַמְתָּם שֵׁנָ֣ה יִהְי֑וּ בַּ֝בֹּ֗קֶר כֶּחָצִ֥יר יַחֲלֹֽף׃ בַּ֭בֹּקֶר
יָצִ֣יץ וְחָלָ֑ף לָ֝עֶ֗רֶב יְמוֹלֵ֥ל וְיָבֵֽשׁ׃ כִּֽי־כָלִ֥ינוּ בְאַפֶּ֑ךָ וּֽבַחֲמָתְךָ֥ נִבְהָֽלְנוּ׃ שַׁתָּ֣
עֲוֺנֹתֵ֣ינוּ לְנֶגְדֶּ֑ךָ עֲ֝לֻמֵ֗נוּ לִמְא֥וֹר פָּנֶֽיךָ׃ כִּ֣י כָל־יָ֭מֵינוּ פָּנ֣וּ בְעֶבְרָתֶ֑ךָ כִּלִּ֖ינוּ שָׁנֵ֣ינוּ
כְמוֹ־הֶֽגֶה׃ יְמֵֽי־שְׁנוֹתֵ֨ינוּ בָהֶ֥ם שִׁבְעִ֪ים שָׁנָ֡ה וְאִ֤ם בִּגְבוּרֹ֨ת ׀ שְׁמ֘וֹנִ֤ים שָׁנָ֗ה
וְ֭רָהְבָּם עָמָ֣ל וָאָ֑וֶן כִּי־גָ֥ז חִ֝֗ישׁ וַנָּעֻֽפָה׃ מִֽי־י֭וֹדֵעַ עֹ֣ז אַפֶּ֑ךָ וּ֝כְיִרְאָתְךָ֗ עֶבְרָתֶֽךָ׃
לִמְנ֣וֹת יָ֭מֵינוּ כֵּ֣ן הוֹדַ֑ע וְ֝נָבִ֗א לְבַ֣ב חָכְמָֽה׃ שׁוּבָ֣ה יְ֭הוָה עַד־מָתָ֑י וְ֝הִנָּחֵ֗ם עַל־

*יט לחודש / ליום החמישי

עֲבָדֶיךָ: שַׂבְּעֵנוּ בַבֹּקֶר חַסְדֶּךָ וּנְרַנְּנָה וְנִשְׂמְחָה בְּכׇל־יָמֵינוּ: שַׂמְּחֵנוּ כִּימוֹת
עִנִּיתָנוּ שְׁנוֹת רָאִינוּ רָעָה: יֵרָאֶה אֶל־עֲבָדֶיךָ פׇעֳלֶךָ וַהֲדָרְךָ עַל־בְּנֵיהֶם:
וִיהִי ׀ נֹעַם אֲדֹנָי אֱלֹהֵינוּ עָלֵינוּ וּמַעֲשֵׂה יָדֵינוּ כּוֹנְנָה עָלֵינוּ וּמַעֲשֵׂה יָדֵינוּ
כּוֹנְנֵהוּ:

שירה של עידוד ונחמה למי שהקב״ה שומר אותו;
הפרק עובר הלוך ושוב בין מְדַבְּרִים שונים: מקהלה האומרת דברים כלליים,
האדם הפרטי המתפלל, שוב המקהלה, ולבסוף – דבריו של הקב״ה.

א יֹשֵׁב בְּסֵתֶר עֶלְיוֹן בְּצֵל שַׁדַּי יִתְלוֹנָן: אֹמַר לַיהוה מַחְסִי וּמְצוּדָתִי אֱלֹהַי
אֶבְטַח־בּוֹ: כִּי הוּא יַצִּילְךָ מִפַּח יָקוּשׁ מִדֶּבֶר הַוּוֹת: בְּאֶבְרָתוֹ ׀ יָסֶךְ לָךְ וְתַחַת־
כְּנָפָיו תֶּחְסֶה צִנָּה וְסֹחֵרָה אֲמִתּוֹ: לֹא־תִירָא מִפַּחַד לָיְלָה מֵחֵץ יָעוּף יוֹמָם:
מִדֶּבֶר בָּאֹפֶל יַהֲלֹךְ מִקֶּטֶב יָשׁוּד צׇהֳרָיִם: יִפֹּל מִצִּדְּךָ ׀ אֶלֶף וּרְבָבָה מִימִינֶךָ
אֵלֶיךָ לֹא יִגָּשׁ: רַק בְּעֵינֶיךָ תַבִּיט וְשִׁלֻּמַת רְשָׁעִים תִּרְאֶה: כִּי־אַתָּה יהוה
מַחְסִי עֶלְיוֹן שַׂמְתָּ מְעוֹנֶךָ: לֹא־תְאֻנֶּה אֵלֶיךָ רָעָה וְנֶגַע לֹא־יִקְרַב בְּאׇהֳלֶךָ:
כִּי מַלְאָכָיו יְצַוֶּה־לָּךְ לִשְׁמׇרְךָ בְּכׇל־דְּרָכֶיךָ: עַל־כַּפַּיִם יִשָּׂאוּנְךָ פֶּן־תִּגֹּף בָּאֶבֶן
רַגְלֶךָ: עַל־שַׁחַל וָפֶתֶן תִּדְרֹךְ תִּרְמֹס כְּפִיר וְתַנִּין: כִּי בִי חָשַׁק וַאֲפַלְּטֵהוּ
אֲשַׂגְּבֵהוּ כִּי־יָדַע שְׁמִי: יִקְרָאֵנִי ׀ וְאֶעֱנֵהוּ עִמּוֹ־אָנֹכִי בְצָרָה אֲחַלְּצֵהוּ וַאֲכַבְּדֵהוּ:
אֹרֶךְ יָמִים אַשְׂבִּיעֵהוּ וְאַרְאֵהוּ בִּישׁוּעָתִי:

מזמור המתייחס ליום השבת, אך בעצם עוסק בסך כל המתרחש בעולם,
על הרע והטוב, ההצלחה והכישלון.

ב מִזְמוֹר שִׁיר לְיוֹם הַשַּׁבָּת: טוֹב לְהֹדוֹת לַיהוה וּלְזַמֵּר לְשִׁמְךָ עֶלְיוֹן: לְהַגִּיד
בַּבֹּקֶר חַסְדֶּךָ וֶאֱמוּנָתְךָ בַּלֵּילוֹת: עֲלֵי־עָשׂוֹר וַעֲלֵי־נָבֶל עֲלֵי הִגָּיוֹן בְּכִנּוֹר:
כִּי שִׂמַּחְתַּנִי יהוה בְּפׇעֳלֶךָ בְּמַעֲשֵׂי יָדֶיךָ אֲרַנֵּן: מַה־גָּדְלוּ מַעֲשֶׂיךָ יהוה מְאֹד
עָמְקוּ מַחְשְׁבֹתֶיךָ: אִישׁ־בַּעַר לֹא יֵדָע וּכְסִיל לֹא־יָבִין אֶת־זֹאת: בִּפְרֹחַ
רְשָׁעִים ׀ כְּמוֹ עֵשֶׂב וַיָּצִיצוּ כׇּל־פֹּעֲלֵי אָוֶן לְהִשָּׁמְדָם עֲדֵי־עַד: וְאַתָּה מָרוֹם
לְעֹלָם יהוה: כִּי הִנֵּה אֹיְבֶיךָ יהוה כִּי־הִנֵּה אֹיְבֶיךָ יֹאבֵדוּ יִתְפָּרְדוּ כׇּל־פֹּעֲלֵי
אָוֶן: וַתָּרֶם כִּרְאֵים קַרְנִי בַּלֹּתִי בְּשֶׁמֶן רַעֲנָן: וַתַּבֵּט עֵינִי בְּשׁוּרָי בַּקָּמִים עָלַי
מְרֵעִים תִּשְׁמַעְנָה אׇזְנָי: צַדִּיק כַּתָּמָר יִפְרָח כְּאֶרֶז בַּלְּבָנוֹן יִשְׂגֶּה: שְׁתוּלִים
בְּבֵית יהוה בְּחַצְרוֹת אֱלֹהֵינוּ יַפְרִיחוּ: עוֹד יְנוּבוּן בְּשֵׂיבָה דְּשֵׁנִים וְרַעֲנַנִּים
יִהְיוּ: לְהַגִּיד כִּי־יָשָׁר יהוה צוּרִי וְלֹא־עַלָתָה בּוֹ: עוֹלָתָה

המנון על התגלות ה׳ בעולם, שבעקבותיה מתמלאת כל המציאות שירה,
והכל רואים כיצד ה׳ מולך בעולמו ומתגלה בהיכלו.

צ יְהוָה מָלָךְ גֵּאוּת לָבֵשׁ לָבֵשׁ יְהוָה עֹז הִתְאַזָּר אַף־תִּכּוֹן תֵּבֵל בַּל־תִּמּוֹט:
נָכוֹן כִּסְאֲךָ מֵאָז מֵעוֹלָם אָתָּה: נָשְׂאוּ נְהָרוֹת ׀ יְהוָה נָשְׂאוּ נְהָרוֹת קוֹלָם יִשְׂאוּ
נְהָרוֹת דָּכְיָם: מִקֹּלוֹת ׀ מַיִם רַבִּים אַדִּירִים מִשְׁבְּרֵי־יָם אַדִּיר בַּמָּרוֹם יְהוָה:
עֵדֹתֶיךָ ׀ נֶאֶמְנוּ מְאֹד לְבֵיתְךָ נַאֲוָה־קֹדֶשׁ יְהוָה לְאֹרֶךְ יָמִים:

מזמור שנושאו המרכזי הוא תפילה והתמודדות מול הרשעים; זהו מזמור תיאורי
ועיוני, אך יש בו גם חלק אישי של אדם הסובל מן הרע והזקוק לעזרה ולישועה.

צ אֵל־נְקָמוֹת יְהוָה אֵל נְקָמוֹת הוֹפִיעַ: הִנָּשֵׂא שֹׁפֵט הָאָרֶץ הָשֵׁב גְּמוּל עַל־
גֵּאִים: עַד־מָתַי רְשָׁעִים ׀ יְהוָה עַד־מָתַי רְשָׁעִים יַעֲלֹזוּ: יַבִּיעוּ יְדַבְּרוּ עָתָק
יִתְאַמְּרוּ כָּל־פֹּעֲלֵי אָוֶן: עַמְּךָ יְהוָה יְדַכְּאוּ וְנַחֲלָתְךָ יְעַנּוּ: אַלְמָנָה וְגֵר יַהֲרֹגוּ
וִיתוֹמִים יְרַצֵּחוּ: וַיֹּאמְרוּ לֹא יִרְאֶה־יָּהּ וְלֹא־יָבִין אֱלֹהֵי יַעֲקֹב: בִּינוּ בֹּעֲרִים
בָּעָם וּכְסִילִים מָתַי תַּשְׂכִּילוּ: הֲנֹטַע אֹזֶן הֲלֹא יִשְׁמָע אִם־יֹצֵר עַיִן הֲלֹא יַבִּיט:
הֲיֹסֵר גּוֹיִם הֲלֹא יוֹכִיחַ הַמְלַמֵּד אָדָם דָּעַת: יְהוָה יֹדֵעַ מַחְשְׁבוֹת אָדָם כִּי־
הֵמָּה הָבֶל: אַשְׁרֵי הַגֶּבֶר אֲשֶׁר־תְּיַסְּרֶנּוּ יָּהּ וּמִתּוֹרָתְךָ תְלַמְּדֶנּוּ: לְהַשְׁקִיט לוֹ
מִימֵי רָע עַד יִכָּרֶה לָרָשָׁע שָׁחַת: כִּי ׀ לֹא־יִטֹּשׁ יְהוָה עַמּוֹ וְנַחֲלָתוֹ לֹא יַעֲזֹב:
כִּי־עַד־צֶדֶק יָשׁוּב מִשְׁפָּט וְאַחֲרָיו כָּל־יִשְׁרֵי־לֵב: מִי־יָקוּם לִי עִם־מְרֵעִים מִי־
יִתְיַצֵּב לִי עִם־פֹּעֲלֵי אָוֶן: לוּלֵי יְהוָה עֶזְרָתָה לִּי כִּמְעַט ׀ שָׁכְנָה דוּמָה נַפְשִׁי:
אִם־אָמַרְתִּי מָטָה רַגְלִי חַסְדְּךָ יְהוָה יִסְעָדֵנִי: בְּרֹב שַׂרְעַפַּי בְּקִרְבִּי תַּנְחוּמֶיךָ
יְשַׁעַשְׁעוּ נַפְשִׁי: הַיְחָבְרְךָ כִּסֵּא הַוּוֹת יֹצֵר עָמָל עֲלֵי־חֹק: יָגוֹדּוּ עַל־נֶפֶשׁ צַדִּיק
וְדָם נָקִי יַרְשִׁיעוּ: וַיְהִי יְהוָה לִי לְמִשְׂגָּב וֵאלֹהַי לְצוּר מַחְסִי: וַיָּשֶׁב עֲלֵיהֶם ׀
אֶת־אוֹנָם וּבְרָעָתָם יַצְמִיתֵם יַצְמִיתֵם יְהוָה אֱלֹהֵינוּ:

מזמור תהילה הקורא לכל להתאחד ולהודות לה׳ על גדולתו וחסדיו. יש בו גם תוכחה
שלא לנהוג במידה של כפיות טובה, כדרך שעשו אבותינו בצאתם ממצרים.

צ לְכוּ נְרַנְּנָה לַיהוָה נָרִיעָה לְצוּר יִשְׁעֵנוּ: נְקַדְּמָה פָנָיו בְּתוֹדָה בִּזְמִרוֹת נָרִיעַ
לוֹ: כִּי אֵל גָּדוֹל יְהוָה וּמֶלֶךְ גָּדוֹל עַל־כָּל־אֱלֹהִים: אֲשֶׁר בְּיָדוֹ מֶחְקְרֵי־אָרֶץ
וְתוֹעֲפוֹת הָרִים לוֹ: אֲשֶׁר־לוֹ הַיָּם וְהוּא עָשָׂהוּ וְיַבֶּשֶׁת יָדָיו יָצָרוּ: בֹּאוּ נִשְׁתַּחֲוֶה
וְנִכְרָעָה נִבְרְכָה לִפְנֵי־יְהוָה עֹשֵׂנוּ: כִּי הוּא אֱלֹהֵינוּ וַאֲנַחְנוּ ׀ עַם מַרְעִיתוֹ

וְצֹאן יָדוֹ הַיּוֹם אִם־בְּקֹלוֹ תִשְׁמָעוּ: אַל־תַּקְשׁוּ לְבַבְכֶם כִּמְרִיבָה כְּיוֹם מַסָּה בַּמִּדְבָּר: אֲשֶׁר נִסּוּנִי אֲבוֹתֵיכֶם בְּחָנוּנִי גַּם־רָאוּ פָעֳלִי: אַרְבָּעִים שָׁנָה | אָקוּט בְּדוֹר וָאֹמַר עַם תֹּעֵי לֵבָב הֵם וְהֵם לֹא־יָדְעוּ דְרָכָי: אֲשֶׁר־נִשְׁבַּעְתִּי בְאַפִּי אִם־יְבֹאוּן אֶל־מְנוּחָתִי:

המנון הקורא לכל באי עולם להודות לה׳ כאשר הוא מתגלה
ומופיע בעולם, ולהודיע לעולם כולו את גדולתו.

ו שִׁירוּ לַיהוה שִׁיר חָדָשׁ שִׁירוּ לַיהוה כָּל־הָאָרֶץ: שִׁירוּ לַיהוה בָּרְכוּ שְׁמוֹ
בַּשְּׂרוּ מִיּוֹם־לְיוֹם יְשׁוּעָתוֹ: סַפְּרוּ בַגּוֹיִם כְּבוֹדוֹ בְּכָל־הָעַמִּים נִפְלְאוֹתָיו: כִּי
גָדוֹל יהוה וּמְהֻלָּל מְאֹד נוֹרָא הוּא עַל־כָּל־אֱלֹהִים: כִּי | כָּל־אֱלֹהֵי הָעַמִּים
אֱלִילִים וַיהוה שָׁמַיִם עָשָׂה: הוֹד־וְהָדָר לְפָנָיו עֹז וְתִפְאֶרֶת בְּמִקְדָּשׁוֹ: הָבוּ
לַיהוה מִשְׁפְּחוֹת עַמִּים הָבוּ לַיהוה כָּבוֹד וָעֹז: הָבוּ לַיהוה כְּבוֹד שְׁמוֹ שְׂאוּ־
מִנְחָה וּבֹאוּ לְחַצְרוֹתָיו: הִשְׁתַּחֲווּ לַיהוה בְּהַדְרַת־קֹדֶשׁ חִילוּ מִפָּנָיו כָּל־
הָאָרֶץ: אִמְרוּ בַגּוֹיִם | יהוה מָלָךְ אַף־תִּכּוֹן תֵּבֵל בַּל־תִּמּוֹט יָדִין עַמִּים
בְּמֵישָׁרִים: יִשְׂמְחוּ הַשָּׁמַיִם וְתָגֵל הָאָרֶץ יִרְעַם הַיָּם וּמְלֹאוֹ: יַעֲלֹז שָׂדַי וְכָל־
אֲשֶׁר־בּוֹ אָז יְרַנְּנוּ כָּל־עֲצֵי־יָעַר: לִפְנֵי יהוה | כִּי בָא כִּי בָא לִשְׁפֹּט הָאָרֶץ
יִשְׁפֹּט־תֵּבֵל בְּצֶדֶק וְעַמִּים בֶּאֱמוּנָתוֹ:

המנון על התגלות ה׳ שיש בה התעוררות ושמחה לחוסים בו; ומאידך,
אותה התגלות מביאה גם בושה ונפילה לכל אלה שעובדים אלילים.

ז יהוה מָלָךְ תָּגֵל הָאָרֶץ יִשְׂמְחוּ אִיִּים רַבִּים: עָנָן וַעֲרָפֶל סְבִיבָיו צֶדֶק וּמִשְׁפָּט
מְכוֹן כִּסְאוֹ: אֵשׁ לְפָנָיו תֵּלֵךְ וּתְלַהֵט סָבִיב צָרָיו: הֵאִירוּ בְרָקָיו תֵּבֵל רָאֲתָה
וַתָּחֵל הָאָרֶץ: הָרִים כַּדּוֹנַג נָמַסּוּ מִלִּפְנֵי יהוה מִלִּפְנֵי אֲדוֹן כָּל־הָאָרֶץ: הִגִּידוּ
הַשָּׁמַיִם צִדְקוֹ וְרָאוּ כָל־הָעַמִּים כְּבוֹדוֹ: יֵבֹשׁוּ | כָּל־עֹבְדֵי פֶסֶל הַמִּתְהַלְלִים
בָּאֱלִילִים הִשְׁתַּחֲווּ־לוֹ כָּל־אֱלֹהִים: שָׁמְעָה וַתִּשְׂמַח | צִיּוֹן וַתָּגֵלְנָה בְּנוֹת
יְהוּדָה לְמַעַן מִשְׁפָּטֶיךָ יהוה: כִּי־אַתָּה יהוה עֶלְיוֹן עַל־כָּל־הָאָרֶץ מְאֹד
נַעֲלֵיתָ עַל־כָּל־אֱלֹהִים: אֹהֲבֵי יהוה שִׂנְאוּ רָע שֹׁמֵר נַפְשׁוֹת חֲסִידָיו מִיַּד
רְשָׁעִים יַצִּילֵם: אוֹר זָרֻעַ לַצַּדִּיק וּלְיִשְׁרֵי־לֵב שִׂמְחָה: שִׂמְחוּ צַדִּיקִים בַּיהוה
וְהוֹדוּ לְזֵכֶר קָדְשׁוֹ:

★כ לחודש

קריאה לעם ישראל ולעולם כולו להודות ולהלל את התגלות
מלכות ה׳ בעולמו בכל דרכי שירה וזמרה.

צח מִזְמוֹר שִׁירוּ לַיהוָה ׀ שִׁיר חָדָשׁ כִּי־נִפְלָאוֹת עָשָׂה הוֹשִׁיעָה־לּוֹ יְמִינוֹ וּזְרוֹעַ
קׇדְשׁוֹ׃ הוֹדִיעַ יְהוָה יְשׁוּעָתוֹ לְעֵינֵי הַגּוֹיִם גִּלָּה צִדְקָתוֹ׃ זָכַר חַסְדּוֹ ׀ וֶאֱמוּנָתוֹ
לְבֵית יִשְׂרָאֵל רָאוּ כׇל־אַפְסֵי־אָרֶץ אֵת יְשׁוּעַת אֱלֹהֵינוּ׃ הָרִיעוּ לַיהוָה
כׇּל־הָאָרֶץ פִּצְחוּ וְרַנְּנוּ וְזַמֵּרוּ׃ זַמְּרוּ לַיהוָה בְּכִנּוֹר בְּכִנּוֹר וְקוֹל זִמְרָה׃
בַּחֲצֹצְרוֹת וְקוֹל שׁוֹפָר הָרִיעוּ לִפְנֵי ׀ הַמֶּלֶךְ יְהוָה׃ יִרְעַם הַיָּם וּמְלֹאוֹ תֵּבֵל
וְיֹשְׁבֵי בָהּ׃ נְהָרוֹת יִמְחֲאוּ־כָף יַחַד הָרִים יְרַנֵּנוּ׃ לִפְנֵי־יְהוָה כִּי בָא לִשְׁפֹּט
הָאָרֶץ יִשְׁפֹּט־תֵּבֵל בְּצֶדֶק וְעַמִּים בְּמֵישָׁרִים׃

המנון והודיה לה׳ על התגלותו בהר סיני ובבית המקדש,
וקריאה להצטרף לנביאיו הגדולים בהודיה ובתהילה.

צט יְהוָה מָלָךְ יִרְגְּזוּ עַמִּים יֹשֵׁב כְּרוּבִים תָּנוּט הָאָרֶץ׃ יְהוָה בְּצִיּוֹן גָּדוֹל וְרָם
הוּא עַל־כׇּל־הָעַמִּים׃ יוֹדוּ שִׁמְךָ גָּדוֹל וְנוֹרָא קָדוֹשׁ הוּא׃ וְעֹז מֶלֶךְ מִשְׁפָּט
אָהֵב אַתָּה כּוֹנַנְתָּ מֵישָׁרִים מִשְׁפָּט וּצְדָקָה בְּיַעֲקֹב ׀ אַתָּה עָשִׂיתָ׃ רוֹמְמוּ
יְהוָה אֱלֹהֵינוּ וְהִשְׁתַּחֲווּ לַהֲדֹם רַגְלָיו קָדוֹשׁ הוּא׃ מֹשֶׁה וְאַהֲרֹן ׀ בְּכֹהֲנָיו
וּשְׁמוּאֵל בְּקֹרְאֵי שְׁמוֹ קֹרְאִים אֶל־יְהוָה וְהוּא יַעֲנֵם׃ בְּעַמּוּד עָנָן יְדַבֵּר אֲלֵיהֶם
שָׁמְרוּ עֵדֹתָיו וְחֹק נָתַן־לָמוֹ׃ יְהוָה אֱלֹהֵינוּ אַתָּה עֲנִיתָם אֵל נֹשֵׂא הָיִיתָ לָהֶם
וְנֹקֵם עַל־עֲלִילוֹתָם׃ רוֹמְמוּ יְהוָה אֱלֹהֵינוּ וְהִשְׁתַּחֲווּ לְהַר קׇדְשׁוֹ כִּי־קָדוֹשׁ
יְהוָה אֱלֹהֵינוּ׃

שיר תודה ותהילה הקורא לבוא לבית ה׳ ולהודות לו
על כל חסדיו ובייחוד על בחירת ישראל.

ק מִזְמוֹר לְתוֹדָה הָרִיעוּ לַיהוָה כׇּל־הָאָרֶץ׃ עִבְדוּ אֶת־יְהוָה בְּשִׂמְחָה בֹּאוּ
לְפָנָיו בִּרְנָנָה׃ דְּעוּ כִּי־יְהוָה הוּא אֱלֹהִים הוּא עָשָׂנוּ ולא אֲנַחְנוּ עַמּוֹ וְצֹאן וְלוֹ
מַרְעִיתוֹ׃ בֹּאוּ שְׁעָרָיו ׀ בְּתוֹדָה חֲצֵרֹתָיו בִּתְהִלָּה הוֹדוּ לוֹ בָּרְכוּ שְׁמוֹ׃ כִּי־טוֹב
יְהוָה לְעוֹלָם חַסְדּוֹ וְעַד־דֹּר וָדֹר אֱמוּנָתוֹ׃

שיר לימודי המסביר בדרך שירית מי הם האנשים הקרובים לה׳
ואהובים עליו, ומי הם אלה הרחוקים ומורחקים ממנו.

קא לְדָוִד מִזְמוֹר חֶסֶד־וּמִשְׁפָּט אָשִׁירָה לְךָ יְהוָה אֲזַמֵּרָה׃ אַשְׂכִּילָה ׀ בְּדֶרֶךְ
תָּמִים מָתַי תָּבוֹא אֵלָי אֶתְהַלֵּךְ בְּתׇם־לְבָבִי בְּקֶרֶב בֵּיתִי׃ לֹא־אָשִׁית ׀ לְנֶגֶד
עֵינַי דְּבַר־בְּלִיָּעַל עֲשֹׂה־סֵטִים שָׂנֵאתִי לֹא יִדְבַּק בִּי׃ לֵבָב עִקֵּשׁ יָסוּר מִמֶּנִּי

רָ֝֗ע לֹ֣א אֵדָֽע׃ מְלָושְׁנִ֬י בַסֵּ֨תֶר ׀ רֵעֵהוּ֮ אוֹת֢וֹ אַ֫צְמִ֥ית גְּֽבַהּ־עֵ֭ינַיִם וּרְחַ֣ב לֵבָ֑ב מְלָשְׁנִי
אֹ֝תוֹ לֹ֣א אוּכָֽל׃ עֵינַ֤י ׀ בְּנֶֽאֶמְנֵי־אֶרֶץ֮ לָשֶׁ֢בֶת עִמָּ֫דִ֥י הֹ֭לֵךְ בְּדֶ֣רֶךְ תָּמִ֑ים ה֝֗וּא
יְשָׁרְתֵֽנִי׃ לֹֽא־יֵשֵׁ֨ב ׀ בְּקֶ֥רֶב בֵּיתִי֮ עֹשֵׂ֢ה רְמִ֫יָּ֥ה דֹּבֵ֥ר שְׁקָרִ֑ים לֹֽא־יִ֝כּ֗וֹן לְנֶ֣גֶד עֵינָֽי׃
לַבְּקָרִ֗ים אַצְמִ֥ית כָּל־רִשְׁעֵי־אָ֑רֶץ לְהַכְרִ֥ית מֵֽעִיר־יְ֝הֹוָ֗ה כָּל־פֹּ֥עֲלֵי אָֽוֶן׃

מזמור זה הוא תפילה של אדם הסובל ייסורים מכל הסוגים. במזמור מתוארים כאביו הפנימיים והחיצוניים של האדם והוא נושא תפילה ותחנונים לקב"ה שיצילנו, מתוך אמונה עמוקה ביכולתו וברצונו של הקב"ה להציל אותו ואת הקרובים לו.

קב תְּפִלָּ֣ה לְעָנִ֣י כִֽי־יַעֲטֹ֑ף וְלִפְנֵ֥י יְ֝הֹוָ֗ה יִשְׁפֹּ֥ךְ שִׂיחֽוֹ׃ יְֽהֹוָ֗ה שִׁמְעָ֥ה תְפִלָּתִ֑י וְ֝שַׁוְעָתִ֗י
אֵלֶ֥יךָ תָבֽוֹא׃ אַל־תַּסְתֵּ֬ר פָּנֶ֨יךָ ׀ מִמֶּנִּי֮ בְּי֢וֹם צַ֫ר לִ֥י הַטֵּֽה־אֵלַ֥י אָזְנֶ֑ךָ בְּי֥וֹם אֶ֝קְרָ֗א
מַהֵ֥ר עֲנֵֽנִי׃ כִּֽי־כָל֣וּ בְעָשָׁ֣ן יָמָ֑י וְ֝עַצְמוֹתַ֗י כְּמוֹקֵ֥ד נִחָֽרוּ׃ הוּכָּֽה־כָ֭עֵשֶׂב וַיִּבַ֣שׁ לִבִּ֑י
כִּֽי־שָׁ֝כַ֗חְתִּי מֵאֲכֹ֥ל לַחְמִֽי׃ מִקּ֥וֹל אַנְחָתִ֑י דָּבְקָ֥ה עַ֝צְמִ֗י לִבְשָׂרִֽי׃ דָּ֭מִיתִי לִקְאַ֣ת
מִדְבָּ֑ר הָ֝יִ֗יתִי כְּכ֣וֹס חֳרָבֽוֹת׃ שָׁקַ֥דְתִּי וָאֶהְיֶ֑ה כְּ֝צִפּ֗וֹר בּוֹדֵ֥ד עַל־גָּֽג׃ כָּל־הַ֭יּוֹם
חֵרְפ֣וּנִי אוֹיְבָ֑י מְ֝הוֹלָלַ֗י בִּ֣י נִשְׁבָּֽעוּ׃ כִּֽי־אֵ֭פֶר כַּלֶּ֣חֶם אָכָ֑לְתִּי וְ֝שִׁקֻּוַ֗י בִּבְכִ֥י מָסָֽכְתִּי׃
מִפְּנֵֽי־זַעַמְךָ֥ וְקִצְפֶּ֑ךָ כִּ֥י נְ֝שָׂאתַ֗נִי וַתַּשְׁלִיכֵֽנִי׃ יָ֭מַי כְּצֵ֣ל נָט֑וּי וַ֝אֲנִ֗י כָּעֵ֥שֶׂב אִיבָֽשׁ׃
וְאַתָּ֣ה יְ֭הֹוָה לְעוֹלָ֣ם תֵּשֵׁ֑ב וְ֝זִכְרְךָ֗ לְדֹ֣ר וָדֹֽר׃ אַתָּ֣ה תָ֭קוּם תְּרַחֵ֣ם צִיּ֑וֹן כִּי־עֵ֥ת
לְ֝חֶנְנָ֗הּ כִּי־בָ֥א מוֹעֵֽד׃ כִּֽי־רָצ֣וּ עֲ֭בָדֶיךָ אֶת־אֲבָנֶ֑יהָ וְאֶת־עֲפָרָ֥הּ יְחֹנֵֽנוּ׃ וְיִֽירְא֣וּ
ג֭וֹיִם אֶת־שֵׁ֣ם יְהֹוָ֑ה וְֽכָל־מַלְכֵ֥י הָ֝אָ֗רֶץ אֶת־כְּבוֹדֶֽךָ׃ כִּֽי־בָנָ֣ה יְהֹוָ֣ה צִיּ֑וֹן נִ֝רְאָ֗ה
בִּכְבוֹדֽוֹ׃ פָּ֭נָה אֶל־תְּפִלַּ֣ת הָעַרְעָ֑ר וְלֹֽא־בָ֝זָ֗ה אֶת־תְּפִלָּתָֽם׃ תִּכָּ֣תֶב זֹ֭את לְד֣וֹר
אַחֲר֑וֹן וְעַ֥ם נִ֝בְרָ֗א יְהַלֶּל־יָֽהּ׃ כִּֽי־הִ֭שְׁקִיף מִמְּר֣וֹם קָדְשׁ֑וֹ יְ֝הֹוָ֗ה מִשָּׁמַ֤יִם ׀ אֶל־
אֶ֬רֶץ הִבִּֽיט׃ לִ֭שְׁמֹעַ אֶנְקַ֣ת אָסִ֑יר לְ֝פַתֵּ֗חַ בְּנֵ֣י תְמוּתָֽה׃ לְסַפֵּ֣ר בְּ֭צִיּוֹן שֵׁ֣ם יְהֹוָ֑ה
וּ֝תְהִלָּת֗וֹ בִּירוּשָׁלָֽ͏ִם׃ בְּהִקָּבֵ֣ץ עַמִּ֣ים יַחְדָּ֑ו וּ֝מַמְלָכ֗וֹת לַעֲבֹ֥ד אֶת־יְהֹוָֽה׃ עִנָּ֖ה
בַדֶּ֥רֶךְ כחו קִצַּ֥ר יָמָֽי׃ אֹמַ֗ר אֵלִ֗י אַֽל־תַּ֭עֲלֵנִי בַּחֲצִ֣י יָמָ֑י בְּד֖וֹר דּוֹרִ֣ים שְׁנוֹתֶֽיךָ׃ כֹּחִי
לְ֭פָנִים הָאָ֣רֶץ יָסַ֑דְתָּ וּֽמַעֲשֵׂ֖ה יָדֶ֣יךָ שָׁמָֽיִם׃ הֵ֤מָּה ׀ יֹאבֵ֗דוּ וְאַתָּ֢ה תַ֫עֲמֹ֥ד וְ֭כֻלָּם
כַּבֶּ֣גֶד יִבְל֑וּ כַּלְּב֖וּשׁ תַּחֲלִיפֵ֣ם וְֽיַחֲלֹֽפוּ׃ וְאַתָּה־ה֑וּא וּ֝שְׁנוֹתֶ֗יךָ לֹ֣א יִתָּֽמּוּ׃ בְּנֵֽי־
עֲבָדֶ֥יךָ יִשְׁכּ֑וֹנוּ וְ֝זַרְעָ֗ם לְפָנֶ֥יךָ יִכּֽוֹן׃

מזמור תהילה ותודה לה' הסולח לחוטאים, לכלל ולפרט, מחדש את חייהם בתקווה ושומר חסדו לנאמניו ולחסידיו. לפיכך ראוי שכל באי העולם יצטרפו לשיר תהילה זה.

קג לְדָוִ֨ד ׀ בָּרְכִ֣י נַ֭פְשִׁי אֶת־יְהֹוָ֑ה וְכָל־קְ֝רָבַ֗י אֶת־שֵׁ֥ם קָדְשֽׁוֹ׃ בָּרְכִ֣י נַ֭פְשִׁי אֶת־
יְהֹוָ֑ה וְאַל־תִּ֝שְׁכְּחִ֗י כָּל־גְּמוּלָֽיו׃ הַסֹּלֵ֥חַ לְכָל־עֲוֺנֵ֑כִי הָ֝רֹפֵ֗א לְכָל־תַּחֲלֻאָֽיְכִי׃
הַגּוֹאֵ֣ל מִשַּׁ֣חַת חַיָּ֑יְכִי הַ֝מְעַטְּרֵ֗כִי חֶ֣סֶד וְרַחֲמִֽים׃ הַמַּשְׂבִּ֣יעַ בַּטּ֣וֹב עֶדְיֵ֑ךְ

תתחדש כנשר נעוריכי: עשה צדקות יהוה ומשפטים לכל-עשוקים: יודיע דרכיו למשה לבני ישראל עלילותיו: רחום וחנון יהוה ארך אפים ורב-חסד: לא-לנצח יריב ולא לעולם יטור: לא כחטאינו עשה לנו ולא כעונתינו גמל עלינו: כי כגבה שמים על-הארץ גבר חסדו על-יראיו: כרחק מזרח ממערב הרחיק ממנו את-פשעינו: כרחם אב על-בנים רחם יהוה על-יראיו: כי-הוא ידע יצרנו זכור כי-עפר אנחנו: אנוש כחציר ימיו כציץ השדה כן יציץ: כי רוח עברה-בו ואיננו ולא-יכירנו עוד מקומו: וחסד יהוה | מעולם ועד-עולם על-יראיו וצדקתו לבני בנים: לשמרי בריתו ולזכרי פקדיו לעשותם: יהוה בשמים הכין כסאו ומלכותו בכל משלה: ברכו יהוה מלאכיו גברי כח עשי דברו לשמע בקול דברו: ברכו יהוה כל-צבאיו משרתיו עשי רצונו: ברכו יהוה | כל-מעשיו בכל-מקמות ממשלתו ברכי נפשי את-יהוה:

המנון של שבח לכל הבריאה מתוך תיאור התבנית הכללית
של העולם, שהאדם הוא רק חלק קטן ממנו.

ברכי נפשי את-יהוה יהוה אלהי גדלת מאד הוד והדר לבשת: עטה-אור קד
כשלמה נוטה שמים כיריעה: המקרה במים עליותיו השם-עבים רכובו
המהלך על-כנפי-רוח: עשה מלאכיו רוחות משרתיו אש להט: יסד-ארץ
על-מכוניה בל-תמוט עולם ועד: תהום כלבוש כסיתו על-הרים יעמדו-
מים: מן-גערתך ינוסון מן-קול רעמך יחפזון: יעלו הרים ירדו בקעות
אל-מקום זה | יסדת להם: גבול-שמת בל-יעברון בל-ישובון לכסות הארץ:
המשלח מעינים בנחלים בין הרים יהלכון: ישקו כל-חיתו שדי ישברו
פראים צמאם: עליהם עוף-השמים ישכון מבין עפאים יתנו-קול: משקה
הרים מעליותיו מפרי מעשיך תשבע הארץ: מצמיח חציר | לבהמה ועשב
לעבדת האדם להוציא לחם מן-הארץ: ויין | ישמח לבב-אנוש להצהיל
פנים משמן ולחם לבב-אנוש יסעד: ישבעו עצי יהוה ארזי לבנון אשר
נטע: אשר-שם צפרים יקננו חסידה ברושים ביתה: הרים הגבהים ליעלים
סלעים מחסה לשפנים: עשה ירח למועדים שמש ידע מבואו: תשת-חשך
ויהי לילה בו-תרמש כל-חיתו-יער: הכפירים שאגים לטרף ולבקש מאל
אכלם: תזרח השמש יאספון ואל-מעונתם ירבצון: יצא אדם לפעלו

*כא לחודש

וְלַעֲבֹדָתוֹ עֲדֵי־עָרֶב׃ מָה־רַבּוּ מַעֲשֶׂיךָ ׀ יְהוָה כֻּלָּם בְּחָכְמָה עָשִׂיתָ מָלְאָה
הָאָרֶץ קִנְיָנֶךָ׃ זֶה ׀ הַיָּם גָּדוֹל וּרְחַב יָדָיִם שָׁם־רֶמֶשׂ וְאֵין מִסְפָּר חַיּוֹת קְטַנּוֹת
עִם־גְּדֹלוֹת׃ שָׁם אֳנִיּוֹת יְהַלֵּכוּן לִוְיָתָן זֶה־יָצַרְתָּ לְשַׂחֶק־בּוֹ׃ כֻּלָּם אֵלֶיךָ יְשַׂבֵּרוּן
לָתֵת אָכְלָם בְּעִתּוֹ׃ תִּתֵּן לָהֶם יִלְקֹטוּן תִּפְתַּח יָדְךָ יִשְׂבְּעוּן טוֹב׃ תַּסְתִּיר פָּנֶיךָ
יִבָּהֵלוּן תֹּסֵף רוּחָם יִגְוָעוּן וְאֶל־עֲפָרָם יְשׁוּבוּן׃ תְּשַׁלַּח רוּחֲךָ יִבָּרֵאוּן וּתְחַדֵּשׁ
פְּנֵי אֲדָמָה׃ יְהִי כְבוֹד יְהוָה לְעוֹלָם יִשְׂמַח יְהוָה בְּמַעֲשָׂיו׃ הַמַּבִּיט לָאָרֶץ
וַתִּרְעָד יִגַּע בֶּהָרִים וְיֶעֱשָׁנוּ׃ אָשִׁירָה לַיהוָה בְּחַיָּי אֲזַמְּרָה לֵאלֹהַי בְּעוֹדִי׃
יֶעֱרַב עָלָיו שִׂיחִי אָנֹכִי אֶשְׂמַח בַּיהוָה׃ יִתַּמּוּ חַטָּאִים ׀ מִן־הָאָרֶץ וּרְשָׁעִים ׀
עוֹד אֵינָם בָּרְכִי נַפְשִׁי אֶת־יְהוָה הַלְלוּיָהּ׃

שיר תודה על חסדי ה׳, אשר כל-כולו הוא קיצור תולדות ישראל עד לאחר הכניסה לארץ; אין בו מידע חדש אלא בעיקר הסתכלות שונה מעט, פיוטית, על תולדות ישראל במשך כל אותה תקופה.

ה הוֹדוּ לַיהוָה קִרְאוּ בִּשְׁמוֹ הוֹדִיעוּ בָעַמִּים עֲלִילוֹתָיו׃ שִׁירוּ־לוֹ זַמְּרוּ־לוֹ שִׂיחוּ
בְּכָל־נִפְלְאוֹתָיו׃ הִתְהַלְלוּ בְּשֵׁם קָדְשׁוֹ יִשְׂמַח ׀ לֵב מְבַקְשֵׁי יְהוָה׃ דִּרְשׁוּ יְהוָה
וְעֻזּוֹ בַּקְּשׁוּ פָנָיו תָּמִיד׃ זִכְרוּ נִפְלְאוֹתָיו אֲשֶׁר־עָשָׂה מֹפְתָיו וּמִשְׁפְּטֵי־פִיו׃ זֶרַע
אַבְרָהָם עַבְדּוֹ בְּנֵי יַעֲקֹב בְּחִירָיו׃ הוּא יְהוָה אֱלֹהֵינוּ בְּכָל־הָאָרֶץ מִשְׁפָּטָיו׃
זָכַר לְעוֹלָם בְּרִיתוֹ דָּבָר צִוָּה לְאֶלֶף דּוֹר׃ אֲשֶׁר כָּרַת אֶת־אַבְרָהָם וּשְׁבוּעָתוֹ
לְיִשְׂחָק׃ וַיַּעֲמִידֶהָ לְיַעֲקֹב לְחֹק לְיִשְׂרָאֵל בְּרִית עוֹלָם׃ לֵאמֹר לְךָ אֶתֵּן אֶת־
אֶרֶץ־כְּנָעַן חֶבֶל נַחֲלַתְכֶם׃ בִּהְיוֹתָם מְתֵי מִסְפָּר כִּמְעַט וְגָרִים בָּהּ׃ וַיִּתְהַלְּכוּ
מִגּוֹי אֶל־גּוֹי מִמַּמְלָכָה אֶל־עַם אַחֵר׃ לֹא־הִנִּיחַ אָדָם לְעָשְׁקָם וַיּוֹכַח עֲלֵיהֶם
מְלָכִים׃ אַל־תִּגְּעוּ בִמְשִׁיחָי וְלִנְבִיאַי אַל־תָּרֵעוּ׃ וַיִּקְרָא רָעָב עַל־הָאָרֶץ כָּל־
מַטֵּה־לֶחֶם שָׁבָר׃ שָׁלַח לִפְנֵיהֶם אִישׁ לְעֶבֶד נִמְכַּר יוֹסֵף׃ עִנּוּ בַכֶּבֶל רגליו רַגְלוֹ
בַּרְזֶל בָּאָה נַפְשׁוֹ׃ עַד־עֵת בֹּא־דְבָרוֹ אִמְרַת יְהוָה צְרָפָתְהוּ׃ שָׁלַח מֶלֶךְ
וַיַּתִּירֵהוּ מֹשֵׁל עַמִּים וַיְפַתְּחֵהוּ׃ שָׂמוֹ אָדוֹן לְבֵיתוֹ וּמֹשֵׁל בְּכָל־קִנְיָנוֹ׃ לֶאְסֹר
שָׂרָיו בְּנַפְשׁוֹ וּזְקֵנָיו יְחַכֵּם׃ וַיָּבֹא יִשְׂרָאֵל מִצְרָיִם וְיַעֲקֹב גָּר בְּאֶרֶץ־חָם׃ וַיֶּפֶר
אֶת־עַמּוֹ מְאֹד וַיַּעֲצִמֵהוּ מִצָּרָיו׃ הָפַךְ לִבָּם לִשְׂנֹא עַמּוֹ לְהִתְנַכֵּל בַּעֲבָדָיו׃
שָׁלַח מֹשֶׁה עַבְדּוֹ אַהֲרֹן אֲשֶׁר בָּחַר־בּוֹ׃ שָׂמוּ־בָם דִּבְרֵי אֹתוֹתָיו וּמֹפְתִים
בְּאֶרֶץ חָם׃ שָׁלַח חֹשֶׁךְ וַיַּחְשִׁךְ וְלֹא־מָרוּ אֶת־דבריו׃ הָפַךְ אֶת־מֵימֵיהֶם דְּבָרוֹ
לְדָם וַיָּמֶת אֶת־דְּגָתָם׃ שָׁרַץ אַרְצָם צְפַרְדְּעִים בְּחַדְרֵי מַלְכֵיהֶם׃ אָמַר וַיָּבֹא

עָרֹב כִּנִּים בְּכָל־גְּבוּלָם: נָתַן גִּשְׁמֵיהֶם בָּרָד אֵשׁ לֶהָבוֹת בְּאַרְצָם: וַיַּךְ גַּפְנָם
וּתְאֵנָתָם וַיְשַׁבֵּר עֵץ גְּבוּלָם: אָמַר וַיָּבֹא אַרְבֶּה וְיֶלֶק וְאֵין מִסְפָּר: וַיֹּאכַל כָּל־
עֵשֶׂב בְּאַרְצָם וַיֹּאכַל פְּרִי אַדְמָתָם: וַיַּךְ כָּל־בְּכוֹר בְּאַרְצָם רֵאשִׁית לְכָל־אוֹנָם:
וַיּוֹצִיאֵם בְּכֶסֶף וְזָהָב וְאֵין בִּשְׁבָטָיו כּוֹשֵׁל: שָׂמַח מִצְרַיִם בְּצֵאתָם כִּי־נָפַל
פַּחְדָּם עֲלֵיהֶם: פָּרַשׂ עָנָן לְמָסָךְ וְאֵשׁ לְהָאִיר לָיְלָה: שָׁאַל וַיָּבֵא שְׂלָו וְלֶחֶם
שָׁמַיִם יַשְׂבִּיעֵם: פָּתַח צוּר וַיָּזוּבוּ מָיִם הָלְכוּ בַּצִּיּוֹת נָהָר: כִּי־זָכַר אֶת־דְּבַר
קָדְשׁוֹ אֶת־אַבְרָהָם עַבְדּוֹ: וַיּוֹצִא עַמּוֹ בְשָׂשׂוֹן בְּרִנָּה אֶת־בְּחִירָיו: וַיִּתֵּן לָהֶם
אַרְצוֹת גּוֹיִם וַעֲמַל לְאֻמִּים יִירָשׁוּ: בַּעֲבוּר ׀ יִשְׁמְרוּ חֻקָּיו וְתוֹרֹתָיו יִנְצֹרוּ
הַלְלוּיָהּ:

בשיר זה יש תפילה לה׳ שיושיע את עם ישראל מכל צריו, וכדי להמחיש
את חסדי ה׳ עמנו, מסופר בו על חטאי עם ישראל – כיצד חטאו
וכיצד נענשו – ועל רחמי ה׳ שעדיין מלווים ומצילים אותם.

ד הַלְלוּיָהּ ׀ הוֹדוּ לַיהוָה כִּי־טוֹב כִּי לְעוֹלָם חַסְדּוֹ: מִי יְמַלֵּל גְּבוּרוֹת יהוה יַשְׁמִיעַ
כָּל־תְּהִלָּתוֹ: אַשְׁרֵי שֹׁמְרֵי מִשְׁפָּט עֹשֵׂה צְדָקָה בְכָל־עֵת: זָכְרֵנִי יהוה בִּרְצוֹן
עַמֶּךָ פָּקְדֵנִי בִּישׁוּעָתֶךָ: לִרְאוֹת ׀ בְּטוֹבַת בְּחִירֶיךָ לִשְׂמֹחַ בְּשִׂמְחַת גּוֹיֶךָ
לְהִתְהַלֵּל עִם־נַחֲלָתֶךָ: חָטָאנוּ עִם־אֲבוֹתֵינוּ הֶעֱוִינוּ הִרְשָׁעְנוּ: אֲבוֹתֵינוּ
בְמִצְרַיִם ׀ לֹא־הִשְׂכִּילוּ נִפְלְאוֹתֶיךָ לֹא זָכְרוּ אֶת־רֹב חֲסָדֶיךָ וַיַּמְרוּ עַל־יָם בְּיַם־
סוּף: וַיּוֹשִׁיעֵם לְמַעַן שְׁמוֹ לְהוֹדִיעַ אֶת־גְּבוּרָתוֹ: וַיִּגְעַר בְּיַם־סוּף וַיֶּחֱרָב וַיּוֹלִיכֵם
בַּתְּהֹמוֹת כַּמִּדְבָּר: וַיּוֹשִׁיעֵם מִיַּד שׂוֹנֵא וַיִּגְאָלֵם מִיַּד אוֹיֵב: וַיְכַסּוּ־מַיִם צָרֵיהֶם
אֶחָד מֵהֶם לֹא נוֹתָר: וַיַּאֲמִינוּ בִדְבָרָיו יָשִׁירוּ תְּהִלָּתוֹ: מִהֲרוּ שָׁכְחוּ מַעֲשָׂיו
לֹא־חִכּוּ לַעֲצָתוֹ: וַיִּתְאַוּוּ תַאֲוָה בַּמִּדְבָּר וַיְנַסּוּ־אֵל בִּישִׁימוֹן: וַיִּתֵּן לָהֶם שֶׁאֱלָתָם
וַיְשַׁלַּח רָזוֹן בְּנַפְשָׁם: וַיְקַנְאוּ לְמֹשֶׁה בַּמַּחֲנֶה לְאַהֲרֹן קְדוֹשׁ יהוה: תִּפְתַּח־אֶרֶץ
וַתִּבְלַע דָּתָן וַתְּכַס עַל־עֲדַת אֲבִירָם: וַתִּבְעַר־אֵשׁ בַּעֲדָתָם לֶהָבָה תְּלַהֵט
רְשָׁעִים: יַעֲשׂוּ־עֵגֶל בְּחֹרֵב וַיִּשְׁתַּחֲווּ לְמַסֵּכָה: וַיָּמִירוּ אֶת־כְּבוֹדָם בְּתַבְנִית שׁוֹר
אֹכֵל עֵשֶׂב: שָׁכְחוּ אֵל מוֹשִׁיעָם עֹשֶׂה גְדֹלוֹת בְּמִצְרָיִם: נִפְלָאוֹת בְּאֶרֶץ חָם
נוֹרָאוֹת עַל־יַם־סוּף: וַיֹּאמֶר לְהַשְׁמִידָם לוּלֵי מֹשֶׁה בְחִירוֹ עָמַד בַּפֶּרֶץ לְפָנָיו
לְהָשִׁיב חֲמָתוֹ מֵהַשְׁחִית: וַיִּמְאֲסוּ בְּאֶרֶץ חֶמְדָּה לֹא־הֶאֱמִינוּ לִדְבָרוֹ: וַיֵּרָגְנוּ
בְאָהֳלֵיהֶם לֹא שָׁמְעוּ בְּקוֹל יהוה: וַיִּשָּׂא יָדוֹ לָהֶם לְהַפִּיל אוֹתָם בַּמִּדְבָּר:
וּלְהַפִּיל זַרְעָם בַּגּוֹיִם וּלְזָרוֹתָם בָּאֲרָצוֹת: וַיִּצָּמְדוּ לְבַעַל פְּעוֹר וַיֹּאכְלוּ זִבְחֵי

*כב לחודש

מֵתִים׃ וַיַּכְעִיסוּ בְּמַעַלְלֵיהֶם וַתִּפְרָץ־בָּם מַגֵּפָה׃ וַיַּעֲמֹד פִּינְחָס וַיְפַלֵּל וַתֵּעָצַר הַמַּגֵּפָה׃ וַתֵּחָשֶׁב לוֹ לִצְדָקָה לְדֹר וָדֹר עַד־עוֹלָם׃ וַיַּקְצִיפוּ עַל־מֵי מְרִיבָה וַיֵּרַע לְמֹשֶׁה בַּעֲבוּרָם׃ כִּי־הִמְרוּ אֶת־רוּחוֹ וַיְבַטֵּא בִּשְׂפָתָיו׃ לֹא־הִשְׁמִידוּ אֶת־הָעַמִּים אֲשֶׁר אָמַר יְהוָה לָהֶם׃ וַיִּתְעָרְבוּ בַגּוֹיִם וַיִּלְמְדוּ מַעֲשֵׂיהֶם׃ וַיַּעַבְדוּ אֶת־עֲצַבֵּיהֶם וַיִּהְיוּ לָהֶם לְמוֹקֵשׁ׃ וַיִּזְבְּחוּ אֶת־בְּנֵיהֶם וְאֶת־בְּנוֹתֵיהֶם לַשֵּׁדִים׃ וַיִּשְׁפְּכוּ דָם נָקִי דַּם־בְּנֵיהֶם וּבְנוֹתֵיהֶם אֲשֶׁר זִבְּחוּ לַעֲצַבֵּי כְנָעַן וַתֶּחֱנַף הָאָרֶץ בַּדָּמִים׃ וַיִּטְמְאוּ בְמַעֲשֵׂיהֶם וַיִּזְנוּ בְּמַעַלְלֵיהֶם׃ וַיִּחַר־אַף יְהוָה בְּעַמּוֹ וַיְתָעֵב אֶת־נַחֲלָתוֹ׃ וַיִּתְּנֵם בְּיַד־גּוֹיִם וַיִּמְשְׁלוּ בָהֶם שֹׂנְאֵיהֶם׃ וַיִּלְחָצוּם אוֹיְבֵיהֶם וַיִּכָּנְעוּ תַּחַת יָדָם׃ פְּעָמִים רַבּוֹת יַצִּילֵם וְהֵמָּה יַמְרוּ בַעֲצָתָם וַיָּמֹכּוּ בַּעֲוֺנָם׃ וַיַּרְא בַּצַּר לָהֶם בְּשָׁמְעוֹ אֶת־רִנָּתָם׃ וַיִּזְכֹּר לָהֶם בְּרִיתוֹ וַיִּנָּחֵם כְּרֹב חֲסָדָו׃ וַיִּתֵּן אוֹתָם לְרַחֲמִים לִפְנֵי כָּל־שׁוֹבֵיהֶם׃ הוֹשִׁיעֵנוּ ׀ יְהוָה אֱלֹהֵינוּ וְקַבְּצֵנוּ מִן־הַגּוֹיִם לְהֹדוֹת לְשֵׁם קָדְשֶׁךָ לְהִשְׁתַּבֵּחַ בִּתְהִלָּתֶךָ׃ בָּרוּךְ יְהוָה ׀ אֱלֹהֵי יִשְׂרָאֵל מִן־הָעוֹלָם ׀ וְעַד הָעוֹלָם וְאָמַר כָּל־הָעָם אָמֵן הַלְלוּיָהּ׃

ספר חמישי

שיר הודאה של אנשים שהיו במצוקה גדולה, ויצאו ממנה בחסדי ה'. יש בו תיאור מפורט של מצבים של מצוקה ותלאה, אשר בסופם באה יציאה מן המצוק, עד שמגיעים למצב של שלווה ומנוחה, ומצטרפים לשיר התודה.

קז הֹדוּ לַיהוָה כִּי־טוֹב כִּי לְעוֹלָם חַסְדּוֹ׃ יֹאמְרוּ גְּאוּלֵי יְהוָה אֲשֶׁר גְּאָלָם מִיַּד־צָר׃ וּמֵאֲרָצוֹת קִבְּצָם מִמִּזְרָח וּמִמַּעֲרָב מִצָּפוֹן וּמִיָּם׃ תָּעוּ בַמִּדְבָּר בִּישִׁימוֹן דָּרֶךְ עִיר מוֹשָׁב לֹא מָצָאוּ׃ רְעֵבִים גַּם־צְמֵאִים נַפְשָׁם בָּהֶם תִּתְעַטָּף׃ וַיִּצְעֲקוּ אֶל־יְהוָה בַּצַּר לָהֶם מִמְּצוּקוֹתֵיהֶם יַצִּילֵם׃ וַיַּדְרִיכֵם בְּדֶרֶךְ יְשָׁרָה לָלֶכֶת אֶל־עִיר מוֹשָׁב׃ יוֹדוּ לַיהוָה חַסְדּוֹ וְנִפְלְאוֹתָיו לִבְנֵי אָדָם׃ כִּי־הִשְׂבִּיעַ נֶפֶשׁ שֹׁקֵקָה וְנֶפֶשׁ רְעֵבָה מִלֵּא־טוֹב׃ יֹשְׁבֵי חֹשֶׁךְ וְצַלְמָוֶת אֲסִירֵי עֳנִי וּבַרְזֶל׃ כִּי־הִמְרוּ אִמְרֵי־אֵל וַעֲצַת עֶלְיוֹן נָאָצוּ׃ וַיַּכְנַע בֶּעָמָל לִבָּם כָּשְׁלוּ וְאֵין עֹזֵר׃ וַיִּזְעֲקוּ אֶל־יְהוָה בַּצַּר לָהֶם מִמְּצֻקוֹתֵיהֶם יוֹשִׁיעֵם׃ יוֹצִיאֵם מֵחֹשֶׁךְ וְצַלְמָוֶת וּמוֹסְרוֹתֵיהֶם יְנַתֵּק׃ יוֹדוּ לַיהוָה חַסְדּוֹ וְנִפְלְאוֹתָיו לִבְנֵי אָדָם׃ כִּי־שִׁבַּר דַּלְתוֹת נְחֹשֶׁת וּבְרִיחֵי בַרְזֶל גִּדֵּעַ׃ אֱוִלִים מִדֶּרֶךְ פִּשְׁעָם וּמֵעֲוֺנֹתֵיהֶם יִתְעַנּוּ׃ כָּל־אֹכֶל תְּתַעֵב נַפְשָׁם וַיַּגִּיעוּ עַד־שַׁעֲרֵי מָוֶת׃ וַיִּזְעֲקוּ אֶל־יְהוָה בַּצַּר לָהֶם מִמְּצֻקוֹתֵיהֶם יוֹשִׁיעֵם׃ יִשְׁלַח דְּבָרוֹ וְיִרְפָּאֵם וִימַלֵּט מִשְּׁחִיתוֹתָם׃ יוֹדוּ

*ליום השישי

לַיהוָה חַסְדּוֹ וְנִפְלְאוֹתָיו לִבְנֵי אָדָם: וְיִזְבְּחוּ זִבְחֵי תוֹדָה וִיסַפְּרוּ מַעֲשָׂיו
בְּרִנָּה: ׆ יוֹרְדֵי הַיָּם בָּאֳנִיּוֹת עֹשֵׂי מְלָאכָה בְּמַיִם רַבִּים: ׆ הֵמָּה רָאוּ
מַעֲשֵׂי יְהוָה וְנִפְלְאוֹתָיו בִּמְצוּלָה: ׆ וַיֹּאמֶר וַיַּעֲמֵד רוּחַ סְעָרָה וַתְּרוֹמֵם
גַּלָּיו: ׆ יַעֲלוּ שָׁמַיִם יֵרְדוּ תְהוֹמוֹת נַפְשָׁם בְּרָעָה תִתְמוֹגָג: ׆ יָחוֹגּוּ
וְיָנוּעוּ כַּשִּׁכּוֹר וְכָל־חָכְמָתָם תִּתְבַּלָּע: ׆ וַיִּצְעֲקוּ אֶל־יְהוָה בַּצַּר לָהֶם
וּמִמְּצוּקֹתֵיהֶם יוֹצִיאֵם: יָקֵם סְעָרָה לִדְמָמָה וַיֶּחֱשׁוּ גַּלֵּיהֶם: וַיִּשְׂמְחוּ כִי־יִשְׁתֹּקוּ
וַיַּנְחֵם אֶל־מְחוֹז חֶפְצָם: יוֹדוּ לַיהוָה חַסְדּוֹ וְנִפְלְאוֹתָיו לִבְנֵי אָדָם: וִירוֹמְמוּהוּ
בִּקְהַל־עָם וּבְמוֹשַׁב זְקֵנִים יְהַלְלוּהוּ: יָשֵׂם נְהָרוֹת לְמִדְבָּר וּמֹצָאֵי מַיִם
לְצִמָּאוֹן: אֶרֶץ פְּרִי לִמְלֵחָה מֵרָעַת יֹשְׁבֵי בָהּ: יָשֵׂם מִדְבָּר לַאֲגַם־מַיִם וְאֶרֶץ
צִיָּה לְמֹצָאֵי מָיִם: וַיּוֹשֶׁב שָׁם רְעֵבִים וַיְכוֹנְנוּ עִיר מוֹשָׁב: וַיִּזְרְעוּ שָׂדוֹת וַיִּטְּעוּ
כְרָמִים וַיַּעֲשׂוּ פְּרִי תְבוּאָה: וַיְבָרְכֵם וַיִּרְבּוּ מְאֹד וּבְהֶמְתָּם לֹא יַמְעִיט: וַיִּמְעֲטוּ
וַיָּשֹׁחוּ מֵעֹצֶר רָעָה וְיָגוֹן: ׆ שֹׁפֵךְ בּוּז עַל־נְדִיבִים וַיַּתְעֵם בְּתֹהוּ לֹא־דָרֶךְ:
וַיְשַׂגֵּב אֶבְיוֹן מֵעוֹנִי וַיָּשֶׂם כַּצֹּאן מִשְׁפָּחוֹת: יִרְאוּ יְשָׁרִים וְיִשְׂמָחוּ וְכָל־עַוְלָה
קָפְצָה פִּיהָ: מִי־חָכָם וְיִשְׁמָר־אֵלֶּה וְיִתְבּוֹנְנוּ חַסְדֵי יְהוָה:

שיר הודאה על נצחון גדול בקרב כנגד אויבים רבים. בשיר זה
מודגשים רגשי התודה לה', שהוא לבדו המושיע במלחמה.

שִׁיר מִזְמוֹר לְדָוִד: נָכוֹן לִבִּי אֱלֹהִים אָשִׁירָה וַאֲזַמְּרָה אַף־כְּבוֹדִי: עוּרָה הַנֵּבֶל ק
וְכִנּוֹר אָעִירָה שָּׁחַר: אוֹדְךָ בָעַמִּים ׀ יְהוָה וַאֲזַמֶּרְךָ בַּלְאֻמִּים: כִּי־גָדוֹל מֵעַל־
שָׁמַיִם חַסְדֶּךָ וְעַד־שְׁחָקִים אֲמִתֶּךָ: רוּמָה עַל־שָׁמַיִם אֱלֹהִים וְעַל כָּל־הָאָרֶץ
וענני כְּבוֹדֶךָ: לְמַעַן יֵחָלְצוּן יְדִידֶיךָ הוֹשִׁיעָה יְמִינְךָ ועננו: אֱלֹהִים ׀ דִּבֶּר בְּקָדְשׁוֹ
אֶעְלֹזָה אֲחַלְּקָה שְׁכֶם וְעֵמֶק סֻכּוֹת אֲמַדֵּד: לִי גִלְעָד ׀ לִי מְנַשֶּׁה וְאֶפְרַיִם מָעוֹז
רֹאשִׁי יְהוּדָה מְחֹקְקִי: מוֹאָב ׀ סִיר רַחְצִי עַל־אֱדוֹם אַשְׁלִיךְ נַעֲלִי עֲלֵי־פְלֶשֶׁת
אֶתְרוֹעָע: מִי יֹבִלֵנִי עִיר מִבְצָר מִי נָחַנִי עַד־אֱדוֹם: הֲלֹא־אֱלֹהִים זְנַחְתָּנוּ
וְלֹא־תֵצֵא אֱלֹהִים בְּצִבְאֹתֵינוּ: הָבָה־לָּנוּ עֶזְרָת מִצָּר וְשָׁוְא תְּשׁוּעַת אָדָם:
בֵּאלֹהִים נַעֲשֶׂה־חָיִל וְהוּא יָבוּס צָרֵינוּ:

דברי תחינה של אדם המצוי במצוקה. הוא מבין כי אין לו מחסה
אלא בה', היודע את האמת ויכול לעשות עמו משפט צדק.

לַמְנַצֵּחַ לְדָוִד מִזְמוֹר אֱלֹהֵי תְהִלָּתִי אַל־תֶּחֱרַשׁ: כִּי פִי רָשָׁע וּפִי־מִרְמָה עָלַי ק
פָּתָחוּ דִּבְּרוּ אִתִּי לְשׁוֹן שָׁקֶר: וְדִבְרֵי שִׂנְאָה סְבָבוּנִי וַיִּלָּחֲמוּנִי חִנָּם: תַּחַת־

אַהֲבָתִי יִשְׂטְנוּנִי וַאֲנִי תְפִלָּה: וַיָּשִׂימוּ עָלַי רָעָה תַּחַת טוֹבָה וְשִׂנְאָה תַּחַת
אַהֲבָתִי: הַפְקֵד עָלָיו רָשָׁע וְשָׂטָן יַעֲמֹד עַל־יְמִינוֹ: בְּהִשָּׁפְטוֹ יֵצֵא רָשָׁע וּתְפִלָּתוֹ
תִּהְיֶה לַחֲטָאָה: יִהְיוּ־יָמָיו מְעַטִּים פְּקֻדָּתוֹ יִקַּח אַחֵר: יִהְיוּ־בָנָיו יְתוֹמִים וְאִשְׁתּוֹ
אַלְמָנָה: וְנוֹעַ יָנוּעוּ בָנָיו וְשִׁאֵלוּ וְדָרְשׁוּ מֵחָרְבוֹתֵיהֶם: יְנַקֵּשׁ נוֹשֶׁה לְכָל־אֲשֶׁר־לוֹ
וְיָבֹזּוּ זָרִים יְגִיעוֹ: אַל־יְהִי־לוֹ מֹשֵׁךְ חָסֶד וְאַל־יְהִי חוֹנֵן לִיתוֹמָיו: יְהִי־אַחֲרִיתוֹ
לְהַכְרִית בְּדוֹר אַחֵר יִמַּח שְׁמָם: יִזָּכֵר ׀ עֲוֺן אֲבֹתָיו אֶל־יְהוָה וְחַטַּאת אִמּוֹ אַל־
תִּמָּח: יִהְיוּ נֶגֶד־יְהוָה תָּמִיד וְיַכְרֵת מֵאֶרֶץ זִכְרָם: יַעַן אֲשֶׁר ׀ לֹא זָכַר עֲשׂוֹת
חָסֶד וַיִּרְדֹּף אִישׁ־עָנִי וְאֶבְיוֹן וְנִכְאֵה לֵבָב לְמוֹתֵת: וַיֶּאֱהַב קְלָלָה וַתְּבוֹאֵהוּ
וְלֹא־חָפֵץ בִּבְרָכָה וַתִּרְחַק מִמֶּנּוּ: וַיִּלְבַּשׁ קְלָלָה כְּמַדּוֹ וַתָּבֹא כַמַּיִם בְּקִרְבּוֹ
וְכַשֶּׁמֶן בְּעַצְמוֹתָיו: תְּהִי־לוֹ כְּבֶגֶד יַעְטֶה וּלְמֵזַח תָּמִיד יַחְגְּרֶהָ: זֹאת ׀ פְּעֻלַּת
שֹׂטְנַי מֵאֵת יְהוָה וְהַדֹּבְרִים רָע עַל־נַפְשִׁי: וְאַתָּה ׀ יֱהוִה אֲדֹנָי עֲשֵׂה־אִתִּי לְמַעַן
שְׁמֶךָ כִּי־טוֹב חַסְדְּךָ הַצִּילֵנִי: כִּי־עָנִי וְאֶבְיוֹן אָנֹכִי וְלִבִּי חָלַל בְּקִרְבִּי: כְּצֵל
כִּנְטוֹתוֹ נֶהֱלָכְתִּי נִנְעַרְתִּי כָּאַרְבֶּה: בִּרְכַּי כָּשְׁלוּ מִצּוֹם וּבְשָׂרִי כָּחַשׁ מִשָּׁמֶן: וַאֲנִי ׀
הָיִיתִי חֶרְפָּה לָהֶם יִרְאוּנִי יְנִיעוּן רֹאשָׁם: עָזְרֵנִי יְהוָה אֱלֹהָי הוֹשִׁיעֵנִי כְחַסְדֶּךָ:
וְיֵדְעוּ כִּי־יָדְךָ זֹּאת אַתָּה יְהוָה עֲשִׂיתָהּ: יְקַלְלוּ־הֵמָּה וְאַתָּה תְבָרֵךְ קָמוּ ׀ וַיֵּבֹשׁוּ
וְעַבְדְּךָ יִשְׂמָח: יִלְבְּשׁוּ שׂוֹטְנַי כְּלִמָּה וְיַעֲטוּ כַמְעִיל בָּשְׁתָּם: אוֹדֶה יְהוָה מְאֹד
בְּפִי וּבְתוֹךְ רַבִּים אֲהַלְלֶנּוּ: כִּי־יַעֲמֹד לִימִין אֶבְיוֹן לְהוֹשִׁיעַ מִשֹּׁפְטֵי נַפְשׁוֹ:

שיר תהילה למלך דוד כאשר ישב לבטח על כיסאו וברכת ה׳
מלווה אותו בשלטונו ובניצחונותיו על כל אויביו.

קי לְדָוִד מִזְמוֹר נְאֻם יְהוָה ׀ לַאדֹנִי שֵׁב לִימִינִי עַד־אָשִׁית אֹיְבֶיךָ הֲדֹם לְרַגְלֶיךָ:
מַטֵּה עֻזְּךָ יִשְׁלַח יְהוָה מִצִּיּוֹן רְדֵה בְּקֶרֶב אֹיְבֶיךָ: עַמְּךָ נְדָבֹת בְּיוֹם חֵילֶךָ
בְּהַדְרֵי־קֹדֶשׁ מֵרֶחֶם מִשְׁחָר לְךָ טַל יַלְדֻתֶיךָ: נִשְׁבַּע יְהוָה ׀ וְלֹא יִנָּחֵם אַתָּה־
כֹהֵן לְעוֹלָם עַל־דִּבְרָתִי מַלְכִּי־צֶדֶק: אֲדֹנָי עַל־יְמִינְךָ מָחַץ בְּיוֹם־אַפּוֹ מְלָכִים:
יָדִין בַּגּוֹיִם מָלֵא גְוִיּוֹת מָחַץ רֹאשׁ עַל־אֶרֶץ רַבָּה: מִנַּחַל בַּדֶּרֶךְ יִשְׁתֶּה עַל־
כֵּן יָרִים רֹאשׁ:

שיר לימודי שהוא תהילה לה׳ על אמיתתו ועל כוחו, המתאר כיצד
הוא עוזר לכל יראיו, ומושיע וסומך בייחוד את עם ישראל.

קיא הַלְלוּיָהּ ׀ אוֹדֶה יְהוָה בְּכָל־לֵבָב בְּסוֹד יְשָׁרִים וְעֵדָה: גְּדֹלִים מַעֲשֵׂי יְהוָה
דְּרוּשִׁים לְכָל־חֶפְצֵיהֶם: הוֹד־וְהָדָר פָּעֳלוֹ וְצִדְקָתוֹ עֹמֶדֶת לָעַד: זֵכֶר עָשָׂה

לְנִפְלְאֹתָיו חַנּוּן וְרַחוּם יהוה: טֶרֶף נָתַן לִירֵאָיו יִזְכֹּר לְעוֹלָם בְּרִיתוֹ: כֹּחַ
מַעֲשָׂיו הִגִּיד לְעַמּוֹ לָתֵת לָהֶם נַחֲלַת גּוֹיִם: מַעֲשֵׂי יָדָיו אֱמֶת וּמִשְׁפָּט נֶאֱמָנִים
כָּל־פִּקּוּדָיו: סְמוּכִים לָעַד לְעוֹלָם עֲשׂוּיִם בֶּאֱמֶת וְיָשָׁר: פְּדוּת ׀ שָׁלַח לְעַמּוֹ
צִוָּה־לְעוֹלָם בְּרִיתוֹ קָדוֹשׁ וְנוֹרָא שְׁמוֹ: רֵאשִׁית חָכְמָה ׀ יִרְאַת יהוה שֵׂכֶל
טוֹב לְכָל־עֹשֵׂיהֶם תְּהִלָּתוֹ עֹמֶדֶת לָעַד:

מזמור לימודי על שכרו של ירא ה' ההולך בדרכיו, המרבה לעשות
צדקה וחסד וזוכה להגנת ה', להצלחה ולאושר בחייו.

קי הַלְלוּיָהּ ׀ אַשְׁרֵי־אִישׁ יָרֵא אֶת־יהוה בְּמִצְוֺתָיו חָפֵץ מְאֹד: גִּבּוֹר בָּאָרֶץ
יִהְיֶה זַרְעוֹ דּוֹר יְשָׁרִים יְבֹרָךְ: הוֹן־וָעֹשֶׁר בְּבֵיתוֹ וְצִדְקָתוֹ עֹמֶדֶת לָעַד: זָרַח
בַּחֹשֶׁךְ אוֹר לַיְשָׁרִים חַנּוּן וְרַחוּם וְצַדִּיק: טוֹב־אִישׁ חוֹנֵן וּמַלְוֶה יְכַלְכֵּל דְּבָרָיו
בְּמִשְׁפָּט: כִּי־לְעוֹלָם לֹא־יִמּוֹט לְזֵכֶר עוֹלָם יִהְיֶה צַדִּיק: מִשְּׁמוּעָה רָעָה לֹא
יִירָא נָכוֹן לִבּוֹ בָּטֻחַ בַּיהוה: סָמוּךְ לִבּוֹ לֹא יִירָא עַד אֲשֶׁר־יִרְאֶה בְצָרָיו: פִּזַּר ׀
נָתַן לָאֶבְיוֹנִים צִדְקָתוֹ עֹמֶדֶת לָעַד קַרְנוֹ תָּרוּם בְּכָבוֹד: רָשָׁע יִרְאֶה ׀ וְכָעָס
שִׁנָּיו יַחֲרֹק וְנָמָס תַּאֲוַת רְשָׁעִים תֹּאבֵד:

שיר תהילה לה', המעמיד זה בצד זה את גדולתו הממלאה עולם
ואת חסד השגחתו הפרטית לסובלים ולמסכנים.

ק הַלְלוּיָהּ ׀ הַלְלוּ עַבְדֵי יהוה הַלְלוּ אֶת־שֵׁם יהוה: יְהִי שֵׁם יהוה מְבֹרָךְ מֵעַתָּה
וְעַד־עוֹלָם: מִמִּזְרַח־שֶׁמֶשׁ עַד־מְבוֹאוֹ מְהֻלָּל שֵׁם יהוה: רָם עַל־כָּל־גּוֹיִם ׀
יהוה עַל הַשָּׁמַיִם כְּבוֹדוֹ: מִי כַּיהוה אֱלֹהֵינוּ הַמַּגְבִּיהִי לָשָׁבֶת: הַמַּשְׁפִּילִי
לִרְאוֹת בַּשָּׁמַיִם וּבָאָרֶץ: מְקִימִי מֵעָפָר דָּל מֵאַשְׁפֹּת יָרִים אֶבְיוֹן: לְהוֹשִׁיבִי
עִם־נְדִיבִים עִם נְדִיבֵי עַמּוֹ: מוֹשִׁיבִי ׀ עֲקֶרֶת הַבַּיִת אֵם־הַבָּנִים שְׂמֵחָה
הַלְלוּיָהּ:

שיר תהילה ותודה, המתאר את התגלות ה' בצאת ישראל ממצרים; הנסים
המתרחשים שם הם ביטויים לשמחת הטבע הדומם על התגלות זו.

קי בְּצֵאת יִשְׂרָאֵל מִמִּצְרָיִם בֵּית יַעֲקֹב מֵעַם לֹעֵז: הָיְתָה יְהוּדָה לְקָדְשׁוֹ יִשְׂרָאֵל
מַמְשְׁלוֹתָיו: הַיָּם רָאָה וַיָּנֹס הַיַּרְדֵּן יִסֹּב לְאָחוֹר: הֶהָרִים רָקְדוּ כְאֵילִים גְּבָעוֹת
כִּבְנֵי־צֹאן: מַה־לְּךָ הַיָּם כִּי תָנוּס הַיַּרְדֵּן תִּסֹּב לְאָחוֹר: הֶהָרִים תִּרְקְדוּ כְאֵילִים
גְּבָעוֹת כִּבְנֵי־צֹאן: מִלִּפְנֵי אָדוֹן חוּלִי אָרֶץ מִלִּפְנֵי אֱלוֹהַּ יַעֲקֹב: הַהֹפְכִי הַצּוּר
אֲגַם־מָיִם חַלָּמִישׁ לְמַעְיְנוֹ־מָיִם:

*כד לחודש

מזמור תודה על כך שזכינו לבחור בקב"ה, בניגוד לעמים אחרים. יש בו תפילה
שיראי ה' יזכו להצלחה ולשגשוג, כדי שיוכלו להמשיך לברך את שם ה'.

קטו לֹא לָנוּ יְהוָה לֹא לָנוּ כִּי־לְשִׁמְךָ תֵּן כָּבוֹד עַל־חַסְדְּךָ עַל־אֲמִתֶּךָ: לָמָּה יֹאמְרוּ
הַגּוֹיִם אַיֵּה־נָא אֱלֹהֵיהֶם: וֵאלֹהֵינוּ בַשָּׁמָיִם כֹּל אֲשֶׁר־חָפֵץ עָשָׂה: עֲצַבֵּיהֶם
כֶּסֶף וְזָהָב מַעֲשֵׂה יְדֵי אָדָם: פֶּה־לָהֶם וְלֹא יְדַבֵּרוּ עֵינַיִם לָהֶם וְלֹא יִרְאוּ: אָזְנַיִם
לָהֶם וְלֹא יִשְׁמָעוּ אַף לָהֶם וְלֹא יְרִיחוּן: יְדֵיהֶם | וְלֹא יְמִישׁוּן רַגְלֵיהֶם וְלֹא
יְהַלֵּכוּ לֹא־יֶהְגּוּ בִּגְרוֹנָם: כְּמוֹהֶם יִהְיוּ עֹשֵׂיהֶם כֹּל אֲשֶׁר־בֹּטֵחַ בָּהֶם: יִשְׂרָאֵל
בְּטַח בַּיהוָה עֶזְרָם וּמָגִנָּם הוּא: בֵּית אַהֲרֹן בִּטְחוּ בַיהוָה עֶזְרָם וּמָגִנָּם הוּא:
יִרְאֵי יְהוָה בִּטְחוּ בַיהוָה עֶזְרָם וּמָגִנָּם הוּא: יְהוָה זְכָרָנוּ יְבָרֵךְ יְבָרֵךְ אֶת־בֵּית
יִשְׂרָאֵל יְבָרֵךְ אֶת־בֵּית אַהֲרֹן: יְבָרֵךְ יִרְאֵי יְהוָה הַקְּטַנִּים עִם־הַגְּדֹלִים: יֹסֵף
יְהוָה עֲלֵיכֶם עֲלֵיכֶם וְעַל־בְּנֵיכֶם: בְּרוּכִים אַתֶּם לַיהוָה עֹשֵׂה שָׁמַיִם וָאָרֶץ:
הַשָּׁמַיִם שָׁמַיִם לַיהוָה וְהָאָרֶץ נָתַן לִבְנֵי־אָדָם: לֹא הַמֵּתִים יְהַלְלוּ־יָהּ וְלֹא
כָּל־יֹרְדֵי דוּמָה: וַאֲנַחְנוּ | נְבָרֵךְ יָהּ מֵעַתָּה וְעַד־עוֹלָם הַלְלוּיָהּ:

מזמור תודה של אדם שהיה נתון בצרות גדולות, כגון: מחלה קשה
או בעיות נוספות, ואשר נחלץ מכל הפגעים הללו.

קטז אָהַבְתִּי כִּי־יִשְׁמַע | יְהוָה אֶת־קוֹלִי תַּחֲנוּנָי: כִּי־הִטָּה אָזְנוֹ לִי וּבְיָמַי אֶקְרָא:
אֲפָפוּנִי | חֶבְלֵי־מָוֶת וּמְצָרֵי שְׁאוֹל מְצָאוּנִי צָרָה וְיָגוֹן אֶמְצָא: וּבְשֵׁם־יְהוָה
אֶקְרָא אָנָּה יְהוָה מַלְּטָה נַפְשִׁי: חַנּוּן יְהוָה וְצַדִּיק וֵאלֹהֵינוּ מְרַחֵם: שֹׁמֵר
פְּתָאיִם יְהוָה דַּלּוֹתִי וְלִי יְהוֹשִׁיעַ: שׁוּבִי נַפְשִׁי לִמְנוּחָיְכִי כִּי־יְהוָה גָּמַל עָלָיְכִי:
כִּי חִלַּצְתָּ נַפְשִׁי מִמָּוֶת אֶת־עֵינִי מִן־דִּמְעָה אֶת־רַגְלִי מִדֶּחִי: אֶתְהַלֵּךְ לִפְנֵי
יְהוָה בְּאַרְצוֹת הַחַיִּים: הֶאֱמַנְתִּי כִּי אֲדַבֵּר אֲנִי עָנִיתִי מְאֹד: אֲנִי אָמַרְתִּי בְחָפְזִי
כָּל־הָאָדָם כֹּזֵב: מָה־אָשִׁיב לַיהוָה כָּל־תַּגְמוּלוֹהִי עָלָי: כּוֹס־יְשׁוּעוֹת אֶשָּׂא
וּבְשֵׁם יְהוָה אֶקְרָא: נְדָרַי לַיהוָה אֲשַׁלֵּם נֶגְדָה־נָּא לְכָל־עַמּוֹ: יָקָר בְּעֵינֵי יְהוָה
הַמָּוְתָה לַחֲסִידָיו: אָנָּה יְהוָה כִּי־אֲנִי עַבְדֶּךָ אֲנִי־עַבְדְּךָ בֶּן־אֲמָתֶךָ פִּתַּחְתָּ
לְמוֹסֵרָי: לְךָ־אֶזְבַּח זֶבַח תּוֹדָה וּבְשֵׁם יְהוָה אֶקְרָא: נְדָרַי לַיהוָה אֲשַׁלֵּם
נֶגְדָה־נָּא לְכָל־עַמּוֹ: בְּחַצְרוֹת | בֵּית יְהוָה בְּתוֹכֵכִי יְרוּשָׁלָםִ הַלְלוּיָהּ:

שיר הלל קצר שבו נקראים הכל להודות לה' ולהללו על חסדיו אשר עשה לעם ישראל.

קיז הַלְלוּ אֶת־יְהוָה כָּל־גּוֹיִם שַׁבְּחוּהוּ כָּל־הָאֻמִּים: כִּי גָבַר עָלֵינוּ | חַסְדּוֹ וֶאֱמֶת־
יְהוָה לְעוֹלָם הַלְלוּיָהּ:

מזמור של תודה, המזמור האחרון שבמזמורי ההלל. יש בו חלק אישי העוסק בתשועת ה׳ לאדם פרטי, אך גם דוגמה ומופת לרבים, שכן האיש הפרטי הזה הוא גם המלך. נראה שגם מזמור זה נכתב מלכתחילה כשיר למקהלה, שכן יש בו קטעים רבים העשויים כמחרוזות של דברי שבח - ומענה עליהם.

הוֹד֣וּ לַיהֹוָ֣ה כִּי־ט֑וֹב כִּ֖י לְעוֹלָ֣ם חַסְדּֽוֹ׃ יֹֽאמַר־נָ֥א יִשְׂרָאֵ֑ל כִּ֖י לְעוֹלָ֣ם חַסְדּֽוֹ׃ ק
יֹֽאמְרוּ־נָ֥א בֵֽית־אַהֲרֹ֑ן כִּ֖י לְעוֹלָ֣ם חַסְדּֽוֹ׃ יֹֽאמְרוּ־נָ֭א יִרְאֵ֣י יְהֹוָ֑ה כִּ֖י לְעוֹלָ֣ם
חַסְדּֽוֹ׃ מִֽן־הַ֭מֵּצַר קָרָ֣אתִי יָּ֑הּ עָנָ֖נִי בַמֶּרְחָ֣ב יָֽהּ׃ יְהֹוָ֣ה לִ֭י לֹ֣א אִירָ֑א מַה־יַּעֲשֶׂ֖ה
לִ֣י אָדָֽם׃ יְהֹוָ֣ה לִ֭י בְּעֹֽזְרָ֑י וַ֝אֲנִ֗י אֶרְאֶ֥ה בְשֹׂנְאָֽי׃ ט֗וֹב לַחֲס֥וֹת בַּיהֹוָ֑ה מִ֝בְּטֹ֗חַ
בָּאָדָֽם׃ ט֗וֹב לַחֲס֥וֹת בַּיהֹוָ֑ה מִ֝בְּטֹ֗חַ בִּנְדִיבִֽים׃ כָּל־גּוֹיִ֥ם סְבָב֑וּנִי בְּשֵׁ֥ם יְ֝הֹוָ֗ה
כִּ֣י אֲמִילַֽם׃ סַבּ֥וּנִי גַם־סְבָב֑וּנִי בְּשֵׁ֥ם יְ֝הֹוָ֗ה כִּ֣י אֲמִילַֽם׃ סַבּ֤וּנִי כִדְבֹרִ֗ים דֹּ֭עֲכוּ
כְּאֵ֣שׁ קוֹצִ֑ים בְּשֵׁ֥ם יְ֝הֹוָ֗ה כִּ֣י אֲמִילַֽם׃ דַּחֹ֣ה דְחִיתַ֣נִי לִנְפֹּ֑ל וַֽיהֹוָ֥ה עֲזָרָֽנִי׃ עָזִּ֣י
וְזִמְרָ֣ת יָ֑הּ וַֽיְהִי־לִ֝֗י לִֽישׁוּעָֽה׃ ק֤וֹל ׀ רִנָּ֬ה וִֽישׁוּעָ֗ה בְּאָהֳלֵ֥י צַדִּיקִ֑ים יְמִ֥ין יְ֝הֹוָ֗ה
עֹ֣שָׂה חָֽיִל׃ יְמִ֣ין יְ֭הֹוָה רוֹמֵמָ֑ה יְמִ֥ין יְ֝הֹוָ֗ה עֹ֣שָׂה חָֽיִל׃ לֹ֣א אָמ֣וּת כִּי־אֶחְיֶ֑ה
וַ֝אֲסַפֵּ֗ר מַעֲשֵׂ֥י יָֽהּ׃ יַסֹּ֣ר יִסְּרַ֣נִּי יָּ֑הּ וְ֝לַמָּ֗וֶת לֹ֣א נְתָנָֽנִי׃ פִּתְחוּ־לִ֥י שַׁעֲרֵי־צֶ֑דֶק
אָבֹא־בָ֝֗ם אוֹדֶ֥ה יָֽהּ׃ זֶה־הַשַּׁ֥עַר לַיהֹוָ֑ה צַ֝דִּיקִ֗ים יָבֹ֥אוּ בֽוֹ׃ א֭וֹדְךָ כִּ֣י עֲנִיתָ֑נִי
וַתְּהִי־לִ֝֗י לִֽישׁוּעָֽה׃ אֶ֭בֶן מָאֲס֣וּ הַבּוֹנִ֑ים הָ֝יְתָ֗ה לְרֹ֣אשׁ פִּנָּֽה׃ מֵאֵ֣ת יְ֭הֹוָה הָ֣יְתָה
זֹּ֑את הִ֖יא נִפְלָ֣את בְּעֵינֵֽינוּ׃ זֶה־הַ֭יּוֹם עָשָׂ֣ה יְהֹוָ֑ה נָגִ֖ילָה וְנִשְׂמְחָ֣ה בֽוֹ׃ אָנָּ֣א
יְ֭הֹוָה הוֹשִׁ֘יעָ֥ה נָּ֑א אָנָּ֥א יְ֝הֹוָ֗ה הַצְלִ֘יחָ֥ה נָּֽא׃ בָּר֣וּךְ הַ֭בָּא בְּשֵׁ֣ם יְהֹוָ֑ה בֵּ֝רַֽכְנוּכֶ֗ם
מִבֵּ֥ית יְהֹוָֽה׃ אֵ֤ל ׀ יְהֹוָה֮ וַיָּ֪אֶ֫ר לָ֥נוּ אִסְרוּ־חַ֥ג בַּעֲבֹתִ֑ים עַד־קַ֝רְנ֗וֹת הַמִּזְבֵּֽחַ׃
אֵלִ֣י אַתָּ֣ה וְאוֹדֶ֑ךָּ אֱ֝לֹהַ֗י אֲרוֹמְמֶֽךָּ׃ הוֹד֣וּ לַיהֹוָ֣ה כִּי־ט֑וֹב כִּ֖י לְעוֹלָ֣ם חַסְדּֽוֹ׃

מזמור לימודי מובהק, אשר מעיקרו הוא אוסף של פסוקים קצרים שאין בהם רציפות מבחינת המשמעות, והם ערוכים בסדר חיצוני בלבד - סדר אלפביתי שלם של כל עשרים ושתיים אותיות הא״ב, לכל אות ואות שמונה פסוקים. כל אחד מהפסוקים הללו הוא יחידה עצמאית בעלת רעיון כללי, והם אינם יוצרים רצף; עם זאת יש שני צדדים המחברים את הפרק להוויה אחת. הצד האחד הוא שהפרק מדבר בעיקר בלשון יחיד; זהו דיבורו של אדם הפונה אל הקב״ה ומביע את תפילתו ורצונותיו או מספר על מעשיו. הצד השני הוא הנושא האחד הקושר את כל הדברים הללו יחד – דברי שבח לתורת ה׳ ולמצוותיו. באופן כללי אפשר לומר שזהו פרק של דבקות, המתאר כיצד המשורר מידבק בה׳ ומתקרב אליו דרך התגלות ה׳ בתורה ובמצוות.

אַשְׁרֵ֥י תְמִֽימֵי־דָ֑רֶךְ הַ֝הֹלְכִ֗ים בְּתוֹרַ֥ת יְהֹוָֽה׃ אַ֭שְׁרֵי נֹצְרֵ֣י עֵדֹתָ֑יו בְּכָל־לֵ֥ב ק
יִדְרְשֽׁוּהוּ׃ אַ֭ף לֹא־פָעֲל֣וּ עַוְלָ֑ה בִּדְרָכָ֥יו הָלָֽכוּ׃ אַ֭תָּה צִוִּ֣יתָה פִקֻּדֶ֑יךָ לִשְׁמֹ֥ר
מְאֹֽד׃ אַ֭חֲלַי יִכֹּ֣נוּ דְרָכָ֑י לִשְׁמֹ֥ר חֻקֶּֽיךָ׃ אָ֥ז לֹא־אֵב֑וֹשׁ בְּ֝הַבִּיטִ֗י אֶל־כָּל־מִצְוֺתֶֽיךָ׃

*כה לחודש

אוֹדְךָ בְּיֹשֶׁר לֵבָב בְּלָמְדִי מִשְׁפְּטֵי צִדְקֶךָ: אֶת־חֻקֶּיךָ אֶשְׁמֹר אַל־תַּעַזְבֵנִי עַד־מְאֹד:

בַּמֶּה יְזַכֶּה־נַּעַר אֶת־אָרְחוֹ לִשְׁמֹר כִּדְבָרֶךָ: בְּכָל־לִבִּי דְרַשְׁתִּיךָ אַל־תַּשְׁגֵּנִי מִמִּצְוֹתֶיךָ: בְּלִבִּי צָפַנְתִּי אִמְרָתֶךָ לְמַעַן לֹא אֶחֱטָא־לָךְ: בָּרוּךְ אַתָּה יהוה לַמְּדֵנִי חֻקֶּיךָ: בִּשְׂפָתַי סִפַּרְתִּי כֹּל מִשְׁפְּטֵי־פִיךָ: בְּדֶרֶךְ עֵדְוֹתֶיךָ שַׂשְׂתִּי כְּעַל כָּל־הוֹן: בְּפִקֻּדֶיךָ אָשִׂיחָה וְאַבִּיטָה אֹרְחֹתֶיךָ: בְּחֻקֹּתֶיךָ אֶשְׁתַּעֲשָׁע לֹא אֶשְׁכַּח דְּבָרֶךָ:

גְּמֹל עַל־עַבְדְּךָ אֶחְיֶה וְאֶשְׁמְרָה דְבָרֶךָ: גַּל־עֵינַי וְאַבִּיטָה נִפְלָאוֹת מִתּוֹרָתֶךָ: גֵּר אָנֹכִי בָאָרֶץ אַל־תַּסְתֵּר מִמֶּנִּי מִצְוֹתֶיךָ: גָּרְסָה נַפְשִׁי לְתַאֲבָה אֶל־מִשְׁפָּטֶיךָ בְכָל־עֵת: גָּעַרְתָּ זֵדִים אֲרוּרִים הַשֹּׁגִים מִמִּצְוֹתֶיךָ: גַּל מֵעָלַי חֶרְפָּה וָבוּז כִּי עֵדֹתֶיךָ נָצָרְתִּי: גַּם יָשְׁבוּ שָׂרִים בִּי נִדְבָּרוּ עַבְדְּךָ יָשִׂיחַ בְּחֻקֶּיךָ: גַּם־עֵדֹתֶיךָ שַׁעֲשֻׁעָי אַנְשֵׁי עֲצָתִי:

דָּבְקָה לֶעָפָר נַפְשִׁי חַיֵּנִי כִּדְבָרֶךָ: דְּרָכַי סִפַּרְתִּי וַתַּעֲנֵנִי לַמְּדֵנִי חֻקֶּיךָ: דֶּרֶךְ־פִּקּוּדֶיךָ הֲבִינֵנִי וְאָשִׂיחָה בְּנִפְלְאוֹתֶיךָ: דָּלְפָה נַפְשִׁי מִתּוּגָה קַיְּמֵנִי כִּדְבָרֶךָ: דֶּרֶךְ־שֶׁקֶר הָסֵר מִמֶּנִּי וְתוֹרָתְךָ חָנֵּנִי: דֶּרֶךְ־אֱמוּנָה בָחָרְתִּי מִשְׁפָּטֶיךָ שִׁוִּיתִי: דָּבַקְתִּי בְעֵדְוֹתֶיךָ יהוה אַל־תְּבִישֵׁנִי: דֶּרֶךְ־מִצְוֹתֶיךָ אָרוּץ כִּי תַרְחִיב לִבִּי:

הוֹרֵנִי יהוה דֶּרֶךְ חֻקֶּיךָ וְאֶצְּרֶנָּה עֵקֶב: הֲבִינֵנִי וְאֶצְּרָה תוֹרָתֶךָ וְאֶשְׁמְרֶנָּה בְכָל־לֵב: הַדְרִיכֵנִי בִּנְתִיב מִצְוֹתֶיךָ כִּי־בוֹ חָפָצְתִּי: הַט־לִבִּי אֶל־עֵדְוֹתֶיךָ וְאַל אֶל־בָּצַע: הַעֲבֵר עֵינַי מֵרְאוֹת שָׁוְא בִּדְרָכֶךָ חַיֵּנִי: הָקֵם לְעַבְדְּךָ אִמְרָתֶךָ אֲשֶׁר לְיִרְאָתֶךָ: הַעֲבֵר חֶרְפָּתִי אֲשֶׁר יָגֹרְתִּי כִּי מִשְׁפָּטֶיךָ טוֹבִים: הִנֵּה תָּאַבְתִּי לְפִקֻּדֶיךָ בְּצִדְקָתְךָ חַיֵּנִי:

וִיבֹאֻנִי חֲסָדֶךָ יהוה תְּשׁוּעָתְךָ כְּאִמְרָתֶךָ: וְאֶעֱנֶה חֹרְפִי דָבָר כִּי־בָטַחְתִּי בִּדְבָרֶךָ: וְאַל־תַּצֵּל מִפִּי דְבַר־אֱמֶת עַד־מְאֹד כִּי לְמִשְׁפָּטֶךָ יִחָלְתִּי: וְאֶשְׁמְרָה תוֹרָתְךָ תָמִיד לְעוֹלָם וָעֶד: וְאֶתְהַלְּכָה בָרְחָבָה כִּי פִקֻּדֶיךָ דָרָשְׁתִּי: וַאֲדַבְּרָה בְעֵדֹתֶיךָ נֶגֶד מְלָכִים וְלֹא אֵבוֹשׁ: וְאֶשְׁתַּעֲשַׁע בְּמִצְוֹתֶיךָ אֲשֶׁר אָהָבְתִּי: וְאֶשָּׂא־כַפַּי אֶל־מִצְוֹתֶיךָ אֲשֶׁר אָהָבְתִּי וְאָשִׂיחָה בְחֻקֶּיךָ:

זְכֹר־דָּבָר לְעַבְדֶּךָ עַל אֲשֶׁר יִחַלְתָּנִי: זֹאת נֶחָמָתִי בְעָנְיִי כִּי אִמְרָתְךָ חִיָּתְנִי: זֵדִים הֱלִיצֻנִי עַד־מְאֹד מִתּוֹרָתְךָ לֹא נָטִיתִי: זָכַרְתִּי מִשְׁפָּטֶיךָ מֵעוֹלָם ׀ יהוה וָאֶתְנֶחָם: זַלְעָפָה אֲחָזַתְנִי מֵרְשָׁעִים עֹזְבֵי תּוֹרָתֶךָ: זְמִרוֹת הָיוּ־לִי חֻקֶּיךָ

בְּבֵית מְגוּרָי׃ זָכַרְתִּי בַלַּיְלָה שִׁמְךָ יהוה וָאֶשְׁמְרָה תּוֹרָתֶךָ׃ זֹאת הָיְתָה־לִּי כִּי פִקֻּדֶיךָ נָצָרְתִּי׃

חֶלְקִי יהוה אָמַרְתִּי לִשְׁמֹר דְּבָרֶיךָ׃ חִלִּיתִי פָנֶיךָ בְכָל־לֵב חָנֵּנִי כְּאִמְרָתֶךָ׃ חִשַּׁבְתִּי דְרָכָי וָאָשִׁיבָה רַגְלַי אֶל־עֵדֹתֶיךָ׃ חַשְׁתִּי וְלֹא הִתְמַהְמָהְתִּי לִשְׁמֹר מִצְוֺתֶיךָ׃ חֶבְלֵי רְשָׁעִים עִוְּדֻנִי תּוֹרָתְךָ לֹא שָׁכָחְתִּי׃ חֲצוֹת־לַיְלָה אָקוּם לְהוֹדוֹת לָךְ עַל מִשְׁפְּטֵי צִדְקֶךָ׃ חָבֵר אָנִי לְכָל־אֲשֶׁר יְרֵאוּךָ וּלְשֹׁמְרֵי פִּקּוּדֶיךָ׃ חַסְדְּךָ יהוה מָלְאָה הָאָרֶץ חֻקֶּיךָ לַמְּדֵנִי׃

טוֹב עָשִׂיתָ עִם־עַבְדְּךָ יהוה כִּדְבָרֶךָ׃ טוּב טַעַם וָדַעַת לַמְּדֵנִי כִּי בְמִצְוֺתֶיךָ הֶאֱמָנְתִּי׃ טֶרֶם אֶעֱנֶה אֲנִי שֹׁגֵג וְעַתָּה אִמְרָתְךָ שָׁמָרְתִּי׃ טוֹב־אַתָּה וּמֵטִיב לַמְּדֵנִי חֻקֶּיךָ׃ טָפְלוּ עָלַי שֶׁקֶר זֵדִים אֲנִי בְּכָל־לֵב ׀ אֶצֹּר פִּקּוּדֶיךָ׃ טָפַשׁ כַּחֵלֶב לִבָּם אֲנִי תּוֹרָתְךָ שִׁעֲשָׁעְתִּי׃ טוֹב־לִי כִי־עֻנֵּיתִי לְמַעַן אֶלְמַד חֻקֶּיךָ׃ טוֹב־לִי תוֹרַת־פִּיךָ מֵאַלְפֵי זָהָב וָכָסֶף׃

יָדֶיךָ עָשׂוּנִי וַיְכוֹנְנוּנִי הֲבִינֵנִי וְאֶלְמְדָה מִצְוֺתֶיךָ׃ יְרֵאֶיךָ יִרְאוּנִי וְיִשְׂמָחוּ כִּי לִדְבָרְךָ יִחָלְתִּי׃ יָדַעְתִּי יהוה כִּי־צֶדֶק מִשְׁפָּטֶיךָ וֶאֱמוּנָה עִנִּיתָנִי׃ יְהִי־נָא חַסְדְּךָ לְנַחֲמֵנִי כְּאִמְרָתְךָ לְעַבְדֶּךָ׃ יְבֹאוּנִי רַחֲמֶיךָ וְאֶחְיֶה כִּי־תוֹרָתְךָ שַׁעֲשֻׁעָי׃ יֵבֹשׁוּ זֵדִים כִּי־שֶׁקֶר עִוְּתוּנִי אֲנִי אָשִׂיחַ בְּפִקּוּדֶיךָ׃ יָשׁוּבוּ לִי יְרֵאֶיךָ וידעו (וְיֹדְעֵי) עֵדֹתֶיךָ׃ יְהִי־לִבִּי תָמִים בְּחֻקֶּיךָ לְמַעַן לֹא אֵבוֹשׁ׃

כָּלְתָה לִתְשׁוּעָתְךָ נַפְשִׁי לִדְבָרְךָ יִחָלְתִּי׃ כָּלוּ עֵינַי לְאִמְרָתֶךָ לֵאמֹר מָתַי תְּנַחֲמֵנִי׃ כִּי־הָיִיתִי כְּנֹאד בְּקִיטוֹר חֻקֶּיךָ לֹא שָׁכָחְתִּי׃ כַּמָּה יְמֵי־עַבְדֶּךָ מָתַי תַּעֲשֶׂה בְרֹדְפַי מִשְׁפָּט׃ כָּרוּ־לִי זֵדִים שִׁיחוֹת אֲשֶׁר לֹא כְתוֹרָתֶךָ׃ כָּל־מִצְוֺתֶיךָ אֱמוּנָה שֶׁקֶר רְדָפוּנִי עָזְרֵנִי׃ כִּמְעַט כִּלּוּנִי בָאָרֶץ וַאֲנִי לֹא־עָזַבְתִּי פִקֻּדֶיךָ׃ כְּחַסְדְּךָ חַיֵּנִי וְאֶשְׁמְרָה עֵדוּת פִּיךָ׃

לְעוֹלָם יהוה דְּבָרְךָ נִצָּב בַּשָּׁמָיִם׃ לְדֹר וָדֹר אֱמוּנָתֶךָ כּוֹנַנְתָּ אֶרֶץ וַתַּעֲמֹד׃ לְמִשְׁפָּטֶיךָ עָמְדוּ הַיּוֹם כִּי הַכֹּל עֲבָדֶיךָ׃ לוּלֵי תוֹרָתְךָ שַׁעֲשֻׁעָי אָז אָבַדְתִּי בְעָנְיִי׃ לְעוֹלָם לֹא־אֶשְׁכַּח פִּקּוּדֶיךָ כִּי בָם חִיִּיתָנִי׃ לְךָ־אֲנִי הוֹשִׁיעֵנִי כִּי פִקּוּדֶיךָ דָרָשְׁתִּי׃ לִי קִוּוּ רְשָׁעִים לְאַבְּדֵנִי עֵדֹתֶיךָ אֶתְבּוֹנָן׃ לְכָל־תִּכְלָה רָאִיתִי קֵץ רְחָבָה מִצְוָתְךָ מְאֹד׃

* מָה־אָהַבְתִּי תוֹרָתֶךָ כָּל־הַיּוֹם הִיא שִׂיחָתִי׃ מֵאֹיְבַי תְּחַכְּמֵנִי מִצְוֺתֶךָ כִּי לְעוֹלָם הִיא־לִי׃ מִכָּל־מְלַמְּדַי הִשְׂכַּלְתִּי כִּי עֵדְוֺתֶיךָ שִׂיחָה לִּי׃ מִזְּקֵנִים אֶתְבּוֹנָן כִּי

פִּקּוּדֶיךָ נָצָרְתִּי: מִכָּל־אֹרַח רָע כָּלִאתִי רַגְלָי לְמַעַן אֶשְׁמֹר דְּבָרֶךָ: מִמִּשְׁפָּטֶיךָ
לֹא־סָרְתִּי כִּי־אַתָּה הוֹרֵתָנִי: מַה־נִּמְלְצוּ לְחִכִּי אִמְרָתֶךָ מִדְּבַשׁ לְפִי: מִפִּקּוּדֶיךָ
אֶתְבּוֹנָן עַל־כֵּן שָׂנֵאתִי ׀ כָּל־אֹרַח שָׁקֶר:

נֵר־לְרַגְלִי דְבָרֶךָ וְאוֹר לִנְתִיבָתִי: נִשְׁבַּעְתִּי וָאֲקַיֵּמָה לִשְׁמֹר מִשְׁפְּטֵי צִדְקֶךָ:
נַעֲנֵיתִי עַד־מְאֹד יְהוָה חַיֵּנִי כִדְבָרֶךָ: נִדְבוֹת פִּי רְצֵה־נָא יְהוָה וּמִשְׁפָּטֶיךָ
לַמְּדֵנִי: נַפְשִׁי בְכַפִּי תָמִיד וְתוֹרָתְךָ לֹא שָׁכָחְתִּי: נָתְנוּ רְשָׁעִים פַּח לִי וּמִפִּקּוּדֶיךָ
לֹא תָעִיתִי: נָחַלְתִּי עֵדְוֹתֶיךָ לְעוֹלָם כִּי־שְׂשׂוֹן לִבִּי הֵמָּה: נָטִיתִי לִבִּי לַעֲשׂוֹת
חֻקֶּיךָ לְעוֹלָם עֵקֶב:

סֵעֲפִים שָׂנֵאתִי וְתוֹרָתְךָ אָהָבְתִּי: סִתְרִי וּמָגִנִּי אָתָּה לִדְבָרְךָ יִחָלְתִּי: סוּרוּ
מִמֶּנִּי מְרֵעִים וְאֶצְּרָה מִצְוֺת אֱלֹהָי: סָמְכֵנִי כְאִמְרָתְךָ וְאֶחְיֶה וְאַל־תְּבִישֵׁנִי
מִשִּׂבְרִי: סְעָדֵנִי וְאִוָּשֵׁעָה וְאֶשְׁעָה בְחֻקֶּיךָ תָמִיד: סָלִיתָ כָּל־שׁוֹגִים מֵחֻקֶּיךָ
כִּי־שֶׁקֶר תַּרְמִיתָם: סִגִים הִשְׁבַּתָּ כָל־רִשְׁעֵי־אָרֶץ לָכֵן אָהַבְתִּי עֵדֹתֶיךָ:
סָמַר מִפַּחְדְּךָ בְשָׂרִי וּמִמִּשְׁפָּטֶיךָ יָרֵאתִי:

עָשִׂיתִי מִשְׁפָּט וָצֶדֶק בַּל־תַּנִּיחֵנִי לְעֹשְׁקָי: עֲרֹב עַבְדְּךָ לְטוֹב אַל־יַעַשְׁקֻנִי
זֵדִים: עֵינַי כָּלוּ לִישׁוּעָתֶךָ וּלְאִמְרַת צִדְקֶךָ: עֲשֵׂה עִם־עַבְדְּךָ כְחַסְדֶּךָ וְחֻקֶּיךָ
לַמְּדֵנִי: עַבְדְּךָ־אָנִי הֲבִינֵנִי וְאֵדְעָה עֵדֹתֶיךָ: עֵת לַעֲשׂוֹת לַיהוָה הֵפֵרוּ תּוֹרָתֶךָ:
עַל־כֵּן אָהַבְתִּי מִצְוֺתֶיךָ מִזָּהָב וּמִפָּז: עַל־כֵּן ׀ כָּל־פִּקּוּדֵי כֹל יִשָּׁרְתִּי כָּל־אֹרַח
שֶׁקֶר שָׂנֵאתִי:

פְּלָאוֹת עֵדְוֹתֶיךָ עַל־כֵּן נְצָרָתַם נַפְשִׁי: פֵּתַח־דְּבָרֶיךָ יָאִיר מֵבִין פְּתָיִים:
פִּי־פָעַרְתִּי וָאֶשְׁאָפָה כִּי לְמִצְוֺתֶיךָ יָאָבְתִּי: פְּנֵה־אֵלַי וְחָנֵּנִי כְּמִשְׁפָּט לְאֹהֲבֵי
שְׁמֶךָ: פְּעָמַי הָכֵן בְּאִמְרָתֶךָ וְאַל־תַּשְׁלֶט־בִּי כָל־אָוֶן: פְּדֵנִי מֵעֹשֶׁק אָדָם
וְאֶשְׁמְרָה פִּקּוּדֶיךָ: פָּנֶיךָ הָאֵר בְּעַבְדֶּךָ וְלַמְּדֵנִי אֶת־חֻקֶּיךָ: פַּלְגֵי־מַיִם יָרְדוּ
עֵינָי עַל לֹא־שָׁמְרוּ תוֹרָתֶךָ:

צַדִּיק אַתָּה יְהוָה וְיָשָׁר מִשְׁפָּטֶיךָ: צִוִּיתָ צֶדֶק עֵדֹתֶיךָ וֶאֱמוּנָה מְאֹד: צִמְּתַתְנִי
קִנְאָתִי כִּי־שָׁכְחוּ דְבָרֶיךָ צָרָי: צְרוּפָה אִמְרָתְךָ מְאֹד וְעַבְדְּךָ אֲהֵבָהּ: צָעִיר
אָנֹכִי וְנִבְזֶה פִּקֻּדֶיךָ לֹא שָׁכָחְתִּי: צִדְקָתְךָ צֶדֶק לְעוֹלָם וְתוֹרָתְךָ אֱמֶת: צַר־
וּמָצוֹק מְצָאוּנִי מִצְוֺתֶיךָ שַׁעֲשֻׁעָי: צֶדֶק עֵדְוֹתֶיךָ לְעוֹלָם הֲבִינֵנִי וְאֶחְיֶה:

קָרָאתִי בְכָל־לֵב עֲנֵנִי יְהוָה חֻקֶּיךָ אֶצֹּרָה: קְרָאתִיךָ הוֹשִׁיעֵנִי וְאֶשְׁמְרָה
עֵדֹתֶיךָ: קִדַּמְתִּי בַנֶּשֶׁף וָאֲשַׁוֵּעָה לדבריך יִחָלְתִּי: קִדְּמוּ עֵינַי אַשְׁמֻרוֹת לִדְבָרְךָ

לָשִׂיחַ בְּאִמְרָתֶךָ: קוֹלִי שִׁמְעָה כְחַסְדֶּךָ יהוה כְּמִשְׁפָּטֶךָ חַיֵּנִי: קָרְבוּ רֹדְפֵי
זִמָּה מִתּוֹרָתְךָ רָחָקוּ: קָרוֹב אַתָּה יהוה וְכָל־מִצְוֹתֶיךָ אֱמֶת: קֶדֶם יָדַעְתִּי
מֵעֵדֹתֶיךָ כִּי לְעוֹלָם יְסַדְתָּם:
רְאֵה־עָנְיִי וְחַלְּצֵנִי כִּי־תוֹרָתְךָ לֹא שָׁכָחְתִּי: רִיבָה רִיבִי וּגְאָלֵנִי לְאִמְרָתְךָ חַיֵּנִי:
רָחוֹק מֵרְשָׁעִים יְשׁוּעָה כִּי־חֻקֶּיךָ לֹא דָרָשׁוּ: רַחֲמֶיךָ רַבִּים ׀ יהוה כְּמִשְׁפָּטֶיךָ
חַיֵּנִי: רַבִּים רֹדְפַי וְצָרָי מֵעֵדְוֺתֶיךָ לֹא נָטִיתִי: רָאִיתִי בֹגְדִים וָאֶתְקוֹטָטָה
אֲשֶׁר אִמְרָתְךָ לֹא שָׁמָרוּ: רְאֵה כִּי־פִקּוּדֶיךָ אָהָבְתִּי יהוה כְּחַסְדְּךָ חַיֵּנִי:
רֹאשׁ־דְּבָרְךָ אֱמֶת וּלְעוֹלָם כָּל־מִשְׁפַּט צִדְקֶךָ:
שָׂרִים רְדָפוּנִי חִנָּם ומדבריך פָּחַד לִבִּי: שָׂשׂ אָנֹכִי עַל־אִמְרָתֶךָ כְּמוֹצֵא שָׁלָל וּמִדְּבָרְךָ
רָב: שֶׁקֶר שָׂנֵאתִי וָאֲתַעֵבָה תּוֹרָתְךָ אָהָבְתִּי: שֶׁבַע בַּיּוֹם הִלַּלְתִּיךָ עַל מִשְׁפְּטֵי
צִדְקֶךָ: שָׁלוֹם רָב לְאֹהֲבֵי תוֹרָתֶךָ וְאֵין־לָמוֹ מִכְשׁוֹל: שִׂבַּרְתִּי לִישׁוּעָתְךָ
יהוה וּמִצְוֹתֶיךָ עָשִׂיתִי: שָׁמְרָה נַפְשִׁי עֵדֹתֶיךָ וָאֹהֲבֵם מְאֹד: שָׁמַרְתִּי פִקּוּדֶיךָ
וְעֵדֹתֶיךָ כִּי כָל־דְּרָכַי נֶגְדֶּךָ:
תִּקְרַב רִנָּתִי לְפָנֶיךָ יהוה כִּדְבָרְךָ הֲבִינֵנִי: תָּבוֹא תְּחִנָּתִי לְפָנֶיךָ כְּאִמְרָתְךָ
הַצִּילֵנִי: תַּבַּעְנָה שְׂפָתַי תְּהִלָּה כִּי תְלַמְּדֵנִי חֻקֶּיךָ: תַּעַן לְשׁוֹנִי אִמְרָתֶךָ כִּי
כָל־מִצְוֹתֶיךָ צֶּדֶק: תְּהִי־יָדְךָ לְעָזְרֵנִי כִּי פִקּוּדֶיךָ בָחָרְתִּי: תָּאַבְתִּי לִישׁוּעָתְךָ
יהוה וְתוֹרָתְךָ שַׁעֲשֻׁעָי: תְּחִי־נַפְשִׁי וּתְהַלְלֶךָּ וּמִשְׁפָּטֶךָ יַעֲזְרֻנִי: תָּעִיתִי כְּשֶׂה
אֹבֵד בַּקֵּשׁ עַבְדֶּךָ כִּי מִצְוֺתֶיךָ לֹא שָׁכָחְתִּי:

שיר של תחינה להינצל ממצוקה, הנובעת הן מאיבה פנימית
והן מצד אויבים חיצוניים. והבעת תודה על ההצלה.

שִׁיר הַמַּעֲלוֹת אֶל־יהוה בַּצָּרָתָה לִּי קָרָאתִי וַיַּעֲנֵנִי: יהוה הַצִּילָה נַפְשִׁי ק
מִשְּׂפַת־שֶׁקֶר מִלָּשׁוֹן רְמִיָּה: מַה־יִּתֵּן לְךָ וּמַה־יֹּסִיף לָךְ לָשׁוֹן רְמִיָּה: חִצֵּי
גִבּוֹר שְׁנוּנִים עִם גַּחֲלֵי רְתָמִים: אוֹיָה־לִי כִּי־גַרְתִּי מֶשֶׁךְ שָׁכַנְתִּי עִם־אָהֳלֵי
קֵדָר: רַבַּת שָׁכְנָה־לָּהּ נַפְשִׁי עִם שׂוֹנֵא שָׁלוֹם: אֲנִי־שָׁלוֹם וְכִי אֲדַבֵּר הֵמָּה
לַמִּלְחָמָה:

שיר ביטחון בה', גם למי שלעיני בשר אין לו שמירה והגנה, שכן ה', שומר את האדם
מכל מיני רעה, גלויה ונסתרת; אין בו דברי תפילה אלא דברי עידוד ותמיכה.

שִׁיר לַמַּעֲלוֹת אֶשָּׂא עֵינַי אֶל־הֶהָרִים מֵאַיִן יָבֹא עֶזְרִי: עֶזְרִי מֵעִם יהוה עֹשֵׂה ק
שָׁמַיִם וָאָרֶץ: אַל־יִתֵּן לַמּוֹט רַגְלֶךָ אַל־יָנוּם שֹׁמְרֶךָ: הִנֵּה לֹא־יָנוּם וְלֹא

יִישָׁן שׁוֹמֵר יִשְׂרָאֵל: יְהוָה שֹׁמְרֶךָ יְהוָה צִלְּךָ עַל־יַד יְמִינֶךָ: יוֹמָם הַשֶּׁמֶשׁ
לֹא־יַכֶּכָּה וְיָרֵחַ בַּלָּיְלָה: יְהוָה יִשְׁמָרְךָ מִכָּל־רָע יִשְׁמֹר אֶת־נַפְשֶׁךָ: יְהוָה
יִשְׁמָר־צֵאתְךָ וּבוֹאֶךָ מֵעַתָּה וְעַד־עוֹלָם:

מזמור תהילה לירושלים ששרים העולים לרגל, והוא שיר על ירושלים בגדולתה, בעת שהייתה המקום שבו כל שבטי ישראל מתאחדים ושנמצאים בו בית ה׳ ומרכז השלטון היהודי.

ב שִׁיר הַמַּעֲלוֹת לְדָוִד שָׂמַחְתִּי בְּאֹמְרִים לִי בֵּית יְהוָה נֵלֵךְ: עֹמְדוֹת הָיוּ רַגְלֵינוּ
בִּשְׁעָרַיִךְ יְרוּשָׁלָם: יְרוּשָׁלַם הַבְּנוּיָה כְּעִיר שֶׁחֻבְּרָה־לָּהּ יַחְדָּו: שֶׁשָּׁם עָלוּ
שְׁבָטִים שִׁבְטֵי־יָהּ עֵדוּת לְיִשְׂרָאֵל לְהֹדוֹת לְשֵׁם יְהוָה: כִּי שָׁמָּה ׀ יָשְׁבוּ
כִסְאוֹת לְמִשְׁפָּט כִּסְאוֹת לְבֵית דָּוִד: שַׁאֲלוּ שְׁלוֹם יְרוּשָׁלָם יִשְׁלָיוּ אֹהֲבָיִךְ:
יְהִי־שָׁלוֹם בְּחֵילֵךְ שַׁלְוָה בְּאַרְמְנוֹתָיִךְ: לְמַעַן אַחַי וְרֵעָי אֲדַבְּרָה־נָּא שָׁלוֹם
בָּךְ: לְמַעַן בֵּית־יְהוָה אֱלֹהֵינוּ אֲבַקְשָׁה טוֹב לָךְ:

שיר תחינה. המתפלל פונה אל ה׳ בזמן שאין בידו כל מעשים או זכויות והוא סובל ומדוכא. כל דבריו הם רק תחנונים לרחמי ה׳, כמי שיכול רק לבקש ולהתחנן לה׳ שיצילהו מידי המעליבים אותו והפוגעים בו.

ג שִׁיר הַמַּעֲלוֹת אֵלֶיךָ נָשָׂאתִי אֶת־עֵינַי הַיֹּשְׁבִי בַּשָּׁמָיִם: הִנֵּה כְעֵינֵי עֲבָדִים
אֶל־יַד אֲדוֹנֵיהֶם כְּעֵינֵי שִׁפְחָה אֶל־יַד גְּבִרְתָּהּ כֵּן עֵינֵינוּ אֶל־יְהוָה אֱלֹהֵינוּ
עַד שֶׁיְּחָנֵּנוּ: חָנֵּנוּ יְהוָה חָנֵּנוּ כִּי־רַב שָׂבַעְנוּ בוּז: רַבַּת שָׂבְעָה־לָּהּ נַפְשֵׁנוּ
הַלַּעַג הַשַּׁאֲנַנִּים הַבּוּז לגאיונים: לִגְאֵי יוֹנִים

מזמור תודה לה׳ אשר בעת צרה ומצוקה, כאשר נראה לאדם שאין עוד כל תקווה, הוא מציל את עבדיו מן הסכנה.

ד שִׁיר הַמַּעֲלוֹת לְדָוִד לוּלֵי יְהוָה שֶׁהָיָה לָנוּ יֹאמַר־נָא יִשְׂרָאֵל: לוּלֵי יְהוָה
שֶׁהָיָה לָנוּ בְּקוּם עָלֵינוּ אָדָם: אֲזַי חַיִּים בְּלָעוּנוּ בַּחֲרוֹת אַפָּם בָּנוּ: אֲזַי הַמַּיִם
שְׁטָפוּנוּ נַחְלָה עָבַר עַל־נַפְשֵׁנוּ: אֲזַי עָבַר עַל־נַפְשֵׁנוּ הַמַּיִם הַזֵּידוֹנִים: בָּרוּךְ
יְהוָה שֶׁלֹּא נְתָנָנוּ טֶרֶף לְשִׁנֵּיהֶם: נַפְשֵׁנוּ כְּצִפּוֹר נִמְלְטָה מִפַּח יוֹקְשִׁים הַפַּח
נִשְׁבָּר וַאֲנַחְנוּ נִמְלָטְנוּ: עֶזְרֵנוּ בְּשֵׁם יְהוָה עֹשֵׂה שָׁמַיִם וָאָרֶץ:

מזמור של תודה ותפילה, אשר עיקרו הוא הביטחון בה׳.

ה שִׁיר הַמַּעֲלוֹת הַבֹּטְחִים בַּיהוָה כְּהַר־צִיּוֹן לֹא־יִמּוֹט לְעוֹלָם יֵשֵׁב: יְרוּשָׁלַם
הָרִים סָבִיב לָהּ וַיהוָה סָבִיב לְעַמּוֹ מֵעַתָּה וְעַד־עוֹלָם: כִּי לֹא יָנוּחַ שֵׁבֶט
הָרֶשַׁע עַל גּוֹרַל הַצַּדִּיקִים לְמַעַן לֹא־יִשְׁלְחוּ הַצַּדִּיקִים ׀ בְּעַוְלָתָה יְדֵיהֶם:

הֵיטִ֣יבָה יְ֭הוָה לַטּוֹבִ֑ים וְ֝לִֽישָׁרִ֗ים בְּלִבּוֹתָֽם׃ וְהַמַּטִּ֤ים עֲֽקַלְקַלּוֹתָ֗ם יוֹלִ֥יכֵ֣ם יְ֭הוָה
אֶת־פֹּעֲלֵ֣י הָאָ֑וֶן שָׁ֝ל֗וֹם עַל־יִשְׂרָאֵֽל׃

שירת הלל על זמן הגאולה, אשר כשהיא מגיעה נעשה העבר, על כל הסבל שהיה בו, כחלום
בלבד, שכן על ידה מקבל כל העבר פנים חדשות ומתגלה כַּהכנה וכיגיעה שלפני בוא הגמול.

ק שִׁ֗יר הַֽמַּ֫עֲל֥וֹת בְּשׁ֣וּב יְ֭הוָה אֶת־שִׁיבַ֣ת צִיּ֑וֹן הָ֝יִ֗ינוּ כְּחֹלְמִֽים׃ אָ֥ז יִמָּלֵ֪א שְׂח֡וֹק
פִּינוּ֮ וּלְשׁוֹנֵ֪נוּ רִ֫נָּ֥ה אָ֭ז יֹאמְר֣וּ בַגּוֹיִ֑ם הִגְדִּ֥יל יְ֝הוָ֗ה לַעֲשׂ֥וֹת עִם־אֵֽלֶּה׃ הִגְדִּ֣יל
שְׁבִיתֵ֑נוּ יְ֭הוָה לַעֲשׂ֣וֹת עִמָּ֑נוּ הָ֝יִ֗ינוּ שְׂמֵחִֽים׃ שׁוּבָ֣ה יְ֭הוָה אֶת־שבותנו כַּאֲפִיקִ֥ים בַּנֶּֽגֶב׃
הַזֹּרְעִ֥ים בְּדִמְעָ֗ה בְּרִנָּ֥ה יִקְצֹֽרוּ׃ הָ֘ל֤וֹךְ יֵלֵ֨ךְ ׀ וּבָכֹה֮ נֹשֵׂ֪א מֶֽשֶׁךְ־הַזָּ֫רַע בֹּֽא־יָבֹ֥א
בְרִנָּ֑ה נֹ֝שֵׂ֗א אֲלֻמֹּתָֽיו׃

מזמור לימודי המיוחס או מוקדש לשלמה, שעיקרו דברי מוסר.
תמציתם של הדברים היא, כי מעשי בני אדם כשלעצמם אינם יכולים להבטיח שום הצלחה,
ורק חסדי ה׳ הם העוזרים לאדם אף בדברים שהוא פועל ועושה בעצמו, כביכול.

ק שִׁ֥יר הַֽמַּעֲל֗וֹת לִשְׁלֹ֫מֹ֥ה אִם־יְהוָ֤ה ׀ לֹא־יִבְנֶ֬ה בַ֗יִת שָׁ֤וְא עָמְל֣וּ בוֹנָ֣יו בּ֑וֹ אִם־
יְהוָ֥ה לֹֽא־יִשְׁמָר־עִ֝֗יר שָׁ֤וְא ׀ שָׁקַ֬ד שׁוֹמֵֽר׃ שָׁ֤וְא לָכֶ֨ם ׀ מַֽשְׁכִּ֪ימֵי ק֡וּם מְאַחֲרֵי־
שֶׁ֗בֶת אֹ֭כְלֵי לֶ֣חֶם הָעֲצָבִ֑ים כֵּ֤ן יִתֵּ֖ן לִֽידִיד֣וֹ שֵׁנָֽא׃ הִנֵּ֤ה נַחֲלַ֣ת יְהוָ֣ה בָּנִ֑ים
שָׂ֝כָ֗ר פְּרִ֣י הַבָּֽטֶן׃ כְּחִצִּ֥ים בְּיַד־גִּבּ֑וֹר כֵּ֝֗ן בְּנֵ֣י הַנְּעוּרִֽים׃ אַ֥שְֽׁרֵ֣י הַגֶּ֗בֶר אֲשֶׁ֤ר מִלֵּ֥א
אֶת־אַשְׁפָּת֗וֹ מֵ֫הֶ֥ם לֹֽא־יֵבֹ֑שׁוּ כִּֽי־יְדַבְּר֖וּ אֶת־אוֹיְבִ֣ים בַּשָּֽׁעַר׃

שיר תהילה על חייו ואושרו של ההולך בדרכי ה׳. בעיקר מתואר כאן האושר
הבסיסי כאידיליה משפחתית: כיצד חייו של אדם ההולך בדרכי ה׳ ומתפרנס
מיגיע כפיו, מביאים לאושר הפשוט והבסיסי של משפחה אוהבת.

ק שִׁ֗יר הַֽמַּ֫עֲל֥וֹת אַ֭שְׁרֵי כָּל־יְרֵ֣א יְהוָ֑ה הַ֝הֹלֵ֗ךְ בִּדְרָכָֽיו׃ יְגִ֣יעַ כַּ֭פֶּיךָ כִּ֣י תֹאכֵ֑ל
אַ֝שְׁרֶ֗יךָ וְט֣וֹב לָֽךְ׃ אֶשְׁתְּךָ֨ ׀ כְּגֶ֥פֶן פֹּרִיָּה֮ בְּיַרְכְּתֵ֪י בֵ֫יתֶ֥ךָ בָּ֭נֶיךָ כִּשְׁתִלֵ֣י זֵיתִ֑ים
סָ֝בִ֗יב לְשֻׁלְחָנֶֽךָ׃ הִנֵּ֣ה כִי־כֵ֭ן יְבֹ֣רַךְ גָּ֗בֶר יְרֵ֣א יְהוָֽה׃ יְבָרֶכְךָ֥ יְהוָ֗ה מִצִּ֫יּ֥וֹן וּ֭רְאֵה
בְּט֣וּב יְרוּשָׁלִָ֑ם כֹּ֝֗ל יְמֵ֣י חַיֶּֽיךָ׃ וּרְאֵה־בָנִ֥ים לְבָנֶ֑יךָ שָׁ֝ל֗וֹם עַל־יִשְׂרָאֵֽל׃

שיר של תודה ותוכחה גם יחד: תודה לה׳ על ההצלה,
ותוכחה לכל אלה המנסים להתנכל לצדיקים.

ק שִׁ֗יר הַֽמַּ֫עֲל֥וֹת רַ֭בַּת צְרָר֣וּנִי מִנְּעוּרָ֑י יֹאמַר־נָ֝֗א יִשְׂרָאֵֽל׃ רַ֭בַּת צְרָר֣וּנִי מִנְּעוּרָ֑י
לְמַעֲנִיתָ֑ם גַּ֝֗ם לֹא־יָ֥כְלוּ לִֽי׃ עַל־גַּ֭בִּי חָרְשׁ֣וּ חֹרְשִׁ֑ים הֶ֝אֱרִ֗יכוּ למענותם׃ יְהוָ֥ה צַדִּ֑יק קִ֝צֵּ֗ץ
עֲב֣וֹת רְשָׁעִֽים׃ יֵ֭בֹשׁוּ וְיִסֹּ֣גוּ אָח֑וֹר כֹּ֝֗ל שֹׂנְאֵ֥י צִיּֽוֹן׃ יִ֭הְיוּ כַּחֲצִ֣יר גַּגּ֑וֹת שֶׁקַּדְמַ֖ת

שֶׁלַּף יָבֵשׁ: שֶׁלֹּא מִלֵּא כַפּוֹ קוֹצֵר וְחִצְנוֹ מְעַמֵּר: וְלֹא אָמְרוּ ׀ הָעֹבְרִים בִּרְכַּת־
יְהוָה אֲלֵיכֶם בֵּרַכְנוּ אֶתְכֶם בְּשֵׁם יְהוָה:

שיר של תשובה ובקשת סליחה מה׳ מעומק הלב, ומבואר בו שסליחת
ה׳ רק מוסיפה על תחושת היראה וההערצה כלפיו.

קל שִׁיר הַמַּעֲלוֹת מִמַּעֲמַקִּים קְרָאתִיךָ יְהוָה: אֲדֹנָי שִׁמְעָה בְקוֹלִי תִּהְיֶינָה
אָזְנֶיךָ קַשֻּׁבוֹת לְקוֹל תַּחֲנוּנָי: אִם־עֲוֹנוֹת תִּשְׁמָר־יָהּ אֲדֹנָי מִי יַעֲמֹד: כִּי־עִמְּךָ
הַסְּלִיחָה לְמַעַן תִּוָּרֵא: קִוִּיתִי יְהוָה קִוְּתָה נַפְשִׁי וְלִדְבָרוֹ הוֹחָלְתִּי: נַפְשִׁי לַאדֹנָי
מִשֹּׁמְרִים לַבֹּקֶר שֹׁמְרִים לַבֹּקֶר: יַחֵל יִשְׂרָאֵל אֶל־יְהוָה כִּי־עִם־יְהוָה הַחֶסֶד
וְהַרְבֵּה עִמּוֹ פְדוּת: וְהוּא יִפְדֶּה אֶת־יִשְׂרָאֵל מִכֹּל עֲוֹנוֹתָיו:

שיר המתאר דבקות בה׳ שאין בה מרכיב אקסטאטי או סערת נפש, אלא
השקט הפנימי שבדבקות שיש בה התבטלות גמורה לה׳ מתוך אהבה.

קלא שִׁיר הַמַּעֲלוֹת לְדָוִד יְהוָה ׀ לֹא־גָבַהּ לִבִּי וְלֹא־רָמוּ עֵינַי וְלֹא־הִלַּכְתִּי ׀ בִּגְדֹלוֹת
וּבְנִפְלָאוֹת מִמֶּנִּי: אִם־לֹא שִׁוִּיתִי ׀ וְדוֹמַמְתִּי נַפְשִׁי כְּגָמֻל עֲלֵי אִמּוֹ כַּגָּמֻל עָלַי
נַפְשִׁי: יַחֵל יִשְׂרָאֵל אֶל־יְהוָה מֵעַתָּה וְעַד־עוֹלָם:

שיר לכבודו של דוד המלך, המתאר את מאמציו של דוד וההכנות שעשה לבנות
את בית המקדש בירושלים, ואת ההבטחות לדוד ולביתו לכל הדורות.

קלב שִׁיר הַמַּעֲלוֹת זְכוֹר־יְהוָה לְדָוִד אֵת כָּל־עֻנּוֹתוֹ: אֲשֶׁר נִשְׁבַּע לַיהוָה נָדַר
לַאֲבִיר יַעֲקֹב: אִם־אָבֹא בְּאֹהֶל בֵּיתִי אִם־אֶעֱלֶה עַל־עֶרֶשׂ יְצוּעָי: אִם־אֶתֵּן
שְׁנַת לְעֵינָי לְעַפְעַפַּי תְּנוּמָה: עַד־אֶמְצָא מָקוֹם לַיהוָה מִשְׁכָּנוֹת לַאֲבִיר
יַעֲקֹב: הִנֵּה־שְׁמַעֲנוּהָ בְאֶפְרָתָה מְצָאנוּהָ בִּשְׂדֵי־יָעַר: נָבוֹאָה לְמִשְׁכְּנוֹתָיו
נִשְׁתַּחֲוֶה לַהֲדֹם רַגְלָיו: קוּמָה יְהוָה לִמְנוּחָתֶךָ אַתָּה וַאֲרוֹן עֻזֶּךָ: כֹּהֲנֶיךָ
יִלְבְּשׁוּ־צֶדֶק וַחֲסִידֶיךָ יְרַנֵּנוּ: בַּעֲבוּר דָּוִד עַבְדֶּךָ אַל־תָּשֵׁב פְּנֵי מְשִׁיחֶךָ:
נִשְׁבַּע־יְהוָה ׀ לְדָוִד אֱמֶת לֹא־יָשׁוּב מִמֶּנָּה מִפְּרִי בִטְנְךָ אָשִׁית לְכִסֵּא־לָךְ:
אִם־יִשְׁמְרוּ בָנֶיךָ ׀ בְּרִיתִי וְעֵדֹתִי זוֹ אֲלַמְּדֵם גַּם־בְּנֵיהֶם עֲדֵי־עַד יֵשְׁבוּ לְכִסֵּא־
לָךְ: כִּי־בָחַר יְהוָה בְּצִיּוֹן אִוָּהּ לְמוֹשָׁב לוֹ: זֹאת־מְנוּחָתִי עֲדֵי־עַד פֹּה אֵשֵׁב
כִּי אִוִּתִיהָ: צֵידָהּ בָּרֵךְ אֲבָרֵךְ אֶבְיוֹנֶיהָ אַשְׂבִּיעַ לָחֶם: וְכֹהֲנֶיהָ אַלְבִּישׁ יֶשַׁע
וַחֲסִידֶיהָ רַנֵּן יְרַנֵּנוּ: שָׁם אַצְמִיחַ קֶרֶן לְדָוִד עָרַכְתִּי נֵר לִמְשִׁיחִי: אוֹיְבָיו
אַלְבִּישׁ בֹּשֶׁת וְעָלָיו יָצִיץ נִזְרוֹ:

שיר לכבוד הכהנים בבית המקדש, היושבים מתוך אחווה
וכבוד הדדי במקום השופע שלווה וברכה.

קלג שִׁיר הַמַּעֲלוֹת לְדָוִד הִנֵּה מַה־טּוֹב וּמַה־נָּעִים שֶׁבֶת אַחִים גַּם־יָחַד: כַּשֶּׁמֶן הַטּוֹב ׀ עַל־הָרֹאשׁ יֹרֵד עַל־הַזָּקָן זְקַן־אַהֲרֹן שֶׁיֹּרֵד עַל־פִּי מִדּוֹתָיו: כְּטַל־חֶרְמוֹן שֶׁיֹּרֵד עַל־הַרְרֵי צִיּוֹן כִּי שָׁם ׀ צִוָּה יהוה אֶת־הַבְּרָכָה חַיִּים עַד־הָעוֹלָם:

שיר תהילה לכבוד יראי ה׳ וכהניו, הבאים לבית המקדש
בלילות על מנת להתפלל ולהידבק בשכינה.

קלד שִׁיר הַמַּעֲלוֹת הִנֵּה ׀ בָּרְכוּ אֶת־יהוה כָּל־עַבְדֵי יהוה הָעֹמְדִים בְּבֵית־יהוה בַּלֵּילוֹת: שְׂאוּ־יְדֵכֶם קֹדֶשׁ וּבָרְכוּ אֶת־יהוה: יְבָרֶכְךָ יהוה מִצִּיּוֹן עֹשֵׂה שָׁמַיִם וָאָרֶץ:

שיר תהילה על גדולת ה׳ בעולמו, ובייחוד על החסדים שעשה לישראל ביציאת
מצרים ובכניסתם לארץ, וקריאה לכל עובדי ה׳ להצטרף לתהילה זו.

קלה הַלְלוּיָהּ ׀ הַלְלוּ אֶת־שֵׁם יהוה הַלְלוּ עַבְדֵי יהוה: שֶׁעֹמְדִים בְּבֵית יהוה בְּחַצְרוֹת בֵּית אֱלֹהֵינוּ: הַלְלוּיָהּ כִּי־טוֹב יהוה זַמְּרוּ לִשְׁמוֹ כִּי נָעִים: כִּי־יַעֲקֹב בָּחַר לוֹ יָהּ יִשְׂרָאֵל לִסְגֻלָּתוֹ: כִּי אֲנִי יָדַעְתִּי כִּי־גָדוֹל יהוה וַאֲדֹנֵינוּ מִכָּל־אֱלֹהִים: כֹּל אֲשֶׁר־חָפֵץ יהוה עָשָׂה בַּשָּׁמַיִם וּבָאָרֶץ בַּיַּמִּים וְכָל־תְּהֹמוֹת: מַעֲלֶה נְשִׂאִים מִקְצֵה הָאָרֶץ בְּרָקִים לַמָּטָר עָשָׂה מוֹצֵא־רוּחַ מֵאוֹצְרוֹתָיו: שֶׁהִכָּה בְּכוֹרֵי מִצְרָיִם מֵאָדָם עַד־בְּהֵמָה: שָׁלַח ׀ אוֹתֹת וּמֹפְתִים בְּתוֹכֵכִי מִצְרָיִם בְּפַרְעֹה וּבְכָל־עֲבָדָיו: שֶׁהִכָּה גּוֹיִם רַבִּים וְהָרַג מְלָכִים עֲצוּמִים: לְסִיחוֹן ׀ מֶלֶךְ הָאֱמֹרִי וּלְעוֹג מֶלֶךְ הַבָּשָׁן וּלְכֹל מַמְלְכוֹת כְּנָעַן: וְנָתַן אַרְצָם נַחֲלָה נַחֲלָה לְיִשְׂרָאֵל עַמּוֹ: יהוה שִׁמְךָ לְעוֹלָם יהוה זִכְרְךָ לְדֹר־וָדֹר: כִּי־יָדִין יהוה עַמּוֹ וְעַל־עֲבָדָיו יִתְנֶחָם: עֲצַבֵּי הַגּוֹיִם כֶּסֶף וְזָהָב מַעֲשֵׂה יְדֵי אָדָם: פֶּה־לָהֶם וְלֹא יְדַבֵּרוּ עֵינַיִם לָהֶם וְלֹא יִרְאוּ: אָזְנַיִם לָהֶם וְלֹא יַאֲזִינוּ אַף אֵין־יֶשׁ־רוּחַ בְּפִיהֶם: כְּמוֹהֶם יִהְיוּ עֹשֵׂיהֶם כֹּל אֲשֶׁר־בֹּטֵחַ בָּהֶם: בֵּית יִשְׂרָאֵל בָּרְכוּ אֶת־יהוה בֵּית אַהֲרֹן בָּרְכוּ אֶת־יהוה: בֵּית הַלֵּוִי בָּרְכוּ אֶת־יהוה יִרְאֵי יהוה בָּרְכוּ אֶת־יהוה: בָּרוּךְ יהוה ׀ מִצִּיּוֹן שֹׁכֵן יְרוּשָׁלִָם הַלְלוּיָהּ:

*כח לחודש

מזמור מקהלה שעניינו הלל לגדולת ה׳ בעולמו ולחסדיו הניתנים לכל,
וכן תהילה מיוחדת לחסדי ה׳ ולנסיו ביציאת מצרים ובכיבוש ארץ ישראל.

לו הוֹדוּ לַיהוָה כִּי־טוֹב כִּי לְעוֹלָם חַסְדּוֹ: הוֹדוּ לֵאלֹהֵי הָאֱלֹהִים כִּי לְעוֹלָם חַסְדּוֹ: הוֹדוּ לַאֲדֹנֵי הָאֲדֹנִים כִּי לְעוֹלָם חַסְדּוֹ: לְעֹשֵׂה נִפְלָאוֹת גְּדֹלוֹת לְבַדּוֹ כִּי לְעוֹלָם חַסְדּוֹ: לְעֹשֵׂה הַשָּׁמַיִם בִּתְבוּנָה כִּי לְעוֹלָם חַסְדּוֹ: לְרֹקַע הָאָרֶץ עַל־הַמָּיִם כִּי לְעוֹלָם חַסְדּוֹ: לְעֹשֵׂה אוֹרִים גְּדֹלִים כִּי לְעוֹלָם חַסְדּוֹ: אֶת־הַשֶּׁמֶשׁ לְמֶמְשֶׁלֶת בַּיּוֹם כִּי לְעוֹלָם חַסְדּוֹ: אֶת־הַיָּרֵחַ וְכוֹכָבִים לְמֶמְשְׁלוֹת בַּלָּיְלָה כִּי לְעוֹלָם חַסְדּוֹ: לְמַכֵּה מִצְרַיִם בִּבְכוֹרֵיהֶם כִּי לְעוֹלָם חַסְדּוֹ: וַיּוֹצֵא יִשְׂרָאֵל מִתּוֹכָם כִּי לְעוֹלָם חַסְדּוֹ: בְּיָד חֲזָקָה וּבִזְרוֹעַ נְטוּיָה כִּי לְעוֹלָם חַסְדּוֹ: לְגֹזֵר יַם־סוּף לִגְזָרִים כִּי לְעוֹלָם חַסְדּוֹ: וְהֶעֱבִיר יִשְׂרָאֵל בְּתוֹכוֹ כִּי לְעוֹלָם חַסְדּוֹ: וְנִעֵר פַּרְעֹה וְחֵילוֹ בְיַם־סוּף כִּי לְעוֹלָם חַסְדּוֹ: לְמוֹלִיךְ עַמּוֹ בַּמִּדְבָּר כִּי לְעוֹלָם חַסְדּוֹ: לְמַכֵּה מְלָכִים גְּדֹלִים כִּי לְעוֹלָם חַסְדּוֹ: וַיַּהֲרֹג מְלָכִים אַדִּירִים כִּי לְעוֹלָם חַסְדּוֹ: לְסִיחוֹן מֶלֶךְ הָאֱמֹרִי כִּי לְעוֹלָם חַסְדּוֹ: וּלְעוֹג מֶלֶךְ הַבָּשָׁן כִּי לְעוֹלָם חַסְדּוֹ: וְנָתַן אַרְצָם לְנַחֲלָה כִּי לְעוֹלָם חַסְדּוֹ: נַחֲלָה לְיִשְׂרָאֵל עַבְדּוֹ כִּי לְעוֹלָם חַסְדּוֹ: שֶׁבְּשִׁפְלֵנוּ זָכַר לָנוּ כִּי לְעוֹלָם חַסְדּוֹ: וַיִּפְרְקֵנוּ מִצָּרֵינוּ כִּי לְעוֹלָם חַסְדּוֹ: נֹתֵן לֶחֶם לְכָל־בָּשָׂר כִּי לְעוֹלָם חַסְדּוֹ: הוֹדוּ לְאֵל הַשָּׁמָיִם כִּי לְעוֹלָם חַסְדּוֹ:

קינה של גולים המצויים במצב של תכלית הירידה וההשפלה,
ויש בה זיכרון של החורבן ותפילה שהאויבים יבואו על עונשם.

לז עַל־נַהֲרוֹת ׀ בָּבֶל שָׁם יָשַׁבְנוּ גַּם־בָּכִינוּ בְּזָכְרֵנוּ אֶת־צִיּוֹן: עַל־עֲרָבִים בְּתוֹכָהּ תָּלִינוּ כִּנֹּרוֹתֵינוּ: כִּי שָׁם ׀ שְׁאֵלוּנוּ שׁוֹבֵינוּ דִּבְרֵי־שִׁיר וְתוֹלָלֵינוּ שִׂמְחָה שִׁירוּ לָנוּ מִשִּׁיר צִיּוֹן: אֵיךְ נָשִׁיר אֶת־שִׁיר־יְהוָה עַל אַדְמַת נֵכָר: אִם־אֶשְׁכָּחֵךְ יְרוּשָׁלָםִ תִּשְׁכַּח יְמִינִי: תִּדְבַּק לְשׁוֹנִי ׀ לְחִכִּי אִם־לֹא אֶזְכְּרֵכִי אִם־לֹא אַעֲלֶה אֶת־יְרוּשָׁלַםִ עַל רֹאשׁ שִׂמְחָתִי: זְכֹר יְהוָה ׀ לִבְנֵי אֱדוֹם אֵת יוֹם יְרוּשָׁלָםִ הָאֹמְרִים עָרוּ ׀ עָרוּ עַד הַיְסוֹד בָּהּ: בַּת־בָּבֶל הַשְּׁדוּדָה אַשְׁרֵי שֶׁיְשַׁלֶּם־לָךְ אֶת־גְּמוּלֵךְ שֶׁגָּמַלְתְּ לָנוּ: אַשְׁרֵי ׀ שֶׁיֹּאחֵז וְנִפֵּץ אֶת־עֹלָלַיִךְ אֶל־הַסָּלַע:

שיר תודה ובקשה. המתפלל מודה לה׳ על חסדיו בעבר, שיש בהם
תפארה לשמו, והוא מוסיף ומבקש שחסד זה יימשך גם הלאה.

קל לְדָוִד ׀ אוֹדְךָ בְכָל־לִבִּי נֶגֶד אֱלֹהִים אֲזַמְּרֶךָּ׃ אֶשְׁתַּחֲוֶה אֶל־הֵיכַל קָדְשְׁךָ
וְאוֹדֶה אֶת־שְׁמֶךָ עַל־חַסְדְּךָ וְעַל־אֲמִתֶּךָ כִּי־הִגְדַּלְתָּ עַל־כָּל־שִׁמְךָ אִמְרָתֶךָ׃
בְּיוֹם קָרָאתִי וַתַּעֲנֵנִי תַּרְהִבֵנִי בְנַפְשִׁי עֹז׃ יוֹדוּךָ יהוה כָּל־מַלְכֵי־אָרֶץ כִּי
שָׁמְעוּ אִמְרֵי־פִיךָ׃ וְיָשִׁירוּ בְּדַרְכֵי יהוה כִּי־גָדוֹל כְּבוֹד יהוה׃ כִּי־רָם יהוה
וְשָׁפָל יִרְאֶה וְגָבֹהַּ מִמֶּרְחָק יְיֵדָע׃ אִם־אֵלֵךְ ׀ בְּקֶרֶב צָרָה תְּחַיֵּנִי עַל אַף אֹיְבַי
תִּשְׁלַח יָדֶךָ וְתוֹשִׁיעֵנִי יְמִינֶךָ׃ יהוה יִגְמֹר בַּעֲדִי יהוה חַסְדְּךָ לְעוֹלָם מַעֲשֵׂי
יָדֶיךָ אַל־תֶּרֶף׃

מזמור התבוננות ודבקות. מתוך הידיעה שה׳ נמצא בכל מקום ובכל מצב,
מראשית החיים עד אחריתם, באפילה כבאור, בא המתפלל לידי דבקות.
קרבת אלוקים המתמדת היא הבסיס לדבקות במזמור זה, שבו מודהה
המתפלל עם הקב״ה, אוהב את האהוב עליו ושונא את שונאיו.

קל לַמְנַצֵּחַ לְדָוִד מִזְמוֹר יהוה חֲקַרְתַּנִי וַתֵּדָע׃ אַתָּה יָדַעְתָּ שִׁבְתִּי וְקוּמִי בַּנְתָּה
לְרֵעִי מֵרָחוֹק׃ אָרְחִי וְרִבְעִי זֵרִיתָ וְכָל־דְּרָכַי הִסְכַּנְתָּה׃ כִּי אֵין מִלָּה בִּלְשׁוֹנִי
הֵן יהוה יָדַעְתָּ כֻלָּהּ׃ אָחוֹר וָקֶדֶם צַרְתָּנִי וַתָּשֶׁת עָלַי כַּפֶּכָה׃ פליאה דַעַת פְּלִיאָה
מִמֶּנִּי נִשְׂגְּבָה לֹא־אוּכַל לָהּ׃ אָנָה אֵלֵךְ מֵרוּחֶךָ וְאָנָה מִפָּנֶיךָ אֶבְרָח׃ אִם־אֶסַּק
שָׁמַיִם שָׁם אָתָּה וְאַצִּיעָה שְּׁאוֹל הִנֶּךָּ׃ אֶשָּׂא כַנְפֵי־שָׁחַר אֶשְׁכְּנָה בְּאַחֲרִית
יָם׃ גַּם־שָׁם יָדְךָ תַנְחֵנִי וְתֹאחֲזֵנִי יְמִינֶךָ׃ וָאֹמַר אַךְ־חֹשֶׁךְ יְשׁוּפֵנִי וְלַיְלָה אוֹר
בַּעֲדֵנִי׃ גַּם־חֹשֶׁךְ לֹא־יַחְשִׁיךְ מִמֶּךָ וְלַיְלָה כַּיּוֹם יָאִיר כַּחֲשֵׁיכָה כָּאוֹרָה׃ כִּי־
אַתָּה קָנִיתָ כִלְיֹתָי תְּסֻכֵּנִי בְּבֶטֶן אִמִּי׃ אוֹדְךָ עַל כִּי נוֹרָאוֹת נִפְלֵיתִי נִפְלָאִים
מַעֲשֶׂיךָ וְנַפְשִׁי יֹדַעַת מְאֹד׃ לֹא־נִכְחַד עָצְמִי מִמֶּךָּ אֲשֶׁר־עֻשֵּׂיתִי בַסֵּתֶר
רֻקַּמְתִּי בְּתַחְתִּיּוֹת אָרֶץ׃ גָּלְמִי ׀ רָאוּ עֵינֶיךָ וְעַל־סִפְרְךָ כֻּלָּם יִכָּתֵבוּ יָמִים
יֻצָּרוּ ולא אֶחָד בָּהֶם׃ וְלִי מַה־יָּקְרוּ רֵעֶיךָ אֵל מֶה עָצְמוּ רָאשֵׁיהֶם׃ אֶסְפְּרֵם וְלוֹ
מֵחוֹל יִרְבּוּן הֱקִיצֹתִי וְעוֹדִי עִמָּךְ׃ אִם־תִּקְטֹל אֱלוֹהַּ ׀ רָשָׁע וְאַנְשֵׁי דָמִים
סוּרוּ מֶנִּי׃ אֲשֶׁר יֹמְרוּךָ לִמְזִמָּה נָשֻׂא לַשָּׁוְא עָרֶיךָ׃ הֲלוֹא־מְשַׂנְאֶיךָ יהוה ׀
אֶשְׂנָא וּבִתְקוֹמְמֶיךָ אֶתְקוֹטָט׃ תַּכְלִית שִׂנְאָה שְׂנֵאתִים לְאוֹיְבִים הָיוּ לִי׃
חָקְרֵנִי אֵל וְדַע לְבָבִי בְּחָנֵנִי וְדַע שַׂרְעַפָּי׃ וּרְאֵה אִם־דֶּרֶךְ־עֹצֶב בִּי וּנְחֵנִי
בְּדֶרֶךְ עוֹלָם׃

תחיה לה׳ להינצל מיד אויבים רשעים, העושים את מעשיהם במרמה ובבגידה ומשתמשים לשם כך בכל האמצעים שבידם, ותפילה לראות במפלתם.

קמ לַמְנַצֵּחַ מִזְמוֹר לְדָוִד: חַלְּצֵנִי יהוה מֵאָדָם רָע מֵאִישׁ חֲמָסִים תִּנְצְרֵנִי: אֲשֶׁר
חָשְׁבוּ רָעוֹת בְּלֵב כָּל־יוֹם יָגוּרוּ מִלְחָמוֹת: שָׁנֲנוּ לְשׁוֹנָם כְּמוֹ־נָחָשׁ חֲמַת
עַכְשׁוּב תַּחַת שְׂפָתֵימוֹ סֶלָה: שָׁמְרֵנִי יהוה ׀ מִידֵי רָשָׁע מֵאִישׁ חֲמָסִים תִּנְצְרֵנִי
אֲשֶׁר חָשְׁבוּ לִדְחוֹת פְּעָמָי: טָמְנוּ־גֵאִים ׀ פַּח לִי וַחֲבָלִים פָּרְשׂוּ רֶשֶׁת לְיַד־
מַעְגָּל מֹקְשִׁים שָׁתוּ־לִי סֶלָה: אָמַרְתִּי לַיהוה אֵלִי אָתָּה הַאֲזִינָה יהוה קוֹל
תַּחֲנוּנָי: יֱהוִה אֲדֹנָי עֹז יְשׁוּעָתִי סַכֹּתָה לְרֹאשִׁי בְּיוֹם נָשֶׁק: אַל־תִּתֵּן יהוה
מַאֲוַיֵּי רָשָׁע זְמָמוֹ אַל־תָּפֵק יָרוּמוּ סֶלָה: רֹאשׁ מְסִבָּי עֲמַל שְׂפָתֵימוֹ יכסומו: יְכַסֵּמוֹ
ימיטו עֲלֵיהֶם גֶּחָלִים בָּאֵשׁ יַפִּלֵם בְּמַהֲמֹרוֹת בַּל־יָקוּמוּ: אִישׁ לָשׁוֹן בַּל־ יִמּוֹטוּ
יִכּוֹן בָּאָרֶץ אִישׁ־חָמָס רָע יְצוּדֶנּוּ לְמַדְחֵפֹת: ידעת כִּי־יַעֲשֶׂה יהוה דִּין עָנִי
מִשְׁפַּט אֶבְיֹנִים: אַךְ צַדִּיקִים יוֹדוּ לִשְׁמֶךָ יֵשְׁבוּ יְשָׁרִים אֶת־פָּנֶיךָ:

תפילה של מי שנרדף בידי אויבים, אלא שיש בה צד נוסף: היא עוסקת לא רק ברעתם של האויבים אלא גם ברצונו של המשורר שלא להיכנס לתבנית עולמם.

קמא מִזְמוֹר לְדָוִד יהוה קְרָאתִיךָ חוּשָׁה לִּי הַאֲזִינָה קוֹלִי בְּקָרְאִי־לָךְ: תִּכּוֹן תְּפִלָּתִי
קְטֹרֶת לְפָנֶיךָ מַשְׂאַת כַּפַּי מִנְחַת־עָרֶב: שִׁיתָה יהוה שָׁמְרָה לְפִי נִצְּרָה עַל־
דַּל שְׂפָתָי: אַל־תַּט־לִבִּי ׀ לְדָבָר ׀ רָע לְהִתְעוֹלֵל עֲלִלוֹת ׀ בְּרֶשַׁע אֶת־אִישִׁים
פֹּעֲלֵי־אָוֶן וּבַל־אֶלְחַם בְּמַנְעַמֵּיהֶם: יֶהֶלְמֵנִי צַדִּיק ׀ חֶסֶד וְיוֹכִיחֵנִי שֶׁמֶן רֹאשׁ
אַל־יָנִי רֹאשִׁי כִּי־עוֹד וּתְפִלָּתִי בְּרָעוֹתֵיהֶם: נִשְׁמְטוּ בִידֵי־סֶלַע שֹׁפְטֵיהֶם
וְשָׁמְעוּ אֲמָרַי כִּי נָעֵמוּ: כְּמוֹ פֹלֵחַ וּבֹקֵעַ בָּאָרֶץ נִפְזְרוּ עֲצָמֵינוּ לְפִי שְׁאוֹל: כִּי
אֵלֶיךָ ׀ יֱהוִה אֲדֹנָי עֵינָי בְּכָה חָסִיתִי אַל־תְּעַר נַפְשִׁי: שָׁמְרֵנִי מִידֵי פַח יָקְשׁוּ
לִי וּמֹקְשׁוֹת פֹּעֲלֵי אָוֶן: יִפְּלוּ בְמַכְמֹרָיו רְשָׁעִים יַחַד אָנֹכִי עַד־אֶעֱבוֹר:

מזמור תחינה של מי שנשאר מבודד, ומוקף מכל עבר רק בשנאה ובאויבים, והריהו מתפלל להינצל מכל הרע הזה.

קמב מַשְׂכִּיל לְדָוִד בִּהְיוֹתוֹ בַמְּעָרָה תְפִלָּה: קוֹלִי אֶל־יהוה אֶזְעָק קוֹלִי אֶל־יהוה
אֶתְחַנָּן: אֶשְׁפֹּךְ לְפָנָיו שִׂיחִי צָרָתִי לְפָנָיו אַגִּיד: בְּהִתְעַטֵּף עָלַי ׀ רוּחִי וְאַתָּה
יָדַעְתָּ נְתִיבָתִי בְּאֹרַח־זוּ אֲהַלֵּךְ טָמְנוּ פַח לִי: הַבֵּיט יָמִין ׀ וּרְאֵה וְאֵין־לִי מַכִּיר
אָבַד מָנוֹס מִמֶּנִּי אֵין דּוֹרֵשׁ לְנַפְשִׁי: זָעַקְתִּי אֵלֶיךָ יהוה אָמַרְתִּי אַתָּה מַחְסִי
חֶלְקִי בְּאֶרֶץ הַחַיִּים: הַקְשִׁיבָה ׀ אֶל־רִנָּתִי כִּי־דַלּוֹתִי מְאֹד הַצִּילֵנִי מֵרֹדְפַי כִּי

אָמְצוּ מִמֶּנִּי: הוֹצִיאָה מִמַּסְגֵּר ׀ נַפְשִׁי לְהוֹדוֹת אֶת־שְׁמֶךָ בִּי יַכְתִּרוּ צַדִּיקִים כִּי תִגְמֹל עָלָי:

מזמור תחינה שיש בו בקשה כפולה: בקשה רוחנית לזכות בסליחת ה׳ על חטאי העבר וללכת בעזרתו בעתיד בדרך הטוב; ובקשה חומרית לזכות לישועה מידי האויבים והשונאים.

קמג מִזְמוֹר לְדָוִד יְהוָה ׀ שְׁמַע תְּפִלָּתִי הַאֲזִינָה אֶל־תַּחֲנוּנַי בֶּאֱמֻנָתְךָ עֲנֵנִי בְּצִדְקָתֶךָ: וְאַל־תָּבוֹא בְמִשְׁפָּט אֶת־עַבְדֶּךָ כִּי לֹא־יִצְדַּק לְפָנֶיךָ כָל־חָי: כִּי רָדַף אוֹיֵב ׀ נַפְשִׁי דִּכָּא לָאָרֶץ חַיָּתִי הוֹשִׁיבַנִי בְמַחֲשַׁכִּים כְּמֵתֵי עוֹלָם: וַתִּתְעַטֵּף עָלַי רוּחִי בְּתוֹכִי יִשְׁתּוֹמֵם לִבִּי: זָכַרְתִּי יָמִים ׀ מִקֶּדֶם הָגִיתִי בְכָל־פָּעֳלֶךָ בְּמַעֲשֵׂה יָדֶיךָ אֲשׂוֹחֵחַ: פֵּרַשְׂתִּי יָדַי אֵלֶיךָ נַפְשִׁי ׀ כְּאֶרֶץ־עֲיֵפָה לְךָ סֶלָה: מַהֵר עֲנֵנִי ׀ יְהוָה כָּלְתָה רוּחִי אַל־תַּסְתֵּר פָּנֶיךָ מִמֶּנִּי וְנִמְשַׁלְתִּי עִם־יֹרְדֵי בוֹר: הַשְׁמִיעֵנִי בַבֹּקֶר ׀ חַסְדֶּךָ כִּי־בְךָ בָטָחְתִּי הוֹדִיעֵנִי דֶּרֶךְ־זוּ אֵלֵךְ כִּי־אֵלֶיךָ נָשָׂאתִי נַפְשִׁי: הַצִּילֵנִי מֵאֹיְבַי ׀ יְהוָה אֵלֶיךָ כִסִּתִי: לַמְּדֵנִי ׀ לַעֲשׂוֹת רְצוֹנֶךָ כִּי־אַתָּה אֱלוֹהָי רוּחֲךָ טוֹבָה תַּנְחֵנִי בְּאֶרֶץ מִישׁוֹר: לְמַעַן־שִׁמְךָ יְהוָה תְּחַיֵּנִי בְּצִדְקָתְךָ ׀ תוֹצִיא מִצָּרָה נַפְשִׁי: וּבְחַסְדְּךָ תַּצְמִית אֹיְבָי וְהַאֲבַדְתָּ כָּל־צֹרְרֵי נַפְשִׁי כִּי אֲנִי עַבְדֶּךָ:

שיר של תודה שיש בו גם תפילה וגם תודה בעת מלחמה, בסכנה ובניצחון, המסתיים בתיאור השלווה הבאה לארץ כאשר אין עוד אויבים המאיימים עליה.

קמד לְדָוִד ׀ בָּרוּךְ יְהוָה ׀ צוּרִי הַמְלַמֵּד יָדַי לַקְרָב אֶצְבְּעוֹתַי לַמִּלְחָמָה: חַסְדִּי וּמְצוּדָתִי מִשְׂגַּבִּי וּמְפַלְטִי לִי מָגִנִּי וּבוֹ חָסִיתִי הָרוֹדֵד עַמִּי תַחְתָּי: יְהוָה מָה־אָדָם וַתֵּדָעֵהוּ בֶּן־אֱנוֹשׁ וַתְּחַשְּׁבֵהוּ: אָדָם לַהֶבֶל דָּמָה יָמָיו כְּצֵל עוֹבֵר: יְהוָה הַט־שָׁמֶיךָ וְתֵרֵד גַּע בֶּהָרִים וְיֶעֱשָׁנוּ: בְּרוֹק בָּרָק וּתְפִיצֵם שְׁלַח חִצֶּיךָ וּתְהֻמֵּם: שְׁלַח יָדֶיךָ מִמָּרוֹם פְּצֵנִי וְהַצִּילֵנִי מִמַּיִם רַבִּים מִיַּד בְּנֵי נֵכָר: אֲשֶׁר פִּיהֶם דִּבֶּר־שָׁוְא וִימִינָם יְמִין שָׁקֶר: אֱלֹהִים שִׁיר חָדָשׁ אָשִׁירָה לָּךְ בְּנֵבֶל עָשׂוֹר אֲזַמְּרָה־לָּךְ: הַנּוֹתֵן תְּשׁוּעָה לַמְּלָכִים הַפּוֹצֶה אֶת־דָּוִד עַבְדּוֹ מֵחֶרֶב רָעָה: פְּצֵנִי וְהַצִּילֵנִי מִיַּד בְּנֵי־נֵכָר אֲשֶׁר פִּיהֶם דִּבֶּר־שָׁוְא וִימִינָם יְמִין שָׁקֶר: אֲשֶׁר בָּנֵינוּ ׀ כִּנְטִעִים מְגֻדָּלִים בִּנְעוּרֵיהֶם בְּנוֹתֵינוּ כְזָוִיֹּת מְחֻטָּבוֹת תַּבְנִית הֵיכָל: מְזָוֵינוּ מְלֵאִים מְפִיקִים מִזַּן אֶל זַן צֹאונֵנוּ מַאֲלִיפוֹת מְרֻבָּבוֹת בְּחוּצוֹתֵינוּ: אַלּוּפֵינוּ מְסֻבָּלִים אֵין פֶּרֶץ וְאֵין יוֹצֵאת וְאֵין צְוָחָה בִּרְחֹבֹתֵינוּ: אַשְׁרֵי הָעָם שֶׁכָּכָה לּוֹ אַשְׁרֵי הָעָם שֶׁיְהוָה אֱלֹהָיו:

מזמור של שבח והודיה על חסדי ה׳ לעולם, ואין בו דברי תחנונים או בקשה. במזמור, הבנוי על פי סדר הא״ב, אין רצף רעיוני אחד, אלא פרטים שונים המצטרפים לכדי תמונה שלמה.

קמה תְּהִלָּה לְדָוִד אֲרוֹמִמְךָ אֱלוֹהַי הַמֶּלֶךְ וַאֲבָרְכָה שִׁמְךָ לְעוֹלָם וָעֶד: בְּכָל־יוֹם
אֲבָרְכֶךָּ וַאֲהַלְלָה שִׁמְךָ לְעוֹלָם וָעֶד: גָּדוֹל יהוה וּמְהֻלָּל מְאֹד וְלִגְדֻלָּתוֹ אֵין
חֵקֶר: דּוֹר לְדוֹר יְשַׁבַּח מַעֲשֶׂיךָ וּגְבוּרֹתֶיךָ יַגִּידוּ: הֲדַר כְּבוֹד הוֹדֶךָ וְדִבְרֵי
נִפְלְאֹתֶיךָ אָשִׂיחָה: וֶעֱזוּז נוֹרְאֹתֶיךָ יֹאמֵרוּ וגדלותיך אֲסַפְּרֶנָּה: זֵכֶר רַב־טוּבְךָ וּגְדוּלָּתְךָ
יַבִּיעוּ וְצִדְקָתְךָ יְרַנֵּנוּ: חַנּוּן וְרַחוּם יהוה אֶרֶךְ אַפַּיִם וּגְדָל־חָסֶד: טוֹב־יהוה לַכֹּל
וְרַחֲמָיו עַל־כָּל־מַעֲשָׂיו: יוֹדוּךָ יהוה כָּל־מַעֲשֶׂיךָ וַחֲסִידֶיךָ יְבָרְכוּכָה: כְּבוֹד
מַלְכוּתְךָ יֹאמֵרוּ וּגְבוּרָתְךָ יְדַבֵּרוּ: לְהוֹדִיעַ | לִבְנֵי הָאָדָם גְּבוּרֹתָיו וּכְבוֹד הֲדַר
מַלְכוּתוֹ: מַלְכוּתְךָ מַלְכוּת כָּל־עֹלָמִים וּמֶמְשַׁלְתְּךָ בְּכָל־דּוֹר וָדֹר: סוֹמֵךְ יהוה
לְכָל־הַנֹּפְלִים וְזוֹקֵף לְכָל־הַכְּפוּפִים: עֵינֵי־כֹל אֵלֶיךָ יְשַׂבֵּרוּ וְאַתָּה נוֹתֵן־לָהֶם
אֶת־אָכְלָם בְּעִתּוֹ: פּוֹתֵחַ אֶת־יָדֶךָ וּמַשְׂבִּיעַ לְכָל־חַי רָצוֹן: צַדִּיק יהוה בְּכָל־
דְּרָכָיו וְחָסִיד בְּכָל־מַעֲשָׂיו: קָרוֹב יהוה לְכָל־קֹרְאָיו לְכֹל אֲשֶׁר יִקְרָאֻהוּ בֶאֱמֶת:
רְצוֹן־יְרֵאָיו יַעֲשֶׂה וְאֶת־שַׁוְעָתָם יִשְׁמַע וְיוֹשִׁיעֵם: שׁוֹמֵר יהוה אֶת־כָּל־אֹהֲבָיו
וְאֵת כָּל־הָרְשָׁעִים יַשְׁמִיד: תְּהִלַּת יהוה יְדַבֶּר פִּי וִיבָרֵךְ כָּל־בָּשָׂר שֵׁם קָדְשׁוֹ
לְעוֹלָם וָעֶד:

שיר תהילה על חסדי ה׳ וטובו, הכולל גם דברי הסבר על כך שכל הטובה באה אך ורק מן הקב״ה, ואין לה כל מקור אחר.

קמו הַלְלוּיָהּ הַלְלִי נַפְשִׁי אֶת־יהוה: אֲהַלְלָה יהוה בְּחַיָּי אֲזַמְּרָה לֵאלֹהַי בְּעוֹדִי: אַל־
תִּבְטְחוּ בִנְדִיבִים בְּבֶן־אָדָם | שֶׁאֵין לוֹ תְשׁוּעָה: תֵּצֵא רוּחוֹ יָשֻׁב לְאַדְמָתוֹ בַּיּוֹם
הַהוּא אָבְדוּ עֶשְׁתֹּנֹתָיו: אַשְׁרֵי שֶׁאֵל יַעֲקֹב בְּעֶזְרוֹ שִׂבְרוֹ עַל־יהוה אֱלֹהָיו: עֹשֶׂה |
שָׁמַיִם וָאָרֶץ אֶת־הַיָּם וְאֶת־כָּל־אֲשֶׁר־בָּם הַשֹּׁמֵר אֱמֶת לְעוֹלָם: עֹשֶׂה מִשְׁפָּט |
לָעֲשׁוּקִים נֹתֵן לֶחֶם לָרְעֵבִים יהוה מַתִּיר אֲסוּרִים: יהוה | פֹּקֵחַ עִוְרִים יהוה
זֹקֵף כְּפוּפִים יהוה אֹהֵב צַדִּיקִים: יהוה | שֹׁמֵר אֶת־גֵּרִים יָתוֹם וְאַלְמָנָה יְעוֹדֵד
וְדֶרֶךְ רְשָׁעִים יְעַוֵּת: יִמְלֹךְ יהוה | לְעוֹלָם אֱלֹהַיִךְ צִיּוֹן לְדֹר וָדֹר הַלְלוּיָהּ:

שיר תהילה אשר חלק מיופיו המיוחד הוא בכך שהוא אינו קבוע, אלא עובר וקופץ מנושא לנושא: מן הפרטי אל הכללי, מן הלאומי אל הקוסמי, מבעיותיהם של בני אדם לגודלו של העולם, וכמוהו כנגינה של תזמורת, שמדי פעם יש לכלי אחר בה קטע סולו.

קמז הַלְלוּיָהּ | כִּי־טוֹב זַמְּרָה אֱלֹהֵינוּ כִּי־נָעִים נָאוָה תְהִלָּה: בּוֹנֵה יְרוּשָׁלַםִ יהוה
נִדְחֵי יִשְׂרָאֵל יְכַנֵּס: הָרֹפֵא לִשְׁבוּרֵי לֵב וּמְחַבֵּשׁ לְעַצְּבוֹתָם: מוֹנֶה מִסְפָּר

*ל לחודש

לַכּוֹכָבִים לְכֻלָּם שֵׁמוֹת יִקְרָא: גָּדוֹל אֲדוֹנֵינוּ וְרַב־כֹּחַ לִתְבוּנָתוֹ אֵין מִסְפָּר:
מְעוֹדֵד עֲנָוִים יהוה מַשְׁפִּיל רְשָׁעִים עֲדֵי־אָרֶץ: עֱנוּ לַיהוה בְּתוֹדָה זַמְּרוּ
לֵאלֹהֵינוּ בְכִנּוֹר: הַמְכַסֶּה שָׁמַיִם ׀ בְּעָבִים הַמֵּכִין לָאָרֶץ מָטָר הַמַּצְמִיחַ
הָרִים חָצִיר: נוֹתֵן לִבְהֵמָה לַחְמָהּ לִבְנֵי עֹרֵב אֲשֶׁר יִקְרָאוּ: לֹא בִגְבוּרַת הַסּוּס
יֶחְפָּץ לֹא־בְשׁוֹקֵי הָאִישׁ יִרְצֶה: רוֹצֶה יהוה אֶת־יְרֵאָיו אֶת־הַמְיַחֲלִים לְחַסְדּוֹ:
שַׁבְּחִי יְרוּשָׁלַ͏ִם אֶת־יהוה הַלְלִי אֱלֹהַיִךְ צִיּוֹן: כִּי־חִזַּק בְּרִיחֵי שְׁעָרָיִךְ בֵּרַךְ
בָּנַיִךְ בְּקִרְבֵּךְ: הַשָּׂם־גְּבוּלֵךְ שָׁלוֹם חֵלֶב חִטִּים יַשְׂבִּיעֵךְ: הַשֹּׁלֵחַ אִמְרָתוֹ אָרֶץ
עַד־מְהֵרָה יָרוּץ דְּבָרוֹ: הַנֹּתֵן שֶׁלֶג כַּצָּמֶר כְּפוֹר כָּאֵפֶר יְפַזֵּר: מַשְׁלִיךְ קַרְחוֹ
כְפִתִּים לִפְנֵי קָרָתוֹ מִי יַעֲמֹד: יִשְׁלַח דְּבָרוֹ וְיַמְסֵם יַשֵּׁב רוּחוֹ יִזְּלוּ־מָיִם: מַגִּיד
דְּבָרָו לְיַעֲקֹב חֻקָּיו וּמִשְׁפָּטָיו לְיִשְׂרָאֵל: לֹא עָשָׂה כֵן ׀ לְכָל־גּוֹי וּמִשְׁפָּטִים
בַּל־יְדָעוּם הַלְלוּיָהּ:

מזמור תהילה, מעין המנון, שאינו מספר דברים רבים
אלא בעיקר קורא לכל יצורי העולם להלל את ה׳. המזמור נחלק לשני חלקים:
פנייה לכל יצורי מעלה לשיר לה׳, ופנייה דומה ליצורים של מטה.

הַלְלוּיָהּ ׀ הַלְלוּ אֶת־יהוה מִן־הַשָּׁמַיִם הַלְלוּהוּ בַּמְּרוֹמִים: הַלְלוּהוּ כָל־ קמח
מַלְאָכָיו הַלְלוּהוּ כָּל־צְבָאָו: הַלְלוּהוּ שֶׁמֶשׁ וְיָרֵחַ הַלְלוּהוּ כָּל־כּוֹכְבֵי אוֹר:
הַלְלוּהוּ שְׁמֵי הַשָּׁמָיִם וְהַמַּיִם אֲשֶׁר ׀ מֵעַל הַשָּׁמָיִם: יְהַלְלוּ אֶת־שֵׁם יהוה כִּי
הוּא צִוָּה וְנִבְרָאוּ: וַיַּעֲמִידֵם לָעַד לְעוֹלָם חָק־נָתַן וְלֹא יַעֲבוֹר: הַלְלוּ אֶת־
יהוה מִן־הָאָרֶץ תַּנִּינִים וְכָל־תְּהֹמוֹת: אֵשׁ וּבָרָד שֶׁלֶג וְקִיטוֹר רוּחַ סְעָרָה
עֹשָׂה דְבָרוֹ: הֶהָרִים וְכָל־גְּבָעוֹת עֵץ פְּרִי וְכָל־אֲרָזִים: הַחַיָּה וְכָל־בְּהֵמָה
רֶמֶשׂ וְצִפּוֹר כָּנָף: מַלְכֵי־אֶרֶץ וְכָל־לְאֻמִּים שָׂרִים וְכָל־שֹׁפְטֵי אָרֶץ: בַּחוּרִים
וְגַם־בְּתוּלוֹת זְקֵנִים עִם־נְעָרִים: יְהַלְלוּ ׀ אֶת־שֵׁם יהוה כִּי־נִשְׂגָּב שְׁמוֹ לְבַדּוֹ
הוֹדוֹ עַל־אֶרֶץ וְשָׁמָיִם: וַיָּרֶם קֶרֶן ׀ לְעַמּוֹ תְּהִלָּה לְכָל־חֲסִידָיו לִבְנֵי יִשְׂרָאֵל
עַם קְרֹבוֹ הַלְלוּיָהּ:

שיר תהילה ומלחמה. בצד השבח לה׳ ותהילתו בקהל חסידים יש
בו המרצה להילחם את מלחמות ה׳. אוהבי ה׳ אינם מסתפקים רק
בדיבורים של תשבחות, אלא גם נלחמים ברע ומנצחים אותו.

הַלְלוּיָהּ ׀ שִׁירוּ לַיהוה שִׁיר חָדָשׁ תְּהִלָּתוֹ בִּקְהַל חֲסִידִים: יִשְׂמַח יִשְׂרָאֵל קמט
בְּעֹשָׂיו בְּנֵי־צִיּוֹן יָגִילוּ בְמַלְכָּם: יְהַלְלוּ שְׁמוֹ בְמָחוֹל בְּתֹף וְכִנּוֹר יְזַמְּרוּ־לוֹ:

כִּֽי־רוֹצֶ֣ה יְהֹוָ֣ה בְּעַמּ֑וֹ יְפָאֵ֥ר עֲ֝נָוִ֗ים בִּישׁוּעָֽה׃ יַעְלְז֣וּ חֲסִידִ֣ים בְּכָב֑וֹד יְ֝רַנְּנ֗וּ
עַל־מִשְׁכְּבוֹתָֽם׃ רוֹמְמ֣וֹת אֵ֭ל בִּגְרוֹנָ֑ם וְחֶ֖רֶב פִּיפִיּ֣וֹת בְּיָדָֽם׃ לַעֲשׂ֣וֹת נְ֭קָמָה
בַּגּוֹיִ֑ם תּ֝וֹכֵח֗וֹת בַּלְאֻמִּֽים׃ לֶאְסֹ֣ר מַלְכֵיהֶ֣ם בְּזִקִּ֑ים וְ֝נִכְבְּדֵיהֶ֗ם בְּכַבְלֵ֥י בַרְזֶֽל׃
לַעֲשׂ֤וֹת בָּהֶ֨ם ׀ מִשְׁפָּ֬ט כָּת֗וּב הָדָ֣ר ה֭וּא לְכָל־חֲסִידָ֗יו הַֽלְלוּיָֽהּ׃

שיר מקהלה. הרעיון המרכזי שלו הוא שהשבח לה׳ הינו בכל הדרכים והאופנים:
בגודלו ובגבורותיו, בכלים המשמיעים צלילי חזק ובכלים שצלילם עדין.
בכל הכלים השונים מהללים את ה׳ כל מיני נשמות וגם כל החלקים שיש בנשמה.

קנ הַ֥לְלוּיָ֨הּ ׀ הַֽלְלוּ־אֵ֥ל בְּקׇדְשׁ֑וֹ הַ֝לְל֗וּהוּ בִּרְקִ֥יעַ עֻזּֽוֹ׃ הַלְל֥וּהוּ בִגְבוּרֹתָ֑יו הַ֝לְל֗וּהוּ
כְּרֹ֣ב גֻּדְלֽוֹ׃ הַ֭לְלוּהוּ בְּתֵ֣קַע שׁוֹפָ֑ר הַ֝לְל֗וּהוּ בְּנֵ֣בֶל וְכִנּֽוֹר׃ הַ֭לְלוּהוּ בְתֹ֣ף וּמָח֑וֹל
הַ֝לְל֗וּהוּ בְּמִנִּ֥ים וְעֻגָֽב׃ הַלְל֥וּהוּ בְצִלְצְלֵי־שָׁ֑מַע הַ֝לְל֗וּהוּ בְּֽצִלְצְלֵ֥י תְרוּעָֽה׃
כֹּ֣ל הַ֭נְּשָׁמָה תְּהַלֵּ֥ל יָ֗הּ הַֽלְלוּיָֽהּ׃

אחר תהלים נוהגים לומר:

תהלים יד מִי יִתֵּן מִצִּיּוֹן יְשׁוּעַת יִשְׂרָאֵל
בְּשׁוּב יהוה שְׁבוּת עַמּוֹ
יָגֵל יַעֲקֹב, יִשְׂמַח יִשְׂרָאֵל:
תהלים לז וּתְשׁוּעַת צַדִּיקִים מֵיהוה
מָעוּזָּם בְּעֵת צָרָה:
וַיַּעְזְרֵם יהוה וַיְפַלְּטֵם
יְפַלְּטֵם מֵרְשָׁעִים וְיוֹשִׁיעֵם
כִּי־חָסוּ בוֹ:

לימי חול:

יְהִי רָצוֹן מִלְּפָנֶיךָ יהוה אֱלֹהֵינוּ וֵאלֹהֵי אֲבוֹתֵינוּ, בִּזְכוּת סֵפֶר רִאשׁוֹן / שֵׁנִי / שְׁלִישִׁי / רְבִיעִי / חֲמִישִׁי / שֶׁבַּתְּהִלִּים שֶׁקָּרָאנוּ לְפָנֶיךָ שֶׁהוּא כְּנֶגֶד סֵפֶר בְּרֵאשִׁית / שְׁמוֹת / וַיִּקְרָא / בְּמִדְבַּר / דְּבָרִים / בִּזְכוּת מִזְמוֹרָיו וּבִזְכוּת פְּסוּקָיו וּבִזְכוּת תֵּבוֹתָיו וּבִזְכוּת שְׁמוֹתֶיךָ הַקְּדוֹשִׁים וְהַטְּהוֹרִים הַיּוֹצְאִים מִמֶּנּוּ, שֶׁתְּכַפֵּר לָנוּ עַל כָּל חַטֹּאתֵינוּ, וְתִסְלַח לָנוּ עַל כָּל פְּשָׁעֵינוּ שֶׁחָטָאנוּ וְשֶׁעָוִינוּ וְשֶׁפָּשַׁעְנוּ לְפָנֶיךָ, וְהַחֲזִירֵנוּ בִּתְשׁוּבָה שְׁלֵמָה לְפָנֶיךָ, וְהַדְרִיכֵנוּ לַעֲבוֹדָתֶךָ, וְתִפְתַּח לִבֵּנוּ בְּתַלְמוּד תּוֹרָתֶךָ, וְתִשְׁלַח רְפוּאָה שְׁלֵמָה לְחוֹלֵי
ישעיה סא עַמֶּךָ (לַחוֹלֶה/לַחוֹלָה פלוני/ת בֶּן/בַּת פלונית), וְתִקְרָא לִשְׁבוּיִם דְּרוֹר, וְלַאֲסוּרִים פְּקַח־קוֹחַ: וּלְכָל הוֹלְכֵי דְרָכִים וְעוֹבְרֵי יַמִּים וּנְהָרוֹת מֵעַמְּךָ יִשְׂרָאֵל תַּצִּילֵם מִכָּל צַעַר וָנֶזֶק, וְתַגִּיעֵם לִמְחוֹז חֶפְצָם לְחַיִּים וּלְשָׁלוֹם. וְתִפְקֹד לְכָל חֲשׁוּכֵי בָנִים בְּזֶרַע שֶׁל קַיָּמָא לַעֲבוֹדָתֶךָ וּלְיִרְאָתֶךָ, וְעֻבָּרוֹת שֶׁל עַמְּךָ בֵּית יִשְׂרָאֵל תַּצִּילֵן שֶׁלֹּא תַפֵּלְנָה וַלְדוֹתֵיהֶן, וְהַיּוֹשְׁבוֹת עַל הַמַּשְׁבֵּר בְּרַחֲמֶיךָ הָרַבִּים תַּצִּילֵן מִכָּל רָע, וְאַל הַמֵּינִיקוֹת תַּשְׁפִּיעַ שֶׁלֹּא יֶחְסַר חָלָב מִדַּדֵּיהֶן. וְאַל יִמְשֹׁל אַסְכְּרָה וְשֵׁדִין וְרוּחִין וְלִילִין וְכָל פְּגָעִים וּמַרְעִין בִּישִׁין בְּכָל יַלְדֵי עַמְּךָ בֵּית יִשְׂרָאֵל, וּתְגַדְּלֵם לְתוֹרָתֶךָ לִלְמֹד תּוֹרָה לִשְׁמָהּ, וְתַצִּילֵם מֵעַיִן הָרָע וּמִדֶּבֶר וּמִמַּגֵּפָה וּמִשָּׂטָן וּמִיֵּצֶר הָרָע. וּתְבַטֵּל מֵעָלֵינוּ וּמִכָּל עַמְּךָ בֵּית יִשְׂרָאֵל בְּכָל מָקוֹם שֶׁהֵם כָּל גְּזֵרוֹת קָשׁוֹת וְרָעוֹת. וְתַטֶּה לֵב הַמַּלְכוּת עָלֵינוּ לְטוֹבָה, וְתִגְזֹר עָלֵינוּ גְּזֵרוֹת טוֹבוֹת, וְתִשְׁלַח בְּרָכָה וְהַצְלָחָה בְּכָל מַעֲשֵׂה יָדֵינוּ. וְהָכֵן פַּרְנָסָתֵנוּ מִיָּדְךָ

הָרְחָבָה וְהַמְלֵאָה, וְלֹא יִצְטָרְכוּ עַמְּךָ בֵּית יִשְׂרָאֵל זֶה לָזֶה וְלֹא לְעַם אַחֵר,
וְתֵן לְכָל אִישׁ וָאִישׁ דֵּי פַּרְנָסָתוֹ וּלְכָל גְּוִיָּה וּגְוִיָּה דֵּי מַחְסוֹרָהּ וּתְמַהֵר וְתָחִישׁ
לְגָאֳלֵנוּ, וְתִבְנֶה בֵּית מִקְדָּשֵׁנוּ וְתִפְאַרְתֵּנוּ. וּבִזְכוּת שְׁלֹשׁ עֶשְׂרֵה מִדּוֹתֶיךָ שֶׁל
רַחֲמִים הַכְּתוּבוֹת בְּתוֹרָתֶךָ, כְּמוֹ שֶׁנֶּאֱמַר: יהוה, יהוה, אֵל רַחוּם וְחַנּוּן, אֶרֶךְ שמות לד
אַפַּיִם וְרַב־חֶסֶד וֶאֱמֶת: נֹצֵר חֶסֶד לָאֲלָפִים, נֹשֵׂא עָוֹן וָפֶשַׁע וְחַטָּאָה, וְנַקֵּה:
שֶׁאֵינָן חוֹזְרוֹת רֵיקָם מִלְּפָנֶיךָ. עָזְרֵנוּ אֱלֹהֵי יִשְׁעֵנוּ עַל־דְּבַר כְּבוֹד־שְׁמֶךָ, וְהַצִּילֵנוּ תהלים עט
וְכַפֵּר עַל־חַטֹּאתֵינוּ לְמַעַן שְׁמֶךָ: בָּרוּךְ יהוה לְעוֹלָם אָמֵן וְאָמֵן: תהלים פט

לשבת וליום טוב:

יְהִי רָצוֹן מִלְּפָנֶיךָ יהוה אֱלֹהֵינוּ וֵאלֹהֵי אֲבוֹתֵינוּ, בִּזְכוּת סֵפֶר רִאשׁוֹן / שֵׁנִי /
שְׁלִישִׁי / רְבִיעִי / חֲמִישִׁי / שֶׁבַּתְּהִלִּים שֶׁקָּרָאנוּ לְפָנֶיךָ שֶׁהוּא כְּנֶגֶד סֵפֶר
בְּרֵאשִׁית / שְׁמוֹת / וַיִּקְרָא / בְּמִדְבַּר / דְּבָרִים / בִּזְכוּת מִזְמוֹרָיו וּבִזְכוּת פְּסוּקָיו
וּבִזְכוּת תֵּבוֹתָיו וּבִזְכוּת שְׁמוֹתֶיךָ הַקְּדוֹשִׁים וְהַטְּהוֹרִים הַיּוֹצְאִים מִמֶּנּוּ שֶׁתְּהֵא
נֶחְשֶׁבֶת לָנוּ אֲמִירַת מִזְמוֹרֵי תְהִלִּים אֵלּוּ כְּאִלּוּ אֲמָרָם דָּוִד מֶלֶךְ יִשְׂרָאֵל
בְּעַצְמוֹ, זְכוּתוֹ תָּגֵן עָלֵינוּ, וְיַעֲמֹד לָנוּ לְחַבֵּר אֵשֶׁת נְעוּרִים עִם דּוֹדָהּ בְּאַהֲבָה
וְאַחֲוָה וְרֵעוּת, וּמִשָּׁם יִמָּשֵׁךְ לָנוּ שֶׁפַע לְנֶפֶשׁ רוּחַ וּנְשָׁמָה. וּכְשֵׁם שֶׁאֲנַחְנוּ
אוֹמְרִים שִׁירִים בָּעוֹלָם הַזֶּה, כָּךְ נִזְכֶּה לוֹמַר לְפָנֶיךָ יהוה אֱלֹהֵינוּ וֵאלֹהֵי
אֲבוֹתֵינוּ, שִׁיר וּשְׁבָחָה לָעוֹלָם הַבָּא. וְעַל יְדֵי אֲמִירַת תְּהִלִּים תִּתְעוֹרֵר חֲבַצֶּלֶת
הַשָּׁרוֹן לָשִׁיר בְּקוֹל נָעִים גִּילַת וְרַנֵּן, כְּבוֹד הַלְּבָנוֹן נִתַּן־לָהּ הוֹד וְהָדָר בְּבֵית ישעיה לה
אֱלֹהֵינוּ בִּמְהֵרָה בְיָמֵינוּ, אָמֵן סֶלָה.

תהלים לליל הושענא רבה

בליל הושענא רבה רבים נוהגים לקרוא את כל ספר תהלים (ויש מקפידים
לעשות זאת רק לאחר חצות הלילה, או רק לאחר שעת זריחת הירח),
ולאחר כל אחד מחמשת ספרי תהלים מוסיפים תפילות אלו:

אחרי ספר ראשון:

יְהִי רָצוֹן מִלְּפָנֶיךָ, יהוה אֱלֹהֵינוּ וֵאלֹהֵי אֲבוֹתֵינוּ, בִּזְכוּת סֵפֶר רִאשׁוֹן שֶׁבַּתְּהִלִּים
שֶׁקָּרָאנוּ לְפָנֶיךָ, שֶׁהוּא מְכֻוָּן כְּנֶגֶד סֵפֶר בְּרֵאשִׁית שֶׁבַּחֲמִשָּׁה חֻמְשֵׁי תוֹרָה,
בִּזְכוּת מִזְמוֹרָיו וּבִזְכוּת פְּסוּקָיו וּבִזְכוּת תֵּבוֹתָיו וּבִזְכוּת אוֹתִיּוֹתָיו וּבִזְכוּת
נְקֻדּוֹתָיו וּבִזְכוּת טְעָמָיו וּבִזְכוּת שְׁמוֹתֶיךָ הַקְּדוֹשִׁים הַכְּתוּבִים בָּהֶם וּבִזְכוּת
שְׁמוֹתֶיךָ הַקְּדוֹשִׁים הָרְמוּזִים וְהַמְּצֹרָפִים בָּהֶם, שֶׁתָּחֹן עָלֵינוּ כְּגֹדֶל חַסְדֶּךָ
וְתַחְתְּמֵנוּ בְּסֵפֶר חַיִּים טוֹבִים וְתִפְתַּח לָנוּ שַׁעֲרֵי אוֹרָה שַׁעֲרֵי לְוָיַת חֵן וָחֶסֶד
שַׁעֲרֵי פְדוּת שַׁעֲרֵי לְבּוּן עֲוֹנוֹת שַׁעֲרֵי מַזָּל הָעֶלְיוֹן שַׁעֲרֵי דְרוֹר. יוֹמָם יְצַוֶּה תהלים מב
יהוה חַסְדּוֹ וּבַלַּיְלָה שִׁירֹה עִמִּי תְּפִלָּה לְאֵל חַיָּי:

ומוסיפים תפילה נוספת (׳יהי רצון שלאחר צאת הלבנה׳):

יְהִי רָצוֹן מִלְּפָנֶיךָ, הַשֵּׁם הַגָּדוֹל וְהַקָּדוֹשׁ וְהַטָּהוֹר (אדני), שֶׁתַּצִּילֵנִי הַיּוֹם וּבְכָל
יוֹם לִי וּלְכָל אַנְשֵׁי בֵיתִי וּלְכָל אֲשֶׁר עִמִּי וּלְכָל אֲשֶׁר לִי בַּבַּיִת וּבַשָּׂדֶה וּלְכָל
הַנִּלְוִים עָלֵינוּ לְכָל אֶחָד וְאֶחָד מֵהֶם וּמִמֶּנּוּ, מִכָּל צָרָה וְצוּקָה וּמִכָּל צַעַר וָנֶזֶק
וְסַכָּנָה. וּמִכָּל מִינֵי הֶפְסֵד וּמִכָּל דְּבַר תַּקָּלָה וּמִכָּל נִסָּיוֹן וּמִכָּל דְּבַר בִּזָּיוֹן. וּמִכָּל
גְּזֵלָן וְחַמְסָן וְאַלָּם וּמִכָּל מִינֵי פֻּרְעָנִיּוֹת הַמִּתְרַגְּשׁוֹת וּבָאוֹת לָעוֹלָם. וּמִכָּל
גְּזֵרוֹת קָשׁוֹת וְרָעוֹת וּמֵרָעָב וּמִדַּלּוּת וַעֲנִיּוּת. בְּכֹחַ הַשֵּׁם הַגָּדוֹל וְהַקָּדוֹשׁ
הַיּוֹצֵא מִפָּסוּק: אָנֹכִי אֵרֵד עִמְּךָ מִצְרַיְמָה וְאָנֹכִי אַעַלְךָ גַם־עָלֹה: שֶׁסִּדּוּרוֹ כָּךְ בראשית מו
(אמ״י נצ״א כר״ע יי״ל אמ״ך רה״ג דו״ם עא״ע מנ״ל ככ״ה) וּבְשֵׁם (אל״ד)
שֶׁתֵּיטִיב לָנוּ הַחֲתִימָה וְתַעַזְרֵנוּ בְּכָל עִנְיָנֵנוּ וְחֶפְצֵנוּ, אָמֵן.

אחרי ספר שני:

יְהִי רָצוֹן מִלְּפָנֶיךָ, יהוה אֱלֹהֵינוּ וֵאלֹהֵי אֲבוֹתֵינוּ, בִּזְכוּת סֵפֶר שֵׁנִי שֶׁבַּתְּהִלִּים שֶׁקָּרָאנוּ לְפָנֶיךָ, שֶׁהוּא מְכֻוָּן כְּנֶגֶד סֵפֶר שְׁמוֹת שֶׁבַּחֲמִשָּׁה חֻמְשֵׁי תוֹרָה, בִּזְכוּת מִזְמוֹרָיו וּבִזְכוּת פְּסוּקָיו וּבִזְכוּת תֵּבוֹתָיו וּבִזְכוּת אוֹתִיּוֹתָיו וּבִזְכוּת נְקֻדּוֹתָיו

וּבִזְכוּת טְעָמָיו וּבִזְכוּת שְׁמוֹתֶיךָ הַקְּדוֹשִׁים הַכְּתוּבִים בָּהֶם וּבִזְכוּת שְׁמוֹתֶיךָ הַקְּדוֹשִׁים הָרְמוּזִים וְהַמְצֻרָּפִים בָּהֶם, שֶׁתְּצַוֶּה פַּחְדְּךָ עַל אוֹיְבֵינוּ וְתַצִּילֵנוּ בְּכֹחַ גְּבוּרָתֶךָ וְתַחְתְּמֵנוּ בְּסֵפֶר גְּאֻלָּה וִישׁוּעָה וְתִפְתַּח לָנוּ שַׁעֲרֵי אֹמֶץ שַׁעֲרֵי
לְבוּב שַׁעֲרֵי הַצָּלָה שַׁעֲרֵי יְשׁוּעָה שַׁעֲרֵי מְזוֹנוֹת. וְגַם עַד־זִקְנָה וְשֵׂיבָה אֱלֹהִים תהלים עא
אַל־תַּעַזְבֵנִי עַד־אַגִּיד זְרוֹעֲךָ לְדוֹר לְכָל־יָבוֹא גְּבוּרָתֶךָ:

ומוסיפים את תפילת 'יהי רצון שלאחר צאת הלבנה'.

אחרי ספר שלישי:

יְהִי רָצוֹן מִלְּפָנֶיךָ, יהוה אֱלֹהֵינוּ וֵאלֹהֵי אֲבוֹתֵינוּ, בִּזְכוּת סֵפֶר שְׁלִישִׁי שֶׁבַּתְּהִלִּים שֶׁקָּרָאנוּ לְפָנֶיךָ, שֶׁהוּא מְכֻוָּן כְּנֶגֶד סֵפֶר וַיִּקְרָא שֶׁבַּחֲמִשָּׁה חֻמְשֵׁי תוֹרָה, בִּזְכוּת מִזְמוֹרָיו וּבִזְכוּת פְּסוּקָיו וּבִזְכוּת תֵּבוֹתָיו וּבִזְכוּת אוֹתִיּוֹתָיו וּבִזְכוּת נְקֻדּוֹתָיו וּבִזְכוּת טְעָמָיו וּבִזְכוּת שְׁמוֹתֶיךָ הַקְּדוֹשִׁים הַכְּתוּבִים בָּהֶם וּבִזְכוּת שְׁמוֹתֶיךָ הַקְּדוֹשִׁים הָרְמוּזִים וְהַמְצֻרָּפִים בָּהֶם, שֶׁתְּרַחֵם עָלֵינוּ בְּרַחֲמֶיךָ וַאֲמִתֶּךָ וְתַחְתְּמֵנוּ בְּסֵפֶר מְזוֹנוֹת וּפַרְנָסָה טוֹבָה וְתִפְתַּח לָנוּ שַׁעֲרֵי יֹשֶׁר שַׁעֲרֵי וָתִיקוּת שַׁעֲרֵי דֵעָה שַׁעֲרֵי הַצְלָחָה שַׁעֲרֵי אַהֲבָה שַׁעֲרֵי וַעַד טוֹב שַׁעֲרֵי אֱמֶת
שַׁעֲרֵי וַתְּרָנוּת שַׁעֲרֵי הַרְוָחָה שַׁעֲרֵי אֲרוּכָה. וְקַיֵּם בָּנוּ מִקְרָא שֶׁכָּתוּב: וּלְתִתְּךָ דברים כו
עֶלְיוֹן עַל כָּל־הַגּוֹיִם אֲשֶׁר עָשָׂה לִתְהִלָּה וּלְשֵׁם וּלְתִפְאָרֶת וְלִהְיֹתְךָ עַם־קָדֹשׁ לַיהוה אֱלֹהֶיךָ כַּאֲשֶׁר דִּבֵּר:

ומוסיפים את תפילת 'יהי רצון שלאחר צאת הלבנה'.

אחרי ספר רביעי:

יְהִי רָצוֹן מִלְּפָנֶיךָ, יהוה אֱלֹהֵינוּ וֵאלֹהֵי אֲבוֹתֵינוּ, בִּזְכוּת סֵפֶר רְבִיעִי שֶׁבַּתְּהִלִּים שֶׁקָּרָאנוּ לְפָנֶיךָ, שֶׁהוּא מְכֻוָּן כְּנֶגֶד סֵפֶר בְּמִדְבַּר שֶׁבַּחֲמִשָּׁה חֻמְשֵׁי תוֹרָה, בִּזְכוּת מִזְמוֹרָיו וּבִזְכוּת פְּסוּקָיו וּבִזְכוּת תֵּבוֹתָיו וּבִזְכוּת אוֹתִיּוֹתָיו וּבִזְכוּת נְקֻדּוֹתָיו וּבִזְכוּת טְעָמָיו וּבִזְכוּת שְׁמוֹתֶיךָ הַקְּדוֹשִׁים הַכְּתוּבִים בָּהֶם וּבִזְכוּת שְׁמוֹתֶיךָ הַקְּדוֹשִׁים הָרְמוּזִים וְהַמְצֻרָּפִים בָּהֶם, שֶׁתָּגֵן עָלֵינוּ וּתְאַמְּצֵנוּ לְנַצֵּחַ שׂוֹנְאֵינוּ וְתַחְתְּמֵנוּ בְּסֵפֶר יְשָׁרִים וּתְמִימִים וְתִפְתַּח לָנוּ שַׁעֲרֵי יְדִידוּת שַׁעֲרֵי הוֹד וְהָדָר שַׁעֲרֵי הַצְלָחָה שַׁעֲרֵי צְדָקָה שַׁעֲרֵי בְרָכָה שַׁעֲרֵי אַחֲוָה וְרֵעוּת שַׁעֲרֵי

תְקוּמָה. יהוה צְבָאוֹת עִמָּנוּ מִשְׂגָּב לָנוּ אֱלֹהֵי יַעֲקֹב סֶלָה: תּוֹדִיעֵנִי אֹרַח חַיִּים תהלים מו תהלים טז
שֹׂבַע שְׂמָחוֹת אֶת פָּנֶיךָ נְעִמוֹת בִּימִינְךָ נֶצַח:

ומוסיפים את תפילת 'יהי רצון שלאחר צאת הלבנה'.

אחרי ספר חמישי:

יְהִי רָצוֹן מִלְּפָנֶיךָ, יהוה אֱלֹהֵינוּ וֵאלֹהֵי אֲבוֹתֵינוּ, בִּזְכוּת סֵפֶר חֲמִישִׁי שֶׁבִּתְהִלִּים
שֶׁקָּרָאנוּ לְפָנֶיךָ, שֶׁהוּא מְכֻוָּן כְּנֶגֶד סֵפֶר דְּבָרִים שֶׁבַּחֲמִשָּׁה חֻמְשֵׁי תוֹרָה, בִּזְכוּת
מִזְמוֹרָיו וּבִזְכוּת פְּסוּקָיו וּבִזְכוּת תֵּבוֹתָיו וּבִזְכוּת אוֹתִיּוֹתָיו וּבִזְכוּת נְקֻדּוֹתָיו
וּבִזְכוּת טְעָמָיו וּבִזְכוּת שְׁמוֹתֶיךָ הַקְּדוֹשִׁים הַכְּתוּבִים בָּהֶם וּבִזְכוּת שְׁמוֹתֶיךָ
הַקְּדוֹשִׁים הָרְמוּזִים וְהַמְצֻרָּפִים בָּהֶם, שֶׁתִּתֵּן הוֹדְךָ עַל מְשִׁיחֶךָ לְיַחֵד מַלְכוּתֶךָ
וְתַחְתְּמֵנוּ בְּסֵפֶר צַדִּיקִים וְתִפְתַּח לָנוּ שַׁעֲרֵי אוֹצָר טוֹב שַׁעֲרֵי לֶקַח שַׁעֲרֵי
הַשְׁקֵט שַׁעֲרֵי יְקָר שַׁעֲרֵי מְנוּחָה שַׁעֲרֵי צָהֳלָה שַׁעֲרֵי בִינָה שַׁעֲרֵי אֹמֶץ וֶאֱיָלוּת
שַׁעֲרֵי תְשׁוּעָה. יהוה אֱלֹהִים צְבָאוֹת הֲשִׁיבֵנוּ הָאֵר פָּנֶיךָ וְנִוָּשֵׁעָה: יהוה תהלים פ תהלים ח
אֲדֹנֵינוּ מָה־אַדִּיר שִׁמְךָ בְּכָל־הָאָרֶץ אֲשֶׁר־תְּנָה הוֹדְךָ עַל־הַשָּׁמָיִם: נִכְסְפָה תהלים פד
וְגַם־כָּלְתָה נַפְשִׁי לְחַצְרוֹת יהוה, לִבִּי וּבְשָׂרִי יְרַנְּנוּ אֶל אֵל־חָי: כִּי־אַתָּה אֲדֹנָי תהלים פו
טוֹב וְסַלָּח וְרַב־חֶסֶד לְכָל־קֹרְאֶיךָ:

ומוסיפים את תפילת 'יהי רצון שלאחר צאת הלבנה'.

תפילה על החולה

מנהג לומר ל״ו פרקים,
והם: כ, ו, ט, יג, טז, יז, יח, כב, כג, כה, ל, לא, לב, לג, לז, לח, לט, מא, מט,
נה, נו, סט, פו, פח, פט, צ, צא, קב, קג, קד, קז, קטז, קיח, קמב, קמג, קכח,
ויש אומרים גם אותיות שם החולה מתוך מזמור קיט.

ואומרים תפילה זו:

שמות לד יהוה יהוה, אֵל רַחוּם וְחַנּוּן, אֶרֶךְ אַפַּיִם וְרַב־חֶסֶד וֶאֱמֶת: נֹצֵר חֶסֶד לָאֲלָפִים, נֹשֵׂא עָוֹן וָפֶשַׁע וְחַטָּאָה, וְנַקֵּה: לְךָ יהוה הַגְּדֻלָּה וְהַגְּבוּרָה וְהַתִּפְאֶרֶת דברי הימים א׳ כט וְהַנֵּצַח וְהַהוֹד, כִּי־כֹל בַּשָּׁמַיִם וּבָאָרֶץ, לְךָ יהוה הַמַּמְלָכָה וְהַמִּתְנַשֵּׂא לְכֹל לְרֹאשׁ: וְאַתָּה בְּיָדְךָ נֶפֶשׁ כָּל חָי וְרוּחַ כָּל בְּשַׂר אִישׁ, וּבְיָדְךָ כֹּחַ וּגְבוּרָה לְגַדֵּל וּלְחַזֵּק וּלְרַפְּאוֹת אֱנוֹשׁ עַד דַּכָּא עַד דִּכְדּוּכָהּ שֶׁל נֶפֶשׁ, וְלֹא יִפָּלֵא מִמְּךָ כָּל דָּבָר, וּבְיָדְךָ נֶפֶשׁ כָּל חָי. לָכֵן יְהִי רָצוֹן מִלְּפָנֶיךָ, הָאֵל הַנֶּאֱמָן אַב הָרַחֲמִים, הָרוֹפֵא לְכָל תַּחֲלוּאֵי עַמּוֹ יִשְׂרָאֵל הַקְּרוֹבִים עַד שַׁעֲרֵי מָוֶת, וְהַמְחַבֵּשׁ מָזוֹר וּתְעָלָה לִידִידָיו, וְהַגּוֹאֵל מִשַּׁחַת חֲסִידָיו, וְהַמַּצִּיל מִמָּוֶת נֶפֶשׁ מְרוּדָיו, אַתָּה רוֹפֵא נֶאֱמָן תִּשְׁלַח מַרְפֵּא וַאֲרוּכָה וּתְעָלָה בְּרֹב חֶסֶד וַחֲנִינָה וְחֶמְלָה

לחולֶה: לְנֶפֶשׁ (פלוני בֶּן פלונית) לְרוּחוֹ וְנַפְשׁוֹ הָאֻמְלָלָה וְלֹא תֵרֵד נַפְשׁוֹ שְׁאוֹלָה, וְהִמָּלֵא רַחֲמִים עָלָיו לְהַחֲלִימוֹ וּלְרַפְּאוֹת וּלְהַחֲזִיק וּלְהַחֲלִיף וּלְהַחֲיוֹת אוֹתוֹ כִּרְצוֹן כָּל קְרוֹבָיו וְאֹהֲבָיו, וְיֵרָאוּ לְפָנֶיךָ זְכֻיּוֹתָיו וְצִדְקוֹתָיו, וְתַשְׁלִיךְ מיכה ז בִּמְצֻלוֹת יָם כָּל־חַטֹּאתָיו, וְיִכְבְּשׁוּ רַחֲמֶיךָ אֶת כַּעַסְךָ מֵעָלָיו, וְתִשְׁלַח לוֹ רְפוּאָה שְׁלֵמָה, רְפוּאַת הַנֶּפֶשׁ וּרְפוּאַת הַגּוּף, וּתְחַדֵּשׁ כַּנֶּשֶׁר נְעוּרָיו וְתִשְׁלַח לוֹ

לחולָה: לְנֶפֶשׁ (פלונית בַּת פלונית) לְרוּחָהּ וְנַפְשָׁהּ הָאֻמְלָלָה וְלֹא תֵרֵד נַפְשָׁהּ שְׁאוֹלָה, וְהִמָּלֵא רַחֲמִים עָלֶיהָ לְהַחֲלִים וּלְרַפְּאוֹת וּלְהַחֲזִיק וּלְהַחֲלִיף וּלְהַחֲיוֹת אוֹתָהּ כִּרְצוֹן כָּל קְרוֹבֶיהָ וְאֹהֲבֶיהָ וְיֵרָאוּ לְפָנֶיךָ זְכֻיּוֹתֶיהָ וְצִדְקוֹתֶיהָ וְתַשְׁלִיךְ בִּמְצֻלוֹת יָם כָּל חַטֹּאתֶיהָ: וְיִכְבְּשׁוּ רַחֲמֶיךָ אֶת כַּעַסְךָ מֵעָלֶיהָ וְתִשְׁלַח לָהּ רְפוּאָה שְׁלֵמָה, רְפוּאַת הַנֶּפֶשׁ וּרְפוּאַת הַגּוּף, וּתְחַדֵּשׁ כַּנֶּשֶׁר נְעוּרֶיהָ וְתִשְׁלַח לָהּ

וּלְכָל חוֹלֵי יִשְׂרָאֵל מַרְפֵּא אֲרוּכָה, מַרְפֵּא בְּרָכָה, מַרְפֵּא תְּרוּפָה וּתְעָלָה,
מַרְפֵּא חֲנִינָה וְחֶמְלָה, מַרְפֵּא יְדוּעִים וּגְלוּיִים, מַרְפֵּא רַחֲמִים וְשָׁלוֹם וְחַיִּים,
מַרְפֵּא אֹרֶךְ יָמִים וְשָׁנִים טוֹבוֹת, וִיקֻיַּם /לחוֹלֶה: בּוֹ/לחוֹלָה: בָּהּ/ וּבְכָל חוֹלֵי
יִשְׂרָאֵל מִקְרָא שֶׁכָּתוּב עַל יְדֵי מֹשֶׁה עַבְדְּךָ נֶאֱמַן בֵּיתֶךָ: וַיֹּאמֶר, אִם־שָׁמוֹעַ שמות טו
תִּשְׁמַע לְקוֹל יהוה אֱלֹהֶיךָ, וְהַיָּשָׁר בְּעֵינָיו תַּעֲשֶׂה וְהַאֲזַנְתָּ לְמִצְוֹתָיו וְשָׁמַרְתָּ
כָּל־חֻקָּיו, כָּל־הַמַּחֲלָה אֲשֶׁר־שַׂמְתִּי בְמִצְרַיִם, לֹא־אָשִׂים עָלֶיךָ, כִּי אֲנִי יהוה
רֹפְאֶךָ: וַעֲבַדְתֶּם אֵת יהוה אֱלֹהֵיכֶם, וּבֵרַךְ אֶת־לַחְמְךָ וְאֶת־מֵימֶיךָ, וַהֲסִרֹתִי שמות כג
מַחֲלָה מִקִּרְבֶּךָ: לֹא תִהְיֶה מְשַׁכֵּלָה וַעֲקָרָה בְּאַרְצֶךָ, אֶת־מִסְפַּר יָמֶיךָ אֲמַלֵּא:
וְהֵסִיר יהוה מִמְּךָ כָּל־חֹלִי, וְכָל־מַדְוֵי מִצְרַיִם הָרָעִים אֲשֶׁר יָדַעְתָּ, לֹא יְשִׂימָם דברים ז
בָּךְ, וּנְתָנָם בְּכָל־שֹׂנְאֶיךָ: וְעַל יְדֵי עֲבָדֶיךָ הַנְּבִיאִים כָּתוּב לֵאמֹר: וַאֲכַלְתֶּם יואל ב
אָכוֹל וְשָׂבוֹעַ, וְהִלַּלְתֶּם אֶת־שֵׁם יהוה אֱלֹהֵיכֶם אֲשֶׁר־עָשָׂה עִמָּכֶם לְהַפְלִיא,
וְלֹא־יֵבֹשׁוּ עַמִּי לְעוֹלָם: דְּרָכָיו רָאִיתִי, וְאֶרְפָּאֵהוּ וְאַנְחֵהוּ וַאֲשַׁלֵּם נִחֻמִים ישעיה נז
לוֹ וְלַאֲבֵלָיו: בּוֹרֵא נִיב שְׂפָתָיִם, שָׁלוֹם שָׁלוֹם לָרָחוֹק וְלַקָּרוֹב, אָמַר יהוה,
וּרְפָאתִיו: וְזָרְחָה לָכֶם יִרְאֵי שְׁמִי שֶׁמֶשׁ צְדָקָה וּמַרְפֵּא בִּכְנָפֶיהָ: אָז יִבָּקַע מלאכי ג ישעיה נח
כַּשַּׁחַר אוֹרֶךָ, וַאֲרֻכָתְךָ מְהֵרָה תִצְמָח: רְפָאֵנוּ יהוה וְנֵרָפֵא, הוֹשִׁיעֵנוּ וְנִוָּשֵׁעָה,
כִּי תְהִלָּתֵנוּ אָתָּה. וְהַעֲלֵה רְפוּאָה שְׁלֵמָה לְכָל מַכּוֹת עַמְּךָ יִשְׂרָאֵל,

לחוֹלֶה: וּבִפְרָט (לפלוני בֶּן פלונית) רְפוּאָה שְׁלֵמָה לִרְמַ״ח אֵבָרָיו וּשְׁסָ״ה גִּידָיו
לְרַפְּאוֹת אוֹתוֹ כְּחִזְקִיָּהוּ מֶלֶךְ יְהוּדָה מֵחָלְיוֹ וּכְמִרְיָם הַנְּבִיאָה מִצָּרַעְתָּהּ.
בְּשֵׁם הַשֵּׁמוֹת הַקְּדוֹשִׁים שֶׁל שָׁלֹשׁ עֶשְׂרֵה מִדּוֹתֶיךָ, אֵל נָא רְפָא נָא
(לפלוני בֶּן פלונית) לְהָקִים אוֹתוֹ מֵחָלְיוֹ זֶה וּלְהַאֲרִיךְ עוֹד יְמֵי חַיָּיו, חַיִּים
שֶׁל רַחֲמִים, חַיִּים שֶׁל בְּרִיאוּת, חַיִּים שֶׁל שָׁלוֹם, חַיִּים שֶׁל בְּרָכָה,
כִּדְכְתִיב: כִּי אֹרֶךְ יָמִים וּשְׁנוֹת חַיִּים וְשָׁלוֹם יוֹסִיפוּ לָךְ: אָמֵן סֶלָה. משלי ג

לחוֹלָה: וּבִפְרָט (לפלונית בַּת פלונית) רְפוּאָה שְׁלֵמָה לְאֵבָרֶיהָ וְגִידֶיהָ לְרַפְּאוֹת
אוֹתָהּ כְּחִזְקִיָּהוּ מֶלֶךְ יְהוּדָה מֵחָלְיוֹ וּכְמִרְיָם הַנְּבִיאָה מִצָּרַעְתָּהּ. בְּשֵׁם
הַשֵּׁמוֹת הַקְּדוֹשִׁים שֶׁל שָׁלֹשׁ עֶשְׂרֵה מִדּוֹתֶיךָ, אֵל נָא רְפָא נָא (לפלונית
בַּת פלונית) לְהָקִים אוֹתָהּ מֵחָלְיָהּ זֶה וּלְהַאֲרִיךְ עוֹד יְמֵי חַיֶּיהָ חַיִּים שֶׁל
רַחֲמִים, חַיִּים שֶׁל בְּרִיאוּת, חַיִּים שֶׁל שָׁלוֹם, חַיִּים שֶׁל בְּרָכָה, כִּדְכְתִיב:
כִּי אֹרֶךְ יָמִים וּשְׁנוֹת חַיִּים וְשָׁלוֹם יוֹסִיפוּ לָךְ: אָמֵן סֶלָה. שם

אם משנים את השם, מוסיפים:

לחולֶה: וְאַף אִם נִגְזַר עָלָיו בְּבֵית דִּינְךָ הַצֶּדֶק מִיתָה, שֶׁיָּמוּת מֵחָלְיוֹ זֶה, הִנֵּה רַבּוֹתֵינוּ הַקְּדוֹשִׁים אָמְרוּ: שְׁלֹשָׁה דְּבָרִים קוֹרְעִים גְּזַר דִּינוֹ שֶׁל אָדָם, וְאֶחָד מֵהֶם הוּא שִׁנּוּי הַשֵּׁם, שֶׁיְּשַׁנּוּ הַשֵּׁם שֶׁל הַחוֹלֶה, וְקִיַּמְנוּ דִּבְרֵיהֶם וְנִשְׁתַּנָּה שְׁמוֹ כִּי אַחֵר הוּא, וְאִם עַל (פלוני) נִגְזַר הַדִּין, עַל (פלוני) לֹא נִגְזַר, לָכֵן אַחֵר הוּא וְאֵינוֹ הוּא הַנִּקְרָא בְּשֵׁם הָרִאשׁוֹן. וּכְשֵׁם שֶׁנִּשְׁתַּנָּה שְׁמוֹ כֵּן יִשְׁתַּנֶּה הַנִּגְזָר מֵעָלָיו, מִדִּין לְרַחֲמִים וּמִמִּיתָה לְחַיִּים וּמִמַּחֲלָה לִרְפוּאָה שְׁלֵמָה (לפלוני בֶּן פלונית) בְּשֵׁם כָּל הַשֵּׁמוֹת הַכְּתוּבִים בְּסֵפֶר הַתּוֹרָה הַזֶּה וּבְשֵׁם כָּל הַשֵּׁמוֹת וּבְשֵׁם כָּל הַמַּלְאָכִים הַמְמֻנִּים עַל כָּל הָרְפוּאוֹת וְהַצָּלוֹת, תִּשְׁלַח מְהֵרָה רְפוּאָה שְׁלֵמָה (לפלוני בֶּן פלונית) וְתַאֲרִיךְ יָמָיו וּשְׁנוֹתָיו בַּנְּעִימִים, וִיבַלֶּה בְּטוֹב יָמָיו בְּרֹב עֹז וְשָׁלוֹם מֵעַתָּה וְעַד עוֹלָם, אָמֵן סֶלָה.

לחולָה: וְאַף אִם נִגְזַר עָלֶיהָ בְּבֵית דִּינְךָ הַצֶּדֶק מִיתָה, שֶׁתָּמוּת מֵחָלְיָהּ זֶה, הִנֵּה רַבּוֹתֵינוּ הַקְּדוֹשִׁים אָמְרוּ: שְׁלֹשָׁה דְּבָרִים קוֹרְעִים גְּזַר דִּינוֹ שֶׁל אָדָם, וְאֶחָד מֵהֶם הוּא שִׁנּוּי הַשֵּׁם, שֶׁיְּשַׁנּוּ הַשֵּׁם שֶׁל הַחוֹלָה, וְקִיַּמְנוּ דִּבְרֵיהֶם וְנִשְׁתַּנָּה שְׁמָהּ כִּי אַחֶרֶת הִיא, וְאִם עַל (פלונית) נִגְזַר הַדִּין, עַל (פלונית) לֹא נִגְזַר, לָכֵן אַחֶרֶת הִיא וְאֵינָהּ הִיא הַנִּקְרֵאת בְּשֵׁם הָרִאשׁוֹן. וּכְשֵׁם שֶׁנִּשְׁתַּנָּה שְׁמָהּ כֵּן יִשְׁתַּנֶּה הַנִּגְזָר מֵעָלֶיהָ מִדִּין לְרַחֲמִים וּמִמִּיתָה לְחַיִּים וּמִמַּחֲלָה לִרְפוּאָה שְׁלֵמָה (לפלונית בַּת פלונית) בְּשֵׁם כָּל הַשֵּׁמוֹת הַכְּתוּבִים בְּסֵפֶר הַתּוֹרָה הַזֶּה וּבְשֵׁם כָּל הַשֵּׁמוֹת וּבְשֵׁם כָּל הַמַּלְאָכִים הַמְמֻנִּים עַל כָּל הָרְפוּאוֹת וְהַצָּלוֹת, תִּשְׁלַח מְהֵרָה רְפוּאָה שְׁלֵמָה (לפלונית בַּת פלונית) וְתַאֲרִיךְ יָמֶיהָ וּשְׁנוֹתֶיהָ בַּנְּעִימִים, וּתְבַלֶּה בְּטוֹב יָמֶיהָ בְּרֹב עֹז וְשָׁלוֹם מֵעַתָּה וְעַד עוֹלָם, אָמֵן סֶלָה.

שימוש תהלים

ספר עתיק שבו יש רשימה של הסגולות המיוחדות שיש באמירת פרקי תהלים, או חלק מהם.

א לאישה המפלת נפלים
ב לסערת הים
ג לכאב ראש וכתף
ד לכל צורך
ה לרוח רעה
ו לחולי העיניים
ז להבריח שונאים
ח למצוא חן
ט לנער חולה
י למי שיש לו שונאים
יא לאבד האויבים
יב שלא יגיע לחולשה
יג להינצל ממיתה משונה
יד לפחד
טו להמית שד
טז לפרסם את הגנב
יז לומר בדרך, לשמירה
יח להינצל מגורת מלכים
יט לחכמה
כ למי שעומד בדין
כא ללכת לפני השלטונות
כב לכל צער
כג לשאלת חלום
כד להינצל משטף מים
כה לכל צרה
כו כנגד צרה וסכנה
כז לחיות רעות
כח לתפילה
כט לרוח רעה
ל לכל דבר רע
לא לעין הרע
לב לאישה שבניה מתים
לג ללכת בדרך
לד כנגד יריבים
לה לכלות הרשעים
לו לשיכור
לז כנגד היועץ עצה בלתי נכונה
לח כנגד היועץ לעשות רעה
לט למתענה
מ להינצל מרוח רעה
מא למי שמבטלים אותו ממלאכתו
מב לבניין בית
מג לבניין בית
מד להינצל מיד אויב
מה למי שיש לו אישה רעה
מו לאדם השונא את אשתו
מז לתשובה
מח להפחיד השונאים
מט לקדחת
נ להינצל משודדים
נא למי שנטמא בזנות
נב להינצל מדוברי לשון הרע
נג להפחיד השונאים
נד להינקם מן האויבים
נה לכל רע
נו לנאסר בכבלים
נז להצלחה
נח כנגד כלב רע

נט ליצר הרע
ס ללכת למלחמה
סא למתיירא לשבת בביתו
סב לומר אחרי מנחה וערבית
סג להצלחה במסחר
סד לעבור בנהר
סה לסיוע כשמבקש דבר מחברו
סו למי שיש לו רוח
סז לקדחת תמידית
סח לרוח רעה
סט לתקן חמד וזנות
ע למלחמה
עא למצוא חן
עב למצוא חן וחסד
עג להינצל מפחד
עד למי שיש לו שונאים
עה להשפיל הגאווה
עו להינצל מאש וממים
עז להינצל ממפלה ביום צרה
עח להיות לחן בעיני המלכות
עט להכניע שונאים
פ להימנע ממינות ועבודה זרה
פא להימנע ממינות ועבודה זרה
פב להצלחה בשליחות
פג למלחמה
פד למי שרוה מחמת חולי
פה לרצות את חברו
פו להינצל מרוח רעה
פז להושיע את העיר
פח להושיע את העיר
פט למי שמאבד את איבריו
צ להינצל מאריה

צא לרוח רעה
צב לראות נסים גדולים
צג לנצח יריבו במשפט
צד כנגד שונא המציק
צה להינצל מהטעיית בני מקומו
צו לשמח בני משפחתו
צז לשמח בני משפחתו
צח לשים שלום בין אדם לחברו
צט להיות חסיד
ק לנצח אויביו
קא לרוח רעה
קב לאישה עקרה
קג לאישה עקרה
קד להרחיק מזיק
קה לקדחת רביעית
קו לקדחת שלישית
קז לקדחת תמידית
קח להצלחה
קט כנגד שונא המציק
קי שישלימו עמו אויביו
קיא שירבו אוהביו
קיב להתגבר בכוחו
קיג כנגד מינות וכפירה
קיד למי שקונה ומוכר
קטו להצלחה בוויכוח עם הכופרים
קטז כנגד מיתה משונה
קיז למי שהלשינוהו חינם
קיח לתת תשובה לאפיקורוס
קיט א לרוצה שתתקיים בידו מצווה
קיט ב כנגד שכחה
קיט ג לכאב עין ימנית
קיט ד לכאב עין שמאלית

קיט ה להישמר מחטא
קיט ו להפחיד מושל רשע
קיט ז לטחול
קיט ח לכרס העליונה
קיט ט לכאב כליות
קיט י לחסד
קיט כ לנפיחות בנחיר הימני
קיט ל לדין
קיט מ לכאב יד ימין
קיט נ לצאת לדרך
קיט ס לבקש כל צרכיו
קיט ע לכאב יד שמאל
קיט פ לנפיחות בנחיר השמאלי
קיט צ להשמיד השונאים
קיט ק לכאב רגל שמאל
קיט ר לכאב האוזן הימנית
קיט ש לכאב ראש
קיט ת לכאב האוזן השמאלית
קכ לעשות שלום
קכא ליוצא בלילה יחידי
קכב למצוא עבד שברח
קכג למפליג באונייה
קכד למפליג באונייה
קכה כנגד האויבים
קכו לאשה שמתו ילדיה
קכז לילד שנולד
קכח לאישה הרה
קכט לדבר מצווה
קל למפליג באונייה
קלא כנגד גאווה
קלב כנגד אמירת שבועות לחינם
קלג לקיים אהבת אוהבים
קלד לומר לפני לימוד תורה
קלה כנגד מחשבות עבודה זרה
קלו להודות על חטאים שבזדון
קלז לבטל את השנאה
קלח כנגד גאווה
קלט לשים אהבה בין איש לאשתו
קמ כנגד שנאה בין איש לאשתו
קמא לכאב הלב
קמב לחולי השוקיים
קמג לחולי הזרוע
קמד ליד שבורה
קמה כנגד פחד
קמו למכת חרב
קמז לנשיכת נחש
קמח לשריפה
קמט לשריפה שלא תגדל
קנ להלל לה' על כל מעשיו

קוֹרֵן ירושלים